中国廉政史鉴

李洪峰题

历史人物卷 3

李洪峰 主编

文化藝術出版社
Culture and Art Publishing House
國家圖書館出版社

第三册目录

概述

东汉末年，宦官专权，朝政腐败，卖官鬻爵之风盛行。原先选拔人才的察举制度逐渐名不副实，被地方豪强宗族所掌控，成为结党营私割据一方的手段。中央集权日益衰落，政治的平衡取决于各方势力的消长，原官僚机构的功用和效率大打折扣。加之水旱瘟疫灾害频发，民不聊生。在这种情况之下，终于爆发了黄巾起义。起义虽然被镇压，但东汉政权的落日挽歌已经唱响，覆灭已是必然，历史的车轮由此进入三国割据的时代。

一、三国时期各国的廉政建设及成效

地方割据使三国时期的政治制度变迁频繁，为了在征战中取得胜利，曹操唯才是举，选官不再局限于门第，而以是否拥有治乱的才能作为任用的标准，克服了东汉后期选举的弊端，社会人才流动受阻的局面得以松动，一大批文臣武将和智谋之士都汇集到曹操旗下。

曹操不仅是优秀的军事家，同时也是出色的政治家。曹操在北方的屯田措施，使濒于崩溃的自耕农经济得到恢复和发展，这成为曹操集团的雄厚经济基础。他深明治乱时期法治的重要性，选用官员以是否“明达法理”为基准，并不看重虚誉。同时，他注重廉洁自律，史书中称曹操“雅性节俭，不好华丽，后宫衣不锦绣，侍御履不二采，帷帐屏风，坏则补纳，茵蓐取温，无有缘饰”。极力避免重蹈东汉因奢侈贪渎而亡国的覆辙。对于子弟，曹操严格要求，有惊世之才的曹植就是因为为人放荡不羁而被曹操疏远冷落。甚至，曹植的妻子也因为穿着太过奢华而被曹操勒令自尽。

为有效地纠劾官吏，曹操决心改革监察制度，设立了御史大夫、侍御史等职，但世家大族的支持是取得成功的关键因素之一，曹操对他们不得不采取让步、优容政策。这时期的御史机构还未从行政机构中独立出来，其监察仍旧是行政系统内的监察。黄初元年（220），曹丕代汉称帝后，对监察机构做了进一步的调整。原本隶属于少府的尚书台、中书省和侍中三种机构在这时独立出来并参与决策。少府是秦汉九卿之一，原是朝廷二级官，自尚书一出，九卿听命，少府的地位无疑降了一级。中书、侍中显赫之后，尚书台成为执行机构，九卿的地位再次下降，少府便沦为单一的皇室手工业管理机构。地位的明显衰落，使监察系统委属其下显得极不相称，于是御史台从少府独立出来，成为直接受皇帝控制、只对皇帝负责的体制独立的监察机关。御史台脱离少府，实现了我国古代封建监察体制史上的重大变革。为了适应战时环境，更好地发挥监察作用，曹魏还设立了校事和刺奸等军事监察官，作为御史的补充。校事和刺奸最初都是曹操稳定政局的临时措施，目的是防止军心民心浮动，被认为是“霸世之权宜，非帝王之正典”。他们凌驾于百官之上，能轻易地“奏按丞相”，有深入督察行政的权力，又因其没有正式机构，不受法律约束，在维护法律的同时又破坏法律。后来一些校事利用职权挟私报复、贪污受贿、作威作福，给门阀士族以攻击的口实，加之以司马氏为代表的士族逐渐掌握朝政大权，校事和刺奸终于在魏末被废。

曹魏在曹丕之后，形成了包括御史台、尚书左丞、司隶校尉和校事在内的较为完备的监察系统，但这四个子系统之间并不是一种互补关系，在监察对象、范围、职权以及与国家最高权力的关系等方面重合多于衔接。在监察对象上，御史台专掌察举非法，既包括全部政府机构，又监管宫廷机构，还负责对特定地方政府的直接监察；尚书左丞的监察对象主要在尚书台内；司隶校尉的监察对象较御史台仅少了宫廷部分；校事在初置时职责难以界定，曹丕代汉后，校事权力愈加膨胀，皇帝以下皆为其监察对象。而在监察权限上，中央监察系统只能察举而不能处理，更不能定罪，审判和裁决归廷尉掌管。因此，曹魏的中央监察制度尽管设立了四重机构，但其权力的运行仍处在同一层面，监察功能的发挥仍然受到一定的限制，不利于制止所有奸邪违法。

曹魏的监察法规仍采用汉代的“察吏六条”。“六条”中除了其中一条规定在监察中同时荐举品行清洁、才华突出者作为监察不法行为的补充外，其余五条皆在察纠官员的贪贿不廉、违法失职等行为。“六条”有助于监察官正确地行使职权，做到纠而有据，劾而有理，对监察官也有一定的约束作用。但曹魏时刺史已成为地方一级行政长官，地方监察是曹魏政权的薄弱环节。尽管曹丕将六条监察法颁诏全国推行，但在实际操作中也只如一纸空文，未能发挥其应有的作用。

与曹魏较为完备的中央监察系统相比，吴、蜀两国的监察制度则较为简略，其职官设置“多依汉制”。而在君主的作风上，刘备与孙权虽然同为乱世英雄，却也陷入了“善始者实繁，克终者盖寡”的令人叹惋的境地。《三国志·蜀书·先主传》注引《典略》记载：“刘备称汉中王，于是起馆舍，筑亭障，从成都至白水关，四百余区。”他的这些大兴土木的所作所为，后来成为陈群劝谏曹叡弃奢华罢宫室的反面教材：“昔刘备自成都至白水，多作传舍，兴费人役，太祖知其疲民也。”孙权老而昏聩的事例就更多了，喜好游冶，以酒为乐，以至于张昭不得不用纣王的“酒池肉林”加以劝谏。

至于对地方的监察控制，则一直是三国时期较为薄弱的环节。汉灵帝中平五年（188），原本掌管监察的刺史改为州牧后，增加了领兵权和行政权，到建安时演变成最高一级地方行政单位，州刺史的监察就此中断。曹丕即位后曾试图恢复西汉旧制，但当时地方士族势力方兴未艾，刺史执掌军政大权已成定型，曹丕也未能如愿以偿，曹魏对地方的监察最多能维持“刺史职存，则监察不废”的局面。值得一提的是，这一时期，魏、蜀、吴三国的言荐制度都逐渐完备和加强，对于维护王朝政局稳定、纠察政治偏差和构造良好的政治氛围与社会风尚，发挥了一定的作用，成为此时反贪与监察机制的重要组成部分。

三国时期，另外一名与曹操相似，力图恢复政治清明、强盛国家的人便是诸葛亮。对于安定民生，诸葛亮可谓殚精竭虑。蜀地在东汉末年成为豪强举族迁徙的避祸之地，因而法制暗弱，百姓多不遵法度。诸葛亮当政之后，一方面致力于明法申令，另一方面又务于多闻，谘诹善道，广泛了解民间疾苦，打击了一大批为祸不浅的豪强，使存恤与重法并行不悖。而亲贤远佞是诸葛亮维护法制、抵制腐败的另一项措施，在他的努力之下，“所选人才，皆当时蜀中英贤，甚得人望”。

总而言之，三国之时，对于重建政治运作秩序，保障民生，稳固国家政权，曹操和诸葛亮可以说是思虑深远，身体力行。前者对于法的认识，后者的道德情操，都彪炳千秋，对于今人的借鉴意义不言自明。

二、两晋十六国时期廉政建设的崩坏

及至西晋，司马氏终结三国鼎立，虽然恢复了“大一统”的局面，然而制度之混乱、贪污之盛行，堪比桓、灵之时。曹魏时实行的九品中正选拔制度进一步沦为门阀豪族经营家族势力的工具，如琅邪王氏、荥阳郑氏等在政坛上呼风唤雨。而这些世家大族，大多数也并无政治远见，纷纷以清谈为务，不以理胜而以辞荣。官宦贵戚之间，斗富之风横行，士大夫几乎全无古仁人推己求人之心和君子重义爱民之风，竞相敛财。在此之时，作为最高统治者的晋武帝司马炎，坐视不理。这使他前期锐意经营的“户调制”等减轻百姓负担的措施功亏一篑。上梁不正下梁歪，灭吴之后的晋武帝，好大喜功且贪图财色。他于273年禁止全国婚姻，以便挑选宫女；灭吴之后又将孙皓后宫的五千名宫女纳入，使得当时后宫具有万人规模，可谓是前无古人，后无来者。

由于缺乏有效的监察制度，世族门阀在地方乃至中央的权力日益膨胀，法律成为一纸空文，而礼教的道德约束力也在竞相成风的攀比斗富中消磨殆尽。虽然清谈之风使老庄之道在名义上大为盛行，但其中克已俭约的思想并没有得到发扬。自“竹林七贤”之后，士大夫中间争相效仿颓废不羁的行为，以务实为鄙薄，并且将此发挥到了极致。另一方面，又喜好财货，外求名而内实多欲。在这样氛围下的政治运作，着实混乱不堪。

当然，其时也不乏清醒之士对腐败混乱的极力反对和纠正。傅玄就认为“奢侈之费，甚于天灾”，认为国有储蓄、民有余财是政治良好的表现。刘毅更是深刻地指出了富者转相勾结，凭借财力和宝货让官长顿首，律法尊严扫地，是国家危亡的前兆。对于已经变质的九品中正制度，他一针见血地指出当时用来选拔人才的意义已荡然无存，所余者，是“高下任意，荣辱在手”，肆无忌惮地收受贿赂，结党营私。

腐败不堪的西晋王朝终于在五胡乱华中结束了短暂的寿命。中国历史进入了十六国时期。此时的特点，堪比于东汉末年的群雄逐鹿：在北方，少数民族政权并起争锋；在江南，东晋之后，宋齐梁陈代立。反腐制度之建设，可谓步履维艰，有些时候甚至不进反退。以东晋政权为例，偏安后的东晋王朝，并没有吸取西晋亡国的教训，对于腐败所采取的措施，相当地被动消极。此时的门阀政治达到了顶峰，皇权依赖于门阀而存在，时谓“王与马共天下”。奢侈之风，并不逊色于西晋。官吏贪图贿赂，日甚一日，送迎之费，动辄千万。而本意是用来约束官员贪渎心理的恤贫之法，逐渐恶化。所谓恤贫，乃是“守宰之任，宜得清平之人，顷者选举，唯以恤贫为先，虽制有六年，而富足便退”。

这种荒谬的为官思想一步便跨过了法理的约束，成为赤裸裸的贪污聚财的借口。甚至在此之下，贪污而有限度者，竟被传为美谈，真是滑天下之大稽。

监察制度在此时进一步丧失，甚至监察理念也不为当时的士人所赞同，为官贪污具有了潜意识的合理性。《世说新语》中记载，王导遣八部从事之职，纠察二千石地方官吏的得失，顾和便批评说“明公作辅，宁使网漏吞舟，何缘采听风闻，以为察察之政”。竟然将监察官吏重整法纪看作苛政，士大夫的轻民轻政思想，由此可见，统治基础的薄弱，也可想而知。但此时也仍然有少数反对贪污、洁身自好的清官良吏。史载邓攸从吴郡太守离任时，对于数百万送迎钱，不取一毫；孔愉从会稽太史离任，坦然一身；吴隐之酌贪泉之水而愈清，力革岭南官场的腐败，以身作则，风气大治。由此可见，良好道德的自律是维护良好法制与清正社会风气的关键之一。

而在北方分裂对峙的局势下，一些原本较为落后的少数民族政权迫于外部敌国的巨大压力，在接受新的汉族封建文明后，建立和强化法制也成为他们加强自身统治的一项要务。十六国时期的监察和法制建设因政权的不断建立和更替，以及封建化程度的不一，在整体程度上各有差异，但在局部都有了根植和发展。在廉政建设上，前赵、后赵、前燕、北燕、前秦都设有专门的监察机构，有些政权的御史职掌较魏晋有所扩大，增添了司法方面的一些权力，可直接行逮捕、处置之事，但运作效果的好坏往往取决于君主个人的才能和统治者对吏治的重视程度，如石勒前期还曾奖励清廉，严惩贪官污吏；石虎在初期也能坚定地维护吏治秩序。但到后期，随着统治的日益残暴，人昏政荒，御史也助纣为虐，成为石虎暴政的工具。前燕和北燕的统治者对监察都较为重视，故而吏治比较清明，社会较为安定。

相对于两晋政权选官和吏治腐败的情况，北方一些政权却呈现出另外一番景象。前凉、西凉和北燕是由汉族地方官建立的政权，所以在其统治过程中，一般都尽力恢复或继承中原传统的选官方法。如前凉张轨“家在孝廉，以儒学显”，张氏与其后继者都致力于倡明儒学，举贤任能，许多避地河西的中州人士都得到了保护和重用，使河西地区成为十六国割据混战之时汉族先进文化的据点。

东晋灭亡之后，世族门阀走向衰落，寒门庶族兴起，世胄蹑高位的政治风气逐渐淡薄。一些力图澄清吏治、缓和社会矛盾的举措相继实行，其中的表现之一便是监察体制的重新强化，御史权威的提升，对腐败起到了一定的震慑作用。

三、南北朝的廉政措施

（一）南朝。东晋灭亡之后，南方先后出现了宋、齐、梁、陈四个朝代，合称南朝。南朝统治阶级中的一个重要变化，是世家大族走向衰落，寒门庶族兴起。南朝开国皇帝们都是庶族出身，其佐命大臣和将帅也多来自寒门。南朝的皇帝们为了加强皇权，防止大族专权，控制地方诸王刺史，澄清吏治，缓和社会矛盾，都有强化监察制度的举措。

刘宋之时，以御史中丞为御史台长官，掌管劾奏不法的官吏，同时细化了御史中丞所属的侍御史的监察范围，使御史台日趋专职化，拥有独立的地位。后又明确规定御史中丞与尚书令分道，内外众官相遇都要停驻，给予御史中丞更加独立的权威。到南齐时，御史中丞的声威更加壮大，其所检举，已经达到了“足以震肃百僚”的程度。而御史的监察方式，除却真凭实据的弹劾之外，更多了风闻奏事的特权。如此，将社会舆论与监察官吏联系在一起，在一定程度上，消解了官场的腐败气息。御史权威与尊严得到加大后，鼓励了一大批御史的直言劝谏和弹劾权奸。在某种程度上，帮助经历了两晋腐败后的士人重新拾回了积极参政的信心，并再度确立了以家国天下为己任的心思。当时有名的御史，或“明宪执法，无所屈挠”，使律法的权威得到了具体的贯彻；或“立朝正色，内外惮之”，使官场风气流于肃穆；或“无所顾望，号位劲直”，使权奸宵小胆寒。

为了收回门阀大族在地方的权势，南朝普遍实行典签制度。这是类似于分权和监察合为一体的政治制度，典签人选由皇帝亲自任命，这样便避免了因典签权力重大而请托受贿之风的兴起。同时，出任典签的人通常为寒门庶族，在一定程度上减少了结党营私的机会。典签要向皇帝报告所检察的地方官吏的政绩言行，如此一来，意欲贪渎的官吏便不得不有所忌惮。然而典签制度本身却因为缺乏有效的监察和制衡而逐渐沦为大贪大恶产生的源头，到齐梁武帝时，便被取消。

严法惩贪也是南朝防止腐败的重大举措之一。刘宋时，朝廷一改对贪污的宽容弊习，加重了对贪污的刑罚，以至“奸吏犯赃百钱以上，皆杀之”。同时，公开鼓励并奖赏清正廉明的官吏，而奖励金额也是高达百万，其用心可谓良苦。

反腐倡廉，其最终主旨乃是养民。尽管南朝对于监察官吏，用力颇深，然而在经济举措上，却并没有太大的进展，例如纵容豪门官吏侵占良田。作为最高统治者的皇帝，不知检点，骄奢淫逸之事，屡屡见诸史书。最为有名的便是梁武帝，由于喜好佛教，他对僧侣寺院的赏赐数以亿计。这些都极大地加重了百姓的负担，也导致了政权更替的频繁。

（二）北朝。北朝始自鲜卑，拓跋氏终结五胡十六国的战乱纷争，统一北方。北魏建国初，也曾设立过御史台，然而其时因游牧气息浓厚，并没有发挥应有的监察作用。御史台起到真正的监察作用是在献文帝时。到北魏孝文帝改革，罢侯官曹，御史台成为唯一的国家监察机构，其权威也得到了迅速的保障，御史职位之高，非同时代的南朝可比。

作为入主中原的少数民族，北魏政权在前期仍旧沿袭着游牧政治的方式，官吏没有俸禄，这导致为官之人品行高洁者极度贫寒。崔玄伯为吏部尚书，然而家徒四壁，出无车乘。另一方面，由于没有规定的俸禄，且地方官吏权力巨大，遂使盘剥成风，且愈演愈烈。为了限制地方官的搜刮，北魏皇帝曾屡次颁布诏书，但此举治标不治本，缺乏制度约束的政治依然混乱异常，导致了极其尖锐的民族矛盾，地方起义不断。北魏孝文帝即位后，针对官吏腐败、官逼民反的局势，锐意改革，取得了显著的成效。

首先，班行俸禄，使官吏有了正常的收入，同时也使监察贪污有章可循。孝文帝秉承其父献文帝的遗风，行羊酒之罚，即对受贿羊一头、酒一斛者判处死罪；赃满一匹者死。法虽重，但是对散漫无端、藐视法律的鲜卑贵族起到了极好的警示作用。一时间，官吏风气大转。

其次，与定额俸禄相连的便是定额赋税的实行，此举功莫大焉。定额赋税颁行之后，百姓的负担得到减轻，官吏不能随意加派。由此延伸，又有三长制和均田制，均田制给予官吏以公田，允许出租，以增加官吏收入，使他们不再剥削治下百姓。

再次，对于官吏的考核，不再以税赋为重，而在于是否温仁清俭，克己奉公。

正是有了这些整顿吏治的措施，孝文帝后来更深层汉化的改革才得以成功。因为只有在良好的政治氛围之下，官吏清明，国家机器运行顺畅，政令才能有效传达，改革才会有大刀阔斧的力度。

但是很可惜，孝文帝后继无人，他之后的皇帝都未能继续推行改革，而是热衷于享乐和内部斗争，造成北魏后期政局动荡，吏治败坏，贪污盛行。吏部甚至公开卖官，边境上的镇将官吏也大多是“专事聚敛”之徒。选拔官吏完全不管才能，只问资历，结果造成官吏在任内更是加紧搜刮。加上北魏不仅不限制大族，还专门建立了正式的门阀制度，按先世官爵和当代官爵严格确立门阀等级。北魏后期门阀贵族广占田地，又经营工商业，攫取大量财富，他们在生活上的奢侈腐朽丝毫不亚于西晋。统治者又佞佛成性，浪费了大量人力、物力、财力，这些最终都转而加重了人民的负担。最后社会矛盾越来越尖锐，内乱不断，北魏王朝也终被葬送，分裂成东魏和西魏。

东魏的实际掌权者高欢本是怀朔镇的一个军官，他主要依靠怀朔镇的一些中下级军官和六镇流民的势力，所以对这些人所组成的怀朔豪强集团，高欢总是竭力满足他们的要求。当时的汉人官吏杜弼建议高欢惩治勋贵贪污，高欢却认为在和西魏、南朝梁三方的对峙中，当务之急是争取文武官员的支持，以巩固政权，所以不主张过分限制约束他们。在高欢的纵容下，东魏的勋贵们为所欲为，公开贪污聚敛。高欢在同西魏和南朝梁的战事中取得胜利之后，开始着手整顿吏治，也确实取得了一些成效。但高欢死后不久，他的儿子们就上演了手足相残的惨剧，次子高洋刺杀哥哥高澄，又废掉孝静帝，建立了北齐。高洋在统治前期尚能励精图治，但好景不长，仅仅过了六年，高洋就“以功业自矜，遂嗜酒淫佚，肆行狂暴”，统治日益腐败。在他的后继者忙于政治斗争和荒淫奢侈之时，西边的北周却日益强大起来，公元577年，北齐终于为北周所灭。

在高欢掌权时期，宇文泰扶持的西魏所处关陇地区地狭人少，在国力上无法与东魏抗衡。宇文泰要站稳脚跟，只有不断地进行改革，才能巩固自己的统治。他建立了府兵制，注意调和鲜卑族的武川军官和汉族关陇及河东地区世家大族之间的利益和矛盾，还尤其重视廉政建设，擢用廉吏。他采用苏绰的“六条诏书”作为改革施政方针，在改革过程中始终重视廉政建设，在奖励重用廉吏的同时，对贪污严惩不贷。所以在西魏北周时期涌现了不少廉吏，而宇文泰的妻兄王超世也成为整顿对象。宇文泰死后，经过宇文护专权，周武帝即位，到建德元年（572）亲政，北周进入一个新的发展时期。周武帝是一位较有作为的君主，他实行了一系列改革，如废佛、释放奴婢、改革府兵制，最后灭掉北齐统一了北方。他在建德六年（577）颁布了《刑书要制》，对官吏自盗及隐瞒户口土地者都做了严厉的处罚规定，史称“由是浇诈颇息焉”。周宣帝即位后又颁布“九条”，要求地方官严格依法办事，选拔人才，奖惩结合。在清明的政治环境下，北周的经济和军事实力大为增强。后来周静帝宇文衍继续改革，加强法治，终于统一了北方，为后来的隋王朝统一全国奠定了基础。

三国两晋南北朝时期，治乱之间的纠纷，可谓复杂。因贪暴而亡者不可胜数，因得人爱民而兴者，亦比比皆是。所谓制度，在兴衰中几多流变。至于隋唐，越发明晰地走向了德治与法制并行交融且更加完备的局面，以政治清明、民生宽裕而进入了盛世。

（向珊）

毛 玠

【原文】

毛玠字孝先，陈留平丘人也。少为县吏，以清公称。将避乱荆州，未至，闻刘表政令不明，遂往鲁阳。太祖临兖州，辟为治中从事。玠语太祖曰："今天下分崩，国主迁移，生民废业，饥馑流亡，公家无经岁之储，百姓无安固之志，难以持久。今袁绍、刘表，虽士民众强，皆无经远之虑，未有树基建本者也。夫兵义者胜，守位以财，宜奉天子以令不臣，修耕植，畜军资，如此则霸王之业可成也。"太祖敬纳其言，转幕府功曹，知典选。

太祖为司空丞相，玠尝为东曹掾，与崔琰①并典选举。其所举用，皆清正之士，虽于时有盛名而行不由本者，终莫得进。务以俭率人，由是天下之士莫不以廉节自励，虽贵宠之臣，舆服不敢过度。太祖叹曰："用人如此，使天下人自治，吾复何为哉！"文帝为五官将，亲自诣玠，属所亲眷。玠答曰："老臣以能守职，幸得免戾，今所说人非迁次，是以不敢奉命。”大军还邺，议所并省。玠请谒不行，时人惮之，咸欲省东曹。乃共白曰：“旧西曹为上，东曹为次，宜省东曹。”太祖知其情，令曰：“日出于东，月盛于东，凡人言方，亦复先东，何以省东曹?”遂省西曹。初，太祖平柳城，班所获器物，特以素屏风素冯几赐玠，曰：“君有古人之风，故赐君古人之服。”玠居显位，常布衣蔬食，抚育孤兄子甚笃，赏赐以振施贫族，家无所余。迁右军师。魏国初建，为尚书仆射，复典选举。时太子未定，而临淄侯植有宠，玠密谏曰：“近者袁绍以嫡庶不分，覆宗灭国。废立大事，非所宜闻。”后群僚会，玠起更衣，太祖目指曰：“此古所谓国之司直，我之周昌也。”

崔琰既死，玠内不悦。后有白玠者：“出见黥面反者，其妻子没为官奴婢，玠言曰‘使天不雨者盖此也’。”太祖大怒，收玠付狱。大理钟繇诘玠曰：“自古圣帝明王，罪及妻子。《书》云：‘左不共左，右不共右，予则孥戮女。’司寇之职，男子入于罪隶，女子入于舂稿。汉律，罪人妻子没为奴婢，黥面。汉法所行黥墨之刑，存于古典。今真奴婢祖先有罪，虽历百世，犹有黥面供官，一以宽良民之命，二以宥并罪之辜。此何以负于神明之意，而当致旱?案典谋，急恒寒若，舒恒燠若，宽则亢阳，所以为旱。玠之吐言，以为宽邪，以为急也?急当阴霖，何以反旱?成汤圣世，野无生草，周宣令主，旱魃为虐。亢旱以来，积三十年，归咎黥面，为相值不？卫人伐邢，师兴而雨，罪恶无征，何以应天？玠讥谤之言，流于下民，不悦之声，上闻圣听。玠之吐言，势不独语，时见黥面，凡为几人？黥面奴婢，所识知邪？何缘得见，对之叹言？时以语谁？见答云何？以何日月？于何处所？事已发露，不得隐欺，具以状对。”玠曰：“臣闻萧生缢死，困于石显；贾子放外，谗在绛、灌；白起赐剑于杜邮；晁错致诛于东市；伍员绝命于吴都。斯数子者，或妒其前，或害其后。臣垂龆执简，累勤取官，职在机近，人事所窜。属臣以私，无势不绝；语臣以冤，无细不理。人情淫利，为法所禁，法禁于利，势能害之。青蝇横生，为臣作谤，谤臣之人，势不在他。昔王叔、陈生争正王廷，宣子平理。命举其契，是非有宜，曲直有所，《春秋》嘉焉，是以书之。臣不言此，无有时人。说臣此言，必有征要。乞蒙宣子之辨，而求王叔之对。若臣以曲闻，即刑之日，方之安驷之赠；赐剑之来，比之重赏之惠。谨以状对。”时桓阶、和洽进言救玠。玠遂免黜，卒于家。太祖赐棺器钱帛，拜子机郎中。

选自《三国志》卷十二《魏书·毛玠传》

【注释】

①崔琰（？—216）：字季珪，清河人。曹操破袁绍，辟琰

为别驾从事。魏国初建，拜尚书。建安二十一年（216），曹操为魏王，以为琰与人书中意指不逊，遂赐琰死。

【译文】

毛玠字孝先，陈留平丘人。早年为县吏，以清廉公正著称。本来他要到荆州躲避战乱，还没有到达，听说刘表政令不明，于是便改去鲁阳。太祖到兖州，征辟他任治中从事一职。毛玠对太祖说："现在天下分裂，国君四处迁移，百姓生产荒废，因饥馑而流亡，国家仓库都不够一年的储备，百姓没有安稳固定的心志，这样下去难于长久。现在袁绍、刘表虽然人多势盛，但都没有长远的目光，还没有建基立业。大凡战争以正义一方得胜，固守基业靠财物，应该通过尊奉天子去命令那些不守臣道的人，鼓励农业生产，充实军用物资装备，这样霸王的基业就可以成功了。"太祖非常恭敬地接受了他的建议，并将他升任为幕府功曹，负责举荐人才。

太祖任司空丞相时，毛玠曾任过丞相属下东曹掾，与崔琰共同负责举荐人才之事。他所荐举的，都是清廉正直之士，那些虽有名望但行为与此不符的，至终也不会得到举进。毛玠专心倡导以俭朴为人表率，由此天下的士人没有不以廉正贞节自勉自励的，即使是那些高贵受宠的重臣，使用的车马和所穿的衣服也不敢过度奢华。太祖因此感叹说："像毛玠这样用人，让天下人自我管理，我还用做什么呢！"文帝曹丕担任五官中郎将，亲自拜访毛玠，托他照顾自己的亲眷。毛玠回答说："老臣因为能够尽忠职守，所以有幸没有获罪，您现在所说的人并不是按次第升迁，所以我不敢遵命。"大军返还邺城，讨论裁撤机构。毛玠请求不要实行，当时人们都很畏惧他，都想裁撤毛玠执掌的东曹。于是共同向上奏告："以前西曹在上，东曹在下，应该裁省东曹。"太祖知道实际情况，下令说："太阳从东方升起，月亮在东方盈满，大凡人们谈论方位，也以东为先，为什么要裁减东曹？"于是就撤掉了西曹。当初，太祖平定柳城后，赏赐缴获的各种器物，特别将素淡的屏风和几案赐给毛玠，说："您有古人的风范，所以赐给您古人的物品。"毛玠身居高官显位，经常穿麻布衣，粗茶淡饭，抚养兄长的遗孤非常用心，又施舍赈济贫穷的族人，家里没有积蓄。后来又迁任右军师。魏国刚建立时，毛玠任尚书仆射，又掌管选拔荐举之职。当时太子的人选尚未确定，而临淄侯曹植受到宠爱，毛玠私下里谏言说："近来袁绍就是因为嫡庶不分，致使家国覆灭。废立太子是大事，我们不愿听到有这样的事发生。"后来公卿群僚开会讨论，毛玠起身方便，太祖双眼盯着他说："这就是古时候所谓的国家的司直，也是我的周昌啊。"

后来崔琰被赐死，毛玠内心很不高兴。过后有人告发毛玠，说："他外出看见脸上被刺字的反叛者，他们的妻子儿女被收没为官奴婢，毛玠就说'让老天不能下雨的就是这样的行为啊'。"太祖听后大为愤怒，将毛玠逮捕入狱。大理钟繇责问毛玠说："自古以来圣君明王，都是主张罪及妻子儿女的。《尚书》说：'我向左，你们不一同向左；我向右，你们不一同向右，我将诛杀你们的妻子儿女。'司寇的职责是，男子没为官奴，女子舂米劳作。汉朝的法律，罪犯的妻子儿女没官为奴婢并刺面。汉法所施行的黥墨之刑，存在于古代刑法之中。现在真正的奴婢因为祖先有罪，虽然历经百世，仍有在脸上刺字为官府服役的人，一来是贯彻宽待良民的政策，二来是宽宥数罪并行之人。这怎么能说是有悖于神明之意，而应当受干旱惩罚呢？据典章记载，政策的好坏会直接影响到气候变化，国家的政策如果急迫会导致气候寒冷，政策舒缓气候会温暖，政令宽厚则阳光炽烈，这才是久旱不雨的原因。毛玠说出的话，当认为是宽松还是急迫？如果急迫气候应当阴湿，为什么反而干旱？成汤那样的圣明之世，野地里都干得寸草不生，周宣王是英明圣主，也会遭遇旱魃肆虐。大旱以来，已经长达三十年，而把它归咎于刑刺面之罚，应该吗？卫人攻打邢国，军队出动天就下雨，它的罪恶还未显露，怎么谈得上是上天的应验呢？毛玠那些讥毁诽谤的言辞，在平民百姓中流传，民众不满之声，已传到了皇上那里。毛玠说话时不可能是自言自语，当时所见被刺面的，总共有几个？被刺面的奴婢，和他相识吗？是什么原因使他们相见，说出这些感叹之言？当时是对谁说的？怎么回答的？是在何月何日？在什么地方？事情已经败露，不得隐瞒欺骗，要把实情全部讲出来。”毛玠说：“臣下听说萧望之的死，是因为石显的陷害；贾谊被贬黜，是因为周勃、灌夫的谗言；白起在杜邮被赐剑自杀；晁错穿着朝服在东市被处以腰斩；伍员在吴国都城自缢。这几个人的死，或是因为有人妒忌于前，或是因为有人迫害于后。臣下从青年起便从事文册简牍工作，靠多年的勤勉而取得官位，职掌机密亲近之事，从而为人们所忌恨。说臣下有私心，不可能找不到理由；冤枉臣下，会无孔不入。人的本性热衷于利益，但这又为法令所禁止，法令禁止贪欲，势必要受到利欲熏心者的破坏。谗言横生，诬陷诽谤臣下；诽谤臣下的人，也不可能有其他的目的。先前王叔、陈生在朝廷争辩是非，宣子评定谁是谁非，命令他们立下誓言，是非得以明辨，曲直各得其所，《春秋》对此表示赞赏，就记录下来了。臣下从未说过人们告发的那些话，也不可能找当时的人作证，说臣下说过那些话，一定要有确凿的证据。请求能像陈宣子那样公正审理，我自己可以同王叔一样对证。如果臣下上面所说确是谎言，受刑之时，我会像乘安车驷马离去一样心安理得；赐剑自杀，如同受到重赏一样的恩惠。谨以实情相对。”当时桓阶、和洽也进言挽救毛玠，毛玠因而只受到免官贬黜的处分，后死在家中。曹操赐给他棺木、器物、钱帛，任他的儿子毛机为郎中。

【评述】

毛玠为三国时魏国名臣，曾向曹操进迎汉献帝之策，也曾因谏止曹操废立太子之事，被曹操喻为汉初周昌。他智力超群，富有创见，多次受到曹操的夸奖和赏赐。最终因崔琰无罪被杀而心中不悦，被曹操收捕入狱，经桓阶、和洽相救才得以免罪，被免官归家，后在家中去世。

毛玠为官最让人钦佩的主要有两点，一是他虽居高位，但为官清廉简朴，平常布衣蔬食，过着清苦的日子，从不以权谋私，从不收受贿赂。他悉心抚育哥哥的遗子；所得的赏赐也大多赈济施舍给贫困的人家，为官数十年，仍然“家无所余”。因为他的极力倡导和身先士卒，所以朝中即使是达官显贵也不敢过度奢华。一个好的官员不但能严于律己，更能起到表率作用，带动整个朝中风气。

二是他善于荐举人才。在汉末曹操为相时，毛玠担任尚书仆射，还担任主持选拔任用官吏的职责，贯彻“唯才是举”的选官制度。对于一个国家来说，人才的选拔是非常重要的。在历史上有些官员任人唯亲，甚至收受贿赂卖官鬻爵，只为谋求一己私利而置国家前途于不顾，是非常不负责任甚至是可耻的行为。毛玠在这方面的做法堪称后人典范，《先贤行状》中说他："拔贞实，斥华伪，进逊行，抑阿党。诸宰官治民功绩不著而私财丰足者，皆免黜停废，久不选用。"可见他在这方面所作出的杰出贡献。

（于春媚注译　马琳评述）

田 豫

【原文】

田豫字国让，渔阳雍奴人也。刘备之奔公孙瓒也，豫时年少，自托于备，备甚奇之。备为豫州刺史，豫以母老求归，备涕泣与别，曰：“恨不与君共成大事也。”

公孙瓒使豫守东州令，瓒将王门叛瓒，为袁绍将万余人来攻。众惧欲降。豫登城谓门曰：“卿为公孙所厚而去，意有所不得已也；今还作贼，乃知卿乱人耳。夫挈瓶之智，守不假器①，吾既受之矣；何不急攻乎？”门惭而退。瓒虽知豫有权谋而不能任也。瓒败而鲜于辅为国人所推，行太守事，素善豫，以为长史。时雄杰并起，辅莫知所从。豫谓辅曰：“终能定天下者，必曹氏也。宜速归命，无后祸期。”辅从其计，用受封宠。太祖召豫为丞相军谋掾，除颍阴、朗陵令，迁弋阳太守，所在有治。

鄢陵侯彰征代郡，以豫为相。军次易北，虏伏骑击之，军人扰乱，莫知所为。豫因地形，回车结圜陈，弓弩持满于内，疑兵塞其隙。胡不能进，散去。追击，大破之，遂前平代，皆豫策也。

迁南阳太守。先时，郡人侯音反，众数千人在山中为群盗，大为郡患。前太守收其党与五百余人，表奏皆当死。豫悉见诸系囚，慰谕，开其自新之路，一时破械遣之。诸囚皆叩头，愿自效，即相告语，群贼一朝解散，郡内清静。具以状上，太祖善之。

文帝初，北狄强盛，侵扰边塞，乃使豫持节护乌丸校尉，牵招、解俊并护鲜卑。自高柳以东，涉貊[②]以西，鲜卑数十部，比能、弥加、素利割地统御，各有分界；乃共要誓，皆不得以马与中国市。豫以戎狄为一，非中国之利，乃先构离之，使自为仇敌，互相攻伐。素利违盟，出马千匹与官，为比能所攻，求救于豫。豫恐遂相兼并，为害滋深，宜救善讨恶，示信众狄。单将锐卒，深入虏庭，胡人众多，钞军前后，断截归路。豫乃进军，去虏十余里结屯营，多聚牛马粪然之，从他道引去。胡见烟火不绝，以为尚在，去，行数十里乃知之。追豫到马城，围之十重，豫密严，使司马建旌旗，鸣鼓吹，将步骑从南门出，胡人皆属目往赴之。豫将精锐自北门出，鼓噪而起，两头俱发，出虏不意，虏众散乱，皆弃弓马步走，追讨二十余里，僵尸蔽地。又乌丸王骨进桀黠不恭，豫因出塞案行，单将麾下百余骑入进部。进逆拜，遂使左右斩进，显其罪恶以令众。众皆怖慑不敢动，便以进弟代进。自是胡人破胆，威震沙漠。山贼高艾，众数千人，寇钞，为幽、冀害，豫诱使鲜卑素利部斩艾，传首京都。封豫长乐亭侯。为校尉九年，其御夷狄，恒摧抑兼并，乖散强猾。凡逋亡奸宄，为胡作计不利官者，豫皆构刺搅离，使凶邪之谋不遂，聚居之类不安。事业未究，而幽州刺史王雄支党欲令雄领乌丸校尉，毁豫乱边，为国生事。遂转豫为汝南太守，加殄夷将军。

太和末，公孙渊以辽东叛，帝欲征之而难其人，中领军杨暨举豫应选。乃使豫以本官督青州诸军，假节，往讨之。会吴贼遣使与渊相结，帝以贼众多，又以渡海，诏豫使罢军。豫度贼船垂还，岁晚风急，必畏漂浪，东随无岸，当赴成山。成山无藏船之处，辄便循海，案行地势，及诸山岛，徼截险要，列兵屯守。自入成山，登汉武之观。贼还，果遇恶风，船皆触山沈没，波荡著岸，无所蒙窜，尽虏其众。初，诸将皆笑于空地待贼，及贼破，竞欲与谋，求入海钩取浪船。豫惧穷虏死战，皆不听。初，豫以太守督青州，青州刺史程喜内怀不服，军事之际，多相违错。喜知帝宝爱明珠，乃密上：“豫虽有战功而禁令宽弛，所得器仗珠金甚多，放散皆不纳官。”由是功不见列。

后孙权号十万众攻新城，征东将军满宠欲率诸军救之。豫曰：“贼悉众大举，非徒投射小利，欲质新城以致大军耳。宜听使攻城，挫其锐气，不当与争锋也。城不可拔，众必罢怠；罢怠然后击之，可大克也。若贼见计，必不攻城，势将自走。若便进兵，适入其计。又大军相向，当使难知，不当使自画也。”豫辄上状，天子从之。会贼遁走。后吴复来寇，豫往拒之，贼即退。诸军夜惊，云：“贼复来！”豫卧不起，令众“敢动者斩”。有顷，竟无贼。

景初末，增邑三百，并前五百户。正始初，迁使持节护匈奴中郎将，加振威将军，领并州刺史。外胡闻其威名，相率来献。州界宁肃，百姓怀之。征为卫尉。屡乞逊位，太傅司马宣王以为豫克壮，书喻未听。豫书答曰：“年过七十而以居位，譬犹钟鸣漏尽而夜行不休，是罪人也。”遂固称疾笃。拜太中大夫，食卿禄。年八十二薨。子彭祖嗣。

豫清俭约素，赏赐皆散之将士。每胡、狄私遗，悉簿藏官，不入家；家常贫匮。虽殊类，咸高豫节。嘉平六年，下诏褒扬，赐其家钱谷。语在《徐邈传》。

选自《三国志》卷二十六《魏书·田豫传》

【注释】

①挈瓶之智，守不假器：仅有一点挈瓶汲水的浅薄见识就能守住汲器不外借。比喻慎其所有，忠于职守。挈瓶，汲水用的小瓶。

②涉貊（huì mò）：我国东北的古老民族，又称貉、貉貊或藏貊，古文献又称之为“白民”、“亳人”或“发人”。涉貊族是

由涉人和貊人汇合而成，以农业城栅为特点，不同于游牧民族。

【译文】

田豫字国让，渔阳雍奴人。刘备投奔公孙瓒时，田豫还很年轻，他自托于刘备，刘备认为他是奇才。刘备做豫州刺史时，田豫以母亲年老的理由请求还乡。刘备流着眼泪与他话别，说："很遗憾不能与您共成大事！"

公孙瓒派田豫做东州令。公孙瓒的将领王门反叛公孙瓒，替袁绍率万余人来攻打他。大家畏惧想要投降，田豫登上城头对王门说："公孙瓒待你不薄，你却离他而去，可能有不得已之处；今天你带兵反叛，我才知道你是一个头脑不清的人。有一点点才能的人都知道守住自己的汲器不外借，况且我已经受命在这里任职；你为什么不赶快攻打呢？"王门惭愧而退兵。公孙瓒虽然知道田豫有权谋，但并不重用他。公孙瓒失势，鲜于辅被国人推举为代理太守，一直对田豫很好，以田豫为长史。当时群雄并起，鲜于辅无所适从。田豫对鲜于辅说："最终能够定天下的，一定是曹操。应该赶快归顺曹操，免遭后祸。"鲜于辅听从了他的计策，得到了曹操的赏识和重用。太祖召田豫任丞相军谋掾，又先后任命为颍阴、朗陵令，升任弋阳太守，在任职的地方都有政绩。

鄢陵侯曹彰征伐代郡，任田豫为辅佐。大军驻扎在易北，遭遇敌军埋伏骑兵袭击，军中大乱，不知如何对付。田豫依据地形，用兵车排成了圆形兵阵，让将士拉满弓箭守在里面，又在衔接部位安排一些迷惑敌人的兵士。敌军不能攻入，也就散去了。田豫派兵追击，大败敌军，继续向前平定了代郡，这全都是田豫的计策。

后升任南阳太守。早先，郡人侯音造反，数千人在山里集结为盗，成了郡中的大祸患。前任太守抓了其中五百多人，上奏朝廷都应该判死刑。田豫却接见所有的囚犯，安慰他们，给他们一条自新之路，当时就打开他们的枷锁，放他们回家。这些囚徒都叩头感谢他，愿意为他效力，回去后他们互相转告，群贼一时全都解散了，郡内从此太平清静。这些事上报到朝廷，太祖很赞赏他。

文帝初年，北狄强盛，经常侵扰边境，于是派田豫持节总领乌丸校尉，牵招、解俊一起总领鲜卑。自高柳以东，涉貊以西，鲜卑共几十个部落，比能、弥加、素利割地统领，各有各的分界；他们共同订立了誓约，都不向中原出售马匹。田豫认为戎狄团结一致，对中原不利，于是他先制造矛盾离间他们，使他们互为仇敌，互相攻打。素利违背了盟约，卖了一千多只马匹给中原，被比能攻打，他们向田豫求救。田豫担心他们相互兼并，危害越来越大，应该救善讨恶，向戎狄显示中原的信义。他亲自率精兵，深入到戎狄的领地。胡人很多，把田豫军队前后包围，截断了他们的归路。田豫于是进军，离胡人十多里结营扎寨，点燃了很多牛马粪，从别的道悄悄引兵而去。胡人见烟火不断，以为他们还在，田豫他们走了几十里，胡人才知道实情。胡人追击到了马城，密密麻麻包围了十多层。田豫措施严密，派军中司马插旌旗，吹号鸣鼓，又派步兵从南门出，胡人的注意力都被吸引去。田豫率领精锐部队从北门出击，一时鼓声大作，两头齐发，出其不意。虏寇人多散乱，都扔下弓箭和马匹逃走，追了二十多里，虏寇横尸满地。还有乌丸王骨进，凶暴狡诈，对朝廷不恭。

田豫出塞，他只带着手下一百多人到了骨进的管辖地界。骨进出来迎拜，田豫命令左右的随员杀了骨进，向大家公布了骨进的罪恶。当地的人都吓得不敢动弹，于是他又让骨进的弟弟代替了骨进。从此之后，胡人吓破了胆，汉廷的神威震慑沙漠。山中的盗贼高艾，聚集数千人，为寇抄掠，成为幽、冀的祸害，田豫诱使鲜卑的素利部杀了高艾，把他的头颅传到京都。朝廷封田豫长乐亭侯。他做校尉九年，抵御夷狄，摧毁兼并，离散强大的势力和狡猾的部落。凡是抓到逃亡的那些替胡人献计、对朝廷不利的奸人，田豫都强力打击或离间他们，使凶邪的计划不能得逞，聚众成群的不得安宁。但田豫治理夷狄的事业还未完成，幽州刺史王雄的党羽要使王雄为乌丸校尉，他们诋毁田豫扰乱边境，为国家生事。于是田豫被转任为汝南太守，加封殄夷将军。

太和末年，公孙渊在辽东叛乱，皇帝要征讨他又苦于找不到合适的人选，中领军杨暨推举田豫。于是派田豫以现任官职总督青州各军，持节，前去征讨。遇上吴国派遣使者与公孙渊相勾结，皇帝考虑敌人众多，又要渡海，下诏让田豫罢军。田豫估计敌人的船急于返回，晚风很急，必然害怕在江上漂泊，东面无岸，一定会去成山。成山没有藏船的地方，于是他就顺着海查看地形，到了各个山岛，险要的地方他都派兵驻守。亲自到成山，登上汉武帝当年登临的地方祭拜。敌人返回时，果然遇到大风，船都触山沉没，漂荡到岸上，无处隐蔽逃窜，都成为了俘虏。先前，诸将领都讥笑田豫在空地上等待敌人，等到击破了敌人，又都争相献策，要求入海钩取敌人的船只。田豫担心处于绝境的敌寇会死战，没有听从他们的建议。当初，田豫以太守的身份统领青州各军，青州刺史程喜心里不服气，在调兵作战时，常常不服从指挥。程喜知道皇帝非常喜爱明珠，就暗地里上奏："田豫虽然有战功但禁令松弛，缴获的兵器、珍珠、黄金很多，都发放给部下而不交纳官府。"因此田豫有功却未被旌表。

后来孙权号称以十万大军攻打合肥新城，征东将军满宠要率各部救援。田豫说："敌人率兵大举进攻，不只是贪图一点点小利，他们要以新城为质引诱我们的大军。应该任凭他们攻城，挫伤他们的锐气，不应该与他们争锋。城攻不下来，敌人必然疲惫；等他们疲惫以后再攻打他们，可以大获全胜。如果敌人识破我们的计策，必然不再攻城，自己就离开了。如果我们进兵，正中敌人的奸计。再说两军相对，应该让对方难于了解我们的情况，不应该使我们自己完全暴露。"田豫将这个意见上奏天子，天子听从了他的意见。这时正好敌人退兵，后来吴兵又来侵扰，田豫前去抗敌，敌人闻风退却。夜里军中一片惊恐，有人说："敌人又来了。"但田豫躺在床上不动。下令说："敢动的人，斩！"过了一会儿，果然没有敌人。

景初末年，给田豫增加食邑三百户，加上以前的共五百户。正始初年，田豫升任使持节护匈奴中郎将，加授振威将军，兼任并州刺史。边境外的胡人听到他的威名，相继前来进献礼物。并州境内安定整肃，老百姓都怀念他。后来，征召他任卫尉。他多次请求退职，太傅司马宣王认为田豫身体健壮，写信告知不允许。田豫写信回答说："年龄过了七十还处在官位上，好像晨钟已响，更漏已尽，却仍在行走不止，这是罪人啊。"于是坚称病重。又被授任太中大夫，享受卿的俸禄。八十二岁时去世。儿子田彭祖继承了爵位。

田豫清廉节俭，克己朴素，得到的赏赐全都分发给将士。每有胡人、狄人私自赠送的财物，他全都登记交公，不入自己家；他的家里经常贫穷匮乏。即使是异族人，也都称赞田豫的节操。嘉平六年（254），皇帝下诏书表彰，赐给他家钱和谷物。这事记载在《徐邈传》中。

【评述】

田豫是魏国名臣，才能很高。投奔曹操之后长期镇守北方，战功卓著。他曾伐鲜卑、乌丸、辽东，在某种程度上说，他的军队是魏国北方的藩屏。而且他一直精心训练幽州兵和投降的少数民族骑兵，每年都向国家提供一大批精兵和战马，是魏国兵员最主要的输出地，也是在西线和南线作战最骁勇善战的兵马来源。

田豫之所以能够取得这样的成就，能够得到将士们的信任，连少数民族的将领都对他十分敬畏，是与他为官清廉、克己奉公的品德分不开的。《魏略》中还提到一个被广为传颂的田豫受金入官库的故事就印证这一点。田豫心中总是想着手下的将士们，将自己所得的赏赐都分发给他们，如果有胡人送来的物资和财物，也全部拨入官府而不自己私吞，更不会用这些财物讨好和贿赂皇上或其他官员。因此他虽为名将却一生清贫，家无长物，但将士们都肯为他卖命，百姓也都非常信赖他。

读过田豫的事迹之后，感触很深。一个心中没有一己之利益而只有国家和人民的官员一定会是个好官。田豫用自己的身体力行为后人树立了榜样，用自己的所作所为告诉我们如何才能使敌人敬畏，使百姓信任，真正做到问心无愧，坦坦荡荡。

（于春媚注译　马琳评述）

徐邈

【原文】

徐邈字景山，燕国蓟人也。太祖平河朔，召为丞相军谋掾，试守奉高令，入为东曹议令史。魏国初建，为尚书郎。时科禁酒，而邈私饮至于沈醉。校事赵达问以曹事，邈曰："中圣人①。"达白之太祖，太祖甚怒。度辽将军鲜于辅进曰："平日醉客谓酒清者为圣人，浊者为贤人，邈性修慎，偶醉言耳。"竟坐得免刑。后领陇西太守，转为南安。文帝践阼，历谯相，平阳、安平太守，颍川典农中郎将，所在著称，赐爵关内侯。车驾幸许昌，问邈曰："颇复中圣人不?"邈对曰："昔子反毙于谷阳②，御叔罚于饮酒③，臣嗜同二子，不能自惩，时复中之。然宿瘤以丑见传④，而臣以醉见识。"帝大笑，顾左右曰："名不虚立。"迁抚军大将军军师。

明帝以凉州绝远，南接蜀寇，以邈为凉州刺史，使持节领护羌校尉。至，值诸葛亮出祁山，陇右三郡反，邈辄遣参军及金城太守等击南安贼，破之。河右少雨，常苦乏谷，邈上修武威、酒泉盐池以收虏谷，又广开水田，募贫民佃之，家家丰足，仓库盈溢。乃支度州界军用之余，以市金帛犬马，通供中国之费。以渐收敛民间私仗，藏之府库。然后率以仁义，立学明训，禁厚葬，断淫祀，进善黜恶，风化大行，百姓归心焉。西域流通，荒戎入贡，皆邈勋也。讨叛羌柯吾有功，封都亭侯，邑三百户，加建威将车。邈与羌、胡从事，不问小过；若犯大罪，先告部帅，使知，应死者乃斩以徇，是以信服畏威。赏赐皆散与将士，无入家者，妻子衣食不充；天子闻而嘉之，随时供给其家。弹邪绳枉，州界肃清。

正始元年，还为大司农。迁为司隶校尉，百寮敬惮之。公事去官。后为光禄大夫，数岁即拜司空，邈叹曰："三公论道之官，无其人则缺，岂可以老病忝之哉?"遂固辞不受。嘉平元年，年七十八，以大夫薨于家，用公礼葬，谥曰穆侯。子武嗣。六年，朝廷追思清节之士，诏曰："夫显贤表德，圣王所重；举善而教，仲尼所美。故司空徐邈、征东将军胡质、卫尉田豫皆服职前朝，历事四世[⑤]，出统戎马，入赞庶政，忠清在公，忧国忘私，不营产业，身没之后，家无余财，朕甚嘉之。其赐邈等家谷二千斛，钱三十万，布告天下。"邈同郡韩观曼游，有鉴识器干，与邈齐名，而在孙礼、卢毓先，为豫州刺史，甚有治功，卒官。卢钦著书，称邈曰："徐公志高行趔，才博气猛。其施之也，高而不狷，趔而不介，博而守约，猛而能宽。圣人以清为难，而徐公之所易也。”或问钦：“徐公当武帝之时，人以为通，自在凉州及还京师，人以为介，何也？”钦答曰：“往者毛孝先、崔季珪等用事，贵清素之士，于时皆变易车服以求名高，而徐公不改其常，故人以为通。比来天下奢靡，转相仿效，而徐公雅尚自若，不与俗同，故前日之通，乃今日之介也。是世人之无常，而徐公之有常也。”

选自《三国志》卷二十七《魏书·徐邈传》

【注释】

①中（zhòng）圣人：酒醉的隐语。中，醉饮。圣人，当时禁酒，时人不敢直说酒，故称白酒为贤人，清酒为圣人。

②子反毙于谷阳：子反，春秋时的楚国将军。前575年，晋楚战于鄢陵，楚王召子反谋划，子反因饮了侍从谷阳竖所上之酒而醉不能往，楚军因而打了败仗。子反因此而引罪自杀。

③御叔罚于饮酒：御叔，春秋时晋国的大夫。前551年，鲁国的使者臧武仲出使晋国，途中遇雨，在御叔的封地停留，顺便拜访他。御叔却自顾饮酒，并说了一些无礼的话。晋君知道后罚他出加倍的贡赋。

④宿瘤以丑见传：相传宿瘤是齐国采桑女，颈上生了个大瘤，因号宿瘤。齐闽王认为她有德，迎立为后。

⑤四世：指曹操、曹丕、曹叡和当时的皇帝曹芳。

【译文】

徐邈字景山，燕国蓟人。曹操平定黄河以北地区后，召请徐邈担任丞相军谋掾，代理做奉高县令，后他又入朝担任东曹议令史。魏国刚建立时，他担任尚书郎。当时法令禁止喝酒，但他却私底下饮酒至大醉。负责纠察的官员校事赵达向他询问本曹的公事，徐邈只说："中圣人。"赵达把这话报告给曹操，曹操大怒。度辽将军鲜于辅进言说："平常喝醉酒的人称清冽的酒为圣人，浑浊的酒为贤人。徐邈性情端正谨慎，这只不过是一时的醉话罢了。"结果徐邈因而免于刑罚。后来他担任陇西太守，又转任南安太守。魏文帝曹丕即位后，他历任谯相，平阳、安平太守，颍川典农中郎将，所到之处名声远扬，被赐予关内侯的爵位。魏文帝曹丕巡幸许昌，问徐邈说："还常'中圣人'吗?"徐邈回答说："从前子反因喝了谷阳的酒误大事而自杀身亡，御叔因饮酒无礼被罚以重赋。我嗜酒跟这两个人一样，不能自我惩戒，所以时常还是会喝酒。宿瘤因为貌丑而被载入史册，我则是因为醉酒而被皇上您记住。"文帝大笑，对身边的人说："徐邈真是名不虚传啊!"于是调任徐邈为抚军大将军军师。

魏明帝认为凉州地处边远，又在南面与西蜀直接接壤，就任命徐邈为凉州刺史，并让他持有朝廷符节兼任护羌校尉。到任后，正赶上诸葛亮兵出祁山，陇右三郡相继反叛。徐邈派遣参军以及金城太守等部讨伐南安叛贼，并最终打败了他们。黄河以西地区少雨，常常苦于没有粮食，徐邈扩充修整武威、酒泉盐池，用来收藏敌人的粮食，又大量开垦水田，招募贫民耕种土地，使得家家粮食充足，仓库盈满。他又计算州中军费用度的余额，用来交换金属、丝织品和犬马，供给中原王朝消费。又逐步收缴民间的私人武器，收藏到官方的府库里。然后以仁义做表率，建立学校彰明教导，禁止厚葬，废止官方规定以外的祭祀活动，推荐善人，贬黜恶人，淳厚的风尚教化盛行，百姓心悦诚服地来归附。与西域交往，边远少数民族都来进贡，这些都是徐邈的功绩。后徐邈讨伐反叛的羌人柯吾有功，被封为都亭侯，食邑三百户，加封建威将军。徐邈和羌人、胡人打交道，不过问小的过失，但如果他们犯了大罪，就先通告部落首领，让他们知道，应该判死刑的就斩首示众，因此他们都信服敬畏徐邈。朝廷给的赏赐，徐邈都分给将士，没有拿回家去的，自己的妻子儿女却常常衣食不足。天子听到后很赞赏他，随时给他家里提供衣食等物。他惩治邪恶，纠正冤屈，一州之内秩序清平。

正始元年（240），徐邈回朝担任大司农。又升任司隶校尉，百官都敬畏他。后因朝廷之事被免去官职。后又任光禄大夫，几年后即被拜任为司空。徐邈感叹说："三公是参议国家大政的官员，没有合适的人就空缺，怎么能让我这又老又病的人去愧对它呢?"于是坚持辞让不肯接受。嘉平元年（249），徐邈年七十八岁，以大夫的身份在家中去世，朝廷用三公的礼节来安葬他，谥号为"穆侯"。他的儿子徐武继承爵位。嘉平六年（254），朝廷追悼清廉节操的士人，下诏说："尊显贤能、表彰品德，是圣王所重视的事；推举善人进行教化，是孔子所赞美的事。已故的司空徐邈、征东将军胡质、卫尉田豫都在前朝任职，先后侍奉我四代君主，在外则统领军队，入朝则辅佐朝政，忠心清廉为公，为国担忧以忘私家，不经营自己的家产，去世之后，家里没有多余的钱财，我很嘉赏他们。赐给徐邈等人的家人粮食二千斛，钱三十万，告示天下。"徐邈同郡的韩观，字曼游，有识别人才的能力，名气与徐邈相当，而在孙礼、卢毓之上，他任豫州刺史，很有治理的功绩，死在官任上。卢钦著书，称赞徐邈说："徐公志气高远，行为廉洁，学识渊博，气质勇猛。他在施行这些品德时，高尚而不拘谨，廉洁而不孤傲，博学而得其要领，勇猛而宽容大度。圣人认为清廉很难做到，而对徐公来说是件很容易的事。"有人问卢钦："徐公在武帝曹操时代，人们认为他通达，而从任凉州刺史回到京城后，人们又认为他孤介，这是为什么呢?"卢钦回答说："以前毛孝先、崔季珪等当权，尊崇清廉朴素之士，当时人们都改换车子服饰，用来猎取高名，而徐公不改往常所用，所以人们认为他通达。近来天下崇尚奢靡，人们又竞相效仿，而徐公清廉一如既往，不与流俗苟同，所以往日的通达，就变成今日的孤介了。这是因为世人总是变化无常而徐公持之以恒罢了。"

【评述】

徐邈是魏国名臣，历事四朝，出能为将，克敌安边，入能为相，善政美教，具有杰出的政治才干。徐邈做地方官的时候，大力促进地方生产，为国家创造了很多财富，而他自己却"赏赐皆散与将士，无入家者，妻子衣食不充"。回到朝廷担任司空的高职，徐邈也能做到功成身退，身没之后，家无余财。

徐邈的清廉，并没有什么特别超出常人的举动，然而他的廉洁行为却独具历史意义和现实意义。

首先，徐邈的清廉体现了他那个时代的鲜明特点，有"通达"之风。汉末名教废弛，士人崇尚通达。通达的指向就是人的自觉意识的崛起。人们做事从遵循礼教中解脱出来，开始遵从内心，崇尚自然的感觉与情操。徐邈的清廉就有一种自发自觉、自然而然的真诚感在里面。时人卢钦评价徐邈的清廉时，说他“高而不狷，趋而不介，博而守约，猛而能宽。圣人以清为难，而徐公之所易也”。意思是，徐邈让人觉得高尚而不拘谨自守，廉洁而不孤僻离群，这是因为徐邈的清廉并不是因为名声而为，他是发自内心的，所以他不必做出特别出格的事情来标榜自己的廉洁，也不必因为要自视廉洁而拒人于千里之外。所以对他而言，清廉就是做自己，是一件很容易的事情。

其次，徐邈虽有通达之风，却没有通达之弊。徐邈生活的后期，是魏明帝时期，当时社会上又兴起了奢靡的思潮，这实际上是因为当时的思想突破了汉代的名教束缚，却还未找到安置之处，而儒学传统中一些好的方面又一并被否定。士人们纷纷走向名教的反面，将“通达”做过了分，变成了浮华。浮华就是脱离本质，崇尚虚名。本来内心并不清廉，却要装出清廉的样子。对于这种行为，徐邈的表现就尤为难能可贵。

徐邈自己对清廉并没有留下什么特别的言辞与事迹，但是他的同时代人却给了他很高的评价，这就在于徐邈的清廉是最为平易而淡然的，原来淡是真滋味，繁华落尽见真淳。徐邈的廉洁正是这样。

（张文华注译　于春媚评述）

诸葛亮

【原文】

诸葛亮字孔明，琅邪阳都人也。汉司隶校尉诸葛丰后也。父珪，字君贡，汉末为太山郡丞。亮早孤，从父玄为袁术所署豫章太守，玄将亮及亮弟均之官。会汉朝更选朱皓代玄。玄素与荆州牧刘表有旧，往依之。玄卒，亮躬耕陇亩，好为《梁父吟》。身长八尺，每自比于管仲、乐毅，时人莫之许也。惟博陵崔州平①、颍川徐庶元直与亮友善，谓为信然。

时先主屯新野。徐庶见先主，先主器之，谓先主曰："诸葛孔明者，卧龙也，将军岂愿见之乎？"先主曰："君与俱来。"庶曰："此人可就见，不可屈致也。将军宜枉驾顾之。"由是先主遂诣亮，凡三往，乃见。因屏人曰："汉室倾颓，奸臣窃命，主上蒙尘。孤不度德量力，欲信大义于天下，而智术浅短，遂用猖（獗），至于今日。然志犹未已，君谓计将安出？"亮答曰："自董卓以来，豪杰并起，跨州连郡者不可胜数。曹操比于袁绍，则名微而众寡，然操遂能克绍，以弱为强者，非惟天时，抑亦人谋也。今操已拥百万之众，挟天子而令诸侯，此诚不可与争锋。孙权据有江东，已历三世，国险而民附，贤能为之用，此可以为援而不可图也。荆州北据汉、沔，利尽南海，东连吴会，西通巴、蜀，此用武之国，而其主不能守，此殆天所以资将军，将军岂有意乎？益州险塞，沃野千里，天府之土，高祖因之以成帝业。刘璋暗弱，张鲁在北，民殷国富而不知存恤，智能之士思得明君。将军既帝室之胄，信义著于四海，总揽英雄，思贤如渴，若跨有荆、益，保其岩阻，西和诸戎，南抚夷越，外结好孙权，内修政理；天下有变，则命一上将将荆州之军以向宛、洛，将军身率益州之众出于秦川，百姓孰敢不箪食壶浆以迎将军者乎？诚如是，则霸业可成，汉室可兴矣。”先主曰：“善！”于是与亮情好日密。关羽、张飞等不悦，先主解之曰：“孤之有孔明，犹鱼之有水也。愿诸君勿复言。”羽、飞乃止。

刘表长子琦，亦深器亮。表受后妻之言，爱少子琮，不悦于琦。琦每欲与亮谋自安之术，亮辄拒塞，未与处画。琦乃将亮游观后园，共上高楼，饮宴之间，令人去梯，因谓亮曰：“今日上不至天，下不至地，言出子口，入于吾耳，可以言未？”亮答曰：“君不见申生在内而危，重耳在外而安乎？”琦意感悟，阴规出计。会黄祖死，得出，遂为江夏太守。俄而表卒，琮闻曹公来征，遣使请降。先主在樊闻之，率其众南行，亮与徐庶并从，为曹公所追破，获庶母。庶辞先主而指其心曰："本欲与将军共图王霸之业者，以此方寸之地也。今已失老母，方寸乱矣，无益于事，请从此别。"遂诣曹公。

先主至于夏口，亮曰："事急矣，请奉命求救于孙将军。"时权拥军在柴桑，观望成败，亮说权曰："海内大乱，将军起兵据有江东，刘豫州亦收众汉南，与曹操并争天下。今操芟夷大难，略已平矣，遂破荆州，威震四海。英雄无所用武，故豫州遁逃至此。将军量力而处之：若能以吴、越之众与中国抗衡，不如早与之绝；若不能当，何不案兵束甲，北面而事之！今将军外托服从之名，而内怀犹豫之计，事急而不断，祸至无日矣！"权曰："苟如君言，刘豫州何不遂事之乎？"亮曰："田横，齐之壮士耳，犹守义不辱，况刘豫州王室之胄，英才盖世，众士慕仰，若水之归海，若事之不济，此乃天也，安能复为之下乎！"权勃然曰："吾不能举全吴之地，十万之众，受制于人。吾计决矣！非刘豫州莫可以当曹操者，然豫州新败之后，安能抗此难乎？"亮曰："豫州军虽败于长阪，今战士还者及关羽水军精甲万人，刘琦合江夏战士亦不下万人。曹操之众，远来疲弊，闻追豫州，轻骑一日一夜行三百余里，此所谓'强弩之末，势不能穿鲁缟'者也。故兵法忌之，曰'必蹶上将军'。且北方之人，不习水战；又荆州之民附操者，逼兵势耳，非心服也。今将军诚能命猛将统兵数万，与豫州协规同力，破操军必矣。操军破，必北还，如此则荆、吴之势强，鼎足之形成矣。成败之机，在于今日。”权大悦，即遣周瑜、程普、鲁肃等水军三万，随亮诣先主，并力拒曹公。曹公败于赤壁，引军归邺。先主遂收江南，以亮为军师中郎将，使督零陵、桂阳、长沙三郡，调其赋税，以充军实。

建安十六年，益州牧刘璋遣法正迎先主，使击张鲁。亮与关羽镇荆州。先主自葭萌还攻璋，亮与张飞、赵云等率众溯江，分定郡县，与先主共围成都。成都平，以亮为军师将军，署左将军府事。先主外出，亮常镇守成都，足食足兵。二十六年，群下劝先主称尊号，先主未许，亮说曰：“昔吴汉、耿弇等初劝世祖即帝位，世祖辞让，前后数四，耿纯进言曰：‘天下英雄喁喁，冀有所望。如不从议者，士大夫各归求主，无为从公也。’世祖感纯言深至，遂然诺之。今曹氏篡汉，天下无主，大王刘氏苗族，绍世而起，今即帝位，乃其宜也。士大夫随大王久勤苦者，亦欲望尺寸之功如纯言耳。”先主于是即帝位，策亮为丞相曰：“朕遭家不造，奉承大统，兢兢业业，不敢康宁，思靖百姓，惧未能绥。于戏！丞相亮其悉朕意，无怠辅朕之阙，助宣重光，以照明天下，君其勖哉！”亮以丞相录尚书事，假节。张飞卒后，领司隶校尉。

章武三年春，先主于永安病笃，召亮于成都，属以后事，谓亮曰："君才十倍曹丕，必能安国，终定大事。若嗣子可辅，辅之；如其不才，君可自取。"亮涕泣曰："臣敢竭股肱之力，效忠贞之节，继之以死！"先主又为诏敕后主曰："汝与丞相从事，事之如父。"建兴元年，封亮武乡侯，开府治事。顷之，又领益州牧。政事无巨细，咸决于亮。南中诸郡，并皆叛乱，亮以新遭大丧，故未便加兵，且遣使聘吴，因结和亲，遂为与国。

三年春，亮率众南征，其秋悉平。军资所出，国以富饶，乃治戎讲武，以俟大举。五年，率诸军北驻汉中，临发，上疏曰：

"先帝创业未半而中道崩殂，今天下三分，益州疲弊，此诚危急存亡之秋也。然侍卫之臣不懈于内，忠志之士忘身于外者，盖追先帝之殊遇，欲报之于陛下也。诚宜开张圣听，以光先帝遗德，恢弘志士之气，不宜妄自菲薄，引喻失义，以塞忠谏之路也。宫中府中俱为一体，陟罚臧否，不宜异同。若有作奸犯科及为忠善者，宜付有司论其刑赏，以昭陛下平明之理，不宜偏私，使内外异法也。侍中、侍郎郭攸之②、费祎③、董允④等，此皆良实，志虑忠纯，是以先帝简拔以遗陛下。愚以为宫中之事，事无大小，悉以咨之，然后施行，必能裨补阙漏，有所广益。将军向宠，性行淑均，晓畅军事，试用于昔日，先帝称之曰能，是以众议举宠为督。愚以为营中之事，悉以咨之，必能使行陈和睦，优劣得所。亲贤臣，远小人，此先汉所以兴隆也；亲小人，远贤臣，此后汉所以倾颓也。先帝在时，每与臣论此事，未尝不叹息痛恨于桓、灵也。侍中、尚书、长史、参军，此悉贞良死节之臣，原陛下亲之信之，则汉室之隆，可计日而待也。

“臣本布衣，躬耕于南阳，苟全性命于乱世，不求闻达于诸侯。先帝不以臣卑鄙，猥自枉屈，三顾臣于草庐之中，咨臣以当世之事，由是感激，遂许先帝以驱驰。后值倾覆，受任于败军之际，奉命于危难之间，尔来二十有一年矣。先帝知臣谨慎，故临崩寄臣以大事也。受命以来，夙夜忧叹，恐托付不效，以伤先帝之明，故五月渡泸，深入不毛。今南方已定，兵甲已足，当奖率三军，北定中原，庶竭驽钝，攘除奸凶，兴复汉室，还于旧都。此臣所以报先帝，而忠陛下之职分也。

“至于斟酌损益，进尽忠言，则攸之、屼、允之任也。愿陛下托臣以讨贼兴复之效；不效，则治臣之罪，以告先帝之灵。若无兴德之言，则责攸之、屼、允等之慢，以彰其咎。陛下亦宜自谋，以咨诹善道，察纳雅言，深追先帝遗诏。臣不胜受恩感激，今当远离，临表涕零，不知所言。”

遂行，屯于沔阳。

六年春，扬声由斜谷道取郿，使赵云、邓芝为疑军，据箕谷，魏大将军曹真举众拒之。亮身率诸军攻祁山，戎陈整齐，赏罚肃而号令明，南安、天水、安定三郡叛魏应亮，关中响震。魏明帝西镇长安，命张郃拒亮，亮使马谡督诸军在前，与郃战于街亭。谡违亮节度，举动失宜，大为郃所破。亮拔西县千余家，还于汉中，戮谡以谢众。上疏曰："臣以弱才，叨窃非据，亲秉旄钺以厉三军，不能训章明法，临事而惧，至有街亭违命之阙，箕谷不戒之失，咎皆在臣授任无方。臣明不知人，恤事多暗，《春秋》责帅，臣职是当。请自贬三等，以督厥咎。"于是以亮为右将军，行丞相事，所总统如前。

冬，亮复出散关，围陈仓，曹真拒之，亮粮尽而还。魏将王双率骑追亮，亮与战，破之，斩双。七年，亮遣陈式攻武都、阴平。魏雍州刺史郭淮率众欲击式，亮自出至建威，淮退还，遂平二郡。诏策亮曰："街亭之役，咎由马谡，而君引愆，深自贬抑，重违君意，听顺所守。前年燿师，馘斩王双；今岁爰征，郭淮遁走；降集氐、羌，兴复二郡，威镇凶暴，功勋显然。方今天下骚扰，元恶未枭，君受大任，干国之重，而久自挹损，非所以光扬洪烈矣。今复君丞相，君其勿辞。"

九年，亮复出祁山，以木牛运，粮尽退军，与魏将张郃交战，射杀郃。十二年春，亮悉大众由斜谷出，以流马运，据武功五丈原，与司马宣王[⑤]对于渭南。亮每患粮不继，使己志不申，是以分兵屯田，为久驻之基。耕者杂于渭滨居民之间，而百姓安堵，军无私焉。相持百余日。其年八月，亮疾病，卒于军，时年五十四。及军退，宣王案行其营垒处所，曰：“天下奇才也！”

亮遗命葬汉中定军山，因山为坟，冢足容棺，敛以时服，不须器物。诏策曰：“惟君体资文武，明睿笃诚，受遗托孤，匡辅朕躬，继绝兴微，志存靖乱；爰整六师，无岁不征，神武赫然，威镇八荒，将建殊功于季汉，参伊、周之巨勋。如何不吊，事临垂克，遘疾陨丧！朕用伤悼，肝心若裂。夫崇德序功，纪行命谥，所以光昭将来，刊载不朽。今使使持节左中郎将杜琼，赠君丞相武乡侯印绶，谥君为忠武侯。魂而有灵，嘉兹宠荣。呜呼哀哉！呜呼哀哉！”

初，亮自表后主曰：“成都有桑八百株，薄田十五顷，子弟衣食，自有余饶。至于臣在外任，无别调度，随身衣食，悉仰于官，不别治生，以长尺寸。若臣死之日，不使内有余帛，外有赢财，以负陛下。”及卒，如其所言。

亮性长于巧思，损益连弩，木牛流马，皆出其意；推演兵法，作八陈图，咸得其要云。亮言教书奏多可观，别为一集。

景耀六年（263）春，诏为亮立庙于沔阳。秋，魏镇西将军钟会征蜀，至汉川，祭亮之庙，令军士不得于亮墓所左右刍牧樵采。亮弟均，官至长水校尉。亮子瞻，嗣爵。

选自《三国志》卷三十五《蜀书·诸葛亮传》

【注释】

①崔州平：东汉末年隐士，太尉崔烈之子，西河太守崔均之弟。与荆襄一带的名士徐庶（元直）、石韬（广元）、孟建（公威）、庞统（士元）、诸葛亮（孔明）等人常有来往。

②郭攸之：字演长，南阳人。为人和顺，以器识才学知名于时。建兴二年（224）任黄门侍郎，后迁侍中。费屿、董允为侍中和侍郎，共为刘备、诸葛亮所赏识，后服侍后主刘禅。

③费屿：三国时蜀汉名臣。深得诸葛亮器重，诸葛亮死后，初为后军师，再为尚书令，再迁大将军。实行休养生息的政策，为蜀汉的发展尽心竭力。后为魏降将郭循行刺身死。

④董允（？—246）：三国时期蜀汉官员，刘禅嗣位，迁黄门侍郎。允秉心公亮，常对后主诤谏。

⑤司马宣王：即司马懿（179—251），字仲达，河内温县人。三国时期魏国杰出的政治家、军事家。多次率军对抗诸葛亮，以其功著，封宣王。

【译文】

诸葛亮，字孔明，琅邪郡阳都县人。他是汉朝司隶校尉诸葛丰的后代。父亲诸葛珪，字君贡，在汉朝末年曾做过太山郡丞。他很小的时候，父亲就去世了，那时候他的叔父诸葛玄被袁术派去当豫章郡的太守，诸葛玄就带着诸葛亮和他的弟弟诸葛均去上任。刚好这时，汉朝又选派了朱晧来代替诸葛玄。因为诸葛玄和荆州刺史刘表一向颇有交情，于是就去投靠他。等到叔父死了，诸葛亮就自己谋求生路，在南阳的隆中山耕田，常常独自吟唱《梁父吟》。诸葛亮身长八尺，他常常把自己比作春秋时代帮助齐桓公称霸天下的管仲，还有战国时曾备受礼遇、成为燕赵客卿的乐毅，可是那时候的人们不太认可他。只有博陵县的崔州平、颍川郡的徐庶，和他意气相投，肯定他的才干。

这时刘备驻守在新野，徐庶跑去拜见他，刘备相当器重徐庶的才干。徐庶趁着这个机会，大力推荐诸葛亮，他向刘备说："诸葛孔明这个人真是条'卧龙'！将军您可愿意见见他?"刘备说道："那你赶快带他来见我。"徐庶说："这个人只能您去拜见他，万万不能要他来见您。我看将军还是屈尊去拜访他吧！"因此刘备立刻筹划去找诸葛亮，前后去了三次，好不容易最后一次才见到他。刘备很慎重地把左右支开，然后用极诚恳的态度，向诸葛亮讨教："眼看当今汉室就要灭亡了，先是董卓叛乱，接着又是曹操夺权，致使献帝出奔在外。我自己没有德行能力，想要伸张公理正义，可惜智慧才干都很浅陋，使得天下情势一天比一天分裂紊乱，但是我的壮志雄心可一点也没有减少。您看在这种局面下，有什么好的计谋吗?"诸葛亮答道："自从董卓废帝夺权以来，天下各地的豪杰纷纷兴起，他们的势力有的跨越了州界，有的连续占领了很多郡，真是数也数不清。如果拿曹操来跟袁绍比，起初曹操可是既没有名气，又缺乏雄厚的兵力。但是，后来袁绍却被他打败了，曹操之所以能够用微弱的力量去抵挡强大的势力，说起来不只是天时，实在也是因为人的智谋啊。现在曹操已拥有近百万的部队，挟持着献帝来号召天下的诸侯，确实没有人能和他争锋。目前孙权据有长江以东的地区，从孙坚传位给儿子孙策，孙策再传给弟弟孙权，也有三代了，那里地势险要，民心归附，并且有许多的贤才智士都跑去那里，受到他的重用。从这局面来考量，似乎只能跟他合作，互相声援，而不要有去攻打他的念头。荆州北边据有汉水、沔水流域，富饶的地区包括了整个南海郡，东边连接了吴郡和会稽郡，西边又贯通了巴郡和蜀郡，这样的地理情势太有利于用兵了，偏偏荆州刺史刘表守不住它。这也许是冥冥上苍有意要帮助您，不晓得将军您意下如何？再谈到益州，形势险要，肥沃的田野绵延千里，称得上是富庶的‘天府’，汉高祖刘邦就是借益州为基地，终于成就了他的帝业。但领有益州的刘璋愚昧懦弱，北方又有张鲁，这里人口众多，域内富厚，可刘璋却不晓得顺应民情加以慰问安抚。一般的智慧才能之士，没有一个内心不是企盼有一位贤明的国君来统治的。将军您既是汉朝皇室的后裔，四海之内也都交口称赞您守信重义，延揽天下的英雄，求贤若渴。如果您先把荆州、益州拿下来，仗着它们的险要形势，西边跟诸戎和平相处，南边又把夷越安抚妥帖，向外更结好孙权，对内则修明政治。一旦天下局势发生变化，立刻派遣一位最优秀的将领，率领荆州的大军，直指宛、洛阳，您则亲自统率益州的部众，开向秦川，这么一来，老百姓们怎么会不高兴万分、争先恐后地提着饭篮和水壶来犒劳您的军队呢？要是这个计划能实现，我想，不仅您个人的霸业可以成就，就是汉朝宗室也一定能复兴的！”刘备很仔细地听了诸葛亮的剖析后，便道：“这主意甚好！”于是刘备和诸葛亮的交情，一天比一天密切起来。关羽和张飞等人看在眼里，心里很不高兴。刘备解释给他们听："我得到孔明，就好比鱼儿有了水一般。希望你们体谅我，不要再计较好吗？"关羽、张飞也就不再说什么了。

本来刘表的大儿子刘琦也很器重诸葛亮。刘表因为听了后妻不断离间的话，渐渐钟爱小儿子刘琮，而不喜欢刘琦了。刘琦每每想要同诸葛亮商量怎样自保的法子，全都被诸葛亮找借口推辞掉了。有一天，刘琦邀请诸葛亮去观赏后花园，两人一起登上楼梯，到达很高的亭台上面。在宴饮的时候，刘琦突然命令下面的人把楼梯拿走。接着才对诸葛亮说："今天上不达天，下不够地；话从您口中说出来，就直接听进我耳里去。现在您可以指点指点我了吧？"诸葛亮只淡淡答道："你难道没看见申生处在国内很危险，而重耳流亡在外反而平安无事吗？"刘琦很快领悟了话里面的含义，暗中计划外出避祸。这时刚好江夏的太守黄祖被孙权打败，死于部下之手，刘琦得到机会，立即出任补为江夏太守。没多久，刘表因为背上的肿疮不治而死。刘琮听说曹操前来攻打荆州，主动派遣使者请求投降，使曹操不费一兵一卒轻易地取下了荆州。刘备在樊城获悉这个消息，迅速率领部众南行，随行的有诸葛亮和徐庶。可没想到曹操的大兵紧追不舍，刘备最终在这里吃了个大败仗，落荒而逃。曹操把徐庶的母亲掳走。徐庶在万般无奈、心急忧伤之际跑去向刘备辞行，指着自己的心窝说道："本来想同将军共创王朝霸业的，全在这方寸之心啊！现在我老母被捉，方寸已经大乱，留在这儿对您也帮不上什么忙了，不如向您谢罪请别。"徐庶说完这番话后，就到曹操那里去了。

刘备的军队开到夏口，诸葛亮马上建议："如今事态相当危急，请下令派我到孙将军那儿求援吧！"此刻的孙权正拥军据守在柴桑，采取观望成败的态度。诸葛亮披星戴月地赶去游说孙权："当今海内局势大乱，孙将军起兵，占据江东地区，刘备也收服汉水以南的地方，和曹操一起竞争天下。现在曹操扫除各方阻力，乘势取得荆州，声威震动四海。一介英雄无用武之地，所以刘豫州才逃亡到此。希望孙将军衡量自己的实力，好好把握摆在眼前的情势。如果您能纠合吴、越的部众，和中原的曹操抗衡，那不如早点跟他决裂；要是自度不能抵挡曹操的百万雄师，何不按兵不动，投降臣服于他？现在将军对外假托服从他的名义，其实内心举棋不定；像这般的优柔寡断，不能应付危机，想那祸患即将要来到了！"孙权道："如果真像您所说的那样，那刘豫州何不立即臣服曹操呢？"诸葛亮答道："田横是齐国的壮士，尚且坚守气节，不肯投降受辱。更何况汉朝王室的后裔刘豫州呢！他英才盖世，百姓士卒对他的仰慕，就像水流奔向大海一般。如果他的事业不能成功，也只能归之于天意，哪有反过头来去降服曹操，屈居其下的道理？"听到这里，孙权勃然变色道："我可不能用吴国的土地和十万部众，受制于别人。我的心意已经决定。我并不是说刘豫州抵挡不了曹操，只是他刚刚败在曹操的手下，怎么克服当下的困难？"诸葛亮眼看孙权已经被说动几分，马上接着说道："刘豫州的军队虽然在长阪打了败仗，可是生还的战士和关羽统率的水师，加起来总共还有上万的精锐部卒。再加上刘琦集合江夏的战士，也不下万人。曹操的军队从北方老远开来，已经疲惫不堪，据说在追击豫州军时，轻骑一天一夜平均要跑三百多里。这就是所谓的'强弩之末连鲁国产的薄绢都无法穿透'。所以兵法上最忌讳这个，兵法说：'再精锐的部队，经过长途跋涉，也难免要挫败的。'况且曹军是北方人，本来就不习惯水战。再说荆州的人民归附曹操，实在是迫于他的兵势，绝不是内心服从。现在将军要是真能遣派猛将，带兵数万，和刘豫州同心协力，曹军必败无疑。曹操一旦兵败，势必北归。如此一来，荆州、吴越的势力就强大起来，鼎足而三的局面也就自然形成了。整个事情成败的关键，就看将军今天的决定了！”孙权听了，内心很高兴，立刻派出周瑜、程普、鲁肃带领三万水师，随诸葛亮去见刘备。两军联合起来，奋力抵拒曹操。最终曹操在赤壁打了败仗，只好把军队撤回了邺城。刘备于是收复了江南，任诸葛亮为军师中郎将，监督零陵、桂阳和长沙三郡，征调当地的租税，来充实军备。

建安十六年（211），益州刺史刘璋派法正去迎接刘备，请他出兵去攻打张鲁。诸葛亮和关羽镇守荆州，刘备从葭萌回师攻打刘璋，诸葛亮和张飞、赵云等人逆江而上，分定州界，与刘备一起围攻成都；等到成都平定，刘备即命诸葛亮为军师将军，署理左将军府的事务，刘备一旦有事外出，则由诸葛亮镇守成都，他真正做到了足食足兵。建安二十六年，群臣们劝刘备称帝，刘备多方顾虑，没有同意。诸葛亮道：“从前吴汉、耿弇等人起初劝汉光武帝即帝位，光武帝一再辞让，前后总共三四次。耿纯进言说：‘现在天下的英雄们，像鱼口朝上般地企盼您，如果您不顺从众意，士大夫们只好各自回去找他们的主人，也没有必要跟随在您的左右了。’光武帝感到耿纯的话有道理，便允诺即位称帝。今天眼看曹氏篡汉，天下没有一位真正的君主。大王本是刘氏的后裔，继世而起，此时此刻即帝位，实在是恰当之举。士大夫们追随大王，长久劳苦，也盼望得到些许的功业，就如同耿纯所说的啊！”刘备于是即帝位，任命诸葛亮为丞相。并说道：

“我不幸遭遇家难，继承王位，时时小心谨慎，不敢稍有懈怠，虽一心一意想使百姓安居乐业，却担心做不到。丞相诸葛亮，最了解我不敢懈怠的心志了。帮助我纠正缺点，并且宣扬汉朝历来的德业，来造福天下的百姓，您要多加勉励！”诸葛亮以丞相的身份加任录尚书事，加以符节。张飞死后，诸葛亮兼职司隶校尉。

章武三年（223）春天，刘备在永安病情加重，召诸葛亮自成都来，托付后事，他对诸葛亮说：“您的才干远超过曹丕十倍，必能安定国家，成就大业。如果我儿子值得您帮他，那就帮他吧！要是真的太愚蠢，您可以取代他！”诸葛亮听了，激动万分，流泪道：“臣下一定竭尽辅助之能，忠贞效命，直到死为止！”刘备又下诏给儿子刘禅：“你跟着丞相治理国事，侍奉他要像对待父亲一般！”建兴元年（223），后主刘禅即位，封诸葛亮为武乡侯，建府署综理政事。不久，又让他担任益州刺史。政事无论大小，都由诸葛亮决定。南中各郡纷纷拥兵叛乱，诸葛亮因为新逢国丧，不方便用兵。另外派遣使者到吴国去，双方缔结姻亲关系，两国遂成为亲善之国。

建兴三年（225）春，诸葛亮率领部队南征。这年秋天，乱事平定。由于各郡军伍的资助，蜀国更加富饶。诸葛亮于是加紧训练军士，讲授兵法，以等待良机的到来。建兴五年，诸葛亮亲率大军北上，驻扎于汉中。出发前向后主上了一篇奏疏：

“先帝创立基业，未及一半，就崩逝了。现在天下成了三分的局面，我们的重要据点——益州，却又疲困不堪，这真是到了危急存亡的紧要关头。然而，朝廷里边侍卫的臣子，一点也不懈怠，外边忠心勇敢的将士，早把生死置之度外，这都是因为追念先帝特殊的待遇，而想要报答在陛下的身上啊！陛下应该多听各方不同的意见，来光大先帝遗留下来的各种美德，并扩大、加强志士们的勇气和信心；不应该随便把自己看轻，假用一些不合义理的借口，把忠臣劝谏的路子给堵塞住。皇帝的宫廷、宰相的府中，是在同样一个行政体系下，赏善罚恶，不应该有所不同。要是有做坏事、犯了法令和尽忠做好事的，都应该交给主管其事的部门，公开讨论如何惩罚和奖赏，以表明陛下公平英明的政治；不应该存有偏私的心，使得里外有不同的法令标准。侍中郭攸之、费岘，侍郎董允这些人都善良诚实，思虑详密，尽忠为国，所以先帝精选出来留给陛下用。我以为宫里的事，不分大小，都要先问问他们的意见，然后再付诸实行；这样一定能够补救缺点漏洞，有所增益。向宠将军性情和善，做事公平，对军事很精通，以前试用的时候，先帝就夸他能干，因此大家推举他当禁卫军的都督。我以为军营里的事，大大小小最好都能先问他一下，这样一定能使军队和睦，好人坏人都能得到恰当的安置。亲近贤良的臣子，疏远坏心思的小人，这是汉朝初年兴盛的原因；亲近小人，疏远良臣，则是汉朝末年衰败的原因。先帝在世的时候，常常和我谈论这些事，没有一次不是对桓帝、灵帝的作为深深叹息痛恨的。侍中郭攸之和费岘、尚书陈震、长史张裔、参军蒋琬，这些都是忠贞贤良有气节的臣子，希望陛下能亲近他们，并且信任他们，那么汉朝的兴盛，也就指日可待了。

“我本出身平民，在南阳以耕种为生，只想在乱世里苟全性命，不追求在诸侯中显达。先帝不计较我身份微贱，撇开自己的尊贵，前后三次到茅庐来找我，向我询问如何挽救时局，因此我很感激，便答应一定为他尽忠效力。后来遇到当阳、长阪战役失败，在军队失败的危险关头接受任命，到现在也有二十一年了。先帝知道我为人处世的态度很谨慎，所以在临死前将国家大事托付给我。自从我受命以来，早晚都在忧虑中勤勉尽职，深恐没有做好他托付的事，而辜负了先帝的知人之明，所以在五月间渡过泸水，深入寸草不生的地方，现在南方乱事已大略平定，军队的装备还算充足，理当奖励三军，率领他们尽早收复中原，愿竭尽我微薄的能力，铲除这些扰乱天下的奸凶，复兴汉室，回到旧日的京城。这是我用来报答先帝，而且尽忠于陛下的职分啊！

“至于斟酌国情民意，在施政上哪些该增哪些该减，随时进献好的意见，这就是郭攸之、费祎和董允的责任所在了。希望陛下把讨贼兴复的任务托付给我，没有成效的话，就治我的罪，以此来告慰先帝在天的英灵。要是没有增进德政的建议，就追究郭攸之、费祎和董允等人的过失，来警告他们的怠慢职守。陛下也应该自己想一想，时常去探求好的道理，明察事情的真相，采纳正直的言论，深刻追念先帝临死的诏书。我受了这么大的恩宠和任命，内心非常感激。现在我就要远离陛下去北伐了，面对着这份奏表，不禁落泪，也不知道自己讲了些什么。”

诸葛亮随后出发，驻扎在沔阳。

建兴六年（228）春天，诸葛亮扬言由斜谷道出发，指向郿县。派赵云、邓芝故布疑阵，据有箕谷，魏大将军曹真带领部队抵抗。诸葛亮亲率各路军马进攻祁山，军队阵容整齐，赏罚严肃，而且号令严明。南安郡、天水郡和安定郡都背叛魏国，群起响应诸葛亮，整个关中都因此而震动。魏明帝在西边镇守长安，派张郃出兵抵挡诸葛亮。诸葛亮令马谡在前线督导军队，跟张郃大战于街亭。没想到马谡没有完全按照诸葛亮的策略行事，调度失宜，在张郃的攻势下惨遭败绩。诸葛亮于是将西县的千余家部众迁移到汉中来，下令斩杀马谡以向民众谢罪。并上疏言道："我以薄弱的才能，占据了这么重要的职位，亲自带着军旗兵器，砥砺三军，却不能宣明军令告诫军士，面临危急形势反而恐惧，以至于马谡在街亭战役因违反命令而失败，而箕谷也因警戒不足而沦入敌人手中，这些罪过全在我身上，由于我的授任不当，不知如何用人，处事尤其昏昧，如同《春秋》在战败时责备统帅一样，这当然是我的责任了。请将我贬职三等，以此来惩罚我的过错。"后主刘禅于是命诸葛亮为右将军兼理丞相事，所掌理的事务还是跟以前一样。

这年冬天，诸葛亮再从散关出兵，包围陈仓。曹真在这里迎战。诸葛亮因粮食用尽而撤军，魏国大将王双率领骑兵追击，诸葛亮与他奋战，终于打败王双并把他杀掉。建兴七年（229），诸葛亮派陈式率兵攻打武都和阴平。魏国雍州刺史郭淮带军想要攻打陈式，诸葛亮便自己出兵，开到建威，郭淮慑于他的声威，下令退兵。诸葛亮于是很轻易地把武都、阴平平定下来。这时，刘禅下了一道诏书给诸葛亮，上面说："街亭战役的失败，罪过实在应由马谡承担，可是你深深引咎自责，请愿贬官，我也难以违背你的意思，就听任你的要求。前年你出师大捷，斩杀王双；今年又外出征讨，郭淮逃走，使氐和羌都投降聚集来归，收复了武都、阴平二郡；你的声威震慑了凶暴的敌人，这样的功勋是明显的！现在天下仍然扰攘不安，首恶魏明帝还没降服，你接受极大的重任，理当把国家要事托付给你，而今你长久贬官，实在不能发扬功业！现在我恢复你丞相的职位，希望你不要再推辞。"

建兴九年（231），诸葛亮从祁山出发，用自己设计的"木牛”来运载粮物，等粮食用尽才又撤军。这回他跟魏国的张碱将军作战，终于射杀了张碱。建兴十二年（234）春天，诸葛亮告知部众由斜谷出发，再用自己设计的“流马”作运输工具，以武功的五丈原为根据地，与司马懿隔着渭水相对峙。诸葛亮常忧虑粮草不继，恐怕自己的志愿抱负不能伸展，因此驻兵种田，自给自足，来作为长久驻扎的基础。耕种的部卒杂处在渭水边的居民中间，百姓们安居乐业，跟军队相处得很好。这样相持百余日。这年八月，诸葛亮病重，最后死在军中，死的时候才五十四岁。后来军队撤走，司马懿到诸葛亮生前所在的营垒巡视，不禁由衷赞道：“诸葛先生真是天下的奇才啊！”

诸葛亮在遗命中希望葬在汉中定军山，依着山势造筑坟墓，他的坟穴刚好只够容纳棺木，并且吩咐用当时所穿的衣服收殓他就可以，不须任何陪葬的器物。刘禅下了一道诏策，上面说：“你兼备文才武略，聪明智慧，忠厚诚实，接受先帝临终的托付，匡正辅助我施政，延续兴复衰微的蜀汉，心中存着平定天下的志愿。整顿军备，几乎每年都出征，你的神态威武，震撼海内，在汉末建立起特殊的功勋，参与媲美伊尹、周公的巨大勋业中。怎么教我不伤感呢？在事情将要成功的时候，你却因病逝去，我的内心极为哀痛，心肝都要碎裂一般！我崇仰你的品德，追述你的功劳，记载你的言行，加上谥号给你，都是为了昭示给后来的人，使你的一切永垂不朽。现在我派遣左中郎将杜琼追赠给你丞相武乡侯的印信，谥封你为忠武侯。希望你的魂魄有灵性，好接受这恩宠荣耀。悲痛啊！”

起初，诸葛亮曾亲自给后主上表说：“我在成都有八百株桑树，十五顷薄田，家属子弟的日常所需，已经绰绰有余。臣下为官在外，并不需要别的，随身的衣食，全靠官府供给，不再另置产业，以求取一尺一寸的余财。到臣下死的时候，决不让家里有多余的丝绸，外面有多余的财物，以辜负了陛下的厚望。”等到诸葛亮去世之后，果然像他所说的一样。

诸葛亮擅长于巧妙构思，像设计连发的弓箭、运输器具的木牛和流马等，都出自他的创意。另外，像推演兵法，制作有名的八阵图，都把握了它们的精要。他又把日常具有观览学习功用的言论教诲和文书奏折，编为集子。

景耀六年（263）春天，后主下诏在沔阳为诸葛亮立一座庙宇。这年秋天，魏国镇西将军钟会出兵伐蜀，军队开到汉川，祭拜了诸葛亮的庙宇，钟会下令，军士们不得在诸葛亮的坟墓附近割草或采薪。诸葛亮的弟弟诸葛均，后来做到长水校尉。诸葛亮的儿子诸葛瞻，继承了他的爵位。

【评述】

诸葛亮是我国历史上公认的一代贤相，也是公认的一代廉相。在蜀汉的历史上，诸葛亮无论在为人和为政上都起到了表率作用，真正做到了“鞠躬尽瘁，死而后已”。诸葛亮的廉洁表现在两个方面：在律己上表现为率先垂范、俭以养德；在治国上则表现为勤政务实，安民为本。他明确提出：“为政以安民为本，不以修饰为先。”这实际上也体现出诸葛亮秉承了儒家的“民本”思想，这种思想在先秦时期就被人们提出，如孟子的“民贵君轻”思想，在后世也有所体现，比如唐太宗李世民的“舟和水”的理论，事实也证明了确立这种以民为本的思想是国家得以稳固的基本保证。

诸葛亮大力弘扬前代名贤的优良传统，不仅不贪财、不敛财，而且把自己的绝大部分财产用于治国治军，他能够坦然自报家产，这在中国历史上可以说是独一无二的。诸葛亮不仅以清正廉洁激励带动百官，而且以此严格教育子侄，把清廉作为传家之宝。在古代杰出的政治家中，就选拔和培养德才兼备、清正廉洁的继承人而言，诸葛亮所取得的成功，也是独一无二的。诸葛亮的以身作则，必然会引起众多官员的效法追随，这就使蜀汉上上下下都形成一股廉洁之风，使蜀汉成为三国时期公认的治理得最好的政权。

（于春媚注译　张珊珊评述）

是 仪

【原文】

是仪字子羽，北海营陵人也。本姓氏，初为县吏，后仕郡，郡相孔融嘲仪，言“氏”字“民”无上，可改为“是”，乃遂改焉。后依刘繇，避乱江东。繇军败，仪徙会稽。

孙权承摄大业，优文征仪。到见亲任，专典机密，拜骑都尉。

吕蒙图袭关羽，权以问仪，仪善其计，劝权听之。从讨羽，拜忠义校尉。仪陈谢，权令曰：“孤虽非赵简子①，卿安得不自屈为周舍②邪？”

既定荆州，都武昌，拜裨将军，后封都亭侯，守侍中。欲复授兵，仪自以非材，固辞不受。黄武中，遣仪之皖就将军刘邵，欲诱致曹休。休到，大破之，迁偏将军，入阙省尚书事，外总平诸官，兼领辞讼，又令教诸公子书学。

大驾东迁，太子登留镇武昌，使仪辅太子。太子敬之，事先咨询，然后施行。进封都乡侯。后从太子还建业，复拜侍中、中执法，平诸官事、领辞讼如旧。典校郎吕壹[③]诬白故江夏太守刁嘉谤讪国政，权怒，收嘉系狱，悉验问。时同坐人皆怖畏壹，并言闻之，仪独云无闻。于是见穷诘累日，诏旨转厉，群臣为之屏息。仪对曰："今刀锯已在臣颈，臣何敢为嘉隐讳，自取夷灭，为不忠之鬼！顾以闻知当有本末。"据实答问，辞不倾移。权遂舍之，嘉亦得免。

蜀相诸葛亮卒，权垂心西州，遣仪使蜀申固盟好。奉使称意，后拜尚书仆射。

南、鲁二宫初立，仪以本职领鲁王傅。仪嫌二宫相近切，乃上疏曰："臣窃以鲁王天挺懿德，兼资文武，当今之宜，宜镇四方，为国藩辅。宣扬德美，广耀威灵，乃国家之良规，海内所瞻望。但臣言辞鄙野，不能究尽其意。愚以二宫宜有降杀，正上下之序，明教化之本。"书三四上。为傅尽忠，动辄规谏；事上勤，与人恭。

不治产业，不受施惠，为屋舍财足自容。邻家有起大宅者，权出望见，问起大室者谁，左右对曰："似是仪家也。"权曰："仪俭，必非也。"问果他家。其见知信如此。

服不精细，食不重膳，拯赡贫困，家无储畜。权闻之，幸仪舍，求视蔬饭，亲尝之，对之叹息，即增俸赐，益田宅。仪累辞让，以恩为戚。

时时有所进达，未尝言人之短。权常责仪以不言事，无所是非，仪对曰："圣主在上，臣下守职，惧于不称，实不敢以愚管之言，上干天听。"

事国数十年，未尝有过。吕壹历白将相大臣，或一人以罪闻者数四，独无以白仪。权叹曰："使人尽如是仪，当安用科法为？"

及寝疾，遗令素棺，敛以时服，务从省约，年八十一卒。

选自《三国志》卷六十二《吴书·是仪传》

【注释】

①赵简子：即赵鞅，卒谥"简"，故称赵简子。春秋末期晋国六卿之一，"战国七雄"之一赵国的奠基人。

②周舍：赵简子家臣，敢于直谏。

③吕壹（？—238）：三国时吴官吏，曾任中书典校郎，为孙权所信任。性苛刻，用法严酷，擅作威福，排陷无辜，后事情败露，被处死。

【译文】

是仪，字子羽，北海营陵人。是仪原本姓"氏"，早年在县里当小吏，后到郡里做官，郡太守孔融嘲笑他说，"氏"字是"民"字无上，可改为"是"，于是是仪便把自己的姓由"氏"，改成了"是"。后来，是仪投靠刘繇，到江东躲避战乱。刘繇死后，是仪徙居会稽郡。

孙权主持东吴大政之后，优待文人，征召是仪。孙权见到他后，予以亲信任用，派他专门负责机密事务，拜官为骑都尉。

吕蒙计划袭击关羽，孙权把吕蒙的计谋同是仪商量，是仪认为这个计谋不错，劝孙权采纳。是仪随吕蒙一起讨伐关羽，被授予忠义校尉官职。是仪推辞，孙权说："我虽比不上赵简子那么慷慨，难道卿不能像周舍那样委屈一下么？"

平定荆州后，孙权以武昌为都城，是仪被任命为裨将军，后又封为都亭侯，任侍中。孙权想让是仪去带兵，是仪认为自己难以胜任，极力推辞。黄武年间，孙权派是仪去安徽，协助将军刘邵，计划诱歼曹休。曹休率军到达后，刘邵把曹休打得大败，是仪升任偏将军，入朝任尚书，协调诸官，兼管词讼，又受命为诸公子授学。

孙权向东迁都建业，太子孙登留下镇守武昌，是仪受命辅佐太子。太子十分敬重是仪，凡事都先找他咨询，然后才施行。不久，进封是仪为都乡侯。后来，是仪又随太子返回建业，被任命为侍中、中执法，同原来一样，协调诸官，兼管词讼。典校郎吕壹诬告原江夏郡太守刁嘉攻击朝廷，孙权十分恼怒，把刁嘉抓起来拷问。当时，被刁嘉连坐的人畏惧吕壹，都说刁嘉的确攻击过朝廷，只有是仪说没有听到过。是仪因此而被查问了好些日子，孙权的口气也越来越严厉，大臣们都捏了一把汗。是仪回答说："现在，刀子已经架在了我的脖子上，我哪里敢替刁嘉隐瞒，自取灭族，使自己成为不忠之鬼？我不过是认为，传闻的东西应该有根据。"是仪始终如实回答，一点不改口。孙权于是释放了是仪，刁嘉也获释放。

蜀国丞相诸葛亮去世，孙权颇为牵挂，派是仪出使蜀国，表示要与蜀国加强友好关系。是仪的任务完成得很出色，孙权很高兴，后任命他为尚书仆射。

南王、鲁王二宫刚立时，是仪以本职兼任鲁王师傅。是仪认为二宫相近，不妥，于是上疏说："臣以为，鲁王有天赋美德，又懂文武之道，宜于镇守外地，拱卫国家。宣扬陛下圣德，显耀陛下威灵，是国家的规矩，也是天下所期望的。不过，臣言词粗鄙，不能表达得更深刻。依臣的看法，二宫应该有所限制，以明正上下之序和教化之本。"他接连上书三四次。作为师傅，是仪忠心耿耿，时常劝谏鲁王要对上勤勉，待人谦恭。

是仪不治自家产业，不受人恩惠，所居的房子刚够自家居住。他有位邻居盖起大宅院，孙权外出时看见了，便问这所大宅院的主人是谁，左右随从回答说："大概是是仪的家。"孙权说："是仪很俭朴，肯定不是。"一询问，果然是别人的房子，是仪就是这样被孙权了解和信任。

是仪从不穿华贵的衣服，不吃讲究的饭菜，而且救济贫困之人，因此家中没有储蓄。孙权听说后，亲自到他的家中，来看他们吃的简单饭菜，并亲口尝过，非常感叹，当即增加他的俸禄和赏赐，扩大他的田宅。是仪多次推辞，对这样的恩宠深感不安。

是仪经常向孙权提出建议，但从不谈论他人的短处。孙权常责备是仪不谈论时事，是非不明。是仪回答说："圣明的君主在上，臣下尽忠职守，唯恐不能称职，实在不敢以臣下愚陋的言论，干扰圣上的视听。"

是仪为国家工作数十年，未曾有过错。吕壹一一告发将相大臣，有些人一个人便有三四项过错，唯独没有告发过是仪。孙权感叹说："假使人们都像是仪一样，还用得着法令科条吗?"

及至病危，是仪留下遗嘱要用素棺，以平时所穿的衣服下葬，务必要俭省节约。是仪八十一岁时去世。

【评述】

在东吴孙权政权之中，是仪是一个独特的存在。在那个三国鼎足、战乱频繁的年代，他为人为官能始终坚持淡然的品性，可谓当今世人之楷模。

他不治产业，不受施惠，一生都过着布衣素食的俭朴生活，还时常接济贫困的乡邻，因此即使他平时非常节俭，但仍然家无余财。到了晚年身患重病，还不忘留下遗言，用平常的衣服、简单的棺材入葬，丧事也务必从简。孙权对他称赞不已，几次为他加俸，他也不领受，不愧为廉洁奉公的楷模。

是仪让人敬佩的地方还有他口不臧否他人。"口不臧否"是中国古代文人士人所向往的传统美德。刘义庆的《世说新语》中记载："晋文王称阮籍至慎，每与之言，言皆玄远，未尝臧否人物。"这个典故是说阮籍能够权衡利弊，对自己没有把握的人和事采取"口不臧否"的态度，但是能够做到这一点的为官之人少之又少。如果是在深入了解情况的前提之下当然可以进谏直言，但作为个人来说，自己了解的事情很难做到完全的客观和全面，而且历史上为了口舌之争、党派之争而搬弄是非、贬低他人的大有人在。是仪为官能够做到不轻易褒贬他人是非常不容易的。

（于春媚注译　马琳评述）

山　涛

【原文】

山涛，字巨源，河内怀人也。父曜，宛句令。涛早孤，居贫，少有器量，介然不群。性好《庄》《老》，每隐身自晦。与嵇康、吕安善，后遇阮籍，便为竹林之交，著忘言之契。康后坐事，临诛，谓子绍曰："巨源在，汝不孤矣。"

涛年四十，始为郡主簿、功曹、上计掾。举孝廉，州辟部河南从事。与石鉴共宿，涛夜起蹴鉴曰："今为何等时而眠邪！知太傅卧何意?"鉴曰："宰相三不朝，与尺一[①]令归第，卿何虑也！"涛曰："咄！石生无事马蹄间邪！"投传而去。未二年，果有曹爽之事，遂隐身不交世务。

与宣穆后有中表亲，是以见景帝。帝曰："吕望欲仕邪?"命司隶举秀才，除郎中。转骠骑将军王昶从事中郎。久之，拜赵国相，迁尚书吏部郎。文帝与涛书曰："足下在事清明，雅操迈时。念多所乏，今致钱二十万、谷二百斛。”魏帝尝赐景帝春服，帝以赐涛。又以母老，并赐藜杖一枚。

晚与尚书和逌交，又与钟会、裴秀并申款昵。以二人居势争权，涛平心处中，各得其所，而俱无恨焉。迁大将军从事中郎。钟会作乱于蜀，而文帝将西征。时魏氏诸王公并在邺，帝谓涛曰：“西偏吾自了之，后事深以委卿。”以本官行军司马，给亲兵五百人，镇邺。

咸熙初，封新沓子。转相国左长史，典统别营。时帝以涛乡闾宿望，命太子拜之。帝以齐王攸继景帝后，素又重攸，尝问裴秀曰：“大将军开建未遂，吾但承奉后事耳。故立攸，将归功于兄，何如?”秀以为不可，又以问涛。涛对曰：“废长立少，违礼不祥。国之安危，恒必由之。”太子位于是乃定。太子亲拜谢涛。及武帝受禅，以涛守大鸿胪，护送陈留王诣邺。泰始初，加奉车都尉，晋爵新沓伯。

及羊祜执政，时人欲危裴秀，涛正色保持之。由是失权臣意，出为冀州刺史，加宁远将军。冀州俗薄，无相推毂。涛甄拔隐屈，搜访贤才，旌命三十余人，皆显名当时。人怀慕尚，风俗颇革。转北中郎将，督邺城守事。入为侍中，迁尚书。以母老辞职，诏曰：“君虽乃心在于色养，然职有上下，旦夕不废医药，且当割情，以隆在公。”涛心求退，表疏数十上，久乃见听。除议郎，帝以涛清俭无以供养，特给日契，加赐床帐茵褥。礼秩崇重，时莫为比。

后除太常卿，以疾不就。会遭母丧，归乡里。涛年逾耳顺，居丧过礼，负土成坟，手植松柏。诏曰："吾所共致化者，官人之职是也。方今风欲陵迟，人心进动，宜崇明好恶，镇以退让。山太常虽尚居谅暗②，情在难夺，方今务殷，何得遂其志邪！其以涛为吏部尚书。"涛辞以丧病，章表恳切。会元皇后崩，遂扶舆还洛。逼迫诏命，自力就职。前后选举，周遍内外，而并得其才。

咸宁初，转太子少傅，加散骑常侍；除尚书仆射，加侍中，领吏部。固辞以老疾，上表陈情。章表数十上，久不摄职，为左丞白褒所奏。帝曰："涛以病自闻，但不听之耳。使涛坐执铨衡则可，何必上下邪！不得有所问。"涛不自安，表谢曰："古之王道，正直而已。陛下不可以一老臣为加曲私，臣亦何必屡陈日月。乞如所表，以章典刑。"帝再手诏曰："白褒奏君甚妄，所以不即推，直不喜凶赫耳。君之明度，岂当介意邪！便当摄职，令断章表也。"涛志必欲退，因发从弟妇丧，辄还外舍。诏曰："山仆射近日暂出，遂以微苦未还，岂吾侧席之意。其遣丞掾奉诏谕旨，若体力故未平康者，便以舆车舆还寺舍。"涛辞不获已，乃起视事。

涛再居选职十有余年，每一官缺，辄启拟数人，诏旨有所向，然后显奏，随帝意所欲为先。故帝之所用，或非举首，众情不察，以涛轻重任意。或谮之于帝，故帝手诏戒涛曰："夫用人惟才，不遗疏远单贱，天下便化矣。"而涛行之自若，一年之后众情乃寝。涛所奏甄拔人物，各为题目，时称《山公启事》。

涛中立于朝，晚值后党专权，不欲任杨氏，多有讽谏，帝虽悟而不能改。后以年衰疾笃，上疏告退曰："臣年垂八十，救命旦夕，若有毫末之益，岂遗力于圣时，迫以老耄，不复任事。今四海休息，天下思化，从而静之，百姓自正。但当崇风尚教以敦之耳，陛下亦复何事。臣耳目聋瞑，不能自励。君臣父子，其间无文，是以直陈愚情，乞听所请。"乃免冠徒跣，上还印绶。诏曰："天下事广，加吴土初平，凡百草创，当共尽意化之。君不深识往心而以小疾求退，岂所望于君邪！朕犹侧席，未得垂拱，君亦何得高尚其事乎！当崇至公，勿复为虚饰之烦。"

涛苦表请退，诏又不许。尚书令卫瓘奏："涛以微苦，久不视职。手诏频繁，犹未顺旨。参议以为无专节之尚，违在公之义。若实沈笃，亦不宜居位。可免涛官。"中诏瓘曰："涛以德素为朝之望，而常深退让，至于恳切。故比有诏，欲必夺其志，以匡辅不逮。主者既不思明诏旨，而反深加诋案。亏崇贤之风，以重吾不德，何以示远近邪！"涛不得已，又起视事。

太康初，迁右仆射，加光禄大夫，侍中、掌选如故。涛以老疾固辞。手诏曰："君以道德为世模表，况自先帝识君远意。吾将倚君以穆风俗，何乃欲舍远朝政，独高其志耶！吾之至怀故不足以喻乎，何来言至恳切也？且当以时自力，深副至望。君不降志，朕不安席。”涛又上表固让，不许。

吴平之后，帝诏天下罢军役，示海内大安，州郡悉去兵，大郡置武吏百人，小郡五十人。帝尝讲武于宣武场，涛时有疾，诏乘步辇从。因与卢钦论用兵之本，以为不宜去州郡武备，其论甚精。于时咸以涛不学孙、吴，而暗与之合。帝称之曰“天下名言也”，而不能用。及永宁之后，屡有变难，寇贼猋[③]起，郡国皆以无备不能制，天下遂以大乱，如涛言焉。

后拜司徒，涛复固让。诏曰：“君年耆德茂，朝之硕老，是以授君台辅之位。而远崇克让，至于反覆，良用于邑。君当终始朝政，翼辅朕躬。”涛又表曰：“臣事天朝三十余年，卒无毫厘以崇大化。陛下私臣无已，猥授三司。臣闻德薄位高，力少任重，上有折足之凶，下有庙门之咎，愿陛下垂累世之恩，乞臣骸骨。”诏曰：“君翼赞朝政，保乂皇家，匡佐之勋，朕所倚赖。司徒之职，实掌邦教，故用敬授，以答群望。岂宜冲让以自抑损邪！”已敕断章表，使者乃卧加章绶。涛曰：“垂没之人，岂可污官府乎！”舆疾归家。以太康四年薨，时年七十九，诏赐东园秘器[④]、朝服一具、衣一袭、钱五十万、布百匹，以供丧事，策赠司徒，蜜印[⑤]紫绶，侍中貂蝉[⑥]，新沓伯蜜印青朱绶，祭以太牢，谥曰康。将葬，赐钱四十万、布百匹。左长史范晷等上言："涛旧第屋十间，子孙不相容。"帝为之立室。

初，涛布衣家贫，谓妻韩氏曰："忍饥寒，我后当作三公，但不知卿堪公夫人不耳！"及居荣贵，贞慎俭约，虽爵同千乘，而无嫔媵。禄赐俸秩，散之亲故。

初，陈郡袁毅尝为鬲令，贪浊而赂遗公卿，以求虚誉，亦遗涛丝百斤，涛不欲异于时，受而藏于阁上。后毅事露，槛车送廷尉，凡所受赂，皆见推检。涛乃取丝付吏，积年尘埃，印封如初。

涛饮酒至八斗方醉，帝欲试之，乃以酒八斗饮涛，而密益其酒，涛极本量而止。

选自《晋书》卷四十三《山涛传》

【注释】

①尺一：汉制用长度为一尺一寸的板来写诏书，因用作诏命的代称。

②谅暗：亦作"谅阴"。居丧时所住的房子。

③猋（biāo）：犬奔，引申为迅疾貌。

④东园秘器：东园，汉代官署，属少府。掌管帝王贵族陵墓内器物、葬具的制造与供应，外人不知，故称棺木及随葬物品为"东园秘器"。

⑤蜜印：用蜂蜡刻制之官印。为古人死后追赠官职时所用。

⑥貂蝉：汉代侍中、中常侍等显官，其冠饰有蝉文、貂尾。

【译文】

山涛，字巨源，河内怀县人。父亲山曜，曾任宛句令。山涛早年丧父，家境贫困，年少时就有才识度量，独特不与人同。山涛喜好《老子》、《庄子》，总是隐藏自己的才能，不让人知道。他与嵇康、吕安友善，而后遇到阮籍，便结成竹林之友，有着不用言语就可以交流的默契。嵇康后来因事获罪，被杀之前，对儿子嵇绍说："有山涛在，你就不会成为孤儿了。"

山涛四十岁时，才做了郡主簿、功曹、上计掾。后来，山涛被举荐为孝廉，州里征辟他为河南从事。他曾与石鉴一起睡，山涛夜里踢醒石鉴说："现在是什么时候，你还睡觉？你知道太傅司马懿卧病在家是什么意思吗？"石鉴说："宰相多次不临朝，皇上给他诏命让他回家休养，你又有什么好担心的！"山涛说："咳！石生你不要去投军打仗啦！"于是，山涛辞官而去。没两年，果然就发生了曹爽被杀的事情，山涛就隐居起来，不问世务。

山涛与司马懿的妻子张氏是姑表亲，因此得见景帝司马师。司马师对他说："姜子牙也想要入仕做官了吗？"就让司隶举荐他为秀才，任郎中，又转任骠骑将军王昶的从事中郎。很久之后，山涛拜任赵国相，升为尚书吏部郎。文帝司马昭曾写信给山涛说："你任职清廉明察，操守高雅超迈，超过时俗，我担心你生活上多有匮乏，现特送你钱二十万、谷二百斛。"魏帝曾赏赐给司马师一件春服，司马师又把它赐给山涛。又因为山涛母亲年迈，赐给藜杖一把。

山涛晚年与尚书和逌交好，又与钟会、裴秀友好亲密。虽钟、裴二人因居要职相互争权，但山涛用心公平，处于中立，使他们各得其所，两人谁都不怨恨山涛。后山涛又迁任大将军从事中郎。钟会在西蜀叛乱，司马昭将要西征。当时，曹魏政权的各位王公都居住在邺城，司马昭就对山涛说："西边的叛乱我自己去解决，这后面的事就全托付你了。"于是任命山涛以本官兼任行军司马，给他亲兵五百人，镇守邺城。

咸熙初（264），山涛被封为新沓子。转任相国左长史，统属管理别营。当时，司马昭因山涛在乡间素来有名望，就让太子礼拜他。司马昭把齐王司马攸过继给司马师为嗣，平日又看重司马攸，曾经问裴秀说："大将军（司马师）开创功业仍未完成，我只不过是接承其后罢了。所以想立司马攸为太子，把功劳归于兄长，你觉得怎么样呢?"裴秀认为这样做不行，又来询问山涛。山涛回答说："废长子立少子，不合礼制，是不祥之事。国家的安危，总是由此维系的。"太子司马炎的地位于是稳定下来。太子亲自拜谢山涛。待到晋武帝司马炎接受曹魏禅让，就任命山涛为大鸿胪，护送陈留王曹奂至邺城。泰始初（265），又加官为奉车都尉，晋爵为新沓伯。

羊祜执政时，有人想要危害裴秀，山涛坚决地保护裴秀。因此，山涛不合权臣的心意，出朝任冀州刺史，加宁远将军。冀州风俗不淳厚，人才不被荐举。山涛甄选提拔有才德却居于卑位的人，搜索访求贤能的人才，表彰征召的三十多人，都扬名于当时。人们内心敬重山涛，当地风俗得到革新。山涛又转任北中郎将，监督守卫邺城的事务。山涛又入朝担任侍中，迁任尚书。因为母亲年老而辞官，晋武帝下诏说："你虽然有心要奉养母亲，但职责有上下，早晚不废医药治疗，暂且先割却私情，来处理公事吧。”但山涛一心想要退隐，上了数十封表疏，很久才被接受。山涛任议郎，武帝又担心山涛清廉节俭，没有钱供养母亲，就特地赐给他每天供给膳食的契券，加赐床帐褥垫。山涛所受礼遇的隆重等级，当时无人可比。

后来，山涛任太常卿，因病不去。又遇上母亲的丧事，回到了乡里。山涛年过六十岁，居丧守孝超过常礼，亲自背土堆垒坟墓，又亲手种植墓旁的松柏。晋武帝下诏说：“和我一起施行教化，是官员们的职责。而当今风俗衰败，人人都想晋升仕途，应当推崇有德行的人，以谦逊礼让之人来威镇。山涛虽然仍在居丧期间，很难夺却他的亲情，而今事务众多，又怎么能满足他的心愿呢！还是任命山涛为吏部尚书。”山涛以丧事与疾病为由请辞，上书言辞十分恳切。正赶上元皇后驾崩，山涛就勉强扶持着皇后车舆回到洛阳。晋武帝的诏书令紧紧催促，山涛勉强就任。山涛先后选举的人，遍于朝廷内外，而且都施展了他们的才华。

咸宁初（275），山涛转任太子少傅，加散骑常侍。后来，任尚书仆射，加侍中，兼管吏部。山涛以老病为由坚决请辞，呈上书表陈诉衷情。上了数十次章表，很久都没有去任职，故被左丞白褒上奏弹劾。晋武帝说：“我知道山涛是以生病为由，只是不允许他罢了。就让山涛坐着吏部的位子，执掌官吏的选举考核就好了，何必一定要上下朝？不得向他问责。”山涛内心很不安，就上表谢罪说：“古代圣王之道，不过是正直而已。陛下不可因区区老臣而加以偏私，不然我又何必日日月月地多次陈情呢？乞求依白褒所奏，对我加以惩处，以彰显法律。”晋武帝又下诏说："白褒上奏你，是他太狂妄。朕之所以不立即拒绝他，只是不喜欢凶恶发怒罢了。以你的宽明大度，又何必介意这件事呢？你应该快去就职，断绝白褒的上奏弹劾。"山涛一心想要退隐，遇堂弟媳丧亡，就离京回了家。晋武帝下诏说："山涛仆射近日暂时出朝，因为身体病苦还没有回京，这哪是朕侧席谦恭以待贤者的本意啊？现特派遣丞掾奉诏宣旨，若他尚未恢复体力，就用舆车载着他回官舍任职。"山涛的请辞没有成功，只好回去任职治事。

山涛又居于选官之职十多年，每当有官职空缺，他就先拟出一些人的名单，待晋武帝的圣意有所倾向，再公开上奏，以晋武帝的心意所想为先。所以晋武帝所任用的人，有不是最受推举的，众人不了解内情，就认为山涛凭己好恶任意用人。有人向武帝谮毁山涛，武帝就下手诏告诫山涛说："用人就用有才能的人，不要遗漏那些关系疏远、孤寒低贱的人，这样天下才能大化。"而山涛行事依旧不改，一年之后，众人的议论才平息下来。山涛所奏上甄选提拔的人，每个人都有评语，时人称之为《山公启事》。

山涛在朝廷中保持中立，晚年正值后党专权，他不想放任杨氏，多有讽刺劝谏，晋武帝虽然晓悟却不能改正。后来，山涛以年老衰弱，病情加重，上书请求退隐，说："老臣年将八十岁了，生命朝不保夕，如果能有半点益处，怎么会不为皇上效命呢？只是因为年纪大了，所以不再担任官职了。现在国家安定，众人思慕德化，顺从这种风气不乱折腾，老百姓自然风气纯正。只需崇尚风教来敦睦百姓，陛下您就别无所求了。老臣耳聋眼花，已经不能追求上进了。君臣如父子，没有任何隔膜，所以对您直接表达我的想法，还望准许我的请求。”于是摘掉官帽，光着脚上朝交还印绶。晋武帝下诏说：“国家事情这么多，再加上吴国刚刚平定，百事草创，君臣们应当一起努力改善局面。您不看重往昔的恩情，却借着小病的缘由请求退隐，这不是让我大失所望吗！朕现在仍然孜孜求治，还没有达到天下大治的地步，您怎么可以享受清闲呢！您应当以公事为重，不要为表面的琐事所烦恼。”

山涛苦苦上表请求退官，晋武帝还是下诏不许。尚书令卫瓘上奏说：“山涛以身体病苦为由，长时间不处理政务。手诏频繁下达，他还不顺从旨意。参与谋议的人都认为，不崇尚专一不变的节操，是违背公义的。如果真是病情严重，就不应该居于官位。可以免除山涛的官职。”晋武帝下诏给卫瓘说：“山涛以其德行一向为朝廷所敬仰，但他常常表示要退隐让职，言辞恳切。因此朕才一再下诏，想着一定要让他放弃谦退的志向，以匡正辅弼朝政的不足之处。你作为主管的人不理解朕的深意，反而对山涛加以严厉谴责，这就损害了崇尚贤良的风气，显得朕缺少恩德。怎么显示给远近之人呢？”山涛迫不得已，只好再次出来就职。

太康初（280），山涛迁右仆射，加光禄大夫，侍中、掌选之职不变。山涛以老病坚决请辞。晋武帝下诏说：“先生以道德为世之楷模，更何况先帝就已经见识了先生的远大抱负。朕将倚靠先生来纯正风俗，为什么要远离朝政，独善其身呢！朕如果没有一片诚心，哪里来的这么恳切的言辞？何况现在正是需要努力求治的阶段，请你不要辜负朕的期望。先生您还是要提出离职的话，我会坐立不安的。”山涛又一次上表坚决辞让，晋武帝还是没有同意。

平定吴国后，晋武帝诏告天下罢免军役，以显示海内太平，州郡都撤军，大郡设置武吏一百人，小郡只有五十人。晋武帝曾在宣武场讲习武事，山涛当时有病，皇帝下令让他乘坐步辇跟从。他就和卢钦讨论用兵的根本，认为不应当撤掉州郡的军队，他的议论十分精湛。当时的人都认为山涛不学孙武、吴起的兵法，但与孙、吴的思想暗合。晋武帝称赞他说的是“天下名言”，但却不采用。永宁年间之后，变乱屡有发生，盗贼群起，郡国多因没有军队无法镇压，天下于是大乱，正如山涛所说的一样。

后来，拜山涛为司徒，山涛又坚持辞让。晋武帝下诏说：“先生德高望重，为朝廷老臣，所以朕授给你宰相之位。然而你却三番五次地礼让推辞，要求回到地方。先生应该一直治理朝政，辅佐朕啊。”山涛又上表说：“老臣供职天朝三十多年，对于国家的文治武功没有一丝贡献。承蒙陛下的错爱，授予三司的高位。老臣听说德行薄寡却居于高位，能力不行却担当大任，于上有危害国家安全的凶险，于下有危及家门的咎责。还愿陛下延续关照多年的恩典，让我这把老骨头得以完整归家。”晋武帝下诏说：“先生辅佐朝政，匡扶皇室，为朕所倚赖。司徒一职，关乎着教育天下的大任，所以让您来担当，以满足百官的愿望。怎么能自谦推让呢！”晋武帝下诏让他不要再上章表，又派使者给卧病在床的山涛加授官印。山涛说：“我是将要死的人了，哪能再辱没官府呢？”于是乘车抱病回家。太康四年（283），山涛去世，时年七十九岁，晋武帝下诏赐给东园秘器、朝服一具、衣一套、钱五十万、布百匹，以供给丧事所用。又册封他为司徒，赠予随葬官印、冠饰等，祭以太牢之礼，谥号为“康”。将要下葬时，又赏赐钱四十万、布百匹。左长史范晷等上书说：“山涛有旧屋十间，子孙太多住不下。”晋武帝又为山涛的家人盖房子。

起先，山涛还是平民时，家境贫穷，他对妻子韩氏说：“暂且忍耐饥寒，我以后会位居三公的，但不知你是否能做三公夫人！”待到荣显富贵之时，山涛仍然谨慎节俭，虽然爵同王侯，却无姬妾。赏赐俸禄，都散给亲戚朋友。

当初，陈郡人袁毅做鬲县令时，贪赃枉法，贿赂公卿，以求好名声，也送给山涛丝绸一百斤，山涛不愿独自违抗当时的风气，就收下来藏在阁楼上，后来袁毅的事情败露，被用囚车送到廷尉那里治罪。凡是他所贿赂的人，都予追究。山涛于是拿出丝绸交给官吏，上面积有多年的灰尘，印封还跟当初一样的完好。

山涛喝酒要八斗酒才会醉，晋武帝想试他一下，就让他喝八斗酒，暗中叫人给他加酒，山涛只喝足八斗的量就不喝了。

【评述】

山涛半生纵横官场，其游刃有余，仕途之顺畅通达让人惊叹：四十余岁才出仕，退休时却已位列三公，显贵无比。魏晋风云变幻，官场纷争喧闹，山涛之所以能在官场如此顺风顺水，廉洁自律是至关重要的原因。

他身居要职，有不少人想通过送礼来打通他的关节，达到当官或升迁的目的。但山涛为官清廉，洁身自好。陈郡人袁毅曾做鬲县县令，任职期间用厚礼馈赠公卿，以求庇护提携。袁毅的厚礼也送到了山涛的府第，那是百斤真丝。山涛不愿接受，但也不愿独自违抗当时的风气，不想破坏官场“潜规则”而得罪于人，于是命令家人将真丝包好，贴上封条，藏于阁楼，吩咐谁也不准动，说："自今日起，但见馈送者，均以此为率。"后来袁毅恶迹败露，监察人员到山涛府上问询，见那百斤真丝仍在那里未动。众人不禁钦佩山涛清廉自守，送他一个雅号"悬丝尚书"。山涛外不殊俗，内不失正。他在官场沉浮中，廉洁正直，严于约束自己，保持名节；善于与时俯仰，既立身清正，又不招人非议，也不显得与时世迥异，避免了被众人排挤冷落，赢得了众人的称誉。

山涛做事情极有分寸，身在官场，免不了喝酒应酬。可是，与其他人不同，他每次都以八斗为限，到了这个量，他再不多喝一杯。因此，山涛从来没有喝醉过。竹林名士多有纵酒放诞之风，山涛却能以公事为重，从不贪杯误事，可见他自律性很强，做事有度。山涛善饮却不酗酒，如此律己，使他顺利通过了武帝的"酒精"考验。

山涛虽居高官显贵，却贞慎而廉洁；做事周全，识大体而有原则；严于自律。他这种高贵的品格和行事的经验，对今天的我们，可谓教益良多。

（张文华注译　南江涛评述）

邓 攸

【原文】

邓攸，字伯道，平阳襄陵人也。祖殷，亮直强正。钟会伐蜀，奇其才，自黾池令召为主簿。贾充伐吴，请殷为长史。后授皇太子《诗》，为淮南太守。梦行水边，见一女子，猛兽自后断其盘囊。占者以为水边有女，汝字也，断盘囊者，新兽头代故兽头也，不作汝阴，当汝南也。果迁汝阴太守。后为中庶子。

攸七岁丧父，寻丧母及祖母，居丧九年，以孝致称。清和平简，贞正寡欲。少孤，与弟同居。初，祖父殷有赐官，敕攸受之。后太守劝攸去王官，欲举为孝廉，攸曰："先人所赐，不可改也。"尝诣镇军贾混，混以人讼事示攸，使决之。攸不视，曰："孔子称'听讼，吾犹人也，必也使无讼乎！'"混奇之，以女妻焉。举灼然[1]二品，为吴王文学，历太子洗马、东海王越参军。越钦其为人，转为世子文学、吏部郎。越弟腾为东中郎将，请攸为长史。出为河东太守。

永嘉末，没于石勒[2]。然勒宿忌诸官长二千石，闻攸在营，驰召，将杀之。攸至门，门干乃攸为郎时干，识攸，攸求纸笔作辞。干候勒和悦，致之。勒重其辞，乃勿杀。勒长史张宾先与攸比舍，重攸名操，因称攸于勒。勒召至幕下，与语，悦之，以为参军，给车马。勒每东西，置攸车营中。勒夜禁火，犯之者死。攸与胡邻毂，胡夜失火烧车。吏按问，胡乃诬攸。攸度不可与争，遂对以弟妇散发温酒为辞。勒赦之。既而胡人深感，自缚诣勒以明攸，而阴遗攸马驴，诸胡莫不叹息宗敬之。石勒过泗水，攸乃斫坏车，以牛马负妻子而逃。又遇贼，掠其牛马，步走，担其儿及其弟子绥。度不能两全，乃谓其妻曰："吾弟早亡，唯有一息，理不可绝，止应自弃我儿耳。幸而得存，我后当有子。"妻泣而从之，乃弃之。其子朝弃而暮及。明日，攸系之于树而去。

至新郑，投李矩。三年，将去，而矩不听。荀组以为陈郡、汝南太守，愍帝征为尚书左丞、长水校尉，皆不果就。后密舍矩去，投荀组于许昌，矩深恨焉，久之，乃送家属还攸。攸与刁协、周顗素厚，遂至江东。元帝以攸为太子中庶子。时吴郡阙守，人多欲之，帝以授攸。攸载米之郡，俸禄无所受，唯饮吴水而已。时郡中大饥，攸表振贷，未报，乃辄开仓救之。台遣散骑常侍桓彝、虞駿慰劳饥人，观听善不，乃劾攸以擅出谷。俄而有诏原之。攸在郡刑政清明，百姓欢悦，为中兴良守。后称疾去职。郡常有送迎钱数百万，攸去郡，不受一钱。百姓数千人留牵攸船，不得进，攸乃小停，夜中发去。吴人歌之曰："纨如打五鼓，鸡鸣天欲曙。邓侯挽不留，谢令推不去。"百姓诣台乞留一岁，不听。拜侍中。岁余，转吏部尚书。蔬食弊衣，周急振乏。性谦和，善与人交，宾无贵贱，待之若一，而颇敬媚权贵。

永昌中，代周顗为护军将军。太宁二年，王敦[3]反，明帝密谋起兵，乃迁攸为会稽太守。初，王敦伐都之后，中外兵数每月言之于敦。攸已出在家，不复知护军事，有恶攸者，诬攸尚白敦兵数。帝闻而未之信，转攸为太常。时帝南郊，攸病不能从。车驾过攸问疾，攸力病出拜。有司奏攸不堪行郊而拜道左，坐免。攸每有进退，无喜愠之色。久之，迁尚书右仆射。咸和元年卒，赠光禄大夫，加金章紫绶，祠以少牢。

攸弃子之后，妻不复孕。过江，纳妾，甚宠之，讯其家属，说是北人遭乱，忆父母姓名，乃攸之甥。攸素有德行，闻之感恨，遂不复畜妾，卒以无嗣。时人义而哀之，为之语曰："天道无知，使邓伯道无儿。"弟子绥服攸丧三年。

选自《晋书》卷九十《邓攸传》

【注释】

①灼然：晋代举试科目名，为九品中正的第二品。

②石勒（274—333）：十六国后赵建立者，羯族人。

③王敦（266—324）：东晋大臣。字处仲，琅邪临沂（今山东临沂北）人。出身士族。西晋亡，与堂弟王导等拥护司马睿立东晋，升任大将军、荆州牧。后因司马睿排挤王氏势力，于永昌元年（322）攻入建康，杀刁协、周颛等，回屯武昌，遥制朝政。太宁二年（324），明帝乘其病危，下诏讨伐。他再起兵攻建康，病死军中。

【译文】

邓攸，字伯道，平阳襄陵人。祖父邓殷，为人诚实正直，刚正不阿。钟会征伐蜀国，认为他是奇才，把他从黾池令升迁为主簿。贾充讨伐吴国，请他为长史。后来邓殷为皇太子讲授《诗经》，出任淮南太守。梦见在水边行走，见到一个女子，又有猛兽从后边把他的盘囊咬断。占梦的人认为水边有女子，是“汝”字，咬断盘囊，是用新的兽头来代替旧的兽头，因此不是担任汝阴太守，就是汝南太守。他后来果然调任汝阴太守，后又担任中庶子。

邓攸七岁时父亲去世，不久母亲与祖母也相继去世，他守丧九年，以孝道受到称赞。他为人清静和气，平易简朴，坚贞端方又少欲。他从小成为孤儿，与弟弟居住在一起。起初，他的祖父邓殷有赐官，诏令他接受。后来，太守就劝邓攸辞去王官，想要推举他为孝廉，邓攸说：“这是先人所赐，不可改变。”他曾去拜见镇军贾混，贾混把他人的讼案拿给他看，让他决断。邓攸不看，说："孔子说：'听理诉讼，我和别人一样，一定使诉讼不再发生。'"贾混认为他不凡，就把女儿嫁给他。邓攸被推举为九品中正的第二品，担任吴王文学，历任太子洗马、东海王司马越参军。司马越钦佩他的为人，转任他为东海王世子文学、吏部郎。司马越的弟弟司马腾出任东中郎将，请邓攸担任长史。又出任河东太守。

永嘉（307—313）末，邓攸身陷石勒军中。然而石勒一向忌恨二千石官员，听说邓攸在自己军营中，派人骑马去召他，打算杀死他。邓攸到达营门前，守门的吏役正是邓攸为郎官时的吏役，认识邓攸，邓攸就向他要来纸笔写了书信。门役等石勒高兴时，呈上邓攸的书信。石勒看重邓攸的文辞，才没有杀他。石勒的长史张宾先前与邓攸是邻居，看重邓攸的名望节操，于是在石勒面前称赞邓攸。石勒把邓攸召到帐下，与他交谈，谈后很高兴，就任他为参军，并给他车马。石勒每次外出征伐，就把邓攸安置在车营中。石勒规定军中夜间禁止点火，违犯者要被处死。邓攸车子与胡人相邻，胡人夜里失火烧毁了车辆，官吏来调查，胡人就诬陷邓攸。邓攸自知无法与他争辩，就回答说为了给弟媳妇退烧温酒而引起的失火，石勒赦免了邓攸。之后胡人深受感动，捆绑起自己去见石勒，以证明邓攸的清白，又暗中送给邓攸马和驴，胡人们无不赞叹敬服邓攸。石勒一渡过泗水，邓攸就砍坏车辆，用牛马载着妻子儿女逃跑。又遇到强盗掠走他的牛马，他只好徒步行走，担着自己的儿子以及侄子邓绥。邓攸估计不能保全两个孩子，就对自己的妻子说："我的弟弟早逝，只有这一个儿子，按道理不能让他绝后，只能舍弃咱们自己的儿子了，假如有幸能存活下去，我以后应当还会有儿子。"他的妻子哭泣着同意了，于是扔掉了自己的儿子。他的儿子早上被扔掉，傍晚时又追了上来，第二天，邓攸就把他绑在树上然后离去。

邓攸到达新郑，投靠李矩。过了三年，他想离去，李矩不同意。荀组让他担任陈郡、汝南太守，晋愍帝征召他为尚书左丞、长水校尉，邓攸都不去就职。之后他暗中舍弃李矩，到许昌投奔荀组，李矩十分记恨，过了很久，才把家属送还给邓攸。邓攸与刁协、周𫖮一向交情深厚，于是到达江东。晋元帝任邓攸为太子中庶子。当时吴郡没有太守，很多人想要这个职位，元帝把它授给了邓攸。邓攸自己运载着米到吴郡赴任，不领受俸禄，只是饮用吴郡的水而已。当时郡中正闹饥荒，邓攸上表请求振贷，未等到答复，就开仓救济百姓。尚书台派遣散骑常侍桓彝、虞𬳽慰劳饥民，收集关于地方行政好坏的舆论，于是就弹劾邓攸擅自开仓放粮。不久朝廷下诏原谅了邓攸。邓攸在吴郡处理刑狱政事清廉严明，百姓欢心喜悦，他成为东晋中兴时期的好太守。后来，他称病离职，吴郡常例有送迎官员的钱数百万，邓攸离开吴郡时，一钱也不接受，百姓数千人挽留牵住邓攸的船，不让船前进，于是他做短暂停留，到半夜才开船离去。吴郡人歌唱他说："纨如打五鼓，鸡鸣天欲曙。邓侯挽不留，谢令推不去。"百姓到尚书台乞求再留任邓攸一年，没有得到允许。邓攸后被任命为侍中。一年多后，转任吏部尚书。他吃素食穿旧衣，却周济别人的急困难事。他性格谦逊和顺，擅长与人交往，客人不分贵贱，一视同仁，只是有些恭敬谄媚权贵。

永昌（322—323）中，邓攸代替周𫖮担任护军将军。太宁二年（324），王敦造反，明帝密谋起兵，就调任邓攸为会稽太守。起初，王敦征伐京都之后，朝廷内外的军兵数目每月都要向王敦报告。邓攸已经离职在家，不再掌管护军事务，有厌恶邓攸的人，诬告邓攸把军兵数目报告给王敦。明帝听到却不相信，调任邓攸为太常。当时明帝要举行南郊祭礼，邓攸有病不能侍从，明帝经过邓攸家探望他的病情，邓攸带病勉强出来拜见。有司奏表邓攸不能去参加郊祭，却能在路边拜见皇帝，邓攸因此被免官。邓攸每次遇到升降任免的事情，都没有喜悦或怨怒的神色。很久之后，他被任命为尚书右仆射。咸和元年（326），邓攸去世，追赠光禄大夫，加金章紫绶，并以少牢的规格被祭祀。

邓攸抛弃自己的儿子后，他的妻子没有再怀孕。过江以后，邓攸收纳一小妾，十分宠爱她，询问她的家属，她回答说自己是北方人，遭遇离乱，而回忆父母的姓名，竟是邓攸的外甥女。邓攸一向有道德品行，听到后感到十分悔恨，于是不再纳妾，最终也没有子嗣。当时人认为他仁义，哀叹他没有后代，都说："天道无知啊，让邓伯道没有儿子。"侄子邓绥为邓攸服丧三年。

【评述】

邓攸的行为体现了一种"仁者的廉洁"。他与人为善，在中央任高官时布衣蔬食，钱财都周济别人，对人无论贵贱也都一视同仁地对待，这种仁慈在邓攸从政刚开始就体现出来。贾混拿刑狱的卷宗给他看，他说他的理想是最好不要有刑狱。石勒军中夜晚禁火，邓攸车旁的胡人违禁用火，把邓攸的车烧掉了，为了逃脱罪责，嫁祸说是邓攸放的火，邓攸为了大局，自己承担了下来。这种屈己待人的仁慈风格在他逃亡时发挥到了极致。他逃离石勒的军队，身边有自己的儿子和侄子，逃难过程中却无法兼顾两个孩子，只能保全一个，他选择保全侄子，而把自己的儿子扔在了路上。儿子后来又追了上来，他把儿子绑到树上离开。虽然这种做法在今天看来，对自己的孩子太过于残酷，但是我们不能完全用现代人的观念去评判古人。古人以无后为不孝之大事，邓攸为了保全弟弟的血脉而放弃了自己的儿子，在当时的确是一件非常高尚的事情，是鱼与熊掌无法兼得时，舍弃自己孩子生命而取义的做法。

邓攸的仁慈最突出的还是表现在吴郡为官任上。邓攸做吴郡的地方官，上任时自己带着米，平常俸禄一无所取，后来离任时吴郡按例送给他的几百万钱也一无所受，他清廉到仅仅是喝吴郡的水而已。邓攸上任时正赶上当地闹饥荒，他立即上报朝廷，但是不等朝廷批复，就开仓赈灾。这一举动无疑是拿自己的政治前途来换取百姓的生命。后来他确实也因此被弹劾，所幸得到了赦免。当时治理地方的主要工作就是处理刑狱政事，在这方面邓攸也能够做到公正廉明。对于邓攸的廉洁政绩百姓们非常感恩，以至于他因病离任时，数千的百姓拦住邓攸的船不让他走，百姓甚至还到尚书台去乞求让邓攸再留任一年，邓攸只能等到夜里偷偷离开。所谓有因才有果，吴郡百姓对邓攸这种极力挽留是对邓攸政绩和为人的最好肯定。

（张文华注译　于春媚评述）

庾　冰

【原文】

冰字季坚。兄亮以名德流训，冰以雅素垂风，诸弟相率莫不好礼，为世论所重，亮常以为庾氏之宝。司徒辟，不就，征秘书郎。预讨华轶功，封都乡侯。王导请为司徒右长史，出补吴国内史。

会苏峻作逆，遣兵攻冰，冰不能御，便弃郡奔会稽。会稽内史王舒以冰行奋武将军，距峻别率张健于吴中。时健党甚众，诸将莫敢先进。冰率众击健走之，于是乘胜西进，赴于京都。又遣司马滕含攻贼石头城，拔之。冰勋为多，封新吴县侯，固辞不受。迁给事黄门侍郎，又让不拜。司空郗鉴请为长史，不就。出补振威将军、会稽内史。征为领军将军，又辞。寻入为中书监、扬州刺史、都督扬豫兖三州军事、征虏将军、假节。

是时王导新丧，人情恇然。冰兄亮既固辞不入，众望归冰。既当重任，经纶时务，不舍夙夜，宾礼朝贤，升擢后进，由是朝野注心，咸曰贤相。初，导辅政，每从宽惠，冰颇任威刑。殷融谏之，冰曰："前相之贤，犹不堪其弘，况吾者哉！"范汪谓冰曰："顷天文错度，足下宜尽消御之道。"冰曰："玄象岂吾所测，正当勤尽人事耳。"又隐实户口，料出无名万余人，以充军实。诏复论前功，冰上疏曰："臣门户不幸，以短才赞务，衅及天庭，殃流邦族，若晋典休明，夷戮久矣。而于时颠沛，刑宪暂坠，遂令臣等复得为时陈力。徇国之臣，因之而奋，立功于大罪之后，建义于颠覆之余，此是臣等所以复得视息于天壤，王宪不复必明于往愆也。此之厚幸，可谓弘矣，岂复得计劳纳封，受赏司勋哉！愿陛下曲降灵泽，哀恕由中，申命有司，惠臣所乞，则愚臣之愿于此毕矣。"许之。

成帝疾笃，时有妄为尚书符，敕宫门宰相不得前，左右皆失色。冰神气自若，曰："是必虚妄。"推问，果诈，众心乃定。进号左将军。康帝即位，又进车骑将军。冰惧权盛，乃求外出。会弟翼当伐石季龙，于是以本号除都督江、荆、宁、益、梁、交、广七州豫州之四郡军事、领江州刺史、假节，镇武昌，以为翼援。冰临发，上疏曰：

"臣因循家宠，冠冕当世，而志无殊操，量不及远。顷皇家多难，衅故频仍，朝望国器，与时歼落，遂令天眷下坠，降及臣身。俯仰伏事，于今五年。上不能光赞圣猷，下不能缉熙政道，而陛下遇之过分，求之不已，复策败驾之驷，以冀万里之功，非天眷之隆，将何以至此！是以敢竭狂瞽，以献血诚，愿陛下暂屏旒纩，以弘听纳。

“今强寇未殄，戎车未戢，兵弱于郊，人疲于内，寇之侵逸，未可量也；黎庶之困，未之安也；群才之用，未之尽也。而陛下崇高，事与下隔，视听察览，必寄之群下。群下宜忠，不引不进；百司宜勤，不督不劝。是以古之帝王勤于降纳，虽日总万机，犹兼听将相；或借讼舆人，或求谤刍荛，良有以也。况今日之弊，开辟之极，而陛下历数属当其运，否剥之难，婴之圣躬[①]，普天所以痛心于既往而倾首于将来者也。实冀否终而泰，属运在今。诚愿陛下弘天覆之量，深地载之厚，宅冲虚以为本，勤训督以为务。广引时彦，询于政道，朝之得失必关圣听，人之情伪必达天聪。然后览其大当，以总国纲，躬俭节用，尧舜岂远！大布之衣，卫文何人[②]！是以古人有云：‘非知之难，行之难；非行之难，安之难也。’愿陛下既思日侧于劳谦，纳其起予之情，则天下幸甚矣。臣朝夕伏膺，犹不能畅，临疏徘徊，不觉辞尽。”

顷之，献皇后[③]临朝，征冰辅政，冰辞以疾笃。寻而卒，时年四十九。册赠侍中、司空，谥曰忠成，祠以太牢。

冰天性清慎，常以俭约自居。中子袭尝贷官绢十匹，冰怒，捶之，市绢还官。临卒，谓长史江彪曰：“吾将逝矣，恨报国之志不展，命也如何！死之日，敛以时服，无以官物也。”及卒，无绢为衾。又室无妾媵，家无私积，世以此称之。

选自《晋书》卷七十三《庾冰传》

【注释】

①否剥之难，婴之圣躬：否、剥，《周易》的两个卦名，否为天地不交，剥为阴盛阳衰。否剥之难，后多指时运乖舛。婴，缠绕；圣躬，指皇帝的身体。

②大布之衣，卫文何人：卫文，即春秋时期的卫文公。齐桓公立其为卫君。即位后，奋发图强，穿着粗布衣服，与百姓同苦。在位二十五年，初年有革车三十乘，末年已有三百乘。

③献皇后：东晋康帝之皇后（324—384），河南阳翟（今河南禹县）人，豫章太守褚裒女，穆帝、哀帝、废帝、简文帝、孝武帝时，都曾临朝称制。太元元年（376）归政孝武帝，九年崩。时年六十一。在位四十年。

【译文】

庾冰字季坚。他的兄长庾亮以名望德行成为典型，庾冰则以高雅朴素留传风范，兄弟们都讲究礼仪，被世道舆论所推崇，庾亮也常常称庾冰是庾氏之宝。司徒征召，他不去就职，被征召为秘书郎。因参与讨伐华轶有功，被封为都乡侯。王导请他担任司徒右长史，出京补任吴国内史。

恰逢苏峻叛乱，派遣军队攻打庾冰，庾冰不能抵御，就弃郡逃奔到会稽。会稽内史王舒任命庾冰为代理奋武将军，在吴中抵抗苏峻的偏军统帅张健。当时张健的军队人数众多，将领们都不敢先行进攻。庾冰率领部众攻击张健并赶走了他，于是就乘胜向西挺进，到达了京城。庾冰又派遣司马滕含攻打敌人的石头城并占领了它。庾冰的功劳大，被封为新吴县侯，他坚决推辞不接受。升任给事黄门侍郎，又推辞不受。司空郗鉴请他担任长史，不去赴任。出京补任振威将军、会稽内史。征召他为领军将军，他又推辞。很快又入朝担任中书监、扬州刺史、都督扬豫兖三州军事、征虏将军、假节。

当时王导刚刚去世，民情恐慌。庾冰的兄长庾亮已经坚决推辞不入朝，众人的期望就归于庾冰。庾冰已经担当重任，不分昼夜地筹划处理当朝大事，尊重朝中的贤士，提拔资历浅的后辈，由此朝野上下倾心于他，都称他为贤相。起初，王导辅佐政事，每每为政宽厚仁慈，而庾冰则多用严厉的刑罚。殷融劝谏他，庾冰说："前任宰相那么贤能，还受不了他的宽厚，何况是我呢?"范汪对庾冰说："近来天象失行，你应该采取消除和防御的措施。"庾冰说："天象哪是我能够预测的，正应该勤于人间之事。"又审核户口，查处没有户籍的人一万多人，都充军籍。诏书又论及他之前的功劳，庾冰上疏说："臣门户不幸，以浅薄的才能协助处理政务，灾祸殃及朝廷、国家和宗族，若像晋法那么清明，我早就该被诛戮了。遭遇时世困顿动荡，刑法宪制一时弃置，于是让臣这样的人能再为朝廷效力。为国献身的臣子们，趁此时机奋发，在大罪之后创立功业，在国灭之后兴举义军，因此臣等得以在天地之间苟全性命，王法宪制也不再明察过去的罪过。这真是很幸运，称得上宽宏啊，岂能再计较功劳接受分封，领赏邀功呢！希望陛下能施予恩德，由衷地宽恕我，命令相关官员，答应我的请求，那我的愿望也就了结了。”皇帝听许了他。

成帝病重，当时有妄自作尚书省符信的，命令宰相不得前往宫门，近臣们都惊恐失色。庾冰神态镇定，说：“这事肯定荒诞不实。”审问，果然有诈，众人的心情才安定下来。庾冰进升左将军的名号。康帝即位，他又晋升为车骑将军。庾冰害怕权力过于盛大，于是请求出京外任。恰巧其弟庾翼将要讨伐石虎，庾冰就以原有名号担任都督江、荆、宁、益、梁、交、广七州豫州之四郡军事、任江州刺史、假节，镇守武昌，作为其弟的支援。庾冰临近出发，上疏说：

“臣承袭家族宠信，在当今出人头地，但并没有卓异的节操，气量也称不上高远。近来皇家多有祸难，争端连续不断，朝廷中有威望的大臣和可以治国的人才，同时逝去了，致使天恩下移，降临到我的身上。我竭力在朝任职，至今已有五年。臣向上不能光辅陛下的谋略，向下不能光辉施政的方略，但陛下过分地宠遇臣，又不断地求助臣，于是臣只好又驱使会倾车的驷马，希望能建立万里之功。如果不是陛下的宠信如此深重，哪能到这种地步呢？因此臣胆敢竭尽自己的愚妄无知，向您表达肺腑之诚，希望陛下能暂时除去垂旒与旒纩，以广视听。

“今天强敌未能灭绝，战车也还没收藏起来，在郊野的兵士劳弱，在国内的人民疲惫，敌寇侵犯或是隐退，是不能估量的；百姓困顿，还没有安定下来；众多有才能之人的任用，还没有竭尽。而陛下身处高位，与下面事务隔绝，见闻考察，必然都托付给群臣。群臣们应该忠诚，但不引导就不会进言；百官们应该勤奋，但不督促就不会劝谏。因此，古代的帝王对于降身纳谏是很勤勉的，虽然日理万机，仍能兼而听取将相的意见；有时向车夫听取意见，有时向割草打柴的人求取批评，确实有它的好处。况且今日的凋敝前所未有，而陛下的运数恰好赶上这个局面，各种磨难萦绕在您的身边，这正是普天下的百姓都痛心于过去而仰望于未来的原因。很希望能够否极泰来，运气降临于今。诚恳希望陛下像上天覆盖万物，大地负载万物一样仁德广被。以恬淡虚静为本，以勤于训教督促为务。广泛引进当代贤士，向他们询问治国之道，那么您一定会得知朝政的得失和人情的真伪。然后观览其主要的，来总摄国家的纲纪，亲行简约节省费用，离尧舜哪里会远！虽穿着粗麻制的衣服，卫文公又是什么人呢？所以古人说过：‘懂得并不难，是行动难；行动并不难，是保持难啊。’希望陛下想着每天勤劳谦恭，接受我们的心意，那么天下就大幸了。臣朝夕都牢记在心间，犹不能尽情，临行前向陛下上疏还犹豫不决，觉得言辞没有穷尽。”

不久后，献皇后临朝摄政，征召庾冰辅佐政事，庾冰以病重辞谢。不久去世，时年四十九岁。朝廷册封追赠他为侍中、司空，谥号“忠成”，以太牢的规格祭祀他。

庾冰天性清廉谨慎，常常以简省节约自居。排行居中的儿子庾袭曾赊欠了官府十匹绢，庾冰十分生气，捶打他，买绢归还府库。临死前，他对长史江彪说：“我将要死了，遗憾自己报效国家的志向未能施展，命运如此没办法啊！我死的那天，以平常的服装入殓，不要用任何官府的物品。”等到他去世，没有绢布可以掩盖尸体。而且他家里也没有侍妾，也没有私人积蓄，世人都因此称赞他。

【评述】

庾冰是个勤政清廉之官。

首先是他的勤政。前任丞相王导去世后，庾冰便担起重任，不分早晚为国操劳。谆谆劝谏康帝要广纳贤言，弘阔视听，以求振兴。

其次是他的清廉节俭。庾冰天生性格清廉谨慎，排行居中的儿子庾袭曾赊欠了官府十四官绢，庾冰知道后非常生气，打了他一顿，并且买回绢布归还府库。正是修身不但要严于律己，还要能“齐家”方可。他临死前，还嘱咐长史江彪：“我死的那天，以平常服装入殓，不要用任何官府的物品。”等到他去世，没有绢布可以掩盖尸体。对比今日一些人生前奢华无度，纵容子嗣胡来，实在可谓德操高尚。庾冰家里没有侍妾，也没有私人积蓄，因此得到了当时人们的称赞。

还有他的无私无畏。因为庾冰的功劳极高，赏赐许多官职，但他并非来者不拒，“冰勋为多，封新吴县侯，固辞不受。迁给事黄门侍郎，又让不拜。司空郗鉴请为长史，不就……征为领军将军，又辞”。后来又要论功，庾冰上疏说明不受的原因：“此之厚幸，可谓弘矣，岂复得计劳纳封，受赏司勋哉！”当有人警告他要防御天象凶兆时，他说：“玄象岂吾所测，正当勤尽人事耳。”

（张文华注译　南江涛评述）

陆　纳

【原文】

纳字祖言。少有清操，贞厉绝俗。初辟镇军大将军武陵王掾，州举秀才。太原王述雅敬重之，引为建威长史。累迁黄门侍郎、本州别驾、尚书吏部郎，出为吴兴太守。将之郡，先至姑孰辞桓温，因问温曰："公致醉可饮几酒？食肉多少？"温曰："年大来饮三升便醉，白肉不过十脔。卿复云何？"纳曰："素不能饮，止可二升，肉亦不足言。"后伺温闲，谓之曰："外有微礼，方守远郡，欲与公一醉，以展下情。"温欣然纳之。时王坦之、刁彝在坐。及受礼，唯酒一斗，鹿肉一柈，坐客愕然。纳徐曰："明公近云饮酒三升，纳止可二升，今有一斗，以备杯杓余沥。"温及宾客并叹其率素，更敕中厨设精馔，酣饮极欢而罢。纳至郡，不受俸禄。顷之，征拜左民尚书，领州大中正。将应召，外白宜装几船，纳曰："私奴装粮食来，无所复须也。"临发，止有被襆而已，其余并封以还官。迁太常，徙吏部尚书，加奉车都尉、卫将军。谢安尝欲诣纳，而纳殊无供办。其兄子俶不敢问之，乃密为之具。安既至，纳所设唯茶果而已。俶遂陈盛馔，珍羞毕具。客罢，纳大怒曰：“汝不能光益父叔，乃复秽我素业邪！”于是杖之四十。其举措多此类。

后以爱子长生有疾，求解官营视，兄子禽又犯法应刑，乞免官谢罪。诏特许轻降。顷长生小佳，喻还摄职。寻迁尚书仆射，转左仆射，加散骑常侍。俄拜尚书令，常侍如故。恪勤贞固，始终不渝。时会稽王道子以少年专政，委任群小，纳望阙而叹曰：“好家居，纤儿欲撞坏之邪！”朝士咸服其忠亮。寻除左光禄大夫、开府仪同三司，未拜而卒，即以为赠。长生先卒，无子。以弟子道隆嗣，元熙中，为廷尉。

选自《晋书》卷七十七《陆纳传》

【译文】

陆纳，字祖言。年少时就有高尚的节操，为人忠贞，超出世俗。初仕被征辟为镇军大将军武陵王司马晞的佐吏，州里推举他为秀才。太原人王述十分敬重他，举荐他为建威将军长史。后来又经多次升迁至黄门侍郎、本州别驾、尚书吏部郎，又出任吴兴郡太守。去吴兴郡任职之前，他先到姑孰向桓温辞别，问桓温说：“您要是喝到醉可以喝多少酒？能吃多少肉？”桓温回答说：“近来喝三升酒就会醉，吃大腿肉的话不超过十块。你又怎么样呢？”陆纳说：“我一向不能喝酒，只能喝二升，肉也谈不上多少。”过后等到桓温空闲时，陆纳对桓温说：“外面有微薄之礼，我就要去守卫远方的郡邑了，想跟您畅饮一次，来表示我的心意。”桓温很高兴地答应了。当时王坦之、刁彝也在座。等到受礼时，只有酒一斗、鹿肉一盘，在座宾客都很惊讶。陆纳缓缓地说：“您最近说能喝三升酒，而我只能喝两升，现在仅有一斗酒，只能是聊以充饮了。”桓温和各位宾客都叹服他的率性朴实，另外命令内厨准备佳肴，畅快饮酒吟诵后才罢。陆纳到郡上任后，不领受俸禄。很快，授左民尚书，兼任州大中正。将要去应召，吏役问应该装几条船，陆纳说：“奴仆们装上粮食就可以了，没有什么再需要的了。”临近出发，只有衣被包袱而已，其余一并封存上交官府。又升任太常，调任吏部尚书，加封奉车都尉、卫将军。有一次谢安想来拜访陆纳，而陆纳却根本没有准备接待的东西，他兄长的儿子陆俶不敢问他，就悄悄地替他准备了。谢安到后，陆纳摆出来接待他的只有茶果而已，陆俶于是把丰盛的馔食摆了出来，美味佳肴都有了。等到会客结束，陆纳大怒说：“你不能给你叔父增光也罢了，还来玷污我清白的操守！”于是杖罚了他四十下。他平时处事多是如此。

后来因为爱子长生患病，陆纳请求解去官职去照顾他，又加上他兄长的儿子陆禽又违法获刑，他就乞求免去官职以谢罪，皇帝下诏特许让他轻微降职。很快长生身体稍微转好，陆纳就告知回去履行职务。不久又升任尚书仆射，转任左仆射，加封散骑常侍，很快又拜为尚书令，常侍一职仍保留。陆纳恭敬勤恳，谨守正道，坚定不移，始终不变。当时会稽王司马道子年少而专权，任用很多小人，陆纳仰望宫阙叹息道：“多好的家宅，小儿们要撞坏它呀！”朝中官员都佩服陆纳的忠诚豁达。不久陆纳又被任命为左光禄大夫、开府仪同三司，但他还没来得及上任就去世了，朝廷就以此作为追赠。长生死在他前面，也没有子嗣。以弟弟的儿子道隆继承，元熙年间，官至廷尉。

【评述】

陆纳是三国名将陆逊的后代，可谓出身名门。在东晋时曾担任过太守、吏部尚书、仆射、散骑常侍和尚书令等重要职务。从一般意义上说，他绝对可以算是当时的权贵了。但陆纳不同于那些深谙权钱之道、过着腐化奢侈生活的“权贵”，他不但为政清廉，而且在生活上也十分俭朴，一点也不奢侈，很受人敬佩。时人称赞其“恪勤贞固，始终不渝”。

两晋南北朝时期，帝王贵族聚敛成风，奢侈盛行，有的每天饮食费高达一万钱，相当于一个普通百姓家两三年的费用。而陆纳在吴兴任职期间，生活上节衣缩食，廉洁从政，政绩十分卓著，被提拔为尚书。他在即将离开吴兴的时候，下面人问他需要多少船装载东西。陆纳说：“只让家里的仆人装些粮食就可以了，其他没什么可装的。”临行时只带着几条被褥和随身穿戴的几件衣物，其他的东西都封存起来交给了公家。真正是“清风两袖朝天去，免得闾阎话短长”。

陆纳到京城以后，宰相谢安非常敬重他的人品，便派人对陆纳说打算抽时间到陆家去拜访。陆纳虽然知道谢安在朝廷中是一位有权有势的大人物，但是并没有因此大肆操办接待，只给他端上了一杯清茶和一些水果。可谓“老圃松筠随处好，名园桃李随处新。公余只合凭书卧，座上何须有大宾”。

陆纳的高风亮节，被人传为千古佳话。“以茶代酒”、“以茶养廉”也成为了明智人士的廉政优良传统，使茶进入了中国社会的精神领域，在浓浓茶香中飘逸着廉吏的高雅与风格。在今天，这种品质不应该只作为美谈，更应成为身体力行的借鉴。

（张文华译文　南江涛评述）

刘 毅

【原文】

刘毅字仲雄，东莱掖人。汉城阳景王章之后。父喈，丞相属。毅幼有孝行，少厉清节，然好臧否人物，王公贵人望风惮之。侨居平阳，太守杜恕请为功曹，沙汰郡吏百余人，三魏称焉。为之语曰：“但闻刘功曹，不闻杜府君。”

魏末，本郡察孝廉，辟司隶都官从事，京邑肃然。毅将弹河南尹，司隶不许，曰：“攫兽之犬，鼷鼠蹈其背。”毅曰：“既能攫兽，又能杀鼠，何损于犬！”投传而去。同郡王基荐毅于公府，曰：“毅方正亮直，介然不群，言不苟合，行不苟容。往日侨仕平阳，为郡股肱，正色立朝，举纲引墨，朱紫有分，《郑》、《卫》不杂，孝弟著于邦族，忠贞效于三魏。昔孙阳[①]取骐骥于吴坂，秦穆拔百里于商旅。毅未遇知己，无所自呈。前已口白，谨复申请。”太常郑袤举博士，文帝辟为相国掾，辞疾，积年不就。时人谓毅忠于魏氏，而帝怒其顾望，将加重辟。毅惧，应命，转主簿。

武帝受禅，为尚书郎、驸马都尉，迁散骑常侍、国子祭酒。帝以毅忠蹇正直，使掌谏官。转城门校尉，迁太仆，拜尚书，坐事免官。咸宁初，复为散骑常侍、博士祭酒。转司隶校尉，纠正豪右，京师肃然。司部守令望风投印绶者甚众，时人以毅方之诸葛丰、盖宽饶。皇太子朝，鼓吹将入东掖门，毅以为不敬，止之于门外，奏劾保傅以下。诏赦之，然后得入。

帝尝南郊，礼毕，喟然问毅曰："卿以朕方汉何帝也?"对曰："可方桓、灵。"帝曰："吾虽德不及古人，犹克己为政。又平吴会，混一天下。方之桓、灵，其已甚乎!"对曰："桓、灵卖官，钱入官库；陛下卖官，钱入私门。以此言之，殆不如也。"帝大笑曰："桓、灵之世，不闻此言。今有直臣，故不同也。"散骑常侍邹湛进曰："世谈以陛下比汉文帝，人心犹不多同。昔冯唐②答文帝，云不能用颇牧而文帝怒，今刘毅言犯顺而陛下欢。然以此相校，圣德乃过之矣。"帝曰："我平天下而不封禅，焚雉头裘，行布衣礼，卿初无言。今于小事，何见褒之甚?"湛曰："臣闻猛兽在田，荷戈而出，凡人能之。蜂虿作于怀袖，勇夫为之惊骇，出于意外故也。夫君臣有自然之尊卑，言语有自然之逆顺。向刘毅始言，臣等莫不变色。陛下发不世之诏，出思虑之表，臣之喜庆，不亦宜乎!"

在职六年，迁尚书左仆射。时龙见武库井中，帝亲观之，有喜色。百官将贺，毅独表曰："昔龙降郑时门之外，子产不贺。龙降夏庭[③]，沫流不禁，卜藏其漦，至周幽王，祸衅乃发。《易》称'潜龙勿用，阳在下也。'证据旧典，无贺龙之礼。"诏报曰："正德未修，诚未有以膺受嘉祥。省来示，以为瞿然。贺庆之事，宜详依典义，动静数示。"尚书郎刘汉等议，以为："龙体既苍，杂以素文，意者大晋之行，戢武兴文之应也。而毅乃引衰世妖异，以疑今之吉祥。又以龙在井为潜，皆失其意。潜之为言，隐而不见。今龙彩质明焕，示人以物，非潜之谓也。毅应推处。"诏不听。后阴气解而复合，毅上言："必有阿党之臣，奸以事君者，当诛而不诛故也。"

……

毅夙夜在公，坐而待旦，言议切直，无所曲挠，为朝野之所式瞻。尝散斋[④]而疾，其妻省之，毅便奏加妻罪而请解斋。妻子有过，立加杖捶，其公正如此。然以峭直，故不至公辅。帝以毅清贫，赐钱三十万，日给米肉。年七十，告老。久之，见许，以光禄大夫归第，门施行马，复赐钱百万。

后司徒举毅为青州大中正，尚书以毅悬车致仕，不宜劳以碎务。陈留相乐安孙尹表曰："礼，凡卑者执劳，尊者居逸，是顺叙之宜也。司徒魏舒、司隶校尉严询与毅年齿相近，往者同为散骑常侍，后分授外内之职，资途所经，出处一致。今询管四十万户州，兼董司百僚，总摄机要，舒所统殷广，兼执九品，铨十六州论议，主者不以为剧。毅但以知一州，便谓不宜累以碎事，于毅太优，询、舒太劣。若以前听致仕，不宜复与迁授位者，故光禄大夫郑袤为司空是也。夫知人则哲，惟帝难之。尚可复委以宰辅之任，不可谘以人伦之论，臣窃所未安。昔郑武公年过八十，入为周司徒，虽过悬车之年，必有可用。毅前为司隶，直法不挠，当朝之臣，多所按劾。谚曰：'受尧之诛，不能称尧。'直臣无党，古今所悉。是以汲黯死于淮阳，董仲舒裁为诸侯之相。而毅独遭圣明，不离辇毂，当世之士咸以为荣。毅虽身偏有风疾，而志气聪明，一州品第，不足劳其思虑。毅疾恶之心小过，主者必疑其论议伤物，故高其优礼，令去事实，此为机阁毅，使绝人伦之路也。臣州茂德惟毅，越毅不用，则清谈倒错矣。"

于是青州自二品已上凭毅取正。光禄勋石鉴等共奏曰："谨按陈留相孙尹表及与臣等书如左。臣州履境海岱，而参风齐、鲁，故人俗务本，而世敦德让，今虽不充于旧，而遗训犹存，是以人伦归行，士识所守也。前被司徒符，当参举州大中正。佥以光禄大夫毅，纯孝至素，著在乡闾。忠允亮直，竭于事上，仕不为荣，惟期尽节。正身率道，崇公忘私，行高义明，出处同揆。故能令义士宗其风景，州闾归其清流。虽年耆偏疾，而神明克壮，实臣州人士所思准系者矣。诚以毅之明格，能不言而信，风之所动，清浊必偃，以称一州咸同之望故也……”

由是毅遂为州都，铨正人流，清浊区别，其所弹贬，自亲贵者始。太康六年卒，武帝抚机惊曰：“失吾名臣，不得生作三公！”即赠仪同三司，使者监护丧事。羽林左监北海王宫上疏曰：“中诏以毅忠允匪躬，赠班台司，斯诚圣朝考绩以毅著勋之美事也。臣谨按，谥者行之迹，而号者功之表。今毅功德并立，而有号无谥，于义不体。臣窃以《春秋》之事求之，谥法主于行而不系爵。然汉、魏相承，爵非列侯，则皆没而高行，不加之谥，至使三事之贤臣，不如野战之将。铭迹所殊，臣愿圣世举《春秋》之远制，改列爵之旧限，使夫功行之实不相掩替，则莫不率赖。若以革旧毁制，非所仓卒，则毅之忠益，虽不攻城略地，论德晋爵，亦应在例。臣敢惟行甫请周之义，谨牒毅功行如右。”帝出其表使八坐议之，多同宫议。奏寝不报。二子：暾、总。

选自《晋书》卷四十五《刘毅传》

【注释】

①孙阳：号伯乐，秦国人。因善于选取良马、治疗马病而著名。

②冯唐：西汉贤臣，安陵（今陕西咸阳东北）人。曾直言汉文帝即使得到廉颇、李牧这样的将领也无法任用，汉文帝非常生气，冯唐却毫无惧色。

③龙降夏庭：传说夏朝末年，有两条龙降临在夏朝庭院，夏王让卜筮官占卜，最后将龙涎保存在一个宝箱中。而这个龙涎宝箱不可以打开，否则就会亡国。但周朝时这个箱子被打开，龙涎化为玄鼋（yuán），和女子交而生出了褒姒。

④散斋：也称“散齐”，古礼规定在祭祀父母前的七天不和妇人交接、不奏乐、不吊耳，叫做“散齐”。齐，后多作“斋”。

【译文】

刘毅字仲雄，东莱掖县人，是汉朝城阳景王刘章的后代。父亲刘喈，曾经担任过丞相属官。刘毅很小的时候就很孝顺，年少时便磨砺自己清白的节操，但是他喜欢品评人物的好坏，于是王公贵人看到他就害怕。侨居平阳，太守杜恕请他担任功曹，经过考核淘汰了一百多个郡吏，广平、阳平和魏三郡的人都称赞他。评论他说：“只听说过刘功曹，没听说过杜府君。”

曹魏末年，本郡推举孝廉，刘毅被征辟为司隶都官从事，他所治理的地方肃然有序。刘毅将要弹劾河南尹，司隶不允许，说：“抓野兽的狗，鼷鼠也能爬上它的背。”刘毅说：“既然能捕捉野兽，又能杀老鼠，对狗又有什么损失！”于是丢弃符信，辞官离开。同郡人王基向公府推荐刘毅，说：“刘毅诚实正直，坚定而不随波逐流，不会随随便便附和别人，从不会屈从来讨好别人。以前侨居在平阳时，是郡中重要的辅佐人员，在公府中严肃谨慎，处理政事颇有法度，善恶分明，没有掺入淫靡的风气。孝悌的品行在邦国宗族中十分显著，对于广平、阳平和魏三郡忠贞不贰。过去孙阳在吴坂得到骏马，秦穆公在来往的商人中选拔了百里奚。刘毅还没有遇到知己，无法自荐。前面我已经口头讲过了，现谨慎地再申述一次。”听到这些话后，太常郑袤举荐刘毅担任博士，晋文帝司马昭征辟他为相国掾，但他坚决推辞了这些邀请，很多年没有出来做官。当时的人说刘毅忠于曹魏，而皇帝愤恨他留恋旧朝，将要判处他死刑。刘毅害怕，答应了任命，转任主簿。

晋武帝司马炎接受禅让，刘毅担任尚书郎、驸马都尉，迁任散骑常侍、国子监祭酒。晋武帝因为刘毅忠诚正直，于是让他掌管谏官一职。转任城门校尉，迁任太仆之职，拜任尚书，因事获罪而被免官。咸宁初年，又担任散骑常侍、博士祭酒。转任司隶校尉，他在任职期间，匡正了豪门大族的不合礼仪的行为，京城镇服。许多司部官员以及郡守、县令，纷纷放下印绶辞官让贤。当时的人把刘毅比作诸葛丰、盖宽饶这些名臣。皇太子入朝，乐队将要进入东掖门，刘毅认为这样不合礼仪，于是在门外挡住他们，不让他们进来，并且上奏弹劾太保、太傅以下官员。皇帝下诏赦免他们，然后才得以进入。

晋武帝曾经到南城郊祭，仪式完毕后，感慨地问刘毅：“你会把我比作汉代哪个皇帝呢?”刘毅回答说：“可以比作桓帝、灵帝。”晋武帝说：“我的德行虽然比不上古人，但仍然严格要求自己，尽力治理国家。又平定吴地，统一天下。把我比作桓帝、灵帝，那不是太过分了吗!”刘毅从容地回答说：“桓帝、灵帝卖官，钱都进入官库；陛下卖官，钱都进入权贵的口袋。就这样来说，您恐怕不如桓帝、灵帝!”晋武帝大笑说：“桓帝、灵帝时期，听不到这样的言论。如今能够听到这样的言论，是因为有正直谏言的大臣，所以不同。”散骑常侍邹湛进言说：“世人谈论时把陛下比作汉文帝，但并非天下人都这样认为。过去冯唐回答汉文帝，说他不能任用廉颇、李牧那样的人，于是汉文帝大怒。如今刘毅直言冒犯陛下，而您没有治他的罪反而感到欢喜。这样一比较，陛下的圣德其实超过汉文帝了。”晋武帝说：“我平定天下却不封禅来向天报功，焚烧雉头羽毛做成的衣服，施行百姓的礼节，那时你不来夸奖我，今天在这件小事上，为什么这么褒奖我呢?”邹湛说：“我听说猛兽困在狩猎场，只要带着戈出来，普通人都能制服它。蜂虿突然钻到怀中和袖子里，勇士也会恐惧，这都是出乎意料的缘故。君臣尊卑有序，言语有中听或不中听的。开始刘毅说这些话的时候，我们都为他捏了把汗。陛下发布非凡的诏令，出乎我的意料，我为此高兴，不也是应该的吗!”

刘毅任职六年后，迁任尚书左仆射。当时有龙出现在武库的井中，晋武帝亲自前往观看，面有喜色。百官将要去道贺，刘毅独自上表说：“过去有龙降临在郑国的时门外面，子产却不去道贺。龙降临在夏朝庭院中，不停地流唾沫，夏王占卜之后说要将它的唾沫收藏起来，到周幽王时，亡国的灾祸就发生了。《易经》说：‘潜伏的龙没有施展才能，是因为阳气还在潜藏。’这都是过去的例证，自古没有道贺龙降临的礼节。”皇帝诏令回复说：“如果没有修养成纯正的德行，确实不能承受祥瑞。看了你的奏表，心中很恐惧。道贺欢庆的事情，最好仔细地依照经书中的意思实行，有消息就多禀报。”尚书郎刘汉等人议论，认为：“龙的躯体已经是青色的，夹杂有白色的花纹，这是光大晋朝的德行，息兵修文的征兆，这些本是吉祥的象征，而刘毅却引用了衰世妖异的例子，来怀疑如今的吉祥征兆。又把龙在井中当做潜伏，这都是隐藏话语的本意，或者故意曲解。若是潜伏的话，就是隐藏起来看不到。如今龙色彩明亮，把形体呈现在人前，并不是潜伏。刘毅应该推论处理。”诏令不准许。后来阴气消解但又再次聚集，刘毅上书说：“定有结党营私的大臣，以奸邪侍奉君主，这都是应当诛杀而没有诛杀的缘故。”

……

刘毅早晚忙于公务，从晚上一直坐到早晨，言辞议论都恳切正直，切中要害，不会拐弯抹角，为朝野上下敬仰。刘毅曾经在散斋期间生病，他的妻子来看望他，刘毅就上奏治他妻子的罪并且请求解除斋戒。妻子和儿子有过错，马上就施加杖打，他就是这样公正。然而正因为他严峻刚正，所以没有做到三公四辅之类的大官。晋武帝因为刘毅清贫，赏赐他三十万钱，每天供给他米和肉。刘毅七十岁时，请求退休。过了很久，晋武帝才准许了他的退休申请，以光禄大夫的官职回到府第，门前设置了行马，又赏赐了他百万钱。

后来司徒举荐刘毅担任青州大中正，尚书认为刘毅已经告老回家，不适宜再为琐碎的事务操劳。陈留相乐安人孙尹上表说：“按照礼制的要求，凡是地位卑微的人要操心劳力，地位尊贵的人处于安逸，是合乎要求的。司徒魏舒、司隶校尉严询和刘毅年龄相近，以前都担任散骑常侍，后来分别担任朝内和朝外的职位，资历和仕途情况都非常相似。如今严询管理四十万户百姓的州，兼监督掌管百官，总管机要大事，魏舒所管理的事务也繁多而广泛，兼管选官，衡量十六州的议论，主事的人不认为繁重。

刘毅只是管理一个州，就说他不适宜为琐碎的事务操劳，对刘毅太优待，对严询、魏舒太差。如果以前准许退休，就不应该再升官、授官，过去的光禄大夫郑袤担任司空时就是这样。所以说能鉴识人才就是明智，但即使是皇帝做到这一点也很困难。宰辅的任务尚可再委托给他，却不可以向他咨询人伦这种关乎世间百姓的大计，臣私下感到不安。过去郑武公年过八十，入朝担任周朝的司徒，虽然过了退休的年龄，但必定还有可以用得上的地方。刘毅以前担任司隶校尉，正直执法不屈服，当朝的大臣，大多受到过弹劾。谚语说：‘被尧诛杀，不能称赞尧。’正直的大臣没有朋党，古今都知道这个道理。所以汲黯死在淮阳，董仲舒被贬为诸侯的相国。而唯独刘毅遇到圣明的皇帝，不离开皇帝身边，当朝人士都把这作为荣誉。刘毅虽然身体有些地方有风痹，但是有志气又聪明，担任一州的中正不足以让他劳身累心。刘毅痛恨邪恶的心有点过头，主事的人必定会怀疑他的议论会伤及财物，所以提高他的待遇，让他远离实务，这是把刘毅束之高阁，把他和各类人隔绝。臣州里有大德的人只有刘毅，越过刘毅不用，那么对人物的品评是错位的。”

于是青州从二品以上官员都以刘毅为榜样。光禄勋石鉴等人共同上奏说：“谨按陈留相孙尹表奏和我们的奏章如下。臣管理的州处于渤海和泰山之间，而参照齐、鲁的风俗，所以民间风气是致力于农业生产，而且社会崇尚谦让，如今虽然比不上过去，但过去的教导都还在，因此人们崇尚古代人的德行，士人都知道自己所坚持的品德。之前得到司徒的符节，应当举荐为州大中正。众人都认为应当举荐光禄大夫刘毅，因为他非常孝顺朴素，在乡间间很有名。忠诚正直，竭尽全力为皇上效劳，做官不为荣誉，只求尽到大臣的义务。端正自身率领道义，公正无私，行为高尚，内外都能遵守同一法则，里外一致。所以能让正义的人崇仰他的风采，州郡归顺于他的高洁。虽然年老有病，但神智清楚，实在是臣州中人士心中的合适人选。刘毅的品格非常高尚，即使不说话也能够让人信服，影响所到之处，无论廉洁自律之人还是有贪腐之气的人，都非常佩服他。因为他符合一州共同的期望……”

由此刘毅就担任州都，选拔人才，区分人事的优劣，他所弹劾的对象，从亲戚、尊贵的人开始。太康六年（285）刘毅去世，晋武帝抚摸着桌子，大惊失色，说道：“我失去了名臣，可惜他生前没能担任三公！”马上追赠他仪同三司，派人监护丧事。羽林左监北海人王宫上疏说：“皇上以刘毅忠诚公允、不顾自身，追赠位列三司，这确实是他应得的，也是您圣明的表现。我想，一个人的谥是对其一生行为的概括，号则表现人一生的功德。如今刘毅功德兼具，但有号而没有谥，和道义不相符。臣私下用《春秋》里的事例来考察，谥法主要依据行为而不依据爵位。然而汉魏相传承，爵位不是列侯的，都忽视高尚的行为，不加封谥号，以至于让担任三公的贤臣，不如在外战斗的将领。碑文不同，臣以《春秋》法度衡量之，希望皇上您能够改变分颁爵位的旧有限制，让功绩和行为的事实不被掩盖，那就各得其所。如果即时变革摧毁旧有制度，那么以刘毅的忠诚，虽然没有攻城略地，按照功德进封爵位，也应该在行列里。臣胆敢效仿季孙行父请命于周的例子，谨慎地将刘毅的功德行为如上记录。”晋武帝把他的书表让八坐讨论，多数人同意王宫的议论。奏章被压下来没有回复。刘毅有两个儿子：

刘暾、刘总。

【评述】

读完刘毅的传记，印象最深的就是他的忠诚正直、公正无私。即使是自己的妻子、孩子犯了错误也绝不姑息。

他年少时就喜欢品评人物，以至于王公贵人看到他就害怕，成为官员后更是勇敢无畏，尽责敢言。西汉贾谊曾为“勇”下过定义，“持节不恐谓之勇”，刘毅所言所行，正是持节不恐的代表。

官员行事心中必须有坚守的原则，不能摇摆不定，唯唯诺诺。如果重私利、轻道义的话，官员就极易腐化堕落，沦为溜须拍马之流。刘毅曾想要弹劾河南府尹，但被司隶阻止，他愤而辞官离去。刘毅的这份宁折不弯、弃荣禄而选道义的风骨让他赢得了众人乃至皇帝的垂青，有才之人不会久居山野，刘毅最终还是回到了朝廷，然而即便有了前事的经验，刘毅只要在朝任职就保持直言规谏的作风，连太子入朝不合礼仪也一视同仁地进行弹劾。正因为深信自己所坚持的原则是正义所在，所以他在进言时向来切中要点，不因所规谏对象的地位高低而改变态度。他曾将晋武帝比作西汉亡国之君桓、灵二帝，以此讽刺当时卖官鬻爵的混乱风气；有龙降临在武库的井中，人人都认为这是喜事，只有刘毅认为这是妖异的征兆，并藉此事上书皇帝，认为朝中有奸佞的大臣没有得到处置。刘毅不仅在朝中正直敢言，刚直不阿，就连对自己的家人也不留情面，执法公正。

刘毅是一位勇者，他胸中蕴藏的道义让他能够持节不恐，面对任何人都可以不拐弯抹角地直言劝谏。他的正直让他成功地赢得了朝廷内外的敬仰，然而也正是因为这份锋芒毕露的正直，让他无法官居极品。晋武帝曾经还因为他生活过于清贫，而特地每天赏赐米肉。有人认为刘毅的“勇”太过度，也许会伤害到其他事物，但一个庞大国家的运行必然需要这样正直不阿的官员在旁监督，晋武帝对其逝世的惊痛和表彰充分说明了这一点。

（唐亚丽注译、评述）

刘寔

【原文】

刘寔字子真，平原高唐人也。汉济北惠王寿之后也，父广，斥丘令。寔少贫苦，卖牛衣以自给。然好学，手约绳，口诵书，博通古今。清身洁己，行无瑕玷。郡察孝廉，州举秀才，皆不行。以计吏入洛，调为河南尹丞，迁尚书郎、廷尉正。后历吏部郎，参文帝①相国军事，封循阳子。

钟会、邓艾之伐蜀也，有客问寔曰："二将其平蜀乎?"寔曰："破蜀必矣，而皆不还。"客问其故，笑而不答，竟如其言。寔之先见，皆此类也。

以世多进趣，廉逊道阙，乃著《崇让论》以矫之。其辞曰：

"古之圣王之化天下，所以贵让者，欲以出贤才，息争竞也。夫人情莫不欲己之贤也，故劝令让贤以自明贤也，岂假让不贤哉！故让道兴，贤能之人不求而自出矣，至公之举自立矣，百官之副亦豫具矣。一官缺，择众官所让最多者而用之，审之道也。在朝之士相让于上，草庐之人咸皆化之，推贤让能之风从此生矣。为一国所让，则一国士也；天下所共推，则天下士也。推让之风行，则贤与不肖灼然殊矣……

“在朝之人不务相让久矣，天下化之。自魏代以来，登进辟命之士，及在职之吏，临见受叙，虽自辞不能，终莫肯让有胜己者。夫推让之风息，争竞之心生。孔子曰，上兴让则下不争，明让不兴下必争也。推让之道兴，则贤能之人日见推举；争竞之心生，则贤能之人日见谤毁。夫争者之欲自先，甚恶能者之先，不能无毁也。故孔墨不能免世之谤己，况不及孔墨者乎！……

……

“夫让道不兴之弊，非徒贤人在下位，不得时进也，国之良臣荷重任者，亦将以渐受罪退矣。何以知其然也？孔子以为颜氏之子不贰过耳，明非圣人皆有过。宠贵之地欲之者多矣，恶贤能者塞其路，其过而毁之者亦多矣。夫谤毁之生，非徒空设，必因人之微过而甚之者也。毁谤之言数闻，在上者虽欲弗纳，不能不杖所闻，因事之来而微察之也，无以，其验至矣。得其验，安得不理其罪？若知而纵之，王之威日衰，令之不行自此始矣。知而皆理之，受罪退者稍多，大臣有不自固之心。夫贤才不进，贵臣日疏，此有国者之深忧也。《诗》曰：‘受禄不让，至于已斯亡。’不让之人忧亡不暇，而望其益国朝，不亦难乎！

……

“夫叙用之官得通章表者，其让贤推能乃通，其不能有所让徒费简纸者，皆绝不通。人臣初除，各思推贤能而让之矣，让之文付主者掌之。三司有缺，择三司所让最多者而用之。此为一公缺，三公已豫选之矣。且主选之吏，不必任公而选三公，不如令三公自共选一公为详也。四征[②]缺，择四征所让最多者而用之，此为一征缺，四征已豫选之矣，必详于停缺而令主者选四征也。尚书缺，择尚书所让最多者而用之，此为八尚书共选一尚书，详于临缺令主者选八尚书也。郡守缺，择众郡所让最多者而用之，详于任主者令选百郡守也。

……

“《春秋传》曰：‘范宣子[③]之让，其下皆让。栾黡[④]虽汰，弗敢违也。晋国以平，数世赖之。’上世之化也，君子尚能而让其下，小人力农以事其上，上下有礼，谗慝远黜，由不争也。及其乱也，国家之弊，恒必由之。笃论了了如此。在朝君子典选大官，能不以人废言，举而行之，各以让贤举能为先务，则群才猥出，能否殊别，盖世之功，莫大于此。”

泰始初，晋爵为伯，累迁少府。咸宁中为太常。转尚书。杜预之伐吴也，寔以本官行镇南军司。

初，寔妻卢氏生子跻而卒，华氏将以女妻之。寔弟智谏曰："华家类贪，必破门户。"辞之不得，竟婚华氏而生子夏。寔竟坐夏受赂，免官。顷之为大司农，又以夏罪免。

寔每还州里，乡人载酒肉以候之。寔难逆其意，辄共啖而返其余。或谓寔曰："君行高一世，而诸子不能遵。何不旦夕切磋，使知过而自改邪！"寔曰："吾之所行，是所闻见，不相祖习，岂复教诲之所得乎！"世以寔言为当。

后起为国子祭酒、散骑常侍。愍怀太子⑤初封广陵王，高选师友，以寔为师。元康初，晋爵为侯，累迁太子太保，加侍中、特进、右光禄大夫、开府仪同三司，领冀州都督。九年，策拜司空，迁太保，转太傅。

太安初，寔以老病逊位，赐安车驷马、钱百万，以侯就第。及长沙成都之相攻也，寔为军人所掠，潜归乡里。

惠帝崩，寔赴山陵。怀帝⑥即位，复授太尉。寔自陈年老，固辞，不许。左丞刘坦上言曰："夫堂高级远，主尊相贵。是以古之哲王莫不师其元臣，崇养老之教，训示四海，使少长有礼。七十致仕，亦所以优异旧德，厉廉高之风。太尉寔体清素之操，执不渝之洁，悬车告老，二十余年，浩然之志，老而弥笃。可谓国之硕老，邦之宗模。臣闻老者不以筋力为礼，寔年逾九十，命在日制，遂自扶舆，冒险而至，展哀山陵，致敬阙庭，大臣之节备矣。圣诏殷勤，必使寔正位上台，光任鼎实，断章敦喻，经涉二年。而寔频上露板，辞旨恳诚。臣以为古之养老，以不事为优，不以吏之为重，谓宜听寔所守。”

三年，诏曰：“昔虞任五臣，致垂拱之化，汉相萧何，兴宁一之誉，故能光隆于当时，垂裕于百代。朕绍天明命，临御万邦，所以崇显政道者，亦赖之于元臣庶尹，毕力股肱，以副至望。而君年耆告老，确然难违。今听君以侯就第，位居三司之上，秩禄准旧，赐几杖不朝及宅一区。国之大政，将就谘于君，副朕意焉。”岁余薨，时年九十一，谥曰元。

寔少贫窭，杖策徒行，每所憩止，不累主人，薪水之事，皆自营给。及位望通显，每崇俭素，不尚华丽。尝诣石崇家，如厕，见有绛纹帐，裀褥甚丽，两婢持香囊。寔便退，笑谓崇曰：“误入卿内。”崇曰：“是厕耳。”寔曰：“贫士未尝得此。”乃更如他厕。虽处荣宠，居无第宅，所得俸禄，赡恤亲故。虽礼教陵迟，而行己以正。丧妻为庐杖之制，终丧不御内。轻薄者笑之，寔不以介意。自少及老，笃学不倦，虽居职务，卷弗离手。尤精三传，辨正《公羊》，以为卫辄[⑦]不应辞以王父命，祭仲[⑧]失为臣之节，举此二端以明臣子之体，遂行于世。又撰《春秋条例》二十卷。

选自《晋书》卷四十一《刘寔传》

【注释】

①文帝：即司马昭（211—265），曹魏大将，晋武帝司马炎之父，司马懿次子。西晋建立后被追尊为文帝。

②四征：即征东、征西、征南、征北四将军。

③范宣子（？—前547）：士氏，名匄，范文子士燮之子。晋悼公十三年中军将荀罃去世，循例应由范宣子接任，范宣子认为荀偃更适合，于是便让贤。

④栾黡（yǎn）：即栾桓子。晋国大夫，栾书嫡子。以放贷为名行受贿之实，被认为是失德的表现。

⑤愍怀太子：即司马遹（yù）（278—230），晋惠帝司马衷之子，被皇后贾氏谋害。

⑥怀帝：即西晋怀帝司马炽（284—313），307—312年在位。晋武帝司马炎之子，晋惠帝司马衷之弟。

⑦卫辄：即卫出公姬辄（？—前456），卫灵公姬元之孙，卫庄公姬蒯聩之子。庄公因为和灵公的妃子南子发生冲突而逃亡到宋国，后来姬辄继位，拒不接纳庄公回国。

⑧祭仲（？—前682）：又名祭仲足，或称祭足。春秋时郑国的政治家、谋略家。郑庄公去世后，郑昭公姬忽继位。宋庄公劝诱祭足拥立昭公的弟弟姬突，是为郑厉公。昭公此后流亡卫国。

【译文】

刘寔，字子真，平原高唐人。东汉济北惠王刘寿的后人。父亲刘广，曾经做过斥丘令。刘寔年轻的时候很穷，靠贩卖给牛保暖的蓑衣来养活自己。然而他爱好学习，手里缠着绳子，嘴里还背诵诗书，学识通贯古今。刘寔一直保持自身品德的高洁，行为没有瑕疵。郡中考察孝廉，州中举荐秀才，他都不就任。以掌管计簿的官吏身份进入洛阳，调任河南尹丞，迁任尚书郎、廷尉正。后来历任吏部郎，参任司马昭相国军事，被封为循阳子。

钟会、邓艾讨伐蜀国时，有客人问刘寔说："两位将领能平定蜀国吗？"刘寔说："攻破蜀国是必然的，但是二位将领都回不来了。"客人问其中的原因，刘寔笑着不回答，后来果然如他所说。刘寔预言的准确性，大多如此。

因为世间进取争夺的风气很盛，廉洁谦逊的道德缺损，刘寔于是写作《崇让论》来矫正这种过度争抢的风气，其中说道：

"古代圣王教化天下，之所以重视谦让，是想要以此征求贤明的人才，平息竞争。人们都希望自己贤明，所以用勉励让贤来表明自己的贤明，难道会有人借谦让来表明自己不贤吗！因此如果谦让之风兴盛，那么当权者不用费力寻找，贤能之人自己就会出来为国家服务，极为公正的举措自然就建立了，百官的副手也就预先备齐了。一个官位如果有空缺，选择众多官员中最谦让的人任用，这是审慎的做法。在朝为官的人在皇帝面前谦让，平民百姓就都会受到教化，推举贤人、向贤能让位的风气从此就产生了。如果举国都推举一个人，那么这个人就是一国的贤士；如果天下共同推举一个人，则这个人就是天下的贤士。推举让位的风气盛行，那么贤人和不贤的人就可以明白区分了。

……

"现在，在朝任职的人已经很久做不到谦让了，天下的风气因此改变。自从魏朝以来，推举征召的人才，和在职的官吏，在被委任官职的时候，虽然自己推辞说不能胜任，最终却都不肯让位给能胜任这个官职的人。谦让的风气衰退了，竞争之意就愈发明显了。孔子曾经说过，居于上位的人推崇谦让的美德，则下面的人就不会争名夺利，谦让之风如果得不到提倡，那么下面的人必定会争夺。推让的风气兴盛，那么贤能的人才每天都被推举；竞争的心思生发，那么贤能的人才每天都被诽谤。争夺名利的人想要自己占先，于是非常厌恶有才能的人占据高位，一定会诽谤他。因此，孔子、墨子尚且不能避免世人对自己的诽谤，何况那些比不上孔子、墨子的人呢！

……

"谦让风气不兴盛的弊端，不仅是贤人处于下位，不能按时晋升，而是国家担当重任的良臣，会因为逐渐受到怪罪，最终退位。为什么知道会是这样呢？孔子认为颜氏的孩子不会两次犯下同样的错误，表明凡人都会有过失。想要取得荣宠尊贵地位的人很多，他们厌恶贤能的人阻挡了他们晋升的道路，导致诋毁贤人的人也很多。诽谤的产生，不是凭空而来，必定是借着人微小的过失而夸大其词。诽谤的言论听多了，即使处于上位的人不想采纳，也一定会受到传闻的影响，按照传闻来检查当事者是否如此。没有办法，也许诋毁的言论就此应验了。既然应验了，怎么能不治罪呢？如果知道其罪行而放纵的话，王者的威严就会日渐衰微，政令不施从此也就开始了。知道罪行而都受理的话，受到怪罪而退位的人就会增多，大臣就会有惶恐不安的心思。贤能的人才得不到仕进，重要的大臣日渐疏远，这是拥有国家的人深远的忧虑啊。《诗》说：'受封爵禄而不相让，导致自己灭亡。'不谦让的人忧虑灭亡都来不及了，还希望他能对国家有益处，不也太难了吗！

……

“被任用的官员能通报章表的，其中能谦让推举贤能的才上报，不能这样的只是白白浪费书简纸张，都不上报。大臣刚被授职，各自思量推举贤能而让之，谦让的文辞让主事的人掌管。三司有缺员，就挑选三司中谦让最多次的人任用。这是一公缺员，三公就已经预备候选了。而且主管选择的官吏，不必以公职来挑选三公，不如让三公自己共同选择一公为好。四征缺员，就选择四征中谦让最多次的人任用，这是一征缺员，四征就已经预备候选了，这样必定要好于缺员后再让主管的人挑选。尚书缺员，就挑选尚书中谦让最多次的人任用，这是八个尚书挑选一个尚书，比临到缺员让主管的人挑选八个尚书要好。郡守缺员，就挑选郡中谦让最多次的人任用，比让主管的人从数百个郡守中挑选要好。

……

“《春秋传》说：‘范宣子谦让，在他下位的人都谦让。栾黡即使骄奢，也不敢违逆。晋国因此平稳，数世都依赖这一点。’古代的教化，君子崇尚贤能而向下位的人谦让，平民致力于农业为上位的人服务，上下都有礼节，邪恶的人被疏远贬黜，由此没有争夺。等到动乱，国家的弊端，必定是由于不知道谦让导致的。我对谦让的认识，差不多就是如此。在朝的君子推举大官，能够不因为人的地位低下或有缺点错误，就对他提出的正确意见废弃不听，推举任用，各自以谦让、推举贤能作为首要任务，那么众多人才涌现，是否有才能就能明显区别，超过世人的功劳，没有比这个更伟大的了。”

泰始初年，刘寔晋升爵位为伯，逐渐升迁为少府。咸宁年间担任太常，转任尚书。杜预讨伐吴国时，刘寔保留原职兼任镇南军司。

起初，刘寔的妻子卢氏生了儿子刘跻后死了，华氏想将女儿嫁给刘寔。刘寔的弟弟刘智劝谏说："华家似乎很贪婪，必定会破败门户。"刘寔推辞不了，最后娶了华氏生下儿子刘夏。刘寔后来果然因刘夏受贿牵连，被免官。不久担任大司农，又因为刘夏犯罪而被罢免。

刘寔每次回到州里，乡人都用车装载酒肉等候他。刘寔难以违逆乡人的好意，于是与他们一同吃喝并将剩下的东西返还给他们。有人对刘寔说："你的德行在当世非常高，但几个儿子不能遵循您的做人准则。为什么不每天教导，让他们知道过错而自己改正呢？"刘寔说："我的行为和做人的准则，来源于我所听到见到的，不是祖上传下来的，哪是教导就能获得的呢！"世人认为刘寔说得很恰当。

后来刘寔被起用为国子祭酒、散骑常侍。愍怀太子刚被封为广陵王，大选师友，让刘寔担任老师。元康初年，刘寔晋升爵位为侯，逐渐升迁为太子太保，加封侍中、特进、右光禄大夫、开府仪同三司，兼任冀州都督。元康九年（299），被册封为司空，迁任太保，转任太傅。

太安初年，刘寔因为年老多病辞官，获赐安车驷马、钱百万，以侯爵的身份回到府第。后来长沙王司马乂和成都王司马颖互相攻讦，刘寔被军人劫掠，半路偷偷地回到故乡。

晋惠帝去世，刘寔参拜了其陵地。晋怀帝即位，又封刘寔为太尉。刘寔自称年老，坚决推辞，但怀帝没有同意。左丞相刘坦上言说："尊卑有固定的规矩，君主受到尊敬，宰相尊贵。

因此古代圣贤的君主没有不把元老重臣当做老师的，尊崇养老的教化，在四海内训示，使得少年、长者都有礼仪。七十岁还在做官，这是因为他过去的德行特别突出，勉励他廉洁高尚的作风。太尉刘寔表现出清白朴素的节操，坚持不变的高洁，辞官回家，二十几年来，浩大的志向，越来越坚定。可以说他是国家德高望重的人，是国家的楷模。我听说老年人不应该再过多地消耗体力。刘寔年过九十，生命所剩无几，自己还勉强扶持着冒险前来，在帝陵一表哀思，向朝廷致敬，作为大臣的礼节已经非常完备了。圣上的诏书殷勤恳切，一定要让刘寔正式任职，辅助朝廷大业，截取诗文章句敦促晓谕，效力两年。而刘寔多次公开上奏章请求回家养老，言辞诚恳。我以为古代的养老，以不侍奉君主为好，不把授官于老臣当做尊重，应该听从刘寔所遵守的志向。”

永嘉三年（309），诏书说：“过去唐虞任用五臣，达到了垂拱而治的教化，汉朝的宰相萧何，得到了安宁统一的美誉，所以能在当时光辉隆盛，功绩流传百代。朕继承了上天的使命，统治万邦，之所以推崇发扬政道，也要依赖重臣百官，全力辅佐，来符合我最高的愿望。而您因年纪大而告老还乡，确实难以违背。如今听任您以侯爵的身份回到府第，位列三司之上，等级俸禄依旧，赏赐几杖、不必上朝和住宅一幢。国家的大事，将会咨询您，这符合我的心意。”一年多后，刘寔去世，时年九十一岁，谥号为“元”。

刘寔年轻时很贫穷，拄着棍子徒步行走，每到休息的地方，不麻烦主人，柴水之类的事情都尽量自理。职位名望通达显赫后，常常推崇节俭朴素，不崇尚华丽。曾经有一次拜访石崇，上厕所时，看到里面装饰有深红色花纹的帐子，卧具非常艳丽，两个婢女手拿香囊。刘寔赶快退了出去，笑着对石崇说："我误入了您的内室。"石崇说："是厕所。"刘寔说："我这个穷人从没有享受过这样的待遇。"于是去了其他的厕所。刘寔虽然受到宠爱，但居无宅第，得到的俸禄，都用来赡养抚恤亲人朋友。虽然礼教渐渐衰败，但自己行事仍依照古礼正道。妻子死后遵照苴杖、居庐的制度，到丧事完毕都不与女子同床。有轻薄的人笑话他迂腐，但刘寔并不介意，从少年到老年，孜孜不倦地学习，虽然做官，但经常手不释卷。尤其精通三传，辨正《公羊传》，认为卫辄不应该因为祖父卫元的命令而推辞，祭仲失去了作为臣子的礼节，举这两个例子来表明臣子的本分，于是这种看法流传于世间。他又撰写了《春秋条例》二十卷。

【评述】

为官者如果能集廉洁、勤政、才能于一身的话，对国家而言是莫大的福音。在刘寔漫长的仕宦生涯中，一直注意保持自身的清正廉洁，对国家发展建言献策，试图纠正世间争夺好胜的风气，他正是国家需要的人才，故而年过九十皇帝仍然下诏书召其为官。

刘寔年轻的时候家里很穷，他能够忽略外在环境的艰苦，坚持学习，说明他对物质条件并不十分看重，他的这份品质一直保持到他成为高官，名声显赫的时候。西晋时的石崇富甲天下，家中装饰得富丽堂皇，刘寔拜访时曾误将厕所当做卧室。这件事被很多人当做笑话流传，但现在看来，这恰恰是刘寔节俭质朴的表现。官至高位者只要心中抱有贪念，聚敛钱财是非常容易的事，而刘寔不仅没有如此，还笑言自己一个贫士无法享受这样的待遇。他的自嘲说明一个官员如果能够甘愿淡薄，就能拒绝花花世界的诱惑。古语说“事在人为”，为官者只要秉持心中正道，哪怕世风日下，也能超脱泥淖，行正义之事，正如刘寔一般不置产置业，还将自己的俸禄分给众人，始终坚守礼制，不违法乱道。

刘寔不仅具备高尚的品德，还怀抱忧思天下的志向。他在任期间写作《崇让论》，对当时人们喜好争夺、不思谦让的风气进行批判，劝谏皇帝选贤任能，选拔官吏从品质着手，以此一正世风。居于上位者的言行常常是处于下层之人模仿的对象，如果上层风气不正的话，整个国家就会陷入混乱，刘寔正是看到了这点，才从求贤、让贤、任贤的角度提出政论，希望从皇帝、官吏开始，开创人人谦让的风气。他提出的政见是在诚心实意地为国家考虑，既能改善吏治，又能导引百姓至正道，为国为民之心由此彰显。

（唐亚丽注译、评述）

傅　咸

【原文】

咸字长虞，刚简有大节。风格峻整，识性明悟，疾恶如仇，推贤乐善，常慕季文子、仲山甫①之志。好属文论，虽绮丽不足，而言成规鉴。颍川庾纯常叹曰："长虞之文近乎诗人之作矣！"

咸宁初，袭父爵，拜太子洗马，累迁尚书右丞。出为冀州刺史，继母杜氏不肯随咸之官，自表解职。三旬之间，迁司徒左长史。时帝留心政事，诏访朝臣政之损益。咸上言曰："陛下处至尊之位，而修布衣之事，亲览万机，劳心日昃。在昔帝王，躬自菲薄，以利天下，未有逾陛下也。然泰始开元以暨于今，十有五年矣。而军国未丰，百姓不赡，一岁不登便有菜色者，诚由官众事殷，复除猥滥，蚕食者多而亲农者少也。臣以顽疏，谬忝近职，每见圣诏以百姓饥馑为虑，无能云补，伏用惭恧，敢不自竭，以对天问。旧都督有四，今并监军，乃盈于十。夏禹敷土，分为九州，今之刺史，几向一倍。户口比汉十分之一，而置郡县更多。空校牙门，无益宿卫，而虚立军府，动有百数。五等诸侯，复坐置官属。诸所宠给，皆生于百姓。一夫不农，有受其饥，今之不农，不可胜计。纵使五稼普收，仅足相接；暂有灾患，便不继赡。以为当今之急，先并官省事，静事息役，上下用心，惟农是务也。”

咸在位多所执正。豫州大中正夏侯骏上言，鲁国小中正、司空司马孔毓，四移病所，不能接宾，求以尚书郎曹馥代毓，旬日复上毓为中正。司徒三却，骏故据正。咸以骏与夺惟意，乃奏免骏大中正。司徒魏舒，骏之姻属，屡却不署，咸据正甚苦。舒终不从，咸遂独上。舒奏咸激讪不直，诏转咸为车骑司马。

咸以世俗奢侈，又上书曰：“臣以为谷帛难生，而用之不节，无缘不匮。故先王之化天下，食肉衣帛，皆有其制。窃谓奢侈之费，甚于天灾。古者尧有茅茨，今之百姓竞丰其屋。古者臣无玉食，今之贾竖皆厌粱肉。古者后妃乃有殊饰，今之婢妾被服绫罗。古者大夫乃不徒行，今之贱隶乘轻驱肥。古者人稠地狭而有储蓄，由于节也；今者土广人稀而患不足，由于奢也。欲时之俭，当诘其奢；奢不见诘，转相高尚。昔毛玠为吏部尚书，时无敢好衣美食者。魏武帝叹曰：‘孤之法不如毛尚书。’令使诸部用心，各如毛玠，风俗之移，在不难矣。”又议移县狱于郡及二社[②]应立，朝廷从之。迁尚书左丞。

惠帝即位，杨骏辅政。咸言于骏曰："事与世变，礼随时宜，谅闇之不行尚矣。由世道弥薄，权不可假，故虽斩焉在疚，而躬览万机也。逮至汉文，以天下体大，服重难久，遂制既葬而除。世祖武皇帝虽大孝蒸蒸，亦从时释服，制心丧三年，至于万机之事，则有不遑。今圣上欲委政于公，谅闇自居，此虽谦让之心，而天下未以为善。天下未以为善者，以亿兆颙颙，戴仰宸极，听于冢宰，惧天光有蔽。人心既已若此，而明公处之固未为易也。窃谓山陵之事既毕，明公当思隆替之宜。周公圣人，犹不免谤。以此推之，周公之任既未易而处，况圣上春秋非成王之年乎！得意忘言，言未易尽。苟明公有以察其悾款，言岂在多。"时司隶荀恺从兄丧，自表赴哀，诏听之而未下，恺乃造骏。咸因奏曰："死丧之戚，兄弟孔怀。同堂亡陨，方在信宿，圣恩矜悯，听使临丧。诏未下而便以行造，急谄媚之敬，无友于之情。宜加显贬，以隆风教。"帝以骏管朝政，有诏不问，骏甚惮之。咸复与骏笺讽切之，骏意稍折，渐以不平。由是欲出为京兆、弘农太守，骏甥李斌说骏，不宜斥出正人，乃止。

骏弟济素与咸善，与咸书曰："江海之流混混，故能成其深广也。天下大器，非可稍了，而相观每事欲了。生子痴，了官事，官事未易了也。了事正作痴，复为快耳！左丞总司天台，维正八坐，此未易居。以君尽性而处未易居之任，益不易也。想虑破头，故具有白。"咸答曰："卫公云酒色之杀人，此甚于作直。坐酒色死，人不为悔。逆畏以直致祸，此由心不直正，欲以苟且为明哲耳！自古以直致祸者，当自矫枉过直，或不忠允，欲以亢厉为声，故致忿耳。安有悾悾为忠益，而当见疾乎！"居无何，骏诛。咸转为太子中庶子，迁御史中丞。

时太宰、汝南王亮[③]辅政，咸致书曰："咸以为太甲、成王年在蒙幼，故有伊、周之事。圣人且犹不免疑，况臣既不圣，王非孺子，而可以行伊、周之事乎！上在谅闇，听于冢宰，而杨骏无状，便作伊、周，自为居天下之安，所以至死。其罪既不可胜，亦是殿下所见。骏之见讨，发自天聪，孟观、李肇与知密旨耳。至于论功，当归美于上。观等已数千户县侯，圣上以骏死莫不欣悦，故论功宁厚，以叙其欢心。此群下所宜以实裁量，而遂扇动，东安[④]封王，孟、李郡公，余侯伯子男，既妄有加，复又三等超迁。此之熏赫，震动天地，自古以来，封赏未有若此者也。无功而厚赏，莫不乐国有祸，祸起当复有大功也。人而乐祸，其可极乎！作此者，皆由东安公。谓殿下至止，当有以正之。正之以道，众亦何所怒乎！众之所怒，在于不平耳。而今皆更倍论，莫不失望。咸之愚冗，不惟失望而已，窃以为忧。又讨骏之时，殿下在外，实所不综。今欲委重，故令殿下论功。论功之事，实未易可处，莫若坐观得失，有居正之事宜也。"

咸复以亮辅政专权，又谏曰："杨骏有震主之威，委任亲戚，此天下所以喧哗。今之处重，宜反此失。谓宜静默颐神，有大得失，乃维持之；自非大事，一皆抑遣。比四造诣，及经过尊门，冠盖车马，填塞街衢，此之翕习，既宜弭息。又夏侯长容奉使为先帝请命，祈祷无感，先帝崩背，宜自咎责，而自求请命之劳，而公以为少府。私窃之论，云长容则公之姻，故至于此。一犬吠形，群犬吠声，惧于群吠，遂至叵听也。咸之为人，不能面从而有后言。尝触杨骏，几为身祸；况于殿下，而当有惜！往从驾，殿下见语：'卿不识韩非逆鳞之言耶，而欻摩天子逆鳞！'自知所陈，诚趮趮触猛兽之须耳。所以敢言，庶殿下当识其不胜区区。前摩天子逆鳞，欲以尽忠；今触猛兽之须，非欲为恶，必将以此见恕。"亮不纳。长容者，夏侯骏也。

会丙寅，诏群僚举郡县之职以补内官。咸复上书曰："臣咸以为夫兴化之要，在于官人。才非一流，职有不同。譬诸林木，洪纤枉直，各有攸施。故明扬逮于仄陋，畴咨无拘内外。内外之任，出处随宜，中间选用，惟内是隆。外举既颓，复多节目，竞内薄外，遂成风俗。此弊诚宜亟革之，当内外通塞无所偏耳。既使通塞无偏，若选用不平，有以深责，责之苟深，无忧不平也。且胶柱不可以调瑟，况乎官人而可以限乎！伏思所限者，以防选用不能出人。不能出人，当随事而制，无须限法。法之有限，其于致远，无乃泥乎！或谓不制其法，以何为贵？臣闻刑惩小人，义责君子，君子之责，在心不在限也。正始中，任何晏以选举，内外之众职各得其才，粲然之美于斯可观。如此，非徒御之以限，法之所致，乃委任之由也。委任之惧，甚于限法。是法之失，非己之尤，尤不在己，责之无惧，所谓‘齐之以刑，人免而无耻’者也。苟委任之，一则虑罪之及，二则惧致怨谤。己快则朝野称咏，不善则众恶见归，此之战战，孰与倚限法以苟免乎！”

咸再为本郡中正，遭继母忧去官。顷之，起以议郎，长兼司隶校尉。咸前后固辞，不听，敕使者就拜，咸复送还印绶。公车不通，催使摄职。咸以身无兄弟，丧祭无主，重自陈乞，乃使于官舍设灵坐。咸又上表曰：“臣既驽弱，不胜重任。加在哀疚，假息日阕，陛下过意，授非所堪。披露丹款，归穷上闻，谬诏既往，终然无改。臣虽不能灭身以全礼教，义无靦然，虚忝隆宠。前受严诏，视事之日，私心自誓，陨越为报。以货赂流行，所宜深绝，切敕都官，以此为先。而经弥日月，未有所得。斯由陛下有以奖厉，虑于愚戆，将必死系，故自掩检以避其锋耳。在职有日，既无赫然之举，又不应弦垂翅，人谁复惮？故光禄大夫刘毅为司隶，声震内外，远近清肃。非徒毅有王臣匪躬之节，亦由所奏见从，威风得伸也。”诏曰：“但当思必应绳中理，威风日伸，何独刘毅！”

时朝廷宽弛，豪右放恣，交私请托，朝野溷淆。咸奏免河南尹澹、左将军倩、廷尉高光、兼河南尹何攀等，京都肃然，贵戚慑伏。咸以“圣人久于其道，天下化成。是以唐、虞三载考绩，九年黜陟。其在《周礼》，三年大比。孔子亦云，‘三年有成’。而中间以来，长吏到官，未几便迁，百姓困于无定，吏卒疲于送迎”。时仆射王戎兼吏部，咸奏：“戎备位台辅，兼掌选举，不能谧静风俗，以凝庶绩，至令人心倾动，开张浮竞。中郎李重、李义不相匡正。请免戎等官。”诏曰：“政道之本，诚宜久于其职，咸奏是也。戎职在论道，吾所崇委，其解禁止。”御史中丞解结以咸劾戎为违典制，越局侵官，干非其分，奏免咸官。诏亦不许。

咸上事以为：“按令，御史中丞督司百僚。皇太子以下，其在行马内，有违法宪者皆弹纠之。虽在行马外，而监司不纠，亦得奏之。如令之文，行马之内有违法宪，谓禁防之事耳。宫内禁防，外司不得而行，故专施中丞。今道路桥梁不修，斗讼屠沽不绝，如此之比，中丞推责州坐，即今所谓行马内语施于禁防。既云中丞督司百僚矣，何复说行马之内乎！既云百僚，而不得复说行马之内者，内外众官谓之百僚，则通内外矣……此理灼然，而结以此挫臣。臣可无恨耳，其于观听，无乃有怪邪！臣识石公前在殿上脱衣，为司隶荀恺所奏，先帝不以为非，于时莫谓侵官；今臣裁纠尚书，而当有罪乎?”咸累自上称引故事，条理灼然，朝廷无以易之。

吴郡顾荣⑤常与亲故书曰：“傅长虞为司隶，劲直忠果，劾按惊人。虽非周才，偏亮可贵也。”元康四年卒官，时年五十六，诏赠司隶校尉，朝服一具、衣一袭、钱二十万，谥曰贞。有三子：敷、晞、纂。长子敷嗣。

选自《晋书》卷四十七《傅咸传》

【注释】

①仲山甫：一作仲山父。周太王古公亶父的后裔，虽家世显赫，但却是一介平民。《诗经·大雅·烝民》专门颂扬仲山甫，说他品德高尚，为人师表。

②二社：即春社和秋社，春秋两季祭祀土神。

③汝南王亮：即司马亮（？—291），字子翼，司马懿第四子。参与“八王之乱”，为楚王玮所杀。

④东安：即司马繇（？—304），字思玄，司马懿之孙，琅玡王司马伷之子。原封东安公，因诛杀杨骏有功而封王。

⑤顾荣（？—312）：西晋末年拥护南渡的司马氏政权的江南士族首脑。字彦先，吴郡吴县（今江苏苏州）人。在吴历任黄门侍郎、太子辅义都尉。晋灭吴后，与陆机、陆云兄弟至洛阳，号称“三俊”。

【译文】

傅咸，字长虞，坚强诚实有气节。秉性严整，聪明颖悟，疾恶如仇，乐于推举贤能，常常仰慕季文子、仲山甫的气节。喜好写作评论性的文章，虽然绮丽不够，但语言典范。颍川人庾纯常常感叹说：“长虞的文章和诗人那种委婉教化的作品很接近啊！”

咸宁初年，傅咸继承了傅玄的爵位，被授任太子洗马，官职逐渐升为尚书右丞。后来出任冀州刺史，因继母杜氏不愿随傅咸到任，傅咸就上表请求辞掉职务。大约一个月内，傅咸又升任司徒左长史。此时，皇帝非常关心政事，下诏咨询朝臣有关国政的利弊得失。傅咸上书说：“陛下处于至尊之位，却处理百姓之事，日理万机，一天从早晨忙到晚上，非常劳苦。古时的帝王，虽自奉节俭，以利于天下，但都没有超过陛下您。但是从泰始元年直到今天，已经十五年了，国家、军队却不富足，百姓也不丰裕，若是一年收成不好百姓就会挨饿。这其实是由于官多事杂，任命官员杂乱而无节制，吃粮食的人多而务农生产的人少。我才疏学浅，勉强被安排在近臣的位置上，每次看到圣上下诏为缓解百姓的疾苦忧虑，而臣下不能有所裨益，就深感惭愧，唯有竭尽自己所能来辅佐圣上。过去只有四位都督，现在加上监军已超过十人。夏朝禹帝治理国土，分设九州，现在刺史的数量，几乎是那时的两倍。现在的户口和汉代相比，仅有其十分之一，但设置的郡县却更多了。没有士兵的偏将，无益于值宿守卫之事，但这种虚设的空头军衔，动不动就有上百。所封各地公侯，又设置下属的官员幕僚。官员们因圣上宠幸而得到的恩赐，都来自百姓生产。但是，一个农夫不耕作，就有人会受饥饿，而现在不耕作的人难以数计。即使普遍五谷丰收，也仅仅能衔接而已；一旦碰上灾患就不能接济。我认为当今的急务，应先省并官署，减少事务和劳役，上下一心，专心于农业生产。”

傅咸任官时多秉公办事。豫州大中正夏侯骏上奏说，鲁国的小中正、司空司马孔毓，四次变换养病之处，已不能接待宾客，请以尚书郎曹馥替代孔毓，但十天内又奏请孔毓为中正。傅咸多次拒绝，夏侯骏却坚持己见。傅咸认为夏侯骏随意按照自己的爱憎决定官员的升降，就上奏免除夏侯骏的大中正一职。司徒魏舒是夏侯骏的姻亲，屡次拒绝，傅咸据理力争。但司徒最后还是没有同意，傅咸于是就独自上疏。结果，傅咸受到魏舒的弹劾，说他言辞偏激，处事不公，皇帝下诏调任傅咸为车骑司马。

傅咸认为社会风气过于奢侈，又上书说："我认为五谷布帛生产不容易，如果不节约，一定会有匮乏的一天。所以先王教化天下，吃肉穿衣，都有定额。我认为奢侈浪费，比天灾更严重。古时候尧也不过住茅草做成的屋子，而现在的百姓却争相扩修房屋。古时臣下没有精美的食物，现在的商人僮仆都能吃细米好肉。古时后妃才有资格佩戴特殊的妆饰，现在的婢女小妾都穿戴绫罗绸缎。古时大夫以上才不徒步行走，而现在的卑贱仆隶都驾轻车肥马。古时人多地少而有结余，是由于节俭；现在地广人稀而觉得资用不足，是由于奢侈。要想形成节约的风气，就应当对奢侈的人究责；否则，社会就会养成相互崇尚奢侈的习气。当年毛玠任吏部尚书时，没有人敢华服美食。魏武帝曹操感叹说：'我的办法不如毛尚书。'如果下令让各部门用心执政，每个人的做法都像毛玠那样，风俗的改变，应该不太难。"又建议合并县的监狱到郡，建立春秋二社。朝廷听从了他的建议。后又升任傅咸为尚书左丞。

惠帝即位后，杨骏辅佐朝政。傅咸对杨骏说："事情随着世道变化，礼节随着时代改变，很久不实行天子居丧的制度了。由于世道更为衰微，大权更是不能旁落他人，因此虽然重孝在身，而仍在日理万机。汉文帝时，认为国事重大，不能长服重孝，于是规定安葬死者后就可授任官职。世祖武皇帝虽然大孝，也是按时脱去孝服，然后在心中服孝致哀三年，投身国家大事之中，忙得没有闲暇的时间。现在圣上打算委托政事于你，自己戴孝服丧，这虽然表现出圣上的孝顺之心，但天下人都认为不妥。天下人认为不妥的原因，是因为百姓仰慕、企盼的是皇上，如果听命于冢宰，害怕皇上被蒙蔽。既然如此，你出来辅政就不容易了。我认为先帝安葬之事结束后，您就应当考虑让皇上亲政。周公是圣人，尚且免不了被人非议。以此可以知道，在那样的情境下周公执政尚不容易，何况圣上年富力强又不像周成王那样年幼呢！俗话说，说话时重点在表达的内容而不是语言，而且语言又不能把意思表达得淋漓尽致。如果您能审察我诚恳之情，我的话就不算多。”当时司隶荀恺的堂兄死了，荀恺上表请求赴丧，诏令同意还未下达，荀恺却去拜访杨骏。傅咸因此上奏说：“死丧哀痛，兄弟之情难以割舍。现在，荀恺同堂兄长去世，刚过了两天，圣恩怜悯，同意他去赴丧。但诏令尚未下达他就去拜请大臣，急于谄媚高官，丝毫不顾及兄弟的情分。应该大加贬斥以振兴风俗教化。”皇帝因为杨骏掌管朝政，下诏不追究责任，但杨骏由此也害怕傅咸。后傅咸又给杨骏写信劝诫他，杨骏的得意之情有些受挫，心中渐渐不平起来。因此想让傅咸出任京兆、弘农太守，杨骏的外甥李斌劝说杨骏，告诉他不应该外放刚正之人。杨骏这才作罢。

杨骏的弟弟杨济平时和傅咸友善，他给傅咸写信说：“江海之水奔流不绝，所以能成其深广。国家大事，不可能轻易下决断，随便解决，而观察每件事却都想去解决。生的儿子痴呆，虽然可以免去官府的差役，但官府差役不是那么容易免除的。虽然说解决事情持糊涂的态度，反而更容易解决！您总管尚书台，主持台内各署事务，这一官职不好当。以你疾恶如仇的个性，又处于不好坐的位置上，更不容易。我担心你因为直言掉了脑袋，因此写信来告诉您。”傅咸回信说：“从前的卫公说过，酒色杀人比秉公办事还要厉害。以酒色得罪而死，人不会后悔，却反倒害怕秉公办事会遭祸，这是由于心术不正，想通过苟且偷生来明哲保身！自古以来由于正直导致祸患的人，应该是自己矫枉过正。有的人不能忠诚公允，就希望通过严苛和说大话来博得声誉，因此招致他人的愤恨。哪有忠心耿耿被嫉妒诟病呢！”过了不久，杨骏被杀。傅咸转任太子中庶子，并升任御史中丞。

当时辅佐朝政的是太宰、汝南王司马亮，傅咸写信给他说道：“我认为之所以有伊尹、周公辅佐的事，是因为太甲和周成王年纪太小。圣人尚且不免受怀疑，何况我们这些不是圣人的臣子？皇上年纪也不小，你怎么可以效仿伊尹、周公的事呢！皇上在服丧期间，由冢宰执政，但杨骏不讲礼度，充当伊尹、周公之职，自以为处在天下最重要最安全的位置上，所以导致他自己的灭亡。他罪大恶极，也是殿下亲眼所见。杨骏被杀，是天子的意思，孟观、李肇等人不过参与知道密旨罢了。如果就此事论功，应当归于皇上。孟观等人已是数千户封邑的县侯，圣上因为杨骏已死非常高兴，因此论功行赏应当丰厚一些，用来嘉奖他们的行为。做臣子的应该量力而行，可他们竟然借此煽动夸功，东安公被封为王，孟观、李肇成了郡级公爵，其余侯伯子男等爵位，乱加封赏后，竟然又加三等升迁。这种显赫的气势，震天动地，自古以来，没有这样封赏的。没有功劳却厚加封赏，就会使人都愿意让国家处于灾难中，国家有难个人才能立大功。人们乐于见到祸患，以此获得封赏。这样的事情能有尽头吗！始作俑者，是东安公。人们都说殿下来辅佐朝政就能有效地制止这种事情继续发生。如用正确的途径纠正，大家又有什么可怨恨的呢！大家之所以怨恨，是因为受到了不公平的待遇。而现在都加倍论功，天下人没有不失望的。像我傅咸这样愚笨无能，也不仅仅是失望而已，我私下里很为殿下担心。在讨伐杨骏的时候，殿下在朝外，实际上没有总揽此事。现在他们想委任自己的心腹重臣，所以让殿下论功。但论功的事情，实在是棘手的事情，不如坐观得失，居于客观中正的立场。"

傅咸又因为司马亮辅佐朝政专权，劝谏说："杨骏倚仗自己的权势，权高镇主，委任自己的亲戚，所以天下人才议论他。现在您又登上这样重要的位置，应该纠正以往的过失。我认为您现在应静默养神，有大得大失的事情，您才出面主持；若不是大事，交给手下人办理。我接连四次去您家请谒，看到去您府第的人员车马，都填塞堵满了街道，应该防止这样的现象再次出现。夏侯长容奉命为先帝请寿，祈祷康复，先帝去世，他应当自责请罪，反而自求功劳，现在您又任命他为少府。这种不合时宜的做法，使得我认为夏侯长容是您的姻亲。这种结果就好比一犬吠形，百犬吠声，怕听到群犬乱叫，于是就不找出事实的真相。我傅咸为人，不是那种表面顺从而背地里说人是非之人。过去我曾经因为谏言触犯杨骏，几乎引来灾祸；更何况对于殿下您，更是恪尽职守！以前跟随皇帝，殿下曾对我说：'卿难道不知道韩非劝诫之语乃是逆鳞么？您竟敢触犯天子逆鳞！'我自知所说的话，的确是在触碰猛兽之须。我之所以敢说，是希望您知道我的拳拳之心。从前触犯天子，逆龙鳞，是想尽忠心；现在触犯猛兽之须，不是想做坏事，而是为了您和国家着想，所以您一定会原谅我。”司马亮没有采纳傅咸的建议。夏侯长容，即夏侯骏。

碰巧在丙寅这天诏令百官荐举郡县地方官补充中央官职。傅咸又上书说：“臣傅咸认为振兴教化的要务，在于任用官吏。不同的人，才能不同，职位就应有不同。就像树木，有粗细曲直之别，其用处也各有不同。因此选拔应顾及出身卑微的人，并不限于中央地方。中央与地方的官员任命，各有所长，各有所用，但近来官员的选用，只看重中央官员；地方官员的选拔不受重视，又有许多错综复杂的关系，导致人们竞相作中央官员而轻视地方官员，并形成了风俗。这种弊端的确应当马上制止，使中央官员与地方官员的提拔升降无所偏向。即使升降没有偏向，如果选用不公平，也要深加责罚，若是责罚彻底，就不怕不公平了。把琴柱粘住琴瑟都不能弹奏，更何况任用官吏，怎么可以限定？我想之所以以前有限定，是为了防止选不出有才能的人。即使选不出有才能的人，也应该具体问题具体对待，没必要用法规限定。法规有它自己的局限性，但人才远近不同，适用性也不一样，如果单纯以法律来规定人才的界限，不是太拘泥了吗？有人说不制定法规，那么拿什么作为重视的标准呢？我听说刑法是用来惩治小人，仁义用来责罚君子，君子受责罚，在于内心的判断而不在于外在限定。正始年间，何晏主持选举，中央地方众多官职都能才得其所，清明公正的美政也由此出现。这样的情况并不是由于用限定和法规的作用才出现的，而是因为官员的委派任用得当。委派任用官员的人常常会担心自己的决定是否正确，这种恐惧，比限定法规还要严重。法规上出现错误，不是自己的过失，过失不在自己，即使受责罚也不畏惧。就是所说的‘用刑法来治理，人们惧怕的是刑罚，而不是由内心生出的廉耻之心’。如果委派任命的话，情况就不同了，一则考虑罪及自己，二则害怕任用不当招致怨恨。自己秉公办事，用人得当则朝野称颂，如果任用不当，就归罪于委派之人。这样就会行事谨慎，这样做与单纯靠限定法规来侥幸免罪相比，应该是前者更好一些！”

傅咸后来又做了本郡中正官，丁母忧辞官。不久，又被起用为议郎，代理司隶校尉。傅咸在任命前后都坚决推辞，但皇帝不同意，派人去他家授官，傅咸将官印送还。接他上任的官车不走，催促让他到任。傅咸解释说自己没有兄弟，丧事祭祀无人主持，再次陈情乞求让自己辞官，皇帝就派人在官舍设灵位祭祀。傅咸又上表说：“臣愚昧怯弱，不能担当重任。加上在服丧期间，难以胜任，陛下过高地期望我的能力，给予我不能承担的工作。我袒露满腔的忠诚，希望皇上能听到。这些日子以来，您的诏书一道道下达，但我始终没有改变辞官的决定。臣虽然不能做到毁灭自身来保全礼教，但还有廉耻之心，没有脸面再徒有虚名地受皇上隆恩。以前接到任命的诏书，上任的时候，我曾经私下里发誓，要以死来报答您的知遇之恩。因为贿赂盛行，要坚决杜绝，所以严词敕令官吏，禁止他们贪污，并以此为首要工作。但经过了一段时间，没有什么成效。这是因为陛下有各种奖励的措施，为我这种愚笨之人考虑，恐怕我判错了案子招致杀身之祸。官吏们各自遮掩、检点来逃避检查。在职多日，我既没有显赫镇人的举动，又不能像鸟一样应着弓弦的响声落地，有谁会畏惧我呢？前光禄大夫刘毅做司隶时，声名震动朝廷内外，远近都清明肃然。这不仅是因为刘毅有大臣奋不顾身尽忠职守的气节，也是由于皇帝都听从了他的奏议，所以他的威严才得以树立。”皇帝看了奏表下诏说道：“你尽管考虑怎样使法规合乎情理，使威严得以日渐施展，哪里只有刘毅才做得到！”

当时朝廷政纲松散，豪强放纵恣肆，私下结党营私，朝野污浊混乱。傅咸奏请免去河南尹澹、左将军倩、廷尉高光、兼河南尹何攀这几个人的官职，京城一片肃然，贵戚都因畏惧傅咸而有所收敛。傅咸认为“圣人长期实行仁道，天下的教化才能形成。因此尧舜时期，每三年官吏要进行一次考核，每九年进行一次提拔降免。这在《周礼》中都有记载，即三年一次大考核。孔子也说‘三年有成’。近来官吏到任，过不了多久就要改换，百姓苦于地方官吏频繁的更换，官府属吏也疲于送往迎来的事务。”当时仆射王戎兼管吏部，傅咸上奏说：“王戎居于台辅的职位，兼管吏部选举，但造成这样混乱的场面，以至于人心浮动，为了官位竞相奔走。中郎李重、李义也不帮助他纠正，请罢免王戎等人的官职。”皇帝下诏说：“从政之道的根本，确实应当使官吏长时期从事同一工作，傅咸所陈奏的很对。王戎任职讲究从政之道，这些是我尊崇委重的，但也要提醒他注意傅咸所说的这些问题。”御史中丞解结认为傅咸弹劾王戎属于越级冒犯官员，违反典制，且不是他的分内工作，奏请免去傅咸的官职。皇帝也下诏不同意。

傅咸上奏陈事认为：“按照法令，由御史中丞监督百官。皇太子以下的官员，凡是府前设置行马这一级别的，有违反法律的都要弹劾纠察他们。即使没有设置行马的那些官员，如果犯了错误，司法部门不纠察，御史中丞也应该弹劾他们。按照法律条文，应该特别防范设置了行马级别的官员。宫内是防范重地，其他部门不能管理，因此专门由御史中丞管理。现在道路桥梁不整修，打架告状、屠宰买卖这些事都得不到禁止，出现这种情况，御史中丞却推脱责任让州郡官员承担，就是现在所说的对设置行马级别官员实施防范。既然说中丞监督百官，怎么又说限定在设行马级别的官员范围内呢！既然说监督百官，就不应该把监管的范围仅仅设在行马级别的官员范围之内，因为朝廷内外的所有官员才称为百官，应该包括朝廷内外所有的官员……这一道理本来很明白，但解结却以此来羞辱我。为官这么长的时间以来，我没有什么可遗憾的，但这些事情对于那些看到听到的人来说，不是觉得很奇怪吗？我知道从前石公在殿上脱衣，被司隶荀恺弹劾，先帝并不认为弹劾错了，当时也没有人说是辱官；现在我纠察尚书，就应当有罪吗？”傅咸对此多次上奏称说，引用旧典先例，条理清楚，朝廷没有能反驳的。

吴郡的顾荣常给亲人朋友写信说：“傅长虞先生做司隶，刚毅正直、忠诚果敢，弹劾纠察胆识惊人。虽然不是全才，但他正直、坚韧这一点非常可贵。”元康四年（294）傅咸逝于任上，终年五十六岁。皇帝下诏奉赠司隶校尉，并赐朝服一具、衣一袭、钱二十万，谥号为“贞”。傅咸有三个儿子：傅敷、傅晞、傅纂。长子傅敷继承傅咸的封号。

【评述】

想要了解傅咸的种种行为，首先要对他生活的环境做一个了解。西晋是在世家豪族支持下建立起来的封建王朝。皇族司马氏原本就是豪族地主，因而推行了一系列维护世族利益的政策，纵容世家豪族肆意侵夺百姓，过着腐化糜烂的生活。开国的晋武帝荒淫无度，后宫妃嫔宫女几近万人。皇帝如此，自然上行下效，整个豪族地主阶层，竞相以豪华奢侈为荣。结果“奢侈之费，甚于天灾”。生活在这个时代的傅咸却是个特例，他不肯同流合污，对朝廷弊政和恶劣风气疾恶如仇，不惜冒杀身之祸，弹劾贪官。他一生刚正廉直，留下美名。

傅咸的种种举动，可能得益于其父傅玄的言传身教。傅玄是个性格刚毅耿直、不肯容人过错的人。他任职期间，敢于直言匡正，指斥时弊，而且学识渊博，勤于著述，“以笔为战”，揭露社会的不公和阴暗面。傅咸在父亲的熏陶教育下长大成人，也养成了处世严谨、才思敏捷、疾恶如仇、推贤乐善的品格。他仰慕为官清廉的季文子和仲山甫，也喜欢写评论时事的文章，还获得了“近乎诗人之作”的好声誉。傅咸也是一个思想比较深刻的人，西晋在建国初期，朝政方面存在着许多弊端，晋武帝向臣下寻求解决之道。傅咸不仅仅真实揭露整个官场贪污腐化的表面风气，而且能一针见血地指出政府机构设置得不合理，尤其是官僚机构臃肿重叠，冗官太多，应当裁汰官员。傅咸的主张表明，他已经看到了整个国家制度建设的弊病，提出了廉政建设的制度保障。虽然切中时弊，然而晋武帝却没有采纳。因为西晋统治集团代表的是门阀世族利益。他们在政治上享有种种特权，只有滥设官职，才能满足他们的利益要求。而官职的虚设本身就是为了优待世族阶层，是统治者内部的利益均沾，因而要想裁减臃肿的官僚机构是根本不可能的。所以，主张“并官省事”的傅咸，反被讥笑为俗吏。这也可以看出一个社会惯性发展后的改革惰性。

元康四年（294），傅咸逝世，朝廷谥“贞”。他一生刚正廉直，无私无畏，是无愧于这一谥号的。针对逐渐失去活力的政治运行制度提出真知灼见，然而他未曾料到时势和政府的积习是很难克服的，虽然人无法改变他生存的环境，但是能够保证自己不改变，坚持自己的信念，也是非常难得的。

（张明炬注译、评述）

李 憙

【原文】

李憙，字季和，上党铜鞮人也。父佺，汉大鸿胪。憙少有高行，博学研精，与北海管宁[①]以贤良征，不行。累辟三府，不就。宣帝复辟憙为太傅属，固辞疾，郡县扶舆上道，时憙母疾笃，乃窃逾泫氏城而徒还，遂遭母丧，论者嘉其志节。后为并州别驾，时骁骑将军秦朗过并州，州将毕轨敬焉。令乘车至阁。憙固谏以为不可，轨不得已从之。

景帝辅政，命憙为大将军从事中郎，憙到，引见，谓憙曰："昔先公辟君而君不应，今孤命君而君至，何也？"对曰："先君以礼见待，憙得以礼进退。明公以法见绳，憙畏法而至。"帝甚重之。转司马，寻拜右长史。从讨毌丘俭[②]还，迁御史中丞。当官正色，不惮强御，百僚震肃焉。荐乐安孙璞，亦以道德显，时人称为知人。寻迁大司马，以公事免。

司马伷[③]为宁北将军，镇邺，以憙为军司。顷之，除凉州刺史，加扬威将军、假节，领护羌校尉，绥御华夷，甚有声绩。羌虏犯塞，憙因其隙会，不及启闻，辄以便宜出军深入，遂大克获，以功重免谴，时人比之汉朝冯、甘[4]焉。于是请还，许之。居家月余，拜冀州刺史，累迁司隶校尉。

及魏帝告禅于晋，憙以本官行司徒事，副太尉郑冲奉策。泰始初，封祁侯。

憙上言："故立进令刘友、前尚书山涛、中山王睦、故尚书仆射武陔各占官三更稻田[5]，请免涛、睦等官。陔已亡，请贬谥。"诏曰："法者，天下取正，不避亲贵，然后行耳，吾岂将枉纵其间哉！然案此事皆是友所作，侵剥百姓，以缪惑朝士。奸吏乃敢作此，其考竟友以惩邪佞。涛等不贰其过者，皆勿有所问。《易》称'王臣蹇蹇，匪躬之故'。今憙亢志在公，当官而行，可谓'邦之司直'者矣。光武有云：'贵戚且敛手以避二鲍[6]。'岂其然乎！其申敕群僚，各慎所司，宽宥之恩，不可数遇也。"憙为二代司隶，朝野称之。以公事免。

其年，皇太子立，以憙为太子太傅。自魏明帝以后，久旷东宫，制度废阙，官司不具，詹事、左右率、庶子、中舍人诸官并未置，唯置卫率令典兵，二傅并摄众事。憙在位累年，训道尽规。

迁尚书仆射，拜特进、光禄大夫，以年老逊位。诏曰："光禄大夫、特进李憙，杖德居义，当升台司，毗亮朕躬，而以年尊致仕。虽优游无为，可以颐神，而虚心之望，能不怃然！其因光禄之号，改假金紫，置官骑十人，赐钱五十万，禄赐班礼，一如三司，门施行马。”

初，憙为仆射时，凉州虏寇边，憙唱义遣军讨之。朝士谓出兵不易，虏未足为患，竟不从之。后虏果大纵逸，凉州覆没，朝廷深悔焉。以憙清素贫俭，赐绢百匹。及齐王攸出镇，憙上疏谏争，辞甚恳切。

憙自历仕，虽清非异众，而家无储积，亲旧故人乃至分衣共食，未尝私以王官。及卒，追赠太保，谥曰成。子赞嗣。

少子俭字仲约，历左积弩将军、屯骑校尉。俭子弘字世彦，少有清节，永嘉末，历给事黄门侍郎、散骑常侍。

选自《晋书》卷四十一《李憙传》

【注释】

①管宁（158—241）：字幼安，北海朱虚（今山东临朐县东南）人。三国时期的隐士。小时候和华歆同席读书，门外有官员的仪仗经过，华歆丢下书去看热闹，管宁于是和他割席分座。

②毌丘（guàn qiū 复姓）俭（？—255）：字仲恭，河东闻喜（今山西闻喜县）人，三国时期魏末名将，在与司马师军队的作战中兵败身亡。

③司马伷（zhòu）（227—283）：字子将，司马懿第五子。

④冯、甘：冯即冯奉世（？—前39），字子明，上党潞（今山西潞城东北）人。西汉名将，曾平定西域叛乱。甘即甘延寿，字君况，北地郁郅（今甘肃庆阳县）人。出使西域，就任都护骑都尉，与副校尉陈汤共同诛灭了匈奴的郅支单于。

⑤官三更稻田：西晋初建，一些政治上有势力的高官纷纷占有国有稻田，称为“官稻田”，三更稻田意为轮作休耕的稻田。

⑥二鲍：即后汉鲍永、鲍恢。鲍永在汉哀帝时任司隶校尉。鲍恢在光武帝时任都事从官。二人刚直不阿，执法严明，即使贵戚也敢于触犯。

【译文】

李憙，字季和，上党铜鞮人。父亲李佺是东汉的大鸿胪。李憙少年时就有高尚的品行，学识渊博，研究精深，北海人管宁和李憙一同因贤良闻名被征召，他没有去。多次被征辟入三公府，都不就任。司马懿又征辟李憙为太傅属官，李憙坚决推辞，郡县官员簇拥着车马让他上路，当时李憙的母亲病重，他偷偷翻过泫氏城的城墙走路回家，很快他的母亲就去世了，当时的人都赞美他的志气节操。后来李憙担任了并州别驾，当时骁骑将军秦朗经过并州，州将毕轨对他很恭敬，特许他乘车到府内小门。李憙坚持劝谏这样不符合礼仪，后来毕轨只好听从他的劝谏。

司马师辅佐朝政时，任命李憙担任大将军从事中郎，李憙到任后，司马师召见他，对他说：“昔日先公司马懿征辟你，但是你没有来任职，现在我一下令你就来了。这是为什么？”李憙回答说：“先君对我以礼相待，所以我能按照礼仪进退。而您依照法令来约束我，我畏惧法令，于是来了。”司马师听了就更重视他。后来李憙转任司马，不久又担任右长史。跟随讨伐毌丘俭回来后，升任御史中丞。李憙当官正直严肃，不畏惧强权，百官都被他震慑以至于风气肃然。他举荐的乐安人孙璞，也是因为有德而声名显赫，当时的人称李憙能知人善任。不久，李憙升任大司马，但又因为公事被免职。

司马伷担任宁北将军，镇守邺城，李憙为军司。不久，李憙又担任凉州刺史，加封扬威将军、假节，兼任护羌校尉，在边境抵御外族，很有名声功绩。当时羌人进犯边塞，李憙来不及奏报，就根据情况自行决定出兵深入，结果大获全胜。后来因为功劳重大而免于受擅自出兵的谴责，当时的人们把他比作汉朝的冯奉世、甘延寿。不久，李憙请求回家，得到许可。他在家住了一个多月后，任冀州刺史，最终升迁为司隶校尉。

等到魏元帝向晋禅让的时候，李憙以本官职代理司徒事务，辅佐太尉郑冲奉持策书。泰始初年，李憙被封为祁侯。

李憙上疏说："原来的立进令刘友、前尚书山涛、中山王司马睦、已故尚书仆射武陔分别占官府三更稻田，请罢免山涛、司马睦等人的官职。武陔已经去世，请赐予他贬义的谥号。"皇帝下诏说："法律是天下人共同遵守的，不能避开亲戚和权贵，我怎么能让邪妄放纵其间呢！但是推定此事都是刘友所作，侵吞剥削百姓，迷惑朝廷官员。奸邪的官吏才敢做这种事，所以应当严刑讯问刘友来惩治奸邪佞臣。山涛等人如果不再犯同样的过错，就不需要再问他们的罪。《易经》说'王臣蹇蹇地直谏，不是为了自己，而是为了国事'。如今李憙一心为公，担任官职、行使职责，可以说是'为国家坚持法度'啊。光武帝说过：'皇亲国戚尚且收敛自身，避免被鲍永、鲍恢两人弹劾。'李憙难道不是这样吗！李憙告诫众官僚，各自慎重对待自己的职责，宽容的恩德，是非常少见的。”李憙作为魏晋两代司隶，朝野上下都称赞他。后来因为公事被免职。

这一年，国家册立皇太子，让李憙担任太子太傅。自从魏明帝以来，东宫长久得不到重视，制度久废不完善，官员也不完备，詹事、左右率、庶子、中舍人各官都没有设置，只设置了卫率来统领士兵，太子太傅和太子少傅一同统摄各种事务。李憙任这个职位多年，竭尽全力地教导太子。

后李憙又升任尚书仆射，官拜特进、光禄大夫，因为年老而退休。皇帝下诏说：“光禄大夫、特进李憙，凭借美好的品德推行道义，应当升任台司之职，辅助我治理朝政，却因为年老而辞去官职。虽然从此优游无为颐养心神，但是我虚心求得贤士的心意落空了，怎能不叫人怅然失意！诏令他以光禄大夫再加封假金章紫绶，设置官骑十人，赐钱五十万，禄赏礼节，和三司相同，门前设置行马。”

起初，李憙担任仆射时，凉州敌寇侵犯边界，李憙倡议起兵讨伐。朝中官员认为出兵不容易，敌寇还没有形成忧患，就没有听从他的建议。后来敌寇果然深入肆虐，凉州也被攻陷，朝廷非常懊悔没有听从李憙的建议。后来，因为李憙清贫节俭，朝廷赐他绢百匹。等到齐王司马攸出任地方长官时，李憙上疏劝谏，言辞非常恳切。

李憙自从出仕以来，虽然不是清廉到与众不同的地步，但是家中没有储蓄积累，需要依靠亲戚朋友共同分享衣食来生活，他没有用官员的身份谋取私利。等到他去世，被追赠太保，谥号为“成”，儿子李赞继承爵位。

小儿子李俭字仲约，历任左积弩将军、屯骑校尉。李俭的儿子李弘字世彦，年轻时就有清廉的节操，永嘉末年，历任给事黄门侍郎、散骑常侍。

【评述】

李憙是西晋名臣，他自小便才学出众，声名远播，受到司马懿和司马师的慕名征召。他为官一生，却不染纤尘，始终保持着高尚的品行，为国尽忠职守。李憙的仕宦生涯可以用四个字概括，即正、勇、廉、贤。

李憙的正表现在重视礼法上。在封建时代，礼法制度是维护社会秩序、明确等级制度、调节人与人之间关系的规范和准则，是人们言行的标准和要求。李憙无论是做官前还是做官后，都依照礼法行事，为了维护礼法不惜得罪权贵。他奉行孝道，为母奔丧不惜翻墙赶路；当骁骑将军秦朗经过并州时，坚决反对州将企图让他乘车到阁这种逾矩的建议；当发现刘友、山涛等人侵占官府稻田时，毫不犹豫地上书弹劾，请求对其施以处罚；在担任太子太傅时，积极完备废阙的东宫制度。如果没有一颗坚守礼法的正直之心，是无法要求自己行为合度，更无法监督他人守礼尊制的。李憙正是在守礼这点上长年如一，才能正其身，进而正他人。

李憙不仅学识渊博，还有带兵之才。他曾跟随讨伐毌丘俭，在担任凉州刺史时带领轻兵深入羌人内部，并大获全胜。除了能领兵打仗外，李憙还具备军事眼光，能预测敌寇的行动。李憙在文能任太傅，施行教化，在武勇猛过人，屡立军功，他的“勇”也就体现于此。

除“正”和“勇”外，李憙的品格高尚就反映在他的“廉”和“贤”上。他官至高位，却从未为自己谋取私利，家中没有余财，甚至到了与亲人朋友共同分享衣食的地步。这样一位廉洁自律的人还有识人之才，所举荐的人道德出众，更难能可贵的是李憙晚年还主动让出职位，践行古人推崇的“让贤”一事。他的贤明谦逊到了这种地步。

这样一位集正、勇、廉、贤于一身的人才能够保持自己的品德，将一身所长用之于国，一生为国尽忠尽力，可以称得上是国家和人民之福，也是官员的表率了。为官做到问心无愧，国家和人民也绝不会忘记这样的人，历史也会给这样的人一个公正的评价。

（唐亚丽注译、评述）

庾　翼

【原文】

翼字稚恭。风仪秀伟，少有经纶大略。京兆杜乂、陈郡殷浩并才名冠世，而翼弗之重也，每语人曰："此辈宜束之高阁，俟天下太平，然后议其任耳。"见桓温总角之中，便期之以远略，因言于成帝曰："桓温有英雄之才，愿陛下勿以常人遇之，常婿畜之，宜委以方邵之任，必有弘济艰难之勋。"

苏峻[①]作逆，翼时年二十二，兄亮使白衣领数百人，备石头。亮败，与翼俱奔。事平，始辟太尉陶侃府，转参军，累迁从事中郎。在公府，雍容讽议。顷之，除振威将军、鄱阳太守。转建威将军、西阳太守。抚和百姓，甚得欢心。迁南蛮校尉，领南郡太守，加辅国将军、假节。及邾[②]城失守，石城被围，翼屡设奇兵，潜致粮杖。石城得全，翼之勋也。赐爵都亭侯。

及亮卒，授都督江荆司雍梁益六州诸军事、安西将军、荆州刺史、假节，代亮镇武昌。翼以帝舅，年少超居大任，遐迩属目，虑其不称。翼每竭志能，劳谦匪懈，戎政严明，经略深远，数年之中，公私充实，人情翕然，称其才干。由是自河以南皆怀归附，石季龙汝南太守戴开率数千人诣翼降。又遣使东至辽东，西到凉州，要给二方，欲同大举。慕容皝[③]、张骏[④]并报使请期。翼雅有大志，欲以灭胡平蜀为己任，言论慷慨，形于辞色。将兵都尉钱颀陈事合旨，翼拔为五品将军，赐谷二百斛。时东土多赋役，百姓乃从海道入广州，刺史邓岳大开鼓铸，诸夷因此知造兵器。翼表陈东境国家所资，侵扰不已，逃逸渐多，夷人常伺隙，若知造铸之利，将不可禁。

时殷浩征命无所就，而翼请为司马及军司，并不肯赴。翼遗浩书，因致其意。先是，浩父羡为长沙，在郡贪残，兄冰与翼书属之。翼报曰："殷君始往，虽多骄豪，实有风力之益，亦似由有佳儿、弟，故不令物情难之。自顷以来，奉公更退，私累日滋，亦不稍以此寥萧之也。既雅敬洪远，又与浩亲善，其父兄得失，岂以小小计之。大较江东政，以伛偻豪强，以为民蠹，时有行法，辄施之寒劣。如往年偷石头仓米一百万斛，皆是豪将辈，而直打杀仓督监以塞责。山遐作余姚半年，而为官出二千户，政虽不伦，公强官长也，而群共驱之，不得安席。纪睦、徐宁奉王使纠罪人，船头到渚，桓逸还复，而二使免官。虽皆前宰之惛谬，江东事去，实此之由也。兄弟不幸，横陷此中，自不能拔脚于风尘之外，当共明目而治之。荆州所统一二十郡，唯长沙最恶。恶而不黜，与杀督监者复何异耶！”翼有风力格裁，发言立论皆如此。

康帝即位，翼欲率众北伐，上疏曰：“贼季龙年已六十，奢淫理尽，丑类怨叛，又欲决死辽东。皝虽骁果，未必能固。若北无掣手之虏，则江南将不异辽左矣。臣所以辄发良人，不顾忿咎。然东西形援未必齐举，且欲北进，移镇安陆，入沔五百，涢水通流。辄率南郡太守王愆期、江夏相谢尚、寻阳太守袁真、西阳太守曹据等精锐三万，风驰上道，并勒平北将军桓宣扑取黄季，欲并丹水，摇荡秦雍。御以长辔，用逸待劳，比及数年，兴复可冀。臣既临许洛，窃谓桓温可渡戍广陵，何充可移据淮、泗、赭圻，路永进屯合肥。伏愿表御之日便决圣听，不可广询同异，以乖事会。兵闻拙速，不闻工之久也。”于是并发所统六州奴及车牛驴马，百姓嗟怨。时欲向襄阳，虑朝廷不许，故以安陆为辞。帝及朝士皆遣使譬止，车骑参军孙绰亦致书谏。翼不从，遂违如辄行。至夏口，复上表曰：

“臣近以胡寇有弊亡之势，暂率所统，致讨山北，并分见众，略复江夏数城。臣等以九月十九日发武昌，以二十四日达夏口，辄简卒搜乘停当上道。而所调借牛马，来处皆远，百姓所蓄，谷草不充，并多羸瘠，难以涉路。加以向冬，野草渐枯，往反二千，或容蹶顿，辄便随事筹量，权停此举。又山南诸城，每至秋冬，水多燥涸，运漕用功，实为艰阻。

“计襄阳，荆楚之旧，西接益梁，与关陇咫尺，北去洛河，不盈千里，土沃田良，方城险峻，水路流通，转运无滞，进可以扫荡秦赵，退可以保据上流。臣虽不武，意略浅短，荷国重恩，志存立效。是以受任四年，唯以习戎为务，实欲上凭圣朝威灵高略，下藉士民义慨之诚，因寇衰弊，渐临逼之。而八年春上表请据乐乡，广农蓄谷，以伺二寇之衅，而值天高听邈，未垂察照，朝议纷纭，遂令微诚不畅。

“自尔以来，上参天人之征，下采降俘之言，胡寇衰灭，其日不远。臣虽未获长驱中原，馘截凶丑，亦不可以不进据要害，思攻取之宜。是以辄量宜入沔，徙镇襄阳。其谢尚、王愆期等，悉令还据本戍，须到所在，驰遣启闻。”

翼时有众四万，诏加都督征讨军事。师次襄阳，大会僚佐，陈旌甲，亲授弧矢，曰：“我之行也，若此射矣。”遂三起三叠，徒众属目，其气十倍。初，翼迁襄阳，举朝谓之不可，议者或谓避衰，唯兄冰意同，桓温及谯王无忌赞成其计。至是，冰求镇武昌，为翼继援。朝议谓冰不宜出，冰乃止。又进翼征西将军，领南蛮校尉。胡贼五六百骑出樊城，翼遣冠军将军曹据追击于挠沟北，破之，死者近半，获马百匹。翼绥来荒远，务尽招纳之宜，立客馆，置典宾参军。桓宣卒，翼以长子方之为义成太守，代领宣众，司马应诞为龙骧将军、襄阳太守，参军司勋为建威将军、梁州刺史，戍西城。康帝崩，兄冰卒，以家国情事，留方之戍襄阳，还镇夏口，悉取冰所领兵自配，以兄子统为寻阳太守。诏使翼还督江州，又领豫州刺史，辞豫州。复欲移镇乐乡，诏不许。缮修军器，大佃积谷，欲图后举。遣益州刺史周抚、西阳太守曹据伐蜀，破蜀将李桓于江阳。

翼如厕，见一物如方相，俄而疽发背。疾笃，表第二子爰之行辅国将军、荆州刺史，司马朱焘为南蛮校尉，以千人守巴陵。永和元年卒，时年四十一。追赠车骑将军，谥曰肃。翼卒未几，部将干瓒、戴羲等作乱，杀将军曹据。翼长史江虨、司马朱焘、将军袁真等共诛之。

爰之有翼风，寻为桓温所废。温既废爰之，又以征虏将军刘惔监沔中军事，领义成太守，代方之。而方之、爰之并迁徙于豫章。

选自《晋书》卷七十三《庾翼传》

【注释】

①苏峻（？—328）：西晋时掖（今山东莱州市）人。字子高，有才学。永嘉之乱时，集合流民数千家，保护本县。成帝时委以重任，与庾亮有矛盾，后举兵反庾亮。后温峤、陶侃、庾亮

会师讨伐，苏峻战死。

②郰：周国名。曹姓，子爵，颛项之后，周武王时受封，亦称郰娄，后又改为邹，后被楚国消灭，今山东邹县东南二十六里有郰城。

③慕容皝（huàng）（297—348）：前燕慕容廆第三子，字元真，小字万年。立为世子。晋咸康四年（338）即燕王位。迁都龙城，重视农业发展，注意吸收儒家礼仪，推动文教事业发展。在位十五年卒。

④张骏（307—346）：字公庭，安定乌氏人。十岁能属文，卓越不羁。公元316年封霸城侯。十八岁继承为凉王，占据陇西。虽称臣于晋，但不行其正朔。石勒杀刘曜时，张骏乘机收复刘曜侵占的河南地。后向石勒称臣。在位二十二年卒，谥为文公，穆帝追谥为忠成公。

【译文】

庾翼字稚恭。仪态清秀峻伟，年少时就胸有经世之略。京兆人杜乂、陈郡人殷浩都以才华名声闻名当时，而庾翼并不看重他们，常对别人说："此等人才应该束之高阁，等到天下太平时，再去考虑他们的任职。"看见孩童时期的桓温，庾翼便预言他将来有远大的谋略，于是对成帝说："桓温有英雄之才，望陛下不要像待常人那样待他，把他当做一般的女婿，而应当委以像周代邵公那样的重任，他必定会立下拯救国家于危难之中的功勋。"

苏峻叛乱时，庾翼时年二十二岁，其兄庾亮派尚为平民的庾翼带领数百人在石头备战。庾亮战败，和庾翼一起逃亡。战事平息后，庾翼最初在太尉陶侃府任职，又转任参军，屡次升迁至从事中郎。庾翼在公府任职时，处事从容不迫，好发议论。不久，升任振威将军、鄱阳太守。又改任建威将军、西阳太守。任内安抚百姓，很得民心。又改任南蛮校尉，兼任南郡太守，加封辅国将军、假节。后来邾城失守，石城被围，庾翼屡设奇兵，秘密输送军粮和武器。石城最终得以保全，是庾翼的功劳。庾翼赐爵都亭侯。

庾亮去世后，庾翼被授任都督江荆司雍梁益六州诸军事、安西将军、荆州刺史、假节，接替庾亮镇守武昌。庾翼以帝舅的身份，年纪轻轻便登上高位担当重任，远近之人都看着他，认为他会不称职。但庾翼总能够竭尽己能，勤劳恭谨毫不懈怠，军政严明，谋略深远，不用几年，就做到公私资财充实，人们一致认为他有才干。之后黄河以南地区都想来归附，石季龙的汝南太守戴开率数千人到庾翼处归降。庾翼又派使者东到辽东，西到凉州，邀约东西二方力量，打算共同举事，慕容皝、张骏都向使者报告约定的日期。庾翼平素志向远大，想以灭胡平蜀作为己任，言辞慷慨，溢于言表。将兵都尉钱颀陈述事务符合庾翼的意旨，庾翼便提拔他为五品将军，赐谷二百斛。当时东部地区赋役繁多，百姓都经由海道入广州，刺史邓岳大兴冶炼铸造之业，周边民族因此学会了制造兵器。庾翼上表陈言东部地区是国家的依靠，贼寇侵略扰乱不止，逃离家园的人越来越多，夷人常伺机寻衅，如果他们也知道了铸造冶炼的好处，势将难以禁止。

当时殷浩受召但没有职位可任命，庾翼便请他担任司马及军司，但殷浩都没就任。庾翼致信殷浩，表达自己的心意。之前，殷浩之父殷羡任长沙郡太守，为官凶残贪婪，庾翼之兄庾冰还特意给庾翼写信告诫。庾翼回信说："殷君刚去就任时，虽然很骄横，实际上是因为权势过盛，也可能因为有他能干的儿子和兄弟，所以没有依世情来责难他。近来，他为公之志更差，私家聚敛却日益增加，但也没有因此逐渐冷落他。既然崇敬洪远，又与殷浩友善，他的父兄有过失，怎能以小事去计较呢。江东地区政事的传统，是常袒护豪强从而使他们成为祸害民众的蠹虫，一旦依法处置，就对贫寒下人实行。例如往年从石头仓库偷走粮食谷米一百万斛的，都是豪强之辈，但往往是仅以打杀粮仓督监来敷衍罪责。山遐治理余姚半年，就为官府清理出藏匿不报的豪强二千户，政绩虽然不突出，而官府扩充，官吏扩大，结果众人共同驱赶他，使他坐不安席。纪睦、徐宁奉君命惩治罪人，船头刚到岸，桓逸还未复职，而纪睦、徐宁二人却被免官。这些虽然都是前任宰相的昏聩荒谬所致，但江东大势已去，实际上都是因为这些缘故。我们兄弟不幸，意外地陷身这种局面中，若不能脱身于官场之外，就应当齐心协力公正处理政事。荆州所辖的一二十个郡中，唯有长沙最为恶劣。理政恶劣却不被废黜，这与仅杀了粮仓的督监来塞责有什么两样呢！”庾翼有品格和魄力，裁度严明，他发言为论都是如此。

康帝登基后，庾翼想率大军北伐，就上疏说：“乱贼石季龙年已六十，奢侈淫逸，天良丧尽，百姓心生反叛，他还想在辽东决一死战。慕容皝虽然骁勇果敢，但未必能够固守。如果北方没有牵制的强虏，那么江南将与辽东没什么差别。所以我不顾他人的怨愤指责建议率兵北伐。然而东西两方未必同时形成军事增援，还想向北进兵，移师镇守安陆，深入沔水五百里，使涢水畅通。率南郡太守王愆期、江夏相谢尚、寻阳太守袁真、西阳太守曹据等三万精锐军队，疾驰上路，并令平北将军桓宣拿下黄季，以求夺取丹水，动摇秦、雍。运筹千里，以逸待劳，这样经过数年，复兴之时便指日可待。我到许、洛，考虑桓温可渡江戍守广陵，何充可移师占据淮、泗、赭圻，路永进兵驻扎合肥。我希望奏章上达之日能有助于圣上作出决断，不可广泛征询不同意见，以免错过战机。兵贵神速，不能延迟。”于是庾翼同时征发所辖六州奴仆和牛车驴马，百姓抱怨。当时庾翼想进军襄阳，担心朝廷不准许，所以才把安陆作为借口。康帝及朝臣都派人来劝阻，车骑参军孙绰也写信劝谏，庾翼都不听从，于是违背君命采取了行动。到达夏口，又一次上表陈说：

“因为近来胡寇有败落之势，我暂时率领所辖军队，征讨山北，分派现有的士众，进攻收复了江夏数城。我们于九月十九日由武昌发兵，二十四日到达夏口，马上清点军卒检查车马，一切妥当后上路。但所调牛马，来自远方，为百姓畜养，但因为没有充足粮草，多瘦弱疲病，难以长途跋涉。加上临近冬季，野草渐枯，往返两千里，或许会失足跌倒，于是我们根据形势随时筹划，权且停止此次行动。另外山南诸城，每到秋冬季节，河流多干涸，输送军粮实在艰难多阻。

“说到襄阳，本是荆楚故地，西与益、梁接壤，与关、陇仅咫尺之隔，北部距离洛水、黄河，不到千里，良田沃壤，方城险峻，水路畅通，漕运无阻，进可以扫荡秦赵之地，退可以据守上游。我虽然无军事才能，谋略浅薄，但承恩担负国家重任，有志立功报效。因此受任四年，惟以演练征战为事，一心只望上靠朝廷的威严和高明的决策，下凭官民的义愤忠诚，趁敌寇衰颓之势，逐渐进逼。八年春我曾上表请求据守乐乡，广辟农田积蓄粮食，静观二寇之间的争端，伺机进取，然而天高路远，未蒙陛下详察，朝中非议纷纭，让我的微浅之诚未达圣听。

“从那时以来，上参天人之兆，下采降虏之言，胡寇离败落灭亡没多长时间了。我虽未获长驱中原、斩杀敌人的机会，也不可以不进军据守要害之地，寻求攻取贼寇之法。因此应当进军沔水而移镇襄阳。谢尚、王愆期等人，都令还师据守原来的地方，应迅速派人到所在地传告。”

庾翼当时统领四万士众，诏令加任都督征讨诸军事。大军驻扎襄阳时，庾翼召集众官，展示锦旗兵甲，亲自把弓箭授给属官，说：“我们的行动就如射箭一样。”于是三次射箭，三次射中靶心，众人见此，士气大增。当初，庾翼迁驻襄阳，满朝文武官员都认为不能这样做，议论的人中有的认为他是逃避失败，仅有其兄庾冰的意见与他相同，桓温和谯王无忌也支持他的计划。到了现在，庾冰奏请镇守武昌，作为庾翼的后援。朝中舆论认为庾冰不宜出外领兵，庾冰这才打消主意。又晋升庾翼为征西将军，兼任南蛮校尉。胡贼骑兵五六百名杀出樊城，庾翼派冠军将军曹据追击到挠沟以北，击败他们，战死敌方近半人马，还缴获战马一百匹。庾翼安抚偏远荒凉地区的人，力求处理好招引接纳之事，设立客馆，专置典宾参军。桓宣死后，庾翼让其长子庾方之担任义城太守，代领桓宣的属下军队，让司马应诞任龙骧将军、襄阳太守，参军司马勋任建威将军、凉州刺史，戍守西城。后来康帝驾崩，兄庾冰去世，因兄弟之情和国家大事，留下庾方之戍守襄阳，庾翼还师镇守夏口，把庾冰所属士兵全部收编来配备自己的队伍，又让庾冰之子庾统为寻阳太守。皇帝诏令庾翼还师督守江州，兼任豫州刺史，庾翼辞让豫州刺史不就。庾翼又想移师镇守乐乡，皇帝诏令不准。庾翼于是修缮兵器，大力耕种增加储备，图谋日后再举兵。他派益州刺史周抚、西阳太守曹据伐蜀，在江阳大败蜀将李桓。

庾翼有一次如厕，看到一物像驱除疫鬼精怪的神灵，不久就背生毒疮。病危时，奏请让第二子庾爰之代任辅国将军、荆州刺史，司马朱焘任南蛮校尉，率领千人驻守巴陵。永和元年（345）庾翼去世，时年四十一岁。死后被追赠为车骑将军，谥号为肃。庾翼死后不久，部将干瓒、戴羲等人作乱，杀死将军曹据。后来庾翼的长史江虨、司马朱焘、将军袁真等人一起诛杀了他们。

庾爰之有庾翼的风范，不久便被桓温废黜。桓温废了庾爰之以后，又让征虏将军刘惔监督沔中军事，兼任义成太守，取代庾方之。而庾方之、庾爰之都被迁徙到豫章郡。

【评述】

庾亮去世后，庾翼被授予都督江、荆、司、雍、梁、益六州诸军事，安西将军，荆州刺史、假节，代替庾亮镇守武昌。庾翼以帝舅的身份，年纪轻轻便居高位担当重任，当时人们认为他可能不称职。然而庾翼其后的所作所为可以说是对人们的猜忌做了一个完美的答复。庾翼上任后竭尽才能，勤劳谦恭，军政严明，用几年的时间，就让公私资财都充实起来。其政绩广为流传，以至于黄河以南地区都想来归附。他还胸有大志，以收复北方为己任，整顿军队和实力，激励部下和将属，安抚、拉拢各派势力，为北伐战争做好充分准备。

庾翼还着力革除弊政，其中一个重要方面就是廉政建设。殷浩之父殷羡为长沙郡守，为官贪婪残暴，庾翼之兄庾冰特地写信告诫他。庾翼在回信中不仅表示不会偏袒豪强，还进一步指出江东地区贪赃枉法的实质。他认为，江东之政败坏的根源在于，遇事常袒护豪强而惩治平民。一语中的，抓住了问题的根本，可谓有识；针对众多贪腐事实，他进一步表明态度：我们兄弟不幸，意外地陷入这种局面中，既然不能脱身于官场之外，就应当齐心协力公正地治理政务。这等于是向贪赃枉法的黑暗官场下了战书，可谓有勇。

庾翼身为皇亲，却与大多数皇亲国戚不同，他没有靠手中的权力和地位来谋取私利。相反，他打压豪强，为普通百姓做主，革除贪腐弊政有勇有识。贪腐弊政是社会的毒瘤，下决心革除才能赢得民心。庾翼主政当地后，各地纷纷归附不是没有原因的。虽然“出师未捷身先死”，北伐还没实现，庾翼就已病逝，但庾翼着力进行的整顿和变革，为东晋积蓄了实力，也鼓舞了士人斗志，为后来桓温的北伐做好了铺垫。

（张明炬注译、评述）

王　猛

【原文】

王猛，字景略，北海剧人也，家于魏郡。少贫贱，以鬻畚为业。尝货畚于洛阳，乃有一人贵买其畚，而云无直，自言："家去此无远，可随我取直。"猛利其贵而从之，行不觉远，忽至深山，见一父老，须发皓然，踞胡床①而坐，左右十许人，有一人引猛进拜之。父老曰："王公何缘拜也！"乃十倍偿畚直，遣人送之。猛既出，顾视，乃嵩高山②也。

猛瑰姿俊伟，博学好兵书，谨重严毅，气度雄远，细事不干其虑。自不参其神契，略不与交通，是以浮华之士咸轻而笑之。猛悠然自得，不以屑怀。少游于邺都，时人罕能识也。惟徐统见而奇之，召为功曹。遁而不应，遂隐于华阴山。怀佐世之志，希龙颜之主，敛翼待时，候风云而后动。桓温入关，猛被褐而诣之，一面谈当世之事，扪虱而言，旁若无人。温察而异之，问曰："吾奉天子之命，率锐师十万，杖义讨逆，为百姓除残贼，而三秦豪杰未有至者何也?”猛曰:“公不远数千里,深入寇境,长安咫尺而不渡灞水,百姓未见公心故也,所以不至。”温默然无以酬之。温之将还,赐猛车马,拜高官督护,请与俱南。猛还山咨师,师曰:“卿与桓温岂并世哉!在此自可富贵,何为远乎!”猛乃止。

苻坚将有大志,闻猛名,遣吕婆楼招之,一见便若平生。语及废兴大事,异符同契,若玄德之遇孔明也。及坚僭位,以猛为中书侍郎。时始平多枋头西归之人③,豪右纵横,劫盗充斥,乃转猛为始平令。猛下车,明法峻刑,澄察善恶,禁勒强豪。鞭杀一吏,百姓上书讼之,有司劾奏,槛车征下廷尉诏狱。坚亲问之,曰:“为政之体,德化为先,莅任未几而杀戮无数,何其酷也!”猛曰:“臣闻宰宁国以礼,治乱邦以法。陛下不以臣不才,任臣以剧邑,谨为明君翦除凶猾。始杀一奸,余尚万数,若以臣不能穷残尽暴,肃清轨法者,敢不甘心鼎镬,以谢孤负。酷政之刑,臣实未敢受之。”坚谓群臣曰:“王景略固是夷吾、子产之俦也。”于是赦之。

迁尚书左丞、咸阳内史、京兆尹。未几,除吏部尚书、太子詹事,又迁尚书左仆射、辅国将军、司隶校尉,加骑都尉,居中宿卫。时猛年三十六,岁中五迁,权倾内外,宗戚旧臣皆害其宠。尚书仇腾、丞相长史席宝数谮毁之,坚大怒,黜腾为甘松护军,宝白衣领长史。尔后上下咸服,莫有敢言。顷之,迁尚书令、太子太傅,加散骑常侍。猛频表累让，坚竟不许。又转司徒、录尚书事，余如故。猛辞以无功，不拜。

后率诸军讨慕容暐，军禁严明，师无私犯。猛之未至邺也，劫盗公行，及猛之至，远近帖然，燕人安之。军还，以功进封清河郡侯，赐以美妾五人，上女妓十二人，中妓三十八人，马百匹，车十乘。猛上疏固辞不受。

时既留镇冀州，坚遣猛于六州之内听以便宜从事，简召英俊，以补关东守宰，授讫，言台除正。居数月，上疏曰："臣前所以朝闻夕拜，不顾艰虞者，正以方难未夷，军机权速。庶竭命戎行，甘驱驰之役，敷宣皇威，展筋骨之效。故僶俛从事，叨据负乘，可谓恭命于济时，俟太平于今日。今圣德格于皇天，威灵被于八表，弘化已熙，六合清泰，窃敢披贡丹诚，请避贤路。设官分职，各有司存，岂应孤任愚臣，以速倾败！东夏之事，非臣区区所能康理，愿徙授亲贤，济臣颠坠。若以臣有鹰犬微勤，未忍捐弃者，乞待罪一州，效尽力命。徐方始宾，淮、汝防重，六州处分，府选便宜，辄以悉停。督任弗可虚旷，深愿时降神规。"坚不许，遣其侍中梁谠诣邺喻旨，猛乃视事如前。

俄入为丞相、中书监，尚书令、太子太傅、司隶校尉，持节、常侍、将军、侯如故。稍加都督中外诸军事。猛表让久之。坚曰："卿昔螭蟠布衣，朕龙潜弱冠，属世事纷纭，厉士之际，颠覆厥德。朕奇卿于暂见，拟卿为卧龙，卿亦异朕于一言，回《考槃》之雅志，岂不精契神交，千载之会！虽傅岩入梦，姜公悟兆，今古一时，亦不殊也。自卿辅政，几将二纪，内厘百揆，外荡群凶，天下向定，彝伦始叙。朕且欲从容于上，望卿劳心于下，弘济之务，非卿而谁！”遂不许。其后数年，复授司徒。猛复上疏曰：“臣闻乾象盈虚，惟后则之；位称以才，官非则旷。郑武翼周，仍世载咏；王叔昧宠，政替身亡。斯则成败之殷监，为臣之炯戒。窃惟鼎宰崇重，参路太阶，宜妙尽时贤，对扬休命。魏祖以文和为公，贻笑孙后；千秋一言致相，匈奴吲之。臣何庸狷，而应斯举！不但取嗤邻远，实令为虏轻秦。昔东野穷驭，颜子知其将弊。陛下不复料度臣之才力，私惧败亡是及。且上亏宪典，臣何颜处之！虽陛下私臣，其如天下何！愿回日月之鉴，矜臣后悔，使上无过授之谤，臣蒙覆焘之恩。”坚竟不从。猛乃受命。军国内外万机之务，事无巨细，莫不归之。

猛宰政公平，流放尸素，拔幽滞，显贤才。外修兵革，内综儒学，劝课农桑，教以廉耻，无罪而不刑，无才而不任。庶绩咸熙，百揆时叙。于是兵强国富，垂及升平，猛之力也。坚尝从容谓猛曰：“卿夙夜匪懈，忧勤万机，若文王得太公，吾将优游以卒岁。”猛曰：“不图陛下知臣之过，臣何足以拟古人！”坚曰：“以吾观之，太公岂能过也。”常敕其太子宏、长乐公丕等曰：“汝事王公，如事我也。”其见重如此。

广平麻思流寄关右，因母亡归葬，请还冀州。猛谓思曰：“便可速装，是暮已符卿发遣。”及始出关，郡县已被符管摄。其令行禁整，事无留滞，皆此类也。性刚明清肃，于善恶尤分。微时一餐之惠，睚眦之忿，靡不报焉，时论颇以此少之。

其年寝疾，坚亲祈南北郊、宗庙、社稷，分遣侍臣祷河岳诸祀，靡不周备。猛疾未瘳，乃大赦其境内殊死已下。猛疾甚，因上疏谢恩，并言时政，多所弘益。坚览之流涕，悲恸左右。及疾笃，坚亲临省病，问以后事。猛曰：“晋虽僻陋吴、越，乃正朔相承。亲仁善邻，国之宝也。臣没之后，愿不以晋为图。鲜卑、羌虏，我之仇也，终为人患，宜渐除之，以便社稷。”言终而死，时年五十一。坚哭之恸。比敛，三临，谓太子宏曰：“天不欲使吾平一六合邪？何夺吾景略之速也！”赠侍中，丞相余如故。给东园温明秘器，帛三千匹，谷万石。谒者仆射监护丧事，葬礼一依汉大将军霍光故事。谥曰武侯，朝野巷哭三日。

选自《晋书》卷一百十四《王猛传》

【注释】

①胡床：一种可以折叠的轻便坐具。又称交床。

②嵩高山：又称外方山、太室山。即今河南登封市西北嵩山。古称中岳。

③枋头西归之人：枋头，地名，在今河南省浚县。东晋时，苻洪任流民督，率领氐人居住在这里。

【译文】

王猛字景略，北海剧县人，家在魏郡。他小时候贫苦微贱，以卖箕畚为生。一次去洛阳贩卖箕畚，有人出高价购买，不过提出没带钱，说："家离得不远，可跟我去取钱。"王猛因贪图高价就同意了，走时没觉得很远，很快就来到了一座深山中，看到一位老人，须发皆白，叉开腿坐在胡床上，身旁有十来个人，其中一人引王猛上前拜见老人。老人说："王公为何参拜！"后以十倍的钱来买了他的箕畚，派人把他送回去。王猛走出山回头看，发现原来是嵩高山。

王猛身材魁梧，相貌英俊，博学多才，好兵书，为人稳重，严谨坚毅，气度宏大，不计较小事。若心灵不相通，则不会与之来往，因此肤浅之人都懈怠鄙视他。但王猛对此却悠然自得，不屑一顾。少年时曾到邺都游历，当时没有多少人知晓他。只有徐统认为王猛是奇才，让他担任功曹。他不应召，而是逃往华阴山隐居起来。他胸怀治世之志，只是暂隐锋芒，等着圣主出现，相机而动。桓温入关后，王猛身穿粗布衣裳去拜见他，边捉虱子边议天下大事，旁若无人。桓温觉得他异于常人，问："我奉天子之命，带领十万精兵良将讨伐叛贼，为百姓除祸，但三秦的豪杰却没人响应是为什么呢？"王猛说："您不远几千里奔袭而来，深入敌人腹地，长安近在咫尺却不渡灞水进军，老百姓看不到您的决心，所以不来。”桓温沉默无语。桓温打算退兵，赐给王猛车马，还拜他为高官督护，请他一起到南方去。王猛回山同老师商量，老师说：“你和桓温不能并存于世啊！这里也能富贵，不必远行！”王猛于是作罢。

苻坚欲举事，对王猛的名声有所耳闻，就派吕婆楼把他请来，俩人一见如故。谈及兴废，看法也相合，就像刘玄德与孔明。苻坚登基后，任命王猛为中书侍郎。当时始平县有不少从枋头西归之人，到处都是豪强贼寇，于是转王猛为始平县令。王猛到任后严刑峻法，惩恶扬善，打击豪强。后来一个小吏被鞭打至死，百姓告王猛，司法部门也奏请将他治罪，用囚车把他押解到廷尉诏狱。苻坚亲自审问：“为政的根本，应以感化为主，你刚到不久便杀人无数，太残酷了！”王猛说：“我听说治理安定之国用礼，治理动乱之国用法。您看得起我，把一个乱县交给我，故想为明君铲除凶猾之人。刚杀一个，还有成千上万，如果认为我不能彻底清除这些残暴之人，肃清犯法者，甘心接受鼎镬之刑，来惩罚我的辜负重托之罪。说我施行酷政，实在不能接受。”苻坚对群臣说：“王景略原来是管仲、子产之类的人啊。”于是王猛被赦免。

后来迁尚书左丞、咸阳内史、京兆尹。过了不久，任吏部尚书、太子詹事，又迁尚书左仆射、辅国将军、司隶校尉，加骑都尉，驻宫中值宿护卫。王猛此时三十六岁，一年之内五次升迁，权倾朝野，皇亲旧臣都很嫉妒其所受尊宠。尚书仇腾、丞相长史席宝多次诋毁他，苻坚大怒，罢仇腾为甘松护军，席宝为平民领长史。从此上下服从，都不敢再说话。不久，王猛又迁任尚书令、太子太傅，加散骑常侍。王猛频频上表推辞，苻坚都不批准。又转任司徒、录尚书事，余职不变。王猛以无功辞让，没有就职。

后来率领各路大军讨伐慕容暐，军纪严明，秋毫无犯。当王猛还没有到邺地时，盗贼公然作乱，等王猛一到，到处都是一番安宁景象，燕人得以安居。大军凯旋，王猛凭借军功封为清河郡侯，赐给五个美妾，上等女妓十二人，中等女妓三十八人，一百匹马，十辆车。王猛坚决推辞。

当时他留下镇守冀州，苻坚命王猛在六州之内可以随机应变，选拔人才，以备关东地方官补缺，授命后上报，成为正官。又过了数月，王猛上疏说："臣从前之所以不惧艰辛早晚朝拜，是因为大敌当前，军情多变。希望为军事竭尽全力，甘愿受奔走之苦；为宣扬皇威，愿效筋骨之劳。所以做事勤勤恳恳，虚占高位，是为了拯救时难而受命，终于等到今天的太平。而今圣德直达皇天，威灵遍及天下，普遍的教化已经兴盛，天下清平，我斗胆披露丹心，让开进贤之路。根据职事授官，各有所司，哪能只任命愚臣一人而招致覆亡！关东六州非微臣所能治理，望另选贤人，以补救臣的过错。若因臣有鹰犬那样的小功就不忍舍弃，就请派我管理一州吧，我定当竭尽全力。徐州刚刚归顺，淮、汝的防务艰巨，六州的事务管理，官员的选派、便宜行事的权力，应该全部停止。都督不可缺位，深深期待圣明的指示。"苻坚不同意，并派侍中梁谠到邺地传达旨意，王猛于是又照旧处理事务。

之后不久任丞相、中书监，其他职务如尚书令、太子太傅、司隶校尉，持节、常侍、将军、侯依然保留。逐渐管理朝廷内外军务。王猛上表辞了很久。苻坚说："卿从前是平民，如无角之螭龙，朕二十岁未登基正如潜龙，恰逢纷乱之世，暴政横行，纲纪已坏。朕一见就知卿为奇才，把卿比作孔明，卿也因一句话而欣赏朕。改变《考盘》中的归隐志向，何尝不是心神契合，千载之会！即使是比作傅岩入武丁之梦，姜公卜卦应验，空前绝后，也不为过。自卿辅政，已将近二十四年，在内管理百官，在外扫荡群凶，天下闻风而定，才开始有了人伦纲纪。我正想在朝上悠闲一会儿，指望您在下面多费心，管理国家大事，除了卿还有谁！”于是不允许。此后几年，又拜为司徒。王猛又上疏说：“臣听说天象的盈虚，是君王的依据；要依据才能授以官职，否则政事就要荒废。郑武公辅周，世代传诵；王叔负恩，国废身亡，这些都是成败的借鉴，为臣子的当明鉴。臣认为宰相之位很重要，位列三公，应当尽选当代贤才，回报圣明。魏祖以文和为相，终被孙后所笑；千秋因为一句话而官至宰相，招致匈奴的讥讽。臣何等鄙陋，受此重任！不但被远近之士取笑，也会让外族轻视。从前东野竭力驾驭，颜子也能看出他就要倾覆。陛下不考虑臣的才能，臣担心败亡也快到了。而且损害国典，臣有何颜面！虽然陛下对臣好，但向天下人如何交代呢！希望陛下回心转意，怜悯臣，使臣今后无后悔之事，也让圣上不承担用人不当的批评，臣将感恩戴德。”苻坚最后也没同意。王猛于是受命。军事国事无论大小，一概由他处理。

王猛管理政事很公平，流放不干事的人，提拔受到阻滞的人，让人才得以充分施展。对外整顿军备，对内提倡儒学，劝勉农桑，使民懂得廉耻。有罪之人都得到处罚，有才之人全部得到重用，百业兴旺，政务顺利。自此国富兵强，接近太平之世，都是王猛之功。苻坚闲时曾对王猛说：“卿日夜忙碌，诸事操劳，如同文王得太公之助，因此我将悠闲度日。”王猛说：“没想到陛下这么信任臣下，臣哪有资格比古人!”苻坚说：“在我看来，太公也比不过卿。”苻坚还常敕告太子苻宏、长乐公苻丕等：“你们要像侍奉我一样侍奉王公。”王猛就是如此受器重。

广平人麻思寄居关右，母亲去世要回家安葬，请求回冀州。王猛对麻思说：“立即收拾行装，今晚就有批文让卿出发。”等麻思出关时，各郡县已经收到公文。其令行禁止，没有积案，大都如此。王猛性情刚毅，清明严谨，善恶分明。微贱时的一饭之恩，极小的仇怨，都加以回报，当时的人对他颇有微词。

这年他卧病在床，苻坚亲自到南北郊、宗庙、社稷祈祷，派侍臣向河、岳诸祀祈祷，周到细致。但王猛的病仍不见起色，于是大赦境内斩首刑以下的罪犯。王猛的病加重了，于是上疏谢恩，并谈及政事，大有益处。苻坚看后痛哭，左右为之悲恸。王猛弥留之际，苻坚亲临探视，向他询问后事。王猛说：“晋虽然处在偏僻的吴越，却是正统。要亲近仁义，善待邻居，这是国之法宝。臣死之后，希望不要图谋晋地。鲜卑和羌虏是我们的仇敌，最终要成为祸患，应当逐步除去，以利国家。”说完去世，年五十一岁。苻坚哭得非常悲伤。装殓时又三次去哭吊，对太子苻宏说：“难道是上天不愿让我统一天下吗？为什么这么快就夺走了我的王景略!”追赠王猛侍中之职，丞相等职如旧。赐给葬礼所用器具，帛三千匹，谷一万石。派谒者、仆射监临管理丧事，丧礼规格全部依照汉大将军霍光的旧例。谥号为“武侯”，朝野在巷中聚哭三日。

【评述】

公元316年，早已被“八王之乱”弄得焦头烂额的西晋王朝，在人民起义和内迁各族上层分子割据争雄的连天烽火中寿终正寝了。从此中国北方开始陷入十六国纷争的泥潭，而南方的东晋政权也立足未稳。“国乱则思良相”（《史记》卷四十四《魏世家》），就是在这个动荡的时代，出现了两个名臣贤相的身影，“关中相国资王猛，海内苍生望谢安”（明贝琼《送王克让员外赴陕西》），前秦的王猛与东晋的谢安，一西一东，各辅其主。经淝水一战，王猛用尽心血辅佐苻坚建立的强大前秦，在谢安大军的进攻下四分五裂，让人不得不相信历史造化弄人。

王猛的生平和仕途都有些传奇色彩，但这不足为奇。最令人瞩目的当属他的政治策略。他执政以来，采取了一系列稳定生产、兴办教育、促进民族融合的有效政策。特别值得我们注意的是他着力整顿吏治。国家初定，百废待兴，而吏治是一个重要方面，吏治搞好了，其他的工作才能提纲挈领。他采取措施严明赏罚，选拔贤能；压制朝廷内外氏族显贵，从最高层解决政治秩序混乱的根源。他的一系列措施为社会的稳定打下了坚实的基础。台湾著名学者柏杨曾把王猛与三国的诸葛亮和宋代的王安石相提并论，认为他把一团乱糟糟的流氓地痞、土豪恶霸，硬是凝成一个整体，不但实现了国泰，而且实现了民安，是中国最伟大的政治家之一。

（张明炬注译、评述）

吴隐之

【原文】

吴隐之字处默，濮阳鄄城人，魏侍中质六世孙也。隐之美姿容，善谈论，博涉文史，以儒雅标名。弱冠而介立，有清操。虽日晏歠菽，不飨非其粟；儋石无储，不取非其道。年十余，丁父忧，每号泣，行人为之流涕。事母孝谨，及其执丧，哀毁过礼。家贫，无人鸣鼓，每至哭临之时，恒有双鹤警叫，及祥练[①]之夕，复有群雁俱集，时人咸以为孝感所至。尝食咸菹[②]，以其味旨，掇而弃之。

与太常韩康伯邻居，康伯母，殷浩之姊，贤明妇人也。每闻隐之哭声，辍餐投箸，为之悲泣。既而谓康伯曰："汝若居铨衡，当举如此辈人。"及康伯为吏部尚书，隐之遂阶清级，解褐辅国功曹，转参征虏军事。兄坦之为袁真功曹，真败，将及祸，隐之诣桓温，乞代兄命，温矜而释之。遂为温所知赏，拜奉朝请、尚书郎，累迁晋陵太守。在郡清俭，妻自负薪。入为中书侍郎、国子博士、太子右卫率，转散骑常侍，领著作郎。孝武帝欲用为黄门郎，以隐之貌类简文帝，乃止。寻守廷尉、秘书监、御史中丞，领著作如故，迁左卫将军。虽居清显，禄赐皆班亲族，冬月无被，尝浣衣，乃披絮，勤苦同于贫庶。

广州包带山海，珍异所出，一箧之宝，可资数世，然多瘴疫，人情惮焉。唯贫窭不能自立者，求补长史，故前后刺史皆多黩货。朝廷欲革岭南之弊，隆安中，以隐之为龙骧将军、广州刺史、假节，领平越中郎将。未至州二十里，地名石门，有水曰贪泉，饮者怀无厌之欲。隐之既至，语其亲人曰："不见可欲，使心不乱。越岭丧清，吾知之矣。"乃至泉所，酌而饮之，因赋诗曰："古人云此水，一歃怀千金。试使夷齐饮，终当不易心。"及在州，清操逾厉，常食不过菜及干鱼而已，帷帐器服皆付外库。时人颇谓其矫，然亦终始不易。帐下人进鱼，每剔骨存肉，隐之觉其用意，罚而黜焉。元兴初，诏曰："夫孝行笃于闺门，清节厉乎风霜，实立人之所难，而君子之美致也。龙骧将军、广州刺史吴隐之孝友过人，禄均九族，菲己洁素，俭愈鱼飧。夫处可欲之地，而能不改其操；飨惟错之富，而家人不易其服。革奢务啬，南域改观，朕有嘉焉。可进号前将军，赐钱五十万、谷千斛。"

及卢循[③]寇南海，隐之率厉将士，固守弥时，长子旷之战没。循攻击百有余日，逾城放火，焚烧三千余家，死者万余人，城遂陷。隐之携家累出，欲奔还都，为循所得。循表朝廷，以隐之党附桓玄[④]，宜加裁戮，诏不许。刘裕[⑤]与循书，令遣隐之还，久方得反。归舟之日，装无余资。及至，数亩小宅，篱垣仄陋，内外茅屋六间，不容妻子。刘裕赐车牛，更为起宅，固辞。寻拜度支尚书、太常，以竹篷为屏风，坐无毡席。后迁中领军，清俭不革，每月初得禄，裁留身粮，其余悉分振亲族，家人绩纺以供朝夕。时有困绝，或并日而食，身恒布衣不完，妻子不沾寸禄。

义熙八年，请老致事，优诏许之，授光禄大夫，加金章紫绶，赐钱十万、米三百斛。九年卒，追赠左光禄大夫，加散骑常侍。隐之清操不渝，屡被褒饰，致事及于身没，常蒙优锡显赠，廉士以为荣。

初，隐之为奉朝请，谢石请为卫将军主簿。隐之将嫁女，石知其贫素，遣女必当率薄，乃令移厨帐助其经营。使者至，方见婢牵犬卖之，此外萧然无办。后至自番禺，其妻刘氏赍沉香一斤，隐之见之，遂投于湖亭之水。

子延之复厉清操，为鄱阳太守。延之弟及子为郡县者，常以廉慎为门法，虽才学不逮隐之，而孝悌洁敬犹为不替。

选自《晋书》卷九十《吴隐之传》

【注释】

①祥练：丧期。练，本指父母丧后第十一月，改素服为练服之祭；祥，原指父母丧后满一周年之祭。

②咸菹（zū）：咸菜。菹，腌菜。

③卢循（？—411）：东晋起义首领之一。范阳涿县（今河北涿州）人，士族出身，参与孙恩起义，孙恩死后，被推为首领，领军攻占广州，义熙七年（411）兵败身死。

④桓玄（369—404）：曾举兵反晋，并代晋自立，国号为楚，后兵败被诛。

⑤刘裕：即宋武帝（363—422）。出身寒微，为东晋北府兵将领，曾击败桓玄，平定卢循起义。420 年，代晋称帝，国号宋。

【译文】

吴隐之字处默，濮阳鄄城人，三国曹魏侍中吴质的六世孙。吴隐之容貌俊美，善于言谈，广泛涉猎文史之学，以儒雅闻名。二十岁左右就卓异独立，具有清正的操守。虽然每天粗茶淡饭，但不是自己的不吃；虽然家里的粮食储备很少，但是来路不正的不要。十几岁时，父亲便去世了，每次哭泣，行人都为他流眼泪。吴隐之侍奉母亲孝顺恭谨，等到他为母亲办理丧事的时候，悲痛的样子超过了常礼。由于家里贫穷，没有人打鼓，每到哭泣的时候，常有一对仙鹤鸣叫，母亲丧期周年来临前夕，又有成群的大雁聚集，当时人们都认为是吴隐之的孝顺感动了仙鹤和大雁，才会出现这样的情景。吴隐之有一次吃咸菜，因为味道甜美，于是便抛弃不吃。

吴隐之与太常韩康伯为邻居。韩康伯的母亲为殷浩的姐姐，是一位贤良明理的妇女。每次听到吴隐之的哭泣声，她都会停止进餐，放下筷子，替他感到伤悲。过后她对韩康伯说："如果你以后担任负责铨选的官职，应当推举这样的人。"后来韩康伯任职吏部尚书，吴隐之于是跻身显贵的官位，任辅国功曹一职，后又改任参征虏军事。吴隐之的哥哥吴坦之是袁真的功曹，因袁真失败，将要大祸临头，吴隐之拜访桓温，请求替哥哥去死。桓温怜惜吴隐之，于是便把他的哥哥释放了。这以后吴隐之便被桓温赏识，任命他为奉朝请、尚书郎，最后官至晋陵太守。吴隐之在晋陵太守任内为官清廉俭朴，妻子亲自去背柴。后来吴隐之进入朝廷，任中书侍郎、国子博士、太子右卫率等职，又改任散骑常侍，兼任著作郎，负责国史修纂。东晋孝武帝想任用吴隐之为黄门郎，不过因为他的相貌与父亲简文帝十分相像，只好作罢。不久，吴隐之改任廷尉、秘书监、御史中丞等职，并仍旧兼任著作郎，后来又升为左卫将军。尽管身居显赫职位，吴隐之往往将俸禄、赏赐分发给自己的亲戚。冬天没有被子，有一次，衣服洗了，他竟然披着棉絮。他生活勤劳俭朴与穷苦百姓没有什么区别。

广州依山傍海，多出产珍奇异宝，一小箱珍宝就可供数代花销。不过此地多流行瘴疫，人们都很忌惮，不愿到此任职。只有那些贫穷不能自立的人才会要求前往广州，担任高官。所以，此地前后多任地方长官都贪污受贿。朝廷希望革除岭南贪贿的弊病，就在隆安间任命吴隐之为龙骧将军、广州刺史、假节，兼任平越中郎将。离广州城不到二十里之处，有一个称作石门的地方，此地有一汪泉水，名为贪泉，据说喝了贪泉水的人就会产生无穷的欲望。吴隐之到任后，对左右亲近说："将想要的东西视作看不见，心里就不会乱。我清楚自己在来到岭南后是否会丧失清廉。"于是，吴隐之来到贪泉，喝了一口泉水，并且作诗道："古人说一饮此水，就会心想千金。假如让伯夷、叔齐饮用此水，最终也应当不会改变心意。"上任后，吴隐之清廉的操守比以往更加严格，经常只吃一些青菜及干鱼，帷帐、衣物等都交付外库，当时人们大多认为吴隐之做作，但是他始终没有改变。手下人给他做鱼时，往往提前将骨头去掉，留下鱼肉，再端上来，吴隐之觉察到他的用意，便惩罚并罢黜了他。元兴初年，皇帝下诏说："孝顺的行为在家中得以深厚，清廉的操守在经历风霜后得以砥砺，这是一般人立身处世的困难所在，但却是君子的美好志趣。龙骧将军、广州刺史吴隐之孝顺、友爱超乎常人，与亲戚朋友分享俸禄，自己廉洁俭朴，以干鱼片为食。身处物欲之地，而不改变廉洁的操守，坐拥披金戴银的富有，家人却不改换衣服，革除奢侈，务求节俭，广州得以改变面貌，我要表彰他。可以晋封吴隐之的称号为前将军，赏赐钱五十万、粮食一千斛。"

卢循侵犯南海时，吴隐之率领将士固守多时，长子旷之也战死了。卢循攻城达百余日，直到后来有人翻城放火，烧毁三千余家，死者一万多人，城池方才告失。吴隐之携带家眷一起出城，准备回到都城建康，不幸在途中被卢循抓获。卢循上表朝廷，认为吴隐之党附桓玄，应治以死罪。朝廷没有同意卢循的请求。刘裕给卢循写信，要求他将吴隐之遣送回来。过了很长时间，吴隐之方才得以返家。起程之日，行装中没有多余的资财。到家后，只有数亩宅院，篱笆墙狭窄简陋，内外房间总共六间，一家人住着非常拥挤，刘裕赐给吴隐之车子及耕牛，另外新建住宅，但被他坚决推辞。不久，吴隐之被任命为度支尚书、太常，他以竹篷为屏风，坐垫从不用毡席。后来，吴隐之升任中领军，依然清廉、俭朴。每月领到俸禄后，除留一部分家用外，其余都用来救助生活困难的亲戚，家人每天织布以维持生计，实在困难，就两天吃一顿饭，吴隐之始终穿着破旧的布衣，家人从不动用他的俸禄。

义熙八年（412），吴隐之请求告老退休，皇帝下诏准许，并授予光禄大夫，加赐金章紫绶，赏予钱十万、米三百斛。九年，吴隐之逝世，追赠左光禄大夫，加赐散骑常侍。吴隐之一生矢志不渝坚守清廉的操守，屡次被褒奖，退休以及逝世后，常常得到丰厚的赏赐与追赠，清廉之士都以吴隐之为荣。

起初，吴隐之任奉朝请，谢石邀请他担任卫将军主簿。吴隐之将要嫁女儿，谢石知道他家贫困，嫁女儿肯定草率、简单，于是便派人去隐之家用帐幕搭个厨房帮他操办，派去的人到了后，恰好碰到一位婢女正牵着狗准备去卖，其他则没有操办什么。从番禺回来时，妻子想带一斤沉香，被吴隐之发现，他将沉香全部扔进湖里。

吴隐之的儿子吴延之也非常清廉，曾任鄱阳太守。吴延之的弟弟以及儿子担任地方官的，时常以廉洁、谨慎为家法，他们虽然在才能和学识方面不及吴隐之，但是孝顺、友爱、廉洁、恭谨方面则毫不逊色。

【评述】

两晋之时，世家大族主政，贪贿之风盛行。吴隐之处此时代，却能出淤泥而不染，做到廉洁奉公，实属难能可贵。他勇饮贪泉之水、卖狗筹资嫁女的事迹至今为人所津津乐道。

广州城外有一眼贪泉，据说饮一口贪泉水，人就会变得贪欲无比。吴隐之来此地为官，偏不信这个邪，认为只要自己心正就不会乱，毅然畅饮贪泉水。后来的事实证明吴隐之并没有因为喝了贪泉水而成为贪官，他不但依然廉洁如故，还比原来更加严格要求自己。由此看来，所谓饮贪泉之水而产生贪欲的说法，不过是贪官们的借口罢了。古往今来有多少贪官污吏因为私欲膨胀，巧取豪夺，虽然风光一时，最终难逃身首异处、为人耻笑的下场。只要树立正确的金钱观，清心寡欲，少一份对物质的追求，多一份对事业的奋斗，又何惧任何贪贿之风的影响。

（谢冬荣注译、评述）

长孙道生

【原文】

长孙道生，嵩从子也。忠厚廉谨，太祖[①]爱其慎重，使掌机密，与贺毗等四人内侍左右，出入诏命。太宗即位，除南统将军、冀州刺史。后取人美女以献，太宗切责之，以旧臣不加罪黜。

世祖即位，晋爵汝阴公，迁廷尉卿。从征蠕蠕，与尉眷等率众出白黑两漠[②]间，大捷而还。世祖征赫连昌，道生与司徒长孙翰、宗正娥青为前驱，遂平其国。昌弟定走保平凉，刘义隆遣将到彦之、王仲德寇河南以救定。诏道生与丹阳王太之屯河上以御之。遂诱义隆将檀道济，邀其前后，追至历城而还。除司空，加侍中，进封上党王。薨，年八十二。赠太尉，谥曰靖。

道生廉约，身为三司，而衣不华饰，食不兼味。一熊皮鄣泥[③]，数十年不易，时人比之晏婴。第宅卑陋，出镇后，其子弟颇更修缮，起堂庑。道生还，叹曰："昔霍去病以匈奴未灭，无用家为。今强寇尚游魂漠北，吾岂可安坐华美也！”乃切责子弟，令毁宅。其恭慎如此。世祖世，所在著绩，每建大议，多合时机。为将有权略，善待士众。帝命歌工历颂群臣，曰：“智如崔浩④，廉如道生。”及年老，颇惑其妻孟氏，以此见讥。与从父嵩俱为三公，当世以为荣。

选自《魏书》卷二十五《长孙道生传》

【注释】

①太祖：北魏的建立者道武帝拓跋珪（371—409）。

②白黑两漠：白漠，在今内蒙古达尔罕茂明安联合旗、四子王旗、察哈尔右翼后旗北部一带。黑漠，在今内蒙古兴和县北部一带。

③鄣（zhàng）泥：即马鞯。因垫在马鞍下垂于马背两旁以挡尘土，故称。鄣，同“障”，遮挡。

④崔浩（？—450）：字伯渊，清河东武城人。北魏明元帝初，任博士祭酒，封为武城子，参议军国重事，后历任相州刺史、司徒等职。袭世爵为白马公，晋爵东郡公。

【译文】

长孙道生，是长孙嵩的侄子。他忠实敦厚，清廉谨慎，太祖道武帝爱其慎重，让他执掌机密的军国大事，与贺毗等四人在内廷侍奉左右，负责往来诏命之事。太宗即位后，道生被任命为南统将军、冀州刺史。后来他向皇帝进献美女，太宗严厉地责骂了他，但因他是旧臣就没有加以治罪贬黜。

世祖即位后，道生晋爵为汝阴公，并升任廷尉卿。他跟随世祖征伐蠕蠕，与尉眷等率众军出征白黑两漠间，取得大捷，得胜还朝。世祖征伐赫连昌，长孙道生与司徒长孙翰、宗正娥青为前锋，最后平定了夏国。赫连昌弟赫连定逃到平凉坚守，刘义隆派将领到彦之、王仲德进犯黄河以南来救赫连定。世祖诏令长孙道生与丹阳王太之屯兵河上以抵御他们。于是长孙道生引诱刘义隆手下将领檀道济深入，然后前后夹击，把他追赶到历城才返回。长孙道生后被任命为司空，加封侍中，还晋封为上党王。去世时八十二岁。被追赠为太尉，谥号曰靖。

长孙道生廉洁简朴，身居三司之位，却没有华美的服饰，吃饭时菜式不超过两种。一件熊皮的马鞯，他用了几十年都不换，时人把他比作晏婴。他的宅第矮小简陋，出镇地方后，他的子弟就大加修缮，还盖起了堂庑。长孙道生回来后，叹息说："昔日霍去病因匈奴未灭，就不去考虑家庭之事，今日强大的敌人尚且在漠北游荡，我怎能安坐这华美之堂呢?"于是他严厉责骂了子弟，并命令他们拆掉新修的宅第，其谦恭谨慎到了如此地步。世祖一代，长孙道生所到之处都有显著的政绩，每每提出重大的建议，大多切合时机。他担任将领有随机应变的谋略，善待将士。皇帝命歌工逐一赞颂群臣，歌工唱道："像崔浩一样智慧，像道生一般廉洁。"长孙道生年老时，很受妻子孟氏的迷惑，因此被人们嘲笑。他与他的伯父长孙嵩都位列三公，当时人们都以之为荣耀。

【评述】

北魏前期，社会经历了长期的战乱分崩，民生凋敝，社会生产刚刚恢复，因此官员的廉洁问题就显得尤为重要。以长孙道生的地位，如果他愿意，完全可以把自己的生活安排得更加舒适甚至奢侈，但是在百废待兴之际，物质匮乏，一个官员的奢华就是许多百姓的灾难。长孙道生没有把个人的享受当做人生的目标，而是放眼国家与民族的长远利益，以“匈奴未灭，无以家为”的壮心和无私，将人生的坐标放置于国家利益的高度上。在这样的胸怀下，个人的利益与个人欲望的满足都不值一提。长孙道生能够以身作则，严厉约束子弟的行为，将他们营建的房子拆掉，让他们以国家和民生为重，这一点也十分具有现实意义。

清代戴远山曾送给在外做官的友人一副对联，其中下联是“官到能贫乃是清”。做了高官，又做出很多功绩，这时候人很容易自得，容易生出享乐的思想。而长孙道生能够淡泊简朴，寡欲知足，做到“有官而一身清”，且不仅自清，又能约束家人，这尤为难能可贵。

（张文华注译　于春媚评述）

江秉之

【原文】

江秉之，字玄叔，济阳考城人也。祖逌，晋太常。父纂，给事中。

秉之少孤，弟妹七人，并皆幼稚，抚育姻娶，罄其心力。初为刘穆之丹阳前军府参军。高祖督徐州，转主簿，仍为世子中军参军。宋受禅[①]，随例为员外散骑侍郎，补太子詹事丞。少帝[②]即位，入为尚书都官郎[③]，出为永世、乌程令，以善政著名东土[④]。征建康令，为治严察，京邑肃然。殷景仁为领军，请为司马。复出为山阴令，民户三万，政事烦扰，讼诉殷积，阶庭常数百人，秉之御繁以简，常得无事。宋世唯顾觊之亦以省务著绩，其余虽复刑政修理，而未能简事。以在县有能，迁补新安太守。元嘉十二年，转在临海，并以简约见称。所得禄秩，悉散之亲故，妻子常饥寒。人有劝其营田者，秉之正色曰："食禄之家，岂可与农人竞利！"在郡作书案一枚，及去官，留以付库。十七年，卒，时年六十。

选自《宋书》卷九十二《江秉之传》

【注释】

①宋受禅：晋恭帝元熙二年（420），恭帝禅位于刘裕，改元永初，是为南朝宋的开始。

②少帝：南朝宋少帝刘义符（406—424），刘裕长子，423—424 年在位。

③都官郎：官名。魏晋南北朝皆置，为尚书省都官曹长官通称，亦称都官郎中，职掌刑狱，亦佐督军事。南北朝隶都官尚书。

④东土：东晋、南朝时特指苏南、浙江一带，与以洛阳为首都的西晋相对而言。

【译文】

江秉之，字玄叔，济阳考城人。祖父江逌，曾为晋朝太常。父亲江纂，做过给事中。

秉之少年丧父，弟弟妹妹共有七人，都很年幼，他辛勤抚养培育这些弟弟妹妹们，直至男婚女嫁，秉之都是倾尽其心力来操办，尽到了做兄长的责任。江秉之起初担任刘穆的丹阳前军府参军，高祖刘裕监管徐州时，转任他为主簿，接着担任世子中军参军。宋建立后，江秉之依照惯例担任员外散骑侍郎，并补任太子詹事丞。宋少帝即位，入朝担任尚书都官郎，后出任永世令、乌程令，他以善于处理政事而闻名东土。后又被征为建康令，任内治理政事严厉苛察，京城安定有序。殷景仁担任领军，请他担任司马一职。后秉之又出任山阴令，所辖民户有三万，政务杂乱纷扰，诉讼大量堆积，台阶前的庭院常有数百人，但秉之以简约应对繁务，常常能把事情处理妥当。有宋一朝，只有顾觊之也是以政务简省闻名，其余的人虽然刑法政务都治理得好，但都未能称得上是简省行事。但江秉之在任县令时表现出了简省的才干，不久被升职补任为新安太守。元嘉十二年（435），又调任临海郡，也是以简省被称赞。他所得的俸禄，都分散给亲戚和故人，妻子儿女经常饥寒交迫。有人劝他经营田产，秉之神情严肃地说："吃俸禄的家庭，怎么可以跟种地的农民争夺利益呢？"在郡守任内，江秉之做了一张书桌，等到离任时，留下交付给了府库。元嘉十七年（440）去世，时年六十岁。

【评述】

古代史书中能跻身于良吏传者，或廉洁奉公，或勤于公事，或体察民情，或精于断案，各有各的长处。南朝宋江秉之就是这样一位兼有所长的良吏。

江秉之一生中大部分时间都是在地方上做官，以擅长处理政事而闻名。宋少帝时，江秉之曾在京都所在地担任县令，京都是皇亲国戚和官宦子弟云集的地方，因此人们常说这里的县令难当。但是江秉之在任期间，执法严格，明察善辨，把京畿一带治理得井然有序，清平无事。后来，江秉之的官虽然做大了，但是在生活上依然勤俭节约，坚决不置田产，人们对他为官清廉的品德更加钦佩了。

作为良吏的一个基本条件就是廉洁，在一些人看起来是微不足道的小事上，江秉之总是处理得公私分明。他在担任郡守的时候，曾经做过一张书桌，等到他离任时，认为这是公家的东西，不应该占为己有，也留下来交给了府库。他平时把自己的俸禄拿出来周济别人，使得妻子、儿女饥寒交迫。

《论语》中有“为政以德”，《大学》里又说：“物格而后知至，知至而后意诚，意诚而后心正，心正而后身修，身修而后家齐，家齐而后国治，国治而后天下平。自天子以至于庶人，一是皆以修身为本。”也就是说，作为一名官员，首先必须要从道德上过关。在物质生活富裕的今天，地方官员更应该注重自身修养，廉洁自律。

（张文华注译　南江涛评述）

孙 谦

【原文】

孙谦，字长逊，东莞莒人也。少为亲人赵伯符所知。谦年十七，伯符为豫州刺史，引为左军行参军，以治干称。父忧去职，客居历阳，躬耕以养弟妹，乡里称其敦睦。宋江夏王义恭闻之，引为行参军，历仕大司马、太宰二府。出为句容令，清慎强记，县人号为神明。

泰始初，事建安王休仁①，休仁以为司徒参军，言之明帝，擢为明威将军，巴东、建平二郡太守。郡居三峡，恒以威力镇之。谦将述职，敕募千人自随。谦曰："蛮夷不宾，盖待之失节耳。何烦兵役，以为国费。"固辞不受。至郡，布恩惠之化，蛮獠怀之，竞饷金宝，谦慰喻而遣，一无所纳。及掠得生口，皆放还家。俸秩出吏民者，悉原除之。郡境翕然，威信大著。视事三年，征还为抚军中兵参军。

元徽初，迁梁州刺史，辞不赴职，迁越骑校尉、征北司马府主簿。建平王将称兵，患谦强直，托事遣使京师，然后作乱。及建平诛，迁左军将军。

齐初，为宁朔将军、钱唐令，治繁以简，狱无系囚。及去官，百姓以谦在职不受饷遗，追载缣帛以送之，谦却不受。每去官，辄无私宅，常借官空车厩居焉。永明初，为冠军长史、江夏太守，坐被代辄去郡，系尚方。顷之，免为中散大夫。明帝将废立，欲引谦为心膂，使兼卫尉，给甲仗百人，谦不愿处际会，辄散甲士，帝虽不罪，而弗复任焉。出为南中郎司马。东昏永元②元年，迁□□大夫。

天监六年，出为辅国将军、零陵太守，已衰老，犹强力为政，吏民安之。先是，郡多虎暴，谦至绝迹。及去官之夜，虎即害居民。谦为郡县，常勤劝课农桑，务尽地利，收入常多于邻境。九年，以年老，征为光禄大夫。既至，高祖嘉其清洁，甚礼异焉。每朝见，犹请剧职自效。高祖笑曰："朕使卿智，不使卿力。"十四年，诏曰："光禄大夫孙谦，清慎有闻，白首不怠，高年旧齿，宜加优秩。可给亲信二十人，并给扶。"

谦自少及老，历二县五郡，所在廉洁。居身俭素，床施蘧晼③屏风，冬则布被莞席，夏日无帱帐。年逾九十，强壮如五十者，每朝会，辄先众到公门。力于仁义，行己过人甚远。从兄灵庆常病寄于谦，谦出行还问起居。灵庆曰："向饮冷热不调，即时犹渴。"谦退遣其妻。有彭城刘融者，行乞疾笃无所归，友人舆送谦舍，谦开厅事以待之。及融死，以礼殡葬之。众咸服其行义。十五年，卒官，时年九十二。诏赙钱三万、布五十匹。高祖为举哀，甚悼惜之。

选自《梁书》卷五十三《孙谦传》

【注释】

①休仁：宋文帝第十二子，元嘉二十九年（452）封建安王。

②东昏永元：南朝齐废帝萧宝卷，荒淫无道，为梁武帝所杀，追贬为东昏侯，永元即为其年号（499—501）。

③蘧畹（qú chú）：用苇或竹编成的粗席。

【译文】

孙谦，字长逊，山东莒县人。少年时就被亲戚赵伯符赏识。孙谦十七岁时，赵伯符任豫州刺史，引荐他为左军行参军，他以处理事务干练著称。因父亲去世守丧离职，客居历阳，以种地来养活弟妹，乡里父老都称赞他敦厚和气。宋江夏王刘义恭听说他的事迹后，任用他为行参军，以后又历任大司马、太宰二府中的僚佐。他出任句容令，清廉谨慎，博闻强记，县里百姓都称他神明。

宋明帝泰始初年（465），他侍奉建安王刘休仁，刘休仁任用他为司徒参军，并向宋明帝推荐，明帝提升他为明威将军、巴东与建平二郡太守。这二郡在长江三峡一带，地方官一直以武力来镇压。孙谦将要上任，明帝命令他招募一千兵马随他赴任。孙谦说："蛮夷不顺化，是因为对待他们有失礼节，何必劳烦兵力，耗费国家资财。"他坚辞不受。到任后，他广施德政，推行教化，当地少数民族群众十分感动，争相献上金银珠宝，孙谦对之劝解抚慰，让他们回去安居乐业，没接受任何东西。原先掠夺来的人口，孙谦也都将他们释放回家。官俸中出于官吏百姓的部分，他都免除不收。在他治理下，郡中安定，他的威信也大增。他在任三年，被召回任抚军将军中兵参军。

元徽初年，孙谦升任梁州刺史，但他推辞不肯赴职，于是又升任越骑校尉、征北司马府主簿。建平王将要举兵反叛，担心孙谦刚强正直，出来谏止，就找了个借口把孙谦派往京城，然后发动叛乱。建平王被诛之后，孙谦升任左军将军。

齐高帝建元初，孙谦担任宁朔将军、钱唐令，他以简便的方法处理繁杂的事务，狱中没有等待判决的囚犯。他离职时，百姓因为他在职时不收受礼物，就用车装着缣帛等财物追着去送给他，但他仍没有接受。他每次离职都因为没有私宅，而暂借官府空着的车棚居住。永明初年，孙谦任冠军长史、江夏太守，他因未被替代就擅自离开江夏郡而获罪，被关押在尚方狱中。不久，孙谦被免罪，任中散大夫。明帝将行废立之事，想让孙谦做自己的心腹，就命孙谦兼任卫尉，配给他一百名披甲执仗的卫士，孙谦不愿意置身权力斗争的漩涡中，就遣散了卫士，明帝虽没有怪罪他，但从此不再对他委以重任。后孙谦出京任南中郎司马。东昏侯永元元年（499），孙谦升任□□大夫。

梁武帝天监六年（507），孙谦出任辅国将军、零陵太守，虽已年老体衰，但他还是勉力处理政务，官吏百姓都能安居乐业。

以前，零陵地区多有虎患，孙谦到后老虎就绝迹了。等到孙谦离开此地，老虎又出来祸害当地百姓。孙谦担任郡县长官时，勤于劝说百姓耕作养蚕，力求使地尽其利，这样收入常比邻境多。天监九年，因其年老，皇帝征召他为光禄大夫。入朝后，梁武帝赞赏他的清白廉洁，对他的礼遇不同寻常。每当朝见，孙谦还请求接受艰巨繁难的职务来为国效力，梁武帝笑着说："朕使用你的智慧；不使用你的气力。"天监十四年，梁武帝下诏说："光禄大夫孙谦，清廉谨慎，名声卓著，始终不怠，今年高体衰，应加以优待。可给予亲信二十人，并允许入朝时由专人搀扶。"

孙谦自少至老，历任二县、五郡的长官，任职期间都能廉洁奉公。他生活俭朴，床边使用苇、竹等编的粗席作屏风，冬天则使用布被与莞席，夏天没有蚊帐。他年过九十，但身体强壮得就像五十多岁的人，每次朝会，他都比大家先到公门。他努力行仁义之举，所作所为超过一般人很多。孙谦的表兄灵庆常常生病，寄居在孙谦家里。孙谦出门回来问他起居状况，灵庆回答说："饮水一直冷热不合适，喝完当时就又觉得口渴。"孙谦回到家就把妻子休了。彭城有个叫刘融的人，以乞讨为生，病重无处可去，他的朋友用车把他送到孙谦家里，孙谦打开厅堂接待他。等到刘融死了，孙谦又按照礼仪为他办了葬礼。众人都敬服孙谦的仁义之举。天监十五年（516），他死在任上，时年九十二岁。梁武帝下诏赐钱三万、布五十匹资助他的丧事，并亲自为孙谦哀悼，十分悲痛惋惜。

【评述】

孙谦是南朝大名鼎鼎的人物，也是我国历史上以清廉著称的名宦。后人评价为“孙谦仕三朝，清誉美名传”。他分别在齐高帝、齐武帝和梁武帝统治时期任高官，在南朝那样一个朝代更迭频繁的年代却依然能保持清誉，实属难得。孙谦身处乱世，却一直坚守着自己为人处世的原则。比如，他坚持以德化治理辖区，反对以武力镇压辖区内少数民族，他的教育感化起到了很好的效果，不费一兵一卒而民众归顺，境内安宁。他坚持清廉简朴的生活，从不收受百姓的馈赠，个人生活朴素到了简陋的地步，并且一直到去世这种状况始终没有改变。所以上至皇帝，下至百姓，都对孙谦的清俭赞赏有加。历朝历代都有很多安贫乐道的人，而人们对孙谦的敬佩更主要的在于他能够身处高位却依然安于贫困，他有无数发财致富的机会，但他却坚决地拒绝了。“出淤泥而不染，濯清涟而不妖”，孙谦的坚守充分地体现了他人格的高洁。

（南江涛注译　张珊珊评述）

庾 荜

【原文】

庾荜，字休野，新野人也。父深之，宋应州刺史。

荜年十岁，遭父忧，居丧毁瘠，为州党所称。弱冠，为州迎主簿，举秀才，累迁安西主簿、尚书殿中郎、骠骑功曹史。博涉群书，有口辩。齐永明中，与魏和亲，以荜兼散骑常侍报使，还拜散骑侍郎，知东宫管记事。

鬰林王①即位，废，掌中书诏诰，出为荆州别驾。仍迁西中郎谘议参军，复为州别驾。前后纲纪，皆致富饶。荜再为之，清身率下，杜绝请托，布被蔬食，妻子不免饥寒。明帝②闻而嘉焉，手敕褒美，州里荣之。

迁司徒谘议参军、通直散骑常侍。高祖③平京邑，霸府建，引为骠骑功曹参军，迁尚书左丞。出为辅国长史、会稽郡丞、行郡府事。时承凋敝之后，百姓凶荒，所在谷贵，米至数千，民多流散，荜抚循甚有治理。唯守公禄，清节逾厉，至有经日不举火。太守、襄阳王闻而馈之，荜谢不受。天监元年，卒，停尸无以殓，柩不能归。高祖闻之，诏赐绢百匹、米五十斛。

初，荜为西楚望族，早历显官。乡人乐蔼有干用，素与荜不平，互相陵竞。蔼事齐豫章王嶷，嶷薨，蔼仕不得志，自步兵校尉求助戍归荆州，时荜为州别驾，益忽蔼。及高祖践阼，蔼以西朝④勋为御史中丞，荜始得会稽行事，既耻之矣；会职事微有谴，高祖以蔼其乡人也，使宣旨诲之，荜大愤，故发病卒。

选自《梁书》卷五十三《庾荜传》

【注释】

①鬱林王：南朝齐废帝萧昭业（473—494），齐文惠太子长子。

②明帝：南朝齐明帝萧鸾（452—498），494—498 年在位。

③高祖：南朝梁武帝萧衍（464—549），502—549 年在位。

④西朝：东晋、南朝建都建康，故又称建都洛阳的西晋为西朝。

【译文】

庾荜，字休野，新野人。他的父亲庾深之，担任过南朝宋的应州刺史。庾荜十岁那年父亲去世，他因守丧期间过度悲伤而极度瘦弱，被乡里人所称赞。二十岁时，被州里征为主簿，推举为秀才，逐渐升为安西将军主簿、尚书殿中郎、骠骑将军功曹史。

他广泛地阅读群书，很有口才。南朝齐永明年间，朝廷与北魏和亲，任庾荜兼任散骑常侍报使，回来后授任他为散骑侍郎，主持东宫管记的事务。

鬰林王即位，旋即被废，庾荜执掌中书省的诏令文书，之后出任荆州别驾。接着调任为西中郎谘议参军，又任荆州别驾。他前后治理地方纲纪清正，百姓富裕。庾荜再次施政，清廉公正，以身作则，为下属表率，他杜绝私事相托，布衣粗食，妻子儿女都免不了忍受饥寒。明帝听说后特别嘉赏他，亲手写诏书褒奖他，庾荜乡里人都以此为荣。

后来他又升任司徒谘议参军、通直散骑常侍。高祖平定京邑，建立霸府，招引庾荜担任骠骑将军功曹参军，又升任为尚书左丞。后出任辅国长史、会稽郡丞，代理郡府的事务。时当战乱破败之后，百姓遭遇灾荒，所在地粮价很贵，米价达到数千，人民多流亡逃散。庾荜安抚百姓很有成绩，他只守着公家的俸禄，高尚的节操愈加严格，以至于有时几日都不生火做饭。太守、襄阳王听说了，要给他馈赠，庾荜都辞谢不接受。天监元年(502)，庾荜去世，尸体停放着，没钱入殓，灵柩不能归土。高祖听说了，就下诏赐给一百匹绢、五十斛米。

起初，庾荜为西楚有名望的大族，早年就已历任显要的官职。同乡乐蔼有才干，一向与庾荜不和，两人互不相让。乐蔼本来侍奉齐豫章王萧嶷，萧嶷死后，乐蔼仕途不得志，从步兵校尉之位请求返还戍守荆州，当时庾荜为荆州别驾，更加轻视乐蔼。等到高祖登基，乐蔼以西朝旧世家勋名任御史中丞，庾荜才任会稽行事，他以此为耻辱。恰逢庾荜职事有一点过错，高祖因乐蔼是其同乡，就让乐蔼去宣布旨令教谕庾荜，庾荜因此十分愤懑，最后发病去世。

（张文华注译）

范述曾

【原文】

范述曾，字子玄，吴郡钱唐人也。幼好学，从余杭吕道惠受《五经》，略通章句。道惠学徒常有百数，独称述曾曰："此子必为王者师。"齐文惠太子[①]、竟陵文宣王[②]幼时，高帝[③]引述曾为之师友。起家为宋晋熙王[④]国侍郎。齐初，至南郡王[⑤]国郎中令，迁尚书主客郎[⑥]、太子步兵校尉，带开阳令。述曾为人謇谔，在宫多所谏争，太子虽不能全用，然亦弗之罪也。竟陵王深相器重，号为"周舍"。时太子左卫率沈约亦以述曾方汲黯。以父母年老，乞还就养，乃拜中散大夫。

明帝即位，除游击将军，出为永嘉太守。为政清平，不尚威猛，民俗便之。所部横阳县，山谷险峻，为逋逃所聚，前后二千石讨捕莫能息。述曾下车，开示恩信，凡诸凶党，襁负而出，编户属籍者二百余家。自是商贾流通，居民安业。在郡励志清白，不受馈遗，明帝闻甚嘉之，下诏褒美焉。征为游击将军。郡送故旧钱二十余万，述曾一无所受。始之郡，不将家属；及还，吏无荷担者。民无老少，皆出拜辞，号哭闻于数十里。

东昏时，拜中散大夫，还乡里。高祖践阼，乃轻舟出诣阙，仍辞还东。高祖诏曰："中散大夫范述曾，昔在齐世，忠直奉主，往莅永嘉，治身廉约，宜加礼秩，以厉清操。可太中大夫，赐绢二十匹。"

述曾生平得俸禄，皆以分施。及老，遂壁立无所资。以天监八年卒，时年七十九。注《易文言》，著杂诗赋数十篇。

选自《梁书》卷五十三《范述曾传》

【注释】

①齐文惠太子：萧长懋（458—493），南朝齐武帝长子，武帝即位后，立为皇太子。永明十一年（493）病死，谥文惠太子。

②竟陵文宣王：萧子良（460—494），南朝齐武帝第二子。武帝即位，封竟陵王，宋末历任宁朔将军、会稽太守。礼才下士，广交宾客。卒谥文宣。

③高帝：南朝齐高帝萧道成（427—482），南朝齐开国皇帝，479—482 年在位。

④晋熙王：刘燮，字仲绥，本为宋明帝第六子，出继晋熙王刘昶。历为郢州、扬州刺史，司徒。齐国建立，解司徒，降封阴安县侯，以谋反被杀。

⑤南郡王：萧子夏，字云广，齐武帝第二十三子，封南郡王，以年最幼而受武帝宠爱。永泰元年（498）为齐明帝所杀。

⑥尚书主客郎：官名。尚书省主客曹长官通称。三国魏置南主客郎，西晋有南、北、左、右主客郎，东晋省并，唯置一主客郎，亦称主客郎中。

【译文】

范述曾，字子玄，吴郡钱唐人。他自幼好学，师从余杭人吕道惠学习《五经》，大致通晓了章句。吕道惠的学生常有上百人，但他唯独称赞范述曾说："这孩子一定会成为王者之师。"齐文惠太子、竟陵文宣王年幼时，高帝曾召范述曾作为他们的师友来伴读，范述曾起初是担任宋晋熙王国侍郎。齐朝初年，官至南郡王国郎中令，后升任尚书主客郎、太子步兵校尉，兼任开阳县令。范述曾为人正直敢言，在宫廷中常有谏诤，太子虽然不能完全采用他的进言，但也没有怪罪他。竟陵王很器重他，称他为春秋时的"周舍"。当时的太子左卫率沈约也把范述曾比作汉代的汲黯。后来因为父母年老，范述曾请求让他回家奉养父母，于是任他为闲职中散大夫。

明帝即位后，范述曾任游击将军，又出任永嘉太守。他处理政事清廉公正，不崇尚威严凶猛，而且注意顺应当地的民俗。永嘉辖区内的横阳县，山谷险峻，是逃犯们聚集的地方，前面几任太守讨伐追捕都没能平息。范述曾到任后，以恩德信义示人，那些乱民就背着孩子出山，编入户籍的有二百多家。此后商贾流通，百姓安居乐业。范述曾在永嘉任内决意保持清白，从不接受馈赠，明帝听说后很赞赏他，下诏予以褒奖赞美。后征召他为游击将军。永嘉故旧送他钱财二十多万，范述曾一钱也没有接受。他当初来到永嘉郡时，没有携带家属；等离任走时，差役也没有行李可挑。百姓不分老少，都出城拜别他，哭喊声几十里外都能听到。

东昏侯即位后，任范述曾为中散大夫，他就回到了乡里。高祖即位，他乘轻舟奔赴京都，但后来仍然辞官东还。高祖下诏说："中散大夫范述曾，昔日在齐朝时，侍奉君主忠诚正直；在永嘉为官，操守清廉节俭，应该增加他的礼仪级别和爵禄等级，以勉励其清正高尚的节操。可拜为太中大夫，赐绢二十匹。"

范述曾生平所得的俸禄，都用来分发施舍了，等到他年老后，家徒四壁没有什么积蓄。天监八年（509）范述曾去世，时年七十九岁。他曾给《易文言》作注，还著有杂诗赋几十篇。

【评述】

从范述曾的言行来看，他有两个品质最为突出，一为正直，一为清廉。当时的人有的把他比作晋朝的周舍，有的把他比作汉代名臣汲黯，这两个人都是以正直廉洁而名留史册的，可见范述曾之为人。尤其是范述曾的清廉，给人的印象尤为深刻。

金代诗人元好问曾有诗言："能吏寻常见，公廉第一难。"范述曾正是这样难得的既为能吏又为廉吏的优秀官员。古代对廉吏的描写，多体现在三个方面：一是做一个地方的官员，离任后，没有什么行李辎重，说明他在地方上不贪财货，一无所取。有个名词叫"送迎钱"，它指古代地方衙门为送、迎官员准备的专用款项。这主要用于"送"，所以又称"送故"。这种做法起始较早，到晋代已制度化了，一直到南朝还沿用。但有些官员坚持廉洁，临别时对郡府给的送故钱分文不取。正所谓捧着一颗心来，不带半根草去。二是官员离任的时候，能够得到当地百姓恋恋不舍的送别，说明他在地方上具有很好的政绩，老百姓能够安居乐业，因此不愿意他离职，这样的官员于地方的钱财一无所取，带走的只有百姓的感念。三是在官员去世的时候，家中没有什么积蓄，正可谓清白一生。

范述曾的事迹在这三点上都有体现。他从永嘉离任后，差役们都没有行李可挑，百姓们依依不舍，哭声传到几十里外。他生平为官所得俸禄全都施舍给贫困之人，以致年老时家徒四壁。范述曾堪称廉洁的典范。

（张文华注译　于春媚评述）

赵 黑

【原文】

赵黑，字文静，初名海，本凉州隶户。自云其先河内温人也，五世祖术，晋末为平远将军、西夷校尉，因居酒泉安弥县。

海生而凉州平，没入为阉人，因改名为黑。有容貌，恭谨小心。世祖使进御膳，出入承奉，初无过行。迁侍御，典监藏，拜安远将军，赐爵睢阳侯。转选部尚书，能自谨厉，当官任举，颇得其人。加侍中，晋爵河内公。

显祖将传位京兆王子推[①]，访诸群臣，百官唯唯，莫敢先言者，唯源贺等词义正直，不肯奉诏。显祖怒，变色，复以问黑。黑曰："臣愚无识，信情率意。伏惟陛下春秋始富，如日方中，天下说其盛明，万物怀其光景，元元之心，愿终万岁。若圣性渊远，欲颐神味道者，臣黑以死奉戴皇太子，不知其他。"显祖默然良久，遂传祚于高祖。

黑得幸两宫，禄赐优厚。是时尚书李䜣[②]亦有宠于显祖，与黑对绾选部。䜣奏中书侍郎崔鉴为东徐州，北部主书郎公孙处显为荆州，选部监公孙蘧为幽州，皆曰有能也，实有私焉。黑疾其亏乱选体，遂争于殿庭曰："以功授官，因爵与禄，国之常典。中书侍郎、尚书主书郎、诸曹监，勋能俱立，不过列郡，今䜣皆用为方州，臣实为惑。"显祖疑之，曰："公孙蘧且止。"蘧最为䜣厚，于是黑与䜣遂为深隙。䜣竟列黑为监藏时多所截没。先是，法禁宽缓，百司所典，与官并食，故多所损折。遂黜为门士。黑自以为䜣所陷，叹恨终日，废寝忘食，规报前怨。逾年，还入为侍御、散骑常侍、侍中、尚书左仆射，复兼选部如昔。黑告䜣专恣，䜣遂出为徐州。及其将获罪也，黑构成以诛之。然后食甘寝安，志在于职事。

出为假节、镇南大将军、仪同三司、定州刺史，晋爵为王。克己清俭，忧济公私。时有人欲行私赂，黑曰："高官禄厚，足以自给，卖公营私，本非情愿。"终无所纳。高祖、文明太后幸中山，闻之，赐帛五百匹、谷一千五百石。转冀州刺史。太和六年秋薨于官。诏赐绢四百五十匹、谷一千斛、牛车二十乘，致柩至都。追赠司空公，谥曰康。黑养族弟赵奴第四子炽为后。

选自《魏书》卷九十四《赵黑传》

【注释】

①子推：即拓跋子推（？—477），太武帝拓跋焘孙，景穆帝拓跋晃子。性格沉稳文雅，以察狱著称。

②李䜣（？—477）：北魏大臣。字元盛，范阳人。历仕太武帝、文成帝、献文帝、孝文帝四朝，政绩显著，然为人贪婪，嫉贤妒能，最终被诛。

【译文】

赵黑，字文静，原名赵海，本来是凉州官府没入为奴的隶户。他自称祖上是河内温县人，其五世祖赵术，在晋朝末年曾担任平远将军、西夷校尉，于是居住在酒泉安弥县。

赵海出生时，凉州已被北魏平定，他被掳入宫中成为宦官，于是改名为赵黑。赵黑长相很好，处世恭谨小心。太武帝拓跋焘让他为自己进呈御膳，并奉命照管皇帝进出事项，最初也没有什么过失。后来，赵黑升任侍御，主管内监藏品，拜任安远将军，赐爵位为睢阳侯。转任选部尚书，能够谨慎严厉地约束自己，选举任用的官吏都很恰当。他被加封侍中，晋爵为河内公。

献文帝拓跋弘想将帝位传给京兆王拓跋子推，询问群臣的意见，大臣们唯唯诺诺，没有人敢先发表意见，只有源贺等人据理直言，不愿遵奉献文帝的诏令。献文帝很生气，脸色都变了，又问赵黑。赵黑说："我愚昧无知，就坦白地说出心中所想。陛下正值年富力强、如日中天之时，天下为您的圣明而喜悦，万物景仰您的光辉，老百姓心中只希望您能万寿无疆。如果陛下您想过悠闲的生活，想要颐养天年感悟神道的话，我赵黑定会誓死拥戴皇太子，其他的就不知道了。"显祖沉默了很久，于是传位给孝文帝元宏。

赵黑受到献文帝、孝文帝的宠爱，得到了优厚的赏赐。当时，尚书李䜣也受到献文帝的宠爱，与赵黑一起主管选部。李䜣上奏，请升中书侍郎崔鉴为东徐州刺史，北部主书郎公孙处显为荆州刺史，选部监公孙蘧为幽州刺史，说他们都很有才能，而实际上是因为与他们有私交。赵黑痛恨他们扰乱了选举官吏的制度，于是在朝堂上辩驳道："按照功劳授予官职，依照爵位赐予俸禄，这是国家的规定。中书侍郎、尚书主书郎、诸曹监等人，即使功劳和才能都具备，也不过做郡邑长官，如今李䜣将他们都任用为各州长官，臣实感疑惑。"于是，献文帝起了疑心，下诏说："公孙蘧暂且不要上任。"公孙蘧和李䜣的交情最为深厚，因此赵黑和李䜣有了很深的嫌隙。李䜣竟然举报赵黑掌管内监藏品时，截留吞没了很多物品。早先法令宽松，百官掌管的东西，都与大家一起享用，所以损耗很多。于是，赵黑被罢黜为守门的卫士。赵黑自认为是被李䜣陷害了，于是成天感叹怨恨，寝食难安，想着怎么报复李䜣。一年以后，赵黑再次入朝担任侍御、散骑常侍、侍中、尚书左仆射，又和以前一样在选部任职。赵黑告发李䜣专横放纵，李䜣于是被贬黜为徐州刺史。当他将要获罪时，赵黑捏造罪名杀了他。然后，赵黑这才吃得香、睡得安，专心于本职工作。

赵黑出外担任假节、镇南大将军、仪同三司、定州刺史，进封爵位为王。他约束自己、清廉节俭，为公事十分操劳。当时有人想要私下贿赂他，赵黑说："我已有高官厚禄，足够自给，要出卖公义来谋取自己的私利，这可不是我愿意的。"最终没有收受任何东西。孝文帝和文明太后驾临中山，听说了这件事，赏赐赵黑五百匹缣帛、一千五百石谷子。转任冀州刺史。太和六年（482）秋天，赵黑死于任上。朝廷下诏赏赐给他四百五十匹绢、一千斛谷、二十乘牛车，将他的灵柩运到京城。追赠他为司空公，谥“康”。赵黑领养族弟赵奴的四子赵炽作为其后代。

（唐亚丽注译）

何　远

【原文】

何远，字义方，东海郯人也。父慧炬，齐尚书郎。

远释褐江夏王国侍郎，转奉朝请。永元中，江夏王宝玄于京口为护军将军崔慧景所奉，入围宫城，远豫其事。事败，乃亡抵长沙宣武王，王深保匿焉。远求得桂阳王融保藏之，既而发觉，收捕者至，远逾垣以免；融及远家人皆见执，融遂遇祸，远家属系尚方[①]。远亡渡江，使其故人高江产共聚众，欲迎高祖义师，东昏党闻之，使捕远等，众复溃散。远因降魏，入寿阳，见刺史王肃，欲同义举，肃不能用，乃求迎高祖，肃许之。遣兵援送，得达高祖。高祖见远，谓张弘策[②]曰："何远，美丈夫，而能破家报旧德，未易及也。"板辅国将军，随军东下，既破朱雀军，以为建康令。高祖践阼，为步兵校尉，以奉迎勋封广兴男，邑三百户。迁建武将军、后军鄱阳王恢录事参军[③]。远与恢素善，在府尽其志力，知无不为，恢亦推心仗之，恩寄甚密。

顷之，迁武昌太守。远本倜傥，尚轻侠，至是乃折节为吏，杜绝交游，馈遗秋毫无所受。武昌俗皆汲江水，盛夏远患水温，每以钱买民井寒水；不取钱者，则摙[④]水还之。其他事率多如此。迹虽似伪，而能委曲用意焉。车服尤弊素，器物无铜漆。江左多水族，甚贱，远每食不过干鱼数片而已。然性刚严，吏民多以细事受鞭罚者，遂为人所讼，征下廷尉，被劾数十条。当时士大夫坐法，皆不受立[⑤]，远度己无赃，就立三七日不款，犹以私藏禁仗除名。

后起为镇南将军、武康令。愈厉廉节，除淫祀，正身率职，民甚称之。太守王彬巡属县，诸县盛供帐以待焉，至武康，远独设粮[⑥]水而已。彬去，远送至境，进斗酒只鹅为别。彬戏曰："卿礼有过陆纳，将不为古人所笑乎?"高祖闻其能，擢为宣城太守。自县为近畿大郡，近代未之有也。郡经寇抄，远尽心绥理，复著名迹。期年，迁树功将军、始兴内史。时泉陵侯渊朗为桂州，缘道剽掠，入始兴界，草木无所犯。

远在官，好开途巷，修葺墙屋，民居市里，城隍厩库，所过若营家焉。田秩俸钱，并无所取，岁暮，择民尤穷者，充其租调，以此为常。然其听讼犹人，不能过绝，而性果断，民不敢非，畏而惜之。所至皆生为立祠，表言治状，高祖每优诏答焉。天监十六年，诏曰："何远前在武康，已著廉平；复莅二邦，弥尽清白。政先治道，惠留民爱，虽古之良二千石，无以过也。宜升内荣，以显外绩。可给事黄门侍郎。”远即还，仍为仁威长史。顷之，出为信武将军，监吴郡。在吴颇有酒失，迁东阳太守。远处职，疾强富如仇雠，视贫细如子弟，特为豪右所畏惮。在东阳岁余，复为受罚者所谤，坐免归。

远耿介无私曲，居人间，绝请谒，不造诣。与贵贱书疏，抗礼如一。其所会遇，未尝以颜色下人，以此多为俗士所恶。其清公实为天下第一。居数郡，见可欲终不变其心，妻子饥寒，如下贫者。及去东阳归家，经年岁口不言荣辱，士类益以此多之。其轻财好义，周人之急，言不虚妄，盖天性也。每戏语人云：“卿能得我一妄语，则谢卿以一缣。”众共伺之，不能记也。

后复起为征西谘议参军、中抚司马。普通二年，卒，时年五十二。高祖厚赠赐之。

选自《梁书》卷五十三《何远传》

【注释】

①尚方：古代负责制造帝王所用器物的官署。尚方多以役徒服劳作，故可称系罪囚之所。

②张弘策（？—502）：字真简，南朝范阳方城（今河北固安南）人。梁武帝萧衍的从舅，为武帝谋划，助其登上帝位。后齐东昏侯余党入宫作乱，被杀害。谥号为闵侯。

③录事参军：官名。西晋始置，为录事曹长官，掌管总录众

曹文簿，举弹善恶，位在列曹参军上。

④摙（liǎn）：担运；提。

⑤立：即立测，古代逼取犯人口供的一种刑讯方法。用鞭打等方法仍不招供的，强令其带刑具站在高一尺仅能容犯人两足的土垛上，以逼取口供。

⑥糗（qiǔ）：干粮，炒熟的米或面等。

【译文】

何远，字义方，东海郡郯县人。父亲何慧炬，曾任南朝齐的尚书郎。

何远初入仕任江夏王国的侍郎，后又转任奉朝请。永元年间，江夏王萧宝玄在京口被护军将军崔慧景所拥戴，入京围困宫城，何远参与了此事。事情败露后，何远逃亡到长沙投奔宣武王萧朗，宣武王就把他藏匿起来加以保护。何远又求得桂阳王萧融的保护而藏匿，但不久就被发现。抓捕他的人到来时，他跳墙逃跑，得以幸免。但萧融和何远的家人都被抓了，萧融随后遇难，何远的家人被押到尚方拘禁。何远逃亡中渡过长江，让他的旧友高江产聚集众人，打算迎接高祖的义师。东昏侯的党羽听到消息，派人抓捕何远等人，所聚众人也四处溃逃了。何远于是投降北魏，他进入寿阳，拜见刺史王肃，想和他一同举事，但王肃没有采纳他的建议。于是他请求奉迎高祖，王肃应允了他，并派军队护送他到高祖那里。高祖见到何远，对张弘策说："何远是个大丈夫，能不惜家破以报答旧恩，这不是轻易能做到的。"随即下诏任命他为辅国将军，随军东下，打败朱雀军后，任他为建康令。高祖即位后，任命他为步兵校尉，因有奉迎之功封他为广兴男爵，封邑三百户。后升任建武将军、后军将军鄱阳王萧恢的录事参军。何远与萧恢关系一直很好，所以他在萧恢府中尽心竭力，只要他认为该做的事就没有不做的，萧恢也推心置腹地倚仗他，对他十分信赖。

不久，何远升任武昌太守。何远本来风流倜傥，崇尚轻生重义的任侠之气，到这时才改变原来的志趣开始为官，从此杜绝交游，他人的馈赠秋毫不受。武昌的风俗是饮用长江水。盛夏时节，何远嫌江水热，常用钱买百姓井中的凉水。如果有人不收钱，他就会把水提回去还给人家。其他事情也多是如此。这种做法虽然看起来好像有点做作，但却能委婉地表现出他的处事原则。他的车辆与服饰特别简陋朴素，所用器物没有铜器或漆器。江南盛产水产品，价格十分便宜，可何远每顿饭也不过是吃几片干鱼而已。但是他的性情刚正严厉，官吏及百姓多因小事受到鞭罚，于是何远被人控告，被召回到廷尉那里受审，他被弹劾有几十条罪状。当时士大夫犯法，都不会受立刑。何远认为自己无罪，受立刑二十一天也不认罪，但最终还是以私藏禁仗之罪被除名。

后来，何远又被起用为镇南将军、武康令。他更加坚守清廉的节操，废除各种不合礼制的祭祀，以身作则，恪尽职守，百姓十分赞赏。太守王彬巡察属县，各县都准备盛宴款待。但到武康县时，何远却只为王彬准备下干粮和饮水而已。王彬离去时，何远送他到县境，进献了一斗酒、一只鹅作为临别赠礼。王彬开玩笑说："你送这样的礼物超过了东晋的陆纳，不会被古人讥笑吧？"梁武帝听说何远的才干，就提升他为宣城太守。从县令一跃成为京畿大郡的长官，是当时从未有过的事。宣城郡曾遭贼寇劫掠，何远上任后尽心安抚治理，又使他声名大振。一年后，他升任树功将军、始兴郡内史。当时泉陵侯萧渊朗出任桂州刺史，上任时沿途劫掠，但进入始兴境内，一草一木都不曾侵犯。

何远做官时，喜欢开修道路，修整院墙房屋，无论是百姓住宅、街市里巷，还是城墙、护城河、马厩、仓库等，都一一整修，就像经营自己的家产一样。他的田禄俸钱，全都不用，到年底时，选出最穷困的百姓，用这笔钱充当他们的税款，这都是常事。然而他断案也跟一般人一样，没有过人之处。但他性情果断，百姓不敢非议，只是心中畏惧却又敬爱他。何远所到之处，百姓都为他建立生祠，并上表奏报他的政绩，梁武帝为此经常下诏褒奖他。天监十六年（517），皇帝下诏说："何远先前在武康，已因清廉公平而闻名，又治理二郡，更表现出他的清白。为政先整修道路，惠政赢得百姓爱戴，即使是古代的贤良太守，也没有超过他的。应擢升他任朝内的荣耀职务，以表彰他在外的政绩。可任他为给事黄门侍郎。"何远随即还都，担任仁威将军长史。不久，他出任信武将军，督管吴郡。在吴郡他因饮酒有失，被调任东阳太守。何远为政时，对豪强富户视若仇敌，将平民百姓看做子弟，因此被那些豪门大族畏惧忌惮。他在东阳任职一年多，又被他处罚过的人诽谤，论罪免职归家。

何远为人耿直倔强，不徇私情，虽然生活在俗世间，但杜绝邀请拜谒，也不去拜访别人。给人写信，无论贵贱，礼节一律平等。与人会见时，从不低声下气作谦恭状，因此常遭到俗士的忌恨。他的清廉公正实在是天下第一。他先后出任几个郡的太守，即使见到自己想要的东西，也始终不改变自己坚守廉洁的心意。他家无余财，妻子儿女饥寒交迫，看起来就像赤贫的人。等他离开东阳回家后，多年不谈自己仕途的荣辱，士大夫们因此更赞赏他。他轻财好义，急人所急，从无虚妄之语，这大概都是他的天性。他常开玩笑地对人说："你能抓到我一句假话，我就用一匹缣布来酬谢你。"大家就等着抓住他说假话的机会，却未能找到。

后来，他又被起用为征西将军谘议参军、中抚将军司马。普通二年（521），何远去世，时年五十二岁。高祖给了他丰厚的赏赐。

【评述】

何远本来风流倜傥，轻生重义，为官之后也能廉洁正直、轻财好义，成为深受民众爱戴、流芳千载的一代清官。其清廉颇为史家称许："其清公实为天下第一。"他任武昌太守时，酷夏想喝深井里的凉水，要找老百姓买，如果不要钱就不接受。这在时人看来有点做作，但却正是他坚持原则的表现。古话说得好，"勿以善小而不为，勿以恶小而为之"，做什么事情，从小事着眼大事才能做好。官员走向贪腐之路，往往就是从小事开始的。做小事不坚持原则，逐渐地做大事也就放松警惕了。

上司来视察，备下盛宴加以款待，古今皆同。当然，目的各不相同：投机钻营者，欲献媚于上，以求提携高升；或已有劣迹，害怕东窗事发，需要上司包容；或恐招待不周而致上司吹毛求疵；或乘机差派，向属下索银，借此中饱私囊。若寻其根源，皆从既得利益前程出发，哪里还想到款待盛宴皆为民脂民膏?!如果追查其账目，凡属此类官员，皆无一钱出自私蓄。而何远则不然，反其道而行之，仅用自己的干粮、白开水招待上司，从自己不多的日常生活开支中挤出一斗酒、一只鹅馈赠给上司作为临别款待和“盛宴”。其清正廉洁、凛然正气，令上司叹服，更应成为今天官员的榜样！

何远清廉公正，经受住了时间的考验和物质的诱惑。他先后出任数郡太守，所面临的诱惑可谓多矣，但他始终不改变自己的廉洁之心。清正廉洁、为民谋福利的官员总会受到百姓的爱戴。何远历任各地，百姓都为他建立生祠，还上表褒扬他。可见何远清廉“天下第一”的名号并非溢美之词。

（张文华注译　南江涛评述）

裴　佗

【原文】

裴佗，字元化，河东闻喜人。其先因晋乱避地凉州。苻坚平河西，东归桑梓，因居解县焉。父景，惠州别驾。

佗容貌魁伟，隤然有器望。少治《春秋杜氏》、《毛诗》、《周易》，并举其宗致。举秀才，以高第除中书博士，转司徒参军、司空记室、扬州任城王澄开府仓曹参军。入为尚书仓部郎中，行河东郡事。所在有称绩。还，拜尚书考功郎中、河东邑中正。世宗①亲临朝堂，拜员外散骑常侍，中正如故。转司州治中，以风闻为御史所弹，寻会赦免。转征虏将军、中散大夫。为赵郡太守，为治有方，威惠甚著，猾吏奸民莫不改肃。所得俸禄，分恤贫穷。转前将军、东荆州刺史，郡民恋仰，倾境饯送，至今追思之。寻加平南将军。蛮酋田盘石、田敬宗等部落万余家，恃众阻险，不宾王命，前后牧守虽屡征讨，未能降款。佗至州，单使宣慰，示以祸福。敬宗等闻佗宿德，相率归附。于是阖境清晏，寇盗寝息，边民怀之，襁负而至者千余家。寻加抚军将军，又迁中军将军。在州数载，以疾乞还。永安②二年卒。遗令不听请赠，不受赙襚。诸子皆遵行之。

佗性刚直，不好俗人交游，其投分者必当时名胜。清白任真，不事家产，宅不过三十步，又无田园。暑不张盖，寒不衣裘，其贞俭若此。六子。

让之，字士礼。武定③末，中书侍郎。

让之弟诹之，字士正，早有才学。司徒记室参军。天平④末，入于关西。

选自《魏书》卷八十八《裴佗传》

【注释】

①世宗：即北魏宣武帝元恪（500—515 在位），也称拓跋恪，鲜卑族，庙号世宗。孝文帝次子。

②永安：北魏孝庄帝元子攸年号（528—530）。

③武定：东魏孝静帝元善见年号（543—550）。

④天平：东魏孝静帝元善见年号（534—537）。

【译文】

裴佗，字元化，河东闻喜人。他的祖先曾因避晋乱而至凉州。前秦苻坚平定河西以后，裴家也举家东迁，回到了故乡，就此定居解县。父亲裴景，曾任惠州别驾。

裴佗魁梧高大，性格柔顺随和，有才能和声望。他年轻的时候研习过《春秋杜氏》、《毛诗》、《周易》等经典，并且能阐释其中的要旨大义。裴佗考中秀才，以较高名次被任命为中书博士，转任司徒参军、司空记室、扬州任城王元澄开府仓曹参军。后来入朝担任尚书仓部郎中，掌管河东郡事宜。所到之处，政绩卓然。回到京城后，担任尚书考功郎中、河东邑中正。北魏宣武帝亲自任命裴佗为员外散骑常侍，仍保留中正一职。裴佗转任司州治中时，因为传闻被御史弹劾，恰逢大赦而被赦免。转任征虏将军、中散大夫。担任赵郡太守时，治郡有方，恩威并施，郡中狡猾的小吏、奸诈的百姓也无不改正。裴佗常把俸禄分给穷苦百姓。转任前将军、东荆州刺史时，郡中百姓对他十分留恋景仰，倾城出动去给他饯行，至今还在追念他。不久，裴佗被加封为平南将军。蛮人首领田盘石、田敬宗等率领的部落有一万多家，他们凭借人多地险，不服从朝廷的命令，虽然东荆州前后几任长官屡次派兵征讨，但都没能将他们降服。裴佗到任后，派了一名使者去宣扬政令，安抚百姓，给他们讲解与朝廷对抗的祸福利害关系。田敬宗等人听说了裴佗过去的品德政绩后，相继归附了朝廷。此后，整个东荆州清平安宁，盗贼平息，边地人民归顺他，举家搬迁到这里的就有一千多家。不久，裴佗被加封为抚军将军，又升任中军将军。他在东荆州任职数年后，因为生病而请求辞职还乡。于孝庄帝永安二年（529）去世。他临终留下遗言不允许家人向朝廷请求赏赐，不接受他人为丧事送来的财物。他的儿子们都照办了。

裴佗性格刚强正直，不喜欢与鄙俗之人交往，与他投缘的必定是当时德才兼备的名士。他为官清廉直率，从不置办家产，家中的住宅不过三十步大小，又没有田地庄园。夏天不打伞遮阳，冬天不穿皮衣御寒，裴佗的节俭到了这种地步。他有六个儿子。

裴让之，字士礼。东魏武定末年时，担任中书侍郎。

裴让之的弟弟裴诹之，字士正，年轻时便才学出众，担任司徒记室参军。东魏天平末年，进入关西。

【评述】

儒家向来重视“修身齐家治国平天下”，熟读经典的裴佗也深谙修身之理。做好官之前首先得做好人，而他正是用物质生活的清苦来鞭策自己，并与品格高尚的名士相往来，将自己的精神境界保持在一个较高的水准上，才不致迷失于复杂的官场之中。裴佗之德，来自于他性格中的清廉刚正。他官至尚书，却家宅窄小，又不肯置办田地、庄园；夏天无伞遮阳，冬天无皮裘御寒，就连古人异常重视的丧葬之事，也不准家人接受朝廷和他人的馈赠来大操大办。佛家有名为“苦行”的修行方法，裴佗的生活虽然不能和“苦行”划等号，但就其意义来说，却都是为了实现自己的精神理想而克制欲望。孟子曰“养心莫善于寡欲”，以寡欲来存心养性，培养自己的浩然之气，不与俗人贪官为伍，守住自己的道德理想，是裴佗无论为人还是为官都在始终坚持的理念。

（唐亚丽注译、评述）

江　革

【原文】

江革，字休映，济阳考城人也。祖齐之，宋尚书金部郎。父柔之，齐尚书仓部郎[①]，有孝行，以母忧毁卒。

革幼而聪敏，早有才思，六岁便解属文。柔之深加赏器，曰："此儿必兴吾门。"九岁丁父艰，与弟观同生孤贫，傍无师友，兄弟自相训勖，读书精力不倦。十六丧母，以孝闻。服阕，与观俱诣太学，补国子生，举高第。齐中书郎王融、吏部谢捽雅相钦重。朓尝宿卫，还过候革，时大雪，见革弊絮单席，而耽学不倦，嗟叹久之，乃脱所着襦，并手割半毡与革充卧具而去。司徒竟陵王闻其名，引为西邸学士。弱冠举南徐州秀才。时豫章胡谐之行州事，王融与谐之书，令荐革。谐之方贡琅邪王泛，便以革代之。

解褐奉朝请。仆射江祏深相引接，祏为太子詹事，启革为府丞。祏时权倾朝右，以革才堪经国，令参掌机务，诏诰文檄，皆委以具。革防杜形迹，外人不知。祏诛，宾客皆罹其罪，革独以智免。

除尚书驾部郎。中兴元年，高祖入石头，时吴兴太守袁昂据郡距义师，乃使革制书与昂，于坐立成，辞义典雅，高祖深赏叹之，因令与徐勉同掌书记。建安王为雍州刺史，表求管记，以革为征北记室参军，带中庐令。与弟观少长共居，不忍离别，苦求同行，乃以观为征北行参军，兼记室。时吴兴沈约、乐安任昉并相赏重，昉与革书云："此段雍府妙选英才，文房之职，总卿昆季，可谓驭二龙于长途，骋骐骥于千里。"途次江夏，观遇疾卒。革时在雍，为府王所礼，款若布衣。王被征为丹阳尹，以革为记室，领五官掾，除通直散骑常侍，建康正②。频迁秣陵、建康令，为治明肃，豪强惮之。入为中书舍人，尚书左丞，司农卿，复出为云麾晋安王长史、浔阳太守、行江州府事。徙仁威庐陵王长史、太守，行事如故，以清严为百城所惮。时少王行事多倾意于签帅，革以正直自居，不与签帅等同坐。俄迁左光禄大夫、南平王长史、御史中丞，弹奏豪权，一无所避。

除少府卿，出为贞威将军、北中郎南康王长史、广陵太守，改授镇北豫章王长史，将军、太守如故。时魏徐州刺史元法僧降附，革被敕随府王镇彭城。城既失守，革素不便马，乃泛舟而还，途经下邳，遂为魏人所执。魏徐州刺史元延明闻革才名，厚加接待，革称患脚不拜，延明将加害焉，见革辞色严正，更相敬重。时祖暅同被拘执，延明使晅作《欹器》、《漏刻铭》，革骂晅曰："卿荷国厚恩，已无报答，今乃为虏立铭，孤负朝廷。"延明闻之，乃令革作丈八寺碑并祭彭祖文，革辞以囚执既久，无复心思。延明逼之逾苦，将加棰扑。革厉色而言曰："江革行年六十，不能杀身报主，今日得死为幸，誓不为人执笔。"延明知不可屈，乃止。日给脱粟三升，仅余性命。值魏主请中山王元略反北，乃放革及祖晅还朝。诏曰："前贞威将军、镇北长史、广陵太守江革，才思通赡，出内有闻，在朝正色，临危不挠，首佐台铉，实允佥谐。可太尉临川王长史。"

时高祖盛于佛教，朝贤多启求受戒，革精信因果，而高祖未知，谓革不奉佛教，乃赐革《觉意诗》五百字，云："惟当勤精进，自强行胜修；岂可作底突，如彼必死囚。以此告江革，并及诸贵游。"又手敕云："世间果报，不可不信，岂得底突如对元延明邪?"革因启乞受菩萨戒。

重除少府卿、长史、校尉。时武陵王在东州，颇自骄纵，上召革面敕曰："武陵王年少，臧盾性弱，不能匡正，欲以卿代为行事。非卿不可，不得有辞。"乃除折冲将军、东中郎武陵王长史、会稽郡丞、行府州事。革门生故吏，家多在东州，闻革应至，并赍持缘道迎候。革曰："我通不受饷，不容独当故人筐篚。"至镇，惟资公俸，食不兼味。郡境殷广，辞讼日数百，革分判辨析，曾无疑滞。功必赏，过必罚，民安吏畏，百城震恐。琅邪王謇为山阴令，赃货狼藉，望风自解。府王惮之，遂雅相钦重。每至侍宴，言论必以《诗》《书》，王因此耽学好文。典签沈炽文以王所制诗呈高祖，高祖谓仆射徐勉曰："江革果能称职。"乃除都官尚书。将还，民皆恋惜之，赠遗无所受。送故依旧订舫，革并不纳，惟乘台所给一舸。舸艚偏欹，不得安卧。或谓革曰："船既不平，济江甚险，当移徙重物，以迮轻艚。"革既无物，乃于西陵岸取石十余片以实之。其清贫如此。

寻监吴郡。于时境内荒俭，劫盗公行，革至郡，惟有公给仗身二十人，百姓皆惧不能静寇；反省游军尉，民下逾恐。革乃广施恩抚，明行制令，盗贼静息，民吏安之。

武陵王出镇江州，乃曰："我得江革，文华清丽，岂能一日忘之，当与其同饱。"乃表革同行。又除明威将军、南中郎长史、浔阳太守。征入为度支尚书。好奖进闾阎，为后生延誉，由是衣冠士子翕然归之。时尚书令何敬容掌选，序用多非其人。革性强直，每至朝宴，恒有褒贬，以此为权势所疾，乃谢病还家。

除光禄大夫、领步兵校尉、南北兖二州大中正，优游闲放，以文酒自娱。大同元年二月，卒，谥曰强子。有集二十卷，行于世。革历官八府长史，四王行事，三为二千石，傍无姬侍，家徒壁立，世以此高之。

选自《梁书》卷三十六《江革传》

【注释】

①仓部郎：官名。曹魏设仓部郎，历代多沿袭，为掌管粮食入藏发放的官员。

②建康正：官名。亦称建康狱正。南朝梁、陈所置，属建康令。职掌与廷尉正略同，为高级审判官。

【译文】

江革字休映，济阳考城县人，祖父江齐之，曾于南朝宋时任尚书仓部郎一职。父亲江柔之，于南朝齐时任尚书仓部郎一职。江柔之侍奉父母非常孝顺，后来因为母亲去世过于悲痛而死。

江革小时候就聪慧敏捷，很早就显示出过人的才华和天赋，六岁时便会写文章，江柔之极为看重他，曾说："这个孩子将来必定光宗耀祖。"江革九岁时父亲去世，他和弟弟江观一起生活在孤苦无依的贫困境遇中，虽然没有老师朋友做伴，但是兄弟两人互相勉励督促，认真读书学而不倦。十六岁时母亲去世，江革因为孝顺而出名。母亲服丧期满以后，江革与弟弟江观一起去太学求学，被补为国子生，考试成绩非常优秀。南朝齐中书郎王融、吏部谢捽非常敬重他们兄弟两人。谢捽曾在宫禁中值宿，担任警卫，回家时顺路拜访江革，当时下着大雪，谢朓看见江革盖着破棉被，铺着单薄的席子，但是沉醉于学习中不知疲倦，感叹了很久，于是谢朓就脱下自己所穿的棉衣，并亲手割下半片毡给江革作为卧具才离开。司徒竟陵王听说江革的声名，就引荐他为西邸学士。江革二十岁就被举荐为南徐州秀才。当时豫章人胡谐之主持州里的事务，王融给胡谐之写信，让他举荐江革。胡谐之正准备推荐琅邪人王泛，收到信后便以江革代之。

江革入朝做奉朝请。仆射江岍极力引荐他。江岍时为太子詹事，推荐江革做了府丞。江岍当时权倾朝野，因江革的才能足以治理国家，就让他参与机要政事，诏令檄文之类的事务全部委托给他。江革低调不露痕迹，所以其他人并不知情。后来江岍被诛杀，其门下宾客都被牵连，江革独以才智而幸免。

江革被任用为尚书驾部郎。中兴元年（501），高祖占领石头城，吴兴太守袁昂据城抵抗，高祖命江革给袁昂写信，江革席间一气呵成写就，文辞典雅，高祖非常赞赏，因此让他与徐勉同任书记之职。建安王任雍州刺史，上奏请求朝廷派遣管记官员，高祖就以江革为征北记室参军，兼任中庐令。江革与弟弟一直生活在一起，不忍离别，竭力请求带弟弟同行。高祖于是任命江观为征北行参军，兼记室一职。当时吴兴人沈约、乐安人任昉都很敬重江革，任昉给他写信道："这次雍府选拔人才，文房职事，有你们兄弟俩掌管，真可谓是驭二龙于长途，驾骐骥于千里。"途经江夏，江观因病去世。江革在雍州时，府王以礼相待，他们的关系如平民交往一般融洽。建安王后来被任命为丹阳尹，于是就任用江革为记室，兼任五官掾，并授通直散骑常侍，建康狱正。其后经过频繁升迁，江革就任秣陵、建康令。江革为政清明严正，地方豪强都很忌惮他。后来江革又入朝任为中书舍人，尚书左丞，司农卿，之后又出任云麾晋安王长史、浔阳太守、行江州府事。其后又调任威庐陵王长史、太守，行事作风一如从前，从政清明严正，官民敬畏。当时少王处理事务大多听从签帅意见，江革以正直自居，不和签帅等人坐一起。不久之后他又被调任左光禄大夫、南平王长史、御史中丞，他弹劾豪强，没有任何回避。

江革又任少府卿，出任贞威将军、北中郎南康王长史、广陵太守，又改派为镇北豫章王长史，将军、太守等职保留。当时北魏徐州刺史元法僧投降归附，江革受命随府王镇守彭城。彭城失守后，由于江革素来不骑马，因此乘舟而返，路过下邳时，被北魏人抓走。北魏徐州刺史元延明听说江革的名气，所以接待江革非常隆重。江革以自己脚病为由不接受，元延明便想加害于他。但看见江革辞色严正，更加敬重他。当时祖暅也被拘执，元延明让祖暅写了《欹器》、《漏刻铭》，江革骂祖暅道："你身受国恩，还没有报答，现在为胡虏作铭，有负朝廷。"元延明听说这件事后，就命令江革写丈八寺碑及祭彭祖文，江革以被囚禁了很久，没有心思为由拒绝了。元延明愈加逼迫他，甚至将要对他施棰扑之刑。江革厉色说道："江革已经六十多岁了，不能以身报效国君，今日只有一死，绝对不会为别人写文章。"元延明知道他不会屈服，就不再逼他，并每天给他粗粮三升，仅能维持生命。时值北魏国君欲让中山王元略返回北地，于是就放江革和祖暅回朝。皇帝下旨道："前任贞威将军、镇北长史、广陵太守江革，才思广博，远近闻名，在朝时端正自持，临危不惧，完全能够胜任辅佐宰相的职务，可以担任太尉临川王长史。"

当时高祖崇信佛教，朝廷贤人多启求受戒。江革精通因果之学，但是高祖并不知晓，以为他并不信奉佛教，于是就赐给江革《觉意诗》五百字，其中写道："应当勤奋精进，自强行胜修，岂能唐突行事，如果那样必将成为死因。将这个告诉江革，以及诸位显贵。"高祖又亲笔书写诏令说："世界上的因果报应，不能不信，岂能再像对元延明那样莽撞行事呢？"江革于是请求受菩萨戒。

后来江革再次担任少府卿、长史、校尉。当时武陵王在东州，非常骄纵，武帝召见江革当面说道："武陵王年纪轻，臧盾个性软弱，不能匡正王爷，所以我想让你代替臧盾职事。这件事情非你不可，你不能推辞。"于是任命江革为折冲将军、东中郎武陵王长史、会稽郡丞、代行府州政事。江革的门生以及旧吏，大多居住在东州，听说江革将要来了，就都捧持着礼物在道路上迎接。江革说道："我一概不接受馈赠，我绝不能成为故人们的礼品竹筐。"到达东州后，他只以政府俸禄为生，吃饭从来不用两道菜。东州辖区广阔，每天都有几百案件，江革分类辨析审判案件，没有积案。有功必赏，有过必罚，人民安居，官吏敬畏，周边城市深为震惊畏惧。琅邪人王骞担任山阴令，贪污受贿，众人皆知，在江革影响下也主动请求解职。武陵王既畏惧他，也非常尊敬他。江革每次侍宴，言谈必引《诗经》、《尚书》，武陵王因此也潜心学文。典签沈炽文将武陵王写的诗呈送给高祖看，高祖对仆射徐勉说："江革果然称职。"于是高祖任命江革为都官尚书。江革将要离去，当地百姓都恋恋不舍，给他很多馈赠，但江革没有接受。旧例，送故吏要订做新船，江革不听，只乘坐了官府的一只小船。这艘船很偏斜，不能安卧。有人对江革说："船不平稳，过江就非常危险，应该重东西压住这艘轻船。"江革没有什么随身财物，就从西陵岸边拿了十几片石头放在船上。他清贫到了这种程度。

不久江革又管理吴郡。这时吴郡境内因灾歉收，盗贼横行，江革到任时，身边只有官署派的随身卫士二十人，百姓都担心他不能清除寇贼。江革反而又裁撤了游军尉，民众更加恐慌。江革于是广施恩抚，宣传制度律令，盗贼逐渐消失，官民安居。

武陵王出镇江州，说道："我有江革，文采华美，没有一日忘了他，应当与他相伴。"于是上奏表请求让江革同行。皇帝就又任命江革为明威将军、南中郎长史、浔阳太守。后来又征召他入朝任度支尚书。江革喜好勉励提携平民，为后生晚辈播扬声誉，因此士子都愿意欣然相从。当时尚书令何敬容掌管选官，选拔录用的人大多不称职，江革性情刚直，每次朝宴，常常提出批评，因此被权势之家所嫉恨，于是他称病还家。

后来江革又被授任光禄大夫，领步兵校尉、南兖、北兖二州大中正，闲适逍遥，以赋文饮酒自乐。大同元年（546）二月，江革去世，谥号"强子"。有文集二十卷流传于世。江革历仕八府长史，四王行事，曾三次担任俸禄二千石的高官，但他身边没有侍妾，家徒四壁，世人以此崇敬他。

【评述】

江革是南朝名臣，幼年聪颖，勤而好学。为官后能清廉自律，虽然几次身居高位，但身旁从来缺少侍妾，家徒四壁，没有余财。上任为官一直是两袖清风而来，又两袖清风而去，所到之处的百姓都非常信赖他，调任之时都对他依依不舍，不愿他离开。他为官数十载，不但对自己要求严格，还时时能够用自己的言行影响他人。正因为此，江革被梁武帝委以重任，担任折冲将军、东中郎武陵王长史、会稽郡丞、行府州事，代替个性软弱的臧盾，尽匡正武陵王萧纪的职责。他时刻保持着自己的美好品质，并能影响感染到身边的人，包括武陵王。

从江革为官的事迹中，我们深深体会到，对自己品格的严格要求不但是提升自身的唯一途径，更能带给身边的人以潜移默化的影响。官员自身的廉洁自律是必要的，但若再能以自己的人格魅力影响别人，进而带动周边风气的改变，那更是应该大力提倡。廉政模范的作用在任何时候都应受到充分的重视。

（于春媚注译　马琳评述）

吕僧珍

【原文】

吕僧珍，字元瑜，东平范人也。世居广陵。起自寒贱。始童儿时，从师学，有相工历观诸生，指僧珍谓博士曰："此有奇声，封侯相也。"年二十余，依宋丹阳尹刘秉，秉诛后，事太祖文皇为门下书佐。身长七尺五寸，容貌甚伟。在同类中少所亵狎，曹辈皆敬之。

太祖为豫州刺史，以为典签，带蒙令，居官称职。太祖迁领军，补主簿。妖贼唐瑀寇东阳，太祖率众东讨，使僧珍知行军众局事。僧珍宅在建阳门东，自受命当行，每日由建阳门道，不过私室，太祖益以此知之。为丹阳尹，复命为郡督邮。齐随王子隆出为荆州刺史，齐武以僧珍为子隆防阁①，从之镇。永明九年，雍州刺史王奂②反，敕遣僧珍隶平北将军曹虎西为典签，带新城令。魏军寇沔北，司空陈显达出讨，一见异之，因屏人呼上座，谓曰："卿有贵相，后当不见减，努力为之。"

建武二年，魏大举南侵，五道并进。高祖率师援义阳，僧珍从在军中。长沙宣武王时为梁州刺史。魏围守连月，间谍所在不通，义阳与雍州路断。高祖欲遣使至襄阳，求梁州问，众皆惮，莫敢行，僧珍固请充使，即日单舸上道。既至襄阳，督遣援军，且获宣武王书而反，高祖甚嘉之。事宁，补羽林监。

东昏即位，司空徐孝嗣管朝政，欲与共事，僧珍揣不久安，竟弗往。时高祖已临雍州，僧珍固求西归，得补邔令。既至，高祖命为中兵参军，委以心膂。僧珍阴养死士，归之者甚众。高祖颇招武猛，士庶响从，会者万余人，因命按行城西空地，将起数千间屋，以为止舍，多伐材竹，沈于檀溪，积茅盖若山阜，皆不之用。僧珍独悟其旨，亦私具橹数百张。义兵起，高祖夜召僧珍及张弘策定议，明旦乃会众发兵，悉取檀溪材竹，装为艛舰，葺之以茅，并立办。众军将发，诸将果争橹，僧珍乃出先所具者，每船付二张，争者乃息。

高祖以僧珍为辅国将军、步兵校尉，出入卧内，宣通意旨。师及郢城，僧珍率所领顿偃月垒，俄又进据骑城。郢州平，高祖进僧珍为前锋大将军。大军次江宁，高祖令僧珍与王茂率精兵先登赤鼻逻。其日，东昏将李居士与众来战，僧珍等要击，大破之。乃与茂进军于白板桥筑垒，垒立，茂移顿越城，僧珍独守白板。李居士密觇知众少，率锐卒万人，直来薄城。僧珍谓将士曰：“今力既不敌，不可与战；亦勿遥射，须至堑里，当并力破之。”俄而皆越堑拔栅，僧珍分人上城，矢石俱发，自率马步三百人出其后，守隅者复逾城而下，内外齐击，居士应时奔散，获其器甲不可胜计。僧珍又进据越城。东昏大将王珍国列车为营，背淮而阵。王茂等众军击之，僧珍纵火车焚其营。即日瓦解。

建康城平，高祖命僧珍率所领先入清宫，与张弘策封检府库，即日以本官带南彭城太守，迁给事黄门侍郎，领虎贲中郎将。高祖受禅，以为冠军将军、前军司马，封平固县侯，邑一千二百户。寻迁给事中、右卫将军。顷之，转左卫将军，加散骑常侍，入直秘书省，总知宿卫。天监四年冬，大举北伐，自是军机多事，僧珍昼直中书省，夜还秘书。五年夏，又命僧珍率羽林劲勇出梁城。其年冬旋军，以本官领太子中庶子。

僧珍去家久，表求拜墓。高祖欲荣之，使为本州，乃授使持节、平北将军、南兖州刺史。僧珍在任，平心率下，不私亲戚。从父兄子先以贩葱为业，僧珍既至，乃弃业欲求州官。僧珍曰：“吾荷国重恩，无以报效，汝等自有常分，岂可妄求叨越，但当速反葱肆耳。”僧珍旧宅在市北，前有督邮廨，乡人咸劝徙廨以益其宅。僧珍怒曰：“督邮，官廨也，置立以来，便在此地，岂可徙之益吾私宅！”姊适于氏，住在市西，小屋临路，与列肆杂处，僧珍常导从卤簿到其宅，不以为耻。在州百日，征为领军将军，寻加散骑常侍，给鼓吹一部，直秘书省如先。

僧珍有大勋，任总心膂，恩遇隆密，莫与为比。性甚恭慎，当直禁中，盛暑不敢解衣。每侍御座，屏气鞠躬，果食未尝举箸。尝因醉后，取一柑食之。高祖笑谓曰："便是大有所进。"禄俸之外，又月给钱十万；其余赐赉不绝于时。

十年，疾病，车驾临幸，中使医药，日有数四。僧珍语亲旧曰："吾昔在蒙县，热病发黄，当时必谓不济，主上见语，'卿有富贵相，必当不死，寻应自差'，俄而果愈。今已富贵而复发黄，所苦与昔正同，必不复起矣。"竟如其言。卒于领军府舍，时年五十八。高祖即日临殡，诏曰："思旧笃终，前王令典；追荣加等，列代通规。散骑常侍、领军将军、平固县开国侯僧珍，器思淹通，识宇详济，竭忠尽礼，知无不为。与朕契阔，情兼《屯》《泰》[③]。大业初构，茂勋克举。及居禁卫，朝夕尽诚。方参任台槐[④]，式隆朝寄；奄致丧逝，伤恸于怀。宜加优典，以隆宠命。可赠骠骑将军、开府仪同三司，常侍、鼓吹、侯如故。给东园秘器，朝服一具，衣一袭，丧事所须，随由备办。谥曰忠敬侯。"高祖痛惜之，言为流涕。长子峻早卒，峻子淡嗣。

选自《梁书》卷十一《吕僧珍传》

【注释】

①防阁：官名。南朝宋时，为诸王置，选勇略之士充任，以防卫斋阁，亦称防阁将军，齐、梁皆沿置。北魏时亦为诸王置，皆为诸王亲信。北齐时皇子及诸王国置，员四人，皇子防阁为九品上。

②王奂（435—493）：琅邪临沂（今属山东）人。齐武帝时，历尚书右仆射、左仆射。出为雍州刺史，在州杀宁蛮长史刘兴祖，武帝遣军收捕，遂与子彪起兵反，兵败被杀。

③屯泰：《易》《屯》卦和《泰》卦的并称。意谓险夷，安危。

④台槐：即三公。古以三台星象征三公，周在外朝种槐树，以定三公之位，后因以“台槐”称宰辅之位。

【译文】

吕僧珍，字元瑜，东平范县人，世代在广陵居住。吕僧珍出身贫贱。从儿童时起，就跟从老师学习，有相士逐个观察众学生，指着吕僧珍对博士说：“这孩子声音与众不同，有封侯之相。”二十多岁时，吕僧珍依附南朝宋丹阳尹刘秉，刘秉被杀后，他侍奉太祖文皇，任其门下省书佐。他身高七尺五寸，外貌十分魁伟。在同伴中他很少举止轻慢，同辈的人都很敬重他。

太祖任豫州刺史时，让他担任典签，兼任蒙县令，他在任上很称职。太祖升任领军，补任他为主簿。唐瑀进犯东阳，太祖率军向东讨伐，让吕僧珍主管行军众局的事务。吕僧珍的住宅在建阳门东，自从领命上任，他每天从建阳门路过，却从不进自己的家门，太祖因此越发信任他。后任丹阳尹，又被任命为郡督邮。齐随王萧子隆出任荆州刺史，齐武帝让吕僧珍担任萧子隆的防阁，跟随他镇守荆州。永明九年（491），雍州刺史王奂造反，皇帝下令派遣吕僧珍跟从平北将军曹虎西为典签，兼任新城县令。魏军进犯沔北，司空陈显达出兵征讨，一见他就认为他与众不同，于是屏退他人招呼他上座，对他说："你有富贵之相，日后运势也不会减少，你好好努力吧。"

建武二年（495），北魏大举南侵，五路并进。高祖率领军队支援义阳，吕僧珍跟随在军中。长沙宣武王当时任梁州刺史。魏军围困持续数月，间谍无法沟通消息，义阳与雍州之间的通路断绝。高祖想要派遣使者到襄阳，打探梁州的消息，众人都很害怕，没人敢去，吕僧珍坚决请求让自己充当使者，当天就乘着孤舟上路了。到襄阳后，他督促派遣援军，得到宣武王的书信就返回了，高祖对他十分赞赏。事情平息后，补任羽林监。

东昏侯萧宝卷即位，司空徐孝嗣掌管朝政，想要与吕僧珍一起共事，吕僧珍揣测其地位不稳，最终没有前往。当时高祖已到雍州，吕僧珍坚决请求西归，得以补任邔县县令。到邔县后，高祖任命他为中兵参军，委以重任。吕僧珍暗地里蓄养不怕死的勇士，归附他的人很多。高祖大量招纳勇猛之人，士人和百姓都响应跟从，聚集了一万多人。于是高祖命人巡视城西空地，准备建几千间房屋，作为驻扎休息的地方，大量砍伐木材、竹子，沉在檀溪里，积蓄的茅草堆积得像小山一样，但都没有使用。只有吕僧珍领悟到他的意思，就私自准备了数百张橹。义军一起，高祖连夜召集吕僧珍和张弘策商议决策，第二天一早就要聚集众人发兵，把檀溪里的木竹全都取出来，打造成有楼的战船，上面用茅草覆盖。这些事都要马上办。等到众军将要出发时，将领们果然都争夺橹，吕僧珍于是拿出他先前准备好的橹，每艘船配发两只，争抢才平息下来。

高祖让吕僧珍担任辅国将军、步兵校尉，出入他的卧室，宣达意旨。军队到达郢城，吕僧珍率领其所统领的军队驻扎在偃月垒，很快又进入并占据骑城，郢州平定后，高祖进封吕僧珍为前锋大将军。大军驻扎在江宁，高祖命令吕僧珍与王茂率领精兵率先登赤鼻逻。那天，东昏侯的将领李居士率众来战，吕僧珍等中途拦截并袭击了他们，大获全胜。于是吕僧珍与王茂进军白板桥，修筑堡垒，堡垒筑成，王茂转移驻扎在越城，吕僧珍独守白板。李居士暗中窥探得知他兵少，于是率领精锐士兵一万人，径直杀来逼近城下。吕僧珍对将士们说："今天既然兵力不敌，就不能与他们交战；也不要远射，一定要等他们进入壕沟里，再一起合力打败他们。"很快，敌人越过壕沟拔开栅栏，吕僧珍分派人手登上城墙，箭石齐发。他亲自率领马步军三百人出现在他们后面，守着城角的士兵又越过城墙下来，内外夹击，李居士的军队当时就溃散了。吕僧珍收缴了他们的兵器铠甲不计其数。吕僧珍又进占越城。东昏侯的大将王珍国摆列战车驻扎为营，背向淮水排兵布阵。王茂等众军正面进攻，吕僧珍则放出燃烧的车辆烧掉了他的营地，他的军队当天就瓦解了。

建康城平定，高祖命令吕僧珍率其统领的军队先行进入清理宫室，与张弘策封锁检查府库，当日就以本官兼任南彭城太守，升任给事黄门侍郎，兼任虎贲中郎将。高祖登基后，让吕僧珍担任冠军将军、前军司马，封平固县侯，食邑一千二百户。不久升任给事中、右卫将军。没多久，转任左卫将军，加散骑常侍，进入秘书省值班供职，总管宿卫。天监四年（505）冬，朝廷大举北伐，从此战事增多，吕僧珍白天在中书省值班，晚上回到秘书省。天监五年夏，皇帝又命吕僧珍率领羽林军勇士出战梁城。当年冬天凯旋回师，吕僧珍以本官兼任太子中庶子。

吕僧珍离开家已经很久了，他上表请求回家拜祭祖坟。高祖想要让他荣归故里，就让他担任本州的长官，授予他使持节、平北将军、南兖州刺史的职位。吕僧珍在任上，能够公平对待下属，对亲戚从不徇私。他堂兄的儿子吕先以贩葱为业，吕僧珍到任后，他就放弃原来的行业想求一个州官做。吕僧珍说："我承受国家的重恩，无以报效，你们各自有自己的本分，怎可擅存非分之想，你应该赶快回到你的葱铺去。"吕僧珍的旧宅在市场北面，前面有督邮的官署，乡里人都劝他把督邮官署迁走以扩大自己的住宅。吕僧珍生气地说："督邮衙署，是官署，自从设置建立以来，就在此地，怎么能迁走它来扩大我的私宅呢?"他的姐姐嫁给于氏，住在市场西面，小屋临近道路，与各店铺杂处，吕僧珍常引导着随从仪仗到他姐姐家，从不认为这是耻辱。他在州百日，被征召为领军将军，很快又任散骑常侍，赐给他一部鼓吹乐队，跟先前一样在秘书省值班供职。

吕僧珍立有大功，担任着重要职务，皇帝对其恩遇厚重，关系亲密，无人能比。他性格十分恭敬谨慎，在宫内值班，盛夏也不敢解衣。每当在御座前侍奉，他都屏气弯腰，对瓜果食物从未动过筷子。曾经有一次因为喝醉了，他拿了一个柑橘来吃。高祖笑着说："这真是大有长进。"除俸禄之外，皇帝又每个月给他十万钱，其他的赏赐不曾断绝。

天监十年（511），吕僧珍病重，皇帝亲自探视，宫中派人来送药，每天都有四次。吕僧珍对自己的亲朋旧友们说：“我当年在蒙县，得了热病脸色发黄，当时大家就说一定不行了，主上看到说，‘你有富贵相，一定不会死的，很快就会自己好起来的’，果然很快就痊愈了。现在我已经富贵而又得病，现在所经历的痛苦跟过去相同，这次一定不会再好起来了。”竟然真跟他说的一样。吕僧珍在领军府舍去世，时年五十八岁。高祖当天亲临殡殓，下诏说：“怀念故人为他送丧，这是先王的典章制度；为死者追加恩荣等级，这是历代通用的规矩。散骑常侍、领军将军、平固县开国侯吕僧珍，器量弘广思想通达，识见广博，器宇宏大，竭尽忠诚恪守礼仪，该做的一定尽心竭力地去做。与我誓同生死，历经安危。大业初立，丰功伟业等待建立。等到居于禁卫之职，朝夕尽忠职守。刚刚担任宰辅之位，将要实现朝野的寄望。但他却忽然之间去世，令我内心十分悲痛。应当对他加以优待恩典，以彰显加恩特赐的任命。追赠他为骠骑将军、开府仪同三司，常侍、鼓吹、侯依旧。赐给他东园所制的棺材，一具朝服，一身衣服，丧事所必需的东西，随时备办。谥号忠敬侯。”高祖很痛惜他的死亡，说起他来就掉泪。吕僧珍的长子吕峻早逝，吕峻的儿子吕淡继承其位。

【评述】

吕僧珍的廉洁奉公主要表现为不徇私情和不损公肥私。他出身贫苦，曾随梁武帝萧衍征战，任前锋大将军，屡立奇功。皇帝对他极其信任。但他却从未居功自傲，以权谋私。相反，却始终保持谦虚谨慎的态度，坚持将个人利益与国家利益分割开来。朝廷派他到故乡兖州担任刺史。他知道自己重任在肩，首先从严格要求亲朋做起，凡事秉公执法，拒绝了堂兄之子的非分要求。对当地百姓，无论亲疏，他都平等看待，该赏则赏，该罚则罚，处处公道而无偏私，把兖州治理得井井有条。一人得道，鸡犬升天，原本是封建社会通常的惯例，但在吕僧珍这里却是行不通的。

家乡人看他官至大将军，却住室狭窄，便劝他拆迁督邮的官署扩建住宅。但吕僧珍却拒绝这种损公肥私的行为，不为所动。南康郡守季雅被罢官后，买下了吕僧珍院旁的一所住宅。吕僧珍问及住宅的价格，季雅回答说："一千一百万钱。"吕僧珍听说价格如此昂贵，感到非常惊讶。季雅从容不迫地解释说："一百万买的是宅院，一千万买的是邻居。"季雅不惜高价，买宅为虚，买邻为实。俗话说，"近朱者赤，近墨者黑"，古有"孟母三迁"，此有"千金买邻"，真可传为千古佳话。

（张文华注译　南江涛评述）

到溉

【原文】

到溉，字茂灌，彭城武原人。曾祖彦之，宋骠骑将军。祖仲度，骠骑江夏王从事中郎。父坦，齐中书郎。

溉少孤贫，与弟洽俱聪敏有才学，早为任昉[①]所知，由是声名益广。起家王国左常侍，转后军法曹行参军，历殿中郎。出为建安内史，迁中书郎，兼吏部、太子中庶子。湘东王绎为会稽太守，以溉为轻车长史、行府郡事。高祖敕王曰："到溉非直为汝行事，足为汝师，间有进止，每须询访。"遭母忧，居丧尽礼，朝廷嘉之。服阕，犹蔬食布衣者累载。除通直散骑常侍、御史中丞、太府卿、都官尚书、郢州长史、江夏太守，加招远将军，入为左民尚书。

溉身长八尺，美风仪，善容止，所莅以清白自修。性又率俭，不好声色，虚室单床，傍无姬侍。自外车服，不事鲜华，冠履十年一易，朝服或至穿补，传呼清路，示有朝章而已。

顷之，坐事左迁金紫光禄大夫，俄授散骑常侍、侍中、国子祭酒。

溉素谨厚，特被高祖赏接，每与对棋，从夕达旦。溉第山池有奇石，高祖戏与赌之，并《礼记》一部，溉并输焉，未进，高祖谓朱异曰："卿谓到溉所输可以送未？"溉敛板对曰："臣既事君，安敢失礼。"高祖大笑，其见亲爱如此。

后因疾失明，诏以金紫光禄大夫、散骑常侍，就第养疾。

溉家门雍睦，兄弟特相友爱。初与弟洽常共居一斋，洽卒后，便舍为寺，因断腥羶，终身蔬食，别营小室，朝夕从僧徒礼诵。高祖每月三置净馔，恩礼甚笃。蒋山有延贤寺者，溉家世创立，故生平公俸，咸以供焉，略无所取。性又不好交游，惟与朱异、刘之遴、张绾同志友密。及卧疾家园，门可罗雀，三君每岁时常鸣驺枉道[②]，以相存问，置酒叙生平，极欢而去。临终，托张、刘勒子孙以薄葬之礼，卒时年七十二。诏赠本官。有集二十卷行于世。时以溉、洽兄弟比之二陆，故世祖赠诗曰："魏世重双丁，晋朝称二陆，何如今两到，复似凌寒竹。"

选自《梁书》卷四十《到溉传》

【注释】

①任昉（460—508）：字彦升，乐安博昌人。历仕宋、齐、梁三代。以善作表、奏、书、启著称，与当时以诗闻名的沈约并称“沈诗任笔”。

②鸣驺（zōu）枉道：鸣驺，古代随从显贵出行并传呼喝道的骑卒。枉道，绕道。

【译文】

到溉，字茂灌，彭城武原人。曾祖到彦之，南朝宋骠骑将军。祖父到仲度，为骠骑江夏王刘义恭的从事中郎。父亲到坦，曾任南朝齐中书郎。

到溉年少时孤苦贫穷，与弟弟到洽都很聪明且有才学，早年被任昉所赏识，从此名气越来越大。到溉开始被征召为王国左常侍，转任后军法曹行参军，还担任过殿中郎。后出任建安内史，升任中书郎，兼任吏部、太子中庶子。湘东王萧绎任会稽太守，任命到溉为轻车长史，代理郡守职务。高祖告诫湘东王说：“到溉不仅仅只是为你办事的，他足以当你的老师，有什么行动，你要多咨询他。”到溉母亲去世，他守丧恪尽礼节，朝廷嘉赏了他。守丧期满，他仍然好几年都坚持粗食布衣。后任通直散骑常侍、御史中丞、太府卿、都官尚书、郢州长史、江夏太守，加任招远将军，入朝任左民尚书。

到溉身高八尺，风度翩翩，仪容和举止都十分美好，为官以清廉自守。生性又很节俭，不好声色，卧室里空空荡荡，只摆着一张床，身边也没有姬妾服侍。出外的车舆礼服，也不追求鲜艳华丽，鞋帽十年才一换，有的朝服穿到破烂要缝补的地步。出行传声呼喊、清除行人都很简略，只是显示一下朝中有这些规矩而已。

不久，他因事获罪降职为金紫光禄大夫，很快又授任散骑常侍、侍中、国子祭酒。

到溉一向谨慎敦厚，为高祖特别赏识并得到接见，高祖每次与他下棋，都是从晚上下到第二天早上。到溉府中的山池有奇石，高祖曾跟他开玩笑打赌，连同一部《礼记》，到溉一起输掉了，还没有送上来，高祖对朱异说："你说到溉输掉的东西会送上来吗?"到溉敛近手板，恭敬地回答说："臣既是侍奉君主，又怎么会做失礼之事呢?"高祖大笑，由此可见他们亲密友爱如此。

后来到溉因病失明，高祖下诏赐他金紫光禄大夫、散骑常侍，回家养病。

到溉家庭和睦，兄弟间十分友爱。起初，到溉经常与弟弟到洽同住在一间房子里，到洽死后，到溉就把这间房子施舍出去作为寺院，从此不再吃肉，到老只吃粗劣的饮食，又特地另建小室，早晚跟着僧徒礼佛诵经。高祖每月送来三次斋饭，对他恩遇甚厚。蒋山有一座延贤寺，是到溉的先辈所创立的，所以他的生平俸禄都用来供奉寺院，自己没有取用过一点。到溉生性不好与人交往，只与朱异、刘之遴、张绾志同道合，过从亲密。待到他卧病在家，门前宾客稀少，这三人每年依然常常带着随从，绕道前来问候探望。他们一起饮酒，谈论生平之事，尽欢而散。到溉临终，托张、刘二人勒令子孙薄葬自己，死时七十二岁。高祖下诏追赠他为本部门的主管长官。到溉有二十卷文集流传于世。当时人都把到溉、到洽两兄弟比作"二陆"，所以世祖赠诗说：

“三国魏时世人推崇丁仪、丁廙兄弟，晋朝时称道陆机、陆云兄弟，怎么比得上现在到溉、到洽兄弟，好像抵御严寒的竹子。”

【评述】

到溉的廉洁行为有一种很浓厚的佛家居士的意味。他精通棋术，又信奉佛教，是梁武帝的棋友兼教友，受到皇帝的特别礼遇，但是他并没有因为这种特殊的礼遇而骄奢淫逸。他为官清廉，生性简朴，多年来始终蔬食布衣，鞋帽十年才一换，朝服穿到要缝补的程度，他不好歌舞与美色，车舆礼服也不尚华丽，临终的时候，他还托朋友勒令子孙薄葬自己，将勤俭朴素的作风保持到了生命的最后时刻。

《荀子·正名》中有言：“欲虽不可去，求可节也。”可见，适当节制自己的欲望，是保持内心宁静，进而洁身自好、清廉为官的一种必要的内在修为。

（张文华注译　于春媚评述）

羊 敦

【原文】

羊敦，字元礼，太山钜平人，梁州刺史祉弟子也。性尚闲素，学涉书史，以父灵引死王事，除给事中。出为本州别驾。公平正直，见有非法，敦终不判署。后为尚书左侍郎、徐州抚军长史。永安中，转廷尉司直①，不拜。拜洛阳令。后为镇南将军、金紫光禄大夫，迁太府少卿，转卫将军、广平太守。治有能名，奸吏臧蹐，秋毫无犯。雅性清俭，属岁饥馑，家馈未至，使人外寻陂泽，采藕根而食之。遇有疾苦，家人解衣质米以供之。然其为治，亦尚威严。朝廷以其清白，赐谷一千斛、绢一百匹。兴和②初卒，年五十二。吏民奔哭，莫不悲恸。赠都督徐兖二州诸军事、卫大将军、吏部尚书、兖州刺史，谥曰贞。

武定初，齐献武王③以敦及中山太守苏淑④在官奉法，清约自居，宜见追褒，以厉天下，乃上言请加旌录。诏曰：“昔五裒兴谣，两岐致咏，皆由仁覃千里，化洽一邦。故广平太守羊敦、故中山太守苏淑，并器业和隐，干用贞济，善政闻国，清誉在民。方籍良才，遂登高秩，先后凋亡，朝野伤悼。追旌清德，盖惟旧章，可各赏帛一百匹、谷五百斛，班下郡国，咸使闻知。”

子隐，武定末，开府行参军。

选自《魏书》卷八十八《羊敦传》

【注释】

①廷尉司直：官名。专掌复核御史所弹劾之事，北齐以后称“大理寺司直”。

②兴和：东魏孝静帝元善见年号（539—542）。

③齐献武王：即高欢（496—547）。其子高洋建立北齐，追尊其为神武帝。

④苏淑（？—541）：字仲和，冀州武邑人。曾任荥阳太守，清心爱下，很受民众爱戴。

【译文】

羊敦，字元礼，太山钜平人，梁州刺史羊祉弟弟的儿子。羊敦崇尚闲适朴素，广泛涉猎经书和史书，因其父羊灵引死于朝廷的公事，于是他被任命为给事中。羊敦出任梁州别驾。他为人公平正直，发现有违法乱纪的事情，羊敦始终不肯在官署的判决书上签字画押。后来，羊敦担任尚书左侍郎、徐州抚军长史。永安年间，羊敦调任廷尉司直，但没有接受任命。后来，羊敦迁洛阳令。之后，又担任镇南将军、金紫光禄大夫，升任太府少卿，转任卫将军、广平太守。他有善于治理的名声，狡诈的官吏遇到他也只能畏缩收敛，丝毫不敢触犯法令。羊敦性情高雅，清正节俭，遇到饥荒之年，家中粮食尚未送来，他就派人到外面的湖泽中寻找食物，采藕根来吃。遇到别人有疾病苦难，他家的人会拿出自己的衣服换米来帮助他们。然而羊敦在处理政务上，从严治理。朝廷因为他为官清白，赐予他一千斛谷物，一百匹绢。兴和初年，羊敦去世，时年五十二岁。郡中百姓官吏奔走痛哭，没有一个不感到悲伤哀恸。朝廷追赠羊敦为都督徐兖二州诸军事、卫大将军、吏部尚书、兖州刺史，谥“贞”。

武定初年，齐献武王高欢认为羊敦和中山太守苏淑为官奉公守法，清正自律，应当追加褒奖，以勉励天下人，于是上书皇帝请求加以表彰和追录。皇帝下诏说：“昔日有民众作五罴谣、两歧歌来歌颂地方长官施行善政，改善农业有方，民乐年丰，这都是因为他们仁政施及千里，教化使当地社会和谐。原广平太守羊敦、原中山太守苏淑都是政绩斐然，德才兼备，他们良好的政绩全国闻名，清廉的名声在民间流传。正要借用他们的才干，提拔他们登上高位，他们却先后逝世，让朝野上下哀伤追悼。追认表彰他们清正的品德，可以按照旧有章程行事，二人各赏一百匹缣帛、五百斛谷物，在各郡国颁布诏令，让大家都知道二人的优秀事迹。”

羊敦的儿子羊隐，武定末年担任开府行参军。

【评述】

汉代荀悦在《申鉴·杂言上》中说：“君子有三鉴：鉴于

古，鉴于人，鉴于镜。”《新唐书·魏徵传》中唐太宗李世民为“三鉴”做了进一步解释，他说：“以铜为鉴，可正衣冠；以古为鉴，可知兴替；以人为鉴，可明得失。”对于为官者来说，百姓就是其官吏生涯的一方明镜，官做得如何直接体现在百姓对他的态度上。北魏太守羊敦去世后，“吏民奔哭，莫不悲恸”，他无疑是一个好官。他的好不仅表现在治郡有方上，还表现在能够胸怀百姓、爱民如子上。在灾荒之年，他能够不倾轧百姓，宁愿自己采藕根而食，甚至典当衣物换米以资助他人。不需要说出什么至理名言，也不需要立下什么丰功伟绩，为官者只要能够体察百姓疾苦，并且为其解忧，百姓自然歌颂爱戴。对于羊敦来说，他去世后，世人的反应就是一面镜子，明明白白地折射出众人对他的爱戴，这比任何歌功颂德的墓志铭都更具有说服力。当北魏皇帝将羊敦树为良吏典型，进行追赐、表彰，并号召大家向他学习的时候，历史在告诉世人，清廉自守的官员自然会流芳千古。

（唐亚丽注译、评述）

苏绰

【原文】

苏绰字令绰，武功人，魏侍中则[1]之九世孙也。累世二千石。父协，武功郡守。

绰少好学，博览群书，尤善算术。从兄让[2]为汾州刺史，太祖饯于东都门外。临别，谓让曰："卿家子弟之中，谁可任用者?"让因荐绰。太祖乃召为行台郎中。在官岁余，太祖未深知之。然诸曹疑事，皆询于绰而后定。所行公文，绰又为之条式。台中咸称其能。后太祖与仆射周惠达论事，惠达不能对，请出外议之。乃召绰，告以其事，绰即为量定。惠达入呈，太祖称善，谓惠达曰："谁与卿为此议者?"惠达以绰对，因称其有王佐之才。太祖曰："吾亦闻之久矣。"寻除著作佐郎。

属太祖与公卿往昆明池观渔，行至城西汉故仓地，顾问左右，莫有知者。或曰："苏绰博物多通，请问之。"太祖乃召绰。具以状对。太祖大悦，因问天地造化之始，历代兴亡之迹。绰既有口辩，应对如流。太祖益喜。乃与绰并马徐行至池，竟不设网罟而还。遂留绰至夜，问以治道，太祖卧而听之。绰于是指陈帝王之道，兼述申韩之要。太祖乃起，整衣危坐，不觉膝之前席。语遂达曙不厌。诘朝，谓周惠达曰："苏绰真奇士也，吾方任之以政。"即拜大行台左丞，参典机密。自是宠遇日隆。绰始制文案程序，朱出墨入，及计帐、户籍之法。

大统三年，齐神武三道入寇，诸将咸欲分兵御之，独绰意与太祖同。遂并力拒窦泰，擒之于潼关。四年，加卫将军、右光禄大夫，封美阳县子，邑三百户。加通直散骑常侍，晋爵为伯，增邑二百户。十年，授大行台度支尚书，领著作，兼司农卿。

……

绰性俭素，不治产业，家无余财。以海内未平，常以天下为己任。博求贤俊，共弘治道，凡所荐达，皆至大官。太祖亦推心委任，而无间言。太祖或出游，常预署空纸以授绰，若须有处分，则随事施行，及还，启之而已。绰尝谓治国之道，当爱民如慈父，训民如严师。每与公卿议论，自昼达夜，事无巨细，若指诸掌。积思劳倦，遂成气疾。十二年，卒于位，时年四十九。

太祖痛惜之，哀动左右。及将葬，乃谓公卿等曰："苏尚书平生谦退，敦尚俭约。吾欲全其素志，便恐悠悠之徒，有所未达；如其厚加赠谥，又乖宿昔相知之道。进退惟谷，孤有疑焉。"尚书令史麻瑶越次而进曰："昔晏子，齐之贤大夫，一狐裘三十年。及其死也，遣车一乘。齐侯不夺其志。绰既操履清白，谦挹自居，愚谓宜从俭约，以彰其美。”太祖称善，因荐瑶于朝廷。及绰归葬武功，唯载以布车一乘。太祖与群公，皆步送出同州郭门外。太祖亲于车后酹酒而言曰：“尚书平生为事，妻子兄弟不知者，吾皆知之。惟尔知吾心，吾知尔意。方欲共定天下，不幸遂舍我去，奈何!”因举声恸哭，不觉失卮于手。至葬日，又遣使祭以太牢，太祖自为其文。

绰又著《佛性论》、《七经论》，并行于世。明帝③二年，以绰配享太祖庙庭。子威嗣。

选自《周书》卷二十三《苏绰传》

【注释】

①则：苏则（？—223），字文师，曾任酒泉、安定、武都、金城等地太守，颇有政绩。凭军功获封都宁侯，后又担任东平相，于赴任途中病死，谥为刚侯。

②让：苏让，字景恕。西魏时担任宇文泰丞相府府属，后官至南汾州刺史。

③明帝：即北周明帝宇文毓（534—560），557—560 年在位。

【译文】

苏绰字令绰，武功人，他是曹魏侍中苏则的九世孙。世代任俸禄二千石官。父亲苏协，是武功郡守。

苏绰从小就爱好学习，博览群书，尤其擅长算术。堂兄苏让担任汾州刺史，宇文泰在东都门外为他饯行。分别之时，宇文泰对苏让说："你家的子弟中，有谁是可以任用的?"苏让于是推荐了苏绰。宇文泰于是征召苏绰为行台郎中。苏绰任官一年多，宇文泰对他并未深入了解。但同僚有疑难事宜，都会先询问苏绰然后再做决定。对于所发行的公文，苏绰又列定了格式。行台中的人都称赞苏绰有才能。后来宇文泰与仆射周惠达讨论事情，周惠达答不上来，请求外出找人商量。于是找来苏绰，将这件事告诉了他，苏绰随即据情为他做出决定。周惠达将结果上呈宇文泰，宇文泰很满意，就对周惠达说："是谁为你做的决定?"周惠达回答说是苏绰，并称赞他有辅佐帝王的才干。宇文泰说："我很久之前就听说他很有贤名。"不久，就提拔苏绰为著作佐郎。

有一次，宇文泰和公卿一起去昆明池赏鱼，走到城西汉朝旧仓库时，问身边的人仓库的来历，却没有人知道。有人说："苏绰见识广博，您问他吧。"宇文泰于是召来苏绰。苏绰对仓库的来历做了详细的回答。宇文泰很高兴，接着问天地造化的起源，历代兴亡的规律。苏绰能言善辩，都应对如流。宇文泰更高兴了。他和苏绰并排骑着马慢慢地走到昆明池，居然不再设网捕鱼就回去了。随后，宇文泰将苏绰留在宫中直至深夜，询问他治国之道，宇文泰躺在床上听他讲。苏绰于是讲述帝王之道，兼论法家要旨。宇文泰赶快爬了起来，整理好衣服，坐得端端正正，由于听得太过入神，不知不觉中膝盖愈发向前靠拢。两人一直说到天亮都不厌倦。早朝时，宇文泰对周惠达说："苏绰真是奇士，我要任用他来辅佐政事。”马上任命他为大行台左丞，加以掌管机密事宜。自此以后苏绰受到的恩宠日益深厚。他开始利用制定文书的格式，规定朝廷发出的文书用红色，下面上呈的文书用黑色，又规定计账、户籍的方法。

大统三年（537），北齐高欢分三路进犯西魏，各将领都想分兵抵御，只有苏绰和宇文泰的意见相同。于是集中兵力抵抗窦泰，在潼关将他擒获。大统四年（538），加封苏绰为卫将军、右光禄大夫，封为美阳县子爵，食邑三百户。加通直散骑常侍，加封为伯爵，增加食邑二百户。大统十年（544），苏绰任大行台度支尚书，领著作，兼司农卿。

……

苏绰生性节俭朴素，不善于经营产业，家中没有多余的财产。因为国家尚未太平，于是经常以天下为己任。广泛地征求贤士俊才，共同治理国家，凡是他推荐的人，大都做了高级官员。宇文泰对他推心置腹，他们之间从来没有嫌隙的言论。宇文泰有时出游，常常会将事先签署了名字的白纸留给苏绰，如果有必须要处理的事情，可以按照情况灵活处理，等到宇文泰回来后，禀报他就可以了。苏绰曾经论述治国之道，国君应当像慈父那样爱护子民，像严师那样教导他们。苏绰每次和公卿议论政事时，从早到晚，事情无论大小，他都了如指掌。他经常劳神劳力，于是积劳成疾。大统十二年（546），苏绰死于任上，时年四十九岁。

宇文泰非常痛惜，脸上哀戚的神色让身边的人为之动容。临近下葬的时候，宇文泰对公卿等人说：“苏尚书平生谦虚退让，崇尚俭约。我不想让他的葬礼太过奢侈，以便成全他简朴的夙愿，又担心众人不理解其中深意；如果对他加以丰厚的赠谥，又违背与他过往的相知。进退维谷，我感到很为难。”尚书令史麻瑶越位上前说道：“古时候的晏子，是齐国的贤大夫，一件狐裘穿了三十年。等到他死了，朝廷只赠车一辆。齐侯这样做就是不使晏子丧失一贯以来的志向。苏绰既然操守清白，谦虚退让也一直是他所追求的，所以，我认为应当遵从俭约，来表彰他美好的品德。”宇文泰认为这样很好，于是在朝廷上举荐麻瑶。等到苏绰归葬武功时，只用一辆布车载他离去。宇文泰和诸位公卿，都步行送出同州城门外。宇文泰在车后亲自以酒浇地说道：“您平生所做的事，妻子兄弟不知道的，我都知道。只有你知道我的心思，我明白你的心意。正想要和你共同平定天下，不幸你却离我而去，怎么办啊!”说完放声痛哭，连手中酒杯掉了都不知道。到了下葬那天，又派遣使者用太牢祭祀，宇文泰亲自撰写祭文。

苏绰在世时写了《佛性论》、《七经论》，都流传在世间。北周明帝二年（558），将苏绰配享宇文泰宗庙，苏绰的儿子苏威继承爵位。

【评述】

苏绰出身官宦之家，凭借着自己的真才实学一步步向上升迁。开始，苏绰只是一个小官，并不起眼，然而随着处理政务和为上级解决疑难事务所表现出来的才华，最终为宇文泰所重用，并被盛赞为有辅佐帝王之才。苏绰有经世之才，也积极将这方面的才华施之于国。他有军事谋略，所提意见成功阻止了高欢部队的进犯；他所创造的用红、黑色分别标记文书的方法，大大提高了行政效率；在任期间他广泛地寻求、举荐人才，为国家发展储蓄后备力量；他对于政事巨细靡遗，积极提出建议，劳心劳力，以至于最终积劳成疾，病逝于任上。苏绰为国事鞠躬尽瘁，真正做到了将自己的生命献给了国家，也确实没有辜负宇文泰对他经世治国的期望。

苏绰才能出众，却从不以权谋私。他平时节俭质朴，家无余财，其操守之清白，世人皆知，因此在他去世后，宇文泰和其他官员都能够按其生前所作所为，只用一辆布车送他归葬。仪式虽然简朴，却在实质上将苏绰与晏子相比拟，盛赞其清廉谦逊的美德。也许正是因为苏绰这种高尚的自律精神，才让宇文泰能够将政事放心地交给他处理，只需事后向自己禀报即可，宇文泰对苏绰的信任就到了这种地步。

（唐亚丽注译、评述）

元 顺

【原文】

彝兄顺，字子和。九岁师事乐安陈丰，初书王羲之《小学篇》数千言，昼夜诵之，旬有五日，一皆通彻。丰奇之，白澄曰：“丰十五从师，迄于白首，耳目所经，未见此比。江夏黄童，不得无双也。”澄笑曰：“蓝田生玉，何容不尔。”十六，通《杜氏春秋》，恒集门生，讨论同异。于时四方无事，国富民康，豪贵子弟，率以朋游为乐，而顺下帷读书，笃志爱古。性謇谔，淡于荣利，好饮酒，解鼓琴，每长吟永叹，吒咏虚室。世宗时，上《魏颂》，文多不载。

起家为给事中。时尚书令高肇，帝舅权重，天下人士，望尘拜伏。顺曾怀刺诣肇门，门者以其年少，答云：“在坐大有贵客”，不肯为通。顺叱之曰：“任城王儿，可是贱也！”及见，直往登床，捧手抗礼，王公先达，莫不怪慴，而顺辞吐傲然，若无所睹。肇谓众宾曰：“此儿豪气尚尔，况其父乎！”及出，肇加敬送之。澄闻之，大怒，杖之数十。后超转中书侍郎，俄迁太常少卿。以父忧去职，哭泣呕血，身自负土。时年二十五，便有白发，免丧抽去，不复更生，世人以为孝思所致。

寻除给事黄门侍郎。时领军元叉威势尤盛，凡有迁授，莫不造门谢谒。顺拜表而已，曾不诣叉。叉谓顺曰："卿何谓聊不见我？"顺正色曰："天子富于春秋，委政宗辅，叔父宜以至公为心，举士报国，如何卖恩，责人私谢，岂所望也！"至于朝论得失，顺常鲠言正议，曾不阿旨，由此见惮。出除平北将军、恒州刺史。顺谓叉曰："北镇纷纭，方为国梗，桑乾旧都，根本所系，请假都督，为国捍屏。"叉心疑难，不欲授以兵官。谓顺曰："此朝廷之事，非我所裁。"顺曰："叔父既握国柄，杀生由己，自言天之历数应在我躬，何得复有朝廷也！"叉弥忿惮之。转为安东将军、齐州刺史。顺自负有才，不得居内，每怀郁快，形于言色。遂纵酒欢娱，不亲政事。叉解领军，征为给事黄门侍郎。亲友郊迎，贺其得入。顺曰："不患不入，正恐入而复出耳。"俄兼殿中尚书，转侍中。初，中山王熙起兵讨元叉，不果而诛，及灵太后反政，方得改葬。顺侍坐西游园，因奏太后曰："臣昨往看中山家葬，非唯宗亲哀其冤酷，行路士女，见其一家七丧，皆为潸然，莫不酸泣。"叉妻时在太后侧，顺指之曰："陛下奈何以一妹之故，不伏元叉之罪，使天下怀冤！"太后默然不语。

就德兴反于营州，使尚书卢同往讨之，大败而返。属侍中穆绍与顺侍坐，因论同之罪。同先有近宅借绍，绍颇欲为言。顺勃然曰："卢同终将无罪！"太后曰："何得如侍中之言？"顺曰："同有好宅与要势侍中，岂虑罪也？"绍惭，不敢复言。灵太后颇事妆饰，数出游幸。顺面诤曰："《礼》，妇人夫丧，自称未亡人，首去珠玉，衣不被彩。陛下母临天下，年垂不惑，过甚修饰，何以示后世？"灵太后惭而不出。还入宫，责顺曰："千里相征，岂欲众中见辱也！"顺曰："陛下盛服炫容，不畏天下所笑，何耻臣之一言乎？"

初，城阳王徽慕顺才名，偏相结纳。而广阳王渊奸徽妻于氏，大为嫌隙。及渊自定州被征，入为吏部尚书，兼中领军。顺为诏书，辞颇优美。徽疑顺为渊左右，由是与徐纥间顺于灵太后，出顺为护军将军、太常卿。顺奉辞于西游园，徽、纥侍侧，顺指之谓灵太后曰："此人魏之宰嚭，魏国不灭，终不死亡。"纥胁肩而出。顺遂抗声叱之曰："尔刀笔小人，正堪为几案之吏，宁应忝兹执戟，亏我彝伦！"遂振衣而起。灵太后默而不言。时追论顺父顾托之功，增任城王彝邑二千户，又析彝邑五百户以封顺，为东阿县开国公。

顺疾徽等间之，遂为《蝇赋》曰：

余以仲秋休沐，端坐衡门，寄想琴书，托情纸翰，而苍蝇小虫，往来床几，疾其变白，聊为赋云：

遐哉大道，廓矣洪氛。肇立秋夏，爰启冬春。既含育于万性，又刍狗[1]而不仁。随因缘以授体，齐美恶而无分。生兹秽类，靡益于人。名备群品，声损众伦。欶胫纤翼，紫首苍身。飞不能迥，声若远闻。点缁成素，变白为黑。寡爱兰芳，偏贪秽食。集桓公之尸，居平叔[2]之侧。乱鸡鸣之响，毁皇宫之饰。习习户庭，营营榛棘。反复往还，譬彼谗贼。肤受既通，谮润罔极。缉缉幡幡，交乱四国。于是妖姬进，邪士来，圣贤拥，忠孝摧。周昌拘于牖里，天乙[3]囚于夏台。伯奇[4]为之痛结，申生为之蒙灾。《鸱鸮》[5]悲其室，《采葛》[6]惧其怀。《小弁》[7]陨其涕，灵均[8]表其哀。自古明哲犹如此，何况中庸与凡才？

若夫天生地养，各有所亲。兽必依地，鸟亦凭云。或来仪[9]以呈祉，或自扰而见文。或负图而归德，或衔书以告真。或夭胎而奉味，或残躯以献珍。或主皮而兴礼，或牢豢以供神。虽死生之异质，俱有益于国人。非如苍蝇之无用，唯构乱于蒸民。

遂属疾在家，杜绝庆吊。

后除吏部尚书，兼右仆射。及上省，登阶向榻，见榻甚故，问都令史徐仵起。仵起曰："此榻曾经先王坐。"顺即哽塞，涕泗交流，久而不能言，遂令换之。时三公曹令史朱晖，素事录尚书、高阳王雍，雍欲以为廷尉评，频请托顺，顺不为用。雍遂下命用之，顺投之于地。雍闻之，大怒，昧爽坐都厅，召尚书及丞郎毕集，欲待顺至，于众挫之。顺日高方至，雍攘袂抚几而言曰："身，天子之子，天子之弟，天子之叔，天子之相，四海之内，亲尊莫二，元顺何人，以身成命，投弃于地！"顺须鬓俱张，仰面看屋，愤气奔涌，长歔而不言。久之，摇一白羽扇，徐而谓雍曰："高祖迁宅中土，创定九流，官方清浊，轨仪万古。而朱晖小子，身为省吏，何合为廷尉清官！殿下既先皇同气，宜遵成旨，自有短垣而复逾之也。"雍曰："身为丞相、录尚书，如何不得用一人为官？"顺曰："庖人虽不治庖，尸祝不得越樽俎而代之。未闻有别旨，令殿下参选事。"顺又厉声曰："殿下必如是，顺当依事奏闻！"雍遂笑而言曰："岂可以朱晖小人，使相忿恨。"遂起，呼顺入室，与之极饮。顺之亢毅不挠，皆此类也。

后除征南将军、右光禄大夫，转兼左仆射。尔朱荣之奉庄帝，召百官悉至河阴。素闻顺数谏诤，惜其亮直，谓朱瑞曰："可语元仆射，但在省，不须来。"顺不达其旨，闻害衣冠，遂便出走，为陵户鲜于康奴所害。家徒四壁，无物敛尸，止有书数千卷而已。门下通事令史王才达裂裳覆之。庄帝还宫，遣黄门侍郎山伟巡喻京邑。伟临顺丧，悲恸无已。既还，庄帝怪而问曰："黄门何为声散？"伟以状对。庄帝敕侍中元祉曰："宗室丧亡非一，不可周赡。元仆射清苦之节，死乃益彰，特赠绢百匹，余不得例。”赠骠骑大将军、尚书令、司徒公、定州刺史，谥曰文烈。顺撰《帝录》二十卷，诗赋表颂数十篇，今多亡失。

长子朗，时年十七。枕戈潜伏积年，乃手刃康奴，以首祭于顺墓，然后诣阙请罪。朝廷嘉而不问。朗涉历书记，为司徒属。天平中，为奴所害。赠都督瀛冀二州诸军事、□□将军、尚书右仆射、冀州刺史。

选自《魏书》卷十九（中）《任城王传》

【注释】

①刍（chú）狗：古代祭祀时用草扎成的狗。《老子》曰：“天地不仁，以万物为刍狗；圣人不仁，以百姓为刍狗。”后用以喻微贱无用的事物或言论。

②平叔：即何晏（？—249），三国魏玄学家，字平叔，汉大将军何进之孙。曹操纳晏母为妾，晏被收养，为操所宠爱。正始年间（240—249）曹爽秉政，何晏党附曹爽，累官侍中、吏部尚书，仗势专政。后为司马懿所杀，夷三族。

③天乙：即成汤，亦作“成商”。商开国之君，契的后代，子姓，名履，又称天乙。夏桀无道，汤伐之，遂有天下，国号商，建都于亳。

④伯奇：古代孝子。相传为周宣王时重臣尹吉甫长子。母死，后母欲立其子伯封为太子，乃谮伯奇，尹吉甫怒，放伯奇于野。

⑤《鸱鸮》（chī xiāo）：亦作《鸱枭》，《诗经》中篇名。《诗经·豳风·鸱鸮》："鸱鸮鸱鸮，既取我子，无毁我室。"鸱鸮即猫头鹰，常用以比喻贪恶之人。

⑥《采葛》：《诗经·王风》中篇名。《毛诗序》云："《采葛》，惧谗也。"后用为畏惧或避免谗言的典故。

⑦《小弁》：即《诗经·小雅·小弁》。此诗抒发被逐人的哀怨。

⑧灵均：即屈原（约前340—前278），战国楚诗人。名平，字原。

⑨来仪：即凤凰来仪，指吉祥之兆。语出《尚书·益稷》："箫韶九成，凤皇来仪。"

【译文】

元顺，字子和，元彝之兄。元顺九岁时，便拜乐安人陈丰为老师。刚开始的时候，元顺书写达几千字的王羲之《小学篇》，日夜朗诵，半个月后，竟全都掌握了。陈丰认为他非同寻常，就对元澄说："我十五岁跟随老师读书，直到现在须发皆白，据我耳闻目睹，没有人能和他并驾齐驱，真是'天下无双，江夏黄童'啊。"元澄笑着说："蓝田出产玉石，自然会这样。"元顺在十六岁时就通晓了杜预的《春秋左传集解》，他常常聚集弟子，探讨该书。此时，海晏河清，国家富足，人民安居乐业。那些贵族子弟，大都以宴游为乐，而元顺则与之迥异，他潜心好古，专心读书。元顺性格耿直，不慕荣利，喜好饮酒，能弹一手好琴。他每每长吟短诵，寄托空灵之心。北魏宣武帝时，他献上《魏颂》，因文章太长不予收录。

元顺第一次做官时，任给事中。当时尚书令高肇是皇帝的舅舅，他的权势甚大，天下人士，无不拜伏于他。元顺曾带着名刺前往拜访高肇。门卫见他年龄太小，说“在座的多是贵客”，不让他进。元顺怒斥道：“我是任城王的儿子，难道不高贵?!”见了高肇之后，他径往坐床上去，拱手行礼。在座的王公大人无不惊骇，而元顺高谈阔论，目中无人。对此，高肇对宾客们解释说：“这孩子豪气如此，酷似其父!”回家时，高肇毕恭毕敬地送他出门。元澄听说此事后，勃然大怒，打了他几十棍。后来，元顺被越级提拔为中书郎。不久，他又调太常少卿。父亲逝世时，他离职了，哭得口吐鲜血，亲自背土为父亲筑坟。到二十五岁时，就有了白头发，丧期满后拔掉，再也长不出来，世人以为是哀思过度所致。

不久，元顺被授给事黄门侍郎。这时，领军元叉风头正劲，凡升迁官职之人，都要登门道谢。而元顺仅上奏章而已，并不去元叉家里。元叉很不满，对元顺说：“你为何不来我家见我?”元顺严肃地说：“皇上太年轻，才把政事托付给您。叔父您应该大公无私，推举贤能官吏以报效国家，为什么要以私情相邀?要求人家私下感谢您，这不是人们所期望的!”在朝廷讨论国家大事时，元顺时常直抒己见，从不迎合皇帝旨意，因此被朝廷百官畏惧。后来，他外调为平北将军、恒州刺史。元顺对元叉说：“北方各军镇纷乱，正是国家之祸；桑乾是旧都城，是咱们的根本所在。请大人任我为都督，作为捍卫国家的屏障。”元叉心中狐疑，不想给他军队，就托辞说：“这是朝廷的大事，不是我能决定的。”元顺反驳说：“叔父既然掌握国家大权，就有生杀予夺的大权，您自己说‘国祚天命的传承，全在我一人’，哪里还有朝廷?”元叉更愤恨畏惧他。后来，元顺改任安东将军、齐州刺史。元顺自恃才华横溢，而不能在内朝任职，心中常常郁闷，忧形于色。为打发这种烦恼，他就纵情酒色，不理政事。直到元叉解除领军一职，元顺才任给事黄门侍郎。亲戚朋友到郊外迎接，祝贺他回京。元顺说：“我不担心进京城任职，担心的是进京后，很快又被罢免回来。”很快，元顺兼殿中尚书，改任侍中。当初，中山王元熙起兵讨伐元叉，兵败被杀。到灵太后重掌政权后，中山王才得以改葬。有一次，元顺在西游园事奉灵太后，就趁机上奏太后说：“臣昨天去看中山王家中的葬礼，不仅亲人悲伤他的冤屈惨痛，过路的人见他一家七人丧命，都伤心不已，无不哭泣。”这时，元叉的妻子正好在太后旁边，元顺便指着她说：“陛下为什么因为一个妹妹的缘故，放过元叉，而使天下人含冤?”灵太后沉默不语。

就德兴在营州起兵反叛，朝廷派尚书卢同前往讨伐，结果大败而回。灵太后要侍中穆绍和元顺侍坐，一起谈起卢同的罪过。但先前卢同有近处的房屋借给穆绍，因此，穆绍很想为卢同说情。元顺大为生气，说：“我可以预料，卢同最后将无罪!”太后说：“怎能像你所言!”元顺回答道：“卢同有好房屋给朝中权贵，哪里怕有罪?”穆绍听了很惭愧，不敢再说什么。灵太后喜欢打扮，并且多次出宫游玩。一次，元顺当面进谏说：“按照礼制规定，妇女的丈夫去世后，自称为未亡人，头上应去掉珠玉，不穿彩色丝织衣物。陛下以母后君临天下，近四十岁了，还打扮得花枝招展，拿什么垂范后世?”灵太后很惭愧，不出车门。回宫后，她指责元顺说：“我千里迢迢把你召回来，是为了使我自己当众受辱吗?”元顺说：“陛下身穿华丽的衣服，以炫耀自己的美貌，不怕天下人耻笑，倒因臣的一句话就感到羞耻了！”

当初，城阳王元徽仰慕元顺的才华名声，不惜一切地和他结交。广阳王元渊奸污了元徽的妻子于氏，产生了很大的矛盾。元渊从定州被召回朝廷担任吏部尚书兼中领军时，元顺起草诏书，文辞十分优美。元徽怀疑元顺被元渊所利用，因此和徐纥在灵太后面前诋毁元顺，因此，元顺被调出京城，担任护军将军、太常卿。元顺去向灵太后道别，刚好元徽、徐纥在旁，元顺指着元徽对灵太后说：“这个人是魏国的太宰伯嚭，魏国不亡，他也不会亡！”徐纥听了，缩敛肩膀而出。元顺见了，高声呵斥他说：“你这个要笔杆的小人，只可做文案小吏，哪能做卫官，以损我朝法度？”于是，他拂衣而去。灵太后又沉默无语。当时追论元顺的父亲顾命之功，增加任城王元彝食邑二千户，又从元彝的食邑分出五百户来给元顺，为东阿县开国公。

元顺愤恨元徽等人挑拨离间，情郁于中，提笔写《蝇赋》。其内容如下：

我在仲秋闲暇之际，端坐陋室之中，寄忧思于琴书，抒愁怀于纸笔。可苍蝇在坐榻几案间飞往，我恨它们的变幻莫测，于是作赋说：

宇宙茫茫，天道遥遥，始分春夏秋冬。既孕育万物，又以万物为刍狗。因缘和合而成万物，美好丑陋一视同仁。上天创造苍蝇这种污浊小虫，无益于人。它名列万物之中，其声音让万类讨厌。它小腿弯弯，翅膀细细，头部紫色，身子青苍。它飞不了多远，可声音却能传播远处。它变黑为白，变白为黑。它不爱兰花的芬芳，却喜污秽的食物。它聚集在桓公的尸体上，附在何晏的尸身旁。它扰乱黎明的鸡鸣，毁坏皇宫的美饰。它飞翔于门户庭院，来往于丛木荆棘。它反复往返，如同那谗佞的贼寇。它全身污浊，谗毁无已。它嗡嗡嗡的叫声，扰乱四方。于是，妖女进宫，邪人来朝，圣贤被堵，忠孝遭残。从前，周文王拘于蚌里，商汤囚禁夏台。伯奇痛心疾首，申生遭受灾祸。《鸱鸮》伤毁房室，《采葛》抒思念之情。《小弁》中诗人流下辛酸之泪，屈原尽倾其悲哀。自古贤哲尚且如此，何况我平凡之辈？

上天创造万物，大地养育之，各有所亲近。野兽奔走于大地，百鸟飞翔于天空。有的飞来告知吉祥，有的自己扰乱而现文采。有的背着图籍归向仁德，有的衔来文书预告天意。有的甚至奉献出自己的儿女来，有的还割身上的肉作为佳肴献上。有的用皮毛来兴立礼乐，有的栏圈豢养供奉神灵。它们虽生死不同，但都有利于百姓。不像苍蝇，只会给人民制造混乱。

于是元顺托病在家，闭门谢客。

后来，元顺授任吏部尚书兼右仆射。他去尚书省时，登上台阶想去坐坐榻，发现坐榻甚旧，便问都令史徐仵起这是什么原因。徐仵起回答说："这个坐榻，先王曾经坐过。"元顺当即哽咽，泪流满面，久久不能说话，派人换了一个。当时，三公曹令史朱晖，一向侍奉录尚书事、高阳王元雍。元雍想任朱晖为廷尉评，多次托付元顺，元顺不理。元雍就下令任用他，元顺将元雍的命令摔到地上。元雍听说后，大发雷霆。于是，他在早朝时，一大早就到了都厅，把各尚书和丞郎全部叫来，要等待元顺到时，杀杀他的威风。元顺很晚才来。元雍捋袖凭几，大怒道："我，是天子的儿子，又是天子的弟弟，当今天子的叔父，还是天子的宰相，普天之下，我是与天子最为亲密的人。元顺是什么东西，竟敢将我的命令丢到地上?”元顺怒发冲冠，他看着屋顶，长叹而不言。过了很久，他才摇一把白羽毛扇，慢慢地对元雍说：“高祖迁都中原，创立各品官职，官员于是有了清浊之别，成为万古仪则。而朱晖，身为省中小吏，哪里配做廷尉清流官员？殿下既是先皇同胞兄弟，就应该遵循先皇仪制，自然就有矮墙而再翻过去。”元雍说：“我身为丞相、录尚书事，难道任用一个人也不行吗?!”元顺驳斥道：“厨师虽然不料理膳食，但掌管祭祀的人不能越俎代庖。我没有听到别的诏令，让殿下参与任免事宜。”元顺又厉声喝道：“殿下一定要我这样做，我将据实禀奏皇上!”元雍于是笑着说：“我们岂能因朱晖这个小人，就互相怨恨呢?”他马上起身，把元顺叫到室内，和他痛饮一番。元顺的刚直不阿，都如此类。

后来，元顺授任征南将军、右光禄大夫，转兼左仆射。尔朱荣奉孝庄帝之命将百官全部集中到河阴。尔朱荣平时听说元顺多次规劝，看重他的正直，对朱瑞说：“你告诉元顺仆射，只管在省中，不必到这来。”元顺没有明白尔朱荣的意思，听说要杀害朝廷百官，于是出逃，结果被守墓的鲜于康奴杀害。元顺死后，家徒四壁，无钱殓尸，只有几千卷书而已。门下通事令史王才达撕开衣服将他覆盖。孝庄帝回宫后，派遣黄门侍郎山伟晓谕京城。山伟参加元顺的葬礼，悲痛万分。回宫后，孝庄帝奇怪地问他：“你为什么声音嘶哑了?”山伟如实回答。孝庄帝下令侍中元祉说：“宗室死亡很多，不能全部救济。元仆射清廉之操，死而益显，特赐绢一百匹，其余人不能援例。”追赠元顺为骠骑大将军、尚书令、司徒公、定州刺史等，谥“文烈”。元顺撰《帝录》二十卷，诗赋表颂几十篇，现已多亡佚。

元顺的长子元朗，时年十七岁。枕着兵器潜伏了几年，才亲手杀死鲜于康奴，用他的头在元顺墓前祭拜，然后前往朝廷请求治罪。朝廷嘉赏他的义行而不予追究。元朗广泛涉猎各种书籍，做司徒掾属。天平年间，被奴仆杀害。朝廷追赠他为都督瀛、冀二州诸军事、□□将军、尚书右仆射、冀州刺史等。

【评述】

元顺作为北魏宗室的后代，身上依然保留了某些贵族青年的气质。这种气质，是自负的、狂傲的，又是进取、刚直的。他继承了家族的血统和祖上的荣耀（其父元澄是太武帝曾孙），自视甚高。但他虽为宗室子弟，却与一般宗室子弟不同。他不是整日悠游斗胜，矜夸显能，而是潜心读书，从而造就了他行事正道直行的作风。

可以说，元顺是贵族社会中的另类。他曾创作了《蝇赋》，表达对恶势力的鄙薄和不屑。在赋中，他怒不可遏地批判苍蝇"点缁成素，变白为黑。寡爱兰芳，偏贪秽食"、"肤受既通，谮润罔极。缉缉幡幡，交乱四国"等恶行，这一恶行导致了"妖姬进，邪士来，圣贤拥，忠孝摧"。赋中"苍蝇"实际是指蝇营狗苟的势利小人，表现了元顺对混入官吏队伍中的投机和钻营者的无情斥责，不但深刻揭露了当时的社会现实，也表明了他不与他们同流合污的坚定立场。以苍蝇来比官场中的投机钻营者，在千百年后的今天，仍然不乏其现实讽刺意义。

（张明炬注译、评述）

裴侠

【原文】

裴侠字嵩和，河东解人也。祖思齐，举秀才，拜议郎。父欣，博涉经史，魏昌乐王府司马、西河郡守，赠晋州刺史。

侠幼而聪慧，有异常童。年十三，遭父忧，哀毁有若成人。州辟主簿，举秀才。魏正光中，解巾奉朝请。稍迁员外散骑侍郎、义阳郡守。元颢入洛，侠执其使人，焚其赦书。魏孝庄嘉之，授轻车将军、东郡太守，带防城别将。及魏孝武与齐神武有隙，征河南兵以备之，侠率所部赴洛阳。授建威将军，左中郎将。俄而孝武西迁，侠将行而妻子犹在东郡。荥阳郑伟谓侠曰："天下方乱，未知乌之所集。何如东就妻子，徐择木焉。"侠曰："忠义之道，庸可忽乎！吾既食人之禄，宁以妻子易图也。"遂从入关。赐爵清河县伯，除丞相府士曹参军。

大统三年，领乡兵从战沙苑，先锋陷阵。侠本名协，至是，太祖嘉其勇决，乃曰"仁者必有勇"，因命改焉。

以功进爵为侯，邑八百户，拜行台郎中。王思政镇玉壁，以侠为长史。未几为齐神武所攻。神武以书招思政，思政令侠草报，辞甚壮烈。太祖善之，曰："虽鲁连无以加也。"

除河北[①]郡守。侠躬履俭素，爱民如子，所食唯菽麦盐菜而已。吏民莫不怀之。此郡旧制，有渔猎夫三十人以供郡守。侠曰："以口腹役人，吾所不为也 。"乃悉罢之。又有丁三十人，供郡守役使。侠亦不以入私，并收庸直，为官市马。岁月既积，马遂成群。去职之日，一无所取。民歌之曰 ："肥鲜不食，丁庸不取，裴公贞惠，为世规矩 。"侠尝与诸牧守俱谒太祖。太祖命侠别立，谓诸牧守曰 ："裴侠清慎奉公，为天下之最，今众中有如侠者，可与之俱立。"众皆默然，无敢应者。太祖乃厚赐侠。朝野叹服，号为独立君。

侠又撰九世伯祖贞侯潜[②]传，以为裴氏清公，自此始也，欲使后生奉而行之，宗室中知名者，咸付一通。从弟伯凤、世彦，时并为丞相府佐，笑曰："人生仕进，须身名并裕。清苦若此，竟欲何为?"侠曰："夫清者莅职之本，俭者持身之基。况我大宗，世济其美，故能：存，见称于朝廷；没，流芳于典策。今吾幸以凡庸，滥蒙殊遇，固其穷困，非慕名也。志在自修，惧辱先也。翻被嗤笑，知复何言。"伯凤等惭而退。

九年，入为大行台郎中[③]。居数载，出为郢州刺史，加仪同三司，寻转拓州刺史，征拜雍州别驾。孝闵帝④践阼，除司邑下大夫，加骠骑大将军、开府仪同三司，晋爵为公，增邑通前一千六百户。迁民部中大夫。时有奸吏，主守仓储，积年隐没至千万者，及侠在官，励精发擿，数旬之内，奸盗略尽。转工部中大夫。有大司空掌钱物典李贵乃于府中悲泣。或问其故。对曰："所掌官物，多有费用，裴公清严有名，惧遭罪责，所以泣耳。"侠闻之，许其自首。贵言隐费钱五百万。侠之肃遏奸伏，皆此类也。

初，侠尝遇疾沉顿，大司空许国公宇文贵、小司空北海公申徽并来伺候侠。侠所居茅屋，不免风霜，贵等还，言之于帝。帝矜其贫苦，乃为起宅，并赐良田十顷，奴隶、耕牛、粮粟，莫不备足。搢绅咸以为荣。武成元年，卒于位。赠太子少师、蒲州刺史，谥曰贞。河北郡前功曹张回及吏民等，感侠遗爱，乃作颂纪其清德焉。

选自《周书》卷三十五《裴侠传》

【注释】

①河北：十六国时后秦置，治所在河北县（今山西芮城县西），北魏于太和十一年（487）移治太阳县（今山西平陆县西南）。北周天和二年（567）又移治河北县（今山西平陆西南）。

②潜：即裴潜，字文行，三国时河东郡闻喜县（今山西闻

喜）人。谥号“贞侯”。

③大行台郎中：大行台，北魏置，为尚书省设在各主要地区的派出机构，代行尚书省的权力，管理辖区内的军政事务，是地方最高行政机构。郎中为其属官。

④孝闵帝：即宇文觉（542—557），一名陀罗尼。代郡武川（今属内蒙古）人，鲜卑族，北周文帝宇文泰的第三子。

【译文】

裴侠字嵩和，河东解县人。祖父裴思齐，被举为秀才，任命为议郎。父亲裴欣，广泛涉猎经史之学，任魏昌乐王府司马、西河郡守，获赠晋州刺史。

裴侠从小聪慧，跟一般的儿童比起来，显得很不一样。十三岁时，父亲去世，裴侠哀毁有度，表现得就像成年人一样。到州长官那里做主簿，荐举为秀才。逐渐升任员外散骑侍郎、义阳郡太守。元颢攻入洛阳，裴侠扣押了他的使者，将敕书烧毁。魏孝庄帝给予嘉奖，授予他轻车将军、东郡太守，兼任防城别将的职务。魏孝武帝与齐神武帝产生仇隙，调集黄河以南的军队加以防备，裴侠率领自己的部队奔赴洛阳参战。被授予建威将军、左中郎将。不久孝武帝西迁，裴侠准备随行，但妻子儿女还在东郡。荥阳郑伟对裴侠说：“天下正大乱，都不知道该投奔哪里，你不如先回去和妻儿一起，然后再找机会择良木而栖。”裴侠说：“忠义之道，岂能怠慢！我既然食人俸禄，难道要为了妻儿而改变初衷！”于是跟随孝武帝入关。后被赐予清河县伯爵位，委任为丞相府士曹参军。

大统三年（537），裴侠率领乡兵参加沙苑战役，冲锋陷阵。

裴侠本名裴协，到这时，太祖称赞他英勇果敢，说“仁义的人必有勇气”，于是就给他改名为裴侠。后来，裴侠又以战功晋升爵位为侯爵，食邑八百户，被任命为行台郎中。王思政镇守玉壁，委任裴侠为长史。不久齐神武帝高欢攻打玉壁。神武帝致书招降王思政，王思政令裴侠草拟回信，信中言辞十分激烈。太祖对此很是赞赏，说道：“即使是鲁连也不能超过裴侠啊。”

裴侠后任河北郡太守，他自身生活俭朴，爱民如子，每天吃的只有豆麦咸菜而已。官吏百姓没有谁不敬仰他。这个郡先前的制度是，由郡里安排三十个捕鱼打猎的人来供应郡守日常消耗的鱼和肉。裴侠说：“因为饮食而役使人，不是我做的事。”于是把他们全都遣散了。郡里还安排三十个成年男子，供郡守使役。裴侠没有私自占有他们，并且把雇佣他们的钱收回来，为官府买马。时间长了，竟然为官府买了成群的马。裴侠离任时，什么都不拿。百姓歌颂他说：“肥美的鱼肉不吃，劳力、仆役都不要。裴公坚贞仁惠，是世上的楷模。”裴侠曾和各州郡长官一起拜见太祖。太祖让他单独站在一边，然后对各州郡长官说：“裴侠清廉为公，天下第一，你们之中若有和他一样的，可跟他站在一起。”大家都不出声，无人敢回答。太祖于是重重地奖赏了裴侠。朝廷和民间都很赞叹佩服他，称他是“独立君”。

裴侠曾撰写自己九代伯祖三国魏尚书令裴潜的传记，认为裴氏家族清正的传统始于裴潜，他想让自己的后代都遵奉此传统。传记写完后，送给宗族中知名者每人一本。他的堂弟伯凤、世彦都是当时丞相府的佐官，笑着对他说：“人生做官，要的是名利双收。清廉艰苦成这样，那做官到底图什么呢?”裴侠说：“清廉是做官的根本，节俭是修身的基础。况且我们裴氏的祖宗，世人都称赞他们的美名，所以能够活着时为朝中称颂，死后也为史书记载。现在我侥幸以自己平庸之材，幸运地得到圣上优待，坚守穷困并不是追求名声。立志修身，是怕辱没了祖先。这样做反而被你们嗤笑，我还有什么好说的!”裴伯凤等听了惭愧而退。

大统九年（543），入朝担任大行台郎中。数年后，又出任郢州刺史，加仪同三司，不久转任拓州刺史，拜为雍州别驾。北周孝闵帝宇文觉即位后，裴侠入朝任司邑下大夫，加封骠骑大将军、开府仪同三司，并晋升为公爵，增封食邑至一千六百户。后又调任民部中大夫。当时有主管仓储财物的不法官吏，多年贪污累计千万钱。等到裴侠到任后，大家认为公平正义又回来了，都振作精神，揭发检举，数十天之内，贪赃枉法之事基本上被肃清了。这之后裴侠又转任工部中大夫。听到裴侠上任的消息后，大司空所属掌管钱物的李贵就在官府中十分悲哀地哭泣，有人问他为何哭泣，他回答说：“我掌管的官府财物，有很多被我耗费占用了，裴公有清廉严明之名，我害怕遭到罪罚，因此哭泣。”裴侠听到这件事，允许他自首。李贵于是自己交代出曾偷偷耗费五百万钱。裴侠遏止贪赃之事，都诸如此类。

当初，裴侠曾经因病在家休养，大司空许国公宇文贵、小司空北海公申徽都来看望他。当时裴侠居住的房子都不能避风霜。二人回到朝廷后告诉了皇帝。皇上可怜他贫穷，就为他盖了一座住宅，并且赐给十顷良田，奴隶、耕牛和粮食等全都配备齐全。官员们都以裴侠为荣。武成元年（559），他在任上去世。获赠太子少师、蒲州刺史，谥号为“贞”。河北郡前功曹张回和郡中的官吏百姓，感激裴侠任职时的恩惠，作颂来纪念他的清廉品德。

【评述】

裴侠最主要的两个特点，一是“忠”，一是“廉”。

裴侠的“忠”，体现在国家利益高于一切。当魏孝武帝西迁时，裴侠并不因为家属在东郡而有丝毫的犹豫，他认为“忠”是自己的本职，“忠义之道，庸可忽乎！吾既食人之禄，宁以妻子易图也”。他的“忠”还体现在在战场上冲锋陷阵，将生死置之度外。

裴侠给人印象最深的是他对“廉”的坚持。他出身于官宦之家，家族都以廉洁著称，到了裴侠这一代，更加看重为官的廉洁。裴侠一生，仕途较为顺利，历任高级官员，但他以祖先的“廉洁传统”为荣，没有一丝贪念。甚至连所居房屋都“不免风霜”，令人心酸。裴侠不仅要求自己廉洁，而且对贪官进行打击遏制，“及侠在官，励精发摘，数旬之内，奸盗略尽”，成效卓著。再有，他还免除了给自己的特别待遇，清退了供自己役使的仆人，并把这笔开销交还给国家。这些，若是没有廉洁的坚定信念是很难做到的。

他的一生，诚如后人为颂扬裴侠写的一副对联：“为官一生，至晚年屋破房漏，难御滂沱雨；清风两袖，廉洁美名遍朝野，作歌颂裴公。”

（南江涛注译　张珊珊评述）

袁聿修

【原文】

袁聿修，字叔德，陈郡阳夏人。魏中书令翻之子也，出后叔父跃。七岁遭丧，居处礼度，有若成人。九岁，州辟主簿。性深沉有鉴识，清净寡欲，与物无竞，深为尚书崔休所知赏。魏太昌中，释褐太保开府西阁祭酒。年十八，领本州中正。寻兼尚书度支郎，仍历五兵左民郎中。武定末，太子中舍人。天保初，除太子庶子，以本官行博陵太守。数年，大有声绩，远近称之。八年，兼太府少卿，寻转大司农少卿，又除太常少卿。皇建二年，遭母忧去职，寻诏复前官，加冠军[①]、辅国将军，除吏部郎中。未几，迁司徒左长史，加骠骑大将军，领兼御史中丞。司徒录事参军卢思道私贷库钱四十万娉太原王乂女为妻，而王氏已先纳陆孔文礼娉为定，聿修坐为首僚，又是国之司宪，知而不劾，被责免中丞。寻迁秘书监。

天统中，诏与赵郡王叡等议定五礼。出除信州刺史，即其本乡也，时人荣之。为政清靖，不言而治，长吏以下，爰逮鳏寡孤幼，皆得其欢心。武平初，御史普出过诣诸州，梁、郑、兖、豫疆境连接，州之四面，悉有举劾，御史竟不到信州，其见知如此。及解代还京，民庶道俗，追别满道，或将酒脯，涕泣留连，竞欲远送。既盛暑，恐其劳弊，往往为之驻马，随举一酌，示领其意，辞谢令还。还京后，州民郑播宗等七百余人请为立碑，敛缣布数百匹，托中书侍郎李德林为文以纪功德。府省为奏，敕报许之。寻除都官尚书，仍领本州中正，转兼吏部尚书、仪同三司，尚书寻即真。

聿修少平和温润，素流之中，最有规检。以名家子历任清华，时望多相器待，许其风监。在郎署之日，值赵彦深为水部郎中，同在一院，因成交友，彦深后被沙汰停私，门生藜藿，聿修犹以故情，存问来往。彦深任用，铭戢甚深，虽人才无愧，盖亦由其接引。为吏部尚书以后，自以物望得之。初冯子琮以仆射摄选，婚嫁相寻，聿修常非笑之，语人云："冯公营婚，日不暇给。"及自居选曹，亦不能免，时论以为地势然也。在官廉谨，当时少匹。魏、齐世，台郎多不免交通馕遗，聿修在尚书十年，未曾受升酒之馈。尚书邢邵与聿修旧款，每于省中语戏，常呼聿修为清郎。太宁初，聿修以太常少卿出使巡省，仍命考校官人得失。经历兖州，时邢邵为兖州刺史，别后，遣送白细为信。聿修退细不受，与邢书云："今日仰过，有异常行，瓜田李下，古人所慎，多言可畏，譬之防川，愿得此心，不贻厚责。”邢亦忻然领解，报书云：“一日之赠，率尔不思，老夫忽忽意不及此，敬承来旨，吾无间然。弟昔为清郎，今日复作清卿矣。”及在吏部，属政塞道丧，若违忤要势，即恐祸不旋踵，虽以清白自守，犹不能免请谒之累。

齐亡入周，授仪同大将军、吏部下大夫。大象末，除东京司宗中大夫。隋开皇初，加上仪同，迁东京都官尚书。东京废，入朝，又除都官尚书。二年，出为熊州刺史。寻卒，年七十二。

选自《北齐书》卷四十二《袁聿修传》

【注释】

①冠军：将军名号。三国时曹魏，南北朝时宋、南齐、北魏，隋、唐都设冠军将军。

【译文】

袁聿修，字叔德，陈郡阳夏人。是北魏中书令袁翻的儿子，后被过继给叔父袁跃。七岁时父亲去世，他居丧时遵守礼法，就像成年人一样。九岁时，袁聿修被征召为州主簿。他性格深沉有见识，心境清净少有欲望，与世无争，很受尚书崔休的赏识。北魏太昌年间，出任太保开府西阁祭酒。十八岁那年，担任本州中正。不久兼任尚书度支郎，仍担任五兵郎中、左民郎中。武定末年，担任太子中舍人。天保初年，任太子庶子，兼任博陵太守。

几年后，政声大起，远近的人都称赞他。天保八年（557），兼任太府少卿，不久又转任大司农少卿，又担任太常少卿。皇建二年（561），因母亲去世离职，不久皇帝下诏令其官复原职，并加封冠军、辅国将军称号，任吏部郎中。没过多久，又升任司徒左长史，加封骠骑大将军，兼任御史中丞。司徒录事参军卢思道曾私借府库中四十万钱来聘娶太原人王乂的女儿为妻，而王氏之前已先接受了陆孔文的聘礼，袁聿修因为是司徒府的首要僚佐，又是御史台官员，知道这件事却没有弹劾，被责令免去御史中丞的职务。不久又升任秘书监。

天统年间，袁聿修奉诏与赵郡王高叡等人商定五礼。后来出任信州刺史，信州就是袁聿修的家乡，当时人们都以此为荣。袁聿修为政清静安定，无为而治，州中从长吏到鳏、寡、孤、幼，袁聿修都能受到他们的喜爱。武平初年，御史都出来巡视各州，梁、郑、兖、豫各州的边界相连，信州临近的州都有被举报弹劾的官员，但是御史居然不到信州巡查，袁聿修受到的信任到了这种地步。等到袁聿修任满解职回京时，追着送别他的老百姓挤满了街道，有人拿着酒肉，哭泣着徘徊不去，都想远送。当时正值盛夏，袁聿修担心百姓过度劳累，于是不断停下车马，随手喝一杯酒，表示心意已领，与他们告别并让他们回去。回京后，信州百姓郑播宗等七百多人请求为袁聿修立碑，征集几百匹缣布，委托中书侍郎李德林撰文来纪念袁聿修的功德。府省有关部门为此上奏，朝廷回复准许。不久袁聿修被授职都官尚书，仍担任信州中正，转而兼任吏部尚书、仪同三司，不久就正式担任吏部尚书。

袁聿修年少时性情就平和温润，在出身低微的官员中间，是最遵循规矩法度的。他以名门之后历任各种清贵之职，当时的名士都很器重他，赞许他的风范和见识。他在郎署的时候，正值赵彦深担任水部郎中，他们在同一个部院，于是成为好友。赵彦深后来被免官而闲居家中，无人探访，门口都长满野草，只有袁聿修念及旧情，还常和赵彦深互相慰问往来。赵彦深被启用后，深深地感念这件事，虽然袁聿修的升任无愧于他本人的才干，但也与赵彦深的引进有关。他担任吏部尚书后，自认为是因自己的名望而得此官职。起初冯子琮以尚书仆射掌管选拔官吏，子女婚嫁之事接连不断，袁聿修常常嘲笑他，对别人说："冯公经营婚事，每天时间都不够用。"但当他自己承担选任官员的职位时，也不能避免这种事，当时人们议论认为这是由于所处的地位所导致的。袁聿修做官清廉谨慎，当时少有人能比得上。东魏、北齐期间，尚书台官员之间不可避免要相互送礼，袁聿修担任尚书十年，连一升酒的馈赠都没有收受过。尚书邢邵和袁聿修是旧友，每次在尚书省中开玩笑，都称呼袁聿修为"清郎"。太宁初年（561），袁聿修以太常少卿的职位出使巡视各省，同时受命考校官员的政绩得失。经过兖州，当时邢邵为兖州刺史，二人道别后，邢邵派人送去白绸作为信物。袁聿修退回白绸没有接受。他写信给邢邵说："这次经过这里，和一般出行不同，瓜田李下，是古人都要谨慎避嫌的，人言可畏，就像防水一样，希望您能领会我的心思，不至于怪罪我。"邢邵见信释然，体会到他的心意，回信说："那天的赠送，是我太过轻率，没有认真思考，老夫匆忙之间没有想到这一点。收到您的来信，我没有不快。老弟过去是清郎，现在又是清卿了。"等到袁聿修在吏部任职，正值国家政治衰败、道德沦丧的时候，如果违背、触犯当时的权要，那么恐怕灾祸马上就会降临，袁聿修虽然以清白自守，但还是避免不了和权贵们应酬而累及自己的品德。

北齐灭亡后袁聿修出仕北周，授任仪同大将军、吏部下大夫。大象末年，又担任东京司宗中大夫。隋文帝开皇初年，加封上仪同三司，升任东京都官尚书。等到东京被废，袁聿修进入朝廷，又任都官尚书。开皇二年（582），他出任熊州刺史。不久去世，时年七十二岁。

【评述】

北齐末年官风不正，吏治腐败，官员结党营私、收受贿赂的现象屡见不鲜，在这样的时代风气中，袁聿修担任尚书一职达十年之久，却未曾收过别人哪怕一升酒的馈赠。他的清廉是由平时高度的谨慎、自律积累而来的，好友无意中送来白绸作为信物，袁聿修也会严肃、正式地将其退回，小事尚且如此，可以推见他大事会更加坚守原则。他正是因为平常小事注意，才不会在大事上出问题。

也许正是因为这份无欲无求，使得袁聿修在政事和与人交往上更为纯粹。他在处理政务时没有杂念，一心为民，得到治下吏民的拥护和爱戴，离任时百姓不顾酷暑，争相追逐相送，还为他立碑以纪念功德。他的正直无私就连巡查御史也深信不疑，乃至直接越过袁聿修辖州而不察，这份信任无论在何时都实属罕见。袁聿修与人交往也并不会持有特殊目的，赵彦深在官场中起起落落，只有袁聿修不顾忌外在环境的改变，对待他的态度始终如一。无欲所以无求，因此才能正直行政，正直交友。

为官之道，或贪或廉，不同的人有不同的选择。有人选择了贪，一时聚得如山财富，也不免落得身败名裂的结局；袁聿修选择了廉，赢得如山清名，流芳百世。

（唐亚丽注译、评述）

高　叡

【原文】

叡小名须拔，生三旬而孤，聪慧夙成，特为高祖所爱，养于宫中，令游娘母之，恩同诸子。魏兴和中，袭爵南赵郡公。至四岁，未尝识母，其母则魏华阳公主也。有郑氏者，叡母之从母姊妹之女，戏语叡曰："汝是我姨儿，何因倒亲游氏。"叡因问访，遂精神不怡。高祖甚以为怪，疑其感疾，欲命医看之。叡对曰："儿无患苦，但闻有所生，欲得暂见。"高祖惊曰："谁向汝道耶？"叡具陈本末。高祖命元夫人令就宫与叡相见，叡前跪拜，因抱头大哭。高祖甚以悲伤。语平秦王曰："此儿天生至孝，我儿子无有及者。"遂为休务一日。叡初读《孝经》，至"资于事父"，辄流涕歔欷。十岁丧母，高祖亲送叡至领军府，为叡发丧，与声殒绝，哀感左右，三日水浆不入口。高祖与武明娄皇后殷勤敦譬，方渐顺旨。居丧尽礼，持佛像长斋，至于骨立，杖而后起。高祖令常山王共卧起，日夜说喻之。并敕左右不听进水，虽绝清漱，午后辄不肯食。由是高祖食必唤叡同案。其见愍惜如此。高祖崩，哭泣呕血。及壮，将为婚娶，而貌有戚容。世宗谓之曰："我为尔娶郑述祖女，门阀甚高，汝何所嫌而精神不乐?"叡对曰："自痛孤遗，常深膝下之慕，方从婚冠，弥用感切。"言未卒，呜咽不自胜。世宗为之悯默。励己勤学，常夜久方罢。武定末，除太子庶子。显祖受禅，进封爵为赵郡王，邑一千二百户，迁散骑常侍。

叡身长七尺，容仪甚伟，闲习吏职，有知人之鉴。二年，出为定州刺史，加抚军将军、六州大都督，时年十七。叡留心庶事，纠摘奸非，劝课农桑，接礼民俊，所部大治，称为良牧。三年，加仪同三司。六年，诏叡领山东兵数万监筑长城。于时盛夏六月，叡在途中，屏除盖扇，亲与军人同其劳苦。而定州先有冰室，每岁藏冰，长史宋钦道以叡冒犯暑热，遂遣舆冰，倍道追送。正值日中停车，炎赫尤甚，人皆不堪，而送冰者至，咸谓得冰一时之要。叡乃对之叹息云："三军之人，皆饮温水，吾以何义，独进寒冰，非追名古将，实情所不忍。"遂至消液，竟不一尝。兵人感悦，遐迩称叹。先是，役徒罢作，任其自返。丁壮之辈，各自先归；羸弱之徒，弃在山北，加以饥病，多致僵殒。叡于是亲帅所部，与之俱还，配合州乡，部分营伍，督帅监领，强弱相持，遇善水草，即为停顿，分有余，赡不足，屯以全者十三四焉。

七年，诏以本官都督沧瀛幽安平东燕六州诸军事、沧州刺史。八年，征叡赴邺，仍除北朔州刺史，都督北燕、北蔚、北恒三州，及库推以西黄河以东长城诸镇诸军事。叡慰抚新迁，量置烽戍，内防外御，备有条法，大为兵民所安。有无水之处，祷而掘井，鍫锸裁下，泉源涌出，至今号曰赵郡王泉。

九年，车驾幸楼烦，叡朝于行宫，仍从还晋阳。时济南以太子监国，因立大都督府，与尚书省分理众事，仍开府置佐。显祖特崇其选，乃除叡侍中、摄大都督府长史。叡后因侍宴，显祖从容顾谓常山王演等曰："由来亦有如此长史不？吾用此长史何如?"演对曰："陛下垂心庶政，优贤礼物，须拔进居蝉珥之荣，退当委要之职，自昔以来，实未闻如此铨授。"帝曰："吾于此亦自谓得宜。"十年，转仪同三司、侍中、将军、长史，王如故。寻加开府仪同三司、骠骑大将军、太子太保。

皇建初，行并州事。孝昭临崩，预受顾托，奉迎世祖[①]于邺，以功拜尚书令，别封浮阳郡公，监太史，太子太傅，议律令。又以讨北狄之功，封颍川郡公。复拜尚书令，摄大宗正卿。天统中，追赠叡父琛假黄钺，母元氏赠赵郡王妃，谥曰贞昭，华阳长公主如故，有司备礼仪就墓拜授。时隆冬盛寒，叡跣步号哭，面皆破裂，呕血数升。及还，不堪参谢，帝亲就第看问。拜司空，摄录尚书事。突厥尝侵轶至并州，帝亲御戎，六军进止皆令取叡节度。以功复封宣城郡公。摄宗正卿，进拜太尉，监议五礼。叡久典朝政，清真自守，誉望日隆，渐被疏忌，乃撰古之忠臣义士，号曰《要言》，以致其意。

世祖崩，葬后数日，叡与冯翊王润、安德王延宗及元文遥奏后主[2]云："和士开不宜仍居内任。"并入奏太后，因出士开为兖州刺史。太后曰："士开旧经驱使，欲留过百日。"叡正色不许。数日之内，太后数以为言。有中官要人知太后密旨，谓叡曰："太后意既如此，殿下何宜苦违。"叡曰："吾国家事重，死且不避，若贪生苟全，令国家扰攘，非吾志也。况受先皇遗旨，委寄不轻。今嗣主幼冲，岂可使邪臣在侧？不守之以正，何面戴天？"遂重进言，词理恳切。太后令酌酒赐叡。叡正色曰："今论国家大事，非为卮酒！"言讫便出。其夜，叡方寝，见一人可长丈五，臂长丈余，当门向床，以臂压叡，良久，遂失所在。叡意甚恶之，便起坐独叹曰："大丈夫命运一朝至此！"恐为太后所杀，旦欲入朝，妻子咸谏止之。叡曰："自古忠臣，皆不顾身命，社稷事重，吾当以死效之，岂容令一妇人倾危宗庙？且和士开何物竖子，如此纵横，吾宁死事先皇，不忍见朝廷颠沛。"至殿门，又有人曰："愿殿下勿入，虑有危变。"叡曰："吾上不负天，死亦无恨。"入见太后，太后复以为言，叡执之弥固。出至永巷，遇兵被执，送华林园，于雀离佛院令刘桃枝拉而杀之，时年三十六。大雾三日，朝野冤惜之。期年后，诏听以王礼葬，竟无赠谥焉。

选自《北齐书》卷一十三《高叡传》

【注释】

①世祖：即北齐武成帝高湛（537—569），561—565 年在位。

②后主：即北齐后主高纬（556—578），565—577 年在位。

【译文】

高叡小名须拔，刚出生一个月父亲就死了。他聪明早慧，特别受到高祖高欢的喜爱，被养育在宫中，游娘是他的乳母，齐高祖对待他就像对待自己的几个儿子一样。东魏兴和年间，高叡承袭父亲的爵位为南赵郡公。他长到四岁，还不认识自己的母亲。他的母亲就是东魏华阳公主。有个姓郑的女人，是高叡母亲的表姐妹的女儿，对高叡开玩笑说："你是我姨的儿子，为什么反倒亲近游氏？"高叡于是到处询问，因此闷闷不乐。高祖觉得很奇怪，怀疑他生病了，想让医生为他看诊。高叡回答说："孩儿没有生病，只是听说了我的生母一事，想要见见她。"高祖惊讶地说："是谁告诉你的？"高叡详细地讲述了事情的始末。高祖命令元夫人进宫和高叡相见，高叡上前跪拜在地，于是两人抱头大哭。高祖也非常悲伤。他对平秦王高归彦说："这个孩子天生就极其孝顺，我的儿子没有一个比得上他。"于是为此休朝一天。高叡第一次读《孝经》，读到"资于事父"这句时，就流泪叹息。他十岁时母亲去世，高祖亲自送高叡到领军府，为高叡发丧，高叡哭声哀绝，感动了身边的人，连续三天水米不曾入口。高祖和武明皇后娄氏努力地劝导他，他才渐渐地顺从旨意节哀。高叡居丧时期礼节极为周到，供奉佛像长期吃斋，以至于形销骨立，需要拄着拐杖才能站起来。高祖命令常山王高演和他一同居住，日夜开导他。又命令身边的人不让进水，虽然断绝了清漱，但到了午后就不肯再进食。于是高祖吃饭时必定召唤高叡同桌，对高叡的怜恤到了这种地步。高祖去世时，高叡痛哭以至吐血。等到他长大，将要为他娶妻，他却面带忧伤。世宗高澄对他说："我为你娶的是郑述祖的女儿，门第很高，你还有什么不满意的，这样闷闷不乐?"高叡回答道："我悲痛的是自小就失去父母，经常羡慕别的孩子能承欢父母膝下，现在自己也要结婚了，这种感受更加深切。"话还没说完，就呜咽哽塞不能自已。世宗也因怜悯他而沉默不语。高叡勤奋好学，自我勉励，常常至夜深才休息。武定末年，担任太子庶子。北齐显祖高洋接受禅让登基时，高叡进封爵位为赵郡王，食邑一千二百户，迁任散骑常侍。

高叡身高七尺，容貌仪表英伟异常。他对于官吏职务非常熟悉，擅长鉴识人才。天保二年（551），出任定州刺史，加封抚军将军、六州大都督，当时十七岁。高叡留心民间俗事，纠察指摘为非作歹之人，劝导奖励农桑，礼待民间俊才，把所统辖的地方治理得很好，被称做贤能的州郡长官。天保三年，加封仪同三司。天保六年，诏书命令高叡率领山东数万士兵监修长城。当时是盛夏六月，高叡在路途中，去除伞盖，亲自和军人一同承受劳苦。定州以前就有冰室，每年都藏有冰块，长史宋钦道看到高叡冒着酷热，于是派人用车载着冰块，加倍速度赶路追送过来。当时正值中午停车休息之时，非常炎热，人们都难以忍受，送冰的人到了，大家都说冰到的正是时候。高叡于是对着冰块叹息说道：“三军将士都喝的是温水，我凭什么独自享用寒冰？我并非是为追求声名而效法古代名将，实在是情理不容。”于是直到冰块融化，都没有尝一口。士兵们非常感动，无论远近都称赞他。之前，服劳役的人完成任务，就让他们自己回家。年轻力壮的人，各自先回去了；体弱之辈，就被丢弃在山北，加上饥饿疾病，常常因此死亡。高叡于是亲自率领部下，和他们一同返乡，配合州郡乡邑，编成各部，分配到军队中，由将帅监督掌管，强弱互相扶持。遇到水草丰沛的地方，马上停下来休整，把多余的食物分给饮食不足的人，因此得以保全下来的人有十分之三、四。

天保七年（556），皇上下诏让高叡以本官职务担任沧州、瀛州、幽州、安州、平州、东燕州六州诸军事、沧州刺史。天保八年，征召高叡去邺城，仍然担任北朔州刺史，督领北燕、北蔚、北恒三州，以及库推以西黄河以东长城各镇诸军事。高叡抚慰新迁来的军民，设置烽燧和戍卒驻地，内外防御，守备有条有法，让兵民非常安心。没有水的地方，祷祝后挖井，铁锹刚一挖下去，泉水就涌出来。这里至今还叫赵郡王泉。

天保九年（558），皇帝巡幸楼烦，高叡在行宫朝见他，于是跟从皇帝返回晋阳。当时济南王高殷凭借太子监国的身份，设立大都督府，和尚书省分权处理各种事务，并且开府设置僚佐。显祖非常重视其中选取的人才，于是任命高叡为侍中、摄大都督府长史。高叡后来因侍皇帝之宴，显祖从容地对常山王高演等人说：“长久以来有这样的长史吗？我任用的这个长史怎么样？”高演回答说：“陛下悉心处理政务，礼优贤人，须拔是进可以担当高官，退能够委以重任的人，自古以来，实在没听说有这么适当的选拔任命。”皇帝说：“我自己也认为这个任命非常适宜。”天保十年，高叡转任仪同三司、侍中、将军、长史，仍担任赵郡王。不久加封开府仪同三司、骠骑大将军、太子太保。

皇建初年（560），高叡管理并州事宜。孝昭帝高演临死前，高叡接受委托，在邺城迎接世祖高湛，凭功劳拜任尚书令，另外封为浮阳郡公，监太史，太子太傅，参议律令。又因为讨伐北狄有功，被封为颍川郡公。又担任尚书令，代理大宗正卿。天统年间，追赠高叡的父亲高琛假黄钺，母亲元氏获赠为赵郡王妃，谥号为“贞昭”，恢复过去华阳长公主的称号，官员备好礼仪到墓前拜授。当时正是隆冬严寒时节，高叡光着脚号哭，脸都冻裂了，吐了很多血。等到回家，连皇恩都无法拜谢，皇帝亲自到他府第去看望。又担任司空，兼任尚书省事务。突厥曾经侵犯到并州，皇帝亲征御敌，六军进攻防守都命令高叡调度。因为功劳卓著他又被封为宣城郡公。代理宗正卿，进升为太尉，监议五礼。高叡长期执掌朝政，清白自守，声望越来越高，慢慢地就被疏远猜忌，于是他编撰古代忠臣义士的事迹，命名为《要言》，来表达自己的心志。

世祖去世，埋葬后没几天，高叡和冯翊王高润、安德王高延宗和元文遥等人启奏后主说：“和士开不适宜再留在宫中任职。”一同入宫启奏太后，于是让和士开出任兖州刺史。太后说：“和士开过去一直被任用，想留他过完一百天的丧期。”高叡神色庄重，不允许。几天之内，太后多次为和士开说话。宫中有宦官知道太后的心意，对高叡说：“太后既然执意这样，殿下何苦要违背她呢？”高叡说：“我以国家大事为重，死都不怕，如果苟且偷生，让国家混乱，不是我的意愿。何况接受了先皇的遗旨，对我的寄托与希望不轻。如今皇上年幼，怎能让奸臣在身边呢？若不以正义自守，我有什么颜面立于天地之间？”于是再次进言，言辞非常恳切。太后下令斟酒给高叡，高叡神情严肃地说：“现在讨论的是国家大事，我不是为了一杯酒来的！”说完就出宫了。这天晚上，高叡刚刚睡下，就看见一个人身高一丈五，手臂长一丈多，面对床站在门边，用手臂压着高叡，压了很久，就不见了。高叡心里非常厌恶，于是坐起来长叹道：“大丈夫的命运有一天竟走到这个地步！”他担心被太后所杀，第二天一早就想入朝，妻子儿女都劝阻他。高叡说：“自古以来的忠臣，都不顾及自己的身家性命，国事重大，我应当以死报效国家，怎么能让一个妇人危害社稷？况且和士开是什么东西，如此放纵，我宁愿以死去侍奉先皇，也不忍心看到朝廷陷入混乱。”他走到殿门，又有人说：“希望殿下不要进去，恐怕会有危险。”高叡说：“我上不负皇天，死也没有遗憾。”入宫拜见太后，太后又为和士开说话，高叡更加坚持自己的意见。出宫走到永巷，遇到士兵后被抓起来，送到华林园，在雀离佛院，太后命令刘桃枝把他杀了，当时三十六岁。城中大雾三天，朝野上下都为他冤死而痛惜。一年后，皇帝下诏依照王的礼仪安葬他，但最终也没有赠予他谥号。

【评述】

高叡是北齐神武帝高欢之弟高琛的儿子，深受高欢宠爱，却未恃宠而自骄，而是勤勉为官，体恤下民，政绩突出，集至孝与至忠于一体。

“百行德为首”，只有人性饱满，才能官性无私，古代重视考察为官者的道德品行，盖出于此，而高叡的至情、至孝，堪称后世典范。他幼年丧父，直到四岁都未曾见过生母，由高欢抚养长大。而终其一生，高叡都牢记着父母的生育之恩，高欢的养育之德，以至为母服丧时悲痛劳累而形销骨立，听闻高欢死讯时哭泣呕血。国家者，有家才能成国，而作为国家秩序的维护者，官员如果连对父母长辈都不能做到孝顺，又怎能为统治者治理好国家呢？高叡正是有着一颗至情至孝之心，才能够推己及人，对百姓也多加爱护。他在带领士兵修筑长城时，和士兵一起暴晒在六月骄阳下，不肯独自以冰消暑；工程结束后又妥善安排好老弱病残之人，尽力保全他们的性命；在邺城时他主持修建烽火台，挖掘泉水，使当地兵民能够安居乐业。

《论语》有云："其身正，不令而行。"高叡身为皇室贵胄，却能对自己严格要求，对百姓疾苦感同身受，凭借其德行使众人服膺，无怪乎能让"兵人感悦，遐迩称叹"。

高叡为官有对百姓温情的一面，也有坚持原则、毫不妥协的一面。他年方十七便担任定州刺史，将所在之地治理得井井有条，赢得"良牧"美称，可见其胸中自有经国大略。当武成帝高湛去世后，高叡想要弹劾奸人和士开，却受到胡太后的阻挠，他以国家大事为重，与太后据理力争，不顾自身安危，冒死入殿，最终被押送到华林园惨刑处死，年仅三十六岁。高叡坚持原则，用生命践行了自己的正直不屈。

高叡一生为国尽忠，为民尽责，堂堂正正做人，清清白白为官，他光明磊落的一生值得后人尤其是为官者感佩深思。

（唐亚丽注译、评述）

褚　玠

【原文】

褚玠，字温理，河南阳翟人也。曾祖炫，宋升明初与谢朏[①]、江斅[②]、刘俣[③]入侍殿中，谓之四友。官至侍中、吏部尚书，谥贞子。祖沄，梁御史中丞。父蒙，太子舍人。

玠九岁而孤，为叔父骠骑从事中郎随所养。早有令誉，先达多以才器许之。及长，美风仪，善占对，博学能属文，词义典实，不好艳靡。起家王府法曹[④]，历转外兵记室。天嘉中，兼通直散骑常侍，聘齐，还为桂阳王友。迁太子庶子、中书侍郎。

太建中，山阴县多豪猾，前后令皆以赃污免，高宗患之，谓中书舍人蔡景历曰："稽阴大邑，久无良宰，卿文士之内，试思其人。"景历进曰："褚玠廉俭有干用，未审堪其选不？"高宗曰："甚善，卿言与朕意同。"乃除戎昭将军、山阴令。县民张次的、王休达等与诸猾吏贿赂通奸，全丁大户，类多隐没。玠乃锁次的等，具状启台，高宗手敕慰劳，并遣使助玠搜括，所出军民八百余户。

时舍人曹义达为高宗所宠，县民陈信家富于财，谄事义达，信父显文恃势横暴。玠乃遣使执显文，鞭之一百，于是吏民股栗，莫敢犯者。信后因义达谮玠，竟坐免官。玠在任岁余，守禄俸而已，去官之日，不堪自致，因留县境，种蔬菜以自给。或嗤玠以非百里之才，玠答曰："吾委输课最，不后列城，除残去暴，奸吏局蹐⑤。若谓其不能自润脂膏，则如来命，以为不达从政，吾未服也。"时人以为信然。皇太子知玠无还装，手书赐粟米二百斛，于是还都。太子爱玠文辞，令入直殿省。十年，除电威将军、仁威淮南王长史。倾之，以本官掌东宫管记。十二年，迁御史中丞，卒于官，时年五十二。

玠刚毅有胆决，兼善骑射。尝从司空侯安都于徐州出猎，遇有猛兽，玠引弓射之，再发皆中口入腹，俄而兽毙。及为御史中丞，甚有直绳之称。自梁末丧乱，朝章废弛，司宪因循，守而勿革，玠方欲改张，大为条例，纲维略举，而编次未讫，故不列于后焉。及卒，太子亲制志铭，以表惟旧。至德二年，追赠秘书监。所制章奏杂文二百余篇，皆切事理，由是见重于时。

选自《陈书》卷三十四《褚玠传》

【注释】

①朏：音 fěi。

②斅：音 xiào。

③俣：音 yǔ。

④王府法曹：官名。掌王府违法行讯处刑之事。

⑤局蹐（jí）：畏缩恐惧的样子。

【译文】

褚玠，字温理，河南阳翟人。他的曾祖褚炫，在南朝宋升明初年与谢朏、江斅、刘俣一同为官，被称作“四友”，后官至侍中、吏部尚书，谥号贞子。祖父褚澐，为南朝梁御史中丞。父亲褚蒙，曾做太子舍人。

褚玠九岁时丧父，被叔父骠骑从事中郎褚随养大。褚玠早年就有美誉，前辈们多赞许他有才气，将来必成大器。褚玠长大成人后，风姿仪容十分美好，长于应对，博学且擅写文章，他的文章文词义理典雅朴实，不崇尚艳丽奢靡。他初次做官是担任王府法曹，还做过外兵记室。天嘉年间，又兼任通直散骑常侍，出使北齐，回来后成为桂阳王陈伯谋友。又升任太子庶子、中书侍郎。

太建年间，山阴县多有狡诈强横的豪强，前几任县令都因为贪污而被罢免，高宗很忧虑这件事，对中书舍人蔡景历说：“会稽的山阴是个大的县城，很长时间都没有称职的地方长官，你知道的文士中有没有合适的人选？好好想一下。”蔡景历进言说：“褚玠清廉节俭又有才干，不知道能否当此重任？”高宗说：“很好，你说的和我想的一样。”于是任命褚玠为戎昭将军、山阴令。山阴县民张次的、王休达等与奸猾的官吏相勾结，有权势的大户家里应该承担国家赋役的成年男子，大多隐瞒不报。褚玠就把张次的等逮捕入狱，整理好文状上报了朝廷，高宗亲写敕书慰问褚玠，并派人协助他搜查瞒报的丁户，最后搜出来八百多户军民。

当时中书舍人曹义达被高宗宠信，县民陈信家中富有，就极力谄媚逢迎曹义达，陈信的父亲陈显文仗势横行霸道。褚玠于是派人把陈显文抓了起来，鞭打了他一百下，这样官吏百姓都害怕了，没有敢再犯法的。后来陈信就通过曹义达陷害褚玠，褚玠最终因此被免官。褚玠在县令任上一年多，仅靠俸禄过日子，在离职之时，都凑不出路费，因此就留在县内，靠种植蔬菜以养活自己。有人因此嗤笑褚玠不是能治理方圆百里地区的人才，褚玠回答说："我为朝廷转运物资，政绩考核，都不在其他城邑长官之下；我除暴安良，奸邪的官吏们都因此而畏缩恐惧。如果说我不能让自己富起来，那么确如你所说，但如果认为我管理政事做得不好，我是不服气的。"当时人都认为他说得对。皇太子知道褚玠没有回来的行装，就亲笔写信赐给他二百斛粟米，这样他才回到了都城。太子喜爱褚玠的文辞，就让他入台省任职。宣帝太建十年（578），褚玠被任命为电威将军、仁威将军淮南王的长史，很快，又以本官兼掌东宫管记之职。太建十二年（580），升任御史中丞，在任上去世，时年五十二岁。

褚玠刚强坚毅，有胆识有决断，又善于骑马射箭。他曾经跟随司空侯安都在徐州外出打猎，遇有猛兽，褚玠拉弓射它，两箭都射中兽口直穿腹部，猛兽很快就死了。待到他做御史中丞，人们极力称颂他正直如绳墨。自从梁朝末年时局动乱，朝廷的典章制度荒废松弛，法令因循守旧不知变革，褚玠正想要改弦更张，大范围重订条例，但到他去世时，很多纲领刚刚成形，次序编排也未完成，所以没有行于后世。他去世后，太子亲自为他撰写墓志铭，来表达对旧臣的心意。陈后主至德二年（584），褚玠被追赠为秘书监。他所写的奏章杂文有二百多篇，全都切合事理，因此这些文章被当时人看重。

【评述】

褚玠以文才、清廉以及才干为人所重。他所任职的山阴县是一个很难治理的地方，地方势力横行，一连几任官吏非但不能整治，还与之沆瀣一气，因贪污被罢免。褚玠临危受命，一上任就对当地恶势力进行了毫不留情地镇压，坚决彻底地肃清了乡里的恶势力。惩恶才能扬善，山阴县从此有了清明的社会环境，百姓安居乐业。但是褚玠也正因此而受到恶势力的打击报复，被诬陷罢官。这样一个正直无畏的官员，离开山阴时居然没有回去的盘缠，只得留在当地以种蔬菜度日，最后还要靠皇太子的资助才能够回到京城。他的清廉如此彻底，令人感佩。

褚玠真正做到了一身正气，两袖清风。他不能使自己摆脱贫穷，沦落到种菜为生，却能让一个百里之县得到安宁与富裕。他不计较自己的得失荣辱，把打击豪强、肃清吏治作为自己为官的重要任务，勇敢无畏地与恶势力斗争。这种鲜明的对比恰恰说明，褚玠从不以权谋私，从不用地方官的特权为自己谋福利，而是时刻牢记自己地方官的职责，为国家为百姓造福。为官者，为自己谋利的机会是很多的，但是一旦涉足，公正的天平就会倾斜，正义的利剑就会锈蚀。为了一己之私利，置国家、民众于不顾的蛀虫难道还少吗？从这个意义上，我们可以说，山阴县令褚玠在物质上是贫穷的，但是，他的贫穷正是他高尚品格的最好证明，是他廉洁正直一生的一枚隐形勋章。

（张文华注译　于春媚评述）

苏　琼

【原文】

苏琼，字珍之，武强人也。父备，仕魏至卫尉少卿。琼幼时随父在边，尝谒东荆州刺史曹芝。芝戏问曰：“卿欲官不?”对曰：“设官求人，非人求官。”芝异其对，署为府长流参军①。文襄②以仪同开府，引为刑狱参军，每加勉劳。并州尝有强盗，长流参军推其事，所疑贼并已拷伏，失物家并识认，唯不获盗赃。文襄付琼更令穷审，乃别推得元景融等十余人，并获赃验。文襄大笑，语前妄引贼者曰：“尔辈若不遇我好参军，几致枉死。”

除南清河太守，其郡多盗，及琼至，民吏肃然，奸盗止息。或外境奸非，辄从界中行过者，无不捉送。零县民魏双成失牛，疑其村人魏子宾，送至郡，一经穷问，知宾非盗者，即便放之。双成诉云：“府君放贼去，百姓牛何处可得?”琼不理，密走私访，别获盗者。从此畜牧不收，多放散，云：“但付府君。”有邻郡富豪将财物寄置界内以避盗，为贼攻急，告曰：“我物已寄苏公矣。”

贼遂去。平原郡有妖贼刘黑狗，构结徒侣，通于沧海。琼所部人连接村居，无相染累。邻邑于此伏其德。郡中旧贼一百余人，悉充左右，人间善恶，及长吏饮人一盃酒，无不即知。琼性清慎，不发私书。道人道研为济州沙门统，资产巨富，在郡多有出息，常得郡县为征。及欲求谒，度知其意，每见则谈问玄理，应对肃敬，研虽为债数来，无由启口。其弟子问其故，研曰："每见府君，径将我入青云间，何由得论地上事。"郡民赵颍曾为乐陵太守，八十致事归。五月初，得新瓜一双自来送。颍恃年老，苦请，遂便为留，仍致于听事梁上，竟不剖。人遂竞贡新果，至门间，知颍瓜犹在，相顾而去。有百姓乙普明兄弟争田，积年不断，各相援引，乃至百人。琼召普明兄弟对众人谕之曰："天下难得者兄弟，易求者田地，假令得地失兄弟心如何?"因而下泪，众人莫不洒泣。普明弟兄叩头乞外更思，分异十年，遂还同住。每年春，总集大儒卫觊隆、田元凤等讲于郡学，朝吏文案之暇，悉令受书，时人指吏曹为学生屋。禁断淫祠，婚姻丧葬皆教令俭而中礼。又蚕月预下绵绢度样于部内，其兵赋次第并立明式，至于调役，事必先办，郡县长吏常无十杖稽失。当时州郡无不遣人至境，访其政术。天保中，郡界大水，人灾，绝食者千余家。琼普集部中有粟家，自从贷粟以给付饥者。州计户征租，复欲推其贷粟。纲纪谓琼曰："虽矜饥馁，恐罪累府君。"琼曰："一身获罪，且活千室，何所怨乎?”遂上表陈状，使检皆免，人户保安。此等相抚儿子，咸言府君生汝。在郡六年，人庶怀之，遂无一人经州。前后四表，列为尤最。遭忧解职，故人赠遗，一无所受。寻起为司直、廷尉正，朝士嗟其屈。尚书辛述曰：“既直且正，名以定体，不虑不申。”

初琼任清河太守，裴献伯[3]为济州刺史，酷于用法，琼恩于养人。房延屿为乐陵郡，过州。裴问其外声，屿云：“唯闻太守善，刺史恶。”裴云：“得民誉者非至公。”屿答言：“若尔，黄霸、龚遂君之罪人也。”后有敕，州各举清能。裴以前言，恐为琼陷，琼申其枉滞，议者尚其公平。毕义云为御史中丞，以猛暴任职，理官忌惮，莫敢有违。琼推察务在公平，得雪者甚众，寺署台案，始自于琼。迁三公郎中。赵州及清河、南中有人频告谋反，前后皆付琼推捡，事多申雪。尚书崔昂谓琼曰：“若欲立功名，当更思余理，仍数雪反逆，身命何轻?”琼正色曰：“所雪者怨枉，不放反逆。”昂大惭。京师为之语曰：“断决无疑苏珍之。”

迁左丞，行徐州事。徐州城中五级寺忽被盗铜像一百躯，有司征检，四邻防宿及纵迹所疑，逮系数十人，琼一时放遣。寺僧怨诉不为推贼，琼遣僧，谢曰：“但且还寺，得像自送。”尔后十日，抄贼姓名及赃处所，径收掩，悉获实验，贼徒欵引，道俗叹伏。旧制以淮禁不听商贩辄度，淮南岁俭，启听淮北取籴。后淮北人饥，复请通籴淮南，遂得商估往还，彼此兼济，水陆之利，通于河北。后为大理卿而齐亡，仕周为博陵太守。

选自《北齐书》卷四十六《苏琼传》

【注释】

①长流参军：官名。掌管刑狱捕贼等事。

②文襄：即北齐文襄帝高澄（521—549），神武帝高欢长子。“文襄”为追谥，实际并未即位。

③裴献伯：河东闻喜人，东魏末年担任廷尉卿、济州刺史。为政严酷，清廉自守。

【译文】

苏琼，字珍之，河北武强人。父亲苏备，在北魏时官至卫尉少卿。苏琼年幼时跟随父亲在边境，曾经去拜见东荆州刺史曹芝。曹芝开玩笑地问他说：“你想做官吗？”苏琼回答道：“朝廷设立官职是寻找适合的人去任职，而不是人去求官做。”曹芝认为他的回答很不一般，便让他做自己府中的长流参军。高澄按照三公的礼仪开府置署，任用苏琼做刑狱参军，经常对他勉励慰劳。并州曾出现强盗，长流参军审理此事，所怀疑的贼人全都在拷问下屈服，失主也都已进行过辨识，只是没有找到赃物。高澄把案子交给苏琼命他更彻底地审查，苏琼另外抓到元景融等十几人，同时找到了赃物。高澄因此大笑，对之前被误认为盗贼的人说："你们这些人如果不是遇到我的好参军，差点就冤枉而死了。"

苏琼被任命为南清河太守，该郡多盗贼，苏琼到任后，百姓和官吏态度恭敬，奸盗之事也平息了。境外的奸人只要经过南清河，没有一个不被捉住送到官府治罪的。零县的百姓魏双成丢失了一头牛，怀疑是本村人魏子宾所偷，于是将他扭送到郡中。苏琼详加审问后，知道魏子宾并非盗牛贼，就立即放了他。魏双成上诉道："府君把贼放走，小民的牛到哪里去找呢？"苏琼不理他，私下探访，另外找到了偷牛贼。从此郡中牲畜不再拴束，多放养，人们说："只管交给府君。"有邻郡的富豪将财物寄放在南清河郡内来躲避盗贼，一次，他被盗贼围攻，情急之下说："我的东西已经寄放在苏公那了。"贼人于是离开了。平原郡有个叫刘黑狗的妖人，聚众结党，势力达到海边。苏琼治下的人和他们村落相连，但没有一个人牵连其中。相邻郡县中的人由此都十分佩服苏琼的德行。郡中原有盗贼一百多人，苏琼将他们都安排在身边办事，民间的善恶，甚至长吏喝别人一杯酒，苏琼都没有一件不是马上就知道的。苏琼性情清正谨慎，从不写私信给别人，有个叫道研的道士是济州的沙门统，资产非常丰厚，在郡中放有很多高利贷，常常要郡县官员帮助收回。当他想要求见苏琼时，苏琼揣摩到他的来意，每次见面就跟他讨论玄理，应对非常严肃恭敬。道研虽然为了债务多次前来，但都没有机会开口。他的弟子询问其中的原因，道研说道："每次见到府君，他直接就将我带到青云之间，哪还有机会讨论地上俗事呢？"郡民赵颖曾经做过乐陵太守，八十岁才告老还乡。五月初，赵颖得到一对新鲜的瓜，亲自送来给苏琼。他仗着自己年纪大，苦苦请求，于是苏琼便收下新瓜，但他把瓜放在大厅的横木上，一直没有剖开。其他人竞相来献新鲜瓜果，来到苏琼府中大门处时，看到赵颍的瓜还在，于是只能对视一眼然后离去。百姓中乙普明兄弟俩争田，多年来都没有决断，双方都援引证人，人数达百人之多。苏琼招来乙普明兄弟，当着众人的面对他们说："天下难得的是兄弟情分，容易求得的是田地，假如得到田地但是失去兄弟情义会怎么样呢?"说完流下了眼泪，众人也无不流泪。乙普明兄弟叩头请求去外面再考虑，兄弟俩本已分开生活十年，这次之后又搬到一起住了。每年春天，苏琼就召集大儒卫觊隆、田元凤等人在郡学讲学，官吏政务闲暇之余，苏琼就命令他们都去听课，当时人们将吏曹称为学生屋。苏琼下令禁毁不合乎朝廷礼制的民间祭祀，教育百姓婚姻丧葬都要节俭而符合礼仪。此外在养蚕的月份提前将棉、绢的样式发到下面，征兵、收赋税都井然有序，并且订立明确法令，至于征调劳役，他必然会事先办理，郡县中的官吏很少会因为延误时间而遭受惩罚。当时各州郡都派人来到清河郡，探问苏琼处理政务的经验。天保年间，郡中发大水，百姓遭灾，家中断粮的达一千余家。苏琼广泛召集郡中尚有粮食的人家，自己向他们借粮食来分发给饥民。州里按照户数征收田租，又想追查他借粮食给饥民的情况。郡中幕僚对他说："虽然您是怜惜那些饥民，但这样恐怕会连累府君您自己。"苏琼说："我一个人获罪，但可以救活千余户百姓，又有什么可怨恨的呢?"于是他上书陈述实情，朝廷下令免除审查借粮一事，郡中百姓得以保全。他们抚摸着自己的孩子，都说是府君让你们得以生存。苏琼在南清河郡中六年，百姓都受其感化，没有一个人到州中申诉。州中前后四次上表，都将苏琼列为政绩最优的官员。当他因父亲去世而离职时，对于朋友所赠钱物，没有一样接受的。不久苏琼又被起用为司直、廷尉正，朝中人士都慨叹屈才。尚书辛述说：“苏琼为人正直，他的品行与他担任的职务相符，不必担心他不能施展才能。”

起初苏琼担任清河太守时，裴献伯为济州刺史，使用刑法非常严酷，而苏琼则以恩义善待百姓。房延岣担任乐陵郡太守，经过济州，裴献伯问他自己在外的名声，房延岣说：“只听到别人说太守好，刺史恶。”裴献伯说：“得到百姓赞扬的不一定是至公无私的人。”房延岣回答说：“如果是这样的话，黄霸、龚遂就是你所谓的罪人了。”后来朝廷有敕令，让各州举荐清正贤能之人。裴献伯因为之前的话，害怕会被苏琼陷害，苏琼却为他申诉，认为裴献伯应得到升迁。谈论这件事的人都推崇苏琼的公平。毕义云任御史中丞，为官凶猛残暴，治狱官对他有所忌惮，没有人敢违逆他的意见。苏琼审查案件务必求得公平，因他而得以昭雪的冤案很多，由大理寺审理御史台的案件，就是由苏琼开始的。后来苏琼升任三公郎中。赵州和清河、南中有人屡次举报谋反之事，每次都交给苏琼审理，大多得以昭雪。尚书崔昂对苏琼说：“如果你想要建立功名，就应当想想别的办法，你多次为谋反之事平反，难道就将身家性命看得这么轻吗？”苏琼面色严肃地说：“我平反的都是受冤枉之人，没有放过真正谋反的人。”崔昂大感惭愧。京师中人这么评价苏琼：“苏珍之断案清明无悬疑。”

苏琼后来升任尚书左丞，同时掌管徐州的事务。徐州城中五级寺内突然被盗走一百尊铜像，有关官员审问搜查后，逮捕了周围四邻、夜间守卫以及踪迹可疑者数十人，苏琼却将这些人一下子都放了。寺中的僧侣埋怨苏琼不为他们追查贼人，苏琼让他们回去，说："你们暂且先回寺庙，找到铜像后自然会送还给你们。"从那以后过了十天，苏琼查获贼人的姓名和赃物所在之处，直接收捕，人赃俱获，贼人全部据实招认，僧侣和百姓都大为叹服。过去的制度以淮河为禁区，不准许商贩自由往返，淮南年成不好，苏琼就上书请求从淮北调粮。后来淮北百姓遭遇饥荒，他又请求从淮南调粮，于是商贩得以往返淮南、淮北之间，两地互通有无，彼此照应，水路和陆路交通便利，直到黄河之北。苏琼后来在担任大理寺卿时北齐灭亡，他又在北周朝廷担任博陵太守。

【评述】

从古至今，法律既是解决问题的有效手段，也是维护社会秩序、保证国家稳定的必要工具，尤其在推行"人治"的古代社会，能够做到执法公正严明的官员可以说是百姓的福音。苏琼年幼时就有"官职是为有才能的人设置"这样的认识，长大了也是一个有作为的官吏。

苏琼在他的为官生涯中，以办案细致精准闻名。他审案细心，做到了绝不冤枉一个好人，也绝不放过一个坏人。并州强盗案、零县偷牛案和五级寺铜像案的破获，显示了苏琼非凡的办案才能。他有一颗忠于职守、为民服务的赤诚之心，所以才会耐心考察案情，最终还百姓以清净生活。苏琼之所以受到百姓敬重，除了因为他办案公正有效率，能有效打击和遏制郡中的不法之风，整顿郡治，为百姓创造安稳的生活环境外，更是因为他个人品德上的廉洁自律，而这一点恰恰又是他能做到司法公正的保障。郡民赵颖曾送给苏琼一对新鲜的瓜品，苏琼将之悬挂在大厅的横木上，跟风送礼的人看到后便了然于心，黯然而去。瓜虽轻，但一个官员的原则却重如泰山，无法轻易改变，苏琼廉洁自守的美名随着这悬瓜的故事流传后世。

苏琼在处理政务上严谨认真，对百姓也关怀备至，以仁德治民。他在乙普明兄弟的案子中对其动之以情、晓之以理地加以劝说，使兄弟俩重归于好；在百姓遭水灾后不顾自己可能获罪，调粮救灾。此外，他还推行教化，调节劳役，为百姓做了很多实事，称得上是一个有实绩的父母官。

（唐亚丽注译、评述）

孟　业

【原文】

孟业，字敬业，巨鹿安国人也。家本寒微，少为州吏，性廉谨。同僚诸人，侵盗官绢，分三十匹与业，拒而不受。行台郎中郭秀相礼接，方欲荐之，会秀卒。

魏彭城王韶，齐神武之婿也，拜定州刺史，除业为典签。长史刘仁之谓业曰："我处其外，君居其内，同心戮力，庶有济乎?"未几，仁之入为中书令，临路启韶云："殿下左右可信任者，唯有孟业，愿专任之，余人不可信也。"又与业别，执手曰："今我出都，君便失援，恐君在后，不自保全，唯正与直，愿君自勉。"业唯有一马，瘦死。韶以业贫，令州府官人，同食马肉，欲令厚相酬偿。业固辞不敢。韶乃戏业曰："卿邀名人也。"对曰："业为典签，州中要职，诸人欲相贿赡，止患无方便耳。今唤食肉，恐致聚敛，有损声名，所以仰违明教。"后未旬日，韶左右王四德、董惟金并以马死托肉，为长史裴英起密启。神武有书与韶，大致诮让。业寻被谮，出外行县事。后神武书责韶云："典签姓孟者，极能用心，何乃令出外也！"及韶代下，业亦随还，赠送一无所受。仁之后为西兖州，临别谓吏部郎中崔暹[①]曰："贵州人士，唯有孟业，铨举之次，不可忘也。"暹问业曰："君往在定州，有何政，使刘西兖如此钦叹？"业答曰："唯知自修也。"韶为并州刺史，业复为典签，仍兼长史。

齐天保初，清河王岳[②]拜司州牧，召为法曹。业形貌短小，及谒见，岳心鄙其眇小，笑而不言。后寻业断决处，谓曰："卿断决之明，可谓有过躯貌之用。"补河间王国郎中令。清贫自守，未曾有失。文宣谓侍中裴英起曰："卿识河间王郎中孟业不？一昨见其国司文案，似是好人。"对曰："昔与臣同事魏彭城王元韶。其人清忠正直，世所希有。"帝曰："如公言者，比来便是大屈。"除中书舍人。文宣初唯得姓名，及因奏事，见其羸老，又质性敦朴，无升降之容，加之平缓，寡于方便。有一道士由吾道荣以术艺被迎，将入内，业为通名。忽于众中抗声奏云："由吾道士不食五谷。"帝命推而下之。又令点检百官，敷奏失所，帝遣人以马鞭击业头，至于流血。然亦体其衰老，非力所堪。

皇建二年，累迁东郡太守，以宽惠著名。其年夏，五官张凝因出使，得麦一茎五穗，其余或三穗四穗共一茎者，合郡咸以政化所感，因即申上。至秋，复有东燕县人班映祖，送嘉禾一茎九穗。河清三年，敕人间养驴，催买甚切。业曰："吾既为人父母，岂可坐看此急。令宜权出库钱，贷人取办，后日有罪，吾自当之。"后为宪司[③]所劾。被摄之日，郡人皆泣而随之，迭相吊慰。送业度关者，有数百人，至黎阳郡西，方得辞决。攀援号哭，悲动行路。诣阙诉冤者非一人，敕乃放还。郡中父老，扣河迎接。

武成亲戎，自洛还邺，道由东郡。业具牛酒，率人吏拜谒路旁，自称："粪土臣孟业，伏惟圣驾亲行，有征无战，谨上微礼。"便与人吏俱唱万岁，导引前入，帝大嘉之。后除广平太守，年既老，理政不如在东郡时。武平九年，为太中大夫，加卫将军，寻卒。

业志守质素，不尚浮华。为子结婚，为朝肺腑吒罗氏。其子以荫得为平原王段孝先相府行参军，乃令作今世服饰绮襦纨罴。吒罗家又恃姻娅，炫曜矜夸。业知而不禁，素望颇贬。

选自《北史》卷八十六《孟业传》

【注释】

①崔暹（xiān）（？—559）：字季伦，博陵安平（今河北省安平县）人。好荐人士，时称知人。

②岳：即高岳（？—555），字洪略，北齐文宣帝高洋的堂叔。因功勋卓越，受封清河（今河北清河县）王，与孙腾、高

隆之、司马子如共称“四贵”。被高洋以毒酒赐死，后武成帝高湛追赠其为太师。

③宪司：官名，魏晋以来御史的别称。御史本为史官，秦以后置御史大夫，职位仅次于丞相，主管弹劾、纠察官员过失诸事，为监察之官。

【译文】

孟业，字敬业，巨鹿安国人。他家境贫寒出身卑微，年轻的时候做过州府的小吏，本性廉洁谨慎。同僚中有人侵盗官绢，分给他三十匹，孟业坚决拒绝不接受。行台郎中郭秀对他以礼相待，想要举荐他，不巧郭秀去世了。

东魏彭城王元韶，是北齐神武皇帝高欢的女婿，官拜定州刺史，他任命孟业做典签。长史刘仁之对孟业说：“我在州府之外，你在州府之内，只要我们同心协力，还有不成功的吗？”不久，刘仁之被征召进京做中书令，他临走前对元韶说：“殿下身边可以信任的人只有孟业，希望您能专门任用他，其他的人都不可以相信。”刘仁之又与孟业道别，拉着他的手说：“如今我离开这里，您便会失去后援，我担心您以后很难保全自己，只希望您能坚守正直，以此自勉。”孟业只有一匹马，瘦弱而死。元韶因为孟业贫困，于是命令州府中的官员一起吃马肉，想让他们多给孟业一些报酬。但孟业坚决推辞不肯接受。于是元韶和他开玩笑说：“原来您是追求好名声的人啊。”孟业回答说：“我作为典签，担任着州中的重要职位，很多人想要贿赂我，只担心没有机会，这次叫大家来吃肉，我担心会让人以为我聚敛钱财，损害我的名誉，因此只好违背您的意愿了。”不出十天，元韶身边名叫王四德、董惟金的人都借口自己的马死了将肉分送给人，想以此聚敛钱财，结果被长史裴英起秘密告发。神武皇帝写信给元韶，大加责备。孟业不久被奸人诬陷，被派到外地负责县中事务。后来神武皇帝又写信责备元韶说："那个姓孟的典签，极为用心，为什么却把他派到外地去！"等到元韶派人代替孟业之职，孟业随即回到定州，但县中人送给他的东西一件都没有接受。刘仁之后来担任西兖州刺史，临别时对吏部郎中崔暹说："您州中的人才，唯独孟业这个人，千万不要忘记推举啊。"崔暹问孟业："你一向在定州，到底有什么政绩，让刘西兖对你如此钦佩赞叹？"孟业回答道："我只知道自我修养而已。"元韶做并州刺史时，又让孟业做典签，仍然兼任长史。

北齐文宣帝天保初年，清河王高岳任司州州牧，征召孟业担任法曹。孟业身形矮小，等到拜见高岳的时候，高岳心里瞧不起孟业的矮小，于是只笑不说话。后来高岳看到孟业断决事务，才感叹道："您断案之英明，实在远远超过了您的体貌。"孟业后来补任河间王国郎中令。他始终清贫自守，未曾有过过失。文宣皇帝高洋对侍中裴英起说："你认识河间王郎中孟业吗？昨天我看了他关于封国司职的公文案卷，似乎是个有才之人。"裴英起回答说："孟业过去和我一同为魏彭城王元韶效劳。他为人清忠正直，世上罕有。"皇帝说："如果真如你所说，那孟业是大大屈就了。"于是任命孟业为中书舍人。文宣皇帝最初只是听闻孟业的姓名，等到孟业当面禀告事务时，看他年老体弱，品性又敦厚朴实，不因职位升降而动容，心态平和舒缓，不会随机趁便。有一个叫由吾道荣的道士凭借术数才艺被举荐入宫，将要进宫时，孟业为其通报姓名。但孟业突然在官员中大声上奏道："由吾道士不吃五谷。”皇帝命人将孟业推下去。又让人检查百官，陈奏他们的失当之处，皇帝派人用马鞭抽打孟业的头，直到流血。但也体念他年老体衰，不能承受这些处罚。

北齐孝昭帝皇建二年（561），孟业多次升迁后为东郡太守，以宽厚仁惠而著名。这年夏天，五官中郎将张凝因出使到这个地方，看到一株小麦的茎上长着五个麦穗，其他也有一茎三穗或四穗的，全郡人都认为这是孟业的教化感动上天所致，于是张凝立即上报朝廷。到了秋天，又有东燕县一个叫班映祖的人，送来一茎九穗的好禾苗。北齐武成帝河清三年（564），皇帝下令民间养驴，催促购买非常急切。孟业说：“我既是百姓的父母官，怎能坐看他们遭受这样的急难。让人权且拿出府库内的钱财，借给百姓去办理，以后如果皇上怪罪下来，我自己承担罪责。”最后孟业被宪司弹劾。孟业被逮捕那天，郡中百姓都哭着追随，争着慰问他。送孟业出关的有几百人，直送到黎阳郡西边才辞别离开。众人相互扶持着哀号痛哭，悲伤之状连过路的行人都为之动容。许多人上京诉说孟业的冤情，最终孟业被下令释放回郡。郡中的父老乡亲沿着黄河迎接他。

武成皇帝高湛有一次率军亲征，从洛阳回到邺城时，路过东郡。孟业准备了牛肉和美酒，率领百姓官吏在路旁拜谒，说道：“粪土之臣孟业，恭迎圣驾亲征，不战而胜，谨敬献微薄之礼。”于是与吏民同呼万岁，引导皇帝前进，皇帝对孟业大加赞许。后来孟业担任广平太守，由于年纪大了，处理政务比不上在东郡之时。武平九年，孟业担任太中大夫，加封卫将军，不久去世。

孟业坚守朴素品质，不爱好浮华。他儿子结婚，娶的是朝廷宗室吒罗氏。他儿子凭借恩荫做了平原王段孝先的相府行参军，于是命人制作当时流行的富家子弟的奢华服饰。吒罗家又依仗姻亲关系，炫耀自夸。孟业知道这些事却并没有加以阻止，声望因此有所下降。

【评述】

孟业虽然其貌不扬，身形矮小，但在处理政务上却表现得才华横溢。面对官职升降也能做到心如止水，他的才干和淡泊名利屡屡让统治者刮目相看。此外，孟业本性质朴，不喜好奢华之物，也许正是对物质的无所欲求，成为他能够坚守廉正的原因之一。

同僚偷盗官绢，想要分给孟业三十匹，即变相地拉他入伙，孟业坚决不接受；彭城王元韶怜惜他家境贫寒，想要以吃马肉为名为其募集钱财，孟业担心有损声名，开聚敛之风，不惜得罪上司也要推辞；去县里任职复返，对于他人所赠一无所受。正是这份高度自律，让郭秀、刘仁之、裴英起等人对他极为赏识，一再举荐。孟业说自己“唯知自修”，这是谦逊，却也是实话。因为只有注重自身修养，行可为之事，断不当之念，在做人这件事上合格了，才能继续为官，为国家贡献才能。

孟业除了为官清正廉洁外，还一心为国为民。文宣皇帝想要征召由吾道荣进宫，但孟业认为，如果统治者迷信修道成仙之术，将会直接影响国家的正常运行，于是孟业一再公开反对，以致皇帝对其鞭打；武成皇帝敕令百姓养驴，孟业甘愿承担罪责，开府库借钱给百姓应急。孟业的正直无私为他赢得了百姓的拥护和爱戴，而恰恰因为民心所向，最终他才得以放还东郡。作为一个官员来说，没有什么能比百姓的爱戴更能证明自己的政绩，从古至今，群众的反应是判断为官者是否尽职的最好标尺。

（唐亚丽注译、评述）

唐　瑾

【原文】

唐瑾字附璘。父永。性温恭，有器量，博涉经史，雅好属文。身长八尺二寸，容貌甚伟。年十七，周文①闻其名，乃贻永书曰："闻公有二子：曰陵，从横多武略；瑾，雍容富文雅。可并遣入朝，孤欲委以文武之任。"因召拜尚书员外郎、相府记室参军事。军书羽檄，瑾多掌之。从破沙苑，战河桥，并有功，封姑臧县子。累迁尚书右丞、吏部郎中。于时魏室播迁，庶务草创，朝章国典，瑾并参之。迁户部尚书，进位骠骑大将军、开府仪同三司，赐姓宇文氏。

时燕公于谨勋高望重，朝野所属。白文帝②，言瑾学行兼修，愿与之同姓，结为兄弟，庶子孙承其余论，有益义方。文帝叹异者久之，更赐瑾姓万纽于氏。瑾乃深相结纳，敦长幼之序；谨亦庭罗子孙，行弟侄之敬。其为朝望所宗如此。进爵临淄县伯，转吏部尚书。铨综衡流，雅有人伦之鉴。以父忧去职，寻起令视事。时六尚书皆一时之秀，周文自谓得人，号为六俊。然瑾尤见器重。

于谨南伐江陵，以瑾为元帅府长史。军中谋略，多出瑾焉。江陵既平，衣冠仕伍，并没为仆隶。瑾察其才行，有片善者，辄议免之，赖瑾获济者甚众。时论多焉。及军还，诸将多因虏掠，大获财物。瑾一无所取，唯得书两车，载之以归。或白文帝曰："唐瑾大有辎重，悉是梁朝珍玩。"文帝初不信之，然欲明其虚实，密遣使检阅之，唯见坟籍而已。乃叹曰："孤知此人来二十许年，明其不以利干义。向若不令检视，恐常人有投杼[③]之疑，所以益明之耳。凡受人委任，当如此也。"论平江陵功，进爵为公。

六官建，授礼部中大夫，出为蔡州刺史。历拓州、硖州，所在皆有德化，人吏称之。转荆州总管府长史。入为吏部中大夫，历御正、纳言中大夫。曾未十旬，遂迁四职，搢绅以为荣。久之，除司宗中大夫，兼内史。寻卒于位。赠小宗伯，谥曰方。

瑾性方重，有风格。退朝休假，恒着衣冠以对妻子。遇迅雷风烈，虽闲夜宴寝，必起，冠带端笏危坐。又好施与，家无余财，所得禄赐，常散之宗族。其尤贫者，又割膏腴田宇以赈之。所留遗子孙者，并硗埆之地。朝野以此称之。撰《新仪》十篇。所著赋颂碑诔二十余万言。孙大智嗣。

瑾次子令则，性好篇章，兼解音律，文多轻艳，为时人所传。天和中，以齐驭下大夫使于陈。大象中，官至乐部下大夫。仕隋，位太子左庶子。皇太子勇④废，被诛。

选自《周书》卷三十二《唐瑾传》

【注释】

①周文：即宇文泰（507—556），曾在西魏执政二十余年，奠定了北周基础。北周建立后，其子追谥其为文皇帝。

②文帝：即西魏文帝元宝炬（507—551），535—551年在位。

③投杼：指曾参母亲听信众人所说曾参杀人弃杼而逃之事，借指被谣言蒙蔽。详参《战国策·秦策二》。

④皇太子勇：即杨勇（？—604），隋文帝长子。隋文帝开皇二十年（600），杨勇被废为庶人，后被杨广赐死，追封为房陵王。

【译文】

唐瑾，字附璘。父亲名为唐永。唐瑾性格温文有礼，胸怀宽广，广泛地涉猎经、史等书籍，爱好做文章。他身高八尺二寸，容貌英武。十七岁时，宇文泰就听说了他的才名，于是写信给唐永说："我听说您有两个儿子：一个叫唐陵，具备行军打仗的才能；一个叫唐瑾，气度文采都很好。可以让他们一起到朝廷中来，我想任命他们为文官和武官。”两人被征召担任尚书员外郎、相府记室参军事。军中起草文书大多由唐瑾负责。他追随军队攻破沙苑，参加过河桥之战，并且有军功，不久受封为姑臧县子爵。累迁尚书右丞、吏部郎中。当时北魏刚刚分裂为东魏和西魏，开始创建各种典章制度，唐瑾参与制定了朝廷章程和国家典章。后来，升任户部尚书，进而升为骠骑大将军、开府仪同三司，朝廷赐姓为宇文氏。

当时燕国公于谨功劳、名望卓著，是朝野上下都瞩目的人。他对文帝元宝炬说，唐瑾学问和品行都很有修为，希望能和他同用一个姓氏，结为兄弟，这样或许子孙也能继承他的治国方略和做人原则，对为人处事很有帮助。文帝听后觉得很奇异，对这件事感叹了很久，同意赐唐瑾姓万纽于。唐瑾于是和于谨相结交，遵守长幼尊卑的顺序；于谨也召集子孙，施行弟侄的礼仪。唐瑾被朝中重臣推崇到这个地步。他晋升为临淄县伯爵，转任吏部尚书。唐瑾选拔人才，衡量人才的品行，极具鉴赏水平。后来因为他父亲去世而离职，不久又被启用到职办公。当时六位尚书都是极优秀的人才，宇文泰自认为得到人才，把他们称为六俊。其中对唐瑾尤为器重。

于谨南下征伐江陵，让唐瑾担任元帅府长史。作战中的谋略大多都由唐瑾策划。等到江陵被平定，官绅士族都被没收为奴仆。唐瑾考察他们的才能和行为，凡是有可取之处的，都经商议后赦免他们的罪过。江陵一带，仰赖唐瑾而获得帮助的人很多。当时人都纷纷议论这件事。等到军队回朝，各将领大多从战争中掳掠而获得很多财物。只有唐瑾没有拿一点财物，只装了两车书回来。有人对文帝说：“唐瑾带回很多行李，都是梁朝的珍奇古玩。”文帝以自己对唐瑾的了解，不相信这些事，想查明这件事的真假，于是秘密派遣使者检查唐瑾的车辆，结果只看到些古代典籍而已。于是感叹道：“我认识这个人二十几年，明白他不会因为利益而损害忠义。刚才如果不下令检查，又害怕别人听信谣言，这样做是为了进一步证明唐瑾的清白。凡是受人委任，应当这样。”朝廷按照唐瑾平定江陵的功劳，晋升他为公爵。

六官之制建立后，唐瑾担任礼部中大夫，出任蔡州刺史。历任拓州、硖州，在任期间都有文德教化，百姓官吏都称赞他。转任荆州总管府长史。入朝担任吏部中大夫，历任御正、纳言中大夫。不到一百天，就高升了四次，搢绅都以唐瑾为荣。时间长了，唐瑾又担任司宗中大夫，兼任内史。不久，就死在任上。朝廷追赠他为小宗伯，谥号为方。

唐瑾性格端庄稳重，有气度。退朝在家休假时，也一直穿着衣服帽子面对妻子儿女。遇到打雷风大的日子，即使是深夜已经入睡，他也必定会爬起来，穿好衣帽端着笏板正襟危坐。又喜好施舍，家中没有多余的资财，他所得的俸禄赏赐，经常分发给宗族里的人。对于其中非常贫困的人，又会分割肥沃的土地救济他们。而留给自己后代的，只有贫瘠的田地。这些行为得到朝野上下的赞赏。唐瑾写作《新仪》十篇。所写的赋、颂、碑、诔达二十多万字。孙子唐大智承袭爵位。

唐瑾的第二个儿子唐令则，爱好写作文章，又通晓音律，文章大多轻靡华丽，符合当时的审美情趣，为当时的人传阅。天和年间，担任齐驭下大夫出使陈国。大象年间，官至乐部下大夫。出仕隋朝，担任太子左庶子。当皇太子杨勇被废时，唐令则被诛杀。

【评述】

《论语》中有这么一句话："苟正其身矣，于从政乎何有？不能正其身，如正人何？"（《论语·子路》）意思是如果端正了自己的行为，那么管理政事又有什么困难呢？如果不能端正自己的行为，那又怎能使别人端正呢？因此，要对他人施加影响，自己必须要先成为表率。一旦榜样树立，他人自然会聚拢到自己身边，而政事方面也就会"不令而行"。唐瑾在北周就是这样一个榜样。

他品行端正，学问广博，既能识人，又廉洁自律。他能文能武，无论是出外征战还是在朝为官，都表现出出众的才能。因此深受宇文泰赏识，被称赞为六俊之一。

唐瑾的口碑很好，十七岁时就受到征召入朝为官，还受到朝廷重臣的推崇，当时的燕国公于谨甚至要求与其联宗，充分反映了对其德行的仰慕。他还有识人之才，能够发掘人才，使用人才，即使是战争中获得的战俘，也不存偏见，认真考察其才行后赦免使用。他品行端正，有廉洁之风，在家一丝不苟，衣冠端正，不聚敛钱财，而且经常救济他人。南伐江陵凯旋时，别的将领都掳掠了很多财物，唯独唐瑾装了两车书回来，其清廉操守可见一斑。他对典章制度了解颇深，能够参与制定朝廷章程和国家典章，在所治之地推行文教德化，又通晓兵术谋略，在河桥之战和江陵之战中立下军功。这样一个有才有德，廉洁自守，文武双全的人才自然受到尊敬，他百日内便连升四级，同朝士大夫都以之为荣。

唐瑾以其自身德行赢得了朝野上下的尊重和信任。他不但自己清廉，还以自己的人格魅力影响其他人，这对于形成清廉向上的官场风气有重要意义。榜样的力量是无穷的，试想每朝每代都多几个这样的榜样，廉政的风气也就不难树立了。

（唐亚丽注译、评述）

石　崇

【原文】

崇字季伦，生于青州，故小名齐奴。少敏惠，勇而有谋。苞临终，分财物与诸子，独不及崇。其母以为言，苞曰："此儿虽小，后自能得。"年二十余，为修武令，有能名。入为散骑郎，迁城阳太守。伐吴有功，封安阳乡侯。在郡虽有职务，好学不倦，以疾自解。顷之，拜黄门郎。

兄统忤扶风王骏，有司承旨奏统，将加重罚，既而见原。以崇不诣阙谢恩，有司欲复加统罪。崇自表曰："臣兄统以先父之恩，早被优遇，出入清显，历位尽勤。伏度圣心，有以垂察。近为扶风王骏横所诬谤，司隶、中丞等飞笔重奏，劾案深文，累尘天听。臣兄弟踧踖，忧心如悸。骏戚属尊重，权要赫奕。内外有司，望风承旨。苟有所恶，易于投卵。自统枉劾以来，臣兄弟不敢一言稍自申理。戢舌钳口，惟须刑书。古人称'荣华于顺旨，枯槁于逆违'，诚哉斯言，于今信矣。是以虽董司直绳，不能不深其文，抱枉含谤，不得不输其理。幸赖陛下天听四达，灵鉴昭远，存先父勋德之重，察臣等勉励之志。中诏申料，罪谴澄雪。臣等刻肌碎首，未足上报。臣即以今月十四日，与兄统、浚等诣公车门拜表谢恩。伏度奏御之日，暂经天听。此月二十日，忽被兰台禁止符，以统蒙宥，恩出非常，臣晏然私门，曾不陈谢，复见弹奏，讪辱理尽。臣始闻此，惶惧狼狈，静而思之，固无怪也。苟尊势所驱，何所不至，望奉法之直绳，不可得也。臣以凡才，累荷显重，不能负载析薪，以答万分。一月之中，奏劾频加，曲之与直，非臣所计。所愧不能承奉戚属，自陷于此。不媚于灶，实愧王孙，《随巢子》[①]称'明君之德，察情为上，察事次之'。所怀具经圣听，伏待罪黜，无所多言。"由是事解。累迁散骑常侍、侍中。

武帝以崇功臣子，有干局，深器重之。元康初，杨骏辅政，大开封赏，多树党援。崇与散骑郎蜀郡何攀[②]共立议，奏于惠帝曰："陛下圣德光被，皇灵启祚，正位东宫，二十余年，道化宣流，万国归心。今承洪基，此乃天授。至于班赏行爵，优于泰始革命之初。不安一也。吴会僭逆，几于百年，边境被其荼毒，朝廷为之旰食。先帝决独断之聪，奋神武之略，荡灭逋寇，易于摧枯。然谋臣猛将，犹有致思竭力之效。而今恩泽之封，优于灭吴之功。不安二也。上天眷祐，实在大晋，卜世之数，未知其纪。今之开制，当垂于后。若尊卑无差，有爵必进，数世之后，莫非公侯。不安三也。臣等敢冒陈闻。窃谓泰始之初，及平吴论功，制度名牒，皆悉具存。纵不能远遵古典，尚当依准旧事。”书奏，弗纳。出为南中郎将、荆州刺史，领南蛮校尉，加鹰扬将军。崇在南中，得鸩鸟雏，以参与后军将军王恺。时制，鸩鸟不得过江，为司隶校尉傅祇所纠，诏原之，烧鸩于都街。

崇颖悟有才气，而任侠无行检。在荆州，劫远使商客，致富不赀。征为大司农，以征书未至擅去官免。顷之，拜太仆，出为征虏将军，假节、监徐州诸军事，镇下邳。崇有别馆在河阳之金谷，一名梓泽，送者倾都，帐饮于此焉。至镇，与徐州刺史高诞[③]争酒相侮，为军司所奏，免官。复拜卫尉，与潘岳谄事贾谧。谧与之亲善，号曰“二十四友”。广城君每出，崇降车路左，望尘而拜，其卑佞如此。

财产丰积，室宇宏丽。后房百数，皆曳纨绣，珥金翠。丝竹尽当时之选，庖膳穷水陆之珍。与贵戚王恺、羊琇[④]之徒以奢靡相尚。恺以粭澳釜，崇以蜡代薪。恺作紫丝布步障四十里，崇作锦步障五十里以敌之。崇涂屋以椒，恺用赤石脂。崇、恺争豪如此。武帝每助恺，尝以珊瑚树赐之，高二尺许，枝柯扶疏，世所罕比。恺以示崇，崇便以铁如意击之，应手而碎。恺既惋惜，又以为嫉己之宝，声色方厉。崇曰：“不足多恨，今还卿。”

乃命左右悉取珊瑚树，有高三四尺者六七株，条干绝俗，光彩曜日，如恺比者甚众。恺怳然自失矣。

崇为客作豆粥，咄嗟便办。每冬，得韭蓱齑。尝与恺出游，争入洛城，崇牛迅若飞禽，恺绝不能及。恺每以此三事为恨，乃密货崇帐下问其所以。答云："豆至难煮，豫作熟末，客来，但作白粥以投之耳。韭蓱齑是捣韭根杂以麦苗耳。牛奔不迟，良由驭者逐不及反制之，可听蹁辕则駃矣。"于是悉从之，遂争长焉。崇后知之，因杀所告者。

尝与王敦入太学，见颜回、原宪之象，顾而叹曰："若与之同升孔堂，去人何必有间。"敦曰："不知余人云何，子贡去卿差近。"崇正色曰："士当身名俱泰，何至瓮牖哉！"其立意类此。

刘舆兄弟少时为王恺所嫉，恺召之宿，因欲坑之。崇素与舆等善，闻当有变，夜驰诣恺，问二刘所在，恺迫卒不得隐。崇径进于后斋索出，同车而去。语曰："年少何以轻就人宿！"舆深德之。

及贾谧诛，崇以党与免官。时赵王伦专权，崇甥欧阳建⑤与伦有隙。崇有妓曰绿珠，美而艳，善吹笛。孙秀使人求之。崇时在金谷别馆，方登凉台，临清流，妇人侍侧。使者以告。崇尽出其婢妾数十人以示之，皆蕴兰麝，被罗縠，曰："在所择。"使者曰："君侯服御丽则丽矣，然本受命指索绿珠，不识孰是？"崇勃然曰："绿珠吾所爱，不可得也。”使者曰：“君侯博古通今，察远照迩，愿加三思。”崇曰：“不然。”使者出而又反，崇竟不许。秀怒，乃劝伦诛崇、建。崇、建亦潜知其计，乃与黄门郎潘岳[6]阴劝淮南王允、齐王冏以图伦、秀。秀觉之，遂矫诏收崇及潘岳、欧阳建等。崇正宴于楼上，介士到门。崇谓绿珠曰：“我今为尔得罪。”绿珠泣曰：“当效死于官前。”因自投于楼下而死。崇曰：“吾不过流徙交、广耳。”及车载诣东市，崇乃叹曰：“奴辈利吾家财。”收者答曰：“知财致害，何不早散之?”崇不能答。崇母兄妻子无少长皆被害，死者十五人，崇时年五十二。

初，崇家稻米饭在地，经宿皆化为螺，时人以为族灭之应。有司簿阅崇水碓三十余区，苍头八百余人，他珍宝货贿田宅称是。

及惠帝复阼，诏以卿礼葬之。封崇从孙演为乐陵公。

选自《晋书》卷三十三《石崇传》

【注释】

①《随巢子》：随巢子，战国时人，墨子弟子。著《随巢子》六篇，载于《汉书·艺文志》，阐述墨子的学说。

②何攀（244—301）：字惠兴，蜀郡郫县人。以参与诛杀杨骏有功，封西城侯，迁大司农。赵王司马伦篡位，被迫为官。卒于洛阳。

③高诞：陈留圉城人，尚书令高光兄。历任徐州、雍州刺

史。性放任不羁，无伦次，而决烈过人。

④羊琇（xiù）：字稚舒，泰山南城人。羊祜从弟。初仕魏郡计，随钟会伐蜀。入晋，累迁中护军，参预机密。齐王司马攸出镇，贬为太仆，不久拜特进。

⑤欧阳建（？—300）：字坚石，冀州人，石崇之甥。雅有理思，才藻美赡，擅名北州。为公府，官至冯翊太守，甚得称誉。赵王司马伦专权，欧阳建与之有隙，便与潘岳劝淮南王司马允杀之。事泄，被司马伦所杀。

⑥潘岳（247—300）：字安仁，荥阳中牟人。容貌秀美，辞藻绝伦，尤善为哀诔之文，所作《悼亡诗》三首，为世传诵。又有《西征闲居》等赋，亦传于世。

【译文】

石崇，字季伦，出生在青州，因此他的小名叫齐奴。石崇年少时就很聪明，智勇双全。石崇的父亲石苞在临终时，将家产分给了其他几个儿子，但没有分给石崇。石崇的母亲为石崇说话，也想给他一点，石苞说："这个儿子虽小，日后他自己能够得到。"果然，石崇在二十几岁时，就做了修武县令，以干练闻名。后来，石崇入朝为散骑郎，后又出京为城阳太守。石崇参与消灭吴国有功，被封为安阳乡侯。石崇在做太守时，虽然公务繁忙，但仍孜孜不倦地学习。后来，石崇患病，自己主动离开太守一职。不久，石崇又被授黄门郎。

石崇的哥哥石统得罪了扶风王司马骏，有关官吏秉承司马骏的旨意，劾奏石统，将要受到严惩，后来又被宽恕。可石崇没去宫中谢恩，这些官吏又想重新治石统的罪。为挽救哥哥，石崇急忙上书皇帝，说："我的兄长石统，凭先父之恩，很早就被皇上优宠，让他做高官。石统身居高位后，恪尽职守。我思量这些是陛下所知道的。但最近愚兄被扶风王司马骏污蔑，司隶和中丞等人又从中添油加醋，罗织罪名，有碍陛下圣听。为此我们兄弟二人诚惶诚恐，胆战心惊。扶风王是皇亲国戚，地位高贵，权势显赫。因此，朝廷内外的官员，无不望风使舵。他们要处置扶风王所厌恶者，易如反掌。自石统蒙冤遭弹劾以来，我们兄弟俩不敢为自己申辩一言。口舌钳闭，只待判决结果。古人说'顺承旨意就会荣华富贵，对抗违背只会贫穷困苦'，这话一点不假，现在我完全相信了。因此，在扶风王的压力之下，正直的官员也不得不编造罪名；我们含冤被谤，也不能不认输。而我所幸运的是，陛下明察秋毫，既怀念先父的功勋美德，又体察我兄弟的拳拳忠心。恳请陛下亲下诏谕，以雪兄长之罪。我二人即使粉身碎骨，亦不足以报答陛下隆恩。我在本月十四日，与兄长石统、石浚等到公车门拜表谢恩。我本以为上奏之日，陛下即可知晓。可本月二十日，我忽然接到兰台禁止符，说石统被陛下赦免，非寻常恩典，而我竟安居在家，不曾致谢，从而再遭弹劾。其讥笑羞辱我兄弟，岂有道理。我刚听到这一消息时，惶恐不安，但静下来一想，倒觉得不奇怪了。因为权贵想做什么，没有做不成的，而公正执法已不可能。我本凡庸之辈，屡为陛下寄以重任，但以我的薄才，不能为陛下所驱驰，稍报圣恩。一个月中，我兄弟二人频遭弹劾，其中的是非曲直，不是我能左右的。让我惭愧的是，我不能在家奉养双亲，而陷于此等境地；我未交结权贵，有愧于先人。《随巢子》说'圣明君主的德行，以明察情形为先，以考察事物本身为后'。我只思陛下圣德，以待陛下之责罚，不再多说了。”石崇上了这个表后，事情得到很好的解决。后来，石崇逐渐升迁至散骑常侍、侍中。

石崇是功臣石苞之子，有才干，晋武帝很器重他。元康元年(291)，杨骏辅佐朝政，大肆封赏，其目的是笼络更多的人心。石崇与散骑郎蜀郡人何攀商量后，共同上书晋惠帝说：“陛下圣德光照四方，皇灵开启万载福祚。陛下为太子二十余年，道德教化传播远扬，万国归顺。如今，陛下继承先帝所创基业，这是上天所授。今朝廷赏赐爵位，比泰始革命开始时还要高。这是我的第一个不安。吴国叛逆近百年，我大晋边境遭受它的荼毒，举朝不安。先帝以独断之智慧、神武之谋略，摧枯拉朽，一举灭吴，谋臣良将立下汗马功劳，而如今朝廷的封赏甚于对灭吴功臣的封赐。这是我的第二个不安。承蒙上天眷顾大晋，但大晋兴旺不知能有多少年。如今封赏之制度已开创，当垂范后世。如果尊卑无别，泛滥封爵，那么几代之后，人人都是公侯。这是我的第三个不安。我冒死陈述愚见。我以为，从泰始初年（265），到平定吴国论功行赏，其所颁制度，现都可见。陛下即使不能遵循古代典章，也应依据先皇旧法。”书奏奉上，未被晋惠帝采纳。因这次上书，石崇被迫外任南中郎将、荆州刺史，兼南蛮校尉，加鹰扬将军。石崇在南方时，得到一只小鸩鸟，准备送给后军将军王恺。但按当时制度，鸩鸟不许带过长江，所以，石崇被司隶校尉傅祗弹劾。最后，皇帝下诏原谅了他，鸩鸟被烧死在洛阳的大街上。

石崇聪颖有才气，然而行侠仗义，行为不检点。他在做荆州刺史时，劫掠远行客商，得到了不计其数的财物。后来，石崇被任命为大司农，因征召公文未到就擅离职守而被免官。不久，石崇又被授太仆，外任征虏将军，假节、监徐州诸军事，驻守下邳。此外，石崇还有别墅在河阳的金谷，又名梓泽，人们都来此给远行的人饯行。到了下邳，石崇与徐州刺史高诞因饮酒相争互相侮辱，被军司所奏，免去官职。后来，石崇任卫尉，和潘岳等谄事贾谧。贾谧极看重他，成为“二十四友”之一。广城君郭槐每次出行时，石崇都要下车站到路旁，对广城君远去的车尘下拜。石崇如此卑下地奉承广城君。

石崇财产极多，府第华丽。他妻妾数以百计，都身着绫罗绸缎，披金戴玉。演奏当时最好的乐器，食尽山珍海味。石崇与贵戚王恺、羊琇等竞相奢侈。王恺用糖膏洗锅子，石崇就用蜡当柴烧。王恺又用紫色丝绸做了四十里长的步障，石崇就用锦做五十里步障来攀比。石崇用胡椒粉刷屋子，王恺就用红色风化石。石崇、王恺就是这样斗富。而晋武帝常资助王恺，他曾经赐给王恺珊瑚树，高二尺左右，枝叶茂盛，高低疏密有致，世上少见。王恺得意地拿给石崇欣赏，石崇随即用铁如意将其打碎。王恺非常心疼，又以为石崇嫉妒自己的宝物，于是声色俱厉地斥责石崇。对此，石崇毫不在意地说：“这有什么心疼的？现在就赔你。”马上命令仆人把家中珊瑚树都拿来。其中，三四尺高的珊瑚树就有六七株，超凡脱俗，光彩映日，像赐王恺那样的珊瑚树就更多了。王恺见了，恍然若失。

豆粥是较难煮熟的，可石崇想让客人喝豆粥时，只要吩咐一声，须臾间就把热腾腾的豆粥端上来了；在寒冷的冬季，石崇家却还能吃到绿莹莹的韭菜碎末儿，这在当时可是件怪事。还有，石崇曾与王恺一同出游，抢着进洛阳城，石崇的牛疾步如飞，王恺怎么也赶不上。这三件事，让王恺愤恨不已，于是他以金钱贿赂石崇的下人，问其原因。下人告诉他：“豆是非常难煮的，我们家先预备好加工好的熟豆粉末，客人一到，先煮好白粥，再将熟豆末投放进去就成豆粥了。我们家的韭菜，是将韭菜根捣碎后掺在麦苗里。我们家的牛车跑得快，是因为驾牛者的技术好，对牛不加控制，让它撒开欢儿跑。”于是，王恺仿效着做，遂与石崇势均力敌。石崇后来知道了这件事，便杀了告密者。

有一次，石崇曾与王敦进入太学，见到颜回、原宪的像，边看边叹息说：“如果我和他们一起同师孔子，也许我和他们没多少差别。”王敦说：“不知道其他人怎么样，但我觉得你和子贡差不多。”石崇很严肃地说：“大丈夫在世，当名利双收，岂能穷居陋巷！”这就是石崇的志向。

刘舆、刘琨兄弟在年轻时被王恺嫉恨，王恺请他们留宿自家，想要活埋他们。而石崇一向与刘舆等关系很好，听说将要出事，便连夜驱车赶到王恺家里，问刘家兄弟在哪儿。王恺在仓促之间，来不及隐藏他们俩。石崇就直接走进后院找到他们，把他们用车带回去，并批评他俩说：“年轻人怎么能随便在别人家留宿！”刘舆十分感激他。

贾谧被赵王司马伦诛杀，石崇因为是贾谧的同党而被免官。当时赵王司马伦专权，石崇的外甥欧阳建与司马伦也有矛盾。石崇有个妾叫绿珠，非常美丽，而且善于吹笛子。孙秀眼红，便派人来索要。当时，石崇正在金谷园的别墅，登上凉台，面对清清流水，使女在旁边侍奉。孙秀派来的人告知原委后，石崇便把他的几十个婢妾叫出来给来者看。这些女孩，穿着绫罗绸缎，个个香气馥郁，美若天仙。石崇说：“请随便挑选。”来者说：“大人的婢妾确实个个漂亮无比，然而我的主子点名要绿珠，哪一个是?”石崇勃然大怒说：“绿珠是我深爱的人，不给他。”来者说：“大人博古通今，思虑周详，望您三思。”石崇说：“不行!”来者走了，又返回来，石崇始终不答应。孙秀大怒，便劝司马伦杀掉石崇和欧阳建。石崇和欧阳建也暗中知道了孙秀的计划，于是他们和黄门侍郎潘岳暗中劝淮南王司马允、齐王司马冏来杀司马伦、孙秀。事情被孙秀察觉，便诈称皇帝下诏逮捕石崇、潘岳、欧阳建等。甲士到门口时，石崇正在楼上宴饮。石崇对绿珠说：“我今天为你获罪了!”绿珠哭着说：“我就在你面前以死相报!”于是，绿珠跳楼而死。石崇原以为，自己不过是被流放到交州和广州这样偏远的地方罢了。等车把他拉到东市处死时，他才叹气说：“原来那些奴才看上了我的财产!”抓捕他的人反问道：“你既知道财富可以惹祸，为何不早早散发了它?”石崇无话可说。结果，石崇的母亲兄长妻子儿女不论大小十五人全部被杀。石崇死时，年五十二岁。

当初，石崇家倒在地上的米饭，到第二天都变成了田螺。当时，人们以为这是灭族的前兆。经清查，石崇有水力碾米处三十多个，奴仆八百多人，以及其他不计其数的珍宝财物田宅。晋惠帝复位以后，下诏以卿的待遇厚葬石崇，并封石崇的侄孙石演为乐陵公。

【评述】

石崇是中国历史上一位家喻户晓的人物，他的名字总与奢侈联在一起。我们一提起他，眼前总是闪现着色彩绚烂的五十里锦步障、芳香氤氲的椒房、六七尺高的珊瑚宝树等场景。

石崇未继承父母的一点遗产，因为父亲石苞以为，石崇以后自己可以挣得。正如父亲所料，石崇在荆州刺史任上，“劫远使商客，致富不赀”，又加上是勋臣的后代，从而终日与世家子弟争富斗狠，就连烹调、驾牛车等也要胜过他人。

晋惠帝时期，政局混乱，司马氏集团内部爆发“八王之乱”，兄弟手足之情沦为刀光剑影，血腥厮杀。在那风雨如晦的时代，人生无常的观念骤增，想着先过把瘾，哪管身后之事。就在这样的时代背景下，石崇出现并走完他的人生旅程。我们且看他的人生观。他在见到颜回、原宪的像时，说：“如果我也有幸和他俩一起投身孔门，那我与他俩就没有什么差别了。”王敦说：“您跟子贡的情况差不多。”为此，石崇进一步解释说：“大丈夫在世，当名利双收，岂能穷居陋巷!”水满则溢，月满则亏。张狂到了极点，离灭亡之时也就不远了。石崇为富不仁，又过于张扬，终招来杀身之祸。

其实，在那样的畸形社会，“大丈夫”更应该加强自身的修养，“吾日三省吾身”，做到他人浊而我清。

（张明炬注译、评述）

戴法兴

【原文】

戴法兴，会稽山阴人也。家贫，父硕子，贩纻为业。法兴二兄延寿、延兴并修立，延寿善书，法兴好学。山阴有陈载者，家富，有钱三千万，乡人咸云："戴硕子三儿，敌陈载三千万钱。"

法兴少卖葛于山阴市，后为吏传署，入为尚书仓部令史。大将军彭城王义康[①]于尚书中觅了了令史，得法兴等五人，以法兴为记室令史。义康败，仍为世祖征虏、抚军记室掾。上为江州，仍补南中郎典签。上于巴口建义，法兴与典签戴明宝、蔡闲俱转参军督护。上即位，并为南台侍御史，同兼中书通事舍人。法兴等专管内务，权重当时。孝建元年，加建武将军、南鲁郡太守，解舍人，侍太子于东宫。大明二年，三典签并以南下预密谋，封法兴吴昌县男，明宝湘乡县男，闲高昌县男，食邑各三百户。闲时已卒，追加爵封。法兴转员外散骑侍郎，给事中，太子旅贲中郎将，太守如故。

世祖亲览朝政，不任大臣，而腹心耳目，不得无所委寄。法兴颇知古今，素见亲待，虽出侍东宫，而意任隆密。鲁郡巢尚之，人士之末，元嘉中，侍始兴王濬读书，亦涉猎文史，为上所知。孝建初，补东海国侍郎，仍兼中书通事舍人。凡选授迁转诛赏大处分，上皆与法兴、尚之参怀，内外诸杂事，多委明宝。上性严暴，睚眦之间，动至罪戮，尚之每临事解释，多得全免，殿省甚赖之。而法兴、明宝大通人事，多纳货贿，凡所荐达，言无不行，天下辐凑，门外成市，家产并累千金。明宝骄纵尤甚，长子敬为扬州从事，与上争买御物。六宫尝出行，敬盛服骑马于车左右，驰骤去来。上大怒，赐敬死，系明宝尚方，寻被原释，委任如初。

世祖崩，前废帝②即位，法兴迁越骑校尉。时太宰江夏王义恭录尚书事，任同总己，而法兴、尚之执权日久，威行内外，义恭积相畏服，至是慑惮尤甚。废帝未亲万机，凡诏敕施为，悉决法兴之手；尚书中事无大小，专断之。颜师伯③、义恭守空名而已。废帝年已渐长，凶志转成，欲有所为，法兴每相禁制，每谓帝曰：“官所为如此，欲作营阳④耶?”帝意稍不能平。所爱幸阉人华愿儿有盛宠，赐与金帛无算，法兴常加裁减，愿儿甚恨之。帝常使愿儿出入市里，察听风谣，而道路之言，谓法兴为真天子，帝为赝天子。愿儿因此告帝曰：“外间云宫中有两天子，官是一人，戴法兴是一人。官在深宫中，人物不相接；法兴与太宰、颜、柳一体，吸习往来，门客恒有数百，内外士庶，莫不畏服之。法兴是孝武左右，复久在宫闱，今将他人作一家，深恐此坐席非复官许。”帝遂发怒，免法兴官，遣还田里，仍复徙付远郡，寻又于家赐死，时年五十二。法兴临死，封闭库藏，使家人谨录钥牡。死一宿，又杀其二子，截法兴棺，焚之，籍没财物。法兴能为文章，颇行于世。

选自《宋书》卷九十四《戴法兴传》

【注释】

①彭城王义康：即刘义康（409—451），南朝宋武帝刘裕之子，被封为彭城王。历任豫州、南徐州、荆州刺史，位至大将军、司徒。在朝十年，专权独断，势倾天下。

②前废帝：即刘子业（449—465），小字法师，号永光。南朝宋皇帝（464—465 在位）。孝武帝长子。略有文才，后被寿寂之所杀。

③颜师伯（419—465）：字长渊，琅邪临沂（今山东临沂）人。初随刘骏为徐州主簿。前废帝荒淫凶悖，又夺颜师伯之权，于是颜师伯与柳元景密谋废立，事泄被诛。

④营阳：即营阳王刘义符（406—424）。南朝宋皇帝（422—424 年在位）。小字车兵。宋武帝长子。永初元年（420）立为皇太子，三年即位，年号景平。

【译文】

戴法兴，会稽山阴人。家中贫困，父亲戴硕子以贩布为生。戴法兴的两个哥哥戴延寿、戴延兴都修身立业而有所成就，戴延寿擅长书法，戴法兴则喜好钻研学问。当时，会稽山阴有个名叫陈载的人，家里很富裕，有三千万钱财，同乡的人都说："戴硕子的三个儿子，抵得过陈载的三千万钱。"

戴法兴年轻时曾在山阴的集市上卖葛，后来他被官吏传召到官署，当了尚书仓部令史。时任大将军的彭城王刘义康在尚书这个官署里寻找聪明伶俐的令史，找到了戴法兴等五人，于是，他任戴法兴为记室令史。刘义康举事失败后，戴法兴担任武陵王刘骏麾下征虏将军和抚军将军的记室掾。刘骏当江州刺史的时候，戴法兴仍然充任南中郎典签。刘骏在巴口起事的时候，戴法兴与典签戴明宝、蔡闲都改任参军督护。刘骏即皇帝位后，他们又一起被任命为南台侍御史，同时兼任中书通事舍人。戴法兴等官员专门管理朝廷内部的要务，当时权力极大。孝武帝刘骏孝建元年（454），戴法兴任建武将军、南鲁郡太守，被解除了中书通事舍人的兼职，在东宫侍奉太子。孝武帝大明二年（458），三位典签因为一起参与南下密谋、协助刘骏起事而获封赏，其中，戴法兴被封为吴昌县县男爵，戴明宝被封为湘乡县县男爵，蔡闲被封为高昌县县男，每人各拥有三百户食邑。当时，蔡闲已经去世了，还被追加了爵位封号。戴法兴转任员外散骑侍郎、给事中及太子旅贲中郎将，太守的职位仍然保留。

孝武帝刘骏亲自处理朝廷政务，不宠任大臣，而皇帝的心腹耳目，不能没有人来担任。戴法兴比较了解古代及当今之事，向来就被皇帝器重。虽然他被调出去在东宫侍奉太子，但皇帝对他的重视宠信没有减少反而增加了。鲁郡的巢尚之，当时的地位只在士人的末流，在元嘉年间（424—453），侍奉始兴王刘濬读书，也涉猎文学、历史等，被皇帝所赏识。世祖孝武帝刘骏孝建初年，巢尚之补任为东海国侍郎，还兼任中书省通事舍人。凡是选拔、授官、迁调、诛罚、奖赏等重大处置安排，皇帝都同戴法兴、巢尚之二人商议决定。至于朝廷内外各种繁杂事务，则多交给戴明宝处理。皇帝刘骏性格严酷暴戾，极其微小的怨隙，也常常弄到罪责屠戮的地步。巢尚之遇到这种事总是替人解说消释，大多数时候能使罪责得以全部免除，因此朝廷很依恃巢尚之。而戴法兴、戴明宝却大肆疏通仕途事宜，接受了很多财货贿赂，凡是他们推荐介绍的，没有不成功的，天下之人都聚集过来，他们两人家门外如闹市般熙熙攘攘，家中财产都累积到千金之多。戴明宝骄横放纵得更厉害，他的大儿子戴敬任扬州从事，居然和皇帝争着购买御用物品。皇帝的后妃出行，戴敬身着华丽而整齐的服饰，骑马追随在宫车左右，忽来忽去，非常不尊重皇帝。皇帝刘骏勃然大怒，下令赐死戴敬，把戴明宝也拘禁在尚方官署。不久，戴明宝又被赦免释放，皇帝对他的信任、托付又和原来一样。

世祖孝武帝刘骏去世，前废帝刘子业即皇帝位，戴法兴迁任越骑校尉。当时，任太宰的江夏王刘义恭总领尚书官署的各种事务，委任同门总揽大权，但戴法兴、巢尚之掌握实权的时间长了，威势通行于朝廷内外。刘义恭畏惧服从，到这时行事更加小心谨慎。前废帝刘子业还没有亲自处理各种国家事务时，凡是诏书敕令是否实施，都由戴法兴来决定；尚书官署里的事务，无论大小，也都由他来决断，颜师伯、刘义恭只不过是徒具虚名罢了。前废帝渐渐年长后，越发凶残，想要做什么，戴法兴就总是劝禁制止他，他总是对前废帝刘子业说：“皇上您的所作所为像这个样子，难不成是想效仿营阳王吗?”前废帝恼怒的心气不能平复。皇帝所宠幸的宦官华愿儿备受厚爱，皇帝颁赐给华愿儿的金银财帛无法计算，戴法兴常常加以裁撤削减，因此华愿儿对戴法兴非常恼怒。皇帝经常派遣华愿儿到坊间集市走访，侦察、听取民间流传的歌谣。而坊间集市中流传着戴法兴是真天子，当今皇帝为假天子的说法。华愿儿趁着这机会告诉皇帝说：“外面的人说宫里有两个天子，您是一个，戴法兴是另一个。您居住在深宫之中，难以接触、掌握外面的朝臣事务，戴法兴和太宰刘义恭、颜师伯、柳元景串通一气，相互往来，联系频繁，门客有几百人之多，朝廷内外，士人百姓，没有不畏惧、尊服他的。戴法兴是孝武皇帝刘骏的亲信臣子，又在宫廷待了很久，现在您把他当作家人一样信赖，我非常担心这皇帝的位置将不再是您的了。”前废帝听后暴怒，罢免了戴法兴的官职，先遣送他回田里乡间，又将他迁徙、流放到边远的地区，很快又命令戴法兴在家中自尽。戴法兴死时才五十二岁。戴法兴临死前，封闭了自己的府库积蓄，让家里的人慎重保管好府库的钥匙。戴法兴死的第二天，朝廷又杀掉了他的两个儿子，并拦截戴法兴的棺材，把它焚烧了，还籍录并没收了他家所有财物。戴法兴擅长写文章，他的文章在世间很流行。

【评述】

戴法兴是一个权力私欲膨胀到极点而自取灭亡的典型。

他早年因辅佐武陵王刘骏登上帝位而受到重用，被升为南台侍御史，兼中书通事舍人，“专管内务，权重当时”，后加封吴昌县男爵，贵宠冠绝一时。又因“颇知古今”、“涉猎文史”，更是被委以重任，凡是选拔、授官、迁调、诛罚、奖赏等重大处置安排，皇帝都同他和巢尚之二人商定。此时的戴法兴并没有感激皇帝重用之恩，相反却利用手中职权，大肆做起权钱交易之事，“大通人事，多纳货贿，凡所荐达，言无不行，天下辐凑，门外成市，家产并累千金”。孝武帝刘骏驾崩，前废帝刘子业即位后，因新皇帝年幼，没有亲自处理各种国家事务的能力，凡是诏书敕令及尚书官署里大小事务，都由戴法兴来决断，他的权力至此达到了巅峰。因此，戴法兴开始有点飘飘然了，皇帝年龄渐长，想独自掌权时，戴法兴还是“每相禁制”，引起皇帝的不满，最终因华愿儿的谗言，而被免去一切职务，落得个赐死家中、财产被没收、儿子被杀、自己的棺材被烧的可悲下场。令人发笑的是，他临死前还封闭自己的府库积蓄，让家人慎重保管好府库的钥匙，一个把钱看得比生命还重的守财奴形象昭然若揭。

（谭芳注译、评述）

萧　宏

【原文】

临川靖惠王宏，字宣达，文帝第六子也。长八尺，美须眉，容止可观。仕齐为北中郎桂阳王功曹史。宣武之难，兄弟皆被收。道人释惠思藏宏。及武帝师下，宏至新林奉迎。建康平，为中护军，领石头戍事。天监元年，封临川郡王，位扬州刺史，加都督。

四年，武帝诏宏都督诸军侵魏。宏以帝之介弟，所领皆器械精新，军容甚盛，北人以为百数十年所未之有。军次洛口，前军克梁城。宏部分乖方，多违朝制。诸将欲乘胜深入，宏闻魏援近，畏懦不敢进，召诸将欲议旋师。吕僧珍曰："知难而退，不亦善乎。"宏曰："我亦以为然。"柳惔曰："自我大众所临，何城不服，何谓难乎?"裴邃曰："是行也，固敌是求，何难之避?"马仙琕曰："王安得亡国之言。天子扫境内以属王，有前死一尺，无却生一寸。"昌义之怒须尽磔，曰："吕僧珍可斩也。岂有百万之师，轻言可退，何面目得见圣主乎!"朱僧勇、胡辛生拔剑而起曰："欲退自退，下官当前向取死！"议者已罢，僧珍谢诸将曰："殿下昨来风动，意不在军，深恐大致沮丧，欲使全师而反。"又私裴邃曰："王非止全无经略，庸怯过甚。吾与言军事，都不相入。观此形势，岂能成功？"宏不敢便违群议，停军不前。魏人知其不武，遗以巾帼。北军歌曰："不畏萧娘与吕姥，但畏合肥有韦武。"武谓韦睿[①]也。僧珍叹曰："使始兴[②]、吴平为元帅，我相毗辅，中原不足平。今遂敌人见欺如此。"乃欲遣裴邃分军取寿阳，大众停洛口。宏固执不听，乃令军中曰："人马有前行者斩。"自是军政不和，人怀愤怒。

魏奚康生驰遣杨大眼谓元英曰："梁人自克梁城已后，久不进军，其势可见，当是惧我。王若进据洛水，彼自奔败。"元英曰："萧临川虽騃，其下有好将韦、裴之属，亦未可当。望气者言九月贼退，今且观形势，未可便与交锋。"

张惠绍[③]次下邳，号令严明，所至独克，下邳人多有欲来降。惠绍曰："我若得城，诸卿皆是国人；若不能破贼，徒令公等失乡，非朝廷吊人本意也。今且安堵复业，勿妄自辛苦。"降人咸悦。

九月，洛口军溃，宏弃众走。其夜暴风雨，军惊，宏与数骑逃亡。诸将求宏不得，众散而归。弃甲投戈，填满水陆，捐弃病者，强壮仅得脱身。宏乘小船济江，夜至白石垒，款城门求入。临汝侯[4]登城谓曰："百万之师，一朝奔溃，国之存亡，未可知也。恐奸人乘间为变，城门不可夜开。"宏无辞以对，乃缒食馈之。惠绍闻洛口败，亦退军。

六年，迁司徒，领太子太傅。八年，为司空、扬州刺史。十一年正月，为太尉。其年冬，以公事左迁骠骑大将军，开府同三司之仪，未拜，迁扬州刺史。十二年，加司空。十五年，所生母陈太妃薨，去职。寻起为中书监，骠骑大将军、扬州刺史如故。

宏妾弟吴法寿，性粗狡，恃宏无所畏忌，辄杀人。死家诉，有敕严讨。法寿在宏府内，无如之何。武帝制宏出之，即日偿辜。南司奏免宏司徒、骠骑、扬州刺史。武帝注曰："爱宏者兄弟私亲，免宏者王者正法，所奏可。"

宏自洛口之败，常怀愧愤。都下每有窃发，辄以宏为名，屡为有司所奏，帝每贳之。十七年，帝将幸光宅寺，有士伏于骠骑航待帝夜出。帝将行心动，乃于朱雀航过。事发，称为宏所使。帝泣谓宏曰："我人才胜汝百倍，当此犹恐颠坠，汝何为者？我非不能为周公、汉文，念汝愚故。"宏顿首曰："无是，无是。"于是以罪免。而纵恣不悛，奢侈过度，修第拟于帝宫，后庭数百千人，皆极天下之选。所幸江无畏，服玩侔于齐东昏潘妃，宝屧直千万。好食鯖鱼头，常日进三百，其佗珍膳盈溢，后房食之不尽，弃诸道路。江本吴氏女也，世有国色，亲从子女遍游王侯后宫，男免兄弟九人，因权势横于都下。

宏未几复为司徒。普通元年，迁太尉、扬州刺史，侍中如故。七年四月薨，自疾至薨，舆驾七出临视。及薨，诏赠侍中、大将军、扬州牧，假黄钺，并给羽葆、鼓吹一部，增班剑为六十人，谥曰靖惠。

宏以介弟之贵，无佗量能，恣意聚敛。库室垂有百间，在内堂之后，关晌甚严。有疑是铠仗者，密以闻。武帝于友于甚厚，殊不悦。宏爱妾江氏寝膳不能暂离，上佗日送盛馔与江曰："当来就汝欢宴。"唯携布衣之旧射声校尉丘佗卿往，与宏及江大饮，半醉后谓曰："我今欲履行汝后房。"便呼后阁舆径往屋所。宏恐上见其贿货，颜色怖惧。上意弥信是仗，屋屋检视。宏性爱钱，百万一聚，黄牓标之，千万一库，悬一紫标，如此三十余间。帝与佗卿屈指计见钱三亿余万，余屋贮布绢丝绵漆蜜纻蜡朱沙黄屑杂货，但见满库，不知多少。帝始知非仗，大悦，谓曰："阿六，汝生活大可。"方更剧饮，至夜举烛而还。兄弟情方更敦睦。

宏都下有数十邸出悬钱立券，每以田宅邸店悬上文券，期讫便驱券主，夺其宅。都下东土百姓，失业非一。帝后知，制悬券不得复驱夺，自此后贫庶不复失居业。晋时有《钱神论》，豫章王综[5]以宏贪吝，遂为《钱愚论》，其文甚切。帝知以激宏，宣旨与综："天下文章何限，那忽作此？"虽令急毁，而流布已远，宏深病之，聚敛稍改。

宏又与帝女永兴主私通，因是遂谋弑逆，许事捷以为皇后。帝尝为三日斋，诸主并豫，永兴乃使二僮衣以婢服。僮逾阈失屦，阁帅疑之，密言于丁贵嫔，欲上言，惧或不信，乃使宫帅图之。帅令内舆人八人，缠以纯绵，立于幕下。斋坐散，主果请间，帝许之。主升阶，而僮先趣帝后。八人抱而擒之，帝惊坠于扆。搜僮得刀，辞为宏所使。帝秘之，杀二僮于内，以漆车载主出。主恚死，帝竟不临之。帝诸女临安、安吉、长城三主并有文才，而安吉最得令称。

宏性好内乐酒，沉湎声色，侍女千人，皆极绮丽。慎卫寡方，故屡致降免。

选自《南史》卷五十一《萧宏传》

【注释】

①韦睿（442—520）：南朝名将。字怀文，京兆杜陵（今陕西长安东南）人。曾在宋任齐兴太守、右军将军，在齐任上庸太守。临阵交锋，勇猛果敢，出奇制胜，为一代名将。

②始兴：指始兴王萧憺。萧憺（478—522），字僧达，梁武帝第十一弟。齐时任西中郎外兵参军。普通三年（522）卒，谥号忠武。

③张惠绍（457—519）：字德继，义阳人。齐末随萧衍起兵，授宁朔将军、军主。天监十八年（519）卒，谥号忠。

④临汝侯：萧渊猷，南朝梁宗室，宣武王萧懿之子。封临汝侯。历镇吴兴、益州。

⑤豫章王综：萧综，南朝梁人，字世谦，梁武帝第二子。天监三年（504）封豫章郡王。有才学，善作文，历为南徐州刺史、丹阳尹。普通六年（525）督众军北伐，遂奔北魏，魏封丹阳王，自改名缵，字德文，为东昏侯服丧。最后出家，死于魏。

【译文】

临川靖惠王萧宏，字宣达，是文帝的第六个儿子。身高八尺，胡须眉毛长得很好看，形容举止也很优雅。他出仕南朝齐国，担任北中郎桂阳王功曹史。宣武之难的时候，他的兄弟都被收押。有个名叫释惠思的道士将他藏起来。梁武帝大军挥师而下，萧宏前去新林迎接。建康平定后，他当了中护军，领石头戍事。梁武帝天监元年（502），萧宏被封为临川郡王，任扬州刺史，并都督号。

天监四年（505），梁武帝下诏命令萧宏都督诸军入侵北魏。萧宏作为梁武帝的弟弟，所领诸军器械都精良新锐，军容严整盛大，北朝人认为这是一百多年以来从未有过的。大军驻止洛口，前锋军队攻克梁城。萧宏部署失当，很多地方违反朝廷的计划安排。众位将领想要乘胜深入，萧宏听说北魏的援军已近，心中畏惧，不敢前进，召集诸将想要商议回师。吕僧珍说：“知难而退，不也是很好的吗?”萧宏说：“我也认为是这样。”柳惔说：“我们大军所到的地方，没有哪个城池不降服的，有什么困难的?”裴邃说：“这一次出征，求的就是让敌军来，现在敌军来了，为什么要躲避他们?”马仙琕说：“您怎么能有这样的亡国之言？皇上将境内精兵全都交托给王爷您，只有向前一尺而战死，不能向后一寸而求生!”昌义之大怒，胡子都竖起来了，说：“应该将吕僧珍杀了。怎么会拥有百万大军而轻易说要后退的？还有什么脸面回去见圣明的天子!”朱僧勇、胡辛生拔剑而起说道：“想要后退就自己后退，我们要向前与敌军决一死战!”商议完毕后，吕僧珍向诸位将领道歉说：“殿下昨天风疾复发，心思全不在军事上，我深怕会导致军队士气低落，想要保全全军返回。”吕僧珍又私下对裴邃说：“王爷不止是全无谋略，而且平庸怯懦得厉害。我与他谈论军事，完全格格不入。看这个形势，怎么能完成功业?”萧宏不敢立即违反众人的商议宣布退军，只好停驻军队不前进。北魏人知道萧宏不够勇武，就派人送来妇女用的头巾与头饰羞辱他。北魏军中流传着歌谣：“不怕萧娘与吕姥，就怕合肥有韦武。”韦武是指韦睿。吕僧珍叹息说：“假使让始兴王萧憺、吴平侯萧景来当元帅，我来辅佐他们，中原一定可以轻松平定，现在竟被敌人这样欺辱。”于是他想要派裴邃分兵攻取寿阳，而大军停驻洛口。萧宏固执己见而不准许，命令军队说：“人马有向前行进者就斩首。”从此以后军政不和，将士都心怀愤怒。

北魏将领奚康生派杨大眼骑马去见统帅元英，对他说：“梁人自从攻克梁城以后，军队久久不前进，可见他们应当是惧怕我军。您如果进军据守洛水，他们就会自行奔逃溃败。”元英说：“萧宏虽然愚笨无用，但他部下有良将韦睿、裴邃等人，也很难抵挡。望气者说九月份贼军就会撤退，如今暂且观察情势，不可立刻就与他们交锋。”

张惠绍率军驻扎在下邳，号令严明，所到之处都能攻克，下邳有许多人想来归降。张惠绍说：“我如果攻下了城池，你们各位就都成为国家百姓，但我如果没有攻破贼军，那就白白让各位失去家乡，这不是朝廷关怀百姓的本意。如今你们暂且安居复业，不要白白辛苦。”那些要归降的人听了都很高兴。

九月，驻在洛口的梁军果然溃散了，萧宏丢弃军众逃走。这一夜恰逢暴风雨，梁军惊乱，萧宏带着数名骑兵率先逃走。诸将寻找不到萧宏，只好四散而各自逃归。地上、水中到处都是士兵们丢弃的铠甲、扔下的矛戈，困疾孱弱的士兵都被抛弃不管，强壮的士兵也仅仅是得以脱身。萧宏乘小船渡过长江，夜晚来到了白石垒，敲打城门请求让他入城。临汝侯萧渊猷登上城头对他说：“百万大军，这一下子就奔逃溃散了，国家的存亡尚未可知。怕有奸人会乘此隙机作乱，城门不能在晚上打开。”萧宏无言以对，城内人于是从城上用绳子吊下食物来给他们。张惠绍听说洛口大军已败，也率军后退。

天监六年（507），萧宏升任司徒，兼任太子太傅。天监八年（509），改任司空、扬州刺史。天监十一年（511）正月，任太尉。这一年冬天，萧宏因公事被降为骠骑大将军、开府同三司之仪，但还未正式被任命，就又升任扬州刺史。天监十二年（513），加封司空。天监十五年（516），萧宏因生母陈太妃去世而离职。不久，他就又被起用为中书监、骠骑大将军，仍任扬州刺史。

萧宏侍妾的弟弟吴法寿性情粗鲁狡猾，倚仗萧宏的势力无所畏惧，总是随意杀人。死者家属告状，梁武帝下敕令严厉追究。吴法寿躲入萧宏的府第，朝廷就拿他没办法。梁武帝命令萧宏将人交出，当天就让吴法寿为无辜死者偿命。御史台上奏请求免除萧宏司徒、骠骑大将军、扬州刺史的职务。武帝批注道："爱惜萧宏是因为作为兄弟的私情，免除萧宏的职务是因为作为王者的正当法纪，你们所奏上的建议可以执行。"

萧宏自从洛口大败之后，一直心怀惭愧愤恨。京城附近每次有人暗中图谋不轨，都用萧宏的名义，因此，他屡次被有关部门弹劾，梁武帝总是加以宽恕。天监十七年（518），梁武帝准备到光宅寺去，有人潜伏在骠骑航这个地方等待梁武帝夜晚出行。梁武帝刚要走时突觉心中一动，就改从朱雀航经过。事情被发现后，那人便说是受到萧宏的指使。梁武帝流着泪对萧宏说："我的才能胜过你一百倍，坐这个位子还怕国家会覆灭衰亡，你怎么能干这个呢？我不是不能像周公、汉文帝那样诛杀反叛的兄弟，只是念着你是太过愚笨的缘故才没杀你罢了。"萧宏叩头说："绝无此事，绝无此事。"最终以罪被免官。而他还是放纵不已，又奢侈过度，仿照皇宫的样式修造府第，后宫女子有近千人，网罗尽天下秀美女子。他所宠幸的江无畏，服饰器玩与齐东昏侯潘妃的差不多，宝鞋价值上千万。他喜好吃脆鱼头，经常一天吃三百个，其他山珍海味也非常充裕，后房人等都吃不完，只好把它们扔到路上。江无畏本是吴氏的女儿，家中历代女子都长得天姿国色，他们家的亲戚子女也都在各个王侯们的后宫，江无畏的兄弟江免等兄弟九人，仗着权势在京城周围横行不法。

萧宏不久又担任司徒。普通元年（520），升任太尉、扬州刺史，仍任侍中。普通七年（526）四月，萧宏去世。从他得病到去世，梁武帝曾七次前去探视。萧宏死后，梁武帝下诏追赠侍中、大将军、扬州牧，假黄钺，并给羽葆、鼓吹一部，增加班剑为六十人，赐给谥号称靖惠。

萧宏有着梁武帝弟弟的贵重身份，除此而无其他器度才干，只顾肆意聚敛财物。他的库房有将近一百间，处于内堂之后，守卫十分严密。有人怀疑是收存铠甲武器的地方，秘密奏报给梁武帝。梁武帝对兄弟友情看得很重，听到后特别不高兴。萧宏宠幸爱妾江氏，吃饭、睡觉时都不能暂时离开，梁武帝有一天送去丰盛的饮食给江氏说："我会过来参加你这里的欢宴。"他只携带了未登皇位时的老朋友射声校尉丘佗卿前去，与萧宏及江氏喝了很多酒，梁武帝喝得半醉后对他们说："我现在想要去你的后房看看。"就招呼后阁舆直接前往后房。萧宏怕梁武帝看到他聚敛而来的财物，脸色忧惧惶恐，梁武帝心中便更加相信萧宏收藏着武器，因此逐屋检查巡视。萧宏本性爱钱，一百万钱堆成一堆，用一块黄榜标明，一千万钱占一间库房，悬挂一个紫标，像这样的库房有三十余间。梁武帝与丘佗卿屈指计算，萧宏收存的现钱有三亿余万，其余库房储存有布、绢、丝、绵、漆、蜜、纻、蜡、朱砂、黄屑等多种货品，只见堆满房屋，不知道到底有多少。梁武帝这才知道收藏的不是武器，大为高兴，对萧宏说："阿六，你的生活很不错啊！"于是继续回去饮酒，直到夜里才举着蜡烛回宫。兄弟的友情更加笃厚和睦。

萧宏在京都附近有数十个邸店，用来做抵押贷款，每次都用百姓的田宅邸店作为抵押，挂上文券，到期就将原来的主人驱逐出去，夺取他们的田宅。京城及东部的百姓，因此而失去田宅家业的不在少数。梁武帝后来知道此事，命令不得再驱赶百姓、夺取百姓田宅，从这以后，贫寒庶民才不再因此而失去居宅家业。西晋时有《钱神论》，豫章王萧综因为萧宏贪婪吝啬，就写了篇

《钱愚论》，这篇文章写得恰好切中萧宏的要害。梁武帝知道这是为刺激萧宏而写，宣旨给萧综说："天下文章题目有那么多，为什么要作这个?"虽然下了命令赶快销毁，但流传已广，萧宏为此担心忧虑，稍微收敛了些过去聚敛财物的行为。

萧宏又与梁武帝的女儿永兴公主私通，并密谋杀害梁武帝，答应事成之后立永兴公主为皇后。武帝曾经进行三日坐斋，各位公主都参与了，永兴公主就派两个僮仆穿上婢女的衣服一同前往。家僮在跨过门槛时掉了鞋，阁帅看到后对其起了疑心，秘密报告给了丁贵嫔，想要其告诉梁武帝，又怕他可能会不相信，于是让宫帅暗中进行布置。宫帅命令内廷的仆役八人，脚下缠上丝绵，悄悄站在帷幕之下。斋坐结束后，永兴公主果然请求让左右人退下，梁武帝同意。永兴公主走上台阶，而两个家僮先奔向梁武帝身后。八个内舆人冲出，抱住家僮，将他们擒住，梁武帝吃惊得从御座上掉了下来。后来在家僮身上搜出了刀子，他们供认是受萧宏指使。梁武帝秘而不宣，只把两个家僮杀死在宫内，用漆车把永兴公主送出宫去。永兴公主怨恨而死，梁武帝也没去参加葬礼。梁武帝的女儿中，临安、安吉、长城三个公主都有文才，而安吉公主最受众人的赞誉。

萧宏性喜女色，又好饮酒，终日沉湎于欢声美色之中，有侍女千人，都极其艳丽。他懦弱胆怯，在谨慎防护方面毫无良方，因此屡次被降职免职。

【评述】

理想的官员应该能力超群并且廉洁奉公，而萧宏恰是一个反面典型。他没有什么本事却深谙敛财之道。让这样的人当道，给国家带来的必然是双重损失。

萧宏怯懦无谋略，作为主帅领兵，使梁国百万之师一朝崩溃。北方军队嘲笑萧宏懦弱，称他为“萧娘”。许多不法事件都打着萧宏的名义，甚至有两次谋刺皇帝都与萧宏有关。因为他对部下约束不力，所宠幸的江氏兄弟九人才敢仗势横行于都下，他也因此多次被有关部门弹劾。

但他却是敛财的高手：贪得无厌，爱财无度，肆意聚敛财物，钱财、布、绢、丝、绵、漆、蜜、纻、蜡、朱砂、黄屑等不计其数，还设置抵押贷款的邸店，强占百姓的田宅。他纵恣不悛，奢侈享乐。比照着皇帝的宫殿来修建自己的府第，后院供养着数千极天下之选的佳丽。他所宠幸的江氏之奢侈可与“步步生莲花”的潘妃相比，一双鞋子就值千万钱，吃不完的佳肴多到只能丢在路上。

这样一个无能却贪财的人为什么能大行其道？原因就在于他是当朝皇帝梁武帝萧衍的弟弟，只要萧宏不谋反，萧衍就放任他的享乐奢靡，对他的放纵甚至达到了极致。当梁武帝知道萧宏的库房里不是武器，而是金钱和财物之后，他还大为高兴。连萧宏与永兴公主密谋刺杀梁武帝并付诸行动之后，梁武帝也仅仅是“秘而不宣”。他还下令销毁萧综写的讽刺萧宏贪吝的《钱愚论》。从这种种事件我们不难看出，萧衍对萧宏的放任不单是兄弟情深那么简单，萧宏只要没有谋朝篡位的非分之想，就一任其所为，这很容易让人联想到春秋时期郑伯与共叔段的故事。梁武帝对萧宏无限度地庇护包容，并且还给与无才无德的萧宏极重的权柄，其后果只能是给国家造成很大的危害，对萧宏本人也是有百害而无一利。对于一个无才无德无胆识无规矩无自制力的人，把重要的权力、任务交给他，就等于是去陷害他。

萧衍对萧宏的放任可能是出于一己之私，但这一私念导致的却是军威、国威的丧失，吏治风气的败落，以及社会奢侈腐化之风的盛行。

（谭芳注译、评述）

中国廉政史鉴

李洪峰题

历史人物卷

4

李洪峰 主编

文化艺术出版社
Culture and Art Publishing House
国家图书馆出版社

第四册目录

附贪墨

概述

隋唐五代是中国古代社会发展的巅峰时期，大唐盛世为我们留下了许多宝贵的文化遗产，廉政建设的经验与教训也是其中之一。历史证明，只要公共权力失去监督和制约，就会有腐败滋生，隋唐五代也概莫能外。每一位君王都希望自己的统治政治清明、社会和谐。他们一方面极力倡导为政清廉，另一方面采取多种措施预防和杜绝腐败。因此，隋唐五代廉政建设包含倡廉与反腐两大方面，倡廉就是倡导为政清正廉洁，不滥用权力。反腐则是对腐败事件的监察与惩处。

一、隋唐五代反腐倡廉的预防措施

（一）倡导勤俭治国、廉洁奉公

“成由勤俭败由奢”，隋唐开国统治者从前代王朝的灭亡教训中，深知贪污腐败对自身政权的危害作用。因此，立国之初，无不崇尚节俭，体恤民情。如隋文帝杨坚，有一年关中饥荒，他得知老百姓竟以豆粉拌糠为食时，“流涕以示群臣，深自咎责，为之撤膳不御酒肉者，殆将一期”。如此亲民爱民的举动，在历代帝王中也属凤毛麟角。又如唐太宗，深知“水能载舟，亦能覆舟”的道理，经常提醒自己，“为君之道，必须先存百姓”。贞观初年，太宗就令“自王公以下，第宅、车服、婚嫁、丧葬，准品秩不合服用者，宜一切禁断”。他还经常教育臣下要廉洁奉公，“人有明珠，莫不贵重。若以弹雀，岂非可惜？况人之性命甚于明珠，见金钱财帛不惧刑网，径即受纳，乃是不惜性命。明珠是身外之物，尚不可弹雀，何况性命之重，乃以博财物耶？群臣若能备尽忠直，益国利人，则官爵立至。皆不能以此道求荣，遂妄受财物，赃贿既露，其身亦殒，实可为笑。”

（二）选任德才兼备的人才

唐太宗曾经说过：“为政之要，惟在得人，非用其人，必难致治。”人贤政必廉，人恶政必奢。要想根治腐败，必须选拔清正廉洁的官员，裁汰贪官污吏。因此，隋唐时期特别重视对官吏的选拔。

首先，隋文帝时废除了魏晋南北朝以来九品中正制的荐举制度，创立科举制度，公平竞争。科举制的核心在于“以试取人”，使主考官无法根据好恶和私利来选拔官员，在很大程度上杜绝了私人请托、收受贿赂的弊端，保障了官员选任的公平与公正。同时科举出身的官员大都饱读诗书，具有较高文化水平和思想道德素质，这也进一步保证了官员队伍的廉洁。

其次，在选人标准上，坚持以廉洁作为首要标准。唐代科举出身者，还需参加吏部考试，通过者才能授予官职。吏部考试的标准有四：身、言、书、判。把德行作为选官人才的重要标准，而在德行标准中，廉洁奉公是最主要的一个方面。贞观时著名的谏臣魏徵就曾提出，任官要重用那些“守文奉法，任官职事，不受赠遗，辞禄让赐，饮食节俭”的人。

（三）奖励廉洁奉公官员

对于清廉官员进行奖励，是历代统治者一贯的措施。隋唐制举中就有“清廉守节，政术可称，堪任县令科”，达到这一标准者，可以直接提拔为县令。此外，考课等级是隋唐官员晋升和俸禄增减的重要参照指标，《唐六典》载：“凡考，中上以上，每进一等，加禄一季；中中，守本禄，中下以下，每退一等，夺禄一季。”隋唐考课标准即“四善二十七最”。这些标准无一不是要求官员廉洁奉公的，如“四善”指的是：一曰德义有闻，二曰清慎明著，三曰公平可称，四曰克勤匪懈。贞观三年（629）四月唐太宗在《赐孝义高年粟帛诏》中云：“诸州官吏，或正直廉平，刑清讼息；或贪婪货赂，害政损人，宜令都督、刺史以名封进。”结果是前者褒后者贬。由此，官员多为清廉守法者。当时很多名臣既有以政治才干名扬古今，也有以清正廉洁受到后世敬仰。如贞观时官至中书令的岑文本，不置家产，家中竟然连帷帐都没有。

（四）建立官员的回避制度

回避制度是中国古代一项重要的人事制度。它是以血缘和地域为核心，为保证官员廉洁奉公，正常履行职责，防止结党营私、贪污腐败而实行的一项制度，包括任官地域回避和案件审理的亲属回避制度。唐律规定：（1）亲属不能在有统属关系的统一机构内任职，“凡同司联事及勾践之官，皆不得为大功以上亲。”（2）中央高级官员的亲属任职也有一定限制，他们不能在京师的府、县任官，宰相儿子不能担任三省、御史台官职。（3）除非得到皇帝的特别恩准，官员出任两京以外的地方官时，一律要回避自己的籍贯地。唐代宗永泰元年（765）七月诏令：“不许百姓任本贯州县官及本贯邻县官”，但“京兆、河南府不在此限”。（4）案件审理过程中，有亲属关系的官员要回避。《唐六典》记载：“凡鞠狱官与被鞠人有亲属仇嫌者，皆听更之。”“亲谓五服以内，及大功以上婚姻之家，并受业经师为本部都督、刺史、县令及府佐于府主，皆同换推。”回避制度的实行有效地斩断了官员任职或审理案件过程中人为因素的影响，为官员的廉洁行政提供了有利环境。

二、隋唐五代反腐倡廉的监察措施

腐败的滋生仅仅依靠未雨绸缪、防微杜渐的预防措施是远远不够的，还需要建立相对完备的监察体系，对中央和地方官员进行监督和纠察，有效地对发生的腐败事件进行查处，让腐败事件发生一件，查处一件，使得政府官员不敢抱侥幸心理去铤而走险。隋唐五代时期建立了较为完善的官员考课和监察系统，既对中央官员也对地方官员，既有定期考课也有不定期巡查。

（一）御史台的监察

隋唐时期，置御史台，为全国最高监察机关，御史台长官设御史大夫一人，“掌以刑法典章，纠正百官之罪恶”，“正朝廷纲纪，举百家紊失”。贞观之前，御史台“但风闻弹事，提纲而已”，没有司法权力。贞观元年（627）御史台地位得以提高，当时凡中书、门下及三品以上官吏入阁议事，都要有谏官随同，有不当者随时进谏，这对纠正官吏的违失起了一定作用。贞观以后，御史台也接受词讼，并且设置了“台狱”。开元十四年（726）之后，专设受事御史一员，以御史充任，每日一人轮流受理词讼。从此，凡重大案件，均由御史台和刑部、大理寺组成三法司联合审理。大理寺负责审讯人犯、拟定判词，刑部负责复核，同时报御史台监审。

御史台内设有三院，即台院、殿院、察院，分别由侍御史、殿中侍御史、监察御史居其职，合称“三院御史”。其中侍御史六人，掌纠举弹劾百僚、推鞠狱讼、知公廨等杂事。所谓推鞠狱讼，是指对被告发官员进行审理，这主要是“制狱”，即皇帝亲自命令办理的案子。弹劾指按朝廷行政法规指控官员的不法行为。殿中侍御史九人，《大唐六典》载：“殿中侍御史，掌殿廷供奉之仪式。每朝，与侍御史随仗入，位在中丞下，给事中、中书舍人后。”即在朝廷的重大典礼活动中，负责纠察殿廷供奉仪式。监察御史十五人，主要任务是分察百僚，凡狱讼、军戎、祭祀、营作、太府出纳诸事并加监察。此外，监察御史的一个更重要职责是巡按州县，监督地方官吏。《旧唐书·职官志》记载：“监察掌分察巡按郡县、屯田、铸钱、岭南选补……监决囚徒。”

此外侍御史也有按察地方州县的职责。《资治通鉴》中载有唐代宰相宋璟的话说："故事，州县官有罪，品高则侍御史，卑则监察御史按之。"

（二）监察使臣对地方官的监督

监察使臣以地方州县为监督对象，不仅御史而且其他官员也可担任监察使臣，他们以"六条"为执法标准："其一，察官人善恶；其二，察户口流散，籍账隐没，赋役不均；其三，察农桑不勤，仓库减耗；其四，察妖猾盗贼，不事生业，为私蠹害；其五，察德行孝悌，茂才异等，藏器晦迹，应时用者；其六，察黠吏豪宗兼并纵暴，贫弱冤苦不能自申者。"从这"六条"的内容看，不仅包括了对官员本身的监督，而且包括了对地方行政的监督，这些多是官员滋生腐败的重要土壤。贞观二十年（646）正月，又"遣大理卿孙伏伽等二十二人以六条巡察四方，刺史、县令以下多所贬黜"。对于其监察的重要职能及作用，宋人洪迈在《容斋三笔》卷七中说："唐世于诸道置按察使，后改为采访处置使，治之所部之大郡，既又改为观察，其有戎旅之地，即置节度使。……但令访察善恶，举其大纲，然兵甲、财富、民俗之事，无所不领，谓之都府，权势不胜其重，能生杀人，或专私其所领州，而虐视支郡。"可见其权利之大。

（三）上级对下级的监督（以县令为例）

上级监督下级，下级直接向上级负责，这是古代人治社会的一个重要特点。以县级官员为例来看，州郡对于下属县具有监督的责任。《唐六典》卷三十《京兆、河南、太原牧以及都督刺史》条规定："京兆、河南、太原牧以及都督、刺史掌清肃邦畿，考核官吏，宣布德化，抚和齐人……每岁一巡属县……其吏在官公廉正己清直守节者，必察之；其贪秽谄谀求名徇私者，亦谨而察之，皆附于考课，以为褒贬。"这就对州郡的长官监督辖区内属县职责作了规定。州郡对县的考察每年都必须逐县的进行，《全唐文》卷一百九《令州府长吏每年考课县令敕》规定："县令……宜令随处州府长吏，逐县每年考课。"除此之外，郡佐官如别驾、长史、司马等也有监督辖区内县的职责。《唐六典》卷三十载："若亲王典州及边州都督、刺史不可离州局者。应巡属县，皆委上佐行焉。"其监督并处置管内官员的权责也是很大的。

（四）勾检官对本府行政的监察

勾检制是唐代的一项重要的制度，即勾检各级政府中官吏行政中的"稽失"，包括文书的稽违和错办。唐代文书，又称文案或案，即各级官府每日处理问题按程式记录的文件，这样的官文书是上级与下级以及同级之间互相沟通互相联系的工具。勾检制作用主要体现在，勾检稽失。稽即稽程，也就是稽查文书在处理过程中是否超过了规定的时限，是否在法定的时间内将某项政务处理完；失也就是公事过错，也就是违反了制度、法律的规定，这些都是腐败滋生的重要土壤。《唐六典》和《唐律疏议》都规定了文书的处理时限："凡内外百司所受之事，皆印其发日。为之程限。一日受，二日报，小事五日……中事十日……大事二十日……狱案三十日。其急务者不与焉。小事判勾经三人以下者给一日，四人以上给两日；中事，每经一人给二日；大事各加一日。内外诸司咸率此。”《唐律疏议》卷九《职制》还详细地规定了对官文书稽缓的惩罚规定。这对于职务犯罪具有较好的监察作用。

三、隋唐五代反腐倡廉惩处措施

隋唐五代廉政建设的最后一个措施就是对腐败问题的惩处。对于腐败问题严加处理，能够达到杀一儆百的目的，使得其他官员引以为戒。隋唐统治者大都建立或健全反腐法令，严惩贪污腐败者。《贞观政要》记载唐太宗“深恶官吏贪浊，有枉法受财者，必无赦免。在京流外有犯赃者，皆遣执奏，随其所犯，置以重法。由是官吏多自清谨。”置以重法应该只是说惩处手段，肃清官僚队伍中的害群之马，使得官僚队伍廉洁自律才是最终目的。隋唐法律中对于反腐败的立法十分完善，特别是对于职务犯罪有较明确的规定。

（一）对于经济犯罪的惩处

《唐律》将非法占有公私财物罪归纳为六种：强盗、窃盗、受财枉法、受财不枉法、受所监临、坐赃。除了强盗和窃盗属于一般性财产犯罪外，后四种都可归入官员经济腐败的范围。例如坐赃罪，律文规定：凡坐赃致罪者，一匹以下笞二十，满一匹笞三十，十匹徒一年，以上每十匹加半年，罪止三年（即最高处三年徒刑）。唐玄宗开元十年（722）八月，武强县县令裴景仙“坐赃五千匹”，事情暴露后，畏罪逃亡，被捕获。玄宗得知大怒，“命集众斩之”。对于“受财而枉法”的监临之官的惩罚则从重，“诸监临主司受财而枉法者，一尺杖一百，一匹加一等，十五匹绞。”同时，对于先办事后收受财物的官员罪与上同，《唐律》规定：“诸有事先不许财，事过之后而受财者，事若枉，准枉法论；事不枉者，以受所监临财物论。”

对于此类经济犯罪不仅要惩罚犯罪者本人，唐代还实行犯赃连坐制度，有时不仅上下级之间要连坐，而且同级官署内部也要连坐。例如县令犯经济问题不仅要连坐所举荐的人，而且要连坐县的上级主管州的一些官员。《唐文拾遗》卷五十四载：“所举县令到任，刑罚冤滥，及有犯赃者，其举荐官削阶，及停现任，书下考。”唐宣宗大中二年（848）正月敕：“官内县令有犯赃事发，州府不举者，坐录事参军。”不仅如此，县令及其属官之间也要互相连坐，“县令犯赃事发，设县司本典知情，并同罪。”同时县佐吏犯赃也要连坐县令，“（县）丞、簿等犯赃私，连坐县令，其罪减所犯官一等。”

（二）对利用职权，受人请托的惩处

利用职务替他人谋求私利，是官员职务犯罪的又一重要内容。《唐律》规定：“诸有所请求者，笞五十；谓从主司求曲法之事。即为人请者，与自请同。主司许者，与同罪。主司不许及请求者，皆不坐。已施行，各杖一百。”不仅枉法官员而且请托人均要受到惩罚，即贿赂者与受贿者同罚。如果里面还加有经济犯罪，则罪行更重。“诸受人财而为请求者，坐赃论加二等；监临势要，准枉法论。与财者，坐赃论减三等”，“诸有事以财行求，得枉法者，坐赃论；不枉法者，减二等。即同事共与者，首则并赃论，从者各依已分法。诸监临主司受财而枉法者，一尺杖

一百，一匹加一等，十五匹绞。”

（三）禁止官员利用职权从事谋利活动

首先，禁止官员在辖区借贷。唐律规定：“诸贷所监临财物者，坐赃论；若百日不还，以受所监临财物论。强者，各加二等。”可见，官吏在辖区借贷举债，被认定为犯罪，以“坐赃论”；如果超过一百天不还，就算是索贿；如果是强行借贷，那么还要加重处罚。不仅如此，官员家人也不许在官员辖区借贷、经营、接受馈赠，如果官员知情，还要与家人共同接受处罚。“诸监临之官家人，于所部有受乞、借贷、役使、买卖有剩利之属，各减官人罪二等；官人知情与同罪，不知情者各减家人罪五等。”

其次，禁止官员在辖区承运赋税物资，否则“计所利坐赃论”。不处于监临地位的官员犯此罪的，减一等处罚；如果其主管官员知情的，减二等处罚。“诸监临主守之官，皆不得于所部僦运租税、课物，违者，计所利坐赃论。其在官非监临，减一等。主司知情，各减一等。”

（四）对于非法公费吃喝的惩处

“诸于官私田园，辄食瓜果之类，坐赃论；弃毁者，亦如之；即持去者，准盗论。主司给与者，加一等。强持去者，以盗论。主司即言者，不坐。非应食官酒食而食者，亦准此。”能在官私田园随便吃喝的，自然是官吏或者地方豪强了，对其以“坐赃论”“以盗论”，说明当时已经注意惩治这种不良习气了。

（张玉兴）

库狄士文

【原文】

库狄士文，代人也。祖干，齐左丞相。父敬，武卫将军、肆州刺史。士文性孤直，虽邻里至亲莫与通狎。少读书。在齐袭封章武郡王，官至领军将军。周武帝平齐，山东衣冠多迎周师，唯士文闭门自守。帝奇之，授开府仪同三司、随州刺史。

高祖受禅，加上开府，封湖陂县子，寻拜贝州刺史。性清苦，不受公料，家无余财。其子常啖官厨饼，士文枷之于狱累日，杖之一百，步送还京。僮隶无敢出门，所买盐菜，必于外境。凡有出入，皆封署其门，亲旧绝迹，庆吊不通。法令严肃，吏人股战，道不拾遗。有细过，必深文陷害。尝入朝，遇上置酒高会，赐公卿入左藏，任取多少。人皆极重，士文独口衔绢一匹，两手各持一匹。上问其故，士文曰："臣口手俱满，余无所须。"上异之，别加赏物，劳而遣之。士文至州，发擿奸隐，长吏尺布升粟之赃，无所宽贷。得千余人而奏之，上悉配防岭南，亲戚相送，哭泣之声遍于州境。至岭南，遇瘴疠死者十八九，于是父母妻子唯哭士文。士文闻之，令人捕捉，挝捶[①]盈前，而哭者弥甚。有京兆韦焜为贝州司马，河东赵达为清河令，二人并苛刻，唯长史有惠政。时人为之语曰："刺史罗刹政，司马蝮蛇瞋，长史含笑判，清河生吃人。"上闻而叹曰："士文之暴，过于猛兽。"竟坐免。

未几，以为雍州长史，士文谓人曰："我向法深，不能窥候要贵，必死此官矣。"及下车[②]，执法严正，不避贵戚，宾客莫敢至门，人多怨望。士文从父妹为齐氏嫔，有色，齐灭之后，赐薛国公长孙览为妾。览妻郑氏性妒，谮之于文献后，后令览离绝。士文耻之，不与相见。后应州刺史唐君明居母忧，娉以为妻，由是士文、君明并为御史所劾。士文性刚，在狱数日，愤恚而死。家无余财，有子三人，朝夕不继，亲友无内之者。

选自《隋书》卷七十四《厍狄士文传》

【注释】

①挝捶（zhuā chuí）：击打，敲打。

②下车：官吏到任。

【译文】

库狄士文，山西代县人。祖父库狄干，北齐时的左丞相。父亲库狄敬，曾任武卫将军、肆州刺史。库狄士文性格孤介耿直，即使是邻里至亲也不敢和他随便嬉笑。年少时即开始读书。在北齐承袭爵位，封为章武郡王，官做到领军将军。周武帝平齐，山东的衣冠大族大多欢迎周军，只有库狄士文闭门自守。皇帝觉得他不同寻常，授予他开府仪同三司、随州刺史。

高祖受禅，库狄士文被加封上开府，封湖陂县子，不久被拜为贝州刺史。他性喜清贫，不接受公家的额外补贴，家里没有多余的财产。他儿子经常吃官家厨房里的饼，库狄士文把儿子送进监狱里呆了好几天，打了他一百杖，步行把他送回京城。仆人都不敢出门，所用的盐和菜，一定在外州买。凡是有出入门庭的，都封署家门，亲戚都不与他来往，喜事和丧事都不参加。他执行法令严肃，吏人两腿打颤，在路上都不敢捡东西。有小小的过错，一定要严肃地引用条文来惩罚。有次入朝，碰上皇上安排酒会，赏赐公卿进入左藏，任意取多少。大家都极其贪婪，士文只是嘴里衔着一匹绢，两手各拿一匹绢。皇上问他什么原因，士文说："臣口里和手里都满了，其他的就没有什么需要的了。"皇上感到他的言行很特别，另外又加了赏赐的物品，慰劳并送他回去。士文回到州里，揭发奸吏隐情，哪怕官吏有一尺布一升粟的贪赃，都不放过。抓获一千多人然后奏报皇上，皇上把他们都发配到岭南去，亲戚出来相送，哭泣的声音遍及整个州境。到了岭南，染上瘴疠病死的有十分之八九，于是他们的父母妻子都哭怨士文。士文听说了之后，命令人抓捕，遭到捶打的遍地都是，但众人哭得更厉害了。有京兆韦焜是贝州司马，河东赵达是清河令，二人都很苛刻严厉，只有长史有惠政。当时的人说他们是："刺史罗刹政，司马蝮蛇瞋，长史含笑判，清河生吃人。"皇上听说之后感叹说："士文的暴虐，比猛兽还厉害。"最后因此而被罢免。

没过多久，厍狄士文被任为雍州长史，士文对人说："我向来执法严厉，不能迎合权贵，一定会死在这个官任上。"到任后，厍狄士文执法严格公正，不庇护贵戚，宾客没有敢上门的，大家多有怨气。士文表妹是齐国的嫔妃，有姿色，齐灭亡之后，赐给薛国公长孙览为妾。长孙览的妻子郑氏性格好妒，在文献皇后那里说她的坏话，文献皇后让长孙览离弃她。厍狄士文认为这事很可耻，不与长孙览见面。后来应州刺史唐君明为母守丧期间，娶士文表妹为妻，于是士文和唐君明一起被御史所弹劾。士文性格刚毅，在监狱里几天，怨恨而死。家里没有多余的财产，有三个儿子，吃了上顿没有下顿，没有亲戚朋友接纳他们。

【评述】

厍狄是纯正的鲜卑族姓氏，厍狄士文父祖皆为北齐中高级官僚，其出身家世可以说是很显赫的。虽然北周平齐，后又为隋所代，但是厍狄士文的仕途并没有受到上层政治局势演变的影响，一直还算顺利。可是这位出身不错、运气很好的鲜卑人，却有一个横死狱中的悲惨结局。在注重身后声名的古代，他虽然史册留名，却在《酷吏传》中方见身影。而这所有的一切都是源于他的性格。人们常说，性格决定命运，这句话，用在厍狄士文身上可以说再确切不过了。

总体上来说，厍狄士文是一个律己甚严的人。他不接收公家的俸料，家里一贫如洗；他执法刚正，不看权贵的脸色；他入皇帝左藏库中取物，结果只拿了三匹绢，这一切看起来似乎都是廉洁奉公的表现。然而，作为一个苛刻而又固执的人，厍狄士文在生活上不能算是成功的，他鞭打吃官府食物的儿子，他的仆人甚至要到外州去买盐买菜。这都是因为厍狄士文处处以自己那种苛刻的标准来要求所有的人。如果旁人没有达到他的标准或是让他失望和难堪，责怪那个人就是他唯一处理问题的方式。

而当他作为地方官员将其标准施用于全境所有吏民时，厍狄士文成为了一名“酷吏”。很难说“酷吏”是褒义还是贬义，他们中一些人的不畏强权，确实对政治发展有利，但是严酷的手段与残忍的行为，却又让他们成为千夫所指。厍狄士文这名“酷吏”，其实还是有些许不同和特殊的。他并不是要凭借残酷的手段去制造冤狱而获得政治上的升迁，实际上，他第一次被贬官恰恰是因为他的苛政。然而再次被起用之后，厍狄士文没有改变他的施政行为，即便明明知道这会令皇帝不满，他就是不可控制地要去挑剔旁人的所有毛病，连细小的错误也绝不放过，因此他容忍不了官吏任何一点贪污受贿，接受不了官员之间任何的请托与说辞。这样的为政方针害死了很多人，也切断了厍狄士文所有的人际关系，最后造成了他自己的悲惨结局。

其实厍狄士文是知道他的性格会带来灾祸的，只是他还是做了自己认为该做的选择。在个人操守和清廉奉公方面，厍狄士文是值得称道的。

（陈浩注译　赵璐璐评述）

赵 轨

【原文】

赵轨，河南洛阳人也。父肃，魏廷尉卿。轨少好学，有行检。周蔡王引为记室，以清苦闻。迁卫州治中。

高祖受禅，转齐州别驾，有能名。其东邻有桑，葚落其家，轨遣人悉拾还其主，诫其诸子曰：“吾非以此求名，意者非机杼之物，不愿侵人。汝等宜以为诫。”在州四年，考绩连最。持节使者郃阳公梁子恭状上，高祖嘉之，赐物三百段，米三百石，征轨入朝。父老相送者各挥涕曰：“别驾在官，水火不与百姓交，是以不敢以壶酒相送。公清若水，请酌一杯水奉饯。”轨受而饮之。既至京师，诏与奇章公牛弘撰定律令格式。

时卫王爽为原州总管，上见爽年少，以轨所在有声，授原州总管司马。在道夜行，其左右马逸入田中，暴人禾。轨驻马待明，访禾主酬直而去。原州人吏闻之，莫不改操。

后数年，迁硖州刺史，抚缉萌夷，甚有恩惠。寻转寿州总管长史。芍陂旧有五门堰，芜秽不修。轨于是劝课人吏，更开三十六门，灌田五千余顷，人赖其利。秩满归乡里，卒于家，时年六十二。子弘安、弘智，并知名。

选自《隋书》卷七十三《赵轨传》

【译文】

赵轨，河南洛阳人。父亲赵肃是北魏的廷尉卿。赵轨少时好学，有品行。北周蔡王引荐他为记室参军，因清苦而闻名远近。后升任卫州治中。

隋高祖受禅登基，赵轨转任齐州别驾，有能干之名。其家东边邻居有桑树，桑葚落到他家，他派人全部捡起还给邻家，并教育自己的孩子说："我这么做并非是沽名钓誉，不要以为不是重要的东西，就可以随便占取。你们应当引以为戒。"在齐州任官四年，政绩考核一直最优。持节使者郃阳公梁子恭向朝廷呈报他的事迹，受到了高祖的赞许，赐杂帛三百段，米三百石，征召赵轨入朝。当地父老乡亲送别他时，哭着说："别驾做官，与百姓界限分明，因此连一壶酒都不敢送。你清廉如水，我们奉上一杯水为你饯行。"赵轨接过喝下。到了京城，被任命与奇章公牛弘撰定律令的格式。

当时卫王杨爽是原州总管，皇上觉得杨爽年轻，因为赵轨有声望，就任赵轨为原州总管司马。走夜路时，赵轨手下的两匹马跑进了农田，践蹋了人家的庄稼。赵轨勒马等到天亮，找到庄稼主人付了赔偿金才离开。原州的官员百姓听说了这事后，没有不改善操行的。

几年之后，升任硖州刺史，安抚当地少数民族，施以恩惠。不久又转任寿州总管长史。芍陂以前有五门堰，荒芜失修。赵轨于是督促百姓和官吏，再开凿三十六门，灌溉农田五千余顷，当地百姓大受其利。赵轨任职期满后退休回归家乡，在家中去世，享年六十二岁。儿子赵弘安、赵弘智，都有名气。

【评述】

以小见大，往往是观察一个人最好的方式。赵轨主动归还邻居掉落在自己家中的桑葚，虽是小事一件，却可看出此人的品行。在小事上都不愿侵害别人的利益，那么为官一方自然也不会侵害百姓的利益。故而赵轨在齐州任官清廉，与百姓秋毫无犯；在原州坐等天亮，为偿还田主的损失；在寿州更是兴修水利，惠民便民，处处将百姓大众的利益放在首位。

（陈浩译文　赵璐璐评述）

骨　仪

【原文】

骨仪，京兆长安人也。性刚鲠，有不可夺之志。开皇初，为侍御史，处法平当，不为势利所回。

炀帝嗣位，迁尚书右司郎。于时朝政渐乱浊，货赂公行，凡当枢要之职，无问贵贱，并家累金宝。天下士大夫莫不变节，而仪励志守常，介然独立。帝嘉其清苦，超拜京兆郡丞，公方①弥著。时刑部尚书卫玄兼领京兆内史，颇行诡道，辄为仪所执正。玄虽不便之，不能伤也。

及义兵至，而玄恐祸及己，遂称老病，无所干预。仪与世师同心协契，父子并诛，其后遂绝。

选自《隋书》卷三十九《骨仪传》

【注释】

①公方：公正方直。《汉书·杜周传》："近谄谀之人而远公方，信谗贼之臣以诛忠良。"

【译文】

骨仪，京兆长安人。性情刚烈耿直，意志坚贞而不可屈服。隋开皇初年，骨仪任侍御史，处理事务公平允当，不屈服于权势而改变自己的看法。

隋炀帝继位，骨仪升任尚书右司郎。其时，朝政逐渐混乱污浊，贿赂等非法行为已公开化。凡是任要害部门职位的人，无论出身贵贱，家里都藏着无数的金银宝物。天下的士大夫几乎全都变节，但只有骨仪一如既往坚守本志，耿直光明，卓越出众。隋炀帝赞许他清白简朴，破格任其为京兆郡丞，他公正方直的作风更加突出。当时，刑部尚书卫玄兼京兆内史，常常有诡诈邪曲的行为，都被骨仪所纠正制止。卫玄行事虽然深感不便，但也不能对骨仪怎么样。

等到唐军来攻打京师的时候，卫玄担心自身遭遇祸患，便以老病为托辞，什么事也不管了。骨仪与阴世师同心协力团结抗敌，父子一起被杀，从此断嗣。

【评述】

“疾风知劲草，板荡识诚臣”，骨仪的刚正贞洁之志和忠君爱国的行为也许是李世民这两句诗的最好诠释。

时当炀帝朝，政局紊乱，卖官鬻爵，贿赂横行，占据了紧要职位的士人大都对炀帝朝廷失去了信心，遂转而浑水摸鱼，利用自己的权力疯狂地聚敛财富。从国家和朝廷的角度来说，他们当然属于祸害国体、鱼肉百姓的贪腐一类，但在当时的很多士人看来，也许贪污腐败已经是一种“业内”默认的合理行为，无需承担太多心理负担。但在这样的情况下，骨仪竟然不为所动，一如既往地保持了高洁的品行。不仅如此，他还在力所能及的职责范围内对那些贪官、庸官、昏官进行了必要的约束和纠正。他的行为对一个业已腐朽不堪的王朝来说，尽管可能是杯水车薪，但其行为本身，却对饱读儒家经典，期望“穷则独善其身，达则兼济天下”的文人士大夫具有教育和警示意义。

骨仪被杀和绝嗣的结局，看起来显得他有些不识时务，甚至是“愚忠”，但如果站在一个王朝的角度，这样的“愚忠”又实在不可或缺。我们也当然不能以“成者为王败者为寇”的立场来简单地评判历史上那么多“看起来很傻”的乱世忠臣，因为在他们的时代，作为一个独善其身、志尚高洁的文人，他们的行为原本就值得敬仰和感叹。

（张同利注译、评述）

皇甫无逸

【原文】

皇甫无逸，字仁俭，安定乌氏人。父诞，隋并州总管府司马。其先安定著姓，徙居京兆万年。仁寿末，汉王谅于并州起兵反，诞抗节不从，为谅所杀。无逸时在长安，闻谅反，即同居丧之礼。人问其故，泣而对曰："大人平生徇节义，既属乱常，必无苟免。"寻而凶问果至。在丧柴毁过礼，事母以孝闻。炀帝以诞死节，赠柱国、弘义郡公，令无逸袭爵。时五等皆废，以其时忠义之后，特封平舆侯。拜淯阳太守，甚有能名，差品为天下第一。再转右武卫将军，甚见亲委。帝幸江都，以无逸留守洛阳。

及江都之变，与段达、元文都尊立越王侗为帝。王世充作难，无逸弃老母妻子，斩关而走，追骑且至，无逸曰："吾死而后已，终不能同尔为逆。"因解所服金带投之于地，曰："以此赠卿，无为相迫。"追骑竞下马取带，自相争夺，由是得免。

高祖以隋代旧臣，甚尊礼之，拜刑部尚书，封滑国公，历陕东道[1]行台民部尚书。明年，迁御史大夫。时益部新开，刑政未洽，长吏横恣，赃污狼藉；令无逸持节巡抚之，承制除授。无逸宣扬朝化，法令严肃，蜀中甚赖之。有皇甫希仁者，见无逸专制方面，徼幸上变[2]，云："臣父在洛阳，无逸为母之故，阴遣臣与王世充相知。"高祖审其诈，数之曰："无逸逼于世充，弃母归朕。今之委任，异于众人。其在益州，极为清正。此盖群小不耐，欲诬之也。此乃离间我君臣，惑乱我视听。"于是斩希仁于顺天门，遣给事中李公昌驰往慰谕之。俄而又告无逸阴与萧铣交通者，无逸时与益州行台仆射窦琎不协，于是上表自理，又言琎罪状。高祖览之曰："无逸当官执法，无所回避，必是邪佞之徒，恶直丑正，共相构扇也。"因令刘世龙、温彦博将按其事，卒无验而止，所告者坐斩，窦琎亦以罪黜。无逸既返命，高祖劳之曰："公立身行己，朕之所悉。比多谮诉者，但为正直致邪佞所憎耳。"

寻拜民部尚书，累转益州大都督府长史。闭门自守，不通宾客，左右不得出门。凡所货易，皆往他州；每按部，樵采不犯于人。尝夜宿人家，遇灯炷尽，主人将续之，无逸抽佩刀断衣带以为炷，其廉介如此。然过于审慎，所上表奏，惧有误失，必读之数十遍，仍令官属再三披省；使者就路，又追而更审，每遣一使，辄连日不得上道。议者以此少之。

母在长安疾笃，太宗令驿召之。无逸性至孝，承问惶惧，不能饮食，因道病而卒。赠礼部尚书，太常考行，谥曰“孝”。礼部尚书王珪驳之曰：“无逸入蜀之初，自当扶侍老母，与之同去，申其色养，而乃留在京师，子道未足，何得为孝?”竟谥为良。孙忠，开元中为卫尉卿。

选自《旧唐书》卷六十二《皇甫无逸传》

【注释】

①陕东道：唐朝初年设置的战时行政区划，负责经略洛阳，进攻王世充。

②上变：向朝廷告发谋反等非常事变。

【译文】

皇甫无逸，字仁俭，安定乌氏人。父亲皇甫诞，是隋朝并州总管府司马。他的祖先是安定郡的大姓，迁居到京兆万年。仁寿末年，汉王杨谅在并州起兵造反，皇甫诞抗节不屈，被杨谅杀害。皇甫无逸当时在长安，听说杨谅造反，立刻行守丧的礼节。人们问他缘故，皇甫无逸哭着回答：“父亲大人平生奉守节义之道，既然这种叛乱是违背纲常之事，定然不可能苟且幸免。”不久死讯果然传到。皇甫无逸在守孝时悲伤过度瘦骨如柴，事奉母亲以孝顺闻名。隋炀帝因为皇甫诞忠义守节而死，追赠柱国、弘义郡公，使皇甫无逸继承了爵位。当时五等爵制都已废除，因为皇甫无逸是当时忠义之士的后人，特封他为平舆侯。任命他为淯阳太守，皇甫无逸有能干之名，政绩为天下第一。后改任右武卫将军，很被亲信倚重。隋炀帝去江都，让皇甫无逸留守洛阳。

江都政变之时，皇甫无逸与段达、元文都尊奉越王杨侗为皇帝。王世充作乱，皇甫无逸舍弃年迈的母亲和妻子儿女，杀出关门逃走，追赶的骑兵快追上他了，皇甫无逸说："我死而后已，绝不会同你们一起造反。"于是解下所佩带的金带扔到地下，说"把这送给你们，不要再逼迫我。"追赶的骑兵争着下马拾取金带，相互争夺，因此皇甫无逸得以逃脱。

因皇甫无逸是隋朝的旧臣，唐高祖很是尊敬礼待他，任命他为刑部尚书，封为滑国公，历任陕东道行台民部尚书。第二年，皇甫无逸升任御史大夫。当时新设益州，刑法政令尚未完善，官吏们放任横行，贪赃受贿，声名狼藉。皇上派皇甫无逸持皇帝信物安抚那里，秉承旨意任免官吏。皇甫无逸宣扬朝廷教化，法律政令整肃，蜀中的百姓非常信赖他。有个叫皇甫希仁的人，看到皇甫无逸可以专权控制一方，怀着侥幸求功的心思向朝廷告发皇甫无逸谋反，说："臣的父亲在洛阳，皇甫无逸为了他母亲的缘故，暗中派臣与王世充相互通谋。"唐高祖察觉他在说假话，斥责他说："皇甫无逸被王世充所逼迫，舍弃了老母归顺朕。现在对他的委任，有别于众人。他在益州，极其清廉正直。这大概是小人们不能忍受，想要诬陷他。这是离间我们君臣，迷惑扰乱我的视听。"于是在顺天门斩杀了皇甫希仁，派给事中李公昌快马前去慰问皇甫无逸。不久又有人向皇帝告发皇甫无逸暗中与萧铣勾结，皇甫无逸当时与益州行台仆射窦琎不和，于是上奏章为自己申辩，又奏明窦琎的罪状。唐高祖看过后说："皇甫无逸当官执法，无所回避，肯定是奸邪小人，嫉害正直之人，一同相互煽惑。"于是派刘世龙、温彦博准备审察这件事，最终没有查到皇甫无逸有罪的证据而停止，上告的人因此获罪处斩，窦琎也因罪罢免。皇甫无逸完成使命返回后，唐高祖慰劳他说："你严于律己，行为有度，朕全都明白。近来有许多人诋毁控告，只是因为你正直而招致邪恶小人的憎恨罢了。"

不久皇甫无逸被任命为民部尚书，多次改任后做到益州大都督府长史。他闭门不出，洁身自保，不接待宾客，并让身边的人不得出门。凡是所需购买的货物都到其他州去买。每次巡视部属，打柴采食不侵犯百姓。曾经夜晚住在别人家，灯炷烧没了，主人将要续上，皇甫无逸抽出刀割断衣带做成灯炷，他的清廉耿介就像这样。但过于审慎，所递上的表章奏疏，怕有错误闪失，一定要读上数十遍，还让属下再三查阅。使者已上路，又追回后再审察，每派出一个使者，往往是连日不能上路。评论者因此轻视他。

皇甫无逸的母亲在长安病重，唐太宗派人从驿道兼程去召回他。皇甫无逸秉性极其孝顺，接到消息后惶恐不安，不进饮食，因此在路上得病去世。追赠他为礼部尚书，太常考核他的品行，赐谥号"孝"。礼部尚书王珪反驳说："皇甫无逸刚到四川的时候，自应扶侍年老的母亲，与他同去，尽心奉养，却把她留在京城，没有尽到做儿子的义务，怎么能称为孝?"最后改谥号为"良"。皇甫无逸的孙子名叫皇甫忠，开元年间出任卫尉卿。

【评述】

汉王杨谅起兵造反时，皇甫无逸就已预见他的父亲定然不肯变节屈从，在长安先行守丧之礼，其家风可见矣！

皇甫无逸家风清廉，守节不变，他认同他父亲宁死不屈的做法，当他遇到相同境况时，面对王世充的发难，即便弃母舍妻逃出城去，也不肯一同叛乱。正是这种看似“无情”的家风，才筑就了正直的脊梁。其家风让后人仰之弥高。古人云：“欲治其国者，先齐其家”。家风好，才能做好官，治好家，理好政。

家风是官德赖以形成的基础，官德是家风大而化之的反映。孔子言：“为政以德”，他认为做官要“修身正己，正己正人”，要用良好的品行修养影响家人，在行为上做出表率。

（周泽丹注译、评述）

房玄龄

【原文】

房乔字玄龄，齐州临淄人。曾祖翼，后魏镇远将军、宋安郡守，袭壮武伯。祖熊，字子，释褐州主簿。父彦谦，好学，通涉《五经》，隋泾阳令，《隋书》有传。

玄龄幼聪敏，博览经史，工草隶，善属文。尝从其父至京师，时天下宁晏，论者咸以国祚方永，玄龄乃避左右告父曰："隋帝本无功德，但诳惑黔黎，不为后嗣长计，混诸嫡庶，使相倾夺，储后藩枝，竞崇淫侈，终当内相诛夷，不足保全家国。今虽清平，其亡可翘足而待。"彦谦惊而异之。年十八，本州举进士，授羽骑尉。吏部侍郎高孝基素称知人，见之深相嗟挹，谓裴矩曰："仆阅人多矣，未见如此郎者。必成伟器，但恨不睹其耸壑凌霄耳。"父病绵历十旬，玄龄尽心药膳，未尝解衣交睫。父终，酌饮不入口者五日。后补隰城尉。

会义旗入关，太宗徇地渭北，玄龄杖策谒于军门，温彦博又荐焉。太宗一见，便如旧识，署渭北道行军记室参军。玄龄既遇知己，罄竭心力，知无不为。贼寇每平，众人竞求珍玩，玄龄独先收人物，致之幕府。及有谋臣猛将，皆与之潜相申结，各尽其死力。

既而隐太子见太宗勋德尤盛，转生猜间。太宗尝至隐太子所，食，中毒而归，府中震骇，计无所出。玄龄因谓长孙无忌曰："今嫌隙已成，祸机将发，天下恟恟，人怀异志。变端一作，大乱必兴，非直祸及府朝，正恐倾危社稷。此之际会，安可不深思也！仆有愚计，莫若遵周公之事，外宁区夏[①]，内安宗祏[②]，申孝养之礼。古人有云，'为国者不顾小节'，此之谓欤？孰若家国沦亡，身名俱灭乎？"无忌曰："久怀此谋，未敢披露，公今所说，深会宿心。"无忌乃入白之。太宗召玄龄谓曰："阽危之兆，其迹已见，将若之何？"对曰："国家患难，今古何殊。自非睿圣钦明，不能安辑。大王功盖天地，事钟压纽[③]，神赞所在，匪藉人谋。"因与府属杜如晦同心戮力。仍随府迁授秦王府记室，封临淄侯；又以本职兼陕东道大行台考功郎中，加文学馆学士。玄龄在秦府十余年，常典管记，每军书表奏，驻马立成，文约理赡，初无稿草。高祖尝谓侍臣曰："此人深识机宜，足堪委任。每为我儿陈事，必会人心，千里之外，犹对面语耳。"隐太子以玄龄、如晦为太宗所亲礼，甚恶之，谮之于高祖，由是与如晦并被驱斥。

隐太子将有变也，太宗令长孙无忌召玄龄及如晦，令衣道士服，潜引入阁计事。及太宗入春宫，擢拜太子右庶子，赐绢五千匹。贞观元年，代萧瑀为中书令。论功行赏，以玄龄及长孙无忌、杜如晦、尉迟敬德、侯君集五人为第一，进爵邢国公，赐实封千三百户。太宗因谓诸功臣曰："朕叙公等勋效，量定封邑，恐不能尽当，各许自言。"皇从父淮安王神通进曰："义旗初起，臣率兵先至。今房玄龄、杜如晦等刀笔之吏，功居第一，臣窃不服。"上曰："义旗初起，人皆有心。叔父虽率得兵来，未尝身履行阵。山东未定，受委专征，建德南侵，全军陷没。及刘黑闼翻动，叔父望风而破。今计勋行赏，玄龄等有筹谋帷幄、定社稷之功，所以汉之萧何，虽无汗马，指踪推毂，故得功居第一。叔父于国至亲，诚无所爱，必不可缘私，滥与功臣同赏耳。"初，将军丘师利等咸自矜其功，或攘袂指天，以手画地，及见神通理屈，自相谓曰："陛下以至公行赏，不私其亲，吾属何可妄诉?"

三年，拜太子少师，固让不受，摄太子詹事，兼礼部尚书。明年，代长孙无忌为尚书左仆射，改封魏国公，监修国史。既任总百司，虔恭夙夜，尽心竭节，不欲一物失所。闻人有善，若己有之。明达吏事，饰以文学，审定法令，意在宽平。不以求备取人，不以己长格物，随能收叙，无隔卑贱。论者称为良相焉。或时以事被谴，则累日朝堂稽颡请罪，悚惧踧踖，若无所容。九年，护高祖山陵制度，以功加开府仪同三司。十一年，与司空长孙无忌等四人并代袭刺史，以本官为宋州刺史，改封梁国公，事竟不行。

十三年，加太子少师，玄龄频表请解仆射，诏报曰："夫选贤之义，无私为本；奉上之道，当仁是贵。列代所以弘风，通贤所以协德。公忠肃恭懿，明允笃诚。草昧霸图，绸缪帝道。仪刑黄阁，庶政惟和；辅翼春宫，望实斯著。而忘彼大体，徇兹小节，虽恭教谕之职，乃辞机衡之务，岂所谓弼予一人，共安四海者也?"玄龄遂以本官就职。时皇太子将行拜礼，备仪以待之，玄龄深自卑损，不敢修谒，遂归于家。有识者莫不重其崇让。玄龄自以居端揆十五年，女为韩王妃，男遗爱尚高阳公主，实显贵之极，频表辞位，优诏不许。十六年，又与士廉等同撰《文思博要》成，锡赉甚优。进拜司空，仍综朝政，依旧监修国史。玄龄抗表陈让，太宗遣使谓之曰："昔留侯让位，窦融辞荣，自惧盈满，知进能退，善鉴止足，前代美之。公亦欲齐踪往哲，实可嘉尚。然国家久相任使，一朝忽无良相，如失两手。公若筋力不衰，无烦此让。"玄龄遂止。

十七年，与司徒长孙无忌等图形于凌烟阁，赞曰："才兼藻翰，思入机神。当官励节，奉上忘身。"高宗居春宫，加玄龄太子太傅，仍知门下省事，监修国史如故。寻以撰高祖、太宗《实录》成，降玺书褒美，赐物一千五百段。其年，玄龄丁继母忧去职，特敕赐以昭陵葬地。未几，起复本官。太宗亲征辽东，命玄龄京城留守，手诏曰："公当萧何之任，朕无西顾之忧矣。"军戎器械，战士粮廪，并委令处分发遣。玄龄屡上言敌不可轻，尤宜诫慎。寻与中书侍郎褚遂良受诏重撰《晋书》，于是奏取太子左庶子许敬宗、中书舍人来济、著作郎陆元仕刘子翼、前雍州刺史令狐德棻 、太子舍人李义府薛元超、起居郎上官仪等八人，分功撰录，以臧荣绪《晋书》为主，参考诸家，甚为详洽。然史官多是文咏之士，好采诡谬碎事，以广异闻；又所评论，竞为绮艳，不求笃实，由是颇为学者所讥。唯李淳风深明星历，善于著述，所修《天文》、《律历》、《五行》三志，最可观采。太宗自著宣、武二帝及陆机、王羲之四论，于是总题云御撰。至二十年，书成，凡一百三十卷，诏藏于秘府，颁赐加级各有差。

玄龄尝因微谴归第，黄门侍郎褚遂良上疏曰："君为元首，臣号股肱，龙跃云兴，不啸而集，苟有时来，千年朝暮。陛下昔在布衣，心怀拯溺，手提轻剑，仗义而起。平诸寇乱，皆自神功，文经之助，颇由辅翼。为臣之勤，玄龄为最。昔吕望之扶周武，伊尹之佐成汤，萧何关中，王导江外，方之于斯，可以为匹。且武德初策名伏事，忠勤恭孝，众所同归。而前宫、海陵，凭凶恃乱，干时事主，人不自安。居累卵之危，有倒悬之急，命视一刻，身縻寸景，玄龄之心，终始无变。及九年之际，机临事迫，身被斥逐，阙于谟谋，犹服道士之衣，与文德皇后同心影助，其于臣节，自无所负。及贞观之始，万物惟新，甄吏事君，物论推与，而勋庸无比，委质惟旧。自非罪状无赦，搢绅同尤，不可以一犯一愆，轻示遐弃。陛下必矜玄龄齿发，薄其所为，古者有讽谕大臣遣其致仕，自可在后，式遵前事，退之以礼，不失善声。今数十年勋旧，以一事而斥逐，在外云云，以为非是。夫天子重大臣则人尽其力；轻去就则物不自安。臣以庸薄，忝预左右，敢冒天威，以申管见。”

二十一年，太宗幸翠微宫④，授司农卿李纬为民部尚书。玄龄时在京城留守，会有自京师来者，太宗问曰：“玄龄闻李纬拜尚书如何?”对曰：“玄龄但云李纬好髭须，更无他语。”太宗遽改授纬洛州刺史，其为当时准的如此。

二十二年，驾幸玉华宫，时玄龄旧疾发，诏令卧总留台⑤。及渐笃，追赴宫所，乘担舆入殿，将至御座乃下。太宗对之流涕，玄龄亦感咽不能自胜。敕遣名医救疗，尚食每天供御膳。若微得减损，太宗即喜见颜色；如闻增剧，便为改容凄怆。玄龄因谓诸子曰：“吾自度危笃，而恩泽转深，若孤负圣君，则死有余责。当今天下清谧，咸得其宜，唯东讨高丽不止，方为国患。主上含怒意决，臣下莫敢犯颜；吾知而不言，则衔恨入地。”遂抗表谏曰：

“臣闻兵恶不戢，武贵止戈。当今圣化所覃，无远不届，洎上古所不臣者，陛下皆能臣之，所不制者，皆能制之。详观今古，为中国患害者，无如突厥。遂能坐运神策，不下殿堂，大小可汗，相次束手，分典禁卫，执戟行间。其后延陀鸱张，寻就夷灭，铁勒慕义，请置州县，沙漠以北，万里无尘。至如高昌叛换于流沙，吐浑首鼠于积石，偏师薄伐，俱从平荡。高丽历代逋诛，莫能讨击。陛下责其逆乱，弑主虐人，亲总六军，问罪辽、碣。未经旬月，即拔辽东，前后虏获，数十万计，分配诸州，无处不满。雪往代之宿耻，掩崤陵之枯骨，比功较德，万倍前王。此圣心之所自知，微臣安敢备说。

“且陛下仁风被于率土，孝德彰于配天。睹夷狄之将亡，则指期数岁；授将帅之节度，则决机万里。屈指而候驿，视景而望书，符应若神，算无遗策。擢将于行伍之中，取士于凡庸之末。远夷单使，一见不忘；小臣之名，未尝再问。箭穿七札，弓贯六钧。加以留情坟典，属意篇什，笔迈钟、张，辞穷班、马。文锋既振，则管磬自谐；轻翰暂飞，则花蘤竞发。抚万姓以慈，遇群臣以礼。褒秋毫之善，解吞舟之网。逆耳之谏必听，肤受之诉斯绝。好生之德，焚障塞于江湖；恶杀之仁，息鼓刀于屠肆。凫鹤荷稻粱之惠，犬马蒙帷盖之恩。降乘吮思摩之疮，登堂临魏徵之柩。哭战亡之卒，则哀动六军；

负填道之薪，则精感天地。重黔黎之大命，特尽心于庶狱。臣心识昏愦，岂足论圣功之深远，谈天德之高大哉！陛下兼众美而有之，靡不备具，微臣深为陛下惜之重之，爱之宝之。

“《周易》曰：‘知进而不知退，知存而不知亡，知得而不知丧。’又曰：‘知进退存亡，不失其正者，惟圣人乎！’由此言之，进有退之义，存是亡之机，得有丧之理，老臣所以为陛下惜之者，盖此谓也。老子曰：‘知足不辱，知止不殆。’谓陛下威名功德，亦可足矣；拓地开疆，亦可止矣。彼高丽者，边夷贱类，不足待以仁义，不可责以常礼。古来以鱼鳖畜之，宜从阔略。若必欲绝其种类，恐兽穷则搏。且陛下每决一死囚，必令三覆五奏，进素食、停音乐者，盖以人命所重，感动圣慈也。况今兵士之徒，无一罪戾，无故驱之于行阵之间，委之于锋刃之下，使肝脑涂地，魂魄无归，令其老父孤儿、寡妻慈母，望輀车⑥而掩泣，抱枯骨以摧心，足以变动阴阳，感伤和气，实天下冤痛也。且兵者凶器，战者危事，不得已而用之。向使高丽违失臣节，陛下诛之可也；侵扰百姓，而陛下灭之可也；久长能为中国患，而陛下除之可也。有一于此，虽日杀万夫，不足为愧。今无此三条，坐烦中国，内为旧王雪耻，外为新罗报仇，岂非所存者小，所损者大？

“愿陛下遵皇祖老子止足之诫，以保万代巍巍之名。

发霈然之恩，降宽大之诏，顺阳春以布泽，许高丽以自新，焚凌波之船，罗应募之众，自然华夷庆赖，远肃迩安。臣老病三公，旦夕入地，所恨竟无尘露，微增海岳。谨罄残魂余息，预代结草之诚。倘蒙录此哀鸣，即臣死且不朽。

太宗见表，谓玄龄子妇高阳公主曰："此人危惙如此，尚能忧我国家。"

后疾增剧，遂凿苑墙开门，累遣中使候问。上又亲临，握手叙别，悲不自胜。皇太子亦就之与之诀。即日授其子遗爱右卫中郎将，遗直中散大夫，使及日前见其通显。寻薨，年七十。废朝三日，册赠太尉、并州都督，谥曰"文昭"，给东园秘器，陪葬昭陵[⑦]。玄龄尝诫诸子以骄奢沉溺，必不可以地望凌人，故集古今圣贤家诫，书于屏风，令各取一具，谓曰："若能留意，足以保身成名。"又云："袁家累叶忠节，是吾所尚，汝宜师之。"高宗嗣位，诏配享太宗庙庭。

选自《旧唐书》卷六十六《房玄龄传》

【注释】

①区夏：诸夏之地，指华夏、中国。

②宗祏：宗庙中藏神主的石室，亦借指宗庙、宗祠。这里引申指朝廷，国家。

③压纽：比喻国君的预兆。

④翠微宫：唐代著名行宫之一，在终南山。由工部尚书阎立德为唐太宗避暑而主持修建，贞观二十一年（647）建成，太宗便开始在此避暑，处理朝政。649 年，唐太宗亦在此驾崩。

⑤留台：古代帝王因故离京，奉命留守京师之官及其机构。古称禁城为台城，故名。

⑥輴（wèi）车：运载灵柩的车子。

⑦昭陵：唐太宗的陵墓，是陕西关中“唐十八陵”中规模最大的一座，位于陕西省礼泉县城东北二十二点五公里的九嵕山上。

【译文】

房乔字玄龄，齐州临淄人。曾祖父房翼，后魏时担任镇远将军、宋安郡守等职，世袭壮武伯。祖父房熊，字子，曾任释褐州主簿。父亲房彦谦，非常好学，通读《五经》，隋时任泾阳令，《隋书》里面有他的传记。

房玄龄自幼聪明伶俐，博览经史，草书和隶书写得很好，擅长写文章。曾经跟从父亲到京师，当时天下太平，人们都说国家可以长治久安，玄龄避开其他人对父亲说：“隋文帝本没有功德，只是欺骗迷惑天下百姓，不为后代子孙做长久的打算，不分嫡子与庶子，互相倾轧，继承人繁多，个个骄奢淫逸，最终必将是内相诛夷，不能保全家国。如今国家虽然清静和平，但灭亡指日可待。”房彦谦听后大惊，认为他很奇异。房玄龄十八岁时，考取进士，被授予羽骑尉之职。吏部侍郎高孝基素来能够知人善任，见到玄龄后非常惊叹，对裴矩说：“我阅人很多，没有见过像他这样的。他一定可以成为伟大的栋梁之才，遗憾的是，我不能亲眼目睹他成就伟业的那一天啊。”父亲生病绵延十个月，玄龄的心思全部用在父亲的药物和膳食上，不曾脱衣服睡过一次好觉。父亲去世后，他五天没有饮酒。后补任隰城县尉。

正当起义军入关，太宗攻占渭北，房玄龄执杖来军门拜谒，温彦博加以举荐。太宗一见，便如同旧相识一样，任命他为渭北道行军记室参军。玄龄遇到了知己，尽心竭力，知无不为。每次荡平贼寇，众人竞相寻找珍宝玩物，唯独房玄龄先收敛人才，将他们笼络到幕府中。如果有谋臣猛将，都与他们暗中交结，这些人个个愿意为太宗尽死效力。

不久隐太子发现太宗功勋德行都很优秀，心里便有了猜忌。太宗有一次到隐太子的住所做客，吃饭回来后发现自己中毒，秦王府中的人大为震惊，一时没有计策。房玄龄于是对长孙无忌说：“现在既然有了猜忌的嫌疑，祸乱马上就要爆发，天下动荡不安，人人各怀鬼胎。只要一有变乱，天下一定大乱，不可能只是殃及我们秦王府，恐怕会危及到整个国家。这样的危急关头，可得深思熟虑啊！我有一个计策，不如遵照周公的事例，对外安定天下，对内平定宗室，申张孝道。古人说过，‘做大事不拘小节’，不就是说这吗？这样做总比国破家亡，身败名裂要强吧？”长孙无忌说：“我也早有这个谋划，一直没敢说出来，你今天所说的，跟我想的一样。”无忌于是进来向太宗陈述了这些想法。太宗召来房玄龄说：“如今危险的兆头已经显现，该怎么办呢？”房玄龄回答说：“国家患难，古今都是一样的。如果没有圣明睿智的君主，是不可能安定的。大王您功高盖过天地，将来做天子，是上天注定，而不是人力所能够决定的。”房玄龄于是与府中的僚属杜如晦同心协力，仍旧跟随秦王府，被授予秦王府记室，封为临淄侯；又兼任陕东道大行台考功郎中，加封文学馆学士之职。房玄龄在秦王府中十余年，常负责管理文牍，每逢写军书奏章，下马立即可成。文辞简约，事理详备，不用打草稿。高祖曾对侍臣说："这个人非常了解机宜，可以委以重任。每每替我儿陈说事务，都能了解人的心理，千里之外，好像对面说话一样。"隐太子李建成因为房玄龄、杜如晦被太宗亲近礼遇，很憎恶他们，便在唐高祖面前说他们的坏话，因此房玄龄跟杜如晦一起被驱斥。

隐太子将要发动兵变时，唐太宗令长孙无忌召回房玄龄和杜如晦，叫他们穿道士的服装，暗中带进内阁商量大事。等到唐太宗成为太子之后，提升房玄龄担任太子右庶子，赐绢五千匹。贞观元年（627），房玄龄代替萧瑀为中书令。太宗论功行赏，把房玄龄跟长孙无忌、杜如晦、尉迟敬德、侯君集五人作为第一等，进爵为邢国公，实封一千三百户。唐太宗对诸位功臣说："我根据你们的功勋，来进行封赏，恐怕不能做到十分恰当，请你们自己来提出要求。"唐太宗的叔父、淮安王李神通说："当初揭起义旗，是我率领人马先来支持你。如今房玄龄、杜如晦这些文官，功劳却居第一，我实在是不服。"太宗说："起初，人都有这个心。叔父您虽然率兵前来，却没有亲自上阵。山东未平定时，您奉命征讨，窦建德南侵，您全军覆没。刘黑闼造反，叔父望风而逃。如今论功行赏，房玄龄等人有运筹帷幄、平定天下的功劳，就如同汉代的萧何，虽没有汗马功劳，但能推举贤士，因此居功第一。叔父您是国家的至亲，虽然我很敬爱您，但也不可偏私，与功臣享受同样的赏赐。"开始，将军丘师利等人都夸耀自己的功劳，有时甚至拂袖指天画地喊冤，等到看见李神通理屈词穷后，便议论说："皇上能够论功行赏，连自己的至亲都不偏私，我这样又有何冤屈可言？"

贞观三年（629），唐太宗任命房玄龄为太子少师。房玄龄坚决推辞，太宗就让他代理太子詹事，兼礼部尚书。第二年（630），房玄龄代替长孙无忌为尚书左仆射，改封魏国公，监修国史。房玄龄担任总领百官的职位以后，日夜虔诚恭敬，竭尽全力，力为公平。房玄龄听到别人的好事，便好像是自己的一样高兴。他熟悉行政事务，常以古人先例来整治。他修订法令，使之宽容平和。他对人不求全责备，不用自己的长来量人之短，完全看人的才能，而不管其出身如何。因此，人们都称赞他是一代良相。有时，他因某事被皇帝责备，他则整天在朝堂上磕头请罪，极其恭敬小心，好像无自己的容身之处一样。贞观九年（635），房玄龄守护高祖山陵制度有功，被封开府仪同三司。贞观十一年（637），房玄龄与司空长孙无忌等四人一同代袭刺史之职，以宰相之职兼任宋州刺史，改封梁国公。后因事情有变，没有封成。

贞观十三年（639），房玄龄被加封太子少师。他多次上书请求解除自己的宰相之职，唐太宗下诏说："朕选贤任能，以无私为本；臣子侍奉皇上之道，以仁为贵。历代都大力弘扬这种精神，各位贤士借此得以同心。您忠诚严谨，公正务实。辅佐开创帝王基业。您是堪称楷模的宰相，政务和谐顺畅；您辅佐东宫太子，名至实归。然而您不顾大局，仅考虑小节，虽然也尽到了教谕的职责，却想辞掉重要职务，任用你不是为了辅佐我一个人，而是来安定整个天下的。"房玄龄没办法，只得以本官就职。当时皇太子准备行拜师礼，仪式已准备好，就等他来。可房玄龄深觉自己卑微，不敢前来，便回了家。有识之士无不佩服他的谦虚辞让。玄龄自己认为身居相位已十五年，女儿已为韩王妃子，儿子房遗爱又娶了高阳公主，实在是太显贵了。他屡次上书辞官，皇帝都优待他而不准许。贞观十六年（642），房玄龄又与高士廉等人共同编成《文思博要》一书，太宗对他的赏赐更加优厚。后来，房玄龄晋升为司空，仍然管理朝政，监修国史。房玄龄一再表示辞让。对此，太宗派人转述他的话，说："昔日的留侯张良让位，窦融辞荣，都是害怕盈满，知进能退，能够适时停步，为前代人所称道。你也想效仿这些前代哲人，确实值得嘉奖。然而国家一直任用你为相，一朝忽然没有良相，就如同忽然失去两只手一样。你如果精力还没有衰弱的话，请不要再辞让了。"房玄龄于是不再提辞官之事。

十七年，房玄龄与司徒长孙无忌等同入"凌烟阁二十四功臣像"，题词说："才兼藻翰，思入机神。当官励节，奉上忘身。"高宗做太子时，加封房玄龄为太子太傅，仍然为知门下省，监修国史。不久编修高祖、太祖《实录》完成，降玺书褒奖，赐杂帛一千五百段。这年，房玄龄为继母丁忧去职，被特别恩准葬于昭陵。不久房玄龄恢复原职。太宗亲自征讨辽东，命令房玄龄留守京城，下诏："您就相当于萧何，我没有后顾之忧了。"所需的士兵、武器、粮草，全部由房玄龄统筹。房玄龄屡次进言，说不可轻敌，宜多加小心。不久又与中书侍郎褚遂良一起受诏重新撰写《晋书》，于是召集太子左庶子许敬宗、中书舍人来济、著作郎陆元仕刘子翼、前雍州刺史令狐德棻、太子舍人李义府薛元超、起居郎上官仪等八人，分头撰写，以臧荣绪《晋书》为底本，并参考别家，很是翔实。但不过史官多是文人，喜好诡异无据的琐事，以显广博；他们的评论又往往追求华丽，不切实际，因此被学者讥讽。唯独李淳风深谙天文历法之学，擅长著述，其所写《天文》、《律历》、《五行》三志，最为出彩。太宗亲自撰写宣帝、武帝以及陆机、王羲之四人的赞论，因此总题为“御撰”。到二十年，书完成，共一百三十卷，下诏藏于秘府，参与之人各有赏赐。

房玄龄曾因小错被遣回家，黄门侍郎褚遂良上疏道：“如果君主是头脑的话，大臣就是四肢。龙一跃则云生，不需呼啸自然集起，机会一到，则千秋功业瞬间可致。陛下您当时是平民，心怀救亡之心，手提利剑，揭竿而起。平定诸寇，自然是您的神功，但出谋划策之事，也离不开别人的辅助。臣子中作用最大的，当数房玄龄。昔日吕望辅佐周武王，伊尹辅佐成汤，萧何在关中，王导在江外，房玄龄和他们都可一比。他于武德初年任职，忠义勤勉，得到大家的认可。后来东宫太子李建成、齐王李元吉作乱，扰乱圣上之心，人人自危。当时情况危如累卵倒悬，可谓身家性命在一念之间，但房玄龄的心却始终坚定如初。到九年的关键时刻，事情紧迫，他遭到斥逐，无法出谋划策，依然穿上道士服装，与文德皇后一起同心协力，作为臣子，他问心无愧。到贞观初期，万物更新，他为君主选拔官吏，受到推重，功勋无人可比，而尽职依旧。如果不是不可饶恕之罪，百官痛恨之人，最好不要犯一个小错就轻易斥弃。陛下一定要同情房玄龄年老，减轻他的负担，古代有劝说大臣告老回家的事例，可依照此礼法使其归家，也能保全他的好名声。作为几十年的功勋老臣，房玄龄仅因一件小事就遭斥逐，外面议论纷纷，认为不妥。天子如果看重大臣则人人尽力；轻易贬斥则人人不安。我才德浅薄，有幸在左右效力，斗胆冒犯天威，申明我的一管之见。”

贞观二十一年（647），太宗临幸翠微宫，拜司农卿李纬为民部尚书。当时，房玄龄在京城留守，正好有人从京师来到翠微宫，太宗问这人：“房玄龄对封李纬为民部尚书的事有什么看法?”这人回答说：“房玄龄只说李纬喜欢留长头发和大胡子，没有说其他的。”于是，太宗便改授李纬为洛州刺史，唐太宗信赖玄龄的程度可见一斑。

贞观二十二年（648），太宗临幸玉华宫。当时，房玄龄旧病复发，太宗诏令他留在禁城养病。后来他疾病加重，房玄龄追赴玉华宫，坐偏轿入殿，将到皇帝御座才下轿。太宗为他流泪，玄龄也感伤得不能自已。太宗敕令名医为他治疗，每天为他提供御膳。如果病情稍有好转，太宗就喜形于色；如果病情加重，太宗就悲伤不已。所以，房玄龄对儿子们说：“我自己觉得病情加重，而皇上的恩泽也更为深厚。如果我辜负了皇帝圣恩，则死有余辜。如今天下安宁，万事如意，唯有不停地征讨高丽国，算是国家大患。皇上心中有怨气，所以决心征讨，大臣们也不敢触犯龙颜；而我明知此理却不说，一定会带着遗憾入地的。”于是，他上书说：

“臣听说战争最怕无休无止，武之道贵在平息战争。如今皇上圣明的教化已经远播，无论多远的地方都受到影响。自上古以来别人不能使之臣服的，陛下您都已经使之臣服了，别人所不能制服的，陛下都能制服。纵览古今，能成为中国患害的，莫过于突厥。陛下足不出户，运筹帷幄，大小可汗，相继归顺，充实在禁卫和军伍中。之后薛延陀气势嚣张，但很快被消灭。铁勒仰慕您的德义，请求归于您的管辖。沙漠以北的区域，万里和平。至于高昌国在沙漠叛乱，吐谷浑在积石山蠢蠢欲动，只需偏师就全部扫平。高丽国历代逃脱诛杀，难以讨伐。陛下责备他们上弑君主，下虐百姓，故亲自带领六军，到辽、碣兴师问罪。没一个月，即攻克辽东，前后抓获数十万俘虏，分配到各州，到处都是俘虏。一雪历代的耻辱，掩埋崤山的枯骨，比功较德，是前王的一万倍。这些都是您所知道的，微臣岂敢多言。

“况且陛下之仁孝广布于地，上达苍天。看到夷狄将灭，就能判断需要几年的时间；授予将帅指挥的权力，自己则在万里之外掌控全局。数着指头等候驿使，看着日影期待书信，神机妙算百无一遗。从行伍中选拔将领，从平凡人中任用官吏。远道而来的孤单使者，一见不忘；小臣的名字，不用问第二遍。箭能穿过七层的铠甲，弓能拉六钧重。同时您也留意典籍，揣摩文章，书法超越锺繇、张芝，文采不让班固、司马相如。为诗则韵律和谐，作画则笔下生花。以仁慈抚慰百姓，以礼节对待群臣。哪怕纤毫善心也给以褒奖，对待刑罚则力求宽大。认真听取逆耳之谏，拒绝虚妄之言。有好生之德，就拆除江湖中捕鱼的设施；有不杀之仁，就停止屠场中的利刃。野鸭仙鹤也能有粮食享用，犬马也有帷盖的保护。屈尊为李思摩吸吮箭伤，又来到魏征灵柩哭吊。为阵亡的将士哭悼，悲恸感动六军；背负铺路的柴草，真情感动天地。重视百姓的生命，故而尽心对待案件。我见识鄙陋，哪里配说圣上的丰功以及高尚的品德啊！陛下集众人之美于一身，当有尽有，我深深地珍惜重视它，爱之如宝。

“《周易》说：‘知道进而不知道退，知道存而不知道亡，知道得而不知道失。’又说：‘知道进退存亡而又能掌握恰当的分寸，恐怕只有圣人吧。’由此看来，进有退的意思，存是亡之机，得有丧的义理。老臣最为陛下惋惜的，就是这个道理。老子说：‘人懂得满足不贪心就不会受辱，懂得适可而止就不会遭到危险。’陛下您威名天下，功德无量，应该满足了；开辟疆土，也应适可而止。那个高丽国，算是边远的低贱之族，不值得施以仁义，也不要用一般礼仪去要求它。自古以来就当鱼鳖一样蓄养，不必细究。如果一定要消灭它，恐怕它会困兽犹斗。况且陛下每处决一个死囚，也一定要多次复核、吃素、停止音乐，原因就是人的生命很宝贵，感动了您的慈心。而这些兵士毫无罪过，没有理由地奔走于阵地，倒在刀刃之下，肝脑涂地，魂无所归，会让他的老父、孤儿、寡母看着灵车而哭泣，抱着尸骨而痛心，足以改变阴阳的平衡，损伤和谐之气，这真是天下的冤屈苦痛啊。而且兵器本是凶器，战争是危险之事，不得已才用。以前是因为高丽有违臣子的礼节，陛下您诛罚它是可以的；高丽侵扰百姓，陛下消灭它也是可以的；如果高丽长久威胁中国，陛下除掉它也可以。只要高丽国犯了以上任何一条，即使一天杀他们万人，也没有什么愧疚。但如今高丽没有这三条，只是因为烦扰中国，您对内是为先王雪耻，对外是为新罗报仇，这岂不是得到利益少，而损失却大吗？

“恳请陛下遵循老子的‘适时止足’的教诲，以保护您万代巍巍大名。请陛下发扬对罪犯的宽恕之恩，降宽大处理的诏书，布施阳光雨露之恩泽，允许高丽能自我反省，焚烧远渡攻伐的船只，网罗前来投奔的民众，自然就会使华夷信服，远近安宁了。臣已大病缠身，生命危在旦夕。臣遗憾的是，没有能发挥一点微薄的力量，为国家做点事情。仅靠最后的一点余息，为您做一点‘结草’的贡献。倘若您能采纳我的这一点建议，我就是死了，也能够不朽了。”

太宗见到奏章，对房玄龄的儿媳妇高阳公主说：“这个人已经病危至此了，还在为国家忧虑。”

后来，房玄龄的病情加重。为看他方便，唐太宗下令凿开宫苑的围墙，作为通道，并多次派遣宦官问候。太宗本人也亲临看望，与房玄龄握手道别，两人悲痛不已。皇太子也前来道别。太宗当着房玄龄的面，拜他的儿子房遗爱为右卫中郎将，房遗直为中散大夫，使他在有生之年见自己的儿子显达。不久，房玄龄去世，享年七十岁。为此，太宗三天不上朝，追封玄龄为太尉、并州都督之职，谥“文昭”，并送给他丧葬器物，陪葬于昭陵。

房玄龄曾经常常训诫儿子们要避免骄奢沉溺，不可以仗势欺人。为此，他集古今圣贤的家庭戒律，书写在两个屏风上，令儿子各取一个，说：“你们如果能注意学习，足可以保全身名。”又说：“袁家世代忠良，是我学习的榜样，你们也要好好学习。”唐高宗即位后，下令将房玄龄的灵位配享唐太宗庙庭。

【评述】

房玄龄是唐初宰相，博览经史，工书善文。他十八岁时举进士，出任秦王府记室，屡从秦王李世民出征，出谋划策。每平定一地，别人争着求取珍玩，他却为秦王网罗人才。之后，他与杜如晦、长孙无忌等人成功策划并发动了“玄武门之变”，帮助李世民夺得了帝位。唐太宗即位，房玄龄功高至伟，受封为梁国公，担任中书令、尚书左仆射、司空等职，总领百官长达二十年之久。任职期间，他参与制定典章制度；主持监修国史；与魏徵等人同修唐礼；调整政府机构；省并中央官员，等等。这一系列重要的举措，为“贞观之治”的盛世奠定了重要的基础。然而，即使功高至此，房玄龄仍然谦虚谨慎，兢兢业业，恪守职责，唯才是举，不求全责备，也不问出身贵贱。后世史家评论唐代宰相，无不首推房玄龄。

正如唐人柳芳所赞叹：“房玄龄佐太宗定天下，及终相位，凡三十二年，天下号为贤相。然无迹可寻，德亦至矣。故太宗定祸乱而房玄龄不言己功；王珪、魏徵善谏，房玄龄赞其贤；李积、李靖善将兵，房玄龄行其道。使天下能者共辅太宗，理致太平，善归人主，真贤相也！房玄龄身处要职，然不跋扈，善始善终，此所以有贤相之令名也！”这一段评论可谓至公至允。在弥留之际，他仍上表谏阻太宗皇帝讨伐高丽，真可谓“鞠躬尽瘁，死而后已”。见到此表后，太宗不禁感慨：“此人危惙如此，尚能忧我国家！”其对国家殚精竭虑、死而后已的精神，由此可见。

（赵锋注译、评述）

魏 徵

【原文】

魏徵，字玄成，魏州曲城人。少孤，落魄，弃赀产不营，有大志，通贯书术。

隋乱，诡为道士。武阳郡丞元宝藏举兵应李密，以徵典书檄。密得宝藏书，辄称善，既闻徵所为，促召之。徵进十策说密，不能用。王世充攻洛口，徵见长史郑颋曰：“魏公虽骤胜，而骁将锐士死伤略尽；又府无见财，战胜不赏。此二者不可以战。若浚池峭垒，旷日持久，贼粮尽且去，我追击之，取胜之道也。”颋曰：“老儒常语耳！”徵不谢去。

后从密来京师，久之未知名。自请安辑山东，乃擢秘书丞，驰驲至黎阳。时李勣尚为密守，徵与书曰：“始魏公起叛徒，振臂大呼，众数十万，威之所被半天下，然而一败不振，卒归唐者，固知天命有所归也。今君处必争之地，不早自图，则大事去矣！”勣得书，遂定计归，而大发粟馈淮安王之军。

会窦建德陷黎阳，获徵，伪拜起居舍人。建德败，与裴矩走入关，隐太子引为洗马。徵见秦王功高，阴劝太子早为计。太子败，王责谓曰："尔阋吾兄弟，奈何？"答曰："太子蚤从徵言，不死今日之祸。"王器其直，无恨意。

即位，拜谏议大夫，封巨鹿县男。当是时，河北州县素事隐、巢者不自安，往往曹伏思乱。徵白太宗曰："不示至公，祸不可解。"帝曰："尔行安喻河北。"道遇太子千牛李志安、齐王护军李思行传送京师，徵与其副谋曰："属有诏，宫府旧人普原之。今复执送志安等，谁不自疑者？吾属虽往，人不信。"即贷而后闻。使还，帝悦，日益亲，或引至卧内，访天下事。徵亦自以不世遇，乃展尽底蕴无所隐，凡二百余奏，无不剀切当帝心者。由是拜尚书右丞，兼谏议大夫。

左右有毁徵阿党亲戚者，帝使温彦博按讯，非是。彦博曰："徵为人臣，不能著形迹，远嫌疑，而被飞谤，是宜责也。"帝谓彦博行让徵。徵见帝，谢曰："臣闻君臣同心，是谓一体，岂有置至公，事形迹？若上下共由兹路，邦之兴丧未可知也。"帝瞿然，曰："吾悟之矣！"徵顿首曰："愿陛下俾臣为良臣，毋俾臣为忠臣。"帝曰："忠、良异乎？"曰："良臣，稷、契、咎陶也；忠臣，龙逢、比干也。良臣，身荷美名，君都显号，子孙传承，流祚无疆；忠臣，己婴祸诛，君陷昏恶，丧国夷家，只取空名。此其异也。”帝曰：“善。”因问：“为君者何道而明，何失而暗？”徵曰：“君所以明，兼听也；所以暗，偏信也。尧、舜氏辟四门，明四目，达四聪。虽有共、鲧，不能塞也，靖言庸违，不能惑也。秦二世隐藏其身，以信赵高，天下溃叛而不得闻；梁武帝信朱异，侯景向关而不得闻；隋炀帝信虞世基，贼遍天下而不得闻。故曰，君能兼听，则奸人不得壅蔽，而下情通矣。”

郑仁基息女美而才，皇后建请为充华，典册具。或言许聘矣。徵谏曰：“陛下处台榭，则欲民有栋宇；食膏粱，则欲民有饱适；顾嫔御，则欲民有室家。今郑已约昏，陛下取之，岂为人父母意！”帝痛自咎，即诏停册。

贞观三年，以秘书监参豫朝政。高昌王麹文泰将入朝，西域诸国欲因文泰悉遣使者奉献。帝诏文泰使人厌怛纥干迎之。徵曰：“异时文泰入朝，所过供拟不能具，今又加诸国焉，则濒塞州县以乏致罪者众。彼以商贾来，则边人为之利；若宾客之，中国萧然耗矣。汉建武时，西域请置都护、送侍子，光武不许，不以蛮夷弊中国也。”帝曰：“善。”追止其诏。

于是帝即位四年，岁断死二十九，几至刑措，米斗三钱。先是，帝尝叹曰：“今大乱之后，其难治乎？”徵曰：“大乱之易治，譬饥人之易食也。”帝曰：“古不云善人为邦百年，然后胜残去杀邪？”答曰：“此不为圣哲论也。圣哲之治，其应如响，期月而可，盖不其难。”封德彝曰：“不然。三代之后，浇诡日滋。秦任法律，汉杂霸道，皆欲治不能，非能治不欲。徵书生，好虚论，徒乱国家，不可听。”徵曰：“五帝、三王不易民以教，行帝道而帝，行王道而王，顾所行何如尔。黄帝逐蚩尤，七十战而胜其乱，因致无为。九黎害德，颛顼征之，已克而治。桀为乱，汤放之；纣无道，武王伐之。汤、武身及太平。若人渐浇诡，不复返朴，今当为鬼为魅，尚安得而化哉！”德彝不能对，然心以为不可。帝纳之不疑。至是，天下大治。蛮夷君长袭衣冠，带刀宿卫。东薄海，南逾岭，户闔不闭，行旅不赍粮，取给于道。帝谓群臣曰：“此徵劝我行仁义，既效矣。惜不令封德彝见之！”俄检校侍中，进爵郡公。帝幸九成宫[①]，宫御舍围川宫下。仆射李靖、侍中王珪继至，吏改馆宫御以舍靖、珪。帝闻，怒曰：“威福由是等邪！何轻我宫人？”诏并按之。徵曰：“靖、珪皆陛下腹心大臣，宫人止后宫扫除隶耳。方大臣出，官吏谘朝廷法式；归来，陛下问人间疾苦。夫官舍，固靖等见官吏之所，吏不可不谒也。至宫人则不然，供馈之余无所参承。以此按吏，且骇天下耳目。”帝悟，寝不问。

后宴丹霄楼，酒中谓长孙无忌曰：“魏徵、王珪事隐太子、巢刺王时，诚可恶，我能弃怨用才，无羞古人。然徵每谏我不从，我发言辄不即应，何哉？”徵曰：“臣以事有不可，故谏，若不从辄应，恐遂行之。”帝曰：

“弟即应，须别陈论，顾不得？”徵曰：“昔舜戒群臣：‘尔无面从，退有后言。’若面从可，方别陈论，此乃后言，非稷、禼[②]所以事尧、舜也。”帝大笑曰：“人言徵举动疏慢，我但见其妩媚耳！”徵再拜曰：“陛下导臣使言，所以敢然；若不受，臣敢数批逆鳞哉！”

七年，为侍中。尚书省滞讼不决者，诏徵平治。徵不素习法，但存大体，处事以情，人人悦服。进左光禄大夫、郑国公。多病，辞职，帝曰：“公独不见金在矿何足贵邪？善冶锻而为器，人乃宝之。朕方自比于金，以卿为良匠而加砺焉。卿虽疾，未及衰，庸得便尔？”徵恳请，数却愈牢。乃拜特进，知门下省事，诏朝章国典，参议得失，禄赐、国官、防阁[③]并同职事。

文德皇后既葬，帝即苑中作层观，以望昭陵，引徵同升，徵孰视曰：“臣眊昏，不能见。”帝指示之，徵曰：“此昭陵邪？”帝曰：“然。”徵曰：“臣以为陛下望献陵，若昭陵，臣固见之。”帝泣，为毁观。寻以定五礼，当封一子县男，徵请封孤兄子叔慈。帝怆然曰：“此可以励俗。”即许之。

后幸洛阳，次昭仁宫，多所谴责。徵曰：“隋惟责不献食，或供奉不精，为此无限，而至于亡。故天命陛下代之，正当兢惧戒约，奈何令人悔为不奢。若以为足，今不啻足矣；以为不足，万此宁有足邪？”帝惊曰：“非公不闻此言。”退又上疏曰：

“《书》称‘明德慎罚’，‘惟刑之恤’。《礼》曰：‘为上易事，为下易知，则刑不烦。’‘上多疑，则百姓惑；下难知，则君长劳。’夫上易事，下易知，君长不劳，百姓不惑，故君有一德，臣无二心。夫刑赏之本，在乎劝善而惩恶。帝王所与，天下画一，不以亲疏贵贱而轻重者也。今之刑赏，或由喜怒，或出好恶。喜则矜刑于法中，怒则求罪于律外；好则钻皮出羽[④]，恶则洗垢索瘢。盖刑滥则小人道长，赏谬则君子道消。小人之恶不惩，君子之善不劝，而望治安刑措，非所闻也。且暇豫而言，皆敦尚孔、老；至于威怒，则专法申、韩。故道德之旨未弘，而锲薄之风先摇。昔州犁上下其手而楚法以敝，张汤轻重其心而汉刑以谬，况人主而自高下乎！顷者罚人，或以供张不赡，或不能从欲，皆非致治之急也。夫贵不与骄期而骄自至，富不与奢期而奢自至，非徒语也。

“且我之所代，实在有隋。以隋府藏况今之资储，以隋甲兵况今之士马，以隋户口况今之百姓，挈长度大，曾何等级焉！然隋以富强而丧，动之也；我以贫寡而安，静之也。静之则安，动之则乱，人皆知之，非隐而难见、微而难察也。不蹈平易之涂，而遵覆车之辙，何哉？安不思危，治不念乱，存不虑亡也。方隋未乱，自谓必无乱；未亡，自谓必不亡。所以甲兵亟动，徭役不息，以至戮辱而不悟灭亡之所由也，岂不哀哉！夫监形之美恶，必就止水；监政之安危，必取亡国。《诗》曰：‘殷鉴不远，在夏后之世。’臣愿当今之动静，以隋为鉴，则存亡治乱可得而知。思所以危则安矣，思所以乱则治矣，思所以亡则存矣。存亡之所在，在节嗜欲，省游畋，息靡丽，罢不急，慎偏听，近忠厚，远便佞而已。夫‘守之则易，得之实难。’今既得其所难，岂不能保其所易？保之不固，骄奢淫泆有以动之也。”

帝宴群臣积翠池，酣乐赋诗。徵赋《西汉》，其卒章曰：“终藉叔孙礼，方知皇帝尊。”帝曰：“徵言未尝不约我以礼。”它日，从容问曰：“比政治若何？”徵见久承平，帝意有所忽，因对曰：“陛下贞观之初，导人使谏。三年以后，见谏者悦而从之。比一二年，勉强受谏，而终不平也。”帝惊曰：“公何物验之？”对曰：“陛下初即位，论元律师死，孙伏伽谏以为法不当死，陛下赐以兰陵公主园，直百万。或曰：‘赏太厚。’答曰：‘朕即位，未有谏者，所以赏之。’此导人使谏也。后柳雄妄诉隋资，有司得，劾其伪，将论死，戴胄奏罪当徒，执之四五然后赦。谓胄曰‘弟守法如此，不畏滥罚。’此悦而从谏也。近皇甫德参上书言‘修洛阳宫，劳人也；收地租，厚敛也；俗尚高髻，宫中所化也。’陛下恚曰：‘是子使国家不役一人，不收一租，宫人无发，乃称其意。’臣奏：‘人臣上书，不激切不能起人主意，激切即近讪谤。’于时，陛下虽从臣言，赏帛罢之，意终不平。此难于受谏也。”帝悟曰：“非公，无能道此者。人苦不自觉耳！”

先是，帝作飞山宫，徵上疏曰：

“隋有天下三十余年，风行万里，威慴殊俗，一旦举而弃之。彼炀帝者，岂恶治安、喜灭亡哉？恃其富强，不虞后患也。驱天下，役万物，以自奉养，子女玉帛是求，宫宇台榭是饰，徭役无时，干戈不休，外示威重，内行险忌，谗邪者进，忠正者退，上下相蒙，人不堪命，以致殒匹夫之手，为天下笑。圣哲乘机，拯其危溺。今宫观台榭，尽居之矣；奇珍异物，尽收之矣；姬姜淑媛，尽侍于侧矣；四海九州，尽为臣妾矣。若能鉴彼所以亡，念我所以得，焚宝衣，毁广殿，安处卑宫，德之上也。若成功不废，即仍其旧，除其不急，德之次也。不惟王业之艰难，谓天命可恃，因基增旧，甘心侈靡，使人不见德而劳役是闻，斯为下矣。以暴易暴，与乱同道。夫作事不法，后无以观。人怨神怒，则灾害生；灾害生，则祸乱作；祸乱作，而能以身名令终者鲜矣。”

是岁，大雨，谷、洛溢，毁宫寺十九，漂居人六百家。徵陈事曰：

“臣闻为国基于德礼，保于诚信。诚信立，则下无二情；德礼形，则远者来格。故德礼诚信，国之大纲，不可斯须废也。传曰：‘君使臣以礼，臣事君以忠。’‘自古皆有死，民无信不立。’又曰：‘同言而信，信在言前；同令而行，诚在令外。’然则言而不行，言不信也；令而不从，令无诚也。不信之言，不诚之令，君子弗为也。

“自王道休明，绵十余载，仓廪愈积，土地益广，然而道德不日博，仁义不日厚，何哉？由待下之情，未尽诚信，虽有善始之勤，而无克终之美。故便佞之徒得肆其巧，谓同心为朋党，告讦为至公，强直为擅权，忠谠为诽谤。谓之朋党，虽忠信可疑；谓之至公，虽矫伪无咎。强直者畏擅权而不得尽，忠谠者虑诽谤而不敢与之争。荧惑视听，郁于大道，妨化损德，无斯甚者。

“今将致治则委之君子，得失或访诸小人，是誉毁常在小人，而督责常加君子也。夫中智之人，岂无小惠，然虑不及远，虽使竭力尽诚，犹未免倾败，况内怀奸利，承颜顺旨乎？故孔子曰：‘君子而不仁者有矣，未有小人而仁者。’然则君子不能无小恶，恶不积无害于正；小人时有小善，善不积不足以忠。今谓之善人矣，复虑其不信，何异立直木而疑其景之曲乎？故上不信则无以使下，下不信则无以事上。信之为义大矣！

“昔齐桓公问管仲曰：‘吾欲使酒腐于爵，肉腐于俎，得无害霸乎？’管仲曰：‘此固非其善者，然无害霸也。’公曰：‘何如而害霸？’曰：‘不能知人，害霸也；知而不能用，害霸也；用而不能任，害霸也；任而不能信，害霸也；既信而又使小人参之，害霸也。’晋中行穆伯攻鼓，经年而不能下，馈闲伦曰：‘鼓之啬夫，闲伦知之，请无疲士大夫，而鼓可得。’穆伯不应。左右曰：‘不折一戟，不伤一卒，而鼓可得，君奚不为？’穆伯曰：‘闲伦之为人也，佞而不仁。若使闲伦下之，吾不可以不赏，若赏之，是赏佞人也。佞人得志，是使晋国舍仁而为佞，虽得鼓，安用之！’夫穆伯，列国大夫，管仲，霸者之佐，犹能慎于信任，远避佞人，况陛下之上圣乎？若欲令君子小人是非不杂，必怀之以德，待之以信，厉之以义，节之以礼，然后善善而恶恶，审罚而明赏，无为之化何远之有！善善而不能进，恶恶而不能去，罚不及有罪，赏不加有功，则危亡之期或未可保。”

帝手诏嘉答。于是，废明德宫玄圃院赐遭水者。

它日，宴群臣，帝曰：“贞观以前，从我定天下，间关草昧，玄龄功也。贞观之后，纳忠谏，正朕违，为国家长利，徵而已。虽古名臣，亦何以加！”亲解佩刀，以赐二人。帝尝问群臣：“徵与诸葛亮孰贤？”岑文本曰：“亮才兼将相，非徵可比。”帝曰：“徵蹈履仁义，以弼朕躬，欲致之尧、舜，虽亮无以抗。”时上封者众，或不切事，帝厌之，欲加谯黜，徵曰：“古者立谤木，欲闻己过。封事，其谤木之遗乎！陛下思闻得失，当恣其所陈。言而是乎，为朝廷之益；非乎，无损于政。”帝悦，皆劳遣之。

十三年，阿史那结社率作乱，云阳石然，自冬至五月不雨，徵上疏极言曰：

“臣奉侍帷幄十余年，陛下许臣以仁义之道，守而不失；俭约朴素，终始弗渝。德音在耳，不敢忘也。顷年以来，寖不克终。谨用条陈，裨万分一。

“陛下在贞观初，清净寡欲，化被荒外。今万里遣使，市索骏马，并访怪珍。昔汉文帝却千里马，晋武帝焚雉头裘。陛下居常论议，远希尧、舜，今所为，更欲处汉文、晋武下乎？此不克终一渐也。子贡问治人。孔子曰：‘懔乎若朽索之驭六马。’子贡曰：‘何畏哉？’对曰：‘不以道导之，则吾仇也，若何不畏！’陛下在贞观初，护民之劳，煦之如子，不轻营为。顷既奢肆，思用人力，乃曰：‘百姓无事则易骄，劳役则易使。’自古未有百姓逸乐而致倾败者，何有逆畏其骄而为劳役哉？此不克终二渐也。陛下在贞观初，役己以利物，比来纵欲以劳人。虽忧人之言不绝于口，而乐身之事实切诸心。无虑营构，辄曰：‘弗为此，不便我身。’推之人情，谁敢复争？此不克终三渐也。在贞观初，亲君子，斥小人。比来轻亵小人，礼重君子。重君子也，恭而远之；轻小人也，狎而近之。近之莫见其非，远之莫见其是。莫见其是，则不待间而疏；莫见其非，则有时而昵。昵小人，疏君子，而欲至治，非所闻也。此不克终四渐也。在贞观初，不贵异物，不作无益。而今难得之货杂然并进，玩好之作无时而息。上奢靡而望下朴素，力役广而冀农业兴，不可得已。此不克终五渐也。贞观之初，求士如渴，贤者所举，即信而任之，取其所长，常恐不及。比来由心好恶，以众贤举而用，以一人毁而弃，虽积年任而信，或一朝疑而斥。夫行有素履，事有成迹，一人之毁未必可信，积年之行不应顿亏。陛下不察其原，以为臧否，使谗佞得行，守道疏间。此不克终六渐也。在贞观初，高居深拱，无田猎毕弋之好。数年之后，志不克固，鹰犬之贡，远及四夷，晨出夕返，驰骋为乐，变起不测，其及救乎？此不克终七渐也。在贞观初，遇下有礼，群情上达。今外官奏事，颜色不接，间因所短，诘其细过，虽有忠款，而不得申。此不克终八渐也。在贞观初，孜孜治道，常若不足。比恃功业之大，负圣智之明，长傲纵欲，无事兴兵，问罪远裔。亲狎者阿旨不肯谏，疏远者畏威不敢言。积而不已，所损非细。此不克终九渐也。贞观初，频年霜旱，畿内户口并就关外，携老扶幼，来往数年，卒无一户亡去。此由陛下矜育抚宁，故死不携贰也。比者疲于徭役，关中之人，劳弊尤甚。杂匠当下，顾而不遣。正兵番上，复别驱任。市物襁属于廛，递子背望于道。脱有一谷不收，百姓之心，恐不能如前日之帖泰。此不克终十渐也。

“夫祸福无门，惟人之召，人无衅焉，妖不妄作。今旱熯之灾，远被郡国，凶丑之孽，起于毂下，此上天示戒，乃陛下恐惧忧勤之日也。千载休期，时难再得，明主可为而不为，臣所以郁结长叹者也！”

疏奏，帝曰：“朕今闻过矣，愿改之，以终善道。有违此言，当何施颜面与公相见哉！方以所上疏，列为屏障，庶朝夕见之，兼录付史官，使万世知君臣之义。”因赐黄金十斤，马二匹。

高昌平，帝宴两仪殿，叹曰：“高昌若不失德，岂至于亡！然朕亦当自戒，不以小人之言而议君子，庶几获安也。”徵曰：“昔齐桓公与管仲、鲍叔牙、宁戚四人者饮，桓公请叔牙曰：‘盍起为寡人寿？’叔牙奉觞而起曰：‘愿公无忘在莒时，使管仲无忘束缚于鲁时，使宁戚无忘饭牛车下时。’桓公避席而谢曰：‘寡人与二大夫能无忘夫子之言，则社稷不危矣。’”帝曰：“朕不敢忘布衣时，公不得忘叔牙之为人也。”

帝遣使者至西域立叶护可汗，未还，又遣使赍金帛诸国市马。徵曰：“今立可汗未定，即诣诸国市马，彼必以为意在马，不在立可汗。可汗得立，必不怀恩。诸蕃闻之，以中国薄义重利，未必得马而先失义矣。魏文帝欲求市西域大珠，苏则以为惠及四海，则不求自至；求而得之，不足贵也。陛下可不畏苏则言乎！”帝遂止。

是后右仆射缺，欲用徵，徵让，得不拜。皇太子承乾与魏王泰交恶，帝曰：“当今忠謇贵重无逾徵，我遣傅皇太子，一天下之望，羽翼固矣。”即拜太子太师。徵以疾辞，诏答曰：“汉太子以四皓⑤为助，我赖公，其义也。公虽卧，可拥全之。”

十七年，疾甚。徵家初无正寝，帝命辍小殿材为营构，五日毕，并赐素褥布被，以从其尚。令中郎将宿其第，动静辄以闻，药膳赐遗无算，中使者缀道。帝亲问疾，屏左右，语终日乃还。后复与太子至徵第，徵加朝服，拖带。帝悲懑，拊之流涕，问所欲。对曰："嫠不恤纬⑥，而忧宗周之亡！"帝将以衡山公主降其子叔玉。时主亦从，帝曰："公强视新妇！"徵不能谢。是夕，帝梦徵若平生，及旦，薨。帝临哭，为之恸，罢朝五日。太子举哀西华堂。诏内外百官朝集使皆赴丧，赠司空、相州都督，谥曰"文贞"，给羽葆、鼓吹、班剑四十人，陪葬昭陵。将葬，其妻裴辞曰："徵素俭约，今假一品礼，仪物褒大，非徵志。"见许，乃用素车，白布幨帷，无涂车、刍灵。帝登苑西楼，望哭尽哀。晋王奉诏致祭。帝作文于碑，遂书之。又赐家封户九百。

帝后临朝叹曰："以铜为鉴，可正衣冠；以古为鉴，可知兴替；以人为鉴，可明得失。朕尝保此三鉴，内防己过。今魏徵逝，一鉴亡矣。朕比使人至其家，得书一纸，始半稿，其可识者曰：'天下之事，有善有恶，任善人则国安，用恶人则国弊。公卿之内，情有爱憎，憎者惟见其恶，爱者止见其善。爱憎之间，所宜详慎。若爱而知其恶，憎而知其善，去邪勿疑，任贤勿猜，可以兴矣。'其大略如此。朕顾思之，恐不免斯过。公卿侍臣可书之于笏，知而必谏也。"

徵状貌不逾中人，有志胆，每犯颜进谏，虽逢帝甚怒，神色不徙，而天子亦为霁威。议者谓贲育不能过。尝上冢还，奏曰："向闻陛下有关南之行，既办而止，何也？"帝曰："畏卿，遂停耳。"始，丧乱后，典章湮散，徵奏引诸儒校集秘书，国家图籍粲然完整。尝以《小戴礼》综汇不伦，更作《类礼》二十篇，数年而成。帝美其书，录寘内府。帝本以兵定天下，虽已治，不忘经略四夷也。故徵侍宴，奏《破阵武德舞》，则俛首不顾，至《庆善乐》，则谛玩无斁，举有所讽切如此。

徵亡，帝思不已，登凌烟阁观画像，赋诗悼痛，闻者媢之，毁短百为。徵尝荐杜正伦、侯君集才任宰相，及正伦以罪黜，君集坐逆诛，孅人遂指为阿党；又言徵尝录前后谏争语示史官褚遂良。帝滋不悦，乃停叔玉昏，而仆所为碑，顾其家衰矣。

辽东之役，高丽、靺鞨犯阵，李勣等力战破之。军还，怅然曰："魏徵若在，吾有此行邪！"即召其家到行在，赐劳妻子，以少牢祠其墓，复立碑，恩礼加焉。

选自《新唐书》卷九十七《魏徵传》

【注释】

①九成宫：唐代宫名。在陕西省麟游县西。本为隋仁寿宫，系皇帝避暑处。唐太宗贞观五年（631）重修，以所在山有九重，改名"九成"。永徽二年（651）九月改名万年。乾封二年

（667），复为九成。

②离（xiè）：传说中的商代始祖。

③防閤：南北朝时朝廷有直閤将军，诸王置防閤将军，以勇略之士充任。唐制，京师文武执事官五品以上皆有防閤，州县称白直。

④钻皮出羽：比喻极意夸饰自己偏爱的人。出自《后汉书·文苑传下·赵壹传》：“所好则钻皮出其毛羽，所恶则洗垢求其瘢痕。”

⑤四皓：指秦末隐居商山的东园公、角（lù）里先生、绮里季、夏黄公。四人须眉皆白，故称商山四皓。高祖召，不应。后高祖欲废太子，吕后用张良计，迎四皓，使辅太子，汉高祖以太子羽翼已成，乃消除改立太子之意。

⑥嫠不恤纬：语出《左传·昭公二十四年》，云：“抑人有言曰：嫠不恤其纬，而忧宗周之陨。”谓寡妇不忧其织事，而忧国家之危亡。后人以“恤纬”借指忧虑国事。

【译文】

魏徵，字玄成，魏州曲城人。从小就成了孤儿，穷困失意，他放弃财产不去经营，却心怀着远大志向，通晓诗书术数。

隋朝末年战乱，魏徵假装成道士。武阳郡丞元宝藏举兵响应李密，让魏徵掌管文书。李密得到元宝藏的书信，称赞不已。不久听说是魏徵所写，就急忙召见魏徵。魏徵进献十条策略劝说李密，李密却不能采用。王世充攻打洛口，魏徵见了李密的长史郑颋说：“魏公虽然屡次取胜，然而精兵良将已经死伤殆尽；加上府库没有现成的财物，打了胜仗也没有奖赏。从这两方面来说，不能再打下去了。如果疏浚护城河，高筑防御工事，旷日持久，敌人的军粮耗尽就会退兵，我们再乘机追击，这才是取胜的方法。”郑颋说：“老生常谈！”魏徵于是不辞而别。

后来魏徵随从李密来到京师，过了很久也不知名。自己请求前去安抚山东，这才升任秘书丞，乘车疾行到了黎阳。当时李勣还在为李密守城，魏徵写信给他说：“起初魏公起兵反叛，振臂大呼，天下数十万人相应，声威所至达半个天下，然而一败不振，最终归附大唐，由此可知天命是有所归依的。现在您处在兵家必争之地，不早做打算，那么事情恐怕就无可挽回了！”李勣得到书信，就确定计划准备归顺，并进而发放大量粮食送给淮安王的军队。

适逢窦建德攻陷黎阳，俘获魏徵，伪命魏徵为起居舍人。窦建德兵败，魏徵与裴矩逃入潼关，隐太子李建成任命他们为太子洗马。魏徵见秦王功高，暗地里劝太子早做打算。太子兵败后，秦王责怪魏徵说：“你挑拨我们兄弟相斗，为什么？”魏徵回答说：“如果太子早听从我的建议，不会有今日之祸。”秦王器重他耿直，没有怀恨在心。

太宗即位之后，拜魏徵为谏议大夫，封钜鹿县男。这时，河北州县中原来依附隐太子、巢王的人仍不安心，常常成群结伙暗地里想着叛乱。魏徵对太宗说：“如果不对他们表示最公正的待遇，祸乱就不能消除。”皇帝说：“你前往河北安抚劝导他们。”魏徵在去河北的路上遇见隐太子的千牛李志安、齐王护军李思行被传送京师，魏徵与他的副使商量说：“正好有诏书，东宫与齐王府的旧人全部赦免。现在又执送李志安等人，谁还不猜疑？我们虽然前去，人们也不会相信。”于是立即赦免释放他们，然后再上奏皇上。魏徵出使返京，皇帝很高兴，对他日益亲近，有时让他到卧室内，咨询天下大事。魏徵也自认为得到了罕见的知遇之恩，于是把自己心里的才智都毫无保留地展现出来，共计上了二百多道奏折，无一不中肯、切实，符合太宗的心意。于是被任命为尚书右丞，兼谏议大夫。

皇帝身边有诋毁魏徵结党营私的人，皇帝派温彦博调查、审讯，结果没有这回事。温彦博说："魏徵作为臣子，不能注重礼法规矩，远避嫌疑，而遭人诽谤，这也是应该责罚的。"皇帝让温彦博去责问魏徵。魏徵拜见皇帝，谢罪说："臣听说君臣同心，才称做一体，哪有舍弃最大的公正，而专注于形式、规矩的？如果上下都走这条路，国家之兴亡则就难以预见了。"皇上猛然一惊，说："朕明白了！"魏徵叩首道："愿陛下使臣为良臣，不要使臣为忠臣。"皇帝说："忠臣、良臣有什么区别么？"魏徵说："良臣，是像稷、契、咎陶等人；忠臣，是像龙逢、比干等人。良臣，不仅让自己身获美名，君主也都有显赫的称号，子子孙孙传承不绝，皇恩浩荡，享用不尽；忠臣，则使自己获罪遭到诛杀，君主则陷于昏君、暴君之名，国破家亡，只换得一个空名。这就是良臣、忠臣之间的差异。"皇帝说："很好。"又问道："作为君主，怎样做才是明君，怎样做就会被称为昏君？"魏徵说："君主所以贤明，在于广泛听取意见；所以昏庸，在于偏听偏信。尧、舜打开四方之门，广开言路，听取诸方意见。虽然有共工、鲧等人，也不能阻塞言路；巧言令色，也不能迷惑明主。秦二世在宫中深居简出，偏信赵高，天下叛乱，人心离散，他也不知道；梁武帝宠信朱异，侯景兵临城下，都没有人向他报告；隋炀帝偏信虞世基，农民起义遍布天下还不知道。所以说，君主如果能够听取不同的声音，那么奸佞之人就没有机会蒙蔽圣听，这样下情就可以上达天听。”

郑仁基的亲生女儿貌美多才，长孙皇后建议封为充华，册封文书已经准备完毕。有人说郑氏已经许配他人了。魏徵劝谏说：“陛下身处亭台楼阁之中，要想着百姓有房子住；享用山珍美味时，要想着百姓能有饱饭吃；看到嫔妃、宫女，就要想着百姓有家室。现在郑氏已经订有婚约，如果陛下娶她，怎能是为人父母的作为！”皇帝痛加自责，立即下诏停止册封。

贞观三年（629），魏徵以秘书监的身份参与朝政。高昌王麴文泰即将入朝觐见，西域诸国都想通过麴文泰派遣使者进献贡品。皇帝下诏让麴文泰的使臣厌怛纥干前去迎接。魏徵说：“以前麴文泰入朝，所过之处供应都不能齐全，而今又加上其他各国，则临近边塞的州县因为供应匮乏而致获罪的人会更多。如果他们以商人的名义来，那么边塞的人可以得利；如果他们以宾客的身份来，中原地区就会受到骚扰而有消耗。东汉建武年间，西域请求设置都护、派遣儿子做侍子，光武帝不同意，是因为不想让蛮夷扰乱中原。”皇帝说：“好。”下令追回诏书，停止这件事。

当时是皇帝即位第四年，一年中判死刑的有二十九人，几乎做到了弃置刑法不用，一斗米三钱。在此之前，皇帝曾叹息说：“而今大乱之后，会很难治理吧？”魏徵说：“大乱之后，容易治理，譬如饥饿之人吃东西不挑剔一样。”皇帝说：“古人不是说：有德之人治国百年，然后可以遏制残暴、废除刑杀么？”魏徵回答说：“这不是圣人贤哲的理论。圣哲之治，像回声一样迅速，一个月就可以，本来就不是那么困难。”封德彝说：“不是这样。

夏商周之后，社会浮躁、欺诈之风日益加剧。秦朝使用法律，汉代兼用霸道，都是想要达到天下大治，但是没有成功，并非能够治理而不想治理。魏徵乃一介书生，喜好高谈阔论，只会扰乱国家，不能听从。”魏徵说：“五帝、三王不改变百姓而使之教化，推行帝王治国之道而为帝，推行以仁义治天下的王道而为王，回顾他们所作所为又怎么样呢。黄帝驱逐蚩尤，打了七十仗，最终取得胜利，因此实行无为而治。九黎部落损害道德，颛顼征伐他们，打败后国家得到治理。夏桀作乱，商汤王放逐了他；殷纣王昏庸无道，周武王发兵讨伐他。商汤王、周武王活着时国家就达到了太平盛世。如果人们渐渐浮躁、狡诈，不再返朴归真，现在应当都成为鬼魅，还怎么能教化他们呢！”封德彝不能回答，然而心里认为不可行。皇帝毫无疑问地采纳了魏徵的意见。于是，天下大治。蛮夷君长穿戴中原的衣冠，带刀宿卫。国土向东到达海边，向南越过五岭，门户不闭，行旅不用自带干粮，沿途驿站可以供给。皇帝对群臣说：“这是魏徵劝我行仁义，已经应验了。可惜不能让封德彝看见了！”魏徵不久任检校侍中，进爵郡公。皇帝临幸九成宫，宫人住在围川宫下。仆射李靖、侍中王珪相继来到，官吏便把宫人安排在别处，而让李靖、王珪住下。皇上知道了，发怒说：“李靖、王珪难道就这样作威作福！为何轻视朕的宫人?”下诏一并查办。魏徵说：“李靖、王珪都是陛下的腹心大臣，宫女只不过是后宫打扫卫生的奴仆。大臣外出，官吏向他们咨询朝廷法式；回来后，陛下向他们询问人间疾苦。这官舍，本来就是李靖等人接见官吏的地方，官吏不能不去拜谒他们。至于宫女就不一样了，供应之外就不需要别的参见侍候。因这件事而查办官吏，将会让天下人感到震惊。”皇上醒悟，就不再追究这件事了。

后来太宗皇帝在丹霄楼宴饮，酒席间对长孙无忌说：“魏徵、王珪事奉隐太子、巢刺王时，确实可恶，朕能够抛弃嫌怨，任人唯贤，无愧于古人。然而每当魏徵进谏朕不听从，朕说话他就不立即回应，这是为什么呢?”魏徵说：“臣认为事情有不好的方面，所以进谏，如果不听从就立即回应，恐怕事情立刻就执行了。”皇帝说：“只是立即答应一声，再另找机会陈述意见，难道不可以吗?”魏徵说：“从前舜告戒群臣说：‘你们不要当面顺从，退下后又有话说。’如果当面顺从，刚刚离开又另发议论，这是背后说的话，不是稷、离侍奉尧、舜的做为。”皇帝大笑说：“人家都说魏徵举动疏忽、怠慢，朕却觉得他行为妩媚。”魏徵再拜说：“陛下引导臣让臣说话，臣所以敢这样；如果陛下不接受臣的建议，臣怎敢屡次触犯圣上呢!”

贞观七年（633），魏徵为侍中。尚书省有积压没有判决的讼案，下诏魏徵前去整治。魏徵平素不太熟悉法律，只知道大概，以情理来处理案件，人人心悦诚服。晋升为左光禄大夫、郑国公。后因身体多病，魏徵请求辞职，皇帝说：“爱卿难道没有看见金子在矿石中有什么可贵之处么？经过好工匠精心冶炼成为器具，人们才会珍爱她。朕正自比为金子，以爱卿为良匠而加以历练。爱卿虽然身体欠安，还没有衰老，怎么能就要告退呢?”魏徵恳请，几次被太宗推却而魏徵的态度更加坚决。于是拜授特进，主持门下省事，下诏令他对朝章国典参议得失。魏徵的俸禄赏赐、国官、防阁一律与职事官相同。

文德皇后下葬后，皇帝在宫苑中建造一座高高的楼宇，用来眺望昭陵。皇上带着魏徵一同登上高楼，魏徵仔细观看说：“臣老眼昏花，不能看见。”皇帝指着给他看，魏徵说：“这是昭陵么?”皇帝说：“对。”魏徵说：“臣以为陛下看的是献陵，如果是昭陵，臣早就看见了。”皇帝哭了，令人拆毁楼宇。不久因修定五礼，应当封一个儿子为县男，魏徵请求封已故兄长的儿子叔慈。皇帝伤感地说：“这可以用来劝勉风俗。”于是便立即答应了。

后来太宗临幸洛阳，住在昭仁宫，对地方官吏多所谴责。魏徵说：“隋朝只管责备官员不进献饮食，或者苛责供奉不精，因为这样的无限制的苛求，以至于亡国。故上天命陛下取而代之，正当惶恐戒约，怎么能令属下因供奉的不够奢侈而觉得后悔呢?如果以为供给很充足了，那么而今已不仅仅是充足了；若以为不足，即使比现在超过一万倍，还能满足么?”皇帝惊悟，说：“如果没有爱卿，朕就听不到这样的话。”退朝后魏徵又上疏说：“《尚书》上说‘彰明德行慎用刑罚’，‘量刑要有体恤之心’。《礼记》说：‘君主容易侍奉，臣下容易明白圣意，这样就不需要用刑频繁了。’‘皇上多疑，则百姓困惑；臣下难以了解圣意，那么君主就会很烦恼劳碌。’君主容易侍奉，臣下容易明白圣意，君主不会太操劳，百姓也不会困惑，所以君主有一德，臣子无二心。刑罚恩赏的根本，在乎劝善惩恶。帝王所给予的，是对天下人的一视同仁，不因为亲疏贵贱而区分轻重。而今刑罚、赏赐，有的因为喜怒，有的出于好恶。高兴时，犯了法也不治罪，发怒时，没有犯法也会被治罪；自己喜欢的人就刻意夸赞，自己讨厌的人则吹毛求疵。如果滥施刑罚就会使小人得势，奖赏荒谬就会使君子的主张受到损害。小人的罪恶不惩治，君子的善行不劝勉，却期望社会安定，刑罚不兴，臣没有听说过。况且闲暇之际谈天，都崇尚孔子、老子；等到了震怒之时，就专门效法申不害、韩非子。所以道德的宗旨没有光大，而刻薄之风却先盛行起来。古代伯州犁玩弄手段、串通作弊而破坏了楚国的法律，张汤治刑时因心中有所轻重而使汉朝的刑法产生弊端，更何况君主随意定下的好坏标准呢！近来被惩罚的人，有的因为供给不足，有的是因不能顺从自己的心意，都不是治理国家的当务之急。显贵的人不希望自己染上骄奢的习气，但骄奢之风自然而然的生长，富足的人不想让自己染上奢侈的习气，而奢侈之风也渐渐滋生，这不是说空话的。

“况且我朝之所以取代隋朝，确实由于隋朝自身的原因。以隋朝的府藏与今天的物资储备相比，以隋朝的兵力与今天的军队相比，以隋朝的户口与今天的百姓相比，比较一下，就会知道曾经是怎样的悬殊！然而隋朝以富强而亡国，是隋炀帝穷奢极欲、劳役不息、发动连年战争的结果；我朝虽然贫弱却反而天下太平，是圣上清心寡欲的原因。清心寡欲可以使天下太平，穷奢极欲就会使天下大乱，这是人尽皆知的道理，并不隐晦而难以看见、微小而难以觉察。而今，陛下不走平坦宽阔的道路，而要遵循覆亡的旧途，这是为什么呢？国家安定时不想着危机，天下治平时不想着混乱，国家存在时不考虑覆灭。当隋朝尚未发生战乱时，隋朝统治者自认为一定没有战乱；还没有灭亡时，也自认为一定不能灭亡。所以穷兵黩武，徭役不息，以至于受刑被辱还没有明白灭亡的缘由，难道不可悲么！如果要照出形体的美丑，就必须站在静止的水前；如果要知道政权的安危，就必须以灭亡之国为借鉴。《诗经》说：‘殷鉴不远，在夏后之世’。臣希望当今陛下的动与静，都能以隋朝为借鉴，那么国家的存亡治乱就可得而知。思考着隋朝产生危机的原因，那么国家就平安了，体味着隋朝所以混乱的原因，那么国家就可以得到治理了，思索着隋朝之所以灭亡，那么国家就可以生存了。生存与灭亡的根本，在于节制嗜好与欲望，减少出游打猎，停止奢靡华丽的建造，停止不急需办理的事情，谨慎对待一面之词，亲近忠厚之士，疏远阿谀奉承的小人。'守之则易，得之实难'，而今既然已经得到难的，难道还不能保住容易的么？保持的不牢固，骄奢淫逸之风就会随之而动。"

皇帝在积翠池大宴群臣，饮酒酣畅时赋诗。魏徵赋《西汉》，文章末尾说："终究要凭藉叔孙通制定的礼仪，才知道皇帝的尊贵。终藉叔孙礼，方知皇帝尊。"皇帝说："魏徵说话没有不用礼仪约束我的。"一天，皇上从容问魏徵说："近来政治怎么样?"魏徵觉得天下太平很久了，皇帝锐意进取之心有所懈怠，所以回答说："陛下在贞观之初，诱导臣民进谏。三年以后，听见进谏就高兴的采纳。最近一二年，勉强受谏，但到底心里还是有些忿忿不平。"皇帝惊诧地说："爱卿有什么根据么?"魏徵回答说："陛下即位之初，论定元律师的死罪，孙伏伽进谏认为按照法律他不应当处死，陛下赏赐给他兰陵公主园，价值百万。有人说：'陛下赏赐太丰厚了。'陛下答复说：'朕即位以来，还没有进谏的人，所以就赏赐他。'这就是诱导臣下进谏。后来柳雄胡编乱造他在隋朝的任官资历，相关部门查出来，弹劾他伪造作假，即将把他处死，戴胄上奏认为柳雄论罪应当判徒刑。戴胄坚持上奏四五次才得赦免。陛下对戴胄说：'如果都是这样遵守法规，就不用担心滥施刑罚。'这是愉快地听从进谏。最近皇甫德参上书说'修建洛阳宫，会使百姓劳苦不堪；收取地租，是暴敛；民间盛行高髻，是受宫中的影响。’陛下愤怒地说：‘您是想让国家不役使一人，不收取一点租税，宫女没有头发，这才称心如意。’臣上奏说：‘臣子上书，不激切不能起陛下的在意，激切了又会近似于讥讪毁谤。’当时，陛下虽然听从臣的建议，赏了帛，并停止了上述诸事，但总还是耿耿于怀。这就是难于接受进谏。”皇帝醒悟说：“要不是您，没有人能说出这些话。人总是苦于不能觉察自己的过错！”

在此之前，皇帝建造飞山宫，魏徵上疏说：

“隋朝有天下三十余年，风行万里，威震天下，一朝损失殆尽。那个隋炀帝，难道不愿意天下太平，而喜欢天下灭亡么？只是起初隋朝仰仗自己的富强，不考虑后患。驱使天下百姓，役使万物，用来满足自己的穷奢极欲，一味地追求美女玉帛，装饰宫宇台榭，徭役永无止境，战乱不休，表面上威严庄重，心里却阴险猜忌，谗佞奸邪的人得到重用，忠心耿直的人被斥退，上下相蒙，百姓不堪其苦，以致于死在平民百姓之手，为天下人耻笑。有德才的人顺应时机，拯救万民于危亡。而今宫廷楼阁台榭，全归陛下享用；奇珍异宝，尽收归陛下所有；如云美女，全都侍奉在陛下左右；四海九州，都臣服归顺陛下。如果能以隋朝灭亡的教训为借鉴，考虑我朝所以得天下的经验，焚毁宝衣，毁弃宫殿，安心住在简陋的宫室，这是最高的品德。如果已经成就事业，还不废弃那些奢华享受，保持旧有的面貌，去除那些不急于要办的事情，这是次一等的德行。不考虑成就王业的艰难，而自认为天命可以依靠，利用旧有的基础又增加奢华的装饰，倾心于侈靡享乐，使百姓看不见皇上的恩德而总是听到征发劳役的消息，这是最下一等的德行。以暴政更换暴政，是和战乱殊途同归。如果做事不遵循法规，后人就无以效法。如果人怨神怒，灾害就会发生；如果灾害发生，祸乱就会兴起；如祸乱爆发，而能保全身名的人就太少了。”

这一年，天下大雨，谷水、洛水泛滥成灾，冲毁宫寺十九座，六百余家流离失所。魏徵上奏陈述说：

“臣听说为国家要建立在德礼的基础之上，以诚信为保障。诚信确立了，那么臣子就没有二心；德礼形成，那么远方的人就会来归顺。所以德礼诚信，是立国之大纲，片刻都不可以废弃。俗话说：‘君主以礼待臣，臣子以忠事君。’‘自古都有死，如果统治者不取信于民，那么国家就不会存在。’又说：‘说一样的话是诚信，诚信在说话之前；按照相同的命令执行，诚信在命令之外。’然而如果说话不算数，就是说话不讲诚信；下了命令不去服从，说明命令是没有诚信的。不讲诚信的话，没有诚信的命令，这不是君子做的事情。

“自王道清明以来，连续十多年了，国库日渐富足，土地也日益宽广，然而道德没有日渐广博，仁义恩泽也没有日益增加，这是为什么呢？是因为陛下对待臣子，没有完全做到诚信，虽然有良好的起步，却没有很好的坚持下来。所以，巧言令色之徒阿谀逢迎，把同心同德辅佐陛下的人说成是朋党，把攻击构陷他人的人说成是最公正的人；把刚强不阿的人称为擅权，忠诚正直的人称为诽谤。被称作朋党的人，即使忠诚信实也有可疑；被称作最公正的人，虽然弄虚作假也被认为没有过错。刚强不阿的人畏惧承担擅权的罪名而不能言无不尽，忠诚正直的人害怕戴上诽谤的罪名而不敢当面进谏。迷惑视听，充塞大道，妨碍教化损害德政，没有比这更严重的了。

“而今想使国泰民安就委任君子掌管朝政，朝政治理得失却常向小人问询，这样褒贬誉毁就决定于小人，而督察责罚则常常施加于君子。通常中等才智之人，难道没有一点小聪明，然而不能深谋远虑，虽然竭尽全力效忠陛下，还是免不了失败，况且那些心怀叵测、迎合奉承的人呢？所以孔子说：‘君子中有不讲仁义的人，但没有听说小人中有讲仁义的人。’然而君子不可能没有小过错，过错不累积就不会妨碍他的正直；小人有时也会做一些好的事情，好事不累积就不足以显示他的忠诚。现在把他们叫做善人，却又担心他不讲诚信，这与立直木而怀疑它的影子是弯的有什么区别？所以圣上不讲诚信就无法给臣下做表率，臣下不讲诚信则无法侍奉圣上。诚信的意义太重大了！

“古代齐桓公曾问管仲说：‘我想让酒坏在爵里，肉烂在菜板上，是否有损霸业呢？’管仲说：‘这固然不是好的做法，然而对霸业没有害处。’齐桓公说：‘怎样才能损害霸业呢？’管仲说：‘不能知人，会损害霸业；知人而不能用人，于霸业有害；用人而不能善任，会损害霸业；善任而不信任，会损害霸业；能信任而又使小人从中参和，会损害霸业。’晋国的中行穆伯攻打鼓国，一年都不能打下，馈闲伦说：‘鼓国的啬夫，闲伦认识，不需要辛苦士大夫，而鼓国就可以得到。’穆伯不答应。左右人说：‘不折一戟，不伤一卒，而鼓国就可以得到，您为什么不愿意呢？’穆伯说：‘馈闲伦为人，奸佞不仁。如果让他拿下鼓国，我不能不赏赐他；如果赏赐他，就是赏赐奸佞之人。奸佞之人得志，就会使晋国人舍仁义而为奸佞，虽然得到鼓国，又有什么用呢！’中行穆伯是诸侯国大夫，管仲是霸国的佐臣，尚且能够在信任和用人问题上谨小慎微，疏远奸佞之人，更何况陛下这样的圣主明君呢？如果想让君子与小人泾渭分明，必须心怀德行，待人诚信，用仁义来劝勉，用礼仪来节制，然后奖善惩恶，刑罚分明，赏赐得当，无为而治的教化就不会很远了！如果奖励好人而不能进用，惩罚恶人却不能疏远，有罪的人得不到惩罚，有功的人得不到奖赏，那么国家危亡的日子就很难说了。”

皇帝手书下诏给予答复，并表示赞许。于是，废除明德宫玄圃院，并赏赐给遭遇水灾的人居住。

有一天，皇帝大宴群臣，皇帝说：“贞观以前，跟随朕平定天下，历经艰险草创国家，是房玄龄的功劳。贞观之后，忠心向君主规劝进谏，匡正朕的过失、错误，为国家的长远利益着想，只有魏徵一人而已。虽然古代有名臣，又怎么能超越他们！”亲自解下佩刀，赐给二人。皇帝曾经问群臣：“魏徵与诸葛亮哪一个有德行？”岑文本说：“诸葛亮才兼将相，不是魏徵所能比的。”皇帝说：“魏徵实行仁义，辅佐朕，想让朕成为尧、舜那样的明君，即使诸葛亮也无法与之抗衡。”当时上书奏事的人很多，有的不切合情况，皇帝讨厌他们，想斥责他们，魏徵说：“古人设立谤木，就是想知道自己的过错。封事，就是谤木的遗风吧！陛下想要知道自己的得失，就应当让他们畅所欲言。如果说得对，对朝廷大有好处；如果说得不对，对于朝政也没有什么损害。”皇帝很高兴，慰劳了这些大臣，又派人把他们送回去。

贞观十三年（639），阿史那结社起兵叛乱，云阳地方的石头自己燃烧，从上年冬至到次年五月都不曾下雨，魏徵上疏直言进谏说：

“臣奉侍天子十余年，陛下赞许臣施行仁义之道，坚守不弃；俭约朴素，终始不渝。陛下的教诲犹在耳边萦绕，一刻不敢忘怀。近年来，陛下却渐渐不能坚持到底了。对于这些臣谨分条陈述，希望对陛下有万分之一的好处。

“陛下在贞观初年，清净寡欲，教化恩泽推广到边远荒僻的地区。如今却要遣使到万里之外的地方，购买骏马，并寻访奇珍异宝。古时汉文帝拒绝接受千里马，晋武帝焚烧雉头毛做的裘衣。陛下平时经常谈论，追慕古代明君唐尧、虞舜，而今陛下所作所为，难道想处在汉文帝、晋武帝之下么？这是不能坚持到底的第一个迹象。子贡向孔子请教治理百姓的办法。孔子说：‘要像用腐朽的缰绳驾驭六匹马那样有危机、恐惧感。’子贡问：‘恐惧什么呢？’孔子回答说：‘不用仁义之道引导他们，就会成为我的仇人，怎么能不害怕呢！’陛下在贞观初年，爱惜民力，对待百姓就像对待自己的子女一样温和，不轻易营造殿宇楼阁。近年却大肆奢靡浮华，想着滥用人力时，就说：‘百姓没有事情就容易骄纵、怠慢，有劳役才容易驱使。’自古以来没有说百姓安逸闲适却导致国家倾覆灭亡的，哪有担心百姓骄纵而驱使他们服劳役的？这是不能坚持到底的第二个迹象。陛下在贞观初年，为了使天下百姓得到好处而约束自己，近来却放纵自己的欲望而让百姓劳苦。虽然关心百姓的话不绝于口，而心里真正想的却是自身享乐之事。从不考虑大肆兴建宫室的后果，就说：‘不这样做，不方便我自己。’推之人情，谁还敢再有争论？这是不能坚持到底的第三个迹象。陛下在贞观初年，亲君子，远小人。近来却轻亵小人，礼重君子。礼重君子也，敬而远之；轻亵小人，则狎而近之。亲近了就看不见小人的不是，疏远了就看不见君子的好处。看不见君子的好处，用不着别人离间就会疏远；看不见小人的不是，一有时间就会去亲近他们。亲近小人，疏远君子，却想使国家在政治上安定清平，臣从来没有听说。这是不能善始善终的第四个迹象。在贞观初年，陛下不看重奇珍异宝，不作无益于国家的事情。而今各种难得的珍稀宝贝同时进献，奇珍异宝的制作没有止息的时候。皇上奢侈浪费却希望臣下朴素，大肆征发劳役却希望农业振兴，这是不可能办到的事情。这是不能善始善终的第五个迹象。贞观初年，陛下求贤若渴，贤德人士举荐的人，陛下就能够马上相信并任用他，取其所长，人尽其才，还时常担心自己做的不够。近来却凭着自己的喜好，由众贤良之士举荐并被任用的人，却因为一个人的诋毁而厌弃不用，即使任用多年并信任的人，有的一旦被怀疑就会遭到贬斥。一个人的行为能够清白自守，做事有成功的业绩，一个人之毁誉未必可信，多年来的德行不应该一下子就否定。陛下不仔细审查其中的缘由，就确定好坏，就会使得奸佞之人得道横行，坚守道义的人就会被疏远离间。这是不能善始善终的第六个迹象。在贞观初年，陛下高居帝位，垂拱而治，没有打猎的爱好。数年之后，意志不够坚定，猎鹰猎犬的进贡，波及偏远的少数民族，早出晚归，以纵马疾驰飞奔为乐，如果万一发生难以意料的战乱，还能来得及救么？这是不能善始善终的第七个迹象。在贞观初年，陛下能够礼遇臣下，民情可以上达。如今地方官入朝上奏，陛下不能一直和颜悦色，时常抓住他的小过失，质问轻微的过错，虽然臣下心有忠诚之言，也没有机会陈说。这是不能善始善终的第八个迹象。陛下在贞观初年，对于治理国家的方针、政策、措施等孜孜以求，经常还觉得做得不够。近来却有些仰仗功高业大，自负聪明睿智，滋长傲气，放纵欲望，无事兴兵，向偏远的地区兴师问罪。亲近的人逢迎圣意不愿意进谏，疏远的人畏惧陛下的威严不敢说话。这样积累下去不停止，所遭受的损失可不会小。这是不能善始善终的第九个端倪。贞观初，连年霜旱灾害，京郊的百姓都流向关外，携老扶幼，往返数年，最终没有一户人家逃亡。这是因为陛下怜惜安抚百姓，所以百姓宁死也不怀二心。近年来百姓却因徭役不止而痛苦不堪，关中之人，穷困匮乏最为厉害。各种工匠服役期满，却还要继续服役不遣还回乡。定期担任京师宿卫的府兵，宿卫期满却又调遣到别处。市场上购买物品的人连续不断，远途转运的人相望于道。万一有颗粒无收的情况发生，百姓之心，恐怕就不能像以前那样安静泰然。这是不能坚持善始善终的第十个苗头。

“祸福的降临不是无缘无故的，是人自己招来的。如果自己没有挑衅，妖祸不会无缘无故随意而生。今年的这种干热无雨的灾害，波及边远的郡国，这样严重的灾害，其根源在于京城，这是上天在表示儆戒，也是陛下该恐惧忧勤的时候了。这是千载难逢的好时期，时机很难再有，英明的君主可以有所作为却不去做，这就是臣所以郁结长叹的原因呀！”

奏疏呈上，皇帝说：“朕现在知道过错了，愿意改正，做到善始善终。如果违背这句话，还有何颜面与爱卿相见呢！正把爱卿所上奏疏，做成屏风，希望早晚看见它，同时让史官抄录一份，使子孙万代知道君臣之义。”于是皇上赐给魏徵黄金十斤，马两匹。

高昌平定，皇帝在两仪殿设宴，感叹说：“高昌如果不失德，怎至于灭亡！然而朕也应当引以为戒，不因为小人之言而非议君子，希望能获得江山的安稳。”魏徵说：“从前齐桓公与管仲、鲍叔牙、宁戚四人饮酒，齐桓公问鲍叔牙：‘为什么不起身为寡人祝寿？’鲍叔牙举起酒杯起身说：‘但愿公不要忘记漂泊莒国的时候，管仲不要忘记被囚禁在鲁国的时候，宁戚不要忘记在牛车旁边吃饭的时候。’齐桓公离开座席起身致谢说：‘寡人与二位大夫能不忘记夫子之言，那么国家社稷就没有危险了。’”太宗皇帝说：“朕不敢忘记为平民时，公不可忘记鲍叔牙的为人。”

皇帝派遣使者到西域册立叶护可汗，尚未返还，又遣使带着金帛到各国买马。魏徵说：“而今册立可汗尚未完成，就到各国买马，他们一定会认为我们的目的在于买马，而不在册立可汗。可汗得到册立，他们一定不会心怀感恩。诸蕃听说，也会认为中国薄义重利，马不一定会得到而信义却先失去。魏文帝想求购西域大珠，苏则认为如果恩惠遍及四海，即便不去索取他自己也会来；经过索取而得到的，不值得珍贵。陛下能不担心苏则的话么！”皇帝于是中止了这件事。

此后右仆射空缺，皇上想用魏徵，魏徵辞让，没有拜官。皇太子承乾与魏王泰关系不好，皇帝说：“当今忠诚正直、位高任重的人没有超过魏徵的，我派遣他辅佐、教导皇太子，让天下人归心，皇太子的力量就会巩固了。”随即拜魏徵为太子太师。魏徵因病推辞，皇上下诏答复说：“汉朝太子有四皓辅佐，朕依赖您，就是这个道理。您虽然卧病在床，也可以保全他。”

贞观十七年（643），魏徵病重在家。他家里最初没有正厅，皇帝下诏停建自己的小殿。而把木材给魏徵建造正厅，五日完工，并赐给素褥布被，以顺从他的爱好。皇帝命令中郎将住在魏徵的府第，有情况随时上奏，药物膳食赏赐无数，宦官使者往来不断。皇帝亲自询问病情，屏退左右侍者，和魏徵说了一天的话才回宫。之后，又与太子一同到魏徵府第，魏徵穿上朝服，拖着带子。皇上心中忧伤烦闷，抚着魏徵流泪，问他有什么要求。魏徵回答说："寡妇不担忧织布的事情，而忧虑宗周的灭亡！"皇帝准备把衡山公主嫁给他的儿子魏叔玉。当时公主也跟随同来，皇上说："爱卿勉强看一眼你的儿媳妇吧！"魏徵已不能致谢。当天晚上，皇帝梦见魏徵像往常一样，等到天亮，魏徵去世了。皇帝亲临哭吊，为他哀恸，停止临朝五天。太子在西华堂举哀。下诏内外百官及朝集使都去吊丧，追赠魏徵为司空、相州都督，谥号"文贞"，并赐给羽葆、鼓吹、班剑四十人，陪葬昭陵。即将下葬时，他的妻子裴氏辞谢说："魏徵素日俭省节约，如今给他一品官的礼仪送葬，仪物盛大，这不是魏徵的心愿。"皇上应允，于是改用素车，白布幨帷，没有涂车、刍灵。皇帝登临宫苑西楼，远望恸哭，竭尽哀思。晋王奉诏致祭。皇帝亲自撰写碑文，并亲笔书写。又赐给魏徵家实封九百户。

皇上后来临朝叹息说："以铜作为镜子，可以正衣冠；以历史作为镜子，可以知兴衰；以人作为镜子，可以明得失。朕曾经保留这三面镜子，可以防止自己的过失。如今魏徵逝去，朕就失去了一面镜子。朕近日派人到他家里，得到一份奏书，刚写就半篇草稿，其中能够记住的有：'天下之事，有善有恶，任用善人则国家安定，任用恶人则国家衰落。公卿之间，感情上有爱憎，憎恶他只看见他的可恶，偏爱他的人只看见他的优点。爱憎之间，应该周详审慎。如果爱他而知道他的缺点，憎恶他的人而知道他的优点，摈弃邪恶之人不动摇，任用贤能之人而不猜疑，国家就可以兴盛了。’大概就是这些。朕思虑一下，恐怕难免会犯这样的错误。公卿侍臣可以把这几句话写在笏板之上，知道了就必须进谏。”

魏徵的相貌不超过中等，有志气胆略，每次犯颜进谏，即使遇到皇帝非常愤怒，仍然神色不改，而天子也因此收敛威怒。议论的人说孟贲、夏育也不能超过。他曾经上坟返回，上奏说：“以前听说陛下准备临幸关南，既然已经筹办而又停止了，这是为什么呢?”皇帝说：“是害怕爱卿，于是停止了。”当初，丧乱之后，典章湮没散佚，魏徵上奏荐举诸儒校集秘书，国家的图籍粲然完整。魏徵曾经认为《小戴礼》汇编的不伦不类，非常混乱，另作《类礼》二十篇，数年完成。皇上赞赏他的书，抄录后放置在内府保存。皇帝本来用武力平定天下，虽然国家已经得到治理，仍然不忘筹划边疆之事。所以魏徵侍宴时，演奏《破阵武德舞》，魏徵低头不看，到演奏《庆善乐》，则仔细玩味，不厌倦，大抵要用委婉的言语进行劝说就是这样。

魏徵去世，皇上思念不止，登上凌烟阁观看魏徵的画像，赋诗凭吊，知道的人都嫉妒他，千方百计的诋毁魏徵。魏徵曾举荐杜正伦、侯君集有才能可以胜任宰相，等到杜正伦因犯罪被罢黜，侯君集则因谋反而被诛杀，小人于是指认魏徵徇私枉法、结党营私；又说魏徵曾经抄录前后进谏的话出示给史官褚遂良看。这更增加皇帝心中的不悦，便中止了魏叔玉的婚事，并且推倒曾经为魏徵所写的碑，于是魏徵的家就此衰败了。

辽东之役，高丽、靺鞨进犯唐军，李勣等率军奋力战胜他们。大军班师还朝，皇上怅然地说：“魏徵如果在世，我会有这次行动么!”随即在行宫召见魏徵的家属，并赏赐慰劳他的妻儿，在他的墓前，以少牢之礼祭祀，重新立墓碑，礼遇有加。

【评述】

魏徵是我国初唐时期伟大的政治家、思想家和杰出的历史学家。魏徵辅佐唐太宗十七年，以“犯颜直谏”而闻名，是中国历史上最负盛名的谏臣。他“上不负时主，下不阿权贵，中不侈亲戚，外不为朋党，不以逢时改节，不以图位卖忠”，千百年来，一直被传为佳话。

魏徵对社会问题有着敏锐的洞察力，而且为人耿直不阿，遇事不屈不挠，他以直言极谏的方式规劝得失，为生民立命，为天下开太平。据《贞观政要》记载统计，魏徵向太宗面陈谏议有五十次，呈送太宗的奏疏十一件，一生的谏诤多达“数十万言”。其次数之多，言辞之激切，态度之坚定，是同时代乃至历史上其他大臣难以企及的。难怪唐太宗公开表扬魏徵说：“贞观以来，尽心于主，献纳忠谠，安国利人，犯颜正谏，匡朕之违，唯见魏徵一人。古之名臣，何以加此。”在以魏徵为代表的大臣带动下，贞观时期形成了群臣争相谏诤的局面，从而开创了中国封建史上辉煌的一页——“贞观之治”。

魏徵为国家的长治久安和黎民百姓的安居乐业，不畏“犯龙鳞”，刚直敢言，勇于谏诤，检点太宗的过失，开创了历史上君“畏”臣的先例，树立了历代君臣关系的典范。他的“民惟邦本，本固邦宁”、“载舟覆舟，所宜深慎”、“兼听则明，偏信则暗”、“创业难，守成尤难”等执政治国理念，为时人及后人留下了宝贵的精神财富和深刻的历史启示。

“夫以铜为鉴，可以正衣冠；以史为鉴，可以知兴替；以人为鉴，可以明得失。今魏徵殁，朕失一鉴矣!”这堪称对魏徵人生价值的最好诠释。

（李红英注译　庄颖评述）

杜如晦

【原文】

杜如晦字克明，京兆杜陵人也。曾祖皎，周赠开府仪同大将军、遂州刺史。祖徽，周河内太守。祖果，周温州刺史，入隋，工部尚书、义兴公，《周书》有传。父吒，隋昌州长史。

如晦少聪悟，好谈文史。隋大业中以常调预选，吏部侍郎高孝基深所器重，顾谓之曰："公有应变之才，当为栋梁之用，愿保崇令德。今欲俯就卑职，为须少禄俸耳。"遂补滏阳尉，寻弃官而归。

太宗平京城，引为秦王府兵曹参军，俄迁陕州总管府长史。时府中多英俊，被外迁者众，太宗患之。记室房玄龄曰："府僚去者虽多，盖不足惜。杜如晦聪明识达，王佐才也。若大王守藩端拱，无所用之；必欲经营四方，非此人莫可。"太宗大惊曰："尔不言，几失此人矣！"遂奏为府属。后从征薛仁杲、刘武周、王世充、窦建德，尝参谋帷幄。时军国多事，剖断如流，深为时辈所服。累迁陕东道大行台司勋郎中，封建平县男，食邑三百户。寻以本官兼文学馆学士。天策府建，以为从事中郎，画象于丹青者十有八人，而如晦为冠首，令文学褚亮为之赞曰："建平文雅，休有烈光。怀忠履义，身立名扬。"其见重如此。

隐太子深忌之，谓齐王元吉曰："秦王府中所可惮者，唯杜如晦与房玄龄耳。"因谮之于高祖，乃与玄龄同被斥逐。后又潜入画策，及事捷，与房玄龄功等，擢拜太子左庶子，俄迁兵部尚书，进封蔡国公，赐实封千三百户。贞观二年，以本官检校侍中，摄吏部尚书，仍总监东宫兵马事，号为称职。三年，代长孙无忌为尚书右仆射，仍知选事，与房玄龄共掌朝政。至于台阁规模及典章文物，皆二人所定，甚获当代之誉，谈良相者，至今称房、杜焉。如晦以高孝基有知人之鉴，为其树神道碑以纪其德。

其年冬，遇疾，表请解职，许之，禄赐特依旧。太宗深忧其疾，频遣使存问，名医上药，相望于道。四年，疾笃，令皇太子就第临问，上亲幸其宅，抚之流涕，赐物千段；及其未终见子拜官，遂超迁其子左千牛构为尚舍奉御。寻薨，年四十六。太宗哭之甚恸，废朝三日，赠司空，徙封莱国公，谥曰"成"。太宗手诏著作郎虞世南曰："朕与如晦，君臣义重。不幸奄从物化，追念勋旧，痛悼于怀。卿体吾此意，为制碑文也。"太宗后因食瓜而美，怆然悼之，遂辍食之半，遣使奠于灵座。又尝赐房玄龄黄银带，顾谓玄龄曰："昔如晦与公同心辅朕，今日所赐，唯独见公。"因泫然流涕。又曰："朕闻黄银多为鬼神所畏。"命取黄金带遣玄龄亲送于灵所。其后太宗忽梦见如晦若平生，及晓，以告玄龄，言之嘘欷，令送御馔以祭焉。明年如晦亡日，太宗复遣尚宫至第慰问其妻子，其国官府佐并不之罢。终始恩遇，未之有焉。

选自《旧唐书》卷六十六《杜如晦传》

【译文】

杜如晦字克明，是京兆杜陵（今陕西西安市）人。曾祖父杜皎，后周时曾任开府仪同大将军、遂州刺史。祖父杜徽，后周时曾任河内太守。祖父杜果，后周时曾任温州刺史，隋朝时，任工部尚书、义兴公，《周书》有传。父亲杜吒，隋时任昌州长史之职。

杜如晦小的时候很聪颖，好谈文史。隋朝大业中期以常调的身份被选用，深为吏部侍郎高孝基所器重，高孝基对他说："你有随机应变之才，日后会成为栋梁，希望你能保持高尚的品德。如今你能屈就，是为了少许俸禄罢了。"于是补任滏阳尉，不久后辞官回家。

唐太宗平定京城，杜如晦被引荐为秦王府兵曹参军，不久升任陕州总管府长史。当时秦王府中人才很多，很多人都被调走，太宗非常忧虑。记室房玄龄说："府中的幕僚离开的虽然很多，但不足惜。杜如晦既聪明，又见识广，是辅佐您的人才。如果大王您只是为了守住封地，无所建树，那么他没什么用处；如果您想要统一天下，管理四方，没有这个人是绝对不行的。”太宗大惊道：“你若不说，我差点就失去此人了！”于是任杜如晦为府中幕僚。后跟从太宗征伐薛仁杲、刘武周、王世充、窦建德等人出谋划策。当时军队国家战事很多，杜如晦决策果断，同辈们都很佩服他。后屡次升迁为陕东道大行台司勋郎中，封建平县男，封地三百户。不久又以本来官职外兼文学馆学士之职。天策府建成后，任从事中郎，唐太宗命人为文学馆中画像的十八个人中，以杜如晦为首，并命令文学馆的褚亮为他作赞：“建平文雅，休有烈光。怀忠履义，身立名扬。”由此可见他受重视的程度。

隐太子特别忌恨杜如晦，对齐王李元吉说：“秦王府中让人忌惮的，只有杜如晦与房玄龄。”于是便向高祖诬陷如晦，于是如晦与房玄龄一同被驱逐。后来他们又偷偷进入秦王幕府出谋献策，等到秦王大功告成之后，如晦与房玄龄等人，被擢升为太子左庶子，不久迁兵部尚书，又封蔡国公，赐实封一千三百户。贞观二年（628），在本官之外又兼任检校侍中、吏部尚书等职，继续总管东宫兵马等事务，被认为是“称职”。贞观三年（629），代替长孙无忌担任尚书右仆射，并继续担任选事，与房玄龄共掌朝政。尚书省的规模以及各项典章制度，都是二人裁定，受到当代人赞誉，以至谈论起良相，至今仍然说房、杜。杜如晦因为高孝基能够知人善任，树立神道碑来记载他的品德。

一年冬天，杜如晦生病，上奏请求辞职，皇帝答应了，但给他的俸禄不变。太宗特别关心他的疾病，频频派遣使臣慰问他，并派名医治疗，络绎不绝。贞观四年（630），杜如晦病重，皇帝命令皇太子到家里慰问，皇帝也亲自到宅看望，抚摸着杜如晦流泪，赏赐杂帛千匹；在他还没有去世之前，他的儿子杜构已经担任左千牛之职，于是破格提拔他为尚舍奉御。不久之后，杜如晦去世，年仅四十六岁。太宗痛哭，三天不上朝，追赠杜如晦为司空，又改封莱国公，赠谥号“成”。太宗亲写诏书给著作郎虞世南说：“我与如晦，君臣之义很重。不幸他却去世了，回忆往昔，十分悲痛。你应该能体会我的感情，写个碑文来纪念他。”太宗后来一次吃瓜时发现味道很美，伤感地想起杜如晦，便将剩下的一半，派人送到祭奠的灵位前。又曾经赐给房玄龄黄银带，回头对房玄龄说：“当年杜如晦与您同心协力辅佐我，今日赏赐时，却只有你一个人了。”于是痛哭流涕。又说：“我听说黄银带连鬼神也害怕。”便命人取黄金带派房玄龄亲自送到杜如晦的灵位前。后来忽然梦见杜如晦像活着一样，早晨向房玄龄说了这件事，说的时候唏嘘感叹，命人将自己的饭菜送去祭奠。第二年到杜如晦忌日，太宗派皇宫官员去慰问杜如晦的妻子儿女，其僚属佐吏也不遣散。这种有始有终的隆遇，以前从未有过。

【评述】

历史上所谓的“治世”，都是君明臣贤，方能使国家安定富强。杜如晦是唐太宗时期的名相，也是辅佐唐太宗取得政权，治理国家的重要谋士和得力助手。历史上一直把他与房玄龄合称“房杜”、“房谋杜断”，二人与西汉初年的萧何、曹参，即“萧规曹随”堪可相比。

杜如晦是房玄龄所举荐，他认为唐太宗要想成就帝业，没有杜如晦是不行的。事实证明了房玄龄荐人的正确。当时，国政与军事行动非常多，而杜如晦处理起来非常有章法和才干，与房玄龄同为太宗的左膀右臂。杜如晦英年早逝，任宰相的时间不长，但由于其为大唐做出的杰出贡献，故深为唐太宗所眷念。李世民在天策府设文学馆，有著名的十八学士值宿，其中以杜如晦为首。后来有图画开国以来二十四位勋臣于凌烟阁时，第二是房玄龄，第三就是杜如晦。

（赵锋译文　崔一楠评述）

岑文本

【原文】

岑文本字景仁，南阳棘阳人。祖善方，仕萧詧吏部尚书。父之象，隋末为邯郸令，尝被人所讼，理不得申。文本性沈敏，有姿仪，博考经史，多所贯综，美谈论，善属文。时年十四，诣司隶称冤，辞情慨切，召对明辩，众颇异之。试令作《莲花赋》，下笔便成，属意甚佳，合台莫不叹赏。其父冤雪，由是知名。

其后，郡举秀才，以时乱不应。萧铣僭号于荆州，召署中书侍郎，专典文翰。及河间王孝恭定荆州，军中将士咸欲大掠，文本进说孝恭曰："自隋室无道，群雄鼎沸，四海延颈以望真主。今萧氏君臣、江陵父老，决计归降者，实望去危就安耳。王必欲纵兵虏掠，诚非鄙州来苏①之意，亦恐江、岭以南，向化之心沮矣。"孝恭称善，遂止之。署文本荆州别驾。孝恭进击辅公祏，召典军书，复署行台考功郎中。

贞观元年，除秘书郎，兼直中书省。遇太宗行藉田之礼[②]，文本上《藉田颂》。及元日临轩宴百僚，文本复上《三元颂》，其辞甚美。文本才名既著，李靖复称荐之，擢拜中书舍人，渐蒙亲顾。初，武德中诏诰及军国大事，文皆出于颜师古。至是，文本所草诏诰，或众务繁凑，即命书僮六七人随口并写，须臾悉成，亦殆尽其妙。时中书侍郎颜师古以谴免职，顷之，温彦博奏曰："师古谙练时事，长于文法，时无及者，冀蒙复用。"太宗曰："我自举一人，公勿忧也。"于是以文本为中书侍郎，专典机密。又先与令狐德棻撰《周史》，其史论多出于文本。至十年史成，封江陵县子。

……

是时魏王泰宠冠诸王，盛修第宅，文本以为侈不可长，上疏盛陈节俭之义，言泰宜有抑损，太宗并嘉之，赐帛三百段。十七年，加银青光禄大夫。

文本自以出自书生，每怀撝挹。平生故人，虽微贱必与之抗礼。居处卑陋，室无茵褥帷帐之饰。事母以孝闻，抚弟侄恩义甚笃。太宗每言其"弘厚忠谨，吾亲之信之。"是时，新立晋王为皇太子，名士多兼领宫官，太宗欲令文本兼摄。文本再拜曰："臣以庸才，久逾涯分，守此一职，犹惧满盈，岂宜更忝春坊[③]，以速时谤。臣请一心以事陛下，不愿更希东宫恩泽。"太宗乃止。仍令五日一参东宫，皇太子执宾友之礼，与之答拜。其见待如此。俄拜中书令，归家有忧色，其母怪而问之，文本曰：

“非勋非旧，滥荷宠荣，责重位高，所以忧惧。”亲宾有来庆贺，辄曰：“今受吊，不受贺也。”又有劝其营产业者，文本叹曰：“南方一布衣，徒步入关，畴昔之望，不过秘书郎、一县令耳。而无汗马之劳，徒以文墨致位中书令，斯亦极矣。荷俸禄之重，为惧已多，何得更言产业乎?”言者叹息而退。

文本既久在枢揆，当涂任事，赏锡稠叠，凡有财物出入，皆委季弟文昭，一无所问。文昭时任校书郎，多与时人游款，太宗闻而不悦，尝从容谓文本曰：“卿弟过多交结，恐累卿，朕将出之为外官，如何?”文本泣曰：“臣弟少孤，老母特所钟念，不欲信宿离于左右。若今外出，母必忧悴，尚无此弟，亦无老母也。”歔欷呜咽，太宗愍其意而止。唯召见文昭，严加诫约，亦卒无愆过。

及将伐辽，凡所筹度，一皆委之。文本受委既深，神情顿竭，言辞举措，颇异平常。太宗见而忧之，谓左右曰：“文本今与我同行，恐不与我同返。”及至幽州，遇暴疾，太宗亲自临视，抚之流涕。寻卒，年五十一。其夕，太宗闻严鼓之声，曰：“文本殒逝，情深恻怛。今宵夜警，所不忍闻。”命停之。赠侍中、广州都督，谥曰“宪”，赐东园秘器，陪葬昭陵。有集六十卷行于代。

选自《旧唐书》卷七十《岑文本传》

【注释】

①来苏：意思是迎来唐军以结束战争，从而给百姓带来一个休养生息的和平环境。语本《尚书·仲虺之诰》："攸徂之民，室室相庆曰：'徯予后，后来其苏！'"

②藉田之礼：古人认为农业是国家的根本，每年春耕前，天子都要亲自耕种一块地，以示对农业的重视。天子亲耕的田称"藉田"，亲耕的仪式即"藉田之礼"。

③春坊：指东宫，即太子府。

【译文】

岑文本，字景仁，南阳郡棘阳人。他的祖父岑善方，做过萧詧后梁政权的吏部尚书。父亲岑之象，隋末做过邯郸县令，曾被人控告，冤情无处申诉。岑文本性情沉稳聪敏，相貌堂堂，广泛考究经史之书，将它们融汇贯通，长于辩论，擅长写文章。当时岑文本年仅十四岁，来到御史台喊冤，语言、情感非常感人，主管官员召见他，他的回答既清晰又雄辩，众人很惊讶。试着让他写作《莲花赋》，他拿起笔一会儿就写完了，立意非常好，整个御史台没有不叹赏的。于是他父亲的冤情得以昭雪，因为这，岑文本出名了。

后来，南阳郡荐举他应秀才试，但因为时局太乱没有参加。萧铣在荆州称帝，征召岑文本并任命他为中书侍郎，专门掌管文字工作。河间王李孝恭攻下荆州，他军中的将士都想大肆掳掠，岑文本进见并游说李孝恭道："自从杨隋王室昏庸无道，各路英雄像开了锅一样四处造反，四海百姓伸长脖子盼望真龙天子来拯救他们。现在萧氏君臣和江陵父老之所以决心归降大唐，其实是希望离开危境追求平安。大王您如果放纵兵卒抢掠，就真的违背了我州百姓盼望和平的意愿，恐怕长江和五岭以南的广大地区，希望归化的心被阻止了呀。”李孝恭称赞他说得好，于是停止了掳掠行为，任命岑文本为荆州别驾。李孝恭进军攻击辅公祏，聘请岑文本主管军中文书工作，又任命他为行台考功郎中。

贞观元年（627），岑文本升任秘书郎，同时在中书省当值。适逢太宗举行藉田礼，岑文本呈上《藉田颂》。正月初一，太宗宴请众臣，岑文本再次献上《三元颂》，文辞很优美。岑文本的才名越来越大，又经过李靖的推荐，他被擢升为中书舍人，慢慢得到了太宗的青睐。以前，高祖武德年间朝廷的诏敕以及军国大事的文件，文字都出于颜师古之手。到这时，由岑文本起草诏书，有时候各种事务积压在一起，于是口授让六七个书僮一起记录，一会儿都写完了，也都能曲尽其妙。当时中书侍郎颜师古因为过错免职，不久，温彦博启奏说：“颜师古对时事非常熟悉，擅长文章之法，当代没有人能比得上，希望他能再次得到任用。”太宗说：“我亲自推荐一个人，您不用担心。”于是让岑文本担任中书侍郎，专门掌管文书机要。又，先前岑文本与令狐德棻一起修撰《周书》，书中的史论大多出自他。至贞观十年《周书》修成，他被封为江陵县子。

……

这时魏王李泰在太宗诸子中最受宠，他大修府第，岑文本认为不能助长奢侈风气，上疏论节俭之德，称李泰应有所节制，太宗表扬了他，赐锦缎三百匹。贞观十七年，加授银青光禄大夫。

岑文本自认为出身于书生，总是非常谦逊。新老朋友，虽然地位低下也一定平等相待。他居住的地方又小又简陋，屋里没有地毯、帷帐这样的装饰。他侍奉母亲以孝顺闻名，抚养弟弟、侄儿，也都恩情深厚。太宗总是说他“忠厚严谨，我亲近他、信任他”。那时，刚刚立晋王李治为皇太子，朝中名士大多兼任太子府的职务，太宗想让岑文本也兼任，文本磕头说：“微臣才华平庸，官位早就超出了应得的限度。维持好现在这个职务，臣都担心太过头了，岂能适合再在太子府兼职，为自己招致非议呢。臣请求一心一意侍奉陛下，不愿意再企求得到太子的恩泽。”太宗这才作罢。但仍然命令他每隔五天去太子府参拜一次，太子以客人、朋友的礼节接待他，和他行答拜之礼。他被太子重视到了这个地步。不久岑文本拜官中书令，回到家里后，面有忧色，他的母亲觉得奇怪，询问他，文本说：“我既不是功臣又不是旧友，却承蒙皇上如此尊崇，责任重、地位高，所以担心。”有亲朋前来庆贺，他就说：“今天只接受吊慰，不接受祝贺。”又有人劝他置办田地，岑文本叹息道：“我不过是南方的一介平民，徒步来到关中，当时的期望，不过是做个秘书郎或者县令而已。我没有丝毫军功，唯以文章做到了中书令，这已是极至。蒙受如此丰厚的俸禄，已经很提心吊胆了，哪能再谈置田产的事呢？”说话的人叹息着退下了。

岑文本在权力中心任职很久，工作所得的赏赐很多，所有的收入和支出，都托付给小弟岑文昭，从来不过问。当时岑文昭担任校书郎，常与人一起交往，太宗听了不高兴，曾经不经意地对岑文本说：“你的弟弟与人交往过多，恐怕会连累你，朕打算让他出京到外地做官，怎么样？”岑文本哭着说：“微臣的弟弟从小就没了父亲，老母最疼爱他，不想让他离开身边一天。现在要是去外地做官，母亲必定担心，如果没有这个弟弟，老母也活不成了。”说完就伤心地哭了，太宗同情他，没有将岑文昭外放，只是召见文昭，严厉地加以训导，文昭最后也没犯什么错误。

等到征讨高句丽，所有的筹划，全都交付给岑文本。文本接受的任务太重，面容很快干瘦下去，说话和行动都和平常不一样。太宗见到后很忧虑，对身边的人说：“岑文本现在与我一起去，恐怕不能和我一起回了。”到幽州后，岑文本突然得了重病，太宗亲自前往探望，抚摸着他流眼泪。不久岑文本去世了，享年五十一岁。那天晚上，太宗听到急促的鼓声，说：“岑文本逝世，朕内心非常伤悲。今天晚上示警的鼓声，不忍心听。”命令停止击鼓。赠予岑文本侍中、广州都督，定谥为“宪”，朝廷赐给丧葬用品，将他安葬在昭陵旁。岑文本有文集六十卷，在当时流传。

【评述】

“非勋非旧”的岑文本之所以能得到唐太宗的重用，是因为他既有勤谨多才的能力，又有不慕荣利的品格。他任中书舍人的时候，事务繁重，可以通过口授同时写作六、七份诏书；他随太宗征讨高句丽的时候，负责了所有军中文书的起草工作，可算是太宗的“文胆”，并因此积劳成疾，最后死于军中。这些事情足以见出他的勤谨多能。同时，岑文本不愿像其他大臣那样在东宫兼职，被拜为中书令时“面有忧色”，甚至“受吊不受贺”，而且不肯趁自己在位的时候为子孙后代多捞好处，这些事情体现了他的不慕荣利的崇高品德。能力和品德的完美结合，是岑文本位极人臣的要诀。

（阮爱东注译、评述）

贾敦颐

【原文】

贾敦颐，曹州冤句[①]人也。贞观中，历迁沧州刺史。在职清洁，每入朝，尽室而行，唯弊车一乘，羸马数匹；羁勒有阙，以绳为之，见者不知其刺史也。二十三年，转瀛州刺史。州界滹沱河及滱水，每岁泛溢，漂流居人，敦颐奏立堤堰，自是无复水患。

永徽五年，累迁洛州刺史。时豪富之室，皆籍外占田；敦颐都括[②]获三千余顷，以给贫乏。又发奸摘伏，有若神明。寻卒。弟敦实。

选自《旧唐书》卷一百八十五《贾敦颐传》

【注释】

①冤句：古县名。一作宛朐或宛句，故城在今山东菏泽市西南。

②括：查验，登记。《新唐书·苏瑰传》："时十道使括天下

亡户，初不立籍，人自搜括，即流入比县旁州，更相庾蔽。”

【译文】

贾敦颐，曹州冤句人。贞观年间，当过沧州刺史。他当政时清廉高洁，每次入朝觐见，都带上全部的家当，也不过是破车一辆，瘦马几匹而已，而且马笼头残缺了，便用绳子代替，以至于见到他的人都不知道他是刺史。贞观二十三年（649），贾敦颐转任瀛洲刺史。该地的滹沱河和滱水每年都泛滥成灾，冲走河岸的居民，贾敦颐上奏朝廷请求构筑堤堰，从此以后就再也没有水患了。

高宗永徽五年（654），贾敦颐迁任洛州刺史。当时很多豪富人家凭借权势以各种名号侵占老百姓的田地，贾敦颐查出被霸占的田地三千多顷，并将它们分给了无地或少地的穷苦老百姓。此外，他对奸人和隐事的洞悉判断，有若神仙。不久，贾敦颐去世。他的弟弟叫贾敦实。

【评述】

贾敦颐是唐代初年有名的地方官。他不仅对自己有很强的约束能力，能够做到清廉乃至清贫，而且也不只是一个靠清廉卖名的庸官，他在各个地方的刺史任上皆有惠政。当然，他之所以受到老百姓的爱戴从而具有不小的美名，主要还是因为他心里装着老百姓，实实在在为穷苦百姓谋利益。本传记载他治理水患和查处籍外田地分给穷苦人的事，就是最好的明证。

其实，从唐太宗到唐高宗年间的大唐王朝之所以会取得日益繁荣的局面，恐怕与贾敦颐这样的地方官的克己爱民是分不开。

据说当年张仁愿做洛州刺史时，民间有这样一句话，说“洛州有前贾后张，可敌京兆三王”。其中，贾就是指贾敦颐，张就是指张仁愿，再加上做过京兆尹的三个姓王的人，他们都是出名的地方好官。还有人把瀛州刺史贾敦颐、曹州刺史郑德本和沧州刺史薛大鼎一起称为“铛（古代一种大锅，有三足）脚刺史”，因为他们三个人都是响当当的父母官，三州又均位于黄河以北，成“铛足”之势，所以老百姓把他们一起比喻成铛的三只足，来表达对他们的热爱和拥戴。而从老百姓的角度来说，能够赶上贾敦颐这样的好官当政也算是他们的福气了。

（张同利注译、评述）

张玄素

【原文】

张玄素，蒲州虞乡人。隋末，为景城县户曹。窦建德攻陷景城，玄素被执，将就戮，县民千余人号泣请代其命，曰："此人清慎若是，今倘杀之，乃无天也。大王将定天下，当深加礼接，以招四方，如何杀之，使善人解体。"建德遽命释之，署为治书侍御史，固辞不受。及江都不守，又召拜黄门侍郎，始应命。

建德平，授景城都督府录事参军。太宗闻其名，及即位，召见，访以政道。对曰："臣观自古以来，未有如隋室丧乱之甚，岂非其君自专，其法日乱？向使君虚受于上，臣弼违于下，岂至于此？且万乘之重，又欲自专庶务，日断十事而五条不中，中者信善，其如不中者何？况一日万机，已多亏失，以日继月，乃至累年，乖谬既多，不亡何待！如其广任贤良，高居深视，百司奉职，谁敢犯之？臣又观隋末沸腾，被于宇县，所争天下者不过十数人，余皆保邑全身，思归有道。是知人欲背主为乱者鲜矣，但人君不能安之，遂致于乱。陛下若近览危亡，日慎一日，尧、舜之道，何以能加!”太宗善其对，擢拜侍御史，寻迁给事中。

贞观四年，诏发卒修洛阳宫乾阳殿，以备巡幸。玄素上书谏曰：

“微臣窃思秦始皇之为君也，藉周室之余、六国之盛，将贻之万叶，及其子而亡，良由逞嗜奔欲，逆天害人者也。是知天下不可以力胜，神祇不可以亲恃，惟当弘俭约，薄赋敛，慎终如始，可以永固。方今承百王之末，属凋弊之余，必欲节之以礼制，陛下宜以身为先。东都未有幸期，即何须补葺？诸王今并出藩，又须营构，兴发渐多，岂疲人之所望？其不可一也。陛下初平东都之始，层楼广殿，皆令撤毁，天下翕然，同心欣仰。岂有初则恶其侈靡，今乃袭其雕丽？其不可二也。每承音旨，未即巡幸，此则事不急之务，成虚费之劳。国无兼年之积，何用两都之好，劳役过度，怨讟将起。其不可三也。百姓承乱离之后，财力凋尽，天恩含育，粗见存立，饥寒犹切，生计未安，三五年间，恐未平复。奈何营未幸之都，夺疲人之力？其不可四也。昔汉高祖将都洛阳，娄敬一言，即日西驾，岂不知地惟土中，贡赋所均，但以形胜不如关内也。伏惟陛下化凋弊之人，革浇漓之俗，为日尚浅，未甚淳和。斟酌事宜，讵可东幸？其不可五也。臣又尝见隋室造殿，楹栋宏壮，大木非随近所有，多从豫章采来。二千人曳一柱，其下施毂，皆以生铁为之，若用木轮，便即火出。铁毂既生，行一二里即有破坏，仍数百人别赍铁毂以随之，终日不过进三二十里。略计一柱，已用数十万功，则余费又过于此。臣闻阿房成，秦人散；章华就，楚众离；及乾阳毕功，隋人解体。且以陛下今时功力，何如隋日？役疮痍之人，袭亡隋之弊，以此言之，恐甚于炀帝。深愿陛下思之，无为由余①所笑，则天下幸甚。”

太宗曰：“卿谓我不如炀帝，何如桀、纣？”对曰：“若此殿卒兴，所谓同归于乱。且陛下初平东都，太上皇敕大殿高门并宜焚毁，陛下以瓦木可用，不宜焚灼，请赐与贫人。事虽不行，然天下翕然讴歌至德。今若遵旧制，即是隋役复兴。五六年间，趋舍顿异，何以昭示子孙，光敷四海？”太宗叹曰：“我不思量，遂至于此。”顾谓房玄龄曰：“洛阳土中，朝贡道均，朕故修营，意在便于百姓。今玄素上表，实亦可依，后必事理须行，露坐亦复何苦，所有作役，宜即停之。然以卑干尊，古来不易，非其忠直，安能若此？可赐彩二百匹。”侍中魏徵叹曰：“张公论事，遂有回天之力，可谓仁人之言，其利博哉！”累迁太子少詹事，转右庶子。

时承乾居春宫，颇以游畋废学，玄素上书谏曰：“臣闻皇天无亲，惟德是辅，苟违天道，人神同弃。然古三驱之礼②，非欲教杀，将为百姓除害，故汤罗一面，天下归仁。今苑中娱猎，虽名异游畋，若行之无常，终亏雅度。且傅说曰：‘学不师古，匪说攸闻。’然则弘道在于学古，学古必资师训。既奉恩诏，令孔颖达侍讲，望数存问，以补万一。仍博遣有名行学士，兼朝夕侍奉。览圣人之遗教，察既行之往事，日知其所不足，月无忘其所能。此则尽善尽美，夏启、周诵[③]，焉足言哉！夫为人上者，未有不求其善，但以性不胜情，耽惑成乱。耽惑既甚，忠言遂塞，所以臣下苟顺，君道渐亏。古人有言：‘勿以小恶而不去，小善而不为。’故知祸福之来，皆起于渐。殿下地居储两，当须广树嘉猷。既有好畋之淫，何以主斯匕鬯？慎终如始，犹惧渐衰，始尚不慎，终将安保！”寻又兼太子少詹事。

十三年，又上书谏曰：“臣闻周公以大圣之材，犹握发吐飧，引纳白屋，而况后之圣贤，敢轻斯道？是以礼制皇太子入学而行齿胄，欲使太子知君臣、父子、长幼之道。然君臣之义、父子之亲、尊卑之序、长幼之节，用之方寸之内，弘之四海之外，皆因行以远闻，假言以光被。伏惟殿下睿质已隆，尚须学文以饰其表。至如孔颖达、赵弘智[④]等，非惟宿德鸿儒，亦兼达政要，望令数得侍讲，开释物理，览古谕今，增晖睿德。而雕虫小伎之流，只可时命追随，以代博弈耳。若其骑射畋游，酣歌戏玩，以悦耳目，终秽心神，渐染既久，必移情性。古人有言：‘心为万事主，动而无节即乱。’臣恐殿下败德之源，在于此矣。”承乾并不能纳。

太宗知玄素在东宫频有进谏，十四年，擢授银青光禄大夫，行太子左庶子。时承乾久不坐朝，玄素谏曰：“宫内止有妇人耳，不知如樊姬[⑤]之徒，可与弘益圣德者有几？若遂无贤哲，便是亲嬖幸，远忠良。人不见德，何以光敷三善？且宫储之寄，于国为重，所以广置群僚，以辅睿德。今乃动经时月，不见宫臣，纳诲既疏，将何补阙？”承乾嫉其数谏，遣户奴夜以马挝击之，殆至于死。承乾又尝于宫中击鼓，声闻于外，玄素叩阁请见，极言切谏，承乾乃出宫内鼓，对玄素毁之。

是岁，太宗尝对朝问玄素历官所由，玄素既出自刑部令史，甚以惭耻。谏议大夫褚遂良上疏曰：“臣闻君子不失言于人，圣主不戏言于臣。言则史书之，礼成之，乐歌之。居上能礼其臣，臣始能尽力以奉其上。近代宋孝武[⑥]轻言肆口，侮弄朝臣，攻其门户，乃至狼狈。良史书之，以为非是。陛下昨见问张玄素云：‘隋任何官？’奏云：‘县尉。’又问：‘未为县尉已前？’奏云：‘流外[⑦]。’又问：‘在何曹司？’玄素将出阁门，殆不能移步，精爽顿尽，色类死灰。朝臣见之，多所惊怪。大唐创历，任官以才；卜祝庸保，量能使用。陛下礼重玄素，频年任使，擢授三品，翼赞皇储，自不可更对群臣，穷其门户，弃昔日之殊恩，成一朝之愧耻。人君之御臣下也，礼义以导之，惠泽以驱之，使其负戴玄天，罄输臣节，犹恐德礼不加，人不自励。若无故忽略，使其羞惭，郁结于怀，衷心靡乐，责其伏节死义，其可得乎？”书奏，太宗谓遂良曰：“朕亦悔此问，今得卿疏，深会我心。”

承乾既败德日增，玄素又上书谏曰：

“臣闻孔子云：‘能近取譬，可谓仁之方也已。’然《书》、《传》所载，言之或远，寻览近事，得失斯存。至如周武帝[⑧]平定山东，卑宫菲食，以安海内。太子赟[⑨]举措无端，秽德日著。乌丸轨知其不可，具言于武帝；武帝慈仁，望其渐改。及至践祚，狂暴肆情，区宇崩离，宗祀覆灭，即隋文帝所代是也。文帝因周衰弱，凭藉女资，虽无大功于天下，然布德行仁，足为万姓所赖。勇[⑩]为太子，不能近遵君父之节俭，而务骄侈，今之山池遗迹，即殿下所亲睹是也。此时亦恃君亲之恩，自谓太山之固，讵知邪臣敢进其说？向使动静有常，进退合度，亲君子，疏小人，舍浮华，尚恭俭，虽有邪臣间之，何能致慈父之隙？岂不由积德未弘，令闻不著，谗言一至，遂成其祸？窃惟皇储之寄，荷戴殊重，如其积德不弘，何以嗣守成业？圣上以殿下亲则父子，事兼家国，所应用物，不为节限。恩旨未逾六旬，用物已过七万，骄奢之极，孰云过此。龙楼之下，惟聚工匠；望苑之内，不睹贤良。今言孝敬则阙视膳问安之礼，语恭顺则违君父慈训之方，求风声则无爱学好道之实，观举措则有因缘诛戮之罪。宫臣正士，未尝在侧；群邪淫巧，昵近深宫。爱好者皆游手杂色，施与者并图画雕镂。在外瞻仰，已有此失；居中隐密，宁可胜计哉！宣猷禁门，不异阛阓，朝入暮出，秽声已远。臣以德音日损，频上谏书，自尔已来，纵逸尤甚。右庶子赵弘智经明行修，当今善士，臣每奏请，望数召进，与之谈论，庶广徽猷。令旨反有猜嫌，谓臣妄相推引。从善如流，尚恐不逮；饰非拒谏，必招败损。方崇闭塞之源，不慕钦明之术，虽抱睿哲之资，终罹罔念之咎。古人云：'苦药利病，苦言利行。'伏惟居安思危，日慎一日。"

书入，承乾不纳，乃遣刺客将加屠害。俄属宫废，玄素随例除名。十八年，起授潮州刺史，转邓州刺史。永徽中，以年老致仕。龙朔三年，加授银青光禄大夫。麟德元年卒。

选自《旧唐书》卷七十五《张玄素传》

【注释】

①由余：春秋时晋国人。曾出使秦国，秦穆公向他展示秦国的宫殿珍玩，他答以"使鬼为之，则劳神矣；使人为之，亦苦民矣"，受到秦穆公重视，被任命为上卿，为秦穆公出谋划策，称霸西戎。"无为由余所笑"之典即出于此。

②三驱之礼：古代天子田猎之制。谓田猎时须网开一面，三面驱赶，以示好生之德。一说，古代天子田猎一年以三次为度，

故名。

③周诵：即周成王姬诵。周武王嫡长子。年幼继位，由周公旦辅政。亲政之后，营造东都洛邑、广封诸侯，又命周公东征，编定礼乐制度，增强了西周的国力。周成王与其子康王统治时期，社会安定，国力强盛，被誉为“成康之治”。

④赵弘智：河南新安人。隋唐大儒、史学家，精通《三礼》、《史记》、《汉书》，曾参修六代史，并与令狐德棻、袁朗等十数人同修《艺文类聚》。

⑤樊姬：春秋时楚庄王的夫人。聪慧贤良，曾以绝食谏阻楚庄王田猎，巧妙地令楚庄王亲近贤臣。楚国史书曾说：“庄王之霸，樊姬之力也。”

⑥宋孝武：即南朝刘宋孝武帝刘骏，宋文帝刘义隆第三子。元嘉三十年，宋文帝为太子刘劭所弑，刘骏起兵讨伐，诛劭，即帝位。在位期间，荒淫无度，竟致与生母有染，又担心宗室威胁皇位，便不惜骨肉相残，先后诛杀了大批皇族。刘宋遭此大劫，国势更加削弱。

⑦流外：隋唐以后，称九品至一品官为流内，未入九品者为流外，多充任京师官署吏员。经考铨，流外官可递升流内官，称“入流”。宋沿唐制，明清时称流外官为“未入流”。

⑧周武帝：即北周武帝宇文邕。在位期间，加强中央集权，整顿政治经济，消灭了北齐政权，统一了黄河流域与长江上游地区，为后来隋朝统一南北奠定了基础。同时，在宗教问题上，周武帝禁道、佛二教，强令道士、僧侣还俗，使寺观占有的大量人口向国家纳税服役，是历史上有名的“三武灭佛”（北魏太武帝、北周武帝与唐武宗）之一。个人作风上，周武帝生活朴素，

禁止奢华，为政勤勉，出征勇猛，赢得史家的称道。

⑨赟：即北周宣帝宇文赟，字乾伯，北周武帝长子。鲜卑族，北周第四代皇帝，在位仅一年。即位前，周武帝对他管教非常严格，稍有过失便立即加以惩罚。但即位之后，他很快便沉缅于酒色之中，暴虐荒淫，又大肆装饰宫殿，滥施刑罚，使北周国势日渐衰落。

⑩勇：即杨勇，隋文帝杨坚长子，母独狐皇后。好词赋。隋朝建立后，立为太子。虽喜好奢华，但当参预国政时，每多建议。后来渐受隋文帝猜忌，被废为庶人。文帝临终前，听闻后立的太子杨广（即隋炀帝）与其宠妃淫乱，哀叹错废杨勇，遣使召其入宫。使者尚未出发，文帝已崩。杨广秘不发丧，伪作文帝的圣旨，赐死杨勇，追封房陵王，诸子不得为嗣。

【译文】

张玄素，蒲州虞乡人。隋朝末年，张玄素任景城县户曹。窦建德攻陷景城，张玄素被俘。在他即将被处死的时候，景城县一千多百姓哀号、哭泣着请求代他去死，并说："张大人如此清廉谨慎，如果杀了他，那太无天理了。大王想要平定天下，应该对他以礼相待，以招揽四方贤杰之士，而怎么能杀他，让贤人离心离德呢？"于是，窦建德立刻下令放了张玄素，并任命他为治书侍御史，张玄素坚决推辞。等到扬州失守，隋炀帝被杀，窦建德又召拜他为黄门侍郎，他这才接受任命。

窦建德被平定以后，张玄素被任命为景城都督府录事参军。唐太宗早听说了他的名声，即位后，就召见了他，向他询问治国之道。张玄素回答说："据臣所知，自古以来，没有像隋朝这样混乱的朝代，这难道不是隋炀帝独断专行、法令日益混乱的缘故吗？假如当时隋炀帝虚心纳谏，臣子矫正其过失，何至于此？而且炀帝以天子之尊，专断政务，一天处理的十件事情中就有五件不当。处理妥当的当然很好，那些处理不当的事情又该怎么办呢？何况皇帝日理万机，其中肯定有许多失误。这样，日积月累，年复一年，长期下来失误就会更多，如此下去，国家岂能不灭亡？如果他能够广泛任用贤良之人，身居高位深视下情，使百官各尽其职，又有谁敢冒犯他呢？臣也看到隋朝末年天下大乱，而逐鹿天下者，不过十几人而已，其余不过是保卫家乡和身家，欲归顺有道明君罢了。由此可知，那些想背叛君主、犯上作乱的人很少，然而皇帝不能安抚他们，因此导致叛乱。陛下如能以隋代之亡作为借鉴，一天比一天谨慎，那即使是尧舜之道，也未必比您高明。”唐太宗很赞同他的见解，便提升他任侍御史，不久升迁他为给事中。

贞观四年（630），唐太宗下诏征发民力修缮洛阳宫乾阳殿，以备巡幸之用。张玄素上书劝谏说：

“微臣私下思考，秦始皇作为皇帝，凭借周代之余业、六国之强盛，想将帝业传至千秋万代，但到他的儿子就灭亡了，这完全是皇帝放纵嗜欲、违背天理、残害百姓所致。由此可知治理天下不可以单凭武力，不可只依靠亲近神祇，只有勤俭节约，减轻赋税，始终小心谨慎，才能使国家长治久安。现今承接历代之后，正处于凋零残破之时，一定要以礼制来约束，陛下应该以身作则。巡行东都尚没有明确日期，为何要整修宫殿呢？诸王现在都出镇封地，也需要营造王宫，征集调发民力增多。这岂是疲惫不堪的百姓所希望的？这是不可以修缮洛阳宫殿的第一个原因。

以前，陛下刚平定东都时，曾下令把雄伟壮丽的宫殿都拆毁了，人们齐声颂扬陛下，因此，陛下为天下人心所向。现在，陛下怎能一改初衷，又爱好华丽的雕饰呢？这是不可以修缮洛阳宫殿的第二个原因。臣每每接到陛下游幸某地的圣旨，但最后都没去。修缮此宫殿则不仅非当务之急，而且是白白耗费财物。现在国库只有不到两年的积蓄，何必要将两都全修缮完好？如果这样，百姓劳累过度，怨恨之情将随之产生，后果不堪设想。这是不可修缮洛阳宫殿的第三个原因。人民遭受战乱流离以后，财力耗尽，虽蒙天恩养育，尚能活命，但仍处于饥寒交迫之中，生活并不稳定，恐怕在三到五年的时间里都不能恢复元气。怎能耗费百姓财力物力，去营建不知何时才游幸的陪都呢？这是不可修缮洛阳宫殿的第四个原因。昔日，汉高祖准备建都洛阳，娄敬劝谏后，他当天就动身西去长安。难道是不明白洛阳地处中原，各地贡赋输送均等？只因为洛阳地势不如关中，故定都长安。臣以为，陛下教化疲惫的百姓，消除陋习，但时日尚短，民风尚未淳和。顾此无暇，哪能东幸？这是不可以修缮洛阳宫殿的第五个原因。臣曾见过隋朝建造的宫殿，楹栋宏壮，大的木材在长安附近都没有，常常要到豫章采伐。两千人拖一根木头，用铁做车轮，因为用木头做车轮，刚拉动就摩擦起火了。但用铁做车轮，走一二里路也损坏了，因此需要另外几百人带着车轮跟着，一整天也走不了二三十里路。大略计算一根木头的耗费，已达到了几十万了，其他各项耗费也由此可知了。臣听说阿房宫一建成，秦朝就垮台了；章华台一建成，楚人分崩离析；乾阳殿完工，隋朝也解体了。况且，陛下如今之时，百姓的人力、物力还不及隋朝，却驱使疲敝的百姓，承袭亡隋的弊政。以此言之，陛下的过失比隋炀帝还严重。臣恳请陛下深思，不要做那种被由余所耻笑的事。唯其如此，天下大幸。”

太宗看了奏疏，问张玄素：“你说朕不如隋炀帝，那朕和夏桀、商纣相比怎么样？”张玄素不卑不亢地回答道：“如果乾阳殿最终还要动工，那就和夏桀、商纣一样昏乱。我听说东都刚平定时，太上皇诏令将壮丽的宫殿都烧毁，陛下建议说，砖瓦木料还可以利用，不该都烧掉，请将它们送给贫寒人家。事情虽然没有如愿，但天下百姓称颂陛下德行高尚。现在，若要遵循前朝旧制，那么隋代的徭役又兴起了。才过五六年时间，陛下的取舍就不同了。这怎能昭示子孙，光耀天下？”唐太宗听了，感叹道：“朕没有仔细考虑，才会有这种想法。”他回头对房玄龄说：“洛阳地处天下中心，各地进贡的道路相等，我修建宫殿，是想方便天下臣民。而今，张玄素上疏，确可听从。假使日后朕有事一定要去洛阳，即便露天而坐，又有什么辛苦呢？现在，朕命令所有有关修建洛阳宫殿的徭役立即停止。此外，地位低的人去冒犯尊贵者，自古以来就不容易，张玄素不是忠心耿耿，哪能如此直言劝谏？可赏赐给他两百匹彩色绢帛。”侍中魏徵听到，赞叹说：“张玄素公谈论政事，谏止天子，真是仁人之言，其利大啊！”张玄素多次升迁至太子少詹事，又转任太子右庶子。

当时，太子李承乾东宫太子老是出游打猎，荒废学业。张玄素上书劝谏他，说：“臣听说皇天不讲关系亲疏，只帮助有德的人。如果违背天意，百姓和神灵都会抛弃他。然而古代的‘三驱之礼’，并不是倡导杀生，而是为民除害。因此，商汤仁义，在打猎时网开一面，天下同归于仁义。如今，殿下在苑中打猎娱乐，虽名义上不同于外出田猎，但若毫无节制，终究有损殿下盛名。而且，傅说有言：‘为学不效法古人，我从没听说过。’既然弘扬道德在于学习古人，那么，学习古人就需要听从老师教导。既然殿下蒙皇上恩典，请孔颖达为您讲学，就应当经常向他请教，多少会有帮助的。殿下还要广备德才兼备者，让他们朝夕陪侍身边。殿下学习圣人遗教，反思从前的事，每天知道自己的不足，每月不忘自己会的东西。这样才尽善尽美，即使是夏启、周诵，亦何足道哉！没有一个君主不追求善美，但如果理性不能战胜情欲，从而沉迷玩乐，就会造成祸患。也是由于君主沉迷玩乐，所以臣下才会阿谀奉承，为君之道则渐渐亏损。古人说‘不要因为错误微小而不去改正，也不要因为好事微小而不愿去做。’由此可知祸福的形成，都是逐渐积累起来的。殿下身居储君之位，应该广纳美策。一旦养成喜好打猎的恶习，将来怎么能主持国政？应该慎始慎终，唯恐德行逐渐衰退，要是开始就不慎守正道，最终将如何安身立命呢？”不久，张安素又兼任太子少詹事。

贞观十三年（639），张玄素又上书劝谏太子李承乾说：“臣听说周公具有圣人的资质，尚且‘一沐三握发，一饭三吐哺’，接待贫寒士民，何况后来的圣贤，岂敢不循此道？按照礼制，皇太子入学，与卿之子依年龄为序礼，这是为使太子知道君臣、父子、长幼之道。然而，君臣之义、父子之亲、尊卑之序、长幼之节，虽行于个人之间，但传扬天下，都是依靠人的行为而闻名海内，借助言论而惠泽四方。臣以为，殿下天生睿智，但还需要通过学习来规范自己的言行举止。像孔颖达、赵弘智这些人，都是德才兼备的大儒，并且精通政务。为使殿下圣德锦上添花，臣请殿下能常请他们释天地万物之理，纵览古今，以增加智慧德行。

而那些雕虫小技，只可偶一为之，以代替博弈之类的游戏。至于骑射游猎，唱歌听戏等，可以满足感官刺激，但终将扰乱殿下圣心。如果长期沉溺其中，定会玩物丧志。古人有言：‘心为人一切行为的主宰，如果行为无节制则会迷乱。’臣怕败坏殿下道德，其出发点就在此。”李承乾不予理会。

唐太宗知道张玄素在东宫时多次向太子进谏。贞观十四年（640），唐太宗任命张玄素为银青光禄大夫，并兼任太子左庶子。当时李承乾长期不坐朝处理事务，张玄素劝谏说：“殿下的东宫里只有妇女，不知道像春秋楚庄王的夫人樊姬那样的女子，能够帮助殿下光大圣德的有几人？如果没有，那就表示殿下亲近嬖幸，疏远贤人。人如果没有道德，如何弘扬‘亲亲、尊君、长长’这三善？况且殿下作为储君，对国家举足轻重。因此，吾皇为您广设百僚，以辅佐您圣德。而现在，殿下经常数月不接见东宫臣属，采纳的建议少了，还靠什么来查补过失呢？”李承乾对他老是进谏非常恼怒，便派奴仆在夜间用马鞭抽他，几乎将他打死。还有一次，李承乾在东宫里击鼓，鼓声传到外面，张玄素叩门谒见，极言直谏。李承乾便把宫中的鼓搬出来，怒气冲冲地当着张玄素的面毁掉了。

这一年，唐太宗曾在上朝时问张玄素仕履情况。张玄素如实以告，他最初做过刑部令史，并深以此为耻。为此，谏议大夫褚遂良上疏太宗说：“臣听说君子对人说话不会出言不当，明君不会对臣子乱开玩笑。纶音一出即载入史册，并作为礼仪来弘扬，用音乐来歌颂。君主尊重他的臣子，臣子就会竭尽全力侍奉君主。近代宋孝武帝信口开河，侮辱嘲弄朝臣，攻击他们的门第出身，致使其狼狈不堪。良史记下此事，并认为不对。陛下昨天问张玄素‘在隋朝担任什么官职?’他回奏说:‘县尉。’陛下又问:‘在任县尉之前呢?’他回答说:‘流外官。’陛下还问到:‘在哪个衙门?’张玄素要出殿时,几乎连脚都挪不动,精神萎靡不振,面如死灰。对此,所有大臣都十分惊奇。大唐开国以来,以才选任官员;就是巫师雇工,也要量才使用。陛下一向看重张玄素,连年提拔,破格升为三品官,让他辅佐太子。陛下抛弃平日恩宠,当着群臣的面揭其老底,让他突感羞愧耻辱。君主驾驭臣下,要用礼义来引导他们,用恩惠来驱使他们,使他们感恩戴德,竭尽全力效命。君主这样做了,还担心恩惠礼义不够,不能让臣下自我勉励。如果君主无故忽略臣下,让他们感到羞惭郁闷,心中没有快乐,还要让他们尽死节,又怎么能办得到呢?”上书递上去,唐太宗对褚遂良抱歉说:“朕也后悔那么问。现在看了你的奏疏,深合朕意。”

李承乾道德日益败坏,张玄素又再次上书劝谏说:

“臣听闻孔子说过:‘能够推己及人,已谓仁了。’然而经传记载之事或许遥远,但就近代也有得失的事例。北周武帝平定山东后,粗衣粗食,使得天下安宁。但他的太子宇文赟却行为放纵日甚一日。乌丸轨知道他不可以做皇帝,报告给了武帝,武帝仁慈,期望他逐渐改过。然宇文赟即位后,放荡暴虐,使天下分崩离析,国家很快灭亡,被隋文帝所取代了。隋文帝趁着北周衰落,以外戚的身份登基,虽然没有对天下的大功勋,但是广施恩惠,为百姓所信赖。杨勇作为太子,不学习父皇的节俭,反而骄奢放纵,如今宫里的假山、水池即是杨勇所留下,这是殿下亲眼看到的。当时,杨勇依恃他父皇的恩泽,自以为地位稳如泰山,哪知奸臣们竟敢说他的坏话。假使他行为遵守规则,举止有礼,亲君子，远小人，谨慎节俭，摒弃虚浮奢华，即使有奸臣挑拨离间，怎会导致他和慈父之间产生裂痕呢？难道不是由于他积德太少、美名不显的缘故吗？一旦遭受谗言攻击，他就被废为庶人并赐死。臣私下以为，作为皇储，责任重大，如果德行不高尚，如何能继承扩大，守住祖宗开创的基业？皇上和殿下从亲情上讲是父子，在行事上则既是家事、又是国事，因此对殿下所用财物不予限制。但是，颁布这一诏令还不满六十天，费用却超过了七万，骄纵奢侈达到了极点，历史上也从没有过！东宫中只有工匠施工，而不见贤良。说孝敬吧，则殿下不曾向父皇母后问安；说恭顺，则殿下又违背父皇的教导；说名声，则殿下未曾勤奋好学。而看殿下的一举一动，则有被杀戮之危险！东宫正直的大臣，您从不让他们来到身边，奸邪阿谀的小人却深受宠爱。殿下喜好的都是些游手好闲之徒，供养的都是画图雕刻的工匠。仅从表面上看，就有这么多过失；那深藏暗处的，哪里数得清！现在，发布政令的东宫，已和市场没什么分别，各式人物早晚进出，殿外的恶名早已远传。臣以太子英名日损，多次给您上书，但您变本加厉。太子右庶子赵弘智通晓经术，德行高尚，是当代的贤人，臣时常上奏请您常召见他，虚心请教，以充实您的的美善之道。但您反而妄加猜忌，说臣胡乱推荐。从善如流，还担心来不及；文过饰非，拒绝劝谏，必然要招致灾祸。殿下若不明君主之术，一味堵塞言路，即使天生睿智，最终也会因无知而受到处罚。古人说：‘良药苦口利于病，忠言逆耳利于行。’臣真诚地希望您居安思危，一日比一日谨慎。”

谏书呈进东宫，李承乾不接纳，还派刺客伺机暗杀他。不久，李承乾被废。按照惯例，张玄素也被罢官。贞观十八年

（644），张玄素被起用为潮州刺史，又迁转为邓州刺史。永徽年间，张玄素因年老退休。龙朔三年（663），张玄素被加授银青光禄大夫。张玄素于麟德元年（664）去世。

【评述】

提起唐太宗时期的谏臣，几乎所有人第一反应是魏徵。实际上，贞观时期君臣鱼水般关系的形成，并不仅是魏徵一人之力，而是唐太宗与诸位名臣共同经营的结果。张玄素无疑是其中的贤臣之一。

对许多人来说，张玄素这个名字或许有点陌生，但从性格耿直上来说，可能魏徵也比不上。例如，唐太宗要修洛阳宫乾阳殿，张玄素坚决反对。张玄素在上书的最后，毫不掩饰地指出，如果太宗坚持修造，那他必然是一位比隋炀帝更坏的皇帝。对皇帝这样直白批评，不可不谓大胆。当唐太宗进一步追问时，张玄素仍认为，如果大兴土木，唐太宗就是夏桀、商纣一样的昏君。这样激烈的言论，即便是在敢于进谏的魏徵身上，也难得一见。由此可见，张玄素正直敢言的个性。当然，唐太宗也不愧为明君表率，他不但没有生气，还承认自己考虑问题不够，并褒奖了张玄素。这种融洽的政治环境与君臣关系，成为以后历代各朝君臣所共同追求的理想。

贞观臣子互相支持，亲密合作，这是一种很好的政治生活风气。如张玄素的建议得到唐太宗采纳，魏徵随即赞叹他“有回天之力”，大大利于国家和百姓。这种公开称赞、支持同僚的做法，在文人相轻的时代，很不容易。再如，张玄素是寒门小吏出身，被唐太宗追问得很窘迫，以致出门走路都颤抖不稳。为此，名士出身的褚遂良进言，批评唐太宗此举对张玄素很不礼貌，不合乎“君使臣以礼”的仪节。此事并不涉及褚遂良的个人利益，但他直言进谏，为张玄素鸣不平，着眼的是君臣之间的相处之道。正是这种同僚之间的真心支持、无私帮助，使得贞观诸臣之间没有多少芥蒂，从而大家齐心协力，将更多的精力投入到国家大事中去。又如，贞观二年（628），在唐太宗授意下，王珪对贞观诸臣（包括他自己）的评述，最能体现出这种状态：“孜孜奉国，知无不为，臣不如玄龄。每以谏诤为心，耻君不及尧、舜，臣不如魏徵。才兼文武，出将入相，臣不如李靖。敷奏详明，出纳惟允，臣不如温彦博。处繁理剧，众务必举，臣不如戴胄。至于激浊扬清，嫉恶好善，臣于数子，亦有一日之长。”这种中肯的评价，各大臣都欣然接受。正是由于有这种健康的政治环境，“贞观之治”的出现才成为可能。

（陈浩注译　赵璐璐评述）

张柬之

【原文】

张柬之，字孟将，襄州襄阳人也。少补太学生，涉猎经史，尤好《三礼》，国子祭酒令狐德棻甚重之。进士擢第，累补青城丞。永昌元年，以贤良征试，同时策者千余人，柬之独为当时第一，擢拜监察御史。

圣历初，累迁凤阁舍人。时弘文馆直学士①王元感著论云："三年之丧，合三十六月。"柬之著论驳之曰：

"三年之丧，二十五月，不刊之典也。谨案《春秋》：'鲁僖公三十三年十二月乙巳，公薨。''文公二年冬，公子遂如齐纳币。'《左传》曰'礼也'。杜预注云：'僖公丧终此年十一月，纳币在十二月。士婚礼，纳采纳徵，皆有玄纁束帛，诸侯则谓之纳币。盖公为太子，已行婚礼。'故《传》称礼也。《公羊传》曰：'纳币不书，此何以书？讥丧娶。在三年之外何以讥？三年之内不图婚。'何休注云：'僖公以十二月薨，至此冬未满二十五月，纳采、问名、纳吉，皆在三年之内，故讥。'何休以公十二月薨，至此冬十二月才二十四月，非二十五月，是未三年而图婚也。按《经》书‘十二月乙巳公薨’，杜预以《长历》推乙巳是十一月十二日，非十二月，书十二月，是《经》误。‘文公元年四月，葬我君僖公’，《传》曰，缓也。诸侯五月而葬，若是十二月薨，即是五月，不得言缓。明知是十一月薨，故注僖公丧终此年，至十二月而满二十五月，故丘明《传》曰，礼也。据此推步，杜之考校，岂公羊之所能逮，况丘明亲受《经》于仲尼乎？且二《传》何、杜所争，唯争一月，不争一年。其二十五月除丧，由来无别。此则《春秋》三年之丧，二十五月之明验也。

“《尚书·伊训》云：‘成汤既没，太甲元年，惟元祀十有二月，伊尹祀于先王，奉嗣王祇见厥祖。’孔安国注云：‘汤以元年十一月崩。’据此，则二年十一月小祥，三年十一月大祥。故《太甲》中篇云：‘惟三祀十有二月朔，伊尹以冕服奉嗣王归于亳。’是十一月大祥，讫十二月朔日，加王冕服吉而归亳也。是孔言‘汤元年十一月’之明验。《顾命》云：‘四月哉生魄，王不怿’，是四月十六日也。‘翌日乙丑，王崩’，是十七日也。‘丁卯，命作册度’，是十九日也。‘越七日癸酉，伯相命士须材’，是四月二十五日也。则成王崩至康王麻冕黼裳，中间有十月，康王方始见庙。则知汤崩在十一月，淹停至殓讫，方始十二月，祇见其祖。《顾命》见庙讫，诸侯出庙门俟，《伊训》言‘祇见厥祖，侯甸群后咸在’，则崩及见庙，殷、周之礼并同。此周因于殷礼，损益可知也。不得元年以前，别有一年。此《尚书》三年之丧，二十五月之明验也。

“《礼记·三年问》云：‘三年之丧，二十五月而毕，哀痛未尽，思慕未忘，然而服以是断之者，岂不送死有已，复生有节？’又《丧服四制》云：‘变而从宜，故大祥鼓素琴，告人以终。’又《问传》云：‘期而小祥，食菜果。又期而大祥，有醯酱。中月而禫，食酒肉。’又《丧服小记》云：‘再期之丧，三年也。期之丧，二年也。九月七月之丧，三时也。五月之丧，二时也。三月之丧，一时也。’此《礼记》三年之丧，二十五月之明验也。

“《仪礼·士虞礼》云：‘期而小祥。又期而大祥。中月而禫，是月也吉祭。’此礼周公所制，则《仪礼》三年之丧，二十五月之明验也。

“此四验者，并礼经正文，或周公所制，或仲尼所述，吾子岂得以《礼记》戴圣所修，辄欲排毁？汉初高堂生传《礼》，既未周备，宣帝时少傅后苍因淹中孔壁所得五十六篇著《曲台记》，以授弟子戴德、戴圣、庆溥三人，合以正经及孙卿所述，并相符会。列于学官，年代已久。今无端构造异论，既无依据，深可叹息。其二十五月，先儒考校，唯郑康成注《仪礼》‘中月而禫’，以‘中月间一月，自死至禫凡二十七月’。又解禫云：‘言澹澹然平安之意也。'今皆二十七月复常，从郑议也。逾月入禫，禫既复常，则二十五月为免丧矣。二十五月、二十七月，其议本同。

"窃以子之于父母丧也，有终身之痛，创巨者日久，痛深者愈迟，岂徒岁月而已乎？故练而慨然者，盖悲慕之怀未尽，而踊擗之情已歇；祥而廓然者，盖哀伤之痛已除，而孤邈之念更起。此皆情之所致，岂外饰哉。故《记》曰：三年之丧，义同过隙，先王立其中制，以成文理。是以祥则缟带素纰，禫则无所不佩。今吾子将徇情弃礼，实为乖僻。夫弃縗麻之服，袭锦縠之衣，行道之人，皆不忍也，直为节之以礼，无可奈何。故由也不能过制为姊服，鲤也不能过期哭其母。夫岂不怀，惧名教逼己也。若孔、郑、何、杜之徒，并命代挺生，范模来裔，宫墙积仞，未易可窥。但钻仰不休，当渐入胜境，讵劳终年矻矻，虚肆莠言？请所有掎摭先儒，愿且以时消息。"

时人以柬之所驳，颇合于礼典。

是岁，突厥默啜表言有女请和亲，则天盛意许之，欲令淮阳郡王延秀娶之。柬之奏曰："自古无天子求娶夷狄女以配中国王者。"表入，颇忤其旨。神功初，出为合州刺史，寻转蜀州刺史。旧例，每岁差兵募五百人往姚州镇守，路越山险，死者甚多。柬之表论其弊曰：

"臣窃按姚州者，古哀牢之旧国。绝域荒外，山高水深，自生人以来，洎于后汉，不与中国交通。前汉唐蒙开夜郎滇筰，而哀牢不附。至光武季年，始请内属，汉置永昌郡以统理之，乃收其盐布毯罽之税，以利中土。其国西通大秦，南通交趾，奇珍异宝，进贡岁时不阙。刘备据有巴蜀，常以甲兵不充。及备死，诸葛亮五月渡泸，收其金银盐布以益军储，使张伯岐选其劲卒搜兵以增武备。故《蜀志》称自亮南征之后，国以富饶，甲兵充足。由此言之，则前代置郡，其利颇深。今盐布之税不供，珍奇之贡不入，戈戟之用不实于戎行，宝货之资不输于大国，而空竭府库，驱率平人，受役蛮夷，肝脑涂地，臣窃为国家惜之。

“昔汉以得利既多，历博南山，涉兰仓水[②]，更置博南、哀牢二县。蜀人愁怨，行者作歌曰：‘历博南，越兰津，渡兰苍，为他人。’盖讥汉贪珍奇盐布之利，而为蛮夷之所驱役也。汉获其利，人且怨歌。今减耗国储，费用日广，而使陛下之赤子身膏野草，骸骨不归，老母幼子，哀号望祭于千里之外。于国家无丝发之利，在百姓受终身之酷。臣窃为国家痛之。

“往者，诸葛亮破南中，使其渠率自相统领，不置汉官，亦不留兵镇守。人问其故，亮言置官留兵有三不易。大意以置官夷汉杂居，猜嫌必起；留兵运粮，为患更重；忽若反叛，劳费更多。但粗设纪纲，自然安定。臣窃以亮之此策，妙得羁縻蛮夷之术。

“今姚府所置之官，既无安边静寇之心，又无葛亮且纵且擒之伎。唯知诡谋狡算，恣情割剥，贪叨劫掠，积以为常。扇动酋渠，遗成朋党，折支谄笑，取媚蛮夷，拜跪趋伏，无复惭耻。提挈子弟，啸引凶愚，聚会蒲博，一掷累万。剑南逋逃，中原亡命，有二千余户，见散在彼州，专以掠夺为业。姚州本龙朔中武陵县主簿石子仁奏置之，后长史李孝让、辛文协并为群蛮所杀。前朝遣郎将赵武贵讨击，贵及蜀兵应时破败，噍类无遗。又使将军李义总等往征，郎将刘惠基在阵战死，其州乃废。臣窃以诸葛亮称置官留兵有三不易，其言乃验。至垂拱四年，蛮郎将王善宝、昆州刺史爨乾福又请置州，奏言所有课税，自出姚府管内，更不劳扰蜀中。及置州后，录事参军李棱为蛮所杀。延载中，司马成琛奏请于泸南置镇七所，遣蜀兵防守，自此蜀中骚扰，于今不息。

“且姚府总管五十七州，巨猾游客，不可胜数。国家设官分职，本以化俗妨奸，无耻无厌，狼籍至此。今不问夷夏，负罪并深，见道路劫杀，不能禁止，恐一旦惊扰，为祸转大。伏乞省罢姚州，使隶巂府，岁时朝觐，同之蕃国。泸南诸镇，亦皆悉废，于泸北置关，百姓自非奉使入蕃，不许交通往来。增巂府兵选，择清良宰牧以统理之。臣愚将为稳便。”

疏奏，则天不纳。

后累拜荆州大都督府长史。长安中，召为司刑少卿，迁秋官侍郎[③]。时夏官尚书姚崇为灵武军使，将行，则天令举外司堪为宰相者。崇对曰："张柬之沉厚有谋，能断大事，且其人年老，惟陛下急用之。"则天登时召见，寻同凤阁鸾台平章事。未几，迁凤阁侍郎，仍知政事。及诛张易之兄弟，柬之首谋其事。中宗即位，以功擢拜天官尚书、凤阁鸾台三品，封汉阳郡公，食实封五百户，未几，迁中书令，监修国史。月余，进封汉阳郡王，加授特进，令罢知政事。

其年秋，柬之表请归襄州养疾。许之，仍特授襄州刺史，又拜其子漪为著作郎，令随父之任。上亲赋诗祖道，又令群公饯送于定鼎门外。柬之至襄州，有乡亲旧交抵罪者，必深文致法，无所纵舍。其子漪恃以立功，每见诸少长，不以礼接，时议以为不能易荆楚之剽性焉。寻为武三思所构，贬授新州司马。柬之至新州，愤恚而卒，年八十余，景云元年，制曰："褒德纪功，事华典册；饰终追远，理光名教。故吏部尚书张柬之翼戴兴运，谟明帝道，经纶謇谔，风范犹存。往属回邪，构成衅咎，无辜放逐，沦没荒遐。言念勋贤，良深轸悼，宜加宠赠，式贲幽泉。可赠中书令，封汉阳郡公。"建中初，又赠司徒。

玄孙璟，开成二年，自宜城尉迁寿安尉。

选自《旧唐书》卷九十一《张柬之传》

【注释】

①直学士：官名。唐代弘文馆、集贤殿书院都设此官，五品以上为学士，六品以下为直学士，弘文馆直学士佐学士掌详正图籍，教授生徒；集贤殿书院直学士与学士共掌刊辑经籍、撰集文章、承旨而求贤才等。

②兰苍水：即今西南地区澜沧江。上源扎曲、吉曲，均出青海唐古拉山，在西藏昌都汇合，东南流贯云南西部，到西双版纳傣族自治州南部出国境，称为湄公河，复经缅、泰、柬诸国，在越南南部入南海。

③秋官侍郎：即刑部侍郎。唐武后光宅元年（684）改刑部为秋官，刑部侍郎为秋官侍郎。中宗神龙元年（705）复为刑部侍郎。

【译文】

张柬之，字孟将，襄州襄阳人。年少时就做了太学生，知识渊博，广泛涉猎经史，尤其喜爱《三礼》，国子祭酒令狐德棻特别器重他。他中了进士后，屡次升迁，直到青城县丞。永昌元年，应考贤良方正科，同时应试的有一千余人，张柬之一人独占鳌头，随即被升为监察御史。

圣历初年，累次升迁直至凤阁舍人。当时的弘文馆直学士王元感撰文说："服丧三年，共计三十六个月。"张柬之撰文反驳王元感说：

"服丧三年，共计二十五个月，这是不可更改的礼法。查考《春秋》中所言：'鲁僖公三十三年十二月乙巳，僖公驾崩。'

‘文公二年冬天，公子就来到齐国交纳钱币。’《左传》有言：‘这就是礼法。’杜预注释说：‘僖公驾崩在这一年的十一月，交钱却在十二月。士人阶层的婚礼，下聘礼和接纳聘礼，都有玄纁和束帛，诸侯则称之为纳币。全是因为文公为太子之时，已经有婚礼的礼节往来。’所以《左传》称之为礼。《公羊传》中记说：‘纳币不记载，这里为何要记载？如果要谴责在三年服丧期间娶妻的作法，那么过了三年服丧期之后再娶又有什么好讥讽的？三年服丧期之内不成婚。’何休的注解说：‘僖公因为在十二月去世，到这个冬天还未满二十五个月，纳采、问名、纳吉这些婚礼程序，都在三年之内，所以讥讽他。’何休认为僖公在十二月驾崩，到这个冬天十二月份才到二十四个月，而不是二十五个月，是所谓未满三年而意图结婚。按照《春秋经》记载‘十二月乙巳僖公驾崩’，杜预以《长历》为依据，推断乙巳日应该是十一月十二日，而不是十二月，书中写作十二月，是《春秋经》的错误。‘文公元年四月，安葬我们的君主僖公’，《左传》言，‘缓也’。诸侯五月下葬，如果是十二月驾崩，即使是五月，也不能说是‘缓’。明知僖公是十一月驾崩的，所以注明僖公死于这一年，到十二月就满二十五月，所以左丘明所著《左传》中说，‘礼也’。据此推断，杜预的考证，不是《公羊传》所能比的，何况左丘明还是亲自从孔子那里学习的《春秋经》呢？并且《左传》与《公羊传》中何休、杜预所争辩的事情，只是争一个月，而不是争一年。可见二十五个月除丧的规矩，从来都没有改变过。这就是《春秋》三年服丧是指二十五个月的有力证据。

“《尚书·伊训》中说：‘成汤亡国，太甲元年十二月，伊尹祭祀先王，陪同后嗣太甲一同祭祀其先祖。’孔安国注云：‘汤驾崩于元年十一月。’据此，则二年十一月为一周年小祭，三年十一月为两周年大祭。所以《太甲》中篇有云：‘三年十二月初一，伊尹穿着冕服陪同嗣王回到亳。’可见此年十一月为大祭，到了十二月初一日，为嗣王穿着冕服行吉礼回到亳。这是孔安国所说‘汤元年十一月’的明证。《顾命》有云：‘四月才生魄，王不高兴’，这说的是四月十六日。‘第二天乙丑日，王驾崩’，这是十七日。‘丁卯，命百官作册度’，这是十九日。‘过了七天癸酉日，召公、毕公二位伯相让士人准备棺材’，此乃四月二十五日。则从成王驾崩到康王穿上麻冕黼裳，中间有十个月，康王才开始拜谒宗庙。由此可知汤王驾崩在十一月，从停灵到入棺之后，才到十二月，毕恭毕敬地拜谒他的祖先。《顾命》说拜谒完祖庙，诸侯出庙门等候，《伊训》中说‘毕恭毕敬地拜祭先祖，群臣都在’，则天子驾崩及拜谒宗庙，殷、周的礼法都一样。周承袭殷的礼法，增改也是可以知道的。不应该在元年以前还有一年。这是《尚书》三年之丧，二十五月的有力证据。

“《礼记·三年问》中载：‘服丧三年，二十五个月才结束，哀痛还没有终止，对亲人的思慕还未能忘怀，而服丧到此时为止，难道不是送死有已，复生有节的原因吗?’又有《丧服四制》说：‘适时变通，所以大祭时候要弹素琴，告知人服丧的结束。’又有《问传》记载：‘一年小祭，吃菜果。又一年大祭，有醯酱。到了二十五个月的所谓中月时候，食酒肉。’《丧服小记》又载：‘再一年的服丧，三年。期年之丧，二年。九月七月之丧，三个季度。五月之丧，两个季度。三月之丧，一个季度。’这是《礼记》三年之丧，二十五个月的明证。《仪礼·士虞礼》说：‘一年小祭，又一年大祭。到了二十五个月举行中月除服，这个月举行吉祭之礼。’这个礼法是由周公所制，也是《仪礼》三年之丧，二十五月的有力证明。

“以上的四条证据，都有经典作为依据，或为周公制定，或为孔子所述，我们这些人怎么能因为《礼记》是戴圣修订的，就随意诋毁呢？汉初，高堂生所传授的《礼》，已经不够详备了，汉宣帝时，太子少傅后苍得到了淹中孔子家宅墙壁中所藏的五十六篇论著《曲台记》，以此教授弟子戴德、戴圣、庆溥三人，结合《礼记》原文与孙卿所言，并加以附会。立于学校，至今年代已经很久了。现在，没有来由地编造异端邪说，也没有依据，深表惋惜。这个二十五月的说法，经过先儒的考校，只有郑康成所注《仪礼》‘中月而禫’，认为‘中月间隔一个月，从死亡到禫祭共二十七个月’。又解释禫祭为‘澹澹然、平安的意思。’现在都是通行用二十七个月，是遵从了郑玄的意见。过了一个月开始进入禫祭，而禫祭恢复正常，因此二十五月即为免除服丧了。二十五个月、二十七个月，它们的意思本来是相同的。

“臣以为，子女对于父母的丧亡，痛彻终身，创伤大的恢复时间就会久，哀痛深的愈合时间久迟，岂是只凭时间的长短来决定的？所以悲愤慨然的人，是因为悲慕之情还未平复，而捶胸顿足的哀情已经平息；安祥而平静的人，是因为哀伤之痛已经过去，而孤独的想念又更加催人悲伤。这都是情之所致，怎么能说是外表的伪装呢。所以《礼记》说：三年之丧，情意短暂，先王立下这种制度并记录在礼法中。于是小祭大祭则穿着缟带、素纰，禫祭则不佩戴什么饰品了。现在我辈如果背弃礼仪，实在是不合规矩。若抛弃縗麻的丧服，穿上华丽的锦衣，即使是不相干的人，恐怕也心有不忍，但是被立法约束，也是无可奈何。所以由也不能破坏礼法去为姐姐服丧，鲤也不能越过礼法规定的期限而为他的母亲哭泣。这不是因为他们不怀念亲人，而是惧怕礼法罢了。像孔子、郑玄、何休、杜预这样的人，在当代已经算是出类拔萃，是后世的楷模，学问就如宫墙般高大，难以窥其全貌。但只要钻研不止，也能渐入胜境，怎么可能中年碌碌辛劳而空获恶言？希望所有指责先儒的人即使更改自己的观念。”

当时的人都认为张柬之所驳斥的内容非常切合礼法。

这一年，突厥默啜上表，希望女儿跟武周和亲，武则天盛情答应了他的请求，想将她许配给淮阳郡王武延秀。张柬之上奏说：“自古以来，没有天子准许少数民族的女子许配给王爷的先例。”表书送上，非常忤逆武则天的心意。神功初年，贬为合州刺史，不久后转任蜀州刺史。旧例，每年差遣官兵招募五百人前往姚州镇守，山路险峻，死者很多。张柬之上表阐述这一政策的弊端说：

“臣自认为姚州是古哀牢的旧国。地处荒蛮之地，且山高水深，自从有人类居住以来，一直到后汉，都不和中国往来。前汉唐蒙开辟夜郎、滇、筰为郡国，而哀牢始终不归附。直至汉光武帝末年，才请求附属中原。汉朝设置永昌郡来统理它，并向其征收盐布毯罽的税，为中原获利。这个国家向西通向大秦，向南通向交趾，奇珍异宝，每年都有进贡。刘备占据巴蜀，常常有兵力不足的担忧。刘备死后，诸葛亮五月渡泸水，收取他们的金银盐布以充斥军队储备，并让张伯岐选取他们的精兵强将来增加武力。所以《蜀志》载，自从诸葛亮南征之后，国家富饶，兵力充足。由此可见，前代再次设郡，得利颇深。现在盐布之税不上供，珍奇之贡也不入我国，戈戟不能充实军队，金银货币不能供给大国，而耗尽国库、驱使百姓、受役于少数民族，肝脑涂地，臣私下为国家叹惜。

“昔日汉朝由于得利颇多，翻越博南山，渡过兰仓水，设置了博南、哀牢二县。蜀地人哀愁抱怨，作歌唱道：“历博南，越兰津，渡兰苍，为他人。”都为讥讽汉朝贪图珍奇盐布的得利，而驱使他们因为蛮夷的事情出征。汉朝因其获利，人们还怨声载道。如今减耗国家储备，费用日益增多，而使陛下的百姓们身在蛮荒之地，骸骨不归，男女老少，远远地哀号相望。于国家没有丝毫的益处，却使百姓承受终身痛苦。臣私下为国家感到悲伤。

“过去，诸葛亮大破南中，让他们的统帅自己统治，不设置汉族官员，也不留兵镇守。人们问他其原因，诸葛亮说，设官员和留兵有三不易。主要是因为设置汉官，夷汉杂居，容易产生猜嫌；留兵运粮，后患更多；如果突然反叛，劳费更多。只用粗略地设置一个纪律纲领，这个地区自然就安定了。我私下认为诸葛亮的计策非常妙，他领会了统领少数民族的方法。

“现在姚州所设置的官员，既没有安定边境、抵抗乱民的心意，又没有诸葛亮欲擒故纵的伎俩。只知道诡谋狡算，随意盘剥，贪心劫掠，习以为常。扇动当地的势力结成朋党，向少数民族谄媚拜跪，没有廉耻之心。提拔子弟，招引恶人，聚众赌博，一掷万金。剑南的逃犯，中原的流民，有二千余户，现在散居在此州，专以掠夺为业。姚州本是龙朔年间武陵县主簿石子仁上奏设置的，后来长史李孝让、辛文协都被少数民族所杀。朝廷派遣郎将赵武贵去讨伐他们，赵武贵到之后随即惨败，无一生还。又派遣将军李义总等出征，郎将刘惠基战死，姚州随即被废。臣私下认为，诸葛亮所说的置官留兵有三不易这句话当真应验了。到了垂拱四年，少数民族郎将王善宝、昆州刺史爨乾福又请求在此置州，上奏说所有的课税，都出自姚州府辖区内，更加不叨扰蜀中。到了设置姚州之后，录事参军李稜又被少数民族所杀。延载年间，司马成琛奏请在泸南设置七个军镇，派遣蜀兵防守，自此蜀中骚扰生事，到现在都还不能平息。

“并且姚州府总共管理五十七个州县，奸猾恶人多得数不过来。国家在此设官授职，本来是为了改变风俗防止邪恶，结果却混乱到了如此地步。现在不管是汉人还是少数民族，负罪同深，看到道路有劫杀的事情却不能禁止，害怕一旦惊扰起来，祸患变得更大。臣请求罢除设置姚州，使之隶属嶲州府，每年前来朝拜觐见，像蕃国一般。泸南诸镇也都废除，在泸北设置关防，百姓若非奉使入蕃，就不许与之私相往来。增加嶲州府的兵力，选择清廉优秀的长官来统理这个地方。臣驽钝地认为，这样会比较好。”

上奏之后，武则天不采纳。

之后，张柬之屡次升迁，直至担任荆州大都督府长史。长安年间，担任司刑少卿，后升至秋官侍郎。当时的夏官尚书姚崇担任灵武军使，将上任的时候，武则天让他推举外司中可以担任宰相的人。姚崇答曰：“张柬之为人沉厚，有谋略，能决断大事，并且他年纪比较大，请陛下赶紧任用他。”武则天立即召见他，随即官任凤阁鸾台平章事。没过多久，升任凤阁侍郎，仍可以参政。直到诛杀张易之兄弟的时候，张柬之成为这件事情的主谋。中宗即位后，因为张柬之的功劳高，封他为天官尚书、凤阁鸾台三品，汉阳郡公，食实封五百户，不久，升任中书令，监督纂修国史。一个多月后，进封汉阳郡王，加授特进，罢免知政事。

这年秋天，张柬之上表请求回到家乡襄州养病。皇帝答应了他，还特别授任襄州刺史，又任张柬之的儿子张漪为著作郎，让他随父亲一起上任。皇帝亲作诗为其践行，又命令大臣们在定鼎门外送别张柬之。张柬之到襄州之后，遇到乡亲旧交违法的，一概依法判刑，不会徇私枉法。他的儿子张漪倚仗自己有功劳，每每见到前辈，也不以礼相待，当时的人议论认为他还不能改变荆楚之人的彪悍性格。不久，张柬之被武三思所陷害，贬官新州司马。张柬之到新州后，愤恚而死，享年八十有余。景云元年，皇帝制曰："褒扬品德，记载功绩，生平事迹光耀典册；追加尊荣长久不忘，为之正名，显扬礼教。已故吏部尚书张柬之辅佐国运，谋划帝业，正直理国，风范犹存。曾经因为冤屈，构成冤罪，无辜被放逐，沦丧边疆。思念功臣，深深哀悼，追加恩赐，以慰在天之灵。可以追赠中书令，封汉阳郡公。"建中初年，又追赠司徒。

张柬之的玄孙张璟，在开成二年，由宜城尉升任寿安尉。

【评述】

张柬之青年时代就凭借着优良的学业和稳重的作风得到了令狐德棻的赏识和推荐，一路平步青云，在武则天的提拔下位居高位，可以说是一路顺风顺水，但是张柬之却没有被这样的顺风顺水迷惑自己的内心。他在任期间，敢讲敢为，利用扎实的儒学功底反驳了王元感的服丧三十六个月的言论；又违背武则天的心意，主张拒绝突厥的和亲；在被贬为蜀州刺史之后，为国计民生着想，主张效法诸葛亮，对姚州的少数民族实行自治，以肃清当地的风纪，这个建议虽然遭到了武则天的反对，但在后来看来，不失为治理姚州的上策。他的这些事迹，在名臣辈出的唐代可能并不算突出，但他却在逼迫武则天下台、迎中宗继位的历史转折中发挥着重要的作用。

晚年的武则天已经不再关心政事，把注意力转向了个人生活，这时张易之和张昌宗兄弟就成为了她生活中的两位重要人物，他们因容貌俊美而受到武则天的宠爱，许多投机者趁此机会对他们大加奉承，张氏兄弟借机逐渐掌握了对政事的处理权。他们的肆意横行引起了大臣们的不满，而他们的愚蠢也令武氏子弟和李氏皇族同时对他们充满厌恶。

张柬之一向沉稳有谋，果断敢行。虽年逾八十，但复唐雄心须臾不忘。他推举杨元琰为右羽林将军，并在神龙元年（705）正月，主持发动神龙革命，迎太子李显由玄武门入宫，复辟唐朝，是为唐中宗。张柬之因此被封为汉阳郡公。在这个飞黄腾达的时刻，张柬之却选择激流勇退，告老还乡，他回到家乡襄阳之后，为官清廉公正，即使是亲友犯错，也绝不徇私枉法，得到了群众的好评。但是却因后来遭到武三思的陷害，被流放边疆。很多年后才被平反。

可见，一个贤良之臣首先要具备的是良好的知识储备和道德素养，也需要有过硬的心理素质和廉洁的作风，张柬之之所以在被武三思陷害平反之后，还能得到皇帝的怀念和褒奖，与他过去为国家和工作作出的贡献是分不开的，而他位居高位，对于唐朝有再造之功，却能够依旧保持清廉的作风，也是我们后辈应该学习的。

（李燕晖注译、评述）

狄仁杰

【原文】

狄仁杰字怀英，并州太原人。为儿时，门人有被害者，吏就诘，众争辨对，仁杰诵书不置，吏让之，答曰："黄卷[1]中方与圣贤对，何暇偶俗吏语耶？"举明经，调汴州参军。为吏诬诉，黜陟使阎立本召讯，异其才，谢曰："仲尼称观过知仁，君可谓沧海遗珠矣。"荐授并州法曹参军。亲在河阳，仁杰登太行山，反顾，见白云孤飞，谓左右曰："吾亲舍其下。"瞻怅久之，云移乃得去。同府参军郑崇质母老且疾，当使绝域。仁杰谓曰："君可贻亲万里忧乎？"诣长史蔺仁基请代行。仁基咨美其谊，时方与司马李孝廉不平，相语曰："吾等可少愧矣！"则相待如初，每曰："狄公之贤，北斗[2]以南，一人而已。"

稍迁大理丞，岁中断久狱万七千人，时称平恕。左威卫大将军权善才、右监门中郎将范怀义坐误斧昭陵柏，罪当免，高宗诏诛之。仁杰奏不应死，帝怒曰："是使我为不孝子，必杀之。"仁杰曰："汉有盗高庙玉环，文帝欲当之族，张释之廷诤曰：‘假令取长陵一抔土，何以加其法？’于是罪止弃市。陛下之法在象魏[3]，固有差等。犯不至死而致之死，何哉？今误伐一柏，杀二臣，后世谓陛下为何如主？”帝意解，遂免死。数日，授侍御史。左司郎中王本立怙宠自肆，仁杰劾奏其恶，有诏原之。仁杰曰：“朝廷借乏贤，如本立者不尠。陛下惜有罪，亏成法，奈何？臣愿先斥，为群臣戒。”本立抵罪。繇是朝廷肃然。使岐州，亡卒数百剽行人，道不通。官捕系盗党穷讯，而余曹纷纷不能制。仁杰曰：“是其计穷，且为患。”乃明开首原格[4]，出系者，禀而纵之，使相晓，皆自缚归。帝叹其达权宜。

迁度支郎中。帝幸汾阳宫，为知顿使。并州长史李冲玄以道出妬女祠，俗言盛服过者，致风雷之变，更发卒数万改驰道。仁杰曰：“天子之行，风伯清尘，雨师洒道，何妬女避邪？”止其役。帝壮之，曰：“真丈夫哉！”出为宁州刺史，抚和戎落，得其欢心，郡人勒碑以颂。入拜冬官侍郎、持节江南巡抚使。吴、楚俗多淫祠，仁杰一禁止，凡毁千七百房，止留夏禹、吴太伯、季札、伍员四祠而已。

转文昌右丞，出豫州刺史。时越王兵败，支党余二千人论死。仁杰释其械，密疏曰：“臣欲有所陈，似为逆人申理；不言，且累陛下钦恤意。表成复毁，自不能定。然此皆非本恶，诖误至此。”有诏悉谪戍边。囚出宁州，父老迎劳曰："狄使君活汝耶！"因相与哭碑下。囚斋三日乃去。至流所，亦为立碑。初，宰相张光辅讨越王，军中恃功，多暴索，仁杰拒之。光辅怒曰："州将轻元帅邪？"仁杰曰："乱河南者一越王，公董士三十万以平乱，纵使暴横，使无辜之人咸坠涂炭，是一越王死，百越王生也。且王师之至，民归顺以万计，自缒而下，四面成蹊。奈何纵邀赏之人杀降以为功，冤痛彻天？如得上方斩马剑加君颈，虽死不恨！"光辅还，奏仁杰不逊，左授复州刺史。徙洛州司马。

天授二年，以地官侍郎同凤阁鸾台平章事。武后谓曰："卿在汝南有善政，然有谮卿者，欲知之乎？"谢曰："陛下以为过，臣当改之；以为无过，臣之幸也。谮者乃不愿知。"后叹其长者。时太学生谒急，后亦报可。仁杰曰："人君惟生杀柄不以假人，至簿书期会，宜责有司。尚书省决事，左、右丞不句杖，左、右丞相不判徒，况天子乎？学徒取告，丞、簿职耳，若为报可，则胄子数千，凡几诏耶？为定令示之而已。"后纳其言。

会为来俊臣所构，捕送制狱。于时，讯反者一问即臣，听减死。俊臣引仁杰置对，答曰："有周革命，我乃唐臣，反固实。"俊臣乃挺系。其属王德寿以情谓曰："我意求少迁，公为我引杨执柔为党，公且免死。"仁杰叹曰："皇天后土，使仁杰为此乎！"即以首触柱，血流沫面。德寿惧而谢。守者浸弛，即丐笔书帛，置褚衣中，好谓吏曰："方暑，请付家彻絮。"仁杰子光远得书上变，后遣使案视。俊臣命仁杰冠带见使者，私令德寿作谢死表，附使以闻。后乃召见仁杰，谓曰："臣反何耶？"对曰："不臣反，死笞掠矣。"示其表，曰："无之。"后知代署，因免死。武承嗣屡请诛之，后曰："命已行，不可返。"时同被诬者凤阁侍郎任知古等七族悉得贷。御史霍献可以首叩殿陛苦争，欲必杀仁杰等，乃贬仁杰彭泽令，邑人为置生祠。

万岁通天中，契丹陷冀州，河北震动，擢仁杰为魏州刺史。前刺史惧贼至，驱民保城，修守具。仁杰至，曰："贼在远，何自疲民？万一虏来，吾自办之，何预若辈？"悉纵就田。虏闻，亦引去，民爱仰之，复为立祠。俄转幽州都督，赐紫袍、龟带，后自制金字十二于袍，以旌其忠。

……

张易之尝从容问自安计，仁杰曰："惟劝迎庐陵王可以免祸。"会后欲以武三思为太子，以问宰相，众莫敢对。仁杰曰："臣观天人未厌唐德。比匈奴犯边，陛下使梁王三思募勇士于市，逾月不及千人。庐陵王代之，不浃日，辄五万。今欲继统，非庐陵王莫可。"后怒，罢议。久之，召谓曰："朕数梦双陆⑤不胜，何也？"于是，仁杰与王方庆俱在，二人同辞对曰："双陆不胜，无子也。天其意者以儆陛下乎！且太子，天下本，本一摇，天下危矣。文皇帝身蹈锋镝，勤劳而有天下，传之子孙。先帝寝疾，诏陛下监国。陛下掩神器而取之，十有余年，又欲以三思为后。且姑侄与母子孰亲？陛下立庐陵王，则千秋万岁后常享宗庙；三思立，庙不祔姑。”后感悟，即日遣徐彦伯迎庐陵王于房州。王至，后匿王帐中，召见仁杰语庐陵事。仁杰敷请切至，涕下不能止。后乃使王出，曰：“还尔太子！”仁杰降拜顿首，曰：“太子归，未有知者，人言纷纷，何所信？”后然之。更令太子舍龙门。具礼迎还，中外大悦。初，吉顼、李昭德数请还太子，而后意不回，唯仁杰每以母子天性为言，后虽忮忍，不能无感，故卒复唐嗣。

寻拜纳言，兼右肃政御史大夫。突厥入赵、定，杀掠甚众，诏仁杰为河北道行军元帅，假以便宜。突厥尽杀所得男女万计，由五回道去，仁杰追不能逮。更拜河北安抚大使。时民多胁从于贼，贼已去，惧诛，逃匿。仁杰上疏曰：“议者以为虏入寇，始明人之逆顺，或迫胁，或愿从，或受伪官，或为招慰。诚以山东之人重气，一往死不为悔。比缘军兴，调发烦重，伤破家产，剔屋卖田，人不为售。又官吏侵渔，州县科役，督趣鞭笞，情危事迫，不循礼义，投迹犬羊，以图赊死，此君子所愧，而小人之常。民犹水也，壅则为渊，疏则为川，通塞随流，岂有常性。昔董卓之乱，神器播越，卓已诛禽，部曲无赦，故事穷变生，流毒京室。此由恩不溥洽，失在机先。今负罪之伍，潜窜山泽，赦之则出，不赦则狂。山东群盗，缘兹聚结。故臣以为边鄙暂警不足忧，中土不宁可为虑也。夫持大国者不可以小治，事广者不可以细分。人主所务，弗检常法。愿曲赦河北，一不问罪。”诏可。

还，除内史。后幸三阳宫，王公皆从，独赐仁杰第一区，眷礼卓异，时无辈者。是时李楷固、骆务整讨契丹，克之，献俘含枢殿，后大悦。二人者，本契丹李尽忠部将，尽忠入寇，楷固等数挫王师，后降，有司请论如法。仁杰称其骁勇可任，若贷死，必感恩纳节，可以责功。至是凯旋，后举酒属仁杰，赏其知人。授楷固左玉钤卫大将军、燕国公，赐姓武；务整右武威卫将军。

后将造浮屠大像，度费数百万，官不能足，更诏天下僧日施一钱助之。仁杰谏曰：“工不役鬼，必在役人；物不天降，终由地出。不损百姓，且将何求？今边垂未宁，宜宽征镇之徭，省不急之务。就令顾作，以济穷人，既失农时，是为弃本。且无官助，理不得成。既费官财，又竭人力，一方有难，何以救之？”后由是罢役。

圣历三年卒，年七十一。赠文昌右相，谥曰“文惠”。仁杰所荐进，若张柬之、桓彦范、敬晖、姚崇等，皆为中兴名臣。始居母丧，有白鹊驯扰之祥⑥。中宗即位，追赠司空。睿宗又封梁国公。

选自《新唐书》卷一百一十五《狄仁杰传》

【注释】

①黄卷：指书籍。葛洪《抱朴子·疾谬》："杂碎故事，盖是穷巷诸生，章句之士，吟咏而向枯简，匍匐以守黄卷者所宜识。"杨明照校笺："古人写书用纸，以黄蘗汁染之防蠹，故称书为黄卷。"

②北斗：指帝王。《晋书·天文志上》："北斗七星在太微北。……斗为人君之象，号令之主也。"

③象魏：古代悬示法令的地方，位于宫门外，又称"阙"或"观"。《周礼·天官·太宰》："正月之吉，始和，布治于邦国都鄙，乃悬治象之法于象魏，使万民观治象，挟日而敛之。"郑玄注引郑司农曰："象魏，阙也。"这里代指法典。

④首原格：免除自首者罪责的法令。首，自首。原，宽恕。格，法令。

⑤双陆：古代流行的一种赌博游戏。明谢肇淛《五杂俎·人部二》言："双陆，一名握槊……曰双陆者，子随骰行，若得双陆，则无不胜也。又名'长行'，又名'波罗塞戏'。其法以先归宫为胜，亦有任人打子，布满他宫，使之无所归者，谓之'无梁'，不成则反负矣。其胜负全在骰子，而行止之间，贵善用之。其制有北双陆、广州双陆、南番、东夷之异。《事始》以为陈思王制，不知何据。"

⑥白鹊驯扰之祥：白鹊，白喜鹊，古代认为是吉鸟。驯扰，顺从。祢衡《鹦鹉赋》："矧禽鸟之微物，能驯扰以安处。"张铣注："况鸟微贱，能顺柔安处也。"

【译文】

狄仁杰，字怀英，并州太原人。他还是儿童的时候，一个看门人被杀害，官吏前来诘问，大家都争着回答，唯有狄仁杰拿着正在读的书不放，官吏责备他，他回答说："我正在和书中的圣贤谈论，哪里有空和你们这些俗吏说话呢？"后来狄仁杰考上明经，调任汴州参军。被小吏诬陷，黜陟使阎立本召见并审问他，对他的才华感到惊异，道歉道："孔子说，通过一个人所犯的过错，可以了解他的为人。您真是沧海中被采珠人遗漏的明珠呀。"于是推荐并授予他并州法曹参军。狄仁杰的父母在河阳，他登上太行山，回头看，见到一片白云飘过，对左右的人说："我的父母住在那朵云的下面。"他凝视着云朵惆怅了好久，云飘走了才离开。他的同事郑崇质的母亲年老多病，而他却要被派到极远的地方。狄仁杰对他说："你怎能远行万里，给亲人带来忧虑呢？"于是他去拜见长史蔺仁基，请求代替郑崇质。蔺仁基对他的情谊嗟叹不已，他当时与司马李孝廉不和，两人对话说："跟狄仁杰相比，我们怎能不略感惭愧呀！"于是两人和好如初。蔺仁基总是说："狄公的贤明，皇帝以下，他是第一个。"

狄仁杰渐渐升为大理丞，一年时间审结了一万七千人的积案，当时人都称赞他公平宽厚。左威卫大将军权善才、右监门中郎将范怀义误砍了昭陵柏树，应该免罪，高宗下诏要求杀掉他们。狄仁杰上奏说不应当处死他们，高宗生气地说："他们这样做，是使我成为不孝之子，一定要杀。"狄仁杰说："汉代有人偷盗高祖庙的玉环，汉文帝想诛杀盗贼全家，张释之在朝堂上争论说：'如果有人取走长陵的一捧土，那用什么更重的刑律来惩罚呢?'于是只判决将盗贼斩首。陛下的法律在法典上写得很清楚，犯哪个等级的罪，本来就应当给予相应的处罚。没有犯死罪却要处死他，这是为什么?现在，因为误砍了一棵柏树，就要杀死两位大臣，后人将会说陛下是什么样的皇帝?"高宗的怒气得到宽解，于是两人被免除死罪。几天后，授予狄仁杰侍御史。左司郎中王本立仗着受宠胡作非为，狄仁杰弹劾他的恶行，皇帝下诏赦免他。狄仁杰说："假如朝廷缺乏贤才，像王本立这样的人多的是。陛下怜惜有罪的人，违背法律，为什么?我希望严惩他，作为大臣们的教训。"于是王本立得到了相应的处罚。因为此事，朝廷秩序井然。狄仁杰出使岐州，有几百名逃亡的军人抢劫行人，道路不能通行。官府抓住他们的同伙严刑拷打，但没抓住的却越来越多，没法收服。狄仁杰说："这是因为他们无路可走，所以暂且做坏事。"于是公开发布自首者免罪的命令，提审狱中的同党，说明情况后将他们释放，让他们互相告知，贼人全都捆上自己投案自首。高宗对狄仁杰随机应变的能力叹服不已。

后来狄仁杰升官度支郎中。高宗驾临汾阳宫，他担任知顿使。并州长史李冲玄认为，皇帝去汾阳宫的道路要经过妬女祠，民间传言有人穿着华丽的衣服经过这里，就会导致狂风惊雷，于是增发几万兵士更改驰道的路线。狄仁杰说："天子出行，风伯为他扫去灰尘，雨师为他洒水开道，妬女有什么好躲避的?"命令停止改路工程。高宗很推崇他，说："狄仁杰是条真汉子!"他出朝任宁州刺史，安抚少数民族部落，得到他们的欢心，宁州百姓刻碑赞扬他。又进京拜官冬官侍郎、持节江南巡抚使。江南一带有很多不合礼义的祠庙，狄仁杰一声令下全部禁止，总共拆毁一千七百所，只留下夏禹、吴太伯、季札、伍员四种祠庙。

狄仁杰后转任文昌右丞，出任豫州刺史。当时越王造反失败，两千多名部下被判死刑。狄仁杰打开他们的枷锁，秘密向皇帝上疏说："臣想说一些事，却似乎是在替谋反者求情；不说，又恐怕违背陛下宽厚仁慈的美德。奏章写好了又撕掉，怎么都写不好。但是这些人都不是谋反的首犯，是被反贼连累的。"朝廷下诏将他们都充军到边疆。这些囚徒从宁州出城，父老乡亲迎接并慰劳他们说："是狄使君救了你们呀!"于是大家都在碑下大哭。囚徒们在这里呆了三天才走。到了流放的地方，他们也为狄仁杰立了一块碑。以前，宰相张光辅率军讨伐越王。军队仗着有功劳，多次向地方索取财物，狄仁杰拒绝了。张光辅生气地说："你这个小小州将，敢于蔑视元帅么?"狄仁杰说："扰乱河南的是一个越王，您率领三十万将士镇压叛乱，却放纵军人鱼肉百姓，让无辜的人全都遭受灾祸，这是死了一个越王，却出现了一百个越王啊。况且政府军来到的时候，归顺的老百姓数以万计，他们自行从城里缒城而下出来投诚，城墙四面都被踩出小路来。您怎么能够放任您的士兵杀死归顺的人以获得奖赏，让百姓的冤情一直通到天上呢?如果能得到一把尚方宝剑架在您的脖子上，我就是死了也不遗憾!"张光辅班师回朝后，上奏说狄仁杰傲慢无礼，将他贬官为复州刺史。转任洛州司马。

天授二年（691），狄仁杰以地官侍郎的职务进入宰相班子。武后对他说："你在汝南的政绩很好，但是有人说你坏话，你想知道他么?"仁杰谢绝说："陛下认为我有过错，我应当改正；认为我没有过错，那是微臣的幸运。说坏话的人我不想知道。"武后感叹他是忠厚长者。当时太学生告假，武后也下诏同意。狄仁杰说："皇帝只有生杀大权不授予他人，至于在规定的期限内收发文书，应该责成相关官员去做。尚书省议决事情，左、右丞不亲手执杖行刑，左、右丞相不亲自起草判决书，何况皇帝呢？太学生领取告身文件，是县丞、主簿的事务，如果他们的事都要下诏书认可，那么数千学生，总共要下多少诏书？制定一个规章给他们看就行了。”武后接纳了他的建议。

后来由于来俊臣构陷，狄仁杰被逮捕并关押到皇帝指定的监狱。当时的规矩是，审讯反叛的人如果一审就招供，可以免死。来俊臣拉上狄仁杰前来质询，狄仁杰回答说：“武周变更了李唐的天命，我是唐朝的大臣，反叛武周本来就是事实。”于是来俊臣将他关进监狱。来俊臣的下属王德寿想以情动人，对狄仁杰说：“我想稍稍升点官，您替我指证杨执柔是您的同党，就可以免于一死。”仁杰长叹道：“天啊，你怎么让我狄仁杰做这样的事！”于是一头撞到柱子上，血流满脸。王德寿吓得赶紧道歉。狱卒看管不严，狄仁杰讨到一支笔在布上写好书信，放到棉衣中，好声好气地对狱卒说：“天气热了，我请求将衣服送回家，将里面的棉絮撤掉。”狄仁杰的儿子狄光远得到书信后向武后告发，武后派遣使者前往检查核实。来俊臣让狄仁杰穿戴齐整去见使者，又私下里让王德寿写好感谢皇帝赐死的上表，让使者带给武后。于是武后召见狄仁杰，对他说：“你为什么招供谋反呢？”他回答说：“不招供，臣早就死于酷刑了。”武后把谢死表拿出来给他看，狄仁杰说：“我没有写过。”武后知道是别人代他写的，因而免除他的死罪。武承嗣多次请求诛杀狄仁杰，武后说：“命令已经下发了，不可能追回来。”当时与狄仁杰一同被诬陷的凤阁侍郎任知古等七人的家族都得以保全。御史霍献可用头在大殿的台阶上猛磕，苦苦争谏，一定要杀掉狄仁杰等人，于是将狄仁杰贬为彭泽令，因为受百姓爱戴，当地人给他建了生祠。

万岁通天年间，契丹攻陷冀州，黄河以北人心惶惶，朝廷提升狄仁杰为魏州刺史。之前的刺史担心敌人前来，驱使老百姓防御，修缮守城的工具。狄仁杰上任后，说："敌人还在很远的地方，为什么要自己让百姓这么辛苦呢？万一敌人来了，我自己对付他们，跟百姓有什么关系？"将百姓全放回去种地。敌人听说后，也率军离开，百姓敬仰狄仁杰，又一次给他建立生祠。不久转任幽州都督，朝廷赐给他紫袍、龟带，武后还亲自在紫袍上写了十二个金字，以表彰他的忠诚。

……

张易之曾经不经意地向狄仁杰询问保全自身的办法，狄仁杰说："只有劝说陛下迎接庐陵王做太子才可以避免祸端。"适逢武后想立武三思为太子，征求宰相们的意见，大家都不敢回答。狄仁杰说："微臣看到上天和人民都没有厌弃大唐的恩德。近来匈奴侵犯边疆，陛下派武三思在集市上招募勇士，超过一个月了，还没招到一千人。让庐陵王代替他，十天不到，就招到五万人。现在要讨论皇储人选，非庐陵王不可。"武后很生气，停止了这次讨论。很久以后，她召见狄仁杰并对他说："朕多次梦到赌双陆输掉，这是为什么？"这时，狄仁杰和王方庆都在面前，两人异口同声地回答说："双陆输掉，意思是无子。上天的意思是用这来警告陛下吧！况且太子是天下的根本，根本一动摇，天下就危险了。太宗亲自冲锋陷阵，辛辛苦苦得到天下，传给子孙。高宗病危的时候，下诏让陛下监国。陛下得到江山十多年了，又想立武三思为太子。姑侄和母子谁更亲近呢？陛下立庐陵王为太子，那么死后能被长久地供奉在宗庙里；要是立武三思，他的祖庙不会祭祀姑妈。”武后想明白了，当天就派徐彦伯去房州迎接庐陵王。庐陵王来京城后，武后将他藏在帷帐后面，召见狄仁杰谈论庐陵王之事。狄仁杰讲得极其恳切，眼泪止不住流下来。于是武后让庐陵王出来，说：“把太子还给你！”狄仁杰跪下磕头，说：“太子回京，还没有人知道。人们议论纷纷，信谁的是好呢？”武后表示同意。于是让太子住在龙门，备全礼仪后，正式迎接他回京，朝野内外都非常高兴。以前，吉顼、李昭德多次请求迎回太子，但武后没有改变主意，只有狄仁杰总是用母子天性当理由，武后虽然残忍，不可能没有情感，所以最后还是恢复了大唐的继承人。

不久狄仁杰官拜纳言，兼任右肃政御史大夫。突厥入侵赵州、定州，杀害、掳掠了很多人，武后下诏让狄仁杰出任河北道行军元帅，授予他见机行事的权力。突厥人杀掉了绑架的上万人，取道五回逃走了，狄仁杰追击但没有追上。于是改任河北安抚大使。当时很多百姓都被迫为突厥人效力，突厥走了以后，他们担心被朝廷诛杀，所以逃跑躲避。狄仁杰呈上奏章说：“讨论这件事的人们认为，敌人入侵，才能清楚人的好坏，有的人被胁迫，有的人是自愿，有的人接受了突厥人的官职，有的人替敌人招抚民众。太行山以东的人看重气节，为之而死也不后悔。近来因为战争爆发，税收劳役烦重，很多人破尽家产，拆屋卖田，还找不到买主。另外，官吏侵害百姓，地方政府摊派徭役，用鞭打的方式监督催促他们，情形紧迫，导致他们不遵循礼义，为突厥人做事，希望得以幸免于死。这种行为是士大夫感到羞愧的，但对普通人来说却是人之常情。百姓就像是水，堵住就成为湖，疏导就成为河，水怎么流取决于疏还是堵，哪里会有一定之规呢。

当年董卓之乱，玉玺流落，董卓被杀以后，因为不赦免他的部下，所以又发生了变乱，使京城百姓遭受残害。这是因为朝廷的恩情没有广泛散布，导致失去时机。现在，这些有罪的人，潜逃到深山里，赦免，他们就会出来，不赦免，他们就会作乱。太行山以东的土匪，就是因为这才啸聚山林。所以微臣认为边境的威胁不值得担心，国内的不安宁才值得忧虑。掌管大国的人不能只求小范围内政治清平，做大事的人不能苛求他的细节。皇帝要做的，是不要拘泥于平常的法度。希望能特赦河北所有的人，一个都不追究罪责。”武后下诏同意。

回京后，狄仁杰授官内史。武后前往三阳宫，大臣们都随行，唯独赏给狄仁杰一所宅第，武后对他的礼遇非常不一般，当时无人能比。此时，李楷固、骆务整讨伐契丹并战胜他们，在含枢殿进献俘虏，武后很高兴。李、骆二人，本来是契丹李尽忠的部将，李尽忠入侵，李楷固等人多次挫败唐军，后来归降，相关官员请求按法律处置他们。狄仁杰声称他们骁勇善战，可以为己所用，如果免其死罪，他们必定感恩效力，可以以此要求他们为国建功。这次凯旋而归，武后拿起酒杯向狄仁杰敬酒，赞扬他善于识鉴人才。授予李楷固左玉钤卫大将军、燕国公，赐姓武；授予骆务整右武威卫将军。

武后打算建造一座大佛像，估计花费几百万，政府没有这么多钱，下诏让天下的僧人每天施舍一个铜板来给予帮助。狄仁杰进谏说：“造工程不可能役使鬼，必定会役使人；东西不会从天上掉下来，终究还是要从地里出产。不损害百姓，他们将从哪里得来钱？现在边陲还没有安定，应当减免赋税徭役，停止不重要的事务。即使花钱请人来做，让穷人得到些帮助，但也会耽搁农时，这是放弃根本啊。况且没有官府的力量，肯定无法完成。既耗费官府的财富，又用尽百姓的人力，假如别的地方发生大事，拿什么来救助?”武后因此停止了这项工程。

圣历三年（700），狄仁杰去世，享年七十一岁。朝廷赠予他文昌右相，定谥为“文惠”。狄仁杰所举荐的人才，像张柬之、桓彦范、敬晖、姚崇等人，都是大唐中兴的名臣。最初他为母亲守丧的时候，坟前出现了驯服的白喜鹊这样的祥瑞。中宗即位，追赠狄仁杰为司空。睿宗时又追封他为梁国公。

【评述】

在民间故事和历史演义中，狄仁杰是一个令贪官污吏和犯罪分子闻风丧胆的名字。真正的狄仁杰虽然没有传说中那样威风八面，却也差不了太远。狄仁杰之所以能对贪官有如此大的威慑力，在于他能立得稳、行得正。狄仁杰是一个极其正直的人。他敢于拒绝张光辅的勒索，不愿追究谁在陷害他，宁死不肯诬陷杨执柔，冒死建议武则天立庐陵王为太子。专横跋扈的将军、杀人如麻的酷吏和喜怒无常的皇帝，都无法让他屈服于真理。

贪官可能不会害怕来俊臣那样的酷吏，却不能不害怕狄仁杰这样一身正气、两袖清风的君子。因为酷吏还可以收买，而且他们根本不会用心去搜集调查贪腐的证据，反而有意无意地制造大量冤假错案，引得民怨沸腾。但狄仁杰就不一样了，他不但不能用金钱收买，而且有智慧、有胆识，能够将他们的贪腐行为及时调查清楚并予以惩罚。

但是，狄仁杰却不是时时都有的，即使有，他也不一定正好处在反腐败的岗位上。更重要的是，狄仁杰只能将已有的部分贪官缉拿归案，却不能预防腐败。只有建立起严密的监察制度，乃至发动全社会，及时发现贪腐的行为，将每一只敢于攫取不义之财的贪官之手当场抓住，才能有效地控制贪腐行为，才能有效地威慑潜在的贪官，才能将贪腐扼杀于摇篮之中。从这个意义来说，对付贪污腐败，酷吏不如清官，清官不如制度。

（阮爱东注译、评述）

卢怀慎

【原文】

卢怀慎，滑州人，盖范阳著姓。祖悊，仕为灵昌令，遂为县人。怀慎在童丱已不凡，父友监察御史韩思彦叹曰：“此儿器不可量！”及长，第进士，历监察御史。神龙中，迁侍御史。中宗谒武后上阳宫，后诏帝十日一朝。怀慎谏曰：“昔汉高帝受命，五日一朝太公于栎阳宫，以起布衣登皇极，子有天下，尊归于父，故行此耳。今陛下守文继统，何所取法？况应天去提象才二里所，骑不得成列，车不得方轨，于此屡出，愚人万有一犯属车之尘，虽罪之何及。臣愚谓宜遵内朝以奉温清，无烦出入。”不省。

迁右御史台中丞。上疏陈时政曰：

“臣闻‘善人为邦百年，可以胜残去杀’。孔子称：‘苟用我者，期月而已，三年有成。’故《书》：‘三载考绩，三考黜陟幽明。’昔子产相郑，更法令，布刑书，一年人怨，思杀之，三年人德而歌之。子产，贤者也，其为政尚累年而后成，况常材乎？比州牧、上佐、两畿令或一二岁，或三五月即迁，曾不论以课最，使未迁者倾耳以听，企踵以望，冒进亡廉，亦何暇为陛下宣风恤人哉？礼义不能兴，户口益以流，仓库愈匮，百姓日敝，职为此耳。人知吏之不久，不率其教；吏知迁之不遥，不究其力。偷处爵位，以养资望，虽明主有勤劳天下之志，然侥幸路启，上下相蒙，宁尽至公乎？此国病也。贾谊所谓蹠盭[①]，乃小小者耳。此而不革，虽和、缓将不能为。汉宣帝综核名实，兴治致化，黄霸良二千石也，加秩赐金，就旌其能，终不肯迁。故古之为吏，至长子孙。臣请都督、刺史、上佐、畿令任未四考，不得迁。若治有尤异，或加赐车裘禄秩，降使临问，玺书慰勉，须公卿阙，则擢之以励能者。其不职或贪暴，免归田里，以明赏罚之信。

“昔唐、虞稽古，建官惟百。夏、商官倍，亦克用乂。此省官也。故曰‘官不必备，惟其才’，‘无旷庶官，天工人其代之’。此择人也。今京诸司员外官数十倍，近古未有。谓不必备，则为有余，求其代工，乃多不厘务，而奉禀之费，岁巨亿万，徒竭府藏，岂致治意哉？今民力敝极，河、渭广漕，不给京师，公私耗损，边隅未静。傥炎暵成沴，租税减入，疆场有警，赈救无年，何以济之？‘毋轻人事，惟艰；毋安阙位，惟危。’此慎微也。原员外之官，皆一时良干，擢以才不申其用，尊以名不任其力，自昔用人，岂其然欤？臣请才堪牧宰上佐，并以迁授，使宣力四方，责以治状。有老病若不任职者，一废省之，使贤不肖确然殊贯，此切务也。

“夫冒于宠赂，侮于鳏寡，为政之蠹也。窃见内外官有赇饷狼藉，剝剥蒸人[2]，虽坐流黜，俄而迁复，还为牧宰，任以江、淮、岭、碛，粗示惩贬，内怀自弃，徇货掊赀，讫无悛心。明主之于万物，平分而无偏施，以罪吏牧遐方，是谓惠奸而遗远。远州陬邑，何负圣化，而独受其恶政乎？边徼之地，夷夏杂处，凭险恃远，易扰而难安；官非其才，则黎庶流亡，起为盗贼。由此言之，不可用凡才，况猾吏乎？臣请以赃论废者，削迹不数十年，不赐收齿。《书》曰‘旌别淑慝’，即其谊也。”

疏奏，不报。

迁黄门侍郎、渔阳县伯。与魏知古分领东都选。开元元年，进同紫微黄门平章事。三年，改黄门监。薛王舅王仙童暴百姓，宪司按得其罪，业为申列，有诏紫微、黄门覆实。怀慎与姚崇执奏“仙童罪状明甚，若御史可疑，则它人何可信？”由是狱决。怀慎自以才不及崇，故事皆推而不专，时讥为“伴食宰相”。又兼吏部尚书，以疾乞骸骨，许之。卒，赠荆州大都督，谥曰“文成”。遗言荐宋璟、李杰、李朝隐、卢从愿，帝悼叹之。

怀慎清俭不营产，服器无金玉文绮之饰，虽贵而妻子犹寒饥，所得禄赐，于故人亲戚无所计惜，随散辄尽。

赴东都掌选，奉身之具，止一布囊。既属疾，宋璟、卢从愿候之，见敝箦单藉，门不施箔。会风雨至，举席自障。日晏设食，蒸豆两器、菜数杯而已。临别，执二人手曰："上求治切，然享国久，稍倦于勤，将有憸人③乘间而进矣。公弟志之！"及治丧，家无留储。帝时将幸东都，四门博士张星上言："怀慎忠清，以直道始终，不加优锡，无以劝善。"乃下制赐其家物百段，米粟二百斛。帝后还京，因校猎鄠、杜间，望怀慎家，环堵庳陋④，家人若有所营者，驰使问焉，还白怀慎大祥⑤，帝即以缣帛赐之，为罢猎。经其墓，碑表未立，停跸临视，泫然流涕，诏官为立碑，令中书侍郎苏颋为之文，帝自书。

选自《新唐书》卷一百二十六《卢怀慎传》

【注释】

①蹠（zhí）盩（zhōu）：脚掌扭曲反戾。

②劓（yì）剥蒸人：犹劓割，残害。劓，割鼻。蒸人，民众，百姓。

③憸（xiān）人：奸邪之人。

④庳（bì）陋：矮小简陋。

⑤大祥：古时父母丧后两周年的祭礼。

【译文】

卢怀慎，滑州人，为范阳的世家望族。祖父卢悊，曾任灵昌县令，于是更籍灵昌。卢怀慎在儿时已表现非凡，他父亲的朋友、时任监察御史韩思彦感叹说："这个小孩的才器不可估量!"他长大后，中了进士，历任监察御史。唐高宗神龙年间，卢怀慎升侍御史。唐中宗去上阳宫谒见武则天皇太后，武则天诏命唐中宗每十天朝见一次。对此，卢怀慎劝谏说："从前，汉高祖受天命为帝时，五天一次去栎阳宫朝见父亲太公，因为他从布衣登上皇位，拥有了天下，将尊贵都归于父亲，所以这么做。现今陛下遵守成法、继承皇统，还效法什么呢？何况应天门离提象门才二里来路，骑马不能成列，乘车不能并行，从这里进进出出，万一有人冲撞御驾，即使将他问罪也来不及了。愚臣以为，应将太后接到内朝，以尽孝养之情，不用这样出入。"唐中宗不听。

卢怀慎升迁右御史台中丞。他上疏陈述当时政治，说：

"臣听说'善人治理国家一百年，不用刑杀便可制服残暴'。孔子说：'假如任用我主持国家政事，一年就管理得较好了，三年便会很有成绩。'所以，《尚书》说：'每隔三年就要考核政绩，经过三次考核就决定是表彰提拔，还是惩罚罢免。'从前，子产为郑国宰相，变更法令，颁布刑律。第一年，百姓怨怒，都想杀了他，可三年后，百姓大受其惠，爱戴而歌颂他。子产是一位难得的大贤大德之人，他治理国政尚且需要几年才有成绩，何况平常的人呢？最近，一些州刺史、长史司马、京畿县令等，一二年甚至三五个月就调任，而不论政绩考核是否优秀。这样就使没有升官的人四处活动，翘足而盼，不顾廉耻，争先恐后调任，哪还有时间和精力为陛下宣扬风化、抚恤百姓呢？因此，在这些地方，礼义不能兴盛，人口流失严重，府库空虚，百姓困顿，其原因就在这里。人们知道他们的长官任职时间不会长，所以不遵循他的教导；官员知道调任的日期不远，也就不竭尽全力履行他的职责。取得了爵位而明哲保身，用来培养资历声望，即使圣明君主通宵达旦处理政事，而此侥幸之路开启，上下之间互相欺骗，怎么能一心为公呢？这是国家的大弊。贾谊所说的脚掌扭折，是小小的毛病。这个病不治好，即使是秦国良医和、缓这样的人也不能治愈。西汉宣帝综合考核名实，大兴治理，普施教化。像黄霸这样优秀的太守，汉宣帝表彰他的政绩，对他加官秩赐黄金，他始终不肯调任。所以，古时官吏，能把官职传给子孙。臣恳请陛下，使都督、刺史、长史司马、京畿各地县令任职没经过四次考核的，不能升迁。如果他的治绩优异，可以加赐车马裘服俸禄官秩，派使节慰问，下诏书鼓励，须等到有公卿缺员，才提拔上来，以鼓励有治政才干的人。对那些不称职或贪婪暴虐者，就让他们去官回归乡里，以表明陛下赏罚分明。

“昔日，尧、舜稽考古事，设立官员一百名。夏朝、商朝的官吏加倍，也能够治理国家。这是减省官吏。因此说‘对官员不要滥竽充数，只要他有才能’，‘不要荒废百官职务，上天设立官职，代天行政’。这是选择人才。现在，京师各官司的员外官，多出数十倍，是近古以来没有过的事。若说官员不必聊以充数，却多多有余；若说代天行职，这些人却大多不掌政务，然而俸禄的支出，一年达亿万之巨，白白耗竭了府库的储藏，这难道能达到天下治理的初衷吗？现在，民力已极其凋弊，在黄河渭水扩大漕运，也不足以供给京师，公室私家损耗无数，边境也不平静。如果遇到了水旱灾害，国家收入减少，边境出现敌情，储粮不足一年，陛下将用什么来解决危难呢？‘不要轻易使用民力，否则会陷入困顿；不要安于其位，因为这很危险。’这是说，要谨小慎微。原来的这些员外官员，都是当时有才干的良吏，因才能提拔而不发挥他们的作用，用名位尊崇但不能竭尽他们的才力，难道从过去以来，使用人材就是这样吗？臣请求将那些员外官中有才能可以担任地方长官或高级僚佐的官员，一并加以升迁任用，让他们效力四方，并取得政绩。若有年老有病不能任职的，一并停罢，使贤者与不贤者泾渭分明。这是当务之急。

“官员贪求恩宠与贿赂，欺侮鳏寡弱者，这是为政中的祸害。臣亲见朝廷内外的一些官员，他们有的因贪污受贿而身败名裂，有的残害人民，这些人被流放贬官后，很快又升迁回来，仍然作地方长官，被委任在长江、淮河、岭表、沙漠地方，只是略表惩罚而已。他们破罐子破摔，贪财聚敛，毫不悔改。圣明的君主对于万物应该公正无偏，用有罪的官吏治理远方，等于是给奸人恩惠而遗弃了远方的民众。而远方的州郡，哪点辜负了圣明教化，要单独承受这种败坏的统治呢？在边境地区，少数民族与汉族人杂居，他们恃仗那里地方偏远地势险要，容易扰乱社会而难于安定。如果长官没有治理才能，就会使这些平民流离失所，从而起事成为盗贼。由此说来，平凡之才尚不可用，何况奸猾的官吏呢？臣请不得录用因贪赃而被罢官后，销声匿迹不到几十年者。《尚书》说‘识别善恶’，讲的就是这个道理。”

卢怀慎上奏以后，皇帝没有采纳。

卢怀慎升任黄门侍郎，封渔阳县伯，与魏知古负责东都洛阳的选官事务。开元元年（713），卢怀慎进任同紫微黄门平章事。开元三年（715），改任黄门监。薛王的舅舅王仙童暴虐百姓，御史台调查并掌握了他的罪行，已经申请立案，又有诏书命紫微、黄门覆核查实。为此，卢怀慎与姚崇上奏，说：“王仙童罪状已十分明了，如果御史都可以怀疑，那么其他人怎能相信呢?”于是判罪结案。卢怀慎自认为才能不如姚崇，因此事务都推让给姚崇，自己概不独断专行，当时人讥笑他为“陪吃饭的宰相”。卢怀慎又兼任吏部尚书，因疾病恳请退休，被批准。他去世后，追赠荆州大都督，谥号为“文成”。卢怀慎临终时，留下遗言推荐宋璟、李杰、李朝隐、卢从愿。唐玄宗对此十分伤悼并赞叹。

卢怀慎清廉俭朴不经营产业，衣服、器物上没有用金玉花纹等装饰。虽然他的地位尊贵，但妻儿仍然饱受饥寒之苦。他得到的俸禄和赏赐，毫不吝惜地给予朋友亲戚，随给随无，不做保留。他到洛阳去掌管官员选举之事，随身用具只有一个布袋。他得病后，宋璟、卢从愿去看望他，只见铺的席子单薄而破旧，门上也没挂帘子，有风雨刮时，只好用席子来遮挡风雨。天晚了，摆饭招待二人，也只有两盆蒸豆、几碗菜而已。临别时，卢怀慎握着两人的手说：“皇上急于求得天下大治，然而在位年久，有些厌倦国政，现在，恐怕有奸邪之人乘机而进了。你们要记住!”到治丧时，家里没有留下任何积蓄。当时，唐玄宗将要前往东都，四门博士张星上言说：“卢怀慎忠诚清廉，始终以正直之道处世，如果不对他给予优厚的赏赐，就不能鼓励大家从善。”于是，唐玄宗下诏赐他家织物百段，米粟二百斛。唐玄宗后来回京师，在鄠、杜间打猎，望见卢怀慎家，围墙简陋低矮，家人像在办什么事，就派使节驰马询问。使节回来报告说，是卢怀慎死去二年后的祭祀。唐玄宗于是赏赐给卢家细绢帛，并停止了打猎，以示哀悼。唐玄宗经过卢怀慎的墓时，石碑尚未树立，停车注视，泫然流泪，下诏命令官府为他立碑，命令中书侍郎苏颋撰写碑文，唐玄宗亲自书写。

【评述】

唐朝宰相卢怀慎清正廉洁，家无储蓄，门无遮帘，饮食无肉，妻儿饥寒。他虽官至宰相，却生活贫穷，也从不搜刮百姓钱财。在“千里做官，为了吃穿”的封建社会，特别是在富庶熙乐的大唐帝国，有如此一位寒伧的宰相，实为桂林一枝，昆山片玉。开元盛世之所以君明臣贤，民富国强，也跟这些廉吏一心为公为国分不开的。

卢怀慎才不及姚崇，凡事都避让。因此，他被讥为“伴食宰相”。其实，卢怀慎甘为“伴食”，推威于人，正体现了他的明智和大度。他的谦抑和唯谨也不凡，这种让贤用能、甘当配角的精神，难能可贵。

他还力举贤能，经他举荐的宋璟、李杰、李朝隐、卢从愿等，皆一时贤俊，他们为开元盛世立下了不可磨灭的功勋。卢怀慎甚有洞察力，他对玄宗“享国久，精倦于勤，将有憸人乘间而进”的预见，可谓洞若观火！他执法严明，不畏权贵，不畏皇亲国戚。如对王仙童这样鱼肉乡里、暴虐百姓的皇亲国戚，他坚持法办，不给皇帝情面。

卢怀慎身后享受崇高的礼遇，并为后人所尊。临终之际，他仍心忧国事。特别是他贵为宰相，却不恃权势，不营产业，不尚浮华，死无留储的廉士风度，为士人敬重。

几经历史长河的冲洗、沉淀，卢怀慎永远受到人民的尊敬、景仰。

（肖刚注译、评述）

姚 崇

【原文】

姚崇，字元之，陕州硖石人。父懿，字善懿，贞观中，为嶲州都督，赠幽州大都督，谥文献。

崇少倜傥，尚气节，长乃好学。仕为孝敬挽郎，举下笔成章[①]，授濮州司仓参军，五迁夏官郎中[②]。契丹扰河北，兵檄丛进，崇奏决若流，武后贤之，即拜侍郎。后尝语左右："往周兴、来俊臣等数治诏狱，朝臣相逮引，一切承反。朕意其枉，更畀近臣临问，皆得其手牒不冤，朕无所疑，即可其奏。自俊臣等诛，遂无反者，然则向论死得无冤邪？"崇曰："自垂拱后，被告者类自诬。当是时，以告言为功，故天下号曰'罗织'，甚于汉之钩党。虽陛下使近臣覆讯，彼尚不自保，敢一摇手以悖酷吏意哉！且被问不承，则重罹其惨，如张虔勖、李安静等皆是也。今赖天之灵，发寤陛下，凶竖歼夷，朝廷乂安，臣以一门百口保内外官无复反者。陛下以告牒置弗推，后若反有端，臣请坐知而不告。"后悦曰："前宰相务顺可，陷我为淫刑主，闻公之言，乃得朕心。”赐银千两。

圣历三年，进同凤阁鸾台平章事。迁凤阁侍郎，俄兼相王府长史，以母老纳政归侍，乃诏以相王府长史侍疾，月余，复兼夏官尚书、同凤阁鸾台三品。崇建言：“臣事相王，而夏官本兵，臣非惜死，恐不益王。”乃诏改春官。张易之私有请于崇，崇不纳，易之谮于后，降司仆卿，犹同凤阁鸾台三品。出为灵武道大总管。

张柬之等谋诛二张，崇适自屯所还，遂参计议。以功封梁县侯，实封二百户。后迁上阳宫，中宗率百官起居，王公更相庆，崇独流涕。柬之等曰：“今岂涕泣时邪？恐公祸由此始。”崇曰：“比与讨逆，不足以语功，然事天后久，违旧主而泣，人臣终节也，由此获罪甘心焉。”俄为亳州刺史。后五王被害，而崇独免。历宋、常、越、许四州。睿宗立，拜兵部尚书、同中书门下三品，进中书令。

玄宗在东宫，太平公主干政，宋王成器等分典闲厩[③]、禁兵。崇与宋璟建请主就东都，出诸王为刺史，以壹人心。帝以谓主，主怒。太子惧，上疏以崇等惎间[④]王室，请加罪，贬为申州刺史。移徐、潞二州，迁扬州长史。政条简肃，人为纪德于碑。徙同州刺史。

先天二年，玄宗讲武新丰。故事，天子行幸，牧守在三百里者，得诣行在。时帝亦密召崇，崇至，帝方猎渭滨，即召见，帝曰：“公知猎乎？”对曰：“少所习也。臣年二十，居广成泽，以呼鹰逐兽为乐。张憬藏谓臣当位王佐，无自弃，故折节读书，遂待罪将相。然少为猎师，老而犹能。”帝悦，与俱驰逐，缓速如旨，帝欢甚。既罢，乃咨天下事，衮衮不知倦。帝曰：“卿宜遂相朕。”崇知帝大度，锐于治，乃先设事以坚帝意，即阳不谢，帝怪之。崇因跪奏：“臣愿以十事闻，陛下度不可行，臣敢辞。”帝曰：“试为朕言之。”崇曰：“垂拱以来，以峻法绳下；臣愿政先仁恕，可乎？朝廷覆师青海，未有牵复之悔；臣愿不幸边功，可乎？比来壬佞冒触宪网，皆得以宠自解；臣愿法行自近，可乎？后氏临朝，喉舌之任出阉人之口；臣愿宦竖不与政，可乎？戚里贡献以自媚于上，公卿方镇寖亦为之；臣愿租赋外一绝之，可乎？外戚贵主更相用事，班序荒杂；臣请戚属不任台省，可乎？先朝亵狎大臣，亏君臣之严；臣愿陛下接之以礼，可乎？燕钦融、韦月将以忠被罪，自是诤臣沮折；臣愿群臣皆得批逆鳞，犯忌讳，可乎？武后造福先寺，上皇造金仙、玉真二观，费巨百万；臣请绝道佛营造，可乎？汉以禄、莽、阎、梁乱天下，国家为甚；臣愿推此鉴戒为万代法，可乎？”帝曰：“朕能行之。”崇乃顿首谢。翌日，拜兵部尚书、同中书门下三品。封梁国公。迁紫微令。固辞实封，乃停旧食，赐新封百户。

中宗时，近戚奏度僧尼，温户强丁因避赋役。至是，崇建言："佛不在外，悟之于心。行事利益，使苍生安稳，是谓佛理。乌用奸人以汩真教？"帝善之，诏天下汰僧伪滥，发而农者余万二千人。

崇尝于帝前序次郎吏，帝左右顾，不主其语。崇惧，再三言之，卒不答，崇趋出。内侍高力士曰："陛下新即位，宜与大臣裁可否。今崇亟言，陛下不应，非虚怀纳诲者。"帝曰："我任崇以政，大事吾当与决，至用郎吏，崇顾不能而重烦我邪？"崇闻乃安。由是进贤退不肖而天下治。

开元四年，山东大蝗，民祭且拜，坐视食苗不敢捕。崇奏："《诗》云：'秉彼蟊贼⑤，付畀炎火。'汉光武诏曰：'勉顺时政，劝督农桑。去彼螟蜮⑥，以及蟊贼。'此除蝗谊也。且蝗畏人易驱，又田皆有主，使自救其地，必不惮勤。请夜设火，坎其旁，且焚且瘗，蝗乃可尽。古有讨除不胜者，特人不用命耳。"乃出御史为捕蝗使，分道杀蝗。汴州刺史倪若水上言："除天灾者当以德，昔刘聪除蝗不克而害愈甚。"拒御史不应命。崇移书诮之曰："聪伪主，德不胜祆，今祆不胜德。古者良守，蝗避其境，谓修德可免，彼将无德致然乎？今坐视食苗，忍而不救，因以无年，刺史其谓何？"若水惧，乃纵捕，得蝗十四万石。时议者喧哗，帝疑，复以问崇，对曰："庸儒泥文不知变。事固有违经而合道，反道而适权者。昔魏世山东蝗，小忍不除，至人相食；后秦有蝗，草木皆尽，牛马至相啖毛。今飞蝗所在充满，加复蕃息，且河南、河北家无宿藏，一不获则流离，安危系之。且讨蝗纵不能尽，不愈于养以遗患乎？”帝然之。黄门监卢怀慎曰：“凡天灾安可以人力制也！且杀虫多，必戾和气。愿公思之。”崇曰：“昔楚王吞蛭而厥疾瘳，叔敖断蛇福乃降。今蝗幸可驱，若纵之，谷且尽，如百姓何？杀虫救人，祸归于崇，不以诿公也！”蝗害讫息。

于是，帝方躬万机，朝夕询逮，它宰相畏帝威决，皆谦惮，唯独崇佐裁决，故得专任。崇第赊僻，因近舍客庐。会怀慎卒，崇病痁[⑦]移告，凡大政事，帝必令源乾曜就咨焉。乾曜所奏善，帝则曰：“是必崇画之。”有不合，则曰：“胡不问崇？”乾曜谢其未也，乃已。帝欲崇自近，诏徙寓四方馆[⑧]，日遣问食饮起居，高医、尚食踵道。崇以馆局华大，不敢居。帝使语崇曰：“恨不处禁中，此何避？”久之，紫微史赵诲受夷人赇，当死。崇素亲倚，署奏营减，帝不悦。时曲赦京师，惟诲不原。崇惶惧，上还宰政，引宋璟自代，乃以开府仪同三司罢政事。

帝将幸东都，而太庙屋自坏，帝问宰相，宋璟、苏颋同对曰：“三年之丧未终，不可以行幸。坏压之变，天所以示教戒，陛下宜停东巡，修德以答至谴。”帝以问崇，对曰：“臣闻隋取苻坚故殿以营庙，而唐因之。且山有朽壤乃崩，况木积年而木自当蠹乎。但坏与行会，不缘行而坏。且陛下以关中无年，输饷告劳，因以幸东都，所以为人不为己也。百司已戒，供拟既具，请车驾如行期。旧庙难复完，盍奉神主舍太极殿？更作新庙，申诚奉，大孝之德也。”帝曰：“卿言正契朕意。”赐绢二百匹，诏所司如崇言，天子遂东。因诏五日一参，入阁供奉。

八年，授太子少保，以疾不拜。明年卒，年七十二。赠扬州大都督，谥曰“文献”。十七年，追赠太子太保。

崇析赀产，令诸子各有定分。治令曰：

“比见达官之裔多贫困，至铢尺是竞，无论曲直，均受嗤诋。田宅水硙[9]既共有之，至相推倚以顿废。陆贾、石苞，古达者也，亦先有定分，以绝后争。

“昔杨震、赵咨、卢植、张奂咸以薄葬，知真识去身，贵速朽耳。夫厚葬之家流于俗，以奢靡为孝，令死者戮尸暴骸，可不痛哉！死者无知，自同粪土，岂烦奢葬；使其有知，神不在柩，何用破赀徇侈乎？吾亡，敛以常服，四时衣各一称[10]。性不喜冠衣，毋以入墓。紫衣玉带，足便于体。

“今之佛经，罗什所译，姚兴与之对翻，而兴命不延，国亦随灭。梁武帝身为寺奴，齐胡太后以六宫入道，皆亡国殄家。近孝和皇帝发使赎生，太平公主、武三思等度人造寺，身婴夷戮，为天下笑。五帝之时，父不丧子，兄不哭弟，致仁寿，无凶短也。下逮三王，国祚延久，其臣则彭祖、老聃皆得长龄，此时无佛，岂抄经铸像力邪？缘死丧造经像，以为追福。夫死者生之常，古所不免，彼经与像何所施为？儿曹慎不得为此！”

崇尤长吏道，处决无淹思。三为宰相，常兼兵部，故屯戍斥候、士马储械，无不谙记。玄宗初立，宾礼大臣故老，雅尊遇崇，每见便殿，必为之兴，去辄临轩[11]以送，它相莫如也。时承权戚干政之后，纲纪大坏，先天末，宰相至十七人，台省要职不可数。崇常先有司罢冗职，修制度，择百官各当其材，请无广释道，无数移吏。繇是天子责成于下，而权归于上矣。

然资权谲。如为同州，张说以素憾，讽赵彦昭劾崇。及当国，说惧，潜诣岐王申款。崇它日朝，众趋出，崇曳踵为有疾状，帝召问之，对曰：“臣损足。”曰：“无甚痛乎？”曰：“臣心有忧，痛不在足。”问以故，曰：“岐王陛下爱弟，张说辅臣，而密乘车出入王家，恐为所误，故忧之。”于是出说相州。魏知古，崇所引，及同列，稍轻之，出摄吏部尚书，知东都选，知古憾焉。时崇二子在洛，通宾客馈遗，凭旧请托。知古归，悉以闻。他日，帝召崇曰：“卿子才乎，皆安在？”崇揣知帝意，曰：“臣二子分司东都，其为人多欲而寡慎，是必尝以事干魏知古。”帝始以崇私其子，或为隐，微以言动之。及闻，乃大喜，问：“安从得之？”对曰：“知古，臣所荐也，臣子必谓其见德而请之。”帝于是爱崇不私而薄知古，欲斥之。崇曰：“臣子无状，桡陛下法，而逐知古，外必谓陛下私臣。”乃止，然卒罢为工部尚书。

崇始名元崇，以与突厥叱刺同名，武后时以字行；至开元世，避帝号，更以今名。三子：彝、异、弈，皆至卿、刺史。

选自《新唐书》卷一百二十四《姚崇传》

【注释】

①下笔成章：即下笔成章科，唐代科举考试科目之一。

②夏官郎中：古代职官名。《周礼》载周时设置六官，以司马为夏官，掌军政和军赋。唐武则天时，曾改兵部尚书为夏官，不久仍复旧名。后用为兵部的别称。郎中为各部尚书、侍郎之下的高级官员，清末始废。

③闲厩（jiù）：古代皇家养牲口的地方。

④惎（jì）间：挑拨离间。

⑤蟊（máo）贼：吃禾苗的两种害虫。常常用来比喻危害人民或国家的人。

⑥螟蜮（míng yù）：即螟和蜮，危害禾苗的两种害虫。

⑦痁（shān）：即疟疾。

⑧四方馆：古代官署名。隋炀帝时设置，对东西南北四方少数民族，各设使者一人，掌管往来及互相贸易等事，隶属鸿胪寺。唐代以通事舍人主管，隶属中书省。宋以后沿袭，职务略有不同。

⑨水硙（wèi）：即水磨。

⑩称（chèn）：量词。指配合齐全的一套衣服。

⑪临轩：殿前堂阶之间近檐处两边有栏杆，如车之轩，皇帝有事临之，故称临轩。唐朝时，凡遣使告太庙、问部诸州、策士、命使行大婚六礼、册命皇太子、册拜诸王公、册立皇后、皇太子纳妃受命等皆于此举行。

【译文】

姚崇，字元之，是陕州硖石人。父亲姚懿，字善懿，贞观年间（627—649），曾任巂州都督，去世后追赠幽州大都督，谥号为“文献”。

姚崇年轻时洒脱不拘，崇尚气节，长大后勤奋好学。出任孝敬挽郎，考中“下笔成章”科，授任濮州司仓参军，五次升任夏官郎中。契丹进犯河黄河之北，军事公文成批送达，姚崇处理速度如行云流水，武后认为他有才能，立即拜为侍郎。武后曾对左右说：“以前周兴、来俊臣等多次奉旨办案，大臣们互相诬告，都承认反状。朕猜想他们有冤情，就另派近臣前去查问。他们的亲笔信札都说没有冤枉，朕就不再怀疑，批准了那些奏折。但自从来俊臣等被杀后，就没有再见到谋反的了，那么以前判死罪的难道没有被冤枉的么？”姚崇说：“垂拱年间之后，被告的人大多会屈承那些不实之词。那个时候都以告密为功业，所以天下称之为‘罗织’，比汉代的钩党还要严重。即使陛下让近臣审讯，他们自己尚且不能自保，又怎敢摇手违背酷吏的意图呢！况且如果被讯者不承认，就要遭受更为残酷的刑罚，如张虔勖、李安静等就是这样。而今仰仗苍天之灵，陛下终于醒悟，诛灭群小，使朝廷归于太平。臣愿以一门一百多口人的性命来担保内外官员不会再有谋反的。陛下把告发的文书搁置，不要再推问，以后若再有谋反之事，臣情愿领知情不报之罪。”武后高兴地说：“以前的宰相只是顺从，让朕陷于滥用酷刑，听君一席话，甚合朕意。”赏赐白银千两。

圣历三年（700），姚崇升为同凤阁鸾台平章事，又升凤阁侍郎，不久又兼任相王府长史。因为母亲年老辞官回家奉养，诏令其以相王府长史一职侍母。一个多月后，姚崇又兼任夏官尚书、同凤阁鸾台三品。姚崇进言说：“臣侍奉相王，而夏官掌兵权，臣并非怕死，只恐对相王无益。”于是下诏改任春官。张易之因私事求姚崇，姚崇没有应允，张易之就在武后面前进谗姚崇，姚崇被降为司仆卿，仍同凤阁鸾台三品。姚崇后又出任灵武道大总管。

张柬之等谋划诛除张易之、张宗昌，姚崇正好从驻地回来，于是也参与谋划。姚崇因功封梁县侯，实封二百户。武后迁居上阳宫，中宗带领百官请安，王公大臣争相庆贺，仅姚崇流泪。张柬之等说：“今天怎么是哭泣的时候呢？恐怕您的灾祸要从此开始了。”姚崇说：“本来参与讨逆，不想论功，然侍奉太后久了，因此为离开旧主而哭泣，这是人臣最后的气节，因此获罪我心甘情愿。”不久出任亳州刺史。后来五王被害，惟独姚崇免祸。历任宋、常、越、许四州刺史。睿宗即位，官拜兵部尚书、同中书门下三品，晋升中书令。

玄宗为太子时，太平公主干政，宋王李成器等分掌闲厩、禁兵。姚崇与宋璟建议请公主移居洛阳，让诸王出任刺史，以安人心。皇帝告诉公主，公主大怒。太子恐惧，就上疏说姚崇等人离间王室，请求降罪，姚崇被贬为申州刺史。又调任徐、潞二州刺史，后升为扬州长史。姚崇为政简约整肃，人们为他立碑颂德。

他后来改任同州刺史。

先天二年（713），玄宗在新丰讲武。旧例，天子巡幸，三百里以内的州郡长官，都要到行宫拜见。当时皇帝也私下召见姚崇，姚崇到时，皇帝正在渭河岸边打猎，立即召见。皇帝说："爱卿懂狩猎么?"姚崇说："臣年轻时曾练习过。臣二十岁时住在广成泽，以驱鹰捕兽为乐。张憬藏说臣应当位居宰相，辅佐皇上，不要自毁前程。所以就收敛逸心，奋发读书，于是忝位将相。然而年轻时曾为猎手，老了还能打猎。"皇帝大悦，一起追逐狩猎，快慢都能按照皇上的要求，皇帝很尽兴。狩猎结束后，皇帝就向姚崇咨询天下大事，姚崇滔滔不绝，不知疲倦。皇帝说："爱卿应该辅佐朕。"姚崇知道皇帝胸怀宽广，于是就想先以事例坚定皇帝的意志，就佯装不谢恩，皇帝很奇怪。姚崇于是跪奏："臣愿意报告十件事情，陛下如果觉得不能施行，臣请求辞官。"皇帝说："那就说说吧。"姚崇说："垂拱以来，都是用严酷的法令约束臣子；臣希望先实行仁爱宽容的政治，可以么?朝廷远征青海，全军覆没，却没有悔悟之意；臣希望不要心存侥幸以求边功，可以么?近来奸佞犯法，都因宠没有获罪；臣希望法令实施从近臣开始，可以么?太后临朝，诏令都出自宦官之口；臣希望宦官不干预朝政，可以么?外戚献财以媚皇上，地方官也争相效仿；臣希望杜绝租赋之外的所有进献，可以么?外戚公主相继专权，朝官次序芜杂；臣请求外戚不任台省之职，可以么?先朝轻慢大臣，有损君臣之威严；臣希望陛下礼遇大臣，可以么?燕钦融、韦月即将因忠获罪，会使诤臣灰心丧气；臣希望群臣都能够触犯君颜，直言不讳，可以么?武后造福先寺，太上皇造金仙、玉真两观，耗资达百万之巨；臣请求禁绝营造道观寺庙，可以么？汉代吕禄、王莽、阎显、梁冀为乱天下，我朝更甚；臣希望将此鉴戒作为万代之法，可以么？”皇上说：“朕能施行。”姚崇叩谢。第二天，姚崇官拜兵部尚书、同中书门下三品。后进封梁国公。又升任紫微令。他坚决不接受实封，于是停止旧封，赐与新封一百户。

中宗时，近戚奏请度人为僧尼，富裕人家的壮丁借此得以逃避赋役。这时，姚崇建议：“崇信佛祖不在外表，而在内心。行事有益，普度苍生，这就是佛理。怎么能用奸人扰乱真教？”皇上很赞赏，诏令天下裁减僧尼，还俗务农的有一万二千人。

姚崇曾经在皇帝面前排定选定的郎吏，皇帝左顾右盼，不表态。姚崇很害怕，再三陈说，仍不回答，姚崇急忙退出。内侍高力士说：“陛下刚即位，应该与大臣裁决事情。现在姚崇一再进言，陛下始终不应，不是虚心纳谏的君主。”皇帝说：“朕把政事委任给姚崇，大事朕自会参与决断，至于选用郎吏这样的小事，姚崇难道不能做主而反复烦劳朕么？”姚崇听说后才安心。于是姚崇进用贤良斥退小人，天下得到治理。

开元四年（716），山东遭受严重蝗灾，百姓对着蝗虫祭拜，坐视蝗虫咬啮禾苗也不敢捕杀。姚崇上奏说：“《诗经》说：‘捉住那些害虫，投进烈火中。’汉光武下诏说：‘尽力顺应时令，劝勉督促农桑。除去那些螟蜮和蟊贼。’这是应该消灭蝗虫的证据。况且蝗虫怕容易被驱赶，另外田地都有主人，让他们救自己的土地，定会不辞辛劳。请求夜里点火，火堆旁挖坑，边烧边埋，蝗虫就可以灭绝。古代也有消灭蝗虫没有胜利的，那只不过是人们没有尽力罢了。”于是派御史担任捕蝗使，分道捕杀蝗虫。汴州刺史倪若水上奏：“消除天灾应当用德行，从前刘聪消灭蝗虫没有成功反而危害更甚。”抵制御史之命。姚崇写信责备他说：“刘聪是伪主，所以德不能胜妖妄，而现在是妖妄不能胜德。古代如果郡守贤良，蝗虫就会避开他的辖境，可谓修德免祸，莫不是因你少德而导致蝗害？而今坐视蝗虫吞噬秧苗，狠心不救，如果造成饥荒，这还叫什么刺史？”倪若水害怕，这才大肆捕杀，得蝗虫十四万石。当时议论纷纷，皇帝疑惑，又问姚崇，姚崇说：“平庸的读书人拘泥于文字不知道变通。事情本来有不合经义而合乎道理的，有不合道理而应当权变的。以前曹魏时山东蝗灾，初期不灭，以至后来人相食；后秦遇蝗灾，草木都吃完了，以致牛马饿得互相撕咬皮毛。现在蝗虫到处都是，加上繁衍不息，况且黄河南北地区百姓没有储备粮食，一旦没有收成就会流离失所，这事涉及国家的安危。况且纵然不能彻底剿除蝗虫，难道不好过喂养他们而留下的祸患么？”皇帝认为他说的对。黄门监卢怀慎说：“天灾怎么可以用人力消除呢！况且捕杀很多，必然损伤和气。请您考虑。”姚崇说：“昔日楚王吞吃蚂蟥而治愈厥病，孙叔敖斩蛇而福祉降临。而今蝗虫幸好还可驱除，如果放纵不管，庄稼都将被吃光，百姓怎么办？杀虫救人，灾祸降于姚崇，不会连及您的！”蝗灾最后平息。

当时，皇帝刚刚亲政，从早到晚处理政事。其他宰相畏惧皇威，都谦恭畏缩，唯独姚崇能够辅帝裁决，得以专权。姚崇的宅第偏远，所以就近居于客栈。恰逢卢怀慎去世，姚崇患病告假，凡遇大事，皇帝必让源乾曜去姚府咨询。源乾曜所奏如果好，皇帝就说：“这一定是姚崇谋划的。”有不合适的，皇上就说：“怎么不问姚崇？”源乾曜就谢罪说没有问，这才算了。皇帝想让姚崇离自己近些，就下诏让他迁四方馆住，每日遣人问候饮食起居，良医、御膳接踵而来。姚崇认为馆舍奢华宽敞，不敢居住。皇帝派人对姚崇说："恨不得让爱卿住在宫中，这有什么不行的?"很久以后，紫微史赵诲接受少数民族头领贿赂，当处死。姚崇素来亲近倚重他，上奏请求减罪，皇帝不高兴。当时特赦京师罪犯，惟独赵诲不免。姚崇十分惶恐，上奏辞去宰相，推荐宋璟取代，于是授姚崇开府仪同三司，罢免政事。

皇帝将要临幸东都，太庙房舍无故毁坏，皇帝询问宰相，宋璟、苏颋都回答说："陛下的三年服丧期未终，不可以出行。房屋坍塌，是上天的教导和训诫，陛下应停止东巡，修养德行以应对天谴。"皇帝询问姚崇，姚崇回答说："臣听说隋朝在苻坚故殿的基址上修建太庙，而我朝又沿用隋朝的太庙。山都能朽坏崩裂，又何况木料年代久了自然会被蠹。只不过毁坏的时间与陛下出行日期凑巧一致而已，并不是因为出行而毁坏。况且陛下是因为关中遭遇饥荒，输送粮饷以慰劳百姓，才临幸东都，这是为百姓而不是为自己。百官已经做好准备，所需物品也已齐备，请求皇上如期出行。旧的太庙很难修复完好，何不把神主安置在太极殿？重新建造新庙，昭示虔诚供奉之心，这是大孝之德呀。"皇帝说："爱卿之言正合朕意。"赏赐姚崇绢二百匹，诏令主管部门遵照姚崇所说，天子于是东行。下诏姚崇五天参见一次，并入阁供奉。

开元八年（720），姚崇授任太子少保，因病没有接受。第二年去世，享年七十二。追赠扬州大都督，谥号"文献"。十七年，追赠太子太保。

姚崇分配家产，使每个儿子都有一份。遗令说：

"近来看见官宦的后代多贫困，以至于斤斤计较，不论是非曲直，都会受到人们的嘲笑诋毁。田宅水磨本来是共有财产，然而因相互推诿依赖而废弃。陆贾、石苞都是古代的通达之人，也是生前分定财产，以避免子孙相争。

“从前杨震、赵咨、卢植、张奂都认同薄葬，知道魂魄离开身体，腐朽越快越好。大凡厚葬之家都流于世俗，把奢侈糜费作为孝，使死者戮尸暴骸，岂不让人痛心！死者没有知觉，自然如同粪土，何必烦劳厚葬；假使他有知觉，而灵魂不在棺椁，又何必破费资财炫耀奢华？我死后，用平常的衣服入殓，四季衣服各一套。我生性不喜欢官服，不要葬入。紫衣玉带，已经足够了。

“现在的佛经，是鸠摩罗什翻译的，姚兴与他对着翻译，然而姚兴活得不长，国家也随之灭亡。梁武帝当了寺奴，北齐胡太后把六宫之地作为道场，他们都国破家亡。近年孝和皇帝派遣使者赎生，太平公主、武三思等度人造寺，然而他们都被杀戮，被天下耻笑。五帝时，父亲不葬孩子，兄长不哭弟弟，都修德长寿，没有早死的。到了三王时期，国运长久，臣下彭祖、老聃都长寿，这时候还没有佛，难道长寿是抄经铸像的力量么？因为丧亡而抄经造像，为死者求福。死亡是生命之常，自古不能避免，那么抄经与造像有什么用呢？儿辈们千万不要这样！”

姚崇尤其擅长为官之道，裁断政务不拖延。三次担任宰相，长期兼任兵部长官，所以对于驻防之地的哨所、兵马、武器储备都记在心里。唐玄宗刚即位时，对元老旧臣加以上宾之礼，特别礼遇姚崇，常在便殿召见，一定起身迎接，临轩相送，别的宰相不能相比。当时正值权贵外戚干政之后，纲纪遭到破坏，以至先天末年，宰相达十七人，台省要职更是不计其数。姚崇常常要求主管部门罢免冗官，完善制度，择用百官各尽其材，请求不要增广佛道，不要频繁调动官吏。从此天子可以要求臣下，而权力复归皇上。

然而姚崇善于权术。例如在同州任官时，张说因为旧怨，挑拨赵彦昭弹劾姚崇。等到姚崇位居宰相，张说恐惧，暗中拜谒岐王，向姚崇表示友好。姚崇某日在朝，百官疾步退出，姚崇拖着脚像有病的样子，皇帝召见问他，姚崇回答说："臣的脚受伤了。"皇上问："不太疼吧？"姚崇说："臣心中有忧愁，痛不在脚。"皇上问他原因，姚崇说："岐王是陛下的爱弟，张说是辅臣，却秘密乘车出入岐王府，臣担心岐王被他所误，故而担忧。"于是贬张说为相州刺史。魏知古，是姚崇所引荐，等到一同为官，姚崇有些轻视他，让他代理吏部尚书，主持东都选官，魏知古心存怨恨。当时姚崇的两个儿子在洛阳，有宾客间互相馈赠，凭旧交情相托之事。魏知古回朝后，把这些都报告给了皇上。一天，皇帝召见姚崇说："爱卿的儿子才能好么，都在哪儿？"姚崇揣摩到皇帝的意思，说："臣的二子分别在东都任官，他们为人欲望多而不谨慎，一定曾有事求过魏知古。"皇帝起初以为姚崇会偏袒其子，可能要替他们掩饰，就暗中以话语试探他。等听姚崇这么说，皇上很高兴，就问他："你是怎么知道的？"姚崇说："魏知古是臣举荐的，臣的儿子一定认为他会感恩而对他有所求。"皇帝于是偏爱姚崇心中无私而鄙视魏知古，想要贬斥他。姚崇说："是臣的儿子不检点，扰乱陛下之法，却放逐魏知古，别人一定认为陛下偏爱臣。"于是作罢，然而最终贬魏知古为工部尚书。

姚崇原名姚元崇，因为与突厥叱剌同名，武后时以字行世；到开元之世，为避皇帝年号，改用今名。姚崇有三个儿子：姚彝、姚异、姚弈，都官至卿、刺史。

【评述】

姚崇曾任武后、睿宗、玄宗三朝宰相兼兵部尚书，是唐玄宗“开元盛世”的重要人物。他辅佐朝廷，革除旧弊，是中国历史上著名的“贤相”。

他尊崇儒家的经世济民思想，深刻总结历史经验和教训，提出了“为政以公、勤政爱民、廉慎、教化、以身作则”等吏治思想，迎合了当时的社会需要，再加上玄宗和姚崇本人等的身体力行，到开元初年，基本上扭转了中宗以来的不良风气，为之后的社会发展打下了坚实的基础。

姚崇才智不凡，直言敢谏，精通吏道，提倡廉洁，关心民众疾苦，注意发展生产。他以“十事”做为施政纲领，辅佐玄宗进行了一系列的政治改革：引荐贤者，裁汰冗员；抑权贵，黜罢不肖。此后官吏各尽其职，改变了过去“宰相十几人，台省要职不可数”的情况，提高了效率，出现了“天子责成于下，而权归于上”的局面。

姚崇不但是一个具有雄才大略的政治家，还是一个不屈不挠、勇于牺牲的伟大实践家；不但是一个伟大改革家，还是一个以人为本的唯物论者。他以国家兴亡为重，以黎民冷暖为重，不管是儒家的“天人感应论”、还是佛教的“修福报应”之说，只要妨碍了人民的安危，统统不放在眼中。姚崇去世前，他还给子孙留下遗嘱：不准崇佛敬道，不准为他厚葬，只穿平常的衣服入葬。表面上是体现出他正确的唯物论，深层则体现出一代贤相对国家、人民命运的关怀。

姚崇在吏治思想和实践等方面做出的卓越贡献，不仅为当时的人们景仰，后代的历史学家、政治家也都给予了很高的评价。司马光评论说："姚（崇）宋（璟）相继为相，崇善应变成务，璟善守法持正。二人志操不同，然协心辅佐，使赋役宽平，刑法清省，百姓富庶。唐代贤相，前称房（玄龄）杜（如晦），后称姚宋，他人莫得比焉。"（《资治通鉴》卷二一一）毛泽东在阅读了《新唐书·姚崇传》之后，也批注说："大政治家、唯物论者姚崇。"还赞扬姚崇的"十事要说"："如此简单明了的十条政治纲领，古今少见"（《毛泽东读文史古籍批语集》，中央文献出版社1993年版）。姚崇勤政爱民、为政以公的吏治思想直到今天仍熠熠生辉。

（李红英注译　庄颖评述）

宋 璟

【原文】

宋璟，邢州南和人，其先自广平徙焉，后魏吏部尚书弁七代孙也。父玄抚，以璟贵，赠邢州刺史。璟少耿介有大节，博学，工于文翰。弱冠举进士，累转凤阁舍人，当官正色，则天甚重之。长安中，幸臣张易之诬构御史大夫魏元忠有不顺之言，引凤阁舍人张说令证之。说将入于御前对覆，惶惑迫惧，璟谓曰："名义至重，神道难欺，必不可党邪陷正，以求苟免。若缘犯颜流贬，芬芳多矣。或至不测，吾必叩阁救子，将与子同死。努力，万代瞻仰，在此举也。"说感其言。及入，乃保明元忠，竟得免死。

璟寻迁左御史台中丞。张易之与弟昌宗纵恣益横，倾朝附之。昌宗私引相工李弘泰观占吉凶，言涉不顺，为飞书所告。璟廷奏请穷究其状，则天曰："易之等已自奏闻，不可加罪。"璟曰："易之等事露自陈，情在难恕，且谋反大逆，无容首免。请勒就御史台勘当，以明国法。

易之等久蒙驱使，分外承恩，臣必知言出祸从，然义激于心，虽死不恨。”则天不悦。内史杨再思恐忤旨，遽宣敕令璟出。璟曰：“天颜咫尺，亲奉德音，不烦宰臣擅宣王命。”则天意稍解，乃收易之等就台，将加鞫问。俄有特敕原之，仍令易之等诣璟辞谢，璟拒而不见，曰：“公事当公言之，若私见，则法无私也。”

璟尝侍宴朝堂，时易之兄弟皆为列卿，位三品，璟本阶六品，在下座。易之素畏璟，妄悦其意，虚位揖璟曰：“公第一人，何乃下座？”璟曰：“才劣品卑，张卿以为第一人，何也？”当时朝列，皆以二张内宠，不名官，呼易之为五郎，昌宗为六郎。天官侍郎郑善果谓璟曰：“中丞奈何呼五郎为卿？”璟曰：“以官言之，正当为卿；若以亲故，当为张五。足下非易之家奴，何郎之有？郑善果一何懦哉！”其刚正皆此类也。自是易之等常欲因事伤之，则天察其情，竟以获免。

神龙元年，迁吏部侍郎。中宗嘉璟正直，仍令兼谏议大夫、内供奉，仗下后言朝廷得失。寻拜黄门侍郎。时武三思恃宠执权，尝请托于璟，璟正色谓之曰：“当今复子明辟，王宜以侯就第，何得尚干朝政？王独不见产、禄之事[1]乎？”俄有京兆人韦月将上书讼三思潜通宫掖，将为祸患之渐，三思讽有司奏月将大逆不道，中宗特令诛之。璟执奏请按其罪状，然后申明典宪，月将竟免极刑，配流岭南而死。

中宗幸西京，令璟权检校并州长史，未行，又带本官检校贝州刺史。时河北频遭水潦，百姓饥馁，三思封邑在贝州，专使征其租赋，璟又拒而不与，由是为三思所挤。又历杭、相二州刺史，在官清严，人吏莫有犯者。

中宗晏驾，拜洛州长史。睿宗践祚，迁吏部尚书、同中书门下三品。玄宗在春宫，又兼右庶子，加银青光禄大夫。先是，外戚及诸公主干预朝政，请托滋甚。崔湜、郑愔相次典选，为权门所制，九流失叙，预用两年员阙注拟，不足，更置比冬选人，大为士庶所叹。至是，璟与侍郎李乂、卢从愿等大革前弊，取舍平允，铨综有叙。

时太平公主谋不利于玄宗，尝于光范门内乘辇伺执政以讽之，众皆失色。璟昌言曰："东宫有大功于天下，真宗庙社稷之主，安得有异议！"乃与姚崇同奏请令公主就东都。玄宗惧，抗表请加罪于璟等，乃贬璟为楚州刺史。无几，历魏兖冀三州刺史、河北按察使。迁幽州都督、兼御史大夫。寻拜国子祭酒，兼东都留守。岁余，转京兆尹，复拜御史大夫，坐事出为睦州刺史，转广州都督，仍为五府经略使。广州旧俗，皆以竹茅为屋，屡有火灾。璟教人烧瓦，改造店肆，自是无复延烧之患，人皆怀惠，立颂以纪其政。

开元初，征拜刑部尚书。四年，迁吏部尚书，兼黄门监。明年，官名改易，为侍中，累封广平郡公。其秋，驾幸东都，次永宁之崤谷，驰道隘狭，车骑停拥，河南尹李朝隐、知顿使[②]王怡并失于部伍，上令黜其官爵。璟入奏曰："陛下富有春秋，方事巡狩，一以垫隘，致罪二臣，窃恐将来人受艰弊。"于是遽令舍之。璟曰："陛下责之，以臣言免之，是过归于上而恩由于下。请且使待罪于朝，然后诏复其职，则进退得其度矣。"上深善之。

俄又令璟与中书侍郎苏颋为皇子制名及封邑，并公主等邑号。璟等奏曰："王子将封，三十余国，周之麟趾，汉之犬牙，彼何足云，于斯为盛。窃以郯、郏王等傍有古邑字，臣等以类推择，谨件三十国名。又王子先有名者，皆上有'嗣'字，又公主邑号，亦选择三十美名，皆文不害意，言足定体。又令臣等别撰一佳名及一美邑号者。七子均养，百王至仁，今若同等别封，或缘母宠子爱，骨肉之际，人所难言，天地之中，典有常度。昔袁盎降慎夫人[③]之席，文帝竟纳之，慎夫人亦不以为嫌，美其得久长之计。臣等故同进，更不别封，上彰覆载无偏之德。"上称叹之。

七年，开府仪同三司王皎卒，及将筑坟，皎子驸马都尉守一请同昭成皇后父窦孝谌故事，其坟高五丈一尺。璟及苏颋请一依礼式，上初从之。翌日，又令准孝谌旧例。璟等上言曰：

"夫俭，德之恭；侈，恶之大。高坟乃昔贤所诫，厚葬实君子所非。古者墓而不坟，盖此道也。凡人子于哀送之际，则不以礼制为思。故周、孔设齐斩缌免之差，衣衾棺椁之度，贤者俯就，私怀不果。且苍梧之野，骊山之徒，善恶分区，图史所载。众人皆务奢靡而独能革之，斯所谓至孝要道也。中宫若以为言，则此理固可敦谕。

“在外或云窦太尉坟甚高，取则不远者。纵令往日无极言，其事偶行，令出一时，故非常式。又贞观中文德皇后嫁所生女长乐公主，奏请仪注加于长公主，魏徵谏云：‘皇帝之姑姊为长公主，皇帝之女为公主，既有“长”字，合高于公主。若加于长公主，事甚不可。’引汉明故事云：‘群臣欲封皇子为王，帝曰：“朕子岂敢与先帝子等。”’时太宗嘉纳之，文德皇后奏降中使致谢于徵。此则乾坤辅佐之间，绰有余裕。岂若韦庶人父追加王位，擅作酆陵，祸不旋踵，为天下笑。则犯颜逆耳，阿意顺旨，不可同日而言也。

“况令之所载，预作纪纲，情既无穷，故为之制度，不因人以摇动，不变法以爱憎。顷谓金科玉条，盖以此也。比来蕃夷等辈及城市闲人，递以奢靡相高，不将礼仪为意。今以后父之宠，开府之荣，金穴玉衣之资，不忧少物；高坟大寝之役，不畏无人。百事皆出于官，一朝亦可以就。而臣等区区不已以闻，谅欲成朝廷之政，崇国母之德，化浃寰区，声光竹素。倘中宫情不可夺，陛下不能苦违，即准一品合陪陵葬者，坟高三丈已上，四丈已下，降敕将同陪陵之例，即极是高下得宜。”

上谓璟等曰："朕每事常欲正身以成纲纪，至于妻子，情岂有私？然人所难言，亦在于此。卿等乃能再三坚执，成朕美事，足使万代之后，光扬我史策。"乃遣使赍彩绢四百匹分赐之。

先是，朝集使每至春将还，多有改转，率以为常，璟奏请一切勒还，绝其侥求之路。又禁断恶钱，发使分道检括销毁之，颇招士庶所怨。俄授璟开府仪同三司，罢知政事。明年，京兆人权梁山构逆伏诛，制河南尹王怡驰传往长安穷其枝党。怡禁系极众，久之未能决断，乃诏璟兼京兆留守，并按覆其狱。璟至，惟罪元谋数人，其余缘梁山诈称婚礼因假借得罪及胁从者，尽奏原之。十二年，驾又东巡，璟复为留守。上临发，谓璟曰："卿国之元老，为朕股肱耳目。今将巡洛邑，为别历时，所有嘉谟嘉猷④，宜相告也。"璟因极言得失，特赐彩绢等，仍手制曰："所进之言，书之座右，出入观省，以诫终身。"其见重如此。俄又兼吏部尚书。

十七年，迁尚书右丞相，与张说、源乾曜同日拜官。敕太官设馔，太常奏乐，于尚书都省大会百僚。玄宗赋诗褒述，自写与之。二十年，以年老上表曰：

"臣闻力不足者，老则更衰；心无主者，疾而尤废。臣昔闻其语，今验诸身，况且兼之，何能为也。臣自拔迹幽介，钦属盛明，才不逮人，艺非经国。复以久承驱策，历参试用，命偶时来，荣因岁积。遂使再升台座，三入冢司，进阶开府，增封本郡。所更中外，已紊彝章，逮居端揆，左叨名职。何者？丞相官师之长，任重昔时；愚臣衰朽之余，用惭他日。位则愈盛，人则浸微，尽知其然，何居而可？顷僶俛从政，苍黄不言，实怀覆载之德，冀竭涓尘之效。今积羸成惫，沈锢莫瘳，耳目更昏，手足多废。顾惟殒越，宁遂宿心？安可以苟徇大名，仍尸重禄，且留章绶，不上阙庭。仪刑此乖，礼法何设？伏惟陛下审能以授，为官而择，察臣之恳词，矜臣之不逮，使罢归私第，养疾衡门，上弭官谤，下知死所。则归全之望，获在愚臣；养老之恩，成于圣代。日暮途远，天高听卑，瞻望轩墀，伏深感恋。谨奉表陈乞以闻。”

手敕许之，仍令全给禄俸。璟乃退归东都私第，屏绝人事，以就医药。二十二年，驾幸东都，璟于路左迎谒，上遣荣王亲劳问之，自是频遣使送药饵。二十五年薨，年七十五，赠太尉，谥曰“文贞”。

选自《旧唐书》卷九十六《宋璟传》

【注释】

①产、禄之事：产、禄即汉高祖吕后之侄吕产、吕禄。汉惠帝逝世，吕后开始临朝专权，任命吕产和吕禄为将，统领南北军，后二人独揽专权，并谋划叛乱，被周勃等人铲除。

②知顿使：唐代官名，亦称置顿使。掌管皇帝出行时沿途食宿事务。

③慎夫人：邯郸人，生卒年、家世不详。汉文帝刘恒的宠妾，史称慎夫人，有美色，能歌舞，擅鼓瑟。

④嘉猷（yóu）：治国的好规划。

【译文】

宋璟是邢州南和人，祖先从广平迁移至此。他是北魏时期吏部尚书宋弁的第七代孙，因为宋璟后来地位显贵，父亲宋玄抚被追赠为邢州刺史。少年的宋璟为人耿介，很有气节，学识也很广博，在文学方面尤其擅长。二十岁时，宋璟便考中进士，后多次晋升直至凤阁舍人。他做官正直本色，深受武则天的器重。长安中期，武则天的宠臣张易之诬告御史大夫魏元忠有逆反言论，并招凤阁舍人张说为他做证。张说将要入朝在皇帝面前对质，心中既迷惑惶恐又惧怕，宋璟于是对他说："名誉气节至关重要，神明天道也难以欺骗，一定不能与奸邪之人结党来陷害忠良，以此求得自身的苟且幸免。即便因此触犯龙颜而遭到流放贬官，也会多留美名。如果真的遇到不测之事，我一定会叩见圣上救你，与你一同赴死。用尽全力争取，求得万代赞扬的美名在此一举。"张说深受宋璟的感动，入朝之后便力保魏元忠的清白，最终使魏元忠免于一死。

后来宋璟官升至左御史台中丞。张易之和弟弟张昌宗肆意纵奢、日益骄横，朝野上下都攀附他们。张昌宗私下里招来卜士李弘泰占卜，言谈中流露出叛逆的想法，后被匿名信所告发。宋璟在朝廷上奏请查清此事，武则天说："张易之等人已经亲自向我上奏，不应该治罪。"宋璟说："张易之等人在事情败露之后才进行陈白，这种情况实在难以饶恕，况且谋反是大逆不道，不能因为自首而免除惩罚。请求圣上勒令御史台审问核查，申明国法。张易之等人长期受圣上差遣，并受到格外恩宠，我知道这些话说出来，灾祸一定跟随而来，但是正义在心中激荡，即使死去也不悔恨。”武则天感到不高兴。内史杨再思害怕宋璟会忤逆圣旨，急忙宣告敕书让宋璟退朝。宋璟说：“圣上的容颜近在咫尺，我要亲耳听到皇帝的诏令，不用劳烦宰相擅自宣布皇帝的命令。”武则天心情略微缓解了一些，于是拘押张易之等人到御史台，要对他们加以审问。没过多久，恰逢特赦就赦免了他们，还让张易之等人到宋璟那里道歉，宋璟拒绝不见，说：“公事就应公开讲，像这样私下见面是不对的，国家的法律没有私情可言。”

有一次宋璟在朝堂陪宴，当时张易之、张昌宗兄弟都身为列卿，位居三品，宋璟的官阶是六品，坐于他们之后。张易之向来害怕宋璟，想取悦宋璟，于是让出自己的座位对他作揖说：“您为朝中第一人，为何要坐在后面?”宋璟说：“我才疏学浅、官品卑微，为何张卿认为我是第一人?”那时朝廷诸官，都因为张易之、张昌宗受武则天的宠幸，不称其官名，而称呼张易之为五郎，称张昌宗为六郎。天官侍郎郑善果对宋璟说：“中丞为什么称呼五郎为‘卿’?”宋璟说：“用官名称呼他，本应当为‘卿’；如果是亲戚的缘故，应当呼为‘张五’。我并非张易之的家奴，为何称其为‘郎’？郑善果你是多么懦弱啊!”宋璟的刚毅正直正是如此。从那以后张易之等人常常想用一些事诋毁他，武则天体察到其中的实情，最终未降罪于他。

神龙元年（705），宋璟任吏部侍郎。唐中宗十分赞赏他的正直，于是让他兼任谏议大夫、内供奉，下朝之后可与皇上谈论朝廷政绩得失。不久被任命为黄门侍郎。那时武三思依仗着宠爱执掌大权，曾以私事请托于宋璟，宋璟严肃地对他说："如今政权归还给明君，王公应该以侯爵开府第，怎能继续干涉朝政呢？难道您不知道吕产、吕禄的故事吗？"那时又有京兆人韦月将上书控告武三思暗地里私通宫中，将要导致祸患，武三思于是指使官员奏告韦月将大逆不道，唐中宗特意下令诛杀韦月将。宋璟坚持上奏请求考察他的罪证，之后又郑重地说明典章制度，韦月将终于免于极刑，被发配流放到岭南后死去。

唐中宗巡幸西京，让宋璟担任检校并州长史，还未上任，又带原官检校贝州刺史。当时河北频繁遭到水灾，百姓忍饥受饿，武三思的封地在贝州，他专门令人征收那里的租赋费用，宋璟又一次拒绝不给，于是被武三思所排挤。后来宋璟又历任杭州、相州刺史，为官期间清廉严格，百姓和官吏中都没有犯法之人。

唐中宗去世之后，宋璟被任命为洛州长史。唐睿宗登基后，他升迁至吏部尚书、同中书门下三品。唐玄宗当时为太子，宋璟又兼任右庶子，外加银青光禄大夫。在此之前，外戚以及各位公主干涉朝政，相互徇私之事非常多。崔湜、郑愔相继掌管人才选拔的事务，被权贵豪门所控制，九流次序混乱，已经提前把两年的官员名额都注拟录用了，不够，又安排在每年冬天选官，士大夫们对此非常忧闷。到这时，宋璟与侍郎李乂、卢从愿等人对之前的弊端大刀阔斧地进行改革，对制度的取舍公平适当，选拔人才也十分有序。

当时太平公主图谋不利于玄宗之事，曾在光范门内乘车等待睿宗，然后进行讽谏，众人都惊恐得脸色发白。宋璟无所忌惮地说："太子对天下立有大功，的确是宗庙社稷之主，怎能有异议！”于是与姚崇一起上奏请求让公主去东都。玄宗害怕，向皇帝上奏章请求治宋璟等人的罪，皇上于是将宋璟贬为楚州刺史。不久，宋璟又历任魏州、兖州、冀州刺史，河北按察使。后任至幽州都督、兼任御史大夫。不久又被任命为国子祭酒，兼任东都留守。过了一年，转为京兆尹，重新任命为御史大夫，后因事获罪贬为睦州刺史，转为广州都督，仍任五府经略使。广州传统的生活习俗，都用竹子、茅草建造房屋，屡次发生火灾。于是宋璟教百姓烧制砖瓦，改造商店肆坊，从那以后再也没有失火的祸患，百姓都将他的恩惠感怀于心，为他做颂来纪念他的政绩。

开元初，宋璟被征召为刑部尚书。开元四年（716），任吏部尚书，兼任黄门监。第二年，官名更改，他身为侍中，又被封为广平郡公。那年秋天，唐玄宗巡幸东都，走到永宁的山谷中，驰道变得狭窄并有阻碍，车马停滞拥挤，河南尹李朝隐、知顿使王怡一同与队伍走散，玄宗命令撤销他们的官爵。宋璟上奏说：“陛下年轻力壮，刚刚开始巡狩四方，便因为道路狭窄，使两位大臣获罪，臣害怕以后遭受艰难。”于是唐玄宗马上赦免了他们。宋璟说：“陛下治罪于他们，又因为臣下的话赦免了他们，这是将过错归于圣上而恩泽归属于臣下。希望暂且让他们在朝中等候治罪，之后再下诏恢复他们的官职，这样进退就能有度了。”唐玄宗非常赞赏。

而后唐玄宗又让宋璟和中书侍郎苏颋为皇子和公主定制属地和名号。宋璟等人上奏说：“需要分封的王子有三十多个。周代皇族子孙昌盛如麟趾，汉代如犬牙，那些就不容赘述了。到如今皇族子孙更加昌盛。臣认为‘郯’、‘郏’等表王邑的字都有偏旁‘邑’，照这样推敲选择，慎重地列出三十个封国的名号。王子已经有了名号的，则在名号上加‘嗣’字，公主封邑的名号，也选择了三十个好听的名字，都是文不害意、言能立体。皇上还要让我们另外撰写一个好名字和一个好封邑名号。这么多王子都应培养，让他们都能达到仁者的境界，如果现在同一等级却要另外封名，或是因为母亲受宠，孩子因此受到偏爱，这种骨肉之情旁人难以评说，但天地之间，典章是有度的。汉代袁盎降低慎夫人的坐席，汉文帝最终接受意见，慎夫人也没有因此不满意，反而赞美这种长久之计。所以我们也这样进言，不要另外封名，以彰显圣上包含万物无所偏袒的美德。”唐玄宗对此十分称赞。

开元七年（719），开府仪同三司王皎去世，等到将要为他建造坟墓的时候，王皎的儿子驸马都尉王守一请求和唐睿宗昭成皇后父亲窦孝谌的坟墓规格一样，坟高有五丈一尺。宋璟和苏颋请求应一律依照礼制行事，唐玄宗开始听从了他们的意见。第二天，却又下令允许按照过去窦孝谌的规格。宋璟等人上奏说：

“节俭是一种美德；奢侈是一种大错。历代前贤都规劝人们不要修高大的坟冢，厚葬也是有德行的人所反对的。古代的人死后只有墓但不修坟，就是这个道理。死者后代在送别亲人的哀伤之时，都不去考虑礼制。所以周王、孔子设定服丧期、丧服、装殓死者的衣被和棺材的等级，有品德的人降格相从，个人悲伤的心情最终也不能落到实处。况且黎民百姓与因罪服役的人，善和恶都将在历史中记录。所有人都追求奢侈浪费而自己能摒除，这才是至孝要道。皇后如果能这样认为，那么这个道理就能够起到劝勉的作用。

“外界有人认为窦太尉的坟过高，取法不远。即使在往日也没有这样极力主张的，这样的事情只是偶然出现，决定只是出于一时，不是通常的制度。再如贞观年间文德皇后的女儿长乐公主出嫁，上奏请求礼仪高于长公主，魏徵谏言：‘皇帝的姑姊是长公主，皇帝的女儿是公主，既然有“长”字，就应当高于公主。如果比长公主更高，这种事万万不可。’然后他又引汉明帝之事说：‘很多大臣想封皇子们为王，皇帝说：“我的孩子们怎能和先帝的孩子们享受同等待遇?”’当时唐太宗对魏徵非常赞赏并接纳了他的意见，文德皇后奏请对魏徵表示歉意。这就说明为臣之道在于在天地间极尽辅佐的义务，能够使得国家财力有所富余。怎能像韦庶人那样，为父亲追加为王，擅自修建酆陵，很快就招致祸事，被天下取笑。所以说冒犯龙颜进谏忠言，与顺从圣意阿谀奉承，不能同日而语。

“况且载入法令就是准备作为纲纪的，因为人的感情是没有穷尽的，所以为它定立制度，不因人的意志而动摇，也不能因为爱憎之情改变法律。当时称为金科玉律，大概就是因为这个。近来周边少数民族以及都市中没有什么事情的人，都相互攀比奢侈腐靡的生活，不注重礼仪。现在凭借皇后父亲这种受宠的地位，宰相的荣耀，金屋美衣之物一定不少；高大坟墓的修建也不怕没有人服役。所有的事情都由官府承担，一朝一日就可以完成。但臣等上奏不止，认为应当成就朝廷的政绩，使皇后的德行崇高，将它们融入天地间，光耀史册。倘若皇后的意志不能改变，圣上也不能违背，那就规定一品符合陪葬的坟高三丈以上、四丈以下，下诏与陪陵的礼制相同，这样就可以使高低等级都比较适宜。”

唐玄宗对宋璟等人说：“我每次遇到事情都希望端正自己来成就纲纪，对于妻子儿女，怎能有偏私呢？但是人比较难的地方也就在这里。你们能再三坚持，成就我做好事，这足以在万代史书中得到称赞。”于是派人送来四百匹彩绢分别赐予他们。

过去，朝集使每年到春天的时候就要返回，其中很多都改去别的地方，大家都习以为常，于是宋璟上奏请求勒令所有的人返回，断绝他们非分贪求之路。并且禁断质量低劣的钱币，遣使分到各处进行检查销毁，这些都遭到士大夫等的埋怨。不久朝廷任命宋璟为开府仪同三司，免去知政事。第二年，京兆人权梁山因逆谋被诛杀，皇帝派河南尹王怡飞速前往长安查清他的枝党。王怡监禁了很多人，但过了很久都没有能够决断，于是皇帝又派宋璟兼任京兆留守，一同审查核实这个案件。宋璟到京兆后，只对主谋的几个人定了罪，其他那些因为权梁山诈称婚礼而送给他财物的人以及被迫参与的人，全都奏请放了他们。开元十二年(724)，唐玄宗再次东巡，宋璟再次担任留守。唐玄宗临走之前，对宋璟说：“爱卿是国家的元老，犹如我自己的身体一样重要。现在朕要巡查洛邑，将要与你分开一段时间，你有治国良策一定要告诉我。”宋璟因此详尽谈论朝政得失，唐玄宗特意赐给他彩绢等物，还亲笔下诏说：“所进谏的言论，都将写在座位上，朕每天出入都会反观内省，终身告诫自己。”由此可以看出唐玄宗对宋璟的器重。不久又命他兼任吏部尚书。

开元十七年（729），宋璟任尚书右丞相，和张说、源乾曜同一天授官。唐玄宗令太官设宴，令太常奏乐，在尚书都省会见百官，并作诗进行褒奖，亲自书写并赐给宋璟等人。二十年，因年老上表：

“我听说力气不足的人，老了更加衰弱；心智不够强大的人，得了病尤其无用。我过去听说此话，现在亲身体验到了。况且我一身兼有这两种情形，还有什么用呢。我出身卑微，有幸遇到明主，没有出色的才能，也没有治国的谋略。竟然也被长期委以重任，一直伴随着时运和荣耀。得以两次任宰相，三次入吏部，升任开府，加封本郡。朝廷内外所任官职太多，已经紊乱了典章，后来又至尚书省长官，职位尤重。为什么呢？丞相百官之长，一直责任重大；我已老迈，愧当此任。地位越来越高，人却越来越衰弱，明知如此，还不离开吗？过去一直忙于政务，没有时间表白，实际我非常感激知遇之恩，希望竭尽微薄之力效劳。现在我身体羸弱，陈疾缠身，眼花耳聋，手脚不灵。我已时日不多，能否满足我的宿愿？怎能贪图名望，享受丰厚待遇，占据职位却不能上朝。如此违背礼制，礼法如何建立？希望陛下能以才授职，选择合适的人为官，体察我的恳切之言，同情我的力不从心，让我罢官回家，闭门养病，既听不到对我执政不力责怪，也知道我的终老之所。既成全了臣全身而退的愿望，朝廷也会留下善待老人的美名。日将暮而路途遥远，天高而难以聆听德音，遥望宫殿，臣深感留恋。谨以此表进呈皇上。”

唐玄宗亲手写敕书同意了宋璟的请求，但依旧给他全部俸禄。宋璟于是回到东都老家，与外界断绝来往，安心服药治病。开元二十二年（734），唐玄宗巡幸东都，宋璟在路旁迎接谒见，玄宗派荣王亲自问候他，并从那时起频频派人给他送药。开元二十五年（737）宋璟去世，享年七十五岁，追赠太尉封号，谥号为“文贞”。

【评述】

历朝历代都难免有宠臣骄纵、帝王徇私的现象。如果人臣尽职尽忠，宠臣会有所收敛，帝王会有所节制；如果人臣谄媚附和，则会纲纪松弛、百姓罹难，甚至造成一个朝代的覆亡。而唐代，宠臣、外戚和公主干政，徇私舞弊的现象是很常见的。但就是在这样的情况下，唐代贤臣辈出，君臣同心，缔造了盛世局面。宋璟就是与姚崇齐名的贤臣，史书称赞他“善守文以持正”。

可以想见，像宋璟这样尽忠尽责的人无论是哪个时代都是会得罪人的，武后当政时，他得罪了张易之兄弟，屡遭中伤，幸而得免；中宗时，得罪武三思，遭外调；睿宗时，得罪太平公主，被罢相；玄宗时，因大刀阔斧地改革用人制度，抑制黑钱的流通等，得罪权贵，再遭罢相。

宋璟留给我们的不仅仅是刚正的谏臣形象，还是一个爱护百姓的好官。看到河北遭受天灾，百姓闹饥荒。他不顾前程，拒绝按照常规征税。看到广州以竹子、茅草建造房屋，火灾频繁。他就教百姓烧制砖瓦，改造商店肆坊，使得火灾大大减少。在权梁山谋反一案中，宋璟明察秋毫，追究祸首，对从犯网开一面。

纵观宋璟一生对政治的贡献，可总结为以身作则，正确引导下属、同事和上司。腐败源于骄纵，自古人情难决。正如唐玄宗所说，他自己也想公事公办，但是往往遇到人情世故的时候，就犹豫不决。他能够成就大业，秉持公正，将混乱的局面引向中兴盛世，与宋璟等忠直之士的兢兢业业是分不开的。

（段真子注译　马俊杰评述）

李尚隐

【原文】

李尚隐，其先赵郡人，世居潞州之铜鞮，近又徙家京兆之万年。弱冠明经累举，补下邽主簿。时姚珽为同州刺史，甚礼之。景龙中为左台[①]监察御史。时中书侍郎、知吏部选事崔湜及吏部侍郎郑愔同时典选，倾附势要，逆用三年员阙，士庶嗟怨。寻而相次知政事，尚隐与同列御史李怀让于殿廷劾之，湜等遂下狱推究，竟贬黜之。时又有睦州刺史冯昭泰，诬奏桐庐令李师等二百余家，称其妖逆，诏御史按覆之。诸御史惮昭泰刚愎，皆称病不敢往。尚隐叹曰："岂可使良善陷枉刑而不为申明哉！"遂越次请往，竟推雪李师等，奏免之。

俄而崔湜、郑愔等复用，尚隐自殿中侍御史出为伊阙令，怀让为魏县令。湜等既死，尚隐又自定州司马擢拜吏部员外郎，怀让自河阳令擢拜兵部员外郎。尚隐累迁御史中丞。时御史王旭颇用威权，为士庶所患。会为仇者所讼，尚隐按之，无所容贷，获其奸赃巨万，旭遂得罪。尚隐寻转兵部侍郎，再迁河南尹。

尚隐性率刚直，言无所隐，处事明断。其御下，豁如也。又详练故事，近年制敕，皆暗记之，所在称为良吏。

十三年夏，妖贼刘定高夜犯通洛门，尚隐坐不能觉察所部，左迁桂州都督。临行，帝使谓之曰："知卿公忠，然国法须尔。"因赐杂彩百匹以慰之。俄又迁广州都督，仍充五府经略使。及去任，有怀金以赠尚隐者，尚隐固辞之，曰："吾自性分，不可改易，非为慎四知[②]也。"竟不受之。

累转京兆尹，历蒲、华二州刺史，加银青光禄大夫，赐爵高邑伯，入为大理卿，代王鉷为御史大夫。时司农卿陈思问多引小人为其属吏，隐盗钱谷，积至累万。尚隐又举按之，思问遂流岭南而死。尚隐三为宪官，辄去朝廷之所恶者，时议甚以此称之。二十四年，拜户部尚书、东都留守。二十八年，转太子宾客。寻卒，年七十五，谥曰"贞"。

选自《旧唐书》卷一百八十五下《李尚隐传》

【注释】

①左台：御史台为唐代中央执掌监察的官署。唐武则天光宅元年（684），分御史台为左右台，左台掌百司、监军旅；右台察州县、省风俗。

②四知：天知、神知、我知、子知。

【译文】

李尚隐，其祖先是赵郡人，世代居住在潞州的铜鞮，近来举家迁往京兆万年县。他年轻时多次应举，考中明经科，后来补任下邽县的主簿。那时姚珽为同州刺史，很器重他。唐中宗景龙年间，李尚隐任左台监察御史。当时中书侍郎、知吏部选事崔湜和吏部侍郎郑愔，同时掌管官吏的铨选，他们依附权势，预先用掉了三年的官职空缺，士人、百姓都充满了怨气。接着他们又相继主管施政机构，李尚隐与同为御史的李怀让在朝会上弹劾了他们的劣迹，崔湜等人于是被逮捕入狱并追究责任，最终被罢免。此时又有睦州刺史冯昭泰，奏报诬陷桐庐令李师等二百余家，称其为妖逆，皇上下诏让御史前去核查。众御史害怕刚愎自用的冯昭泰，都推说身体有病不敢前往。李尚隐感叹地说："怎么可以让善良的人陷入冤狱而不去为他们申辩呢！"于是越级请求前往，最终使李师等人冤情昭雪，并上奏请求免除对他们的不实指控。

没过多久崔湜、郑愔等再次被起用，李尚隐由殿中侍御史被外放到河南为伊阙县令，李怀让为魏县令。崔湜等被玄宗赐死后，李尚隐又自定州司马擢升为吏部员外郎，李怀让自河阳令擢升为兵部员外郎。后来李尚隐升迁至御史中丞。那时御史王旭滥用权力，为人所怨恨。恰巧遇到他的仇家提起诉讼，李尚隐查勘此案，毫不宽容，起获赃款数以万计，王旭于是得以伏法。李尚隐不久转任兵部侍郎，后晋升河南尹。

李尚隐性格率真刚正，从不隐瞒个人的观点，处理事情英明果断。他对待属下十分豁达。又很熟悉旧例，近年来朝廷的制令，全都默记于心，不论在哪里都堪称优良的官吏。

玄宗开元十三年（725）夏，妖贼刘定高夜间侵犯东都洛阳的通洛门，李尚隐因失察而获罪，被贬为桂州都督。临行前，皇帝派使者对他说："我知道你的无私和忠心，然而按国法必须如此。"于是赏赐杂彩百匹来安慰他。很快他又改任广州都督，并担任岭南五府经略使。到离任时，有人揣着金钱来赠送他，李尚隐坚决不接受，说："我本性如此，改变不了，并不是害怕被别人知道。"最终也没有收下。

之后李尚隐又担任过京兆尹，历任蒲州、华州刺史，加封银青光禄大夫，赐爵位高邑伯，入京任大理卿，替代王鉷为御史大夫。当时司农卿陈思问常常引荐小人为他的下属官吏，暗中侵吞钱粮，累计获利上万。李尚隐检举并审理了此案，陈思问后被流放到岭南而死。李尚隐做过三次御史官，总能够铲除掉朝廷中作恶的人，当时的舆论都因此对他大加称赞。开元二十四年，李尚隐被授予户部尚书、东都留守职务。二十八年迁调太子宾客。不久去世，终年七十五岁，谥号贞。

【评述】

李尚隐是唐朝时期很有代表性的一位良吏，为人"性率刚直，言无所隐，处事明断"，时人都夸赞他是个好官。李尚隐初任监察御史时，主管吏部铨选的崔湜、郑愔等人大肆贪污受贿、假公济私，但两人非但没有受到惩罚，还相继担任了宰相，权势熏天。以纠察不法为己任的李尚隐当仁不让，并不顾忌崔湜等人的显贵地位，联合同僚在朝廷议政大殿上公开揭发，"显劾其罪"。崔湜等人终被下狱治罪并遭贬黜，首倡此举的李尚隐由此声名益振。有一次，睦州刺史冯昭泰诬陷桐庐县令李师等二百余家，御史们虽心知此狱枉滥，但顾忌冯昭泰刚愎，唯恐查案不当，反遭昭泰的诬陷，为个人身家所计，“皆称病不敢往”。李尚隐目睹这种相互推诿的情况，主动请缨前往。李尚隐没有硬着头皮的无奈，更没有大出风头的野心，只是本着执法者的公正良心，才做出这样的举动。凭着他超人的胆识，谙熟的法律知识，李尚隐战胜了残忍苛刻的刺史，一场冤狱得到平反。但这次艰苦的胜利，并未为他的仕途带来好运。由于崔湜的再次秉政，他被排挤出朝，直到崔湜死后，才得以重返京师。

如此的坎坷，并没有让李尚隐改变做官的宗旨，他仍一如既往，为维护法纪奋争。他鞠躬尽瘁又清正廉洁，曾拒绝他人的重金贿赂，后来又曾两次出任监察御史，对贪官污吏严惩不贷，史称“尚隐三为宪官，辄去朝廷之所恶者，时议甚以此称之”。李尚隐刚正不阿一心为公，为清除国家机构中的蛀虫而不遗余力，他的功绩被后人铭记，永载史册。

（苏晓君注译　崔一楠评述）

杜暹

【原文】

杜暹，濮州濮阳人也。父承志，则天初为监察御史。时怀州刺史李文暕以皇枝近属，为雠人所告，承志推出之。俄而文暕得罪，承志坐贬，授方义令。累转天官员外郎。既罗织事起，承志恐惧，遂称疾去官而归，卒于家。

自暹高祖至暹，五代同居，暹尤恭谨，事继母以孝闻。初举明经，补婺州参军，秩满将归，州吏以纸万余张以赠之，暹惟受一百，余悉还之。时州僚别者，见而叹曰："昔清吏受一大钱，复何异也！"俄授郑尉，复以清节见知。华州司马杨孚，公直士也，深赏重之。寻而孚迁大理正，暹坐公事下法司结罪，孚谓人曰："若此尉得罪，则公清之士何以劝矣？"特荐之于执政，由是擢拜大理评事。

开元四年，迁监察御史，仍往碛西[①]覆屯。会安西副都护郭虔瓘与西突厥可汗史献、镇守使刘遐庆等不叶，更相执奏，诏暹按其事实。时暹已回至凉州，承诏复往碛西，因入突骑施[②]，以究虔瓘等犯状。蕃人赍金以遗，暹固辞不受。左右曰："公远使绝域，不可失蕃人情。"暹不得已受之，埋幕下，既去出境，乃移牒[③]令收取之。蕃人大惊，度碛追之，不及而止。暹累迁给事中，丁继母忧去职。十二年，安西都护张孝嵩迁为太原尹，或荐暹往使安西，蕃人伏其清慎，深思慕之，乃夺情擢拜黄门侍郎，兼安西副大都护。暹单骑赴职。明年，于阗王尉迟眺阴结突厥及诸蕃国图为叛乱，暹密知其谋，发兵捕而斩之，并诛其党与五十余人，更立君长，于阗遂安。暹以功特加光禄大夫。暹在安西四年，绥抚将士，不惮勤苦，甚得夷夏之心。

十四年，诏暹同中书门下平章事，仍遣中使往迎之。及谒见，又赐绢二百匹、马一匹、宅一区。后与李元纮不叶，罢知政事，出为荆州大都督府长史。又历魏州刺史、太原尹。二十年，上幸北都，拜暹为户部尚书，便令扈从入京。行幸东都，诏暹为京留守。暹因抽当番卫士，缮修三宫，增峻城隍，躬自巡检，未尝休懈。上闻而嘉之，赐敕书曰："卿素以清直，兼之勤干。自委居守，每事多能，政肃官僚，惠及黎庶。城隍宫室，随事修营，且有成功，不疲人力。甚善甚善，慰朕怀也。"俄代李林甫为礼部尚书，累封魏县侯。二十八年，病卒，年六十余，诏赠尚书右丞相。

暹在家孝友，爱抚异母弟昱甚厚。然素无学术，每当朝谈议，涉于浅近。常以公清勤俭为己任，时亦矫情为之。弱冠便自誓不受亲友赠遗，以终其身。及卒，上甚悼惜之，遣中使就家视其丧事，内出绢三百匹以赐之。尚书省及故吏赙赠者，其子孝友遵其素约，皆拒而不受。太常谥曰“贞肃”。右司员外郎刘同升、都官员外郎韦廉以暹有忠孝之美，所谥不尽其行，建议驳之。太常博士裴总执曰：“杜尚书往以墨缞受职事，虽云奉国，不得为孝。请依旧为定。”孝友又诣阙陈诉上闻，而更令所司详定，竟谥曰“贞孝”。

选自《旧唐书》卷九十八《杜暹传》

【注释】

①碛（qì）西：唐朝对西域的称呼，碛指莫贺延碛，即位于今哈密和敦煌之间的哈顺沙漠。唐朝在此设立碛西节度使，是当时的八大节度使之一，统辖安西、北庭两大都护府。

②突骑施：西突厥别部。西突厥有十姓部落，分为五弩失毕部，置五大俟斤；五咄陆部，置五大啜。突骑施贺逻施啜即五大啜之一。

③移牒：以正式公文通知平行机关或人。

【译文】

杜暹，濮州濮阳人。父亲杜承志，在武则天初年官拜监察御史。当时怀州刺史李文暕因为是皇亲，被仇人诬告，杜承志经过推问免了他的罪责。不久，李文暕获罪，杜承志受到牵连被贬任方义令。后转任天官员外郎。不久，罗织诬陷之狱再起，杜承志害怕再受牵连，称病辞官，回乡归隐，后死在家中。

从杜暹的高祖至杜暹，五代同居，杜暹尤其谦恭谨慎，服侍继母以孝道闻名。起初杜暹参加明经科考试中第，补任婺州参军，任满将归，州吏赠给他一万多张纸，杜暹只接受了一百张，其余的悉数奉还。当时来道别的其他州府同僚，看到都赞叹说："昔日清正廉洁的官员只接受一枚大钱，这与他们又有什么不同呢！"不久杜暹被任命为郑尉，又以高风亮节而名扬远近。华州司马杨孚，是位公正刚直的官吏，非常赏识器重杜暹。不久杨孚迁任大理正，杜暹因公事得罪交由法司审理，杨孚对人说："如果这样的官都获罪，那么又怎样才能勉励清廉之士呢？"特意把杜暹推荐给掌权人，杜暹由此官拜大理评事。

开元四年（716），杜暹迁任监察御史，前往西域检查驻守部队。适逢安西副都护郭虔瓘与西突厥可汗史献、镇守使刘遐庆等人的关系不融和，遂相互上奏，皇上诏令杜暹查明事实。当时杜暹已经回到凉州，接到诏书又前往西域，进入突骑施营帐，调查他们与郭虔瓘等人冲突的情况。蕃人以黄金相赠，杜暹坚决辞谢，不愿意接受。左右随从对他说："您远道出使偏远之地，不能辜负了蕃人的情意。"杜暹迫不得已接受了黄金，埋在幕帐之下，出境之后才通知蕃人收回黄金。蕃人大惊，越过沙漠追赶杜暹，没有追上才罢。杜暹升任给事中，后为继母守丧而辞官。开元十二年，安西都护张孝嵩迁任太原尹，有人推荐杜暹前往安西任职。蕃人叹服他的清廉谨慎，非常仰慕他。于是，杜暹丧期未满，就被提拔为黄门侍郎，兼安西副大都护。杜暹只身一人前往安西赴任。第二年，于阗王尉迟眺暗地里勾结突厥及各蕃国企图发动叛乱。杜暹秘密得知了他们的阴谋，出兵捕获并斩杀了于阗王，同时诛杀其党羽五十多人，另立长官，于阗才得安宁。杜暹因此功劳被加封光禄大夫。杜暹在安西四年，安抚将士，不畏艰辛，很受少数民族及汉人的拥戴。

开元十四年（726），朝廷诏令杜暹任同中书门下平章事，并遣宦官前往迎接。他谒见皇上时，又赐给他绢二百匹、马一匹、住宅一所。后来杜暹与李元纮不合，被罢知政事，出任荆州大都督府长史。后又历任魏州刺史、太原尹。开元二十年，皇上临幸北都，拜杜暹为户部尚书，并诏令他随从入京。又巡行到东都洛阳，诏令杜暹为京城留守。杜暹因此抽调轮流值勤的卫士，修缮三宫，加高城墙，疏浚护城河，亲自巡视，不曾懈怠。皇上听说后大加赞赏，赐敕书说："卿平素清廉正直，而且勤勉干练。自从委任居守，事事都能恪尽职守，整饬官员，惠及黎民百姓。城池宫室，随时修建，并且取得预期的效果，没有使人民疲乏。很好很好，朕心中感到十分欣慰。"不久杜暹代李林甫为礼部尚书，累封魏县侯。开元二十八年（740），因病而死，享年六十多岁，诏赠尚书右丞相。

杜暹在家孝顺友爱，非常疼爱他的同父异母弟杜昱。但他学问不高，每次在朝堂之上议论时政，总显得过于浅显。然而他常常以公正清廉、勤政节俭来要求自己，有时掩饰自己真情也要竭力做到。他年轻时就发誓不接受亲友馈赠，终其一生。他去世后，皇上十分哀伤惋惜，派宦官前去家中探视丧事情况，并从宫内拿出三百匹绢赏赐给他家。尚书省官员及门生故吏赠予操办丧事的物品，他的儿子杜孝友遵守父亲素日的约定，一概拒绝不收。太常寺上谥号“贞肃”。右司员外郎刘同升、都官员外郎韦廉认为杜暹有忠于国家、孝顺父母的美德，太常寺所上谥号不能彰显他的品行，建议纠正。太常寺博士裴总执说：“杜尚书生前曾在丧期接受官职。虽然是为国效力，却不能说是尽孝道。请求依照原来议定的谥号为准。”其子杜孝友又赶赴朝堂，上奏申明。皇上令所属部门详加核定，最后定谥号为“贞孝”。

【评述】

杜暹主要生活于唐开元年间，任官二十余载，官至礼部尚书，累封魏县侯。死后玄宗诏赠尚书右丞相，谥号“贞孝”。杜暹一生清廉正直，勤政节俭，高风亮节名扬远近。

杜暹为官清廉，初为官时，便得“百纸参军”之美称；在西域之时，又有“帐下埋金”之美谈，是唐代官员清正廉洁的典范。

杜暹治理西域，平定叛乱，“绥抚将士，不惮勤苦，甚得夷夏之欢心”。为唐代边境的安定、民族的团结作出了重要贡献。

杜暹为京官，勤勉干练、恪尽职守，整饬官员，修建城池，体恤百姓，深得玄宗之欢心，“开元盛世”局面的出现有他的一份功劳。

杜暹为人子，以孝闻，侍奉继母谦恭谨慎，名声远扬；为人兄，慈爱友善，对异母弟疼爱有加，是“孝道”的楷模。

杜暹虽才学不深，朝堂议论多流于肤浅，然能以清廉无私、勤政节俭来约束自己，并终其一生兑现了自己的誓言。乃至临去世，依然鞠躬为事，嘱咐子孙死不受礼。他两袖清风来，两袖清风去，留给后人的却是无穷的精神财富和无尽的思考。

“清风播婺州，离任只取纸百张；黄金帐下埋，万里边陲传美名。”这是后人为颂扬杜暹而写的一副对联。由此可见人们对杜暹的崇敬与怀念。杜暹之廉洁奉公、勤政节俭、谦恭孝悌，堪称当世之典范，后世之楷模！后世史家称其“清风肃然，垂美简史”，不虚也！

（李红英注译　庄颖评述）

张九龄

【原文】

张九龄，字子寿，韶州[1]曲江人。七岁知属文，十三以书干广州刺史王方庆，方庆叹曰："是必致远。"会张说谪岭南，一见厚遇之。居父丧，哀毁，庭中木连理。擢进士，始调校书郎，以道侔伊吕科策高第，为左拾遗。时玄宗即位，未郊见，九龄建言：

"天，百神之君，王者所由受命也。自古继统之主，必有郊配，盖敬天命，报所受也。不以德泽未洽、年谷未登而阙其礼。昔者，周公郊祀后稷以配天，谓成王幼冲，周公居摄，犹用其礼，明不可废也。汉丞相匡衡曰：'帝王之事，莫重乎郊祀。'董仲舒亦言：'不郊而祭山川，失祭之序，逆于礼，故《春秋》非之。'臣谓衡、仲舒古之知礼，皆以郊之祭所宜先也。陛下绍休圣绪，于今五载，而未行大报，考之于经，义或未通。今百谷嘉生，鸟兽咸若，夷狄内附，兵革用弭，乃怠于事天，恐不可以训。愿以迎日之至，升紫坛，陈采席，定天位，则圣典无遗矣。”

又言：

“乖政之气，发为水旱。天道虽远，其应甚迩。昔东海枉杀孝妇，天旱久之。一吏不明，匹妇非命，则天昭其冤。况六合元元之众，县命于县令，宅生于刺史，陛下所与共治，尤亲于人者乎！若非其任，水旱之繇，岂唯一妇而已。今刺史，京辅雄望之郡，犹少择之，江、淮、陇、蜀、三河大府之外，稍非其人。繇京官出者，或身有累，或政无状，用牧守之任，为斥逐之地。或因附会以忝高位，及势衰，谓之不称京职，出以为州。武夫、流外，积资而得，不计于才。刺史乃尔，县令尚可言哉？甿庶，国家之本，务本之职，乃为好进者所轻。承弊之民，遭不肖所扰，圣化从此销郁，繇不选亲人以成其敝也。古者刺史入为三公，郎官出宰百里。今朝廷士入而不出，其于计私，甚自得也。京师衣冠所聚，身名所出，从容附会，不勤而成，是大利在于内，而不在于外也。智能之士，欲利之心，安肯复出为刺史、县令哉？国家赖智能以治，而常无亲人者，陛下不革以法故也。臣愚谓欲治之本，莫若重守令，守令既重，则能者可行。宜遂科定其资：凡不历都督、刺史，虽有高第，不得任侍郎、列卿；不历县令，虽有善政，不得任台郎、给、舍；都督、守、令虽远者，使无十年任外。如不为此而救其失，恐天下犹未治也。

“又古之选士，惟取称职，是以士修素行，而不为徼幸，奸伪自止，流品不杂。今天下不必治于上古，而事务日倍于前，诚以不正其本而设巧于末也。所谓末者，吏部条章，举赢千百。刀笔之人，溺于文墨；巧史猾徒，缘奸而奋。臣以谓始造簿书，备遗忘耳，今反求精于案牍，而忽于人才，是所谓遗剑中流，契舟以记者也。凡称吏部能者，则曰自尉与主簿，繇主簿与丞，此执文而知官次者也，乃不论其贤不肖，岂不谬哉！夫吏部尚书、侍郎，以贤而授者也，岂不能知人？如知之难，拔十得五，斯可矣。今胶以格条，据资配职，为官择人，初无此意，故时人有平配之诮，官曹无得贤之实。

“臣谓选部之法，敝于不变。今若刺史、县令精核其人，则管内岁当选者，使考才行，可入流品，然后送台，又加择焉，以所用众寡为州县殿最，则州县慎所举，可官之才多，吏部因其成，无庸人之繁矣。今岁选乃万计，京师米物为耗，岂多士哉？盖冒滥抵此尔。方以一诗一判，定其是非，适使贤人遗逸，此明代之阙政也。天下虽广，朝廷虽众，必使毁誉相乱，听受不明，事则已矣。如知其贤能，各有品第，每一官缺，不以次用之，岂不可乎？如诸司要官，以下等叨进，是议无高卑，唯得与不尔。故清议不立，而名节不修，善士守志而后时，中人进求而易操也。朝廷能以令名进人，士亦以修名获利，利之出，众之趋也。不如此，则小者得于苟求，一变而至阿私；大者许以分义，再变而成朋党矣。故于用人不可不第其高下，高下有次，则不可以妄干，天下之士必刻意修饰，而刑政自清，此兴衰之大端也。”

俄迁左补阙。九龄有才鉴，吏部试拔萃与举者，常与右拾遗赵冬曦考次，号称详平。改司勋员外郎。时张说为宰相，亲重之，与通谱系，常曰：“后出词人之冠也。”迁中书舍人内供奉，封曲江男，进中书舍人。会帝封泰山，说多引两省录事主书及所亲摄官升山，超阶至五品。九龄当草诏，谓说曰：“官爵者，天下公器，先德望，后劳旧。今登封告成，千载之绝典，而清流隔于殊恩，胥史乃滥章韨，恐制出，四方失望。方进草，尚可以改，公宜审计。”说曰：“事已决矣，悠悠之言不足虑。”既而果得谤。御史中丞宇文融方事田法，有所关奏，说辄建议违之。融积不平，九龄为言，说不听。俄为融等痛诋，几不免，九龄亦改太常少卿，出为冀州刺史。以母不肯去乡里，故表换洪州都督。徙桂州，兼岭南按察选补使。

始，说知集贤院②，尝荐九龄可备顾问。说卒，天子思其言，召为秘书少监、集贤院学士，知院事。会赐渤海诏，而书命无足为者，乃召九龄为之，被诏辄成。迁工部侍郎，知制诰。数乞归养，诏不许。以其弟九皋、九章为岭南刺史，岁时听给驿省家。迁中书侍郎，以母丧解，毁不胜哀，有紫芝产坐侧，白鸠、白雀巢家树，是岁，夺哀拜中书侍郎、同中书门下平章事。固辞，不许。明年，迁中书令。始议河南开水屯，兼河南稻田使。上言废循资格，复置十道采访使。

李林甫无学术，见九龄文雅，为帝知，内忌之。会范阳节度使张守珪以斩可突干功，帝欲以为侍中。九龄曰："宰相代天治物，有其人然后授，不可以赏功。国家之败，由官邪也。"帝曰："假其名若何？"对曰："名器不可假也。有如平东北二虏，陛下何以加之？"遂止。又将以凉州都督牛仙客为尚书，九龄执曰："不可。尚书，古纳言，唐家多用旧相，不然，历内外贵任，妙有德望者为之。仙客，河、湟一使典耳，使班常伯，天下其谓何？"又欲赐实封，九龄曰："汉法非有功不封，唐遵汉法，太宗之制也。边将积谷帛，缮器械，适所职耳。陛下必赏之，金帛可也，独不宜裂地以封。"帝怒曰："岂以仙客寒士嫌之邪？卿固素有门阅哉？"九龄顿首曰："臣荒陬孤生，陛下过听，以文学用臣。仙客擢胥史，目不知书。韩信，淮阴一壮夫，羞绛、灌等列。陛下必用仙客，臣实耻之。"帝不悦。翌日，林甫进曰："仙客，宰相材也，乃不堪尚书邪？九龄文吏，拘古义，失大体。"帝由是决用仙客不疑。九龄既戾帝旨，固内惧，恐遂为林甫所危，因帝赐白羽扇，乃献赋自况，其末曰："苟效用之得所，虽杀身而何忌？"又曰："纵秋气之移夺，终感恩于箧中。"帝虽优答，然卒以尚书右丞相罢政事，而用仙客。自是朝廷士大夫持禄养恩矣。尝荐长安尉周子谅为监察御史，子谅劾奏仙客，其语援谶书。帝怒，杖子谅于朝堂，流瀼州，死于道。九龄坐举非其人，贬荆州长史。虽以直道黜，不戚戚婴望，惟文史自娱，朝廷许其胜流。久之，封始兴县伯，请还展墓，病卒，年六十八，赠荆州大都督，谥曰“文献”。

九龄体弱，有酝藉。故事，公卿皆搢笏于带，而后乘马。九龄独常使人持之，因设笏囊，自九龄始。后帝每用人，必曰：“风度能若九龄乎？”初，千秋节③，公王并献宝鉴，九龄上“事鉴”十章，号《千秋金鉴录》，以伸讽谕。与严挺之、袁仁敬、梁升卿、卢怡善，世称其交能终始者。及为相，谔谔有大臣节。当是时，帝在位久，稍怠于政，故九龄议论必极言得失，所推引皆正人。武惠妃谋陷太子瑛，九龄执不可。妃密遣宦奴牛贵儿告之曰：“废必有兴，公为援，宰相可长处。”九龄叱曰：“房幄安有外言哉！”遽奏之，帝为动色，故卒九龄相而太子无患。安禄山初以范阳偏校入奏，气骄蹇，九龄谓裴光庭曰：“乱幽州者，此胡雏也。”及讨奚、契丹败，张守珪执如京师，九龄署其状曰：“穰苴出师而诛庄贾，孙武习战犹戮宫嫔，守珪法行于军，禄山不容免死。”帝不许，赦之。九龄曰：“禄山狼子野心，有逆相，宜即事诛之，以绝后患。”帝曰：“卿无以王衍知石勒而害忠良。”卒不用。帝后在蜀，思其忠，为泣下，且遣使祭于韶州，厚币恤其家。开元后，天下称曰曲江公而不名云。建中元年，德宗贤其风烈，复赠司徒。

选自《新唐书》卷一百二十六《张九龄传》

【注释】

①韶州：位于今广东省北部，与湖南、江西两省接壤，因州北有韶石得名。

②集贤院：官署名。唐开元五年（717），于乾元殿写经、史、子、集四部书，置乾元院使。次年，改名丽正修书院。十三年改名集贤殿书院，通称集贤院。

③千秋节：始自唐开元十七年（729），玄宗把自己的生日八月初五定为“千秋节”，后改名“天长节”。

【译文】

张九龄，字子寿，韶州曲江人。他七岁时就能写文章，十三岁时致函广州刺史王方庆，王方庆见信感叹说：“此人必成大器！”时值张说被贬岭南，他一见张九龄就很厚待他。张九龄为父亲守丧，因哀痛过度损伤了身体。此时，他家庭院中的树木连理。张九龄考中进士后，起初任校书郎，又应考道侔伊吕科对策，结果为高等，被任命为左拾遗。当时，唐玄宗即位五年后，仍未举行郊祭之礼。为此，张九龄向玄宗上书说：

“天是百神的主宰，帝王也由天授命。自古继承大统的帝王，必行郊祭配享之礼，这是敬天命，报天恩，绝不能以帝泽未遍和庄稼歉收为借口不行此礼。在西周成王时，由于成王年幼，便由周公摄政，但周公也郊祀后稷以配享苍天，仍行这种礼仪，可见这种祭祀不可废。西汉丞相匡衡曾说：‘帝王的大事，没有比祭祀天地更重要的。’儒学大师董仲舒也说：‘如果不祭祀天地而去祭祀山川，就有失祭祀之序，违背礼仪，所以《春秋》批评这一做法。’微臣以为，匡衡、董仲舒是古代深谙礼仪的大儒，他们都以为郊祭应该首先举行。而陛下登基已五年，却未曾行此大礼。微臣稽考群经，发现陛下此举不通。如今海不扬波，各少数民族诚心归附朝廷，如果陛下还不致谢苍天，这是大不可的。微臣恳请陛下选择良辰吉日（正月朔日或春分日），亲自登上祭祀紫坛，铺陈彩饰席垫，定天位，祭祀苍天。这样，我朝的典章制度就完美无缺了。”

此外，他又进言道：

“混乱的政治，常造成水旱之灾。天道虽然遥远，但应验却近在眼前。从前，东海孝妇含冤被杀，结果这里大旱三年。由于一位昏聩的官吏，使一个良妇便死于非命，而上天为之昭雪。况且，天地之间芸芸众生，一县人民生命被县令所掌握，他们的生活由刺史来安排，陛下又与这些地方官长共同管理这些百姓，这是亲民的表现。但如果这些地方官不称职，水旱灾害发生的结果，难道仅一个妇女的生命！如今京师雄望之郡的刺史很少精挑细选，江、淮、陇、蜀、三河大府之外等地方长官也多不称职。那些京官出任郡守，有的是因为身有牵累，有的是成绩欠佳，才去地方做官的。还有的是因为依附权贵，在权贵倒台后，另一派的人就说他不能胜任京官，便将其贬往地方。武官与流外官升迁，就靠论资排辈，而不是凭自己的才能。刺史尚且如此，县令更不用说了。我们知道，人民是国家的根本，官员本应一心一意为人民做事，但一些投机钻营者却为一己之私利，往往不然。这些无才无德之官员所到之处，骚扰人民，无恶不作，人民得不到陛下浩荡皇恩，就因为没有选派得力的地方官。微臣所知，在古代，刺史调入朝廷可任三公，朝廷郎官也可出任县令。今却不然。朝廷官员只调入不调出，这些人在朝廷洋洋自得，专为自己谋利益。京城是士大夫的聚集之地，也是他们声望增长之所，他们攀龙附凤，不劳而获，尽享荣华富贵。因此，做京官的好处远远大于做地方官。这些名利熏心的小人，轻而易举地在京城名利双收，又怎愿去地方做刺史、县令呢？国家靠贤能之士来治理，而现在却缺乏亲民官员，就因为陛下依循旧的做法。愚臣以为，要从根本上治理好国家，最重要的是委派能干的郡守和县令。而要达此目的，只有重视人才的选拔，真正的人才才愿去赴任。因此，微臣以为，陛下应规定入京为官的资历：凡没有出任过地方都督、刺史者，即使考核优良，也不能调入朝廷为侍郎和卿；未做过县令者，即使政绩良好，也不可以到朝廷任郎官、给事和舍人等官。但都督、郡守、县令远在地方，也不要让他们在地方超过十年。若不这样挽回过失，恐怕天下难以治理好。

“再者，古代选拔人才，只选称职的人，因此，那时的士人努力提高自身修养，而不奢望一时徼幸，奸诈欺伪自然消失，官场也自然清明。如今，天下治理不一定能与上古相比，但事情的复杂程度却比上古更甚，这是舍本逐末所导致的结果。所谓的‘末’，就是吏部所制定的规章，动辄千百条。有了这些条条框框，那些文案官吏，便可舞弄文墨，高下其心；而巧诈奸猾之徒，则可巧立名目，无所不为。据微臣所知，当初使用文书文案，是为了记录事情，防止事情被遗忘，而今成却为某些人做文字游戏而从中渔利的工具，从而不能选拔到真实人才——选拔制度像刻舟求剑一样。凡吏部称为有能力者，则说从尉到主簿，由主簿到丞，这是拘泥于文案而了解官次，却不论其贤与不贤，岂不错误！吏部的尚书和吏部侍郎，都因其贤能而授予此官，难道他们还不知如何选拔人才？如果了解人确实很难的话，那么，在所选人才之中，有一半具有真才实学，也就不错了。如事实上，选官们拘泥于条条框框，论资排辈。但当初选派官员，却并非想这样。所以，世人有对‘公平分配’的讥诮，官场却没有实现任用贤者为官的目的。

“微臣以为，选举官吏之弊，就在于守陈不变。如果刺史、县令谨慎考查本辖区内的所有人才，详察本区内每年当被荐为官者的才学品行，发现确实是人才，然后上报吏部，吏部亦为此详为考查，最后予以确定。同时，朝廷不妨以入选人数多少作为评定州县官长政绩的一个重要指标。这样，地方各州县就会谨慎地推举真实人才，可以任官的人才多了，吏部也因循其效，就不用频繁调动人员了。今年新任京官数以万计，京师的粮食物品将为之耗尽，这难道就是我们常说的‘人才济济’？只不过是滥竽充数罢了。朝廷选拔人才，仅以作一首诗判一件案来断定其贤否，这太简单了，极容易使贤人未被忽视，这是圣朝政务的美中不足呵。而天下广大，朝廷人员良莠不齐，这样不免毁誉相乱，扰人视听，从而坏事。朝廷如果知道某些人贤能，且他们各有等级，每到职官缺员之时，便从中选派，这难道不好吗？如果各司的重要官员，从低级官员中越级提拔，而不分高下尊卑，那么，所选人员仅充数而已。由此，人们自然会认为选举不公，也就不愿去修身自好，平庸者为自己晋升而暂时隐藏过去的陋习，而高尚之士因不同流合污而失去时机。但是，如果士人以修身而获得好处，朝廷也起用这些名望之士，大家就会不自觉地提高自身素养。否则，小则庸人得官，自私自利；大则区分你我，进而拉帮结派。因此，朝廷用人须分水平高下，只有高下有序，才可断某些人非分之想。唯其如此，天下士人方一心提高自身综合素养，从而使国家政治清明，刑法公正，这是国家兴衰成败的关键。"

很快，张九龄升任左补阙。由于张九龄善于识别人才，他常与右拾遗赵冬曦共同考定那些参加吏部拔萃科考试与应制举者的名次，人们称赞他们的公平公正。张九龄调任司勋员外郎。当时张说任宰相，也非常器重他，与他攀为宗族，常对人说："张九龄是后来诗人之冠。"张九龄升任中书舍人内供奉，封曲江男爵，又进任中书舍人。适逢唐玄宗封禅泰山，张说带领的多是两省录事主书官员以及他所亲近的官员，张九龄也被破格升为五品大员。张九龄起草诏书时，对张说说："官爵，是天下的公器，有德行名望者为先，有功劳旧谊者在后。如今封禅成功，这是千古以来最大的盛典，然而显贵大臣未被给予恩惠，而低贱小吏却充重要的职位，恐怕此诏令一出，会使天下失望。现在还是起草诏书之时，修改还不迟。大人您要审慎小心呵。"张说说："事已至此，你就不用多虑了。"诏书发布后不久果然遭到批评。御史中丞宇文融主管田法，因他向皇帝上奏进言，而张说都不赞同。宇文融很不高兴，张九龄劝张说不要这样，张说不听。不久，张说被宇文融等极力诋毁，几乎生命不保，张九龄也因牵连改任太常少卿，调出京城任冀州刺史。只因张九龄母亲安土重迁，不愿离开本地，张九龄上书请求调任洪州都督。后来，调任桂州都督兼岭南按察选补使。

起初，张说主管集贤院时，曾推荐张九龄为天子顾问。张说去世后，唐玄宗想起张说的话，便调张九龄为秘书少监、集贤院学士，并掌管集贤院。唐玄宗适逢要赏赐渤海郡王，而又无人能起草诏书，于是命张九龄撰写，他立刻完成。因此，张九龄升为工部侍郎，掌管皇帝诏书。张九龄几次请求辞官回家休养，唐玄宗不允许，为此，升他的弟弟张九皋、张九章为岭南刺史，每年为他提供驿车回家探亲。张九龄又调任中书侍郎，因母亲去世辞官，哀痛过度而损伤身体。其时，张九龄家有紫芝生长在座旁，白鸠、白雀在他家庭院的树上筑巢。这一年，张九龄守丧期满，被任命为中书侍郎、同中书门下平章事。张九龄坚决推辞不答应。第二年，被任为中书令。朝廷讨论在黄河以南地区开辟水田之事，他兼任河南稻田使。张九龄上奏建议废除依据资格选官的做法，重置十道采访使。

李林甫不学无术。他见张九龄文采风流，并为唐玄宗所知遇，因此，心中甚是嫉妒他。正值范阳节度使张守珪斩杀契丹族首领可突干有功，唐玄宗准备任命他为侍中。张九龄进言道："宰相替皇帝治理国家，有能胜任的人然后才能授予此职，但不能用来奖赏功臣。国家衰败，往往是由于官员不正。"唐玄宗问："给他这个名义如何？"张九龄说："名器不能假借。如果有人平定了东北的二虏，那陛下如何封赏他？"唐玄宗只得作罢。唐玄宗又想任用凉州节度使牛仙客为工部尚书，张九龄坚决不同意，说："这样不好。古代的尚书是纳言官，我朝多任用老臣担任，如果不行，就任用那些朝廷内外任过重要官职的德高望重者来担任。而牛仙客，不过是河湟地区的一个节度使，让他做工部尚书，天下人将会怎么说?”唐玄宗又想赐给牛仙客实封土地，张九龄说：“西汉规定：无功不赐封土地。我朝遵循汉法，这是（唐）太宗规定下来的。边地将领积蓄粮草，修缮器械，是分内之事。如果陛下定要赏赐他，给他钱物就可以了，给土地是万万不行的。”唐玄宗恼怒说：“就因为牛仙客出身寒门吗？难道你就出身高贵?!”张九龄叩头说：“陛下误解微臣了。微臣本是荒远偏僻之地的一个孤儿，微臣因稍有文学才能而为陛下任用。牛仙客目不识丁，从县小吏被提拔起来。淮阴人韩信，羞于与周勃、灌婴并列。陛下您要任用牛仙客，臣实以为耻。”唐玄宗很不高兴。这事被李林甫知道了。第二天，李林甫向唐玄宗进言道：“牛仙客乃宰相之才，怎么连工部尚书也不能胜任？张九龄是文人，食古不化，有失大体。”于是，唐玄宗毅然任用牛仙客为工部尚书。张九龄自知违反了唐玄宗的旨意，十分害怕，又怕被李林甫陷害，于是借唐玄宗赐给他的白羽扇献赋自比，赋的末尾说：“如果是因功晋升，即使遭受杀身之祸又有何顾忌?”又说：“即使秋风已代替了暑热，被收藏在匣中的扇子仍感恩戴德之至。”唐玄宗虽然美言答复，还是罢免了他尚书右丞相之职，而任用了牛仙客。从此，朝廷士大夫只为保住自己的禄位和恩宠而明哲保身。张九龄为宰相时，曾举荐长安尉周子谅为监察御史，周子谅上奏弹劾牛仙客，其上书引用了谶书。触怒了唐玄宗，玄宗便在朝堂上杖责周子谅，并将他流放瀼州，可怜的周子谅在流放途中便死了。张九龄也因此事，以举荐官员不当，被贬为荆州长史。张九龄到贬所后，不将荣宠名利稍萦心上，整天以文史自娱，朝廷称赞他是名流。很久以后，朝廷封他为始兴县伯。他请求回乡扫墓，因病去世，终年六十八岁，追赠荆州大都督，谥“文献”。

张九龄体弱多病，气度宽容含蓄。依照惯例，公卿都先将笏板插在腰带上，然后才能乘马，惟独张九龄经常让人拿着笏板。后来设置笏囊，就是从张九龄开始的。后来皇帝每当任用人，一定要问：“这人有张九龄的风度吗?”起初，每到千秋节，王公大臣都进献宝鉴，唯张九龄呈上“事鉴”十章，即《千秋金鉴录》，以表达劝谏之意。他与严挺之、袁仁敬、梁升卿、卢怡等人关系很好，世人称赞他交友能始终如一。等他做了宰相，他刚正不阿。当时，唐玄宗在位已久，对政事逐渐懈怠。因此，张九龄总直言政事得失，所推举引荐的也都是正人君子。武惠妃阴谋陷害太子李瑛，张九龄执意不许。武惠妃秘密派宦官牛贵儿劝张九龄说：“有废必有兴。你若为此出力，可长保宰相之位。”张九龄呵斥说：“后宫怎能干政!”立刻上奏，唐玄宗因过度紧张为之变色，罢免了张九龄宰相之位而保全了太子。当初，安禄山以范阳偏校的身份入朝上奏，傲慢无礼，张九龄对裴光庭说：“在幽州作乱的，就是这外族人。”等到讨伐奚、契丹失败，张守珪将他捕送京师，张九龄在状纸上批语说“穰苴出师而诛杀庄贾，孙武教宫女列队还杀阖闾宠妃。张守珪执行军令，安禄山不能免去死罪。”唐玄宗不同意，赦免了安禄山。张九龄说：“安禄山狼子野心，有反叛之相，当立马诛杀，以绝后患。”唐玄宗说：“你不要自以为是‘王衍受知石勒’，而陷害忠良。”最终也没有采纳他的建议。后来，在“安史之乱”中，唐玄宗仓皇逃到蜀地，不禁想起张九龄的无限忠诚来，为之流泪，并派使臣到韶州祭奠他，以丰厚的财物抚恤他的家属。开元年间以后，人们都称张九龄为“曲江公”，而不呼其名。建中元年（780），唐德宗盛赞他的风骨，又追赠他司徒。

【评述】

张九龄是我国盛唐时期的著名政治家。

张九龄最大的特色，是敢于直谏皇帝。他任左拾遗后，唐玄宗连续五年未曾郊祀，为此，他上书玄宗，指出郊祀的重大意义，批评玄宗的做法“不足以训”。针对当时刺史、县令多不称职的情况，张九龄指出，“欲治之本，莫若重守令，守令既重，则能者可行”，而这一切，是唐玄宗未曾重视地方官的选派而造成的恶果。但是，这些无能的地方长官又拼命调往中央，为此，张九龄建议，“凡不历都督、刺史，虽有高第，不得任侍郎、列卿；不历县令，虽有善政，不得任台郎、给、舍；都督、守、令虽远者，使无十年任外”，以堵死庸吏轻易调往朝廷的路子。他担忧，如果不这样，“恐天下犹未治也”。每到千秋节，王公大臣都向皇上进献宝鉴，只有张九龄呈上“事鉴”十章，劝谏唐玄宗。唐玄宗宠妃武惠妃用阴谋陷害太子，秘密派宦官劝告张九龄响应：如果他为此事出力，待事成之后，他的宰相之位可以长久。张九龄决不答应，从而保持了一位诤臣、忠臣坚贞不渝的操守。

张九龄又甚有远见。他第一次见到安禄山时，就看出安禄山早晚要祸国殃民，因而劝唐玄宗及时将他除掉。可唐玄宗没有采纳，反倒以为张九龄陷害忠良。直到张九龄死后，“安史之乱”爆发，唐玄宗狼狈逃到蜀地，才追念张九龄的一片忠诚。

张九龄胸襟豁达。由于李林甫的排挤陷害，他从宰相被贬为荆州长史，其地位一落千丈，但他不以此为忧，真是“宰相肚里能撑船”。

总之，张九龄是我国历史上一位鼎鼎大名的忠臣名相。他直言敢谏，忠耿尽职，选贤任能，不趋炎附势，敢与恶势力作斗争，为“开元盛世”作出了应有的贡献。

（赵锋注译　崔一楠评述）

裴　宽

【原文】

灌从祖弟宽。宽父无晦，袁州刺史。宽通略，以文词进，骑射、弹棋、投壶特妙。景云中，为润州参军，刺史韦铣为按察使，引为判官，清干善于剖断，铣重其才，以女妻之。后应拔萃[①]，举河南丞。再转为长安尉。时宇文融为侍御史，括天下田户，使奏差为江南东道勾当租庸地税兼覆田判官。转太常博士。礼部拟国忌之辰享庙用乐，下太常，宽深达礼节，特建新意，以为庙尊忌卑则登歌，庙卑忌尊则去籥[②]。中书令张说谓宽明识，举而行之。再迁为刑部员外郎。有万骑将军马崇正昼杀人，时开府、霍国公王毛仲恩幸用事，将鬻其狱，宽执之不回。兵部尚书萧嵩为河西节度使，奏宽及郭虚己为判官，累年专见委任，嵩加中书令，宽历中书舍人、御史中丞、兵部侍郎。开元二十一年冬，裴耀卿以黄门侍郎知政事，扈从出关，知江、淮转运，于河阴置仓，奏宽为户部侍郎，为其副。

宽性友爱，弟兄多宦达，子侄亦有名称，于东京立第同居，八院相对，甥侄皆有休憩所，击鼓而食，当世荣之。选吏部侍郎，及玄宗还京，又改蒲州刺史。州境久旱，入境，雨乃大浃。迁河南尹，不附权贵，务于恤隐，政乃大理。改左金吾卫大将军，一年，除太原尹，赐紫金鱼袋。玄宗赋诗而饯之，曰：“德比岱云布，心如晋水清。”

天宝初，除陈留太守，兼采访使③。寻而范阳节度李适之入为御史大夫，除宽范阳节度兼河北采访使替之。其年，又加御史大夫，时北平军使乌承恩恃以蕃酋与中贵通，恣求货贿，宽以法按之。檀州刺史何僧献生口数十人，宽悉命归之，故夷夏感悦。

三载，以安禄山为范阳节度，宽为户部尚书、兼御史大夫。玄宗素重宽，日加恩顾。刑部尚书裴敦复讨海贼回，颇张贼势，又广叙功以开请托之路，宽尝几微奏之。居数日，有河北将士入奏，盛言宽在范阳能政，塞上思之，玄宗嗟赏久之。李林甫惧其入相，又恶宽与李适之善，乃呼裴敦复，且以宽之语告之。敦复使气性疏，与宽素不相下，以为林甫推诚于己，因愿结之，且诉其冤。先是，宽以亲故名嘱敦复，求请军功。至是敦复气愤发其事，林甫曰：“公宜速奏，无后于人。”寻而敦复扈从幸温泉宫，宽在京城未发。遇有敦复下军将程藏曜、郎将曹鉴。鉴，郴州富人；藏曜，岭南首领之子。皆有他事，与人诣台告诉，宽受其状，捕鉴等鞫之。敦复判官太常博士王悦闻之，谓宽求其过，连夜诣汤所以告。敦复大惧，促装待罪，因令子婿以五百金赂于贵妃姊杨三娘。杨氏遽为言之，明日贬宽为睢阳太守。

宽以清简为政，故所莅人皆爱之。当时望为宰辅。及韦坚构祸，宽又以亲累贬为安陆别驾员外置。林甫使罗希奭南杀李适之，纡路至安陆过，拟怖死之。宽叩头祈请，希奭不宿而过。宽又惧死，上表请为僧，诏不许。然崇信释典，常与僧徒往来，焚香礼忏，老而弥笃。累迁东海太守、襄州采访使、银青光禄大夫，转冯翊太守，入拜礼部尚书。十四载卒，年七十五。诏赠太子少傅，赙帛一百五十段、粟一百五十石。兄弟八人，皆明经及第，入台省、典郡者五人。

宽殁之后，子珣为河内郡太守。安禄山反，以执父丧，将投阙庭，恐累其母，乃诣河东节度诉诚而退。后在母忧，又陷史思明，授其伪官委任，使弟朗密奉表疏至上京。代宗时，为左司郎中、兼侍御史、河东道租庸判官。

选自《旧唐书》卷一百《裴漼传附裴宽传》

【注释】

①拔萃：即拔萃科，唐代考选科目之一。

②籥（yuè）：古管乐器。甲骨文作“龠”，像编管之形，似为排箫之前身。有吹籥、舞籥两种。吹籥似笛而短小，三孔；舞籥长而六孔，可执作舞具。

③采访使：官名。唐初于各道设按察使，开元时改设采访处置使，简称“采访使”，掌举劾所属州县官吏。唐肃宗以后改为观察处置使。

【译文】

裴宽是裴漼的同曾祖堂弟。裴宽的父亲裴无晦，曾任袁州刺史。裴宽博通方略，以文笔好得以晋用，他在骑马射箭、弹琴下棋、投壶等方面特别精通。景云年间（710—711），裴宽任润州参军。刺史韦铣为按察使时，用他做自己的判官。裴宽清廉干练，做事斩钉截铁，韦铣很器重他，把女儿嫁给了他。后来，裴宽考中拔萃科，被举荐为河南丞，再转为长安尉。当时，宇文融为侍御史，他在核查全国土地时，奏请起用裴宽主管江南东道的租庸地税兼覆田判官。后来，裴宽改任太常博士。礼部准备规定在国忌之日享庙用之乐，并将奏议下发给太常寺，裴宽深明各种仪节，他别具心裁，认为庙尊忌卑则升堂奏歌，庙卑忌尊则不用乐。中书令张说以裴宽识见高远，十分赞成并付诸实施，再次迁任刑部员外郎。当时，万骑将军马崇正在大白天杀人，开府、霍国公王毛仲受宠掌权，想徇私枉法，放过马崇正，但裴宽坚决反对。兵部尚书萧嵩为河西节度使，奏请裴宽和郭虚己为节度判官，他俩连任多年。萧嵩加任中书令，裴宽历任中书舍人、御史中丞、兵部侍郎。开元二十一年（733）冬，裴耀卿以黄门侍郎参知政事，陪同皇帝出关，执掌江淮转运，在河阴设置粮仓，又奏请裴宽为户部侍郎，作为他的副手。

裴宽生性友爱，兄弟也多仕途亨通，子侄亦颇有名望。他在东京建立宅邸，兄弟子侄共同居住，八家大院相对，外甥侄子都居有其所，钟鸣鼎食，世人都为之感到荣耀。之后，裴宽被任为吏部侍郎。唐玄宗返回京城后，裴宽又改任蒲州刺史。蒲州久旱无雨，裴宽刚刚抵达蒲州时，就大雨倾盆。后裴宽迁任河南尹，他不攀附权贵，以百姓疾苦为念，河南大治。后来，他又改任左金吾卫大将军，一年后，又拜太原尹，赐紫金鱼袋。临行时，唐玄宗赋诗为他饯行，说："德比岱云布，心如晋水清。"

天宝初年，裴宽被授陈留太守兼采访使。不久，范阳节度使李适之被调入朝廷为御史大夫，裴宽拜范阳节度使兼河北采访使，接替李适之。这一年，裴宽又加授御史大夫，当时北平军使乌承恩仰仗少数民族首领与受宠的宦官来往，索财纳贿，裴宽依法查办了他。檀州刺史何僧献上俘虏数十人，裴宽下令全部放回，各族都很感动喜悦。

天宝三年（744），安禄山为范阳节度使，裴宽为户部尚书兼御史大夫。玄宗素来器重裴宽，日益信赖他。刑部尚书裴敦复讨伐海盗回京，极力夸大海盗的力量，大肆邀功，广开走门路、通关节之风。裴宽曾将此事上奏皇上。过了几天，河北将士上奏，极力称赞裴宽在范阳的政绩，称边塞上的百姓非常思念他。唐玄宗赞叹不已。李林甫担心裴宽升为宰相，又顾虑裴宽和李适之的良好关系，于是跟裴敦复打招呼，把裴宽上奏皇上的事告诉他。而裴敦复性格粗野鲁莽，爱意气用事，素来不让裴宽。他认为李林甫对他肝胆相照，因此愿与他深交，并且向他倾诉自己的怨恨。先前，裴宽曾把亲朋好友的名字告诉裴敦复，为他们请求军功。如今，裴敦复因气愤而揭发了这件事，李林甫说：“你应该快点上奏，不要落在别人后边。”不久，裴敦复扈从唐玄宗巡幸温泉宫，裴宽则驻留京城没有前往。恰巧，当时裴敦复的下军将士程藏曜、郎将曹鉴——曹鉴是郴州的富人，程藏曜是岭南首领的儿子——都因为其他的事情，有人告到御史台，裴宽受理此案，逮捕曹鉴等人审讯。裴敦复判官太常博士王悦听到此事，以为裴宽要追究裴敦复的过错，连夜赶到温泉宫向裴敦复报告。敦复非常害怕，急忙收拾行装，等候处分；又趁机让他的女婿以五百两黄金贿赂杨贵妃的姐姐杨三娘。杨氏于是马上帮助裴敦复说话。次日，裴宽便被贬为睢阳太守。

裴宽为政清廉俭约，故所到之处都受到百姓的拥戴。当时，他甚至有做宰相的希望。后来韦坚犯罪，裴宽又因为亲戚关系受到连累，被贬为安陆别驾员外。李林甫派罗希奭南行杀死李适之，绕路经过安陆时，打算吓死裴宽。裴宽叩头哀请，罗希奭当天就走了。裴宽担心李林甫还会设计陷害他，上表请求削发为僧，诏令不许。不过，裴宽信佛，常与僧侣往来，在家焚香拜忏，年老了更是如此。后来，裴宽又迁东海太守、襄州采访使、银青光禄大夫，转冯翊太守，最后入朝为礼部尚书。天宝十四年（755），裴宽去世，享年七十五岁。朝廷下诏追赠太子少傅，丧葬用帛一百五十段、粟一百五十石。裴宽兄弟八人，都是明经及第，其中为中央三省长官、地方太守者五人。

裴宽去世之后，他的儿子裴珣任河内郡太守。安禄山叛乱时，因为他正在给父亲守丧，想要投奔京城，又恐怕拖累他的母亲，于是前往河东节度表白诚心而撤退。后来，裴珣为母亲守丧时，他又落入叛将史思明的手中，被委任为伪官。裴珣让他的弟弟裴朗秘密把表疏送到京城。唐代宗时，裴珣担任左司郎中，兼侍御史、河东道租庸判官等职。

【评述】

裴宽，盛唐时人，生性通敏，善于骑射，尤好文词，以廉明清正、刚直不阿、执法如山而名垂青史。

裴宽为官清正廉明，得到了当时刺史韦铣的器重。韦铣更以女妻之，一时传为美谈。裴宽为按察判官时，清廉干练，斩钉截铁，不畏强权，主持正义，捍卫了法律的尊严。在刑部，执法坚决，不收贿赂，不徇私情；在户部，不盘剥侵吞，两袖清风。他任河南尹，不畏权贵，横扫时弊，以百姓疾苦为念，使河南大治；任范阳节度使，惩处贪官，安抚民心，换来了范阳的清明政治和百姓的爱戴与怀念。

裴宽为官，刚直不阿，直言敢谏，对一些夸大之词、不实之言勇于揭发，还原事实真相，为当时的朝廷注入一缕清风。裴宽为人，友爱孝悌，在东京建立宅邸，其兄弟子侄皆同住，八院相对，击鼓而食。由于裴宽既廉且悌，政绩卓著，玄宗特赐紫金袋，并亲笔写下“德比岱云布，心似晋水清”的诗句予以褒奖。

裴宽一生，虽官职频繁调换，但所到之处都留下了公正廉明、体恤百姓的好名声，是那个年代值得肯定的好官员。

（李红英注译　庄颖评述）

卢　奂

【原文】

子奂，早修整，历任皆以清白闻。开元中，为中书舍人、御史中丞、陕州刺史。二十四年，玄宗幸京师，次陕城顿，审其能政，于厅事题《赞》而去，曰："专城之重，分陕之雄。人多惠爱，性实谦冲。亦既利物，在乎匪躬。斯为国宝，不坠家风。"寻除兵部侍郎。天宝初，为晋陵太守。时南海郡利兼水陆，环宝山积，刘巨鳞、彭杲相替为太守、五府节度，皆坐赃巨万而死。乃特授奂为南海太守。遐方之地，贪吏敛迹，人用安之。以为自开元已来四十年，广府节度清白者有四：谓宋璟、裴伷先、李朝隐及奂。中使[①]市舶[②]，亦不干法。加银青光禄大夫。经三年，入为尚书右丞，卒。弟弈，亦传清白，历御史中丞而死王事，见《忠义传》。弈子杞，德宗朝位至宰辅，别有传。

选自《旧唐书》卷九十八《卢怀慎传附卢奂传》

【注释】

①中使：即宫中派出的使者。多指宦官。

②市舶：古代中国对中外互市商船的通称。亦指海外贸易。

【译文】

卢怀慎的儿子卢奂，早年言行端正，行为检点。历次任职都以清廉闻名。开元年间，任中书舍人、御史中丞、陕州刺史。开元二十四年（736），玄宗驾赴京师，在陕城小驻时，了解到卢奂善于处理政务，就在厅事中题写赞辞后离去，玄宗写道：“担任刺史守城重任，主持陕州雄镇，为人仁爱，秉性谦虚。做事能够有益于人和物，忠心耿耿，奋不顾身。实乃国家之栋梁，没有辱没家族优良传统。”不久任兵部侍郎。天宝初年，任晋陵太守。当时南海郡兼得水陆之利，珍宝堆积如山，刘巨鳞、彭杲相继担任太守、五府节度，都因贪赃巨万获罪而死。于是专门任卢奂为南海太守。由此这片边远偏僻之地，贪官污吏绝迹，百姓得以安居乐业。自开元以来四十年，广府节度中廉洁清白的官员有四位：宋璟、裴伷先、李朝隐及卢奂。宫中使者前来贸易，也不犯法。后来卢奂被加授银青光禄大夫。过了三年，卢奂入朝任尚书右丞，不久去世。卢奂的弟弟卢弈，也以清廉传家，曾任御史中丞，最后因公殉职。他的事迹详见《忠义传》。卢弈的儿子卢杞，德宗朝位至宰辅，另有传记。

【评述】

卢奂，唐代著名的廉吏。其父卢怀慎也是唐代的清廉宰相，一生为官廉洁，家无储蓄，妻儿饥寒，生活贫困，人称“富国里的穷宰相”；卢奂继承其父的清廉家风，为官清廉正直，恪尽职守，辖内百姓安居乐业，陕州有民谣曰：“不须赛神明，不必求巫祝。尔莫犯卢公，立便有祸福。”由此可见卢奂治政之清明及百姓对其如神明般的敬畏之情。

卢奂为官，忠心耿耿，不辱使命，大刀阔斧整顿吏治，剪除贪官污吏，使得辖内官员不敢以身试法，保得了一方百姓的平安。相传卢奂治理州郡时，每逢判处奸恶之徒，必以所犯之罪，刻石立于其人门前，再犯时必处死刑，百姓称其石为“记恶碑”。“记恶碑”是卢奂为官惩恶扬善的真实写照，也对后人有着很好的警示作用。

卢奂为人正直，不徇私情，做官清白，是玄宗时期不可多得的良臣。正是因为有了大批卢奂这样的良臣，才造就了中国历史上辉煌的“开元盛世”，使得当时国家政治相对清明，经济发展迅速，人才辈出，四方来朝，天下大治！难怪玄宗为卢奂题书，称其“斯为国宝，不坠家风”。

卢奂与父亲卢怀慎、弟卢弈，一家父子三继，皆清节不移，不辱家风，真是国之栋梁，民之大幸！

（李红英注译　庄颖评述）

李　勉

【原文】

李勉，字玄卿，郑王元懿曾孙也。父择言，为汉褒相岐四州刺史、安德郡公，所历皆以严干闻。在汉州，张嘉贞为益州长史、判都督事，性简贵，待管内刺史礼隔，而引择言同榻，坐谈政理，时人荣之。

勉幼勤经史，长而沉雅清峻，宗于虚玄，以近属陪位，累授开封尉。时升平日久，且汴州水陆所凑，邑居庞杂，号为难理，勉与联尉卢成轨等，并有擒奸擿伏之名。

至德初，从至灵武，拜监察御史。时朝廷右武，勋臣恃宠，多不知礼。大将管崇嗣于行在朝堂背阙而坐，言笑自若，勉劾之，拘于有司，肃宗特原之，叹曰："吾有李勉，始知朝廷尊也。"迁司膳员外郎。时关东献俘百余，诏并处斩，囚有仰天叹者，勉过问之，对曰："某被胁制守官，非逆者。"勉乃哀之，上言曰："元恶未殄，遭点污者半天下，皆欲澡心归化。若尽杀之，是驱天下以资凶逆也。”肃宗遽令奔骑宥释，由是归化日至。

克复西京，累历清要，四迁至河南少尹。累为河东节度王思礼、朔方河东都统李国贞行军司马，寻迁梁州都督、山南西道观察使。勉以故吏前密县尉王晬勤干，俾摄南郑令，俄有诏处死，勉问其故，乃为权幸所诬。勉询将吏曰：“上方藉牧宰为人父母，岂以谮言而杀不辜乎！”即停诏拘晬，飞表上闻，晬遂获宥，而勉竟为执政所非，追入为大理少卿。谒见，面陈王晬无罪，政事条举，尽力吏也。肃宗嘉其守正，乃除太常少卿。王晬后以推择拜大理评事、龙门令，终有能名，时称知人。

肃宗将大用勉，会李辅国宠任，意欲勉降礼于己。勉不为之屈，竟为所抑，出历汾州、虢州刺史，改京兆尹、检校右庶子、兼御史中丞、都畿观察使。寻兼河南尹，明年罢尹，以中丞归西台，又除江西观察使。贼帅陈庄连陷江西州县，偏将吕太一、武日升相继背叛，勉与诸道力战，悉攻平之。部人有父病，以蛊道为木偶人，署勉名位，瘗于其陇，或以告，曰：“为父禳灾，亦可矜也。”舍之。

大历二年，来朝，拜京兆尹、兼御史大夫，政尚简肃。宦官鱼朝恩为观军容使[①]，仍知国子监事，恃宠含威，天宪在舌。前尹黎幹写心候事，动必求媚，每朝恩入监，倾府人吏具数百人之饩以待之。及勉莅职旬月，朝恩入监，府吏先期有请，勉曰：“军容使判国子监事，勉候太学，军容宜厚具主礼。勉忝京尹，军容倘惠顾府廷，岂敢不具蔬馔。”朝恩闻而衔之，因不复至太学，勉亦寻受代。

四年，除广州刺史，兼岭南节度观察使。番禺贼帅冯崇道、桂州叛将朱济时等阻洞为乱，前后累岁，陷没十余州。勉至，遣将李观与容州刺史王翃并力招讨，悉斩之，五岭平。前后西域舶泛海至者岁才四五，勉性廉洁，舶来都不检阅，故末年至者四十余。在官累年，器用车服无增饰。及代归，至石门停舟，悉搜家人所贮南货犀象诸物，投之江中，耆老以为可继前朝宋璟、卢奂、李朝隐之徒。人吏诣阙请立碑，代宗许之。十年，拜工部尚书。及滑亳永平军节度令狐彰[②]卒，遗表举勉自代，因除之。在镇八年，以旧德清重，不严而理，东诸侯虽暴鹜者，亦宗敬之。

十一年，汴宋留后[③]田神玉卒，诏加勉汴州刺史、汴宋节度使。未行，汴州将李灵曜阻兵，北结田承嗣，承嗣使侄悦将锐兵戍之。诏勉与李忠臣、马燧等攻讨，大破之，悦仅以身免。灵曜北走，勉骑将杜如江擒之以献，代宗褒赏甚厚。既而李忠臣代镇汴州，而勉仍旧镇。忠臣遇下贪虐，明年为麾下所逐，诏复加勉汴宋节度使，移理汴州，余并如故。德宗嗣位，加检校吏部尚书，寻加平章事。建中元年，检校左仆射，充河南汴宋滑亳河阳等道都统，余如故。四年，李希烈[④]反，以他盗为名，悉众来寇汴州。勉城守累月，救援莫至，谓其将曰："希烈凶逆残酷，若与较力，必多杀无辜，吾不忍也。"遂潜师溃围，南奔宋州。诏以司徒平章事征。既至朝廷，素服请罪，优诏复其位，勉引过备位而已。无何，卢杞自新州员外司马除澧州刺史，给事中袁高以杞邪佞蠹政，贬未塞责，停诏执表，遂授澧州别驾。他日，上谓勉曰："众人皆言卢杞奸邪，朕何不知！卿知其状乎?"对曰："天下皆知其奸邪，独陛下不知，所以为奸邪也。"时人多其正直，然自是见疏。累表辞位，遂罢知政事，加太子太保。贞元四年卒，年七十二，上颇愍悼之，册赠太傅，赙物有差，丧葬官给。

勉坦率素淡，好古尚奇，清廉简易，为宗臣之表。善鼓琴，好属诗，妙知音律，能自制琴，又有巧思。及在相位向二十年，禄俸皆遗亲党，身没而无私积。其在大官，礼贤下士，终始尽心。以名士李巡、张参为判官，卒于幕，三岁之内，每遇宴饮，必设虚位于筵次，陈膳执酹，辞色凄恻，论者美之。或曰："勉失守梁城，亦可贬也。"议者曰："不然。当贼烈之始乱，其慓悍阴祸，凶焰不可当，天方厚其毒而降之罚。况勉应变非长，援军莫至，又其时关辅已俶扰⑤矣，人心已动摇矣。以文吏之才，当虎狼之队，其全师奔宋，非量力之耻也。与其坐受丧败，不犹愈乎！"

选自《旧唐书》卷一百三十一《李勉传》

【注释】

①观军容使：唐代后期由监军发展而成的使职，由宦官担任，全称为观军容宣慰处置使。

②令狐彰：字伯阳，京兆富平（今陕西富平）人。为安庆绪部将。治军劝农，府廪充实，贡赋不缺，岁遣兵三千诣京西防秋，自赍粮食，秋毫不犯。临终遣其子归第，请以李勉相代。

③留后：唐中期后，节度使、观察使缺位或不在镇时的临时代理职位。

④李希烈（？—786）：唐燕州辽西（今辽宁朝阳）人，德宗时拜节度使，后据汴，僭皇位，国号楚，后在生病时被其将陈仙奇私下指使医生毒死。

⑤俶（chù）扰：开始扰乱。俶，开始。

【译文】

李勉，字玄卿，是郑王李元懿的曾孙。他的父亲李择言，曾经担任过汉、褒、相、岐四州的刺史，爵封安德郡公，为官都以严厉干练闻名。李择言在汉州的时候，张嘉贞担任益州长史、判都督事，性情简傲高贵，对所辖地区刺史都不以礼相待，只与李择言同榻而坐，谈论如何处理政事，时人把此事传为美谈。

李勉幼年勤学经史著作，年长以后沉静文雅，清正严峻，崇尚玄虚。曾经凭借皇家亲属身份而得以陪位，累官至开封县尉。当时天下太平已久，况且汴州是水陆交通的汇合之地，城中民居杂乱，以难治理闻名，但李勉与同任县尉的卢成轨等人，都有擒拿奸邪、揭发隐恶的名声。

至德初年，李勉随从肃宗到灵武，拜任监察御史。当时朝廷崇尚武功，有功勋的大臣们依仗恩宠，多不知礼节。大将管崇嗣在行宫的朝堂背对宫阙而坐，谈笑自如。李勉弹劾他，把他拘押在有关部门，肃宗特令予以宽恕，感叹说："我有了李勉，人们才知道朝廷的威严啊！"后来，李勉升任司膳员外郎。当时关东献上百余名俘虏，诏书命令一并处以斩首。其中一名囚犯仰天长叹。李勉过去问他，他回答说："我被威胁才不得不在那里任官，并不是乱贼。"李勉哀怜他，上言说："首恶尚未灭除，半个天下的人都受到荼毒。现在这些人都想洗心归顺。如果将他们全部杀了，就等于是驱使天下人去资助凶人奸逆了。"肃宗于是立命快马前往宽释囚犯，从这时起每天都有归顺的人前来。

收复西京长安后，历任清显之职，几经升迁至河南少尹。先后担任河东节度使王思礼、朔方河东都统李国贞的行军司马，不久升任梁州都督、山南西道观察使。李勉因为他的旧吏前密县县尉王晬勤勉干练，便让他代理南郑县令。不久有诏书命令将王晬处死。李勉询问原因，才知王晬是被权贵们所诬陷，是冤枉的。李勉询问众将吏说："圣上正依靠地方官作为民众的父母，才能够治理国家，怎能因为有人进谗言而杀害无罪的人呢！"于是暂不奉行诏令，改为拘禁王晬，迅速递奏表给肃宗。王晬最终得到宽宥，然而李勉竟然被执政者非难，催促回朝担任大理少卿。谒见肃宗时，李勉当面陈述王晬无罪，说他处理政事很有条理，是个尽力的官吏。肃宗嘉许他恪守正道，于是授任太常少卿。王晬后来因推举选拔拜官大理评事、龙门县令，最终享有善于治吏的贤名。当时人称赞李勉有知人之明。

肃宗将要重用李勉，适逢李辅国受到宠信，他想让李勉对自己唯命是从。但李勉不为所屈，竟被排挤，出朝历任汾州、虢州刺史，改官京兆尹、检校右庶子，兼御史中丞、都畿观察使。不久，兼任河南尹。第二年，停罢河南尹，以御史中丞回西御史台，又授任江西观察使。贼寇首领陈庄接连攻陷江西州县，偏将吕太一、武日升又相继背叛，李勉同各道奋力出战，将叛贼全部攻灭平定。部下中有人因父亲有病，制做一个木偶人，写上李勉的姓名和职位，埋在自家田埂中。有人将此事告诉李勉，李勉说："为父亲消灾，也值得同情。"最终没有追究这个人。

大历二年（767），入朝拜任京兆尹，兼御史大夫，为政崇尚简明严正。宦官鱼朝恩担任观军容使，并主管国子监事务，他依仗恩宠施加威权，天命圣旨，皆在其口舌之间。前任京兆尹黎幹揣摩心意伺候事务，动辄求媚，每次鱼朝恩入国子监，他都尽用一府人吏，准备数百人的饭菜来接待他。到李勉上任月余，鱼朝恩入国子监，京兆府吏提前请备饭，李勉说："军容使主管国子监事，我候视太学，军容使应该准备优厚的主人礼。我辱为京兆尹，军容使如果惠顾我京兆府廷，我岂敢不准备饭菜呢？"鱼朝恩听说后衔恨在心，因此不再去太学，李勉不久也被替换了。

大历四年（769），授广州刺史，兼岭南节度观察使。番禺贼首冯崇道、桂州叛将朱济时等依据山洞为乱。前后数年，攻陷十余州。李勉到任后，派遣大将李观与容州刺史王翃合力招抚征讨，将叛军全部斩杀，五岭得以平定。在这前后西域泛海而来的船舶的数量很少，一年才四五艘，由于李勉品性廉洁，有船舶来全都不检查，因此到他在任的后几年，由于治理得非常好，一年来船四十余艘。在任数年，没有增加用具与车服的费用。到离任返京，在石门停船，将家人贮藏的南货比如犀角象牙等财物尽数搜出，扔进江中。父老认为他这种清廉的作风颇有继承前朝宋璟、卢奂、李朝隐几位前辈的风采。官吏民众赴官府上书请为李勉立碑，代宗批准了。大历十年（775），拜工部尚书。到滑亳永平军节度使令狐彰去世，临终前举荐李勉代替自己，于是，授予李勉滑亳永平军节度使。在藩镇八年，李勉以有德望的老臣的身份，清正肃重，刑法不严而境内大治。东边的诸侯中即使有些桀骜不驯的，也都尊敬李勉。

大历十一年（776），汴宋节度留后田神玉去世，皇帝诏令加授李勉为汴州刺史、汴宋节度使。尚未赴任，汴州大将李灵曜仗恃军力，与北边田承嗣勾结。田承嗣派侄子田悦率领精锐士兵前往汴州戍守。皇帝诏令李勉与李忠臣、马燧等征讨，大破敌寇，田悦战败，仅只身逃脱。李灵曜得知这个消息，向北逃窜，被李勉骑将杜如江擒获献上，代宗重重地褒奖赏赐了李勉。不久，李忠臣代李勉镇守汴州，而李勉仍然回守旧镇。但是，李忠臣对待部下贪婪残虐，第二年就被部下赶走了，诏书又加授李勉为汴宋节度使，移治汴州，其他一并如故。德宗继位，李勉加官检校吏部尚书，不久又加任平章事。建中元年（780），任检校左仆射，充任河南汴宋滑亳河阳等道都统，其余如故。建中四年，李希烈造反，以征讨其他盗贼为名，倾其全军来攻汴州。李勉守城数月，援兵仍未到，李勉对他的将领们说：“李希烈这个人凶暴叛逆、残忍冷酷，如果与他直接交锋，他一定会杀害许多无辜的人，我不忍心看到这样的情形。”于是他悄悄率军突围，南奔宋州。诏令以司徒平章事征李勉入朝。李勉到朝廷后，穿着平民衣服请罪。皇上下褒奖诏书宽恕了他，恢复了他本来的职位，李勉认为自己有过，只是占着位子罢了。不久，卢杞自新州员外司马授任澧州刺史。给事中袁高认为卢杞奸邪败政，贬官尚不足以抵塞罪责，停发诏书，上表反对。于是皇帝授予卢杞澧州别驾。一天，皇上对李勉说："众人都说卢杞奸邪，朕怎么不知道！你知道他的罪状吗?"李勉回答说："天下都知道卢杞奸邪，唯独陛下不知道，这恰恰是他的奸邪之处。"当时的人称赞他的正直，然而德宗从此疏远了他。李勉屡次上表请求辞去职位，于是他被罢免知政事，授予太子太保官衔。贞元四年（788）李勉去世，享年七十二岁。德宗怜惜哀悼他，册书追赠为太傅，赏赐各种财物若干，丧葬费用由官家办理。

李勉性情坦率淡泊，喜好谈古风，崇尚奇异，清廉简易，为宗室大臣的表率。他还善于鼓琴、爱好写诗，精通音律，能够自己制作琴，又有巧思。等到他身处相位，近二十年，俸禄都送与亲戚朋友，去世后没有留下任何私自的积蓄。他在做大官的时候，礼贤下士，始终尽心不变。任用当时的名士李巡、张参为判官，后来他们都在幕府终老。李勉为了纪念他们，三年之内，每当遇到宴饮时，一定在宴席上虚设二人座位，摆上膳食洒酒祭奠，话语和面目都非常凄怆忧伤，人们都赞美李勉的善行。有人说："李勉失守梁城，也应该被贬。"议论的人说："事情不是这样的。当时贼寇李希烈开始作乱，他骠悍阴险，肆意为祸，凶焰不可抵挡，上天竟然也肆意纵容他，降灾祸于百姓。何况应变非李勉所长，而且，援军也没有及时赶到，当时盗匪又开始骚扰关辅地区，城内人心已经动摇了。凭借文吏的才能，要抵挡虎狼般的军队，他能保全队伍南奔宋州，就算不上是不全力抵抗的耻辱了。与其守城遭受丧败，这样不是更好吗!"

【评述】

唐代宰相李勉身为宗室，但是一生自奉俭约，为官清廉，从不贪财。他从小家境贫寒，但从小就以不爱财货著称，曾留下“李勉葬金”的典故，在“左右无人知，幸君为我葬，余则君自取”的情况下，能够把金银全部交还陌路书生的家人。（〔民国〕蔡振绅辑《八德须知全集》初集卷七《二十四廉》）任广州刺史五年，原有的器用车服丝毫未增。他不仅自己不贪财，离任时，还将家人所储财货全部投入江中。居相位近二十年，所得俸禄除日常开销外，都赠与亲信友人，死后毫无私蓄。

李勉驻节地方，每到一地都力加整顿，使吏治清明，百姓安居。他任职广州时，花大力气禁暴肃贪，使日渐萧条的外贸趋于繁荣，一时商贾云集，珍宝列市；他礼贤下士，始终尽心。他以名士李巡、张参为判官，李张二人尽心政事，卒于任上。李勉是个非常念旧的人，三年之内，每逢饮宴，李勉必在筵席中为二人设座，陈设膳食，执酒酹祭。他关心下属，爱护百姓。经常视察戍边兵士的粮食物资是否够用，春秋又派人慰问家属，所以士兵愿意为他效力，吏民为其立碑，歌功颂德。李勉从入仕到老死，为官五十余年，始终清廉正直，不贪不渎，关心民生。

李勉刚正不阿，为官做人，奉公守法。他为政简肃，对污吏绝不手软。他言出必行，使恶人丧胆，吏治肃清，百姓得益；李勉生性耿直。权势炙热的观军容使鱼朝恩，每到国子监，随从数百，还得大摆酒席款待。李勉上任后，不许过分招待，鱼朝恩再也不敢去太学骚扰。

他出身皇室，却从不利用出身谋求私利，贪赃枉法，即便是在他职务升迁、权力增大以后，也没有放松对自己的要求，仍然廉洁自律，诚实守信，没有贪图享受、私欲膨胀。而是凭借权力，为国家、为人民做好事，干干净净做人。“为官五十余年，清风两袖；过手万千财物，一无所取。”这是后人赞颂李勉的一副对联。李勉的事迹流传至今，对后人仍有很强的借鉴意义。

（肖刚注译、评述）

段秀实

【原文】

段秀实，字成公，本姑臧人。曾祖师濬，仕为陇州刺史，留不归，更为汧阳人。秀实六岁，母疾病，不勺饮至七日，病间乃肯食，时号“孝童”。及长，沈厚能断，慨然有济世意。举明经，其友易之，秀实曰：“搜章摘句，不足以立功。”乃弃去。

天宝四载，从安西节度使马灵詧讨护蜜有功，授安西府别将。灵詧罢，又事高仙芝。仙芝讨大食，围怛逻斯[①]城。会虏救至，仙芝兵却，士相失。秀实夜闻副将李嗣业声，识之，因责曰：“惮敌而奔，非勇也；免己陷众，非仁也。”嗣业惭，乃与秀实收散卒，复成军，还安西，请秀实为判官。迁陇州大推府果毅。后从封常清讨大勃律[②]，次贺萨劳城，与虏战，胜之。常清逐北，秀实曰：“贼出羸师，饵我也，请大索。”悉得其廋伏，虏师熸[③]。改绥德府折冲都尉[④]。

肃宗在灵武，诏嗣业以安西兵五千走行在。节度使梁宰欲逗留观变，嗣业阴然可。秀实责谓曰：“天子方急，臣下乃欲晏然，公常自称大丈夫，今诚儿女耳。”嗣业因固请宰，遂东师，以秀实为副。嗣业为节度使，而秀实方居父丧，表起为义王友，充节度判官。安庆绪奔邺，嗣业与诸将围之，以辎重委河内，署秀实兼怀州长史，知州事，兼留后。时师老财䍐[⑤]，秀实督馈系道，募士市马以助军。诸军战愁思冈，嗣业中流矢卒，众推荔非元礼代将其军。秀实闻之，即遗白孝德书，使发卒护丧送河内，亲与将吏迎诸境，倾私财葬之。元礼高其义，奏擢试光禄少卿。俄而元礼为麾下所杀，将佐多死，惟秀实以恩信为士卒所服，皆罗拜不敢害，更推白孝德为节度使。秀实凡佐三府，益知名。

时吐蕃袭京师，代宗幸陕，劝孝德即日鼓行入援。孝德徙邠宁，署支度营田副使。于是邠宁乏食，乃请屯奉天，仰给畿内。时公廪竭，县吏不知所出，皆逃去，军辄散剽，孝德不能制。秀实曰：“使我为军候，岂至是邪？”司马王稷言之，遂知奉天行营事。号令严壹，军中畏戢。兵还，孝德荐为泾州刺史，封张掖郡王。

时郭子仪以副元帅居蒲，子晞以检校尚书领行营节度使，屯邠州。士放纵不法，邠人之嗜恶者，纳贿窜名伍中，因肆志，吏不得问。白昼群行丐颉于市，有不嗛，辄击伤市人，椎釜鬲瓮盎[⑥]盈道，至撞害孕妇。孝德不敢劾，秀实自州以状白府，愿计事，至则曰：“天子以生人付公治，公见人被暴害，恬然，且大乱，若何?”孝德曰：“愿奉教。”因请曰：“秀实不忍人无寇暴死，乱天子边事。公诚以为都虞候，能为公已乱。”孝德即檄署付军。俄而晞士十七人入市取酒，刺酒翁，坏酿器，秀实列卒取之，断首置槊上，植市门外。一营大噪，尽甲，孝德恐，召秀实曰：“奈何?”秀实曰：“请辞于军。”乃解佩刀，选老躄一人持马，至晞门下。甲者出，秀实笑且入，曰：“杀一老卒，何甲也！吾戴头来矣。”甲为愕眙。因晓之曰：“尚书固负若属邪，副元帅固负若属邪?奈何欲以乱败郭氏！”晞出，秀实曰：“副元帅功塞天地，当务始终。今尚书恣卒为暴，使乱天子边，欲谁归罪?罪且及副元帅。今邠恶子弟以货窜名军籍中，杀害人，藉藉如是，几日不大乱?乱由尚书出。人皆曰：尚书以副元帅故不戢士。然则郭氏功名，其与存者有几！”晞再拜曰：“公幸教，晞愿奉军以从。”即叱左右皆解甲，令曰：“敢讙者死！”秀实曰：“吾未晡食，请设具。”已食，曰：“吾疾作，愿宿门下。”遂卧军中。晞大骇，戒候卒击柝卫之。旦，与俱至孝德所，谢不能。邠由是安。

初，秀实为营田官。泾大将焦令谌取人田自占，给与农，约熟归其半。是岁大旱，农告无入，令谌曰：“我知入，不知旱也。”责之急，农无以偿，往诉秀实。秀实署牒免之，因使人逊谕令谌。令谌怒，召农责曰：“我畏段秀实邪?”以牒置背上，大杖击二十，舆致廷中。秀实泣曰："乃我困汝。"即自裂裳裹疮注药，卖己马以代偿。淮西将尹少荣颇刚鲠，入骂令谌曰："汝诚人乎！泾州野如赭，人饥死，而尔必得谷，击无罪者。段公，仁信大人，惟一马，卖而市谷入汝，汝取之不耻？凡为人傲天灾、犯大人、击无罪者，尚不愧奴隶邪！"令谌闻，大愧流汗，曰："吾终不可以见段公。"一夕，自恨死。

马璘代孝德，每所咨逮。璘处决不当，固争之，不从不止。始，璘城泾州，秀实为留后，以劳加御史中丞。大历三年，遂徙泾州。是军自四镇[7]、北庭赴难，征伐数有功，既骤徙，相与出怨言。别将王童之谋作乱，约曰："闻警鼓而纵。"秀实知之，召鼓人，阳怒失节，戒曰："每筹尽当报。"因延数刻，尽四鼓而曙。明日，复有告者曰："夜焚稿积，约救火则乱。"秀实严警备。夜中果火发，令军中曰："敢救者斩！"童之居外，请入，不许。明日，捕之，并其党八人斩以徇，曰："后徙者族！"军遂迁泾州。于时，仓无久储，郛无居人，朝廷患之，诏璘领郑、颍二州以佐军，命秀实为留后。军不乏资，二州以治。璘嘉其绩，奏为行军司马，兼都知兵马使。

吐蕃寇边，战盐仓，师不利。璘为虏隔，未能还，都将引溃兵先入，秀实让曰："兵法：失将，麾下斩。公等忘死，而欲安其家邪！"乃悉城中士，使锐将统之，依东原列奇兵，示贼将战。虏望之，不敢逼。俄而璘得归。

久之，璘有疾，请秀实摄节度副使。秀实按甲备变，璘卒，命愿将马頔主丧，李汉惠主宾客，家人位于堂，宗族位于廷，宾将位于牙内，尉吏士卒位于营次，非其亲，不得居丧侧。朝夕临，三日止。有族谈离立者，皆捕囚之。都虞候史廷幹、裨将崔珍、张景华欲谋乱，秀实送廷幹京师，徙珍、景华宇外，一军遂安。

即拜四镇北庭行军、泾原郑颍节度使。数年，吐蕃不敢犯塞。又按格令，官使二料取其一，非公会不举乐饮酒；室无妓媵，无赢财；宾佐至，议军政，不及私。十三年来朝，对蓬莱殿，代宗问所以安边者，画地以对，件别条陈。帝悦，慰赉良渥，又赐第一区，实封百户。还之镇。德宗立，加检校礼部尚书。建中初，宰相杨炎追元载议，欲城原州，诏中使问状，秀实言："方春不可兴土功，请须农隙。"炎谓沮己，遂召为司农卿。

朱泚反，以秀实失兵，必恨愤，且素有人望，使骑往迎。秀实与子弟诀而入，泚喜曰："公来，吾事成矣。"秀实曰："将士东征，宴赐不丰，有司过耳，人主何与知？公本以忠义闻天下，今变起苍卒，当谕众以祸福，扫清宫室，迎乘舆，公之职也。"泚默然。秀实知不可，乃阳与合，阴结将军刘海宾、姚令言、判官岐灵岳都虞候何明礼，欲图泚。三人者，皆秀实素所厚。会源休教泚伪迎天子，遣将韩旻领锐师三千疾驰奉天。秀实以为宗社之危不容喘，乃遣人谕大吏岐灵岳窃取令言印，不获，乃倒用司农印追其兵。旻至骆驿，得符还。秀实谓海宾曰："旻之来，吾等无遗类。我当直搏杀贼，不然则死。"乃约事急为继，而令明礼应于外。翌日，泚召秀实计事，源休、姚令言、李忠臣、李子平皆在坐。秀实戎服与休并语，至僭位，勃然起，执休腕，夺其象笏，奋而前，唾泚面大骂曰："狂贼！可磔万段，我岂从汝反邪！"遂击之。泚举臂捍笏，中颡，流血㵒[⑧]面，匍匐走。贼众未敢动，而海宾等无至者。秀实大呼曰："我不同反，胡不杀我！"遂遇害，年六十五。海宾、明礼、灵岳等皆继为贼害。帝在奉天，恨用秀实不极才，垂涕悔怅。

初，秀实自泾州被召，戒其家曰："若过岐，朱泚必致赠遗，慎毋纳。"至岐，泚固致大绫三百，家人拒，不遂。至都，秀实怒曰："吾终不以污吾第。"以置司农治堂之梁间。吏后以告泚，泚取视，其封帕完新。

秀实尝以禁兵寡弱，不足备非常，言于帝曰："古者天子曰万乘，诸侯曰千乘，大夫曰百乘，盖以大制小，以十制一。今外有不廷之虏，内有梗命之臣，而禁兵寡少，卒有患难，何以待之？且猛虎所以百兽畏者，为爪牙也；若去之，则犬彘马牛，皆能为敌。"帝不用。及泾卒乱，召神策六军，无一人至者，世多其谋。

兴元元年，诏赠太尉，谥曰"忠烈"。赐封户五百，庄、第各一区；长子三品，诸子五品，并正员官。帝还都，又诏致祭，旌其门闾，亲铭其碑云。

选自《新唐书》卷一百五十三《段秀实传》

【注释】

①怛逻斯：今哈萨克斯坦共和国江布尔城附近。公元751年，怛逻斯战役在唐王朝与阿拉伯帝国阿拔斯王朝之间爆发，结果唐军战败。

②大勃律：在今巴基斯坦克什米尔控制区之巴勒提斯坦地区。

③熸（jiān）：溃败。

④折冲都尉：官名。唐府兵制军府称折冲府，长官为折冲都尉，上府正四品上，中府从四品下，下府正五品下，冬季率兵操练，按规定轮番宿卫京师，有事征发则率兵出战。

⑤覂（fěng）：缺乏。

⑥釜鬲（lì）瓮（wèng）盎（àng）：各种炊具、容器。

⑦四镇：唐代称朔方、泾原、陇右、河东四节度为四镇。

⑧衊（miè）：本指污血，这里指血染。

【译文】

段秀实，字成公，本是姑臧人。曾祖父段师濬，曾任陇州刺史，留在任所未归原籍，改籍为汧阳人。段秀实六岁的时候，母亲生病，秀实为此绝食七天，一直到母亲病愈才肯进食，人们都称他为“孝童”。段秀实长大以后，沉着果断，慨然济世之意。考中明经的功名，但被朋友取代，秀实说：“寻章摘句，不足以建立丰功伟业。”于是放弃功名。

天宝四年（745），秀实跟随安西节度使马灵詧讨护蜜有功，被授予安西府别将。马灵詧被罢免，又跟随高仙芝。高仙芝讨伐大食，围怛逻斯城。又赶上敌人的援军到达，高仙芝的部队只好退却，士兵四散逃离。段秀实夜里听到副将李嗣业的声音，辨认出来，因此责备他："害怕敌人而逃跑，是不勇敢的表现；自己逃脱陷众军于险境，是不仁的表现。"李嗣业感到很惭愧，于是和段秀实重新召集散失的士卒，又组成了军队，回到安西，请求让段秀实为首领。不久，秀实迁任陇州大推府果毅，后来追随大将封常清讨伐大勃律，驻扎在贺萨劳城，与敌人战斗取得了胜利。封常清追击逃兵，段秀实说："敌人出动的是弱兵，来引诱我军，请求大加搜索。"搜捕抓获了敌人的大量伏兵，因此敌军溃败了。秀实改任绥德府折冲都尉。

肃宗在灵武，诏令李嗣业率领安西五千名官兵前来护驾。节度使梁宰打算逗留以观察局势的变化，李嗣业私下答应了。秀实责备说："如今天子有难，做臣子的竟然打算安然以待，你经常自称为大丈夫，如今看真是小家子气。"李嗣业因此坚持向宰相请示要求进攻，最后大军向东进军，以段秀实为副将军。李嗣业为节度使，任职期间，段秀实正好在父亲的丧期内，表奏起他为义王友，充节度判官。安庆绪逃奔到邺，李嗣业与诸位将军围攻他，把辎重翻数屯集于河内，任命段秀实兼任怀州长史，知州事，兼留后一职。当时军队疲劳无钱，段秀实监督粮草上路，招募士兵购买马匹来扩充军队。诸军在愁思冈展开战斗，李嗣业中了流箭而去世，众人拥护荔非元礼代理军队统帅。段秀实听说，立即给白孝德写信，让他发动军队护丧送到河内，亲自与将吏在边境迎接，用自己的钱财安葬李嗣业。荔非元礼赞赏他的义气，奏请提升他为试光禄少卿。不久荔非元礼被手下杀害，副将们大多因内乱死去，只有段秀实凭恩信使士兵折服，都围绕跪拜而不敢加害于他，又推举白孝德为节度使。段秀实一共三次在节度府任职，更加出名了。

当时吐蕃袭击京师，代宗来到陕州，段秀实劝白孝德当日大张旗鼓救援。孝德徙任邠宁，署为支度营田副使。当时邠宁缺少粮食，乃请求屯驻奉天，依靠京畿地区的供应。当时公家粮库空竭，县吏不知如何是好，都逃掉，军人抢掠，孝德不能制止。段秀实说："假如我是将军，怎么会出现这种局面?"司马王稷把这话告诉了白孝德，于是让秀实担任奉天行营的职务。他号令严肃整齐，军中诫惕、谨慎。撤军后，孝德推荐段秀实为泾州刺史，封为张掖郡王。

当时郭子仪为副元帅，居守蒲州，子郭晞以检校尚书领行营节度使，屯驻邠州。士兵放纵不守王法，邠州的不法之徒，行贿进入部队中，因此肆意所为，官吏不得过问。白天成群在市场上强行索取，有不满意的，就打伤商贩，打碎锅碗瓢盆满地都是，甚至于撞伤孕妇。白孝德不敢弹劾，段秀实从州中把情况向府里汇报，愿意处理此事，到了就说："皇上把百姓托付给你治理，你却眼睁睁地看着百姓遭殃，无动于衷，如果出了大乱子该怎么办?"白孝德说："我愿意听你的教导。"因此请求说："我段秀实不忍心百姓没有遭受敌人寇掠就暴死，扰乱天子的边疆秩序。你如果真能任命我为都虞候，我倒能替你停止动乱。"白孝德立即把军队交付给他。不久郭晞的士兵十七个人进入市场索取酒，刺伤了酒翁，破坏了酿酒的器皿，段秀实派兵把他们捉住，把头砍下来放置在槊上，竖立在市场的门外。整个军营大为震惊，全部武装，白孝德害怕了，召来段秀实说："怎么办?"段秀实说："请让我到军中去解释。"于是放下佩戴的刀，选了一位跛脚的老头牵着一匹马，到了郭晞的门下。武装人员出来，段秀实笑着走进去，说："杀一个老头，何必全副武装！我今天戴头过来了。"士兵吓了一跳。因此段秀实跟他们说："尚书难道亏待你们了吗，副元帅难道亏待你们了吗？为什么要败坏了郭家的名声呢！"郭晞出来了，段秀实说："副元帅功高天地，应当有始有终。如今尚书任凭士卒暴乱而不管，使他们扰乱国家边疆的安危，应当怪罪于谁呢？罪过将及副元帅。如今邠州的流氓通过贿赂混进军队中来，杀害百姓，比比皆是，不过几天就会出大乱。乱是因为尚书而出。人家都说：尚书因为副元帅的原因才不管士兵。然而郭家的功名，还能剩下多少！"晞再拜说："幸亏受到你的教诲，我郭晞愿意把全军交付给你。"立即命令左右都解下武装，说："谁再闹事，格杀勿论！"段秀实说："我还没吃下午饭，请摆饭。"吃完饭后，说："我身体不舒服，就在这睡一晚上。"于是就睡在军队中。郭晞大惊，告戒士卒严加防卫。第二天早晨，一起到白孝德的住所，为能力不够谢罪。邠州从此安定了。

段秀实任营田官的时候，泾州大将焦令谌占取他人农田，租给农民，收成要给他交一半。当年旱灾严重，农民报告没有收成，令谌说："我只知道收粮，不知道干旱。"索要甚急，农民没有东西偿还，就反映给段秀实。段秀实给焦令谌写了一封牒文，希望他饶了老农，于是就派人去跟焦令谌说这件事。焦令谌很生气，对老农说："我还怕段秀实不成？"于是就把牒文放在老农的背上，打了二十大板，用车子运到廷中。段秀实哭着说："是我害了你啊。"于是自己撕开衣服，帮老农包扎伤口，敷药，还卖了自己的马帮他偿还了债务。淮西将军尹少荣颇为刚正耿直，进去破口大骂焦令谌：“你还是个人吗？泾州大旱，饿殍遍野，百姓都饿死了，而你却还收取粮食，惩罚无罪良民。段公，是个仁义之士，只有一匹马，却卖了换回谷子交给你，你拿着就不觉得羞耻吗？凡是那种无视天灾、侵犯仁义士人、惩治无罪百姓的人，连个奴隶都不如！”焦令谌听了这席话，羞愧的直流汗，说：“我没有脸面见段公了。”一个晚上，自己抱恨而死。

马璘代替白孝德的职位，常常咨询段秀实。马璘处置不当的地方，段秀实坚持与他争执，不听从就不停止。开始，马璘在泾州筑城，段秀实为他留守后方，有功而加御史中丞。大历三年（768），就迁到泾州上任。这支军队从四镇、北庭来救难，征伐多次有功，现在突然迁徙，互相发出怨言。别将王童之图谋作乱，约定说：“听到警鼓声就发动。”段秀实知道此事后，召来击鼓的人，表面上对他的失节而发怒，告诫他说：“每当筹用完了就来报告。”因为延误了时间，共四次击鼓天就亮了。第二天，又有报告的人说：“夜里焚烧草料场，约定救火然后叛乱。”段秀实严加警备。夜里果然起火了，命令军中的人说：“有敢救火者斩！”王童之住在外边，请求进来，不被允许。第二天，捕获了他，和他的党羽八个人一起被斩首示众，说：“迁徙落后的人灭族！”军队于是迁到泾州。当时，仓库里没有长期储备的粮食，城中没有居民，朝廷为此而担心，诏马璘率领郑、颍二州来供应军需，命令段秀实留守后方。军队不缺乏粮草，二州也因此而得到治理。马璘嘉奖段秀实的功绩，上奏他为行军司马，兼都知兵马使。

吐蕃寇掠边境，在盐仓作战，官军不利。马璘被敌人隔断，不能返回，都将引领溃兵先入，段秀实责备说：“按照兵法：失去了将领，手下都要斩首。你们忘了死罪，而打算保全家人吗！”于是尽率城中兵士，使锐将统领，依据东原排列奇兵，向敌人展示出将要决战的样子。敌人看见后，不敢逼进。不久马璘得以归还。

过了很久，马璘生病了，请求段秀实摄节度副使。段秀实按甲防备叛变，马璘去世，命令愿将马頔主持治丧工作，李汉惠负责接待宾客，家人列位于堂，宗族列位于廷，宾将列位于牙内，尉吏士卒列位于营次，不是他的亲人，不能居丧侧。早晚祭吊，三天才停止。有聚众谈叛离的人，都被逮捕。都虞候史廷幹，裨将崔珍、张景华欲谋叛乱，段秀实把史廷幹送到京师，把崔珍、张景华迁往外地，全军因此而安定了。

段秀实又被授予四镇北庭行军、泾原郑颍节度使。几年吐蕃不敢犯塞。又按照格令，在官职和使职二者的俸禄中只取一份，不是公共集会不奏乐喝酒；家里没有姬妾，没有多余的财产；宾客来访，议论军政，不谈私事。十三年到朝廷，在蓬莱殿奏对，代宗问他安边的策略，他通过画地来回答，条分缕析。皇帝高兴，赏赐十分丰厚，又赐他一所住宅，实封百户。回到镇所。德宗立，加检校礼部尚书。建中初年，宰相杨炎重新提起元载的议论，想在原州筑城，诏中使询问情况，段秀实说：“正是春天，不可以大兴土木，请等到农闲时节。”杨炎说他阻碍自己，于是将他召为司农卿。

朱泚叛乱，认为秀实失去兵权，一定怀恨在心，况且他素有名望，于是派骑兵前来迎接。段秀实与子弟诀别后过来，朱泚很高兴，说：“你来了，我的事就成了。”段秀实说：“将士东征，宴赐不丰厚，是有司的过错，人主怎么会知道？你本来以忠义名闻天下，如今仓卒起事，应当告诉大家祸福得失，把宫室打扫干净，迎接皇上的车舆，这是你的职责啊。”朱泚沉默了。段秀实知道他不会答应，于是表面上与他合作，私下里联合将军刘海宾、姚令言，判官岐灵岳，都虞候何明礼，打算杀害朱泚。这三个人，都是段秀实平常所亲厚的。当时源休教朱泚假装迎接天子，派遣将军韩旻率领精锐部队三千人迅速赶往奉天。段秀实认为宗庙社稷的安危容不得耽误，于是派人告谕大吏岐灵岳窃取令言的印章，没有拿到，于是倒盖司农印追击他的部队。韩旻到达骆驿，得到符印就回来了。段秀实对海宾说：“韩旻到来，我们就没有生还的了。我们应当直接搏杀敌人，否则就是死。”于是约定事情紧急就作为后援，而令明礼在外面接应。第二天，朱泚召段秀实问事情，源休、姚令言、李忠臣、李子平等人都在场。段秀实穿着军装和源休说话，说到僭位的时候，勃然而起，抓住源休的手腕，夺取他的象笏，奋力而前，唾口大骂朱泚说：“狂贼！应该碎尸万段，我怎么会跟你谋反呢！”于是击杀他。朱泚举起胳膊挡住笏板，击中了额头，流血满面，匍匐而逃。贼众不敢动，而海宾等人还没有到达。段秀实大呼道：“我不和你们一起叛反，为何不杀了我！”于是被杀了，当年六十五岁。海宾、明礼、灵岳等人都相继被贼人所害。皇帝在奉天，悔恨没有好好任用段秀实，垂涕悔怅。

当初，段秀实从泾州被召回朝的时候，告诫家人说：“如果路过岐州，朱泚一定会贿赂我们，千万不要接受。”到了岐州，朱泚果然拿了三百段绫来，段秀实家人拒绝，但没有成功。到了京城，段秀实生气地说：“我决不能玷污了我家的门第。”把绫放在司农治堂的屋梁上。后来，官员把这件事告诉朱泚，朱泚拿下来一看，包装完好。

段秀实曾经认为禁兵寡弱，不足以防备非常之事，于是跟皇帝说："古代天子称为万乘，诸侯称为千乘，大夫称为百乘，大概是为了以大制小，以十制一。如今外面有不肯臣服的敌人，内部有违抗命令的臣子，而禁兵数量少，如果有患难，用什么来防备啊？况且猛虎之所以让百兽害怕的原因，是因为它有爪牙；如果去除了爪牙，那么猪狗马牛都能与之为敌了。"皇帝没有采纳。等到泾州兵乱，召神策六军，没有一个人来京城的，世人多称赞他的谋略。

兴元元年（784），朝廷追赠他太尉，谥号"忠烈"。赐封户五百，庄园、私邸各一幢；长子三品，其他儿子五品。皇上回到都城，又下诏祭扫段秀实的墓地，表彰他的门第，亲自为其撰写碑铭。

【评述】

安史之乱以后的唐朝，命运可谓动荡多舛，边境少数民族侵扰，国内藩镇势力跋扈，中央政治权力斗争，无一不在蚕食着已经日渐衰落的帝国。人们常说乱世出英雄，对于有非常之谋、见识卓越的人来说，或许乱世确实是立功留名、成就一番事业的绝佳时机。但是，对于在历史浪潮中翻滚的大多数人来说，乱世往往意味着颠沛流离、朝不保夕，甚至死于非命。段秀实的一生，大部分时间都是在这种国家飘摇、战事频仍的背景下度过的。他经历了唐玄宗时代的安史之乱，经历了唐肃宗时代的艰难平叛，经历了唐代宗出逃长安，经历了唐德宗避难奉天，四代唐朝皇室的重大灾难，他都亲历其中。最后他以一己之力阻止叛乱未果，壮烈逝去，留下辉煌一笔，让人叹息良久。

错综复杂的情势变化和扑朔迷离的政治局势，往往又是最能考验一个人品行和心态的，面对各种政治势力的角逐和边疆形势的变换，以往救驾有功的忠臣可能顷刻之间成为反叛者，寄托国家命脉的宰相也会为个人利益而置国家利益于不顾。

在这样的的历史背景下，段秀实历经几次变故而仍忠心耿耿；前后辅佐几位府主，都得到了重用，诚属难能可贵。而他出于公心阻止赫赫有名的郭子仪之子郭晞部下的不法行为；他被宰相授予闲职却没有心怀怨恨，朱泚叛乱时没有置个人得失于国家利益之上，种种决定都承担得起最后“忠烈”的谥号。更可贵的是，他一生洁廉，从不接受贿赂，旁无侍妾，身无余财，坦坦荡荡，两袖清风，实足乱世中难得的忠臣廉吏。究其原因，乃是其怀有纯正无私的为国之心。在唐朝后期乱世之中，段秀实相比起许多人可能并非十分有名，他虽为国捐躯但在历史上也不显得轰轰烈烈，不过观其一生，可说是“心底无私天地宽”（陶铸《赠曾志》）的最好写照。

（陈浩注译　赵璐璐评述）

钱 徽

【原文】

钱徽，字蔚章。父起，附见《卢纶传》。徽中进士第，居谷城。谷城令王郢善接侨士游客，以财贷馈，坐是得罪。观察使樊泽视其簿，独徽无有，乃表署掌书记。蔡贼方炽，泽多募武士于军。泽卒，士颇希赏，周澈主留事，重擅发军廥，不敢给。时大雨雪，士寒冻，徽先冬颁衣絮，士乃大悦。又辟宣歙崔衍府。王师讨蔡，檄遣采石兵会战，戍还，颇骄蹇。会衍病亟，徽请召池州刺史李逊署副使，逊至而衍死，一军赖以安。

入拜左补阙，以祠部员外郎为翰林学士，三迁中书舍人，加承旨。宪宗尝独召徽，从容言它学士皆高选，宜预闻机密，广参决，帝称其长者。是时，内积财，图复河湟，然禁无名贡献，而至者不甚却。徽恳谏罢之。帝密戒后有献毋入右银台门，以避学士。梁守谦为院使，见徽批监军表语简约，叹曰："一字不可益邪！"衔之。以论淮西事忤旨，罢职，徙太子右庶子，出虢州刺史。

入拜礼部侍郎。宰相段文昌以所善杨浑之、学士李绅以周汉宾并诿徽求致第籍。浑之者凭子也，多纳古帖秘画于文昌，皆世所宝。徽不能如二人请，自取杨殷士、苏巢。巢者李宗闵婿，殷士者汝士之弟，皆与徽厚。文昌怒，方帅剑南西川，入辞，即奏徽取士以私。访绅及元稹，时稹与宗闵有隙，因是共挤其非。有诏王起、白居易覆试，而黜者过半，遂贬江州刺史。汝士等劝徽出文昌、绅私书自直，徽曰："苟无愧于心，安事辨证邪?"敕子弟焚书。

初，州有盗劫贡船，捕吏取滨江恶少年二百人系讯，徽按其枉，悉纵去。数日，舒州得真盗。州有牛田钱百万，刺史以给宴饮赠饷者，徽曰："此农耕之备，可他用哉!"命代贫民租入。转湖州。时宣、歙旱，左丞孔戣请徙徽领宣歙，宰相以其本文辞进，不用。戣曰："相君宜知天下事，徽江、虢之治不及知，况其它邪?"还，迁工部侍郎，出为华州刺史。

文宗立，召拜尚书左丞。会宣墨麻，群臣在廷，方大寒，稍稍引避，徽素恭谨，不去位，久而仆。因上疏告老，不许。太和初，复为华州。俄以吏部尚书致仕。卒，年七十五，赠尚书右仆射。

徽与薛正伦、魏弘简善，二人前死，徽抚其孤至婚嫁成立。任庶子时，韩公武以赂结公卿，遗徽钱二十万，不纳。或言非当路可无让，徽曰："取之在义不在官。"

时称有公望。

子可复、方义。可复死郑注时。方义终太子宾客。子珝，字瑞文，善文辞，宰相王抟荐知制诰，进中书舍人。抟得罪，珝贬抚州司马。

选自《新唐书》卷一百七十七《钱徽传》

【译文】

钱徽，字蔚章。父亲钱起，其事参看《卢纶传》。钱徽考中进士，住在谷城。谷城县令王郢善待外地侨客，用钱财馈赠，因此而获罪。观察使樊泽打开他的账簿，唯独没有钱徽的名字，于是委任钱徽为掌书记。蔡州盗贼正嚣张，樊泽在军队里招募了许多武士。樊泽去世，士人很希望得到奖赏，周澈主要负责留后事宜，对于擅自打开军队粮库很慎重，不敢供给。当时下大雪，军士寒冷，钱徽在冬季来临之前就发放衣服棉被，士气因此大涨。他后来又被管辖宣、歙两地的崔衍聘为幕僚。官军讨伐蔡州，下檄文派遣采石兵来作战，军人回去后，很骄慢。当时崔衍病急，钱徽请召池州刺史李逊任副使，李逊到达后崔衍去世，全军依仗李逊安抚才安宁。

钱徽进入朝廷后被拜为左补阙，以祠部员外郎的身份为翰林学士，三次迁任中书舍人，加授承旨之职。宪宗曾独自召见钱徽，钱徽从容地说其他的学士都是精心之选，应该让他们参与机密，集思广益，皇帝称赞他有长者之风。当时，宫内积敛财物，准备收复河湟地区，虽然禁止没有名目的进贡，但如果礼物送来了，收礼的人也不会拒绝。钱徽恳请停止无名进贡。皇帝私下里说：“以后再有进贡的不要从右银台门进，这样可以避开钱学士。”梁守谦担任院使，看见钱徽批复监军的表语简单明了，感叹说：“一个字也不可以加了！”此后怨恨在心。钱徽因论淮西事违背圣旨，被免职，改任太子右庶子，出任虢州刺史。

钱徽入朝拜为礼部侍郎。宰相段文昌为他看重的杨浑之、学士李绅和周汉宾一起去请求钱徽，希望能够被录取。杨浑之是杨凭的儿子，经常用古书画贿赂段文昌，字画都是稀世宝物。钱徽拒绝了二人的请求，自己决定让杨殷士、苏巢入选。苏巢是李宗闵的女婿，杨殷士是杨汝士的弟弟，他们二人都与钱徽关系很好。这件事让段文昌很生气，他刚任剑南西川节度使，回京上奏钱徽通过私人关系选拔人才。段文昌去拜访李绅和元稹，当时元稹和李宗闵有矛盾，于是一起排挤他们的政敌。朝廷下令王起、白居易组织复试，结果有一半人都没有通过这次考试，于是钱徽被贬为江州刺史。杨汝士等人劝钱徽把段文昌、李绅写给他的信拿出来为自己辩护，钱徽却说：“只要问心无愧，何必辩护呢？”于是命令子弟们把信给烧了。

当时州里有盗贼劫持进贡的船只，捕快们把江边的二百多名不良少年当作嫌疑犯抓来审问，但钱徽判定他们是冤枉的，都给放了回去。过了几天，在舒州就抓到了真正的强盗。州里有牛田钱百万，刺史却用它来请客吃饭，钱徽说：“这是农耕的备用款子，怎么能挪用呢？”命令用此款代替穷人纳税。钱徽后来转到湖州任职。当时宣州、歙州干旱，左丞孔戣奏请把钱徽调任宣、歙二州，宰相认为他是因为文采而被进用的，没有答应。孔戣说：“宰相应该了解天下的情况，连徽江、虢二州的治理都不知道，何况其他的呢?”回到朝廷，钱徽迁任工部侍郎，出任华州刺史。

文宗即位，征召钱徽为尚书左丞。正值宣读诏书，大臣都在朝廷，当时特别冷，有些大臣渐渐地躲起避寒了，只有钱徽一直毕恭毕敬，没有离开，时间长了就倒下了。后来他又上疏告老还乡，皇上没有准许。太和初年，又到华州任职。不久以吏部尚书的官衔退休。去世时享年七十五岁，追赠尚书右仆射。

钱徽与薛正伦、魏弘简关系很好，后来二人去世了，钱徽抚养他们的遗孤直到其成家立室。钱徽做庶子的时候，韩公武通过贿赂公卿权贵拉拢关系，给钱徽送了二十万，钱徽没有收。有人说，你又不处在要职上，没有必要拒绝。钱徽说：“这不是官大官小的问题，这是道义不道义的事情。”当时的人称赞他有名望。

钱徽有两个儿子钱可复和钱方义。可复死于郑注政变时。方义以太子宾客的官职而终。钱方义的儿子钱珝，字瑞文，擅长文辞，宰相王抟推荐他任知制诰一职，后进任中书舍人。不久王抟犯了罪，连带钱珝被贬为抚州司马。

【评述】

钱徽一生的任官经历，在唐朝中晚期有一定的代表性。作为一个文人，他进士及第后，首先进入地方幕府任职，而后进入朝廷担任谏官，随后升为六部员外郎并任翰林学士，经过几次升迁转任中书舍人。之后钱徽虽然因为政治斗争的原因出任刺史，不过作为当时的官员来说，在地方担任一方长官的工作经验其实是不可或缺的，是为下一步迁入中央高级官僚做准备。事实上，钱徽果然不久也就回到朝中，担任礼部侍郎。如果钱徽仕途顺利，他可以由此再升为中书或门下侍郎，然后很可能就会担任宰相。在朝中担任一段时间宰相之后，也可以挂着同中书门下平章事的宰相头衔出镇地方，担任节度使、观察使，这个经历就可谓是完美的了。

但是钱徽并没有那么幸运，他所担任的美差只到礼部侍郎为止，虽然在他以后的人生岁月中，还任过工部侍郎、尚书左丞，甚至吏部尚书，可这些或者是冷清部门，或者是荣誉虚衔，和掌管科举考试的礼部侍郎都不可同日而语。从表面来看，钱徽从礼部侍郎的位置上被贬，是没有接受当时宰相的请托，而录取了与自己有交情的人，实际上，这也是当时“牛李党争”的一种斗争方式，牵涉复杂的人际关系和两党历史。从钱徽的故事来看，他不受贿赂，可谓廉洁奉公；他谏言不纳地方贡献，可谓以道佐君；他赡养友人遗孤，可谓有情有义；他爱惜百姓，可谓忧国忧民；他的品质和能力都一点不差。可是牵涉到朋党斗争，就不是一人之力可以解决的了。钱徽的被贬应该不能说被冤枉，作为李党的一名成员，他其实是可以预料的政治斗争牺牲品，在他选择“站队”的时候，这种结局就随时会降临到他的头上。而留给读史者的也只有无奈的叹息和深深的沉思了。

（陈浩译文　赵璐璐评述）

薛存诚

【原文】

薛存诚，字资明，河东人。父胜，能文，尝作《拔河赋》，词致浏亮，为时所称。存诚进士擢第，累辟使府，入朝为监察御史，知馆驿。元和初，王师讨刘辟，邮传[①]多事，上特令中官为馆驿使。存诚密表论奏，以为有伤公体。会谏官亦论奏，上乃罢之。转殿中侍御史，迁度支员外郎。裴垍[②]作相，用为起居郎，转司勋员外、刑部郎中，兼侍御史、知杂事，改兵部郎中、给事中。琼林库使奏占工[③]徒太广，存诚以为此皆奸人窜名，以避征役，不可许。咸阳县尉袁儋与军镇相竞，军人无理，遂肆侵诬，儋反受罚。二敕继至，存诚皆执之。上闻甚悦，命中使嘉慰之，由是擢拜御史中丞。

僧鉴虚者，自贞元中交结权幸，招怀赂遗，倚中人为城社，吏不敢绳。会于頔、杜黄裳家私事发，连逮鉴虚下狱。存诚案鞫得奸赃数十万，狱成，当大辟。中外权要，更于上前保救，上宣令释放，存诚不奉诏。明日，又令中使诣台宣旨曰："朕要此僧面诘之，非赦之也。"存诚附中使奏曰："鉴虚罪款已具，陛下若召而赦之，请先杀臣，然后可取。不然，臣期不奉诏。"上嘉其有守，从之，鉴虚竟笞死。洪州监军高重昌诬奏信州刺史李位谋大逆，追赴京师。上令付仗内鞫问。存诚一日三表，请付位于御史台。及推案无状，位竟得雪。

未几，再授给事中。数月，中丞阙，上思存诚前效，谓宰相持宪无以易存诚，遂复为御史中丞。未视事，暴卒。宪宗深惜之，赠刑部侍郎。存诚性和易，于人无所不容，及当官御事，即确乎不拔，士友以是称重之。子廷老。

选自《旧唐书》卷一百五十三《薛存诚传》

【注释】

①邮传：传递文书的驿站。

②裴垍：字弘中，唐宪宗时著名宰相。勤于职守，办事公道，不受贿赂，以实才取人，惜盛年去世。

③占工：专门从事占卜的人。

【译文】

薛存诚，字资明，河东人。父亲薛胜，擅长写文章，曾经写过《拔河赋》，文词流畅明朗，被当时人所称道。薛存诚考中进士，多次被使府征辟，进入朝廷任监察御史，负责驿站馆舍。元和初年，官军讨伐刘辟，传递文书的驿站事务繁忙，皇上特别命令中使做馆驿使。薛存诚秘密上表陈奏，认为此举有伤大体。当时谏官也上奏议论，皇上于是中止此举。薛存诚转任殿中侍御史，升任度支员外郎。裴垍时为宰相，任用他为起居郎，转任司勋员外、刑部郎中，兼侍御史、知杂事，改任兵部郎中、给事中。琼林库使上报的占卜所属人员太多，薛存诚认为这都是小人篡改姓名，以逃避赋税和徭役，没有批准。咸阳县尉袁儋与军镇发生争吵，军人理亏，于是肆意诋毁诬陷，袁儋反而受到惩罚。二件敕令相继而至，薛存诚都扣下了。皇上听说后十分高兴，命令中使嘉奖慰问他，由此提拔薛存诚为御史中丞。

有个叫鉴虚的和尚，自从贞元年间交结权贵，行贿受贿，倚仗宦官做为后台，官吏都不敢将他绳之以法。当时于頔、杜黄裳两家私事被告发，牵连着鉴虚被逮捕下狱。薛存诚审讯后查出赃款数十万，罪名成立，应当判死刑。朝廷内外的权贵显要，数次在皇上面前保释鉴虚，皇上命令释放鉴虚，但薛存诚不奉诏。第二天，皇上又命令中使到御史台宣布圣旨说："朕要这个和尚，是想当面审讯他，不是赦免他。"薛存诚请使者帮他上奏皇上："鉴虚罪状已经成立，如果陛下召问然后赦免了他，请陛下先把我杀了，然后再说。要不然，臣必不奉诏。"皇上夸奖他有操守，听从了他，鉴虚最后受笞刑而死。洪州监军高重昌诬陷信州刺史李位图谋叛逆，李位被押送到京师。皇上命令交付给宫里审问。薛存诚一天三次上奏，请求把李位交给御史台。最后审讯判定无罪，李位终于得到清白。

没多久，薛存诚又被授予给事中。几个月内，中丞位还是空缺，皇上顾念薛存诚以前的功劳，对宰相说，执法方面无人能代替薛存诚，于是又任命他为御史中丞。还没到任薛存诚就突然去世。宪宗深深为他惋惜，赠他刑部侍郎职。薛存诚性情和蔼可亲，对人极为宽容，任职办事，又很有原则，无法动摇。士人朋友们因此非常敬重他。他的儿子名薛廷老。

【评述】

薛存诚本身是一位平易近人、性格和顺的人，而为官则坚持原则、绝不动摇，这是史官最后对他的总结和评价。若没有这一句，只凭前面的事迹，我们便会觉得，薛存诚本人就是一个刚正不阿、极有性格的人。我们会以为，他秘密上奏，他不下发敕书，他顶撞皇帝的使者，都是性格使然。但最后这点睛一句，促使我们更多地去思考和品味，发现历史中更丰富的内涵。

一个人是否能在工作和生活中表现出完全不同的两面？如果薛存诚真的在生活中是一个非常“软”的人，那么他在工作中为什么就能够突然变成一个很“硬”的人了呢？可以说，当时的制度设计、官职职权为薛存诚在工作中的“硬气”提供了依据和保障。以薛存诚所担任的给事中为例来说，给事中是门下省的官员。唐代前期门下省作为三省之一，主要的职责是审核下行的诏敕，审批百司奏抄，处理日常庶政。门下省的长官是侍中，副长官是门下侍郎，负责日常工作的则是给事中。给事中的主要任务，一是审读奏抄；二是审查中书省起草的制敕，制敕有差失或不便施行，驳正奏还；三是大狱三司详决，刑名不当，轻重或失的，要根据法例进行裁决；四是六品以下官员的任用，吏部拟定后，由给事中进行审定。唐代中后期制度虽有改易，但是给事中驳正封还诏书的职掌仍在，所以按照制度规定，皇帝下发的诏书如果不便施行，薛存诚是有不传达下发的权力的。所以实际上，薛存诚的行为是忠于职守的一种表现，是较好完成本职工作的行为。同样，他作为御史中丞，坚决惩治受贿的僧人鉴虚，几次要求由御史台来处理刺史李位的案件，也是照章办事、行使御史台权力的行为。虽然在皇权至上的中国古代，以制度规范办事而不以皇帝意志为转移是十分难能可贵的，但是也仍然充分显示出合理的制度设计的重要性。

一个小人自然可以败坏一种好的制度，但是好的制度仍然能够阻止一部分人为害；而一个君子若有好的制度作为依托，则可以发挥更大的作用。中国古代历朝历代，在政治清明、国力上升之时，都注重制度建设和政治改革，并不是没有道理的。薛存诚在工作中刚正不阿形象的凸显，当然得益于他正直的操守和公正的性格，同时也离不开唐朝整体的制度设计和设官分职精神。他一生大多任职于御史台，两次担任给事中，或是职在监察百官，或是职在审定皇命，制度赋予他的就是坚持原则、不畏强权的工作性格。至于平易近人、宽容忍让的薛存诚，若非史书看似不经意的一句话，后人岂能知晓？而这不经意的一句话，既让我们了解了生活中的薛氏，也促使我们去思考唐朝历史更多层面的问题，也许这也就是读史的乐趣所在。

（陈浩注译　赵璐璐评述）

李吉甫

【原文】

吉甫字弘宪，以荫补左司御率府仓曹参军。贞元初，为太常博士，年尚少，明练典故。昭德皇后崩，自天宝后中宫虚，恤礼[①]废缺。吉甫草具其仪，德宗称善。李泌、窦参器其才，厚遇之。陆贽疑有党，出为明州长史。贽之贬忠州，宰相欲害之，起吉甫为忠州刺史，使甘心焉。既至，置怨，与结欢，人益重其量，坐是不徙者六岁。改郴、饶二州。会前刺史继死，咸言牙城有物怪，不敢居。吉甫命菑除其署以视事，吏由是安。诛破奸盗窟穴，治称流闻。

宪宗立，以考功郎中召，知制诰，俄入翰林为学士，迁中书舍人。刘辟拒命，帝意讨之，未决。吉甫独请无置，宜绝朝贡以折奸谋。时李锜在浙西，厚赂贵幸，请用韩滉故事领盐铁，又求宣、歙。问吉甫，对曰："昔韦皋蓄财多，故刘辟因以构乱。李锜不臣有萌，若益以盐铁之饶、采石之险，是趣其反也。"帝寤，乃以李巽为盐铁使。高崇文围鹿头未下，严砺请出并州兵，与崇文趋果、阆，以攻渝、合，吉甫以为非是，因言："汉伐公孙述，晋伐李势，宋伐谯纵，梁伐刘季连、萧纪，凡五攻蜀，繇江道者四。且宣、洪、蕲、鄂强弩，号天下精兵，争险地兵家所长，请起其兵捣三峡之虚，则贼势必分，首尾不救，崇文惧舟师成功，人有斗志矣。"帝从之。砺复请大臣为节度，吉甫谏曰："崇文功且成，而又命帅，不复尽力矣。"因请以西川授崇文，而属砺东川，益资、简六州，使两川得以相制。则是崇文悉力。刘辟平，吉甫谋居多。

……

张愔既得徐州，帝又欲以濠、泗二州还其军，吉甫曰："泗负淮，饷道所会，濠有涡口之险，前日授建封，几失形势。今愔乃两廊壮士所立，虽有善意，未能制其众。又使得淮、涡厄东南走集，忧未艾也。"乃止。

中书史滑涣素厚中人刘光琦，凡宰相议为光琦持异者，使涣请，常得如素。宦人传诏，或不至中书，召涣于延英承旨，迎附群意，即为文书，宰相至有不及知者。则是通四方赂谢，弟泳官至刺史。郑余庆当国，尝一责怒，数日即罢去。吉甫请间，劾其奸，帝使簿涣家，得赀数千万，贬死雷州。又建言："州刺史不得擅见本道使，罢诸道岁终巡句以绝苛敛，命有司举材堪县令者，军国大事以宝书易墨诏。"由是帝愈倚信。

元和二年，杜黄裳罢宰相，乃擢吉甫中书侍郎、同中书门下平章事。吉甫连蹇外迁十余年，究知闾里疾苦，常病方镇强恣，至是为帝从容言：“使属郡刺史得自为政，则风化可成。”帝然之，出郎吏十余人为刺史。自王叔文[②]时选任猥冒，吉甫始簿其员，人得叙进，官无留才。又度李锜必反，劝帝召之，使者三往，以病解，而多持金啗权贵，至为锜游说者。吉甫曰：“锜，庸材，而所蓄乃亡命群盗，非有斗志，讨之必克。”帝意决。复言：“昔徐州乱，尝败吴兵，江南畏之。若起其众为先锋，可以绝徐后患。韩弘在汴州，多惮其威，诚诏弘子弟率兵为掎角，则贼不战而溃。”从之。诏下，锜众闻徐、梁兵兴，果斩锜降。以功封赞皇县侯，徙赵国公。德宗以来，姑息藩镇，有终身不易地者。吉甫为相岁余，凡易三十六镇，殿最分明。

裴均以尚书右仆射判度支，结党倾执政。会皇甫湜等对策，指摘权强，用事者皆怒，帝亦不悦。均党因宣言：“殆执政使然。”右拾遗独孤郁、李正辞等陈述本末，帝乃解。吉甫本善窦群、羊士谔、吕温，荐群为御史中丞。群即奏士谔侍御史，温知杂事。吉甫恨不先白，持之久不决，群等衔之。俄而吉甫病，医者夜宿其第，群捕医者，劾吉甫交通术士。帝大骇，讯之无状，群等皆贬。而吉甫亦固乞免，因荐裴垍自代，乃以检校兵部尚书、兼中书侍郎、同中书门下平章事，为淮南节度使。

帝为御通化门祖道，赐御饵禁方。居三岁，奏蠲逋租数百万，筑富人、固本二塘，溉田且万顷。漕渠庳下不能居水，乃筑堤阏以防不足、泄有余，名曰平津堰。江淮旱，浙东、西尤甚，有司不为请，吉甫白以时救恤，帝惊，驰遣使分道赈贷。吉甫虽居外，每朝廷得失辄以闻。

六年，裴垍病免，复以前官召吉甫还秉政。入对延英，凡五刻罢。帝尊任之，官而不名。吉甫疾吏员广，繇汉至隋，未有多于今者，乃奏曰："方今置吏不精，流品庞杂，存无事之官，食至重之税，故生人日困，冗食日滋。又国家自天宝以来，宿兵常八十余万，其去为商贩、度为佛老、杂入科役者，率十五以上。天下常以劳苦之人三，奉坐待衣食之人七。而内外官仰奉禀者，无虑万员，有职局重出，名异事离者甚众，故财日寡而受禄多，官有限而调无数。九流安得不杂？万务安得不烦？汉初，置郡不过六十，而文、景化几三王，则郡少不必政紊，郡多不必事治。今列州三百，县千四百，以邑设州，以乡分县，费广制轻，非致化之本。愿诏有司博议，州县有可并并之，岁时入仕有可停停之，则吏寡易求，官少易治。国家之制，官一品，奉三千，职田禄米大抵不过千石。大历时，权臣月奉至九千缗者，州刺史无大小皆千缗，宰相常衮始为裁限，至李泌量闲剧稍增之，使相通济。然有名在职废，奉存额去，闲剧之间，厚薄顿异，亦请一切商定。"乃诏给事中段平仲、中书舍人韦贯之、兵部侍郎许孟容、户部侍郎李绛参阅蠲减，凡省冗官八百员，吏千四百员。又奏收都畿佛祠田、硙租入，以宽贫民。

德宗时，义阳、义章二公主薨，诏起祠堂于墓百二十楹，费数万计。会永昌公主薨，有司以请，帝命减义阳之半。吉甫曰："德宗一切之恩，不可为法。昔汉章帝欲起邑屋于亲陵，东平王苍以为不可。故非礼之举，人君所慎。请裁置墓户，以充守奉。"帝曰："吾固疑其冗，减之，今果然。然不欲取编民，以官户奉坟而已。"吉甫再拜谢。帝曰："事不安者弟言之，无谓朕不能行也。"十宅诸王既不出阁③，诸女嫁不时，而选尚皆繇中人，厚为财谢乃得遣。吉甫奏："自古尚主必慎择其人。江左悉取名士，独近世不然。"帝乃下诏皆封县主，令有司取门阀者配焉。

……

自蜀平，帝锐意欲取淮西。方吉甫在淮南，闻吴少阳立，上下携泮，自请徙寿州，以天子命招怀之，反间以挠其党，会讨王承宗，未及用。后田弘正以魏归，吉甫知魏人谓田进诚才，而唐州乃蔡喉衿，请拔进诚为刺史，以临贼境，且慰魏心。乌重胤守河阳，吉甫以"汝州捍蔽东都，联唐、许，当蔡西面，兵寡不足惮寇，而河阳乃魏博之津，弘正归国，则为内镇，不宜戍重兵示不信，请徙屯汝州"。帝皆从之。后弘正拜检校尚书右仆射，赐其军钱二千万，弘正曰：“吾未喜于移河阳军也。”及元济擅立，吉甫以内地无唇齿援，因时可取，不当用河朔故事，与帝意合。又请自往招元济，苟逆志不悛，得指授群帅俘贼以献天子。不许，固请至流涕，帝慰勉之。会暴疾卒，年五十七。帝震悼，赙外别赐缣五百恤其家，自大敛至卒哭，皆中人临吊。吉甫图淮西地，未及上，帝敕其子献之。及葬，祭以少牢，赠司空。有司谥曰“敬宪”，度支郎中张仲方非之，帝怒，贬仲方，更赐谥曰“忠懿”。

始，吉甫当国，经综政事，众职咸治。引荐贤士大夫，爱善无遗，褒忠臣后，以起义烈。与武元衡连位，未几节度剑南，屡言元衡材，宜还为相。及再辅政，天下想望风采，而稍修怨，罢李藩宰相，而裴垍左迁，皆其谋也。李正辞晚相失，及与萧俛同召为翰林学士，独用俛而罢正辞，人莫不疑惮。帝亦知其专，乃进李绛，遂与有隙，数辩争殿上，帝多直绛。然畏慎奉法，不忮[4]害，顾大体。左拾遗杨归厚尝请对，日已旰，帝令它日见，固请不肯退。既见，极论中人许遂振之奸，又历诋辅相，求自试，又表假邮置院具婚礼。帝怒其轻肆，欲远斥之，李绛为言，不能得。吉甫见帝，谢引用之非，帝意释，得以国子主簿分司东都。初，政事堂会食，有巨床，相传徙者宰相辄罢，不敢迁，吉甫笑曰：“世俗禁忌，何足疑邪？”彻而新之。吉甫居安邑里，时号“安邑李丞相”。所论著甚多，皆行于世。前卒一岁，荧惑掩太微上相，吉甫曰：“天且杀我。”再逊位，不许。

选自《新唐书》卷一百四十六《李吉甫传》

【注释】

①恤礼：春秋时，诸侯之间一国遭受战乱，他国遣使表示慰问，叫做“恤礼”。

②王叔文（735—806）：越州山阴人（今绍兴人），著名政治改革家。王叔文等人前后掌权一百四十六天，史称“永贞革新”。

③出阁：皇子出就藩封，或内阁官员出任外职。

④忮（zhì）：恨，嫉妒。

【译文】

李吉甫，字弘宪，靠祖上补任左司御率府仓曹参军一职。贞元初年，任太常博士，年轻时就已经懂得许多礼仪和典故。昭德皇后去世，天宝后一直没有设立皇后，“恤礼”废缺。李吉甫便草拟其礼仪，德宗非常赞赏这种行为。当时的廷臣李泌、窦参也很器重他的才能，对他礼遇有加。陆贽被人怀疑结交朋党，被贬出朝廷，担任明州长史。后来，陆贽被贬到忠州后，宰相想要加害于他，起用李吉甫为忠州刺史，欲借他之手来打击报复陆贽。李吉甫到任以后，放弃恩怨，与陆贽交好，由此人们更敬重李吉甫的气量，但是他却因此六年没有升官。之后他改任郴、饶二州刺史，恰巧前任的刺史接连死去，人们都说牙城有怪物，不敢居住。李吉甫命令打扫牙城，把官署搬到这里处理事务，官吏百姓由此安心地住在这里。李吉甫捣毁奸人盗贼的巢穴，政绩四处传扬。

宪宗即位后，召李吉甫任考功郎中，封知制诰一职。不久入翰林院任学士，升任中书舍人。刘辟抗拒朝命，皇帝犹豫是否要征讨刘辟。李吉甫坚决请求不要饶恕刘辟，而且应当拒绝朝贡来挫败他的奸谋。当时李锜在浙西，厚加贿赂权贵近臣，请求按照韩滉的旧例任盐铁使，又请求管辖宣、歙地区。皇帝就此事询问李吉甫，李吉甫回答说："从前韦皋蓄积财物很多，所以刘辟能利用他来作乱。李锜叛逆之心已有萌芽，如果再让他得到盐铁的富饶、险要的地势，这是帮助他反叛啊。"皇帝听后醒悟，便任李巽为盐铁使。当时，高崇文围困鹿头不能攻下，严砺请求调出并州兵，与高崇文奔赴果、阆两地，以便攻取渝、合，李吉甫认为不妥，说道："汉伐公孙述，晋伐李势，宋伐谯纵，梁伐刘季连、萧纪，一共五次进攻蜀地，由长江水路走的有四次。并且宣、洪、蕲、鄂是强弩，号称是天下精兵，争夺险要之地是兵家所擅长的，请起用那里的兵力直捣三峡的空虚，那么贼人的势力必然分散，首尾不能互救，高崇害怕贼人派水军来助战，那么他的人马也就有斗志了。"皇帝听从了他的意见。严砺又请求使大臣任节度使，李吉甫劝谏说："高崇文大功将要告成，却又任命他为节度使，他不会再尽力拼杀了。"便请求将高崇文任命为西川节度使，而任命严砺为东川节度使，增加资、简等六州，使两川得以相互牵制。高崇文竭尽全力直到最后平定叛乱。最终刘辟之乱被平定，李吉甫的计谋起了很大作用。

……

张愔得到徐州以后，皇帝又想将濠、泗二州归属徐州军镇，交给张愔管理。李吉甫说："泗州背靠淮水，是粮道会集之地，濠州有涡口之险，先前交给节度使建立封地，朝廷对此几乎失去了控制能力。如今张愔是两廊侍卫的壮士所拥立的，虽然不能说他有不轨之心，但他未必能制服部下的兵众。如今他又据淮、涡来扼守东南通道，早晚他都会是心腹之患。"皇帝听从了李吉甫的意见。

中书史滑涣素来与宦官刘光琦有深交，凡宰相提议而被刘光琦否定的，便派滑涣去请求，一般都能成功。宦官传诏，有时不到中书省，召滑涣到延英殿接受旨意，迎合依附众人的意思，便撰成文书，宰相甚至都有来不及知道的事情。由此滑涣交结四方人士收纳贿赂，弟弟滑泳官做到刺史。郑余庆任宰相，曾经有一次怒责滑涣，仅仅几天后便被罢去宰相职务。李吉甫借上朝议事的机会，揭发滑涣的种种恶行，皇帝派人登记滑涣的家财，独得钱财数千万，将他贬官死在雷州。李吉甫又建议说："州刺史不能擅自见本道使，停止诸道年终巡视财政而杜绝苛求赋税，下令有关官员推举才能可以胜任县令的人，用公开的诏书替换私下的诏书来决策国家大事。"由此皇帝愈加依靠、信任李吉甫。

元和二年（807），杜黄裳被罢免宰相，便升任李吉甫中书侍郎、同中书门下平章事。李吉甫仕途坎坷，担任外官十多年，深知民间疾苦，目睹方镇强横恣肆的行径，意味深长地对皇帝说："如果方镇所辖属的各州刺史能够独自为政，风化就可以推行了。"皇帝同意，任郎官十余人出任刺史。自王叔文时选任官员杂滥假冒，李吉甫深知此情况，便开始登记官员名录，人们得以分级进用，有才能的官员没有被遗漏。李吉甫又揣度李锜必定反叛，劝皇帝召他来朝，去了三批使者，李锜都以有病为由推辞不来朝觐见。李锜平常多用金钱利诱权贵，所以有很多权贵为李锜说情。李吉甫说：“李锜是庸材，而他所招聚的又都是亡命偷盗之类的乌合之众，缺乏斗志，讨伐他必能平定。”皇帝才下定决心。李吉甫又说：“过去徐州兵叛乱，曾经打败吴兵，江南兵畏惧他们。如果起用徐州兵做为先锋，可以断绝徐州的后患。韩弘在汴州，贼兵很害怕他的威力，果真下诏让韩弘子弟率兵参战，那么势必形成犄角之势，就会使贼兵不战而溃散。”皇帝听从了他的意见。诏令下达后，李锜部下兵众听说徐、梁军队来进攻，果真斩杀李锜投降。李吉甫因功封赞皇县侯，改封赵国公。自唐德宗以來，一直姑息纵容藩镇势力，竟然有终身不换地方的节度使。李吉甫任宰相一年多，共调换三十六镇节度使，政绩优异。

裴均以尚书右仆射主管度支，结交朋党要倾覆宰相。正逢皇甫湜等和皇帝一起讨论政事，他们指责权要，权要们听后无不愤怒，皇帝也不高兴。裴均的朋党便扬言：“大概是宰相弄成这样的。”右拾遗独狐郁、李正辞等陈述事件来由，皇帝的心情才得以平和。李吉甫本来与窦群、羊士谔、吕温等人交好，推荐窦群任御史中丞。窦群便上奏推荐羊士谔任侍御史，吕温知杂事。李吉甫怨恨他们不事先告诉自己，按下委任书不下发，使得任命迟迟不能实施，窦群等人于是对他怀恨在心。不久李吉甫患病，医生夜里住在他家，窦群竟然拘捕医生，弹劾李吉甫交结术士。皇帝听后大惊，就此事审讯李吉甫但是没有真凭实据，最终窦群等人都被贬官。李吉甫也坚决请求免去相位，便推荐裴垍代替自已，李吉甫以检校兵部尚书、兼任中书侍郎、同中书门下平章事，任淮南节度使。皇帝为此亲临通化门饯行，赐给御用饵药秘方。李吉甫在淮南任职三年，奏请减免欠税数百万，修筑富人、固本二塘，灌溉田地将近万顷。漕渠低下不能蓄水，便筑堤坝闸板用来防备水不足、排泄多余的水，叫做“平津堰”。江淮遇到旱灾，浙东、浙西尤为严重，有关部门却没有请示救助，李吉甫上奏及时救济抚恤，皇帝震惊，派使者从驿道日夜兼程快速地前去分道救济。李吉甫虽然担任外官（远离朝廷），但是朝廷的得失都会告知皇帝。

元和六年（811），裴垍因病免去相位，皇帝又召回李吉甫任宰相。召入延英殿奏对，谈了一个多小时才结束。皇帝尊重信任他，称呼他的官名而不叫名字。李吉甫疾恨官吏冗滥，认为由汉朝到隋朝，没有比如今更多的，便上奏说：“当今设置官吏求多不求精，以致官阶庞杂，那些无所事事的官吏，凭空地食用很多的税粮，导致百姓日益贫困，白白地增加许多俸禄。另外国家自天宝以来，常备兵员常常有八十多万，即使去掉其中的商人小贩、和尚道士、各种杂役等人，大概还有十分之五以上。天下常以三个辛勤工作之人奉养七个坐等衣食的人。而且内外官吏依靠俸食的，数以万计，官府设置有很多重复的，名目与事务不相称的很多，导致的结果就是资财日益减少而拿俸禄的人日益增多，官职有限额而想要当官的人员无数。长久下去，九流品阶怎能不庞杂？万般事务怎能不乱？汉初设郡数量不过六十，而文帝、景帝的教化接近于三王时代，所以郡数少不一定会导致政事紊乱，郡数多不一定代表事务得到治理。如今州达到三百、县达到一千四百，把邑设成州，把乡分作县，费用广，制令轻，这样做并不能达到教化的根本。希望陛下下诏有关部门广泛讨论，州县有可以合并的就合并，每年入仕能停止的就停止，那么吏少容易罗致，官少容易管理。国家的制度，一品官员，俸禄三千，职田禄米大抵不过千石。到大历时，权臣月俸有达到九千缗的，州刺史无论大小都是千缗，到了宰相常衮开始实行裁减限定，后来李泌根据闲暇繁忙俸禄稍有增加，使得相互交换补充。然而有名称在而职务废，俸禄存而名额除，闲暇繁忙之间，厚薄立刻不同，这些也请求全部商定。”皇帝便下诏给事中段平仲、中书舍人韦贯之、兵部侍郎许孟容、户部侍郎李绛参阅裁减冗员和繁多的机构，共减省冗官八百员，小吏一千四百员。又上奏收取京城地区佛寺田地、水碾租税入库，用来缓解贫民百姓所受的压迫。

德宗时，义阳、义章二公主去世，皇帝下诏在墓地修建祠堂一百二十间，费用数以万计。正值永昌公主去世，有关部门请示丧葬用度，皇帝命令减少为义阳公主的一半。李吉甫说：“德宗皇帝出于一时的恩宠才厚葬义阳、义章二位公主，不可作为准则。以前，汉章帝想要在先帝陵园建造村舍，东平王刘苍认为不可以。所以不合礼制的行为，人君一定要慎重。现在我请求裁减墓户，用来担任守护供奉。”皇帝说：“我原本就怀疑德宗时丧葬用度冗费，因此减半，如今果然是这样。但是不想取用在编户籍的费用，用官户之资供奉坟墓就可以了。”李吉甫再三拜谢。皇帝说：“事情有不妥的地方您尽管来说，不要认为朕不会听取您的意见。”十宅各王不出任外官，诸王的女儿不能及时出嫁，那时选人降嫁都取决于宦官，只有向他们多送财物才得以降嫁。李吉甫上奏说：“自古降嫁公主必定谨慎选择驸马。江左六朝时代都选取名士，惟独近世不是这样。”皇帝便下诏将公主都封为县主，令有关部门选取门阀子弟加以婚配。

……

蜀地平定之后，皇帝锐意要收取淮西。当时李吉甫正在淮南，听说吴少阳拥兵自立，上下离心，就请求调任寿州，以天子之命招抚他们，用反间计阻挠他的同党，不过，当时正值讨伐王承宗，李吉甫的措施没来得及实行。后来田弘正以魏郡归顺朝廷，李吉甫知道魏人认为田进诚有才能，而唐州是蔡州的咽喉要地，请求提拔田进诚任刺史，一来震慑反贼，二来安慰魏人之心。乌重胤镇守河阳，李吉甫认为“汝州捍卫遮挡东都，联结唐、许，正当蔡州西面，兵力少也不足威慑敌寇，而河阳是魏博的通道，田弘正归顺国家后，河阳就成为内镇，不应再戍守重兵显得对田弘正不信任，自请调往驻守汝州”。皇帝都听从了他的意见。以后田弘正授任检校尚书右仆射，赐给他的军队饷银二千万，田弘正说：“我对调移河阳军并不感到欣喜。”到吴元济拥兵自立，李吉甫认为淮西是内地，没有唇齿相依的贼党援助，随着时势的变化可以攻取，不应当沿用河朔旧例，这一看法与皇帝旨意吻合。李吉甫又请求自己去招讨叛乱的吴元济，如果他的叛逆之心不改，势要做到指挥群帅俘虏此贼以献给天子。皇帝不同意他的请求，李吉甫执意请求甚至流下眼泪，皇帝只好安慰劝勉他。不料，李吉甫突然得病去世，终年五十七岁。皇帝既震惊又伤心，赠给丧葬用的费用以外又赐缣五百匹抚恤他的家属，从殓尸入棺到停止哭吊，一直派宦官前往吊丧。李吉甫绘制的淮西地图，还没来得及呈上，皇帝诏令他的儿子献上。等到安葬那一天，皇帝又派人用少牢礼祭奠，追赠司空。有司为他定谥号为“敬宪”，度支郎中张仲方提出异议，使得皇帝非常愤怒，一气之下贬斥张仲方，又改赐谥号为“忠懿”。

开始，李吉甫任宰相，筹划政事，井井有条。引荐贤明士大夫，喜爱良才，使得没有遗珠之恨，褒奖忠臣后代，以振兴义烈之后。他与武元衡同时任宰相，不久武元衡任剑南节度使，李吉甫多次说武元衡是人才，应当回朝任宰相。等李吉甫再次任宰相，天下人都敬仰他，他却渐渐改变人事，招致怨恨，比如罢免宰相李藩，贬官裴垍，都是他的计谋。他晚年与李正辞不和，待到李正辞与萧俛一同被召为翰林学士，只用萧俛而罢免李正辞，导致人们无不疑忌害怕。皇帝也知道他的专权，便进用李绛，随即他与李绛有隙，两人多次在殿上争辩，大多数情况下，皇帝认为李绛是对的。然而李吉甫怯懦谨慎奉法，不嫉恨伤害别人，能够顾全大体。左拾遗杨归厚有一次请求对奏，天色已晚，皇帝令改日接见，杨归厚坚决请求不肯退下，他见到皇帝以后，极言宦官许遂振的恶行，又依次诋毁宰相，请求自己试任，又上表借用邮置院备办婚礼。皇帝对他的轻浮放肆很生气，打算远远贬逐杨归厚，李绛为他说情，皇帝不允许，依然很生气。李吉甫拜見皇帝，对于自己引荐任人不当表示道歉，皇帝怒气消除，杨归厚得以凭借国子主簿在东都任职。当初，在政事堂会餐，有一个巨大的床，相传说如果它移动了，宰相往往被罢免，因此没人敢移动它，李吉甫笑着说：“这是世俗迷信，有什么可相信的呢?”撤去换上新的床。李吉甫居住在安邑里，当時号称“安邑李丞相”。他撰写的论著很多，都流行于世。去世前一年，荧惑星的光芒遮掩太微垣上相星，李吉甫说：“天将杀我。”一再辞让相位，皇帝不允许。

【评述】

李吉甫可谓唐代名臣，曾两度拜相。他初涉仕途，就因通晓典制、精通礼仪而受到唐德宗的赏识。在任中州刺史时，原宰相陆贽被贬，成了李吉甫的下属，李、陆二人原本有矛盾，加之权臣裴延龄也有意借李吉甫之手打击政敌，因此大家都认为李吉甫会借机报复陆贽。然而李吉甫非但没有公报私仇，还不计个人恩怨努力团结陆贽，使得上下级关系十分融洽，即使因此事得罪权贵，六年不得升迁，李吉甫依然不改本色。在任地方官过程中，李吉甫大力整顿治安，捣毁奸盗巢穴，同时还关心百姓疾苦，时常减免赋税救济抚恤，修筑水塘灌溉农田，为世人所称道。后来，李吉甫还曾出谋划策协助唐宪宗平定刘辟等人的叛乱。

李吉甫在打击贪污、惩治腐败时态度坚决。中书小吏滑涣勾结宦官广收贿赂，飞扬跋扈。宰相郑余庆与大臣们议事时，滑涣在一旁指手画脚目中无人。郑余庆怒斥了他，但数日后即被贬谪。李吉甫知道此事后借上朝议事的机会，弹劾滑涣奸贪，宪宗下令抄了滑涣的家，并将其发配雷州。事后，李吉甫对人说：“思以报德，唯有进贤。”于是，他一方面大力举荐人才，根据官员的能力分级进用，同时褒奖忠臣后代，表彰仁义之士；另一方面大量淘汰冗员节约开支，并省州县精简各级机构，使得政治面貌焕然一新。李吉甫坎坷担任外官十多年，深知民间疾苦，常痛恨方镇强横恣肆，因此在任职宰相后大力削藩。节度使李锜为了保住位置重金贿赂权贵为自己说情，李吉甫不为所动，坚决打击藩镇割据势力，共调换三十六镇节度使，政绩极为突出。

李吉甫是两面的，对待政见不一的同僚他十分宽容，从不打击报复，好似一位谦谦君子，然而在惩治贪污上他却从不手软，这又凸显了铁血宰相的形象。李吉甫一生不畏强权坚持原则，打击割据势力维护国家统一，举荐贤才整顿吏治，无一不彰显出一位国家官员的优良品质和坚毅性格。

（赵锋注译　崔一楠评述）

李　绛

【原文】

李绛字深之，赵郡赞皇人也。曾祖贞简。祖刚，官终宰邑。父元善，襄州录事参军。绛举进士，登宏辞科，授秘书省校书郎。秩满，补渭南尉。贞元末，拜监察御史。元和二年，以本官充翰林学士。未几，改尚书主客员外郎。逾年，转司勋员外郎。五年，迁本司郎中、知制诰。皆不离内职，孜孜以匡谏为己任。

宪宗即位，叛臣李锜[①]阻兵于浙右。锜既诛，朝廷将辇其所没家财，绛上言曰："李锜凶狡叛戾，僭侈诛求，刻剥六州之人，积成一道之苦。圣恩本以叛乱致讨，苏息一方。今辇运钱帛，播闻四海，非所谓式遏乱略，惠绥困穷。伏望天慈，并赐本道，代贫下户今年租税，则万姓欣戴，四海歌咏矣。"宪宗嘉之。

时中官吐突承璀[②]自藩邸承恩宠，为神策护军中尉，乃于安国佛寺建立圣政碑，大兴功作，仍请翰林为其文。绛上言曰：

"陛下布惟新之政，刬积习之弊，四海延颈，日望德音。今忽立圣政碑，示天下以不广。《易》称：大人者与天地合德，与日月合明。执契垂拱，励精求理，岂可以文字而尽圣德，碑表而赞皇猷？若可叙述，是有分限，亏损盛德，岂谓敷扬至道哉？故自尧、舜、禹、汤、文、武，并无建碑之事。至秦始皇荒逸之君，烦酷之政，然后有罘、峄之碑，扬诛伐之功，纪巡幸之迹，适足为百王所笑，万代所讥，至今称为失道亡国之主，岂可拟议于此？陛下嗣高祖、太宗之业，举贞观、开元之政，思理不遑食，从谏如顺流，固可与尧、舜、禹、汤、文、武方驾而行，又安得追秦皇暴虐不经之事而自损圣政？近者，阎巨源请立纪圣功碑，陛下详尽事宜，皆不允许。今忽令立此，与前事颇乖。况此碑既在安国寺，不得不叙载游观崇饰之事，述游观且乖理要，叙崇饰又匪政经，固非哲王所宜行也。其碑，伏乞圣恩特令寝罢。"

宪宗深然之，其碑遂止。

绛后因浴堂北廊奏对，极论中官纵恣、方镇进献之事，宪宗怒，厉声曰："卿所论奏，何太过耶？"绛前论不已，曰："臣所谏论，于臣无利，是国家之利。陛下不以臣愚，使处腹心之地，岂可见事亏圣德，致损清时，而惜身不言，仰屋窃叹，是臣负陛下也。若不顾患祸，尽诚奏论，旁忤幸臣，上犯圣旨，以此获罪，是陛下负臣也。且臣与中官，素不相识，又无嫌隙，只是威福太盛，上损圣朝，臣所以不敢不论耳。使臣缄默，非社稷之福也。”宪宗见其诚切，改容慰喻之曰：“卿尽节于朕，人所难言者，卿悉言之，使朕闻所不闻，真忠正诚节之臣也。他日南面，亦须如此。”绛拜恩而退。遽宣宰臣，令与改官，乃授中书舍人，依前翰林学士。翌日，面赐金紫，帝亲为绛择良笏赐之。

前后朝臣裴武、柳公绰、白居易等，或为奸人所排陷，特加贬黜，绛每以密疏申论，皆获宽宥。及镇州节度使王士真死，朝廷将用兵讨除，绛深陈以为未可。绛既尽心匡益，帝每有询访，多协事机。六年，犹以中人之故，罢学士，守户部侍郎，判本司事。尝因次对，宪宗曰：“户部比有进献，至卿独无，何也?”绛曰：“将户部钱献入内藏，是用物以结私恩。”上耸然，益嘉其直。吐突承璀恩宠莫二，是岁，将用绛为宰相；前一日，出承璀为淮南监军。翌日，降制，以绛为中书侍郎、同中书门下平章事。同列李吉甫便僻，善逢迎上意，绛梗直，多所规谏，故与吉甫不协。时议者以吉甫通于承璀，故绛尤恶之。绛性刚讦，每与吉甫争论，人多直绛。宪宗察绛忠正自立，故绛论奏，多所允从。

上尝谓绛曰：“卜筮之事，习者罕精，或中或否。近日风俗，尤更崇尚，何也?”对曰：“臣闻古先哲王畏天命，示不敢专，邦有大事可疑者，故先谋于卿士庶人，次决于卜筮，俱协则行之。末俗浮伪，幸以徼福。正行虑危，邪谋觊安，迟疑昏惑，谓小数能决之。而愚夫愚妇假时日鬼神者，欲利欺诈，参之见闻，用以刺射小近之事，神而异之。近者，风俗近巫，此诚弊俗。圣旨所及，实辨邪源。但存而不论，弊斯息矣。”

他日延英[③]，上曰：“朕读《玄宗实录》，见开元致理，天宝兆乱。事出一朝，治乱相反，何也？”绛对曰：

“臣闻理生于危心，乱生于肆志。玄宗自天后朝出居藩邸，尝莅官守，接时贤于外，知人事之艰难。临御之初，任姚崇、宋璟，二人皆忠鲠上才，动以致主为心。明皇乘思理之初，亦励精听纳，故当时名贤在位，左右前后，皆尚忠正。是以君臣交泰，内外宁谧。开元二十年以后，李林甫、杨国忠相继用事，专引柔佞之人，分居要剧，苟媚于上，不闻直言。嗜欲转炽，国用不足，奸臣说以兴利，武夫说以开边。天下骚动，奸盗乘隙，遂至两都覆败，四海沸腾，乘舆播迁，几至难复。盖小人启导，纵逸生骄之致也。至今兵宿两河，西疆削尽，甿户凋耗，府藏空虚，皆因天宝丧乱，以至于此。安危理乱，实系时主所行。陛下思广天聪，亲览国史，垂意精赜，鉴于化源，实天下幸甚。”

上又曰：“凡人行事，常患不通于理，已然之失，追悔诚难。古人处此，复有道否？”绛对曰：“行事过差，圣哲皆所不免，故天子致诤臣以匡其失。故主心理于中，臣论正于外，制理于未乱，销患于未萌。主或过举，则谏以正之，故上下同体，犹手足之于心膂，交相为用，以致康宁。此亦常理，非难遵之事。但矜得护失，常情所蔽。古人贵改过不吝，从善如流，良为此也。臣等备位，无所发明，但陛下不废刍言，则端士贤臣，必当自效。”帝曰：“朕擢用卿等，所冀直言。各宜尽心无隐，以匡不逮。无以护失为虑也!”

其秋，魏博节度使田季安死，其子怀谏幼弱，军中立其大将田兴，使主军事，兴卒以六州之地归命。其经始营创，皆绛之谋也。

时教坊忽称密旨，取良家士女及衣冠别第妓人，京师嚣然。绛谓同列曰：“此事大亏损圣德，须有论谏。”或曰：“此嗜欲间事，自有谏官论列。”绛曰：“相公居常病谏官论事，此难事即推与谏官，可乎?”乃极言论奏。翌日延英，宪宗举手谓绛曰：“昨见卿状所论采择事，非卿尽忠于朕，何以及此？朕都不知向外事，此是教坊罪过，不谕朕意，以至于此。朕缘丹王已下四人，院中都无侍者，朕令于乐工中及闾里有情愿者，厚其钱帛，只取四人，四王各与一人。伊不会朕意，便如此生事。朕已令科罚，其所取人，并已放归。若非卿言，朕宁知此过?”

八年，封高邑县男。绛以足疾，拜章求免。九年，罢知政事，授礼部尚书。十年，检校户部尚书，出为华州刺史。未几，入为兵部尚书。丁母忧。十四年，检校吏部尚书，出为河中观察使。河中旧为节制，皇甫鏄恶绛，只以观察命之。十五年，鏄得罪，绛复为兵部尚书。

穆宗即位，改御史大夫。穆宗亟于畋游行幸，绛于延英切谏，帝不能用。绛以疾辞，复为兵部尚书。长庆元年，转吏部尚书。是岁，加检校尚书右仆射，判东都尚书省事，充东都留守。二年正月，检校本官、兖州刺史、兖海节度观察等使。三年，复为东都留守。四年，就加检校司空。

宝历初，入为尚书左仆射。二年九月，昭义节度使刘悟卒，遗表请以子从谏嗣袭，将吏诣阙论请。绛密奏请速除近泽潞四面将帅一人，以充节度；令倍程赴镇，使从谏未及拒命，新使已到，所谓"疾雷不及掩耳"。潞州军心，自有所系。从谏无位，何名主张。时宰相李逢吉、王守澄已受从谏赂，俱请以从谏留后，不能用绛言。

绛以直道进退，闻望倾于一时。然刚肠嫉恶，贤不肖太分，以此为非正之徒所忌。又尝与御史中丞王播相遇于道，播不为之避；绛奏论事体，敕命两省详议，咸以绛论奏是。李逢吉佑播恶绛，乃罢绛仆射，改授太子少师，分司东都。

文宗即位，征为太常卿。二年，检校司空，出为兴元尹、山南西道节度使。三年冬，南蛮寇西蜀，诏征赴援。绛于本道募兵千人赴蜀；及中路，蛮军已退，所募皆还。兴元兵额素定，募卒悉令罢归。四年二月十日，绛晨兴视事，召募卒，以诏旨喻而遣之，仍给以廪麦，皆怏怏而退。监军使杨叔元贪财怙宠，怨绛不奉己，乃因募卒赏薄，众辞之际，以言激之，欲其为乱，以逞私憾。募卒因监军之言，怒气益甚，乃噪聚趋府，劫库兵以入使衙。绛方与宾僚会宴，不及设备。闻乱北走登陴，衙将王景延力战以御之。兵折矢穷，景延死。绛乃为乱兵所害，时年六十七。绛初登陴，左右请绛缒城，可以避免，绛不从。乃并从事赵存约、薛齐俱死焉。

文宗闻奏震悼，下制曰："朝有正人，时称令德，入参庙算，出总师干。方当宠任之臣，横罹不幸之酷。殄瘁兴叹，搢绅所同。故山南西道节度、管内观察处置等使、银青光禄大夫、检校司空，兼兴元尹、御史大夫、上柱国、赵郡开国公、食邑二千户李绛，神授聪明，天赋清直。抱仁义以希前哲，立标准以程后来。抑扬时情，坐致台辅。佐我烈祖，格于皇天。仗钺宣风，联居乐土。乘轩鸣玉，尝极清班。先声而物议皆归，不约而群情自许。汉中名部，俾遂便安。而变起不图，祸生无兆。歼良之恸，闻讣增伤。是极哀荣，用优典礼。三公正秩，品数甚崇，式表异恩，以摅沉痛。可赠司徒。仍令所司择日备礼册命。"赙布帛三千段、米粟二百石。

子璋、顼。

璋，登进士第。卢钧镇太原，辟为从事。大中末，入朝为监察，转侍御史。出刺两郡，终宣歙观察使。子德林。

选自《旧唐书》卷一百六十四《李绛传》

【注释】

①李锜（740—807）：唐朝开国皇帝李渊的八世孙。唐宪宗时任镇海节度使，割据自雄，因叛变被杀。

②吐突承璀（？—820）：唐朝宦官。字仁贞，闽人。起初为太子李纯东宫中的小宦官，唐宪宗即位后，对他倍加宠信，封为蓟国公，颇有权势。

③延英：即延英殿。建于唐开元中，位于紫宸殿西。肃宗时，宰相苗晋卿年老，行动不便，天子特地在延英殿召对，以示优礼，后沿为故事，成为皇帝日常接见宰臣百官、听政议事之处。

【译文】

李绛，字深之，赵郡赞皇人。曾祖李贞简。祖父李刚，官至县令。父亲李元善，曾任襄州录事参军。李绛考中进士，又考中博学宏辞科，被授予秘书省校书郎之职。任职期满，补任渭南县尉。贞元末年，任监察御史。元和二年（807），充任翰林学士。不久，改任尚书主客员外郎。一年后，转任司勋员外郎。元和五年，升任司勋郎中、知制诰。李绛始终未脱离在内廷的官职，他勤勤恳恳地以劝谏为己任。

宪宗即位，叛臣李锜在浙右起兵反叛。李锜被处死后，朝廷想把所没收的他的财产用车运回京城。李绛上书说：“李锜凶恶狡诈背叛朝廷，违背礼制肆意搜刮，苛刻剥削他所统辖的六州百姓，造成一方百姓的苦难。圣上您原本是因其叛乱而讨伐，目的是使一方百姓得到安宁和平。如今又要运回钱财布帛，此消息一旦传布天下，四海皆知，这就不是所说的阻止恶人作乱，施惠穷困百姓。希望圣上能以慈悲为怀，将没收的财产赐给当地的百姓，用以代替今年贫苦人家的赋税，那么百姓欣喜拥护，天下之人也将歌颂您的美德了。”宪宗称许他的建议。

当时有个宦官吐突承璀，从宪宗为藩王时就倍受恩宠，时任神策护军中尉，他在安国佛寺树立圣政碑，又大兴土木，还请翰林学士为圣政碑撰文。李绛上言道：

“陛下宣布推行维新之政，铲除积习弊陋，天下百姓翘首以待，天天盼望降诏赐恩。如今忽然树立圣政碑，未能广施恩惠于天下。《易》说：大人者与天地同德，与日月同辉。圣上尊奉着垂衣拱手的无为之策，励精图治，怎么可以用文字来表尽圣上的德行，用碑表来赞扬圣上的谋略呢？如果能够阐述，也是有局限的，亦会亏损盛德，怎么谈得上宣扬济世大道呢？所以从尧、舜、禹、汤、文、武以来，并没有建碑之事。到了秦始皇这种荒淫无度之君，以苛烦严酷的政令统治，才有罘、峄之碑，宣扬诛伐之功，记载巡行的踪迹，这正是被众君王所耻笑，被世世代代所讥讽的。至今秦始皇仍被称为失道亡国的君主，怎么可以仿效他的做法呢？陛下继承高祖、太宗的基业，振兴贞观、开元的政治，苦思治国之道而无暇吃饭，从谏如流，本来可以和尧、舜、禹、汤、文、武并驾齐驱的，又怎能去重蹈秦始皇暴虐不经的旧辙而自损圣德呢？前不久，阎巨源请求建立纪圣政碑，陛下知晓其中的情况，都没有允许。如今忽然允许立圣政碑，和先前的做法截然相反。况且圣功碑既然立在安国寺，就不得不叙述游览和夸饰太平之类的事情。叙述游览之事就会违背事理，夸饰太平又不是为政应有的作法，确实不是英明君主所应施行的。这圣政碑，恳请圣上您特令停止。”

宪宗也认为所言极是，建立圣政碑的事便作罢。

李绛后来趁着在浴堂北廊奏对之机，大加阐述宦官放纵、方镇进献财物之类的事情。宪宗恼怒，严厉说道：“你所奏的，也太过分了吧？”李绛仍上前禀奏不止，说道：“臣所劝谏论说的，对臣没有好处，但对国家有利。陛下不认为臣愚笨，把臣放置在腹心一样重要的位置，臣怎能眼见行事有损圣德，将要损害太平盛世，却因爱惜自身而不说？臣私下慨叹，这是臣有负陛下啊。如果臣不顾虑灾祸，竭诚奏论，触犯了左右的幸臣，违背了圣上的心意，因此而获了罪，那就是陛下有负于臣了。况且臣与宦官，素不相识，无冤无仇，只是他们作威作福太过分，有损我圣朝，臣因此不敢不奏论罢了。如果臣缄口不言，并非国家之福啊。”宪宗见他诚恳真切，改变脸色宽慰他说：“你对朕竭尽忠诚，别人不愿说的，你都说了，使朕听到了以前从未听到过的话，真是忠诚正直之臣。以后为宰相时，也一定要这样。”李绛谢恩后退下。宪宗立即宣召宰臣，下令给李绛改换官职，于是授任李绛为中书舍人，仍旧为翰林学士。次日，宪宗当面赐给他官服，并亲自为李绛挑选了好的笏板赐给他。

先后在朝任职的有裴武、柳公绰、白居易等人，有的被奸人排挤陷害，受到贬谪责罚，李绛每每上密疏为他们申辩，结果他们都得以宽免。等到镇州节度使王士真死去，朝廷打算派兵讨伐铲除余党，李绛极力主张这样做不妥。李绛能尽心辅佐，宪宗每每有事相商，他多能抓住事情的关键。元和六年（811），还是因为宦官的缘故，李绛被免去翰林学士一职，仍任户部侍郎，处理户部事务。有一次，借依次对答之机，宪宗问李绛："户部连年都有进献，唯独到你就没有了，是什么原因？"李绛说："把户部的钱进献出来藏入内库，是借公家的财物为私人带来利益。"宪宗颇为震惊，更加称赞他的正直。吐突承璀深得皇帝宠信，朝中无人能及，这一年，宪宗将要任用李绛为宰相，前一天，下令让吐突承璀出任淮南监军。第二天，发下制诏，任李绛为中书侍郎、同中书门下平章事。同僚李吉甫谄媚，善于逢迎皇上旨意，而李绛鲠直，经常规劝进谏，因此与李吉甫不和。当时舆论认为李吉甫与吐突承璀有勾结，所以李绛尤其厌恶李吉甫。李绛性格刚直，每次和李吉甫争论，人们多赞同李绛。宪宗深知李绛忠正独立，所以李绛每有奏表论说，宪宗大多都听从他的意见。

皇上曾问李绛："占卜一事，学习的人很少有精通的，有的灵验有的不灵验。近日的风俗，反而更加崇信占卜，这是为什么？"李绛回答说："臣听说古代贤明的君主敬畏天命，为了表示不敢独断专行，国家有大事不能决断的，就先和卿士平民商议，其次则取决于占卜的结果，如二者相符就施行。后来风俗虚浮，希望借此来祈福。正直的人用它是忧虑危难，奸人用它是觊觎平安，人在迟疑迷惑之际，就认为占卜一类术数能帮助决断。而愚夫愚妇选吉日敬鬼神，目的是用欺诈手段骗钱，他们掺杂所见所闻，用来影射近来发生的小事，将之神化。近来，民间的风俗崇尚巫术，这确实是陋俗。圣上的旨意所涉及的，实则是分辨奸邪的根源。且让它存在而不加论说，弊俗自然会消失的。”

有一天在延英殿问询，皇上说：“朕读《玄宗实录》，见开元时达到盛世，天宝却出现大乱的迹象，事情发生在同一朝，治和乱刚刚相反，这是为什么呢？”李绛回答说：

“臣听说治生于思危之心，祸乱生于放纵的心思。玄宗自天后朝出任藩王，曾经官居一方，在外面结交了当时的贤士，知道了世事的艰难。在他登基之初，任用姚崇、宋璟，他们二人都是忠诚鲠直的贤才，行事均怀抱忠君之心。玄宗借着人们渴望治世的时机，能励精图治听取进谏，因此当时名臣贤士在位，前后左右都是崇尚忠诚正直的人。所以君臣关系融洽，朝廷内外安定。开元二十年（732）以后，李林甫、杨国忠相继掌权，专门引荐奸佞奉迎之人，让这些人占居重要职位。他们谄媚皇上，使皇上听不到正直的言论。嗜好与欲望越来越强，国库经费不足，奸臣以谋利来劝说，武夫以开边来劝说。天下骚动不安，奸猾大盗乘机起兵，终致两都陷落，四海动荡，皇上流亡，几乎到了难以治理的地步。这都是小人启发诱导，放纵淫逸骄横不羁所造成的。直到今天朝廷还派兵驻守两河，西部边疆全部丧失，农户凋敝，国库空虚，都是因为天宝年间的丧乱导致的结果。治乱安危，其实都是当时君主的行为造成的。陛下思路开阔天资聪慧，亲自阅览国史，并认真思索其中的精深奥妙之处，借鉴导致治乱变化的根源，实在是天下之幸。”

皇上又说：“人们做事，通常为不明白常理而烦恼，已经有了过失，再去追悔就来不及了。古人遇到这种情况有什么办法吗？”李绛回答说：“即使是圣贤做事也难免有过失差错，所以天子要招纳诤臣让他匡正自己的过失。因此，君主首先由内心自我约束，再由臣子从外部来匡正，在未乱的时候就采取正确的理政措施，把祸乱消灭于萌芽之中。君主偶有失误的举措，臣子就劝谏以使之改正，因此君臣上下一心，如同手脚和心膂的关系，相互作用，来达到健康安宁的境地。这是常理，并不是很难遵循的事情。但如果骄矜自得袒护过失，那就会被常情所蒙蔽。古人推崇努力改过，从谏如流，正是为此啊。臣等身负重任，无所建树，只要陛下不嫌臣等言论浅陋，那么端正之士贤良之臣，一定会自己效力的。”皇帝说：“朕提拔任用你们，就是期望你们直言进谏。你们应当各自尽心，无所保留，来匡正朕没有做好的地方。不要担心朕会袒护过失！”

这年秋天，魏博节度使田季安去世，他的儿子田怀谏年幼弱小，军中的士卒拥立其大将田兴主持军事，田兴最终带着所辖六州之地归顺朝廷。这事从开始谋划到最后成功，都是李绛的计策。

当时宫廷教坊忽然宣称朝廷有密旨，要选取良家女子和士大夫的别宅妓人入宫，京城舆论哗然。李绛对同僚说：“这事太损圣德，必须上奏谏阻。”有人说：“这是嗜好与欲望之类的事，自然会有谏官上奏论说。”李绛说：“宰相平时就讨厌谏官论事，现在这种棘手的事就推给谏官，妥当吗?”于是竭力上书直言得失。次日在延英殿，宪宗用手指着李绛说：“昨天看到你的奏状议论选取乐妓一事，若不是你对朕竭尽忠心，怎么会是这样？朕全然不知外面的事情，这是教坊的罪过，他们没有明白朕的意思，以至于这样。朕因丹王以下四人，院中都没有侍奉的人，才下令在乐工和民间自愿者中选择女子，多多赏赐些钱财布帛，只选取四个人，四位侯王各给一人。他们没有领会朕的意思，便这样惹是生非。朕已下令处罚他们，那些被选取的女子，也都遣送回家。若不是你上奏，朕哪能知道这一过失？”

元和八年（813），李绛被封为高邑县男。李绛以脚病为由上奏章请求免职。九年，免去知政事一职，授任礼部尚书。十年，授任检校户部尚书，出任华州刺史。不久，入朝任兵部尚书。后为母亲守丧。十四年，任检校吏部尚书，出任河中观察使。河中原先是节度使，皇甫镈憎恨李绛，只任命他为观察使。十五年，皇甫鎛获罪，李绛再任兵部尚书。

穆宗即位，李绛改任御史大夫。穆宗沉湎于游猎巡幸，李绛在延英殿恳切进谏，穆宗不予采纳。李绛便以有病为由辞掉御史大夫之职，再一次任兵部尚书。长庆元年（821），转任吏部尚书。这一年，加授检校尚书右仆射，署理东都尚书省事务，充任东都留守。长庆二年正月，改任检校本官、兖州刺史、兖海节度观察等使。三年，再任东都留守。四年，加授检校司空。

宝历初年（825），李绛被召入朝任尚书左仆射。宝历二年九月，昭义节度使刘悟去世，他在遗表中奏请朝廷让他的儿子刘从谏继承他的职位，并派将吏到京城上奏请求。李绛秘密奏请朝廷火速任命邻近泽潞的四方将帅一人，充任昭义节度使，并叫他日夜兼程赶赴昭义，让刘从谏来不及抗拒朝廷命令，而新节度使已经到任了，这就是所谓的“迅雷不及掩耳”。这样潞州军心，自然会稳定了。刘从谏没有职位，没有什么名义来指挥众人。当时宰相李逢吉、王守澄已经收受了刘从谏的贿赂，一起奏请刘从谏任节度留后，李绛的建议未被采纳。

李绛凭借正直贤能的作风出入官场，在当时名望很高。然而他心性刚直嫉恶如仇，爱憎太过分明，因此被邪恶之徒所忌恨。

他曾和御史中丞王璠在路上相遇，王璠不给他让道，李绛便上奏议论此事，皇帝命令两省就此详细议论，大家都认为李绛说得对。李逢吉袒护王璠而憎恨李绛，于是朝廷下令免去李绛仆射一职，改任太子少师，去东都任职。

文宗即位，李绛被召入朝任太常卿。太和二年（828），任检校司空，出任兴元尹，山南西道节度使。三年冬，西南少数民族兴兵侵犯西蜀，皇帝下诏征兵增援。李绛在本地募兵千人赶赴蜀地，行至中途，敌军已撤，所招募兵卒都回到兴元。兴元兵员数额向来有规定，招募的士卒只能全部遣送回家。太和四年二月十日，李绛早晨起来处理事务，召集募来的士卒，传达了朝廷的旨意并遣散他们，依例发给粮饷，募卒们心中不快，怏怏退去。监军使杨叔元贪财恃宠，怨恨李绛不谄媚自己，就以募卒的犒赏微薄为借口，在众人告辞之际，用言语来刺激他们，企图挑动他们作乱，以泄私恨。招募的士卒因为听了监军使的挑拨离间，怒气更盛，便聒噪着聚集起来涌向官署，抢了库中的兵器后冲进节度使官衙。李绛正在和宾客幕僚宴饮，来不及组织军士设防抵御。听说乱兵冲进府衙，他便逃到城墙上。衙将王景延奋力作战抵抗乱兵。最后王景延兵器折断了，箭也用尽了，力战身死，李绛也被乱兵杀害，时年六十七岁。李绛刚登上城墙时，身边的人请求李绛系上绳子吊下城去，可免一死，李绛不听，于是和从事赵存约、薛齐一起被害。

文宗听到他被害的消息后既震惊又悲痛，下诏说："朝廷有正直之人，时人都称赞他的美德，入朝参与朝廷谋略，出京处理军队事务。正在被信任重用之时，突遭不幸惨死。悲痛感慨，士大夫们感受都是一致的。已故山南西道节度、管内观察处置等使、银青光禄大夫、检校司空、兼兴元尹、御史大夫、上柱国、赵郡开国公、食邑二千户李绛，天资聪慧，秉性正直廉洁。抱守仁义向古代贤人看齐，树立标准以给后人示范。随着时势进退，官至宰相。辅佐我的祖先，感动了皇天。统帅军队，宣传教化，居于安乐之地，乘车佩玉，已至清贵之位。一开口舆论便全都附和，不用事先约定众人自然赞许。汉中是有名的大州，从来都很安宁。但祸变不期然而起，毫无预兆。丧失贤良我已很悲痛，听到讣告更增加了我的忧伤。因而殡葬追悼要用最高的规格，要用隆重的典礼。三公的官职，品级很高，是用来表示特殊恩典的，以此来表达沉痛之情。可以追赠他为司徒。令有关部门选择日期准备按照礼仪册命。”朝廷赠给他家布帛三千段、米粟二百石来帮助他们家办理丧事。

他的儿子李璋、李顼。

李璋，考中进士。卢钧镇守太原，征用李璋为从事。大中末年，李璋入朝任监察御史，转任侍御史。他曾出任两个州的刺史，官位终于宣歙观察使。李璋的儿子是李德林。

【评述】

李绛出生于簪缨世家、书香门第。其父祖辈都曾在地方任职，所以李绛的早年可能对民间生活有一定的了解，对于民生现状也可能有着较深切的体会和认识。在朝廷打算把没收叛臣李琦的财产运回京城时，李绛极力阻止，上书请将李琦肆意搜刮苛剥浙右百姓的钱财赐给百姓，用以代替当年贫苦民户的赋税，使他们得以休养生息。身居相位的他，时刻记挂民间百姓疾苦，真可谓良臣，是国家和人民的福气。

李绛自二十八岁及第登科踏入仕途至六十七岁在四川讨逆被乱军所害，他一直“孜孜以匡谏为己任”，尤其在宪宗元和年间，更是以其忠直被称为“真宰相”。李绛针砭时弊的直谏，有时因言辞过激，不免冒犯皇帝，引起皇帝的不满。如有次说到宦官骄横和方镇进献之事时，宪宗“怒甚，头面俱赤”，但李绛并未因此惧怕，更没有明哲保身保持缄默，而是置自身利益于不顾，以肺腑之言向皇帝陈说直谏的利弊，坚持进谏，以有益于国家社稷。此举足见其拳拳之心。宪宗被李绛的真诚恳切感动，称赞他是“真忠正诚节之臣”。他敢于讲出逆耳的忠言，这是胸怀大义之人才有的胆识和勇气。

李绛曾提出诸项具有建设性的政策措施，虽然由于环境时局所限，他所做的一切无法彻底扭转中晚唐整体发展的颓势，但是宪宗朝中央集权的进一步加强，经济的逐步恢复，“元和中兴”局面的出现，李绛都起到了一定程度上的推动作用。

《唐大诏令集》收录关于李绛的诏令中称李绛；“忠孝两全，学识兼茂，清操可以范雅俗，正气可以肃群伦”；“端庄秉彝，亮直循道，抱凌寒之劲节，标肃物之贞规”，李绛的品节完全无愧于这样的评价。这样一位正直廉洁的忠臣的离去，是国家的重大损失。无论哪个时代，我们都需要像李绛这样廉洁忠正的人才。

（见世君注译、评述）

崔　戎

【原文】

崔戎字可大，玄暐从孙也。举明经，补太子校书郎。判入等[①]，调蓝田主簿。辟淮南李鄘府。卫次公代鄘，宪宗称戎才，故次公倚成于职。裴度节度太原，署参谋。时王承宗以镇叛，度请戎往谕，承宗至泣下，乃听命。入为殿中侍御史，擢累谏议大夫。

云南蛮乱成都，诏戎持节剑南为宣抚使。奏罢税外姜芋钱。当赋钱者率三之，以其一准缯布，优其估以与民。绥招流亡。凡废若置，公私莫不便之。还拜给事中。出为华州刺史。吏以故事，置钱万缗为刺史私用，戎不取。及去，召吏曰“籍所置钱享军，吾重矫激以夸后人也。”徙兖、海、沂、密观察使，民拥留于道不得行，乃休传舍，民至抱持取其鞾。时诏使尚在，民泣诣使，请白天子丐戎还，使许诺。戎恚责其下，众曰：“留公而天子怒，不过斩吾二三老人，则公不去矣。”戎夜单骑亡去，民追不及乃止。至兖州，鉏灭奸吏十余辈，民大喜。

岁余卒，年五十五，赠礼部尚书。

选自《新唐书》卷一百五十九《崔戎传》

【注释】

①入等：唐代选官，考试书判合格者，称为“入等”。

【译文】

崔戎，字可大，崔玄暐的从孙。通过科举取得明经科的功名，补太子校书郎的官职。考试书判合格，取得“入等”的选官资格，调任蓝田主簿。被征召到淮南李鄘府里。卫次公取代李鄘，唐宪宗称赞崔戎的才能，所以卫次公很器重他。裴度任太原节度使，委任崔戎为参谋。当时王承宗据镇叛乱，裴度派遣崔戎去说服他投降，承宗听后泪流满面，表示要听命于崔戎。后来，崔戎任殿中侍御史，累升至谏议大夫。

云南当地的少数民族进攻成都，朝廷调崔戎作剑南宣抚使。崔戎上奏取消苛捐杂税，改革税法，让百姓得到实惠。招抚、安顿流亡之士。凡废弃的重设立，官民都感到很方便。回到京城任给事中。后来，他出任华州刺史。地方官员按照惯例，献上万缗钱供崔戎自己享用，但崔戎没有接受。到离任的时候，崔戎把官员召集起来说：“把那部分钱拿去补贴军队，我喜欢违逆常情，以此来给后人做榜样。”后来，调任兖、海、沂、密等地的观察使，百姓听说后拥堵在路上不愿其离开，崔戎无法前进，只好在传舍休息，百姓甚至抱住他拿走他的靴子。当时朝廷的特使还在现场，百姓哭着请求特使，希望他禀告皇上，留下崔戎，特使答应了百姓的这一请求。崔戎愤怒地斥责下属们没能尽好职责。大家说："如果您留下来，皇上生气了，最多杀了我们几个老人，而您却可以留下来了。"最终，崔戎还是趁着夜里，一个人骑马走了，百姓没有追上。崔戎到兖州上任，铲除奸臣十余人，当地百姓非常高兴。此后一年多崔戎就去世了，享年五十五岁，追赠礼部尚书。

【评述】

崔戎令人敬佩之处在于他不仅仅是一个独善其身的人，更是一个兼济天下的人。他在剑南任官之时，申请废止苛捐杂税；改革税法，令百姓得到更多实惠和便利；招纳流亡民众；办了许多对当地人们有利的实事。在兖州，崔戎也惩治奸猾的胥吏，让人民拍手称快。可以说，不要私财是崔戎个人道德品质的表现，但是为官一方，敢于做事，不尸位素餐、因循守旧，则是一名优秀父母官的行为。唐朝地方官员，三年一任，还有许多因为特殊情况一两年就更换的，所以对于一些不负责任的地方官员来说，不犯错误、得过且过就是最大的目标。兴利除弊、改革旧制往往平添不少麻烦，又是公文往来，又是劳心费神，而且也许并不讨好，自己又要承担风险。因此严于律己的地方官不过小心施政，等到自己任满，再去吏部铨选；贪婪狡猾之辈则享乐受贿，搜刮民财，没有人以兴利除弊为己任。唐朝后期，这种情况其实十分普遍，也非常严重。虽然中央几次三番下诏，希望可以改善现状，但是地方行政却一直处于得过且过、因循成规的状态。可以想象，如果一个国家的官员，在自己的每一任上，都是只以不出事儿、保平安为办事原则的话，那么整个国家还有什么前进的希望可言？还有什么改革的动力可言？而这可能也是一个王朝走向衰落和覆灭的前兆。

追求个人道德品质的完善和个人修养的提升，固然值得每个人不懈努力，但这远远不是终点。承担起应有的责任和义务，不庸庸碌碌、不畏畏缩缩，方才是一个人立身天下该有的态度和立场。在这个层面、这个角度，崔戎这样的地方官员的确是难能可贵的。百姓对他的挽留和敬仰，也绝不是仅仅因为他是一位清官那么简单。

（陈浩注译　赵璐璐评述）

令狐楚

【原文】

令狐楚，字殻士，自言国初十八学士德棻之裔。祖崇亮，绵州昌明县令。父承简，太原府功曹。家世儒素。楚儿童时已学属文，弱冠应进士，贞元七年登第。桂管观察使王拱爱其才，欲以礼辟召，惧楚不从，乃先闻奏而后致聘。楚以父掾太原，有庭闱之恋，又感拱厚意，登第后径往桂林谢拱。不预宴游，乞归奉养，即还太原，人皆义之。李说、严绶、郑儋相继镇太原，高其行义，皆辟为从事。自掌书记至节度判官，历殿中侍御史。

楚才思俊丽，德宗好文，每太原奏至，能辨楚之所为，颇称之。郑儋在镇暴卒，不及处分后事，军中喧哗，将有急变。中夜十数骑持刃迫楚至军门，诸将环之，令草遗表。楚在白刃之中，搦管即成，读示三军，无不感泣，军情乃安。自是声名益重。丁父忧，以孝闻。免丧，征拜右拾遗，改太常博士、礼部员外郎。母忧去官。服阕，以刑部员外郎征，转职方员外郎、知制诰。

楚与皇甫镈、萧俛同年登进士第。元和九年，镈初以财赋得幸，荐俛、楚俱入翰林，充学士，迁职方郎中、中书舍人，皆居内职。时用兵淮西，言事者以师久无功，宜宥贼罢兵，唯裴度与宪宗志在殄寇。十二年夏，度自宰相兼彰义军节度、淮西招抚宣慰处置使。宰相李逢吉与度不协，与楚相善。楚草度淮西招抚使制，不合度旨，度请改制内三数句语。宪宗方责度用兵，乃罢逢吉相任，亦罢楚内职，守中书舍人。元和十三年四月，出为华州刺史。其年十月，皇甫镈作相，其月以楚为河阳怀节度使。十四年四月，裴度出镇太原。七月，皇甫镈荐楚入朝，自朝议郎[1]授朝议大夫、中书侍郎、同平章事，与镈同处台衡，深承顾待。

十五年正月，宪宗崩，诏楚为山陵使[2]，仍撰哀册文。时天下怒皇甫镈之奸邪。穆宗即位之四日，群臣素服班于月华门外，宣诏贬镈，将杀之。会萧俛作相，托中官救解，方贬崖州。物议以楚因镈作相而逐裴度，群情共怒。以萧俛之故，无敢措言。

其年六月，山陵毕，会有告楚亲吏赃污事发，出为宣歙观察使。楚充奉山陵时，亲吏韦正牧、奉天令于翚、翰林阴阳官等同隐官钱，不给工徒价钱，移为羡余十五万贯上献。怨诉盈路，正牧等下狱伏罪，皆诛，楚再贬衡州刺史。时元稹初得幸，为学士，素恶楚与镈胶固希宠，稹草楚衡州制，略曰："楚早以文艺，得践班资，宪宗念才，擢居禁近。异端斯害，独见不明，密隳讨伐之谋，潜附奸邪之党。因缘得地，进取多门，遂忝台阶，实妨贤路。”楚深恨稹。

长庆元年四月，量移郢州刺史，迁太子宾客，分司东都。二年十一月，授陕州大都督府长史、兼御史大夫、陕虢观察使。制下旬日，谏官论奏，言楚所犯非轻，未合居廉察之任。上知之，遽令追制。时楚已至陕州，视事一日矣，复授宾客，归东都。时李逢吉作相，极力援楚，以李绅在禁密沮之，未能擅柄。敬宗即位，逢吉逐李绅，寻用楚为河南尹、兼御史大夫。

其年九月，检校礼部尚书、汴州刺史、宣武军节度、汴宋亳观察等使。汴军素骄，累逐主帅，前后韩弘兄弟，率以峻法绳之，人皆偷生，未能革志。楚长于抚理，前镇河阳，代乌重胤移镇沧州，以河阳军三千人为牙卒，卒咸不愿从，中路叛归，又不敢归州，聚于境上。楚初赴任，闻之，乃疾驱赴怀州，溃卒亦至，楚单骑喻之，咸令櫜弓解甲，用为前驱，卒不敢乱。及莅汴州，解其酷法，以仁惠为治，去其太甚，军民咸悦，翕然从化，后竟为善地。汴帅前例，始至率以钱二百万实其私藏，楚独不取，以其羡财治廨舍数百间。

大和二年九月，征为户部尚书。三年三月，检校兵部尚书、东都留守、东畿汝都防御使。其年十一月，进位检校右仆射、郓州刺史、天平军节度、郓曹濮观察等使。奏故东平县为天平县。属岁旱俭，人至相食，楚均富赡贫，而无流亡者。

六年二月，改太原尹、北都留守、河东节度等使。楚久在并州，练其风俗，因人所利而利之，虽属岁旱，人无转徙。楚始自书生，随计成名，皆在太原，实如故里。及是垂旆作镇，邑老欢迎。楚绥抚有方，军民胥悦。七年六月，入为吏部尚书，仍检校右仆射。故事，检校高官者，便从其班。楚以正官三品不宜从二品之列，请从本班，优诏嘉之。

九年六月，转太常卿。十月，守尚书左仆射，进封彭阳郡开国公。十一月，李训兆乱，京师大扰。训乱之夜，文宗召右仆射郑覃与楚宿于禁中，商量制敕，上皆欲用为宰相。楚以王涯、贾餗冤死，叙其罪状浮泛，仇士良等不悦，故辅弼之命移于李石。乃以本官领盐铁转运[3]等使。

先是，郑注上封置榷茶使额，盐铁使兼领之，楚奏罢之，曰：

"伏以江、淮数年已来，水旱疾疫，凋伤颇甚，愁叹未平。今夏及秋，稍校丰稔，方须惠恤，各使安存。昨者忽奏榷茶，实为蠹政。盖是王涯破灭将至，怨怒合归，岂有令百姓移茶树于官场中栽植，摘茶叶于官场中造作，有同儿戏，不近人情。方在恩权，孰敢沮议？朝班相顾而失色，道路以目而吞声。今宗社降灵，奸凶尽戮，圣明垂佑，黎庶合安。微臣蒙恩，兼领使务，官衔之内，犹带此名。俯仰若惊，夙宵知惧。伏乞特回圣听，下鉴愚诚，速委宰臣，除此使额。缘军国之用或阙，山泽之利有遗，许臣条疏，续具闻奏。采造将及，妨废为虞。前月二十一日，内殿奏对之次，郑覃与臣同陈论讫。伏望圣慈早赐处分，一依旧法，不用新条。唯纳榷之时，须节级加价，商人转卖，必校稍贵，即是钱出万国，利归有司。既不害茶商，又不扰茶户，上以彰陛下爱人之德，下以竭微臣忧国之心。远近传闻，必当感悦。”

从之。

先是元和十年，出内库弓箭陌刀赐左右街使[④]，充宰相入朝以为翼卫，及建福门而止。至是，因训、注之乱，悉罢之。楚又奏：“诸道新授方镇节度使等，具帑抹，带器仗，就尚书省兵部参辞。伏以军国异容，古今定制，若不由旧，斯为改常。未闻省阁之门，忽内弓刀之器。郑注外蒙恩宠，内蓄凶狂，首创奸谋，将兴乱兆。致王璠、郭行余之辈，敢驱将吏，直诣阙庭。震惊乘舆，骚动京国，血溅朝路，尸僵禁街。史册所书，人神共愤，既往不咎，其源尚开。前件事宜，伏乞速令停罢，如须参谢，即具公服。”从之。又奏请罢修曲江亭绢一万三千七百匹，回修尚书省，从之。

开成元年上巳，赐百僚曲江亭宴。楚以新诛大臣，不宜赏宴，独称疾不赴，论者美之。以权在内官，累上疏乞解使务。其年四月，检校左仆射、兴元尹，充山南西道节度使。二年十一月，卒于镇，年七十二，册赠司空，谥曰“文”。

楚风仪严重，若不可犯，然宽厚有礼，门无杂宾。尝与从事宴语方酣，有非类偶至，立命彻席，毅然色变。累居重任，贞操如初。未终前三日，犹吟咏自若。疾甚，诸子进药，未尝入口，曰：“修短之期，分以定矣，何须此物？”前一日，召从事李商隐曰：“吾气魄已殚，情思俱尽，然所怀未已，强欲自写闻天，恐辞语乖舛，子当助我成之。”即秉笔自书曰：

“臣永惟际会，受国深恩。以祖以父，皆蒙褒赠；有弟有子，并列班行。全腰领以从先人，委体魄而事先帝，此不自达，诚为甚愚。但以永去泉扃[⑤]，长辞云陛，更陈尸谏，犹进瞽言。虽号叫而不能，岂诚明之敢忘？今陛下春秋鼎盛，寰海镜清，是修教化之初，当复理平之始。然自前年夏秋已来，贬谴者至多，诛戮者不少，望普加鸿造，稍霁皇威。殁者昭洗以云雷，存者沾濡以雨露，使五谷嘉熟，兆人安康。纳臣将尽之苦言，慰臣永蛰之幽魄。”

书讫，谓其子绪、绹曰：“吾生无益于人，勿请谥号。葬日，勿请鼓吹，唯以布车一乘，余勿加饰。铭志但志宗门，秉笔者无择高位。”当殁之夕，有大星陨于寝室之上，其光烛廷。楚端坐与家人告诀，言已而终。嗣子奉行遗旨。诏曰："生为名臣，殁有理命。终始之分，可谓两全。卤簿哀荣之末节，难违往意；诔谥国家之大典，须守彝章。卤簿宜停，易名须准旧例。"后绹贵，累赠至太尉。有文集一百卷，行于时。所撰《宪宗哀册文》，辞情典郁，为文士所重。

选自《旧唐书》卷一百七十二《令狐楚传》

【注释】

①朝议郎：文散官名。隋文帝开皇六年（586）置，秩正六品上。唐为文官第十四阶，正六品上。

②山陵使：由重臣担任的负责皇帝丧葬的最高使职。

③盐铁转运使：盐铁使，唐代后期主管盐、铁、茶专卖及征税的使职。转运使，唐代以后各王朝主管运输事务的中央或地方官职官名。盐铁使后与转运使合为一职，称盐铁转运使。

④街使：巡视京师六街的官吏。

⑤泉扃：墓门。亦指阴曹地府。

【译文】

令狐楚，字殼士，自称是开国初年十八学士令狐德棻的后代。祖父名叫令狐崇亮，曾任绵州昌明县令。父亲令狐承简，曾任太原府功曹。他家世代为有学问的儒家。令狐楚儿童时代已开始学写文章，二十岁应考，贞元七年（791）登进士第。桂管观察使王拱欣赏他的才华，想以礼相待征召他来，害怕令狐楚不愿意，就先上奏皇上然后才向令狐楚表达征召的意思。令狐楚因为父亲在太原做属官，出于对父亲的感情，又感激王拱的厚意，考中进士后直接前往桂林感谢王拱。他没有参加进士们的宴饮游乐，请求回太原奉养父亲，随后就返回太原，人们都认为他这是有情有义的举动。李说、严绶、郑儋相继镇守太原，都很看重他的品行，都征用他为幕府从事。从掌书记做到节度判官，历任殿中侍御史。

令狐楚才思清丽，德宗爱好文章，每次太原的奏章送到，德宗都能辨认出哪个是令狐楚写的，很赞赏他，郑儋在军镇突然去世，来不及处理后事，军中大乱，即将发生紧急变乱。半夜，十几个骑兵手持利刃胁迫令狐楚来到军门，众将领围着他，让他起草遗表。令狐楚在刀剑环绕中，提笔一挥而就，向三军宣读后，兵士无不感动流泪，军心这才稳定下来。从此令狐楚的名声越来越大。后来他为父亲守丧，又以孝心而闻名。除去丧服后，令狐楚被征召官拜右拾遗，改任太常博士、礼部员外郎。后因母亲去世而离职。服丧期满后，又被征召任刑部员外郎，改任职方员外郎、知制诰。

令狐楚与皇甫鎛、萧俛同一年考中进士科。元和九年（814），皇甫鎛开始因管理财政赋税工作而受到宠幸，他推荐萧俛、令狐楚一起进入翰林院，充任翰林学士，后来升任职方郎中、中书舍人，都在宫中任职。当时他正在淮西作战，言官认为出师已久劳而无功，应该宽宥贼军停止作战，只有裴度和宪宗决意荡平贼寇。十二年夏天，裴度以宰相职务兼任彰义军节度使、淮西招抚宣慰处置使。宰相李逢吉与裴度不和，与令狐楚关系好。令狐楚起草裴度任淮西招抚使的制书，不合裴度的心意，裴度请求修改制书里的几句话。宪宗正责成裴度出兵，于是免去李逢吉的相位，也免去了令狐楚的翰林学士之职，保留中书舍人职位。元和十三年四月，令狐楚出任华州刺史。这一年十月，皇甫镈做了宰相，当月就任令狐楚为河阳怀节度使。十四年四月，裴度出京镇守太原。七月，皇甫镈举荐令狐楚入朝，自朝议郎授任朝议大夫、中书侍郎、同平章事，与皇甫镈同处宰相之位，深受皇上的礼遇。

十五年正月，宪宗逝世，下诏令狐楚任山陵使，并撰写哀册文。当时天下人对皇甫镈的奸诈邪恶的作风都很愤怒，穆宗即位第四天，群臣身着丧服列队于月华门外，宣诏贬谪皇甫镈，还准备杀他。适逢萧俛做了宰相，托宦官解救他，这才将他贬到崖州。舆论认为令狐楚借助皇甫镈做了宰相并驱逐了裴度，群情激愤，但是因为萧俛的缘故，没人敢对此大加议论。

这一年六月，皇帝陵墓建成，恰逢令狐楚手下官吏贪赃的事情败露，于是出任宣歙观察使。令狐楚充任山陵使时，他的手下官吏韦正牧、奉天令于翚、翰林阴阳官等人一同隐瞒官钱，不给工徒付工钱，将其中的十五万贯算作赋税盈余献给朝廷。怨恨控诉的人充满道路，韦正牧等人被捕入狱后认罪伏法，都被处以死刑，令狐楚被再次贬谪任衡州刺史。当时元稹刚受到宠幸，任翰林学士，他向来厌恶令狐楚与皇甫镈勾结在一起邀宠，元稹起草了令狐楚任衡州刺史的制书，大意是："令狐楚早年因文学特长得以跻身朝廷官员之列，宪宗念及他的才气，提拔他在宫中任职。但他残害异己，固执己见，秘密破坏讨伐之计，暗地里依附奸邪之徒。投机取巧得到官位，多方钻营，于是身居相位，实在是妨碍贤才的晋升之路。"为此令狐楚深恨元稹。

长庆元年（821）四月，令狐楚升郢州刺史，任太子宾客，在东都任职。二年十一月，授任陕州大都督府长史、兼任御史大夫、陕虢观察使。制书颁布十天后，谏官上奏议论，说令狐楚犯的罪不轻，不适宜担任观察使。皇上知道后，立即下令追回制书。当时令狐楚已经到达陕州，处理了一天政事，又被授任太子宾客，返回东都。当时李逢吉做宰相，极力帮助令狐楚，但因为李绅在宫中暗中阻挠，没有能够做成此事。敬宗即位，李逢吉把李绅赶走了，不久任用令狐楚为河南尹、兼御史大夫。

这年九月，令狐楚任检校礼部尚书、汴州刺史、宣武军节度使、汴宋亳观察使等。汴军向来骄横，多次驱逐主帅，前后任主帅的韩弘兄弟都用严刑峻法约束士兵，众人都苟且偷生，不能革除旧习。令狐楚长于治军，本来坐镇河阳，后取代乌重胤改任沧州节度使，调任时以河阳的三千名士兵作为衙兵，士兵都不愿意跟他去，半路逃走，又不敢回河阳，聚集在边境上。令狐楚刚刚到任，听说此事，迅速奔赴怀州，溃逃的士兵也到了，令狐楚单枪匹马给他们讲道理，并令他们全部收起弓箭脱掉铠甲，在前面开路，他们始终不敢作乱。令狐楚到汴州任职后，废弃严刑酷法，用仁慈恩惠来治理，废止过分的做法，军民都很喜悦，都很快服从教化，后来汴州终于成为一个好地方。汴州主帅以前有个惯例，刚到任时都要拿二百万钱充当私人财产，唯独令狐楚不拿这个钱，还用盈余的钱修建了数百间官房。

大和二年（828）九月，令狐楚被征召入朝任户部尚书。三年三月，任检校兵部尚书、东都留守、东畿汝都防御使。同年十一月，升任检校右仆射、郓州刺史、太平军节度使、郓曹濮观察使等。令狐楚奏请将旧东平县改为天平县。当时连年干旱欠收，到了人吃人的地步，令狐楚均富济贫，当地没有出现流亡的人。

六年（832）二月，令狐楚改任太原尹、北都留守、河东节度使等。令狐楚长期任职于并州，熟悉当地的风土人情，因势利导，虽然连年干旱，却没有人离开。令狐楚从书生开始，由属吏到成名，都在太原，太原其实已和他的故乡一样。到这时持节镇守太原，当地父老非常欢迎。令狐楚治理有方，军民都很高兴。七年六月，令狐楚入朝任吏部尚书，仍兼检校右仆射。按旧制，检校高官的人，便排在高官之列。因为令狐楚是正官三品，不适宜排在二品的班列，他便请求排在三品官的班列中，皇帝特地下诏表扬他。

九年（835）六月，令狐楚改任太常卿。十月，任尚书左仆射，进封彭阳郡开国公。十一月，李训叛乱，京城大乱。李训叛乱那天夜里，文宗召右仆射郑覃与令狐楚住在宫中，商量敕令，皇上打算任用他俩做宰相。令狐楚认为王涯、贾餗是蒙冤的，叙述他们的罪状时就加以淡化，仇士良等人不高兴，所以宰相的任命就落到了李石头上。令狐楚以本官兼盐铁转运使等。

先前，郑注秘密上奏设置榷茶使一职，由盐铁使兼任，令狐楚奏请取消它，说：

“臣认为江、淮地区多年以来，水旱瘟疫频发，一片衰败景象，百姓始终在忧愁哀叹。今年夏季和秋季，稍获丰收，正需要恩惠体恤，让他们安心生活。前日有人上奏请求实行茶叶专卖，实在是害民的政令。这是王涯即将灭亡，所有的怨怒都集中到他身上。哪里有让百姓把茶树移植到官场中，在官场中采摘茶叶并制作的道理？这如同儿戏，不近人情。但是当时王涯正受宠掌权，谁敢反对他的建议？朝中文武大臣相顾失色，路上的行人道路以目不敢做声。如今祖宗显灵，将奸凶之人斩杀殆尽，皇帝赐福，黎民安定。微臣蒙受皇恩，兼任盐铁转运使的职务，在官衔中，还带着这个名称。有点动静就受惊，从早到晚心存畏惧。特地回禀皇上，体谅愚臣的忠诚，迅速委托宰相，取消榷茶使。因为军队和国家的用度有时不足，山林川泽的收益或有盈余，允许臣逐条陈疏，然后详细上奏。采茶晒茶的季节将要到来，臣担心会影响此事。上月二十一日，在内殿上奏应对之后，郑覃与臣一同议论过。希望圣上早做处理，一切依照旧的法度，不用新的条令。只是在收纳专卖税的时候，必须逐级加价，商人转手买卖，必然稍贵一些，这就是全国各地出钱，税利归于有关部门。既不损害茶商的利益，又不骚扰茶户，上可以表现陛下的爱民之德，下可以竭尽微臣的忧国之心。远近的百姓听到这个消息，都会感动喜悦。”

皇上听从了他的建议。

在此之前的元和十年（815），朝廷拿出内库的弓箭陌刀赐给左右街使，使之充任宰相入朝时的护卫，到达建福门后止步。到这时，因为李训、郑注的叛乱，全部取消。令狐楚又上奏说：“各地新近授任的方镇节度使等人，都穿着戎服，拿着兵器，到尚书省兵部参见。臣认为，军政与国政不同，古今都有一定的制度，如果不遵循旧的制度，就是改变常规。没有听说过省阁的大门之内，忽然出现弓箭刀戈等兵器。郑注表面上蒙受恩宠，内心里却隐藏着凶恶猖狂，他首先制造阴谋，兴起叛乱的兆头。致使王璠、郭行余之流，敢于指使将士，直入宫廷。使皇上震惊，京城骚动，鲜血洒在上朝的路上，尸体横卧在京城街道上，史书都有记载，人神共愤。若既往不咎，动乱的根源还未阻止。前面所说的事情，请求迅速下令停止，如果确需参见辞谢，就穿上官员的礼服。”皇上听从了他的建议。他又奏请取消用作修曲江亭工钱的一万三千七百匹绢，拿回来维修尚书省，皇上也听从了。

开成元年（836）上巳，皇上赏赐百官在曲江亭宴会。令狐楚认为刚刚诛杀过大臣，不是赏赐宴会的时候，称病没有赴宴，受到舆论的赞美。又因为权柄在宦官手中，令狐楚多次上疏请求辞去盐铁转运使的职务。这一年四月，任检校左仆射、兴元尹，充任山南西道节度使。二年十一月，令狐楚在军镇去世，终年七十二岁。追赠司空，谥号“文”。

令狐楚外表严肃庄重，凛然像不可侵犯的样子，实际上，他宽厚有礼，门下没有乱七八糟的宾客。他曾经与属下举办宴会，正在畅谈，有个志趣不同的人突然造访，他立即命令撤去酒席，态度坚决，脸色大变。令狐楚多次担任要职，贞节操守都和当初一样。去世前三天，还吟咏自如。病重时，几个儿子给他喂药，还不曾入口，他说：“寿命的长短，已是命中注定的了，何必要这些东西？”前一天，召来从事李商隐说：“我的心神已经枯竭了，才情都没有了，但我的志向还没有实现，勉强想自己写出来上奏皇帝，害怕言辞不当，您应当帮助我完成它。”随即提笔自己写道：

“臣生逢其时，受到国家的深厚恩典。从祖父到父亲，都受到朝廷的褒奖封赠；兄弟儿子，都在朝里做官。臣一生平安，如今将寿终正寝，到黄泉去侍奉先帝，这时再不表白自己的心迹，就太愚蠢了。但是尽管臣就要前往阴曹地府，与陛下永别，但是臣还是要在临终之前，陈述一些无用之言。虽然已经无力号哭了，但至诚之心又怎敢忘记？如今陛下年富力强，国家太平无事，这正是推行教化的时候，应当开始建设大治之世。然而自从前年夏秋以来，遭受贬官谴放的人很多，被杀戮的也不少，希望皇上大加鸿恩，稍稍收敛皇威。用云雷为死去的人昭雪洗冤，用雨露为活着的人滋润浸濡，使得五谷丰收，万民安康。请采纳臣临终的逆耳之言，以慰藉臣永居地下的灵魂。”

写完后，令狐楚对他的儿子令狐绪、令狐绹说：“我这一生对别人没有什么帮助，不要请求谥号。下葬那天，不要请鼓吹仪仗，只用一辆布车，此外不要增加任何装饰。墓志铭上只写上宗族门第即可，不要请身居高位的人执笔。”令狐楚去世的那天晚上，有一颗大星陨落在卧室的上方，光芒照亮了庭院。令狐楚正襟危坐与家人诀别，话说完后就死了。他的儿子按照他的遗言办理后事。皇帝下诏说：“令狐楚活着是有名的臣子，死后有言辞恳切的遗书。有始有终，可以说做到了两全。仪仗等死后的荣誉都是细枝末节，不好违背逝者的心意；悼辞和谥号是国家的重要典章，必须遵守常规。送葬的仪仗可以不要，但为死者拟议谥号必须按照旧例。”后来其子令狐绹显贵，多次加赠到太尉。有文集一百卷，流行于当时。令狐楚所撰《宪宗哀册文》，言辞典雅，有文采，受到文人的推崇。

【评述】

令狐楚出身虽非显赫，但却文才出众，并因此踏入仕途，得到皇帝的关注和信任。在太原兵变中，他的一纸遗表令三军落泪，稳定了军心，实在令人叹服。

在历史上，人们对令狐楚是有非议的。在中晚唐政治历史的风云变幻中，人们对令狐楚一生的评价可谓褒贬不一。不过，从现有资料来看，令狐楚虽身处复杂的政治环境和人际关系中，但他为官清廉，关心百姓，心系大局，政绩卓著，不失为一个好官。令狐楚打破了汴州主帅刚到任时都要拿二百万贯公款充当私人财产的惯例，用这笔钱修建了数百间官舍，值得称赞。令狐楚治理地方，以仁政为本，以抚理为主，在战乱不断民生凋敝的环境下，与民休息，发展生产，采取了明智的政策。他治下的地方天灾人祸频仍，却少有百姓流离失所的现象，就是一个很好的例证。他反对郑注设置榷茶使的建议，在奏章中晓之以理，动之以情，从大局出发，将经济发展与百姓疾苦放在第一位，最终打动了皇帝。由此可见，令狐楚是一位时刻将民生挂记在心的父母官。

唐代天宝之乱以后，社会动荡不安，稳定人心，稳定经济是当务之急，但是当权者争权夺利之势却愈演愈烈，这个时候，令狐楚的安民济民政策就显得更加可贵。抛开官场斗争的那些阴暗面，历史应该给令狐楚一个更加公正的评价。

（见世君注译、评述）

李义府

【原文】

李义府，瀛州饶阳人。其祖尝为射洪丞，因客永泰。贞观中，李大亮巡察剑南，表义府才，对策中第，补门下省典仪。刘洎、马周更荐之，太宗召见，转监察御史，诏侍晋王。王为太子，除舍人、崇贤馆直学士，与司议郎来济俱以文翰显，时称“来李”。献《承华箴》，末云：“佞谀有类，邪巧多方。其萌不绝，其害必彰。”义府方谄事太子，而文致若谠直者，太子表之，优诏赐帛。

高宗立，迁中书舍人，兼修国史，进弘文馆学士。为长孙无忌所恶，奏斥壁州司马。诏未下，义府问计于舍人王德俭。德俭者，许敬宗甥，瘿而智，善揣事，因曰：“武昭仪方有宠，上欲立为后，畏宰相议，未有以发之。君能建白，转祸于福也。”义府即代德俭直夜，叩阁上表，请废后立昭仪。帝悦，召见与语，赐珠一斗，停司马诏书，留复侍。武后已立，义府与敬宗、德俭及御史大夫崔义玄、中丞袁公瑜、大理正侯善业相推毂，济其奸，诛弃骨鲠大臣，故后得肆志攘取威柄，天子敛衽矣。

义府貌柔恭，与人言，嬉怡微笑，而阴贼忌著于心，凡忤意者，皆中伤之，时号义府“笑中刀”。又以柔而害物，号曰“人猫”。

永徽六年，拜中书侍郎、同中书门下三品，封广平县男，又兼太子右庶子，爵为侯。洛州女子淳于以奸系大理，义府闻其美，属丞毕正义出之，纳以为妾。卿段宝玄以状闻。诏给事中刘仁轨、侍御史张伦鞫治。义府且穷，逼正义缢狱中以绝始谋。侍御史王义方廷劾，义府不引咎，三叱之，然后趋出。义方极陈其恶，帝阴德义府，故贷不问，为抑义方，逐之。未几进中书令，检校御史大夫，加太子宾客，更封河间郡公，诏造私第。诸子虽襁负皆补清官。

初，杜正伦为黄门侍郎，义府才典仪。及同辅政，正伦恃先进不相下，密与中书侍郎李友益图去义府，反为所诬，交讼帝前。帝两黜之，正伦为横州刺史，义府普州刺史，流友益峰州。明年，召为吏部尚书、同中书门下三品。母丧免，夺丧为司列太常伯、同东西台三品。更葬其先永康陵侧，役县人牛车输土筑坟，助役者凡七县，高陵令不胜劳而死。公卿争赗遗。葬日，诏御史节哭。送车从骑相衔，帷帟奠帐自灞桥属三原七十里不绝，輴輴刍偶，僭侈不法，人臣送葬之盛无与比者。殷王出阁，又兼府长史，稍迁右相。

义府已贵，乃言系出赵郡[1]，与诸李叙昭穆，嗜进者往往尊为父兄行。给事中李崇德引与同谱，既谪普州，亟削去，义府衔之，及复当国，傅致其罪，使自杀于狱。贞观中，高士廉、韦挺、岑文本、令狐德棻修《氏族志》，凡升降，天下允其议，于是州藏副本以为长式。时许敬宗以不载武后本望，义府亦耻先世不见叙，更奏删正。委孔志约、杨仁卿、史玄道、吕才等定其书，以仕唐官至五品皆升士流。于是兵卒以军功进者，悉入书限，更号《姓氏录》，缙绅共嗤靳之，号曰“勋格”。义府奏悉收前志烧绝之。自魏太和中定望族，七姓子孙迭为婚姻，后虽益衰，犹相夸尚。义府为子求婚不得，遂奏一切禁止。

既主选，无品鉴才，而溪壑之欲，惟贿是利，不复铨判，人人咨讪。又母、妻、诸子卖官市狱，门如沸汤。自永徽后，御史多制授，吏部虽有调注，至门下覆不留。义府乃自注御史、员外、通事舍人，有司不敢却。帝尝从容戒义府曰：“闻卿儿子女婿桡法多过失，朕为卿掩覆，可少勖之。”义府内倚后，揣群臣无敢白其罪者，不虞帝之知，乃勃然变色，徐曰：“谁为陛下道此?”帝曰：“何用问我所从得邪!”义府謷然不谢，徐引去，帝由是不悦。

会术者杜元纪望义府第有狱气，曰：“发积钱二千万，可以厌胜。”义府信之，裒索殊急。居母丧，朔望给告，即羸服与元纪出野，冯高窥觇灾眚，众疑其有异谋。又遣子津召长孙延，谓曰："吾为子得一官。"居五日，延拜司津监，索谢钱七十万。右金吾仓曹参军杨行颖白其赃，诏司刑太常伯刘祥道与三司杂讯，李勣监按，有状，诏除名，流巂州，子率府长史洽、千牛备身洋及婿少府主簿柳元贞并流廷州，司议郎津流振州，朝野至相贺。三子及婿尤凶肆，既败，人以为诛"四凶"。或作《河间道元帅刘祥道破铜山大贼李义府露布》，榜于衢。乾封元年大赦，独流人不许还，义府愤恚死，年五十三。自其斥，天下忧且复用，比死，内外乃安。

上元初，赦妻子还洛阳。如意中，赠义府扬州大都督，崔义玄益州大都督，王德俭、袁公瑜魏、相二州刺史，各赐实封。睿宗立，诏停。少子湛，见《李多祚传》。

选自《新唐书》卷二百二十三上《李义府传》

【注释】

①赵郡：李氏郡望之一。北朝到隋唐，赵郡李为天下最显贵的高门之一，和陇西李氏一起，与崔氏（博陵崔、清河崔）、卢氏（范阳卢）、郑氏（荥阳郑）、王氏（太原王）并称"五姓"。

【译文】

李义府，瀛州饶阳人。他的祖父曾任射洪县丞，因而寄居永泰。贞观年间李大亮巡视剑南，上表称扬李义府有才干，李义府对策考问中选，被授以门下省典仪的职位。后来刘洎、马周又举荐他，唐太宗就召见他，调任他为监察御史，诏令他侍奉晋王。晋王立为太子后，李义府则被授予太子舍人、崇贤馆直学士，与司议郎来济都以文章翰墨闻名于世，时称“来李”。他曾进呈《承华箴》，末尾写道：“阿谀奉承种类繁多，奸邪取巧方式庞杂。若在萌芽状态时不去禁绝，以后必有大害。”李义府当时忙于向太子献殷勤，所以文章风致看上去很有正气，太子上表褒奖他，太宗下诏嘉奖赐以锦帛。

高宗登基后，李义府升任中书舍人，同时负责修国史，被选为弘文馆学士。长孙无忌讨厌他，奏请贬他为壁州司马。贬官诏书还未颁布，李义府找舍人王德俭询问自保之计。王德俭是许敬宗的外甥，脖子上生瘤但很有智谋，善于谋事。他告诉李义府说：“武昭仪现在正得宠，皇上想立她为皇后，但怕宰相有异议，所以还没宣布此事。您如能在此事上率先进言，就能转祸为福了。”李义府听后便替王德俭去值夜，直接进殿向皇帝上表，请皇帝废掉皇后，另立武昭仪为后。皇帝听了很高兴，召他谈话，赐给他宝珠一斗，并停发贬职的诏书，留在身边继续侍奉左右。武后册立后，李义府与许敬宗、王德俭及御史大夫崔义玄、中丞袁公瑜、大理正侯善业等人相互荐举，狼狈为奸，诛杀、贬抑刚直之臣，这样武后得以肆意夺取朝柄，天子大权由此旁落。

李义府表面谦恭柔弱，与人说话时总带着微笑，而阴险狡诈却深藏在心里，凡是不合他意的人，都会遭他中伤陷害，时人称他为“笑中刀”。又因为他外表柔弱却下手狠毒，人们又称他为

“人猫”。

永徽六年（655），李义府任中书侍郎、同中书门下三品，封广平县男爵，又兼任太子右庶子，封为侯爵。洛州有女子淳于氏犯通奸之罪被关押在大理寺，李义府听说她很美丽，便授意大理寺丞毕正义把她放出狱，然后收她为妾。大理寺卿段宝玄把此事上报朝廷。朝廷诏令给事中刘仁轨、侍御史张伦审理。李义府窘迫无计，便逼迫毕正义在狱中自尽来灭口。侍御史王义方当庭弹劾李义府，李义府非但不认错，还多次叱骂王义方，然后疾步而出。王义方极力向皇帝陈诉李义府的恶行，但皇帝私下里因立武后事而心存感激，所以未加追究，还为此贬抑王义方，将他放逐。没多久，皇帝升李义府为中书令，检校御史大夫，加官太子宾客，改封为河间郡公，并亲自下诏为他建造府第。他的子嗣们，即使小到还在襁褓里，也都补了肥缺。

当初，杜正伦任黄门侍郎时，李义府才刚刚任典仪。等到现在同朝辅政，杜正伦仗着自己是先任的宰相，不服李义府，私下与中书侍郎李友益密谋除掉李义府，却反被李义府诬陷，两人闹到了高宗面前。高宗把两人都贬黜，杜正伦任横州刺史，李义府任普州刺史，另把李友益流放到峰州。第二年，李义府被召回任吏部尚书、同中书门下三品。后因母丧离职，但丧期未满便又起任司列太常伯、同东西台三品。李义府又把他祖先的墓改葬在永康陵旁，役使当地百姓和牛车为他运土筑坟，被役使的共有七县，其中高陵县令因不堪劳苦而死。朝中大臣都争相向李义府赠送助丧礼物。迁葬之日，高宗诏令御史持节哭丧。送葬的车马前后相接，沿路祭奠的帷帐帘幕从灞桥一直延续到三原，绵延七十里。灵车送葬物品，奢侈豪华不合法度，人臣送葬的盛况，没有能与之相比的。殷王从皇宫迁到王府以后，李义府又兼任王府长史，不久升为右相。

李义府富贵后，便说自己是赵郡人，和李氏攀附家族辈分，李姓中那些想升官发迹的往往尊他为父兄。给事中李崇德曾将李义府收录到宗谱中，李义府被贬往普州后，李崇德便急忙从宗谱中把他除名，李义府对此怀恨在心。等到李义府重新执掌朝政，便罗织罪名陷害李崇德，逼他自杀于狱中。贞观年间，高士廉、韦挺、岑文本、令狐德棻编修《氏族志》，凡是宗族的升降，天下人都觉得可行，于是各州都录有副本并视为定制。当时，许敬宗因为该书没记载武后的地望，李义府也耻于自己的祖先未被提及，都奏请删正。皇帝委任孔志约、杨仁卿、史玄道、吕才等修订此书，把本朝五品以上的官员全部升为士族。于是那些兵士以军功获职的，都被编入书中，并改名叫《姓氏录》，士大夫们都以被收入为耻，把此书叫作“勋格”。李义府又奏请将之前编修的《氏族志》全部收缴焚毁。自从北魏太和年间定下来的世家豪族，七姓子孙互通婚姻，后来虽然均已没落，但仍然彼此夸耀。李义府为儿子向大姓人家求婚遭到拒绝，便奏请禁止大姓间的互通婚姻。

李义府主管选举，没有识人眼光，而欲壑难填，选人任官只看贿赂多少，根本不去审查，人们对此无不叹息嘲讽。另外，他的母亲、妻子以及子女，卖官鬻爵，还收取贿赂帮人开脱罪责，请托之人门庭若市。自永徽以后，御史大多下制书授任，吏部虽然也会从中调任注销，但到了门下省也会复核而不滞留。李义府却自己任命御史、员外、通事舍人，有关部门对他的任命也不敢驳回。皇帝曾和颜悦色地告诫李义府说：“听说你的儿子女婿贪赃枉法，犯了不少过错，都是我给你掩饰，你今后要好自为之。”李义府仗着宫中有武后撑腰，自揣百官中没人敢上奏他的罪行，没想到皇帝还是知道了，于是脸色突变，慢慢回答说：“谁告诉陛下这些的?”皇帝说：“怎么还要问我从哪儿听来的!”李义府傲慢不认罪，慢慢走出去，皇帝因此很不高兴。

有个会相术的人叫杜元纪，看到李义府宅第有刑狱之气，便对李义府说：“如果花钱两千万，便可消除不祥。”李义府相信了他，急忙从四处弄钱。当时正是李义府母亲丧期，每逢初一和十五得假哭丧，他却穿着粗简的丧服和杜元纪跑到野外，登上高处观察灾难的征兆，众人都怀疑他是有什么阴谋。又让儿子李津召来长孙延，说：“我给你求得一个职位。”五天后，长孙延被任命为司津监，李义府便派人去索要七十万的答谢钱。右金吾仓曹参军杨行颖上奏李义府的贪贿行为，皇帝诏令司刑太常伯刘祥道与三司会审，另命李勣监督，经审查，李义府的罪状属实，皇帝便下诏除去李义府的官名，流放巂州，他的儿子率府长史李洽、千牛备身李洋及女婿少府主簿柳元贞同被流放廷州，另一个儿子司议郎李津被流放振州，朝廷上下无不拍手称快。李义府的三个儿子及女婿特别凶恶，他们这次被扳倒，人们称之为诛“四凶”。有人还写了篇《河间道元帅刘祥道破铜山大贼李义府露布》，张贴在京城的交通要冲。乾封元年（666）大赦天下，唯独不赦免流放的罪人，李义府为此愤恨而死，终年五十三岁。自从李义府被贬斥后，世人都怕他被重新起用，直到他死了，朝廷内外才终于心安。

上元（674—676）初年，朝廷赦免李义府的妻儿返回洛阳。

如意（692）年间，追赠李义府为扬州大都督，崔义玄益州大都督，王德俭、袁公瑜二人为魏州、相州刺史，并分别赐予相应的封赏。唐睿宗登基后，才下诏停赠。他的小儿子李湛，事迹见《李多祚传》。

【评述】

任何一个朝代在建国之初，都很重视官吏特别是高官的廉洁自律，但在唐朝，李义府是较早开始贪赃枉法的高官之一，作为宰相，他却如此贪婪、腐化，确实应当引起人们的反思。李义府外表谦恭柔弱，内心却阴险狡诈，时人称其为“笑中刀”、“人猫”。他当政时期，不仅大肆卖官鬻爵，还屡屡收钱帮人制造冤狱，令人触目惊心。唐高宗开始时还一味偏袒、庇护，但后来也忍无可忍。最终，李义府自食恶果，遭到抄家流放。

李义府恃宠自重到了忘乎所以的程度。他的儿子还在襁褓之中便已补了肥缺；为了给其祖先修建坟墓，让七个县的人服劳役，以致于累死高陵县令；迁葬时，送葬的车马、帷帐绵延七十里，其规模之大皇帝也不过如此。他贪赃枉法，其严重程度也是世所罕见。他私放女犯出狱而纳为己妾；遭人弹劾不但不认错，却反而叱骂对方；别人因小事得罪他，他便罗织罪名，逼人在狱中自杀；他主管选举，选人任官只看贿赂多少，根本不审查；授官后公然索贿；还收受贿赂，帮人开脱罪责。

看到李义府的种种恶行，很难相信这是发生在还算是太平盛世的唐朝前期，分析其中的根本原因，应该归咎于君主专制制度。专制制度是滋生奸臣的土壤，有专制制度的存在，就有滋生奸臣的温床。大政方针的咨议决断、文武大员的荣辱沉浮以至身家性命，都掌握在君王一人之手，这就不可避免地在中央政权中养就一批阿谀奉迎、巧伺上意的投机之徒。

（陈卓注译　李燕晖评述）

来俊臣

【原文】

来俊臣，京兆万年人。父操，博徒也，与里人蔡本善。本负博数十万不能偿，操因纳其妻，先已娠而生俊臣，冒其姓。

天资残忍，喜反覆，不事产。客和州为奸盗，捕送狱，狱中上变，刺史东平王续按讯无状，杖之百。天授中，续以罪诛，俊臣上书得召见，自陈前上琅邪王冲反状，为续所抑。武后以为谅，擢累侍御史，按诏狱，数称旨。后阴纵其惨，胁制群臣，前后夷千余族。生平有纤介，皆入于死。拜左台御史中丞，中外累息，至以目语。

俊臣乃引侯思止、王弘义、郭弘霸、李仁敬、康暐、卫遂忠等，阴啸不逞百辈，使飞语诬蔑公卿，上急变。每擿一事，千里同时辄发，契验不差，时号为“罗织”，牒左署曰：“请付来俊臣或侯思止推实必得。”后信之，诏于丽景门别置狱，敕俊臣等颛按事，百不一贷。弘义戏谓丽景门为“例竟”，谓入者例皆尽也。俊臣与其属朱南山、万国俊作《罗织经》一篇，具为支脉纲由，咸有首末，按以从事。俊臣鞫囚，不问轻重皆注醯于鼻，掘地为牢，或寝以匽溺，或绝其粮，囚至啮衣絮以食，大抵非死终不得出。每赦令下，必先杀重囚乃宣诏。又作大枷，各为号：一、定百脉，二、喘不得，三、突地吼，四、著即臣，五、失魂胆，六、实同反，七、反是实，八、死猪愁，九、求即死，十、求破家。后以铁为冒头，被枷者宛转地上，少选而绝。凡囚至，先布械于前示囚，莫不震惧，皆自诬服。

如意初，诬告大臣狄仁杰、任令晖、李游道、袁智弘、崔神基、卢献等下狱。俊臣颛以夷诛大臣为功，乃奏囚降制，一问而服者同首，法得减死。仁杰等已论死，待日而决，稍挺之，仁杰乃遣子持帛书称枉。后见愕然，责谓俊臣，对曰：“是囚不褫巾服，何肯服罪？”后遣通事舍人周綝往视，遽假仁杰褋带立西厢，綝惧俊臣，东视唯唯去，莫敢闻。先是，宰相乐思晦为俊臣夷其家，有子九岁隶司农，上变，得召见，言：“俊臣凶惨，罔上不道，若陛下假条反状付之，无大小皆如诏。臣父死族夷，不求生，但惜陛下法为俊臣所弄耳！”后意寤，由是仁杰六族皆免。又按大将军张虔勖、内侍范云仙，虔勖不堪枉，讼于大理徐有功，俊臣使卫士乱斫之，云仙自陈事先帝，命截其舌，皆即死，人人胁息。

久之，俊臣纳贾人金，为御史纪履忠所劾，下狱当死。后忠其上变，得不诛，免为民。长寿中，还授殿中丞，坐赃贬同州参军事，暴纵自如，夺同僚妻，又辱其母。俄召为合宫尉，擢洛阳令，进司仆少卿，赐司农奴婢十人。以官户[①]无面首，闻吐蕃酋阿史那斛瑟罗有婢善歌舞，令其党告以谋反，而求其婢，诸蕃长数十人，割耳剺面讼冤，仅得解。綦连耀等有异谋，吉顼以白俊臣，杀数十族。既欲擅发奸功，即中顼以法，顼大惧，求见后自直，乃免。俊臣诬司刑史樊戬，以谋反诛，其子诉阙下，有司无敢治，因自刳腹。秋官侍郎刘如璿为流涕，俊臣奏与同恶，如璿自诉年老而涕，吏论以绞，后为宥死，流汉州。万岁通天中，上巳，与其党集龙门，题缙绅名于石，抵而仆者先告，抵李昭德不能中。或以告昭德，昭德谋绳其恶，未发。卫遂忠虽无行，颇有辞辩，素与俊臣善。始王庆诜女适段简而美，俊臣矫诏强娶之。它日，会妻族，酒酣，遂忠诣之，阍者不肯通，遂忠直入谩骂，俊臣耻妻见辱，已命驱而缚于廷，既乃释之，自此有隙，妻亦惭，自杀。简有妾美，俊臣遣人示风旨，简惧，以妾归之。

俊臣知群臣不敢斥己，乃有异图，常自比石勒，欲告皇嗣及庐陵王与南北衙谋反，因得骋志。遂忠发其谋。初，俊臣屡掎摭诸武、太平公主、张昌宗等过咎，后不发。至是诸武怨，共证其罪。有诏斩于西市，年四十七，人皆相庆，曰："今得背著床瞑矣！"争抉目、擿肝、醢其肉，须臾尽，以马践其骨，无孑余，家属籍没。

方俊臣用事，托天官得选者二百余员，及败，有司自首，后责之，对曰："臣乱陛下法，身受戮；忤俊臣，覆臣家。"后赦其罪。

选自《新唐书》卷二百九《来俊臣传》

【注释】

①官户：犯罪者及其家属没入官府服役，并编入特殊户籍，称官户。

【译文】

来俊臣，京兆万年人。父亲来操，是个赌徒，和同乡蔡本交好。蔡本欠了来操赌债十万而无力偿还，来操便收了蔡妻，当时蔡妻已有孕在身，后来生下了来俊臣，冒姓来。

来俊臣天性残暴，反复无常，不事劳作。他客居和州时，作奸犯科，被捕入狱。他在狱中报告有谋反之事，刺史东平王李续核查后发现并无此事，便将他杖责一百。天授年间（690—692），李续因罪遭诛，来俊臣上书武则天，受到召见。他向武则天说，自己曾上奏琅邪王李冲欲图造反的事，但却被李续压了下来。武则天觉得来俊臣心怀怨望，将他升为侍御史，让他依诏置刑狱。几次下来，来俊臣做得都能合乎武则天的旨意。武则天便暗中放纵来俊臣，借他的残忍来胁迫大臣，前后被诛灭者达千余族。哪怕只有一点矛盾，来俊臣都会将对方陷害致死。他升任左台御史中丞后，朝野之士都屏息不言，道路以目。

来俊臣勾结侯思止、王弘义、郭弘霸、李仁敬、康暐、卫遂忠等人，又暗中网罗了百余名不得志的小人，让他们用流言蜚语诬蔑公卿，上书报告有紧急事变。每当要兴冤狱，便指使这些人同时在全国各地上书发难，彼此所说的内容也要相同，当时称为“罗织”，书牒最后还都写着：“让来俊臣或侯思止去推查核实必能得知真相。”武则天信以为真，下诏在丽景门另外设一座监狱，让来俊臣等人在那里办案，并下令不得从宽处置。王弘义戏称丽景门为“例竟”，因为被关的人没有不被杀掉的。来俊臣和他的僚佐朱南山、万国俊写了一篇《罗织经》，系统地写出了“罗织”的方式、方法及步骤，有头有尾，并依此陷害别人。来俊臣审问囚犯，不管罪行轻重，都给犯人鼻子里灌醋，掘地作为牢房，要么让囚犯睡在便尿里，要么断绝囚犯的伙食，以至于囚犯得啃咬身上的衣服作为粮食，基本上，只要囚犯还没被折磨死，就别想从牢房里出去。每当武则天颁发赦令，来俊臣都会先杀掉一批要犯，然后再宣布诏书。他制作出一些大枷锁，还分别起了名字：一、定百脉，二、喘不得，三、突地吼，四、著即臣，五、失魂胆，六、实同反，七、反是实，八、死猪愁，九、求即死，十、求破家。后来他又用铁圈套住犯人脑袋，在脑袋和铁圈之间钉楔子，被枷的人在地上打滚，片刻便死。每当新犯人到，来俊臣便命人先把刑具摆出来给新犯人看，新犯人看到后没有不惧怕的，只好承认自己犯有被诬陷的那些子虚乌有之罪。

如意初年，来俊臣诬告大臣狄仁杰、仁令晖、李游道、袁智弘、崔神基、卢献等人并将他们抓入狱中。来俊臣专以诛除大臣为己任，于是奏请对囚犯下制书，一审就招的视同自首，可依法减免死罪。狄仁杰诸人已被论死罪，等日子一到就处决，来俊臣便稍稍有些放松，狄仕杰趁机让儿子拿着帛书喊冤。武后看后感到惊愕，责问来俊臣，他回答说："这伙犯人还没被扒掉官服，怎么可能服罪?"武后让通事舍人周綝去查看，来俊臣赶紧派人给狄仁杰借了套官袍，让狄穿戴整齐后站在西厢，周綝惧怕来俊臣，只往东瞅了瞅就回去了，不敢如实回禀。之前，宰相乐思晦被来俊臣诬陷而抄家，其九岁的儿子被罚没为司农寺的官奴隶，他上告称变，得到召见，说："来俊臣凶残恶毒，欺骗皇上，所行不法，若陛下随便编些假的反罪，由他查办，无论罪大罪小，他都能审的和诏书上编的一样。臣父亲被冤杀，家人遭诛灭，不求独活，只可惜陛下的国法被来俊臣玩弄了!"武后猛醒，于是狄仁杰等六位大臣的家族都幸免于难。来俊臣又审讯大将军张虔勖、内侍范云仙，张虔勖受不了冤屈，向大理寺卿徐有功诉讼，来俊臣指使卫士乱刀砍他，范云仙自称侍奉过高宗，来俊臣命人割掉他的舌头，两人都即刻而亡，人人都吓得不敢喘气。

后来，来俊臣收取商人的贿赂，遭到御史纪履忠弹劾，被关进监狱，等候处死。武则天因其上报叛乱的消息有功，免他死罪，只是削职为民。长寿年间（692—694），来俊臣被起用为殿中丞，接着又因贪赃枉法被贬为同州参军事，在同州他暴虐如前，强夺同僚的妻子，侮辱同僚的母亲。不久，武则天召他回东京担任合宫尉，升洛阳令，迁司仆少卿，并把司农寺的官奴婢十人赐给他。来俊臣嫌官奴中没有面首，听说西蕃酋长阿史那斛瑟罗有善歌舞的奴婢，便指使同党诬告阿史那斛瑟罗谋反，然后请求武则天将其奴婢赐给自己，此次冤狱牵扯诸蕃酋长数十人，被割耳黔面的他们集体喊冤，也仅仅被免死。綦连耀等人欲图谋反，吉顼听到这个消息后便告诉了来俊臣，数十家遭到族诛。然后，来俊臣想独占锄奸之功，阴谋构陷吉顼，吉顼非常恐惧，当面去向武则天申冤，才免于一死。来俊臣诬害司刑史樊戬，以谋反罪将之诛杀，樊戬的儿子到宫内申诉，见百官无人敢管此事，切腹自尽。秋官侍郎刘如璿见此流涕，被来俊臣奏为谋反的共犯，刘如璿诉冤时说自己是因年老而流涕，但处理案件的文吏仍以绞刑论处，武则天开恩免他一死，将他流放汉州。万岁通天年间的上巳节，来俊臣和其党羽在龙门集会，将公卿缙绅的名字分别写在一块块石头上，然后用东西砸，砸倒哪块石头，便对上面写着的那些人进行诬告，他们砸李昭德，但没有砸中。有人把这事告诉了李昭德，李昭德想把来俊臣绳之以法，但没有马上上奏。卫遂忠虽然没德行，但善于论辩，向来与来俊臣交好。起初，王庆诜将女儿嫁给了段简，王氏长得美，来俊臣便假借圣旨强行娶回家。几天后，来俊臣和妻族之人会面，酒酣之时，卫遂忠求见，看门人不肯通报，卫遂忠便闯进去谩骂，来俊臣因妻族受辱而感到羞耻，命人把卫遂忠抓住捆绑起来，过了段时间才下令松绑，自此二人结怨，来俊臣的妻子也因羞惭而自杀。段简有妾貌美，来俊臣又派人去传话，段简心里惧怕，便将美妾让给来俊臣。

来俊臣见满朝文武不敢弹劾自己，便心怀异志，常把自己比作石勒，欲图诬告皇太子、庐陵王及南北衙官署合谋反叛，借此实现自己的野心。卫遂忠向武则天告发了来俊臣的阴谋。起初，来俊臣屡屡揭发武家诸人、太平公主、张昌宗等人的罪行，武则天不加深究。现在，武家诸人及其党羽出于宿怨，一起证明来俊臣的罪行。武则天便下诏将来俊臣斩于西市，时年四十七岁，人们纷纷庆贺，说："终于能睡个安稳觉了！"然后争相挖其眼、割其肝、剐其肉，片刻就撕扯得一干二净，然后让马践踩他的骨头，直至什么也不剩，又查抄来俊臣家，将其家属没为官奴。

来俊臣弄权的这段时间里，靠他请托天官而得到调任的官员有二百多人，来俊臣死后，这群官员们纷纷自首，武则天斥责他们，他们回答说："臣乱陛下法度，不过臣一个人受死；但得罪来俊臣，臣全家都得死。"武则天听后便赦免了他们。

【评述】

唐代有许多臭名昭著的酷吏，因其之"酷"，得以权倾朝野，但人们往往只重视他们的"酷"，而忘记了他们"贪"的一面。

唐朝立法，重治官员贪赃。来俊臣却不以为然，倚仗武则天的信赖，以及武氏急于稳固政局的迫切心理，大肆贪赃枉法，招摇过市，不仅在京城为所欲为，又把手伸向地方，罗织冤案、迫害忠良，丝毫不顾国家利益。武则天的纵容，导致他越发骄横，贪婪的胃口越来越大，最后膨胀到政治上企图攫取皇位。

可见贪欲会助长人的野心，一个人若是不能够很好地把持住自己的贪欲，终将会把自己送上断头台。

（陈卓注译　李燕晖评述）

李林甫

【原文】

李林甫，高祖从父弟长平王叔良曾孙。叔良生孝斌，官至原州长史。孝斌生思诲，官至扬府参军，思诲即林甫之父也。林甫善音律，初为千牛直长，其舅楚国公姜皎深爱之。开元初，迁太子中允。时源乾曜为侍中，乾曜侄孙光乘，姜皎妹婿，乾曜与之亲。乾曜之男洁白其父曰："李林甫求为司门郎中。"乾曜曰："郎官须有素行才望高者，哥奴岂是郎官耶?"数日，除谕德。哥奴，林甫小字。累迁国子司业。

十四年，宇文融为御史中丞，引之同列，因拜御史中丞，历刑、吏二侍郎。时武惠妃①爱倾后宫，二子寿王、盛王以母爱特见宠异，太子瑛益疏薄。林甫多与中贵人善，乃因中官白惠妃云："愿保护寿王。"惠妃德之。初，侍中裴光庭妻武三思女，诡谲有材略，与林甫私。中官高力士本出三思家，及光庭卒，武氏衔哀祈于力士，请林甫代其夫位，力士未敢言，玄宗使中书令萧嵩择相，嵩久之以右丞韩休对，玄宗然之，乃令草诏。力士遽漏于武氏，乃令林甫白休。休既入相，甚德林甫，与嵩不和，乃荐林甫堪为宰相，惠妃阴助之，因拜黄门侍郎[②]，玄宗眷遇益深。

二十三年，以黄门侍郎平章事裴耀卿为侍中，中书侍郎平章事张九龄为中书令，林甫为礼部尚书、同中书门下三品[③]，并加银青光禄大夫。林甫面柔而有狡计，能伺候人主意，故骤历清列，为时委任。而中官妃家，皆厚结托，伺上动静，皆预知之，故出言进奏，动必称旨。而猜忌阴中人，不见于词色，朝廷受主恩顾，不由其门，则构成其罪；与之善者，虽厮养下士，尽至荣宠。寻历户、兵二尚书，知政事如故。

寻又以太子瑛、鄂王瑶、光王琚皆以母失爱而有怨言，驸马都尉杨洄白惠妃。玄宗怒，谋于宰臣，将罪之。九龄曰："陛下三个成人儿不可得。太子国本，长在宫中，受陛下义方，人未见过，陛下奈何以喜怒间忍欲废之？臣不敢奉诏。"玄宗不悦。林甫惘然而退，初无言，既而谓中贵人曰："家事何须谋及于人。"时朔方节度使牛仙客在镇，有政能，玄宗加实封，九龄又奏曰："边将驯兵秣马，储蓄军实，常务耳，陛下赏之可也；欲赐实赋，恐未得宜。惟圣虑思之。"帝默然。林甫以其言告仙客，仙客翌日见上，泣让官爵。玄宗欲行实封之命，兼为尚书，九龄执奏如初。帝变色曰："事总由卿？"九龄顿首曰："陛下使臣待罪宰相，事有未允，臣合尽言。违忤圣情，合当万死。"玄宗曰："卿以仙客无门籍耶？卿有何门阀？"九龄对曰："臣荒徼微贱，仙客中华之士。然陛下擢臣践台阁，掌纶诰；仙客本河湟一使典，目不识文字，若大任之，臣恐非宜。"林甫退而言曰："但有材识，何必辞学；天子用人，何有不可？"玄宗滋不悦。

九龄与中书侍郎严挺之善。挺之初娶妻出之，妻乃嫁蔚州刺史王元琰。时元琰坐赃，诏三司使推之，挺之救免其罪。玄宗察之，谓九龄曰："王元琰不无赃罪，严挺之嘱托所由辈有颜面。"九龄曰："此挺之前妻，今已婚崔氏，不合有情。"玄宗曰："卿不知，虽离之。亦却有私。"玄宗籍前事，以九龄有党，与裴耀卿俱罢知政事，拜左、右丞相，出挺之为洺州刺史，元琰流于岭外。即日林甫代九龄为中书、集贤殿大学士、修国史；拜牛仙客工部尚书、同中书门下平章事，知门下省事。监察御史周子谅言仙客非宰相器，玄宗怒而杀之。林甫言子谅本九龄引用，乃贬九龄为荆州长史。

玄宗终用林甫之言，废太子瑛、鄂王瑶、光王琚为庶人，太子妃兄驸马都尉薛鏽长流瀼州，死于故驿，人谓之"三庶"，闻者冤之。其月，佞媚者言有乌鹊巢于大理狱户，天下几致刑措。玄宗推功元辅，封林甫晋国公，仙客豳国公。其冬，惠妃病，三庶人为祟而薨。储宫虚位，玄宗未定所立。林甫曰："寿王年已成长，储位攸宜。”玄宗曰：“忠王仁孝，年又居长，当守器东宫。”乃立为皇太子。自是林甫惧，巧求阴事以倾太子。

林甫既秉枢衡，兼领陇右、河西节度，又加吏部尚书。天宝改易官名，为右相，停知节度事，加光禄大夫，迁尚书左仆射。六载，加开府仪同三司，赐实封三百户，而恩渥弥深。凡御府膳羞，远方珍味，中人宣赐，道路相望。与宰相李适之虽同宗属，而适之轻率，尝与林甫同论时政，多失大体，由是主恩益疏，以至罢免。黄门侍郎陈希烈性便佞，尝曲事林甫，适之既罢，乃引希烈同知政事。林甫久典枢衡，天下威权，并归于己，台司机务，希烈不敢参议，但唯诺而已。每有奏请，必先赂遗左右，伺察上旨，以固恩宠。上在位多载，倦于万机，恒以大臣接对拘检，难徇私欲，自得林甫，一以委成。故杜绝逆耳之言，恣行宴乐，衽席无别，不以为耻，由林甫之赞成也。

林甫京城邸第，田园水硙，利尽上腴。城东有薛王别墅，林亭幽邃，甲于都邑，特以赐之，及女乐二部，天下珍玩，前后赐与，不可胜纪。宰相用事之盛，开元已来，未有其比。然每事过慎，条理众务，增修纲纪，中外迁除，皆有恒度。而耽宠固权，己自封植，朝望稍著，必阴计中伤之。初，韦坚登朝，以坚皇太子妃兄，引居要职，示结恩信，实图倾之，乃潜令御史中丞杨慎矜阴伺坚隙。会正月望夜，皇太子出游，与坚相见，慎矜知之，奏上。上大怒，以为不轨，黜坚，免太子妃韦氏。林甫因是奏李适之与坚昵狎，及裴宽、韩朝宗并曲附适之，上以为然，赐坚自尽，裴、韩皆坐之斥逐。后杨慎矜权位渐盛，林甫又忌之，乃引王鉷④为御史中丞，托以心腹。鉷希林甫意，遂诬罔密奏慎矜左道不法，遂族其家。杨国忠以椒房之亲，出入中禁，奏请多允，乃擢在台省，令按刑狱。会皇太子良娣杜氏父有邻与子婿柳勣不叶，勣飞书告有邻不法，引李邕为证，诏王鉷与国忠按问。鉷与国忠附会林甫奏之，于是赐有邻自尽，出良娣为庶人，李邕、裴敦复枝党数人并坐极法。林甫之苞藏安忍，皆此类也。

林甫自以始谋不佐皇太子，虑为后患，故屡起大狱以危之，赖太子重慎无过，流言不入。林甫尝令济阳别驾魏林告陇右、河西节度使王忠嗣，林往任朔州刺史，忠嗣时为山东节度，自云与忠王同养宫中，情意相得，欲拥兵以佐太子。玄宗闻之曰："我儿在内，何路与外人交通？此妄也。"然忠嗣亦左授汉阳太守。八载，咸宁太府赵奉章告林甫罪状二十余条。告未上，林甫知之，讽御史台逮捕，以为妖言，重杖决杀。

十载，林甫兼领安西大都护、朔方节度，俄兼单于副大都护。十一载，以朔方副使李献忠叛，让节度，举安思顺自代。国家武德、贞观已来，蕃将如阿史那社尔、契苾何力，忠孝有才略，亦不专委大将之任，多以重臣领使以制之。开元中，张嘉贞、王晙、张说、萧嵩、杜暹皆以节度使入知政事，林甫固位，志欲杜出将入相之源，尝奏曰："文士为将，怯当矢石，不如用寒族、蕃人，蕃人善战有勇，寒族即无党援。"帝以为然，乃用思顺代林甫领使。自是高仙芝、哥舒翰皆专任大将，林甫利其不识文字，无入相由，然而禄山竟为乱阶，由专得大将之任故也。

林甫恃其早达，舆马被服，颇极鲜华。自无学术，仅能秉笔，有才名于时者尤忌之。而郭慎微、苑咸文士之阘茸[⑤]者，代为题尺。林甫典选部时，选人严迥判语有用"杕杜"二字者，林甫不识"杕"字，谓吏部侍郎韦陟曰："此云'杖杜'，何也？"陟俯首不敢言。太常少卿姜度，林甫舅子，度妻诞子，林甫手书庆之曰："闻有弄獐之庆。"客视之掩口。

初，杨国忠登朝，林甫以微才不之忌；及位至中司，权倾朝列，林甫始恶之。时国忠兼领剑南节度，会南蛮寇边，林甫请国忠赴镇。帝虽依奏，然待国忠方渥，有诗送行，句末言入相之意。又曰："卿止到蜀郡处置军事，屈指待卿。"林甫心尤不悦。林甫时已寝疾。其年十月，扶疾从幸华清宫，数日增剧，巫言一见圣从差减，帝欲视之，左右谏止。乃敕林甫出于庭中，上登降圣阁遥视，举红巾招慰之，林甫不能兴，使人代拜于席。翌日，国忠自蜀还，谒林甫，拜于床下，林甫垂涕托以后事。寻卒，赠太尉、扬州大都督，给班剑、西园秘器。诸子以吉仪护柩还京师，发丧于平康坊之第。

林甫晚年溺于声妓，姬侍盈房。自以结怨于人，常忧刺客窃发，重扃复壁，络板甃石，一夕屡徙，虽家人不之知。有子二十五人、女二十五人：岫为将作监，崿为司储郎中，屿为太常少卿；子婿张博济为鸿胪少卿，郑平为户部员外郎，杜位为右补阙，杨齐宣为谏议大夫，元撝为京兆府户曹。

初，林甫尝梦一白晰多须长丈夫逼己，接之不能去。既寤，言曰："此形状类裴宽，宽谋代我故也。"时宽为户部尚书、兼御史大夫，故因李适之党斥逐之。是时杨国忠始为金吾胄曹参军，至是不十年，林甫卒，国忠竟代其任，其形状亦类宽焉。国忠素憾林甫，既得志，诬奏林甫与蕃将阿布思同构逆谋，诱林甫亲族间素不悦者为之证。诏夺林甫官爵，废为庶人，岫、崿诸子并谪于岭表。林甫性沉密，城府深阻，未尝以爱憎见于容色。自处台衡，动循格令，衣寇士子，非常调无仕进之门。所以秉钧二十年，朝野侧目，惮其威权。及国忠诬构，天下以为冤。

选自《旧唐书》卷一百六《李林甫传》

【注释】

①武惠妃：即唐玄宗贞顺皇后武氏（699—737）。她与李林甫等阴谋陷害了皇帝的三个儿子后，忧惧而死，追谥贞顺皇后，葬敬陵。

②黄门侍郎：即给事于宫门之内的郎官。唐曾称东台侍郎、鸾台侍郎。玄宗天宝元年（742）改称门下侍郎。

③同中书门下三品：官名。唐初以中书令、侍中、尚书左右仆射为宰相。高宗起，除原官为三公、三师、中书令外，不加同中书门下三品者不能做宰相，原官四品以下而任宰臣者，则加“平章事”衔。肃宗后，通用“中书门下平章事”为衔，同中书门下三品之名遂废。

④王鉷：唐太原祁县（今属山西）人。以善治租赋，累官至户部员外郎。迁户部侍郎，兼二十余使，文案堆积，吏争入求署一字，累数日不得。封太原县公。后因事牵连自尽。

⑤阘茸：人品卑劣或才能平庸。阘，庸碌，鄙下。茸，鹿茸，细毛。

【译文】

李林甫，唐高祖堂弟长平王李叔良的曾孙。李叔良生李孝斌，官至原州长史。李孝斌生李思诲，官至扬府参军，李思诲就是李林甫的父亲。李林甫精通音律，早先任千牛直长，他舅舅楚国公姜皎非常喜欢他。开元初年，升太子中允。当时源乾耀任侍中，其侄孙源光乘是姜皎的妹婿，源乾耀和他很亲密。源乾耀之子源洁对父亲说：“李林甫想当司门郎中。”源乾耀说：“郎官要的是品行端正有才干，并且声望高的人，哥奴岂是那块料？”几天后，让李林甫担任谕德。哥奴，是李林甫的小名。逐渐升迁到国子司业。

开元十四年（726），宇文融任御史中丞，引荐李林甫共事，便被授为御史中丞，历任刑、吏部的侍郎。当时，武惠妃很受宠爱，两个儿子寿王、盛王均因母亲得到宠爱，太子李瑛却被皇帝所疏远。李林甫和许多宦官结交，通过宦官对武惠妃说："愿保护寿王。"武惠妃感激他。起先，侍中裴光庭娶了武三思之女，此女诡计多端，与李林甫私通。宦官高力士本出自武三思家，待裴光庭去世，武氏便哀求高力士，请李林甫接替丈夫的职位，高力士没敢上奏。玄宗令中书令萧嵩选宰相，萧嵩很久之后推荐了右丞韩休，玄宗也同意，便令他起草诏书。高力士赶紧把这事透露给武氏，武氏转而让李林甫告诉韩休。韩休上任后，非常感谢李林甫，他与萧嵩不和，便举荐说李林甫堪任宰辅，武惠妃也暗地帮他，因此李林甫被任黄门侍郎，玄宗待他更加好。

开元二十三年（735），朝廷以黄门侍郎平章事裴耀卿为侍中，中书侍郎平章事张九龄为中书令，李林甫被任礼部尚书、同中书门下三品，加银青光禄大夫。李林甫面善而有心计，能够逢迎皇上的意思，因此得以很快进入高官之列，受到重用。而宦官及妃嫔之家，他也深加结交，皇上有点想法，他马上就能知道，所以进奏献言都能合乎圣意。然而他暗中猜忌中伤别人，不露神色，朝廷里受到恩礼的官员，要不通过他，就罗织罪状；与他亲昵的人，即使是奴仆下人，也能显贵。之后又历任户、兵二部尚书，知政事如旧。

随后太子李瑛、鄂王李瑶、光王李琚皆因生母不被玄宗喜欢而失宠，心有怨言，驸马都尉杨洄把这事告诉了武惠妃。玄宗知道后大怒，和宰辅们商量，想治几个儿子的罪。张九龄说：“陛下三个成年的儿子是不可多得，极为可贵的。太子是国家根本，从小在宫里长大，受陛下的教导，他没犯什么过错，陛下怎么能因一时情绪而废了他？臣不敢接受诏命。”玄宗不高兴。李林甫茫然地退了出来，开始不说话，之后对宦官说：“皇帝的家事哪用得着找人商议。”当时，朔方节度使牛仙客在其治所，有理政的才能，玄宗想给他加实封，张九龄又奏称：“边境统帅操练兵马，积蓄军需，是分内之事，陛下行赏赐可以；要赐实封，恐怕不合适。望陛下好好考虑。”玄宗听后沉默。李林甫把这话说给了牛仙客，牛仙客第二天便拜见皇帝，哭着要辞掉官爵。玄宗想要施行实封的诏命，并让他担任尚书，张九龄和原来一样固执地上奏。玄宗变脸说：“什么都得依着你不成?”张九龄叩头说：“陛下既让臣当宰相，那发现不合适的事，臣必须说出意见。若违背陛下的意思，合当万死。”玄宗说：“卿是因牛仙客没有门第吗？卿是什么门第?”张九龄对答说：“臣是荒鄙之地的寒微之人，牛仙客是中原士族。但陛下提举臣在台阁掌管诏书；牛仙客本是河湟地方的小吏，目不识丁，若委以大任，臣怕不太合适。”李林甫退下去后说：“只要有才干，何必非得写文章，天子用人，有什么不合适?”玄宗更加不悦。

张九龄与中书侍郎严挺之交情好。严挺之休了结发妻子，其妻便嫁给了蔚州刺史王元琰。当时王元琰贪赃获罪，朝廷命三司使审问，因严挺之的搭救而免罪。玄宗知道后，对张九龄说；“王元琰不是没贪赃，是严挺之托的人有面子。”张九龄说：“严挺之的前妻，现在已经嫁给崔氏，不当有情面。”玄宗说：“卿不知道，虽然离异，却也有私情。”玄宗借口以前的事，认为张九龄结党，与裴耀卿一同免了知政事，分任左、右丞相，把严挺之外放为洺州刺史，将王元琰流放岭外。当天李林甫接替张九龄为中书令、集贤殿大学士、修国史；牛仙客被任工部尚书、同中书门下平章事，知门下省事。监察御史周子谅说牛仙客没有宰相之才，玄宗怒而杀之。李林甫说周子谅本是张九龄选用的，于是又贬张九龄为荆州长史。

玄宗最终听了李林甫之言，废太子李瑛、鄂王李瑶、光王李琚为庶人，又将太子妃的哥哥驸马都尉薛鏽流放瀼州，死在旧驿站，人称他们为“三庶”，听到这事的无不为他们感到冤屈。同月，阿谀奉迎之人说有乌鸦在大理寺监狱的门上筑巢，天下几乎不用刑罚了。玄宗归功于宰臣，封李林甫为晋国公，牛仙客为豳国公。同年冬天，武惠妃生病，因三庶人的鬼魂诅咒而去世。储君位子空着，玄宗还没决定立谁。李林甫说：“寿王已经长大，应该立为储君。”玄宗说：“忠王仁孝，年龄又最大，应该立他。”于是立忠王为太子。此后李林甫很惊惧，想暗中生事来倾覆太子。

李林甫既掌大权，兼领陇右、河西节度使，又加吏部尚书。天宝时更改官名，任右相，停知节度事，加光禄大夫，升尚书左仆射。天宝六年（747），加开府仪同三司，赐实封三百户，恩礼日深。凡是宫里的珍奇宝贝，远方进献的美味，宦官奉皇帝之名赏赐给他，往来不绝于路。李林甫与宰相李适之虽然同宗，但李适之为人轻率，曾与李林甫讨论时政，多失大体，于是玄宗对他日渐疏远，最终罢了他的相权。黄门侍郎陈希烈天性油猾，曾屈事李林甫，等李适之被罢，李林甫就举荐陈希烈同知政事。李林甫长期把持朝政，天下大权，都让他揽走，朝政大事，陈希烈不敢参议，一切全听李林甫的。李林甫每要上奏事情，都预先打点玄宗左右的人，伺察玄宗的想法，以此来巩固自己的恩宠。玄宗在位多年，厌倦了处理政务，总觉得大臣们办事太过拘束，难以满足私欲，自从有了李林甫，就把一切都交给他去办。所以，玄宗不再听逆耳忠言，肆意享乐，宣淫无度而不以为耻，都是李林甫造成的。

李林甫在京城的宅邸、田园、水磨，全都占着上好的地方。城东有薛王的别墅，林亭幽雅，在京城堪属第一，玄宗特地把它赐给李林甫，还赐有女乐二部，天下珍宝，前后赏给他的，多到无法计算。宰相权力之盛，自开元以来，没有能和他相比的。但李林甫做事谨慎，条分缕析地处理众事，增修律令，调选官员，都有常规。然而他借宠固权，培植羽翼，对朝廷中有声望的人，必定阴谋构陷。起先，韦坚刚被朝廷任用，李林甫因他是皇太子妃的哥哥，就举荐他担任要职，表面上看是结交示好，背地里却阴谋整垮他，便暗中派御史中丞杨慎矜去抓韦坚的把柄。等正月十五那天，皇太子出游，与韦坚会面，杨慎矜得知后，上奏玄宗。玄宗大怒，认为他们有不轨行为，罢黜了韦坚，废免了皇太子妃韦氏。李林甫借机上奏说李适之与韦坚关系密切，而且裴宽、韩朝宗都阿附李适之，玄宗听信了他，赐韦坚自尽，裴宽、韩朝宗受牵连被贬。后来杨慎矜权势日盛，李林甫又忌妒他，便引荐王鉷为御史中丞，以心腹待之。王鉷奉迎李林甫的心思，秘奏诬陷杨慎矜违法，于是杀其全家。杨国忠凭借自己是杨贵妃的族兄，得以出入宫中，奏事多能得到允许，李林甫就把他升到台阁，让他管理刑狱。恰好皇太子良娣杜氏的父亲杜有邻与女婿柳勣不合，柳勣密信告发杜有邻的不法行为，并以李邕为证，玄宗命王鉷与杨国忠审办。王鉷与杨国忠附会李林甫上奏此事，杜有邻被赐死，良娣被休为庶民，李邕、裴敦复的党羽数人都被牵连而死。李林甫之辛辣歹毒，全都如此。

李林甫觉得自己当初没有在立嗣问题上帮太子，怕有后患，便屡次生事想整倒太子，所幸太子谨慎无过，流言对他不起作用。李林甫曾命济阳别驾魏林状告陇右、河西节度使王忠嗣，魏林过去任朔州刺史，王忠嗣当时是河东节度使，自称与忠王一同在宫里长大，情投意合，想拥兵辅佐太子。玄宗听后说："我儿子在宫里面，怎么和外官交结？胡说。"但是王忠嗣也被贬为汉阳太守。天宝八年（749），咸宁太府赵奉章告发李林甫罪状二十多条。状子还没奏上，李林甫就得知，于是示意御史台抓捕了他，说是妖言惑众，将他乱棍打死。

天宝十年（751），李林甫兼领安西大都护、朔方节度使，随即兼任单于副大都护。十一年（752），朔方节度副使李献忠叛变，李林甫就辞让节度使职，保荐安思顺继任。唐自武德、贞观以来，蕃将如阿史那社尔、契苾何力，即便忠孝而有才干，也不单独任他们为大将，多用朝廷重臣领使职而加以控制。开元年间，张嘉贞、王晙、张说、萧嵩、杜暹都以节度使入朝为相，李林甫为了巩固地位，一心想杜绝出将入相的源头，他曾上奏说："文人为将，临战会害怕，不如用寒族和蕃人，蕃人善战有勇，寒族没有党羽。"玄宗觉得有道理，便以安思顺接替李林甫领使职。此后高仙芝、哥舒翰能够专任地方大员，都是李林甫利用他们不识字而无法入相的原因，然而安禄山最终得以发动叛乱，就是靠着专任地方大员的职权。

李林甫仗着自己早早发迹，车马被服，极其奢华。他没有学问，仅仅会拿笔写字，对当时有才学的人非常忌恨。而郭慎微和苑咸这两个学问肤浅的文士，代李林甫写文章。李林甫掌管官吏调选时，候选人严迥在判语中用了“杕杜”二字，李林甫不认得“杕”字，问吏部侍郎韦陟说：“这儿说的‘杖杜’，是什么意思?”韦陟低头不敢回话。太常少卿姜度，是李林甫舅舅的儿子，姜度之妻生了儿子，李林甫亲自修书称贺说：“听说有弄獐之喜。”客人看到都掩口而笑。

起先，杨国忠初入朝堂，李林甫觉得他没本事而不加忌防；等杨国忠升到御史中丞，权倾朝野，李林甫就开始憎恶他。当时杨国忠兼领剑南节度使，恰逢南蛮犯境，李林甫就请杨国忠赴镇理事。玄宗虽准奏，但还是想重用杨国忠，写诗为他送行，句末有等他入朝为相之意。还说：“卿只到蜀郡处置军事，朕数着日子盼你回来。”李林甫心中特别不高兴。当时李林甫已抱病在床。当年十月，李林甫带病随玄宗去华清宫，没几天就病情加重，巫师说一看见皇上就能减轻病情，玄宗想去探视，被左右的人劝阻了。于是令李林甫出到庭院里，玄宗登上降圣阁远远看他，举红巾抚慰他，李林甫不能起身，命人代自己在席上跪拜。次日，杨国忠从蜀郡回来，探视李林甫，拜在床前，李林甫哭着对他托以后事。不久逝世，追赠太尉、扬州大都督，赐给班剑、西园秘器等丧葬用品。几个儿子用吉礼护送灵柩回到京城，到平康坊的宅邸才发丧。

李林甫晚年溺于声色，姬妾极多。自认为与人结怨，常担心刺客害自己，故而居所重门复壁，机关重重，每晚都要转移好几次，连家人也不知道他在哪儿。有儿子二十五人、女儿二十五人：李岫为将作监，李崿为司储郎中，李屿为太常少卿；女婿张博济为鸿胪少卿，郑平为户部员外郎，杜位为右补阙，杨齐宣为谏议大夫，元撝为京兆府户曹。

之前，李林甫曾梦到一位皮肤白皙、胡须茂密的高个子男子逼向自己，到跟前却逃不掉。醒后说：“此人看着像裴宽，这是裴宽图谋替代我的缘故。”当时裴宽为户部尚书，兼御史大夫，因而借口他是李适之同党而贬斥了他。那时，杨国忠刚任金吾胄曹参军，到现在不满十年，李林甫一死，杨国忠就取代了他，其相貌也像裴宽。杨国忠素来忌恨李林甫，既已得志，就诬告李林甫与蕃将阿布思图谋反叛，并招诱李林甫亲族中向来不亲近他的人来作伪证。玄宗下诏命剥夺李林甫官爵，废为庶人，儿子李岫、李崿等全都流放岭外。李林甫生性沉密，城府极深，不曾把爱憎表现在脸上。自任宰辅以来，遵循律令，无论士族衣冠或寒门士子，不合规矩就没有晋升之路。所以秉政二十年，朝野无人敢正视他，全都惧怕他的威权。等到杨国忠编造罪状诬陷他，天下人都觉得他冤枉。

【评述】

作为唐朝由盛转衰期的重要宰相，李林甫为人贪得无厌，在京城的宅邸、田园全都占着上好的地方。玄宗前后赏给他的财物，多到无法计算。宰相权力之盛，自开元以来，没有能和他相比的。李林甫被重用，决非偶然，除了其个人品质上的原因外，更主要的是社会使然，时代使然。

李林甫之流之所以不能在开元盛世得势，而猖獗于天宝年间，也同唐政权从清明转为黑暗有关。造成黑暗政治的直接原因是最高统治者唐玄宗从励精图治转变成骄矜淫佚的君主。与许多曾经有所作为的剥削阶级政治家一样，唐玄宗也没有能够摆脱善始而不能善终的历史逻辑。晚年，在成就面前，他踌躇满志，昔日的进取精神消失殆尽。他越来越爱听奉承吹捧的话，而听不进逆耳之言；越来越贪求安逸，而不再勤于政事；越来越奢侈无度，而不愿“刻励节俭”，完全走向了其即位之初的反面。这样的情况下，李林甫、杨国忠之流得宠成奸，就是势所必然的了。

（陈卓注译　李燕晖评述）

鱼朝恩

【原文】

鱼朝恩，天宝末以宦者入内侍省，初为品官，给事黄门。性黠惠，善宣答，通书计。至德中，常令监军事。九节度[1]讨安庆绪[2]于相州，不立统帅，以朝恩为观军容宣慰处置使[3]。观军容使名，自朝恩始也。以功累加左监门卫大将军。时郭子仪[4]频立大功，当代无出其右；朝恩妒其功高，屡行间谍；子仪悉心奉上，殊不介意。肃宗英悟，特察其心，故朝恩之间不行。自相州之败，史思明再陷河洛，朝恩常统禁军镇陕，以殿东夏。广德元年，西蕃入犯京畿，代宗幸陕。时禁军不集，征召离散，比至华阴，朝恩大军遽至迎奉，六师方振。由是深加宠异，改为天下观军容宣慰处置使。时四方未宁，万务事殷，上方注意勋臣，朝恩专典神策军，出入禁中，赏赐无算。

朝恩性本凡劣，恃勋自伐，靡所忌惮。时引腐儒及轻薄文士于门下，讲授经籍，作为文章，粗能把笔释义，乃大言于朝士之中，自谓有文武才干，以邀恩宠。上优遇之，加判国子监事，光禄、鸿胪、礼宾、内飞龙、闲厩等使。赴国子监视事，特诏宰臣、百僚、六军将军送上京兆府造食，教坊赐乐。大臣群官二百余人，皆以本官备章服充附学生，列于监之廊下。待诏给钱万贯充食本，以供学生厨料。朝恩恣横，求取无厌，凡有奏请，以必允为度，幸臣未有其比。

大历二年，朝恩献通化门外赐庄为寺，以资章敬太后⑤冥福；仍请以章敬为名，复加兴造，穷极壮丽。以城中材木不足充费，乃奏坏曲江亭馆、华清宫观楼及百司行廨、将相没官宅给其用，土木之役，仅逾万亿。三年，让判国子监事，加韩国公。

章敬太后忌日，百僚于兴唐寺行香，朝恩置斋馔于寺外之车坊，延宰臣百僚就食。朝恩恣口谈时政，公卿惕息。户部郎中相里造、殿中侍御史李衎以正言折之。朝恩不悦，乃罢会。

后尝释奠⑥于国子监。宰臣百僚皆会，朝恩讲《易》，征《鼎卦》“覆餗”⑦之义，以讥元载。载心衔之，阴图除去之。上以朝恩太横，亦恶之。载欲伺其便，巧中伤之；乃用腹心崔昭为京兆尹，伺朝恩出处。昭不吝财赂，潜与朝恩党陕州观察使皇甫温相结，温与昭协。自是朝恩动静，载皆知之，巨细悉以闻。上益怒，朝恩未之察，日以骄横。载奏加朝恩实封，又加皇甫温权位，以肆其欲。

五年，朝恩所昵武将刘希暹微有过忤，上讽之。诏罢朝恩观军容使，加实封通前一千户。朝恩始疑，然每朝谒，恩顾如常，亦不以载为意。会寒食宴近臣，朝恩入谒。先是，每宴罢，必出还营，是日有诏留之。朝恩始惧，言颇悖慢，上亦以旧恩不之责。是日朝恩还第，雉经而卒。刘希暹亦下狱赐死。

选自《旧唐书》卷一百八十四《鱼朝恩传》

【注释】

①九节度：指朔方节度使郭子仪、淮西节度使鲁炅、兴平军兵马使李奂、滑濮节度使许叔冀、镇西北庭节度使李嗣业、郑蔡节度使季广琛、河南节度使崔光远、河东节度使太尉李光弼、关内泽潞节度使王思礼等。

②安庆绪：安禄山第二子。至德二年（757）杀其父。被郭子仪等九节度使率兵围困，乾元二年（759），史思明援之，得以解围，后率余众投史思明，称臣，为其缢杀。

③观军容宣慰处置使：也称观军容使，唐代后期由监军发展而成的使职，由宦官充任。

④郭子仪：唐代著名军事家。安史之乱时任朔方节度使，在河北打败史思明。后与回纥联盟，收复长安、洛阳，被晋升为中书令，封汾阳郡王。

⑤章敬太后：唐代宗李豫生母，代宗即位后追尊为章敬皇太后。

⑥释奠：古代在学校设置酒食以祭奠先圣先师的一种典礼。

⑦覆餗：《周易》鼎卦九四卦辞曰："鼎折足，覆公餗，其形渥，凶。"指鼎难承重荷而导致鼎足折断，王公的美食被打翻，鼎身沾濡龌龊，有凶险。寓意为人处事不自量力，强任其行，从而导致灾祸。

【译文】

鱼朝恩，天宝（742—755）末年以宦官的身份进入内侍省，最初担任宦官，在宫里供职。为人狡黠聪慧，善于宣答诏令，通晓书簿账计。至德年间（756—758），唐肃宗常命他监管军中事务。乾元元年（758），唐肃宗命令九位节度使讨伐盘踞在相州的安庆绪，却不任命统帅，而以鱼朝恩为观军容宣慰处置使，指挥一切。"观军容使"这个名号，就是从他开始有的。鱼朝恩因功官至左监门卫大将军。当时，郭子仪频频立下大功，当朝没有功勋超过他的。鱼朝恩妒忌郭子仪的功勋，屡屡暗中搜集材料在皇帝面前诽谤他。可郭子仪一心为国，不予理采。而唐肃宗圣明，明察鱼朝恩的险恶用心，因此他的挑拨离间没用奏效。自相州一战失败后，史思明又攻陷了河洛地区，鱼朝恩统率禁军镇守陕西，以缓和河洛战事。广德元年（763），吐蕃军队进犯长安，唐代宗逃到陕州。当时，禁军未在唐代宗身边，唐代宗只得集合离散的兵士，到华阴时，鱼朝恩才率大军匆忙赶来迎接唐代宗，士气大振。因此，唐代宗对朝恩也加以恩宠，改命他为天下观军容宣慰处置使。当时，全国战争未息，仍为多事之秋，唐代宗也开始提防那些有功的臣子，命鱼朝恩专门掌管神策军，可随意出入宫廷，又给他无数的赏赐。

鱼朝恩本是顽劣之徒，可他仗着有功，不可一世。他时常招揽一些迂腐的读书人和轻薄文人，为他讲授经典，他自己也时常写写文章，但仅能粗通文义、写通而已，可他却向朝中官员炫耀，说自己文武双全，并以此来邀取皇帝的恩宠。唐代宗也优待他，又任命他掌管国子监事务，还担任光禄、鸿胪、礼宾、内飞龙、闲厩等官署的长官。鱼朝恩去国子监视察时，唐代宗特地下诏，命令宰相和百官集体恭送，让京兆府准备膳食，并赐教坊乐舞给他。群臣二百余人都穿着官服充作学生，站在国子监廊下迎接鱼朝恩。待诏供钱万贯用作伙食费，用来购买学生的伙食。鱼朝恩放肆专横，不断索要，永不满足。而他向皇帝提出要求，皇帝都不拒绝，所受恩宠朝臣中无人能比。

大历二年（767），鱼朝恩把皇帝赐给的通化门外的庄园献出来作为寺庙，以给去世的章敬太后求福，并请求寺庙以“章敬”为名。鱼朝恩又将庄园加以扩建，壮丽程度无与伦比。因为京城中木材不足，于是，他奏请皇帝拆掉曲江亭馆、华清宫观楼及百官行廨、被没收的将相府第，来修造该寺。这些花费超过万亿。大历三年（768），唐代宗撤销鱼朝恩管理国子监事的职衔，而加封他为韩国公。

章敬太后的忌日，朝廷百官到兴唐寺祭祀。鱼朝恩便在寺外的车坊置办了素食，宴请百官。鱼朝恩在宴席上大谈朝政，弄得百官紧张得不敢吭声。只有户部郎中相里造、殿中侍御史李衎义正词严地驳斥他。鱼朝恩很不高兴，宴会不欢而散。

后来有一次，鱼朝恩在国子监举行“释奠”大礼，朝中官员都参加。朝恩讲《易经》时，引《鼎卦》“覆餗”的卦义来讥讽宰相元载。元载怀恨在心，便想除掉他。唐代宗也觉得鱼朝恩太骄横，很厌恶他。于是，元载便抓住一切机会，巧妙地在皇帝面前中伤他。元载让自己的心腹崔昭担任京兆尹，观察鱼朝恩的一举一动。崔昭也不惜重金去贿赂鱼朝恩的党羽——时任陕州观察使的皇甫温，共同对付鱼朝恩。自此，元载掌握了鱼朝恩的全部动静，并事无巨细地奏明皇帝。唐代宗听后勃然大怒，而鱼朝恩全然未觉，日益骄横。元载奏请唐代宗给鱼朝恩增加实封户数，又给皇甫温升官，以让鱼朝恩更加肆无忌惮。

大历五年（770），鱼朝恩所宠幸的武将刘希暹违抗命令，皇帝以此暗示鱼朝恩。唐代宗下诏罢去鱼朝恩观军容使一职，并赐予食邑，使实封加上先前的已达到一千户。鱼朝恩开始还有疑虑，但每次上朝，唐代宗都一如既往地对他恩宠有加，所以也不把元载放在心上。等到寒食节，皇帝赐宴给身边近臣，鱼朝恩入朝谒见唐代宗。先前赐宴之后，鱼朝恩都离宫回营，但那天皇帝却下诏把他留下了。鱼朝恩开始很害怕，说话也大有不敬，唐代宗念着往时的恩情，不加责怪。这一天，鱼朝恩回到家中以后，就自缢而死了。刘希暹也被逮捕下狱，并被赐死。

【评述】

安史之乱的爆发，使唐肃宗很难对镇守一方的将领放心。当唐肃宗在灵武即位时，追随他的大臣不多，且多为宦官。鱼朝恩就是其中著名的一个。鱼朝恩曾经指挥神策军取得了平叛战争的几次胜利，又在唐代宗逃避吐蕃侵略军的危难之秋率军勤王，使得王室安宁。这些都成为他长期受宠的资本。但他没有多少修养，且“性本凡劣”。

首先，他毫无肚量。他以为，在这个世界上，只有他一个人才受宠，其他人都无此福。因此，无论是对战功卓著、再造唐家社稷的大将郭子仪和李光弼，还是对心术不正、曲意逢上的宰相元载，只要有机会，他就在皇帝面前恶言诋毁他们。

他极不谦虚。他曾指挥了几次战斗，又读了点书，就标榜自己“文武双全”。他曾被任命为国子监长官，而赴任时观察，“宰臣、百僚、六军将军送上京兆府造食，教坊赐乐。大臣群官二百余人，皆以本官备章服充附学生，列于监之廊下”，竟要当朝宰相和百官做他的学生！

他专横跋扈，“恃勋自伐，靡所忌惮”。在他掌握权势的时候，一有大臣不称其意他就进行折辱。他任用残忍好杀的周智光之流。他为自己的养子求官，皇帝还没批，他就唆使宦官把官服呈上。他修章敬寺，竟“奏坏曲江亭馆、华清宫观楼及百司行廨、将相没官宅给其用”！

他贪得无厌。他常常向唐代宗“求取无厌”，代宗一再满足他的要求。但唐代宗可以给他诸多荣宠，但鱼朝恩的恃宠而骄，是代宗所不能容忍的。所以，唐代宗一面削弱他的实权，一面给他更高的荣宠。最后，鱼朝恩自缢而死，得到了应有的下场。

所以，一个为官者，如果不谦虚谨慎，戒骄戒躁，只会走上一条死亡之路。

（程祝华注译　张忠曼评述）

中国廉政史鉴

李洪峰题

历史人物卷

5

李洪峰　主编

文化艺術出版社
Culture and Art Publishing House
國家圖書館出版社

第五册目录

概述

古今中外，贪污腐败都可称之为痼疾。中国古代的历朝历代都曾大力反腐反贪，但却屡禁不止，甚至于动摇国家统治的根基。究其原因，很大程度上是因为中国古代的反腐是以维护皇权为目的，而且往往沦为政治斗争的工具。但中国古代也产生了比较完备的反腐法规，重视对权力的监督制约，这些好的经验仍然值得借鉴。宋朝作为中国历史上的封建王朝之一，其反腐的情况也具有这些特点。而同时期的辽、金两朝，在吸收了中原王朝反腐败基本模式的同时，也保持了少数民族独有的特点。

一、宋代廉政与反贪机制

历朝历代都有腐败现象，而宋代官吏的腐败在封建社会中却具有典型性。宋代虽出了像包拯、范仲淹那样崇尚节俭、不事侈靡的清官，但毕竟只是个别现象。从总体上看，宋代官吏多是些不顾廉耻的贪财赎货之徒。岳飞说："文官不爱钱，武臣不惜死，天下太平矣。"这句话一针见血地道破了宋代官场风气的要害。

宋代的腐败主要有三种形式：一是贪污。宋代官场贪污成风、贿赂公行，当时官场上流行一句话："欲得富，须胡做。"仅据《续资治通鉴长编》记载，宋太祖时就发生重大贪污案32起。北宋末年的情况更加严重，以蔡京为首的"六贼"，贪污贿赂，办花石纲中饱私囊，受贿卖官，无所不为。二是苞苴。当时也叫"馈送"，也就是我们现在所说的公款请客送礼。朱熹把苞苴叫作"将官钱胡使"，"为自己家市恩"。官吏不花自己一文钱，就为自己买来了情面，编织自己的关系网络。三是经商。宋代官吏"犯法冒进，专利无厌"，"起而牟利，贾贩江湖"，"进则王官、退则为市人"。这些官吏竟然同商人混为一体，几乎亦官亦商。这些贪官污吏与奸商内外勾结，牟取暴利。武将经商之风更甚，他们往往"伐山为薪炭，聚木为簰筏，行商生贾，开酒坊，解质库"，甚至有的将领把大批将士差遣出外经商。

为了防止和惩治这些腐败行为，保持中央集权专制统治的稳定，宋王朝采取了一系列措施，建立了廉政与反贪机制。

（一）在继承隋唐五代官制的基础上，不仅设置了一系列的监察官吏的机构，选拔担负监察职能的官吏，而且制定了一整套监察各级官吏的措施，从而在一定程度上发展、完善了当时的监察制度，对监察官吏的腐败行为起到了一定的积极作用。

宋代中央的监察机构主要设有御史台和谏院。御史台“掌纠察官邪，肃正纲纪。大事则廷辩，小事则奏弹”。其属有三院，即台院、殿院和察院。防止、揭发、弹劾官吏的违法犯罪，包括贪污、受贿、苞苴等犯赃行为，是御史台的主要职责。宋初，门下省设有谏院，主管规谏讽喻，凡朝政缺失，百官任非其人，各级官府办事违失，都可谏正。从宋仁宗天禧二年（1017）始，谏官可以论奏“官营涉私”，弹劾百官。谏官谏诤的对象不仅由皇帝转向大臣，而且拥有对百官的监察权，这一状况导致其后出现台、谏合流的趋势。自北宋中后期始，尚书左、右司和宰执都可以监察百官。宋代中央台、谏等监察机构及其职能的扩展，反映了当时的监察体制向多元化方向发展的特点。

除此之外，宋代在地方路、州、县多设有监察机构或具有监察职能的官吏。宋朝在中央集权的同时，也将对地方官吏的监察权收归中央，设立路一级建置，上设监司。地方监司先后有转运司、提点刑狱司和提举常平司等。皇帝通过监司，收州县之权归于监司，监司之权归于朝廷，“上下相维，轻重相制”。同时，还在沿边之河北、河东、陕西、川陕等地设置走马承受公事，为皇帝之耳目，实司按察。在路所属州县政区，设通判一职，以监察地方事务。此外，在中央和地方的仓、库、场、务等一些保管财物的重要场所都设有“监当官”，其对朝廷或上级负责，若所辖官吏贪赃枉法，监当官负有刺举、纠察、弹劾之责。

宋代在设置各级各类监察机构与官吏的基础上，制订出了一套较系统的监察措施。就监督、监察方式而言，一是监察官纠弹，二是关系人检举，三是受害人户论诉，四是遣亲事卒侦探。尽管如此，还有可能出现官官相护、徇私舞弊等行为，为了进一步完善监察措施，宋朝廷还采取了一系列与监察方式并行的监察手段。其一为周防法，以利相互监察；其二为考课法，以利定期监察；其三为越诉法，以利民众监督；其四为连坐法，以利依法监察。

（二）制定了一系列的律令条格等法制措施，确定了官吏枉法犯赃的具体罪名和惩治条款。这些法令主要包括两方面：⑴惩贪律令。宋朝对贪污行为有严格的禁止与违法惩治规定，《宋刑统》中有许多明确而具体的记载，如："赃罪正名，其数有六，谓受财枉法、不枉法、受所监临、强盗、盗窃并坐赃。"贪污罪中还包括一种监守自盗罪，《续资治通鉴长编》载为：大中祥符八年（1015）以前，"监临主守自盗及盗所监临财物者"，"自五匹徒二年，递加至二十五匹流二千五百里，三十匹即入绞刑"。在贪污罪上监守自盗罪甚至要重于受所监临财物罪。⑵严惩贿赂的法规。宋代刑律对贿赂罪的惩罚非常严厉。《宋刑统·请求公事》即"曲法受财请求"等条明确规定：行贿与受财同是犯罪主体，其行为双方都要受到法律的制裁。同时，由于行贿与受财双方的责任不同，且有数额多少、情节轻重的区别，所以律分条而刑有异。此外，宋代律令条格中对官吏所犯苞苴，收、贡"羡余"，违法经商等贪赃枉法行为都制定了相应的法律制裁措施。

（三）廉政措施。这是宋代反贪机制中的一个重要组成部分。中国自古以"六廉"为标准来考察官吏的治绩，有宋一代也是如此，而由于政治、经济、文化的发展，宋代廉政的内容与措施也明显地表现出其自身的时代特色。主要内容包括：（1）官吏考课与奖惩。宋代的官吏考课制度颇具特色，尤其是磨勘定制，作为当时廉政措施的主体，不仅内容系统、全面，而且积极作用显而易见。宋初的考课制度多沿用唐、五代的令式，其后在有宋一代逐渐发展成熟。一是考课制较之前代有一定的发展与完善，不仅系统全面，而且在内容上有所更新，在考课方式上日趋规范化和程式化。二是考课制将官员的德能治绩与磨勘法中注重岁月序迁融为一体，既有助于官员平稳升迁，又防止了官员贪赃枉法犯罪的发生。（2）俸禄制度。两宋时期官员的俸禄水平总体上相对平稳，且呈上升趋势。虽然不同时期官员的俸禄水平存在一定差异，但绝大多数依靠俸禄为生的官员在整个社会中，都是属于相对富裕的阶层，从而为广大官员能够奉公守法，不徇私舞弊提供了基本保障。

（四）舆论监督。两宋时期，对官员们的舆论监督主要是通过官员、儒士与太学生们的奏折、上书或学校、书院师生之间的评议等形式来实现的。首先，宋代官员、儒士等提出了自己对义利关系的见解，尤其是其中大量知名人士对处理义利关系所提出的“重义轻利”的主张与对“义利之辨”所进行的广泛讨论，既是对贪官污吏唯利是图之举的一种道德谴责，又是对官员们企图舍义求利的一种舆论监督，同时还有利于形成重义轻利的吏风与民风。其次，对官员们的治政行为或违法举动等进行道德评判或道义上的谴责，也是宋代社会开展舆论监督的一种重要而有效的形式。上述行为所形成的社会舆论监督氛围，在一定程度上扼制了官员们的贪赃枉法，有利于确立清正廉洁、奉公守法、重义轻利的良好道德取向。

二、辽、金的廉政与反贪机制

辽、金两朝作为少数民族政权，在发展早期，其贵族们主要依靠战争和军事掠夺来搜刮财富，国库和赋税等成熟的国家财政制度尚未建立，所以贪污腐败现象比较少见。但随着封建制度的形成和发展，贪污腐败的现象日渐增多。据《辽史》等记载，契丹官吏贪腐的手段主要有贪污、受贿、经商肥私、放债营利等。辽圣宗即位之初，有鉴于吏治败坏，曾采取重大措施进行整顿，但好景不长，即出现了“上下相蒙，积弊成风”的状况。在以后的时间里出现了耶律乙辛、张孝杰、萧图古辞这样的大贪官。史载，张孝杰“久在相位，贪货无厌。时与亲戚会饮，尝曰：‘无百万两黄金，不足为宰相家’”。朝廷大臣如此，中小官吏更是上行下效，胡作非为。据《建炎以来系年要录》、《金史》等记载：“自金人入中原，凡官汉地者，皆置通事，高下轻重，悉出其手，得以舞文纳贿，人甚苦之。”金宣宗时御史台令刘炳说：“今众庶已弊，官吏庸暗，无安利之才，贪暴昏乱，与奸为市，公有斗粟之赋，私有万钱之求，远近嚣嚣，无所控告。”同宋朝相比，金朝的贵族、官吏除了贪污钱财以外，还以马、羊、牛等牲畜为贪占对象，甚至强掠、隐占人口为奴。同时，金朝贪官污吏的受贿形式也是千奇百怪，行贿受贿者既有大小官吏，也有皇亲国戚，甚至皇妃也参与其中。

为了整治贪腐犯罪，维护统治，辽、金两朝根据汉制建立了反贪机制，同时还具有其少数民族政权实施廉政措施的特色。

辽代实施反贪措施主要是在圣宗时期实行封建化改革以后。

从内容上看，主要是通过考核官员、整顿吏治，以及对官员实行监督监察或法律制裁来实现其目的。圣宗即位之初，鉴于当时吏治腐败，开始了对官吏的整顿与考课。

统和元年（983），“下诏谕三京左右相、左右平章事、副留守判官、诸道节度使判官、诸军事判官、录事参军等，当执公方，毋得阿顺。诸县令佐如遇州官及朝使非理征求，毋或畏徇。恒加采听，以为殿最”。辽政权在此前后还仿唐宋汉制建立并完善了管理、监督百官的制度，以防止、处罚官吏的贪赃行为。其中，右谏院、左谏院、御史台等机构的设官与职掌一如唐宋。可以说，辽所设的南面官制中，其管理、监察、防范官吏的体制是相对健全的，对官吏的监督、考核内容也是明确的。据《辽史》等记载，辽政权曾先后多次制定法律，其《制条》律令中即有太祖、太宗时制，穆宗时制，圣宗开泰律，兴宗重熙制，道宗咸雍制等。尤其是兴宗时《新定条制》，即达547条。其中，对枉法贪赃行为有各种严厉的处罚规定，如：“诸职官私取官物者，以正盗论。”“至于枉法受赇”等罪，依轻重处以徒、杖、流，甚至死刑。其“死刑有绞、斩、凌迟之属，又有籍没之法”。开泰年间前后，辽律规定，“以窃盗赃满十贯，为首者处死”，后“其法太重，故增至二十五贯，其首处死，从者决流”。一些契丹贵族皆因贪赃违法而被治罪，甚至“皆以情不可恕，论弃市”。此后，辽律虽多有更改，但对赃罪的处罚条令仍是严密的。此外，辽也效仿汉法实行俸禄制，以保证官员的物质生活供给，以免贪国家之财，索百姓之物。同时，倡导儒学，加强对官员的道德教化。

与南宋形成南北对峙的金朝，因其比辽的汉化程度高，而少数民族特色也相对弱化，故更善于采取体现汉文化传统内容的廉政措施与反贪机制。其中，如官吏考课制度、奖励制度、俸禄制度、监察制度、法律制度、舆论监督等，在其统治体系中都有所反映，这对推行廉政、防止贪污都起到了一定的积极作用。尤其是金章宗时，“欲跨辽、宋而比迹于汉、唐”，这种施政原则与主张，既反映出金朝政治的特色，又表现出其政治的汉化倾向。

金朝官吏的管理、考课、奖惩等制度多仿唐宋。其管理官吏的最高行政机关是吏部，负责全国官吏的选授、考课、升迁、致仕等事务。各级官员的任职都有期限，任期内无重大失误，则可获得升迁。官吏的考课内容，以承唐制中“四善二十七最”的规定为主，同时吸收宋制中的部分内容，尤其是注重官员品行德义、政绩勤恪、贤能公平、清慎明著等方面的表现。金朝的官吏按制都享有俸禄，包括钱币、口粮与制衣所用的绫罗绸缎等三大类。从当时的俸禄制度可知，金朝官员以其所享受的俸禄，是能维持其较高的生活支出的。金朝的监察制度相对健全、有效。其中央设御史台，地方设提刑司（后改设按察司），组成了中央和地方相联结的、各有专职专责的监察系统。金代的御史台除监察朝臣、京官外，按制还应定期派官外出廉察地方吏治，以廉能和污滥两大标准各分等次考察地方官吏，然后将考察结果呈报尚书省，继而根据其廉察报告决定官员升降。在法律方面，金朝承辽、宋法制，以防范、惩治贪官污吏。金人认为：“既为职官，当先廉耻，既无廉耻，故以小人之罚罚之。”所谓“小人之罚”，即是对枉法犯赃官吏同样予以杖、徒、流、绞等重罚。同时，对监察官的渎职与贪赃枉法行为也有严格的惩治规定。“凡监察失纠者，从本法论。”

被察“官吏之罪即以状闻，失纠察者严加惩断，不以黩论”。此外，金朝在推行“汉法”的过程中，对贪赃枉法官吏也有舆论监督的约束。虽其声势、效果难以与宋相提并论，但金政权与士大夫们“于教爱立廉之道”，是积极而明确，且身体力行的。

（宋思康）

沈　伦

【原文】

沈伦，字顺仪，开封太康人。旧名义伦，以与太宗名下字同，止名伦。少习《三礼》于嵩、洛间，以讲学自给。汉乾祐中，白文珂镇陕，伦往依之。

周显德初，太祖领同州节度，宣徽使昝居润与伦厚善，荐于太祖，留幕府。太祖继领滑、许、宋三镇，皆署从事，掌留后财货，以廉闻。及受周禅，自宋州观察推官召为户部郎中。奉使吴越归，奏便宜十数事，皆从之。道出扬、泗，属岁饥，民多死，郡长吏白于伦曰："郡中军储尚百余万斛，傥贷于民，至秋复收新粟，如此则公私俱利，非公言不可。"还具以白。朝论沮之曰："今以军储振饥民，若荐饥无徵，孰任其咎？"太祖以问，伦曰："国家以廪粟济民，自当召和气，致丰稔，岂复有水旱耶？此当决于宸衷。"太祖即命发廪贷民。

建隆三年，迁给事中。明年春，为陕西转运使。王师伐蜀，用为随军水陆转运使。先是，王全斌、崔彦进之入成都也，竞取民家玉帛子女，伦独居佛寺饭疏食，有以珍异奇巧物为献者，伦皆拒之。东归，箧中所有，才图书数卷而已。太祖知之，遂贬全斌等，以伦为户部侍郎、枢密副使。亲征太原，领大内都部署、判留司三司事。

先是，伦第庳陋，处之晏如。时权要多冒禁市巨木秦、陇间，以营私宅，及事败露，皆自启于上前。伦亦尝为母市木营佛舍，因奏其事。太祖笑谓曰："尔非逾矩者。"知其未葺居第，因遣中使按图督工为治之。伦私告使者，愿得制度狭小，使者以闻，上亦不违其志。

开宝二年，丁母忧，起复视事。六年，拜中书侍郎、平章事、集贤殿大学士兼提举荆南、剑南水陆发运事。雩祀西洛，以伦留守东京兼大内都部署①。俄召赴行在，令预大礼。

太平兴国初，加右仆射兼门下侍郎，监修国史。亲征太原，复以伦为留守、判开封府事。师还，加左仆射。五年，史官李昉、扈蒙②撰《太祖实录》五十卷，伦为监修以献，赐袭衣、金带。六年，加开府仪同三司。是岁疾作，自是多请告。

卢多逊③事将发，伦已上表求致仕。明年多逊败，以伦与之同列，不能觉察，诏加切责，降授工部尚书。其子都官员外郎继宗，本由父荫，不宜更在朝行，可落班簿。时伦病不能兴，上表谢。未几，伦再奉章乞骸骨，复授左仆射致仕。上以伦国初旧臣，遽复继宗官以慰其心。雍熙四年，卒，年七十九。赠侍中。

伦清介醇谨，车驾每出，多令居守。好释氏，信因果。尝盛夏坐室中，恣蚊蚋嚼其肤，童子秉箑至，辄叱之，冀以徼福。在相位日，值岁饥，乡人假粟者皆与之，殆至千斛，岁余尽焚其券。

微时娶阎氏，无子，妾田氏生继宗。及贵，阎以封邑固让田，伦乃为阎治第太康，田遂为正室，搢绅非之。

初，有司议谥伦曰恭惠，继宗上言曰："亡父始从冠岁，即事儒业，未遑从贼，遽赴宾招，叨遇明时，陟于相位。伏见国朝故相，薛居正谥文惠，王溥谥文献，此虽近制，实为典常。若以臣父起家不由文学，即尝历集贤、修史之职，伏请改谥曰'文'。"

判太常礼仪院赵昂、判考功张洎驳曰："沈伦逮事两朝，早升台弼，有祗畏谨守之美，有矜恤周济之心。案《谥法》：不懈于位，与夫谨事奉上、执事坚固、执礼御宾、率事以信、接下不骄、能远耻辱、贤而不伐、尊贤贵让、爱民长悌、不懈为德、既过能改，数者皆谓之'恭'。又云：慈民好与，与夫柔质慈民、爱民好柔、宽裕不苛、和质受谏，数者皆谓之'惠'。由汉以来，皆为美谥。如唐相温彦博之出纳明允，止谥曰'恭'；窦易直之公举无避，乃谥曰'恭惠'。而沈伦备位台衡，出于际会，徒能谨饬以自保全，以'恭'配'惠'，厥美居多。

又按《谥法》：道德博闻曰‘文’，忠信接礼曰‘文’，宽不慢、廉不刿曰‘文’，坚强不暴曰‘文’，敏而好学、不耻下问曰‘文’，德美才秀曰‘文’，修治班制曰‘文’。昔张说之谥文正，杨绾之谥文简，人不谓然。盖行义有所未充，虽蒙特赐，诚非至公。若夫大臣子孙，许其为父陈请，则曲台、考功之司为虚器，而彰善瘅恶之义微矣。继宗以其父曾任集贤殿学士及监修国史之职，辄引薛居正、王溥为比，则彼皆奋迹辞场，历典诰命，以‘文’为谥，允合国章。至于集贤、国史，皆宰相兼领之任，非必由文雅而登。其沈伦谥，伏望如故。”从之。

选自《宋史》卷二百六十四《沈伦传》

【注释】

①大内都部署：官名，北宋每皇帝出征、巡幸，则于京师置，掌京城弹压之事。

②李昉、扈蒙：李昉（925—996），宋代文学家。扈蒙（915—986），与李昉同撰《太祖实录》和《文苑英华》。

③卢多逊：934—985，河南怀州人（今河南沁阳）。太平兴国时拜中书侍郎、平章事，后任兵部尚书。后因涉连秦王赵廷美结党营私案，削夺官职及三代封赠，全家发配崖州（今三亚）。

【译文】

沈伦，字顺仪，开封太康人。原名沈义伦，因为“义”与宋太宗同名，于是只叫沈伦了。他年轻时在嵩山洛水间学习《三礼》，后以讲学谋生。后汉乾祐年间，白文珂镇守陕州，沈伦前去投靠他。

周显德初年，宋太祖赵匡胤任同州节度使，宣徽使昝居润与沈伦关系密切，把他推荐给太祖，他便留在太祖幕府。后来太祖又接管滑、许、宋三镇，他都跟随太祖做幕僚，执掌财货之事，因廉洁而出名。至太祖登位，他从宋州观察使一职升为户部郎中。后来奉命出使吴越回来，提出对国家有利的建议，太祖都采纳了。他在扬、泗一带体察民情，正值饥荒之年，百姓很多都饿死了，郡长官对沈伦说：“郡中储存的军粮还有一百余万斛，如果借贷给百姓，到秋收时收回新粮，这样对国家百姓都有利，这件事非得由您来上奏皇上。”沈伦回朝如实禀告。朝廷大臣议论此事，提出疑问：“现在用储备军粮赈济灾民，如果歉收不能征回，谁负这个责任？”太祖就问沈伦，沈伦说：“国家开仓赈济百姓，自然应该召来和气，带来丰收，怎么还会有水旱之灾？这取决于好的初衷！”太祖当即命令开仓赈济百姓。

建隆三年（962），沈伦升给事中。第二年春，担任陕西转运使。朝廷派兵攻蜀，任用他为随军水路转运使。起初，王全斌、崔彦进带军进入成都，竞相抢夺百姓的钱物、子女，而沈伦独自居住在佛寺，粗茶淡饭，有人把珍宝奇异之物献给他，他都拒绝了。东归时，他的行囊中只是几卷书籍而已。太祖知道后，就贬了王全斌等人的官职，升沈伦为户部侍郎、枢密副使。皇帝亲征太原，又任命沈伦总领大内都部署、判留司三司之职。

起初，沈伦宅第简陋，生活简朴，但他自己觉得很自在。当时权要多违反禁令从秦、陇之地购买大块的木材，来修建私宅，等到事情败露，都纷纷上书自首谢罪。沈伦也曾为母亲买木材修建佛寺，于是也上书。太祖笑着说："你并不是越轨者。"太祖知道沈伦并未修缮宅第，于是派宦官按照图纸监督修建佛寺。沈伦私下里请求负责官员建的小一些。官员告诉皇上，皇上也便顺从他的心愿。

开宝二年（969），沈伦遭母丧，丧期未满就被特诏复职。六年，封为中书侍郎、平章事、集贤殿大学士兼提举荆南、剑南水陆发运事。皇帝去西洛祈雨，以沈伦为留守东京兼大内都部署。不久又召他赶赴皇帝行宫，让他参预大礼。

太平兴国初，沈伦加封右仆射兼门下侍郎，监修国史。皇帝亲征太原，又以沈伦为留守、判开封府事。军队回朝后，沈伦加封左仆射。太平兴国五年（980），史官李昉、扈蒙撰成《太祖实录》五十卷，沈伦以监修身份献给皇帝，皇帝赐他袭衣、金带。六年，加封开府仪同三司。这年沈伦疾病发作，自此多请假告老。

卢多逊事件发生之前，沈伦就已经上表请求退休。第二年，卢多逊事败露，因沈伦与他为同僚，而未能觉察此事迹象，皇上诏令严加谴责，降为工部尚书。他的儿子都官员外郎沈继宗，本来就是因为父亲的恩荫得官，不宜再在朝官之列，降为班簿。当时沈伦病情不见好转，上表谢罪。没过多久，沈伦又一次上奏章请求回归故里。又被授与左仆射之官，然后才退休。皇上因为沈伦为国初旧臣，很快又恢复沈继宗的官位来宽慰他。雍熙四年（987）沈伦去世，时年七十九岁。赠侍中官职。

沈伦清廉耿介，淳厚谨慎，皇帝每次出行，多让他留守。他崇信佛教，笃信因果。他曾于盛夏时坐在房中，让蚊虫肆意叮咬自己的皮肤，有侍童拿扇子来扇，他就呵斥侍童不许干涉。他这样做是为了祈求福泽。沈伦为相时，遇到荒年，有乡里的百姓向他借粮，他都借给百姓。借出去差不多有一千斛。到年底他就把借券都烧了。

还未显达时，沈伦娶了阎氏，没有生子，妾田氏生了沈继宗。到了沈伦显贵的时候，阎氏坚持要把封邑让给田氏，沈伦于是在太康为阎氏修建府第，田氏于是成为正室，缙绅都非议此事。

当初，有关部门讨论为沈伦定谥号为“恭惠”。沈继宗上书说：“亡父从二十岁开始，就钻研儒学，并未做过任何违背儒家主张的事情。太祖招募宾客，他立刻前往，有幸碰到太平盛世，登上了相位。臣看到国朝故相，薛居正谥号‘文惠’，王溥谥号‘文献’，这虽然是近来的制度，但实际上是惯例。虽然说臣的父亲不是由文学起家，但是他曾历任集贤、修史之职，因此臣拜请改谥号为‘文’。”

判太常礼仪院赵昂、判考功张洎反驳说：“沈伦侍奉两朝，早已是国家重臣，素有敬畏之心，守节美德，并有抚恤孤弱周济贫老之心。根据《谥法》：在官位上毫不懈怠，与他人共同谨慎侍奉上主，做事坚持不懈，以礼待客，做事诚信，礼贤下士，远离耻辱，贤能但不自夸，尊重贤者，重视礼让，爱民如子，不断加强道德修养，有过能改，符合这些品德的就称之为‘恭’。又说：对百姓仁慈好施，以宽柔的心态仁慈爱民，对百姓柔和宽厚不苛刻，心情平和能接受别人的意见，这些品质称为‘惠’。自汉代以来，这些都是美谥。如唐朝宰相温彦博，因为收支清白明了，只谥为‘恭’；窦易直因为举荐贤才不避嫌疑，才得到谥号‘恭惠’。而沈伦官居丞相，由于各种机缘，仅能谨慎自保，以‘恭’配‘惠’，赞美的成份多一点。而且按照《谥法》：道德高尚知识广博为‘文’，忠实诚信遵守礼仪为‘文’，宽厚而不怠慢、廉正而不伤害他人为‘文’，坚强不暴躁为‘文’，敏而好学、不耻下问为‘文’，道德高尚学识出众为‘文’，制定修改规章制度为‘文’。当初张说谥号‘文正’，杨绾谥号‘文简’，大家都不以为然。大概他们的言行还不足以用‘文’来概括，虽蒙朝廷特赐谥‘文’，但的确不是特别公正。如果大臣的子孙，都可以为他们的父亲请求谥号，那么曲台、考功这些官职就徒有虚名，而以谥号彰善抑恶的意义也就荡然无存了。沈继宗以他的父亲曾任集贤殿学士及监修国史之职为由，和薛居正、王溥相比，事实上，薛居正、王溥都曾驰骋文坛，激扬文字，制定典章起草诰命，以‘文’作为他们的谥号，符合国家法典。至于集贤、国史，都是宰相兼领的任务，并不一定是因为文笔出色而任职的。沈伦的谥号，乞请如故。”皇上听从了他们的意见。

【评述】

沈伦生在乱世，能静修其德，以讲学为生；后位极人臣，却又能洁身自好，清廉自守，堪称道德楷模、廉洁表率。

说他是道德楷模，主要是说他注重道德修养，并努力做爱民如子的清官。沈伦年轻时处于乱世，是群雄并起角逐中原的年代，而沈伦却两耳不闻世外声，闭门学习儒家经典，以修身为己任。后因人推荐，辅佐宋太祖，为其执掌财货，廉洁奉公，助太祖成大事。沈伦心怀黎民，常为百姓的利益向朝政进言献策。遭逢灾年，生灵涂炭，他直言请求皇帝给百姓借贷军粮，秋收时收回，虽遭众大臣的反对，但是他始终坚持己见，为百姓谋福祉，为国家求太平。

说他是廉洁表率，是因为他府邸简陋，粗茶淡饭，处之晏然；他视钱财为身外之物，从不追求私利，也不曾因权力之便而中饱私囊，相反，却用自己的俸禄救济百姓。平定蜀地后，别的官吏忙于搜刮油水，而他却一心收集典籍文献，回来时，所带回的只有数卷图书而已。他的府邸破旧，皇上派人替他修缮，他竟提出让负责官员给他修建的小一点。这种违反常理的举动恰恰说明他的清廉自制，对物质的要求低到让人惊叹的地步。遇到灾年，百姓向他借粮食，他从不拒绝，也从来不讨回，最后还把那些借券都烧掉。虽然他的事迹并不惊天动地，但是他为官一任，从不以权谋私，相反却常常挂怀着黎民百姓的疾苦，这样的官员已足以让后人钦敬并学习了。

（阿不来提注译、评述）

刘温叟

【原文】

刘温叟，字永龄，河南洛阳人。性重厚方正，动遵礼法。唐武德功臣政会之后。叔祖崇望，相昭宗。父岳，后唐太常卿。温叟七岁能属文，善楷隶。岳时退居洛中，语家人曰："吾儿风骨秀异，所未知者寿耳。今世难未息，得与老夫皆为温、洛之叟足矣。"故名之温叟。以荫补国子四门助教，河南府文学。清泰中，为左拾遗、内供奉。以母老乞归就养，改监察御史，分司。时台署废弛，温叟作新之。未几，召为右补阙。

晋初，王松权知青州，表为判官，加朝散阶。入为主客员外郎。少帝领开封尹，奏为巡官，命典文翰，又改广晋府巡官。少帝即位，拜刑部郎中，赐金紫。改都官郎中，充翰林学士。初，岳仕后唐，尝居内署，至是温叟复居斯任，时人荣之。温叟既受命，归为母寿，候立堂下。须臾闻乐声，两青衣举箱出庭，奉紫袍、兼衣，母命卷帘见温叟曰："此即尔父在禁中日内库所赐者。"

温叟拜受泣下，退开影堂[1]列祭，以文告之。母感怆累日，不忍见温叟。岁满，加知制诰。

契丹入汴，温叟惧，随契丹北迁，与承旨张允共上表求解职。契丹主怒，欲出允等为县令。赵延寿[2]曰："若学士才不称职求解者，守本官可也，不可加贬出。"遂得罢职出院。汉祖南下，温叟自洛从至郑州，称疾不行。及入汴，温叟久之方至，授驾部郎中。

周初，拜左谏议大夫，逾年，改中书舍人，加史馆修撰，判馆事。显德初，迁礼部侍郎、知贡举，得进士十六人。有谮于帝者，帝怒，黜十二人，左迁太子詹事。温叟实无私，后数年，其被黜者相继登第。温叟与张昭同修汉隐帝及周祖实录，恭帝即位，迁工部侍郎兼判国子祭酒事。

宋初，改刑部。建隆元年，拜御史中丞。丁内艰，退居西洛，旋复本官。三年，兼判吏部铨。因上言曰："伏见两京百司，渐乏旧人，多隳故事。虽检阅具存于往册，而举行须在于攸司。盖因年限得官，归司者例与减选；冬集赴调，授任者寻又出京。兼有裁满初官，不还旧局，但称前资，用图免役。又有尝因停任，切欲归司，而元敕不该，无由复职。遂使在司者失于教习，历事者难于追还。伏望自今诸司职掌，除官勒留及归司者，如理减外欠三选以下，仍须在司执行公事，及三十月即许赴集；如理选外欠三选以上，及在官不成资考者，即准元敕处分。若在任停官及在司停职者，经恩后于刑部出给雪牒，却勒归司，如无阙员，即令守阙，余依敕格处分。”

一日晚归由阙前，太祖方与中黄门数人偶登明德门西阙，前驺者潜知之，以白温叟。温叟令传呼如常过阙。翌日请对，具言：“人主非时登楼，则近制咸望恩宥，辇下诸军亦希赏给。臣所以呵导而过者，欲示众以陛下非时不登楼也。”太祖善之。宪府旧例，月赏公用茶，中丞受钱一万，公用不足则以赃罚物充。温叟恶其名不取。任台丞十二年，屡求代。太祖难其人，不允。开宝四年被疾，太祖知其贫，就赐器币，数月卒，年六十三。

温叟事继母以孝闻，虽盛暑非冠带不敢见。五代以来，言执礼者惟温叟焉。立朝有德望，精赏鉴，门生中尤器杨徽之、赵邻几，后皆为名士。范杲幼时，尝以文贽温叟，大加称奖，以女妻之。

太宗在晋邸，闻其清介，遣吏遗钱五百千，温叟受之，贮厅西舍中，令府吏封署而去。明年重午，又送角黍、执扇，所遣吏即送钱者，视西舍封识宛然，还以白太宗。太宗曰：“我钱尚不用，况他人乎？昔日纳之，是不欲拒我也；今周岁不启封，其苦节愈见。”命吏辇归邸。是秋，太宗侍宴后苑，因论当世名节士，具道温叟前事，太祖再三赏叹。

雍熙初，子炤罢徐州观察推官待选，以贫诣登闻求注官。及引对，太宗问谁氏子，炤以温叟对。太宗愀然，召宰相语其事，且言当今大臣罕有其比。因问："炤当得何官？"宰相言："免选以为厚恩。"帝曰："其父有清操，录其子登朝，庶足示劝。"擢炤太子右赞善大夫，历判三司理欠、凭由司，江南转运司，入朝为司封郎中。炳、烨并进士及第。

选自《宋史》卷二百六十二《刘温叟传》

【注释】

①影堂：旧时供奉神佛或陈设祖先图像的厅堂。

②赵延寿（？—948）：辽国大将，娶后唐明宗女兴天公主。明宗即位，授汝州刺史，历河阳、宋州节度使。

【译文】

刘温叟，字永龄，河南洛阳人。他生性稳重正直，遵守礼法，是唐武德年间的功臣刘政会的后代。其叔祖刘崇望，做过昭宗朝的宰相。父亲刘岳，做过后唐太常卿。刘温叟七岁能写文章，擅长楷书、隶书，刘岳当时辞官居住在洛中，他对家人说："我这个孩子风骨超群，只是不能预知他的寿命，现在战乱未停，他要是能够和老夫同样成为温洛一带的老人就足够了。"因此取名为温叟。因祖辈的恩荫补国子四门助教，河南府文学。清泰年间，刘温叟任左拾遗、内供奉。因为母亲年老而请求回老家奉养，改任监察御史，分司。当时监察官署废弛，刘温叟上任重新整顿。不久，任命为右补阙。

后晋初年，王松权任青州知府，上奏任刘温叟为判官，加朝散官官阶。入朝为主客员外郎。少帝兼领开封尹的时候，上奏任刘温叟为巡官，负责文书工作，又改任广晋府巡官。少帝即位，任刘温叟为刑部郎中，赏赐金印紫带。后改任都官郎中，充任翰林学士。当初，刘岳在后唐做官，曾经做到翰林学士，此时刘温叟又担任这个职务，当时人都以此为荣耀之事。刘温叟接受任命后，回去为母亲祝寿，站在堂下等候。不久听到音乐声，两名侍女举着箱子走出厅堂，捧出紫袍和致密的衣服，母亲命令卷起帘子，对刘温叟说："这就是你父亲在宫中时皇上所赏赐的。"刘温叟流着泪拜受退出，随后打开影堂，向列祖列宗祭奠，以文祝告。母亲感伤多日，不忍见他。期满，加官知制诰。

契丹军队入开封，刘温叟很害怕，跟随契丹北迁，与翰林学士承旨张允共同上奏请求免职。契丹主大怒，想把张允等贬为县令。赵延寿说："如果学士才能不称职，请求解职，保留原官即可，不可贬黜外派。"于是得以免职离开翰林院。后汉高祖南下，刘温叟从洛阳跟随到郑州，就称病不再前行。高祖进入开封后，刘温叟很久以后才到，授职驾部郎中。

后周初年，刘温叟任左谏议大夫，过了一年，改任中书舍人，加史馆修撰，职判馆事。显德初年，升为礼部侍郎、知贡举，录取进士十六人。有人向皇帝诬陷他，皇帝大怒，废黜十二人，刘温叟也被贬为太子詹事。实际上，他并没有徇私情，之后的几年，被黜落之人又相续登第。刘温叟与张昭共同编纂汉隐帝及周太祖实录，恭帝即位后，刘温叟改为工部侍郎兼判国子祭酒事。

北宋初年，刘温叟改任刑部侍郎。建隆元年（960），任御史中丞。后因母亲去世服丧，退居洛阳西部，很快又恢复原职。建隆三年，兼判吏部铨选。他上书言事说："我发现两京各官署，老臣日益减少，原有规章制度多遭到破坏。虽然规章全都保存在以往的文书中，可以查阅，然而施行效果却取决于各个部门的有关官员。这是因为现行官制按照年限得官，回到官署的人按例得减选；冬季集中调动，授予职务的随即又离开京城。同时，还有人第一次任职期刚满，不愿返回原属部门，只说从前的资历，以求免于服役。又有曾因故停任，急于返回原部门，但原有敕令不完备，无法复职的情况。这就使得在职官员没有机会学习处理事务，而有经验的人难于执掌行政。希望从今以后各部门任职官员，任官停留和返回官署的，如果按理减免外官欠任三选以下的，必须在官署处理公事，到三十个月允许前去集中；如果按理减免外官欠任三选以上，以及任职没有资历的，就按照原敕令处理。至于在任停官及在司停职的，经过皇帝恩准以后由刑部提供复职文书，再命令返回原部门，如果没有空缺，就命令候补，其他按照敕令处理。"

一天晚上，刘温叟回府从楼前走过，太祖正与几名宦官登上明德门西楼，前面的侍从暗中得知此事，就告诉了刘温叟。刘温叟命令照常传呼经过楼门。第二天，他请求觐见皇上，说："皇上在不该登楼的时间登楼，那么近臣都希望得到恩泽，京城诸军也希望得到赏赐。臣下之所以呵导而过，就是想告诉人们，陛下不会在不该登楼的时间登楼的。"太祖认为他说的很对。御史台的旧例，每月赏公用茶，中丞得钱一万，公用不足就用赃物罚金补充。刘温叟厌恶这个名称从不接受。他担任御史中丞十二年，多次请求替换。太祖难以选到合适的人选，不允许。开宝四年

（971）刘温叟得了病，太祖知道他家贫，赏赐给他器具钱财，几个月后刘温叟去世，享年六十三岁。

刘温叟对继母的孝顺非常有名，即使是盛夏，不衣冠整肃不敢去拜见。五代以来，提倡遵行礼法的只有刘温叟。他居官德高望重，善于识人，门生当中特别器重杨徽之、赵邻几，后来都成为名士。范杲年少时，曾把文章送去拜见刘温叟，刘温叟大为赞赏，将女儿嫁给范杲。

宋太宗在晋邸，听说了刘温叟清廉的声名，派遣官吏送五百贯钱给他，刘温叟接受了，将钱存放在西厢房内，让使者封存好就离开了。第二年端午节，太宗又派使者到刘温叟的宅邸赏赐粽子、纨扇，这个使者就是上次派的那个人，他看到西厢房的封记依然如故，回去后就向太宗汇报了此事，太宗说："我的钱尚且不肯使用，何况他人的呢？以往的接纳，只是不想拒绝我；现今一年了仍不启用，越发可见其清廉的气节。"于是命小吏将所送的东西运回王府。这年秋天，太宗在后苑陪太祖宴饮，谈论起当世的名节之士，太宗详细述说了刘温叟的旧事，太祖再三赞叹。

雍熙初年（984），刘温叟儿子刘炤免去徐州观察推官，等待选用，因贫困不得已到登闻鼓院请求任命官职。他被带到皇帝面前的时候，太宗问他是谁家之子，刘炤回答父亲是刘温叟。太宗很伤感，召来宰相告诉他这件事，并说当今大臣很少有能与他相比的。因而询问："刘炤应当得到什么官位？"宰相说："以免于铨选来作为对他的厚恩吧。"皇帝说："其父有清廉的操守，录用他在朝廷任职，才足以表示对清廉之士的鼓励。"于是提升刘炤为太子右赞善大夫，历任判三司理欠、凭由司，江南转运司，入朝为司封郎中。刘温叟另两个儿子刘炳、刘烨都进士及第。

【评述】

与盛世中的民众相比，生于乱世的人对后代的期望值要低很多。面对聪慧的刘温叟，其父刘岳只是期望他能终老乡里，悲观中夹杂着无奈与无助。令人欣慰的是，刘温叟不但穿越苦难活下来了，而且还在统一后的大宋王朝留下了自己特有的色彩。

在北宋初年的政坛里，刘温叟是一位沉思者。身为御史中丞兼判吏部铨选，他看到了两京官署运行过程中的根本问题：在官的有些人并不是很称职，有经验的官员往往又无实权。居于庙堂，能在纵横交错的关系网中发现本质问题，一方面，可以看出，刘温叟将自己与这个圈子拉开了一定的距离，在权力斗争中沉下心来，看到的结果就更为客观，更接近事实，此之谓“沉”；另一方面，他不断思考官署的运作绩效，中肯地揭露了官吏任用时的问题，这就是“思”的效用。刘温叟沉下心来并思考过，所以，他给宋初的吏治开出了药方，这个方子质朴而细致，闪烁着智慧的光泽。

当然，仅仅是沉思还不够，从国家运行的角度去发现体制内的问题，还需要一颗无私的心。在官场规则中，众多官员为了自身或集团的利益，疲于奔命，心力交瘁，要让他们摒弃个人私念，时刻关注国家机器整体的运行状况，这个要求不切实际。真正的无私是一个很高的境界，不是不关心自我的利益，而是将自我利益融于整体利益之中，将“我”隐于芸芸众生之中，在体察众人的生存状况的同时感受到自我的存在。到了这个境界，感官的空虚与满足，肉体的享乐与放纵，都不再重要了。刘温叟忘掉了一己之私欲，才能“静观万物皆自得”，成就了卓越的思考力。可以说，支撑他思考力的，便是一颗真正无私的心，无私是高尚的，高尚关乎信念，是人的立身之本，为思考力提供方向与动力。

刘温叟对宋太宗的赏赐的处理方式已经成为古代清廉官员的典型案例之一。太宗第一次送他五十万钱，刘温叟如果接受它，名正言顺、合情合理，他却将这份赏钱封存起来，将物质的享受搁置起来，从而赢得了太宗的叹赏。在刘温叟看来，比消费五十万钱更为重要的便是清廉的名声。清廉名声的获得并不容易，利益的诱惑常常在不知不觉中瓦解着人的意志，让官员背离并抛弃清廉。清廉需要克制物质欲望，也需要克制荣耀的诱惑。

刘温叟生于乱世，却在宋初的政治体制内找到了位置，成为新生王朝政治生态环境中一位善于思考、无私自省的道德君子。他用自己的行为树立一个标杆，告诉后世官员清廉的价值与意义。

（孟化注译　梁葆莉评述）

范　质

【原文】

范质字文素，大名宗城[1]人。父守遇，郑州防御判官。质生之夕，母梦神人授以五色笔。九岁能属文，十三治《尚书》，教授生徒。

后唐长兴四年举进士，为忠武军节度推官，迁封丘令。晋天福中，以文章干宰相桑维翰[2]，深器之，即奏为监察御史。及维翰出镇相州，历泰宁、晋昌二节度，皆请质为从事。维翰再相，质迁主客员外郎、直史馆。岁余，召入为翰林学士，加比部郎中、知制诰。契丹侵边，少帝命汉祖等十五将出征。是夜，质入直，少帝令召诸学士分草制，质曰："宫城已闭，恐泄机事。"独具草以进，辞理优赡，当时称之。汉初，加中书舍人、户部侍郎。周祖征叛，每朝廷遣使赍诏处分军事，皆合机宜。周祖问谁为此辞，使者以质对。叹曰："宰相器也。"

周祖自邺起兵向阙，京城扰乱，质匿民间，物色得之，喜甚，时大雪，解袍衣之。且令草太后诰及议迎湘阴公仪注，质苍黄论撰，称旨。乃白太后，以质为兵部侍郎、枢密副使。周广顺初，加拜中书侍郎、平章事、集贤殿大学士。翌日，兼参知枢密院事。郊祀毕，进位左仆射兼门下侍郎、平章事、监修国史。从征高平还，加司徒、弘文馆大学士。显德四年夏，从征寿州还，加爵邑。质建议以律条繁冗，轻重无据，吏得因缘为奸。世宗特命详定，是为《刑统》。六年夏，世宗北征，质病留京师，赐钱百万，俾市医药。及平关南，至瀛州，质见于路左。师还，以枢密使魏仁浦为相，命质与王溥并参知枢密院事。世宗不豫，入受顾命。恭帝嗣位，加开府仪同三司，封萧国公。

及太祖北征，为六师推戴，自陈桥还府署。时质方就食阁中，太祖入，率王溥、魏仁浦就府谒见。太祖对之呜咽流涕，具言拥逼之状。质等未及对，军校罗彦环举刃拟质曰："我辈无主，今日须得天子。"太祖叱彦环不退，质不知所措，乃与溥等降阶受命。

宋初，加兼侍中，罢参知枢密。俄被疾，太祖征泽、潞，幸其第，赐黄金器二百两、银器千两、绢二千匹、钱二百万。太祖初即位，庶事谦抑，至于藩戚尚未崇建，幕府宾佐未列于位。质因上奏曰："自古帝王开基创业，封建子弟，树立磐维，宗戚既隆，社稷永固。伏见皇弟泰宁军节度使光义，自居戎职，特负将材，及领藩维，尤积时望；嘉州防御使光美，雄俊老成，修身乐善，嘉誉日闻。乞并行封册，申锡命书。皇子皇女虽在繦褓者，亦乞下有司许行恩制，此臣炎愿也。臣又闻为宰相者，当举贤能，以辅佐天子。窃以端明殿学士[3]吕余庆、枢密副使赵普精通治道，经事霸府，历岁滋深，睹其公忠，诚堪毗倚。乞授以台司，俾申才用。”帝嘉纳之。

先是，宰相见天子议大政事，必命坐面议之，从容赐茶而退，唐及五代犹遵此制。及质等惮帝英睿，每事辄具札子进呈，具言曰：“如此庶尽禀承之方，免妄庸之失。”帝从之。由是奏御浸多，始废坐论之礼。

乾德初，帝将有事圜丘，以质为大礼使。质与卤簿使张昭、仪仗使刘温叟讨论旧典，定《南郊行礼图》上之。帝尤嘉奖。由是礼文始备，质自为序。礼毕，进封鲁国公，质奉表固辞，不允。二年正月，罢为太子太傅。九月，卒，年五十四。将终，戒其子旻勿请谥，勿刻墓碑。太祖闻之，为悲惋罢朝。赠中书令，赗绢五百匹、粟麦各百石。

质力学强记，性明悟。举进士时，和凝以翰林学士典贡部，鉴质所试文字，重之，自以登第名在十三，亦以其数处之。贡闱中谓之“传衣钵”。其后质登相位，为太子太傅，封鲁国公，皆与凝同云。初，质既登朝，犹手不释卷，人或劳之，质曰：“有善相者，谓我异日位宰辅。诚如其言，不学何以处之。”后从世宗征淮南，诏令多出其手，吴中文士莫不惊伏。质每下制敕，未尝破律，命刺史县令，必以户口版籍为急。朝廷遣使视民田，按狱讼，皆延见，为述天子忧勤之意，然后遣之。

世宗初征淮南，驻寿、濠，锐意攻取，且议行幸扬州。质以师老，与王溥泣谏乃止。及再驾扬州，因事怒窦仪，罪在不测。质入谒请见，世宗意其救仪，起避之。质趋前曰："仪近臣也，过小不当诛。"因免冠叩头泣下，曰："臣备位宰相，岂可使人主暴怒，致近臣于死地耶？愿宽仪罪。"世宗意遂解，复坐，即遣赦仪。

质性下急，好面折人。以廉介自持，未尝受四方馈遗，前后所得禄赐多给孤遗。闺门之中，食不异品。身没，家无余赀。太祖因论辅相，谓侍臣曰："朕闻范质止有居第，不事生产，真宰相也。"太宗亦尝称之曰："宰辅中能循规矩、慎名器④、持廉节，无出质右者，但欠世宗一死，为可惜尔。"从子校书郎杲求奏迁秩，质作诗晓之，时人传诵以为劝戒。有集三十卷，又述朱梁至周五代为《通录》六十五卷，行于世。子旻。

选自《宋史》卷二百四十九《范质传》

【注释】

①宗城：今河北清河西南。

②桑维翰（898—947）：字国侨，洛阳人。后唐同光三年（925）进士，后晋翰林学士、礼部尚书、知枢密院事，出帝即

位后，拜为中书令，复为枢密使，封魏国公。桑维翰权势既盛，四方贿赂，岁积巨万，出帝忌之。开运三年（946），契丹军南下，为叛将张彦泽所杀。

③端明殿学士：后唐天成元年（926）始置，以翰林学士担任，掌进读书奏。宋沿置，由久任学士大臣担任，元丰改制后，并以执政官担任，无职掌，仅出入侍从备顾问。

④名器：名号与车服仪制。

【译文】

范质，字文素，大名府宗城县人。父亲范守遇，曾任郑州防御判官。范质出生的那天晚上，其母梦见一个神人给她一支五色笔。范质九岁就能写文章，十三岁开始研究《尚书》，教学授徒。

范质在后唐长兴四年（933）考取进士，选为忠武军节度推官，升为封丘县令。后晋天福年间，范质以文章向宰相桑维翰自荐，桑维翰对其深为器重，立即上奏授予他监察御史一职。等到桑维翰出镇相州，历任泰宁、晋昌二地节度使，都邀请范质为其僚属。桑维翰第二次当宰相的时候，范质升迁为主客员外郎、任职国史馆。过了一年多，皇上召范质为翰林院学士，加授比部郎中、知制诰。契丹侵犯边界，少帝命令后汉高祖刘知远等十五名将领出征。这天晚上，范质在宫里值班，少帝命令召集各位学士分头草拟制书，范质说："宫城已经关闭，这样恐怕会泄露机密。"他单独起草诏书呈给皇上，文辞优美内容充实，当时得到大家的称赞。后汉建国初年，范质被加授中书舍人、户部侍郎。周太祖郭威征讨叛逆，每次朝廷派遣使者宣谕降诏和处理军事事务都很得当。周太祖问是谁写的这些文书，使者告诉他是范质。周太祖赞叹道："此人有宰相的才能啊！"

周太祖从邺城起兵向都城进发，京城大乱，范质藏在民间，周太祖找到他，非常高兴。当时正在下大雪，周太祖就把自己的袍子解下来给范质穿上。并且命令他起草太后的诰命以及讨论迎立湘阴公的仪式和礼节，范质仓促之间写就，皇上很满意。于是就上奏给太后，任命范质为兵部侍郎、枢密副使。后周广顺初年，加授中书侍郎、平章事、集贤殿大学士。第二天，兼任参知枢密院事。郊祀之后，提升为左仆射兼门下侍郎、平章事、监修国史。跟从皇帝征讨高平回来以后，范质又被加授司徒、弘文馆大学士。显德四年（957）夏天，范质跟随皇帝征讨寿州回朝，加爵封邑。范质提出建议说，现行法律条款繁杂重复，量刑轻重缺少根据，官吏因此能够从中徇私舞弊。世宗皇帝专门下令详细审定，于是才有了《刑统》。显德六年夏天，世宗北征，范质因病留在京师，皇帝赏赐给他一百万贯钱，让他买药就医。等平定关南，到达瀛洲的时候，范质在路边等候。皇帝班师回京，任命枢密使魏仁浦为宰相，命令范质和王溥一起参知枢密院事。后来世宗病危，范质入宫接受皇帝遗命。恭帝继位，加授范质开府仪同三司，封为萧国公。

到宋太祖北征的时候，太祖被三军拥戴，成为皇帝，从陈桥回到官署。当时范质正在府中吃饭。太祖进城，范质于是带领王溥、魏仁浦到府中参见。宋太祖对着他痛哭流涕，细说被逼拥立，不得已为帝的情形。范质等人还没来得及应对，军校罗彦环就举着刀在范质头上比划，说："我们这些人没有君主，今天必须要有一位天子。"太祖呵斥罗彦环，他却不肯退让，范质不知所措，于是和王溥等人降阶接受天命。

宋朝初年，范质加授侍中，罢任参知枢密。不久生病了，宋太祖征伐泽州、潞州，到他的住宅，赏赐黄金器物二百两、银器一千两、绢二千匹、铜钱二百万贯。太祖刚即位的时候，诸事都很谦逊，连藩镇、亲戚都没有封赏，幕府的宾客和辅佐大臣也没有安排相应的位置。范质因而上奏说："自古帝王开创基业，分封子弟，建立磐石一样稳固的关系，宗族、亲戚兴隆了，江山社稷才能永固。臣认为，皇弟泰宁军节度使赵光义，自从在军中任职，表现出特殊的将帅之才，等到统领藩镇，更是众望所归；嘉州防御使赵光美，雄俊老成，修养品性，乐善好施，他的美名每天都有所耳闻。请皇上册封他们，发布任命文书。皇子皇女即使还在襁褓中，也请求皇上下令有关部门准许推行您的恩典，这是臣的强烈愿望。臣又听说做宰相的人，应当举贤任能，来辅佐天子。我私下认为端明殿学士吕余庆、枢密副使赵普精通治国之道，曾在藩府中任职很久，经验丰富，他们的公正和忠诚有目共睹，确实可以倚重。请授予他们台司之职，以充分发挥他们的才能和作用。"皇帝很赞赏并接纳了他的建议。

之前，宰相见皇帝商议重大政事，皇帝一定命令赐坐，面对面地讨论，从容地赐茶，然后退下。唐及五代仍遵循这个制度。到了这时，范质等人畏惧太祖的英明睿智，每次有事就写好札子进呈，说："这样才是臣子承受旨命适宜的礼仪，免得有凡庸妄为之失。"皇帝采纳了这一建议。从此向皇上呈奏渐多，赐坐讨论的事就此废除。

乾德初年，皇上将要在圜丘祭天，让范质担任大礼使。范质和卤簿使张昭、仪仗使刘温叟讨论旧有的制度，制定了《南郊行礼图》进献给皇上。皇上特别赞赏。从此，典礼条文才开始完备，范质亲自安排程序。礼仪结束后，范质进封为鲁国公，范质上表坚决推辞，皇上不同意。乾德二年（964）正月，范质罢职任太子太傅。九月，范质去世，享年五十四岁。临死前，他告诫他的儿子范旻不要请封谥号，不要刻墓碑。太祖听说他去世的消息，感到悲伤惋惜，特意为他停止临朝。赠范质中书令，赏赐绢五百匹、粟麦各一百石来助其子办丧事。

范质勤奋好学，博闻强识，天性聪明颖悟。考取进士的时候，和凝以翰林学士的身份主管贡部，看到范质考试所写的文章，很器重他，因为他自己曾考中进士第十三名，于是把范质也放在这个名次上。贡院中称之为“传衣钵”。这以后，范质成为宰相，做了太子太傅，封为鲁国公，都跟和凝的经历相同。当初，范质已经进入朝廷，仍然手不释卷，有人认为他这样很辛苦，范质说：“有一个善于看相的人，说我有一天会位居宰辅。如果真像他所说的那样，我不学习怎么当宰相呢?”后来，他跟随周世宗征讨淮南，诏令大多出自他的手笔，吴中文人都感到震惊折服。范质每次拟定制书敕令，从未违背律法；委任刺史、县令，一定优先考虑户籍、土地。朝廷派遣使者视察民田，核查案件诉讼的情况，他都要先会见他们，讲述皇上心忧天下、勤勉为政的本意，然后再派他们出去调查。

世宗第一次征讨淮南时，驻扎在寿州、濠州，锐意进取，并且商议要去扬州。范质认为军队已很疲惫，同王溥哭泣着劝谏皇上，皇上这才罢了。等到第二次驾临扬州，皇上因事对窦仪大为恼火，窦仪生死难卜。范质请求觐见，世宗猜他是来救窦仪的，起身要躲开。范质快步走到皇上跟前说：“窦仪是皇上的近臣，犯了小的过失不应当被杀。”接着他脱下帽子跪下叩头，哭着说：“臣忝列宰相之位，怎么能让君主暴怒，把近臣置于死地呢？希望皇上宽恕窦仪的罪过。”世宗的怒意有所缓解，又坐下，当即派人赦免了窦仪。

范质性子急躁，喜欢当面反驳人。他以清廉正直来自我约束，从没接受过各地的馈赠，他为官前后所得到的俸禄和赏赐大多送给了孤老遗幼。他的内宅之中，从来没有什么美味珍馐。他死后，家中没有多余的财产。太祖在评论辅相的时候，对侍臣说：“朕听说范质只有住宅，不从事生产经营以赚取钱财，这是真正的宰相啊！”太宗也曾经称赞他说：“宰辅之中能遵循规矩，遵守礼仪，保持节操廉洁的，没有超过范质的，只是欠世宗一死，是件可惜的事。”范质的侄子校书郎范杲请求他上奏提拔自己，范质作诗给他讲道理，当时的人们相互传诵，以此为诫。范质有文集三十卷，又记述后梁至周五代历史，撰成《通录》六十五卷，流传于世。他的儿子叫范旻。

【评述】

范质自幼聪敏好学，历经后梁、后唐、后晋、后汉、后周、北宋六朝，五朝为官，两朝为相。后世往往有人讥笑范质五朝为官、两朝为相，以一身而事数主；事实上，如果细想一番的话，范质一生虽然有愧于数次易主，易主的原因却是因为他的盛名，实为身不由己。当与人谈及身居相位的感受时，范质曾说过：“人能鼻吸三斗醇醋，即可为宰相矣。”若要细品此话，多少透出了其对自己身为贰臣的辛酸和无奈。

但是五朝为官、两朝为相的范质却从未以权谋私，给自己创造奢靡的物质条件。身为高官，范质用的茶具是粗瓷杯盘，睡的是硬板床，铺的是旧棉被。在皇帝给他送来雕花床、新棉被和精美的杯具之后，他仍旧使用粗瓷、旧被、硬板床，能以身作则戒奢以俭，其道德操守实为一代风范。范质作为一人之下、万人之上的宰相，不仅能约束自己，而且还重视对朝廷风气的影响，可谓谋虑深远。

史载范质居官兢兢业业，处事得体，不占不贪，死后身无余财；知人善任，不图虚名，提拔和扶掖了一大批有为官吏；单从其治国手段和个人品行分析，范质可说是宋朝开国后不可缺少的重臣和忠臣。

唐代李商隐在《咏史》中写道："历览前贤国与家，成由勤俭败由奢。"可见，不管是治国还是治家，"戒奢以俭"都可谓是一项重要内容。"以俭立名，以奢自败"，不仅是我们中华民族的传统美德，而且已成为了古今中外人们的共识。

（肖刚注译、评述）

曹 彬

【原文】

曹彬，字国华，真定灵寿人。父芸，成德军节度都知兵马使。彬始生周岁，父母以百玩之具罗于席，观其所取。彬左手持干戈，右手持俎豆，斯须取一印，他无所视，人皆异之。及长，气质淳厚。汉乾祐中，为成德军牙将。节帅武行德见其端懿，指谓左右曰："此远大器，非常流也。"周太祖贵妃张氏，彬从母也。周祖受禅，召彬归京师。隶世宗帐下，从镇澶渊，补供奉官，擢河中都监。蒲帅王仁镐以彬帝戚，尤加礼遇。彬执礼益恭，公府燕集，端简终日，未尝旁视。仁镐谓从事曰："老夫自谓夙夜匪懈，及见监军矜严，始觉己之散率也。"

显德三年，改潼关监军，迁西上阁门使。五年，使吴越，致命讫即还。私觌[①]之礼，一无所受。吴越人以轻舟追遗之，至于数四，彬犹不受。既而曰："吾终拒之，是近名也。"遂受而籍之以归，悉上送官。世宗强还之，彬始拜赐，悉以分遗亲旧而不留一钱。出为晋州兵马都监。

一日，与主帅暨宾从环坐于野，会邻道守将走价[2]驰书来诣，使者素不识彬，潜问人曰："孰为曹监军？"有指彬以示之，使人以为绐己，笑曰："岂有国戚近臣，而衣弋绨袍、坐素胡床者乎？"审视之方信。迁引进使。

初，太祖典禁旅，彬中立不倚，非公事未尝造门，群居燕会，亦所罕预，由是器重焉。建隆二年，自平阳召归，谓曰："我畴昔常欲亲汝，汝何故疏我？"彬顿首谢曰："臣为周室近亲，复忝内职，靖恭守位，犹恐获过，安敢妄有交结？"迁客省使，与王全斌、郭进领骑兵攻河东平乐县，降其将王超、侯霸荣等千八百人，俘获千余人。既而贼将蔚进率兵来援，三战皆败之。遂建乐平为平晋军。乾德初，改左神武将军。时初克辽州，河东召契丹兵六万骑来攻平晋，彬与李继勋等大败之于城下。俄兼枢密承旨。

二年冬，伐蜀，诏以刘光毅为归州行营前军副部署，彬为都监。峡中郡县悉下，诸将咸欲屠城以逞其欲，彬独申令戢下，所至悦服。上闻，降诏褒之。两川平，全斌等昼夜宴饮，不恤军士，部下渔夺无已，蜀人苦之。彬屡请旋师，全斌等不从。俄而全师雄等构乱，拥众十万，彬复与光毅破之于新繁，卒平蜀乱。时诸将多取子女玉帛，彬橐中唯图书、衣衾而已。及还，上尽得其状，以全斌等属吏。谓彬清介廉谨，授宣徽南院使、义成军节度使。彬入见，辞曰："征西将士俱得罪，臣独受赏，恐无以示劝。”上曰：“卿有茂功，又不矜伐，设有微累，仁赡等岂惜言哉？惩劝国之常典，可无让。”

六年，遣李继勋、党进率师征太原，命为前军都监，战洞涡河，斩二千余级，俘获甚众。开宝二年，议亲征太原，复命为前军都监，率兵先往，次团柏谷，降贼将陈廷山。又战城南，薄于濠桥，夺马千余。及太祖至，则已分砦四面，而自主其北。六年，进检校太傅。

七年，将伐江南。九月，彬奉诏与李汉琼、田钦祚先赴荆南发战舰，潘美帅步兵继进。十月，诏以彬为升州西南路行营马步军战棹都部署，分兵由荆南顺流而东，破峡口砦，进克池州，连克当涂、芜湖二县，驻军采石矶。十一月，作浮梁，跨大江以济师。十二月，大破其军于白鹭洲。

八年正月，又破其军于新林港。二月，师进次秦淮，江南水陆十余万陈于城下，大败之，俘斩数万计。及浮梁成，吴人出兵来御，破之于白鹭洲。自三月至八月，连破之，进克润州。金陵受围，至是凡三时，吴人樵采路绝，频经败衄。李煜危急，遣其臣徐铉奉表诣阙，乞缓师，上不之省。先是，大军列三砦，美居守北偏，图其形势来上。太祖指北砦谓使者曰：“吴人必夜出兵来寇，尔亟去，令曹彬速成深沟以自固，无堕其计中。”既成，吴兵果夜来袭，美率所部依新沟拒之，吴人大败。奏至，上笑曰：“果如此。”

长围中，彬每缓师，冀煜归服。十一月，彬又使人谕之曰："事势如此，所惜者一城生聚，若能归命，策之上也。"城垂克，彬忽称疾不视事，诸将皆来问疾。彬曰："余之疾非药石所能愈，惟须诸公诚心自誓，以克城之日，不妄杀一人，则自愈矣。"诸将许诺，共焚香为誓。明日，稍愈。又明日，城陷。煜与其臣百余人诣军门请罪，彬慰安之，待以宾礼，请煜入宫治装，彬以数骑待宫门外。左右密谓彬曰："煜入或不测，奈何？"彬笑曰："煜素懦无断，既已降，必不能自引决。"煜之君臣，卒赖保全。自出师至凯旋，士众畏服，无轻肆者。及入见，刺称"奉敕江南干事回"，其谦恭不伐如此。

初，彬之总师也，太祖谓曰："俟克李煜，当以卿为使相。"副帅潘美预以为贺。彬曰："不然，夫是行也，仗天威，遵庙谟③，乃能成事，吾何功哉，况使相极品乎！"美曰："何谓也？"彬曰："太原未平尔。"及还，献俘。上谓曰："本授卿使相，然刘继元未下，姑少待之。"既闻此语，美窃视彬微笑。上觉，遽诘所以，美不敢隐，遂以实对。上亦大笑，乃赐彬钱二十万。彬退曰："人生何必使相，好官亦不过多得钱尔。"未几，拜枢密使、检校太尉、忠武军节度使。太宗即位，加同平章事。议征太原，召彬问曰："周世宗及太祖皆亲征，何以不能克？"彬曰："世宗时，史彦超败于石岭关，人情惊扰，故班师；太祖顿兵甘草地，会岁暑雨，军士多疾，因是中止。”太宗曰：“今吾欲北征，卿以为何如?”彬曰：“以国家兵甲精锐，剪太原之孤垒，如摧枯拉朽尔，何为而不可。”太宗意遂决。太平兴国三年，进检校太师，从征太原，加兼侍中。八年，为弭德超所诬，罢为天平军节度使。旬余，上悟其谮，进封鲁国公，待之愈厚。

雍熙三年，诏彬将幽州行营前军马步水陆之师，与潘美等北伐，分路进讨。三月，败契丹于固安，破涿州，戎人来援，大破之于城南。四月，又与米信破契丹于新城，斩首二百级。五月，战于岐沟关，诸军败绩，退屯易州，临易水而营。上闻，亟令分屯边城，追诸将归阙。

先是，贺令图等言于上曰：“契丹主少，母后专政，宠幸用事，请乘其衅，以取幽蓟。”遂遣彬与崔彦进、米信自雄州，田重进趣飞狐，潘美出雁门，约期齐举。将发，上谓之曰：“潘美之师但先趣云、应，卿等以十万众声言取幽州，且持重缓行，不得贪利。彼闻大兵至，必悉众救范阳，不暇援山后矣。”既而，美之师先下寰、朔、云、应等州，重进又取飞狐、灵丘、蔚州，多得山后要害地，彬亦连下州县，势大振。每奏至，上已讶彬进军之速。及彬次涿州，旬日食尽，因退师雄州以援饷馈。上闻之曰：“岂有敌人在前，反退军以援刍粟，失策之甚也。”亟遣使止彬勿前，急引师缘白沟河与米信军会，案兵养锐，以张西师之势；俟美等尽略山后地，会重进之师而东，合势以取幽州。时彬部下诸将，闻美及重进累建功，而己握重兵不能有所攻取，谋议蜂起。彬不得已，乃复裹粮再往攻涿州。契丹大众当前，时方炎暑，军士乏困，粮且尽，彬退军，无复行伍，遂为所蹑而败。

彬等至，诏鞫于尚书省，令翰林学士贾黄中等杂治之，彬等具伏违诏失律之罪。彬责授右骁卫上将军，彦进右武卫上将军，信右屯卫上将军，余以次黜。四年，起彬为侍中、武宁军节度使。淳化五年，徙平卢军节度。真宗即位，复检校太师、同平章事。数月，召拜枢密使。

咸平二年，被疾。上趣驾临问，手为和药，仍赐白金万两。问以后事，对曰："臣无事可言。臣二子材器可取，臣若内举，皆堪为将。"上问其优劣，对曰："璨不如玮。"六月薨，年六十九。上临哭之恸，对辅臣语及彬，必流涕。赠中书令，追封济阳郡王，谥武惠；且赠其妻高氏韩国夫人；官其亲族、门客、亲校十余人。八月，诏彬与赵普配飨太祖庙庭。

彬性仁敬和厚，在朝廷未尝忤旨，亦未尝言人过失。伐二国，秋毫无所取。位兼将相，不以等威自异。遇士夫于途，必引车避之。不名下吏，每白事，必冠而后见。居官奉入给宗族，无余积。平蜀回，太祖从容问官吏善否，对曰："军政之外，非臣所闻也。"固问之，唯荐随军转运使沈伦廉谨可任。为帅知徐州日，有吏犯罪，既具案，逾年而后杖之，人莫知其故。彬曰："吾闻此人新娶妇，若杖之，其舅姑必以妇为不利，而朝夕笞詈之，使不能自存。吾故缓其事，然法亦未尝屈焉。”北征之失律也，赵昌言表请行军法。及昌言自延安还，被劾，不得入见。彬在右府，为请于上，乃许朝谒。

选自《宋史》卷二百五十八《曹彬传》

【注释】

①私觌（dí）：谓私以礼物拜会。

②走价：亦作“走介”，供奔走的仆役、小使。

③庙谟：犹“庙谋”、“庙算”，亦作“庙筭”。朝廷或帝王对战事进行的谋划。

【译文】

曹彬，字国华，真定灵寿人。父亲曹芸，是成德军节度都知兵马使。曹彬刚满周岁的时候，父母把许多玩具罗列在席子上，看他拿什么东西。曹彬左手拿刀枪，右手拿俎、豆之类的祭器，过了一会儿又拿了一个印，其他的看都不看，人们都对他的举动感到惊异。等他长大了，气质淳厚。后汉乾祐年间，曹彬担任成德军的牙将。节帅武行德看出他端庄纯正，指着他对身边人说：“这个人是成大器的人，不是一般人。”周太祖贵妃张氏，是曹彬的姨母。周祖登基，召曹彬回京城。曹彬隶属世宗帐下，跟从他镇守澶渊，补任供奉官，擢升为河中都监。蒲帅王仁镐因曹彬是皇亲国戚，对他特别加以礼遇。曹彬遵守礼仪越发恭敬，公府举行宴会时，曹彬始终端庄持重，从不东张西望。王仁镐对随从说：“我自以为日夜不懈怠，等看到曹监军的矜严，才发现自己的散漫随性。”

显德三年（956），曹彬改任潼关监军，升任西上阁门使。显德五年，他出使吴越，任务一完成就返回朝廷。私下见面时别人送的礼物，他一样也没接受。吴越人用小船追上他要给他送礼，再三再四地劝说，曹彬还是不接受。后来曹彬说：“我再拒绝，就是在追求虚名了。”于是就接受并登记好礼品。回去之后他把礼品全部交给了官府。周世宗非要将礼物还给曹彬，曹彬这才拜谢接受赏赐。但他把它们全部分赠给亲朋故友而自己一个钱也没留下。曹彬出任晋州兵马都监。一天，他和主帅以及宾客随从围坐在郊野之地，恰逢邻近地区守将派仆从骑马飞奔来送信，使者从来没见过曹彬，偷偷问别人说：“谁是曹监军?”有人指着曹彬来告诉他，使者以为这人是在骗自己，笑着说：“皇亲国戚、心腹近臣哪有穿黑色粗厚长袍，坐在没有装饰的胡床上的呢?”仔细观察后才相信那是曹彬。后曹彬升为引进使。

先前，太祖掌管皇帝的亲兵，曹彬保持中立不偏不倚，不是公事就不上门，聚集宴请的事也很少参与，因此很受太祖器重。建隆二年（961），太祖从平阳召回曹彬，告诉他说：“我过去常想接近你，你为何要疏远我呢?”曹彬叩首道歉说：“我作为周室的近亲，又忝列朝廷官位，尽忠守职，仍害怕有过错，怎么还敢擅自交结他人呢!”升为客省使，跟王全斌、郭进带领骑兵攻打河东平乐县，降服了那里的将领王超、侯霸荣等一千八百人，俘虏一千多人。不久，贼将蔚进带兵前来支援，打了三仗都失败了。于是将乐平改为平晋军。乾德初年，改任左神武将军。当时刚攻克辽州，河东召集契丹骑兵六万前来攻打平晋，曹彬与李继勋等在城下大败他们。不久，曹彬兼任枢密承旨。

乾德二年（964）冬天，攻打蜀国，皇上下诏任命刘光毅为归州行营前军副部署，曹彬为都监。峡中郡县都被攻下，众位将领都想屠城来满足他们的私欲，惟有曹彬发布命令制止部下的暴行，他所到之处民众无不心悦诚服。皇上听说后，下诏书褒奖曹彬。两川之地平定后，全斌等人不分白天黑夜地宴饮，毫不体恤将士，部下不停地对百姓大肆抢夺侵占，川蜀的百姓深受其苦。曹彬多次请求班师，全斌等人不听。不久全师雄等人作乱，拥兵十万，曹彬又和刘光毅在新繁击败敌军，最后平定了川蜀之乱。当时各位战将多掠取奴仆、女子和钱财等，曹彬的行囊中只有书籍、衣物而已。等回到京师城，皇上了解了具体情况，把全斌等交付狱吏处置。皇上认为曹彬清廉谨严，授予他宣徽南院使、义成军节度使。曹彬入朝觐见，推辞说："征西的将士们都获罪了，只有我一人受赏，恐怕难以表现皇上的劝勉之意。"皇上说："你有大功，又不居功自傲，假如和那些人有一点牵连，仁赡等人怎会不说呢？惩罚、奖励是国家的常例，不必推辞。"

乾德六年，皇上派李继勋、党进率军出征太原，命曹彬为前军都监，交战于洞涡河，斩敌两千余首级，俘获甚多。开宝二年（969），皇上议定亲征太原，又命曹彬为前军都监，带兵先去，驻扎团柏谷，降服了贼军将领陈廷山。又在城南交战，逼近濠桥，夺取了一千多匹战马。等太祖来到，已经在四面分设营寨，自己主管北边。开宝六年，晋升为检校太傅。

开宝七年，朝廷将要征伐江南。九月，曹彬奉诏同李汉琼、田钦祚先期奔赴荆南征调战舰，潘美率步兵跟进。十月，下诏任命曹彬为升州西南路行营马步军战棹都部署，分兵从荆南顺流向东，攻破峡口营寨，进军池州，接连攻克当涂、芜湖两县，在采石矶驻军。十一月，建造浮桥，横跨大江来接应军队。十二月，在白鹭洲大破敌军。

开宝八年正月，又在新林港打败敌军。二月，军队进驻秦淮，江南水军陆军十余万人陈兵城下，大败敌军，俘获斩首数万人。等到浮桥建成，吴人出兵前来抵御，在白鹭洲攻破他们。从三月到八月，接连打败敌军，攻克润州。金陵被围困，到这时一共三季，吴人打柴的道路被断绝，多次被打败。李煜情势危急，派他的大臣徐铉奉表前往朝廷，乞求延缓进兵，皇上没有理睬他。此前，大军列排三座营寨，潘美防守北侧，画了地形图呈上。太祖指着北寨对使者说：“吴人一定会在夜间出兵来犯，你快去，命令曹彬迅速挖好深沟来加固防守，不要中了他们的计策。”深沟挖成以后，吴兵果然来夜袭，潘美率领自己的部下依仗新挖好的深沟抵御他们，吴人大败。奏报到后，皇上笑着说：“果然如此。”

长期围困当中，曹彬经常延缓军队进攻，希望李煜能够归服。十一月，曹彬又派人对他说：“事情的形势已经到这个地步，我只可惜全城的百姓，如果能够归顺，那是上策。”城池即将被攻克，曹彬忽然说有病而不再处理军务，诸位将领都前来探病。曹彬说：“我的病不是药物所能治愈的，只需各位诚心发誓，在破城之时不妄杀一人，那我的病自然就好了。”诸将都答应了，一起焚香盟誓。第二天，稍好了一些。又过了一天，城池被攻陷。李煜和他的大臣一百多人来到军寨门前请罪，曹彬安慰他，以宾客之礼对待他，并请李煜进宫去整理行装，曹彬派几个骑兵在宫门外等候。左右随从偷偷对曹彬说："李煜进去可能会有不测，怎么办?"曹彬笑着说："李煜向来懦弱不果断，既然已经归降，一定不会自杀的。"李煜君臣最终依赖曹彬而得以保全。从出师到凯旋班师，士兵们对曹彬敬畏服从，没有敢轻率放纵。等到入朝觐见，名帖上说"奉命到江南办事归来"，他的谦恭不自夸以至于此。

起初，曹彬统帅军队，太祖对曹彬说："等打败李煜，应当让你做宰相。"副帅潘美提前以此事祝贺他。曹彬说："不是这样的。此次行动是仰仗天威，遵照皇上的谋划，才能取得胜利的，我有什么功劳啊。更何况宰相是极其重要的职位啊!"潘美说："为什么这样说呢?"曹彬说："太原还没有平定呢。"等到得胜回朝，献上俘虏的时候，皇上对曹彬说："本来应授予你宰相职位，然而刘继元还没有打败，姑且稍等一等。"听到这句话后，潘美偷偷看着曹彬微笑。皇上觉察到了，立即诘问潘美为何而笑，潘美不敢隐瞒，于是据实回答。皇上也大笑，于是赐给曹彬二十万钱。曹彬退朝后说："人生何必一定要做宰相，好官也不过是多得些俸钱罢了。"不久，曹彬担任枢密使、检校太尉、忠武军节度使。太宗即位，他又加任同平章事。皇上商议征讨太原，召曹彬来问他说："周世宗和太祖都曾亲征，为什么不能攻克?"曹彬说："周世宗时，史彦超在石岭关战败，人心惶惶，所以班师回朝；太祖驻军在甘草地，适逢当年天气暑热多雨，士兵多患疾病，因此停止征战。"太宗说："现在我想北征，你认为怎么样?"曹彬说："凭借国家的强兵锐甲，攻克太原这样的孤城，如同摧枯拉朽一般，怎么不可以呢。"太宗于是下了决心。太平兴国三年（978），曹彬晋升为检校太师，跟从皇上征伐太原，加官兼侍中。八年，曹彬被弭德超诬陷，贬为天平军节度使。十多天后，皇上明白了这是诬陷，进封曹彬为鲁国公，对他更加厚待。

雍熙三年（986），皇上下诏命曹彬率领幽州行营前军马步水陆军队，与潘美等北伐，分路进军。三月，在固安打败契丹，攻破涿州，契丹人来增援，在城南大败他们。四月，又和米信在新城打败契丹，斩首二百级。五月，在岐沟关交战，各路军队战败，退守易州，在易水边安营扎寨。皇上听说后，立即命令分别驻扎在各边城，追命众将领返回朝廷。

此前，贺令图等人对皇上说："契丹国主年幼，母后专政，由宠幸的人来掌权，请皇上乘机攻取幽州、蓟州。"于是派曹彬和崔彦进、米信起自雄州，田重进取道飞狐，潘美出雁门，约定时间共同出兵。即将出发，皇上对他说："潘美的军队只先取云州、应州，你们带十万兵马声称要攻取幽州，且要沉稳慎重缓慢前进，不要贪功。敌方听说大军来了，一定倾巢而出去救范阳，顾不上支援山后了。"不久，潘美的军队先攻下寰州、朔州、云州、应州等地，田重进又攻下飞狐、灵丘、蔚州，所取大多是山后的军事要地，曹彬也接连攻下州县，声势大振。每当奏报来到，皇上都惊讶曹彬进军速度之快。等到曹彬驻扎在涿州，十多天后军粮用尽，因而退兵雄州来补充粮饷。皇上听说后说："哪有敌人在前面，反而退兵来补充粮草的，这真是太失策了。"立即派遣使者制止曹彬，不要进军，马上率军沿着白沟河与米信的军队会合，按兵不动，养精蓄锐，来增强西边军队的声势；等潘美等人将山后地区全部攻取后，会合田重进的军队向东进发，合力攻取幽州。当时曹彬部下诸将，听到潘美以及田重进屡立功勋，可是自己掌控重兵却不能有所攻取，议论纷纷，要求进攻。曹彬没办法，只好重又携带粮草再去攻打涿州。此时契丹大兵当前，当时天气又正炎热，士兵困乏，粮草也快用尽了，曹彬只好退军，队伍散乱不成形，于是被敌军追击而战败。

曹彬等人回来后，皇上下诏尚书省对其加以审问，命令翰林学士贾黄中等人共同办理此案，曹彬等人都认了违背诏令违反军律之罪。曹彬被责降为右骁卫上将军，彦进为右武卫上将军，米信为右屯卫上将军，其他按程度贬黜。雍熙四年（987），起任曹彬为侍中、武宁军节度使。淳化五年（994），改任平卢军节度。真宗即位后，又任检校太师、同平章事。几个月后，召任枢密使。

咸平二年（999），曹彬得了病。皇上亲自前去探望，亲手为他和药，还赏赐白金万两。皇上问他后事，曹彬回答说："我没什么事可以说的。我两个儿子有些才能，可以任用，如果让我自己举荐，他们都可以做将军。"皇上问他们的优劣，曹彬回答说："曹璨不如曹玮。"六月去世，享年六十九岁。皇上亲临吊唁，哭得很悲恸。皇上每次向辅佐大臣们说起曹彬，一定会痛哭流涕。追赠中书令，追封济阳郡王，谥号武惠；并且赠他的妻子高氏为韩国夫人；他的亲族、门客、亲近军校授予官职的有十多人。八月，下诏让曹彬和赵普配飨太祖庙庭中。

曹彬性格仁义，为人谦敬，和气厚道，在朝廷上未曾违背圣意，也未曾说过别人的过错。讨伐蜀唐，秋毫无犯。他将相之职兼于一身，却从不因官高势大而自认与常人有别。在路上遇到士大夫，一定赶着车子避让。没有名气的下级官吏，每次给他汇报事情，他必定先穿戴整齐，然后才召见。任职期间的俸禄供给宗族，自己没什么积蓄。平定蜀地回朝，太祖从容地问官吏中哪些是好的，哪些不好，他回答说："军政之外的事情，不是我所知道的。"太祖执意追问，他只推荐了随军转运使沈伦，认为他廉洁谨慎可以重用。曹彬治理徐州时，有一个小吏犯了罪，都已经结案了，过了一年后才实施杖刑，人们都不知其中的缘故。曹彬说："我听说这个人刚娶了妻子，如果当时给他实施杖刑，她的公婆一定会认为新媳妇不吉利，就会经常打骂她，使她难以生活。所以我把这件事缓了一下，但是也没有违背法律。"北征违反军纪，赵昌言上表请求皇上执行军法。等到赵昌言从延安回来，因为被弹劾而不能够入朝觐见皇上。曹彬在枢密院，为他向皇上求情，才允许他朝见。

【评述】

曹彬为北宋初年大将，他曾与宋太祖赵匡胤同仕于后周。曹彬其时不过是一个负责在宫中宴会上管理酒品的小吏。一次宴会中，赵匡胤想要饮酒，于是找到曹彬，要求他拿些酒来。曹彬却说："酒这种东西虽然小，但仍是国家之物，不是我想给谁就给谁的。你要喝的话，我这里有些钱，你就用这些钱去买些酒来喝吧。"说罢从口袋里掏出一些钱递给赵匡胤。赵匡胤对此颇为感慨，觉得曹彬虽然是一个小官，也有如此节操，如果自己以后当道，定让此人跟随自己。

赵匡胤起事之后，果然任命曹彬为大将。曹彬为将，秉承一个"仁"字，从不仗恃手中武力，肆意滥杀。曹彬攻蜀之时，部下都主张屠城，被曹彬严令禁止。蜀地百姓都很感念曹公的德政。攻陷南京之后，也正是由于曹彬的保护，才使南唐后主李煜得以存命。后来，赵匡胤命曹彬征伐江南，曹彬以装病的方式迫使将士们对天焚香为誓，相戒攻克江南之日，不许妄杀一人。这一举措大大争取了江南的人心，民众们都箪食壶浆以迎王师。民国年间的《历史感应统纪》对此赞叹曰："其示病也，正如维摩诘经所谓，因众生病，是故我病，一切众生疾疗，我疾乃疗，存心仁厚如此。古称三世为将，道家所忌，若彬之为将，正可广作功德，何忌焉！"曹彬一生，无愧《宋史》所评"仁恕清慎，能保功名，守法度，唯彬为宋良将第一"之论。

孟子云："得天下有道，得其民，斯得天下矣。得其民有道，得其心，斯得民矣。"这一民本思想，正是我们今天所提倡的"以人为本"的早期雏形。古有"时苗留犊"、"羊续悬鱼"的佳话，在反贪腐深入进行的今天，翻阅史籍，曹彬当可为之佐证矣。

（肖刚注译、评述）

范正辞

【原文】

范正辞，字直道，齐州人。父劳谦，获嘉令。正辞治《春秋公羊》、《穀梁》，登第，调补安阳主簿。开宝中，判入等，迁国子监丞、知戎州，改著作佐郎。代还，治逋欠于淄州，转运使称其能，转左赞善大夫，就知淄州。太宗征河东，诸州部粮多不及期，正辞所部长山县吏张秀督民输，受钱二千，即杖杀之，郡中畏服。

太平兴国中，改殿中丞，通判棣、深二州，迁国子博士。御史中丞刘保勋奏充台直，会有言饶州多滞讼，选正辞知州事，至则宿系皆决遣之，胥吏坐淹狱停职者六十三人。会诏令料州兵送京师，有王兴者，怀土惮行，以刃故伤其足，正辞斩之。兴妻诣登闻上诉，太宗召见正辞，廷辨其事。正辞曰："东南诸郡，饶实繁盛，人心易动。兴敢扇摇，苟失控驭，则臣无待罪之地矣。"上壮其敢断，特迁膳部员外郎，充江南转运副使，赐钱五十万。

饶州民甘绍者，积财巨万，为群盗所掠，州捕系十四人，狱具，当死。正辞按部至，引问之，囚皆泣下，察其非实，命徙他所讯鞫。既而民有告群盗所在者，正辞潜召监军王愿掩捕之。愿未至，盗遁去，正辞即单骑出郭二十里，追及之。贼控弦持矟来逼，正辞大呼，以鞭击之，中贼双目，执之。贼自刃不殊，余贼渡江散走，追之不获，旁得所弃赃。贼尚有余息，正辞即载归，令医傅药，创既愈，按其奸状，伏法，而前十四人皆得释。

端拱二年，代归，与洛苑副使①綦仁泽、西京作坊副使②尹宗谔同监折中仓。先是，令商人输米豆而以茶盐酬其直，谓之“折中”。复有言其弊，罢之，至是复置焉。迁仓部员外郎，同知幕府州县官考课，改判刑部，历户部、盐铁二判官，迁考功员外郎，通判定、扬、杭三州。真宗即位，迁膳部郎中，召判三司勾院③，俄复为盐铁判官。咸平二年，出为河东转运使。三年，以本官兼侍御史知杂事。

时李昌龄自忠武行军起知梓州，董俨知寿州，王德裔、杨缄皆任转运使，后失官宰畿邑。正辞上言：“昌龄辈贪墨著闻，愿陛下罢其民政。”诏追还俨敕，余悉代之。又言：“治民之官，牧宰为急。”举吴奋等五人堪任大郡，复请令奋等各举知县、县令，从之。坐鞫任懿狱，贬滁州团练副使。会赦，复为仓部考功员外郎、通判郓州，知淮阳军，复膳部郎中，以年老，求监兖州商税。

大中祥符三年四月卒，年七十五。子识、讽，并进士及第。

选自《宋史》卷三百四《范正辞传》

【注释】

①洛苑副使：洛苑使，宋承唐制置，通常无职掌，仅为武臣迁转之阶。

②西京作坊副使：西京，宋时指洛阳。作坊使，官名，属西班诸司使。唐有作坊，五代置使，宋因之，开宝九年分南、北，熙宁三年改东、西，通常无职掌，仅为武臣迁转之阶。

③三司勾院：官署名，主管审核各地申报三部出纳帐籍，考察其差误而予以查究。隶三司，有户部勾院、度支勾院、盐铁勾院。各设判官一人，以朝官充任，执掌院务。另置勾覆官一人。其分合不定，或以户部、盐铁勾院合为一院、度支勾院为一院，或合为三司勾院、三司都勾院。

【译文】

范正辞，字直道，齐州人。父亲范劳谦，为获嘉县令。范正辞研究《春秋公羊传》、《春秋穀梁传》，考试中榜，调补安阳主簿一职。开宝年间（968—976），考试书判合格，升任国子监丞、戎州知州，又改任著作佐郎。任职期满回京，在淄州治理拖欠赋税的事宜，转运使称许他的才能，转任左赞善大夫，就地任淄州知州。太宗征讨河东，各州负责督运的粮草大部分都没有按期送达，范正辞所管辖的长山县吏张秀监督百姓运输时，受贿两千，范正辞随即把他杖杀，由此郡中人士都对他极其敬服。

太平兴国年间（976—984），范正辞升任殿中丞，棣、深二州通判，后迁任国子博士。御史中丞刘保勋奏保他担任谏官，当时正好有人上书说饶州有很多积压的案件没有处理，于是选任他担任饶州知州，范正辞到任后将以前扣押的犯人全部予以处置，停职查办了六十三名拖延案件不办的官吏。又逢皇上诏令选州兵到京师，有个叫王兴的人，眷恋家乡，不愿远行，故意用刀砍伤自己的脚，范正辞便将他斩首。王兴的妻子到登闻院上诉，太宗召见范正辞，当庭核实这件事情。范正辞说："在东南各郡之中，饶州富饶繁盛，人心容易受到鼓动。王兴敢带头煽动人心，一旦局面失去了控制，那么臣恐怕连待罪之地都没有了。"皇上赞赏他敢于决断，特升他做膳部员外郎，充任江南转运副使，赏赐五十万钱。

饶州有个叫甘绍的人，家中积聚钱财数以万计，遭盗贼抢掠。州里抓了十四个人，审判完，按律应当处以死刑。范正辞巡视到此地，提这几个人来询问，这些囚徒都流下眼泪，范正辞察觉到案情不属实，就下令转到别的地方审讯。之后不久有百姓报告盗贼所在之处，范正辞暗地里派监军王愿去抓捕。王愿还未赶到，盗贼已逃走，范正辞当即匹马追出城二十里，追上了盗贼。盗贼拿着弓箭上弦步步逼近，范正辞大叫一声，执鞭出击，正中一名盗贼的双眼，将他抓住。盗贼自杀不成，其他的盗贼渡江溃逃，没有追上，但得到了他们丢弃的赃物。那个盗贼还有气息，范正辞把他运回，命令医生用药，等盗贼伤愈之后，范正辞核实他的罪状，依法处置，而先前所抓获的十四个人都被释放。

端拱二年（989），范正辞任满回京，与洛苑副使綦仁泽、京西作坊副使尹宗谔同监折中仓。此前，朝廷命令商人交纳米豆，并且用茶盐来抵充米豆的价值，称为“折中”。有人指出这种做法的弊端，就停止了这件事，到现在又再次设置。范正辞升仓部员外郎，同知幕府州县官考课，改判刑部，历任户部、盐铁二判官，升任考功员外郎，通判定、扬、杭三州。宋真宗即位，升任膳部郎中，召入为三司勾院判官，不久又任盐铁判官。咸平二年（999），出京担任河东转运使。咸平三年，以本官兼侍御史知杂事。

当时，李昌龄从忠武行军一职起用为梓州知州，董俨担任寿州知州，王德裔、杨缄都担任转运使，后来被免职在京城地区做官。范正辞上奏说：“李昌龄等人贪婪奢侈，众所周知，希望陛下撤销他们的职务。”于是任命董俨的诏令被追回，其他几个人也都被替换。范正辞又上奏说：“治理百姓的官员中，州长官最为关键。”推荐吴奋等五人担当治理大州的重任，又奏请朝廷让吴奋等人各自举荐知县、县令，皇上听从了他的意见。后因审讯任懿一案获罪，范正辞被贬为滁州团练副使。赶上大赦，又被任命为仓部考功员外郎、郓州通判，淮阳军知军，恢复膳部郎中官阶，因年老，请求监兖州商税。大中祥符三年（1010）四月去世，年七十五。儿子范识、范讽，都进士及第。

【评述】

在所有的良吏当中，政绩不可能全然相同，每个人都有自己最为出色的一面。苏轼曾经用六个方面总结自己为官经验：“一曰慈，二曰俭，三曰勤，四曰慎，五曰诚，六曰明。”这也可以大致概括出一个优秀的官员所应该具有的品质。想想历史上那些有名的官员当中，有的永远心怀百姓；有的是以清廉著称；有的勤勤恳恳，不辞辛劳；有的心胸宽广，以诚信树立威严等等。范正辞为官最为突出的地方，则在于他执法的严格和在审理案件过程中表现出的杰出才能。

他的这种才能是和他刚直个性分不开的，因为这种个性的存在，他成为一个有威信的好官。他遇事果敢决断，执法猛烈严格，杖杀受贿官员张秀，将逃避朝廷诏令的王兴斩首。担任饶州知州时，将积压的案件一一处理，并处罚拖延案件不办的官员六十三人，诸如此类，都是其执法严格的表现。他在审理案件过程中能够分清是非、查明详情，给犯罪者以严惩，还无辜者以清白。后来，他作为江南转运副使，在巡视饶州时觉察到冤情，为错抓的十四个人平反并将真正的罪犯绳之以法。除此之外，范正辞还对用人选材提出自己的见解并为皇上所采纳，受到皇上的赏识。虽然仕途并非一帆风顺，也曾经历贬官降职，但做人为官始终如一，不愧为循吏的典范。

（马琳注译、评述）

王化基

【原文】

王化基，字永图，真定人。太平兴国二年，举进士，为大理评事[①]，通判常州。迁太子右赞善大夫、知岚州。时赵普为相，建议以骤用人无益于治，改淮南节度判官，入为著作郎，迁右拾遗，抗疏自荐。太宗览奏曰："化基自结人主，慷慨之士也。"召试，知制诰，以右谏议大夫权御史中丞。一日，侍便殿，问以边事，对曰："治天下犹植木焉，所患根本未固，固则枝干不足忧。朝廷治，则边鄙何患乎不安？"又尝令荐士，即一疏数十人，王嗣宗、薛映、耿望，皆其人也。

化基尝慕范滂为人，献《澄清略》，言时事有五：

其一，复尚书省，曰：国家立制，动必法天。尚书省上应玄象，对临紫垣，故六卿拟喉舌之官，郎吏应星辰之位，斯实乾文昭著，故事具明。方今省署，名实未称。夫三司使额，乃近代权制；判官、推官、勾院、开拆、磨勘、凭由、理欠、孔目、勾押、前后行，皆州郡吏局之名。请废三司，止于尚书省设六尚书分掌其事；废判官、推官，设郎官分掌二十四司及左右司公事，使一人掌一司；废孔目、勾押、前后行为都事、主事、令史；废勾院、开拆、磨勘、凭由、理欠等司归比部及左右司。如此即事益精详，且尽去州郡吏局之名也。六卿如阙，即选名品相近、有才望者权之；郎官如阙，则于两省三院选名干有清望者，依资除之。其二十四司公事，若繁简不同，望下本省府属参酌其类，均而行之。

其二，慎公举，曰：朝廷频年下诏，以类求人。但闻例得举官，未见择其举主。欲望自今先责朝官有声望者，各举所知，其举得官员则置籍，并举主名姓籍之。所举之官，实著廉能，则特旌举主；若所举贪冒败事，连坐举主。陛下自登宝位，十年于兹，七经选抡，得人多矣。然下僚远官，不无沉滞。望令采访司及州郡长吏，廉察以闻，籍以待用，则下无遗材矣。

其三，惩贪吏，曰：贪吏之于民，其损甚大。屈法烦刑，徇私肆虐，使民之受害甚于木之受蠹。若乃用非其人而不绳以法，虽夷、齐、颜、闵不能自见。盖中人之性，如水之在器，方员不常，顾用之者何如尔。望令诸路转运使副兼采访之名，责以觉察州、府、军、监长吏得失，俟其澄清部内，则待以不次之擢，置于侍从之间。所贵周知物理，能备顾问，且足为外官之劝也。

其四，省冗官，曰：古人建官，初不必备者，惟得其人也。国家封疆虽逾前世，而分设庶官实倍常数，意欲尽笼天下之利，而民物转加凋弊。二十年前，江、淮诸郡，扬、楚最居要冲，务穰事众，地广民繁。然止设知州一人署领官事，其余通判官、推官及州官等，悉皆分管榷务、仓库。当时事无不集，兼少狱讼。其后十年，臣任扬州时，朝廷添置监临、使臣等职，实逾本州官数。诸州冗员，似此非一。今以朝官、诸色使臣及县令、簿、尉等高卑相折而计之，一人月费不啻十千，以千人约之，岁计用十余万千，更倍万约之，万又过倍。使皆廉吏，止糜公帑；设或贪夫参错其间，则取于民者又加倍焉。望委各路转运使副，与知州同议裁减。若县令、簿、尉等官自前多不备置，可兼者兼之，如此则冗官汰矣。

其五，择远官，曰：负罪之人，多非良善，贪残凶暴，无所不至。若授以远方牧民之官，其或怙恶不悛，恃远肆毒。小民罹殃，卒莫上诉，甚非抚绥远人之意也。若自今以往，西川、广南长吏不任负罪之人，则远人受赐矣。

书奏，太宗嘉纳之。

初，柴禹锡任枢密，有奴受人金，而禹锡实不知也。参知政事陈恕欲因以中禹锡。太宗怒，引囚讯其事，化基为辨其诬。太宗感悟，以化基为长者。淳化中，拜中丞，俄知京朝官考课②，迁工部侍郎。至道三年，超拜参知政事。咸平四年，以工部尚书罢知扬州。移知河南府，进礼部尚书。大中祥符三年，卒，年六十七。赠右仆射，谥惠献。化基宽厚有容，喜愠不形，僚佐有相凌慢者，辄优容之。在中书，不以荫补诸子官，然善教训，故其子举正、举直、举善、举元皆有所立。

选自《宋史》卷二百六十六《王化基传》

【注释】

①评事：官名，隋朝始置此官，属大理寺，掌平决刑狱。其后历代相沿，清末废。

②知京朝官考课：官名，磨勘院所设。北宋太宗淳化三年（992），以官吏清浊混淆，难以甄别，置磨勘京朝官院与磨勘幕职州县官院（淳化四年，分别改为审官院、考课院），总称磨勘院，掌各级官员考课之事，设知京朝官考课与幕职州县官考课分领其事。

【译文】

王化基，字永图，真定人。太平兴国二年（977），进士及第，选为大理评事，任常州通判。后又升为太子右赞善大夫，岚州知州。当时赵普任宰相，建议说用人过快对于治理国家没有好处，因此王化基被改任为淮南节度判官，入朝为著作郎，又改任右拾遗，上书自荐。太宗看了他的奏章说：“王化基向朕自荐，是慷慨之士。”召见他廷试，然后任他为知制诰，以右谏议大夫暂时署理御史中丞。一天，王化基在便殿陪侍时，皇上向他询问边境相关事务，他回答说："治理天下的道理就好像植树，最担心的是根本不牢固，根本牢固了那么枝干就不用担忧了。朝中治理得好，那么边境的事务哪里还用担忧呢?"皇上又曾让他推荐人才，他一次就推荐几十人，王嗣宗、薛映、耿望，都在其中。

王化基非常仰慕范滂的为人，曾呈上《澄清略》一文，从五个方面谈论时事：

其一，恢复尚书省。文中说：国家确立法律制度，必须效法上天。尚书省从天象上看，正对紫微垣，所以六卿好比喉舌之官，郎吏对应星辰的位置，实是天象昭著，古制甚明。而现在的中央官署，名称与实际并不相符。三司使的名额，是近来暂时制定的；判官、推官、勾院、开拆、磨勘、凭由、理欠、孔目、勾押、前后行，都是州县吏局的名称。请求废除三司，仅在尚书省设六尚书，分别管理相关事务；废除判官、推官，以郎官分别掌管二十四司及左右司公事，一人掌管一司；废除孔目、勾押、前后行，改为都事、主事、令史；废除勾院、开拆、磨勘、凭由、理欠等司，把它们并入比部及左右司。这样的话就会精细周密，而且全部去掉了州郡一级吏局的名称。六卿如果空缺，就在级别相近者中选择才干品行出众的人担任；如果郎官空缺，就在三省两院中选择名声好，有威望的人，按照资历授任。二十四司的公事，如果繁简不同，希望交给本省官署参考斟酌各类事务，公平施行。

其二，慎重进行公开举荐。文中说：朝廷连年颁布诏令，按类征求人才。只听说有按照惯例得到推举的官员，没有看到推荐他们的那些举荐之人。希望能够从现在开始先要求朝中有声望的那些官员，各自举荐自己了解的人，被举荐的官员登记造册，举荐之人的名字也要一同登记。被荐官员，确实廉洁有才能的，就特别表彰举荐他的人；如果被举荐的人贪图财利败坏公事，也要牵连到举荐他的人。陛下自从登上皇位，到现在已经有十年了，经过七次选拔，得到的人才很多。然而下级僚属和偏远的地方官，还有埋没和遗漏的。希望能下令采访司及各州郡的长官，公正查访上报，登记在册，以备选用，那么下面就没有遗漏的人才了。

其三，惩治贪官污吏。文中说：贪官污吏对于百姓而言，危害是非常大的。枉法重罚、徇私舞弊，百姓因此受到的危害比树木受到蠹虫侵蚀还要大。如果用人不当而没能绳之以法，即使是伯夷、叔齐、颜渊、闵子骞等人也无法施展才能。因为普通人的天性，就像装在器皿中的水，方圆不定，只看用他的人是怎样的。希望下令各路转运使、转运副使兼领采访使的职责，让他们观察州、府、军、监各级长官的得失，等到他们各自将自己治内治理好，就可以给予破格的提升，安排在侍从之位。重要的是懂得事理，能作为顾问，而且足能对其他地方官进行激励。

其四，裁撤冗官。文中说：古人设置官职，最初不一定完备，只是要得到称职的人。现在国家的疆域虽然超过了前代，但分设众官的数目也达到了通常的一倍，想要尽收天下之利，结果百姓万物反而更加凋敝。二十年前，江、淮各州，扬、楚地位最为重要，事务众多，地域广大人口繁杂。然而也只是设知州一人管理政事，其余通判官、推官以及州官等，都各自分管专卖事务、仓库。当时办事没有不成功的，而且很少有诉讼案件。这以后十年，我在扬州任职时，朝廷增设监临、使臣等职，实际上超过了本州官员的数目。各州冗员情况，像这样的不是一种。现在用朝官、各种使臣及县令、主簿、县尉等高低折合计算，一个人每个月费用不少于十千钱，以千人计算，每年共用十多万，再加倍用万人的数目大致计算，万又过倍。如果都是清廉的官吏，只是耗费国库的钱财；假如有贪婪的人混杂其中，那么从百姓那里索取的又加倍了。希望委托各路转运使和副使，与知州共同商议裁撤冗员。如果县令、主簿、县尉等官以前大多不设置，可以兼任的就兼任，这样冗员就被淘汰了。

其五，慎重选择偏远地区的官员。文中说：犯罪的人，大多不是善良的人，性格贪婪凶残，无所不至。如果将这些人任命做偏远地区的官员，他们也许会怙恶不悛，仗着身处边远而肆意横行。百姓遭殃，也不能上诉，这绝不是绥靖偏远百姓的意思。如果从今之后，西川、广南的官员不再任用有罪的人，那么远方的百姓也就受到了恩赐。

文书奏上后，受到了太宗的嘉许和采纳。

当初，柴禹锡担任枢密使，家中有奴仆收受别人的钱财，而柴禹锡并不知情。参知政事陈恕要拿这件事中伤柴禹锡。太宗发怒，提来囚犯讯问此事，王化基为他辨明冤枉。太宗因此感动醒悟，认为王化基是忠厚长者。淳化年间（990—994），王化基任中丞，不久又任知京朝官考课，升任工部侍郎。至道三年（997），破格任参知政事。咸平四年（1001），在工部尚书任上罢职为扬州知州。后又调为河南府知府，进官礼部尚书。大中祥符三年（1010）去世，年六十七。赠官右仆射，谥号“惠献”。王化基为人宽厚有气度，喜怒不形于色，僚属里有欺辱怠慢的，他常常宽恕他们。中书任内，不使用庇荫之权为诸子补官，然而善于教育子女，所以他的儿子王举正、王举直、王举善、王举元都有所建树。

【评述】

王化基是北宋名臣，他为官清廉，为人宽厚，曾多次向朝廷上书，提出为人称道的政治建议。特别是在《澄清略》中提出的慎公举、惩贪吏、省冗官、择远官等建议，至今仍对我们有很深的借鉴意义。王化基还以善于举荐人才而闻名，王嗣宗、薛映、耿望等一批优秀人才都是由他推举的。他任人唯才，不徇私情，关于这一点还有一段故事：仁宗年间的一位文士鞠咏，自幼勤奋好学，中进士后因文才出众得到王化基的赏识。王化基做了杭州知府后，鞠咏也被朝廷提拔为大理评事，任杭州仁和县知县。鞠咏赴任前，先写了一封信和一首诗寄给了王化基，以感谢王化基过去对他的栽培奖掖，又讲到这次在王公手下为官，能够以诗文往来同乐等内容。然而，王化基却没有给鞠回信。鞠咏到任后，王化基并未给予他任何特别的礼遇，相反考察督促鞠咏的政事非常严格。鞠咏大失所望，从此不再奢望得到他额外的关照，而是专心治理县事。后来王化基入朝被任为参知政事，到职后首先举荐了鞠咏。有人问他原因。王化基说："鞠咏有才干，不怕被埋没。我为他担心的是气盛和骄傲，所以我才有意压制一下他的这种情绪，以使他的品行更高尚。"鞠咏听到这些话很感动，从此对王化基更加敬重，把王化基当做良师益友。我们今天常说"国以才立，政以才治，业以才兴"，可见人才的重要性。王化基以奖掖人才为己任，是一种责任，更是一种胸怀。

（马琳注译、评述）

向敏中

【原文】

向敏中，字常之，开封人。父瑀，仕汉符离令。性严毅，惟敏中一子，躬自教督，不假颜色。尝谓其母曰："大吾门者，此儿也。"敏中随瑀赴调京师，有书生过门，见敏中，谓邻母曰："此儿风骨秀异，贵且寿。"邻母入告其家，比出，已不见矣。及冠，继丁内外忧，能刻厉自立，有大志，不屑贫窭。

太平兴国五年进士，解褐将作监丞、通判吉州，就改右赞善大夫。转运使张齐贤荐其材，代还[①]，为著作郎。召见便殿，占对明畅，太宗善之，命为户部推官，出为淮南转运副使。时领外计者，皆以权宠自尊，所至畏惮，敏中不尚威察，待僚属有礼，勤于劝勖，职务修举。或荐其有武干者，召入，将授诸司副使。敏中恳辞，仍献所著文，加直史馆，遣还任。以耕籍恩，超左司谏，入为户部判官、知制诰。未几，权判大理寺。

时没入祖吉赃钱[②]，分赐法吏，敏中引钟离意委珠事[3]，独不受。妖尼道安构狱[4]，事连开封判官张去华，敏中妻父也，以故得请不预决谳。既而法官皆贬，犹以亲累落职，出知广州。入辞，面叙其事，太宗为之感动，许以不三岁召还。翌日，迁职方员外郎，遣之。是州兼掌市舶，前守多涉讥议。敏中至荆南，预市药物以往，在任无所须，以清廉闻。就擢广南东路转运使，召为工部郎中。太宗飞白书敏中洎张咏二名付中书，曰："此二人，名臣也，朕将用之。"左右因称其材，并命为枢密直学士。

时通进、银台司主出纳书奏，领于枢密院，颇多壅遏，或至漏失。敏中具奏其事，恐远方有失事机，请别置局，命官专莅，校其簿籍，诏命敏中与咏领其局。太宗欲大任敏中，当途者忌之。会有言敏中在法寺时，皇甫侃监无为军榷务，以贿败，发书历诣朝贵求为末减，敏中亦受之。事下御史，按实，尝有书及门，敏中睹其名，不启封遣去。俄捕得侃私童诘之，云其书寻纳筒中，瘗临江传舍。驰驿掘得，封题如故。太宗大惊异，召见，慰谕赏激，遂决于登用。未几，拜右谏议大夫、同知枢密院事。自郎中至是百余日，超擢如此。时西北用兵，枢机之任，专主谋议，敏中明辨有才略，遇事敏速，凡二边道路、斥堠[5]、走集之所，莫不周知。至道初，迁给事中。

真宗即位，敏中适在疾告，力起，见于东序，即遣视事。进户部侍郎。会曹彬为枢密使，改为副使。咸平初，拜兵部侍郎、参知政事。从幸大名，属宋湜病，代兼知枢密院事。时大兵之后，议遣重臣慰抚边郡，命为河北、河东安抚大使，以陈尧叟、冯拯为副，发禁兵万人翼从。所至访民疾苦，宴犒官吏，莫不感悦。四年，以本官同平章事，充集贤殿大学士。

故相薛居正孙安上不肖，其居第有诏无得贸易，敏中违诏质之。会居正子惟吉嫠妇柴将携赀产适张齐贤，安上诉其事，柴遂言敏中尝求娶己，不许，以是阴庇安上。真宗以问敏中，敏中言近丧妻不复议婚，未尝求婚于柴，真宗因不复问。柴又伐鼓，讼益急，遂下御史台，并得敏中质宅之状。时王嗣宗为盐铁使，素忌敏中，因对言，敏中议娶王承衍女弟，密约已定而未纳采。真宗询于王氏，得其实，以敏中前言为妄，罢为户部侍郎，出知永兴军。

景德初，复兵部侍郎。夏州李继迁兵败，为潘罗支射伤，自度孤危且死，属其子德明必归宋，曰："一表不听则再请，虽累百表，不得，请勿止也。"继迁卒，德明纳款，就命敏中为鄜延路缘边安抚使，俄还京兆。

是冬，真宗幸澶渊，赐敏中密诏，尽付西鄙，许便宜从事。敏中得诏藏之，视政如常日。会大傩，有告禁卒欲倚傩为乱者，敏中密使麾兵被甲伏庑下幕中。明日，尽召宾僚兵官，置酒纵阅，无一人预知者。命傩入，先驰骋于中门外，后召至阶，敏中振袂一挥，伏出，尽擒之，果各怀短刃，即席斩焉。既屏其尸，以灰沙扫庭，张乐宴饮，坐客皆股栗，边藩遂安。时旧相出镇，不以军事为意。寇准虽有重名，所至终日游宴，则以所爱伶人或付富室，辄厚有得。张齐贤倜傥任情，获劫盗或至纵遣。帝闻之，称敏中曰："大臣出临四方，惟敏中尽心于民事尔。"于是有复用之意。二年，又以德明誓约未定，徙敏中为鄜延路都部署兼知延州，委以经略，改知河南府兼西京留守。

大中祥符初，议封泰山，以敏中旧德有人望，召入，权东京留守。礼成，拜尚书右丞。

时吏部选人多稽滞者，命敏中与温仲舒领其事。俄兼秘书监，又领工部尚书，充资政殿大学士，赐御诗褒宠。祀汾阴，复为留守。敏中以厚重镇静，人情帖然，帝作诗遣使驰赐之。拜刑部尚书。五年，复拜同平章事，充集贤殿大学士，加中书侍郎。寻充景灵宫使，宫成，进兵部尚书，为兖州景灵宫庆成使。

天禧初，加吏部尚书，又为应天院奉安太祖圣容礼仪使。进右仆射兼门下侍郎，监修国史。是日，翰林学士李宗谔当对，帝曰："朕自即位，未尝除仆射，今命敏中，此殊命也，敏中应甚喜。"又曰："敏中今日贺客必多，卿往观之，勿言朕意也。"宗谔既至，敏中谢客，门阑寂然。宗谔与其亲径入，徐贺曰："今日闻降麻[6]，士大夫莫不欢慰相庆。”敏中但唯唯。又曰：“自上即位，未尝除端揆，非勋德隆重，眷倚殊越，何以至此。”敏中复唯唯。又历陈前世为仆射者勋德礼命之重，敏中亦唯唯，卒无一言。既退，使人问庖中，今日有亲宾饮宴否，亦无一人。明日，具以所见对。帝曰：“向敏中大耐官职。”徙玉清昭应宫使。以年老，累请致政，优诏不许。三年重阳，宴苑中，暮归中风眩，郊祀不任陪从。进左仆射、昭文馆大学士，奉表恳让，又表求解，皆不许。明年三月卒，年七十二。帝亲临，哭之恸，废朝三日，赠太尉、中书令，谥文简。五子、诸婿并迁官，亲族授官者又数人。

敏中姿表瑰硕，有仪矩，性端厚岂弟，多智，晓民政，善处繁剧，慎于采拔。居大任三十年，时以重德目之，为人主所优礼，故虽衰疾，终不得谢。及追命制入，帝特批曰：“敏中淳谨温良，宜益此意。”其恩顾如此。有文集十五卷。

选自《宋史》卷二百八十二《向敏中传》

【注释】

①代还：指朝臣出任外官者重新被调回朝廷任职。

②祖吉赃钱：监察御史祖吉知晋州时，违法受贿数以万计。太宗淳化二年（991），事发伏诛。

③钟离意委珠事：《后汉书·钟离意传》记载，交阯太守张恢因犯贪污罪被惩治，皇帝将他的赃物赏赐给群臣，钟离意却将得到的宝珠抛在地上，以表明自己不受赃。

④道安构狱：指淳化二年（991），庐州女僧道安告徐铉强奸一案。

⑤斥堠：亦作“斥候”，用以瞭望敌情的土堡。

⑥降麻：唐宋任免将相，用黄、白麻纸写诏书，宣告于朝廷，谓之“降麻”。

【译文】

向敏中，字常之，开封人。父亲向瑀，曾担任后汉符离令。向瑀性情严厉刚毅，只有敏中一个儿子，亲自教导，十分严厉。他曾经对向敏中的母亲说：“将来光大我家门楣的，就是这个儿子。”向敏中跟随向瑀调任到京师，有一个书生路过他家门口，看见向敏中，告诉邻居老妇说：“这个孩子风骨秀异，将来定是显贵而长寿之人。”邻居老妇进去告诉他的家人，等到出来时，那个书生已经不见了。等到向敏中二十岁的时候，他的父母相继去世，但他能刻苦自立，胸怀大志，不在乎物质上的贫乏。

太平兴国五年（980），向敏中考中进士，将要担任监丞、吉州通判，就地改任右赞善大夫。转运使张齐贤欣赏他的才能，回朝后，任命向敏中为著作郎。皇上在便殿召见他，应答明白晓畅，太宗很赏识。又任命他为户部推官，出任淮南转运副使。当时领外州转运使的人，都因权大受宠而妄自尊大，他们所到之处，人们都心怀畏惧，向敏中不崇尚威严，对待下属很有礼节，勤于劝勉，事务也处理得及时、得当。有人推荐他，说他有军事方面的才能，皇上召他入宫，想授予他诸司副使。向敏中恳切地推辞了，仍旧进献他所写的文章，加官直史馆，派他回到原任。因为皇帝亲耕籍田恩典，他被越级提拔为左司谏，入朝担任户部判官、知制诰。不久，暂代判大理寺。

当时，没收祖吉的赃款，分别赏赐给执法的官吏，只有向敏中援引钟离意推脱珠宝的事，没有接受。妖尼道安犯罪，事情牵连到开封判官张去华。张去华是向敏中的岳父，向敏中因此请求不参与审判此案。不久法官都被贬，向敏中还是因为受到亲戚牵连而被降职，出任广州知府。他入宫辞行，当面讲述这件事，太宗为之感动，答应他不到三年就召他回朝。第二天，向敏中升任职方员外郎，派他前去上任了。广州这个地方兼管海外贸易，前任知州多被非议。向敏中到荆南，预先买好药物前往，在任时一无所求，以清廉闻名。他被就地提拔为广南东路转运使，召为工部郎中。太宗用飞白体书写了向敏中和张咏两个人的名字交付给中书省，说："这两个人都是名臣，朕要重用他们。"左右侍臣们于是都称赞他们的才干，二人一同被任命为枢密直学士。

当时通进、银台二司主管收发书奏工作，由枢密院统领，多有阻塞，有时会出现漏失。向敏中据实奏禀这件事，唯恐边远的地方会耽误军机，请求另设机构，任命官员专门管理，校对册簿典籍，皇上下诏命向敏中和张咏掌管这个机构。太宗想要重用向敏中，当权的大臣很是顾忌。正好有人说向敏中在法寺的时候，皇甫侃监管无为军的榷务，因为贿赂之事败露，他就写信给朝廷所有显贵的大臣们请求从轻发落，向敏中也收到了他的信。这件事发给御史调查，查得实情，确曾有皇甫侃的信送到家中，向敏中看到他的名字，没有开封就把使者打发走了。不久，抓到皇甫侃的家童，讯问此事，家童说那封信不久就被扔到筒里了，埋在临江传舍。于是派人赶紧跑过去，挖到了那封信，封题依然如故。太宗十分惊讶，召见向敏中，宽慰赏赐并且勉励他，于是决定晋升。不久，向敏中被任命为右谏议大夫、同知枢密院事。从郎中到这时才一百多天，越级提拔如此迅速。当时西北正有战事，枢密院的职责是专门负责谋划，向敏中明于辨析且有才干谋略，遇到事情反应敏捷处理迅速，凡是二边的道路、哨所、边塞，没有他不知道的。至道初年，升为给事中。

真宗即位时，向敏中恰好有病告假，但他还是勉力起身，皇上在宫室的东厢房接见了他，立即就派他处理政事。向敏中晋升为户部侍郎。恰逢曹彬为枢密使，乃改任枢密副使。咸平初年，向敏中任兵部侍郎、参知政事。他跟随真宗巡幸大名，恰好遇到宋湜生病，于是向敏中兼任代理枢密院事。时当大战之后，朝廷讨论派遣重臣抚慰边地，于是任命他为河北、河东安抚大使，以陈尧叟、冯拯为副使，派禁兵一万人扈从。他所到之处访查民间疾苦，设宴犒劳官吏，官民都感激并且高兴。咸平四年（1001），向敏中以本官同平章政事，充任集贤殿大学士。

已故宰相薛居正的孙子薛安上不成才，有诏令规定他住宅不得买卖，向敏中违反诏令将房屋做了抵押。恰逢薛居正的儿子薛惟吉遗孀柴氏想带着家产嫁给张齐贤，薛安上向官府控告此事，柴氏于是说向敏中曾向自己求婚，自己没有同意，因此向敏中暗中庇护薛安上。真宗问向敏中这件事，向敏中说最近妻子刚去世，没再谈论婚娶之事，并不曾求婚于柴氏，真宗也不再追问。柴氏却又敲鼓鸣冤，控告得更加急迫，于是下发御史台来审理，一并得到向敏中抵押房子的情况。当时王嗣宗担任盐铁使，向来忌惮向敏中，因而回答说，向敏中商议迎娶王承衍的妹妹，已经定了密约但还没有下聘迎娶。真宗询问王氏，得到了实情，认为向敏中先前所说的是谎言，罢免他为户部侍郎，出任永兴军知军。

景德初年，向敏中复任兵部侍郎。夏州李继迁兵败，被潘罗支射伤，自认身处孤危之境将要死去，叮嘱他的儿子李德明一定要归顺宋朝，说："上一次奏表不允许就再上一次，即使总共上了一百表还没有成功，也不能停止上表。"李继迁死后，李德明归顺。于是朝廷就任命向敏中为鄜延路缘边安抚使，不久返回京兆。

这年冬天，真宗巡幸澶渊，赐给向敏中一封密诏，将西方边陲的事情尽数托付给他，允许他见机行事。向敏中得到密诏，就藏了起来，和往常一样处理政务。适逢当时即将举行盛大傩会，有人密告说禁军士兵中有人想借傩会之机作乱。向敏中秘密调派属下士兵披上盔甲埋伏在廊庑间的幕布中。第二天，向敏中把所有的宾客、幕僚、士兵、军官都召来，大摆酒席，开怀畅饮，没有一个人预先知道向敏中的计划。向敏中让傩人进来，先让他们在中门外纵情表演，而后召他们来到台阶前，向敏中一挥衣袖，埋伏军兵一涌而出，把傩人全部拿下，搜身后发现傩人果然怀中都揣着短刀，当即就地斩首。接着处理了傩人的尸体，用灰沙将庭院打扫干净，继续歌舞宴饮。在座的客人都战战兢兢，两腿发抖。边藩于是安定下来。当时旧相出守外镇，不把军事放在心上。寇准虽然名气很大，但所到之处整天游玩宴饮。他有时把自己喜爱的歌妓送给富人，往往有丰厚的回报。张齐贤倜傥任性，抓获盗贼有时竟然释放了。皇上听说后，称赞向敏中说："大臣出任外方官职，只有向敏中对于民事尽心尽力。”这时就有再次起用他的心思。景德二年（1005），又因为德明盟约没有确定，改任向敏中为鄜延路都部署兼知延州，委任他来筹划治理，又改任河南府兼西京留守。

大中祥符初年，朝廷讨论泰山封禅，因为向敏中德高望重，召入朝廷，暂时代理东京留守。封禅礼仪之后，任尚书右丞。

当时吏部选拔人才经常延误耽搁，皇上命令向敏中与温仲舒主管这件事。不久，让他兼任秘书监，同时兼工部尚书，充任资政殿大学士，皇上还赏赐御诗以示褒奖恩宠。真宗祭祀汾阴，向敏中又担任留守。向敏中因性情稳重为人冷静，与大家相处得很和谐，皇帝作诗派遣使臣快马赏赐给他。不久任刑部尚书。大中祥符五年（1012），向敏中又任同平章事，充任集贤殿大学士，加授中书侍郎。很快又充任景灵宫使，宫殿建成后，晋升兵部尚书，担任兖州景灵宫庆成使。

天禧初年，向敏中加授吏部尚书，又担任应天院奉安太祖圣容礼仪使。晋升右仆射兼门下侍郎，监修国史。这天，翰林学士李宗谔当值应对，皇帝说：“朕自从即位以来，还没有任命过仆射，现在任命了向敏中，这是一项特殊的任命，向敏中应该非常高兴。”又说：“向敏中家今天贺客一定很多，你去看看，不要说是朕的意思。”李宗谔到了之后，发现向敏中谢绝客人，门庭冷清。李宗谔和他的亲信直接进去，道贺说：“今天听说朝廷任命您为仆射，士大夫们没有不欢欣庆贺的。”向敏中只是点头称是。李宗谔又说：“自从皇上即位以来，还没有任命过宰相，要不是德高望重，受到皇上的格外眷顾倚重，怎么会到如此信任的地步。”向敏中还是点头称是而已。李宗谔又历陈前代担任仆射的人深厚的道德和承担责任之重，向敏中也谦恭应答，终究没说一句话。李宗谔走后，派人问厨房，今天有亲友宾客宴饮没有，回答也是一个都没有。第二天，李宗谔把他所看到的告诉了皇上。皇上说："向敏中特别称职。"让向敏中改任玉清昭应宫使。因为年老，向敏中多次请求卸任，皇上下诏书好言安慰他而不允许。天禧三年（1019）重阳节，皇上在苑中宴饮，向敏中傍晚回去因受风而得了风头眩病，郊祀的时候没有担任陪从。向敏中晋升为左仆射、昭文馆大学士，他上表恳切辞让，又上表请求解职回乡，都未得到允许。第二年三月向敏中去世，享年七十二岁。皇上亲自临丧，哭得十分悲恸，停朝三日，追赠向敏中太尉、中书令，谥号文简。他的五个儿子、几个女婿都升官了，亲族中授予官职的又有好几个人。

向敏中姿态仪表魁梧高大，遵守礼仪规矩，性情端庄忠厚平易近人，多谋略，通晓民事政务，善于处理繁杂沉重的事务，选拔人才很慎重。他担当重任三十年，当时的人以有大德之人来看待他，被皇帝以礼优待，所以即使是年老多病，最终也未能辞官归里。等到追赠的制书呈上，皇帝特别批示说："向敏中淳厚谨慎温和贤良，更加适合此意。"皇上对他的恩宠照顾就是这样。他有文集十五卷。

（肖刚注译）

王　旦

【原文】

王旦，字子明，大名莘人。曾祖言，黎阳令。祖彻，左拾遗。父祐，尚书兵部侍郎，以文章显于汉、周之际，事太祖、太宗为名臣。尝谕杜重威使无反汉，拒卢多逊害赵普之谋，以百口明符彦卿无罪，世多称其阴德。祐手植三槐于庭，曰："吾之后世，必有为三公者，此其所以志也。"

旦幼沉默，好学有文，祐器之曰："此儿当至公相。"太平兴国五年，进士及第，为大理评事、知平江县。其廨旧传有物怪凭戾，居多不宁。旦将至前夕，守吏闻群鬼啸呼云："相君至矣，当避去。"自是遂绝。就改将作监丞。赵昌言为转运使，以威望自任，属吏屏畏，入旦境，称其善政，以女妻之。代还，命监潭州银场。何承矩典郡，荐入为著作佐郎，预编《文苑英华》、《诗类》。迁殿中丞、通判郑州。表请天下建常平仓，以塞兼并之路。徙濠州。淳化初，王禹偁荐其才任转运使，驿召至京，旦不乐吏职，献文。召试，命直史馆。二年，拜右正言、知制诰。

初，祐以宿名久掌书命，旦不十年继其任，时论美之。钱若水有人伦鉴，见旦曰：“真宰相器也。”与之同列，每曰：“王君凌霄耸壑，栋梁之材，贵不可涯，非吾所及。”李沆以同年生，亦推重为远大之器。明年，与苏易简同知贡举，加虞部员外郎、同判吏部流内铨、知考课院。赵昌言参机务，旦避嫌，引唐独孤郁、权德舆故事辞职。太宗嘉其识体，改礼部郎中、集贤殿修撰。昌言出知凤翔，即日以旦知制诰，仍兼修撰、判院事，面赐金紫，择牯犀带宠之，又令冠西阁。至道元年，知理检院。二年，进兵部郎中。

真宗即位，拜中书舍人，数月，为翰林学士兼知审官院、通进银台封驳司。帝素贤旦，尝奏事退，目送之曰：“为朕致太平者，必斯人也。”钱若水罢枢务，得对苑中，访近臣之可用者，若水言：“旦有德望，堪任大事。”帝曰：“此固朕心所属也。”咸平三年，又知贡举，锁宿旬日，拜给事中、同知枢密院事。逾年，以工部侍郎参知政事。

契丹犯边，从幸澶州。雍王元份留守东京，遇暴疾，命旦驰还，权留守事。旦曰：“愿宣寇准，臣有所陈。”准至，旦奏曰：“十日之间未有捷报，时当如何？”帝默然良久，曰：“立皇太子。”旦既至京，直入禁中，下令甚严，使人不得传播。及驾还，旦子弟及家人皆迎于郊，忽闻后有驺诃声，惊视之，乃旦也。二年，加尚书左丞。三年，拜工部尚书、同中书门下平章事、集贤殿大学士、监修《两朝国史》。

契丹既受盟，寇准以为功，有自得之色，真宗亦自得也。王钦若忌准，欲倾之，从容言曰："此《春秋》城下之盟也，诸侯犹耻之，而陛下以为功，臣窃不取。"帝愀然曰："为之奈何？"钦若度帝厌兵，即谬曰："陛下以兵取幽燕，乃可涤耻。"帝曰："河朔生灵始免兵革，朕安能为此？可思其次。"钦若曰："唯有封禅泰山，可以镇服四海，夸示外国。然自古封禅，当得天瑞希世绝伦之事，然后可尔。"既而又曰："天瑞安可必得？前代盖有以人力为之者，惟人主深信而崇之，以明示天下，则与天瑞无异也。"帝思久之，乃可，而心惮旦，曰："王旦得无不可乎？"钦若曰："臣得以圣意喻之，宜无不可。"乘间为旦言，旦黾勉而从。帝犹尤豫，莫与筹之者。会幸秘阁，骤问杜镐曰："古所谓河出图、洛出书，果何事耶？"镐老儒，不测其旨，漫应之曰："此圣人以神道设教尔。"帝由此意决，遂召旦饮，欢甚，赐以尊酒，曰："此酒极佳，归与妻孥共之。"既归发之，皆珠也。由是凡天书、封禅等事，旦不复异议。

大中祥符初，为天书仪仗使，从封泰山，为大礼使，进中书侍郎兼刑部尚书。受诏撰《封祀坛颂》，加兵部尚书。四年，祀汾阴，又为大礼使，迁右仆射、昭文馆大学士。仍撰《祠坛颂》，将复进秩，恳辞得免，止加功臣。俄兼门下侍郎、玉清昭应宫使。五年，为玉清奉圣像大礼使。景灵宫建，又为朝修使。七年，刻天书，兼刻玉使，选御厩三马赐之。玉清昭应宫成，拜司空。京师赐酺，旦以惨恤不赴会，帝赐诗导意焉。《国史》成，迁司空。旦为天书使，每有大礼，辄奉天书以行，恒邑邑不乐。凡柄用十八年，为相仅一纪。

会契丹修和，西夏誓守故地，二边兵罢不用，真宗以无事治天下。旦谓祖宗之法具在，务行故事，慎所变改。帝久益信之，言无不听，凡大臣有所请，必曰："王旦以为如何?"旦与人寡言笑，默坐终日，及奏事，群臣异同，旦徐一言以定。归家，或不去冠带，入静室独坐，家人莫敢见之。旦弟以问赵安仁，安仁曰："方议事，公不欲行而未决，此必忧朝廷矣。"

帝尝示二府《喜雨诗》，旦袖归曰："上诗有一字误写，莫进入改却否?"王钦若曰："此亦无害。"而密奏之。帝愠，谓旦曰："昨日诗有误字，何不来奏?"旦曰："臣得诗未暇再阅，有失上陈。"惶惧再拜谢，诸臣皆拜，独枢密马知节不拜，具以实奏，且曰："王旦略不辨，真宰相器也。"帝顾旦而笑焉。天下大蝗，使人于野得死蝗，帝以示大臣。明日，执政遂袖死蝗进曰："蝗实死矣，请示于朝，率百官贺。"旦独不可。后数日，方奏事，飞蝗蔽天，帝顾旦曰：“使百官方贺，而蝗如此，岂不为天下笑耶？”

宫禁火灾，旦驰入。帝曰：“两朝所积，朕不妄费，一朝殆尽，诚可惜也。”旦对曰：“陛下富有天下，财帛不足忧，所虑者政令赏罚之不当。臣备位宰府，天灾如此，臣当罢免。”继上表待罪，帝乃降诏罪己，许中外封事言得失。后有言荣王宫火所延，非天灾，请置狱劾，当坐死者百余人。旦独请曰：“始火时，陛下已罪己诏天下，臣等皆上章待罪。今反归咎于人，何以示信？且火虽有迹，宁知非天谴耶？”当坐者皆免。

日者上书言宫禁事，坐诛。籍其家，得朝士所与往还占问吉凶之说。帝怒，欲付御史问状。旦曰：“此人之常情，且语不及朝廷，不足罪。”真宗怒不解，旦因自取尝所占问之书进曰：“臣少贱时，不免为此。必以为罪，愿并臣付狱。”真宗曰：“此事已发，何可免？”旦曰：“臣为宰相执国法，岂可自为之，幸于不发而以罪人。”帝意解。旦至中书，悉焚所得书。既而复悔，驰取之，而已焚之矣。由是皆免。仁宗为皇太子，太子谕德见旦，称太子学书有法。旦曰：“谕德之职，止于是耶？”张士逊又称太子书，旦曰：“太子不在应举，选学士不在学书。”

契丹奏请岁给外别假钱币。旦曰：“东封甚近，车驾将出，彼以此探朝廷之意耳。”帝曰：“何以答之？”旦曰："止当以微物而轻之。"乃以岁给三十万物内各借三万，仍谕次年额内除之。契丹得之，大惭。次年，复下有司："契丹所借金币六万，事属微末，今仍依常数与之，后不为比。"西夏赵德明言民饥，求粮百万斛。大臣皆曰："德明新纳誓而敢违，请以诏责之。"帝以问旦，旦请敕有司具粟百万于京师，而诏德明来取之。德明得诏，惭且拜曰："朝廷有人。"

寇准数短旦，旦专称准。帝谓旦曰："卿虽称其美，彼专谈卿恶。"旦曰："理固当然。臣在相位久，政事阙失必多。准对陛下无所隐，益见其忠直，此臣所以重准也。"帝以是愈贤旦。中书有事送密院，违诏格，准在密院，以事上闻。旦被责，第拜谢，堂吏皆见罚。不逾月，密院有事送中书，亦违诏格，堂吏欣然呈旦，旦令送还密院。准大惭，见旦曰："同年，甚得许大度量？"旦不答。寇准罢枢密使，托人私求为使相，旦惊曰："将相之任，岂可求耶！吾不受私请。"准深憾之。已而除准武胜军节度使、同中书门下平章事。准入见，谢曰："非陛下知臣，安能至此？"帝具道旦所以荐者。准愧叹，以为不可及。准在藩镇，生辰，造山棚大宴，又服用僭侈，为人所奏。帝怒，谓旦曰："寇准每事欲效朕，可乎？"旦徐对曰："准诚贤能，无如呆何。"真宗意遂解，曰："然，此正是呆尔。"遂不问。

翰林学士陈彭年呈政府科场条目，旦投之地曰："内翰得官几日，乃欲隔截天下进士耶?”彭年皇恐而退。时向敏中同在中书，出彭年所留文字，旦瞑目取纸封之。敏中请一览，旦曰：“不过兴建符瑞图进尔。”后彭年与王曾、张知白参预政事，同谓旦曰：“每奏事，其间有不经上览者，公批旨奉行，恐人言之以为不可。”旦逊谢而已。一日奏对，旦退，曾等稍留，帝惊曰：“有何事不与王旦来?”皆以前事对。帝曰：“旦在朕左右多年，朕察之无毫发私。自东封后，朕谕以小事一面奉行，卿等谨奉之。”曾等退而愧谢，旦曰：“正赖诸公规益。”略不介意。

帝欲相王钦若，旦曰：“钦若遭逢陛下，恩礼已隆，且乞留之枢密，两府亦均。臣见祖宗朝未尝有南人当国者，虽古称立贤无方，然须贤士乃可。臣为宰相，不敢沮抑人，此亦公议也。”真宗遂止。旦没后，钦若始大用，语人曰：“为王公迟我十年作宰相。”钦若与陈尧叟、马知节同在枢府，因奏事忿争。真宗召旦至，钦若犹哗不已，知节流涕曰：“愿与钦若同下御史府。”旦叱钦若使退。帝大怒，命付狱。旦从容曰：“钦若等恃陛下厚顾，上烦谴诃，当行朝典。愿且还内，来日取旨。”明日，召旦前问之，旦曰：“钦若等当黜，未知坐以何罪?”帝曰：“坐忿争无礼。”旦曰：“陛下奄有天下，使大臣坐忿争无礼之罪，或闻外国，恐无以威远。”帝曰：“卿意如何?”旦曰：“愿至中书，召钦若等宣示陛下含容之意，且戒约之。俟少间，罢之未晚也。”帝曰：“非卿之言，朕固难忍。”后月余，钦若等皆罢。

旦尝与杨亿评品人物，亿曰：“丁谓久远当何如?”旦曰：“才则才矣，语道则未。他日在上位，使有德者助之，庶得终吉；若独当权，必为身累尔。”后谓果如言。

旦为兖州景灵宫朝修使，内臣周怀政偕行，或乘间请见，旦必俟从者尽至，冠带出见于堂皇，白事而退。后怀政以事败，方知旦远虑。内臣刘承规以忠谨得幸，病且死，求为节度使。帝语旦曰：“承规待此以瞑目。”旦执不可，曰：“他日将有求为枢密使者，奈何?”遂止。自是内臣官不过留后。

旦为相，宾客满堂，无敢以私请。察可与言及素知名者，数月后，召与语，询访四方利病，或使疏其言而献之。观才之所长，密籍其名，其人复来，不见也。每有差除，先密疏四三人姓名以请，所用者帝以笔点之。同列不知，争有所用，惟旦所用，奏入无不可。丁谓以是数毁旦，帝益厚之。故参政李穆子行简，以将作监丞家居，有贤行，迁太子中允。使者不知其宅，真宗命就中书问旦，人始知行简为旦所荐。旦凡所荐，皆人未尝知。旦没后，史官修《真宗实录》，得内出奏章，始知朝士多旦所荐云。谏议大夫张师德两诣旦门，不得见，意为人所毁，以告向敏中，为从容明之。及议知制诰，旦曰：“可惜张师德。”敏中问之，旦曰：“累于上前言师德名家子，有士行，不意两及吾门。状元及第，荣进素定，但当静以待之尔。若复奔竞，使无阶而入者当如何也。”敏中启以师德之意，旦曰：“旦处安得有人敢轻毁人，但师德后进，待我薄尔。”敏中固称：“适有阙，望公弗遗。”旦曰：“第缓之，使师德知，聊以戒贪进、激薄俗也。”

石普知许州，不法，朝议欲就劾。旦曰：“普武人，不明典宪，恐恃薄效，妄有生事。必须重行，乞召归置狱。”乃下御史按之，一日而狱具。议者以为不屈国法而保全武臣，真国体也。薛奎为江、淮发运使，辞旦，旦无他语，但云：“东南民力竭矣。”奎退而曰：“真宰相之言也。”张士逊为江西转运使，辞旦求教，旦曰：“朝廷榷利至矣。”士逊迭更是职，思旦之言，未尝求利，识者曰：“此运使识大体。”张咏知成都，召还，以任中正代之，言者以为不可。帝问旦，对曰：“非中正不能守咏之规。他人往，妄有变更矣。”李迪、贾边有时名，举进士，迪以赋落韵，边以《当仁不让于师论》以“师”为“众”，与注疏异，皆不预。主文奏乞收试，旦曰：“迪虽犯不考，然出于不意，其过可略。边特立异说，将令后生务为穿凿，渐不可长。”遂收迪而黜边。

旦任事久，人有谤之者，辄引咎不辨。至人有过失，虽人主盛怒，可辨者辨之，必得而后已。素羸多疾，自东鲁复命，连岁求解，优诏褒答，继以面谕，委任无贰。

天禧初，进位太保，为兖州太极观奉上宝册使，复加太尉兼侍中，五日一赴起居，入中书，遇军国重事，不限时日入预参决。旦愈畏避，上疏恳辞，又托同列奏白。帝重违其意，止加封邑。一日，独对滋福殿，帝曰："朕方以大事托卿，而卿疾如此。"因命皇太子出拜，旦皇恐走避，太子随而拜之。旦言："太子盛德，必任陛下事。"因荐可为大臣者十余人，其后不至宰相惟李及、凌策二人，亦为名臣。旦复求避位，帝睹其形瘁，悯然许之。以太尉领玉清昭应宫使，给宰相半奉。

初，旦以宰相兼使，今罢相，使犹领之，其专置使自旦始焉。寻又命肩舆入禁，使子雍与直省吏挟扶，见于延和殿。帝曰："卿今疾亟，万一有不讳，使朕以天下事付之谁乎？"旦曰："知臣莫若君，惟明主择之。"再三问，不对。时张咏、马亮皆为尚书，帝历问二人，亦不对。因曰："试以卿意言之。"旦强起举笏曰："以臣之愚，莫如寇准。"帝曰："准性刚褊，卿更思其次。"旦曰："他人，臣所不知也。臣病困，不能久侍。"遂辞退。后旦没岁余，竟用准为相。

旦疾甚，遣内侍问者日或三四，帝手自和药，并薯蓣粥赐之。旦与杨亿素厚，延至卧内，请撰遗表。且言："忝为宰辅，不可以将尽之言，为宗亲求官，止叙生平遭遇，愿日亲庶政，进用贤士，少减焦劳之意。"仍戒子弟："我家盛名清德，当务俭素，保守门风，不得事于泰侈，勿为厚葬以金宝置柩中。”表上，真宗叹之，遂幸其第，赐白金五千两。旦作奏辞之，藁末自益四句云：“益惧多藏，况无所用，见欲散施，以息咎殃。”即舁至内阁，诏不许。还至门，旦已薨，年六十一。帝临其丧恸，废朝三日，赠太师、尚书令、魏国公，谥文正，又别次发哀。后数日，张旻赴镇河阳，例宜饮饯，以旦故，不举乐。录其子、弟、侄、外孙、门客、常从，授官者十数人。诸子服除，又各进一官。已而闻旦奏藁自益四句，取视，泣下久之。旦有文集二十卷。乾兴初，诏配享真宗庙廷。及建碑，仁宗篆其首曰：“全德元老之碑。”

旦事寡嫂有礼，与弟旭友爱甚笃。婚姻不求门阀。被服质素，家人欲以缯锦饰毡席，不许。有货玉带者，弟以为佳，呈旦，旦命系之，曰：“还见佳否？”弟曰：“系之安得自见？”旦曰：“自负重而使观者称好，无乃劳乎！”亟还之。故所服止于赐带。家人未尝见其怒，饮食不精洁，但不食而已。尝试以少埃墨投羹中，旦惟啖饭，问何不啜羹，则曰：“我偶不喜肉。”后又墨其饭，则曰：“吾今日不喜饭，可别具粥。”旦不置田宅，曰：“子孙当各念自立，何必田宅，徒使争财为不义尔。”真宗以其所居陋，欲治之，旦辞以先人旧庐，乃止。宅门坏，主者彻新之，暂于庑下启侧门出入。旦至侧门，据鞍俯过，门成复由之，皆不问焉。三子：雍，国子博士；冲，左赞善大夫；素，别有传。

选自《宋史》卷二百八十二《王旦传》

【译文】

王旦，字子明，大名府莘县人。曾祖王言，曾任黎阳县令。祖父王彻，曾官居左拾遗。父亲王祐，曾任尚书兵部侍郎，凭借文章显达于后汉、后周之际，侍奉太祖、太宗两朝，是当时名臣。王祐曾经劝告杜重威，让他不要反叛后汉，抵制了卢多逊杀害赵普的阴谋，想尽办法极力为符彦卿辨明无罪，世人多称赞他积有阴德。王祐亲手在庭院里种了三棵槐树，说："我的后代，一定有成为三公的，以此为记。"

王旦幼年沉默寡言，爱好学习，很有文才，王祐很器重他，说："这孩子应当能做官做到公卿宰相。"太平兴国五年（980），王旦进士及第，担任大理评事、平江县知县。平江县衙署曾经传说有鬼怪作乱，居住在这里多不安宁。王旦将要到任的前一天晚上，守吏听到群鬼大声呼喊说："做宰相的人来了，应当避开。"从此鬼怪绝迹。王旦就地改任官职，将要做监丞。赵昌言是转运使，倚威自负，下属的官吏都很惧怕他。赵昌言进入了王旦的辖境，称赞他治理的很好，把女儿嫁给了他。等到赵昌言回京任职，就命令王旦监潭州银场。何承矩任郡守，推荐王旦入朝为著作佐郎，参与编修《文苑英华》、《诗类》。王旦升任殿中丞、郑州通判。他上表请求在全国建设常平仓，用来堵塞兼并之路。后改任濠州。淳化初年，王禹偁欣赏他的才能推荐他任转运使，驿使诏令他回京，王旦不喜欢吏职，进献文章给皇上。皇上召他面试，让他在国史馆中任职。淳化二年（991），王旦任右正言、知制诰。

起初，王祐凭借长久以来的名望掌管书诏很久，王旦不到十年就继承了他的职位，当时的舆论都以此为美谈。钱若水有识人之能，他看见王旦，说：“真是宰相的材料啊！”他和王旦共事，经常说：“王君志向远大，是栋梁之才，将来显贵无边，不是我所能企及的。”李沆和王旦是同年科举考生，也推崇王旦是有远大志向的人才。第二年，王旦和苏易简共同主持进士考试，加授虞部员外郎、同判吏部流内铨、知考课院。赵昌言参与朝廷机要事务，王旦为避嫌，引用唐代独孤郁、权德舆的旧例提出辞职。太宗赞赏他识大体，改任他为礼部郎中、集贤殿修撰。赵昌言出任凤翔知府，皇上当天就让王旦任知制诰起草诏令，仍然兼任修撰、判院事，当面赐给他金紫，挑选牯犀带给他以示宠爱，又让王旦居于西阁第一的位置。至道元年（995），王旦掌管理检院。至道二年，晋升为兵部郎中。

真宗即位后，王旦任中书舍人。几个月后，任翰林学士兼知审官院、通进银台封驳司。真宗向来认为王旦很有才能。有一次，王旦奏事后退下，真宗目送他说：“能让朕天下太平的，一定是这个人。”钱若水被罢免了枢密院职务，得以在宫苑中应答，皇上问近臣中可以重用的人，钱若水说：“王旦有德行声望，足以担当大任。”皇帝说：“这本来就是朕很中意的人。”咸平三年（1000），又主持贡举，在考场里封闭了十多天，任给事中、同知枢密院事。过了一年，以工部侍郎身份任参知政事。

契丹侵犯边疆，王旦跟随皇帝出征澶州。雍王元份留守东京，忽得急病。真宗命令王旦急速返回东京，代理留守事务。王旦说：“请皇上宣召寇准，臣有话要说。”寇准被叫来后，王旦说：“若十天之内我还没有接到前线捷报，那时该怎么办？”真宗沉默了很久，说：“那你就立皇太子。”王旦回到京师后，直接进入宫中，严令任何人不得走漏消息。等到皇帝班师回朝，王旦的子弟、家人都赶到郊外去迎接王旦，忽听背后有骑兵的呵斥声，大家吃惊地回头一看，竟然是王旦。景德二年（1005），王旦被加授尚书左丞。三年，任工部尚书、同中书门下平章事、集贤殿大学士、监修《两朝国史》。

契丹接受盟约后，寇准认为是自己的功劳，常有自得之色，真宗也很得意。王钦若忌恨寇准，想要扳倒他，就慢慢对皇帝说：“这是《春秋》里的城下之盟，当时的诸侯都以之为耻，但是陛下却以此为功，臣私下里认为这样的想法不可取。”皇帝闷闷不乐地说：“那又怎么办呢？”钦若揣摩皇帝厌恶了打仗，就故意说：“陛下派兵攻取幽燕，就可以雪耻了。”皇帝说：“河朔地区百姓刚脱离战争之苦，朕怎么能这样做呢？还是再想想其他的办法。”王钦若说：“只有去泰山封禅，才可以镇服四海，向外国彰显实力。但是自古以来，封禅应当先有上天降下稀世绝伦的祥瑞之事才可以。”不久又说：“天降的祥瑞怎能一定得到？前代有凭借人力做到的，只要君主深信并且尊崇它，以之向天下人昭示，那就和天降祥瑞没有区别。”皇上思考了很久才答应，但是心里却忌惮王旦，说：“王旦该不会不同意吧？”王钦若说：“我可以把圣上的旨意告诉他，他应当不会不同意。”王钦若找个机会把此事告诉了王旦，王旦勉强同意了。皇帝仍然犹豫不决，没有能跟他一起筹划的人。皇上驾临秘阁时，突然问杜镐说：“古代所说的河出图、洛出书，是什么事啊？”杜镐是个老迈儒者，没揣测出皇帝的心意，随口回答说：“这是圣人用神道来教育大家罢了。”皇帝从此心意已决，于是召王旦喝酒，非常高兴，赐给他一樽酒，说：“这酒非常好，回去和妻儿一起喝吧。”王旦回家后打开一看，都是珠宝。从此凡是关于天书、封禅等事，王旦都不再提出不同意见。

大中祥符初年（1008），王旦作为天书仪仗使，随从皇帝封禅泰山，任大礼使，升为中书侍郎兼刑部尚书。奉诏撰写《封祀坛颂》，加授兵部尚书。大中祥符四年，在汾阴祭祀，又担任大礼使，升为右仆射、昭文馆大学士。仍然撰写《祠坛颂》，皇帝准备再次给他升官，王旦言辞恳切地推辞了才没有加官，只加为功臣。不久兼门下侍郎、玉清昭应宫使。大中祥符五年，王旦担任玉清奉圣像大礼使。建造景灵宫，他又担任朝廷修使。七年，刻天书，兼刻玉使，皇上挑选了皇宫马厩中的三匹马赐给他。玉清昭应宫建成后，他被授予司空一职。皇上赐京城臣民宴饮，王旦因为居丧没有参加，皇上赐诗开导他。《国史》修成后，王旦升迁为司空。王旦担任天书使，每次举行大礼的时候，就按照天书行事，常常郁郁寡欢。他掌握大权十八年，当宰相仅有十二年。

恰逢契丹修好，西夏也发誓坚守原来的领土，不再来侵犯，两个边地的军队被大批解散，真宗以无为的方法来治理天下。王旦认为祖宗的法制都在，务必按旧例行事，有所改变时要非常谨慎。时间长了，真宗越来越信任他，言无不听，只要大臣有奏请的，一定说：“王旦认为怎么样？”王旦与人交往，寡言少笑，整天默然干坐，等到奏事的时候，大臣们有不同意见，王旦慢慢地说一句话就决定了。回家以后，他有时候不脱帽子、衣带，在静室里独坐，家人都不敢去见他。王旦的弟弟拿这件事问赵安仁，赵安仁说："刚才在商议国事，王公不打算执行又没有决定，这一定是在忧虑朝廷之事。"

真宗曾经给枢密院、中书门下二府出示过自己写的《喜雨诗》，王旦放入袖子里带回来说："皇上诗里有一个字写错了，不知能否上奏皇上让他更改？"王钦若表面说："这也没什么要紧的。"背地里却秘密地上奏了皇上。真宗不高兴，对王旦说："昨天朕的诗有错字，你为什么不来上奏？"王旦说："我拿到诗后没有时间再看，所以没有告诉皇上。"他惶恐地再次跪拜谢罪，大臣们也都跪拜，只有枢密马知节不跪拜，把实际情况奏报给皇上，并且说："王旦一点都不为自己分辨，真是宰相的气度。"皇上看着王旦笑了起来。天下发生大的蝗灾，皇帝派人在野外抓了死蝗虫，给大臣们看。第二天，执政大臣就把死蝗虫放在袖子里进言说："蝗虫已经死了，请在朝堂上展示，率领百官庆贺。"唯独王旦不同意。后来又过了几天，正要奏事，飞蝗遮天蔽日而来，皇帝看着王旦说："假使群臣刚庆贺完，蝗虫就这样扑天而来，岂不被天下人耻笑吗？"

宫中发生火灾，王旦闻讯飞速赶来查看。皇帝说："两朝以来的积蓄，朕从不敢任意花费，这一下全被烧光了，实在是太可惜了！"王旦回答说："陛下富有天下，财物不值得忧虑，所最应忧虑的是政令或有不明，奖惩或有不当。臣位居宰相之职，招致如此天灾，臣理当罢免。"随即就上表请求治他的罪，皇帝也下了罪己诏承担责任，并要求朝廷内外臣民多提意见，议论朝政得失。后来有人说火灾是由荣王宫失火蔓延进来的，并非天灾，请求将有关人员逮捕治罪，牵连进来应处死的有百余人。王旦独自上奏皇帝说："火灾发生后，陛下已经给天下人下了罪己诏，我们这些大臣也都上了奏章请求治罪。现在却又要归罪于他人，如何向天下人示信？况且火灾的发生虽然有个缘起，但怎知不是上天的谴责呢？"牵连治罪人员全都得到赦免。

占卜的人上书谈论皇宫的事情，被杀了。抄他家的时候，得到朝官和他往来占问吉凶的书信。皇帝大怒，想把这些人交给御史查问实情。王旦说："这也是人之常情，并且谈论的内容也没有涉及到朝廷之事，不值得降罪于他们。"真宗的怒火不能消解，王旦于是自己拿出曾经占问的书信上奏皇帝说："我年轻贫贱的时候，也不免做过这样的事。一定要定罪的话，我希望把我和他们一起关进牢狱。"真宗说："这件事已经发生了，怎么能免除呢？"王旦说："我作为宰相执行国法，自己曾经这么做了，侥幸没有被揭发，怎么能隐瞒此事而以其罪治他人呢。"皇帝这才释然。王旦到中书省任职后，把所得到的书信全部焚烧了。不久又后悔了，急忙赶去取，却已经全部烧毁了。因此众人都免于罪责。仁宗为皇太子的时候，太子谕德见到王旦，称赞太子学习书法很有章法。王旦说："谕德的职责，难道只有这个吗？"张士逊又称赞太子的书法，王旦说："太子学习的目的不在于应试科举，选拔学士也不在于书法学习的好坏。"

契丹奏请每年另外给银两。王旦说："东去封禅的日子很近了，皇上即将出行，契丹以此来打探朝廷的意图而已。"皇帝说："怎么来回答他呢？"王旦说："只应当给一些小东西来轻视他。"于是从每年所给的三十万物品内各借三万，仍然告诉他们在第二年的定额内扣除。契丹得到消息后，非常惭愧。第二年，又下令有关部门："契丹所借的六万金币，只是一件小事情，今年仍按正常的数量给他们，下不为例。”西夏赵德明说百姓饥荒，要粮食一百万斛。大臣们都说：“赵德明刚结盟就敢违背誓约，请皇上下诏谴责他。”皇帝拿这件事来问王旦，王旦请皇上下令有关部门在京师准备一百万斛粟米，诏令赵德明来取。赵德明得到诏书后，心中惭愧，拜谢说：“朝中有贤明之人啊。”

寇准多次诋毁王旦，王旦却一直称赞寇准。皇上对王旦说：“你虽然总是称赞他的优点，他却专门挑你的毛病。”王旦说：“论理本该如此。我在宰相的职位上很久了，政事上的缺失一定很多。寇准对皇上没有隐瞒，越发可见他的忠诚耿直，这就是我之所以敬重寇准的原因。”皇上因此更加认为王旦贤良。中书省有事送往枢密院，违背了诏书的格式，寇准在枢密院，把这件事上报了皇上。王旦受到斥责，他只是谢罪并不分辨，堂吏都被处罚了。没过一个月，枢密院有事送往中书省，也违背了诏书格式，堂吏很高兴地呈给王旦，王旦命令送还给枢密院。寇准非常惭愧，看见王旦说：“同年，你怎么有如此大的度量？”王旦没有回答。寇准罢任枢密使，私下里托人请求当宰相，王旦吃惊地说：“将相的职位，岂是求得的！我不接受私下的请托。”寇准深以为恨。不久，授予寇准武胜军节度使、同中书门下平章事。寇准入见皇上，拜谢说：“要不是皇上了解我，我怎么能担任这个职务？”皇上详细地说出王旦举荐他的事。寇准惭愧地感叹，认为自己不如王旦。寇准在藩镇任职时庆祝生辰，建造彩棚大办宴席，而且服饰花费都很奢侈，超越级别，被人禀奏皇上。皇上发怒了，对王旦说：“寇准每件事都想效仿我，可以吗？”王旦从容地回答说：“寇准的确是贤能，可是他的愚蠢能怎么办呢！”真宗怒意这才消解了，说：“是啊，这正是愚蠢啊！”于是不再过问。

翰林学士陈彭年呈奏给政府科场条目，王旦把它扔到地上说：“内翰才当官几天，就想阻隔天下士子进取的道路吗?”陈彭年惶恐地退下。当时向敏中也在中书省，拿出陈彭年留下的文字，王旦闭着眼拿纸封起它。向敏中请求看一眼，王旦说：“不过是进献兴建符瑞图罢了。”后来陈彭年和王曾、张知白参与政事，他们一起对王旦说：“每次奏事，都有皇上没看过的，王公就批复执行了，恐怕有人会说这样不行。”王旦只是道歉谢罪而已。一天，朝堂问答，王旦退下后，王曾等人稍微留了一会，皇上吃惊地说：“有什么事不和王旦一起来?”于是众人就把之前的事情告诉了皇上。皇上说：“王旦在我身边很多年，我发现他没有丝毫的私心。自从东去封禅之后，我告诉他小事情他可以独自决定，你们好好地奉行吧。”王曾等人退下，之后他们很惭愧地向王旦道歉，王旦说：“我正要依靠各位的规劝补益。”一点也不介意。

皇上想以王钦若为宰相，王旦说：“王钦若遇到皇上，所受到的恩典、礼遇已经很隆厚了，并且请求把他留在枢密院，两府也均衡。我发现前朝没有让南方人执掌国家大权的，虽然古人说选贤立良没有地理方位的限制，但仍必须是贤士才可以。我做宰相，不敢压制别人，这也是大家的公议。”真宗于是放弃了这个想法。王旦去世后，王钦若才开始得到重用。王钦若告诉别人说：“因为王公，我做宰相的时间推迟了十年。”王钦若和陈尧叟、马知节都在枢密院，因为奏事而争执起来。真宗叫王旦来，王钦若仍是吵闹不停，马知节流着泪说：“我愿意和王钦若一起去御史府接受审讯。”王旦呵斥王钦若让他退下。皇上非常生气，命人把王钦若抓起来。王旦从容地说：“王钦若等人倚仗皇上的厚爱，让陛下烦恼，遭到谴责呵斥，应当按朝廷法典行事。请皇上暂且回宫，明天来取旨。”第二天，皇上召王旦前来问这件事，王旦说：“王钦若等人应当被罢黜，不知以什么罪名来定?”皇上说：“就用无礼争执发怒为罪名。”王旦说：“皇上拥有天下，假如大臣因无礼争执而获罪，可能会传到外国，那样恐怕就不能威慑远方了。”皇帝说：“你的意见是什么?”王旦说：“我愿意到中书省，召见王钦若等人宣示陛下的容忍，并且告诫约束他们。等过一段时间，再罢免他们也不迟。”皇上说：“要不是你为他们说话，我本来难以容忍的。”一个多月后，王钦若等人都被罢免。

王旦曾经和杨亿品评人物，杨亿说：“丁谓这人从长远看会怎么样?”王旦说：“有才倒是有才，要说道义就不一定。有一天要是身居高位，能够得到有德行的人辅佐他，可能会有个好的结局；如果独自揽权，一定会被自身拖累。”后来丁谓果然像他说的那样。

王旦担任兖州景灵宫朝修使，宦官周怀政与他一同出行。有时周怀政趁机会请见，王旦一定等到侍从们都到了，才穿戴整齐衣帽，在大厅里接见他。禀告完事之后就退出。后来周怀政因事败露，众人才知道王旦深谋远虑。宦官刘承规因为忠诚谨慎得到宠爱，生病将要死亡的时候，请求皇上给他个节度使的职位，皇上告诉王旦说：“刘承规正等着节度使一职，否则死不瞑目啊。”王旦坚决不同意，说：“以后要有请求当枢密使的，怎么办呢?”于是皇上不再提此事。从此后宦官官职不超过留后。

王旦做宰相时，宾客满堂，都不敢以私人之事来请托。王旦考察那些可以交谈的以及向来很有名望的人，几个月后，叫他们来谈话，询问各地的优点和弊病，或者让他们把建议写成奏折进献给皇上。王旦观察这些人各自的才能、特长，暗地里记下他们的名字，那人再来的时候，就不再接见他们。每次有差事任命，王旦先以密疏推荐三四个人来请示，想任用的人皇帝就用笔圈点出来。同朝为官的人不知道这件事，争论可能任用的人，只要王旦提出任用的，奏请没有不同意的。丁谓因此多次诋毁王旦，但皇上对王旦更加厚爱。已故参政李穆的儿子李行简，因为将要担任监丞而赋闲在家，品行贤良，升为太子中允。使者不知道他的宅第，真宗命令他去中书省问王旦，人们才知道李行简是王旦推荐的。凡是王旦推荐的人，都是人们所不知道的。王旦死后，史官修《真宗实录》，得到宫内的奏章，才知道朝廷所取之士大多是王旦举荐的。谏议大夫张师德两次去王旦家拜访，都没能见到王旦，他猜测是有人在王旦面前诋毁他，就把这件事告诉了向敏中，让向敏中替他慢慢地辩白。等到讨论知制诰的时候，王旦说："这个张师德可惜了。"向敏中问他，王旦说："我多次在皇上面前说张师德是名家之后，有士人的操行，想不到两次去我家拜谒。状元及第，荣升是必然的，只要静静地等待即可。他若再为此而奔走，那些没有门径当官的人又该怎么办呢。"向敏中告诉他张师德的意思，王旦说："我这里怎么会有人敢于轻易地诋毁别人，只不过张师德是后辈，对待我轻薄而已。"向敏中坚持说："等到有空缺的时候，希望您不要忘了他。"王旦说："暂且缓一缓，让张师德明白，聊以惩戒贪图进用的人，激劝浇薄风俗。"

石普在许州做知县，做了违法之事，朝廷讨论准备弹劾他。

王旦说："石普是武人，不清楚朝廷的典章法令，恐怕他是依仗自己有一点小功，就胡作非为。一定要从重处置，请召他回来下狱审讯。"于是交送御史审查，一天时间就把案情弄清楚了。议论者认为没有违背国法而保全了武臣，是真正的国体。薛奎担任江、淮发运使，向王旦辞行，王旦没有说别的话，只是说："东南民力困乏了。"薛奎离开后说："这真是宰相说的话啊！"张士逊做江西转运使，向王旦辞别时顺便求教，王旦说："朝廷专卖获利太多了。"张士逊多次任转运使一职，想起王旦的话，不曾追逐利益，认识他的人说："这个转运使识大体。"张咏任成都知府，朝廷召他回来，让任中正来接替他，谏官认为不可以。皇上问王旦，王旦回答说："非任中正不能遵守张咏的规矩。其他人去，恐怕会胡乱变动。"李迪、贾边当时很有名，考进士，李迪因为作赋不押韵，贾边因为《当仁不让于师论》把"师"理解为"众"，和注疏不同，都落榜了。主考官上奏请求收试，王旦说："李迪虽然没有考中，但他是出于粗心大意，其过错可以忽略不计。贾边故意提出异说，将会让后生穿凿附会，这种风气不可助长。"于是录用了李迪而斥退了贾边。

王旦任职时间很长，有人毁谤他，他就反省自己，从不争辩。等到别人有过失的时候，即使皇帝大怒，只要是可以争辩的他都会为人争辩，一定要皇帝同意才行。王旦向来体弱多病，他从东鲁来回复君命，连年请求辞职，皇帝下诏褒奖他，接着又当面劝解他，还是一样委任他。天禧初年，王旦晋升太保，担任兖州太极观奉上宝册使，又加太尉兼侍中，每五天就要前往起居院一次，入值中书省，遇到军国大事，还要不定时地来参与决策。王旦更加害怕躲避，上疏恳切地请求辞退，又请同僚代他向皇帝表明他的心迹。皇帝再次违背他的心迹，只是给他加封城邑。一天，王旦独自在滋福殿应对皇上，皇上说："朕正要把国家大事托付给你，可是你却病成这样。"接着命令皇太子出来拜见，王旦惶恐地跑开躲避，太子追着他跪拜。王旦说："太子有大德，一定能胜任陛下的事。"于是，他推荐了可以做大臣的人十多个，这些人以后没有做宰相的只有李及、凌策两人，不过这两人也是名臣。王旦再次请求退位让贤，皇上看他面容憔悴，身体病弱，心下不忍，就答应了他。王旦以太尉的身份担任玉清昭应宫使，给予宰相一半的俸禄。

刚开始的时候，王旦以宰相身份兼任使臣，如今罢任宰相，使臣的职位他仍然担任着。专门设立使臣这个职务就是从王旦开始的。不久，皇上又下令说，他可以坐着轿子进宫，让他的儿子王雍和直省官吏搀扶，在延和殿参见皇上。皇上说："你如今病得这样严重，万一有什么不测，让我把天下事情托付给谁呢?"王旦说："没有比君主更了解臣子的，英明的君主自然能选择良臣。"再三问他，他都不表态。当时张咏、马亮都是尚书，皇上拿他们两人挨个问，王旦也不回答。皇上接着说："按照你的意思试着说说看吧。"王旦勉强起身举起笏板说："以我的愚见，没有人比寇准合适。"皇上说："寇准性格过于刚烈偏狭，你再想想其他人吧。"王旦说："别的人能否胜任宰相，我就不知道了。我病重困乏，不能过久陪侍皇帝。"于是就告退了。后来王旦死后一年多，还是任用寇准为相了。

王旦病重，皇帝有时一天三四次派内侍探望，皇帝亲手调药，和山药粥一起赐给他。王旦与杨亿一向交好，他请杨亿到卧室内，代他撰写遗表。并说："我忝列宰辅之位，不能以遗言来为宗亲求取官职；只想说一说生平的境遇，希望每天亲自处理政事，选用贤才，稍稍减少点皇上的焦虑劳苦。”仍然告诫子弟：“我家向有清名，一定要节俭朴素，保守门风，不能做那些奢侈糜烂之事，不要把金银珠宝放在棺中来厚葬。”遗表奏上，真宗为之感叹，于是来到他家，赐白金五千两。王旦写奏疏推辞，在奏稿末尾，他自己加上四句话说：“越发害怕多藏财物，更何况没什么用处，现在想把它散发施舍出去，来抵消罪过。”皇上马上抬他到内阏，诏令他不许如此。回到家门口时，王旦已去世，享年六十一岁。皇帝亲临丧礼，十分悲恸，罢朝三天，赠他太师、尚书令、魏国公，谥号“文正”，又另外发丧哀悼。后来过了好几天，张旻奉命前去镇守河阳，照例应该饮酒饯行，因为王旦去世的缘故，没有安排伎乐。朝廷录用王旦的儿子、弟弟、侄子、外孙、门客、随从，被授予官职的有十多人。几个儿子丧满除去丧服后，又各晋升一级官职。不久听说王旦奏稿中自己加的四句话，皇帝取出来一看，哭了很久。王旦有文集二十卷。乾兴初年，皇上下诏让王旦配享真宗庙廷。等建墓碑的时候，仁宗用篆书在他碑首写到：“全德元老之碑。”

王旦侍奉寡嫂非常有礼，和弟弟王旭十分友爱。他联姻不在意门第高低。被子衣服都很朴素，家人想用彩色丝绸装饰毡席，王旦不同意。有人来卖玉带，王旦弟弟认为很好，呈给王旦，王旦命他系在身上，说：“还能看到它的好吗?”弟弟说：“系上了自己怎么能看得见?”王旦说：“自己背着重东西只是为了让看的人说好，难道不累吗!”弟弟立刻把玉带还了回去。所以王旦所系的都只是赏赐的带子。家人不曾见过他发怒，饮食如果不精细干净，只是不吃罢了。家人曾经试探着把少许烟灰放入肉汤中，王旦只是吃饭，问他为什么不喝汤，他就说：“我有时不想吃肉。”后来又在饭中放入烟灰，他就说：“我今天不想吃饭，可以另作些粥。”王旦从不置办田产房屋，他说：“子孙都应当有自立的信念，何必要有田产。留下田产只会让他们为了争夺财产而行不义之事。”真宗因为他所住的房子简陋，想要修理一下，王旦以这是先人的老房子为理由推脱，这才作罢。他家的大门坏了，管家彻底换了新门，暂时在走廊下开了个侧门出入。王旦到侧门，靠着马鞍低头过去，大门修好后又从大门出入，都不过问。王旦有三个儿子：王雍，国子博士；王冲，左赞善大夫；王素，另外有传记。

【评述】

王旦幼年好学而有文采，父亲对他寄予厚望，认为“此儿当致公相”。王旦果然不负众望，从景德三年（1006年）起，为相十二载。他办事果断而有谋略，为人做事气量宽宏。他物欲淡薄，皇上的赏赐放在庭院中，他从不动用，每每看到这些财物，便慨叹说：“生民膏血，安用许多!”不仅自己不用，他也不让子孙乱用。临死前，他还上表皇帝希望把赏赐的银两施舍出去。他清醒地认识到过量的财富不仅不义，而且会成为祸患之源。家中的房屋破了，他不肯重建，认为这是先代人留下来的住所，重建是为不孝。家中有人穿了奢华漂亮的衣服，他也故意闭目不视。安排身后事时，他还告诫子弟不得厚葬。

王旦的廉洁奉公还体现在：终其一生，他从没有为子弟谋求过一官半职。他的侄子王睦，曾来信要求王旦举荐自己做进士，王旦却劝他不要与寒士相争；他的女婿在科举考试中被阻，宋真宗知道后亲自问王旦怎么办，王旦没有为女婿说情，而只是立而不答，其婿只能继续修学；直到王旦去世，其子王素仍不能为官。由此可见，王旦对家人子女的约束之严。

王旦显然很清楚一个道理：政治中的裙带关系是滋生贪污腐败和结党营私的土壤。以此比照近年来的反腐败案件，可以看到，一个贪官的落马，往往牵扯出其妻子儿女、亲属甚至情妇。裙带关系中一旦牵扯了权钱交易或权色交易，就不仅仅是简单的一人腐败，而是形成了腐败团伙，这也是腐败案件难以彻查的原因之一。

纵观历史长河，腐败并不是现在社会特有的，而是自权力产生之后就与执政者如影随形的现象，领导干部只有像王旦那样，加强自身修养，廉洁奉公，才能行得正坐得直，不在物欲的泛滥中倒下，毁了一世清名。

（肖刚注译、评述）

寇 准

【原文】

寇准，字平仲，华州下邽人也。父相，晋开运中，应辟为魏王府记室参军。准少英迈，通《春秋》三传。年十九，举进士。太宗取人，多临轩顾问，年少者往往罢去。或教准增年，答曰："准方进取，可欺君邪?"后中第，授大理评事，知归州巴东、大名府成安县。每期会赋役，未尝辄出符移，唯具乡里姓名揭县门，百姓莫敢后期。累迁殿中丞①、通判郓州。召试学士院，授右正言、直史馆②，为三司度支推官③，转盐铁判官。会诏百官言事，而准极陈利害，帝益器重之。擢尚书虞部郎中、枢密院直学士，判④吏部东铨。尝奏事殿中，语不合，帝怒起，准辄引帝衣，令帝复坐，事决乃退。上由是嘉之，曰："朕得寇准，犹文皇之得魏徵也。"

淳化二年春，大旱，太宗延近臣问时政得失，众以天数对。准对曰："《洪范》天人之际，应若影响，大旱之证，盖刑有所不平也。"太宗怒，起入禁中。顷之，召准问所以不平状，准曰：“愿召二府至，臣即言之。”有诏召二府入，准乃言曰：“顷者祖吉、王淮皆侮法受赇，吉赃少乃伏诛；淮以参政沔之弟，盗主守财至千万，止杖，仍复其官，非不平而何?”太宗以问沔，沔顿首谢，于是切责沔，而知准为可用矣。即拜准左谏议大夫、枢密副使，改同知院事。

准与知院张逊数争事上前。他日，与温仲舒偕行，道逢狂人迎马呼万岁，判左金吾王宾与逊雅相善，逊嗾上其事。准引仲舒为证，逊令宾独奏，其辞颇厉，且互斥其短。帝怒，谪逊，准亦罢知青州。

帝顾准厚，既行，念之，常不乐。语左右曰：“寇准在青州乐乎?”对曰：“准得善藩，当不苦也”数日，辄复问。左右揣帝意且复召用准，因对曰：“陛下思准不少忘，闻准日纵酒，未知亦念陛下乎?”帝默然。明年，召拜参知政事。

自唐末，蕃户有居渭南者。温仲舒知秦州，驱之渭北，立堡栅以限其往来。太宗览奏不怿，曰：“古羌戎尚杂处伊、洛，彼蕃夷易动难安，一有调发，将重困吾关中矣。”准言：“唐宋璟不赏边功，卒致开元太平。疆场之臣邀功以稔祸，深可戒也。”帝因命准使渭北，安抚族帐，而徙仲舒凤翔。

至道元年，加给事中。时太宗在位久，冯拯等上疏乞立储贰，帝怒，斥之岭南，中外无敢言者。准初自青州召还，入见，帝足创甚，自褰衣以示准，且曰：“卿来何缓耶？”准对曰：“臣非召不得至京师。”帝曰：“朕诸子孰可以付神器者？”准曰：“陛下为天下择君，谋及妇人、中官，不可也；谋及近臣，不可也；唯陛下择所以副天下望者。”帝俯首久之，屏左右曰：“襄王可乎？”准曰：“知子莫若父，圣虑既以为可，愿即决定。”帝遂以襄王为开封尹，改封寿王，于是立为皇太子。庙见还，京师之人拥道喜跃，曰：“少年天子也。”帝闻之不怿，召准谓曰：“人心遽属太子，欲置我何地？”准再拜贺曰：“此社稷之福也。”帝入语后嫔，宫中皆前贺。复出，延准饮，极醉而罢。

二年，祠南郊，中外官皆进秩。准素所喜者多得台省清要官，所恶不及知者退序进之。彭惟节位素居冯拯下，拯转虞部员外郎，惟节转屯田员外郎，章奏列衔，惟节犹处其下。准怒，堂帖戒拯毋乱朝制。拯愤极，陈准擅权，又条上岭南官吏除拜不平数事。广东转运使康戬亦言：吕端、张洎、李昌龄皆准所引，端德之，洎能曲奉准，而昌龄畏懦，不敢与准抗，故得以任胸臆，乱经制。太宗怒，准适祀太庙摄事，召责端等。端曰：“准性刚自任，臣等不欲数争，虑伤国体。”因再拜请罪。及准入对，帝语及冯拯事，自辩。帝曰：“若廷辩，失执政体。”准犹力争不已，又持中书簿论曲直于帝前，帝益不悦，因叹曰：“鼠雀尚知人意，况人乎？”遂罢准知邓州。

真宗即位，迁尚书工部侍郎。咸平初，徙河阳，改同州。三年，朝京师，行次阌乡[⑤]，又徙凤翔府。帝幸大名，诏赴行在所，迁刑部，权知开封府。六年，迁兵部，为三司使。时合盐铁、度支、户部为一使，真宗命准裁定，遂以六判官分掌之，繁简始适中。

帝久欲相准，患其刚直难独任。景德元年，以毕士安参知政事，逾月，并命同中书门下平章事，准以集贤殿大学士位士安下。是时，契丹内寇，纵游骑掠深、祁间，小不利辄引去，徜徉无斗意。准曰："是狃我也。请练师命将，简骁锐据要害以备之。"是冬，契丹果大入。急书一夕凡五至，准不发，饮笑自如。明日，同列以闻，帝大骇，以问准。准曰："陛下欲了此，不过五日尔。"因请帝幸澶州。同列惧，欲退，准止之，令候驾起。帝难之，欲还内，准曰："陛下入则臣不得见，大事去矣，请毋还而行。"帝乃议亲征，召群臣问方略。

既而契丹围瀛州，直犯贝、魏，中外震骇。参知政事王钦若，江南人也，请幸金陵。陈尧叟，蜀人也，请幸成都。帝问准，准心知二人谋，乃阳若不知，曰："谁为陛下画此策者，罪可诛也。今陛下神武，将臣协和，若大驾亲征，贼自当遁去。不然，出奇以挠其谋，坚守以老其师，劳佚之势，我得胜算矣。奈何弃庙社欲幸楚、蜀远地，所在人心崩溃，贼乘势深入，天下可复保邪？"遂请帝幸澶州。

及至南城，契丹兵方盛，众请驻跸以觇军势。准固请曰：“陛下不过河，则人心益危，敌气未慑，非所以取威决胜也。且王超领劲兵屯中山以扼其亢，李继隆、石保吉分大阵以扼其左右肘，四方征镇赴援者日至，何疑而不进？”众议毕惧，准力争之，不决。出遇高琼于屏间，谓曰：“太尉受国恩，今日有以报乎？”对曰：“琼武人，愿效死。”准复入对，琼随立庭下，准厉声曰：“陛下不以臣言为然，盍试问琼等？”琼即仰奏曰：“寇准言是。”准曰：“机不可失，宜趣驾。”琼即麾卫士进辇，帝遂渡河，御北城门楼，远近望见御盖，踊跃欢呼，声闻数十里。契丹相视惊愕，不能成列。

帝尽以军事委准，准承制专决，号令明肃，士卒喜悦。敌数千骑乘胜薄城下，诏士卒迎击，斩获大半，乃引去。上还行宫，留准居城上，徐使人视准何为。准方与杨亿饮博，歌谑欢呼。帝喜曰：“准如此，吾复何忧？”相持十余日，其统军挞览出督战。时威虎军头张瑰守床子弩，弩撼机发，矢中挞览额，挞览死，乃密奉书请盟。准不从，而使者来请益坚，帝将许之。准欲邀使称臣，且献幽州地。帝厌兵，欲羁縻不绝而已。有谮准幸兵以自取重者，准不得已，许之。帝遣曹利用如军中议岁币，曰：“百万以下皆可许也。”准召利用至幄，语曰：“虽有敕，汝所许毋过三十万，过三十万，吾斩汝矣。”利用至军，果以三十万成约而还。河北罢兵，准之力也。

准在相位，用人不以次，同列颇不悦。它日，又除官，同列因吏持例簿以进。准曰：“宰相所以进贤退不肖也，若用例，一吏职尔。”二年，加中书侍郎兼工部尚书。准颇自矜澶渊之功，虽帝亦以此待准甚厚。王钦若深嫉之。一日会朝，准先退，帝目送之，钦若因进曰：“陛下敬寇准，为其有社稷功邪?”帝曰：“然。”钦若曰：“澶渊之役，陛下不以为耻，而谓准有社稷功，何也?”帝愕然曰：“何故?”钦若曰：“城下之盟，《春秋》耻之。澶渊之举，是城下之盟也。以万乘之贵而为城下之盟，其何耻如之!”帝愀然为之不悦。钦若曰：“陛下闻博乎?博者输钱欲尽，乃罄所有出之，谓之孤注。陛下，寇准之孤注也，斯亦危矣。”

由是帝顾准浸衰。明年，罢为刑部尚书、知陕州，遂用王旦为相。帝谓旦曰：“寇准多许人官，以为己恩。俟行，当深戒之。”从封泰山，迁户部尚书、知天雄军。祀汾阴，命提举贝、德、博、洺、滨、棣巡检捉贼公事，迁兵部尚书，入判都省。幸亳州，权东京留守，为枢密院使、同平章事。

林特为三司使，以河北岁输绢阙，督之甚急。而准素恶特，颇助转运使李士衡而沮特，且言在魏时尝进河北绢五万而三司不纳，以至阙供，请劾主吏以下。然京师岁费绢百万，准所助才五万。帝不悦，谓王旦曰：“准刚忿如昔。”旦曰：“准好人怀惠，又欲人畏威，皆大臣所避。而准乃为己任，此其短也。”未几，罢为武胜军节度使、同平章事、判河南府，徙永兴军。

天禧元年，改山南东道节度使，时巡检朱能挟内侍都知周怀政诈为天书，上以问王旦。旦曰：“始不信天书者准也。今天书降，须令准上之。”准从上其书，中外皆以为非。遂拜中书侍郎兼吏部尚书、同平章事、景灵宫使。

三年，祀南郊，进尚书右仆射、集贤殿大学士。时真宗得风疾，刘太后预政于内，准请间曰：“皇太子人所属望，愿陛下思宗庙之重，传以神器，择方正大臣为羽翼。丁谓、钱惟演，佞人也，不可以辅少主。”帝然之。准密令翰林学士杨亿草表，请太子监国，且欲援亿辅政。已而谋泄，罢为太子太傅，封莱国公。时怀政反侧不自安，且忧得罪，乃谋杀大臣，请罢皇后预政，奉帝为太上皇，而传位太子，复相准。客省使杨崇勋等以告丁谓，谓微服夜乘犊车诣曹利用计事，明日以闻。乃诛怀政，降准为太常卿、知相州，徙安州，贬道州司马。帝初不知也，他日，问左右曰：“吾目中久不见寇准，何也？”左右莫敢对。帝崩时亦信惟准与李迪可托，其见重如此。

乾兴元年，再贬雷州司户参军。初，丁谓出准门至参政，事准甚谨。尝会食中书，羹污准须，谓起，徐拂之。准笑曰：“参政国之大臣，乃为官长拂须邪？”谓甚愧之，由是倾构日深。及准贬未几，谓亦南窜，道雷州，准遣人以一蒸羊逆境上。谓欲见准，准拒绝之。闻家僮谋欲报仇者，乃杜门使纵博，毋得出，伺谓行远，乃罢。

天圣元年，徙衡州司马。初，太宗尝得通天犀，命工为二带，一以赐准。及是，准遣人取自洛中，既至数日，沐浴，具朝服束带，北面再拜，呼左右趣设卧具，就榻而卒。

初，张咏在成都，闻准入相，谓其僚属曰："寇公奇材，惜学术不足尔。"及准出陕，咏适自成都罢还，准严供帐，大为具待。咏将去，准送之郊，问曰："何以教准？"咏徐曰："《霍光传》不可不读也。"准莫谕其意，归取其传读之，至"不学无术"，笑曰："此张公谓我矣。"

准少年富贵，性豪侈，喜剧饮，每宴宾客，多阖扉脱骖。家未尝爇油灯，虽庖匽所在，必然炬烛。

在雷州逾年。既卒，衡州之命乃至，遂归葬西京。道出荆南公安，县人皆设祭哭于路，折竹植地，挂纸钱，逾月视之，枯竹尽生笋。众因为立庙，岁时享之。无子，以从子随为嗣。准殁后十一年，复太子太傅，赠中书令、莱国公，后又赐谥曰忠愍。皇祐四年，诏翰林学士孙抃撰神道碑，帝为篆其首曰"旌忠"。

论曰：……毕士安荐寇准，又为之辨诬。契丹大举而入，合辞以劝真宗，遂幸澶渊，终却钜敌。及议岁币，因请重贿，要其久盟；由是西夏失牵制之谋，随亦内附。

景德、咸平以来，天下乂安，二相协和之所致也。准于太宗朝论建太子，谓神器不可谋及妇人、谋及中官、谋及近臣。此三言者，可为万世龟鉴。澶渊之幸，力沮众议，竟成隽功，古所谓大臣者，于斯见之。然挽衣留谏，面诋同列，虽有直言之风，而少包荒之量。定策禁中，不慎所与，致启怀政邪谋，坐窜南裔。勋业如是而不令厥终，所谓“臣不密则失身”，岂不信哉！

选自《宋史》卷二百八十一《寇准传》

【注释】

①殿中丞：官名，唐武德元年（618）始置，为殿中省的佐官。宋沿置，北宋前期文官阶之一。

②直史馆：官名，北宋置史馆，职掌撰修国史、编纂日历等。

③三司度支推官：官名。三司使属官。宋乾德四年（966）增置。

④判：唐、宋官制，以高官兼任低职之官称“判”。

⑤阌（wén）乡：古县名。故址在今河南省灵宝市西北文乡。初为西汉湖县之乡。北周置县，属殽郡。唐改作閿乡县，属虢州。北宋又作阌乡，属陕州。明属河南府。清属陕州。

【译文】

寇准字平仲，华州下邽人。其父寇相，后晋开运年间应朝廷征召任魏王府记室参军。寇准年少时才智超群，通晓《春秋》三传，十九岁时考中进士。宋太宗选择人才，经常会临轩垂问，年纪人往往不予录用。有人教寇准虚报年龄，寇准说："我正在追求进取，怎么可以欺骗君主呢?"后来被录用，授任大理评事、归州巴东县、大名府成安县知县。每到征收赋役的时候，他从不擅自下达征调命令，只是把乡里要交纳赋役人的姓名张贴在县衙门口，百姓们都不敢延期。他先后升任殿中丞、郓州通判。后来被召进学士院，授为右正言、直史馆。又任三司度支推官，转任盐铁判官。皇帝曾诏百官议事，寇准所言切中利害，太宗更加器重他。又被提拔为尚书虞部郎中、枢密院直学士，署理吏部东铨。他曾在殿中向皇帝陈奏政事，因言语不合，太宗一怒而起，寇准拉住太宗的衣服，请皇帝坐下，事情解决了才退去。皇上因此赞赏他，说："朕得到寇准，就跟唐太宗得到魏征一样。"

淳化二年（991）春天，国家大旱，宋太宗召集近臣询问时政得失，群臣大多认为是天象所致，寇准则回答说："《洪范》讲天道与人事之间的关系，两者相互感应；发生大旱大概是因为刑法不公。"宋太宗听了大怒，起身回宫。片刻之后，太宗召见寇准询问刑法不公的情况，寇准回答说："请皇上先召见中书省、枢密院二府宰执，臣下就说。"于是皇帝诏见二府大臣，寇准才进言道："不久前祖吉、王淮都无视法令收受贿赂，祖吉受贿较少却被处以死刑；王淮因是参政王沔的弟弟，虽盗取国家资财上千万，也仅处以杖刑，且不久又官复原职，这难道不是刑罚不平吗?"宋太宗当即责问王沔。王沔连连叩头认罪。于是皇帝严词斥责王沔，而更加器重寇准。随即任命寇准为左谏议大夫、枢密副使，改同知院事。

寇准与知院张逊多次在太宗面前争论政事。有一次，他与温仲舒一道走，路上遇到有狂人迎着马喊万岁，判左金吾王宾与张逊平日彼此交好，张逊就指使王宾向皇上禀报此事。寇准请温仲舒为他作证，张逊却让王宾独自奏报，揭发的言词十分严厉，而且互相指责对方的短处。皇帝大怒，贬张逊官，寇准亦被罢官外任青州知州。

太宗感念寇准忠厚，寇准外任后，常想念他，因而闷闷不乐。对身边的人说："寇准在青州过得快乐吗?"回答说："寇准得了个好州治理，应该不会苦。"过了几天，太宗又问到寇准的情况，左右近臣猜测皇帝的意思是想召回任用寇准，就回答说："陛下顾念寇准，一刻也不能忘记，听说寇准每天纵酒，不知道他是否也会顾念陛下?"太宗听了沉默不语。第二年，太宗召回寇准让其担任参知政事。

自唐朝末年以来，西蕃人有居住在渭水南边的。温仲舒任秦州知州时，把他们驱赶到渭水以北，设立堡栅以限制他们的往来。太宗看到温仲舒的奏折后很不高兴，说："古代羌戎尚且与汉人杂居伊水、洛水，这些少数民族容易冲动难以安抚，一有调发，将会严重危及关中。"寇准说："唐朝宋璟不因边地战功而施奖赏，最终带来了开元时期的太平。边疆的官员为求得战功而酿成祸害，这是应当引起警戒的。"宋太宗于是命寇准出使渭北，安抚这些少数民族，而调任温仲舒到凤翔。

至道元年（995），寇准任给事中。当时太宗在位已久，大臣冯拯等上疏请立皇储，太宗大怒，把他们贬到岭南，从此朝野上下没有人再敢议论此事。寇准刚从青州还朝，进见太宗。太宗当时脚伤很严重，亲自撩起衣服给寇准看，并且说："你为何回来得这么晚呢?”寇准回答说:“我没有得到陛下的召见不敢回京城。”太宗问寇准,应该立谁为太子。寇准说:“陛下为天下选择国君,不能与后妃、太监商量;不能与近臣谋划;只能选择众望所归者立为太子。”太宗低头想了好久,屏退左右的人,问道:“襄王怎么样?”寇准说:“知子莫若父。陛下既然认为襄王可以,就请决定吧。”第二天,太宗便任命襄王为开封尹,改封寿王,立为太子。太子拜谒太庙后回宫,京城百姓在街道上欢呼雀跃,说:“真是少年天子。”太宗听说后不高兴,召见寇准说:“人心这么快就向着太子了,想把我放在什么位置呢?”寇准再次拜贺太宗说:“这是国家的福气。”太宗回宫告诉皇后嫔妃,宫中的人也都来恭贺。太宗再次出宫,请寇准喝酒,直至大醉。

至道二年(996),太宗在南郊举行祭天典礼,朝廷内外官员均得升迁。寇准平日所喜欢的人大多任台省清闲要职,他所厌恶的、不相知的都排在后面。彭惟节职位向来位居冯拯之下,冯拯转任虞部员外郎,彭惟节转任屯田员外郎,但在奏章排列官衔中,彭惟节仍处在冯拯之下。寇准发怒,在公堂张贴告示告诫冯拯不要扰乱朝廷规章制度。冯拯非常愤怒,上告寇准擅用职权,又逐条列举岭南官吏任用不公的几件事。广东转运使康戬也上奏:吕端、张洎和李昌龄都是由寇准推荐,吕端对寇准有恩,张洎善于曲意奉承寇准,而李昌龄胆小软弱,不敢与寇准抗争,所以寇准得以擅自妄为,扰乱治国的制度。宋太宗很是愤怒,正好寇准主持太庙祭祀之事,便召见吕端等人讯问。吕端说:“寇准个性刚强自信,臣等不愿与他多争执,担心有伤国体。”因此再次叩拜请罪。等到寇准进朝复命,太宗提及冯拯之事,寇准为自己辩解。皇帝说:“如果在朝廷辩论,有失国家政体。”寇准还是不断力争，又拿出中书省的官员名册在皇帝面前论是非对错，皇帝更加不高兴了，叹息说："鼠雀尚且明白人意，何况人呢?"于是罢任寇准的相职，改任邓州知州。

真宗即位后，寇准被改任尚书工部侍郎。咸平初年（998），调任河阳，后改任同州。咸平三年，寇准回京师朝见，行至阌乡时，又被调任凤翔府任职。真宗巡幸大名，诏令寇准到其行营，随即升职刑部，代理开封府知府。咸平六年，寇准改任兵部，任三司使。当时盐铁、度支、户部合并为一使，真宗全部让寇准裁决定夺，寇准于是设六个判官分掌这些事情，机构设置从此繁简得当。

真宗一直想任用寇准为相，但是顾虑他太刚直难以独当此重任。景德元年（1004），真宗任用毕士安为参知政事。一个月后，同时任命毕士安和寇准为同中书门下平章事，寇准以集贤殿大学士的身份，位居毕士安之下。这时，契丹入境侵犯，纵容骑兵在深、祁一带掠夺，遇有不利就立即退却，往复盘旋没有明确的战斗意图。寇准判断说："这是在迷惑我方。请求训练军队、任命将领，选择勇猛精锐的士兵据守要害之地做好战略防备。"这年冬天，契丹果然大举发兵入侵。告急的文书一夜就连发五次，寇准未采取任何行动，依然饮酒谈笑自如。第二天，同僚把这件事情告诉了真宗，真宗听了非常惊讶，问寇准要怎么办。寇准说："陛下如果想了结此事，不会超过五天。"于是请真宗亲征澶州。同僚大臣害怕，想打退堂鼓，寇准阻止了他们，命令他们等候皇帝起驾。真宗畏惧亲征，想回宫。寇准说："陛下回宫则大臣们接受不了，国家大事也就完了，请不要回宫而继续出征。"真宗于是大召群臣商议亲征的事情。

不久契丹包围了瀛洲，直逼贝州、魏州，朝廷内外都很震骇。参知政事王钦若是江南人，请求真宗去金陵；陈尧叟是四川人，请求真宗去成都。皇帝询问寇准去哪里，寇准心里明白王钦若和陈尧叟两人的计谋，就假装不知道，说“谁为陛下出此策略，其罪当死。当今陛下神武，将臣团结，如果陛下大驾亲征，敌人自然会逃去。不这样的话，也可以出奇兵扰乱敌人的战略部署，坚守阵地让敌兵疲惫，以逸待劳，我军胜利在望。怎么可以放弃宗庙社稷跑到偏远的楚、蜀等地，人心涣散，敌人会乘机深入内地，天下还能保住吗？”于是请求真宗亲征澶州。

等到了澶州南城，契丹军队气势正旺，大家都请求皇帝暂时停留，来观察敌我形势。寇准坚决请求说：“陛下不过黄河，那么人心就更加恐惧，敌人也不会惊惧害怕，这不是取得军威获得胜利的办法。而且王超率领劲旅驻扎在中山，扼住了敌人的咽喉要塞；李继隆、石保吉领兵分别布成了大阵，卡住了敌人的左右两翼。天天都有四方将帅前来援助，为何还迟疑不前呢？”众人都畏惧前进，尽管寇准全力争辩，真宗未做决断。寇准出门遇见高琼，对他说：“太尉你身受国家恩泽，今天要怎么来报答呢？”高琼说：“琼一介武夫，愿意以死报效国家。”寇准再次觐见真宗，高琼随之站立在堂下，寇准严肃地问道：“陛下对臣的建议不以为然，那可以问问高琼等人。”高琼立即上奏说：“寇准说得对。”寇准说：“机不可失，应该尽快御驾亲征。”高琼立即指挥卫士推来辇车，真宗度过黄河，亲御澶州北城门楼，远近士兵望见皇帝的御盖，雀跃欢呼，声音远传数十里。契丹兵面面相觑，露出惊愕的表情，不能成列。

真宗把军中事务全权委托给寇准，寇准奉旨自作决断，号令清明严格，宋兵十分喜悦。契丹数千骑兵乘胜逼近澶州城下，寇准命令士兵迎击，杀死俘敌大半，敌兵渐退。真宗返回行宫，留下寇准住在城里，悄悄派人观察寇准的行为，寇准与杨亿饮酒赌博，歌唱玩笑欢呼。真宗很高兴，“寇准这样，我没有什么可忧虑的。”双方军队相持十几天，契丹统帅萧挞览出来督战。当时威虎军头张瑰守床子弩，弩工发动机关，箭射中挞览的额头，挞览伤亡。契丹秘密派使者持信请求结好。寇准不答应，而契丹使者求和更坚决，宋真宗想答应求和的请求。寇准希望契丹称臣，且献出幽州地区。真宗不想再战，只想继续笼络契丹。有人诬陷寇准通过征战来提高自己的地位，寇准不得已同意契丹求和的要求。真宗派遣曹利用到军中商议给契丹的每年的岁钱，说：“百万以下都可以答应。”寇准召见曹利用到帐篷，告诉他：“虽然有皇上的许可，你答应契丹不能超过三十万，否则，我要斩你。”曹利用到契丹军中，果然以三十万达成合约而回。河北消除兵祸，这是寇准出的力。

寇准担任宰相的时候，不按资历选用官员，同僚都很不高兴。一天，又任命官员，同僚送上按旧例做的官员名册。寇准说：“宰相是用来推荐贤能贬退无能之人的，如果按照惯例，只是一个吏员而已。”景德二年，寇准加任中书侍郎兼工部尚书。寇准自从澶渊一战立下大功后颇为骄傲，皇帝也因战功对寇准更加优厚。王钦若非常嫉妒。有一次上朝，寇准先退，皇帝目送他离去，王钦若趁机进言：“陛下敬重寇准，是因为他有功于社稷吗？”皇帝说：“当然。”王钦若说：“澶渊之战，陛下不以为耻辱，反而认为寇准有功于社稷，怎么会这样呢？”皇帝诧异地说：“为什么是耻辱？”王钦若说：“城下结盟，《春秋》以此为耻；澶渊之盟是城下之盟，皇上以万乘之尊却与敌人城下结盟，这是多么大的耻辱啊！”真宗听完非常不高兴。王钦若说：“陛下听过赌博吗？赌徒快把钱输光的时候，就尽其所有去赌，称为孤注一掷。陛下是寇准的一把赌注，这太危险了。”

从此，真宗渐渐疏远寇准。第二年，寇准被降为刑部尚书、陕州知州。任用王旦为宰相。真宗对王旦说：“寇准多次拿官职许诺人，把这当做他对别人的恩惠。等你主政，应当以此为戒。”寇准随真宗封泰山，迁户部尚书、知天雄军。祭祀汾阴，任命为贝、德、博、洺、滨、棣等州提举，负责巡检捉贼公事，升任兵部尚书，进掌尚书省。真宗巡幸亳州，寇准代理东京留守，为枢密院使、同平章事。

林特为三司使，因为河北每年纳绢不足，督促非常急迫。而寇准一直厌恶林特，便帮助转运使李士衡而诋毁林特，并说在魏州时，曾进纳河北绢五万匹，但三司没有接纳，以至于现在缺少供用，请弹劾主官及以下属官。然而京城每年耗费绢百万匹，寇准所筹助才五万匹。真宗不高兴，对王旦说：“寇准刚直易怒的脾气一如往昔。”王旦说：“寇准喜欢让人记住他的恩惠，又想让人畏惧他的威严，这都是为臣子的应当避免的；而寇准依然自以为是，这是他的缺点。”没有多久，寇准被降为武腾军节度使、同平章事、判河南府。又调任永兴军。

天禧元年（1017），寇准改任山南东道节度使，当时巡检朱能勾结内侍省都知官周怀政伪造天书，真宗以此事问王旦。王旦回答：“当初不相信天书的人是寇准，如今天书降世，应该让寇准进献天书。”寇准跟从献上天书，朝廷内外都认为此事不妥。真宗于是就任寇准为中枢侍郎兼吏部尚书、同平章事、景灵宫使。

天禧三年，南郊祭祀，寇准晋升尚书右仆射、集贤殿大学士。当时真宗患风疾，刘太后干预朝政，寇准向真宗请示说："皇太子众望所归，希望陛下能以国家为重，传位给太子，选择正直的大臣辅佐。丁谓、钱惟演是奸佞之人，不宜辅佐少主。"真宗同意了。寇准密令翰林学士杨亿起草诏书，请太子监国，还打算请杨亿辅政。但很快计划泄露，寇准被降任太子太傅，封为莱国公。当时周怀政寝食不安，担心获罪，于是谋划杀害大臣，请皇帝制止皇后干预朝政，奉皇帝为太上皇，传位于太子，再以寇准为相。客省使杨崇勋等把这件事告诉了丁谓，丁谓连夜乘坐牛车着便装到曹利用家谋划此事，第二天就把这件事禀告了皇后。皇后于是处死了周怀政，降寇准为太常卿、相州知府，接着又调任安州，贬为道州司马。真宗起先不知道此事，一天，他问随从："为什么很久没有看到寇准了？"随从没有人敢回答。真宗死后也说只有寇准和李迪可以委以大任，寇准就是如此被真宗看重。

乾兴元年（1022），寇准又贬为雷州司户参军。当初，丁谓出自寇准门下，后官至参政，对待寇准很谨慎恭敬。有一次一起在中书省吃饭，寇准的胡须沾染了菜汤，丁谓起身为他细心擦拭，寇准笑着说："你是国家大臣难道是为官长擦胡须的吗?"丁谓很羞愧，从此日益排挤寇准。这次寇准被贬没多久，丁谓也被流放到岭南，经过雷州，寇准派人到州境送一只蒸羊给丁谓。丁谓想见寇准，但被拒绝。寇准听说有家僮要去报仇，就闭门让家僮赌博，不准出，等到丁谓走远才作罢。

天圣元年（1023），寇准被改任为衡州司马。当初，太宗曾将所获的宝物通天犀，让人加工成两条犀带，一条自用，另一条赐给了寇准。寇准派人从洛中把犀带取到身边，数日以后，寇准沐浴更衣，穿朝服，束犀带，向北面拜了两拜，命下人铺设好卧具，死在榻上。

起初，张咏在成都，听说寇准任宰相，对其僚属说："寇公是奇材，可惜学术不足。"等到寇准出使陕州，张咏正好从成都罢官回来，寇准尊敬地供给帐幕，热情招待。张咏离开的时候，寇准送别到郊外，问道："有什么要教导寇准的?"张咏缓缓地说："《霍光传》不可不读。"寇准没有理解他的意思，等到回来取书读之，读到"不学无术"的时候，笑着说："这是张公说我啊。"

寇准少年即得富贵，性情豪爽奢侈，喜欢狂饮，每次宴请宾客，多闭门解马一醉方休。他的家中未曾燃油灯，即使厨房厕所也要燃着蜡烛。

寇准在雷州一年多。他死后调任衡州司马的命令才到，于是归葬西京。路过荆南公安县，县里的百姓都在路上设祭哭吊，将折断的竹子插在地上，挂满纸钱，过一个月再看，枯竹全部都生出芦笋。众人于是为寇准建立庙堂，逢年过节用祭品供奉。寇准没有子嗣，就让侄子寇随继嗣。寇准死后十一年，朝廷恢复寇准太子太傅的身份，追赠中书令、莱国公，后来又赐给谥号忠愍。皇祐四年（1052），诏令翰林学士孙抃撰神道碑，仁宗在碑首用篆文写"旌忠"二字。

论曰：……毕士安推荐寇准，又为寇准辩解冤屈。契丹大举入侵，同劝真宗亲征，于是真宗亲自至澶渊，终于退却了强敌。等到商议岁币额度，因请求加大额度，为的是长期结盟；从此西夏失去与契丹的牵制之谋，西夏后来也归顺了。景德、咸平以来，天下太平，这是两个宰相合作的结果。寇准在太宗面前论及立太子，说到帝位不可与妇人谋议，不可与宦官谋议，不可与近臣谋议，这三句话，可为万世警戒。说服真宗亲临澶渊，并尽力阻止众人畏战的议论，建立了突出的功勋，自古所谓的大臣，从他身上就可以看到。然而挽住皇帝的衣服劝谏，当面指责同僚，虽然有直言不讳的风范，但缺少宽容的器量，定太子即位之策于皇宫内禁，因交友不慎，而引发周怀政的邪恶谋划，获罪而被流放到南方之隅。有如此功业，而不能善终，这就是“臣子处事不周密就会失身”，果真如此！

【评述】

寇准殿中奏事，惹怒太宗皇帝，太宗拂袖欲去。寇准非但不惶恐，还一把扯住皇上衣袖，强令太宗坐回原位，直到把事情说出个所以然才善罢干休。历来为臣子的，哪个敢如此任性？寇准的刚直和率性，在这“引帝衣”之举中演绎得出神入化。

寇准以刚直之性，对贪赃枉法是鄙薄，对国家刑法不公更是不能容忍。淳化二年（991）春，天下大旱。太宗召近臣问时政得失，众大臣都说旱是天灾，非人事所能左右。惟独寇准却借《洪范》中的天人理论，认为是刑罚不公平导致的。太宗大怒，然冷静之后又忍不住召寇准问其所以然。寇准并非要将天象强往人事上扯，他只是不能容忍国家刑法不公，让贪赃枉法的王淮逍遥事外。君知臣正，臣志方能施展，寇准也才能当众揭发王沔的包庇之罪。

淳化二年论刑法不公揭发王淮，在寇准的政治生命中只是一个小小插曲。然而小中窥大，寇准的刚直而正，在其一生之立身行事，乃是一以贯之的。

准以十九岁之少年中举入仕，历仕太宗、真宗两朝。太宗召寇准议立太子，他进言“三不可”，促成太子确立，稳定了局势，其“三不可”之言为万世之鉴。在契丹入侵之时，寇准力阻众议，强劝真宗亲征，终于澶渊退敌。

历史上，很多人失去权力之后会因为贪恋权力而做出不智之举。而寇准自第二次罢相，也缕缕做出“不智之举”，却并非源于对权力的贪恋，而是其性格使然。所谓性格决定命运，寇准只是不懂得委曲求全。他的率性刚直，在合适之时是打击贪赃枉法如王淮辈的利器；而在不合适之时，则成为一种任性，虽然这种任性亦让人欣赏。寇准身上虽有种种不足，但刚正为人、公正处事，终究成就了他一代名臣的美名。

（孟化注译　程锦评述）

刘 随

【原文】

刘随，字仲豫，开封考城人。以进士及第，为永康军判官。军无城堞，每伐巨木为栅，坏辄以他木易之，颇用民力。随因令环植杨柳数十万株，使相连属，以为限界，民遂得不扰。属县令受赇鬻狱，转运使李士衡托令于随，不从。士衡愤怒，乃奏随苛刻，不堪从政，罢归，不得调。初，西南夷市马入官，苦吏诛索，随为绳按之。既罢，夷人数百诉于转运使曰：“吾父何在?”事闻，乃得调。

后改大理寺丞，为详断官①。李溥以赃败，事连权贵，有司希旨不穷治，随请再劾之，卒抵溥罪。晁迥荐通判益州，吕夷简安抚川峡，又言其材，以太常博士改右正言②。数月，坐尝为开封府发解巡捕官，而不察举人，私以策辞相授，降监济州税，稍徙通判晋州。

还朝，迁右司谏，为三司户部判官。随在谏职数言事，尝言：“今之所切，在于纳谏，其余守常安靖而已。”

又奏：“频年水旱，咎在执事大臣忿争不和。请察王钦若等所争，为辨曲直。”又因星变言：“国家本支蕃衍，而定王之外，封策未行。望择贤者，用唐故事，增广嗣王、郡王之封，以慰祖宗意。”时下诏蜀中，选优人补教坊，随以为贱工不足辱诏书。又劾奏江、淮发运使[3]钟离瑾载奇花怪石数十艘，纳禁中及赂权贵。累疏论丁谓奸邪，不宜还之内地；胡则，谓之党，既以罪出陈州，不当复进职。王钦若既死，诏塑其像茅山，列于仙官。随言：“钦若赃污无忌惮，考其行，岂神仙耶？宜察其妄。”又言：“李维以词臣求换武职，非所以励廉节。”前后所论甚众。

帝既益习天下事，而太后犹未归政，随请军国常务，专禀帝旨，又谏太后不宜数幸外家，太后不悦。会随请外，出知济州，改起居郎[4]。久之，迁尚书刑部员外郎，入兼侍御史知杂事。上言：“比年庶官侥幸请托，或对见之际，涕泗祈恩，或绩效甚微，衒鬻要赏。亦有藩翰[5]之臣，位尊职重，表章不逊，请求靡厌。按察之司，燕安顾望，以容奸为大体，以举职为近名，以巧诈为贤，以恬退为拙。以至贪残者渎于货财，老疾者不知止足。请行申儆之法。”朝廷为下诏戒中外。

未几，权同判吏部流内铨，以长定格从事，吏不得为奸。改三司盐铁副使。使契丹，以病足痹，辞不能拜。及还，为有司劾奏，夺一官，出知信州，徙宜州，再迁工部郎中、知应天府。召为户部副使，改天章阁待制，不旬日卒。

随与孔道辅、曹修古同时为言事官，皆以清直闻。随临事明锐敢行，在蜀，人号为“水晶灯笼。”初，使契丹还，会贬，而官收所得马十五乘。既卒，帝怜其家贫，赐钱六十万。

选自《宋史》卷二百九十七《刘随传》

【注释】

①详断官：宋官名，属大理。宋初，大理正、丞、评事分掌断狱。

②右正言：宋端拱初改左右补阙为左右司谏，左右拾遗为左右正言。

③发运使：宋初置京畿东路水陆发运使，后来掌淮、浙、江、湖六路漕运，或兼茶盐钱政。

④起居郎：官名。《新唐书·百官志》：“门下省起居郎二人，从六品上，掌录天子起居法度。”宋代中书、门下省置起居郎。

⑤藩翰：比喻保家卫国的重臣。

【译文】

刘随，字仲豫，开封考城人，考中进士，任永康军判官。永康军原来没有城墙，总是砍伐大树做栅栏，如有损坏就用其他的木材替换，十分耗费民力。刘随于是下令环绕军营种植杨柳树几十万株，使他们相互连接起来，作为界限，于是百姓不再被骚扰。他所属的县令贪赃枉法，转运使李士衡向刘随求情，刘随没有答应。李士衡非常恼怒，于是上奏说刘随为人苛刻，不胜任自己的职务，于是刘随被罢官回乡，不得调任。当初，西南夷人卖马给官府，但苦于官吏们的勒索，刘随为此将那些官吏依法查办。刘随罢官后，数百夷人向转运使询问："我们的父亲刘随大人哪里去了？"事情被朝廷得知，刘随才得以调任。

后来刘随改任大理寺丞，为详断官。李溥贪赃枉法的事情败露了，事情牵扯到了许多达官贵人，主管的官员迎合皇上的旨意，没有对此事追查到底，刘随请求再次弹劾他，终于治了李溥的罪。晁迥推荐他做益州通判，川峡安抚吕夷简，又称赞他的才干，刘随由太常博士改任右正言。几个月后，因为曾经为开封府发送巡捕官，没有考察举荐人材，并私下传递考卷，降为济州监税，稍候又调任晋州通判。

刘随回到朝中后，升任右司谏，任三司户部判官。刘随在谏官职位上屡次上书言事，他曾说："现在的当务之急，在于纳谏，其他的事也就是遵守常规保持安定罢了。"又上奏说："连续几年发生水旱灾害，错在执政大臣之间纷争不和。请明察王钦若等人所争执的事情，为他们分清是非曲直。"又借星象变化的机会进言说："皇室本家支裔繁衍很快，但除了定王，都没有进行册封。希望皇上能够选择贤者，按照唐代的先例，增加世袭王、郡王的册封，来告慰祖宗的心愿。"当时诏令下传到蜀中，挑选优伶补充到教坊，刘随认为优伶从事低贱的工作，不值得动用诏书。他又弹劾江、淮发运使钟离瑾运载了几十船奇花异石，送进宫中以及贿赂权贵。他屡次上疏批评丁谓奸邪，不应让他返回内地；胡则是丁谓的党羽，既然已获罪出任陈州，不应当又提升他的官职。王钦若死后，皇上下诏在茅山为他塑像，将他列入仙官之中。刘随进言说："王钦若贪赃枉法，肆无忌惮，考察他的行为，难道像个神仙吗？应当明察他的胡作非为。"又说："李维要求以词臣的身份调换武职，这不是鼓励官员廉洁守节的办法。"他前后提出很多意见。

皇帝已经越来越熟悉国事了，但是太后还没有把政权归还给皇上，刘随奏请军国日常事务只听从皇帝的旨意，又进谏太后不应该多次驾临外戚府邸，太后很不高兴。适逢刘随请求外任，就派他出任济州知州，改任起居郎。很长时间后，升任尚书刑部员外郎，入朝兼任侍御史知杂事。他上书说："近年来众官吏心怀侥幸托人说情，有的在召见应对之际，流泪祈求恩典，有的功劳甚微，却故意夸大成绩以邀赏。也有保家卫国的重臣，位尊职重，上书奏表出言不逊，要求没有满足的时候。监察的官员，安于享乐，一味观望，把容忍奸邪的行为当作顾全大局，把尽职工作当作追求虚名，把欺诈取巧当成贤能，把谦让平静当成笨拙。以至于贪婪残暴的人贪恋财物，老弱病残的人不知道满足。请求依法予以惩处。"朝廷为此颁布诏书，儆戒朝廷内外的官员。

不久，刘随任同判吏部流内铨一职，因为擅长制定规则来办事，官吏们无法作弊。改任三司盐铁副使。出使契丹，因为双脚患病疼痛，推辞不能下拜行礼。回朝以后，被有关官员弹劾，降官阶一级，出任信州知府，调任宜州，再升任工部郎中、应天府知府。召入朝廷任户部副使，改任天章阁待制，不到十天就去世了。

刘随与孔道辅、曹修古同时担任谏官，都以清正廉明著称。刘随遇事精明果断，敢作敢为。在四川时，人们称他为“水晶灯笼”。当初，出使契丹归来，遭到贬官，并且官府收回了他的十五匹马。死后，皇上可怜他家贫困，赏赐钱六十万。

【评述】

做一个好官，无论身居何职，有两点须做到：一是要心中有百姓；二是要恪守职责。刘随一生为官清正廉明，不徇私，不包庇贪官，敢于直言，敢于为百姓说话，即使因此而得罪权贵也本性不改，故仕途多舛，屡遭弹劾外调降职，但百姓爱其如父，唯此足矣！

刘随为官严明通达，锐意敢行，蜀地百姓称其为“水晶灯笼”，因为以水晶制作的灯笼是内外透明的，用来比喻人的眼光锐利，能够洞察隐情，对事物了解极为清楚。除此之外，他还以廉洁著称。去世后，皇帝怜其家贫赐钱给他。其清廉品质也如同水晶一样透明澄澈。这样的好官至今仍是我们学习的典范。

（马琳注译、评述）

桑怿

【原文】

桑怿，开封雍丘人。勇力过人，善用剑及铁简，有谋略。其为人不甚长大，与人接，常祇畏若不自足，语言如不出其口，卒遇之，不知其勇且健也。兄慥，举进士，有名。怿以再举进士，不中。

尝遭大水，有粟二廪，将以舟载之，见百姓走避水者，遂弃其粟而载之，得皆不死。岁饥，聚人共食其粟，尽而止。后徙居汝、颍间，耕龙城废田数顷以自给。

诸县多盗，怿自请补耆长，得往来察奸，因召里中恶少年戒曰："盗不可为，吾不汝容也。"有顷，里老父子死未敛，盗夜脱其衣去，父不敢告县。怿疑少年王生者，夜入其家，得其衣，不使之知也。明日，见而问之曰："尔许我不为盗，今里中盗尸衣者，非尔邪？"少年色动，即推仆地，缚之，诘共盗者姓名，尽送县，皆伏辜。

尝之郏城，遇尉出捕盗，招怿饮酒。与俱行，至贼所藏，尉怯甚，阳为不知，将去。怿曰：“贼在此，欲何之？”乃下马，独格杀数人，因尽缚之。又闻襄城有盗十许人，独提一剑以往，杀数人，尽缚其余，汝旁县为之无盗。京西转运使奏其事，补郏城尉。

天圣中，河南诸县多盗，转运使奏移渑池尉。群盗保青灰山，时出攘剽。有宿盗王伯者，尤为民害，朝廷每授巡检使，必疏姓名使捕之。怿至官，巡检伪为宣头以示怿，牒招致之。怿不知其伪也，因挺身入贼中，与伯同卧起，十余日，伯遂与怿出至山口，为巡检伏兵所执，怿几不免。怿曰：“巡检惧无功尔。”即以伯与巡检，使自为功。巡检俘献京师，而怿不复自言。朝廷知之，为黜巡检，擢怿右班殿直[①]、永安县巡检。

明道末，京西旱蝗，有恶贼二十三人，枢密院召怿至京师，授以贼名姓，使往捕。怿曰：“盗畏吾名，必溃，溃则难得矣，宜先示之以怯。”至则闭栅，戒军吏不得一人辄出。居数日，军吏不知所为，数请出自效，辄不许。夜，与数卒变为盗服以出，迹盗所尝行处。入民家，民皆走，独一媪留，为具饮食，如事群盗。怿归，闭栅三日，复往，自携具就媪馔，而以余遗媪，媪以为真盗。乃稍就媪，与语及群盗，一媪曰：“彼闻桑殿直来，皆遁去。近闻闭营不出，知其不足畏，今皆还矣，某在某处。”怿又三日往，厚遗之，遂以实告曰：“我桑殿直也，为我察其实而慎勿泄。”后三日复来，于是媪尽得居处之实以告。怿明日部分军士，尽擒诸盗。其尤强梁者，怿自驰马以往，士卒不及从，惟四骑追之，遂与贼遇，手杀三人。凡二十三人者，一日皆获。

还京师，枢密吏求银，为致阁门祗候。怿曰："用赂得官，非我欲，况贫无银；有，固不可也。"吏怒，匿其功状，止免其短使而已。除兵马监押，未行，会宜州蛮叛，杀海上巡检，官军不能制，因命怿往，尽手杀之。还，乃授阁门祗候。怿曰："是行也，非独吾功，位有居吾上者，吾乃其佐也。今彼留而我还，我赏厚而彼轻，得不疑我盖其功而自伐乎？受之，徒惭吾心。"将让其赏以归己上者。或讥以好名，怿叹曰："士顾其心如何尔，当自信其心以行，若欲避名，则善皆不可为也。"益辞之，不许。

宝元初，迁西头供奉官、广西驻泊都监。元昊反，参知政事宋庠荐其有勇略，迁内殿崇班、鄜延路兵马都监。逾月，徙泾原路，屯镇戎军，与任福遇敌于好水川，力战而死。赠解州防御使；子湜皇城使。

选自《宋史》卷三百二十五《桑怿传》

【注释】

①右班殿直：武阶官。

【译文】

桑怿是开封雍丘人。他天生勇力过人，善用剑和锏，胸有谋略。他身材不很高大，与人交往时常表现出畏怯不自信，说话似乎言不由衷。要是偶然与他相遇，就不知道他是个勇武并且矫健的人。他的兄长桑慥，中了进士，很有名气。桑怿两次考进士，没有考中。

桑怿曾经遭遇大水，家里有粟米两仓，准备用船载走，但他看到那些逃躲水患的百姓后，就放弃了粟米而改载百姓，使那些百姓全都得以幸免于难。发生了饥荒，他会聚乡里百姓一起吃自家的粟米，直到吃光才停止。后来他移居汝州、颍州之间，耕种数顷龙城废田以自给。

汝州、颍州旁边众县盗贼很多。桑怿自己请求补任耆长，以便往来察访不法之徒。他召集乡间品行恶劣的少年，告诫他们说："偷盗的事不可做！我在这儿，就不容许你们偷盗！"不久，乡里有一个老人儿子死了还未装殓，盗贼在夜里盗走了他的衣服。老人害怕，不敢到县衙告状。桑怿怀疑是姓王的少年所为。夜里桑怿潜入他家，找到了那些衣服，没让王生发觉。第二天遇到他，桑怿问道："你答应我不偷盗，可现在偷盗乡里百姓尸衣的人，不是你吗？"王生脸色大变，桑怿就将王生推倒在地捆绑起来，质问其共盗者的姓名，全部送到县里，皆服罪。

桑怿曾去郏城，遇到一县尉出去捕盗，招桑怿饮酒。他们酒后同行，来到盗贼藏身之地，县尉很胆怯，佯装不知，准备离开。桑怿说："盗贼就在这里，你想到哪里去？"他下了马，独自格杀数人，把剩下的全都绑了起来。又听说襄城有十余个盗贼，他独自提剑前往，杀了几个，剩下的都绑起来。汝州旁边的县城里因此没有了盗贼。京西转运使上奏了他的事迹，补任桑怿为郏城尉。

天圣年间，河南各县多盗贼，转运使上奏，移任桑怿为渑池县尉。群盗踞保青灰山，不时出来抢劫。有个大盗叫王伯的，危害尤其大，朝廷每次任命此地的巡检使，必会写上王伯的姓名让他们去逮捕。桑怿上任后，巡检伪造宣书给桑怿看，让他招抚王伯。桑怿不知是假，因而挺身潜入贼中，与王伯同起同卧，十多天后，王伯与桑怿走到山口，被巡检的伏兵拘捕，桑怿几乎不能幸免。桑怿说："巡检不过是害怕没有功劳罢了。"就把王伯交给巡检，让巡检自己去立功。巡检把俘虏押送到京城，而桑怿也不再为自己争功。朝廷知道了事情的真相，罢免了巡检，提拔桑怿为右班殿直、永安县巡检。

明道末年，京西发生蝗灾，有二十三个恶贼，枢密院召桑怿到京师，把盗贼的姓名告诉他，让他去追捕。桑怿说："盗贼畏惧我的名声，听说之后必然溃逃，溃逃之后就难以捉到了，应该先故意显露怯弱。"他到了之后就关闭栅门，告诫军吏不得有一人擅自外出。过了几天，军吏不知他要干什么，数次请求出外效力，他都不允许。夜里，桑怿与几名军吏换上盗贼的服饰外出，追踪盗贼出没的痕迹与所过之处。进入百姓家，百姓都逃走了，只剩下一个老妇，为他们做饭，如同侍奉盗贼。桑怿回来之后，又闭门三日，再次前去，自带餐具去吃老妇做的饭，把其余的都送给老妇，老妇以为是真强盗。之后渐渐接近老妇，并跟她谈起群盗，老妇说："他们听说桑怿来了，都逃跑了。最近又听说桑怿闭营不出，知道他不值得害怕，这几天又都回来了，某人就在某处。"桑怿又等了三天，送厚礼给老妇，如实相告说："我就是桑怿，请为我观察情况而不要泄露我的秘密，千万小心。”又过了三天来，老妇已经全部得知盗贼居住的确切地点并告诉了他。桑怿第二天分派部署军士，把盗贼全部擒获，其中最为强悍的，桑怿亲自骑马去追赶，士卒都来不及跟从，只有四个骑兵去追，追上之后桑怿杀掉三人。一共二十三名强盗，一天之内全部捕获。

回到京师后，枢密吏向他索要银两，这样就会为他求得一个阁门祗候的职务。桑怿说：“用贿赂获得官职，不是我想要的，何况我贫穷无银。即使有，也不能那样做。”枢密吏很恼怒，隐匿了桑怿功劳，免去了此次任职。授桑怿以兵马监押的官衔，还没等上任启程，正好宜州蛮族叛乱，杀死了海上巡检，官军无法制服，于是命桑怿前往。桑怿把他们全部杀了。得胜还朝后，他被授予阁门祗候。桑怿说：“这次征讨，并非全是我的功劳，有职位在我之上者，我是其助手而已。现在人家还留在那里而我却回了京师，我得到了厚赏而他的所得却很微薄，能不怀疑我掩盖他的功劳而自伐其功么？如果接受只会使内心惭愧。”他要把赏赐让给自己的上司。有人讥讽其好名，桑怿叹气说：“一个人应该认清自己内心的想法，按照自己的心志而行，若想避名，则好事都不能做了。”于是更加坚决的推辞，朝廷不许。

宝元初年，桑怿升任西头供奉官、广西驻泊都监。元昊反叛，参知政事宋庠举荐桑怿有勇有谋，升任内殿崇班、鄜延路兵马都监。过了一个月，移任泾原路，屯驻镇戎军。他与任福在好水川遇敌，力战而死。死后赠解州防御使；桑怿的儿子桑湜为皇城使。

【评述】

作为一名朝廷官员，桑怿的确有些与众不同：他为人看似害羞、不善言辞，但却善于使用铁剑与铁锏，勇气智慧过人；他本性淡泊名利、无欲无求，但却屡屡被上司提拔、委以重任；他宽厚仁爱、心怀百姓，因而总能深得民心，得到百姓拥护。他有勇有谋，在任期间，曾经独自提剑深入盗贼巢穴捉拿盗贼，亦曾利用谋略，带领军吏追剿山贼，屡获成功却不以之邀功，对其间所受的不公平待遇亦不加辩解，因而总能受到百姓的拥戴和上司的赏识；他刚直不阿，拒绝了京师枢密吏无耻的索贿要求。他淡泊名利，居功而不自傲，反而把功劳推给他人。桑怿通过他的一言一行，履行了一名官员应尽的职责和义务，在自己的岗位上做出了杰出的贡献，他的事迹对我们今天也有着很大的借鉴作用。

（李燕晖注译、评述）

范仲淹

【原文】

范仲淹，字希文，唐宰相履冰之后。其先邠州人也，后徙家江南，遂为苏州吴县人。仲淹二岁而孤，母更适长山朱氏，从其姓，名说。少有志操，既长，知其世家，乃感泣辞母，去之应天府，依戚同文学。昼夜不息，冬月惫甚，以水沃面；食不给，至以糜粥继之，人不能堪，仲淹不苦也。举进士第，为广德军司理参军，迎其母归养。改集庆军节度推官，始还姓，更其名。

监泰州西溪盐税，迁大理寺丞，徙监楚州粮料院，母丧去官。晏殊知应天府，闻仲淹名，召寘府学。上书请择郡守，举县令，斥游惰，去冗僭，慎选举，抚将帅，凡万余言。服除，以殊荐，为秘阁校理。仲淹泛通《六经》，长于《易》，学者多从质问，为执经讲解，亡所倦。尝推其奉以食四方游士，诸子至易衣而出，仲淹晏如也。每感激论天下事，奋不顾身，一时士大夫矫厉尚风节，自仲淹倡之。

天圣七年，章献太后将以冬至受朝，天子率百官上寿。仲淹极言之，且曰："奉亲于内，自有家人礼，顾与百官同列，南面而朝之，不可为后世法。"且上疏请太后还政，不报。寻通判河中府，徙陈州。时方建太一宫及洪福院，市材木陕西。仲淹言："昭应、寿宁，天戒不远。今又侈土木，破民产，非所以顺人心、合天意也。宜罢修寺观，减常岁市木之数，以蠲除积负。"又言："恩幸多以内降除官，非太平之政。"事虽不行，仁宗以为忠。

太后崩，召为右司谏。言事者多暴太后时事，仲淹曰："太后受遗先帝，调护陛下者十余年，宜掩其小故，以全后德。"帝为诏中外，毋辄论太后时事。初，太后遗诰以太妃杨氏为皇太后，参决军国事。仲淹曰："太后，母号也，自古无因保育而代立者。今一太后崩，又立一太后，天下且疑陛下不可一日无母后之助矣。"

岁大蝗旱，江、淮、京东滋甚。仲淹请遣使循行，未报。乃请间曰："宫掖中半日不食，当何如？"帝侧然，乃命仲淹安抚江、淮，所至开仓振之，且禁民淫祀，奏蠲庐舒折役茶、江东丁口盐钱，且条上救敝十事。

会郭皇后废，率谏官、御史伏阁争之，不能得。明日，将留百官揖宰相廷争，方至待漏院，有诏出知睦州。岁余，徙苏州。州大水，民田不得耕，仲淹疏五河，导太湖注之海，募人兴作，未就，寻徙明州，转运使奏留仲淹以毕其役，许之。拜尚书礼部员外郎、天章阁待制，召还，判国子监，迁吏部员外郎、权知开封府。时吕夷简执政，进用者多出其门。仲淹上《百官图》，指其次第曰：“如此为序迁，如此为不次，如此则公，如此则私。况进退近臣，凡超格者，不宜全委之宰相。”夷简不悦。他日，论建都之事，仲淹曰：“洛阳险固，而汴为四战之地，太平宜居汴，即有事必居洛阳。当渐广储蓄，缮宫室。”帝问夷简，夷简曰：“此仲淹迂阔之论也。”仲淹乃为四论以献，大抵讥切时政。且曰：“汉成帝信张禹，不疑舅家，故有新莽之祸。臣恐今日亦有张禹，坏陛下家法。”夷简怒诉曰：“仲淹离间陛下君臣，所引用，皆朋党也。”仲淹对益切，由是罢知饶州。

殿中侍御史韩渎希宰相旨，请书仲淹朋党，揭之朝堂。于是秘书丞余靖上言曰：“仲淹以一言忤宰相，遽加贬窜，况前所言者在陛下母子夫妇之间乎？陛下既优容之矣，臣请追改前命。”太子中允尹洙自讼与仲淹师友，且尝荐己，愿从降黜。馆阁校勘欧阳修以高若讷在谏官，坐视而不言，移书责之。由是，三人者偕坐贬。明年，夷简亦罢，自是朋党之论兴矣。仲淹既去，士大夫为论荐者不已。仁宗谓宰相张士逊曰：“向贬仲淹，为其密请建立皇太弟故也。今朋党称荐如此，奈何？”再下诏戒敕。

仲淹在饶州岁余，徙润州，又徙越州。元昊反，召为天章阁待制、知永兴军，改陕西都转运使。会夏竦为陕西经略安抚、招讨使，进仲淹龙图阁直学士以副之。夷简再入相，帝谕仲淹使释前憾。仲淹顿首谢曰："臣乡论盖国家事，于夷简无憾也。"

延州诸砦多失守，仲淹自请行，迁户部郎中兼知延州。先是，诏分边兵：总管领万人，钤辖领五千人，都监领三千人。寇至御之，则官卑者先出。仲淹曰："将不择人，以官为先后，取败之道也。"于是大阅州兵，得万八千人，分为六，各将三千人，分部教之，量贼众寡，使更出御贼。时塞门、承平诸砦既废，用种世衡策，城青涧以据贼冲，大兴营田，且听民得互市，以通有无。又以民远输劳苦，请建鄜城为军，以河中、同、华中下户税租就输之。春夏徙兵就食，可省籴十之三，他所减不与。诏以为康定军。

明年正月，诏诸路入讨，仲淹曰："正月塞外大寒，我师暴露，不如俟春深入，贼马瘦人饥，势易制也。况边备渐修，师出有纪，贼虽猖獗，固已慑其气矣。鄜、延密迩灵、夏，西羌必由之地也。第按兵不动，以观其衅，许臣稍以恩信招来之。不然，情意阻绝，臣恐偃兵无期矣。若臣策不效，当举兵先取绥、宥，据要害，屯兵营田，为持久计，则茶山、横山之民，必挈族来归矣。拓疆御寇，策之上也。"帝皆用其议。仲淹又请修承平、永平等砦，稍招还流亡，定堡障，通斥候，城十二砦，于是羌汉之民，相踵归业。

久之，元昊归陷将高延德，因与仲淹约和，仲淹为书戒喻之。会任福败于好水川，元昊答书语不逊，仲淹对来使焚之。大臣以为不当辄通书，又不当辄焚之，宋庠请斩仲淹，帝不听。降本曹员外郎、知耀州，徙庆州，迁左司郎中，为环庆路经略安抚、缘边招讨使。初，元昊反，阴诱属羌为助，而环庆酋长六百余人，约为乡道，事寻露。仲淹以其反复不常也，至部即奏行边，以诏书犒赏诸羌，阅其人马，为立条约："若仇已和断，辄私报之及伤人者，罚羊百、马二，已杀者斩。负债争讼，听告官为理，辄质缚平人者，罚羊五十、马一。贼马入界，追集不赴随本族，每户罚羊二，质其首领。贼大入，老幼入保本砦，官为给食；即不入砦，本家罚羊二；全族不至，质其首领。"诸羌皆受命，自是始为汉用矣。

改邠州观察使，仲淹表言："观察使班待制下，臣守边数年，羌人颇亲爱臣，呼臣为'龙图老子'。今退而与王兴、朱观为伍，第恐为贼轻矣。"辞不拜。庆之西北马铺砦，当后桥川口，在贼腹中。仲淹欲城之，度贼必争，密遣子纯祐与蕃将赵明先据其地，引兵随之。诸将不知所向，行至柔远，始号令之，版筑皆具，旬日而城成，即大顺城是也。贼觉，以骑三万来战，佯北，仲淹戒勿追，已而果有伏。大顺既城，而白豹、金汤皆不敢犯，环庆自此寇益少。

明珠、灭臧劲兵数万，仲淹闻泾原欲袭讨之，上言曰："二族道险，不可攻，前日高继嵩已丧师。平时且怀反侧，今讨之，必与贼表里，南入原州，西扰镇戎，东侵环州，边患未艾也。若北取细腰、胡芦众泉为堡障，以断贼路，则二族安，而环州、镇戎径道通彻，可无忧矣。"其后，遂筑细腰、胡芦诸砦。

葛怀敏败于定川，贼大掠至潘原，关中震恐，民多窜山谷间。仲淹率众六千，由邠、泾援之，闻贼已出塞，乃还。始，定川事闻，帝按图谓左右曰："若仲淹出援，吾无忧矣。"奏至，帝大喜曰："吾固知仲淹可用也。"进枢密直学士、右谏议大夫。仲淹以军出无功，辞不敢受命，诏不听。

时已命文彦博经略泾原，帝以泾原伤夷，欲对徙仲淹，遣王怀德喻之。仲淹谢曰："泾原地重，第恐臣不足当此路。与韩琦同经略泾原，并驻泾州，琦兼秦凤、臣兼环庆。泾原有警，臣与韩琦合秦凤，环庆之兵，犄角而进；若秦凤、环庆有警，亦可率泾原之师为援。臣当与琦练兵选将，渐复横山，以断贼臂，不数年间，可期平定矣。愿诏庞籍兼领环庆，以成首尾之势。秦州委文彦博，庆州用滕宗谅总之。孙沔亦可办集。渭州，一武臣足矣。"帝采用其言，复置陕西路安抚、经略、招讨使，以仲淹、韩琦、庞籍分领之。仲淹与琦开府泾州，而徙彦博帅秦，宗谅帅庆，张亢帅渭。

仲淹为将，号令明白，爱抚士卒，诸羌来者，推心接之不疑，故贼亦不敢辄犯其境。元昊请和，召拜枢密副使。王举正懦默不任事，谏官欧阳修等言仲淹有相材，请罢举正用仲淹，遂改参知政事。仲淹曰："执政可由谏官而得乎？"固辞不拜，愿与韩琦出行边。命为陕西宣抚使，未行，复除参知政事。会王伦寇淮南，州县官有不能守者，朝廷欲按诛之。仲淹曰："平时讳言武备，寇至而专责守臣死事，可乎？"守令皆得不诛。

帝方锐意太平，数问当世事，仲淹语人曰："上用我至矣，事有先后，久安之弊，非朝夕可革也。"帝再赐手诏，又为之开天章阁，召二府条对[①]，仲淹皇恐，退而上十事：

一曰明黜陟。二府非有大功大善者不迁，内外须在职满三年，在京百司非选举而授，须通满五年，乃得磨勘[②]，庶几考绩之法矣。二曰抑侥幸。罢少卿、监以上乾元节恩泽；正郎以下若监司、边任，须在职满二年，始得荫子；大臣不得荐子弟任馆阁职，任子之法无冗滥矣。三曰精贡举。进士、诸科请罢糊名法[③]，参考履行无阙者，以名闻。进士先策论，后诗赋，诸科取兼通经义者。赐第以上，皆取诏裁。余优等免选注官[④]，次第人守本科选。进士之法，可以循名而责实矣。四曰择长官。委中书、枢密院先选转运使、提点刑狱、大藩知州；次委两制、三司、御史台、开封府官、诸路监司举知州、通判；

知州通判举知县、令。限其人数，以举主多者从中书选除。刺史、县令，可以得人矣。五曰均公田。外官廪给不均，何以求其为善耶？请均其入，第给之，使有以自养，然后可以责廉节，而不法者可诛废矣。六曰厚农桑。每岁预下诸路，风吏民言农田利害，堤堰渠塘，州县选官治之。定劝课之法以兴农利，减漕运。江南之圩田，浙西之河塘，隳废者可兴矣。七曰修武备。约府兵法，募畿辅强壮为卫士，以助正兵。三时务农，一时教战，省给赡之费。畿辅有成法，则诸道皆可举行矣。八曰推恩信。赦令有所施行，主司稽违者，重置于法；别遣使按视其所当行者，所在无废格上恩者矣。九曰重命令。法度所以示信也，行之未几，旋即厘改。请政事之臣参议可以久行者，删去烦冗，裁为制敕行下，命令不至于数变更矣。十曰减徭役。户口耗少而供亿滋多，省县邑户少者为镇，并使、州两院为一，职官白直[⑤]，给以州兵，其不应受役者悉归之农，民无重困之忧矣。

天子方信向仲淹，悉采用之，宜著令者，皆以诏书画一颁下；独府兵法，众以为不可而止。

又建言："周制，三公分兼六官之职，汉以三公分部六卿，唐以宰相分判六曹。今中书，古天官冢宰也，枢密院，古夏官司马也。四官散于群有司，无三公兼领之重。而二府惟进擢差除，循资级，议赏罚，检用条例而已。上非三公论道之任，下无六卿佐王之职，非治法也。

臣请仿前代，以三司、司农、审官、流内铨、三班院、国子监、太常、刑部、审刑、大理、群牧、殿前马步军司，各委辅臣兼判其事。凡官吏黜陟、刑法重轻、事有利害者，并从辅臣予夺；其体大者，二府佥议奏裁。臣请自领兵赋之职，如其无补，请先黜降。”章得象等皆曰不可。久之，乃命参知政事贾昌朝领农田，仲淹领刑法，然卒不果行。

初，仲淹以忤吕夷简，放逐者数年，士大夫持二人曲直，交指为朋党。及陕西用兵，天子以仲淹士望所属，拔用之。及夷简罢，召还，倚以为治，中外想望其功业。而仲淹以天下为己任，裁削幸滥，考覈官吏，日夜谋虑兴致太平。然更张无渐，规摹阔大，论者以为不可行。及按察使出，多所举劾，人心不悦。自任子之恩薄，磨勘之法密，侥幸者不便，于是谤毁稍行，而朋党之论浸闻上矣。

会边陲有警，因与枢密副使富弼请行边。于是，以仲淹为河东、陕西宣抚使，赐黄金百两，悉分遗边将。麟州新罹大寇，言者多请弃之，仲淹为修故砦，招还流亡三千余户，蠲其税，罢榷酤予民。又奏免府州商税，河外遂安。比去，攻者益急，仲淹亦自请罢政事，乃以为资政殿学士、陕西四路宣抚使、知邠州。其在中书所施为，亦稍稍沮罢。

以疾请邓州，进给事中。徙荆南，邓人遮使者请留，仲淹亦愿留邓，许之。

寻徙杭州，再迁户部侍郎，徙青州。会病甚，请颍州，未至而卒，年六十四。赠兵部尚书，谥文正。初，仲淹病，帝常遣使赐药存问，既卒，嗟悼久之。又遣使就问其家，既葬，帝亲书其碑曰“褒贤之碑”。

仲淹内刚外和，性至孝，以母在时方贫，其后虽贵，非宾客不重肉。妻子衣食，仅能自充。而好施予，置义庄里中，以赡族人。泛爱乐善，士多出其门下，虽里巷之人，皆能道其名字。死之日，四方闻者，皆为叹息。为政尚忠厚，所至有恩，邠、庆二州之民与属羌，皆画像立生祠事之。及其卒也，羌酋数百人，哭之如父，斋三日而去。四子：纯祐、纯仁、纯礼、纯粹。

选自《宋史》卷三百一十四《范仲淹传》

【注释】

①二府：宋代为了加强对内控制，以掌管军事的枢密院（西府）和掌管政务的中书门下（政事堂、东府）共同行使行政领导权，并称为“二府”，为当时最高国务机关。

②磨勘：唐宋官员考绩升迁的制度。唐时文武官吏由州府和百司官长考核，分九等注入考状，期满根据考绩决定升降，并经吏部和各道观察使等复验，称“磨勘”。

③糊名法：起源于隋朝的科举考试，糊名在宋代常称为“弥封”，就是把试卷卷首的考生姓名、籍贯和初定等第都封住或者

裁去，以防评卷官徇私作弊。

④注官：铨叙职官，即审查官吏的资历和劳绩，确定其升降级别与职位。

⑤白直：两晋南北朝时在官当值无月薪的小吏。后泛指官府额外吏役。

【译文】

范仲淹，字希文，唐朝宰相范履冰的后代。他的祖先是邠州人氏，后来全家搬到江南，于是成了苏州吴县人。范仲淹两岁时丧父，母亲改嫁长山朱姓人家，范仲淹随他的姓，名叫朱说。范仲淹从小就有志向节操，长大后，知道了自己的家世，就伤感流泪辞别母亲，离开家乡前往应天府，跟随戚同文学习。他夜以继日地学习，冬日里疲惫得厉害，就用水洗洗脸；食物不充足，以至于连日以稀粥为饭，众人都无法忍受，但范仲淹并不以此为苦。考取进士后，他担任广德军司理参军，就接他的母亲回家奉养。后改任集庆军节度推官，这才改回原姓，改换了名字。

范仲淹监督泰州西溪盐税，升为大理寺丞，改任监管楚州粮料院，因母亲去世辞官。晏殊任应天府知府，听说了范仲淹的大名，就召他来安置在府学。范仲淹上书请求挑选郡守，选举县令，斥退游荡懒惰的官吏，辞去多余且不称职的人，谨慎选举，安抚将帅。此上书共一万多字。服丧期满，因晏殊推荐，范仲淹担任秘阁校理。范仲淹通晓《六经》，擅长于《易经》，求学的人有很多向他提问，他拿着经书给他们讲解，不知疲倦。他曾经把他的俸禄分给四方云游的士子以供应他们的衣食，以至于他自己的几个儿子需要相互交换衣服才能出门，但范仲淹却很安然。

他每每感奋激昂地议论天下大事，奋不顾身，当时士大夫多慷慨激昂，崇尚风度节操，就是范仲淹倡导的。

天圣七年（1029），章献太后将在冬至日接受朝贺，天子率领百官祝寿。范仲淹极力劝谏这件事，并且说："在家侍奉母亲，自然有家人的礼节，但和百官同列，面向南方而朝拜，这不能被后世效法。"并且上疏请求太后归政于皇帝，没有得到答复。不久范仲淹任河中府通判，调到陈州。当时正在建造太一宫及洪福院，在陕西买木料。范仲淹说："昭应、寿宁引来的天戒才刚刚过去。而今又大兴土木，败坏百姓的产业，这不是顺应民心、符合天意的事啊。应当停止修建寺观，减少平常年份买木料的数量，以免除多年积攒下来的亏空。"又说："皇帝宠幸的官员大多是由宫内直接下诏授予官职的，这不是太平之政啊。"事情虽然没有施行，但仁宗认为他很忠心。

太后去世后，范仲淹被召为右司谏。上书言事的人多揭露太后当政时的事情，范仲淹说："太后受先帝遗命，调教爱护皇上十多年，应当为她遮掩小过，来保全太后懿德。"皇帝因此诏谕朝廷内外，不要随便议论太后当政时事。当初，太后遗诰让太妃杨氏为皇太后，参与决定军国大事。范仲淹说："太后，是帝母的名号，自古以来没有因为养育之功而代立为太后的。现在一位太后去世了，又立一位太后，天下人会怀疑皇上一天都不能没有太后的帮助啊。"

那年蝗灾、旱灾严重，江、淮、京东等地尤其厉害。范仲淹请求派使者巡察，皇上没有答复。于是他寻找机会面见皇上，说："宫中半天不吃饭，将会如何？"皇上听了心生悲悯，就任命范仲淹前去安抚江、淮。他所到之处开仓赈灾，并且禁止百姓进行不合礼制的祭祀，上奏免除庐州、舒州折算劳役的茶，江东按人口征收的盐钱，并且上奏列举挽救时弊的十件事。

恰逢郭皇后被废，范仲淹率领谏官、御史跪在阁门前据理力争，不能成功。第二天，他正准备留百官拜请宰相在朝堂上为此事力争，刚到待漏院，有诏命让他出任睦州知州。一年多后，改任苏州知州。苏州发大水，百姓的田地无法耕种，范仲淹疏通五条河流，引太湖水注入大海。他招募人耕种，还没有完成，就改任明州知州，转运使上奏请求留下范仲淹来完成这件事，皇上答应了。拜任尚书礼部员外郎、天章阁待制，召令回京，判国子监，升为吏部员外郎、代理开封府知府。当时吕夷简执政，选用的人大多出自他的门下。范仲淹进上《百官图》，指出它的次序说："这样就是按照顺序升迁，这样就是不按照顺序，这样是公正的，这样则带有私心。何况提拔或贬斥近臣，凡是超过常规的，不应当全部交付宰相定夺。"吕夷简很不高兴。有一天，讨论起建都的事情，范仲淹说："洛阳地势险要坚固，而汴京是容易四面受敌的平地，太平时期适宜呆在汴京，如果有战事一定要呆在洛阳。应该慢慢增加储备，修缮宫室。"皇上问吕夷简，吕夷简说："这是范仲淹的迂阔论调。"范仲淹于是做四论来献给皇上，大致的意思就是讥讽批评时政，并且说："汉成帝相信张禹，不怀疑舅家，所以才有新朝王莽的祸乱。我恐怕现在也要有张禹来败坏皇上的家法。"吕夷简很恼怒地说："范仲淹离间皇上和臣子的关系，他所选用的都是其朋党。"范仲淹应答更加恳切，但还是因此被贬为饶州知州。

殿中侍御史韩渎迎合宰相心意，请求列出范仲淹的朋党，公布在朝堂之上。这时秘书丞余靖上疏说："范仲淹因为一句话触犯了宰相，马上就被贬黜外放，何况先前所说的都是皇上母子夫妇之间的事呢？皇上既然已经宽容他了，臣请求皇上追改先前的诏命。”太子中允尹洙自己说和范仲淹是师友关系，而且范仲淹曾经举荐自己，愿意和他一同降职贬黜。馆阁校勘欧阳修认为高若讷身为谏官，坐视不理，写信去责备他。因此，三个人一起获罪被贬。第二年，吕夷简也被罢免，从此朋党的争论就兴起了。范仲淹离开后，士大夫为他奏论举荐一直没停止。仁宗对宰相张士逊说：“以前贬黜范仲淹，因为他秘密请求立皇太弟的缘故。而今他的朋党这样称赞举荐他，怎么办？”又下诏告诫他。

范仲淹在饶州一年多后，改任润州知州，又改任越州知州。元昊谋反时，召他为天章阁待制、永兴军知军，改任陕西都转运使。恰逢夏竦任陕西经略安抚、招讨使，乃提拔范仲淹为龙图阁直学士来辅佐他。吕夷简又入朝为相，皇上下令范仲淹要与吕夷简冰释前嫌。范仲淹叩头道歉说：“我以前议论的都是国家大事，和吕夷简本人并没有什么仇恨。”

延州很多营寨失守，范仲淹请求亲自前往，被升为户部郎中兼延州知州。此前，诏令边地军士分成几部分，总管率领万人，钤辖率领五千人，都监率领三千人。敌人来时抵御，总是官阶低的先出战。范仲淹说：“将军不以人才高下来选择，而按官位分先后，这是失败的原因。”于是大举检阅州兵，得到一万八千人，分成六部，各部率领三千人，分部训练他们，根据敌人的多少，让他们轮流出去御敌。当时塞门、承平等营寨都已废弃，范仲淹采用种世衡的计策，在青涧筑城来占据敌兵的要冲，大力耕种营田，并且听任百姓互相贸易，互通有无。又因为百姓远途运输很辛苦，请求在鄜城建军，将河中、同、华中下户租税就近输送给军队。春夏两季调动军队去采食，可以省去购买粮食的十分之三费用，别的地方削减不供给。于是下诏建立康定军。

第二年正月，诏令各路军马入境讨伐，范仲淹说："正月塞外严寒，我军暴露在野外，不如等到春天再深入敌境，敌人马瘦人饥，势必容易制服。何况边境战备逐渐修整，军队出征有纪律，敌军即使猖獗，我们也已经在气势上压倒他们了。鄜、延和灵、夏很近，是西羌必经之地。我们只需按兵不动，来观察他们的破绽。请允许我慢慢通过恩信来招引他们。不这样的话，情意阻隔断绝，臣恐怕永远没有停战之期了。如果我的策略不能奏效，那么应该发兵先攻取绥、宥，占据要害之处，屯兵营田，做长久的打算，那么茶山、横山的百姓，一定会带领全族来归附的。开拓疆域抵御敌寇，这才是上策啊。"皇上全部采用了他的计策。范仲淹又请求修建承平、永平等营寨，慢慢招徕流亡的百姓，修建稳固的堡垒屏障，派侦查兵打探情况，在十二个营寨筑城，从此羌汉百姓，相继归来发展产业。

很久后，元昊归还被抓的将军高延德，借此同范仲淹约定讲和，范仲淹写信劝诫告谕他。恰逢任福在好水川战败，元昊回信语气不敬，范仲淹当着信使的面把信烧了。大臣们认为不应当擅自通信，也不应当擅自把信烧了，宋庠请求斩了范仲淹，皇帝没有听从。只将范仲淹降职为本曹员外郎、耀州知州，后改任庆州知州，升为左司郎中，担任环庆路经略安抚、缘边招讨使。当初，元昊谋反，暗地里引诱已归顺的羌人作为援助，而环庆酋长六百多人，约好为他做向导，此事不久就败露了。范仲淹因为这些人反复无常，到官署就奏请巡视边境，用诏书犒赏羌族各部，检阅他们的人马，为他们订立条约："如果仇敌已经讲和了结，还私自报仇以至伤人的，罚羊一百只、马两匹，杀人的斩首。有因负债打官司的，需听从官员审理，擅自扣押捆绑平民百姓的，罚羊五十只、马一匹。敌寇的马匹跑入境内，把它赶回去却没有赶往本族地界的，每户罚羊两只，责问其部首领。贼寇大举入侵，无论老少均要入内守卫本寨，由官府供给粮食；如果不入寨，本家罚羊两只；全族都不入寨的，责问其部头领。”各羌都接受了诏命，从此才开始为宋人所用。

范仲淹改任邠州观察使，他上表说：“观察使在待制之下，我守边好几年，羌人很亲近我，叫我‘龙图老子’。如今退而同王兴、朱观为伍，只恐怕被贼寇轻视。”于是推辞不接受。庆州的西北马铺寨，正当后桥川的出入口，在贼寇的腹地。范仲淹想要在那里建城，揣度着敌人一定会要争夺，就秘密派遣儿子范纯祐和蕃将赵明先占据那里，自己领兵跟着他们。众将都不知道要往哪里去，直到行军至柔远，范仲淹才给大家发布号令，版筑都准备好了，十天城就建成了，这就是大顺城。敌人发觉后，用三万骑兵前来作战，假装战败逃跑，范仲淹告诫众将不要追赶，不久果然发现敌人的埋伏。大顺城建成后，白豹、金汤都不敢再来侵犯，环庆从此寇贼越来越少了。

明珠、灭臧有精兵好几万，范仲淹听说泾原军队想要讨伐他们，上奏说：“这两个部族道路险峻，不可攻打，此前高继嵩已经全军覆没。他们平时尚且心怀叵测，如今讨伐他们，一定会和贼寇内外勾结，相互呼应，向南进入原州，向西侵扰镇戎，向东侵犯环州，边境的祸患就没有止尽了。如果我们向北攻取细腰、胡芦各泉作为堡垒屏障，以此切断贼寇的道路，那么这二族就能安定下来，而环州、镇戎的道路就能通畅，可以不再为之忧虑了。”此后，就修建了细腰、胡芦各寨。

葛怀敏在定川战败，贼寇大肆掠杀直至潘原，关中震惊慌恐，百姓大多逃窜到山谷中。范仲淹率领士兵六千人，从邠、泾出发前去援助，听说敌人已经出塞，这才回去。开始时，定川的战事传到京城，皇上指着地图对左右大臣说：“如果范仲淹出去增援，我就不用担心了。”奏疏到后，皇帝大喜：“我本就知道范仲淹可当大用。”晋升范仲淹为枢密直学士、右谏议大夫。范仲淹认为自己率军出征却无功而返，推辞不敢接受任命，但诏令不许他推辞。

当时已经任命文彦博管理泾原，皇上因为泾原曾饱受创伤，想要把文彦博和范仲淹对调，就派遣王怀德告诉他。范仲淹推辞说：“泾原是个重地，只恐怕我不足以在那里任职。我同韩琦共同掌管泾原，一起驻扎泾州，韩琦兼管秦凤，我兼管环庆。泾原如有警报，我和韩琦会合秦凤、环庆的兵力，成犄角之势进军；如果秦凤、环庆有警报，也可以率领泾原的军队前去增援。我应当和韩琦一起练兵选将，逐渐收复横山，来斩断敌人的臂膀，用不了几年，平定敌寇就有希望了。臣希望诏令庞籍兼管环庆，来形成首尾呼应之势。秦州交给文彦博，庆州任用滕宗谅统领。孙沔也可以办集。渭州，一个武将就足够了。”皇上采纳他的建议，又设置陕西路安抚、经略、招讨使，让范仲淹、韩琦、庞籍分任其职。范仲淹与韩琦在泾州设府，改让文彦博统领秦州，滕宗谅统领庆州，张亢统领渭州。

范仲淹做将军时，赏罚分明，爱护士卒。羌人各部中有来归降的，他都推心置腹地接待，不会随便怀疑他们的诚意，所以贼寇也不敢轻易侵犯边境。元昊请求与宋朝讲和，拜任为枢密副使。

王举正怯懦不能成事，谏官欧阳修等进言说范仲淹有宰相之才，请求罢免王举正任用范仲淹，于是任命范仲淹为参知政事。范仲淹说：“任用宰相怎能仅因为谏官的言论呢？”于是坚决推辞不就任，他表示愿意与韩琦共同出京巡边，于是被任命为陕西宣抚使。还没有动身，又被授予参知政事一职。正赶上王伦进犯淮南，州县官员中有不能坚守城池的，朝廷打算审判并处死他们。范仲淹说：“平常不愿筹措武备，敌人进犯了又要治守城之臣的死罪，这样做可以吗？”守卫州县的官吏都得以保全了性命。

皇上正致力于发展太平盛世，多次问范仲淹当朝的事情，范仲淹告诉别人说：“皇上极为重用我，然而事情有先后，长久安定的弊病，并不是一朝一夕可以革除的。”皇上又一次赐他手诏，又为他打开天章阁，召二府应对，范仲淹诚惶诚恐，回去后上疏十件事：

一是官员升降的标准要分明。二府中不是有大的功劳大的善行的不予升迁，在内外任职必须满三年，在京师的百官不是通过选拔举荐而授予官职的，必须任满五年，才能够考核升迁，这才是考核的办法。二是抑制侥幸心理。取消少卿、监以上乾元节的恩泽；正郎以下像监司、边任等，需要在职满两年，才能荫及子孙；大臣不能推荐自己的子弟担任馆阁职务，任用子弟的制度就不会过于繁冗没有约束。三是严密贡举制度。进士、诸科请求取消糊名法，查考言行才能没有欠缺的，把他的名字报到朝廷。进士先考策论，再考诗赋，诸科选取兼通经义的考生。赐及第以上的，都让皇上诏命裁定。其余优等的免选注官，次等的按照原科待选。选取士子，可以根据他的名声来考察他的实际才能。四是选择长官。委派中书、枢密院首先选举转运使、提点刑狱、大藩知州；其次再委派两制、三司、御史台、开封府官、各路监司举荐知州、通判；知州、通判再举荐知县、令。限定人数，举荐的人选若多，就让中书从中选择授任。刺史、县令，就可以有合适的人选了。五是平均公田收入。外任官员薪俸不一样，怎么能要求他们尽职尽责呢？请求皇上平均他们的收入，按等级发给他们，使他们能够养家糊口，然后才可以要求他们廉洁为政，而那些违法乱纪的人，也可对其惩办或撤职了。六是重视农桑。每年预先诏令各路长官，向官吏和百姓宣传农业的重要性，堤堰渠塘由州县选举官员整修。制定劝勉农耕的办法，来振兴农业，减少漕运。江南的圩田，浙西的河塘，毁坏废弃的都可以修整好了。七是整治军备。制定府兵法，召募京城附近地区的强壮男丁作卫士，以辅助正规军。这些卫士每年中用三个季度务农，一个季度的时间训练，可以节省他们的给养费用。京郊的这种制度成型后，那么各道都可以仿照执行了。八是推广朝廷的惠政和信义。赦免的诏令一旦颁布施行，主管部门若有人拖延或违反赦令，要依法重惩；另外派遣使臣巡察那些应当施行的惠政是否施行。这样，便没有妨碍皇恩推行的现象了。九是严肃对待朝廷号令。法规制度是用来显示信义的，如今颁行不久就随即更改。请管理政事的大臣们议定可以长期执行的条令，删去繁冗的条款，裁定成皇帝的诏令颁行天下，这样诏命指令就不会多次变更了。十是减轻徭役。户口减少而需要供应的数量增多，将县邑户口少的作为镇，合并使、州两个院成为一个。职官中额外的吏役，以州兵充任，那些不该服役的都让他们回去务农，百姓就没有繁重困苦的忧患了。

皇上正信任范仲淹，对他的主张全部采用，应当制定为法令的，都用诏书统一颁布天下；只有府兵法，大家都认为行不通就停下来了。

范仲淹又建议说："周代的制度，三公分别兼任六官的职责，汉代以三公分管六卿，唐代以宰相分判六曹。现在的中书，是古代的天官冢宰，枢密院，是古代的夏官司马。四官分散在各个官署，没有三公兼管的重任。而二府只管进用、任命官员，根据资历级别，商定赏罚，参照条例罢了。对上没有三公论道的责任，对下没有六卿辅佐君王的职能，不是治政的方法。我请求仿照前代，让三司、司农、审官、流内铨、三班院、国子监、太常、刑部、审刑、大理、群牧、殿前马步军司这些部门，各委任辅臣兼管其事务。凡是官吏升降、刑法轻重、事情有重大利害关系的，都听从辅臣的定夺；重大事件，由二府一起商议，上奏裁定。我请求自己担任管理兵赋的职务，如果做事不力，请先黜降我。"章得象等人都说不可以。过了很久，才命令参知政事贾昌朝掌管农田，范仲淹掌管刑法，但是最终也没有施行。

刚开始，范仲淹因为冒犯了吕夷简，被放逐了好几年，士大夫议论二人的是非对错，互相指责对方结交朋党。等到陕西发生战争，皇上认为范仲淹是众望所归，提拔任用他。等到吕夷简被罢免，又召范仲淹回京，倚靠他来治理天下，朝廷内外都期待他建功立业。但是范仲淹以天下为己任，裁减宠幸滥用的官员，考核官吏的能力，日夜谋划如何能使天下太平。但是改革制度没有个过渡的过程，规模非常大，论事的人认为行不通。等到按察使出任，他多次举报弹劾，以致很多人对他心中不满。自从减少任用子弟，严格考核升迁制度，那些侥幸投机的人感到很不方便，于是毁谤范仲淹的言论就渐渐流传起来，而有关朋党的言论皇上也有所耳闻。

恰好边地有警报传来，因此范仲淹和枢密副使富弼就请求巡视边地。于是，就任命范仲淹为河东、陕西宣抚使，赏赐黄金百两，他把黄金都分给了守边的将士。麟州新近遭遇大批贼寇侵扰，议政的人大多请求放弃这里，范仲淹修治旧的营寨，招回流亡的百姓三千多户，免去他们的税钱，废除了酒业专卖权，将之交给百姓。又上奏免除府州的商税，河外于是就安定了。等到他离开朝廷，攻击他的人更加急迫，范仲淹自己也请求免去政务，于是任命他为资政殿学士、陕西四路宣抚使、邠州知州。他在中书所施行的政策，也渐渐被废除了。

范仲淹因病请求前往邓州任职，晋升为给事中。后改往荆南任职，邓州百姓拦住使者请求把他留下来，范仲淹也愿意留在邓州，皇上同意了。

不久范仲淹改往杭州任职，又升迁为户部侍郎，改往青州任职。恰逢他病重，请求往颍州任职，还没到那里就去世了，享年六十四岁。赠兵部尚书，谥号文正。开始时，范仲淹病了，皇上经常派使者赐药慰问，他去世后，皇上为他悲伤哀叹了很久。又派使者到他家慰问，下葬后，皇上亲自书写他的墓碑为“褒贤之碑”。

范仲淹内心刚毅外表谦和，极其孝顺，因为母亲在世时正贫困，后来虽然显贵，但是若不是招待宾客，就不吃两种以上的肉食。妻子儿女的衣食，仅仅能自给。然而范仲淹喜好施舍给予，他在乡里设立义庄，来赡养族人。他很有爱心，乐善好施。很多士子出自他的门下，即使是街巷胡同里的人，他都能说出他们的名字。范仲淹去世那天，四面八方的人听说后，都为他悲伤感叹。他为政崇尚忠诚淳厚，所到之处都有恩泽，邠、庆两州的百姓和归依的羌人，都画了他的画像建立生祠来侍奉他。他去世时，羌人首领几百人，哭得就像是自己的父亲去世一样，斋戒三天才离开。他有四个儿子：范纯祐、范纯仁、范纯礼、范纯粹。

【评述】

范仲淹少时家贫而好学，常去住处附近的长白山醴泉寺寄宿读书，生活极其艰苦。每天早上煮一锅稠粥，粥凉之后划成四块，早晚各取两块，拌几根腌菜食用，吃完仍旧读书。这就是“断齑画粥”这一典故的由来。

做官之后，范仲淹从一个下级官吏逐渐成为深受皇帝信任的国家重臣，但他从不因自己官卑言轻而屈从上司，也从未因自己位高权重而恃宠自傲。他始终坚持原则，将国家利益、民众疾苦放在心头。

范仲淹深切的忧患意识和强烈的社会责任感，是其名垂千古的重要原因之一。也正因为如此，“先天下之忧而忧，后天下之乐而乐”也成了正直的为官者们的施政理念，并将其作为人格品质的一种参照标准。我们反观近年来的一些腐败案件，领导干部走上贪污腐化的道路，往往是由于没有责任感，不能严以律己造成的。

郑板桥有诗云：“衙斋卧听萧萧竹，疑是民间疾苦声；些小吾曹州县吏，一枝一叶总关情。”为官清廉，关心百姓，时刻检点自己，保持高尚的精神追求，不仅是历史的责任，更是人民的呼声。在这一点上，范仲淹为后人树立了一个真正的楷模。

（肖刚译文、评述）

包 拯

【原文】

包拯字希仁，庐州合肥人也。始举进士，除大理评事，出知建昌县。以父母皆老，辞不就。得监和州税，父母又不欲行，拯即解官归养。后数年，亲继亡，拯庐墓[①]终丧，独徘徊不忍去，里中父老数来劝勉。久之，赴调，知天长县。有盗割人牛舌者，主来诉。拯曰："第归，杀而鬻之。"寻复有来告私杀牛者，拯曰："何为割牛舌而又告之？"盗惊服。徙知端州，迁殿中丞[②]。端土产砚，前守缘贡，率取数十倍以遗权贵。拯命制者才足贡数，岁满不持一砚归。

寻拜监察御史里行，改监察御史。时张尧佐除节度、宣抚两使，右司谏张择行、唐介与拯共论之，语甚切。又尝建言曰："国家岁赂契丹，非御戎之策，宜练兵选将，务实边备。"又请重门下封驳之制，及废锢赃吏，选守宰，行考试补荫弟子之法。当时诸道转运加按察使，其奏劾官吏多摭细故，务苛察相高尚，吏不自安，拯于是请罢按察使。

去使契丹，契丹令典客谓拯曰："雄州[3]新开便门，乃欲诱我叛人，以刺疆事耶？"拯曰："涿州亦尝开门矣，刺疆事何必开便门哉？"其人遂无以对。

历三司户部判官，出为京东转运使，改尚书工部员外郎、直集贤院，徙陕西，又徙河北，入为三司户部副使。秦陇斜谷务造船材木，率课取于民；又七州出赋河桥竹索，恒数十万，拯皆奏罢之。契丹聚兵近塞，边郡稍警，命拯往河北调发军食。拯曰："漳河沃壤，人不得耕，邢、洺、赵三州民田万五千顷，率用牧马，请悉以赋民。"从之。解州盐法率病民，拯往经度之，请一切通商贩。

除天章阁待制、知谏院。数论斥权幸大臣，请罢一切内除曲恩。又列上唐魏郑公三疏，愿置之坐右，以为龟鉴。又上言天子当明听纳，辨朋党，惜人才，不主先入之说，凡七事；请去刻薄，抑侥幸，正刑明禁，戒兴作，禁妖妄。朝廷多施行之。

除龙图阁直学士、河北都转运使。尝建议无事时徙兵内地，不报。至是，请："罢河北屯兵，分之河南兖、郓、齐、濮、曹、济诸郡，设有警，无后期之忧。借曰戍兵不可遽减，请训练义勇，少给糇粮，每岁之费，不当屯兵一月之用，一州之赋，则所给者多矣。"不报。徙知瀛州，诸州以公钱贸易，积岁所负十余万，悉奏除之。

以丧子乞便郡，知扬州，徙庐州，迁刑部郎中。坐失保任，左授兵部员外郎、知池州。

复官，徙江宁府，召权知开封府，迁右司郎中。拯立朝刚毅，贵戚宦官为之敛手，闻者皆惮之。人以包拯笑比黄河清，童稚妇女，亦知其名，呼曰"包待制"。京师为之语曰："关节不到，有阎罗包老。"旧制，凡讼诉不得径造庭下。拯开正门，使得至前陈曲直，吏不敢欺。中官势族筑园榭，侵惠民河，以故河塞不通，适京师大水，拯乃悉毁去。或持地券自言有伪增步数者，皆审验劾奏之。

迁谏议大夫、权御史中丞。奏曰："东宫虚位日久，天下以为忧，陛下持久不决，何也?"仁宗曰："卿欲谁立?"拯曰："臣不才备位，乞豫建太子者，为宗庙万世计也。陛下问臣欲谁立，是疑臣也。臣年七十，且无子，非邀福者。"帝喜曰："徐当议之。"请裁抑内侍，减节冗费，条责诸路监司，御史府得自举属官，减一岁休暇日，事皆施行。

张方平为三司使，坐买豪民产，拯劾奏罢之；而宋祁代方平，拯又论之；祁罢，而拯以枢密直学士权三司使。欧阳修言："拯所谓牵牛蹊田而夺之牛，罚已重矣，又贪其富，不亦甚乎!"拯因家居避命，久之乃出。其在三司，凡诸管库供上物，旧皆科率外郡，积以困民。拯特为置场和市，民得无扰。吏负钱帛多缧系，间辄逃去，并械其妻子者，类皆释之。迁给事中，为三司使。数日，拜枢密副使。顷之，迁礼部侍郎，辞不受，寻以疾卒，年六十四。赠礼部尚书，谥孝肃。

拯性峭直，恶吏苛刻，务敦厚，虽甚嫉恶，而未尝不推以忠恕也。与人不苟合，不伪辞色悦人，平居无私书，故人、亲党皆绝之。虽贵，衣服、器用、饮食如布衣时。尝曰："后世子孙仕宦，有犯赃者，不得放归本家，死不得葬大茔中。不从吾志，非吾子若孙也。"初，有子名繶，娶崔氏，通判潭州，卒。崔守死，不更嫁。拯尝出其媵，在父母家生子，崔密抚其母，使谨视之。繶死后，取媵子归，名曰綖。有奏议十五卷。

选自《宋史》卷三百一十六《包拯传》

【注释】

①庐墓：古人以孝治国，父母死后，儿女为了表明孝心，在墓旁搭建小屋守孝，是为庐墓。

②殿中丞：殿中省丞的简称，宋代前期的官阶名称，并无具体执掌，品级为从五品上。

③雄州：今河北雄县，因处于宋辽边境，是北宋抵御辽国进攻的重要关口。

【译文】

包拯字希仁，庐州合肥人。最初考中进士后，授以大理评事的头衔，出京任建昌知县。但因父母年老，推辞不就职。又被委任监管和州税务，但因父母不愿他出行，包拯于是解职回家奉养父母。过了几年，父母相继去世，包拯守墓服丧期满，仍然徘徊不忍离去，乡里父老几次来劝说。过了很久，才听令迁转，任天长县知县。县里发生偷割他人牛舌的案件，牛的主人来报案。包拯说："你只管回去，杀了牛卖掉它。"不久又有人来告发私自杀牛，包拯说："为什么要割去人家的牛舌而又告发他杀牛呢?"盗贼惊恐认罪。又调任端州知州，迁升殿中丞。端州地方出产砚台，之前的太守借进贡之名，都索取几十倍进贡额的端砚送给权贵。包拯到任后下令制砚的人仅制足上贡的数量，不再额外多制。包拯任职期满后，没有私拿一块砚台回去。

不久又拜任监察御史里行，改任监察御史。当时张尧佐被任命为节度、宣抚两使，右司谏张择行、唐介与包拯一起议论此事，言辞很激烈。又曾建议说："国家每年向契丹交纳财物，这不是抵御契丹的上策，应该操练军队、选择良将，致力于充实边境守备。"又请求加重门下省封驳的权利，以及罢黜贪官污吏使其不得为官，精选地方官，推行考试，补荫弟子之法。当时各道转运使兼任按察使，他们上奏弹劾官吏大多指摘细小过失，以苛刻严察相互标榜，官吏大都不安，包拯因此奏请废除转运使兼任按察使的制度。

包拯奉使契丹，契丹让典客对包拯说："雄州新近开放关塞便门，是想诱使我方人员叛逃，以此刺探军情么?"包拯对答说："涿州也曾经开放过关门，刺探军情何必一定要开放便门呢?"那人于是无言以对。

包拯历任三司户部判官，出朝任京东转运使，改任尚书工部员外郎、直集贤院，调任陕西，又调任河北，入朝任三司户部副使。秦陇斜谷征集造船所用木材，全部向百姓征收索取；还有七个州需交纳造河桥所需竹索，一般都是几十万的数量，包拯都奏请废除。契丹在邻近边塞地区集结军队，边境诸州开始加强戒备，诏令包拯去河北调发军粮。包拯说："漳河地区土壤肥沃，但百姓却不知道耕种，邢、洺、赵三州农田有一万五千顷，可是全都用来牧马，请求把这些土地全部分给百姓。"朝廷听从了他的意见。解州盐制伤害到百姓利益，包拯前去经营管理，请求一律由商贩流通贩卖。

包拯后被任命为天章阁待制、知谏院。多次议论、指斥权贵大臣，请求免去一切由内廷施予的曲意恩赐。又依次递上唐魏徵的三篇奏疏，希望能放在皇帝座位右侧，作为借鉴。又上言天子应当公开采纳意见，分辨朋党，爱惜人才，不听信先入为主的说辞等等，一共七件事；还请求废除苛刻的法规，抑制投机的行为，正刑法、明禁令，不大兴土木，禁止妖言妄说。朝廷大多付之施行。

包拯被任命为龙图阁直学士、河北都转运使。他先前曾经提议在和平时期把军队调到内地，朝廷当时没有答复。至此时，他再次请求："停止在河北驻守军队，把他们分布在黄河以南的兖、郓、齐、濮、曹、济各州，一旦出现有紧急情况，便不会担心延误军机。如果说驻守军队不能立刻削减，那请求训练民兵，供给部分干粮，这样每年的费用，不到驻守军队一个月的开支，那么一个州的赋税可负担的兵员人数就多了。"朝廷没有答复。又调任瀛州知州，各州用官府的钱做买卖，多年累计亏负十多万，包拯都上奏清除此等弊政。后因丧子请求去政务清闲的州任职，乃知扬州，调任庐州，升迁刑部郎中。后来由于推荐官员失误获罪，贬官授兵部员外郎、池州知州。

又恢复原官，调任江宁府，受召代理知开封府，升迁为右司郎中。包拯在朝中刚正坚毅，贵戚和宦官为之收敛，听说他的人都畏惧他。人们称赞包拯严肃刚毅不苟言笑，说他的笑容好比黄河的水清一样罕见，儿童妇女也知道他的名声，叫他“包待制”。京城百姓因而都说：“请托不到，有阎罗包老。”旧时制度，凡是报案的人不能径直来到庭下。包拯则打开正门，让人能够直接到庭前陈述事情原委，因而府中小吏不敢欺瞒。宦官和有权势的家族修建园林亭榭，侵占惠民河河道，致使河道堵塞不通，正值京师发大水，包拯借此将其全部拆毁。有人拿着地契来说，地契上就是这么写的，妄图增加面积，包拯都一一核实，并将其行为揭发上奏。

包拯又升迁为谏议大夫、代理御史中丞。上奏章说：“东宫太子之位空缺已久，天下都为此担忧，陛下这么长时间不决定，为什么呢?”仁宗皇帝说：“你认为谁可为太子?”包拯说：“臣无才，聊充官位，所以请求预立太子，是为宗庙万代考虑。陛下问我谁当立，这是对我有疑心。臣已年近七十，而且没有儿子，不是乞求福荫的人。”皇帝高兴地说：“以后再慢慢讨论此事。”包拯又请求裁撤内侍数量，减少节省杂费，按条考察各路监司，建议御史府能够自行任用属官，减少官员一年中休暇的天数，这些建议都施行了。

张方平任三司使，因为购买豪民的产业，包拯上奏弹劾罢免他；宋祁取代方平，包拯又使宋祁被罢免，后任命包拯以枢密直学士权三司使。欧阳修上言：“包拯正是所谓的有人牵牛踩踏田苗就夺走他的牛，处罚本来已经很重了，又贪求那人的财富，不也太过分了吗!”包拯因此在家回避任命，过了很久才出来。他在三司时，凡是各种仓库中进供皇上的东西，以前都是一概向外地各州征取，累积起来结果百姓困苦。包拯特地为此置场来进行和市，百姓能够不受烦扰。以往官吏欠了钱帛大多被拘禁，其间如有擅自逃离的，就逮捕他的妻子儿女，包拯把这些人都加以释放。升迁为给事中，正式担任三司使。过了几天，拜枢密副使。不久，升迁礼部侍郎，推辞没有接受，不久因病去世，终年六十四岁。赠礼部尚书，谥号孝肃。

包拯性情严厉正直，厌恶官吏为政苛刻，注重宽厚，虽然很痛恨恶行，但一直以忠恕之心来体谅。他不随便附合别人，不伪装言辞神色来取悦别人，平时没有私人书信，和旧友、亲戚都断绝往来。虽然身份已经显贵，但衣服、器用、饮食同平民时一样。他曾经说:“后代子孙做官，有犯贪污罪的，不能回到本家之中，死了不能葬在家族坟地中。不服从我的意愿，就不是我的儿孙。”当初，有个儿子名繶，娶妻崔氏，通判潭州时，包繶去世。崔氏一直守寡，到死不改嫁。包拯曾经遣归包繶的媵妾，媵妾在崔氏父母家生了儿子，崔氏暗中抚慰她的母亲，让她小心地照看他。包繶死后，崔氏把媵妾的儿子带回家中，取名为綖。包拯著有奏议十五卷。

【评述】

包拯是我国历史上大名鼎鼎的清官，同时也是一个极富传奇色彩的人物。他那铁面无私的形象已是家喻户晓、妇孺皆知；包公、包青天、包龙图，早就成了不畏权势、刚正不阿、为官清廉、执法如山的代名词。

包拯刚一踏上仕途就在断案上表现出非同寻常的才智。他断牛舌被割掉案，让受害人先回去把牛杀了，等到割牛舌的人告发私杀耕牛，结果自投罗网。包拯做了好几任的地方官，每到一处，都要为当地的民众办一些实事，清理一些冤案。因此，他的威望越来越高，名声也越来越响，尤其是他审理案件时不徇私情、执法如山，更是让人称道不已。包拯曾在端州当过知州。该地盛产砚台，端砚闻名遐迩，每年必须向宫廷进贡一批。以前在端州主政的官员，就利用进贡的机会，大肆搜刮端砚，拿去奉承权贵，为升官发财铺路。包拯来到这里以后，向民间征收端砚，只要够贡数就可以，自己从不私拿一块，可谓廉洁奉公、一尘不染。

后来，包拯又调到京城开封做官。按照宋朝的规矩，百姓到衙门告状，不许直接进入公堂向知府递交状子，必须通过衙门小吏传递给知府，一些讼师恶棍，就趁机敲诈勒索。包拯到任后打破成例，让老百姓可以到府衙门前击鼓，直接上堂控告。一些有权势的家族修建的园林亭榭，侵入惠民河河道，致使河道堵塞不通，包拯则借机将其全部拆毁。京城里的皇亲国戚、权贵大臣，遇上包拯没有不畏惧三分的，所以《宋史》上说包公“立朝刚毅，贵戚宦官为之敛手”。由于包拯明察秋毫，秉公办事，他受到百姓的热情称颂，民间广为流传着这样一句话：“请托不到，有阎罗包老。”意思是无需暗中行贿，托人说情，包公是最刚直、不畏权势的父母官。

包拯曾上书请求皇帝裁减内侍、节约开支，要求加大对地方官员的考察力度，同时努力杜绝人浮于事的情况发生。他厌恶官吏为政苛刻暴虐，平日极其注重体恤民情，每到一处都设法使百姓殷实富足。他从不伪装言辞神色来取悦权贵，为了防止姻亲故旧假借自己的地位为所欲为，他连私人书信都没有，更与旧友、亲戚基本断绝了往来。虽然身份已经十分显贵，但衣服、器用、饮食同平民百姓并没有多大区别。包拯去世前还留有一篇《家训》，其中有这样几句："后世子孙仕宦，有犯赃者，不得放归本家，死不得葬大茔中。不从吾志，非吾子若孙也。"后世子孙做官如贪污坑民的，不许回家，死后也不得葬入包家祖坟——这是何等地痛恨贪官污吏！无论是对自己还是对家人，包拯都是一贯地严格要求、不徇私情，这种境界实在值得为官者攀仰。

（倪彬注译　崔一楠评述）

王 鼎

【原文】

鼎字鼎臣，以进士第，累迁太常博士[①]。王尧臣领三司，举勾当公事，数上书论时政得失。时天子患吏治多弛，监司不举职，而范仲淹等方执政，择诸路使者令按举不法，以鼎提点江东刑狱。与转运使杨纮、判官王绰竞擿发吏，至微隐罪无所贷。于是所部官吏怨之，目为“三虎”。仁宗闻之，不说，后傅惟几奉使江东，戒以毋效“三虎”为也。仲淹等罢，鼎与纮、绰皆为人所言，时鼎提点两浙刑狱，降知深州。

王则以贝州反，深卒庞旦与其徒，谋以元日[②]杀军校、劫库兵应之。前一日，有告者。鼎夜出檄，遣军校摄事外邑，而阴为之备。翌日，会僚吏置酒如常，叛党愕不敢动。鼎刺得实，徐捕首谋十八人送狱。狱具，俟转运使至审决。未至，军中恟恟谋劫囚。鼎因谓僚吏曰：“吾不以累诸君。”独命取囚桀骜者数人，斩于市，众皆失色，一郡帖然。转运使至，囚未决者半，讯之，皆伏诛。

明年，河北大饥，人相食，鼎经营赈救，颇尽力。徙建州，其俗生子多不举，鼎为条教禁止。时盗贩茶盐者众，一切杖遣之，监司数以为言，鼎弗为变。徙提点河北刑狱，治奸赃益急，所劾举，不避贵势。召为开封府判官，改盐铁判官，累迁司封员外郎、淮南两浙荆湖制置发运副使。内侍杨永德奏请沿汴置铺挽漕舟，岁可省卒六万，鼎议以为不可。永德横猾，执政重违其奏，乃令三司判官一员将永德就鼎议，发八难，永德不能复。鼎因疏言："陛下幸察用臣，不宜过听小人，妄有所改，以误国计。"于是永德言不用。

居二年，遂以为使。前使者多渔市南物，因奏计京师，持遗权贵。鼎一无所市，独悉意精吏事，事无大小，必出于己。凡调发纲吏，度漕路远近，定先后为成法，于是劳逸均，吏不能为重轻。官舟禁私载，舟兵无以自给，则尽盗官米为奸。有能居贩自赡者，市人持以法，不肯偿所逋。鼎为移州县督偿之，舟人有以自给，不为奸，而所运米未尝不足也。入为三司盐铁副使。数与包拯争议，不少屈。拯素强，然无如之何。迁刑部郎中、天章阁待制、河北都转运使，徙使河东，卒。

鼎性廉不欺，尝任其子，族人欲增年以图速仕，鼎不可。父死，分诸子以财，鼎悉推与其弟。尝知临邛县，转运使选摄新繁，新繁多职田，斗粟不以自入。奉使契丹，得千缣，散之族人，一日尽。所至不扰，唯市饮食日用物，增直以偿。事继母孝，教育孤侄甚至，自奉养俭约。当官明敏，强直不可挠。所荐士多知名，有终身不识者。然性猜忌，其行部，至于药饵，皆手自扃鐍[③]。至潞州八义馆，疾作，不知人事，左右遑遽，发药奁，悉无题识，莫敢进，以迄于卒。初，鼎与弟豫皆有才气，好上书言事，仁宗称之，以为豫孟浪，鼎所言多可用。豫为人不事羁检，以大理寺丞知伊阙县，有异政。弃官浮游江、湖间，殖货自给以卒。

选自《宋史》卷三百《王鼎传》

【注释】

①太常博士：官名。北宋初为寄禄官，真宗大中祥符（1008—1016）中置二员，后增至四员。神宗元丰（1078—1085）改制后定为正八品。掌议定五礼仪式，有改革则据经审议，拟议谥号，撰定谥文，祭祀时监视仪物，掌赞导之事。

②元日：是古代元旦的称呼之一，又称“元旦”，“元辰”，“端日”。

③扃鐍（jiōng jué）：本指门闩锁钥之类。此指关闭，锁闭。

【译文】

王鼎字鼎臣，考中进士后，多次升迁任太常博士。王尧臣掌管三司，举荐他参与政事，他多次上书评论当时的政治得失。当时天子担心吏治松弛，监察部门不切实履行职责。而范仲淹等人刚刚执政，就挑选各路使者让他们审察各种不法行为，任命王鼎提点江东刑狱。王鼎与转运使杨纮、判官王绰竞相揭发贪官污吏，即使微小的罪行也不宽恕。因此他们属下的官吏怨恨他们，把他们看作“三虎”。仁宗听说后很不高兴，后来傅惟几奉命出使江东，仁宗就告诫他不要效仿“三虎”的做法。范仲淹等人被罢免，王鼎与杨纮、王绰都被人指责，当时王鼎提点两浙刑狱，被贬为深州知州。

王则在贝州造反，深州士兵庞旦和他的党羽，策划在元旦杀军校，抢劫府库武器以响应。反叛的前一天，有人告发此事。王鼎连夜发出军令，派军校到外地上任，暗中为此事做好了防备。第二天，王鼎召集下属官员像平日一样饮酒吃饭，叛党非常吃惊不敢轻举妄动。王鼎探查到实情后，将十八名首犯抓捕入狱，立案之后等待转运使来审判。转运使还未来到，军中就有人躁动打算劫狱。王鼎对属下说：“我不会为此事连累诸位。”他独自下命将囚徒中特别桀骜不驯的几个人在闹市斩首。众人都很吃惊，州中一下平静下来。转运使到达以后，未被判决的罪犯还有一半，审讯后，也都被杀掉。

第二年，河北地区发生大灾荒，到了人吃人的地步，王鼎想方设法赈救灾民，十分尽力。迁为建州知府，那里的风俗生了孩子多不抚养，王鼎制订条例教育乡民，禁止他们这样做。当时偷盗贩卖茶叶和盐的人很多，王鼎将他们全都杖责发配，监司多次为他们说情，王鼎不为所动。后升任提点河北刑狱，处理贪官污吏更加急切，他弹劾检举官员，从不回避权贵政要。他被召为开封府判官，改任盐铁判官，多次升迁任司封员外郎、淮南两浙荆湖制置发运副使。内侍杨永德奏请沿汴河设置驿站牵引漕舟，每年可节省役夫六万，王鼎认为这样做不可行。杨永德骄横狡猾，宰相很难驳回他的请求，就让一名三司判官带杨永德去找王鼎辩论，王鼎根据实际情况连续问了八个问题，杨永德均不能回答。王鼎因而上疏说："陛下考察任用了臣，就不应该过分听从小人之言，随意更改，耽误国家大事。"于是杨永德的奏请没有被采纳。

过了两年，王鼎被任命为使者。以前的使者大多四处搜罗购买南方的特产，趁着到京城述职，拿着这些特产赠送权贵。王鼎什么也没买，只是专心处理政事，事无巨细，都要亲自处理。凡调发官员运输货物，王鼎都揣度预计漕路远近，确定先后运期，制订成规章制度，从而保证了劳逸均等，官员不能肆意拈轻怕重。官船禁止搭载私货，船上士兵不能养活自己，都偷盗官船上的米。有舟兵自己贩米以养活自己，买米的人以他们违法相要挟，不肯偿还欠的债款。王鼎就发文书要州县监督偿还，船上的兵得以养活自己，就不再违纪偷盗，而官船所运的米也不再缺少了。王鼎入京任三司盐铁副使。屡次和包拯争论，毫不妥协。包拯平素很强硬，但对他也无可奈何。王鼎后升任刑部郎中、天章阁侍制、河北都转运使，调任河东都转运使，逝世于任上。

王鼎生性廉洁不造假，朝廷曾经任用他的儿子，族人想给儿子虚报年龄以求早些任职。王鼎不同意。王鼎父亲死了，把遗产分给儿子们，王鼎都给了他弟弟。他曾经担任临邛县知县，转运使任命他代理新繁政务，新繁有很多官田，但王鼎从未拿过一斗粟回家。他奉命出使契丹，得到千匹缣，都散给族人，一天之内就送光了。他所到之处从不扰民，只买一些饮食日用物品，并自动加价付给当地的居民。王鼎对继母很孝顺，教育孤侄非常周到，自己生活却十分节俭。他当官清明敏锐，坚强正直不可屈服。他所推荐的士人多很知名，其中有些人一生未与王鼎相识。但他生性猜忌，巡行所辖地区，连药饵都要亲自锁好。在潞州八义馆，王鼎疾病发作，不醒人事，左右侍从惶恐慌乱，打开药箱，发现药品都没有标识，不敢妄自给他使用，以致王鼎病卒。起初，王鼎和弟弟王豫都有才气，喜欢上书议论国事，仁宗称赞他们，认为王豫鲁莽，王鼎的建议则大多可以采用。王豫为人不拘小节，以大理寺丞出任伊阙县知县，有特殊的政绩。后来王豫弃官，在江、湖之间游历，经商来谋生，直到去世。

【评述】

王鼎生性廉洁，生活节俭，对于物质与权位皆无过分欲求。生活上俭朴寡欲的王鼎，为官从政时则毫不苟且。范仲淹执政查处官僚系统中之不法行为时，王鼎方进入仕途不久，他与转运使杨纮、判官王绰以近乎苛严的标准查审官吏。所布之网太密，大小官员少有能够漏网者。牵涉人多，怨气自然也多。因为未能掌握好方法和火候，这场与不法作斗争的举措以失败而告终。范仲淹遭罢免，王鼎亦降黜深州。

王鼎在深州，遭逢庞旦之徒响应贝州反叛之事。乱局之中，王鼎险中施法，稳定了局面。第二年，河北大闹饥荒，王鼎极力赈救。转至建州，当地有抛弃婴儿之恶俗，王鼎设法变移之。茶盐在宋代专属官营，然因获利丰厚，冒法倒卖茶盐者大有人在，王鼎一律惩治之。内侍杨永德主张不当，王鼎力驳之。稳定局面也好，移易风俗也好，惩治犯法也好，反驳政见也好，都是棘手的事，然王鼎都做得漂漂亮亮。身为大宋官员，王鼎无疑算得能力卓著。他所奉献的，是自己的才能，所谋的，是政府和民众的利益。至于私人的利益，王鼎则从未挂心。通常使者出使，都会带回各种地方特产，回来贿赂京师权贵，积累人情资本。而王鼎出使，惟知奉旨尽责，依制行事，既不捎带任何特产以行人情关系之事，更无任何其他自谋之举。

说到底，王鼎的廉洁寡欲，使得他远离了贪求之歧路，而倾其所有才能、心思用于尽职为政。

（孟化译文　程锦评述）

彭思永

【原文】

彭思永，字季长，庐陵人。第进士，知南海、分宁县，通判睦州。台州大水败城，人多溺，往摄治焉。尽葬死者，作文祭之；民贫不能葺居，为伐木以助之，数月，公私之舍皆具，城筑高于前，而坚亦如之。

知潮州、常州。入为侍御史，论内降授官赏之弊，谓斜封非盛世所当有，仁宗深然之。皇祐祀明堂前一日，有传百官皆进秩者。思永言不宜滥恩，以益侥幸。时张尧佐已贵而犹觊执政，王守忠已受宠而求旄节。思永率同列言之，或曰："俟命出，未晚也。"思永曰："先事而言，第得罪尔；命一出，不可止矣。"遂独抗疏曰："陛下覃此谬恩，岂为天下孤寒哉。不过为尧佐、守忠取悦众人耳。外戚秉政，宦侍用权，非社稷之福也。"帝怒，中丞郭劝、谏官吴奎为之请，乃以泛恩转司封员外郎而解台职，为湖北转运使。

下溪蛮彭仕羲作乱，先移书激骂辰州守。守将讨之，思永按部适至，仕羲惧，遣使迎谢，寝其谋。

加直史馆，为益州路转运使。成都府吏盗公钱，付狱已三岁，出入自如。思永摄府事甫一日，即具狱。民以楮[1]券为市，藏衣带中，盗置刃于爪，捷取之，鲜败者。思永得一人诘之，悉黥其党隶兵间。中使岁祠峨眉，率留成都掊珍玩，价直数百万钱，悉出于民。思永裁其三之一，使怒去，而不能有所中伤也。

寻为户部副使，擢天章阁待制、河北都转运使、知瀛州。北俗以桑麻为产籍，民惧赋不敢艺，日益贫，思永始奏更之。徙知江宁府。

治平中，召为御史中丞。濮王有称亲之议，言事者争之，皆斥去。思永更上疏极论曰："濮王生陛下，而仁宗以陛下为嗣，是仁宗为皇考，而濮王于属为伯，此天地大义，生人大伦。如乾坤定位，不可得而变也。陛下为仁庙子，曰考曰亲，乃仁庙也；若更施于濮王，是有二亲矣。使王与诸父夷等，无有殊别，则于大孝之心亦为难安。臣以为当尊为濮国大王，祭告之辞，则曰'侄嗣皇帝书名昭告于皇伯父'。在王则极尊崇之道，而于仁庙亦无所嫌矣，此万世之法也。"疏入，英宗感其切至，垂欲施行，而中书持之甚力，卒不果。

神宗即位，御史蒋之奇纠欧阳修阴事，挽思永自助。思永以为帷薄之私，非外人所知，但其首建濮议，违典礼以犯众怒，不宜更在政府。诏问语所从来，思永不肯对，而极陈大臣专恣朋党。乃出知黄州，改太平州。熙宁三年，以户部侍郎致仕，卒，年七十一。

思永仁厚廉恕。为儿时，旦起就学，得金钗于门外，默坐其处。须臾亡钗者来物色，审之良是，即付之。其人欲谢以钱，思永笑曰："使我欲之，则匿金矣。"始就举，持数钏为资。同举者过之，出而玩，或坠其一于袖间，众相为求索。思永曰："数止此耳。"客去，举手揖，钏坠于地，众皆服其量。居母丧，窭甚，乡人馈之，无所受。子卫，亦孝谨，以父老，弃官家居十余年，族里称之。

《宋史》卷三百二十《彭思永传》

【注释】

①楮（chǔ）：宋、金、元时发行的纸币，多用楮皮纸制成，故名。

【译文】

彭思永，字季长，庐陵人。考中进士后，任南海、分宁知县，睦州通判。台州发洪水冲毁城池，很多人被淹死，彭思永前往代行治理。他把死者全部安葬了，还写了悼文来祭祀；百姓贫困没有能力修建房屋的，彭思永就派人砍伐木材来帮助他们，几个月之后，公私房舍都修建成了，城墙修筑得比从前还高，而坚固程度像从前一样。

此后，彭思永又任潮州知州、常州知州。他入朝担任侍御史，上奏议论由宫内降旨授予官职赏赐的弊端，认为不经朝廷就封授官职，非盛世所应有之事，仁宗非常赞同他的意见。皇祐配祭明堂的前一天，有传言说文武百官都要晋升。彭思永上奏说不应当滥施恩赏，使侥幸之人得到不当利益。当时张尧佐已经非常显贵而且想做宰相，王守忠已得到皇上宠爱而又请求旄节。彭思永带领同僚们一起讨论此事，有人说："等到诏命发出再上奏也不晚。"彭思永说："事情发生之前上言，只是得罪而已；等诏命一出，事情就无法阻止了。"于是他独自上疏反对道："陛下错误地施此恩德，岂是为天下孤寒之士着想呢？不过是为张尧佐、王守忠取悦众人而已。外戚专政，宦官滥用威权，这不是社稷之福啊！"皇上非常恼怒，中丞郭勤、谏官吴奎替他求情，才因皇上"泛恩"而转任员外郎，解除侍御史职，转任湖北转运使。

下溪蛮族彭仕羲阴谋作乱，先写信辱骂辰州守将。辰州守将正准备讨伐他，彭思永正好率部到辰州巡视，彭仁羲害怕了，就派人前来投降谢罪，放弃了作乱的念头。

彭思永加任直史馆，为益州路转运使。成都府有吏员偷盗官府的钱，已经判决三年，仍出入自如。彭思永到任第一天，就将此人送进监狱。当地居民以纸币购买物品，经常将纸币藏在衣带中。盗贼们就把利刃套在手指上，割破衣带迅速偷走纸币，很少有败露的。彭思永抓到一人后审问他，把他的同伙全部处以黥刑后发配到军中服下役。宦官每年祭祀峨嵋山后，大都要留在成都搜刮珍玩，价值数百万钱，都出自成都民间。彭思永缩减了其中的三分之一，宦官们很生气地离开了，却又无法对彭思永有所中伤。

不久彭思永任户部副使，提升为天章阁待制、河北都转运使，任瀛州知州。北方历来有种植桑麻的习俗，但百姓们害怕征收赋税而不敢种植，日益贫困。彭思永到任后，奏明情况，改变了征收桑麻税的做法。后来，他改任江宁府知府。

治平年间，彭思永任御史中丞。当时朝廷中正议论皇帝以濮王为皇考的事情，争议者都受到贬斥。彭思永上书极力辩论说：“濮王是陛下生父，而仁宗以陛下为继承人，这表明仁宗当为皇考，而濮王从辈分上说当为伯父，这是天地大义，人之大伦。就好比乾坤定位，是不能改变的。陛下是仁宗之子，称考称亲，都应是仁宗。如果对濮王也这样称呼，那陛下就有二亲了。但如果给濮王的祀典与陛下各位叔父伯父一样，没有差别，则陛下的大孝之心也很难安宁。臣以为应尊濮王为濮国大王，每次祭告的时候，就说是“侄嗣皇帝书名昭告于皇伯父”。这样一来，对于濮王来说陛下已极尽尊崇之道，而仁宗的在天之灵也不会有什么不满。这是万世不变的法则。”奏疏递进去后，英宗被他的恳切周到所感动，想照此办理，但因中书宰执们坚持原议，最终没有施行。

宋神宗即位，御史蒋之奇弹劾欧阳修私人生活方面的问题，拉彭思永助阵。彭思永认为这是别人内室之中的私事，并非外人所能知，只是欧阳修首倡濮王称亲一事，违反礼仪以致触犯众怒，不应当再在中书省任职。皇上诏问彭思永弹劾欧阳修的原委，彭思永不肯回答，却极力陈说朝中权臣专权放纵，朋比为奸。因为此事，彭思永被贬出京城任黄州知州，后来改知太平州。熙宁三年（1070），彭思永在户部侍郎的职位上退休，去世时七十一岁。

彭思永为人仁爱厚道，廉洁宽容。小时候，他早起上学，在门外捡到一支金钗，他就默默地坐在那里等待失主。不一会儿丢金钗的人来找钗，他问清确实是失主，立刻把钗还给了那人。那人想拿钱来谢他，彭思永笑着说："如果我想要钱，刚才就把钗藏起来了。"彭思永当初参加科举考试时，带了几只臂镯作盘缠。一同应举的人来拜访他，彭思永把臂镯拿出来给大家赏玩，有一人偷藏了一只在袖中，众人都替彭思永向他索还。彭思永说："镯子就是这几只，数量并没有少。"那位偷镯子的客人离开时，举手作揖，镯子掉落地上，众人都叹服彭思永的器量。彭思永为母亲守丧时，非常贫困，乡里人送他的钱财，他都没有接受。彭思永的儿子彭卫，也很恭谨孝顺，因父亲年老，他曾弃官居家奉养十多年，族里人都称赞他。

【评述】

百姓俚语有句话叫"三岁看老"，一个人的本性是善还是恶，小时候便可看出来。彭思永的仁厚廉洁，是从小便显示出来的，也是贯穿其一生之立身行事的。

仁宗时候，彭思永为侍御史，说天子从中宫降旨授官而不经外朝之制度程序，是滥授官爵，非盛世所当有。彭思永之议，乃是杜绝滥授官爵的做法，封堵了某些人侥幸得官的路径。滥授枉得，伤害的是国家的制度，纵容的是人的贪欲。而这是彭思永不能容忍的。

彭思永坚持正义，对违法乱纪之事从不姑息。他为益州转运使，上任第一天就将其盗窃公钱三年还逍遥法外的官吏逮捕入狱。宦官们每年借祭祀峨眉山之机搜刮珍玩，盘剥当地百姓，彭思永削减他们的搜求的数量以保护百姓。彭思永像极了一个斗士，在他力所能及的范围内，惩治一切邪恶，维护天下间的正义和公平。

所以《宋史》论曰："思永仁厚廉恕。"确矣。虽则彭思永有时貌似固执迂腐，然其与侥幸、与贪欲、与一切不当而获之行为抗衡的凛然正气，岂能不让人叹赏！又岂能不让贪求者惭颜！

（孟化注译　程锦评述）

赵 抃

【原文】

赵抃，字阅道，衢州西安人。进士及第，为武安军节度推官。人有赦前伪造印，更赦而用者，法吏当以死。抃曰："赦前不用，赦后不造，不当死。"谳而生之。知崇安、海陵、江原三县，通判泗州。濠守给士卒廪赐不如法，声欲变，守惧，日未入，辄闭门不出。转运使檄抃摄治之，抃至，从容如平时，州以无事。

翰林学士曾公亮未之识，荐为殿中侍御史[①]，弹劾不避权幸，声称凛然，京师目为"铁面御史"。其言务欲朝廷别白君子小人，以谓："小人虽小过，当力遏而绝之；君子不幸诖误，当保全爱惜，以成就其德。"温成皇后之丧，刘沆以参知政事监护，及为相，领事如初。抃论其当罢，以全国体。又言宰相陈执中不学无术，且多过失；宣徽使王拱辰平生所为及奉使不法；枢密使王德用、翰林学士李淑不称职：皆罢去。

吴充、鞠真卿、刁约以治礼院吏，马遵、吕景初、吴中复以论梁适，相继被逐。抃言其故，悉召还。吕溱、蔡襄、吴奎、韩绛既出守，欧阳修、贾黯复求郡。抃言：“近日正人端士纷纷引去，侍从之贤如修辈无几。今皆欲去者，以正色立朝，不能谄事权要，伤之者众耳。”修、黯由是得留，一时名臣，赖以安焉。

请知睦州，移梓州路转运使，改益州。蜀地远民弱，吏肆为不法，州郡公相馈饷。抃以身帅之，蜀风为变。穷城小邑，民或生而不识使者，抃行部无不至，父老喜相慰，奸吏竦服。

召为右司谏。内侍邓保信引退兵董吉烧炼禁中，抃引文成、五利、郑注[②]为比，力论之。陈升之副枢密，抃与唐介、吕诲、范师道言升之奸邪，交结宦官，进不以道。章二十余上，升之去位。抃与言者亦罢，出知虔州。虔素难治，抃御之严而不苛，召戒诸县令，使人自为治。令皆喜，争尽力，狱以屡空。岭外仕者死，多无以为归，抃造舟百艘，移告诸郡曰：“仕宦之家，有不能归者，皆于我乎出。”于是至者相继，悉授以舟，并给其道里费。

召为侍御史知杂事，改度支副使，进天章阁待制、河北都转运使。时贾昌朝以故相守魏，抃将按视府库，昌朝使来告曰：“前此，监司[③]未有按视吾藏者，恐事无比，若何?”抃曰：“舍是，则他郡不服。”竟往焉。昌朝不悦。初，有诏募义勇，过期不能办，官吏当坐者八百余人。抃被旨督之，奏言：“河朔频岁丰，故应募者少，请宽其罪，以俟农隙。”从之。坐者获免，而募亦随足。吕朝始愧服。

加龙图阁直学士、知成都，以宽为治。抃向使蜀日，有聚为妖祀者，治以峻法。及是，复有此狱，皆谓不免。抃察其亡他，曰：“是特酒食过耳。”刑首恶而释余人，蜀民大悦。会荣諲除转运使，英宗谕諲曰：“赵抃为成都，中和之政也。”

神宗立，召知谏院。故事，近臣还自成都者，将大用，必更省府，不为谏官。大臣以为疑，帝曰：“吾赖其言耳，苟欲用之，无伤也。”及谢，帝曰：“闻卿匹马入蜀，以一琴一鹤自随，为政简易，亦称是乎？”未几，擢参知政事。抃感顾知遇，朝政有未协者，必密启闻，帝手诏褒答。

王安石用事，抃屡斥其不便。韩琦上疏极论青苗法，帝语执政，令罢之。时安石家居求去，抃曰：“新法皆安石所建，不若俟其出。”既出，安石持之愈坚。抃大悔恨，即上言：“制置条例司④建使者四十辈，骚动天下。安石强辩自用，诋天下公论以为流俗，违众罔民，顺非文过。近者台谏侍从，多以言不听而去；司马光除枢密，不肯拜。且事有轻重，体有大小。财利于事为轻，而民心得失为重；青苗使者于体为小，而禁近耳目之臣用舍为大。今去重而取轻，失大而得小，惧非宗庙社稷之福也。”

奏入，恳乞去位，拜资政殿学士、知杭州，改青州。时京东旱蝗，青独多麦，蝗来及境，遇风退飞，尽堕水死。成都以戍卒为忧，遂以大学士复知成都。召见，劳之曰："前此，未有自政府往者，能为朕行乎?"对曰："陛下有言，即法也，奚例之问?"因乞以便宜从事。

既至蜀，治益尚宽。有卒长立堂下，呼谕之曰："吾与汝年相若，吾以一身入蜀，为天子抚一方。汝亦宜清谨畏戢以率众，比戍还得余赀持归，为室家计可也。"人喜转相告，莫敢为恶，蜀郡晏然。剑州民私作僧度牒，或以为谋逆告，抃不畀狱吏，以意决之，悉从轻比。谤者谓其纵逆党，朝廷取具狱阅之，皆与法合。茂州夷剽境上，惧讨乞降，乃缚奴将杀之，取血以受盟。抃使易用牲，皆欢呼听命。

乞归，知越州。吴越大饥疫，死者过半。抃尽救荒之术，疗病埋死，而生者以全。下令修城，使得食其力。复徙杭，以太子少保致仕，而官其子屼提举两浙常平以便养。屼奉抃遍游诸名山，吴人以为荣。元丰七年，薨，年七十七。赠太子少师，谥曰清献。

抃长厚清修，人不见其喜愠。平生不治赀业，不畜声伎，嫁兄弟之女十数、他孤女二十余人，施德茕贫，盖不可胜数。日所为事，入夜必衣冠露香以告于天，不可告，则不敢为也。其为政，善因俗施设，猛宽不同，在虔与成都，尤为世所称道。神宗每诏二郡守，必以抃为言。要之，以惠利为本。晚学道有得，将终，与屼诀，词气不乱，安坐而没。宰相韩琦尝称抃真世人标表，盖以为不可及云。

选自《宋史》卷三百一十六《赵抃传》

【注释】

①殿中侍御史：宋代职官名，隶属于御史台殿院，负责纠察官员，维护典礼礼仪。

②文成、五利、郑注：文成、五利是汉朝方士，以成仙的妖言迷惑汉武帝，后因汉武帝识破其诡计而被杀。郑注是唐代大臣，以江湖医术受到唐文宗的赏识，后因谋划消灭宦官势力而被杀。

③监司：宋代路一级地方行政机构安抚司、转运司、提刑司、提举常平司等的总名。此处指转运司。

④制置条例司：“制置三司条例司”的简称，宋神宗时期主持变法的临时官署。

【译文】

赵抃，字阅道，衢州西安人。考中进士后，任武安军节度推官。有人在大赦前伪造印信，大赦后使用，法官判处该人死刑。赵抃说：“赦免前没有使用，赦免后没有伪造，不应当处死。”审判之后没有处死那人。赵抃历任崇安、海陵、江原三县知县，后任泗州通判。濠州守不按照法令供给士卒衣食，士卒扬言要发动兵变，州守害怕了，太阳还没下山，就闭门不出。转运使发公文让赵抃暂时代为治理，赵抃到任后，像平时一样从容行事，州中因此太平无事。

翰林学士曾公亮并不认识他，却推荐他任殿中侍御史，他弹劾不法行为从不回避权贵幸臣，声名卓著，京城人称他为“铁面御史”。他上言着力于想使朝廷分清君子小人，他认为：“小人即使只有小小的过失，也应该竭力遏制并且阻隔这些人；君子如果不幸受到牵连犯了错误，也应当保全爱惜，以成就他的德行。”温成皇后的丧事，刘沆以参知政事的身份监护此事，等到他任宰相后，仍然兼领此事。赵抃议论说应该罢免他，以维护国家的体制。又上言说宰相陈执中不学无术，而且有很多过失；宣徽使王拱辰平生所作所为以及奉命出使时有很多不法之事；枢密使王德用、翰林学士李淑不称职。这些人都被罢免。

吴充、鞠真卿、刁约因为惩治礼院官吏，马遵、吕景初、吴中复因议论梁适，相继被贬逐。赵抃讲明其中的缘故，他们都被朝廷召回。吕溱、蔡襄、吴奎、韩绛出京赴任后，欧阳修、贾黯又要求出任郡守。赵抃上言说：“近来正直之士纷纷离开，侍从中像欧阳修之类的贤才已经没多少了。现在都要离开的原因，是他们在朝中处事正直，不愿谄媚权贵，中伤他们的人很多。”欧阳修、贾黯因此得以留在京城。当时的名臣，都依赖他才得以安身。

赵抃请求做睦州知州，移梓州路转运使，改为益州知州。蜀地地处偏远百姓贫弱，官吏肆意违法乱纪，州郡公然互相贿赂。赵抃以身作则，蜀地风气为之改变。贫穷的小城，百姓有的一生都没有见过朝廷的使者，赵抃巡视各地他的足迹遍至各地，当地父老高兴地互相感叹，奸诈的官吏则惊怕顺服。

后赵抃被召回朝廷任右司谏。内侍邓保信带进退伍兵士董吉在皇宫中炼丹，赵抃援引文成、五利、郑注的例子，竭力加以阻止。陈升之为枢密副使，赵抃与唐介、吕诲、范师道联合上言揭发陈升之的奸诈，说他结交宦官，不是通过正当途径得以升迁的。奏章上了二十几份后，陈升之被迫辞职。赵抃与一同进言的人也被罢免，出任虔州知州。虔州一向难于治理，赵抃治理虔州严厉而不苛刻。他召集告诫各个县令，让他们各自治理。县令都很高兴，争相努力工作，监狱常常没有犯人。在岭外任官的人死后，大多无法归葬家乡，赵抃造船一百艘，下公文通告各地说："官宦人家，有无力归葬的，费用都由我这儿出。"于是人们相继前来找他，赵抃都会给他们船只，同时赠与他们回乡的路费。

赵抃被召为侍御史知杂事，改为度支副使，晋升为天章阁待制、河北都转运使。当时贾昌朝以前任宰相的身份镇守魏州，赵抃准备巡察府库，贾昌朝派人来说："以前，监司没有人来巡察我的库藏，恐怕此事没有先例，怎么办?"赵抃说："如果这里不察，那么巡察别的州会不服。"最终还是去了。贾昌朝很不高兴。当初，有诏令招募民兵，过了限期还没有完成，官吏因此而获罪的有八百多人。赵抃奉旨督察此事，他上奏说："河朔连年丰收，所以应征的人少，请朝廷宽免他们的罪责，等农闲时再招。"朝廷听从了他的意见，获罪官吏被赦免，而随后招募人数也足够了。贾昌朝这才开始惭愧并佩服他。

赵抃加授龙图阁直学士、知成都，以宽松为治政原则。赵抃以前任蜀地转运使时，有聚众进行非法祭祀的，他依法严惩。到了此时，又有这样的案件，大家都认为这回肯定不能逃脱严惩。

赵抃通过审察，确定此事并没有别的非法内容，就说："这只是吃酒饮食过量而已。"仅惩处了带头的人，其他人都释放了，蜀地百姓很高兴。正值荣諲被任命为转运使，英宗皇帝告诉荣諲说："赵抃治理成都，采取的是中正平和的政策。"

神宗皇帝即位，召赵抃任知谏院。按照旧例，亲近大臣从成都还朝的，都要重用，必定改任省府官职，不做谏官。大臣们对赵抃的职位感到疑惑，皇帝说："我想要依靠他的谏言罢了，如果要任用他担任省府之职，现在这样也没什么关系。"等到谢恩时，皇帝说："听说你单枪匹马进入蜀地，只有一琴一鹤相随，为政简略，也类似这样吗？"不久，提拔赵抃为参知政事。赵抃感念神宗的知遇之恩，朝政有不妥之处，他一定秘密上奏，皇帝亲自书写诏书褒奖答复。

王安石当政，赵抃多次斥责他对国家不利。韩琦上疏极力论述青苗法的弊端，皇帝告诉执政官，下令停止它。当时王安石归家请求辞职，赵抃说："新法都是王安石提出的，不如等他出来解决。"王安石再次任职后，对自己的政策更加坚持。赵抃很后悔，就上言说："制置条例司设使者四十人，骚扰天下。王安石又强词夺理刚愎自用，将天下人的评论诋毁成流俗，违背众人、欺骗百姓，文过饰非。近来台谏侍从官，有很多因为进谏却不听从而离开朝廷；司马光被任命为枢密使，但不愿接受。而且事情有轻重，国体有大小。对于国事来说，财利是轻，而民心得失是重；对于国体来说，青苗法使者是小，而亲近之臣的进退是大。现在去重而取轻，失大而得小，恐怕不是国家的福分。"

奏章呈入，赵抃恳请离职，拜资政殿学士、杭州知州，后改青州。当时京东干旱有蝗灾，只有青州多麦田，蝗虫来到青州境内，遇到大风倒退飞回，都落水而死。成都担心戍兵作乱，赵抃于是以大学士衔再任成都知府。皇帝召见，慰问他说："在此之前，没有从中书门下前去成都任职的，你能够为朕前往吗?"赵抃回答说："陛下有命，就是法令，哪里还要问什么先例?"他趁机请求让他根据情况自主行事。

赵抃到了蜀地之后，治政更加崇尚宽厚。有士卒头领站在堂下，赵抃叫他来告诉他说："我和你年纪相仿，我一个人来到蜀地，为天子镇守一方。你也应该清正严谨小心谨慎地率领众兵卒，等到戍守完毕拿着剩余资财回家，就可以考虑以此成家了。"人们高兴地互相转告，没有人再敢作恶，蜀地州郡安然无事。剑州百姓伪造僧人度牒，有人以此作为谋反叛逆之事上告，赵抃没有交付审案官吏，按照自己的想法来判决，都从轻发落。毁谤他的人就说他纵容逆党，朝廷调取全部案卷审阅，都合乎法令。茂州夷人在境内劫掠，因害怕朝廷讨伐而乞求归降，于是绑起一名奴隶要杀死他，用来取血以宣誓为盟。赵抃让他们改用牲畜之血，大家都欢呼听命。

赵抃请求回朝，又任越州知州。吴越发生大饥荒瘟疫，死者超过了总人口的一半。赵抃想尽办法救荒，治疗病人、掩埋死者，使活着的人得以保全。他又下令修筑城墙，让他们能够自食其力。赵抃又调任杭州，以太子少保的职位退休。朝廷任命他的儿子赵屼提举两浙常平以方便奉养他。赵屼陪侍赵抃遍游各名山，吴地之人以此为荣。元丰七年（1084），赵抃去世，终年七十七岁。赠太子少师，谥号为"清献"。

赵抃持重宽厚、注重清修，人们看不出他的喜怒。他平生从不经营产业，不蓄养歌舞伎，帮助兄弟的女儿十几人、其他孤女二十几人出嫁，广施恩德，救助贫苦，这样的事不可胜数。白天所做的事，到了晚上他一定穿戴整齐衣冠，焚香告于上天，不能告诉上天的事，就不敢去做。他处理政务，善于根据当地习俗施政，刚猛宽松各不相同，他在虔州与成都执政的事迹，尤其为世人所称道。神宗每次诏令两地郡守，一定会提及赵抃。总之，赵抃以惠民作为自己行事的原则。晚年，赵抃学道有所成，临终时，他与赵屼诀别，说话语气不乱，安然坐着去世。宰相韩琦曾经称赞赵抃真正是世人的楷模，认为他是无人可及的。

（倪彬注译）

唐　介

【原文】

唐介字子方，江陵人。父拱，卒漳州，州人知其贫，合钱以赙，介年尚幼，谢不取。擢第，为武陵尉，调平江令。民李氏赀而吝，吏有求不厌，诬为杀人祭鬼。岳守捕其家，无少长楚掠，不肯承。更属介讯之，无他验。守怒白于朝，遣御史方偕徙狱别鞫之，其究与介同。守以下得罪，偕受赏，介未尝自言。

知莫州任丘县，当辽使往来道，驿吏以诛索破家为苦。介坐驿门，令曰："非法所应给，一切勿与。稍毁吾什器者，必执之。"皆帖伏以去。沿边塘水岁溢，害民田，中人杨怀敏主之，欲割邑西十一村地潴涨潦，介筑堤阑之，民以为利。通判德州，转运使崔峄取库绢配民而重其估。介留牒不下，且移安抚司责数之。峄怒，数驰檄按诘，介不为动。既而果不能行。

入为监察御史里行，转殿中侍御史。启圣院造龙凤车，内出珠玉为之饰。介言："此太宗神御所在，不可喧渎；后宫奇靡之器，不宜过制。”诏亟毁去。张尧佐骤除宣徽、节度、景灵、群牧四使，介与包拯、吴奎等力争之，又请中丞王举正留百官班庭论，夺其二使。无何，复除宣徽使、知河阳。介谓同列曰：“是欲与宣徽，而假河阳为名耳，不可但已也。”而同列依违，介独抗言之。仁宗谓曰：“除拟本出中书。”介遂劾宰相文彦博守蜀日造间金奇锦，缘阉侍通宫掖，以得执政；今显用尧佐，益自固结，请罢之而相富弼。又言谏官吴奎表里观望，语甚切直。

帝怒，却其奏不视，且言将远窜。介徐读毕，曰：“臣忠愤所激，鼎镬不避，何辞于谪？”帝急召执政示之曰：“介论事是其职。至谓彦博由妃嫔致宰相，此何言也？进用冢司，岂应得预？”时彦博在前，介责之曰：“彦博宜自省，即有之，不可隐。”彦博拜谢不已，帝怒益甚。梁适叱介使下殿，修起居注蔡襄趋进救之。贬春州别驾，王举正言以为太重，帝旋悟，明日取其疏入，改置英州，而罢彦博相，吴奎亦出。又虑介或道死，有杀直臣名，命中使护之。梅尧臣、李师中皆赋诗激美，由是直声动天下，士大夫称真御史，必曰唐子方而不敢名。

数月，起监郴州税，通判潭州，知复州，召为殿中侍御史。遣使赐告，趣诣阙下。入对，帝劳之曰：“卿迁谪以来，未尝以私书至京师，可谓不易所守矣。”介顿首谢，言事益无所顾。他日请曰：“臣既任言责，言之不行将固争，争之重以累陛下，愿得解职。”换工部员外郎、直集贤院，为开封府判官，出知扬州，徙江东转运使。御史吴中复言，介不宜久居外。文彦博再当国，奏：“介向所言，诚中臣病，愿如中复言。”然但徙河东。

久之，入为度支副使，进天章阁待制，复知谏院。帝自至和后，临朝渊默。介言：“君臣如天地，以交泰为理，愿时延群下，发德音，可否万几，以幸天下。”又论：宫禁干丐恩泽，出命不由中书，宜有以抑绝；赐予嫔御之费，多先朝时十数倍，日加无穷，宜有所朘损；监司荐举，多得文法小吏，请令精择端良敦朴之士，毋使与憸薄者同进；诸路走马承受凌抚郡县，可罢勿遣，以权归监司；兖国公主夜开禁门，宜劾宿卫主吏，以严宫省。帝悉开纳之。

御史中丞韩绛劾宰相富弼，弼家居求罢，绛亦待罪。介与王陶论绛以危法中伤大臣，绛罢。介嫌于右宰相，请外，以知荆南。敕过门下，知银台司何郯封还之，留权开封府。旋以论罢陈升之，亦出知洪州。加龙图阁直学士、河北都转运使，枢密直学士、知瀛州。

治平元年，召为御史中丞。英宗谓曰：“卿在先朝有直声，故用卿，非由左右言也。”介曰：“臣无状，陛下过听，愿献愚忠。自古欲治之主，亦非求绝世惊俗之术，要在顺人情而已。祖宗遗德余烈，在人未远，愿览已成之业以为监，则天下蒙福矣。”明年，以龙图阁学士知太原府。帝曰：“朕视河东，不在中执法[①]下，暂烦卿往耳。”夏人数扰代州边，多筑堡境上。介遣兵悉撤之，移谕以利害，遂不敢动。

神宗立，以三司使召。熙宁元年，拜参知政事。先时，宰相省阅所进文书于待漏舍，同列不得闻。介谓曾公亮曰：“身在政府而文书弗与知，上或有所问，何辞以对？”乃与同视，后遂为常。帝欲用王安石，公亮因荐之，介言其难大任。帝曰：“文学不可任耶？吏事不可任耶？经术不可任耶？”对曰：“安石好学而泥古，故论议迂阔，若使为政，必多所变更。”退谓公亮曰：“安石果用，天下必困扰，诸公当自知之。”中书尝进除目，数日不决，帝曰：“当问王安石。”介曰：“陛下以安石可大用，即用之，岂可使中书政事决于翰林学士？臣近每闻宣谕某事问安石，可即行之，不可不行，如此则执政何所用，恐非信任大臣之体也。必以臣为不才，愿先罢免。”

安石既执政，奏：“中书处分札子，皆称圣旨，不中理者十八九，宜止令中书出牒。”帝愕然。介曰：“昔寇准用札子迁冯拯官不当，拯诉之，太宗谓：‘前代中书用堂牒，乃权臣假此为威福。太祖时以堂帖重于敕命，遂削去之。今复用札子，何异堂帖？’张洎因言：‘废札子，则中书行事，别无公式。’太宗曰：‘大事则降敕，其当用札子，亦须奏裁。’此所以称圣旨也。如安石言，则是政不自天子出，使辅臣皆忠贤，犹为擅命，苟非其人，岂不害国?”帝以为然，乃止。介自是数与安石争论。安石强辩，而帝主其说。介不胜愤，疽发于背，薨，年六十。

介为人简伉，以敢言见惮。每言官缺，众皆望介处之，观其风采。神宗谓其先朝遗直，故大用之。然居政府，遭时有为，而扼于安石，少所建明，声名减于谏官、御史时。比疾亟，帝临问流涕，复幸其第吊哭，以画像不类，命取禁中旧藏本赐其家。赠礼部尚书，谥曰质肃。子淑问、义问，孙恕。

选自《宋史》卷三百一十六《唐介传》

【注释】

①中执法：御史中丞的别名，是御史台的长官。

【译文】

唐介字子方，江陵人。父亲唐拱，死于漳州，州中的人们知道他家贫穷，便凑钱给他们办理丧事，唐介虽年纪还小，却一一辞谢不接受。科举登第后，任武陵县尉，后调任平江县令。百姓李氏有资财却很吝啬，官吏向其勒索得不到满足，就诬陷他杀人祭鬼。岳州郡守逮捕了他们全家，不论年纪老少都进行拷打，但仍不肯招认。交由唐介审讯他们，没有问出任何证据。郡守发怒上告朝廷，朝廷派遣御史方偕另行审讯，结果与唐介相同。于是郡守以下都因此获罪，方偕受到了赏赐，但唐介没有去为自己争功。

唐介任莫州任丘县的知县，那里是辽使者往来的通道，驿站官吏一直苦于被他们勒索损坏屋舍。唐介到任后坐在驿站门口，下令说："不是制度规定应该供给的，一概不给。凡是毁损我方器物的，一定拘捕他。"这样使者都服服帖帖地离开。沿边塘中的水每年都泛滥，侵害农田，宦官杨怀敏主管此事，想割去县邑以西十一个村的土地以蓄涨潦，而唐介则筑堤阻隔，百姓由此得利。后来唐介任德州通判，转运使崔峄取出库绢强卖给百姓而提高绢的价格。但唐介扣住公文不下达，而且移文安抚司谴责他。崔峄大怒，多次遣人传檄按察盘问，唐介没有因此动摇。不久果然不能实行。

唐介又入朝任监察御史里行，转殿中侍御史。启圣院建造龙凤车，内宫拿出珠玉作为装饰。唐介上言说："这是太宗遗像所在之地，不可喧哗亵渎；后宫奇异奢靡的器物，不应该超过规定。"于是皇帝下诏立即拆毁。张尧佐一下获授宣徽、节度、景灵、群牧四使，唐介与包拯、吴奎等人坚决反对，又请求中丞王举正留下百官在朝廷上的议论，于是削去了张尧佐两个使节的头衔。不久，又除拜张尧佐为宣徽使、知河阳。唐介对同列官员说："这是想任命他为宣徽使，只是假借知河阳作个名目而已，我们不能就此罢休。"而同列官员迟疑不定，只有唐介直言此事。仁宗皇帝对他说："官员任用的主张是出自中书之意。"于是唐介就弹劾宰相文彦博镇守蜀地时制作错金奇锦，通过宦官贿赂后宫，因此得到执政的职位；现在重用张尧佐，便是为了更加稳固自己的地位，请求罢免他而任命富弼为宰相。又上言说谏官吴奎表里不一犹豫观望，语辞很恳切率直。

皇帝大怒，退回他的奏章不看，而且说要将他贬逐到边远的地区。唐介慢慢读完奏章，说："臣激于忠愤，早将生死置之度外，对于贬逐还有什推辞呢？"皇帝迅速召来执政大臣将此事告诉他们说："唐介议论政事是他的职责。至于说文彦博通过妃嫔位至宰相，这是什么话呢？进用宰相，后宫哪里能够参预？"当时文彦博正在前面，唐介斥责他说："文彦博应该反省自己，如果有此事，不能隐瞒。"文彦博不停拜谢否认此事，皇帝更加生气。梁适呵叱唐介让他退下殿去，修起居注的蔡襄赶忙上前解救。唐介最终被贬春州别驾，王举正上言认为责罚太重，皇帝立刻醒悟，第二天拿着他的奏疏入朝，改为安置在英州，免去文彦博的宰相职位，吴奎也离开朝廷。皇帝又担心唐介可能死于途中，使自己有杀害忠直大臣的恶名，便命令宦官护送他。梅尧臣、李师中都赋诗赞美，因此忠直的名声轰动天下，士大夫称赞他是真正的御史，一定叫他唐子方而不敢直呼他的名。

过了几月，改任监管郴州税务，通判潭州，知复州，召为殿中侍御史。皇帝派使者前去赐告，召他迅速赶赴宫阙。入宫应对时，皇帝慰劳他说："你贬逐外地以来，不曾有私人书信到京城，可以说是坚持操守了。"唐介叩头谢恩，谏议政事更加没有顾虑。后来又请求说："臣既然担负谏议的职责，意见没有实行就一定要争论，争论严重的时候就会牵累陛下，希望能够解除此职。"于是改任工部员外郎、直集贤院，任开封府判官，出京知扬州，调任江东转运使。御史吴中复上言，认为唐介不应该长久在外任职。文彦博再次主政，上奏说："唐介以前所说的，确实切中我的弊病，希望执行中复的意见。”但只是将唐介调任河东。

过了很久，唐介又入朝任度支副使，进天章阁待制，重新任知谏院。皇帝自从至和年间（1054—1056）以来，多数时候在朝廷上沉默不语。唐介上言：“君臣如天地，理应使天地之气融合贯通。希望按时延请众臣，发布圣言，处理大事，使得天下得幸。”又说：宫中请求皇上恩泽，出命不经过中书，应该杜绝这种情况；赐给嫔妃侍御的费用，比前朝时多了十几倍，逐渐增加没有止境，应该有所缩减；监司荐举的，大多是通晓公文法令的小吏，请求下令精心选择端良敦朴之士，不要让他们与奸邪刻薄之人一同进用；各路走马承受欺凌扰乱郡县，应该废去不再派遣，把权力收归监司；兖国公主晚上打开宫门，应该弹劾宿卫主管官吏，以便严肃宫省制度。皇帝全都采纳。

御史中丞韩绛弹劾宰相富弼，富弼归家请求免职，韩绛也等着被治罪。唐介与王陶议论韩绛以严峻法令中伤大臣，韩绛被罢免。唐介与右宰相有嫌隙，请求到外地任职，因此出知荆南。敕令经过门下省，知银台司何郯将它封还，因而留京代理开封知府。不久因议论罢免陈升之，被贬出京，知洪州，加龙图阁直学士、河北都转运使，枢密直学士、知瀛州。

治平元年（1064），召为御史中丞。英宗皇帝对他说：“因为卿在前朝有忠直的声望，所以才任用卿，并不是因为左右大臣的上言。”唐介说：“臣并无政绩，陛下有所过誉，臣愿竭尽所能。自古以来想要天下太平的君主，并不是寻求举世无双惊世骇俗的方法，关键在于顺应民心而已。祖宗留下的恩德余绪，并未远离，希望陛下观察已经成就的功业作为借鉴，那么天下就可蒙受福泽了。”第二年，以龙图阁学士知太原府。皇帝说：“朕看待知太原府之职，并不比御史中丞低，只是暂时麻烦卿前去而已。”西夏人几次侵扰代州边境，修筑堡垒，唐介派兵把这些堡垒悉数拆除，移文晓以利害，西夏人就不敢再出动了。

神宗皇帝即位，召回唐介任三司使。熙宁元年（1068），拜参知政事。以前，宰相在待漏舍审阅所进的文书，同列官员不能知晓。唐介对曾公亮说：“人在政府而文书并不知晓，皇上间或有所询问，该怎么回答？”于是就与宰相一同审阅，之后这就成为常制。皇帝想任用王安石，曾公亮于是推荐他，唐介上言说他难当重任。皇帝说：“是文辞不能胜任呢？是政事不能胜任呢？还是经术不能胜任呢？”唐介回答说：“王安石好学却拘泥于古，所以议论迂阔不合时宜，如果使他当政，一定有很多变革。”退朝后他对曾公亮说：“王安石如果得到任用，天下一定困苦受扰，你们应当自己明白。”中书曾递上授官名单，过了几天还没决定，皇帝说：“应当询问王安石。”唐介说：“陛下认为安石可以重用，就任用他，哪里能让中书的政事取决于翰林学士呢？我近来常常听到宣布旨意以某事咨询王安石，同意就实行，不同意就不实行，这样一来执政官还起到什么作用？恐怕这不是相信任用大臣的体统。陛下一定认为臣没有才能，希望先行罢免。”

王安石主政后，上奏言：“中书处理事务的札子，都称圣旨，不合理的十之八九，应该命令中书只出示牒文。”皇帝大吃一惊。唐介说：“以前寇准采用札子迁转冯拯官位不合法，冯拯上诉，太宗皇帝说：‘前代中书采用堂牒，是权臣借此作威作福。太祖皇帝时因为堂帖重于敕命，于是将它削去。现在重新采用札子，与堂帖有什么不同？’张洎于是上言：‘如果废除札子，那么中书办事，没有别的公文格式了。’太宗说：‘有大事就发布敕命，那应当采用札子的，也必须上奏裁决。’这就是札子称为圣旨的原因。如果按照王安石的奏言，那么就是政事不由天子决定，即便辅佐大臣都是忠贤之人，这种行为仍是擅权发令；如果辅臣不是正直之人，难道不是祸害国家吗?”皇帝认为他的意见是对的，就制止了。唐介从此多次与王安石争论。安石强词夺理，可是皇帝支持他的说法。唐介心情愤懑，背疮发作，去世，终年六十岁。

唐介为人清高，因敢于上言而受人敬畏。每次谏官空缺，众人都希望唐介担任，以一睹他的风采。神宗皇帝认为他是前朝留下来的忠直之臣，所以重用他。但是位居中书政府，当遇上时机可以有所作为时，却被王安石阻扼，少有建树，声望名气比不上其任谏官、御史时。等到病重，皇帝临视慰问流泪，又驾幸他的府第吊丧哭灵，因为画像不像本人，命令取出宫中旧时藏本赐给他家。赠礼部尚书，谥号为质肃。有子唐淑问、唐义问，孙子唐恕。

【评述】

唐介的出身十分贫寒，以至于父亲去世时连下葬的钱都没有。正是由于小时候备尝民间疾苦，才使得他入仕之后深知百姓的艰辛，竭力为百姓谋福利。凡是危害百姓的人和事，他都不遗余力地反对。莫州任丘县是宋、辽两国间的交通要道，每逢辽朝使者过境时都会勒索大量钱财，以至于许多人倾家荡产，他担任县令后，亲自守在馆驿门口，使者惧怕他的威严而不敢勒索。转运使崔峄想取出库绢强卖给百姓，而且还提高了绢的价格从中牟利，唐介不但压住不予执行，而且上书指责崔峄牟取暴利，即便是在崔峄多次派人盘问后，唐介仍然坚持不照办。如果说纠正个别官员的贪污已经很困难，那么直接指斥皇帝浪费则冒着更大的风险，唐介就不怕风险，直接指责皇帝赏赐给嫔妃的钱财比先朝多了好几倍，应该有所收敛。

唐介为何有如此的胆识？这一方面因为他深知百姓疾苦，另一方面更是由于他的无畏精神。他在一次进谏中说："我死尚且不怕，哪里还怕贬官？"他是这么说的，也是这么做的。他纠正同僚、弹劾上级，甚至连皇帝都敢指责，只要是有益于百姓的就算丢性命也在所不惜，这无处不体现着他的无畏精神。正因为他一心为民，无畏权势，才使他获得了当朝的尊重，也赢得了千古的美名。

（倪彬注译、评述）

司马光

【原文】

司马光，字君实，陕州夏县人也。父池，天章阁待制。光生七岁，凛然如成人，闻讲《左氏春秋》，爱之，退为家人讲，即了其大指。自是手不释书，至不知饥渴寒暑。群儿戏于庭，一儿登瓮，足跌没水中，众皆弃去，光持石击瓮破之，水迸，儿得活。其后京、洛间画以为图。仁宗宝元初，中进士甲科。年甫冠，性不喜华靡，闻喜宴独不戴花，同列语之曰："君赐不可违。"乃簪一枝。

除奉礼郎，时池在杭，求签苏州判官事以便亲，许之。丁内外艰，执丧累年，毁瘠如礼。服除，签书武成军判官事，改大理评事，补国子直讲。枢密副使庞籍荐为馆阁校勘，同知礼院。

中官麦允言死，给卤簿。光言："繁缨以朝，孔子且犹不可。允言近习之臣，非有元勋大劳而赠以三公官，给一品卤簿，其视繁缨，不亦大乎？"夏竦赐谥文正，光言："此谥之至美者，竦何人，可以当之?"改文庄。加集贤校理。

从庞籍辟，通判并州。麟州屈野河西多良田，夏人蚕食其地，为河东患。籍命光按视，光建："筑二堡以制夏人，募民耕之，耕者众则籴贱，亦可渐纾河东贵籴远输之忧。"籍从其策；而麟将郭恩勇且狂，引兵夜渡河，不设备，没于敌，籍得罪去。光三上书自引咎，不报。籍没，光升堂拜其妻如母，抚其子如昆弟，时人贤之。

改直秘阁、开封府推官。交趾贡异兽，谓之麟，光言："真伪不可知，使其真，非自至不足为瑞，愿还其献。"又奏赋以风。修起居注，判礼部。有司奏日当食，故事食不满分，或京师不见，皆表贺。光言："四方见、京师不见，此人君为阴邪所蔽；天下皆知而朝廷独不知，其为灾当益甚，不当贺。"从之。

同知谏院。苏辙答制策切直，考官胡宿将黜之，光言："辙有爱君忧国之心，不宜黜。"诏置末级。

仁宗始不豫，国嗣未立，天下寒心而莫敢言。谏官范镇首发其议，光在并州闻而继之，且贻书劝镇以死争。至是，复面言："臣昔通判并州，所上三章，愿陛下果断力行。"帝沉思久之，曰："得非欲选宗室为继嗣者乎?此忠臣之言，但人不敢及耳。"光曰："臣言此，自谓必死，不意陛下开纳。"帝曰："此何害，古今皆有之。"光退未闻命，复上疏曰："臣向者进说，意谓即行，今寂无所闻，此必有小人言陛下春秋鼎盛，何遽为不祥之事。小人无远虑，特欲仓卒之际，援立其所厚善者耳。'定策国老'、'门生天子'[①]之祸，可胜言哉？"帝大感动曰："送中书。"光见韩琦等曰："诸公不及今定议，异日禁中夜半出寸纸，以某人为嗣，则天下莫敢违。"琦等拱手曰："敢不尽力。"未几，诏英宗判宗正，辞不就，遂立为皇子，又称疾不入。光言："皇子辞不赀之富，至于旬月，其贤于人远矣。然父召无诺，君命召不俟驾，愿以臣子大义责皇子，宜必入。"英宗遂受命。

衮国公主嫁李玮，不相能，诏出玮卫州，母杨归其兄璋，主入居禁中。光言："陛下追念章懿太后，故使玮尚主。今乃母子离析，家事流落，独无雨露之感乎？玮既黜，主安得无罪？"帝悟，降主沂国，待李氏恩不衰。进知制诰，固辞，改天章阁待制兼侍讲、知谏院。时朝政颇姑息，胥吏喧哗则逐中执法，辇官悖慢则退宰相，卫士凶逆而狱不穷治，军卒詈三司使而以为非犯阶级。光言皆陵迟之渐，不可以不正。充媛董氏薨，赠淑妃，辍朝成服，百官奉慰，定谥，行册礼，葬给卤簿。光言："董氏秩本微，病革方拜充媛。古者妇人无谥，近制惟皇后有之。卤簿本以赏军功，未尝施于妇人。唐平阳公主有举兵佐高祖定天下功，乃得给。至韦庶人始令妃主葬日皆给鼓吹，非令典，不足法。"时有司定后宫封赠法，后与妃俱赠三代，光论："妃不当与后同，袁盎引却慎夫人席，正为此耳。天圣亲郊，太妃止赠二代，而况妃乎?”

英宗立，遇疾，慈圣光献后同听政。光上疏曰：“昔章献明肃有保佑先帝之功，特以亲用外戚小人，负谤海内。今摄政之际，大臣忠厚如王曾，清纯如张知白，刚正如鲁宗道，质直如薛奎者，当信用之；猥鄙如马季良，谗谄如罗崇勋者，当疏远之，则天下服。”帝疾愈，光料必有追隆本生事，即奏言：“汉宣帝为孝昭后，终不追尊卫太子、史皇孙；光武上继元帝，亦不追尊钜鹿、南顿君，此万世法也。”后诏两制②集议濮王典礼，学士王珪等相视莫敢先，光独奋笔书曰：“为人后者为之子，不得顾私亲。王宜准封赠期亲尊属故事，称为皇伯，高官大国，极其尊荣。”议成，珪即命吏以其手稿为按。既上与大臣意殊，御史六人争之力，皆斥去。光乞留之，不可，遂请与俱贬。

初，西夏遣使致祭，延州指使高宜押伴，傲其使者，侮其国主，使者诉于朝。光与吕诲乞加宜罪，不从。明年，夏人犯边，杀略吏士。赵滋为雄州，专以猛悍治边，光论其不可。至是，契丹之民捕鱼界河，伐柳白沟之南，朝廷以知雄州李中祐为不材，将代之。光谓：“国家当戎夷附顺时，好与之计较末节，及其桀骜，又从而姑息之。近者西祸生于高宜，北祸起于赵滋；时方贤此二人，故边臣皆以生事为能，渐不可长。宜敕边吏，疆场细故辄以矢刃相加者，罪之。”

仁宗遗赐直百余万，光率同列三上章，谓：“国有大忧，中外窘乏，不可专用乾兴故事。若遗赐不可辞，宜许侍从上进金钱佐山陵。”不许。光乃以所得珠为谏院公使钱，金以遗舅氏，义不藏于家。后还政，有司立式，凡后有所取用，当覆奏乃供。光云：“当移所属使立供已，乃具数白后，以防矫伪。”

……

元祐元年复得疾，诏朝会再拜，勿舞蹈。时青苗、免役、将官之法犹在，而西戎之议未决。光叹曰：“四患未除，吾死不瞑目矣。”折简与吕公著云：“光以身付医，以家事付愚子，惟国事未有所托，今以属公。”乃论免役五害，乞直降敕罢之。诸将兵皆隶州县，军政委守令通决。废提举常平司，以其事归之转运、提点刑狱。边计以和戎为便。谓监司多新进少年，务为刻急，令近臣于郡守中选举，而于通判中举转运判官。又立十科荐士法。皆从之。

拜尚书左仆射兼门下侍郎，免朝觐，许乘肩舆，三日一入省。光不敢当，曰：“不见君，不可以视事。”诏令子康扶入对，且曰：“毋拜。”遂罢青苗钱，复常平粜籴法。两宫虚己以听。辽、夏使至，必问光起居，敕其边吏曰：“中国相司马矣，毋轻生事、开边隙。”光自见言行计从，欲以身徇社稷，躬亲庶务，不舍昼夜。宾客见其体羸，举诸葛亮食少事烦以为戒，光曰："死生，命也。"为之益力。病革，不复自觉，谆谆如梦中语，然皆朝廷天下事也。

是年九月薨，年六十八。太皇太后闻之恸，与帝即临其丧，明堂礼成不贺，赠太师、温国公，襚以一品礼服，赙银绢七千。诏户部侍郎赵瞻、内侍省押班冯宗道护其丧，归葬陕州。谥曰文正，赐碑曰"忠清粹德"。京师人罢市往吊，鬻衣以致奠，巷哭以过车。及葬，哭者如哭其私亲。岭南封州父老，亦相率具祭，都中及四方皆画像以祀，饮食必祝。

光孝友忠信，恭俭正直，居处有法，动作有礼。在洛时，每往夏县展墓，必过其兄旦，旦年将八十，奉之如严父，保之如婴儿。自少至老，语未尝妄，自言："吾无过人者，但平生所为，未尝有不可对人言者耳。"诚心自然，天下敬信，陕、洛间皆化其德，有不善，曰："君实得无知之乎？"

光于物澹然无所好，于学无所不通，惟不喜释、老，曰："其微言不能出吾书，其诞吾不信也。"洛中有田三顷，丧妻，卖田以葬，恶衣菲食以终其身。

绍圣初，御史周秩首论光诬谤先帝，尽废其法。章惇、蔡卞请发冢斫棺，帝不许，乃令夺赠谥，仆所立碑。而惇言不已，追贬清远军节度副使，又贬崖州司户参军。徽宗立，复太子太保。蔡京擅政，复降正议大夫，京撰

《奸党碑》，令郡国皆刻石。长安石工安民当镌字，辞曰："民愚人，固不知立碑之意。但如司马相公者，海内称其正直，今谓之奸邪，民不忍刻也。"府官怒，欲加罪，泣曰："被役不敢辞，乞免镌安民二字于石末，恐得罪于后世。"闻者愧之。

靖康元年，还赠谥。建炎中，配飨哲宗庙庭。

选自《宋史》卷三百三十六《司马光传》

【注释】

①"定策国老"、"门生天子"：唐代枢密使宦官杨复恭给兄子守亮的信中，自称是"定策国老"，以策立皇帝的功臣自居，而称昭宗李晔为"负心门生"（参阅《新唐书·杨复恭传》）。此意指宦官操纵国家大权，可以废立皇帝。

②两制：唐、宋翰林学士受皇帝之命，起草诏令，称为内制；中书舍人与他官加知制诰衔者为中书门下撰拟诏令，称为外制。翰林学士与中书舍人合称两制。

【译文】

司马光，字君实，陕西夏县（今山西省南部，运城市东北）人。父亲司马池，做过天章阁待制。司马光七岁时就神色凛然，像成人一样。他听人讲《左氏春秋》，非常喜欢，回家后就给家人讲解，当即就明白了其要旨所在。从此手不释书，以致不知道饥渴寒暑。一群小孩在庭院中嬉戏，一个孩子爬上大缸，失足掉到水里，大家都跑了，只有司马光拿了块石头打破大缸，水从破口处迸出，那个孩子因此活了下来。其后京城、洛阳间作画都以此为内容。仁宗宝元初年，司马光考中进士甲科。他刚至弱冠之年，生性不喜欢华丽奢靡，参加闻喜宴只有他不戴花，同仁对他说："皇上赐的东西不可以不接受。"他这才簪了一枝花。

司马光被任命为奉礼郎。当时司马池在杭州，司马光便请求将他签为苏州判官事以便于侍奉亲人，得到允许。后父母去世，他守丧多年，哀毁瘦瘠符合礼制。守丧期满，任命为武成军判官事，又改为大理评事，补国子直讲。枢密副使庞籍推荐他为馆阁校勘，同知礼院。

宦官麦允言死了，赏赐给他仪仗队。司马光说："士大夫以缨络饰马，孔子还觉得不可。允言是个宦官，并无元勋的功劳，而赠给他三公的官职，给他一品的仪仗，这比起缨络饰马，不是更严重了吗？"夏竦被赐予谥号"文正"，司马光说："这是谥号中最好的，夏竦是什么人，怎么可以享受这个？"于是改为"文庄"。司马光加官集贤校理。

司马光被庞籍征召做了并州通判。麟州屈野河西有很多良田，西夏人蚕食这块地方，成为河东的祸患。庞籍命令司马光巡视此地，司马光建议说："可以建两个城堡来抑制西夏人，招募百姓耕种，种地的人多了，米价就低了，也可以缓解河东地区米价高，运输远的问题。"庞籍听从了他的计策。麟州将领郭恩勇猛狂妄，夜里带兵渡河，没有做好防备，被敌方消灭，庞籍因此获罪离开。司马光多次上书自责，没有得到答复。庞籍死后，司马光拜见庞籍的妻子就像拜见自己的母亲一样，抚慰庞籍的儿子就像对待自己的兄弟一样，当时的人都认为他贤良。

司马光改任直秘阁、开封府推官。交趾进献异兽，说是麒麟。司马光说：“此物真伪还不知道，如果是真的，不是自己降临的就不算祥瑞之物，希望把它还给进献的人。”他又作赋来劝谏此事。司马光修起居注，任礼部判官。有关部门上奏说会有日食，按旧例，若不是日全食，或京师看不到日食，群臣都要上表庆贺。司马光说：“天下都能看见而京师看不见，这说明君主被奸邪蒙蔽，天下都知道而唯独朝廷不知道，这灾害就更严重了，不应当庆贺。”皇帝听从了他的建议。

司马光任同知谏院。苏辙回答制策激切率直，考官胡宿想除去他的名字，司马光说：“苏辙有忠君爱国之心，不应除名。”下诏把苏辙放在末等。

仁宗患病之初，太子还没有确立，天下忧心却没人敢说话。谏官范镇首先提出建议。司马光在并州听说也跟着上书，他还写信给范镇要以死相争。同时，他还面见皇上说：“臣当年做并州通判时所上的三个奏章，希望陛下果断地去做。”皇上沉思了很久，说：“难道非要选宗室作为继承者吗？这是忠臣之言，但是一般人不敢说。”司马光说：“臣说这些，自认必死无疑，不想陛下竟接纳了。”皇上说：“这有什么不好，古今都有这样的事。”司马光退朝后没听到诏命，又上疏说：“臣前面进谏，以为马上就实行了，现在却悄然没有动静，这一定是有小人说陛下年富力强，为何现在就做这样不祥的事情。小人没有远虑，只是想仓猝之际立他们素日关系亲厚的。那些‘定策国老’、‘门生天子’的祸患，能说的完吗？”皇上大为感动，说：“把奏章送中书。”司马光见韩琦等人说：“诸公现在不抓紧定下大计，将来某天从宫中传出一寸纸，以某人为继承人，那时天下没人敢于违抗了。”韩琦等人拱手说：“怎敢不尽力。”不久，诏命英宗为判宗正，英宗推辞没有就任。又立为皇子，英宗又称病不去。司马光说：“皇子推辞了无法估量的富贵，已经有一个月，这贤能已经超出常人很多了。然而父亲召唤应立刻就去，君主诏命要马上出发，我希望以臣子大义责备皇子，应该立刻入宫。”英宗于是接受了诏命。

衮国公主嫁给李玮，相处不和睦，诏命令李玮到卫州去，母亲杨氏归其兄李璋赡养，公主居住到宫中。司马光说：“陛下追念章懿太后，所以让李玮娶了公主。现在却让李玮母子分离，家事零落，难道皇上对李玮已经不再顾念了吗？李玮既然被贬黜，公主又怎么能无罪呢？”皇上省悟，降公主为沂国公主，对待李氏一族恩遇始终不变。司马光升任知制诰，他坚决推辞，于是改天章阁待制兼侍讲、知谏院。当时朝政非常松懈，小吏吵闹就折中执法，内侍傲慢就斥退宰相，卫士凶悍忤逆却不追究，军士辱骂三司使却不认为自己违反等级制度。司马光说这些都是国家衰颓的征兆，不可以不纠正。充媛董氏去世，赠淑妃称号。皇上罢朝穿丧服，百官送灵吊丧，定谥号，行册封礼，出葬赐仪仗队。司马光说：“董氏本来地位低微，临终前才拜为充媛，古时妇人是没有谥号的，近来的制度中只有皇后有谥号。仪仗队本来是赏给有军功的人的，从未给过妇人。唐平阳公主有举兵辅佐高祖平定天下的功劳，才得以颁赐。至韦庶人才命令妃主下葬之日都赐给鼓吹，这不是好的制度，不值得效法。”当时有关部门制定后宫封赠法，后与妃都封赠三代。司马光说：“妃子不应当与皇后相同。汉代袁盎把慎夫人的席位向下移，正是为了这个缘故。天圣年间，皇上亲自到南郊祭祀，对李太妃也只是追赠二代，何况现在的妃子呢。”

英宗继位，得了病，慈圣光献后一同听政。司马光上疏说：“当日章献明肃太后有保护先帝的功劳，只是因为亲近重用外戚小人，以致遭到天下人毁谤。现在太后摄政之时，大臣中忠厚的比如王曾，清廉的比如张知白，刚正的比如鲁宗道，质直的比如薛奎者，都应当信任使用他们。猥鄙的比如马季良，谗谄的比如罗崇勋之流，应当疏远他们，那么天下人就信服了。”皇帝病好之后，司马光料定会有追封生父的事情，就立即上奏说：“汉宣帝为孝昭的后代，最终也没有追尊卫太子、史皇孙；光武上继元帝，亦没有追尊钜鹿、南顿君，这是万世的法度。”后来皇上召集翰林学士与中书舍人商议濮王典礼的事，学士王珪等相互观望，没人敢先说，只有司马光奋笔疾书道：“做人家继承人就是人家的儿子，不能再顾念亲生父母。濮王应该按照封赠皇帝长辈的旧例，称为皇伯，封高官大藩，极其尊荣。”决议形成后，王珪就命令小吏把他的手稿呈进。皇上已经和大臣意见相左，御史六人力争，都被贬斥。司马光请求留下他们，没得到许可，于是就请求和他们一起被贬。

当初，西夏派使者祭祀，延州指挥使高宜押送陪伴，他傲慢地对待使者，侮辱其国主，使者向朝廷控诉。司马光与吕诲请求治高宜的罪，皇上没有听从。第二年，西夏人侵犯边境，杀戮官吏将士，劫掠边地。赵滋治理雄州，专以凶猛强悍治理边地，司马光议论说不能这样做。这时，契丹的百姓在界河捕鱼，在白沟之南砍伐柳树，朝廷认为雄州知州李中祐无能，想找人取代他。司马光说：“国家在蛮夷民族依附归顺时喜欢与之计较细枝末节，等到他们桀骜不驯时，又姑息养奸。近来西边的祸患由高宜而产生，北边的祸患由赵滋而产生；而时论却以此二人为贤能，所以边臣都以无事生非为能事，这种风气不可助长。应该敕告边地官吏，边疆之地上一点小事就刀兵相加的，论罪。”

仁宗赏赐给司马光的东西价值一百多万，司马光带领同僚多次上奏章说：“国家有大的忧患，朝廷内外财力困乏，不可遵循乾兴时期的旧例。如果赏赐不可推辞，请求允许侍从进献金钱以辅助修建陵墓。”没有得到允许。司马光就把自己得到的珠宝作为谏院公用钱，金子则送给舅舅，决不藏在家里。后来太后还政，有关部门订立制度，凡是太后有所取用，都要重新审核上奏，然后才能供给。司马光说：“应当发文给所属官吏让他们立刻供给，然后详细上奏太后，以防止有人矫诏作伪。”

……

元祐元年（1086）司马光又病了，皇上下诏说上朝时拜两拜即可，不用舞蹈。当时青苗、免役、将官之法都还在，而对西夏的决议还没有形成。司马光叹息说：“四患不除，我死不瞑目啊。”他写信给吕公著说：“我把身体托付给医生，把家事托付给儿子，唯有国事还未托付，现在我把它托付给你。”于是他上疏谈论免役法五大害处，请求直接下旨废除它。军队都隶属州县，军政大事都由守令决定。废除提举常平司，把其职能转归转运、提点刑狱。边防大计以讲和为好。他说监司多数是新进的年轻人，做事苛刻急躁，应当令近臣在郡守中选举，并且在通判中选取转运判官。又建立了十科荐士法。皇上都听从了。

任命司马光为尚书左仆射兼门下侍郎，免他朝觐，准许他乘轿三天一觐见。司马光不敢当，说：“不见君，不可以处理事情。”皇上又下诏让他的儿子司马康扶着他进宫，并且说：“不用下拜。”于是取消了青苗钱，恢复了常平粜籴法。两宫虚心听取他的意见。辽、夏使者来到，一定会问起司马光的身体起居情况，并对他们的边将说：“中国以司马光为丞相，不要轻易生事，挑起边界战争。”司马光见朝廷对他言听计从，就想以身报答国家。他亲自处理杂务，不分日夜。宾客见他身体瘦弱，就举诸葛亮食少事烦的例子来劝诫他，他说：“死生都是命。”办事更加尽力。他病重之时，已经失去知觉，还像说梦话似的不停地自语，说的都是朝廷天下大事。

这年九月司马光去世，享年六十八岁。太皇太后听说后非常悲恸，立即和皇上前去灵堂吊唁。皇上在明堂祭天礼成也不举行朝贺仪式。追赠司马光太师、温国公，以一品礼服下葬，赠丧葬费银绢七千。下诏户部侍郎赵瞻、内侍省押班冯宗道护送他的灵柩归葬陕州。谥号文正。赐碑题字：“忠清粹德”。京城的人罢市前去吊唁，卖了衣服来祭奠他。灵车通过时百姓在街巷中哭泣。等到下葬时，人们痛哭流涕就好像哭自己的亲人一样。岭南封州的父老乡亲也一起遥祭。都城中和边远地方都画司马光的像来祭祀，每次吃饭都要祈祷一番。

司马光孝友忠信，恭俭正直，处世有法度，行动有礼节。在洛阳时，他每次到夏县扫墓，一定要去拜望兄长司马旦。司马旦快八十岁了，司马光侍奉他像对待严父一样，保护他像对待婴儿一样。自小至老，司马光从不说虚妄的话，他自己曾说：“我没有什么过人之处，但是我平生所作所为，没有不可对人说的。”他的诚心出于自然，天下人都对此敬仰信服，陕、洛间人都被他的品德感化。有不好的事，就说：“司马君实会不会知道呢?”

司马光对于物质非常淡然，无所喜好，对学问则无所不通，只是不喜欢佛家、道家。他说："他们的精微之言不能超过儒家，他们的荒诞之言我是不信的。"司马光在洛中有三顷田地，妻子死了，他就卖了田来安葬妻子，终身都是粗衣陋食。

绍圣初年，御史周秩首先上书说司马光诬蔑诽谤先帝，把他的法令都废除了。章惇、蔡卞请求掘墓开馆，皇帝没有允许，只是下令剥夺司马光的赠谥，推倒给他立的碑。章惇议论不休，被贬为清远军节度副使，又贬为崖州司户参军。徽宗继位，恢复为太子太保。蔡京专权，又降为正议大夫。蔡京撰写《奸党碑》，让各地都刻在石碑上。长安石工安民被指派刻字，他推辞说："小民是愚笨的人，本来不知道立碑的意思。但像司马相公这样的人，海内都称赞他的正直，现在说他奸邪，小民不忍心刻上去。"州府的官员很生气，想治他的罪，安民哭着说："被派刻石我不敢推辞，我只乞求不要把安民二字刻在石碑末尾，我恐怕被后世的人责骂。"听到的人都感到惭愧。

靖康元年（1126），还司马光赠谥。建炎中，司马光袝祀哲宗庙庭。

【评述】

在中国，司马光是一个家喻户晓的历史人物。从年少时的机智聪慧，到成年后的刚正廉洁，司马光的人生几乎处处堪作楷模。

他正直敢言，凡不合法度，不合礼仪之事，他都直言不讳，力求匡正。他敢于批龙鳞，逆圣听，为争取仁宗早立太子，一而再，再而三地冒死进谏。他爱民如子，凡不合百姓利益甚至祸害百姓之事，他都极力反驳，务求清除。他做事有法度，做人有原则。不管是皇亲国戚还是细民百姓，他均以公心相待，遵循道义，维护真理。做官难得的是出以公心，大权在握，往往利令智昏，而司马光却始终清醒地保持着对公平正义的坚持和追求。作为声望极高的当朝丞相，司马光曾对当时的社会起到了巨大的道德示范作用。宋代中期较为清明的社会风气无疑有司马光的一份功劳。

更为难能可贵的是，宦海沉浮几十年，司马光一不拉帮结派，二不以权谋私。他确实做到了君子坦荡荡，凡事无不可对人言，全然没有一般官僚的圆滑世故，为人处世处处光明磊落。他家无余财，皇帝赏赐都分给他人，妻死尚需卖地以葬，既没有为自己，也没有为子孙留下数不尽的物质财富。但他所留下的精神财富注定会薪火相传，成为中华民族的精神世界中闪光的一部分。司马光的一生，是胸怀天下，死而后已的一生；是为国分忧，为民解难的一生。司马光这个名字必将是不朽的。

（尤海燕注译、评述）

马　默

【原文】

马默，字处厚，单州成武人。家贫，徒步诣徂徕从石介[①]学。诸生时以百数，一旦出其上。既而将归，介语诸生曰：“马君他日必为名臣，宜送之山下。”

登进士第，调临濮尉，知须城县。县为郓治所，郓吏犯法不可捕，默趋府，取而杖之客次，阖府皆惊。曹佾守郓，心不善也，默亦不为屈。后守张方平[②]素贵，掾属来前，多闭目不与语。见默白事，忽开目熟视久之，尽行其言，自是诿以事。治平中，方平还翰林，荐为监察御史里行。遇事辄言无顾，方平间遣所亲儆之曰：“言太直，得无累举者乎?”默谢曰：“辱知之深，不敢为身谋，所以报也。”

时议尊崇濮安懿王，台谏吕诲等力争以为不可，悉出补外。默请还之，不报。遂上言：“濮王生育圣躬，人谁不知。若称之为亲，义无可据，名之不正，失莫大焉。愿蔽自宸心，明诏寝罢，以感召和气，安七庙之神灵，是一举而众善随之也。”又言：“致治之要，求贤为本。仁宗以官人之权，尽委辅相，数十年间，贤而公者无几。官之进也，不由实绩，不自实声，但趋权门，必得显仕。今待制以上，数倍祖宗之时，至谋一帅臣，则协于公议者十无三四。庶僚之众，不知几人，一有难事，则曰无人可使。岂非不才者在上，而贤不肖混淆乎？愿陛下明目达聪，务既其实，历试而超升之，以幸天下。”

刑部郎中张师颜提举诸司库务，绳治不法，众吏惧摇，飞语谗去之。默力陈其故，以为：“恶直丑正，实繁有徒。今将去积年之弊，以兴太平，必先官举其职。宜崇奖师颜，厉以忠勤，则尸素括囊之徒，知所劝矣。”

西京会圣宫将创仁宗神御殿，默言：“事不师古，前典所戒。汉以诸帝所幸郡国立庙，知礼者非之。况先帝未尝幸洛，而创建庙祀，实乖典则。愿以礼为之节，义为之制，亟止此役，以章清静奉先之意。”会地震河东、陕西郡，默以为阴盛，虑为边患，宜备之。后数月，西夏果来侵。

神宗即位，以论欧阳修事，通判怀州。上疏陈十事：一曰揽威权，二曰察奸佞，三曰近正人，四曰明功罪，五曰息大费，六曰备凶年，七曰崇俭素，八曰久任使，九曰择守宰，十曰御边患。揽威权，则天子势重，而大臣安矣；察奸佞，则忠臣用，而小人不能幸进矣；近正人，则谏诤日闻，而圣性开明矣；明功罪，则朝廷无私，而天下服矣；息大费，则公私富，而军旅有积矣；备凶年，则大恩常施，而祸乱不起矣；崇俭素，则自上化下，而民朴素矣；久任使，则官不虚授，而职事举矣；择守宰，则庶绩有成，而民受赐矣；御边患，则四远畏服，而中国强矣。

除知登州。沙门岛囚众，官给粮者才三百人，每益数，则投诸海。砦主李庆以二年杀七百人，默责之曰："人命至重，恩既贷其生，又从而杀之，不若即时死乡里也。汝胡不以乏粮告，而颛杀之如此？"欲按其罪，庆惧，自缢死。默为奏请，更定《配岛法》凡二十条，溢数而年深无过者移登州，自是多全活者。其后苏轼知登州，父老迎于路曰："公为政爱民，得如马使君乎？"

徙知曹州，召为三司盐铁判官。以默与富弼善，且论新法不便，出知济、兖二州。还，提举三司帐司。为神宗言用兵形势，及指画河北山川道里，应对如流。神宗喜，将用之，大臣滋不悦，以提点京东刑狱。

默性刚严疾恶，部吏有望风投檄去者。金乡令以贿著，其父方执政，诒书曰："马公素刚，汝有过，将不免。"令惧，悉取不义之物焚撤之。改广西转运使，会安化等蛮岁饥内寇，默上平蛮方略，以为："胜负不在兵而在将。富良宵遁，郭逵怯懦；邕城陷没，苏缄老谬；归仁铺覆军，陈曙先走；昆仑关丧师，张守节不战；侬智高破亡，因狄青之智勇；欧希范之诛灭，乃杜杞之方略，此足验矣。”

以疾求归，知徐州。属城利国监苦吴居厚之虐，默皆革之。召为司农少卿。司马光为相，欲尽修祖宗法，问默以复乡差衙前法如何？默曰：“不可。如常平，自汉为良法，岂宜尽废？去其害民者可也。”其后役人立为一州一县法，常平提举官省归提刑司，颇自默发之。

除河东转运使。时议弃葭芦、吴堡二砦，默奏控扼险阻，敌不可攻，弃之不便。由是二砦得不弃。移兖州，请褒录石介后，诏官其孙。东州荐饥，流民大集，所振活数万计。入拜卫尉卿，权工部侍郎，转户部。告老，以宝文阁待制复知徐州，改河北都转运使。

初，元丰间，河决小吴，因不复塞，纵之北流。元祐议臣以为东流便，水官遂与之合。默与同时监司上议，以北流为便。御史郭知章复请从东流，于是作东西马头，约水复故道，为长堤壅河之北流者，劳费甚大。明年，复决而北，竟不能使之东。

久之，告老，提举鸿庆宫。绍圣时，坐附司马光，落待制致仕。元符三年，复之。卒，年八十。绍兴中，以其子纯请，赠开府仪同三司，加赠太保。

选自《宋史》卷三百四十四《马默传》

【注释】

①石介（1005—1045）：号徂徕先生，宋代文学家，字守道，兖州奉符（今山东泰安市）人。

②张方平（1007—1091）：字安道，号乐全居士，谥文定，睢阳（今河南商丘）人。景祐元年（1034），中茂才异等科，任昆山知县。又中贤良方正科，迁睦州（今浙江建德东）通判。历任知谏院、知制诰、知开封府、翰林学士、御史中丞等官。神宗朝，官拜参知政事，反对任用王安石，反对王安石新法。

【译文】

马默，字处厚，单州成武人。家庭贫困，步行去徂徕向石介先生求学。当时石介的学生有一百多人，马默时时能在其中出类拔萃。到马默要走的时候，石介对学生们说："马默以后一定会成为名臣，应当送他到山下。"

马默考取进士后，调任临濮尉，做须城知县。须城县是郓州的治所，郓州的一名官吏犯法无法抓捕，马默到他的府上后，在他接待宾客的客房将他抓住杖打，整个府第都十分惊恐。曹佾做郓州太守，心第不善，马默也不为之屈服。后来的太守张方平一贯自认为地位高，属官来见他，常常都闭着眼不说话。见到马默来禀告事情，忽然睁开眼睛仔细看了他很久，并且都按照他说的去办，从那以后就委托他去办事。治平年间，方平回京城做翰林，举荐马默做监察御史里行。马默遇事都直说而毫无顾忌，方平曾经派亲信的人问他说："你说话太直，难道不怕连累举荐你的人吗?"马默辞谢说："为了不辱没知遇之恩，不敢为自己考虑，以此作为报答。"

当时有一种主张，要尊崇濮安为懿王，台谏吕诲等人力争认为不可，都被从京城调到外地。马默奏请让他们回乡，皇帝没有批复。于是马默上奏说："濮王生育了皇上，没有人不知道这件事。如果因为是亲人就尊崇，在道理上没有根据，名分上也不正当，过失就非常大了。愿陛下心中做出决断，明确昭示避开亲信，以感召和气，安定宗庙中的神灵，这样一个举措就能使众多好处随之而来。"又说："致治的关键，是以求得贤能的人才为根本。仁宗把管人的权力都交给了辅相，这几十年来贤能并且公正的没有几人。官位的升迁，不根据实际的政绩，不源自实际的风评，只要是接近权贵豪门的，一定能当上大官。如今待制以上的官职的数量，已经是前几代皇帝时的好几倍，要推举一名统帅，能够合乎公论的十个里找不到三四个。而幕僚的数量就更不知道有多少了，一旦有了困难的事务，又说没有人可以用。这难道不是因为没有才能的人居于高位，而贤能和不肖的人混淆了吗？愿陛下能够明辨是非兼听意见，一定要根据实际才能，通过考核来擢升官职，以使天下得福。"

刑部郎中张师颜管理诸司库务，绳治不法分子，官吏们畏惧自己的地位动摇，用流言蜚语和谗言中伤他。马默力陈其中原委，他认为："嫉害正直的人，实在有不少这样的人。现在要除去多年积累的弊端，使得天下太平兴旺，一定要先使官吏都履行职责。应当表彰师颜，用忠诚勤恳勉励他，那么尸位素餐和括囊不言的人，就知道陛下是以何做鼓励了。"

西京会圣宫要修建仁宗神御殿，马默说："办事不效仿古人，是以前的典则所禁止的。汉代在各帝王到达巡视的郡县修建祠庙，懂得礼数的人对此颇有非议。何况先帝并未巡视洛阳，而在这里创建祠庙，实在是违背了典则。愿陛下能以礼义为节制，立即停止这个工程，以彰显追求清静、遵从先人的用意。”当时河东、陕西郡发生地震，马默以为这是因为“阴盛”，担心是由于边境要有受到侵犯的祸患，应当进行军备。后来过了几个月，西夏果然来侵犯。

神宗即位，马默因为帮欧阳修进言，被贬到怀州做通判。马默上奏折陈明十件事：一是让天子集中威权，二是辨察奸佞小人，三是亲近正直的人，四是明确功罪赏罚，五是停止大的工程耗费，六是为灾荒的年景进行储备，七是推崇勤俭朴素，八是使官吏的任命能长久一些，九是选好地方长官，十是抵御边境的侵犯祸患。集中威权，那么天子权势重，大臣就会安心；辨察奸佞小人，那么忠臣就能得到重用，而小人不能侥幸晋升；亲近正直的人，那么谏言诤言会越来越多，圣上的心性就会更开明了；明确功罪赏罚，那么朝廷中没有营私，天下百姓也会顺服了；停止大的工程耗费，那么于公于私都会富足，军备上也能有所积蓄；为灾荒的年景进行储备，那么圣上的恩泽能经常布施，祸乱也就不会兴起了；推崇勤俭朴素，那么由上及下的感化能使百姓朴素；使官吏的任命能长久，那么官职才不会虚授，官员的本职才能得到执行；选好地方长官，那么地方治理的政绩有所成就，百姓也能得到恩惠；抵御边境的侵犯祸患，那么四方的邻国畏惧，中国也就强大了。

后来马默调任为登州知州。沙门岛上的囚犯很多，但官方只配给了三百人的粮食，每当囚犯超过容纳的数目，就把囚犯投入海里。砦主李庆在二年中这样杀了七百人，马默责问他说：“人命关天，法理的恩典既然宽贷他们活着，却又这样被杀死，那还不如当时就在家乡被处死。你怎么不向上禀告缺乏粮草，却杀戮到这样的地步?”马默要治他罪，李庆惊恐，自缢而死。马默作出奏请，更定《配岛法》一共二十条，超过配岛容纳数目的并且年纪大、在服刑时没有过错的囚犯移到登州服刑，从此大部分囚犯能够存活了。后来苏轼做登州知州，百姓在路旁迎接说："您从政爱民，能够像马默使君那样吗?”

马默调任曹州知州后，被召为三司盐铁判官。因为马默和富弼交好，并且议论新法的不便，被调去济州和衮州做知州。调还后，被提任三司帐司。马默为神宗分析了用兵的形势，并指点河北的山川道路，都能应对如流。神宗十分高兴，要重用他，大臣们产生了不满，所以被任为京东刑狱提点。

马默性格刚治严苛，疾恶如仇，部下的官吏有的听到风声就弃官逃走了。金乡令以受贿知名，他父亲才掌大权，写信给他说："马默平素刚严，你有了过错，将不能免罪。”金乡令惊惧，把所收取的不义之财全都焚烧掉了。马默调任广西转运使，恰逢安化等地少数民族饥荒而内寇作乱，马默奏上了平定叛乱的方略，他认为："取胜的关键不在于士兵而在于将领。富良遇到战事连夜逃跑，郭逵性格怯懦；邕城陷落，是因为苏缄年老无能；归仁铺全军覆没，是因为陈曙提前逃跑；昆仑关打了败仗，是因为张守节不迎战；侬智高的失败，是因为狄青的智谋和勇武；欧希范能被诛灭，靠的是杜杞制定的方略，这些事足以证明将领的重要了。”

马默因病要求调回，任徐州知州。徐州属城的利国监饱受吴居厚的暴虐之苦，马默都彻底革除了。马默被召为司农少卿。司马光做宰相，打算彻底重立祖宗的法令，问马默废除乡差衙前的制度怎么样？马默说："不行。例如常平法，自从汉代起就是很好的法令，怎么能全都废除呢？去其害民者可也。"从那之后差役按照一州一县立法，以及常平提举官合并进提刑司的做法，颇有从马默这里发起的意味。

马默调任河东转运使。当时有提议放弃葭芦、吴堡两地，马默上奏说，这两地控制住了险要的地势，敌人不好进攻，不应当放弃。于是二砦没有被弃掉。马默调任兖州知州，奏请褒奖录用石介的后人，封他的孙子做官。东州屡次发生饥荒，流民大量集中，马默赈灾救活了数万人。马默入拜为卫尉卿，又升为工部侍郎，后来转入户部。准备告老退休，又以宝文阁待制的职位又去做徐州知州，改任河北都转运使。

元丰年间（1078—1085），黄河在小吴决口，因为无法重新堵住决口，就任凭河水改道向北流。元祐议臣认为向东流更便利，水官也附和这个意见。马默与当时的监司上奏说，向北流更便利。御史郭知章又奏请向东流，于是修建了东西码头，将河水约束回旧道，修建长堤阻塞北流的河水，劳费的人力物力十分巨大。第二年，黄河又决口向北流，竟然无法重新使河水东流。

后来，马默要辞官退休，又提举鸿庆宫。绍圣年间（1094—1098），因为与司马光接近，被贬为待制致仕。元符三年（1100），恢复了他的职位。马默逝世时八十岁。绍兴年间（1131—1162），因为他儿子马纯的奏请，追封为开府仪同三司，并加封太保。

【评述】

马默作为一代名臣，"刚严疾恶"四字最能刻画他的性格特征。郓城的恶吏被他杖打，沙门岛的砦主畏罪自杀，金乡令焚毁赃物，这些事件无一不体现出马默嫉恶如仇的性格特点。他敢于直言，不怕得罪人，为刑部郎中张师颜进言，使得他获得了清白；面对重臣王安石的变法举措，他也敢于提出自己的看法；即使直接面对帝王他也能直接提出停止兴建宫殿的建议。不逢迎、不苟同，事事以天下、以国家为大，这种胸襟着实令人钦佩。他的刚严在很多时候又是一种仁爱的体现。不论沙门岛的囚徒，还是东州的灾民，在他的仁政之下多得以存活，可见他的刚严不但不是冷酷无情，而是胸怀天下百姓，以严从政，以仁待民的一种大爱。

马默除了刚严的性格令人称道，其才能也是不可多得的。上奏疏陈治国十事，制定平定内叛的方略，明辨黄河水利事件的是非，乃至从地震推断出变革这样的事，虽然有迷信的成分在里面，也都间接说明了马默确实是一个博学多才的人。

（王萃注译、评述）

王安石

【原文】

王安石，字介甫，抚州临川人。父益，都官员外郎。安石少好读书，一过目终身不忘。其属文动笔如飞，初若不经意，既成，见者皆服其精妙。友生曾巩携以示欧阳修，修为之延誉。擢进士上第，签书淮南判官。旧制，秩满许献文求试馆职，安石独否。再调知鄞县，起堤堰，决陂塘，为水陆之利；贷谷与民，出息以偿，俾新陈相易，邑人便之。通判舒州。文彦博为相，荐安石恬退，乞不次进用，以激奔竞之风。寻召试馆职，不就。修荐为谏官，以祖母年高辞。修以其须禄养言于朝，用为群牧判管，请知常州。移提点江东刑狱，入为度支判官，时嘉佑三年也。

安石议论高奇，能以辨博济其说，果于自用，慨然有矫世变俗之志。于是上万言书，以为："今天下之财力日以困穷，风俗日以衰坏，患在不知法度，不法先王之政故也。法先王之政者，法其意而已。法其意，则吾所改易更革，不至乎倾骇天下之耳目，嚣天下之口，而固已合先王之政矣。因天下之力以生天下之财，收天下之财以供天下之费，自古治世，未尝以财不足为公患也，患在治财无其道尔。在位之人才既不足，而闾巷草野之间亦少可用之才，社稷之托，封疆之守，陛下其能久以天幸为常，而无一旦之忧乎？愿监苟且因循之弊，明诏大臣，为之以渐，期合于当世之变。臣之所称，流俗之所不讲，而议者以为迂阔而熟烂者也。”后安石当国，其所注措，大抵皆祖此书。

俄直集贤院。先是，馆阁之命屡下，安石屡辞；士大夫谓其无意于世，恨不识其面，朝廷每欲畀以美官，惟患其不就也。明年，同修起居注，辞之累日。阁门吏赍敕就付之，拒不受；吏随而拜之，则避于厕；吏置敕于案而去，又追还之；上章至八九，乃受。遂知制诰，纠察在京刑狱，自是不复辞官矣。

有少年得斗鹑，其侪求之不与，恃与之昵辄持去，少年追杀之。开封当此人死，安石驳曰：“按律，公取、窃取皆为盗。此不与而彼携以去，是盗也；追而杀之，是捕盗也，虽死当勿论。”遂劾府司失入。府官不伏，事下审刑、大理，皆以府断为是。诏放安石罪，当诣阁门谢。安石言：“我无罪。”不肯谢。御史举奏之，置不问。

时有诏舍人院无得申请除改文字，安石争之曰：“审如是，则舍人不得复行其职，而一听大臣所为，自非大臣欲倾侧而为私，则立法不当如此。今大臣之弱者不敢为陛下守法；而强者则挟上旨以造令，谏官、御史无敢逆其意者，臣实惧焉。”语皆侵执政，由是益与之忤。以母忧去，终英宗世，召不起。

安石本楚士，未知名于中朝，以韩、吕二族为巨室，欲借以取重。乃深与韩绛、绛弟维及吕公著交，三人更称扬之，名始盛。神宗在颍邸，维为记室，每讲说见称，维曰：“此非维之说，维之友王安石之说也。”及为太子庶子，又荐自代。帝由是想见其人，甫即位，命知江宁府。数月，召为翰林学士兼侍讲。熙宁元年四月，始造朝。入对，帝问为治所先，对曰：“择术为先。”帝曰：“唐太宗何如？”曰：“陛下当法尧、舜，何以太宗为哉？尧、舜之道，至简而不烦，至要而不迂，至易而不难。但末世学者不能通知，以为高不可及尔。”帝曰：“卿可谓责难于君，朕自视眇躬，恐无以副卿此意。可悉意辅朕，庶同济此道。”

一日讲席，群臣退，帝留安石坐，曰：“有欲与卿从容论议者。”因言：“唐太宗必得魏徵，刘备必得诸葛亮，然后可以有为，二子诚不世出之人也。”安石曰：“陛下诚能为尧、舜，则必有皋、夔、稷、卨；诚能为高宗，则必有傅说[①]。彼二子皆有道者所羞，何足道哉？以天下之大，人民之众，百年承平，学者不为不多。然常患无人可以助治者，以陛下择术未明，推诚未至，虽有皋、夔、稷、离、傅说之贤，亦将为小人所蔽，卷怀而去尔。”帝曰：“何世无小人，虽尧、舜之时，不能无四凶[②]。”安石曰：“惟能辨四凶而诛之，此其所以为尧、舜也。若使四凶得肆其谗慝，则皋、夔、稷、离亦安肯苟食其禄以终身乎?”

登州妇人恶其夫寝陋，夜以刃斮之，伤而不死。狱上，朝议皆当之死，安石独援律辨证之，为合从谋杀伤，减二等论。帝从安石说，且著为令。

二年二月，拜参知政事。上谓曰：“人皆不能知卿，以为卿但知经术，不晓世务。”安石对曰：“经术正所以经世务，但后世所谓儒者，大抵皆庸人，故世俗皆以为经术不可施于世务尔。”上问：“然则卿所施设以何先?”安石曰：“变风俗，立法度，正方今之所急也。”上以为然。于是设制置三司条例司，命与知枢密院事陈升之同领之。安石令其党吕惠卿任其事。而农田水利、青苗、均输、保甲、免役、市易、保马、方田诸役相继并兴，号为新法，遣提举官四十余辈，颁行天下。

……

元佑元年，卒，年六十六，赠太傅。绍圣中，谥曰文，配享神宗庙庭。崇宁三年，又配食文宣王庙，列于颜、孟之次，追封舒王。钦宗时，杨时以为言，诏停之。高宗用赵鼎、吕聪问言，停宗庙配享，削其王封。

……

选自《宋史》卷三百二十七《王安石传》

【注释】

①傅说：殷商时期杰出的政治家、军事家、思想家及建筑科学家。辅佐殷商高宗武丁安邦治国，形成了历史上有名的“武丁中兴”。

②四凶：指传说中上古时代舜所流放的四人或四族首领。一说为四大凶兽：三苗、驩兜、共工、与鲧；一说为四大魔兽：饕餮、浑沌、穷奇和梼杌。

【译文】

王安石，字介甫，抚州临川人。父亲王益，任都官员外郎。王安石年少时喜好读书，并能过目不忘。他作文才思泉涌，看似不经意，写成后惊艳四座。他的朋友曾巩曾把他的文章拿给欧阳修看，欧阳修对其也赞誉有加。王安石进士及第，名列上等，任签书淮南判官。按旧制，任职期满，可进献文章以求任馆阁职务，而唯独王安石没有这样做。后调任鄞县知县，在任内修筑堤堰，疏通水塘，使水陆交通得以畅通；把官谷借贷给百姓，秋收后百姓再加些利息偿还，使得官府陈粮得以以旧换新，同时又方便了老百姓。后任舒州通判。当时文彦博为宰相，他认为王安石恬淡、谦让，故以此向皇帝推荐他，建议不拘官阶任用王安石，以此来遏制官场奔走竞逐之风。不久，朝廷便招他试任馆职，王安石没有就任。欧阳修推荐他为谏官，他也以祖母年高为由推辞。欧阳修又以王安石需要俸禄养家为由向朝廷推荐，朝廷遂任命王安石为群牧判官，他请求任职常州。调任提点江东刑狱，入京任度支判官，当时是嘉佑三年。

王安石长于议论，善于辩驳，能以广博的知识自圆其说，我行我素，有矫世变俗之志。于是向仁宗进呈万言书，认为：“如今朝廷财力捉衿见肘，世风日下，主要在于法度不明，没有效法先王之政。而效法先王之政，主要在于学习其精神。所以我所倡议的改革，既不会惊扰视听，引起大众哗然，也就自然合乎先王之政了。借天下之力生财，取天下之财供需，自古以来，治理国家没有因财政问题而受困扰的，困扰在于无理财之道。朝中人才不足，朝外也少可用之才，国家的重托，疆域的守护，陛下难道能一直以上天的宠幸来维持，而无忧患之思吗？请陛下纠察朝中因循守旧的弊病，明令大臣，逐渐革除这些弊病，以适应时代的变化。臣所强调的，流俗之辈不会讲，而议者又认为是陈词滥调。”后来王安石执政所施行的措施，大多来源于万言书。

不久王安石调至集贤院任职。此前，朝廷任职之命屡次下达，王安石屡次推辞；士大夫都以为王安石无意入世，都遗憾不能与他结识。朝廷每每想授任他好的官职时，就是担心他会推辞不就。第二年，任命他为同修起居注，他又推辞数天。阁门吏拿着皇帝的诏书去交给他，他拒不接受；阁门吏随即下拜，他就躲到侧屋；阁门吏只好将诏书放于几案离去，王安石又追出将诏书退还阁门吏；王安石向朝廷上奏八九次推辞未果，才最终就职。后任知制诰，掌管京中刑狱事宜，此后王安石便不再辞官。

当时有位少年得到一只善斗的鹌鹑，他的同辈索之不得，倚仗平时关系亲密就直接拿去了，少年追上杀了他的同辈。开封府判其死刑，王安石辩驳道：“按照法律，公开夺取、窃取都是偷盗。少年不给就拿去是盗窃；追杀他是捕盗，虽然致死也不应追究。”于是弹劾府司判罚失误。府官不服，上报给审刑院、大理寺再审，都认为府司判罚得当。不过下诏免于问罪王安石，要求他登门谢罪。王安石说：“我没罪。”不肯谢罪。御史都再次上奏，皇上置之不理。

当时诏令舍人院不得申请删改诏书文字，王安石辩之称：“如果是这样的话，那么舍人就不能履行其职，而一味听任大臣所为，这虽然不是大臣要以权谋私，但也不应有这种立法。现在朝臣中弱者不敢为陛下护法，而强者则矫旨下令，谏官、御史不敢违逆旨意，臣真的很担心。”王安石的话触犯了执政大臣，自此与朝臣有更多抵触。王安石丁母忧离职，一直到英宗去世，都未还职。

王安石本是楚人，在朝中无名，当时韩、吕二家为豪族，王安石想借以自重，于是与韩绛、绛弟韩维及吕公著深交，三人对其多有称扬，王安石名气日盛。宋神宗当年在颖邸时，韩维为秘书郎，每次所提建议获得表扬，韩维都说：“这不是我的意见，是朋友王安石的意见。”韩维任太子舍人时，又极力推荐王安石顶替自己。皇上由此非常想见王安石，刚即位就任命他为江宁知府。几个月后，又提拔他为翰林学士兼侍讲。熙宁元年四月，王安石开始进入朝廷。上朝应对时，神宗问治世之先所在，王安石答：“治世方法为先。”神宗问：“唐太宗怎么样？”答说：“陛下应当效法尧、舜，何必效法唐太宗？尧、舜之道，简而不繁，精而不迂，轻而易举。只是后世之人不能完全知晓，以为高不可攀。”皇上说：“你可真是为难我了，我自视不高，难称你意。你可全力辅政，与我一起完成此事。”

一天，皇上聆听讲学，群臣退去后，皇上留下王安石，说："我有事与你慢慢商议。"于是说："唐太宗有了魏徵，刘备有了诸葛亮，然后才有所作为，然此二人不是世代都有的人才。"王安石说："陛下如果真能成为尧、舜，那必然就会有皋、夔、稷、离；如果能真成为高宗，那必然就会有傅说这样的贤臣。有识之士都以魏徵、诸葛亮二人为羞，此二人何足挂齿？天下之大，民众之多，百年承平，学者比比皆是。然而经常担忧少有辅助陛下治世之人，这是因为陛下用人方法不明，诚意未到，所以即使有皋、夔、稷、离、傅说之类的贤人，也被小人所蒙蔽，藏身而去了。"皇上说："什么朝代没有小人？就是尧、舜之时，也有四凶的存在。"王安石说："只有能辨别四凶，将其诛杀，才能成为尧、舜。如果放任四凶进谗陷害忠良，那么皋、夔、稷、离之辈又岂肯苟食俸禄虚度终身？"

登州有位妇人嫌其丈夫长相丑陋，夜里用刀砍杀其夫，重伤未死。案子上报后，朝议都认为应判死罪，只有王安石援引律证辩驳，认为符合谋杀伤律例，以减死刑二等论处。皇上听从了王安石的说法，并写进法律。

熙宁二年二月，王安石担任参知政事。皇上对他说："人们都不了解你，以为你只懂理论知识，不通世务。"王安石回答说："理论正是用来指导世务，只是后世所谓的儒者，大多平庸无能，浅俗地认为理论脱离世务而已。"皇上问："那么，你认为实行政策以何为先？"王安石说："改变世风，树立法度，是当务之急。"皇上深以为然。于是设置三司条例司，任命王安石与知枢密院事陈升之一起共同掌管。王安石又让他的同僚吕惠卿执掌日常事务。农田水利法、青苗法、均输法、保甲法、免役法、市易法、保马法、方田法等相继出台，称为新法，并遣派提举官四十多人，颁布推行。

……

元佑元年，王安石逝世，时年六十六岁，被追赠为太傅。绍圣年间，赐谥号为文，配享神宗庙庭。崇年三年，又配食文宣王庙，位次排在颜回、孟子之后，追封为舒王。钦宗时，杨时有异议，于是下诏停止配食文宣王庙。高宗听从赵鼎、吕聪的意见，停止在宗庙配享，削去其舒王封号。

……

【评述】

王安石（1021—1086），字介甫，晚号半山，北宋杰出的政治家、思想家、文学家，唐宋八大家之一。庆历二年（1042）进士及第，先后任淮南判官、鄞县知县、舒州通判、常州知州、提点江东刑狱等地方官吏。熙宁二年（1069）任参知政事，推行新法，史称“熙宁变法”。

王安石生活的北宋时期，自建国以来，积弊已深。冗官、冗兵、冗费现象使财政危机日益严重。军队涣散，战斗力下降，导致北宋与辽国、西夏的斗争多次失败，民族对立严重。阶级矛盾尖锐，富者有田无税，贫者负担沉重，连年的自然灾害又加剧了农民苦难，各地农民暴动频繁。统治集团内部改革派与守旧派亦斗争激烈。在这种内忧外患、财政困穷、风俗败坏的形势下，嘉祐三年（1058），王安石就向仁宗上万言书，提出了变更天下弊法及培养大批适应变法革新需要的人才的迫切性，要求宋仁宗果断实行变法。他还提出了因天下之力以生天下之财，取天下之财以供天下之费的理财思想，万言书也是后来他执掌朝廷所实行措施的主要来源。熙宁二年二月（1069），王安石任参知政事，神宗设置三司条例司，由王安石与知枢密院事陈升之一起共同掌管，议行新法。随后，农田水利法、青苗法、均输法、保甲法、免役法、市易法、保马法、方田法等相继出台，王安石遣派多人予以推行。随着变法的推行，北宋财政收入有所改善，积贫积弱的局面有所缓解，但由于触动了利益集团，变法受到很大阻挠。直至最大支持者神宗发生动摇，王安石罢相，由其同僚继续推行。熙宁九年（1076），王安石爱子王雱病逝，王安石求退南京，潜心学问，不问世事，变法也逐渐式微。到神宗去世，司马光任宰相，新法彻底被废除。

王安石在机构、税赋、水利、军队等方面都施行了一系列改革措施，取得了一定的成效。关于王安石变法的评价，后世褒贬不一。但在当时特殊的历史背景下，王安石怀抱矫世变俗之志，以“三不足”（“天命不足畏，人言不足恤，祖宗不足法”）的精神锐行变法。虽然由于种种原因最终失败，且导致了较为严重的党争，但是其勇气和部分新法措施对后世仍有诸多启示和借鉴，对北宋后期社会经济具有很深的影响。此次变法已具备近代变革的特点，值得肯定。

（徐慧注译、评述）

蒋之奇

【原文】

蒋之奇，字颖叔，常州宜兴人。以伯父枢密直学士堂荫得官。擢进士第，中《春秋三传》科，至太常博士[①]；又举贤良方正，试六论中选，及对策，失书问目，报罢。英宗览而善之，擢监察御史。

神宗立，转殿中侍御史，上谨始五事：一曰进忠贤，二曰退奸邪，三曰纳谏诤，四曰远近习，五曰闭女谒。神宗顾之曰："斜封、墨敕必无有，至于近习之戒，孟子所谓'观远臣以其所主'者也。"之奇对曰："陛下之言及此，天下何忧不治。"

初，之奇为欧阳修所厚，制科既黜，乃诣修盛言濮议之善，以得御史。复惧不为众所容，因修妻弟薛良孺得罪怨修，诬修及妇吴氏事，遂劾修。神宗批付中书，问状无实，贬监道州酒税，仍榜朝堂。至州，上表哀谢，神宗怜其有母，改监宣州税。

新法行，为福建转运判官[②]。时诸道免役推行失平，之奇约僦庸费，随算钱高下均取之，民以为便。迁淮东转运副使。岁恶民流，之奇募使修水利以食流者。如扬之天长三十六陂，宿之临涣横斜三沟，尤其大也，用工至百万，溉田九千顷，活民八万四千。

历江西、河北、陕西副使。之奇在陕西，经赋入以给用度，公私用足。比其去，库缗八十余万，边粟皆支二年。移淮南，擢江、淮、荆、浙发运副使。元丰六年，漕粟至京，比常岁溢六百二十万石，锡服三品。请凿龟山左肘至洪泽为新河，以避淮险，自是无覆溺之患。诏增二秩，加直龙图阁，升发运使。凡六年，其所经度，皆为一司故事。

元祐初，进天章阁待制、知潭州。御史韩川、孙升、谏官朱光庭皆言之奇小人，不足当斯选。改集贤殿修撰、知广州。妖人岑探善幻，聚党二千人，谋取新兴，略番禺，包据岭表，群不逞借之为虐，其势张甚。之奇遣钤辖杨从先致讨，生擒之。加宝文阁待制。南海饶宝货，为吏者多贪声，之奇取前世牧守有清节者吴隐之、宋璟、卢奂、李勉等，绘其象，建十贤堂以祀，冀变其习。

徙河北都转运使、知瀛州。辽使耶律迪道死，所过郡守皆再拜致祭。之奇曰："天子方伯，奈何为之屈膝邪！"奠而不拜。入为户部侍郎。未几，复出知熙州。夏人论和，请画封境。之奇揣其非诚心，务守备，谨斥候，常若敌至。终之奇去，夏人不敢犯塞。

绍圣中，召为中书舍人，改知开封府，进龙图阁直学士，拜翰林学士兼侍读。元符末，邹浩以言事得罪，之奇折简别之，责守汝州。阅月，徙庆州。

徽宗立，复为翰林学士，拜同知枢密院。明年，知院事。沅州蛮扰边，之奇请遣将讨之，以其地为徽、靖二州。崇宁元年，除观文殿学士、知杭州。以弃河、湟事夺职，由正议大夫降中大夫。以疾告归，提举灵仙观。三年，卒，年七十四。后录其尝陈绍述之言，尽复官职。

之奇为部使者十二任，六曲会府，以治办称。且孜孜以人物为己任，在闽荐处士陈烈，在淮南荐孝子徐积，每行部至，必造之。特以畔欧阳修之故，为清议所薄。

选自《宋史》卷三百四十三《蒋之奇传》

【注释】

①太常博士：北宋初为寄禄官，真宗大中祥符（1008—1016）中置二员，后增至四员。神宗元丰（1078—1085）改制后定为正八品。掌议定五礼仪式，有改革则据经审议，拟议谥号，撰定谥文，祭祀时监视仪物，掌赞导之事。

②转运判官：官名。宋太宗太平兴国三年（978）置于诸道，总管转运司庶务，兼督察属吏。

【译文】

蒋之奇，字颖叔，常州宜兴人。因为他的伯父枢密直学士蒋堂恩荫而得官。考进士，中《春秋三传》科，官至太常博士，又被举荐为贤良方正，考试六论中选，等到考对策时，书问科不合格，上报未录取。英宗看了他的文章很欣赏，升任监察御史。

神宗即位，蒋之奇转任殿中侍御史，他上书奏言五事：一是提拔忠臣贤才，二是斥退奸邪小人，三是接纳谏言，四是疏远身边的幸臣，五是拒绝外戚请托。神宗看着他说："斜封、墨敕的事情一定不会有，至于疏远亲幸的人，就像孟子所说的观察远处的大臣可以看他是借住在谁的家里一样。"蒋之奇回答说："陛下的话说到这种地步，天下何愁治理不好。"

当初，蒋之奇受到欧阳修厚待，制科落选后，就对欧阳修大谈关于濮王称父的好处，以便得到御史的职位。又害怕不为众人所容，乘着欧阳修妻弟薛良孺犯了罪怨恨欧阳修，诬陷欧阳修和妇人吴氏的事情，弹劾欧阳修。神宗批示给中书处理，经过审问并无此事，贬蒋之奇监道州酒税，仍在朝堂列榜。到了道州，蒋之奇上表哀求谢罪，神宗可怜他有母亲，将其改任监宣州税。

新法推行，蒋之奇任福建转运判官。当时各地对免役法的推行有失公平，蒋之奇就制定雇庸的费用，按照算钱的高低平均收取，百姓认为这个方法很便利。升任淮东转运副使。年成不好百姓流亡，蒋之奇招募他们兴修水利工程以养活流亡者。如扬州天长的三十六个池塘，宿州临涣的横斜的三条水沟，工程尤其大，用民工达百万人，灌溉田地九千顷，养活了百姓八万四千人。

蒋之奇历任江西、河北、陕西副使。蒋之奇在陕西时，经赋收入来供给各种开销，公私费用都充足。他离去时，府库有缗钱八十余万，边粟能支撑两年。他转到淮南，升任江、淮、荆、浙发运副使。元丰六年（1083），他通过漕运运送粮食至京，比往年多六百二十万石，朝廷赐给他三品官服。他又请求从龟山左部至洪泽开凿一条新河，以避开淮河泛滥的险情，从此没有船翻淹死的祸患。朝廷下诏给他提升两级，加直龙图阁，升为发运使。六年以来，凡是由他所经营管理的事情，都成为一个部门的典范。

元祐初年，蒋之奇升任天章阁待制、潭州知州。御史韩川、孙升、谏官朱光庭都说他是个小人，不足以担当这个职位。于是他被改为集贤殿修撰、广州知州。妖人岑探善于幻术，聚党徒两千人，预谋攻取新兴，劫掠番禺，占据岭南。各种不法之徒以此作恶，气焰非常嚣张。蒋之奇派钤辖杨从先前去讨伐，活捉了他。蒋之奇加任为宝文阁待制。南海富有宝货，官员多有贪污的名声，蒋之奇选取前代有清名的县官如吴隐之、宋璟、卢奂、李勉等，绘制他们的画像，建造十贤堂来祭祀他们，希望能改变此地的恶习。

蒋之奇改任河北都转运使、瀛州知州。辽国使臣耶律迪死在路上，所经各地的长官都跪拜祭奠。蒋之奇说："天子的一方长官，为何给他下跪!"仅祭奠而不下拜。他入朝任户部侍郎。不久，又出任熙州知州。夏国议和，请求划分国界。蒋之奇揣测他们并非诚心议和，着力防备，放哨侦查，常常如临大敌一般。直到蒋之奇离开这里，夏国也不敢侵犯边塞。

绍圣年间，蒋之奇被召为中书舍人，改任开封府知府，进升龙图阁直学士，拜翰林学士兼侍读。元符末，邹浩因为上言得罪，蒋之奇给他写信告别，被贬谪守汝州。过了一个月，改到庆州。

徽宗即位，蒋之奇又为翰林学士，任同知枢密院。第二年，知院事。沅州蛮族骚扰边境，蒋之奇请求派遣将领讨伐，以其地归徽、靖二州。崇宁元年（1102），蒋之奇授任观文殿学士、杭州知州。因为主张放弃河、湟的事情被夺职，由正议大夫降为中大夫。他告病求归，提举灵仙观。崇宁三年去世，终年七十四岁。后来录出他曾经陈述继承新政的言论，追复了他的官职。

蒋之奇任部使臣有十二次，六次主管会府，以善于治理著称。他孜孜不倦以举荐人才为己任，在闽地推荐处士陈烈，在淮南推荐孝子徐积，每次巡行，一定要去造访。但因为背叛欧阳修的缘故，被士人所鄙薄。

【评述】

蒋之奇是集能臣、廉臣于一身的优秀官员的代表。宋神宗即位时，蒋之奇曾上《谨始五事》书要求神宗“进忠贤、退奸邪、纳谏诤、远近习、闭女谒”，中肯地表达了自己的为政理念。在他被调任福建转运判官之初，各地由于推行“免役法”，一时显得很混乱，但蒋之奇采取了一种标准相对平均、百姓容易接受和掌握的方式进行征收，得到了基层的认可，显示了其出众的理财本领。不久，蒋之奇调任淮东转运副使，由于淮东在当时因离京城较近，又是南方漕运的咽喉要冲，因此调蒋之奇于此，无疑是对他的极大信任。是年，正值岁恶歉收，百姓逃荒，他就招募大量流民，在安徽天长、宿县一带兴修“三十六坡”和“横斜三沟”等大型水利工程，既赈济了灾民，又消除了灾患。此后数年，蒋之奇先后转任江西、河北、陕西等路转运副使。在陕西任上，他坚持量入为出、精打细算的策略，再一次显示了出色的理财本领。由于他经营有方，使得西北边陲的地方财政得到充实，他也用自己的智慧和汗水，在工作岗位上做出了傲人的成绩。位高权重而愈发节俭，身处要位而为官清廉，这是蒋之奇给我们立下的为官榜样。

他的为官之道对我们现代人也有着深刻的教育意义，位高权重者更应该注重自己的修养和清正廉洁，忠于职守，正确行使权力，始终保持职务行为的廉洁性，只有这样才能在更广阔的天地里做出让领导和百姓满意的事情，才能无愧于自己的职责与使命。

（李燕晖注译、评述）

石公弼

【原文】

石公弼，字国佐，越州新昌人。登进士第，调卫州司法参军[①]。淇水监[②]牧马逸，食人稻，为田主所伤。围者讼至密，郡守韩宗哲欲坐以重辟。公弼谓此人无罪，宗哲曰："人伤官马，奈何无罪？"公弼曰："禽兽食人食，主者安得不御，御之岂能无伤？使上林虎豹出而食人，可无杀乎？今但当惩围者，民不可罪。"宗哲委，以属吏。既而使者来虑囚，如公弼议。获嘉民甲与乙斗，伤指；病小愈，复与丙斗，病指流血死。郡吏具狱，两人以他物伤人，当死。公弼以为疑，驳而鞫之，乃甲指血流伤，因而丙发，指脱瘕中风死，非由击伤也。两人皆得免。

章惇求太学官，或荐公弼，使往见。谢曰："丞相素侮人，见者阿意苟容，所不忍也。"再调涟水丞。供奉高公备纲舟行淮，以溺告。公弼曰："数日无风，安有是？"使尉核其所载，钱失百万。呼舟人物色之，乃公备与寓客妻通，杀其夫，畏事觉，所至窃官钱赂其下，故诡为此说。即收捕穷治，皆服辜。

知广德县，召为宗正寺主簿。入见，言："朝廷比日所为，直词罕闻，颂声交至，未有为陛下廷争可否者。愿崇忠正以销谀佞，通谏争以除壅蔽。"徽宗善之。擢监察御史，进殿中侍御史。三舍法行，士子计等第，颇事告讦。公弼言："设学校者，将以仁义渐摩，欲人有士君子之行。顾使之相告讦，非所以建学本意也。"又言："删定敕令官、寺监丞簿等，皆以执政近臣子弟为之，未有资考，不习政事。请一切汰遣，以开寒畯之路。"从之。

由右正言改左司谏。论东南军政之敝，以为"有兵之籍，无兵之技。以太半之赋，养无用之兵，异日惧有未然之患。"其后睦盗起，如其言。太史保章正[③]朱汝楫冒奉得罪，而内侍失察者皆不坐。公弼言："是皆矫称诏旨，安得勿论？请自今中旨虽不当覆者，亦令有司审奏。"

迁侍御史。苏杭造作局工盛，公弼陈扰民之害，请革技巧之靡丽者，稍罢进奉，帝纳之。蔡京始与公弼有连，故因得进用，至是，意浸异，京恚焉。徙太常少卿，迁起居郎，兼定王、嘉王记室。故事，初至宫，例得金缯之赐二百万，公弼辞不受。

大观二年，拜御史中丞。执政言："国朝未有由左史为中执法者[4]。”帝曰：“公弼尝为侍御史矣。”时斥卖元丰库[5]缣帛，贱估其直，许朝士分售，皆有定数，从官至二千匹。公弼得券，上还之。宰相有已取万匹者，即日反其故。

水官赵霆建开直河议，谓自此无水忧，已而决坏钜鹿，法当斩。霆善交结，但削一官，犹为太仆少卿。公弼论为失刑，霆坐贬。京西转运使张徽言欲因方田[6]籍增立汝、襄、邓三州税，公弼以为：“方田之制，奠天下之地征，正欲均其赋耳，而徽言掊克重敛，民何以堪?”诏罢之。遂劾蔡京罪恶，章数十上，京始罢。又言吏员猥冗，戾元丰旧制。于是堂选归吏部者数千员，罢宫庙者千员、都水知埽六十员，县非大郡悉省丞，在京茶事[7]归之户部，诸道市舶归之转运司，仕涂为清。

京虽上相印，犹提举修《实录》。公弼复言：“京盘旋京师无去志，其余威震于群臣。愿持必断之决，以消后悔。”又因星变言之，竟出京杭州。及刘逵主国柄，公弼复论其废绍述良法，启用元祐邪党学术，人以是知其非一意于正者。进兵部尚书兼侍读。上疏言：“崇宁以来，臣下专务生事，开边兴利，营缮徭役，蹶民根本，因之饥馑。汴西挽运花石，农桑废业，徒弊所有，以事无用。宜使之休息，以承天意。”

张商英入相，欲引为执政，何执中、吴居厚交沮之。以枢密直学士知扬州。群不逞为侠于闾里，自号“亡命社”。公弼取其魁桀痛治，社遂破散。江贼巢穴菰芦中，白昼出剽，吏畏不敢问。公弼严赏罚督捕，尽除之。改述古殿直学士、知襄州。蔡京再辅政，罗致其罪，责秀州团练副使，台州安置。逾年，遇赦归。卒，年五十五。后三岁，复其官。

公弼初名公辅，徽宗以与杨公辅同名，改为公弼云。

选自《宋史》卷三百四十八《石公弼传》

【注释】

①司法参军：官名，宋代置，掌刑法。

②淇水监：宋初设天驷监管理兵马，后真宗咸平元年（998）创置估马司。凡市马，掌辨其良驽，平其值，以分给诸监。在外之监有十四，淇水监为其中之一。

③保章正：官名，宋朝置，初隶司天监，神宗元丰改制后隶秘书省太史局，掌测天文等事务。

④中执法：御史中丞的别称。

⑤元丰库：宋元丰三年（1080）设于司农寺南，隶尚书都省，杂储召卖酒税坊场钱及诸司羡余钱，以待非常之用。

⑥方田：北宋仁宗时，土地管理问题严重，赋役不均。景祐年中，孙琳等创千步方田法，行于洺州肥乡县（今属河北）。神宗时，王安石变法，以此法为基础修立颁行《方田均税条约并式》，先后推行于北方大部分地区。

⑦茶事：官署名，北宋神宗元丰六年（1083），改茶马司

置，职掌如故，设都大提举榷茶公事领之，后改称茶事司。

【译文】

石公弼，字国佐，越州新昌人。中进士，调卫州司法参军。淇水监的牧马跑了出来，吃了百姓的庄稼，被田主打伤。看管牧马的差役状告百姓穷追不舍，郡守韩宗哲想重罚那个田主。石公弼却认为此人无罪，韩宗哲反驳说："他伤了官府的马，怎么会没罪?"石公弼回答说："牲畜吃了人家的稻子，田主怎么会不抵御，抵御它又怎么会不伤到它？如果林中的野虎野豹跑出来害人，能不杀它吗？现在应该惩罚放牧的人，不可以怪罪田主。"韩宗哲被说服了，叮嘱下属官员按石公弼的说法去做。不久使者来审察囚犯，也和石公弼的想法一样。获嘉有百姓甲和乙相斗，伤到了手指，病情稍微缓和，又与丙斗，因受伤的手指流血而死。郡吏定罪，判他们两人用利器伤人，应当处死。石公弼对此案有疑问，驳回重审，才得知甲的手指早已有流血伤口，后因为与丙相斗而复发，指头脱痂中风而死，并不是击伤而死。最后两人都免于罪责。

章惇寻求太学官，有人举荐石公弼，章惇派人请石公弼见他。石公弼谢绝说："丞相平时欺侮人，见他的人多阿谀逢迎，取悦于他，我做不到这一点。"又调到涟水当县丞。供奉官高公备率领船队在淮河上运送钱物。一天，高公备派人报告石公弼，说发生了翻船的事故。石公弼怀疑道："这几天一直没有风，怎么会翻船呢?"于是派县尉去核查船上运载的东西，发现少了一百万钱。石公弼立即找来船上的人进行调查。原来是高公备与船客的妻子私通，杀掉了她的丈夫，害怕事情暴露，便偷窃船上运送的官钱一百万，来贿赂手下的人，所以编造了这个谎言。石公弼立即将高公备等收审查办，大家都很佩服石公弼。

石公弼任广德知县，后被召为宗正寺主簿。他入宫觐见皇上，说："朝廷官员每天做的事情，正直之言很少听见，阿谀之词纷至沓来，没有为陛下在朝廷上争论是非的人。希望陛下能崇尚忠正，以杜绝谀佞，提倡进谏廷议以消除积弊。"徽宗认为他说的很对。提升他为监察御史，晋升为殿中侍御史。三舍法推行，士子要分级别，很多人都互相攻讦。石公弼说："设学校的目的，是要学生揣摩仁义的真谛，让他们具有士人、君子的行为举止。如果让他们这样互相攻击，这可不是建立学校的本意啊。"又说："删定敕令官、寺监丞簿等官员，都是由执政官的亲信子弟担任的，不曾通过资格考试，也不通晓政事的处理。请皇上全部裁撤，为寒门士人开一条上进之路。"皇上同意了。

石公弼由右正言改任左司谏。议论东南军政的弊端时，他认为："有兵的身份，却没有兵的技能。用大半赋税养了一群没用的兵，恐怕有一天会有意料不到的祸患。"后来盗贼四起，正如其言。太史保章正朱汝楫冒领俸禄被定罪，而内侍中失察的官员一概无事，没有连坐。石公弼说："都是假传圣旨，那些人怎么能不论罪呢？请从今以后，宫中传旨即使不用回复的，也要令有关部门审核上奏。"

石公弼升任侍御史。苏杭造作局大兴制造，石公弼向皇上陈述此事扰民的弊端，请求取消奢靡华丽的技艺，逐渐不再进贡奢华的工艺品，皇帝接受了。蔡京开始时与石公弼有联系，因此石公弼能够得到提拔重用，到这时，他们想法逐渐不同，蔡京开始对他有所不满。石公弼改任太常少卿，任起居郎，兼定王、嘉王记室。旧例，初到任，按例得到二百万金缯的恩赐，但石公弼拒不接受。

大观二年（1108），石公弼被授予御史中丞之职。执政官说："国朝还没有从左史升任中执法的人。"皇帝说："石公弼曾任侍御史。"当时朝廷卖元丰库所藏缣帛，估价很低，允许朝廷官员将分到的缣帛出售，每个官位都有固定的数额，从官可分两千匹。石公弼拿到领券，又还给了朝廷。宰相当中有领了万匹的，当天就立即奉还了。

水利官员赵霆建议开通直河，说这样从此可以避免水患，不久河流决堤冲坏钜鹿，依法当斩。赵霆善于交结，只是削一官职，仍然担任太仆少卿。石公弼认为这样是判罪不当，赵霆因此遭贬。京西转运使张徽言因为实行方田均税法，想借机增加汝、襄、邓三州赋税，石公弼则以为："方田之制，确定天下的地亩收成，正是想平均其赋税，而徽言横征暴敛，百姓如何承受？"皇帝诏令停止增税。随后石公弼弹劾蔡京的罪恶，上了十几道奏章，蔡京才被罢免。石公弼又说官员太多，违反了元丰时期的旧制。于是把堂选的官吏调拨到吏部几千人，罢免几千个宫庙之官、六十个都水官，不是大县不设县丞，在京的茶事都归户部管理，诸道市舶归转运司管理，官场变得更为清明。

蔡京虽然交了相印，仍负责修《实录》。石公弼又说："蔡京盘踞京师毫无去意，他的余威仍然震慑着群臣。请陛下秉持决断之心，以免后悔。"又用星相之说劝说皇帝，最后把蔡京赶到了杭州。到刘逵执掌国家大政时，石公弼又批评他废弃了绍述良法，启用元祐党人，大家因此都知道刘逵并不是务求公正者。石公弼升为兵部尚书兼侍读，上奏疏说："崇宁以来，许多臣子专门生事，开边兴利，经营徭役，颠覆了百姓的根本，因此导致饥荒。汴西运送花石，农桑之事都废弃了，白白耗费资源，来从事无用之业。现在应该让百姓休养生息，以秉承天意。”

张商英任宰相，想让石公弼做执政官，但是何执中、吴居厚交相阻止此事。后来石公弼以枢密直学士任扬州知州。在扬州，有一些不法分子在乡里为非作歹，自称“亡命社”。石公弼逮捕了其中的首领并严厉惩罚了他，“亡命社”于是就解散了。有一群江洋盗贼，藏身草野之间，光天化日之下出来抢劫，官吏害怕不敢过问。石公弼严格奖罚制度，监督追捕，最终把这些盗贼全都除掉了。后改任述古殿直学士、襄州知州。后来蔡京又恢复相位，编造他的罪状，贬他为秀州团练副使，安置在台州。第二年，受皇上赦免回去。死时年五十五岁。三年后，朝廷恢复了石公弼的官职。

石公弼当初名石公辅，宋徽宗因他与杨公辅同名，改名为石公弼。

【评述】

石公弼是一个典型的清正廉洁的封建官吏。

首先，他正直廉洁，铁面无私，直陈时弊，有很强的正义感。石公弼为人正直，从不趋炎附势。章惇请他为太学官，他因不能阿意苟容而拒绝。他很廉洁，担任太常少卿，到任时收皇帝赏赐，坚决辞谢；皇帝允许大臣们变卖元丰库缣帛时，他将得到领券归还，他的做法令许多官员自惭形秽，也不得不交还所领财物。

其次，他智谋过人，断案入神，明察秋毫。在任司法参军期间，官府与百姓之间出现纷争，他毫不偏袒官吏，秉公执法，查出真相，以事实说话，坚持己见，最后郡守都无言以对。后来有官员因私通别人妻子而杀害她的丈夫，害怕别人告密，于是把官钱分发给手下，谎称官钱被水淹没。石公弼据天气推测，无风无雨，何来翻船，最后追查得知真相，严刑处置犯法者。

最重要的一点是，他能够直言不讳，进谏皇帝，指出时政得失。他任左司谏、侍御史时，就一些军队、田税等方面的问题，直接提出自己的看法，对那些损害朝廷利益、百姓利益的贪官污吏加以制裁。当然，他的结局也和封建社会大多数清廉官员一样，遭到奸臣的恶毒报复，受到极不公平的待遇。

在封建社会，做一个清官是很难的，但正是因为有了石公弼这样廉洁公正、置自身利益于不顾的官员，百姓才能在各种重压下得到一丝喘息，社会才能得以在曲折中前进、发展。

（阿不来提注译、评述）

刘　甲

【原文】

刘甲，字师文，其先永静军东光人，元祐宰相挚之后也。父著，为成都漕幕[①]，葬龙游，因家焉。甲，淳熙二年进士，累官至度支郎中，迁枢密院检详兼国史院编修官、实录院检讨官[②]。

使金，至燕山，伴宴完颜者，名犯仁庙嫌讳，甲力辞，完颜更名修。自绍兴后，凡出疆遇忌，俱辞设宴，皆不得免，秦桧所定也。九月三日，金宴甲，以宣仁圣烈后忌，辞。还除司农少卿，进太常，擢权工部侍郎，升同修撰，除宝谟阁待制，知江陵府，湖北安抚使。甲谓："荆州为吴、蜀脊，高保融分江流，潴之以为北海，太祖常令决去之，盖保江陵之要害也。"即因遗址浚筑，亘四十里。移知庐州。

程松为四川宣抚使，吴曦副之，以甲知兴元府、利东安抚使。时蜀口出师败衄，金陷西和、成州，曦焚河池县。先是，曦已遣姚淮源献四州于金，金铸印立曦为蜀王。甲时在汉嘉，未至镇也。金人破大散关，兴元都统制毋思以重兵守关，而曦阴彻蓦关之戍，金自板岔谷绕出关后，思挺身免。

甲告急于朝，乞下两宣抚司协力捍御。松谋遁，甲固留不可，遽以便宜檄甲兼沿边制置。曦遣后军统制王钺、准备将赵观以书致甲，甲援大义拒之，因卧疾。曦又遣其弟旼邀甲相见，甲叱而去之。乃援颜真卿河北故事，欲自拔归朝，先募二兵持帛书遣参知政事李壁告变，且曰："若遣吴总以右职入川，即日可瓦解矣。"

曦僭王位，甲遂去官。朝廷久乃微闻曦反状，韩侂胄犹不之信，甲奏至，举朝震骇。壁袖帛书进，上览之，称"忠臣"者再。召甲赴行在，命吴总以杂学士知鄂州，多赐告身、金钱，使招谕诸军为入蜀计。复命以帛书赐甲曰："所乞致仕，实难允从，已降指挥，召赴行在。今朝廷已遣使与金通和，襄、汉近日大捷，北兵悉已渡江而去。恐蜀远未知，更在审度事宜，从长区处。"二兵皆补官。

甲舟行至重庆，闻安丙等诛曦，复还汉中，上奏待罪。诏趣还任。甲奏叛臣子孙族属及附伪罪状，公论快之。会宣抚副使安丙以杨巨源自负倡义之功，阴欲除之，语在《巨源传》。巨源既死，军情叵测，除甲宣抚使。杨辅亦以为请，当国者疑辅避事，李壁曰："昔吴璘属疾，孝宗尝密诏汪应辰权宣抚司事，既而璘果死，应辰即日领印，军情遂安，此的例也。”乃以密札命甲，甲鐍藏之。未几，金自鹘岭关札金崖，进屯八里山，甲分兵进守诸关，截潼川戍兵驻饶风以待之。金人知有备，引去。

侂胄诛，上念甲精忠，拜宝谟阁学士，赐衣带、鞍马。是岁，和议成，朝廷闻彭辂与丙不协，以书问甲，又俾谕丙减汰诸军勿过甚，及访蜀人才之可用者。盖自杨辅召归，西边诸事，朝论多于甲取决，人无知者。

绍兴中，蜀军无见粮，创为科籴。孝宗闻其病民，命总领李蘩以本所钱招籴，惧不给，又命劝籴其半，“劝籴”之名自此始。久之，李昌图总计，复奏令金、梁守倅任责收籴，而劝籴遂罢。及是，宣、总司令金洋、兴元三郡劝籴小麦三十万石，甲乞下总所照李蘩成法措置，从之。

明年，罢宣抚司，合利东、西为一帅，治兴元，移甲知潼川府。安丙既同知枢密院事，董居谊为制置使，甲进宝谟阁学士、知兴元府、利路安抚使，节制本路屯驻军马。朝廷计居谊犹在道，命甲权四川制置司事。

先是，大臣抚蜀者，诸将事之，有所谓互送礼，实贿赂也。甲下令首罢之，凡丙所立茶盐柴邸悉废之。又乞以皂郊博易铺场还隶沔戎司，复通吴氏庄，岁收租四万斛有奇，钱十三万，以裨总计。从之。丙增多田税，甲命属吏讨论，由一府言之，岁减凡百六十万缗、米麦万七千石，边民感泣。嘉定七年，卒于官，年七十三。

甲幼孤多难，母病，刲股以进。生平常谓："吾无他长，惟足履实地。"昼所为，夜必书之，名曰"自监"。为文平澹，有奏议十卷。理宗诏谥清惠。

选自《宋史》卷三百九十七《刘甲传》

【注释】

①漕幕：转运司属官，主管文字、帐司、公事。

②检讨官：宋朝讲议司、修政局、实录院皆置，在本部门负责检验故事，并进行研究。

【译文】

刘甲，字师文，其先辈是永静军东光人，为元祐时期宰相刘挚的后代。父亲刘著，任成都漕司的幕僚，葬在龙游，因而后代安家在那里。刘甲是淳熙二年（1175）进士，官至度支郎中，升任枢密院检详兼国史院编修官、实录院检讨官。

后刘甲出使金国，到了燕山，伴宴的使臣完颜氏，名字触犯宋仁宗的名讳，刘甲极力辞宴，完颜氏最终更名为修。自从绍兴年间以后，凡是出使遇到忌讳的事，官员都要辞谢宴席，均不能获免，这是秦桧所定的规矩。九月三日，金人设宴招待刘甲，因为此日正好是宣仁圣烈后的忌日，刘甲辞谢。刘甲还朝后，被授任为司农少卿，进为太常，又被提拔为权工部侍郎，升为同修撰，后又被授任宝谟阁待制、江陵府知府、湖北安抚使。刘甲认为："荆州是吴、蜀的脊梁，五代南平国君主高保融分截长江水流，积蓄成为北海，太祖曾命令挖开它，就是为了保住江陵的要害。”所以他到任后便沿着遗留的旧址将河道浚通筑好，绵延四十里。后刘甲又移任庐州知州。

当时程松任四川宣抚使，吴曦为他的副手，他派刘甲做兴元府知府、利东安抚使。当时蜀地出兵失败，金人攻陷西和、成州，吴曦焚烧河池县。在此之前，吴曦已派遣姚淮源将四个州献给金人，金铸造了印信立吴曦为蜀王。刘甲当时在汉嘉，还没有到任。金人攻破大散关，兴元都统制毋思以重兵守关，而吴曦暗中撤去蓦关的守卫，金人从板岔谷绕出关城后面，毋思只身幸免于死。

刘甲向朝廷告急，请求下令两个宣抚司协力捍卫抵御。程松谋划逃跑，刘甲坚决挽留他却没有成功，朝廷马上下令刘甲兼任沿边制置。吴曦派遣后军统制王钺，准备将赵观带信给刘甲，企图笼络他，刘甲援以大义，严词拒绝，并因此而卧病。吴曦又派弟弟吴旼邀请刘甲见面，刘甲将其喝叱走。他依照颜真卿在河北的旧例，想要自己脱身回朝廷，于是先找了两名士兵持帛书送给参知政事李壁报告事变，并告知他：“若派遣吴总以右职身份进入四川，当天就可瓦解敌营。”

吴曦僭越登上王位，刘甲随即离职。过了很久朝廷才听到一点吴曦叛变的消息，韩侂胄还不相信，刘甲奏章送到，满朝震惊。李壁将藏于袖中的帛书献上，皇帝看了书信后，说了两次“忠臣”。随后下诏让刘甲前往行在所，命吴总以杂学士任鄂州知州，赐给他任官告身、金钱等，让他招募晓谕兵士作为进入四川的准备。又命令用帛书赐给刘甲说：“你所请求的退休一事，实在难以应允，我已经颁降命令，召你前来行在所。现在朝廷已经遣使者与金人议和，襄、汉近日取得大胜，北兵已经全部渡江回去了。恐怕蜀地路远还有所不知，望你考虑事宜更要审慎，从长计议。”后两名士兵都升了官。

刘甲坐船行至重庆，听说安丙等人杀了吴曦，他又回到汉中，上疏等待治罪。皇上下诏催促他回到任上。刘甲上奏了叛臣子孙族属以及附和叛变的罪行，大快人心。当时宣抚副使安丙因杨巨源自负有倡导起义的功劳，想要暗中除掉他，此事见《杨巨源传》。杨巨源死后，军情叵测，刘甲被授任为宣抚使。杨辅也请求任宣抚使，掌权者怀疑杨辅想逃避责任，李壁说：“以前吴璘有病，孝宗曾密诏汪应辰代理宣抚司事，后来吴璘果然病死，应辰即日就执掌印信，军情于是安定，这就是确凿的例子。”于是把密札交给刘甲，刘甲将它藏起并锁好。不久，金人从鹘岭关驻扎金崖，屯兵八里山，刘甲分派士兵进守诸关口，又截住潼川的守卫部队驻守在饶风，严阵以待。金人得知刘甲有防备后，遂带兵退去。

后韩侂胄被杀，皇上念及刘甲精忠，拜其为宝谟阁学士，赐给衣带、鞍马。当年，宋金和议达成，朝廷听说彭辂与安丙关系不好，便写信询问刘甲，并让他告知安丙不要削减太多兵力，多访求一些四川的有用人才。自从杨辅奉召还朝后，西部的很多事情，朝廷的意见多取决于刘甲，其他人都无从知晓。

绍兴年间，蜀军没有现粮，于是创设科籴之法。孝宗听说这个制度危害人民，命总领李蘩用总领所的钱招标买米，担心还是不够，又命令向百姓劝购一半，“劝籴”之名自此开始流传。过了很久，李昌图任总领，又上奏命令金州、梁州郡守通判负责收购粮食，劝籴于是停止。到这时，宣抚史司、总领所已经命令在金、洋、兴元三郡劝籴小麦三十万石，刘甲请求下令总领所照李蘩的旧法办理，最终获准同意。

第二年，朝廷撤宣抚司，利东路、利西路合由一个军帅统理，治所在兴元，调刘甲为潼川府知府。安丙同知枢密院事，董居谊为制置使，刘甲官进宝谟阁学士、知兴元府、利路安抚使，掌管本路屯驻军马。朝廷看董居谊还在半路，故任命刘甲代理四川制置司事。

在此之前，对于巡抚四川的大臣，诸将都要争相侍奉，有所谓互送礼物的习惯，实际就是贿赂。刘甲首先下令罢免这一项，安丙所定的茶盐柴库等也全部废除。又请求把皂郊博易铺的场地重新隶属沔州戎司，又通知吴氏田庄，每年交租四万多斛，钱十三万，补充总计。均获准许。安丙增收田税，刘甲命属官讨论后，一府每年减收共一百六十万缗、米麦一万七千石，边地百姓感激涕零。嘉定七年（1214），刘甲死在任上，享年七十三岁。

刘甲年幼丧父，多受磨难，母亲生病，他割大腿肉进奉。平时常说："我没有别的长处，只是脚踏实地罢了。"他白天做的事，晚上一定记下来，名曰"自监"。为文平实简澹，有奏议十卷。理宗下诏追赠谥号为"清惠"。

【评述】

刘甲虽生于乱世之中，但却置自身安危于不顾，敢于仗义执言，对国家尽忠尽责，因而深受皇帝的信任与赏识，同时又能够把握住自己，为人重礼法，并不恃宠自骄。

即使身居高位，刘甲依旧能够保持高尚的节操，严于律己、廉洁奉公、心怀百姓。他以身作则杜绝贿赂，出任四川制置司事时，罢免任职时互送礼物的惯例。取缔冗余的机构，“凡丙所立茶盐柴邸悉废之”，降低百姓田税，增收地主岁租以补总计。真正做到一心为公，廉政为民，所辖之地的百姓对其制定的利民政策甚为“感泣”。刘甲的事迹与宋朝众多的治世名臣相比也许显得有些单薄，但是他却用一生的行动去实践了廉洁奉公的信念。所谓“洁”，就是洁身自好。要有“面对诱惑，心存恐惧”的意识，以平和之心对“名”，以知足之心对“利”，自觉坚持洁心、洁身、洁行，以廉为荣，以俭立身。廉洁还要守得住清苦。要把自己的工作看成是一种荣幸，不能凭借手中权力，不惜以身试法，大搞权钱交易，谋取私利。刘甲无疑做到了这些，他用兢兢业业、克勤克俭的一生为我们后世树立了良好的官员榜样。

（李燕晖注译、评述）

李道传

【原文】

李道传字贯之，隆州井研人。父舜臣，尝为宗正寺[1]主簿。道传少庄重，稍长，读河南程氏书，玩索义理，至忘寝食，虽处暗室，整襟危坐，肃如也。擢庆元二年进士第，调利州司户参军，徙蓬州教授。

开禧用兵，金人窥散关急。道传以诸司檄计事，道闻吴曦反，痛愤见于形色。遣其客间道持书遗安抚使杨辅，论曦必败，曰："彼素非雄才，犯顺首乱，人心离怨，因人心而用之，可坐而缚也。诚决此举，不惟内变可定，抑使金知中国有人，稍息窥觇；正使不捷，亦无愧千古矣。"曦党以曦意胁道传，道传以义折之，竟弃官归。曦平，诏以道传抗节不挠，进官二等。

嘉定初，召为太学博士，迁太常博士兼沂王府小学教授。会沂府有母丧，遗表官吏例进秩，道传曰："有襄事之劳者，推恩可也，吾属何与？"于是皆辞不受。迁秘书郎、著作佐郎，见帝首言："忧危之言不闻于朝廷，非治世之象。今民力未裕，民心未固，财用未阜，储蓄未丰，边备未修，将帅未择，风俗未能知义而不偷，人才未能汇进而不乏。而八者之中，复以人才为要。至于人才盛衰，系学术之明晦，今学禁虽除，而未尝明示天下以除之之意。愿下明诏，崇尚正学，取朱熹②《论语》、《孟子》集注，《中庸》、《大学》章句、或问，《四书》颁之太学，仍请以周敦颐③、邵雍④、程颢⑤、程颐、张载⑥五人从祀孔子庙。”时执政有不乐道学者，以语侵道传，道传不为动。兼权考功郎官，迁著作郎。

时薛拯、胡榘等皆以新进用事，贿赂成风，道传言："今名优儒臣，实取材吏，刻剥残忍、诞谩倾危之人进矣。”遂求补郡，于是出知真州。城圮弗治，道传甓之，筑两石坝以护并江居民，益浚二壕，又堤陈公塘，有警则决之以为阻，人心始固。除提举江东路常平茶盐公事。初至，即按部劾吏之贪纵者十余人，胥吏为民害者大黥小逐百余人，释狱之滥系者二百余人，弛负钱一十余万缗。夏大旱，道传应诏言楮币之换，官民如仇；钞法之行，商贾疑怨；赋敛增加，军将推剥，皆切中时病。遂条上荒政，朝廷多从之。与漕臣真德秀振饥，道传分池、宣、徽三州，穷冬行风雪中，虽深村穷谷必至，赖以全活者甚众。摄宣州守，行朱熹社仓法，上饶、新安、南康诸郡翕然应命，人蒙其利。

广德守魏岘劾教官林庠委堂试而任荒政，挟漕臣以凌郡守，且言真德秀轻视朝廷，自专掠美，乞远之。道传上疏力辨，岘坐免。会胡榘为吏部侍郎，荐道传自代。引疾乞去，不许；召令奏事，再辞，又不许；遂入对，上自宫掖，次及朝廷，以至侍从、台谏阙失，尽言无所讳，帝不以为忤。除兵部郎官，辞未就。监察御史李楠觇当路指意，乞授以节镇蜀，遂出知果州。至九江，得疾卒，年四十八，诏特转一官致仕，谥文节。

道传自蜀来东南，虽不及登朱熹之门，而访求所尝从学者与讲习，尽得遗书读之。笃于践履，气节卓然。于经史未有论著，曰："学未至，不敢。"于诗文未尝苟作，曰："学未至，不暇。"一日以疾谒告，真德秀造焉，卧榻屏间，大书"唤起截断"四字，知其用功慎独如此。居官以惠利为本，振荒遗爱江东，人久而思焉。

三子：达可、当可、献可。献可为心传[7]后。

选自《宋史》卷四百三十六《李道传传》

【注释】

①宗正寺：官署名，掌管王室亲族的事务。

②朱熹（1130—1200）：南宋哲学家，教育家。字元晦，一字中晦，别号紫阳、考亭等。徽州婺源（今属江西）人，绍兴进士，其学派被称为"闽学"，或考亭学派、程朱学派。生平主要从事著书、讲学，对经学、史学、文学、乐律以至自然科学都有贡献。主要著作有《四书章句集注》、《诗集传》等。后人将

其言论编纂为《朱子语类》一书。

③周敦颐（1017—1073）：北宋哲学家。字茂叔，号濂溪，道州营道（今湖南道县）人。宋代理学的开山祖师。主要著作有《太极图说》、《通书》等，后人编有《周子全书》。

④邵雍（1011—1077）：北宋哲学家，字尧夫，号百源先生、安乐先生、伊川翁等，范阳（今河北涿县）人。与周敦颐、张载、程颢、程颐同称为“北宋五子”。他根据周易和道教思想，建立了神秘的先天象数学。著作有《皇极经世》、《渔樵问答》等。

⑤程颢（1032—1085）：北宋哲学家，洛阳人，字伯淳，世称明道先生。嘉祐进士。与弟颐均受业于周敦颐，世称其兄弟二人之学术为“洛学”。二程言论和著作，被后人合编为《二程全书》。

⑥张载（1020—1078）：北宋哲学家，字子厚，世称横渠先生，宋凤翔郿县人。嘉祐年间进士。讲学关中，其学派称为“关学”。著有《正蒙》、《横渠易说》等，后人编为《张子全书》。

⑦心传：即李道传之弟李心传（1166—1242），南宋史学家。字微之，井研（今属四川）人。初应乡试落第，从此不再应举，专事著述。晚年被推为史馆校勘，赐进士，官至工部侍郎。曾主修《中兴四朝帝纪》、《十三朝会要》。有诗文一百卷、《高宗系年录》二百卷及《朝野杂记》、《旧闻证误》等。

【译文】

李道传字贯之，隆州井研人。他的父亲李舜臣，曾经担任过宗正寺主簿。李道传小时候为人处事就端庄稳重，年龄稍大以后开始学习河南程氏理学诸书，推究义理，以致废寝忘食，即使身处暗室，他也正襟危坐，表情严肃。庆元二年（1196），他考中进士，调任利州司户参军，又改任蓬州教授。

开禧年间北伐，金兵急于攻取散关。李道传当时因各司发放檄文之事，在路上听说吴曦造反，痛心疾首，愤怒不已。于是派门客抄近路送信给安抚使杨辅，论说吴曦必败，信中说："吴曦本来就不是雄才，犯上作乱，人心背弃，遭人怨恨，靠人心所向，可以轻易将他拿下。如果下定决心这样去做，不仅内乱可以平定，而且也可以让金人知道中原有人，暂缓金人的入侵；就算不成功，也无愧于千古了。"吴曦的同党拿吴曦的意旨来威胁李道传，李道传反而用大义说服他们弃官投降。吴曦叛乱被平定后，李道传因忠贞不屈被皇帝诏令官升二等。

嘉定初年，李道传被召为太学博士，升任太常博士兼沂王府蒙学教授。当时正值沂王府有母丧，其母临终遗表请求府内官吏一律加官进级，李道传说："有成事之劳的，可以受恩，我们这些人为何要进级呢？"于是全部推辞不受。改任秘书郎、著作佐郎，见到皇帝的时候他首先说："朝廷听不到忧患担心的言论，这不是治世的景象。如今民力还不充裕，民心还不稳固，财用还不富足，储备还不丰厚，边防还没得到修治，将帅还没有加以选择，地方风气还没能实现知义而不懈怠，人才还没有汇集而不至匮乏。这八样中，又以人才为紧要之事。至于人才的盛衰，又取决于学术的明暗，现在学禁虽然已经解除，但是没有将解除学禁的意思向天下明示。希望陛下明确颁发诏书，崇尚道学，选用朱熹的《论语》、《孟子》集注，《中庸》、《大学》章句、或问，

《四书》颁行太学，我再次请求将周敦颐、邵雍、程颢、程颐、张载五人列位孔庙共享祭祀。”当时宰相中有不喜欢道学的，以话语侵犯李道传，李道传不为所动。他兼任考功郎官，升任著作郎。

当时薛拯、胡榘等人新入仕途就得势，为官贿赂成风，李道传说：“现在有名望的儒臣，实际是升自一般干吏，那些刻薄残忍、傲慢奸诈的人得到重用了。”于是他请求外任，出任真州知府。真州城墙毁坏，李道传命人用砖砌好，又筑起两道石坝以保护沿江居民，后来又把两条护城河加深，还在陈公塘四周设堤，有警情就决开堤坝作为阻挡，他做完这些事后，人心开始稳定。李道传又任提举江东路常平茶盐公事。他刚上任，就弹劾所属的十几个贪官，受墨刑驱逐出境的小吏有一百多人，同时释放了被滥捕入狱的犯人二百多名，免除了十万多缗的债钱。夏天大旱，李道传应诏奏对，论说更换纸币让官民之间如同仇敌；施行钞法造成商贾怀疑怨恨；赋敛的增加，军将的盘剥，所言都切中时弊。他接着逐条呈报治理荒政的措施，朝廷大都听从。后与漕臣真德秀赈济灾荒，李道传分管池州、宣州和徽州，严冬时节，他冒着风雪，即使是偏远的山乡村野也一定走到，很多人因为他的赈济得以保全生命。李道传摄宣州太守，采用朱熹的社仓法，上饶、新安、南康等郡都相应照此施行，百姓都从中受益。

广德太守魏岘弹劾教官林庠把堂试放在一边而去担任救济之职，挟持漕臣欺凌太守，并且说真德秀轻视朝廷，独断专横，掠夺财物，请求远置。李道传上疏，极力辩护反驳，魏岘因此获罪免职。正值胡榘担任吏部侍郎，推荐李道传代替自己。李道传称病请求离朝，未被允许；皇帝诏令他奏事，他再次推辞，也没被允许。于是他入朝上奏，上自宫中，次到朝廷，以及侍从、台谏，其中的阙失他都无所顾忌，言无不尽，皇帝也不以他为忤逆。授予他兵部郎官之职，他辞谢未就。监察御史李楠窥视出上面的旨意，请求授予李道传节度使镇蜀地，于是李道传到果州任知州。到九江时，患病去世，卒年四十八岁，皇帝下诏特赐转一官致仕，谥为文节。

李道传从蜀地来到东南，虽然没有登临朱熹门下拜访，但他遍访曾经向朱熹学习过的人，和他们一同学习讨论，还找到朱熹所有的遗书，全部阅读了一遍。他笃于实践，气节高超。他没有留下经史方面的论著，说："学问未到，不敢妄作。"他有一天因病告假在家，真德秀拜访他，看见他在屏间设了一卧榻，大笔书写"唤起截断"四个字，可知他如此慎独。他为官以有利于百姓为本，赈济灾荒在江东留下爱民之心，人们长久地思念他。

李道传有三个儿子：李达可、李当可、李献可。李献可过继给了李心传。

【评述】

李道传自小刻苦钻研义理，对于学识以及人格的追求孜孜不倦，在求学、做事上，都严于律己、笃实勤勉，这使他不论在学问还是在为官上，格外正派清廉，能够得到各界的认可与赞扬。

幼年的环境对于一个人的成长有着较大的影响，特别是少年时期塑造的品行才能，能够为个人以后的发展打下良好的基础。李道传在年幼时，便注重个人为人处世的端庄稳重。求学之初，不仅注重培养自己的学识，而且注重个人品行的塑造，甚至严格到了个人坐姿这样细小的环节，这为他后来的清廉勤政打下了良好的基础。

而李道传任职期内的高贵气节、笃行实践，成就了他为官清廉、勤政爱民的优良品质。吴曦不守气节叛变，面对胁迫，李道传能够将其同党说服，使他们弃官而归，不仅在于李道传的丰富学识，更重要的是自身高尚的道德品质和坚定的做人原则。李道传为官的可贵之处在于，他不仅仅坚持自身的廉洁，而且敢于与贪官污吏作斗争。他不屑与贪官污吏为伍，主动要求外放，而外任期间，能够大胆弹劾贪官，释放无罪之人，并且向上禀明实情，要求废除苛捐杂税。李道传为官的可贵之处还在于他勤政为民，为官不为自己，所以他能体察民情，修护城墙，加深护城河，修筑堤坝防洪，保护民众安危。严冬时节还冒着风雪，深入到偏远山村，探察民情，赈济灾荒，关心百姓疾苦。

李道传充分融合了为学之道与为人之道：做学问不弄虚作假，若是他觉得自己的学问未到，便不作任何空头的论著诗文；为官不贪图权利，没有确实的理由和成绩，对于职位的提升便推辞不受。这些都非常值得我们今天借鉴学习。

（李娟注译、评述）

崔與之

【原文】

崔與之，字正子，广州人。父世明，试有司连黜，每曰“不为宰相则为良医。”遂究心岐、黄之书[①]，贫者疗之不受直。與之少卓荦有奇节，不远数千里游太学。绍熙四年举进士，广之士繇太学取科第自與之始。

授浔州司法参军。常平仓久弗葺，虑雨坏米，撤居廨瓦覆之。郡守欲移兑常平之积，坚不可，守敬服，更荐之。调淮西提刑司检法官。民有窘于豪民逋负，殴死其子诬之者，其长欲流之，與之曰：“小民计出仓猝，忍使一家转徙乎？况故杀子孙，罪止徒。”卒从之。知建昌之新城，岁适大歉，有强发民廪者，执其首，折手足以徇，盗为止，劝分有法，贫富安之。开禧用兵，军旅所需，天下骚然，與之独买以系省钱。吏告月解不登，曰：“宁罢去。”和籴令下，與之独以时贯籴，令民自概。通判邕州，守武人，苛刻，衣赐不时给，诸卒大哄。漕司檄與之摄守，叛者贴然，乃密访其首事一人斩之，阖郡以宁。擢发遣宾州军事，郡政清简。

寻特授广西提点刑狱，遍历所部，至浮海巡朱崖，秋毫无扰州县，而停车裁决，奖廉劾贪，风采凛然。朱崖地产苦蕟，民或取叶以代茗，州郡征之，岁五百缗。琼人以吉贝织为衣衾，工作皆妇人，役之有至期年者，弃稚违老，民尤苦之。舆之皆为榜免。其他利病，罢行甚众。琼之人次其事为《海上澄清录》。岭海去天万里，用刑惨酷，贪吏厉民，乃疏为十事，申论而痛惩之。高惟肖尝刻之，号《岭海便民榜》。广右僻县多右选摄事者，类多贪黩，舆之请援广东循、梅诸邑，减举员赏格，以劝选人。熙宁免役之法，独不及海外四州，民破家相望。舆之议举行未果，以语颜戣，戣守琼，遂行之。

召为金部员外郎，时郎官多养资望，不省事，舆之钜细必亲省决，吏为欺者必杖之，莫不震栗。金南迁于汴，朝议疑其进迫，特授直宝谟阁[②]、权发遣[③]扬州事、主管淮东安抚司公事。宁宗宣引入内，亲遣之，奏选守将、集民兵为边防第一事。既至，浚濠广十有二丈，深二丈。西城濠势低，因疏塘水以限戎马。开月河，置钓桥。州城与堡砦城不相属，旧筑夹土城往来，为易以甓。因滁有山林之阻，创五砦，结忠义民兵，金人犯淮西，沿边之民得附山自固，金人亦疑设伏，自是不敢深入。

扬州兵久不练，分强勇、镇淮两军，月以三、八日习马射，令所部兵皆仿行之。淮民多畜马善射，欲依万弩手法创万马社，募民为之，宰相不果行。浙东饥，流民渡江，舆之开门抚纳，所活万余。楚州工役繁夥，士卒苦之，叛入射阳湖，亡命多从之者。舆之给旗帖招之，众闻呼皆至，首谋者独迟疑不前，禽戮之，分其余隶诸军。

山东李全以众来归，舆之移书宰相，谓："自昔召外兵以集事者，必有后忧。"宰相欲图边功，诸将皆怀侥幸，都统刘琸承密札取泗州，兵渡淮而后牒报。琸全军覆没，舆之忧愤，驰书宰相，言："舆之乘鄣五年，子养士卒，今以万人之命，坏于一夫之手，敌将乘胜袭我。"金人入境，宰相连遗舆之三书，俾议和。舆之答曰："彼方得势，而我与之和，必遭屈辱。今山砦相望，边民米麦已尽输藏，野无可掠，诸军与山砦并力剿逐，势必不能久驻。况东海、涟水已为我有，山东归顺之徒已为我用，一旦议和，则涟、海二邑若为区处？山东诸酋若为措置？望别选通才，以任和议。"舆之自刘琸败，亟修守战备，遣精锐，布要害。金人深入无功，而和议亦寝。

时议将姑阙两淮制置，命两淮帅臣[④]互相为援，舆之启庙堂曰："两淮分任其责，而无制阃[⑤]总其权，则东淮有警，西帅果能疾驰往救乎？东帅亦果能疾驰往救西淮乎？制阃俯瞰两淮，特一水之隔，文移往来，朝发夕至，无制阃则事事禀命朝廷，必稽缓误事矣。"议遂寝。

召为秘书少监，军民遮道垂涕。舆之力辞召命，竟还。将度岭，趣召不已，行次池口，闻金人至边，乃造朝奏："今边声可虑者非一，惟山东忠义区处要不容缓。"前后累疏数千言，每叹养虎将自遗患。

升秘书监兼太子侍讲，权工部侍郎。未几，成都帅董居谊以黩货为叛卒所逐，总领杨九鼎遇害，蜀大扰。舆之以选为焕章阁⑥待制、知成都府、本路安抚使，至即帖然。时安丙握蜀重兵久，每忌蜀帅之自东南来者，至是独推诚相与。丙卒，诏尽护四蜀之师，开诚布公，兼用吴、蜀之士，拊循将士，人心悦服。先是，军政不立，戎帅多不协和，刘昌祖在西和，王大才在沔州，大才之兵屡衄，昌祖不救，遂弃皂郊。吴政屯凤州，张威屯西和，金人自白还堡突入黑谷，威不尾袭，而迂路由七方关上青野原，金人遂得入凤州。舆之戒以同心体国之大义，于是戎帅协和，而军政始立。

先是，丙尝纳夏人合从之请，会师攻秦、巩，而夏人不至，遂有皂郊之败。舆之至是饬边将不得轻纳。逾年，夏人复攻金人，遣百骑入凤州，邀守将求援兵。舆之使都统李冲来言曰："通问当遣介持书，不当遣兵径入。若边民不相悉，或有相伤，则失两国之好，宜敛兵退屯。"夏人知不可动，不复有言。初，金人既弊，率众南归者所在而有，或疑不敢纳。舆之优加爵赏以来之。未几，金万户呼延棫等扣洋州以归，舆之察其诚，纳之，籍其兵千余人，皆精悍善战，金人自是不敢窥兴元。既复镂榜边关，开谕招纳，金人谍得之，自是上下相疑，多所屠戮，人无固志，以至于亡。

蜀盛时，四戎司马万五千有奇，开禧后，安丙裁去三之一，嘉定损耗过半，比舆之至，马仅五千。舆之移檄茶马司，许戎司自于关外收市如旧，严私商之禁，给细茶，增马价，使无为金人所邀。总司之给料不足者，亦移檄增给之。乞移大帅于兴元，虽不果行，而凡关外林木厚加封殖，以防金人突至。隔第关、盘车岭皆极边，号天险，因厚间探者赏，使觇之，动息悉知，边防益密。总计告匮，首拨成都府等钱百五十万缗助籴本。又虑关外岁籴不多，运米三十万石积沔州仓，以备不测。初至，府库钱仅万余，其后至千余万，金帛称是。蜀知名士若家大酉、游似、李性传、李心传、度正之徒皆荐达之，其有名浮于实，用过其才者，亦历历以为言。沔帅赵彦呐方有时名，舆之独察其大言亡实，它日误事者必此人，移书庙堂，欲因乞祠而从之，不可付以边藩之寄，后果如其言。舆之以疾丐归，朝廷以郑损代，既受代，金谍知之，大入，舆之再为临边，金人乃退。召为礼部尚书，不拜，便道还广。蜀人思之，肖其像于成都仙游阁，以配张咏、赵抃，名三贤祠。

理宗即位，授充显谟阁直学士、知潭州、湖南安抚使，辞，提举西京嵩山崇福宫。迁焕章阁学士、知隆兴府、江西安抚使，又辞，授徽猷阁学士、提举南京鸿庆宫。端平初，帝既亲政，召为吏部尚书，数以御笔起之，皆力辞。金亡，朝廷议取三京，闻之顿足浩叹。继而授端明殿学士、提举嵩山崇福宫，亦辞，俄授广东经略安抚使兼知广州。

先是，广州摧锋军远戍建康，留四年，也撤戍归，未逾岭，就留戍江西，又四年，转战所向皆捷，而上功幕府，不报，求撤戍，又不报，遂相率倡乱，纵火惠阳郡，长驱至广州城，声言欲得连帅洎幕属甘心焉。舆之家居，肩舆登城，叛兵望之，俯伏听命，晓以逆顺祸福，其徒皆释甲，而首谋数人，惧事定独受祸，遂率之遁去，入古端州以自固。至是，舆之闻命亟拜，即家治事，属提刑彭铉讨捕，潜移密运，人无知者。俄而新调诸军毕集，贼战败请降，桀黠不悛者戮之，其余分隶诸州。

帝于是注想弥切，拜参知政事，拜右丞相，皆力辞。乃访以政事之孰当罢行，人才之孰当用舍？舆之力疾奏："天生人才，自足以供一代之用，惟辨其君子小人而已。忠实而有才者，上也；才虽不高，而忠实有守者，次也。用人之道，无越于此。盖忠实之才，谓之有德而有才者也。若以君子为无才，必欲求有才者用之，意向或差，名实无别，君子、小人消长之势，基于此矣。陛下励精更始，擢用老成，然以正人为迂阔而疑其难以集事，以忠言为矫激而疑其近于好名，任之不专，信之不笃。或谓世数将衰，则人才先已凋谢，如真德秀、洪咨夔、魏了翁，方此柄用，相继而去，天意固不可晓。至于敢谏之臣，忠于为国，言未脱口，斥逐随之，一去而不可复留，人才岂易得，而轻弃如此。陛下悟已往而图方来，昨以直言去位者亟加峻擢，补外者蚤与召还，使天下明知陛下非疏远正人，非厌恶忠言，一转移力耳。陛下收揽大权，悉归独断。谓之独断者，必是非利害，胸中卓然有定见，而后独断以行之。比闻独断以来，朝廷之事体愈轻，宰相进拟多沮格不行，或除命中出，而宰相不与知，立政造命之原，失其要矣。大抵独断当以兼听为先，傥不兼听而断，其势必至于偏听，实为乱阶，威令虽行于上，而权柄潜移于下矣。"

又曰："边臣主和，朝廷虽知，而未尝明有施行。忧边之士，剀切而言，一鸣辄斥，得非朝廷亦阴主之乎？假使和而可保，亦当议而行之可也。"又曰："比年以变故层出，盗贼跳梁，雷雹震惊，星辰乖异，皆非细故。京城之灾，七年而两见，岂数万户生灵皆获罪于天者。百姓有过，在予一人，此陛下所当凛凛，惟有求直言可以裨助君德，感格天心。"又曰："戚畹、旧僚，凡有丝发寅缘者，孰不乘间伺隙以求其所大欲，近习之臣，朝夕在侧，易于亲昵，而难于防闲。司马光谓'内臣不可令其采访外事，及问以群臣能否'，盖干预之门自此始也。若谓其所言出于无心，岂知爱恶之私，因此而入，其于圣德，宁无玷乎？"帝览奏嘉叹，趣召愈力，控辞至十有三疏。

嘉熙三年，乃得致仕，以观文殿大学士提举洞霄宫。自领乡郡，不受廪禄之入，凡奉余皆以均亲党。薨时年八十有二，遗戒不得作佛事。累封至南海郡公，谥清献。

选自《宋史》卷四百六《崔舆之传》

【注释】

①岐、黄之书：泛指《黄帝内经》之类的医学书籍。

②直宝谟阁：官名。南宋宁宗嘉泰元年（1201）始置，为贴职之一，作为特恩以授鸿儒。

③权发遣：官制用语。凡不拘铨选常规，资序低而任重，低两等资序为“权发遣”，低一等者为“权知”。

④帅臣：宋代路级官署安抚使司的军事长官安抚使的别称。

⑤制阃：宋制置使司的简称。

⑥焕章阁：宋阁名。淳熙间建，收藏高宗御制文集。淳熙十五年（1188）置学士、直学士、待制等职。

【译文】

崔舆之，字正子，广州人。父亲崔世明任官职时接连被罢黜。他常说“不作宰相就作良医”，于是潜心研读医学书籍，为穷人治病也不收费。崔舆之少年时代就卓越出众，有杰出的志节，不远千里入太学学习。绍熙四年考中进士，他也是第一个从太学考取功名的广州人。

崔舆之后被授予浔州司法参军一职。常平的粮仓年久失修，崔舆之担心下雨后米被淋到会变质，于是揭下自己官署上的瓦覆盖在上面。郡守打算将常平粮仓的积米兑卖，崔舆之坚决不同意，郡守都很敬重佩服他，于是向上举荐他。崔舆之随即被调任淮西提刑司检法官。当地有个老百姓因为还不起欠债，就把自己的儿子打死来诬告债主大户，里长打算将他流放，崔舆之说："老百姓情急之下才想此计策，你忍心将他一家都流放吗？况且因故杀死子孙，其罪也只判服劳役而已。"里长听从了他的话。崔舆之得知建昌新城粮食收成很差，于是下令，凡有强行打开百姓粮仓的人，就抓捕他们的首领，斫断手脚示众，盗窃之风由此才平息，他又劝导民间拿出余粮来均分，这个方法很有效，贫民、富人都得以安心。开禧年间朝廷对外用兵，军旅的需求使得天下骚乱不安，唯独崔舆之买来用作中央财政所领财赋。小吏告诉他月解钱供应不上，他说："宁愿被罢官"。和籴的命令下达以后，唯独崔舆之按农时购买，买粮时让百姓自己把斛刮平。邕州通判是守武人，为人苛刻，衣物不按时供给，士兵们因此闹事，水运运粮部门发文命崔舆之代理郡守，闹事者才安定下来，后来才知道原来是舆之秘密调查带头闹事者并将其斩首，全郡由此得以安宁。崔舆之后被提拔为宾州军事，处理政事清正简约。

不久，崔舆之被特别授任为广西提点刑狱，他随即遍访所管辖的地区，甚至渡海巡访朱崖，但却丝毫不打扰所经过州县人民的生活，巡访过程中，他还经常停车做出一些裁决，奖廉惩贪，风采凛然。朱崖出产苦萱，当地有的民众就拿它的叶子来代替茶叶，州郡对此进行征税，每年五百缗。琼州人用木棉编织衣被，做劳力的都是妇女，她们服役有长达一年的，就得丢下孩子、不养老人，百姓都叫苦不迭。崔舆之张贴告示，宣布将此徭役免除。其他还有很多利弊之制，他都做了相应调整。琼州人把这些事情编成了《海上澄清录》。岭海离朝廷有万里之遥，刑法很残酷，贪官多残害人民，崔舆之就此上书朝廷，从十个方面进行申斥论述，并主张对这些现象痛加惩治。高惟肖曾经把这些文字刊刻成书，名为《岭海便民榜》。广右偏僻的县城大多是以推举的方式来选管事的人，但入选者大都贪婪好财，崔舆之借鉴广东循、梅各县的做法，降低推举人员的奖励规格，以此来鼓励候选官员。熙宁年间全国实行免役法，却唯独没有在海外四州施行，所以这些地方倾家荡产的百姓很多。崔舆之提议将免役法推行至此但没有结果，于是告诉了颜戣，颜戣镇守琼州时，就实行了免役法。

崔舆之被召入朝廷任金部员外郎，当时郎官在职多是积攒资历，崔舆之则无论事无巨细，务必亲自审查决定，官吏如有欺瞒者必被杖责，官员们无不为之震栗。金国将都城迁到汴京，朝廷上下都在议论金国有进犯之嫌，于是特别授任崔舆之为直宝谟阁，做扬州的权发遣，主管淮东安抚司公事。宁宗宣召崔舆之入宫，亲自差遣他，他上奏称，选择守边将领、召集民兵应是守护边防的第一要务。崔舆之到任后，将濠沟疏通到宽十二丈，深二丈。西城的濠沟地势低，他于是引进塘水来限制战马。又开挖月河，设置吊桥。州内的城墙和堡垒营寨的城墙不相连，原来建的土墙只是为了方便往来，现在则改为砖墙。以滁州山林作为屏障，崔舆之建了五个寨子，联络众多忠义的民兵，金兵进犯淮西时，沿边百姓都有大山依靠，金兵也怀疑设有埋伏，从此不敢再进犯。

扬州的士兵长久不训练，崔舆之遂将他们分成强勇和镇淮两个军队，每月逢三、八日就练习骑马、射箭，并命令所率部队都仿效执行。淮河地区的百姓大多养马并擅长骑射，崔舆之打算依照万弩手的办法创建万马社，招募百姓来练习骑射，不过最后宰相没有批准。浙东发生饥荒，大批百姓流亡，渡过长江，崔舆之开门接纳、安抚，救活了一万多人。楚州劳役繁多，士兵深受其苦，很多人叛逃后进入了射阳湖，还有大批的逃亡者跟随着他们。崔舆之发旗帖对他们进行招抚，叛逃者均闻声而来，只有为首者迟疑不决，崔舆之于是将其逮捕并杀掉，其他的人则分配到各部军中。

山东的李全率领众人前来归顺，崔舆之写信给宰相说："自古以来招外兵来成事的，必有后患。"然而宰相想图谋边防的战功，将领们也都怀着侥幸的心理，都统刘琸接受密令攻打泗州，士兵渡过淮河之后才派人报告。最终刘琸全军覆没，崔舆之忧伤愤恨，急速写信给宰相说："我驻守边境五年，视士兵如自己的孩子，如今一万多人的性命都葬送在一个人手里，敌人还会乘胜袭击我们。"随后金兵果然攻入境内，宰相接连给崔舆之写了三封信，让他议和。崔舆之回答说："对方正处优势之时，这时我们要求与其议和，必然遭受屈辱。如今我们山寨相连，边防民众的米麦粮食都已经收藏起来了，野外无可掠夺之物，各部军队与山寨民兵合力围剿驱逐，敌人势必不能长久驻守。更何况东海、涟水已经归我们所有，山东归顺的众人已经为我们所用，一旦议和，那么涟水、东海二县将怎么办呢？山东各个义军的首领将怎么处置？希望宰相还是另谋高人，来负责议和之事。"自从刘琸失败以后，崔舆之便积极修缮战备，派遣精锐兵力布防在要害地区。金兵深入境内却没有得到任何好处，议和的事情也就此搁置。

当时议论将空置两淮制置，命两淮帅臣互相支援，崔舆之上朝时说：“两淮分担职责，而没有制阃总领其权，那么如果东淮有警报，西淮将领真的能迅速驰援吗？反之，东淮将领也真的能迅速驰援吗？制阃则能俯瞰两淮，与它们之间仅有一水之隔，公书文件，朝发夕至，如果没有制阃，则事事都要请示朝廷，这样必定会延误事情。”此事就此搁置。

崔舆之后又被召入朝廷任秘书少监，还朝启程之时，军民拦路流着泪为其送行。崔舆之虽极力推辞召命，最终还是奉命回去。快要通过岭地的时候，朝廷便催促不已。行至池口时，崔舆之听闻金兵到达边境的消息，于是上奏朝廷说：“现在边境的忧患不止一个问题，但对山东忠义军的处理刻不容缓。”他前后上书累计有几千字，每次都感慨养虎遗患。

之后，崔舆之升任秘书监太子侍讲，代理工部侍郎。没多久，成都将领董居谊因贪污纳贿被叛兵驱逐，总领杨九鼎遇害，蜀地形势随即大乱。崔舆之被选派为焕章阁待制、成都府知府、本路安抚使，到任后形势立即稳定。当时安丙在蜀地长期拥兵自重，对自东南来蜀任职的将帅每多猜忌，唯独对崔舆之以诚相待。安丙死后，皇帝下诏令崔舆之统领四蜀所有的军队，他开诚布公，兼用吴蜀两地的人才，对将士则抚慰有加，人们对此都心悦诚服。此前，军政不立，军队将帅之间大多失和，刘昌祖驻守西和，王大才驻守沔州，王大才的军队屡受挫败，刘昌祖都没有援救，皂郊于是失陷。吴政驻扎凤州，张威驻扎西和，金兵从白还堡突入黑谷，张威却没尾随追击，而是从七方关迂回上了青野原，金兵于是得以进入凤州。崔舆之以同心体国之大义来告诫诸帅，将帅之间遂实现了和谐融洽，军政自此开始确立。

此前，安丙曾接受了西夏人联合的请求，双方合力攻打秦、巩，但西夏人失约未至，导致了皂郊之败。崔舆之到现在仍告诫边将不得轻易接受他们的请求。第二年，夏人再次出兵攻金，率一百骑兵进入凤州，并向守将请求增援。崔舆之派都统李冲前去告知："访问应该先派遣使者持书来报，不应当派兵直入。如果边民不了解实情，一旦相互生起冲突，那么就会有损两国的友谊，你们应当收兵退守。"西夏人知道不能动兵，就不再说话。当初，金国衰落，率众归宋的金人比比皆是，然而有的宋人有所顾忌不敢接纳。崔舆之则以优厚的爵位奖赏来吸引他们归附。没多久，金官员呼延棫等就与洋州联系归顺一事，崔舆之对其诚意有所考察之后，接纳了他们，又将他们的一千多士兵纳入门籍，这些士兵个个精悍善战，金兵从此不敢再窥视兴元。之后崔舆之又在边关张榜布告，进行公开招纳，金人暗中谍查到这个消息后，上下互相猜疑，很多人遭到屠戮，自此人心浮动，最终导致了亡国。

蜀地强盛时，四戎司有军马一万五千多匹，开禧以后，安丙裁去了三分之一，嘉定年间又耗损过半，等到崔舆之上任，仅剩五千匹军马。崔舆之下令茶马司，准许戎司像以前一样从关外收购战马，但严禁私家商户经营，供应细茶，提高马价，使军马不至落入金人之手。总司饲料若供应不足，也下令增加供给。他又请求将总帅府移到兴元，虽然最后没有成行，但凡是关外地区都种植了大量的林木，以防止金军突然来袭。隔第关、盘车岭都是最边远的地区，号称天险，所以崔舆之加大了对谍报者的奖赏，以使其积极刺探敌情，任何动静他都能了若指掌，这样边防就愈加严密了。总计的钱用完了，就首先调拨成都府一百五十万缗作为粮款。又考虑到关外每年购粮不多，故运去三十万石的粮米，储存在沔州的粮仓中，以备不测。崔舆之刚到任时，府库仅有一万多余钱，上任之后多至千多万余，金帛数量与钱币相当。崔舆之还举荐了很多蜀地的名士如家大酉、游似、李性传、李心传、度正等，他们均得以显达，对于那些名过其实、不能胜任其职者，他都一一加以指明。沔州统帅赵彦呐当时很有名，只有崔舆之注意到他往往是言过其实，认为日后误事者必然是此人，于是他寄书朝廷，让朝廷在赵彦呐请求祠禄的时候予以应允，切不可将边防大任交予他，后来事情果然如崔舆之所言。崔舆之因病请求归乡，朝廷于是用郑损接替其职，郑损接位后，金人谍察此事，随即大举进攻，崔舆之再次亲临边境，金人才退兵。崔舆之后被召为礼部尚书，但他没有接受任命，顺路回到广州。蜀地的百姓很想念他，于是绘其像于成都仙游阁里，与原来的张咏、赵抃一起配享，故称三贤祠。

理宗即位后，授任崔舆之为显谟阁直学士、知潭州、湖南安抚使，他都推辞了，只就任西京嵩山崇福宫提举。又升崔舆之为章阁学士、知隆兴府、江西安抚使，他再次推辞，又被授任为徽猷阁学士、南京鸿庆宫提举。端平初年，理宗亲政，召崔舆之为吏部尚书，多次亲笔写诏书起用他，他都极力推辞。金国灭亡后，朝廷打算夺取三京，崔舆之听闻后顿足慨叹。之后他又被授任为端明殿学士、嵩山崇福宫提举，他也一一推辞，不久又被授任广东经略安抚使兼任广州知府。

此前，广州的摧锋军远去建康戍守，长达四年，撤离戍边返回途中，还没过岭地时，又留守江西四年，他们转战所到之处都打了胜仗，但是战功上报到幕府，却没有他们的功劳，他们请求撤戍也不成，于是联合作乱，放火烧了惠阳郡，长驱直入广州城，声称要抓住将帅幕属方肯罢休。崔舆之这时正在家中，他随即坐着轿子登上城门，叛兵见到他后，都跪倒听命，崔舆之为他们讲明了逆顺祸福的道理，众人随即解除了武装，但为首的几个人，还是担心事情平定后独自遭遇惩罚，于是就率众逃跑，进入端州自守。此时，崔舆之接到任命后便立即就任，就在家中处理政事，吩咐提刑官彭铉讨伐、追捕叛军，又在无人知晓的情况下秘密调动人马。很快新调来的各部军队全部集结完毕，叛军战败投降，崔舆之命令杀了桀骜不驯者，其余的分配到各州。

皇上对他愈加关注和想念，授任他为参加政事，又让他担任右丞相，他都极力推辞。皇上于是就向他咨询哪些政事应当行，哪些应当取消，哪些人才当用，哪些当舍。崔舆之强撑病体上奏："上天创造出人才，自然可供一代之用，只须辨别君子小人即可。忠诚踏实而有才华者，为上等的人才；才虽不高，但忠诚踏实而有操守者，为次一等的人才。用人的方法，没有超越这个道理的。因为忠诚踏实的人才，即德才兼备者。若为君子而无才，就一定要找有才能的人来任用，意向或有误差，但名实没有分别，君子、小人势力的此消彼长，就是以这个为基础的。陛下励精图治进行变革，擢用老成之人，却认为正直的人迂远不切实际，因而怀疑他们难以成事，认为忠言激烈偏激，因而怀疑论者只是贪图名声，对他们任之不专，信之不笃。有人说世道将要衰落，首先表现为人才凋谢，比如真德秀、洪咨夔、魏了翁，刚刚掌权，就都相继离去，天意固然不能知晓。至于直言进谏之臣，忠心为国，然话还未说出口，贬谪就随之而来，而且一去便不能回，人才不易得，却如此轻易放弃。请陛下抚昔追今，将以前因直言去位的人赶紧擢拔起来，外放者早日召回，使天下百姓知道陛下并没有疏远正直的人，也不厌恶忠言，这是一种转变的力量。陛下总揽大权，一切都由陛下独自决断。能独自决断的人，一定是对是非、利害，于胸中都有卓越、坚定的见解，而后独自断定并执行。听说陛下自独断以来，朝廷政体却更加削弱，宰相的进言和拟议大多都受阻不能施行，有时旨令从宫中发出，宰相都不知道，这样确立政体，发出命令的本原就已经失去了它的要旨了。一般来说，独断当以兼听为先，否则，势必会导致偏听，这其实就是祸乱滋生的途径，表面上看来威令由上而出，但权柄实际已潜移至下了。”

崔舆之接着上奏：“边防官员主张议和，朝廷虽然知道，但却没有实行明确的措施。忧患边防的有识之士殷切进言，然一说话就被训斥，难道朝廷也想暗中议和吗？如果议和能保全国家，也应当经过讨论再实行。”他又说到：“这些年，变故层出不穷，盗贼猖獗，雷霆冰雹不断，星辰天象乖异不迭，这些都不是小事。京城的灾难，七年之内出现两次，难道几万户百姓都得罪了上天吗？百姓有过失，责任在一个人，这是陛下所应当敬畏的，只有听取直言才能有助于君德，才能感动上天的心。”又说：“皇室亲属，昔日臣僚，凡是有一点关系的，谁不趁机以求自己所要的东西，而左右近臣，朝夕相处，极易青睐，而难于防范。司马光说‘不能让内宫官员去探访朝外之事，以及听取他们对群臣贤能与否的评价’，因为干预政事的大门会由此打开。如果说他们所说的话是出于无心，那怎么会注意到自己的个人偏好会由此进入陛下之心，这对于圣上的恩德，难道没有玷污吗？”皇上看了奏章后表示嘉赏赞叹，于是更加极力地召他入朝，崔與之上疏请求辞免甚至达到了十三次。

嘉熙三年，崔與之方才得以退休，仍任观文殿大学士洞霄宫提举。他统领乡郡之后，一直不受官府俸禄，俸禄剩余部分则均分给亲友。他去世时享年八十二岁，遗言中告诫后人不许为他作佛事。他累积封爵至南海郡公，谥号“清献”。

【评述】

读了这段对于宋代崔與之生平事迹的描述后，不觉地会引发我们这样的拷问：怎样才能做一个好官？其实，从崔與之的身上我们不难总结出三点，即公正、无私、方法得当。公正要求做事坚持原则，按照事物本来的是非曲直处理事情，不为外物所左右，不偏不倚。无私，即指不存私心，不谋私利，为官清正廉明。而方法得当，即是要有智慧，在处理问题时讲究方法科学、合理。公正和无私应该说是做一个清官、好官的基本前提，是核心品质。但如果不讲究方法，则会陷于莽撞而不能获得应有的效果，甚至导致事与愿违。反过来，如果丢弃公证、无私的根本原则，那无论如何也不可能成为一个真正勤政为民的好官。

（于菲菲注译　王萃评述）

陈宓

【原文】

陈宓，字师复，丞相俊卿之子。少尝及登朱熹之门，熹器异之。长从黄干游。以父任历泉州南安盐税，主管南外睦宗院、再主管西外，知安溪县。

嘉定七年，入监进奏院[①]。时无敢慷慨尽言者，宓上封事言："宫中宴饮或至无节，非时赐予为数浩穰，一人蔬食而嫔御不废于击鲜，边事方殷而桩积反资于妄用，此宫闱仪刑有未正也。大臣所用非亲即故，执政择易制之人，台谏用慎默之士，都司枢掾，无非亲昵，贪吏靡不得志，廉士动招怨尤，此朝廷权柄有所分也。钞盐变易，楮币秤提，安边所创立，固执己见，动失人心，败军之将躐跻殿岩，庸鄙之夫久尹京兆，宿将有守成之功，以小过而贬，三牙无汗马之劳，托公勤而擢，此政令刑赏多所舛逆也。若能交饬内外，一正纪纲，天且不雨，臣请伏面谩之罪。"奏入，丞相史弥远[②]不乐，而中宫庆寿，三牙献遗，至是为之罢却。寻迁军器监簿。九年，转对言：

人主之德贵乎明，大臣之心贵乎公，台谏之言贵乎直。陛下临政虽勤而治功未举，奉身虽俭而财用未丰，爱民虽仁而实惠未遍。良由上下相蒙，务于欺蔽。匦奏囊封，有怀毕吐，陛下付近臣差择，是有意于行其言也。而有司惟取专攻上躬与移咎牧守之章，腾播中外，以答观听。今赤地千里，蝗飞蔽天，如此其可畏，犹或讳晦以旱不为灾、蝗不害稼，其他诬罔，抑又可知。臣故曰人主之德贵乎明。大臣施设，浸异厥初。凡建议求言之人，则以他事逐，谏官言事稍直，则以他职徙。忠愤者指为不靖，切直者目曰沽名，众怨所萃则相继超升，物论所归则以次疏外。某人之迁，是尝重人罪以快同列之私忿者；某人之擢，是尝援古事以文迩日之天变者。直节重望以私嫌而久弃，老奸宿臧以巧请而牵复。使大臣果能杜幸门、塞邪径，则举错当而人心服。臣故曰大臣之心贵乎公。

台谏平居未尝立异，遇事不敢尽言。有如金人再通，最关国体，近而侍从，下至生徒，莫不力争，冀裨庙算，独于言责，不出一辞。辇毂之下，乾没巨万，莫之谁何；州县之间，罪仅毫发，摭以塞责。大臣所欲为之事则遂之，所不右之人则排之。仁宗时，有宰相奉行台谏风旨之讥，今乃有台谏不敢违中书之诮，岂祖宗设官之初意哉？臣故曰台谏之言贵乎直。

三者机括所系，愿陛下幡然悔悟，昭明德以照临百官。大臣、台谏，亦宜公心直节，以副望治之意。指陈敝事，视前疏尤剀切焉。

宓遂请罢，归。在告日，擢太府丞，不拜，出知南康军。诣史弥远别，弥远曰："子言甚切当，第愚昧不能行，殊有愧耳。"至官，岁大侵，奏蠲其赋十之九。会流民群集，宓就役之，筑江堤，而给其食。时造白鹿洞，与诸生讨论。改知南剑州。时大旱疫，蠲逋赋十数万，且弛新输三之一，躬率僚吏持钱粟药饵户给之。创延平书院，悉仿白鹿洞之规。

知漳州，未行，闻宁宗崩，呜咽累日。亡何，请致仕。宝庆二年，提点广东刑狱，章复三上，迄不就。直秘阁，主管崇禧观，宓拜祠命而辞职名。卒，进职一等致仕。三学诸生以起宓为请，而没已阅月矣。

初，宓之在朝也，寺丞丁焴往使金，宓叹曰："世仇未复，何以好为?"饯诗有"百年中国岂无人"之句。后数年，闻关外不靖，以书抵焴曰："蜀口去关外虽远，实如一身。近事可寒心，皆士大夫之罪，岂非贿道不绝之故耶?"焴服其言。

宓天性刚毅，信道尤笃，尝为《朱墨铭》，谓朱属阳，墨属阴，以验理欲分寸之多寡。自言居官必如颜真卿，居家必如陶潜，而深爱诸葛亮身死家无余财，库无余帛。庶乎能蹈其语者，端平初，殿中侍御史王遂首言：

“宓事先帝有论谏之直，而不及俟圣化之更，宜褒其身后，以劝天下之为臣者。”帝为感动，诏赠直龙图阁。所著书有《论语注义问答》、《春秋三传抄》、《读通鉴纲目》、《唐史赘疣》之稿数十卷，藏于家。

选自《宋史》卷四百八《陈宓传》

【注释】

①进奏院：官署名。宋初沿唐制，各州镇皆在京城置进奏院，掌受诏敕及诸司符牒，颁于诸路，并受全国章奏案牍状牒，以奏御及分授诸司。

②史弥远：南宋明州鄞县（今浙江宁波）人，历大理司直、枢密院编修官、提举浙西常平、起居郎等职。开禧二年（1206），上书反对韩侂胄对金用兵。次年，为礼部侍郎、兼同修国史，在杨皇后支持下，杀害韩侂胄，函首送金乞和，进礼部尚书，专擅朝政。死后，理宗始亲政。

【译文】

陈宓，字师复，是丞相陈俊卿的儿子。年少时曾经做过朱熹的登门弟子，朱熹因其有异才而非常器重他。长大后跟随黄干游学。因为父亲恩荫，得任泉州南安盐税，主管南外睦宗院、又主管西外睦宗院，又任安溪县知县。

嘉定七年（1214），陈宓入朝任监进奏院。当时朝廷没有敢慷慨进言的官员，陈宓上密封奏事说：“宫中宴饮有时候毫无节制，不合时宜的赏赐数目庞大，只有皇上一人以粗食、素食提倡节俭，而后宫嫔妃却一如既往没有放弃美食生鲜，边防告急然而储备却被挪用挥霍，这些后宫法式都有所不正。任用大臣非亲即故，执政之臣的挑选则只在于易于控制，御史台谏院则专用谨慎寡言之士，都堂属官和枢密院官吏任用就都是亲近之人，贪官为所欲为，廉士则动辄得祸，这就是朝廷权柄遭遇分割的缘故。钞盐交易，纸币用秤来称，安定边防所创立的政策制度，固执己见，动辄失去人心，败军之将被越级提升为殿前都指挥使，庸俗粗鄙之人长久地担任京兆尹，老将有守成的功劳，却因小过遭贬，掌管禁军的三牙将领并无汗马功劳，却靠办事殷勤而升官，这些政令赏罚多有错乱颠倒之处。如果能够整顿朝廷内外，勘正纲纪，而天还不下雨，那么微臣请受当面斥责之罪。”奏章呈上，丞相史弥远很不高兴，但皇后庆寿之际，三牙将领奉赠财物的惯例，则因此奏章而全部罢除。陈宓随即升迁为军器监簿。九年，他上殿又指陈时政说：

君主之德以明察为贵，大臣之心以公正为贵，台谏官员之言以正直为贵。陛下临政虽然勤勉，但治理的功效还没有显现出来，自身虽然节俭，但国家财物尚未丰富，对人民虽然仁爱，但还不能普及恩惠，这是由于上下相瞒，专门欺骗、蒙蔽陛下所致。奏章上疏都藏裹于瓯囊之中，有识之士有言尽吐其上，陛下把它们交给近臣进行挑选，这是有意要践行他们的进言。然而有的机构却专挑攻击皇上与归罪地方郡守的奏章，在朝廷内外散播，用来混淆视听。如今旱灾绵延千里，蝗虫遮天蔽日，如此可怕的情况，还有人隐瞒讳言，认为干旱还未成灾，蝗虫还没有危害庄稼，其他的诬告妄言，可想而知。臣所以说君主之德以明察为贵。大臣的施政措施，跟最初也更有不同。凡有建言献策之人，就以借口将其驱逐，谏官论事稍直，就以别的职务将其调走。忠义愤慨之人被目为不恭敬安定，切实正直之人被当成是沽名钓誉，引起公愤者则相继高升，众望所归者则依次移调于外。某人的升迁，竟是因为曾加重政敌罪刑以泄同党私愤；某人的提拔，竟是因为曾援引古事以文饰近日的灾异之变。操节正直、德高望重的人因个人间的嫌隙被长久废弃，老奸宿贪因巧言令色的恭请而恢复官职。如果大臣果真能杜绝幸臣的门路，堵住邪径，那么举措得当定会人心折服。臣所以说大臣的心以公正为贵。

台谏官平时不见标新立异，遇事也不敢畅所欲言。譬如金人来通，攸关国体，上至侍从，下至生徒，无不力争对朝廷有所裨益，唯独有进言责任的台谏官，一言不发。京城之内，侵吞巨万，不加过问；州县之间，毫发之罪，则揪以塞责。大臣想做的事就顺从其意，大臣所不满的人就极力排挤。仁宗时，有宰相奉行台谏官的讥讽，现在则有台谏不敢违背中书的讥诮，这些难道是祖宗设立此官的初衷吗？臣所以说台谏官的进言以正直为贵。

这三方面是为政的关键所在，希望陛下幡然悔悟，昭彰明德，照临百官。大臣、台谏官，也应该保持内心公正，操节正直，以配合天下大治的心愿。此疏旨在指陈弊病，故比前疏更切中事理。

陈宓于是请求免职，回家。发告命那天，被提拔为太府丞，他不接受，出任南康军知军。拜别史弥远，史弥远说："您的奏疏都很切中肯綮，只怪我愚昧不能施行，非常惭愧。"陈宓到任后，这一年收成大减，他上奏要求免除十分之九的赋税。正好又遇到流民聚集，陈宓就让他们去修筑江堤，然后供给他们食物。

他还不时到白鹿洞书院去与学生们讨论。后改为南剑州知州。当时正因大旱导致瘟疫流行，陈宓免除欠赋数十万，且放宽新交的三分之一，并亲自率领僚属官吏拿着钱粮药物挨户分发。他又效仿白鹿洞的规矩创立了延平书院。

陈宓后又任漳州知州，还未动身，就听闻宁宗驾崩，他连哭了好几天。没多久，便请求告老归家。宝庆二年（1226），获任提点广东刑狱，他上奏三次，一直不赴任就职。后任直秘阁，主管崇禧观，陈宓接受祠命，但辞去职名。陈宓卒于此任，以职位晋升一等告老。三学的学生请求启用陈宓，但陈宓已经去世一个月了。

起初，陈宓任职朝廷时，寺丞丁焴出使金国，陈宓叹息说："世仇未报，和好干什么?"有饯行诗"百年中国岂无人"之句。数年后，他听说关外不安定，就写信给丁焴说："蜀口离关外虽远，然还是一体。近来的事令人寒心，都是士大夫的罪过，这难道不是贿赂不绝的缘故吗?"丁焴深为折服。

陈宓天性刚毅，笃信道学，曾写有《朱墨铭》，认为朱色属于阳，墨色属于阴，用来考验理欲分寸的多少。曾说居官一定要像颜真卿，居家一定要像陶潜，对诸葛亮死后家无余财、库无余帛之事深为赞赏。他几乎都践行了一己之言，端平初年，殿中侍御史王遂首先上奏："陈宓事先帝有正直劝谏之论，而没有来得及等到神圣的变革，应在他身后予以褒奖，用来鼓励天下之臣。"皇帝深为感动，诏赠陈宓为直龙图阁。他所著的书有《论语注义问答》、《春秋三传抄》、《读通鉴纲目》、《唐史赘疣》等数十卷，都藏于家里。

【评述】

陈宓贵为宰相，却没有沾染太多浮华之气。他天性刚毅，学识广博，有崇高的志向，认为居官一定要像颜真卿，在家一定要像陶潜，对诸葛亮死后家无余财、库无余帛之事深为欣赏。他不仅心怀这样的理想，还用实际行动去实践自己的理想。

当时朝廷之中几乎没有敢于慷慨尽言的人，而陈宓却是例外的一位。他曾上密封奏事，痛陈时弊，矛头直指宫廷生活的铺张浪费和宫闱仪范典刑的缺失；也曾入殿面陈时政，教导君主的德行应以明察为贵。他这样忠义愤慨的臣子，不仅当朝少有，就是纵观整个中国古代社会，其事例也是很突出的。他曾说，大臣的心应以公正为贵，并认为台谏官的进言应以正直为贵，遇事应敢于畅所欲言。不为自己的国家、人民谋利益的官员是失职的，而一个国家没有这样敢于正义直言的官员是失败的。

他心系百姓，为官之处遇到灾害，就主动申请为民免除徭役，并组织百姓参与抗灾并给予食物；他志节高雅，为官清廉，是后代官员学习的榜样。

我们对陈宓的赞赏，并不仅仅是因为他耿直高洁的个人修养，更因为他虽然出身于宰相之家，有着显赫的身世和殷实的家境，还依旧能保持心系百姓、为民着想的作风，实为难得。

（李燕晖注译、评述）

萧 惠

【原文】

萧惠，字伯仁，小字脱古思，淳钦皇后弟阿古只五世孙。

初以中宫亲，为国舅详稳[①]。从伯父排押征高丽，至奴古达北岭，高丽阻险以拒，惠力战，破之。及攻开京[②]，以军律整肃闻，授契丹行宫都部署。开泰二年，改南京统军使。未几，为右夷离毕[③]，加同中书门下平章事。朝议以辽东重地，非勋戚不能镇抚，乃命惠知东京留守事。改西北路招讨使，封魏国公。

太平六年，讨回鹘阿萨兰部，征兵诸路，独阻卜[④]酋长直刺后期，立斩以徇。进至甘州，攻围三日，不克而还。时直刺之子聚兵来袭，阻卜酋长乌八密以告，惠未之信。会西阻卜叛，袭三克军[⑤]，都监涅鲁古、突举部节度使谐理、阿不吕等将兵三千来救，遇敌于可敦城西南。谐理、阿不吕战殁，士卒溃散。惠仓卒列阵，敌出不意攻我营。众请乘时奋击，惠以我军疲敝，未可用，弗听。

乌八请以夜斫营，惠又不许。阻卜归，惠乃设伏兵击之。前锋始交，敌败走。惠为招讨累年，屡遭侵掠，士马疲困。七年，左迁南京侍卫亲军马步军都指挥使，寻迁南京统军使。

兴宗即位，知兴中府，历顺义军节度使、东京留守、西南面招讨使，加开府仪同三司、检校太师，兼侍中，封郑王，赐推诚协谋竭节功臣。重熙六年，复为契丹行宫都部署，加守太师，徙王赵。拜南院枢密使，更王齐。

是时帝欲一天下，谋取三关，集群臣议。惠曰："两国强弱，圣虑所悉。宋人西征有年，师老民疲，陛下亲率六军临之，其胜必矣。"萧孝穆[⑥]曰："我先朝与宋和好，无罪伐之，其曲在我；况胜败未可逆料。愿陛下熟察。"帝从惠言，乃遣使索宋十城，会诸军于燕。惠与太弟帅师压宋境，宋人重失十城，增岁币请和。惠以首事功，进王韩。十二年，兼北府宰相，同知元帅府事，又为北枢密使。

十三年，夏国李元昊诱山南党项诸部，帝亲征。元昊惧，请降。惠曰："元昊忘奕世恩，萌奸计，车驾亲临，不尽归所掠。天诱其衷，使彼来迎。天与不图，后悔何及？"帝从之。诘旦，进军。夏人列拒马[⑦]于河西，蔽盾以立，惠击败之。元昊走，惠麾先锋及右翼邀之。夏人千余溃围出，我师逆击。大风忽起，飞沙眯目，军乱，夏人乘之，蹂践而死者不可胜计。诏班师。

十七年，尚帝姊秦晋国长公主，拜驸马都尉。明年，帝复征夏国。惠自河南进，战舰粮船绵亘数百里。既入敌境，侦候不远，铠甲载于车，军士不得乘马。诸将咸请备不虞，惠曰："谅祚[8]必自迎车驾，何暇及我？无故设备，徒自弊耳。"数日，我军未营。候者报夏师至，惠方诘妄言罪，谅祚军从阪而下。惠与麾下不及甲而走。追者射惠，几不免，军士死伤尤众。师还，以惠子慈氏奴殁于阵，诏释其罪。

十九年，请老，诏赐肩舆入朝，策杖上殿。辞章再上，乃许之，封魏国王。诏冬夏赴行在，参决疑议。既归，遣赐汤药及他锡赉不绝。每生日，辄赐诗以示尊宠。清宁二年薨，年七十四，遗命家人薄葬。讣闻，辍朝三日。

惠性宽厚，自奉俭薄。兴宗使惠恣取珍物，惠曰："臣以戚属据要地，禄足养廉，奴婢千余，不为阙乏。陛下犹有所赐，贫于臣者何以待之。"帝以为然。故为将，虽数败衄，不之罪也。

弟虚列，武定军节度使。二子：慈氏奴，兀古匿。兀古匿终北府宰相。慈氏奴字宁隐。太平初，以戚属补祗候郎君。上爱其勤慎，升闸撒狘，加右监门卫上将军。西边有警，授西北路招讨都监，领保大军节度使。政济恩威，诸部悦附。入为殿前副点检，历乌古敌烈部详稳。征李谅祚，为统军都监，与西北路招讨使敌鲁古率蕃部诸军由北路趋凉州，获谅祚亲属。夏人扼险以拒，慈氏奴中流矢卒，年五十一，赠中书门下平章事。

选自《辽史》卷九十三《萧惠传》

【注释】

①详稳：辽代官名。诸官府监治长官。

②开京：朝鲜的都城名，在朝鲜的中西部。

③右夷离毕：官名，辽代设置，为夷离毕院的佐官。

④阻卜：古部族名，辽、金对鞑靼的别称。

⑤三克军：军队名，辽代设置，是皮室亲军之一。

⑥萧孝穆：小字胡独堇。契丹族，辽代大臣。国舅部人，圣宗统和二十八年任西北路招讨都监。圣宗开泰元年以节度使率军至漠北平乱，击败阻卜等部，以功任北府宰相。十二年任北院枢密使，封齐国王，病卒。

⑦拒马：一种可以移动的障碍物，古时用以防骑兵。

⑧谅祚：西夏毅宗李谅祚（1047—1067），西夏第二位皇帝（1048—1067 在位）。

【译文】

萧惠，字伯仁，小字脱古思，是太祖淳钦皇后弟阿古只的五世孙。

最初，萧惠因皇后的的关系做了国舅详稳。他跟从伯父萧排押出征高丽，到达奴古达北岭，高丽借山险予以阻抗，萧惠努力奋战，大破高丽军。等到进攻朝鲜都城开京时，萧惠的军队因纪律整肃而著称，他因此被授予契丹行宫都部署。辽圣宗开泰二年，萧惠改任南京统军使。不久，担任右夷离毕，加同中书门下平章事。辽东为军事重地，朝廷商议只有有功勋的皇亲国戚才能镇抚，于是任命萧惠为东京留守事。后又改任西北路招抚使，封魏国公。

太平六年，朝廷拟讨伐回鹘阿萨兰部，遂从各路军队征集士兵，最后只有鞑靼酋长直剌没有按期达，萧惠立即将其斩首示众。萧惠的军队前进至甘州，围攻三天，无功而返。当时直剌的儿子正聚兵来袭，鞑靼酋长乌八将此密告于萧惠，萧惠不相信他的话。恰逢西鞑靼叛乱，攻袭三克军，都监涅鲁古、突举部节度使谐理、阿不吕等率领三千士兵前来救援，与敌军在可顿城西南交战。谐理、阿不吕战死，士兵四处溃散。萧惠仓促布阵，敌军出其不意地攻进我军营地。众人请求趁机奋力还击，萧惠以军队疲惫不可再战为由拒绝应战。乌八请求连夜用用刀、斧砍斫敌营，萧惠也没有答应。鞑靼军队撤退，萧惠才设伏兵来攻击他们。前锋刚与敌军交战，敌人就落败而逃。萧惠任招抚使多年，屡次遭到侵犯劫掠，人马疲困。太平七年，萧惠降为南京侍卫亲军马步军都指挥使，随即又升为南京统军使。

辽兴宗即位，萧惠任职于兴中府，历任顺义军节度使、东京留守、西南面招讨使、加开府仪同三司、检校太师，并兼任侍中，获封为郑王，被赐予“推诚协谋竭节功臣”的称号。辽兴宗重熙六年，他又担任契丹行宫都部署，加守太师爵位，转为赵王。后被授予南院枢密使，改为齐王。

当时辽兴宗想统一天下，谋取三关，遂聚集群臣商议此事。

萧惠说："辽宋两国力量强弱，是皇上您所清楚的。宋军西征多年，军民疲劳困顿，陛下亲率六军临阵，一定会取胜。"萧孝穆则说："我先朝与宋朝修和好盟约，现在我们无端开战，理亏的是我们。而且胜败不可预测，希望陛下详察。"兴宗听从了萧惠的建议，遣使去宋朝索要十座城池，并与各路大军在燕会合。萧惠与兴宗的弟弟率领军队逼近宋边境，宋人以十座城池和增加岁币为条件请和。萧惠因此居功第一，升为韩王。十二年，兼任北府宰相，同知元帅府事，又担任北枢密使。

十三年，夏国李元昊诱使山南党项各部投降夏国，辽兴宗亲自率军出征。李元昊因恐惧请求投降。萧惠说："李元昊忘恩负义，萌生奸计，皇上亲征，他还不进献所掠。上天诱导其衷心，让他来迎接你。天赐良机如此，若不抓住，定会后悔不迭。"兴宗听从了他的建议。次日清晨，进军夏国。夏人在黄河西岸列"拒马"阵、盾牌阵以抵抗辽军。萧惠大举进攻，击败了夏人。元昊逃走，萧惠指挥先头部队和右翼军前去围堵。一千多夏人突围而出，辽军迎击。大风忽起，飞沙蒙目，辽军大乱。夏军趁机反扑，被踩踏而死者不计其数。兴宗于是下令班师回朝。

十七年，萧惠娶兴宗的姐姐秦晋国长公主为妻，拜为驸马都尉。第二年，兴宗又西征夏国。萧惠从黄河南岸出发，他的战舰粮船多得绵延数百里。进入敌境后，侦察到离夏军不远处时，萧惠便将铠甲放在战车上，军士下马步行。诸将都建议加强戒备，以防不测，萧惠说："李谅祚肯定会去迎战车驾，哪有功夫顾得上我们呀？平白无故地准备，只会自己让自己受累。"几天下来，辽军都没有安营扎寨。哨兵报告夏军已到，萧惠还在诘问，正要治其妄言之罪，李谅祚的军队已自高坂而下。萧惠与部下来不及穿上铠甲便仓皇逃走。夏军追杀并射中萧惠，萧惠差一点阵亡。将士死伤无数。军队回朝后，朝廷以萧惠的儿子慈氏奴战死沙场而免除了他的罪罚。

十九年，萧惠请求致仕。兴宗下诏准许他坐轿上朝，拄拐上殿。他又上奏请辞，才获批准，被封为魏国王。朝廷下诏命他每年冬夏赴行在参与决策议政。萧惠回去以后，朝廷所赐汤药及其他馈赠不断。每年生日，皇上还赐诗于他以示尊崇。辽道宗清宁二年，萧惠去世，时年七十四岁，他留下遗愿要求家人薄葬。死讯传至朝廷，皇帝三日不上朝。

萧惠生性宽厚，奉行俭朴的生活方式。兴宗任其拿取珍贵物品，萧惠说："我以后戚的身份占据要位，俸禄足以养廉，奴婢千余人，无所匮乏。如果陛下还要有所赏赐的话，那些比我贫穷的大臣，皇帝将如何对待呢？"兴宗深以为然。因此他做将领的时候，虽然多次打败仗，也没有怪罪他。

萧惠的弟弟萧虚列任武定军节度使。萧惠有两个儿子：慈氏奴、兀古匿。兀古匿官至北府宰相。慈氏奴字宁隐。太平初年，以后戚之故补为祗候郎君。皇上喜欢他的勤劳谨慎，升他为闸撒狘，加右监门卫上将军。辽西境告急，皇上又授予他西北路招讨都监，领保大军节度使。慈氏奴恩威并重，各路军队都心悦诚服地归附于他。后他又被纳为殿前副点检，担任乌古敌烈部详稳。征讨李谅祚时，担任统军都监，与西北路招讨使敌鲁古率领蕃部各军从北路进入凉州，俘获了李谅祚的亲属。夏人占据险隘抵抗，慈氏奴被流箭击中而死，时年五十一岁，死后获赠中书门下平章事。

【评述】

作为辽国的武将，萧惠给今天的官吏留下的启示并不少。萧惠军纪严明，这在武将中并不鲜见。但萧惠从整体上把握现实的能力，在武将中却是屈指可数的。

萧惠带兵作战是保守的，但他在对国家大局的判断上却显示出相当高的政治器识，所谓政治器识，主要指的是敏锐的眼光，对于时事的深刻洞见。汉族的官员多是读书人，背负了传统的道德、礼仪的约束，研读浩瀚的典籍占用了他们更多的时间与精力，缺乏政治器识的读书人太多了，于是渐渐走向政治活动的边缘，统治者也乐得让这些喜欢思考的群体沉浸在书中，皓首穷经，直到生命的终点。萧惠的政治器识也许与他契丹人的身份有关。相比宋王朝的汉人，契丹人对于诗、书、礼、乐的信奉要少得多，对人的强悍、毅力、判断力这些与书本关系不大的器识的要求则多些，萧惠在这样一个礼乐文明相对薄弱的环境里成长，铸就了他作为武将的政治器识。

（崔云红注译　梁葆莉评述）

杨邦基

【原文】

杨邦基，字德懋，华阴人。父绚，宋末为易州州佐。宗望[①]伐宋，蔡靖以燕山降，易州即日来附，绚被杀，邦基年十余岁，匿僧舍中，得免。既长，好学。

天眷二年，登进士第，调滦州军事判官，迁太原交城令。太原尹徒单恭贪污不法，托名铸金佛，命属县输金，邦基独不与。徒单恭怒，召至府，将以手持铁拄杖撞邦基面，邦基不动。秉德廉察官吏，尹与九县令皆免去，邦基以廉为河东第一，召为礼部主事。以兵部员外郎摄吏部差除，坐铨注李庆之、大奉国臣，与高衎[②]等皆贬官，邦基降坊州宜君簿。转高密令。

大定初，尚书省拟邦基刑部郎中，世宗曰："县官即除郎中，如何？"太师张浩对曰："邦基前为兵部员外郎矣，且其人材可用。"上许之。改太府少监[③]，知登闻检院[④]，为秘书少监，迁翰林直学士[⑤]，再迁秘书监兼左谏议大夫，修起居注。

中都警巡使[6]张子衍与邦基姻家，子衍道中遇皇太子卫仗，立马市门不去伞，卫士诃之，子衍以鞭鞭卫士诃己者。御史台劾奏子衍，邦基见台官为子衍求解，及入见显宗，求脱子衍罪。诏削子衍官两阶。邦基坐削官一阶，出为同知西京留守事，徙山东东路转运使，永定军节度使，致仕。大定二十一年，卒。邦基能属文，善画山水人物，尤以画名当世云。

选自《金史》卷九十《杨邦基传》

【注释】

①宗望：即完颜宗望，一名宗杰，金朝宗室、大将。

②高衎：（金）东北渤海人，字穆仲，登进士，调补潞阴丞，世宗（完颜雍）时为吏部尚书，铨事修理。

③太府少监：官名，金元太府监的佐官。

④登闻检院：官署名，简称“检院”。金登闻检院改隶御史台，设知登闻检院与同知登闻检院各一人，掌奏御进告尚书省、御史台理断不当之事。

⑤翰林直学士：官名，金置，属翰林学士院，地位在翰林侍读学士、侍讲学士之下，从四品，不限员额，其应奉文字者，衔内带知制诰。

⑥警巡使：官名，辽、金、元均于京都设警巡院，置警巡使、警巡副使、判官等。掌狱讼及市内警巡、探察等。

【译文】

杨邦基，字德懋，华阴人。父亲杨绚于宋末担任易州州佐。完颜宗望伐宋，蔡靖献燕山投降，易州当天也来归附，杨绚被杀，邦基当时只有十余岁，藏于僧舍中，幸免于难。杨邦基长大后，非常好学。

天眷二年（1139），杨邦基考取进士，调任滦州军事判官一职，后迁为太原交城县令。太原府尹徒单恭贪污不守法，以铸造金佛的名义，命属县缴纳钱财，唯独杨邦基没有上缴。徒单恭发怒，召其至府内，手持铁杖要打杨邦基的脸，杨邦基纹丝不动。完颜秉德考察官吏的廉腐情况，府尹和九个县令都被免职，只有杨邦基以廉洁被誉为河东第一，升为礼部主事。后以兵部员外郎掌管吏部差除事宜，后因违规录用李庆之、大奉国臣一事，与高衎等一起被贬官，降为坊州宜君簿。后转为高密县令。

大定初年（1161），尚书省想任用杨邦基为刑部郎中，金世宗说："从县官直接升为郎中，如何？"太师张浩回答说："杨邦基之前就是兵部员外郎，而且他很有才能，可以任用。"皇上应允。后杨邦基改任太夫少监，任职于闻检院，又任秘书少监，升翰林院直学士，再任秘书监兼左谏议大夫，修撰起居注。

中都警巡使张子衎与杨邦基是亲家，张子衎途遇皇太子卫队，立于马市门边没有把伞移开，卫士呵斥他，张子衎便用鞭子抽打这位卫士。御史台因此弹劾张子衎，杨邦基见到台官后，为张子衎求情，觐见金显宗时，又在皇上面前为其开脱罪名。皇上下诏降张子衎两级官阶。邦基也被削官一级，出为同知西京留守事，后又改任山东路转运使、永定军节度使，直到退休。大定二十一年（1181），杨邦基去世。杨邦基擅写文章，善画山水人物，尤以绘画闻名当世。

【评述】

杨邦基是金代的一名廉吏，为官刚正不阿在他身上体现得淋漓尽致。杨邦基任太原交城县县令时，其上司太原府尹徒单恭贪污违法，曾以铸造金佛为借口，命令下属各县进献黄金，当时只有杨邦基一人拒绝执行。即时铁棒加身也丝毫不为所动。为官者要“出淤泥而不染”，说来容易做到实难。上司的指令下属官员无不唯命是从，在这样的政治氛围中，只有杨邦基一人坚守着为官者应有的操守，他面对威胁恐吓，大义凛然，丝毫没有惧怕退却之意。杨邦基无疑是值得我们学习的楷模，他告诉为官者，无论身处何种环境，都要坚守原则，做到问心无愧。趋炎附势、贪赃枉法者到头来必定留下千古骂名，为后人所不齿。杨邦基则被誉为“河东第一廉官”是毫不过分的。

（阿不来提注译　崔一楠评述）

伯德特离补

【原文】

伯德特离补，奚五王族人也，辽御院通进。天会[①]初，与父挞不也归朝，授世袭谋克，后以京兆尹致仕。

特离补招降松山等州未附军民，及招降平州、蓟州境内，督之耕作。宗望伐宋，特离补为军马猛安，与诸将留，规取保、遂、安三州。攻安肃军，河间、雄、保等兵十余万来救，特离补率所部先战，大军继之，大破其兵，遂拔安肃。特离补摄通判事，降将胡愈阴结众谋乱，特离补勒兵擒愈及其众五十余人。安肃军改为州，就除同知州事。改磁州，捕获太行群盗。元帅府以磁、相二州屯兵属之，擒王会、孙小十、苗清等，群盗遂平。迁滨州刺史，廉入优等。以母忧去官，起复本职，改涿州刺史。

入为工部郎中，从张浩营缮东京宫室。及田珏党事起，朝省为之一空，特离补摄行六部事，迁大理卿，出为同知东京留守。天德三年，复为大理卿，同知南京留守。

丁父忧，起复洺州防御使。正隆[②]盗起，州县无兵，不能御。洺旧有河附于城下，特离补乃引水注濠中以为固，盗弗能近，州赖以安。迁崇义军节度使。未几，告老归田里，卒。

特离补为人孝谨，为政简静不积财，常曰："俸禄已足养廉，衣食之外，何用蓄积。"凡调官，行李止车一乘、婢仆数人而已。

选自《金史》卷八十一《伯德特离补传》

【注释】

①天会：金太宗文烈皇帝完颜晟（吴乞买）年号（1123—1135）。金熙宗颜亶继位后沿用（1135—1137）。

②正隆：金海陵王完颜亮年号（1156—1161）。

【译文】

伯德特离补是奚五王的族人，曾任辽御院通进。天会初年（1123），伯德特离补与父亲挞不也一起归顺朝廷，他父亲被授予世袭猛克的称号，后以京兆尹职退休。

特离补招降了松山等州未归附朝廷的军民，又在平州、蓟州境内招抚百姓，督促他们务农耕作。宗望攻打宋朝时，特离补任军马猛安，与诸将留守，谋划攻取保、遂、安三州。特离补攻打安肃军时，河间、雄、保等地有十多万军前来救援，特离补率队先战，大军紧随其后，大败援军，于是攻克安肃。特离补摄安肃通判事，降将胡愈阴谋聚众叛乱，特离补率军擒拿了胡愈及其同党五十余人。安肃军改制为州，特离补就地被任命为同知州事；后改任到磁州，捕获了太行山的大批盗贼。元帅府把磁、相二州的驻军交由特离补统管，他又擒获了王会、孙小十、苗清等盗贼，至此，盗匪之乱被特离补基本平定。特离补升任滨州刺史，政绩考核位列优等。后因母亲去世而离职，之后官复原职，又改任涿州刺史。

伯德特离补入朝任工部郎中，跟随张浩一起营建、修缮东京的宫殿居室。田珏党事兴起时，朝省各部行政几乎瘫痪，特离补摄行尚书六部事，升任大理卿，后又出任同知东京留守。天德三年（1151），复任大理卿，同知南京留守。

特离补遇父丧而离职，后被起用为洺州防御使。正隆年间，盗贼兴起，州县没有驻军，未能平息盗贼的叛乱。洺州旧有河道附于城墙之下，特离补于是将水引至护城河中，以加固城防，使盗贼不能接近，洺州借此得以安定。伯德特离补升任崇义军节度使，不久后便告老还乡去世。

特离补为人孝顺而谨慎，为政简约沉静而不敛财，他常说："朝廷的俸禄丰厚足以养廉，吃穿用度之外，无须再有蓄积。"特离补每次调任，都只有一车行李、几个婢仆而已。

【评述】

伯德特离补出身辽族贵胄，他骁勇善战、足智多谋，率领麾下将士屡立战功；战事平缓时，特离补又能审时度势，从百姓利益出发，百姓得以安居乐业，故而受到军民的一致拥护。中国历史上军人出身的官员往往骁勇有余、才智不足，战时虽然可以驱敌卫戍，但在民政上却缺乏灵活的手段和圆融的态度。只有少数可以成功将二者兼顾的军人政治家，伯德特离补便是这样一个打破传统偏见的典范。

特离补是金朝最重要的军事将领之一，转任地方官后，他又多次平剿匪祸，使当地百姓得以安居乐业。特离补身居朝堂为官正直，堪为楷模；为人子女则坚守孝道，值得世人称颂。他先后因母亲、父亲去世两度离职，为双亲守丧，践行了其尽忠孝的价值观。特离补秉持官民一体的精神，体恤民情，深受百姓爱戴、朝廷信赖，但特离补却从不居功自傲，他作为为金朝平定战乱、立下过赫赫战功的勋臣，每次调任，都只有一车行李、几个婢仆而已。能够在生活用度上自律至此，足以窥见此人的品行。

（李伟注译、评述）

蔡　京

【原文】

蔡京，字元长，兴化仙游人。登熙宁三年进士第，调钱塘尉、舒州推官，累迁起居郎。使辽还，拜中书舍人。时弟卞已为舍人，故事，入官以先后为序，卞乞班京下。兄弟同掌书命，朝廷荣之。改龙图阁待制、知开封府。

元丰末，大臣议所立，京附蔡确，将害王珪以贪定策之功，不克。司马光秉政，复差役法，为期五日，同列病太迫，京独如约，悉改畿县雇役，无一违者。诣政事堂白光，光喜曰："使人人奉法如君，何不可行之有！"已而台谏言京挟邪坏法，出知成德军，改瀛州，徙成都。谏官范祖禹论京不可用，乃改江、淮、荆、浙发运使，又改知扬州。历郓、永兴军，迁龙图阁直学士，复知成都。

绍圣初，入权户部尚书。章惇复变役法，置司讲议，久不决。京谓惇曰："取熙宁成法施行之尔，何以讲为？"惇然之，雇役遂定。差雇两法，光、惇不同。十年间京再莅其事，成于反掌，两人相倚以济，识者有以见其奸。

卞拜右丞，以京为翰林学士兼侍读，修国史。文及甫狱起，命京穷治，京捕内侍张士良，令述陈衍事状，即以大逆不道论诛，并刘挚、梁焘劾之。衍死，二人亦贬死，皆锢其子孙。王岩叟、范祖禹、刘安世复远窜。京觊执政，曾布知枢密院，忌之，密言卞备位承辖，京不可以同升，但进承旨。

徽宗即位，罢为端明、龙图两学士，知太原，皇太后命帝留京毕史事。逾数月，谏官陈瓘论其交通近侍，瓘坐斥，京亦出知江宁，颇怏怏，迁延不之官。御史陈次升、龚、陈师锡交论其恶，夺职，提举洞霄宫，居杭州。

童贯以供奉官诣三吴访书画奇巧，留杭累月，京与游，不舍昼夜。凡所画屏幛、扇带之属，贯日以达禁中，且附语言论奏至帝所，由是帝属意京。又太学博士范致虚素与左街道录[①]徐知常善，知常以符水出入元符后殿，致虚深结之，道其平日趣向，谓非相京不足以有为。已而宫妾、宦官合为一词誉京，遂擢致虚右正言，起京知定州。崇宁元年，徙大名府。韩忠彦与曾布交恶，谋引京自助，复用为学士承旨。徽宗有意修熙、丰政事，起居舍人邓洵武党京，撰《爱莫助之图》以献，徽宗遂决意用京。忠彦罢，拜尚书左丞，俄代曾布为右仆射。制下之日，赐坐延和殿，命之曰："神宗创法立制，先帝继之，两遭变更，国是未定。朕欲上述父兄之志，卿何以教之？”京顿首谢，愿尽死。二年正月，进左仆射。

京起于逐臣，一旦得志，天下拭目所为，而京阴托“绍述”之柄，箝制天子，用条例司故事，即都省置讲议司，自为提举，以其党吴居厚、王汉之十余人为僚属，取政事之大者，如宗室、冗官、国用、商旅、盐泽、赋调、尹牧，每一事以三人主之。凡所设施，皆由是出。用冯澥、钱遹之议，复废元祐皇后。罢科举法，令州县悉仿太学三舍考选，建辟雍外学于城南，以待四方之士。推方田于天下。

榷江、淮七路茶，官自为市。尽更盐钞法，凡旧钞皆弗用，富商巨贾尝赍持数十万缗，一旦化为流丐，甚者至赴水及缢死。提点淮东刑狱章縡见而哀之，奏改法误民，京怒，夺其官。因铸当十大钱，尽陷縡诸弟。御史沈畸等用治狱失意，羁削者六人。陈瓘子正汇以上书黥置海岛。

南开黔中，筑靖州。辰溪徭叛，杀溆浦令，京重为赏，募杀一首领者赐之绢三百，官以班行，且不令质究本末。荆南守马瑊言：“有生徭，有省地徭，今未知叛者为何种族，若计级行赏，俱不能无枉滥。”蒋之奇知枢密院，恐忤京意，白言瑊不体国，京罢瑊，命舒亶代之，以剿无群徭为期。西收湟川、鄯、廓，取牛羊祠、夜郎地。

擢童贯领节度使，其后扬戬、蓝从熙、谭稹、梁师成皆踵之。凡寄资一切转行，祖宗之法荡然无余矣。又欲兵柄士心皆归己，建澶、郑、曹、拱州为四辅，各屯兵二万，而用其姻昵宋乔年、胡师文为郡守。禁卒干掫月给钱五百，骤增十倍以固结之。威福在手，中外莫敢议。累转司空，封嘉国公。

京既贵而贪益甚，已受仆射奉，复创取司空寄禄钱，如粟、豆、柴薪与傔从粮赐如故，时皆折支，亦悉从真给，但入熟状[②]奏行，帝不知也。

时元祐群臣贬窜死徙略尽，京犹未惬意，命等其罪状，首以司马光，目曰奸党，刻石文德殿门，又自书为大碑，遍班郡国。初，元符末以日食求言，言者多及熙宁、绍圣之政，则又籍范柔中以下为邪等凡名在两籍者三百九人，皆锢其子孙，不得官京师及近甸。五年，进司空、开府仪同三司、安远军节度使，改封魏国。

时承平既久，帑庾盈溢，京倡为丰、亨、豫、大之说，视官爵财物如粪土，累朝所储扫地矣。帝尝大宴，出玉琖、玉卮示辅臣曰："欲用此，恐人以为太华。"京曰："臣昔使契丹，见玉盘琖，皆石晋时物，持以夸臣，谓南朝无此。今用之上寿，于礼无嫌。"帝曰："先帝作一小台财数尺，上封者甚众，朕甚畏其言。此器已就久矣，倘人言复兴，久当莫辨。"京曰："事苟当于理，多言不足畏也。陛下当享天下之奉，区区玉器，何足计哉！"

五年正月，彗出西方，其长竟天。帝以言者毁党碑，凡其所建置，一切罢之。京免为开府仪同三司、中太乙宫使。其党阴援于上，大观元年，复拜左仆射。以南丹纳土，躐拜太尉，受八宝，拜太师。

三年，台谏交论其恶，遂致仕。犹提举修《哲宗实录》，改封楚国，朝朔望。太学生陈朝老追疏京恶十四事，曰渎上帝、罔君父、结奥援、轻爵禄、广费用、变法度、妄制作、喜导谀、箝台谏、炽亲党、长奔竞、崇释老、穷土木、矜远略。乞投畀远方，以御魑魅。其书出，士人争相传写，以为实录。四年五月，彗复出奎、娄间，御史张克公论京辅政八年，权震海内，轻锡予以蠹国用，托爵禄以市私恩，役将作以葺居第，用漕船以运花石③。名为祝圣而修塔，以壮临平之山；托言灌田而决水，以符"兴化"之谶。法名退送，门号朝京。方田扰安业之民，圜土聚徙郡之恶。不轨不忠，凡数十事。先是，御史中丞石公弼、侍御史毛注数劾京，未允，至是，贬太子少保，出居杭。

政和二年，召还京师，复辅政，徙封鲁国，三日一至都堂治事。京之去也，中外学官颇有以时政为题策士者。提举淮西学士苏棫欲自售，献议请索五年间策问，校其所询，以观向背，于是坐停替者三十余人。初，国制，凡诏令皆中书门下议，而后命学士为之。至熙宁间，有内降手诏不由中书门下共议，盖大臣有阴从中而为之者。

至京则又患言者议己，故作御笔密进，而丐徽宗亲书以降，谓之御笔手诏，违者以违制坐之。事无巨细，皆托而行，至有不类帝札者，群下皆莫敢言。由是贵戚、近臣争相请求，至使中人杨球代书，号曰“书杨”，京复病之而亦不能止矣。

既又更定官名，以仆射为太、少宰，自称公相，总治三省。追封王安石、蔡确皆为王，省吏不复立额，至五品阶以百数，有身兼十余奉者。侍御史黄葆光论之，立窜昭州。拔故吏魏伯刍领榷货，造料次钱券百万缗进入，徽宗大喜，持以示左右曰：“此太师与我奉料也。”擢伯刍至徽猷阁待制。

京每为帝言，今泉币所积赢五千万，和足以广乐，富足以备礼，于是铸九鼎，建明堂，修方泽，立道观，作《大晟乐》，制定命宝。任孟昌龄为都水使者，凿大伾三山，创天成、圣功二桥，大兴工役，无虑四十万。两河之民，愁困不聊生，而京侚然自以为稷、契、周、召也。又欲广宫室求上宠媚，召童贯辈五人，风以禁中逼侧之状。贯俱听命，各视力所致，争以侈丽高广相夸尚，而延福宫、景龙江之役起，浸淫及于艮岳④矣。

子攸、儵、絛，攸子行，皆至大学士，视执政。鞗尚茂德帝姬。帝七幸其第，赉予无算。命坐传觞，略用家人礼。厮养居大官，媵妾封夫人，然公论益不与，帝亦厌薄之。

宣和二年，令致仕。六年，以朱勔为地，再起领三省。京至是四当国，目昏眊不能事事，悉决于季子絛。凡京所判，皆絛为之，且代京入奏。每造朝，侍从以下皆迎揖，呫嗫耳语，堂吏数十人，抱案后从，由是恣为奸利，窃弄威柄，骤引其妇兄韩梠为户部侍郎，媒蘖密谋，斥逐朝士，创宣和库式贡司，四方之金帛与府藏之所储，尽拘括以实之，为天子之私财。宰臣白时中、李邦彦惟奉行文书而已，既不能堪。兄攸亦发其事，上怒，欲窜之，京力丐免，特勒停侍养，而安置韩梠黄州。未几，褫絛侍读，毁赐出身敕，而京亦致仕。方时中等白罢絛以撼京，京殊无去意。帝呼童贯使诣京，令上章谢事，贯至，京泣曰："上何不容京数年，当有相谗谮者。"贯曰："不知也。"京不得已，以章授贯，帝命词臣代为作三表请去，乃降制从之。

钦宗即位，边遽日急，京尽室南下，为自全计。天下罪京为六贼⑤之首，侍御史孙觌等始极疏其奸恶，乃以秘书监分司南京，连贬崇信、庆远军节度副使，衡州安置，又徙韶、儋二州。行至潭州死，年八十。

京天资凶谲，舞智御人，在人主前，颛狙伺为固位计，始终一说，谓当越拘挛之俗，竭四海九州之力以自奉。帝亦知其奸，屡罢屡起，且择与京不合者执政以柅之。京每闻将退免，辄入见祈哀，蒲伏扣头，无复廉耻。燕山之役，京送攸以诗，阳寓不可之意，冀事不成得以自解。见利忘义，至于兄弟为参、商，父子如秦、越。暮年即家为府，营进之徒，举集其门，输货僮隶得美官，弃纪纲法度为虚器。患失之心无所不至，根株结盘，牢不可脱。卒致宗社之祸，虽谴死道路，天下犹以不正典刑为恨。

选自《宋史》卷四百七十二《蔡京传》

【注释】

①左街道录：宋朝置道录院，掌管在京及诸路宫观道士。道录院设提举，其下设左、右街正道录、副道录等。起初隶属于鸿胪寺，政和六年（1116）改隶秘书省。

②熟状：宋朝制度，非紧要事务，有关官员拟就施行办法，以白纸书写，宰相押字，其他执政均署名，送呈皇帝批示，皇帝画“可”后执行，称熟状。

③花石：即花石纲，是中国历史上专门运送奇花异石以满足皇帝喜好的特殊运输交通名称。宋徽宗时，往往是十艘船为一“纲”。当时负责花石纲的有杭州“造作局”、苏州“应奉局”等，对东南地区的珍奇文物进行搜刮。花石船队所过之处，百姓要供应钱粮和民役；为使船队通过，甚至拆毁桥梁，凿坏城郭。江南人民苦不堪言。

④艮岳：宋代著名宫苑。宋徽宗政和七年（1117）兴工，宣和四年（1122）竣工，初名万岁山，后名艮岳、寿岳，或连称寿山艮岳，亦号华阳宫。1127 年金人攻陷汴京后被毁。宋徽

宗曾亲自写《御制艮岳记》，艮为地处宫城东北隅之意。

⑤六贼：指蔡京、童贯、王黼、朱勔、李彦、梁师成等六人。

【译文】

蔡京，字元长，兴化仙游人。熙宁三年（1070），蔡京中进士，调任钱塘尉、舒州推官，多次升迁后任起居郎。蔡京出使辽国，回国后，拜官中书舍人。当时，蔡京的弟弟蔡卞已是中书舍人。按照做官论资排辈的惯例，蔡京当排在蔡卞之后，但蔡卞乞请排在蔡京之后。兄弟二人同掌中书要职，整个朝廷大员都十分羡慕。后来，蔡卞调为龙图阁待制、开封府知府。

神宗元丰末年，大臣商拥立新皇帝的事，蔡京附和蔡确，准备用“独占拥立之功”的罪名来陷害王珪，最后未得逞。司马光主政，恢复差役法，以五天为期限，同僚因为时间太紧而为难，只有蔡京如期完成，把开封各县的雇役都改了过来，没有一个人违反。蔡京跑到政事堂将此事禀告司马光，司马光听了，高兴地说：“如果每个人都像你一样，哪有什么不能实行的!”不久，台谏官说蔡京挟邪念而破坏法律，朝廷将他调出为成德军知军，后又相继调任瀛州知州、成都知府。谏官范祖禹建议蔡京不能被重用，就让他任江、淮、荆、浙的转运使，后又调为扬州知州。蔡京历郓州知州、永兴军知军，后又调回朝廷任龙图阁直学士，又为成都知府。

哲宗绍圣初年，蔡京回到朝廷为户部尚书。章惇又想改变役法，并将这一提议交给有关部门讨论，但很长时间也没有决定下来。蔡京对章惇说：“采取王安石的募役法就行了，不用讨论了。”章惇认为蔡京说得对，募役的事就定下来了。差役法和募役法两法，司马光和章惇不同。在十年里，蔡京两次主管其事，依靠司马光、章惇的帮助，易如反掌，有识之士从中看出了他的奸诈。

蔡卞被拜为尚书右丞，蔡京也做翰林学士兼侍读官，参与修国史。文及甫案发生后，皇帝命蔡京查个水落石出。于是，蔡京逮捕了宦官张士良，使他交代陈衍的事情。蔡京以大逆不道罪杀了陈衍，又弹劾刘挚、梁焘。陈衍死后，刘挚、梁焘也被贬而死，并禁锢他们的子孙。王岩叟、范祖禹、刘安世也被牵连流放到荒远之地。蔡京觊觎宰相之位，曾布为枢密院使，忌恨蔡京，便悄悄告诉蔡卞已经为他准备了承辖的官，蔡京不能和他同时晋升，只能升枢密院承旨。

宋徽宗即位，蔡京被罢为端明殿、龙图阁两学士，为太原知府，皇太后要宋徽宗把蔡京留下来修完国史。过了几个月，谏官陈瓘弹劾蔡京与宦官勾结。陈瓘因之被贬，蔡京也调出朝廷为江宁知府。蔡京非常不高兴，拖着不去赴任。御史陈次升、龚、陈师锡相继上书，指斥蔡京的罪恶。于是，蔡京又被削职，只负责洞霄宫的事务，定居在杭州。

童贯做朝廷供奉，他去吴地搜求历代名家书画及各种奇巧玩物，其中，他在杭州就呆了几个月。童贯在杭州时，蔡京不遗余力地巴结他，夜以继日地陪伴他。因此，凡蔡京所画的屏风、扇带等，童贯附上自己的评语，然后每天派人将它们送到宫中。这样，宋徽宗开始留意蔡京了。太学博士范致虚素来与左街道录徐知常关系好，徐知常常来宫中行法事，出入元符后殿。这样，范致虚得深入交结徐知常，他们一起谈起蔡京的理想，说如果不让蔡京作宰相，就不能有成就。很快，宫女和宦官也异口同声的称赞蔡京。于是，宋徽宗提拔范致虚为右正言，蔡京为定州知州。崇宁元年（1102），蔡京调为大名府知府。韩忠彦因与曾布关系弄僵以后，想用蔡京来协助自己，又任用蔡京为翰林学士承旨。宋徽宗想像宋神宗那样处理政务，而起居舍人邓洵武与蔡京为同伙，他画了《爱莫助之图》献给徽宗。这样，徽宗决意重用蔡京。韩忠彦被罢官后，蔡京升为尚书左丞。很快，蔡京又代替曾布为右仆射。任命诏书下达的那天，宋徽宗赐蔡京坐于延和殿，徽宗命令他说："神宗皇帝创法立制，先帝哲宗继承它，可两次遭受变更，国家大政未定。朕想继承父兄的遗志，你以何教我？"蔡京磕头谢恩，表示愿国大宋事业万死不辞。崇宁二年正月，蔡京升为左仆射。

蔡京由被贬之臣而重新起用，一旦得志，全天下人都在看他所为。而蔡京为左仆射后，以继承宋神宗制度为幌子，暗地里挟制天子。蔡京用制置三司条例司的先例，在都省设置讲议司，他自己则担任讲议司提举，把同党吴居厚、王汉之等十几个人做自己的下属。这样，蔡京就掌握了其中最重要的宗室子弟、冗官裁撤、国家财政开支、国家商业、国家盐业专卖、国家税收、京城和地方行政长官等方面，每方面由他的三个心腹主管。各种人事安排和方针政策，都在这里敲定。蔡京又采用冯澥、钱遹的建议，废除元祐皇后。蔡京还废除科举考试，命令地方州县都仿照王安石变法时太学三舍生的考试办法，在京城南面修建辟雍外学，以接纳来自四方的学子。另外，蔡京还推广王安石的方田法。

蔡京又把江淮地区七路的茶叶，改由官方专卖。蔡京又"改革”盐钞法，禁止旧钞流通，导致了本拥有几十万缗钱的富商巨贾一下子就变为乞丐，甚者跳河自缢而死。提点淮东刑狱章綡见状而同情他们，便上奏请求修改这些残酷剥削人民的法律。蔡京勃然大怒，不但撤了章綡的职，还铸造当十大钱，诬陷此为章綡的弟弟们所为，把他们都陷害了。御史沈畸等断案没有遵照蔡京的旨意，被削官并管束的就有六人。陈瓘的儿子陈正汇因上书徽宗而被蔡京知道，蔡京便将他刺配海南岛。

蔡京又向南开拓黔中地区，修筑靖州城。辰溪徭族人民起义，蔡京便杀了溆浦县令，并重赏谁杀掉起义军一个首领，就赏给绢三百匹，还给官职，且不追究其杀起义军首领的手段。对一这政策，荆南太守马城提出异议，说：“徭族有生徭，有省地徭，现在不知何种族叛乱。若按杀敌首级行赏，恐怕滥杀无辜。”枢密院使蒋之奇害怕违背蔡京的旨意，便向蔡京告状，说马城为国效力不够，蔡京就马城罢免，命令舒亶接任，以剿灭群徭。蔡京派军队向西收复了湟川、鄯州、廓州，又攻取牂牁、夜郎等地。

蔡京提升童贯统领各节度使，后来扬戬、蓝从熙、谭稹、梁师成相继之。蔡京将预支俸禄等一切都“革新”，祖宗之法已荡然无存。蔡京又想牢牢掌握军队，使之忠于自己，便将澶州、郑州、曹州和拱州建为“四辅”，每辅驻兵二万人，又以他的心腹宋乔年、胡师文为各辅长官。本来，禁卒每月薪水只有五百钱，为了收买人心，蔡京一下子将他们的薪水增加十倍。这样，蔡京威福在手，朝廷内外禁若寒蝉，谁敢多言。蔡京在屡次升迁后，官至司空，封嘉国公。

蔡京在其社会地位急速攀升后，变得更加贪婪。他既领取仆射的俸禄，又首创领取司空寄禄官的钱，像粮食、豆、柴草及侍从口粮等都照旧赏赐给他。这些在当时本都是折价支付，但给蔡京的都是实物。这些东西都是蔡京用自己签字的文书上奏获准，皇帝不知内情。

当时，元祐党人或被贬死，或被流放，被蔡京折磨得差不多了，但蔡京仍不高兴，又命人列出他们“罪状”，其中以司马光为首，全被列为“奸党”，这些“奸党”的名字被刻在文德殿门上。蔡京还不罢休，又亲自书写大碑，并且诏告天下。起初，在元符末年因为日食的事，太学博士范柔等人上书哲宗皇帝，重提宋神宗熙宁和宋哲宗绍圣时候的政治情况，蔡京又把这些人列为“奸党”。名字列在元祐、元符两籍的共有三百零九人，他们的子孙永被禁锢，不能在京师及京师附近为官。崇宁五年，蔡京再次升为司空、开府仪同三司、安远军节度使，改封魏国公。

此时，天下太平已久，国库充盈，蔡京倡导所谓“丰、亨、豫、大”之说，好大喜功，奢侈浪费，轻视官爵，几朝以来所辛苦储备的国库钱粮被一扫而空。宋徽宗曾经大宴群臣，他拿出玉琖、玉卮给众大臣看，说：“我想用这些东西，又怕人家说朕太奢华。”蔡京进言说：“微臣出使契丹时，看见过玉盘琖，都是石晋时侯的东西。契丹人拿着向我炫耀，说我大宋没有这些东西。现在，微臣用它来祝皇上万寿，于礼无可非议。”徽宗又说：“先帝作一几尺的小台，上书阻拦的人就很多了，我很怕他们再说什么。这个东西已很久没使用过了，如果又有人说可用它了，时间一长就无法分辨。”蔡京接着说：“如果情合乎道理，别人再说什么也不用怕。陛下享有整个天下，小小玉器，何足挂齿！”

崇宁五年正月，彗星出现在西方，竟和天一样长。皇帝因为进言者对党人碑有不满，因此，凡这些人所建置的，一切废除。蔡京也被免职为开府仪同三司、中太乙宫使。但蔡京的同伙在徽宗面前暗中帮助他，大观元年（1107），蔡京又拜为左仆射。因为南丹归附北宋，蔡京又破格拜为太尉，徽宗又赐给他宝瓶、宝盖、双鱼、等八种印玺宝，拜他为太师。

大观三年，谏官们相继弹劾蔡京的斑斑劣迹。于是，蔡京被迫退休，但仍负责修《哲宗实录》，改封楚国公，每月初一、十五入朝议政。太学生陈朝老上疏追究蔡京十四大罪状，即亵渎先帝、欺骗君父、勾结宦官、轻视爵禄、铺张浪费、篡改法制、阿谀奉承、阻止进言、拉帮结派、沽名钓誉、崇佛迷道、大兴土木、好大喜功等，并请求把他发配远方，去喂豺狼。他的上书被传出来后，人们争相传阅抄写，以为是当代实录。大观四年五月，彗复又一次在奎星和娄星之间出现，御史张克公上书，历数蔡京在执政八年的时间里权倾天下，随意赏赐而耗空国家财富，以高官厚禄收买人心，要将作大匠为自己修葺府第，动用漕船运送花岗石。蔡京在临平山修建宝塔，名为祝圣皇帝万寿，而实际是使美化临平山风景；他托言灌溉田地而决水，是为了应“兴化”的谶语。蔡京的取名法号为“退送”，命名门号为“朝京”。方田法扰乱人民安居乐业，圜土法导致徙郡。蔡京作奸犯科，不忠于朝廷。他的种种罪状，不下几十款。在此之前，御史中丞石公弼、侍御史毛注多次弹劾蔡京，但没得到宋徽宗的批准。到这时，蔡京才被贬为太子少保，离开京城居住杭州。

政和二年（1112），宋徽宗又召蔡京回京城，再次主政，封鲁国公，每三日到朝堂处理政事。蔡京离开京城去杭州之后，朝廷内外很多学官以时事政治为题测试士人。淮西提举学士苏棫想表现自己，欲将近来五年间的策问试题，和举子的答卷相比较，来考察这些人是否忠于朝廷，结果被停职替代的有三十几人。

起初，对有关国家制度的诏令都由中书门下讨论，然后交翰林学士起草。宋神宗熙宁年间，已有不经中书门下讨论就下达的诏书，大概已由大臣暗中讨论过。至蔡京时，他害怕谏官批评自己，所以作圣旨秘密进呈宋徽宗，请徽宗照抄一遍，然后传达下去，这就是所谓的“御笔手诏”，违者以违抗君令处理。从此，事无巨细，蔡京都打着宋徽宗的旗号，甚至有伪造徽宗笔迹不像的诏书，但群臣不敢言说。因此，皇亲贵戚和心腹之臣争相请求蔡京，甚至让宦官杨球代写，称为“书杨”。蔡京又担心了，但也不能阻止。

不久，蔡京又改官名。他把仆射只作为太宰和少宰的称呼，而自已称为“公相”，统领三省。他又追封王安石、蔡确为王，三省官员名额不再限制。因此，三省官至五品的就达上百人，其中有人身兼十余职。侍御史黄葆光批评这件事，立刻被蔡京流放昭州。蔡京又提拔老部下魏伯刍掌管榷货务，造了料次钱券百万贯献给徽宗，徽宗大喜过望，拿着给大臣们炫耀，说：“这是蔡太师给我的俸料钱!”随即，徽宗又升魏伯刍官至徽猷阁待制。

蔡京常常对宋徽宗吹嘘说，现在国库的钱多达五千万缗，天下富庶，海不扬波，礼乐教化可大行天下。于是，宋徽宗铸造九鼎，建立明堂，兴修祭地祇的方丘，修建道观，作《大晟乐》，制定皇帝玉玺。蔡京又任命孟昌龄为都水使者，开凿大伾三山，修建天成、圣功两座大桥，大兴土木徭役，天下服役者不下四十万人。两河地区，民不聊生，而蔡京竟恬不知耻地以后稷、契、周公、召公自诩。蔡京又想扩大宫室规模以求恩宠，又告诉童贯等五人，说禁中太小。童贯等人完全听从蔡京的旨意，竭尽全力，奢华至极。不久，修建延福宫、景龙江的工程又开始，更加奢靡。延福宫、景龙江的工程完工后，又发展到艮岳宫苑了。

蔡京的儿子蔡攸、蔡𨗉、蔡绦，蔡攸的儿子蔡行，都是大学士，如同宰相、枢密使。蔡鞗娶了宋徽宗女儿福金公主。徽宗皇帝七次临幸蔡鞗的储第，赏赐不计其数。让座劝酒，都免君臣之礼，而用家人的礼节。蔡京家的奴仆做了大官，小妾被封为夫人，但是社会上的舆论越来越不好，徽宗开始讨厌他了。

宣和二年（1120），宋徽宗命令蔡京辞官。宣和六年，因为朱勔占地的事情，蔡京再次起领三省。这是蔡京第四次掌握大权，他老眼发昏花不能做事，全是由小儿子蔡绦代为处理。凡蔡京所裁定的，均为蔡绦所为，并且代替蔡京入奏皇帝。

蔡京每次入朝，侍从以下人员作揖相迎，窃窃私语，而中书省的官员几十人则抱着案卷跟在后面。从此，蔡京操弄权柄，恣意妄为。他迅速提拔妻子的哥哥韩梠为户部侍郎，二人狼狈为奸，贬逐朝臣，无所不用其极。他又创建宣和库式贡司，把全国各地金争财宝和国库所，全部搜刮来藏于此，做为天子的私人财产。宰相白时中、李邦彦只能奉行文书，实在不能忍受。蔡绦的哥哥蔡攸揭发了他的事情，徽宗大怒，想把他流放，蔡京极力乞求才免于流放，特勒令停止侍养，而把韩梠安置到黄州。不久，徽宗夺去蔡绦侍读之职，毁掉赐与出身的敕告，而蔡京也辞官去职。当白时中等人罢免蔡绦以撼动蔡京时，蔡京没有一点要离开的迹象。宋徽宗派童贯到蔡京那儿去，令蔡京上章辞职。童贯到了以后，蔡京假装流泪说："皇上为什么不容我再呆几年，一定有人诋毁我。”童贯说：“我不知道。”蔡京只得将奏章交给童贯。徽宗又命词臣代蔡京作三表请求辞职，就下令听从请求。

宋钦宗即位，边疆战事越来越紧。蔡京为保全自身，携全家南下。但全国人民都知道蔡京是“六贼”之首，侍御史孙觌等人开始上疏，全面深入地揭发他的罪状。宋钦宗就让蔡京以秘书监分司南京，然后又接连把他贬为崇信、庆远军节度副使，安置衡州，又徙移韶州、儋州。蔡京走到潭州时死去，时年八十岁。

蔡京天生凶狠狡诈，又能控制别人。为巩固自己的地位，他在皇帝面前小心翼翼，将自己打扮为超世脱俗，为朝廷效犬马之劳的样子。宋徽宗也知道他的奸诈，屡次罢免他，但又屡次起用他。在起用他时，徽宗派与蔡京有矛盾的人来牵制他。每当蔡京听到将要被免职时，他就不顾廉耻，去向皇上乞哀告怜，磕头如捣蒜。童贯督军讨伐燕山时，蔡京作诗赠为宣抚副使的儿子蔡攸，表达不能出战之意，希望失利时能脱责。蔡京见利忘义，以至于父子兄弟不和。晚年，蔡京就把家作为办公场所，那些善于钻营的人都来送礼拍马。在蔡京眼里，国家纲纪法度形同虚设，给他送了礼的奴仆竟能做大官。蔡京掌权多年，对任何事情都患得患失。在他周围，形成一个强大的关系网。这张网，盘根错节，牢不可破，最后导致国家灭亡。可惜，蔡京死在被贬的路上，人民没把他正法，憾恨不已。

【评述】

蔡京是北宋著名奸臣。他四次高居相位，利用职权大肆卖官鬻爵，“三千索，直秘阁；五百贯，擢通判”，蔡府便成了卖官超市。蔡京广为聚敛，富可敌国，可贪心不足，还要大肆买地，使自己拥有土地五十万亩。他又善于假公济私，引诱徽宗大兴土木，将东南的奇花异石用运粮漕船运往都城，称为“花石纲”，自己将其中一部分据为己有。他又调集能工巧匠，为自己修葺甲第名园。他晚年“既贵而贪益甚”，不惜造假帐，领双份宰相俸禄，等等。种种劣迹，使他声名狼藉。

这样的巨贪当然会得到应有的惩罚。蔡京在晚年填过一首《西江月》词：“八十一年往事，四千里外无家。如今流落向天涯，梦到瑶池阙下。玉殿五回命相，彤庭几度宣麻。止因贪恋此荣华，便有如今事也。”这首词概括了他一生的经历，并指出“贪恋荣华”是造成他人生悲剧的原因。他被流放岭南，临行时，又装满一大船金银珠宝。在他看来，钱能通神，没有了权，钱同样能摆平事。但这次蔡京完全错了。王明清《挥麈后录》云：“初，元长之窜也，道中市食饮之物，皆不肯售，至于辱骂，无所不至。乃叹曰：‘京失人心，一至于此。’”虽然没有谁下命令，但沿途老百姓无不憎恨这个巨贪大恶，从开封到长沙三千里路上，他很难买到一口饭、一杯茶。到长沙，他只能住到城南的一座破庙里，饥寒交迫，病困交加。即将饿死时，他才真正自省，可为时已晚。

蔡京的悲剧是一名腐败分子的真实人生写照，他将自己的利益建立在盘剥人民的基础之上，结果只能是人民万分憎恶。

（李燕晖注译、评述）

朱 勔

【原文】

朱勔，苏州人。父冲，狡狯有智数。家本贱微，庸于人，梗悍不驯，抵罪鞭背。去之旁邑乞贷，遇异人，得金及方书归，设肆卖药，病人服之辄效，远近辐凑，家遂富。因修莳园圃，结游客，致往来称誉。

始，蔡京居钱塘，过苏，欲建僧寺阁，会费钜万，僧言必欲集此缘，非朱冲不可。京以属郡守，郡守呼冲见京，京语故，冲愿独任。居数日，请京诣寺度地，至则大木数千章积庭下，京大惊，阴器其能。明年召还，挟勔与俱，以其父子姓名属童贯窜置军籍中，皆得官。

徽宗颇垂意花石，京讽勔语其父，密取浙中珍异以进。初致黄杨三本，帝嘉之。后岁岁增加，然岁率不过再三贡，贡物裁五七品。至政和中始极盛，舳舻相衔于淮、汴，号“花石纲”，置应奉局于苏，指取内帑如囊中物，每取以数十百万计。延福宫、艮岳成，奇卉异植充牣其中。勔擢至防御使，东南部刺史、郡守多出其门。

徐铸、应安道、王仲闳等济其恶，竭县官经常以为奉。所贡物，豪夺渔取于民，毛发不少偿。士民家一石一木稍堪玩，即领健卒直入其家，用黄封表识，未即取，使护视之，微不谨，即被以大不恭罪。及发行，必彻屋抉墙以出。人不幸有一物小异，共指为不祥，唯恐芟夷之不速。民预是役者，中家悉破产，或鬻卖子女以供其须。斫山辇石，程督峭惨，虽在江湖不测之渊，百计取之，必出乃止。

尝得太湖石，高四丈，载以巨舰，役夫数千人，所经州县，有拆水门、桥梁，凿城垣以过者。既至，赐名“神运昭功石”。截诸道粮饷纲，旁罗商船，揭所贡暴其上，篙工、柁师倚势贪横，陵轹州县，道路相视以目。广济卒四指挥尽给挽士犹不足。京始患之，从容言于帝，愿抑其太甚者。帝亦病其扰，乃禁用粮纲船，戒伐冢藏、毁室庐，毋得加黄封帕蒙人园囿花石，凡十余事。听勔与蔡攸等六人入贡，余进奉悉罢。自是勔小戢。

既而勔甚。所居直苏市中孙老桥，忽称诏，凡桥东西四至壤地室庐悉买赐予己，合数百家，期五日尽徙，郡吏逼逐，民嗟哭于路。遂建神霄殿，奉青华帝君像其中，监司、都邑吏朔望皆拜庭下，命士至，辄朝谒，然后通刺诣勔。主赵霖建三十六浦闸，兴必不可成之功，天方大寒，役死者相枕藉。霖志在媚勔，益加苛虐，吴、越不胜其苦。徽州卢宗原竭库钱遗之，引为发运使，公肆掊克。园池拟禁籞，服饰器用上僭乘舆。又托挽舟募兵数千人，拥以自卫。子汝贤等召呼乡州官寮，颐指目摄，皆奔走听命，流毒州郡者二十年。

方腊起，以诛勔为名。童贯出师，承上旨尽罢去花木进奉，帝又黜勔父子弟侄在职者，民大悦。然寇平，勔复得志，声焰熏灼。邪人秽夫，候门奴事，自直秘阁至殿学士，如欲可得，不附者旋踵罢去，时谓东南小朝廷。帝末年益亲任之，居中白事，传达上旨，大略如内侍，进见不避宫嫔。历随州观察使、庆远军承宣使。燕山奏功，进拜宁远军节度使、醴泉观使。一门尽为显官，驺仆亦至金紫，天下为之扼腕。

靖康之难，欲为自全计，仓卒拥上皇南巡，且欲邀至其第。钦宗用御史言，放归田里，凡由勔得官者皆罢。籍其赀财，田至三十万亩。言者不已，羁之衡州，徙韶州、循州，遣使即所至斩之。

选自《宋史》卷四百七十《朱勔传》

【译文】

朱勔，苏州人。朱勔之父朱冲既狡猾，又工于心计。本来，朱冲家十分贫寒，他给人家做雇工，但他个性强悍，因犯罪而受过鞭背之刑。有一次，朱勔到邻近地方借钱，碰到了一位奇异之人，这位奇人送他一笔钱和一些有关药物方面的书。回家后，朱冲就开起了药店。奇怪的是，病人吃了朱冲的药，很快就好了。

这样，一传十，十传百，远近的人都来店里买药，朱冲很快富起来。有了钱以后，朱冲就修建花园，栽植各种奇花异木，结交和种人物，这些人对他赞不绝口。

起初，蔡京从京城移居钱塘。有一次，经过苏州时，蔡京想建一座佛寺，但要很多钱。据和尚说，此事非找朱冲不可。蔡京便把找朱冲的事交给郡守。很快，郡守就把朱冲叫到蔡京面前。蔡京对朱冲讲了这件事，朱冲听后，表示愿意由他一人出所有经费。过了几天，朱冲请蔡京到寺中视察，竟看到几千根大木已摆放在庭下。蔡京大吃一惊，暗暗佩服朱冲的办事能力。第二年，蔡京回到朝廷，顺便将朱勔也带进京城，并要童贯将朱家父子的名字都塞入军籍，并授以官职。

宋徽宗十分喜爱各种奇花异石。为投其所好，蔡京就让朱勔带话给朱冲，要朱冲秘密搜集浙地的奇珍异物进献给宋徽宗。最初，朱冲进献的不过三棵黄杨树，宋徽宗也很欣赏。后来，朱冲进贡虽每年有所增加，但每年上贡也不过三次，每次贡品也不过五七件。到了政和年间，南方大举进贡皇帝，运送奇花异石的船只在淮河、汴河上绵延不断，称为“花石纲”。宋徽宗又在苏州设立“应奉局”，可随时用国库的钱，每次达几十万甚至几百万，为他购买“花石纲”。延福宫和艮岳宫苑建成后，奇花异木充斥其间。朱勔也因“花石纲”有功，被升为防御使，东南一带的州刺史和郡守多出其门。

朱勔与徐铸、应安道和王仲闳等狼狈为奸，竭尽地方政府的财力来讨好宋徽宗。他们给徽宗的贡品不费分文，都是向老百姓巧取豪夺来的。如果谁家有可观或可玩的东西，朱勔就带着强悍的士卒闯入其家，用黄绢在上面做标记，不马上取走，让这家好好照料，如稍有疏忽，便以大不敬罪论处。到发运时，士卒们毁墙拆屋，才把这些东西弄出来。如果谁有一样比较奇异的东西，都会被大家说成不祥之光，毁之唯恐不及。为此，中等水平的人家全都破产，甚至卖儿卖女来供应官府的索求。朱勔又命人开山运石，监工又穷凶极恶，不顾人的死活，即使“宝物”在万丈深渊之中，他也要不惜一切地把它搞到手。

朱勔曾得到一块“太湖石”，有四丈高，用一艘巨船运，拉纤的竟有几千人。该船所经州县，有时毁船闸，断桥梁，挖城墙，方可通过。巨石运抵开封后，宋徽宗美其名曰“神运昭功石”。在运输“花石纲”途中，朱勔命拦截各路开往京城的粮饷船和商船来，强行令其载运贡品。撑船和把舵的人也狗仗人势，侵凌州县，人们只能以目相视，谁也不敢说一句。广济军四指挥的士卒全部用来拉纤，可还是不够。蔡京开始担心了，便特向宋徽宗讨论此事，想约束一些过分的做法。宋徽宗也对“花石纲”骚扰百姓感到担忧，便下令禁止占用粮纲船，不许挖墓取宝，不准毁民宅，不许封盖别人花园中的花石等十多件事，而只允许朱勔、蔡攸等六人进贡“花石纲”，其他则一律取消。自此以后，朱勔稍有收敛。

不久，朱勔更加胆大包天。朱勔家正对着苏州城内的孙老桥，他忽然称有圣旨，凡孙老桥东西两头四周的土地房屋都由朝廷买下来赏赐给他。而此时，这里共住着几百户人家，朱勔限他们在五天内全部搬走。为此，官吏们催逼驱赶，人们只有对天号哭。朱勔在这里修了神霄殿，里面供着青华帝君的神像，转运使、提点刑狱和各州官员在每月初一和十五都要来这里参拜。朱勔命令他的卫士，凡前来官员只有在拜了青华帝君以后，才能递上名帖来见朱勔。当地长官赵霖修建三十六个水闸，这是极难的工程，又逢天气严寒，因此，工地上冻饿而死的人堆积如山。赵霖要讨好朱勔，更加苛酷，吴、越百姓不胜其苦。徽州长官卢宗原用尽国库中所有的钱来贿赂朱勔，朱勔便提拔他做发运使。卢宗原做发运使后，公然大肆搜括百姓。朱勔的园林池沼可跟宫中相比，服饰器用也堪比帝王。他又借口拉纤，又擅自招了几千名士兵来保护自己。朱勔的儿子朱汝贤对州县长官也颐指气使，不可一世，而这些官员也甘心俯首听命。朱勔父子为害州郡长达二十年。

方腊起义，以诛朱勔为号召。童贯出兵讨伐方腊。为招抚起义，宋徽宗彻底罢除“花石纲”，又贬黜了朱勔父子及其弟侄为官者，人民拍手称快。然而方腊起义平定后，朱勔重又得志，其权势煊赫。那些禀性邪恶、品行肮脏的人以及侯门奴才，他们如想做官，只要朱勔打个招呼，便从直秘阁到殿学士的官，他们随便可做；而那些不巴结他的人则立即罢官。因而，当时人称朱勔为“东南小朝廷”。宋徽宗到了晚年，更加宠用朱勔。朱勔处理政事，传达圣旨，几乎跟宦官差不多。他随时进出宫殿，从不回避后宫妃嫔。朱勔历任随州观察使、庆远军承宣使。燕山之役论功，朱勔被加拜为宁远军节度使、醴泉观使。朱勔一家人都做了高官，他的家奴也做了官，人民切齿痛恨。

靖康之难，朱勔为保命，仓卒中挟宋徽宗向南逃窜，想把他迎到自己家里。宋钦宗采纳了御史的意见，将朱勔罢官归田，同时，将凡通过朱勔而得官者也全罢免。钦宗又查抄没收了朱勔所有的财产，其中田产就达三十万亩。谏官们仍不罢休，又使朝廷将朱勔羁管到衡州，后又移至韶州、循州。后来，钦宗派人到朱勔流放的地方将他处死。

【评述】

宋徽宗喜欢奇花异石，朱勔以采办花石为名，在苏州设置“应奉局”。朱勔“每取以数十百万计”，轻而易举将国家钱财收入自己囊中。朱勔又大肆采办“花石纲”，任意抽调官船和商船运花石。不少人家被逼得倾家荡产甚至卖儿鬻女，朱勔却从中大发横财。他权势煊赫，谄事之人立即得官，不附己者立马罢去，州郡官吏奴事朱勔，为之奔走听命，当时号称“东南小朝廷”。人民不堪其苦，终于导致了以“诛朱勔”为名的方腊起义。到最后抄家时，朱勔有田庄十所，良田三十万亩，岁收租课十万多石，等等。在风雨飘摇的政权之下，朱勔这样一班奸臣当道，北宋怎会不灭亡！

（李燕晖译文、评述）

秦　桧

【原文】

秦桧，字会之，江宁[①]人。登政和五年第，补密州教授。继中词学兼茂科，历太学学正。

……

九年，金人归河南、陕西故地，以王伦签书枢密院事，充迎奉梓宫、奉还两宫、交割地界使，蓝公佐副之。判大宗正事赵士（立人旁加褭）、兵部侍郎张焘朝八陵。帝谓宰执曰："河南新复，宜命守臣专抚遗民，劝农桑，各因其地以食，因其人以守，不可移东南之财，虚内以事外。"帝虽听桧和而实疑金诈，未尝弛备也。

时张浚在永州，驰奏，力言以石晋[②]、刘豫[③]为戒，复遗书孙近，以"帝秦[④]之祸，发迟而大"。徐俯守上饶，连南夫帅广东，岳飞宣抚淮西，皆因贺表寓讽。俯曰："祸福倚伏，情伪多端。"南夫曰："不信亦信，其然岂然？虽虞舜之十二州，皆归王化；然商於[⑤]之六百里，当念尔欺！"飞曰："救暂急而解倒悬，犹之可也；欲长虑而尊中国，岂其然乎?”他如秘书省正字汪应辰、樊光远、澧州推官韩紃、临安府司户参军毛叔庆，皆言金人叵测。迪功郎张行成献《询荛书》二十篇，大意言自古讲和，未有终不变者，条具者皆豫备之策。桧悉加黜责，紃贬循州。

七月，兀术杀其领三省事宗磐及左副元帅挞懒，拘王伦于中山府。盖兀术以归地为二人所主，将有他谋也。伦尝密奏于朝，桧不之备，但趣伦进。时韩世忠有乘懈掩击之请，桧言《春秋》不伐丧，与帝意合，遂已。

十年，金人果败盟，分四道入侵。兀术入东京，葛王褎取南京，李成取西京，撒离喝趋永兴军。河南诸郡相继陷没。帝始大怪，下诏罪状兀术。御史中丞王次翁奏曰：“前日国是，初无主议。事有小变，则更用他相，后来者未必贤，而排黜异党，纷纷累月不能定，愿陛下以为至戒。”帝深然之。桧力排群言，始终以和议自任，而次翁谓无主议者，专为桧地也。于是桧位复安，据之凡十八年，公论不能撼摇矣。

六月，桧奏曰：“德无常师，主善为师。臣昨见挞懒有割地讲和之议，故赞陛下取河南故疆。今兀术戕其叔挞懒，蓝公佐归，和议已变，故赞陛下定吊伐之计。愿至江上谕诸帅同力招讨。”卒不行。闰六月，贬赵鼎兴化军，以王次翁受桧旨，言其规图复用也。言者不已，寻窜潮州。

时张俊克亳州，王胜克海州，岳飞克郾城，几获兀术。张浚战胜于长安，韩世忠胜于洳口镇，诸将所向皆奏捷，而桧力主班师。九月，诏飞还行在[⑥]，沂中还镇江，光世还池州，锜还太平。飞军闻诏，旗靡辙乱，飞口呿不能合。于是淮宁、蔡、郑复为金人有。以明堂恩封桧莘国公。十一年，兀术再举，取寿春，入庐州，诸将邵隆、王德、关师古等连战皆捷。杨沂中战拓皋，又破之。桧忽谕沂中及张俊遽班师。韩世忠闻之，止濠州不进；刘锜闻之，弃寿春而归。自是不复出兵。

四月，桧欲尽收诸将兵权，给事中范同献策，桧纳之。密奏召三大将论功行赏，韩世忠、张俊并为枢密使，岳飞为副使，以宣抚司军隶枢密院。六月，拜左仆射、同中书门下平章事兼枢密使，进封庆国公。《徽宗实录》成，迁少保，加封冀国公。先是，莫将、韩恕使金，拘于涿州。至是，兀术有求和意，纵之归。桧复奏遣刘光远、曹勋使金，又以魏良臣为通问使。未几，良臣偕金使萧毅等来，议以淮水为界，求割唐、邓二州。寻遣何铸报聘，许之。

十月，兴岳飞之狱。桧使谏官万俟卨论其罪，张俊又诬飞旧将张宪谋反，于是飞及子云俱送大理寺，命御史中丞何铸、大理卿周三畏鞫之。十一月，贬李光藤州，范同罢参知政事。同虽附和议，以自奏事，桧忌之也。十二月，杀岳飞。桧以飞屡言和议失计，且尝奏请定国本，俱与桧大异，必欲杀之。铸、三畏初鞫，久不伏；禼入台，狱遂上。诬飞尝自言“己与太祖皆三十岁建节”为指斥乘舆，受诏不救淮西罪，赐死狱中。子云及张宪杀于都市。天下冤之，闻者流涕。

……

二十五年十月，申禁专门之学。以太庙灵芝绘为华旗，凡郡国所奏瑞木、嘉禾、瑞瓜、双莲悉绘之。

赵令衿观桧《家庙记》，口诵“君子之泽，五世而斩”，为汪召锡所告。御史徐嚞又论赵鼎子汾与令衿饮别厚赆，必有奸谋，诏送大理，拘令衿南外宗正司。桧于一德格天阁书赵鼎、李光、胡铨姓名，必欲杀之而后已。鼎已死而憾之不置，遂欲孥戮汾。桧忌张浚尤甚，故令衿之狱，张宗元之罢，皆波及浚。浚在永州，桧又使其死党张柄知潭州，与郡丞汪召锡共伺察之。至是，使汾自诬与浚及李光、胡寅谋大逆，凡一时贤士五十三人皆与焉。狱成，而桧病不能书。

是月乙未，帝幸桧第问疾，桧无一语，惟流涕而已。熺奏请代居相位者，帝曰：“此事卿不当与。”帝遂命权直学士院沈虚中草桧父子致仕制。熺犹遣其子埙与林一飞、郑柟夜见台谏徐喜、张扶谋奏请己为相。丙申，诏桧加封建康郡王，熺进少师，皆致仕，埙、堪并提举江州太平兴国宫。是夜，桧卒，年六十六。后赠申王，谥忠献。

桧两据相位者，凡十九年，劫制君父，包藏祸心，倡和误国，忘仇斁伦。一时忠臣良将，诛锄略尽。其顽钝无耻者，率为桧用，争以诬陷善类为功。其矫诬也，无罪可状，不过曰谤讪，曰指斥，曰怨望，曰立党沽名，甚则曰有无君心。凡论人章疏，皆桧自操以授言者，识之者曰："此老秦笔也。"察事之卒，布满京城，小涉讥议，即捕治，中以深文。又阴结内侍及医师王继先，伺上动静。郡国事惟申省，无一至上前者。桧死，帝方与人言之。

桧立久任之说，士淹滞失职，有十年不解者。附己者立与擢用。自其独相，至死之日，易执政二十八人，皆世无一誉。柔佞易制者，如孙近、韩肖胄、楼炤、王次翁、范同、万俟卨、程克俊、李文会、杨愿、李若谷、何若、段拂、汪勃、詹大方、余尧弼、巫伋、章夏、宋朴、史才、魏师逊、施钜、郑仲熊之徒，率拔之冗散，遽跻政地。既共政，则拱默而已。又多自言官听桧弹击，辄以政府报之，由中丞、谏议而升者凡十有二人，然甫入即出，或一阅月，或半年即罢去。惟王次翁阅四年，以金人败盟之初持不易相之论，桧德之深也。开门受赂，富敌于国，外国珍宝，死犹及门。人谓熺自桧秉政无日不锻酒具，治书画，特其细尔。

桧阴险如崖阱，深阻竟叵测。同列论事上前，未尝力辨，但以一二语倾挤之。李光尝与桧争论，言颇侵桧，桧不答。及光言毕，桧徐曰："李光无人臣礼。"帝始怒之。凡陷忠良，率用此术。晚年残忍尤甚，数兴大狱，而又喜谀佞，不避形迹。

然桧死熺废，其党祖述余说，力持和议，以窃据相位者尚数人，至孝宗始荡涤无余。开禧二年四月，追夺王爵，改谥谬丑。嘉定元年，史弥远奏复王爵、赠谥。

选自《宋史》卷四百七十三《秦桧传》

【注释】

① 江宁：今江苏南京。

②石晋：后晋皇帝石敬瑭，曾割幽云十六州给契丹。

③刘豫："大齐"皇帝，金灭北宋后，北方地区的金人傀儡。

④秦：这里是指金朝而言。

⑤商於：今属陕西，战国后期秦国张仪假意将此地赠给楚国，以诱楚绝齐亲秦，楚国因此受侮遭欺。

⑥行在：帝王所至之地，这里指南宋都城临安，即今浙江杭州。

【译文】

秦桧，字会之，江南江宁人。他于政和五年（1115）得中进士，补官为密州教授。后来又得中词学兼茂科，任官太学学正。

……

绍兴九年（1139），金人归还了河南、陕西旧地，乃以王伦签书枢密院事，担任迎奉梓宫灵柩、奉还两宫太后、交割地界使，以蓝公佐为副使。又令判大宗正事赵士（立人旁加裹）、兵部侍郎张焘拜祭河南八陵。高宗对宰相秦桧说道："河南新近收复，应当命令守臣专意抚慰当地遗民，劝课农桑，各因其地以食，因其人以守，不可移送东南之财，空虚内里以充实外部。"皇帝虽然认同秦桧的和议，不过内心也怀疑金人有诈，所以并没有放松警备。

当时张浚驻扎永州，急驰进奏，极力主张要以石晋、刘豫之事为警戒，他又写信给孙近，指出："以秦为帝的祸患，爆发的晚但是强度大。"徐俯守卫上饶，连南夫统领广东，岳飞宣抚淮西，都借上贺表的机会寓意讽劝。徐俯指出："祸与福相互倚伏，情形之伪变化多端。"连南夫指出："不该相信的也信，他们说这样难道就是这样吗？虽然虞舜的十二州，都归我有；然而商於的六百里，应当想到那是欺骗！"岳飞指出："解救暂时的急患而解倒悬之苦，这是可以的；想要长远考虑而使中国受到尊重，难道能够这样吗？"其他像秘书省正字汪应辰、樊光远、澧州推官韩纲、临安府司户参军毛叔庆，都认为金人心怀叵测。迪功郎张行成进献《询荛书》二十篇，大意认为自古讲和，没有始终不变的，那些条文无非都是预先备好的计策。秦桧把这些人全部加以黜责，韩纲贬谴到循州。

七月，金兀术杀死了他们的领三省事宗磐和左副元帅挞懒，在中山府拘捕了王伦。大概兀术认为归地方案是二人做主，他们将有其他阴谋。王伦曾经向朝廷密奏，秦桧却不做防备，只是催促王伦前进。当时韩世忠请求乘着金人的懈怠进行掩击，秦桧却说《春秋》之义是不乘人丧葬以行讨伐，这与皇帝的旨意相合，便没有如此。

绍兴十年（1140），金人果然撕毁盟约，分成四路入侵。兀术攻入东京，葛王完颜褎攻取南京，李成攻取西京，撒离喝直奔永兴军。河南诸郡县相继失守。高宗方始大为骇怪，下诏陈斥兀术之罪。御史中丞王次翁奏道："前些时候的国家大事，起初并无定论。事情遇有小变，就要更换宰相，后来的未必就是贤能。而这样排黜异党，扰乱纷纷，数月之内不能安定，伏愿陛下深以为戒。"高宗深以为然。秦桧力排群议，始终以议和为己任，而王次翁所谓初无定论，这是专门在维护秦桧。于是秦桧的相位重又安然，在位一共十八年，公论不能将其撼动。

六月，秦桧奏言："德无常师，主善为师。臣下先前见挞懒有割地讲和之议，所以赞襄陛下收取河南故地。现今兀术戕杀他的叔父挞懒，蓝公佐已自北归，和议已经改变，所以臣下赞同陛下确定讨伐之计。臣愿至江上前线晓谕诸将帅合力招讨。"最终并未成行。闰六月，将赵鼎贬到兴化军，这是因为王次翁领受了秦桧的旨意，讲赵鼎图谋重新受到任用。可议论此事的人并不罢休，便将他贬到了潮州。

这时张俊攻克亳州，王胜攻克海州，岳飞攻克郾城，差一点擒获了兀术。张浚在长安获胜，韩世忠在洳口镇获胜，诸将所向披靡，全奏捷报，而秦桧却力主班师。九月，诏令岳飞返回临安，杨沂中回镇江，刘光世回池州，刘锜回太平。岳飞的军队听闻诏旨，旗散辙乱，岳飞惊讶得口张着不能合上。结果淮宁、蔡、郑之地复为金人所有。因明堂之功恩封秦桧为莘国公。绍兴十一年，兀术再次发动进攻，攻取寿春，进入庐州，诸将邵隆、王德、关师古等人连战皆告捷。杨沂中战于拓皋，也打败了兀术的军队。秦桧却忽然晓谕杨沂中及张俊立即班师。韩世忠听到后，止于濠州不再前进；刘锜听到后，放弃寿春而归。从此以后不再出兵。

四月，秦桧将诸将的兵权全部收回，给事中范同献上计策，秦桧采纳。他秘密上奏请召回三大将论功行赏，任命韩世忠、张俊为枢密使，岳飞为副使，将宣抚司的军队改隶于枢密院。六月，秦桧官拜左仆射、同中书门下平章事兼枢密使，进封为庆国公。《徽宗实录》纂成，升任少保，加封冀国公。先前，莫将、韩恕出使金国，被拘留于涿州。这时，兀术有意求和，便将他们放了回来。秦桧复又上奏，派遣刘光远、曹勋出使于金，又任命魏良臣为通问使。不久，魏良臣与金使萧毅等一同回来，商议以淮河为边界，要求割取唐、邓二州。不久派遣何铸回访，答应了金国的请求。

十月，发起岳飞的狱案。秦桧指使谏官万俟卨论述岳飞的罪名，张俊又诬陷岳飞旧将张宪谋反，于是岳飞和他的儿子岳云都被送到大理寺，命御史中丞何铸、大理卿周三畏进行审讯。十一月，将李光贬到藤州，罢免了范同参知政事的职位。范同虽然附和和议，但因擅自奏事，秦桧忌恨他。十二月，杀害了岳飞。秦桧因为岳飞屡次认为和议为失策，并且曾经奏请定立国本，这都与秦桧的主张大异，秦桧必欲杀之而后快。何铸、周三畏起初审理，岳飞父子很久都不服罪；而万俟卨一入御使台，讼狱便就奏上。诬蔑岳飞曾经自言“我和太祖皇帝都是三十岁上执持符节”是指斥天子，岳飞还犯了受诏却不救援淮西的大罪，将他赐死狱中。其子岳云及张宪都被杀害于都市街衢。天下之人冤之，闻者都流泪泣涕。

……

绍兴二十五年（1155）十月，申明禁止专门之学。将太庙灵芝绘入华旗，举凡各地所奏瑞木、嘉禾、瑞瓜、双莲都画在上面。

赵令衿观阅秦桧所作《家庙记》，口中朗诵“君子对后代的恩泽，到第五世就结束了”，被汪召锡密告。御史徐嘉又指出赵鼎的儿子赵汾与赵令衿饮别时厚赠礼物，这其中必有奸谋，诏令将赵汾送交大理寺，将赵令衿拘留在南外宗正司。秦桧在他家的一德格天阁书写赵鼎、李光、胡铨的姓名，一定要杀之而后已。赵鼎已死还记恨他不罢休，便想杀害赵汾。秦桧忌恨张浚尤甚，所以赵令衿的狱案、张宗元的罢免，都波及到张浚。张浚在永州，秦桧又让他的死党张柄出知潭州，与郡丞汪召锡一同伺察张浚的动向。至此，使令赵汾自诬与张浚以及李光、胡寅图谋大逆，当时贤士共五十三人都参与此案。冤狱已成，而秦桧已经重病不能书写了。

这月乙未日，高宗临幸秦桧家问候他的病情，秦桧说不出话，只是流涕而已。秦桧之子秦熺奏问代居相位之人是谁，高宗言道：“这件事你不应当参与。”高宗遂下命权直学士院沈虚中草拟秦桧父子致仕的制书。秦熺还在派他的儿子秦埙与林一飞、郑柟半夜里去见台谏徐喜、张扶，图谋让他们奏请自己做宰相。丙申日，诏谕秦桧加封建康郡王，秦熺进位少师，一同致仕退休，秦埙、秦堪一并去提举江州太平兴国宫。这天夜里，秦桧卒，终年六十六岁。后来追赠为申王，谥号为忠献。

秦桧前后两次居于相位，共十九年，他劫制君主，包藏祸心，倡和误国，忘记仇敌，败坏人伦。一时之间，忠臣良将竟被他诛杀殆尽。而那些顽钝无耻之徒，则全部都为秦桧所用，争相以诬陷善人作为自己的功劳。那些诬陷之事，本来并没有罪名可加，不过是说讥谤，或说指斥，或说怨望，或说立党沽名，严重的则说是目无君上。凡是议论人的章疏，都是秦桧亲自操笔再交给谏官，有认识的人会说："这是老秦的手笔。"伺察隐事的小卒，布满京城四处，只要有人稍有讥讽议论，立刻就被逮捕治办，用曲折的文辞中伤他们。秦桧还暗中结纳宫中内侍以及医师王继先，窥伺皇上的动静。地方上的申文到宰相府而止，没有上达皇上的。秦桧死后，皇帝才与人谈起这些事。

秦桧主张官员长久担任一职，士人因此淹滞于仕途，有长达十年不得任职的。而依附自己者则能立刻就被提拔。自从秦桧独大为相，到他临死之日，变易执政者多达二十八人，都未得到过世人的什么赞誉。柔佞易于受制者，如孙近、韩肖胄、楼炤、王次翁、范同、万俟禼、程克俊、李文会、杨愿、李若谷、何若、段拂、汪勃、詹大方、余尧弼、巫伋、章夏、宋朴、史才、魏师逊、施钜、郑仲熊等人，都是提拔自冗员散官，骤然进身执政之位。他们与秦桧共同执政时，都是拱手静默而已。又有不少言官听从秦桧弹劾他人，便被升为执政，由中丞、谏议而升者一共有十二人，然而甫入即出，或一个月，或半年即被罢去。只有王次翁任职长达四年，这是因为当年金人毁盟之初，他主张不更换宰相，秦桧为此很感激他。秦桧敞开家门接受贿赂，故而富可敌国，外国珍宝在他死的时候仍然送入门内。人们都说自从秦桧开始执政，秦熺就没有一天不锻置酒具，治办书画，这些都只是小事而已。

秦桧的阴险就如悬崖和陷阱，深暗叵测。同事在皇上面前和他议论政事，他并不极力辨白，只是用一两句话进行倾轧排挤。李光曾经和秦桧争论，言语之间对他多有冒犯，秦桧并不回答。等到李光说完，秦桧慢慢讲到："李光没有作为人臣的礼数。"高宗方始恼怒李光。但凡构陷忠良，秦桧都是使用这样的手段。秦桧晚年愈加残忍，数次兴起大的狱案，他又喜欢阿谀谄佞，从来都不避讳表现出来。

然而秦桧死后秦熺见废，秦党继承他的说教，力主和议，因而窃据相位者尚有数人，至孝宗朝方始荡除无余。宁宗开禧二年（1206）四月，追罢了秦桧的王爵，改谥号为谬丑。嘉定元年（1208），史弥远奏请恢复他的王爵，重又赠与美谥。

【评述】

秦桧是中国历史上著名的大奸臣。他官做得大，在宋高宗绍兴年间为相秉政近二十年；"事业"做得也大，在宋金对峙、和战两歧的时代背景下，他坚执和议，竟以莫须有的罪名冤杀了抗金名将岳飞，给自己留下千古骂名。秦桧之奸还在于他的执政处事方式，他总是采取阴谋阴险的手段，对反对派进行残酷无情的打击。导致朝堂之上人人自危，矛盾重重，行政运转混乱低效。官德官能如此，贪腐之行也就无足为怪了，所谓"开门受赂，富敌于国，外国珍宝，死犹及门"。秦氏贪腐的特点是"荫"及后人，其子秦熺依仗父势得中进士，后来差一点就接替父亲继任相位，而"熺自桧秉政，无日不锻酒具，治书画"，沉溺于个人淫靡享乐。秦桧、秦熺父子与明代严嵩、严世蕃父子遥相呼应，都是父亲做大官，儿子成大贪，这种家族式的腐败，性质尤其恶劣。

（张杰注译、评述）

耶律乙辛

【原文】

耶律乙辛，字胡睹兖，五院部人。父迭剌，家贫，服用不给，部人号“穷迭剌”。

初，乙辛母方娠，夜梦手搏羖羊，拔其角尾。既寤占之，术者曰：“此吉兆也。羊去角尾为王字，汝后有子当王。”及乙辛生，适在路，无水以浴，回车破辙，忽见涌泉。迭剌自以得子，欲酒以庆，闻酒香，于草棘间得二榼，因祭东焉。

乙辛幼慧黠，尝牧羊至日昃，迭剌视之，乙辛熟寝，迭剌触之觉，乙辛怒曰：“何遽惊我！适梦人手执日月以食我，我已食月，啖日方半而觉，惜不尽食之。”迭剌自是不令牧羊。

及长，美风仪，外和内狡。重熙中，为文班吏，掌太保印，陪从入宫。皇后见乙辛详雅如素宦，命补笔砚吏；帝亦爱之，累迁护卫太保。道宗即位，以乙辛先朝任使，赐汉人户四十，同知点检司事，常召决疑议，升北院同知，历枢密副使。清宁五年，为南院枢密使，改知北院，封赵王。

九年，耶律仁先为南院枢密使，时驸马都尉萧胡睹与重元党，恶仁先在朝，奏曰："仁先可任西北路招讨使。"帝将从之。乙辛奏曰："臣新参国政，未知治体。仁先乃先帝旧臣，不可遽离朝廷。"帝然之。重元乱平，拜北院枢密使，进王魏，赐匡时翊圣竭忠平乱功臣。咸雍五年，加守太师。诏四方有军旅，许以便宜从事，势震中外，门下馈赂不绝。凡阿顺者蒙荐擢，忠直者被斥窜。

大康元年，皇太子始预朝政，法度修明。乙辛不得逞，谋以事诬皇后。后既死，乙辛不自安，又欲害太子。乘间入奏曰："帝与后如天地并位，中宫岂可旷？"盛称其党驸马都尉萧霞抹之妹美而贤。上信之，纳于宫，寻册为皇后。时护卫萧忽古知乙辛奸状，伏桥下，欲杀之。俄暴雨坏桥，谋不遂。林牙萧严寿密奏曰："乙辛自皇太子预政，内怀疑惧，又与宰相张孝杰相附会。恐有异图，不可使居要地。"出为中京[1]留守。乙辛泣谓人曰："乙辛无过，因谗见出。"其党萧霞抹辈以其言闻于上。上悔之。无何，出萧严寿为顺义军节度使，诏近臣议召乙辛事。北面官属[2]无敢言者。耶律撒剌曰："初以萧严寿奏，出乙辛。若所言不当，宜坐以罪；若当，则不可复召。"累谏不从，乃复召为北院枢密使。

时皇太子以母后之故，忧见颜色。乙辛党欣跃相庆，谗谤沸腾，忠良之士斥逐殆尽。乙辛因萧十三之言，夜召萧得里特谋构太子，令护卫太保耶律查剌诬告耶律撒剌等同谋立皇太子。诏按无迹而罢。又令牌印郎君萧讹都斡诣上诬首："耶律查剌前告耶律撒剌等事皆实，臣亦与其谋。本欲杀乙辛等而立太子，臣等若不言，恐事白连坐。"诏使鞫劾，乙辛迫令具伏。上怒，命诛撒剌及速撒等。乙辛恐帝疑，引数人庭诘，各令荷重校，绳系其颈，不能出气，人人不堪其酷，惟求速死。反奏曰："别无异辞。"时方暑，尸不得瘗，以至地臭。乃囚皇太子于上京，监卫者皆其党。寻遣萧达鲁古、撒把害太子。乙辛党大喜，聚饮数日。上京留守萧挞得以卒闻。上哀悼，欲召其妻。乙辛阴遣人杀之，以灭其口。

五年正月，上将出猎，乙辛奏留皇孙，上欲从之。同知点检萧兀纳谏曰："陛下若从乙辛留皇孙，皇孙尚幼，左右无人，愿留臣保护，以防不测。"遂与皇孙俱行。由是上始疑乙辛，颇知其奸。会北幸，将次黑山之平淀，上适见扈从官属多随乙辛后，恶之，出乙辛知南院大王事。及例削一字王爵，改王混同，意稍自安。及赴阙入谢，帝即日遣还，改知兴中府事。

七年冬，坐以禁物鬻入外国，下有司议，法当死。乙辛党耶律燕哥独奏当入八议[③]，得减死论，击以铁骨朵[④]，幽于来州。后谋奔宋及私藏兵甲事觉，缢杀之。乾统二年，发塚，戮其尸。

选自《辽史》卷一百十《耶律乙辛传》

【注释】

①中京：中京是辽最大的陪都，自古为辽河上游，燕山以北少数民族杂居地带，为辽国的咽喉，在辽代后期军事、战略、经济上有极重要的地位。位于今内蒙古赤峰境内。

②北面官署：辽统治者采取“蕃汉分治”的政治制度，中央设置南面官和北面官。南面官由汉人和契丹人担任，沿用唐以来的官制，统治汉人和渤海人，权力不及北面官大。北面官均由契丹人担任。

③八议：中国封建刑律规定的对八种犯罪必须交由皇帝裁决或依法减轻处罚的特权制度。这八种情形是：议亲，议故，议贤，议能，议功，议贵，议勤，议宾。

④铁骨朵：辽国一种用以捶打罪犯的刑具。

【译文】

耶律乙辛，字胡睹兖，五院部人。父亲迭剌，家里贫穷，经常吃不饱穿不暖，部人称其为“穷迭剌”。

当初，乙辛母亲有身孕的时候，夜里梦见自己亲手抓住一头黑公羊，拔去它的犄角和尾巴。醒来后，她就此事去占卜，术士说：“这是好兆头。‘羊’字去犄角和尾巴就是‘王’字，你以后应当有儿子封王。”乙辛出生时，他的母亲正好在路上，没有水给他洗澡，往回走的时候，车轱辘也坏了，此时突然有泉水涌出。迭剌见自己有了儿子，非常高兴，想用酒来庆祝，一下就闻见酒香，竟然在草丛中得到两个酒具，因此向东方祭祀。

乙辛小时候聪慧狡黠，有一次放羊到日落，父亲迭剌去找他，发现他睡着了，把他叫醒了，乙辛醒来后非常生气，说：“为什么要惊醒我！刚才我正好梦见有人拿着太阳和月亮给我吃，我已经吃了月亮，太阳吃到一半就醒了，可惜没有全部吃完。”此后迭剌再也不让他放羊了。

长大后，乙辛仪表出众。他外相谦和，但是内心狡黠。重熙年间（1032—1055），担任文班吏，掌管太保的印章，陪同入宫。皇后见乙辛文质彬彬，让他任笔砚官；皇帝也很喜欢他，不久乙辛就升为护卫太保。道宗即位后，因为乙辛在前朝足堪任用，于是赏赐四十户汉人，并任命为同知点检司事，有什么疑问经常把他叫来一起讨论，后来又升为北院同知，历任枢密副使。清宁五年（1059），任南院枢密使，改掌北院，封为赵王。

九年，耶律仁先任南院枢密使，当时驸马都尉萧胡睹与重元结党，讨厌耶律仁先在朝中，于是上奏说：“耶律仁先可以担任西北路招讨使。”皇帝欲同意。乙辛却认为：“我刚刚参与国家政治，还不熟悉治国的大体。耶律仁先是先皇旧臣，不宜马上就调离朝廷。”皇帝采纳了乙辛的建议。重元之乱平定后，乙辛升任北院枢密使，进封魏王，赐号“匡时翊圣竭忠平乱功臣”。咸雍五年（1069），又加封太师，皇帝下诏如果周边有军事，他可以随机处置。乙辛的势力威震朝廷内外，私底下贿赂的人络绎不绝。凡是阿谀顺承的人就得到提拔，忠诚正直的人则被斥离。

大康元年（1075），皇太子开始参与朝政，法律制度开明。

乙辛在朝中处境愈发艰难，于是阴谋捏造事端诬陷皇后。皇后死后，乙辛仍然不甘心，又想陷害太子。找机会后上奏说："皇帝与皇后犹如天地，后宫怎么可以空缺呢？"在皇帝面前极力称赞他的党羽驸马都尉萧霞抹的妹妹漂亮贤惠。皇帝相信他的话，将她纳入后宫，不久就册封为皇后。当时护卫萧忽古知道乙辛的险恶用心，埋伏在桥下，计划杀死他。但是突然下了场暴雨，将桥毁坏，计谋没有成功。林牙萧严寿秘密上奏说："乙辛自皇太子参与朝政后，内心充满疑虑与恐惧，又和宰相张孝杰狼狈为奸。恐怕他会图谋不轨，不可以让他担任要职。"于是把乙辛调出京都，去中京担任留守。乙辛对别人哭诉说："我没有过错，只是因为谗言才被调离。"他的党羽萧霞抹等人把他的话告诉了皇帝，皇帝很后悔。不久，将萧严寿调为顺义军节度使，并召集亲近商议乙辛之事。北面官属没有人敢说话。耶律撒剌说："当初因为萧严寿的上奏便调离乙辛。如果所说的不合适，应当治萧严寿的罪；如果合适，那么不能再召乙辛回来。"耶律撒剌多次谏言，皇帝都没有听从，竟然又召乙辛回朝，并任命他为北院枢密使。

当时皇太子由于母亲遭谗构而死，时有忧色。乙辛的党羽们非常高兴，互相庆贺，并不断地陷害与诽谤，忠良之人因此被斥逐地差不多了。乙辛因为萧十三的话，连夜召集萧得里特，考虑构陷皇太子，指令护卫太保耶律查剌诬告耶律撒剌等一起图谋拥立皇太子为帝。皇帝下诏核查此事，由于没有发现相关证据，此事不了了之。乙辛又下令牌印郎君萧讹都斡叩见皇帝，假装自首说："耶律查剌之前上告耶律撒剌等事都是事实，我也参与了其中的谋划。本来想杀死乙辛等人，拥立太子，担心隐匿不报，会受到牵连，所以特来自首。"皇帝派人核查此事。乙辛强迫他们承认这是事实。皇帝非常生气，下令诛杀耶律撒剌及耶律速撒等人。乙辛担心皇帝怀疑到自己，带着数人当场诘问，并让撒剌他们戴着沉重的镣铐，用绳系住脖子，让他们不能说话，所有的人都不能忍受如此酷刑，只希望早点死。乙辛借此上奏说："这些罪人没有什么辩白的话。"当时正好天气炎热，尸体由于不能掩埋，以至于发出阵阵恶臭。皇帝于是将太子囚禁在上京，守护的人都是乙辛的党羽。乙辛不久又派萧达鲁古、撒把将太子害死。乙辛的党羽们非常高兴，聚在一起饮酒庆祝多日。上京留守萧挞得不久逝世。皇帝非常哀痛，想召见他的妻子。乙辛担心事情败露，竟然暗地里派人把她杀死。

大康五年正月，皇帝将要出外打猎，乙辛奏请留皇孙在京中，皇帝刚要采纳。同知点检萧兀纳劝谏说："陛下如果要听从乙辛的话把皇孙留在京城，那么请把我也留下来保护皇孙，皇孙尚且年幼，旁边没人照看，恐有危险。"于是皇帝将孙子带着一起出行。此后皇帝开始怀疑乙辛，并知道他的奸诈。刚好巡幸到北边，将要驻扎在黑山的平淀，皇帝正好见随从官员多跟随在乙辛身后，很讨厌这种情况，于是调乙辛主管南院大王之事，并按照惯例削去一字王爵，改封为混同王，这下心里才稍微安定。乙辛上朝叩谢时，皇帝当天就命令他离开，并改任主管兴中府。

大康七年冬天，乙辛因将禁物卖给外国，按照法律应当处死。他的党羽耶律燕哥独自上奏要求将他纳入八议中，方才免了乙辛的死罪，只是以铁骨朵击打他，并囚禁在来州。后来因为想投奔宋国以及私藏兵器的事为人知晓，被缢杀而死。乾统二年（1102），天祚皇帝命令发掘乙辛的坟墓，并戮毁其尸体。

【评述】

耶律乙辛可称为辽朝“第一号奸臣”，此人虽出身贫寒，但是凭借皇帝的宠幸，逐步高升。尤其是“重元之乱”给他创造了难得的晋升机会，因他平乱有功，与契丹重臣耶律仁先同掌朝政，并且排斥仁先。可以说，他素怀奸谋，利用种种手段结党营私，如与宰相孝杰联手，狼狈为奸。耶律乙辛掌政期间，玩弄权术，迫害异己，这给辽朝政治造成了极大的混乱。

首先，捏造冤狱，迫害皇室成员。他罗织罪名，诬陷构罪，懿德皇后被赐死。又谋害懿德皇后儿子，即皇太子耶律濬，他诬告皇太子濬意图篡位。昏庸无道的辽道宗再次听信谗言，将太子囚禁于辽上京。随后，耶律乙辛派人暗杀了耶律濬。

其次，排斥异己，打压反对势力。耶律乙辛阴结小人，形成了庞大的政治集团，其原则是“顺我者昌，逆我者亡”。正如《辽史》所言“凡阿顺者蒙荐擢，忠直者被斥窜”。如耶律引吉被太子选为辅导，由此遭到耶律乙辛的嫉恨，遂将其逐出朝廷，为群牧林牙。后来耶律引吉反对乙辛请赐牧地，由是遭到贬斥，迁为漠北猾水马群太保而卒。这是耶律乙辛惯用的伎俩，结果使得辽朝能臣贤吏被排斥。

耶律乙辛集团执政期间“势震中外”，尤其擅长于“诬陷”和“构罪”，活跃于辽朝政治舞台上十余年之后，“忠良之士斥逐殆尽”。再看当时社会的政治环境，道宗佞佛，不理朝政，加之不断发生的天灾，国家趋于没落。而耶律乙辛一系列的迫害行为，无疑加速了辽朝的衰落，留下了无穷的祸害。耶律乙辛的所作所为还说明，制造一个谎言，则要更多的谎言来掩盖，最后只能不惜一切代价，甚至搭上很多人的性命。当一切都无可挽回之时，自己则是最后的赌注。

（谢冬荣注译　陈晓伟评述）

徒单恭

【原文】

徒单恭，本名斜也。天眷二年，为奉国上将军。以告吴十反事，超授龙虎卫上将军。为户部侍郎，出为济南尹，迁会宁牧，封谭国公。复出为太原尹。斜也贪鄙，使工绘一佛像，自称尝见佛，其像如此，当以金铸之。遂赋属县金，而未尝铸佛，尽入其家，百姓号为“金总管”。秉德廉访官吏，斜也以赃免。

海陵篡立，海陵后徒单氏，斜也女，由是复用为会宁牧，封王。未几，拜平章政事。海陵猎于胡剌浑水，斜也编列围场，凡平日不相能者辄杖之。海陵谓宰相曰：“斜也为相，朕非私之。今闻军国大事凡斜也所言，卿等一无取，岂千虑无一得乎?”他宰相无以对，温都思忠举数事对曰：“某事本当如此，斜也辄以为如彼，皆妄生异议，不达事宜。臣逮事康宗，累朝宰相未尝有如斜也专恣者。”海陵默然。斜也于都堂脊杖令史冯仲尹，御史台劾之，海陵杖之二十。斜也猛安部人撒合出者，言斜也强率取部人财物。海陵命侍御史保鲁鞫之。保鲁鞫不以实，海陵杖保鲁，而以撒合出为符宝祗候，改隶合扎猛安。

斜也兄定哥尚太祖长女兀鲁，定哥死无子，以季弟之子查剌为后。斜也谋取其兄家财，强纳兀鲁为室而不相能，兀鲁尝怨詈斜也。斜也妾忽挞与兀鲁不叶，乃谮兀鲁于海陵后徒单氏曰："兀鲁怨上杀其兄宗敏，有怨望语。"会韩王亨改广宁尹，诸公主宗妇往贺其母，兀鲁以言慰亨母，忽挞亦以怨望指斥诬兀鲁。海陵使萧裕鞫之，忽挞得幸于徒单后，左验皆不敢言，遂杀兀鲁，斜也因而尽夺查剌家财。大定间皆追正之。海陵以兀鲁有怨望语，斜也不奏，遂杖斜也，免所居官。俄，复为司徒，进拜太保，领三省事，兼劝农使。再进太师，封梁、晋国王。

贞元二年九月，斜也从海陵猎于顺州。方猎，闻斜也薨，即日罢猎，临其丧，亲为择葬地，遣使营治。及葬，赐辒辌车，上及后率百官祭之，赐谥曰忠。正隆间，改封赵国王，再进齐国公。

其妻先斜也卒，海陵尝至其葬所致祭，起复其子率府率吾里补为谏议大夫。大定间，海陵降为庶人，徒单氏为庶人妻，斜也降特进巩国公。

选自《金史》卷一百二十《徒单恭传》

【译文】

徒单恭本名徒单斜也。天眷二年（1139），任奉国上将军。因告发吴十造反一事有功，徒单恭被破格提升为龙虎卫上将军。之后徒单恭历任户部侍郎，济南尹，迁升为会宁牧，封为谭国公，后又出任太原尹。徒单恭贪婪卑鄙，曾指使画工绘了一张佛像，自称曾见过佛祖，说佛祖的相貌就是这样的，并且应该用黄金铸造佛像。于是他向所属各县征收黄金，但是他却根本没有将黄金用于铸造佛像，而是全部拿到了自己的家中，因此被百姓称为“金总管”。完颜秉德出朝考察官吏时，徒单恭因贪污而被罢免。

海陵王完颜亮篡夺皇位，他的皇后徒单氏就是斜也的女儿，斜也因此被重新任命为会宁牧，并封为王。不久，他又官拜为平章政事。海陵王到胡刺浑水狩猎，斜也负责布置打猎的围场，凡是平日与他不和的人，他都随意杖击。海陵王曾对宰相说：“斜也担任宰相，并不是出于我对他的偏袒；我听说有关军国大事，凡是斜也的意见，你们一概都不接受，难道他千般思虑就没有一点是可取的吗?”其他宰相无言以对，只有温都思忠举了几件事例回答说：“某件事本应当是这样，斜也总认为应当那样，毫无根据地提出不同意见，对当时的实际情况一点都不了解。臣下曾在康宗朝任官，几朝的宰相也没有像斜也那样专权自恣。”海陵王不说话了。斜也却在官府大堂杖击令史冯仲尹，遭到御史台弹劾，被海陵王杖击二十。斜也的猛安部中有一名叫撒合出的人，报告说斜也强取部人的财物，海陵王命令侍御史保鲁立案调查。保鲁却不顾事实，海陵王将保鲁处以杖刑，并任命撒合出为符宝祗候，改为隶属合扎猛安。

徒单恭的哥哥定哥娶太祖的长女兀鲁为妻，定哥死后无子，以季弟之子查剌为继承人。徒单恭企图夺取兄长的家产，强行娶兀鲁为妻，但又不与之和睦相处，因此兀鲁经常咒骂斜也。斜也的妾忽挞也与兀鲁不和，就在海陵王的皇后徒单氏面前诬告兀鲁说："兀鲁怨恨陛下杀了她的哥哥宗敏，时常有埋怨责备的话。"恰逢韩王完颜亨改任广宁尹，各位公主和皇族的女子都前去向他的母亲道贺，兀鲁说了一些劝慰完颜亨母亲的话，忽挞把这事也加以歪曲，诬陷兀鲁。海陵王派萧裕审理此事，忽挞在徒单皇后面前很得宠信，证人都不敢说出实情，于是就杀了兀鲁，斜也因而夺取了查剌的全部财产。大定年间（1161—1190）皇帝对这个案件进行了平反。斜也没有上报兀鲁对皇上的"污蔑"，因此海陵王对他施以了杖刑，免去了他的所有官职。不久，斜也又被任命为司徒，升为太保，执掌三省事务，兼任劝农使，后又升为太师，封梁、晋国王。

贞元二年（1154）九月，斜也随海陵王到顺州打猎。猎事刚开始就听说斜也去世的消息，海陵当天就停止打猎，亲临丧事现场，并且亲自为斜也选定了墓地，派人为其营造坟墓。到了下葬那天，海陵王赐辒辌车，并携皇后及百官为其祭奠，赐其谥号"忠"。正隆年间（1156—1161），斜也被改封为赵国公，后又升为齐国公。

斜也的妻子先于斜也去世，海陵王曾到她的灵前表示哀悼，又在丧期未满前将斜也的儿子率府率吾里补起用为谏议大夫。大定年间，海陵王被贬为平民，徒单皇后被贬为平民妻，斜也被降为特进巩国公。

（李伟译文）

中国廉政史鉴

李洪峰题

历史人物卷

6

李洪峰　主编

文化藝術出版社
Culture and Art Publishing House
國家圖書館出版社

第六册目录

概述

元朝是蒙古民族建立的帝国，从忽必烈公元1271年建国号为“元”算起，到公元1368年明太祖朱元璋称帝，元朝在历史上只存在了九十七年。长期以来，人们认为元代廊庙蠹朽，政治腐败，因此才国祚不永。事实上，元朝统治者为了江山能千秋万代地传下去，也曾进行过廉政建设。

一、大蒙古国时期耶律楚材的廉政措施

成吉思汗时期，蒙古贵族依靠掠夺获得财富和奴隶，各地长官可以任意勒索所辖地区的民户，所入不上交政府，从而出现官吏聚敛百姓巨额资产但国库空虚的局面。太宗窝阔台即位后，中书令耶律楚材条陈十八事，大意是说，州郡应当设置长吏管理百姓，设万户管理军队，使他们势均力敌，不相统摄，以便遏制地

方上的骄横之气；中原地区是财富所出之地，应当存恤那里的百姓，州县官吏不奉大汗之命擅自科差百姓者治罪；借贷官物进行贸易者也要治罪；蒙古人、回鹘人、河西人种地不纳税者处死；监主自盗官物者也要处死；贡献礼物，给百姓造成沉重的负担，为害非浅，应当禁止。耶律楚材的这些建议绝大多数都得到了太宗窝阔台的采纳。这些措施，在一定程度上减轻了百姓的痛苦，对于稳定统治秩序，抑制贪官污吏的盘剥豪夺起了一定的积极作用。

二、元世祖对廉政的贡献

元世祖忽必烈在位的三十五年，是元朝政治最清明的时期，公元 1260 年世祖即位后，便委托大臣史天泽、姚枢、刘肃、耶律铸等人，陆续制订了一些新的条格。至元二十八年（1291）《至元新格》问世，这部法令汇编是元朝第一部法典。这个汇编今已亡佚，但从保存在《通制条格》及《元典章》中的有关条目，仍可窥见有关廉政措施的记载。

（一）规定官吏升迁任用的条件。吏治好坏，直接关系着政权是否稳固，尤其下层官吏表现如何，对百姓生活影响更大。早在中统年间，忽必烈就指出，县尹品秩虽低，但关乎着百姓休戚，如任用非人，则朝廷恩泽不能下及，民情不能上达，因而必须选择廉洁之人担任。政府规定了官吏升迁的五条标准：户口增、田野辟、词讼简、盗贼息、赋役均。五条都具备的人为上选，其中三项作出了成绩的为中选，五件事一件也未办好者罢黜不用。至元九年（1272）又一次规定：五事成者为上，于应得品级上升一等；三事成者为中选，依常例迁转；五事俱不备者降级使用。《至元新格》又重申：诸官员在任期间功罪如何，并送吏部备查，到选用之日，于应得资品上视其功罪任用。如果隐匿罪过，增饰功劳，监察御史可以纠弹。官员若犯赃罪黜降或因廉能升迁，事迹昭著者应行文照会各处，以便在任官员共知劝诫。

为了防止官员拉帮结派，任用私人，至元二十一年（1284）规定：“诸官吏若有廉能公正者，委监察体察得实，具姓名奏闻。”但不许监察官员擅行公文于诸衙门保人委用。鉴于有些监察官员滥用职权，常有保举人员并不呈报御史台，即擅自行文各道按察司并诸衙门录用。“名曰公文，实则私意，即与阴相嘱托无异。”元世祖特别规定，今后凡保举官吏及草泽之士，一定要说明该人实际情况，由有关部门定夺，不得自己委任，诸衙门也不得私自接收，以便收到“仕途肃清，无倚公济私之弊”的效果，各路、州、县若有德行才能可以从政的人，需申报提刑按察司访察，如果属实，再申报台省任命。凡保举，按察官员姓名也要申报御史台，如保举不当，荐举者要治罪。

本地人在本地做官，流弊甚多，世祖朝实行回避原籍制度。至元五年（1269）规定：“今后斟酌地理远近，回避原籍诠注。”至元二十八年（1291）又重申：“迁转官员自己地面里休做官者道来……别个田地里迁转呵，百姓每也得济有也者。”对于一些官员不守官规，公然宿妇的行为，朝廷令监察御史、按察司严行纠察，“其应付娼妓官吏，与宿妇之人一体坐罪，送往刑部标籍过名”。

官员应有俸秩，以作养廉之用，元朝地域辽阔，各地官员俸禄也不尽相同。世祖朝规定，如果官员因犯罪离职候对（接受审查），俸禄停发，如果证实未曾犯罪，再行补发。因犯罪解任勒停者，即使没有离职，也不再发给俸禄。如果所犯罪不至于勒停离职，也未曾离职的，俸禄照旧支给。官员因事告假，凡经上司批准的，俸钱照给，超假则按规定扣除俸钱。如官员患病，百日内俸钱照发，百日外停俸，从停俸日起限一年赴任，否则勒令致仕。

元世祖还多次淘汰冗官。至元十五年（1278），南宋刚刚灭亡，当时江南局势尚不稳定，人心惶惶，忽必烈便一方面命人分头抚治军民，检核钱谷，查看郡县受灾情况；另一方面注意官员是否称职，“廉能者，举以闻，其贪残不胜任者，劾罢之”。这年六月又下诏“汰江南冗官”，并谕知中书省、枢密院、御史台：“翰林院及诸南儒今为宰相、宣慰，及路达鲁花赤佩虎符者，俱多谬滥，其议所以汰减之者。凡小大政事，顺民之心所欲者行之，所不欲者罢之。”至元十九年（1282）根据世祖的意见，又定出“内外官以三年为考，满任者迁叙，未满者不许超迁”的规定，即内外官员做官要满三年方许升迁。二十三年（1286）定出省、院、台、部官员的数目，如规定“中书省，除中书令外，左、右丞相并二员、平章政事二员，左、右丞并一员，参知政事二员”。中书省为元代最高政务机构，总领百官，与枢密院、御史台分掌行政、军事、监察大权，但其成员只有八人，枢密院和御史台分别为七人编制，可见当时的机构还是比较精简的。其余诸衙门也委任中书省斟酌裁减。在平定南宋的头几年里，元世祖如此精兵简政，效果是很好的。

（二）禁止官吏侵渔百姓。各级官吏如果不能廉洁自守，就会倚势鱼肉百姓，因此制订一些措施对他们进行约束，是完全必要的。至元元年（1264）规定："诸官员颁降俸禄之后，不得循习受纳馈献。"平宋之后，有些地方官员热衷于经商牟利，他们在别处买到货物，利用行政手段添价卖给商贩，或是倚仗权势，让亲戚低价收买本地土特产品，到别处高价出售，这是明目张胆的掠夺，是货真价实的"官倒"。元世祖得知后，马上下诏制止。

地方官员的职责是保境安民，但有不少人玩忽职守，办事不力。至元二十八年（1291）世祖下令说："诸管军官职当镇守，其要盗贼不生；管民官职当抚治，其要安静不扰，今后行省行院，凡于所属，若管民官抚治不到，以致百姓逃亡，管军官镇守不严，以致盗贼滋盛，即须审其所由，依理究治。"诸王、驸马经过州郡，从行人员如非理索要，官吏并缘为奸，肃政廉访司应体察纠治。南宋灭亡时，元朝中央政府派往南方镇守的军人，到任官员与上司差去使臣，往往扰民为害。世祖知道这种情况后规定："今后军人并头目须要各立营司屯住，到任官员须要系官房舍内居住，无官房者以己钱赁，使臣须于馆驿内停歇，皆不得恃势强将新附官员士庶第宅夺占。"求仕官员如果大设宴乐请托，即与贿赂无异，至元三十年（1293）规定："今后求仕官吏已未授除期间，不得于省院台部等内外诸衙门当该官吏处私第谒托酬谢及邀请宴会。如违，当该官吏并求仕人员一体究治。"这些具体细致的规定，促使官员兢兢业业，不敢过分渎职扰民。

（三）阿合马、桑哥祸国害民及其被诛。元世祖虽然颁布过一系列法令，要求官吏为政清廉，关心民瘼，也涌现出了一大批做官为民着想的好官，如赛典赤赡思丁、张文谦、廉希宪等等。但是他急于聚财，因而任用了一些奸邪小人，阿合马、桑哥便是显著的例子。

元世祖即位后，急于灭南宋，统一全国，迫切需要军费，回回人阿合马因善于理财，大受世祖信任，后来被任命为左丞相。他聚敛钱财的方式主要有三种：一是增税。设立诸路转运司十一所及榷茶运盐宣课等司，所用官吏都以多方榨取增加课税为己任，政府也以他们搜刮钱财的多少作为升降标准，纵容他们横征暴敛。二是滥发交钞。至元二十二年（1285）所发交钞高出元初的十三倍，导致物价飞涨，民不聊生。三是理算钱谷。所谓理算就是检查与清算官府所有出纳财物，核欺隐，征逋欠。但是，理算却成了阿合马聚敛钱财，陷害别人的方便武器。

由于元世祖宠信阿合马，阿合马的子侄们“或为行省参政，或为礼部尚书，将作院达鲁花赤、领会同馆，一门悉处要津”。一人得道，鸡犬升天，他的亲信、家奴也跟着飞黄腾达。甚至以妻女献给阿合马的人，也立刻得到美差，弄得怨声载道。他“内通货贿，外示威刑，廷中相觑，无敢论列”。敢于揭发其罪恶的几个正直官员，均受迫害而死。至元十九年（1282），益都千户王、高和尚假称皇太子真金回大都作佛事，诱杀阿合马及其党羽。后来世祖得知阿合马种种不法，下令发墓剖棺戮尸，纵犬食其肉，子侄皆伏诛。其妻子亲属所营资产，皆籍没入官，所蓄奴婢释放为民。其党羽被革职者一百三十余人。御史台官员知其奸恶而不弹劾者，全部罢职。

阿合马被诛后，又出现了桑哥祸国乱政事件。桑哥“为人狡黠豪横，好言财利事，世祖喜之”。后来官做到尚书右丞相兼总制院使。他迫害异己，卖官鬻爵，“以刑爵为货而贩之，咸走其门，入贵价以买所欲。贵价入，则当刑者脱，求爵者得，纲纪大坏，人心骇愕”。桑哥的专横跋扈，引起了朝中大臣的不满，纷纷上疏弹劾其罪恶。至元二十八年（1291）二月，朝廷将他下狱，七月处死。其妻党要束木为虐于湖广，妻弟八吉任燕南宣慰使，皆以贪赃罪被处决。

三、成宗时的廉政措施

继世祖即位的成宗铁穆耳，在廉政建设上率由旧章，创见不多，尽管如此，他仍是元代除世祖以外最有作为的皇帝之一。史学家屠寄说他：“承天下混一之后，信用老成，垂拱而治，一革元中叶以来聚敛之政，冗设之官。约束诸王、妃主、驸马扰民，禁滥请赏赐，性又谦冲，不好虚誉，群臣皇后一再请上徽号，卒不允，可谓守成之令主矣。”这一评骘大体是比较恰当的。

成宗的廉政措施主要有：

（一）撙节费用，减少国库开支。元朝立国后，蒙古色目人穷奢极侈，任意挥霍帑藏，如再不加撙节，必将国匮民穷。立国之初，忽必烈曾告诫臣下：“凡赐与，虽有朕命，中书其斟酌之。”中书于是务从俭约，财政岁有盈余。但到世祖末年，滥赐之风兴起，至成宗即位时，“诸王藩戚费耗繁重”，凡来朝会诸王，均有赏赉，国库负担愈来愈重，“而来会诸王尚多，恐无以给”。元贞二年（1296），中书大臣上疏说：“陛下自御极以来，所赐诸王、公主、驸马、勋臣，为数不轻，向之所储，散之殆尽。今继请者尚多，请甄别贫匮及赴边者赐之，其余悉止。”并下诏：“自今后妃诸王所需，非奉旨勿给。”从此，滥赐之风才有所遏制。

（二）减轻百姓负担。元朝立国后，那些蒙古、色目权贵任意凌辱欺压百姓，由于他们是元代四等人制度中的前两种人，故而颐指气使。汉人、南人大臣则因为有民族畛域的限制，对此现象敢怒而不敢言。成宗得知后，即着手革除这种弊端。对有些官员每年增加财政岁羡以讨好上司，希求赏爵的现象，成宗一针见血地指出：“此非掊克于民，何从而出？自今除元额外，勿以增羡作正数。”大德年间，有人向成宗报告，江南富户侵占民田，他马上询问大臣：“朕闻江南富户侵占民田，以致贫者流离转徙，卿等尝闻之否？”大臣回答：“富民多乞护持玺书，依倚以欺平民，官府不能治，宜悉追收为便。”成宗“命即行之，勿越三日”。成宗甫即位，即下诏蠲免田租十分之一，以解民困厄。他又下令在江浙括隐漏官田及检劾富强避役之户，以防止富户虐害贫民。

对于无端扰民的事件，成宗总是明确地反对。元朝僧人以修建寺院为名，拿着诸王令旨扰民，成宗甚为恼火，下令禁止。有些豪霸之家勾结官府，以强凌弱，以众害寡，妄兴横事，罗织平民，骗其家私，夺占妻女，甚至伤害性命，严重扰乱了社会治安。成宗让刑部拟文，现任官吏不得于所部之内受要馈献，各处豪霸扰民者，“初犯痛行断罪，于门首泥置粉壁，书写过名。若三年改过，许令除籍。其有不悛再犯者，加等断罪，迁徙远北地面而屯种”。成宗还多次下诏，仲春以后，正农民耕耘之时，有司不生事烦扰，或有小罪，即时疏决，勿禁系以妨农时。每年春季，“以东作方殷，罢诸不急营造”。尽管这些措施只是小恩小惠，但毕竟在一程度上减轻了百姓负担。

（三）整顿吏治。成宗时期，中书省提出，今后提升官员，应由省台选官核实，定出等级，以明黜陟，成宗立即应允。对于犯了赃罪的官员，成宗明确诏敕内外："职官坐赃论断，再犯者加二等。仓库官吏盗所守钱粮，一贯以下笞之，至十贯杖之，二十贯加一等，一百二十贯徒一年，每三十贯加半年，二百四十贯徒三年，满三百贯者死。"不久又规定："职官坐赃，经断再犯者，加本罪三等。"军官如犯了赃罪，"重者罢职，轻者降其散官，或决罚就职停俸，其年许令自效"。

四、元朝末年政治的腐败

从成宗死后到元统元年（1333）元顺帝登基的短短二十六年间，元朝先后换了武宗、仁宗、英宗、泰定帝、幼主阿速吉八、明宗、文宗、宁宗等八位皇帝，这期间蒙古统治者为争夺帝位而相互攻伐，天下几无宁日。顺帝妥欢贴睦尔即位后，统治阶级内部的斗争并未停止，权臣燕铁木儿以拥立之功独揽朝纲，玩弄顺帝于股掌之上。他死后，儿子唐其势擅权，为另一朝臣伯颜所杀。伯颜专权自恣，他"擅爵人，赦死罪，任邪佞，杀无辜，诸卫精兵收为已用，府库钱帛听出纳"。"于是有司承风，上下贿赂，公行如市，荡然无复纪纲矣。肃政廉访司官，所至州县，各带库子检钞称银，殆同市道矣。"伯颜的官衔、封号加起来，就有二百四十六字之多。伯颜的倒行逆施，引起了朝野不满，被他的侄儿脱脱用计除掉。脱脱之父马札儿台任中书右丞相期间，无心辅政，热衷于经商营利，被顺帝免职，由脱脱继任右丞相。

他当政后废除伯颜祸国害民之政，史称“更化”。更化的内容甚多，与廉政有关的是开马禁、减盐额、蠲逋负，这些措施多少减轻了百姓的负担。但好景不长，脱脱为奸臣所谮，两起两落，最后被逐出朝廷，这个“中外翕然称为贤相”的政治家，终于未能施展自己的抱负。脱脱之后，右丞相搠思监“居相位久，无所匡救，而又公受贿赂，贪声著闻，物议喧然”。

元朝统治集团的腐朽，还表现在两个方面：一是佞佛。元朝皇帝崇信喇嘛教，每年为此而支出了大量钱财，“国家经费，三分为率，僧居二焉。”寺院财产之富，超过了藩王国戚，“其威势之横，虽强藩悍将不过也”。二是挥霍。文宗时皇后一日之费竟用钞十万锭、帛五千匹、绵五千斤。宴会更是频繁，统治者挥金如土，一掷千金，全不顾水深火热中的百姓。皇帝还大量赏赐皇亲国戚王公贵族田地，数量之大，令人咋舌。

上层腐朽，地方官吏也多是贪墨受赇之辈，不知廉耻为何物。“其间人讨钱，各有名目，所属始参曰拜见钱，无事白要曰撒花钱，逢节曰追节钱，生辰曰生日钱，管事而索曰常例钱，送迎曰人情钱，勾追曰赍发钱，论诉曰公事钱。觅得钱多曰得手，除得州美曰好地分，补得职近曰好窠窟，漫不知忠君爱民之为何事也。”至正五年（1345）冬，顺帝遣官宣抚江西、福建诸道，问民疾苦。这些地方离京师万里之遥，百姓传闻使臣之来，如大旱之望云霓，谁知奉使官员只管聚敛钱财，全不管百姓疾苦，使百姓大失所望。当时便有人编成谣谚说：“九重丹诏颁恩至，万两黄金奉使回。奉使来时惊天动地，奉使去时乌天黑地。官吏都欢天喜地，百姓却啼天哭地。官吏黑漆皮灯笼，奉使来时添一重。”元朝廉访司是风纪之司，其官员分巡州县，每岁例用巡尉弓兵旗帜金鼓迎送，音节是二声鼓一声锣，押解杀人强盗也用巡尉司金鼓，只用一声鼓一声锣。后来廉访司官员赃污狼藉，有人写诗讽刺说："解贼一金并一鼓，迎官两鼓一声锣。金鼓看来都一样，官人与贼不争多。"真是讽刺得入木三分。

元末政治黑暗，特别是顺帝时疏浚黄河，变更钞法，更加剧了阶级矛盾，导致了元末农民大起义。有首《醉太平》小令说："堂堂大元，奸佞专权，开河变钞祸根源，惹红巾万千。官法滥，刑法重，黎民怨。人吃人，钞买钞，何曾见！贼做官，官做贼，混贤愚，哀哉可怜！"这场轰轰烈烈的农民大起义，终于推翻了元朝统治。

（杨印民）

耶律楚材

【原文】

耶律楚材，字晋卿，辽东丹王突欲八世孙。父履，以学行事金世宗，特见亲任，终尚书右丞。

楚材生三岁而孤，母杨氏教之学。及长，博极群书，旁通天文、地理、律历、术数及释老、医卜之说，下笔为文，若宿构者。金制，宰相子例试补省掾。楚材欲试进士科，章宗诏如旧制。问以疑狱数事，时同试者十七人，楚材所对独优，遂辟为掾。后仕为开州同知。

贞祐二年，宣宗迁汴，完颜福兴行中书事，留守燕，辟为左右司员外郎。太祖定燕，闻其名，召见之。楚材身长八尺，美髯宏声。帝伟之，曰："辽、金世仇，朕为汝雪之。"对曰："臣父祖尝委质事之，既为之臣，敢仇君耶！"帝重其言，处之左右，遂呼楚材曰吾图撒合里而不名，吾图撒合里，盖国语长髯人也。

己卯夏六月，帝西讨回回国。祃旗之日，雨雪三尺，帝疑之，楚材曰："玄冥之气，见于盛夏，克敌之征也。"

庚辰冬，大雷，复问之，对曰："回回国主当死于野。"后皆验。夏人常八斤，以善造弓，见知于帝，因每自矜曰："国家方用武，耶律儒者何用。"楚材曰："治弓尚须用弓匠，为天下者岂可不用治天下匠耶。"帝闻之甚喜，日见亲用。西域历人奏五月望夜月当蚀。楚材曰："否。"卒不蚀。明年十月，楚材言月当蚀，西域人曰不蚀，至期果蚀八分。壬午八月，长星见西方，楚材曰："女直将易主矣。"明年，金宣宗果死。帝每征讨，必命楚材卜，帝亦自灼羊胛，以相符应。指楚材谓太宗曰："此人，天赐我家。尔后军国庶政，当悉委之。"甲申，帝至东印度，驻铁门关，有一角兽，形如鹿而马尾，其色绿，作人言，谓侍卫者曰："汝主宜早还。"帝以问楚材，对曰："此瑞兽也，其名角端，能言四方语，好生恶杀，此天降符以告陛下。陛下天之元子，天下之人，皆陛下之子，愿承天心，以全民命。"帝即日班师。

丙戌冬，从下灵武，诸将争取子女金帛，楚材独收遗书及大黄药材。既而士卒病疫，得大黄辄愈。帝自经营西土，未暇定制，州郡长吏，生杀任情，至孥人妻女，取货财，兼土田。燕蓟留后长官石抹咸得卜尤贪暴，杀人盈市。楚材闻之泣下，即入奏，请禁州郡，非奉玺书，不得擅征发，囚当大辟者必待报，违者罪死，于是贪暴之风稍戢。燕多剧贼，未夕，辄曳牛车指富家，取其财物，不与则杀之。时睿宗[①]以皇子监国，事闻，遣中使偕楚材往穷治之。楚材询察得其姓名，皆留后亲属及势家子，尽捕下狱。其家赂中使，将缓之，楚材示以祸福，中使惧，从其言，狱具，戮十六人于市，燕民始安。

己丑秋，太宗将即位，宗亲咸会，议犹未决。时睿宗为太宗亲弟，故楚材言于睿宗曰："此宗社大计，宜早定。"睿宗曰："事犹未集，别择日可乎？"楚材曰："过是无吉日矣。"遂定策，立仪制，乃告亲王察合台曰："王虽兄，位则臣也，礼当拜。王拜，则莫敢不拜。"王深然之。及即位，王率皇族及臣僚拜帐下，既退，王抚楚材曰："真社稷臣也。"国朝尊属有拜礼自此始。时朝集后期应死者众，楚材奏曰："陛下新即位，宜宥之。"太宗从之。

中原甫定，民多误触禁网，而国法无赦令。楚材议请肆宥，众以云迂，楚材独从容为帝言。诏自庚寅正月朔日前事勿治。且条便宜一十八事颁天下，其略言："郡宜置长吏牧民，设万户总军，使势均力敌，以遏骄横。中原之地，财用所出，宜存恤其民，州县非奉上命，敢擅行科差者罪之。贸易借贷官物者罪之。蒙古、回鹘、河西诸人，种地不纳税者死。监主自盗官物者死。应犯死罪者，具由申奏待报，然后行刑。贡献礼物，为害非轻，深宜禁断。"帝悉从之，唯贡献一事不允，曰："彼自愿馈献者，宜听之。"楚材曰："蠹害之端，必由于此。"帝曰："凡卿所奏，无不从者，卿不能从朕一事耶?”

太祖之世，岁有事西域，未暇经理中原，官吏多聚敛自私，赀至钜万，而官无储偫。近臣别迭等言：“汉人无补于国，可悉空其人以为牧地。”楚材曰：“陛下将南伐，军需宜有所资，诚均定中原地税、商税、盐、酒、铁冶、山泽之利，岁可得银五十万两、帛八万匹、粟四十余万石，足以供给，何谓无补哉?”帝曰：“卿试为朕行之。”乃奏立燕京等十路征收课税使，凡长贰悉用士人，如陈时可、赵昉等皆宽厚长者，极天下之选，参佐皆用省部旧人。辛卯秋，帝至云中，十路咸进廪籍及金帛陈于廷中，帝笑谓楚材曰：“汝不去朕左右，而能使国用充足，南国之臣，复有如卿者乎?”对曰：“在彼者皆贤于臣，臣不才，故留燕，为陛下用。”帝嘉其谦，赐之酒。即日拜中书令，事无巨细，皆先白之。

楚材奏：“凡州郡宜令长吏专理民事，万户总军政，凡所掌课税，权贵不得侵之。”又举镇海、粘合，均与之同事，权贵不能平，咸得卜以旧怨，尤疾之，谮于宗王曰：“耶律中书令率用亲旧，必有二心，宜奏杀之。”宗王遣使以闻，帝察其诬，责使者，罢遣之。属有讼咸得卜不法者，帝命楚材鞫之，奏曰：“此人倨傲，故易招谤。今将有事南方，他日治之未晚也。”帝私谓侍臣曰：“楚材不较私仇，真宽厚长者，汝曹当效之。”中贵可思不花奏采金银役夫及种田西域与栽蒲萄户，帝令于西京宣德徙万余户充之。楚材曰："先帝遗诏，山后民质朴，无异国人，缓急可用，不宜轻动。今将征河南，请无残民以给此役。"帝可其奏。

壬辰春，帝南征，将涉河，诏逃难之民，来降者免死。或曰："此辈急则降，缓则走，徒以资敌，不可宥。"楚材请制旗数百，以给降民，使归田里，全活甚众。旧制，凡攻城邑，敌以矢石相加者，即为拒命，既克，必杀之。汴梁将下，大将速不台遣使来言："金人抗拒持久，师多死伤，城下之日，宜屠之。"楚材驰入奏曰："将士暴露数十年，所欲者土地人民耳。得地无民，将焉用之！"帝犹豫未决，楚材曰："奇巧之工，厚藏之家，皆萃于此，若尽杀之，将无所获。"帝然之，诏罪止完颜氏，余皆勿问。时避兵居汴者得百四十七万人。

楚材又请遣人入城，求孔子后，得五十一代孙元措，奏袭封衍圣公，付以林庙地。命收太常礼乐生，及召名儒梁陟、王万庆、赵著等，使直释九经，进讲东宫。又率大臣子孙，执经解义，俾知圣人之道。置编修所于燕京、经籍所于平阳，由是文治兴焉。

时河南初破，俘获甚众，军还，逃者十七八。有旨：居停逃民及资给者，灭其家，乡社亦连坐。由是逃者莫敢舍，多殍死道路。楚材从容进曰："河南既平，民皆陛下赤子，走复何之！奈何因一俘囚，连死数十百人乎？"帝悟，命除其禁。金之亡也，唯秦、巩二十余州久未下，楚材奏曰："往年吾民逃罪，或萃于此，故以死拒战，若许以不杀，将不攻自下矣。"诏下，诸城皆降。

甲午，议籍中原民，大臣忽都虎等议，以丁为户。楚材曰："不可。丁逃，则赋无所出，当以户定之。"争之再三，卒以户定。时将相大臣有所驱获，往往寄留诸郡，楚材因括户口，并令为民，匿占者死。

乙未，朝议将四征不廷，若遣回回人征江南，汉人征西域，深得制御之术，楚材曰："不可。中原、西域，相去辽远，未至敌境，人马疲乏，兼水土异宜，疾疫将生，宜各从其便。"从之。

丙申春，诸王大集，帝亲执觞赐楚材曰："朕之所以推诚任卿者，先帝之命也。非卿，则中原无今日。朕所以得安枕者，卿之力也。"西域诸国及宋、高丽使者来朝，语多不实，帝指楚材示之曰："汝国有如此人乎？"皆谢曰："无有。殆神人也！"帝曰："汝等唯此言不妄，朕亦度必无此人。"有于元者，奏行交钞，楚材曰："金章宗时初行交钞，与钱通行，有司以出钞为利，收钞为讳，谓之老钞，至以万贯唯易一饼。民力困竭，国用匮乏，当为鉴戒。令印造交钞，宜不过万锭。"从之。

秋七月，忽都虎以民籍至，帝议裂州县赐亲王功臣。楚材曰："裂土分民，易生嫌隙。不如多以金帛与之。"帝曰："已许奈何？"楚材曰："若朝廷置吏，收其贡赋，岁终颁之，使毋擅科征，可也。"帝然其计。遂定天下赋税，每二户出丝一斤，以给国用；五户出丝一斤，以给诸王功臣汤沐之资。地税，中田每亩二升又半，上田三升，下田二升，水田每亩五升；商税，三十分而一；盐价，银一两四十斤。既定常赋，朝议以为太轻，楚材曰："作法于凉，其弊犹贪，后将有以利进者，则今已重矣。"

时工匠制造，糜费官物，十私八九，楚材请皆考核之，以为定制。时侍臣脱欢奏简天下室女，诏下，楚材尼之不行，帝怒。楚材进曰："向择美女二十有八人，足备使令。今复选拔，臣恐扰民，欲复奏耳。"帝良久曰："可罢之。"又欲收民牝马，楚材曰："田蚕之地，非马所产，今若行之，后必为人害。"又从之。

丁酉，楚材奏曰："制器者必用良工，守成者必用儒臣。儒臣之事业，非积数十年，殆未易成也。"帝曰："果尔，可官其人。"楚材曰："请校试之。"乃命宣德州宣课使刘中随郡考试，以经义、词赋、论分为三科，儒人被俘为奴者，亦令就试，其主匿弗遣者死。得士凡四千三十人，免为奴者四之一。

先是，州郡长吏，多借贾人银以偿官，息累数倍，曰羊羔儿利，至奴其妻子，犹不足偿。楚材奏令本利相侔而止，永为定制，民间所负者，官为代偿之。至一衡量，给符印，立钞法，定均输，布递传，明驿券，庶政略备，民稍苏息焉。

有二道士争长，互立党与，其一诬其仇之党二人为逃军，结中贵及通事杨惟忠，执而虐杀之。楚材按收惟忠。中贵复诉楚材违制，帝怒，系楚材；既而自悔，命释之。楚材不肯解缚，进曰：“臣备位公辅，国政所属。陛下初令系臣，以有罪也，当明示百官，罪在不赦。今释臣，是无罪也，岂宜轻易反复，如戏小儿。国有大事，何以行焉！”众皆失色。帝曰：“朕虽为帝，宁无过举耶？”乃温言以慰之。楚材因陈时务十策，曰：“信赏罚，正名分，给俸禄，官功臣，考殿最，均科差，选工匠，务农桑，定土贡，制漕运。皆切于时务，悉施行之。

太原路转运使吕振、副使刘子振，以赃抵罪。帝责楚材曰：“卿言孔子之教可行，儒者为好人，何故乃有此辈？”对曰：“君父教臣子，亦不欲令陷不义。三纲五常，圣人之名教，有国家者莫不由之，如天之有日月也。岂得缘一夫之失，使万世常行之道独见废于我朝乎！”帝意乃解。

富人刘忽笃马、涉猎发丁、刘廷玉等以银一百四十万两扑买[②]天下课税，楚材曰：“此贪利之徒，罔上虐下，为害甚大。”奏罢之。常曰：“兴一利不如除一害，生一事不如省一事。任尚以班超[③]之言为平平耳，千古之下，自有定论。后之负谴者，方知吾言之不妄也。”帝素嗜酒，日与大臣酣饮，楚材屡谏，不听，乃持酒槽铁口进曰：“曲蘖能腐物，铁尚如此，况五脏乎！”帝悟，语近臣曰：“汝曹爱君忧国之心，岂有如吾图撒合里者耶？”

赏以金帛，敕近臣日进酒三钟而止。

自庚寅定课税格，至甲午平河南，岁有增羡，至戊戌课银增至一百一十万两。译史安天合者，谄事镇海，首引奥都剌合蛮扑买课税，又增至二百二十万两。楚材极力辨谏，至声色俱厉，言与涕俱。帝曰：“尔欲搏斗耶？”又曰：“尔欲为百姓哭耶？姑令试行之。”楚材力不能止，乃叹息曰：“民之困穷，将自此始矣！”

楚材尝与诸王宴，醉卧车中，帝临平野见之，直幸其营，登车手撼之。楚材熟睡未醒，方怒其扰己，忽开目视，始知帝至，惊起谢，帝曰：“有酒独醉，不与朕同乐耶。”笑而去。楚材不及冠带，驰诣行宫，帝为置酒，极欢而罢。

楚材当国日久，得禄分其亲族，未尝私以官。行省刘敏从容言之，楚材曰：“睦亲之义，但当资以金帛。若使从政而违法，吾不能徇私恩也。”

岁辛丑二月三日，帝疾笃，医言脉已绝。皇后不知所为，召楚材问之，对曰：“今任使非人，卖官鬻狱，囚系非辜者多。古人一言而善，荧惑退舍，请赦天下囚徒。”后即欲行之，楚材曰：“非君命不可。”俄顷，帝少苏，因入奏，请肆赦，帝已不能言，首肯之。是夜，医者候脉复生，适宣读赦书时也，翌日而瘳。冬十一月四日，帝将出猎，楚材以太乙数推之，亟言其不可，左右皆曰：“不骑射，无以为乐。”猎五日，帝崩于行在所。

皇后乃马真氏[4]称制，崇信奸回，庶政多紊。奥鲁剌合蛮以货得政柄，廷中悉畏附之。楚材面折廷争，言人所难言，人皆危之。

癸卯五月，荧惑犯房，楚材奏曰："当有惊扰，然讫无事。"居无何，朝廷用兵，事起仓卒，后遂令授甲选腹心，至欲西迁以避之。楚材进曰："朝廷天下根本，根本一摇，天下将乱。臣观天道，必无患也。"后数日乃定。后以御宝空纸，付奥都剌合蛮，使自书填行之。楚材曰："天下者，先帝之天下朝廷自有宪章，今欲紊之，臣不敢奉诏。"事遂止，又有旨："凡奥都剌合蛮所建白，令史不为书者，断其手。"楚材曰："国之典故，先帝悉委老臣，令史何与焉。事若合理，自当奉行，如不可行，死且不避，况截手乎！"后不悦。楚材辩论不已，因大声曰："老臣事太祖、太宗三十余年，无负于国，皇后亦岂能无罪杀臣也。"后虽憾之，亦以先朝旧勋，深敬惮焉。

甲辰夏五月，薨于位，年五十五。皇后哀悼，赙赠甚厚。后有谮楚材者，言其在相位日久，天下贡赋，半入其家。后命近臣麻里扎覆视之，唯琴阮[5]十余，及古今书画、金石、遗文数千卷。至顺元年，赠经国议制寅亮佐运功臣、太师、上柱国，追封广宁王，谥文正。子铉、铸。

选自《元史》卷一百四十六《耶律楚材传》

【注释】

①睿宗（1193？—1232）：孛儿只斤氏，名拖雷。成吉思汗第四子，蒙哥、忽必烈之父。死后被追谥为“睿宗”。

②扑买：即投标夺买，是宋元政府向商人、民户出卖某种征税权或其他权力的制度。也叫买扑、承买。

③“任尚以班超之言”句：东汉班超以“宽小过、总大纲”的原则治理西域取得成功。其继任者任尚一反其政策，严以治下，造成了西域诸国的纷纷反叛。

④乃马真氏：元太宗窝阔台六皇后，名脱列哥那，定宗贵由之母。1241 年冬至 1246 年春称制摄政。

⑤琴阮：即阮琴，相传阮咸所制，形似月琴。后泛指弦乐器。

【译文】

耶律楚材，字晋卿，是辽东丹王突欲八代孙。其父耶律履，因学问品行卓异得以侍奉金世宗，并且得到非常的亲近信任，官至尚书右丞。

耶律楚材三岁时父亲去世，母亲杨氏教他。长大后，他博览群书，并且旁通天文、地理、音乐、历法、术数以及佛、道、医术、占卜等学问，下笔为文，就像是预先构思好一样。依照金朝制度，宰相的儿子例行考试之后即可以任职中枢各省的官员。耶律楚材想参加进士科的考试，金章宗诏令依照旧制施行。当时一起参加考试的有十七个人，考官用几桩疑难狱案进行询问，唯独耶律楚材的回答优秀，于是加官，后来又任命他为开州同知。

贞祐二年（1214），金宣宗迁都汴梁，完颜福留守燕京，代行宰相职事。完颜福任用耶律楚材为左右司员外郎。元太祖征服燕地之后，听说耶律楚材的声名，于是召见他。耶律楚材身高八尺，声音洪亮，长着漂亮的胡须，太祖觉得他与众不同，说道："辽国和金国积有世仇，我为你报仇雪恨。"耶律楚材回答道："我的祖辈、父亲曾经委身于金国为臣，既然做过金国的臣子，怎么敢仇恨金国的君主呢！"太祖很认可他的话，于是让他跟随左右，并且不叫耶律楚材的名字而直呼他吾图撒合里。吾图撒合里，在蒙古语里是"大胡子"的意思。

己卯年（1219）夏天六月，太祖西向讨伐回回国。祭旗出发之日，下了三尺厚的雪，太祖疑虑。耶律楚材说："冬天气象出现在盛夏，这是战胜敌人的兆头。"庚辰年（1220）冬天，有响雷，太祖又问他，耶律楚材答道："回回国君主将在郊野死去。"后来这些都应验了。西夏一个叫常八斤的人，善于造弓，而被太祖赏识，因此他常常自夸道："现在国家以武治天下，像耶律楚材那样的儒生有什么用处。"耶律楚材说道："造弓尚且需要造弓之匠，治理天下又岂能不用治理天下之匠呢。"太祖听说之后非常高兴，日渐亲信耶律楚材。西域研究历法的人上奏道五月十五日夜里将会有月食。耶律楚材说没有。那一天最终也没有月食。第二年十月，耶律楚材说将有月食，西域历人说不会有月食，届时果然月亮缺食了八分。壬午年（1222）八月，西方天空出现彗星，耶律楚材说："女真族国君将会改易。"第二年，金宣宗果然去世。太祖每次征讨，必定让耶律楚材占卜，太祖也亲自烧灼羊胛骨，以相验证。太祖指着耶律楚材对后来的元太宗说："此人是老天赐给我们家的，今后国家事务，都应当全部委托他去办理。”甲申年（1224），太祖行至东印度，驻扎在铁门关，这里出现一只绿色独角兽，外形像鹿但是长着马尾巴，能说各地语言。它对太祖侍卫说：“你们的主人早点回去为好。”太祖就询问耶律楚材，耶律楚材回答道：“这是瑞兽，叫做角端，会讲各地的语言，它珍惜生灵憎恶杀戮。这是上天降下符兆来告诫陛下。陛下乃天之元子，天下人皆是陛下子民，希望陛下承奉天意，珍爱生灵保全民命。”太祖当日便班师了。

丙戌年（1226）冬天，耶律楚材跟随太祖攻克灵武，将领们争相抢夺丁壮女人和金帛，耶律楚材却只搜集残存下来的书籍及大黄一类的药材。不久部队感染病疫，使用大黄便痊愈。太祖忙于经营治理西域疆土，没有空暇制定典章制度，因此部分州郡的官吏，肆意杀戮，甚至将他人的妻女抢夺为奴婢，强取资财，兼并土地。燕蓟留后长官石抹咸得卜尤其贪婪暴力，杀人极多。耶律楚材听说以后泪流满面，马上上奏，请求禁止州郡官吏的违法行为，并下令若没有朝廷的诏令，不能擅自征发税役，囚犯要执行死刑的必须先向朝廷报告，违反者以死罪论处。由此贪婪残暴的风气才逐渐收敛。燕地有很多势力强横的贼寇，天未黑就赶着牛车到富人家里抢夺财物，如若不给他们就杀人。当时元睿宗作为皇子监守国事，听说这个事情以后，就派遣使臣和耶律楚材共同去彻底追查处理。耶律楚材查访到这些人的姓名，原来都是一些留后官吏亲属及有势力家族的子弟。耶律楚材将他们全部抓捕关进监狱。其家属贿赂使臣，使臣便欲延缓处理，耶律楚材以福祸后果明示使臣，使臣害怕，所以听从耶律楚材的话，结案后，十六个人被杀于市，燕地民众才安定下来。

己丑年（1229）秋天，太宗将要即位，宗亲族人全部聚集在一起，讨论这件事却做不了决定。由于睿宗为太宗的亲弟弟，所以耶律楚材此时对睿宗说："这是社稷大事，最好尽早决定。"睿宗说："还没有准备好，另外挑个日子可以吗?"耶律楚材说："过了今天就没有吉日了。"睿宗于是决定大计，订立礼仪制度。耶律楚材又对察合台亲王说："亲王您虽然是兄长，但地位上却是臣子，依礼您应当跪拜。亲王您跪拜了，就没有人敢不跪拜。"察合台亲王深表赞同。等到太宗即位的时候，察合台亲王率领皇族及群臣跪拜于帐下。退下以后，亲王抚着耶律楚材说："你真是国家社稷之臣啊!"本朝有皇族向皇帝行跪拜礼即由此开始。当时朝会因为迟到而本该被处死的人很多，耶律楚材上奏说："陛下刚继承皇位，应该宽恕他们。"太宗听从了他的建议。

中原刚刚平定，百姓多有误犯禁令的，但国家法律没有赦免的条款。耶律楚材提议请求赦免，人们都认为他迂腐，耶律楚材独自向太宗陈说。太宗于是下诏庚寅年（1230）正月初一以前违反禁令的不予追究，并且列举应当便宜从事的十八项诏告天下，大意是："各郡应当设置长吏管理民政，设置万户统领军队，使彼此力量均衡，从而遏制骄横。中原地区，是国家财用所出之地，应该抚恤人民，州县如果不是承奉中央命令，有胆敢擅自摊派赋税徭役的要予以治罪，借贷交易官物的要予以治罪。蒙古、回鹘以及河西地区的诸民族，种地但不纳税的人处死，监守自盗官物的人处死。对于犯死罪的人，要将其死罪情由上报中央等待核准，然后方可以执行死刑。向中央进贡礼物，为害不浅，应该坚决禁止。"除了上供一事不允许外，其他的皇帝全部表示赞同。太宗对耶律楚材说："进贡是他们自愿的，应该允许。"耶律楚材说："祸害的开端必将从这里开始。"太宗说："凡是你上奏的，我无不听从，难道你就不能听我一件事吗?”

太祖在位时，年年都要征伐西域，没来得及经营治理中原地区，中原地区官吏大都聚敛民财以饱私囊，财产多到难以计数，而官府却没有储备。别迭等近臣对太宗说：“汉人没有裨益于国家，可以将汉人杀尽或者赶光，将他们的土地变成牧场。”耶律楚材说：“陛下将要南伐，应该有人供给军需，如果能均衡制定中原地区的土地税、商业税、盐税、酒税、炼铁税、山川湖泽的出产，则每年即可获得五十万两白银、八万匹帛、四十多万石粮食，足以供给军需，怎么能说没有裨益呢?”太宗说：“你试着为朕施行。”耶律楚材于是上奏置燕京等十路征收课税使，其长官副官皆用文人，像陈时可、赵昉等都是宽厚长者，是穷极天下最优秀的人选，任用省部旧人作为部下僚属。辛卯年（1231）秋天，太宗行到云中，十路征收课税使都将进呈的仓库簿录以及金帛陈列于廷中，太宗笑着对耶律楚材说：“你在我身边，就能使国用充足，南国的大臣，还有像你一样的贤臣吗?”耶律楚材答道：“南国的大臣都比我贤能，我没有什么才干，因此留在燕地，为陛下所用。”太宗嘉奖耶律楚材的谦虚，赐酒给他，并且当天就任命他为中书令，大小事宜，都要先请示他。

耶律楚材上奏道：“各州郡都应该让长吏专门负责管理民政，万户负责管理军政，他们所掌管的赋税，权贵们都不得侵夺。”耶律楚材又举荐镇海、粘合等人，并与之共事。权贵们心有不平，尤其是咸得卜因为与耶律楚材有旧怨，所以更加痛恨他。咸得卜在宗王面前谗说道：“中书令耶律楚材任用亲朋故旧，其人必有异心，应该上奏杀掉他。”宗王派遣使者奏于太宗，太宗知道这是诬陷，因此斥责使者，并罢免发遣了他。咸得卜部属告其违法，太宗让耶律楚材去审问，耶律楚材上奏说：“咸得卜此人傲慢自大，因此容易招惹是非。现在将征伐南方，以后再处理他也不晚。”太宗私底下对侍臣说：“耶律楚材不计较私仇，真乃宽厚长者，你们都应该效仿他。”中贵可思不花上奏说开采金银的役夫以及在西域耕种土地和栽种葡萄的民户不足，太宗命令从西京宣德迁移一万多户以补充。耶律楚材说：“先帝遗诏，说山后百姓质朴，与蒙古族人没有区别，发生紧急情况时可以征用，因此不应该轻易征调。现在即将征伐河南，请不要因为此役而伤害百姓。”皇帝批准了他的建议。

壬辰年（1232）春天，太宗率军南征，将要渡过黄河，诏告逃难的百姓，如果前来归降可以免除一死。有人说：“这些百姓危急时即降，形势缓和就逃跑了，这只能是利于敌人，所以不能宽恕。”耶律楚材制作了几百面旗帜，发给归降的百姓，让他们回家，很多人得以保全性命。依照旧制，凡是攻夺城邑，敌人以弓矢石头等抵抗的，那就是抗拒王命，一旦攻破城池，必将屠城。在汴梁城即将被攻破的时候，大将速不台派遣使者来报告说：“金人在此抗拒许久，我军伤亡严重，攻破城池的时候，应该屠城。”耶律楚材疾驰向太宗上奏说：“将士们在外征战几十年，所求的不外乎土地和民众。得到没有民众的土地，又有什么用呢!”皇帝犹豫不决，耶律楚材说：“奇巧工匠，富豪之家，都聚集在此。如果将他们都杀掉，我们会一无所获。”太宗认可他说的话，于是下诏只对完颜氏一族治罪，其余人都不予追究。当时在汴梁城避难的有一百四十七万人。

耶律楚材又请求派人入城，寻找孔子后裔，最后找到了孔子第五十一世孙孔元措。耶律楚材于是奏请令孔元措继承衍圣公封号，封给他孔林、孔庙的土地。耶律楚材命令收容太常礼乐生，召见梁陟、王万庆、赵著等名儒，让他们通俗阐释九经，为东宫太子讲学。耶律楚材还引导大臣子弟，研习经典，学习义理，使他们懂得圣人之道。又在燕京设立编修所，在平阳设立了经籍所，由此文风大盛。

当时元军刚刚占领河南，俘虏非常多。元军撤离的时候，俘虏十之七八都逃跑了。皇帝于是下旨：为逃跑的俘虏提供食宿的人，就诛灭其全家，乡社其他人也要连坐处死。因此逃亡的人不敢寻住处居住，最后大多在道路上饿死。耶律楚材对皇帝进言道："河南既已平定，那么百姓就都是陛下的子民，他们又能逃到哪里去呢？怎么能因为一个逃跑的俘虏，就株连几十上百人呢？"皇帝醒悟过来，就解除了禁令。金朝灭亡时，只有秦州、巩州等二十多个州久攻不下，耶律楚材上奏说："往年我们有些百姓为逃避治罪，聚集在此，因此拼死抵抗，如若我们许诺不杀他们，这些城池将不攻自破。"皇帝的诏令颁下以后，这些城池就都投降了。

甲午年（1234），朝廷商议登记中原地区户口，大臣忽都虎等建议，应以成年男子为户。耶律楚材说："不可以，如果成年男子逃走，就收不到赋税，因此应当按户来确定。"多次力争，最终以户为单位。当时将相大臣们得到奴隶之后，常常让他们寄居在各郡，耶律楚材乘统计户口的机会，将他们赦为平民，藏匿和占有者都要处死。

乙未年（1235），朝廷商议将第四次征讨不臣服的地区，并欲派回回人征讨江南，汉人征伐西域，以此达到相互制约的目的。耶律楚材说："不可以，中原与西域之间相距甚远，如果依照朝臣所议，那么军队还未到达敌境，就已人困马乏，再加上水土不服，疾疫流行，因此还是应该就近征讨。”这个意见得到皇帝采纳。

丙申年（1236）春天，诸王举行大规模集会，皇帝亲赐耶律楚材酒，说道：“我之所以真诚待你，这是因为先帝之命。如果没有你，中原就没有今天。我之所以能够安枕无忧，这都是你的功劳。”西域诸国及宋朝、高丽的使臣来朝见，言语多不真实，皇帝指着耶律楚材对他们说道：“你们国家有这样的人吗？”使者们都说：“没有，像耶律楚材这种人大概就是神人吧！”皇帝又说：“你们只有这句话说得不假，我也揣度你们国家必定没有这样的人。”有一人叫于元，上奏建议发行交钞，耶律楚材说：“金章宗时开始发行交钞，与钱币同时流通，政府相关部门以发行交钞牟利，却不愿意回收交钞，因此称交钞为老钞，以至于后来万贯钱只能买一张饼。因此百姓穷困，国用匮乏，应该引以为戒。现在印行交钞，不应该超过一万锭。”这个意见得到皇帝采纳。

秋七月，忽都虎将户口登记薄送到朝廷，皇帝计划将各州县分别赐予亲王以及有功的大臣。耶律楚材说：“将土地以及民众人为分割，容易产生矛盾，不如多赐给亲王功臣以金帛。”皇帝说：“已经允诺了，怎么办？”耶律楚材说：“如由朝廷派置官吏，收取州县贡赋，年终时分发给他们，这样使他们不能够擅自征发赋税徭役，就可以了。”皇帝同意他的意见，于是制定全国的赋税制度：每两户缴纳一斤丝，以供给国用；每五户缴纳一斤丝，以供给诸王功臣生活之用。地租方面，中等田地每亩二升半，上等田地三升，下等田地二升，水田每亩地五升；商税方面，三十分之一纳税；盐价方面一两银子可以购买四十斤盐。制定基本的赋税制度之后，群臣朝议认为赋税征收太轻，耶律楚材说："法律即使定的很轻，也仍然会有很多弊端，况且以后难免不断加重征收，由此看来现在所定已经很重了。"

当时工匠制造器物，多浪费公物，十成有八九成被私吞。耶律楚材奏请对此全部予以核查，并成为一种长期的制度。当时侍臣脱欢上奏请为皇帝挑选天下未嫁女子，诏令下达后，耶律楚材拖延不执行，皇帝很生气。耶律楚材进言说："以前已经选拔了二十八位美女，足够陛下使唤了。现在又要选拔，我担心这会侵扰百姓，正准备向陛下回奏呢。"皇帝想了很久，说："这事算了吧。"皇帝又想要征收百姓的母马，耶律楚材说："农耕地区不是产马的地方，现在如果这样做，以后必将成为百姓祸害。"皇帝听从了。

丁酉年（1237），耶律楚材上奏说："制造器物必须任用优秀的工匠，守卫江山社稷必须任用儒臣。儒臣的事业，如果没有数十年的积累和努力，恐怕是难以有成果的。"皇帝说："如果真有这样的人，可以授予这些人官职。"耶律楚材说："请考试检验他们。"于是皇帝下令宣德州宣课使刘中到各郡主持考试，考试内容分为经义、词赋、策论三科，被俘为奴隶的儒者，也让他们参加考试，奴隶主人藏匿不让他们参加考试的以死罪论处。这次考试共录取了儒士四千零三十人，其中免除奴隶身份的有四分之一。

此前，州郡长官很多向商人借银以偿还官钱，利息累积为本金的好几倍，被称为羊羔儿利，甚至将妻儿变为奴隶，仍不足以偿还。耶律楚材于是奏请当利息和本金相当时则免除债务，并成为永久制度，民间百姓们的负债，由官府代为偿还。耶律楚材又统一了度量衡，颁发符印，确立货币制度，规定征税制度，布置书信传递邮道，明确使用驿券，由此各种政务制度大体齐备，百姓们逐渐得到了休养生息。

有两个道士为争夺地位，各自结党，其中一个道士诬陷另一个道士朋党中有两个人是逃兵，并勾结中贵人和通事杨惟忠，将这两个人抓住并残酷地杀害了。耶律楚材逮捕了杨惟忠，中贵人又告耶律楚材违反制度，皇帝很生气，于是逮捕了耶律楚材，不久以后就后悔了，命令释放耶律楚材。耶律楚材不肯解下绑绳，进言说："我位居公辅之位，管理国政。陛下一开始命令逮捕我，这是因为我有罪过，我有罪过应该明白宣示于百官，有罪就不能赦免。现在又释放我，说明我没有罪过，岂能如此轻易反复，出尔反尔，像戏弄小孩子一样？国家一旦遇上大事，将如何处理！"群臣都惊讶失色。皇帝说："我虽然贵为皇帝，难道就不能有过错吗？"于是用好话来安慰耶律楚材。耶律楚材于是陈请当务之急的十件政事，即：赏罚有信，正名分，供给官员俸禄，赐功臣官职，考核政绩，均衡赋税，选拔工匠，致力农桑，确定土贡，规划漕运。这些建议都切合当时实际情况，全部得到了施行。

太原路转运使吕振、副使刘子振，因贪污而被治罪。皇帝责问耶律楚材道："你说孔子儒教可以实行，儒者都是好人，那么为什么会有这种人呢？"耶律楚材回答说："国君及父亲教育臣民与子女，都不想让他们陷入不义。三纲五常是圣人的教诲，有国有家的人没有不尊奉圣人的教诲，就如同天上有太阳和月亮一样。岂能因个别人的过错，就将万世常行的儒教唯独在我朝被废除呢!”皇帝的怒气得以消解。

富人刘忽笃马、涉猎发丁、刘廷玉等人以一百四十万两白银投标拍得天下课税权，耶律楚材说：“这些贪利之徒，欺上虐下，为害非常大。”奏请罢免他们。耶律楚材经常说：“兴一利不如除一害，生一事不如省一事。任尚认为班超的这句话很普通，但千古之下，自有定论。以后受到谴责的人，才会知道我的话不假。”皇帝素来嗜好喝酒，每天与大臣畅饮，耶律楚材屡次劝谏，皇帝都不听，耶律楚材便拿着酒槽上的铁口对皇帝进言说：“酒曲能腐蚀器物，金属铁尚且如此，何况人的五脏呢?”皇帝醒悟，对近臣说：“你们的爱君忧国之心，岂会有像吾图撒合里的呢?”皇帝赏给耶律楚材金银布帛，并下令近臣每天饮酒以三钟为限。

自庚寅年（1230）制定征收赋税的条款，到甲午年（1234）平定河南，每年财政余额都在增长，到戊戌年征收的银两增加到一百一十万两。译史安天合谄媚侍奉镇海，就引诱奥都剌合蛮投标购买课税权，这样余额又增加到二百二十万两。耶律楚材极力辩驳劝谏，声色俱厉，边说边哭。皇帝说：“你这是想要打架吗?”又说：“你这是要为百姓哭吗?姑且让奥都剌合蛮试试吧。”耶律楚材极尽全力也不能阻止，叹息道：“老百姓贫穷困苦，将从这里开始了!”

耶律楚材曾经参加诸王宴会，喝醉后躺于车中，皇帝到郊野时看见他的车驾，于是直接来到他的营地，登上他的车用手摇动他。耶律楚材熟睡未醒，正要发火有人打扰自己，忽然睁开眼睛一看，才知道皇帝来了，忙惊起谢罪，皇帝说：“有酒一个人喝醉，不和朕一起同享此乐吗?”皇帝笑着离去了。耶律楚材来不及穿衣戴冠，驰马赶到皇帝行宫，皇帝摆下酒宴，极尽欢乐才罢休。

耶律楚材主持国政很久，将俸禄分给亲族，从没有私下为亲族谋一官半职。行省长官刘敏问他，耶律楚材回答说："和睦亲族的道理，应该是用钱帛来资助他们。我作为从政者不能因为私恩而做违法的事情。"

辛丑年（1241）二月三日，皇帝病重，太医说已经摸不到脉了。皇后不知所措，于是召耶律楚材询问，耶律楚材回答说："现在朝廷用人不当，卖官鬻狱现象严重，监狱里的无辜者非常多。古人有因一句善言而荧惑星退避的事例，臣请求赦免全国的囚犯。"皇后当即就要下令，耶律楚材说："必须有皇上的命令才行。"过了一会儿，皇帝稍微清醒，于是耶律楚材入内奏报，请求大赦监狱囚徒，此时皇帝已经不能说话了，点头表示同意。当天夜里，正好是宣读赦免诏书的时候，太医又摸到皇帝的脉搏了。第二天，皇帝的病就好了。冬十一月四日，皇帝将要外出狩猎，耶律楚材用太乙数进行推算，多次劝谏皇帝不可外出，但皇帝左右近臣们都说："不骑马狩猎，就没有什么乐趣。"皇帝外出狩猎五天之后，在狩猎之地行所去世。皇后乃马真氏摄政，信任回回奸臣，朝政混乱。奥都剌合蛮以贿赂得以执掌朝政，朝臣全部畏惧依附他。耶律楚材在朝廷上和他当面争论，言人之所不敢言，众人都为他的处境担忧。

癸卯年（1243）五月，荧惑星侵犯了房宿，耶律楚材上奏说："天象显示会出现惊扰之事，但最终不会有变故。"没过多久，朝廷用兵，因为事起仓促，皇后下令分发甲胄并挑选心腹之人，最后甚至想要西迁以避开敌军。耶律楚材进言道："朝廷是国家的根本，如果根本动摇，那么国家将会大乱。臣观察天象，绝对不会有事。”几天之后事情便平定了。皇后交给奥都剌合蛮加盖玉玺的空白纸张，让他自行填写使用。耶律楚材说：“天下是先帝的天下。朝廷自有规章制度，今天要违背这些制度，我不敢奉行这个诏令。”此事于是作罢。皇后又下旨说：“凡是奥都剌合蛮所说的，令史若没有记录，就砍断他的手。”耶律楚材说：“国家典故，先帝全都委托于老臣，与令史无关。事情如果合理，自然就应当奉行，如果不可行，死尚且不回避，何况是砍断手呢?”皇后不高兴。耶律楚材辩驳不已，大声说道：“我侍奉太祖、太宗三十多年，不负国家，皇后岂能以无罪杀我呢!”皇后虽然怨恨他，但也因为他是前朝老臣，所以对他非常敬畏和害怕。

甲辰（1244）夏五月，耶律楚材死于任上，年五十五岁。皇后哀悼，赐给的助丧物品非常丰厚。后来有诬陷耶律楚材的人，说他长久担任丞相，全国的贡赋，一半流入他家。皇后于是命令近臣麻里扎去耶律楚材家里探视，耶律楚材家里不过只有阮琴十把，以及古今书画、金石、遗文数千卷而已。至顺元年（1330），耶律楚材获赠经国议制寅亮佐运功臣、太师、上柱国，追封为广宁王，谥“文正”。他有两个儿子：耶律铉、耶律铸。

【评述】

耶律楚材历仕四朝，经营天下如“良匠”，治大国如烹小鲜，是中国十三世纪杰出的少数民族政治家、改革家。在大蒙古国连年战乱、民族文化垂危的情况下，他以拯救百姓为己任，辅佐蒙古统治者，严惩各地贪污腐败官员，铲除不稳定因素，对时局的巩固起到了重要作用。同时他积极推行汉法，实施了一系列有利于社会发展的政治、经济、文化改革措施。这些改革措施，无不是针对当时中原物质与精神文明遭受巨大破坏的时弊而提出的。耶律楚材为保护中原文化，恢复中原地区的社会生产力，做出了有益的贡献。他的改革措施，对中原传统文明而言，也许还只是在休养生息的基础上，恢复原有的封建统治秩序，而对草原游牧文明而言，却是真正意义上的改革。这表明蒙古统治者已经逐步接受汉民族的先进文明，体现出十三世纪蒙古草原游牧文明与汉族农业封建文明接触后，前者适应后者的历史发展趋势。这一进程，在蒙古政权进入中原地区后，就已经开始显露出来，而耶律楚材的改革措施，可以说使这一进程大大向前迈进了一步，从而推动了社会向前发展，并在许多方面为后来忽必烈建立元王朝奠定了基础。

耶律楚材在死后七百多年间，一直受到后人的缅怀与景仰。对于他的成就与地位，不管是与他同时代的人还是后辈学者，都给予了相当高的评价。作为一位出身于少数民族的政治家，在中国历史上能够得到如此众多的美誉，恐怕还是屈指可数的。时人宋子贞评价他说："公以命世之才，值兴王之运，本之以廊庙之器，辅之以天人之学，缠绵二纪，开济两朝，赞经纶于草昧之初，一制度于安宁之后，自任以天下之重，屹然如砥柱之在中流，用能道济生灵，视千古为无愧者也。"（宋子贞《中书令耶律公神道碑》，苏天爵《元文类》卷五十七）真可谓至公至允。

（杜立功注译　杨印民评述）

杨惟中

【原文】

杨惟中，字彦诚，弘州人。金末，以孤童子事太宗[①]，知读书，有胆略，太宗器之。年二十，奉命使西域三十余国，宣畅国威，敷布政条，俾皆籍户口属吏，乃归，帝于是有大用意。

皇子阔出[②]伐宋，命惟中于军前行中书省事。克宋枣阳、光化等军，光、随、郢、复等州，及襄阳、德安府，凡得名士数十人，收伊、洛诸书送燕都，立宋大儒周惇颐祠，建太极书院，延儒士赵复[③]、王粹等讲授其间，遂通圣贤学，慨然欲以道济天下。拜中书令，太宗崩，太后称制，惟中以一相负任天下。

定宗[④]即位，平阳道断事官斜彻横恣不法，诏惟中宣慰，惟中按诛之。金亡，其将武仙溃于邓州，余党散入太原、真定间，据大明川，用金开兴年号，众至数万，剽掠数千里，诏会诸道兵讨之，不克。惟中仗节开谕，降其渠帅，余党悉平。

宪宗[5]即位，世祖以太弟镇金莲川，得开府，专封拜。乃立河南道经略司于汴梁，奏惟中等为使，俾屯田唐、邓、申、裕、嵩、汝、蔡、息、亳、颍诸州。初，灭金时，以监河桥万户刘福为河南道总管，福贪鄙残酷，虐害遗民二十余年。惟中至，召福听约束，福称疾不至，惟中设大梃于坐，复召之，使谓福曰："汝不奉命，吾以军法从事。"福不得已，以数千人拥卫见惟中，惟中即握大梃击仆之。数日福死，河南大治。迁陕右四川宣抚使。时诸军帅横侈病民，郭千户者尤甚，杀人之夫而夺其妻，惟中戮之以徇，关中肃然。语人曰："吾非好杀，国家纲纪不立，致此辈贼害良民，无所控告，虽欲不去，可乎！"

岁己未，世祖总统东师，奏惟中为江淮京湖南北路宣抚使，俾建行台，以先启行，宣布恩信，蒙古、汉军诸帅并听节制。师还，卒于蔡州，年五十五。中统二年，追谥曰忠肃公。

选自《元史》卷一百四十六《杨惟中传》

【注释】

①太宗：即元太宗窝阔台，成吉思汗第三子，1229—1241年在位，期间灭掉了金国。

②阔出（？—1236）：元太宗第三子，曾被定为皇位继承

人。太宗七年（1235）春，率军攻南宋，次年冬死于军中。

③赵复：德安人（今湖北安陆），学者称为江汉先生。太宗七年（1235），在德安被蒙古军俘虏。姚枢、杨惟中奉诏求儒士，得以释放，随至燕京（今北京）。在太极书院讲授程朱理学，被认为是程朱理学北传的关键人物。

④定宗（1206—1248）：即贵由，元太宗长子。参与长子西征。1246 年被立为大汗，在位三年。

⑤宪宗（1209—1259）：即蒙哥，拖雷长子。自幼由太宗窝阔台抚养。参与长子西征，屡立战功。1251 年即大汗位，镇压窝阔台系侯王，分派诸臣管领燕京等处、别失八里等处、阿姆河等处行尚书省。1259 年死于征宋战争中，在位九年。

【译文】

杨惟中，字彦诚，弘州（今属河北）人。金朝末年，作为孤童幼子侍奉元太宗。知晓读书，富有胆略，得到了元太宗的器重。杨惟中二十岁即奉命出使西域三十余国，宣扬国家的威严，颁布各类政治条款，使当地的人民都登籍入户，归于官吏的管辖之下，然后归来。皇帝于是有重用他之意。

皇子阔出伐宋，命令杨惟中在军前行中书省事。蒙古军攻克宋国枣阳、光化等军，光、随、郢、复等州，及襄阳、德安府（今属湖北），一共得名士数十人，又收集伊、洛等地各种书籍送往燕都（今北京），为宋大儒周惇颐建立祠堂，建立太极书院，延请儒士赵复、王粹等在那里讲授学问，杨惟中于是得以通晓圣贤之学，便慨然想以道共济天下苍生。后官拜中书令。元太宗死后，太后代理朝政，杨惟中以宰相担负天下重任。

元定宗贵由即位，平阳道（今属山西）断事官斜彻横行无忌，恣意不法。朝廷下诏让杨惟中前去宣慰，杨惟中依法将其诛杀。金朝灭亡后，将领武仙在邓州（今属河南）溃败，余党分散逃入太原、真定之间，占据大明川，使用金朝开兴年号，党众聚集到数万人，剽掠了数千里的地区。皇帝下诏会集诸道的兵力进行征讨，没能攻克。杨惟中奉命出使开导劝谕，最终将其主帅降服，余党也全部平定。

元宪宗即位，元世祖当时以皇太弟的身份出镇金莲川，开设府邸，专领官员的封拜。他在汴梁设立河南道经略司，上奏杨惟中等做经略使，让他们在唐、邓、申、裕、嵩、汝、蔡、息、亳、颍等州屯田。当初，灭金之时，监河桥万户刘福为河南道总管。刘福贪婪残暴，虐害百姓达二十多年。杨惟中到达之后，召见刘福。刘福称病不到，杨惟中在座中放上大棒，再次召见他。派去的使者对刘福说："你再不听从命令，我将以军法处置你。"刘福迫不得已，在数千人的簇拥护卫下来见杨惟中。杨惟中随即拿起大棒将他击倒。数日之后刘福死掉，河南大治。后杨惟中又迁任陕右四川宣抚使。当时诸路军帅横行无忌，肆无忌惮，百姓深受其苦。其中有个郭千户为害尤甚，杀人之夫而夺其妻。杨惟中杀掉郭千户示众，关中一片肃然。杨惟中曾对人说："我并不是天生喜好杀戮，而是因为国家纲纪不立，致使这样的贼人残害良民，又没有地方去控告。如果不除掉他们的话，怎么可以呢?"

己未（1259），元世祖总领东路大军，启奏让杨惟中担任江淮京湖南北路宣抚使，使他建立行台，先一步出发，宣扬大军的恩泽信义，蒙古、汉军各路元帅都听从他的节制。大军班师之后，杨惟中死于蔡州（今属河南），终年五十五岁。中统二年（1261），追加谥号为“忠肃公”。

【评述】

杨惟中自幼陪侍太宗，与蒙古汗廷有着特殊的亲密关系，颇受重用。太宗崩后，更是出任中书令，管理实际的政务，号称“以一相负任天下”。如此大权在握，杨惟中并未骄矜不法，而是忠于国家，奉公守法，成为反贪战线上的急先锋。杨惟中反贪除暴的事迹，在当时是比较突出的。仅他一人就诛杀了平阳道断事官斜彻、监河桥万户刘福、关中郭千户等数名贪虐害民、横行不法的恶徒，其中有些还是出镇的地方大员，反贪力度不可谓不大。尤其是对贪鄙残暴、危害甚巨的刘福，杨惟中更是痛下决心予以约束，设置大棒伺候，以“军法从事”严令入见，最终把刘福打死，为人民除去了一害。杨惟中反贪的魄力、气势和决心，都在此得到了淋漓尽致的表现。之所以能取得如此辉煌的反贪业绩，虽然前提条件是他得到上级的信任，手中有充分的权力。但更应注意到杨惟中本身的刚正严明、嫉恶如仇。正如杨惟中本人所说“吾本非好杀”，只是为了严明国家纲纪，保障人民权益，不得已诛杀几个罪大恶极的贪官污吏以儆效尤，厉行法纪。其间流露出的为国家社稷黎民尽心尽力的殷殷之情，令人感动肺腑。杨惟中杀戮虽多，但却不曾滥杀、错杀，对意图作奸犯科的官员起到了很好的震慑作用。

（苗冬注译、评述）

赛典赤赡思丁

【原文】

赛典赤赡思丁，一名乌马儿，回回人，别菴伯尔之裔。其国言赛典赤，犹华言贵族也。太祖西征，赡思丁率千骑以文豹、白鹘迎降，命入宿卫，从征伐，以赛典赤呼之而不名。太宗即位，授丰、净、云内三州都达鲁花赤[①]；改太原、平阳二路达鲁花赤；入为燕京断事官。宪宗即位，命同塔剌浑行六部事，迁燕京路总管，多惠政，擢采访使。帝伐蜀，赛典赤主馈饷，供亿未尝阙乏。

世祖即位，立十路宣抚司，擢燕京宣抚使。中统二年，拜中书平章政事，皆降制奖谕。至元元年，置陕西五路西蜀四川行中书省，出为平章政事。莅官三年，增户九千五百六十五、军一万二千二百五十五、钞六千二百二十五锭、屯田粮九万七千二十一石，撙节和买[②]钞三百三十一锭。中书以闻，诏赏银五千两，仍命陕西五路四川行院大小官属并听节制。

七年，分镇四川，宋将昝万寿拥强兵守嘉定，与赛典赤军对垒，一以诚意待之，不为侵掠，万寿心服。未几，赛典赤召还，万寿请置酒为好，左右皆难之，赛典赤竟往不疑。酒至，左右复言未可饮，赛典赤笑曰：“若等何见之小耶。昝将军能毒我，其能尽毒我朝之人乎！”万寿叹服。八年，有旨：大军见围襄阳，各道宜进兵以牵制之。于是赛典赤偕郑鼎率兵水陆并进，至嘉定，获宋将二人，顺流纵筏，断其浮桥，获战舰二十八艘。寻命行省事于兴元，专给粮饷。

十一年，帝谓赛典赤曰：“云南朕尝亲临，比因委任失宜，使远人不安，欲选谨厚者抚治之，无如卿者。”赛典赤拜受命，退朝，即访求知云南地理者，画其山川、城郭、驿舍、军屯、夷险、远近为图以进，帝大悦，遂拜平章政事，行省云南，赐钞五十万缗、金宝无算。

时宗王脱忽鲁方镇云南，惑于左右之言，以赛典赤至，必夺其权，具甲兵以为备。赛典赤闻之，乃遣其子纳速剌丁先至王所，请曰：“天子以云南守者非人，致诸国背叛，故命臣来安集之，且戒以至境即加抚循，今未敢专，愿王遣一人来共议。”王闻，遽骂其下曰：“吾几为汝辈所误！”明日，遣亲臣撒满、位哈乃等至，赛典赤问以何礼见，对曰：“吾等与纳速剌丁偕来，视犹兄弟也，请用子礼见。”皆以名马为贽，拜跪甚恭，观者大骇。乃设宴陈所赐金宝饮器，酒罢，尽以与之，二人大喜过望。明日来谢，语之曰：“二君虽为宗王亲臣，未有名爵，不可以议国事，欲各授君行省断事官，以未见王，未敢擅授。”令一人还，先禀王，王大悦。由是政令一听赛典赤所为。

十二年，奏：“云南诸夷未附者尚多，今拟宣慰司兼行元帅府事，并听行省节制。”又奏：“哈剌章、云南壤地均也，而州县皆以万户、千户主之，宜改置令长。”并从之。十三年，以所改云南郡县上闻。云南俗无礼仪，男女往往自相配偶，亲死则火之，不为丧祭。无秔稻③桑麻，子弟不知读书。赛典赤教之拜跪之节，婚姻行媒，死者为之棺椁奠祭，教民播种，为陂池以备水旱，创建孔子庙明伦堂，购经史，授学田④，由是文风稍兴。云南民以贝代钱，是时初行钞法，民不便之，赛典赤为闻于朝，许仍其俗。又患山路险远，盗贼出没，为行者病，相地置镇，每镇设土酋吏一人、百夫长一人，往来者或值劫掠，则罪及之。

有土吏数辈，怨赛典赤不已，用至京师诬其专僭数事。帝顾侍臣曰：“赛典赤忧国爱民，朕洞知之，此辈何敢诬告！”即命械送赛典赤处治之。既至，脱其械，且谕之曰：“若曹不知上以便宜命我，故诉我专僭，我今不汝罪，且命汝以官，能竭忠自赎乎？”皆叩头拜谢曰：“某有死罪，平章既生之而又官之，誓以死报。”

交趾叛服不常，湖广省发兵屡征不利，赛典赤遣人谕以逆顺祸福，且约为兄弟。交趾王大喜，亲至云南，赛典赤郊迎，待以宾礼，遂乞永为藩臣。

萝盘甸叛，往征之，有忧色，从者问故，赛典赤曰："吾非忧出征也，忧汝曹冒锋镝，不幸以无辜而死；又忧汝曹劫虏平民，使不聊生，及民叛，则又从而征之耳。"师次萝盘城，三日不降，诸将请攻之，赛典赤不可，遣使以理谕之。萝盘主曰："谨奉命。"越三日又不降，诸将奋勇请进兵，赛典赤又不可。俄而将卒有乘城进攻者，赛典赤大怒，遽鸣金止之，召万户叱责之曰："天子命我安抚云南，未尝命以杀戮也。无主将命而擅攻，于军法当诛。"命左右缚之。诸将叩首，请俟城下之日从事。萝盘主闻之曰："平章宽仁如此，吾拒命不祥。"乃举国出降。将卒亦释不诛。由是西南诸夷翕然款附。夷酋每来见，例有所献纳，赛典赤悉分赐从官，或以给贫民，秋毫无所私；为酒食劳酋长，制衣冠袜履，易其卉服草履。酋皆感悦。

赛典赤居云南六年，至元十六年卒，年六十九，百姓巷哭，葬鄯阐⑤北门。交趾王遣使者十二人，齐经为文致祭，其辞有"生我育我，慈父慈母"之语，使者号泣震野。帝思赛典赤之功，诏云南省臣尽守赛典赤成规，不得辄改。大德元年，赠守仁佐运安远济美功臣、太师、开府仪同三司、上柱国、咸阳王，谥忠惠。

选自《元史》卷一百二十五《赛典赤赡思丁传》

【注释】

①都达鲁花赤：蒙元官名，译即“掌印官”。成吉思汗十八年置。元代汉人不能任正官，各级政府、军队均设达鲁花赤，以蒙古人或色目人担任，执掌实权。另设总管、知府、州尹、县尹等为达鲁花赤之副。

②和买：官府出价向民众购买物资。实际为变相的赋税。

③秔（jīng）：即粳，稻的一种。

④学田：旧时办学用的公田，以田地收益作为学校基金。

⑤鄯（shàn）阐：公元九世纪中叶，南诏王以柘东城改名，后置府，称东京。在今云南昆明市旧城南关外。蒙古至元七年（1270）改为府，元至元十三年改为中庆路。

【译文】

赛典赤赡思丁，一名乌马儿，回回人，是别菴伯尔的后裔。他的国家说到赛典赤，就像汉语说贵族。太祖成吉思汗西征，赡思丁率领一千骑兵献上文豹、白鹘出来迎降，成吉思汗命他任身边宿卫，跟从自己征伐，成吉思汗从不叫他的名字，只叫他赛典赤。太宗窝阔台即位，授任他丰、净、云内三州都达鲁花赤；后改任太原、平阳（今山西临汾）二路达鲁花赤；入京后担任燕京断事官。宪宗蒙哥即位，命他同塔剌浑一起行六部事，又升迁其为燕京路总管，他到任后实行了很多惠民政策，又被擢升为采访使。宪宗蒙哥伐蜀，赛典赤负责粮饷供应，供给从未缺乏。

世祖忽必烈即位，设立十路宣抚司，擢升赛典赤赡思丁为燕京宣抚使。中统二年（1261），拜任他为中书平章政事，皆诏令奖勉。至元元年（1264），置陕西五路、西蜀、四川行中书省，赛典赤赡思丁出京担任平章政事。他在任三年，户口增加九千五百六十五户、军兵增加一万二千二百五十五人、官币增加六千二百二十五锭、屯田粮增加九万七千二十一石，节省、和买两项共得官币三百三十一锭。中书省把这些情况奏报给朝廷，世祖忽必烈下诏赏赐赛典赤赡思丁银五千两，仍命陕西五路、四川行院大小官属并听节制。

至元七年，赛典赤赡思丁镇守四川，南宋将领昝万寿拥强兵镇守嘉定，与赛典赤军对垒，赛典赤一直以诚意相待宋军，不侵犯劫掠，昝万寿很心服。不久，赛典赤被召回，万寿摆酒相邀，赛典赤左右的人都认为不可去，赛典赤竟然毫不怀疑地前往赴宴。酒上来后，左右随从又说不可以喝，赛典赤笑着说："你们怎么见识这么短浅呢。昝将军能毒死我，难道能把我朝的人全部毒死！"万寿听了为之叹服。至元八年，忽必烈下旨：大军现在围攻襄阳，各道应该进军牵制宋军。于是赛典赤偕同郑鼎率领军队水陆并进，到了嘉定，俘获两个南宋将领，乘竹筏顺流而下，切断南宋的浮桥，俘获战舰二十八艘。不久忽必烈命赛典赤在兴元（今陕西汉中市）行省事，专门供给粮饷。

至元十一年，世祖对赛典赤说："朕曾经亲自去过云南，过去因为委任不当，导致边远地区百姓不安定，现在想选出严谨忠厚的人去抚治云南，没有比爱卿更好的了。"赛典赤拜受任命，退朝即寻访通晓云南地理的人，把那里的山川、城郭、驿站、军营、地势、远近画成图进献给世祖，世祖非常高兴，于是让赛典赤赡思丁担任云南行省平章政事，赐钞五十万缗，金宝更是无数。

当时宗王脱忽鲁正坐镇云南，受身边之人蛊惑，以为赛典赤来了一定会夺他的权，就调集军队作为防备。赛典赤听说之后，就派遣他的儿子纳速剌丁先到王府，请求说：“天子认为云南的官员不称职，导致诸国叛乱，所以皇上命臣来安抚，且告诫我到了云南境内就要立即加以安抚，现在我不敢自己专权，愿大王派遣一人来共同商议。”脱忽鲁王听了这话，就骂他的属下说：“我差点被你们误导了！”第二天，脱忽鲁派遣亲臣撒满、位哈乃等来，赛典赤问该用什么礼节接见，他们回答说：“我们与纳速剌丁一起来的，跟他如同兄弟，请让我们用儿子的礼节见您。”他们于是都拿名马作为见面礼，拜跪非常恭敬，在旁边观看的人大为惊骇。赛典赤设宴，陈列世祖所赐的金宝饮器，喝完酒，把这些饮器全给了他们，这二人大喜过望。第二天便来道谢，赛典赤对他们说：“二位虽然是宗王的亲臣，但没有名号爵位，不能参议国事，我想授予你们行省断事官，但因为没有见到大王，不敢擅自授予。”于是就令其中一人回去先禀告脱忽鲁王，王得知后很高兴。从此政令全部听由赛典赤做主。

至元十二年，赛典赤上奏：“云南各边夷没有归附的还有很多，现在打算让宣慰司兼行元帅府事，并听从行省节制。”又上奏说：“哈剌章、云南土地平均，而州县都由万户、千户负责，应改置令长。”世祖一并允准。至元十三年，赛典赤把改设的云南郡县上奏于朝。云南当地风俗不讲礼仪，男女往往自相配偶，亲人死了就火葬，不做丧祭仪式。不种杭稻桑麻，乡里子弟也不知道读书。赛典赤教给他们拜跪的礼节，婚姻由媒妁操办，为死者打造棺椁，进行奠祭，教人民播种，建造陂池以防水旱，创建孔庙明伦堂，购买经史文献，授给学田，从此文风逐渐兴盛。云南人民本用贝代钱，这时刚实行纸钞，人民感到不便，赛典赤向朝廷上报，朝廷准许他们恢复原来的习惯。又因为山路险远，盗贼出没，危害过路人，所以就地设镇，每镇设土酋吏一人、百夫长一人，往来的人如果遭到劫掠，就论他们的罪。

有几个本地吏员，怨恨赛典赤，以致到京师诬陷他专横僭越的几件事。世祖对侍臣说：“赛典赤忧国爱民，朕很知道，这几个人怎么敢诬告！”随即命人把这几人押送到赛典赤那里听他处置。押送到了以后，赛典赤给他们卸下刑具，而且对他们说：“你们不知道皇上命我便宜行事，所以你们告我专横僭越，我今天不怪罪你们，并且让你们当官，你们能竭忠尽责自赎罪过吗?”他们都叩头谢罪说：“我们都有死罪，平章既让我们活下来而且又授予我们官职，誓以死相报。”

交趾又叛又降，反复无常，湖广行省屡次发兵征讨不能攻下，赛典赤派人告诉他叛祸降福的道理，还跟他约做兄弟。交趾王听了很高兴，亲自到云南，赛典赤到郊外迎接，以宾客的礼节接待，交趾王于是请求永远作为大元藩臣。

萝盘甸背叛，赛典赤前往征讨，面有忧色，从者问原因，赛典赤说：“我不是担心出征，是担心你们冒着箭矢，如果不幸就会无辜而死；又担心你们如果劫掠平民，使民不聊生，等到人民叛乱，则又要去征讨了。”赛典赤军队驻扎在萝盘城，坚守了三天，他们也没有投降，诸将请求下令攻城，赛典赤不准，派遣使者晓之以理。萝盘主说：“愿意听命。”但过了三天还是没投降，诸将奋勇请令攻城，赛典赤又不允许。不久将士中有沿城进攻的，赛典赤大怒，立刻鸣金收兵，召来万户叱责他说：“天子命我安抚云南，没有命我杀戮。没有主将的命令而擅自进攻，按军法当杀。”于是命左右把他们捆住。这时诸将叩头，请求等到城被攻下那天再论处。萝盘主听说后说：“平章大人如此宽仁，我违抗他的命令，不祥。”于是举国出降。违令的将士也予以释放。从此西南诸夷全部归附。夷酋每次来见赛典赤，按例有所进献，赛典赤全部分赐从官，有时用来赈济贫民，从不私纳；他用酒食犒劳酋长，还制作衣冠袜履，换下他们的布衣草鞋。酋长都很感动和喜悦。

赛典赤在云南六年，直至至元十六年去世，享年六十九岁，去世时，百姓都在街巷里哭泣，他被葬在鄯阐城北门。交趾王派十二名使臣，身着孝服，献祭文祭奠，其中有“生我育我，慈父慈母”的语句，使者大声哭泣，震动郊野。世祖思念赛典赤的功劳，下诏通令云南省臣遵守赛典赤立下的规矩，不得擅改。大德元年（1297），赠守仁佐运安远济美功臣、太师、开府仪同三司、上柱国、咸阳王，谥为“忠惠”。

【评述】

元代回回人赛典赤赡思丁是中国历史上著名的少数民族大臣。赛典赤赡思丁对中国历史的巨大影响，至今仍能看到。其中最重要的历史功绩就是治理云南。云南在历史上一直是民族众多、民情复杂的地区，三国时期诸葛亮曾率军渡泸水进入云南，然而中央政府对云南还没有直接的治理。公元十世纪云南建立了大理国，与宋朝政府互不统属。一直到元朝才统一了云南。然而武力统一只是暂时的，要保持稳定必须借助良好的治理。云南刚刚纳入中央政府的时候，地方极不安定，动乱频繁。赛典赤赡思丁的到来，为云南带来了长期的稳定、繁荣。赛典赤赡思丁治理云南，首先是安抚境内各民族的尊长，给予他们极大的优待，由此获得各民族的支持；其次，移风易俗，创建学校，发展教育；第三，爱护当地民众，尊重民族习惯；第四，设置土官，治理盗贼。赛典赤赡思丁的政策宽厚有效，既深得当地民心，又保证了中央对云南的统治。可以说，是在赛典赤赡思丁的努力之下，云南才真正成为中央政府有效管理的一部分。他的政策一直影响着后世，从明清乃至现在。

（马晓林注译、评述）

张文谦

【原文】

张文谦，字仲谦，邢州沙河人。幼聪敏，善记诵，与太保刘秉忠同学。世祖居潜邸，受邢州分地，秉忠荐文谦可用，岁丁未，召见，应对称旨，命掌王府书记，日见信任。邢州当要冲，初分二千户为勋臣食邑，岁遣人监领，皆不知抚治，征求百出，民弗堪命，或诉于王府。文谦与秉忠言于世祖曰："今民生困弊，莫邢为甚。盍择人往治之，责其成效，使四方取法，则天下均受赐矣。"于是乃选近侍脱兀脱、尚书刘肃、侍郎李简往。三人至邢，协心为治，洗涤蠹敝，革去贪暴，流亡复归，不期月，户增十倍。由是世祖益重儒士，任之以政，皆自文谦发之。

岁辛亥，宪宗即位。文谦与秉忠数以时务所当先者言于世祖，悉施行之。世祖征大理，国主高祥拒命，杀信使遁去。世祖怒，将屠其城。文谦与秉忠、姚枢谏曰："杀使拒命者高祥尔，非民之罪，请宥之。"由是大理之民赖以全活。己未，世祖帅师伐宋，文谦与秉忠言："王者之师，有征无战，当一视同仁，不可嗜杀。"世祖曰："期与卿等守此言。"既入宋境，分命诸将毋妄杀，毋焚人室庐，所获生口悉纵之。

中统元年，世祖即位，立中书省，首命王文统为平章政事，文谦为左丞。建立纲纪，讲明利病，以安国便民为务。诏令一出，天下有太平之望。而文统素忌克，谟谋之际屡相可否，积不能平，文谦遽求出，诏以本官行大名等路宣抚司事。临发，语文统曰："民困日久，况当大旱，不量减税赋，何以慰来苏之望？"文统曰："上新即位，国家经费止仰税赋，苟复减损，何以供给？"文谦曰："百姓足，君孰与不足。俟时和岁丰，取之未晚也。"于是蠲常赋什之四，商酒税什之二。

二年春，来朝，复留居政府。始立左右部，讲行庶务，钜细毕举，文谦之力为多。三年，阿合马领左右部，总司财用，欲专奏请，不关白中书，诏廷臣议之。文谦曰："分制财用，古有是理，中书不预，无是理也。若中书弗问，天子将亲莅之乎？"帝曰："仲谦言是也。"

至元元年，诏文谦以中书左丞行省西夏中兴等路。羌俗素鄙野，事无统纪，文谦得蜀士陷于俘虏者五六人，理而出之，使习吏事，旬月间簿书有品式，子弟亦知读书，俗为一变。浚唐来、汉延二渠，溉田十数万顷，人蒙其利。

三年，还朝。诸势家言有户数千，当役属为私奴者，议久不决。文谦谓以乙未岁户帐为断，奴之未占籍者，归之势家可也，其余良民无为奴之理。议遂定，守以为法。五年，淄州妖人胡王惑众，事觉，逮捕百余人。丞相安童以文谦言奏曰："愚民无知，为所诳诱，诛其首恶足矣。"诏即命文谦往决其狱，惟三人坐弃市，余皆释之。

七年，拜大司农卿，奏立诸道劝农司，巡行劝课，请开籍田，行祭先农先蚕等礼。复与窦默请立国子学。诏以许衡为国子祭酒，选贵胄子弟教育之。时阿合马议拘民间铁，官铸农器，高其价以配民，创立行户部于东平、大名以造钞，及诸路转运司干政害民，文谦悉于帝前极论罢之。十三年，迁御史中丞。阿合马虑宪台发其奸，乃奏罢诸道按察司以撼之，文谦奏复其旧。然自知为奸臣所忌，力求去。会世祖以《大明历》[①]岁久浸差，命许衡等造新历，乃授文谦昭文馆大学士，领太史院，以总其事。十九年，拜枢密副使。岁余，以疾薨于位，年六十八。

文谦蚤从刘秉忠，洞究术数；晚交许衡，尤粹于义理之学。为人刚明简重，凡所陈于上前，莫非尧、舜仁义之道。数忤权幸，而是非得丧，一不以经意。家惟藏书数万卷。尤以引荐人才为己任，时论益以是多之。累赠推诚同德佐运功臣、太师、开府仪同三司、上柱国，追封魏国公，谥忠宣。

长子晏，仕至御史中丞，赠陕西行省平章政事，封魏国公，谥文靖。

选自《元史》卷一百五十七《张文谦传》

【注释】

①《大明历》：亦称《甲子元历》，由南北朝时期祖冲之创制，成历于刘宋大明六年（462）。

【译文】

张文谦，字仲谦，邢州沙河人。从小聪明机敏，擅长记诵，与太保刘秉忠同师授业。元世祖还是藩王的时候，邢州是其封地，刘秉忠向他推荐张文谦。丁未年（1247），世祖召见张文谦，应对很合意，被任命为王府书记，并日益受到信任。邢州地处要冲，最初朝廷划分两千户作为功臣的封地，每年都派人监督掌管，但那些人都不懂得安抚百姓，一味地勒索，百姓难以承受，就有人到世祖王府去控告。张文谦与刘秉忠对世祖说：“如今百姓生活困苦，邢州尤为严重。为什么不选派人员前去治理，让他做出成绩，然后让各地效仿，这样天下的百姓就都受你的恩惠了。”于是世祖便选派近侍脱兀脱、尚书刘肃、侍郎李简前去治理。他们三人到邢州后，协同治理，革除弊政，罢黜贪暴的官吏，逃亡的百姓又重新回来了，不到一年，户口增加了十倍。从此以后，世祖更加重视儒士，对他们委以政事，这都是从张文谦开始的。

辛亥年（1251），宪宗即位。张文谦和刘秉忠多次向世祖进言需优先处理的政事，世祖都批准施行了。世祖征伐大理（辖境大致相当于今云南地区），大理国王高祥拒不投降，还杀掉使臣，然后逃跑。世祖非常恼怒，准备屠城。张文谦和刘秉忠、姚枢进谏说："杀害使臣、拒不投降的只是高祥一个人，不是百姓的罪过，请赦免他们。"大理的百姓因此全部得以活命。己未年（1259），世祖率领大军征伐南宋，张文谦和刘秉忠进言说："仁义之师，不战而胜，对征服地区应该一视同仁，不应滥杀无辜。"世祖说："我与众卿约定信守这个戒条。"进入南宋境内后，世祖命令诸将领不可胡乱杀人，不得焚毁百姓家园，俘获的百姓都要放回。

中统元年（1260），世祖即位，设立中书省，首次任命王文统为平章政事，张文谦为左丞。负责制定各种典章制度，阐明个中利病，一切以治国安民为要务。诏令一发布，天下便有了太平的希望。但王文统为人一向嫉妒苛刻，讨论问题时总是否定别人的意见，以致做不出决定，张文谦只得请求出朝为官，皇帝诏令他以左丞身份代理大名等路宣抚司事。临行时，他对王文统说："百姓困苦已久，何况如今天下大旱，如果不酌情适量减免税赋，怎么能给百姓休养生息的希望？"王文统说："皇上刚刚即位，国家经费全都依靠税收，若再减少，怎么能供给国家用度？"张文谦说："百姓富足，君主怎么会不富足呢？等风调雨顺、丰收之时，再征取赋税也不晚。"于是免除了一般赋税的十分之四，商酒税的十分之二。

中统二年春，张文谦来京朝见，又被留在中书省。中书省刚开始设立左右部，讨论施行政务，处理大小事务，其中张文谦出力最多。中统三年，阿合马统领左右部，总管全国财政，他打算以后直接向皇上奏请，不再通过中书省，皇帝诏令廷臣讨论这件事。张文谦说：“划分各部管理财政，古代就有先例，而中书省不参与，于理不合。假如中书省不过问，难道要天子亲自过问吗？”帝曰：“仲谦说得有道理。”

至元元年（1264），皇帝诏令张文谦以中书左丞的身份任西夏中兴等路行省官。羌族的习俗一贯粗野，凡事都没有纲纪，张文谦从被俘虏的蜀人中挑选出五六个，让他们学习吏事，仅一个月，文书簿记就有了章法，子弟也知道读书，风俗为之一变。他还疏通了唐来、汉延两条水渠，引水灌溉农田十多万顷，百姓都从中受益。

至元三年，张文谦回朝任职。当时一些有权势的家族认为，拥有几千户的就应当把这几千户作为私奴役属，朝廷讨论了很久都没有结果。张文谦认为应该以乙未年的户口登记为依据，没有占籍的奴隶，可以归属权势家族，其余的良民则没有再沦为奴的道理。讨论于是有了结果，定为法令。至元五年，淄州（今山东淄博）妖人胡王蛊惑人心，事情败露后，官府逮捕了一百多人。丞相安童引述张文谦的话上奏说：“愚民不懂事理，被人诱骗，诛杀首恶就够了。”皇帝随即命张文谦前去审理此案，最后只有三人被判斩首示众，其余的人则都获释。

至元七年，张文谦被授为大司农卿，他奏请设立诸道劝农司，巡行全国以劝课农桑。还请求开垦籍田，奉行祭祀先农、先蚕等礼仪。又与窦默一起奏请设立国子学。皇帝诏令许衡任国子祭酒，选派贵族与官员子弟入学受教。当时阿合马提议限制民间用铁，由官府铸造农器，以高价配售给百姓，同时在东平（今属山东）、大名（今河北大名县）两地设行户部制造宝钞以及诸路转运司，以干涉民政，虐害百姓，张文谦都在皇帝面前指出其中弊端而将它们废除。至元十三年，他升迁为御史中丞。阿合马害怕御史台揭发他的奸事，于是奏请废罢诸道按察司，以撼动御史台的权力，张文谦经奏请又得以重新恢复。然而他自知被奸臣忌恨，极力请求辞官。碰巧世祖因为《大明历》施行年久，逐渐出现误差，命令许衡等人制订新历，于是授任张文谦为昭文馆大学士，兼任太史院的官职，以总管此事。至元十九年，张文谦任枢密副使。一年多后，因病在任上去世，享年六十八岁。

文谦早年跟随刘秉忠，对术数颇有研究；晚年结交许衡，对义理之学尤为精通。他为人刚直明达，简约稳重，凡是向皇上进言的，都是尧、舜仁义之道。他数次开罪权贵，但对成败得失毫不在意。家中只有藏书数万卷。尤其以引荐人才为己任，时论对此多有赞赏。后来朝廷封赠他为推诚同德佐运功臣、太师、开府仪同三司、上柱国，追封为魏国公，谥号“忠宣”。

他的长子叫张晏，官至御史中丞，赠陕西行省平章政事，封魏国公，谥号“文靖”。

【评述】

大蒙古国时期，当时还是藩王的忽必烈受其兄蒙哥汗的委托，总领漠南汉地军政事务，驻跸金莲川。忽必烈雄才大略，有一统天下之心。接受汉人谋臣刘秉忠等人的建议，延揽汉人精英，形成了一个号称“金莲川幕府”的谋臣侍从集团，而张文谦就是其中之佼佼者。张文谦不仅是饱读诗书的儒士，又受好友刘秉忠影响，精通天文阴阳术数，绝非满口“之乎者也”的书生，所以很快受到忽必烈重用。在地方，张文谦受命治理邢州，一年间革弊政、惩贪官、招流民，户口增加十倍，史称“邢州大治”；宣抚大名，安民薄赋，百姓得以富足；行省甘肃，移风易俗，兴修水利，百姓受益。在中央，他出任中书左丞，制定典章；清理户籍，使良民不再沦为权势家族的奴隶；奏请设官劝课农桑，设立国子学教育贵族子弟；勇于废除弊政，与权奸阿合马斗争。他晚年又发挥精通术数的特长，参与修订历法。张文谦以巩固新王朝、安抚因长期战乱而流离失所的百姓为己任，充分发挥了自己的才干，对元朝初年政治的稳定、典章制度的形成做出了突出的贡献，回报了忽必烈的知遇之恩。由此可见，张文谦不愧是才华横溢、学识渊博、能力出众的治世能臣。

（曹循注译、评述）

赵璧

【原文】

赵璧，字宝臣，云中怀仁人。世祖为亲王，闻其名，召见，呼秀才而不名，赐三僮，给薪水，命后亲制衣赐之，视其试服不称，辄为损益，宠遇无与为比。命驰驿四方，聘名士王鹗等。又令蒙古生十人从璧受儒书。敕璧习国语，译《大学衍义》，时从马上听璧陈说，辞旨明贯，世祖嘉之。

宪宗即位，召璧问曰："天下何如而治？"对曰："请先诛近侍之尤不善者。"宪宗不悦。璧退，世祖曰："秀才，汝浑身是胆耶！吾亦为汝握两手汗也。"一日，断事官[1]牙老瓦赤持其印，请于帝曰："此先朝赐臣印也，今陛下登极，将仍用此旧印，抑易以新者耶？"时璧侍旁，质之曰："用汝与否，取自圣裁，汝乃敢以印为请耶！"夺其印，置帝前。帝为默然久之，既而曰："朕亦不能为此也。"自是牙老瓦赤不复用。

壬子，为河南经略使。河南刘万户贪淫暴戾，郡中婚嫁，必先赂之，得所请而后行，咸呼之为翁。其党董主簿，尤恃势为虐，强取民女有色者三十余人。壁至，按其罪，立斩之，尽还民女。刘大惊，时天大雪，因诣壁相劳苦，且酌酒贺曰："经略下车，诛锄强猾，故雪为瑞应。"壁曰："如董主簿比者，尚有其人，俟尽诛之，瑞应将大至矣。"刘屏气不复敢出语，归卧病而卒，时人以为惧死。

己未，伐宋，为江淮荆湖经略使。兵围鄂州，宋贾似道遣使来，愿请行人以和，壁请行。世祖曰："汝登城，必谨视吾旗，旗动，速归可也。"壁登城，宋将宋京曰："北兵若旋师，愿割江为界，且岁奉银、绢匹两各二十万。"壁曰："大军至濮州时，诚有是请，犹或见从。今已渡江，是言何益！贾制置今焉在耶？"壁适见世祖旗动，乃曰："俟他日复议之。"遂还。

宪宗崩，世祖即位。中统元年，拜燕京宣慰使。时供给蜀军，府库已竭，及用兵北边，壁经画馈运，相继不绝。中书省立，授平章政事，议加答剌罕[②]之号，力辞不受。二年，从北征，命还燕，以平章政事兼大都督领诸军。是年，始制太庙雅乐。乐工党仲和、郭伯达以知音律在选中，为造伪钞者连坐系狱。壁曰："太庙雅乐，大飨用之，圣上所以昭孝报本也，岂可系及无辜，而废雅乐之成哉！"奏请原之。三年，李璮反益都，从亲王合必赤讨之。璮已据济南，诸军乏食，壁从济河得粟及羊豕以馈军，军复大振。

至元元年，官制行，加荣禄大夫。帝欲作文檄宋，执笔者数人，不称旨，乃召璧为之。文成，帝大喜曰："惟秀才曲尽我意。"改枢密副使。六年，宋守臣有遣间使约降者，帝命璧诣鹿门山都元帅阿术营密议。命璧同行汉军都元帅府事。宋将夏贵率兵五万，馈粮三千艘，自武昌泝流，入援襄阳。时汉水暴涨，璧据险设伏待之。贵果中夜潜上，璧策马出鹿门，行二十余里，发伏兵，夺其五舟，大呼曰："南船已败，我水军宜速进。"贵慑不敢动。明旦，阿术至，领诸将渡江西追贵骑兵，璧率水军万户解汝楫等追贵舟师。遂合战于虎尾洲，贵大败走，士卒溺死甚众，夺战舰五十，擒将士三百余人。

高丽王禃为其臣林衍所逐，帝召璧还，改中书左丞，同国王头辇哥行东京等路中书省事，聚兵平壤。时衍已死，璧与王议曰："高丽迁居江华岛有年矣，外虽卑辞臣贡，内恃其险，故使权臣无所畏忌，擅逐其主。今衍虽死，王实无罪，若朝廷遣兵护归，使复国于古京，可以安兵息民，策之上者也。"因遣使以闻，帝从之。时同行者分高丽美人，璧得三人，皆还之。

师还，迁中书右丞。冬，祀太庙，有司失黄幔，索得于神庖灶下，已甚污弊。帝闻大怒曰："大不敬，当斩！"璧曰："法止杖断流远。"其人得不死。十年，复拜平章政事。十三年，卒，年五十七。大德三年，赠大司徒，谥忠亮。

子二人：仁荣，同知归德府事；仁恭，集贤直学士。孙二人：崇，郊祀署令；弘，左藏库提点。

选自《元史》卷一百五十九《赵璧传》

【注释】

①断事官：中书省与枢密院都有断事官，掌刑政狱讼，无定员，中书、尚书二省分立时，断事官随省并置。

②答剌罕：蒙古语音译词。原意为自由者，不受管辖者。蒙元时代的崇高封号，一般授予功臣贵戚。

【译文】

赵璧，字宝臣，云中怀仁人。元世祖忽必烈还是亲王的时候，听闻他的大名，召见了他，直呼秀才而不称名字，赐给他三个僮仆，以及生活必需品，并吩咐皇后亲自缝制衣服赏赐给他，甚至根据他试穿时合适与否而进行修改，所受的恩宠无人能比。还命他驰驿四方，聘请名士王鹗等人。又下令让十个蒙古生员跟随他学习儒家经典。另外世祖敕令赵璧学习蒙古语，用蒙古语翻译《大学衍义》，自己还经常在马上听赵璧讲解。因其辞旨清晰流畅，得到了世祖的称赞。

宪宗蒙哥即位，召见赵璧问道：“天下应该怎样治理呢?”赵璧回答说：“请先杀掉皇帝身边品行特别不好的近侍。”宪宗听了很不高兴。赵璧退出，元世祖说：“秀才，你浑身是胆啊！

我都为你捏两手汗呐。”有一天，断事官牙老瓦赤捧着他的官印，向宪宗蒙哥请示说：“这是先朝大汗赐给臣的官印，现在陛下登极，是仍然用这个旧印，还是换个新印呢?”当时赵璧侍立一旁，质问牙老瓦赤：“用你与否，由圣上决定，你怎么敢假借官印来请示呢!”随即上前夺了他的印，放在宪宗面前。宪宗沉默良久，然后说：“朕也做不来这样的事情啊。”从此以后牙老瓦赤就不再被重用。

壬子（1252）年，赵璧出任河南经略使。河南刘万户贪淫暴戾，郡中有人婚嫁，必须先贿赂他，得到同意才能行事，大家都喊他家翁。他的党人董主簿，更是恃势为虐，强抢有姿色的民女三十多人。赵璧到任，治了他的罪，将他立即斩首，被抢的民女全部归家。刘万户大惊，当时天正下大雪，他就到赵璧处假装慰劳其辛苦，举杯祝贺说：“经略使下车伊始，诛奸锄暴，所以大雪兆祥瑞啊。”赵璧回答：“像董主簿那样罪行深重的人，还有不少，等到全部杀光了，祥瑞之兆就来得更大了。”刘万户屏声静气，哑口无言，回家后一病不起，命归黄泉，当时人都认为他是被吓死的。

己未（1259）年，蒙古进攻南宋，赵璧任江淮荆湖经略使。蒙古军围困鄂州，南宋的贾似道派人来，希望蒙古能派人前去讲和，赵璧请求前往。世祖说：“你上城之后，一定要注意看我的旗帜，如果我的旗帜摇动，你就赶快回来。”赵璧登上鄂州城，南宋的将领宋京说：“你们如果能撤军，我们愿意以长江作为两国的界限，并且每年送上银二十万两，绢二十万匹。”赵璧说：“我们的大军到濮州时，如果你们有这样的请求，或许可以被接受，现在我军已经渡江了，这样的建议又有什么用呢？贾制置在什么地方?”这时，赵璧正好看见世祖的旗帜摇动，便说：“等改日再讨论吧。”于是就回来了。

宪宗驾崩，元世祖即位。中统元年（1260），赵璧拜官燕京宣慰使。当时负责供给四川蒙古军的军需，府库已经空了，又正值北方有战事，赵璧筹备军需，从来没有短缺的时候。中书省设立后，赵璧被任命为平章政事，朝廷商议授予他答刺罕的名号，他坚决谢绝，不接受。中统二年（1261），他跟随皇帝北上征伐，皇帝让他回到燕京，任平章政事兼大都督统领各路军马。这年，太庙的雅乐开始制定，乐工党仲和、郭伯达，因通晓音乐而被选为工作人员，但是因为受到制造伪钞案牵连，被关进监狱。赵璧说：“太庙的雅乐，适用于隆重的祭祀典礼，是皇帝用来昭示孝行、回报父母的，这些人怎么能够被连累而耽误了修订雅乐呢?”于是奏请赦免了他们。中统三年（1262），李璮在益都反叛，赵璧跟随合必赤亲王前往征讨。李璮已经占据了济南，各路官军缺少军粮，赵璧从济河得到粮食和猪羊供给军队，全军士气大振。

至元元年（1264），新的官制颁行，赵璧加官荣禄大夫。皇帝想写一篇声讨南宋的檄文，找了很多人写，皇帝都不满意，于是请赵璧来写。写成后，皇帝高兴地说：“只有秀才准确婉转地表达了我的心意。”赵璧改任枢密副使。至元六年（1269），南宋守臣中有人派密使来商议投降的事，皇帝让赵璧到鹿门山都元帅阿术的军营中秘密商议此事。命令赵璧代理汉军都元帅府事。南宋将领夏贵，带领五万军兵，押送着三千艘粮船，从武昌逆流而上，援助襄阳。当时汉水暴涨。赵璧在险要处设下埋伏等待宋军。夏贵果然在深夜偷偷行军。赵璧骑马从鹿门进发，行进了二十多里，派伏兵出战，夺取了敌人的五艘粮船，并大声喊道："南宋的水军已经被打败，我们的水军赶快前进！"夏贵害怕，不敢轻举妄动。天亮后，阿术领兵到达，他带着一些将领渡过长江向西追击夏贵的骑兵，赵璧则带着水军万户解汝楫等人追击夏贵的水军。最后在虎尾洲决战，夏贵大败逃走，士兵被淹死的很多，元军夺得战舰五十艘，俘虏敌人将士三百多人。

高丽王禃被他的大臣林衍所驱逐，皇帝把赵璧召回京城，改任中书左丞，与国王头辇哥共同担任东京等路中书省事，在平壤聚集军兵。当时林衍已死，赵璧与国王商议："高丽迁居江华岛已经许多年了，表面上虽然低声下气，称臣纳贡，实则依靠其险要的地势，让有权而专横的大臣无所顾忌，并擅自驱逐他们的国主。现在林衍虽然死了，但他们的国王实际上并没有什么罪，如果朝廷派兵把他护送回去，让他在旧都即位，重建高丽国，就可以停止战争，与民生息，这是最上策。"并派使者报告皇帝，皇帝允准。当时同行的人分发高丽的美女，赵璧分得三人，但他没有接受，把她们都送回家去了。

赵璧领军回到京城，改任中书右丞。这年冬，祭祀太庙，有关部门的官员丢失了黄色的帐幕，后来虽然在神庖灶下找到了，但已经很脏很破了。皇帝听说后，十分生气地说："这是大不敬，应当斩首！"赵璧说："依照法律，只应该施以杖刑，远远地流放。"那人因此得以不死。至元十年（1273），赵璧又官拜平章政事。至元十三年（1276），赵璧去世，享年五十七岁。大德三年（1299），追赠大司徒，谥号"忠亮"。

赵璧有两个儿子：赵仁荣是归德府的同知；赵仁恭是集贤直学士。两个孙子：赵崇为郊祀署令；赵弘为左藏库提点。

【评述】

赵璧是元世祖潜邸旧臣，忽必烈对其恩宠无比，见面时尊称“秀才”而不呼其名，还命王妃亲自给他缝制新衣。享此恩宠的赵璧并没有得意忘形，身为汉族儒臣，他深明“清君侧”的重要性，一国之君只有亲贤臣，远小人，才能使国泰民安。对于“举直厝诸枉”，赵璧是不遗余力执行的。他曾经不顾招来杀身之祸而对宪宗建言“请先诛近侍之尤不善者”，在宪宗大怒的情况下仍旧神色自若、不卑不亢，让还是亲王的忽必烈都不禁为他捏两把汗。面对向宪宗索要官职的前朝断事官牙老瓦赤，赵璧勇夺其印，使宪宗最终罢黜了这位“不善之臣”。

为官一方，造福百姓。而造福百姓，首要的莫过于铲除欺压良善的奸邪小人。河南刘万户在郡中作威作福，乃至于郡民婚嫁，都得向其进贡，获得准许后方可成事，且须呼其为“翁”。另有一董主簿，也仗刘万户势强娶民女多达三十余人。百姓怨声载道，敢怒而不敢言。赵璧到河南任经略使，下车伊始，便将为非作歹的董主簿绳之以法，将其问罪处斩，遣还抢掠的民女。刘万户知大事不妙，胆寒之余巴结赵璧说前夜大雪是诛除强猾的瑞兆。赵璧则答道：“和董主簿有类似行径的还大有人在，要是都除尽了，肯定会有更大的瑞应。”刘万户吓得心神俱裂，回到家就忧愁而卧床不起，最终一命呜呼，大快人心。除恶务尽，恰恰表现了赵璧刚直不阿的性格特点。

（杨印民注译　向珊评述）

何荣祖

【原文】

何荣祖，字继先。其先太原人。父瑛，金贞祐间试文法入优等补吏，后授明威将军，守钜鹿尹，权军器监主事。金亡，徙家广平。

荣祖状貌魁伟，额有赤文如双树，背负隆起。有相者谓曰：“子位极人臣且寿相也。”何氏世业吏，荣祖尤所通习，遂以吏累迁中书省掾，擢御史台都事。始折节读书，日记数千言。阿合马方用事，置总库于其家，以收四方之利，号曰和市。监察御史范方等斥其非，论甚力。阿合马知荣祖主其谋，奏为左右司都事以隶己。未几，御史台除治书侍御史，升侍御史，又出为山东按察使，而阿合马莫逞其志矣。

有帖木剌思者，以贪墨为佥事李唐卿所劾。帖木剌思计无所出，适济南有上变告者，唐卿察其妄，取讼牒焚之。帖木剌思乃摭取为辞，告唐卿纵反者，逮系数十人。狱久不决，诏荣祖与左丞郝祯、参政耿仁杰鞫之。

荣祖得其情，欲抵告者罪。祯、仁杰议以失口乱言之罪坐之，荣祖不可。俄迁河南按察使，二执政竟以失口乱言杖其人，而株连者俱得释，唐卿之诬遂白。

平凉府言，有南人[1]二十余辈叛归江南。安西行省欲上闻，会荣祖来为参政，止之曰："何必上闻朝廷，此辈去者皆人奴耳，今闻江南平，遁往求其家，移文召捕之可也。"已而逃者俱获，果人奴也，治以本罪而付其主。其于事明决多类此。除云南行省参知政事，以母老辞。又拜御史中丞，复出为山东东西道按察使。

时宣慰使乐实、姚演开胶州海道，有制禁戢诸人沮挠，粮舶遇暴风多漂覆。乐实弗信，督诸漕卒偿之，搒掠惨毒，自杀者相继。按察官惧违制，莫敢言。荣祖曰："第言之，若朝廷见谴，吾自当之。"即草辞以奏，诏免其徵，召入为尚书参知政事。

时桑哥专政，亟于理算钱谷，人受其害。荣祖数请罢之，帝不从。屡恳请不已，乃稍缓之。而畿内民苦尤甚，荣祖每以为辞，同僚曰："上既为免诸路，惟未及在京，可少止勿言也。"荣祖执愈坚，至于忤旨不少屈，竟不署其牍。未逾月，而害民之弊皆闻，帝乃思荣祖言，召问所宜。荣祖请于岁终立局考校，人以为便，立为常式。诏赐以钞万一千贯。荣祖条中外有官规程，欲矫时敝，桑哥抑不为通。荣祖既与之异议，乃以病告，特授集贤大学士。未几，起为尚书右丞。

桑哥败，改中书右丞。奏行所定《至元新格》[②]，请改提刑按察司为肃政廉访司，而立监治之法。又上言："国家用度不可不足，天下百姓不可不安。今理财者弗顾民力之困，言治者弗图国计之大。且当用之人恒多，而得用之人恒少。要之，省部实为根本，必择材而用之。按察司虽监临一道，其职在于除蠹弊、安斯民，苟有弗至，则省台又当遣官体察之，庶有所益。"帝深然之。屡以老疾乞解机务，诏免署事，惟预议中书而食其禄。寻拜昭文馆大学士，预中书省事，又加平章政事。以水旱请罢，不允。

先是，荣祖奉旨定《大德律令》[③]，书成已久，至是乃得请于上，诏元老大臣聚听之。未及颁行，适子秘书少监惠没，遂归广平，卒，年七十九。赠光禄大夫、大司徒、柱国，追封赵国公，谥文宪。

荣祖身至大官，而僦第以居，饮器用青瓷杯。中宫闻之，赐以上尊及金五十两、银五百两、钞二万五千贯，俾置器买宅，以旌其廉。所著书，有《大畜》十集，又有《学易记》、《载道集》、《观物外篇》等书。

选自《元史》卷一百六十八《何荣祖传》

【注释】

①南人：元朝实行四等人制，南人指最后归降的南宋百姓，

是四等人的最后一等。

②《至元新格》：元朝最早的一部法典。元世祖至元二十八年（1291）五月，命中书右丞何荣祖以公规、治民、御盗、理财等十事辑成。

③《大德律令》：元法典名。元成宗大德年间（1297—1307）纂修，故名《大德律令》，原文早佚。主要内容如关于限制富豪霸占田土、减省冗官、减轻刑法等，可从现存《元典章》和《通制条格》中看到。

【译文】

何荣祖，字继先。他的祖上是太原人。父亲何瑛，金朝贞祐年间（1213—1216）文法考试获得优等，成为吏员，后来被授予明威将军、守钜鹿尹，代理军器监主事。金朝灭亡后，全家迁到广平（今属河北）。

荣祖身材魁梧，额头上有两条赤色的树形花纹，背部隆起。有算命的人对他说："您将来做官能位极人臣，而且也是长寿之相。"何家世代为吏，荣祖尤其擅长吏员的事务，以吏员转任中书省属员，被提拔成为御史台都事。他这时开始克制自己，发奋读书，每天熟记数千言。阿合马此时正当权，在自己家中设立总库，聚敛天下钱财，称作和市。监察御史范方等人指责他的罪状，论辞相当激烈。阿合马得知何荣祖是这事的主谋，奏请任命他为左右司都事隶属自己。不久，御史台拜任他为治书侍御史，又升任为侍御史，何荣祖后出京城做了山东按察使，阿合马没能实现他的图谋。

有个叫帖木剌思的官员，因为贪污被佥事李唐卿弹劾。帖木剌思无法撇清罪名，适逢济南呈上地方叛乱的案状，李唐卿查明报告不实，就把讼辞烧了。帖木剌思于是捏造罪名，告发李唐卿放纵反叛的人，又逮捕了几十人。案子长时间悬而未决，朝廷诏令何荣祖和左丞郝祯、参政耿仁杰共同审理此案。何荣祖查明实情，要判告发人的罪。郝祯、耿仁杰建议判处失口乱言之罪，何荣祖不同意。不久何荣祖改任河南按察使，郝祯、耿仁杰二人终以失口乱言罪对告发人施行杖刑，而受株连的人都获释放，李唐卿所受诬告终于得以昭雪。

平凉府报告有二十多个南人叛逃回江南。安西行省准备上报朝廷，适逢何荣祖来做参政，就制止说："何必上报朝廷，这些逃跑的不过都是些家奴，现在听说江南平定了，就逃回去找他们的家，发个文书逮捕就行了。"不久逃跑的人全被捕获，果真都是家奴，于是按所犯的罪行判罪并交还他们的主人。他对事件的明察定断大多都像这样。后何荣祖又被授任云南行省参知政事，他以母亲年迈为由推辞。又被授任御史中丞，再出京城做了山东东西道按察使。

当时宣慰使乐实、姚演负责开辟胶州海上航线，皇上有令禁止任何人阻挠此事，有很多运粮船因遭遇风暴而飘走翻沉。乐实不信，督促各漕运兵卒偿还粮食，并狠毒地鞭打他们，不断有兵卒自杀。按察官因怕违背圣旨，不敢上报此事。何荣祖说："你只管上奏，假如朝廷怪罪，由我承担。"于是立即写成奏章呈上，皇上下诏免除征收，还召何荣祖入朝廷做尚书参知政事。

当时桑哥专权，清算赋税很频繁，百姓深受其害。何荣祖屡次请求制止，皇上都不答应。经他多次恳求，才终于稍稍放缓。但京城及郊区百姓所受苦难尤重，何荣祖常常说到此事，同僚都劝他说："皇上已免征各路钱粮，只是还没来得及免征京城的，你可稍微等一下，别再说了。"但何荣祖更加坚持此事，即使忤犯圣旨也不屈服，最终也没有在文书上签字。不出一个月，祸害百姓的弊端都传到皇上那里，皇上才想起何荣祖的建议，召见他并询问该怎么办。何荣祖奏请在年终设局考核，百姓认为很方便，于是定为常规。皇上诏令赐给钱钞一万一千贯。何荣祖的条例中另设有为官规程，旨在矫正当时的弊端，但桑哥压下来不给上报。何荣祖和桑哥意见有分歧后，于是称病告退，又被特别授予集贤大学士。不久，又起用为尚书右丞。

桑哥失势后，何荣祖改任中书右丞。奏请皇上施行他修定的《至元新格》，请求改提刑按察司为肃政廉访司，设立监督治理的方法。又上书说："国家用度必须丰裕，天下百姓必须安定。现在管理财政的官员不顾百姓财力困乏，谈治国的官员也不顾国家的长久大计。并且应当起用的人很多，但得到任用的人却很少。总之，省部是国家根本，一定要选用有真才实学的人。按察司虽只监督一个道，职责在于革除赃官弊政、安定民生，有做不到的，那么省台就应当派官员纠察，这样才会有好处。"皇上很赞同他的意见。何荣祖几次因年老有病为由请求解职，皇上诏令免除他管的事，只在中书参议并享受俸禄。不久又拜任何荣祖为昭文馆大学士，参预中书省事务，又加授平章政事。他又以水灾与旱灾为由请求解职，朝廷不批准。

之前，何荣祖奉旨修订《大德律令》，书早已编成，到这时才得以请皇帝审定，皇上诏令朝中元老大臣一起讨论。但律令还没来得及颁布实行，他儿子秘书少监何惠去世，何荣祖于是回到广平，最终在那里去世，享年七十九岁。被追赠光禄大夫、大司徒、柱国，并追封赵国公，谥为“文宪”。

何荣祖虽为高官，却租房子住，饮酒都只用青瓷杯。皇后听说后，赐给上等酒杯，以及金五十两、银五百两、钱二万五千贯，让他置办器物、购买宅第，以表彰他的清廉。何荣祖所著书，有《大畜》十集，又有《学易记》、《载道集》、《观物外篇》等书。

【评述】

何荣祖反贪第一件大事就是谋划弹劾巨贪阿合马，阿合马是元初的权臣，从窝阔台汗时期就开始掌握理财大权，元世祖时期更是深受信任，权倾朝野，趁着掌握财权的机会为自己搜刮钱财。不弹劾阿合马，就是纵容贪污，对于监察官的何荣祖来说就是失职，是同流合污；弹劾阿合马，则意味着可能会有巨大的困难，甚至会遭受打击报复。面对道义和仕途，何荣祖选择了前者，义无反顾地组织了对阿合马的弹劾。虽然遭到了打击，但是最终阿合马也没有得到好下场。何荣祖这种不畏强权、勇于担当的气概体现在很多事情中，如对乐实非法苛责士卒的干预等等。

治理贪污不法，仅靠一两个正直人的力量是不够的，只有从源头上加强立法。何荣祖深深认识到这一点。当时元朝统治地域广大，法律较为混乱，何荣祖受命修订《大德律令》，他为此殚精竭虑，细心考索，虽然修成之后并未得到实施，但也反映了何荣祖依法治贪的思想。

（倪彬注译、评述）

王 恽

【原文】

王恽，字仲谋，卫州汲县人。曾祖经。祖宇，仕金，官敦武校尉。父天铎，金正大初，以律学中首选，仕至户部主事。

恽有材干，操履端方，好学善属文，与东鲁王博文、渤海王旭齐名。史天泽将兵攻宋，过卫，一见接以宾礼。中统元年，左丞姚枢宣抚东平，辟为详议官。时省部初建，领诸路各上儒吏之能理财者一人，恽以选至京师，上书论时政，与渤海周正并擢为中书省详议官。二年春，转翰林修撰、同知制诰，兼国史院编修官，寻兼中书省左右司都事。治钱谷，擢材能，议典礼，考制度，咸究所长，同僚服之。

至元五年，建御史台，首拜监察御史，知无不言，论列凡百五十余章。时都水①刘晸交结权势，任用颇专，陷没官粮四十余万石，恽劾之，暴其奸利，权贵侧目。又言："晸监修太庙毕功，特转官锡赏，今才数年，梁柱摧朽，事涉不敬，宜论如法。”聂竟以忧卒。秩满，陈天祐、雷膺交荐于朝。

九年，授承直郎、平阳路总管府判官。初，绛之太平县民有陈氏者杀其兄，行赂缓狱，蔓引逮系者三百余人，至五年不决。朝廷委恽鞫之，一讯即得其实，乃尽出所逮系者。时绛久旱，一夕大雨。十三年，奉命试儒人于河南。十四年，除翰林待制，拜朝列大夫、河南北道提刑按察副使，寻改置诸道制下，迁燕南河北道，按部诸郡，赃吏多所罢黜。十八年，拜中议大夫、行御史台治书侍御史，不赴。

裕宗在东宫，恽进《承华事略》，其目曰：广孝、立爱、端本、进学、择术、谨习、听政、达聪、抚军、崇儒、亲贤、去邪、纳诲、几谏、从谏、推恩、尚俭、戒逸、知贤、审官，凡二十篇。裕宗览之，至汉成帝不绝驰道，唐肃宗改服绛纱为朱明服，心甚喜，曰：“我若遇是礼，亦当如是。”又至邢峙止齐太子食邪蒿，顾侍臣曰：“一菜之名，遽能邪人耶？”詹事丞张九思从旁对曰：“正臣防微，理固当然。”太子善其说，赐酒慰喻之。令诸皇孙传观，称其书弘益居多。

十九年春，改山东东西道提刑按察副使，在官一年，以疾还卫。二十二年春，以左司郎中召。时右丞卢世荣以聚敛进用，屡趣之不赴。或问其故，恽曰：“力小任大，剥众利己，未闻能全者。远之尚恐见浼，况可近乎！”既而果败，众服其识。

二十六年，授少中大夫、福建闽海道提刑按察使。黜官吏贪污不法者凡数十人；察系囚之冤滞者，决而遣之；戒戍兵无得寓民家，而创营屋以居之。每谓为治之本在于得人，乃进言于朝曰：“福建所辖郡县五十余，连山距海，实为边徼重地。而民情轻诡，由平定以来官吏贪残，故山寇往往啸聚，愚民因而蚁附，剽掠村落，官兵致讨，复蹂践之甚，非朝廷一视同仁之意也。今虽不能一一择任守令，而行省官僚如平章、左丞尚缺，宜特选清望素著、简在帝心、文足以抚绥黎庶、武足以折冲外侮者，使镇静之，庶几治安可期矣。”

时行省讨剧贼钟明亮无功，恽复条陈利害曰：“福建归附之民户几百万，黄华一变，十去四五。今剧贼猖獗，又酷于华，其可以寻常草窃视之？况其地有溪山之险，东击西走，出没难测，招之不降，攻之不克，宜选精兵，申明号令，专命重臣节制，以计讨之，使彼势穷力竭，庶可取也。”

二十八年，召至京师。二十九年春，见帝于柳林行宫，遂上万言书，极陈时政。授翰林学士、嘉议大夫。

成宗即位，献《守成事鉴》一十五篇，所论悉本诸经旨。元贞元年，加通议大夫、知制诰同修国史，奉旨纂修《世祖实录》，因集《圣训》六卷上之。大德元年，进中奉大夫。二年，赐钞万贯。乞致仕，不许。五年，再上章求退，遂授其子公孺为卫州推官，以便养，仍官其孙笴秘书郎。大德八年六月，卒。赠翰林学士承旨、资善大夫，追封太原郡公，谥文定。其著述有《相鉴》五十卷、《汲郡志》十五卷、《承华事略》、《中堂事记》、《乌台笔补》、《玉堂嘉话》，并杂著诗文，合为一百卷。

选自《元史》卷一百六十七《王恽传》

【注释】

①都水：官名和官署名。都水监的简称。都水监是中国古代负责水利（包括航运、桥梁等）工程计划、施工、管理的中央机构。设都水监、监丞或少监等官职。

【译文】

王恽，字仲谋，卫州汲县人。曾祖王经。祖父王宇，仕官金朝，为敦武校尉。父亲王天铎，金朝正大初期，因擅长律学中首选，官至户部主事。

王恽有才干，行为端正，勤奋好学，善于做文章，与东鲁王博文、渤海王旭齐名。史天泽将要率军攻打南宋，经过卫州，与王恽初次见面，即以贵宾礼仪接待他。中统元年（1260），左丞姚枢宣抚东平，任命王恽为详议官。当时中书省诸部刚刚建立，朝廷下令各路举荐一名擅长理财的儒吏，王恽中选至京师，上书议论时政，与渤海周正一起被擢升为中书省详定官。中统二年春，王恽转任翰林修撰、同知制诰，兼任国史院编修官，不久兼任中书省左右司都事。治理钱粮，提拔有才能的人，议论典礼，考订制度，都是他的特长，同僚们都很佩服。

至元五年（1268），成立御史台，王恽拜官监察御史，知无不言，文章多达一百五十余篇。当时都水监刘晸交结权势，独揽大权，侵吞官粮四十多万石，王恽弹劾他，曝光了他的奸利，权贵们都十分敬畏。王恽又上奏说："刘晸监修太庙完工，朝廷特意给他转官赏赐，现在才过去几年，房梁和木柱都摧朽了，这是大不敬的事，应该依法论罪。"刘晸竟因此忧惧而死。王恽在监察御史任期已满，陈天祐、雷膺二人纷纷向朝廷举荐他。

至元九年，王恽被授官承直郎、平阳路总管府判官。起初，绛州太平县民陈氏杀其兄长，陈氏通过行贿延缓刑狱，受牵连被捕入狱的多达三百余人，五年不能断决。朝廷委派王恽审讯当事人，一经审讯，案情立即真相大白，于是受牵连被捕的全部放出。当时久旱不雨的绛州，下了整整一夜大雨。至元十三年，王恽奉命到河南测试儒人。至元十四年，王恽除授翰林待制，拜官朝列大夫、河南北道提刑按察副使，不久改置诸道制下，迁为燕南河北道，他考察诸郡，罢黜了很多贪官污吏。至元十八年，王恽拜官中议大夫、行御史台治书侍御史，他都不赴任。

裕宗（忽必烈太子真金）在东宫时，王恽献上《承华事略》一书，该书内容包括：广孝、立爱、端本、进学、择术、谨习、听政、达聪、抚军、崇儒、亲贤、去邪、纳诲、几谏、从谏、推恩、尚俭、戒逸、知贤、审官，总共二十篇。裕宗看到汉成帝不断绝驰道，唐肃宗改穿绛纱服为朱明服时，心里非常高兴，说："假如我遇到这种情况，也会那样做。"他又看到邢峙阻止齐国太子吃邪蒿，随即对侍从大臣说："一个菜名，就能让人变邪恶吗?”詹事丞张九思在旁边回答说:“正直的大臣防微杜渐,是理所当然的。”太子认为他说得很好,赏赐美酒褒奖他。裕宗令皇孙们都传阅该书,认为此书益处很多。

至元十九年春,王恽改任山东东西道提刑按察副使,在任一年,就因为疾病返回卫州。至元二十二年春,朝廷以左司郎中的官职召回王恽。当时中书右丞卢世荣因聚敛财富而被进用,卢多次召见王恽,但是王恽还是无动于衷。有人问他这样做的缘故,王恽回答:“能力小而任职大,盘剥众人而利于自己,没有听说这样的人能够善始善终的。疏远他尚且担心会被玷污,何况亲近他呢!”不久卢世荣果然败,大家都佩服王恽的见识。

至元二十六年,王恽被授官少中大夫、福建闽海道提刑按察使。他罢黜贪污违法的官吏好几十人;体察到冤屈的囚犯就释放其回家;戒饬镇戍的士兵不得在百姓家中住宿,要建造营房来居住。王恽经常说,治理好国家的根本在于得到人才,于是向朝廷进言:“福建行省所辖五十多个郡县,连山距海,实在是边陲重地。但民风轻浮诡变,由于江南平定以来官吏贪污残暴,所以山中常常匪寇啸聚,百姓纷纷附从,剽掠村落,官兵讨伐之后,就会再次变本加厉地蹂躏当地,这不是朝廷对待天下子民一视同仁的本意啊。现今虽然不能选择一一任命守令,但行省官僚如平章、左丞都是阙职,应该特别挑选素有清望、能被皇帝所知、文足以抚绥百姓、武足以打击外侮的人,让他镇守一方,那么没多久这里就会治理安定了。”

当时行省讨伐匪寇钟明亮,一直没有成功,王恽再次逐条陈述利害说:“福建归附的民户将近百万,黄华叛变时,损失了十之四五。现今匪寇猖獗,比黄华更凶残,还能把他看作寻常草寇吗？何况当地有山水的险要地势，匪寇声东击西，出没难以被侦察到，招降无效，攻打又不克，应当选择精兵，申明号令，专门任命重臣节制，用计谋讨伐，让他们势穷力竭，那么就可以成功了。”

至元二十八年，王恽被召到京师。二十九年春，王恽在柳林行宫朝见元世祖，上万言书，极陈时政。后被授官翰林学士、嘉议大夫。

元成宗即位，王恽献上《守成事鉴》十五篇，所发的议论皆据经义。元贞元年（1295），王恽被加官通议大夫、知制诰同修国史，奉旨纂修《世祖实录》，他又因此编集《圣训》六卷献上。大德元年（1297），进官中奉大夫。二年，皇帝赐钞万贯。王恽请求退休，没有得到批准。大德五年，再次上章请求退休，朝廷就授其子公孺为卫州推官，以方便赡养，并任命其孙笴为秘书郎。王恽卒于大德八年六月。朝廷追赠其为翰林学士承旨、资善大夫，追封太原郡公，谥号“文定”。他的著述有《相鉴》五十卷、《汲郡志》十五卷、《承华事略》、《中堂事记》、《乌台笔补》、《玉堂嘉话》，以及杂著诗文，共合为一百卷。

【评述】

王恽是元朝首任御史台臣之一，对纠劾百官恶行，他知无不言。当时都水监刘晸交结权势，侵吞公粮达四十余万石。王恽愤而劾之，揭发他的贪腐事实，令权贵侧目，奸党胆寒。王恽又指斥由刘晸监修的太庙是豆腐渣工程，完工数年便梁柱摧朽。俗话说：“若要人不知，除非己莫为”，心虚的刘晸在王恽义正辞严的斥责下，竟忧愁而死。至元九年，王恽出任平阳路总管府判官。绛州太平县陈氏杀兄，本应明正典刑，却因行贿而获缓决，此案牵连人数多至三百，拖了五年还未判决。王恽到任后，一讯即得其实，将无辜系狱者悉数放还。正所谓执法者当先正直己心，才能使狱讼公平，百姓信服。王恽后来又在河北、山东、福建等地任职，所到之处，无不勤政爱民，对劾察系囚冤滞案件不遗余力，对纠治贪官污吏绝不手软，其刚直不阿的儒臣气节为世人钦佩不已。当时卢世荣以聚敛进用，群臣多附之，王恽却不为所动。身为汉族儒臣，他一力奉行不与民夺利，使百姓养生葬死无憾才是正道，对卢世荣的兴利政策不以为然。而卢世荣不久便身败名裂，时人多赞王恽有识度。

王恽博学多才，在文学上与东鲁王博文和渤海王旭齐名。太子真金在东宫时，王恽进《承华事略》，教导太子儒家的为政思想和方略。成宗即位后，又进《守成事鉴》十五篇，所论悉本诸经旨。王恽在思想和行动上，诠释了一代儒臣的操行和品性，并始终没有放弃以儒家思想影响君王的努力，体现了中国传统士大夫以天下为己任的优良传统。

（杨印民注译　向珊评述）

廉希宪

【原文】

廉希宪，字善甫，布鲁海牙子也。幼魁伟，举止异凡儿。九岁，家奴四人盗五马逃去，既获，时于法当死，父怒，将付有司，希宪泣谏止之，俱得免死。又尝侍母居中山，有二奴醉出恶言，希宪曰："是以我为幼也。"即送系府狱，杖之。皆奇其有识。世祖为皇弟，希宪年十九，得入侍，见其容止议论，恩宠殊绝。希宪笃好经史，手不释卷。一日，方读《孟子》，闻召，急怀以进。世祖问其说，遂以性善义利仁暴之旨为对，世祖嘉之，目曰廉孟子，由是知名。尝与近臣校射世祖前，希宪腰插三矢，有欲取以射者，希宪曰："汝以我为不能耶？但吾弓力稍弱耳。"左右授以劲弓，三发连中。众惊服曰："真文武材也。"

岁甲寅，世祖以京兆分地命希宪为宣抚使。京兆控制陇蜀，诸王贵藩分布左右，民杂羌戎，尤号难治。希宪讲求民病，抑强扶弱。暇日从名儒若许衡[①]、姚枢[②]辈谘访治道，首请用衡提举京兆学校，教育人材，为根本计。国制，为士者无隶奴籍，京兆多豪强，废令不行。希宪至，悉令著籍为儒。有民妻与卜者厌诅其夫，杀之，狱成，僚佐皆言方大旱，卜者宜减死，希宪议当伏法，已而大雨立应。

初，世祖受命宪宗，经理河南关右，居数岁，谗者谓王府人多专擅不法，至是，命阿蓝答儿、刘太平检核所部，用酷吏分领其事，大开告讦。希宪曰："宣抚司事由己出，有罪固当独任，僚属何预。"及事竟，卒无获罪者。己未，宪宗驻跸合州，世祖渡江取鄂州，命希宪入籍府库。希宪引儒生百余，拜伏军门，因言："今王师渡江，凡军中俘获士人，宜官购遣还，以广异恩。"世祖嘉纳之。还者五百余人。

宪宗崩，讣音至，希宪启曰："殿下太祖嫡孙，先皇母弟，前征云南，克期抚定，及今南伐，率先渡江，天道可知。且殿下收召才杰，悉从人望，子惠黎庶，率土归心。今先皇奄弃万国，神器无主，愿速还京，正大位以安天下。"世祖然之，且命希宪先行，审察事变。对曰："刘太平、霍鲁海在关右，浑都海在六盘，征南诸军散处秦蜀，太平要结诸将，其性险诈，素畏殿下英武，倘倚关中形胜，设有异谋，渐不可制，宜遣赵良弼往觇人情事宜。"从之。阿里不哥构乱北边，遣脱忽思发兵河朔，大肆凶暴。真定名士李盘尝奉庄圣太后命侍阿里不哥[3]讲读，脱忽思怒盘不附己，械之，希宪访盘于狱，言于世祖而释之。世祖命希宪赐膳于宗王塔察儿，希宪即以己意白王，宜首建翊戴之谋，王然之，许以身任其事。归启其言，世祖曰："若此重事，卿何不惧之甚耶！"

庚申，至开平，宗室诸王劝进，谦让未允，希宪复以天时人事进言。且曰："阿里不哥于殿下为母弟，居守朔方，专制有年，或觊望神器，事不可测，宜早定大计。"世祖然之。明日即位，建元中统。希宪上言："高丽王子倎久留京师，今闻其父死，宜立为王，遣还国，以恩结之。"又言："鄂兵未还，宜遣使与宋讲好，敕诸军北归。"帝皆从之。

赵良弼还自关右，奏刘太平、霍鲁海反状，皆如希宪言。初分汉地为十道，乃并京兆、四川为一道，以希宪为宣抚使。太平、霍鲁海闻之，乘驿急入京兆，密谋为变。后三日，希宪至，宣布诏旨，遣使安谕六盘。未几，断事官阔阔出遣使来告：浑都海已反，杀所遣使者朵罗台，遣人谕其党密里火者于成都、乞台不花于青居，使各以兵来援，又多与蒙古军奥鲁官兀奴忽等金帛，尽起新军，且约太平、霍鲁海同日俱发。希宪得报，召僚属谓曰："上新即位，责任吾等，正为今日。不早为之计，殆将无及。"遣万户刘黑马、京兆治中高鹏霄、华州尹史广，掩捕太平、霍鲁海及其党，获之，尽得其奸谋，悉置于狱。复遣刘黑马诛密里火者，总帅汪惟正诛乞台不花，具以驿闻。时关中无兵备，命汪惟良将秦、巩诸军进六盘，惟良以未得上旨为辞，希宪即解所佩虎符银印授之曰："此皆身承密旨，君但办吾事，制符已飞奏矣。"又付银一万五千两，以充功赏，出库币制军衣。惟良感激，遂行。又发蜀卒更戍及在家余丁，推节制诸军蒙古官八春将之，谓之曰："君所将之众，未经训练，六盘兵精，勿与争锋，但张声势，使不得东，则大事济矣。"会有诏赦至，希宪命绞太平等于狱，尸于通衢，方出迎诏，人心遂安。乃遣使自劾停赦行刑、征调诸军、擅以惟良为帅等罪，帝深善之。曰："《经》所谓行权，此其是也。"别赐金虎符，使节制诸军，且诏曰："朕委卿以方面之权，事当从宜，毋拘常制，坐失事机。"

西川将纽邻奥鲁官[④]将举兵应浑都海，八春获之，系其党五十余人于乾州狱，送二人至京兆，请并杀之，二人自分必死。希宪谓僚佐曰："浑都海不能乘势东来，保无他虑。今众志未一，犹怀反侧，彼军见其将校执囚，或别生心，为害不细。今因其惧死，并加宽释，使之感恩效力，就发此军余丁，往隶八春，上策也。"初，八春既执诸校，其军疑惧，骇乱四出，莫可禁遏，及知诸校获全，纽邻奥鲁官得释，大喜过望。切谕其属出兵效力，人人感悦，八春亦释然开悟，果得精骑数千，将与俱西。

诏以希宪为中书右丞，行秦蜀省事。浑都海闻京兆有备，遂西渡河，趋甘州，阿蓝答儿复自和林提兵与之合，分结陇、蜀诸将，又使纽邻兄宿敦为书招纽邻。于是成都帅百家奴，兴元忙古台，青居汪惟正、钦察，俱遣使言，人心危疑，事不可测。希宪遣使深谕戒之，两川诸将素惮希宪威名，按堵从命。浑都海、阿蓝答儿合军而东，诸将失利，河右大震，西土亲王执毕帖木儿辎重皆空，就食秦雍。朝议欲弃两川，退守兴元，希宪力言不可，乃止。会亲王合丹⑤及汪惟良、八春等合兵复战西凉，大败之，俘斩略尽，得二叛首以送，枭之京兆市。事闻，帝大嘉之曰："希宪真男子也。"进拜平章政事，赐宅一区。时希宪年三十矣。

希宪奏：四川降民，皆散处山谷，宜申敕军吏，禁止俘掠，违者，千户以下与犯人同罪。又禁诸人无贩易生口。由是四川遂安，降者益众。又罢解盐户所摘军，及京兆诸处无籍户之戍灵州屯田者，以宽民力。钦察获宋臣张炳震、王政二人，俱以母老，愿赐矜放，希宪皆遣之还。因为书与宋四川制置余玠，谕以天道人事，玠得书，愧感自守，不敢复轻动。巩昌帅府言，镇戎州有谋为叛者，连引四百余人，希宪详推之，惟诛首恶五人。宋将刘整以泸州降，尽系前归宋者数百人待报。希宪奏释之，且致书宰臣，待整以恩，当得其死力。整后首建取襄阳之策，果立勋效。宋将家属之在北者，希宪岁给其粮，仕于宋者，子弟得越界省其亲，人皆感之。

李璮⑥反山东，事连王文统，平章赵璧素忌希宪勋名，因言文统由张易、希宪荐引，遂至大用，且关中形胜之地，希宪得民习，有商挺、赵良弼为之辅，此事宜关圣虑。帝曰："希宪自幼事朕，朕知其心，挺、良弼皆正士，何虑焉。"蜀降人费正寅以私怨谮希宪因李璮叛，亦修城治兵，潜畜异志。帝因惑之，命中书右丞南合代希宪行省，且覆视所告事，卒无实状。诏希宪还京师。陛见，言曰："方关陕叛乱，川蜀未宁，事急星火，臣随宜行事，不谋佐贰，如寅所言，罪止在臣，臣请逮系有司。"帝抚御床曰："当时之言，天知之，朕知之，卿果何罪！"慰谕良久。进拜中书平章政事。

一日夜半，召希宪入禁中，从容道藩邸时事，因及赵璧所言。希宪曰："昔攻鄂时，贾似道作木栅环城，一夕而成，陛下顾扈从诸臣曰'吾安得如似道者用之'。刘秉忠、张易进曰'山东王文统，才智士也，今为李璮幕僚'。诏问臣，臣对'亦闻之，实未尝识其人也'。"帝曰："朕亦记此。"

希宪在中书，振举纲维，综劾名实，汰逐冗滥，裁抑侥幸，兴利除害，事无不便，当时翕然称治，典章文物，粲然可考。又建言："国家自开创已来，凡纳土及始命之臣，咸令世守，至今将六十年，子孙皆奴视部下，都邑长吏，皆其皁隶僮使，前古所无，宜更张之，使考课黜陟。"始议行迁转法。

至元元年，丁母忧，率亲族行古丧礼，勺饮不入口者三日，恸则呕血，不能起，寝卧草土，庐于墓傍。宰执以忧制未定，欲极力起之，相与诣庐，闻号痛声，竟不忍言。未几，有诏夺情起复，希宪虽不敢违旨，然出则素服从事，入必缞绖。及丧父，亦如之。

奸臣阿合马领左右部，专总财赋，会其党相攻击，帝命中书推覆，众畏其权，莫敢问。希宪穷治其事，以状闻，杖阿合马，罢所领归有司。

帝谕希宪曰："吏废法而贪，民失业而逃，工不给用，财不赡费，先朝患此久矣。自卿等为相，朕无此忧。"对曰："陛下圣犹尧、舜，臣等未能以皋陶、稷、契之道赞辅治化，以致太平，怀愧多矣。今日小治，未足多也。"因论及魏征，对曰："忠臣良臣，何代无之，顾人主用不用尔。"有内侍传旨入朝堂，言某事当尔，希宪曰："此阉宦预政之渐，不可启也。"遂入奏，杖之。

言者讼丞相史天泽，亲党布列中外，威权日盛，渐不可制。诏罢天泽政事，使待鞫问。希宪进曰："天泽事陛下久，知天泽深者，无如陛下。始自潜藩，多经任使，将兵牧民，悉有治效。陛下知其可付大事，用为辅相。小人一旦有言，陛下当熟察其心迹，果有肆横不臣者乎？今日信臣，故臣得预此旨，他日有讼臣者，臣亦遭疑矣。臣等备员政府，陛下之疑信若此，何敢自保。天泽既罢，亦当罢臣。"帝良久曰："卿且退，朕思之。"明日，帝召希宪谕曰："昨思之，天泽无对讼者。"事遂解。

又有讼四川帅钦察者，帝敕中书急遣使诛之。明日，希宪覆奏，帝怒曰：“尚尔迟回耶！”对曰：“钦察大帅，以一小人言被诛，民心必骇，收系至此，与讼者廷对，然后明其罪于天下为宜。”诏遣能者按问。其后事竟无实，钦察得免。

希宪每奏议帝前，论事激切，无少回惜。帝曰：“卿昔事朕王府，多所容受，今为天子臣，乃尔木强耶？”希宪对曰：“王府事轻，天下事重，一或面从，天下将受其害，臣非不自爱也。”

方士请炼大丹，敕中书给所需，希宪具以秦、汉故事奏，且曰：“尧、舜得寿，不因大丹也。”帝曰：“然。”遂却之。时方尊礼国师，帝命希宪受戒，对曰：“臣受孔子戒矣。”帝曰：“孔子亦有戒耶？”对曰：“为臣当忠，为子当孝，孔子之戒，如是而已。”

五年，始建御史台，继设各道提刑按察司。时阿合马专总财利，乃曰：“庶务责成诸路，钱谷付之转运，今绳治之如此，事何由办？”希宪曰：“立台察，古制也，内则弹劾奸邪，外则察视非常，访求民瘼，裨益国政，无大于此。若去之，使上下专恣贪暴，事岂可集耶！”阿合马不能对。

七年，诏释京师系囚。西域人匿赞马丁，用事先朝，资累巨万，为怨家所告，系大都狱，既释之矣，时希宪在告，实不预其事。是秋，车驾还自上都，怨家诉于帝，希宪取堂判补署之，曰：“天威莫测，岂可幸其独不署以苟免耶！”希宪入见，以诏书为言，帝曰：“诏释囚耳，岂有诏释匿赞马丁耶？”对曰：“不释匿赞马丁，臣等亦未闻有此诏。”帝怒曰：“汝等号称读书，临事乃尔，宜得何罪？”对曰：“臣等忝为宰相，有罪当罢退。”帝曰：“但从汝言。”即与左丞相耶律铸同罢。一日，帝问侍臣，希宪居家何为，侍臣以读书对。帝曰：“读书固朕所教，然读之而不肯用，多读何为。”意责其罢政而不复求进也。阿合马因谗之曰：“希宪日与妻子宴乐尔。”帝变色曰：“希宪清贫，何从宴设！”希宪尝有疾，帝遣医三人诊视，医言须用沙糖作饮。时最艰得，家人求于外，阿合马与之二斤，且致密意。希宪却之曰：“使此物果能活人，吾终不以奸人所与求活也。”帝闻而遣赐之。

嗣国王头辇哥行省镇辽阳，有言其扰民不便者。十一年，诏起希宪为北京行省平章政事。将行，肩舆入辞，赐坐，帝曰：“昔在先朝，卿深识事机，每以帝道启朕。及鄂汉班师，屡陈天命，朕心不忘，丞相卿实宜为，顾退托耳。辽霫⑦户不下数万，诸王、国婿分地所在，彼皆素知卿能，故命卿往镇，体朕此意。”辽东多亲王，使者传令旨，官吏立听，希宪至，始革正之。

有西域人自称驸马，营于城外，系富民，诬其祖父尝贷息钱，索偿甚急，民诉之行省，希宪命收捕之。其人怒，乘马入省堂，坐榻上，希宪命捽下跪，而问之曰：

“法无私狱，汝何人，敢擅系民?”令械系之。其人惶惧求哀，国王亦为之请，乃稍宽，令待对，举营夜遁。俄诏国王归国，希宪独行省事。朝廷降钞买马六千五百，希宪遣买于东州，得羡余马千三百。希宪曰：“上之则若自衒。”即与他郡之不及者，以其直还官。长公主及国婿入朝，纵猎郊原，扰民为甚，希宪面谕国婿，欲入奏之。国婿惊愕，入语公主，公主出，饮希宪酒曰：“从者扰民，吾不知也。请以钞万五千贯还敛民之直，幸勿遣使者。”自是贵人过者，皆莫敢纵。

十二年，右丞阿里海牙[8]下江陵，图地形上于朝，请命重臣开大府镇之。帝急召希宪还，使行省荆南，赐坐，谕曰：“荆南入我版籍，欲使新附者感恩、未来者向化，宋知我朝有臣如此，亦足以降其心。南土卑湿，于卿非宜，今以大事付托，度卿不辞。”赐田以养居者，马五十以给从者。希宪曰：“臣每惧才识浅近，不能胜负大任，何敢辞疾。然敢辞新赐。”复有诏，令希宪承制授三品以下官。

希宪冒暑疾驱以进。至镇，阿里海牙率其属郊迎，望拜尘中，荆人大骇。即日禁剽夺，通商贩，兴利除害，兵民按堵。首录宋故宣抚、制置二司幕僚能任事者，以备采访，仍择二十余人，随材授职。左右难之，希宪曰：“今皆国家臣子也，何用致疑。”时宋故官礼谒大府，必广致珍玩，希宪拒之，且语之曰：“汝等身仍故官，或不次迁擢，当念圣恩，尽力报效。今所馈者，若皆己物，我取之为非义；一或系官，事同盗窃；若敛于民，不为无罪。宜戒慎之。”皆感激谢去。令凡俘获之人，敢杀者，以故杀平民论。为军士所虏，病而弃之者，许人收养；病愈，故主不得复有。立契券质卖妻子者，重其罪，仍没入其直。先时，江陵城外蓄水扞御，希宪命决之，得良田数万亩，以为贫民之业。发沙市仓粟之不入官籍者二十万斛，以赈公安之饥。大纲既举，乃曰：“教不可缓也。”遂大兴学，选教官，置经籍，旦日亲诣讲舍，以厉诸生。

西南溪洞，及思、播田、杨二氏⑨，重庆制置赵定应，俱越境请降。事闻，帝曰：“先朝非用兵不可得地，今希宪能令数千百里外越境纳土，其治化可见也。”关吏得江陵人私书，不敢发，上之，枢密臣发之帝前，其中有曰：“归附之初，人不聊生。皇帝遣廉相出镇荆南，岂惟人渐德化，昆虫草木，咸被泽矣。”帝曰：“希宪不嗜杀人，故能尔也。”

希宪疾久不愈，十四年春，近臣董文忠言：“江陵湿热，如希宪病何？”即召希宪还，江陵民号泣遮道留之不得，相与画像建祠。希宪还，囊橐萧然，琴书自随而已。帝知其贫，特赐白金五千两、钞万贯。

五月，至上都，太常卿田忠良来问疾，希宪谓曰：“上都，圣上龙飞之地，天下视为根本。近闻龙冈遗火，延烧民居，此常事耳，慎勿令妄谈地理者惑动上意。”未几，果有数辈以徙置都邑事奏，枢密副使张易、中书左丞张文谦与廷辨，力言不可，帝不悦。明日，召忠良质其事，忠良以希宪语，对帝曰：“希宪病甚，犹虑及此耶？”其议遂止。

诏征扬州名医王仲明视希宪疾，既至，希宪服其药，能杖而起，帝喜谓希宪曰：“卿得良医，疾向愈矣。”对曰：“医持善药以疗臣疾，苟能戒慎，则诚如圣谕；设或肆惰，良医何益。”盖以医讽谏也。

会议立门下省，帝曰：“侍中非希宪不可。”遣中使谕旨曰：“鞍马之任，不以劳卿，坐而论道，时至省中，事有必须执奏，肩舆以入可也。”希宪附奏曰：“臣疾何足恤。输忠效力，生平所愿。”皇太子亦遣人谕旨曰：“上命卿领门下省，无惮群小，吾为卿除之。”竟为阿合马所沮。

十六年春，赐钞万贯，诏复入中书，希宪称疾笃。皇太子遣侍臣问疾，因问治道，希宪曰：“君天下在用人，用君子则治，用小人则乱。臣病虽剧，委之于天。所甚忧者，大奸专政，群小阿附，误国害民，病之大者。殿下宜开圣意，急为屏除，不然，日就沉疴，不可药矣。”戒其子曰：“丈夫见义勇为，祸福无预于己，谓皋、夔、稷、契、伊、傅、周、召为不可及，是自弃也。天下事苟无牵制，三代可复也。”又曰：“汝读《狄梁公传》乎？

梁公有大节，为不肖子所坠，汝辈宜慎之！”

十七年十一月十九夜，有大星陨于正寝之旁，流光照地，久之方灭。是夕，希宪卒，年五十。大德八年，赠忠清粹德功臣、太傅、开府仪同三司，追封魏国公，谥文正。加赠推忠佐理翊运功臣、太师、开府仪同三司、上柱国、恒阳王，谥如故。

子六人：孚，佥辽阳等处行中书事；恪，台州路总管；恂，中书平章政事；忱，邵武路总管；恒，御史中丞；惇，江西等处行中书省参知政事。从弟希贤。

选自《元史》卷一百二十六《廉希宪传》

【注释】

①许衡（1209—1281）：元河内（今属河南）人，与姚枢等研习程朱理学。后应召至京师担任国子祭酒。上《时务五事》，主张推行汉法。后领太史院事，参与编制《授时历》。

②姚枢（1201—1278）：号雪斋。元太宗七年（1235），与杨惟中访求儒道医等人才，后从俘虏中访得南宋名儒赵复，力劝其北上讲授程朱理学。姚枢从赵复处尽得程朱传注诸书，始攻理学。后应忽必烈召，上书言治道。从征大理及鄂州。元朝建立之后，曾任大司农、中书左丞等职。

③阿里不哥（？—1266）：拖雷幼子，唆鲁禾帖尼为其母。元宪宗八年（1258）留守和林。宪宗死后，他在漠北召开忽里台，即大汗位。经过长达四年的皇位继承战争，不敌忽必烈，

投降。

④奥鲁官：奥鲁，蒙古语，意为老小营。蒙古军出征，置老小辎重于后方，称为奥鲁。占领中原后，置奥鲁官，凡军户皆归奥鲁官管领。

⑤合丹：蒙古宗王，太祖弟合赤温孙。中统初年拥立世祖即位。至元二十四年（1287）与乃颜发动叛乱，被平定。

⑥李璮（tǎn）：李全之子。元太宗三年（1231）袭父职治益都行省，专制山东三十年。中统三年（1262）举兵造反，很快被平定，被俘处死。

⑦霫（xí）：我国古代东北少数民族名。隋唐时，居潢水（今西拉木伦河）以北，以射猎为生，风俗与契丹略同。后迁至潢水以南，并于奚族。唐末，奚、霫俱附契丹，渐被同化。

⑧阿里海牙（1227—1286）：畏兀儿人。初为忽必烈宿卫。至元五年（1268）与阿术、刘整围攻襄阳。十一年，与伯颜等率大军破鄂州，是灭宋的功臣。后担任湖广行省左丞相。

⑨思、播田、杨二氏：即思州田氏、播州杨氏，为西南地区较大的土司政权。思州、播州都在今贵州。

【译文】

廉希宪，字善甫，是布鲁海牙的儿子。他自小就身材魁伟，行动举止与平常的孩子不同。他九岁时，四名家奴偷了五匹马逃走。被抓获之后，按照当时的法律要处死。廉希宪的父亲当时大怒，要将他们交付官府审理。廉希宪哭着为他们求情，家奴最终全都免于一死。他还曾经陪侍母亲居住在中山，有两个家奴喝醉了酒，口出恶言。廉希宪说：“这是欺负我年幼无知呀。”立即把他们送往官府处置，最后家奴受到了杖刑处罚。大家都为他的见识感到惊奇。当时元世祖还是皇弟，廉希宪年方十九，得以入侍世祖。世祖见他容貌非凡、识见高超，对他特别恩宠。廉希宪非常喜好经史书籍，手不释卷。一天，廉希宪正在读《孟子》，世祖突然召见，他急忙把书放到怀中就去进见。世祖问他书中说了什么，廉希宪于是以人性本善、重义轻利、行仁政不行暴政的要旨回答。世祖很赞赏，把他视作廉孟子，希宪由此远近闻名。廉希宪曾经与近臣在世祖面前比试射技，希宪腰插三支箭，有人想拿去射。廉希宪反问："你以为我不会射箭吗？只不过我的挽弓力量稍弱而已。"左右随从于是拿给他劲弓，他连射三箭，全中靶心。大家惊叹而佩服地说："真是文武全才啊。"

甲寅年（1254），元世祖让廉希宪做自己京兆分地的宣抚使。京兆掌控陇蜀地区，诸王贵戚的藩属领地分布在左右，并有羌戎等少数民族杂居，号称是最难治理的地方。廉希宪关注民间疾苦，压制豪强，扶持弱小。闲暇之时找许衡、姚枢等著名的儒士咨询，访求为政之道，奏请任用许衡掌管京兆学校，培养人才，作为施政的根本。按照国家法令制度，士人不属奴籍，但京兆的豪强大户很多，国家的法令在这里不能通行。廉希宪来了之后，命令士人全部回归儒籍。有个老百姓的妻子串通占卜者诅咒自己的丈夫，把丈夫害死了。定案后，属下官吏都说正值大旱，占卜者应当减免死罪。廉希宪坚持让他伏法，很快天就应验，降下大雨。

起先，世祖忽必烈受宪宗蒙哥之命，治理河南、关右。过了几年，有人进谗言说王府的人大多专权不守法。此时，朝廷命阿蓝答儿、刘太平查检、核验所属机构，任用酷吏分别主持此事，大开告发之门。廉希宪说：“宣抚司各事都是出自我的主意，有罪的话当然是我自己承担，关我的下级僚属什么事呢?”结果直到最后，也没有人因此获罪。己未年（1259），宪宗御驾亲临合州，世祖渡过长江，攻下鄂州，命廉希宪进城登记府库财物。廉希宪带领一百余名儒生，拜伏在营门前，说道：“如今王师渡过长江，凡是军中有俘获的士人，应当由官府赎买遣返，以显示特殊的恩德。”元世祖高兴地采纳了他的建议。由此遣还的有五百余人。

宪宗皇帝驾崩，丧讯传来，廉希宪启奏说：“殿下是太祖皇帝的嫡孙，先皇的同母兄弟，从前征讨云南，在限期内平定。如今南伐，又率先渡江，可知天命如此。况且殿下招揽人才俊杰，全都符合人们的期望，恩德惠及百姓，全国都归心于你。今日先皇不幸归天，国家没有君主，愿陛下迅速返回都城，登临大位以安定天下。”世祖认为他说得对，于是下令廉希宪先行启程，观察情势变化。廉希宪说：“刘太平、霍鲁海驻守关右地区，浑都海屯兵六盘山，征南各军分散在秦蜀地区，刘太平联络勾结各路将领，他生性阴险狡诈，一向畏惧殿下的神明英武。倘若他们依仗关中地区优越的地理位置，生有异心，那就逐渐不易控制了。应当派赵良弼前往查看人心向背情况。”世祖听从了他的建议。阿里不哥在北方制造叛乱，派脱忽思发兵进攻河朔地区，十分凶暴。真定著名士人李盘曾奉庄圣太后之命侍奉不哥讲读经书。脱忽思对李盘不肯依附自己非常恼怒，将他戴上枷锁。廉希宪访知李盘被关在狱中，就向世祖说明，把李盘放了出来。世祖命廉希宪赐御膳给宗王塔察儿，廉希宪就把自己的意思告诉塔察儿，劝他率先谋划，拥戴世祖即位。塔察儿王听从了廉希宪的建议，答应亲自主持此事。廉希宪回来后，把塔察儿的话报告了世祖。世祖说："像这么重大的事情，爱卿怎么毫不畏惧呢?"

庚申年（1260），世祖到达开平（即日后的上都，今内蒙古正蓝旗），宗室诸王都劝世祖登极称帝，世祖谦让，没有答应。廉希宪再次拿天时人事向世祖进言。并且说："阿里不哥是殿下同母的弟弟，据守北方，专权已有多年，要是他也觊觎皇帝宝座，那事情就不可预料了，应该早日定下大计。"世祖应允。第二天即位，建年号为中统。廉希宪又上奏说："高丽国的王子倎长期逗留京师，现在听说他父亲已死，应当立他为国王，让他回国，用恩德笼络他。"又进言说："留在鄂州的军队还未班师，应当遣派使臣同宋朝和好，下令各路军队北归。"皇帝全都听从。

赵良弼从关右地区回来，奏报刘太平、霍鲁海反叛的种种情状，都如廉希宪所说的一样。皇帝把汉地划分为十道，把京兆、四川合为一道，让廉希宪做宣抚使。刘太平、霍鲁海听到消息后，急忙乘驿传进入京兆地区，秘密谋划叛变。三天之后，廉希宪来到京兆，宣布皇帝的诏旨，派人安抚、劝谕六盘山的军队。没多久，断事官阔阔出派人来告知：浑都海已经造反，杀害了所派来的使者朵罗台，另派人通知在成都的同党密里火者、青居的乞台不花，让他们各自率兵来支援。又给蒙古军奥鲁官兀奴忽等很多金帛财物，征集新军，而且同刘太平、霍鲁海约定同日发兵。廉希宪得到报告后，召集僚属说："皇上刚刚即位，把重任交给我们，正是为了今天能用上。如果不提早谋划，那就来不及了。"于是派遣万户刘黑马、京兆治中高鹏霄、华州尹史广，去抓捕刘太平、霍鲁海及其同党，最后全部擒获，并查清了他们的叛乱阴谋，把他们全关进监狱。再派刘黑马诛杀密里火者，总帅汪惟正诛杀了乞台不花，这些情况都通过驿传的使臣上奏朝廷。当时关中地区没有军备，廉希宪命汪惟良率领秦州、巩州的各路军马进驻六盘山。汪惟良以未得到皇上的圣旨为由推辞，廉希宪马上解下自己所佩带的虎符银印交给他说："我是奉密旨行事，你只管把我交办的事情办妥，我已经写好文书飞报朝廷。"又拿出一万五千两银子，用作对士卒的功赏，拿出国库的钞币制作军衣。汪惟良很感激，于是发兵。廉希宪又征发蜀地轮候戍守的士兵及剩余在家的男丁，交由节制诸军蒙古官八春率领。廉希宪对他说："你所率领的部众没有经过训练，六盘山屯驻的都是精兵，不要和他们针锋相对争高低，只要虚张声势，让他们无力向东进军，那就大功告成了。"此时皇上诏书赦令到达，但廉希宪先下令在狱中绞死刘太平等人，把他们的尸体放在大道上，这才出来迎接诏书，人心于是安定下来。廉希宪派人上奏，弹劾自己未执行赦令而自行行刑、征调各路军马、擅自以汪惟良做元帅等罪。皇帝很赞赏他，说："《经》书上所说的随机应变行使权力，廉希宪就是这样做的。"皇帝另外赐给他金虎符，使他节制各路军马，而且下诏说："朕委任爱卿以坐镇一方的大权，处理事情应当随机应变，不要拘泥常制，以致坐失事机。"

西川将领纽邻奥鲁官打算起兵响应浑都海，八春将他擒获，把他的同党五十余人全部抓了，关在乾州监狱，并把两人送到京兆，请求把他们一并杀掉。这两人自己寻思必死无疑。廉希宪对下属说："浑都海不能乘势向东进攻，就保证没有其他忧虑了。现在人心不一，仍然心怀反复，他们的军队见到自己的将校被抓起来囚禁，或许会另生他心，到时为害会不小。现在借着他们怕死的心理，加以宽大释放，让他们能感恩戴德，为我所用，随即征发这支军队的剩余军丁，编入八春军中，这才是上策。”起初，八春捉拿了各个将校，他的军兵怀疑恐惧，因害怕而四出逃亡，没有人可以控制。等到知道将校全身而还，纽邻奥鲁官也被释放，大喜过望。都深切劝谕部属出兵效力，人人都感动喜悦，八春也明白了其中道理，结果得到几千精锐的骑兵，率领他们一起向西而去。

朝廷下诏让廉希宪担任中书右丞，兼理秦蜀省事务。浑都海听闻京兆已有防备，于是向西渡过黄河，逼近甘州，阿蓝答儿又从和林调集军队与他会合，分别联络陇、蜀地区的将领，又使纽邻之兄宿敦写信招降纽邻。于是成都帅百家奴，兴元忙古台，青居汪惟正、钦察，都派遣使人来报，说人心动荡，情势不可预测。廉希宪派人去深切劝谕、告诫，两川地区诸将素来畏惧廉希宪的威名，全都听从命令，安定下来。浑都海、阿蓝答儿合军一处，向东进发，诸将作战失利，河右地区大为震动，西部的亲王执毕帖木儿军需给养全被掏空，只好到秦雍地区补充给养。朝廷讨论想放弃两川地区，退守兴元，廉希宪力陈不可，这才作罢。这时亲王合丹同汪惟良、八春等合兵一处，再和敌军大战于西凉地区，大败敌军，把敌人俘获斩杀殆尽，把两个叛军首领押来，在京兆市上斩首示众。皇帝得知这些情况后，大为嘉奖，说：“希宪是真正的男子汉！”晋升其为平章政事，赐给他一处宅第。当时廉希宪才三十岁。

廉希宪启奏：四川的降民，都散居山谷之中，应当申令军吏，禁止他们掳掠，有违犯的，千户以下的军吏与犯人同罪。又命令人们不得贩卖人口。这样四川就安定下来了，归降的人越来越多。又解散解盐户所征集的军队，以及京兆各地戍守灵州屯田的无籍民户，以增加民力。钦察俘获宋臣张炳震、王政二人，二人都以母亲年老为借口，希望能够放他们回去。廉希宪就把他们都遣送回去。接着又写信给宋四川制置余玠，对他晓谕天道人事。余玠看到信之后，感到十分惭愧，只自守其地，不敢再轻举妄动。巩昌帅府报告说，镇守戎州的军兵有阴谋叛乱的，达四百多人。廉希宪详细审问，最后只诛杀了其中五名首恶。宋朝将领刘整以泸州降附，并把以前归顺宋朝的数百人全都抓起来，等候处置。廉希宪奏请把他们全都释放，而且写信给宰执大臣，应给刘整恩遇，这样他以后就能拼死效力。刘整后来率先提出攻取襄阳的计策，果然立下了大功。宋朝将领有的家属在北方，廉希宪每年都供给他们粮食，在宋朝为官的，他们的子弟也能越过边界回来省亲，大家都感念廉希宪的恩德。

李璮在山东造反，事情牵连到王文统，平章政事赵璧素来妒忌廉希宪的功名，于是上书说王文统是由张易、廉希宪举荐的，然后才得以重用，而且关中地区战略位置重要，廉希宪深得民心，又有商挺、赵良弼等人的辅佐，此事需要圣上认真考虑。皇上说："希宪自幼就侍奉朕，朕了解他的心意，商挺、赵良弼都是正直之士，有什么可担心的呢?"蜀地投降过来的费正寅因为个人私怨，诬告廉希宪借着李璮叛乱，也修葺城池，训练军队，暗中怀有不臣之心。皇帝因此受到蛊惑，命中书右丞南合替代廉希宪的行省职务，并且下令审查费正寅所告发之事，但最终没有确切的证据。皇帝诏令廉希宪返回京师。廉希宪在宫殿见到皇上，说："当时正值关陕地区叛乱，川蜀地区也不安定，情势就如星火，一触即发，臣相机行事，没有同下属官员商议，正如费正寅所说，所以罪责都在臣一人身上，请把我交给官府审理。”皇帝手抚御座说：“当时我们所说的话，天知道，朕知道，爱卿又有何罪！”于是对廉希宪安慰、劝谕了很长时间。提升他任中书平章政事。

一天半夜时分，皇帝召廉希宪到内宫觐见，从容说起藩邸时的事情，谈到赵璧所说的话。廉希宪说：“当日攻打鄂州时，贾似道作木栅栏环绕城池，一个晚上就筑成了，陛下环视随从诸臣说：‘我如何才能得到像贾似道这样有才能的人任用呢。’刘秉忠、张易进言说：‘山东王文统，是个有才智的士人，现在是李璮的幕僚。’于是下诏向臣询问，臣回答说：‘我也听说过此人，但不了解他。’”皇帝说：“朕也记着这事。”

廉希宪在中书省任内，署理各项大小事务，综合审查，裁撤冗官滥职，贬抑侥幸投机之徒，兴利除害，办事没有不便利的，当时人们都高兴地称赞说有大治气象，典章制度，都光辉耀目，可以考述。廉希宪又建议说：“国家自从开创以来，凡是献纳土地和最初任命的大臣，都让他们世代袭职，到现在已将近六十年，他们的子孙都把部下当做奴隶看待，小都邑的长官吏员，全成了他们的奴仆，供他们使唤，这是以前所没有的，应当改变这种制度，对官员通过考课，决定升降。”随后朝廷讨论实行迁转法。

至元元年（1264），廉希宪在家守母丧。廉希宪带领亲族行古代的丧礼，一连三天不进饮食，悲痛到呕血，起不了床，睡觉就躺在草席上，在墓旁搭草庐居住。宰相大臣认为丁忧的制度还未制定，因此极力让他出来任职，于是相约到草庐拜见，听到他号哭悲痛的声音，就不忍心再跟他提这件事。不久，皇帝下诏让廉希宪夺情任职。廉希宪虽然不敢违抗圣旨，然而在外边就穿着素衣做事，在家里就穿上丧服。后来守父丧，也是一样的情形。

奸臣阿合马统领左右部，总管天下财赋。一次他的党羽互相攻击，皇帝命中书省查办。大家畏于阿合马的权势，都不敢过问。廉希宪却一查到底，把实际情况奏报皇帝，结果阿合马获杖刑，并废止他所领的衙门，归还相关官署。

皇帝晓谕廉希宪说："官吏把法律置于一边而贪污腐败，人民失去本业而各处逃窜，工匠不敷使用，财政入不敷出，前朝受此祸患已经很长时间了。自从爱卿等人做宰相，朕就没有这方面的担忧了。"廉希宪回答说："陛下就像尧、舜那样圣明，臣等未能用皋陶、稷、契之道辅佐陛下治理天下，实现天下太平，为此很惭愧。现在还只算是小治，不值得过多赞扬。"皇上又谈到魏征，廉希宪回答说："忠良之臣，哪一代没有呢？只是人君起用与否罢了。"有个内侍入朝堂传旨，指手画脚，说某事该怎么做。廉希宪说："这是宦官之流干预朝政的迹象，不可以纵容。"于是入奏皇上，施以杖刑。

有言官揭发丞相史天泽在朝廷内外安插亲朋党羽，权势日盛，渐渐不可控制。皇上下诏罢免史天泽平章政事的职务，听候审问。廉希宪上奏说："史天泽侍奉陛下已经很长时间了，没有人比陛下更了解天泽了。从藩邸时，就多次听令差使，统帅军队，驾驭百姓，都很有成效。陛下知道他可以托付大事，所以任用他为辅相。小人一旦有什么谗言，陛下应当仔细明察他的心迹，他果真有肆无忌惮、不臣的行为吗？今日陛下信任臣，所以臣还能参与旨意的拟定，假如有一天有告发臣的，那臣也要遭受怀疑了。臣等在政府中任职，陛下如果都像这样疑心，我们怎么能自保呢？史天泽如果被罢官，臣也请求罢免。”过了一段时间，皇帝才说：“你先退下，让我再想一下。”第二天，皇帝召见廉希宪，对他说：“我昨天想过了，天泽没有可以被控诉的事情。”事情于是化解。

又有人控告四川元帅钦察，皇帝下令中书省立即派遣使臣诛杀钦察。第二天，廉希宪回奏此事，皇帝大怒说：“你怎么这么晚才回奏！”廉希宪回答说：“钦察大帅，因为一个小人的谗言就被诛杀，民心必定惊恐，应该把他押解到这里，与告发之人当庭对质，然后向天下昭示他的罪行才比较合适。”于是皇帝下诏派遣干练的官吏审问，后来事情终究查无实据，钦察于是得以幸免。

廉希宪每次在皇帝面前奏议，议论事情言辞激烈，没有任何回旋顾忌。皇帝说：“爱卿昔日在王府侍奉朕时，多能包容承受。如今做了天子的大臣，怎么却变得刚直强硬了？”廉希宪回答说：“王府之事轻，天下之事重，若是当面顺从，那么天下都将受害，臣并不是不自重。”

方士请为皇上炼大丹，皇上敕令中书省给他所需的物资。廉希宪以秦、汉已有的教训详细上奏，并且说：“尧、舜得以高寿，并不是因为吃大丹的缘故。”皇上说：“是呀。”于是辞退了方士。当时皇上正尊礼国师，皇帝命希宪也跟着受戒，廉希宪回答：“臣已经受戒孔子了。”皇帝问：“孔子也有戒吗？”廉希宪答道：“做臣子要一片忠心，做儿子要秉持孝道，孔子之戒，就是这样的。”

至元五年，开始设立御史台，接着又在各道设立提刑按察司。当时阿合马专擅财政大权，说：“各项政务责成各路办理，钱钞粮食等事交付给转运司，现在这样条块分割，事情还怎么办得好?”廉希宪回答说：“设立御史台、按察司等监察机构，是自古已有的制度，对内则弹劾奸佞大臣，对外则察访非法之事，访查民间疾苦，没有比这更有益于国家大计的了。如果废除按察司，使上下官员肆无忌惮地按自己心意行事，贪婪暴虐，事情怎能办成呢!”阿合马无言以对。

至元七年，皇帝诏令释放京师囚禁的犯人。西域人匿赞马丁，先朝时就为朝廷办事，资产数以万计，被怨家告发，关在大都监狱中，这时得到释放，当时廉希宪正在休假，实际上没有参与此事。当年秋天，皇帝的车驾从上都归来，匿赞马丁的怨家向皇帝告发，廉希宪取来当时的呈堂判文，补签上自己的名字，说：“皇帝天威不可测，我哪能庆幸自己没有签字而可以免罪呢!”廉希宪进见皇帝，用诏书上的话为依据。皇帝质问：“有诏旨释放囚犯，难道有诏释放匿赞马丁吗?”廉希宪回答说：“臣等也没有听说有诏书不释放匿赞马丁。”皇帝大怒说：“你们还号称读了不少书，遇到事情也不过如此，该当何罪?”廉希宪回答说：“臣等有幸任宰相，有罪则应罢职。”皇上说：“那就按你说的办吧。”廉希宪于是同左丞相耶律铸一起罢相。一天，皇帝问起身边的侍臣，廉希宪在家里都做什么?侍臣回答说“读书”。皇上说：“当然是朕让他读书的，然而读了书又不能学以致用，多读书又有什么用。”意思是责备他罢官在家，不想着再复出。阿合马趁机进谗言说：“希宪每天都和妻子儿女设宴享乐。”皇帝听了变了脸色说：“希宪家中清贫，拿什么办酒宴!”廉希宪曾经有一次生病，皇帝派了三个医生前往诊治，医生说需要以沙糖作辅饮用。当时沙糖极为难得，家人出去寻求，阿合马给了两斤，而且表达了殷切的情意。廉希宪拒绝，他说：“即便此物真能让人活命，我也不乞求靠奸人给的东西活下来。”皇帝听说之后，特地派人去赐给他沙糖。

嗣位的国王头辇哥镇守辽阳行省，有人揭发他骚扰百姓，造成不便。十一年，诏令起用廉希宪为北京行省平章政事。廉希宪赴任前，乘坐小轿去向皇上辞行，皇上赐坐，皇帝说：“在先朝的时候，爱卿洞察事机，常以帝王治道来启发朕。后来从鄂州汉水前线班师，你又屡次陈说天命，朕心中没有忘记，丞相由爱卿担当实际上最合适，只是你谦让推脱罢了。辽地霤族百姓户口不下数万，也是诸王、驸马分地所在的地方，他们素来知道你的才能，所以命爱卿前往镇守，你要体会朕的心意。”辽东地区有很多亲王，每有使者传达令旨，官吏都要站着听旨，廉希宪到任后，才废止了这项陋习。

有个西域人自称是驸马，在城外扎营居住，拘押富人，诬陷富人的祖父曾向他借钱，要付利息，急着向他索赔钱财。百姓到行省控诉，廉希宪下令去把他捉拿归案。西域人大怒，骑着马直接进入行省公堂，坐在床上。希宪下令把他揪下来下跪，讯问他说：“王法之下不能私设牢狱，你是何人，胆敢擅自拘拿？”下令把他带上刑具下狱。这个人这才惶恐害怕，苦苦哀告，国王也为他求情，这才稍稍宽大，让他回去听候处理，结果他连夜逃走了。不久下诏国王回国，由希宪独自处理行省事务。朝廷下拨银钞用来买六千五百匹马，希宪派人到东州买，多买了一千三百匹马。希宪曰：“就这样上交国家，显得我炫耀一样。”于是就把多余的马让给了其他马匹不足的郡，所得的钱偿还给官府。长公主与驸马进京朝见，在郊野平原纵马射猎，颇为扰民。廉希宪当面劝谕驸马，打算入朝上奏。驸马十分惊愕，进帐告诉公主，公主出帐，请廉希宪喝酒，说："我的随从骚扰百姓，我不知道。请允许我用一万五千贯银钞来赔偿百姓的损失，希望您不要派人去奏报朝廷。"从此以后达官贵人路过，都不敢肆意妄为。

十二年，右丞阿里海牙攻下江陵，绘制地形图奏报朝廷，请求派重臣设大级别官府镇守。皇帝急忙召廉希宪回朝，派他行省荆南。皇帝赐坐，晓谕道："荆南地区并入我国版图，打算让新归附的人们感念我们的恩德，还没归附的人能向往归化，宋朝知道我朝有你这样的大臣，也足够收服他们的心。南方土地低洼潮湿，对你的健康很不利，但现在把大事托付给你，想来爱卿不会推辞。"并赐予他田地以供养在家居住的人，赐五十匹马给随从。廉希宪说："臣每每担心才识浅陋，不能胜任大事，哪里敢以身体不适推辞。但此次新的赏赐我不能接受。"又有诏旨，令希宪秉皇帝意旨授三品以下官。

于是希宪冒着酷暑、带着疾病上任。到达治所，阿里海牙率领部属在郊外迎接，离得很远就拜在尘土之中，荆南百姓看了大为惊骇。廉希宪到任当日就下令禁止抢掠，让商贩流通，兴利除害，军民一片安定。他首先录用以前宋国的宣抚、制置二司之中的能干幕僚，以备选任和咨询，最后选出二十余人，根据才能授以相应官职。左右下属都不赞成，希宪说："现在大家都是国家的臣子，还有什么要怀疑的?"当时宋国前任官到希宪官署行礼拜见，都会送各类珍玩，希宪一概拒收，而且对他们说："你们仍然担任之前的官职，有的还会被破格提拔，应当感念圣恩，尽力报效国家。今天你们送的这些，如果都是自己的物品，我收下就是不义；一旦有官府的财物，此事就如同盗窃；如果是从百姓处聚敛而来，也是有罪的。你们对此事应当慎重。”众官吏都感激不已，谢罪离去。廉希宪下令，凡是俘获的人，若是随意处死，就以故意谋害平民论罪。那些被军士所虏获、生病而被抛弃的，允许别人收养；痊愈之后，以前的主人不能再占有。订立契约质卖妻子儿女的人，加重治罪，并没收他典卖所得的钱财。起先，江陵城外蓄水做防御工事，希宪下令决口放水，由此新增数万亩良田，作为贫苦人民的家业。他又征发沙市不在官府仓库登记的二十万斛粮食，以赈济公安的饥荒。施政大纲既已确立，廉希宪说：“教育不能迟缓。”于是大力兴办学校，选任教官，置办经籍，一早就亲自到讲堂，激励学生。

西南地区的溪洞，以及思州田氏、播州杨氏，重庆制置使赵定应，纷纷越过边境请求降附。此事奏报朝廷，皇帝说：“先朝不用兵就得不到土地，如今希宪能让数千百里外的人跨境来纳献土地，他的治理教化可见一斑。”守关的小吏得到江陵人的一封私人信件，不敢启封，上交到朝廷，枢密院的大臣在皇帝面前拆开，信中说道：“归附之初，民不聊生。皇帝派廉相出镇荆南，岂止是人受到恩德教化，就连昆虫草木，都会感受到恩惠。”皇上说：“希宪不喜好杀人，所以能做到这样。”

希宪的病很久都没有痊愈。十四年春，皇帝近臣董文忠进言说：“江陵地区潮湿炎热，这样希宪的病怎么能好呢?”于是召希宪还朝。江陵人民痛苦流泪，拦路请求留下，挽留不下，就纷纷给他画像，建立祠堂，作为纪念。希宪归来时，行李简单，只有随身携带的古琴和书籍而已。皇帝知道他家里贫穷，特地赐给他白银五千两、钞一万贯。

五月，希宪抵达上都，太常卿田忠良前来问候病情，希宪对他说："上都是圣上即位、开创基业的地方，天下百姓都把这视为根本。最近听说龙冈失火，火势蔓延，烧到了民房，这是常有的事，千万不要让妄谈风水的人迷惑皇上，让他心意动摇。"不久，果然有好几个人上奏迁都之事。枢密副使张易、中书左丞张文谦和他们当庭辩论，力陈不可迁都，皇帝听了很不高兴。第二天，召见田忠良询问这件事，田忠良就把廉希宪的话对皇帝说了："希宪病得这么严重，还考虑到这事呢！"迁都的议论就此停止。

皇帝下诏征扬州名医王仲明来给廉希宪看病。王仲明到了后，希宪服了他的药，就能扶着手杖站立起来。皇帝欣喜地对廉希宪说："爱卿得到良医诊治，疾病有所痊愈。"廉希宪回答："医生拿良药给臣治病，如能谨慎自律，就会像陛下所说的那样；如果肆意懒惰，就算是有良医又有何用。"这是用看病的道理进行讽谏。

这时朝廷商议设立门下省，皇帝说："侍中一职非希宪担任不可。"于是派遣中使传旨说："鞍马劳顿的事，不劳烦爱卿，你只要坐而论道，时常到省中看一下，若有大事必须上奏，可以乘坐小轿入见。"希宪回奏说："为臣的病怎能劳陛下担忧。献忠效力，是我平生的心愿。"皇太子也派人传旨说："皇上命你统领门下省，不用惧怕各种小人，我给你清除他们。"此事最终竟被阿合马给阻拦了。

十六年春，皇帝赐给廉希宪钞一万贯，诏令让他再回中书省，希宪说自己的病情严重。皇太子派侍臣前去询问病情，趁机询问治国之道。廉希宪说："统治天下在于用人，任用君子就会国家大治，任用小人就会乱国。臣的病虽很严重，但也只能听从天意安排了。我非常担忧的，是大奸臣把持朝政，各种小人阿附，误国殃民，这才是真正的大病。殿下应当扩大圣明的听闻，尽快剪除奸臣，不然的话，日积月累，发展为重病，就不可医治了。”又告诫他的儿子说：“大丈夫见义勇为，不要预先为自己考虑祸福，认为皋陶、夔、稷、契、伊尹、傅乐、周公、召公那样的贤相不容易做到，这是自暴自弃。天下大事如果没有牵制，三代的盛世是可以再现的。”又说：“你读过《狄梁公传》吗？梁公有高尚的节操，却被他的不肖子败坏，你们要千万谨慎啊！”

至元十七年十一月十九日夜，有颗大星陨落在希宪居住的正屋旁边，光芒照亮大地，很久才熄灭。当晚，廉希宪逝世，终年五十岁。大德八年（1304），封赠忠清粹德功臣、太傅、开府仪同三司，追封为魏国公，谥号为“文正”。后又加赠推忠佐理翊运功臣、太师、开府仪同三司、上柱国、恒阳王，谥号仍旧。

廉希宪有六个儿子：廉孚，辽阳等处行中书佥事；廉恪，台州路总管；廉恂，中书平章政事；廉忱，邵武路总管；廉恒，御史中丞；廉惇，江西等处行中书省参知政事。他的堂弟是廉希贤。

【评述】

廉希宪是元代的色目人，但自幼熟读儒家经典，受汉文化影响很深，尤其是接受了廉洁奉公、重义轻利等观念的熏陶。自执政以来，廉希宪革除羊羔利的弊端，打击各类权贵豪强，纠治各种贪暴不法之举，对营建廉洁的官场风气多有贡献。尤其是对阿合马蠹民害政的行为，更是嫉恶如仇，毫不留情，进行了大力的斥责和斗争。廉希宪正气凛然，即使如阿合马之类的奸邪之辈，也对其敬畏有加，不得不有所收敛。在世祖朝的诸多重臣之中，廉希宪正气凛然、不惧权贵，可谓独树一帜。这一方面是因为他是儒家思想的忠实服膺者，从传统文化中汲取了营养，形成了正确的义利观，以廉洁自守、为民造福为荣，以违法乱纪、贪污营利为耻；另一方面也是由于他严格要求自己，时时奉公守法，保持廉洁。自己行得正，做得端，碰到贪赃枉法之事才能无所畏惧。

（苗冬注译、评述）

董文忠

【原文】

文忠字彦诚，俊[①]第八子也。岁壬子，入侍世祖潜邸。王鹗[②]尝言诗，因问文忠能之乎，文忠曰："吾少读书，惟知入则孝于亲，出则忠于君而已。诗非所学也。"癸丑，从征南诏。己未，伐宋，与兄文炳、文用败宋兵于阳罗堡，得蒙冲百艘，进围鄂。世祖即位，置符宝局[③]，以文忠为郎，授奉训大夫，居益近密，尝呼董八而不名。文忠不为容悦，随事献纳，中禁事秘，外多不闻。至元二年，安童以右丞相入领中书，建陈十事，言忤旨，文忠曰："丞相素有贤名，今秉政之始，人方倾听，所请不得，后何以为？"遂从旁代对，恳悃详切，如身条是疏者，始得允可。

八年，侍讲学士徒单公履欲奏行贡举，知帝于释氏重教而轻禅[④]，乃言儒亦有之，科举类教，道学类禅。帝怒，召姚枢、许衡与宰臣廷辨。文忠自外入，帝曰："汝日诵《四书》，亦道学者。"文忠对曰："陛下每言：士不治经讲孔孟之道而为诗赋，何关修身，何益治国！由是海内之士，稍知从事实学。臣今所诵，皆孔孟之言，焉知所谓道学！而俗儒守亡国余习，欲行其说，故以是上惑圣听，恐非陛下教人修身治国之意也。”事遂止。

十一年，伐宋，民困供馈，文忠奏免常岁横征，从之。帝尝见宋降将，从容问宋所以亡者，皆曰：“贾似道当国，薄武人而重文儒，将士怨之，莫有斗志。故大军既至，争解甲归命也。”帝问文忠：“此言何如？”文忠因诘之曰：“似道薄汝矣，而君则贵汝以官，富汝以禄，未尝薄汝也。今有怨于相，而移于君，不肯一战，坐视国亡，如臣节何！然则似道薄汝者，岂非预知汝曹不足恃乎！”帝深善之。有旨徙大都猎户于郢中，文忠奏止之。又请罢官鬻田器之税，听民自为。

时多盗，诏犯者皆杀无赦。在处系囚满狱。文忠言：“杀人取货，与窃一钱者均死，惨黩莫甚，恐乖陛下好生之德。”敕革之。或告汉人殴伤国人，及太府监[⑤]属卢甲盗剪官布。帝怒，命杀以惩众。文忠言：“今刑曹于囚罪当死者，已有服辞，犹必详谳，是岂可因人一言，遽加之重典！宜付有司阅实，以俟后命。”乃遣文忠及近臣突满分核之，皆得其诬状，遂诏原之。帝因责侍臣曰：“方朕怒时，卿曹皆不敢言。非董文忠开悟朕心，则杀二无辜之人，必取议中外矣。”因赐文忠金尊，曰：“用旌卿直。”裕宗[⑥]亦语宫臣曰：“方天威之震，董文忠从容谏正，实人臣难能者。”太府监属奉物诣文忠泣谢曰：“鄙人赖公复生。”文忠曰：“吾素非知子，所以相救于危急者，盖为国平刑，岂望子见报哉！”却其物不受。

自安童北伐，阿合马独当国柄，大立亲党，惧廉希宪复入为相，害其私计，奏希宪以右丞行省江陵。文忠言：“希宪国家名臣，今宰相虚位，不可使久居外，以孤人望，宜早召还。”从之。十六年十月，奏曰：“陛下始以燕王为中书令、枢密使，才一至中书。自册为太子，累使明习军国之事，然十有余年，终守谦退，不肯视事者，非不奉明诏也，盖朝廷处之未尽其道尔。夫事已奏决，而始启太子，是使臣子而可否君父之命，故惟有唯默避逊而已。以臣所知，不若令有司先启而后闻，其有未安者，则以诏敕断之，庶几理顺而分不逾，太子必不敢辞其责矣。”帝即日召大臣，面谕其意，使行之。复语太子曰：“董八，崇立国本者，其勿忘之。”

礼部尚书谢昌元请立门下省，封驳⑦制敕，以绝中书风晓近习奏请之弊。帝锐意欲行之，诏廷臣杂议；且怒翰林学士承旨王磐曰：“如是有益之事，汝不入告，而使南方后至之臣言之，汝用学问何为！必今日开是省。”三日，廷臣奏以文忠为侍中，及其属数十人。近臣乘便言曰：“陛下将别置省，此实其时。然得人则可以宽圣心，新民听；今闻盗诈之臣与居其间，不可。”其言多指文忠。文忠忿辨曰：“上每称臣不盗不诈，今汝顾臣而言，意实在臣。其显言臣盗诈何事！”帝令言者出，文忠犹诉不止，且攻其害国之奸。帝曰：“朕自知之，彼不言汝也。”其人忌文忠，欲中害之，然以文忠清慎无过，乃奉钞万缗为寿，求交欢，文忠却之。文炳为中书左丞，卒，太傅伯颜乃表文忠可相，帝使继其官，文忠辞曰：“臣兄有平定南方之劳，可居是位。臣尝给事居中，所宣何力，敢冒居重职乎！”

十八年，升典瑞局为监，郎为卿，仍以文忠为之。授正议大夫，俄授资德大夫、佥书枢密院事，卿如故。车驾行幸，诏文忠毋扈从，留居大都，凡宫苑、城门、直舍、徼道、环卫、营屯、禁兵、太府、少府、军器、尚乘诸监，皆领焉。兵马司旧隶中书，并付文忠。时权臣累请夺还中书，不报。是冬十月二十有五日，鸡鸣，将入朝，忽病仆，帝遣中使持药投救，不及，遂卒，甚悼惜之，赙钱数十万。后制赠光禄大夫、司徒，封寿国公，谥忠贞。

《元史》卷一百四十八《董文忠传》

【注释】

①俊：董俊（1186—1233）字用章，藁城人。元开国功臣，河北三大汉人世侯之一。出身农家，长大习读史书，尤善骑射。

②王鹗（1191—1274）：字百一。元初大臣。曹州东明（今

山东省东明县）人。金哀宗正大元年（1224）为状元。忽必烈即位后，授翰林学士承旨，参与制定典章制度。以文名世，当时朝廷诰命典册，多出其手。

③符宝局：官署名，掌宝玺、金银符牌。

④重教而轻禅：教、禅，即教宗、禅宗，佛教的两个派别。

⑤太府监：秩正三品。领左藏、右藏、内藏等库，掌钱帛出纳之数。

⑥裕宗（1242—1286）：名真金，元世祖忽必烈之嫡子，元成宗铁穆尔之父。

⑦封驳：封还并对诏敕之不当者加以驳正。此制汉时已有，但无专职掌管。至唐始由门下省掌管，对有失宜诏敕可以封还，有错误者则由给事中驳正。

【译文】

董文忠，字彦诚，是董俊的第八个儿子。壬子年（1252），到世祖忽必烈的潜邸担任侍卫。王鹗曾谈诗，顺便问董文忠会不会作诗，文忠说："我从小读书，只知道在家就孝敬父母，出门要忠君报国而已。作诗不是我学习的范围。"癸丑年（1253），跟随忽必烈征讨南诏。己未年（1259），征伐南宋，与兄长文炳、文用在阳罗堡击败宋兵，俘获上百艘战舰，又进军围攻鄂州（今湖北武汉市）。世祖忽必烈即位，设置符宝局，让文忠担任符宝郎，授与他奉训大夫，于是跟他关系更加亲密了，曾叫他董八而不叫他的名字。文忠不曲意逢迎，只是据实献纳符宝，宫中的事情都属秘密，外人大多不能知道。至元二年（1265），安童以右丞相的身份总领中书，建言陈述十件事，言论违忤了忽必烈的意思，文忠说：“安童丞相向来有贤能的名望，现在他刚开始主持政务，人们都在倾听他的意见，他所请求的不获批准，以后怎么执政?”于是从一旁代替安童应答，恳切忠诚，详细贴切，如同是他自己上奏的一样，这样这些建言才得到世祖的许可。

至元八年，侍讲学士徒单公履想要上奏举行贡举，他知道世祖重视教宗而轻视禅宗，于是上言儒家也有差别，科举类似教宗，道学类似禅宗。世祖大怒，召姚枢、许衡与宰臣当廷辩论。董文忠从外面进来，世祖说：“你每天读《四书》，也是道学者。”文忠回答说：“陛下常说：士人不研究经、不讲孔孟之道却写作诗赋，这跟修身有什么关系，对治国有什么益处！由此，海内士人才稍稍从事实学。臣现在所读的，都是孔孟之言，哪里知道所谓的道学！而俗儒固守着金朝的旧习，想要实行他的主张，所以拿这个迷惑皇上，这恐怕不是陛下教人修身治国的意思。”贡举的事情于是停止了。

至元十一年，攻伐南宋，民众因供应军粮而感到非常痛苦，文忠上奏乞求免除常年滥征的赋税，世祖听从了。世祖曾见过南宋降将，从容地问他们南宋为什么亡国，他们都说：“贾似道当国，轻视武人而偏重文儒，将士怨恨他，没有斗志。因此蒙古大军到来后，争相解甲投降。”世祖问文忠：“这话说得怎么样?”文忠就诘问南宋降将说：“贾似道轻视你，而皇帝却让你当官，给你俸禄，不曾轻视你。现在你对宰相有怨恨，却转移到皇帝身上，不肯拼力一战，坐视国家灭亡，哪里有大臣的节气！这样贾似道轻视你，难道不是预知你们这些人靠不住吗!”世祖认为他说得很对。世祖有旨把大都猎户迁徙到郢中（今湖北钟祥），文忠上奏罢止了。他又请求废除出售耕田器械的官税，听任人民自造。

当时盗贼很多，世祖下诏对盗贼杀无赦。所有的监狱都人满为患。文忠上奏说：“杀人掠货，与偷窃一枚钱的一样处死，过于严酷，恐怕有违陛下好生之德。”世祖于是下令将此革除。有人告发汉人打伤蒙古人，以及太府监属卢甲偷剪官布。世祖大怒，命令杀了他们以儆效尤。文忠进言：“现在刑曹对于犯死罪的囚犯，已有供词的，也仍然一定要详细审查，这次怎么可以因为某人的片面之言，就施以重刑！应该交付有关部门审查核实，待以后决断。”世祖于是派遣文忠及近臣突满分别核查，都查出了被诬陷的实情，于是世祖下诏赦免了他们。世祖于是责备侍臣说：“当朕发怒时，你们都不敢说话。如果不是董文忠开悟朕心，就杀了两个无辜的人，这样一定会被朝廷内外议论。”于是赐给董文忠金尊，说：“用它来旌表爱卿的正直。”裕宗真金也对宫臣说：“当皇上震怒的时候，董文忠从容不迫地进谏修正，这实在是作为人臣最难能可贵的。”太府监的属官拿着礼物找到董文忠，流着泪感谢他说：“鄙人依赖您才活下来。”文忠说：“我平素不认识你，之所以相救于危急之时，主要是为国家立正刑罚，哪里期望你的报答了！”于是退回他的礼物不肯接受。

自安童北伐以后，阿合马独持国柄，大规模树立亲党，他害怕廉希宪再次入京担任宰相，使他的计谋不能实现，就上奏让希宪到江陵担任行省右丞。文忠进言：“希宪是国家名臣，现在宰相位置空着，不可让他久居京外，否则会让人们失望，应该早早召他回京。”世祖听从了。至元十六年十月，董文忠上奏说：“陛下一开始让燕王担任中书令、枢密使，但他才只去过中书省一次。自从册立他为太子，就多次让他实习军国事务，然而十余年，他始终是谦避退让，不肯掌事，不是他不奉皇上的旨意，主要是朝廷没有让他尽他的职责。事情已经上奏决定了，才向太子启奏，这是让皇子评断皇父命令的正误，所以太子只有唯唯诺诺、沉默退避而已。以臣所知道的，不如令有关部门先启奏太子而后上奏皇上，如果有未定好的，由皇上裁断，这样大概才道理通顺而不逾越君臣之分，太子一定也不敢推辞他的责任了。”世祖即日召见大臣，当面说了董文忠的意见，让他们实行。又对太子说：“董八是崇立国本的人，不要忘了他。”

礼部尚书谢昌元请求设立门下省，封驳制敕，以革除中书省上奏随意、惯于上奏的弊端。世祖想要锐意实行，下诏让廷臣讨论；并且生气地对翰林学士承旨王磐说：“像这样有益的事，你不告诉我，而让后来从南方来的大臣说，你那些学问留着干什么用！一定要今天就设立门下省。”三天后，廷臣上奏让文忠担任侍中，并确立门下省属官数十人。近臣乘便进言说：“陛下将要另外设置门下省，时机确实很对。然而，得到人才才可以宽慰圣心，一新民政；我听说现在盗诈之臣在门下省中，这不合适。”话里大概是指董文忠。董文忠忿然辩解说：“皇上常常称赞臣不偷盗，不欺诈，现在你看着臣这么说，意思其实是在说我。何不明说我做了什么盗诈的事！”世祖命令进言者出去，文忠仍然诉苦不止，且攻击近臣害国的奸恶。世祖说：“朕自然知道，他不是说你。”这个人忌恨文忠，想要中伤他，然而因为文忠清廉谨慎，毫无过错，他就拿一万缗钞为文忠祝寿，请求与他交朋友，文忠推辞了。当时董文炳担任中书左丞，他死后，太傅伯颜就上表说董文忠可以担任宰相，世祖让他继任这个官职，文忠推辞说：“我的兄长有平定南方的功劳，可以担任这个职务。臣在宫中任职，出了什么力，怎敢贸然担任如此重要的职务！”

至元十八年，升典瑞局为监，升郎为卿，仍让董文忠担任。授正议大夫，随后又授资德大夫、佥书枢密院事，依然为卿。世祖车驾出京，诏命文忠不要扈从，留守大都，凡宫苑、城门、直舍、徼道、环卫、营屯、禁兵、太府、少府、军器、尚乘等监，全部总领。兵马司原来隶属于中书省，一并交付给董文忠。当时权臣屡次请求把兵马司归还中书，世祖都没有答应。这年冬天十月二十五日，鸡鸣，即将入朝，董文忠忽然病倒，世祖派遣中使拿药去救，已经来不及了，董文忠去世，世祖非常哀悼惋惜，赏赐了丧葬费数十万钱。后来下制书赠董文忠光禄大夫、司徒，封寿国公，谥“忠贞”。

【评述】

董氏家族是元初极其显赫的军功世侯。董文忠作为功臣之子，年轻时就担任元世祖忽必烈的怯薛（侍卫）。元代的怯薛地位很高，在大汗身边是侍卫，在朝中则是显要重臣。董文忠早年便立有军功，而且与忽必烈很亲近，忽必烈称呼他的小名“董八”，足见关系亲密。出身好、官位高的董文忠，却不骄不躁，忠诚正直。他性格耿直，在忽必烈身边，屡次直言进谏。尤其是当忽必烈意气用事的时候，朝中大臣没有人敢触犯天颜，只有董文忠秉正直言，由此避免了决策的失误。深谙儒家治道的太子真金不禁对他大加称赞。忽必烈也因此更加看重董文忠。忠臣遇上明君，真是适得其所。董文忠为官，清廉正直，秉公执法，从不收纳钱财。因为正直，得罪了不少朝臣。有人想要陷害他，可是他为人正直谨慎，竟然找不出罪名。想要用金钱收买他，又被董文忠一口回绝。直率的性格也是董文忠的一大特点。对于大臣的过错，他毫不避讳，当面批评；对于别有用心的影射，他据理力争。正是因为这些，元世祖忽必烈很喜欢他，以至他死后，忽必烈哀伤不已。

（马晓林注译、评述）

相　威

【原文】

相威，国王速浑察之子也。性弘毅重厚，不饮酒，寡言笑。喜延士大夫，听读经史，谕古今治乱，至直臣尽忠、良将制胜，必为之击节称善。以故临大事，决大议，言必中节。

至元十一年，世祖命相威总速浑察元统弘吉剌[①]等五投下[②]兵从伐宋。由正阳取安丰，略庐，克和，攻司空山，平野人原。道安庆，渡江东下，会丞相伯颜兵于润州，分三道并进，相威率左军，参政董文炳为副，部署将校，申明约束。江阴、华亭、澉浦[③]、上海悉望风款附，吏民按堵如故。进屯盐官，伯颜已驻师临安城下，得宋幼主降表。相威乃移兵瓜洲，与阿术兵合。临扬州，都统姜才以兵二万攻扬子桥，率诸将击败之。

十三年夏，驿召相威。秋，入觐，大飨，赉功，授金虎符、征西都元帅，仍赐弓矢甲鞍、文锦表里四、钞万贯，从者赏赐有差。时亲王海都叛，命领汪总帅兵以镇西土。

十四年，召拜江南诸道行台御史大夫。乃上奏曰：“陛下以臣为耳目，臣以监察御史、按察司为耳目。倘非其人，是人之耳目先自闭塞，下情何由上达。”帝嘉之，命御史台清其选。每除目至，必集幕僚御史议其可否，不协公论者即劾去之。继陈便民一十五事，其略曰：并行省，削冗官，钤镇戍，拘官船，业流民，录故官，赈馈遗，淮浙盐运司直隶行省，行大司农营田司并入宣慰司，理讼勿分南北，公田召佃仍减其租，革宋公吏勿容作弊。帝皆纳焉。浙东盗起，浙西宣慰使昔里伯纵兵肆掠，俘及平民，乃遣御史商琥据钱唐津渡阅治之，得释者以数千计。昔里伯遁还都，奏执还扬州治其罪。

十六年，入觐，会左丞崔斌等言平章阿合马不法事，有旨命相威及知枢密院博罗④自开平驰驿大都共鞫之。阿合马称疾不出，博罗欲回，相威厉声色曰：“奉旨按问，敢回奏耶！”令舆疾赴对，首责数事。既引伏，有旨释免，仍喻相威曰：“朕知卿不惜颜面。”复命还南行台。十七年，有旨命相威检核阿里海牙、忽都帖木儿等所俘三万二千余口，并放为民。

十八年，右丞范文虎⑤、参政李庭以兵十万航海征倭。七昼夜至竹岛，与辽阳省臣兵合。欲先攻太宰府，迟疑不发。八月朔，飓风大作，士卒十丧六七。帝震怒，复命行省左丞相阿塔海征之。一时无敢谏者。相威遣使入奏曰："倭不奉职贡，可伐而不可恕，可缓而不可急。向者师行迫期，战船不坚，前车已覆，后当改辙。今为之计，预修战舰，训练士卒，耀兵扬武，使彼闻之，深自备御。迟以岁月，俟其疲怠，出其不意，乘风疾往，一举而下，万全之策也。"帝意始释，遂罢其役。又陈皇太子既令中书，宜领抚军监国之任，选正人端士，立詹事、宾客、谕德、赞善，卫翼左右，所以树国本也。帝深然之。

十九年，又奏阿里海牙占降民一千八百户为奴，阿里海牙以为征讨所得，有旨："果降民也，还之有司；若征讨所得，令御史台籍其数以闻，量赐有功者。"阿里海牙又自陈其功比伯颜，当赐养老户，御史滕鲁瞻劾之，阿里海牙自辨，有旨遣使赴行台逮问。相威曰："为臣敢尔欺诳邪，滕御史何罪。"即驰奏，使者竟归。

二十年，以疾请入觐，进译语《资治通鉴》，帝即以赐东宫经筵讲读。拜江淮行省左丞相。二十一年，启行。四月，卒于蠡州，年四十四。讣闻，帝悼惜不已。

子阿老瓦丁，南行台御史大夫；孙脱欢，集贤大学士。

选自《元史》卷一百二十八《相威传》

【注释】

①弘吉剌：蒙古迭儿列斤部一支，散居于额尔古纳河、呼伦贝尔湖以东地区。成吉思汗幼年同弘吉剌部特薛禅的女儿定亲。他降服弘吉剌各部，分封领地，成为漠南五投下之一。相约“生女为后，生男尚公主”，历代皇后多出此族。

②五投下：指最初由木华黎率领经营中原的五个能征惯战的部落，即札剌亦儿、弘吉剌、亦乞列思、兀鲁、忙兀。

③澉浦（gǎn fū）：元代位于杭州湾附近的重要海上港口。

④博罗（约 1246—1313）：即孛罗，蒙古朵尔边氏，人称孛罗丞相。早年曾任世祖怯薛长。历任御史大夫、枢密副使等职。后与爱薛奉命出使伊利汗国，帮助宰相拉施特主编《史集》。

⑤范文虎（？—1302）：原为宋军大将，多次救援襄阳。1275 年降元，引导为元军攻取临安。后任江浙行省左丞。后率军攻日本，遇风暴，弃士卒逃回。

【译文】

相威，是国王速浑察的儿子。他心胸开阔，老成持重，不饮酒，平日寡言少笑。喜欢延请士大夫，听他们讲读经史，议论古今治乱的道理。在讲到耿直的大臣为国尽忠、良将取得胜利的时候，必定为他们击节叫好。所以当他遇到大事，进行重大决策时，建议都能切中肯綮，把握住要点。

至元十一年（1274），元世祖命令相威总领速浑察原来统帅的弘吉剌等五投下兵跟随大军伐宋。从正阳取道安丰，攻掠庐州，攻克和州，进攻司空山，平定野人原。取道安庆，从这里渡江东下，此时丞相伯颜的大军正从润州，分作三道齐头并进。相威率左路军，参知政事董文炳为副将，部署将校，申明军纪，进行约束。江阴、华亭、澉浦、上海等地全都望风而降，官吏和人民如同从前一样安定。进军屯驻在盐官，伯颜已率军驻扎在临安城下，得到宋朝幼主的降表。相威于是移兵瓜洲，与阿术军会合。兵临扬州，都统姜才领兵二万攻打扬子桥，相威率领众将其击败。

十三年夏，朝廷召相威乘驿觐见。秋季，相威入觐皇帝，皇帝大摆庆功宴，对他的功劳大加赏赐，授予金虎符，任为征西都元帅，还赐给他弓箭盔甲马鞍、四件彩色织锦衣料、一万贯钞，他的随从也得到数量不等的赏赐。当时亲王海都反叛，朝廷命令他统领汪总帅的军队以镇守西部国境。

十四年，召他做江南诸道行台御史大夫。相威上奏说：“陛下把臣当做耳目，臣是把监察御史、按察司作为臣的耳目。倘若所选用的不是合适的人，那就是人的眼睛被蒙住了，耳朵被捂住了，下情怎么能够上达?”皇帝非常赞赏他的话，命令御史台，要让他们选取清廉的官吏。每当委派官员的名单下达，相威必定聚集幕僚和御史，商议这些人选是否得当，不为大家认同的就弹劾掉。接着相威又陈述了便民的十五事，简要内容是：并行省，削减多余的官员，约束戍卫部队，拘收官府的船只，让流民复业，收录旧时的官吏，将赃物返还，淮浙盐运司直接隶属行省管辖，行大司农营田司并入宣慰司，审理诉讼，依法办案，不要有南北之分，公田召集佃民耕种，要减轻他们的田租，革除宋朝的公堂小吏，不允许他们作弊。皇帝全都采纳。浙东出现盗贼，浙西宣慰使昔里伯趁机纵兵肆意掠夺，把不少平民也俘虏了。相威于是派遣御史商琥据钱唐津渡查验整治，进行治理，数以千计的人得到释放。昔里伯逃回大都，相威启奏将他押回扬州，依法治罪。

十六年，相威入觐天子。正赶上左丞崔斌等人上言平章政事阿合马种种不法之事，皇帝有旨，命相威及知枢密院博罗自开平乘驿到大都共同审问招伏。阿合马称病不出，博罗就要回去，相威声色严厉地说："我们是奉旨前来查问的，这样怎敢回奏呢！"令把称病的阿合马用轿子抬去接受询问，首先责问他数事。阿合马既然伏罪，皇上有旨将他赦免，但还是对相威说："朕知道爱卿是不顾脸面的。"仍然命令他回南行台。十七年，皇帝有旨命相威检验核查阿里海牙、忽都帖木儿等所俘获的三万二千余人，都释放为良民。

十八年，右丞范文虎、参知政事李庭领兵十万跨海征讨日本。经过七昼夜到达竹岛，与辽阳行省臣军会合。本想先攻太宰府，迟疑犹豫之间，没有发动。八月初一日，刮起了飓风，出征的将士十之六七都丧命军中。皇帝大为震怒，再命令行省左丞相阿塔海出征。一时之间，没有人敢入谏。相威派遣使者到朝廷启奏："日本倭国不守臣分，纳贡天朝，应当讨伐而决不可宽恕，但应长远计议而不可急躁冒进。上次出师，军队有着严格的期限逼迫，营造的战船并不坚固，前车之鉴，我们今后要改辙易章。就目前而言，预先修建战舰，训练士卒，耀兵扬武，让敌人知道，让他们加强戒备守卫。等到过些时候，乘他们疲惫懈怠之时，出其不意，顺着风势迅速前往，一举把他们攻下，这是万全之策。"皇帝这才平定怒气，于是罢除了军役。相威又陈言皇太子既然统领中书省，应当担当抚军监国的重任，选取正直端正的士人，立詹事、宾客、谕德、赞善，屏翼护卫太子左右，这是树立国本的做法。皇帝深为赞同他的建议。

十九年，相威又奏阿里海牙占据一千八百户归降的人民做自己的奴婢，阿里海牙认为这是自己征讨所得来的，不愿归还。皇帝有旨：“如果真是降民，应当归还给官府；如果确是征讨所得，令御史台登记数目，上奏朝廷，将其赐给有功之臣。”阿里海牙又说自己的功劳可以同伯颜相比，应当赐给养老户，御史滕鲁瞻对此进行弹劾，阿里海牙自我辩解。皇帝有旨派遣使者到行御史台逮捕问讯。相威说：“做臣子的敢这样欺瞒皇上吗？滕御史何罪之有？”于是立即派人驰驿上奏，朝廷所派使者只好归去。

二十年，因为身染疾病，相威请求入觐，进呈翻译过的《资治通鉴》，皇帝就赐他为东宫经筵讲读。官拜江淮行省左丞相。二十一年，登程赴任。四月，病逝于蠡州（今属河北），年四十四。讣告到来，皇帝哀悼痛惜不已。

儿子阿老瓦丁，官居南行台御史大夫；孙子脱欢，任集贤大学士。

【评述】

相威的一片忠君爱国之心，突出地表现在对独立行使监察权力的看重。他亲自上书皇帝，争取到了独立选任监察系统官员的权力；滕御史行使自己的本职权力，遭到打击报复，相威也出面为其说情，予以保护。正是由于独立地行使监察大权，避免了其他部门和官员的掣肘、阻挠，纠弹、惩治了一大批不法官员。特别是惩治权奸阿合马，相威更是表现出非凡的气魄与胆识。阿合马的权势炙手可热，即使宰相级的高官，如安童、孛罗等也要让他三分。相威却毫不畏惧，对阿合马严加审问，一查到底，得到世祖“不惜颜面”的赞誉。相威秉公执法、不徇私情的形象跃然于纸上。

虽然身为蒙古族，相威却对汉文化表现出浓厚的兴趣，喜欢延请士大夫为他讲读经史，谈论古今治乱兴衰的道理。每当听到刚直的大臣尽忠的事迹，就会击节称善。这其中，无疑也带有对自己的几分期许。实际上，相威无论在思想上还是实践上都严格要求自己，最终成为了元代铁面无私的清官楷模。

（苗冬注译、评述）

张雄飞

【原文】

张雄飞字鹏举，琅琊临沂人，父琮，仕金，守盱眙。金人疑之，罢其兵柄，徙居许州。寻复命守河阴，仍留家人于许。雄飞幼失母，琮妾李氏养之。国兵屠许，惟工匠得免。有田姓者，琮故吏也，自称能为弓，且诈以雄飞及李氏为家人，由是获全，遂徙朔方，雄飞时方十岁。至霍州，李欲逃，恐其累己，雄飞知之，顷刻不去左右，李乃变服与俱还，寓潞州。雄飞既长，往师前进士王宝英于赵城。金亡，雄飞不知父所在，往来泽、潞，求之十余年，常客食僧舍。已而入关陕，历怀、孟、潼、华，终求其父弗得，遂入燕。居数岁，尽通国言及诸部语。

至元二年，廉希宪荐之于世祖，召见，陈当世之务，世祖大悦。授同知平阳路转运司事，搜抉蠹弊，悉除之。帝问处士罗英，谁可大用者，对曰："张雄飞真公辅器。"帝然之，命驿召雄飞至。问以方今所急，对曰："太子天下本，愿早定以系人心。闾阎小人有升斗之储，尚知付托，天下至大，社稷至重，不早建储贰，非至计也。向使先帝知此，陛下能有今日乎?”帝方卧，矍然起，称善者久之。

他日，与江孝卿召见，帝曰：“今任职者多非材，政事废弛，譬之大厦将倾，非良工不能扶，卿辈能任此乎?”孝卿谢不敢当。帝顾雄飞，雄飞对曰：“古有御史台，为天子耳目，凡政事得失，民间疾苦，皆得言；百官奸邪贪秽不职者，即纠劾之。如此，则纪纲举、天下治矣。”帝曰：“善。”乃立御史台，以前丞相塔察儿为御史大夫，雄飞为侍御史，且戒之曰：“卿等既为台官，职在直言，朕为汝君，苟所行未善，亦当极谏，况百官乎！汝宜知朕意。人虽嫉妒汝，朕能为汝地也。”雄飞益自感励，知无不言。

参议枢密院事费正寅素憸狡，有告其罪者，诏丞相线真等与雄飞杂治之。请托交至，雄飞无所顾，尽得其罪状以闻，正寅与其党管如仁等皆伏诛。会议立尚书省，雄飞力争于帝前，忤旨，左迁同知京兆总管府事。宗室公主有家奴逃渭南民间为赘婿。主适过临潼，识之，捕其奴与妻及妻之父母，皆械系之，尽没其家赀。雄飞与主争辩，辞色俱厉。主不得已，以奴妻及妻之父母、家赀还之，惟挟其奴以去。

入为兵部尚书。平章阿合马在制国用司时，与亦麻都丁有隙，至是，罗织其罪，同僚争相附会，雄飞不可曰：“所犯在制国用时，平章独不预耶？”众无以答。秦长卿、刘仲泽亦以忤阿合马，皆下吏，欲杀之，雄飞亦持不可。阿合马使人啖之，曰：“诚能杀此三人，当以参政相处。”雄飞曰：“杀无罪以求大官，吾不为也。”阿合马怒，奏出雄飞为澧州安抚使，而三人竟死狱中。

时澧州初下，民怀反侧，雄飞至，布宣德教以抚绥之，民遂安。有巨商二人犯匿税及殴人事，僚佐受赂，欲宽其罪，雄飞绳之益急。或曰：“此细事，何执之坚？”雄飞曰：“吾非治匿税殴人者，欲改宋弊政，惩不畏法者尔。”细民以乏食，群聚发富家廪，所司欲论以强盗，雄飞曰：“此盗食，欲救死，非强也。”宽其狱，全活者百余人。澧西南接溪洞，徭人乘间抄掠居民，雄飞遣杨应申等往谕以威德，诸徭悉感服。

十四年，改安抚司为总管府，命雄飞为达鲁花赤，迁荆湖北道宣慰使。有告常德富民十余家与德山寺僧将为乱，众议以兵讨之。雄飞曰：“告者必其仇也。且新附之民，当以静镇之，兵不可遽用，苟有他，吾自任其责。”遂止，徐察之，果如所言。先是，荆湖行省阿里海牙以降民三千八百户没入为家奴，自置吏治之，岁责其租赋，有司莫敢言。雄飞言于阿里海牙，请归其民于有司，不从。雄飞入朝奏其事，诏还籍为民。

十六年，拜御史中丞，行御史台事。阿合马以子忽辛为中书右丞，行省江淮，恐不为所容，奏留雄飞不遣，改陕西汉中道提刑按察使。未行，阿合马死，朝臣皆以罪去。拜参知政事。阿合马用事日久，卖官鬻狱，纪纲大坏，雄飞乃先自降一阶，于是侥幸超躐者皆降之。忽辛有罪，敕中贵人及中书杂问，忽辛历指宰执曰："汝曾使我家钱物，何得问我！"雄飞曰："我曾受汝家钱物否？"曰："惟公独否。"雄飞曰："如是，则我当问汝矣。"忽辛遂伏辜。二十一年春，册上尊号，议大赦天下，雄飞谏曰："古人言：无赦之国，其刑必平。故赦者，不平之政也。圣明在上，岂宜数赦！"帝嘉纳之，语雄飞曰："大猎而后见善射，集议而后知能言，汝所言者是，朕今从汝。"遂降轻刑之诏。

雄飞刚直廉慎，始终不易其节。尝坐省中，诏趣召之，见于便殿，谓雄飞曰："若卿可谓真廉者矣。闻卿贫甚，今特赐卿银二千五百两、钞二千五百贯。"雄飞拜谢，将出，又诏加赐金五十两及金酒器。雄飞受赐，封识藏于家。后阿合马之党以雄飞罢政，诣省乞追夺赐物，裕宗在东宫闻之，命参政温迪罕谕丞相安童①曰："上所以赐张雄飞者，旌其廉也，汝岂不知耶？毋为小人所诈。"塔即古阿散请检核前省钱谷，复用阿合马之党，竟矫诏追夺之。塔即古阿散等俄以罪诛，帝虑校核失当，命近臣伯颜阅之。中书左丞耶律老哥劝雄飞诣伯颜自辨，雄飞曰："上以老臣廉，故赐臣，然臣未尝敢轻用，而封识以俟者，政虞今日耳，又可自辨乎?”二十一年，卢世荣以言利进用，雄飞与诸执政同日皆罢。二十三年，起为燕南河北道宣慰使，决壅滞，黜奸贪，政化大行。卒于官。

子五人：师野，师谔，师白，师俨，师约。师野宿卫东宫时，荆湖行省平章政事阿里海牙入觐，言之宰相，欲白皇太子，请以师野为荆南总管，雄飞固止之。归谓师野曰：“今日欲有官汝者，汝宿卫日久，固应得官，然我方为执政，天下必我私汝，我一日不去此位，汝辈勿望有官也。”其介慎如此。

选自《元史》卷一百六十三《张雄飞传》

【注释】

①安童（1248—1293）：又作安同，元朝大臣、政治家，札剌儿氏，成吉思汗十大功臣之一木华黎四世孙霸都鲁长子。至元二年（1265），任中书右丞相。

【译文】

张雄飞，字鹏举，琅琊临沂人。父亲张琮，仕于金朝，镇守盱眙。金人对张琮有疑忌，就收回了他的兵权，他就举家迁到许州。不久又命令张琮镇守河阴，他把家人仍留在许州。张雄飞自幼失去母亲，是张琮的妾李氏从小抚养他。国朝军队对许州进行屠城，只有工匠可以免死。有一家姓田的，是当年张琮手下的小吏，自称会做弓箭，并且假称张雄飞和李氏是自己家人，他们这样才活了下来，于是朝北方迁徙，张雄飞当时十岁。到霍州时，李氏想逃跑，又怕张雄飞连累她，雄飞察觉了她的意图，时刻不离其身，李氏于是乔装改扮带着他逃回来，寄居在潞州（在今山西襄垣县北）。雄飞长大后，前往赵城拜前进士王宝英为师。金朝灭亡后，雄飞不知父亲在哪里，在泽州、潞州之间来回寻访十几年，常常在寺庙寄食。之后又到关陕一带，找遍了怀州、孟州、临潼、华州，最终也没找到他父亲的下落，于是来到燕京。住了几年后，他就完全精通了蒙古国语和各部语言。

至元二年（1265），廉希宪把他推荐给世祖，他于是获得世祖召见，随即陈言当世要务，世祖听后非常高兴。授任他为同知平阳路转运司，让他查找各种弊政，一一废除。皇帝向处士罗英咨询谁可以重用，他回答说："张雄飞真乃匡扶国家辅助君主的大器。"皇帝赞成他的看法，于是命驿官召张雄飞回朝。皇帝询问张雄飞当务之急是什么，他回答说："太子是天下的根本，请您早日确定以稳定民心。寻常百姓有一升一斗的粮食储存，都知道应该有所托付，国家、社稷最为重要，不早作打算设立储君，就不是好的谋划。若是先帝知道这样，陛下能有今天吗？"皇帝当时正卧着，听了张雄飞的话突然坐起，久久称善。

一天，张雄飞与江孝卿一同被皇帝召见，皇帝说："现在在任的官吏多庸才，政事松懈，就像高楼大厦即将倒塌，要是没有好的工匠就不能扶正它，你们能担当匡扶重任吗？"江孝卿推辞不敢当。皇帝又看张雄飞，张雄飞回答说："古代设有御史台，是天子的耳目，举凡政事得失，百姓疾苦，都能由此得知；百官当中有贪腐不称职的，也能弹劾纠正。这样，就能整治朝廷纲纪，天下可以大治。"皇帝说："说得好。"于是设立御史台，让前丞相塔察儿担任御史大夫，张雄飞任侍御史，并告诫说："诸卿既为御史官，正义直言乃职责所在，朕作为你们的君王，如果没有做好，也要极力进谏，更何况百官！你们要明白朕的意思。即使别人嫉妒你们，我也会支持你们。"雄飞更受感动和鼓舞，从此知无不言。

参议枢密院知事费正寅一向奸猾，有人告他的罪，皇帝诏令丞相线真等人与张雄飞一起审查。为费正寅请托的人纷至沓来，雄飞全不顾及，彻底查清了他的罪状并上报，费正寅和他的同党管如仁等皆伏诛。当时讨论设立尚书省，张雄飞在皇帝面前极力争论，忤逆了皇帝意旨，被贬为同知京兆总管府事。皇帝宗室的一位公主有家奴逃到渭南，入赘一百姓家为婿。公主刚好路过临潼，认出了他，把家奴及其妻子、妻子的父母全部捉拿，把他们囚禁，还没收了他们的家产。张雄飞与公主争辩，言辞激烈。公主不得已，把妻子、父母和家产都归还，只抓了她的奴隶回去了。

后又入朝为兵部尚书。平章阿合马在任国用司主官时，与亦麻都丁有矛盾，这个时候，阿合马罗织亦麻都丁的罪状，同僚都争相附会，张雄飞不赞同，说："所犯的罪责在国用司任职期间，只有平章大人没有参与吗？"众人无言以对。秦长卿、刘仲泽也因为忤逆阿合马，都被下狱，阿合马想杀掉他们，张雄飞也反对。阿合马派人利诱张雄飞，说："如果真能杀了这三个人，就给你参政的官职。"张雄飞回答说："杀无罪的人来谋求做大官，这种事我不做。"阿合马很生气，于是奏请皇帝让张雄飞为澧州安抚使，那三个人最后都死在狱中。

当时澧州刚收服，百姓心怀逆心，张雄飞到任后，宣布德教安抚人心，百姓于是安定下来。有两个大商人，犯了逃税和打人的罪，下属官僚收受了贿赂，想宽免他们的罪状，张雄飞却更加紧将他们绳之以法。有人说："这是小事，为什么这么坚持?"张雄飞说："我并不是要刻意惩罚逃税斗殴的人，只是要革除宋朝弊政，惩罚不惧怕法律的人。"有百姓因为缺乏粮食，聚在一起抢夺富家的粮食，官吏想把他们定为强盗，张雄飞说："他们抢粮食是为了要活命，并不是真强盗。"于是宽免了他们的罪，最终挽救了百余人的生命。澧西南接溪洞，徭人时常抢掠居民，张雄飞派遣杨应申等前往恩威并施，晓谕并教化他们，徭人都感念顺服。

至元十四年，朝廷改安抚司为总管府，命张雄飞为达鲁花赤，迁任荆湖北道宣慰使。有人告发常德十几家富民要与德山寺僧一起作乱，众人议论应派兵讨伐。张雄飞说："告发的人一定是他们的仇人，而且新归属的百姓，应该通过稳定来镇守，不可轻易用兵，如果有其他后果，我自己负责。"于是没有用兵，后来慢慢调查，果真如他所说。之前，荆湖行省阿里海牙把三千八百户降民收为家奴，自己设官管理，每年向他们收税，官府不敢言。雄飞劝说阿里海牙，请他把家奴交还官府处理，阿里海牙不同意。雄飞入朝向皇帝禀告，诏令这些家奴都改为民籍。

至元十六年，封张雄飞为御史中丞，署理御史台事务。阿合马让自己的儿子忽辛为中书右丞，管理江淮行省事务，但又怕不为张雄飞所容，就奏请留下张雄飞，不派遣他，改任张雄飞为陕西汉中道提刑按察使。还没赴任，阿合马就死了，朝臣大多因罪罢官。张雄飞被授任参知政事。阿合马在位时间很长，主政期间卖官鬻狱，纲纪散乱，雄飞于是要求自降一级，这时侥幸越级提拔的也都被降级。忽辛有罪，敕令中贵人及中书一同查办，忽辛一一指责宰相群臣，说“你们曾经用过我家钱财，现在怎么来审问我?”雄飞说：“我曾收过你家的钱物吗?”忽辛说：“只有你没有。”雄飞说：“这样的话，那应该我审问你。”忽辛于是伏法。二十一年春，册封皇帝的尊号，朝议要大赦天下，张雄飞进谏说：“古人说，一个不需要赦免的国家，它的刑罚一定比较平和宽大。之所以要赦免，说明执政不公平。圣君在上，怎么能数次赦免!”皇帝嘉许，接受了他的谏言，对张雄飞说：“大猎之后见善射之士，集中议论之后才知道能言之人，你说得很对，朕今天听从你的意见。”于是颁发减轻刑罚的诏令。

张雄飞为人刚直清廉，处事谨慎，始终坚持操守。曾经在中书省值班，皇帝诏令急见他，在便殿接见，对张雄飞说：“像卿这样，真可以说是廉者。听说你很贫穷，现在特赐给你二千五百两银，二千五百贯钞。”张雄飞拜谢，刚要出去，又有诏令加赐黄金五十两及金酒器。张雄飞受赐，全部封藏在家中。后来阿合马的党羽以张雄飞不理政事为名，到省中请求追回皇帝的赏赐，裕宗在东宫听说此事，命参政温迪罕告诉丞相安童说：“皇上之所以赏赐张雄飞，是表彰他的廉洁，你难道不知道吗? 别被小人欺诈了。”塔即古阿散奏请检查核实前省的钱谷账单，又任用阿合马的党羽，竟然假托诏令追夺钱谷。塔即古阿散等不久就因罪被杀，皇帝考虑到前次核查失当，命令近臣伯颜翻阅。中书左丞耶律老哥劝张雄飞找伯颜自辩，张雄飞说：“皇上因为老臣廉洁，而赐臣钱物，但是我不敢随便使用，而是封起来放着，就是料想到今天这个情况，又怎会自辩呢?”二十一年，卢世荣以理财言论得以晋升，张雄飞与各执政同一天都被罢免。二十三年，又起任为燕南河北道宣慰使，他开通阻塞，废黜贪官污吏，当地政化从此大行。后来张雄飞死在任上。

张雄飞有五个儿子：张师野、张师谔、张师白、张师俨、张师约。张师野在东宫做宿卫，荆湖行省平章政事阿里海牙进京朝觐，跟宰相说，想奏请皇太子，任命师野为荆南总管，张雄飞阻止。回家对张师野说："现在有人想让你做官，你在宿卫的时间也很长，本来也应该做官，但是我才为中书宰臣，天下百姓一定会认为我有私于你，我一天不离开这个位置，你们就别期望得到官职。"他清介谨慎一向如此。

【评述】

张雄飞从小就历经世事，饱受磨难，所以长大以后能够体察民间疾苦。他在当时富有声望，至元二年，廉希宪把他推荐给元世祖，条陈事务，深得世祖的欣赏。尤其是对时政的分析颇有见地，他认为，自古以来的御史台，就像皇帝的耳目，凡是朝政的得失，民间百姓的疾苦，都能由御史台奏告；若有官员违法乱纪，贪赃枉法，鱼肉百姓，也可以对其弹劾。这样一来，御史台遵守其职能，天下就能大治。张雄飞的此番言论不仅仅是针对御史台而言，这也是他为官谨守的不变原则。张雄飞担任侍御史后，知无不言，言无不尽。就个人品质而言，张雄飞为人坦荡，刚直不阿，始终坚持操守，曾得到裕宗的特别褒奖。张雄飞为官之时，权臣阿合马权力正盛，横行朝野。但是张雄飞却能操守臣节，不为权势折腰。在他任兵部尚书时，平章事阿合马与亦麻都丁存有过节，于是罗织罪名将其下狱，此外那些同僚也落井下石，附和阿合马。唯有张雄飞力陈自己的意见，不为权势和利益所左右，坚持自己的原则，结果得罪了阿合马，被贬官。但他并不因此而放弃自己的为官准则。在澧州时，将犯匿税罪的大商人等肇事者绳之以法，得到百姓的爱戴。张雄飞一生中类似于此的事例数不胜数，从不同的层面折射出他政治生涯中可贵可赞的品质。

（阿不来提注译　陈晓伟评述）

崔　彧

【原文】

崔彧，字文卿，小字拜帖木儿，弘州人。负才气，刚直敢言，世祖甚器重之。至元十六年，奉诏偕牙纳木至江南，访求艺术之人。明年，自江南回，首言忽都带儿根索亡宋财货，烦扰百姓，身为使臣，乃挈妻子以往，所在取索鞍马刍粟。世祖虽听其言，然虚实竟不辨决也。

十九年，除集贤侍读学士。彧言于世祖，谓："阿合马当国时，同列皆知其恶，无一人孰何之者；及既诛，乃各自以为洁，诚欺罔之大者。先有旨，凡阿合马所用之人皆革去，臣以为守门卒隶亦不可留。如参知政事阿里，请以阿散袭父职，倘使得请，其害又有不可胜言者。赖陛下神圣，灼知其奸，拒而不可。臣已疏其奸恶十余事，乞召阿里廷辩。"帝曰："已敕中书，凡阿合马所用，皆罢之，穷治党与，纤悉无遗。事竟之时，朕与汝别有言也。"又请以郝祯剖棺戮尸，从之。

寻奉旨钩考枢密文牍，遂由刑部尚书拜御史中丞。

彧言："台臣于国家政事得失，生民休戚，百官邪正，虽王公将相，亦宜纠察。近唯御史得有所言，臣以为台官皆当建言，庶于国家有补。选用台察官，若由中书，必有偏徇之弊，御史宜从本台选择，初用汉人十六员，今用蒙古十六员，相参巡历为宜。"皆从其言。

二十年，复以刑部尚书上疏，言时政十八事：一曰开广言路，多选正人，番直上前，以司喉舌，庶免党附壅塞之患。二曰当阿合马擅权，台臣莫敢纠其非，迨其事败，然后接踵随声，徒取讥笑。宜别加选用，其旧人除蒙古人取圣断外，余皆当问罪。三曰枢密院定夺军官，赏罚不当，多听阿合马风旨。宜择有声望者为长贰，庶几号令明而赏罚当。四曰翰苑亦颂阿合马功德，宜博访南北耆儒硕望，以重此选。五曰郝祯、耿仁等虽在典刑，若是者尚多，罪同罚异，公论未伸，合次第屏除。六曰贵游子弟，用即显官，幼不讲学，何以从政。得如左丞许衡教国子学，则人才辈出矣。七曰今起居注所书，不过奏事检目而已。宜择蒙古人之有声望、汉人之重厚者，居其任，分番上直，帝王言动必书，以垂法于无穷。八曰宪曹无法可守，是以奸人无所顾忌。宜定律令，以为一代之法。九曰官冗，若徒省一官员，并一衙门，亦非经久之策。宜参众议，而立定成规。十曰官僚无以养廉，责其贪则苛。乞将诸路大小官，有俸者量增，无俸者特给。然不取之于官，惟赋之于民，盖官吏既有所养，不致病民，少增岁赋，亦将乐从。十一曰内地百姓流移江南避赋役者，已十五万户。去家就旅，岂人之情，赋重政繁，驱之致此。乞特降诏旨，招集复业，免其后来五年科役，其余积欠并蠲，事产即日给还。民官满替，以户口增耗为黜陟，其徙江南不归者，与土著一例当役。十二曰凡丞相安童迁转民臣，悉为阿合马所摈黜，或居散地，或在远方，并令拔擢。十三曰簿录奸党财物，本国家之物，不可视为横得，遂致滥用。宜以之实帑藏、供岁计。十四曰大都非如上都，止备巡幸，不应立留守司，此皆阿合马以此位置私党。今宜易置总管府。十五曰中书省右丞二，而左丞缺。宜改所增右丞置诸左。十六曰在外行省，不必置丞相、平章，止设左右丞以下，庶几内重，不致势均。彼谓非隆其名不足镇压者，奸臣欺罔之论也。十七曰阿剌海牙掌兵民之权，子侄姻党，分列权要，官吏出其门者，十之七八，其威权不在阿合马下。宜罢职理算，其党虽无污染者，亦当迁转他所，勿使久据湖广。十八曰铨选类奏，贤否莫知。自今三品以上，必引见而后授官。疏奏，即日命中书行其数事，余命与御史大夫玉昔帖木儿议行之。

又言："江南盗贼，相挻而起，凡二百余所，皆由拘刷水手与造海船，民不聊生，激而成变。日本之役，宜姑止之。又江西四省军需，宜量民力，勿强以土产所无。凡给物价与民者，必以实，召募水手，当从其所欲，伺民气稍苏，我力粗备，三二年后，东征未晚也。”世祖以为不切，曰：“尔之所言如射然，挽弓虽可观，发矢则非是矣。”彧又言：“昨中书奉旨，差官度量大都州县地亩，本以革权势兼并之弊，欲其明白，不得不于军民诸色人户，通行核实。又因取勘畜牧数目，初意本非扰民，而近者浮言胥动，恐失农时。乞降旨省谕诏中书即行之。”又言：“建言者多，孰是孰否，中书宜集议，可行者行之，不可则明谕言者为便。”又言：“各路每岁选取室女，宜罢。”又言：“宋文思院[①]小口斛，出入官粮，无所容隐，所宜颁行。”皆从之。

二十一年，彧劾奏卢世荣不可居相职，忤旨，罢。二十三年，加集贤大学士、中奉大夫、同佥枢密院事。寻出为甘肃行省右丞。召拜中书右丞。与中书平章政事麦术丁奏曰：“近者桑哥当国四年，中外诸官，鲜有不以贿而得者。其昆弟故旧妻族，皆授要官美地，唯以欺蔽九重、朘削百姓为事。宜令两省严加考核，凡入其党者，皆汰逐之。其出使之臣及按察司官受赇者，论如律，仍追宣敕，除名为民。”又奏：“桑哥所设衙门，其闲冗不急之官，徒费禄食，宜令百司集议汰罢，及自今调官，宜如旧制，避其籍贯，庶不害公。又大都高赀户，多为桑哥所容庇，凡百徭役，止令贫民当之。今后徭役，不以何人，宜皆均输，有敢如前以贿求人容庇者，罪之。又，军、站诸户，每岁官吏非名取索，赋税倍蓰，民多流移。请自今非奉旨及省部文学，敢私敛民及役军匠者，论如法。又，忽都忽那颜籍户之后，各投下毋擅招集，太宗既行之，江南民为籍已定，乞依太宗所行为是。”皆从之。

二十八年，由中书右丞迁御史中丞，彧奏：“太医院使刘岳臣，尝仕宋，练达政事，比者命其参议机务，众皆称善。乞以为翰林学士，俾议朝政。”又言：“行御史台言：‘建宁路总管马谋，因捕盗延及平民，搒掠至死者多；又俘掠人财，迫通处女，受民财积百五十锭。狱未具，会赦。如臣等议，马谋以非罪杀人，不在原例。’宜令行台诘问，明白定罪。”又言：“昔行御史台监察御史周祚，劾尚书省官忙兀带、教化的、纳速剌丁、灭里奸赃；纳速剌丁、灭里反诬祚以罪，遣人诣尚书省告桑哥。桑哥暧昧以闻，流祚于憨答孙，妻子家财并没入官。祚至和林遇乱，走还京师。桑哥又遣诣云南理算钱谷，以赎其罪。今自云南回，臣与省臣阅其伏词，为罪甚微，宜复其妻子。”皆从之。

二十九年，彧偕御史大夫玉昔帖木儿等奏：“四方之人，来聚阙下，率言事以干进。国家名器，资品高下，具有定格。臣等以为，中书、枢密，宜早为铨定，应格者与之，不当与者，明语其故使去。又言事有是非当否，宜早与详审言之。当者即议施行，或所陈有须诘难条具者，即令其人讲究，否则罢遣。”帝嘉纳之。

又奏："纳速剌丁、灭里、忻都、王巨济，党比桑哥，恣为不法，楮币、铨选、盐课、酒税，无不更张变乱之；衔命江南，理算积久逋赋，期限严急，胥卒追逮，半于道路，民至嫁妻卖女，殃及亲邻，维扬、钱塘受害最惨，无故而殒其生五百余人。近者阇里按问，悉皆首实请死，士民乃知圣天子仁爱元元，而使之至此极者，实桑哥及其凶党之为也，莫不愿食其肉。臣等其议：此三人者既已伏辜，宜令中书省、御史台从公论罪，以谢天下。"从之。

又言："河西人薛阇干，领兵为宣慰，其吏诣廉访司，告其三十六事，檄佥事簿问。而薛阇干率军人禽问者辱之，且夺告者以去。臣议：从行台选御史往按问薛阇干，仍先夺其职。"又言："行台官言：去岁桑哥既败，使臣至自上所者，或不持玺书，口传圣旨，纵释有罪，擅籍人家，真伪莫辨。臣等请：自今凡使臣，必降玺书，省、台、院诸司，必给印信文书，以杜奸欺。"帝曰："何人乃敢尔耶？"对曰："咬剌也奴、伯颜察儿，比尝传旨纵罪人。"帝悉可其奏。

又奏："松州达鲁花赤长孙，自言不愿为钱谷官，愿备员廉访司，令木八剌沙上闻。传旨至台，特令委用，台臣所宜奉行。但径自陈献，又且尝有罪，理应区别。"帝曰："此自卿事，宜审行之。"又奏："江南李淦言叶李过愆，被旨赴京以辨，今叶李物故，事有不待辨者。李淦本儒人，请授以教官，旌其直言。”又奏：“鄂州一道，旧有按察司，要束木恶其害己，令桑哥奏罢之。臣观鄂州等九郡，境土亦广，宜复置廉访司。行御史台旧治扬州，今扬州隶南京，而行台移治建康；其淮东廉访司旧治淮安，今宜移治扬州。”又奏：“诸官吏受赇，在朝则诣御史台首告，在外则诣按察司首告，已有成宪。自桑哥持国，受赇者不赴宪台宪司，而诣诸司首，故尔反覆牵延，事久不竟。臣谓宜如前旨，惟于本台、行台及诸道廉访司首告，诸司无得辄受。又监察御史塔的失言：女直人教化的，去岁东征，妄言以米千石饷阇里铁木儿军万人，奏支钞四百锭，宜令本处廉访司究问，与本处行省追偿议罪。”皆从之。

三月，中书省臣奏，请以彧为右丞，世祖曰：“崔彧不爱于言，惟可使任言责。”闰六月，又同御史大夫玉昔帖木儿奏：“近耿熙告：河间盐运司官吏盗官库钱，省台遣人同告者杂问，凡负二万二千余锭，已征八千九百余锭，犹欠一万三千一百余锭。运使张庸，尝献其妹于阿合马，有宠；阿合马既没，以官婢事桑哥，复有宠。故庸夤缘戚属，得久居漕司，独盗三千一百锭。臣等议：宜命台省遣官，同廉访司倍征之。”又言：“月林伯察江西廉访司官术儿赤带、河东廉访司官忽儿赤，擅纵盗贼，抑夺民田，贪污不法，今月林伯以事至京，宜就令诘问。”又言：“扬州盐运司受财，多付商贾盐，计直该钞二万二千八百锭，臣等以谓追征足日，课以归省，赃以归台，斟酌定罪，以清蠹源。”并从之。又奏：“江西詹玉，始以妖术致位集贤。当桑哥持国，遣其掊核江西学粮，贪酷暴横，学校大废。近与臣言：撒里蛮、答失蛮传旨，以江南有谋叛者，俾乘传往鞫；明日，访知为秃速忽、香山欺罔奏遣。玉在京师，犹敢诳诞如此，宜亟追还讯问。”帝曰：“此恶人也，遣之往者，朕未尝知之。其亟禽以来。”

三十年，彧言：“大都民食唯仰客籴，顷缘官括商船载递诸物，致贩鬻者少，米价翔踊。臣等议：勿令有司括船为便。”从之。宝泉提举[②]张简及子乃蛮带，告彧尝受邹道源、许宗师银万五千两；又其子知微讼彧不法十余事。有旨就辩中书。彧已书简等所告与己宜对者为牍袖之，视而后对。简父子所告皆无验，并系狱，简瘐死，仍籍其家一女入官；乃蛮带、知微皆坐杖罪除名。

三十一年，成宗即位。先是，彧得玉玺于故臣扎剌氏之家，其文曰“受命于天，既寿永昌”，即以上之徽仁裕圣皇后。至是，皇后手以授于成宗。彧以久任宪台，乞迁他职，不许。成宗谕之曰：“卿若辞避，其谁抗言哉！”彧言：“肃政廉访司案牍，而令总管府检劾，非宜。”成宗曰：“朕知难行，当时事由小人擅奏耳，其改之。”

大德元年，彧又条陈台宪诸事，皆见于施行。于是彧居御史台久，又守正不阿，以故人疾之，监察御史斡罗失剌，劾奏“中丞崔彧，兄在先朝尝有罪，还其所籍家产非宜”等事，成宗怒其妄言，笞而遣之。十一月，御史台奏：“大都路总管沙的，盗支官钱，及受赃计五千三百缗，准律当杖百七，不叙，以故臣子从轻论。”而成宗欲止杖停其职，彧与御史大夫只而合郎执不可。已而御史又奏：“彧任中丞且十年，非所宜。”彧遂以病辞，成宗谕之曰：“卿之辞退，诚是已，然勉为朕少留之。”

闰十二月，兼领侍仪司事，与太常卿刘无隐奏：“新正朝贺，岁常习仪大万安寺。”成宗曰：“去岁兀都带以雪故来后，今而复然。诸不至及失仪者，殿中司、监察御史同纠之。”二年，加荣禄大夫、平章政事，寻与御史大夫秃赤奏：“世祖圣训，凡在籍儒人，皆复其家。今岁月滋久，老者已矣，少者不学，宜遵先制，俾廉访司常加勉励。”成宗深然之，命彧与不忽木、阿里浑撒里同翰林、集贤议，特降诏条，使作成人材，以备选举。彧以是岁九月卒。至大元年七月，赠推诚履正功臣、太傅、开府仪同三司，追封郑国公，谥忠肃。

选自《元史》卷一百七十三《崔彧传》

【注释】

①文思院：官署名，古代官府手工业部门。掌造金银犀玉工

巧之物及彩绘装钿等器物。

②宝泉提举：宝泉提举司，掌管发行钞币。元世祖即位初期，发行纸币无专门机构，由户部代其职。以后方设交钞提举司。

【译文】

崔彧，字文卿，小名叫拜帖木儿，弘州人。自负才气，刚直敢言，世祖很器重他。至元十六年（1279），奉诏与牙纳木一起去江南，访求精通六艺术数的人才。第二年，自江南回大都，首次上言说忽都带儿根索要亡宋财货，骚扰百姓，身为使臣，却携带妻子儿女前往，所到之处索取鞍马粮草。世祖虽然听了他的话，但最终也没有辨清真假。

至元十九年，拜官集贤侍读学士。崔彧向元世祖进言，说："阿合马当国时，跟他同列的大臣都知道他的罪恶，却没有一个人能奈何他；等到阿合马被杀后，他们个个都认为自身是清白的，这真是最大的欺君罔上。以前皇上有旨，凡是阿合马所任用的人全部都要革职罢官，臣认为守门的小卒皂隶也不可留下。如参知政事阿里，请求让阿散承袭父职，倘若让他如愿，这个危害就又说不清了。仰赖陛下圣明，察觉了他的奸恶，拒绝了他。臣已上疏陈述他的十余件奸恶的事，乞求皇上召阿里到朝廷上跟臣辩论。"世祖说："朕已命令中书省，凡是阿合马所任用的人，全部罢官，根治他的党羽，一个也不留。等到事情完毕的时候，朕与你另外有话要讲。"崔彧又请求把郝祯剖棺戮尸，世祖答应了。

不久崔彧奉旨钩考枢密院的文牍，于是由刑部尚书拜官御史中丞。崔彧上奏说："御史台大臣对国家政事得失，人民忧乐，百官的奸邪和正直，即使是王公将相，也应该纠察。近来只有御史能够上言，臣认为台官都应当建言，这对国家有益。选用台察官，如果由中书决定，必然会有偏颇徇私的弊端，御史应该由本台选择，起初只用汉人十六员，现在再用蒙古人十六员，与汉人相互交错巡历为宜。"世祖全部听从了他的建言。

至元二十年，崔彧再次以刑部尚书的身份上疏，论述时政十八事：一、广开言路，多选正直的人，在皇帝面前轮番值班，掌管言论，大概能免于结党营私阻塞言路的弊病。二、当阿合马擅权时，台臣没人敢纠察他的过错，等到他败落，然后才紧跟着随声附和，只能是让人讥笑。应该另外选用台臣，御史台原来的人除蒙古人听取皇上裁定外，其余都应当问罪。三、枢密院选定军官，赏罚不当，大多是顺从了阿合马的意思。现应选择有声望的人作为一二把手，这大概能使号令鲜明而且赏罚得当。四、翰林院也曾歌颂过阿合马的功德，应该广泛访求南北有名望的大儒，来重视翰林院官的选拔。五、郝祯、耿仁等虽然已经被正法，但像这样的人还有很多，罪过相同而处罚不同，不能平息大家的议论，应该一一罢官。六、贵族子弟，一旦任用就是显赫的官职，他们年少时不学习，怎么能从事政治？应让他们跟随左丞许衡在国子学学习，那么肯定会人才辈出。七、现在的起居注所写的，只不过是上奏事情的题目而已。应该选择有声望的蒙古人、稳重的汉人，担任此职，轮班执事，凡是帝王的言语行动都要记下来，这样才能为后世树立楷模。八、监察部门没有法律可守，因此奸恶的人无所顾忌。应该定立律令，作为一代的法度。九、官员繁冗，如果只是减省一个官员，合并一个衙门，也不是能经久的办法。应该参考众议，而定立规定。十、官僚没有钱来奉养廉洁的官员，这样责怪他们贪污就显得太苛刻了。乞求陛下对各路的大小官员，有俸禄的酌量增加，无俸禄的额外给予。但这些钱不由官府出，只摊给人民，这样官吏有了养廉钱，就不至于危害百姓，少量增加每年的赋税，百姓也愿意顺从。十一、内地百姓移民到江南躲避赋役的，已有十五万户。离开家长途奔波，怎么能是一般人所情愿的？是繁重的赋税才导致他们这样。乞求陛下特降诏旨，招集百姓回到旧地恢复生产，免除他们以后五年的科差赋役，其余积欠的赋税也一并蠲免，从事生产的当天返还。民官的考核，以户口增减作为官员升降的标准，那些迁徙到江南不回的百姓，应该同当地土著一样承担赋税徭役。十二、凡是丞相安童提升的大臣，全都被阿合马废黜，有的在散地，有的在远方，一并命令提拔擢升。十三、查抄来的奸党财物，本来就是国家的东西，不可视为无端得来的，以致滥用。应该纳入国库，供给每年的财政。十四、大都不像上都那样只是作为巡幸的地方，所以大都不应该设立留守司，这都是阿合马为安置私党而设立的。现在应该改设总管府。十五、中书省右丞有两个，而左丞缺员。应该把所增设的右丞改设为左丞。十六、在外的行省，不必设置丞相、平章政事，只设左右丞以下官员，这样能显出中书省的重要性，不致势力均等。有人说不提升行省的官职级别不足以镇住地方，这是奸臣欺君罔上的言论。十七、阿剌海牙执掌军民大权，子侄姻亲，分掌重权要职，官吏有十之七八都是从他的门下出来的，他的威权不在阿合马之下。应该罢职清理，凡是他的党羽即使没有贪污的行为，也应当迁转到其他地方，不能让他长期盘踞在湖广行省。十八、选拔任用官员的奏报，很难知道是否贤明。自今以后三品以上官，一定要引见而后才授官。疏文上奏后，世祖当天就命中书省施行其中的几件事，其余的与御史大夫玉昔帖木儿商议后施行。

崔彧又上言说："江南盗贼，一共有二百多个地方相互煽动作乱，这都是因为收缴水手与造海船，导致民不聊生，矛盾激发而造成变乱。应该暂时停止进攻日本。另外，江西四省的军需，应该考量当地民力，不要强迫他们提供本地不产的东西。凡是给人民的物价，必须给以实价。招募水手，应当是他本人愿意。等到百姓的力量稍为复苏，我国力量有所恢复，两三年后，再东征也不晚。"世祖认为这话不对，说："你所说的就像射箭一样，拉弓的时候虽然看起来不错，发箭的时候就不是那么回事了。"崔彧又上言："昨天中书省奉旨，差官丈量大都州县的土地田亩，本是要革除权势兼并土地的弊病，想要把土地度量清楚，因此不得不在军民各色人户中，通行核实。又因查核畜牧数目，起初本没有扰民的意思，而近来流言浮动，臣担心有失农时。乞求陛下降旨命令中书即刻实行。"又上言："建言者很多，哪个对哪个不对，中书应该集合商议，可实行的实行，不可实行的就明告建言者，这样比较合适。"又上奏："各路每年选取处女上贡，应该停止。"又上奏："宋朝的文思院有小口斛，官粮进出，没有差错，应该颁行。"世祖听从了他的建议。

至元二十一年，崔彧上奏弹劾卢世荣不可担任宰相一职，违忤了世祖的旨意，被罢官。至元二十三年，加集贤大学士、中奉大夫、同佥枢密院事。不久出外担任甘肃行省右丞。后来召入京城拜官中书右丞。与中书平章政事麦术丁上奏说："桑哥已经当国四年，朝廷中外百官，大多是因贿赂他而得官的。他的兄弟妻族旧友，都担任要官美差，只知道蒙蔽皇上、剥削百姓。应该命令两省严加考核，凡是桑哥党羽，全部革职。出使之臣及按察司官受贿的，按律论处，仍追回宣敕，除名为民。”又上奏：“桑哥所设的衙门，那些闲冗的官员，只是耗费俸禄，应该令百司集议革除，及自今以后调派官员，应该按照旧制，官员上任要回避自己的籍贯，这样大概能够不危害公家。另外，在大都的富有人家，大多被桑哥所包庇，但凡徭役，只让贫民承担。今后徭役，不论是什么人，都应该一律缴纳，有敢像以前那样行贿求人包庇的，论罪。另外，军、站等户口，每年官吏毫无名义就索取，赋税翻倍，导致很多百姓都搬家迁移。臣请求，自今以后如果有人没有奉旨及省部文书，却敢私自征敛百姓及役使军匠，按法论罪。另外，忽都忽那颜查定户籍之后，各投下不要擅自招集户口，这在太宗时已经实行了，江南人民的户籍已经确定，乞求陛下依太宗所实行的做。”世祖全部听从了。

至元二十八年，崔彧由中书右丞升为御史中丞，上奏：“太医院使刘岳臣，曾经做过宋朝的官，熟悉政事，以前命他参议机务，众人都说他好。乞求陛下让他担任翰林学士，让他参议朝政。”又上奏：“行御史台说：‘建宁路总管马谋，因抓捕盗贼涉及到了平民，导致很多人被拷问至死；又抢掠人财，强抢处女，收受百姓钱财积累到一百五十锭。对他的刑罚还没有施行，恰好遇到大赦。按臣等商议的，马谋杀死无辜百姓，不在赦免的范围内。’应该命令行台审问清楚，定罪。”又上奏：“以前行御史台监察御史周祚，弹劾尚书省官忙兀带、教化的、纳速剌丁、灭里作奸贪赃；纳速剌丁、灭里反过来诬陷周祚，派人到尚书省向桑哥告状。桑哥言辞含糊地上奏，导致周祚被流放到憨答孙，妻儿家财一起被没收入官府。周祚到达和林，遇到动乱，逃回京师。桑哥又派他到云南理算钱谷以赎罪。现在周祚从云南回来了，臣与省臣阅览他的伏词，他犯的罪很小，应该归还他的妻儿。”世祖全部听从了。

至元二十九年，崔彧与御史大夫玉昔帖木儿等一起上奏：“四方之人，聚到朝廷来，基本都是来进言以求晋升的。国家官职的品级高低，本来就有定制。臣等认为，中书、枢密的官员，应该早早选定，应授予官职的就授予，不应当授予官职的，就明确告诉他原因，让他离去。另外，上言论事有是非正误，应该早早给予详细审察。正确的就商议施行，有的言论需要逐条询问的，就令这个人详细讲解，否则就赶他回去。”世祖高兴地采纳了。

又上奏：“纳速剌丁、灭里、忻都、王巨济，党附桑哥，恣意妄为，作奸犯法，楮币、铨选、盐课、酒税等方面的法度，无不改换变乱；受命去江南理算长期亏空的钱粮，期限急迫，率领小吏兵卒沿途追捕，导致百姓嫁妻卖女，殃及亲戚邻居，维扬、钱塘受害最惨，无缘无故而死者多达五百余人。近来阉里审问，他们全部供认罪状，请求赐死，百姓才知道天子的仁爱，而使这事发展到这一极端地步的，就是桑哥及他的凶党，人民没有不想生吃他们肉的。臣等建议：这三个人既然已经伏法，应该命令中书省、御史台按公论罪，以谢天下。”世祖听从了。

又上言：“河西人薛阇干，担任宣慰领兵，他的吏员到廉访司，告发他三十六件事，廉访司派遣佥事下来调查。而薛阇干率军人抓住调查的人，并污辱他，而且把告发他的人夺走。臣建议：从行台选御史前往审问薛阇干，要提前罢掉他的官职。”又上言：“行台官说，去年桑哥败落，从皇上那儿来的使臣，有的不携带玺书，口传圣旨，释放罪犯，擅自查抄人家，真伪莫辨。臣等请求：自今以后，凡使臣，必须降下玺书，省、台、院诸司，必须给他印信文书，以防止奸人欺诈。”世祖说：“什么人竟敢这么做?”崔彧回答说：“咬剌也奴、伯颜察儿，以前曾假传圣旨释放罪人。”世祖全部同意了他的奏言。

崔彧又上奏：“松州达鲁花赤长孙，自己说不愿做钱谷官，愿到廉访司听候任职，令木八剌沙上奏。皇上传旨至台，特令委任，台臣应该奉行。但他径自上奏，而且又曾经犯过罪，理应区别对待。”世祖说：“这是你的事务，应该审慎进行。”又上奏：“江南李淦上言叶李的罪过，奉旨赴京辩论，现在叶李已死，有些事情难以辨清。李淦本是儒生，请求陛下授予他教官，旌表他的直言。”又上奏：“鄂州一道，原来有按察司，要束木嫌它妨害自己，令桑哥上奏将其废除了。臣观察鄂州等九郡，境土很广阔，应该再次设置廉访司。行御史台旧治在扬州，现在扬州隶属于南京，而行台移治于建康；淮东廉访司旧治淮安，现在应移治扬州。”又上奏：“各官吏受贿，在朝则到御史台自首，在朝外则到按察司自首，这已经有现成的法令。自桑哥担任宰相以来，受贿的不到宪台宪司，而到诸司自首，因而反覆延迟，事情长时间不能解决。臣认为应该按照以前的圣旨，只到本台、行台及诸道廉访司自首，诸司不得受理。又监察御史塔的失说：女真人教化的，去年东征，妄言把一千石米作为阁里铁木儿万人军队的军饷，上奏支走四百锭钞，应该令本处廉访司审问，与本处行省追回偿还议罪。”世祖全都听从了。

至元二十九年三月，中书省臣上奏，请求让崔彧担任右丞，世祖说："崔彧不喜欢议论，只可让他担任监督言论的职责。"闰六月，崔彧又同御史大夫玉昔帖木儿上奏："近日耿熙告发：河间盐运司官吏盗用官库钱财，省台派人同告发者耿熙一起会审，一共亏欠二万二千余锭，已征到八千九百余锭，仍然亏欠一万三千一百余锭。运使张庸，曾把他的妹妹献给阿合马，得宠；阿合马死后，以官婢的身份送给桑哥，又得宠。因此张庸用攀附的手段，得以久居在漕司，自己就盗用了三千一百锭。臣等建议：应该命台省派官员同廉访司一起加倍征收回钱财。"崔彧又上言："月林伯察到江西廉访司官术儿赤带、河东廉访司官忽儿赤，擅自驱使盗贼，抢夺民田，贪污不法，现在月林伯因事到京，应该令人查问。"又上言："扬州盐运司收受财赂，多给商人盐，总计价值钞二万二千八百锭，臣等认为全部追讨回来的时候，税课交给省，赃物交给台，对犯事者斟酌定罪，以清理作恶的源头。"世祖全都听从了。崔彧又上奏："江西詹玉，起初凭借妖术得以到集贤院任职。桑哥持国时，派他查核江西学粮，他贪酷暴横，导致学校大举荒废。近日对臣说：撒里蛮、答失蛮传旨，因为江南有谋叛者，让我从驿路前往审问；第二天，访知是秃速忽、香山欺诈奏遣的。詹玉在京师，还敢如此欺诈诳诞，应该立即追回来审问。"世祖说："这是个恶人。派他前去，朕不曾知道。立即去把他抓回来。"

至元三十年，崔彧上言："大都百姓吃饭只能仰仗外地籴米，最近因为官府征发商船运载物资，导致粮食贩卖减少，米价暴涨。臣等建议，不要让相关部门征发船只。"世祖听从了。宝泉提举张简及他的儿子张乃蛮带，告发崔彧曾收受邹道源、许宗师一万五千两银；另外，张简的儿子张知微告发崔彧十余件犯法的事。世祖下旨命令他们在中书省辩论。崔彧已经把张简等人所告发的与自己所应当应对的话写在木片上，放在袖子里，然后看木片应对。张简父子所告发的都不实，父子一起下狱，张简瘐死，查没其财产，一个女儿没入官府为奴，乃蛮带、知微都受杖刑，被官府除名。

至元三十一年，成宗即位。之前，崔彧在旧臣扎剌氏家中找到了玉玺，上面的文字是："受命于天，既寿永昌"，崔彧随即把它献给了徽仁裕圣皇后。到成宗即位时，皇后亲手把玉玺授予成宗。崔彧因为久任宪台，乞求迁转到其他职位，成宗不答应。成宗诏谕他说："爱卿如果辞掉这个职位，谁还能直言呢！"崔彧说："肃政廉访司的案牍文书，让总管府检核，不合适。"成宗说："朕知道很难做，当时的事是因为小人擅自上奏，现在改掉。"

大德元年（1297），崔彧又上奏条陈台宪等事，都被施行。这时崔彧在御史台已经很久，又刚正不阿，因此有很多人嫉恨他，监察御史斡罗失剌，上奏弹劾"中丞崔彧的哥哥在前朝曾经犯罪，归还所籍没的家产不合适"等事，成宗对他的妄言很愤怒，鞭笞并赶走了他。十一月，御史台上奏："大都路总管沙的，非法支取官钱，并且受赃共计五千三百缗，按法律应当处以杖刑一百零七下，永不叙用，但因他是旧臣的儿子，所以从轻论处。"而成宗想只判处他暂时停职，崔彧与御史大夫只而合郎执意认为不可。随后御史又奏："崔彧担任中丞将近十年，不合适。"崔彧于是告病辞职，成宗诏谕他说："爱卿辞职退休，无可厚非，不过就再勉强为朕稍留一段时间吧。"

闰十二月，兼领侍仪司事，与太常卿刘无隐一起上奏："新春正月朝贺，每年在大万安寺演习礼仪。”成宗说：“去年兀都带因为下雪所以来迟了，今年同样如此。那些没来以及有失礼仪的官员，殿中司、监察御史共同纠察。”大德二年，崔彧加荣禄大夫、平章政事，不久与御史大夫秃赤一起上奏：“世祖圣训说，凡是在户籍内的儒士，全部重建他的家。现在时间久了，年老的死去了，年少的不学习，应该遵守以前的制度，让廉访司常常加以勉励。”成宗深为认可，命崔彧与不忽木、阿里浑撒里同翰林、集贤商议，特降诏书，让他们培养人才，以准备选举。崔彧在这一年九月去世。至大元年（1308）七月，赠推诚履正功臣、太傅、开府仪同三司，追封郑国公，谥“忠肃”。

【评述】

崔彧，是中国历史上著名的谏官，与唐朝的魏征同属直言进谏的名臣。崔彧性格刚正不阿，大半生担任监察官员，与他刚直敢言的性格密不可分。他针砭时弊，屡次为国家时政提出建言。范围涉及政治、军事、经济、文化等社会生活的各个方面，他不怕触犯权贵，许多建言都是直接针对当权的既得利益者，若没有崔彧的仗义执言，元朝的繁荣恐怕会受到不小影响。有谏臣，必有明君。魏征若不是遇到唐太宗李世民，才干很难有机会显露，同样，崔彧的功业也与元世祖忽必烈的信任有直接关系。忽必烈的知人善任恐怕不亚于唐太宗李世民。对崔彧最了解的人非忽必烈莫属。忽必烈深知崔彧的性格刚直到了严厉的地步，不能让他担任宰相主持大局，最适合他的职务是监察官员。崔彧在监察机构如鱼得水，将自身的才能全部发挥出来，为国为民尽心尽力。忽必烈死后，继位的元成宗铁穆耳也深知崔彧的才能无人可以替代，对年老的崔彧屡次挽留，始终不肯让他辞职退休。在明君的信任下，崔彧的余热一直发挥到去世，称得上一生为国，至死方休。

（马晓林注译、评述）

拜　降

【原文】

拜降，北庭人。父忽都，武勇过人，由宿卫为南宿州镇将，分守蕲县。后从世祖南征，年几七十，每率先士卒，冒矢石，身被数十疮，战功居多。徙居大名路清丰县，卒。赠广平路总管，封渔阳郡侯。

忽都卒时，拜降生甫数月，母徐氏鞠育教诲甚至，每曰："吾惟一子，已童丱矣，不可使不知学。"顾县僻左，无良师友，遂遣从师大名城中。郡守每旦望入学，见拜降容止讲解，大异群儿，甚爱奖之。比弱冠，美髭髯，仪表甚伟。

丞相阿朮南攻襄阳、江陵诸郡，以偏裨隶麾下。军行至安阳滩，与宋军遇。宋骑直前突阵，阵为却。拜降即跃马出阵前，引弓连毙数人，宋骑稍却，复率众战良久，宋师大溃。至元五年，围襄樊，战有功。十一年，从阿朮渡江，水陆遇敌，尝先登陷阵，勇冠一军。宋平，以功授江浙省理问官。时事方草创，省臣有所建白，及事有不可便宜自决须奏闻者，以拜降善敷奏，数令驰驿往咨于朝。及引见，世祖遥识之，喜曰："黑髯使臣复来耶！"其见器使如此。

二十七年，迁江西行尚书省都镇抚。适傜、獠扰边，拜降从丞相忙兀台[①]讨定之。二十九年，迁庆元路治中。岁大饥，状累上行省，不报。拜降曰："民饥如是而不赈之，岂为民父母意耶！"即躬诣行省力请，得发粟四万石，民赖全活。

元贞[②]间，两浙盐运司同知范某阴贼为奸，州县吏以赂咸听驱役，由是数侵暴细民。民有珍货腴田，必夺为己有。不与，则朋结无赖，妄讼以罗织之，无不荡破家业者。凶焰铄人，人咸侧目，里人欲杀之，不果，顾被诬诉逮系者，亡虑数十人，俱死狱中。兰溪州民叶一、王十四有美田宅，范欲夺之，不可，因诬以事，系狱十年不决。事闻于省，省下理问所推鞫之，适拜降至官，冤遂得直。置范于刑，而七人者先瘐死矣，惟叶一、王十四得释，时论多焉。

大德元年，迁浙东廉访副使，令行禁止，豪强慑伏。同寅有贪秽者，拜降抗章敷之于台，遂免其官。后转工部侍郎，赐侍燕服一袭，升工部尚书，有能声。

至大二年，仁宗奉皇太后避暑五台，拜降供给道路，无有阙遗，恩赉尤渥。比至都，改资国院使。母徐氏卒，遂奔丧于杭。时酒禁方严，帝特命以酒十罂，官给传致墓所，以备奠礼。初，徐氏盛年守节，教子甚严，比拜降贵，事上于朝，特旌其门。及老，见拜降历官有声誉，喜曰："有子如是，吾死可瞑目矣。"拜降居丧尽礼，未及起复，延祐二年，卒于家。赠资政大夫、江浙左丞，谥贞惠。

选自《元史》卷一百三十一《拜降传》

【注释】

①忙兀台：元朝将领。蒙古军队围襄樊时，受命于万山南岸训练水军，后参与围攻樊城，功在诸将上。宋亡，任福建行省右丞。

②元贞：元成宗孛儿只斤铁穆耳的年号（1295—1297）。

【译文】

拜降，北庭人。父亲忽都，勇猛过人，由宿卫升迁为南宿州镇将，分守蕲县。后来，忽都跟从世祖南征，年近七十，每次都身先士卒，冒着箭石，身受数十处创伤，立下了很多战功。忽都迁居到大名路清丰县，亡故。追赠广平路总管，册封为渔阳郡侯。

忽都去世时，拜降生下才数月，母亲徐氏对他抚育教诲非常细心，常说："我只有一个儿子，已将是束发的童子了，不能使他不懂知识。"母亲见顾县偏僻，没有良好的师友，于是让他到大名城从师求学。郡守常在每月初一和十五去学校视察，见到拜降仪容举止言谈，与其他学童大有不同，非常喜爱且对其嘉奖。等到二十岁左右，拜降长出了漂亮的髭髯，仪表堂堂。

丞相阿术南攻襄阳、江陵各郡，拜降以裨将身份隶属于阿术的麾下。军队行进到安阳滩，与宋军遭遇。宋军的骑兵向前直接突阵，蒙古军战阵向后退却。拜降立即跃马冲锋到阵前，拉弓射箭，接连击毙数人，宋方骑兵稍稍退却，拜降又率众兵战斗了很长时间，宋军方大败。至元五年（1268），蒙古军围攻襄樊，拜降立有功劳。至元十一年，拜降随从阿术渡江，水上、陆地上均遇到敌人，他曾身先士卒冲入敌阵，勇冠全军。宋朝平灭，因战功被授予江浙省理问官。当时国家基业还处在初创时期，台省大臣有所建议和陈述，以及有不能够自行裁决必须上报皇帝的事情，因拜降善于陈述敷奏，多次让他通过驰乘驿马去朝廷咨询。等到引见入朝时，元世祖在远处就能认出他，高兴地说："黑髯使臣又来了！"他就是如此的被器重。

至元二十七年，拜降升迁为江西行尚书省都镇抚。恰逢徭、獠侵扰边界，拜降随从丞相忙兀台讨伐。至元二十九年，拜降迁任庆元路治中。这一年大饥荒，灾情报告接连上报行省，但却没有回音。拜降说："百姓饥荒成这样了却不赈济，难道这是为百姓父母的本意吗！"立即亲自到行省全力请命，获得发放的粮食四万石，百姓依靠这些粮食保全了性命。

元贞年间（1295—1297），两浙盐运司同知范某阴险狡诈，做了很多坏事，贿赂州县吏，使他们听自己的驱使，因此经常欺压凌辱百姓。百姓有珍货美田，他肯定据为己有。如果不给，就勾结流氓，罗织罪名诬告，百姓没有不倾家荡产的。范某凶恶的气焰咄咄逼人，人们都不敢正视他，同乡的人想要除掉他，没有成功，而被范某诬陷遭到逮捕的有几十个人，都死在狱中了。兰溪州百姓叶一、王十四有良田美宅，范某抢夺未果，就制造事端陷害，将他们囚禁在监狱中十年不裁决。事情传到行省，行省责令理问所审理这一案件，正好拜降担任此官，于是洗清了冤情。把范某处刑，但是有七人已经死于狱中，只有叶一、王十四得以释放。当时舆论极力称赞拜降。

大德元年（1297），拜降迁任浙东廉访副使，严格法律规约，豪强因畏惧而屈服。同僚中有人贪财淫乱的，拜降直言揭发核实上报御史台，罢免了他们的官职。后来，拜降转任工部侍郎，皇帝赐他便服一套，升工部尚书，有能干的美誉。

至大二年（1309），元仁宗侍奉皇太后避暑五台，路过时拜降供养接待，没有疏漏遗憾的地方，因此，皇帝给他非常丰厚的赏赐。等回到大都，改任拜降国院使。他的母亲徐氏去世，于是他回杭州奔丧。当时酒禁正严，皇帝特命将十罐酒由官署供应传送到墓地，以备祭奠之用。当初，徐氏青年守寡，教导子女非常严格，等到拜降显贵，徐氏的事迹上报到朝廷，特别赐予匾额表彰她。等到年老，见拜降历任官职有声誉，她高兴地说："有这样的儿子，我死也瞑目了。"拜降居丧尽守礼仪，没有等到复职，延祐二年（1315），拜降在家亡故。朝廷赠资政大夫、江浙左丞，谥"贞惠"。

（陈晓伟注译）

刘敏中

【原文】

刘敏中，字端甫，济南章丘人。幼卓异不凡，年十三，语其父景石曰："昔贤足于学而不求知，丰于功而不自炫，此后人所弗逮也。"父奇之。乡先生杜仁杰爱其文，亟称之。敏中尝与同侪各言其志，曰："自幼至老，相见而无愧色，乃吾志也。"

至元十一年，由中书掾擢兵部主事，拜监察御史。权臣桑哥秉政，敏中劾其奸邪，不报，遂辞职归其乡。既而起为御史台都事。时同官王约以言去，敏中杜门称疾。台臣请视事，敏中曰："使约无罪而被劾，吾固不当出；诚有罪耶，则我既为同僚，又为交友，不能谏止，亦不无过也。"出为燕南肃政廉访副使，入为国子司业，迁翰林直学士，兼国子祭酒。

大德七年，诏遣宣抚使巡行诸道，敏中出使辽东、山北诸郡，守令恃贵幸暴横者，一绳以法；锦州雨水为灾，辄发廪赈之。除东平路总管，擢陕西行台治书侍御史。九年，召为集贤学士，商议中书省事。上疏陈十事，曰：整朝纲，省庶政，进善良，剔奸蠹，显公道，杜私门，广恩泽，实钞法，严武备，举封赠。成宗崩，奸臣希中旨，赞其邪谋，敏中援礼力争之。

武宗即位，召敏中至上京，庶政多所更定，授集贤学士、皇太子赞善，仍商议中书省事，赐金币有加。顷之，拜河南行省参知政事，俄改治书侍御史，出为淮西肃政廉访使，转山东宣慰使，遂召为翰林学士承旨。诏公卿集议弭灾之道，敏中疏列七事，帝嘉纳焉。以疾还乡里。

敏中平生，身不怀币，口不论钱；义不苟进，进必有所匡救，援据今古，雍容不迫。每以时事为忧，或郁而弗伸，则戚形于色，中夜叹息，至泪湿枕席。为文辞，理备辞明，有《中庵集》二十五卷。延祐五年卒，年七十六。赠光禄大夫、柱国，追封齐国公，谥文简。

选自《元史》卷一百七十八《刘敏中传》

【译文】

刘敏中，字端甫，济南章丘人。刘敏中幼年时表现卓越，不同凡人，十三岁时，他对父亲刘景石说："以前的贤者满足于学问而不求被人知道，功业丰厚而不自我炫耀，后来的人们就无法达到这种境界了。"这话让他父亲很惊异。乡里先生杜仁杰爱他的文采，屡次称赞他。刘敏中曾经与同辈们各言自己的志向，他说："从小到老，跟各位相见而能够面无愧色，这就是我的志向。”

至元十一年（1274），刘敏中由中书掾擢升兵部主事，拜任监察御史。当时权臣桑哥把持朝政，刘敏中弹劾他的奸邪行为，但没有成功，于是辞职返回家乡。不久又被起用为御史台都事。当时担任相同官职的王约因为进言遭离职，敏中也闭门称病。台臣请他处理事务，刘敏中说：“假如王约是无罪而被弹劾，我肯定不应出来任事；如果确实是有罪呢，那我既然是他的同僚，又跟他为朋友，却不能劝止他犯罪，也不能说没有过错。”后出京担任燕南肃政廉访副使，又入京担任国子司业，升任翰林直学士，兼国子祭酒。

大德七年（1303），皇帝诏令派遣宣抚使到各道巡察，刘敏中出使辽东、山北等郡，各郡郡守自恃受宠幸而暴戾横行的，全部绳之以法；锦州暴雨成灾，刘敏中立刻下令开仓赈济。又官拜东平路总管，擢升为陕西行台治书侍御史。大德九年，刘敏中受召入京担任集贤学士，商议中书省事。刘敏中上疏陈言十件事，分别是：整顿朝纲，减省政事，选拔贤良，剔除奸贪，彰显公道，杜绝私门，广布恩泽，落实钞法，整饬军备，施行封赠。成宗驾崩，奸臣迎合皇后的旨意，助成她的阴谋，敏中以礼法据理力争。

武宗即位后，召刘敏中到上京，各种政务大多由他改定，授任他为集贤学士、皇太子赞善，商议中书省事仍旧，并赏赐黄金币帛。不久，拜任河南行省参知政事，不久又改任治书侍御史，出京担任淮西肃政廉访使，转任山东宣慰使，后来又被召入京担任翰林学士承旨。武宗下诏命令公卿议论消除灾荒的方法，敏中上疏列出七件事，武宗很高兴地采纳了。后来，刘敏中因病返回家乡。

刘敏中平生为人处事，身上不带钱，口里不谈钱；不随便讲义，一旦讲义就一定要有所救助，援古论今，从容不迫。常常忧心时政，如果有人有冤而不能伸，刘敏中就会悲形于色，深夜都在叹息，以至于泪湿枕席。刘敏中写文章，道理完备，言辞明了，著有《中庵集》二十五卷。延祐五年（1318）去世，享年七十六岁。赠光禄大夫、柱国，追封齐国公，谥号为“文简”。

【评述】

知识分子，不仅仅是有较高文化素质、教育水平的人，更是肩负了较多社会责任的人。西方人说，知识分子是社会的良心。我国古人云：士不可以不弘毅，任重而道远。（《论语·泰伯》）士，就是中国的知识分子。自古以来，中国的知识分子就具有极其强烈的社会责任感。儒家讲究“学而优则仕”，也就是说掌握了文化知识就要积极入世，为国家、为社会做贡献。刘敏中年少时文采过人，自幼立下远大的志向，他与同学约定一生中“相见而无愧色”。成年后他积极入世，长期担任监察官员，官居要职，正直清廉，为国家做出了不小的贡献。北宋名臣范仲淹说“先天下之忧而忧”，这可以说是中国有良知的知识分子的座右铭。刘敏中正是这样一个纯粹的人。“居庙堂之高，则忧其民；处江湖之远，则忧其君。”（范仲淹《岳阳楼记》）无时无刻不为朝廷、百姓而担忧。刘敏中关心民生，为国家大业忧心忡忡，甚至到了“半夜叹息，泪湿枕席”的地步。正是这样高度的责任感，让刘敏中这样的知识分子被千百年来的人们所尊重。

（马晓林译文、评述）

安 童

【原文】

安童，木华黎[1]四世孙，霸突鲁[2]长子也。中统初，世祖追录元勋，召入长宿卫，年方十三，位在百僚上。母弘吉剌氏，昭睿皇后之姊，通籍禁中。世祖一日见之，问及安童，对曰："安童虽幼，公辅器也。"世祖曰："何以知之。"对曰："每退朝必与老成人语，未尝狎一年少，是以知之。"世祖悦。

四年，执阿里不哥党千余，将置之法，安童侍侧，帝语之曰："朕欲置此属于死地，何如?"对曰："人各为其主，陛下甫定大难，遽以私憾杀人，将何以怀服未附。"帝惊曰："卿年少，何从得老成语，此言正与朕意合。"由是深重之。

至元二年秋八月，拜光禄大夫、中书右丞相，增食邑至四千户。辞曰："今三方虽定，江南未附，臣以年少，谬膺重任，恐四方有轻朝廷心。"帝动容有间曰："朕思之熟矣，无以逾卿。"冬十月，召许衡至，传旨令衡入省议事，衡以疾辞，安童即亲候其馆，与语良久，既还，念之不释者累日。三年，帝谕衡曰："安童尚幼，未更事，善辅导之。汝有嘉谟，当先告之以达朕，朕将择焉。"衡对曰："安童聪敏，且有执守，告以古人所言，悉能领解，臣不敢不尽心。但虑中有人间之，则难行，外用势力纳人其中，则难行。臣入省之日浅，所见如此。"四年三月，安童奏："内外官须用老成人，宜令儒臣姚枢等入省议事。"帝曰："此辈虽闲，犹当优养，其令入省议事。"

五年，廷臣密议立尚书省，以阿合马领之，乃先奏以安童宜位三公。事下诸儒议，商挺[③]倡言曰："安童，国之柱石，若为三公，是崇以虚名而实夺之权也，甚不可。"众曰然，事遂罢。七年四月，奏曰："臣近言：'尚书省、枢密院各令奏事，并如常制，其大政令，从臣等议定，然后上闻。'既得旨矣，今尚书一切径奏，似违前旨。"帝曰："岂阿合马以朕颇信用之，故尔专权耶。不与卿议，非是。"敕如前旨。

八年，陕西省臣也速迭儿建言，比因饥馑，盗贼滋横，若不显戮一二，无以示惩。敕中书详议，安童奏曰："强、窃均死，恐非所宜，罪至死者，宜仍旧待报。"从之。

十年春三月，奏以玉册玉宝上皇后弘吉剌氏，以玉册金宝立燕王为皇太子，兼中书令，判枢密院事。冬十月，帝谕安童及伯颜等曰：“近史天泽、姚枢纂定‘新格’，朕已亲览，皆可行之典，汝等亦当一一留心参考，岂无一二可增减者。”各令纪录促议行之。时天下待报死囚五十人，安童奏其中十三人因斗殴杀人，余无可疑。于是诏以所奏十三人免死从军。十一年，奏阿合马蠹国害民数事。又奏各部与大都路官多非才，乞加黜汰。从之。

十二年七月，诏以行中书省枢密院事，从太子北平王出镇极边，在边十年。二十一年三月，从王归，待罪阙下，帝即召见慰劳之，顿首谢曰：“臣奉使无状，有累圣德。”遂留寝殿，语至四鼓乃出。冬十一月，和礼霍孙罢，复拜中书右丞相，加金紫光禄大夫。二十二年，右丞卢世荣败，诏与诸儒条其所用人及所为事，悉罢之。

二十三年夏，中书奏拟漕司诸官姓名，帝曰：“如平章、右丞等，朕当亲择，余皆卿等职也。”安童奏曰：“比闻圣意欲倚近侍为耳目，臣猥承任使，若所行非法，从其举奏，罪之轻重，惟陛下裁处。今近臣乃伺隙援引非类，曰某居某官、某居某职，以所署奏目付中书施行。臣谓铨选之法，自有定制，其尤无事例者，臣常废格不行，虑其党有短臣者，幸陛下详察。”帝曰：“卿言是也。今后若此者勿行，其妄奏者，即入言之。”奏征前吏部尚书李昶，不起。复奏赐田十顷。

二十四年，宗王乃颜叛，世祖亲讨平之。宗室诖误者，命安童按问，多所平反。尝退朝，自左掖门出，诸免罪者争迎谢，或执辔扶上马，安童毅然不顾。有乘间言于帝曰，“诸王虽有罪，皆帝室近亲也，丞相虽尊，人臣也，何悖慢如此！”帝良久曰：“汝等小人，岂知安童所为，特辱之使改过耳。”是岁，复立尚书省，安童切谏曰：“臣力不能回天，乞不用桑哥，别相贤者，犹或不至虐民误国。”不听。二十五年，见天下大权尽归尚书，屡求退，不许。二十八年，罢相，仍领宿卫事。

三十年春正月，以疾薨于京师乐安里第，年四十九。雨木冰三日，世祖震悼曰：“人言丞相病，朕固弗信，果丧予良弼。”诏大臣监护丧事。大德七年，成宗制赠推忠同德翊运功臣、太师、开府仪同三司、上柱国、东平忠宪王。碑曰开国元勋命世大臣之碑。子兀都带。

选自《元史》卷一百二十六《安童传》

【注释】

①木华黎（1170—1223）：蒙古大将，开国功臣。札剌亦儿部人。生于斡难河（今鄂嫩河）东。辅佐成吉思汗统一蒙古各部。1206 年蒙古汗国建立时，因功受封为左手万户，兼领左翼第一千户，统汗庭以东至哈剌温只敦（今大兴安岭）的广阔地区。

②霸突鲁（？—1261）：木华黎之孙，蒙古将领，随忽必烈攻南宋，累立战功。中统二年卒于军中。

③商挺（1209—1288）：元初大臣。字孟卿，晚号左山老人。曹州济阴（今菏泽）人。曾力助忽必烈取得汗位。历任陕西、四川等路宣抚副使、中书参知政事、同佥枢密院事、佥枢密院事、枢密副使等职。

【译文】

安童是木华黎的四世孙，霸突鲁的长子。中统初年，世祖追录开国元勋，把他召入宫中负责宿卫，年方十三岁，地位却已在百官之上。他的母亲弘吉剌氏，是昭睿皇后的姐姐，可出入宫内。一天，世祖见到弘吉剌氏，问及安童，她回答说："安童虽然年幼，但有三公宰相的器度。"世祖问："何以见得?"答道："安童每次退朝，必定要与老成的人交流，从来没有亲近过年少的人，因此可知。"世祖非常高兴。

中统四年（1263），朝廷捉住了阿里不哥余党千余人，将依法处置他们，安童在旁侍奉，皇帝对他说："朕打算将他们全部处死，你觉得如何?"他回答说："人各为其主，陛下刚刚平定大难，就因私愤杀人，拿什么去收复、安抚那些还没有归顺的人呢?"帝惊奇地说："你这么年轻，怎么讲出这样老成的话，你这话正合我的心意。"因此更加器重他。

至元二年（1265）八月，安童拜授光禄大夫、中书右丞相，增加食邑到四千户。他推辞说："如今三方虽已平定，但江南尚未归附，臣还年轻，就担任这样的重任，恐怕天下的人会有轻视朝廷的心。"皇帝很感动，一会儿说："朕已经过深思熟虑了，没人能超过你。"十月，召许衡进京，传下圣旨令他入中书省议事，许衡以病推辞，安童立即亲自到他的馆驿问候，交谈了很长时间，回来之后，还很长时间念念不忘。至元三年，皇帝诏谕许衡说：“安童还年轻，没有经历世事，你要好好辅导他。你有好的谋划，应当先告诉他再转告朕，朕会选择采纳。”许衡对答道：“安童聪明机敏，而且有原则，我告诉他古人说过的话，他都能领悟理解，臣不敢不尽心尽力。但担心有人从中挑拨离间，就不好办了，外人利用势力往中书省安排人员，事情也不好办。臣入中书省的时间还短，就只看到了这些。”至元四年三月，安童上奏说：“内外的官员都需任用老成的人，最好让姚枢等儒臣入中书省议事。”皇帝说：“这些人虽然闲散，还是应该优厚对待，就令他们入中书省议事。”

至元五年，廷臣秘密商议设立尚书省，由阿合马统领，于是先奏请皇帝应该让安童进位三公。此事下交诸位儒臣议论，商挺首先说：“安童是国家的柱石，假如为三公，就是尊崇他以虚名，而实际剥夺了他的权力，完全不可以。”大家都认为说得对，此事于是作罢。至元七年四月，安童上奏说：“臣最近说：‘尚书省、枢密院各自奉命奏事，都如平常制度，其中重大的政策法令，由臣等商议决定，然后报告皇上。’已经得到了圣旨批准，如今尚书省一切事务都径直上奏皇上，似乎违背了之前的圣旨。”皇帝说：“是不是因为朕非常信任阿合马，所以他才专权呢？他不和你们商议，是不对的。”下令遵照之前的旨意。

至元八年，陕西省臣也速迭儿建议，现在因为闹饥荒，盗贼任意横行，假如不公开杀掉几个，无法表示惩戒。皇帝命令中书省详细议论，安童上奏说：“强盗、窃贼都处死，恐怕不太合适，对于应判死罪的人，也应该等待奏报批准后执行。”皇帝听从了他的意见。

至元十年三月，安童上奏皇后弘吉剌氏，献上告天的册书以及金玉珠宝，用这些立燕王为皇太子，兼任中书令，判枢密院事。十月，皇帝告谕安童与伯颜等人说："最近史天泽、姚枢编定了《新格》，朕已亲自过目，都是可以施行的典章，你们也应当一一留心参照他事加以考察，是否有可以增删的地方。"命令他们分头记录并商议施行。这时全国有待判决的死刑犯五十人，安童认为其中十三人是因为斗殴杀人，其他的都没有疑点。于是皇帝下诏令所奏的十三人免死从军。至元十一年，安童上奏阿合马几件蠹国害民的事。又奏请各部与大都路官员大多都不合格，请求加以罢黜淘汰。皇帝听从了他的意见。

至元十二年七月，皇帝诏令安童以行中书省枢密院事，跟从太子北平王出外镇守边远地区，在边十年。至元二十一年三月，安童跟从北平王返回京城，在殿外等候陈奏，皇帝立即召见并安抚了他，他磕头谢恩说："臣奉命前往而没有作为，有损皇上的圣德。"皇帝于是留他在寝宫中，一直交谈到四更才出来。十一月，和礼霍孙被罢官，安童再次拜授中书右丞相，加金紫光禄大夫。至元二十二年，右丞卢世荣倒台，下诏安童与诸位儒臣逐个清理卢世荣所任用的官员与所施行的事务，全部罢除。

至元二十三年夏天，中书省上奏拟定漕司各个官员的姓名，皇帝说："像平章、右丞等大臣，朕应当亲自选择，其余官员的选择都是你们的职责。"安童上奏说："最近听说皇上打算依靠近侍为耳目，臣水平不高，接受了皇上的任命，假如所做的事有违法的，可以听任侍臣的举报，所犯罪过的轻重，全凭陛下裁决。如今近臣却乘机引见奸臣，说某人该做什么官、某人该居什么职，把他们所签署的奏章交给中书省施行。臣认为铨选官员的法规，已经有明确规定，对于那些实在没有先例可以援引的，臣经常废除，不予提拔，但考虑到他们的党羽有人诋毁臣，希望陛下能够详细调查。”帝曰：“你说得很对。今后如果有这样的人不能任用，有妄自上奏的人，你立刻进宫报告朕。”安童奏请征召前吏部尚书李昶，他不愿被起用。安童又奏请赐给他十顷田。

至元二十四年，宗王乃颜反叛，世祖亲自带兵讨伐，平定了叛乱。宗室中有被牵连的人，皇帝命令安童审问，多数得到平反。一次退朝后，安童从左掖门出来，很多被免罪的人争相上前迎接感谢，甚至有抓住缰绳扶他上马的，安童毅然不予理睬。有人乘机在皇帝面前挑拨说，“诸王虽然有罪，但都是皇室的近亲，他丞相虽然尊贵，但依然是人臣，怎么能这么傲慢呢！”皇帝想了好一会儿，说：“你们这些小人，怎么能明白安童的所作所为，他是故意对他们略加羞辱，好让他们知道改过。”这一年，再次设立尚书省，安童激切地进谏说：“臣力不能回天，乞求不要任用桑哥，另外选择贤明的人任丞相，还可能不至于虐害百姓，贻误国事。”皇帝不听。至元二十五年，安童看见全国的大权都归属了尚书省，就屡次请求退隐，皇帝不允许。至元二十八年，安童罢相，仍旧总管宿卫事务。

至元三十年正月，安童因病在京师乐安里第去世，享年四十九岁。下了三天雨雪，树木都结了冰，世祖震惊，哀悼说：“有人说丞相病了，朕一直不相信，现在果然丧失了我的贤良辅佐。”下诏大臣负责丧事。大德七年（1303），成宗下令追赠他为推忠同德翊运功臣、太师、开府仪同三司、上柱国、东平忠宪王。墓碑铭文为开国元勋命世大臣之碑。他的儿子叫兀都带。

【评述】

安童是成吉思汗麾下四杰之一木华黎的后代，家世显赫，十三岁就担任重要职务，位在百官之上。但他并不以此自满，以高官自居，随时向老成的人请教，提高自己的修养，增加自己的学识。他长期担任百官之首的中书省右丞相，劝谏元世祖施行善政，减轻刑罚，重用老成的大臣。在几次大刑案中，都因他而使许多人免于被杀。世祖时期，由于长期对内对外用兵，国库紧张，擅长理财的阿合马、卢世荣、桑哥等人遂先后得到重用。阿合马等人任人唯亲，树立党羽，打击排斥良善的大臣以独揽大权，攫取私利。安童不与他们同流合污，坚守自己的道德原则与政治抱负，坚持权奸作斗争。像他这样出身高贵，少年即受重任，却不随波逐流，沾染腐败的恶习，是非常少见而值得我们思考的。究其原因，是他不肯污损祖上尽忠报国的声名，不以苟且维持荣华富贵而止步，始终坚持自己的政治信仰，忠实履行自己的职责，以不辜负世祖的委任。假如在阿合马、卢世荣、桑哥等理财权臣相继掌权的世祖朝，没有安童这样的重臣为中流砥柱，而都上下效尤，沆瀣一气，元朝政局会向哪个方向发展，是难以想象的。

（曹循注译、评述）

董士选

【原文】

士选字舜卿，文炳[1]次子也。幼从文炳居兵间，昼治武事，夜读书不辍。文炳总师与宋兵战金山，士选战甚力，大败之，追至海而还。及降张瑄[2]等，丞相伯颜临阵观之，壮其骁勇，遣使问之，始知为文炳子。奏功，佩金符，为管军总管。战数有功。宋降，从文炳入宋宫，取宋主降表及收其文书图籍，静重识大体，秋毫无所取，军中称之。宋平，班师，诏置侍卫亲军诸卫，以士选为前卫指挥使，号令明正，得士大夫心。未几，以其职让其弟士秀。帝嘉其意，命士秀将前卫，而以士选同佥行枢密院事于湖广，久之召还。

宗王乃颜叛，帝亲征，召士选至行在所，与李劳山同将汉人诸军以御之。乃颜军飞矢及乘舆前，士选等出步卒横击之，其众败走。缓急进退有礼，帝甚善之。桑哥事败，帝求直士用之，以易其弊，于是召士选论议政事，以中书左丞与平章政事彻理往镇浙西，听辟举僚属。

至部，察病民事，悉以帝意除之，民大悦。有聚敛之臣为奸利，事发得罪且死，诈言所遣舶商海外未至，请留以待之，士选曰：“海商至则捕录之，不至则无如之何，不系斯人之存亡也。苟此人幸存，则无以谢天下。”遂竟其罪。浙多湖泊，广蓄泄以艺水旱，率为豪民占以种艺，水无所居积，故数有水旱，士选与彻理力开复之。

成宗即位，佥行枢密院于建康。未几，拜江西行省左丞。赣州盗刘六十伪立名号，聚众至万余。朝廷遣兵讨之，主将观望退缩不肯战，守吏又因以扰良民，贼势益盛。士选请自往，众欣然托之。即日就道，不求益兵，但率掾史李霆镇、元明善二人，持文书以去，众莫测其所为。至赣境，捕官吏害民者治之，民相告语曰：“不知有官法如此。”进至兴国县，去贼巢不百里，命择将校分兵守地待命。察知激乱之人，悉置于法，复诛奸民之为囊橐者。于是民争出请自效，不数日遂擒贼魁，散余众归农。军中获贼所为文书，旁近郡县富人姓名具在。霆镇、明善请焚之，民心益安。遣使以事平报于朝。中书平章政事不忽木召其使谓之曰：“董公上功簿邪?”使者曰：“某且行，左丞授之言曰：‘朝廷若以军功为问，但言镇抚无状，得免罪幸甚，何功之可言!’”因出其书，但请黜赃吏数人而已，不言破贼事。廷议深叹其知体而不伐。拜江南行御史台中丞，廉威素著，不严而肃，凛然有大臣风。

入佥枢密院事，俄拜御史中丞。前中丞崔彧久任风纪，善斡旋以就事功。既卒，不忽木以平章军国重事继之，方正持大体，天下望之，而已多病，遂以属之士选。风采明俊，中外悚然。

时丞相完泽用刘深言，出师征八百媳妇国，远冒烟瘴，及至未战，士卒死者十已七八。驱民转粟饷军，谿谷之间不容舟车，必负担以达。一夫致粟八斗，率数人佐之，凡数十日乃至。由是民死者亦数十万，中外骚然。而完泽说帝："江南之地尽世祖所取，陛下不兴此役，则无功可见于后世。"帝入其言，用兵意甚坚，故无敢谏者。士选率同列言之，奏事殿中毕，同列皆起，士选乃独言："今刘深出师，以有用之民而取无用之地。就令当取，亦必遣使谕之，谕之不从，然后聚粮选兵，视时而动。岂得轻用一人妄言，而致百万生灵于死地？"帝色变，士选犹明辨不止，侍从皆为之战慄，帝曰："事已成，卿勿复言。"士选曰："以言受罪，臣之所当。他日以不言罪臣，臣死何益！"帝麾之起，左右拥之以出。未数月，帝闻师败绩，慨然曰："董二哥之言验矣，吾愧之。"因赐上尊以旌直言，始为罢兵，诛刘深等。世祖尝呼文炳曰董大哥，故帝以二哥呼士选。久之，出为江浙行省右丞，迁汴梁行省平章政事，又迁陕西。

士选平生以忠义自许，尤号廉介，自门生部曲，无敢持一毫献者。治家甚严，而孝弟尤笃。时言世家有礼法者，必归之董氏。其礼敬贤士尤至。在江西，以属掾元明善为宾友，既又得吴澄而师之，延虞汲于家塾以教其子。诸老儒及西蜀遗士，皆以书院之禄起之，使以所学教授。迁南行台，又招汲子集与俱，后又得范梈等数人，皆以文学大显于时。故世称求贤荐士，亦必以董氏为首。晚年好读《易》，淡然终其身。每一之官，必卖先业田庐为行赀，故老而益贫，子孙不异布衣之士，仕者往往称廉吏云。

子守忠，云南行省参知政事；守恚，侍正府判官；守思，知威州。

选自《元史》卷一百五十六《董士选传》

【注释】

①文炳：董文炳（1217—1278），元真定藁城人。为金元之际著名汉军世侯董氏家族的重要成员。太宗七年（1235）为藁城令，宪宗三年（1253）从征大理。后又跟随世祖征南宋。至元十三年（1276）从伯颜灭宋，升中书左丞。

②张瑄（？—1302）：元嘉定人。南宋末年，为海盗。元军南下时率众归降。南宋灭亡后，奉命用船将财宝图书经海路运往大都（今北京），至元二十二年（1285），为海道运粮千户，后进万户。是元代开辟海运的重要人物。

【译文】

董士选，字舜卿，是董文炳的次子。董士选自幼跟随父亲成长于军旅之间。白天习武，晚上读书，从不间断。董文炳率领大军与宋兵在金山作战，董士选作战非常卖力，大败敌军，一直追到海边才回来。等到降服张瑄等人之后，丞相伯颜亲临前线视察，认为他骁勇善战，派人去询问，才知道这是董文炳的儿子。于是向朝廷奏报战功，让董士选佩带金符，做管军总管。多次作战，都立下功劳。宋朝投降后，董士选跟从董文炳进入宋国宫中，收取宋主降表，并收集宋国的文书图籍。董士选沉静稳重，明于大体，对财物丝毫不取，官兵都对此称扬。宋朝平定之后，班师回朝。朝廷诏令设置侍卫亲军诸卫，让士选担任前卫指挥使，他号令严明公正，得到士大夫的称许。不久，他把自己的职务让给弟弟董士秀。皇帝对他的行为颇为赞赏，于是令董士秀统帅侍卫亲军前卫，而让董士选在湖广行省做同佥行枢密院事。过了很长时间，才召他回朝。

宗王乃颜叛乱，皇帝御驾亲征。召董士选到皇帝驻扎的地方，让他与李劳山一同率领汉人诸军护驾。乃颜的军队射出的飞箭一直射到皇帝乘坐的舆驾前，董士选等人率步兵阻击，把乃颜军队打败逃跑。董士选御敌缓急进退都有礼数，皇帝很欣赏。桑哥倒台之后，皇帝寻求正直之士加以任用，以革除以前的弊端。于是召见董士选议论政事。让董士选任中书左丞，与平章政事彻理一起去镇守浙西，听凭他们选任属吏。到达衙署之后，他调查危害百姓的弊政，全部遵照皇帝的旨意加以废除，百姓因此都很高兴。有专事聚敛、谋取不法奸利的大臣，事发获罪，将要被处死。他们谎称派出的商船去到海外还没有回来，请求暂留性命等待商船。

董士选说：“出海的商船一回来就把他们逮捕登记，要是不回来那也无可奈何，与他个人的生死存亡没有关系。假若这个人侥幸得以存活，那无法向天下百姓谢罪。”最终还是将其依法治罪。浙西地区湖泊众多，可以大面积地蓄水和泄洪以防备水旱灾害。但这些湖泊都被地方豪强霸占，用作园艺，而没有地方蓄水，所以多次造成水旱灾害。董士选和彻理最终极力让这些湖泊复原。

元成宗即位后，命董士选为建康佥行枢密院。不久，又授官江西行省左丞。赣州的盗贼刘六十擅自建立伪名号，聚集民众达到数万人。朝廷派兵征讨。但是主将观望退缩，不肯努力作战，镇守的官吏又趁机骚扰良民，盗贼的势力越发强盛。董士选请求亲自前往，大家都高兴地把希望寄托在他身上。董士选当天就踏上征程，他没有请求增加兵力，只是率领属吏李霆镇、元明善二人，拿着文书就去了，众人都搞不清楚他究竟要怎样。到达赣州境内后，董士选首先逮捕那些残害百姓的官吏，加以惩治。百姓们奔走相告说：“不知道有如此严明执法的官。”董士选率军进发到兴国县（今江西兴国），距离贼人的巢穴不到一百里。下令选择将校分兵几处严守阵地待命。查明激发叛乱的人，把他们全都依法处置，又诛杀了暗中包庇贼人的奸民。于是百姓争相出来请求为其效力，没过几天就把贼首擒获，其余贼众则遣散他们回家务农。在军中查获贼人所写的文书，附近郡县富人的姓名都赫然在列。李霆镇、元明善请求将其焚毁，民心更加安定。董士选派人把乱事平定的消息上报朝廷。中书平章政事不忽木召见使人，对他说：“董公没有呈上功劳簿吗？”使者回答说：“我临行时，左丞对我说：‘朝廷如果问起军功等事，你只要说我镇守地方失职，能够免除罪过就已经十分庆幸了，哪里还敢谈什么功劳!’”使者接着拿出董士选的亲笔信，信里也只是请求罢黜几名贪赃枉法的官吏而已，丝毫不提自己破贼之事。大臣们在廷议之中，深深感叹董士选识大体，不夸耀自己的功劳。又拜任董士选为江南行御史台中丞，他向来有廉威之名，故能不严而肃，凛然有大臣的风度。

又入朝做佥枢密院事，很快又官拜御史中丞。前任御史中丞崔彧长期在监察部门任职，善于从中斡旋而促成诸事。崔彧死后，不忽木以平章军国重事的身份继任，行事方正而秉持大体，为众望所归。不过不忽木多病，于是让董士选担任此职。董士选在任上风采飞扬，表现卓越，朝廷内外敬畏仰望。

当时丞相完泽听从刘深的建言，出动军队征讨八百媳妇国，长途跋涉，又受烟瘴之苦。等到赶到那里还没开始战斗，士兵们死掉的就已有十之七八。又驱使百姓为军队转运粮草，山谷之间根本不能通行粮车、舟船，只能靠人背肩扛才能够到达。一个民夫运送八斗军粮，就需要有数人辅助，历时十多天才能够到达。人民为此而死难的也达到数十万人。朝廷内外一片哗然。而完泽还游说皇帝说：“江南的广大地区都是世祖皇帝打下来的。陛下如果不发动这场战争，那就没有什么功绩可被后世称颂。”皇帝采纳了他的意见，用兵的意志更加坚决，所以大臣们没有敢再进谏的。董士选在朝臣中领头议论此事，在大殿中奏事完毕后，诸臣全都起立，董士选乃独自上奏说：“如今刘深出动大军，以有用的百姓去攻取无用的土地。就算应当去攻打，也应当先派使者前去劝谕。如果他们不听从劝谕，然后再屯聚粮草，调集兵力，等待合适的时机进攻。怎么能够听信一人的虚妄言论，而置百万生灵于死地呢?”皇帝听了后脸色沉了下来，董士选还在不停地陈言，旁边的侍从人员都为他感到战栗。皇帝最后说："征讨之事已定，爱卿就不必多言了。"董士选回道："因进言而获罪，那也是我应当承担的。要是有一天因我不直言而怪罪于我，我就是死了又有何益！"皇帝命令他离开，左右的大臣拥着他出了宫殿。没过几个月，皇帝听到了征讨大军失败的消息，感慨地说："董二哥所说的都得到了应验，我很惭愧。"于是把御用的酒尊赐给他，表彰他能直言进谏。这才开始罢兵，诛杀刘深等人。元世祖曾经称呼董文炳为董大哥，所以成宗皇帝以二哥称呼董士选。过了很长时间，董士选又出任江浙行省右丞，又迁汴梁行省平章政事，又迁陕西行省平章政事。

董士选平生以忠义自许，尤其以廉洁号称。他的门生部下，没有人敢拿一丝一毫的财物进献给他。他治家也非常严格，而在孝敬友爱方面尤其突出。当时人们说到遵守礼法的世家，必定要推举董氏家族。在礼贤下士方面，董士选做得尤其周到。在江西的时候，他以属吏元明善为宾友。之后又拜吴澄为师。还延请虞汲在家塾中教导自己的儿子。诸位年老的儒士及西蜀遗留下来的士人，董士选全都用书院的俸禄起用聘任他们，让他们以生平所学教授自己。迁任江南行御史台做官时，又招集虞汲的儿子虞集一同前往，后来又征来范椁等数人，这些人都以出众的文学才华在当时享有盛名。所以世称访求贤才，推荐名士，也必以董氏为首。董士选晚年喜欢读《易经》，终生平和淡泊。每次到一地任官，必定要先变卖先世留下的田园房屋作为路上的行旅费用，所以到了老年更加贫穷，子孙与一般的老百姓没什么不同，其中为官的往往也是以廉洁为名。

他的儿子董守忠，官至云南行省参知政事；另一个儿子董守悫，官至侍正府判官；董守思官至威州知州。

【评述】

董士选是著名汉人世侯藁城董氏家族的成员，家世非常显赫。藁城是庄圣太后唆鲁禾帖尼的汤沐邑，因此董氏家族与皇廷有着特殊的亲密关系。董士选的父亲董文炳曾受到忽必烈的表彰，叔父董文忠是忽必烈最为倚重的心腹重臣。因此，董士选很早就被留在上都宿卫，取得了政治根基。在平宋等多次大战中，董士选都立有汗马功劳。更重要的是，他还以刚直不阿而知名，号称“得士大夫心”。因此，当桑哥事败，朝廷意图改弦更张，革除弊政的时候，号称“直士”的董士选就成为当然的人选。董士选的反贪主要可分为两方面：一是对聚敛之徒、豪强势家的打击，非常严厉，丝毫不留情面。尤其引人注目的是，董士选把惩治害民的贪官污吏当做是平定叛乱、稳定统治秩序的一项重要的政治措施来推行，这是很有政治眼光的。通过反贪除暴，安抚了民心，感化了百姓，无论是平叛还是地方上的治理都是水到渠成了。在向朝廷报捷的时候，还不忘上书请求黜罢贪官污吏，可见其反贪的决心。二是把反贪和抚恤民众结合起来，尽可能地让利于民。突出的表现是将豪强霸占的湖泊重新归还给人民，以促进当地的农业生产。对于各种病民、害民的弊政，董士选都努力予以革除，使百姓过上安定、富裕的生活。还应指出的是，董士选对于皇帝的错误决策，敢于犯颜直谏，表现出一片爱国爱民的耿耿忠心，这在君主专制的时代，是很值得嘉许的。

（苗冬注译、评述）

立智理威

【原文】

立智理威，为裕宗东宫必阇赤[1]，典文书。至元十八年，蜀初定，帝闵其地久受兵，百姓伤残，择近臣抚安之，以立智理威为嘉定路达鲁花赤。时方以辟田、均赋、弭盗、息讼诸事课守令，立智理威奉诏甚谨，民安之，使者交荐其能。会盗起云南，号数十万，声言欲寇成都。立智理威驰入告急，言辞恳切，继以泣涕。大臣疑其不然，帝曰："云南朕所经理，未可忽也。"乃推食以劳之。又语立智理威曰："南人生长乱离，岂不厌兵畏祸耶？御之乖方，保之不以其道，故为乱耳。其归以朕意告诸将，叛则讨之，服则舍之，毋多杀以伤生意，则人必定矣。"立智理威至蜀，宣布上旨。

俄召为泉府卿[2]，后迁刑部尚书。有小吏诬告漕臣刘献盗仓粟，宰相桑哥方事聚敛，众阿其意，锻炼枉服。立智理威曰："刑部天下持平，今辇毂之下，漕臣以冤死，何以正四方乎？"即以实闻。以是忤丞相，出为江东道宣慰使。在官务兴学，诸生有俊秀者，拔而用之，为政严明，豪民猾吏，缩手不敢犯，然亦无所刑戮而治。元贞二年，迁四川行省参知政事。蜀有妇人杀夫者，系治数十人，加以棰楚，卒不得其实，立智理威至，尽按得之。

大德三年，以参知政事为湖南宣慰使，继改荆湖。荆湖多弊政，而公田为甚。部内实无田，随民所输租取之，户无大小，皆出公田租，虽水旱不免。立智理威问民所不便凡十数事上于朝，而言公田尤切。朝议遣使理之。会有诏，凡官无公田者，始随俸给之，民力少苏。七年，再迁四川行省参知政事。八年，进左丞。云南王入朝，所在以驿骑纵猎。立智理威曰："驿骑所以传命令，事非有急，且不得驰，况猎乎!"王惮，为之止猎。蜀人饥，亲劝分以赈之，所活甚众。有死无葬者，则以己钱买地使葬。且修宽政以抚其民，部内以治。

十年，入朝，帝以白金对衣赐之，加资德大夫、湖广行省左丞。湖广岁织币上供，以省臣领工作，遣使买丝他郡，多为奸利，工官又为刻剥，故匠户日贫，造币益恶。立智理威不遣使，令工视贾人有藏丝者择买之，工不告病，岁省费数万贯。他郡推用之，皆便。

至大三年，以疾卒于官，年五十七。初赠资德大夫、陕西行省右丞、上护军、宁夏郡公，谥忠惠。再赠推诚亮节崇德赞治功臣、荣禄大夫、中书平章政事、柱国、秦国公。子二人：长买讷，翰林学士承旨；次韩嘉讷，御史大夫。孙达理麻，内府宰相。

选自《元史》卷一百二十《立智理威传》

【注释】

①必阇赤：元代官名，又译“必彻彻”。蒙古语，意为“书吏”。掌管文书等事。

②泉府卿：官名。“泉”通“钱”。《周礼》谓地官司徒所属有泉府，掌管市的税收，收购市上滞销商品以待将来需要时出售，管理人民对财物的借贷及利息。后世北周仿古制，也有泉府中士、下士之官。元朝仿效此设置泉府卿。

【译文】

立智理威，裕宗做太子时为必阇赤，主管文书写作等事务。至元十八年（1281），蜀地刚刚平定，皇帝悲悯长期以来的战乱使该地百姓受到伤害，于是选择亲近大臣去安抚民众，任命立智理威为嘉定路的达鲁花赤。当时正以开垦田地、平均赋税、消除盗贼、平息诉讼等作为官员考核政绩的标准，立智理威执行皇帝的诏令十分严谨，使百姓得以安生，使者们一致推荐他有才能。正值云南盗贼起兵，号称十万，扬言要劫掠成都。立智理威即刻入京奏报，言辞非常恳切，直至声泪俱下。大臣对于这一情况感到怀疑，皇帝说：“云南是我亲自经管和治理过的，断然不能疏忽大意。”于是赐给立智理威御膳以示慰劳。又告诉立智理威说："南方人生长在战乱离散之中，哪有不厌烦战争灾害的？治理方式不对，不因俗制宜，所以才造成叛乱。你回去之后把我的旨意传达给诸位将领：如果叛乱则讨伐他们，归服则赦免他们，千万不要枉伤生灵，这样百姓一定会安定下来。"立智理威到了蜀地，宣布了皇上的旨意。

不久他被召为泉府卿，后来升迁至刑部尚书。有一个小吏诬告漕臣刘献盗取仓库的粟米，宰相桑哥当时理财聚敛，众人也都阿谀奉承他，罗织罪名使刘献伏法。立智理威说："刑部要为天下主持公道，现在在天子脚下，漕臣被冤死，以什么来为四方做表率呢？"于是把这件事情奏报给了皇帝。并由此而得罪了丞相桑哥，被外调为江东道宣慰使。他在官任上重视办学，众多学生中有才能出众的，即选拔任用，他治理事务非常严明，豪绅巨富以及奸佞的小吏，都畏于他的严格而不敢犯法，这样不用严刑杀戮就治理得很好了。元贞二年（1296），迁升为四川行省参知政事。蜀地有一妇人杀死她的丈夫，牵连治罪的有数十人，都被施加了杖刑，最后还是没有查明实情，立智理威到任后，尽全力调查出了真实的情况。

大德三年（1299），立智理威以参知政事的身份迁为湖南宣慰使，继而改为荆湖宣慰使。荆湖地区弊政诸多，尤以公田问题最为严重。官署实际上没有任何田地，却根据民户交纳的田租来收取，民户无论大小，都得交纳公田租赋，即使遇有水旱也不能免除。立智理威访问民户，将令他们困苦的十余件事情上报朝廷，其中公田租税的事情最为迫切。朝廷商议派遣使臣去处理此事。恰逢朝廷下诏：凡是官署没有公田的，开始随俸发给，这样百姓财力和生产稍微得以恢复。大德七年，又升任四川行省任参知政事。八年，升为左丞。云南王进京朝见，一路上都用驿站的马打猎。立智理威说："驿站的马是用来传递命令的，除非有非常紧急的事情，否则不能骑，更何况打猎呢！"云南王听后害怕了，因此不再骑驿马打猎。蜀地闹饥荒，立智理威亲自劝导有粮户分出粮食来赈济灾民，因此救活了很多人。有死后无法安葬的，他就用自己的钱买地安葬死者。同时他改用宽松的政策来安抚百姓，官署内部也治理得井井有条。

大德十年，立智理威入朝，皇帝将白银衣服赐给他，并加封为资德大夫、湖广行省左丞。湖广每年织帛上供朝廷，由行省大臣负责这项工作，他们派遣使者到其他州郡购买丝织品，多奸猾获利，掌管织造的官员又很刻剥，所以那些匠户变得日益贫困，丝织品的质量也越来越差。立智理威则不派使节，令工匠亲自到有丝的商人那里看货选购，工匠不再称病告假，每年节约数万贯的花销。其他的郡也推行这个方法，都得到了好处。

至大三年（1310），立智理威病死于官任上，终年五十七岁。最初赠资德大夫、陕西行省右丞、上护军、宁夏郡公，谥号"忠惠"。后再次赠推诚亮节崇德赞治功臣、荣禄大夫、中书平章政事、柱国、秦国公。他有两个儿子：长子买讷，为翰林学士承旨；次子韩嘉讷，为御史大夫。孙子达理麻，为内府宰相。

（陈晓伟注译）

曹伯启

【原文】

曹伯启，字士开，济宁砀山人。弱冠，从东平李谦游，笃于问学。至元中，历仕为兰溪主簿，尉获盗三十，械徇诸市，伯启以无左验，未之信。俄得真盗，尉以是黜。累迁常州路推官，豪民黄甲，恃财杀人，赂佃客诬伏，伯启谳得其情，遂坐甲杀人罪。迁河南省都事、台州路治中，御史潘昂霄、廉访使王俣交荐，擢拜西台御史，改都事。关陕自许衡倡道学，教多士，伯启请建祠立学，以表其绩，朝议是之。泾阳民诬其尹不法，伯启核实，抵民罪。四川廉访佥事阔阔木以苛刻闻，伯启纠黜之。

延祐元年，升内台都事，迁刑部侍郎。丞相铁木迭儿专政，一日，召刑曹官属问曰："西僧讼某之罪，何为久弗治？"众莫敢对，伯启从容言曰："犯在赦前。"丞相虽甚怒，莫之夺也。宛平尹盗官钱，铁木迭儿欲并诛守者，伯启执不可，杖遣之。八番帅擅杀，起边衅，朝廷已用帅代之矣，命伯启往诘其事。次沅州，道梗，伯启恐兵往则彼惊，将致乱，乃遣令史杨鹏，单骑往喻新帅，备得其情，止奏坐前帅擅兴罪，边民以安。大同宣慰使法忽鲁丁，扑运岭北粮，岁数万石，肆为欺罔，累赃巨万，朝廷遣使督征，前后受赂，皆反为之游言，最后伯启往，其人已死，喻其子弟曰："负官钱，虽死必征。与其纳赂于人，曷若偿之于官。第条汝父所赂之数，官为征之。"诸受赂者皆惧，而潜归赂于其子，为钞五百余万缗，民之逋负而无可理者，即列上与免之。出为真定路总管，治尚宽简，民甚安之。

延祐五年，迁司农丞，奉旨至江浙议盐法，罢检校官，置六仓于浙东、西，设运盐官，输运有期，出纳有次，船户、仓吏盗卖漏失者有罚。归报，著为令。寻拜南台治书侍御史，因言："扬清激浊，属在台宪，诸被枉赴诉者，实则直之，妄则加论可也。今论冤一切不问，岂风纪定制乎?"俄去位。

英宗立，召拜山北廉访使，时敕建西山佛宇甚亟，御史观音保等，以岁饥，请缓之。近臣激怒上听，遂诛言者。伯启曰："主上聪明睿断，是不可以不诤。"乃劾台臣缄默，使昭代有杀谏臣之名，帝为之悚听。俄拜集贤学士、御史台侍御史。有诏同刊定《大元通制》，伯启言："五刑者，刑异五等，今黥杖徒役于千里之外，百无一生还者，是一人身备五刑，非五刑各底于人也。法当改易。”丞相是之，会伯启除浙西廉访使，不果行。

泰定初，引年北归，优游乡社，砀人贤之，表所居为曹公里。伯启性庄肃，奉身清约，在中台，所奖借名士尤多；为侍读学士，考试国子，首取吕思诚、姚绂。云南佥事范震言宰臣欺上罔下，不报，范饮恨死，伯启具其事，书于太史。真州知州吕世英以刚直获罪，伯启白其枉，进擢风宪。其好彰善率类此。

天历中，起伯启为淮东廉访使、陕西诸道行御史台中丞，使驿敦遣，伯启喟然曰："吾年且八十，尚忘知止之戒乎！"终不起，一时被命者，因相继去位，天下之士高之。至顺三年，长子震亨，卒于毗陵，伯启往拊之；明年二月，卒于毗陵，年七十九。有诗文十卷，号《汉泉漫稿》，《续集》三卷，行世。子六人，孙十人，皆显仕。

选自《元史》卷一百七十六《曹伯启传》

【译文】

曹伯启，字士开，济宁砀山（今属安徽砀山）人。二十岁，跟随东平人李谦游学，专注于学问。至元中，官做到兰溪主簿，县尉抓获三十名盗贼，羁押在街市上示众，因没有证据，曹伯启认为这是误抓。不久后抓获到真正的盗贼，县尉因此被罢黜。多次升迁后曹伯启官至常州路推官，有富豪黄某，自恃财富而杀人，贿赂他的佃户认罪，曹伯启查获实情，定黄某杀人罪。曹伯启迁官河南省都事，台州路治中，御史潘昂霄、廉访使王俣都交相推荐他。擢拜为西台御史，又改为都事。关陕之地自从许衡倡行道学以来，很多士人都接受了教育，曹伯启请求兴建祠堂，设立学校，以表彰许衡的功绩，朝廷商议后同意了他的做法。泾阳有人诬告其县尹横行不法，曹伯启核实后，令诬告者抵罪。四川廉访佥事阔阔木因过于严厉刻薄而闻名，曹伯启追究并罢黜了他。

延祐元年（1314），曹伯启升为内台都事，迁官刑部侍郎。丞相铁木迭儿专权，有一天，召刑部官属问道："西僧告某人的罪状，为什么还没判下来？"大家都不敢回话，曹伯启从容地回答说："某人犯法在大赦之前。"丞相虽然很恼怒，但没有办法。宛平尹偷盗官钱，铁木迭儿想将当地地方官全部诛杀，曹伯启坚决不同意，最后罚杖后罢免了他们。八番帅擅自杀戮，引起边境争端，朝廷已启用别的将帅代替前帅，命曹伯启前往核查此事。走到沅州，道路堵塞，曹伯启怕派兵前往会致对方惊恐，而导致叛乱，就派遣令史杨鹏单骑前往晓谕新帅，详细了解实情后，只向朝廷上奏前帅擅自发兵之罪，边民因此获得平安。大同宣慰使法忽鲁丁，包办往岭北运输粮食，每年数万石，任意欺骗隐瞒，累计贪赃数以万计，朝廷派遣使者督征，先后前去的使者们受到贿赂，反而替法忽鲁丁游说辩解，最后朝廷派遣曹伯启前往，当时法忽鲁丁已经死了，曹伯启便晓谕他的后代说："亏空官府的钱，虽然人死了，但必须征回。与其把钱用于贿赂别人，哪如偿还给官府呢。将你父亲贿赂别人的钱数逐条写明，官府代为征回。"所有受贿的人都害怕了，便偷偷地把受贿的钱归还给法忽鲁丁的儿子，共计钱钞五百多万缗，百姓们拖欠的官钱因没办法归还的，就列出名单蠲免了。曹伯启后来被派出为真定路总管，他治理地方崇尚宽简仁厚，百姓因此安居乐业。

延祐五年，曹伯启迁官司农丞，奉圣旨到江浙行省商议盐法，罢黜检校官，他在浙东、浙西创置六大盐仓，设立运盐官，输运有准确日期，出入有序，船户、仓吏盗卖漏失官盐的要惩罚。曹伯启回到朝廷上奏，定为条令。不久拜官南台治书侍御史，因而进言："惩恶扬善，这是做台宪的本分，那些被冤枉而申诉的人，事情属实的话就还他个公道，虚妄的再给他加罪。现在申诉冤屈的一概不问，这哪里是台宪监察的制度啊！"不久曹伯启辞职。

英宗登极后，召拜曹伯启为山北廉访使，当时皇帝敕令修建西山佛宇非常急迫，御史观音保等以当年饥荒为由，请求延缓。近臣激怒皇帝，皇帝诛杀了进言的人。曹伯启说："皇上聪明睿断，因此不可以不直言进谏。"于是弹劾御史台大臣缄默，让皇上留下杀害谏臣的恶名，皇帝也因此大为震动。不久曹伯启拜官集贤学士、御史台侍御史。有诏命令曹伯启与朝臣一起修定《大元通制》，他说："五刑将刑罚分为五等，如今黥杖徒罚于千里之外，犯人百无一还，这是一人身受五等刑罚，而非将五等刑罚分别施于不同罪人。所以法律应当修改。"丞相认为他说得对，恰好曹伯启拜官浙西廉访使而调走，这一建议未能得到实行。

泰定初（1324），曹伯启年老北归，优游于乡里，砀山人很尊敬他，将他所住的地方称为曹公里。曹伯启性格庄严肃穆，严于律己，非常节俭，在御史台的时候，奖掖了很多名士；做翰林院侍读学士的时候，测试国子监生，首先录取吕思诚、姚绂。云南佥事范震奏言宰臣欺上罔下，未得奏报，范震饮恨而死，曹伯启将这件事条陈给太史。真州知州吕世英因刚直获罪，曹伯启向朝廷直言澄清吕世英的冤枉，吕升入御史台。他喜好彰扬善行，大致都像这些事情。

天历中（1328—1330），朝廷起用曹伯启为淮东廉访使、陕西诸道行御史台中丞，使者乘驿马而来敦促催请，曹伯启喟然叹道："我马上就要八十岁了，你们难道忘记适可而止的教训了吗!"最终没有接受任职，当时被任命的人，因为相继辞位，为天下的士人所相高。至顺三年（1332），曹伯启的长子曹震亨死于毗陵，他前往吊慰；第二年二月，曹伯启死于毗陵，时年七十九岁。曹伯启存世诗文十卷，号《汉泉漫稿》，《续集》三卷。儿子六人，孙子十人，都做了大官。

【评述】

"心底无私天地宽"，一个官员一贯坚持秉公办事，那么权贵又能奈他何？曹伯启就是这样的一个典型。

曹伯启的秉公持正，并非只是用来约束群下，更在于对上的直言诤谏。英宗下令建西山佛宇，御史观音保等因财政困难而申请延期，近臣却激怒英宗，令诛言事之官。伯启指责台臣缄默失职，劝诫英宗，说杀言官会在历史中留下骂名。曹伯启严格执法但是并不主张滥刑，在奉诏刊定《大元通志》时，伯启指出当时刑法执行过重，以致"一人身备五刑"，对刑法改革起了一定的促进作用。当他告老还乡后，乡人贤其德，称他的居处为"曹公里"。

在元代官场贪官污吏比比皆是的环境中，曹伯启却能清正廉直，奉身清约，激浊扬清，奖掖后进，治理地方崇尚宽简仁厚，让百姓安居乐业，实属难得。更为可贵的是，曹伯启为官智慧高超，针对不同的对象，总能因势利导，使办事效率最高且效果最好，尽可能减少政治运转的成本。古人言：“忠厚传家久，诗书继世长。”曹伯启为官清廉，书香传家，其子孙后代亦是福泽绵长，仕至清显。

（杨印民译文　向珊评述）

脱烈海牙

【原文】

脱烈海牙，畏吾氏。世居别失拔里之地。曾祖阔华八撒术，当太祖西征，导其主亦都护迎降。帝嘉其有识，欲官之，辞以不敏。祖八剌术，始徙真定，仕至帅府镇抚。富而乐施，或贷不偿，则火其券，人称为长者。父阇里赤，性纯正，知读书。

脱烈海牙幼嗜学，警敏绝人。性整暇，虽居仓卒，未尝见其急遽。喜从文士游，犬马声色之娱，一无所好。由中书宣使，出为宁晋主簿。改隆平县达鲁花赤，均赋兴学，劝农平讼，桥梁、水防、备荒之政，无一不举。及满去，民勒石以纪其政。拜监察御史。时江西胡参政杀其弟，讼久不决，脱烈海牙一讯竟伏其辜。出佥燕南道肃政廉访司事，务存大体，不事苛察。在任六年，黜污吏百四十有奇。召为户部郎中，转右司员外郎，升右司郎中。赞画之力居多。仁宗在东宫，知其嗜学，出秘府经籍及圣贤图象以赐，时人荣之。母霍氏卒，哀毁骨立，事闻，赐钞五万贯，给葬事。起为吏部尚书，量能叙爵，以平允称。改礼部尚书，领会同馆事。进中奉大夫、荆湖北道宣慰使。适峡人艰食，脱烈海牙先发廪赈之，而后以闻。朝议韪之。

至治三年，迁淮东宣慰使。七月，以疾卒于广陵，年六十有七。赠通奉大夫、河南江北等处行中书省参知政事、护军，追封恒山郡公。弟观音奴，廉明材干，亦仕至清显云。

选自《元史》卷一百三十七《脱烈海牙传》

【译文】

脱烈海牙，畏兀儿人。世代居住在别失拔里（今新疆吉木萨尔东北北庭）地区。曾祖父阔华八撒术，在成吉思汗西征时，引导其主亦都护迎降。成吉思汗嘉奖他为有识之士，想让他做官，他以自己不聪敏推辞。祖父八剌术，移居真定，仕官至帅府镇抚。家富而乐善好施，有人借贷而不能偿还，他就烧掉债券，被人们称为长者。父亲阇里赤，性情纯正，喜爱读书。

脱烈海牙小时候酷爱读书，机灵聪慧，无人可比。性格严谨而又从容不迫，即使平时遇到忙乱的事情，也从来没有见过他会急迫。他喜欢与文士们一起出游，对于声色犬马一无所好。由中书省宣使出任宁晋的主簿。改任隆平县达鲁花赤，均平赋役，兴办学校，劝课农桑，平息诉讼，桥梁、水防以及备荒之政，没有不兴办的。等到任满离去，当地百姓将他的政绩刻在石碑上。后拜官监察御史。当时江西行省胡参政杀害自己的弟弟，争讼长久不能决断，脱烈海牙一审讯就让他招伏了。后又出佥燕南道肃政廉访司事，凡事从大局出发，不过于苛察。在任六年，罢黜贪官污吏一百四十多人。被召任为户部郎中，转官右司员外郎，升为右司郎中。辅助谋划，出力很多。元仁宗在东宫时，知道他嗜好学问，就拿出秘府经籍与圣贤图像赐给他，为时人所艳羡。母亲霍氏去世，脱烈海牙哀毁消瘦，为朝廷所知，赐钞五万贯，资助他营办丧葬。脱烈海牙起官为吏部尚书，他根据人的才能授予官爵，被人们认为平允。改官礼部尚书，领会同馆事务。进为中奉大夫、荆湖北道宣慰使。正赶上峡州地区的百姓饥饿乏食，脱烈海牙率先发官廪赈济灾民，然后再上报朝廷。朝中大臣都认为他做得对。

至治三年（1323），迁为淮东宣慰使。七月，因病死在广陵（今江苏扬州），时年六十七岁。追赠通奉大夫、河南江北等处行中书省参知政事、护军，追封恒山郡公。脱烈海牙的弟弟观音奴，清明廉洁有才干，官也做得很大。

（杨印民译文　向珊评述）

赵世延

【原文】

赵世延，字子敬。其先雍古族人，居云中北边。曾祖（黑旦）公，为金群牧使[①]，太祖得其所牧马，（黑旦）公死之。祖按竺迩，幼孤，鞠于外大父术要甲，讹为赵家，因氏为赵；骁勇善骑射，从太祖征伐，有功，为蒙古汉军征行大元帅，镇蜀，因家成都。父黑梓，以门功袭父元帅职，兼文州吐蕃万户达鲁花赤。

世延天资秀发，喜读书，究心儒者体用之学。弱冠，世祖召见，俾入枢密院御史台肄习官政。至元二十一年，授承事郎、云南诸路提刑按察司判官，时年二十有四。乌蒙蛮酋叛，世延会省臣以军讨之，蛮兵大溃，即请降。二十六年，擢监察御史，与同列五人劾丞相桑哥不法。中丞赵国辅，桑哥党也，抑不以闻，更以告桑哥。于是五人者，悉为其所挤，而世延独幸免。奉旨按平阳郡监也先忽都赃钜万，鞫左司郎中董仲威杀人狱，皆明允。二十九年，转奉议大夫，出佥江南湖北道肃政廉访司事。

敦儒学，立义仓，撤淫祠，修澧阳县坏隄，严常、澧掠卖良民之禁，部内晏然。

元贞元年，除江南行御史台都事，丁内艰，不赴。大德元年，复除前官，三年，移中台都事。俄改中书左司都事。台臣奏，仍为都事中台。六年，由山东肃政廉访副使改江南行台治书侍御史。十年，除安西路总管。安西，故京兆省台所治，号称会府，前政壅滞者三千牍。世延既至，不三月，剖决殆尽。陕民饥，省台议，请于朝赈之，世延曰：“救荒如救火，愿先发廪以赈，朝廷设不允，世延当倾家财若身以偿。”省台从之，所活者众。

至大元年，除绍兴路总管，改四川肃政廉访使。蒙古军士，科差繁重，而军士就戍往来者多害人，且军官或抑良为奴。世延皆除其弊，而正其罪。又修都江堰，民尤便之。四年，升中奉大夫、陕西行台侍御史。先是，八百媳妇②为边患，右丞刘深往讨之，兵败而还，坐罪弃市。及是，右丞阿忽台当继行，世延言：“蛮夷事在羁縻，而重烦天讨，致军旅亡失，诛戮省臣，藉使尽得其地，何补于国？今穷兵黩武，实伤圣治。朝廷第当选重臣知治体者，付以边寄，兵宜止，勿用。”事闻，枢密院臣以为用兵国家大事，不宜以一人之言为兴辍。世延闻之，章再上，事卒罢。

皇庆二年，拜江浙行省参知政事，寻召还，拜侍御史。延祐元年，省臣奏：“比奉诏汉人参政用儒者。赵世延其人也。”帝曰：“世延诚可用，然雍古氏非汉人，其署宜居右。”遂拜中书参知政事，居中书二十月，迁御史中丞。有旨省臣自平章以下，率送之官。其礼前所无有，由是为权臣所忌，乃用皇太后旨，出世延为云南行省右丞。陛辞，帝特命仍还御史台为中丞。三年，世延劾奏权臣太师、右丞相帖木迭儿罪恶十有三，诏夺其官职。寻升翰林学士承旨，兼御史中丞，世延固辞，乃解中丞。五年，进光禄大夫、昭文馆学士，守大都留守，乞补外，拜四川行省平章政事。世延议即重庆路立屯田，物色江津、巴县闲田七百八十三顷，摘军千二百人垦之，岁得粟万一千七百石。

明年，仁宗崩，帖木迭儿复居相位，锐意报复，属其党何志道，诱世延从弟胥益儿哈呼诬告世延罪，逮世延置对。至夔路，遇赦。世延以疾抵荆门，留就医。帖木迭儿遣使督追至京师，俾其党锻练使成狱。会有旨，事经赦原，勿复问。帖木迭儿更以它事白帝，系之刑曹，逼令自裁，世延不为动，居囚再岁。胥益儿哈呼自以所诉涉诬欺，亡去。中书左丞相拜住屡言世延亡辜，得旨出狱，就舍以养疾。先是，帝猎北凉亭，顾谓侍臣曰：“赵世延，先帝所尊礼，而帖木迭儿妄入其罪，数请诛之，此殆报私怨耳，朕岂能从之。”侍臣皆叩头称万岁。帖木迭儿在上京，闻世延出狱，索省牍视之，怒曰：“此左丞相罔上所为也。”事闻，帝语之曰：“此朕意耳。”未几，帖木迭儿死，事乃释。世延出居于金陵。

泰定元年，召还朝，除集贤大学士。明年，出为江南行台御史中丞。四年，入朝，复为御史中丞，又迁中书右丞。明年，有旨赵世延顷为权奸所诬，中书宜遍移天下，诏雪其非辜，乃加翰林学士承旨、光禄大夫。经筵开，兼知经筵事，选拣劝讲者，皆一时名流。又加同知枢密院事。

泰定帝崩，燕铁木儿与宗王大臣议：武宗二子周王、怀王，于法当立。周王远在朔漠，而怀王久居民间，备尝艰险，民必归之，天位不可久虚，不如先迎怀王，以从民望。八月，即定策迎之于江陵。怀王即位，是为文宗。当是时，世延赞画之功为多。文宗即位，世延仍以御史中丞兼翰林学士承旨，以疾乞归田里，诏不允。天历二年正月，复除江南行台御史中丞；行次济州，三月，改集贤大学士。六月，又加奎章阁大学士。八月，拜中书平章政事。冬，世延至京，固辞，不允。诏以世延年高多疾，许乘小车入内。至顺元年，诏世延与虞集等纂修《皇朝经世大典》[③]。世延屡奏："臣衰老，乞解中书政务，专意纂修。"帝曰："老臣如卿者无几，求退之言，后勿复陈。"四月，仍加翰林学士承旨，封鲁国公。秋，以疾，移文中书致其事，明日即行，养疾于金陵之茅山。诏征还朝，不能行。二年，改封凉国公。

元统二年，诏赐世延钱凡四万缗。至元改元，仍除奎章阁大学士、翰林学士承旨、中书平章政事、鲁国公。明年五月，至成都。十一月，卒，享年七十有七。至正二年，赠世忠执法佐运翊亮功臣、太保、金紫光禄大夫、上柱国，追封鲁国公，谥文忠。

世延历事凡九朝，扬历省台五十余年，负经济之资，而将之以忠义，守之以清介，饰之以文学，凡军国利病，生民休戚，知无不言，而于儒者名教，尤拳拳焉。为文章，波澜浩瀚，一根于理。尝较定律令，汇次《风宪宏纲》④，行于世。

五子，达者三人：野峻台，黄州路总管；次月鲁，江浙行省理问官；伯忽，夔州路总管，天历初，囊加台据蜀叛，死于难，特赠推忠秉义效节功臣、资善大夫、中书右丞、上护军，追封蜀郡公，谥忠愍。

选自《元史》卷一百八十《赵世延传》

【注释】

①群牧使：金朝主管放牧军马、饲养牛羊的部门。

②八百媳妇：云南车里（今西双版纳）以南，传说部长世世有妻八百人，各领一寨，故称“八百媳妇国”。

③《皇朝经世大典》：即元代官修政书《经世大典》，虞集、赵世延修撰。至顺二年（1331）修成，共八百八十卷。分帝号、帝训、帝制、帝系、制典、赋典、礼典、政典、宪典、工典十门。

④《风宪宏纲》：元代律令汇编，以格例条画有关风宪者类集而成，是元仁宗时有关监察制度的文献汇编，现存马祖常所作序。

【译文】

赵世延字子敬，祖先是雍古族人，居住在云中北部，曾祖父（黑旦）公，任金国群牧使，太祖曾经夺取他所负责牧养的马匹，（黑旦）公为此而死。祖父按竺迩，幼年丧父，被其外祖父术要甲收养，被误称为赵家子，因此姓赵；他作战骁勇，善于骑射，跟随太祖征战，立有战功，为蒙古汉军征行大元帅，镇守四川地区，因而在成都安家。父亲黑梓，因为家世的功劳而世袭为元帅，兼文州吐蕃万户达鲁花赤。

世延天资秀逸，喜好读书，潜心研究儒家经世之学。二十岁时，被世祖召见，令他入枢密院及御史台学习政务。至元二十一年（1284），任承事郎、云南诸路提刑按察司判官，当时他年仅二十四岁。乌蒙蛮酋长叛乱，世延会同行省长官带领军队前去讨伐，蛮军溃败，请求投降。二十六年，被提升为监察御史，与同僚五人共同检举丞相桑哥的不法之事。御史中丞赵国辅，是桑哥的党羽，把他们的奏章压下不报，而且将此事告诉了桑哥。因此那五位同僚都被桑哥所排挤，而惟独世延幸免。世延奉旨审查平阳郡监也先忽都贪赃巨万的案件，审问左司郎中董仲威杀人的案件，处理都很明正允当。二十九年，转任奉议大夫，出任佥江南湖北道肃政廉访司事。他促进儒学，设立义仓，废除滥设的祠庙，修筑沣阳县损坏了的堤坝，严格禁止常、沣掠卖良民，使所管属区内晏然太平。

元贞元年（1295），任江南行御史台都事，因守母丧，不赴任。大德元年（1297），又任前职，任官三年，移任中台都事。不久改任中书左司都事。御史台大臣上奏使其留在中台为都事。六年，由山东肃政廉访副使改任江南行台治书侍御史。十年，任安西路总管。安西路，过去是京兆省台的治所，号称是大都会，前任长官搁置的政务公文达三千件。赵世延到任以后，不到三个月，所积留的政务就被他处理得所剩无几。陕民遇饥荒，省台商议，向朝廷请求救济，赵世延说："救荒如救火，希望先行开仓救济，假若朝廷不同意，我会倾尽家财来偿还。"省台听从了他的建议，使许多人保住了性命。

至大元年（1308），任绍兴路总管，改任四川肃政廉访使。蒙古士兵，各种差役繁重，但士兵们往来服役途中多危害百姓，并且军官中有人强使良民为奴，赵世延把这些弊病全都予以废除，并且明正其罪。他又修整了都江堰，特别使百姓获得了利益。四年，升任中奉大夫、陕西行台侍御史。在此以前，八百媳妇为边患，右丞刘深前往讨伐他们，兵败而还，被治罪杀头陈尸街头示众。至此时，右丞阿忽台应当继任出征，赵世延说："蛮夷之事，应重在笼络，而今多次发动大军征讨，致使军队死伤，诛戮省臣。即使获得他们的全部土地，对国家又有何益处呢？如今穷兵黩武，事实上是妨碍我朝统治。朝廷只需选择懂得治理之术的重臣，把边事交托给他去办理，停止出兵，不使用武力。"此事上报，枢密院大臣认为用兵是国家的大事，不应以一人之言而为之兴废。世延闻知此事，再次上章陈说，出兵之事最终被取消。

皇庆二年（1313），拜任江浙行省参知政事，不久被召回，拜任侍御史。延祐元年（1314），中书省臣上奏说："近来奉诏令汉人参政，任用儒者。赵世延是此职合适的人选。"皇帝说："赵世延确实可以任用，但雍古氏非汉人，他的官位应当居其上。"于是拜任其为中书参知政事，在中书省任职二十个月后，世延迁任御史中丞。皇帝下令中书省自平章以下的官员，全都要送其至官府赴任。这是前所未有的礼遇，由此他被权臣所妒忌，权臣就用皇太后的旨意，使世延外任云南行省右丞。他入宫辞行，皇帝特命他仍然回御史台任中丞。三年，赵世延劾奏权臣太师、右丞相铁木迭儿的十三条罪恶，皇帝下诏革去帖木迭儿的官职。不久世延被授翰林学士承旨，兼御史中丞，世延执意推辞，才免去了御史中丞的兼职。五年，晋升光禄大夫、昭文馆学士，任大都留守，他请求补任地方官，拜任四川行省平章政事。赵世延提议在重庆路设立屯田，物色了江津、巴县的七百八十三顷闲置田地，选取军中士兵一千二百人垦种，每年获得一万一千七百石粟米。

第二年，仁宗驾崩，铁木迭儿复居相位，锐意报复，令其党羽何志道，诱使世延的从弟胥益儿哈呼诬告世延有罪，逮捕世延进京对质，行至夔路，遇到赦免。世延因病而停在荆门，留居就医。铁木迭儿差遣使者督促将世延追回至京师，使其党羽罗织罪名而治他的罪。恰逢皇帝下旨，此事已经赦免，不要再追问了。铁木迭儿又以别的罪状禀告皇帝，把世延关押在刑部狱中，逼令他自杀。世延不为所动，在监狱中过了两年。胥益儿哈呼自己认识到他所上诉的事涉及到诬告欺瞒之罪，逃走了。中书左丞相拜住屡次对皇帝说赵世延无辜受害，世延因而得到旨令出狱，到客馆居住养病。此前，皇帝在北凉亭狩猎，回头对侍臣说："赵世延是先帝所尊敬礼遇的人，而铁木迭儿妄加其罪，屡次请求诛杀他，这一定是为报私怨，朕怎能依从。”侍臣们全都叩头口称万岁。铁木迭儿在上京闻知世延出狱，便索要中书省公文查阅，怒道：“这是左丞相所干的欺罔皇上之事。”此事被上报给皇帝，皇帝对他说：“这是朕的主意。”不多久，帖木迭儿死去，这件事才得以平息。世延离开京城居于金陵。

泰定元年（1324），召他还朝，授任集贤大学士。第二年，出任江南行台御史中丞。四年，入朝，复任御史中丞，又迁任中书右丞。次年，皇帝有旨说赵世延近来被权奸所诬，中书省应遍告天下，昭雪他无辜受冤，仍加官翰林学士承旨、光禄大夫。朝廷开设经筵，他兼知经筵事，所挑选的讲授之人，都是一时之名流。又加授他同知枢密院事。

泰定帝驾崩，燕铁木儿与宗王大臣们商议：武宗的两个儿子周王、怀王，按照礼法都可以被拥立为皇帝；周王远在北方大漠，而怀王久居民间，备尝艰险，百姓一定会拥护他，天子之位不可久虚，不如先迎立怀王为帝，以顺从民望。八月，便把拥立皇帝的事写在竹简上，告于宗庙，从江陵把怀王迎接回京，怀王即位，就是文宗皇帝。这一时期，赵世延协助谋划的功劳很多。文宗即位之后，赵世延仍然以御史中丞兼翰林学士承旨，因患病而乞求回归乡里，诏令不允。天历二年（1329）正月，再次授任江南行台御史中丞；行至济州，三月，改任集贤大学士；六月，又加升奎章阁大学士；八月，拜任中书平章政事。此年冬季，赵世延来到京城，执意推辞，未获同意，皇帝下诏因为赵世延年高多病，特许他可以乘坐小车入宫。至顺元年（1330），诏令赵世延与虞集等人纂修《皇朝经世大典》。赵世延屡次奏请：

“臣已衰老，乞求解除中书省的政务，使臣专心纂修。”皇帝说：“像卿一样的老臣已没有几个了，求退之言，你以后不要再上陈了。”四月，仍加官翰林学士承旨，封为鲁国公。秋天，因为疾病，他给中书省发文通知自免其事，第二天就立刻启程，在金陵的茅山养病。皇帝下诏征他还朝，他不能成行。二年，改封他为凉国公。

元统二年（1334），诏赐赵世延钱币共四万缗。至元改元（1335），仍然授任其奎章阁大学士、翰林学士承旨、中书平章政事、鲁国公。次年五月，世延至成都，十一月去世，享年七十七岁。至正二年（1342），赠世忠执法佐运翊亮功臣、太保、金紫光禄大夫、上柱国，追封鲁国公，谥文忠。

赵世延共历官九朝，在省台任职达五十余年，具有经时济世的资质，而且以忠义行事，以清廉自守，以文学自饰，凡是有关军国的利弊，百姓生活的好坏，他都知无不言，而对于儒学名教，尤其推崇。他写的文章，气势波澜浩瀚，而全能归结于义理。他曾经校定律令，汇编成《风宪宏纲》，广泛流传。

他有五个儿子，显赫的有三人：野峻台，任黄州路总管；次名月鲁，任江浙行省理问官；伯忽，任夔州路总管，天历初年，囊加台据蜀叛乱，伯忽死于战乱，被特赠推忠秉义效节功臣、资善大夫、中书右丞、上护军，追封为蜀郡公，谥“忠愍”。

【评述】

赵世延的家世很显赫，其祖父就曾因辅佐成吉思汗征伐有功而被任命为征行大元帅，其父也历任高官。尽管出身于蒙古贵族家庭，但是赵世延却没有贵族子弟的纨绔之气，相反他从小就喜欢读书，对于儒家的体用之学尤为精通，成为少数民族官员中少有的精通汉族文化的人，正因博学多才，他曾主持编修元朝最重要的政书《皇朝经世大典》。更可贵的是，除了精通儒家文化，赵世延还是一位忧国忧民的反贪志士。在他刚刚担任监察御史不久，就参与了弹劾大贪官桑哥的行动，尽管未能成功，仍然震慑了贪腐之徒。在受到打击而调到京外任职后，他仍不改初衷，坚决与贪腐斗争，查办了平阳郡监也先忽都的贪污罪行。在任四川肃政廉访使后，先后去除了军士害人、军官抑良为奴的弊病。

赵世延之所以能够成就这样的事业，一方面因为自幼受儒家学说的熏陶，有着良好的品德，更重要的是他怀着一颗忧国忧民的热忱之心。一次陕西发生饥荒，朝廷讨论救灾，但是久议不决，赵世延认为救灾如救火，如果朝廷不能立即开仓，他甚至打算先竭尽自家财产来赈济灾民。正是有着这样的忧国忧民之心，再加上广博的学识，才成就了赵世延这样一位既有文才，又廉洁刚正的好官。

（倪彬注译、评述）

敬 俨

【原文】

敬俨，字威卿，其先河东①人，后徙易水。五世祖嗣徽，仕金官至参知政事；曾祖子渊，乐陵令；祖鉴，同知嵩州事。皆以进士起家。父元长，有学行，官至太常博士。俨其仲子也，幼不为嬉戏事，长嗜学，善属文，御史中丞郭良弼荐为殿中知班，著宪章若干卷。受知于广平王月吕禄那演，连辟太傅、太师两府掾，调高邮县尹，未赴，选充中书省掾。朱清、张瑄为海运万户，豪纵不法，适俨典其文牍，尝致厚赂，俨怒拒之，二人以罪伏诛。权贵多以贿败连坐，独俨不与。

大德二年，授吏部主事，改集贤司直。会湖湘有警，丞相哈剌合孙答剌罕奏俨奉诏恤民，且观衅，甚称旨意。六年，擢礼部员外郎。有故郡守子，当以廕补官，继母诉其非嫡者，俨察其诬，按之，果如所言。

七年，拜监察御史。时省臣有既黜而复收用者，参预官巧佞，与相比周，以黩货挠法，即日劾去之。江浙行省与浙西宪司交章相攻击，事闻，命省台遣官往治之，俨与阿思兰海牙偕行，议多不合，两上之，朝廷卒是俨议。七月，迁中书左司都事，扈从上京。西京贾人有以运粮供饷北边而得官者，盗用至数十万石，以利啗主者，匿不发，俨按征之以输边。

九年，授吏部郎中，以父病辞。已而父卒，既终丧，复入御史台为都事。中丞何某与执政有隙，省议欲核台选之当否，俨曰："迩者，省除吏千余人，台亦当分别之邪?"语闻，议遂寝。江南行御史台与江浙省争政，事闻，俨曰："省台政事，风化本原，各宜尽职，顾乃以小故忿争，而渎上听乎!"建康路总管侯珪，贪纵事败，俨亟遣官决其事，及其夤缘近幸，奏请原之，命下，已无及矣。

武宗抚军北边，成宗升遐，宰臣有异谋者，事定，命俨预鞫问之，悉得其情。除山北廉访副使，入为右司郎中。武宗临御，湖广省臣有伪为警报，驰驿入奏，以图柄用者，俨面诘之曰："汝守方面，既有警，岂得离职，是必虚诞耳。"其人竟以状露被斥。旱蝗为灾，民多因饥为盗，有司捕治，论以真犯。狱既上，朝议互有从违，俨曰："民饥而盗，迫于不得已，非故为也。且死者不可复生，宜在所矜贷。"用是得减死者甚众。

至大元年，授左司郎中，擢江南诸道行御史台治书侍御史。先是，俨以议立尚书省，忤宰臣意，适两淮盐法久滞，乃左迁俨为转运使，欲以陷之。比至，首劾场官之贪污者，法既大行，课复增羡至二十五万引。河南行省参政来会盐筴，将以羡数为岁入常额。俨以亭户凋弊已甚，以羡为额，民力将殚，病人以为己，非宰臣事，事遂止。仁宗践阼，召为户部尚书，廷议欲革尚书省弊政，俨言："遽罢钱不用，恐细民失利。"不从，以疾辞。

皇庆元年，除浙东道廉访使。有钱塘退卒，诈服僧衣，称太后旨，建婺州双谿石桥，因大兴工役以病民。俨命有司发其奸赃，杖遣之，仍请奏罢其役。郡大火，焚数千家，俨令发廪赈贫馁。取宪司废堂材木及诸路学廪之羡者，建孔子庙。

二年，拜江西等处行中书省参知政事。旧俗，民有争，往往越诉于省，吏得并缘为奸利，讼以故繁。俨令下省府，非有司，不得侵民，讼事遂简。诏设科举，俨荐临川吴澂、金陵杨刚中为考试官，得人为多。其年冬，移疾退居真州。除江南诸道行御史台侍御史，不赴。

四年春，诏促就前职，以疾辞。七月，召为侍御史；十月，迁太子副詹事，御史大夫脱欢答剌罕奏留之，制曰"可"。湖广省臣以赃败，俨一日五奏，卒正其罪。台臣有劾去而复职者，御史复劾之，章再上，有旨命丞相、枢密共决之。俨曰："如是，则台事去矣。"遂即帝前奏黜之，因伏殿上，叩头请代。帝谕之曰："事非由汝，汝其复位。"

五年夏五月，拜中书参知政事，台臣复奏留之，俨亦陛辞，不允。赐《大学衍义》及所服犀带。每入见，帝以字呼之，曰威卿而不名，其见礼遇如此。旧制，诸院及寺监，得奏除其僚属者，岁久多冒滥，富民或以赂进，有至大官者。俨以名爵当慎惜，会台臣亦以为言，乃奏请悉追夺之，遂著为令。六年，告病，赐衣一袭，遣医视疗。俨以其乡在近圻，恐复征用，乃徙居淮南，虽亲故皆不接见。

至治元年，除陕西诸道行御史台中丞。泰定元年，改江南诸道行御史台中丞。皆不赴。年六十五，即告老，朝廷虽命其子自强为安庆总管府判官，而未从其请。四年春，遣使赐酒，征为集贤大学士、荣禄大夫，商议中书省事。俨令使者先返，而挈家归易水。九月，帝特署为中政院使，复赐酒，召之，乃舆疾入见，赐食慰劳，亲为差吉日使视事，命朝会日无下拜；是月，拜中书平章政事，复以老病辞，不从。

天历改元，朝议欲尽戮朝臣之在上京者，俨抗论，谓是皆循常岁例从行，杀之非罪。众赖之获免。居月余，伤足，告归。家居十余年，痹不能行，犹劬书不废。临终，戒子弟曰："国恩未报，而至不禄，奈何！汝曹当清白守恒业，无急仕进。"正冠帻，端坐而逝。赠翰林学士承旨、光禄大夫、柱国，封鲁国公，谥文忠。

自强，朝散大夫、礼部员外郎。俨有诗文若干卷，藏于家。叔祖铉，与太原元好问同登金进士第，国初为中都提学，著《春秋备忘》四十卷，仁宗朝命刻其书，今行于世。

选自《元史》卷一百七十五《敬俨传》

【注释】

①河东：唐以后泛指今山西省。

【译文】

敬俨，字威卿，祖籍山西，后来迁到易水。敬俨的五世祖敬嗣徽，在金朝官至参知政事；曾祖敬子渊，官至乐陵令；祖父敬鉴为嵩州同知。他们都以进士起家。父亲敬元长，有学问，有品行，官至太常博士。敬俨是敬元长的次子，自小不贪玩，长大好学，善于做文章，御史中丞郭良弼推荐他为殿中知班，制定若干卷规则宪章。敬俨受广平王月吕禄那演赏识，接连被征召为太傅、太师两府属员，又调高邮县尹，还没赴任，便选拔为中书省属掾。朱清、张瑄是海运万户，放纵违法，恰巧敬俨掌管他们的文牍工作。他们曾经厚赂敬俨，都被他坚决拒绝，二人因罪伏诛。许多权贵也因为贿赂败露而连坐，唯独敬俨没有被牵连。

大德二年（1298），敬俨为吏部主事，又改任集贤司直。碰到湖湘地区有警报，丞相哈剌合孙答剌罕奏请皇帝让敬俨奉命抚恤百姓，并察看盗匪的情况，此事非常符合皇帝旨意。大德六年，敬俨升礼部员外郎。有一个前郡守的儿子，应当以荫补官，但他的继母说他并非嫡出。敬俨严肃对待继母的控告，查核此事，果如所言。

大德七年，敬俨任监察御史。当时，省官有被罢免而重新任职者，参预官巧言欺诈，互相结党营私，贪污受贿徇私枉法，敬俨即日就把他们弹劾罢免。浙江行省与浙西宪司相互攻击，事情上奏皇帝，皇帝命令行台官员前往处理，敬俨与阿思兰海牙同行，但两人对此事的处理观点不一，二人分别上书报告，朝廷肯定了敬俨的观点。这年七月，敬俨任中书左司都事，他跟随皇帝去上京。西京有负责转运粮食而得官的商人，盗用粮食至数十万石，用钱财贿赂官员，隐瞒真相。敬俨按律征用粮食运到边境。

大德九年，敬俨授予礼部郎中一职，但因为父亲生病而辞去。后来父亲去世，敬俨办完丧事，又到御史台为都事。中丞何某与御史台长官有矛盾，中书省想要考评御史台官员是否称职。对此，敬俨说："近来省里选授官员有千余人，御史台是否也应当一一考评?"听到这句话，这种意见才停止。江南行御史台与江浙省互相争权，事情传出，敬俨说："省台的政事，是风化的本原，应该各尽其职，怎么能因为小事而争执，而亵渎圣听!"建康路总管侯珪，贪污放肆的事败露。敬俨立即派遣官员严肃处理其事。等到跟侯珪关系好的官员上奏请求宽恕时，侯珪已判罪，不能挽救了。

元武宗去北部边境视察部队，元成宗驾崩。有企图叛乱的丞相，事情平定后，皇帝命令敬俨严加审问，审明了事情全部真相。敬俨担任山北廉访副使，又入朝为右司郎中。元武宗登基后，湖广省臣有假警报，快马奏报，以谋求重用者，敬俨当面责问道："你所管理的地方，既然有警事，你为什么擅离职守，肯定是虚报!”那个人终以事情败露被斥责。当时，发生旱灾蝗灾，很多百姓因为饥饿而做盗贼，官府抓到他们，竟以盗贼罪处理。这种案件上奏朝廷，大臣也有不同看法，敬俨说：“百姓因饥饿而偷盗，是迫于无奈，并不是存心为匪。更何况死了就不能再生，因此要谨慎宽恕。”这样挽救了很多人的性命。

元武宗至大元年（1308），敬俨被授予左司郎中，又升江南诸道行御史台治书侍御史。之前，敬俨因为讨论尚书省的问题，与宰臣意见不同，正好两淮盐政滞坏，因此宰臣贬敬俨为两淮转运使，以此陷害他。敬俨到任后，首先弹劾场官贪污，法令得到执行，结果使课税耗羡又增加到二十五万引。河南行省参政来讨论盐政，将以耗羡收入定为常额。敬俨以为亭户经济已经非常困难，如果将耗羡定额，民力将耗尽，因为自己而残害别人，这不是宰臣的作为，因此事情作罢。元仁宗登基，升他为户部尚书。朝廷讨论革除尚书省的弊政，敬俨说：“如果立刻废除铜钱，百姓利益就会受损。”皇帝不同意，敬俨托病辞职。

元仁宗皇庆元年（1312），敬俨担任浙东道廉访使。钱塘有一个退伍士卒，假扮僧人，假传太后旨意，在婺州双谿建造石桥，大兴工役，为害百姓。敬俨命令官吏公布其恶，杖刑并发配他，并停止工役。郡中发生大火，冲毁数千家，敬俨命令开仓赈民。敬俨又收集官府废置堂屋木料和各路学廪的耗羡，修建孔子庙。

皇庆二年，敬俨担任江西等处行中书省参知政事。按以前的习惯，百姓有争执，往往直接越至行省告状，官吏可以从中获取奸利，因此诉讼就非常繁杂。敬俨下令省府，除了掌管诉讼的官吏之外，其他人不可参与诉讼之事，诉讼就简化了。朝廷开设科举，敬俨推荐临川吴澂、金陵杨刚中为考试官，为朝廷招揽很多人才。这年冬天，敬俨移书称病退居真州。敬俨又被任命为江南诸道行御史台侍御史，但没有赴任。

元仁宗延祐四年（1317）春，诏令他尽快就任先前的职务，他称病谢绝。七月，召他为侍御史；十月，又升他为太子副詹事，御史大夫脱欢答剌罕奏请留下他，皇帝同意。湖广省大臣的赃案败露，敬俨一天五次奏请皇帝，终于使他们得到法律的惩罚。台臣有被弹劾削职而后来又复职的，御史又弹劾他，奏章又上皇帝面前，皇帝下旨命丞相和枢密使共同商讨。敬俨说："如果是这样，那么御史台就可以省事了。"于是，敬俨在皇帝面前奏请罢免这人。敬俨伏在殿上，跪着请求别人代替他的位置。皇帝说："事情并非由你而起，你继续担任你的官职。"

延祐五年五月，敬俨拜中书参知政事，御史台臣重新奏请挽留他，敬俨又谒见天子要辞去，皇帝不允许。元仁宗赐给他《大学衍义》及所服犀带。敬俨每次入宫觐见皇上，皇帝以"威卿"呼之，而不叫其名，可见皇帝多么礼遇他。按照旧制，诸部院及各寺监，可以上奏让僚属为官，时间一长就鱼龙混杂，以至泛滥，富人通过贿赂做了高官。敬俨认为对待名爵一定要慎重，御史台臣也这样建议，于是奏请全部收回爵位，下不为例。延祐六年，敬俨患病，元仁宗赐给他一套衣服，并派太医给他看病。敬俨因为住的地方离京城太近，怕重新被任用，于是迁到淮南，即使亲戚老友都不接见。

元英宗至治元年（1321），敬俨被任命为陕西诸道行御史台中丞。泰定元年（1324），敬俨改任江南诸道行御史台中丞。但这两次，敬俨都没有赴任。六十五岁那年，敬俨告老归田。朝廷任命他的儿子敬自强为安庆总管府判官，而没有征得他同意。泰定四年春，泰定帝派遣使臣赐敬俨酒，征他为集贤大学士、荣禄大夫，以商议中书省事。敬俨让使臣先回朝廷，自己则携家回到易水。九月，皇帝特别任命他为中政院使，又赐酒，召见他。于是，敬俨带病乘小车觐见。皇帝赐食物慰劳，亲自为他选择吉日去就职办事，命他朝会时不用下拜。在这月，敬俨被任命为中书平章政事，但他又以老病辞谢，皇上不同意。

天历元年（1329），朝议要杀戮在上京的全部官员。敬俨反对，说他们都是遵循常例出行，是无罪的。他们因此而获免。一个多月之后，敬俨因脚受伤回家。敬俨在家生活十余年，腿脚不便不能行走，但是从没有中止写作。临终时，他告诫子弟说："国恩未报，就死了，怎么办！你们应当终身清白，不要急于仕进。"他正正衣冠，端正坐着去世。朝廷赠翰林学士承旨、光禄大夫、柱国，封鲁国公，谥"文忠"。

敬自强，曾任朝散大夫、礼部员外郎。敬俨有诗文若干卷，藏在家中。叔祖敬铉，同太原元好问同年进士第及，元朝初年，担任中都提学，著有《春秋备忘》四十卷，仁宗下诏刊刻他们的著述，现在还流传于世。

（阿不来提注译）

彻　里

【原文】

彻里，燕只吉台氏。曾祖太赤，为马步军都元帅，从太祖定中原，以功封徐、邳二州，因家于徐。彻里幼孤，母蒲察氏教以读书。

至元十八年，世祖召见，应对详雅，悦之，俾常侍左右，民间事时有所咨访。从征东北边还，因言大军所过，民不胜烦扰，寒饿且死，宜加赈给，帝从之，乃赐边民谷帛牛马有差，赖以存活者众。擢利用监①。二十三年，奉使江南，省风俗，访遗逸。时行省理财方急，卖所在学田以价输官，彻里曰："学田所以供祭礼、育人才也，安可鬻。"遽止之。还朝以闻，帝嘉纳焉。

二十四年，分中书为尚书省。桑哥为相，引用党与，钩考天下钱粮，凡昔权臣阿合马积年负逋，举以中书失征，奏诛二参政。行省乘风，督责尤峻。主无所偿，则责及亲戚，或逮系邻党，械禁榜掠。民不胜其苦，自裁及死狱者以百数，中外骚动。廷臣顾忌，皆莫敢言。彻里乃于帝前，具陈桑哥奸贪误国害民状，辞语激烈。帝怒，谓其毁诋大臣，失礼体，命左右批其颊。彻里辩愈力，且曰：“臣与桑哥无仇，所以力数其罪而不顾身者，正为国家计耳。苟畏圣怒而不复言，则奸臣何由而除，民害何由而息！且使陛下有拒谏之名，臣窃惧焉。”于是帝大悟，即命帅羽林三百人往籍其家，得珍宝如内藏[②]之半。桑哥既诛，诸枉系者始得释。复奉旨往江南，籍桑哥姻党江浙省臣乌马儿、蔑列、忻都、王济，湖广省臣要束木等，皆弃市，天下大快之。彻里往来，凡四道徐，皆过门不入。

进拜御史中丞，俄升福建行省平章政事，赐黄金五十两、白金五千两。汀、漳剧盗欧狗久不平，遂引兵征之，号令严肃，所过秋毫无犯。有降者则劳以酒食而慰遣之，曰：“吾意汝岂反者耶，良由官吏污暴所致。今既来归，即为平民，吾安忍罪汝。其返汝耕桑，安汝田里，毋恐。”他栅闻之，悉款附。未几欧狗为其党缚致于军，枭首以徇，胁从者不戮一人，汀、漳平。三十一年，帝不豫，彻里驰还京师，侍医药。帝崩，与诸王大臣共定策，迎立成宗。

大德元年，拜江南诸道行台御史大夫。一日召都事贾钧谓曰：“国家置御史台，所以肃清庶官、美风俗、兴教化也。乃者，御史不存大体，按巡以苛为明，征赃以多为功，至有迫子证父、弟证兄、奴讦主者。伤风败教，莫兹为甚。君为我语诸御史，毋庸效尤为也。”帝闻而善之，改江浙行省平章政事。江浙税粮甲天下，平江、嘉兴、湖州三郡当江浙什六七，而其地极下，水钟为震泽[3]。震泽之注，由吴松江入海。岁久，江淤塞，豪民利之，封土为田，水道淤塞，由是浸淫泛溢，败诸郡禾稼。朝廷命行省疏导之，发卒数万人，彻里董其役，凡四阅月毕工。

九年，召入为中书平章政事。十月，以疾薨，年四十七。薨之日，家资不满二百缗，人服其廉。赠推忠守正佐理功臣、太傅、开府仪同三司、上柱国，追封徐国公，谥忠肃。至治二年，加赠宣忠同德弼亮功臣、太师、开府仪同三司、上柱国，追封武宁王，谥正宪。子朵儿只，江浙行省左丞。

选自《元史》卷一百三十《彻里传》

【注释】

①利用监：元官署名，掌出纳皮货衣物。

②内藏：即内藏库，官署名。

③震泽：湖名，今江苏太湖。

【译文】

彻里，燕只吉台氏。曾祖太赤，任马步军都元帅，跟随成吉思汗平定中原，因功获封徐州、邳州二州（均在今江苏），所以定居徐州。彻里幼年丧父，由母亲蒲察氏教他读书。

至元十八年（1281），彻里被世祖召见，对答时安详温雅，世祖很喜欢他，让他任身边常侍，时常向他咨询民间的事情。他跟随世祖征讨东北边疆回来后，进言说大军经过的地方，百姓经不起骚扰，就要饥寒交迫而死，应该加以赈济，皇帝听从了他的建议，于是赐给边民谷、帛、牛、马等物品，靠这些而存活下来的人很多。提拔他到利用监任职。至元二十三年，彻里奉命出使江南，了解风俗，寻访遗逸的人才。当时行省正急于理财，卖掉所在地区的学田，用所得的钱充实官府，彻里说："学田是用来供应祭祀礼仪、培养人才的，怎么可以卖掉呢?"立即制止了这种做法。他回朝后禀报了此事，皇帝嘉许，听取了他的建议。

至元二十四年，朝廷分割中书省，设立尚书省。桑哥任尚书省丞相，引进党羽，查核全国的赋税情况，凡是当初权臣阿合马累年拖欠的债务，全部认定为中书省的失职而加以追究，奏请诛杀了两位参知政事。行省趁着这股风气，督查责罚得更为严酷。主犯无法赔偿的，责罚就牵连到亲属，或者逮捕关押他们的邻居朋友，关押起来严刑拷打。百姓经受不住这种痛苦，成百的人自杀或死在狱中，朝廷内外骚动。朝臣们有所顾忌，都不敢进言。彻里却到元世祖面前，详细陈述了桑哥奸诈贪婪、误国害民的情况，言辞非常激烈。但皇帝听了非常生气，认为他诋毁大臣，有失礼貌与体统，命令左右的人打他耳光。彻里却争辩得更为激烈，还说："臣和桑哥并无私人仇怨，之所以不顾自身尽力列举他的罪状，是为了国家打算。如果害怕皇上震怒而不讲实话，那么奸臣怎么能够除掉，百姓所受伤害怎么能够停止！并且还会让陛下蒙受拒谏的恶名，臣私下里怕的就是这个。"于是皇帝大为醒悟，立即命令他率领羽林军三百人去抄没桑哥的家，获得的珍宝多达内府的一半。桑哥被处死后，那些受冤遭关押的人才获释。彻里又奉圣旨前往江南，抄没桑哥的姻亲、同党江浙省臣乌马儿、蔑列、忻都、王济，湖广省臣要束木等人，都将他们公开处死，大快人心。彻里往来途中，四次经过徐州，都过家门而不入。

彻里又晋升为御史中丞，不久升任福建行省平章政事，受赐黄金五十两、白银五千两。汀、漳（今属福建）等地有大盗欧狗长期不能平定，于是彻里率兵前去征讨，他治军号令森严，所过之地秋毫无犯。有来投降的就用酒食慰劳并打发他们走，对他们说："我想你们哪里是会造反的人呢？实在是因为官吏的贪污暴虐导致的。现在既然来归顺，那就是平民，我怎么忍心再惩罚你们呢？现在遣返你们回家耕种植桑，安心生产生活，不要害怕。"其他山寨的人听说之后，都前来诚心归附。不久欧狗就被他的手下捆绑送到军中，被斩首示众，胁从的人一个都不杀，汀、漳二州由此被平定。三十一年，皇帝病重，彻里骑马赶回京师，伺候医药。皇帝驾崩，他与诸王、大臣共同议定大政，迎立成宗。

大德元年（1297），彻里拜任江南诸道行台御史大夫。一天，他召见都事贾钧，对他说："国家设置御史台，是用来肃清众官、美化风俗、振兴教化的。从前，御史不识大体，巡行审察把苛刻当做高明，追缴赃物以多为功劳，以至发生强迫儿子指证父亲、弟弟指证兄长、奴隶告发主人种种情况。伤风败俗，没有比这更严重的了。你代我告诉诸位御史，不要效法这种行为。"皇帝听说后很欣赏他，让他改任江浙行省平章政事。江浙地区的税粮天下第一，平江、嘉兴、湖州三郡的税粮又占了江浙地区的十之六七，而这三个地区地势相当低下，积水形成震泽。震泽的水流出，从吴松江入海。年长日久，吴松江被淤泥堵塞，有钱有势的人家把它利用起来，围滩造田，水道因此被淤泥堵塞，吴松江逐渐泛滥成灾，淹掉了各郡的庄稼。朝廷命令行省疏通吴松江，调动几万名士兵，彻里主持这项工程，用了四个月才完工。

大德九年，皇帝召彻里进京担任中书省平章政事。十月，他因病去世，享年四十七岁。去世的时候，家里的资产不到二百缗钱，大家都佩服他的廉洁。朝廷追赠他为推忠守正佐理功臣、太傅、开府仪同三司、上柱国，追封徐国公，谥号是忠肃。至治二年（1322），又加赠宣忠同德弼亮功臣、太师、开府仪同三司、上柱国，追封武宁王，谥为“正宪”。彻里的儿子名叫朵儿只，官至江浙行省左丞。

（曹循注译）

张思明

【原文】

张思明字士瞻，其先获嘉人，后徙居辉州。思明颖悟过人，读书日记千言。至元十九年，由侍仪司舍人辟御史台掾，又辟尚书省掾。左丞相阿合马既死，世祖追咎其奸欺，命尚书簿问遗孽。一日，召右丞何荣祖、左丞马绍，尽输其赃以入，思明抱牍从，日已昏，命读之，自昏达曙，帝听忘疲，曰："读人吐音，大似侍仪舍人。"右丞对曰："正由舍人选为掾。"帝奇之，曰："斯人可用。"明日，擢为大都路治中，思明以超迁踰等，固辞，乃改湖广行省都事。

元贞元年，召为中书省检校，六曹无滞案，迁户部主事。大德初，擢左司都事，有献西域秤法，思明以惑众不用。初立海道运粮万户府于江浙，受除者惮涉险，不行，思明请升等以优之，因着为令。五年，转吏部郎中。九年，改集贤司直。十年，除江浙行中书省左右司郎中。十一年春，两浙大饥，首赞发廪赈之。

至大三年，迁两浙盐运使，未上，入参议枢密院事，改中书省左司郎中。皇庆元年，再授两浙盐运使，岁课羡赢，僚属请上增数，思明曰："赢缩不常，万一以增为额，是我希一己之荣，遗百世之害。"二年，召为户部尚书。延祐元年，进参议中书省事；三年，拜中书参知政事。

仁宗即位，浮屠妙总统有宠，敕中书官其弟五品，思明执不可。帝大怒，召见切责之，对曰："选法，天下公器。径路一开，来者杂沓。故宁违旨获戾，不忍隳祖宗成宪，使四方得窥陛下浅深也。"帝心然其言，而业已许之，曰："卿可姑与之，后勿为例。"乃为万亿库提举，不与散官。久之，近臣疾其持法峭直，日构谗间，出为工部尚书，帝问左右曰："张士瞻居工部，得无怏怏乎?"对曰："勤政如初。"帝嘉叹之，命授宣政院副使。五年，除西京宣慰使，岭北戍士多贫者，岁凶，相挺为变，思明威惠并行，边境乃安。因疏和林运粮不便事十一条，帝劳以端砚、上尊。

会左丞相哈散辞职，帝不允，其请益坚，帝诘之曰："朕任卿未专邪?"曰："非。"曰："近臣有挠政者邪?"曰："无有也。""然则何为而辞?"对曰："臣自揆才薄，恐误陛下国事，若必欲任臣，愿荐一人为助。"帝问："为谁？朕能从汝。"哈散再拜谢曰："臣愿得张思明。"即日拜思明中书参知政事。比召至，车驾幸上都，见于道，慰勉之曰："卿向不负朕注委，故朕用哈散言，复起汝。"未几，升左丞。

帝崩，英宗宅忧，右丞相帖木迭儿用事，日诛大臣不附己者，中外汹汹。思明谏曰："山陵甫毕，新君未立，丞相恣行杀戮，国人皆谓阴有不臣之心。万一诸王驸马疑而不至，将奈之何，不可不熟虑也。"众皆危之，帖木迭儿大悟曰："非左丞言，几误吾事。"帝造寿安山寺，监察御史观音保、琐咬儿哈的迷失、成珪、李谦亨强谏，帝震怒，杀观音保、琐咬儿哈的迷失，以成珪、李谦亨属吏，思明白丞相曰："言事，御史职也，祖宗已来，未尝杀谏臣。"成、李既属吏，当论法，丞相乃力言之，二人得从轻典。及拜住为左丞相，与帖木迭儿各树朋党，贼害忠良，思明惧祸及，累表辞，不获，后竟诬以不支蒙古子女口粮，饿死四百人，遂废于家，杜门六年。

文宗天历元年，起为江浙行中书省左丞。会陕西大饥，中书拨江浙盐运司岁课十万锭赈之。吏白：周岁所入，已输京师，当回咨中书。思明曰："陕西饥民，犹鲋在涸辙，往复踰月，是索之枯鱼之肆也。其以下年未输者，如数与之，有罪，吾当坐。"朝廷韪之。二年，复以中书左丞召，入觐慈仁殿，敷陈累朝任贤使能、治民足国之道，因以衰老辞，帝未允，明日，即移告去。重纪至元三年卒，年七十八。

思明平生不治产，不畜财，收书三万七千余卷；尤明于律，与谢仲和、曹鼎新同称三绝。赠推忠翊治守义功臣，依前中书左丞、上护军、清河郡公，谥贞敏。

选自《元史》卷一百七十七《张思明传》

【译文】

张思明，字士瞻，祖先是获嘉人，后来迁居辉州。张思明聪明过人，读书一天可背诵千字。元世祖至元十九年（1282），他由侍仪司舍人被征用为御史台掾，后又升为尚书省掾。左丞相阿合马死后，元世祖追咎他奸诈欺瞒之罪，命令尚书讯问他的子嗣。一天，世祖召见右丞相何荣祖、左丞相马绍，把阿合马所有的贪赃之物运送到宫中。张思明抱着赃物明细册跟在后面，时天已经接近黄昏，世祖命他念这些登记册。他从黄昏一直念到次日清晨，皇帝听得忘记疲倦，说："你发声吐字，与侍仪舍人很像。"右丞回答说："他正是刚从侍仪舍人升为尚书省掾的。"因此，皇帝认为张思明是一个人才，说："这个人可以重用。"第二天，便升他为大都路治中，张思明觉得自己破格升迁不合规制，坚决推辞，于是改任为湖广行省都事。

元成宗元贞元年（1295），张思明被召为中书省检校，因六部没有积压的案子，他调为户部主事。元成宗大德初年（1297），他被提升为左司都事，有人来献西域秤法，张思明认为是此法蛊惑人心而不采用。国家在江浙设立海道运粮万户府之初，一些官员怕难，不肯赴任，而张思明请求升高此官的品级用来优待他们，此后便成为制度。大德五年，张思明调为吏部郎中。大德九年，张思明改为集贤司直。大德十年，张思明出任江浙行中书省左右司郎中。大德十一年春，浙江地区严重饥荒，他首先开仓赈济灾民。

元武宗至大三年（1310），张思明升为两浙盐运使，还没上任，他就入朝担任参议枢密院事，又改为中书省左司郎中。元仁宗皇庆元年（1312），张思明再次被授予两浙盐运使，每年征收的税收都超额，他的下属要求增加人民税收的数量，张思明说："税收亏盈是不确定的，万一把增加后的数目作为定额，这是我一个人的政绩荣耀，而遗害后世。"皇庆二年（1313），张思明被升为户部尚书。仁宗延祐元年（1314），张思明再升为参议中书省事，延祐三年，再拜为中书参知政事。

元仁宗即位，僧人妙总统得到皇帝的宠信，皇帝命令中书省授予他的弟弟五品官，张思明坚决不同意。皇帝大怒，召见他并予以严厉训斥，张思明回答说："选官的制度，是天下秉奉的准则。不按规矩的路子一开，仿效的人就纷至沓来。因此我宁可违背圣上的旨意而获罪，也不忍心败坏祖宗的制法，使天下人知道皇上用人的缺陷。"皇帝虽然心里同意他的话，但已经答应妙总统的要求了，说："你就给他个官职吧，下不为例。"于是，张思明任用妙总统的弟弟为万亿库提举，而不授予散官。时间久了，近臣都恨他执法严格，天天在皇帝面前进谗言，张思明被调为工部尚书，皇帝问身边的说："张思明在工部任职，还有不满吗？"身边人回答说："他和以前一样勤于政务。"皇帝对他赞叹不已，命令授予他为宣政院副使。延祐五年（1318），张思明授西京宣慰使。驻守岭北戍守的士兵多贫困，庄稼收成不好，于是就互相串通哗变，张思明恩威并行，使边境得以安宁。他又因上疏陈述和林运粮不便事十一条，皇帝赐以端砚和上等美酒。

恰逢左丞相哈散要求辞职，皇帝不允许，哈散态度坚决，皇帝责问说："难道是我对你不信任吗？"他回答说："不是。"皇帝又问："近臣有人干涉朝政的吗？"回答说："没有。""那你为什么辞职呢？"他回答道："我思量自己能力不足，害怕耽误国家大事。倘若皇上一定坚持任用我，我愿推荐一个助手。"皇帝问："你要推荐谁？朕能依从你的意见。"哈散再次拜谢说："臣希望张思明来帮助我。"当日，皇帝就拜张思明为中书参知政事。等到他被召至，皇帝巡幸上都，在路途中接见了他，勉慰他说："你向来不辜负朕对你的器重，所以我听了哈散的建言，再次起用你。"不久，张思明升为左丞相。

仁宗皇帝驾崩，英宗居丧，右丞相铁木迭儿执掌政事，经常诛杀不党附自己的大臣，朝廷内外惶惶不安。张思明进谏说："皇帝刚刚驾崩，新皇未即位，丞相任意杀戮大臣，天下人都说你有谋逆的企图。万一诸王驸马生疑心不来，将怎么办呢？你不可不考虑！"众人都为张思明担心，怕他遭到丞相的报复。不过，铁木迭儿恍然大悟说："要不是左丞相的一番忠言，我要坏大事。"皇帝营造寿安山寺，监察御史观音保、琐咬儿哈的迷失、成珪、李谦亨强行谏止。皇帝大怒，杀了观音保、琐咬儿哈的迷失，并把成珪、李谦亨下狱治罪，张思明对丞相说："上书言事，这是御史本职。自我朝开国以来，从没有诛杀过进谏的大臣。"成、李下罪以后，当以法论处，丞相尽力为他们求情，这两个人从轻发落。拜住为左丞相，与铁木迭儿各结朋党，残害忠良。张思明害怕祸及自己，多次上表请求辞职，没有获得批准。

最后，张思明被诬陷不给蒙古子女口粮，导致饿死四百人，于是被罢官回家。他闭门不出有六年之久。

元文宗天历元年（1328），张思明再次被起用为江浙行中书省左丞。适逢陕西地区严重饥荒，中书要求江浙盐运司调拨岁课十万锭来赈济灾民。属吏说："全年的收入，已经输送到京师，应当到中书省去要粮。"张思明说："陕西的饥民，犹如鲋鱼在干涸的车辙里，公文往复的时间要超过一个月。只能到市场寻找到鲋鱼干了。解决的办法是用还未缴送京城的下一年度的钱，如数交给他们。如果因此获罪，就由我来承担罪责吧。"朝廷赞赏他的做法。天历二年（1329），张思明再次召为中书左丞相，入慈仁殿觐见皇帝，历述各朝任贤用能、治国足民的方法，又以年老请求辞官。皇帝没有同意，第二天，他就告老辞归。至元三年（1337）去世，年七十八。

思明平生不治家产，不积累财物，收藏的书籍有三万七千余卷。他尤其通晓法律，与谢仲和、曹鼎新并称为"三绝"。他死后，被赠推忠翊治守义功臣，如前为中书左丞、上护军、清河郡公，谥"贞敏"。

【评述】

张思明为官一生，不治产业，不积蓄钱财，清正廉洁。身为一方长官，严格朝廷法度，故与谢仲和、曹鼎新等享有"三绝"的美誉。作为一名官吏，他明辨是非，不为众说所左右。在政治领域，很多官员素以政绩标榜，竞相请功，而置百姓的利益于不顾。但是张思明不以政绩为自翊。皇庆元年，他被授于两浙盐运使，岁课羡赢。鉴于此种情形，僚属请求向朝廷奏报课税的数额，结果被张思明断然拒绝。他为人刚直，敢于直谏，坚持自己的原则。在仁宗即位后，浮屠妙总统深得宠幸，皇帝敕中书给他的弟弟加官。思明认为，选官之法，乃是天下公器，径路一开，就难以制止了。思明不与权贵同流合污，当拜住为左丞相时，与铁木迭儿树立朋党，残害忠良，他只好辞官告老还乡。

（陈晓伟译文、评述）

阿沙不花

【原文】

阿沙不花者，康里国[1]王族也。初，太祖拔康里时，其祖母苫灭古麻里氏新寡，有二子，曰曲律、牙牙，皆幼，而国乱家破无所依，欲去而归朝廷，念无以自达。一夕有数驼皆重负突入营中，驱之不去。旦乃系驼营外，置所负其旁，夜复纳营中，候有求者归之。如是十余日，终无求者。乃发视其装，皆西域重宝。惊曰："殆天欲资我而东耶，不然，此岂吾所宜有。"遂驱驰载二子越数国至京师。时太祖已崩，太宗立，尽献其所有，帝深异之，命有司治邸舍、具廪饩以居焉。居二年，闻国中已定，谒帝欲归。帝曰："汝昔何为而来，今何为而去？"且问其所欲。对曰："臣妾昔以国乱无主，远归陛下，今赖陛下威德，闻国已定，欲归守坟墓耳。妾惟二子，虽愚无知，愿留事陛下。"帝大喜，立召二子入宿卫，而礼遣之。后十三年复来，则二子已从宪宗伐蜀矣。逮至和宁，闻宪宗崩，诸将皆还，而二子独后，心方以为忧，过一古庙，因入祷焉，若闻神语，连称“好好”而不知其故，问其国人通汉语者，知为吉语。还至舍，则二子已至矣。遂留居焉。

曲律无子。牙牙后封康国王，生六子，阿沙不花最贤，年十四，入侍世祖。世祖赐土田、给奴隶，使居兴和之天城。会西蕃遣使者有所奏请，既谕遣之，后数日，帝问近侍诸大臣曰：“前日西使何请，朕何辞以遣？”诸大臣莫能对，阿沙不花从旁代对甚详悉。帝因怒诸大臣曰：“卿等任天下之重，如此反不若一童子耶？”尝扈从上都，方入朝，而宫草多露，跣足而行，帝御大安阁，望而见之，指以为侍臣戒。一日，故命诸门卫勿纳阿沙不花。阿沙不花至，诸门卫皆不纳，乃从水窦中入。帝问故，以实对，且曰：“臣一日不入侍，身将何归？”帝大悦，更谕门卫听其出入。命饬四宿卫兵器，无敢或慢；复使掌门，无敢阑入。帝曰：“可用矣。”

乃颜叛，诸王纳牙等皆应之。帝问计将安出，对曰：“臣愚以为莫若先抚安诸王，乃行天讨，则叛者势自孤矣。”帝曰：“善，卿试为朕行之。”即北说纳牙曰：“大王闻乃颜反耶？”曰：“闻之。”曰：“大王知乃颜已遣使自归耶？”曰：“不知也。”曰：“闻大王等皆欲为乃颜外应，今乃颜既自归矣，是独大王与主上抗。幸主上圣明，亦知非大王意，置之不问。然二三大臣不能无惑，大王何不往见上自陈，为万全计。”纳牙悦许之。于是诸王之谋皆解。阿沙不花还报，帝乃议亲征，命征兵辽阳，以千户帅昔宝赤之众从行。

及乃颜平，阿沙不花以大同、兴和两郡当车驾所经有帷台岭者，数十里无居民，请诏有司作室岭中，徙邑百户居之，割境内昔宝赤牧地使耕种以自养，从之。阿沙不花既领昔宝赤，帝复欲尽徙兴和桃山数十村之民，以其地为昔宝赤牧地。阿沙不花固请存三千户以给鹰食，帝皆听纳。民德之，至今饮食必祭。

至元三十年，海都叛，成宗以皇孙抚军于北。阿沙不花从行，逾金山战杭海有功。成宗即位，会大宗正扎鲁火赤脱儿速以赃污闻，诏鞫问之，脱儿速伏罪，就命代之。成宗目之曰阿即剌。阿即剌，译言阎罗王也。有诉朱清、张瑄阴私，既抵罪，帝遣兵马都指挥使忽剌朮籍没其家，以受赂诛。更命阿沙不花往，具以实闻，赐宅一区、钞万五千缗，兼两城兵马都指挥使事。武宗时为怀宁王，总军漠北，问："今日材可大用者为谁?"对曰："母弟脱脱将相才也，无以易之。"遂命从行，后果为名臣。

成宗崩，安西王阿难答乘间谋继大统，成后及丞相阿忽台、诸王迷里帖木儿皆阴为之助。时武宗犹在北边，太后及仁宗亦在怀孟未至。适武宗遣脱脱计事京师，丞相哈剌哈孙令急还报武宗，而成后已密谕通政使只儿哈郎止其驿马。阿沙不花知事急，与同知通政院事察乃谋，用先日署文书给马去。只儿哈郎闻脱脱已去，方诘问吏，阅案牍乃止。太后及仁宗既至京师，有言安西王谋以三月三日伪贺仁宗千秋节，因以举事者，阿沙不花言之哈剌哈孙，且曰："先入者胜，后入者败。后一垂帘听政，我等皆受制于人矣，不若先事而起。"哈剌哈孙曰："善。"乃前二日白仁宗，诈称武宗遣使召安西王计事，至即执送上都。尽诛丞相阿忽台以下诸奸臣。与哈剌哈孙皆居禁中。

仁宗以太子监国，遣使北迎武宗，而武宗迟回不进，遣使还报太后曰："非阿沙不花往不可。"乃遣奉衣帽、尚酝以往，至野马川，见武宗，备道两宫意，及陈安西王谋变始末，且言："太子监国所以备他变，以待陛下，臣万死保其无他。"武宗大悦，解衣衣之，拜中书平章政事，军国大事并听裁决。因奏平内难之有功者燕只哥以下十人为兵马指挥、为直省舍人。诏先奉蒲萄酒及锦绮还报两宫。仁宗即日率群臣出迎。

武宗入上都，加阿沙不花特进、太尉，依前平章政事。命与丞相塔思不花还京师治安西王党，诸连坐囊加真等三十余人，皆释之。尝命出太府金分赐诸王贵戚及近侍，方出朝，见一人仓皇若有所惧状，曰："此必盗金者。"召诘问之，果得黄金五十两、白金百两以闻，就以金赐之，命诛盗者。辞曰："盗诛固当，金非臣所宜得，愿还金以赎盗死。"帝悦而从之。有近臣蹴踘帝前，帝即命出钞十五万贯赐之。阿沙不花顿首言曰：“以蹴踘而受上赏，则奇技淫巧之人日进，而贤者日退矣，将如国家何。臣死不敢奉诏。”乃止。

帝又尝御五花殿，丞相塔思不花、三宝奴，中丞伯颜等侍。阿沙不花见帝容色日悴，乃进曰：“八珍之味不知御，万金之身不知爱，此古人所戒也。陛下不思祖宗付托之重，天下仰望之切，而惟曲蘖是沉，姬嫔是好，是犹两斧伐孤树，未有不颠仆者也。陛下之天下，祖宗之天下也，陛下之位，祖宗之位也，陛下纵不自爱，如宗社何?”帝大悦曰：“非卿孰为朕言。继自今毋爱于言，朕不忘也。”因命进酒。阿沙不花顿首谢曰：“臣方欲陛下节饮而反劝之，是臣之言不信于陛下也，臣不敢奉诏。”左右皆贺帝得直臣。遂进开府仪同三司、中书右丞相，行御史大夫。

俄复平章政事、录军国重事，兼广武康里侍卫亲军都指挥使，封康国公。有以左道惑众者，诸世臣大家多信趋之，竟置于法。迁知枢密院事。以至大二年十月薨于位，年四十七。至正元年，赠纯诚一德正宪保大功臣、开府仪同三司、中书右丞相、上柱国，追封顺宁王，谥忠烈。

其继室别哥伦氏，亦有至行，寡居三十年，未尝妄言笑，身不服华彩。诏旌其门，与元配达海的斤氏并封顺宁王夫人。

子伯嘉讷，廉直刚敏，忧国如忧家。尝为京尹，屯储卫诱小民梅冻儿诬首海商一百十有六人为盗而掠其赀，狱具，械送刑部，命伯嘉讷审录之，尽得其冤状，白丞相释之，还其赀。后迁翰林侍读学士。

选自《元史》卷一百三十六《阿沙不花传》

【注释】

①康里国：国名。今哈萨克斯坦阿克纠宾斯克东南及其附近区域。后为蒙古军队征服。

【译文】

阿沙不花，是康里国王族。当初，成吉思汗攻下康里时，他的祖母苫灭古麻里氏刚刚丧夫，有两个儿子，叫曲律、牙牙，都年幼。当时国乱家破没有依靠，想要离开家乡归顺朝廷，但是担心自己没有能力到达。一天傍晚，有几头骆驼驮着重物冲入营中，驱赶不走。天亮后，她就把骆驼拴在营外，将所驮的东西放在它们身上两旁，夜晚又收容到营中，等候失主。这样过了十多天，始终没有人前来寻找，这才打开查看所驮行装，都是西域贵重宝器。祖母惊讶地说："大概是上天想要资助我到东方去吧，不然的话，这些东西怎么会是属于我的啊。"于是，她驱赶骆驼疾驰，载着两个儿子经过几个国家到达京城。当时，成吉思汗已经驾崩，元太宗即位。苫灭古麻里氏进献上她全部财宝，皇帝对此非常惊奇，命令官吏准备房舍、粮食以便他们居住。住了两年，听说国内已安定，便拜见皇帝想要回去。太宗皇帝说：“你以前为何而来，现在为何而去?”并且问她的要求。她回答说：“臣妾以前因为国家混乱没有君主，所以来归附陛下。现在仰仗陛下威德，听说国家已安定，想要回去守护坟墓罢了。臣妾只有两个儿子，虽然愚笨无知，愿意留下侍奉陛下。”皇帝非常高兴，立即征召她的两个儿子入宫充任宿卫，而且按照礼仪欢送她回去。十三年以后，她再回来时，两个儿子已经跟随元宪宗讨伐川蜀了。她到和宁时，元宪宗亡故，各路将领都回来了，而两个儿子唯独在后边，她心里忧虑他们。她路遇一座古庙时，便进入庙中祈祷，好像听到神在说话，连连说“好好”，而不知此话何意。她问通汉语的康里人，知道是吉祥话。回到居第，两个儿子便已到了。于是，她就留居在这里。

曲律无子。牙牙后来封为康里国王，生有六个儿子，阿沙不花最有才德，十四岁，他入侍元世祖。元世祖赐给他田地、奴隶，让他居住在兴和（今属内蒙古）的天城。适逢西蕃派遣使者来禀奏请求有关事情，皇帝已经谕示送走了他们，几日后，皇帝问身边侍奉的各位大臣说：“几日前西方使者请求何事，朕讲了什么话遣送他?”各位大臣没有人能回答，阿沙不花从旁边代替他们回答非常详细全面。皇帝因此谴责各位大臣说：“卿等承担国家重任。像这样反而不如一个未成年人吗?”阿沙不花曾经侍从皇帝出巡上都，将要入宫朝见，而宫内草上露水多，他赤足行走。皇帝来到大安阁，远远看见他，指给身旁的人看，让侍臣以此为戒。一日，皇帝故意命令各侍门卫不要使阿沙不花入宫。阿沙不花一到，各门卫都不让他进门，便从流水的洞中进去。皇帝问他如何入的宫，他把实际情况告诉皇帝，并且说：“臣一日不入宫侍奉皇帝，自身将要回到何处呢?”皇帝非常高兴，重新告谕各门卫任凭他出入。命令他整理四宿卫兵器，没人敢怠慢；又令他掌管门卫，没人敢擅自出入。皇帝说：“可以任用他了!”

乃颜反叛，诸王纳牙等都响应。皇帝问阿沙不花有什么计策，他回答说：“臣不才，认为不如先安抚诸王，然后朝廷出兵进行讨伐，那么反叛者势力自然孤立。”皇帝说：“好，卿为朕实行这个计策。”他立即到北边劝说纳牙道：“大王听说乃颜反叛的事了吗?”纳牙答：“听说过这件事。”阿沙不花又问：“大王知道乃颜已经派使者归附了吗?”纳牙回答：“不知道。”阿沙不花说：“听说大王等想要作为乃颜的外应，现在乃颜已经自己归附，现在只有大王与主上对抗。幸亏主上圣明，也知道不是大王的本意，对此置之不问。然而别的大臣不能没有疑虑，大王为什么不前去见皇上自己陈述，这是万全之计。”纳牙高兴地应许了他。于是诸王的图谋都瓦解。阿沙不花回去报告，皇帝这才讨论亲自征讨，命令在辽阳征兵，让阿沙不花以千户身份率领昔宝赤的众兵随行。

乃颜被平定之后，阿沙不花考虑到皇帝所经之路大同、兴和两郡之间有一座帷台岭，几十里没有居民，请求下诏官吏在山岭中建房，迁移城邑百姓一百户居住那里，割境内昔宝赤的牧地给他们耕种以便自己养活自己，皇帝依从了他的建议。阿沙不花统领昔宝赤后，皇帝又想全部迁移兴和、桃山几十村的百姓，把他们的土地作为昔宝赤的牧地。阿沙不花坚决请求保留三千户以便供给鹰鹘的食用，皇帝都听取采纳他的意见。百姓感谢他，至今吃饭时必定祭奠他。

元世祖至元三十年（1293），海都反叛，元成宗凭着皇孙的身份在北方安抚军队。阿沙不花随行，越过金山到杭海作战有功。元成宗即位，正赶上大宗正断事官脱儿速贪赃行为暴露，朝廷下诏令阿沙不花审讯他，脱儿速伏罪，朝廷就命阿沙不花取代脱儿速的官职。元成宗把阿沙不花看做是“阿即剌”。阿即剌，翻译成汉语就是阎罗王。有人上诉朱清、张瑄阴私，二人定罪，成宗派遣兵马都指挥使忽剌术籍没二人的家，忽剌术因为受贿被诛，又命阿沙不花前往籍没，阿沙不花将情况如实奏报，朝廷赐给他宅第一处、钱钞一万五千缗，兼任两城兵马都指挥使事。元武宗当时是怀宁王，在漠北统领军队，问阿沙不花：“今日有才能可以重用的人是谁?”回答说：“同母弟脱脱有将相之才，没有人可以替换他。”于是命令脱脱随行，后来果然成为名臣。

元成宗逝世，安西王阿难答乘机图谋继承皇位，成宗皇后和丞相阿忽台、诸王迷里帖木儿都秘密地帮助他。当时，元武宗还在北部边境，太后和仁宗也在怀孟未到。适逢武宗派脱脱到京城商议事情，丞相哈剌哈孙命令脱脱赶快回去报告武宗，而成宗皇后已经秘密谕示通政使只儿哈郎阻止脱脱的驿马。阿沙不花知道事情紧急，与同知通政院事察乃计谋，制作了提前一天签署的文书供给马匹让脱脱离去。只儿哈郎听说脱脱已经离去，才诘问官吏，看过官府文书档案这才停止。太后和仁宗已经到达京城，有人说安西王图谋在三月三日假装祝贺仁宗千秋节，借以发动政变。阿沙不花将此告诉哈剌哈孙，并且说：“先下手为强。成后一旦垂帘听政，我们都要受到别人的控制，不如在事变之前就起兵夺取政权。”哈剌哈孙说：“好。”便在前二日向仁宗禀白，假称武宗派遣使者征召安西王商议事情，安西王来到立即逮捕送往上都。丞相阿忽台以下所有奸臣全部处死。阿沙不花与哈剌哈孙都住在宫中。

仁宗以太子身份代行管理国政，并派遣使者到北边迎接武宗，而武宗徘徊不前，又派遣使者回去报告太后说：“非阿沙不花前去不可。”便派遣阿沙不花携带衣帽、御酒前往，他到达野马川，拜见武宗，详细讲述两宫的意图，以及安西王图谋政变的原委，并且说：“太子代管国政是为了防备其他变故，以便等待陛下，臣万死保证没有其他意图。”武宗非常高兴，解下衣服给他穿上，拜授中书平章政事，军国大事全部听从他的裁决。于是奏请任命平定内乱有功的燕只哥以下十人为兵马指挥、直省舍人。武宗颁诏先行进献葡萄酒和锦绮回报两宫。仁宗当日率领群臣出城迎接武宗。

武宗入主上都，加封阿沙不花特进、太尉，前平章政事之职依旧。命他与丞相塔思不花返回京城惩处安西王的党羽，株连受罚的囊加真等三十多人，都被释放。他曾命令支付太府库藏的金银分赐给诸王贵戚以及近侍，正要出朝，看到一人慌慌张张像畏惧什么的样子，他说：“此人必定是盗金之人。”召来审问，果然得到黄金五十两、白银一百两，将此事上报皇帝，皇帝就将这些金子赐给他，命令处死偷盗之人。阿沙不花辞谢说：“偷盗处死固然应当，金子不是臣所应得的，我愿意归还金子来赎盗金者的死罪。”皇帝高兴地听从了他的意见。有近臣在武宗面前蹴踘，武宗即刻下命赐给蹴踘的近臣钱钞十五万贯。阿沙不花顿首启奏：“因蹴踘而受到皇上的赏赐，那么奇技淫巧的人会与日俱增，而贤良的人日益疏远，这样下去，国家怎么办呢。臣拼死不敢奉诏。”于是赏赐只好作罢。

武宗临御五花殿，丞相塔思不花、三宝奴，中丞伯颜等侍立一旁。阿沙不花看到武宗面容一日比一日憔悴，于是进言道：“享用美味珍馐而不知道节制，尊贵之躯不知道自爱，这是古人引以为戒的。陛下您不考虑祖宗付托的重任，天下百姓希望的迫切，却整日沉迷于酒色之中，就像是用两把斧头砍伐树木，树木没有不倒的道理。陛下您的天下，是祖宗留给您的天下，陛下您的皇位，是祖宗的皇位啊，陛下您纵然不自爱，怎能不顾及宗庙社稷呢?”武宗听后高兴地说道：“除了你再没有别人给我说这样的话。从今天起你说的这些话，我不会忘记的。”于是命进酒。阿沙不花顿首谢道：“臣正想要陛下节制饮酒却反而是劝酒了，这是臣的话没有被陛下接受，臣不敢奉诏。”殿上的大臣侍从都恭贺武宗得了直臣。于是进封阿沙不花为开府仪同三司、中书右丞相，行御史大夫。

不久，阿沙不花又拜平章政事、录军国重事，兼广武康里侍卫亲军都指挥使，封康国公。有人以邪道蛊惑大众，很多世臣大家都信奉并追随，阿沙不花将其绳之以法。迁官知枢密院事。至大二年（1309）十月薨于任上，时年四十七岁。至正元年（1341），追赠纯诚一德正宪保大功臣、开府仪同三司、中书右丞相、上柱国，追封顺宁王，谥“忠烈”。

他的继室别哥伦氏，也有高尚的德行，寡居三十年，不曾随意言笑，身上不穿华丽的衣服。诏令旌表其门，与原配夫人达海的斤氏一起被封为顺宁王夫人。

子伯嘉讷，廉洁正直刚毅聪敏，忧念国事像忧念家事一样。曾任京兆尹，屯储卫诱使平民梅冻儿出首诬告海商一百一十六人是强盗，并掠夺了他们的财物，定案后，加镣铐送刑部，命令伯嘉讷复审，知晓了他们的全部冤情，禀告丞相释放他们，归还他们的财物。伯嘉讷后来迁任翰林侍读学士。

【评述】

阿沙不花是康里国王族后代，历元世祖、元成宗、元武宗三朝。在良好的家庭氛围的熏陶下，阿沙不花年幼时便敏于政事，对朝廷重臣都颇感棘手的问题往往有不凡见解。他出身贵族，然而毫无骄奢之气。在扈从上都时，为避免宫草多露湿鞋，就跣足而行，其节俭行为被世祖树立为群臣榜样。成宗即位后，阿沙不花取代以赃污下台的脱儿速为大宗正札鲁花赤（断事官），被成宗看作“阎罗王”。在处理由漕运起家的权臣朱清、张瑄的案件中，任事官员收受贿赂，最后由阿沙不花出马肃清风纪，捍卫了律法的权威。阿沙不花执法如山，嫉恶如仇，对贪官污吏毫不姑息，惩处了一大批国之蠹虫，成为贪官眼中追魂夺命的“阎罗王”，而成就了百姓心中刚直不阿的“活青天”。

阿沙不花在廉洁自律的同时，也严格要求自己的家人讲求品行节操，其子伯嘉纳亦廉直刚敏，忧国如忧家，继承了他良好的家风，为世人传颂。

（杨印民注译　向珊评述）

张养浩

【原文】

张养浩，字希孟，济南人。幼有行义，尝出，遇人有遗楮币[①]于途者，其人已去，追而还之。年方十岁，读书不辍，父母忧其过勤而止之，养浩昼则默诵，夜则闭户，张灯窃读。山东按察使焦遂闻之，荐为东平学正。游京师，献书于平章不忽木，大奇之，辟为礼部令史[②]，仍荐入御史台。一日病，不忽木亲至其家问疾，四顾壁立，叹曰："此真台掾也。"及为丞相掾，选授堂邑县尹。人言官舍不利，居无免者，竟居之。首毁淫祠三十余所，罢旧盗之朔望参者，曰："彼皆良民，饥寒所迫，不得已而为盗耳；既加之以刑，犹以盗目之，是绝其自新之路也。"众盗感泣，互相戒曰："毋负张公。"有李虎者，尝杀人，其党暴戾为害，民不堪命，旧尹莫敢诘问。养浩至，尽置诸法，民甚快之。去官十年，犹为立碑颂德。

仁宗在东宫，召为司经[③]，未至，改文学，拜监察御史。初，议立尚书省，养浩言其不便；既立，又言变法乱政，将祸天下。台臣抑而不闻，乃扬言曰："昔桑哥用事，台臣不言，后几不免。今御史既言，又不以闻，台将安用！"时武宗将亲祀南郊，不豫，遣大臣代祀，风忽大起，人多冻死。养浩于祀所扬言曰："代祀非人，故天示之变。"大违时相意。

时省臣奏用台臣，养浩叹曰："尉专捕盗，纵不称职，使盗自选可乎？"遂疏时政万余言：一曰赏赐太侈，二曰刑禁太疏，三曰名爵太轻，四曰台纲太弱，五曰土木太盛，六曰号令太浮，七曰幸门太多，八曰风俗太靡，九曰异端太横，十曰取相之术太宽。言皆切直，当国者不能容。遂除翰林待制，复构以罪罢之，戒省台勿复用。养浩恐及祸，乃变姓名遁去。

尚书省罢，始召为右司都事。在堂邑时，其县达鲁花赤尝与之有隙，时方求选，养浩为白宰相，授以美职。迁翰林直学士，改秘书少监。延祐初，设进士科，遂以礼部侍郎知贡举。进士诣谒，皆不纳，但使人戒之曰："诸君子但思报效，奚劳谢为！"擢陕西行台治书侍御史，改右司郎中，拜礼部尚书。

英宗即位，命参议中书省事，会元夕，帝欲于内庭张灯为鳌山，即上疏于左丞相拜住。拜住袖其疏入谏，其略曰："世祖临御三十余年，每值元夕，闾阎之间，灯火亦禁；况阙庭之严，宫掖之邃，尤当戒慎。今灯山之构，臣以为所玩者小，所系者大；所乐者浅，所患者深。

伏愿以崇俭虑远为法，以喜奢乐近为戒。”帝大怒，既览而喜曰：“非张希孟不敢言。”即罢之，仍赐尚服金织币一、帛一，以旌其直。后以父老，弃官归养，召为吏部尚书，不拜。丁父忧，未终丧，复以吏部尚书召，力辞不起。泰定元年，以太子詹事丞兼经筵说书召，又辞；改淮东廉访使，进翰林学士，皆不赴。

天历二年，关中大旱，饥民相食，特拜陕西行台中丞。既闻命，即散其家之所有与乡里贫乏者，登车就道，遇饿者则赈之，死者则葬之。道经华山，祷雨于岳祠，泣拜不能起，天忽阴翳，一雨二日。及到官，复祷于社坛，大雨如注，水三尺乃止，禾黍自生，秦人大喜。时斗米直十三缗，民持钞出粜，稍昏即不用，诣库换易，则豪猾党蔽，易十与五，累日不可得，民大困。乃检库中未毁昏钞[④]文可验者，得一千八十五万五千余缗，悉以印记其背，又刻十贯、伍贯为券，给散贫乏，命米商视印记出粜，诣库验数以易之，于是吏弊不敢行。又率富民出粟，因上章请行纳粟补官之令。闻民间有杀子以奉母者，为之大恸，出私钱以济之。

到官四月，未尝家居，止宿公署，夜则祷于天，昼则出赈饥民，终日无少怠。每一念至，即抚膺痛哭，遂得疾不起，卒年六十。关中之人，哀之如失父母。至顺二年，赠据诚宣惠功臣、荣禄大夫、陕西等处行中书省平章政事、柱国，追封滨国公，谥文忠。二子：彊、引，彊先卒。

选自《元史》卷一百七十五《张养浩传》

【注释】

①楮（chǔ）币：楮，一种树，树皮可以造纸。这里指用楮纸印行的一种纸币。

②令史：吏名。元设于省、院、台等三品以上官府中主管文案。各衙门令史有掾史、省掾等名目。

③司经：官名，隶属东宫官府，品秩为正七品，掌经史图籍及笔砚诸事。

④昏钞：即有损坏的烂钞，与新钞（料钞）相对应。

【译文】

张养浩，字希孟，济南人。在他幼年之时，就有德行和节义。曾经出行在外，遇到有人把纸钞遗落在路上，失主已经远去，张养浩追上去把钱还给了失主。张养浩年仅十岁时，就勤奋攻读，从不中断。他的父母有时担心他用功过度，就加以制止。而张养浩在白天就默默诵读，夜里就关上门窗，点灯偷偷诵读。山东按察使焦遂听说他的声名之后，就荐举他作东平（今属山东）学正。后张养浩游学京师，向平章政事不忽木献书。不忽木读罢大为惊奇，任命他做礼部令史，又推荐进入御史台任职。一天，张养浩生病，不忽木亲自到他家中看望慰问。往四周一看，家里只有光秃秃的墙壁。不忽木感叹说：“这才真是御史台的属吏啊。”后来张养浩担任丞相属吏，被选任为堂邑县（今并入山东聊城）的县尹。当时人们都说官府的房舍风水不好，对人不利，凡是居住的就不能免灾，而张养浩却住在里面。到任伊始，首先捣毁不合礼仪的祠庙三十余所，又废除了有盗窃前科的人在朔日和望日参见县尹的规定。张养浩说：“这些人本是良民，只是为饥寒所迫，不得已铤而走险做了盗贼；既然已对他们施加刑罚了，还是把他们当做盗贼看待，这是断绝他们改过自新之路呀。”诸盗贼感动得流下眼泪，互相约定说：“我们不能辜负张公。”有个叫李虎的，曾经杀过人，他的党羽非常残暴，为害当地，百姓苦不堪言，前任县尹不敢过问。张养浩到任之后，把他们全部绳之以法，百姓们非常喜悦。张养浩离任十年之后，当地百姓还为他立碑刻石，颂扬他的功德。

元仁宗在东宫的时候，召张养浩为司经。张养浩还没到任，又改任为文学，官拜监察御史。当初，朝中谈论设立尚书省，张养浩就说这不适宜；设立之后，张养浩又说这样变革法度，扰乱朝政，将为祸天下。御史台臣压下他的议论不向朝廷奏报。张养浩于是大声说：“以前桑哥在职的时候，御史台的大臣就缄默无言，后来几乎都没能免罪。如今监察御史已有建言，又不奏报朝廷，那设御史台又有何用！”当时武宗将要在南郊亲自行祭祀大礼，因为身体不适，派遣大臣代替自己祭祀。忽然间狂风大起，冻死了很多人。张养浩在祭祀的地方大声说：“代替皇帝亲祀的不是合适的人选，所以上天显示异象警示世人。”所作所为大大违背了当朝宰相的心意。

其时中书省大臣奏上准备起用的御史台官员，张养浩感叹说：“县尉是负责捕捉盗贼的，即使不称职，难道可以让盗贼自己去选取县尉吗?”于是上疏万余言议论时政：一，赏赐过于奢侈浪费；二，刑罚禁令太过轻疏；三，名位官爵太轻；四，御史台纲纪太弱；五，土木工程过度兴盛；六，朝廷号令太过轻浮；七，宠幸的人太多；八，社会风俗太过奢靡；九，异端势力太过蛮横；十，选取人才的标准过为宽松。所言都切中时弊，执政大臣不能容忍。于是任他为翰林待制，又罗织罪名罢免他，还告诫中书省和御史台不要再起用此人。张养浩唯恐祸患及身，于是变换姓名逃走了。

尚书省被废之后，张养浩才被召为右司都事。在堂邑县任职之时，该县的达鲁花赤曾经与他有小矛盾。当时此人也在求取选任为官，张养浩为他去宰相那里说情，授给他一份美差。张养浩又升迁作翰林直学士，改任秘书少监。延祐（1314—1320）初年，设立进士科，张养浩于是以礼部侍郎的身份主持贡举。中榜的进士登门拜谢，张养浩拒不接见，只是让人告诫他们说：“诸位君子应当想着忠心报效国家，为什么要感谢我呢!”又升任陕西行台治书侍御史，改任右司郎中，拜任礼部尚书。

元英宗即位，命张养浩参议中书省事。正遇到元夕日，皇帝想在内庭大规模张灯结彩，做成鳌山状。张养浩于是上疏给左丞相拜住。拜住把他的上疏藏在袖子里进谏。奏疏的简要内容是：“世祖皇帝在位三十多年，每年的元夕日，家家户户、乡里之间，就连点灯也要禁止；更何况皇家宫殿戒备森严，宫内深邃幽远，尤其应当谨慎戒备。如今建造灯山，臣以为游玩取乐事小，而影响甚大；所能获得的欢娱是很浅薄的，而造成的祸患会很深远。真切希望陛下把崇尚节俭、谋虑长远作为法则，戒除奢侈享乐、贪图眼前享受的做法。”皇帝听了勃然大怒，但将奏疏读完之后，又转怒为喜说："不是张希孟不敢说这样的话。"于是停止了营造灯山的工程，且赐给他尚服局金织丝织品一件、帛一匹，以表彰他的刚直。后来以父亲年老为借口，辞官不做，回家休养。朝廷召他做吏部尚书，也没有到任。后为父亲服丧，还没有服完规定的日期，朝廷再次召他做吏部尚书，张养浩坚决推辞，不肯就任。泰定元年（1324），又召他做太子詹事丞兼经筵说书，他又推辞；改任他为淮东廉访使，进升翰林学士，张养浩都没有赴任。

天历二年（1329），关中地区遭遇大旱，饥民饿到相食的地步。朝廷特拜任张养浩为陕西行台中丞。张养浩听到命令之后，就把家里所有的积蓄分散给贫苦百姓，立即启程就任，遇到饥饿的人就赈济，死了的就加以安葬。中途经过华山，在岳祠向上天祈雨，哭泣下拜到不能起立。天色忽然转阴，一场雨下了两天。等到上任之后，再次到社坛祈雨，结果大雨如注，积水三尺方才停止。庄稼自然生长，关中地区的百姓大喜。当时一斗米的价钱是十三缗，人民手持纸钞去购买粮食，稍有些破损就不能再使用。百姓到国库变换新钞，但是奸猾官吏乘机刁难，只支付原钞面值的一半，而且很久都不给兑现，百姓生活由此十分困苦。张养浩于是查找库中没有焚毁的、面值仍可辨认的旧钞，得到一千八十五万五千余缗，全部在其背面盖上印记，又刻印十贯、五贯作为凭券，分发给贫苦百姓，命令米商以印记为准出卖粮食，再到库房中检验数目交换成钞币，于是小吏们舞弊的途径被杜绝。又率领富户们拿出粮食，并向朝廷奏请实行纳粮补官的命令。听说民间有杀死自己的儿子来奉养母亲的，张养浩大为悲痛，拿出自己的钱财去救济。

到任四个月，张养浩没有在家中居住过，只是在官署。晚上就向上天祈祷，白天则要出去赈济饥民，整天都没有一点松懈。每当想到灾民的悲惨境况，就抚胸痛哭，于是忧劳成疾，溘然长逝，终年六十岁。关中地区的百姓十分哀痛，就像失去了自己的父母。至顺二年（1331），赠据诚宣惠功臣、荣禄大夫、陕西等处行中书省平章政事、柱国，追封为滨国公，谥为“文忠”。他有两个二子：张彊、张引，张彊先于张养浩死去。

【评述】

如何做一名勤政爱民的官员，并得以青史留名？在这方面，元代的张养浩给我们做出了典范。张养浩自幼读书不辍，秉承了儒家忠君爱国的思想，尤其是对于民生疾苦非常关心。在他的散曲中，便曾感叹道：“兴，百姓苦；亡，百姓苦。”（《潼关怀古》）流露出对百姓疾苦的深深关切之情。在他的政治生涯中，无论是官卑职微的堂邑县尹，还是位高权重的行台中丞，张养浩都始终把百姓的冷暖疾苦记在心中，采取措施让他们摆脱饥寒交迫的困境，过上安定的生活。尤其是天历二年，陕西地区发生了严重的旱灾，已归隐多时、年近花甲的张养浩临危受命，亲自主持赈灾工作。张养浩在任上尽职尽责，各类救济工作细致入微；注意革除弊端，让灾民得到切实的救助，很多挣扎在死亡线上的饥民因此获救。而张养浩则积劳成疾，病逝于任上，可谓是鞠躬尽瘁，死而后已。这样的官员，又怎能不让百姓记在心中，并广为传颂呢？

对于地方上欺压百姓、目无法纪的豪权势家，张养浩则坚决予以惩治，让人民拍手称快；对于各类贪腐不法行为，张养浩也上书予以严厉斥责。任监察御史期间，他还特别强调御史台的纠弹职能，对各种贪墨行为进行揭发、指摘，毫不姑息纵容，甚至因此遭到当权大臣的打击报复。这与他的爱民之举并不矛盾。从某种意义上说，只有真正的爱护人民，才能坚决地与种种不法行为作斗争。张养浩以自己的行动证明了这一点。

（苗冬注译、评述）

韩 镛

【原文】

韩镛字伯高，济南人。延祐五年中进士第，授将仕郎、翰林国史院编修官，寻迁集贤都事。泰定四年，转国子博士，俄拜监察御史。当时由进士入官者仅百之一，由吏致位显要者常十之九。帝乃欲以中书参议傅岩起为吏部尚书，镛上言："吏部掌天下铨衡，岩起从吏入官，乌足尽知天下贤才。况尚书秩三品，岩起累官四品耳，于法亦不得升。"制可其奏。

天历元年，除佥浙西廉访司事，去奸暴，黜贪墨，而特举乌程县尹干文传治行为诸县最，所至郡县，为之肃然。二年，转江浙财赋副总管。至顺元年，除国子司业，寻迁南行台治书侍御史。

顺帝初，历佥宣徽及枢密院事。至正二年，除翰林侍讲学士，既而拜侍御史，以刚介为时所忌，言事者诬劾其赃私，乃罢去。五年，台臣辨其诬，遂复起参议中书省事。

七年，朝廷慎选守令，参知政事魏中立言于帝："当今必欲得贤守令，无加镛者。"帝乃特署镛姓名，授饶州路总管。饶之为俗尚鬼，有觉山庙者，自昔为妖以祸福人，为盗贼者事之尤至，将为盗，必卜之。镛至，即撤其祠宇，沉土偶人于江。凡境内淫祠有不合祀典者，皆毁之。人初大骇，已而皆叹服。镛知民可教，俾俊秀入学宫，求宿儒学行俱尊者，列为《五经》师，旦望必幅巾深衣以谒先圣，月必考订课试，以示劝励。每治政之暇，必延见其师生，与之讲讨经义，由是人人自力于学，而饶之以科第进者，视他郡为多。镛居官廨，自奉澹泊，僚属亦皆化之。先是，朝使至外郡者，官府奉之甚侈，一不厌其所欲，即衔之，往往腾谤于朝，其出使于饶者，镛延见郡舍中，供以粝饭，退皆无有后言。其后有旨以织币脆薄，遣使笞行省臣及诸郡长吏。独镛无预。镛治政，虽细事，其详密多类此。

十年，拜中书参知政事。十一年，丞相脱脱在位，而龚伯遂辈方用事，朝廷悉议更张，镛有言，不见听。人或以镛优于治郡，而执政非其所长，遂出为甘肃行省参知政事。及脱脱罢，用事者悉诛，而镛又独免祸。乃迁西行台中丞，殁于官。

选自《元史》卷一百八十五《韩镛传》

【译文】

韩镛字伯高，济南人。延祐五年（1318）考中进士，授将仕郎、翰林国史院编修官，不久升任集贤都事。泰定四年（1327），转任国子博士，很快又做了监察御史。当时通过考取进士而做官的人仅占百分之一，而由吏员出身做到高官的人常占十分之九。泰定帝当时想起用中书参议傅岩起出任吏部尚书，韩镛上奏说：“吏部掌管国家官员的选用，傅岩起从吏员做官，怎么能完全了解天下的贤才？何况尚书的品秩是正三品，他历任官不过四品罢了，按照制度也不应该得到升迁。”皇帝下制书同意了他的上奏。

天历元年（1328），韩镛出任浙西廉访司佥事，打击奸暴，罢黜贪赃的官吏，而特别推举乌程县尹干文传。他的政绩为各县之最，韩镛所到过的郡县，没有不为他肃然起敬的。天历二年，韩镛转任江浙财赋副总管。至顺元年（1330），韩镛任国子司业，不久升任南行台治书侍御史。

顺帝初年，韩镛历任宣徽院佥事与枢密院佥事。至正二年（1342），他任翰林侍讲学士，不久任侍御史，因为刚直不阿被当时的官员们所忌恨，议论时政的人诬告他贪污，于是被罢官。至正五年，御史台官员辩白了他的冤枉，就重新起用他为参议中书省事。

至正七年，朝廷慎重选用州县长官，参知政事魏中立对皇帝说：“如今若一定要得到贤良的地方官，没有能超过韩镛的了。”皇帝于是特署韩镛的姓名，授予他饶州路（今属江西）总管。饶州路的风俗崇尚鬼神，有一座觉山庙，自来有妖怪能使人得祸得福的传说，做盗贼的人对这座庙尤其敬奉，准备抢劫时，必定要先到庙里占卜。韩镛到任之后，立即撤除了庙宇，把土偶神像沉到江里。凡是境内有不合典礼的祭祀祠庙，都把它们毁掉。百姓们刚开始非常惊骇，不久都大为叹服。韩镛知道百姓可以教化，让品质优秀的子弟进入学宫学习，寻访学位品行都受人尊敬的儒士，做《五经》的老师，每月初一、十五必定穿戴礼服先来祭祀孔子，每月都要考核功课，用来劝诫和激励学生。每到治理政务之余，他必定接见学校的老师学生，与他们讨论经义，由此人人都自觉努力学习，因而饶州路以科举考试做官的人，比其他州郡要多。韩镛居住官署中，日常生活非常清净简朴，同僚下属逐渐也都如此。以前，朝廷的使臣到达地方州县，官府供奉极为奢侈，一旦不能满足他们的愿望，他们就怀恨在心，往往在朝廷对地方官极力诽谤。朝廷的使臣到了饶州，韩镛在官府的房舍里接待他们，提供他们粗茶淡饭，他们出来后都没什么议论。后来降下圣旨，因为绢帛织得过于脆薄，朝廷派遣使者鞭笞行省与地方官员。只有韩镛没有受罚。韩镛治理政务，虽然是极其细小的事，但大多像这样考虑得非常缜密。

至正十年，韩镛官拜中书参知政事。至正十一年，丞相脱脱在位，而龚伯遂之流正受到重用，朝廷都在议论改革，韩镛也有建议，但没有被听取。有人认为韩镛擅长治理地方，但执掌国家大政却不是他的长处，就被外派为甘肃行省参知政事。等到脱脱罢官，受到重用的人都被诛杀，而韩镛又独自免于受祸。之后升任陕西行御史台中丞，死于任上。

【评述】

元代是由少数民族建立的政权，蒙古人、色目人可以根据出身做官，同时又因长期没有实行科举，一般汉人、南人入仕，十有八九是由吏为官。元仁宗恢复科举，士人欢欣鼓舞，皆欲大有为于天下，实现读书经世致用的理想，而韩镛就是其中之一。他秉持了中国士大夫知识分子一贯的优良品格，有高尚的道德操守与远大的政治抱负。韩镛出任监察御史，以进谏为己任，敢于对皇帝选官用人持反对意见，最终受到皇帝认可。他外任廉访司监察官，严厉打击贪官污吏，同时向朝廷推举政绩突出的官员。韩镛后来出任饶州路总管，反对封建迷信，推行教化，重视教育，使当地科举中榜的人尤多，取得了优秀的政绩。当时官员贪污腐化比较严重，而韩镛为官清廉，处事缜密，生活简朴，不同流合污，随波逐流。因此，韩镛虽然曾因遭到忌恨而被诬告，最终水落石出，洗刷了污名，重新得到任用。这就说明正义与清白一定会最终得到认可。后来朝廷惩罚不合格的官员时，就只有他没有受罚，所谓的身正不怕影子歪，就是指他这样的人吧。在元朝后期腐朽黑暗的官场中，韩镛就有如黑夜中的一盏明灯，不仅自己发光发亮，还使同僚下属都受到感染，以他为效仿的榜样。由此可见，只有像韩镛这样有守有为、清廉自持的官员，才能始终屹立不倒，在世为当时所敬重，身后为世人所传颂。

（曹循译文、评述）

黄溍

【原文】

黄溍，字晋卿，婺州义乌人。母童氏，梦大星坠于怀，乃有娠，历二十四月始生溍。溍生而俊异，比成童，授以书诗，不一月成诵。迨长，以文名于四方。

中延祐二年进士第，授台州宁海丞。县地濒盐场，亭户①恃其不统于有司，肆毒害民；编户隶漕司及财赋府者，亦谓各有所凭，横暴尤甚。溍皆痛绳以法，吏以利害白，弗顾也。民有后母与僧通而杀其父者，反诬民所为，狱将成，溍变衣冠阴察之，具知其奸伪，卒直其冤。恶少年名在盗籍者，而谋为劫夺，未行，邑大姓执之，图中赏格。初无获财左验，事久不决，溍为之疏剔，以其狱上，论之如本条，免死者十余人。

迁两浙都转运盐使司石堰西场监运，改诸既州判官。巡海官舸，例以三载一新，费出于官，而责足于民。有余，则总其事者私焉。溍撙节浮蠹，以余钱还民，欢呼而去。奸民以伪钞钩结党与，胁攘人财，官若吏听其谋，挟往新昌、天台、宁海、东阳诸县，株连所及数百家，民受祸至惨。郡府下溍鞫治，溍一问，皆引伏，官吏除名，同谋者各杖遣之。有盗系于钱唐县狱，游民赂狱吏私纵之，假署文牒，发其来为向导，逮捕二十余家。溍访得其情，以正盗宜傅重议，持伪文书来者又非州民，俱械还钱唐，诬者自明。

入为应奉翰林文字、同知制诰，兼国史院编修官，转国子博士。视弟子如朋交，未始以师道自尊，轻纳人拜，而来学者滋益恭，业成而仕，皆有闻于世。时欲增设礼殿配位四，配位合东坐而西向，学官或议分置于左右，同列不敢争，溍独面折之，事乃止。出为江浙等处儒学提举。溍年始六十七，不俟引年②，亟上纳禄侍亲之请，绝江径归。俄以秘书少监致仕，未几，落致仕，除翰林直学士、知制诰同修国史。寻兼经筵官，执经进讲者三十有二，帝嘉其忠，数出金织纹段赐之。升侍讲学士、知制诰同修国史、同知经筵事。阶自将仕郎七转至中奉大夫。几上章求归，不俟报而行，帝闻之，遣使者追还京师，复为前官。久之，始得谢南还，优游田里间，凡七年，卒于绣湖之私第，年八十一。赠中奉大夫、江西等处行中书省参知政事、护军，追封江夏郡公，谥曰文献。

溍天资介特，在州县唯以清白为治，月俸弗给，每鬻产以佐其费。及升朝行，挺立无所附，足不登巨公势人之门，君子称其清风高节，如冰壶玉尺，纤尘弗污。然刚中少容，触物或弦急霆震，若未易涯涘，一旋踵间，煦如阳春。溍之学，博极天下之书，而约之于至精，剖析经史疑难，及古今因革制度名物之属，旁引曲证，多先儒所未发。文辞布置谨严，援据精切，俯仰雍容，不大声色，譬之澄湖不波，一碧万顷，鱼鳖蛟龙，潜伏不动，而渊然之光，自不可犯。所著书，有《日损斋稿》三十三卷、《义乌志》七卷、《笔记》一卷。

选自《元史》卷一百八十一《黄溍传》

【注释】

①亭户：古代盐户的一种。唐乾元元年（公元 758 年）第五琦定盐法，将制盐民户编为特殊户籍，免其杂役，专制官盐。因煮盐地方称亭场，故名。

②引年：谓古礼对年老而贤者加以尊养，后用以称年老辞官。此处犹谓退休年龄。

【译文】

黄溍，字晋卿，婺州义乌人。母亲童氏，梦见一颗大星坠入怀中，于是怀孕，经过二十四个月才生下黄溍。黄溍生下来就杰出异常，等到年龄稍大一点，教给他《尚书》、《诗经》，不到一个月就能全部背诵。成年以后，以文章闻名四方。

中延祐二年（1315）黄溍及进士第，被授予台州宁海县丞。

宁海县靠近盐场，亭户自恃本地不归有关部门管，肆意为害百姓；隶属于漕司及财赋府的编户，也是各有所凭，尤为横行霸道。黄溍把他们全部法办，属吏告诉他其中的利害关系，黄溍也毫不顾虑。百姓中有个人的后母与僧人通奸而谋杀了他的父亲，反过来却诬陷是这个人杀的，将要定罪，黄溍乔装改扮暗中调查，查清了事实真相，最终给那个人伸了冤。有几个名在盗籍的恶少年，预谋抢劫，结果还未实行就被邑中大姓人家逮住，送到官府领赏。起初，因为没有赃物证据，案件长时间悬而未决。黄溍为他们梳理案情剔除罪责，把案子向上级汇报，按照法律论处，结果这十几人都免除死刑。

黄溍升为两浙都转运盐使司石堰西场监运，又改为诸既州（今浙江绍兴诸暨）判官。当时巡海的官船，按例是三年一更新，费用由官府出，而不足的部分责成百姓承担。如果费用有余，则总管此事的官员就中饱私囊。黄溍到任后节省虚耗，把多余的钱还给百姓，百姓欢呼而去。有奸民拿伪钞勾结党羽，侵夺百姓的财产，官吏听任他们的阴谋得逞，他们把伪钞带往新昌、天台、宁海、东阳等县，连累到了数百户人家，百姓受到的祸害极为惨重。郡府派黄溍下去审问查办，黄溍一审问，那些人就都认罪了，结果官吏们被撤职除名，同谋者全处以杖刑后赶走。有个盗贼被关在钱唐县监狱，游民买通狱吏私下放走了他，还伪造了文书。官府查出游民来时给他指路的向导，逮捕了二十多家。黄溍调查处实情，认为盗贼应该从重议处，拿伪文书来的又不是本州百姓，所以全部押回钱唐，受到诬陷的人自然就得以昭雪。

后黄溍入京担任应奉翰林文字、同知制诰，兼国史院编修官，转任国子博士。在国子监时他把弟子当做朋友，从不把自己尊为老师而轻易让人参拜，这样一来他的学生们对他就更加恭敬，学成之后入仕，都闻名当世。当时朝廷想增设礼殿配位四个，配位全部坐东朝西，有的学官认为应该分别放置在左右两边，同僚官员不敢争论，只有黄溍当面争辩，此事才停止。黄溍又出京担任江浙等处儒学提举。黄溍年龄才六十七岁时，他不等到退休年龄，就提出了交回俸禄、陪侍双亲的请求，渡过长江径自回乡。很快他就从秘书少监任上退休，但不久朝廷又取消了他退休的命令，拜任为翰林直学士、知制诰同修国史。不久又兼任经筵官，执经进讲了三十二次，皇帝嘉奖他的忠诚，屡次拿出金织的纹段赏赐给他。又升任侍讲学士、知制诰同修国史、同知经筵事。官阶自将仕郎升迁七次至中奉大夫。几次上书请求告老还乡，不等准奏就启程，皇帝听说了，就派人把他追回京师，再让他任先前的官职。又过了很长时间，才得以辞职回到江南，悠然自得地生活在乡间，过了七年，死在绣湖家中，享年八十一岁。赠中奉大夫、江西等处行中书省参知政事、护军，追封为江夏郡公，谥为“文献”。

黄溍生性孤高，不随流俗，在州县时只以清廉治理地方，月俸不够用，常变卖家产来补给支出。等官升为朝廷官员，独自挺立，不依附权势，脚从不踏进权臣势家之门，君子称赞他的清风高节，就像冰壶玉尺，纤尘不染。然而他刚直中也有一点宽容，有时遇事时性急就像迅雷，似乎没有穷尽，但一转身之间，却又像春天般温暖。黄溍为学，博览天下之书，而能概括出最精华的部分，剖析经史中的疑难问题，以及古今沿革制度名物之类，都能旁征博引，多是以前的大儒所未能指出的。他的文章文辞布局严谨，援引论据精辟贴切，从容大度，不大动声色，就像是平静湖面上没有一点波浪，一碧万顷，鱼、鳖、蛟龙，都潜伏在水下不动，而渊博深远的光彩却不可侵犯。黄溍著有《日损斋稿》三十三卷、《义乌志》七卷、《笔记》一卷。

（马晓林注译）

王都中

【原文】

王都中，字元俞，福之福宁州人。父积翁，仕宋为宝章阁学士、福建制置使。至元十三年，宋主纳土，乃以全闽八郡图籍来，入觐世祖于上京，降金虎符，授中奉大夫、刑部尚书、福建道宣慰使，兼提刑按察使，寻除参知政事，行省江西。俄以为国信使，宣谕日本，至其境，遇害于海上。

都中生三岁，即以恩授从仕郎、南剑路顺昌县尹。七岁，从其母叶诉阙下，世祖闵焉，给驿券[①]，俾南还，赐平江田八千亩、宅一区。已而世祖追念其父功不置，特授都中少中大夫、平江路总管府治中，时年甫十七。僚吏见其年少，颇易视之。都中遇事剖析，动中肯綮，皆眙不敢欺。昆山有诡易官田者，事觉，而八年不决，都中为披故牍，洞见底里，其人乃伏辜。吴江有违拒有司筑堤护田之令而归过于众人者，都中询知其故，皆置不问，其人乃无所逃罪。学舍久坏不治，而郡守缺，都中曰：“圣人之道，人所共由，何独守得为乎?”乃首募大家合钱，新其礼殿。

秩满，除浙东道宣慰副使。金华有殴杀人者，吏受赇，以为病死。都中摘属吏覆按，得其情。狱具，县长吏而下，皆以赃败。余姚有豪民张甲，居海滨，为不法，擅制一方，吏无敢涉其境。都中捕系之，痛绳以法。迁荆湖北道宣慰副使。适岁侵，都中躬履山谷，以拯其饥，民赖以全活者数十万。武宗诏更钞法，行铜钱，以都中为通才，除江淮泉货监。凡天下为监者六，惟江淮所铸钱号最精。

改郴州路总管。郴居楚上流，溪洞徭獠往来民间，惮其强猾，莫敢与相贸易。都中煦之以恩，慑之以威，乃皆悦服。郴民染于蛮俗，喜斗争，都中乃大治学舍，作笾豆簠簋、笙磬琴瑟之属，使其民识先王礼乐之器，延宿儒教学其中，以义理开晓之，俗为之变。邻州茶陵富民覃乙死，无子，惟一小妻，及其赘婿，妻诬其婿拜尸成婚，藏隐玉杯夜明珠，株连八百余人，奉使宣抚移其狱，诿之都中，穷治，悉得其情，而正其罪。州长吏而下，计其赃至十一万五千余缗，人以为神明。

迁饶州路总管。年饥，米价翔踊，都中以官仓之米，定其价为三等，言于行省，以为须粜以下等价，民乃可得食，未报。又于下等价减十之二，使民就籴。时宰怒其专擅，都中曰：“饶去杭几二千里，比议定往还，非半月不可。人七日不食则死，安能忍死以待乎！”其民亦相与言曰：“公为我辈减米价，公果得罪，我辈当鬻妻子以代公偿。”时宰闻之乃罢。郡岁贡金，而金户贫富不常，都中考得其实，乃更定之。包银之法，户不过二两，而州县征之加十倍，都中责之，一以诏书从事。父老或以两岐之麦、六穗之禾为献，都中曰：“此圣主之嘉瑞，非臣下所敢当。”遂以闻于朝。以内忧去郡，民生为立祠。

服阕，除两浙都转运盐使，未上，擢海北海南道肃政廉访使。中书省臣奏国计莫重于盐策。乃如前除盐亭灶户，三年一比附推排，世祖旧制也。任事者恐敛怨，久不举行。都中曰：“为臣子者，使皆避谪，何以集事？”乃请于行省，遍历三十四场，验其物力高下以损益之。役既平而课亦足，公私便之。擢福建闽海道肃政廉访使，俄迁福建道宣慰使都元帅，又改浙东道宣慰使都元帅。

天历初，被省檄，整点七路军马，境内晏然。徙广东道宣慰使都元帅，三易镇，皆佩元降金虎符。元统初，朝廷以两淮盐法久坏，诏命都中以正奉大夫、行户部尚书、两淮都转运盐使，仍赠袭衣法酒。都中既至，参酌前所行于两浙者，次第施行之，盐法遂修。寻拜河南行省参知政事，中道以疾作南归。于是天子闵其老，诏即其家拜江浙行省参知政事。至正元年卒。赠昭文馆大学士，谥清献。

都中历仕四十余年，所至政誉辄暴著，而治郡之绩，虽古循吏无以尚之。当世南人以政事之名闻天下，而位登省宪者，惟都中而已。又其清白之操，得于家传，所赐田宅之外，不增一疃，不易一椽，廪禄悉以给族姻之贫者，人尤以是多之。幼留京师，及拜许衡，即知所趋向。中年，尤致力于根本之学，自号曰本斋。有诗集三卷。

选自《元史》卷一百八十四《王都中传》

【注释】

①驿券：乘驿的凭证。元代建立了空前发达的驿站交通体系，官员、使臣等需提供铺马札子等凭证方可乘驿。

【译文】

王都中，字元俞，福建福宁州人。他的父亲王积翁，在宋朝担任宝章阁学士、福建制置使的官职。至元十三年（1276），宋主归降元朝，王积翁于是带着福建地区全部的户口籍册，在上京觐见元世祖忽必烈。朝廷赐给他金虎符，授以中奉大夫、刑部尚书、福建道宣慰使，兼提刑按察使的官职。不久他又担任参知政事，以行中书省统管江西。很快又被任命为国信使，去宣谕日本，到达日本境内，不幸在海上遇害。

王都中三岁时，就以恩授从仕郎、南剑路顺昌县尹。七岁，跟随他的母亲叶氏诉求于朝廷，元世祖怜悯她母子，给他们驿券，让其南还，赐给平江田八千亩、宅第一处。后来元世祖追念都中父亲的功勋没有得到彰显，特授都中少中大夫、平江路总管府治中，当时王都中才十七岁。同僚官吏见他年少，都很不把他放在眼里。都中遇到事情深入分析，总是能切中要害，表现出与年龄不符的成熟与稳重，同僚们都非常惊讶便再也不敢欺负他了。昆山有偷换官田的人，事情败露，八年没有结案，王都中为此披阅旧有文案，查明真相，这个人终于服罪。吴江有人违抗当地官府筑堤护田的指令而把责任推卸给众人，王都中询查得知原委，放过众人不管，这人最终没有逃过法律的严惩。学校的校舍毁坏已久，没有得到修缮，而郡守缺失。王都中说："圣人之道，是人人都要遵循的，为何单独指望郡守去做而其他人不去遵守呢?"于是首先从大户人家筹募钱财，合起来翻新修缮了学校的礼殿。

王都中任期届满，拜官浙东道宣慰副使。金华有打死人的，主办官吏收受贿赂，诈称其病死。王都中挑选了几名属吏审讯，得到事实真相。案结，从县长吏以下，全部因受赃而获罪。余姚有个凭借钱势横行乡里的民户张甲，居住在海滨，做不法的事情，控制一方，官吏们都不敢插手当地的事务。王都中将其抓捕，绳之以法。后迁官荆湖北道宣慰副使。当时正值灾年，王都中亲自来到山谷之中视察灾情，拯救民众，百姓有赖此而活下来的有数十万人。元武宗下诏推行铜钱，王都中是通才，任命他在淮泉货监任职。天下设立的这类监所一共有六处，其中只有江淮监所铸的铜钱号称最为精良。

不久王都中改任郴州路总管。郴州位于楚地上流地区，溪洞徭獠等各种少数民族来往于民间。（百姓）害怕他们的强壮狡猾，没有人敢和他们进行贸易活动。王都中恩威兼施，溪洞徭獠等全都心悦诚服。郴州的民众沾染上蛮族的习俗，喜欢斗殴争执，王都中大规模地兴建学校房舍，制作笾豆簠簋、笙磬琴瑟等各类礼器，让人们认识古代先王的各种礼乐器皿。延请有学识声望的儒士在学舍中教授学业，用义理之学来开晓民智，当地的风俗为之一变。邻近的茶陵富民覃乙死去，没有儿子，只有一个妾，以及招赘的女婿，妾诬陷招赘的女婿拜尸成婚，偷藏玉杯夜明珠，此案株连八百多人，奉使宣抚将这个案件交给王都中查办，王都中彻底追查，得到全部的实情，将犯人依法治罪。茶陵州长吏以下，总共受赃达到十一万五千多缗，人们都认为王都中英明。

又改任饶州路总管。饥年，米价飞速上涨。王都中将官仓中所贮存的米粮，按照三等米的标准定价。他认为必须用最低的价格出售，百姓才能吃上粮食。将这个方案上报给行省，没有得到批准。王都中又将官仓藏的米按照下等价再减百分之二十的价格卖给百姓。当时行省的宰相恼怒他不经上级批准就专擅自决，王都中辩解说："饶州距离杭州，有两千里左右的路程。如果等到商议妥帖，中间来往反复，肯定经过半个月的时间。而人有七天不吃饭就会饿死，哪能忍受死亡的威胁来等待省里的回复呢?"治下的人民也都说道："大人为我们这些人降低米价，因此获罪，我们就是卖妻鬻子也要替他偿还。"行省的宰相听到这样的话，于是作罢。饶州郡每年都要向朝廷上贡金子，但是金户贫富不均，财富相差很大。王都中详细调查，得到其中的实情，于是重新制定标准。按照包银之法，每户缴纳不会超过二两，但是州县要加重十倍征收。王都中对这种做法痛加斥责，一切都按照诏书规定的数目征收。当地的父老把两岐之麦、六穗之禾奉献给王都中。王都中推辞说："这是圣主皇上所有的祥瑞，不是臣下我所能担当的。"于是将此事奏报给朝廷。由于王都中消除了郡内的忧患，人民在他活着的时候就给立了祠堂。

任职期满后，任两浙都转运盐使。未及赴任，又升任海北海南道肃政廉访使。中书省的大臣们上奏，认为国家大计没有比盐策更重要的了。于是像以前一样设置盐亭灶户，每三年比附着各类情况推演排列。这是元世祖时留下的旧制。主持此事的官员恐怕招致怨恨，很久都不实行。王都中说："我们做臣子的，如果一个个都逃避责任，那还如何能够办事？"于是向行省请示，将三十四个盐场全部巡查一遍，检验各场物资的丰富高下进行相应的增减。赋役既然平允，而课税也足额缴纳，公私全都称便利。升任福建闽海道肃政廉访使，很快又迁为福建道宣慰使都元帅，又改任浙东道宣慰使都元帅。

天历（1328—1330）初年，接受行省下发的檄文，整点统领七路人马，辖区内人民太平祥和。又改任广东道宣慰使都元帅，三次更换防区，都佩带原来赐给他的金虎符。元统（1333—1335）初年，朝廷因为两淮地区的盐法长期混乱废弛，下诏命王都中做正奉大夫、行户部尚书、两淮都转运盐使，仍然赐给袭衣法酒。王都中到任之后，参照在两浙的做法按照次序一项项实行，盐法于是顺利推行。不久拜官河南行省参知政事，任职期间因病南归。皇帝怜悯王都中年迈，把任命的诏书直接发到他的家中，拜其官江浙行省参知政事。至正元年（1341）去世。追赠昭文馆大学士，谥"清献"。

王都中做官四十多年，所到之处政名卓著，即使古代的清官都不能超过他的政绩。当代南人以政事名闻天下，而且位登省宪的，只有王都中一个人而已。他为官清廉的操守，来自于祖上的家传，除了受赐的田宅之外，没有增修过一栋房子，所得俸禄全部赡济给家族姻亲中的穷人，人们尤其因他这个举动而赞赏他。幼年曾留住京师，自拜见许衡之后，就知道自己应当走什么样的道路。中年尤其致力于本源之学。自号本斋，留有诗集三卷。

【评述】

王都中任平江路总管府治中时虽年仅十七岁，遇事却能条分缕析，往往切中肯綮，同僚们刮目相看，再也不敢轻视他，显示了过人的从政素质。任职浙东道宣慰副使期间处理金华命案时，都中本着人命关天，不可不慎的原则，令属下详查，县长及以下吏员皆以赃污落马。而处理郴州茶陵富民覃乙死命一案，再次表现出都中穷治冤狱，除恶务尽的品格。余姚豪民张甲据海滨擅制一方，吏员不敢涉其境，俨然一地“土豪”。都中就派人追剿，严惩欺压百姓和扰乱社会秩序的不法之徒。都中经常深入基层调查，不搞面子工程，为老百姓办了不少实事。在湖北任职时一心以百姓为念，灾荒时节亲自到深山中慰问饥民，救民数十万众。武宗时更定钞法，有“通才”称号的王都中所治江淮的铸钱最为精良。后为郴州路总管，当地少数民族与汉民杂处，汉民怕他们强猾，多不敢与之贸易。王都中恩威并施，使其悦服向化。考虑到郴民沾染了蛮俗，喜争斗闹事，都中就在当地大兴学校，又将儒家的礼仪推广到教学中，使人们熟知孔孟之道。当然，王都中是站在儒家知识人和元朝官僚的立场上做出这些事情的，但此举无疑起到了敦教化、厚风俗的作用，减少了民族纠纷，安定了地方秩序。王都中任饶州路总管时，地方因灾荒造成米价暴涨，他不以个人前程为虑，心系百姓安危，未获批准就将官仓中的米减价售出赈济饥民，确实当得起贤能二字。

俗话说“金杯、银杯，不如老百姓的口碑。”王都中为官四十多年，所到之处政誉卓著，百姓称赞，体现了一个古代循吏良好的从政素养，成为当时以政事闻名天下且位居省宪的唯一一位南人。王都中清正廉洁，对贪官污吏决不手软，又爱民如子，朝廷和百姓都没有忘记他，那么仕途上的“平步青云”也只是迟早的事情。

（杨印民注译　向珊评述）

宋 本

【原文】

宋本，字诚夫，大都人。自幼颖拔异群儿，既成童，聚经史穷日夜读之，句探字索，必通贯乃已。尝从父祯官江陵，江陵王奎文，明性命义理之学，本往质所得，造诣日深。善为古文，辞必己出，峻洁刻厉，多微辞。年四十，始还燕。

至治元年，策天下士于廷，本为第一人，赐进士及第，授翰林修撰。泰定元年春，除监察御史，首言："逆贼铁失等虽伏诛，其党枢密副使阿散，身亲弑逆，以告变得不死，窜岭南，乞早正天讨。"国制：范黄金为太庙神主，仁宗室盗竟窃去。本言："在法，民间失盗，捕之违期不获犹治罪，太常失典守，及在京应捕官，皆当罢去。"又言："中书宰执，日趋禁中，固宠苟安，兼旬不至中堂，壅滞机务，乞戒饬臣僚，自非入宿卫日，必诣所署治事。"皆不报。

逾月，调国子监丞。夏，风烈地震，有旨集百官杂议弭灾之道。时宿卫士自北方来者，复遣归，乃百十为群，剽劫杀人桓州道中。既逮捕，旭灭杰奏释之。蒙古千户使京师，宿邸中，适民间朱甲妻女车过邸门，千户悦之，并从者夺以入。朱泣诉于中书，旭灭杰庇不问。本适与议，本复抗言："铁失余党未诛，仁庙神主盗未得，桓州盗未治，朱甲冤未伸，刑政失度，民愤天怨，灾异之见，职此之由。"辞气激奋，众皆耸听。冬，移兵部员外郎。二年，转中书左司都事。会议招抚溪洞民，故将李牢山之子尝假兵部尚书，从诸王帅兵征郁林州徭民。李在道纳妾，留不进，兵败归。枢密副使王卜邻吉台言："李平徭有功，当迁官。"本言："李弃军娶妾，逗挠军期，宜亟置诸法，况可官邪！"王色沮，乃不敢言。

旭灭杰死，左丞相倒剌沙当国得君，与平章政事乌伯都剌，皆西域人。西域富贾以其国异石名曰瓓者来献，其估钜万，或未酬其直；诸尝有过，为司宪褫官，或有出其门下者。三年冬，乌伯都剌自禁中出，至政事堂，集宰执僚佐，命左司员外郎胡彝以诏藁示本，乃以星孛地震赦天下，仍命中书酬累朝所献诸物之直，擢用自英庙至今为宪台夺官者。本读竟，白曰："今警灾异，而畏献物未酬直者愤怨，此有司细故，形诸王言，必贻笑天下。司宪褫有罪者官，世祖成宪也，今上即位，累诏法世祖，今擢用之，是废成宪而反汗前诏也。后复有邪佞赃秽者，将治之邪？置不问邪？"宰执闻本言，相视叹息罢去。明日，宣诏竟，本遂称疾不出。

四年春，迁礼部郎中。天历元年冬，升吏部侍郎。二年，改礼部侍郎。是年，文宗开奎章阁，置艺文监，检校书籍，超大监。至顺元年，进奎章阁学士院供奉学士。二年冬，出为河东廉访副使，将行，擢礼部尚书。三年冬，宁宗崩，顺帝未至，皇太后在兴圣宫，正旦，议循故事，行朝贺礼，本言："宜上表兴圣宫，废大明殿朝贺。"众是而从之。元统元年，兼经筵官。冬，拜陕西行台治书侍御史，不拜，复留为奎章阁学士院承制学士，仍兼经筵官。二年夏，转集贤直学士兼国子祭酒，兼经筵如故。是年冬十一月二十五日，卒，年五十四。阶官自承务郎十转至太中大夫。

本性高抗不屈，持论坚正，制行纯白，不可干以私。而笃朋友之义，坚若金铁，人有片善，称道不少置，尤以植立斯文自任。知贡举，取进士满百人额；为读卷官，增第一甲为三人。父官南中，贫，卖宅以去，居官清慎自持，饘粥至不给。本未弱冠，聚徒以养亲，殆二十年，历仕通显，犹僦屋以居。及卒，非赙赠几不能给棺敛。执绋者近二千人，皆缙绅大夫、门生故吏及国子诸生，未尝有一杂宾，时人荣之。本所著有《至治集》四十卷，行于世。谥"正献"。

弟褧，字显夫。登泰定元年进士第，授校书郎。累官至翰林直学士。谥文清。褧尝为监察御史，于朝廷政事，多所建明。其文学与本齐名，人称之曰二宋云。

选自《元史》卷一百八十二《宋本传》

【译文】

宋本，字诚夫，大都人。他自幼聪颖卓异，异于寻常儿童。十五岁后，他收集经史典籍日夜研读，一字一句地探索，一定要彻底弄明白书中的意义才肯停手。他曾跟随其父宋祯到江陵任官。江陵人王奎文，精通性命义理之学，宋本前去请他评论自己的读书心得，因此他的学问造诣日益加深。他善作古文，文辞不沿袭前人，文风峻洁刻厉，大多含有深奥的含意。四十岁时，才返回燕京。

至治元年（1321），朝廷策试天下士子，宋本取得第一名，受赐进士及第，授翰林院修撰。泰定元年（1324）春，任监察御史，他创议说："逆贼铁失等人虽已伏法被诛，但他的党羽枢密副使阿散，亲身参与弑君逆谋，因告发事变而得免死，被发配到岭南，请求尽早将他处死以正天罚。"按照国家的规定，太庙中的神主是用黄金铸成，仁宗室神主竟被窃走，宋本上奏说："根据法律规定，民间若有失盗发生，逾期不能捕获盗贼的还要被治罪，太常丢失所保管的东西，以及那些在京师任捕官的人，都应当罢官免职。"他又上奏说："中书宰执重臣，每日到禁中，确保其受宠信，苟且偷生，却二十天不到中堂，积压耽误了国家机务，希望皇帝训诫臣僚，凡不是宿卫宫中的日子，必须要到所属官署去办理公务。"但他的奏言都没有得到批复。

过了一个多月，宋本被调任国子监丞。当年夏，有大风及地震灾害，皇帝诏令百官共同商议消弭灾祸的办法。当时那些从北方来的宿卫士，又被遣回去，他们就百十人聚成一群，在桓州道中劫掠杀人。他们被逮捕以后，旭灭杰奏请将他们释放。蒙古千户出使到京师，在客店住宿，适逢百姓朱甲的妻女坐车从客店门前经过，千户看中了他妻女的容貌，就和他的随从一起把他们抢入客店之中，朱甲到中书省上诉，旭灭杰庇护千户而不审理此事。碰巧宋本参加这次集议，宋本又直言争辩说："铁失余党未诛，仁庙神主盗贼没被捕获，桓州盗寇没被惩治，朱甲的冤屈没有伸张，政刑失去法度，天怒人怨，灾异出现就是由这些情况造成的。"他言辞激烈，众人都因此而感到惶恐。这年冬天，宋本又移官兵部员外郎，泰定二年，宋本改任中书左司都事。此时正逢商议招抚溪洞百姓，故将李牢山之子曾经代理兵部尚书，随从诸王率军征讨茂林州瑶民，李在行军途中纳妾，军队停止不前，以致兵败而归。枢密副使诸王卜邻吉台说："李平瑶有功，应该提升他的官职。"宋本说："李放弃军务而娶小妾，以致延误军期。应立即绳之于法，又怎能升官呢！"卜邻吉台听了表情沮丧，不敢再提及此事。

旭灭杰死后，左丞相倒剌沙执掌国政而得到皇帝信任，他与平章政事乌伯都剌都是西域人，西域富商带来其国中一种叫瓓的异石，售价巨万，但有的没有酬付其钱；那些曾经犯有过失，而被御史台革除官职的人，有的是出于倒剌沙等人门下。泰定三年冬，乌伯都剌从宫中出来，来到中书省政事堂，召集宰臣僚佐一干官员，命左司员外郎胡彝拿出诏书草稿给宋本看，其中说到因为星象怪异和发生地震所以要大赦天下，并且命中书省偿付历朝进献的各种宝物的价值，并提拔任用自英宗朝以来遭御史台革除官职的人。宋本读完诏书后，说："今以苍天降灾作为警告，并且害怕那些前来献物而未得到偿付之人的愤怨，这是有关部门所犯的小过失，把这作为皇帝诏书中的内容颁布，必然会贻笑天下。御史台革除有罪者的官职，这是世祖皇帝制定的成法，当今皇上即位后，多次下诏说要效法世祖，而现在要任用这些人，这是破坏祖宗成法而反悔前诏。以后再有邪佞脏秽之人，是惩治他们呢？还是置之不问呢？"诸位宰相听了宋本的言论，相视叹息，无语离去。第二天，诏令公布，宋本就称病不出。

泰定四年春，宋本迁任礼部郎中。天历元年冬（1328），又升任吏部侍郎。二年，改任礼部侍郎。当年，文宗开设奎章阁，设艺文监，检校典籍，越级升宋本为太监。至顺元年（1330），宋本进升官奎章阁学士院供奉学士。二年冬，出任河东廉访使，将要出行，又被提升为礼部尚书。三年冬，宁宗驾崩，顺帝还未到，太后在兴圣宫主持大政。新年元旦，众臣商议遵循旧例，举行新年朝贺大礼，宋本上奏说："应该上表兴圣宫，废除在大明殿朝贺。"众人都认为他说得对，听从了他的主张。元统元年（1333），宋本兼任经筵官；当年冬，拜任宋本为陕西行台治书侍御史，他没有接受，又留任为奎章阁学士院承制学士，仍兼经筵官。元统二年夏，宋本改任集贤直学士，兼国子祭酒，仍旧兼任经筵官。这一年冬十一月二十五日去世，终年五十四岁。他的官阶自承务郎经十次升迁至太中大夫。

宋本生性高亢不屈，所持议论公正严明，任职清白，从不接受私人请托；重朋友道义，坚贞如金铁；别人有一点善行长处，他都称道不已，尤其把恢复礼乐制度作为己任。他负责进士考试时，录取进士以百人为限额；任读卷官时，把一甲进士增加为三人。他父亲去南中做官，家中贫困，只能卖掉房子作路费赴任，但做官时能保持清廉，以至于连粥都吃不饱。宋本未成年时，就靠教学生奉养双亲将近二十年。历任高官，却一直是借房子居住。等到他去世时，若是没有赠予的助葬钱几乎无法支付丧葬费用。最后为他送葬的人近二千人，都是缙绅大夫、门生故吏及国子诸生，没有一个杂人，当时人都认为这很荣耀。宋本著有《至治集》四十卷，流传于世。他的谥号为“正献”。

其弟宋褧，字显夫，泰定元年中进士第，授任校书郎，多次升迁至翰林直学士，谥号为“文清”。宋褧曾任监察御史，对于朝廷政事，多有创建。他在文学上与宋本齐名，人称他们兄弟为“二宋”。

【评述】

廉洁的品质来源于自身的修养，自身的修养来源于良好的教育，人最直接的教育来源于家庭。可见家庭、教育都有助于形成一个官员的廉洁品质。

宋本作为元朝少有的进士出身的官员，无疑受过良好的教育。更重要的是宋本有一个廉洁自持的父亲。他父亲去南中做官，因贫穷无法赴任，只好卖掉房子凑路费。做官时因保持清廉，以至于连粥都吃不饱。受到如此廉洁的父亲的影响，宋本未成年时，就已教学生得钱奉养双亲，后来历任高官仍能保持廉洁本色，借房子居住，连去世时的丧葬费都是朝廷和朋友捐助的。

如果说家庭给了宋本廉洁最直接的影响，那么他对儒家性命义理之学的钻研则为他廉洁奉公提供了理论依据。学有所成的宋本在处事上坚持原则。首先是刚正不屈，坚持正义，勇于和歪风邪气作斗争，当时灾异繁多，西域人出身的左丞相倒剌沙借机要赐给西域商人钱财，并想趁此机会赦免自己的党羽。宋本戳穿了他的诡计，坚持不同意。虽然最后没能阻止，但也彰显出宋本的正直品性。另一方面，宋本深知良好教育对官员廉洁的作用，于是积极倡导教育，他负责进士考试时，录取进士以百人为限额；任读卷官时，又增加一甲进士为三人。正是这一系列重教措施为国家选拔了很多优良的官员，为树立廉洁之风作出了贡献。

（倪彬译文、评述）

张起岩

【原文】

张起岩，字梦臣。其先章丘人，五季避地禹城。高祖迪，以元帅右监军权济南府事，徙家济南。当金之季，张荣据有章丘、邹平、济阳、长山、辛市、蒲台、新城、淄州之地，岁丙戌，归于太祖，始终能效忠节，迪与其子福，实先后羽翼之。福仕为济南路军民镇抚兵钤辖，权府事，生东昌录事判官铎。铎生四川行省儒学副提举范。范生起岩。初，其母丘氏有娠，见长蛇数丈入榻下，已忽不见，乃惊而诞起岩。

幼从其父学，年弱冠，以察举为福山县学教谕，值县官捕蝗，移摄县事。久之，听断明允，其民相率曰："若得张教谕为真县尹，吾属何患焉。"政成，迁安丘。中延祐乙卯进士，首选，除同知登州事。特旨改集贤修撰，转国子博士，升国子监丞，进翰林待制，兼国史院编修官。丁内艰，服除选为监察御史。中书参政杨廷玉以墨败，台臣奉旨就庙堂逮之下吏。丞相倒刺沙疾其摧辱同列，悉诬台臣罔上，欲置之重辟。起岩以新除留台，抗章论曰：“台臣按劾百官，论列朝政，职使然也。今以奉职获戾，风纪解体，正直结舌，忠良寒心，殊非盛世事。且世皇建台阁，广言路，维持治体，陛下即位诏旨，动法祖宗。今台臣坐谴，公论杜塞，何谓法祖宗耶！”章三上，不报。起岩廷争愈急，帝感悟，事乃得释，犹皆坐罢免还乡里。迁中书右司员外郎，进左司郎中，兼经筵官，拜太子右赞善。丁外艰，服除，改燕王府司马，拜礼部尚书。

文宗亲郊，起岩充大礼使，导帝陟降，步武有节，衣前后襜如，陪位百官，望之如古图画中所睹。帝甚嘉之，赐赉优渥。转参议中书省事。宁宗崩，燕南俄起大狱，有妄男子上变，言部使者谋不轨，按问皆虚。法司谓：“唐律，告叛者不反坐。”起岩奋谓同列曰：“方今嗣君未立，人情危疑，不亟诛此人，以杜奸谋，虑妨大计。”趣有司具狱，都人肃然，大事寻定。中书方列坐铨选，起岩荐一士可用，丞相不悦，起岩即摄衣而起，丞相以为忤己。迁翰林侍讲学士、知制诰兼修国史，修三朝实录，加同知经筵事。

御史台奏除浙西廉访使，不允。已而擢陕西行台侍御史。将行，复留为侍讲学士。拜江南行台侍御史，召入中台，为侍御史。转燕南廉访使，搏击豪强，不少容贷，贫民赖以吐气。滹沱河水为真定害，起岩论封河神为侯爵，而移文责之，复修其堤防，瀹其湮郁，水患遂息。升江南行台御史中丞，拜翰林学士承旨、知制诰兼修国史、知经筵事。右丞相别怯里不花为台臣所纠，去位。未几再入相，讽词臣言台章之非，起岩执不可，闻者壮之。俄拜御史中丞，论事剀直，无所顾忌，与上官多不合。

诏修辽、金、宋三史，复命入翰林为承旨，充总裁官，积阶至荣禄大夫。起岩熟于金源典故，宋儒道学源委，尤多究心，史官有露才自是者，每立言未当，起岩据理窜定，深厚醇雅，理致自足。史成，年始六十有五，遂上疏乞骸骨以归。后四年卒。谥曰文穆。

起岩面如紫琼，美髯方颐，而眉目清扬可观，望而知为雅量君子。及其临政决议，意所背乡，屹若泰山，不可回夺。或时面折人，面颈发赤，不少恕，庙堂惮之。识者谓其外和中刚，不受人笼络，如欧阳修，名闻四裔。安南修贡，其陪臣致其世子之辞，必候起岩起居。性孝友，少处穷约，下帷教授，躬致米百里外，以养父母。抚弟如石，教之宦学，无不备至。举亲族弗克葬者二十余丧，且买田以给其祭。凡获俸赐，必与故人宾客共之。卒之日，廪无余粟，家无余财。

先是，至元乙酉三月乙亥，太史奏文昌星明，文运将兴。时世祖行幸上京，明日丙子，皇孙隆降生于儒州。是夜，起岩亦生。其后皇孙践祚，是为仁宗，始诏设科取士。及廷试，起岩遂为第一人，论者以为非偶然也。起岩博学有文，善篆、隶，有《华峰漫稿》、《华峰类稿》、《金陵集》各若干卷，藏于家。子二人：琳，琛。

选自《元史》卷一百八十二《张起岩传》

【译文】

张起岩，字梦臣，祖籍章丘（今属山东省济南市），五代时避乱移居禹城（今山东省禹城市）。高祖张迪，以元帅右监为济南知府时，把家迁至济南。金朝末年，张荣割据章丘、邹平、济阳、长山、辛市、蒲台、新城、淄州（今属山东）。丙戌年（1226），张荣归附成吉思汗，一直效忠尽节。张迪与他的儿子张福，先后为张荣出力。张福任济南路军民镇抚兵钤辖，又兼济南知府。张福生子东昌录事判官张铎，张铎生子四川行省儒学副提举张范。张范生张起岩。在张起岩出生以前，他的母亲丘氏怀孕，见有一条数丈长的大蛇钻入床下，忽然又不见了，在惊骇之中产下张起岩。

张起岩自幼师从其父，年方二十就以察举任福山县学教谕。正值县令外出督促捕蝗，他就代为处理县事。由于他调查判断明白公允，过了些日子，当地百姓相互都说："如果能使张教谕成为真县令，我们无忧可虑。"他在任有政绩，调往安丘。延祐乙卯（1315），张起岩中进士第一，任登州同知，又蒙特旨改任集贤修撰，又改任国子博士，又升国子监丞，进官翰林待制，兼国史院编修官。母丧辞官，服丧结束后被任为监察御史。中书参政杨廷玉因为贪污东窗事发，御史台官员奉皇帝命令到中书大堂将他逮捕下狱。丞相倒剌沙痛恨台臣摧残侮辱同僚，极力诬陷他欺君罔上，想重惩台臣。张起岩因是新到御史台任职，他上疏说："台臣按察纠劾百官，评定朝政，责无旁贷。而今，台臣因奉行职守而获罪，这将败坏大元纪律，使正直者闭口不言，忠臣又胆战心惊，这绝非盛世所有之事。并且，世祖皇帝建立御史台等监察机构，广开言路，以维护巩固国家。陛下即位时颁发诏书，常说要学习祖宗之法。如今，台臣获罪，公论渠道堵塞，这又怎么能说是效法祖宗呢！"张起岩上了三次奏章，皇帝都未回复。因此，张起岩在朝廷上更加激烈地发表言论，皇帝被感动了，事情这才有所缓和，但这些台臣仍然被罢官回乡。张起岩升中书右司员外郎，升左司郎中兼经筵讲官，又拜任太子右赞善。父丧，他辞官守孝，服丧期满，改任燕王府司马，又拜礼部尚书。

元文宗举行郊祭，命张起岩为大礼使，引导皇帝行礼，步履有节拍，前后衣襟飘然晃动，陪祭的百官，望见他如同在古代图书中所见到的一样。元文宗很赏识他，给他丰厚的赏赐。张起岩转任参议中书省事。元宁宗驾崩不久，燕南即起大案。有一狂乱男子上告有人将要反叛朝廷，说部使者图谋不轨，经过查问皆虚妄不实，司法机关宣称："《唐律》规定，上告叛乱者不承担诬告罪。"因此，张起岩慷慨地对同僚说："如今，新皇未即位，人心不定。如不立即诛杀此人，以绝阴谋，恐怕有害国家。"他督促有关部门定案，京城为之肃然。新皇帝不久即位。中书省大臣们正列坐对官吏进行考评，张起岩荐举重用一个人，丞相不高兴。张起岩立即撩起衣服站起来，丞相认为这是冲着他来的。张起岩迁任翰林侍讲学士、知制诰兼修国史，纂修三朝实录，加同知经筵事。

御史台奏请任张起岩为浙西廉访使，皇帝没有同意。不久，张起岩被选为陕西行台侍御史，尚未赴任，又留为朝廷侍讲学士。张起岩又拜官江南行台侍御史，后被调入中台为侍御史。张起岩又改任燕南廉访使。在那里，他毫不容情地打击地方豪强，使贫民扬眉吐气。滹沱河水为害真定（今河北正定）地区，张起岩建议封河神为侯爵，又移文责问河神，又修整堤防，疏通那些被树木杂草堵塞的渠道，于是水患消除。张起岩升任江南行台御史中丞，拜翰林学士承旨、知制诰兼修国史、知经筵事。右丞相别里怯不花被御史台所弹劾而离职，没有多久，他再次为相，暗示翰林们上奏御史台奏章的错误，张起岩执意不肯，人们都以为他非常有胆量。不多时，他又拜御史中丞，论事言辞恳切，无所顾忌，因此，常得罪上司。

皇帝下诏令修辽、金、宋三史，又命张起岩入翰林院担任翰林承旨，充三史总裁官，官阶经过历次提升成为荣禄大夫。张起岩熟悉金朝典章故事，而对于宋代道学发展原委，更是特别潜心研究。史官中有故意卖弄才能而又自以为是的人，常常有观点不当的地方，张起岩即据以删正，使史书文风醇厚，饱含义理情致。三史书修成时，他年已六十五岁。于是，他上疏请求辞官归里，四年以后去世。谥“文穆”。

张起岩的脸色如同紫玉，有着漂亮的胡子，方方的脸庞，而且眉清目秀十分英俊，一看就知道他是气度恢宏而善学之君子。他临政决议之时，不论是赞成，还是反对，都稳若泰山，不可辩驳。有时他当面反驳别人时，脸红耳赤，毫不宽容，朝廷重臣对他心存畏忌。有识之士认为他外表温和而内心坚毅，不受人笼络，性格如同欧阳修，因而名闻四海。安南国向元朝修好纳贡，其使臣代太子前来向朝廷致辞，必定问候张起岩。张起岩生性孝顺友善，因年少时贫穷节俭，曾当过教书先生。他亲自从百里之外往家运米，以赡养父母。他又抚育弟弟张如石，教他为官之道，周到细致。张起岩帮助安葬亲族中贫困无力治丧的二十余人，并且买田给他们做祭田。凡是他所获得的俸禄和赏赐，必定和亲人故旧共同分享。他去世时，仓无余粮，家无余财。

先前，元世祖至元乙酉（1285）三月乙亥日，太史奏称文昌星明亮，元朝文运将兴。当时，元世祖巡幸上京，第二天是丙子日，皇孙在儒州降生。此夜，张起岩也降临人世。以后，该皇孙登极，此即仁宗皇帝，开始下诏设科取士，及廷试，张起岩获得第一名，人们以为这并非偶然。张起岩博学有文采，擅长篆、隶书法，著有《华峰漫稿》、《华峰类稿》、《金陵集》各若干卷，藏在家中。他有两个儿子：张琳，张琛。

【评述】

张起岩是元朝名臣，也是元朝少有的进士出身的官员。张起岩世代在金朝为官，因熟悉金朝典故和道学原委，而总裁《辽史》、《金史》和《宋史》，可见他是一位博学多才的官员。同时，他还是一位刚正不阿的官员，“外和内刚”是对他最好的评价。

作为一名御史，他的职责就是纠察不法。在这方面，他铁面无私，展现了“刚”的一面。在刚刚担任御史之职时就敢于与丞相倒刺沙斗争，维护御史台谏诤的权力。在多年的御史生涯中多次指斥上司的缺失，甚至争论得面红耳赤。

但是执法上的“刚”并没有使他冷酷无情，在许多事情上展现了他“和”的一面。如他孝顺父母、抚育幼弟，事事亲为，无所不备。又如他出钱帮助贫苦族人的丧事，与朋友、宾客共享俸禄，而自己却“家无余财”。

（倪彬译文、评述）

许有壬

【原文】

许有壬，字可用，其先世居颍，后徙汤阴。有壬幼颖悟，读书一目五行，尝阅衡州《净居院碑》，文近千言，一览辄背诵无遗。年二十，畅师文荐入翰林，不报，授开宁路学正，升教授，未上，辟山北廉访司书吏。擢延祐二年进士第，授同知辽州事。会关中有警，邻州听民出避，弃孩婴满道上，有壬独率弓箭手，闭城门以守，卒获无虞。州有追逮，不许胥隶足迹至村疃，唯给信牌，令执里役者呼之，民安而事集。右族贪虐者惩之，冤狱虽有成案，皆平翻而释其罪，州遂大治。

六年己未，除山北廉访司经历。至治元年，迁吏部主事。二年，转江南行台监察御史，行部广东，以贪墨劾罢廉访副使哈只蔡衎。至江西，会廉访使苗好谦监焚昏钞，检视钞者日至百余人，好谦恐其有弊，痛鞭之。人畏罪，率剔真为伪，以迎其意。筦库吏而下，榜掠无全肤，迄莫能偿。有壬覆视之，率真物也，遂释之。凡势官豪民，人畏之如虎狼者，有壬悉擒治以法，部内肃然。

召拜监察御史。三年八月，英宗暴崩于南坡[①]，贼臣铁失[②]遣使者自上京至，封府库，收百官印，有壬知事急，即往告御史中丞董守庸，守庸谓宫禁事，非子所当问。有壬即疏守庸及经历朵尔只班、监察御史郭也先忽都阿附铁失之罪以俟。十月，铁失伏诛。泰定帝发上都，御史大夫纽泽先还京师，有壬即袖疏上之。及帝至，复上章言："帖木迭儿之子琐南，与闻大逆，乞赐典刑。其兄弟勿令出入宫禁。中书平章政事王毅、右丞高昉，横罹夺爵，而四川行省平章政事赵世延，受祸尤惨，皆请雪冤复职。"继上正始十事：一曰辅翼太子，宜先训导；二曰遴选长官，宜先培养；三曰通籍宫禁，宜别贵贱；四曰欲谨兵权，宜削兼领；五曰武备废弛，宜加修饬；六曰贼臣妻妾，宜禁势官征索；七曰前赦权以止变，宜再诏以正名；八曰帖木迭儿诸子，宜籍没以惩恶；九曰考验经费，以减民赋；十曰撙节浮蠹，以纾国用。帝多从之。

泰定元年，初立詹事院，选为中议，改中书左司员外郎。京畿饥，有壬请赈之。同列让曰："子言固善，其如亏国何！"有壬曰："不然。民，本也，不亏民，顾岂亏国邪！"卒白于丞相，发粮四十万斛济之，民赖以活者甚众。国学旧法，每以积分次第贡以出官，执政用监丞张起岩议，欲废之，而以推择德行为务。有壬折之曰："积分虽未尽善，然可得博学能文之士，若曰惟德行之择，其名固佳，恐皆厚貌深情，专意外饰，或懵不能识丁矣。"议久不决。三年六月，升右司郎中，其事遂行，已而复寝。获盗例有赏，论者多疑其伪，有淹四十余年者，群诉于马首，有壬曰："盗贼方炽，求疵太甚，缓急何以使人！但经部使者覆核者，皆予官。"俄移左司郎中，每遇公议，有壬屡争事得失，汛扫积滞，几无留牍。都事宋本退语人曰："此贞观、开元间议事也。"明年，丁父忧。

天历三年，擢两淮都转运盐司使。先是，盐法坏，廷议非有壬不能集事，故有是命。有壬询究弊端，立法而通融之，国课遂登。至顺二年二月，召参议中书省事，未几，以丁母忧去。元统元年，复以参议召。明年甲戌，拜治书侍御史，转奎章阁学士院侍书学士，仍治台事。会福达鲁花赤完卜，藉丞相势，宿卫东宫，其行颇淫秽，御史劾之，完卜藏御史大夫家，有壬捕而遣之。九月，拜中书参知政事、知经筵事。帝诏群臣议上皇太后尊号为太皇太后，有壬曰："皇上于皇太后，母子也，若加太皇太后，则为孙矣，非礼也。"众弗之从，有壬曰："今制，封赠祖父母，降于父母一等，盖推恩之法，近重而远轻，今尊皇太后为太皇太后，是推而远之，乃反轻矣，岂所谓尊之者邪！"弗之听。

中书平章政事彻理帖木儿挟私憾，奏罢进士科，有壬廷争甚苦不能夺，遂称疾在告，帝强起之，拜侍御史。会汝宁棒胡[③]反，大臣有忌汉官者，取贼所造旗帜及伪宣敕，班地上，问曰："此欲何为耶？"意汉官讳言反，将以罪中之。有壬曰："此曹建年号，称李老君太子，部署士卒，以敌官军，其反状甚明，尚何言！"其语遂塞。廷议欲行古劓法，立行枢密院，禁汉人、南人勿学蒙古、畏吾儿字书，有壬皆争止之。

重纪至元初，长芦韩公溥因家藏兵器，遂起大狱，株连台若省，多以赃败，独无有壬名，由是忌者益甚。有壬度不可留，遂归彰德，已而南游湘、汉间。至元六年，召入中书，仍为参知政事。明年，改元至正，有壬极论帝当亲祠太庙，母后虚位，徽政院当罢，改元命相当合为一诏，冗职当沙汰，钱粮当裁节，如此之类，不一而足。人皆韪之。转中书左丞。二年，囊加庆善八及孛罗帖木儿献议，开西山金口导浑河，逾京城，达通州，以通漕运。丞相脱脱主之甚力，有壬曰："浑河之水，湍悍易决，而足以为害，淤浅易塞，而不可行舟；况地势高下，甚有不同，徒劳民费财耳。"不听，后卒如有壬言。

先是，有壬之父熙载仕长沙日，设义学，训诸生。既殁，而诸生思之，为立东冈书院，朝廷赐额设官，以为育才之地。南台监察御史木八剌沙，缘睚眦怨，言书院不当立，并构浮辞，诬蔑有壬，并其二弟有仪、有孚，有壬遂称病归。四年，改江浙行省左丞，辞。六年，召为翰林学士，既上，又辞。监察御史累章辨其诬。俄拜浙西廉访使，未上，复以翰林学士承旨召，仍知经筵事。明年夏，授御史中丞，赐白玉束带及御衣一袭，未几，复以病归。监察御史答兰不花衔有壬，时短长之，奏劾甚力，事寻白。

十二年，盗起河南，声撼河朔间，有壬画备御之策十五条，以授郡将，民藉以安。十三年，起拜河南行省左丞。朝廷遣将出征，环河南境，连营以百数，一切刍饷，皆仰给之，有壬从容集事，若平时然。十五年，迁集贤大学士，寻改枢密副使，复拜中书左丞。时以言为讳，有壬力言朝廷务行姑息之政，赏重罚轻，故将士贪掠子女玉帛而无斗志，遂倡招降之策，言多不载。有僧名开，自高邮来，言张士诚乞降，众幸事且成，皆大喜，有壬独疑其妄，呼僧诘之，果语塞不能对。转集贤大学士，兼太子左谕德，阶至光禄大夫。有壬前朝旧德，太子颇敬礼之。一日入见，方臂鸷禽以为乐，遽呼左右屏去。十七年，以老病，力乞致其事，久之始得请，给俸赐以终其身。二十四年九月二十一日卒，年七十八。

有壬历事七朝，垂五十年，遇国家大事，无不尽言，皆一根至理，而曲尽人情。当权臣恣睢之时，稍忤意，辄诛窜随之，有壬绝不为巧避计，事有不便，明辨力诤，不知有死生利害，君子多之。有壬善笔札，工辞章，欧阳玄序其文，谓其雄浑闳隽，涌如层澜，迫而求之，则渊靓深实，盖深许之也。所著有《至正集》若干卷。谥曰文忠。子一人，曰祯。

选自《元史》卷一百八十二《许有壬传》

【注释】

①南坡：即上都西南二十里的南坡店，皇帝巡行的驻营之所。英宗皇帝及丞相拜住在此地被铁失一党所杀。

②铁失：为铁木迭儿义子。至治年间担任御史大夫。领左右阿速卫军。结党发动南坡之变，杀死英宗，后被泰定帝处死。

③棒胡（？—1338）：姓胡，名闰儿，以善击棒，人称棒胡。至元三年（1337）在信阳（今河南信阳）聚众起兵，攻破归德府（今河南商丘）等地。建年号，称李老君太子。次年兵败被俘杀。

【译文】

许有壬，字可用，他的先人居住在颍州，后来迁徙到汤阴。许有壬自幼聪颖，读起书来一目十行。他曾经阅览衡州《净居院碑》，全文将近一千多字，只看了一遍就能全文背诵，而没有遗漏。二十岁，畅师文推荐进入翰林院，没有回音，授开宁路学正，后又升做教授。没有上任，应聘做了山北廉访司书吏。延祐二年（1315）高中进士第，授官同知辽州事。正遇上关中地区有警报，相邻的州听任民众出外躲避，道路上到处都是被丢弃的婴儿。许有壬独自率领弓箭手，关闭城门，严加守卫，终于平安无事。州上有追查逮捕之事，不许办理公差的小吏到达各个村庄，只是给他们以信牌，令执行里役的人叫百姓前来，百姓安定而事情也办得圆满。对于豪姓大族贪婪肆虐的，许有壬都严加惩治，冤狱虽然已经定案，许有壬也都给予平反而免掉他们的罪过，全州呈现出一片治平气象。

延祐六年（1319），授官山北廉访司经历。至治元年（1321），迁任吏部主事。至治二年（1322），转调江南行台监察御史，在广东巡行监察，以贪墨的罪名弹劾罢免了廉访副使哈只蔡衍。又巡查至江西，正遇上廉访使苗好谦监督焚毁昏钞，现场检查辨别的有百余人。苗好谦恐怕其中有舞弊行为，对他们严厉地鞭笞。大家都有畏罪之心，全都把真钞也说成是伪币，以迎合他的意愿。管理府库的官吏自上而下，被搜检掠夺的体无全肤，最终也不能赔偿。许有壬通过复查检视，发现都是真币，于是把他们全都释放。凡是有势力的官员，豪强富民，人民畏惧他们如同虎狼的，有壬全都把他们捉拿归案，绳之以法，他奉命监察的区域一片肃然。

朝廷降旨拜他为监察御史。至治三年（1323）八月，英宗皇帝在南坡突然死亡。贼臣铁失派遣使者自上都来，封查府库，拘收百官的印玺。许有壬知道事情紧急，于是前去告诉御史中丞董守庸。董守庸说这是宫廷禁卫的事，不是你应当过问的。许有壬立即写奏疏，写明董守庸及经历朵尔只班、监察御史郭也先忽都阿附铁失的罪行，等待时机。十月，铁失被依罪诛杀。泰定帝从上都出发，御史大夫纽泽提前归还京师，许有壬立即呈上奏疏。等到泰定帝至京，许有壬又上章说：“铁木迭儿之子琐南，也参与了叛逆的活动，希望能够把他们明正典刑。他的兄弟不应再让他们出入宫廷禁地。中书平章政事王毅、右丞高昉，被奸臣横行无忌，夺取名爵。而四川行省平章政事赵世延，所遭受的灾祸尤其惨重，都请昭雪冤情复职。”接着又呈上开创性的十件事：一是辅助太子，应当首先进行训导；二是遴选长官，应当先行进行培养；三是把宫禁中的人员全部登记，便于分别贵贱；四是如想收束兵权，应当削夺兼领的权力；五是武备废弛，应当加以修理整饬；六是参与叛乱的贼臣的妻妾们，应当禁止有权势的官员们强行征索；七是以前颁发的赦令只是暂时稳定局面，应当再次下诏以正其罪；八是铁木迭儿的儿子们，应当籍没他们的家财以惩罚他们的罪恶；九是审查国家的经费，以减轻人民的赋税负担；十是崇尚节俭，禁止浮夸浪费，以减轻政府的财政压力。他的意见大都被皇帝采纳。

泰定元年（1324），初立詹事院，选许有壬为中议，改任中书左司员外郎。京畿地区发生了饥荒，许有壬请求加以赈济。同列的大臣责备他说：“你说的固然很好，但是会让国库产生亏空！”许有壬说：“这种想法不对。人民是国家的根本，只要对人民没有亏欠，怎么会让国家有损呢！”最后还是向丞相建言，分发四十万斛粮食加以赈济，人民有赖于此活下来的有很多人。依照国子学旧时的规矩，每次都以积分的高低排列名次，通过贡举出任官职。当朝执政的大臣采用国子监丞张起岩的建议，想要废除原来的制度，而以德行作为选拔的标准。许有壬反驳说：“积分的制度未必尽善尽美，然而毕竟可以选到学识渊博而又能写得一手好文章的人才。如果说只按德行进行选拔，虽然名声不错，但恐怕都是惇厚的容貌，心意掩藏很深，专门注重外在的修饰，或者糊涂得都不能识文断字。”长期争论，没有结果。三年六月，升任右司郎中，这件事开始推行，不久就又被搁置。按照规定，捕获盗贼，是有赏赐的。论者多怀疑其中有诈伪，有捕盗而未得赏赐长达四十余年的，聚集到许有壬面前控诉。许有壬说：“如今盗贼势力非常兴盛，倘若太过吹毛求疵，如果遇到事情紧急，怎么调遣别人呢！只要是经过监察部门覆查审核的，都授予官职。”不久又任左司郎中，每次到公堂集议的时候，许有壬屡次都为事情的成败得失力争不已，迅速清除了以往积压留滞的事务，几乎没有遗留下来的案卷。都事宋本退下时，曾对人说：“这是贞观、开元间议事的传统。”第二年，其父亲病故，回家居丧。

天历三年（1330），提升做两淮都转运盐司使。起先，盐法败坏，大臣廷议认为非许有壬不能办成此事，所以有此项任命。许有壬询问究查盐法的种种弊端，立定法规而有所变通，国家的税课于是丰足。至顺二年（1331）二月，朝廷召他参议中书省事。不久，因为母亲故去，居家服丧。元统元年（1333），又一次召他参议中书省事。第二年，也就是甲戌年，官拜治书侍御史，转任奎章阁学士院侍书学士，仍在御史台任职。正遇到达鲁花赤完卜，倚仗丞相的势力，在东宫宿卫，行为非常荒淫秽烂。监察御史进行弹劾，完卜藏匿在御史大夫家。许有壬将其逮捕流放。九月，官拜中书参知政事、知经筵事。皇帝下诏让群臣商议上皇太后尊号为太皇太后。许有壬说：“皇上同皇太后，是母子关系。假若加上太皇太后的尊号，就成了孙儿了，这是不合礼法的。”大家都不听他的意见。许有壬说：“当今的制度，封赠祖父母，比照父母的位号降低一等，这是推行恩惠的做法，看重亲近的而看轻疏远的。现在尊皇太后为太皇太后，是把关系越发推疏远了，地位更轻了，哪里谈得上更加尊敬呢!”大家都不听从他的意见。

中书平章政事彻理帖木儿出于私怨，上奏请求罢除进士科。许有壬在廷堂之上奋力争辩，也不能改变他们的主意，于是推病不起。皇帝勉强使他就任，官拜侍御史。此时正遇汝宁棒胡造反，大臣之间有忌恨汉族官员的，取反贼所制造的旗帜及其颁布的政令文书，放在地上，质问道：“这是意欲何为啊?”意思是汉官们忌讳说“反”字，想要乘机进行中伤。许有壬说：“这班人所建的年号，称为李老君太子，部署军队，用来对抗官军，造反的情状已经十分明显，还用多说吗!”那人为之语塞。廷议之中，有人建议欲行古代的劓法，设立行枢密院，禁止汉人、南人学习蒙古、畏兀儿字书，许有壬全都据理力争，使事情终止。

后至元初年（1335），长芦韩公溥因家中藏有兵器，于是兴起大狱，株连到御史台和中书省的许多官员，很多都因贪赃身败名裂。只是贪赃官员的名单中独独没有许有壬的名字，于是招致的忌恨更加强烈。许有壬考虑到京师不可久留，于是回到彰德，很快就又向南到湘汉一带游历。至元六年，朝廷召他入中书省，仍然担任参知政事。第二年，改年号为至正。许有壬极力宣扬皇帝应当亲自到太庙致祭。母后的位子空缺，徽政院应当废罢，改定年号和任命宰相应当合并在一份诏书之中，冗职应当进行淘汰清理，钱粮用度应当裁减节约，以及诸如此类的各项建议，不一而足。人们全都赞成。转任中书左丞。至正二年（1342），囊加庆善八及孛罗帖木儿提出建议，开凿西山金口疏导浑河，穿越京城，到达通州，以通行漕运。丞相脱脱极力支持。许有壬说："浑河的水湍急凶悍，容易决口，足以造成危害，河道浅处泥沙淤积，容易堵塞，船就不能航行了；何况地势高下有很大的不同，只不过白白让人民劳苦，浪费钱财罢了。"脱脱等人不听，后来果然如有壬所说。

起先，有壬的父亲许熙载在长沙任职之时，设立义学，教授学生。他去世后，各位学生思念他的恩惠，为他建立东冈书院。朝廷赐给名额，设置学官，把这视为培育英才的地方。南台监察御史木八剌沙，只是因为很小的怨恨，说书院不当立，并捏造种种谣言，诬蔑许有壬，并牵连他的两个弟弟许有仪、许有孚。许有壬于是称病归家。至正四年，改任江浙行省左丞，许有壬推辞。至正六年，召他为翰林学士，刚刚奉命，又行推辞。监察御史连上数道奏章辨明他受到了诬蔑。很快官拜浙西廉访使，还未上任，又以翰林学士承旨召他，仍知经筵事。第二年夏天，授官御史中丞，赐白玉束带及御衣一套。不久，再次因病归家。监察御史答兰不花恨许有壬，经常谈论许有壬的是非短长，非常卖力地上奏弹劾许有壬，不久真相大白。

至正十二年，盗贼出现在河南，声势震撼河朔之间。许有壬筹备规划了十五条防御的策略，传授给郡中的将领，人民赖此以安。至正十三年，拜官河南行省左丞。朝廷派遣将领出征，环绕河南全境，扎下数百处连营，所有的军马粮草，都靠行省供给。许有壬从容办理事务，如同平时一般。十五年，迁为集贤大学士，很快改任枢密副使，又任中书左丞。当时把进言视为忌讳。许有壬强力建言朝廷推行姑息的政策，奖赏很重而处罚太轻，所以将士们只看重掠夺子女财物而军无斗志，于是宣扬招降的计策，言论大多没有记载下来。有个叫做开的和尚，从高邮来，言说张士诚乞降，大家庆幸大功告成，都非常高兴。惟独许有壬怀疑他的话虚妄，把和尚叫过来诘问，果然语塞，不能对答。转为集贤大学士，兼太子左谕德，官阶至光禄大夫。许有壬在前朝积有功劳，太子非常敬重，待之以礼。有一天许有壬入见，太子正好臂上停留着海东青以为娱乐，马上招呼左右的侍从将其撤掉。十七年，因为年老多病，极力恳求退休归养，很久才得到批准，赐给他俸禄直到他逝世。至正二十四年九月二十一日逝世，终年七十八岁。

许有壬历事七朝，前后长达五十年，遇到国家大事，没有不进言的，每一项都极有道理，而又顾及了人情。当时权臣恣意横行，只要稍微违背了他们的心意，诛杀流放就会随之而来。许有壬绝不从中取巧，作为逃避的计策。凡事若有不便之处，明白辩论，尽力争取，不知道有死生利害，人们因此多赞誉他。许有壬写得一手好字，文章做得工整。欧阳玄给他的文集作序，称他的文章雄浑宏大，如同一层层波涛涌起，而进一步探求起来，则文字漂亮，根底厚实，这是对友人深深的赞许。他的著作有《至正集》若干卷。谥号是“文忠”。有一个儿子，叫做许祯。

【评述】

许有壬属于少年早慧型的人物，很早就学得满腹经纶，并高中进士。在他的政治生涯中，无论自己的职位高低，许有壬都同各种贪赃不法的行为进行了坚决的斗争，比如惩治为非作歹的豪强，弹劾贪官污吏的劣迹。在御史台系统任职，许有壬更是恪守纠弹不法、贪墨的本职，凡事必细加纠察，匡正了苗好谦检核昏钞的弊政，惩治了人民畏之如虎狼的豪强势家，对于作恶多端的铁木迭儿一家，则上书皇帝，主张予以严惩。长芦韩公溥案兴起大狱，株连甚广，众多贪墨之徒纷纷落网，许有壬却能独善其身，可见其自身素质过硬，坚守廉洁而不同流合污。在史书中呈现给我们的许有壬，就是这样一个忠心为国、刚正廉洁的良臣形象。许有壬还力排众议，促成开仓放粮，来救济京城附近的饥民，解民于倒悬之苦，可见这位清官也是把人民的冷暖疾苦记在心上的。许有壬还在朝议中多次极力争辩，反对某些弊政，还积极建言兴利除害，这有利于政治的清明和减轻人民负担。也正因如此，许有壬在朝野上下赢得了很高的政治声誉，甚至有“非许有壬不能集事”的说法。朝廷对其极为看重，皇太子也以为“前朝旧德”而颇加礼敬，许有壬得到了非比寻常的礼遇。这也告诉我们，在仕途上不但要具备一定的才能，更要注重自己的气节操守，以廉洁自律，做到不贪不拿。只要同僚赞赏，百姓支持，上级自然能慧眼识英，加以提拔、重用。

（苗冬注译、评述）

苏天爵

【原文】

苏天爵，字伯修，真定人也。父志道，历官岭北行中书省左右司郎中，和林[1]大饥，救荒有惠政，时称能吏。天爵由国子学生公试，名在第一，释褐，授从仕郎、大都路蓟州判官。丁内外艰，服除，调功德使司照磨。泰定元年，改翰林国史院[2]典籍官，升应奉翰林文字。至顺元年，预修《武宗实录》。二年，升修撰，擢江南行台监察御史。

明年，虑囚于湖北。湖北地僻远，民獠所杂居，天爵冒瘴毒，遍历其地。囚有言冤状者，天爵曰："宪司岁两至，不言何也？"皆曰："前此虑囚者，应故事耳。今闻御史至，当受刑，故不得不言。"天爵为之太息。每事必究心，虽盛暑，犹夜篝灯，治文书无倦。沅陵民文甲无子，育其甥雷乙，后乃生两子，而出乙，乙俟两子行卖茶，即舟中取斧，并斫杀之，沈斧水中，而血渍其衣，迹故在。事觉，乙具服，部使者乃以三年之疑狱释之。天爵曰："此事二年半耳，且不杀人，何以衣污血？又何以知斧在水中？又其居去杀人处甚近，何谓疑狱？"遂复置于理。常德民卢甲、莫乙、汪丙同出佣，而甲误堕水死，甲弟之为僧者，欲私甲妻不得，诉甲妻与乙通，而杀其夫。乙不能明，诬服击之死，断其首弃草间，尸与仗弃谭氏家沟中。吏往索，果得髑髅，然尸与仗皆无有，而谭诬证曾见一尸，水漂去。天爵曰："尸与仗纵存，今已八年，未有不腐者。"召谭诘之，则甲未死时，目已瞽，其言曾见一尸水漂去，妄也。天爵语吏曰："此乃疑狱，况不止三年。"俱释之。其明于详谳，大抵此类。

入为监察御史，道改奎章阁授经郎。元统元年，复拜监察御史，在官四阅月，章疏凡四十五上，自人君至于朝廷政令、稽古礼文、闾阎幽隐，其关乎大体、系乎得失者，知无不言。所劾者五人，所荐举者百有九人。明年，预修《文宗实录》，迁翰林待制，寻除中书右司都事，兼经筵参赞官。后至元二年，由刑部郎中改御史台都事。三年，迁礼部侍郎。五年，出为淮东道肃政廉访使，宪纲大振，一道肃然。入为枢密院判官。明年，改吏部尚书，拜陕西行台治书侍御史，复为吏部尚书，升参议中书省事。是时，朝廷更立宰相，庶务多所弛张，而天子图治之意甚切，天爵知无不言，言无顾忌，夙夜谋画，须发尽白。

至正二年，拜湖广行省参知政事，迁陕西行台侍御史。四年，召为集贤侍讲学士，兼国子祭酒。天爵自以起自诸生，进为师长，端己悉心，以范学者。明年，出为山东道肃政廉访使，寻召还集贤，充京畿奉使宣抚。究民所疾苦，察吏之奸贪，其兴除者七百八十有三事，其纠劾者九百四十有九人，都人有包、韩之誉，然以忤时相意，竟坐不称职罢归。七年，天子察其诬，乃复起为湖北道宣慰使、浙东道廉访使，俱未行。拜江浙行省参知政事。江浙财赋，居天下十七，事务最烦剧，天爵条分目别，细巨不遗。

九年，召为大都路都总管，以疾归。俄复起为两浙都转运使，时盐法弊甚，天爵拯治有方，所办课为钞八十万锭，及期而足。十二年，妖寇自淮右蔓延及江东，诏仍江浙行省参知政事，总兵于饶、信，所克复者，一路六县。其方略之密，节制之严，虽老帅宿将不能过之。然以忧深病积，遂卒于军中。年五十九。

天爵为学，博而知要，长于纪载，尝著《国朝名臣事略》十五卷、《文类》七十卷。其为文，长于序事，平易温厚，成一家言，而诗尤得古法，有诗稿七卷、文稿三十卷。于是中原前辈，凋谢殆尽，天爵独身任一代文献之寄，讨论讲辩，虽老不倦。晚岁，复以释经为己任。学者因其所居，称之为滋溪先生。其他所著文，有《松厅章疏》五卷、《春风亭笔记》二卷；《辽金纪年》、《黄河原委》，未及脱稿云。

选自《元史》卷一百八十三《苏天爵传》

【注释】

①和林：全称哈剌和林，突厥语“黑砾石”之意，大蒙古国都城，始建于元太宗七年（1235）。后成为岭北行省治所所在地。

②翰林国史院：元官署名。掌拟写诏令、纂修国史，及备咨询。至元元年（1264）立翰林学士院。四年（1267）改立翰林兼国史院。置承旨、学士、侍读学士、侍讲学士、直学士等官。

【译文】

苏天爵，字伯修，是真定人。他的父亲苏志道，曾经担任岭北行中书省左右司郎中的官职。和林遭遇到很大的饥荒，苏志道实行优厚的政策，救治饥荒卓有成效，在当时被称为“能吏”。苏天爵参加国子学生贡举公试，名次位列第一名，就此步入仕途。被授以从仕郎、大都路蓟州判官的官职。遇到父母的丧事，离职居家服丧完毕后，调任功德使司照磨。泰定元年（1324），改任翰林国史院典籍官。升任做应奉翰林文字。至顺元年（1330），参与修撰《武宗实录》。至顺二年，升任修撰，被提拔为江南行台监察御史。

第二年，奉命在湖北复审罪犯。湖北地处偏远，人民和当地少数民族交错杂居。苏天爵冒着瘴疠毒气，走遍了各地。囚犯有诉说冤状的，苏天爵问道："监察机构每年两次遣人来，为什么不申诉呢？"大家都说："以前来虑囚的人，只不过走个形式。今天听到御史您到来，而且正赶上要受刑，所以不能不讲。"苏天爵为此叹息。苏天爵对每件事都细心究问，虽然是盛暑时节，仍然在晚上点燃灯笼，处理各项文书而不疲倦。沅陵百姓文甲无子，就养育了外甥雷乙。日后文甲又有了两个儿子，就把雷乙赶出家门。雷乙等到那两个儿子出去卖茶，就从船里取出斧头，把他们砍死了，并把行凶的斧头沉到水中，但是血渍溅到他的衣服上，所以痕迹保留了下来。事情被发觉之后，雷乙全部招伏。但是巡视的部使者却将其作为压了三年的疑狱，将雷乙释放。苏天爵说："这件事发生已有二年半了，而且如果他没有杀人，衣服怎么会沾上血渍？又怎么会知道斧头在水里呢？更何况他居住的地方距离杀人的地方这么近，这怎么是疑狱呢？"于是重新理问此案。常德百姓卢甲、莫乙、汪丙一同出去做佣工，而甲误堕水而死。卢甲的弟弟是个僧人，想要与甲的妻子私通却没有成功，于是状告卢甲的妻子与莫乙私通，因而杀死了自己的丈夫。莫乙百口莫辩，被诬陷作将卢甲打击致死，将他的脑袋砍下丢弃到草丛之间，尸体与凶器丢到谭家的沟中。小吏前往追索，果然见得了髑髅，但是尸首和凶器已经不见了。谭家作伪证，说曾经看到一具尸首顺水漂走。苏天爵说："尸首与凶器即使存留下来，于今已过了八年，没有不腐烂的。"于是召谭家人诘问。方知卢甲还没有死的时候，谭氏眼睛已经瞎了，他曾经说的看到一具尸首被水漂走，完全是信口开河。苏天爵对小吏说："这才是疑狱，而且应经不止三年了。"将其涉案冤屈之人全部释放。他在审刑断狱方面明练果断，除此之外还有很多类似的情况。

后入朝任监察御史，中道又改任奎章阁授经郎。元统元年（1333），又授官做监察御史，在任凡四个多月，上呈章疏有四十五篇之多，自人君到朝廷颁布的政令、追稽考察古代的礼仪文章、普通百姓家的细微小事，其中凡是有关国家大体、百姓得失的，知无不言。所弹劾的有五个人，所荐举的有一百零九个人。第二年，参预修撰《文宗实录》，升迁做翰林待制，不久又任中书右司都事，兼任经筵参赞官。后至元二年（1336），由刑部郎中改任御史台都事。后至元三年，转迁为礼部侍郎。五年，出任淮东道肃政廉访使，监察部门纲纪大振，整个管辖地区秩序良好。入朝做枢密院判官。第二年，改任吏部尚书，授官做陕西行台治书侍御史，又复任为吏部尚书，升参议中书省事。当时，朝廷更换设立宰相，普通政务多有松懈疏漏，而且天子力图治理国家的意愿更为迫切。天爵知无不言，而且没有什么顾忌，直到深夜还在为国事谋划筹算，须发都变白了。

至正二年（1342），授官湖广行省参知政事，又升迁做陕西行台侍御史。四年，召命为集贤侍讲学士，兼任国子祭酒。苏天爵自认为从国子学诸生起家，而做到师长，端正尽心，做学生们的榜样。第二年，出外做山东道肃政廉访使，不久即召还到集贤院任职，任京畿地区奉使宣抚。调查民众所遭受到的疾苦，访察官吏的奸诈贪污，兴利除弊的有七百八十三件事，其中纠查弹劾的有九百四十九人，大都的人们将他誉为包拯之类的清官。然而这却违逆了当时宰相的心意，竟然被以不称职的名义罢官。至正七年，天子察觉到这是诬陷，于是重新任命他做湖北道宣慰使、浙东道廉访使，可惜都未能成行。官拜江浙行省参知政事。江浙行省所有的财赋，占到天下的十分之七，各项事务最为繁多。苏天爵按照条目分类，事务无论大小都没有遗漏。

至正九年，任命为大都路都总管，因为疾病而归。很快又复出担任两浙都转运使。当时盐法存在很大的弊端，天爵拯治有方，所办理的课税为钞八十万锭，在规定的期限足额办好。至正十二年，农民起义军从淮右蔓延至江东。诏令苏天爵仍担当江浙行省参知政事，在饶州、信州统帅军队。所收复的城池有一路六县。他统帅的方略之严密，节制部众之严厉，即使是长期征战、经验丰富的将帅也不能超过。然而由于忧虑过重，积劳成疾，最后死在军营之中。终年五十九岁。

苏天爵做学问，涉及面广博而又能把握要领，擅长记载，著有《国朝名臣事略》十五卷、《文类》七十卷。他写的文章，善于叙事，风格平易温厚，可以成一家之言。而他的诗尤得古人的章法，著有诗稿七卷、文稿三十卷。当时中原的文坛前辈，凋谢殆尽，苏天爵独身担当一代文献之寄，讨论讲辩学问，即使到老也不疲倦。晚年，苏天爵又以释读经书为己任。学者根据他所居住的地方，称呼他作滋溪先生。所写的其他文章，有《松厅章疏》五卷、《春风亭笔记》二卷；《辽金纪年》、《黄河原委》，还没有来得及脱稿。

【评述】

苏天爵出身于真定大族，书香门第，亲自编撰了《元文类》、《元朝名臣事略》等重要史著，号称“独身任一代文献之寄”。除了卓越的史学成就之外，苏天爵还是一位封建社会较为难得的清官。作为理学的忠实服膺者，苏天爵长期任职中央和地方监察部门，具有一定的政治抱负。他用心于刑狱之间，明察秋毫，辨析疑难，平反了不少冤假错案。他精明干练，长于吏事，敢于对种种不法行为开火，在士大夫中得到了普遍的赞誉。他用心询问民间疾苦，主张去除苛政，减轻赋役，促进地方经济的发展。尤其难能可贵的是，在元末政治腐朽，社会矛盾极端尖锐的情况下，在昏天黑地的官场之中，他不肯同流合污，而是洁身自好，不畏权贵，举起了反贪的大旗。他对元朝一片耿耿忠心，即使是富豪权贵之家，他也不以自己卑微的官职为念，恪守职分，依法纠察弹劾了不少为非作歹的权贵，即使被免职也在所不惜。在元末污浊的官场之中，苏天爵特立独行，向其中吹入了一股刚正廉洁的清风。之所以能有如此良好的政治表现，是与他受过严格的儒家教育，从未放弃自己“明道术、正人心”的政治理想分不开的。如果没有坚定的政治立场和信仰，是很难长期做到这一切的。

在复杂的社会环境之中，作为一名官员，应当如何自处？怎样抵御不良影响的侵蚀？这是一个很重要的问题。苏天爵在这方面给了我们重要的启示。纷纭芜杂的官场之中，苏天爵恒以社稷百姓为念，知无不言，言无顾忌，竭尽忠心为朝廷筹划，针对一些腐败违法行为作了坚决的斗争。这在整个官场黑暗，吏治腐败，人们对贪墨等腐败行为习以为常的背景下，天爵这样的另类十分难得。他没有沾染周围的恶俗习气，受到不良影响的侵扰，在于他自身有着较高的政治素质和坚定的信仰，因此抵抗腐败的能力很强。在长期的从政生涯中，他不断增进学识，砥砺品行，实践着自己的政治理想。儒家的政治理念对他影响极深，他在学习儒家经典的过程中也反躬自省，提升自身的思想素质。即使受到挫折，遭到罢黜，他仍不改初衷。苏天爵的种种行迹，得到了史家的高度评价。这再一次提醒我们，只有廉洁自奉，坚持廉政为民的原则和信仰，才能名留青史。历史是公正的，总会给出一个客观的评价。

（苗冬注译、评述）

拜 住

【原文】

拜住，安童孙也。五岁而孤，太夫人教养之。稍长，宏远端亮有祖风，至大二年，袭为宿卫长。仁宗即位，延祐二年，拜资善大夫、太常礼仪院使。四年，进荣禄大夫、大司徒。五年，进金紫光禄大夫。六年，加开府仪同三司，余并如故。每议大政，必问曰："合典故否?"同官有异见者，曰："大朝止说典故耶?"拜住微笑曰："公试言之，国朝何事不依典故?"同官不能对。太常事简，每退食必延儒士谘访古今礼乐刑政、治乱得失，尽日不倦。尝曰："人之仕宦，随所职司，事皆可习。至于学问有本，施于事业，此儒者之能事，宰相之资也。"

英宗在东宫，问宿卫之臣于左右，咸称拜住贤。遣使召之，欲与语。拜住谓使者曰："嫌疑之际，君子所慎，我长天子宿卫而与东宫私相往来，我固得罪，亦岂太子福耶?"竟不往。英宗登极，拜中书平章政事。会诸侯王于大明殿，诏进读太祖金匮宝训，威仪整暇，语音明畅，莫不注目竦听。夏五月，徽政使失烈门、要束木妻也里失八等谋为逆，帝密得其事，御穆清阁，召拜住谋之。对曰："此辈擅权乱政久矣，今犹不惩，阴结党与，谋危社稷，宜速施天威，以正祖宗法度。"帝动容曰："此朕志也。"命率卫士擒斩之，其党皆伏诛。

拜中书左丞相。先时，近侍传旨以姓名赴中书铨注者六七百员，选曹为之壅滞。拜住奏阁之，注授一依选格次第，吏无容奸。刑曹事有情可矜者宽恕之，贪暴不法必不少容。帝常谕左右曰："汝辈慎之，苟陷国法，我虽曲赦，拜住不汝恕也。"

至治元年春正月，帝欲结彩楼于禁中，元夕张灯设宴。时居先帝丧，参议张养浩上疏，拜住谓当进谏，即袖其疏入奏，帝悦而止，仍赐养浩帛，以旌直言。三月，从幸上都，次察罕脑儿。帝以行宫亨丽殿制度卑隘，欲更广之，奏曰："此地苦寒，入夏始种粟黍，陛下初登大宝，不求民瘼，而遽兴大役以妨农务，恐失民望。"从之，帝尝谓拜住曰："朕委卿以大任者，以乃祖木华黎从太祖开拓土宇，安童相世祖克成善治也。卿念祖宗令闻，岂有不尽心者乎。"拜住再拜曰："陛下委臣以大任，臣有所畏者三：畏辱祖宗；畏天下事大，识见有所未尽；畏年少不克负荷，无以上报圣恩。惟陛下垂闵，时加训饬，幸甚。"

延祐间，朔漠大风雪，羊马驼畜尽死，人民流散，以子女鬻人为奴婢。拜住以兴王根本之地，其民宜加赈恤，请立宗仁卫总之，命县官赎置卫中，以遂生养。至元十四年，始建太庙于大都，至是四十年，亲享之礼未暇讲肄。拜住奏曰："古云礼乐百年而后兴，郊庙祭享，此其时矣。"帝悦曰："朕能行之。"预敕有司，以亲享太室仪注礼节，一遵典故，毋擅增损。冬十月，始有事于太庙。二年春正月，孟享，始备法驾，设黄麾大仗，帝服通天冠、绛纱袍，出自崇天门。拜住摄太尉以从。帝见羽卫文物之美，顾拜住曰："朕用卿言举行大礼，亦卿所共喜也。"对曰："陛下以帝王之道化成天下，非独臣之幸，实四海苍生所共庆也。"致斋大次，行酌献礼，升降周旋，俨若素习，中外肃然。明日还宫，鼓吹交作，万姓耸观，百年废典一旦复见，有感泣者。拜住率百僚称贺于大明殿，执事之臣赐金帛有差。又奏建太庙前殿，议行祫禘[①]配享等礼。帝从容谓拜住曰："朕思天下之大，非朕一人思虑所及，汝为朕股肱，毋忘规谏，以辅朕之不逮。"拜住顿首谢曰："昔尧、舜为君，每事询众，善则舍己从人，万世称圣。桀、纣为君，拒谏自贤，悦人从己，好近小人，国灭而身不保，民到于今称为无道之主。臣等仰荷洪恩，敢不竭忠以报。然事言之则易，行之则难。惟陛下力行，臣等不言，则臣之罪也。"帝嘉纳之。

时右丞相铁木迭儿贪滥谲险，屡杀大臣，鬻狱卖官，广立朋党，凡不附己者必以事去之，尤恶平章王毅、右丞高昉，因在京诸仓粮储失陷，欲奏诛之。拜住密言于帝曰："论道经邦，宰相事也，以金谷细务责之可乎？"帝然之，俱得不死。铁木迭儿复引参知政事张思明为左丞以助己。思明为尽力，忌拜住方正，每与其党密语，谋中害之。左右得其情，乘间以告，且请备之，拜住曰："我祖宗为国元勋，世笃忠贞，百有余年。我今年少，叨受宠命，盖以此耳。大臣协和，国之利也。今以右相仇我，我求报之，非特吾二人之不幸，亦国家之不幸。吾知尽吾心，上不负君父，下不负士民而已。死生祸福，天实鉴之，汝辈毋复言。"未几，奉旨往立忠宪王碑于范阳。铁木迭儿久称疾，闻拜住行，将出莅省事，入朝，至内门，帝遣速速赐之酒，且曰："卿年老宜自爱，待新年入朝未晚。"遂怏怏而还。然其党犹布列朝中，事必禀于其家，以拜住故，不得大肆其奸，百计倾之，终不能遂。

在京仓漕管库之职，岁终例应注代。时张思明亦称疾不出，众皆顾望。拜住虽朝夕帝前，以事不可缓，乃日坐省中谓僚属曰："左丞病，省事遂废乎？"郎中李处恭曰："金谷之职，须慎选择，不得其人，未敢遽拟。"拜住曰："汝为卖官之计耳。"遣人善慰思明，乃出共毕铨事。

拜住每以学校政化大源，似缓实急，而主者不务尽心，遂致废弛，请令内外官议拯治之。有言佛教可治天下者，帝问之，对曰：“清净寂灭，自治可也。若治天下，舍仁义，则纲常乱矣。”又尝谓拜住曰：“今亦有如唐魏征之敢谏者乎?”对曰：“盘圆则水圆，盂方则水方。有太宗纳谏之君，则有魏征敢谏之臣。”帝并善之。六月壬寅，敕赐平江腴田万亩。拜住辞曰：“陛下命臣厘正庶务，若先受赐田，人其谓何?”帝曰：“汝勋旧子孙，加以廉慎，人或援例，朕自谕之。”秋七月，奏召张思明诣上都，数其罪，杖而逐之。铁木迭儿继亦病卒。拜住哭之恸。

初，浙民吴机以累代失业之田卖于司徒刘夔，夔赂宣政使八剌吉思买置诸寺，以益僧廪，矫诏出库钞六百五十万贯酬其直。田已久为他人之业，铁木迭儿父子及铁失等上下蒙蔽，分受之，为赃钜万。真人蔡道泰以奸杀人，狱已成，铁木迭儿纳其金，令有司变其狱。拜住举奏二事。命台察鞫之，尽得其情，以田归主，刘、蔡、八剌吉思等皆坐死，余论罪有差。特赦铁失。

冬十二月，进右丞相、监修国史。帝欲爵以三公，恳辞，遂不置左相，独任以政。首荐张珪，复平章政事。召用致仕老臣，优其禄秩，议事中书。不次用才，唯恐少后，日以进贤退不肖为重务。患法制不一，有司无所守，奏详定旧典以为通制。帝幸五台，拜住奏曰：“自古帝王得天下以得民心为本，失其心则失天下。钱谷民之膏血，多取则民困而国危，薄敛则民足而国安。”帝曰：“卿言甚善。朕思之，民为重，君为轻，国非民将何以为君？今理民之事，卿等当熟虑而慎行之。”

三年春二月，将进《仁宗实录》，先一日，诣翰林国史院听读。首卷书大德十一年事，不书左丞相哈剌哈孙定策功，惟书越王秃剌勇决从容。谓史官曰：“无左丞相，虽百越王何益？录鹰犬之劳，而略发踪指示之人。可乎？”立命书之。其他笔削未尽善者，一一正之，人皆服其识见。

夏六月，拜住以海运粮视世祖时顿增数倍，今江南民力困极，而京仓充满，奏请岁减二十万石。帝遂并铁木迭儿所增江淮粮免之。时铁木迭儿过恶日彰，拜住悉以奏闻。帝悟，夺其官，仆其碑。奸党铁失等甚惧。帝在上都，夜寐不宁，命作佛事。拜住以国用不足谏止之。既而惧诛者复阴诱群僧言：“国当有厄，非作佛事而大赦无以禳之。”拜住叱曰：“尔辈不过图得金帛而已，又欲庇有罪耶？”奸党闻之益惧，乃生异谋。晋王也孙帖木儿时镇北边，铁失潜遣人至王所，告以逆谋，约事成推王为帝。王命囚之，遣使赴上都告变。未至，车驾南还，次南坡，铁失与赤斤铁木儿等夜以所领阿速卫兵为外应，杀拜住，遂弑帝于行幄。晋王即位，铁失等伏诛。诏有司备仪卫，百官耆宿前导，舆拜住画相于海云寺，大作佛事，观者万数，无不叹惜泣下。

拜住忧国忘家，常直内庭，知无不言。太官②以酒进，则忧形于色。有盗其家金器百余两，他宝直钜万，继而获盗得金，家僮来告，色无喜愠。自延祐末，水旱相仍，民不聊生。及拜住入相，振立纪纲，修举废坠，裁不急之务，杜侥幸之门，加惠兵民，轻徭薄敛。英宗倚之，相与励精图治。时天下晏然，国富民足，远夷有古未通中国者皆朝贡请吏，而奸臣畏之，卒构祸难云。

选自《元史》卷一百三十六《拜住传》

【注释】

①祫（xiá）禘（dì）：古代王者祭先祖之大礼。

②太官：官名。掌皇帝膳食及燕享之事。

【译文】

拜住，是安童的孙子。五岁丧父，太夫人养育他。长大后，见识广博深远，端正诚信，颇有其祖父的风度。至大二年（1309），拜住袭任宿卫长。仁宗即位，延祐二年（1315），拜授资善大夫、太常礼仪院使。延祐四年，进升荣禄大夫、大司徒。延祐五年，进升金紫光禄大夫。延祐六年，加授开府仪同三司，其他官职如故。每次遇到议论朝廷大政，他必定问道："是否符合典章制度？"同列官员有不同意见的人说："本朝只讲典章制度么？"拜住微笑着回答说："您试着说说看，本朝哪件大事不依照典章制度的？"同列官不能回答。太常寺所掌管的事情非常简易，他每次退朝进食必定要接见儒士咨询访求古今礼乐刑政、治乱得失，终日不感到疲倦。他曾对人说：“人们做官，随着所任职务的变化，每种政事都可以学习。至于学问有根本，施行于事业，这是儒者擅长的事，是宰相的依托。”

元英宗在做太子时，向左右了解宿卫大臣的情况，都认为拜住贤明。英宗派使者召见，想和他交谈。拜住对使者说：“处于容易被怀疑的位置上，是君子应当谨慎的，我掌管天子的宿卫而与太子私自往来，我当然会获罪，难道也是太子之福吗？”竟然拒绝前往。英宗登极，任命拜住为中书平章政事。英宗在大明殿会见诸王，诏命拜住进读太祖金匮宝训。拜住仪貌庄严，语音清晰流畅，没有人不注目肃听的。五月，徽政使失烈门、要束木的妻子也里失八等阴谋叛逆，皇帝获得密报，来到穆清阁，召见拜住商量。拜住说：“这些人专擅大权，祸乱朝政已经很久了，今天如果还不惩处，他们就会私下结成党羽，阴谋危害国家，应当迅速施威，以便端正国家的法度。”皇帝激动地说：“这正是朕的意愿。”就命令拜住率领卫士前往捉拿诛杀乱党，他们的党羽都被依法处死。

拜住被任命为中书左丞相。之前，有近侍传达圣旨，按姓名到中书省要求任命为官的人达到六七百名，相关部门因此阻滞不畅。拜住奏请皇帝搁置先前的办法，任命官员一律依照选官资格次序，官吏中不能容纳奸恶之人。刑部官员中有情可原的人就宽恕他们，贪暴不法的官员必定不能给予一丝宽容。皇帝常对左右的人说：“你们要小心谨慎，万一违反了国法，就算我愿意宽恕，拜住也不会宽容你们。”

至治元年（1321）正月，皇帝想在宫中建彩楼，元宵节晚上张灯设宴。当时正在先帝的丧期中，参议张养浩上疏，拜住对他说应当进谏，立即将他的奏疏放到袖子里入奏皇帝，皇帝欣悦地停止了计划，还赐予张养浩绢帛，以旌表他敢于直言。三月，拜住侍从皇帝到上都，经过察罕脑儿行宫。皇帝以行宫亨丽殿规模太狭小，想进一步扩建，拜住上奏说："这个地方非常寒冷而偏僻，到夏季才开始种植各类庄稼，陛下刚登大位，不求探访百姓疾苦，却仓促兴建大工程以妨碍农务，恐怕会辜负百姓的希望。"皇帝听从了他的建议。皇帝曾对拜住说："朕委任你大任，是因为你的祖先木华黎跟从太祖开拓疆域，安童辅佐世祖成就了善政。你顾念祖宗的美名，难道能不尽心尽力么?"拜住再三跪拜说："陛下委任我大任，我有所惧怕的有三件事：一，惧怕辱没祖宗；二，惧怕国家事情繁多重大，我的能力见识不够；三，惧怕自己年轻不能承担重任，不能回报圣上的大恩。只有陛下对我怜悯，时常训诲教导，就是我最大的幸福。"

延祐年间，北方沙漠刮大风雪，羊、马、骆驼等牲畜都死了，百姓流离失所，将子女卖给人做奴婢。拜住认为漠北地区是成吉思汗兴起的根本之地，当地百姓应当加以赈济抚恤，请求设立宗仁卫总管，命令县官赎回被卖的子女安置在卫中，以便于他们休养生息。至元十四年（1277），就开始在大都兴建太庙，到现在已经四十年，亲享的礼仪都没来得及实行。拜住奏请说："古语说，礼乐百年而后兴，郊庙祭享，现在正是时候。"皇帝高兴地说："朕能施行此事。"预先敕令相关部门，按照皇帝亲自祭奠太庙宗室的礼节，一概遵守典故，不许擅自增加减损。冬十月，就开始在太庙准备祭祀。至治二年（1322）正月，孟春祭享，开始准备皇帝车驾，设置黄麾大仗，皇帝戴通天冠、穿绛纱袍，从崇天门出。拜住代理太尉跟从。皇帝看到仪仗和典章文物的华美，看着拜住说：“朕采纳你的建议举行大礼，也是你所喜悦的。”拜住回答说：“陛下用帝王之道教化天下，这并非只是臣一个人的幸福，实在是全国百姓应当共同欢庆的。”祭祀前按长幼尊卑的顺序举行清整身心的仪式，巡行酌酒进献礼仪，升降周旋，宛然像平时训练过一样，太庙内外肃然起敬。次日回宫，鼓乐交相演奏，百姓肃立观看，百年来废弃的典礼忽然重现，有的人感动得哭了。拜住率引百官在大明殿向皇帝祝贺，执掌政事的大臣被赐予数量不等的黄金、绢帛。他又奏请建造太庙前殿，讨论施行祫禘配享等礼仪。皇帝从容地对拜住说：“朕思考天下如此广大，绝非朕一个人就能考虑周到的，你作为朕的腹心股肱之臣，千万别忘了对朕规劝进谏，以辅佐朕没考虑到的地方。”拜住磕头道谢说：“昔日尧、舜作为君主，每件事都要向众人咨询，有善言则放弃自己的主张听从别人，后代万世都认为他们是圣人。桀、纣作为君主，拒绝纳谏，自以为贤明，喜欢别人听从自己的意志，喜好亲近小人，国家灭而自身也不能保全，后代直到今天都认为他们是无道昏君。我们承蒙皇上的厚恩，怎么敢不竭尽忠诚办事！然而政事是说起来容易，做起来难。惟有希望陛下尽力而行，我等不谏言，就是我的罪过。”皇帝高兴地采纳了他的建议。

当时右丞相铁木迭儿贪婪狡诈，多次杀害大臣，贪赃枉法卖官鬻爵，到处纠结党羽，凡是不依附自己的人，都要尽力排挤，尤其憎恶平章王毅、右丞高昉，因为在京师的一些仓库粮食损失，铁木迭儿想上奏诛杀他们。拜住秘密对皇帝说：“谋划政事治理国家，是宰相的职责，怎么能拿钱粮一类的小事来责成他们呢?”皇帝认为说得对，他们都得以不死。铁木迭儿又举荐参知政事张思明为左丞来协助自己。张思明为铁木迭儿尽心竭力，忌恨拜住正直，每每与他的党羽密谈，谋划中伤他。拜住身边的人得知这个情况，乘机来告知他，并且请他防备，拜住说：“我祖宗是国家元勋，世代忠诚坚贞，有一百多年了。如见我年纪尚轻，承蒙皇帝恩宠受命，才有今天的地位。大臣协调和睦，是国家之利。如今因为右丞相仇视我，我就寻求报复，这不但是我们二人的不幸，也是国家的不幸。我只知道尽忠心，上不辜负皇上，下不辜负士大夫百民而已。死生祸福，上天可鉴，你们不要再多言。”不久，拜住奉旨前往范阳（今北京附近）建造忠宪王碑。铁木迭儿长期称病，听说拜住出行，将要出来主持中书省事务，入朝，到内门，皇帝遣速速赐他酒，而且说：“你年老了，应当注意身体，等待新年的时候再入朝也不晚。”他郁郁不乐地回去了。然而他的党羽仍然布满朝廷，有事必然到他家汇报，因为拜住的缘故，他才不能毫无顾忌地做邪恶之事。铁木迭儿千方百计想推倒拜住，始终没能成功。

在京城仓储漕运管库的官职，年终按例应依照资历政绩替换。当时张思明也称病不出，大家都在观望。拜住虽然不分昼夜地在皇帝跟前，因为此事不容拖延，就白天坐在中书省中对同僚下属说：“左丞生病，中书省的公事就荒废了吗?”郎中李处恭说：“管理金钱粮食的官职，必须慎重选择，怕没选上合适的人选，不敢擅自拟定名单。”拜住说：“你是打算卖官吧。”派人妥善地安慰了张思明，他才出来一起完成了选定人选之事。

拜住一直认为学校是政治教化的本源，似乎不急，但事实上都是很紧要的事情，而主管人不尽心办事，就导致学校废弛，他请求内外之官共同讨论整治的办法。有人说依靠佛教就可以治理天下，皇帝问拜住，他回答说："清净无为，超脱一切，自我修养可以。假如用来治理天下，抛弃仁义，那么纲常就乱了。"皇帝曾对拜住说："今天也有像唐代的魏征那样敢于进谏的大臣吗?"他回答说："盘圆则水圆，盂方则水方。有像唐太宗那样愿意纳谏的君主，就有像魏征那样敢于进谏的大臣。"皇帝都认为他说得很好。六月壬寅日，皇帝敕令赐给拜住平江路的肥田一万亩。拜住推辞说："陛下命令我清理庶务，假如我先接受赐田，别人会怎么看我呢?"皇帝说："你是勋旧功臣的子孙，再加上很廉洁谨慎，如果有人援例也要赐田，朕自己会开谕他们。"七月，拜住上奏皇帝下令召张思明到上都，揭露他的罪行，罚杖之后赶走了他。铁木迭儿也跟着病死。拜住哭得非常伤心。

当初，浙江百姓吴机将几代无人耕种的田地卖给司徒刘夔，刘夔贿赂宣政使八剌吉思买来给各寺院，用来增加僧人的粮食，假托诏令支出库钞六百五十万贯库钞来支付田款。田地早就成了别人的产业，铁木迭儿父子和铁失等人蒙蔽上下的人，瓜分了钱财，赃款数目巨大。真人蔡道泰因奸情杀人，已经审理判定，铁木迭儿收了他的贿赂，命令相关部门更改判决。拜住上奏举报了这两件事。皇帝命令御史台调查，全部查明了案情，将田地归还原主，刘、蔡、八剌吉思等人都得罪处死，其他人都得到了相应的处罚。皇帝特别赦免了铁失。

十二月，拜住进官右丞相、监修国史。皇帝想任命他为三公，他恳切地推辞，就不设置左丞相，单独让他担任大政。他上任后首先推荐了张珪，复任为平章政事。召用退休的老臣，增加他们的俸禄和官秩，在中书省议论。他不按寻常的标准选用各种人才，只担心慢了，每天都以进用贤才，斥退庸才为重大事务。他担心法制不统一，有关部门没法遵守，奏请详细制定旧的典章为通行制度。皇帝到五台山，拜住上奏说："自古以来帝王得到天下都以得到民心为根本，失去民心就失去了天下。钱币、粮食是百姓的膏血，取多了就会百姓困顿国家倾危，适当征取就百姓富足国家安泰。"皇帝说："你说得很好。朕考虑，百姓为重，君主为轻，国家没有百姓，哪里来的君主？如今治理百姓的事，你们要深思熟虑之后谨慎地施行。"

至治三年二月，拜住将要进呈《仁宗实录》，前一天，到翰林国史院聆听宣读。首卷记录大德十一年的史事，没有记载左丞相哈剌哈孙定策的功劳，只记载了越王秃剌勇于决断，从容不迫。他对史官说："没有左丞相，纵然有一百个越王，又有什么用？记录鹰犬的功劳，却省略去下达指令、制定路线的人，可以吗？"立刻命令写上哈剌哈孙的功绩。其他删削不妥当的地方，都一一加以纠正，大家都佩服他的见识。

六月，拜住考虑到海运粮食比世祖时一下增加了几倍，使江南民力非常困乏，而京师的仓库已经充满，上奏请求每年减少二十万石。皇帝就将铁木迭儿增加的江淮粮税一起免除了。当时铁木迭儿过去的罪恶日渐败露，拜住都向皇帝上奏。皇帝醒悟过来，追夺铁木迭儿的官爵，推倒了他的墓碑。铁木迭儿奸党铁失等人非常恐惧。皇帝在上都，夜里睡觉不安宁，命令作佛事。拜住以国库经费不足为理由进谏阻止了。不久那些害怕被处死的人又暗地里引诱那些僧人说："国家当有危厄，不靠作佛事并且大赦不能除去邪恶。"拜住斥责他们说："你们这些人不过贪图得到金钱绢帛而已，又想包庇有罪的人吗?”奸党听见后更加害怕，就策划了谋反的阴谋。晋王也孙帖木儿当时镇守北方边疆，铁失暗中派人到晋王所在的地方，告以逆谋，约定事成之后推举晋王当皇帝。晋王命令将使者囚禁起来，派遣使者到上都报告谋变。使者还没到，皇帝车驾向南返回，驻扎在南坡，铁失和赤斤铁木儿等人夜里命令他们统领的阿速卫士兵为外应，杀死拜住，进而在帐殿里杀害了皇帝。晋王即位后，铁失等人被处死。下诏有关部门准备仪卫，百官老臣为向导，抬着拜住的画相在海云寺大作佛事，上万的人观看，都觉得感叹可惜而流泪。

拜住担忧国家而忘记身家，经常在皇宫内值班，知无不言。太官向皇帝进酒，他就露出担忧的表情。有人盗走他家的金器一百多两，其他财宝价值巨大，不久抓获盗贼得到赃物，家僮来报告，他并没有欢喜的表情。自延祐末年以来，水旱灾害不断，民不聊生。等到拜住任丞相，振兴已经废弛的法度，减除不急迫的事务，杜绝侥幸求利的门路，给士兵和百姓增加恩惠，减轻徭役，减少税收。英宗依靠他，相互一起励精图治。当时天下太平，国家百姓富足，连自古以来都没和中国来往的夷邦都来朝贡请求册封，而奸臣畏惧疑忌他，终于遭到了祸难。

【评述】

拜住出身蒙古名臣世家，是成吉思汗麾下四杰之一木华黎后代，世祖朝名臣安童之孙。但他并未以显赫家世自居，沾染贵胄纨绔子弟的各种恶习。拜住自幼深受儒家文化影响，恰逢元英宗有意崇儒，君臣际遇，遂有志于改革弊政，开创一番事业。在他执政期间，劝谏英宗恪守礼制，勤政爱民，崇儒抑佛，纳谏如流，希望英宗以唐太宗为典范，而自己以魏征为目标，致君尧舜是他一生追求的理想。为重树朝廷权威，他毫不手软地惩罚叛党。为抑制奸臣的权势，他处处与太后宠信的铁木迭儿斗争，整肃朝纲。为整顿吏治，他杜绝请托求官之风，慎重择官任职。在地方，他兴办学校，推行教化，设官抚恤漠北饥民。他忧国忘家，完全不顾个人荣辱安危，对英宗忠心耿耿，敢于诤谏。英宗想封他为三公贵官，被他推辞；要赏赐土地给他，也被他婉拒；家中财物被盗，他却毫不在意。短短数年间，天下太平，百姓安稳，有效地改观了长期以来灾害不断，民不聊生而造成的危局。以铁木迭儿为首的奸党视拜住为眼中钉、肉中刺，其党羽最终发动政变刺杀了他和英宗，而奸臣也最终落得被诛杀的下场。拜住以自己的死，报偿了英宗知遇之恩，更深受百姓的爱戴，葬礼时万人空巷。可见，坚持自己的政治理想，清廉谨慎，以身作则，为社稷百姓谋福利，终归留名青史，始终会活在人们心中。

（曹循注译、评述）

阿合马

【原文】

阿合马，回回人也。不知其所由进，世祖中统三年，始命领中书左右部，兼诸路都转运使，专以财赋之任委之。阿合马奏降条画，宣谕各路运司。明年，以河南钧、徐等州俱有铁冶，请给授宣牌，以兴鼓铸之利。世祖升开平府为上都，又以阿合马同知开平府事，领左右部如故。阿合马奏以礼部尚书马月合乃兼领已括户三千，兴煽铁冶，岁输铁一百三万七千斤，就铸农器二十万事，易粟输官者凡四万石。

至元元年正月，阿合马言："太原民煮小盐，越境贩卖，民贪其价廉，竞买食之，解盐以故不售，岁入课银止七千五百两。请自今岁增五千两，无（间）［问］僧道军匠等户，钧出其赋，其民间通用小盐从便。"是年秋八月，罢领中书左右部，并入中书，超拜阿合马为中书平章政事，进阶荣禄大夫。

三年正月，立制国用使司，阿合马又以平章政事兼领使职。久之，制国用使司奏：“以东京岁课布疏恶不堪用者，就以市羊于彼。真定、顺天金银不中程者，宜改铸。别怯赤山出石绒，织为布火不能然，请遣官采取。”又言：“国家费用浩繁，今岁自车驾至都，已支钞四千锭，恐来岁度支不足，宜量节经用。”十一月，制国用使司奏：“桓州峪所采银矿，已十六万斤，百斤可得银三两、锡二十五斤。采矿所需，鬻锡以给之。”悉从其请。

七年正月，立尚书省，罢制国用使司[①]，又以阿合马平章尚书省事。阿合马为人多智巧言，以功利成效自负，众咸称其能。世祖急于富国，试以行事，颇有成绩。又见其与丞相线真、史天泽等争辩，屡有以诎之，由是奇其才，授以政柄，言无不从，而不知其专愎益甚矣。丞相安童含容久之，言于世祖曰：“臣近言尚书省、枢密院、御史台，宜各循常制奏事，其大者从臣等议定奏闻，已有旨俞允。今尚书省一切以闻，似违前奏。”世祖曰：“汝所言是。岂阿合马以朕颇信用，敢如是耶！其不与卿议非是，宜如卿所言。”又言：“阿合马所用部官，左丞许衡以为多非其人，然已得旨咨请宣付，如不与，恐异日有辞。宜试其能否，久当自见。”世祖然之。五月，尚书省奏括天下户口，既而御史台言，所在捕蝗，百姓劳扰，括户事宜少缓。遂止。

初立尚书省时，有旨：“凡铨选各官，吏部拟定资品，呈尚书省，由尚书咨中书闻奏。”至是，阿合马擢用私人，不由部拟，不咨中书。丞相安童以为言，世祖令问阿合马。阿合马言："事无大小，皆委之臣，所用之人，臣宜自择。"安童因请："自今唯重刑及迁上路总管，始属之臣，余事并付阿合马，庶事体明白。"世祖俱从之。

八年三月，尚书省再以阅实户口事，奏条画诏谕天下。是岁，奏增太原盐课，以千锭为常额，仍令本路兼领。九年，并尚书省入中书省，又以阿合马为中书平章政事。明年，又以其子忽辛为大都路总管，兼大兴府尹。右丞相安童见阿合马擅权日甚，欲救其弊，乃奏大都路总管以次多不称职，乞选人代之。寻又奏："阿合马、张惠，挟宰相权，为商贾，以网罗天下大利，厚毒黎民，困无所诉。"阿合马曰："谁为此言？臣等当与廷辩。"安童进曰："省左司都事周祥，中木取利，罪状明白。"世祖曰："若此者，征毕当显黜之。"既而枢密院奏以忽辛同佥枢密院事，世祖不允曰："彼贾胡事犹不知，况可责以机务耶！"

十二年，伯颜帅师伐宋，既渡江，捷报日至。世祖命阿合马与姚枢、徒单公履、张文谦、陈汉归、杨诚等，议行盐、钞法于江南，及贸易药材事。阿合马奏："枢云：'江南交会不行，必致小民失所。'公履云：'伯颜已尝榜谕交会不换，今亟行之，失信于民。'文谦谓：'可行与否，当询伯颜。'汉归及诚皆言：'以中统钞易其交会，保难之有。'”世祖曰：“枢与公履，不识事机。朕尝以此问陈岩，岩亦以宋交会速宜更换。今议已定，当依汝言行之。”又奏：“北盐药材，枢与公履皆言可使百姓从便贩鬻。臣等以为此事若小民为之，恐紊乱不一。拟于南京、卫辉等路，籍括药材，蔡州发盐十二万斤，禁诸人私相贸易。”世祖曰：“善，其行之。”

十二年，阿合马又言：“比因军兴之后，减免编民征税，又罢转运司官，令各路总管府兼领课程，以致国用不足。臣以为莫若验户数多寡，远以就近，立都转运司，量增旧额，选廉干官分理其事。应公私铁鼓铸，官为局卖，仍禁诸人毋私造铜器。如此，则民力不屈，而国用充矣。”乃奏立诸路转运司，以亦必烈金、札马剌丁、张暠、富珪、蔡德润、纥石烈亨、阿里和者、完颜迪、姜毅、阿老瓦丁、倒剌沙等为使。有亦马都丁者，以负官银得罪而罢，既死，而所负尚多，中书省奏议裁处。世祖曰：“此财谷事，其与阿合马议之。”

十五年正月，世祖以西京饥，发粟万石赈之。又谕阿合马宜广贮积，以备阙乏。阿合马奏：“自今御史台非白省，毋擅召仓库吏，亦毋究索钱谷数。及集议中书不至者，罪之。”其沮抑台察如此。四月，中书左丞崔斌[②]奏曰：“先以江南官冗，委任非人，遂命阿里等澄汰之。今已显有征验，蔽不以闻，是为罔上。杭州地大，委寄非轻，阿合马溺于私爱，乃以不肖子抹速忽充达鲁花赤，佩虎符，此岂量才授任之道。”又言：“阿合马先自陈乞免其子弟之任，乃今身为平章，而子若侄或为行省参政，或为礼部尚书、将作院达鲁花赤、领会同馆，一门悉处要津，自背前言，有亏公道。”有旨并罢黜之。然终不以是为阿合马罪。

世祖尝谓淮西宣慰使昂吉儿曰：“夫宰相者，明天道，察地理，尽人事，兼此三者，乃为称职。阿里海牙、麦术丁等，亦未可为相，回回人中，阿合马才任宰相。”其为上所称道如此。

十六年四月，中书奏立江西榷茶运司，及诸路转运盐使司、宣课提举司。未几，以忽辛为中书右丞。明年，中书省奏：“阿塔海、阿里言，今立宣课提举司，官吏至五百余员。左丞陈岩、范文虎等言其扰民，且侵盗官钱。乞罢之。”阿合马奏：“昨有旨籍江南粮数，屡移文取索，不以实上。遂与枢密院、御史台及廷臣诸老集议，谓设立运司，官多俸重，宜诸路立提举司，都省、行省各委一人任其事。今行省未尝委人，即请罢之，乃归咎臣等。然臣所委人，有至者仅两月，计其侵用凡千一百锭，以彼所管四年较之，又当几何？今立提举司，未及三月而罢，岂非恐彼奸弊呈露，故先自言以绝迹耶？宜令御史台遣能臣同往，凡有非法，具以实闻。”世祖曰：“阿合马所言是，其令台中选人以往。若己能自白，方可责人。”

阿合马尝奏宜立大宗正府。世祖曰："此事岂卿辈所宜言，乃朕事也。然宗正之名，朕未之知，汝言良是，其思之。"阿合马欲理算江淮行省平章阿里伯、右丞燕帖木儿立行省以来一切钱谷，奏遣不鲁合答儿、刘思愈等往检核之，得其擅易命官八百员，自分左右司官，及铸造铜印等事，以闻。世祖曰："阿里伯等何以为辞?"阿合马曰："彼谓行省昔尝铸印矣。臣谓昔以江南未定，故便宜行之，今与昔时事异。又擅支粮四十七万石，奏罢宣课提举司及中书遣官理算，征钞万二千锭有奇。"二人竟以是就戮。

时阿合马在位日久，益肆贪横，援引奸党郝祯、耿仁，骤升同列，阴谋交通，专事蒙蔽，逋赋不蠲，众庶流移，京兆等路岁办课至五万四千锭，犹以为未实。民有附郭美田，辄取为己有。内通货贿，外示威刑，廷中相视，无敢论列。有宿卫士秦长卿者，慨然上书发其奸竟为阿合马所害，毙于狱。事见《长卿传》。

十九年三月，世祖在上都，皇太子从。有益都千户王著者，素志疾恶，因人心愤怨，密铸大铜鎚，自誓愿击阿合马首。会妖僧高和尚，以秘术行军中，无验而归，诈称死，杀其徒，以尸欺众，逃去，人亦莫知。著乃与合谋，以戊寅日，诈称皇太子还都作佛事，结八十余人，夜入京城。旦遣二僧诣中书省，令市斋物，省中疑而讯之，不伏。及午，著又遣崔总管矫传令旨，俾枢密副使张易发兵若干，以是夜会东宫前。易莫察其伪，即令指挥使颜义领兵俱往。著自驰见阿合马，诡言太子将至，令省官悉候于宫前。阿合马遣右司郎中脱欢察儿等数骑出关，北行十余里，遇其众，伪太子者责以无礼，尽杀之，夺其马，南入健德门。夜二鼓，莫敢何问，至东宫前，其徒皆下马，独伪太子者立马指挥，呼省官至前，责阿合马数语，著即牵去，以所袖铜鎚碎其脑，立毙。继呼左丞郝祯至，杀之。囚右丞张惠。枢密院、御史台、留守司官皆遥望，莫测其故。尚书张九思自宫中大呼，以为诈，留守司达鲁花赤博敦，遂持梃前，击立马者坠地，弓矢乱发，众奔溃，多就禽。高和尚等逃去，著挺身请囚。

中丞也先帖木儿驰奏世祖，时方驻跸察罕脑儿[③]，闻之震怒，即日至上都。命枢密副使孛罗、司徒和礼霍孙、参政阿里等驰驿至大都，讨为乱者。庚辰，获高和尚于高梁河。辛巳，孛罗等至都。壬午，诛王著、高和尚于市，皆醢之，并杀张易。著临刑大呼曰："王著为天下除害，今死矣，异日必有为我书其事者。"

阿合马死，世祖犹不深知其奸，令中书毋问其妻子。及询孛罗[④]，乃尽得其罪恶，始大怒曰："王著杀之，诚是也。"乃命发墓剖棺，戮尸于通玄门外，纵犬啖其肉。百官士庶，聚观称快。子侄皆伏诛，没入其家属财产。其妾有名引住者，籍其藏，得二熟人皮于柜中，两耳具存，一阉竖专掌其扃鐍，讯问莫知为何人，但云"诅咒时，置神座其上，应验甚速”。又以绢二幅，画甲骑数重，围守一幄殿，兵皆张弦挺刃内向，如击刺之为者。画者陈其姓。又有曹震圭者，尝推算阿合马所生年月。王台判者，妄引图谶。皆言涉不轨。事闻，敕剥四人者皮以徇。

选自《元史》卷二百五《阿合马传》

【注释】

①制国用使司：官署名。至元三年（1266）正月立，掌财政。下设同知制国用使司事、制国用副使等官职。至元七年（1270）正月，改立尚书省。

②崔斌（1222—1278）：元官员。官至中书左丞。因与阿合马不合，被诬陷致死。

③察罕脑儿：元朝皇帝夏季行宫所在地。每年自上都返回大都途中驻跸于此，放鹰行猎。在今河北沽源北。

④孛罗：元大臣，蒙古朵儿边氏。官至枢密副使，兼宣徽使。担任世祖怯薛长。后奉命出使伊利汗国。

【译文】

阿合马，回回人，不知由谁引荐。在元世祖忽必烈中统三年（1262），开始受命领中书左右部，兼任诸路都转运使，主要负责管理财赋的大任。阿合马上奏元世祖颁降规章，宣谕各路转运司。第二年，因河南钧、徐等州都有冶铁业，阿合马请朝廷授与宣牌，以发展铸造业。元世祖升开平府为上都，又任命阿合马为开平府同知，仍然领左右部。阿合马上奏，让礼部尚书马月合乃兼领已登记的三千户，大兴冶铁，每年产铁一百零三万七千斤，用以铸造农器二十万套，换得粮食共四万石输入官府。

至元元年（1264）正月，阿合马说："太原百姓煎煮硝盐，越境贩卖，百姓贪其价格低廉，争相买来吃，解池出产的盐因此卖不出去，每岁所入税银只有七千五百两。请自今年增加五千两，不管僧道军匠等户，皆要均出赋税，让民间通用硝盐，从其方便。"当年八月，罢领中书左右部，并入中书省，超拜阿合马为中书平章政事，进阶荣禄大夫。

至元三年正月，朝廷立制国用使司，阿合马又以平章政事兼领使职。之后，制国用使司上奏道："请将东京每年课税所得钱钞中不堪使用的，用以就地买羊。真定、顺天金银不合格者，应该重新铸造。别怯赤山出产石绒，所织成的布可以防火，请派遣官员开采。"又说："国家费用浩繁，今年自皇上至大都，已支出钞四千锭，恐怕明年收入不足，请适量节省以备国用。"十一月，制国用使司上奏："桓州峪所采的银矿，已有十六万斤，每百斤可提炼得银三两、锡二十五斤。采矿所需的费用，请卖锡来供给。"元世祖都听从其所奏请。

至元七年正月成立尚书省，废罢制国用使司，又以阿合马为平章尚书省事。阿合马为人多智谋巧言语，以功利成效自负，大家一致赞赏他有才能。元世祖急于富国，试着让他办事，政绩非常突出。又见他与丞相线真、史天泽等在朝堂廷辩，屡次令对手辞塞，世祖惊异于他的才干，授以大权，言听计从，却不知道他因此益加刚愎自用了。丞相安童忍耐了很久，对世祖说："臣最近提出尚书省、枢密院、御史台，各应根据常制奏事，其中重大者听从臣等议定后向皇上奏闻，已经有旨同意。如今尚书省将一切事务都直接向皇上奏闻，似乎违反了前奏。”世祖说：“你说得对。难道阿合马因为朕信任他，就该这样做？他不与你商议不对，应如卿所说。”安童又言：“阿合马所任用的部官，左丞许衡认为大多都不合格，然而已经得旨咨请宣付，假如不给与，恐怕将来有异辞。应该考验他们是否具备才能，时间长了就自然显现出来了。”元世祖认为他说的对。五月，尚书省上奏统计天下户口，不久御史台上奏，各地都在灭蝗，百姓劳扰，统计户口之事最好稍微推迟。这样，统计户口的事就中止了。

当初设立尚书省时，皇帝有旨：“凡铨选的各位官吏，由吏部拟定资品，呈送尚书省，再由尚书省上报中书省奏呈皇上。”可是现在，阿合马擢用私情，不经吏部拟定，也不咨请中书省。丞相安童以此进言世祖皇帝，忽必烈下令诘问阿合马。阿合马回奏：“无论大事小事，都委托给臣来办，那么所任用的人，自然应该由臣自己来选择。”安童于是上请世祖说：“从今以后，微臣只负责管理重刑以及迁上路总管方面的事宜，其他事情都由阿合马负责，便于分工明细。”得到元世祖的首肯。

至正八年三月，尚书省再次以统计户口之事，上奏规章，请求诏谕天下。当年，上奏增加太原盐税，以千锭为常额，仍命令本路兼管。至元九年，尚书省并入中书省，阿合马又为中书平章政事。第二年，又任命阿合马的儿子忽辛为大都路总管，兼任大兴府尹。右丞相安童见阿合马擅权日甚，想救治时弊，于是奏言大都路总管以下各官多不称职，希望另外择人取代。不久，安童又上奏说：“阿合马、张惠，挟宰相的威权，却干起商贾的勾当来网罗天下大利，毒害天下黎民百姓，百姓们申诉无门。”阿合马追问：“这话是谁说的？我一定会和他在朝堂进行廷辩。”安童进言说：“中书省左司都事周祥，征收木税取私利，罪状已经调查明白。”元世祖说：“这样做的人，征税完毕后要罢黜他们。”不久枢密院上奏以忽辛任同佥枢密院事，世祖不同意，说：“他是个胡商，政事尚且不明晓，怎么能让他负责机要事务！”

至元十二年（1275），伯颜率领大军攻打宋朝，渡过长江以后，每天捷报频传。世祖任命阿合马与姚枢、徒单公履、张文谦、陈汉归、杨诚等人商议在江南地区行使盐法和钞法，以及贸易药材等事。阿合马进奏说：“姚枢说：‘江南地区不行使交子、会子，必然导致百姓流离失所。’徒单公履说：‘伯颜已经张榜告谕交子、会子不与中统钞兑换，现在又仓促行使，恐怕会失信于民。’张文谦说：‘可行不可行，应该咨询伯颜。’陈汉归及杨诚都说：‘用中统钞兑换江南的交子、会子，肯定难处多多。’”世祖说：“姚枢与徒单公履，不识事机。我曾经因此事询问过陈岩，陈岩认为应该马上将南宋交子、会子更换为中统钞。现在商议已定，应该依照你的话去做。”阿合马又奏言说：“北盐和药材，姚枢与徒单公履都说可以让百姓随便贩卖。我以为如果让百姓随便贩卖这些商品的话，恐怕紊乱不一。我打算在汴梁、卫辉等路收买药材，蔡州发盐十二万斤，禁止诸人私自贸易。”世祖说：“很好，你就这么办吧。”

至元十二年，阿合马又说：“之前因为战争之后，减免了编民的赋税，又罢设转运司官，令各路总管府兼领征税，因此导致国用不足。臣认为不如根据户数的多寡，就近设立都转运司，适量增加旧税额，选派廉洁有才干的官员分别管理其事务。应将私人的铁冶收为国有，官府设局专卖，仍禁止平民私自铸造铜器。这样，则民力不受损，而国家财政也能充实。”因此奏立诸路转运司，以亦必烈金、札马剌丁、张暠、富珪、蔡德润、纥石烈亨、阿里和者、完颜迪、姜毅、阿老瓦丁、倒剌沙等为转运使。有个叫亦马都丁的人，因为欠官银得罪罢免，死后，他所欠银仍有很多，中书省上奏请求商议裁断。元世祖说：“这类财谷之事，当与阿合马商议。”

至元十五年正月，元世祖因为西京（今山西大同）大饥荒，发粮万石赈济。又诏谕阿合马应该扩大钱粮贮积，以便应对财政匮乏。阿合马上奏：“从今以后，御史台不上报中书省，不得擅自召进仓库吏员，也不得追究核查钱谷数目。对于那些不到中书省集议的官员，要予以治罪。”阿合马打击御史台竟到了如此地步。这年四月，中书左丞崔斌上奏说：“之前因为江南冗官太多，委任不当，于是任命阿里等人精简冗官。现在已经昭然若揭了，阿合马却隐瞒不报，这是欺君罔上啊。杭州地方广大，委任官员事关重大，阿合马溺于私情，竟用其不肖子抹速忽充任达鲁花赤，佩虎符，这哪里是量才授任的道理？”又奏：“阿合马先前自陈请求免去其家子弟的任命，现在身为平章，而儿子、侄儿有的为行省参政，有的为礼部尚书、将作院达鲁花赤、领会同馆，一门全处要职，自违前言，有失公道。”世祖下令将阿合马子弟全部罢黜，但始终不认为是阿合马的过失。

元世祖曾经对淮西宣慰使昂吉儿说道：“做宰相的人，要明天道，察地理，尽人事，三者兼备，才是称职。阿里海牙、麦术丁等人，是做不了宰相的。回回人当中，阿合马的才能堪任宰相。”阿合马被皇帝夸赞到这样的程度。

至元十六年四月，中书省上奏设立江西榷茶运司，以及诸路转运盐使司、宣课提举司。不久，任命忽辛为中书右丞。第二年，中书省上奏："阿塔海、阿里说，如今设立宣课提举司，官吏达到五百多员。左丞陈岩、范文虎等认为他们扰民，而且侵盗官钱。请求罢免这几个机构。"阿合马上奏说："之前有圣旨统计江南粮数，屡次下达文件索要，都不以实情上报。我于是与枢密院、御史台及各位老臣一起商议，认为设立转运司，官员多，俸禄重，最好诸路设立提举司，都省、行省各委派一人担任其事。如今行省还没有委派人员，就请求罢设，并归罪臣等。然而臣所委派的人，有到官才两月的，侵用共计千一百锭，以转运司所管四年相比，又当有多少？如今立提举司，不到三月就罢设，难道不是怕他们的奸弊败露，所以先自言来遮掩么？应命令御史台派遣能干官员一同前往调查，凡是有非法行为，都将实情上奏皇上。"世祖说："阿合马说得对，命令御史台选人前往。只有自己清白，才可要求别人。"

阿合马曾奏请应该设立大宗正府。世祖说："这事难道是你们所应提的，此乃朕之事。然而宗正这个名目，朕尚未听说过，你说得很好，我会考虑的。"阿合马企图理算江淮行省平章阿里伯、右丞燕帖木儿自设立行省以来的一切钱谷数目，奏请派遣不鲁合答儿、刘思愈等前往检核，查得两人擅自改易、任命官员八百人，擅自分设左右司官，以及私自铸造铜印等事，上奏世祖皇帝。世祖问道："阿里伯等人的解释是什么？"阿合马回答道："他们称行省以前就铸印过。臣认为昔日因为江南未平定，所以临时实行，如今不同往昔。又擅自支取官粮四十七万石，上奏罢设宣课提举司及中书省派遣官员理算，征收税钞万二千锭有余。”二人竟然因此被处死。

当时阿合马在位日久，越发放肆贪横，勾结奸党郝祯、耿仁，迅速提拔他们为同僚，暗中谋划来往，专门蒙蔽皇上，逋欠的赋税不予蠲免，众多百姓流离，京兆等路每年征税至五万四千锭，还认为不够。百姓有城墙旁边的良田便将其霸占。私下收受贿赂，对外大展淫威，大臣在朝廷中相见，不敢与其同列。有一个叫秦长卿的宿卫士，慨然上书皇上揭发阿合马的奸邪，竟然被阿合马所害，死于狱中。事见《长卿传》。

至元十九年三月，元世祖在上都，皇太子随从。有个名叫王著的益都千户，一贯疾恶如仇，因为众怨沸腾，秘密铸造大铜锤，发誓杀阿合马。正巧妖僧高和尚在军中行巫术，没有征验而回，自己诈称死亡，杀了徒弟，用其尸欺骗众人，自己逃去，大家也不知道。王著就与他合谋，在戊寅日诈称皇太子还大都作佛事，结众八十多人夜间潜入京城。早晨派遣两个僧人到中书省购买斋物，省中官员怀疑而审讯他们，不服罪。到中午，王著又派遣崔总管假传令旨，让枢密副使张易发兵若干人，并在夜晚会于东宫门前。张易没能察知其诈伪，就令指挥使颜义领兵一同前往。王著自己驰马面见阿合马，诡称太子将来，命令中书省官员都等候于宫前。阿合马派遣右司郎中脱欢察儿等人出关，向北行十多里，遭遇众人，伪太子责备他们无礼，将他们都杀死，夺其马匹，向南入健德门。夜晚二鼓，没人敢诘问，到东宫前，其手下皆下马，只有伪太子立马指挥，招呼省官到面前，责备阿合马几句，王著就将他牵走，用袖中所藏铜锤击碎其头，马上就死了。之后又招呼左丞郝祯到前，也杀了他，并囚禁了右丞张惠。枢密院、御史台、留守司官员都远远望着，不知道什么缘故。尚

桑　哥

【原文】

桑哥，胆巴国师[1]之弟子也。能通诸国言语，故尝为西蕃译史。为人狡黠豪横，好言财利事，世祖喜之。及后贵幸，乃讳言师事胆巴而背之。至元中，擢为总制院使。总制院者，掌浮图氏之教，兼治吐蕃之事。御史台尝欲以章闾为按察使，世祖曰："此人桑哥尝言之。"及卢世荣见用，亦由桑哥之荐。中书省尝令李留判者市油，桑哥自请得其钱市之，司徒和礼霍孙谓非汝所宜为，桑哥不服，至与相殴，且谓之曰："与其使汉人侵盗，曷若与僧寺及官府营利息乎？"乃以油万斤与之。桑哥后以所营息钱进，和礼霍孙曰："我初不悟此也。"一日，桑哥在世祖前论和雇和买[2]事，因语及此，世祖益喜，始有大任之意。尝有旨令桑哥具省臣姓名以进，廷中有所建置，人才进退，桑哥咸与闻焉。

二十四年闰二月，复置尚书省，遂以桑哥与铁木儿为平章政事。诏告天下，改行中书省为行尚书省，六部为尚书六部。三月，更定钞法，颁行至元宝钞于天下，中统钞通行如故。桑哥尝奉旨检核中书省事，凡校出亏欠钞四千七百七十锭、昏钞一千三百四十五锭，平章麦术丁即自伏，参政杨居宽微自辩，以为实掌铨选，钱谷非所专。桑哥令左右拳其面，因问曰："既典选事，果无黜陟失当者乎？"寻亦引服。参议伯降以下，凡钩考违惰耗失等事，及参议王巨济尝言新钞不便忤旨，各款伏。遣参政忻都奏闻，世祖令丞相安童与桑哥共议，且谕："毋令麦术丁等他日得以胁问诬伏为辞，此辈固狡狯人也。"

数日，桑哥又奏："鞫中书参政郭佑，多所逋负，尸位不言，以疾为托。臣谓中书之务，隳惰如此，汝力不能及，何不告之蒙古大臣，故殴辱之，今已款服。"世祖命穷诘之。佑与居宽后皆弃市，人咸冤焉。台吏王良弼，尝与人议尚书省政事，又言："尚书钩校中书，不遗余力，他日我曹得发尚书奸利，其诛籍无难。"桑哥闻之，捕良弼至，与中书台院札鲁忽赤鞫问，款服，谓此曹诽谤，不诛无以惩后。遂诛良弼，籍其家。有吴德者，尝为江宁县达鲁花赤，求仕不遂，私与人非议时政，又言："尚书今日核正中书之弊，他日复为中书所核，汝独不死也耶。"或以告桑哥，亟捕德按问，杀之，没其妻子入官。

桑哥尝奏以沙不丁遥授江淮行省左丞，乌马儿为参政，依前领泉府、市舶两司，拜降福建行省平章。既得旨，乃言于世祖曰："臣前言，凡任省臣与行省官，并与丞相安童共议。今奏用沙不丁、乌马儿等，适丞相还大都，不及通议，臣恐有以前奏为言者。"世祖曰："安童不在，朕，若主也。朕已允行，有言者，其令朕前言之。"

时江南行台与行省，并无文移，事无巨细，必咨内台呈省闻奏。桑哥以其往复稽留误事，宜如内台例，分呈各省。又言："按察司文案，宜从各路民官检核，递相纠举。且自太祖时有旨，凡临官事者互相觉察，此故事也。"从之。

十月乙酉，世祖遣谕旨翰林诸臣："以丞相领尚书省，汉、唐有此制否?"咸对曰："有之。"翌日，左丞叶李以翰林、集贤诸臣所对奏之，且言："前省官不能行者，平章桑哥能之，宜为右丞相。"制曰"可"。遂以桑哥为尚书右丞相，兼总制院使，领功德使司事，进阶金紫光禄大夫。于是桑哥奏以平章铁木儿代其位，右丞阿剌浑撒里升平章政事，叶李迁右丞，参政马绍升左丞。

十一月，桑哥言："臣前以诸道宣慰司及路府州县官吏，稽缓误事，奉旨遣人逼笞责之。今真定宣慰使速哥、南京宣慰使答失蛮，皆勋贤旧臣之子，宜取圣裁。"敕罢其任。明年正月，以甘肃行尚书省参政铁木哥无心任事，又不与协力，奏乞牙带代之。未几，又以江西行尚书省平章政事忽都铁木儿不职，奏而罢之。兵部尚书忽都答儿不勤其职，桑哥殴罢之而后奏，世祖曰：“若此等不罢，汝事何由得行也。”万亿库[③]有旧牌条七千余条，桑哥言岁久则腐，宜析而他用。赐诸王出伯银二万五千两、币帛万匹，载以官驴，至则并以为赐。桑哥言：“不若以驴载玉而回。”世祖甚然之。其欲以小利结知如此。

漕运司达鲁花赤怯来，未尝巡察沿河诸仓，致盗诈腐败者多，桑哥议以兵部侍郎塔察儿代之。自立尚书省，凡仓库诸司，无不钩考，先摘委六部官，复以为不专，乃置征理司，以治财谷之当追者。时桑哥以理算为事，毫分缕析，入仓库者，无不破产，及当更代，人皆弃家而避之。十月，桑哥奏：“湖广行省钱谷，已责平章要束木自首偿矣。外省欺盗必多，乞以参政忻都、户部尚书王巨济、参议尚书省事阿散、山东西道提刑按察使何荣祖、札鲁忽赤秃忽鲁、泉府司卿李佑、奉御吉丁、监察御史戎益、佥枢密院事崔彧、尚书省断事官燕真、刑部尚书安祐、监察御史伯颜等十二人，理算江淮、江西、福建、四川、甘肃、安西六省，每省各二人，特给印章与之。省部官既去，事不可废，拟选人为代，听食元俸。理算之间，宜给兵以备使令，且以为卫。”世祖皆从之。

当是时，天下骚然，江淮尤甚，而谀佞之徒，方且讽都民史吉等为桑哥立石颂德，世祖闻之曰：“民欲立则立之，仍以告桑哥，使其喜也。”于是翰林制文，题曰《王公辅政之碑》。桑哥又以总制院所统西蕃诸宣慰司，军民财谷，事体甚重，宜有以崇异之，奏改为宣政院，秩从一品，用三台银印。世祖问所用何人，对曰："臣与脱因。"于是命桑哥以开府仪同三司、尚书右丞相兼宣政使，领功德使司事，脱因同为使。世祖尝召桑哥谓曰："朕以叶李言，更至元钞，所用者法，所贵者信，汝无以楮视之，其本不可失，汝宜识之。"

二十六年，桑哥请钩考甘肃行尚书省、及益都淄莱淘金总管府，佥省赵仁荣、总管明里等，皆以罪罢。世祖幸上都，桑哥言："去岁陛下幸上都，臣日视内帑诸库，今岁欲乘小舆以行，人必窃议。"世祖曰："听人议之，汝乘之可也。"桑哥又奏："近委省臣检责左右司文簿，凡经监察御史稽照者，遗逸尚多。自今当令监察御史即省部稽照，书姓名于卷末，苟有遗逸，易于归罪。仍命侍御史坚童视之，失则连坐。"世祖从之，乃笞监察御史四人。是后监察御史赴省部者，掾、令史与之抗礼，但遣小吏持文簿置案而去，监察御史遍阅之，而台纲废矣。参政忻都既去，寻召赴阙。以户部尚书王巨济专任理算，江淮省左丞相忙兀带总之。

闰十月，《桑哥辅政碑》成，树于省前，楼覆其上而丹雘之。桑哥言："国家经费既广，岁入恒不偿所出，以往岁计之，不足者余百万锭。自尚书省钩考天下财谷，赖陛下福，以所征补之，未尝敛及百姓。臣恐自今难用此法矣。何则？仓库可征者少，而盗者亦鲜矣，臣忧之。臣愚以为盐课每引今直中统钞三十贯，宜增为一锭；茶每引今直五贯，宜增为十贯；酒醋税课，江南宜增额十万锭，内地五万锭。协济户十八万，自入籍至今十三年，止输半赋，闻其力已完，宜增为全赋。如此，则国用庶可支，臣等免于罪矣。”世祖曰：“如所议行之。”

桑哥既专政，凡铨调内外官，皆由于己，而其宣敕，尚由中书，桑哥以为言，世祖乃命自今宣敕并付尚书省。由是以刑爵为货而贩之，咸走其门，入贵价以买所欲。贵价入，则当刑者脱，求爵者得，纲纪大坏，人心骇愕。

二十八年春，世祖畋于漷北，也里审班及也先帖木儿、彻里等，劾奏桑哥专权黩货。时不忽木出使，三遣人趣召之至，觐于行殿，世祖以问，不忽木对曰：“桑哥壅蔽聪明，紊乱政事，有言者即诬以他罪而杀之。今百姓失业，盗贼蜂起，召乱在旦夕，非亟诛之，恐为陛下忧。”留守贺伯颜亦尝为世祖陈其奸欺。久而言者益众，世祖始决意诛之。

二月，世祖谕大夫月儿鲁曰：“屡闻桑哥沮抑台纲，杜言者之口；又尝捶挞御史，其所罪者何事，当与辩之。”桑哥等持御史李渠等已刷文卷至，令侍御史杜思敬等勘验辩论，往复数四，桑哥等辞屈。明日，帝驻跸大口，复召御史台暨中书、尚书两省官辩论。尚书省执卷奏曰：“前浙西按察使只必，因监烧钞受赃至千锭，尝檄台征之，二年不报。”思敬曰：“文之次第，尽在卷中，今尚书省折卷持对，其弊可见。”速古儿赤阇里抱卷至前奏曰：“用朱印以封纸缝者，防欺弊也。若辈为宰相，乃折卷破印与人辩，是教吏为奸，当治其罪。”世祖是之。责御史台曰：“桑哥为恶，始终四年，其奸赃暴著非一，汝台臣难云不知。”中丞赵国辅对曰：“知之。”世祖曰：“知而不劾，自当何罪？”思敬等对曰：“夺官追俸，惟上所裁。”数日不决。大夫月儿鲁奏：“台臣久任者当斥罢，新者存之。”乃仆《桑哥辅政碑》，下狱究问。至七月，乃伏诛。

平章要束木者，桑哥之妻党，在湖广时，正月朔日，百官会行省，朝服以俟。要束木召至其家，受贺毕，方诣省望阙，贺如常仪。又阴召卜者有不轨言。至是，中书列其罪以闻，世祖命械致湖广，即其省戮之。

选自《元史》卷二百五《桑哥传》

【注释】

①胆巴（1230—1303）：元代国师，一名功嘉葛剌思，西番突甘斯旦麻人。元世祖中统年间，由帝师八思巴推荐，备受元世祖忽必烈尊崇。

②和雇和买：和雇，官府出价强制雇用人力。和买，官府向民间强制购买物资。“和雇和买”实际是变相的赋役。

③万亿库：至元二十三年（1286）设于大都，掌财政。

【译文】

桑哥，是国师胆巴的弟子。通晓多国语言，所以曾担任西域译史。桑哥为人狡黠豪横，好谈财利事务，元世祖忽必烈喜欢他。后来，桑哥显贵了，就忌讳说胆巴是自己的老师。元世祖至元年间，桑哥被擢升为总制院使。总制院掌管佛教，以及吐蕃事务。御史台曾经想让章闾担任按察使，世祖说："这个人桑哥曾跟朕说过。"卢世荣被重用，也是桑哥的推荐。中书省曾命令一个姓李的留判买油，桑哥向元世祖申请自己拿这些钱去买，司徒和礼霍孙说："这不是你分内之事。"桑哥不服，和他打起来，并且对他说："与其让汉人侵吞钱财，何不让僧寺和官府营利?"于是给了他一万斤油的差使。当桑哥把得到的赢利进献给元世祖，和礼霍孙抱歉地说："我当初没有明白这事啊。"有一天，桑哥在元世祖面前谈论和雇和买的事，趁机说起这事。世祖更加高兴了，便想重用桑哥。忽必烈曾经命令桑哥详细写好中书省臣的姓名进献。凡是朝廷中机构的建置、人才的升降，桑哥全都参与其中。

至元二十四年（1287）闰二月，朝廷再次设置尚书省，桑哥与铁木儿担任平章政事。元世祖诏告天下，改行中书省为行尚书省，改六部为尚书六部。三月，改定钞法，向全国颁行"至元宝钞"，"中统钞"仍通行。桑哥曾经奉旨检查中书省事务，一共检查出亏欠钞四千七百七十锭、昏钞一千三百四十五锭。为此，平章麦术丁立即认罪，参政杨居宽稍稍为自己辩护，说自己的职责是选拔官吏，财政非己之职。桑哥命令身边人打杨居宽的耳光，趁势问他："你掌管选拔官吏，一定没有失当的吗?"很快，杨居宽也服罪。从参议伯降以下，凡是稽考有违禁、惰政、损失等情况，以及参议王巨济曾说新钞不便而违忤圣旨，皆伏罪。桑哥派遣参政忻都上奏给元世祖，世祖命令丞相安童与桑哥共同审问，而且下旨说："不要让麦术丁等人以后拿诬告逼供做借口，这些人本来就狡猾。"

几天后，桑哥又上奏说："审问中书参政郭佑，发现有很多亏空，空占着职位不做事，拿生病作为托词。微臣以为，中书事务，如此懈怠荒废，你力不能及，为何不告诉蒙古大臣！所以殴打侮辱他，现在他已服罪。"元世祖命令他再细细审问。后来，郭佑与杨居宽都被杀了，人们都为他们喊冤。御史台的小吏王良弼，曾与人议论尚书省政事，又说："尚书省钩校中书省不遗余力。将来我们御史台如果发现尚书省作奸犯科，把他们杀了抄家也不是难事。"桑哥听说了，逮捕王良弼，与中书台院札鲁忽赤一起审问，王良弼服罪。桑哥说这人瞎说，不杀无以惩后人。于是杀了王良弼，并抄了他的家。吴德曾担任江宁县达鲁花赤，仕进未遂，便私下与人非议时政，又说："今日尚书省查中书省的弊政，将来中书省查尚书省，难道你桑哥能不死吗?"有人把这告诉了桑哥，立即逮捕吴德审问，将他杀掉，把他的妻子儿女籍没入官府。

桑哥曾上奏让沙不丁遥任江淮行省左丞，乌马儿担任参政，依前领泉府、市舶两司，拜降担任福建行省平章。桑哥得旨以后，就跟元世祖说："臣以前上奏说过，凡任用省臣与行省官，一并与丞相安童共同商议决定。现在奏用沙不丁、乌马儿等，正好遇上安童丞相回了大都，来不及共同商议，臣恐怕有人拿以前的奏言来弹劾我。"世祖曰："安童不在，朕是你的主人。朕已经应允实行的事，再有人非议，让他到朕面前来说。”

当时，江南行台与行省之间，并没有文书往来，事无大小，一定要咨内台再呈省上奏。桑哥认为文书往来稽留误事，应该按照御史台体例，分别呈送各省。又说：“按察司的文案，应该让各路长官检查，交相纠查。而且自从太祖成吉思汗时就有圣旨，凡是临近的官应该互相监督。这是前代的先例。”元世祖听从了他的建议。

十月乙酉，元世祖派人带谕旨问翰林大臣：“让丞相领尚书省，汉代、唐代有这制度吗?”大家都回答说：“有。”第二天，左丞叶李把翰林、集贤诸臣的回答上奏，而且说：“以前的省官不能实行的，平章桑哥却能。应该让他担任右丞相。”元世祖同意。于是，桑哥担任尚书右丞相，兼总制院使，领功德使司事，进阶金紫光禄大夫。桑哥上奏让平章铁木儿代替他原来的职位，右丞阿剌浑撒里升平章政事，叶李升尚书右丞，参政马绍升尚书左丞。

十一月，桑哥上奏说：“臣以前因为诸道宣慰司及路府州县官吏稽缓误事，奉旨派人笞打责罚他们。现在真定宣慰使速哥、汴京宣慰使答失蛮，都是勋贤旧臣之子，应该由皇帝圣裁。”世祖降旨罢免了他们的官。第二年正月，因为甘肃行尚书省参政铁木哥对任内事务不用心，又不协助办事，桑哥奏乞牙带代替他。不久，又因为江西行尚书省平章政事忽都铁木儿不称职，桑哥上奏，又罢了他的官。兵部尚书忽都答儿不称职，桑哥殴打他、罢了他的官而后上奏，世祖曰：“像这样的人不罢官，你的事怎能实行!”万亿库有旧牌条七千余条，桑哥上奏说时间长了就会腐烂，应该拆开用作他用。元世祖赐给诸王出伯银二万五千两、币帛万匹，用官府的驴子运输，运到以后把驴也一并赏赐了。桑哥说："不如用驴装载玉返回。"世祖认为他说的很对。桑哥就想用这样的小利来得到元世祖的知遇。

漕运司达鲁花赤怯来，未曾巡察沿河诸仓库，以致出现很多偷盗诈骗、腐败的问题，桑哥建议用兵部侍郎塔察儿取代他。自从设立尚书省以后，凡是仓库诸司，没有不钩考的，一开始委任给了六部官，后来又认为职司不专，于是设置征理司来治理应当追讨的钱粮。当时，桑哥专心清算钱谷，毫分缕析，管理仓库的官吏无不破产，到仓库官员换届时，人们都弃家逃避。十月，桑哥上奏："湖广行省钱谷，已经责成平章要束木自首偿还。外省欺盗的必然很多，臣乞求以参政忻都、户部尚书王巨济、参议尚书省事阿散、山东西道提刑按察使何荣祖、札鲁忽赤秃忽鲁、泉府司卿李佑、奉御吉丁、监察御史戎益、佥枢密院事崔彧、尚书省断事官燕真、刑部尚书安祐、监察御史伯颜等十二人，清理江淮、江西、福建、四川、甘肃、安西六省，每省各二人，特给与印章。尚书省及六部官员派下去后，政事不能荒废，拟请选派人员代替他们的职掌，听凭其领取原来的俸禄。在清理核算的时候，应派兵给他们，以便于行使权力，而且可以作为护卫。"世祖都采纳了。

正当这个时候，天下骚动起来，江淮地区尤为严重，而一些狡诈奸佞之徒，却劝诱都城百姓史吉等为桑哥立石颂德，世祖知道后说："百姓想立碑就让他们立。这要告诉桑哥，让他高兴高兴。"于是翰林写文章，题目是《王公辅政之碑》。桑哥又觉得总制院所统辖的西蕃诸宣慰司，管理军民财政，事务很重要，应该给予额外的尊崇，上奏改为宣政院，官阶为从一品，使用台省的银质官印。元世祖问宣政院所用是何人，桑哥说：“臣与脱因。”于是命领桑哥以开府仪同三司、尚书右丞相的身份兼任宣政使，领功德使司事，脱因同任宣政使。世祖曾召见桑哥对他说：“朕因为叶李的奏言，改变至元钞，运用的是法令，贵重的是诚信，你不要把它看做是纸钞。根本的东西不可以失掉，你应该记住。”

二十六年，桑哥请得圣旨，督查甘肃行尚书省、及益都淄莱淘金总管府。佥省赵仁荣、总管明里等，都因罪罢官。世祖驾临上都，桑哥说：“去年陛下驾临上都，臣每天视察内帑各仓库，今年臣想乘坐小轿子视察，人们一定会私下议论。”世祖说：“随他们说吧，你坐你的。”桑哥又上奏：“近来委任省臣检查左右司文簿，凡经监察御史查核的，还有很多遗漏。自今以后应当令监察御史在省部查核，把姓名写在卷末，万一有遗漏，易于归罪。仍旧命令侍御史坚童掌管，若有过失就处以连坐之罪。”世祖采纳了，于是对监察御史四人处以笞刑。此后监察御史前往省部查核的，掾令史跟他行对等的礼节，只派遣小吏手持文簿放置到案上就走，监察御史全部阅览，就这样台纲荒废了。参政忻都赴地方以后，不久就召回京城。以户部尚书王巨济专门从事理算，江淮省左丞相忙兀带总领此事。

闰十月，《桑哥辅政碑》造成，树立在尚书省门前，碑上建楼遮挡，涂红色的颜料。桑哥说：“国家经费浩大，每年总是入不敷出，以往年来计算，有百万锭的不足。自从尚书省钩考天下财谷以来，赖陛下之福，用所征讨的钱谷可以补足，未曾征敛百姓。臣恐怕自今以后难用这一办法了。为什么？仓库可征的少，而盗用的也少了，臣很忧虑。臣认为盐课每引现在价值中统钞三十贯，应该增为一锭；茶每引现在价值五贯，应该增为十贯；酒醋税课，江南应该增额十万锭，内地五万锭。协济户十八万，自入籍至今十三年来，只交纳一半赋税，听说他们力量已完备，应该增为全赋。如此，则国家的耗费大概可以够用，臣等就能免于被问罪了。”世祖说：“就按你的建议施行。”

桑哥专断政事以后，凡铨选调任内外官，全部由自己定，而宣敕文书还是由中书下达，桑哥把此事上奏，世祖就命令自今以后宣敕文书一起交付尚书省。此后，桑哥就把刑爵当做货物贩卖，人们都到他家里走动，出高价买想得到的官职。出高价，有罪者就可以脱罪，谋求官位的就可以得到官位。这样，国家纲纪腐坏，人心惊慌。

至元二十八年春，世祖到漷北打猎，也里审班及也先帖木儿、彻里等，弹劾桑哥专断政权、滥用财政。当时，不忽木奉命出使，世祖三次派人紧急把他召至跟前，在行殿世祖问他桑哥的事，不忽木回答说：“桑哥阻隔贤明人才，紊乱朝政，有人非议他就用其他的罪名诬陷处死。现在百姓失业，盗贼蜂起，动乱在旦夕之间，不立即诛杀桑哥，恐怕会成为陛下的忧患。”留守贺伯颜也曾向世祖陈述桑哥的奸佞欺诈。时间久了，说桑哥的人更多了，元世祖才决定杀桑哥。

二月，世祖对大夫月儿鲁说：“屡次听说桑哥阻隔抑制御史台事，堵住告状人的嘴；又曾殴打御史。他所犯的罪是什么，应当与他辩论。”桑哥等拿着御史李渠等已经检核过的文卷到了，世祖命令侍御史杜思敬等勘验辩论，来回辩论多次，桑哥等辞穷。第二天，元世祖驻扎在大口，再次召御史台暨中书、尚书两省官辩论。尚书省拿着文卷上奏说：“前浙西按察使只必，因监督烧钞受贿达千锭，曾下批文让御史台追征，两年没有消息。”杜思敬说：“文书的顺序，都在文卷中，现在尚书省拆开文卷拿来对质，可见它的弊病。”速古儿赤阇里抱文卷到世祖面前上奏说：“用硃印来封纸缝，是为了防止欺诈舞弊。你们身为宰相，却拆卷破印跟人辩论，这是教唆吏员作奸犯科，应当治罪。”元世祖认为他说的对，责怪御史台说：“桑哥作恶，前后四年，奸赃暴行不止一端，你们台臣很难说不知道。”中丞赵国辅回答说：“知道。”世祖说：“知道却不弹劾，自当何罪?”思敬等回答说：“罢官、减俸，请皇上裁定。”但过了好几天，元世祖还是没有决定。大夫月儿鲁上奏：“台臣任久的应当罢官，新任的保留原职。”于是推倒《桑哥辅政碑》，把桑哥下狱审问。七月，桑哥伏罪被杀。

平章要束木，是桑哥妻子娘家人，在湖广行省时，正月朔日，百官在行省集会，穿朝服等待要束木。要束木召百官到家，受百官贺完毕，才到行省望阙行礼，按寻常礼仪朝贺。又偷偷召占卜师说了不轨的话。到此，中书省罗列他的罪行上奏，世祖命人携刑具到达湖广，在行省内诛杀了要束木。

【评述】

藏族人桑哥是元世祖朝继阿合马、卢世荣理财被杀之后的第三位理财大臣。纵观史书，桑哥虽然不乏理财的小智慧，但为人骄横，又因为蒙元时的民族歧视政策而欺压汉族官僚，完全不顾当时中原和江南的民众心态，他所提出的一些财政举措大多以怨声载道甚至激起民变而告终。桑哥善于罗织罪名，他奉旨检核中书省事务，查出亏空，在相关官吏认罪伏法之后，仍旧株连，还将与此事无关的参政杨居宽和郭佑以“莫须有”的手段陷害致死，成为一大冤案。与此类同，一言不合至于身死者，不可胜数。如果说专权滥刑是他的政治手段，那么他的理财宗旨，唯“征敛”二字。史载“入仓库者，无不破产，及当更代，人皆弃家而避之”，完全是竭泽而渔。更为荒唐的是，在天下骚然人心惶惶的同时，桑哥竟不顾廉耻地接受了阿谀谄媚之徒为他树立的《王公辅政碑》，上演了一幕掩耳盗铃的丑剧。

独揽权柄之后，桑哥废公门行私欲，卖官鬻爵，视律法如无物。史载，“贵价入，则当刑者脱，求爵者得”。如此一来，桑哥的腰包自然鼓起来。然而庙堂之内，一片乌烟瘴气，风纪大坏，竞相贪污。庙堂之外，百姓失业，盗贼蜂起。“战战兢兢，如履薄冰”，这是古人对为官不易的感慨和告诫。桑哥肆无忌惮的贪渎暴虐影响到了元朝的稳定，所谓无有亡国之忧者必先亡身，在他的权焰嚣张了四年之后，桑哥终于被痛定思痛的忽必烈追官夺俸，诛杀于市，正注解了“多行不义必自毙”的训言。

（杨印民注译　向珊评述）

中国廉政史鉴

李洪峰题

李洪峰 主编

历史人物卷

7

文化艺术出版社
Culture and Art Publishing House
国家图书馆出版社

第七册目录

概述

明代是我国封建社会进入末期的重要历史阶段，封建专制主义中央集权的政治体制已步入高度发展和完全成熟的历史时期，封建皇权高度强化。历代王朝的兴亡给明朝统治者提供了丰富的经验和教训，为保证本王朝的长治久安，明朝统治者在设置国家机构、制定法律条文等方面为预防和惩治腐败提供了基本的保障。

（一）机构设置和制度、法律对廉政的保证

都察院、十三道监察御史和六科，构成了一张纵横交错、上下相维的严密监察网络，皇帝总制其纲，监督协调着整个明王朝国家机器的运转。这张监察网就是明王朝反腐倡廉最有效的武器。

明代设置都察院以肃政饬法，监察百官，主要职掌包括纠劾百司，考核百官等，其正官都御史地位很高，与六部尚书并称七卿。宣德年间，顾佐为右都御史，一上任就奏黜不法及老疾御史三十余人。据记载，顾佐上朝若着绯衣，百官多震慄，公、侯、伯也惧怕三分。因为都御史一穿绯，就意味着要在皇帝面前弹劾人。所以当时有“纠正百僚，朝纲大震”的说法。明中期以后，皇帝经常不上朝，都御史当朝弹劾官吏的权力削弱，又由于宦官权势增长，都御史也受其制约，使其职能难以正常发挥。此后都察院正官的作用更多体现在外差方面，最主要的就是巡抚和总督，合称督抚。

吏、户、礼、兵、刑、工六科给事中和都察院十三道御史，合称科道官，又称言官。明朝言官之势颇重，如明神宗“于疏奏俱留中，无所处分，惟言路一纠，其人自去，不待旨也”。天启时御史李应升也说：“国家设立言官，称耳目近臣，言及乘舆，则天子改容，事关廊庙，则宰相待罪。”

六科的职责包括规谏皇帝，参与议政，监察六部中央官署，考察官吏等。不少科官为坚持原则敢于批鳞忤旨，拼死抗争，犯颜直谏，以身殉职，如洪武年间的吏科给事中王朴，礼科给事中张衡。成化时，刑科给事中毛弘，“在垣中所论列最多，声震朝宁”，“帝颇苦厌之，尝曰：‘昨日毛弘，今日毛弘！’”

都察院属官十三道监察御史，简称御史，正七品，是明朝中央机构中设置最多的职官，全国共设一百一十人，负责纠核百司，参与议政，考察官吏等。御史差派中最重要的是巡按御史，巡按御史以较低的级别，得以纠察地方上的高品位大员，

“布政司、按察司悉听巡抚同巡按一体考察，具奏罢黜。”

御史品秩虽然不高，但权力很大，出巡“绣衣持斧”，以示钦差，可操生杀之柄。《春明梦余录》卷四十八有“风力御史”之称，“风力者何？行于大奸大贪，故曰持斧。”成化时，吏部尚书王恕疏言：“天下贪官污吏强军豪民所忌惮者，惟御史耳。”有时虽贵为天子的皇帝对御史也不能不有所顾忌。洪武年间，御史周观政谏明太祖朱元璋用女乐，并三番五次迫使皇帝承认错误，最后，朱元璋不得不亲自出宫说：“朕已悔之，御史言是也。”正德十二年（1517）八月，明武宗微服出游至居庸关，被巡关御史张钦铁剑横关，拒不放行。明朝御史中不乏犯颜敢谏之士，他们虽遭廷杖，或下诏狱，幽囚拷掠，甚至牺牲性命，也矢志不移，忠于职守。正是这些不畏权势，拼死抗争的监察官员，为明王朝惩治贪腐立下了不可磨灭的功勋。

明初几朝严惩贪官的斗争中，处处都有科道官的身影。洪武年间，刑部尚书开济，贪赃枉法，竟开脱死囚，事被下属狱官揭露后，开济又杀人灭口。御史陶厚仲，“纠弹不避权贵，劾刑部尚书开济至死，直声动天下。”左副都御史李庆禁勋贵武臣子弟贩卖私盐害民，并劾权贵赵彝、蔡福、谭青、朱崇、梁铭等贪暴黩货，使之受到严惩，一时权贵皆“严惮之”，号为“生李”，“中外凛其风采”。永乐时，监察御史周新，“敢言，多所弹劾。贵戚震惊，目为‘冷面寒铁’”，后因查办锦衣卫指挥纪纲之贪赃，得罪权贵，被逮，临刑前仍大呼：“生为直臣，死当作直鬼！”时人称“周新当代第一人”。宣德年间，顾佐任右都御史，“纠黜贪纵，朝纲肃然。”景泰间，御史左鼎、练纲都以敢言著称，左鼎善于章奏，练纲善于言辩，故有“左鼎手，练纲口”之称，天顺年间，“御史李纲，历按南畿、浙江，劾去浙江赃吏四百余人，时目为‘铁御史’。”嘉靖年间，许多监察官员因弹劾权臣严嵩而遭迫害，而最终御史邹应龙以确凿的证据上疏论劾严嵩父子的奸贪状，终于扳倒严嵩，在惩处严嵩擅权贪污的斗争中，监察官员立下了不可磨灭的功绩。

有明一代对科道官的选任非常重视。明成祖曾说：“御史当用清谨介直之士，清则无私，谨则无忽，介直则敢言。”科道官选拔主要有两个途径，一是翰林院庶吉士改授，二是考选，参加考选的京官必须是进士出身，地方则推官或知县，也多是进士出身。嘉靖万历之后，科道监察官由地方官提拔的占到了绝大多数。考选出来的监察官员大多是同级官员中的优秀者，《明史·选举志》说：“考选之例，优者授给事中，次者授御史，又次者以部曹用。”万历以后，由于御史权力更大，士人们纷纷争抢御史一职。

科道官是明朝政治舞台上一支十分活跃的力量，在澄清吏治、发挥国家调节职能方面有着重要的作用。他们位卑而职事重，进取心较强，其出身与文化修养使他们具有较清醒的头脑，许多人又曾历官地方，对社会上的各种弊病看得比较真切。有明一代不少御史和给事中拼命硬干，为民请命，在政治上发挥了积极的作用，对于吏治清明、惩治贪腐也起到一定的抑制作用。

法律制度。明代的法律比较详尽地规定了各级官吏应担负相应的法律责任。如果官吏在行政过程中发生各种违法违纪行为，都可依照《大明律》、《大明会典》及各类行政法典法规追究其法律责任，以保障明政府庞大的国家机器有效运转。因此法律成为保证廉政建设的一个强有力武器。为了保证赋税收入的来源，《大明律》对土地管理等做了相应规定。为了防止官吏与豪强乡绅勾结侵吞国库或转嫁负担于平民头上，明政府要求地方官吏必须如实编制赋税收入的依据——黄册。任官期间，辖内出现大量荒芜田地，应属失职，也需惩处。如遇天灾减产，州县官吏均需实地勘察，如实提出申请减免赋税数额。若不亲临勘踏，杖八十。若从中作弊，夸大灾情，对上申请减免粮税后，对下又照样征收，瞒上欺下，则处以严惩，“各杖一百，罢职役不叙。”“若致枉有所征免粮数，计赃重者，坐赃论。”由此，有效保障了正常的国家赋税收入，同时也使农民的负担较为合理平均。

除了要求官吏能保障国家赋税收入外，也要求赋役平均，不得肆意刻剥小民，以免激起民变。故《明律》又规定：“凡有司科征税粮及杂泛差役，各验籍内户口田粮，定立等第科差，若放富差贫，挪移作弊者，许被害贫民，赴拘该上司，自下而上陈告，当该官吏，各杖一百。若上司不为受理者，杖八十。受财者计赃，以枉法从重论。”

对国家府库中的赋税收入的保管和支出使用也有明确规定。对监守自盗的从重论处。《明律》规定：“凡监临主守自盗仓库钱粮等物，不分首从，并赃论罪。并于右小臂上刺‘盗官钱’（或粮、物）三字。”何谓并赃论罪？即合伙偷盗瓜分，论罪，则通同计算。如十人合伙，共盗得四十贯，各分得四贯，并赃论罪，则以各人均盗四十贯论处。“监守官盗一贯以上杖八十；十贯杖七十、徒一年半；二十贯杖一百、流三千里；四十贯斩。”监守自盗比常人盗罪加一倍，以防止监守自盗的发生。

明律对坐赃致罪的惩罚也极严厉。《大明律》规定：“官员受财，枉法赃各主通算全科，一贯以下杖七十；二十贯杖六十、徙一年；四十五贯杖一百、流二千里；八十贯绞。”“不枉法赃各主者，通算折半科罪。罪止杖一百，流三千里。”“事后受财”同属贪赃罪。平常官吏无事“以许财物”，也以贪赃罪论处，减一等罪。官吏挟势索取他人财物，除必须退赔外，仍以贪赃论处。官吏以家人出面索取财物，知情与同罪，不知者不坐。如假借上司名义，“擅自科敛者，杖六十；入已者，并以赃以枉法论；若馈送人者，虽不入已，罪也如之。”《明律》还规定行贿受贿同属犯罪，“凡诸人有事以财行求得枉法者，计所与财坐赃论，若有避难就易，所枉重者从重论。”规定了执法者受赃罪的法律条文，“凡风宪官吏受财，及于所按治去处求索借贷人财物，若卖买多取价利及受馈送之类，各加其余官罪二等。”

（二）皇帝和权臣对廉政建设的推动

明代一些有作为的皇帝和精干强势的权臣也对反腐倡廉起到有力的推动作用。

明太祖朱元璋以元亡为鉴，十分重视整肃贪污。洪武二年（1369），他告诫群臣说：“尝思昔在民间时，见州县官吏多不恤民，往往贪财好色，饮酒废事，凡民疾苦，视之漠然，心实恨之。故今严法禁，但遇官吏贪污蠹毒吾民者，罪之不恕。”开始，他尝试运用法律程序和刑律处置贪污案件，但不能阻止贪墨腐败风气的蔓延，重案大案相继发生。这就促使他不惜轻罪重判，法外用刑，以致广事株连滥杀。其中最著名的惩处贪污大案，便是“空印案”和“郭桓案”。“空印案”发生在洪武十五年，明初财政制度，每年各布政使司及府、州、县都得派计吏到户部核对钱粮、军需等事，遇到钱谷数字不合，须重新填写报销册，盖上原衙门印信，重新审批。由于路途遥远，各地计吏习惯带有空印之册，预备部驳时即改，以避免往返奔走的麻烦和耽误时日。太祖发觉后，认为空印就是弥缝奸贪舞弊，怒曰：“吏敢欺我是（如）此耶？此无他，部臣肯为容隐，故藩省遂承之。”下令处死户部尚书和各地布政衙门主印长官，左贰官杖一百戍边，于是坐空印案死者数百人，受杖戍边者达数千人。“郭桓案”发生于洪武十八年，有人告发户部侍郎郭桓和北平二司官吏李彧、赵金德等通同舞弊，吞盗官粮。太祖下令拷讯，“词连礼部尚书赵瑁、刑部尚书王惠迪、兵部侍郎王志、工部侍郎麦志德等，举部伏诛。诛累天下官吏，死徙数万人”，追赃七百万石，“核赃所寄供遍天下，民中人之家大抵皆破。”

除“空印案”和“郭桓案”外，洪武年间发生的各种官吏犯法案件大多都有贪黜问题，也一律从严惩办。据《大诰》、《大诰续编》、《大诰三编》、《大诰武臣》的统计，凌迟、枭示、族诛的有几千案，弃市以下的有一万多案，实是“无几时不变之法，无一日无过之人”。同时，朱元璋对于贪官污吏的惩治是十分残酷的，据赵翼的记载，“明祖严于吏治，凡守令贪酷者，许民赴京陈诉，赃至六十两以上者，枭首示众，仍剥皮实草。府州县卫之左，特立一庙，以祀土地，为剥皮之场，名曰皮场庙。官府公座旁，各悬一剥皮实草之袋，使之触目警心。”全国各地的府州县卫均有剥皮施刑的场所，全国各官府衙门内均高悬剥皮实草之袋，意在使各级官吏触目惊心，不敢有犯。

明太祖严惩贪官污吏，是重建封建经济秩序的一项非常措施。从总体上看，收到一定的积极的社会效果，官吏贪墨之风有所收敛，“一时守令畏法，节己爱民以当上指”，为明初社会经济的恢复发展提供了有利的社会环境。

经过法外用刑、株连滥杀的严厉整肃，造成官场的恐怖气氛，唯上是尊、谨慎政事、明哲保身成了统治阶层的社会心理特征。“京官每旦入朝，必与妻子决，及暮无事，则相庆以为又活一日”，“郡县之官虽居穷山绝塞之地，去京师万余里外，皆悚心震胆，为神明临其庭，不敢少肆。”明初矫枉过正，客观上孕育了封建官僚体系良性运转的社会效果，官吏重视政治利益和封建体制的整体利益，约己谨慎，办事效率提高。官僚大多能够节俭保身，将追逐经济利益和物质享受保持在适度的范围之内。六部之首的吏部尚书吴琳告老退休回老家黄冈，还经常在田间劳作；弘文馆学士罗复仁，“与刘基同位”，其住宅不过是城郊小胡同内几间破破烂烂的旧房子；京官上朝办公，多步行，地方官到任亦多无马，或假借于人，或乘驴。贪贿的官吏屡遭残酷镇压，致使一般的官吏，不敢以逐利敲诈为常。而为官贪墨又汲汲营私产者，往往为士论所不容。

仁、宣时期，内阁大学士杨士奇、杨荣、杨溥参赞机要，忠于职守，君臣相得，休养生息，任用贤良，政治比较清明，重视对官吏的铨选督察。为了加强对官员的考察黜陟，杨士奇推荐以廉明刚直著称的薛宣、顾佐、陈勉等人担任两京左右都御史，奏请罢斥有严重贪墨渎职行为的原左都御史刘观及其他不肖御史三十余人。不遗余力地裁汰冗官，仅宣德八年（1433），一次就裁汰京师冗官七十七人。同时积极选拔循吏人才。尤其是杨士奇，对于选拔贤良之才，可谓竭尽全力。直至宣德晚年，“察墨吏、举文学武勇之士，令极刑家子孙皆得仕进。又请廷臣三品以上及二司官，各举所知，备方面郡守选。”因此仁、宣二朝出现了不少悉心治国安民的官吏，《明史·循吏传》共记载有明一代的循吏一百二十人，而在洪熙、宣德年间任职的，竟占半数之多。当时著名的官吏高谷、周忱、况钟等人，均以不第超迁。于谦刚直不阿，不避权幸，多次遭到勋贵和宦官的攻击，但他历任御史、巡抚、兵部侍郎，多有作为，实亦赖三杨的一贯支持。由于仁宣时期中央政治核心重视官吏人才的选拔任用和考察课督，保证了中央各项法令有效实施，成为廉洁吏治的坚强后盾。仁、宣之世政治稳定、社会安定、社会经济得到较快的恢复和发展。

弘治皇帝最突出的特点是“明于任人”，“朝多君子”。如内阁大学士刘健、谢迁、李东阳“同心辅政，竭情尽虑，知无不言”，兵部尚书马文升“国家事当言者即非职守，亦言无不尽。功在边疆，外国皆闻其名”。吏部尚书王恕，“刚正清严”，“力阻权幸，天下慕之。”朝多君子、贤臣，当然就能最大限度地限制各级官员的贪腐，所以“朝序清宁，民物康阜”，大有中兴之象。

正统、正德之后，明代皇帝大多平庸无能甚至荒诞不稽，沉溺于腐朽生活之中，王振、汪直、刘瑾、严嵩、魏忠贤等奸臣当道，宦官乱政，再加上明末的朋党混争，政治日益腐败，明王朝衰颓之势日益加深而不可复振，最终走向灭亡。只有万历初年，“勇于任事，以天下为己任”的大学士张居正实施的一系列改革，使得明朝统治一度出现中兴景象。改革的一个重要内容就是推行“考成法”，对六部、督察院等具体行政衙门实行随事考试，建立对各衙门事事责实的稽查制度，以严格的综核考成制度整顿吏治。从中央到地方各级政府的行政效率得到大大提高，朝廷法令“虽万里之外，朝下而夕奉行”。张居正知人善任，“唯才是用”，他提拔的戚继光、张学颜、潘季驯等日后均成为功勋卓著、流芳后世的名臣名将；大力淘汰冗官庸官，改变了嘉靖以来冗官冗员的局面。以“倡节约”、“强公室”、“杜私门”为方针，压缩政府和军费开支，“减客兵，清粮糗”，“岁所省，凡得数十百万”；奏请免去开馆纂修《穆宗实录》时的钦赐筵宴；整顿耗费害民的驿站，严格控制驿站的使用范围，杜绝官吏冒滥使用驿站，“凡官员人等非奉公差，不许借行勘合”，驿站供给之费大为减少，人民负担有所减轻。总之，无论是提高行政效率的考成法，还是任人唯贤，裁剪冗官冗员，压缩政府和军费开支，都为缓和社会矛盾、维持社会稳定做出了很大贡献，也为明王朝的廉政建设增添了浓墨重彩的一笔。

纵观有明一代的廉政建设，主要表现在国家机构设置、法律制度，以及皇帝、官员实行的具体措施等方面。但总的说来，法律、监察制度和科道官只是皇权高度集中下的产物，是皇帝巩固权力、地位的一种工具，其任务是维护皇权的无上权威。封建王朝的性质，决定了明代不可能有真正的法制和制度上的制约，主要还是根据最高统治者皇帝或重臣的意志行事。明初皇帝精明强干，雄才大略，监察制度和法律能够比较充分地发挥其积极作用，政府官员的廉洁自然就得到比较好的保证；中期之后皇帝昏庸无能，政治腐败，所有的制度和法律形同虚设，无法真正遏制贪腐，甚至产生更多负面作用，科道官或成为皇帝和权臣剪灭异己的工具，或利用手中大权贪赃枉法，或热衷于党同伐异，朋党混争。与所有封建王朝一样，明王朝的廉政建设终究无法摆脱人治的局限。

（李坚）

刘 崧

【原文】

刘崧，字子高，泰和人，旧名楚。家贫力学，寒无炉火，手皲裂而抄录不辍。元末举于乡。洪武三年举经明行修，改今名。召见奉天殿，授兵部职方司郎中①。奉命征粮镇江。镇江多勋臣田，租赋为民累，崧力请得少减。迁北平按察司副使，轻刑省事。招集流亡，民咸复业。立文天祥祠于学宫之侧。勒石学门，示府县勿以徭役累诸生。尝请减僻地驿马，以益宛平。帝可其奏，顾谓侍臣曰："驿传劳逸不均久矣，崧能言之。牧民不当如是耶？"为胡惟庸②所恶，坐事谪输作。寻放归。十三年，惟庸诛，征拜礼部侍郎。未几，擢吏部尚书。雷震谨身殿，帝廷谕群臣陈得失。崧顿首，以修德行仁对。寻致仕。

明年三月，与前刑部尚书李敬并征。拜敬国子祭酒，而崧为司业③。赐鞍马，令朝夕见，见辄燕语移时。未旬日卒。疾作，犹强坐训诸生。及革，敬问所欲言。曰："天子遣崧教国子，将责以成功，而遽死乎！"无一语及家事。帝命有司治殡殓，亲为文祭之。

崧幼博学，天性廉慎。兄弟三人共居一茅屋，有田五十亩。及贵，无所增益。十年一布被，鼠伤，始易之，仍葺以衣其子。居官未尝以家累自随。之任北平，携一童往，至则遣还。晡时吏退，孤灯读书，往往达旦。善为诗，豫章④人宗之为“西江派”云。

选自《明史》卷一百三十七《刘崧传》

【注释】

①职方司郎中：官名。隋尚书省兵部有职方侍郎，唐、宋、明、清兵部有职方郎与员外郎。掌天下地图及城隍、镇戍、堡寨、烽候，及沿边少数民族内附等事。

②胡惟庸（？—1380）：明凤阳定远人。洪武三年（1370）拜中书省参知政事。六年升右丞相，又进左丞相。权重后，结党营私，藐视皇权，十三年以谋逆罪被杀。后来太祖又认为他有通倭、通元（北元）罪，穷追党羽，韩国公李善长等大批元勋宿将被株连，牵连致死者三万余人，史称“胡惟庸案”。

③司业：官名。隋代以后国子监设置司业，为监内的副长官，协助祭酒主管监务，清代末年废除。

④豫章：今江西南昌地区一带。

【译文】

刘崧，字子高，原名楚，泰和（今属江西）人。年幼时家里贫困，仍致力读书。冬天家里没有火炉，双手皴裂依然书写不停。元朝末年中举。洪武三年（1370）中经明行修科，改为现在的名字。皇帝在奉天殿召见了他，任命他为兵部职方司郎中，奉命到镇江征粮。镇江有许多田地为功臣所有，百姓的租赋负担繁重。刘崧为此极力上奏，于是得以减少。后调任北平按察司副使，很少使用刑法。他招集流亡大众，百姓得以复业。他在学宫的旁边设立文天祥祠，在学宫门前立碑刻字，昭示各府县不得以徭役拖累读书人。还曾经请求朝廷减少偏僻地区的驿马，从而补充宛平。皇帝批准了他的奏章，对身边的侍臣说："传言驿站里劳逸不均很长时间了，刘崧能够说出来。管理百姓不就该这样吗?"刘崧被胡惟庸所忌恨，受某事牵连被罚作劳役。不久被释放调回。洪武十三年（1380），胡惟庸被处死，刘崧任命为礼部侍郎。不久，升任为吏部尚书。某日雷击中了谨身殿，皇帝命群臣陈述治国方略的得失。刘崧叩头后，阐述了以修德行仁治国的道理。不久辞官回家了。

第二年三月，刘崧和前刑部尚书李敬一同被征聘。皇帝任命李敬为国子祭酒，刘崧为司业。皇帝赐给他鞍马，令他早晚都能被皇帝召见，每每都会叙谈良久。没料到，不到十天刘崧就去世了。疾病发作的时候，他依然勉强坐着训导学生。临死时，李敬问他想说什么。刘崧说："皇帝派我教导学生，刚责成我完成此事，我却突然要死了!"无一句话言及家事。皇帝下令有关部门为其操办后事，并亲自撰写祭文。

刘崧自幼博学，天性廉洁谨慎。兄弟三人共同住在一座草屋，有田五十亩。富贵以后，也没有扩大家业。一条布被用了十年，被老鼠咬坏了才换掉，再缝补后做成衣服让儿子穿。做官期间从未携带家眷。去北平赴任，只带了一个童仆，到了之后就让童仆回去了。每天申时才停止办公，通宵达旦地读书。他善于写诗，豫章人推崇他为“西江派”之宗。

（董蕊注译）

方克勤

【原文】

方克勤，字去矜，宁海人。元末，台州盗起，吴江同知金刚奴奉行省命募水兵御之。克勤献策弗纳，逃之山中。洪武二年，辟县训导[①]，母老辞归。四年征至京师，吏部试第二，特授济宁知府。

时始诏民垦荒，阅三岁乃税。吏征率不俟期，民谓诏旨不信，辄弃去，田复荒。克勤与民约，税如期。区田为九等，以差等征发，吏不得为奸，野以日辟。又立社学数百区，葺孔子庙堂，教化兴起。

盛夏，守将督民夫筑城，克勤曰："民方耕耘不暇，奈何重困之畚锸。"请之中书省，得罢役。先是久旱，遂大澍。济宁人歌之曰："孰罢我役？使君之力。孰活我黍？使君之雨。使君勿去，我民父母。"视事三年，户口增数倍，一郡饶足。

克勤为治，以德化为本，不喜近名，尝曰："近名必立威，立威必殃民，吾不忍也。"自奉简素，一布袍十年不易，日不再肉食。太祖用法严，士大夫多被谪，过济宁者，克勤辄周恤之。

永嘉侯朱亮祖[②]尝率舟师赴北平，水涸，役夫五千浚河。克勤不能止，泣祷于天。忽大雨，水深数尺，舟遂达，民以为神。八年入朝，太祖嘉其绩，赐宴，遣还郡。寻为属吏程贡所诬，谪役江浦，复以空印事[③]连，逮死。

选自《明史》卷二百八十一《方克勤传》

【注释】

①训导：官名。明、清于府、州、县学均置训导，辅助教授、学正、学谕教诲生员。

②朱亮祖（？—1380）：明代六安人。元授义兵元帅，兵败归太祖，累功授广信卫指挥使。攻陈友定，功最多，迁浙江行省参政。副征南将军廖永忠取广东广西，以功封永嘉侯，镇广东。后因不法，与其子暹被鞭死。

③空印事："空印案"是明初朱元璋严惩地方计吏预持空白官印账册至户部结算钱谷的重大案件。洪武十五年（1382），自户部尚书至各地守令主印者皆处死，佐贰以下杖一百充军，与此案有关被杀者达数百人。

【译文】

方克勤，字去矜，宁海人。元朝末年，台州义兵四起，吴江同知金刚奴奉行省之命募兵镇压。方克勤前往献策，建议未被采纳，于是被迫逃到山里隐居。明洪武二年（1369），方克勤被征召为县学训导，后因母亲年迈请辞回家。洪武四年，他被征召至京师，参加吏部考试获第二名，被授予济宁知府。

当时，朝廷诏令百姓开垦荒地，新垦田亩三年后才征收赋税。然而当地官吏不到三年就开始征税，百姓都说朝廷的诏旨不可信，于是弃田离去，田地复归荒芜。方克勤赴任后，与民约定，重申三年不征税的诏令。同时，将纳税田亩分为九等，按等级征税，规定官吏不得从中敲诈勒索。自此，新垦土地与日俱增。方克勤又设立学堂数百个，修缮孔子庙堂，教化之风兴起。

盛夏时节，济宁府守将役使百姓修筑城池，方克勤说："这个时候百姓正忙于收获耕作，怎么能够再承受这么繁重的工程。"于是，写信禀报中书省，此项劳役终于作罢。此前已经旱了很久，这时下了一场大雨。济宁百姓作歌谣歌颂他说："是谁免去我们的劳役？是依靠使君（指方克勤）的力量。是谁救活了田地的禾黍？是得到使君的雨露滋养。使君不要离去，您是我们的父母官。"方克勤在济宁执事三年，人丁兴旺，户籍倍增。百姓丰衣足食，安居乐业。

方克勤为政，以德化为本，不贪图功利名誉。他曾经说："追求名利必定会耀武扬威，耀武扬威必定会祸害百姓，我不忍心啊。"他自己生活俭朴，一件布袍穿了十年也不更换，每天不多吃肉。太祖皇帝使用法律很严厉，士大夫多有被贬之人，凡路过济宁的，方克勤都周到地安抚招待他们。

永嘉侯朱亮祖曾经率领船队开赴北平，河水干涸，准备使用劳役五千多人清理河道。方克勤无法阻止，哭泣着对天祈祷。忽然天降大雨，水深达数尺，船队得以通过，百姓认为他是神仙。

洪武八年（1375），方克勤被召入朝，太祖皇帝嘉奖他的功绩，赐宴款待，之后继续回济宁任职。

后来，他受到下属官员程贡的诬陷，被贬到江浦服劳役。之后，又受“空印案”牵连而死。

【评述】

方克勤是一个勤政爱民的优秀地方官。明初，国家刚刚经历元末长时期的战争，百姓的生活凋敝到了极点，人民渴望过上安宁和谐的生活，再也不愿承受战争所带来的种种痛苦。方克勤执政以“德化”为本，鼓励耕种，很快就恢复了当地经济。百姓安居乐业，十分感戴方克勤。其实，探究起来，方克勤执政也并没有什么惊人之举，无非是执行朝廷惠政，树立政府诚信，开办学堂，减省赋役，严格吏治等。总结起来其实就是节省民力，休养生息，不乱折腾。一个地方官员，是不是瞎折腾，就看他是一心为民，还是一心为名。方克勤说：“近名必立威，立威必殃民，吾不忍也。”有的地方官为了所谓“政绩”，大兴土木，大上工程，浪费民力、财力，说到底还是自私自利的心理在作怪，没有把治下百姓的福祉放在心上，只为个人捞名声以作晋升的阶梯，其“不忍”之心何在？

在个人生活上，方克勤也十分节俭，与人民同甘共苦，人们发自内心地赞扬他，还把这种爱戴编进了歌谣，并且进一步神话到方克勤的诚心可以感动天地，使久旱之地降雨的程度。我们当然知道这只不过是封建社会人们的迷信思想所致，但足以说明方克勤在人民心目中所树立起的良好声望。

可惜的是，这样一个爱民如子的好官，虽然也曾得到朝廷的嘉奖，却最终惨死于朱明王朝的酷政之下。方克勤之子方孝孺最后更因忤逆朱棣遭遇灭十族的惨祸。一门忠烈，下场如此凄惨，着实令人扼腕。

（董蕊注译　赵星评述）

王兴宗

【原文】

太祖之下婺也，又以王兴宗为金华知县。兴宗，故隶人也，李善长[1]、李文忠[2]皆以为不可。太祖曰："兴宗从我久，勤廉能断，儒生法吏莫先也。"居三年，果以治行闻。迁判南昌，改知嵩州。时方籍民为军，兴宗奏曰："元末聚民为兵，散则仍为民。今军民分矣，若籍为军，则无民，何所征赋？"帝曰："善。"迁怀庆知府。上计至京，帝以事诘诸郡守，至兴宗，独曰："是守公勤不贪，不须问。"再迁苏州，擢河南布政使。陛辞，帝曰："久不见尔，老矣，我须亦白。"宴而遣之，益勤其职。后坐累得白，卒于官。

选自《明史》卷一百四十《王兴宗传》

【注释】

①李善长（1314—1390）：字百室，凤阳定远（今属安徽）

人，明朝开国功臣。

②李文忠（1339—1384）：字思本，江苏盱眙人，明朝著名开国将领。

【译文】

明太祖朱元璋沿婺江而下的时候，又任命王兴宗为金华县的知县。王兴宗以前只是个仆役，李善长、李文忠都认为这个任命不合适。太祖说：“王兴宗跟了我很久，他勤劳廉洁，擅长决断，儒生和狱吏没有超过他的。”过了三年，王兴宗果然因为政绩突出而闻名。升任南昌通判，又改嵩州知州。当时正在把农民编为军籍，王兴宗上奏说：“元朝末年百姓聚起来就是兵，分散后则仍是百姓。现在军队和百姓分开了，如果都入了军籍，就没有百姓，从哪里征收赋税呢？”皇帝回答说：“很好。”王兴宗升任怀庆知府。各地的地方官到京城述职，皇帝因为一些事而质问各个郡守，当问到王兴宗那里时，说：“这个太守公正勤奋不贪污，不用问了。”王兴宗又去苏州做官，后来又被提拔为河南布政使。在宫殿谈话的时候，皇帝说：“好久没看见你了，你老了，我的胡子也白了。”宴请以后才遣他回去，王兴宗在工作上更加勤奋了。后来受到别人牵连，得以辩白，死在官任上。

【评述】

明太祖朱元璋是著名的反贪皇帝，他对贪污腐败的官员痛恨至极，专门发明了“剥皮实草”的严酷刑法来对付他们。极少有人能让他满意，王兴宗恰恰是其中一个。

王兴宗出身卑贱，曾做过奴仆，但朱元璋却力排众议，对他委以官职。县官职务不高，责任却不小，是代表皇帝和朝廷与百姓直接对话的基层地方官员。县官掌管当地的财政、税务、刑狱、教育等各类事物，琐碎而又实际。一县之长的好坏直接关系到此地百姓能否安居乐业，社会能否安定团结。所以，县官的品行和才能最为朱元璋看重。起于草莽的朱元璋并不在乎王兴宗的出身，他对王兴宗的能力和廉洁十分信任。而王兴宗也没有让他失望，在不长的时间内让金华县的社会生活有了明显的改观，并且还能看出政策的弊端，及时向朝廷建言。

王兴宗一生在许多地方都曾担任过地方官，却一直能够做到勤政廉洁，十分不易。朱元璋的特务统治遍布天下，大臣们的一举一动都在他眼皮底下。他多疑善变，常诘问臣子的工作，而唯独对王兴宗给予了特别关照，从不查问他。王兴宗赴任河南布政使一职时，向皇帝辞行，朱元璋很罕见地露出了温情的一面，说："久不见尔，老矣，我须亦白。"这难得的信任源于王兴宗人前人后始终如一的清正廉洁，否则，精明刻薄的朱元璋是不会这么对待他的。

王兴宗最终死在任上，也算用毕生精力回报了朱元璋的知遇之恩。他没有做到台阁大臣的高位，也没有多少惊天动地的伟业载入史册，但他的兢兢业业，始终如一的勤奋清廉，堪称县官的楷模。

（赵前注译　赵星评述）

王 轸

【原文】

《五伦书》已载有王轸家书事，示劝万世矣。轸，嘉兴人也，尝询得之。今恭录诏文于此，次谢表，终家书焉。

（朱元璋诏书）奉天承运皇帝诏曰："朕起草莱、削群雄，攘夷狄、安中国之务，欲天下承平。迩者，诸郡官吏不畏法律之严，奸弊迭兴。御史台管勾宇文桂因事被问，囊中所藏书信百封，尽取目之，悉系浙右儒吏奖誉之言，或是或非，皆欲祸人，中间亦有私托求进者。呜呼！昔元之初得天下，人材皆务实学，故贤能由公道而进；后元之失天下，世俗皆尚虚名，故赃私于权门而用。朕多涉艰难，备知此矣。其立法未尝不严，而用法未尝不审，然赃吏贪婪，如蝇蚋之趋朽腐，蝼蚁之慕腥膻。噫！若是者，岂非慈父失教于平日耶，抑其子之不孝，不听父之训耶？今于百封书中，得一善教其子者，系浙右登科举人王轸之父家书，意望管勾宇文桂转达平凉子之任所，书未发，朕偶获见之。书中语言谆切，教以忠孝，子之贤否虽未可知，然薄俗中有善于为人父者如此，谁能出其右哉！劝善惩恶，移风易俗，实有国之善治。其令中书遣人赍朕诏谕往诣其家，赐以白金百两、附子五枚、川椒五斤、绢十匹，以旌其贤。令有司，除本户杂役依旧应当，其里长弓兵，不须再役。洪武四年闰三月 日。"

（王轸谢表）"布衣臣王□言：伏蒙圣恩，赐臣诏书并银绢椒药，谨上表称谢者。伏以圣明御极，自惭无补于埍埃，诏命临门，忽沐分沾于雨露。辉生蓬荜，欢动乡闾。臣诚惶诚恐，顿首顿首。钦惟皇帝陛下，德厚道高，功崇业广，智勇天锡，圣敬日跻。任贤使能，与尧舜之心同大；赏功罚罪，如天地之德无私。端居九重之中，明见万里之外。伏念臣性资愚陋，学术迂疏，分甘老于山林，名敢求于簪绂[①]？教子乏义方之训，承恩忝科甲之荣。大邑分符，深佩选抡之重；安书寄远，勉加忠孝之全。俾恪守于廉勤，庶少酧于知遇。何冀上闻于天阙，过承下逮于星轺，白金光照于琴书，黄绢春生于筐篚。芳椒助养，上药扶衰。岂期枯朽之余，遽被骈蕃之赐。征徭特免，喜惧交臻。臣瞻仰清光，钧陶圣化，心同犬马，愿摅报效之诚，景迫桑榆，欣睹太平之盛。谨奉表称谢以闻，无任瞻天望圣激切屏营之至。臣诚惶诚恐，顿首顿首。谨言。洪武四年闰三月 日布衣臣王□。"

（王轸父亲家书）“自旧年十一月初二日南浔别后，至今年，凡四得书镇江、高邮、宁陵、郑州者，余一书不知寄何人，必浮沉矣。三月十一日，汝兄会朵至刚于德清，书中简略，不知从者及同游俱无恙否？且言岁中可至任，不知果然乎？本家德清之役已办，两图黄册，里长及归安甲首皆不扰而办。里长不赴京仓，此甚良法也。正拟安靖几时，十二月间，本县又定新市，弓兵分管十二都，但办什物，勾捉军人，至今不得安息，所费亦不少也。家中上下俱无事。傥欲挈家，须在彼稍安，详度可否，然后来取，恐川途迢递，或迁转不常，跋涉劳顿。我今稀年，又一老景侵寻，傥朝廷容侍亲，则上章求归，父子相见，以尽余年。若宛转仕途，则相见无日矣。人说有分俸之例，不审有否？如得分俸以养，亦足为荣。若彼处关支，则不必也。凡事须清心洁己，以廉自守，食贫处俭，儒者之常。慎勿以富贵为念。古人云：‘贫乏不能存，此是好消息。’正当以此为受用也。治民以仁慈为心，报国以忠勤为本，处己当以谦敬，学业更须勉力。暇日即以性理之书及群经留玩，自然所思无邪。更须熟读新律，自然守法不惑。饮酒当以康节先生[②]为范，不可纵恣。忠定之事，律许则行，不则不可干其纪也。此后傥有的便，可买附子一二枚、川椒一二觔，起税而来，余物非所觊也。临川奴、世生俱无恙，但诸子未出疮疹为忧耳。浙西米价极廉，白者十文一升，可见太平之时矣。安西虽有来者，而往者绝不可得。汝之外舅向曾寄书与盩厔俞主簿，祇候去若达，必能道吾家中平安矣。焕章二亲俱康健，希声于十一月望后逝世，余外亲俱安，就令知之。路远作书，不能详尽。洪武 年月 日。书付男轸。”

选自叶盛《水东日记》卷十一

【注释】

①簪绂：原指古代官饰，喻官位。

②康节先生：即邵雍（1011—1077），字尧夫，又称安乐先生、百源先生，谥康节，后世称邵康节，北宋理学家。

【译文】

《五伦书》中已收入了王轸家书的故事，这个故事是可以教育后世的。王轸是嘉兴人，我曾经寻访得到了这些书信。现在在这里恭敬地记录皇帝的诏文，然后是王轸的谢表，最后是王轸父亲的家书。

（朱元璋诏书）奉天承运皇帝诏曰：“我起家于草莽，平定群雄，赶走了夷狄，安定了中原，想要天下太平。近来，各个地方官吏不惧怕法律的严格，奸邪舞弊的行为不断出现。御史台管勾宇文桂因为犯事被追究，在他的囊中藏有一百多封书信，取出来一看，全都是浙江东部儒生、官吏的赞誉之言，或是或非，都是想要祸害别人，中间也有私下请求保举的。呜呼！昔日元朝初定天下，人才都很注重实学，所以有贤能的人都可以从正规的渠道得以提拔；后来元朝失去人心，社会风气都很崇尚虚名，所以贪赃枉法之徒就可以由权豪来推荐。我经历了很多艰难，对这些事情了解得很清楚。所立法令未尝不严，使用法律也未尝不审慎，可是贪官污吏对于钱财的贪婪，正如蝇虫蚂蚁总是喜欢腐朽肮脏之物一样。唉，像这样的情况，是由于父亲在平时对他的孩子失于管教，还是由于其子不孝，不听父亲的训诫呢？现在在这一百多封书信中，发现了一封善于教育儿子的信，是浙右登科举人王轸的父亲的家书，他希望管勾宇文桂将这封信带到平凉他儿子做官的地方，书信还没有发出，我偶然截获而看见了它。书信中的语言谆切，教导他的儿子要忠孝，他儿子是否贤能不得而知，然而堕落的风气中有如此善于做父亲的，谁能强过他呢！劝人向善，惩罚恶行，改变风俗，实在是治理国家的好方法。下令中书省派人送我的诏书到他们家，赐给他们白银一百两、附子五枚、川椒五斤、绢十匹，以表彰他的贤德。下令相关部门，除他家本应承担的杂役依旧承担外，其余里长、弓兵，不需再征发他家了。洪武四年闰三月 日。”

（王轸父亲所上的谢恩的奏疏）：“草民王□上言：蒙皇上的圣恩，赐给我诏书及银两、绢布、川椒和药材，于是我怀着虔诚的心上奏疏表示感谢。当圣上登基以来，我很惭愧对于朝廷没有任何的贡献。诏书忽然来到，我就像久旱逢雨一样感受到了皇恩，顿觉蓬荜生辉，乡亲们也一片欢声雷动。我诚惶诚恐，再次向皇上叩首。皇上您怀着宽厚的道德，建立了不朽的功业。您的智勇是上天所赐，人民对您的崇敬也一天高过一天。您任贤使能，和尧舜的胸怀一样宽大；您赏罚分明，和天地之德一样无私。您端居在宫闱之中，却能对万里之外的事情明察秋毫。而我资质愚笨，学问浅薄，原本应该在乡间养老，怎敢奢望成为搢绅之家？我教子也没有什么高明的训导，因为皇恩浩荡才得中科甲。儿子被派往大城市做官，他必须对得起朝廷对他的提拔；我给他寄的家书，只是希望他能够做到忠孝双全。他如果能做到勤政廉洁，才算是稍稍不负朝廷对他的知遇之恩。没想到我的家书被朝廷获知，还派使者来慰问我。您所赐给我的银两和绢布让陋室熠熠生辉，川椒有助于养生，而药物可以救助我衰老的残躯。谁料到在我衰老之时，还能得到您如此丰厚的赏赐。您还免去了我的徭役，真令我又高兴又惶恐。我瞻仰着王朝清明的光辉，受到圣上的教化，愿效犬马之劳。我已暮年，很高兴还能看到太平盛世。我怀着虔诚的心上表称谢，已无法承受那激动的心情。我诚惶诚恐，再次向圣上叩首。谨言。洪武四年闰三月 日草民王□。”

（王轸父亲家书）“自去年十一月初二日在南浔分别后，到今年，一共得到了从镇江、高邮、宁陵和郑州寄来的四封书信，还有一封不知寄到哪里了，肯定已经遗失了。三月十一日，你的兄长在德清见到了朵至刚，他在书信中说得很简略，不知道跟随他的人以及和他一起出游的人都还好吧？他还说今年便可到达任所，不知道是不是这样？我们家在德清的差事已经办完，已经造好了两图黄册。里长和归安的甲长都没什么干扰就给办好了。里长不需要赶赴京城的粮仓，这个方法非常好。正准备安静几天，十二月间，咱们县又有新政策，分管弓兵的十二都，需要置办相关物品，征集军人，到现在也不得安宁，花费也不少。家中上下都平安。如果你想带去家小的话，还是等你在那边安顿好，考虑清楚了再回来接去。这样做是恐怕路途遥远，奔走不定，跋涉起来十分辛苦。我现在已到了古稀之年，垂垂老矣，如果朝廷准许你回家奉养父母的话，就上疏求归，那样我们父子还可相见，以让我安享晚年。倘若辗转于仕途，那么就相见无日了。听人说有分俸的规定，不知道有没有？如果能够得到分到的俸禄以贴补家用，那样也是很光荣的。如果要到你那里去领取，那就不必了。凡事都要让自己清净廉洁，以清廉自守，吃饭生活要节俭，这是儒者的正常状态。千万不要只想着富贵。古人说：‘穷得不能生存了，这是好消息。’要把受苦当做享受。治理百姓要仁爱慈悲，报效国家要忠诚勤劳，为人处世要谦虚恭敬，学习更要努力。空闲的时候要多看讲性理的书和各种经典，思想自然就会端正。更要熟读新的律法，这样自然会遵守法律而不迷惑。喝酒的时候应当以康节先生为模范，不可以放纵。忠定的事，法律允许就办，否则就不要违反纪律。以后要是方便，可以买回附子一两枚、川椒一二觔，交了税再拿回来，别的东西就不奢望了。临川奴和世生都很平安，但几个小孩都没出麻疹，这倒很让人担心。浙西的米价非常便宜，白米十文一升，这真是到了太平盛世才会见到的景象。虽然有从安西来的人，但是却没有往那里去的。你的岳父曾寄信给盩厔县的俞主簿，家人要是到你那里的话，肯定会说明家里上下都好的。焕章的父母都很好，希声却在十一月十五日后去世。其他的亲族都很好，你知道就行了。路太远了，信也只能写到此了。洪武 年 月 日。书信交给儿子王轸。”

【评述】

贪污腐败之事可谓历代不绝，统治者虽然也想出了各种各样的手段来治理，但是往往收效甚微。明太祖朱元璋起于草莽，深知百姓疾苦，官场黑暗，对于贪官污吏从不姑息，甚至牵连无辜亦在所不惜。朱元璋想了许多办法来杜绝腐败，然腐败现象却屡禁不止。就如他在诏书中所说的："朕多涉艰难，备知此矣。其立法未尝不严，而用法未尝不审，然赃吏贪婪，如蝇蚋之趋朽腐，蝼蚁之慕腥膻。"看来杀戮并不是最好的办法。最好的办法是什么呢？朱元璋认为应该从思想上对人民教以忠孝大义，教以礼义廉耻，才能彻底克服掉这一痼疾。因此当他看到王轸父亲在家书中对王轸期以忠孝，施以教诲时，才会大为赞赏。

虽然时代已过去很久，不过通过王轸的父亲写给儿子的这封信，我们还是可以约略体味到那个时代的气息。能出来做官被很多人看做是敛财的捷径，光宗耀祖的契机。不过王轸的父亲却不这么看。他教育儿子"凡事须清心洁己，以廉自守，食贫处俭，儒者之常。慎勿以富贵为念"，"治民以仁慈为心，报国以忠勤为本"，要做一个爱民勤政、廉洁守法的好官。儒家讲仁者爱人，安贫守道，但是做了官后，又有多少人能禁得住金钱、权势的诱惑呢？而王轸父亲的信让我们看到了一个真正儒者的胸怀。清廉自守，不贪富贵。上对青天，下对黎民，均坦坦荡荡，光明正大。这封家书中不乏家长里短，日常琐事，但惟其如此，才更见出王轸父亲的教诲发自肺腑，真实可信。我们并不知道王轸的政绩如何，但有父如此，家风如此，王轸应该不会走上贪墨的道路。在这一点上，朱元璋是正确的。治理贪腐，不仅要有雷霆手段，更要从思想意识上提高为官者遵守法制的自觉性，廉洁奉公的职业道德，这或许才是更根本的。

（赵星注译、评述）

方孝孺

【原文】

方孝孺，字希直，一字希古，宁海人。父克勤，洪武中循吏，自有传。孝孺幼警敏，双眸炯炯，读书日盈寸，乡人目为“小韩子”[①]。长从宋濂[②]学，濂门下知名士皆出其下。先辈胡翰[③]、苏伯衡[④]亦自谓弗如。孝孺顾末视文艺，恒以明王道、致太平为己任。尝卧病，绝粮。家人以告，笑曰：“古人三旬九食，贫岂独我哉。”父克勤坐“空印”事诛，扶丧归葬，哀动行路。既免丧，复从濂卒业。

洪武十五年，以吴沉、揭枢荐，召见。太祖喜其举止端整，谓皇太子曰：“此庄士，当老其才。”礼遣还。后为仇家所连，逮至京。太祖见其名，释之。二十五年，又以荐召至。太祖曰：“今非用孝孺时。”除汉中教授，日与诸生讲学不倦。蜀献王[⑤]闻其贤，聘为世子师。每见，陈说道德。王尊以殊礼，名其读书之庐曰“正学。”

及惠帝即位，召为翰林侍讲。明年迁侍讲学士，国家大政事辄咨之。帝好读书，每有疑即召使讲解。临朝奏事，臣僚面议可否，或命孝孺就扆[6]前批答。时修《太祖实录》及《类要》诸书，孝孺皆为总裁。更定官制，孝孺改文学博士。燕兵起，廷议讨之，诏檄皆出其手。

建文三年，燕兵掠大名。王闻齐、黄已窜，上书请罢盛庸、吴杰、平安兵。孝孺建议曰："燕兵久顿大名，天暑雨，当不战自疲。急令辽东诸将入山海关攻永平；真定诸将渡卢沟捣北平，彼必归救。我以大兵蹑其后，可成擒也。今其奏事适至，宜且与报书，往返逾月，使其将士心懈。我谋定势合，进而蹴之，不难矣。"帝以为然。命孝孺草诏，遣大理寺少卿薛嵓驰报燕，尽赦燕罪，使罢兵归藩。又为宣谕数千言授嵓，持至燕军中，密散诸将士。比至，嵓匿宣谕不敢出，燕王亦不奉诏。

五月，吴杰、平安、盛庸发兵扰燕饷道。燕王复遣指挥武胜上书伸前请。帝将许之。孝孺曰："兵罢，不可复聚，愿毋为所惑。"帝乃诛胜以绝燕。未几，燕兵掠沛县，烧粮艘。时河北师老无功，而德州又馈饷道绝，孝孺深以为忧。以燕世子仁厚，其弟高煦狡谲，有宠于燕王，尝欲夺嫡，谋以计间之，使内乱。乃建议白帝，遣锦衣卫千户张安赍玺书往北平赐世子，世子得书不启封，并安送燕军前，间不得行。

明年五月，燕兵至江北，帝下诏征四方兵。孝孺曰："事急矣。遣人许以割地，稽延数日，东南募兵渐集，北军不长舟楫，决战江上，胜负未可知也。”帝遣庆成郡主往燕军，陈其说。燕王不听。帝命诸将集舟师江上，而陈瑄以战舰降燕，燕兵遂渡江，时六月乙卯也。帝忧惧，或劝帝他幸，图兴复。孝孺力请守京城以待援兵，即事不济，当死社稷。乙丑，金川门启，燕兵入，帝自焚。是日，孝孺被执下狱。

先是，成祖发北平，姚广孝以孝孺为托，曰：“城下之日，彼必不降，幸勿杀之。杀孝孺，天下读书种子绝矣。”成祖颔之。至是欲使草诏。召至，悲恸声彻殿陛。成祖降榻劳曰：“先生毋自苦，予欲法周公辅成王耳。”孝孺曰：“成王安在?”成祖曰：“彼自焚死。”孝孺曰：“何不立成王之子?”成祖曰：“国赖长君。”孝孺曰：“何不立成王之弟?”成祖曰：“此朕家事。”顾左右授笔札，曰：“诏天下，非先生草不可。”孝孺投笔于地，且哭且骂曰：“死即死耳，诏不可草。”成祖怒，命磔诸市。孝孺慨然就死，作绝命词曰：“天降乱离兮孰知其由，奸臣得计兮谋国用犹。忠臣发愤兮血泪交流，以此殉君兮抑又何求？呜呼哀哉兮庶不我尤！”时年四十有六。其门人德庆侯廖永忠之孙镛与其弟铭检遗骸瘗聚宝门外山上。

孝孺有兄孝闻，力学笃行，先孝孺死。弟孝友与孝孺同就戮，亦赋诗一章而死。妻郑及二子中宪、中愈先自经死，二女投秦淮河死。

孝孺工文章，醇深雄迈。每一篇出，海内争相传诵。

永乐中，藏孝孺文者罪至死。门人王稌潜录为《侯城集》，故后得行于世。

仁宗即位，谕礼部："建文诸臣，已蒙显戮，家属籍在官者，悉宥为民，还其田土。其外亲戍边者，留一人戍所，余放还。"万历十三年三月，释坐孝孺谪戍者后裔，浙江、江西、福建、四川、广东凡千三百余人。而孝孺绝无后，惟克勤弟克家有子曰孝复。洪武二十五年尝上书阙下，请减信国公汤和所加宁海赋，谪戍庆远卫，以军籍获免。孝复子琬，后亦得释为民。世宗时，松江人俞斌自称孝孺后，一时士大夫信之，为纂《归宗录》。既而方氏察其伪，言于官，乃已。神宗初，有诏褒录建文忠臣，建表忠祠于南京，首徐辉祖，次孝孺云。

孝孺之死，宗族亲友前后坐诛者数百人。其门下士有以身殉者，卢原质、郑公智、林嘉猷，皆宁海人。

选自《明史》卷一百四十一《方孝孺传》

【注释】

①"小韩子"：韩子指唐代的古文大家韩愈。称方孝孺为"小韩子"，是说方孝孺的文采比得上韩愈。

②宋濂（1310—1381）：明初散文家。字景濂，号潜溪。先祖潜溪（今属浙江金华）人，至宋濂时迁至浦江（今浙江浦江县）。一生勤奋好学，幼时家贫，借书苦读，博览强记，卓有成就。

③胡翰（1307—1381）：元末明初诗文家。金华（今属浙江）人。明初为衢州教授。洪武二年（1369），召修《元史》，史成，赐金帛归。

④苏伯衡：金华（今属浙江）人。博览群书，善为古文。明太祖用为国子学录、学正、处州教授。因文字之祸，死在狱中。著有《苏平仲文集》。

⑤蜀献王：即朱椿。明宗室。太祖第十一子。洪武十一年（1378）封蜀王。

⑥扆（yǐ）：宫殿中置于东窗与西侧门之间的屏风，上绘有斧形图画。君王接见大臣，多背靠屏风南向而坐。

【译文】

方孝孺，字希直，又字希古，宁海（在今浙江宁海）人。父亲方克勤，是洪武年间的良吏，《明史》中有传记。方孝孺年幼时机警聪敏，双目炯炯有神，一天读书的页数能超过一寸厚，乡里的人都把他看作“小韩子”。方孝孺长大后跟随宋濂学习，宋濂门下的知名学士都比不上他。前辈胡翰、苏伯衡也都自叹不如。方孝孺轻视文学创作，总是以彰明王道实现天下太平为己任。方孝孺曾经抱病在床，家中又断了粮，家人把这情况告诉他，他笑着说：“古人三旬吃九次饭，哪里只有我一人贫穷呢！”父亲方克勤受“空印案”的牵连被杀，方孝孺护送灵柩回乡安葬，悲痛之情都感动了路上的行人。守丧期满后，他继续跟随宋濂完成学业。

洪武十五年（1382），由吴沉、揭枢举荐，方孝孺被皇帝召见。太祖喜欢他举止端庄，对太子说：“这是一位正人君子，应该让他的才干更成熟。”于是恭敬地把他送回去。后来方孝孺被仇家所牵连，被抓到京城，太祖看到他的名字，就把他释放了。洪武二十五年，方孝孺又经人举荐被召至京城。太祖说：“现在还不是用方孝孺的时候。”就任命他为汉中教授，每天孜孜不倦地向学生们讲学。蜀献王听说了他的贤能，聘请他为世子的老师。每次相见，方孝孺陈说的是道德教化。蜀献王以特别隆重的礼节来对待方孝孺，把他读书的书庐称为“正学”。

惠帝即位后，召方孝孺为翰林侍讲。第二年就升迁他为侍讲学士，国家重大的政事都要向他咨询。皇帝喜好读书，每当有疑问就召来方孝孺为他讲解。皇帝临朝接受大臣奏事，大臣们当面议论可否，有时就命令方孝孺在殿上批示作答。当时编修《太祖实录》和《类要》等书，都让方孝孺任总裁。重新厘定官制，方孝孺改任文学博士。燕王起兵，朝廷决议讨伐，诏书檄文都是出自方孝孺之手。

建文三年（1401），燕王军攻打大名（今河北大名县）。燕王听说齐泰、黄子澄已被放逐，上书请求撤回盛庸、吴杰、平安的军队。方孝孺建议说：“燕王军在大名长期困顿，又逢暑天多雨，应该不用攻打就会自己疲惫。应立即命令辽东诸将进入山海关攻打永平。真定诸将要渡过卢沟直捣北平，燕王军必然回北京自救。我们以大军悄然紧跟他们后面，可以擒获他们。现在他们的奏折刚刚到达，应该暂且给他回覆，奏疏路上往返超过一个月，这样让他的将士心中懈怠。我们的谋略已商定，对燕军合围的形势也已形成，那时出兵去消灭他，不是难事。”皇帝认为方孝孺说的对。命令方孝孺起草诏书，派大理寺少卿薛嵓骑快马去回复燕王，全部赦免了燕王的罪过，让他罢兵回到自己的守地。

又拟定了数千言宣谕诏命给薛嵓，让他带到燕王军中，秘密在燕王将士中散布。到达燕王大营之后，薛嵓藏着宣谕诏命不敢拿出来，燕王也没有按诏书行事。

五月，吴杰、平安、盛庸发兵骚扰燕军运粮的道路。燕王再一次派遣指挥武胜上书重申之前请求的事。皇帝打算应允。方孝孺说："兵撤了就不容易再聚起来，希望皇上不要被他迷惑。"皇帝便杀了武胜与燕王决裂。不久，燕军攻打沛县，烧毁粮船。当时河北军队驻扎已久，疲而无功，而德州供应军饷的道路又被截断，方孝孺非常忧虑。考虑到燕世子仁义忠厚，他的弟弟朱高煦则阴险狡诈，受燕王宠爱，曾经想夺取世子之位，方孝孺计划使用离间计，让燕军内乱。便把建议禀报皇帝，派遣锦衣卫千户张安带玉玺诏书到北平赐给世子，世子收到诏书没有启封，连同张安一起送到燕王军中，离间计没有成功。

第二年五月，燕军攻到长江北岸，皇帝下诏广征四方军队。方孝孺说："形势已经很危急了。应该派人去以割地相许，拖延数日，在东南一带募集军队慢慢集结。北方的军队不擅长使用船只，所以在长江上决战，胜负还不一定。"皇帝派遣庆成郡主前往燕军大营，述说方孝孺的提议。但燕王不接受。皇帝命令众将在长江上集结水军，但陈瑄率战船投降了燕王，燕军便渡过长江，这天是六月乙卯。皇帝忧心害怕，有人劝皇帝先躲到其他地方，以图东山再起。方孝孺力谏留守京师等待援兵，要是没有转机，便以死报国。乙丑这天，金川门被打开，燕军进入城中，皇帝自焚而死。当天，方孝孺被捕入狱。

之前，成祖兵发北平，姚广孝向成祖托付方孝孺，说："攻下京城时，方孝孺必定不投降，请不要杀他。杀了方孝孺，天下读书的种子就断绝了。”成祖当时答应了。到现在想让方孝孺起草诏书。于是把方孝孺召到宫中，方孝孺悲伤恸哭之声响彻宫殿。成祖走下座榻安慰方孝孺说：“先生不要痛苦，我只是想效法周公辅佐成王罢了。”方孝孺说：“那成王在哪里？”成祖说：“他自焚死了。”方孝孺说：“那为什么不奉立成王的儿子？”成祖说：“国家应依靠年长的君王。”方孝孺说：“那为什么不奉立成王的弟弟？”成祖说：“立与不立是朕的家事。”示意左右的人递给他笔札，说：“起草诏书昭告天下，非先生起草不可。”方孝孺掷笔在地，边哭边骂说：“死就死，诏书是不能起草的。”成祖大怒，命令对方孝孺在市中施以磔刑。方孝孺慷慨赴死，写下了绝命书说：“天降混乱啊，谁知缘由，奸臣得逞啊，谋国用计。忠臣发愤啊，血泪交流，以此殉君啊，又有何求？呜呼哀哉啊，但愿不会责怪我。”方孝孺时年四十六岁。他的门人德庆侯廖永忠之孙廖镛和弟弟廖铭为他收敛了遗骨，葬在聚宝门外的山上。

方孝孺有个兄长叫方孝闻，发愤学习，行为敦厚，先于方孝孺而死。弟方孝友与方孝孺一起被杀，也是作诗一章而后就死。妻郑氏及两个儿子方中宪、方中愈先于方孝孺上吊自杀，两个女儿则投秦淮河而死。

方孝孺善于写文章，其文醇厚精深，雄壮豪迈。每写出一篇文章，天下的人都争相传诵。永乐年间，私藏方孝孺文章的人处以死罪。他的门人王稌偷偷地把方孝孺的文章编录为《侯城集》，因此后来得以流传于世。

仁宗即位，谕令礼部：“建文时的群臣，已经遭受了严重的杀戮，家属户籍没入官府的，都赦免为平民，同时归还他们的土地。姻亲发配戍守边疆的，留一人在戍所，其余的都释放回家。”万历十三年三月，释放因受方孝孺牵连而被发配戍边的人的后裔，浙江、江西、福建、四川、广东等地总计一千三百余人。而方孝孺没有后人，只有方克勤之弟方克家有个儿子叫方孝复。洪武二十五年，方孝复曾经上书朝廷，请求减免信国公汤和所加给宁海的赋税，被贬谪戍守庆远卫，因他的户籍在军队当时得以免死。方孝复的儿子方琬，后来也被赦为平民。世宗时，松江人俞斌自称是方孝孺的后人，一时士大夫们都相信了他，为此还纂写了《归宗录》。不久方氏发现他是假冒的，就上报官府，此事才了结。神宗初年，皇帝下诏褒奖登记建文时期的忠臣，在南京建造表忠祠，第一个是徐辉祖，第二个是方孝孺。

方孝孺被杀，他的族人亲友前后受株连被杀的有数百人。他的门人也有以身殉难的，像卢原质、郑公智、林嘉猷，都是宁海人。

【评述】

任何一个略知中国历史的人，提起方孝孺大概都不会陌生。几百年的悠悠岁月过去了，对这位在明初皇族内乱中被残酷杀害的悲情人物，后人应当作何评说呢？是忠于故主的赤胆忠臣，还是无谓牺牲的愚忠典型？要想做出一个客观公允的结论，至今仍是十分困难的。

方孝孺自幼聪颖过人、学问精进，但他自己却并不以笔墨文章为能事，而是以倡明王道、乂安天下为己任，可谓胸怀大志。惠帝即位后，方孝孺以其学识才干深受赏识，迅速成为惠帝倚重的股肱之臣。后来燕王起兵，方孝孺运筹帷幄，提出很多建议。

只可惜方孝孺的很多计谋策略实际上并未得到贯彻施行，因而未能从根本上扭转建文朝的不利局面，终致金陵城破、惠帝自焚的结局。靖难之役中朝廷方面的失败，原因是多方面的，绝非方孝孺一人之过失。换言之，方孝孺并不需要对最后的败局负责。

靖难之役，燕王取建文帝而代之，只是朱明王朝皇族内部的变化和纷争，天下还是朱家的天下，只是皇帝由侄子换成了叔叔而已。这一点，成祖本人也说得很清楚："此朕家事。"作为大明朝的臣子，方孝孺完全可以改事成祖保全身家性命。然而这位深受太祖、惠帝器重的臣子在此关头却抱定以身殉故主的决心，表现出了斩钉截铁的拒不合作态度。恼羞成怒的明成祖以死相威胁，方孝孺仍旧不为所动，于是历史上一场著名的血雨腥风的大杀戮开始了：不仅方孝孺本人在受尽折磨之后被处以惨绝人寰的凌迟极刑，其家族也遭到了"株连九族"的灭门之祸，甚至连其师友门生都未能幸免，被充作九族以外的"十族"一并捕拿杀害。

方孝孺为了尽忠于他的故主而付出了代价，这一代价之沉重在中国历史上是绝无仅有的。因为建文帝对其有知遇之恩，方孝孺自认除了舍身相殉以外无以为报，这一点我们尚可理解，可是对于和他一同罹难的亲族而言，这一代价是否过于惨烈了呢？对于方孝孺，我们在钦佩他的品行学识、敬仰他的忠肝义胆之余，终不免对着历史长河喟然一叹。

（李静注译　王云松评述）

周 新

【原文】

周新，南海人。初名志新，字日新。成祖常独呼“新”，遂为名，因以志新字。洪武中以诸生贡入太学。授大理寺评事，以善决狱称。

成祖即位，改监察御史。敢言，多所弹劾。贵戚震惧，目为“冷面寒铁”。京师中至以其名怖小儿，辄皆奔匿。巡按福建，奏请都司卫所不得凌府州县，府卫官相见均礼，武人为之戢。改按北京。时令吏民罪徒流者耕北京闲田，监禁详拟，往复待报，多瘐死。新请从北京行部或巡按详允就遣，以免淹滞。从之。且命畿内罪人应决者许收赎。帝知新，所奏无不允。

还朝，即擢云南按察使。未赴，改浙江。冤民系久，闻新至，喜曰：“我得生矣。”至果雪之。初，新入境，群蚋①迎马头，迹得死人榛中，身系小木印。新验印，知死者故布商。密令广市布，视印文合者捕鞫之，尽获诸盗。一日，视事，旋风吹叶坠案前，叶异他树。询左右，独一僧寺有之。寺去城远，新意僧杀人。发树，果见妇人尸。鞫实，磔僧。一商暮归，恐遇劫，藏金丛祠石下，归以语其妻。旦往求金不得，诉于新。新召商妻讯之，果商妻有所私。商骤归，所私尚匿妻所，闻商语，夜取之。妻与所私皆论死。其他发奸摘伏，皆此类也。

新微服行部，忤县令。令欲拷治之，闻廉使且至，系之狱。新从狱中询诸囚，得令贪污状。告狱吏曰："我按察使也。"令惊谢罪，劾罢之。永乐十年，浙西大水，通政赵居任匿不以闻，新奏之。夏原吉为居任解。帝命覆视，得蠲振如新言。嘉兴贼倪弘三劫旁郡，党数千人，累败官军。新督兵捕之，列木栅诸港汊。贼陆走，追蹑之桃源，絷以献。当是时，周廉使名闻天下。

锦衣卫指挥纪纲使千户缉事浙江，攫贿作威福。新欲按治之，遁去。顷之，新赍文册入京，遇千户涿州，捕系州狱，脱走诉于纲，纲诬奏新罪。帝怒，命逮新。旗校皆锦衣私人，在道榜掠无完肤。既至，伏陛前抗声曰："陛下诏按察司行事，与都察院同。臣奉诏擒奸恶，奈何罪臣？"帝愈怒，命戮之。临刑大呼曰："生为直臣，死当作直鬼！"竟杀之。

他日，帝悔，问侍臣曰："周新何许人？"对曰："南海。"帝叹曰："岭外乃有此人，枉杀之矣。"后帝若见人绯衣立日中，曰"臣周新已为神，为陛下治奸贪吏"云。后纪纲以罪诛，事益白。

妻有节操。新未遇时，缝纫自给。及贵，偶赴同官妻内燕，荆布如田家妇。诸妇惭，尽易其衣饰。新死无子。妻归，贫甚。广东巡抚杨信民曰："周志新当代第一人，可使其夫人终日馁耶？"时时赒给之。妻死，浙人仕广东者会葬。

选自《明史》卷一百六十一《周新传》

【注释】

①蜹（ruì）：昆虫名，体长二三毫米，头小，色黑，胸背隆起，吸人畜的血液，幼虫栖于水中。

【译文】

周新，南海人，起初名志新，字日渐，但明成祖经常只叫他"新"，于是"新"成为他的名，而把"志新"作为表字。洪武年间，周新以秀才选入太学。后来，周新被授予大理寺评事，以善于判案而闻名。

明成祖继位，周新改任监察御史。他敢言直谏，多次弹劾官员，使权贵外戚震恐畏惧，视他为"冷面寒铁"。在北京，人们用他来吓唬小孩子，小孩一听到他的名字就逃跑躲起来。周新巡按福建时，奏请都司卫所不得欺侮府州县，府卫官员平等相见，武官为此有所收敛。后来，周新改任北京巡按。当时，官吏百姓获徒刑和流刑罪的要开垦北京的闲田，那些被关押等候判决的犯人，在公文往返过程中，很多死在狱中。周新请求依从北京行部或巡按的判决遣发人犯，以免滞留。皇帝听从了他的建议，并且命令京畿内应当处死的犯人可以收取赎金赎罪。明太祖了解周新，他所奏请的事没有不允许的。

周新被调回朝廷，又升云南按察使。还未赴任，他又改调浙江按察使。那些受冤屈而被关押很久的人听说他来了，高兴地说："我们可以活了！"周新到任后，果然为他们昭雪。当初周新来到浙江时，成群的小蚋虫直扑马头，他按图索骥，在丛林里发现了一个死人，死者身上还系着小木印。周新验勘小木印，知道死者是布贩子。他秘密命令大量买布，看到印文吻合的就逮捕审问，结果所有强盗全部归案。一天，他正在办案，一阵旋风把树叶吹到案前。这片树叶独特，他问身边的人，知道只有一座寺庙里有这种树叶，而寺庙离城比较远。周新怀疑该寺和尚杀人，便挖开大树，果然看见一具女尸。经审讯，这个和尚果然服罪，被判陵迟。还有一个商人晚上回家，怕遇到劫匪，把钱藏到树丛里一座神祠的石头下面，回家后，把这事情告诉了妻子。可他第二天早晨去取钱时却不见了，他向周新报案。周新传唤了商人的妻子审问，她招供，自己有姘夫，那晚商人突然回家，姘夫还在妻子卧室里，姘夫听到商人的话，连夜就拿走了钱。这样，周新判商人的妻子和姘夫死刑。周新断案，明察秋毫。

周新便服私访时，得罪了县令，县令要严审他，但听说按察使来了，就暂时把他关起来。周新在监狱里询问众罪犯，得知县令贪污，就告诉狱吏说："我就是按察使。"县令惊慌地谢罪，周新弹劾罢免了他。永乐十年（1412），浙江西部闹洪灾，但通政使赵居任隐瞒不报。周新向明成祖奏明此事，而夏原吉替赵居任开脱。皇帝命人核实洪灾是否属实。经查实，正如周新所说，赵居任没有蠲粮救灾。嘉兴强盗倪弘三抢劫附近州县，队伍发展到几千人，他们屡败官军。周新率兵镇压，并在河流分叉处设木栅栏以防其从水上逃跑。结果，盗贼只得从陆路上逃跑，周新追率兵追到桃源，抓获了倪弘三，并献给朝廷。这时，“周廉使”威震天下。

锦衣卫指挥使纪纲派千户管理浙江。该千户大肆广受贿赂，作威作福。周新想惩治他，可他逃跑了。不久，周新进京送公文，在涿州遇到了这个人，就把他抓起来关进涿州监狱。千户脱身逃走后，向纪纲求助。纪纲便上奏折诬陷周新犯罪。明成祖大怒，下令逮捕周新，而旗军的校官都是锦衣卫同党，他们在路上拷打周新，打得他体无完肤。到了朝廷，他伏在陛前大声质问成祖说：“陛下诏命按察使施政，与都察院相同。臣奉诏擒拿奸恶，为什么治臣的罪？”明成祖恼羞成怒，下令杀他。临刑前，周新大声说：“我生为正直之臣，死也要作正直之鬼！”最终，他还是被杀了。

过了几天，明成祖后悔了，便问身边侍臣说：“周新是哪里人？”侍臣回答道：“南海人。”成祖叹惜说：“岭南竟然有这样的人！朕错杀了他。”后来，皇帝好像看见有人穿深红色衣服站在太阳下，说“臣周新已经成为神，替陛下治理奸恶贪吏”等。后来，纪纲因罪被杀，周新之冤才真相大白。

周新的妻子也有节操。周新未做官时，靠做针线活为生。周新显贵后，她依然如故。有一次，她去同僚妻子的家中赴宴，穿着像农家妇女，使那些官太太大为惭愧，全部换了衣饰。周新死后无子，妻子回到家乡，生活无着落。对此，广东巡抚杨信民说：“周志新是当代第一人，能让他夫人挨饿吗？”于是，杨信民常接济她。周妻死后，在广东做官的浙江人都给她送葬。

【评述】

与狄仁杰、包拯等擅长断案决狱的官员一样，周新承担着替无权无势的贫夫贱妇洗刷冤屈的责任。他的生平遭际，也带有浓厚的神异色彩。在《明史》中，《周新传》不乏夸张虚构的小说笔法。尤其是周新蒙受不白之冤，含恨被杀后成仙显身，明成祖幡然悔悟，在很大程度上印证了周新在朝廷及民间强大的影响力和感召力。

不放过任何一点蛛丝马迹，推理谨严，逻辑缜密，甚至能够为了破案不惜个人安危充当卧底，这都体现了周新高超的专业素养和业务能力。而最为难能可贵的是，这位“冷面寒铁”官员，甚至能“以其名怖小儿”的直士，在决狱断案之时绝不流于简单机械，而能兼顾人情世理，在铁面无私的背后让人看到了一个儒者的宽恕仁慈之心。

然而，随着明代后期政治的腐败，周新最终只能以生命践行舍生取义的操守和信念。当周新喊出“生为直臣，死当作直鬼”的人生信条时，他已经成为中国古代历史上无数因为持守真理，捍卫尊严而失去生命的贤能之士的化身。

（赵锋注译　王园评述）

王　彰

【原文】

王彰，字文昭，郑人。洪武二十年举于乡，补国子生。使山东平籴[①]，以廉干称，擢吏科源士。逾年，革源士，改给事中，累迁山西左参政。

永乐五年召为礼部侍郎。父丧，服除，改户部。陕西大疫，奉使祀西岳。新安民鬻子女偿赋。彰奏为蠲除，赎还所鬻。改右副都御史。

陕西佥事马英激肃州番为变，杀御史及都指挥。彰劾英，置极典。又劾御史陈孟旭受赇枉法，文献盗银课，及金吾指挥李严逐母不养，皆坐死。他所论劾甚众。十一年，从帝北巡。彰有母年八十余矣，命归省，赐其母冠服金币。谕之曰："君子居官不忘亲，居家不忘君。凡所过，民安否，吏贤不肖，悉以闻。"彰还，奏事称旨。久之，进右都御史。

十九年，帝遣廷臣二十六人巡抚天下，彰与给事中王励往河南。终明世，大臣得抚乡土者，彰与叶春而已。

河南水灾，民多流亡，长吏不加恤。彰奏黜贪刻者百余人，罢不急之征十余事，招复流民，发廪振贷，多所全活。还朝，命督饷北征。仁宗即位，河溢开封，命彰与都指挥李信往振恤。

宣德元年五月，命彰自良乡抵南京巡抚军民。寻以所言率常事，降敕切责，令详具利病以闻。复谕侍臣曰："两京相距数千里，驿使往来为扰，或遘水旱，小民失所，朝使还及御史巡历皆不以告，故遣彰往视。今所奏多细故。大臣如此，朕复何望。卿等当悉朕意，君臣同体，勿有所疑。"寻召还，命与都督山云巡山海至居庸②诸关隘。逾二月还，奏将士擅离者，帝命逮治。遂命兵部三月一遣御史、给事中点阅。明年四月卒于官。

彰严介自持，请托皆绝，然用法过刻。其母屡以为言，不能改。时刘观为左都御史。人谓彰公而不恕，观私而不刻云。

选自《明史》卷一百六十《王彰传》

【注释】

①平籴（píng dí）：旧时指官府在丰收时用平价买进谷物，以待荒年卖出。

②居庸：即居庸关，是京北长城沿线上的著名古关城。

【译文】

王彰，字文昭，郑人。明洪武二十年（1387）被乡里举荐，补为国子生。他被派往山东收购粮食，以廉洁能干著称，擢升为吏科源士。一年后，被革除源士之职，改任给事中，累迁至山西左参政。

永乐五年（1407）被召入京城任礼部侍郎。父亲去世，服丧期满后，改任户部侍郎。陕西发生大瘟疫，奉命前去祭祀西岳，新安百姓要靠出卖子女来抵偿赋税。王彰上书请求免除他们的赋税，替他们赎回卖出的子女，后改任右副都御史。

佥事马英激起肃州番人作乱，杀死了御史和都指挥。王彰弹劾马英，将其处以极刑。又弹劾御史陈孟旭接受贿赂、贪赃枉法，文献盗窃赋税银，以及金吾指挥李严弃母不养，都被判以死罪，他弹劾的人众多。永乐十一年（1413），王彰跟随皇帝北巡。王彰母亲已年过八十，皇上命令他回家省亲，赐给他母亲冠服以及金币。告谕他说：“君子做官不忘双亲，赋闲不忘国君。凡是路过的地方，百姓是否安居乐业，官吏是否贤能，都要上报。”王彰还朝，奏报都很符合皇帝的旨意，后来升为右都御史。

永乐十九年，皇帝派遣二十六名朝臣巡抚天下，王彰与给事中王励前往河南。终其明代，能够在家乡做巡抚的大臣只有王彰和叶春。河南发生水灾，百姓大多流亡，地方长官却不加以安抚。王彰上奏罢免贪污盘剥者一百多人，又罢除了不紧急的税赋等十多件。召回流亡的百姓，开仓赈济，几乎让流民全部保全下来。回到朝廷后，王彰被任命去筹备军饷出征北方。仁宗继位，黄河在开封决堤，皇上命令王彰和都指挥李信前往赈灾抚恤。

宣德元年（1426）五月，皇上命令王彰从良乡前去南京巡抚军民。不久，因王彰所奏均为平常小事，皇上下令对其严厉责备，命令详细陈述利弊。又告谕侍臣说：“两个都城相距千里，驿使往来造成一定骚扰，有时候遇上水旱灾害，贫民流离失所，朝廷使者还朝、御史巡视之后都不上报，所以派王彰前去巡视。如今所上奏的大多是小事情。大臣都像这样，朕还有什么指望呢？你们应该明白朕的意图，君臣同体，不要有所顾虑。”不久王彰被召回朝廷，奉命与都督山云巡视山海关到居庸关的各个关口，两个月后回来，上奏将士擅离职守，皇帝命令将其逮捕查办。皇上又命令兵部三个月派遣一次御史、给事中前往检阅。第二年四月，王彰在任上去世。

王彰耿介自持，严拒请托之人，但是执法过于严苛。他母亲多次劝导他，他也没有改正。当时，刘观为左都御史，人们都说王彰公正而不宽恕，刘观偏私而不刻薄。

【评述】

在明代的诸多贤良之士中，后世对于王彰的评价颇显尴尬。所谓：“彰严介自持，请托皆绝，然用法过刻。其母屡以为言，不能改。”的确，在王彰的生平事迹中我们可以看到，免除百姓赋税，赈济灾民，弹劾贪官污吏，检举不孝之行，政绩可谓卓著。然而，在对涉案官员的量刑和处置上，他的手段近于残酷，缺乏变通之术和仁恕之心。检举的事件也过于庸常率意，虽无不察之失，却难免琐碎之讥，缺乏一种大局意识和全局眼光。在他的身上，我们看到了选拔和培养一个合格官员的困难性和复杂性。为官不但要有为官之德，也要有为官之才。而这种才能是在对自己的缺失进行不断的自我反思和改造中日臻完美的，王彰之失就在于他终“不能改”。

史家对比王彰和刘观，得出了王“公而不恕”、刘“私而不刻”的结论。公乃君子人格，私是小人之病。然而王彰虽然具备这种“严介自持”的君子品格，却缺乏其内质的仁爱之心作为支撑。正所谓：“直者以改邪为义，失在寡恕；仁者以恻隐为诚，过在于容非。”王彰为官耿介刚直，虽然没有容非之弊，却因缺乏仁恕之心而显暴虐。而事实上，直恕二义，貌合而离，似离实合。一个真正具有为官才能的贤良之士必须要二者兼具。而要达到这种境界，就要通过学习和反省，实现内在修养的不断提升，要在现实的工作经历中积极分析和思考成功失败的经验教训，努力实现人格的完善和能力的提高。

（赵锋注译　王园评述）

夏原吉

【原文】

夏原吉，字维喆，其先德兴人。父时敏，官湘阴教谕，遂家焉。原吉早孤，力学养母。以乡荐入太学，选入禁中书制诰。诸生或喧笑，原吉危坐俨然。太祖诇而异之。擢户部主事。曹务丛脞，处之悉有条理，尚书郁新甚重之。有刘郎中者，忌其能。会新劾诸司怠事者。帝欲宥之，新持不可。帝怒，问："谁教若？"新顿首曰："堂后书算生。"帝乃下书算生于狱。刘郎中遂言："教尚书者，原吉也。"帝曰："原吉能佐尚书理部事，汝欲陷之耶！"刘郎中与书算生皆弃市。建文初，擢户部右侍郎。明年充采访使。巡福建，所过郡邑，核吏治，咨民隐。人皆悦服。久之，移驻蕲州。

成祖即位，或执原吉以献。帝释之，转左侍郎。或言原吉建文时用事，不可信。帝不听，与蹇义同进尚书。偕义等详定赋役诸制。建白三十余事，皆简便易遵守。曰："行之而难继者，且重困民，吾不忍也。"

浙西大水，有司治不效。永乐元年，命原吉治之。寻命侍郎李文郁为之副，复使佥都御史俞士吉赍水利书赐之。原吉请循禹三江入海故迹，浚吴淞下流，上接太湖，而度地为闸，以时蓄泄。从之。役十余万人。原吉布衣徒步，日夜经画。盛暑不张盖，曰：“民劳，吾何忍独适。”事竣，还京师，言水虽由故道入海，而支流未尽疏泄，非经久计。

明年正月，原吉复行，浚白茆塘、刘家河、大黄浦。大理少卿袁复为之副。已，复命陕西参政宋性佐之。九月工毕，水泄，苏、松农田大利。三年还。其夏，浙西大饥。命原吉率俞士吉、袁复及左通政赵居任往振，发粟三十万石，给牛种。有请召民佃水退淤田益赋者，原吉驰疏止之。姚广孝还自浙西，称原吉曰：“古之遗爱也。”

亡何，郁新卒，召还，理部事。首请裁冗食，平赋役；严盐法、钱钞之禁；清仓场，广屯种，以给边苏民，且便商贾。皆报可。凡中外户口、府库、田赋赢缩之数，各以小简书置怀中，时检阅之。一日，帝问：“天下钱、谷几何？”对甚悉，以是益重之。当是时，兵革初定，论“靖难”功臣封赏，分封诸藩，增设武卫百司。已，又发卒八十万问罪安南、中官造巨舰通海外诸国、大起北都宫阙。供亿转输以钜万万计，皆取给户曹。原吉悉心计应之，国用不绌。

六年命督军民输材北都，诏以锦衣官校从，治怠事者。原吉虑犯者众，告戒而后行，人皆感悦。

七年，帝北巡，命兼摄行在礼部、兵部、都察院事。有二指挥冒月廪，帝欲斩之。原吉曰："非律也，假实为盗，将何以加?"乃止。

八年，帝北征，辅太孙留守北京，总行在九卿事。时诸司草创，每旦，原吉入佐太孙参决庶务。朝退，诸曹郎御史环请事。原吉口答手书，不动声色。北达行在，南启监国，京师肃然。帝还，赐钞币、鞍马、牢醴，慰劳有加。寻从还南京，命侍太孙周行乡落，观民间疾苦。原吉取斋黍以进，曰："愿殿下食此，知民艰。"九载满，与蹇义皆宴便殿，帝指二人谓群臣曰："高皇帝养贤以贻朕。欲观古名臣，此其人矣。"自是屡侍太孙，往来两京，在道随事纳忠，多所禅益。

十八年，北京宫室成，使原吉南召太子、太孙。既还，原吉言："连岁营建，今告成。宜抚流亡，蠲逋负以宽民力。"明年，三殿灾，原吉复申前请，亟命所司行之。初以殿灾诏求直言，群臣多言都北京非便。帝怒，杀主事萧仪，曰："方迁都时，与大臣密议，久而后定，非轻举也。"言者因劾大臣。帝命跪午门外质辨。大臣争詈言者，原吉独奏曰："彼应诏无罪。臣等备员大臣，不能协赞大计，罪在臣等。"帝意解，两宥之。或尤原吉背初议。曰："吾辈历事久，言虽失，幸上怜之。若言官得罪，所损不细矣。”众始叹服。

原吉虽居户部，国家大事辄令详议。帝每御便殿阙门，召语移时，左右莫得闻。退则恂恂若无预者。交阯平，帝问：“迁官与赏孰便？”对曰：“赏费于一时，有限；迁官为后日费，无穷也。”从之。西域法王[①]来朝，帝欲郊劳，原吉不可。及法王入，原吉见，不拜。帝笑曰：“卿欲效韩愈耶？”

山东唐赛儿[②]反，事平，俘胁从者三千余人至。原吉请于帝，悉原之。谷王橞叛，帝疑长沙有通谋者。原吉以百口保之，乃得寝。

十九年冬，帝将大举征沙漠。命原吉与礼部尚书吕震、兵部尚书方宾、工部尚书吴中等议，皆言兵不当出。未奏，会帝召宾，宾力言军兴费乏，帝不怿。召原吉问边储多寡，对曰：“比年师出无功，军马储蓄十丧八九，灾眚迭作，内外俱疲。况圣躬少安，尚须调护，乞遣将往征，勿劳车驾。”帝怒，立命原吉出理开平粮储。而吴中入对如宾言，帝益怒。召原吉系之内官监，并系大理丞邹师颜，以尝署户部也。宾惧自杀。遂并籍原吉家，自赐钞外，惟布衣瓦器。明年北征，以粮尽引还。已，复连岁出塞，皆不见敌。还至榆木川[③]，帝不豫，顾左右曰：“夏原吉爱我。”崩闻至之三日，太子走系所，呼原吉，哭而告之。原吉伏地哭，不能起。太子令出狱，与议丧礼，复问赦诏所宜。对以振饥、省赋役、罢西洋取宝船及云南、交阯采办诸道金银课。悉从之。

仁宗即位，复其官。方原吉在狱，有母丧，至是乞归终制。帝曰："卿老臣，当与朕共济艰难。卿有丧，朕独无丧乎?"厚赐之，令家人护丧，驰传归葬，有司治丧事。原吉不敢复言。寻加太子少傅。吕震以太子少师班原吉上，帝命鸿胪引震列其下。进少保，兼太子少傅、尚书如故，食三禄。原吉固辞，乃听辞太子少傅禄。赐"绳愆纠缪"银章，建第于两京。

已而仁宗崩，太子至自南京。原吉奉遗诏迎于卢沟桥。宣宗即位，以旧辅益亲重。明年，汉王高煦反，亦以"靖难"为辞，移檄罪状诸大臣，以原吉为首。帝夜召诸臣议。杨荣首劝帝亲征。帝难之。原吉曰："独不见李景隆已事耶?臣昨见所遣将，命下即色变，临事可知矣。且兵贵神速，卷甲趋之，所谓先人有夺人之心也。荣策善。"帝意遂决。师还，赉予加等，赐阉者三人。原吉以无功辞。不听。

三年，从北巡。帝取原吉橐糗尝之，笑曰："何恶也?"对曰；"军中犹有馁者。"帝命赐以大官之馔，且犒将士。从阅武兔儿山④，帝怒诸将慢，褫其衣。原吉曰："将帅，国爪牙，奈何冻而毙之?"反复力谏。帝曰："为卿释之。"再与蹇义同赐银印，文曰："含弘贞靖。"帝雅善绘事，尝亲画《寿星图》以赐。其他图画、服食、器用、银币、玩好之赐，无虚日。五年正月，两朝实录成，复赐金币、鞍马。旦入谢，归而卒，年六十五。赠太师，谥忠靖。敕户部复其家，世世无所与。

原吉有雅量，人莫能测其际。同列有善，即采纳之。或有小过，必为之掩覆。吏污所服金织赐衣。原吉曰："勿怖，污可浣也。"又有污精微文书者，吏叩头请死。原吉不问，自入朝引咎，帝命易之。吕震尝倾原吉。震为子乞官，原吉以震在"靖难"时有守城功，为之请。平江伯陈瑄初亦恶原吉，原吉顾时时称瑄才。或问原吉："量可学乎?"曰："吾幼时，有犯未尝不怒。始忍于色，中忍于心，久则无可忍矣。"尝夜阅爰书，抚案而叹，笔欲下辄止。妻问之。曰："此岁终大辟奏也。"与同列饮他所，夜归值雪，过禁门，有欲不下者，原吉曰："君子不以冥冥堕行。"其慎如此。

原吉与义皆起家太祖时。义秉铨政，原吉筦度支，皆二十七年，名位先于三杨。仁、宣之世，外兼台省，内参馆阁，与三杨同心辅政。义善谋，荣善断，而原吉与士奇尤持大体，有古大臣风烈。

子瑄，以荫为尚宝司丞。喜谈兵。景泰时，数上章言兵事，有沮者，不获用。终南京太常少卿。

选自《明史》卷一百四十九《夏元吉传》

【注释】

①法王：佛教称谓。原为佛陀尊号之一。元、明两朝用以对藏传佛教首领的封号。

②唐赛儿：明初山东农民起义领袖，蒲台人林三之妻，自称佛母，以白莲教组织群众。永乐十八年（1420），在益都卸石棚寨率众起义。

③榆木川：地名。在今内蒙古多伦县西北。明永乐二十二年（1424）鞑靼阿鲁台南下，成祖率军北上抵御，归途中病死于此。

④兔儿山：又名吐儿山、犊儿山。在今内蒙古扎鲁特旗西北霍林河（呼林河）河源处。

【译文】

夏原吉，字维喆，先祖是德兴（今属江西）人。他的父亲夏时敏，曾担任湘阴教谕，于是定居此地。原吉幼年丧父，刻苦学习奉养母亲。以乡荐身份进入太学，被选入宫中抄写制诰。一起工作的人员中有的喧哗嬉笑，只有夏原吉正襟危坐、态度严肃。太祖了解到情况觉得他与众不同，提升他做户部主事。所掌管的事务庞杂繁琐，而他却处理得井井有条，尚书郁新非常器重他。有个姓刘的郎中，嫉妒他的才能。恰逢郁新弹劾各司工作懈怠的人，皇帝想宽恕这些人，郁新坚持不可。皇帝大怒，责问："是谁教你这样的?"郁新叩首答："是大堂后的书算生。"皇帝于是下诏将书算生关入监狱。刘郎中于是说："教尚书的人是夏原吉。"皇帝说："原吉能够辅佐尚书处理户部的事务，你想要陷害他吗?"刘郎中和书算生都被处以弃市的刑罚。建文帝初年，夏原吉又被提升为户部右侍郎。第二年充任采访史。巡查福建，所经过的郡县，他都考核吏治，体察民情，人们都心悦诚服。时间长了，他又转移驻扎蕲州。

明成祖即位，有人抓住夏原吉献给皇上。成祖释放了他，并转任左侍郎。有人说原吉在建文帝时做过事，不可以信任。皇帝没有听信，夏元吉和蹇义一起被提升为尚书，他协同蹇义详细拟定了赋税徭役等各种制度。他建议和倡导的三十多件事情都很简捷，便于遵守。他曾说："推行那些难以为继而且加重人民负担的政策，我不忍心。"

浙西水灾，相关部门治理无效。永乐元年（1403），皇帝命夏原吉前往治理。不久，命侍郎李文郁担任他的副职，又让佥都御史俞士吉带去水利书籍赐给他。夏原吉请求沿着大禹治水三江入海的故道，疏通吴淞江下游，上游连接太湖，选择适宜的地方建造水闸，根据天时变化蓄水泄洪。他的建议得到了准许。征调徭役十多万人。夏原吉身穿布衣，徒步行走，日夜测量筹划。盛夏暑热而没有任何遮阳措施，他说："人民劳苦，我怎么忍心独自享受呢?"工程结束后，他返回京师，上言说，洪水虽经原来的河道入海，但是支流还没有完全疏通，并不是长久之计。

第二年正月，夏原吉又前往浙西，疏通白茆塘、刘家河、大黄浦。大理少卿袁复担任他的副手。不久，又命陕西参政宋性辅佐他。同年九月，工程结束，泄洪完毕，苏、松一代的农田获得大丰收。第三年返京。这年夏天，浙西发生了大饥荒。朝廷命夏原吉率领俞士吉、袁复和左通政赵居任前往赈济灾民，发放稻米三十万石，并提供耕牛和种子。有人请求召集佃农耕种洪水退去淤积而成的农田，并以此增加赋税。原吉立刻上疏制止了。姚广孝从浙西回来，盛赞原吉：“他有古人的仁爱之心。”

过了不久，郁新逝世，朝廷召回了夏原吉，由他主理户部事务。他首先请求裁革冗员，降低赋税，减轻徭役，加强食盐和钱钞的专营制度。清理仓库、货场，扩大屯田耕种，用以供给边疆人民，减轻人民负担，而且有利于商人往来贸易。这些建议都获得了许可。无论中原还是边疆的户口、官府仓库、农田赋税的增加或者减少，他都记录在小册子上并揣在怀里，不时查阅核对。一天，皇帝问他：“全国收入钱和谷物有多少?”他熟练而条理清晰的回答了，因此皇帝对他更加重视。这个时候，国家刚刚结束战争安定下来，按照“靖难”之役的功劳封赏大臣，分封各个藩王，并增加武装防卫等各个部门。不久，朝廷又发兵八十万征讨安南，宦官建造巨型船舶和海外各国进行交流，并大规模修建北京的宫殿。供给中转运输所需要的费用以万亿计算，这些都由户部提供。夏原吉尽心竭力地计算筹划，提供国家支出而没有短缺。

永乐六年（1408），朝廷命夏原吉监督军队和民夫运输木材到北京，并下诏令锦衣官校随行，惩治那些工作懈怠的人。夏原吉考虑到有这种问题的人很多，因此总是先给予警告而后实施处罚，大家都很感动，心悦诚服。

永乐七年（1409），皇帝巡查北方，命夏原吉兼管皇帝巡幸途中的礼部、兵部和都察院的事务。有两个指挥冒领月饷，皇帝要处决他们。夏原吉说：“这样做不符合法律规定，假如他们确实是强盗，那又应该如何从严处置呢?”于是就没有杀他们。

永乐八年（1410），皇帝出征北方，夏原吉辅佐太孙留守北京，并总管皇帝征途上各个衙署的事务。此时，这些衙署刚刚创立，每天，夏原吉都入朝辅佐太孙处理决断大小事情。退朝后，各个衙署的郎中御史都围绕着他请示工作。夏原吉或口头或书面予以答复，不动声色，非常镇定。夏原吉北面掌管皇帝行军所在事务，南面辅助太孙监管国家政务，京师安定，秩序井然。皇帝回到京城，赏赐夏原吉钱财、鞍马、牺牲、祭酒，特别慰劳了他。不久，夏原吉随同皇帝回到南京，奉命侍奉太孙遍访乡间村落，体察人民的疾苦。夏原吉将咸菜粟米呈给太孙，说："希望殿下吃了这些食物，能够了解人民的艰辛。"九年期满，夏原吉和蹇义一起参加皇帝便殿的宴会，皇帝指着他二人说："高皇帝培养贤臣留给了我，想一睹古代名臣的风范，看他们二位就可以了。"从此，夏原吉屡次侍奉王孙，往返于南京、北京之间，路途中根据不同情况提出良好的建议，对王孙有很大帮助。

永乐十八年（1420），北京的皇宫建成，朝廷命夏原吉从南京召回太子、太孙。回到京城后，原吉说："连年营建宫殿，现在已经落成，应该安抚流亡百姓，减免拖欠的赋税以让人民休养生息。"第二年，三殿发生火灾，夏原吉再次强调他以前的这一请求，朝廷责成有关部门立刻执行。皇帝最初因为三殿火灾而下诏寻求直言进谏。许多朝臣都说定都北京不合适。皇帝大怒，杀了主事萧仪，说："当初迁都的时候，曾和大臣们秘密商议过，斟酌了很久才决定的，并不是轻率的举措。"负责谏言的官员乘机弹劾这些大臣，皇帝命令他们跪在午门外进行质辨，许多大臣争相责骂言官。只有夏原吉上奏说："他们是应皇上的诏书直言的，并没有罪责，我们这些充任朝臣的人，不能够辅佐皇帝筹划大计，罪在我们。"皇帝的怒气消解了，宽恕了双方。有人责怪夏原吉违背了当初的决议。夏原吉说："我们这些人做官时间久了，言语虽有过失，幸好皇上体谅我们。如果谏言的官员获罪，损失可不小。”众人这才对他表示叹服。

夏原吉虽然任职在户部，但是国家大事总是让他参与意见。皇帝每次驾临便殿的内廷，就把他召来谈一会，谈话内容左右众人都不知道。他返回后神态恭谦好像没有参与过皇帝的密谈。平定交阯叛乱后，皇帝问夏原吉：“升迁和赏赐那种方式更好?”他回答说：“赏赐的花销只有一时，是有限的；升官给将来造成的花费是没有穷尽的。”皇帝听取了他的意见。西域喇嘛教的法王来朝廷参见皇帝，皇帝想到郊外迎接他，夏原吉不同意。等到法王来到朝廷，夏原吉见了他也不行拜礼。皇帝笑着说：“你想仿效韩愈吗?”

山东唐赛儿叛乱，平定之后，俘获了胁从的三千多叛军来朝，夏原吉请求皇帝宽恕他们，皇帝将这些人都赦免了。谷王朱橞发动叛乱，皇帝怀疑他在长沙有同谋的人，原吉用家中百口人性命为其作保，事情才得以平息。

永乐十九年（1421）冬，皇帝将要发动征讨沙漠地区的大规模战争。命夏原吉和礼部尚书吕震、兵部尚书方宾、工部尚书吴中等共同商议，他们一致认为不应当发兵。还没有上奏，正好皇帝召见方宾，方宾竭力表明发兵军费匮乏，皇帝不高兴了。皇帝召见夏原吉问他边境储备的多少，原吉回答：“历年出兵都没有功效，储备蓄养的军马已经丧失了十之八九，灾害连年发生，内外都已经很疲惫了。而且圣上您的身体刚刚恢复，还需要调养，请求您派遣将领出征，不要亲自领兵了。”皇帝大怒，立刻命令夏原吉离京负责开平的粮食储备。而吴中入朝给皇帝的回答和方宾一样，皇帝更加愤怒。召回了夏原吉把他投入宦官的监狱，并关押了大理丞邹师颜，因为他曾经负责过户部的事务。方宾因惧怕惩罚而自杀。于是皇帝将夏原吉家没籍入官。除了赏赐的钱钞，他家只有布衣瓦器。第二年，皇帝北征，因为粮食耗尽而回朝。不久，又连年出征塞外，都没有遇到敌人。回到榆木川，皇帝得病了，他环顾左右说："还是夏原吉关爱我。"皇帝驾崩的消息传至京城三天，太子来到羁押夏原吉的监狱，喊来夏原吉，哭着告诉了他。夏原吉趴在地上恸哭得无法起身。太子下令让他出狱，和他一起商议葬礼的事宜，又问他大赦天下的诏谕中的相关事宜。他回答应包括赈济饥荒、减免赋税徭役，停止派遣前往西洋的取宝船，并停止到云南、交阯采办各道金银课税。太子一一听取了他的建议。

仁宗即位，恢复了夏原吉的官职。以前夏原吉在监狱羁押的时候，他的母亲去世了，到这时他请求归乡服丧。皇帝说："您是老臣了，应该和我同舟共济度过艰难的时光。您有丧事，难道我就不需要服丧吗?"皇帝给了他丰厚的赏赐，命令他的家人护送灵柩，派遣官府的车马迅速回乡安葬。相关的人员办理丧事，夏原吉也不敢再多说什么了。不久加官太子少傅。吕震凭借太子少师的头衔位列夏原吉之上，皇帝命令鸿胪寺把吕震的职位排在夏原吉之下。又加官太子少保，并和以前一样兼任太子少傅、户部尚书，领取三份俸禄。夏原吉坚决推辞，皇帝听取他要求减掉了太子少傅的俸禄。赐给他"绳愆纠缪"的银章，并在南京和北京都为他建造了府邸。

不久仁宗驾崩，太子从南京来到京师。夏原吉奉先帝的遗诏到卢沟桥迎接。宣宗即位，因为夏原吉是辅佐先帝的旧臣，对他越发亲近器重。第二年，汉王朱高煦造反，也以"靖难"作为借口，发布檄文公布各位大臣的罪状，以夏原吉为首。皇帝连夜召集各位大臣商议。杨荣首先劝皇帝亲征，皇帝为此感到为难。夏原吉说："难道没看到李景隆过去的事吗？我昨天看到所派遣的将领，接到命令脸色立刻变了，事到临头就可想而知了。而且兵贵神速，赶快卷起甲胄奔赴战场。就是所说的先发制人可攻破敌人信心。杨荣的计策很好。"皇帝于是作出了决议。班师回朝，皇帝加封了夏原吉一等，并赐他三个看门人。夏原吉以自己并没有军功而推辞。皇帝没有同意。

宣德三年（1428），夏原吉随驾到北方巡视。皇帝拿来夏原吉口袋中的干粮尝一尝，笑着说："怎么这么难吃啊？"夏原吉答："军中还有人挨饿呢。"皇帝命赐予夏原吉丰盛的肴馔，并犒劳将士。他随从皇帝视察兔儿山驻军，皇帝对行动不够迅速的将士发火，要剥去他们的衣服。夏原吉说："将帅是国家的利器，怎么能让他们冻死？"反复极力劝谏。皇帝说："为了您的缘故放过他们。"又和蹇义一起被赐予银印，印文是："含弘贞靖。"皇帝善于绘画，曾亲自画了《寿星图》赐给夏原吉。其他赏赐如图画、服饰美食、器皿、银币、玩赏之物等，天天都有。宣德五年（1430）正月，两朝实录编成，又赐他金银、鞍马。早上他进宫感谢皇帝，回去就死了，享年六十五岁。赠太师，谥号忠靖。皇帝命令户部回复他的家人，以后世世代代不用纳税。

夏原吉有雅量，胸怀宽广到人们都无法揣测的程度。同事有好的提议，他立刻采纳。有时有些小过失，他也会为其遮掩。一个官吏弄脏了他穿的御赐金线织锦衣服。夏原吉说："别怕，脏了洗干净就可以了。"又有人弄脏了他精美微妙的文书，官吏叩头请求以死谢罪。夏原吉并不责问，入朝要求把罪责归结在自己身上，皇帝下命更换了文书。吕震曾倾轧夏原吉。吕震为他的儿子讨官，夏原吉因为吕震在“靖难”之役有守城的功劳，也为他请功。平江伯陈瑄最初也厌恶夏原吉，夏原吉却经常称赞他的才华。有人问夏原吉：“你的度量是可以学习的吗?”他说：“我小时候，有人冒犯我我也未尝不会发怒。开始就忍着不形于色，后来在心里忍着，时间长了也就不需要忍耐了。”夏原吉曾经夜里阅读囚犯口供档案，他拍着桌子叹息，刚要下笔就停住了，他的妻子问他是怎么回事，他回答：“这些都是今年年底死刑的奏疏。”他和同事们一起在外面喝酒，回去的时候遇到下雪，经过宫门的时候，有人不想下马。夏原吉说：“君子不能因为昏暗没人能看到就降低自己的品行。”他就是行为谨慎到这样的地步。

夏原吉和蹇义都是在太祖的时候开始走上仕途的。蹇义职掌选官，夏原吉筹划财政支出，都有二十七年的时间，名望和地位都在三杨之上。仁宗和宣宗在位的时候，夏原吉对外兼管都察院、六部，对内参与内阁的政务，和三杨一起齐心合力辅佐朝政。蹇义擅长谋划，杨荣善于决断，而夏原吉和杨士奇尤其擅长维护大局，有古代名臣的风范和功业。

夏原吉的儿子夏瑄，蒙父亲荫封尚宝司丞。喜欢探讨兵法。景泰时，几次上奏章发表对军事的看法，因为受到阻挠，没有获得重用。最后做到南京太长常少卿的职位。

（石剑注译）

杨士奇

【原文】

杨士奇，名寓，以字行，泰和人。早孤，随母适罗氏，已而复宗。贫甚。力学，授徒自给。多游湖、湘间，馆江夏最久。建文初，集诸儒修《太祖实录》，士奇已用荐征授教授当行，王叔英[①]复以史才荐。遂召入翰林，充编纂官。寻命吏部考第史馆诸儒。尚书张紞得士奇策，曰："此非经生言也。"奏第一。授吴王府审理副[②]，仍供馆职。成祖即位，改编修。已，简入内阁，典机务。数月进侍讲。

永乐二年选宫僚，以士奇为左中允[③]。五年进左谕德[④]。士奇奉职甚谨，私居不言公事，虽至亲厚不得闻。在帝前，举止恭慎，善应对，言事辄中。人有小过，尝为揜覆之。广东布政使徐奇载岭南土物馈廷臣，或得其目籍以进。帝阅无士奇名，召问。对曰："奇赴广时，群臣作诗文赠行，臣适病弗预，以故独不及。今受否未可知，且物微，当无他意。"帝遽命毁籍。

六年，帝北巡，命与蹇义、黄淮留辅太子。太子喜文辞，赞善王汝玉以诗法进。士奇曰：“殿下当留意《六经》，暇则观两汉诏令。诗小技，不足为也。”太子称善。

初，帝起兵时，汉王数力战有功。帝许以事成立为太子。既而不得立，怨望。帝又怜赵王年少，宠异之。由是两王合而间太子，帝颇心动。九年还南京，召士奇问监国状。士奇以孝敬对，且曰：“殿下天资高，即有过必知，知必改，存心爱人，决不负陛下托。”帝悦。十一年正旦，日食。礼部尚书吕震请勿罢朝贺。侍郎仪智持不可。士奇亦引宋仁宗事力言之。遂罢贺。明年，帝北征。士奇仍辅太子居守。汉王谮太子益急。帝还，以迎驾缓，尽征东宫官黄淮等下狱。士奇后至，宥之。召问太子事。士奇顿首言：“太子孝敬如初。凡所稽迟，皆臣等罪。”帝意解。行在诸臣交章劾士奇不当独宥，遂下锦衣卫狱，寻释之。

十四年，帝还京师，微闻汉王夺嫡谋及诸不轨状，以问蹇义。义不对，乃问士奇。对曰：“臣与义俱侍东宫，外人无敢为臣两人言汉王事者。然汉王两遣就藩，皆不肯行。今知陛下将徙都，辄请留守南京。惟陛下熟察其意。”帝默然，起还宫。居数日，帝尽得汉王事，削两护卫，处之乐安。明年进士奇翰林学士，兼故官。十九年改左春坊大学士[5]，仍兼学士。明年复坐辅导有阙，下锦衣卫狱，旬日而释。

仁宗即位，擢礼部侍郎兼华盖殿大学士。帝御便殿，蹇义、夏原吉奏事未退。帝望见士奇，谓二人曰："新华盖学士来，必有谠言，试共听之。"士奇入言："恩诏减岁供甫下二日，惜薪司传旨征枣八十万斤，与前诏戾。"帝立命减其半。服制二十七日期满，吕震请即吉⑥。士奇不可。震厉声叱之。蹇义兼取二说进。明日，帝素冠麻衣经而视朝。廷臣惟士奇及英国公张辅服如之。朝罢，帝谓左右曰："梓宫在殡，易服岂臣子所忍言，士奇执是也。"进少保，与同官杨荣、金幼孜并赐"绳愆纠缪"银章，得密封言事。寻进少傅。

时藩司守令来朝，尚书李庆建议发军伍余马给有司，岁课其驹。士奇曰："朝廷选贤授官，乃使牧马，是贵畜而贱士也，何以示天下后世。"帝许中旨罢之，已而寂然。士奇复力言。又不报。有顷，帝御思善门，召士奇谓曰："朕向者岂真忘之。闻吕震、李庆辈皆不喜卿，朕念卿孤立，恐为所伤，不欲因卿言罢耳，今有辞矣。"手出陕西按察使陈智言养马不便疏，使草敕行之。士奇顿首谢。群臣习朝正旦仪，吕震请用乐，士奇与黄淮疏止。未报。士奇复奏，待庭中至夜漏十刻。报可。越日，帝召谓曰："震每事误朕，非卿等言，悔无及。"命兼兵部尚书，并食三禄。士奇辞尚书禄。

帝监国时，憾御史舒仲成，至是欲罪之。士奇曰："陛下即位，诏向忤旨者皆得宥。若治仲成，则诏书不信，惧者众矣。如汉景帝之待卫绾[⑦]，不亦可乎。”帝即罢弗治。或有言大理卿虞谦言事不密。帝怒，降一官。士奇为白其罔，得复秩。又大理少卿弋谦以言事得罪。士奇曰：“谦应诏陈言。若加之罪，则群臣自此结舌矣。”帝立进谦副都御史，而下敕引过。

时有上书颂太平者，帝以示诸大臣，皆以为然。士奇独曰：“陛下虽泽被天下，然流徙尚未归，疮痍尚未复，民尚艰食。更休息数年，庶几太平可期。”帝曰：“然。”因顾蹇义等曰：“朕待御等以至诚，望匡弼。惟士奇曾五上章，卿等皆无一言。岂果朝无阙政，天下太平耶？”诸臣惭谢。是年四月，帝赐士奇玺书曰：“往者朕膺监国之命，卿侍左右，同心合德，徇国忘身，屡历艰虞，曾不易志。及朕嗣位以来，嘉谟入告，期予于治，正固不二，简在朕心。兹创制‘杨贞一印’赐卿，尚克交修，以成明良之誉。”寻修《太宗实录》，与黄淮、金幼孜、杨溥俱充总裁官。未几，帝不豫，召士奇与蹇义、黄淮、杨荣至思善门，命士奇书敕召太子于南京。

宣宗即位，修《仁宗实录》，仍充总裁。宣德元年，汉王高煦反。帝亲征，平之。师还，次献县之单家桥，侍郎陈山迎谒，言汉、赵二王实同心，请乘势袭彰德执赵王。荣力赞决。士奇曰：“事当有实，天地鬼神可欺乎？”荣厉声曰：“汝欲挠大计耶！今逆党言赵实与谋，何谓无辞？”士奇曰：“太宗皇帝三子，今上惟两叔父。

有罪者不可赦，其无罪者宜厚待之，疑则防之，使无虞而已。何遽加兵，伤皇祖在天意乎？”时惟杨溥与士奇合。将入谏，荣先入，士奇继之，阍者不纳。寻召义、原吉入。二人以士奇言白帝。帝初无罪赵意，移兵事得寝。比还京，帝思士奇言，谓曰：“今议者多言赵王事，奈何？”士奇曰：“赵最亲，陛下当保全之，毋惑群言。”帝曰：“吾欲封群臣章示王，令自处何如？”士奇曰：“善，更得一玺书幸甚。”于是发使奉书至赵。赵王得书大喜。泣曰：“吾生矣。”即上表谢，且献护卫，言者始息。帝待赵王日益亲而薄陈山。谓士奇曰：“赵王所以全，卿力也。”赐金币。

时交阯数叛。屡发大军征讨，皆败没。交阯黎利遣人伪请立陈氏后。帝亦厌兵，欲许之。英国公张辅、尚书蹇义以下，皆言与之无名，徒示弱天下。帝召士奇、荣谋。二人力言：“陛下恤民命以绥荒服，不为无名。汉弃珠厓⑧，前史以为美谈，不为示弱，许之便。”寻命择使交阯者。蹇义荐伏伯安口辨。士奇曰：“言不忠信，虽蛮貊⑨之邦不可行。伯安小人，往且辱国。”帝是之，别遣使。于是弃交阯，罢兵，岁省军兴巨万。

五年春，帝奉皇太后谒陵，召英国公张辅、尚书蹇义及士奇、荣、幼孜、溥，朝太后于行殿。太后慰劳之。帝又语士奇曰：“太后为朕言，先帝在青宫，惟卿不惮触忤，先帝能从，以不败事。又诲朕当受直言。”士奇对曰："此皇太后盛德之言，愿陛下念之。"寻敕鸿胪寺。士奇老有疾，趋朝或后，毋论奏。帝尝微行，夜幸士奇宅。士奇仓皇出迎，顿首曰："陛下奈何以社稷宗庙之身自轻？"帝曰："朕欲与卿一言，故来耳。"后数日，获二盗，有异谋。帝召士奇，告之故。且曰："今而后知卿之爱朕也。"

帝以四方屡水旱，召士奇议下诏宽恤，免灾伤租税及官马亏额者。士奇因请并蠲逋赋薪刍钱，减官田额，理冤滞，汰工役，以广德意。民大悦。逾二年，帝谓士奇曰："恤民诏下已久，今更有可恤者乎？"士奇曰："前诏减官田租，户部征如故。"帝怫然曰："今首行之，废格者论如法。"士奇复请抚逃民，察墨吏，举文学武勇之士，令极刑家子孙皆得仕进。又请廷臣三品以上及二司官，各举所知，备方面郡守选。皆报可。当是时，帝励精图治，士奇等同心辅佐，海内号为治平。帝乃仿古君臣豫游事，每岁首，赐百官旬休。车驾亦时幸西苑万岁山，诸学士皆从。赋诗赓和，从容问民间疾苦。有所论奏，帝皆虚怀听纳。

帝之初即位也，内阁臣七人。陈山、张瑛以东宫旧恩入，不称，出为他官。黄淮以疾致仕。金幼孜卒。阁中惟士奇、荣、溥三人。荣疏阔果毅，遇事敢为。数从成祖北征，能知边将贤否、厄塞险易远近、敌情顺逆。然颇通馈遗，边将岁时致良马。帝颇知之，以问士奇。

士奇力言："荣晓畅边务，臣等不及，不宜以小眚介意。"帝笑曰："荣尝短卿及原吉，卿乃为之地耶？"士奇曰："愿陛下以曲容臣者容荣。"帝意乃解。其后，语稍稍闻，荣以此愧士奇，相得甚欢。帝亦益亲厚之，先后所赐珍果牢醴金绮衣币书器无算。

宣宗崩，英宗即位，方九龄。军国大政关白太皇太后。太后推心任士奇、荣、溥三人，有事遣中使诣阁谘议，然后裁决。三人者亦自信，侃侃行意。士奇首请练士卒，严边防，设南京参赞机务大臣，分遣文武镇抚江西、湖广、河南、山东，罢侦事校尉。又请以次蠲租税，慎刑狱，严核百司。皆允行。正统之初，朝政清明，士奇等之力也。三年，《宣宗实录》成，进少师。四年乞致仕。不允。敕归省墓。未几，还。

是时中官王振有宠于帝，渐预外庭事，导帝以严御下，大臣往往下狱。靖江王佐敬私馈荣金。荣先省墓，归不之知。振欲借以倾荣，士奇力解之，得已。荣寻卒，士奇、溥益孤。其明年遂大兴师征麓川⑩，帑藏耗费，士马物故者数万。又明年，太皇太后崩，振势益盛，大作威福，百官小有牴牾，辄执而系之。廷臣人人惴恐，士奇亦弗能制也。

士奇既耄，子稷傲很，尝侵暴杀人。言官交章劾稷。朝议不即加法，封其状示士奇。复有人发稷横虐数十事，遂下之理。士奇以老疾在告。天子恐伤士奇意，降诏慰勉。士奇感泣，忧不能起。九年三月卒，年八十。赠太师，谥文贞。有司乃论杀稷。

初，正统初，士奇言瓦剌渐强，将为边患，而边军缺马，恐不能御。请于附近太仆寺关领，西番贡马亦悉给之。士奇殁未几，也先果入寇，有土木之难，识者思其言。又雅善知人，好推毂寒士，所荐达有初未识面者。而于谦、周忱、况钟之属，皆用士奇荐，居官至一二十年，廉能冠天下，为世名臣云。

次子禾道，以荫补尚宝丞。成化中，进太常少卿，掌司事。

选自《明史》卷一百四十八《杨士奇传》

【注释】

①王叔英：明浙江黄岩（今浙江台州）人。洪武中，与方孝孺等一起被征至京，后辞归。建文时，召为翰林修撰，燕王军至淮，奉诏募兵至广德，京师陷，书绝命词自尽于玄妙观银杏树下。

②审理副：官名。明朝诸王府审理所均置，一人，正七品，佐审理正掌推按刑狱之事。

③左中允：明清詹事府所属机构左春坊之职官，与左庶子、左谕德等共掌记注、纂修之事。

④左谕德：唐龙朔二年（662）始置太子左、右谕德各一人，正四品下，负责教谕太子以道德，随事讽赞，分隶左、右春

坊。明代隶詹事府左春坊，掌赞谕规谏太子，从五品，以翰林院官兼任。

⑤左春坊大学士：官名。明代置。掌管太子上奏下启文牍之事。

⑥即吉：指居丧期满。古代除去丧服后才能参与吉礼，故称。

⑦卫绾（wǎn）：西汉初代郡大陵（今山西文水东北）人。初以戏车为郎事文帝，迁中郎将。后历任太子太傅、御史大夫、丞相。醇谨恭顺，守职尽力。后代刘舍为丞相，虽敦厚而无所建树。武帝即位后不久被免职。

⑧珠厓（yá）：古代南方民族。汉代活动于今海南岛东部地区，因其地崖边出产真珠而得名。

⑨蛮貊（mò）：古代称南方和北方落后部族。亦泛指四方落后部族。

⑩麓川：地名。在今云南瑞丽县及畹町镇等地区，与缅甸接壤。

【译文】

杨士奇，名寓，以字行于世，泰和（在今江西泰和）人。小时候失去父亲，随母亲改嫁到了罗家，不久又恢复本姓。他家境非常贫困。他努力学习，靠教授学生来维持生活。大多在湖、湘间游学，在江夏设馆教书的时间最长。建文初年，朝廷召集各地儒士编纂《太祖实录》，杨士奇已因推举而被召为教授，正要出发，王叔英又以他有治史之才推荐他，于是他被召进翰林院，充任编纂官。不久，朝廷命吏部考核评定史馆的诸位儒士。吏部尚书张紞看到杨士奇的策论，说："这不是一般经生所能说出的话。"于是作为第一奏上。被授任为吴王府审理副，仍旧在史馆供职。成祖即位后，改任杨士奇为编修。不久，又被选拔进入内阁，掌管机要事务。几个月后晋升为侍讲。

永乐二年（1404），朝廷选任官员，任命杨士奇为左中允。永乐五年，晋升为左谕德。杨士奇任职处事十分谨慎，在家里从不谈公事，即使是最亲密交厚的人他也不和他们谈论公事。在皇上面前，举止恭敬谨慎，善于应答，论事总能合乎皇上心意。别人有小过失，曾经替他们掩饰。广东布政使徐奇运送岭南的土特产馈赠给朝中大臣，有人得到他准备送人的细目名册进呈给皇上。皇上看上面没有杨士奇的名字，就把他召来询问。杨士奇回答说："徐奇当初去广东赴任时，各位大臣作诗文送行，臣碰上生病没有参加，所以只有我没上名单。现在各位大臣是否接受了礼物还不知道，况且礼物轻微，应当没有别的意思。"皇上马上下令烧毁了名册。

永乐六年，皇帝北巡，命杨士奇与蹇义、黄淮留下辅佐太子。太子喜爱文章词采，赞善王汝玉以作诗之法进献给太子。杨士奇说："殿下应当留心于《六经》，空闲时可以看看两汉的诏令。诗歌是雕虫小技，不值得去作。"太子称好。

当初，皇上起兵时，汉王多次奋力作战有功，皇上许诺事成后立他为太子。事成之后汉王没有得到册立，就对皇帝怨恨失望。皇上又怜惜赵王年纪轻，十分宠爱他。于是两位亲王就联合起来离间太子和皇上的关系，皇上颇为动心。永乐九年，皇上返回南京，召见杨士奇询问太子监国的情况，杨士奇回答说太子很孝敬，并且说："太子殿下的天资很高，有了过错一定能自己知道，知道了一定会改正，心存爱人之心，决不会辜负陛下的托付。”皇上听了很高兴。永乐十一年正月初一，天上出现日食。礼部尚书吕震请求不要取消朝贺。侍郎仪智坚持说不行。杨士奇也引用宋仁宗朝旧事竭力陈言。于是取消了朝贺之礼。第二年，皇上出征北方。杨士奇仍然辅佐子留守京师。汉王更加急于诬陷太子。皇上回京，因太子接驾慢了一步，就将太子属下的官员黄淮等人全部关进监狱。杨士奇也晚到，但皇上原谅了他。召见他询问太子的情况。杨士奇叩头回答说：“太子还和原来一样孝敬。接驾迟延等事，都是臣等一干人的罪过。”皇上怒意才缓解了。随皇上出征的大臣们纷纷上奏弹劾杨士奇不应当被单独宽宥，于是杨士奇被关进锦衣卫的监狱，但不久释放了他。

永乐十四年，皇上回京，暗地里听说了一些汉王争夺嫡位的阴谋以及各种图谋不轨的行为，就拿此事询问蹇义。蹇义不回答，于是问杨士奇。杨士奇回答说：“臣与蹇义都服事太子，其他人没有敢对我二人说汉王事情的。但是两次遣汉王去藩地驻守，他都不肯动身。现在知道陛下将要迁都，就马上请求留守南京。希望陛下仔细深入地观察汉王的意图。”皇上听了沉默不语，离座回后宫。几天后，皇上全面查明了汉王的事情，削减了他两个护卫，并把他安置在乐安。第二年，晋升杨士奇为翰林学士，兼任原职。永乐十九年，改任杨士奇为左春坊大学士，仍然兼任翰林学士。第二年又因辅助教导太子有错获罪，被关进锦衣卫监狱，十天后被释放。

仁宗即位后，晋升杨士奇为礼部侍郎兼华盖殿大学士，皇上驾临便殿，蹇义、夏原吉上奏事情还没有退下。皇上远远望见杨士奇，对两人说：“新任华盖殿大学士来了，一定会发表正直的言论，让我们一起听他说。”杨士奇入殿说：“皇上下诏恩准减去每年宫廷的用度才两天，惜薪司就传旨征收红枣八十万斤，这与前面恩诏相违背。”皇上于是立即下令减征一半。按守丧规制二十七天满期，吕震奏请马上换成吉服。杨士奇认为不可以，吕震就厉声斥责他。蹇义综合了双方的意见上奏。第二天，皇上穿戴着白帽和麻衣带临朝听政。朝廷大臣中只有杨士奇及英国公张辅所着和皇上一样。朝见结束，皇上对左右的人说：“灵柩还停留待葬，换下丧服难道是臣子所忍心说的？杨士奇的坚持是对的。”晋升杨士奇为少保，与同僚杨荣、金幼孜一起被赐予“绳愆纠缪”的银章，准许密奏论事。不久又晋升杨士奇为少傅。

当时布政使司的官员来京朝见皇上，尚书李庆建议分配军队中多余的马给这些官吏，每年向他们征收产下的马驹。杨士奇说：“朝廷选拔贤能之人授予官职，却让他们去养马，这是重视牲畜而轻视士子，还怎么来昭示天下后人？”皇上同意颁旨取消这一做法，但很快又没有消息了。杨士奇再次极力上言，又没有答复。不久，皇上驾临思善门，召见杨士奇对他说：“朕之前岂是真的忘了这件事？听说吕震、李庆等人都不喜欢你，朕担心你被孤立，恐怕被他们伤害，不想是由于你的上奏而取消这件事罢了，现在有借口了。”拿出陕西按察使陈智议论养马不利的奏疏，让杨士奇起草诏令并施行之。杨士奇叩头谢恩。群臣练习正月初一上朝的礼仪，吕震请求用音乐，杨士奇与黄淮上疏谏止，没有答复。杨士奇又上奏，在庭堂中一直等到夜漏到十刻的时候，皇帝才答复说同意。过了一天，皇上召见杨士奇对他说：“吕震每件事情都误导联，要不是你们进言，现在后悔都来不及了。”皇帝命杨士奇兼任兵部尚书，同时领取三种职务的俸禄。

杨士奇辞掉了尚书的俸禄。

皇上在为太子监国时，怨恨御史舒仲成，到现在想治他的罪。杨士奇说："陛下即位时，下诏说以前违逆过皇上意旨的都会得到宽恕。如果治舒仲成的罪，那么皇帝的诏书就失去信用，害怕受打击的人就多了。像汉景帝对待卫绾，不也很好吗？"皇上于是作罢。有人报告说大理寺卿虞谦言事不机密。皇上发怒，把他降职一级。杨士奇为他辩白冤屈，得以恢复原来的级别。又大理寺少卿弋谦因上疏论事获罪。杨士奇说："弋谦响应皇上的诏令陈述己见。如果治他的罪，那么大臣们从此就不再敢多说话了。"皇上立刻晋升弋谦为副都御史，并颁发赦令承认自己的过失。

当时有人上书歌颂天下太平，皇上把奏章拿给众大臣看，大家都认为确实如此。只有杨士奇说："陛下的恩泽虽然广被天下，然而流离失所的人还没有回归家园，战争的创伤还没有恢复，人民的生活还十分艰难。再休生养息几年，也许就算太平盛世了。"皇上说："是这样。"于是回头看着蹇义等人说："朕以至诚之心对待你们，希望得到你们的匡正辅佐。只有杨士奇曾五次上奏疏，你们都没有说过一句话。难道现在真的是朝廷没有缺失，天下太平了吗？"大臣们都惭愧谢罪。这年四月，皇上赐给杨士奇诏书说："以前朕受命监国，你陪侍在左右，与朕同心同德，尽忠为国，公而忘己，屡屡经历艰难困苦，但从不改变志向。等到朕继位以来，有好的建议就来禀告，期望朕治理好国事，忠贞不二，这些都记在朕心里。现在制作'杨贞一印'赐给你，希望你能尽心匡辅政事，以成就君贤臣良的美名。"不久朝廷开始编纂《太宗实录》，杨士奇与黄淮、金幼孜、杨溥一起充任总裁官。不久，皇上病了，把杨士奇与蹇义、黄淮、杨荣召到思善门，让杨士奇起草敕令去南京召回太子。

宣宗即位后，编纂《仁宗实录》，杨士奇仍然充任总裁官。宣德元年（1426），汉王朱高煦造反。皇上亲去征讨，最后平定了叛乱。大军回师，驻扎在献县的单家桥，侍郎陈山迎接拜见皇上，说汉、赵二王实为一心，请求趁机攻打彰德拿下赵王。杨荣极力赞同。杨士奇则进言说："事情应有确切证据，天地鬼神难道可以欺骗吗？"杨荣厉声说道："你想阻挠大计吗！如今逆党交代说赵王确实参与了阴谋，怎么说没有理由？"杨士奇说："太宗皇帝有三个儿子，如今皇上只有两位叔父。有罪的人不可赦免，而无罪的则应当厚待，有所怀疑那就防备着他，只要不出事就行了。怎么能突然使用武力，伤害皇祖在天之意呢？"当时只有杨溥与杨士奇持相同意见。正要入宫劝谏，杨荣先进去了，杨士奇跟在他后面，守门人不放他进去。很快皇上召蹇义、夏原吉进去。二人将杨士奇的意见禀报皇上。皇上本来就没有加罪赵王的意思，发兵的事因此被搁置。等到返回京城，皇上想到杨士奇的意见，对他说："现在议论的人都在说赵王的事情，该怎么办？"杨士奇说："赵王是皇上最亲的人，陛下应当保全他，不要被群臣的言论所迷惑。"皇上说："我想把群臣的奏章封赐给赵王看，让他自己看着办怎么样？"杨士奇说："太好了，再有一份诏书那就更好了。"于是派使者带着诏书到赵王那里。赵王得到诏书大喜，哭泣着说："我有生路了。"立即上表谢恩，并且献出王府护卫，那些议论至此才止息。皇上对赵王日益亲近而疏远陈山。皇帝对杨士奇说："赵王之所以能保全，全是你的功劳。"于是赐给金币。

当时交阯多次叛乱。朝廷屡派大军前去征讨，都全军覆没。交阯的黎利派人来京，假意请求册立陈氏的后裔。皇上也厌倦了打仗，打算准许。英国公张辅、尚书蹇义及以下诸臣，都说给他封号没有理由，而白白地向天下人示弱。皇上召来杨士奇、杨荣商议，二人竭力说："陛下通过体恤百姓的生命以安抚荒远的边地，不是没有名义。汉代放弃珠厓，前朝史书以此作为美谈，不算作示弱，准许就行。"很快皇上下令选任出使交阯的人，蹇义推荐说伏伯安很有口才。杨士奇进言说："如果说话不合忠信之道，那即便是蛮荒之地也不能让他去出使。伏伯安是小人，出使将会辱及国家。"皇上认为他说得对，就另外派遣使者。从这以后放弃收服交阯，停止出兵，每年节省军费成千上万。

宣德五年春，皇上侍奉皇太后拜谒祖先陵墓，召英国公张辅、尚书蹇义以及杨士奇、杨荣、金幼孜、杨溥，在行宫中朝见太后。太后慰劳了他们。皇上又对杨士奇说："太后对朕说，先帝在东宫做太子时，只有你不怕违忤，先帝能够听从你的意见，因此没有坏过事。又教诲朕应当接受大臣的直言进谏。"杨士奇回答说："这是皇太后充满美盛品德的话，愿陛下牢记。"不久皇上敕令鸿胪寺，说杨士奇年老有病，疾步上朝有时落在后面，不必论罪上奏。皇上曾经便装出行，夜晚驾临杨士奇家。杨士奇慌忙出来迎接，叩头说："陛下怎么能不爱惜自己攸关国家社稷的身体呢？"皇上说："朕想和你说句话，所以就来了。"过了几天，抓到两个盗贼，有不轨的企图。皇上召见杨士奇，告诉他缘由，并且说："从今以后就知道你爱护朕了。"

皇上因各地频发水旱灾害，召见杨士奇商议下诏宽宥体恤百姓的事，准备免除受灾地区的租税和养官马亏空的数额。杨士奇顺便请求一并免除拖欠的赋税以及征收柴火干草的税钱，减征官田赋税的定额，清理滞留的冤案，裁减到京城服役的工匠，以扩大皇上广施恩德之意。百姓非常高兴。过了两年，皇上对杨士奇说："体恤百姓的诏令下达已久，现在还有什么可以体恤的吗？"杨士奇说："上次诏令减免官田的租税，但户部还是按以前的定额征收。"皇上不高兴地说："现在开始执行诏令，违反规定的依法论处。"杨士奇又请求安抚逃荒的百姓，纠察贪官污吏，推举有文采的文人和勇猛的武士，让被判极刑人家的子孙也能够在出仕为官。又请求朝中三品以上以及布政使、按察使的官员各自举荐所了解的人才，以作为地方行政长官的后备人选。皇上都答复同意。当时，皇上励精图治，杨士奇等合力辅佐，四海之内号称政治清明，天下太平。皇上就效防古代君主和臣子巡游的旧事，每年年初，赐百官休息十天。皇上的车马也时常驾临西苑万岁山，众学士都随从左右。赋诗唱和，皇上安详地询问民间疾苦。诸臣有事上奏，皇上都虚心地倾听接受。

皇上当初登位的时候，内阁大臣共有七人。陈山、张瑛因是皇上为太子时的旧臣而蒙恩入阁，但因不称职被调出任别职。黄淮因病退休。金幼孜去世。内阁中只剩下杨士奇、杨荣、杨溥三人。杨荣豁达果断，遇事敢做敢为。多次随从成祖出征北方，能够知晓边疆将帅是否贤良，要塞的险阻平坦和距离远近，以及敌国对大明的顺逆情况。但是他经常接受馈赠，边疆的将帅每年按时送他好马。皇上很清楚这事，就问杨士奇。杨士奇竭力进言："杨荣通晓边疆事务，臣等比不上他，不应当对他这个小毛病介意。"皇上笑着说："杨荣曾经揭发你和夏原吉的短处，你还要为他说情吗？"杨士奇说："愿陛下能像宽容臣那样宽容杨荣。"

皇上对杨荣的担心才稍稍缓解。后来，杨士奇的话传到杨荣耳中，杨荣因此感到愧对杨士奇，从此两人相处得十分融洽。皇上也更加亲近厚待杨士奇，先后赐给杨士奇的精美果品、祭品、美酒、金、绮衣、钱币、书籍、器皿等多到无数。

宣宗驾崩，英宗即位，才刚九岁，军国大事要禀告太皇太后作决定。太后一心任用杨士奇、杨荣、杨溥三人，有事就派宦官去内阁咨询商议，然后作出决定。三人也都很自信，从容地表达自己的意见。杨士奇奏请训练士兵，加强边防。设置南京参赞机务大臣，分派文武官员镇抚江西、湖广、河南、山东，取消侦事校尉一职。又请求逐步减免租税，慎重处理刑狱之事，严格考核各部门工作。这些建议太皇太后都批准实行。正统之初，朝廷政治清明，这都是杨士奇等人辅佐的功劳。正统三年（1438），《宣宗实录》编成，杨士奇晋升为少师。正统四年，杨士奇请求退休，未获批准。皇帝敕令准许他返乡扫墓，不久就返回。

当时宦官王振受到皇帝宠信，逐渐开始干预朝中的事务，引导皇上用威严驾驭众臣。大臣往往被关进监狱。靖江王朱佐敬私下赠黄金给杨荣。杨荣之前就已回老家扫墓，回来后不知道这件事。王振想借此扳倒杨荣，杨士奇竭力为其说解，才得以平息。杨荣不久去世，杨士奇、杨溥更加孤立。第二年朝廷就大规模发兵征伐麓川，国库耗费很大，士兵马匹损失多达几万。又过了一年，太皇太后崩，王振的势力更加强盛，大肆作威作福，文武百官稍有抵触，就遭到拘拿囚禁。朝中大臣人人恐惧不安，杨士奇也无法制止。

杨士奇已经年老，儿子杨稷傲慢暴戾，曾经施暴杀人。谏官纷纷上奏章弹劾杨稷。朝议是没有立即定罪，而是将这些奏章封送给杨士奇看。又有人揭发杨稷横行暴虐的几十件罪状，于是将他关进监狱。当时杨士奇因年老有病正在休假。皇上恐怕伤了杨士奇的心，下诏慰劳劝勉他。杨士奇感动流泪，忧伤得不能起床。正统九年三月去世，享年八十岁。朝廷追封太师，谥号为“文贞”。有关部门于是论罪杀了杨稷。

当初，正统初年，杨士奇进言说瓦剌势力渐渐强大，将成为边疆的祸患，而边疆军队缺少马匹，恐怕不能抵挡。请求在附近的太仆寺领取马匹，西番所贡马匹也要全部拨给军队。杨士奇死后不久，也先果然入侵，发生了“土木之难”，有识之士就想到了杨士奇的话。杨士奇又很善于发现人才，喜好推荐清贫的读书人，他推荐的人中甚至有从未见过面的。于谦、周忱、况钟等人，都是由杨士奇举荐，做官达一二十年，清廉和才干为天下之首，成为当代名臣。

杨士奇的次子杨禾道，蒙父荫被任命为尚宝丞。成化年间，晋升太常寺少卿，掌管太常事务。

【评述】

明代所有大臣中，杨士奇算得上是个奇才。他前后侍奉过永乐、洪熙、宣德、正统四朝皇帝，是名副其实的“四朝元老”。但他却没有经过科举考试也没有功名，而是完全通过自学成才，由一个贫苦的寒儒、一介布衣入阁，做到了宰相一级的大官。由于他品行和才干出类拔萃，平日总是宽厚待人，清廉律己，赢得了所历各朝皇帝的信任，就连同朝的进士出身的解缙都不如他。

后世之所以对杨士奇评价较高，就在于他极力辅佐帝王成为开明有为的君主，这一点十分难得。杨士奇因出身贫寒，深知民间疾苦，为相以后，常以国家安定和人民生活为念。他刚直敢言，提出了许多有利于国计民生的好意见，使明朝初年政通人和，社会安定，经济发展。他为减轻百姓负担敢于直言，不怕忤逆帝意而招致报复。明仁宗朱高炽下诏向各地“征枣八十万斤”，圣旨已下，但杨士奇据理力争还要皇帝更改，明仁宗终于同意减少一半。明宣宗也是个听得进忠告的英主，很喜欢杨士奇不怕忤逆、敢于直言的性格，曾微服夜行，到杨士奇住宅商议国策。宣德朝是明朝最好的时期之一，史书将之与仁宗朝合称为“仁宣之治”，此期政治清明而宽容，这与杨士奇的忠心辅佐有密切关系。

杨士奇对人待物豁达大度，以大局为重，不记私怨。同僚中谁有小过错，他常常为之掩饰。杨士奇还特别注意人才的选拔和政治的清明。他向朱瞻基积极建议，纠察贪官污吏，举荐具备文才武略的人才，即使属于刑家子孙也不例外，并且规定凡三品以上及二司官都要积极为朝廷推荐人才，以便巩固朝廷的根基。前后经杨士奇举荐当官的有五十余人，个个政绩显著，官声极佳，其知人善任由此可见。

可惜，杨士奇虽不贪不夺，谨持守正，却对儿子缺乏管教，导致其子犯了杀人重罪。他为此感到羞辱，终于忧愤而死。坚守名节、知人善任的杨士奇，此生最大的遗憾就在于此吧。

（高伟注译、评述）

胡寿安

【原文】

胡寿安，河南新安人，永乐中由信阳知县调获鹿。性清俭，砺名节，三宰大邑不携妻子之官。甘蔬素食无兼味。其子自南来省，烹一鸡，寿安痛责之。或讶其过，寿安曰："吾辈读书以古圣贤自命，每以声利妻子坏名节，可不慎哉！"人服其操。

选自《畿辅通志》卷六十九

胡寿安，黟人。永乐间初授信阳知县，清慎自持，以忧去，诗遗城隍云："神若有灵应识我，去时还似到时贫。"及知新繁县，尝自种蔬一圃，以供日用，人呼为"菜知县"。及满秩去，囊箧罄然，惟书籍布衣而已。

选自《万姓统谱》卷十一

【译文】

胡寿安，河南新安人。永乐年间，胡寿安由信阳知县调任获鹿。他性格清廉俭朴，磨砺名誉节操，三次掌管大城市，都不携带妻子儿女上任。吃的都是粗食且从不吃两种以上的菜。他儿子从南方来看他，家人煮了一只鸡，胡寿安就狠狠地责备了家人。有人觉得他做得有些过分，胡寿安说："我们这些读书人以古代圣贤自居，却每每因为名声、利益、妻子、儿女毁坏了名誉节操，怎么能不谨慎呢！"世人都佩服他的操守。

胡寿安，黟县人。永乐年间，胡寿安刚被授予信阳知县，他清廉谨慎自我约束，后来因丁忧离任，他写了首诗献给城隍说："神仙如果有灵的话应该知道我，走的时候和来的时候一样清贫。"等到做了新繁县（今成都市新都区）知县，胡寿安曾经自己种了一园子蔬菜，用来供应日常所需，被人称呼为"菜知县"。等到任期满了离任的时候，行李都是空的，只有书籍和布做的衣服而已。

【评述】

胡寿安是一个十分廉洁自律的地方官。文中提到的他的事迹虽然简略，但是从中所传达出的信息却是十分丰富的。

我们知道，明代官员的薪金很少，如果没有额外的收入，就只能过贫困的生活。吃一只鸡在现在看来也许不算什么，但是在胡寿安那里，它已经成为一种奢侈，一种毋庸置疑的浪费。在胡寿安看来，一个有操守、重名节的人，一个以圣贤为榜样的人，一定是安贫乐道的，一定是自甘清苦的。不但自己如此，也要教育自己的家人戒奢戒侈。上任三年，胡寿安都没有把家人妻子带在身边，就是怕他们禁不住诱惑，利用自己的权利谋取私利。管好身边人并非易事。明代首辅张居正就曾因家人的贪腐而授人以柄，终至家破人亡的悲惨结局。防止身边人腐化的最直接的方法就是让他们远离权力中心。胡寿安看似不近情理的做法实际有他的良苦用心。为大家，舍小家，胡寿安的事迹确是令人感佩。

胡寿安在任时与民秋毫无犯，不收受任何贿赂，所以当他离去时还是和来时一样贫穷。胡寿安离开新繁时，百姓依依不舍。他真正做到了自己在诗中所写的“不负苍天不负民”。今天，胡寿安的事迹仍有着现实的教育意义。

（赵星译文、评述）

王　直

【原文】

王直，字行俭，泰和人。父伯贞，洪武十五年以明经聘至京。时应诏者五百余人，伯贞对第一。授试佥事，分巡广东雷州。复吕塘废渠，清盐法。会罢分巡官，召还为户部主事。以父丧服阕，不时起，谪居安庆。建文初，复以荐知琼州，崖州黎相仇杀，以反闻，且用兵。伯贞捕其首恶，兵遂罢。琼田岁常三获，以赋军，军不时受，俟民乏，乃急敛以要利。伯贞为立期，三输之，弊始绝。居数年，大治，流民占籍者万余。忧归，卒于家。

直幼而端重，家贫力学。举永乐二年进士，改庶吉士，与曾棨、王英等二十八人同读书文渊阁。帝善其文，召入内阁，俾属草。寻授修撰。历事仁宗、宣宗，累迁少詹事兼侍读学士。

正统三年，《宣宗实录》成。进礼部侍郎，学士如故。五年出莅部事。尚书胡濙悉以部政付之，直处之若素习者。八年正月代郭琎为吏部尚书。十一年，户部侍郎奈亨附王振，构郎中赵敏，词连直及侍郎曹义、赵新，并下狱。三法司廷鞫，论亨斩，直等赎徒。帝宥直、义，夺亨、新俸。

帝将亲征也先，直率廷臣力谏曰："国家备边最为谨严。谋臣猛将，坚甲利兵，随处充满，且耕且守，是以久安。今敌肆猖獗，违天悖理，陛下但宜固封疆，申号令，坚壁清野，蓄锐以待之，可图必胜。不必亲御六师，远临塞下。况秋署未退，旱气未回，青草不丰，水泉犹塞，士马之用未充。兵凶战危，臣等以为不可。"帝不从，命直留守。王师覆于土木[①]。大臣群请太后立皇子为皇太子，命郕王摄政。已，劝王即位，以安反侧。时变起仓卒，朝臣议屡上，皆直为首。而直自以不如于谦，每事推下之，雍容镇率而已。加太子太保。

景泰元年，也先使使议和，且请还上皇，下礼部议未决。直率群臣上言曰："太上皇惑细人言，轻身一出，至于蒙尘。陛下宵衣旰食，征天下兵，与群臣兆姓同心僇力，期灭此朝食，以雪不共戴天之耻。乃者天诱其衷，也先有悔心之萌，而来求成于我，请还乘舆，此转祸为福之机也。望陛下俯从其请，遣使往报，因察其诚伪而抚纳之，奉太上皇以归，少慰祖宗之心。陛下天位已定，太上皇还，不复莅天下事。陛下第崇奉之，则天伦厚而天眷益隆，诚古今盛事也。"帝曰："卿等言良然。但前后使者五辈往，终不得要领。今复遣使，设彼假送驾为名，来犯京师，岂不为苍生患。贼诈难信，其更议之。”

已而瓦剌别部阿剌[2]使复至，胡濙等复以为言。于是帝御文华殿门，召诸大臣及言官谕以宜绝状。直对曰：“必遣使，毋贻后悔。”帝不悦。于谦前为解，帝意释。群臣既退，太监兴安匍匐出呼曰：“若等固欲遣使，有文天祥、富弼其人乎？”直大言曰：“廷臣惟天子使，既食其禄，敢辞难乎！”言之再，声色愈厉。安语塞，乃议遣使，命李实、罗绮往。

既行，而瓦剌可汗脱脱不花及也先使先后至，将遣归。使者谓馆伴曰：“中国关外十四城皆为我有。前阿剌知院使来，尚遣人偕往。今亦必得大臣同行，庶有济。”胡濙以闻，下廷议。直等固请，乃遣杨善等报之。

比实还，又以也先使至，具言也先欲和状。直与宁阳侯陈懋等上疏，请更遣使赍礼币往迎上皇，不许。复上疏曰：“臣等与李实语，具得彼中情事。其所需衣物资斧者，上皇言也；而奉迎车驾，也先意也。昨者脱脱不花及阿剌知院使来，皆有报使。今也先使以迎请为辞，乃不遣使与偕，是疑敌而召兵也。”又不许。

已而实自言于帝。帝第报也先书，就令杨善迎归而已。直等复上言：“今北使已发，愿本上皇之心，顺臣民之愿，因彼悔心，遣使往报，以图迎复，此不待计而决者也。不然，众志难犯，违天不祥，彼将执为兵端，边事益棘，京师亦不得高枕卧矣。”帝乃命群臣择使，直与陈懋等请仍遣实。报曰：“候善归议之。”御史毕銮等复上疏，力言：“就令彼以诈来，我以诚往，万一不测，则我之兵力固在。”帝终不听。已而善竟奉上皇还。

二年，也先遣使入贡，且请答使。直屡疏言：“边备未修，刍粮未积，疮痍未复，宜如其请。遣使往以观虚实，开导其善。”不许。无何，也先遣骑入塞，以报使为辞。直与群臣复请之，卒不许。直等乃上疏言：“陛下锐意治兵，为战守计，真大有为之主。然使命不通，难保其不为寇。宜敕沿边守臣，发兵游徼，有警则入保，无事则力耕。陛下于机务之暇，时召京营总督、总兵，询以方略，诚接而礼貌之，信赏罚以持其后，斯战守可言也。”帝曰“善。”

明年正月进少傅。帝欲易太子。未发。会思明土知府[3]黄𤂺以为请。帝喜，下礼部议。胡濙唯唯，文武诸臣议者九十一人当署名，直有难色。陈循濡笔强之，乃署，竟易皇太子。直进兼太子太师，赐金币加等。顿足叹曰：“此何等大事，乃为一蛮酋所坏，吾辈愧死矣。”景帝疾亟，直、濙等会诸大臣台谏，请复立沂王为皇太子，推大学士商辂草疏。未上，而石亨、徐有贞等夺门迎上皇复位，杀王文等。疏草留姚夔所，尝出以示郎中陆昶，叹曰：“是疏不及进，天也。”直遂乞休。赐玺书、金绮、楮币，给驿归。

直为人方面修髯，仪观甚伟。性严重，不苟言笑。及与人交，恂恂如也。在翰林二十余年，稽古代言编纂纪注之事，多出其手。与金溪王英齐名，人称“二王”，以居地目直曰“东王”，英曰“西王”。直以次当入阁，杨士奇不欲也。及长吏部，益廉慎。时初罢廷臣荐举方面大吏，专属吏部。直委任曹郎，严抑奔竞。凡御史巡方归者，必令具所属贤否以备选擢，称得人。其子?为南国子博士。考绩至部，文选郎欲留侍直，直不可，曰：“是乱法自我始也。”朝廷以直老，命何文渊为尚书佐之。文渊去，又命王翱，部遂有二尚书。直为尚书十四年，年益高，名德日益重。帝优礼之，免其常朝。

比家居，尝从诸佃仆耕莳，击鼓歌唱。诸子孙更迭举觞上寿，直叹曰：“曩者西杨抑我，令不得共事。然使我在阁，今上复辟，当不免辽阳之行，安得与汝曹为乐哉！”天顺六年卒，年八十四。赠太保，谥文端。

稹仕至翰林检讨，亦以学行称。曾孙思，自有传。

选自《明史》卷一百六十九《王直传》

【注释】

①土木：即土木堡，今河北怀来东。

②阿剌：明代瓦剌右翼封建主。也先称汗后，企图得到太师职位，被拒绝，遂于景泰五年（1454）率兵攻击也先，也先败

亡。后被鞑靼部长孛来所杀。

③土知府：明、清于西南少数民族地区任命的世袭地方官。

【译文】

王直，字行俭，泰和（属江西）人。其父王伯贞，洪武十五年（1382）以明经身份被聘用来京师任职。当时应诏的有五百多人，王伯贞应对获得第一名。被授予试用佥事的职务，分巡广东雷州。他恢复了吕塘废弃的渠道，整治盐法。等到罢去分巡官的时候，他被召回京城做了户部主事。因为父亲去世服丧，不能按时赴任，因此被贬谪到安庆。建文帝初年，他又因为有人举荐做琼州知府。崖州的黎族互相仇杀，朝廷听到叛乱的传闻，将要用兵。王伯贞捕获了其中的首恶，于是朝廷没有进行武装镇压。琼州的农田通常每年收获三季，向军队交纳田赋，军队不按时接受，等到人民物资匮乏的时候，又加紧征收来谋取暴利。王伯贞为此规定固定的征缴时间，三次缴纳，这个弊端才断绝了。他在琼州任职多年，琼州秩序井然，人民安居乐业，流亡的百姓在此落户的有万余人。因为丁忧返乡，王伯贞在家中去世。

王直从小为人正直庄重，家境贫寒刻苦攻读。永乐二年（1404）考中进士，改任庶吉士，和曾棨，王英等二十八人一起在文渊阁研修。皇帝很赏识他的文采，把他召入内阁，充任起草文书的官员。不久又被任命为修撰。历经仁宗，宣宗两朝，升任少詹事兼侍读学士。

正统三年（1438），《宣宗实录》编纂完成。他晋升礼部侍郎，仍旧保留学士的头衔。正统五年，来到户部管理公务。尚书胡濙将礼部的政务都交付给他，王直处置得井井有条，好像负责这些工作已经很久了一样。正统八年正月，王直代替郭琎担任吏部尚书。正统十一年，户部侍郎奈亨依附王振，陷害郎中赵敏，状词中牵连到王直和侍郎曹义、赵新，他们一并被关押入狱。三法司在朝廷审理此案，判处奈亨斩首、王直等赎罪流放的刑罚。皇帝宽恕了王直、曹义，革除了奈亨、赵新的俸禄。

皇帝将要亲自率军征讨也先，以王直为首的众大臣极力劝谏："国家防备边境是最严谨的。深谋远虑的文臣和勇猛善战的武将，装备精良训练有素的军队镇守各处，一面耕种一面保卫边防，这样才能长治久安。现在敌人肆意猖獗，违背天道公理，陛下只应该增强边疆的驻军守备，严格号令军法，坚壁清野，积蓄力量防备敌人的进攻，就能获取必然的胜利。没有必要亲自率领大军，长途跋涉到边塞作战。况且秋天的暑热还没有消退，干旱的天气也没有好转，青草不丰盛，河水井水都还是干涸的，士兵和马匹都不够用。局势凶险，我们这些大臣都认为不能亲征。"皇帝没有听取大臣的意见，命令王直留守。皇帝统领的军队在土木堡覆灭。大臣们一起请求太后立皇子为皇太子，命郕王摄政。不久，郕王即位，来平定动荡的局面。此时，多有突发的变乱，大臣们多次上书提出建议，都是王直带头。但是王直自认为比不上于谦，每件事都是拥戴于谦，而自己位列其下，态度从容地稳定人心，率领着众大臣。被加封太子太保。

景泰元年（1450），也先派出使者前来议和，并且请求归还太上皇，下达到礼部进行商议尚未作出决断，王直率领群臣上言说："太上皇受到那些见识浅薄的人蛊惑，轻率地领兵亲征，以至于战败被俘。陛下您宵衣旰食，为了国家大事辛勤工作，带领国家的部队，和群臣百姓同心合力，就是希望能够尽快消灭敌人，来洗刷这不共戴天的耻辱。近来，上天劝导也先的善心，让他们内心萌生了悔过之意，因此前来向我们讲和，请求归还太上皇，这是转祸为福的契机。希望陛下能屈尊答应他们的请求，派使者前往通报，乘机观察他们是否有诚意，然后再安抚接受他们，把太上皇请回来，稍稍能宽慰祖宗的心。陛下的天子地位已经巩固了，即使太上皇回来了，也不会再执掌国家大事了。陛下只需尊重奉养太上皇，天伦之情浓厚，上天也会更加的眷顾您。这实在是古今一大盛事啊。”皇帝说：“你们说的话确实不错。但是我们前前后后已经五次派使者前往，都没有得到要领。现在再派使者去，假设他们以送御驾为名，侵犯京师，难道不是天下百姓的祸患吗？敌人狡诈不能轻信，这件事还要再商量。”

不久，瓦剌的另一个部落阿剌的使者又来到了，胡濙等人又以前面的话劝谏皇上，于是皇帝亲自到文华殿门，召集各位大臣和谏官讲明应当拒绝的理由。王直对答：“一定要派遣使者，不要留下后悔的事。”皇帝不高兴了。于谦上前劝解，皇帝才消解了怒气。大臣们退朝以后，太监兴安匍匐着出来大声说：“你们这些人固然想派使者，有文天祥、富弼这样的人吗？”王直大声说：“朝廷的大臣就是供天子驱使的，既然吃了朝廷的俸禄，还敢因为艰险推辞吗？”又再三重申，语气和脸色更加严厉。兴安答不出话，于是商议派遣使者，命令李实、罗绮出使。

使者出使后，瓦剌可汗脱脱不花和也先的使者也先后来到，朝廷即将送他们回去的时候，来使对一起住在旅社的同伴说：“中原关外十四座城市都是我们的地盘。以前阿剌知院的使者来京师，朝廷还派人和他们一起回去。现在一定要有大臣同行，也许可以补偿。”胡濙听到了，下达到朝廷商议。王直坚持要求派使者，于是派杨善等人出使应对他们。

等到李实回来，又因为也先使者到来，详细的讲明也先求和的情况。王直和宁阳侯陈懋等人上疏，请求再次派遣使者带着礼物钱财出使迎接太上皇回归，但是没有获得许可。他们又上奏疏说："我们和李实交谈，详细得知了他们那边的情况。他们所需要的衣物资财，都是太上皇提出的；至于奉迎太上皇，则是也先的意思。上次脱脱不花和阿剌知院的使者来，我们都派遣使者回访。现在也先以迎请太上皇作为借口派出使者，我方反而不派使者和他们一起回去，这样会使敌人怀疑而招致战争。"皇帝仍没有许可。

不久，李实亲自和皇上说明此事，皇上只是回信答复也先，命令杨善迎接太上皇回来而已。王直等人又上言说："现在北边已经派出使者，希望能够完成太上皇的心愿，顺从臣子百姓的意愿，趁着他们有悔过之心，派遣使者去答复他们，以谋求迎接太上皇回来，这是不需要计议就可以决断的事情啊。不这样，众人的意志是难以侵犯的，违反天道人伦是不吉祥的事情，对方将会以此作为发兵的借口，边境的事情就更加棘手了，京师也会陷入险境不能再高枕无忧了。"皇帝于是命令群臣挑选使者，王直和陈懋等人请求仍派遣李实。皇上答复他们："等到杨善回来再商议。"御史毕銮等人又上奏疏，极力说："即使对方遣使有诈，我们以诚相待，万一有不测，那么我们还有军队在。"皇帝最终还是没有听取。不久杨善竟然迎接太上皇回来了。

景泰二年（1451），也先派使者来朝纳贡，并且请求派遣回访的使者。王直屡次上疏说："边境的守备不够完善，粮草不充沛，战争带来的满目疮痍还没有恢复，应该答应他们的请求。派遣使者观察他们的虚实，劝诫引导他们向善。”皇帝没有答应。不多久，也先派骑兵进入边塞，以请求回访使者不得为借口。王直和群臣再次请求朝廷遣使，最终没有得到许可。王直等人于是上疏说：“陛下大力发展军事力量，是为战争守备作谋划，确实是大有作为的明君。但是使命不通，难保他们不叛乱。应该下令镇守边关的官员，发动军队机动巡查，有警报就去保卫边防，平安无事就从事农耕。陛下在处理机要事务闲暇的时候，经常召集京师驻军的总督、总兵、询问他们军事方略，真诚地接纳并礼貌地对待他们，明确并严格执行赏罚制度，以此保证今后的稳定，这样就可以商讨作战和守备方针了。”皇帝说：“好。”

第二年正月升任太子少傅。皇帝要另立太子。还未实行。正好思明土知府黄𬭎有这样的请求。皇帝很高兴，将此事下达至礼部。胡濙唯命是从，文武大臣参与商议的九十一人都应当署名，王直面露难色。陈循把笔蘸好墨汁强迫他签字，他这才签了名。于是另立了皇太子。王直升职兼太子太师，赏赐金币加等。他顿足叹息说：“这是何等的大事啊，竟然被一个野蛮的酋长给破坏了，我们这些人真是惭愧死了。”景帝病危，王直、胡濙等会同诸位大臣及谏官，请求重新立沂王为皇太子，推举大学士商辂起草奏疏。奏疏还没有送上，石亨、徐有贞等人夺取宫门迎接太上皇恢复皇位，杀了王文等人。奏疏的草稿留在了姚夔的寓所，他曾经拿给郎中陆昶看，叹息道：“这份奏疏来不及呈上，是天意啊。”王直于是请求退休。皇帝赏赐他玺书、金绮、楮币，提供车马送他还乡。

王直方脸长髯，仪表很伟岸。性格严肃庄重，不苟言笑。他和人交往的时候，却是谦虚谨慎态度恭敬平和。他在翰林院任职二十多年，查考史实、起草诏书、文献编纂、记录注释等等大多出自他的手笔。和金溪王英齐名，人称“二王”，根据他们住所的地理位置，人们称王直为“东王”，王英为“西王”。王直按照次序应该进入内阁了，但杨士奇不想让他进去。等到他执掌吏部，更加廉洁谨慎。当时刚刚废除了由廷臣荐举地方高级官员的制度，将此职能归属吏部。王直委任官员，严格禁止奔走钻营谋求官位的行为。凡是御史巡查地方回来，王直一定会让他们详细汇报下属官吏是否贤良以备考核选拔，人们称赞他善于选拔人才。他的儿子王稼是南国子监博士。考核政绩来到吏部，文选郎打算留他辅助王直，王直不同意，说：“这是从我开始破坏制度啊。”朝廷因为王直年纪大了，让何文渊作尚书辅佐他，何文渊离开，又任命王翱，吏部于是有了两个尚书。王直作尚书十四年，年龄越大，名望越高。皇帝优待他，免去了他定期上朝。

等到他退休居家，曾经和佃农家仆一起耕种劳作，击鼓歌唱。他的子孙依次轮流敬酒祝寿，王直叹息说：“昔日杨士奇压制我，使我不能和他共事，但是假如我身在内阁，现在皇上又复辟了，肯定免不了发配辽阳，怎么能和你们大家享乐呢！”天顺六年（1462）去世，享年八十四岁。赠太保，谥号“文端”。

儿子王稼官至翰林检讨，也以学识和品行著称。曾孙王思，另有传记。

【评述】

王直出身翰林院庶吉士，且在翰林院任职长达二十年，起草诏书及编纂文献典籍为世人称道。然而王直却丝毫没沾染翰林学士不问世事，清谈误国的习气，反而是一位有作为有才干，求真务实的官员。老成持重、世事练达的确是对他一生最好的总结。

王直的父亲王伯贞在分巡广东雷州时曾颇有政绩，王直继承了父亲的优点，青年时初入户部，就能将户部事务处置得井井有条，“如素习者”。日后在土木之变，边境守备、立储、皇位更替等几件大事上，他都善于抓主要矛盾，并能够雍容镇率，这都应该是源自父亲的遗传和自幼得到的言传身教。

纵观王直的一生，始终坚持对儒家中庸之道身体力行。土木之变，王直临危不乱，镇率大局，得到群臣的拥戴，而他却谦谨如素，凡事推举于谦，自居于谦之下，有古君子之风。土木之变后在处理是否迎接太上皇回国的问题上，更是奉行儒家重天理人伦的处事原则，谏言景宗迎归太上皇，在宦官兴安百般刁难的时刻，王直一改平日谦恭的态度，表示愿做文天祥以身殉国。表现出士大夫的气节，也可谓铮铮铁骨。遗憾的是景宗最终也没有听取王直的谏言，并最终有宫门之变。

在立储问题上，王直坚持立场原则，不盲从。他始终表示自己持不同意见，即便签字也是迫不得已的权宜之计，体现了一种外圆内方的人格。王直中庸平和的处事之道也决定了他在英宗复辟时能够全身而退，颐享天年。特别是在入阁这件事上，王直不执着名利，从容洒脱，不与杨士奇一争高下，晚年退休居家，闲居乡里，得以儿孙满堂，共享天伦之乐，免去了征战辽阳的危险和辛劳。王直身居高位，掌握实权，却一直廉洁奉公，任职吏部的时候一直坚持用人以贤，选人以才的原则，即便是自己的儿子有才能并得到众人推举，他也以身作则没有选用。

王直为人端庄严谨，待人谦卑恭顺，处事正直公允不盲从、不偏激，奉行士大夫中庸平和的处事之道，对于今天为官为政也有值得学习借鉴之处。

（石剑注译、评述）

周　忱

【原文】

周忱，字恂如，吉水人。永乐二年进士，选庶吉士。明年，成祖择其中二十八人，令进学文渊阁。忱自陈年少乞预，帝嘉其有志，许之。寻擢刑部主事，进员外郎。

忱有经世才，浮沉郎署二十年，人无知者，独夏原吉奇之。洪熙改元，稍迁越府长史。宣德初，有荐为郡守者，原吉曰："此常调也，安足尽周君。"五年九月，帝以天下财赋多不理，而江南为甚，苏州一郡，积逋至八百万石，思得才力重臣往厘之。乃用大学士杨荣荐，迁忱工部右侍郎，巡抚江南诸府，总督税粮。

始至，召父老问逋税故，皆言豪户不肯加耗，并征之细民，民贫逃亡，而税额益缺。忱乃创为平米法，令出耗必均。又请敕工部颁铁斛，下诸县准式，革粮长之大入小出者。旧例，粮长正副三人，以七月赴南京户部领勘合，既毕，复赍送部。往反资费，皆科敛充之。忱止设正副各一人，循环赴领，讫事，有司类收上之部。

民大便。忱见诸县收粮无团局，粮长即家贮之，曰："此致逋之由也。"遂令诸县于水次置囤，囤设粮头、囤户[①]各一人，名"辖收"。至六七万石以上，始立粮长一人总之，名"总收"。民持帖赴囤，官为监纳，粮长但奉期会而已。置拨运、纲运二簿。拨运记支拨起运之数，预计所运京师、通州诸仓耗，以次定支。纲运听其填注剥浅诸费，归以偿之。支拨羡余，存贮在仓，曰"余米"。次年余多则加六征，又次年加五征。

初，太祖平吴，尽籍其功臣子弟庄田入官，后恶富民豪并，坐罪没入田产，皆谓之官田，按其家租籍征之，故苏赋比他府独重。官民田租共二百七十七万石，而官田之租乃至二百六十二万石，民不能堪。

时宣宗屡下诏减官田租，忱乃与知府况钟曲算累月，减至七十二万余石，他府以次减，民始少苏。七年，江南大稔，诏令诸府县以官钞平籴备振贷，苏州遂得米二十九万石。故时公侯禄米，军官月俸，皆支于南户部。苏、松民转输南京者，石加费六斗。忱奏令就各府支给，与船价米一斗，所余五斗，通计米四十万石有奇，并官钞所籴，共得米七十万余石，遂置仓贮之，名曰"济农"。振贷之外，岁有余羡。凡纲运、风漂、盗夺者，皆借给于此，秋成，抵数还官。其修圩、筑岸、开河、浚湖所支口粮，不责偿。耕者借贷，必验中下事力及田多寡给之，秋与粮并赋，凶岁再振。其奸顽不偿者，后不复给。定为条约以闻。帝嘉奖之。终忱在任，江南数大郡，小民不知凶荒。两税未尝逋负，忱之力也。

时漕运军民相半。军船给之官，民则僦舟，加以杂耗，率三石致一石，往复经年失农业。忱与平江伯陈瑄议，民运至淮安或瓜洲水次交兑，漕军运抵通州。淮安石加五斗，瓜洲又益五升，其附近并南京军未过江者，即仓交兑，加与过江米二斗，衬垫芦席与折米五合。兑军或后期风，则令州县支赢米。设廒于瓜洲水次，迁米贮之，量支余米给守者。由是漕费大省。

民间马草岁运两京，劳费不訾。忱请每束折银三分，南京则轻赍即地买纳。京师百官月俸，皆持俸帖[②]赴领南京。米贱时，俸帖七八石，仅易银一两。忱请检重额官田、极贫下户两税，准折纳金花银[③]，每两当米四石，解京兑俸，民出甚少，而官俸常足。嘉定、昆山诸县岁纳布，匹重三斤抵粮一石。比解，以缕粗见斥者十八九。忱言："布缕细必轻，然价益高。今既贵重，势不容细。乞自今不拘轻重，务取长广如式。"从之。各郡驿马及一切供帐，旧皆领于马头。有耗损，则马头横科[④]补买。忱令田亩出米升九合，与秋粮俱征，验马上中下直给米。

正统初，淮、扬灾，盐课亏，敕忱巡视。奏令苏州诸府，拨余米一二万石运扬州盐场，听抵明年田租，灶户[⑤]得纳盐给米。时米贵盐贱，官得积盐，民得食米，公私大济。寻敕兼理松江盐课。华亭、上海二县逋课至六十三万余引，灶丁逃亡。忱谓田赋宜养农夫，盐课宜养灶丁。因上便宜四事，命速行之。忱为节灶户运耗，得米三万二千余石。亦仿济农仓法，置赡盐仓，益补逃亡缺额。由是盐课大殖。浙江当造海船五十艘，下忱计度。忱召问都匠，言一艘须米千石。忱以成大事不宜惜费，第减二十石，奏于朝，竟得报可。以九载秩满，进左侍郎。六年，命兼理湖州、嘉兴二府税粮，又命同刑科都给事中郭瑾录南京刑狱。

忱素乐易。先是，大理卿胡概为巡抚，用法严。忱一切治以简易，告讦者辄不省。或面讦忱："公不及胡公。"忱笑曰："胡卿敕旨，在祛除民害。朝廷命我，但云安抚军民，委寄正不同耳。"既久任江南，与吏民相习若家人父子。每行村落，屏去驺从，与农夫饷妇相对，从容问所疾苦，为之商略处置。其驭下也，虽卑官冗吏，悉开心访纳。遇长吏有能，如况钟及松江知府赵豫、常州知府莫愚、同知赵泰辈，则推心与咨画，务尽其长，故事无不举。常诣松江相视水利，见嘉定、上海间，沿江生茂草，多淤流，乃浚其上流，使昆山、顾浦诸所水，迅流驶下，壅遂尽涤。暇时以匹马往来江上。见者不知其为巡抚也。历宣德、正统二十年间，朝廷委任益专。两遭亲丧，皆起复视事。忱以此益发舒，见利害必言，言无不听。

初，欲减松江官田额，依民田起科。户部郭资、胡濙奏其变乱成法，请罪之，宣宗切责资等。忱尝言："吴松江畔有沙涂柴场百五十顷，水草茂盛，虫蝗多生其中。请募民开垦，可以足国课，消虫灾。"又言："丹徒、丹阳二县田没入江者，赋尚未除。国初蠲税之家，其田多并于富室，宜征其租。没于江者除之，则额不亏而贫富均。无锡官田赋白米太重，请改征租米。"悉报可。其因灾荒请蠲贷，及所陈他利病无算，小者用便宜行之，无所顾虑。久之见财赋充溢，益务广大，修葺廨舍学校、先贤祠墓、桥梁道路，及崇饰寺观，赠遗中朝官，资饷过客，无稍吝惜。胥吏渔蠹其中，亦不甚訾省。以故屡召人言。

九年，给事中李素等劾忱妄意变更，专擅科敛，忱上章自诉。帝以余米既为公用，置不问。先是，奸民尹崇礼欲挠忱法，奏忱不当多征耗米，请究问仓库主者，忱因罢前法。既而两税复逋，民无所赖，咸稍不便。忱乃奏按崇礼罪，举行前法如故。再以九载满，进户部尚书。寻以江西人不得官户部，乃改工部，仍巡抚。

景泰元年，溧阳民彭守学复讦忱如崇礼言，户部遂请遣御史李鉴等往诸郡稽核。明年又以给事中金达言，召忱还朝。忱乃自陈："臣未任事之先，诸郡税粮无岁不逋。自臣莅任，设法划弊，节省浮费，于是岁无逋租，更积赢美。凡向之公用所须、科取诸民者，悉于余米随时支给。或振贷未还，遇赦宥免；或未估时值，低昂不一。缘奉宣宗皇帝并太上皇敕谕，许臣便宜行事，以此支用不复具闻，致守学讦奏，户部遣官追征，实臣出纳不谨，死有余罪。”礼部尚书杨宁言：“妄费罪乃在忱，今估计余值，悉征于民间，至有弃家逃窜者，乞将正统以前者免追。”诏许之，召鉴等还。既而言官犹交章劾忱，请正其罪。景帝素知忱贤，大臣亦多保持之，但令致仕。

然当时言理财者，无出忱右。其治以爱民为本。济农仓之设也，虽与民为期约，至时多不追取。每岁征收毕，逾正月中旬，辄下檄放粮，曰：“此百姓纳与朝廷剩数，今还与百姓用之，努力种朝廷田，秋间又纳朝廷税也。”其所弛张变通，皆可为后法。诸府余米，数多至不可校，公私饶足，施及外郡。景泰初，江北大饥，都御史王竑从忱贷米三万石。忱为计至来年麦熟，以十万石畀之。

性机警。钱谷钜万，一屈指无遗算。尝阴为册记阴晴风雨。或言某日江中遇风失米，忱言是日江中无风，其人惊服。有奸民故乱其旧案尝之。忱曰：“汝以某时就我决事，我为汝断理，敢相绐耶?”三殿重建，诏征牛胶万斤，为彩绘用。忱适赴京，言库贮牛皮，岁久朽腐，请出煎胶，俟归市皮偿库。土木之变，当国者议欲焚通州仓，绝寇资。忱适议事至，言仓米数百万，可充京军一岁饷，令自往取，则立尽，何至遂付煨烬。顷之，诏趣造盔甲数百万。忱计明盔浴铁工多，令且沃锡，数日毕办。

忱既被劾，帝命李敏代之，敕无轻易忱法。然自是户部括所积余米为公赋，储备萧然。其后吴大饥，道殣相望，课逋如故矣。民益思忱不已，即生祠处处祀之。景泰四年十月卒。谥文襄。

赞曰：宋礼、陈瑄治河通运道，为国家经久计。生民被泽无穷。周忱治财赋，民不扰而廪有余羡。次无他故，殚公心以体国，而才力足以济之。诚异夫造端兴事，徼一时之功，智笼巧取，为科敛之术者也。然河渠之利，世享其成，而忱之良法美意，未几而澌灭无余，民用重困。岂非成功之有迹者易以循，而用法之因人者难其继哉。虽然，见小利而乐纷更，不能不为当日之哓哓者惜也。

《明史》卷一百五十三《周忱传》

【注释】

①囤户：是明朝设置的官粮管理机构官员，负责仓粮的管理与征购。

②俸帖：领取俸禄的凭证。

③金花银：明代税粮折收的银两。原意为足色而有金花的上好银两，又名折色银或京库折银。

④横科：滥征捐税。

⑤灶户：旧时设灶煎盐的盐户。名始见于五代，后亦作制盐户的通称。

【译文】

周忱，字恂如，吉水人。明永乐二年（1404）进士，被选为庶吉士。永乐三年，明成祖选择了其中的二十八个庶吉士进入文渊阁。周忱向皇帝说自己年龄小，请求也参加进文渊阁学习。明成祖称赞他是有志之人，同意了他。不久，周忱被提升为刑部主事，又升为员外郎。

周忱有经世之才，但他在官场浮沉二十年，无人了解他，只有夏原吉认为他非同一般。洪熙改元（1425）时，他才升为越府长史。宣德初年（1426），有人推荐他去作知府，夏原吉说："这只是平常的调动，哪能彻底发挥周郎的才能？"宣德五年九月，明宣宗因国家财税治理不力，江南尤其严重，仅苏州就拖欠八百万石，希望能找一个有才德的重臣前往治理。于是，宣宗采纳大学士杨荣的建议，升周忱为工部右侍郎，巡抚江南各州府，总负责税收及粮食问题。

周忱刚上任，就询问父老乡亲拖欠赋税的原因。大家都说在交税纳粮时，豪门大户不肯出损耗，都向老百姓征收，人民因太贫困而四处逃亡，因而拖欠赋税就更多。于是，周忱创立平米法，损耗均摊。他又请求明宣宗命令工部制定铁量器作为标准量器下发各县，并将那些用大斛进小斛出的粮长撤掉。旧例，粮长有正、副三人，在七月前往南京户部领取证书，等到事情结束后再送回户部，而这一来一往的费用都从所征赋税中支出。周忱进行改革，只设正副粮长各一人，轮流去南京户部领取证件，等事情结束，有关部门一并将其交回户部。这样，老百姓得到很大的便利。周忱见各县收取粮食组织不周，粮长只好把粮食储存在家里，他说："这就是导致拖欠粮食的根源！"于是，他命令在各县河边设置粮囤，每粮囤设粮头和囤户各一人，叫"辖收"。六七万石以上者，才设置粮长一人总管，叫"总收"。人们拿着粮帖到囤粮处，官方监督缴纳，粮长只将其汇总而已。他又设置拨运和纲运两种簿册，拨运簿记支拨发运粮食的情况，预算到达北京和通州各粮仓的费用，以便支付费用。纲运让运粮食人自己填写在水浅处分载转运的费用，回来以后给予补偿。划拨后剩下的粮食，储存在仓库中，叫"余米"。第二年余米多的话，就向百姓加征余米的六成，再过一年就加征余米的五成。

明太祖当平定吴地时，将全部吴地功臣子弟的庄田没收充公。后来，朱元璋憎恶富豪兼并土地，将他们的田产也没收，这些都称为官田。按照这些人家收租的情况来收赋税，所以，苏州的田赋比其他的地区都重。官田和民田的租税共二百七十七万石，而其中官田竟达二百六十二万石，人们不能承受。

当时，明宣宗多次下诏减少官田租税，周忱便和苏州知府况钟清算了几月，最后将田租减至七十二万多石，其他州府也依次削减，人们才开始恢复元气。宣德七年，江南丰收，明宣宗下令各府县用官银平价买进谷物，以救济荒年。于是，在苏州买到二十九万石米。先前，王公侯的禄米和军官的俸禄都是从南户部支取。苏州、上海粮食运往南京，每石加收损耗六斗。周忱奏请明宣宗，令在各府就地支取，给船运费大米一斗，剩下的五斗通算起来有四十多万石，加上官府收购的米，共七十多万石。于是，周忱将这些粮仓储存起来，叫"济农粮"。这样，除了赈灾借贷之外，每年还有剩余。凡是大规模运输、船只被风吹翻飘走、被强盗夺走，都从这里面借取，待秋天收割后，再还给官府。还有，修水坝、筑堤岸、开河道、疏浚湖泊所支口粮不要偿还。对耕田人的借贷粮食，一定要验证这家劳动力是中等还是下等，以及土地的多少借给他，到秋天与税粮一起上缴，灾年再救济。对于那些要赖而不偿还的人，以后不再借给他。周忱将这些规约定成制度上报明宣宗。宣宗听说后，嘉奖了周忱。直到周忱任满离职，在江南地区的大州大府的人民不知道什么叫饥荒，夏秋两季的税收从没拖欠过，这都是周忱的功劳。

当时的漕运，军队和民间各一半。军队运粮食的船由官府提供，老百姓则靠租船，加以杂税损耗，往往运三石就要增加一石，常年往来就耽误了农业。周忱与平江伯陈瑄商量，百姓运粮食到淮安或瓜洲码头就交换给军队，军队再运到通州。运到淮安的每石加收五斗，运到瓜洲的在这个基础上再加五升，在它的附近以及南京的运粮军队没有过江的，就在粮仓交换，加给过江米每石二斗，而运粮所用的垫子、苇席折合成米五合给付。如果运粮军被风误期，便命令州县支付给多损耗的米。周忱在瓜洲岸边修建粮仓，储蓄转运到这里的粮食，适当补贴给守仓库的人。这样，粮食漕运的费用大为降低。

民间的马匹粮草每年都要运送到南北两京，耗费巨大。周忱请求每一束草折合银子三分，南京则折了银两就地缴纳。北京官员的月俸，都要拿着俸帖到南京去领取俸禄。米价便宜时，俸帖上的七八石，只能兑一两银子。周忱请求查核税收重的官田、极其贫穷者春秋两季的税收情况，准许他们将粮税折合成金花银缴纳。每两白银等于四石米，押送到北京时兑换。这样，老百姓的损失很少，而且官员的俸禄也能充足。嘉定、崑山各县的农民每年要交纳布匹，每匹重三斤的布抵一石粮食，而运送时，因布匹太粗糙而十分之八九的人被斥责。周忱对皇帝建议说：“布匹细了一定会轻，而这样的布价更高。现在，既然以重的为贵，就没人肯做细的了。恳请皇上从现在开始，不看布的轻重，只看它的长度和宽度。”皇帝听从了周忱的建议。以前各州府的驿马和其他供给，都从管理马匹的头领那里领取。而有了损耗，这个头领就另收赋税来补充。为此，周忱命令每亩出米一升九合，与秋粮一起征收，然后按马的上、中、下三等来给米。

正统初年（1436），淮河、扬州地区发生灾荒，盐税亏损，朝廷命令周忱前往巡视。他上奏请求朝廷命令苏州各府调拨余米一二万石运往扬州的盐场，抵明年的田租，煮盐的盐户用盐来换米。当时，米价昂贵而盐价便宜，这样官府储藏了大量食盐，而百姓也得以吃到了大米，国家和盐民都得到了好处。随即，皇帝又令周忱兼管松江的盐税。因为华亭、上海两县拖欠的盐税达到了六十三万多引，盐户纷纷逃亡。周忱上书说，田赋应该能养活农民，盐税也可以养活盐户，因此，他上奏根据情况而自行处理的四种办法，请皇帝诏令地方迅速实行。为此，周忱节省下盐户在运输的消耗，得到了三万两千多石大米。他还仿效济农仓的办法，设置“赡盐仓”，补充逃亡盐户的差额。这样，这里的盐税大增。浙江应当造船五十艘，由周忱掌握费用。周忱召集询问造船头目，说造一只艘要一千石大米，周忱认为办大事不应该吝啬钱财，只减少了二十石。他把这个数目上报朝廷，被批准。后来，周忱九年任期已满，晋升为工部左侍郎。正统六年，朝廷命令他兼管湖州、嘉兴二府的税粮，后又命令他同刑科都给事中郭瑾一起审核南京的案件。

周忱素来喜欢朴实。起初，大理寺卿胡概为巡抚，执法严厉。周忱办事，不搞繁文缛节，一切从简入手，有人诬告他，他不理会。有人当面攻击周忱说：“你不如胡概！”周忱笑笑说：“胡概奉旨为百姓除害，朝廷只要我安抚军民，任务不同嘛。”周忱在江南为官时间长了，他与官吏百姓就像家人和父子一样。每当他走村串户时，他都要随从人员避开，询问农夫农妇的疾苦，并和他们商量解决办法。他对待下属，即使是较低级官员或闲散的吏役，他都坦诚相待。遇到有才能的地方长官，比如苏州知府况钟、松江知府赵豫、常州知府莫愚、常州同知赵泰等人，都推心置腹地商讨定策，务必使他们才尽其用，所以事情都很顺利。他经常前往松江视察水利，看到嘉定和上海之间，沿江荒草丰茂，水流淤塞，于是疏浚上游，从而使崑山、顾浦各条河的水流湍急而下，淤塞全被冲走。他在空闲时，就一个人骑马来往于江边，人们都不知道他就是巡抚大人。周忱为官，经历了宣德、正统二十年时间，朝廷对他更加信任。他两次遭遇丧亲，都在服丧后被启用。于是，周忱更加愤发展才，见到有关国计民生的事必定上书，皇帝也没有不听从的。

起初，周忱想要减少松江官田的税额，而依照民田的标准来征收。户部官员郭资、胡濙上奏说这是变乱朝廷法则，请治他的罪，明宣宗严厉斥责了郭、胡二人。周忱曾经上言说：“吴地淞江畔有沙滩柴场一百五十顷，水草茂盛，害虫蚂蚱生长其中。请皇上招募农民开垦，这样，既可国家既可获得的赋税，又可消除害虫。”他又上书说：“丹徒、丹阳两县沿江土地被长江水淹没的，还照样征收田赋。我大明开国之初，那些被减免赋税的人家，他们的土地多数被富人兼并了，应该向富人征收这些土地的田租，免除被淹在水中土地的赋税。这样，国家赋税不会减少而贫富又可均衡一些。无锡官田征收的白米赋税太重，请求改为征收租米。”这些都得到了皇帝的批准。他因为灾荒请求政府减免田赋、借贷粮食，以及提出有关地方利弊的意见更是多得无法计算，对其中小的事情，他就根据事实自行处理，不用顾虑。时间一长，国家财税充足，他就扩大其他建设，如修葺官署学校、先代贤人的祠庙墓地、桥梁道路，并且装饰寺庙道观等。馈送朝中的官员，资助粮食给来往的过客，他也从不吝惜。差役小官吏在其中贪小便宜，他也不太在意。当然，这常招来人们的议论。

正统九年，给事中李素等人弹劾周忱随意变乱祖制，独裁国家税收，周忱上奏为自己辩护。明英宗认为余米都为国家所开支，没有理睬。起先，奸民尹崇礼想阻挠周忱执法，上奏说周忱不该征收损耗的米粮，请追究仓库主管者的责任，周忱因此废除了以前的法规。可不久，春秋两季的赋税又出现拖欠情况，人们无所依靠，都感不便。因此，周忱上奏，请求追究尹崇礼的责任，仍实行以前的法规。周忱再任九年满后，升户部尚书。不久，因为江西人不能在户部任职，而改工部尚书，仍担任巡抚。

景泰元年（1450），溧阳人彭守学再次像尹崇礼那样攻击周忱。于是，户部请求派御史李鉴等人前往各府调查。次年，又因为给事中金达上书，周忱回到朝廷。周忱自己说：“微臣在负责此事情以前，各地税粮无不拖欠。微臣到任后，立法规，除弊病，节省多余的开支，于是税收再无拖欠的现象，还有盈余。凡是以前公用所支出或是从百姓那里征收来的税粮，都从余米中随时支取。有时因为赈灾没有归还，有时遇到大赦又免去赋税，有时没有估算时价，价钱不一。因微臣得到宣宗皇帝和太上皇的敕令，准许臣根据具体情况自行处理，所以支付的费用不必都上报，致使彭守学上奏攻击，户部派官员追加征收，这实在是臣的罪过。臣死有余辜。”礼部尚书杨宁上书说：“周忱胡乱开支。现估计所多余之税，全部来自百姓，使一些人弃家室逃亡。恳请将正统以来的余粮免予征收。”下诏同意杨宁的上书，召回李鉴等人。不久，台官纷纷上奏弹劾周忱，请求治他的罪。景泰皇帝知道周忱向来贤良，大臣也多有保护他的，只令他退休。

然而，当时理财的人，天下无过周忱。他以民为本，开设济农仓，虽然与人民订立偿还契约，但是到时多不追讨。每年征粮完毕以后，过了正月中旬，就颁布公文命令放粮，说：“这是大家缴给朝廷的粮食剩余，现在还给百姓吃。请大家努力耕种朝廷的田地，到秋后再给国家缴税。”他执法处事，宽严有度，有时又灵活变通，这都值得后人学习。江南各府的余米，有时多到无法计算，国家人民都富裕，还送给其他的州府。景泰初年，长江以北地区发生大荒灾，都御使王竑向周忱借米三万石。周忱考虑要支撑到来年麦子成熟，便借给了他十万石。

周忱机智敏捷。数目再大的钱粮谷米，他立马可以算出来，不会出错。他曾经私下里用小册子记录天气的情况。有人说某一天在江中遇风损失了粮食，周忱打开小册子，原来这一天江中风平浪静，那人惊叹佩服。有奸民故意用以前的案子刁难他，周忱说：“某一天你来我这里告状，我已经为你审理了。你还敢来欺骗我！”朝廷重新修建了三大殿，下诏征收一万斤牛胶，以绘制彩色图案使用。周忱恰好到了京城，说府库的牛皮，年头长了已经腐烂了，请拿出来煎成牛胶，等以后买新的牛皮充国库。土木之变时，掌权者想焚毁通州的粮仓，以断绝敌人的粮食来源。周忱恰好因为会同议事来到京城，说仓库有米数百万石，可以充驻京军队一年的粮食，要他们自己去拿，很快可以拿完，何必要烧掉？不久，皇帝下令催促制造几百万副盔甲。周忱计算盔甲镀铁用工太多，命令用浇锡的办法，结果几天就完成了任务。

后来，周忱遭到弹劾，皇帝命令李敏来代替他为户部尚书，但命令他不要轻易改变周忱做法。然而从此户部搜刮余米当赋税，国家储备逐渐减少了。之后，江浙大饥荒，道路上饿死的人到处都是，人们拖欠赋税又和先前一样了。百姓更加思念周忱，各地建了很多周忱的生祠来祭祀他。景泰四年十月，周忱去世，谥“文襄”。

赞说：宋礼、陈瑄治理河道，为国家长治久安之计，人民获益良多。相比较而言，周忱管理财税，没有盘剥百姓而使国库充盈。其中并无特别的缘故，只不过一心为国，且才能完全称职。完全不同于那些以制造事端，以邀一时之功，挖空心思钻营的人。不过，水利可使世代享用，而周忱理财方法却随着他的卸任而渐渐消失了，人民重新陷入困境。这难道就是有形之功被人继承，而方法却因人不同难以继承吗？因此，看见眼前的利益就变来变去，不能不为当时那些指手画脚，满腹牢骚的人惋惜。

（赵锋注译）

王 恕

【原文】

王恕，字宗贯，三原人。正统十三年进士。由庶吉士授大理左评事，进左寺副。尝条刑罚不中者六事，皆议行之。迁扬州知府，发粟振饥不待报，作资政书院以课士。天顺四年以治行最，超迁江西右布政使，平赣州寇。宪宗嗣位，诏大臣严核天下方面官，乃黜河南左布政使侯臣等十三人，而以恕代臣。

成化元年，南阳、荆、襄流民啸聚为乱，擢恕右副都御史抚治之。会丁母忧，诏奔丧两月即起视事。恕辞，不许。与尚书白圭共平大盗刘通，复讨破其党石龙。严束所部毋滥杀，流民复业。移抚河南。论功，进左副都御史，稍迁南京刑部右侍郎。父忧，服除，以原官总督河道。浚高邮、邵伯诸湖，修雷公、上下句城、陈公四塘水闸。因灾变，请讲求弭灾策。帝为赐山东租一年，畿辅亦多减免。旋改南京户部左侍郎。

十二年，大学士商辂等以云南远在万里，西控诸夷，南接交阯，而镇守中官钱能贪恣甚，议遣大臣有威望者为巡抚镇压之，乃改恕左副都御史以行，就进右都御史。初，能遣指挥郭景奏事京师，言安南捕盗兵阑入云南境，帝即命景赍敕戒约之。旧制，使安南必由广西，而景直自云南往。能因景遗安南王黎灏玉带、宝绦、蟒衣、珍奇诸物。灏遣将率兵送景还，欲遂通云南道。景惧后祸，绐先行白守关者。因脱归，扬言安南寇至，关吏戒严。黔国公沐琮遣人谕其帅，始返。而诸臣畏能，匿不奏。能又频遣景及指挥卢安、苏本等交通干崖、孟密诸土官，纳其金宝无算。恕皆廉得之。遣骑执景，景惧自杀，因劾能私通外国，罪当死。诏遣刑部郎中潘蕃往按之。能又以其间，驿进黄鹦鹉。恕请禁绝，且尽发能贪暴状，言："昔交阯以镇守非人，致一方陷没。今日之事殆又甚焉。陛下何惜一能，不以安边徼。"能大惧，急属贵近请召恕还。而是时商辂、项忠诸正人方以忤汪直罢，遂改恕掌南京都察院，参赞守备机务。能事立解，藩勘上得实，置不问。

恕居云南九月，威行徼外，黔国以下咸惕息奉令。疏凡二十上，直声动天下。当是时，安南纳江西叛人王姓者为谋主，潜遣谍入临安，又于蒙自市铜铸兵器，将伺间袭云南。恕请增设副使二员，以饬边备，谋遂沮。

还南京数月，迁兵部尚书，参赞如故。考选官属，严拒请托，同事者咸不悦。而钱能归，屡谮恕于帝。帝亦衔恕数直言，遂命兼右副都御史巡抚南畿。旧制，应天、镇江、太平、宁国、广德官田征半租，民田全免。其后，民田率归豪右，而官田累贫民。恕乃量减官田耗，稍增之民田。常州时有美米，乃奏以六万石补夏税，又补他府户口盐钞六百万贯，公私便焉。所部水灾，奏免秋粮六十余万石。周行振贷，全活二百余万口。江南岁输白粮，民多至破产，而光禄概以给庖人、贱工。又中官暴横，四方输上供物，监收者率要羡入。织造缯采及采花卉禽鸟者，络绎道路。恕先后论列，皆不纳。

中官王敬挟妖人千户王臣南行采药物、珍玩，所至骚然，长吏多被辱。至苏州，召诸生写妖书，诸生大哗。敬奏诸生抗命。恕亟疏言："当此凶岁，宜遣使振济，顾乃横索玩好。昔唐太宗讽梁州献名鹰，明皇令益州织半臂褙子①，进琵琶杆拨镂牙合子诸物，李大亮、苏颋不奉诏。臣虽无似，有慕斯人。"因尽列敬等罪状。敬亦诬奏恕并及常州知府孙仁，仁被逮。仁，新淦人，由进士历知府，为人方峻，敬至不为礼，以是见忤。恕抗章救，三疏劾敬。会中官尚铭亦发敬奸状，乃下敬等狱，戍其党十九人，而弃臣市，传首南京。仁亦得释归，后积官至巡抚宁夏右副都御史。

二十年复改恕南京兵部尚书。时钱能亦守备南京，语人曰："王公，天人也，吾敬事而已。"恕坦怀待之，能卒敛戢。林俊之下狱也，恕言："天地止一坛，祖宗止一庙，而佛至千余寺。一寺立，而移民居且数百家，费内帑且数十万，此舛也。俊言当，不宜罪。”帝得疏不怿。恕侃侃论列无少避。先后应诏陈言者二十一，建白者三十九，皆力阻权幸。天下倾心慕之，遇朝事有不可，必曰：“王公胡不言也?”则又曰：“公疏且至矣”，已，恕疏果至。时为谣曰：“两京十二部，独有一王恕。”于是贵近皆侧目，帝亦颇厌苦之。

二十二年起用传奉官，恕谏尤切，帝愈不悦。恕先加太子少保，会南京兵部侍郎马显乞罢，忽附批落恕宫保致仕，朝野大骇。恕数为巡抚，历侍郎至尚书，皆在留都。以好直言，终不得立朝。既归，名益高，台省推荐无虚月。工部主事仙居王纯比恕汲黯，至予杖，谪思南推官。

孝宗即位，始用廷臣荐，召入为吏部尚书，寻加太子太保。先是，中外劾大学士刘吉者，必荐恕，吉以是大恚。凡恕所推举，必阴挠之。弘治元年闰正月，言官劾两广总督宋旻、漕运总督邱鼐等三十七人宜降黜，中多素有时望者。吉竟取中旨允之，章不下吏部。恕以不得其职，拜疏乞去，不许。陕西缺巡抚，恕推河南布政使萧祯。诏别推，恕执奏曰：“陛下不以臣不肖，任臣铨部。倘所举不效，臣罪也。今陛下安知祯不才而拒之?是必左右近臣意有所属。臣不能承望风指，以固禄位。且陛下既以祯为不可用，是臣不可用也，愿乞骸骨。”帝乃卒用祯。

时言官多称恕贤且老，不当任剧职，宜置内阁参大政。最后，南京御史吴泰等复言之。帝曰："朕用蹇义、王直故事，官恕吏部，有谋议未尝不听，何必内阁也。"恕尝侍经筵，见帝困热暑，请依故事大寒暑暂停，仍进讲义于宫中。进士董杰、御史汤鼐、给事中韩重等遂交章论驳，恕待罪请解职，优诏不许。恕上言："臣蒙国厚恩，日夕思报。人见陛下任臣过重，遂望臣太深，欲臣尽取朝政更张之，如宋司马光故事。无论臣才远不及光，即今亦岂元祐时。且六卿分职，各有攸司，臣岂敢越而谋之。但杰等责臣良是，臣无所逃罪，惟乞放还。"帝复优诏勉留之。恕感激眷遇，益以身任国事。方以疾在告，闻帝颇擢用宦官，至有赐蟒衣给庄田者，具疏切谏。中官黄顺请起复匠官潘俊供役，恕言不可以小臣坏重典。再执奏，竟报许。

刘吉既憾恕，吉所陷寿州知州刘概及言官周纮、张昺、汤鼐、姜绾等，恕又抗章力救，吉以是益恨，乃合私人魏璋等共排之。恕先后推用罗明、熊怀、强珍、陈寿、邱鼐、白思明等，咸讽璋等纠驳。恕知志不得行，连章求去。帝辄慰留，且以其老特免午朝，遇大风雨雪，早朝亦免。

徽王见沛乞归德州田，已得旨。恕言王国懿亲，不当争尺寸地，使小民失业，帝婉辞报焉。卢沟桥成，中官李兴乞进文思院副使潘俊等官。恕言："营造常职，安得录功。成化季始有此事，陛下初政幸已革汰，奈何复行？且山陵大工未闻升职，援例奏乞，将何词拒之？"帝纳其言。已，修京城河桥，帝复从兴请授四人官，许五人冠带。恕执奏，不从，再疏争曰："臣职掌铨选，义当尽言，而再疏莫回天听，以为业已许之不可易。夫事求其当，设未当，虽十易何害。不然，流弊有不可救者。"报闻。先后以灾异条七事，以星变陈二十事，咸切时弊。寿宁伯张峦请勋号、诰券。恕言："钱、王两太后正位中宫数十年，钱承宗、王源始邀封爵。今皇后立甫三年，峦已封伯。遽有此请，累圣德，不可许。"通政经历高禄，峦妹婿也，超迁本司参议。恕言："天下之官以待天下之士，勿私贵戚，妨公议。"中旨以次等御医徐生超补院判，恕请选上考者，不纳。文华殿中书舍人杜昌等夤缘[②]迁秩，御医王玉自陈乞进官，恕皆力争寝之。

是时刘吉已罢，而邱濬入阁，亦与恕不相能。初，濬以礼部尚书掌詹事，与恕同为太子太保。恕长六卿，位濬上。及濬入阁，恕以吏部弗让也，濬由是不悦。恕考察天下庶官，已黜而濬调旨留之者九十余人。恕屡争不能得，因力求罢，不许。太医院判刘文泰者，故往来濬家以求迁官，为恕所沮，衔恕甚。恕里居日，尝属人作传，镂板以行。濬谓其沽直谤君，上闻罪且不小。文泰心动，乃自为奏草，示除名都御史吴祯润色之。讦恕变乱选法。且传中自比伊、周，于奏疏留中者，概云不报，以彰先帝拒谏，无人臣礼。欲中以奇祸。恕以奏出濬指，抗言：“臣传作于成化二十年，致仕在二十二年，非有望于先帝也。且传中所载，皆足昭先帝纳谏之美，何名彰过。文泰无赖小人，此必有老于文学多阴谋者主之。”帝下文泰锦衣狱，鞫之得实，因请逮濬、恕及祯对簿。帝心不悦恕，乃贬文泰御医。责恕沽名，焚所镂版。置濬不问。恕再疏请辨理，不从，遂力求去。听驰驿归，不赐敕，月廪、岁隶亦颇减。廷论以是不直濬。及濬卒，文泰往吊，濬妻叱之出曰：“以若故，使相公龂王公，负不义名，何吊为！”

恕扬历中外四十余年，刚正清严，始终一致。所引荐耿裕、彭韶、何乔新、周经、李敏、张悦、倪岳、刘大夏、戴珊、章懋等，皆一时名臣。他贤才久废草泽者，拔擢之恐后。弘治二十年间，众正盈朝，职业修理，号为极盛者，恕力也。武宗嗣位，遣行人赍敕存问，赉羊酒，益廪隶，且谕以谠论无隐。恕陈国家大政数事，帝优诏报之。正德三年四月卒，年九十三。平居食啖兼人，卒之日小减。闭户独坐，忽有声若雷，白气弥漫，瞰之暝矣。讣闻，辍朝，赠特进左柱国太师，谥端毅。五子、十三孙，多贤且显。

选自《明史》卷一百八十二《王恕传》

【注释】

①褙（bèi）子：即背子。一种由半臂或中单演变而成的上衣。相传始于唐，盛行于宋元。宋代男女皆服，因使用和时间的不同，其形式变化甚多。

②夤（yín）缘：本指攀附上升，后喻攀附权贵，向上巴结。

【译文】

王恕，字宗贯，三原人，正统十三年（1448）进士。他由庶吉士授官大理左评事，后升为大理寺左寺副。他曾条分缕析地陈述刑罚不当的六件事，朝议后都施行。他晋升为扬州知府，不等报批便开仓放粮赈救饥民，建资政书院以培养读书人。天顺四年（1460），王恕因为考核成绩最佳，破格晋升江西右布政使，以平定赣州贼寇。明宪宗继位，令大臣严格审核全国地方官，于是罢黜河南左布政使侯臣等十三人，而以王恕代替侯臣。

成化元年（1465），南洋、荆州、襄阳一带流民结伙作乱，朝廷任命王恕为右副都御史进行安抚镇压。恰逢母亲丧事，皇帝命令他守丧两个月就上任。王恕想推辞掉，皇帝不准。王恕与尚书白圭共同平定大盗刘通，又攻破他的同党石龙。他严格要求部下不许滥杀无辜，流民重操旧业。他调职巡抚河南。评定政绩，他晋升左副都御史，不久又升为南京刑部右侍郎。他的父亲去世，他守丧完毕后，又以原官总督河道。在此期间，他疏浚了高邮湖、邵伯湖等地湖泊，修建了雷公、上句城、下句城、陈公等四塘水闸。由于发生灾情，王恕请求讨论救灾的办法。皇帝为此免山东租赋一年，京郊地区也多所减免。不久，王恕又调南京户部左侍郎。

成化十二年，大学士商辂等以为云南远在万里之地，向西可控制西边各省民族，向南又连接交阯，而镇守云南的宦官钱能贪得无厌，建议派有威望的大臣前往巡抚镇守。于是，王恕被调任左副都御史去云南，又晋升右都御史。当初，钱能派指挥郭景到北京启奏皇帝，谎说安南追捕贼盗的军队擅自闯入云南，皇帝就命令郭景带上圣旨来警告他们。按照素来的做法，出使安南要绕道广西，而郭景则直接从云南去了。钱能通过郭景赠送安南王黎灏玉带、宝绦、蟒衣等珍奇品物。黎灏派将领率兵护送郭景回云南，想借机打通去云南的路。郭景害怕惹祸，要先锋人员告诉边关卫士。于是，他脱身返回，宣称安南敌兵到了，边关将士严加戒备。黔国公沐琮派人晓谕安南军队将领，安南军队才退回去。而大臣们畏惧钱能，竟将事情隐匿不上报皇帝。钱能又多次派郭景以及指挥卢安、苏本等与干崖、孟密等联络，收了不计其数的金银财宝。王恕都一一查清了这些事实，派缇骑逮捕郭景，郭景畏罪自杀。于是，王恕弹劾钱能私通外国，当判死刑。皇帝诏令刑部郎中潘蕃前往调查。钱能又找机会，用驿马进献黄鹦鹉。王恕请求禁绝，并且全部揭发钱能贪婪残暴的行为，说："昔日，交阯因为镇守用人不当，致使一方陷没，今日的事大概更加严重。陛下何必怜惜一个钱能，而使边境不安定。"钱能非常害怕，急忙嘱托皇帝身边的权贵请求召王恕回朝。而这时商辂、项忠等正直人士因触犯汪直被罢官，皇帝于是调派王恕掌管南京督察院，参赞守备机密事务。钱能就这样没事了，潘蕃查明此事并上奏皇帝，但皇帝不追究。

王恕在云南任官九个月，威名远播境外，黔国以下都小心奉命。在此期间，王恕共上疏二十次，正直之名声震动天下。这时，安南收容了江西的一个王姓反叛者，并以他为主谋，秘密派间谍到临安刺探情报，又在蒙自买铜铸造兵器，准备伺机偷袭云南。王恕知道后，请求朝廷在云南增设副使二人，以加强边防，安南阴谋未能得逞。

王恕回南京几个月后，升为南京兵部尚书，像以前一样参赞机务。他考核选拔官员，严拒请托，同事都不高兴。而钱能返回朝廷后，多次在皇帝面前诬陷王恕。皇帝也不满王恕多次直言，于是任命王恕兼右副都御史巡抚南畿。旧例，应天、镇江、太平、宁国、广德的官田只征收一半的税，而民田全部免税。后来，民田大都归地主强占，而官田害苦贫民。于是，王恕酌情减少官田，增加民田。常州当时有额外多征的米，王恕便奏请用六万石补充夏季粮税，又补充其他府户盐钞六百万贯，这样，无论是政府还是私人，都受益匪浅。因王恕所管辖地区遭水灾，王恕奏请朝廷免除这年秋粮六十余万石。而且，王恕还遍行赈济借贷，救活了二百多万人。江南每年缴纳专供宫廷和百官用的额外漕粮，很多老百姓因此破产，而光禄寺拿这些米供给厨子、工匠。再加上宦官残暴凶横，四方缴纳贡献的财物，监管者还要索取好处费。还有给朝廷织造缯彩以及采集奇花异鸟的人，络绎不绝。王恕都上书指陈其弊，但皇帝都不采纳。

宦官王敬带妖人千户王臣到南方采集药物、珍玩，所到之处弄得鸡犬不宁，地方官吏多被他们侮辱。二人到苏州时，要当地秀才写惑众之文，这些秀才一片哗然。为此，王敬上奏说这些秀才违抗命令。王恕急忙上疏说："在这天下哀鸿遍野之时，朝廷本应派使臣救济天下苍生，可现在所派之人却横行天下、强索玩物。从前，唐太宗要梁州进献名鹰，唐玄宗令益州织半臂褙子，进献琵琶杆、拨镂牙合子等，当时李大亮、苏颋拒不奉诏。愚臣虽然比不上此二位贤臣，但也仰慕他们的作风。”于是，王恕全部揭露王敬等人的罪状。为报复王恕揭露自己，王敬也诬奏王恕，并牵连常州知府孙仁，结果孙仁被逮捕。孙仁，新淦人，由进士历任知府，正直端方。王敬到常州时，孙仁没有巴结他，所以得罪了他。王恕又慷慨上疏营救孙仁，多次上疏弹劾王敬。而此时，宦官尚铭也揭发了王敬作奸犯科的罪状。于是，皇帝把王敬等打入监狱，同时将他的十九个同伙充军，而将王臣判死刑，将其首级传送南京。孙仁也得以释放。后来，孙仁官至巡抚宁夏右副都御史。

成化二十年，王恕又为南京兵部尚书。此时钱能为南京守备，钱能对别人说：“王公是神仙，我只有把自己的事情做好。”王恕亦以坦诚相待，钱能终于收敛了。林俊被投入监狱时，王恕说：“天地只有一个祭坛，祖宗只有一座宗庙，而佛却有千余所寺庙。一所寺庙建立，要迁移几百家居民，花费国库几十万资金，这一做法不可。林俊说得极对，不应定罪。”皇帝得到王恕的上疏，很不高兴。王恕坚持自己的意见正确，决不回避。他先后应诏向皇帝陈说政事达二十一次，自己主动建议三十九次，每次都是极力阻止权贵胡作非为。天下人仰慕他，碰到朝廷上议事不顺时，一定有人会说：“王公为什么不说话？”又说：“王公的奏疏就要到了。”紧接着，王恕的奏疏果然来了。当时流传的民谣说：“两京十二部，独有一王恕。”于是贵幸近臣都怕他，皇帝对他也厌烦头疼。

成化二十二年，王恕被起用为传奉官。王恕进谏更加激烈，明宪宗更不高兴。明宪宗先给王恕太子少保衔，碰巧南京兵部侍郎马显请求辞官，皇帝忽然附批王恕以宫保之职退休，朝廷内外大为震惊。王恕多次巡抚四方，历任侍郎做到尚书，都在南京。只因好直言，始终不能在朝廷为官。王恕回乡后，名望更高，中央台省官员时时推荐他。工部主事王纯将王恕比为西汉诤臣汲黯，结果被皇帝处以杖责，贬为思南推官。

明孝宗即位，纳朝廷大臣的推荐，起用王恕入朝为吏部尚书，不久加官太子太保。在此之前，朝廷内外弹劾大学士刘吉的人，一定推荐王恕，刘吉因此非常恨王恕。凡王恕所推荐的人，刘吉一定暗中作梗。弘治元年（1488）闰正月，谏官弹劾两广总督宋旻、漕运总督邱鼐等三十七个官员，他们都应该降黜，其中很多是甚有名望的人。刘吉竟然直接从宫中取得诏令批准了，也不下发吏部。王恕因不能行使吏部尚书的职权，上疏请求辞职，明孝宗不同意。陕西缺巡抚，王恕推荐河南布政使萧祯去补员。皇帝令王恕另外推荐他人，王恕上奏说："皇上不嫌微臣无能，仍任命臣为吏部尚书。如果微臣所举之人不称职，是臣的罪过。现在陛下怎么知道萧祯没有才能而拒绝他？这一定是陛下近臣另有人选。微臣不能曲意奉承他们，以巩固自己的位置。况且，陛下以为萧祯不可用，这说明臣也不可用，恳请陛下让我退隐。"皇帝这才最终任用萧祯。

当时谏官多说王恕贤能但年事已高，不应当再担任吏部尚书这样的职务，应该安排入内阁参政。最后，南京御史吴泰等也持此意见。孝宗说："我按任用蹇义、王直的先例，让王恕为吏部尚书，有谋议未曾不听，何必要他入内阁？"王恕曾为孝宗讲经论史，见皇帝太热，就请求按先前作法，在大寒大热之时暂停，但仍进讲义于宫中。听说此事后，进士杰、御史汤鼐、给事中韩重等纷纷上奏批评王恕此种建议。没办法，王恕只得请罪去职，皇帝下诏称赞了他，不同意他去职。为此，王恕上书说：“微臣蒙受国家深恩，时刻不忘回报。人们见陛下给臣职务过于重要，所以寄望于臣太深，希望臣改革朝政，就像北宋司马光那样。且不说我才能远不如司马光，就时代说，现在也不是元祐时。且说六卿各司其职，臣怎敢越雷池一步？董杰等责备臣，说得很对。臣自知有罪，请陛下让臣回乡。”皇帝又嘉奖并挽留他。王恕感激皇帝恩遇，更加以身报国。王恕正准备告病假时，听说宪宗提拔了很多宦官，还赐给这些宦官蟒衣和庄田，王恕立即上疏劝阻。宦官黄顺请宪宗重新起用匠官潘俊，王恕说不可因宦官而败坏国家大典。他两次上奏，皇帝只得同意。

刘吉对王恕十分恼恨，对刘吉所陷害的寿州知州刘概以及谏官周纮、张昺、汤鼐、姜绾等，王恕又上疏极力营救，刘吉更是恨得咬牙切齿。于是，他纠合同伙魏璋等排挤王恕。王恕先后推荐的罗明、熊怀、强珍、陈寿、邱鼐、白思明等人，刘吉要魏璋等逐个弹劾。王恕知道自己的主张不能实行，连上奏章请辞。皇帝又安慰挽留，并且因为他年老，特别免除他午朝，大风大雨大雪时，也不用去早朝。

徽王朱见沛请求宪宗给他德州的田地，孝宗下旨同意。王恕对宪宗说，皇室宗亲不应争夺农民土地，使农民失业。皇帝婉言拒绝了他。卢沟桥修成后，宦官李兴请求给负责此项工程的文思院副使潘俊等升官。王恕说：“负责工程是潘俊等人的分内之事，怎么能够以此表功？先皇成化末年有这种事，但陛下登基后已革除此弊，怎么现又施行?！况且，负责皇陵这样巨大工程都没有升官的。如果这次陛下应允，那其他人用同样的方法请求，陛下将何以拒之?”明孝宗采纳了他的意见。随后，修京城河桥，皇帝又听李兴的建议要授予四人官职，准许五人封爵。王恕持疏上奏，皇帝不从，王恕再次上疏规劝说：“臣执掌铨选之职，理当尽言，而两次上疏都没有使皇上回心转意，认为已经同意不能更易。事情应求恰当，如果不恰当，即使更易十次又有何妨害？如果不这样，流弊就不可挽救。”皇帝回复知道了。王恕先后因灾异条陈七件事，以星变条陈二十件事，都切中时弊。寿宁伯张峦求请勋号、诰券。王恕说：“钱、王两太后正位中宫几十年，钱承宗、王源才请求封爵。现在皇后才正位三年，张峦已经封伯，这么快又有这种请求，有损圣德，不能同意。”通政经历高禄，是张峦的妹夫，破格晋升为本司参议。王恕说：“天下的官位是留给天下贤士的，不能私自送与贵戚，妨碍公议。”宫中直接下旨以次等御医徐生超补官院判，王恕请求选拔考绩上等的官员，皇帝不采纳。文华殿中书舍人杜昌等以攀附权贵升官，御医王玉自也要求进官，王恕都极力规劝阻止皇帝。

这时刘吉已罢官，而邱濬进入内阁，同王恕不和。当初，邱濬以礼部尚书兼詹事，与王恕同为太子太保。王恕为六卿之长，位居邱濬之上。及邱濬入内阁，王恕以吏部尚书之位而并不相让，邱濬因此不高兴。王恕考察百官，已罢免而被邱濬矫旨留任的有九十余人。王恕多次要邱濬放弃这种做法，邱濬不理。王恕一怒之下，请求皇帝罢官，但皇帝不允许。太医院院判刘文泰，巴结邱濬以求升官，被王恕阻挠，十分怨恨王恕。王恕居住乡里时，曾嘱人为自己作传，并刻板印行。邱濬借机说他沽名钓誉，毁谤皇帝，皇上如果知道这事，他的罪就大了。刘文泰见时机已来，于是自己起草了弹劾王恕的奏章，拿给被除名的御史吴祯修改。该奏章攻击王恕变乱官员选举法，又妄自尊大，把自己比为商代名相伊尹和西周名臣周公。不仅如此，王恕对留在宫中的奏疏，一概说皇帝没有批复，以彰显先帝拒谏饰非。他如此狂妄，没有人臣之礼，请皇帝治他的大罪。王恕认为，此奏疏由邱濬暗中指使，便直接上疏说："微臣的自传作于成化二十年，微臣退休于成化二十二年，并不是对先帝不满。况且自传中所写，都足以显示先帝从谏如流的美德，怎说是在显先帝之过。刘文泰是无赖小人，这一定有大后台老板在阴谋指使。"皇帝将刘文泰投入锦衣卫大牢狱。经审问，刘文泰说出实情，于是请求逮捕邱濬、王恕及吴祯对簿公堂。皇帝不满王恕，于是贬刘文泰为御医，责备王恕沽名钓誉，要求焚毁王恕所刻的自传，对邱濬不予追究。王恕再次上疏请求皇帝明辨真相，皇帝不听。于是，王恕竭力请求辞职。皇帝听任王恕乘驿车回老家，不下圣旨，退休薪俸也大减。朝廷普遍认为邱濬为人不正直。等到邱濬去世，刘文泰前往吊唁，邱濬的妻子将他赶出去，骂道："因为你，使我家相公冒犯王恕大人，得了不义的坏名声，谁要你还来吊唁！"

王恕在朝廷内外做官四十余年，其清正刚直，有始有终。他所推荐的耿裕、彭韶、何乔新、周经、李敏、张悦、倪岳、刘大夏、戴珊、章懋等，都是一时名臣。其他久埋没于民间的贤良人才，王恕都尽快提拔他们，只恐太迟。在明孝宗二十年里，正直官员充满朝廷，他们各司其职，政治清明，盛极一时，这都是王恕的功劳。明武宗继位后，派使臣携圣旨去慰问他，还赠送羊酒，增加廪食隶仆，并要他对时政直言不讳。王恕呈上了有关国家的几件大事，皇帝下诏书褒奖他。正德三年（1508）四月，王恕去世，享年九十三岁。王恕平时要吃两个人的饭，去世前才稍为减少。闭门独坐时，忽然，有像雷一样的声音，接着白气弥漫，再去看王恕时，他已瞑目了。皇上听到讣告，罢朝，追赠特进左柱国太师，谥“端毅”。王恕有五个儿子和十三个孙子，大多贤能而且显贵。

【评述】

王恕为官主要是在明宪宗成化年间，他为官由湖北、云南再到江南，平定叛乱，安靖边疆，体察民瘼，抗疏直言，是当时以正直清廉著称的名臣。在王恕的事迹中，最值得称赞的是他与阉宦的斗争。按照明朝制度，阉人干政本来是受到禁止的，明太祖曾置铁牌于宫门：“内臣不得干预政事，预者斩。”但自永乐年间开始，阉宦势力开始抬头，正统年间的王振已是专权极甚，根本不把朝臣放在眼里。阉人权势的大小取决于皇帝的能力与态度，而且阉宦往往打着皇帝的旗号鱼肉百姓，危害极大。比如阉宦钱能和王敬就曾领受君命出京，骚扰地方，肆行威福，贪污腐化，中饱私囊。尤其王敬，他携妖人王臣南下江浙，所打名号就是为皇家采办药物、珍玩，借此竟然搜刮白银十多万两，几乎引发民变。王恕连章上奏，结果王臣被处斩，王敬发南京孝陵卫净军。此事曾经轰动一时，明末小说《醉醒石》第八回《奋鹰击书生仗义》写的就是这件事。

当然，在与阉宦的抗斗中，王恕还是比较幸运的，因为成化帝还算能够自律，能控制太监们的恣意妄为。后来的万历皇帝就不同了，他派往地方的税监、矿监等阉宦肆虐四方，将国家政治搅得一塌糊涂。明代直臣与权阉之间的斗争一直激烈，那些不惧以死抗争的朝臣为明代历史增添了光彩。

（南江涛注译　张杰评述）

林 俊

【原文】

林俊，字待用，莆田人。成化十四年进士。除刑部主事，进员外郎。性侃直，不随俗浮湛。事涉权贵，尚书林聪辄属俊治之。上疏请斩妖僧继晓并罪中贵梁芳，帝大怒，下诏狱考讯。后府经历张黻救之，并下狱。太监怀恩力救，俊得谪姚州判官，黻师宗知州。时言路久塞，两人直声震都下，为之语曰：“御史在刑曹，黄门出后府。”寻以正月朔星变，帝感悟，复俊官，改南京。

弘治元年，用荐擢云南副使。鹤庆元化寺称有活佛，岁时集士女万人，争以金涂其面。俊命焚之，得金悉以偿民逋。又毁淫祠三百六十区，皆撤其材修学宫。干崖[①]土舍刀怕愈欲夺从子宣抚官，劫其印数年。俊檄谕之，遂归印。进按察使。五年，调湖广。以雨雪灾异上疏陈时政得失。又言德安、安陆建王府及增修吉府，工役浩繁，财费巨万，民不堪命，乞循宁、襄、德府故事，一切省俭，勿用琉璃及白石雕阑，请著为例。不从。

九年，引疾，不待报径归。久之，荐起广东右布政使，不拜。起南京右佥都御史、督操江。十四年正月朔，陕西、山西地震水涌，疏述古宫闱、外戚、内侍、柄臣之祸，乞罢斋醮，减织造，清役占，汰冗员，止工作，省供应，节赏赐，戒逸欲，远佞幸，亲贤人。又请豫教皇储，因荐侍郎谢铎，少卿储瓘、杨廉，致仕副使曹时中，处士刘闵堪辅导。报闻。已，屡疏乞休，荐时中自代。不许。江西新昌民王武为盗，巡抚韩邦问不能靖，命俊巡视。身入武巢，武请自效，悉擒贼党。诏即以俊代邦问，俊引朱熹代唐仲友、包拯代宋祁事，力辞。不允。乃更定要约，庶务一新。王府征岁禄，率倍取于民，以俊言大减省。宁王宸濠贪暴，俊屡裁抑之。王请易琉璃瓦，费二万。俊言宜如旧，毋涉叔段京鄙之求，吴王几杖之赐。王怒，伺其过，无所得。会俊以圣节按部，遂劾奏之，停俸三月。寻以母忧归。

武宗即位，言官交荐，江西人在朝者合疏乞还俊。乃进右副都御史，再抚江西，遭父忧不果。正德四年，起抚四川。眉州人刘烈倡乱，败而逃，诸不逞假其名剽掠。俊绘形捕，莫能得。会保宁贼蓝廷瑞、鄢本恕、廖惠等继起，势益张，转寇巴州。猝遇之华垄，单舆抵其营，譬晓利害，贼罗拜约降。淫雨失期，复叛去，攻陷通江。俊击败之龙滩河，遣知府张敏等追败之门镇子，遂擒廖惠。而廷瑞奔陕西西乡，越汉中三十六盘至大巴山，官军追及，复大破之。遂移师击泸州贼曹甫，且遣人招谕。甫佯听令，使弟琯劫如故。指挥李荫斩琯首，贼遂移江津，分七营，将攻重庆。俊发酉阳、播州士兵助荫，以元日掩破其四营。贼遁入民家，焚之尽毙。乘胜捣老营，指挥汪洋等中伏死。荫复进，去贼十五里。甫以数十骑出，遇荫兵，败走。官军乘胜进围之，俘及焚死者二千有奇。已，本恕、廷瑞为永顺士舍彭世麟所擒。俊论功进右都御史。甫党方四亡命思南，复攻南川、綦江，以窥泸州。俊益发土兵，令副使何珊、李铖等败之去。捷闻，玺书奖励。

俊在军，与总督洪钟议多左。中贵子弟欲冒从军功，辄禁止。御史俞缁走避贼，而佥事吴景战殁。缁惭，欲委罪俊，遂劾俊累报首功，贼终不灭，加凿井毁寺，逐僧徒，迫为贼。于是俊前后被切责。比方四败，贼且尽，俊辞加秩及赏，乞以旧职归田。诏不许辞秩，听其致仕。言官交请留，不报。俊归，士民号哭追送。时正德六年十一月也。

世宗即位，起工部尚书，改刑部。在道数引疾，不许。因请帝亲近儒臣，正其心以出号令，用浑朴为天下先，初诏所革，无迁就以废公议。既抵京师，会暑月经筵辍讲，举祖宗勤学故事以谏。俊时年已七十，寓止朝房，示无久居意。数为帝言亲大臣，勤圣学，辨异端，节财用。朝有大政，必侃侃陈论，中外想望其风采。

中官葛景等奸利事觉，为言官所纠，诏下司礼监察讯。俊言内臣犯法，法司不得讯，是宫府异体也，乞下法司公讯，以昭平明之治。都督刘晖下狱，俊当以交结朋党律，言与许泰同罪，请斩以谢天下。廖鹏、廖铠、齐佐、王瓛论死，屡诏缓刑，俊乞亟行诛。又劾谷大用占民田万余顷。皆不听。中官崔文家人李阳凤索匠师宋钰贿不获，嗾文杖之几死，下刑部治未决，而中旨移镇抚司。俊留不遣，力争不纳。明日又奏，帝怒责陈状，俊言："祖宗以刑狱付法司，以缉获奸盗付镇抚，讯鞫既得，犹必付法司拟罪，未有夺取未定之囚，反付推问者。文先朝漏奸，罪不容诛，兹复干内降。臣不忍朝廷百五十年纪纲为此辈坏乱。"帝惮其言直，乃不问。

俊以耆德起田间，持正不避嫌，既屡见格，遂乞致仕。诏加太子太保，给驿赐隶廪如制。

俊数争"大礼"[②]，与杨廷和[③]合。尝上言推尊所生有不容已之情，有不可易之礼，因辑尧、舜至宋理宗事凡十条，以上。及"大礼"议定，得罪者或杖死。四年秋，俊从病中上书言："古者鞭扑之刑，辱之而已，非欲糜烂其体肤而致之死也，又非所以加于士大夫也。成化时，臣及见廷杖二三臣，率容厚棉底衣、重毡叠裹，然且沉卧，久乃得痊。正德朝，逆瑾窃权，始令去衣，致末年，多杖死。臣又见成化、弘治时，惟叛逆、妖言、劫盗下诏狱，始命打问，他犯但言送问而已。今一概打问，亦非故事。自去岁旧臣斥逐殆尽，朝署为空。乞圣明留念，既去者礼致，未去者慰留。硕德重望如罗钦顺④、王守仁、吕柟⑤、鲁铎⑥辈，宜列置左右。臣衰病待尽，无复他望，敢效古人遗表之意，敬布犬马之心。”帝但下所司而已。又明年，疾革，复上书请懋学隆孝，任贤纳谏，保躬导和，且预辞身后恤典，遂卒，年七十六。

后一年，《明伦大典》成，追论俊附和廷和，削其官，其子达以士礼葬之。俊历事四朝，抗辞敢谏，以礼进退，始终一节。隆庆初，复官，赠少保，谥贞肃。

《明史》卷一百九十四《林俊传》

【注释】

①干崖：今云南盈江，明永乐元年（1403）于干崖土司名置长官司，正统九年（1444）升为宣抚司，与南甸、陇川两宣抚司合称为“三宣”。

②大礼：明世宗以地方藩王登基，从正德十六年（1521）至嘉靖十七年（1538），统治阶级内部出现皇统问题上论争，“始而争考、争帝、争皇，继而争庙及路，终而争庙谒及乐舞。”通过这场论争，皇帝确立和巩固自身的统治，推行新政。

③杨廷和（1459—1529）：字介夫，号石斋，四川新都人。成化十四年（1478）进士，前后担任宰辅十四年（其中首辅九年）。他为官清正，多有建树，因争登基大典忤帝意，谪官，致仕，后削职为民。

④罗钦顺（1465—1547）：明代思想家。字允升，号整庵。泰和（今属江西）人。进士，官至南京吏部尚书。后辞官从事著述。

⑤吕柟（1479—1542）：字仲木，陕西高陵人，明正德三年（1508）状元。因居泾水之阳（水北曰阳），号泾野，学者称泾野先生。

⑥鲁铎（1461—1527）：字振之，景陵（今湖北天门）人，好学不倦，不喜交游。弘治十五年（1502）进士，授林院庶吉士。太子少师李东阳爱其才，预修《孝宗实录》。后辞官归籍，虽多次征召均辞。著有《戒庵文集》二十卷。《鲁文恪公文集》十卷。

【译文】

林俊，字待用，莆田人，成化十四年（1478）进士，授官刑部主事，升刑部员外郎。林俊性情耿直，不随波逐流。有涉及权贵的事务，刑部尚书林聪总要林俊来处理。林俊上书请求斩杀妖僧继晓，并处置大宦官梁芳。对此，明宪宗大怒，将他投入由皇帝直接掌管的监狱严加审讯。后来，府经历张黻来救他，也一同被关入监狱。经太监怀恩的极力营救，林俊才得以贬为姚州判官，张黻调任师宗（今属云南省东南部曲靖市）知州。当时，进言之路阻滞已久，他俩正直的名声震动北京城，人们将他们俩编成歌谣说："御史在刑曹，黄门出后府。"不久，因为正月初一发生星象异变，皇帝感悟，才恢复了林俊的官职，调往南京。

弘治元年（1488），林俊因人举荐提升为云南按察副使。当时，人说鹤庆的玄化寺宣称有活佛，因此，每年一到季节就集聚男女老少万人，大家争先恐后在此佛面上涂金。但林俊到任后，下令将其焚烧，所得的金子全部用来还百姓欠的赋税。他又毁掉滥造的祠庙三百六十处，并将所拆的材料全部用来修学校。干崖土司刀怕愈想夺取侄子干崖宣抚司的官，抢他的官印已多年了。林俊下文正告刀怕愈，刀怕愈只得归还官印。后来，林俊升任云南按察使。弘治五年，林俊被调到湖广任职。在湖广为官时，他因雨雪灾异现象而上疏皇帝，陈述时政得失。他又上疏，指出在德安、安陆修建王府以及增建吉府，工程浩大，耗费巨大，人民无以承受。因此，他请求遵循宁、襄、德府的旧例，一切从省，不要用琉璃和白石雕造栏干，并请将这些定为常例。明孝宗不听。

弘治九年，林俊以病辞官，不待孝宗批准就走了。过了很久，有人举荐做广东右布政使，但他未去受命。后来，他起任南京右佥都御史、操江御史。弘治十四年正月初一，陕西、山西地震并发大水。借此机会，林俊上疏历陈古代后妃、外戚、内侍、掌权大臣的祸害，并请求停止设置斋坛求福，减少为皇宫织造，清除劳役占用民力，裁汰多余官员，停止大兴土木，节省供应，节制赏赐，戒除贪逸，亲贤臣，远小人。他又请求事先教习皇太子，并举荐侍郎谢铎，少卿储瓘、杨廉，退休副使曹时中，及隐士刘闵教导太子。对此奏疏，皇上曰“已知”。之后，林俊多次上疏请求退休，并推荐曹时中做自己这个官，皇帝不同意。江西新昌人王武作乱，巡抚韩邦问不能制服，皇帝便命林俊前往镇抚。林俊无所畏惧，亲自深入王武的巢穴。王武向林俊表示，自己将弃暗投明，为国效力，结果王武一伙全部捉拿归案。皇上下令林俊取代韩邦问，林俊就引用朱熹取代唐仲友、包拯取代宋祁的事，极力推辞。皇帝不答应。林俊上任后，更改制定各种重要的法规条约，政务焕然一新。王府征收每年的薪俸，向人民成倍征取，因林俊进言，使之大为减少。宁王朱宸濠贪婪残暴，林俊多次裁止他。宁王要将王府换成琉璃瓦，需花费二万。林俊劝他说，要依照前例，不要效仿春秋时期共叔段请京的僭越之举，也不要奢望像吴王刘濞从汉文帝获得几杖那样的赏赐。宁王听后大发雷霆，千方百计想找他的岔子，却没找到。恰逢林俊在皇帝生日那天去巡视辖地，于是上奏弹劾他，扣发三个月的薪俸。不久，林俊因母丧还乡。

明武宗即位，谏官交相举荐，在朝为官的江西人联合上疏皇帝，请求召回林俊。于是，明武宗升林俊为右副都御史，再次巡抚江西，但遭遇父丧而没有上任。正德四年（1509），朝廷起用他为四川巡抚。四川眉州人刘烈带头作乱，失败后逃跑了，众多叛乱的人都借他的名到处烧杀抢劫。为此，林俊将刘烈的画像置于交通要道处，以便捉拿，也未抓获。这时，保宁蓝廷瑞、鄢本恕、廖惠等人相继作乱，声势更大，为寇巴州。林俊突然在华垄与他们相遇，他单驾一车到他们的营寨，晓以利害关系，这些人下拜相约投降。但因久雨，这些人又再次叛乱，攻陷通江。林俊率军在龙滩河击败叛贼，并派知府张敏等率兵追击，在门镇子又再次打败他们，生擒廖惠。而蓝廷瑞逃往陕西西乡，越过汉中三十六盘，到达大巴山。等官军追到，又大败蓝廷瑞。接着，林俊调兵遣将追击泸州叛贼曹甫一伙，并且派人招降。曹甫假装服从命令，派弟弟曹琯烧杀劫掠如故。指挥李荫斩杀曹琯，贼寇于是转移到江津，分为七营，准备攻打重庆。林俊调动酉阳、播州的土兵协助李荫。正月初一，李荫大破敌寇四个营，未死的叛贼逃到老百姓家里隐藏起来，被全部烧死。官军乘胜直捣敌人老巢，指挥汪洋等在途中遭遇埋伏战死。李荫再次进攻，距离贼寇仅十五里了。曹甫率领数十名骑兵出战，遇到李荫所部士兵，战败逃跑。官军乘胜追击围攻，俘虏及烧死的敌人两千多人。后来，鄢本恕、蓝廷瑞被永顺土司的属官彭世麟所擒。朝廷评功，林俊升为右都御史。曹甫的党羽方四逃到思南，又攻打南川、綦江，对泸州虎视眈眈。林俊增派士兵，令按察副使何珊、李钺等打败并赶走方四一伙。捷报奏呈皇帝，皇帝下诏予以奖励。

林俊在军中时，与总督洪钟的意见不同。中贵子弟想冒领军功，林俊总是制止。御史俞緇逃临阵脱逃，而佥事吴景战死。俞緇惭愧，想推卸责任于林俊。于是，俞緇弹劾林俊多次报首功，但贼寇始终未灭，他又凿井毁寺庙，驱赶僧徒，把这些人逼上梁山为贼。结果，林俊被严厉谴责。等方四战败，贼寇差不多被消灭时，林俊推掉了所有的赏赐和升官，请求以巡抚解甲归田。皇帝命令他不许推辞升官和赏赐，允许他退休。谏官不断上书皇帝，请求挽留林俊，皇帝没有回复。正德六年十一月，林俊返乡。对他的离去，人民恋恋不舍，不少人相哭远送。

明世宗继位，起用林俊为工部尚书，后改任刑部尚书。他多次称病辞官，皇帝不答应。于是，林俊请求皇帝清心寡欲，亲近儒臣，发号施令，用淳厚朴实为天下表率。世宗即位初命除旧布新，不要迁就他人而废止了公议。林俊到北京以后，恰逢大热天，御前讲席停讲，他举明代各先皇勤学的故事来劝谏皇帝，而林俊当时已七十高龄了。他只住朝房，以示他没有长久为官之意。林俊多次劝世宗皇帝要亲近大臣，勤于学习圣人之道，明辨是非，节约开支。遇到朝廷有大事，他便侃侃而谈，朝廷内外人士都欣赏其风采。

宦官葛景等人非法渔利的事被谏官弹劾，皇帝令交司礼监审讯。林俊说宦官犯法，应交司法部门审讯，否则是对宦官和大臣没有一视同仁。因此，请皇帝将葛景等人交司法部门公开审讯，以示皇帝公平明察之治。都督刘晖下狱，林俊判与许泰同治交结朋党罪，请求斩首以谢天下。廖鹏、廖铠、齐佐、王瓛等判处死刑，皇上多次下诏缓期执刑，林俊请求尽快行刑。林俊又弹劾谷大用侵占民田万余顷，但皇上都没听。宦官崔文的家人李阳凤向匠师宋钰索取贿赂未得，便唆使崔文将宋钰拷打近死。事发后，本案交刑部处治未果，而从宫内传旨令移交镇抚司审理。当时，林俊扣留此案，不移交镇抚司，他极力向皇帝争取，皇帝不理。第二天，林俊又上奏，皇帝龙颜大怒，责备林俊扣留此案。为此，林俊说："我们祖宗把刑狱之事交付司法部门，把捕拿奸盗之事交镇抚司。镇抚司审讯之后，仍要交司法部门定罪，从来没有抢夺未定的囚犯，反而交给镇抚司的情况。崔文本是先朝漏网大奸，罪不容诛，现又干求宫内降旨，臣不忍看到我朝一百五十年的法纪，为这些人败坏。"皇帝怕他直言，就不再追究了。

林俊因年高德重而起用于民间，坚持正义不怕邪。他多次碰壁后，就请求退休。皇帝下诏允许他退休，又给他加太子太保，按制度供给驿车赏赐隶役廪食。

就"大礼议"事，林俊多次据理力争，与首辅杨廷和的意见不同。林俊曾进言，推崇尊重所生有不容已之情，有不可变之礼，因此搜辑上自尧舜，下至宋理宗的事共十件，进呈皇帝。等到"大礼"议定，得罪的人有的被杖打致死。嘉靖四年（1525）秋，林俊抱病上书说："古代鞭打，只是羞辱下受刑者，不是要打得他们血肉横飞而死去，也不用于士大夫。我朝成化时，微臣在朝廷上看到杖责几个大臣，都许他们穿厚棉底衣，厚毡叠里。即使这样，他们还是被打得卧床不起，许久才愈。正德时期，逆贼刘瑾弄权，开始剥除去衣服，到正德末年，许多大臣被杖打而死。微臣又见成化、弘治时期，只有叛逆、妖言、匪盗被打入钦犯监狱，才令杖打审问，对其他犯人只交官府审问罢了。而现不问青红皂白地杖打，也不合制度。从去年以来，朝廷老臣几乎全被贬逐，朝廷一空。请吾皇垂意，以礼招回那些被贬的人，对还未离去的安慰挽留。德高望重的硕儒如罗钦顺、王守仁、吕柟、鲁铎等，应在陛下左右，以备随时顾问。臣于世已无多日，不敢其他奢望，只学习古人遗表之意，仅摅愚情。”皇帝只将林俊的奏书下发有关部门。嘉靖五年，林俊病重，他又上书，请皇帝勤奋学习，推崇孝道，任用贤人，采纳忠言，保重龙体，倡导天下和平，且预先辞去死后的抚恤恩典。不久，林俊死去，终年七十六岁。

嘉靖六年，《明伦大典》编成，明世宗追究林俊附和杨廷和之罪，削去他的官职，他的儿子林达用士大夫之礼安葬了他。林俊历任四朝，直言敢谏，进退以礼，始终保持正直大臣的节操。隆庆初年（1567），朝廷恢复他的官职，追赠少保，谥“贞肃”。

【评述】

作为政策的执行者，官员在国家的政权运作系统中起着沟通上旨和下情的重要作用。那些真正想人民之所想，急人民之所急，又能不畏权贵，坚持原则的官员，不论当世遭际如何，都会得到百姓的爱戴和后人的铭记。“历事四朝，抗辞敢谏，以礼进退，始终一节”的林俊，就是这样一位明代官员。在他的身上，我们看到了一位有口皆碑，深得民心的官员的高贵品格。

纵观林俊一生，无论是在地方还是中央，不论获得擢升还是无咎遭贬，甚至是在生命即将逝去的时刻，他一直坚持自己的做人原则和为官信念。这种骨鲠和坚毅，令人钦佩。欧阳修曾经说过：“士不忘身不为忠信，言不逆耳不为谏诤。”（《续资治通鉴》卷四十七）这种“忘我”，实际上是一种看轻一己之利，将个人的安危荣辱置于最后，即使有皇权重压，权贵报复，也绝不退缩，誓将反贪斗争进行到底的大无畏精神。

除了与天地日月同参的忠义之气，林俊求真务实的理性精神也十分令人佩服。作为社会的精英力量，知识分子肩负着代表先进文化发展方向的社会责任和历史使命。在任何时代语境中，知识分子都不应该忘记实事求是的作风，以及对真理的信念和追求。

（赵锋注译　王园评述）

于 谦

【原文】

于谦，字廷益，钱塘人。生七岁，有僧奇之曰："他日救时宰相也。"举永乐十九年进士。

宣德初，授御史。奏对，音吐鸿畅，帝为倾听。顾佐为都御史，待寮属甚严，独下谦，以为才胜己也。扈跸[①]乐安，高煦出降，帝命谦口数其罪。谦正词崭崭，声色震厉。高煦伏地战栗，称万死。帝大悦。师还，赏赉与诸大臣等。

出按江西，雪冤囚数百。疏奏陕西诸处官校为民害，诏遣御史捕之。帝知谦可大任，会增设各部右侍郎为直省巡抚，乃手书谦名授吏部，超迁兵部右侍郎，巡抚河南、山西。谦至官，轻骑遍历所部，延访父老，察时事所宜兴革，即俱疏言之。一岁凡数上，小有水旱，辄上闻。

正统六年疏言："今河南、山西积谷各数百万。请以每岁三月，令府州县报缺食下户，随分支给。先菽秫，次黍麦，次稻。俟秋成偿官，而免其老疾及贫不能偿者。州县吏秩满当迁，预备粮有未足，不听离任。仍令风宪官以时稽察。”诏行之。河南近河处，时有冲决。谦令厚筑堤障，计里置亭，亭有长，责以督率修缮。并令种树凿井，榆柳夹路，道无渴者。大同孤悬塞外，按山西者不及至，奏别设御史治之。尽夺镇将私垦田为官屯，以资边用。威惠流行，太行伏盗皆避匿。在官九年，迁左侍郎，食二品俸。

初，三杨②在政府，雅重谦。谦所奏，朝上夕报可，皆三杨主持。而谦每议事京师，空橐以入，诸权贵人不能无望。及是，三杨已前卒，太监王振方用事。适有御史姓名类谦者，尝忤振。谦入朝，荐参政王来、孙原贞自代。通政使李锡阿振指，劾谦以久不迁怨望，擅举人自代。下法司论死，系狱三月。已而振知其误，得释，左迁大理寺少卿。山西、河南吏民伏阙上书，请留谦者以千数，周、晋诸王亦言之，乃复命谦巡抚。时山东、陕西流民就食河南者二十余万，谦请发河南、怀庆二府积粟以振。又奏令布政使年富安集其众，授田给牛种，使里老司察之。前后在任十九年，丁内外艰，皆令归治丧，旋起复。

十三年以兵部左侍郎召。明年秋，也先大入寇，王振挟帝亲征。谦与尚书邝埜极谏，不听。埜从治兵，留谦理部事。及驾陷土木，京师大震，众莫知所为。郕王监国，命群臣议战守。侍讲徐珵言星象有变，当南迁。谦厉声曰："言南迁者，可斩也。京师天下根本，一动则大事去矣，独不见宋南渡事乎！"王是其言，守议乃定。时京师劲甲精骑皆陷没，所余疲卒不及十万，人心震恐，上下无固志。谦请王檄取两京、河南备操军，山东及南京沿海备倭军，江北及北京诸府运粮军，亟赴京师。以次经画部署，人心稍安。即迁本部尚书。

郕王方摄朝，廷臣请族诛王振。而振党马顺者，辄叱言官。于是给事中王竑廷击顺，众随之。朝班大乱，卫卒声汹汹。王惧欲起，谦排众直前掖王止，且启王宣谕曰："顺等罪当死，勿论。"众乃定。谦袍袖为之尽裂。退出左掖门，吏部 尚书王直执谦手叹曰"国家正赖公耳。今日虽百王直何能为！"当是时，上下皆倚重谦，谦亦毅然以社稷安危为己任。

初，大臣忧国无主，太子方幼，寇且至，请皇太后立郕王。王惊谢至再。谦飏言曰："臣等诚忧国家，非为私计。"王乃受命。九月，景帝立，谦入对，慷慨泣奏曰："寇得志，要留大驾，势必轻中国，长驱而南。请饬诸边守臣协力防遏。京营兵械且尽，宜亟分道募民兵，令工部缮器甲。遣都督孙镗、卫颖、张軏、张仪、雷通分兵守九门要地，列营郭外。都御史杨善、给事中王竑参之。徙附郭居民入城。通州积粮，令官军自诣关支，以赢米为之直，毋弃以资敌。文臣如轩輗者，宜用为巡抚。武臣如石亨、杨洪、柳溥者，宜用为将帅。至军旅之事，臣身当之，不效则治臣罪。”帝深纳之。

十月敕谦提督各营军马。而也先挟上皇破紫荆关直入，窥京师。石亨议敛兵坚壁老之。谦不可，曰：“奈何示弱，使敌益轻我。”亟分遣诸将，率师二十二万，列阵九门外：都督陶瑾安定门，广宁伯刘安东直门，武进伯朱瑛朝阳门，都督刘聚西直门，镇远侯顾兴祖阜成门，都指挥李端正阳门，都督刘得新崇文门，都指挥汤节宣武门，而谦自与石亨率副总兵范广、武兴陈德胜门外，当也先。以部事付侍郎吴宁，悉闭诸城门，身自督战。下令，临阵将不顾军先退者，斩其将。军不顾将先退者，后队斩前队。于是将士知必死，皆用命。副总兵高礼、毛福寿却敌彰义门北，擒其长一人。帝喜，令谦选精兵屯教场以便调用，复命太监兴安、李永昌同谦理军务。

初，也先深入，视京城可旦夕下。及见官军严阵待，意稍沮。叛阉喜宁嗾使邀大臣迎驾，索金帛以万万计，复邀谦及王直、胡濙等出议。帝不许，也先气益沮。庚申，寇窥德胜门。谦令亨设伏空舍，遣数骑诱敌。敌以万骑来薄，副总兵范广发火器，伏起齐击之。也先弟孛罗、平章卯那孩中砲死。寇转至西直门，都督孙堂御之，亨亦分兵至，寇引退。副总兵武兴击寇彰义门，与都督王敬挫其前锋。寇且却，而内官数百骑欲争功，跃马竞前。阵乱，兴被流矢死，寇逐至土城。居民升屋，号呼投砖石击寇，哗声动天。王竑及福寿援至，寇乃却。相持五日，也先邀请既不应，战又不利，知终弗可得志，又闻勤王师且至，恐断其归路，遂拥上皇由良乡西去。谦调诸将追击，至关而还。论功，加谦少保，总督军务。谦曰："四郊多垒，卿大夫之耻也，敢邀功赏哉！"固辞，不允。乃益兵守真、保、涿、易诸府州，请以大臣镇山西，防寇南侵。

景泰元年三月，总兵朱谦奏敌二万攻围万全，敕范广充总兵官御之。已而寇退，谦请即驻兵居庸，寇来则出关剿杀，退则就粮京师。大同参将许贵奏，迤北有三人至镇，欲朝廷遣使讲和。谦曰："前遣指挥季铎、岳谦往，而也先随入寇。继遣通政王复、少卿赵荣，不见上皇而还。和不足恃，明矣。况我与彼不共戴天，理固不可和。万一和而彼肆无厌之求，从之则坐敝，不从则生变，势亦不得和。贵为介胄臣，而恇怯如此，何以敌忾，法当诛。"移檄切责。自是边将人人主战守，无敢言讲和者。

初，也先多所要挟，皆以喜宁为谋主。谦密令大同镇将擒宁，戮之。又计授王伟诱诛间者小田儿。且因谍用间，请特释忠勇伯把台家，许以封爵，使阴图之。也先始有归上皇意，遣使通款，京师稍解严。谦上言："南京重地，抚辑须人。中原多流民，设遇岁荒，啸聚可虞。乞敕内外守备及各巡抚加意整饬。防患未然，召还所遣召募文武官及镇守中官在内地者。”

于时八月，上皇北狩且一年矣。也先见中国无衅，滋欲乞和，使者频至，请归上皇。大臣王直等议遣使奉迎，帝不悦曰：“朕本不欲登大位，当时见推，实出卿等。”谦从容曰：“天位已定，宁复有他，顾理当速奉迎耳。万一彼果怀诈，我有辞矣。”帝顾而改容曰：“从汝，从汝。”先后遣李实、杨善往。卒奉上皇以归，谦力也。

上皇既归，瓦剌复请朝贡。先是，贡使不过百人，正统十三年至三千余，赏赉不餍，遂入寇。及是又遣使三千来朝，谦请列兵居庸关备不虞。京师盛陈兵，宴之。因言和议难恃，条上安边三策。请敕大同、宣府、永平、山海、辽东各路总兵官增修备御。京兵分隶五军、神机、三千诸营，虽各有总兵，不相统一，请择精锐十五万，分十营团操。团营之制自此始。具《兵志》中。瓦剌入贡，每携故所掠人口至。谦必奏酬其使，前后赎还累数百人。

初，永乐中，降人安置近畿者甚众。也先入寇，多为内应。谦谋散遣之。因西南用兵，每有征行，辄选其精骑，厚资以往，已更遣其妻子，内患以息。杨洪自独石入卫，八城悉以委寇。谦使都督孙安以轻骑出龙门关据之，募民屯田，且战且守，八城遂复。贵州苗未平，何文渊议罢二司，专设都司，以大将镇之。谦曰：“不设二司，是弃之也。”议乃寝。谦以上皇虽还，国耻未雪，会也先与脱脱不花构，请乘间大发兵，身往讨之，以复前仇，除边患。帝不许。

谦之为兵部也，也先势方张；而福建邓茂七、浙江叶宗留、广东黄萧养各拥众僭号；湖广、贵州、广西，瑶、僮、苗、僚所至蜂起。前后征调，皆谦独运。当军马倥偬，变在俄顷，谦目视指屈，口具章奏，悉合机宜。僚吏受成，相顾骇服。号令明审，虽勋臣宿将小不中律，即请旨切责。片纸行万里外，靡不惕息。其才略开敏，精神周至，一时无与比。至性过人，忧国忘身。上皇虽归，口不言功。东宫既易，命兼宫僚者支二俸。诸臣皆辞，谦独辞至再。自奉俭约，所居仅蔽风雨。帝赐第西华门，辞曰："国家多难，臣子何敢自安。"固辞，不允。乃取前后所赐玺书、袍、锭之属，悉加封识，岁时一省视而已。

帝知谦深，所论奏无不从者。尝遣使往真定、河间采野菜，直沽造干鱼，谦一言即止。用一人，必密访谦。谦具实对，无所隐，不避嫌怨。由是诸不任职者皆怨，而用弗如谦者，亦往往嫉之。比寇初退，都御史罗通即劾谦上功簿不实。御史顾皝言谦太专，请六部大事同内阁奏行。谦据祖制折之，户部尚书金濂亦疏争，而言者捃摭不已③。诸御史以深文弹劾者屡矣，赖景帝破众议用之，得以尽所设施。

谦性故刚，遇事有不如意，辄拊膺叹曰："此一腔热血，意洒何地！”视诸选耎[4]大臣、勋旧贵戚意颇轻之，愤者益众。又始终不主和议，虽上皇实以是得还，不快也。徐珵以议南迁，为谦所斥。至是改名有贞，稍稍进用，尝切齿谦。石亨本以失律削职，谦请宥而用之，总兵十营，畏谦不得逞，亦不乐谦。德胜之捷，亨功不加谦而得世侯，内愧，乃疏荐谦子冕。诏赴京师，辞，不允。谦言：“国家多事，臣子义不得顾私恩。且亨位大将，不闻举一幽隐，拔一行伍微贱，以裨军国，而独荐臣子，于公议得乎？臣于军功，力杜侥幸，决不敢以子滥功。”亨复大恚。都督张軏以征苗失律，为谦所劾，与内侍曹吉祥等皆素憾谦。

景泰八年正月壬午，亨与吉祥、有贞等既迎上皇复位，宣谕朝臣毕，即执谦与大学士王文下狱。诬谦等与黄竑构邪议，更立东宫；又与太监王诚、舒良、张永、王勤等谋迎立襄王子。亨等主其议，嗾言官上之。都御史萧惟祯定谳。坐以谋逆，处极刑。文不胜诬，辩之疾，谦笑曰：“亨等意耳，辩何益？”奏上，英宗尚犹豫曰：“于谦实有功。”有贞进曰：“不杀于谦，此举为无名。”帝意遂决。丙戌改元天顺，丁亥弃谦市，籍其家，家戍边。遂溪教谕吾豫言谦罪当族，谦所荐举诸文武大臣并应诛。部议持之而止。千户白琦又请榜其罪，镂板示天下，一时希旨取宠者，率以谦为口实。

谦自值也先之变，誓不与贼俱生。尝留宿直庐，不还私第。素病痰，疾作，景帝遣兴安、舒良更番往视。闻其服用过薄，诏令上方制赐，至醯菜毕备。又亲幸万岁山，伐竹取沥以赐。或言宠谦太过，兴安等曰：“彼日夜分国忧，不问家产，即彼去，令朝廷何处更得此人?”及籍没，家无余资，独正室镝钥甚固。启视，则上赐蟒衣、剑器也。死之日，阴霾四合，天下冤之。指挥朵儿者，本出曹吉祥部下，以酒酹谦死所，恸哭。吉祥怒，抶之。明日复酹奠如故。都督同知陈逵感谦忠义，收遗骸殡之。逾年，归葬杭州。逵，六合人。故举将才，出李时勉门下者也。皇太后初不知谦死，比闻，嗟悼累日。英宗亦悔之。

谦既死，而亨党陈汝言代为兵部尚书。未一年败，赃累巨万。帝召大臣入视，愀然曰：“于谦被遇景泰朝，死无余资。汝言抑何多也!”亨俯首不能对。俄有边警，帝忧形于色。恭顺侯吴瑾侍，进曰：“使于谦在，当不令寇至此。”帝为默然。是年，有贞为亨所中，戍金齿。又数年，亨亦下狱死，吉祥谋反族诛，谦事白。

成化初，冕赦归，上疏讼冤，得复官赐祭。诰曰：“当国家之多难，保社稷以无虞，惟公道之独持，为权奸所并嫉。在先帝已知其枉，而朕心实怜其忠。”天下传诵焉。弘治二年，用给事中孙需言，赠特进光禄大夫、柱国⑤、太傅，谥肃愍。赐祠于其墓曰“旌功”，有司岁时致祭。万历中，改谥忠肃。杭州、河南、山西皆世奉祀不绝。

赞曰：于谦为巡抚时，声绩表著，卓然负经世之才。及时遘艰虞，缮兵固圉。景帝既推心置腹，谦亦忧国忘家，身系安危，志存宗社，厥功伟矣。变起夺门，祸机猝发，徐、石之徒出力而挤之死，当时莫不称冤。然有贞与亨、吉祥相继得祸，皆不旋踵。而谦忠心义烈，与日月争光，卒得复官赐恤。公论久而后定，信夫。

选自《明史》卷一百七十《于谦传》

【注释】

①扈跸（hù bì）：随侍皇帝出行至某处。跸，指帝王的车驾或行幸之处。

②“三杨”：指杨荣、杨溥、杨士奇。他们在任辅臣期间，安定边防，整顿吏治，发展经济，使明朝的国力继续沿着鼎盛的轨道发展，并使明代阁臣的地位得到空前提高，由原来的皇帝办事员转变为具有丞相性质的辅臣，他们因此被史家视为名臣。

③捃摭（jùn zhí）不已：不停地搜集。

④选耎（ruǎn）：形容怯懦不前。选，通“巽”。

⑤柱国：官名，明代为十二阶武勋第二阶，从一品，清废。

【译文】

于谦，字廷益，钱塘（今杭州）人。七岁那年，有个僧人看到他的样子，十分惊讶，说：“这是将来挽救危局的宰相之才。”永乐十九年（1421），于谦举进士。

明宣德初年，于谦被任命为御史。觐见皇帝时，他声音洪亮，言语畅达，宣宗也为之侧耳倾听。顾佐任都御史时，对待属下很严厉，唯独礼敬于谦，以为于谦的才能胜过自己。跟随皇帝出征乐安时，高煦投降，皇帝命于谦当面列举他的罪状。于谦词严义正，声色俱厉，高煦吓得趴在地上发抖，自称罪该万死。皇帝非常高兴。班师回朝后，给于谦的赏赐，和朝中权贵一样多。

于谦作为御史巡按江西时，为几百个含冤之人平反。又奏称陕西的下级文武官员为害百姓，于是朝廷派遣御史前去查办。皇帝知道于谦可担大任，恰好此时朝廷准备将各部的右侍郎增设为直省巡抚，于是亲笔写了于谦的名字交给吏部，破格提拔他为兵部右侍郎，巡抚河南、山西。于谦到任后，轻车简从地巡视所辖地区，接见和走访乡邻父老，明白哪些利可以兴，哪些弊应当除，然后立即上书。这种情形一年中有好几次。再小的水旱灾害，也从不瞒报。

正统六年（1441）于谦上疏说：“目前河南、山西已存有数百万石粮食。请在每年三月令府州县上报缺少食物的贫民，按份额发给粮食。先是豆类和高粱，其次给小米和麦子，最后发给稻谷，秋收后再还。同时对老弱多病及贫困无力者的欠额予以免除。州县官吏任期已满当升迁的，如果粮食储备不足，不准离任。还要命令监察官员随时督察。”下诏施行。黄河南岸，经常决口。于谦下令加筑堤坝，按里设亭，亭设亭长，责令其督修。又令在路边种树挖井，因此榆柳夹路，行人也不再受干渴之苦。大同孤立于塞外，巡查山西的官员常走不到，于谦奏请专设御史来管辖。将镇边将领私人开垦的田地全部收为官家屯田，作为边防费用。于谦恩威并行，隐匿在太行山的盗贼都不敢露面。在任九年，升任三品左侍郎，受二品俸禄。

当初，杨荣、杨溥、杨士奇执政期间，很看重于谦。于谦的奏章，早上递上去，傍晚便批准，这都是因为三杨的偏爱。而于谦每次进京议事，总是空着手，权贵们难免忌恨。现在“三杨”已去世，太监王振当权，正好有个御史名字与于谦类似，曾经冒犯过王振。于谦进京朝拜时，让参政的王来、孙原贞代替自己。通政使李锡忖度王振的旨意，弹劾于谦，说他久不升迁怀有怨恨情绪，擅自让别人代替自己。于谦被判死罪，在监狱中关押了三月。后来王振知道搞错了，于谦才获释，但被降为大理寺少卿。上千的山西、河南官民跪在门外上书，挽留于谦。周王、晋王等也帮忙挽留，于谦被重新任命为巡抚。当时从山东、陕西逃荒到河南的百姓有二十余万，于谦请求将河南、怀庆两府存粮赈济灾民。又上奏让布政使年富安把这些人集中安置，给他们田地、耕牛和种子，由里长管理他们。于谦前后任职十九年，期间父母先后去世，皇帝都让他先回家守丧，很快重新起用。

正统十三年（1448）于谦被召为兵部左侍郎。第二年秋天，也先大兵入侵，王振力劝英宗亲征。于谦与尚书邝野极力劝阻，皇帝不听。邝野随军出征，参佐军务，于谦则留下管理兵部日常事务。皇帝在土木堡被俘，京师震动，众人慌乱。郕王监国，命群臣讨论是战是守。侍郎徐珵说星象有变，应当南迁。于谦厉声说道：“主张南迁的人当斩！京师是天下之根，一旦动摇就不可挽救。难道不知宋朝南渡的结局？”郕王同意，决定守城。当时京师精锐步兵骑兵已经损失殆尽，老弱残兵不到十万，人心恐惧，上下不稳。于谦请郕王发檄调两京和河南的备操军，以及山东和南京沿海的防倭军，江北和北京各府的运粮军，令速赴京师。经过于谦有条不紊的部署，人心才安定下来。于谦很快升任兵部尚书。

郕王刚摄政，大臣请将王振灭族。王振的党羽马顺叱骂言官。给事中王竑在朝廷击打马顺，众人一哄而上去打。朝廷秩序大乱，卫士们也大声喊叫。郕王害怕，站起来想逃走。于谦推开众人，挤到郕王面前把他拽住，并让他下旨说："马顺等人死罪，打死勿论。"众人这才安定下来。于谦的袍袖都被撕烂了。出左掖门时，吏部尚书王直拉着于谦的手说："国家全靠您了。今天这种局面，就是有一百个王直也不行啊。"此时，朝野上下都依靠于谦，于谦也以社稷安危为己任。

起初，大臣们担心国家无主，太子年幼，敌人很快要来，便请皇太后立郕王为皇帝。郕王很吃惊，多次推辞。于谦激动地说："臣等是为国家分忧，并非为私。"郕王这才受命。九月，景帝即位，于谦进宫，慷慨哭奏："敌寇胜利，要挟留下上皇，这样下去必将轻视中原，长驱南下。请饬令各守边大臣全力防御。京营的军械已快用完，应当从速分道招募民兵，令工部修缮兵器。遣都督孙镗、卫颖、张軏、张仪、雷通分兵守卫京师九城要害之地，城外列营。让都御史杨善、给事中王竑辅助，把郊外居民迁到城中。通州囤积的粮食，官军自己到那里领取，富余的粮食就作为他们个人的酬劳，不要丢弃留给敌人。轩輗这样的文臣，宜用为巡抚；石亨、杨洪、柳溥这样的武将，宜用为将帅。至于行军打仗，臣亲自担当，如不胜任治罪。"皇帝全部采纳了。

这年十月，任命谦提督各营军马。也先已经挟持上皇攻破紫荆关，直逼京师。石亨主张坚壁退守，待敌疲惫。于谦不同意，说：“何必示弱，让敌人更加轻视我们?”他马上分派将领，率领二十二万军队于九城门外列阵：都督陶瑾在安定门，广宁伯刘安在东直门，武进伯朱瑛在朝阳门，都督刘聚在西直门，镇远侯顾兴祖在阜成门，都指挥李端在正阳门，都督刘得新在崇文门，都指挥汤节在宣武门，于谦与石亨率领副总兵范广、武兴在德胜门外布阵，抵挡敌兵。他将部事交给侍郎吴宁，将所有城门全部关闭，亲自督战。下令：“将领不顾士兵而先退却的，斩；士兵不顾将领而先退却的，后队斩前队。”于是将士们抱必死之心，俯首听令。副总兵高礼、毛福寿在彰义门之北击退敌人，擒获一名长官。皇帝很高兴，令于谦挑选精兵屯驻在教场以被调用，又命太监乐安、李永昌协同于谦一起处理军务。

当初也先深入内地，以为旦夕之间便可攻下京城。见官军严阵以待，气势逐渐减弱。叛徒宦官喜宁教唆也先，让朝廷派大臣去迎接上皇，索要的金帛以万万计，又约于谦和王直、胡濙等人出城商议。皇帝没有同意，也先的锐气进一步受挫。十月二十九日，敌人想突破德胜门。于谦令石亨在无人的民房中设伏兵，再令几名骑兵诱敌。敌人的一万骑兵来追，副总兵范广引发火器，伏兵四起。也先的弟弟孛罗、平章卯那孩中炮而死。敌人转到西直门，遭遇都督孙镗的抵抗，石亨援军也到了，敌人败退。副总兵武兴在彰义门拒敌，与都督王敬共同击退敌军前锋。敌人退却时，数百骑宦官想争功，跃马往前冲，军阵大乱，武兴被流矢射死。敌人又追到土城，当地居民爬上屋顶，叫喊着用砖石砸向敌人，喊声震天。王竑和毛福寿援兵赶到后，敌兵才退。相持了五天，也先见邀约没有奏效，作战又失利，知道不会成功，又听说勤王兵将到，恐怕归路被断，便拥着上皇从良乡西去。于谦调遣将领追击，直到长城关口才罢。战后论功，加封于谦为少保，总督军务。于谦说："京城外有那么多的壁垒，是卿大夫的耻辱啊，怎敢还邀功请赏？"他坚决推辞，但皇帝不允。于谦增兵守卫真、保、涿、易等府州，请求派遣大臣镇守山西，防范敌寇南侵。

景泰元年（1450）三月，总兵朱谦上奏，有两万敌人正在围攻万全，皇帝令范广为总兵御敌。不久敌退，于谦奏请马上在居庸关驻兵，敌人一来便出关剿杀，敌人退走则供以京师之粮。大同参将许贵奏，迤北来了三个人，想请朝廷派使者去讲和。于谦说："以前派指挥季铎、岳谦去，也先随即入侵。后又派通政王复、少卿赵荣去，他们连上皇都没有见到就无功而返。和解已经无望，况且我们之间不共戴天，按理也不会讲和。万一讲和，他们就会提出贪得无厌的要求，那时答应则无异于坐以待毙，不答应则要生出变乱，最终也得不到和平。许贵作为一员武将，竟如此懦弱，怎能杀敌？依法应当处死。"发檄痛责许贵。从此守边将领人人主战，没有敢提出讲和的。

当初，也先提出许多要挟，都是喜宁的主意。于谦密令大同镇守将捕获喜宁，处死了他。又授计王伟诱杀间谍小田儿。而且实施反间计，释放忠勇伯把台家，许以封爵，让他回去秘密行事。也先有了归还上皇之意，派遣使者来通好，京师局势稍有缓和。于谦上奏说："南京重地，安抚工作需要人。中原地区多流民，遇上荒年他们就会聚集作乱，值得忧虑。请下令内外守备将领和各地巡抚加强整治，防患于未然。召回哪些派出去招募武装的文武官员和内地镇守的宦官。"

那年八月，上皇被俘已将近一年。也先见中原没有发生灾祸，求和之心更加强烈，使者频繁到来，请求送回上皇。大臣王直等人建议派使者将其迎回，皇帝不高兴，说："朕本来不想登基，当时被推上去，也是你们的主意。"于谦从容说道："天位已定，难道还有变？按理应该尽快迎回上皇。万一他们使诈，我们就有理了。"皇帝看着于谦，脸色缓和下来，说："依你，依你。"先后派出李实、杨善前去，终于接回上皇。这主要是于谦的功劳。

上皇回来后，瓦剌请求朝贡。原先，朝贡使者不到一百人，正统十三年（1448）达三千多人，由对赏赐不满，于是准备入侵明朝。这时瓦剌又派三千名使者来朝贡，于谦请在居庸关陈列重兵以防不测，又请在京师陈兵设宴。于谦于是说和议难以依靠，提出了安边三策。他请命令大同、宣府、永平、山海、辽东各路总兵官增修工事。京师武装分隶五军、神机、三千等营，虽然各设总兵，但相互之间不统一，请挑选精兵十五万，分为十营进行操练，这就是团营制度的开端，详见《兵志》。瓦剌来朝贡，常将原来掠去的人口带回，于谦一定上奏酬谢这些使者，前后赎回的达几百人。

先时永乐年间，投降的人主要在京畿安置。也先入侵时，很多人做内应。于谦计划遣返他们。当时西南地区在打仗，遇有征调，于谦便从这些人中挑选出善骑之人，给予丰厚资财，让他们从征，随后再将他们的妻子儿女送去，内患得以消除。杨洪从独石回来守城后，当地的八座城池失守。于谦派都督孙安率轻骑出龙门关占据独石，招募百姓屯田，边战边守，八城得以收复。贵州苗人之乱没有平定，何文渊建议罢布政、按察两司，专设都司，派大将镇守。于谦说："不设两司，等于是放弃。"此建议作罢。于谦认为上皇虽然回来，但国耻未雪。正好这时也先与脱脱不花交战，于谦请求兴兵，自己亲自去征讨，以报前仇，消除边患。皇帝不应允。

于谦做兵部尚书的时候，也先势力正强，而福建邓茂七、浙江叶宗留、广东黄萧养分别聚众造反，僭号称王，湖广、贵州、广西的瑶、壮、苗、僚也纷纷作乱。所有的调兵征战都是于谦统筹。戎马倥偬之际，形势多变，于谦眼神所指，口授文书，都十分恰当。属下官员看到这些，都非常惊讶佩服。他号令严明，即使是功臣和老将，如果做得不好，也请皇帝痛加斥责。就算万里之外接到他的片言指令，也都小心遵行。他思维敏捷，精力旺盛，当时无人可比。他性情纯厚，忧国无我。上皇虽然接回，但他从不居功。东宫太子改换后，凡兼任东宫属官的官员都发给双俸。大臣们都稍加推辞，唯独于谦一再推辞不受。他生活节俭，所住的地方仅能挡风遮雨。皇帝赐给位于西华门的宅第，他推辞说："国家多灾多难，做臣子怎敢贪图安逸？"坚决推辞，皇帝不许。于谦只是把皇帝前后赐给他的玺书、袍、金锭等器物封好收藏，每年拿出来查看一次。

皇帝知道于谦深谋远虑，凡他所奏无不听从。皇帝曾派使者到真定、河间采野菜，到直沽制作干鱼，于谦一次劝诫皇帝便停止了。任用一个人，也一定私下询问于谦。于谦都据实回答，毫无隐瞒，也不避嫌隙。因此不称职的人都恨他，而才能不如于谦的，又往往妒忌他。敌寇刚刚退走，都御史罗通即弹劾于谦，说他所上的功劳簿不实。御史顾躭说于谦太专断，要求凡是六部的大事，要同内阁一起上奏施行。于谦依据祖制予以驳斥。户部尚书金濂也上书争辩。而言官争相收集他们的言论。御史们多次以苛刻的言辞弹劾于谦，多亏景帝力排众议，才使他的想法全部付诸实施。

于谦性情刚烈，遇事稍不如意，总是拊膺叹息说："这一腔热血，究竟要洒在哪里？"看到那些怯懦的大臣和勋旧贵戚，于谦很是轻视，于是恨他的人就更多了。他始终不主张议和，虽然上皇被接回，但也不高兴。徐珵因为提议南迁，受到于谦的斥责，这时他改名有贞，逐渐得到重用，对于谦恨得咬牙切齿。石亨因犯法而被撤职，于谦请求宽恕留用，让他总领十营，因顾忌于谦不敢妄为，所以对于谦也不喜欢。德胜门大捷，石亨不如于谦功高而封侯，内心有愧，便上书推举于谦之子于冕。皇帝令冕赴京师，于谦推辞，皇帝不允。于谦说："国家不安定，臣的儿子按理不能只顾私心。而且石亨居大将之位，不曾荐举一位无名之辈，提拔一名卑微士卒，以供军国之用，而唯独推荐臣的儿子，这能得到大家的认可吗？军功之事，应坚决杜绝侥幸之徒，更不能让儿子冒领军功。"石亨更加怨恨他。都督张軏在征讨苗人时违犯了军令，被于谦弹劾，因此他和宦官曹吉祥等一直都恨于谦。

景泰八年二月十二日，石亨与曹吉祥、徐有贞等迎接上皇复位，宣布谕旨完毕，将于谦和大学士王文逮捕入狱。他们诬告于谦等人与黄竑暗中策划改换太子，并与太监王诚、舒良、张永、王勤等图谋迎立襄王的儿子。石亨等人为主谋，唆使其他言官上奏。都御史萧惟祯负责审讯，判决于谦犯谋反罪，处死刑。王文否认他们的诬陷，极力辩解，于谦笑着说："这是石亨等人的意思，辩解有什么用？"奏本上呈后，英宗还在犹豫："于谦确实有功。”徐有贞说：“不杀于谦，这一行动便没有借口。”皇帝才下了决心。丙戌日改元为天顺，丁亥日于谦被杀于市，家产抄没官，家属遣去戍边。遂溪教谕吾豫说于谦之罪应当灭族，于谦所荐举的文武大臣也应诛杀，部议没有通过，这才罢了。千户白琦又请求张榜公示于谦的罪状，刻版印出以昭示于天下。一时间迎合邀宠之徒，都拿于谦作为口实。

自从也先入侵，于谦便发誓不与敌人共生存，他常常因办理公务而晚上不回家。他患有痰病，一发病景帝便派兴安、舒良轮番前去探视。景帝听说他衣食过于简陋，便令尚方部门制作赐给，甚至连调料、小菜都准备得很齐全。皇帝又亲自到万岁山，伐竹取汁赐给于谦。有人说于谦受宠太过，兴安等人说：“他日夜为国分忧，不顾私家，如果他没了，到哪儿再找到这样的人?”等到被抄家，家无余财，只有正室门锁很坚固，打开一看，都是皇帝赐给的蟒衣和剑器等。他死时，乌云密布，天下都认为他冤枉。指挥朵儿本是曹吉祥的部下，他将酒洒在于谦死的地方祭奠，并放声痛哭。曹吉祥大怒，把他痛打一顿。但第二天他又照旧祭奠。都督同知陈逵被于谦的忠义所感动，收拢他的遗骸，一年后归葬杭州。陈逵，六合人，以前曾举为将才，是李时勉的门生。皇太后开始不知道于谦之死，听说后叹息哀悼了好几天，英宗也后悔了。

于谦死后，石亨的党羽陈汝言代兵部尚书，不到一年被革职，查获的赃物达好几万，皇帝召集大臣围观，伤感地说：“于谦重用于景帝朝，死后没有余财，汝言的财物太多了!”石亨低头无语。不久有边警，皇帝忧心忡忡，恭顺侯吴瑾正侍从皇帝，说：“假如于谦还在，决不会让敌人这么猖狂。”皇帝沉默。这一年，徐有贞被石亨诽谤而去戍守金齿，几年后石亨也被下狱而死，曹吉祥以谋反罪被灭族，于谦的冤案才得以昭雪。

成化初年，于谦之子于冕被赦免回来，他上书申诉父冤，于谦才得以恢复生前的官职，皇帝也派使臣去祭祀。皇帝的诰文说："在国家多难之时，是您保全了国家。您独自坚持公道，招来奸臣的忌恨。先帝已知您蒙受冤屈，而朕也非常哀悯您的忠诚。"天下争相传诵。弘治二年（1489），听从给事中孙需的建议，赠于谦特进光禄大夫、柱国、太傅，谥肃愍，赐建祠堂以表彰他的功绩，命有关官员每到节令祭奠。万历年间，改谥"忠肃"，杭州、河南、山西都世代奉祀，绵延不绝。

赞说：于谦在担任巡抚的时候，名声和政绩都很好，有出众的治国之才。在国家危难的时刻，他能够加强军备进行抵御。景帝对他推心置腹，于谦自己也忧国而忘家，他全身心投入国家安危以及社稷存亡之上，功劳至伟！不料突生变故，祸患在瞬间发生，徐有贞和石亨之流合力排挤于谦，将他害死，当时谁不为之喊冤。后来徐有贞、曹吉祥之辈也很快受到惩罚。于谦忠心义烈，能够与日月同辉，最终得以复官，并得到抚恤。历史终究是公正的，确实如此啊。

【评述】

于谦是明代著名的清官和爱国英雄。他历任御史、兵部右侍郎，后至兵部尚书。他为官严格执法，廉洁奉公；处处、事事以社稷为重，以国家为上，富贵莫问，忠心报国。于谦到哪里，哪里有惠政。于谦所写的流芳百世的述志诗《石灰吟》，就是他一生的最好写照。

于谦身居要职，在京多年，耳闻目睹官场污秽之风，感慨万端。身处乱世，物欲横流，他却自始至终保持清醒的头脑，时刻不忘个人品质节操的修养，不攀附权贵，不阿谀逢迎，不随波逐流，自持高风亮节，维护人格尊严，弥足珍贵。他曾巡抚河南、山西，兴利除弊，解民倒悬，被誉为“于青天”。由于他为官清正，又富有才干，深得朝廷信任。然而于谦功高不居，生活十分节俭。他的住宅是一处旧院落，“仅蔽风雨”而已。景帝曾将西华门的一座豪宅院赐给他，然而他说：“国家多难，臣子何敢自安。”拒绝了皇帝的赏赐。

（窦红玉注译、评述）

沈 炼

【原文】

沈炼，字纯甫，会稽人。嘉靖十七年进士。除溧阳知县。用伉倨，忤御史，调茌平。父忧去，补清丰，入为锦衣卫经历[①]。

炼为人刚直，嫉恶如仇，然颇疏狂。每饮酒辄箕踞笑傲，旁若无人。锦衣帅陆炳善遇之。炳与严嵩父子交至深，以故炼亦数从世蕃饮。世蕃以酒虐客，炼心不平，辄为反之，世蕃惮不敢较。

会俺答犯京师，致书乞贡，多嫚语。下廷臣博议，司业赵贞吉请勿许。廷臣无敢是贞吉者，独炼是之。吏部尚书夏邦谟曰："若何官？"炼曰："锦衣卫经历沈炼也。大臣不言，故小吏言之。"遂罢议。炼愤国无人，致寇猖狂，疏请以万骑护陵寝，万骑护通州军储，而合勤王师十余万人，击其惰归，可大得志。帝弗省。

嵩贵幸用事，边臣争致贿遗。及失事惧罪，益辇金贿嵩，贿日以重。炼时时搤腕。一日从尚宝丞张逊业饮，酒半及嵩，因慷慨骂詈，流涕交颐。遂上疏言：“昨岁俺答犯顺，陛下奋扬神武，欲乘时北伐，此文武群臣所愿戮力者也。然制胜必先庙算，庙算必先为天下除奸邪，然后外寇可平。今大学士嵩，贪婪之性疾入膏肓，愚鄙之心顽于铁石。当主忧臣辱之时，不闻延访贤豪，咨询方略，惟与子世蕃规图自便。忠谋则多方沮之，谀谄则曲意引之。要贿鬻官，沽恩结客。朝廷赏一人，曰：‘由我赏之’；罚一人，曰：‘由我罚之’。人皆伺严氏之爱恶，而不知朝廷之恩威，尚忍言哉！姑举其罪之大者言之。纳将帅之贿，以启边陲之衅，一也。受诸王馈遗，每事阴为之地，二也。揽吏部之权，虽州县小吏亦皆货取，致官方大坏，三也。索抚按之岁例，致有司递相承奉，而闾阎之财日削，四也。阴制谏官，俾不敢直言，五也。妒贤嫉能，一忤其意，必致之死，六也。纵子受财，敛怨天下，七也。运财还家，月无虚日，致道途驿骚，八也。久居政府，擅宠害政，九也。不能协谋天讨，上贻君父忧，十也。”因并论邦谟谄谀黩货状。请均罢斥，以谢天下。帝大怒，搒之数十，谪佃保安。

既至，未有馆舍。贾人某询知其得罪故，徙家舍之。里长老亦日致薪米，遣子弟就学。炼语以忠义大节，皆大喜。塞外人素戆直，又谂知嵩恶，争詈嵩以快炼。炼亦大喜，日相与詈嵩父子为常。且缚草为人，象李林甫、秦桧及嵩，醉则聚子弟攒射之。或踔骑居庸关口，南向戟手詈嵩，复痛哭乃归。语稍稍闻京师，嵩大恨，思有以报炼。

先是，许论总督宣、大，常杀良民冒功，炼贻书诮让。后嵩党杨顺为总督。会俺答入寇，破应州四十余堡，惧罪，欲上首功自解，纵吏士遮杀避兵人，逾于论。炼遗书责之加切。又作文祭死事者，词多刺顺。顺大怒，走私人白世蕃，言炼结死士击剑习射，意叵测。世蕃以属巡按御史李凤毛。凤毛谬谢曰："有之，已阴散其党矣。"既而代凤毛者路楷，亦嵩党也。世蕃属与顺合图之，许厚报。两人日夜谋所以中炼者。会蔚州妖人阎浩等素以白莲教②惑众，出入漠北，泄边情为患。官军捕获之，词所连及甚众。顺喜，谓楷曰："是足以报严公子矣。"窜炼名其中，诬浩等师事炼，听其指挥，具狱上。嵩父子大喜。前总督论适长兵部，竟覆如其奏。斩炼宣府市，戍子襄极边。予顺一子锦衣千户，楷待铨五品卿寺。时三十六年九月也。顺曰："严公薄我赏，意岂未惬乎?"取炼子衮、褒，杖杀之，更移檄逮襄。襄至，掠讯方急，会顺、楷以他事逮，乃免。

后嵩败，世蕃坐诛。临刑时，炼所教保安子弟在太学者，以一帛署炼姓名官爵于其上，持入市。观世蕃断头讫，大呼曰："沈公可瞑目矣。"因恸哭而去。

隆庆初，诏褒言事者。赠炼光禄少卿，任一子官。襄乃上书，言顺、楷杀人媚奸状。给事中魏时亮、陈瓒亦相继论之。遂下顺、楷吏，论死。天启初，谥忠愍。

选自《明史》卷二百九《沈炼传》

【注释】

①锦衣卫经历：锦衣卫，明代置，主管侍卫皇帝和刑狱、巡察和缉捕等职，明中叶以后，成为宦官控制的特务组织。经历，掌出纳文牍的官员。

②白莲教：又名白莲社、白莲会，宋至清代秘密宗教组织之一。源出佛教净土宗，始创于南宋，入元后传播日广。该教采取"烧香聚众"、"夜聚明散"的活动方式，到元中后期，成为起义者组织群众的工具。明清两代，白莲教发动过多次起义。

【译文】

沈炼，字纯甫，会稽人，嘉靖十七年（1538）进士，授溧阳知县。因为他性格刚直傲慢，得罪了御史，被调往茌平。沈炼在父亲死后，服丧离职。服丧期满，沈炼补清丰知县，后调入北京担任锦衣卫经历。

沈炼为人刚强正值，疾恶如仇，但又狂放不羁。每次与人饮酒，他总是两脚张开，两膝微曲而坐，形状像箕，旁若无人。锦衣卫长官陆炳对沈炼很好。而陆炳和严嵩父子关系很好，所以，沈炼也多次和严世蕃共饮。饮酒时，严世蕃用酒欺侮他人，沈炼心中愤愤不平，就制止严世蕃。严世蕃也惧怕沈炼，不敢和沈炼计较。

当时，蒙古俺答汗侵犯北京，要求入贡，而那封所谓的入贡书，跟勒索信没有两样，措辞蛮横，极端无礼。当皇帝传旨，要大臣讨论入贡问题时，只有司业赵贞吉挺身而出，表示反对。其他大臣都保持了沉默，无人赞同赵贞吉，只有沈炼站出来支持他。这时，吏部尚书夏邦模说："你是什么官?"沈炼说："我是锦衣卫经历沈炼。诸大人不说，所以小吏发言。"于是廷议结束。沈炼愤慨国空无人，使敌人如此猖狂。为此，他上疏请求用一万骑兵保护诸皇陵寝，用一万骑兵保护通州的军用物资，而集合王师十多万人，在敌人疲惫之时发起攻击，认为可获大胜。皇帝不理。

严嵩掌权，边疆大臣争相给他送礼。而做错事担心获罪的人，更是用车子装载金银财宝去贿赂严嵩，贿赂一天比一天重。沈炼时时扼腕叹息。一天，沈炼跟尚宝丞张逊业饮酒，酒至半酣，说及严嵩，沈炼慷慨淋漓痛骂严嵩，竟涕泪双流。于是，沈炼上疏，说："去年俺答侵犯北京，陛下欲奋神武之威，乘机北伐，此亦为我朝文武官员所衷心希望也想竭忠效力的。但要取胜，必先进行精到的谋划，要谋划，必先除去天下奸邪之人，然后才可以平定外寇。现在，大学士严嵩，其贪婪已病入膏肓，其卑鄙像铁石一样顽固。当皇上忧虑、众臣受辱的时候，他不是延请边关将士，咨以战略方案，而是日夜和儿子严世蕃盘算自己的小利益。他屡次阻止忠臣谋略上奏皇上，又对谄媚小人曲意引荐。他索贿卖官，以小恩小惠结交朋党。朝廷赏赐一个人，他便说'是我赏赐的'；朝廷惩罚一人，他说'是我惩罚的'。人们只知道严嵩的好恶，而不知道朝廷的恩威，是可忍，孰不可忍！在此，臣姑且列出他的十大罪状。收受将帅贿赂，引起边陲祸乱，此其一。接受诸王的贿赂，其后便予以庇护，此其二。总揽吏部大权，即便州县小吏之位也要卖钱，使为官之道大坏，此其三。向抚按使强行索取，使有关部门递相承奉，而人民日益困难，此其四。暗中压制台官，使其惮于直言，此其五。嫉妒贤能，一旦得罪他，必死无疑，此其六。纵容严世藩收受天下贿赂，天怒人怨，此其七。运财回家，骚扰所经驿站，此其八。久居内阁，专宠害国，此其九。不能为皇上出谋划策，讨伐敌人，此其十。”同时弹劾夏邦模谄媚贿赂严嵩的事，请求将他们一并撤职，以慰天下。结果，世宗皇帝大怒，将沈炼重打数十杖，贬谪到保安去种田。

到了保安，沈炼没地方住。某商人得知他获罪的原因，就搬家让给他住。里中长老也天天送柴米给他，派小孩跟他学习。沈炼教他们重忠义大节，大家都很高兴地接受。塞外的人素来忠厚直爽，又知严嵩奸恶，就大骂严嵩以让沈炼高兴。沈炼确实高兴，每天都骂严嵩父子，并且还扎草人，代表李林甫、秦桧和严嵩，酒醉后就集合子弟用箭射他们。沈炼有时骑马越过居庸关口，伸手向南大骂严嵩，然后大哭一顿才回家。这些话渐渐传到北京严嵩的耳朵里，严嵩恨之入骨，一定要置其于死地。

此前，许论为宣化、大同总督，经常以杀无辜百姓为功。为此，沈炼致函严责他的凶恶行为。后来，严嵩的同党杨顺担任这里的总督。正好碰上俺答汗率军入侵，攻破了应州四十余城堡，杨顺怕获罪，想将斩敌数量上报朝廷以脱罪，就纵容部下拦截杀害躲避战乱的人，其残酷比许更甚。为此，沈炼又写信严加斥责，又给那些无辜被杀者作祭文，其中又多讽刺杨顺。杨顺大怒，便派亲信告诉严嵩，编造说沈炼结交敢死队操练，其居心叵测，请严嵩防范。严世蕃把杀死沈炼的事交给巡按御史李凤毛。李凤毛也编造说："沈炼确有此事，我已暗中处理他的同伙了。"不久，严嵩的同党路楷取代李凤毛。严世蕃要他和杨顺共同对付沈炼，答应事成后重重感谢。于是，这两人夜以继日地商量如何杀害沈炼。正巧蔚州人阎浩等人一向用白莲教来蛊惑众人，他出入漠北，泄露明朝边防军事秘密。官兵抓获了阎浩，经审讯，阎浩的供词牵连了很多人。杨顺大喜过望，对路楷说："这足以报答严公子了！"于是，竟将沈炼的名字也加入这些人里面，污蔑阎浩等人以沈炼为主谋，听从沈炼的指挥，此案上报严嵩。严嵩父子大为高兴。这时，前总督许论为兵部长官，竟然批示同意杨顺所奏斩杀沈炼。嘉靖三十六年九月，无辜的沈炼被斩于宣府街市，他的儿子沈襄也充军边远之地。事后，严嵩赏给杨顺一子为锦衣千户官，路楷等人待选五品少卿。杨顺想："严公赏赐我不多，是我办事还不够吧？"于是，他拘捕沈炼的儿子沈衮、沈褒，用杖打死，又发文逮捕沈襄。沈襄被逮捕到后，正被严刑拷打时，杨顺、路楷因事被捕，这才免掉一死。

后来，严嵩倒台，严世蕃被杀。临刑时，沈炼在保安教过的学生如今在太学，用锦帛写上沈炼的姓名官爵，持入刑场。看到严世蕃人头落地后，高喊："沈公可以瞑目了！"于是大哭而去。

隆庆初年（1567），明穆宗下诏褒奖敢于直言的人，追赠沈炼为光禄少卿，让他的一个儿子为官。于是，沈襄上书，细陈杨顺、路楷杀人党附严奸的事。给事中魏时亮、陈瓒也相继上诉弹劾杨、路二人。于是把杨顺、路楷打进监狱，处以死刑。天启初年，明熹宗赐沈炼谥号"忠愍"。

【评述】

沈炼少有大志。他文武双全，下笔动辄万言，但是因为生性刚直，不附权贵，所以担任县令很长时间才升任锦衣卫经历。进入北京以后，他把这种刚直品质发挥到极致。时当嘉靖中期，严嵩、严世蕃父子权倾朝野，一手遮天。沈炼与严氏父子来往，未表现出丝毫的谄媚。严世蕃用酒来虐待客人，沈炼为之抱不平；严嵩收受贿赂，沈炼慷慨激昂地痛斥他贪婪卑鄙，揭露他专擅国事、贪污纳贿、卖官鬻爵、妒贤嫉能、钳制谏官等十大罪行，还一并弹劾严党夏邦谟谄媚黩货的事情。在被贬斥为民之后，他并没有气馁，一方面教授当地弟子忠义大节，一方面当众斥责严氏父子的罪恶，并且还致信责问许论、杨顺杀民冒功的罪行。

沈炼明知事不可为而为之，虽然遭受陷害冤死，但他的一身正气感动了无数人。当他被贬为民的时候，百姓得知了他遭贬的原因，便为他提供住所，给他送来柴米衣食，并且让子弟跟随他学习，还与他一起痛斥严嵩。而严世蕃最终正法时，他的弟子特意用帛书写上他的名字，持入刑场，向他告慰，这正是沈炼刚正不阿、嫉恶如仇的人格魅力之所在。他有志向，有勇气，有骨气，不怕死，敢于用自己的生命维护正义，这也是沈炼之所以能在明史上与海瑞齐名的重要原因。

（李娟注译、评述）

张 瀚

【原文】

张瀚，字子文，仁和人。嘉靖十四年进士。授南京工部主事。历庐州知府，改大名。俺答围京师，诏遣兵部郎中征畿辅民兵入卫。瀚立阅户籍，三十丁简一人，而以二十九人供其饷，得八百人。驰至真定，请使者阅兵，使者称其才。累迁陕西左布政使，擢右副都御史，巡抚其地。甫半岁，入为大理卿。进刑部右侍郎，俄改兵部，总督漕运。

隆庆元年，改督两广军务，时两广各设巡抚官，事不关督府。瀚请如三边[①]例，乃悉听节制。大盗曾一本寇掠广州，诏切责瀚，停总兵官俞大猷、郭成[②]俸。已，一本浮海犯福建，官军迎击，大破之，赉银币。已，复犯广东，陷碣石卫[③]，叛将周云翔等杀雷琼参将耿宗元，与贼合。廷议镌瀚一秩调用。已而成大破贼，获云翔。诏还瀚秩，即家俟召。再抚陕西。迁南京右都御史，就改工部尚书。

万历元年，吏部尚书杨博罢，召瀚代之。秩满，加太子少保。时廷推④吏部尚书，首左都御史葛守礼，次工部尚书朱衡，次瀚。居正恶守礼戆，厌衡骄，故特拔瀚。瀚资望浅，忽见擢，举朝益趋事居正，而瀚进退大臣率奉居正指。即出己意，舆论多不协。以是为御史郑准、王希元所劾。居正顾之厚，不纳也。御史刘台劾居正，因论瀚抚陕狼籍，又唯诺居正状。

比居正遭丧，谋夺情，瀚心非之。中旨令瀚谕留居正，居正又自为牍，风瀚属吏，以复旨请。瀚佯不喻，谓"政府奔丧，宜予殊典，礼部事也，何关吏部"。居正复令客说之，不为动，乃传旨责瀚久不奉诏，无人臣礼。廷臣惴恐，交章留居正，瀚独不与，抚膺太息曰："三纲沦矣！"居正怒，嗾给事中王道成、御史谢思启摭他事劾之，勒致仕归。居正殁，帝颇念瀚。诏有司给月廪，年及八十，特赐存问。卒，赠太子少保，谥恭懿。

选自《明史》卷二百二十五《张瀚传》

【注释】

①三边：明自正统以后，瓦剌经常由偏关渡黄河以掠晋疆，特设重臣提督榆林、甘肃、宁夏三镇，以卫畿辅。弘治十年（1497），设置三边总督，总兵、巡抚以下俱听其节制。

②郭成：明中后期将领，四川叙南卫（今四川宜宾东北）人。历官参将、副总兵、广东总兵官、贵州总兵官等，抗倭寇，

守西陲，功勋卓越。

③碣石卫：明洪武二十二年（1389）置，属广东都司。治所在今广东陆丰县东南碣石镇。

④廷推：明代任官制度，高级官职空缺，多由大臣公推二人或三人，再由皇帝任命。

【译文】

张瀚，字子文，杭州府仁和县人，嘉靖十四年（1535）进士，被授以南京工部主事。后来，他任庐州知府，又调大名知府。蒙古俺答汗大军围困北京时，皇帝下诏兵部郎中，要求征北京城及郊区的民兵保卫首都。张瀚立即查阅大名府的人口，决定每三十男丁中选出一人上阵，而以其他二十九个男丁供应该丁的粮饷。这样，张瀚很快征到八百壮丁。他快马加鞭赶到真定县，请朝廷派来的使臣检阅他所征收的新兵，使臣极称赞他办事有才干。多次升迁后，张瀚官至陕西省左布政使，又升为副都御使，镇抚当地。才过半年，张瀚就入朝为大理寺卿。后来，他晋升为刑部右侍郎。不久，他又改调兵部任职，负责漕运。

隆庆元年（1567），张瀚总督两广（广东、广西）军务。当时，两广各设有巡抚，总督不管其事务。张瀚请求朝廷，让两广总督仿效北方榆林、甘肃、宁夏三镇，于是，两广军务全由总督负责。大盗曾一本掠夺广州，穆宗皇帝严厉责备张瀚，并停发总兵俞大猷、郭成的俸禄。此后，曾一本从海上进犯福建，张瀚指挥官军迎头痛击，大败曾一本。为此，朝廷犒劳官军。此后，曾一本又进犯广东，攻陷碣石卫，叛将周云翔等杀害了雷琼参将耿宗元，响应海盗。朝廷决定将张瀚降一级调用。不久，郭成大败强盗，生俘周云翔。朝廷下令恢复张瀚的官级，要他在家等候命令。结果，张瀚再度出任陕西巡抚。后来，张瀚升为南京右都御史，又调南京工部尚书。

万历元年（1573），吏部尚书杨博去职，明神宗任命张瀚为吏部尚书。吏部尚书任职期满后，张瀚被加封为太子少保衔。当时，朝廷推举吏部尚书，其中首选人物是左都御史葛守礼，其次是工部尚书朱衡，再次就是张瀚了。大学士张居正不喜欢葛守礼率真，也讨厌朱衡骄狂，所以，他特意提拔张瀚。张瀚的声望和资历都浅，但忽然被提拔，朝廷上下更加依附张居正，而张瀚全遵奉张居正意旨来升降大臣。就是有时他自己拿出主意，人们也多不满。就这样，张瀚被御史郑准、王希元弹劾。但张居正对他极好，不理睬这些奏章。御史刘台弹劾张居正，又顺便揭发张瀚巡抚陕西时造成的混乱和巴结张居正等事。

等到张居正遇丧，想不守丧而留任，张瀚不赞成。皇帝传旨，命令张瀚告诉张居正继续留任，张居正又自己写信，告诉张瀚等部下，回复皇帝的旨意。张瀚装糊涂，说："宰相奔丧，皇上应该给特殊恩赐。而此事由礼部管，跟吏部无关。"张居正又派人劝张瀚，但张瀚不理。于是，皇帝降旨，责备张瀚常违圣旨，无大臣礼节。朝臣甚感害怕，纷纷上疏挽留张居正，但张瀚除外，他痛心疾首地说："三纲亡了！"张居正恼羞成怒，便指使给事中王道成、御史谢思启以别的事弹劾他，勒令他退休回家。张居正死后，神宗皇帝很怀念张瀚，便诏令相关部门供给他粮食。张瀚八十岁时，明神宗还特意派人问候他。张瀚去世后，朝廷赠封他太子少保，谥"恭懿"。

【评述】

俗话说："滴水之恩，当涌泉相报。"我们能理解张居正为什么对张瀚大为恼火：当初张瀚"资望浅"，全靠首辅张居正荐拔，可以说，张居正是他政治生涯中的贵人、恩人。张瀚理应感恩图报，而在后来的"夺情"风波中，张瀚没有帮助张居正，看来似乎"背信弃义"了。其实，如果张居正仔细想想，难道他愿意自己举荐的人本是一个见风使舵、阿附奉迎的小人吗？张瀚不徇私情、不畏强权应该让张居正感到欣慰才对，因为他的慧眼，才让国家和人民得到了一位不可多得的清官、好官。

张瀚因不赞成张居正"夺情"而致仕后，他"屏绝俗尘，独处小楼"，后在舍外植一天目山松，喜其坚强。年已八十的张瀚就对着这棵劲松，追忆生平，写出了《松窗梦语》。他在《自序》中说此松"风干纵横，翠羽茂密，郁郁苍苍，四时不改，有承露休雨之姿，凌霜傲雪之节"，这种气节不正是张瀚自己的人生写照吗？

（刘庆注译　张袁月评述）

海　瑞

【原文】

海瑞，字汝贤，琼山人。举乡试。入都，即伏阙上《平黎策》，欲开道置县，以靖乡土。识者壮之。署南平教谕。御史诣学宫，属吏咸伏谒，瑞独长揖，曰："台谒当以属礼，此堂，师长教士地，不当屈。"迁淳安知县。布袍脱粟，令老仆艺蔬自给。总督胡宗宪[①]尝语人曰："昨闻海令为母寿，市肉二斤矣。"宗宪子过淳安，怒驿吏，倒悬之。瑞曰："曩胡公按部，令所过毋供张。今其行装盛，必非胡公子。"发橐金数千，纳之库，驰告宗宪，宗宪无以罪。都御史鄢懋卿行部过，供具甚薄，抗言邑小不足容车马。懋卿恚甚。然素闻瑞名，为敛威去，而属巡盐御史袁淳论瑞及慈溪知县霍与瑕。与瑕，尚书韬子，亦抗直不谄懋卿者也。时瑞已擢嘉兴通判，坐谪兴国州判官。久之，陆光祖为文选，擢瑞户部主事。

时世宗享国日久，不亲朝，深居西苑，专意斋醮。督抚大吏争上符瑞，礼官辄表贺。廷臣自杨最、杨爵得罪后，无敢言时政者。四十五年二月，瑞独上疏曰：

臣闻君者天下臣民万物之主也，其任至重。欲称其任，亦惟以责寄臣工，使尽言而已。臣请披沥肝胆，为陛下陈之。

昔汉文帝贤主也，贾谊犹痛哭流涕而言。非苛责也，以文帝性仁而近柔，虽有及民之美，将不免于怠废，此谊所大虑也。陛下天资英断，过汉文远甚。然文帝能充其仁恕之性，节用爱人，使天下贯朽粟陈，几致刑措。陛下则锐精未久，妄念牵之而去，反刚明之质而误用之。至谓遐举可得，一意修真，竭民脂膏，滥兴土木，二十余年不视朝，法纪弛矣。数年推广事例，名器滥矣。二王不相见，人以为薄于父子。以猜疑诽谤戮辱臣下，人以为薄于君臣。乐西苑而不返，人以为薄于夫妇。吏贪官横，民不聊生，水旱无时，盗贼滋炽。陛下试思今日天下，为何如乎？

迩者严嵩罢相，世蕃极刑，一时差快人意。然嵩罢之后，犹嵩未相之前而已，世非甚清明也，不及汉文帝远甚。盖天下之人不直陛下久矣。古者人君有过，赖臣工匡弼。今乃修斋建醮，相率进香，仙桃天药，同辞表贺。建宫筑室，则将作竭力经营；购香市宝，则度支差求四出。陛下误举之，而诸臣误顺之，无一人肯为陛下正言者，谀之甚也。然愧心馁气，退有后言，欺君之罪何如！

夫天下者，陛下之家，人未有不顾其家者，内外臣工皆所以奠陛下之家而磐石之者也。一意修真，是陛下之心惑。过于苛断，是陛下之情偏。而谓陛下不顾其家，人情乎？诸臣徇私废公，得一官多以欺败，多以不事事败，实有不足当陛下意者。其不然者，君心臣心偶不相值也，而遂谓陛下厌薄臣工，是以拒谏。执一二之不当，疑千百之皆然，陷陛下于过举，而恬不知怪，诸臣之罪大矣。《记》曰“上人疑则百姓惑，下难知则君长劳”，此之谓也。

且陛下之误多矣，其大端在于斋醮。斋醮所以求长生也。自古圣贤垂训，修身立命曰“顺受其正”矣，未闻有所谓长生之说。尧、舜、禹、汤、文、武，圣之盛也，未能久世，下之亦未见方外士自汉、唐、宋至今存者。陛下受术于陶仲文，以师称之。仲文则既死矣，彼不长生，而陛下何独求之？至于仙桃天药，怪妄尤甚。昔宋真宗得天书于乾祐山，孙奭曰：“天何言哉？岂有书也！”桃必采而后得，药必制而后成。今无故获此二物，是有足而行耶？曰天赐者，有手执而付之耶？此左右奸人，造为妄诞以欺陛下，而陛下误信之，以为实然，过矣。

陛下将谓悬刑赏以督责臣下，则分理有人，天下无不可治，而修真为无害已乎？太甲曰：‘有言逆于汝心，必求诸道；有言逊于汝志，必求诸非道。’用人而必欲其唯言莫违，此陛下之计左也。既观严嵩，有一不顺陛下者乎？昔为同心，今为戮首矣。梁材守道守官，陛下以为逆者也，历任有声，官户部者至今首称之。然诸臣宁为嵩之顺，不为材之逆，得非有以窥陛下之微，而潜为趋避乎？即陛下亦何利于是。

陛下诚知斋无益，一旦翻然悔悟，日御正朝，与宰相、侍从、言官讲求天下利害，洗数十年之积误，置身于尧、舜、禹、汤、文、武之间，使诸臣亦得自洗数十年阿君之耻，置其身于皋、夔、伊、傅[②]之列，天下何忧不治，万事何忧不理。此在陛下一振作间而已。释此不为，而切切于轻举度世，敝精劳神，以求之于系风捕影、茫然不可知之域，臣见劳苦终身，而终于无所成也。今大臣持禄而好谀，小臣畏罪而结舌，臣不胜愤恨。是以冒死，愿尽区区，惟陛下垂听焉。

帝得疏，大怒，抵之地，顾左右曰："趣执之，无使得遁！"宦官黄锦在侧曰："此人素有痴名。闻其上疏时，自知触忤当死，市一棺，诀妻子，待罪于朝，僮仆亦奔散无留者，是不遁也。"帝默然。少顷复取读之，日再三，为感动太息，留中者数月。尝曰："此人可方比干，第朕非纣耳。"会帝有疾，烦懑不乐，召阁臣徐阶议内禅，因曰："海瑞言俱是。朕今病久，安能视事。"又曰："朕不自谨惜，致此疾困。使朕能出御便殿，岂受此人诟詈耶？"遂逮瑞下诏狱，究主使者。寻移刑部，论死。狱上，仍留中。户部司务何以尚者，揣帝无杀瑞意，疏请释之。帝怒，命锦衣卫杖之百，锢诏狱，昼夜搒讯。越二月，帝崩，穆宗立，两人并获释。

帝初崩，外庭多未知。提牢主事闻状，以瑞且见用，设酒馔款之。瑞自疑当赴西市，恣饮啖，不顾。主事因附耳语："宫车适晏驾，先生今即出大用矣。"瑞曰："信然乎？"即大恸，尽呕出所饮食，陨绝于地，终夜哭不绝声。既释，复故官。俄改兵部。擢尚宝丞，调大理。

隆庆元年，徐阶为御史刘康所劾，瑞言："阶事先帝，无能救于神仙土木之误，畏威保位，诚亦有之。然自执政以来，忧勤国事，休休有容，有足多者。康乃甘心鹰犬，捕噬善类，其罪又浮于高拱。"人韪其言。

历两京左、右通政。三年夏，以右佥都御史巡抚应天十府。属吏惮其威，墨者多自免去。有势家朱丹其门，闻瑞至，黝之。中人监织造者，为减舆从。瑞锐意兴革，请浚吴淞、白茆，通流入海，民赖其利。素疾大户兼并，力摧豪强，抚穷弱。贫民田入于富室者，率夺还之。徐阶罢相里居，按问其家无少贷。下令飚发凌厉，所司惴惴奉行，豪有力者至窜他郡以避。而奸民多乘机告讦，故家大姓时有被诬负屈者。又裁节邮传冗费。士大夫出其境率不得供顿，由是怨颇兴。都给事中舒化论瑞，滞不达政体，宜以南京清秩处之，帝犹优诏奖瑞。已而给事中戴凤翔劾瑞庇奸民，鱼肉搢绅，沽名乱政，遂改督南京粮储。瑞抚吴甫半岁。小民闻当去，号泣载道，家绘像祀之。将履新任，会高拱掌吏部，素衔瑞，并其职于南京户部，瑞遂谢病归。

万历初，张居正当国，亦不乐瑞，令巡按御史廉察之。御史至山中视，瑞设鸡黍相对食，居舍萧然，御史叹息去。居正惮瑞峭直，中外交荐，卒不召。十二年冬，居正已卒，吏部拟用左通政。帝雅重瑞名，畀以前职。明年正月，召为南京右佥都御史，道改南京吏部右侍郎，瑞年已七十二矣。疏言衰老垂死，愿比古人尸谏之义，大略谓："陛下励精图治，而治化不臻者，贪吏之刑轻也。诸臣莫能言其故，反借待士有礼之说，交口而文其非。夫待士有礼，而民则何辜哉?"因举太祖法剥皮囊草及洪武三十年定律枉法八十贯论绞，谓今当用此惩贪。其他规切时政，语极剀切。独劝帝虐刑，时议以为非。御史梅鹍祚劾之。帝虽以瑞言为过，然察其忠诚，为夺鹍祚俸。

帝屡欲召用瑞，执政阴沮之，乃以为南京右都御史。诸司素偷惰，瑞以身矫之。有御史偶陈戏乐，欲遵太祖法予之杖。百司惴恐，多患苦之。提学御史房寰恐见纠擿，欲先发，给事中钟宇淳复怂恿，寰再上疏丑诋。瑞亦屡疏乞休，慰留不允。十五年，卒官。

瑞无子。卒时，佥都御史王用汲入视，葛帏敝籝，有寒士所不堪者。因泣下，醵金为敛。小民罢市。丧出江上，白衣冠送者夹岸，酹而哭者百里不绝。赠太子太保，谥忠介。

瑞生平为学，以刚为主，因自号刚峰，天下称刚峰先生。尝言："欲天下治安，必行井田。不得已而限田，又不得已而均税，尚可存古人遗意。"故自为县以至巡抚，所至力行清丈，颁一条鞭法。意主于利民，而行事不能无偏云。

选自《明史》卷二百二十六《海瑞传》

【注释】

①胡宗宪（1512—1565）：字汝贞，号梅林，徽州绩溪（今属安徽）人，明朝名将。

②皋、夔、伊、傅：皋、夔指传说中的舜时贤臣皋陶、夔；伊和傅分别是伊尹和傅说，均为商代的贤相。

【译文】

海瑞，字汝贤，海南琼山人。考中乡试。进入北京后就向朝廷呈上《平黎策》，希望在海南设道置县，以平定乡土。有识之士认为他志气豪壮。代理南平教谕，御史到学宫时，下属官吏都伏地谒见，只有海瑞是深深作揖，说："谒见长官应当以下属之礼，这个厅堂，是师长教育学子的地方，不应该屈身。"升任淳安知县。穿布袍吃粟米，让老仆种蔬菜自给。总督胡宗宪曾对人说："昨天听说海县令替母亲祝寿，买了两斤肉。"胡宗宪的儿子经过淳安，对淳安驿吏很恼怒，于是将他倒吊起来。海瑞说：“以往胡公巡视部属，命令途经之处不要铺张浪费。现在这个人的行装华丽，必定不是胡公子。”于是抄出其行李中的数千两银，缴进府库，并快马报告了胡宗宪，胡宗宪也没有理由怪罪海瑞。都御史鄢懋卿巡视部属路过，海瑞的接待的东西很微薄，说是地方狭小不能容纳车马。鄢懋卿非常恼怒。然而素闻海瑞的声名，只好收敛威风而去，但吩咐巡盐御史袁淳论列海瑞和慈溪知县霍与瑕。霍与瑕，尚书霍韬的儿子，也是不谄媚鄢懋卿的耿直之士。当时海瑞已经升任嘉兴通判，却被贬为兴国州判官。过了许久，陆光祖为吏部文选司郎中，提拔海瑞任户部主事。

当时明世宗在位已久，不临朝，深居西苑，专心致意于斋戒法事。督抚大吏争相呈献吉祥符瑞，礼官动辄便上表祝贺。朝廷大臣自杨最、杨爵获罪后，无人敢指斥时政。嘉靖四十五年（1566）二月，海瑞独自上疏说：

臣听说君主是天下臣民万物的主人，责任重大。想要称职，也只有把职责寄托给大臣，让他们畅所欲言。臣冒死向陛下进言。就算在以前贤明的汉文帝面前，贾谊尚且痛哭流涕地进言。这不是苛求责备，而是因为文帝性情仁慈近于柔弱，虽然有惠民之举，也不免有懈怠荒废，这是贾谊所忧虑的。陛下天资英武果断，远远超过汉文帝。然而文帝能够充分发挥其仁慈宽恕之性，节省费用，体恤人民，使天下钱贯腐朽、粟粮陈积，几乎使刑罚都无用武之地。陛下您锐意精进没多久，就被妄念牵之而去，背离刚明的品质而误用它了。以至认为可以升天，一心修炼成仙，用尽民脂民膏，滥兴土木，二十多年不理朝政，法纪废弛。数年间扩大范围的一些事例，使得名分混乱。裕、景二王见不到皇上，人们认为父子情义浅薄。因为猜疑诽谤而屠戮侮辱大臣，人们认为君臣情谊浅薄。呆在西苑享乐不归皇宫，人们认为夫妇情谊浅薄。吏官贪污蛮横，民不聊生，水旱灾害不断，盗贼日益猖獗。陛下试想现在的天下，是怎样的状况呢？

近来，严嵩被罢相，严世蕃被判处极刑，一时大快人心。然而朝政在严嵩罢相后，和之前没有什么分别，世道仍不清明，更远远不及汉文帝时期。大概天下的人对陛下有看法已经很久了。古时人君有过错，依赖大臣匡扶矫正。现在皇帝仍然修斋建祭坛，争相敬香，送仙桃，献天药，大臣都众口一词，称贺赞颂。建宫殿，筑居室，则竭力经营；采购香料珠宝，府库开支入不敷出。陛下错误地发起，大臣们错误地顺从，没有一个人愿意向陛下直言进谏，阿谀之风严重。然而他们内心惭愧、气馁，告退后又背地议论。这难道不是欺君之罪吗？

天下是陛下一家的天下。没有不念家之人，内外朝臣都为陛下之家奠基则家坚如磐石。只想一心修炼真身，这是陛下的心智受到迷惑。过分苛求武断，这是陛下的情感偏激。陛下不顾念其家，合乎人情吗？大臣们徇私损公，费力谋得的官职多因为欺诈而丢掉，多因不作为而丧失，实在不能合乎陛下的心意。否则，君臣之心偶有不合，就称陛下讨厌刻薄大臣，因此拒绝纳谏。揪住一两个不适当的人，就怀疑成千上百的人都这样，使陛下做出错误的举动，却不以为怪，诸位臣工们的罪行太大了。《礼记》说：“皇帝犹豫则老百姓迷惑，不晓民情则君王劳累”，说的就是这个。

陛下的失误很多，其中最大的就是斋祭。斋祭是求长生。自古圣贤传下训诫，修身立命称“顺应自然保全正命”，没有听过长生的说法。尧、舜、禹、汤、文、武等圣贤，都没能长生，再说，也没有见到从汉唐、宋到现在还活着的方士。陛下接受陶仲文的方术，称他为师。陶仲文却已经死了，他都不能长生，陛下怎能求得长生呢？仙桃天药，更加怪诞荒谬。以前宋真宗在乾祐山获得天书，孙奭说："天怎么讲话？怎么会有天书呢！"桃子必须先采摘才能得到，药必须焙制才能成，现在无缘无故得到这两件东西，是它们自己有脚能行走吗？称"天赐"，有手执掌来交付吗？这是左右奸人，制造荒诞的事来欺骗陛下，陛下误信了，认为是真的，大错啊。

陛下又说用刑赏来督导大臣，派人分头去治理，天下没有不能治理的事，而修炼真身就对自己没有损害吗？太甲说：'有言论与自己想法相反，必须求证它是否复合客观规律；有言论恭顺自己的意志，必须求证它是不是不合道理。'所用之人必须听话，陛下的这种想法就有失偏颇。试看严嵩，有一件不顺从陛下的事吗？过去所谓的同心同德，现在却身首异处了。梁材恪守道德和为官本分，陛下认为是不顺从的人，但他为官很有声色，在户部做过官的人至今都还首先称赞他。然而各位大臣都宁愿像严嵩一样恭顺，也不愿像梁材那样违逆，不是察看陛下的过失，而是暗暗地回避，这样又对陛下有什么好处呢？

陛下如果确实能知晓斋祭无益，一旦幡然悔悟，天天上朝，与宰相、侍从、言官商讨天下的利害纠正数十年所累积的过失，置身于尧、舜、禹、汤、文、武圣贤之列，使大臣们也得以自己洗刷数十年来阿谀君王的羞耻，置身于皋、夔、伊、傅的行列，何患天下不能治、万事不能理。这只是陛下振作一下的事。反之，热衷于轻举度世，伤精劳神，执着于捕风捉影、茫然不知之中，我看只会终身劳苦，而最终却一无所成。现在大臣们领取俸禄而喜好阿谀，小官吏畏罪而三缄其口，我很愤恨。因此冒死尽绵薄之力，惟求陛下有所采纳。

世宗接到奏章，非常恼怒，扔到地上，看着左右的人喊："赶快去抓海瑞，不要让他逃跑了。"宦官黄锦在旁边说："这个人素有痴名。听说他上奏章时，已自知触犯皇帝该死，就买了一副棺材，跟妻儿告别，在朝廷等候治罪，童仆也都逃散，没有人留下，他是不会逃的。"世宗听后默然不语，过会儿又取过奏章细读，一天读了好几遍，终被感动叹息，将奏疏留在宫中几个月。曾说："此人可以与比干相比，但我不是商纣。"正值世宗患病，烦懑不乐，召见内阁大臣徐阶商议传位之事，说："海瑞所讲的都是实话。我现在病了很久，哪能巡视朝廷事务。"又说："我自己不谨慎珍惜，招致这场病患。如果我能到便殿去听政，又怎么会遭此人诟骂呢？"于是将海瑞下诏入狱，追究主谋。不久把他移交刑部，判处死罪。案宗上报后，仍被留在世宗手上。户部司务何以尚揣摸到皇帝并无杀掉海瑞之意，上书请求释放他。世宗发怒，下令锦衣卫将他杖击百次，下在狱中，昼夜棒击审讯。过了两个月，世宗去世，穆宗即位，两人都被释放。

世宗刚死，外界大都不知道。提牢主事听说二人被释，以为海瑞将被任用，设宴款待他。海瑞以为将要赴刑场，于是放纵饮用，无所顾忌。主事就跟他耳语："皇帝去世了，先生即将出狱被起用了。"海瑞问："真的？"随即大哭，吃进的东西全吐出来了，倒在地上，整夜哭泣不停。不久获释，恢复旧职。很快改派到兵部，提拔为尚宝丞，调任大理寺。

隆庆元年（1567），徐阶被御史齐康弹劾，海瑞说："徐阶侍奉先帝，没能谏止皇帝迷信道教，大兴土木，畏惧龙威，想要保全职位，的确有罪。然而自从他执政以来，忧患国事，宽宏大度，值得称赞。齐康甘心做鹰犬，捕噬好人，他的罪过又高过高拱。”人们都赞同他的说法。

历任两京左、右通政。隆庆三年夏天，以右佥都御史身份巡抚应天十府，下属官吏害怕他的威严，有劣迹的人大都自己免职而去。有权势人家用朱丹漆门，听说海瑞来了，又漆成黑色。派出管理织造的太监，被削减车驾和随从。海瑞锐意改革，奏请疏浚吴淞、白茆二水，让河水畅流入海，百姓因此受益，他一贯痛恨大户人家兼并土地，于是极力折损豪强，安抚贫穷羸弱。贫户田地被富户兼并的，一概替他们夺回，徐阶罢相居家，海瑞照例查问其家里的情况而不宽免。他的命令雷霆万钧，有司惶恐奉行，权势豪强都避而逃往他郡。奸民往往乘机告发，所以大姓人家时常有遭诬告蒙冤的。他又裁减邮传冗费。士大夫离开其地一律不提供食宿，因此怨言很多，都给事中舒化批评海瑞迂腐不通晓政体，应该把他置于南京的清闲之地，穆宗仍然下诏奖励海瑞。不久给事中戴凤翔弹劾海瑞庇护奸民，鱼肉官吏，沽名乱政，于是调他督职南京粮储。海瑞抚慰吴地刚半年，百姓听说他将离去，哭声载道，在家中挂上绘像祭祀。他即将就任新职，遇上高拱主管吏部，此人向来怀恨海瑞，于是将他的职务并入南京户部，海瑞于是告病回家。

万历初年，张居正主持朝政，也不喜欢海瑞，指使巡按御史考察他的清廉情况。御史到山中巡视，海瑞以鸡肉和米饭与他相对而食，房舍简陋，御史叹息着离去。张居正害怕海瑞的耿直，虽然朝廷内外交相推荐，他始终不召见海瑞。万历十二年

（1584）冬天，张居正已死，吏部拟任用海瑞做左通政。神宗很看重海瑞的名声，授予他旧职。第二年正月招他任南京右佥都御史，又改任南京吏部右侍郎，当年海瑞七十二岁，上书陈述衰老将死，愿比附古人尸谏的大义，大略说："陛下励精图治，但政治还不理想，原因是惩治贪官的刑罚太轻。大臣们都不向您言明这个道理，反而借待士有礼一说，对此交口称赞，文过饰非。待士有礼不错，但是百姓又有什么罪过呢？"于是他列举太祖剥皮囊草的刑罚以及洪武三十年（1397）规定的贪污八十贯处绞刑的例证，称现在应该用这些刑罚惩治贪官。其他针砭时弊之语，都非常切实。唯独规劝皇帝施用酷刑，被当时舆论认为不妥。御史梅鹍祚弹劾他。神宗虽然认为海瑞的言语有过失，但明了他的忠诚，撤了鹍祚的职。

神宗屡次打算召用海瑞，都有朝臣暗中阻拦，于是任命他为南京右都御史。南京各官向来苟且懒惰，海瑞身体力行地矫正此风。有位御史偶尔演戏取乐，海瑞打算遵循太祖法令杖责他。百司惶恐，都患其苦。提学御史房寰担心被纠察和揭发，准备先发制人，给事中钟宇淳也从中怂恿鼓动，房寰再次上书对进行海瑞丑化诋毁。海瑞也多次上书请求退休，神宗都安抚挽留不同意。万历十五年（1587），海瑞死在职任上。

海瑞无子嗣。死时，佥都御史王用汲去他家察看，发现他用的是贫寒士人都不能忍受的麻布帐和破竹箱，王用汲哭着退下，凑钱给他入殓。百姓罢市。丧事在江上举行，两岸布满披麻戴孝的送葬人群，流泪洒酒祭奠的人百里不绝。神宗追封他为太子太保，谥号忠介。

海瑞生平学行，以刚强为主，因其自号刚峰，人称刚峰先生。他曾说："想让天下治安稳定，必须推行井田制。不然就推行限田制，再不行就实行均税制，这样尚能保存古人的遗志。"所以自从任县令到巡抚，他都致力于清丈田亩，颁行一条鞭法。其用意便在于利民，不过他行事也不能说没有偏颇。

【评述】

海瑞是我国明代杰出的政治家和改革家，是历史上有名的清官。

海瑞一生经历了正德、嘉靖、隆庆、万历四朝，他刚直不阿，执法如山，清除腐败，重振道德。海瑞任地方官时，禁绝贪污，澄清吏治，无论对方职位有多高，来头有多大，他都一视同仁。总督胡宗宪，权倾一时，炙手可热，其子到淳安欺压驿站，时任淳安县令的海瑞毫不客气，立即下令将其拘捕，同时给胡宗宪呈上一份公文，声称久闻总督大人节望清高，爱民如子而教子甚严。此人既然品行恶劣胡作非为，其所称胡公子云云必系假冒。胡宗宪亦无可奈何。首辅严嵩的党羽鄢懋卿奉命钦差巡视浙江盐务，沿途官员接待也极尽奢靡，所费自然都是民脂民膏。只有海瑞上禀帖说钦差大人所到之处，接待逢迎与大人的通令所言完全两样，鄢懋卿绕道而去。海瑞敢于以卑微之职公然对抗令人谈虎色变的权臣，全是因其"位卑未敢忘忧国"，在恶势力面前，无惧无畏，忠实地执行着自己的职责。

海瑞不仅嫉恶如仇，且为官清廉，生活十分俭朴，清苦之行举朝第一。他一生"自身饭粗粝羹藿"，始终保持"俸薪之外无所取"的廉洁作风，直至其以老病之身卒于都察院右都御史任所，清点他的遗物时，发现室内竹笼中只有"俸金八两，葛布一端，旧衣数件”。老家也只有原来的“先人敝庐”和“薄田数亩”。还是有赖同僚捐款才得以葬殓。发丧之日，市民送者夹岸，酹酒而哭者百里不绝，被百姓呼为“海青天”。直到今天，海瑞仍深得后人的尊敬和怀念。

究其一生，海瑞身上体现了清廉不贪，洁己奉公的无私品质；也说明廉洁奉公的优秀作风始终是为政者应该永远秉持的，是深得民心的。尤其在现阶段，加强廉政建设，是国家兴衰的根本所在。“得民心者得天下”，为政者要以海瑞为榜样，坚持正义，洁身自好，全面推进廉政建设。只有这样，才能确保权力的正确运用，国家才能得到健康发展。

（萨仁高娃注译　窦红玉评述）

杨继盛

【原文】

杨继盛，字仲芳，容城人。七岁失母。庶母妒，使牧牛。继盛经里塾，睹里中儿读书，心好之。因语兄，请得从塾师学。兄曰："若幼，何学？"继盛曰："幼者任牧牛，乃不任学耶？"兄言于父，听之学，然牧不废也。年十三岁，始得从师学。家贫，益自刻厉，举乡试，卒业国子监，徐阶亟赏之。嘉靖二十六年登进士，授南京吏部主事。从尚书韩邦奇游，覃思律吕之学[①]，手制十二律，吹之声毕和，邦奇大喜，尽以所学授之，继盛名益著。召改兵部员外郎。

俺答躏京师，咸宁侯仇鸾以勤王故有宠。帝命鸾为大将军，倚以办寇。鸾中情怯，畏寇甚。方请开互市市马，冀与俺答媾，幸无战斗，固恩宠，继盛以为仇耻未雪，遽议和示弱，大辱国，乃奏言十不可，五谬。大略谓：

互市者，和亲别名也。俺答蹂躏我陵寝，虔刘[②]我赤子，天下大仇也，而先之和。不可一；往下诏北伐，天下晓然知圣意，日夜征缮助兵食。忽更之曰和，失信于天下。不可二；以堂堂中国，与之互市，寇履倒置。不可三；海内豪杰争磨砺待试，一旦委置无用。异时欲号召，谁复兴起。不可四；使边镇将帅以和议故，美衣偷食，弛懈兵事。不可五；往时边卒私通境外，吏率裁禁，今乃导之使与通。不可六；盗贼伏莽[③]，徒慑国威不敢肆耳，今知朝廷畏怯，睥睨之渐必开。不可七；俺答往岁深入，乘我无备故也。备之一岁，以互市终，彼谓国有人乎？不可八；或俺答负约不至；至矣，或阴谋伏兵突入；或今日市，明日复寇；或以下马索上直。不可九；岁帛数十万，得马数万匹。十年以后，帛将不继，不可十。

议者曰“吾外为市以羁縻之，而内修我甲兵”。此一谬也。夫寇欲无厌，其以衅终明甚。苟内修武备，安事羁縻？曰“吾阴市，以益我马”。此二谬也。夫和则不战，马将焉用，且彼宁肯予我良马哉？曰“市不已，彼且入贡”。此三谬也。夫贡之赏不赀，是名美而实大损也。曰“俺答利我市，必无失信”。此四谬也。吾之市，能尽给其众乎？能信不给者之无入掠乎？曰“佳兵不祥”。此五谬也。敌加己而应之，何佳也。人身四肢皆痈疽，毒日内攻，而惮用药石可乎？

夫此十不可、五谬，明显易见。盖有为陛下主其事者，故公卿大夫知而莫为一言。陛下宜奋独断，悉按诸言互市者，发明诏选将练兵。不出十年，臣请为陛下竿俺答之首于藁街④，以示天下万世。

疏入，帝颇心动，下鸾及成国公朱希忠，大学士严嵩、徐阶、吕本，兵部尚书赵锦，侍郎聂豹、张时彻议。鸾攘臂詈曰："竖子目不睹寇，宜其易之。"诸大臣遂言遣官已行，势难中止。帝尚犹豫，鸾复进密疏。乃下继盛诏狱，贬狄道⑤典史。其地杂番，俗罕知诗书。继盛简子弟秀者百余人，聘三经师教之。鬻所乘马，出妇服装，市田资诸生。县有煤山，为番人所据，民仰薪二百里外。继盛召番人谕之，咸服曰："杨公即须我曹穹帐亦舍之，况煤山耶？"番民信爱之，呼曰"杨父"。

已而俺答数败约入寇，鸾奸大露，疽发背死。戮其尸。帝乃思继盛言，稍迁诸城知县。月余调南京户部主事，三日迁刑部员外郎。当是时，严嵩最用事。恨鸾凌己，心善继盛首攻鸾，欲骤贵之，复改兵部武选司。而继盛恶嵩甚于鸾。且念起谪籍，一岁四迁官，思所以报国。抵任甫一月，草奏劾嵩，斋三日乃上奏曰：

臣孤直罪臣，蒙天地恩，超擢不次。夙夜祗惧，思图报称，盖未有急于请诛贼臣者也。方今外贼惟俺答，内贼惟严嵩，未有内贼不去，而可除外贼者。去年春雷久不声，占曰"大臣专政"。冬日下有赤色，占曰"下有叛臣"。又四方地震，日月交食。臣以为灾皆嵩致，请以嵩十大罪为陛下陈之。

高皇帝罢丞相，设立殿阁之臣，备顾问视制草[6]而已，嵩乃俨然以相自居。凡府部题覆，先面白而后草奏。百官请命，奔走直房如市。无丞相名，而有丞相权。天下知有嵩，不知有陛下。是坏祖宗之成法。大罪一也。

陛下用一人，嵩曰“我荐也”；斥一人，曰“此非我所亲，故罢之”。陛下宥一人，嵩曰“我救也”；罚一人，曰“此得罪于我，故报之”。伺陛下喜怒以恣威福。群臣感嵩甚于感陛下，畏嵩甚于畏陛下。是窃君上之大权。大罪二也。

陛下有善政，嵩必令世蕃告人曰“主上不及此，我议而成之”。又以所进揭贴刊刻行世，名曰《嘉靖疏议》，欲天下以陛下之善尽归于嵩。是掩君上之治功。大罪三也。

陛下令嵩司票拟，盖其职也。嵩何取而令子世蕃代拟，又何取而约诸义子赵文华辈群聚而代拟。题疏方上，天语已传。如沈炼劾嵩疏，陛下以命吕本，本即潜送世蕃所，令其拟上。是嵩以臣而窃君之权，世蕃复以子而盗父之柄，故京师有“大丞相、小丞相”之谣。是纵奸子之僭窃。大罪四也。

严效忠、严鹄，乳臭子耳，未尝一涉行伍。嵩先令效忠冒两广功，授锦衣所镇抚矣。效忠以病告，鹄袭兄职。又冒琼州功，擢千户。以故总督欧阳必进躐掌工部，总兵陈圭荐统后府，巡按黄如桂亦骤亚太仆。既借私党以官其子孙，又因子孙以拔其私党。是冒朝廷之军功。大罪五也。

逆鸾先已下狱论罪，贿世蕃三千金，荐为大将。鸾冒擒哈舟儿功，世蕃亦得增秩。嵩父子自夸能荐鸾矣，及知陛下有疑鸾心，复互相排诋，以泯前迹。鸾勾贼，而嵩、世蕃复勾鸾。是引背逆之奸臣。大罪六也。

前俺答深入，击其惰归，此一大机也。兵部尚书丁汝夔问计于嵩，嵩戒无战。及汝夔逮治，嵩复以论救绐之。汝夔临死大呼曰："嵩误我。"是误国家之军机。大罪七也。

郎中徐学诗劾嵩革任矣，复欲斥其兄中书舍人应丰。给事厉汝进劾嵩谪典史矣，复以考察令吏部削其籍。内外之臣，被中伤者何可胜计。是专黜陟之大柄。大罪八也。

凡文武迁擢，不论可否，但衡金之多寡而畀之。将弁惟贿嵩，不得不朘削士卒；有司惟贿嵩，不得不掊克百姓。士卒失所，百姓流离，毒遍海内。臣恐今日之患，不在境外而在域中。是失天下之人心。大罪九也。

自嵩用事，风俗大变。贿赂者荐及盗跖，疏拙者黜逮夷、齐。守法度者为迂疏，巧弥缝者为才能。励节介者为矫激，善奔走者为练事。自古风俗之坏，未有甚于今日者。盖嵩好利，天下皆尚贪。嵩好谀，天下皆尚谄。

源之不洁，流何以澄。是敝天下之风俗。大罪十也。

嵩有是十大罪，而又济之以五奸。知左右侍从之能察意旨也，厚贿结纳。凡陛下言动举措，莫不报嵩。是陛下之左右皆贼嵩之间谍也。以通政司之主出纳也，用赵文华为使。凡有疏至，先送嵩阅竟，然后入御。王宗茂劾嵩之章停五日乃上，故嵩得辗转遮饰。是陛下之喉舌乃贼嵩之鹰犬也。畏厂卫之缉访也，令子世蕃结为婚姻。陛下试诘嵩诸孙之妇，皆谁氏乎？是陛下之爪牙皆贼嵩之瓜葛也。畏科道之多言也，进士非其私属，不得预中书、行人选。推官、知县非通贿，不得预给事、御史选。既选之后，入则杯酒结欢，出则馈遗相属。所有爱憎，授之论刺。历俸五六年，无所建白，即擢京卿。诸臣忍负国家，不敢忤权臣。是陛下之耳目皆贼嵩之奴隶也。科道虽入笼络，而部寺中或有如徐学诗之辈亦可惧也。令子世蕃择其有才望者，罗置门下。凡有事欲行者，先令报嵩，预为布置，连络蟠结，深根固蒂，各部堂司大半皆其羽翼。是陛下之臣工皆贼嵩之心膂也。陛下奈何爱一贼臣，而忍百万苍生陷于涂炭哉。

至如大学士徐阶蒙陛下特擢，乃亦每事依违，不敢持正，不可不谓之负国也。愿陛下听臣之言，察嵩之奸。或召问裕、景二王，或询诸阁臣。重则置宪，轻则勒致仕。内贼既去，外贼自除。虽俺答亦必畏陛下圣断，不战而丧胆矣。

疏入，帝已怒。嵩见召问二王语，喜谓可指此为罪，密构于帝。帝益大怒，下继盛诏狱，诘何故引二王。继盛曰："非二王谁不慑嵩者！"狱上，乃杖之百，令刑部定罪。侍郎王学益，嵩党也。受嵩嘱，欲坐诈传亲王令旨律绞，郎中史朝宾持之。嵩怒，谪之外。于是尚书何鳌不敢违，竟如嵩指成狱，然帝犹未欲杀之也。系三载，有为营救于嵩者。其党胡植、鄢懋卿怵之曰："公不睹养虎者耶，将自贻患。"嵩颔之。会都御史张经、李天宠[7]坐大辟。嵩揣帝意必杀二人，比秋审，因附继盛名并奏，得报。其妻张氏伏阙上书，言："臣夫继盛误闻市井之言，尚狃书生之见，遂发狂论。圣明不即加戮，俾从吏议。两经奏谳俱荷宽恩。今忽阑入张经疏尾，奉旨处决。臣仰惟圣德，昆虫草木皆欲得所，岂惜一回宸顾，下垂覆盆[8]。倘以罪重，必不可赦，愿即斩臣妾首，以代夫诛。夫虽远御魑魅，必能为疆场效死，以报君父。"嵩屏不奏，遂以三十四年十月朔弃西市，年四十。临刑赋诗曰："浩气还太虚，丹心照千古。生平未报恩，留作忠魂补。"天下相与涕泣传颂之。

初，继盛之将杖也，或遗之蚺蛇胆。却之曰："椒山自有胆，何蚺蛇为！"椒山，继盛别号也。及入狱，创甚。夜半而苏，碎瓷碗，手割腐肉。肉尽，筋挂膜，复手截去。狱卒执灯颤欲坠，继盛意气自如。朝审时，观者塞衢，皆叹息，有泣下者。后七年，嵩败。穆宗立，恤直谏诸臣，以继盛为首。赠太常少卿，益忠愍，予祭葬，任一子官。已，又从御史郝杰言，建祠保定，名旌忠。

《明史》卷二百九《杨继盛传》

【注释】

①律吕之学：即律学。成体系的“律”，各有一定音高标准与相应律名，在中国古代乐律学中统称“律吕”。

②虔刘：劫掠，杀戮。

③伏莽：莽，丛生的草木。后以“伏莽”指军队埋伏在草莽中。亦指潜藏的寇盗。

④藁（gǎo）街：汉时街名，在长安城南门内，为少数民族聚居地方。

⑤狄道：甘肃省临洮县是李唐龙兴之地。周之前称陇西邑，战国、秦时称狄道。公元前 279 年，秦昭王始设陇西郡，郡治在狄道。

⑥视制草：视草，古代大臣奉旨修正诏谕一类公文，称“视草”。泛指起草诏书。

⑦李天宠：河南孟津县人，嘉靖十七年（1538）中进士。初任御史，后调任徐州兵备副使，曾在通州、如皋击退倭寇，立大功。后与张经同被严嵩诬陷致死。

⑧覆盆：谓阳光照不到覆盆之下。后喻社会黑暗或无处申诉的沉冤。

【译文】

杨继盛，字仲芳，容城人。杨继盛在七岁时，母亲去世，继母对他非常苛刻，让他去放牛。杨继盛路过家乡的私塾时，看见村里的小孩在读书，特别羡慕，因此对哥哥说：我想拜老师读书。哥哥说："你还小，上什么学？"小继盛说："年龄小可以放牛，怎能不上学呢？"哥哥把他这话告诉了父亲，父亲答应让他去上学，但还要放牛。杨继盛到十三岁时，才开始师从学习。因家境贫寒，他学习更为刻苦。他中举后，在国子监修完学业，徐阶极为赏识他。嘉靖二十六年（1547），杨继盛中进士，被授予南京吏部主事，师从尚书韩邦奇，深入研究律吕之学，亲手制作十二律，吹奏起来声音全都和音。韩邦奇大喜，倾其所知毫无保留地教给他，他的名气更大了。不久，他升为兵部员外郎。

当时，俺答汗侵犯京城，咸宁侯仇鸾因为救驾有功，得到嘉靖皇帝的宠爱，被任命为大将军，全权负责抵挡俺答汗的侵犯。而实际上，仇鸾外强中干，畏敌如虎。仇鸾请求朝廷在边界与蒙古开互市，希望与俺答汗讲和，无战祸，以巩固皇帝对他的恩宠。杨继盛则以为国耻未报，便与之议和，极辱国家。于是上疏列数"十不可"和"五謬"。其大略是：

互市，就是"和亲"。俺答践踏我们的陵寝，杀戮我们的人民，这是国恨家仇，而我们却主动与他谈和。此为第一不可。此前，皇上下诏北伐，全国人民都知道了皇上圣意，日夜准备粮草，现在突然说要与他们谈和，失信于天下。此为第二不可。我们堂堂中华，却与他们夷狄互市，尊卑不分，本末倒置。此为第三不可。天下各路英雄摩拳擦掌，跃跃欲试，现在却英雄无用武之地，如果下次再需要他们，谁来响应？此为第四不可。如果边境议和，镇将帅就会只图享受，军备废弛。此为第五不可。过去国家严禁边境将士与国外往来，如果议和必是鼓励他们与境外来往。此为第六不可。盗贼蠢蠢欲动而最终不敢作乱，只因为慑于国家的威严，如今他们知道朝廷胆小，他们必狂妄起来。此为第七不可。从前，俺答乘我们无备突然入侵，如今我们准备了一年，却以开互市而止，人家会说你们国家还有人吗？此为第八不可。我们提出和议，俺答汗有可能违约不来；他即使来，也有可能偷偷埋伏兵马侵入；还有可能今天同意互市，明天又侵略我们；有可能是用劣马来换取我们宝贵的财物。此为第九不可。我国每年用数十万的帛才买来几万匹马，十年以后，我们的帛就用尽了。此为第十不可。

有人说“我们对外以怀柔政策开互市以稳住俺答汗，对内加强军备”。这是第一个错误。寇贼贪得无厌，明摆着就是要挑起事端。如果我们内修武备，又为何要笼络他们？有人说“我们假开互市，以换取我们需要的战马”。这是第二个错误。和平则无战争，还要马干什么？况且，他们会卖给我们好马吗？还说什么“互市不停止，他们就得给我们进贡”。这是第三个错误。他们进贡的那些小东西不值钱，结果是我们受损失。有人说“俺答汗与我们互市，一定会守信用”。这是第四个错误。我们的互市，能够满足他们所有的人吗？那些没有给的，能不会入侵吗？有人说“好用兵不吉祥”。这是第五个错误。敌人入侵而我们应战，这是好战吗！如果人四肢都已长满毒疮，每天都要受到毒素的攻击，却害怕用药，行吗？

这“十个不可”和“五个错误”显而易见，那些为陛下出谋划策的公卿大夫，本知道这个道理却不说一句话。请陛下圣裁，将那些主张互市的人全部治罪，并下诏令挑选将领训练士兵。不用十年，臣将为陛下悬俺答的首级于街市，以垂万世。

皇帝阅了杨继盛的奏疏，激动不已，下令仇鸾与成国公朱希忠，大学士严嵩、徐阶、吕本，兵部尚书赵锦，侍郎聂豹、张时彻商讨此事。仇鸾挥舞着胳膊，恶狠狠地大骂道：“杨继盛那混蛋没有亲眼见过寇贼，以为容易对付！”于是，各大臣都说和谈的官员已出发，再半途而废很难了。皇帝犹豫不决，仇鸾再次秘密上疏。于是，皇帝下诏将杨继盛打入监狱，贬为狄道县典史。在狄道，各少数民族杂居，教育落后，很少有人懂诗书礼仪。杨继盛在这里挑选了一百多个比较优秀的人，聘请了三个经师教育他们。为此，他卖了自己的坐骑，拿出妻子的衣服，并卖了田地来资助这些学生。狄道县有一座煤山，被少数民族占领，当地人只得到二百里外的地方砍柴。杨继盛请来这些少数民族人，劝谕他们。听了杨继盛的教导，这些人都十分感动，纷纷对杨继盛说：“如果杨公您需要，我们的帐篷都可以拿出来，何况是一座煤山？”这里的少数民族人民十分信任爱戴杨继盛，亲热地称他为“杨父”。

不久，俺答汗数次撕毁和约入侵，仇鸾的奸计败露，背部生疮而死，明世宗将其开棺戮尸。明世宗想起杨继盛的话，将杨提拔为诸城知县。一个多月后，明世宗调他为南京的户部主事，三天之后又升为刑部员外郎。当时，严嵩当权，恨仇鸾凌驾于自己之上。严嵩看到继盛攻击仇鸾，想迅速重用继盛，于是又将继盛改升为兵部武选司。然而杨继盛恨仇鸾，更恨严嵩，他认为自己是一个被贬的官员，重新起用，一年连升四次，一直想报效国家。所以，他上任刚一个月，便起草奏疏参劾严嵩，斋戒三日后上呈皇帝，说：

微臣本是倔强执拗之罪臣，承蒙皇上垂恩，多次受到越级提拔。臣日夜思之，如何报效皇上，可没有比请求陛下诛杀乱臣贼子更紧迫的事了。如今外贼唯有俺答汗，内贼只有严嵩，内贼不除，外贼难去。去年春天，很久没有雷声，占卜说“大臣独裁”；冬天的太阳下面有红色，占卜说“下面有叛乱大臣”；还有四方地震，有日食、月食交替出现。臣以为这些天灾皆由严嵩所致，现将严嵩十大罪状陈述给陛下：

太祖高皇帝废除丞相制度，设内阁官员，仅为顾问起草诏书而已，严嵩却俨然以丞相自居。凡是朝廷各府各部向皇上进呈文书，严嵩自己先看，然后再给皇上。文武百官上书请命，奔走于严嵩处，门庭若市。严嵩没有丞相之名，却有丞相之权。现在，天下只知道严嵩，而不知道陛下。败坏祖宗成法，此为严嵩第一大罪状。

陛下任用一个人，严嵩就说“这人是我举荐的”。陛下斥责一个人，严嵩会说“他不是我信任的人，才被罢免”。陛下宽恕一个人，严嵩说“这人是我救的”。陛下惩罚一个人，严嵩会说“这是因为得罪我了，因此报复他”。凭借陛下的喜怒来作威作福。诸大臣感激严嵩甚于感激陛下，畏惧严嵩也甚于畏惧陛下。窃取皇上的权威，此为严嵩第二大罪状。

陛下政治清明，而严嵩就要严世蕃对别人说“皇上没有想到这些，是我上奏才实行的”。严嵩又把自己所进谏的奏帖刊刻发行于世，称为《嘉靖疏议》，想要天下人将陛下您的仁善都归功于他自己。掩盖陛下的文治武功，此为严嵩第三大罪状。

陛下令严嵩掌管票拟，这是他的本职。严嵩为何让儿子严世蕃代拟，又为何约其义子赵文华等人一起代拟。大臣的奏疏刚上呈，陛下的话已经外传，如沈炼参劾嵩疏，陛下命令吕本审查，吕本立即将奏疏悄悄送给严世蕃，让他拟上。这是严嵩以人臣的身份窃取君主的权力，严世蕃又以儿子的身份盗用父亲的权柄，因此北京流传“大丞相、小丞相”之言。纵容奸臣逆子的僭越，此为严嵩第四大罪状。

严效忠、严鹄乳臭未干，他们从没有参军打过仗，严嵩却让严效忠冒领两广的功劳，授予锦衣所镇抚。严效忠谎称生病，严鹄继承哥哥的职位，又冒领琼州的功劳，升为千户长。严嵩又将前总督欧阳必进升掌管工部，总兵陈圭统领后府，巡按黄如桂也骤然升为太仆寺少卿。严嵩凭借他的团伙给子孙升官，又用他的子孙壮大其团伙的势力。冒领朝廷军功，此为严嵩第五大罪状。

逆贼仇鸾已下狱治罪，可他贿赂严世蕃三千金，就被举荐为大将。仇鸾冒领擒获哈舟儿的功劳，严世蕃也因此升官。严嵩父子以举荐仇鸾而自鸣得意，等道陛下怀疑仇鸾时，又互相排挤诋毁，以削除自己的劣迹。仇鸾勾结寇贼，而严嵩、严世蕃又勾结仇鸾。举荐勾结贼臣，此为严嵩第六大罪状。

之前，俺答汗率军入侵我大明，在其疲惫之时本可出击，可兵部尚书丁汝夔向严嵩征求意见，严嵩却要他不开战。等丁汝夔被下狱治罪时，严嵩又骗他说会来救他。直到丁汝夔临死，他才猛然醒悟，大声呼喊说：“严嵩害了我！”贻误国家军机大事，此为严嵩第七大罪状。

刑部郎中徐学诗因为弹劾严嵩被革职，严嵩不罢休，又想罢斥徐学诗的哥哥中书舍人徐应丰。给事中厉汝进因弹劾严嵩而被贬为典史，严嵩又以考察为名命令吏部将其革职。像这样朝廷内外被严嵩诬陷迫害的大臣，数不胜数。独掌官员升降的大权，此为严嵩第八大罪状。

凡提拔文武官员，不是以贤愚为标准，而是以送礼的多少为标准。因此，将领为升官贿赂严嵩，只有靠剥削士卒；官吏为升迁贿赂严嵩，便搜刮民脂民膏。严嵩荼毒海内，使全国士兵怨声载道，人民流离失所。臣以为，国家的大祸患，不在国外，而在国内。因他而失去天下民心，此为严嵩第九大罪状。

自从严嵩当权以来，天下风气大变。那些贿赂他的坏人得到重用，上疏进谏的清廉之士被罢黜流放。那些遵纪守法者被视为迂远疏阔，善于钻营者被视为能干，坚持节操者为异端，善于攀附者为练达。千古以来，以今天的风气最坏。只因为严嵩贪图利益，天下人都崇尚贪婪；严嵩好阿谀奉承，天下人都崇尚谄媚。源头不洁，流水怎么能干净！败坏天下风气，此为严嵩第十大罪状。

严嵩不仅有“十大罪状”，还有“五奸”。他得知皇上身边的侍从能揣摩您的旨意，就用重金贿赂他们。因此，皇上的一言一行，没有不告诉严嵩的。于是，皇上身边的侍臣都成了奸贼严嵩的间谍。因为通政司主管朝廷内外章疏、敷奏封驳，严嵩便让赵文华担任通政司长官通政使，一切奏疏，先给严嵩过目，然后呈给皇上。王宗茂弹劾严嵩的奏章，落在严嵩手里五天，待严嵩做好准备后才上呈陛下。因此，陛下的喉舌都变成严嵩的鹰犬了。严嵩害怕厂卫的明察暗访，就让他的儿子严世蕃与锦衣卫的官员联姻。请陛下问问严嵩的诸多子孙的妻妾，是谁家女儿？陛下您的得力帮手都与严嵩扯上了关系。严嵩害怕科道官会弹劾他，那些不是他的亲信的进士，便不能做中书、行人之类的官；

推官、知县如果不贿赂他，就不能候选给事中、御史。这些人出任之后，严嵩又是请客，又是送礼，与他们套近乎，强将一己之意加给他们。这些官员出任各种职务五六年，一无所成，但被严嵩提拔为朝廷大员。这些官员是宁肯辜负国家，也不敢得罪贼臣严嵩。因此，陛下的官员都成为严嵩的奴隶。各科道虽已被严嵩笼络，但各部各寺中仍有像徐学诗这样正派的官员，严嵩就令其子严世蕃选择有才望的官员到他门下。凡有什么事，必先报告严嵩，以提前准备。他们盘根错节，根深蒂固，中央各部和司的官员大都是严嵩的党徒，陛下的大臣都成为严嵩的亲信了。陛下能袒护这样一个乱臣贼子，而让天下苍生涂炭吗？

大学士徐阶，蒙受陛下特别提拔，但对事情犹豫不决，不敢秉公执法，辜负了国家。恳请陛下听从微臣之言，严惩严嵩。陛下如有疑虑，可垂询裕王、景王两位亲王，或询问诸位阁员大臣。重则绳之以法，轻则令他退休回家。内贼已除，外贼自消。如此，俺答汗也必定畏惧陛下圣明，闻风丧胆。

皇帝看到奏疏，已有怒气。严嵩见奏疏中有“请皇帝诏问二位亲王”的话，甚是高兴，可以借这一点作为杨继盛的大罪，秘密上奏皇帝，陷害杨继盛。果然，皇帝怒不可遏，将杨继盛打入由皇帝直接掌管的监狱，严责杨继盛为何要提起二位亲王。杨继盛回答道：“天下除了这二位亲王，谁不怕严嵩？”皇帝下令将杨继盛打一百大板，由刑部定罪。而刑部侍郎王学益是严嵩的党羽，他受严嵩指使，想以假传亲王旨意的罪名按律法判定杨继盛以绞刑，刑部郎中史朝宾反对。严嵩大怒，将史朝宾贬往外地。于是，刑部尚书何鳌不敢违命，就依严嵩的旨意定杨继盛的罪。不过，此时皇帝还不想杀杨继盛。杨继盛在狱中关了三年，有人想营救他。严嵩的党羽胡植、鄢懋卿害怕了，对严嵩说："大人您不知道养老虎的人将给自己留下后患吗?"严嵩明白了他们的意思。恰逢都御使张经、李天宠二人获死罪，严嵩猜到皇帝一定会杀这两个人。到秋审时，严嵩趁机将杨继盛的名字也附在张、李二人之后，一起上报。皇帝批准。判决书下达后，杨继盛的妻子跪在皇宫门前上书，说："臣妾的丈夫杨继盛误听了市井小人的话，以书生之见，胡言乱语。皇上圣明，没有即刻杀他，由法律来审判。经多次审讯，皇上都予以宽容。现在，突然听说他的名字被写入处决张经奏疏的末尾，奉圣旨处决他。臣一直敬仰皇上圣德，就连昆虫草木也想得其所，又怎会吝惜一回开恩，让一个被冤枉的人能够鸣冤。如果杨继盛罪孽太重，不可赦免，希望陛下杀了臣妾，以代替我的丈夫。让他去镇守边疆，他一定会效死疆场，以报答陛下隆恩。"严嵩扣书不报，于是嘉靖三十四年十月初一日，杨继盛被杀于西市，时年四十。临刑之前，杨继盛赋诗一首："浩气还太虚，丹心照千古。生平未报恩，留作忠魂补。"普天下的人民流着泪传颂这首诗。

起初，杨继盛将被责罚杖刑时，有人给他蟒蛇胆。他推辞说："椒山自有胆，要蟒蛇胆做什么！"椒山，就是杨继盛的别号。杨继盛进入监狱后，被打的伤口恶化，半夜痛醒，他将瓷碗打碎，用碗的碎片割去腐烂的肉。割完后，筋连在皮上，又用手截断，狱卒看到这一切，手里的灯颤抖得几乎要掉下来，但杨继盛意气自如。复审他时，围观的人塞满了道路，人们叹息不已，甚至潸然泪下。七年之后，明穆宗继位，严嵩倒台了，抚恤能直言进谏的大臣，将杨继盛列为第一。朝廷追封他为太常少卿，谥"忠愍"，特许为他祭葬，封他的一个儿子为官。不久，又听从御史郝杰的建议，在杨继盛的家乡保定为他建了一座祠庙，叫“旌忠祠”。

【评述】

杨继盛生活在明代的黑暗时期。严嵩父子依仗嘉靖皇帝的宠信，为所欲为。他们卖官鬻爵，党同伐异，打击陷害正直官员，大肆搜刮民脂民膏，搞得朝廷内外乌烟瘴气，民不聊生。此时也有正直之人，但豺狼当道，正直者会遭到残酷迫害。在这种恐怖环境中，“铁肩担道义”需极大的勇气和过人的胆识。怀抱一颗为国为民、不怕牺牲的赤胆忠心的杨继盛把生命和前途置之度外，毅然弹劾严嵩父子“十大罪状”，其反贪正气和一腔报国热忱，在五百年后仍光照人间。

杨继盛坚守道义，嫉恶如仇，最终被严嵩杀害，但他的抗争、他的牺牲唤起了人们久被压抑的正义感，他临刑时所赋的诗“浩气还太虚，丹心照千古。生平未报恩，留作忠魂补”，至今读之，仍动人心魄。在杨继盛身上充分体现了中华民族面对强权，面对黑暗时所表现的不屈不挠，坚持正义的崇高精神。这种精神亦鼓励越来越多的后来者与贪官奸臣做顽强的斗争，直至取得正义的最后胜利。这种精神前有古人，后有来者，是中华民族骨子里的血气。

杨继盛，一个铁骨铮铮的英雄，不畏权势，不顾死生，用生命彰显了正义的永恒。这股浩然正气终将令让世间的邪恶和黑暗无所遁隐。

（赵锋注译、评述）

王世贞

【原文】

王世贞，字元美，太仓人，右都御史忬子也。生有异禀，书过目，终身不忘。年十九，举嘉靖二十六年进士。授刑部主事。世贞好为诗古文，官京师，入王宗沐、李先芳、吴维岳等诗社，又与李攀龙、宗臣、梁有誉、徐中行、吴国伦辈相倡和，绍述何、李，名日益盛。屡迁员外郎、郎中。

奸人阎姓者犯法，匿锦衣都督陆炳家，世贞搜得之。炳介严嵩以请，不许。杨继盛下吏，时进汤药。其妻讼夫冤，为代草。既死，复棺殓之。嵩大恨。吏部两拟提学皆不用，用为青州兵备副使。父忬以滦河失事，嵩构之，论死系狱。世贞解官奔赴，与弟世懋日蒲伏嵩门，涕泣求贷。嵩阴持忬狱，而时为谩语以宽之。两人又日囚服跽道旁，遮诸贵人舆，搏颡乞救。诸贵人畏嵩不敢言，忬竟死西市。兄弟哀号欲绝，持丧归，蔬食三年，不入内寝。既除服，犹却冠带，苴履葛巾，不赴宴会。

隆庆元年八月，兄弟伏阙讼父冤，言为嵩所害，大学士徐阶左右之，复忬官。世贞意不欲出，会诏求直言，疏陈法祖宗、正殿名、广恩义、宽禁例、修典章、推德意、昭爵赏、练兵实八事，以应诏。无何，吏部用言官荐，令以副使莅大名。迁浙江右参政、山西按察使。母忧归，服除，补湖广，旋改广西右布政使，入为太仆卿。

万历二年九月以右副都御史抚治郧阳，数条奏屯田、戍守、兵食事宜，咸切大计。有奸僧伪称乐平王次子，奉高皇帝御容、金牒，行游天下。世贞曰："宗藩不得出城，而诪张如此，必伪也。"捕讯之，服辜。

张居正枋国，以世贞同年生，有意引之，世贞不甚亲附。所部荆州地震，引京房[1]占，谓臣道太盛，坤维不宁，用以讽居正。居正妇弟辱江陵令，世贞论奏不少贷。居正积不能堪，会迁南京大理卿，为给事中杨节所劾，即取旨罢之。后起应天府尹，复被劾罢。居正殁，起南京刑部右侍郎，辞疾不赴。久之，所善王锡爵[2]秉政，起南京兵部右侍郎。先是，世贞为副都御史及大理卿、应天尹与侍郎，品皆正三。世贞通理前俸，得考满荫子。比擢南京刑部尚书，御史黄仁荣言世贞先被劾，不当计俸，据故事力争。世贞乃三疏移疾归。二十一年卒于家。

世贞始与李攀龙狎主文盟，攀龙殁，独操柄二十年。才最高，地望最显，声华意气笼盖海内。一时士大夫及山人、词客、衲子、羽流，莫不奔走门下。片言褒赏，声价骤起。其持论，文必西汉，诗必盛唐，大历以后书勿读，而藻饰太甚。晚年，攻者渐起，世贞顾渐造平淡。病亟时，刘凤[3]往视，见其手苏子瞻集，讽玩不置也。

世贞自号凤洲，又号弇州山人。其所与游者，大抵见其集中，各为标目。曰前五子者，攀龙、中行、有誉、国伦、臣也。后五子则南昌余曰德、蒲圻魏裳、歙汪道昆、铜梁张佳胤、新蔡张九一也。广五子则昆山俞允文、浚卢柟、濮州李先芳、孝丰吴维岳、顺德欧大任也。续五子则阳曲王道行、东明石星、从化黎民表、南昌朱多煃、常熟赵用贤也。末五子则京山李维桢、鄞屠隆、南乐魏允中、兰溪胡应麟，而用贤复与焉。其所去取，颇以好恶为高下。

选自《明史》卷二百八十七《王世贞传》

【注释】

①京房（前77—前37）：西汉经学家。今文《易》学“京氏学”开创者。东郡顿丘（今河南清丰西南）人。喜好音乐，好讲灾异。元帝时，立为博士。

②王锡爵（1534—1610）：明苏州太仓（今属江苏）人，字元驭，号荆石。嘉靖进士。授编修，累迁祭酒。万历十二年（1584）以礼部尚书兼文渊阁大学士，预机务。二十一年任首辅。后又屡请速立朱常洛为太子。二十二年称病引退。

③刘凤：字子威，长洲（今江苏苏州）人。嘉靖进士，官

至河南按察佥事。家藏书甚多，勤学博富。著有《续吴先贤赞》、《杂俎》、《子威集》。

【译文】

王世贞，字元美，太仓人（今江苏太仓市及上海市崇明县）。右都御史王忬之子。世贞禀赋不凡，读书过目不忘，十九岁时，中嘉靖二十六年（1547）进士，授刑部主事。王世贞爱好诗文，在京师为官时，加入王宗沐、李先芳、吴维岳等人的诗社，与李攀龙、宗臣、梁有誉、徐中行、吴国伦等人诗酬唱和，接续何景明、李梦阳，名声日益显著。多次升迁后官至刑部员外郎、郎中。

奸人阎某违法，藏匿在锦衣卫都督陆炳家中，王世贞前去搜查并找到了他，陆炳请严嵩去说情，世贞不理。杨继盛下狱，世贞经常为他送汤送药。其妻为夫申冤，世贞为其代笔写诉状。杨继盛死后，王世贞又用棺木将他殓葬。严嵩很憎他。吏部两次拟用王世贞为提督学道，都不被采纳，后任其为青州兵备副使，世贞父亲王忬因为滦河失事，被严嵩构陷，获死罪，被囚禁狱中。世贞辞官，四处奔走求救，与弟弟王世懋每天跪在严嵩门前，哭着恳请严嵩饶恕。严嵩暗中掌控王忬案，又不时以谎言宽慰王世贞。兄弟两人又每天着囚服跪在路边，拦住权贵车驾，叩头为父亲求情。权贵畏惧严嵩均不敢替他们说话，王忬终究在西市被处死。兄弟二人哀痛欲绝，抬着灵柩回家治丧，吃素三年，不进内室睡觉。丧期满后，仍然不戴帽子，不束腰带，穿草鞋、系粗布头巾，不参与宴饮聚会。

隆庆元年（1567）八月，兄弟二人跪在宫门前为父申冤，称父亲是被严嵩陷害，在大学士徐阶的帮助下，恢复了王忬的官职。世贞本不打算再出来做官，但恰逢皇上诏求直言，他于是上疏“效法祖宗、更正殿名、广施恩义、放宽禁例、修订典章、推行德治、昭明爵赏、操练军队”八件事。不久，吏部以言官的推荐，命令他以副使身份到大名府任职。升为浙江右参政、山西按察使。丁母忧归，服丧期满后，补任到湖广，很快又改为广西右布政使，入京为太仆寺卿。

万历二年（1574）九月，王世贞以右副都御史的身份抚治郧阳（今湖北郧县、保康县以西地区），他多次上奏屯田、戍守、兵食等事，都与大政相合。有奸僧假称是乐平王次子，持高皇帝朱元璋画像、金牒四处游历。世贞说：“宗族子弟是不能出城的，此人如此张狂，一定有假。”于是抓起来审讯，此人服罪。

因与王世贞同年出生，张居正执政时，有意拉拢他，但世贞不是很愿意亲近依附他。王世贞所管辖的荆州发生地震，他引用西汉京房的占辞，称地震的发生是缘于臣权过重，导致大地不安宁，借此暗指张居正。张居正内弟侮辱了江陵县令，王世贞论罪上奏，毫不含糊。张居正对他忍无可忍，适逢王世贞升任南京大理寺卿，被给事中杨节所弹劾，张居正便求得圣旨罢免了他。后王世贞被起用为应天府尹，又被劾奏而罢官。张居正死后，世贞被起用为南京刑部右侍郎，但他称病不赴任。过了很久，因其友王锡爵执政，他才出任南京兵部右侍郎。此前，世贞为副都御史、大理寺卿、应天府尹及侍郎，正三品。世贞清理以前的俸禄，考绩期满得以荫子为官。等到他被提升为南京刑部尚书后，御史黄仁荣说他之前曾被弹劾，不应计算俸禄，并以先例力争。

世贞于是数次上书称病辞官，于万历二十一年病逝家中。

世贞最初与李攀龙先后为文坛盟主，攀龙死后，王世贞独自掌持文坛二十年。他的才华最高，地位声望最显赫，声华意气笼罩海内。一时之间，士大夫、隐士、骚人词客、僧徒、道士等，多奔走其门下。得到他片言只语褒赏的文人，声名、身价均骤起。他认为文章必须学习西汉，诗歌则必须学习盛唐，不要读唐大历以后的书，因其藻饰太重。晚年，他的观点渐受质疑，王世贞持论渐趋平和。病重时，刘凤前往探视，看见他手拿苏轼集，爱不释手。

世贞自号凤洲，又号弇州山人，与他交游之人，多出现在他的文集之中，并各有标目。前五子：李攀龙、徐中行、梁有誉、吴国伦、宗臣。后五子：南昌余曰德、蒲圻魏裳、歙县汪道昆、铜梁张佳胤、新蔡张九一。广五子：昆山俞允文、浚县卢柟、濮州李先芳、孝丰吴维岳、顺德欧大任。续五子：阳曲王道行、东明石星、从化黎民表、南昌朱多煃、常熟赵用贤。末五子：京山李维桢、鄞县屠隆、南乐魏允中、兰溪胡应麟，再加上赵用贤。他多以个人好恶定诗文高下。

（刘庆注译）

杨时乔

【原文】

杨时乔，字宜迁，上饶人。嘉靖四十四年进士。除工部主事。榷税杭州，令商人自署所入，输之有司，无所预。隆庆元年冬，上时政要务，言："几之当慎者三，以日勤朝讲为修德之几，亲裁章奏为出令之几，听言能断为图事之几。弊之最重者九：曰治体怠弛，曰法令数易，曰赏罚无章，曰用度太繁，曰鬻官太滥，曰庄田扰民，曰习俗侈靡，曰士气卑弱，曰议论虚浮。势之偏重者三：宦寺难制也，宗禄难继也，边备难振也。"疏入，帝褒纳，中外传诵焉。

擢礼部员外郎，迁南京尚宝丞。万历初，以养亲去。服除，起南京太仆丞，复迁尚宝。移疾归。时乔雅无意荣进，再起再告。阅十七年始荐起尚宝卿，四迁南京太常卿。疏请议建文帝谥，祠祀死节诸臣。就迁通政使。秩满，连章乞休，不允。

三十一年冬，召拜吏部左侍郎。时李戴已致仕，时乔至即署部事。绝请谒，谢交游，止宿公署，苞苴[1]不及门。及大计[2]京朝官，首辅沈一贯欲庇其所私，惮时乔方正，将令兵部尚书萧大亨主之，次辅沈鲤不可而止。时乔乃与都御史温纯力锄政府私人。若给事中钱梦皋、御史张似渠、于永清辈，咸在察中，又以年例出给事中钟兆斗于外。一贯大愠，密言于帝，留察疏不下。梦皋亦假楚王事再攻郭正域，谓主察者为正域驱除。帝意果动，特留梦皋；已，尽留科道之被察者，而严旨责时乔等报复。时乔等惶恐奏辨，请罢斥，帝不问。梦皋既留，遂合兆斗累疏攻纯，并侵时乔。时乔求去。已而员外郎贺灿然请斥被察科道，亦诋纯挟权斗捷，顾独称时乔。又言“陛下睿断躬操，非阁臣所能窃弄”，意盖为一贯解。时乔以与纯共事，复疏请贬黜，不报。及纯去，梦皋、兆斗亦引归。帝复降旨谯让，谓“祖宗朝亦常留被察科道，何今日揣疑君父，诬诋辅臣”。因责诸臣朋比，令时乔策励供职，而尽斥灿然及刘元珍、庞时雍辈。时乔叹曰：“主察者逐，争察者亦窜矣，尚可觍颜居此乎？”九疏引疾，竟不得请。时中外缺官多不补，而群臣省亲养病给假，及建言诖误被谴者，充满林下，率不获召。时乔乃备列三百余人，三疏请录用。三十四年，皇长孙生，有诏起废，时乔复列上迁谪邹元标等九十六人，削籍范俊等一百十人。帝卒不省。

明年大计外吏。时乔已偕副都御史詹沂受事，居数日，帝忽命户总尚书赵世卿代时乔，遂中辍；盖去冬所批察疏，至是误发之也。辅臣朱赓谓非体，立言于帝。帝亦觉其误，即日收还。时乔坚辞不肯任，吏科陈治则劾其怨怼无人臣礼。有旨诘责，时乔乃再受事。永年伯王栋卒，其子明辅请袭。时乔以外戚不当传世，固争之，弗听。时一贯已罢，言路争击其党。而李廷机者，一贯教习门生也，阁臣阙，众多推之；惟给事中曹于汴、宋一韩、御史陈宗契持不可。时乔卒从众议。未几，又推黄汝良、全天叙为侍郎，诸攻一贯者益不悦。给事中王元翰、胡忻遂交劾时乔。时乔疏辨，力求罢。

当是时，帝委时乔铨柄，又不置右侍郎，一人独理部事，铨叙平允。然堂陛捍格，旷官废事，日甚一日，而中朝议论方嚣，动见掣肘。时乔官位未崇，又自温纯去，久不置都御史，益无以镇压百僚。由是上下相凌，纪纲日紊，言路得收其柄。时乔亦多委蛇，议者谅其苦心，不甚咎也。秉铨凡五年。最后起故尚书孙丕扬。未至，而时乔已卒。箧余一敝裘，同列赙襚以殓。诏赠吏部尚书，谥端洁。

时乔受业永丰吕怀，最不喜王守仁之学，辟之甚力，尤恶罗汝芳。官通政时具疏斥之曰："佛氏之学，初不溷于儒。乃汝芳假圣贤仁义心性之言，倡为见性成佛之教，谓吾学直捷，不假修为。于是以传注为支离，以经书为糟粕，以躬行实践为迂腐，以纲纪法度为桎梏。逾闲荡检，反道乱德，莫此为甚。望敕所司明禁，用彰风教。”诏从其言。

选自《明史》卷二百二十四《杨时乔传》

【注释】

①苞苴（bāo jū）：馈赠的礼物。

②大计：明代考核外官的制度，三年举行一次。

【译文】

杨时乔，字宜迁，江西上饶人，嘉靖四十四年（1565）中进士。授任工部主事。在杭州征税时，他让商人自报收入交税，并不干预。隆庆元年（1567）冬天，他对国家大政上疏，说：“国家大事有三点需要谨慎：每天听朝堂讲解是修养品德的关键，亲书章奏是发布诏令的关键，善于听取意见并有主见是成大事的关键。要纠正以下九种最严重的弊端：政治法度松弛，法令变幻无常，赏罚无章可依，国家费用超支，卖官鬻爵泛滥，王公贵戚强占百姓田地，生活奢靡无度，士人卑下懦弱，人们空谈心性。要注意权势偏重会产生的三种后果：宦官权大难控制，宗室俸禄过多会难以为继，边疆军队过少会难振兴边防。”奏书上达后，明穆宗大为称赞并予采纳，朝廷内外也争相传诵。

杨时乔升为礼部员外郎，又调任南京尚宝丞。万历初年（1573），杨时乔由于奉养亲人而去职。守孝期满后，他被起用为南京太仆丞，又调回作南京尚宝丞。杨时乔掩病回去。他无意为官，两次起用而两次告假。十七年后，他才被起用为尚宝卿，四次升迁后才为南京太常卿。他上疏建议讨论建文帝的谥号，并建祠祭祀为建文帝而死的臣子。作太常卿期满后，他又升为通政使。通政使任满后，他接二连三地上奏，请求退休，皇帝不答应。

万历三十一年（1603）冬天，杨时乔拜为吏部左侍郎。这时，吏部尚书李戴已经退休，而杨时乔到任即掌管吏部的事务。他断绝请托，谢绝交游，自己住在官署里，不接受贿赂。到了考核京城官吏时，首辅沈一贯想庇护他的亲信，但又害怕杨时乔正直而不能如意，便打算让兵部尚书萧大亨负责这件事，而次辅沈鲤不同意，沈一贯的美梦无果。于是，杨时乔和都御史温纯极力清除沈一贯安插的人，如给事中钱梦皋、御史张似渠、于永清等都在审查之中。杨时乔又按年例将给事中钟兆斗调出外地。沈一贯对此做法十分不满，便暗中向皇帝进言，扣留审查的奏章。钱梦皋也借楚王的事再次攻击郭正域，说杨时乔为郭正域排挤他人。皇帝果然受到影响，特别留下了钱梦皋；接着，又全部留下科道中被杨时乔审查的人，而严厉斥责杨时乔等人打击报复。杨时乔等人惊恐万状，便上奏为自己辩护，请求去官，皇帝不再追究。钱梦皋留下后，就纠合钟兆斗多次上疏攻击温纯，影射杨时乔。不得已，杨时乔请求辞职。不久，员外郎贺灿然建议罢免被审查的科道官员，称赞杨时乔，同时也指责温纯以权为私。贺灿然又说“陛下睿智，阁臣不要暗中操弄权柄”，其用意是为沈一贯开脱。杨时乔因和温纯共事，就上疏请求贬黜自己，皇帝没有回复。温纯去官后，钱梦皋、钟兆斗从被贬之地回朝。皇帝又下旨予以谴责，说：“朕的祖宗各朝也时常留下被审查的科道官员，为什么今天怀疑朕，又诬陷攻击辅臣？”于是，万历皇帝指责许多臣子朋比为奸，令杨时乔忠于职守，而将贺灿然以及刘元珍、庞时雍等人全部罢逐。杨时乔叹息道：“主持考核的官员被斥逐，谏诤的官员也被放逐，我还能厚着脸皮在这里吗？”于是，他多次上疏以病辞职，没得到批准。当时，朝廷和地方官职缺员较多而没有补充，以及探亲养病的大臣和因建言献策失误而被遣回家的许多官员，都闲居在家而没有得到召用。杨时乔详细地开列了三百多位人员的名单，三次上疏，请求录用。万历三十四年（1606），皇长孙出生，皇帝诏命起用废置的人员，杨时乔又上奏被贬的邹元标等九十六人，和被革职的范儁等一百一十人，但皇帝都没有理会。

万历三十五年（1607），朝廷考核地方官吏。杨时乔已经和副都御史詹沂一起接手这件事，但过了几天，皇帝忽然命令户部尚书赵世卿代替杨时乔，此事于是就中止了。大概是万历三十四年（1606）冬天所批复的考核奏章，到这时才错误地发出来。辅臣朱赓认为不符合国家制度，立即向皇帝进言。皇帝也感到有错误，便当天收回。这时，杨时乔坚决辞职不肯上任，吏科官员陈治弹劾他心怀不满，有悖人臣之礼。皇帝下谕旨责问，杨时乔于是再次接手此事。永年伯王栋去世，他的儿子王明辅请求承袭父亲爵位。而杨时乔认为，外戚不应当把爵位留传给后代，坚决谏诤，万历帝不听。此时，沈一贯已经罢职，言官们争相攻击他的党羽。而李廷机这个人，是沈一贯担任教习时的门生，阁臣缺员时，朝臣多推举他，而给事中曹于汴、宋一韩，御史陈宗契认为不行，杨时乔最后采纳了多数人的意见。没多久，又推荐黄汝良、全天叙为侍郎，那些攻击沈一贯的人，更加不高兴。给事中王元翰、胡忻一齐弹劾杨时乔，杨时乔上疏辩解，并请求辞职。

这时，皇帝委任杨时乔掌管选拔官吏之事，又没有设置右侍郎，所以，他一人单独处理吏部所有事务，他审核和任用官吏，都做到了公平适当。然而，朝廷内各种主张相抵触，职位空缺，无人办理政事的情况，一天比一天严重，而朝中各派都气势汹汹，稍有行动即被人牵制。杨时乔官位不是很高，自从温纯离职后，朝廷很久都不设置都御史，更加难以震慑百官。由此，上下相互欺凌，国家纲纪一天天混乱，言官们也收集到他的一些证据。杨时乔也常被迫左右周旋，人们体谅他的苦衷，也不是很怪罪他。他掌管官吏升迁共五年时间，最后起用原来的尚书孙丕扬为吏部尚书，但还没等到孙丕扬到任，杨时乔就死了。在他的遗物中，箱子里只剩下一件旧皮衣。他的家人靠同僚的馈赠才给他办了丧事。朝廷赠他吏部尚书官衔，谥“端洁”。

杨时乔受业于永丰吕怀，最不认同王守仁的思想，尤其讨厌罗汝芳。他为官通政时上奏章驳斥说：“佛教起初不混入儒家。自罗汝芳开始，却假藉圣贤仁义心性之言，提倡‘见性成佛’的教义，说自己的学说直接干脆，不用修业就可成就。于是，视传注为旁枝末节，经书为糟粕，实践为迂腐，朝廷纲纪法度为束缚。结果不遵礼法，违反道德，没有比这更严重的了。臣请皇上下令有关部门明文禁止，以显我朝教化风俗之大德。”朝廷下诏按照他说的行事。

【评述】

杨时乔以左侍郎之职掌管吏部五年。无吏部尚书，吏部侍郎当然是一个美职，官员的升转黜陟有太多的私情可徇，杨时乔亦有太多的油水可捞。当杨时乔在此任上去世时，竟身无分文，无以殓葬。在明末贪污盛行、腐败滋生的环境下，杨时乔应该是非常难得的。

（吴澍时注译　张杰评述）

孙丕扬

【原文】

孙丕扬，字叔孝，富平人。嘉靖三十五年进士。授行人。擢御史。历按畿辅、淮、扬，矫然有风裁。隆庆中，擢大理丞。以尝劾高拱，拱门生给事中程文诬劾丕扬，落职候勘。拱罢，事白，起故官。

万历元年擢右佥都御史，巡抚保定诸府。以严为治，属吏皆惴惴。按行关隘，增置敌楼三百余所，筑边墙万余丈。录功，进右副都御史。中官冯保家在畿内，张居正属为建坊，丕扬拒不应。知二人必怒，五年春引疾归。

其冬大计京官，言路希居正指劾之。诏起官时，调南京用。御史按陕西者，知保等憾不已，密讽西安知府罗织其赃。知府遣吏报御史，吏为虎噬。及再报，则居正已死，事乃解。起应天府尹。召拜大理卿，进户部右侍郎。

十五年，河北大饥。丕扬乡邑及邻县蒲城、同官至采石为食。丕扬伤之，进石数升于帝，因言：“今海内困加派，其穷非止唉石之民也。宜宽赋节用，罢额外征派有诸不急务，损上益下，以培苍生大命。”帝感其言，颇有所减罢。

寻由左侍郎擢南京右都御史，以病归。召拜刑部尚书。丕扬以狱多滞囚，由公移牵制。议刑部、大理各置籍，凡狱上刑部，次日即详谳大理，大理审允，次日即还刑部，自是囚无淹系。寻奏：“五岁方恤刑，恐冤狱无所诉。请敕天下抚按，方春时和，令监司按行州县，大录系囚，按察使则录会城囚。死罪矜疑及流徒以下可原者，抚按以达于朝，期毋过夏月。轻者立遣，重者仍听部裁，岁以为常。”帝报从之。已，条上省刑省罚各三十二事。帝称善，优诏褒纳。自是刑狱大减。有内竖杀人，逃匿禁中。丕扬奏捕，卒论戍。改左都御史。陈台规三事，请专掌印、重巡方、久巡城，著为令。已，又言：“闾阎民瘼[①]非郡邑莫济，郡邑吏治非抚按监司莫清。抚按监司风化，非部院莫饬。请立约束颁天下，奖廉抑贪，共励官箴。”帝咸优诏报许。

二十二年，拜吏部尚书。丕扬挺劲不挠，百僚无敢以私干者，独患中贵请谒。乃创为掣签法，大选急选，悉听其人自掣，请寄无所容。一时选人盛称无私，然铨政自是一大变矣。

二十三年大计外吏。九江知府沈铁尝为衡州同知，发巡抚秦燿罪，江西提学佥事马犹龙尝为刑部主事，定御史祝大舟赃贿，遂为庇者所恶。考功郎蒋时馨黜之，丕扬不能察。及时馨为赵文炳所劾，丕扬力与辨雪。谓衅由丁此吕，此吕坐逮。丕扬又力诋沈思孝，于是思孝及员外郎岳元声连章讦丕扬。丕扬请去甚力。其冬，帝以军政故，贬两京言官三十余人。丕扬犹在告，偕九卿力谏，弗纳。已而帝恶大学士陈于陛论救，谪诸言官边方。丕扬等复抗疏谏，帝益怒，尽除其名。

初，帝虽以夙望用丕扬，然不甚委信。有所推举，率用其次。数请起废，辄报罢。丕扬以志不行，已怀去志，及是杜门逾半岁。疏十三上，多不报。至四月，温谕勉留，乃复起视事。主事赵学仕者，大学士志皋族弟也，坐事议调，文选郎唐伯元辄注饶州通判。俄学仕复以前事被讦，给事中刘道亨因劾吏部附势，语侵丕扬。博士周献臣有所陈论，亦颇侵之。丕扬疑道亨受同官周孔教指，献臣又孔教宗人，益疑之，复三疏乞休。最后贻书大学士张位，恳其拟旨允放。位如其言，丕扬闻，则大恚，谓位逐己，上疏诋位及道亨、孔教、献臣、思孝甚力。帝得疏不直丕扬。位亦疏辩求退，帝复诏慰留，而位同官陈于陛，沈一贯亦为位解。丕扬再被责让，许驰传去。

久之，起南京吏部尚书，辞不就。及吏部尚书李戴免，帝难其代，以侍郎杨时乔摄之。时乔数请简用尚书。帝终念丕扬廉直，三十六年九月召起故官。屡辞，不允。

明年四月始入都，年七十有八矣。三十八年大计外史，黜陟咸当。又奏举廉吏布政使汪可受、王佐、张偲等二十余人，诏不次擢用。

先是，南北言官群击李三才、王元翰，连及里居顾宪成，谓之东林党。而祭酒汤宾尹、谕德顾天埈各收召朋徒，干预时政，谓之宣党、崑党；以宾尹宣城人，天埈崑山人也。御史徐兆魁、乔应甲、刘国缙、郑继芳、刘光复、房壮丽，给事中王绍徽，朱一桂、姚宗文、徐绍吉、周永春辈，则力排东林，与宾尹、天埈声势相倚，大臣多畏避之。至是，继芳巡按浙江，有伪为其书抵绍徽、国缙者，中云“欲去福清，先去富平；欲去富平，先去耀州兄弟”。又言“秦脉斩断，吾辈可以得志”。福清谓叶向高，耀州谓王国、王图，富平即丕扬也。国时巡抚保定，图以吏部侍郎掌翰林院，与丕扬皆秦人，故曰“秦脉”。盖小人设为挑激语，以害继芳辈，而其书乃达之丕扬所。丕扬不为意。会御史金明时居官不职，虑京察见斥，先上疏力攻图，并诋御史史记事、徐缙芳，谓为图心腹。及图、缙芳疏辩，明时再劾之，因及继芳伪书事。国缙疑书出缙芳及李邦华、李炳恭、徐良彦、周起元手，因目为“五鬼”；五人皆选授御史候命未下者也。当是时，诸人日事攻击，议论纷呶，帝一无所问，则益植党求胜，朝端哄然。

及明年三月，大计京官。丕扬与侍郎萧云举、副都御史许弘纲领其事，考功郎中[2]王宗贤、吏科都给事中曹于汴、河南道御史汤光京、协理御史乔允升佐之。故御史康丕扬、徐大化，故给事中钟兆斗、陈治则、宋一韩、姚文蔚，主事郑振先、张嘉言及宾尹、天飑、国缙咸被察，又以年例出绍徽、应甲于外。群情翕服，而诸不得志者深衔之。当计典之初学也，兆京谓明时将出疏要挟，以激丕扬。丕扬果怒，先期止明时过部考察，特疏劾之。旨下议罪，而明时辨疏复犯御讳。帝怒，褫其职。其党大哗。谓明时未尝要挟兆京，只以劾图一疏实之，为图报复。于是刑部主事秦聚奎力攻丕扬，为宾尹、大化、国缙、绍徽、应甲、嘉言辨。时部院察疏犹未下，丕扬奏趣之，因发聚奎前知绩溪、吴江时贪虐状。帝方向丕扬，亦褫聚奎职。由是党人益愤，谓丕扬果以伪书故斥绍徽、国缙，且二人与应甲尝攻三才、元翰，故代为修隙，议论汹汹。弘纲闻而畏之。累请发察疏，亦若以丕扬为过当者。党人藉其言，益思撼丕扬。礼部主事丁元荐甫入朝，虑察疏终寝，抗章责弘纲，因尽发崑、宣党构谋状。于是一桂、继芳、永春、光魁、宗文争击元荐，为明时等讼冤。赖向高调获，至五月察疏乃下。给事中彭惟成、南京给事中高节，御史王万祚、曾成易犹攻许不已。丕扬以人言纷至，亦屡疏求去，优诏勉留。先是，杨时乔掌察，斥科道钱梦皋等十人，特旨留任。至是丕扬亦奏黜之，群情益快。

丕扬以白首趋朝，非荐贤无以报国。先后推毂林居者硕，若沈鲤、吕坤、郭正域、丘度、蔡悉、顾宪成、赵南星、邹元标、冯从吾、于玉立、高攀龙、刘元珍、庞时雍、姜士昌、范涞、欧阳东凤辈。帝雅意不用旧人，悉寝不报。丕扬又请起故御史钱一本等十三人，故给事中钟羽正等十五人，亦报罢。丕扬齿虽迈，帝重其老成清德，眷遇益隆。而丕扬乞去不已，疏复二十余上。既不得请，则于明年二月拜疏径归。向高闻之，急言于上。诏令乘传，且敕所司存问。既而丕扬疏谢，因陈时政四事，帝复优诏报之。家居二年卒，年八十三。赠太保。天启初，追谥恭介。

选自《明史》卷二百二十四《孙丕扬传》

【注释】

①民瘼（mò）：人民的疾苦。瘼，病，疾苦。

②考功郎中：官名。唐代尚书省所辖吏部，下置四司，各以郎中主其政。考功郎中掌判京官考课。

【译文】

孙丕扬，字叔平，富平人，嘉靖三十五年（1556）进士。后授官行人。又升御史。做御史时，孙丕扬曾经巡按京畿、淮、扬，作风硬朗刚健。隆庆年间，孙丕扬升为大理丞。由于曾经弹劾高拱，高拱的门生、时任给事中程文捏造事实诬陷孙丕扬，孙丕扬被撤职待审。高拱罢官以后，事情水落石出，孙丕扬得以官复原职。

万历元年（1573），孙丕扬升为右佥都御史，巡抚保定各府。孙丕扬从严治理，下属官吏都战战兢兢。他巡察关隘，在城墙上增设城楼三百多所，修筑边防城墙一万多丈。凭借功劳，他升为右副都御史。宦官冯保家在京城，张居正嘱咐孙丕扬替冯保修筑牌坊，孙丕扬拒绝不答应。他知道这两人必然大怒，于是万历五年春天托病回家。

这年冬天考核京官，言官迎合张居正的旨意而弹劾孙丕扬。明神宗下令起用旧官时，把他调往南京任职。巡察陕西的御史知道冯保等恨孙丕扬，就暗示西安知府假造赃证，知府派遣属吏报告御史，属吏被老虎吃掉。等到知府再派人报告时，张居正已死，事情不了了之。孙丕扬被起用为应天府尹，后拜为大理寺卿，升为户部右侍郎。

万历十五年（1587），黄河以北地区发生大饥荒。孙丕扬的家乡人和邻近的蒲城县、同官人等采石块作为食物。孙丕扬非常悲痛，他将几升石块进呈给皇帝，说："如今天下人民为苛捐杂税所苦，贫困无依的不只是那些吃石块的老百姓。皇上应当减少赋税，节省费用，停止额外征派以及各种不急之事，减少朝廷收入以增益人民财产，以救天下苍生。"明神宗被他的话所感动，减少甚至停止了很多税役。

不久，孙丕扬由户部左侍郎升南京右都御史，因病回家休养。后来，他拜为刑部尚书。孙丕扬以为监狱中羁押囚犯过多，是由于公文往来的牵制。因此，他建议刑部、大理寺各自造花名册，凡案件呈送刑部，第二天就将审判结果送交大理寺，大理寺审核同意后，第二天就送还刑部。从这以后，监狱囚犯再没有被拖延关押的了。不久，孙丕扬又上奏：“五年才由中央派遣官员往各地审录刑囚、清理冤案滞案，地方冤狱无处申诉。请皇上命令天下的巡抚和御史，当春季气候和暖时，派遣监司官员巡察地方州县，大规模复审囚犯，派按察使省察甄别省城监狱的囚犯。除死罪可疑及流放罪犯之外，其他可赦免的，巡抚御史将案件上报到朝廷，不要过了夏季。罪轻的立即遣返，罪重的仍旧听候刑部裁决，以此为制度。”明神宗批示，表示同意。不久，孙丕扬上奏陈述减少处刑和处罚各三十二条意见。神宗皇帝大为称赞，并下诏书嘉奖，表示采纳。从这以后，各种案件大为减少。有个宦官杀了人，逃入宫禁中藏起来，孙丕扬上奏逮捕，最后被判充军。孙丕扬调任左都御史，又新提出都察院三项规章制度，即由专人掌印、重视巡安四方、经常巡察城防和社会治安，写成命令以执行。随后，他又进言：“百姓的疾苦非郡县官府才能帮助，郡县吏治只有巡抚巡按和各监司才能清理。巡抚巡按和各监司的教育感化，非中央部院没有人能整顿。所以，臣建议订立相关规章制度并颁行天下，奖励廉洁而制止贪污，共同以做官的箴言来勉励自己。”皇帝都以嘉奖的诏书答复同意。

万历二十二年（1594），孙丕扬任吏部尚书。他坚持原则，百折不挠，百官无人敢拿私事来请托。他只担心当权的宦官来求他办事，于是他别出心裁创造出抽签的办法，无论是大选，还是急选，都凭自己所抽的签来决定，请托也没用。当时，这种选官做法无人可谋私，备受人们称赞，选官制度从此发生了一个巨大的变化。

万历二十三年（1595），朝廷大规模考核地方官吏。当时，九江知府沈铁在任衡州同知时，曾揭发巡抚秦燿的罪行，江西提学佥事马犹龙曾在为刑部主事时，判定御史祝大舟贪污受贿，于是庇护他们的人十分恼恨沈、马二人。考功郎蒋时馨贬斥沈、马二人，但孙丕扬不知道。到蒋时馨被赵文炳弹劾时，孙丕扬却尽力为之辩护，说事端起自丁此吕，丁此吕也因此被逮捕。孙丕扬又竭力攻击沈思孝，沈思孝便与员外郎岳元声联合上奏章攻讦孙丕扬。孙丕扬坚决请求离职。这年冬天，明神宗由于军政方面的缘故，贬谪两京谏官三十多人。孙丕扬正在休假，便和九卿一起竭力谏诤，但没有被皇帝接受。接着，皇帝憎恨大学士陈于陛上书营救这此谏官，就将这些谏官贬谪到偏远之地。孙丕扬等又上疏谏诤，皇帝更加愤怒，便将这些人全部除名。

当初，皇帝虽然由于孙丕扬的声望而起用他，然而不太信任他。凡是他有推举的人，皇帝大都排在后面任用。孙丕扬多次建议皇帝起用被罢官的人，总未被批准。孙丕扬知道皇帝不同意自己的想法，便决定离开，此时他已半年多未不出门了。他先后上书十三次，力求辞职，多次连回复也没有。到了这年四月，明神宗下旨挽留，才重新开始任事。吏部主事赵学仕，是大学士赵志皋的族弟，因事调任他职，文选郎唐伯元被调为饶州通判。不久，赵学仕又因过去的事被责难，给事中刘道亨乘此弹劾吏部趋炎附势，牵涉到孙丕扬。博士周献臣也上书，也涉及孙丕扬。孙丕扬怀疑刘道亨受了同僚周孔教的暗中指使，而周献臣正好又是周孔教的族人，就更加怀疑了。于是，孙丕扬又三次上疏请求退休。最后，他写信给大学士张位，恳请他草拟圣旨许他离职。张位按照他说的做了。孙丕扬听到后，气愤异常，以为张位是在排挤自己，便上疏严厉谴责张位和刘道亨、周孔教、周献臣、沈思孝等。皇帝接到奏疏，认为孙丕扬无理。张位也上疏申辩，请求退休。皇帝挽留张位，而张位的同僚陈于陛、沈一贯也替张位申辩。孙丕扬再次被皇帝指责，准许他坐驿车回乡。

很久以后，孙丕扬重新被朝廷起用为南京吏部尚书，但他不肯上任。等到吏部尚书李戴免职，皇帝很难找到合适的接替者，就由吏部侍郎杨时乔代理。杨时乔多次建议皇帝选派吏部尚书。皇帝最终念及孙丕扬廉洁方正，在万历三十六年九月，明神宗召他官复原职，他虽多次推辞，但皇帝不准。第二年四月，孙丕扬才进京，出任吏部尚书，他已是七十八岁高龄了。万历三十八年，孙丕扬领导的吏部考核各地方官吏，升降公允。孙丕扬又上奏推举廉洁官员布政使汪可受、王佐、张偲等二十多人，皇帝下诏破格提拔。

在这以前，南北两京言官联合攻击李三才、王元翰，还牵连到离官家居的顾宪成，称他们是“东林党”。而国子监祭酒汤宾尹、谕德顾天埈收召党徒，干预朝政，称他们为“宣党”、“崑党”（因汤宾尹是宣城人，顾天埈是崑山人）。御史徐兆魁、乔应甲、刘国缙、郑继芳、刘光复、房壮丽，给事中王绍徽、朱一桂、姚宗文、徐绍吉、周永春等竭力排斥东林党，跟汤宾尹、顾天埈集团相互倚靠，大臣们多对他们退避三舍。这时，郑继芳任浙江巡抚，有人假造他的书信送给王绍徽、刘国缙，其中有“想除去福清，先除去富平；想除去富平，先除去耀州兄弟”等语，还有“秦脉斩断，我们这些人就可以得志”之言。这里的“福清”指叶向高，“耀州”指王国、王图二兄弟，“富平”就是指孙丕扬。当时，王国任保定巡抚，王图以吏部侍郎掌管翰林院，他们和孙丕扬都是秦地人，所以说是“秦脉”。这本是阴险小人设计的圈套，来陷害郑继芳等人，但这封信恰巧传到了孙丕扬那里。孙丕扬没理会这信，可不称职的御史金明时担心朝廷考核京官时被斥逐，便恶人先告状，先上奏疏竭力攻击王图，并且谴责御史史记事、徐缙芳为王图心腹。王图、徐缙芳上疏辩白，金明时再次弹劾他们，于是牵及了郑继芳假书信的事。刘国缙怀疑此信出自徐缙芳、李邦华、李炳恭、徐良彦、周起元等人之手，因而称他们为“五鬼”；而这五人都选拜为御史，但任命尚未下达。此时，他们每天互相攻击，议论纷纷，皇帝也不追问，于是他们就各自培植党羽，朝廷里搞得乌烟瘴气。

万历三十九年三月，朝廷考核京官。此事由吏部尚书孙丕扬和吏部侍郎萧云举、副都御史许弘纲具体负责，由考功郎中王宗贤、吏科都给事中曹于汴、河南道御史汤兆京，协理御史乔允升从中协助。原任御史康丕扬、徐大化，原任给事中钟兆斗、陈治则、宋一韩、姚文蔚，主事郑振先、张嘉言以及汤宾尹、顾天埈、刘国缙均在考核之列，又用年例将王绍徽、乔应甲调入地方为官。大家都心悦诚服，但那些未如愿的人却愤恨在心。考核开始时，汤兆京说金明时将拿奏疏来要挟孙丕扬，以激怒孙丕扬。果然，孙丕扬见疏大怒，便先不让金明时通过考核，并上疏弹劾他。皇帝下旨论议定罪。而金明时的抗辩又触犯了皇帝。皇帝也大为光火，便将金明时革职。金明时的同党为之哗然，说金明时并未要挟汤兆京，只因为弹劾王图，而被王图报复。于是，刑部主事秦聚奎极力攻讦孙丕扬，为汤宾尹、孙大化、刘国缙、王绍徽、乔应甲、张嘉言等辩护。当时，部院奏章尚没有发下来，孙丕扬上奏催促，乘机揭发秦聚奎在任绩溪、吴江知县时贪污暴虐。皇帝正偏向孙丕扬，就革去了秦聚奎的职。因此，秦聚奎的同党更加愤恨，便说孙丕扬以假信为借口斥逐王绍徽、刘国缙二人，而王、刘二人与乔应甲攻击过李三才、王元翰，孙丕扬便代李、王二人报复王、刘、乔三人，一时闹得沸沸扬扬。许弘纲听到后害怕了，多次请求发下考察的奏疏，也认为孙丕扬不对。那些秦聚奎一派的人便拿许弘纲的话，更想动摇孙丕扬位置。当时，礼部主事丁元荐刚调入朝廷，怕考察奏疏被中止，就上奏，直言指责许弘纲，乘机揭发昆、宣两派勾结谋反的事。于是，朱一桂、郑继芳、周永春、徐兆魁、姚宗文争相攻击丁元荐，替金明时等申冤。幸有叶向高从中调解，到了五月，考察奏疏终于发下来。给事中彭惟成、南京给事中高节，御史王万祚、曾成易还在相互攻讦。孙丕扬因为人们对他指手画脚，也多次上奏请求离职，明神宗下诏嘉奖并挽留他。在这以前，杨时乔主持考核，斥逐科道钱梦皋等十人，神宗皇帝又特旨留任。此时，孙丕扬也上奏罢免他们，人们拍手称快。

孙丕扬以为自己年老上朝，不推荐贤才无以报答国家。因此，他先后推荐民间德高博学之士沈鲤、吕坤、郭正域、丘度、蔡悉、顾宪成、赵南星、邹元标、冯从吾、于玉立、高攀龙、刘元珍、庞时雍、姜士昌、范涞、欧阳东凤等人。万历皇帝不想用旧人，因此这些人全部不用。孙丕扬又建议皇帝起用原御史钱一本等十三人和原给事中钟羽正等十五人，也未得到任用。孙丕扬虽然老了，但皇帝看重他高洁的品德，更加厚待他。而孙丕扬又上书二十多次，乞求去职回乡。得不到皇帝批准，他就在第二年二月间呈上奏章就径自回去了。叶向高知道后，急忙奏报皇帝。神宗皇帝命令孙丕扬乘官府驿车回家，并命有关部门前往慰问。不久，孙丕扬上疏谢恩，顺便奏陈四项时政，皇帝又优诏答复他。孙丕扬在家闲居二年而卒，时年八十三岁。朝廷赠他太保衔。天启初年，朝廷又追赠谥号“恭介”。

【评述】

明神宗万历年间的政治，给人总的印象是吏治腐败。但为杜绝腐败，吏部尚书孙丕扬做到了不徇私情，以至朝廷百官不敢私下干请，但他面对强势的宦官却深感无力，只得别出心裁地定下掣签之制，在特定候选人之内通过抽签的办法来决定他们的具体职务。这看似荒唐的制度，在很大程度上避免了外人的干扰，从而规范了选官秩序。此后，明代一直实行这种制度，清代在加以完善的基础上也继续沿用。

掣签制是政治行为中情与理互相妥协的一种技术手段，它实际上是一种程序正义的体现。这种制度当然不是最佳选择，但不如此，铨选可能就成为少数人谋取私利的渠道。为了避免这种情况，只好两害相权取其轻，通过程序正义来维护实体正义。在此意义上，孙丕扬在我国政治制度史上是一位重要人物，做出了开创性的制度贡献。

但是，政治是一项系统工程。在明末君殆臣贪的历史背景之下，仅仅一项吏治革新是解决不了痼疾的。我们知道，万历年间皇帝常年不问政务，群臣党争又激烈。孙丕扬身处其中，始而抗斗，终而懈怠，最后一木难支，身为吏部最高长官的他只得不待皇帝批准，就辞官返乡。由于整体已经朽坏，掣签制对于抑制吏部人员的贪污可能会有一些效果，但对官场系统性的贪污风气是无力匡纠的。

（吴澍时注译　张杰评述）

温 纯

【原文】

温纯，字景文，三原人。嘉靖四十四年进士。由寿光知县征为户科给事中。隆庆①三年，穆宗既禫②除，犹不与大臣接。纯请遵祖制延访群工，亲决章奏，报闻。

屡迁兵科都给事中。倭陷广东广海卫，大杀掠而去。总兵刘焘以战却闻，纯劾焘欺罔。时方召焘督京营，遂置不问。黔国公沐朝弼有罪，诏许其子袭爵。纯言事未竟，不当遽袭。中官陈洪请封其父母，纯执不可。言官李已、石星获谴，疏救之。初，赵贞吉更营制，三营各统一大将。以恭顺侯吴继爵典五军，而都督袁正、焦泽典神枢、神机。继爵耻与同列，固辞。帝为罢二人，尽易以勋臣。纯请广求将才，毋拘世爵，不纳。已，复命文臣三人分督之，时号“六提督”。纯以政令多门，极陈不便，遂复旧制。俺答请贡市，高拱定议许之。纯以为弛边备，非中国利。出为湖广参政③，引疾归。

万历初，用荐起河南参议。十二年，以大理卿改兵部右侍郎兼右副都御史，巡抚浙江。入为户部左侍郎，进右副都御史，督仓场。母忧去。起南京吏部尚书。召拜工部尚书。父老，乞养归。终丧，召为左都御史。

矿税使四出，有司逮系累累，纯极论其害，请尽释之，不报。已，诸阉益横，所至剽夺，污人妇女。四方无赖奸人蜂起言利：有请开云南塞外宝井者；或又言海外吕宋国有机易山，素产金银，岁可得金十万银三十万；或言淮、扬饶盐利，用其策，岁可得银五十万。帝并欣然纳之，远近骇震。纯言："缅人方伺隙，宝井一开，兵端必起。余元俊一盐犯，数千赃不能输，而欲得五十万金，将安取之？机易山在海外，必无遍地金银，任人往取；不过假借诏旨，阑出禁物与番人市易，利归群小，害贻国家。乞尽捕诸奸人，付臣等行法，而亟撤税监之害民者。"亦不报。

当是时，中外争请罢矿税，帝悉置不省。纯等忧惧不知所出，乃倡诸大臣伏阙泣请。帝震怒，问谁倡者，对曰："都御史臣纯。"帝为霁威，遣人慰谕曰："疏且下。"乃退。已而卒不行。广东李凤、陕西梁永、云南杨荣并以矿税激民变，纯又抗言："税使窃弄陛下威福以十计，参随凭藉税使声势以百计，地方奸民窜身为参随爪牙以万计。宇内生灵困于水旱，困于采办、营运、转输，既嚣然丧其乐生之心，安能复胜此千万虎狼耶！愿即日罢矿税，逮凤等置于理。"亦不报。

先是，御史顾龙桢巡按广东，与布政使王泮语不合，起殴之，泮即弃官去。纯劾罢龙桢。御史于永清按陕西贪，惧纯举奏，倡同列救龙桢，显与纯异，以胁制纯，又与都给事中姚文蔚比而倾纯。纯不胜愤，上疏尽发永清交构状，并及文蔚，语颇侵首辅沈一贯。一贯等疏辨。帝为下永清、文蔚二疏，而纯劾疏留不下。纯益愤，三疏论之，因力丐罢，乃谪永清。纯遂与一贯忤。给事中陈治则、钟兆斗皆一贯私人，先后劾纯。御史汤兆京不平，疏斥其妄。纯求去，章二十上，杜门者九阅月。帝雅重纯，谕留之。纯不得已，强起视事。及妖书事起，力为沈鲤、郭正域辨诬。楚宗人戕杀抚臣，纯复言无反状。一贯怨益深。

三十二年，大计京朝官。纯与吏部侍郎杨时乔主之，一贯所欲庇者兆斗及钱梦皋等皆在谪中。疏入，久之忽降旨切责，尽留被察科道官，而察疏仍不下。纯求去益力。梦皋、兆斗既得留，则连章讦纯楚事。言纯曲庇叛人，且诬以纳贿。廷臣大骇，争劾梦皋等。梦皋等亦再疏劾纯求胜。俱留中。已，南京给事中陈嘉训等极论二人阴有所恃，朋比作奸，当亟斥之，而听纯归，以全大臣之体。帝竟批梦皋等前疏，予纯致仕，梦皋、兆斗亦罢归。

纯清白奉公。五主南北考察，澄汰悉当。肃百僚，振风纪，时称名臣。卒，赠少保。天启初，追谥恭毅。

选自《明史》卷二百二十《温纯传》

【注释】

①隆庆：明穆宗年号（1567—1572）。

②禫（dàn）：古代除去丧服时举行的祭祀。

③参政：明朝于布政使下置左右参政。

【译文】

温纯，字景文，三原人（今属陕西），嘉靖四十四年（1565）进士。温纯由寿光知县调为户科给事中。隆庆三年（1569），明穆宗守孝已过了二十七个月，仍不接见大臣。因此，温纯上书，建议穆宗皇帝遵照祖宗旧制，延请求教百官，并圣裁臣工章奏，皇帝做了回复。

温纯因屡次升迁后，任兵科都给事中。当时，倭寇攻陷广东广海卫，血腥屠杀后，又大肆掠夺才离去。总兵刘焘上报已击退倭寇，温纯弹劾刘焘欺君罔上。此时，朝廷正准备调刘焘督来统领京城军队，温纯的弹劾便不了了之。黔国公沐朝弼有罪，但皇帝准许他的儿子继承爵位。对此，温纯上疏说，沐朝弼案还未了结，不能就让其子承袭爵位。宦官陈洪请求为他的父母封官加爵，温纯坚决不同意。谏官李已、石星受到贬谪，温纯又上疏为他们开脱。当初，赵贞吉改革任军队，三营设一大将统率。恭顺侯吴继爵统领五军，而都督袁正、焦泽主管神枢军和神机军。吴继爵以与袁、焦二人同列而可耻，决不上任。皇帝因此罢免了袁、焦二人，由开国功臣之子孙二人担任。温纯则建议皇帝广求将瓴，不要局限于世家大族。对此，皇帝不予采纳。不久，皇帝又另外任令三个文臣也来统军，加上原来三人，便合称为“六提督”。温纯又认为政出多门，便向皇帝力揭其弊，于是朝廷又恢复了旧的制度。蒙古俺答汗请求在边地设立贡市，以与明人贸易，高拱答应了。但温纯认为这样会使边防松弛，对明朝不利。于是，他被外调出为湖广参政，托病回家了。

万历初年（1573），温纯被举荐为河南参议。万历十二年，温纯由大理卿调为兵部右侍郎兼右副都御史，巡抚浙江。他又调为户部左侍郎，升为右副都御史，总督仓场。温纯因母丧去职。后来，他起用为南京吏部尚书，拜工部尚书。因父亲年老，温纯乞求回去侍奉父亲。直到父死守丧期满，温纯才回朝廷做左都御史。

矿税使在全国出动，官吏四处抓人。为此，温纯上书，极力陈说这样做的危害，并请释放全部被逮捕者，没有回复。后来，宦官们更加强横，他们所到之处大肆抢夺，奸淫妇女。各地奸人纷纷前来阐述增加国家收入之法：有的建议开凿云南塞外的宝井；有的说海外吕宋国有机易山，每年可产黄金十万、白银三十万；有的说江淮地区盛产盐，用他的办法，每年可获利五十万两白银。皇帝欣然采纳，朝廷内外惊骇不已。温纯进言道：“缅甸国的人正在寻找机会，宝井一旦凿开，战争必起。余元俊是一个盐犯，几千赃款都拿不出，而想要五十万银子，从何而出？机易山远在海外，并非金银遍地，听你去取。而后者，不过是打着圣旨的幌子，以我大明违禁物品跟外国人贸易，得利的是小人，伤害的却是国家。请皇上求全部逮捕这些奸人，交臣审讯，尽快撤销危害人民的税监。”皇帝也不批复。

就在此时，朝廷内外争先恐后请求皇帝免除全国各地矿税，皇帝也不置可否。温纯等忧心忡忡，不知如何是好。没办法，他就发动大臣跪在殿前痛哭流涕地请求。皇帝大为震怒，问这是谁指使的，大家都说是“都御史温纯”。听说是温纯，皇帝息怒，还派人抚慰温纯，说：“你们的奏疏马上批下来。”于是，这些大臣就回去了。但最后还是没有实行。广东李凤、陕西梁永、云南杨荣都因过度收缴矿税激起民变，温纯又上书直谏：“利用陛下威权的税使有十几人，在下面利用税使声势的上百人，地方上的税使爪牙有上万人。天下百姓被水旱害所困，被采办、营运、转输所苦，已民不聊生，哪里能忍受这千万如狼似虎者！请陛下马上免除矿税，将李凤等逮捕归案。”皇帝也不批复。

在这以前，监察御史顾龙桢巡按广东，与布政使王泮说话产生矛盾，顾龙桢便打了王泮，王泮因此辞弃官离去。温纯就弹劾罢去顾龙桢。监察御史于永清巡视陕西时贪污，害怕温纯上奏检举他，就联合同僚解救顾龙桢，他所上的疏与温纯所上奏的完全不一样，打击温纯。于永清又跟都给事中姚文蔚勾结来排挤温纯。温纯气愤万分，上疏彻底揭发了于永清一伙相互勾结的情况，并且涉及姚文蔚，还牵及首辅沈一贯。沈一贯等上疏辩白。皇帝批了于永清、姚文蔚二人的奏疏，而温纯奏疏未批。温纯更加愤怒，三次上疏，同时坚持乞求罢免，于是贬谪了于永清。温纯因此与沈一贯结下衔怨。而给事中陈治则、钟兆斗都是沈一贯的心腹，都先后弹劾温纯。监察御史汤兆京抱不平，上疏斥责二人无理。温纯请求皇帝罢自己的官，为此，他共二十次上书，九个月不去理事。但皇帝很器重他，下旨挽留。不得已，温纯只得勉强供职。在伪书事件发生时，温纯尽力给沈鲤、郭正域辩白。

楚王宗室杀害巡抚，温纯又上书说他们并未反叛朝廷。这样，温纯与沈一贯结怨更深了。

万历三十二年，中央考核在京朝官。此事由温纯和吏部侍郎杨时乔主持，沈一贯的同党钟兆斗以及钱梦皋等都被贬名单之中。奏章呈上很久以后，皇帝忽然降旨指责温纯，留住将被贬的科道官员，而查核的奏章却没有批下来。为此，温纯更加坚定地要求离职。钱梦皋、钟兆斗既已被留，就接连上疏攻击温纯处理楚王这件事不公，说温纯偏袒反叛者，又受了楚王的贿赂。大臣十分震惊，争着弹劾钱梦皋等人。钱梦皋等人也再次弹劾温纯以占上风。这些奏章都被留下来，没有批示。后来，南京给事中陈嘉训等极力弹劾这两人都有幕后操纵者，应当尽快斥逐他们，让温纯辞官回家，以保全大臣的面子。皇帝却批下钱梦皋等人以前的奏章，同意温纯退休，钱梦皋、钟兆斗也罢官。

温纯清白廉洁，奉公守当，他五次主持北京和南京官员的考核，甚为公允。他在吏部尚书和都御史等任上，端正百官，重振风纪，为当时名臣。他死后赠少保。天启初年（1621），朝廷追赠谥号“恭毅”。

（吴澍时注译）

赵南星

【原文】

赵南星，字梦白，高邑人。万历二年进士。除汝宁推官。治行廉平，稍迁户部主事。张居正寝疾，朝士群祷，南星与顾宪成、姜士昌戒弗往。居正殁，调吏部考功。引疾归。

起历文选员外郎。疏陈天下四大害，言："杨巍乞休，左都御史吴时来谋代之，忌户部尚书宋纁声望，连疏排挤。副都御史詹仰庇力谋吏、兵二部侍郎。大臣如此，何以责小臣，是谓干进之害。礼部尚书沈鲤、侍郎张位、谕德吴中行、南京太仆卿沈思孝相继自免，独南京礼部侍郎赵用贤在，词臣黄洪宪辈每阴谗之，谏官唐尧钦、孙愈贤、蔡系周复显为诋诬。众正不容，宵人得志，是谓倾危之害。州县长吏选授太轻，部寺之官计日而取郡守，不问才行。而抚按 论人赃私有据，不曰未甚，则曰任浅，概止降调，其意以为惜才，不知此乃惜不才也。吏治日污，民生日瘁，是谓州县之害。乡官之权大于守令，横行无忌，莫敢谁何。如渭南知县张栋，治行无双，裁抑乡官，被谗不获行取，是谓乡官之害。四害不除，天下不可得治。”疏出，朝论韪之。而中所抨击悉时相所庇，于是给事中李春开起而驳之。其疏先下，南星几获谴。给事中王继光、史孟麟、万自约，部曹姜士昌、吴正志并助南星诋春开，且发时来、仰庇、洪宪谗谄状。春开气沮，然南星卒以病归。再起，历考功郎中。

二十一年大计京官，与尚书孙鑨秉公澄汰。首黜所亲都给事中王三余及鑨甥文选员外郎吕荫昌，他附丽政府及大学士赵志皋弟皆不免，政府大不堪。给事中刘道隆因劾吏部议留拾遗庶僚非法。得旨，南星等专权植党，贬三官。俄因李世达等疏救，斥南星为民。后论救者悉被谴，鑨亦去位，一时善类几空。事具鑨传。

南星里居，名益高，与邹元标、顾宪成，海内拟之“三君”。中外论荐者百十疏，卒不起。

光宗立，起太常少卿。俄改右通政，进太常卿，至则擢工部右侍郎。居数月，拜左都御史，慨然以整齐天下为任。天启三年大计京官，以故给事中亓诗教、赵兴邦、官应震、吴亮嗣先朝结党乱政，议黜之，吏科都给事中魏应嘉力持不可。南星著《四凶论》，卒与考功郎程正己置四人不谨。他所澄汰，一如为考功时。浙江巡按张素养荐部内人材，及姚宗文、邵辅忠、刘廷元，南星劾其谬，素养坐夺俸。先是，巡方者有提荐之例，南星已奏止之；而陕西高弘图、山西徐扬先、宣大李思启、河东刘大受，复踵行如故，南星并劾奏之，巡方者始知畏法。

寻代张问达为吏部尚书。当是时，人务奔竞，苞苴恣行，言路横尤甚。每文选郎出，辄邀之半道，为人求官，不得则加以恶声，或逐之去。选郎即公正无如何，尚书亦太息而已。南星素疾其弊，锐意澄清，独行己志，政府及中贵亦不得有所干请，诸人惮其刚严不敢犯。有给事为赀郎求盐运司，即注赀郎王府，而出给事于外。知县石三畏素贪，夤缘将行取，南星亦置之王府。时进士无为王官者，南星不恤也。

魏忠贤雅重之，尝于帝前称其任事。一日，遣娣子傅应星介一中书贽见，南星麾之去。尝并坐弘政门，选通政司参议，正色语忠贤曰："主上冲龄，我辈内外臣子宜各努力为善。"忠贤默然，怒形于色。大学士魏广微，南星友允贞子也，素以通家子畜之。广微入内阁，尝三至南星门，拒勿见。又尝叹曰："见泉无子。"见泉，允贞别号也。广微恨刺骨，与忠贤比而龁南星。

东林势盛，众正盈朝。南星益搜举遗佚，布之庶位。高攀龙、杨涟、左光斗秉宪；李腾芳、陈于廷佐铨；魏大中、袁化中长科道[①]；郑三俊、李邦华、孙居相、饶伸、王之寀辈悉置卿贰[②]。而四司之属，邹维琏、夏嘉遇、张光前、程国祥、刘廷谏亦皆民誉。中外忻忻望治，而小人侧目，滋欲去南星。给事中傅櫆以维琏改吏部已不与闻，首假汪文言发难，劾南星紊旧制，植私人。维琏引去，南星奏留之，小人愈恨。会涟劾忠贤疏上，宫府益水火。南星遂杜门乞休，不许。

攀龙之劾崔呈秀也，南星议戍之。呈秀窘，夜走忠贤邸，叩头乞哀，言："不去南星及攀龙、涟等，我两人未知死所。"忠贤大以为然，遂与定谋。会山西缺巡抚，河南布政使郭尚友求之。南星以太常卿谢应祥有清望，首列以请。既得旨，而御史陈九畴受广微指，言应祥尝知嘉善，大中出其门，大中以师故，谋于文选郎嘉遇而用之，徇私当斥。大中、嘉遇疏辨，语侵九畴，九畴再疏力诋，并下部议。南星、攀龙极言应祥以人望推举，大中、嘉遇无私，九畴妄言不可听。忠贤大怒，矫旨黜大中、嘉遇，并黜九畴，而责南星等朋谋结党。南星遽引罪求去，忠贤复矫旨切责，放归。明日，攀龙亦引去。给事中沈惟炳论救，亦出之外。俄以会推忤忠贤意，并斥于廷、涟、光斗、化中，引南星所摈徐兆魁、乔应甲、王绍徽等置要地。小人竞进，天下大柄尽归忠贤矣。

忠贤及其党恶南星甚，每矫敕谕，必目为元凶。于是御史张讷劾南星十大罪，并劾维琏、国祥、嘉遇及王允成。得旨，并削籍。令再奏南星私党，讷复列上邦华及孙鼎相等十四人，并贬黜。自是为南星摈弃者，无不拔擢，其素所推奖者，率遭奇祸。诸干进速化之徒，一击南星，辄遂所欲。而石三畏亦起为御史，疏攻南星及李三才、顾宪成、孙丕扬、王图等十五人。死者皆削夺，措绅祸益烈。寻以汪文言狱词连及南星，下抚按提问。适郭尚友巡抚保定，而巡按马逢皋亦憾南星，乃相与庭辱之。笞其子清衡及外孙王钟庞，系之狱，坐南星赃万五千。南星家素贫，亲故捐助，始获竣。卒戍南星代州，清衡庄浪，钟庞永昌。嫡母冯氏、生母李氏，并哀恸而卒。子生七龄，惊怖死。南星抵戍所，处之怡然。

庄烈帝登极，有诏赦还。巡抚牟志夔，忠贤党也，故迟遣之，竟卒于戍所。崇祯初，赠太子太保，谥忠毅。

选自《明史》卷二百四十三《赵南星传》

【注释】

①长科道：主持都察院。明代吏、户、礼、兵、刑、工六科给事中及各道监察御史，统称科道。

②卿贰：次于卿相的朝中大官。

【译文】

赵南星，字梦白，高邑人，万历二年（1574）进士，初授汝宁推官。赵南星为政廉洁，处事公平，逐渐提升为户部主事。首辅张居正卧病时，朝廷大臣都为他祈祷，而赵南星则与顾宪成、姜士昌等不理不睬。张居正死后，赵南星调任吏部考功郎中，但他不去赴任，称病回家。

后来，赵南星被起用为吏部文选司员外郎。在此期间，他上疏陈述天下四大祸害：“吏部尚书杨巍请求退休，左都御史吴时来想做吏部尚书，而嫉妒德高望重的户部尚书宋纁，就接连上疏排挤宋纁。副都御史詹仰庇也极想做吏部侍郎和兵部侍郎。大臣尚且如此，小臣就不用说了，这是不正当求进之害。礼部尚书沈鲤、礼部侍郎张位、谕德吴中行、南京太仆寺卿沈思孝相继擅自离职，只有南京礼部侍郎赵用贤在位，翰林黄洪宪一帮人却每每谗毁赵用贤；谏官唐尧钦、孙愈贤、蔡系周又公开诋毁他。不能容忍君子而使小人得志，这是倾轧排挤之害。州县官员选拔过于轻率，不管才德如何，凡中央各部各寺的官员不用多长时间便可外调为地方长官。而巡抚、巡按查办这种地方官员的贪污受贿案时，不是说案件不严重，就是说他们任职时间短，没经验，从而只给降职或调离处分。巡抚、巡按这一做法，原本从爱惜人才出发，但实际爱惜了庸才。这样，吏治一天天腐败，民生日益艰难，这就是地方官员之害。有的乡官权势比郡守县令还大，他们横行乡里，无所顾忌，谁也奈何不得。像渭南知县张栋，政绩品行天下无双，可他约束抑制乡官，被乡官谗言中伤，不能升迁，这叫做乡官横行之害。此四害不除，国家难治。”他的这一奏疏传出来后，朝廷官员都同声称赞。而疏中所抨击的全都是当时宰相所庇护的人，于是给事中李春开站出来批驳他。李春开的奏疏先交廷议，结果赵南星几乎被贬。给事中王继光、史孟麟、万自约，赵南星的僚属姜士昌、吴正志等一起帮赵南星攻击李春开，并揭发吴时来、詹仰庇、黄洪宪陷害忠良、阿谀奉承等事。李春开理屈词穷，而赵南星也因病回家。后来，赵南星再次被起用时，担任考功郎中。

万历二十一年（1593），赵南星负责考核在京官员。他跟吏部尚书孙鑨一起秉公执法，汰劣择优，澄清吏治。他们首先贬黜他的亲戚都给事中王三余和孙鑨的外甥文选员外郎吕胤昌，其他依附内阁的官员以及大学士赵志皋的弟弟也不能幸免。内阁大臣对此处分难以接受。给事中刘道隆于是弹劾吏部官员，认为留任被纠察的官僚非法。皇帝下旨，说赵南星等人专权，培植党羽，将他们降官三级。不久，因李世达等上疏相救，赵南星才被贬为民。后来，那些救赵南星的人都受到贬谪，孙鑨也一样。一时间，朝廷的好人几乎全走光了。

赵南星定居乡里，名声更大，他与邹元标、顾宪成被称为“三君”。朝廷内外上疏推荐他上百次，但终没被起用。

明光宗即位后，起用赵南星为太常少卿。不久，赵南星改为右通政使，升为太常寺卿。赵南星到任后，又升为工部右侍郎。数月之后，赵南星拜左都御史，他慷慨激昂，以整顿天下为己任。天启三年（1623），朝廷考核在京官员，因原给事中亓诗教、赵兴邦、官应震、吴亮嗣在万历朝时结党营私、扰乱朝政，建议予以贬黜。吏科都给事中魏应嘉极不赞成。为此，赵南星著《四凶论》，最终，同考功郎程正已认定四人做官不谨，其他考核汰除情形，完全跟他做考功郎中时一样。浙江巡按张素养举荐部内人才，包括姚宗文、邵辅忠、刘廷元等。赵南星批出其误，张素养被定罪，停止俸禄。在此之前，巡抚地方者有举荐人才的惯例，赵南星已上疏停止了这一作法。而陕西巡安高弘图、山西巡安徐扬先，宣府、大同巡安李思启，河东巡安刘大受，依然如故。赵南星一并弹劾他们，巡抚人员这才知道法令可畏。

不久，赵南星接替张问达为吏部尚书。这时，大小官员奔走于升官之途，天下贿赂公行，谏官尤为霸道。每当有文选司郎中外出，这些人就在半路上将他们截住，给人求官，若不如意，就说他的坏话，或者把他轰下台。选官即使公正无私，对他们也无可奈何，吏部尚书也只能无奈叹息。赵南星一向痛恨这一现象，便锐意改革，澄清吏治。内阁官员和宦官权贵都惧怕他严正刚毅，也不敢对他有非分的要求。有一位给事中为一位捐钱者求取盐运司的官职，赵南星就将这个人的官籍安置在王府里，而将给事中调往外地。知县石三畏一向贪得无厌，他巴结权贵后，将要调任京职，但赵南星也把他安置在王府里。当时对无官职的进士，赵南星也不管。

先前，魏忠贤一直推重赵南星，曾在皇帝面前称赞赵南星的才干。有一天，魏忠贤派内亲傅应星介绍一位中书拿着礼品来见他，赵南星把他赶走了。还有一次，赵南星曾与魏忠贤一起在弘政门选拔通政司参议，赵南星严肃地对魏忠贤说："皇上还小，我们做臣子的应该忠于职守！"魏忠贤虽未吱声，但怒形于色。大学士魏广微是赵南星的朋友魏允贞的儿子，赵南星向来以世交子弟抚养他。魏广微进入内阁后，曾三次来赵南星家，都被拒之门外。赵南星曾经叹息说："魏见泉没有儿子！"魏广微知道后，对赵南星恨之入骨，便勾结魏忠贤陷害赵南星。

东林党势力最大的时候，大批正直人士进入朝廷。赵南星更加倍举荐被遗漏的东林党人，并把他们安排在各个部门。高攀龙、杨涟、左光斗执掌法令；李腾芳、陈于廷进入吏部；魏大中、袁化中主管科道；郑三俊、李邦华、孙居相、饶伸、王之寀等做了仅次于卿相的朝中大官。而四司的官员邹维琏、夏嘉遇、张光前、程国祥、刘廷谏等也口碑极好。举国上下人民都热切盼望赵南星扭转乾坤，而小人对赵南星恨之入骨，要他下台。给事中傅魁以邹维琏调往吏部而自己不知道为由，首先借汪文言向赵南星发难，弹劾他变乱祖宗旧制，培植私党。邹维琏引咎辞职，赵南星上疏挽留他，那些卑鄙小人更加对赵南星不满。正好杨琏上疏弹劾魏忠贤，宫中太监与内阁官员水火不相容。于是，赵南星闭门请求退休，皇帝不同意。

高攀龙弹劾崔呈秀，赵南星上疏建议崔呈秀判充军。崔呈秀狗急跳墙，连夜跑到魏忠贤家里，叩头哀求说："赵南星、高攀龙、杨涟等人不走，大人和小人不知将死在哪里！"魏忠贤大以为然，便和他商量好阴谋。恰巧山西巡抚一职缺员，河南布政使郭尚友想去。赵南星认为太常寺卿谢应祥有声望，便首先推荐他，请皇帝批准。赵南星已经获得圣旨恩准后，御史陈九畴受魏广微指使，编造说谢应祥为嘉善知县时，因魏大中是其门生，魏大中便以这种师徒关系，同文选郎夏嘉遇商量起用他。谢应祥这样"徇私舞弊"，怎能做山西巡抚？魏大中、夏嘉遇上疏极力辩护，其中又牵涉到陈九畴。陈九畴再次上疏极力诋毁魏、夏二人，结果两疏一起交吏部讨论。赵南星、高攀龙明确指出，谢应祥是因声望卓著而被推荐，无私人关系，对魏大中、夏嘉遇无私情，陈九畴在胡说八道。魏忠贤大怒，就假传圣旨罢免魏大中、夏嘉遇和陈九畴，又痛斥赵南星等人朋比为奸。赵南星立即引咎辞职。魏忠贤再次假传圣旨严厉责备赵南星，并将赵南星遣送回家。第二天，高攀龙也引咎辞职。给事中沈惟炳上疏挽救，也被外调。不久，因为会同推举官员违背魏忠贤的意愿，陈于廷、杨涟、左光斗、袁化中等同时被罢官，而被赵南星罢免的徐兆魁、乔应甲、王绍徽等人被魏忠贤安插在朝廷要害部门。从此，小人盘踞朝廷，国家大权都被魏忠贤夺去了。

魏忠贤一伙极其憎恨赵南星。每当魏忠贤假传圣旨，都称赵南星为罪魁祸首。于是，御史张讷弹劾赵南星“十大罪状”，并弹劾邹维涟、程国祥、夏嘉遇和王允成。皇帝将他们削籍为民。魏忠贤又令张讷再次上奏赵南星的“同党”。张讷又开列了李邦华及孙鼎相等十四人，魏忠贤统统将他们贬职废黜了。自此以后，被赵南星罢免的人，无不受到重用。赵南星向来所推重的人，全都遭到了意想不到的灾祸。那些希望迅速进身的人，只要攻击赵南星，就能如愿。石三畏被起用为御史，因他上疏攻击赵南星、李三才、顾宪成、孙丕扬、王图等十五人。赵南星一派已死的人都被剥夺官职，在职的更为惨烈。不久，因汪文言的供词涉及赵南星，便将交给抚按审讯。正好郭尚友巡抚保定，巡抚马逢皋也恨赵南星，于是二人在朝廷上共同侮辱他，用竹板打他的儿子赵清衡和外孙王钟庞，将他们下狱，让赵南星赔偿赃款一万五千两银子。赵南星家一向贫穷，靠亲友捐助才凑够了银子。最后，赵南星被发配代州，赵清衡流放庄浪，王钟庞谪戍永昌。赵南星的嫡母冯氏，生母李氏，都由于对此判决哀痛过度而死。赵南星七岁的儿子也由于惊恐而死。赵南星到达发配之地，泰然自处。

崇祯皇帝登基，下诏赦免赵南星，并让他返京。可巡抚牟志夔是魏忠贤的死党，故意推迟赵南星返京的时间，结果，一代名臣赵南星客死在发配的地方。崇祯初年，朝廷赠赵南星太子太保衔，谥“忠毅”。

【评述】

明朝末年，宦官专权，朝政混乱，吏治败坏。赵南星在吏部任职多年，他从吏部考功郎中、文选员外郎做到吏部尚书。面对污浊的官场与腐败的吏治，他力图振刷风气。为此，他选拔干练廉洁之才，黜退贪腐奔竞之徒，矫正时弊，为当时正直人士所推重。

赵南星担任文选员外郎期间，他上疏抨击吏治四大害，主管官员考核事务时，他又和尚书孙鑨一起秉公执法，裁汰庸官贪官，澄清吏治。天启年间，赵南星再次主管考核官员事务，贬黜万历朝时结党营私、扰乱朝政的给事中亓诗教、赵兴邦、官应震、吴亮嗣等人。赵南星的这些举措在朝廷掀起轩然大波，受到正义人士的衷心拥护，却遭到了大批朝廷守旧官员的群起反对，他们要赶走赵南星。

在明末污浊的官场要做到公正明断，要有非凡的勇气和毅力。面对权倾天下的魏忠贤宦官集团，赵南星做到了刚正不屈，不卑不亢。赵南星曾与魏忠贤一起选拔通政司参议，态度严肃，不留情面，引起魏忠贤的嫉恨。魏忠贤及其党徒将他视为眼中钉，一些可耻之徒逢迎魏忠贤旨意，大肆攻击赵南星，陷害他贪污，让他赔偿赃款白银一万五千两。赵南星一向贫穷，靠亲友捐助，才把官司了结，发配代州，最终客死他乡。

赵南星出污泥而不染，难能可贵。在贿赂公行的晚明官场，赵南星的所作所为，体现了一个封建正直知识分子的崇高操守。

（刘波注译、评述）

周起元

【原文】

周起元，字仲先，海澄人。万历二十八年乡试第一，明年成进士。历知浮梁、南昌，以廉惠称。

行取入都，注湖广道御史。方候命，值京察[1]。御史刘国缙疑郑继芳假书出起元及李邦华、李炳恭、徐缙芳、徐良彦手，遂目为“五鬼”，继芳且入之疏中。起元愤，上章自明。居二年，御史命始下。

会太仆少卿徐兆魁以攻东林为御史钱春所劾，起元亦疏劾之。奸人刘世学者，诚意伯刘荩臣[2]从祖也，疏诋顾宪成，起元愤，力斥其谬。荩臣遂讦起元，益诋宪成。起元再疏极论，其同官翟凤翀、余懋衡、徐良彦、魏云中、李邦华、王时熙、潘之祥亦交章论列。且下令捕世学，世学遂遁去。吏部侍郎方从哲由中旨起官，起元力言不可，并刺给事中亓诗教、周永春，吏部侍郎李养正、郭士望等。吏部尚书赵焕出云中、时熙于外，起元劾其背旨擅权，坐停俸。焕去，郑继之代，又出之祥及张键。

起元亦抗疏纠驳，因言张光房等五人不当摈之部曹。与党人抵牾，忌者益众。

寻巡按陕西，风采甚著。卒以东林故，出为广西参议，分守右江道。柳州大饥，群盗蜂起，起元单骑招剧贼，而振恤饥民甚至。移四川副使，未上。会辽阳破，廷议通州重地，宜设监司，乃命起元以参政莅之。

天启三年入为太仆少卿。旋擢右佥都御史，巡抚苏、松十府。公廉爱民，丝粟无所取。遇大水，百方拯恤，民忘其困。织造中官李实素贪横，妄增定额，恣诛求。苏州同知杨姜署府事，实恶其不屈，摭他事劾之。起元至，即为姜辨冤，且上去蠹七事，语多侵实。实欲姜行属吏礼，再疏诬逮之。起元再疏雪姜，更切直。魏忠贤庇实，取严旨责起元，令速上姜贪劣状。起元益颂姜廉谨，诋实诬毁，因引罪乞罢。忠贤大怒，矫旨斥姜为民。起元复劾实贪恣不法数事，而为姜求宽。实以此敛威，而忠贤遂衔起元不置。分守参政朱童蒙者，先为兵科都给事中，以攻邹元标讲学外迁，失志狂暴，每行道辄鞭扑数十人，血肉狼籍。起元欲纠之，童蒙遂称病去，起元乃列其贪虐状以闻。忠贤遂矫旨削起元籍，擢童蒙京卿③。

六年二月，忠贤欲杀高攀龙、周顺昌、缪昌期、黄尊素、李应升、周宗建六人，取实空印疏，令其党李永贞、李朝钦诬起元为巡抚时干没帑金十余万，日与攀龙辈往来讲学，因行居间。矫旨逮起元，至则顺昌等已毙狱中。许显纯酷榜掠，竟如实疏，悬赃十万。罄赀不足，亲故多破其家。九月毙之狱中，吴士民及其乡人无不垂涕者。

庄烈帝嗣位，赠兵部右侍郎，官一子。福王时，追谥忠惠。

选自《明史》卷二百四十五《周起元传》

【注释】

①京察：明代定期考核京官的制度，每六年举行一次。

②诚意伯刘荩臣：诚意伯本是明朝开国重臣刘基的封号，刘荩臣乃是其十三世孙，袭此爵位。

③京卿：指都察院、通政司、詹事府、国子监及大理、太常、太仆、光禄、鸿胪等寺的长官，一般为三、四品官。

【译文】

周起元，字仲先，海澄人。万历二十八年（1600）乡试第一名，第二年考中进士。他历任浮梁、南昌知府，以仁爱廉洁著称。

后来，周起元奉旨到京城，授湖广道御史之职。正在等候任命的时候，赶上考核京官。御史刘国缙怀疑郑继芳的假信出自周起元、李邦华、李炳恭、徐缙芳、徐良彦手笔，于是称他们为“五鬼”，郑继芳也被列入奏疏中。周起元听说后大为愤怒，上疏自我表白。虽然他受了冤枉，但是这件事影响到他的前程，拖了两年，御史的任命才下来。

恰巧太仆少卿徐兆魁因为攻击东林党人被钱春弹劾，周起元也上疏弹劾徐兆魁。奸诈小人刘世学是诚意伯刘荩臣的堂祖父，上疏诋毁顾宪成等（东林党人）。周起元很气愤，极力驳斥刘世学的谬论。刘荩臣于是攻击周起元，更诋毁顾宪成。周起元再次上疏极力辩论，他的同僚翟凤翀、余懋衡、徐良彦、魏云中、李邦华、王时熙、潘之祥也轮流逐条辩论。皇帝将下令逮捕刘世学，刘世学竟然逃走了。吏部侍郎方从哲由宫中传旨起用，周起元极力反对，并指责给事中亓诗教、周永春，吏部侍郎李养正、郭士望等人。吏部尚书赵焕将魏云中、王时熙排挤出京城。周起元弹劾他违抗旨令、独揽大权，赵焕被定罪停发俸禄。赵焕离职，郑继之接替，又排挤潘之祥和张健。周起元也上疏检举驳正，认为张光房等五人不应当排斥在六部司官之外。周起元跟党人意见不合，忌恨他的人越来越多。

不久，周起元巡按陕西，声威卓著。但因为东林党的缘故，他被派到边远的地方出任广西参议，巡守右江道。柳州发生大饥荒，各地盗贼纷纷涌现，周起元一个人骑着马去招抚各盗贼，尽最大的努力救济饥民。又调任他为四川副使，未到任。恰好辽阳失陷，朝廷认为通州是军事要地，应设置监司，于是命令周起元以参政的身份任同州监司。

天启三年（1623）入朝，担任太仆少卿。不久，周起元升任右佥都御史，巡抚苏州、松江等十府。他公正廉洁、爱护人民，不贪污一根丝、一粒粮。遭遇大水灾，他千方百计地救济灾民，人民生活安定，因而，人民有感于周起元勤政爱民，几乎忘记了所处的困境。织造宦官李实一向贪财而横行霸道，任意增加定额，肆无忌惮地索取。苏州同知杨姜管理本府事务，李实恨他不依附自己，于是收集其他材料弹劾他。周起元到任，立即替杨姜申冤，并且上疏，陈述七条清除贪腐官员的建议，言词很多涉及李实。李实想使杨姜级别低于自己，再次上疏诬告并逮捕他。周起元又一次上疏替杨姜昭雪，言语更加中肯直率。魏忠贤庇护李实，下了道严厉的圣旨谴责周起元，命令周起元赶快上报杨姜贪污的情形。但是周起元不仅没有按照圣旨的意图汇报，反而更加称颂杨姜廉洁谨慎，批评李实造谣诽谤。他因此承担罪责乞求离职。魏忠贤见后大怒，假传圣旨将杨姜贬为平民。周起元又弹劾李实贪财放纵、不遵守法令的几件事，而请求对杨姜宽大处理。李实因为周起元几次三番秉笔直谏感到害怕，于是收敛了嚣张的气焰，魏忠贤则因此对周起元怀恨不已。分守参政的朱童蒙，早先是兵科都给事中，因为攻击邹元标讲学而被调往外地，于是丧失理智，疯狂残暴，每次外出，都鞭打几十人直至血肉模糊。周起元想检举他，朱童蒙就称病离职，周起元于是列举他贪财暴虐的情形，公之于众。魏忠贤于是假传圣旨剥夺周起元官籍，升迁朱童蒙为京卿。

天启六年二月，魏忠贤想杀高攀龙、周顺昌、缪昌期、黄尊素、李应升、周宗建等六人，就拿李实没有盖印的奏疏，命令他的党徒李永贞、李朝钦诬陷周起元当巡抚时贪污国家钱财十多万两银子，每天跟高攀龙等人来往讲学，趁机在中间煽动。又假传圣旨逮捕周起元，他到京时周顺昌等人已死在牢里了。许显纯严刑拷问，周起元只好胡乱招供，招出李实奏疏所说的内容，藏赃款十万两，但是他卖掉所有值钱的东西都不足此数，亲戚朋友也大多因此破产。九月，周起元死于狱中，江苏及其家乡的官民听说后没有不悲伤的。

崇祯皇帝即位，周起元获得了平反，赠封兵部右侍郎，让他的一个儿子做官。南明福王时，追加谥号“忠惠”。

【评述】

周起元是明末宦官当政时代出污泥而不染的正直官员之一。

他公正廉洁，爱护人民，不贪污一根丝、一粒粮，深得辖区人民的拥护。当时苏松一带遭遇大水灾，他千方百计地救济灾民，让人民衣食有所着落，度过了难关。他出任广西参议时期，巡守右江道，当时柳州正发生大饥荒，官府赈济不当，各地灾民流离失所，铤而走险的盗贼纷纷涌现。周起元尽最大的努力救济饥民，又单枪匹马前往山区招抚各盗贼。经过他的努力，灾民得到安置，盗贼也就自然平息了。

周起元不仅廉洁爱民，也是一位仗义执言、不畏强权的伉直之士。担任御史时，他就因弹劾刘世学、张光房、赵焕等贪赃枉法的官员，受到很多官员的嫉恨和敌视。他巡抚苏、松等十府时，又因为织造宦官李实诽谤苏州同知杨姜一案主持公道，而得罪了当时权倾天下的阉宦魏忠贤。周起元不阿附阉党，上书称颂杨姜廉洁谨慎，批评李实造谣诽谤，并承担罪责乞求离职。魏忠贤大怒，假传圣旨，将杨姜撤职查办，贬为平民。周起元再次弹劾李实贪财放纵、不守法令，同时请求对杨姜宽大处理。经过周起元的不懈抗争，李实威风扫地，而魏忠贤也因此对周起元怀恨在心。后终被魏忠贤借事假传圣旨，剥夺了官职。周起元因仗义执言、为民请命，牺牲了自己的仕宦前程。

这样一个志行高洁的忠臣义士，但却被魏忠贤一党诬陷为贪污犯。阉党动用重刑，屈打成招，被诬贪墨赃款十万两。他的家族卖掉所有值钱的东西，都不够这个数目，甚至很多亲戚朋友大多因此而破产。自身贪赃枉法、货贿公行的魏忠贤集团，往往把贪污的罪名强加在正直廉洁的官员身上，不仅把他们处死，还严加追缴，弄得忠正之士家破人亡，甚至牵连亲朋好友都被逼破产。黄钟毁弃，瓦釜雷鸣，明王朝的政治黑暗到这个地步，走向灭亡已经是无可避免的了。后人读史至此，怎能不扼腕叹息！

（刘波注译、评述）

刘　瑾

【原文】

刘瑾，兴平人。本谈氏子，依中官刘姓者以进，冒其姓。孝宗时，坐法当死，得免。已，得侍武宗东宫。武宗即位，掌钟鼓司，与马永成、高凤、罗祥、魏彬、丘聚、谷大用、张永并以旧恩得幸，人号“八虎”，而瑾尤狡狠。尝慕王振之为人，日进鹰犬、歌舞、角觝之戏，导帝微行。帝大欢乐之，渐信用瑾，进内官监，总督团营。孝宗遗诏罢中官监枪及各城门监局，瑾皆格不行，而劝帝令内臣镇守者各贡万金。又奏置皇庄，渐增至三百余所，畿内大扰。

外廷知八人诱帝游宴，大学士刘健、谢迁、李东阳骤谏，不听。尚书张昇，给事中陶谐、胡煜、杨一瑛、张禬，御史王涣、赵佑，南京给事、御史李光翰、陆崑等，交章论谏，亦不听。五官监候杨源以星变陈言，帝意颇动。健、迁等复连疏请诛瑾，户部尚书韩文率诸大臣继之。帝不得已，使司礼太监陈宽、李荣、王岳至阁，议遣瑾等居南京。三反，健等执不可。尚书许进曰：“过激将有变。”健不从。王岳者，素謇直，与太监范亨、徐智心嫉八人，具以健等语告帝，且言阁臣议是。健等方约文及诸九卿诘朝伏阙面争，而吏部尚书焦芳驰白瑾。瑾大惧，夜率永成等伏帝前环泣。帝心动，瑾因曰：“害奴等者王岳。岳结阁臣欲制上出入，故先去所忌耳。且鹰犬何损万几。若司礼监得人，左班官安敢如是。”帝大怒，立命瑾掌司礼监，永成掌东厂，大用掌西厂，而夜收岳及亨、智充南京净军。旦日诸臣入朝，将伏阙，知事已变，于是健、迁、东阳皆求去。帝独留东阳，而令焦芳入阁，追杀岳、亨于途，箠智折臂。时正德元年十月也。

瑾既得志，遂以事革韩文职，而杖责请留健、迁者给事中吕翀、刘郤菈及南京给事中戴铣等六人，御史薄彦徽等十五人。守备南京武靖伯赵承庆、府尹陆珩、尚书林瀚，皆以传翀、菈疏得罪，珩、瀚勒致仕，削承庆半禄。南京副都御史陈寿，御史陈琳、王良臣，主事王守仁，复以救铣等谪杖有差。瑾势日益张，毛举官僚细过，散布校尉，远近侦伺，使人救过不赡。因颛擅威福，悉遣党阉分镇各边。叙大同功，迁擢官校至一千五百六十余人，又传旨授锦衣官数百员。《通鉴纂要》成，瑾诬诸翰林纂修官誊写不谨，皆被谴，而命文华殿书办官张骏等改誊，超拜官秩。骏由光禄卿擢礼部尚书，他授京卿者数人，装潢匠役悉授官。创用枷法，给事中吉时，御史王时中，郎中刘绎、张玮，尚宝卿顾璿，副使姚祥，参议吴廷举等，并摭小过，枷濒死，始释而戍之。其余枷死者无数。锦衣狱徽纆相属。恶锦衣佥事牟斌善视狱囚，杖而锢之。府丞周玺、五官监候杨源杖至死。源初以星变陈言，罪瑾者也。瑾每奏事，必侦帝为戏弄时。帝厌之。亟麾去曰："吾用若何事，乃溷我！"自此遂专决，不复白。

二年三月，瑾召群臣跪金水桥南，宣示奸党，大臣则大学士刘健、谢迁，尚书则韩文、杨守随、张敷华、林瀚，部曹则郎中李梦阳，主事王守仁、王纶、孙磐、黄昭，词臣则检讨刘瑞，言路则给事中汤礼敬、陈霆、徐昂、陶谐、刘郤蒞、艾洪、吕翀、任惠、李光翰、戴铣、徐蕃、牧相、徐暹、张良弼、葛嵩、赵士贤，御史陈琳、贡安甫、史良佐、曹闵、王弘、任诺、李熙、王蕃、葛浩、陆崑、张鸣凤、萧乾元、姚学礼、黄昭道、蒋钦、薄彦徽、潘镗、王良臣、赵佑、何天衢、徐珏、杨璋、熊卓、朱廷声、刘玉等，皆海内号忠直者也。又令六科寅入酉出，使不得息，以困苦之。令文臣毋辄予封诰，痛绳文吏。宁王宸濠图不轨，赂瑾求复护卫，瑾予之，濠反谋遂成。瑾不学，每批答章奏，皆持归私第，与妹婿礼部司务孙聪、华亭大猾张文冕相参决，辞率鄙冗，焦芳为润色之，东阳頫首而已。

当是时，瑾权擅天下，威福任情。有罪人溺水死，乃坐御史匡翼之[1]罪。尝求学士吴俨贿，不得，又听都御史刘宇谗，怒御史杨南金，乃以大计外吏奏中，落二人职。授播州土司杨斌为四川按察使。令奴婿闾洁督山东学政。公侯勋戚以下，莫敢钧礼，每私谒，相率跪拜。章奏先具红揭投瑾，号红本，然后上通政司，号白本，皆称刘太监而不名。都察院奏谳误名瑾，瑾怒詈，都御史屠滽率属跪谢乃已。遣使察核边仓，都御史周南、张鼐、马中锡、汤全、刘宪，布政以下官孙禄、冒政、方矩、华福、金献民、刘逊、郭绪、张翼，郎中刘绎、王荩等，并以赦前罪，下狱追补边粟，宪至瘐死。又察盐课，杖巡盐御史王润，逮前运使甯举、杨奇等。察内甲字库[2]，谪尚书王佐以下百七十三人。复创罚米法，尝忤瑾者，皆擿发输边。故尚书雍泰、马文升、刘大夏、韩文、许进，都御史杨一清、李进、王忠，侍郎张缙，给事中赵士贤、任良弼，御史张津、陈顺、乔恕、聂贤、曹来旬等数十人悉破家，死者系其妻孥。

其年夏，御道有匿名书诋瑾所行事，瑾矫旨召百官跪奉天门下。瑾立门左诘责，日暮收五品以下官尽下狱。明日，大学士李东阳申救，瑾亦微闻此书乃内臣所为，始释诸臣。而主事何釴、顺天推官周臣、进士陆伸已暍死。是日酷暑，太监李荣以冰瓜啖群臣，瑾恶之。太监黄伟愤甚，谓诸臣曰："书所言皆为国为民事，挺身自承，虽死不失为好男子，奈何枉累他人。”瑾怒，即日勒荣闲住，而逐伟南京。

时东厂、西厂缉事人四出，道路惶惧。瑾复立内行厂③，尤酷烈，中人以微法，无得全者。又悉逐京师客佣，令寡妇尽嫁，丧不葬者焚之，辇下汹汹几致乱。都给事中许天锡欲劾瑾，惧弗克，怀疏自缢。

瑾故急贿，凡入觐、出使官皆有厚献。给事中周钥勘事归，以无金自杀。其党张彩曰：“今天下所馈遗公者，非必皆私财，往往贷京师，而归则以库金偿。公奈何敛怨贻患。”瑾然之。会御史欧阳云等十余人以故事入赂，瑾皆举发致罪。乃遣给事、御史十四人分道盘察，有司争厚敛以补帑。所遣人率阿瑾意，专务搏击，劾尚书顾佐、侣钟、韩文以下数十人。浙江盐运使杨奇逋课死，至鬻其女孙。而给事中安奎、潘希曾，御史赵时中、阮吉、张彧、刘子厉，以无重劾下狱。奎、彧枷且死，李东阳疏救，始释为民。希曾等亦皆杖斥，忤意者谪斥有差。又矫旨籍故都御史钱钺、礼部侍郎黄景、尚书秦纮家。凡瑾所逮捕，一家犯，邻里皆坐，或瞰河居者，以河外居民坐之。屡起大狱，冤号遍道路。《孝宗实录》成，翰林预纂修者当迁秩，瑾恶翰林官素不下己，调侍讲吴一鹏等十六人南京六部。

是时，内阁焦芳、刘宇，吏部尚书张彩，兵部尚书曹元，锦衣卫指挥杨玉、石文义，皆为瑾腹心。变更旧制，令天下巡抚入京受敕，输瑾赂。延绥[4]巡抚刘宇不至，逮下狱。宣府巡抚陆完后至，几得罪，既赂，乃令试职视事。都指挥以下求迁者，瑾第书片纸曰“某授某官”，兵部即奉行，不敢复奏。边将失律，赂入，即不问，有反升擢者。又遣其党丈边塞屯地，诛求苛刻。边军不堪，焚公廨，守臣谕之始定。给事中高淓丈沧州，所劾治六十一人，至劾其父高铨以媚瑾。又以谢迁故，令余姚人毋授京官。以占城国使人亚刘谋逆狱，裁江西乡试额五十名，仍禁授京秩如余姚，以焦芳恶彭华故也。瑾又自增陕西乡试额至百名，亦为芳增河南额至九十五名，以优其乡士。其年，帝大赦，瑾峻刑自如。刑部尚书刘璟无所弹劾，瑾诟之。璟惧，劾其属王尚宾等三人，乃喜。给事中郗夔核榆林功，惧失瑾意，自缢死。给事中屈铨、祭酒王云凤请编瑾行事，著为律令。

五年四月，安化王寘鐇反，檄数瑾罪。瑾始惧，匿其檄，而起都御史杨一清、太监张永为总督，讨之。初，与瑾同为八虎者，当瑾专政时，有所请多不应，永成、大用等皆怨瑾。又欲逐永，永以谲免。及永出师还，欲因诛瑾，一清为画策，永意遂决。瑾好招致术士，有俞日明者，妄言瑾从孙二汉当大贵。兵仗局太监孙和数遗以甲仗，两广镇监潘午、蔡昭又为造弓弩，瑾皆藏于家。

永捷疏至，将以八月十五日献俘，瑾使缓其期。永虑有变，遂先期入，献俘毕，帝置酒劳永，瑾等皆侍。

及夜，瑾退，永出寘鐇檄，因奏瑾不法十七事。帝已被酒，俯首曰："瑾负我。"永曰："此不可缓。"永成等亦助之。遂执瑾，系于菜厂，分遣官校封其内外私第。次日晏朝后，帝出永奏示内阁，降瑾奉御，谪居凤阳。帝亲其家，得伪玺一，穿宫牌[⑤]五百及衣甲、弓弩、衮衣、玉带诸违禁物。又所常持扇，内藏利匕首二。始大怒曰："奴果反。"趣付狱。狱具，诏磔于市，枭其首，榜词处决图示天下。族人、逆党皆伏诛。张彩狱毙，磔其尸。阁臣焦芳、刘宇、曹元而下，尚书毕亨、朱恩等，共六十余人，皆降谪。已，廷臣奏瑾所变法，吏部二十四事，户部三十余事，兵部十八事，工部十三事，诏悉厘正如旧制。

选自《明史》卷三百四《刘瑾传》

【注释】

①匡翼之：山东胶州人，成化进士。因得罪刘瑾，降为四川副使。

②甲字库：明代宫廷内十库之一，掌管贮存艮朱、乌梅、黄丹、百药煎之类。

③内行厂：官署名，即"内办事厂"，权力在东厂西厂之上，两厂受内行厂监视。刘瑾死后废除。

④延绥：军镇名。明代九边之一。初治绥德州（今山西绥德），成化七年（1471）移至榆林卫，是防御河套蒙古的军事

要地。

⑤穿宫牌：又称穿宫牙牌，指百官入朝时所佩戴的牙牌，牌上有官职，分“勋”、“亲”、“文”、“武”、“乐”五种，不得转借，出京或调动则交回。

【译文】

刘瑾，陕西兴平人。本姓谈，因靠刘姓太监进宫，所以冒用刘姓。孝宗时，刘瑾犯了死罪，但得以赦免，之后到东宫服侍武宗。武宗继位后，刘瑾掌管钟鼓司，与马永成、高凤、罗祥、魏彬、丘聚、谷大用、张永皆因与武宗有旧交受到宠幸，人称“八虎”，而其中刘瑾尤为狡猾狠毒。刘瑾仰慕王振的为人，日日向武宗进奉田猎、歌舞、摔跤之类的游戏，还带皇帝出宫微服私访。皇帝乐在其中，逐渐信任刘瑾并重用他，提升他任职内官监，总督在北京的军队。孝宗临终遗诏取消宦官监枪和各城门监局，刘瑾都抗拒不执行。还劝武宗命令镇守各地的内臣进贡数量巨大的钱财。又奏请设置皇庄，逐渐增加到三百余处，京城周边百姓大受骚扰。

朝中大臣知道是刘瑾等八人引诱皇帝吃喝玩乐，大学士刘健、谢迁、李东阳屡屡进谏，但皇帝不听。尚书张昇，给事中陶谐、胡煜、杨一瑛、张褙，御史王涣、赵佑，南京给事、御史李光翰、陆崑等，也纷纷上奏章进谏，皇帝还是不听。五官监侯杨源拿星象有变向皇帝进言，皇帝这才心有所动。刘健、谢迁等人又接连奏请诛杀刘瑾，户部尚书韩文率领各大臣接着奏请。皇帝迫不得已，就派司礼太监陈宽、李荣、王岳去内阁，讨论把刘瑾等人发配到南京居住。但反复多次没有议决，刘健等坚持反对。

尚书许进说："反应过于激烈会有变故。"但刘健不听劝告。王岳平素为人正直，与太监范亨、徐智心里憎恨这八人，就把刘健等人的话详细告诉皇帝，并说内阁大臣的议论是正确的。刘健等正在约韩文和诸位大臣于次日清晨觐见皇帝，当面劝谏，但吏部尚书焦芳却急忙去把这个情况告诉了刘瑾。刘瑾得知后十分害怕，当夜带领马永成等人跪在皇帝面前哭泣。皇帝有所心动，刘瑾趁机说："是王岳陷害我们。他勾结内阁大臣，企图限制皇帝的行动，所以先要除掉他们顾忌的人。况且田猎等事怎会危害国家大政。若司礼监掌握在得力人手中，这些阁臣哪敢如此放肆。"皇帝听了大怒，立刻命刘瑾执掌司礼监，马永成掌管东厂，谷大用掌管西厂，并连夜逮捕王岳和范亨、徐智，发配到南京当净军。次日清晨，大臣们上朝，将要拜见皇帝，得知形势有变，刘健、谢迁、李东阳于是都提出辞职。皇帝只留下李东阳，而命令焦芳入阁，派人追上王岳、范亨，把他们杀死在路上，还打断徐智手臂。这时是正德元年（1506）十月。

刘瑾既已达到目的，掌握了局势，就借故撤了韩文的职，并对奏请留用刘健、谢迁的给事中吕翀、刘郤蔻和南京给事中戴铣等六人，御史薄彦徽等十五人施以杖刑。负责南京守卫的武靖伯赵承庆、府尹陆珩、尚书林瀚，都因为吕翀、刘郤蔻传递奏章获罪，陆珩、林瀚被被勒令辞官回乡，赵承庆被减去一半的俸禄。南京副都御使陈寿、御史陈琳、王良臣，主事王守仁，又因为营救戴铣等人，各自受到降职、杖打等不同的处分。这样刘瑾的权势就一天天膨胀，开始吹毛求疵地指斥官员们的细琐过失，还派出校尉到各处侦查，让人防不胜防。他独揽大权、作威作福，委派宦官党羽到边防要地镇守。评议大同战功时，提升官校等低级文武官员多达一千五百六十余人，又传旨授任锦衣卫官员数百个。《通鉴纂要》编成，刘瑾诬陷翰林纂修官誊写不恭谨，他们都因此受到谴责，刘瑾另命文华殿书办官张骏等重新抄写，这样就越级提拔了他们。张骏又由光禄卿被提拔为礼部尚书，其他被授予京官的有数人，连装潢匠人都被授予官职。刘瑾还开始对官吏使用枷法，给事中吉时，御史王时中，郎中刘绎、张玮，尚宝卿顾璿，副使姚祥，参议吴廷举等，都因小过失，被枷到快断气，才被释放充军。其余受枷刑而死的多到无法计数。遭锦衣卫囚禁的人接连不断。刘瑾不喜欢锦衣佥事牟斌善待犯人，把他杖打后关押。府丞周玺、五官监侯杨源受杖刑而死。杨源当初以星象变化的事向皇帝进言，是得罪过刘瑾的人。刘瑾每次向皇帝上奏，都是找皇帝正在玩乐的时候。皇帝厌烦，就挥手让他走，说："我用你是干什么的？别来打扰我！"从此刘瑾就擅作主张，不再向皇帝禀告。

正德二年三月，刘瑾召集群臣跪在金水桥南边，公布奸党名单，其中，大臣有大学士刘健、谢迁，尚书有韩文、杨守随、张敷华、林瀚，京师各部司官有郎中李梦阳，主事王守仁、王纶、孙磐、黄昭，文学侍从官有检讨刘瑞，监察官员有给事中汤礼敬、陈霆、徐昂、陶谐、刘郤蓝、艾洪、吕翀、任惠、李光翰、戴铣、徐蕃、牧相、徐暹、张良弼、葛嵩、赵士贤，御史陈琳、贡安甫、史良佐、曹闵、王弘、任诺、李熙、王蕃、葛浩、陆崑、张鸣凤、萧乾元、姚学礼、黄昭道、蒋钦、薄彦徽、潘镗、王良臣、赵佑、何天衢、徐珏、杨璋、熊卓、朱廷声、刘玉等人，都是出名的忠诚正直的人。刘瑾又命令吏、户、礼、兵、刑、工六部官员大清早上朝，晚上很晚才出朝，让他们不能休息，以此折磨他们。又下令不准给文臣封诰，严酷整治文官小吏。宁王朱宸濠图谋造反，贿赂刘瑾，请求恢复被削减的王府护卫。刘瑾给他卫兵，朱宸濠造反阴谋因此得逞。刘瑾不学无术，每次要批示大臣奏本，都是带回家，和妹夫礼部司务孙聪、华亭（今上海市松江）大奸人张文冕一起决断，文辞大多粗俗冗长，要经过焦芳的润色修改，李东阳也只不过点头同意罢了。

这时，刘瑾权倾天下，肆意作威作福。有个犯人落水被淹死，御史匡翼之因此被治罪。刘瑾曾向学士吴俨索贿而不得，又听信都御使刘宇的谗言，迁怒御史杨南金，结果他就以考核地方官吏为借口，罢免了吴俨、杨南金二人的官职。又任命播州土司杨斌为四川按察使，任命家奴的女婿闾洁任山东提督学政。当时从公侯勋臣、皇亲国戚到一般官员，没人敢和刘瑾平起平坐，每次私下拜见他时，都要向他行跪拜礼。给皇帝上奏折，先要用红色帖子呈给刘瑾，称为红本，然后再上报通政司，称作白本，对刘瑾都是称呼刘太监而不直写其名。都察院的奏议不小心写上了刘瑾的名字，刘瑾大怒，痛骂他们，直到都御史屠滽率属下官员跪拜谢罪才算了事。刘瑾派人去核查边境粮仓，都御史周南、张鼐、马中锡、汤全、刘宪，布政以下官员孙禄、冒政、方矩、华福、金献民、刘逊、郭绪、张翼，郎中刘绎、王荩等，都连同以前赦免的罪并论，关进监狱，追补边防军粮，以至于刘宪病死狱中。刘瑾又核查盐税，杖责巡盐御史王润，并逮捕前任巡盐运使甯举、杨奇等人。检查内十库中的甲字库，把尚书王佐以下一百七十三人降职查办。又创设罚米法，曾经抵触过刘瑾的人，都被发配边疆。前尚书雍泰、马文升、刘大夏、韩文、许进，都御史杨一清、李进、王忠，侍郎张缙，给事中赵士贤、任良弼，御史张津、陈顺、乔恕、聂贤、曹来旬等数十人全都家破人亡，已经死去的，还要把他们的妻子儿女关起来。

正德三年夏天，宫内道上有散发的匿名信，抨击刘瑾的所作所为。刘瑾假传圣旨，召集百官跪在奉天门下。刘瑾站在门左面责问众官，日近黄昏时把五品以下官员全关进监狱。第二天，大学士李东阳为被捕官员申诉求救，刘瑾这时也听说匿名信是宫内太监干的，才放了这些官员。然而主事何釴、顺天推官周臣、进士陆伸已经中暑而死。那天天气酷热，太监李荣拿着冰凉的西瓜给官员们吃，刘瑾很讨厌他。太监黄伟当时非常激愤，对官员们说："信中所说的都是为国为民的事，写的人应该站出来承认，这样即便是死也不失为好汉，怎么能无辜连累他人。"刘瑾听了很生气，当天就勒令李荣离职，而把黄伟放逐南京。

当时东厂、西厂搜捕探查的人到处活动，人心惶惶。刘瑾又设立内行厂，处事更加残酷。宫里人有小过失，就不能保全。刘瑾还下令全面驱逐在京师的外来佣工，命令寡妇一律嫁人，死了没下葬的就烧掉，造成京师人心动荡，几乎酿成动乱。都给事中许天赐想弹劾刘瑾，但又担心不成功，结果怀揣奏疏上吊自杀了。

刘瑾本来就是贪婪索贿之人，那些进京朝见皇帝以及出外公干的官员，都要给他送厚礼。给事中周钥外出查事回来，因无钱送礼而自杀。刘瑾的党羽张彩对刘瑾说："现在人们送给您的，不一定都是他们的私财，往往是先在京师借钱，回去后再用公款偿还。您老何必结怨，留下后患。"刘瑾认为他说得对。欧阳云等十几个人刚好按惯例送来贿赂，刘瑾就将他们揭发判罪。于是派给事、御史十四人分头到各道盘查，各个部门于是加紧搜刮以补充库金。刘瑾所派出的人都讨好他，专事打击惩处，弹劾了尚书顾佐、侣钟、韩文和他们以下数十人。浙江盐运使杨奇因拖欠盐税而死，连孙女都卖了。而给事中安奎、潘希曾，御史赵时中、阮吉、张彧、刘子厉，因没有提出重大弹劾而被抓进监狱。安奎、张彧受枷刑将死，李东阳上疏营救，才得以释放，最终被削职为民。潘希曾等也都受到杖打或斥责，违背刘瑾心意的人或被降职或被斥责。刘瑾又假传圣旨抄没前都御史钱钺、礼部侍郎黄景、尚书秦纮的家。凡被刘瑾逮捕的人，一家犯法，邻里都要受牵连，有的居住在河边，连住在河对面的居民都要受牵连。大案频发，怨声载道。《孝宗实录》编成，参加纂修的翰林按例应当得到升迁，但刘瑾憎恨翰林官员平素不巴结他，就把侍讲吴一鹏等十六人调到南京的六部。

这时候，内阁的焦芳、刘宇，吏部尚书张彩，兵部尚书曹元，锦衣卫指挥杨玉、石文义，都是刘瑾的心腹。他们改变旧制，命令各地巡抚进京接受敕封，以此让他们行贿刘瑾。延绥巡抚刘宇不来，结果被捕入狱。宣府巡抚陆完来迟了，几乎因此获罪，行贿刘瑾后，才让他作为试用官员到任。都指挥以下的官员寻求升职的，刘瑾只要写个“某授某官”的条子，兵部就会照办，不敢再奏。边疆的守将触犯法律，只要送来贿赂，就不再追究，有的还反而会被提升。刘瑾又派他的党羽丈量边塞的屯田，要求非常苛刻。守边士兵不能忍受，放火烧了官署，守边大臣劝导后，才平定下来。给事中高淓到沧州丈量，受其弹劾的有六十一人，他甚至还弹劾他的父亲高铨以讨好刘瑾。因为谢迁的缘故，刘瑾下令不准授任浙江余姚人为京官。又因占城国使者亚刘企图谋反的案子，削减了江西乡试五十个名额，并且像对余姚人一样，禁止江西人到京做官，这也是因为焦芳憎恨彭华。刘瑾擅自为陕西乡试名额增加到一百名，也为焦芳把河南乡试名额增加到九十五名，以优待他们各自家乡的读书人。这一年，皇帝宣布大赦，但是刘瑾依旧使用严刑酷法。刑部尚书刘璟没有弹劾别人，刘瑾就辱骂他，刘璟害怕，就弹劾了他的下属王尚宾三人，刘瑾这才高兴。给事中郗夔核查榆林战功，因害怕得罪刘瑾，自缢而死。给事中屈铨、祭酒王云凤请求编纂刘瑾所做的事，作为法令。

正德五年四月，安化王朱寘鐇造反，在檄文中列举了刘瑾的种种罪状。刘瑾这才害怕，把檄文藏起来，重新起用都御史杨一清、太监张永为总督，讨伐朱寘鐇。当初，和刘瑾一同被称为“八虎”的人，在刘瑾独揽大权时，向刘瑾有所请托，刘瑾多不理睬，马永成、谷大用等人都怨恨他。刘瑾又企图赶走张永，张永耍了花招才得以避免。张永出兵回朝后，就想趁机杀了刘瑾，杨一清帮他出谋划策，张永便下定决心。刘瑾喜欢招揽一些讲阴阳灾异的方士，其中有个方士叫俞日明，妄称刘瑾的从孙刘二汉必定是个大贵人。兵杖局太监孙和几次送盔甲、兵器给刘瑾，两广镇守太监潘午、蔡昭还给他制造弓箭，刘瑾都藏在家里。

张永的捷报送到，他打算在八月十五日向皇帝献上俘虏，刘瑾要他推迟日期。张永担心事情有变，就提前入朝，举行献俘虏仪式后，皇帝设宴慰劳张永，刘瑾等人都在身旁伺候。到了晚上，等刘瑾走后，张永拿出朱寘鐇的文告，同时把刘瑾十七件犯法的事禀报皇上。当时皇上已醉，就低头说：“刘瑾辜负了我。”张永说：“此事不可延缓。”马永成等人也在旁边帮张永说话。皇上于是下令逮捕了刘瑾，关在菜厂，分别派官员、校尉查封他在宫内外的住宅。第二天晚朝后，皇帝向内阁出示张永的奏章，把刘瑾降为奉卿，流放凤阳。皇帝亲自去抄他家时，搜到私刻的皇帝印章一枚，五百个穿宫牌，以及盔甲、弓箭、龙袍、玉带等违禁物品。另外，在他经常手持的扇子里，发现藏有两把锋利的匕首。皇帝大怒，说："奴才果然反啦!"很快把他投入大狱。案子审理以后，诏令在街市上将刘瑾千刀万剐，并砍下他的头颅示众，还把审判刘瑾的宣判词和处死图张贴公示。刘瑾同族的人和他的党羽都被处死。张彩死在监狱里，还把他的尸体用乱刀砍得粉碎。内阁大臣焦芳、刘宇、曹元以下，尚书毕亨、朱恩等，共六十多人都被贬黜。不久，朝中大臣又奏上刘瑾所变更的法制，其中吏部有二十四项，户部三十多项，兵部十八项，工部十三项，皇帝诏令全部按原来的旧制改正。

【评述】

刘瑾是明代恶名昭彰的宦官。他窃权主政，专擅威福，打击异己，迫害忠直，卖官鬻爵，致乱祸国，可谓劣迹斑斑，而其中，索贿现象尤为突出。在当时，凡对刘瑾行贿者，或可免罪，或可升官，反之则会被他降罪，甚至罢黜。如他曾向学士吴俨索贿，因求之不得，便将他降职；又如，他"变更旧制，令天下巡抚入京受敕"，以便于索受贿赂，宣府巡抚陆完只因"后至"，便"几得罪"，待贿赂刘瑾之后，方才得以试用"视事"；再如"失律"之边将，只要给予刘瑾好处，便可旁置不问，有的甚至还能得到升迁。诸如此类，不一而足。

刘瑾的这一举动对其时的吏治造成了相当恶劣的影响。在其淫威之下，为免于身陷祸患或求得仕途的平顺、高升，很多官员放弃了操守，甘于沉沦，于是士风大坏。当时，“凡入觐、出使官皆有厚献”。当然，行贿者并非均能得到他们的期许，如御史欧阳云等十余人，虽然遵照了刘瑾的规矩行贿，但刘瑾出于保护自己的目的而“举发”了他们。但是不行贿的后果更加令人恐惧。给事中周钥外出“勘事”回京，因没有钱行贿，又恐罹祸，惶惧之下，最终自杀了结。因为刘瑾的贪贿，国家法制遭到破坏，凡事均以刘瑾之喜恶行之，上上下下都惶惶不可终日，冤狱频起，株连无辜，社会秩序混乱不堪，明王朝自此后的江河日下，刘瑾在其中有不小的“功劳”。

（赵红注译　张毅评述）

魏忠贤

【原文】

魏忠贤，肃宁人。少无赖，与群恶少博，少胜，为所苦，恚而自宫，变姓名曰李进忠。其后乃复姓，赐名忠贤云。忠贤自万历中选入宫，隶太监孙暹，夤缘入甲字库，又求为皇长孙母王才人典膳，谄事魏朝。朝数称忠贤于安，安亦善遇之。长孙乳媪曰客氏，素私侍朝，所谓对食者也。及忠贤入，又通焉。客氏遂薄朝而爱忠贤，两人深相结。

光宗崩，长孙嗣立，是为熹宗。忠贤、客氏并有宠。未逾月，封客氏奉圣夫人，荫其子侯国兴、弟客光先及忠贤兄钊俱锦衣千户。忠贤寻自惜薪司[①]迁司礼秉笔太监兼提督宝和三店[②]。忠贤不识字，例不当入司礼，以客氏故，得之。

天启元年诏赐客氏香火田，叙忠贤治皇祖陵功。御史王心一谏，不听。及帝大婚，御史毕佐周、刘兰请遣客氏出外，大学士刘一燝亦言之。帝恋恋不忍舍，曰：

“皇后幼，赖媪保护，俟皇祖大葬议之。”忠贤颛客氏，逐魏朝。又忌王安持正，谋杀之，尽斥安名下诸阉。客氏淫而狠。忠贤不知书，颇强记，猜忍阴毒，好谀。帝深信任此两人，两人势益张，用司礼临王体乾及李永贞、石元雅、涂文辅等为羽翼，宫中人莫敢忤。既而客氏出，复召入。御史周宗建、侍郎陈邦瞻、御史马鸣起、给事中侯震旸先后力诤，俱被诘责。给事中倪思辉、朱钦相、王心一复言之，并谪外，尚未指及忠贤也。忠贤乃劝帝选武阉、炼火器为内操，密结大学士沈漼为援。又日引帝为倡优声伎，狗马射猎。刑部主事刘宗周首劾之，帝大怒，赖大学士叶向高救免。

初，神宗在位久，怠于政事，章奏多不省。廷臣渐立门户，以危言激论相尚，国本之争，指斥宫禁。宰辅大臣为言者所弹击，辄引疾避去。吏部郎顾宪成讲学东林书院，海内士大夫多附之，“东林”之名自是始。既而“梃击”、“红丸”、“移宫”三案起，盈廷如聚讼。与东林忤者，众目之为邪党。天启初，废斥殆尽，识者已忧其过激变生。及忠贤势成，其党果谋倚之以倾东林。而徐大化、霍维华、孙杰首附忠贤，刘一燝及尚书周嘉谟并为杰劾去。然是时叶向高、韩爌方辅政，邹元标、赵南星、王纪、高攀龙等皆居大僚，左光斗、魏大中、黄尊素等在言路，皆力持清议，忠贤未克逞。

二年叙庆陵功，荫忠贤弟侄锦衣卫指挥佥事。给事中惠世扬、尚书王纪论沈纮交通客、魏，俱被谴去。会初夏雨雹，周宗建言雹不以时，忠贤谗慝所致。修撰文震孟、太仆少卿满朝荐相继言之，亦俱黜。

三年春，引其私人魏广微为大学士。令御史郭巩讦宗建、一燝、元标及杨涟、周朝瑞等保举熊廷弼，党邪误国。宗建驳巩受忠贤指挥，御史方大任助宗建攻巩及忠贤，皆不胜。其秋，诏忠贤及客氏子国兴所荫锦衣官并世袭。兵部尚书董汉儒、给事中程注、御史汪泗论交谏，不从。忠贤益无忌，增置内操万人，衷甲出入，恣为威虐。矫诏赐光宗选侍赵氏死。裕妃张氏有娠，客氏谮杀之。又革成妃李氏封。皇后张氏娠，客氏以计堕其胎，帝由此乏嗣。他所害宫嫔冯贵人等，太监王国臣、刘克敬、马鉴等甚众。禁掖事秘，莫详也。是冬，兼掌东厂事。

四年，给事中傅櫆结忠贤甥傅应星为兄弟，诬奏中书汪文言，并及左光斗、魏大中。下文言镇抚狱，将大行罗织。掌镇抚刘侨受叶向高教，止坐文言。忠贤大怒，削侨籍，而以私人许显纯代。是时御史李应升以内操谏，给事中霍守曲以忠贤乞祠额谏，御史刘廷佐以忠贤滥荫谏，给事中沈惟炳以立枷谏，忠贤皆矫旨诘责。于是副都御史杨涟愤甚，劾忠贤二十四大罪。疏上，忠贤惧，求解于韩爌不应，遂趋帝前泣诉，且辞东厂，而客氏从旁为剖析，体乾等翼之。帝懵然不辨也。遂温谕留忠贤，而于次日下涟疏，严旨切责。涟既绌，魏大中及给事中陈良训、许誉卿，抚宁侯朱国弼，南京兵部尚书陈道亨，侍郎岳元声等七十余人，交章论忠贤不法。向高及礼部尚书翁正春请遣忠贤归私第以塞谤，不许。

当是时，忠贤愤甚，欲尽杀异己者。顾秉谦因阴籍其所忌姓名授忠贤，使以次斥逐。王体乾复昌言用廷杖，威胁廷臣。未几，工部郎中万燝上疏刺忠贤，立杖死。又以御史林汝翥事辱向高，向高遂致仕去，汝翥亦予杖。廷臣俱大詟。一时罢斥者，吏部尚书赵南星、左都御史高攀龙、吏部侍郎陈于廷及杨涟、左光斗、魏大中等先后数十人，已又逐韩爌及兵部侍郎李邦华。正人去国，纷纷若振槁。乃矫中旨召用例转科道。以朱童蒙、郭允厚为太仆少卿，吕鹏云、孙杰为大理丞，复霍维华、郭兴治为给事中，徐景濂、贾继春、杨维垣为御史，而起徐兆魁、王绍徽、乔应甲、徐绍吉、阮大铖、陈尔翌、张养素、李应荐、李嵩、杨春懋等，为之爪牙。未几，复用拟戍崔呈秀为御史。呈秀乃造《天鉴》、《同志》诸录，王绍徽亦造《点将录》，皆以邹元标、顾宪成、叶向高、刘一燝等为魁，尽罗入不附忠贤者，号曰东林党人，献于忠贤。忠贤喜，于是群小益求媚忠贤，攘臂攻东林矣。

初，朝臣争三案及辛亥、癸亥两京察与熊廷弼狱事，忠贤本无预。其党欲藉忠贤力倾诸正人，遂相率归忠贤，称义儿，且云：“东林将害翁。”以故，忠贤欲甘心焉。御史张讷、倪文焕，给事中李鲁生，工部主事曹钦程等，竞搏击善类为报复。而御史梁梦环复兴汪文言狱，下镇抚司拷死。许显纯具爰书，词连赵南星、杨涟等二十余人，削籍遣戍有差。逮涟及左光斗、魏大中、周朝瑞、袁化中、顾大章等六人，至牵入熊廷弼案中，掠治死于狱。又杀廷弼，而杖其姻御史吴裕中至死。又削逐尚书李宗延、张问达，侍郎公鼐等五十余人，朝署一空。而特召元诗教、刘述祖等为御史，私人悉不次超擢。于是忠贤之党遍要津矣。

当是时，东厂番役[③]横行，所缉访无论虚实辄糜烂。戚臣李承恩者，宁安大长公主子也，家藏公主赐器。忠贤诬以盗乘舆服御物，论死。中书吴怀贤读杨涟疏，击节称叹。奴告之，毙怀贤，籍其家。武弁蒋应阳为廷弼讼冤，立诛死。民间偶语，或触忠贤，辄被擒僇，甚至剥皮、刲舌，所杀不可胜数，道路以目。其年，叙门功，加恩三等，荫都督同知。又荫其族叔魏志德都督佥事。擢傅应星为左都督，且旌其母。而以魏良卿佥书锦衣卫，掌南镇抚司事。

六年二月，卤簿大驾成，廕都督佥事。复使其党李永贞伪为浙江太监李实奏，逮治前应天巡抚周起元及江、浙里居诸臣高攀龙、周宗建、缪昌期、周顺昌、黄尊素、李应升等。攀龙赴水死，顺昌等六人死狱中。苏州民见顺昌逮，不平，殴杀二校尉，巡抚毛一鹭为捕颜佩韦等五人悉诛死。刑部尚书徐兆魁治狱，视忠贤所怒，即坐大辟。又从霍维华言，命顾秉谦等修《三朝要典》，极意诋诸党人恶。御史徐复阳请毁讲学书院，以绝党根。御史卢承钦又请立东林党碑。海内皆屏息丧气。霍维华遂教忠贤冒边功矣。

辽阳男子武长春游妓家，有妄言，东厂擒之。许显纯掠治，故张其辞云："长春敌间，不获且为乱，赖厂臣忠智立奇勋。"诏封忠贤侄良卿为肃宁伯，赐宅第、庄田，颁铁券。吏部尚书王绍徽请崇其先世，诏赠忠贤四代如本爵。忠贤又矫诏遣其党太监刘应坤、陶文、纪用镇山海关，收揽兵柄。再叙功，廕都督同知，世袭锦衣卫指挥使，各一人。浙江巡抚潘汝桢奏请为忠贤建祠。仓场总督薛贞言草场火，以忠贤救，得无害。于是颂功德者相继，诸祠皆自此始矣。

编修吴孔嘉与宗人吴养春有仇，诱养春仆告其主隐占黄山，养春父子瘐死。忠贤遣主事吕下问、评事许志吉先后往徽州籍其家，株蔓残酷。知府石万程不忍，削发去，徽州几乱。其党都督张体乾诬扬州知府刘铎代李承恩谋释狱，结道士方景阳诅忠贤，铎竟斩。又以睚眦怨，诬新城侯子锦衣王国兴，论斩，并黜主事徐石麒。御史门克新诬吴人顾同寅、孙文豸诔熊廷弼，坐妖言律斩。又逮侍郎王之寀，毙于狱。凡忠贤所宿恨，若韩爌、张问达、何士晋、程注等，虽已去，必削籍，重或充军，死必追赃破其家。或忠贤偶忘之，其党必追论前事，激忠贤怒。

当此之时，内外大权一归忠贤。内竖自王体乾等外，又有李朝钦、王朝辅、孙进、王国泰、梁栋等三十余人，为左右拥护。外廷文臣则崔呈秀、田吉、吴淳夫、李夔龙、倪文焕主谋议，号“五虎”。武臣则田尔耕、许显纯、孙云鹤、杨寰、崔应元主杀僇，号“五彪”。又吏部尚书周应秋、太仆少卿曹钦程等，号“十狗”。又有“十孩儿”、“四十孙”之号。而为呈秀辈门下者，又不可数计。自内阁、六部至四方总督、巡抚，遍置死党。心忌张皇后，其年秋，诬后父张国纪纵奴不法，矫中宫旨，冀摇后。帝为致奴法，而诮让国纪。忠贤未慊，复使顺天府丞刘志选、御史梁梦环交发国纪罪状，并言后非国纪女。会王体乾危言沮之，乃止。

其冬，三殿④成。李永贞、周应秋奏忠贤功，遂进上公⑤，加恩三等。魏良卿时已晋肃宁侯矣，亦晋宁国公，食禄如魏国公例，再加恩荫锦衣指挥使一人，同知一人。工部尚书薛凤翔奏给赐第。已而太监陶文奏筑喜峰隘口成，督师王之臣奏筑山海城，刑部尚书薛贞奏大盗王之锦狱，南京修孝陵工竣，甘镇奏捷，蕃育署丞张永祚获盗，并言忠贤区画方略。忠贤又自奏三年缉捕功，诏书褒奖。半岁中，所荫锦衣指挥使四人、同知三人、佥事一人。授其侄希孟世袭锦衣同知，甥傅之琮、冯继先并都督佥事，而擢崔呈秀弟凝秀为蓟镇副总兵。名器僭滥，于是为极。其同类尽镇蓟、辽，山西宣、大诸阨要地。总兵梁柱朝、杨国栋等岁时赂名马、珍玩勿绝。七年春，复以崔文升总漕运，李明道总河道，胡良辅镇天津。文升故侍光宗药，为东林所攻者也。海内争望风献谄，诸督抚大吏阎鸣泰、刘诏、李精白、姚宗文等，争颂德立祠，汹汹若不及。下及武夫、贾竖、诸无赖子亦各建祠。穷极工巧。攘夺民田庐，斩伐墓木，莫敢控愬。而监生陆万龄至请以忠贤配孔子，以忠贤父配启圣公。

初，潘汝祯首上疏，御史刘之待会稿迟一日，即削籍。而蓟州道胡士容以不具建祠文，遵化道耿如杞入祠不拜，皆下狱论死。故天下风靡，章奏无巨细，辄颂忠贤。宗室若楚王华煃、中书朱慎鉴，勋戚若丰城侯李永祚，廷臣若尚书邵辅忠、李养德、曹思诚，总督张我续及孙国桢、张翌明、郭允厚、杨维和、李时馨、汪若极、何廷枢、杨维新、陈维新、陈欢翼、郭如暗、郭希禹、徐溶辈，佞词累牍，不顾羞耻。忠贤亦时加恩泽以报之。所有疏，咸称“厂臣”不名。大学士黄立极[⑥]、施凤来、张瑞图票旨[⑦]，亦必曰“朕与厂臣”，无敢名忠贤者。山东产麒麟，巡抚李精白图象以闻。立极等票旨云：“厂臣修德，故仁兽至。”其诬罔若此。前后赐奖无算，诰命皆拟九锡文[⑧]。

是年自春及秋，忠贤冒款汪烧饼、擒阿班歹罗铁等功，积荫锦衣指挥使至十有七人。其族孙希孔、希孟、希尧、希舜、鹏程，姻戚董芳名、王选、杨六奇、杨祚昌，皆至左、右都督及都督同知、佥事等官。又加客氏弟光先亦都督。魏抚民又从锦衣改尚宝卿。而忠贤志愿犹未极，会袁崇焕奏宁远捷，忠贤乃令周应秋奏封其从孙鹏翼为安平伯。再叙三大工功，封从子良栋为东安侯，加良卿太师，鹏翼少师，良栋太子太保。因遍赉诸廷臣。用呈秀为兵部尚书兼左都御史，独绌崇焕功不录。时鹏翼、良栋皆在襁褓中，未能行步也。良卿至代天子飨南北郊，祭太庙。于是天下皆疑忠贤窃神器矣。

帝性机巧，好亲斧锯髹漆之事，积岁不倦。每引绳削墨时，忠贤辈辄奏事。帝厌之，谬曰："朕已悉矣，汝辈好为之。"忠贤以是恣威福惟己意。岁数出，辄坐文轩，羽幢青盖，四马若飞，铙鼓鸣镝之声，轰隐黄埃中。锦衣玉带靴袴握刀者，夹左右驰，厨传、优伶、百戏、舆隶相随属以万数。百司章奏，置急足驰白乃下。所过，士大夫遮道拜伏，至呼九千岁，忠贤顾盼未尝及也。客氏居宫中，胁持皇后，残虐宫嫔。偶出归私第，驺从赫奕照衢路，望若卤簿。忠贤故騃无他长，其党日夜教之，客氏为内主，群凶煽虐，以是毒痡海内。

七年秋八月，熹宗崩，信王⑨立。王素稔忠贤恶，深自儆备，其党自危。杨所修、杨维垣先攻崔呈秀以尝帝，主事陆澄原、钱元悫，员外郎史躬盛遂交章论忠贤。帝犹未发。于是嘉兴贡生钱嘉徵劾忠贤十大罪：一并帝，二蔑后，三弄兵，四无二祖列宗，五克削藩封，六无圣，七滥爵[11]八掩边功，九朘民，十通关节。疏上，帝召忠贤，使内侍读之。忠贤大惧，急以重宝啖信邸太监徐应元求解。徐应元，故忠贤博徒也。帝知之，斥应元。十一月，遂安置忠贤于凤阳，寻命逮治。忠贤行至阜城，闻之，与李朝钦偕缢死。诏磔其尸。悬首河间。笞杀客氏于浣衣局。魏良卿、侯国兴、客光先等并弃市，籍其家。客氏之籍也，于其家得宫女八人，盖将效吕不韦所为，人尤疾之。

选自《明史》卷三百五《魏忠贤传》

【注释】

①惜薪司：明代宦官二十四衙门之一，由掌印太监一人总负责，管理宫内所用薪炭。

②宝和三店：三店由提督太监一人负责，经营各地贩来的皮货、茶、酒、布、油、马、牛、羊、猪一类。

③番役：指东厂、锦衣卫中管侦查缉捕犯人的差役。又叫“番子”、“干事”。

④三殿：指宫内奉天、华盖、谨身三殿，万历时被烧毁，后重建，更名为皇极殿、中极殿、建极殿。

⑤上公：周有公、侯、伯、子、男五等，公为王以下最高爵

号。汉代只有王、侯，魏晋恢复五等，后皆沿袭。明代封公、侯、伯三等，而封“上公”则是打破当时惯例的特殊封号。

⑥黄立极：字中五，今河北大名县人。万历进士。因与魏忠贤同乡，被任命为礼部尚书兼东阁大学士。崇祯时列入逆案，被罢免。

⑦票旨：也称为条旨或调旨。指明代内阁代皇帝对内外臣工的题奏本章草拟的批复或批办意见，并把它写在“票签”上，供皇帝审阅定夺，皇帝用朱笔批出。该制度始于正统年间。

⑧九锡文：锡，赐给的意思。东汉建安年间，汉献帝刘协册封曹操为魏国公，并赐予九种物品。尚书左丞相潘勗撰写诰命，赞颂曹操，列举十大功劳，文中有九个“锡”字，故称九锡文。明代天启年间，内阁草拟赐魏忠贤的诰命，就是仿九锡文写的。

⑨信王：朱由检，即崇祯 。

⑩无圣：指魏忠贤敢于建生祠于国学之侧，并拟配孔子。

⑪滥爵：指古制非军工不能封侯，而魏忠贤以三殿建成就进上公。

【译文】

魏忠贤，肃宁人。小时候是个无赖，常常同许多恶少赌博，总是输，因而痛苦，愤而自宫，改变姓名叫李进忠。后来又恢复魏姓，皇帝赐名“忠贤”。万历年间被选入宫，在太监孙暹手下，通过钻营进入甲字库，又请求掌管皇帝长孙之母王才人的膳食，讨好魏朝。魏朝屡次对王安夸赞魏忠贤，王安于是也厚待他，皇长孙奶妈客氏，与魏朝有私，即宫内的“对食者”。魏忠贤进宫以后，客氏又私通魏忠贤。客氏薄待魏朝而厚爱魏忠贤，二人关系很深。

光宗崩，长孙立，即熹宗。魏忠贤和客氏得宠。不到一个月，封客氏为圣奉夫人，其子侯国兴、其弟客光先、魏忠贤的哥哥魏钊都被封为锦衣千户。魏忠贤不久从惜薪司升为司礼秉笔太监并兼任宝和三店提督。魏忠贤不识字，按规定没有资格进入司礼监，却凭借客氏得到这个职位。

天启元年皇帝赐客氏香火田，论魏忠贤办理皇陵之功。御史王心一进谏，不听。到皇帝大婚，御史毕佐周、刘兰请求将客氏迁出宫，大学士刘一燝也这样说。皇帝恋恋不舍，说："皇后幼小，全靠老妇照顾，等皇祖葬后再说吧。"魏忠贤独占客氏，放逐了魏朝。又怕王安主持正义，也谋杀了他，并把王安手下的太监全部清除。客氏荒淫残忍，魏忠贤不识字，但记性好，猜忌阴险狠毒，善于奉迎。皇帝非常信任他们，两人的势力越来越大，起用司礼监王体乾和李永贞、石元雅、涂文辅等人做党羽，宫里人都不敢冒犯。不久客氏出宫，又重新召回。御史周宗建、侍郎陈邦瞻、御史马鸣起、给事中侯震旸先后力谏，都被责问。给事中倪思辉、朱钦相、王心一又进谏，都被贬到外地，其实他们并未指责魏忠贤。魏忠贤劝皇帝选武太监，制造火器在宫内操练，暗中勾结大学士沈潅。每日引诱皇帝演戏唱歌纵狗策马打猎。刑部主事刘宗周最先弹劾魏忠贤，皇帝大怒，刘宗周靠大学士叶向高才免罪。

当初，神宗在位已久，懒得过问国家大事，多数奏章也不看。朝臣逐渐分为各党派，以言辞激烈压倒对方为荣。为立太子之事而争，指责朝廷。执政官员被谏官弹劾，就推说有病避祸。吏部郎顾宪成在东林院讲学，朝中读书做官的人多归附，"东林”之称就此产生。不久，“梃击”、“红丸”、“移宫”三大案件发生，沸沸扬扬，整个朝廷像打集体官司一样。与东林政见相左，即被当做邪党。天启初年，与东林不同政见者几乎全被排斥，有见识者担心这种过激行为会导致变乱。魏忠贤势力形成后，果然有人图谋依靠他排挤东林。而徐大化、霍维华、孙杰首先投靠魏忠贤，刘一燝和尚书孙嘉谟都被孙杰弹劾罢官。这时叶向高、韩爌辅佐朝政，邹元标、赵南星、王纪、高攀龙等都任要职，左光斗、魏大中、黄尊素是谏官，他们都大力主张公正的议论，魏忠贤等未能得逞。

天启二年（1622）论治理庆陵的功劳，封魏忠贤的弟弟和侄子为锦衣卫指挥佥事。给事中惠世扬、尚书王纪批评沈纮勾结客氏、魏忠贤，全都被免。恰逢初夏下冰雹，周宗建说不合时令，是魏忠贤的谗佞招来的。修撰文震孟、太仆少卿满朝荐也这样说，全被罢官。

天启三年春天，魏忠贤举荐他的亲信魏广微为大学士。指使御史郭巩攻击周宗建、刘一燝、邹元标和杨涟、周朝瑞等人保荐熊廷弼，结党误国。周宗建反击说郭巩是受魏忠贤的指使，御史方大任也帮周宗建，都失败。秋天，诏令魏忠贤和客氏的儿子侯国兴的锦衣卫官职可世袭。兵部尚书董汉儒、给事中程注、御史汪泗论先后进谏，不听。魏忠贤更加肆无忌惮。增加宫内操练的宦官万人，身披护甲出入宫廷，耀武扬威。假传圣旨赐光宗选侍赵氏自杀。裕妃张氏怀孕，客氏诽谤致其被杀。又革去成妃李氏的封号。皇后张氏有孕，客氏施诡计使她流产，皇帝因此无后。此外还杀了宫嫔冯贵人等，太监王国臣、刘克敬、马鉴等，人数众多。宫廷秘密，不能详知。冬天，魏忠贤兼管东厂。

天启四年，给事中傅櫆和魏忠贤的外甥傅应星拜为兄弟，诬告中书汪文言，并且牵连左光斗、魏大中。将汪文言关进镇抚司监狱，准备大肆罗织罪名进行陷害。掌管镇抚司的刘侨接受叶向高的意见，只判处汪文进言不当之罪。魏忠贤大怒，将刘侨革职，以自己亲信许显纯代替。这时御史李应升将宫中操练之事进谏，给事中霍守典就魏忠贤请求生祠题匾的事进谏，御史刘廷佐就魏忠贤任意荫庇提出进谏，给事中沈惟炳就惩罚犯人站立枷进谏，魏忠贤都假传圣旨责问。如此情况，副都御使杨涟愤怒至极，弹劾魏忠贤二十四宗大罪。奏疏朝廷，魏忠贤恐惧，求救于韩爌，韩爌不理，魏忠贤就到皇帝面前哭诉，并且辞去东厂之职，而客氏在旁为他辩解，王体乾等也帮忙。皇帝昏聩不明白，婉言留下魏忠贤，而在次日驳回杨涟的奏疏，严加斥责。杨涟被罢后，魏大中和给事中陈良训、许誉卿，抚宁侯朱国弼，南京兵部尚书陈道亨，侍郎岳元声等七十多人，纷纷上疏指出魏忠贤违法行为。叶向高和礼部尚书翁正春请求让魏忠贤回家以应对言论，皇帝不同意。

此时，魏忠贤很气愤，想杀掉所有反对他的人。顾秉谦暗中抄录黑名单交给他，以便依次清理。王体乾提出重兴廷杖制度，向朝廷官员示威。不久，工部郎中万燝上疏指摘魏忠贤，立即被廷杖打死。又因为御史林汝翥的事情侮辱叶向高，叶向高被迫告老还家，林汝翥也被廷杖。朝廷大臣十分恐惧。同时被罢官的，就有吏部尚书赵南星、左都御使高攀龙、礼部侍郎陈于廷和杨涟、左光斗、魏大中等先后几十人，不久又赶走了韩爌和兵部侍郎李邦华。正直的人离开朝廷就如同枯叶纷落。于是魏忠贤假传圣旨，凡是被魏忠贤任用的人都转为六科给事中和都察院各道监察御史。任用朱童蒙、郭允厚为太仆少卿，吕鹏云、孙杰为大理丞，重新任用霍维华、郭兴治为给事中，徐景濂、贾继春、杨维垣为御史，起用徐兆魁、王绍徽、乔应甲、徐绍吉、阮大铖、陈尔翌、张养素、李应荐、李嵩、杨春懋等当他的爪牙。接着又起用本来已经准备发配充军的崔呈秀任御史。崔呈秀就编造《天鉴》、《同志》等书册，王绍徽也编《点将录》，把邹元标、顾宪成、叶向高、刘一燝等列为首领，将不投靠魏忠贤的人全部列入东林党人，献给魏忠贤。魏忠贤很高兴，因此这些小人更加献媚魏忠贤，更起劲地攻击东林党人。

当初，“梃击”、“红丸”、“移宫”三大案，辛亥（1611）、癸亥（1623）年两次考核京官，熊廷弼案件，都在朝臣中引起争论。魏忠贤本来没参与。有人希望借助魏忠贤打击那些正直的人，于是相继投靠魏忠贤，作其义子，并且说：“东林党要害您老。”因此，魏忠贤就甘愿同他们搞到一起。御史张讷、倪文焕，给事中李鲁生、工部主事曹钦程等，争相打击好人作为报复。御史梁梦环又重审汪文言案，把他交给镇抚司拷打致死。许显纯书写笔录，牵涉赵南星、杨涟等二十多人，或被革职或流放戍边。逮捕杨涟、魏大中、周朝瑞、袁化等五十多人，朝廷官署为之一空。而后魏忠贤特地召亓诗教、刘述祖等人任御史，亲信全都不按次序得到升迁。魏忠贤党羽遍布要害部门。

当时，东厂捕快横行，凡是侦查捉拿到的人，不管有无犯罪都被折磨死。国戚李承恩是宁安大长公主的儿子，家里有公主赏赐的器物，魏忠贤诬陷他偷乘御车，佩戴御物，当死。中书吴怀贤读杨涟弹劾魏忠贤二十四大罪的奏疏，击节称赞。他的家奴告发了，吴怀贤被害死，家产被没收。武官蒋应阳为熊廷弼上告鸣冤，立即被杀死。老百姓闲聊，若触犯了魏忠贤，就遭逮捕杀害，甚至被剥皮、割舌，死者无以计数，人们只能用目光交流。这年，叙魏忠贤祖先的功绩，加恩三等，封都督同知。又封其叔父魏志德都督佥事。升傅应星为左都督，并表彰其母。任用魏良卿为锦衣卫佥书，掌管南镇抚司的大权。

天启六年二月，皇帝出门的仪仗车马准备完成，封为都督佥事。又指使他的党羽李永贞假造浙江太监李实的奏本，惩治前应天巡抚周起元和江浙居家官员高攀龙、周宗建、缪昌期、周顺昌、黄尊素、李应升等人。高攀龙投水，周顺昌等六人死于狱中。苏州百姓见周顺昌被捕，不服，打死两个校尉，江苏巡抚毛一鹭逮捕了颜佩韦等五人并全部杀死。刑部尚书许兆魁审案，如果是魏忠贤所憎恶的人就处以死刑。魏忠贤又听从霍维华，命令顾秉谦修撰《三朝要典》，竭力诋毁东林党人。御史徐复阳请求毁掉讲学书院，以根除东林党。御史卢钦又请求立东林党碑。天下人都小心翼翼，丧失斗志。霍维华唆使魏忠贤假冒边功。

辽阳男子武长春逛妓院时乱说话，被东厂逮捕。许显纯对他进行拷掠，故意夸大说："武长春是奸细，如果不抓要出乱子，依靠东厂和西厂的忠诚和机智立下奇功。"皇帝下令封魏忠贤的侄子魏良卿为肃宁伯，赏赐他房屋、庄田，并赏赐铁券。礼部尚书王绍徽建议提高魏忠贤的祖辈的地位，皇帝下令追赠魏忠贤前四代有同等爵位。魏忠贤又假传圣旨，派他的党羽太监刘应坤、陶文、纪用镇守山海关，夺揽兵权。又一次评功，封都督同知，世袭锦衣卫指挥使各一人。浙江巡抚潘汝桢上疏，请求给魏忠贤建祠堂。仓场总督薛贞说草场失火，因为魏忠贤相救，才没有造成更大的损失。歌功颂德之人不绝，各地从此开始建造魏忠贤的祠堂。

编修吴孔嘉和同宗人吴养春有仇，诱使吴养春的仆人告他私占黄山，致使吴养春父子病死狱中。魏忠贤派主事吕下问、评事许志吉先后到徽州查抄其家，亲友多遭株连。知府石万成不忍心，削发为僧，徽州接近大乱。魏忠贤党羽都督张体乾诬陷扬州知府刘铎代替李成恩谋划释囚，勾结道士方景阳诅咒魏忠贤，刘铎被处斩。又因很小的恩怨，诬陷新城侯的儿子锦衣王国兴，判决处死，并贬斥主事徐石麒。御史门克新诬陷江苏人顾同寅、孙文豸撰写诔文悼念熊廷弼，以妖言罪砍头。又逮捕侍郎王之寀，死在狱中。凡是魏忠贤仇家，如韩爌，张问达、何士晋、程注等，即使已经离开京城，一定要革职，重的充军，死的一定要追赃，使他们破产。如果魏忠贤偶然忘了谁，他的党羽定要重提旧事，以激怒魏忠贤。

此时，朝廷内外魏忠贤大权独揽。宫内太监除王体乾等外，还有李朝钦、王朝辅、孙进、王国泰、梁栋等三十多人，簇拥在他周围。外廷文臣崔呈秀、田吉、吴淳夫、李夔龙、倪文焕专管谋划，号称“五虎”。武臣则有田尔耕、许显纯、孙云鹤、杨寰、崔应元专管杀僇，号称“五彪”。又有礼部尚书周应秋、太仆少卿曹钦程等，号称“十狗”。另有“十四孩儿”、“四十孙”的称号。而投靠崔呈秀之人不可计算。从内阁、六部到四方总督、巡抚，都遍插死党。魏忠贤忌恨张皇后，这年秋天，诬陷皇后父亲张国纪纵容家奴犯法，假传皇后旨，想借此加害皇后。皇帝因此送给张国纪家奴法，并责问他。魏忠贤仍嫌不够，又指使顺天府刘志选、御史梁梦环先后揭发张国纪，并且说张皇后不是张国纪的女儿。直到王体乾警告劝阻，此事才终止。

这年（1626）冬天，皇极、中极、建极三大殿建成。李永贞、周应秋上奏皇帝为魏忠贤请功，于是魏忠贤晋升上公，加恩三等。魏良卿当时已经晋封肃宁侯了，这次也晋封了宁国公，俸禄和魏国公一样，再加恩德荫封锦衣指挥使一人，同知一人。工部尚书薛凤翔向皇帝奏请赐他宅第。随即太监陶文向皇帝奏报喜峰关隘完工，督师王之臣奏请建造山海城，刑部尚书薛贞奏大盗王之锦案，南京孝陵工程竣工，甘镇大捷，蕃育署丞张永祚捕获强盗，都说是魏忠贤所筹划。魏忠贤又自己奏称三年来的缉捕功劳，皇帝下诏嘉奖。半年内，魏忠贤荫封锦衣指挥使四人、同知三人、佥事一人。授予其侄魏希梦世袭锦衣同知，外甥傅之琮、冯继先二人都督佥事，提升崔呈秀的弟弟崔凝秀为蓟镇总兵。名号舆服器物越制到达极点。魏忠贤党羽全部镇守蓟镇、辽东、山西、宣府、大同等各个军事要地。总兵梁柱朝、杨国栋等每年贿赂名贵马匹、珍奇宝物源源不断。天启七年（1627）春天，又用崔文升总督漕运，李明道总督河道，胡良辅镇守天津。崔文升就是从侍奉光宗服药，被东林党所攻击的人。人人察言观色献媚，各个督抚大官阎鸣泰、刘诏、李精白、姚宗文等，争相为魏忠贤歌功颂德建生祠。下面的一般武士、商人、奴仆、流氓也为他建生祠。祠堂盖得巧妙精致，霸占百姓土地房屋，砍掉坟墓上的树木，无人敢喊冤。监生陆万龄甚至把魏忠贤同孔子相配享，魏忠贤的父亲配享孔子父亲启圣公。

当初，潘汝珍先上奏请建生祠，御史刘之待汇集文稿晚了一天，立即被革职。而蓟州胡士容因没有写建生祠文，遵化道耿如杞进生祠不拜，全都入狱判了死刑。所以天下风气是奏章中不论大小事情，都要歌颂魏忠贤。皇族如楚王华煃、中书朱慎鉴，有功劳的皇亲如丰城侯李永祚，朝中大臣如尚书邵辅忠、李养德、曹思诚，总督张我续及孙国桢、张翌明、郭允厚、杨维和、李时馨、汪若极、何廷枢、杨维新、陈维新、陈欢翼、郭如暗、郭希禹、徐溶之辈，逢迎的话连篇累牍，不知羞耻。魏忠贤也常回报他们一些好处。当时所有奏疏都称魏忠贤为“厂臣”而不写他的名字。大学士黄立极、施凤来、张瑞图代表皇帝草拟对奏章的批答时，也写“朕与厂臣”，谁都不敢写魏忠贤的名字。山东出了麒麟，巡抚李精白画图上报。黄立极等草拟圣旨说“厂臣德性好，所以才出现吉祥之兽”。他们捏造事实到如此地步。皇帝给魏忠贤的奖励不可胜数，赐予他爵位的诏令规制最高。

这年从春到秋，魏忠贤冒领降服汪烧饼、俘获阿班歹罗铁之功，共封锦衣指挥使达十七人。他的族孙魏希孔、魏希孟、魏希尧、魏希舜、魏鹏程，亲戚董芳名、王选、杨六奇、杨祚昌，都做到左、右都督同知、佥事等官。又晋升客氏的弟弟客光先为都督。魏抚民从锦衣改为尚宝卿。魏忠贤依然不满意，刚好袁崇焕宁远大捷，魏忠贤便命令周应秋奏请封从孙魏鹏翼为安平伯。再次陈述建造皇极、中极、建极三大殿的功劳，封魏忠贤的从子魏良栋为东安侯，升魏良卿为太师，魏鹏翼为少师，魏良栋为太子太保。又大赏朝中大臣。任崔呈秀为兵部尚书兼左都御使，唯独不录袁崇焕的功劳。当时魏鹏翼、魏良栋都在襁褓中，不会走路。魏良卿甚至代替皇帝在南、北郊主持祭祀天地，祭祀祖庙。因此天下人都怀疑魏忠贤打算篡位。

皇帝生性伶俐，喜欢做木工刷漆一类的活，终年都不厌倦。每当他拉绳画线的时候，魏忠贤等就来奏事。皇帝烦了，谎称：“我知道了，你们好好干吧。”因此魏忠贤才能恣意妄为。他每年有几次外出，均乘华车，用羽毛织成的车帘，青色顶盖，四马如飞，黄土中只听到铙鼓响箭之声。锦衣玉带、身穿靴子套裤、手拿佩刀的人跟在车的两侧飞跑。供膳者、戏子、杂耍艺人、轿夫、差役等随从不下万人。各部门奏章，由专门传递急件的人来请示魏忠贤后才敢批复。所到之处，官员、绅士都在路上跪拜，甚至高呼九千岁，他连看都不看。客氏住在皇宫里，挟持皇后，虐待宫女嫔妃。偶然出宫回私宅，骑马的侍从高举火把照路，看去像皇帝出行的仪仗。魏忠贤原本没有任何专长，他的党羽日夜教他，客氏总管内务，群魔乱舞，成了全国的大毒瘤。

天启七年秋，八月，熹宗驾崩，信王即位。信王知道魏忠贤的罪恶，非常警惕，魏忠贤一伙自知危险了。杨所修、杨维垣先攻击崔呈秀去试探皇帝，主事陆澄原、钱元悫，员外郎史躬盛先后上奏章弹劾魏忠贤。皇帝仍然没有表态。此时嘉兴贡生钱嘉徵弹劾魏忠贤十大罪状：一、和先帝同列；二、污蔑皇后；三、弄兵；四、目无高祖、成祖和皇帝的祖先；五、削减对藩王的封赠；六、目无圣人；七、滥授爵位；八、隐瞒边疆将士的功劳；九、搜刮百姓；十、拉关系。奏疏送达，皇帝召来魏忠贤，让太监读给他听。他非常害怕，急忙以珍宝利诱跟随皇帝的太监徐应元，以求免祸。徐应元原为魏忠贤的赌友。皇帝得知后斥责了徐应元。十一月，将魏忠贤弃置到凤阳，不久又下令逮捕法办。魏忠贤在前往凤阳的途中，行至今河北阜城，听到消息，和太监李朝钦一起自缢而死。皇帝下令碎割魏忠贤的尸体。将头挂在河间示众。将客氏杖杀在浣衣局。魏良卿、侯国兴、客光先等都被在闹市处死并暴尸街头，没收财产。查抄客氏时，搜出八个宫女，原来她要仿效吕不韦，人们尤其憎恨。

【评述】

提起魏忠贤，几乎无人不知，无人不晓，但人们往往会想到白脸的大奸臣，想到不识字的“九千岁”，想到诙谐幽默的“连升三级”，想到“五虎”、“五彪”、“十狗”、“十孩儿”、“四十孙”等等。然而，只要翻看史书便会发现事实远没有戏剧、文学、传说中描述的那般轻松，用“触目惊心”四字形容丝毫不过分，正如史书记载：“民间偶语，或触忠贤，辄被擒僇，甚至剥皮、刲舌，所杀不可胜数，道路以目”；“凡忠贤所宿恨，若韩爌、张问达、何士晋、程注等，虽已去，必削籍，重或充军，死必追赃破其家”等，诸如此类害民乱政的事例不胜枚举。

在魏忠贤的淫威下，众多的官员屈服了，“群小益求媚忠贤”，“海内争望风献谄”，他们投其所好，畀之所欲，百般讨好，甚者置自己的人格、尊严于不顾。有的人“视忠贤所怒，即坐大辟”；有的人为魏忠贤建立颂德生祠；有的人甘为其走狗，为其子孙、奴仆；有的人“岁时赂名马、珍玩绝”，还有的人奏请“以忠贤配孔子，以忠贤父配启圣公”等。虽然有的官员投身魏忠贤门下的目的在于门户斗争，在于打击政敌，“欲藉忠贤力倾诸正人”，但不能无视由此带来的恶劣后果和影响，不能以政治斗争之名而获得开脱。以正义或崇高之事为目的的委曲求全可以被理解，但以利己为目的的投靠与依附往往为人不齿，更何况给国家、百姓带来灾难呢！

当然，也有“激昂大义，蹈死不顾”者。如苏州民颜佩韦等五人。时人张溥著《五人墓碑记》盛赞他们道：“大阉之乱，搢绅而能不易其志者，四海之大，有几人欤？”

多行不义必自毙。魏忠贤终逃不过应有的惩罚，缢死后复被磔尸，“悬首河间”，依附于其的阉党们也受到了严厉的打击，而那些不畏强暴，坚持正义的人则永远活在人们心中，他们的事迹也被人们世代传诵，流芳百世。

（赵红注译　张毅评述）

严 嵩

【原文】

严嵩，字惟中，分宜人。长身戍削，疏眉目，大音声。举弘治十八年进士，改庶吉士，授编修。移疾归，读书钤山十年，为诗古文辞，颇著清誉。还朝，久之进侍讲，署南京翰林院事。召为国子祭酒。

嘉靖七年历礼部右侍郎，奉世宗命祭告显陵，还言："臣恭上宝册及奉安神床，皆应时雨霁。又石产枣阳，群鹳集绕，碑入汉江，河流骤涨。请命辅臣撰文刻石，以纪天眷。"帝大悦，从之。迁吏部左侍郎，进南京礼部尚书，改吏部。

居南京五年，以贺万寿节至京师。会廷议更修《宋史》，辅臣请留嵩以礼部尚书兼翰林学士董其事。及夏言入内阁，命嵩还掌部事。帝将祀献皇帝明堂，以配上帝。已，又欲称宗入太庙。嵩与群臣议沮之，帝不悦，著《明堂或问》示廷臣。嵩惶恐，尽改前说，条画礼仪甚备。礼成，赐金币。自是，益务为佞悦。帝上皇天上帝尊号、宝册，寻加上高皇帝尊谥圣号以配，嵩乃奏庆云见，请受群臣朝贺。又为《庆云赋》、《大礼告成颂》奏之，帝悦，命付史馆。寻加太子太保，从幸承天，赏赐与辅臣埒。

嵩归日骄。诸宗藩请恤乞封，挟取贿赂。子世蕃又数关说诸曹。南北给事、御史交章论贪污大臣，皆首嵩。嵩每被论，亟归诚于帝，事辄已。帝或以事谘嵩，所条对平无奇，帝必故称赏，欲以讽止言者。嵩科第先夏言，而位下之。始倚言，事之谨，尝置酒邀言，躬诣其第，言辞不见。嵩布席，展所具启，跽读。言谓嵩实下己，不疑也。帝以奉道尝御香叶冠，因刻沈水香冠五，赐言等。言不奉诏，帝怒甚。嵩因召对冠之，笼以轻纱。帝见，益内亲嵩。嵩遂倾言，斥之。言去，醮祀青词[①]，非嵩无当帝意者。

二十一年八月拜武英殿大学士，入直文渊阁，仍掌礼部事。时嵩年六十余矣。精爽溢发，不异少壮。朝夕直西苑板房，未尝一归洗沐，帝益谓嵩勤。久之，请解部事，遂专直西苑。帝尝赐嵩银记，文曰“忠勤敏达”。寻加太子太傅。翟銮资序在嵩上，帝待之不如嵩。嵩讽言官论之，銮得罪去。吏部尚书许赞、礼部尚书张璧同入阁，皆不预闻票拟事，政事一归嵩。赞尝叹曰：“何夺我吏部，使我旁睨人。”嵩欲示厚同列，且塞言者意，因以显夏言短，乃请凡有宣召，乞与成国公朱希忠、京山侯崔元及赞、璧偕入，如祖宗朝蹇、夏、三杨故事。帝不听，然心益喜嵩，累进吏部尚书、谨身殿大学士、少傅兼太子太师。

久之，帝微觉嵩横。时赞老病罢，璧死，乃复用夏言，帝为加嵩少师以慰之。言至，复盛气陵嵩，颇斥逐其党，嵩不能救。子世蕃方官尚宝少卿，横行公卿间。言欲发其罪，嵩父子大惧，长跪榻下泣谢，乃已。知陆炳与言恶，遂与比而倾言。世蕃迁太常少卿，嵩犹畏言，疏遣归省墓。嵩寻加特进，再加华盖殿大学士。窥言失帝眷，用河套事[②]构言及曾铣，俱弃市。已而南京吏部尚书张治、国子祭酒李本以疏远擢入阁，益不敢预可否。嵩既倾杀言，益伪恭谨。言尝加上柱国，帝亦欲加嵩，嵩乃辞曰："尊无二上，上非人臣所宜称。国初虽设此官，左相国达，功臣第一，亦止为左柱国。乞陛下免臣此官，著为令典，以昭臣节。"帝大喜，允其辞，而以世蕃为太常卿。

嵩无他才略，惟一意媚上，窃权罔利。帝英察自信，果刑戮，颇护己短，嵩以故得因事激帝怒，戕害人以成其私。张经、李天宠、王忬之死，嵩皆有力焉。前后劾嵩、世蕃者，谢瑜、叶经、童汉臣、赵锦、王宗茂、何维柏、王晔、陈垲、厉汝进、沈炼、徐学诗、杨继盛、周铁、吴时来、张翀、董传策皆被谴。经、炼用他过置之死，继盛附张经疏尾杀之。他所不悦，假迁除考察以斥者甚众，皆未尝有迹也。

俺答薄都城，慢书求贡。帝召嵩与李本及礼部尚书徐阶入对西苑。嵩无所规画，委之礼部。帝悉用阶言，稍轻嵩。嵩复以间激帝怒，杖司业赵贞吉而谪之。兵部尚书丁汝夔受嵩指，不敢趣诸将战。寇退，帝欲杀汝夔。嵩惧其引己，谓汝夔曰："我在，毋虑也。"汝夔临死始知为嵩绐。

大将军仇鸾，始为曾铣所劾，倚嵩倾铣，遂约为父子。已而鸾挟寇得帝重，嵩犹儿子蓄之，浸相恶。嵩密疏毁鸾，帝不听，而颇纳鸾所陈嵩父子过，少疏之。嵩当入直，不召者数矣。嵩见徐阶、李本入西内，即与俱入。至西华门，门者以非诏旨格之。嵩还第，父子对泣。时陆炳掌锦衣，与鸾争宠，嵩乃结炳共图鸾。会鸾病死，炳讦鸾阴事，帝追戮之。于是益信任嵩，遣所乘龙舟过海子召嵩，载直西内如故。世蕃寻迁工部左侍郎。倭寇江南，用赵文华督察军情，大纳贿赂以遗嵩，致寇乱益甚。及胡宗宪诱降汪直、徐海，文华乃言："臣与宗宪策，臣师嵩所授也。"遂命嵩兼支尚书俸无谢，自是褒赐皆不谢。

帝尝以嵩直庐隘，撤小殿材为营室，植花木其中，朝夕赐御膳、法酒[3]。嵩年八十，听以肩舆入禁苑。帝自十八年葬章圣太后后，即不视朝，自二十年宫婢之变[4]，即移居西苑万寿宫，不入大内，大臣希得谒见，惟嵩独承顾问，御札一日或数下，虽同列不获闻，以故嵩得逞志。然帝虽甚亲礼嵩，亦不尽信其言，间一取独断，或故示异同，欲以杀离其势。嵩父子独得帝窾要，欲有所救解，嵩必顺帝意痛诋之，而婉曲解释以中帝所不忍。即欲排陷者，必先称其媺，而以微言中之，或触帝所耻与讳。以是移帝喜怒，往往不失。士大夫辐辏附嵩，时称文选郎中万寀、职方郎中方祥等为嵩文武管家。尚书吴鹏、欧阳必进、高燿、许论辈，皆惴惴事嵩。

嵩握权久，遍引私人居要地。帝亦浸厌之，而渐亲徐阶。会阶所厚吴时来、张翀、董传策各疏论嵩，嵩因密请究主使者，下诏狱，穷治无所引。帝乃不问，而慰留嵩，然心不能无动，阶因得间倾嵩。吏部尚书缺，嵩力援欧阳必进为之，甫三月即斥去。赵文华忤旨获谴，嵩亦不能救。有诏二王就婚邸第，嵩力请留内。帝不悦，嵩亦不能力持。嵩虽警敏，能先意揣帝指，然帝所下手诏，语多不可晓，惟世蕃一览了然，答语无不中。及嵩妻欧阳氏死，世蕃当护丧归，嵩请留侍京邸。帝许之，然自是不得入直所代嵩票拟，而日纵淫乐于家。嵩受诏多不能答，遣使持问世蕃。值其方耽女乐，不以时答。中使相继促嵩，嵩不得已自为之，往往失旨。所进青词，又多假手他人不能工，经此积失帝欢。会万寿宫火，嵩请暂徙南城离宫，南城，英宗为太上皇时所居也，帝不悦。而徐阶营万寿宫甚称旨，帝益亲阶，顾问多不及嵩，即及嵩，祠祀而已。嵩惧，置酒要阶，使家人罗拜，举觞属曰："嵩旦夕且死，此曹惟公乳哺之。"阶谢不敢。

未几，帝入方士蓝道行言，有意去嵩。御史邹应龙避雨内侍家，知其事，抗疏极论嵩父子不法，曰："臣言不实，乞斩臣首以谢嵩、世蕃。"帝降旨慰嵩，而以嵩溺爱世蕃，负眷倚，令致仕，驰驿归，有司岁给米百石，下世蕃于理。嵩为世蕃请罪，且求解，帝不听。法司奏论世蕃及其子锦衣鹄、鸿，客罗龙文，戍边远。诏从之，特宥鸿为民，使侍嵩，而锢其奴严年于狱，擢应龙通政司参议。时四十一年五月也。龙文官中书，交关为奸利，而年最黠恶，士大夫竞称萼山先生者也。

嵩既去，帝追念其赞玄功，意忽忽不乐，谕阶欲遂传位，退居西内，专祈长生。阶极陈不可，帝曰："卿等不欲，必皆奉君命，同辅玄修乃可。严嵩既退，其子世蕃已伏法，敢更言者，并应龙俱斩。"嵩知帝念己，乃赂帝左右，发道行阴事，系刑部，俾引阶。道行不承，坐论死，得释。嵩初归至南昌，值万寿节，使道士蓝田玉建醮铁柱宫。田玉善召鹤，嵩因取其符箓，并己祈鹤文上之，帝优诏褒答。嵩因言："臣年八十有四，惟一子世蕃及孙鹄皆远戍，乞移便地就养，终臣余年。"不许。

其明年，南京御史林润奏："江洋巨盗多入逃军罗龙文、严世蕃家。龙文居深山，乘轩衣蟒，有负险不臣之志。世蕃得罪后，与龙文日诽谤时政。其治第役众四千，道路皆言两人通倭，变且不测。”诏下润逮捕，下法司论斩，皆伏诛，黜嵩及诸孙皆为民。嵩窃政二十年，溺信恶子，流毒天下，人咸指目为奸臣。其坐世蕃大逆，则徐阶意也。又二年，嵩老病，寄食墓舍以死。

选自《明史》卷三百八《严嵩传》

【注释】

①青词：又称绿章，是道教举行斋醮时献给上天的奏章祝文。一般为骈俪体，用红色颜料写在青藤纸上。形式工整，文字华丽，无实在内容。

②河套事：嘉靖二十五年（1546），陕西总督三边兵部侍郎曾铣因占据河套的鞑靼部不时侵扰，力主发兵收复河套地区，得到夏言的支持。后鞑靼可汗俺答领众进河套，侵犯宣府，严嵩乘机激怒世宗，说是开边启衅所致。夏言因此与曾铣同被杀害。

③法酒：本指古代朝廷举行大礼时的酒宴。后泛指宫廷宴饮时所饮的酒。

④宫婢之变：嘉靖皇帝酷爱方术，为了炼长生不老药，竟然摧残宫女，以获原料。宫女们走投无路，在嘉靖二十年的时候，联合起来趁他入睡时，企图用丝带勒死他，然而慌张中丝带打成死结，嘉靖大难不死，这就是明史上有名的“宫婢之变”。

【译文】

严嵩，字惟中，江西分宜人。身材高而清瘦，双眉高挑，声音洪亮。明孝宗弘治十八年（1505）考中进士，后改翰林院庶吉士，授任翰林院编修。不久因病休假回归故里，在钤山读书十年，作诗和古文，很有清名。回朝后，升任侍讲，代理南京翰林院事务，后又征召做了国子监祭酒。

嘉靖七年（1528），严嵩升任礼部右侍郎，奉嘉靖皇帝之命去显陵祭告祖先，回来后报告皇帝说："臣恭敬献上宝书，安放好神位后，就风调雨顺了。并且石生于枣阳，群鹳翔集环绕；碑入汉江，河流暴涨。请皇上下令让大臣为此撰文刻石，纪念上天眷顾降下的祥瑞之象。"皇帝听了非常高兴，答应了他的请求。提升严嵩为吏部左侍郎，又晋升为南京礼部尚书，不久改任吏部尚书。

在南京任职五年后，严嵩因庆贺皇上生日进京。碰巧朝臣正在议论重修《宋史》，宰辅大臣请留下严嵩，让他以礼部尚书兼翰林学士的身份总领此事。到夏言入内阁，命严嵩回去执掌礼部事务。皇上将在明堂祭祀献皇帝，让他配祀先帝。不久，又想让献皇帝称宗，入太庙受飨。严嵩和群臣都议论阻止，皇上很不高兴，撰写《明堂或问》给廷臣看。严嵩惶恐不安，尽改之前的主张，还很详备地给皇上规划好各方面礼仪。礼成以后，皇上赐给他金币。从这以后，严嵩更是致力于讨好取悦皇上。皇帝上皇天上帝尊号，并造宝玺、册书，不久又加上高皇帝谥号和圣号来配。严嵩趁机上奏说有五色祥云出现，请皇上接受群臣朝贺。他又作《庆云赋》、《大礼告成颂》呈上，皇上很高兴，命令交给史馆珍藏。严嵩很快加封为太子太保，随皇上幸临承天府，所得赏赐与宰辅级别的大臣相当。

严嵩回来后日益骄横，各宗室藩王向皇上求抚恤和封爵，严嵩都向他们索取贿赂，他的儿子严世蕃又多次与各部打通关节。南北两京的给事、御史纷纷上奏弹劾贪污大臣，都将严嵩列为第一个。严嵩每次遭弹劾，便急忙向皇上表达忠诚，事情往往因此得以化解。皇上有时向严嵩咨询事情，严嵩的回答平淡无奇，但皇上却故意褒奖他，想借此暗示大臣们不要再提意见。严嵩中进士比夏言早，但位在夏言之下。开始时他依靠夏言，对他非常恭谨，曾宴请夏言，并亲自到他府上邀请，夏言推辞不见。但严嵩铺开席子，展开他的陈言文书，长跪诵读。夏言于是认为严嵩确实是尊崇他，便不再对他怀有疑心。皇上因信奉道教曾戴过香叶冠，便因此刻制了五顶沉水香冠，赐给夏言等人。夏言不接受，皇上非常愤怒。严嵩却趁皇上召见时戴上此冠，并且还罩上一层轻纱。皇上看见后，更从心里亲近严嵩。严嵩于是排挤夏言，斥退他。夏言离职后，撰写斋醮祭祀时用到的青词，除了严嵩没人能做得更合乎皇上的心意。

嘉靖二十一年八月，严嵩官拜武英殿大学士，入文渊阁供职，同时仍旧掌管礼部事务。严嵩当时已六十多岁了，但他精神焕发，与青壮年没什么不同。他早晚在西苑的板房值班，不曾回家洗沐过，皇上由此更是认为他勤于政务。不久，严嵩奏请辞去礼部职务，此后便专在西苑当值。皇上曾赐给他银记，上面刻有“忠勤敏达”四字。不久又被加封为太子太傅。翟銮资历比严嵩老，但皇上待他不如严嵩。严嵩暗地指使言官弹劾他，翟銮因此获罪去职。吏部尚书许赞、礼部尚书张璧与严嵩同时入阁，但都不能参与起草圣旨，政事全归严嵩一人决断。许赞曾经叹道：“为何夺去我吏部职事，让我成为旁观者？”严嵩想向同僚表示尊重，并且也想堵住人们的论劾，昭显夏言的短处，便请求皇上凡是召见他时，请让成国公朱希忠、京山侯崔元以及许赞、张璧一同觐见，就像成祖、仁宗、宣宗朝接见蹇义、原吉和三杨的旧例。皇上没有答应，不过心里更喜欢严嵩，将他累升为吏部尚书、谨身殿大学士、少傅兼太子太师。

时间长了皇上微微察觉到严嵩的骄横。当时许赞因年老病衰离职，张璧也死了，于是重新起用夏言，皇上为了安慰严嵩，就给他加封少师。夏言上任后，又盛气排挤严嵩，斥退了他的一些党羽，严嵩也没有办法挽救局面。他的儿子严世蕃时任尚宝少卿，在公卿间行事专横。夏言想揭发他们的罪过，严嵩父子大为恐惧，长跪在夏言的榻前，哭着谢罪，夏言这才没有揭发他们。严嵩知道陆炳与夏言不和，于是和他联手排挤夏言。严世蕃升任太常少卿，严嵩还是畏惧夏言，就上书奏请准许回乡扫墓。严嵩不久加封特进，又加封华盖殿大学士。他窥测到夏言失去皇上的宠爱，便借河套事件陷害夏言和曾铣，结果他俩都被斩首，暴尸街头。随后南京吏部尚书张治、国子监祭酒李本因与夏言等关系疏远得以升入内阁，他们更不敢参与决定政事。严嵩既已排挤害死了夏言，就越发表现得恭敬谨慎。夏言曾被加封为上柱国，皇上也想加封给严嵩，严嵩便推辞说："尊隆不能有二人，况且'上'字加给人臣也是不合适的。开国时虽然设这一官衔，左相国徐达是头号功臣，也只不过封为左柱国。恳请圣上免除臣的这个官衔，并且立为法令，以昭示做臣属应具备的节操。"皇上听了很高兴，答应了他的请求，而将严世蕃升为太常寺卿。

严嵩没有别的才略，只会一意向皇上献媚，以此盗取威权，谋求私利。皇上自信自己英武明察，因此对刑杀之事处决果断，并颇为自己护短，严嵩因此常借故激怒皇上，达到残害别人以谋取私利的目的。张经、李天宠、王忬之死，都与严嵩有关。前后弹劾严嵩、严世蕃的谢瑜、叶经、童汉臣、赵锦、王宗茂、何维柏、王晔、陈垲、厉汝进、沈炼、徐学诗、杨继盛、周铁、吴时来、张翀、董传策等人都被贬斥。叶经、沈炼还被借别的过失处死，杨继盛也因在张经的奏疏末尾附上名字而被杀。其他严嵩所不喜欢的人，都被借授任考察之机斥退，从不留下痕迹。

俺达汗逼近都城，傲慢地投书要求朝贡。皇上召集严嵩、李本以及礼部尚书徐阶到西苑议论。严嵩提不出什么对策，就交由礼部讨论。皇上最终全部采纳了礼部尚书徐阶的建议，就有些轻视严嵩。严嵩又借机激怒皇上，杖打司业赵贞吉，把他贬职。兵部尚书丁汝夔受严嵩指使，不敢督促各将领抗敌。敌人退兵后，皇上想处死丁汝夔。严嵩怕他把自己供出来，就对丁汝夔说："有我在，你不用担心。"丁汝夔直到死才知道被严嵩骗了。

大将军仇鸾，当初遭曾铣弹劾，后投靠严嵩排挤曾铣，和严嵩认作父子。后来仇鸾仗着能御敌，获得皇上重用，这时严嵩还把他当儿子看待，二人逐渐不和。严嵩暗地上疏诋毁仇鸾，皇上不听，反而听信仇鸾所提出的严嵩父子的过失，渐渐疏远了严嵩。严嵩本当入宫当值，但已有好几次不被皇上召见了。严嵩见徐阶、李本进入西内，便与他们一起进去。到了西华门，守门人因他未受皇上召见把他挡了回来。严嵩回到家后，父子相对而泣。当时陆炳掌管锦衣卫，正与仇鸾争宠，严嵩于是勾结陆炳一同谋划陷害仇鸾。碰巧仇鸾病死，陆炳于是揭发仇鸾的不可告人之事，皇上下令追戮仇鸾。此后皇上更信任严嵩，与从前一样，召见严嵩时，派自己所乘坐的龙舟渡海载他到西内当值。严世蕃不久即升任工部左侍郎。当时倭寇侵犯江南，皇上任命赵文华去督察军情，但他却广收贿赂献给严嵩，致使倭寇作乱更为严重。等到胡宗宪诱降汪直、徐海之后，赵文华才对皇上说：“是臣授给胡宗宪的计谋，这还是我的老师严嵩教给我的。”皇上于是让严嵩兼领尚书的俸禄，并且准许不用谢恩，由此皇上对严嵩褒奖赏赐，他都不再谢恩。

皇上曾因严嵩当值的房子过于狭小，便拆掉一个小殿，取材为他营建新室，并且在院中种植花木，还早晚赐予御膳、法酒。严嵩当时年已八十，皇上准许他乘坐肩舆出入宫苑。皇上自从嘉靖十八年安葬了章圣太后以后，便不再临朝听政，嘉靖二十年宫婢之变后，即移居西苑的万寿宫，不再回皇宫，朝中大臣很难参见，只有严嵩一人能时刻备皇上顾问，皇上的手札有时一天就下给他几次，即使是其他同列官员都看不到皇上的手札，因此严嵩得以肆意妄为。但皇上虽然很亲近尊重严嵩，也不完全相信他的话，偶尔会找一件事来自己处理，或者有时故意与他持不同意见，想以此来杀一杀他的气势。严嵩父子独得皇上处事的关键，他们想要解救谁的话，必先顺着皇上的心意对那人痛加诋毁，然后再向皇上委婉解释，让皇上不忍心给他加罪。就是对那些想去排挤陷害的人，严嵩也必先称赞那人的好，然后再对他微言中伤，或者让他触犯皇上感到羞耻和忌讳的事情。严嵩因此能左右皇上的喜怒，想做成的事情往往不会失手。士大夫们于是纷纷攀附严嵩，时人称文选郎中万寀、职方郎中方祥等人为严嵩的文武管家。尚书吴鹏、欧阳必进、高燿、许论等人都战战兢兢侍奉严嵩。

严嵩掌权时间长了后，大肆向各要害部门安插自己人。皇上也渐渐厌恶他了，转而逐渐亲近徐阶。正好徐阶的好友吴时来、张翀、董传策都上疏弹劾严嵩，严嵩便密请皇上追查主使之人，投入诏狱，严加审问，但都问不出什么来。皇上这才不再过问此事，还安慰挽留严嵩，但心里却开始有想法，徐阶因此得以有机会排挤严嵩。当时吏部尚书一职空缺，严嵩极力推荐欧阳必进出任，但只过了三个月便被罢免。赵文华因违逆皇上旨意，遭到发配，严嵩也没办法挽救。皇上诏令两个皇子到府邸完婚，严嵩极力请求留在后宫，皇上不高兴，严嵩也不能极力坚持。严嵩虽机警，能预先揣摩到皇上的心意，但皇上所下的手诏，言辞多不可理解，只有严世蕃能一览即知，回复无不正合皇上旨意。严嵩的妻子欧阳氏死后，严世蕃应当护丧返乡，严嵩奏请让他留在京城府邸中服侍。皇上批准了，但从此严世蕃不能进入值班处代严嵩起草诏书，每天在家中纵情玩乐。严嵩因接到的诏书大多不能作答，便派人拿去问严世蕃，而严世蕃往往正在恣意淫乐，不能按时作答。内使接连催促严嵩，严嵩不得已只好自己动手，但往往不能合乎皇上旨意。他所进呈的青词，又因多假手他人而做得不好，这样他就逐渐失去皇上的欢心。碰上万寿宫失火，严嵩奏请皇上暂时离宫迁到南城。南城原是英宗做太上皇时居住的地方，皇上很不高兴。而徐阶修葺万寿宫却很合皇上心意，皇上便更加亲近徐阶，有事询问多不请教严嵩，即使是问到严嵩，也不过是祭祀方面的事情而已。严嵩很担心，便设宴邀请徐阶，让家人围绕下拜，然后举杯嘱托道："我严嵩是要死的人了，这些人还望您来养活他们。"徐阶推辞说不敢。

不久，皇上采用方士蓝道行的话，有意除掉严嵩。御史邹应龙到一个宦官家避雨，听说了这事，便上疏全力弹劾严嵩父子违法乱纪，他说："如果臣所说不符合事实，请斩下臣的首级来向严嵩、严世蕃谢罪。”皇上颁旨安慰严嵩，但以严嵩溺爱世蕃有负皇上眷爱和倚重为名，令他退休，乘驿车归乡，让有关部门每年给他一百石粮食，而将世蕃依法审判。严嵩为严世蕃向皇上请罪，并且请求免罪，皇上不答应。司法部门上疏拟议把严世蕃和他的儿子锦衣卫官员严鹄、严鸿，以及门客罗龙文发配戍边。皇上下诏同意，但特别宽宥严鸿为百姓，让他服侍严嵩，而把他的家奴严年关进狱中，提升邹应龙为通政司参议。当时是嘉靖四十一年（1562）五月。罗龙文官拜中书，与严嵩父子狼狈为奸，而严年最为狡猾凶恶，士大夫们都称他作萼山先生。

严嵩离去后，皇上怀念他辅助自己信奉道教的功劳，心中闷闷不乐，便告诉徐阶说想传位给太子，自己退居西内。徐阶极力劝谏说不可。皇上说：“如果你们不想让我退，那就都必须奉君命，共同辅助我参修玄功才行。严嵩已经退职还乡，他的儿子严世蕃也已伏法，还有敢再反对的，把他跟邹应龙一起斩首。”严嵩知道皇上想念他，便贿赂皇上左右之人，揭发蓝道行的不可告人之事，把他押在刑部，企图让他供出徐阶。蓝道行不认罪，便将他判了死罪，但最终获释。严嵩开始时回到南昌，正值皇上生日，便让道士蓝田玉在铁柱宫设斋醮。蓝田玉会招鹤，严嵩于是拿来他的符箓，将它与自己的祈鹤文一起进呈皇上，皇上下诏褒奖他。严嵩因此上书说：“老臣已经八十四岁了，而唯一的儿子世蕃和孙子鹄都在边远地区戍守，恳请将他们安置在离臣近些的地方，让他们能赡养老臣，让臣能安度余年。”皇上没有准许。

第二年，南京御史林润上奏：“江洋大盗多逃入罗龙文、严世蕃的家。罗龙文住在深山中，乘坐轩舆，穿蟒衣，有占据险要之地谋反的野心。严世蕃获罪之后，与罗龙文天天诽谤时政。他们建府第时动用了四千名劳工，人们都说两人与倭寇勾结，将会有不测之变。”皇上诏令林润逮捕他们，交给司法部门判处了斩刑，两人都被诛杀，严嵩和他的孙子也被废为民。严嵩盗取大权二十年，他溺爱信任恶子，毒害天下，人们都将他指为奸臣。至于判严世蕃犯谋乱之罪，则是徐阶的主意。又过了两年，严嵩垂老有病，在墓舍寄食而死。

【评述】

作为一人之下、万人之上的宰相，严嵩居朝廷中枢长达二十年。在家乡人眼里，严嵩是个好人，但在朝廷上，他却不是一位称职的好宰相，而是一位阿谀奉承、作恶多端的宰相。

严嵩一生侍候的明世宗，刚愎自用，崇信道教，他的一生基本上是在斋醮祈福中度过，筑坛祈福成了朝廷长达四十多年的大事。对斋醮的态度成了官员晋升或贬斥的分水岭——海瑞就因反对皇帝斋醮而被打入大牢，差点死于非命。而严嵩因迎合并赞同斋醮得以步步高升。斋醮是整个嘉靖朝为害时间最长、为害社会最烈的弊政。嘉靖将主要精力和时间放在斋醮上，严嵩就将主要精力与时间放在撰写歌颂斋醮的“青词”上，因此又被讥为“青词”宰相。这是严嵩的首要问题，即“唯上是从”。所谓“逢君之恶罪大”，严嵩虽然能够经常见到皇帝，却又一味揣摩其意图，邀宠固位。只图自己的利益，不顾天下苍生。

严嵩身居高位，掌握着国家公器，却没有秉公执言，申冤理枉，相反，他打击报复所有曾反对弹劾他的官员，制造了嘉靖朝的一系列冤案。如夏言案、沈炼案、王世贞之父王抒案、杨继盛案等等。在这些案件中，拍板定夺的是嘉靖皇帝，背后构陷，推波助澜的则是严嵩。

严嵩给我们提出了一个很严峻的问题，即如何选拔人才，如何任用人才。如果一旦身居要位，又该如何胸怀天下，“先天下之忧而忧”，戒慎恐惧，为民造福，避免一失足成千古恨。

（窦红玉注译、评述）

赵文华

【原文】

赵文华，慈溪人。嘉靖八年进士。授刑部主事。以考察谪东平州同知。久之，累官至通政使。性倾狡，未第时在国学，严嵩为祭酒，才之。后仕于朝，而嵩日贵幸，遂相与结为父子。嵩念己过恶多，得私人在通政，劾疏至，可预为计，故以文华任之。文华欲自结于帝，进百华仙酒，诡曰："臣师嵩服之而寿。"帝饮甘之，手敕问嵩。嵩惊曰："文华安得为此！"乃宛转奏曰："臣生平不近药饵，犬马之寿诚不知何以然。"嵩恨文华不先白己，召至直所詈责之。文华跪泣，久不敢起。徐阶、李本见之为解，乃令去。嵩休沐归，九卿进谒，嵩犹怒文华，令从吏扶出之。文华大窘，厚赂嵩妻。嵩妻教文华伺嵩归，匿于别室，酒酣，嵩妻为之解，文华即出拜，嵩乃待之如初。以建议筑京师外城，加工部右侍郎。

东南倭患棘，文华献七事。首以祭海神为言，请遣官望祭于江阴、常熟。次令有司掩骼轻徭。次增募水军。

次苏、松、常、镇民田，一夫过百亩者，重科其赋，且预征官田税三年。次募富人输财力自效，事宁论功。次遣重臣督师。次招通番旧党并海盐徒，易以忠义之名，令侦伺贼情，因以为间。兵部尚书聂豹议行其五事，惟增田赋、遣重臣二事不行。帝怒，夺豹官，而用嵩言即遣文华祭告海神，因察贼情。当是时，总督尚书张经[①]方征四方及狼土兵[②]，议大举，自以位文华上，心轻之。文华不悦。狼兵稍有斩获功，文华厚犒之，使进剿，至漕泾战败，亡头目十四人。文华恚，数趣经进兵。经虑文华轻浅泄师期，不以告。文华益怒，劾经养寇失机，疏方上，经大捷王江泾。文华攘其功，谓己与巡按胡宗宪督师所致，经竟论死。又劾浙江巡抚李天宠罪，荐宗宪代，天宠亦论死。帝益以文华为贤，命铸督察军务关防，即军中赐之。文华自此出总督上，益恣行无忌。欲分苏松巡抚曹邦辅[③]浒墅关破贼功，不得，则以陶宅之败，重劾邦辅。陶宅之战，实文华、宗宪兵先溃也。兵科给事中夏栻得其情，劾文华欺诞。吏科给事中孙濬亦白邦辅冤状。帝终信文华言，邦辅坐遣戍。文华既杀经、天宠，复先后论罢总督周琉、杨宜，至是又倾邦辅，势益张。文武将吏争输货其门，颠倒功罪，牵制兵机，纪律大乖，将吏人人解体，征兵半天下，贼寇愈炽。文华又陈防守事宜，请籍闲田百万亩给兵，为屯守计，而令里居播绅，分督郡邑兵事。为兵部所驳而寝。

官军既屡败，文华知贼未易平，欲委责去。会川兵破贼周浦，俞大猷破贼海洋，文华遂言水陆成功，江南清晏，请还朝。帝悦，许之。比还，败报踵至，帝疑其妄，数诘嵩，嵩曲为解，帝意终不释。会吏部尚书李默发策试选人，中言“汉武征四夷，而海内虚耗。唐宪复淮、蔡，而晚业不终。”文华劾其谤讪，默坐死。帝以是谓文华忠，进工部尚书，加太子太保。是时，嵩年老，虑一旦死，有后患，因荐文华文学，宜供奉青词，直内阁。帝不许。而东南警遝至，部议再遣大臣督师，已命兵部侍郎沈良材矣，嵩令文华自请行，为帝言江南人矫首望文华。帝以为然，命兼右副都御史，总督江南、浙江诸军事。时宗宪先以文华荐代杨宜为总督，及文华再出，宗宪欲藉文华以通于嵩，谄奉无不至。文华素不知兵，亦倚宗宪，两人交甚欢。已而宗宪平徐海，俘陈东，文华以大捷闻，归功上玄。帝大喜，祭告郊庙社稷，加文华少保，荫子锦衣千户。召还朝，文华乃推功元辅嵩，辞升荫，帝优诏不允。

文华既宠贵，志日骄，事中贵及世蕃，渐不如初，诸人憾之。帝尝遣使赐文华，值其醉，拜跪不如礼，帝闻恶其不敬。又尝进方士药，帝服之尽，使小珰再索之，不应。西苑造新阁，不以时告成。帝一日登高，见西长安街有高甍，问谁宅。左右曰：“赵尚书新宅也。”旁一人曰：“工部大木，半为文华作宅，何暇营新阁。”帝益愠。会三殿灾，帝欲建正阳门楼，责成甚亟，文华猝不能办。帝积怒，且闻其连岁视师黩货要功状，思逐之，乃谕嵩曰："门楼庀材迟，文华似不如昔。"嵩犹未知帝意，力为掩覆，且言："文华触热南征，因致疾，宜增侍郎一人专督大工。"帝从之。文华因上章称疾，请赐假静摄旬月。帝手批曰："大工方兴，司空是职。文华既有疾，可回籍休养。"制下，举朝相贺。

帝虽逐文华犹以为未尽其罪，而言官无攻者，帝怒无所泄。会其子锦衣千户怿思以斋祀停封章日请假送父，帝大怒，黜文华为民，戍其子边。以礼科失纠劾，令对状。于是都给事中谢江以下六人，并廷杖削籍。文华故病蛊，及遭谴卧舟中，意邑邑不自聊，一夕手扪其腹，腹裂，脏腑出，遂死。后给事中罗嘉宾等核军饷，文华所侵盗以十万四千计。有诏征诸其家，至万历十一年征犹未及半，有司援恩诏祈免。神宗不许，戍其子慎思于烟瘴地。

选自《明史》卷三百八《赵文华传》

【注释】

①张经（1492—1555）：明抗倭英雄。嘉靖三十四年（1555），被兵部侍郎赵文华构陷所杀。隆庆初年，朝廷昭雪，赐祭葬，谥号为"襄愍"。

②狼土兵：狼兵指明朝中期壮族土司组建的地方武装，亦称“俍兵”，通常与湘西土家族的土兵合称狼土兵。由于其作战勇猛，明朝廷曾调遣狼土兵参加抗倭战斗。

③曹邦辅（1502—1575）：明抗倭英雄。任左都御史巡按应天时，适值倭寇作乱，进犯南京等地，曹邦辅亲披甲胄率兵追击，倭寇大败。

【译文】

赵文华，慈溪人。嘉靖八年（1529）进士，获授刑部主事。因考查政绩不合格被贬为东平州（今山东省东平县）同知。过了很长时间才逐渐升迁为通政使。赵文华为人狡诈。中进士前在国学时，严嵩任祭酒，认为赵文华很有才干。后来赵文华在朝里为官，此时严嵩日益得到世宗的重用，赵文华便认严嵩为义父。严嵩知道自己罪恶不少，有亲信在通政使司，那么即便有弹劾自己的奏疏进呈，也可以预先谋划，因此委派赵文华为通政使。赵文华想自己去讨好皇帝，便向世宗进献百华仙酒，还欺骗皇帝说：“臣恩师严嵩服了此酒才得长寿。”世宗饮用后觉得此酒甘甜味美，便手敕询问严嵩。严嵩吃惊地说：“赵文华怎么可以做出这样的事！”于是婉转回奏说：“臣平素不服用药物，微臣的寿命实在不知为何这样长。”严嵩痛恨赵文华不预先告知自己，把他召到当值的地方责骂他。赵文华跪在地上哭泣，久久不敢起来。徐阶、李本看到如此情形为他说解，这才让赵文华离去。严嵩休假回来，九卿拜见，严嵩还在生赵文华的气，命令随从将他扶出去。赵文华非常窘迫，便重金贿赂严嵩之妻。严嵩妻让赵文华等待严嵩回府，先让他藏在别的房间，等严嵩喝酒喝到尽兴时，严嵩妻替赵文华说情，赵文华马上出来拜见，严嵩对他才像以前一样。因为提议修筑京师外城墙，赵文华被晋升为工部右侍郎。

东南地区恶倭患难以肃清，赵文华上奏七条计策。首先，以祭祀海神为借口，请求派遣官员到江阴、常熟两地视察祭祀仪式。其次，下令相关部门掩埋暴露的尸骨、减轻徭役。第三，增加招募水军。第四，苏州、松江、常州、镇江等地的民田，一人拥有超过百亩的，加征赋税，并且预征三年的田地官税。第五，募集富人输送财物效力朝廷，等倭患平息之后论功行赏。第六，派重臣督察军队。第七，招集那些曾与倭寇勾结及一起晒海盐的人，以忠义之名交换，让他们去侦察敌情，作为间谍。兵部尚书聂豹说其中五条可行，而增加田赋、派遣重臣二条不可行。皇帝听了很发怒，削去聂豹的官职，而听从严嵩的进言，派赵文华去祭告海神，顺便侦察敌情。此时，总督尚书张经正在征集四方兵士和狼土兵，商议抗倭大局，自认为官职在赵文华之上，从心里轻视他。赵文华不高兴。狼兵略有斩获倭寇的功劳，赵文华便大大犒劳他们，让他们进兵剿寇，漕泾战败，有十四位头目阵亡。赵文华很愤怒，几次催促张经发兵。张经考虑赵文华做事轻浮浅薄，可能会泄露军机，不告诉他出兵日期。赵文华更是愤怒，上书弹劾张经纵容倭寇、错失军机，奏疏刚刚呈上，张经取得王江泾大捷。赵文华冒为己功，称此次大捷是自己与巡按胡宗宪督师合力剿杀的结果，张经竟被判处死刑。又弹劾浙江巡抚李天宠有罪，推荐胡宗宪取代他的职位，李天宠也被判死刑。皇帝越发认为赵文华是贤臣，下令铸督察军务关防印信，赐给赵文华。赵文华从此位居总督之上，更加肆意而为、无所顾忌。他想分享苏松巡抚曹邦辅在浒墅关击退倭寇的功劳，未能如愿，于是借陶宅战败，上书弹劾曹邦辅。陶宅之战，其实是赵文华、胡宗宪的兵卒先行溃败。吏科给事中夏栻得悉其中实情，弹劾赵文华欺君罔上。吏科给事中孙濬也为曹邦辅称述冤情。皇帝最终听信了赵文华的进言，曹邦辅被定罪发配戍边。赵文华杀了张经、李天宠之后，又先后罢免总督周琉、杨宜，至此又百般倾轧曹邦辅，权势日益高涨。文武官员争相到他门下送礼，赵文华颠倒功过，拖延兵机，军纪散乱，将士人心背离，征兵遍及半个国家，倭寇气焰愈发嚣张。赵文华又陈述防守之事，请求登记闲田百万亩来给养兵卒，用来屯守，并且命令在乡里居住的搢绅，督察郡邑战事。提议遭兵部驳回才作罢。

官军屡屡战败，赵文华知道倭寇无法轻易平定，打算推掉责任离开。此时川军在周浦击败倭寇，俞大猷在海上打败倭寇，赵文华就称水路陆路均击败倭寇，江南一带安宁清静，请求还朝。皇帝听了很高兴，准许赵文华回京。刚刚还朝，战败的奏报接踵而至，皇帝怀疑赵文华乱报军情，几次追问严嵩，严嵩极力为之遮掩，但皇帝对此事始终无法释然。此时吏部尚书李默发策试选拔士子，其中提到："汉武征四夷，而海内虚耗。唐宪收复淮、蔡，而晚节不保。"赵文华弹劾他诽谤朝廷，李默于是被定为死罪。皇帝因这事称赞赵文华忠心，晋升他为工部尚书，加封太子太保。此时，严嵩已年老，担心自己一旦死去，会有后患，因此举荐说赵文华有文采，适合供奉青词，入值内阁，但皇帝没有答应。而东南警报纷至沓来，兵部商议再次派遣大臣督察军队，本来已经任命了兵部侍郎沈良材，严嵩却让赵文华自己请命前往督军，并对皇帝进言说江南百姓翘首期盼赵文华前去。皇帝听信了他的话，任命赵文华兼任右副都御史，总督江南、浙江的战事。此时胡宗宪因赵文华的推荐，已经取代杨宜做了总督，此次赵文华再来督军，胡想借赵文华攀附严嵩，故对赵极尽谄媚奉承。赵文华本来就不懂带兵之事，凡事也要倚重胡宗宪，因此两人交往甚欢。不久胡宗宪荡平徐海倭寇，俘获倭寇陈东，赵文华便以剿倭大捷奏报皇帝，并归功于上天。皇帝得报大喜，祭祀天地祖先，给赵文华加封少保官衔，还封赏其子为锦衣千户。赵文华应诏回朝后，将功劳全归于内阁首辅严嵩，推辞所受晋升和荫封，皇帝颁下褒奖诏书，没有同意收回晋升及荫封。

赵文华得到皇帝恩宠，在朝中越发骄横，服侍有权势的太监以及严嵩之子严世蕃，渐渐不像从前，这些人开始怨恨他。皇帝曾经派使臣去赏赐赵文华，恰逢他醉酒，没有按照礼仪跪拜接赐，皇帝知道后很讨厌他不恭敬。赵文华又曾经给皇帝进献方士炼制的丹药，皇帝服完之后，派小太监再去找赵文华要，赵文华没有应允。西苑建造新楼阁，未能按时建成。皇帝一日登高眺望，看见西长安街有高高的屋脊，问是谁的宅第。左右回答说："是赵尚书的新宅。"旁边一人说："工部的大木材，有一半建造了赵文华的宅院，哪里有闲材营造新阁。"皇帝越发恼怒。恰巧三殿发生火灾，皇帝想重建正阳门城楼，责成赵文华尽快督办，赵文华仓促间未能建成。皇帝本来就积了不少怒火，并且听说赵文华接连几年以视察军队为名贪污邀功的情形，考虑把他贬谪发配，就对严嵩说："城楼备材缓慢，赵文华的能力似乎不如以前了。"严嵩还不明白皇帝的用意，就极力为他掩盖，说："赵文华南征受了暑热，因此得了病，应增加一名侍郎专职监督工程。"皇帝答应了。赵文华因此上疏称病在身，请求皇帝赐假静养一个月。皇帝手批道："大工程正在建设中，工部尚书这个职位非常重要，不能缺人。文华既然有病，可以回原籍休养。"皇帝诏书一下，满朝庆贺。

皇帝虽驱逐了赵文华，还觉得没有完全治他的罪，但没有谏官揭发他，皇帝怒火无从发泄。碰巧赵文华之子锦衣千户赵怿思以斋祀停封章日为由，请求告假送父还乡，皇帝大怒，将赵文华革职为民，把其子发配边境。因为礼科没有尽揭发弹劾之责，令他们向皇帝陈述事情经过原委。于是都给事中谢江等六人，一并被杖责后革职查办。赵文华之前患蛊疾，此时被贬还乡，躺在船中郁郁寡欢没有寄托，手按腹部，腹部破裂，脏腑流出而死。后来给事中罗嘉宾等人核查军饷，查出赵文华贪污军饷多达十万四千。皇帝诏令向他家征讨赃款，到了万历十一年（1583）所得仍未到一半，有关部门拿着先帝降恩的诏书请求皇帝赦免赵家。神宗不答应，把他的儿子赵慎思发配到烟瘴之地。

【评述】

明朝嘉靖年间，严嵩利用皇帝的殆政荒淫而专权近二十年，大肆贪污受贿，不知节制。而官职既然已经做到了内阁首辅，贪腐就不是由一个人来做了，于是一个贪污集团逐渐形成。其中严嵩是首犯，他的儿子严世蕃是共犯，而赵文华则是最大的从犯。赵氏为人诡诈，见严嵩日益得到嘉靖帝重用，竟以进士的身份认其为义父，自然也就得到了多方提携，被任命为通政使。这个职务虽然品级不高，但十分重要，各地上奏的奏章都要通过这里。这样如果出现弹劾严嵩的奏章，严嵩就会事先知道，从而提前做好应对的准备。赵文华逐渐得到严嵩的信任，成为他的心腹党羽，官位也越来越高，一直做到了工部尚书。而与升官相伴随的，则是他的贪欲越来越大。嘉靖三十六年，他奉旨营建宫苑。但他拖延工期，假公济私，动用公家物料修建私宅，使得工程迟迟不能完工。为此嘉靖帝革除了他的职务，最后未得善终。看来赵文华是过于大胆了，贪污到了皇帝的头上，实在是利令智昏，自寻死路，严嵩由此失掉了一个“好帮手”。总之，赵文华虽然也独自做了许多恶事，但人们通常是将他归入严嵩集团之内，是在集体为恶。贪腐集团是贪污的高级存在形式，当诸人分工协作，合力为奸时，他们的能量就会更大，对社会的危害就会更深。如果贪污已经集团化，说明它已经渗入了社会的肌体，社会已经出现了系统性的病变。明朝明显走下坡路就是从正德、嘉靖年间开始的，再经过万历、天启的进一步推动，崇祯年间的崩溃也就不远了。

（杨靖注译、评述）

马士英　阮大铖

【原文】

马士英，贵阳人。万历四十四年，与怀宁阮大铖同中会试。又三年，士英成进士，授南京户部主事。天启时，迁郎中，历知严州、河南、大同三府。崇祯三年，迁山西阳和道副使。五年，擢右佥都御史，巡抚宣府。到官甫一月，檄取公帑数千金，馈遗朝贵，为镇守太监王坤所发，坐遣戍。寻流寓南京。时大铖名挂逆案，失职久废，以避流贼至，与士英相结甚欢。

大铖机敏猾贼，有才藻。天启初，由行人擢给事中，以忧归。同邑左光斗为御史有声，大铖倚为重。四年春，吏科都给事中缺，大铖次当迁，光斗招之。而赵南星、高攀龙、杨涟等以察典近，大铖轻躁不可任，欲用魏大中。大铖至，使补工科。大铖心恨，阴结中珰寝推大中疏。吏部不得已，更上大铖名，即得请。大铖自是附魏忠贤，与霍维华、杨维垣、倪文焕为死友，造《百官图》，因文焕达诸忠贤。然畏东林攻己，未一月遽请急归。而大中掌吏科，大铖愤甚，私谓所亲曰："我犹善归，未知左氏何如耳。"已而杨、左诸人狱死，大铖对客诩诩自矜。寻召为太常少卿，至都，事忠贤极谨，而阴虑其不足恃，每进谒，辄厚贿忠贤阍人，还其刺。居数月，复乞归。忠贤既诛，大铖函两疏驰示维垣。其一专劾崔、魏。其一以七年合算为言，谓天启四年以后，乱政者忠贤，而翼以呈秀，四年以前，乱政者王安，而翼以东林。传语维垣，若时局大变，上劾崔、魏疏，脱未定，则上合算疏。会维垣方并指东林、崔、魏为邪党，与编修倪元璐相诋，得大铖疏，大喜，为投合算疏以自助。崇祯元年，起光禄卿。御史毛羽健劾其党邪，罢去。明年定逆案，论赎徒为民，终庄烈帝世，废斥十七年，郁郁不得志。

流寇逼皖，大铖避居南京，颇招纳游侠为谈兵说剑，觊以边才召。无锡顾杲、吴县杨廷枢、芜湖沈士柱、余姚黄宗羲、鄞县万泰等，皆复社中名士，方聚讲南京，恶大铖甚，作《留都防乱揭》逐之。大铖惧，乃闭门谢客，独与士英深相结。周延儒内召，大铖辇金钱要之维扬，求湔濯[①]。延儒曰："吾此行，谬为东林所推。子名在逆案，可乎？"大铖沉吟久之，曰："瑶草何如？"瑶草，士英别字也，延儒许之。十五年六月，凤阳总督高斗光以失五城逮治。礼部侍郎王锡衮荐士英才，延儒从中主之，遂起兵部右侍郎兼右佥都御史，总督庐、凤等处军务。

永城人刘超者，天启中以征安邦彦功，积官至四川遵义总兵官，坐罪免，数营复官不得。李自成围开封，超请募土寇协击，乃用为保定总兵官，令率兵赴救。超惮不敢行，宿留家中，以私怨杀御史魏景琦等三家，遂据城反。巡抚王汉讨之，被杀。帝乃命士英偕太监卢九德、河南总兵官陈永福进讨。明年四月，围其城，连战，贼屡挫，筑长围困之。超官贵州时，与士英相识，缘旧好乞降。士英佯许之，超出见，不肯去佩刀。士英笑曰："若既归朝，安用此?"手解其刀。已，潜去其亲信，遂就缚。献俘于朝，磔死。时流寇充斥，士英捍御数有功。

十七年三月，京师陷，帝崩，南京诸大臣闻变，仓卒议立君。而福王由崧、潞王常淓俱避贼至淮安，伦序当属福王。诸大臣虑福王立，或追怨"妖书"及"挺击"、"移宫"等案；潞王立，则无后患，且可邀功。阴主之者，废籍礼部侍郎钱谦益，力持其议者兵部侍郎吕大器，而右都御史张慎言、詹事姜曰广皆然之。前山东按察使佥事雷缜祚、礼部员外郎周镳往来游说。时士英督师庐、凤，独以为不可，密与操江诚意伯刘孔昭，总兵高杰、刘泽清、黄得功、刘良佐等结，而公致书于参赞机务兵部尚书史可法，言伦序亲贤，无如福王。可法意未决。及廷臣集议，吏科给事中李沾探士英指，面折大器。士英亦自庐、凤拥兵迎福王至江上，诸大臣乃不敢言。王之立，士英力也。

当王监国时，廷推阁臣，刘孔昭攘臂欲得之，可法折以勋臣无入阁例。孔昭乃讼言："我不可，士英何不可?"于是进士英东阁大学士兼兵部尚书、都察院右副都御史，与可法及户部尚书高弘图并命，士英仍督师凤阳。士英大愠，令高杰、刘泽清等疏趣可法督师淮、扬，而士英留辅政，仍掌兵部，权震中外。寻论定策功，加太子太师，荫锦衣卫指挥佥事。九月，叙江北历年战功，加少傅兼太子太师、建极殿大学士，荫子如前。十二月，进少师。明年，进太保。当是时，中原郡县尽失，高杰死睢州，诸镇权侔无统。左良玉拥兵上流，跋扈有异志。而士英为人贪鄙无远略，复引用大铖，日事报复，招权罔利，以迄于亡。

初，可法、弘图及姜曰广、张慎言等皆宿德在位，将以次引海内人望，而士英必欲起大铖。有诏广搜人材，独言逆案不可轻议。士英令孔昭及侯汤国祚、伯赵之龙等攻慎言去之，而荐大铖知兵。初，大铖在南京，与守备太监韩赞周暱。京师陷，中贵人悉南奔，大铖因赞周遍结之，为群奄言东林当日所以危贵妃、福王者，俾备言于王，以潜倾可法等。群奄更极口称大铖才，士英亦言大铖从山中致书与定策谋，为白其附珰赞导无实迹。遂命大铖冠带陛见。大铖乃上守江策，陈三要、两合、十四隙疏，并自白孤忠被陷，痛诋孙慎行、魏大中、左光斗，且指大中为大逆。于是大学士姜曰广、侍郎吕大器、怀远侯常延龄等并言大铖逆案巨魁，不可召。士英为大铖奏辨，力攻曰广、大器，益募宗室统𨰻、建安王统𨰻辈，连疏交攻。而以大学士高弘图为御史时尝诋东林，必当右己，乃言“弘图素知臣者。”弘图则言先帝钦定逆案一书，不可擅改。士英与争，弘图因乞罢。士英意稍折，迟回月余，用安远侯柳祚昌荐，中旨起大铖兵部添注右侍郎。左都御史刘宗周言：“杀大中者魏珰，大铖其主使也。即才果足用，臣虑党邪害正之才，终病世道。大铖进退，实系江左兴亡，乞寝成命。”有旨切责。未几，大铖兼右佥都御史，巡阅江防。寻转左侍郎。明年二月进本部尚书兼右副都御史，仍阅江防。

吕大器、姜曰广、刘宗周、高弘图、徐石麒皆与士英龃龉，先后罢归。士英独握大柄，内倚中官田成辈，外结勋臣刘孔昭、朱国弼、柳祚昌，镇将刘泽清、刘良佐等，而一听大铖计。尽起逆案中杨维垣、虞廷陛、郭如暗、周昌晋、虞大复、徐复阳、陈以瑞、吴孔嘉；其死者悉予赠恤，而与张捷、唐世济等比；若张孙振、袁弘勋、刘光斗皆得罪先朝，复置言路为爪牙。朝政浊乱，贿赂公行。四方警报狎至，士英身掌中枢，一无筹画，日以锄正人引凶党为务。

初，举朝以逆案攻大铖，大铖憾甚。及见北都从逆诸臣有附会清流者，因倡言曰：“彼攻逆案，吾作顺案与之对。”以李自成伪国号曰顺也。士英因疏纠从逆光时亨等；时亨名附东林，故重劾之。大铖又诬逮顾杲及左光斗弟光先下狱，劾周镳、雷縯祚杀之。时有狂僧大悲出语不类，为总督京营戎政赵之龙所捕。大铖欲假以诛东林及素所不合者，因造十八罗汉、五十三参之目，书史可法、高弘图、姜曰广等姓名，内大悲袖中，海内人望，无不备列。钱谦益先已上疏颂士英，且为大铖讼冤修好矣，大铖憾不释，亦列焉，将穷治其事。狱词诡秘，朝士皆自危，而士英不欲兴大狱，乃当大悲妖言律斩而止。

张缙彦以本兵首从贼，贼败，缙彦窜归河南，自言集义勇收复列城，即授原官，总督河北、山西、河南军务，便宜行事。其他大僚降贼者，贿入，辄复其官。诸白丁、录役输重赂，立跻大帅。都人为语曰：“职方贱如狗，都督满街走。”其刑赏倒乱如此。大清兵抵宿迁、邳州，未几引还。史可法以闻，士英大笑不止，坐客杨士聪问故。士英曰：“君以为诚有是事耶？乃史公妙用也。岁将暮，防河将吏应叙功，耗费军资应稽算，此特为序功、稽算地耳。”侍讲卫胤文兼给事中，监高杰军。杰死，胤文窥士英指，论可法督师为赘。士英即擢胤文兵部右侍郎，总督杰营将士以分其权，可法益不得展布。

先是，左良玉接监国诏书，不肯拜，袁继咸强之，乃开读如礼。而属承天守备何志孔、巡按御史黄澍入贺，阴伺朝廷动静。澍挟良玉势，当陛见，面数士英奸贪不法，且言尝受张献忠伪兵部尚书周文江重贿，为题授参将，罪当斩。志孔亦论士英罔上行私诸罪。司礼太监韩赞周叱志孔退，士英跪乞处分，澍举笏直击其背曰：“愿与奸臣同死。”士英大号呼，王摇首不言者久之，赞周即执志孔候命。王因澍言意颇动，夜谕赞周，欲令士英避位。士英佯引疾，而赂福邸旧奄田成等向王泣曰：“上非马公不得立，逐马公，天下将议上背恩矣。且马公去，谁念上者?”王默然，即慰留士英。士英亦畏良玉，请释志孔，而命澍速还湖广。故都督掌锦衣卫刘侨者，尝遣戍，由周文江赂张献忠，受伪命，为锦衣指挥使。及良玉复蕲、黄，侨削发逃去，澍持之急。而士英纳侨贿，令讦澍，遂复侨官，削澍职。寻以楚府中尉言，逮澍。良玉令部将群哗，欲下南京索饷，因保救澍。袁继咸为上疏代澍申理，士英不得已，乃免逮。澍遂匿良玉军中，良玉与士英由此有隙。及伪太子狱起，良玉遂假为兵端。

太子之来也，识者指其伪，而都下士民哗然是之。时又有童氏者，自称王妃，亦下狱。督抚、镇将交章争太子及童妃事。王亟出狱词，遍示中外，众论益籍籍，谓士英等朋奸，导王灭绝伦理。澍在良玉军中，日夜言太子冤状，请引兵除君侧恶。良玉亦上疏请全太子，斥士英等为奸臣。又以士英裁其饷，大憾，移檄远近，声士英罪。复上疏言：“自先帝之变，士英利灾擅权，事事为难。逆案先帝手定，士英首翻之。《要典》先帝手焚，士英复修之。越其杰贪婪遣戍，滥授节钺。张孙振赃污绞犯，骤畀京卿。他如袁弘勋、杨文骢、刘泌、王燧、黄鼎等，或行同狗彘，或罪等叛逆，皆用之当路。己为首辅，用腹心阮大铖为添注尚书。又募死士伏皇城，诡名禁军，动曰废立由我。陛下即位之初，恭俭明仁，士英百计诳惑，进优童艳女，伤损盛德。复引用大铖，睚眦杀人，如雷缜祚、周镳等，锻炼周内，株连蔓引。尤其甚者，借三案为题，凡生平不快意之人，一网打尽。令天下士民，重足解体[②]。目今皇太子至，授受分明。大铖一手握定抹杀识认之方拱乾，而信朋谋之刘正宗，忍以十七年嗣君，付诸幽囚。凡有血气，皆欲寸磔士英、大铖等，以谢先帝。乞立肆市朝，传首抒愤。”疏上，遂引兵而东。士英惧，乃遣阮大铖、朱大典、黄得功、刘孔昭等御良玉，而撤江北刘良佐等兵，从之西。时大清兵日南下，大理少卿姚思孝，御史乔可聘、成友谦请无撤江北兵，亟守淮、扬。士英厉声叱曰：“若辈东林，犹藉口防江，欲纵左逆入犯耶？北兵至，犹可议款。左逆至，则若辈高官，我君臣独死耳！”力排思孝等议，淮、扬备御益弱。会良玉死，其子梦庚连陷郡县，率兵至采石。得功等与相持，大铖、孔昭方虚张捷音，以邀爵赏，而大清兵已破扬州，逼京城。

五月三日，王出走太平，奔得功军。孔昭斩关遁。明日，士英奉王母妃，以黔兵四百人为卫，走浙江。经广德州，知州赵景和疑其诈，闭门拒守。士英攻破，执景和杀之，大掠而去。走杭州，守臣以总兵府为母妃行宫。不数日，大铖、大典、方国安俱仓皇至，则得功已兵败死，王被擒，次日，请潞王监国，不受。未几，大兵至，王率众降，寻同母妃北去。此即大器等之所议欲立者也。

杭州既降，士英欲谒监国鲁王，鲁王诸臣力拒之。大铖投朱大典于金华，亦为士民所逐，大典乃送之严州总兵方国安军。士英，国安同乡也，先在其军中。大铖掀髯指掌，日谈兵，国安甚喜。而士英以南渡之坏，半由大铖，而己居恶名，颇以为恨。已，我兵击败士英、国安。无何，士英、国安率众渡钱塘，窥杭州，大兵击败之，溺江死者无算。士英拥残兵欲入闽，唐王以罪大不许。明年，大兵巢湖贼，士英与长兴伯吴日生俱擒获，诏俱斩之。事具国史。大铖偕谢三宾、宋之晋、苏壮等赴江干乞降，从大兵攻仙霞关，僵仆石上死。而野乘载士英遁至台州山寺为僧，为我兵搜获，大铖、国安先后降。寻唐王走顺昌。我大兵至，搜龙扛，得士英、大铖、国安父子请王出关为内应疏，遂骈斩士英、国安于延平城下。大铖方游山，自触石死，仍戮尸云。

选自《明史》卷三百八《奸臣传》

【注释】

①湔（jiān）濯（zhuó）：洗涤；引申为洗雪恶名或涤除瑕疵。

②重足解体：重足，即重足而立，后脚紧挨着前脚，形容非常恐惧。解体，即崩溃，瓦解。

【译文】

马士英，贵阳人。明万历四十四年（1616），与安徽怀宁的阮大铖一同考中会试。三年后，马士英考取进士，被授予南京户部主事。明天启（1621—1627）年间，被提拔为南京户部郎中，历任严州、河南、大同知府。崇祯三年（1630），被提拔为山西阳和道副使。五年，升任右佥都御史，宣府巡抚。马士英到任仅仅一个月，便发公文征收银两，之后挪用国库公款数千金，贿赂朝中权贵，不久便被时任镇守太监王坤揭发，随后，马士英被治罪。后来他流落异乡、客居于南京。当时，阮大铖身陷阉党逆案，赋闲已久，为了躲避农民起义军才到这里，与马士英关系很好。

阮大铖生性机敏狡猾，且有文学才华。明天启初年，阮大铖由行人直接升任给事中，后因丁忧返家。同乡的左光斗任御史，颇有声望，阮大铖很看重他。天启四年（1624）春，吏科给事中一职空缺，阮大铖依次应当升任，左光斗引荐了他。而赵南星、高攀龙、杨涟等人因考虑到官吏考核的时间接近了，阮大铖轻浮不可用，想用魏大中。阮大铖到后，补工科给事中。阮大铖心生怨恨，暗中勾结宦官压下推举魏大中的奏疏不报。吏部不得已，便换上阮大铖的名字，获批。阮大铖从此依附于权臣魏忠贤，与霍维华、杨维垣、倪文焕结为死党，制作《百官图》，通过倪文焕送达魏忠贤手中。但他害怕东林党攻击自己，不到一个月就请假回家。魏大中掌管吏科，阮大铖很不平，私下对身边的人说："我还得以善终，不知道左某怎么样。"后来杨涟、左光斗等人均死于狱中，阮大铖经常对来客自夸。阮大铖随后被提拔为太常少卿，官至都给事中，其政治嗅觉敏锐，表面上对魏忠贤十分恭谨，而私下里却认为魏忠贤之流不足以倚靠，所以其每次拜见魏忠贤，均贿赂魏府的门人，拜见结束后，即将其名帖取回，以免日后留下把柄。几个月之后，他又请辞回家。魏忠贤被诛后，阮大铖携两封奏疏驰送给杨维垣，其中一篇专门弹劾崔呈秀和魏忠贤；另一篇将前后七年的事合起来，他说从天启四年以后，乱政的是魏忠贤，而呈秀是助手，四年前，乱政的是王安，而东林党是羽翼。他告诉杨维垣，如果时局大变，就将弹劾崔、魏的奏疏上呈，如果局势未定，则将合算奏疏上呈。正值杨维垣正忙于指责东林、崔、魏为奸党一时，并与编修倪元璐相互诋毁，见到阮大铖的奏疏后非常高兴，为他投上合算奏疏，以助自己一臂之力。崇祯元年（1628），朝廷起用阮大铖为光禄寺卿。御史毛羽健弹劾阮大铖袒护奸党，随即阮大铖被罢。第二年定逆案，阮大铖本当判徒刑，准其自赎为平民。直至庄烈帝朝代结束，阮大铖被废斥十七年有余，始终郁郁不得志。

流寇逼近安徽，阮大铖避居南京，他多次招揽敢于反抗的游侠义士来谈兵说剑，希望有朝一日以边将之才被征召。无锡顾杲、吴县杨廷枢、芜湖沈士柱、余姚黄宗羲、鄞县万泰等人，都是复社中的名士，他们正聚集在南京讲学，非常厌恶阮大铖，做《留都防乱揭》来驱逐他。阮大铖十分害怕，便闭门谢客，只与马士英秘密来往。皇上欲召见周延儒，阮大铖闻风而动，立即约请周延儒至扬州，并贿以重金，求其为自己洗脱参加阉党魏忠贤的罪名。周延儒说：“我此行前去朝廷，误为东林党所推举。你的名字在逆案名单中，能行吗？”阮大铖沉吟良久，说：“瑶草怎么样？”瑶草，是马士英的别字。周延儒应允。崇祯十五年六月，凤阳总督高斗光因失陷五城而被逮捕治罪。礼部侍郎王锡充推荐马士英，之后周延儒暗中操作，于是起用马士英为兵部右侍郎兼右佥都御史，总督庐州、凤阳等处军事事宜。

永城人刘超，天启年间以征伐安邦彦之功，累升至四川遵义总兵官，后因犯罪被罢免，多次寻求复官而未如愿。李自成包围开封时，刘超请招募土寇协助击贼，于是朝廷起用他为保定总兵官，令他率兵援救开封。刘超害怕而不敢引兵前行，却宿留家中，因私怨杀掉御史魏景琦等三家人，然后据城反叛。巡抚王汉讨伐他却被杀。皇上于是命马士英偕同太监卢九德、河南总兵官陈永福进兵讨伐。第二年四月，马士英率兵包围其刘超所占之地，双方接连作战，刘超一方屡次被打败，官军遂筑起长围围困他们。刘超在贵州为官时，与马士英相识之缘，便提起旧好请求投降。马士英假意答应了，刘超出城相见时，不肯解掉佩刀。马士英笑道：“你既归附朝廷，还用刀干什么？”他亲手给刘超解下了刀。过后，马士英又派人暗中杀了刘超的亲信，刘超遂被擒。马士英把刘超当俘虏献给朝廷，之后，朝廷下令将刘超肢解处死。当时流寇横行，马士英率兵出战并多次立功。

崇祯十七年三月，京师失陷，皇上驾崩。南京诸大臣得知这一消息，仓促之间议立新君。而福王朱由崧，潞王朱常芳都因避贼到了淮安，依亲疏顺序应当立福王。各大臣们担心福王一立，可能会追怨“妖书”和“挺击”、“移宫”等案，而如果立潞王，则无后患，而且还可以邀功。暗中做主的是被废的原礼部侍郎钱谦益，而极力支持这一意见的是兵部侍郎吕大器，右都御史张慎言、詹事姜曰广也都同意。前山东按察使佥事雷缜祚、礼部员外郎周镳往来游说。当时马士英正在庐州、凤阳督师，却认为不可，便秘密与掌管长江防务的诚意伯刘孔昭，总兵高杰、刘泽清、黄得功、刘良佐等人勾结，一同致书给参赞机务兵部尚书史可法，说依伦常之序，论亲论贤，莫如福王。史可法主意未定。后来廷臣集中商议，吏科给事中李沾揣摩到马士英的心意，便当面驳斥了吕大器。马士英也从庐州、凤阳拥兵迎福王到长江地区，大臣们也就不敢多言。可以说，福王之所以得以登基，全仗马士英之力。

当福王监国时，朝廷公推大学士，刘孔昭想争得其位，史可法以勋臣没有入阁的先例而加以反对。刘孔昭于是争辩道：“我不可以，马士英为什么不行?”于是，朝廷擢升马士英为东阁大学士兼兵部尚书、都察院右副都御史，与史可法和户部尚书高弘图一同受命，马士英却仍赴凤阳督师。马士英非常恼怒，令高杰、刘泽清等人上疏催促皇帝令史可法到淮安、扬州督师，而马士英却留在朝中做辅政，仍掌兵部，由此马士英权震朝廷内外。不久，论定策之功，加封马士英为太子太师，荫锦衣卫指挥佥事。九月，马士英凭借在长江以北地区的多年战功，被加封为少傅兼太子太师、建极殿大学士，其子仍如前得到荫庇。十二月，朝廷进封他为少师。第二年，晋封为太保。当时，中原地区郡县全部失陷，高杰死于睢州，各镇权都没有统属。左良玉在长江上游拥兵自重，骄横跋扈且已有反叛之意。而马士英为人贪婪粗鄙无谋，于是又起用阮大铖，但阮大铖却每天专事报复，揽权逐利，直至南明灭亡。

当初，史可法、高弘图和姜曰广、张慎言等人都以德高望重而居高位，并逐渐吸纳国内有名望之人，而马士英却一定任用阮大铖。有诏书说朝廷要广纳贤才，但说“逆案”中人不在考虑的范围之内。马士英令刘孔昭和侯爵汤国祚、伯爵赵之龙等人攻击张慎言并驱逐了他，之后推荐阮大铖，并认为阮大铖精通军事。当初，阮大铖在南京时，与守备太监韩赞周关系亲密。京师失陷后，曾经显贵的宦官都南奔而逃，阮大铖通过韩赞周都与他们结交，他对宦官们大谈东林党当年之所以加害贵妃、福王的原因，希望他们对福王提起此事，以借此排挤史可法等人。宦官们对阮大铖的才华交口称赞，马士英也说阮大铖从山中写信给他，积极参与，为朝廷建言献策，还为阮大铖辩白，说阮大铖实际上并没有依附过魏忠贤。于是，福王命阮大铖着朝服觐见。阮大铖于是献上守江之策，上陈“三要”、“二合”、“十四隙”奏疏，并自述自身被贼人陷害，诋毁孙慎行、魏大中、左光斗等人，而且还指责魏大中为罪大恶极之徒。对此，大学士姜曰广、侍郎吕大器、怀远侯常延龄等人都反击说阮大铖是逆案巨魁，不可召用。马士英立即为阮大铖上奏辩解，极力攻击姜曰广、吕大器，还拉上宗室朱统𨨗、建安朱统镂之辈，接连上疏攻击。马士英还认为大学士高弘图担任御史时曾诋毁东林党，所以一定会支持他，便说“弘图向来知道臣的为人”。高弘图却说先帝钦定逆案一书，不可擅改。马士英与他争辩，高弘图立即请辞回家。马士英不免受挫，郁闷了一个多月，因安远侯柳祚昌的推荐，朝廷起用阮大铖为兵部添注右侍郎。左都御史刘宗周说：“杀魏大中的是魏忠贤，阮大铖是主谋。即使他的才能真的值得任用，臣担心这种党邪害正之徒，终会贻害世间。阮大铖此番进退，实关系江左的兴亡，臣乞请收回成命。”之后，皇帝严厉地斥责了刘宗周。不久，阮大铖兼任右佥都御史，巡阅长江防务。不久，又转任左侍郎。第二年二月，升为本部尚书兼右副都御史，仍巡阅长江防务。

吕大器、姜曰广、刘宗周、高弘图、徐石麒都与马士英有矛盾，均先后被罢免回家。马士英独握大权，内倚宦官田成之辈，外结勋臣刘孔昭、朱国弼、柳祚昌、镇将刘泽清、刘良佐等人，他们都听从阮大铖的。他全面起用逆案中的杨维垣、虞廷陛、郭如暗、周昌晋、虞大复、徐复阳、陈以瑞、吴孔嘉等人；已死之人都给予赠官和抚恤等优待，并与张捷、唐世济等人勾结；像张孙振、袁弘勋、刘光斗在先朝时均有罪在身，这时又把他们安置在言路部门，作为爪牙。由此，朝政混乱，贿赂公开进行。四方警情不断传来，马士英身掌重权，毫无主意，每天专以铲除正人、引进凶党为要务。

当初，举朝都以逆案攻击阮大铖，阮大铖对此非常愤怒。后来他见到来自明朝前首都的参与叛逆的诸臣中有附会清流的人，他便提出：“他们攻击逆案，我就造个顺案来相对。”因为李自成的政权伪国号叫“顺”。马士英随即上疏弹劾参与叛逆的光时亨等人。光时亨属于东林党，所以马士英集中火力要弹劾他。阮大铖又诬陷并逮捕顾杲和左光斗的弟弟左光先等，并将他们投入监狱，又弹劾并杀了周镳、雷缜祚。当时有个叫大悲的狂妄僧人，经常出言不逊，被总督京营戎政赵之龙逮捕，阮大铖想诛杀东林党以及与他素不相合的人，便造十八罗汉、五十三参之名目，写上史可法、高弘图、姜曰广等人的姓名，将名单塞进大悲的衣袖中，而海内有名望之士，无不罗列此名单之中。钱谦益先已上疏歌颂士英，而且还为阮大铖诉冤，与阮大铖重修于好了，但阮大铖余恨未消，也将其列入名单之中，想借机整治他。其间，相关案件的狱词诡秘，朝廷人人自危。而马士英不想将事态扩大，于是，朝廷判狂僧大悲犯妖言之罪并斩首了事。

张缙彦以本部之兵首先投靠逆贼，贼寇兵败后，缙彦窜回河南，自称要召集义勇收复失城，随即便被恢复原职，总督河北、山西、河南军务，灵活处置。其他曾经投敌的大员，只要行贿，就能官复原职。那些白丁、隶役都行重贿，立即成为大帅。京都百姓为此说道："职方贱如狗，都督满街走。"刑赏混乱竟达如此地步。清兵抵达宿迁、邱州，不久引兵北还。史可法上报朝廷，马士英却大笑不止，坐中客杨士聪问其原因。马士英说："君以为真的有此事吗？此乃是史公妙用啊。已到了岁末，防河的将吏应该叙功了，耗费的军资也应该核算了，此举是特为叙功、核算打下的伏笔而已。"侍讲卫胤文兼给事中，监督高杰部队。高杰死，卫胤文窥伺马士英的心意，立即弹劾史可法的督师无用之责。马士英随即提拔卫胤文为兵部右侍郎，总督高杰军营的一些将领逐步分割了史可法的权力，由此，史可法更加无所作为。

原先，左良玉接到监国所发的诏书，不肯受命，袁继咸勉强他，这才依礼开读诏书。而他嘱咐承天守备何志孔、巡按御史黄澎入朝拜贺，暗中窥伺朝廷动静。黄澎挟左良玉之势，拜见福王时，当面历数马士英奸贪不法之事，并且说他曾接受张献忠伪兵部尚书周文江的重贿，为周文江请授为参将，其罪当斩。何志孔也弹劾马士英欺上营私等罪。司礼监太监韩赞周将何志孔斥退，马士英立即跪地不起，请求处分。黄澎举起上朝用的手板击打马士英的后背，说：“愿与奸臣同死。”马士英大声号呼，福王摇头，良久不语。韩赞周随即抓了何志孔待命。福王因为韩赞周的话，心意颇动，当晚谕告韩赞周，想令马士英辞职。于是，马士英假装称病辞职，并贿赂福王官邸的老太监田成等人，让他们向王爷哭诉：“皇上没有马公便不能即位，现在逐出马公，天下将会说皇上背信弃义。而且马公一去，还有谁为皇上出谋划策？”福王默然，即执意挽留马士英。马士英也害怕左良玉，便请求朝廷释放何志孔，而命黄澎速回湖广待命。原执掌锦衣卫的都督刘侨，曾被遣戍，通过周文江贿赂张献忠，接受伪命，被任命为锦衣卫指挥使。左良玉收复蕲州、黄州后，刘侨削发逃走，黄澎马上抓住了他。但马士英却接受了刘侨的贿赂，并授意刘侨弹劾黄澎，遂给他恢复原职，并削去了黄澎的官职。不久，更以楚府中尉的意见，逮捕黄澎。左良玉令部将群起哗变，想下南京索要军饷，借此营救黄澎。袁继咸为左良玉上疏代黄澎申诉，马士英不得已，便停止逮捕黄澎，黄澎便躲在左良玉军中。左良玉与马士英由此产生了矛盾。到伪太子一案发生后，左良玉遂以此为起兵的借口。

太子来时，认识的人指出他是假太子，而都城百姓却说是真的。当时还有一个姓童的，自称是王妃，也被关进监狱。督抚、镇将纷纷上书争论太子和童妃之事。福王急忙出示狱词，向内外公示，人们更加议论纷纷，说是马士英等人朋比为奸，想诱导王爷灭绝伦理。黄澎在左良玉军中，日夜说太子冤枉，请左良玉出兵清除君王身边的恶势力。左良玉也上疏请求保全太子，指斥马士英等人为奸臣贼子。左良玉又因为马士英裁减他的军饷，而对其恨之入骨，便传檄远近各地，声讨马士英之罪。左良玉又上疏说：“自从先帝之变后，马士英利用国难专权，事事发难。逆案是先帝亲手判定，马士英却为其翻案。《要典》是先帝亲手焚毁，马士英却进行重修。越其杰因贪婪被遣戍边，马士英却滥授其官职。张孙振因贪污被判绞刑，马士英却很快授他京卿之职。其他如袁弘勋、杨文骢、刘泌、王燧、黄鼎等人，有的行同猪狗，有的罪等叛逆，都被马士英起用。马士英自己做首辅，又起用心腹阮大铖为添注尚书。马士英还招募不怕死的的游侠之流埋伏在皇城，诡名为禁军，动辄便说废立由其决定。陛下即位之初，恭敬俭朴，明察仁断，马士英千方百计进行迷惑，进献优童艳女，伤损圣德。还起用阮大铖，以睚眦之怨杀人，像雷缜祚、周镳等人被严刑拷打，株连蔓引。尤其过分的，是马士英代理三案为题，凡是他生平所厌恶之人，均被其一网打尽。天下士民，因此而恐惧异常，丧魂落魄。如今皇太子驾到，授受分明。阮大铖一手操纵，杀害了认识太子的方拱乾，而相信朋比为谋的刘正宗，忍心将十七岁的嗣君关进监狱，凡有血气之人，都想陵迟马士英、阮大铖等人，以谢先帝。臣乞请将他们处死，陈尸于市场，传首各地，以抒民愤。”奏疏上呈后，左良玉便引兵东下。马士英恐惧万分，便派阮大铖、朱大典、黄得功、刘孔昭等人集体抵制左良玉，而撤回江北的刘良佐的军队，随他们西上。当时清兵已南下推进，大理寺少卿姚思孝，御史乔可聘、成友谦请求朝廷不要撤在江北布防的军队，应该立即派兵守卫淮安、扬州等地。马士英厉声叱道：“你们这帮东林党，还借口防江，你们想纵容左良玉入京犯上吗？北兵到了，还可以和谈。左良玉等逆贼一到，你们这帮人就得了高官之位，而我们君臣却要丧命了。”他力排姚思孝等人的意见，淮、扬之地的防御便更弱了。恰逢左良玉去世，他的儿子左梦庚接连攻陷郡县，率兵到达采石。黄得功等人与他相持不下，阮大铖、刘孔昭却虚传捷报，以邀封赏，而清兵已攻破扬州，逼近京城。

五月三日，福王出走太平，逃往黄得功军中。刘孔昭也斩杀了守卫而仓皇逃走。第二天，马士英带皇帝母妃等人，以四百名黔兵为护卫，逃向浙江。经过广德州时，知州赵景和怀疑有诈，便闭门拒守。马士英率兵攻破城门，生擒赵景和并将其斩杀，之后大肆抢掠而去。待马士英等人逃到杭州后，守臣以总兵府做母妃的行宫。没过几天，阮大铖、朱大典、方国安也都仓皇到来，随后得知黄得功已兵败而死，福王被擒一事。第二天，众人请潞王代理国政，潞王拒不接受。很快，清兵大军袭来，潞王率众投降，并不久同母妃北上中原。而这潞王就是吕大器等人所议、要立为皇帝的人。

杭州失陷后，马士英想拜谒当时代理国政的鲁王，鲁王身边诸臣均极力反对马士英。阮大铖到金华投靠了朱大典，也被当地军民驱逐，朱大典于是把他送到严州总兵方国安军中。马士英与方国安是同乡，先期到达其军中。阮大铖一到，便每天高谈阔论，纸上谈兵，方国安对此很高兴。而马士英认为南渡之坏，多半是由于阮大铖之错，自己却背上恶名，因此他对阮大铖颇有微词。不久，我军（清军）击败了马士英、方国安。不久，马士英、方国安率众渡过钱塘江，企图进兵杭州，大军将其击败，溺江而死者无以计数。马士英拥残兵试图进兵福建，唐王却因他罪大恶极而未批准。第二年，大军清剿湖上残匪，马士英与长兴伯吴日生都被擒获，朝廷下令将他们斩首。此事可参见明朝国史中的相关记载。阮大铖偕同谢三宾、宋之晋、苏壮等人赴江边请降，随后跟随大军攻打仙霞关，阮大铖在途中倒在石上而死。而野史记载马士英逃到台州，在山中出家为僧，后被军兵擒获；阮大铖、方国安先后投降。不久，唐王逃到顺昌。军兵赶到，搜查唐王住处，搜获马士英、阮大铖、方国安父子请唐王出关做内应的奏疏，于是，将马士英、方国安斩杀于延平城下。当时，阮大铖正在游览山景，途中自己撞石而死，但仍被戮尸。

【评述】

阉党之祸与朋党之争，是明朝朝纲废弛、政治腐朽并最终走向败亡的“助推器”与“催化剂”。而均曾参与其中、并几经宦海沉浮的马士英、阮大铖，就是沉迷于“朋党之争”的代表人物。

朋党之争，是指封建士大夫们为了争权夺利、排斥异己，而结合起来的集团之间的互相倾轧。朋党之争的主力往往都是专于科举、知书达理的读书人，而且那些文人出身的政客们，常常将“文人相轻”的传统带入政治生活中，他们手段毒辣，拉帮结派、排除异己。当然，朋党之争的本质仍然是名利之争。明末时分，私交甚笃的马士英与阮大铖，在对方落难之际，另一方始终“不离不弃”。阮大铖在自己无法复出之时，便力挺马士英，而马士英掌权之后，也投桃报李，将阮大铖引进权力中心，于是二人结党营私，并在苟延残喘的南明小朝廷中，将党争进行到底，直至亡国。

腐败与党争二者形影不离，是一对“孪生兄弟”。众所周知，私有制的长期存在必然导致贫富不均现象层出不穷，但封建专制政体下的官僚们，往往凭借权势致富，这种“由官而富”必然衍生出贪污腐败。不过，在官僚集团内部也长期存在着“分配不均”问题，这恰恰是朋党或党锢出现与发展的基础，随之而来的党争便会不可避免并愈演愈烈，其间的贪污纳贿等腐败行为也就难以禁绝，并形成官场及民间之风。当“政以贿成”等现象无时不在吞噬着社会的健康肌体的时候，一个封建王朝的衰亡便显得自然而然、且顺理成章了。

（柳森注译、评述）

中国廉政史鉴

李洪峰题

历史人物卷

8

李洪峰 主编

文化藝術出版社
Culture and Art Publishing House
國家圖書館出版社

第八册目录

概述

时至清代，中国已经历了二十四个封建王朝，回首过去，满眼弥漫的是历史的风尘。庞大而有些衰老的大清帝国虽然在政治、经济、艺术、道德和日常生活等层面呈现出一种积累、沉淀的状态，但满族统治者仍雄心勃勃要振兴中华，再现昔日辉煌。清代统治者集各代专制主义中央集权管理经验于一身，试图打造一个坚不可摧的封建政权。为此，他们非常重视官吏的廉洁自律，任人惟廉，完备监察制度，严惩贪官污吏等，从而使“康乾盛世”达到了中国封建社会的顶峰，其疆域之广大，经济之发达，人口之众多，大到人伦典则，小到诗书礼仪等，均有所成。文化上的浸润，制度上的严苛，使得清代出了众多廉吏名吏，如有“天下第一廉吏”之称的于成龙、自律果敢的刘统勋、刚毅正直的曹锡宝，等等。

然而，清代是复杂的，政通人和仅是其中一个方面。清承明制，不设宰相，中央机构则多有创建。在君权与臣权的制衡中，清代皇帝更强调君权集中，不断调整君主与朝臣、军机与内阁的关系，试图通过对朝廷内部政治机构的调整来加强对官吏的整体约束，同时不断完善监察制度，较有效地防止了朝臣擅权现象的出现。虽然，这些英明的政治家们都在努力实现自己的廉政理想，但终归还是没能阻挡贪墨现象的出现，特别是像和珅这样的大贪官，比起前代的鄢懋卿、严世藩有过之而无不及。更具讽刺意味的是，前代被明令禁止的“卖官鬻爵”做法，在此朝则以“纳捐”的名义堂而皇之地存在着，以致捐纳太滥，其贻害直至清末，晚清人黎庶昌极言此制度之危害云：“夫开捐则滥，滥则易，易则人人视官为私物，几成子孙世袭之珍，而富家便利矣。官冗则滞，滞则贫，贫皆无所不为，而寡廉鲜耻矣。”此外，官吏惩戒制度虽一再完善，也取得了一定的作用，但因相关法律不配套、僵化制度无法适应社会潮流等原因，最终宣告失败。这些都值得今人借鉴、思考。

清人是复杂的。清代统治者往往纠结于满臣和汉臣之间孰为上、孰为正等问题上，而清帝对于满臣和汉臣确有区别对待之嫌，如顺治帝在建国之初即对满臣犯罪多加宽恕，乾隆帝在国泰贪污事暴露后却“温言导之”，与对汉臣的疾言厉色迥然不同。这种不公平的现象都影响了廉政措施全面的实施，也影响了惩罚措施的公信力。就清吏个人来讲，保持廉洁之作风无外乎自律和他律，当源远流长的廉吏文化遇到充满诱惑的现实时，在自律与他律问题上就一再出现矛盾，政府一再以惩罚性的措施约束官吏时，恰恰是官吏自律软弱的表现。有学者认为，清代出现大批贪官的现象，与官吏的自律性差有关，皆因清代统治者实施外儒内法的治国方略，因为儒家从来都是强调道德教育和道德自律，而法家则强调“以法为教，以吏为师”，官员只要听皇帝的话，就可以了，导致了官吏缺乏主人翁的担当、勇气，在面临问题时难以自主地做出正确的抉择。

清代又是独特的。当国家运行的基础——各级官僚阶层的头脑仍然浸染在传统农耕社会的思想意识中时，西方世界近代文明的曙光已经照耀了进来，官员们似乎还来不及适应眼花缭乱的西方新事物，就要学着满口“洋务”了，比如曾国藩，很难说他真心喜欢这些“西洋事务”，但是他还算同意将中国幼童送出国门。清代这种承上启下的特点，使得清代官吏身上，既有传统的儒家价值观念的浸染，又有现代文明的启蒙。表现在廉政建设上，即在清末政坛上，既有传统的廉政观念，又有维新派的廉政主张。在后期兼有资产阶级革命派和立宪派的廉政主张，这些纷繁的观念面前，如何保证廉政的推行，从近代文明中又能吸取些什么，这些都值得人们探讨。

面对这样一个复杂又独特的清代，我们唯有分时期才能将其廉政建设情况分析清楚。清代的廉政建设情况，从时间和政策走向上可分为顺治、康熙时期，雍正、乾隆时期，嘉庆、道光时期，咸同光宣时期。

顺治、康熙时期：重视廉政、严格治吏

清朝自努尔哈赤在以“金”为国号建国之后，就非常重视吏治和廉政，改元天命时告谕诸贝勒、大臣说：“为国之道，存心贵乎公，谋事贵乎戚，立法布令，则贵乎严。”强调赏功罚罪，特别是官吏有罪要坚决惩黜。“有罪者必罚惩，虽亲罔恤，

以是为是，以非为非。”他和继任者皇太极都非常重视纳谏，都以明代的弊政为鉴，大开言路，广纳直谏，制定律例惩办贪官。

入关后，顺治皇帝颁布了不少倡廉的政令，并大力推广之，以此惩处了一批封疆大吏，比如礼部尚书谭泰专权横暴，明目张胆勒索钱财，贪赃枉法，最后被斩首抄家。这种严格吏治的措施在清初的几位统治者中一以贯之，还设置了许多具体条例，写进了《大清律例》，内容主要包括严禁结交朋党、严禁结交内侍；严禁贪赃枉法、科派勒索；严禁行贿受贿、徇私舞弊；严禁闲散、罢职官员为非作歹等。

清代禁止宦官干政，比起其他朝代来说，这一点是做得比较好的。清初统治者鉴于明末宦官专权，心有余悸，对此十分重视。入关之前的努尔哈赤和皇太极两位皇帝，均不用宦官。从顺治帝起，虽用宦官，但是反复强调只能用做“宫禁役使”，禁止宦官与朝臣结交。康熙、雍正、乾隆各朝都非常重视打击狂纵的宦官，乾隆朝还严厉地惩处了同宦官勾结的权相于敏忠，奖拔敢于处治不法宦官的官吏。嘉、道、同、光年间也纷纷延续了限制宦官这一政策。故有清一代，没有出现像汉、唐、明几代宦官弄权的现象。

此外，这一时期为避免和限制各级官员利用宗法、地域、亲戚关系徇私，还制定了各种回避制度。包括以下几种：1、做官回避，本省人不得担任本省督抚以下各级政府文武官员及中央委任的专差官员；亲友不得在同一省同一衙门做官。2、听讼回避，即办理刑事诉讼案时，有服亲、姻亲、师生以及素有仇隙之人，各官吏皆须回避。3、科考回避，由于科举考试直接决定着士子的命运，所以礼部回避制度制定得尤为严格，在乡试、会试时，上至主考、同考官，下至考场工作的各级官员，入场士子内有本族及外姻之较亲者，该士子均须回避。阅卷官员也要回避本省士子的卷子。

值得特别提出的是，康熙年间先后出现了几个作恶多端的官僚集团，有鳌拜、明珠、余国柱集团等。康熙帝亲政以后，以其超群的智慧和过人的胆识，将其一一铲除。为以后的廉政工作打下了初步基础。康熙皇帝以恭俭为本，体贴民疾，在位期间，蠲免税粮、丁银、逋赋共545次。这种俭朴、爱民的作风也为当时官吏之行事标准，并深深影响到后世的几位统治者。

雍正、乾隆时期：肃整吏治、完善监察

康熙末年，官吏贪渎成风，滥征耗羡，侵吞正赋，致使钱粮短缺，中央和地方库藏空虚。雍正帝删掉内阁所拟“豁免官员亏空”一条，颁布了地方钱粮的稽查和惩治办法，并且雷厉风行地开始了反贪措施，仅雍正元年（1724）遭到革职、抄家的督抚、布政使、粮道等官员就有11人。雍正皇帝肃贪惩赃态度非常坚决，凡是赃官，上自亲王、宰执大臣，下到一般官吏，一经查出，必须退出赃银，归还国库，并给予抄家和罢官的惩处。下令对畏罪自杀的官员加重处理，严加审讯他们的嫡亲子弟和家人，照数追赔犯官赃银。除了用严厉的手段对待贪墨之官以外，雍正帝还采取了养廉银的办法来增加官吏养廉之风。即耗羡归国家，然后按各直省文官等级支给数量不等的银子，国家增加薪俸以期达到官员廉洁的目标。可惜的是，很快，随着吏治、军队的败坏，文武官员在养廉银之外的聚敛并未能受到实际的限制。

比起雍正帝的刚劲凌厉，乾隆帝主要采取宽猛并济的方针，主张“治天下之道，贵到其中，故宽则纠之以猛，猛则济之以宽”。除了对雍正帝倡廉的基本政策的沿袭以外，他继续祖父康熙皇帝以来的蠲免政策，清查积弊，实报田地开垦之数。乾隆帝初掌政权，十分注意吏治，强调清廉作风，任用许多廉洁干练之吏，如刘统勋、刘纶、傅恒、阿桂等等。对于贪渎者也绝不手软，乾隆一朝，仅督抚、藩司以上的大吏以贪渎被杀者就在10人以上。但不可否认的是，乾隆朝后期的奢靡与吏治败坏，触目惊心，集中表现在和珅及其势力集团的出现。乾隆后期，和珅势力恶性膨胀，专权用事，权倾朝野而且恣意搜刮，形成一个巨大的弄权贪污集团，甚至刚刚继位的嘉庆皇帝也惧他三分，这不得不说是乾隆朝肃贪的一大败笔。

雍正、乾隆时期对官吏的监察制度在此时初步得到加强和完善。清初的统治者在加强封建专制的同时，也加强了都察院的功能。都察院作为专司稽查和弹劾的机构，一面作为皇帝耳目，监督各级官员，一面上达民意，辨别是非，调和专制制度之矛盾。

清代的监察制度的特点主要有两个方面：（一）台谏合一。清代的监察官吏不仅对骄横慢上、贪酷无情、无礼妄行的官吏进行弹劾，而且对皇帝的言行也可进行谏诤。雍正时，为了集中皇权，取消了六科给事中历来执掌的封驳权而将六科合并于都察院。凡城、仓、漕、盐与御史并差，台省合而为一。六科给事中与十五道监察御史合并，分别负责对京内外官员的监察与纠弹。自唐朝以来监察机关台谏并列明代的科道分离的监察体制，自此合而为一，监察组织空前地统一完整。省以下的道府州县各行政长官也是以皇帝名义直接任命的，都督实际上决定了属官的黜陟，从而加强了对地方官员的稽查。但是，台谏合一也有比较突出的局限性：谏官组织六科并入都察院，谏职就监官化了，实际上皇帝就控制了整个监察官。而且，监察机构受制于监察环境，无法正常行使职能，清代监察官所面临的监察环境大多数时候则是非常险恶的，以致言官不敢言。（二）对监察机关自身加强控制。清除明旧弊，一方面左都御史、左都副御史、监察御史等皆可风闻奏事，所谓“凡有所见，自应竭诚入告”，另一方面又加强对监察机关的控制，防止其权力过重，御史对官员的弹劾必须由皇帝裁决，如果所参劾不当，即遭申斥。所以监察御史唯恐一言出轨而丢官丧命，上奏内容“深切时政以实直陈者甚少”。乾隆二十三年（1758），御史周照条奏中提道：“行政急于观成，必条理繁多，转得以空文相应。”乾隆帝闻之大怒。乾隆五十一年，御史曹锡宝上疏揭发和珅，被和珅蒙混过去，曹锡宝则被诬为“妄言”而治罪，皇帝如此偏袒，标准难以统一，以致言路不通，言官人人自危。至嘉、道、同、光等朝时，监察机关的作用就更为削弱了。而且在“首崇满洲”的国策下，清政府为满族贵族和官吏构置了种种政治上，尤其是法律上的特权，因而，监察机构对他们长期处于虚监和失监的状态。

清代的监察制度集历代监察制度之大成，组织严密，权力集中。监察官拥有广泛的监察权，弹劾官吏，批驳奏章，甚至皇帝的谕旨也可谏诤，凡朝廷政事，无论大小都可以监察。然而大权集中于皇帝，监察制度实行的好坏，御史作用的发挥，常常依皇帝个人的品质为转移。当社会稳定，政治开明，皇帝重视法制时，御史一般能行使其职权。否则，御史的权力就会被削弱或者成为君主滥用权力的工具。各道的监察御史，在进行监察弹劾时，常常要受顶头上司的牵制，不能不有所顾虑。敢言之士，多遭受打击报复，难以腾达，虽然清王朝设置了重叠的监察机构，但最终没有给清朝带来清明的吏治。

嘉庆、道光时期：调整政策、颓势已现

嘉庆帝肃贪的最大功绩是铲除了和珅集团。嘉庆四年（1799）太上皇乾隆帝去世的第五天，嘉庆帝即发布上谕，逮捕和珅，宣布其大罪20条，抄家后，发现和珅的家产不下8亿两白银，平均每年搜刮的钱财相当于国库一年的收入。虽然国家除此大患，但整体来看，朝政颓势已现，贪污腐败现象则愈演愈烈，主要表现在河工积弊、漕运和盐法积弊上。

治河大事直接关系到国计民生，一直是清代朝政的重头戏，许多清廉、干练的官员都被派到河督任上。同时，由于河工经费特别多，河务官吏被普遍视为美差，上自河督，下至一般官吏，多是纳贿而得，上任以后利用水患，侵吞公帑，中饱私囊。嘉庆中叶，数年之内，河工靡费4000多万两，钦命大员清查，结果查出一大批犯有滥用虚靡、浮冒侵蚀等罪的官吏。贪渎极恶的河督陈凤翔则被锁拿起来，戴枷示众。道光年间，南河岁修经费五六百万两，实用于河口者不到十分之一，其余都被官吏们侵吞，河务官员的服饰、车马、饮食奢华程度令人瞠目。

漕运及盐运积弊的整顿。漕运一直是让清政府头疼的一件事，漕粮的征收、交纳、装卸、入仓等一系列过程，都要受到官吏们的重重盘剥、勒索，为贪黩重要的源头。直到道光五年（1825），由于黄河淤积，运河梗阻不通，花费了120多万两银

子疏浚，漕运仍不通，方有一批有远见的大臣们提议海运，比如陶澍，力主筹改海运事宜，取得了巨大成功。魏源撰写的《道光丙戌海运记》对此多有记载。但是直到20年后，道光二十六年（1846）才最后接受了海运的主张，实施海运。而此前漕运造成的亏空与贪渎再无人问起，给国家造成了多大的损失也没有人知道。盐课是国库收入的一项重要来源，与河工、漕运并称为三大弊政。道光年间，由于私盐泛滥，盐政已经糜烂到无以复加的地步。直至道光十二年（1832），陶澍提出政纲法属票盐法，使得盐政有了好转。陶澍也因为漕运、盐政改革的成功，成为清代中叶名噪一时的良臣廉吏。

咸同光宣时期：腐败益深、西学东渐

咸同至宣统时期，值得一提的是对江南浮粮的治理。江南一直是赋税殊重之地，当地出现许多抗粮不交的情况。在雍正六年（1728）清查亏空时，仅苏州一府就关押了1000多人，到了咸丰年间，苏州府能够实际得到的赋税，只有正额的四成。其间官员舞弊之事更是层出不穷，以致民怨沸腾。直至太平天国起义之后，曾国藩、李鸿章等出任两江总督之后，肃清贪官，并切实减税，江南地区重税才得以缓解，也是清末一件比较有实效的廉政举措。

但此时封建专制的肌体已经病入膏肓，又遇西方列强的侵略而至国势衰微，国家举债，民众受苦。各级官吏还要仰仗外国人的鼻息，看外国人的眼色行事，贪渎之风益盛，官场之败坏无以复加，确为一段不堪回首之岁月。面对日益衰败的国家，国之重臣们更多地开始反思政策的得失，于是有了光绪帝的戊戌变法，五大臣出国考察，但国家还是无可挽回地衰败了下去。此时，资产阶级改良派从西方引进了按照西方民主制度要求的倡廉思想和主张。其核心内容是议会民主和民权，强调人民的力量，反对专制。但是如何科学、有效地实施这些廉政主张，他们并没有能够给出答案。于是，中国这驾庞大的马车，在完全没有准备的情况下，由各方势力驾驶着冲向了近代。

纵观整个清代，其廉政体制主要有以下特点：

一、没能逃脱虎头蛇尾的历史“怪圈”

清代的廉政体制和廉政建设最大的特点就是虎头蛇尾。在某个朝代建国之初，统治者都会大规模整顿吏治，打击腐败力度非常之大，官员的清廉度也非常之高。随着时间的推移，打击腐败的力度逐渐减弱，官员贪污之风盛行，许多反腐肃贪措施也形同虚设，官僚体制腐败异常。官吏对百姓刻薄严峻，其阶级矛盾的激化与纵官虐民关系极大，绵延清代乾隆、嘉庆两朝的白莲教起义就是集中之体现，仁宗自已也承认：“此等教匪滋事，皆由地方官激成。”大臣尹壮图的奏章也说道：“吏治日见澄清，贼匪自然消灭。”可惜，政府并没能真正把百姓的利益置于首位，最终没能逃脱历史的怪圈，在多种因素的合力之下，最终亡国。

二、以考察高级官员为主

清代统治者结合前代的经验，对各级官员考察廉洁的重点放在中央部院大臣和地方督抚等高层官员身上，认为他们是能否使各级官员保持廉洁的关键。康熙十八年（1679），在对吏部的谕旨中指出了当时吏治问题上的六大弊端，并指出纠正这些弊端，首先要依靠大臣的廉洁和督抚的清正。康熙帝对于高级官吏在廉政方面的重要性一直有着清醒的认识，他说："大臣廉则总督巡抚有所畏惮，不敢枉法以行私，总督巡抚正则下属官吏操守自洁。""兵民依赖，全在将吏，而将吏表率，惟都抚提镇是视。诚使督抚提镇实能正己澄源，则所属守职奉公，禄足自赡，必无消兵民之事。"这项措施，被康熙以后的统治者们一直沿用，以致许多高级官员纷纷落马。这种政策，有力地打击了权钱交易、以权谋私的腐败现象。但是，高级官员往往掌握重权，彼此包庇，长期的"人情"文化使得"人治"往往取代"法治"，法律措施显得苍白无力，常常大打折扣，徇私枉法的情况也就难免。

三、清代的廉政制度建设的被动性增强，防范性大于建设性

清代廉政制度将很大一部分精力放在了"补牢于既往"，而不是积极地防患于未然，缺乏前瞻性。许多制度的制定和实施，其实是在问题发生后不得不采取的补救措施，这样就容易陷于被动局面。比如在河工、漕运和科考舞弊的问题上，都是问题出现了才开始补救，缺乏主动性和前瞻性。

四、宽容过当、用法不专，最终导致有法无行，有令不从

清代统治者深知明制严酷、独断之失，故清帝多施宽仁之政。自清世祖、圣祖起即认为治世之道以宽为本，讲求"敬慎庶狱，刑期无刑"。清代除文字狱以外，极少针对官吏大开杀戒。康熙之初，熊赐履曾经上书谈政务之要，恳请康熙帝兴王治，行德政，康熙帝对于这些建议，确能身体力行。以致顺康时期，清官廉吏多出于道德感召和修身洁己的信念之下，而非迫于刑罚威逼。以致顺康之公卿"儒雅谨厚，布在朝列，不可数计，此皆所谓薰德而良者"。不过，这种以宽养廉的措施得于教化而

失于法禁，法令松弛，宽容包纵之弊亦渐露痕迹。如徐乾学、高士奇两人，招权纳贿之名内外皆知，但康熙帝惜其文才不予追究。史称“圣祖在位六十年，政事务为宽大，不肖官吏，恒恃包荒，任意亏欠，上官亦曲相容隐，勒限追补，视为故事”。这些做法都对廉政有很大的消极作用。到雍正帝之时，才开始澄清弊政，整饬财政，整饬官吏，特别是“地丁银”和“养廉银”两项措施，以“永不加赋”宽济民生，以化私为公杜绝贿礼，对廉政实有益处。不过，雍正帝用法虽然严厉了许多，但整体来看，雍正帝在政务上仍然较为慎重平和。一方面励行法治，一方面慎用法律。

乾嘉时期，清朝进入全盛，但是法制日益弛坏，有律不能用，有法不能依，吏治随之腐败，大小官员视仕途为生财之道，视索贿为理所当然，风气浸淫，恬不为怪。对贪腐官员的处理也不够严厉，即使如和珅一案，所牵连的官员也并不太多，使平素趋附和珅者心无疑惧。洪亮吉形容当时官场风气道：“以模棱两可为晓事，以软弱为良图，以钻营为进取之阶，以苟且为服官之计。”至道咸之际，官风日败，法不举而令不行，遍地贪墨，其间虽有一二廉政忧国之士，而于大局无补。清末，官吏贪黩、法纪弛废，政局至此已无可收拾。

除宽容过当外，清代法律亦多有弊端。清代的法律特点是以例代律，即法律之外所有的条例详加酌定，以例为量刑办案的主要依据，规定“即有定例，则用例不用律”。例在法制上占优势，极易导致“各衙门书吏差役舞文作弊，结案生事”。胥吏贪黩、执法不严情况比比皆是。清初立法本意是“以德化民，以刑弼教”，更是要求官吏本身廉洁奉公。但是由于缺乏有效的道德规范来配合法律措施，又宽纵官吏导致虐待下民，加之以例代律，最终养成胥吏之奸。

清代的廉政制度具有这些特点有一个重要原因，即对传统儒学观念僵化的吸收。清初虽然倡导儒学，但又多次大兴文字狱，使得文化与政治之间被生生割裂开，成了截然不同的两件事，最终道德不张，刑法荒废。清朝皇帝突出强调官员的“忠”，清官廉吏的标准更多的是以忠君为上，清廉爱民只是忠君的一种外在表现，而且要服从于忠君这个大前提，贪赃枉法的官吏被治罪主要是因为不忠于皇帝，即“奸佞之臣”。比如嘉庆年间的王伸汉案中，李毓昌前往调查，山阳知县王伸汉行贿不成，便在饯行酒中下毒杀害了李毓昌。在这一案件中，嘉庆帝褒扬李毓昌的是他“忠”于皇帝，而不是清廉自律。再比如嘉庆帝惩办和珅，主要的罪名是他擅权跋扈，借太上皇之名义干预朝政。这种价值取向的转变，直接影响到廉政的标准和措施的实行，贪污官吏只要表现出“忠”，皇帝就可以网开一面，不甚追究，影响到了人们对于贪黩、廉洁的鉴别标准和认识。

（张伟丽）

于成龙

【原文】

于成龙，字北溟，山西永宁人。明崇祯间副榜贡生。顺治十八年，谒选，授广西罗城知县，年四十五矣。罗城居万山中，盛瘴疠，瑶、僮犷悍，初隶版籍。方兵后，遍地榛莽，县中居民仅六家，无城郭廨舍。成龙到官，召吏民拊循之，申明保甲。盗发即时捕治，请于上官，谳实即处决，民安其居。邻瑶岁来杀掠，成龙集乡兵将捣其巢，瑶惧，誓不敢犯罗山境。民益得尽力耕耘。居罗山七年，与民相爱如家人父子。牒上官请宽徭役，疏鹾引，建学宫，创设养济院，凡所当兴罢者，次第举行。县大治。总督卢兴祖等荐卓异。

康熙六年，迁四川合州知州。四川大乱后，州中遗民裁百余，正赋仅十五两，而供役繁重。成龙请革宿弊，招民垦田，贷以牛种，期月户增至千。迁湖广黄冈同知，驻岐亭。岐亭故多盗，白昼行劫，莫敢谁何。成龙抚其渠彭百龄，贳罪，令捕盗自赎。尝察知盗所在，伪为丐者，入其巢，与杂处十余日，尽得其平时行劫状。乃出，呼役械诸盗，具狱辞，骈缚坑之，他盗皆远窜。尝微行村堡，周访闾里情伪，遇盗及他疑狱，辄踪迹得之，民惊服。巡抚张朝珍举卓异。

十三年，署武昌知府。吴三桂犯湖南。师方攻岳州，檄成龙造浮桥济师。甫成，山水发，桥圮，坐夺官。三桂散伪劄遍湖北州县，麻城、大冶、黄冈、黄安诸盗，皆倚山结寨应三桂。妖人黄金龙匿兴宁山中，谋内乱。刘君孚者，尝为成龙役，善捕盗，亦得三桂劄，与金龙等结大盗周铁爪，据曹家河以叛。朝珍以成龙旧治得民心，檄往招抚。成龙诇知君孚虽反，众未合，犹豫持两端。兼程趋贼砦，距十里许止宿，榜示自首者免罪，来者日千计，皆贷之。先遣乡约谕君孚，降者待以不死。乃策黑羸往，从者二，张盖鸣钲，径入贼舍。呼君孚出见，叩头受抚，降其众数千，分立区保，籍其勇力者，督令进讨。金龙走纸棚河，与其渠邹君申往保山砦，成龙擒斩之。朝珍以闻，请复官，即擢黄州知府，上允之。

诸盗何士荣反永宁乡，陈鼎业反阳逻，刘启业反石陂，周铁爪、鲍世庸反泉畈，各有众数千，号东山贼，遥与湖口、宁州诸盗合，将趋黄州。时诸镇兵皆从师徇湖南，州中吏民裁数百，议退保麻城。成龙曰："黄州，七郡门户，我师屯荆、岳，转运取道于此。弃此不守，荆、岳且瓦解。"誓死不去。遂集乡勇得二千人，遣黄冈知县李经政攻阳逻，得鼎业诛之。士荣率贼数犯，自牧马崖分两路来犯。成龙遣千总[1]罗登云以千人当东路，而自当西路。令千总吴之兰攻左，武举张尚圣攻右，成龙力冲其中坚。战合，之兰中枪死，师少却；成龙策马冒矢石径前，顾千总李茂升曰："我死，汝归报巡抚！"茂升战甚力，尚圣自右出贼后，贼大败，生致士荣，槛送朝珍，遂进克泉畈。凡二十四日，东山贼悉平。十五年，岁馑，讹言复起。成龙修治赤壁亭榭，日与僚吏歗咏其中，民心大定。会丁继母忧，总督蔡毓荣奏请夺情视事。十六年，增设江防道，驻黄州，即以命成龙。

十七年，迁福建按察使。时郑成功迭犯泉、漳诸郡，民以通海获罪，株连数千人，狱成，当骈戮。成龙白康亲王杰书，言所连引多平民，宜省释。王素重成龙，悉从其请。遇疑狱，辄令讯鞫。判决明允，狱无淹滞。军中多掠良民子女没为奴婢，成龙集资赎归之。巡抚吴兴祚疏荐廉能第一，迁布政使。师驻福建，月征莝夫数万，累民，成龙白王罢之。

十九年，擢直隶巡抚，莅任，戒州县私加火耗[2]馈遗上官。令既行，道府劾州县，州县即讦道府不得馈遗挟嫌，疏请严定处分，下部议行。宣化所属东西二城与怀安、蔚州二卫旧有水冲沙压地千八百顷，前政金世德请除粮，未行，为民累；成龙复疏请，从之。又以其地夏秋屡被灾，请治赈。别疏劾青县知县赵履谦贪墨，论如律。二十年，入觐，召对，上褒为“清官第一”，因问剿抚黄州土贼状，成龙对：“臣惟宣布上威德，未有他能。”问：“属吏中亦有清廉否？”成龙以知县谢锡衮，同知何如玉、罗京对。复论劾赵履谦甚当，成龙奏：“履谦过而不改，臣不得已劾之。”上曰：“为政当知大体，小聪小察不足尚。人贵始终一节，尔其勉旃！”旋赐帑金千、亲乘良马一，制诗褒宠，并命户部遣官助成龙赈济宣化等处饥民。成龙复疏请缓真定府属五县房租，并全蠲霸州本年钱粮，均报可。是年冬，乞假丧母，优诏许之。

未几，迁江南江西总督。成龙先后疏荐直隶守道董秉忠、阜城知县王燮、南路通判陈天栋。濒行，复荐通州知州于成龙等。会江宁知府缺，命即以通州知州于成龙擢补。成龙至江南，进属吏诰诫之。革加派，剔积弊，治事尝至达旦。好微行，察知民间疾苦、属吏贤不肖。自奉简陋，日唯以粗粝蔬食自给。江南俗侈丽，相率易布衣。士大夫家为减舆从、毁丹垩，婚嫁不用音乐，豪猾率家远避。居数月，政化大行。势家惧其不利，构蜚语。明珠秉政，尤与忤。二十二年，副都御史马世济督造漕船还京，劾成龙年衰，为中军副将田万侯所欺蔽。命成龙回奏，成龙引咎乞严谴，诏留任，万侯降调。二十三年，江苏巡抚余国柱入为左都御史，安徽巡抚涂国相迁湖广总督，命成龙兼摄两巡抚事。未几，卒于官。

成龙历官未尝携家属，卒时，将军、都统及僚吏入视，惟笥中绨袍一袭、床头盐豉数器而已。民罢市聚哭，家绘像祀之。赐祭葬，谥清端。内阁学士[3]锡住勘海疆还，上询成龙在官状，锡住奏甚清廉，但因轻信，或为属员欺罔。上曰："于成龙督江南，或言其变更素行，及卒后，始知其始终廉洁，为百姓所称。殆因素性鲠直，不屑挟仇谗害，造为此言耳。居官如成龙，能有几耶？"是年冬，上南巡至江宁，谕知府于成龙曰："尔务效前总督于成龙正直洁清，乃为不负。"又谕大学士等曰："朕博采舆评，咸称于成龙实天下廉吏第一。"加赠太子太保，荫一子入监，复制诗褒之。雍正中，祀贤良祠。

选自《清史稿》卷二百七十七《于成龙传》

【注释】

①千总：官名。明初京军三大营置把总，嘉靖中增置千总，皆以功臣担任。以后职权日轻，至清为武职中的下级，位次于守备。

②火耗：碎银熔铸为锭时的损耗。

③内阁学士：清代内阁置内阁学士，位在大学士之下。

【译文】

于成龙，字北溟，山西永宁人，明崇祯年间副榜贡生。清顺治十八年（1661），于成龙被清廷授以广西罗城知县，这年于成龙刚四十五岁。罗城县四周群山环绕，恶性疟疾盛行，而当地瑶族与僮族人粗犷凶悍，他们刚归顺朝廷。在兵荒马乱之后不久，这里到处荆棘丛生，田园荒芜，县城中也仅有六户人家，也没有内、外城和衙署。于成龙走马上任后，立即抚慰本县官员和人民，重整保甲制度。对那些盗匪，只要他们出现，于成龙立即逮捕，立即审讯，呈上级批准后，即予处决。这样，数年来惶恐不安的人民终于可以安居乐业了。此外，罗城边境的瑶族人经常杀人抢劫，于成龙便集结民兵，准备一举捣毁他们的据点。至此瑶族人畏惧了，再也不敢来骚扰罗城边境。就这样，罗城的社会秩序又恢复了往日的平静，人民日出而作，日落而息，万事欣欣向荣。于成龙又向上级请求宽减人民的徭役，并整肃盐务，修建学校，又创建救济院等慈善机构，使百废俱兴。于成龙在罗城里做了七年县令，与人民建立了鱼水深情。因此，两广总督卢兴祖等以政绩卓异向朝廷举荐于成龙。

康熙六年（1667），于成龙升四川合州知州。由于四川屡经战乱，此时，合州只剩下一百多户人了，收取的地丁税仅十五两银子，而徭役却很繁重，人民困苦不堪。于是，于成龙请求上级革除这些相沿已久的弊端。为了促进农业生产的发展，于成龙又招募人民开垦荒地，让政府借给农民耕牛和种子。因此，人民纷纷返回家乡，一个月以后，合州的人口就增加到了一千户。

于成龙从合州卸任后，调任湖广黄冈同知，县治就在岐亭。历来岐亭的盗贼明火执仗，无人敢管。于成龙到任后，先设计安抚他们的头目彭百龄，并赦免其罪，之后，令他捕拿其他盗贼以将功赎罪。为了肃清盗匪，于成龙不顾生命危险，特扮作乞丐，深入盗匪的巢穴，与他们朝夕相处了十多天。因此，于成龙对他们抢劫行凶的情况摸得一清二楚。于成龙回来后，立即命衙役将他们全部捉拿归案，审讯定案后，报上级批准，将他们全部活埋了。其他盗贼闻此凶讯，都远逃他乡。平时，于成龙经常去民间微服私访，调查事情真相，了解人民疾苦。在遇到强盗恶棍和疑案时，他常按图索骥，将这些坏人立时逮捕，并且立时结案。于成龙办事之神速，让人叹为观止。为此，巡抚张朝珍亦以于成龙政绩卓异向朝廷举荐。

康熙十三年（1674），于成龙升任武昌知府。这时，吴三桂的叛军进犯湖南，清军开赴岳阳打击叛军。于成龙奉命修造浮桥以渡清军，但浮桥刚造成时，山洪便暴发，将桥冲垮。于成龙因此而被革职。吴三桂为争取更多人的支持，在湖北各州县到处散发传单，麻城、大冶、黄冈、黄安等地的盗贼，也试图响应吴三桂，形势十分严峻。黄金龙藏在兴宁县山中，伺机欲动。另一领袖刘君孚曾经是于成龙的部下，他善于捕拿盗匪，也得到了吴三桂的传单，因而便与黄金龙等联系大盗周铁爪，占据曹家河以起事。张朝珍知道于成龙先前深得民心，便想以他的这种威望，前往招抚这些人。经过侦察，于成龙知道刘君孚虽已起事，但由于人心涣散，刘君孚仍犹豫不决。鉴于此，于成龙昼夜兼程，赶到距叛军营寨十多里的地方停下来，在那里安民告示：自首者免罪。结果叛军每天有千余人来投降，这些人都以无罪释放。于成龙又派乡里的负责人告知刘君孚，只要他本人来投降，便可免死。之后，于成龙便亲自骑着一匹黑驴，带着两个随从，打着伞，敲着锣，直奔叛军据点。于成龙边走边高声喊道："君孚出来见我！"刘君孚深为感动，立即向于成龙叩头谢罪。这次投降的叛军达几千人。于成龙从这些投诚的叛军中挑选勇敢强壮者，并以一定编制，命令他们讨伐其他山寨的叛军。黄金龙逃到纸棚河，企图与邹君申一起逃往保山寨，结果被于成龙捉拿，并斩之。张朝珍因为于成龙平定叛军有功，又奏请朝廷恢复于成龙的官职并升为黄州知府。康熙帝同意。

此时，仍有几支叛军响应吴三桂：在永宁乡起事的何士荣，在阳逻起事的陈鼎业，在石陂起事的刘启业，在泉畈起事的周铁爪、鲍世庸，他们各有数千人马，试图与湖口、宁州等地叛军遥相呼应，而向黄州进军。此时各镇兵均已调往湖南戡乱，黄州城的军队和人民总共才几百人，敌众我寡，形势严峻。在此千钧一发之际，有人建议从黄州撤退，而守住麻城。对于这一错误主张，于成龙驳斥说："黄州是七郡的门户，是我屯驻荆州和岳州大清官兵军需转运之路。如放弃黄州，则荆州和岳州部队就会因无供给而土崩瓦解。"因此，于成龙誓与黄州共存亡，决不撤退。为解决兵源不足的问题，于成龙决定招募乡勇。因于成龙素负盛名，人们纷纷报名参加乡勇，很快就达到了两千人。于成龙派遣黄冈知县李经道率军攻打阳逻，俘虏叛军头目陈鼎业，斩之。何士荣率叛军在牧马崖兵分两路，屡次进攻。于成龙派千总罗登云率千人从东路迎击，自己则亲自从西路迎击。于成龙又命令千总吴之兰从左翼进攻，武举张尚圣从右翼进攻，于成龙向叛军主力进攻。最后，在几军混战中，千总吴之兰中枪而死，官军稍稍后退。在这千钧一发之际，于成龙无所畏惧，冒着密集的乱箭礧石策马前进。在危难中，于成龙对千总李茂升说："如果我战死，请你回去后就报告巡抚大人!"李茂升深受鼓舞，更加英勇奋战；张尚圣则从右边攻击叛军的后翼。因此，叛军大败，何士荣被俘，并被押往巡抚张朝珍处。官军乘胜追击，进而攻克泉畈。经过二十四天，东山叛军全部被镇压。康熙十五年

（1676），黄州又闹饥荒，谣言四起，人心惶惶。对此，于成龙又巧施妙计以安民心。他将赤壁亭榭楼阁修葺一新，每天便与同僚们在此啸歌吟咏，没有一点为饥荒而忧愁的样子，民心得以稳定。此时，于成龙继母去世，他请辞官回家守丧。鉴于黄州的情况，湖广总督蔡毓荣奏请戴职守丧。康熙十六年（1677），清政府增设江防道，于成龙被任命为江防道台，驻地在黄州。

康熙十七年（1678），于成龙被调任为福建按察使。当时郑成功屡次进犯泉州、漳州等地，当地以串通海盗罪而遭牵连的有几千人，他们全部被判处死刑。在这危急时刻，于成龙马上禀告康亲王杰书，说所牵连的大多是无罪的老百姓，应当将这些人释放。康亲王向来看重于成龙，就答应了他的请求。康亲王在遇到疑难案件时，就让于成龙来审讯。于成龙铁面无私，且断案神速。福建的军队中多有被抢来为奴婢的良家女子，于成龙便集资将她们赎买，让她们高高兴兴回家。巡抚吴兴祚上疏推荐于成龙是第一廉洁能干的官吏，遂迁任主管财赋和人事的布政使。福建的驻军每月征调为马铡草的人多达数万，成为当地人民的一项沉重负担。于成龙说服亲王取消了它。

康熙十九年（1680），于成龙被提拔为直隶巡抚。他到任后，便革除州县官吏私加火耗银以馈赠上司的陋习。政令发布后，道府一旦弹劾州县，州县便立即攻击道府是因为没得到火耗银而心怀不满。于成龙奏请康熙皇帝对他们严加处分，这一奏折下中央部院商讨施行。在宣化所管辖的东西两城和怀安、蔚州两地，有因水冲沙而荒芜的田地一千八百顷，前任直隶巡抚金世德曾上疏请求免征此粮税，没有成功，一直是人民的负担。于成龙接任后，又奏请之。这一次，康熙皇帝恩准了。又因为这里在夏季和春季多害灾，请求政府赈灾。他又上疏弹劾青县知县赵履谦贪污，结果赵履谦遭到法律的惩罚。康熙二十年（1681），于成龙进京觐见康熙帝。康熙帝称赞他是“天下第一廉吏”，并询问他一些镇压黄州叛军的情况，于成龙对答道：“臣除了将皇上的威德宣示于众，没有其他才能。”康熙帝又问：“你的下属中有没有清廉的人员？”于成龙说，有知县谢锡衮、同知何如玉、罗京等三人。康熙帝又提起他弹劾赵履谦甚好，于成龙回答说：“赵履谦有错误而不思悔改，我不得已才弹劾他。”康熙帝说：“处理政务当以大局为重，小聪明、小事情不必挂怀。”随即康熙帝又赏赐给于成龙一千两银子和自己所乘的良马一匹，而且作诗褒奖他，并命令户部派出官员协助于成龙赈济宣化等地的饥民。于成龙又奏请缓交真定府所管辖五个县的房租，并全部减免霸州当年应交的钱粮，都得到了康熙帝的批准。这年冬天，于成龙丧母乞假，康熙帝下诏许可。

不久，于成龙调江南江西总督。他离任前，先后上疏推荐直隶守道董秉忠、阜城知县王燮、南路通判陈天栋。临行时，他又推荐通州知州于成龙等。刚逢江宁知府缺员，康熙命即以通州知州于成龙擢补江宁知府。于成龙到了江南，就严厉约束下属官吏，革除各种苛捐杂税，除去多年的积弊，他工作常常通宵达旦。他喜欢微服私访，以了解民间疾苦和属下官员的好坏。他的生活十分简单，每天只以粗茶淡饭度日。而江南盛行奢靡之风，他率先穿粗布衣。为此，士大夫家减少自己的车辆和随从，刮掉墙壁上的红白涂料，嫁娶时不用音乐，有些豪门贵族带领全家逃往他乡。几个月后，于成龙的政令教化在江南推广，民风得到很大改变。有权势的人家因担心于成龙的举措损害自己的利益，便到处散布谣言。大学士明珠当政后，与于成龙更加不合。康熙二十二年（1683），副都御史马世济监造漕运船只后返回北京，弹劾于成龙因年老体衰，而被副将田万侯所欺骗蒙蔽一事。康熙帝命于成龙回奏，于成龙请求皇上严厉处罚自己并要引咎辞职。康熙帝下诏，让于成龙留在原任上，而田万侯则遭降职处分。康熙二十三年（1684），江苏巡抚余国柱被调任为左都御史，安徽巡抚涂国相升迁为湖广总督，康熙帝任命于成龙兼任江苏与安徽两省的巡抚。不久，于成龙死于任上。

于成龙多年做官，从未携带过家属。他死时，将军、都统和属下到他屋里，只看见竹箱中仅有一件粗丝绢袍子，床头仅有几个装盐、装豆豉的器皿罢了。为他的离世，市民不做生意聚丧痛哭，家家都挂上于成龙的画像以祭祀他。康熙帝赐祭葬礼，谥号为“清端”。内阁学士锡住勘测海岸线和沿海领土返回京城，康熙帝向他询问于成龙为官的情况，锡住回答说于成龙为官非常清廉，只是有时由于轻信下属，有时就被下属官员蒙蔽。康熙帝说：“于成龙为江南总督时，听说他改变了先前的操守，直到他死后，我才知道他始终秉公廉洁，为百姓们所称赞。只是由于他性格耿直，不屑于报复那些诬陷他的人，因此出现那样的说法。做官能像于成龙这样的人，有几个？”这年冬天，康熙帝巡视江宁，告诫江宁知府于成龙说：“你务必像前任总督于成龙那样正直廉洁，才不辜负我对你的期望。”又对大学士等说：“我综合四方对于成龙的评价，都说他是天下第一廉吏。”康熙帝加赠于成龙太子太保，封赏于成龙的一个儿子进入国子监，并作诗褒奖他。雍正时，于成龙在贤良祠中被祭祀。

【评述】

被康熙皇帝褒奖为“清官第一”的于成龙，在中国可谓是妇孺皆知。然而，古往今来，廉正者多矣，为何偏偏称其为“天下第一廉吏”呢？盖因于成龙身上，集中了千百年为官者的最优秀品质，体现出了为官为政的最高典范。一是智，如抓住叛部刘君孚的观望心理予以招抚、在饥馑战乱之时修亭吟诗以安定民心等，都体现出于成龙为官处事的大智慧。二是勇，如刘君孚是于成龙的旧部，然如今已叛，很可能对于成龙狠下毒手，可是他却毫无惧色，只身入贼窝，这需要多么大的勇气啊！再如黄州保卫战中，当乱军肆虐，乡勇都畏惧退缩时，于成龙仍在乱箭飞石中策马前冲，这种视死如归的精神又需要多少无畏之勇来支撑？三是勤，于成龙在任期间，勤于政事，革除积弊，为民造福，做了不少实事。他每到一处，都能受到当地老百姓的爱戴，其中很重要的原因就是他勤政的作风和平易的性格。因为勤政，于成龙甚至没能抽出时间好好奉养母亲，这也成为他毕生的一大憾事。不过，培养出这样一位优秀儿子的母亲一定不会怪罪于成龙的疏失，而会深深以他为豪的。四是俭，于成龙有两个绰号，一是“于青菜”，得名于他总以青菜佐食，而很少大鱼大肉；二是“于半鸭”，因为于成龙给来探望他的儿子仅以半只鸭子相送，可见平日之节俭。当他上任两江总督时，沿途地方对他本有接待之责，他却自雇毛驴，悄然上任，没有给地方造成一点经济负担。五是仁，于成龙虽断案无数，擒贼无数，然而他并没有大开杀戒，而是仅诛首要。因为他认为这些人多是穷苦百姓，迫于生计方为盗寇的。他用仁心而不是震慑感化了盗寇，当地风气为之一振。所有这些聚合起来，方凝结成于成龙这样一个千古流芳的崇高形象。

毛泽东曾说，一个人做点好事并不难，难的是一辈子做好事。我们也可以说，一个官能够廉洁并不难，难的是一辈子都廉洁。看看那些落马的贪官，谁在为官之初就一心向贪呢？再反观于成龙，如果说他在罗城县的廉洁还可能有当地本身艰苦而无以可贪的因素，等到肥沃富饶的江南任总督时，他还能做到廉洁，那很显然就是主观上自律的结果了。《论语》里孔子曾这样告诫季康子，“政者，正也。子帅以正，孰敢不正？”于成龙以自己的一生论证了这段话。先是正己，必须要廉洁自律，其次要正人，自廉很重要，但仅仅洁身自好还不够，还必须勇敢地与贪污犯罪作斗争。于成龙就是如此，他不是仅仅自洁操守，还敢于弹劾贪官墨吏。他的这些光辉事迹、斗争精神端正了官风吏治，醇正了社会风尚，给我们树立了一个崇高的榜样，鼓舞着那些有志于谱写壮歌的清官廉吏们克服困难、勇往直前。

（吴春丽注译　张袁月评述）

骆钟麟

【原文】

骆钟麟，字挺生，浙江临安人。顺治四年进士副榜[①]，授安吉学正[②]。十六年，迁陕西盩厔知县。为政先教化，春秋大会明伦堂，进诸生迪以仁义忠信之道。增删《吕氏士约》，颁学舍。朔望诣里社讲演，访耆年有德、孝弟著闻者，见与钧礼，岁时劳以粟肉。立学社，择民间子弟授以《小学》、《孝经》。饬保伍[③]，修社仓[④]。莅狱明决，所案治即势豪居间莫能夺，人畏而爱之。县城去渭不十里，钟麟行河畔，知水势将南浸，议自览家寨迤东开复故道，众难之。康熙元年夏，大雨，渭南溢，且及城，斋沐临祷，自跪水中，幸雨止，水顿减，徙而北流者数里。兼摄兴平、鄠两县，兴平豪右分为部党，前令不能治，廉得其状，收案以法。奏最，内迁北城兵马司[⑤]指挥，复出为西安府同知。

八年，擢江南常州知府。常州、县赋重，科条繁多，吏缘为奸。钟麟立法钩稽清逋，吏受成事而已。属邑岁例馈漕羡三千金，钟麟曰："利若金，如吾民何?"峻却之。诸漕卒咸敛手奉法。

初，钟麟在盩厔以师礼数造李颙[6]庐，至是创延陵书院，迎颙讲学，率僚属及荐绅学士北面听。问为学之要，颙曰："天下之治乱在人心，人心之邪正在学术。人心正，风俗移，治道毕矣。"钟麟书其言，终身诵之。已而江阴、靖江、无锡诸有司争礼致颙，颙为发明性善之旨，格物致知之说，士林蒸蒸向风，吏治亦和。

九年，大水，发仓廪，劝富人出粟赈，民无荒亡。十年夏，大旱，葛衣草履，步祷不应，责躬籥天，言知府不德累民，涕泣并下。寻丁母忧，伊秉绶乞留，不可。既归，连遭父丧，以毁卒。郡人论贤有司知治体必首推钟麟。先钟麟守常州者，祖重光、崔宗泰，皆有名。其后有祖进朝，政声尤著。重光官至天津巡抚。

选自《清史稿》卷四百七十六《骆钟麟传》

【注释】

①副榜：在会试和乡试中，在正式录取外，另外的备取生，也叫"备榜"。

②学正：地方学校学官名。明清州学设学正，掌教育所属生员。

③保伍：古代以五家为"伍"，又立"保"以相统摄。"保伍"指基层户籍编制。

④社仓：即义仓。古代为防荒年而在乡社设置的粮仓。始于隋代。其管理、发放等体制历代不一。

⑤兵马司：官署名。专理京城捕盗及斗殴等事。始建于元代。至元九年改千户所为大都路兵马司，明沿设五城兵马司。清制同。

⑥李颙（1627—1705）：明末清初人，字中孚，号二曲，又号土室病夫。李颙重视实学，反对空谈，提倡明体适用，被称为“海内大儒”。

【译文】

骆钟麟，字挺生，浙江临安人，顺治四年（1647）中进士副榜，被授予安吉学正。顺治十六年（1659），骆钟麟升为陕西盩厔知县。他在主政盩厔县时，以政治教化为先。在春季和秋季，骆钟麟就在明伦堂举行生员大会，并以仁义忠信之道教导他们。骆钟麟又修订《吕氏士约》，颁行各学校。每月初一和十五，他亲自下乡授课，并以平等之礼拜访德高望重的老者以及孝亲模范，在年底还要给这些人送去粮肉以示慰劳。骆钟麟修建学校，让平民百姓的子弟学习《小学》和《孝经》等。他又整饬乡里保甲等基本制度，修缮义仓。骆钟麟不畏权势，刚正不阿，在查案办案时，秉公办事，为百姓所敬畏。盩厔县城离渭河不到十里，有一次，骆钟麟到河边，根据水势推测出渭河将威胁南岸地区，因此，他建议从览家寨以东起开挖旧河道，但遭到反对。康熙元年（1662）夏季，大雨倾盆，渭河南岸洪水四溢，将要危及县城。此时，骆钟麟在斋戒沐浴后，亲自跪在水中祈祷雨停。苍天有灵，雨停了，洪水顿时削减，转向北流去几里远。骆钟麟在做盩厔知县时，又兼理兴平、鄠县两县的县政。其中，兴平县的豪强拉帮结派，互相倾轧，前任县令对此无能为力。骆钟麟查清事实真相后，将他们依法处置。在年终政绩考核时，骆钟麟列为上等。有关部门将此政绩奏报朝廷，因此，朝廷调骆钟麟任北城兵马司指挥，后他又出任西安府同知。

康熙八年（1669），骆钟麟被升为江南常州知府。由于常州地方官员自私自利，这里赋税沉重，科派条目繁多。骆钟麟到任后，设立相关考核法规，并清理拖欠赋税，要求各级官吏严格照章办事，因而杜绝了不正之风。另外，常州所辖各县每年都要上交漕银三千两，对此，骆钟麟以为："如此向钱看，怎么对得起老百姓?"他断然拒绝交纳。从此，各河漕官员都遵守法律，不敢再征收这种银两了。

当初，骆钟麟在做盩厔知县时，他几次以弟子之礼拜访著名学者李颙。到常州后，他创建延陵书院，并延请李颙来讲学，又亲自率领僚属和其他士子来听课。骆钟麟向李颙询问为学之关键，李颙说："天下是太平还是混乱，关键在于人心正否，而人心的正邪关键在于教化。如果人心齐归于正道，自然可以移风易俗，天下大治。"骆钟麟记下这句话，终身不忘。后来，江阴、靖江、无锡等地方官争相礼请李颙讲学。李颙为他们阐明了性善论和格物致知之学，使读书人沦肌夹髓，靡然从风，官场也日渐清明。

康熙九年（1670），常州遭洪灾。骆钟麟打开国家的粮仓救济人民，并劝导富人也拿出粮食来救灾，人民没有因水灾而死亡。康熙十年（1671）夏天，常州又发生旱灾。为此，骆钟麟身穿粗布衣，脚穿草鞋，步行祷告。但苍天不应，骆钟麟又向苍天请罪，说不要因为我这个知府才德不备而连累百姓，说完便潸然泪下。不久，骆钟麟的母亲去世。骆钟麟便辞官回家守孝，常州人民请求留任，没有同意。可骆钟麟回家后不久，父亲又去世了，骆钟麟终因父母双亡而过度悲痛去世。

每当常州人民谈起这里的好父母官时，大家都首推骆钟麟。在钟麟之前主政常州的知府有祖重光、崔宗泰二人，也有名声。在钟麟以后有祖进朝，其政绩更为卓越。后来，祖进朝官至天津巡抚。

（曹毛响注译）

侯抒愫

【原文】

河南侯户部抒愫，顺治壬辰进士。令潍县时，清操绝人。大贾郭某，陷于讼，荐绅为之请者以十数，侯闭阁不与通。同年某方守莱州，移书恁责，侯佯为莫解，复曰："滥竽作吏，旷职怀惭，苟有可以报朝廷、爱百姓者，教之，敢不惟命。"守意沮。方抒愫出宰，其兄抒恽语之曰："吾家世清白，若以一钱归，吾不复弟视若矣。"故愫以清节特闻，兄之教也。见田雯《古欢堂集》。康祺上书乞外，行作令矣。先兄履伯先生耿介方严，不后于抒恽，自两弟入仕，遣书勖责，口不言钱，余他日百里牵丝，计惟西江杯水，郁林片石，清操勉树，方足以承祖德而保兄风。书此聊自箴也。

选自《郎潜纪闻初笔》卷四《潍县令之清操》

【译文】

侯抒愫，河南人，顺治壬辰科（1652）进士，曾在户部做过官。他在做潍县县令时，其高尚的节操，无人能比。有一次，有人来侯抒愫处状告大商人郭某。为使郭某打赢这官司，有十多个官员来侯抒愫处说情，但侯抒愫一概不理。为此，侯抒愫的同年进士、莱州太守某人写信给侯抒愫，指责他不识时务。侯抒愫装作不明白这人意思的样子，回信说："由于本人才疏学浅，所以，做官只会旷废职事，滥竽充数。对此，本人已十分惭愧。如遵函教在下如何报效朝廷，如何爱护百姓，请告诉我，我定会唯命是从。"结果，太守讨了个没趣。当侯抒愫出任县令时，他的兄长侯抒恽对他说："我们家世代清白，你要是贪污了一文钱，我就不认你这个弟弟！"因此，侯抒愫之所以能以清正廉洁闻名，是其兄长谆谆教导的结果。其事见田雯《古欢堂集》。

我（陈康祺）上书请求外调，而调令已下。我的兄长履伯先生历来耿直严厉，亦不亚于侯抒恽。自从两个弟弟进入仕途，履伯先生常写信勉励劝诫，从不谈金钱。他日，我在外地做知县，想到唯有西江杯水，陆绩的玉林巨石，以及树立自己的清操，方能够继承祖宗的德泽而保持兄长的风骨。

我写以上这些话以自勉。

（陈鹏译文）

白登明

【原文】

白登明，字林九，奉天盖平人，隶汉军镶白旗。顺治二年拔贡[1]，五年，授河南柘城知县。时大兵之后，所在萑苻啸聚。登明治尚严肃，擒诸盗魁按以法，境内晏然。悯遗黎荒残，多方招抚，停止增派河夫，设条以劝耕读。十年，考最，擢江南太仓知州。厘赋税，除耗羡，雪诸冤狱，访察利弊，所摘发辄中。邻境有冤抑，赴愬上官，辄原下州为理。海滨居民因乱荡析，登明召民开垦，复成聚落。是年九月，海寇犯刘河堡，登明尽力守御，寇不得逞，遂退。十六年，海寇破镇江，由江宁败走，急攻崇明。巡抚蒋国柱治兵策应，欲遣告师期，莫敢前。登明独驾一艘夜半往，縋城入，众知援至，守益力，寇乃遁。

刘河北支有朱泾者，宋范仲淹新塘遗迹也，久淤塞。登明请于上官，疏凿五十里。巡按李森先知其能，复令大开刘河六十里，于是震泽在北诸水悉导入海，旱潦有备，为一郡利。先是寇急时，需饷无出，以云南协饷[2]应之，卒为大吏所劾落职。州民列治状请留，弗得，坐废二十余年。

康熙十八年，会台湾用兵，福建总督姚启圣、巡抚吴兴祚素知登明，代为入赀，疏荐，起授高邮知州。值岁旱蝗，继而大水，湖涨。决清水潭，筑堤御之。严禁胥吏克减，役者踊跃从事。次年复灾，再请蠲赈，劝富民分食，全活无算。时三藩初平，军檄犹繁。登明与民约，凡供亿驿夫，闻吹笳而至，免夺民时。上官有所征调，不轻给，然皆谅其清廉，亦无相督过者。以积劳卒官，贫无余赀，州人醵金以殓。入祀名宦祠，乡民多肖像立祠私祀焉。

选自《清史稿》卷四百七十六《白登明传》

【注释】

①拔贡：科举制度中选拔贡入国子监生员的一种。清初，定六年选拔一次，乾隆七年改为每十二年（即逢酉岁）一次。每县一人。由学政、总督、巡抚三院会考，贡入京师，称为拔贡生，简称拔贡。

②协饷：清代对地方贫瘠、收支不能平衡的省份，规定由税收富裕的省份拨款协助，叫做“协饷”。

【译文】

白登明，字林九，奉天盖平人，隶属汉军镶白旗。白登明于顺治二年（1645）入选拔贡，顺治五年（1648）出任河南柘城知县。当时战乱刚息，盗贼时常出没。白登明主政柘城时，严肃法治，他派遣衙役，将贼首擒拿归案后，依法处置，人民得以安宁。白登明怜悯人民在战后流离失所，田园荒芜，因而千方百计招揽安抚人民，如不再增派河工，制定章程来劝人民努力从事耕作，在空闲时多读书。顺治十年（1653），白登明的政绩考列上等，他擢升为江南太仓知州。下车伊始，白登明便整顿本州赋税，除去火耗羡余银两的交纳，昭雪冤案，并亲自查访时弊，刚正不阿、实事求是地处理案件。因此，其他州有冤情而向州官申诉的话，州官就引白登明所审案例为参考。沿海人民也因为战乱而妻离子散，为改变此状，白登明请人民回到家乡，安居乐业，慢慢地，这里又恢复了往日的繁荣。这年九月，海盗侵入刘河堡，白登明组织人马奋力防守，海盗不能得逞，只好撤退。顺治十六年（1659），海盗攻破镇江，后由江宁败逃。海盗败逃时，加紧进攻崇明岛。江宁巡抚蒋国柱率兵策应，想派人入崇明岛把官军发援兵日期告诉当地人民，但没人敢去送信。这时候，白登明独自驾一只小船，趁半夜时分出发，他用绳索攀城墙而入。岛上人民得知援兵将至，士气高涨，更加死力防守，海盗只好逃跑。

刘河向北有一条支流名叫朱泾，是北宋范仲淹所修新塘的遗迹，长期淤塞。白登明向上司请示，获同意后，把朱泾疏通了五十里。御使李森先知道白登明贤能，又要他大开刘河六十里，于是震泽以北的诸条河都东流入海，旱涝都有防备，因而造福了整个常州。当初，紧急剿匪时，兵饷没有着落，白登明就以云南协饷暂时代替，结果被上官参劾而罢职。为挽留白登明，常州人民将白登明在任内的政绩逐条列出，为其申冤，但没有被认可，因此，白登明离职二十余年。

康熙十八年（1679），清廷正在对台湾用兵。福建总督姚启圣、福建巡抚吴兴祚素来知道白登明贤能，便代他捐钱赎罪，并上疏朝廷予以保举推荐，朝廷便起用他为高邮知州。这时，高邮正发生旱灾和蝗灾，接着又发水灾，东湖湖水暴涨。为了抗洪，白登明命人开决东湖的清水潭泄洪，并修筑大堤来防洪。在修堤过程中，白登明严禁官吏克扣工匠和役人的钱粮，因此，人民争先恐后地来筑堤。第二年（1680），高邮又遇天灾，白登明又请朝廷免除人民的赋税，救济灾民。此外，他还劝导有钱人开仓救民。白登明的这些做法，使无数受灾的人存活下来。

当时三藩之乱刚刚平息，军事檄文往来频繁。白登明与百姓约定，凡是被抽调去驿站的夫役，只有在听到吹笳声后才去报到，以免侵扰农民的耕作时间。上级如果要征调什么，白登明不会轻易答应。上级官员也知道白登明素来是清正廉洁之人，也就不去计较了。最后，白登明因积劳成疾，卒于任上。他去世时一贫如洗，人们凑钱将他安葬。后来，白登明被供入名宦祠，高邮人民在家里多立塑像供奉他。

【评述】

纵观白登明的一生，其可圈可点者甚多，尤值得当今借鉴者主要有：

——“公”，即司法公正，刚正不阿。白登明在任时亲自调查走访，使多年的冤案得以昭雪。邻县有冤情，蒙冤者向上官申诉，上级就引用他所审案例以为凭据，可见白登明办案能力和公正程度已经达到了“判例”的水平。我们知道，公平正义是社会和谐稳定的基石，只有全社会讲究公平正义，人们的心情才能舒畅，各方面的社会关系才能协调，人们的积极性、主动性和创造性才能发挥出来。像白登明这样，既一身正气，又能力非凡，从司法环节上依法打击犯罪，维护正义，何愁社会不稳定、人心不安定？司法是社会公正的最后一道屏障，在今天，我们更要高度重视司法工作，更好地发挥司法惩恶扬善、定纷止争、伸张正义的作用，促进社会的和谐稳定。

——“勇”，即危急时刻，身先士卒。孔子把“勇”作为高尚完美的君子所应该具备的三种品质之一：“君子道者三，我无经能焉：仁者不忧，知者不惑，勇者不惧。”在贼寇攻击崇明，无人敢进城报信的情况下，白登明独身一人，自驾小船趁夜前往，借助绳索攀城墙而入。崇明守军知援兵将至，士气高涨，更加奋力防守，最终击退海盗。作为一名地方官员，白登明在危急时刻挺身而出，不顾生命危险，奔驰在一线，其勇实在可贵，因而他在普通士兵及老百姓心目中的崇高地位也就不言而喻了。

在中国传统文化中，真正的勇敢不是匹夫之勇，而是以仁义之心为基础的“仁智之勇”。在白登明的身上，这一点结合得非常完美——他以“仁爱”之心，体恤百姓，千方百计造福人民。在兵乱始平盗贼出没之时，他擒拿贼首，依法严惩，安定民心，促进稳定。他招抚流离失所的乡民，停止增派河工，设立约法来劝勉农业和教育。他兴修水利，造福地方。他积极治理旱、蝗、涝等灾，争取上级赈灾，减免赋税。他加强管理，严禁官吏克扣钱粮，等等。他能如此为百姓着想，为百姓生计百般考虑，在当时的官员中并不多见，这也是封建官员对孔子“仁者爱人”理念的很好体现。综观白登明的一生，他被免职时乡民为其请命，死后得到百姓供奉，也就顺理成章了。当今的为官者应从中体会到“以人为本”、“执政为民”的为政之道，以此作为从政追求的道德境界，并内化为一种理想信念。

（曹毛响注译　李焱评述）

朱之锡

【原文】

朱之锡，字孟九，浙江义乌人。顺治三年进士，改庶吉士，授编修。十一年七月，擢弘文院[1]侍读学士，四迁至吏部侍郎。十四年，杨方兴[2]乞休，上特擢之锡，以兵部尚书衔，总督河道，驻济宁。十五年十月，河决山阳柴沟，建义、马逻诸堤并溢。之锡驰赴清江浦筑戗堤，塞决口。宿迁董家口为沙所淤，就旧渠迤东别开河四百丈通运道。十六年，条上治河诸事，言："河南岁修夫役，近屡经奏减，宜存旧额。明制，淮工兼用民修，宜复旧例。扬属运道与高、宝诸湖相通，淮属运道为黄、淮交会，旧有各堤闸，宜择要修葺。应用柳料，宜令濒河州县预为筹备。奸豪包占夫役，卖富佥贫，工需各物，私弊百出，宜责司、道、府、厅查报，徇隐者以溺职论。额设水夫，阴雨不赴工，所扣工食，谓之旷尽，宜令管河厅道严核。河员升调降用，宜令候代始行离任。河员有专责，不宜别有差委。岁终察核举劾，并宜复旧例。"

皆下部议行。之锡丁母忧，命在任守制，疏请归葬，优诏给假治丧。十七年，还任。以捐金赈淮、扬、徐三府灾，加太子少保。

康熙元年，河决原武、祥符、兰阳县境，东溢曹县，复决石香炉村。之锡檄济宁道方兆及董曹县役，而赴河南督塞西阎寨、单家寨、时利驿、蔡家楼、策家寨诸决口。四年二月，疏言：“南旺为运河之脊，北至临清，南至台庄，四十余闸，全赖启闭得宜。濒河春常少雨，伏秋雨多，东省久旱，山泉小者多枯，大者已弱。若官船经闸，应闭者强之使开，泄水下注，则重运之在上者阻；应开者强之使闭，留水待船，则重运之在下者又阻。乞饬各遵例禁。”得旨，非奉极要差遣，擅行启闭者，准参奏。八月，疏言：“部议停差北河、中河、南河、南旺、夏镇、通惠诸分司，归并地方官。臣维河势变幻，工料纷繁，天时不齐，非水则旱，或绸缪几先，或补葺事后，或张皇于风雨仓遽之际，或调剂于左右方圆之间。北河所辖三千余里，其间三十余闸；中河所辖黄、运两河，董口尤运道咽喉，清黄交接，浊流易灌；南河所辖在淮、黄、江、湖之间，相距窎远；南旺、泉源三百余处，近者或出道隅，远者偏藏僻壤；夏镇地属两省，凿石通漕，形势陡绝，节宣闸座，尤费经营；通惠浮沙易浅，峻水易冲，塞决之役，岁岁有之。若云归并府佐，则职微权轻，上下掣肘。至于地方监司，责以终年累月奔驰驻守，揆之事势，万万不能。分司与各道界壤迥不相同，应合而分：一闸座也，上流以为应闭，下流以为应开；一额夫也，在此则欲求多，在彼又复患少。不但纷竞日多，必致牵制误事。应请仍循旧制。”得旨允行。五年二月，卒。

直隶山东河南总督朱昌祚[3]疏言：“之锡治河十载，绸缪旱溢，则尽瘁昕宵；疏浚堤渠，则驰驱南北。受事之初，河库贮银十余万；频年撙节，现今贮库四十六万有奇。核其官守，可谓公忠。及至积劳撄疾，以河事孔亟，不敢请告。北往临清，南至邳、宿，夙病日增，遂以不起。年止四十有四，未有子嗣。吁请恩恤，赐祭葬。”徐、兖、淮、扬间颂之锡惠政，相传死为河神。十二年，河道总督王光裕请锡封号，部议不行。乾隆四十五年，高宗南巡视河工，始允大学士阿桂等请，封助顺永宁侯，春秋祠祭。嗣加号曰“佑安”，民称之曰朱大王。

选自《清史稿》卷二百七十九《朱之锡传》

【注释】

①弘文院：清初“内三院”之一。顺治时，将翰林院裁撤，翰林院官分别并入“内三院”，原“内弘文院”改称“内翰林弘文院”。

②杨方兴：汉军镶白旗人，历官内秘书院学士、河道总督加太子太保，进兵部尚书。顺治中，主持河道工程，屡堵决口，修堤建闸。力主河水南行，维持旧局，请摒导河北流入海之说，被采纳。

③朱昌祚（1627—1667）：山东高唐人，汉军镶白旗人，字懋功，号云门。官至兵部尚书。

【译文】

朱之锡，字孟九，浙江义乌人。顺治三年（1646）进士，选庶吉士，散馆后授予编修。顺治十一年（1654）七月，朱之锡被提升为弘文院侍读学士，经过四次升迁后担任吏部侍郎。顺治十四年（1657），河道总督杨方兴退休，顺治皇帝特别提拔朱之锡任兵部尚书兼河道总督，驻扎在济宁。顺治十五年（1658）十月，黄河在山阳的柴沟决堤，建义、马逻等堤坝的洪水同时溢出。朱之锡迅速赶赴清江浦，修筑堤坝，堵住决口。宿迁董家口为沉沙所淤，便在旧渠以东另外开挖400丈长的疏浚河道。顺治十六年（1659），朱之锡向顺治帝奏报治理黄河的各种情况，说："这些年来，河南每年维护修理黄河的劳工数量，经多次奏请，已大大减少，应该保存原来的数量。恢复前明的老规矩，治理淮河，除国家出资外，老百姓也要承担一部分。扬州一带的运河，与高湖、宝湖等湖泊相通，淮河一带的运河是黄河和淮河的交会处，先前的那些堤坝、水闸，应该选择重要的进行修葺。汛期前，该用柳料的地方，即令河流所经，特别是濒河、临河两岸的州县预先准备。奸诈者、豪强包占工役，他们低价买进工程所需要的各种物资，又高价卖出，发洪水财。对这些弊端，应该严责司、道、府、厅各级政府检查上报。凡是发现官吏徇私舞弊，隐瞒不报的，以渎职罪从严论处。各地在黄河汛期守更的水夫，如果阴雨天不上堤值班，就扣除其薪俸，并责令管理河道的厅、道严格查核，及时撤换。河道官员升、调、降、用，应当到新任官员上岗时方可离开岗位。河道官员有专门的职责，不宜另有差事。每年年终经过一次考职，然后举行一次奖劾。这都应恢复旧的制度。”这些建议都下达六部中有关部去商议，并予施行。后来，朱之锡的母亲去世，顺治帝命令他在官守丧。但朱之锡请求回家安葬母亲，顺治帝特别下诏给予优待，准假回家治办丧事。顺治十七年（1660），朱之锡守制终，回任原来官职。他用捐纳来的银子赈济淮南、扬州、徐州等三府的灾害，顺治帝为他加封太子太保。

康熙元年（1662），黄河在原武、祥符、兰阳等三县境内决口，洪水向东涌入曹县，又使曹县的石香炉村堤坝决口。朱之锡命令济宁道方兆及带领曹县的相关人员，前往河南堵住西阎寨、单家寨、时利驿、蔡家楼、策家寨等处的决口。康熙四年（1665）二月，朱之锡上书说：“南旺湖是运河的背脊，北起临清，南到台庄，中间有40多扇闸门，完全依靠它开启和关闭得宜。濒临运河的地区春天常少雨，而三伏天则多雨。山东久旱，小山泉就多干枯了，大泉水的水量也大为减少。如果官船经过这些船闸，在该关闭的时候强行打开，泄水下注，那么上游的大船就要受阻；在该开启时候强行关闭，留水等船只到来，那在下游的大船就要受阻。请严格遵守。”康熙帝降旨，除非常时刻，擅自开关闸门者，允许弹劾。这年八月，朱之锡上书说：“部议停止北河、中河、南河、南旺、夏镇、通惠等各治河分司，而并入地方官。臣以为河道情况变幻莫测，用工用料纷繁复杂，气候也变化不定，不是水灾就是旱灾。如果不提前做好准备，有时要未雨绸缪，有时要亡羊补牢，有时要在狂风暴雨中匆忙抢修，有时要在周围调配材料。北河管辖有3000多里，其中有30多个水闸；中河管辖黄河、运河，董口尤其是运河的咽喉重地，黄河与淮河的汇合处，水道浑浊容易堵塞。南河管辖的地方在淮河、黄河、长江、太湖之间，相距遥远；南旺湖有泉水300多处，这些泉水，近的就在路旁，远的则在偏僻之处；夏镇属于河南、江苏两省管辖，在巨石上凿道通流，形势显绝闸门的开和关，尤其需要细心管理；通惠这个地方，浮沙容易聚集，大水容易冲垮，每年都发生阻塞或决堤的情况。如果这些事情归由地方管理，使这些官员成为州县的佐贰官员，则他们会职位低下、权力轻微，办事容易受到牵制。实事求是地说，合并后，要这些地方官成年累月地为治水而奔波，这是不可能做到的。其实，各分司和各州府的职责迥然不同：如同是一个闸门，上流以为应该关闭储水，下流以为应该开启泄水；再如对河道守护人员，在这里希望多点人，在那里又人员不够。如此相互牵扯，就会耽误事情。因此，臣恳请吾皇恩准恢复原来的规定。”康熙帝下诏同意。康熙五年（1666）二月，朱之锡辞世。

直隶山东河南总督朱昌祚上书说：“朱之锡治河十年，鞠躬尽瘁；其为疏通渠道、修筑堤坝，终年南来北往。他在上任之初，河库贮才10万余两；可他厉行节约，现已达46万多两。考查他的为官操守，可谓一心为公，忠心耿耿。由于他长年南北奔波，遂积劳成疾，但因为河务紧急，他不敢告假休息。他北往临清，南到邳州、宿迁，旧病日渐严重，终于离世。可他年仅44

岁，连子孙后嗣也没有。今臣恳请求皇上恩恤，赐其祭葬花费、用具。”朱之锡死后，徐州、兖州、淮河、扬州的人们歌颂他的惠政，传说他死后成为了河神。康熙十二年（1673），河道总督王光裕请求皇上赐朱之锡封号，相关部院裁定不行。乾隆四十五年（1780），乾隆皇帝南巡视察河工，才允许大学士阿桂等人的请求，封朱之锡为“助顺永宁侯”，每年春天、秋天两次祭祀。后又追加封号“佑安”，民间则称他为“朱大王”。

【评述】

朱之锡，浙江义乌人，24 岁便中进士。八年后，升弘文院侍读学士，经过四次升迁后担任吏部侍郎。35 岁时，以兵部尚书头衔，担任河道总督。从此开始管理大运河、淮河、黄河等河道事务，可谓少壮高官，春风得意。然此公不骄不躁、不卑不亢，怀抱“上报皇恩、下济黎民”的夙愿，兢兢业业，鞠躬尽瘁。他实地考察，深究水患，改革其弊制，以最佳策略治水。他在治理这三大河流中，取得了可观的成绩。因积劳成疾，无暇医治，44 岁时便英年早逝。通读本传，朱之锡“忠于职守”的敬业精神、“注重调查研究”的工作方法和“改革弊制”的创新勇气，是非常值得我们尊敬和学习的。

黄淮地区，是中国的粮仓，而水患是这里最大的灾难。历朝历代，莫不如此。古有大禹治水、李冰治水等。今有毛泽东同志“一定要治理淮河”、“一定要治理黄河”的指示。建国六十年，我国始终把水患治理当成要事来抓，并取得了辉煌成绩。在这里，我们且看清代人朱之锡的治水方略。首先，他平时“绸缪旱溢”，广备工料，防患于未然。一遇水患，他亲临现场，观察水势，了解河、湖、沟、渠之间的源流关系，继而采取相应合理方式，宜堵则堵，宜疏则疏。其次，一切以有利于消除水患、利于群众生命财产安全为出发点。朱之锡对当时的管理体制、管理机制进行改革，该恢复旧制度则恢复之，该制定新制度则制定之，且严格执行。同时，调节好河流上游、中游和下游的利益关系，调节好河道官员与地方官员的关系。第三，对治河资金，做到洁身自好，开源节流。结果，十年期间，河库储备银两增加了四倍。他廉能兼备，实为干臣。

（申妙注译　李森评述）

汤　斌

【原文】

汤斌，字孔伯，河南睢州人。明末流贼陷睢州，母赵殉节死，事具《明史·列女传》。父契祖，挈斌避兵浙江衢州。顺治二年，奉父还里。九年，成进士，选庶吉士，授国史院检讨。

方议修《明史》，斌应诏言：“《宋史》修于元至正，而不讳文天祥、谢枋得之忠；《元史》修于明洪武，而亦著丁好礼、巴颜布哈之义。顺治元、二年间，前明诸臣有抗节不屈、临危致命者，不可概以叛书。宜命纂修诸臣勿事瞻顾。”下所司。大学士冯铨、金之俊谓斌奖逆，拟旨严饬，世祖特召至南苑慰谕之。

时府、道多缺员，上以用人方亟，当得文行兼优者，以学问为经济，选翰林官，得陈爌、黄志遴、王无咎、杨思圣、蓝润、王舜年、范周、马烨曾、沈荃及斌凡十人。

斌出为潼关道副使。时方用兵关中，征发四至。总兵陈德调湖南，将二万人至关欲留，斌以计出之，至洛阳哗溃。十六年，调江西岭北道。明将李玉廷率所部万人据雩都山寨，约降，未及期，而郑成功犯江宁。斌策玉廷必变计，夜驰至南安设守。玉廷以兵至，见有备，却走；遣将追击，获玉廷。

斌念父老，以病乞休，丁父忧。服阕，闻容城孙奇逢讲学夏峰，负笈往从。康熙十七年，诏举博学鸿儒，尚书魏象枢、副都御史金鋐以斌荐，试一等，授翰林院侍讲，与修《明史》。二十年，充日讲起居注官、浙江乡试正考官，转侍读。二十一年，命为《明史》总裁官，迁左庶子。二十三年，擢内阁学士。江宁巡抚缺，方廷推，上曰："今以道学名者，言行或相悖。朕闻汤斌从孙奇逢学，有操守，可补江宁巡抚。"濒行，谕曰："居官以正风俗为先。江苏习尚华侈，其加意化导，非旦夕事，必从容渐摩，使之改心易虑。"赐鞍马一、表里十、银五百。复赐御书三轴，曰："今当远离，展此如对朕也！"十月，上南巡，至苏州，谕斌曰："向闻吴阊繁盛，今观其风土，尚虚华，安佚乐，逐末者多，力田者寡。尔当使之去奢返朴，事事务本，庶几可挽颓风。"上还跸，斌从至江宁，命还苏州，赐御书及狐腋蟒服。

初，余国柱为江宁巡抚，淮、扬二府被水，国柱疏言："水退，田可耕，明年当征赋。"斌遣覆勘，水未退即田，出水处犹未可耕，奏寝前议。二十四年，疏言：

“江苏赋税甲天下，每岁本折五六百万。上命分年带征漕欠，而地丁钱粮，自康熙十八年至二十二年，五年并征。州县比较，十日一限。使每日轮比，则十日中三日空闲，七日赴比。民知剜补无术，拌皮骨以捱征比；官知催科计穷，拌降革以图卸担。恳将民欠地丁钱粮照漕项一例，于康熙二十四年起，分年带征。”又疏言：“苏、松土隘人稠，而条银漕白正耗以及白粮经费漕剩五米十银，杂项差徭，不可胜计。区区两府，田不加广，而当大省百余州县之赋，民力日绌。顺治初，钱粮起存相半，考成之例尚宽。后因兵饷急迫，起解数多，又定十分考成之例。一分不完，难逭部议。官吏顾惜功名，必多苟且。参罚期迫，则以欠作完；赔补维艰，又以完为欠。百姓脂膏已竭，有司智勇俱困。积欠年久，惟恃恩蠲。然与其赦免于追呼既穷之后，何若酌减于征比未加之先。恳将苏、松钱粮各照科则量减一二成，定适中可完之实数，再将科则稍加归并，使简易明白，便于稽核。”又请蠲苏、松等七府州十三年至十七年未完银米，淮、扬二府十八九两年灾欠，及邳州版荒、宿迁九厘地亩款项，并失额丁粮，皆下部议行。九厘地亩款项，即明万历后暂加三饷，宿迁派银四千三百有奇，至是始得蠲免。

淮、扬、徐三府复水，斌条列蠲赈事宜，请发帑五万，籴米湖广，不俟诏下，即行咨请漕运总督徐旭龄、河道总督靳辅分赈淮安。斌赴清河、桃源、宿迁、邳、丰诸州县察赈，疏闻，上命侍郎素赫助之。先后奏劾知府赵禄星、张万寿，知县陈协濬、蔡司霑、卢綖、葛之英、刘涛、刘茂位等。常州知府祖进朝以失察属吏降调，斌察其廉，奏留之。又疏荐吴县知县刘滋、吴江知县郭琇廉能最著，而征收钱粮，未能十分全完，请予行取。下部皆议驳，特旨允行。

斌令诸州县立社学，讲《孝经》、《小学》，修泰伯祠及宋范仲淹、明周顺昌祠，禁妇女游观，胥吏、倡优毋得衣裘帛，毁淫词小说，革火葬。苏州城西上方山有五通神祠，几数百年，远近奔走如鹜。谚谓其山曰“肉山”，其下石湖曰“酒海”。少妇病，巫辄言五通将娶为妇，往往瘵死。斌收其偶像，木者焚之，土者沉之，并饬诸州县有类此者悉毁之，撤其材修学宫。教化大行，民皆悦服。

方明珠用事，国柱附之。布政使龚其旋坐贪，为御史陆陇其所劾，因国柱贿明珠得缓；国柱更欲为斌言，以斌严正，不得发。及蠲江南赋，国柱使人语斌，谓皆明珠力，江南人宜有以报之，索赇，斌不应。比大计，外吏辇金于明珠门者不绝，而斌属吏独无。

二十五年，上为太子择辅导臣，廷臣有举斌者。诏曰：“自古帝王谕教太子，必简和平谨恪之臣，统率宫僚，专资辅翼。汤斌在讲筵时，素行谨慎，朕所稔知。

及简任巡抚，洁己率属，实心任事。允宜拔擢，以风有位。”授礼部尚书，管詹事府事。将行，吴民泣留不得，罢市三日，遮道焚香送之。初，靳辅与按察使于成龙争论下河事，久未决。廷臣阿明珠意，多右辅。命尚书萨穆哈、穆成额会斌勘议，斌主浚下河如成龙言。萨穆哈等还京师，不以斌语闻。斌至，上问斌，斌以实对。萨穆哈等坐罢去。

二十六年五月，不雨，灵台郎董汉臣上书指斥时事，语侵执政，下廷议，明珠惶惧，将引罪。大学士王熙独曰：“市儿妄语，立斩之，事毕矣。”斌后至，国柱以告。斌曰：“汉臣应诏言事无死法。大臣不言而小臣言之，吾辈当自省。”上卒免汉臣罪。明珠、国柱愈恚，摘其语上闻，并摭斌在苏时文告语，曰“爱民有心，救民无术”，以为谤讪，传旨诘问。斌惟自陈资性愚昧，愆过丛集，乞赐严加处分。左都御史璙丹、王鸿绪等又连疏劾斌。会斌先荐候补道耿介为少詹事，同辅太子，介以老疾乞休。詹事尹泰等劾介侥幸求去，且及斌妄荐，议夺斌官，上独留斌任。国柱宣言上将隶斌旗籍，斌适扶病入朝，道路相传，闻者皆泣下。江南人客都下者，将击登闻鼓讼冤，继知无其事，乃散。

九月，改工部尚书。未几，疾作，遣太医诊视。十月，自通州勘贡木归，一夕卒，年六十一。斌既卒，上尝语廷臣曰：“朕遇汤斌不薄，而怨讪不休，何也？”明珠、国柱辈嫉斌甚，微上厚斌，斌祸且不测。

斌既师奇逢，习宋诸儒书。尝言“滞事物以穷理，沉溺迹象，既支离而无本；离事物而致知，隳聪黜明，亦虚空而鲜实。”其教人，以为必先明义利之界，谨诚伪之关，为真经学、真道学；否则讲论、践履析为二事，世道何赖。斌笃守程、朱，亦不薄王守仁。身体力行，不尚讲论，所诣深粹。著有《洛学编》、《潜庵语录》。雍正中，入贤良祠。乾隆元年，谥文正。道光三年，从祀孔子庙。

选自《清史稿》卷二百六十五《汤斌传》

【译文】

汤斌，字孔伯，河南睢州人。明末流寇攻陷睢州时，汤斌的母亲赵氏殉节而死，其事迹见《明史·烈女传》。汤斌的父亲汤契祖为躲避战乱，带着汤斌来到浙江衢州。顺治二年（1645），汤斌陪父亲回到家乡。顺治九年（1652），汤斌考中进士，选为庶吉士，被授予国史院检讨官职。

当时正准备编修《明史》。汤斌建议说：“《宋史》在元朝至正年间编修，没有忌讳文天祥、谢枋得的忠贞不屈；《元史》在明朝洪武年间编修，照样记载了丁好礼、巴颜布哈等人信守道义。对在顺治元年（1644）和顺治二年（1645）两年中，为气节而宁死不屈的前明大臣，不能一概以叛臣来记载，而应让纂修大臣秉笔直书，不要瞻前顾后，顾虑太多。”大学士冯铨、金之俊认为汤斌褒奖叛逆，准备拟旨严斥。顺治帝不但没有批评他，还特意请汤斌到南苑，给予一番安慰。

当时朝廷正缺少府、道等地方官员。顺治帝以为，此乃人才匮乏之时，但仍以学济天下、品学兼优的标准来选取外任官员。于是，以此为标准，顺治帝选出陈爌、黄志遴、王无咎、杨思圣、蓝润、王舜年、范周、马烨曾、沈荃、汤斌等十位翰林院官员出任外官。

汤斌出京任潼关道副使。当时清军正对关中用兵，四处的征兵云集于此。总兵陈德调任湖南，他带领的两万人准备在潼关停留，汤斌设计使他离开，结果军队到了洛阳时哗变溃散。顺治十六年（1659），汤斌调任江西岭北道道台。而南明将领李玉廷正率领部下万人占据雩都山寨，准备向汤斌投降。但没到归降日，郑成功进攻江宁。汤斌估计李玉廷一定会改变计划，于是率兵连夜赶往南安设防。果然，李玉廷率兵到后，见有防备，立刻逃跑。汤斌派兵追击，俘虏了李玉廷。

汤斌念及父亲年老，就以自身有病为由，请求辞去官职。后来汤斌的父亲去世，汤斌便为父守丧。守丧期满后，汤斌听说容城孙奇逢在夏峰讲学，便到夏峰拜他为师。康熙十七年（1678），皇帝下诏开博学鸿儒科以取士，刑部尚书魏象枢、副都御史金鋐推荐汤斌参加考试，结果，汤斌考取了第一等的成绩，被授予翰林院侍讲，参加《明史》的撰写工作。康熙二十年（1681），汤斌担任日讲起居注官、浙江乡试正考官，后来升为翰林院侍读。康熙二十一年（1682），汤斌被任命为《明史》总裁官，后又升为詹事府左庶子。康熙二十三年（1684），汤斌被提升为内阁学士。其时，江宁巡抚空缺，朝廷要大臣推荐人选，康熙帝晓谕群臣说：“现在有些以道学著名者，言行不一。

朕听说汤斌跟随孙奇逢学习，操守特好，可使他补江宁巡抚。”汤斌临行赴任时，康熙帝对他说：“做官应当首先纠正风俗。江苏有崇尚奢侈的习俗，你去了以后，应当认真教化引导民众。不过，这不是一朝一夕的事，一定要慢慢实施，让民众改变原有的观念。”随即，康熙帝赏赐他一匹马和鞍、十块衣料及五百两银，又赐给他亲笔题字三幅，说：“现在你远离京城了。到江宁后，你展开此字画，就跟看见朕一样。”这年十月，康熙帝南巡到苏州，对汤斌说：“以前听说苏州繁华，现在看这里的风土人情，确实贪图享受，崇尚虚华，从商的人多，力田的人少。你应当帮助他们除去这些不好的习惯，让他们返璞归真。你们做每件事情都应从根本着眼，以挽救颓废的风气。”康熙帝返回时，汤斌跟随他到江宁。康熙帝命他返回苏州，并赏赐他亲笔题字以及用狐腋做成的绣蟒官服。

起初，余国柱担任江宁巡抚时，淮安、扬州两地遭受水灾。余国柱上疏说：“水退以后，田地还可以耕种，明年应当继续征收赋税。”汤斌派人重新勘察，发现水并没有退去，露出水面的田地也无法耕种，于是上疏请求废除了余国柱所提的建议。康熙二十四年（1685），汤斌上疏说：“江苏的赋税是全国最多的，每年的本征和折征共有五六百万两银子。请皇上下令，分作若干年征收，并且附带征收以前的漕粮欠额。而地丁钱粮自康熙十八年（1679）至二十二年（1683）五年一起征收。按照州县的统计，十天为一期，如果每天轮流的话，那么十天中只有三天空闲，七天都要轮到。百姓无计可施，不惜舍命拖延征收；官吏知道无法催征赋税，也宁可被降职、革职，以卸掉老百姓的负担。臣恳请皇上将百姓拖欠的地丁银，借鉴漕粮的收法，从康熙二十四年（1685）起，分为若干年附带征收。”汤斌又上疏说：“苏州、松江土地狭小，人口稠密，而条银、漕白、正耗以及白粮经费漕剩等五米十银，以及杂项差役，多的无法统计。这两个小地方，土地没变得更为宽广，却承担着与大省百余个州县不相上下的赋税，百姓的人力、财力一天比一天差。顺治初年，上缴的钱粮和农民自己存留各一半，考核官吏的办法较为宽松。后来由于军饷告急，上缴的数额增多，还规定了十分严厉考核的办法。一分完不成，难免被户部议罪。官吏为了自己的功名，做出很多苛刻的事情。一旦参奏、惩罚的时间临近，便把拖欠说成完成；一旦赔补拖欠困难，又把完成说成是拖欠。民脂民膏被耗尽，各级官吏的能力无法发挥，欠交赋税拖的时间久了，只能盼望皇上施恩豁免。与其在穷追之后赦免，不如在加征之前酌情减征。我恳请皇上将苏州、松江的钱粮依照征收规程的标准减少一二成，规定适度能够完成的数量，把征收项目合并起来，让它简易明了，便于核查。”汤斌又请求康熙帝免征苏州、松江等七府于康熙十三年（1674）至康熙十七年（1678）欠征的银米，淮安、扬州二府于康熙十八年（1679）、康熙十九年（1680）两年受灾造成的欠额，还有邳州荒地、宿迁九厘地亩款项和流失的额丁粮。对于汤斌的这些奏请，康熙帝将其下发到户部去讨论并施行。九厘地亩款项，指的是明朝万历后暂时加征的三种饷额，宿迁派银四千三百两有余，到这时才得以免征。

淮安、扬州、徐州三府又一次遭受水灾，汤斌详细列举免征以及救灾事项，请求国库发银五万两，在湖广购米进行救济。没等到圣旨颁布下来，汤斌便发文给漕运总督徐旭龄、河道总督靳辅，请他们帮助救济淮安。汤斌奔赴清河、桃源、宿迁、邳州、丰县等州县视察赈灾情况。他的上疏上报到朝廷之后，康熙帝派侍郎素赫前去协助他。汤斌先后弹劾了知府赵禄星、张万寿，知县陈协濬、蔡司霑、卢綖、葛之英、刘涛、刘茂位等人。常州知府祖进朝由于失察属吏而被降职调离，汤斌了解到他为人廉洁，奏请将他留任。汤斌又上疏推荐吴县知县刘滋、吴江知县郭琇，虽然他们征收钱粮没能按照十分的要求全部完成，但是他们廉洁有才，请调他们入京任职。汤斌的奏疏下到吏部讨论后全被驳回。康熙帝特意下旨，批准按照他的奏折办理。

汤斌下令各州县设立社学，讲解《孝经》及《小学》等传统学问；修筑太伯祠堂和宋代范仲淹、明代周顺昌的祠堂；禁止妇女抛头露面；官府小吏、从事唱歌跳舞行业的人不得穿皮衣和丝织品；焚毁淫词小说；革除火葬。苏州城西的上方山有座五通神祠，几百年来，远近的人趋之若鹜地前往参拜。民间把那座山称为“肉山”，山下的石湖称为“酒海”。年轻的女子患了病，巫婆动不动便说是因为五通神要娶她为妻，导致患病女子病死。汤斌下令没收五通神的塑像，把其中的木质塑像烧掉，石质塑像沉到湖中，并下令要求各州县类似这种的祠堂全部拆毁，并把拆除所得的材料用于学校的修筑。这之后，教化普遍推行，百姓都心悦诚服。

当时，明珠掌权，余国柱攀附明珠。江苏布政使龚其旋贪污，被御史陆陇其弹劾，因为余国柱贿赂了明珠，龚其旋得以逃脱；余国柱想在汤斌这里说情，但是因为汤斌严厉正直，没有达到目的。当朝廷免征江南赋税时，余国柱派人告诉汤斌，说这都是明珠的功劳，江南百姓应当为此对他有所报答，向汤斌索要贿赂，汤斌不予理睬。等到官员考核的时候，带着金银财宝来明珠家拜访的各省官员络绎不绝，唯独没有汤斌的属下。

康熙二十五年（1686），康熙帝为太子选择辅导大臣，大臣中有人推荐汤斌。康熙帝下诏说：“自古帝王教育太子，一定要选择谨慎、恭敬的大臣，统领宫僚，专门辅佐协助太子。汤斌担任翰林院讲官的时候，一向行为谨慎，这是我熟知的。他选任江宁巡抚以后，行为廉洁，办事踏实。应当提拔，用来激励在位者。”于是授予汤斌礼部尚书的官职，让他管詹事府事。汤斌离开赴京的时候，苏州百姓哭泣挽留不成，停市三天，满街巷烧香为他送行。起初，靳辅与按察使于成龙争论黄河下游治理之事，长时间没有结果。朝臣为了迎合明珠的想法，大多推崇靳辅。康熙帝下令尚书萨穆哈、穆成额同汤斌一起调查拿出意见，汤斌主张疏通下游，与于成龙的意见相同。萨穆哈等回到京师，没有将汤斌的意见报告皇帝。汤斌到京城后，康熙帝询问汤斌，汤斌将实情告诉了皇帝。萨穆哈等被罢官离去。

康熙二十六年（1687）五月，一直没有下雨，钦天监灵台郎董汉臣上疏，触及当权者。康熙帝将此疏下到朝臣中讨论，明珠很惊恐，以为要招罪。只有大学士王熙一人表示：“市井小人胡言乱语，应当立即斩首，事情就解决了。”汤斌来了以后，余国柱将这一情况告诉了他。汤斌说：“董汉臣根据诏旨议论朝政，不应处死。大臣们不敢直言而小臣敢言，我们应当自我检讨。”康熙帝终于免除了董汉臣的罪。而明珠、余国柱更加恨汤斌，于是，他们摘录他的一些言论上报康熙帝，并找出汤斌在苏州发布文告中的话“爱民有心，救民无术”，说这是诽谤朝廷。康熙帝下旨责问，汤斌说自己天资愚昧，过错很多，要求接受严厉处分。左都御史璙丹、王鸿绪等又接连上疏弹劾汤斌。汤斌之前推荐候补道耿介担任少詹事，一同辅佐太子，耿介以年老多病请求辞官。詹事尹泰等弹劾耿介请求辞官有其他的目的，并且弹劾汤斌胡乱推荐，要求革去汤斌的官职，只有康熙帝让汤斌留任。余国柱散布谣言说，皇上要将汤斌纳入八旗户籍，正好汤斌带病入朝，精神不振，于是传言越传越广，听说的人都哭泣落泪。住在京师的江南人，要击鼓为汤斌鸣冤，后来得知没有这回事，这才离去。

这年九月，汤斌改任工部尚书。没多久，疾病发作，康熙帝派太医诊治。十月，汤斌从通州勘察外地进贡的木料回来，一夜之间便病故，享年六十一岁。汤斌去世后，康熙帝曾经对朝臣说："我待汤斌不薄，而朝中对他的怨恨、诽谤却不断，这是为什么？"明珠、余国柱等人特别嫉恨汤斌。要不是康熙帝厚待汤斌，汤斌会大祸临头。

汤斌以孙奇逢为师，学习宋代诸儒的著作。他曾说过："对事物要穷究其中的道理，如果局限在事务的表象而不去深悟，对事物的了解就会支离破碎而且不能掌握其中的本质内容；如果不接触具体事务想要了解它，实际上屏蔽了自己的眼界，同样也是空虚不符合实际情况的。"他教育人，认为一定要先弄清义与利的界限，谨慎对待诚实和虚伪的关系，研究真正的经学和道学，不然的话，把理论和实践分开，对社会风气没有任何好处。汤斌坚守程、朱之学，也没有轻视王守仁的心学，他身体力行，不崇尚空谈，造诣精深，著有《洛学编》、《潜庵语录》等。雍正时，他的牌位供奉在贤良祠。乾隆元年，汤斌被谥"文正"。道光三年（1823），汤斌在孔子庙里被随从附祀。

【评述】

汤斌确实为清代官吏中不可多得的清官。其“清”，一则表现在他的生活起居上。他在担任高官之后，仍能过着粗茶淡饭的生活，甚至其子因为偷偷地买了一只鸡就受到他的申饬，为此，负责买鸡的仆人也被赶出他的官邸。同时，他不接受任何馈送，也不奔走于权贵之门，敢于直言、秉公办理，不惜得罪同僚。如他在修订《明史》的过程中，敢于为明朝遗民辩护，这在当时来说，怕是冒着杀头的风险。他为秉公上书言事而触犯朝贵的御史辩护，这种敢于直言、秉公办事的态度，必然招致朝贵的嫉恨，因而使其在清廷多次受到反对派的弹劾、奏参。汤公则安之若素。其“清”之二，表现于他对民间疾苦的关心。他能在巡抚余柱国对百姓提出不合理的主张时不随声附和，而是在深入地实际调查之后，提出自己的看法，使百姓免于官吏的盘剥。他也能为百姓承担不合理的赋税表达不满，最终使清廷调整了对江苏地区的赋税比例。他还能为使百姓免于封建迷信的压迫，整顿吏治，打击豪强，建立义仓社学，宣传儒家经典，毁弃五通神淫祠等，这使当地百姓心悦诚服。而且，他还能奏参办事不力的下属官员，举荐廉洁而有能力的官员。这些措施都得到了老百姓的拥护，以致他在卸任后得到百姓的留恋。汤斌的“清”还表现在他学术的纯正，这种纯正表现在他能言行一致，身体力行地实践着儒家“修身、齐家、治国、平天下”的思想。也正因为此，他能身居高位，廉以自守，身后更是成为清代八位享有“文正”这一崇高谥号的官员之一。其廉洁公正的政治操守和廉洁事迹对当今有一定的积极意义。

（李娟注译　连振斌评述）

陆在新

【原文】

陆在新，字文蔚，江南长洲人。康熙五年，以策论取士，在新夙讲经济，遂得举，除松江府学教授[①]，教诸生[②]以质行为先，其以金贽者却之，用不足，知府鲁某分俸助之。巡抚汤斌察其廉勤，以卓异荐。是岁江南七府一州诸长吏被荐者独在新一人，时以此服斌之知人。二十五年，擢江西庐陵知县，严重有威，境内贴然。誓不以一钱自污，钱谷耗羡，革除都尽。傍水设五仓，便民输纳。建问苦亭于衙西，访求民隐。时裹粮历山谷间，劳苦百姓，轸其灾患而导之于善。召诸生，考德论艺，如为校官时。设四门义学[③]，刻《孝经》、《小学》颁行之。二十六年，江溢，民多溺。在新急出钱募民船往救，躬自倡率，出入洪涛中，全活无算。以受前官亏帑盈万无所抵，忧卒。初赴官时，子孔奂在京师，蹙然曰："吾父此行，必殉是官矣。"亟从之。卒之日，鬻书数簏以敛。庐陵人为罢市三日，请祀名宦祠，长洲人亦以乡贤祀之。

选自《清史稿》卷四百七十六《陆在新传》

【注释】

①教授：古时设置在地方官学中的学官。

②诸生：明代称考取秀才入学的生员为诸生，清代沿用。

③四门义学：四门学，古代学校名。此处四门义学是指由政府开办的一种免费学校，资金来源多为地方公益金或私人筹资。

【译文】

陆在新，字文蔚，江南长洲人。康熙五年（1666），朝廷以策论取士。陆在新一向主讲经邦济世之学，得被举荐，出任松江府学教授。他教导生员当以品行为先，杜绝送礼贿赂之风。他的财用不足，知府鲁某就拿出自己的俸禄来帮助他。巡抚汤斌得知陆在新廉洁勤敏，就以操行出众举荐他。这一年，江南七府一州官员被举荐的只有陆在新一人，当时人们以此佩服汤斌能知人善任。康熙二十五年（1686），陆在新擢升江西庐陵知县。他办事严正庄重有威信，境内安宁。陆在新发誓不贪一钱，私摊杂派，旧规陋习，全部革除。

陆在新在河岸设立五个粮仓，方便百姓交赋纳税。他在衙门西边建问苦亭，探访了解人民疾苦、百姓隐情。他时常携带干粮走访村野，为百姓而劳苦，为乡民的灾患而痛心，并劝导人们向善。陆在新不时召集秀才，考核其德行和文艺，就像做校官时一样。他建立慈善学校四门义学，刊行《孝经》和朱熹《小学》。

康熙二十六年（1687），长江决口，大量百姓被洪水包围。陆在新紧急筹钱招募民船前去搭救，并身先士卒，多次出入洪流中抢救生命，救人无数。陆在新接手新官时，庐陵府库已经亏空达过万两银子，无所抵押，因而忧愤成疾，死于任上。陆在新当初赴任时，儿子陆孔奂在京城，一脸忧愁地说："父亲此行，必定要殉职了。"果然不出所料。陆在新去世那天，因为无钱，人们只好卖了几箱书才将其收殓。庐陵县的百姓为他罢市三天，请求把他增入名宦祠祭祀，长洲人也以其为乡里贤人而供祀。

（曹毛响注译）

张 瑾

【原文】

张瑾，字去瑕，江南江都人。康熙二年举人。十九年，授云南昆明知县。时吴三桂初平，故军卫田隶藩府者，征租量丰歉收之，事平沿为额，民不能供。又军兴后，官司府署器用皆里下供应，而取给于县，故昆明之徭，尤重于赋。瑾请于大吏，奏减其赋，不可；乃疆画荒地，招流亡，给牛种，薄其征以济军卫之赋。一年垦田千三百余亩，三年得万余亩。又均其徭，里蠹无科派，奸民无包收，诸侵渔弊皆绝。民旧供县公费日十金，瑾曰："吾食禄于君，不食佣于民。"革之。总督曰："陈仲子[①]之廉，能理剧乎？"又问："今家几何人？"对曰："子一，客与仆各二。"瞯之，信，皆惊异。自公费除而上之取给者亦减。

昆明池受四山之水，夏秋暴涨，怒流入闸河。沙石壅塞，水乃溢。浸濒池田，岁劳民力浚之。晋宁州境毗于昆明，受东南诸箐之水，旧迹有河道入江，上官议凿之以通闸河。瑾按地势为图，白之曰："闸河独受昆明之水，已不能吐纳，沙石旁溢为害，岂可更受晋宁水乎？且其地高若建瓴，沙石荦确尤甚，殆不可治。"台司持之坚，则指图争曰："高下在目，何忍陷民于死！"总督范承勋曰："令言是也。"议遂寝。

县有止善、春登、利城诸里田，坳垤错出，不旱则潦。瑾廉得旁近有白沙、马裊、清水三河，可资蓄泄，年久湮塞，率民浚治。三月河复，田以常稔。大小东门外旧皆市，兵后为墟，盗贼窟其中。为创造室庐，以居流亡，移城中骡、马、羊诸市实之。货廛牧场相比，盗遂绝迹。安阜园者，故藩囿也，请耕之以食孤贫废疾而无告者。

是时上官多贤者，每倚信瑾。兵备道欲以流民所垦田牧马，求之期年，不与，久亦称其直。将军仆杀人，按察使置酒为请，阳诺之，退而正其罪。巡抚仆子谋夺士人聘妻，即县庭令士人行合卺礼，判曰："法不得娶有夫之妇。妇乘我舆，壻乘我马，役送之归，有夺者治其罪。"时人作歌诗以传之。初至，滞狱以百数，断讫皆当。后一省疑狱辄付瑾治，屡有平反。居三年，病卒。伊秉绶图其像藏之，请祀名宦祠。

选自《清史稿》卷四百七十六《张瑾传》

【注释】

①陈仲子：本名陈定，字子终，排行第二，故称作仲子。山东邹平人。因避居于陵，又名于陵子。他辞官隐居长白山中，最终饥饿而死。他的学说自成一家，被称为“于陵学派”。

【译文】

张瑾，字去瑕，江南扬州人。康熙二年（1663）举人。康熙十九年（1680），张瑾出任云南昆明知县。当时，吴三桂叛乱刚刚平息，原来属于云南王府的军卫田，不管其收成如何，都要征收田赋，战后亦沿袭不变，因此，人民难以负担。而且，平叛时督府衙署的兵备器用，均由下属各县供应，所以，昆明人民的徭役负担，又远重于赋税。为此，张瑾向长官请求减少当地的赋税，没有被批准。于是，张瑾就规划荒地，招徕那些流离失所的人来开垦，并且政府供给耕牛和种子，而且只征收少量的赋税来缓和军卫田的赋银。这一规划很见效。第一年，开垦新田一千三百多亩，三年后垦荒达一万多亩。为减轻穷人的负担，张瑾又将徭役平均分配，使乡里土豪无从杂派，刁民也无法通包承揽，因而杜绝了各种坐收渔利的弊端。以前，每天均由老百姓供给县衙办公费用十两银子，张瑾说：“我吃皇粮，不吃老百姓的上供。”于是，他就把这项费用废除了。时任总督感叹道：“战国陈仲子固然清正廉洁，但他能像张瑾一样处理这么多繁杂的公务吗？”总督又问张瑾：“你现在家中有什么人？”张瑾回答道：“一个儿子，两个幕宾和两个仆人。”总督派人调查，确实如此，大家都很惊讶。自从张瑾废除了每日十两银子的公务费后，上级向下级索要的钱也为之减少。

滇池由四周高山的流水汇入而成，在夏秋两季湖水暴涨，洪流泻入闸河。由于沙石沉淀堵塞，导致洪水泛滥，威胁到湖边的农田。因此，每年都需大量的民力来疏通闸河。晋宁州毗邻滇池，该州内东南方有几条河流流入滇池。先前，有几条河流入江，上级准备开通这些河流，以与闸河相通。为此，张瑾依据地形走势做图，解释道："由于深受沉沙石之害，仅滇池的水，闸河已不能完全容纳了，难道还能再容纳晋宁的河流？现在，闸河两岸河堤已如高屋建瓴，再也不能加高了。"上司固执己见，张瑾则指着图，据理力争道："匣河高，河岸两边地势低，清清楚楚。如一旦溃堤，老百姓不淹死才怪！"对此争议，总督范承勋最后说："县令言之有理。"于是，这个提议未被采纳。

昆明境内有止善、春登、利城等几片农田，地势高低不平，平时非旱则涝，没有丰年。经查访，张瑾得知此地附近有白沙河、马袅河、清水河等三条河流，可以用于抗旱排涝，但因年久失修，淤塞严重。张瑾便带领全县人民疏浚这三条河流。经过三个月的艰苦劳动，河道疏通，这几片农田因此丰收。大东门和小东门外以前都是闹市，战乱后化为废墟，盗贼常出没其中。张瑾在此处修建民房，安置流亡的老百姓，又将城里的骡、马、羊等贸易市场迁到这里。从此，这里又店铺云集，盗贼也因此绝迹。安阜园本吴三桂的苑囿，张瑾请示上级将此地开垦耕种，以供养鳏、寡、孤、独、废、疾等无依无靠者。

当时，张瑾的上司多贤明之人，都非常器重并信任张瑾。兵备道想以流亡百姓辛苦开垦出来的农田用作牧马场，向张瑾要了一年，张瑾就是不给。时间长了，这位兵备道也知道张瑾一生正直，而非故意不给他。某将军的一个仆人杀了人，为摆脱其罪，云南按察使设宴，特请张瑾通融。张瑾表面上答应，回去后就将该仆人正法。云南巡抚一个仆从的儿子阴谋强夺读书人的未婚妻，张瑾就在县衙让这位读书人与未婚妻举行合卺之礼（婚礼），并说："法律规定：不得强娶有夫之妇。新娘子坐了我的轿子，新郎官骑了我的马，就是合法夫妻了。我请当差的护送他们回家。有敢抢亲的，我治他的罪！"当时，为此高行义举，人民创作歌曲和诗词来讴歌他。

张瑾上任伊始，积压的案件多达百余件。张瑾将这些案件一一定谳，毫无差错。后来，云南省一省的疑案均交给张瑾审理，屡屡平反冤狱。张瑾居官三年，积劳成疾，最后死于任上。昆明的老百姓绘了张瑾的画像予以珍藏，并请求将其列入名宦祠以便祭祀。

【评述】

张瑾，一个小小的县令，且居官仅三年，却留名青史，可见其政绩不俗，影响不小。察其一生，张瑾以民生为己任，克勤克俭，扶助社会上生活无着落的弱势群体；他执法公正，忠正耿直，不畏权势，深受当地百姓的赞赏和尊重。他在人品、官德方面有许多亮点：

一是饱含对百姓的深厚感情，为老百姓安居乐业做了大量工作并取得不凡的成绩。为减轻百姓负担，张瑾号召开垦荒地，三年就达到万亩。他平均徭役，兴建民房，驱赶盗贼，发展贸易市场。他带领乡民疏浚河流，使河道恢复，周边农田因此年年丰收。特别是他将以前的苑囿开垦耕种，以供养鳏、寡、孤独、废疾等无依无靠的弱者。单从这一点上，就可以看出张瑾将"亲民”、“为民”之道贯彻得多么透彻和深刻。张瑾短短三年的执政生涯中充满着对百姓，尤其是对弱者的人文关怀。

二是为官耿直，执法公正严厉，不徇私情。张瑾以一县令身份，敢与上官力争河流通向之大事；拒绝兵备道要将农田作为牧马场的无理要求；按察使为将军的仆人求情，他照样捉拿归案；巡抚仆人的儿子“谋夺士人聘妻”，也被他巧妙挫败。他处理积案，审判得当，以至于省里的疑案都交他处理。

三是忠于职守，洁身自好。他抱有“吾食禄于君，不食佣于民”的观念，革除“供县公费日十金”的旧例。以很少的人员也处理一县公务，下属都很惊讶他的工作能力，上司也都非常信任、倚重他。今日读来，张瑾的风采依然为我们所景仰。

张瑾的事迹不仅体现了他的聪明才智，更突出了他的官德修养。从政重德，是我国古代政治文明的一大传统。从个人方面来看，一名官德高尚的干部才能够做到行使权力公道正派，讲真理不讲面子，讲原则不讲关系，讲党性不讲私情，才能做到扎实工作，正派做人，才能干出一番经得起时间考验、对得起良心道德的业绩。从国家方面来说，官德兴，政权安；官德衰，政权乱。当前，加强领导干部作风建设的一项重要任务就是加强官德修养，领导干部当以自身的良好德行提升党和政府的形象，引领全社会的思想道德进步。

（曹毛响注译　李焱评述）

邵嗣尧

【原文】

邵嗣尧，字子昆，山西猗氏人。康熙九年进士，授山东临淄知县。有惠政，以忧去。十九年，服阕，补直隶柏乡。兴水利，减火耗，禁差扰，民安之。县人大学士魏裔介[①]为嗣尧会试座主，家人犯法，严治之，不少贷。又有旗丁毒殴子钱家[②]，入县庭，势汹汹。嗣尧不稍屈，系之狱，移文都统讯主者，主者不敢承，具论如法。值岁饥，或言勒积粟家出粟，嗣尧曰："人惟不积粟，故岁饥则束手，吾方蕲令积粟家获厚利，何勒为？"已而鬻粟者众，岁不为灾。有言开滏阳河通舟楫者，巡抚于成龙使嗣尧往相度，嗣尧力持不可，谓："此河旱潦不常，未可通舟楫。即或能通，恐舟楫之利归商贾，挑浚之害归穷民矣。"事遂寝。

盗杀人于县界，立捕至，置之法。或毁于上官，以酷刑夺职。尚书魏象枢奉命巡视畿辅，民为申诉，事得白。于成龙复荐之，补清苑。嗣尧益感奋自励，屡断疑狱，人以包孝肃[③]比之。二十九年，尚书王骘荐嗣尧清廉慈惠，行取，擢御史。三十年，出为直隶守道[④]，持躬清介，苞苴杜绝。遇事霆发机激，势要惮之。所属州县，肃然奉法。

三十三年，江南学政缺，圣祖谕曰："学政关系人材，朕观陆陇其、邵嗣尧操守学问俱优，若以补授，必能秉公校士，革除积弊。"时陇其已卒，遂命嗣尧以参议督学江南。既莅事，虚衷衡校，论文宗尚简质，著《四书讲义》，传示学者。甫试三郡，以积劳遘疾卒。身无长物，同官敛赀致赙乃得归葬。伊秉绶思之，为立祠肖像以祀焉。

圣祖澄清吏治，拔擢廉明，近畿尤多贤吏，如彭鹏、陆陇其及嗣尧，当时皆循名上达，闻于天下。鹏及陇其自有传。又有卫立鼎、高荫爵、靳让，治绩亦足媲美。

选自《清史稿》卷四百七十六《邵嗣尧传》

【注释】

①魏裔介（1616—1686）：字石生，号贞庵，又号昆林，直隶柏乡人，顺治三年（1646）进士，累官吏部尚书、保和殿大学士。魏裔介品行超拔，政绩懋著，为清一代名臣。

②子钱家：子钱，贷给他人以取息钱，即高利贷。子钱家即高利贷者。

③包孝肃：即包拯（999—1062），天圣进士，官至枢密副

使。卒于任，谥“孝肃”。包拯秉性峭直刚毅，为北宋一代名臣。

④守道：清朝地方官制中官职名称。清初，布政使下设左右参政、参议，驻守在某一地方，称为守道。

【译文】

邵嗣尧，字子昆，山西猗氏人。邵嗣尧于康熙九年（1670）中进士，授山东临淄知县。他在这里有德政，之后因亲丧离职。康熙十九年（1680），邵嗣尧服丧期满，朝廷补授他为直隶柏乡知县。在柏乡县，邵嗣尧兴修水利，削减火耗，严禁官差扰民，人民得以安居乐业。当时，保和殿大学士魏裔介是柏乡县人，也是邵嗣尧会试的主考官。可魏裔介的家人犯法，邵嗣尧不因与魏裔介的这些关系而稍为姑息，仍然严惩不贷。又有旗兵毒打某高利贷者，这个旗丁在打人被捕后，在县衙里还气势汹汹。嗣尧毫不畏惧，将其押入监狱，并致信给当地八旗都统，传讯幕后主使者。当然，主使者不敢承认。邵嗣尧便将主使者和旗丁都予治罪。又碰上柏乡县闹饥荒，有人建议邵嗣尧下令、富户开仓济民，而邵嗣尧不强迫存粮大户无偿出粮救灾，而是劝粮商适应市场需求抛售，通过市场机制调节余缺，共度粮荒，他说：“就因为人们平时不储存粮食，以至现在饥荒才束手无策。我正想让有存粮的获得丰厚的收益，为什么要勒令他们开仓呢?”果然，很多粮商都出卖存粮，人民得以安然度过了灾荒时期。有人向直隶巡抚于成龙建议开凿滏阳河以通航，为此，于成龙派邵嗣尧去实地调查。邵嗣尧不以于成龙是自己的顶头上司和举荐自己的恩人就唯唯诺诺，而是在认真调查后，实事求是地反对，他说：“滏阳河旱涝无常，无以正常通航。即使通航，恐怕利归富人，老百姓占不到什么好处，而清除淤塞、疏通河道的重担则落到这些穷苦百姓身上了。”于是，开河之事遂止。

有盗在柏乡县的边界行凶杀人，邵嗣尧立马将其捉拿归案。但后来，该盗病死狱中，而此时，那些对邵嗣尧不满者趁机发难，向大吏弹劾嗣尧，说他以酷刑将该盗致死。由于这一诬告，邵嗣尧去职候讯。就在邵嗣尧候讯期间，刑部尚书魏象枢奉命巡视京师各地，柏乡绅民联名上书为邵嗣尧鸣冤。魏象枢在调查核实后，上奏皇帝，邵嗣尧得以释放，但被削职遣返故里。不久，于成龙再次举荐邵嗣尧，朝廷授予他河北清苑知县。从此，邵嗣尧感恩图报，更为砥砺廉明。他屡破疑难大案，人民将其比作包青天再世。康熙二十九年（1690），户部尚书王骘以清正廉洁、慈爱百姓和办事明敏等优异品行保举邵嗣尧入朝为官，经朝廷考核，邵嗣尧调入京师为御史。康熙三十年（1691），邵嗣尧出任直隶守道。在这里，他事必躬亲，杜绝馈赠，做事雷厉风行，因此，没有豪强不怕他的。俗话说：上行下效。邵嗣尧所管辖的州县民心安定，秩序井然。

康熙三十三年（1694），江南学政缺员。为此，康熙帝谕告大臣说：“学政关系到一省人才的选拔，至为重要。我看陆陇其、邵嗣尧二人既有操守又有学问。如果派他们去担任江南学政，必能选贤择能，革除宿弊。”而其时，陆陇其已去世。于是，康熙帝派邵嗣尧以参议为江南学政。邵嗣尧到任后，虚怀若谷，秉持公心考核人才。与他的为人一样，他的文章崇尚简约质朴。他著有《四书讲义》一书，在当时的学者中传阅。遗憾的是，邵嗣尧刚刚主持完三个府的考试，便因积劳成疾死于任上。

他去世时，一贫如洗，连买棺材的钱也没有，幸有同僚热心捐助，才将他的遗骸殓棺，归葬故里。人民缅怀这位好官，为他立塑像设祠堂专门祭祀。

康熙皇帝在位时，大力澄清吏治，提拔廉洁明敏之士为官，在京师周围地区尤多名闻朝野的贤能官吏，如彭鹏、陆陇其和邵嗣尧等。彭鹏、陆陇其在《清史稿》中自有其传。还有卫立鼎、高荫爵、靳让等，其政绩亦可与彭、陆等人媲美。

【评述】

邵嗣尧同样是一位典型的清官廉吏，他不徇私情，不畏权贵，清正廉洁，其言其行，可歌可颂。在历史记载的邵嗣尧事迹中，有两件事特别值得咀嚼：一是大灾之年，邵嗣尧反对盲目地强迫积粮者赈济灾民，以促成百姓储存粮食的习惯；二是在开浚滏阳河使船舶通航的问题上，邵嗣尧理性分析可能造成的商贾获利，贫民加重负担的后果，不主张动工。

邵嗣尧的行为，提出了一个行政管理学中值得深入思考的重要问题：公共决策中如何考虑、衡平并满足不同集团的利益需求。在有关赈济灾民的问题上，储存粮食的富户与等待救济的灾民，形成了两个不同的利益集团；在开发滏阳河的问题上，可能借通航获利的富户与可能被剥削劳动力的贫民之间也形成了不同的利益集团。邵嗣尧的做法，既不是简单维护贫弱集团，也不是听从强势集团的摆布，而是秉持公心，从长远着眼，从而有利于百姓长期生活，公共决策适宜合理。

（曹毛响注译　张杰评述）

傅腊塔

【原文】

傅腊塔，伊尔根觉罗氏，满洲镶黄旗人。自笔帖式[1]授内阁中书，迁侍读。康熙十九年，授山东道御史，有声台中。二十五年，出为陕西布政使。二十六年，擢左副都御史，迁工部侍郎。二十七年，偕侍郎多奇往云南按提督万正色与总兵王珍互讦事。谳实，正色、珍俱论罪有差。调吏部，授两江总督。陛辞，上谕曰："尔当洁己奉公，督两江无如于成龙者，尔效之可矣！"傅腊塔至官，清弊政，斥贪墨，谳狱尤明慎。赣县民诉知县刘瀚芳私征银米十余万，并蠹役不法。傅腊塔因劾布政使多弘安、按察使吴延贵、赣南道钟有德于吏役婪赃不速勘，复从轻拟，曲为庇护，弘安、延贵、有德并坐罢。

二十八年，上南巡，阅运河，命傅腊塔会河道总督王新命勘仪真河闸。疏言："闸外为北新洲，北新洲外又有涨沙平铺江中。应疏北新洲支河，直通四闸。粮艘循涨沙尾入新河口，可以通行。”别疏言：“江宁廛税累民，内输房税，外输廊钞，更外输棚租，请予蠲免。”皆如所请。二十九年，淮、徐饥，发常平仓谷赈恤，灾民赖焉。芦洲丈量，例委佐贰，民苦需索。傅腊塔定五年一行，悉以印官理其事。历年逋赋，量为带征，由是积困顿苏。是年，监临江南乡试，疏称士子应试者万有余人，请广科举额，下部议，增广额四十名。疏劾大学士徐元文、原任尚书徐乾学纵子弟招权罔利，巡抚洪之杰徇私袒庇。诏毋深究，予元文休致。沭阳民周廷鉴叩阍讼降调侍郎胡简敬居乡不法，并及之杰瞻徇状，命傅腊塔按治，得实，简敬及其子弟并治罪，之杰夺官。

三十二年，广东巡抚江有良与巡盐太常少卿[2]沙拜互讦。傅腊塔往按，有良、沙拜并坐受赇，夺官。三十三年，疏言：“淮、扬所属多版荒，巡抚宋荦[3]曾请缓征，格于部议。臣履亩详勘，盐城、高邮等州县因遇水灾，业户逃亡者众。今田有涸出之名，人无耕种之实，小民积困。熟田额粮尚多悬欠，何能代偿盈万之荒赋？请恩赐蠲除，庶逃户怀归，安居乐业。”疏入，下部议，不许，上特命免征。旋卒于官。上闻，谕廷臣曰：“傅腊塔和而不流，不畏权势，爱惜军民。两江总督居官善者，于成龙而后，惟傅腊塔。”遣太仆寺卿杨舒赴江宁致祭，赠太子太保，谥清端，予骑都尉[4]世职。伊秉绶怀之，为建祠江宁。四十四年，上南巡，经雨花台，赐祠额曰

“两江遗爱”。雍正中，入祀贤良祠。

选自《清史稿》卷二百七十五《傅腊塔传》

【注释】

①笔帖式：官名，满语“儒士”（一说为博士）的音译。清朝中央各部、寺设此官，以满、蒙和汉军旗人担任，掌翻译满汉章奏文书。

②巡盐太常少卿：太常少卿外派差事。

③宋荦（1634—1713）：字牧仲，号漫堂、西陂。河南商丘人，官至吏部尚书。精鉴藏，淹通典籍，善绘画，诗尤有特色。著有《西陂类稿》、《筠廊偶笔》、《沧浪小志》、《绵津山人诗集》等。

④骑都尉：爵号名，在轻车都尉之下，云骑尉之上。

【译文】

傅腊塔，姓伊尔根觉罗，满洲镶黄旗人。他从笔帖式起家，授内阁中书，后迁翰林院侍读。康熙十九年（1680），傅腊塔授山东道御史。他在御史中很有声誉。康熙二十五年（1686），傅腊塔调任陕西布政使。康熙二十六年（1687），傅腊塔升为左副都御史，又调工部侍郎。康熙二十七年（1688），傅腊塔和刑部侍郎多奇前往云南查办提督万正色与总兵王珍互相攻击、揭发一案。经查实，万正色、王珍都受到不同的惩罚。后来，傅腊塔又到吏部供职，接着又授两江总督。傅腊塔去辞别康熙帝时，康熙帝语重心长地对他说：“你到了那里，要廉洁奉公。在历任两江总督中，没有谁像于成龙那样清廉，你多多向他学习！”傅腊塔到任后，清理先前的腐败政治，开除贪官污吏，断案小心翼翼，明察秋毫。赣县百姓控告知县刘瀚芳私自加征银米十余万石，其衙役也欺压百姓。因此，傅腊塔弹劾江西布政使多弘安、江西按察使吴延贵和赣南道道台钟有德等三人不查属官贪赃枉法，而且又暗中包庇的事。结果，三人均罢官。

康熙二十八年（1689），皇帝南巡。康熙帝巡视京杭大运河，命令傅腊塔同河道总督王新命勘察大运河的仪真河闸。傅腊塔上书说：“仪真河闸外是北新洲，北新洲外又有涨沙平铺在江底。因此，首先应疏通北新洲的支流，使之直接通往响水闸、通济闸、罗泗闸、拦潮闸等四闸。装粮食的船只跟随上涨的河沙进入新河口，就可以通行。”他又上书说：“江宁客栈的货物收税加重百姓负担：在里面要交房税，在外面要交廊钞，在更外面的则要交棚租。臣请皇上给予免除。”他的建议均被采纳。

康熙二十九年（1690），淮安、徐州发生饥荒。傅腊塔发放常平仓的粮食进行赈济，灾民赖以生存下来。芦洲又要进行土地清丈了，往常都是由各级政府的副职官员具体负责，而在清丈过程中，副职官员趁机敲诈，老百姓深受其苦。为减少人民的痛苦，傅腊塔改为五年清查一次，并由一把手负责。

对往年拖欠的田赋，傅腊塔将适量加在当年的田赋上，于是人民多年的困难开始缓解。这一年，傅腊塔主考江南乡试。他上书说，因今年参加乡试者有一万余人，请求皇上增加录取人数。该疏交礼部商讨后，决定增加四十个名额。傅腊塔又上书弹劾文华殿大学士徐元文、原尚书徐乾学纵容子弟以权谋私，而巡抚洪之杰又为之袒护之事。对此，康熙帝下诏免予深究，徐元文退休回家。沭阳人周廷鉴入京状告降调侍郎胡简敬在老家的不法之事，其中又牵涉洪之杰徇瞻顾私情。康熙帝命傅腊塔前往查办。结果，胡简敬及其子弟一并治罪，洪之杰也被免官。

康熙三十二年（1693），广东巡抚江有良与巡盐太常少卿沙拜互相揭发。傅腊塔前往查办，江有良、沙拜因受贿免官。康熙三十三年（1694），傅腊塔又上书说："淮安、扬州多荒芜之地，前江苏巡抚宋荦曾请求缓征该地赋税，户部未同意。臣到田亩间详细调查，结果发现盐城、高邮等州县因遇水灾，人民多有逃亡。这些涸出的田土，也无人耕种，人民常年生活困难。熟田的钱粮尚拖欠有很多，又怎能够缴纳超过一万亩荒田的赋税呢？恳请皇上开恩，免予这里的赋税，让逃荒的人民重返故里，安居乐业。"奏疏转发户部，户部不同意，康熙帝特命免予征收。

傅腊塔不久在官任上去世。康熙帝知道这个噩耗，对群臣称赞他说："傅腊塔随和而不随波逐流，不畏权势，爱惜军民。做得不错的两江总督，在于成龙以后，只有他一人。"并遣太仆寺卿杨舒赴江宁哀悼，赠太子太保，谥"清端"，授予骑都尉世职。人民怀念傅腊塔，在江宁为他建祠纪念。康熙四十四年（1705），皇帝南巡，经雨花台时，赐予祠堂御笔额匾"两江遗爱"。雍正年间，傅腊塔入贤良祠受祀。

【评述】

人们一谈起傅腊塔，首先提及的必定是他的清廉。傅腊塔是清朝官员中继于成龙之后，第二个赐谥“清端”的官员。“清端”，是清廉到极致的意思。这样的谥号，给了傅腊塔极高的声誉，是对他清廉品质的极高肯定和褒奖。

清初，康熙、雍正、乾隆诸帝认为清廉是官场道德之标，具有强烈的政治教化功能，所以一些行政能力平庸但道德操守好的官员也得到了奖掖和褒扬，他们都被后人称作“清官”。傅腊塔却不仅在清廉上做到了极致，在政治上也表现了卓越的才能，有极高的政治作为。我们选取两个方面看看。

其一是不畏权势。傅腊塔敢于清理弊政，处理贪赃枉法的官员。在赣县百姓起诉知县刘瀚芳私自加征银米十余万和衙役非法贪蚀国家财产案件中，傅腊塔弹劾对刘瀚芳进行包庇的布政使多弘安、按察使吴延贵、赣南道钟有德三人，将他们一起罢免。在大学士徐元文、原尚书徐乾学纵容子弟招揽权利和捞取利益案件中，巡抚洪之杰给予袒护，傅腊塔查证了事实后，这些人都被治罪。“出于公心，自会宠辱不惊；两袖清风，始能正气凛然”。傅腊塔的一切所为都出于公心，所以能顶得住压力；他自身清廉，所以能不畏权势，秉公办事。康熙皇帝也称赞说：“傅腊塔居官甚好，其参劾之人虽多，总无怨者。”

其二是爱惜军民。傅腊塔念念不忘民间疾苦，努力为百姓排忧解难。比如，看到淮扬有很多荒芜的土地，百姓生活困难，他便上书请求免征赋税。看到江宁客栈货物收税加重百姓负担的情形，他便上书请求减免赋税。淮州、徐州饥荒时，傅腊塔开仓赈济贫民。面对过往年份拖欠的田赋，他采取适量加入当年田赋的方法，使得百姓积困的局面开始缓解。

在傅腊塔身上，我们看到了很多高贵的品质，尤其是他的爱民勤政和廉能并重的品质。为政者，既要廉洁奉公，也要勤政为民。不勤政，没有政绩，人民群众不会满意。不廉洁，以权谋私，必将被人民群众唾弃。只有脚踏实地，严于律己，心中装着人民，全心全意为人民群众服务，才能得到人民群众的认可。

（申妙注译　李焱评述）

高荫爵

【原文】

荫爵，字子和，奉天铁岭人，隶汉军。康熙初，谒选，授直隶蠡县知县。县多旗屯，居民田之半，佃者倚勋贵为奸利，持吏长短。河数决孟尝村，岁比不登，民大饥。荫爵至，曰："吾未暇理他政，且活民。"仓有粟二万石，请发以赈。牍再上，不许；请解官，乃许之五千石。荫爵曰："若今岁又恶，民不能偿，二万石、五千石等死耳，吾且活吾民。"乃尽发之。更出帑五百金贷民种麦。夏旱，蝗起，捕蝗尽。秋又大霖雨，河暴溢，率吏民冒风雨捍御，堤完而岁大熟，民乃安。某甲以财雄诸佃，多为不法，诬诸生为奴，而籍其田。按治得实，置之法。豪猾慑服，莫敢犯令。于是设义仓，置乡学，尊礼贤士，民大和悦。调三河[①]，一以简易为治。或问之，曰："前令已治矣，何纷更为？"前令，彭鹏也。圣祖校猎至三河，问父老："高令与彭令孰贤？"对曰："彭廉而毅，高廉而和。"上称善，擢顺天府南路同知。于成龙问以捕盗方略，条上三事，略言："盗以旗屯为逋逃薮，请严保甲首实[②]之令，使无所匿，而平日能使之衣食粗足，则可不至为盗。"成龙韪之。会丁父艰[③]归。成龙总督南河，筑界首堤，以属荫爵。堤成，上南巡阅工，召见，赐克食[④]。起复补湖北德安府同知，累擢四川松茂道、直隶口北道，皆有惠政，卒于官。

选自《清史稿》卷四百七十六《高荫爵传》

【注释】

①三河：地名，在今河北省三河市，因境内有洵河、鲍邱河、泇河流经而得名。

②首实：向官府交代、说明本人或别人的犯罪情实。

③丁父艰：遭逢父亲丧事。丁艰，也称"丁忧"。旧制，父母死后，子女要守丧，三年内不得做官，不婚娶，不赴宴，不应考。

④克食：即克什，满语。指皇帝恩赐之物。

【译文】

高荫爵，字子和，奉天铁岭人，汉军籍。康熙初年，高荫爵赴吏部应选，被授任直隶蠡县知县。蠡县八旗官兵的田地，占据了农田的一半。而租种这些田地的佃户，就依仗这些八旗功勋权贵的权势，作奸犯科，有时竟与官府作对。高荫爵赴任前，黄河屡次在孟尝村决口，年年歉收，人民饥荒。高荫爵到任后，斩钉截铁地说："我没有时间处理其他事务，先救人要紧！"本来，县里的粮库存有粮米两万石，高荫爵请示上司开仓济民，但多次请示都没批准。没办法，高荫爵只得以辞官相求。上司迫不得已，只得准许他动用五千石赈灾。但五千石哪里够用？高荫爵想："要是今年收成又不好，老百姓不能偿还所借粮米，我用两万石和用五千石不一样都是死？先救活老百姓再说！"于是，他自作主张地将两万石粮米全部拿出救济人民。其后，高荫爵又从国库里拿出五百两银子借给百姓种植小麦。这年夏季干旱，爆发蝗灾。待蝗虫被消灭后，又秋雨不止，河水暴涨，洪水四溢。高荫爵率领官员和人民冒着风雨修筑防护堤。出人意料的是，大灾之后，这年粮食丰收，人民的生活得以安宁。

蠡县有一个财力雄厚的财主，素来多行不义，横行乡里。有一次，他逼迫一个秀才做他的仆从，而将其田产吞并了。高荫爵详细调查，得到实情后，依法将财主治罪。至此，县里土豪劣绅无不慑服，再也不敢违法乱纪了。为建立良好社会秩序，高荫爵修建义仓，办乡学，礼贤下士，让人民安居乐业。后来，高荫爵调任河北三河县知县。在这里，他一切从简。有人问其原因，他回答道："前任县令已治理得井井有条了，还要我画蛇添足吗？"前任县令，指的就是彭鹏。有一次，康熙帝到三河打猎，询问当地老百姓："你们的高县令和彭县令，哪个贤明？"老百姓如实答道："彭县令廉洁而刚毅，高县令廉洁而谦和。"康熙帝很高兴，升高荫爵为顺天府南路同知。还有一次，直隶巡抚于成龙向高荫爵询问捕盗策略，高荫爵陈述了三条，大略是说："首先，盗贼以旗屯为巢穴，请下令严守保甲揭发制度，让盗贼无处藏身；其次，保证老百姓的基本生活，使他们不做盗贼。"于成龙深以为然。时逢高荫爵父亲去世，他离官回乡守孝。后来，于成龙出任江南河道总督，派荫爵负责筑修界首堤工程。大堤修成后，康熙帝南巡，视察水利工程，很满意。他特别召见高荫爵，赏赐食物给他。荫爵守丧期满后，补授湖北德安府同知。后来，他屡次升迁，官至四川松茂道台、直隶口北道道台。他在任内都颇有政绩，因积劳死于任上。

【评述】

高荫爵具有爱民恤民的优良品质，这是他与其他廉吏的共性。但他有其特性，就是在他身上，爱民恤民的品质更具体化地表现为对弱者的同情、帮助。高荫爵的所作所为，无论是其不惜冒贬官之险抚恤灾民，还是惩戒豪强保护诸生，或是丰实百姓、打击盗贼，都无不是为弱者撑腰、为百姓谋利，“廉而和”可谓评价中肯。

（曹毛响注译　张杰评述）

张　埙

【原文】

埙字牖如，江苏长洲人。以官学教习议叙知县。康熙十七年，授登封县，单骑之任。途中与登封吏同宿逆旅，吏不知也。至县三日，拜岳，誓不取一钱，不枉一人。衙前树巨石镌曰“永除私派”。设柜，民自封投，无羡折。招集流亡，督之耕种，相其土宜，课植木棉及诸果实。大修学宫，复嵩阳书院，宋四大书院之一也，延耿介[①]为之师。导诸生以程朱之学。自县治达郊鄙，立学舍二十一所。课童子，以时巡阅，正句读，导之以揖让进退之礼。间策蹇驴历诸郊问所苦，有小争讼，辄于阡陌间决之。西境有吕店者，俗好讼。埙察里长张文约贤，举为乡约，俾行化导，浇风一变。里长申尔瑞负课且受杖，路拾人输税金，返之，宁受责，不利人财。埙义之，旌其门。乡民高鹏举死，妻孟年少，舅欲强嫁之，孟哭夫墓将自缢，埙适微行，问其故，给以银米劝还家而免其徭，岁时存问，俾终其节。县故多胥役，时狱讼日鲜，奸伪无所容，诸胥多自引去。其更番执事者，退则操耒耜为农，以在官无所得钱也。开荸岭二百里，复古轘辕路。建古贤令祠，修郏公墓，崇祯末为令守城抗贼死者也。在官五年，民知向方，生聚日盛，大书“官清民乐”于门。耿介尝叹曰：“年来嵩、洛间，别一世界矣！”二十二年，以卓异荐，擢广西南宁通判。去之日，民遮道哭，立祠于四乡，肖像祀焉，榜曰“天下清官第一”。至南宁，未几，乞归。母丧，服除，赴京师，卒。

选自《清史稿》卷四百七十六《张埙传》

【注释】

①耿介（1622—1693）：原名冲壁，字介石，号逸庵，河南登封城关人。清顺治四年（1646）贡生。康熙三年（1664）任河南按察使。同年绝意仕途，归里主持嵩阳书院，自任山长。康熙二十三年（1684）编修《嵩阳书院志》。

【译文】

张埙，字牖如，江苏长洲人。张埙因担任官学教习，考绩优异而被提拔为知县。康熙十七年（1678），张埙出任登封县知县。他单车赴任，在途中与登封县的官员同住一客栈，登封官员也不知道。到任三天，他便拜岳王庙，发誓：决不贪污一厘钱，决不冤枉一个好人。为减轻人民的负担，张埙在县衙前立一巨石，上面镌刻“永除私派”四个大字，并在城隍庙设立检举箱，让老百姓举报私派者。张埙招集流亡百姓从事农业，亲自指导他们耕种，且因地制宜，种植树木、棉花以及瓜果等。张埙又大规模修建义学，重建宋代四大书院之一的嵩阳书院，并延请名士耿介主讲，用程朱理学教导生员。从县衙到郊区，他共建了二十一所义学，以教授童生。张埙按时到各校检查，有时亲自授课，如给他们断句等，并教导他们恪守各种基本礼节。

张埙不时骑着一头瘦驴到乡间访求民生疾苦，如有小官司，就在道路旁判决。登封县西有个叫吕店的地方，这里的人好打官司。为改变这种现状，张埙明察暗访，得知里长张文约贤明，就提拔他做乡约，要他引导、教化这里的百姓，从而使这里的民风一变。还有，里长申尔瑞亏欠赋税，将要被杖责，但他在路上捡到了别人用来交税的钱，悉数还给人家。申尔瑞宁愿自己挨板子，也不愿昧人钱财。张埙对申尔瑞的高尚情操，大加表彰。乡民高鹏举死了，他的妻子孟氏年轻守寡，但公公要强迫她改嫁。孟氏便到丈夫坟前痛哭并要自缢，适逢张埙微服私访到此。他问清缘由后，便送给她钱粮劝她回家，并免除了她的徭役。此后，张埙每年按时慰问，使她保全贞节。县衙本来有很多胥吏和差役，但因县里风气转好，奸邪诈伪无处藏身，官司也就日渐减少，很多差役们只好离职回家。未离职的县衙差役改为轮流值班，在闲暇时，他们就回家务农，因为待在官衙也没有俸银。这样，县里的政务一派清明。

张埙又组织人马开凿萼岭二百多里，修复古轘辕道。他建立古贤令祠堂，又修整鄢公墓（鄢公，是崇祯末年为守城抗击贼寇而战死的义士）。张埙在登封做县令五年，人民深受教化，人心归正，人口繁盛，张埙在县衙正门上大书“官清民乐”四个大字。学者耿介曾感叹道：“近年以来，嵩山、洛阳一带已卓然是另一世界了！”康熙二十二年（1683），张埙因才能卓异被举荐，升广西南宁通判。离开登封的那天，百姓拦道痛哭，在城乡为他设立生祠，供祀他的肖像，榜为“天下清官第一”。到南宁后没多久，他就请求辞官回乡。适逢母亲去世，服丧期满后，调入京城，不久去世。

【评述】

张埙为官，之所以赢得老百姓的爱戴，获得“天下清官第一”的美誉，主要原因在于“不取一钱，不枉一人”，以身作则，躬身自行，注重教育，强调风化，形成了“官清民乐”的大好景象。

张埙的为官经历，最值得总结和称道的是他对社会风气治理的重视。所谓社会风气，简单说来，就是一个社会多数人的价值观念、行为取向和生活模式等。社会风气的好坏，对一个社会政治清明与经济发展，都具有极为重要的作用。因为良好的社会风气承载着正确的价值观和道德观，对整个社会的稳定与进步起着不可替代的作用；而不良的社会风气则颠倒价值观念，扭曲人们的行为准则，导致善恶不分、是非不明。张埙的县域治理经验值得后人学习。

（曹毛响注译　张杰评述）

陈紫芝

【原文】

陈紫芝，字非园，浙江鄞县人。康熙十八年进士，选庶吉士。改陕西道御史，力持风纪，绝外僚馈遗。巡视南城，捕大猾邓二置诸法。疏言："朝章国典宜画一，民间冠昏丧祭未有定制，请编纂礼书，颁行天下。"又请裁屯卫："以屯务属州县，则田赋可核，逃盗可清。"诏并允行。

时督、抚、监司皆由廷臣保举。湖广巡抚张汧[①]，大学士明珠所私也，恃势贪暴，言路莫敢摘发。二十六年，紫芝上疏劾之，言："汧莅任未久，黩货多端，凡地方盐引、钱局、船埠，靡不搜括，甚至汉口市肆招牌，亦按数派钱。当日保举之人，必有贿嘱情弊，请一并敕部论罪。"上命夺汧官，遣直隶巡抚于成龙、山西巡抚马齐、副都御史开音布往按治。复谕廷臣，谓汧贪婪无人敢言，紫芝独能弹劾，即予内升。成龙等按得汧以前官福建布政使亏帑令属吏弥补，又派收盐商银九万，上荆南道祖泽深婪取于民又八万，谳上，论绞。保举汧为巡抚者，侍郎王遵训、学士卢琦、大理寺丞[10]任辰旦，皆坐夺官。擢紫芝大理少卿。每谳狱，稍涉矜疑，即为驳正，多所平反。

紫芝以峭直受上知，同朝多侧目。无何，卒。或传紫芝一日诣朝房，明珠延坐进茗，饮之，归遂暴卒云。

选自《清史稿》卷二百八十二《陈紫芝传》

【注释】

①张汧（qiān）：顺治三年（1646）进士，历官福建布政使，依附大学士明珠，恃势贪暴，言路莫敢摘发。官至湖广巡抚。后因行贿被革职。

【译文】

陈紫芝，字非园，浙江鄞县人。康熙十八年（1679）进士，被选为庶吉士，后为陕西道御史，力图保持作风纪律，官僚的馈赠从不接受。巡视南城时，逮捕了大恶人邓二并受到法律制裁。于是上疏说："朝廷章法与国家法典应该一致，民间冠礼、昏礼、丧礼、祭礼没有定制，请求编纂礼书，颁行于天下。"又请求裁减屯、卫："把屯的事务交给州、县管理，则田赋可以核实，逃跑的盗贼可清除。"皇帝下诏都允许实行了。

当时总督、巡抚、监司由朝廷大臣保举。湖广巡抚张汧，依仗大学士明珠的势力，贪赃枉法，没有敢上奏告发。康熙二十六年（1687），陈紫芝上疏参劾他们，说："张汧上任不久，贪污甚多。凡地方上的盐引、钱局、船埠，没有不搜括的，甚至汉口市场上做生意的店铺，都按数分派了钱数。保举他的人，也一定有贿赂和舞弊之事，请求将他们一起论罪。"皇帝命令罢了张汧的官，派遣直隶巡抚于成龙、山西巡抚马齐、副都御史开音布前往查问惩办。康熙帝又对朝廷大臣说张汧贪婪没有人敢说，只有陈紫芝能弹劾，于是给他升官。于成龙等查得张汧以前在福建作布政使时，亏空府库银两命令下属官吏弥补，又派人收盐商的白银九万两，上荆南道祖泽深又剥削百姓八万两，经过审判定罪，处以绞刑。保举张汧为巡抚的人是侍郎王遵训、学士卢琦、大理寺丞任辰旦，都受连累而被罢官。陈紫芝被升为大理少卿。每个审判定罪入狱的案件，稍觉得其情可怜，其罪可疑，就为其驳回重审，大多能为其平反。

陈紫芝因正直受皇帝赏识，同朝共事的人多敬而远之。不知什么原因，陈紫芝就去世了。有人传说：有一天陈紫芝在朝房等候上奏时，明珠设座请他喝茶，喝茶后，暴死于家中。

【评述】

陈紫芝非常让人佩服的一点是坚持。虽然他面对的是朝廷大员，却并不退缩，而是勇往直前，哪怕面对死亡的威胁。最后，一系列的高官纷纷落马，一方面反映出腐败的程度之深、范围之广，另一方面也反映出反腐败斗争的艰巨性和复杂性。陈紫芝在具体处理中，充分发挥了自己的智慧才能使得案件取得突破性的进展，顺利地找到案件的症结所在。

反腐倡廉需抱定必死之决心，方能无所畏惧。御史难任，因其职责在于弹劾贪墨，维持吏治之廉洁，所以每每上疏言事，无有不得罪人的时候。陈紫芝不畏权贵，慷慨直言，疏奏弹劾不法，贪墨者均受惩罚，乃朝廷之栋梁。及其升任大理寺少卿，凡有可疑者即发回重审，其精神概似今天所谓之“疑罪从无”，其兢兢业业使冤屈者得以平反昭雪，即使加以“青天”的名号也不为过。而陈紫芝莫名死亡，也使我们看到铲除腐败的决心，有时需要用生命来捍卫。

为官耿直清廉、刚正不阿的人是孤独的，因为这样的人往往被视为异类。在人情社会里，礼尚往来是一种文化习俗，但不能以此为理由放任贪渎泛滥成灾。只是在清朝社会，特别是官场内，下级给上级送礼，地方官给京官送礼，是人所皆知的陋规。陈紫芝洁身自好，从不接受别人请托的礼赠。如此其便成为官员中的异类，同朝为官共事的人都敬而远之。虽然其为皇上所器重，但得不到同僚的赞同。从陈紫芝身上我们可以看到，做一个真正称职清廉的官员，需要承受多么大的心理压力，需要忍受多么深沉的寂寞。

（张敏注译　谢建东评述）

靳　让

【原文】

让，字益庵，河南尉氏①人。康熙十八年进士，授浙江宣平知县。旱灾，请蠲甚力，巡抚张鹏翮以为贤。父忧去，服阕，授山西汾西。会亲征漠北，供张杜绝扰累民力，不足，请以正赋办治。行取②，擢御史，数上疏言察吏安民，实行教养。圣祖③谕曰："朕御极四十年，惟冀天下黎庶尽获安全，边疆无事。如靳让所言，必令家给人足，无一人冻馁，此非朕所可必者，恐其不过徒为大言。曩者钱鉷、卫既齐亦曾为此言，及后用为大吏，皆不能自践其语。靳让曾为县令，其所为能如是乎？通州驿马事繁，著调为通州知州，果能如所言，朕即超用。"上意欲试之也，许其便宜启奏。让布衣羸马之官，皇庄、旗庄恣肆病民，绳以法，不少贷。私钱、私铸悉禁止。时禁河捕鱼，诬累平民，让分别治之。奸商藉权贵势，谋专卖麦豆及设姜肆牟利，并拒绝。上闻，皆韪之。会学政更替，命九卿举所知。上曰："朕亦举一人。"

命以佥事督学广西。逾年，调浙江，除弊务尽，教士先德行而后文艺。值南巡，召对④，褒奖曰："汝不负朕举，朕将用汝为巡抚。"让以母老乞终养，赐御书"天麻堂"额以荣其母。寻母丧，以毁卒。

选自《清史稿》卷四百七十六《靳让传》

【注释】

①尉氏：地名，今河南省尉氏县。

②行取：明清时，地方官经推荐保举后调任京职（雍正后渐废）。

③圣祖：即康熙帝（1661—1722 年在位），清朝入关后的第二代皇帝。

④召对：君主召见臣下令其回答有关政事、经义等方面的问题。

【译文】

靳让，字益庵，河南尉氏人。靳让于康熙十八年（1679）中进士，被授予浙江宣平知县。宣平遇到旱灾，靳让力请上司蠲免这年的赋税。为此，浙江巡抚张鹏翮认为靳让贤明。后来，靳让因父亲去世而离职。靳让服丧期满后，出任山西汾西知县。适逢康熙帝亲征漠北，靳让负责接驾，但他杜绝骚扰百姓。在财用不足时，就请求用地丁税来开支。后来，靳让经人推荐保举，调入京城为御史。在这一任上，靳让屡次上疏奏请稽查官员，使百姓生活安宁，并积极施行教育感化，等等。对此，康熙帝鞭策靳让，说：“我登基四十年来，就是希望天下百姓安居乐业，海晏河清。靳让进言，要让家家衣食充裕，人人生活富足，无一人挨冻受饿。这不是我一定能做到的，不过是靳让说些空话罢了。以前钱鄦、卫既齐也说过这样的话，他们后来官居高位，谁也没有实现过已说的话。靳让曾经做过县令，他做到了么？通州驿站事情繁杂，现调他为通州知州。如果他能躬行自己的诺言，我就越级提拔他。”康熙帝这番话，意在考察靳让，激励他大胆有为，因此，康熙帝允许他随时上奏。靳让到任后，虽然官小权微，但遇到皇庄、旗庄任意欺扰百姓时，他都绳之以法，毫不宽容。他又禁止私铸铜钱、流通私钱。当时严禁下河捕鱼，故而有人诬告连累到平民，靳让对于这类案件区别对待。还有，奸商借助权贵的势力，试图垄断市场麦、豆等农产品市场，并开设姜店以牟利。对此，靳让严词拒绝。康熙听到了靳让的所作所为，深表赞同。适逢各省学政更替，康熙帝下令九卿举荐人才，康熙帝自己也说：“我也保举一个人。”于是，康熙帝下诏让靳让以佥事一职为广西学政。第二年，靳让调任浙江。靳让在浙江兴利除弊，除恶务尽，教育读书人要以德行为先，才能居其次。康熙帝南巡，召见靳让，称赞他说：“你没有辜负我的希望，我将提拔你做巡抚。”而此刻，靳让以母亲老迈，请求辞官回乡奉养。为此，康熙帝特书“天庥堂”匾额赐给靳让，以让靳让的母亲为之自豪。不久，靳让的母亲去世，靳让也因哀痛过度，离开了人世。

【评述】

靳让治理通州，之所以能取得良好效果，主要在于其公正、严明执法。靳让虽然官小权微，但在遇到豪门贵族欺压百姓时，能不畏豪强，秉公执法，而在百姓遭到诬告时，又能区别对待，明辨是非。最终，通过公正严明执法，获得了皇帝的嘉奖和百姓的爱戴。

封建社会一位普通的知州尚能做到公正执法，在当前建设社会主义法治社会的进程中，各级行政司法官员就更应当严格执法。

（曹毛响注译　张杰评述）

陶元淳

【原文】

陶元淳，字子师，江苏常熟人。康熙中举博学鸿词，以疾不与试。二十七年，成进士，廷对，论西北赋轻而役重，东南役均而赋重，愿减浮额[1]之粮，罢无益之费。阅者以其言戆，置二甲。三十三年，授广东昌化知县，到官，首定赋役，均粮于米，均役于粮。裁革杂征，自坊里供帐[2]始，相率以力耕为业。县隶琼州，与黎[3]为界，旧设土舍，制其出入，吏得因缘为奸，元淳立撤去。一权量，定法度，黎人便之。城中居人，旧不满百家，至此户口渐蕃。元淳时步行闾里间，周咨疾苦，煦妪如家人。

琼郡处海外，军将多骄横，崖州尤甚。元淳尝署州事，守备黄镇中以非刑杀人，游击余虎纵不问；且贪，索黎人献纳。元淳廉得其状，列款以上，虎私以金贿之不得，造蜚语揭之。总督石琳下琼州总兵会讯，元淳申牍曰："私揭不应发审，镇臣不应侵官，必挫执法之气，灰任事之心。元淳当弃官以全政体，不能蒲伏武臣，贻州县羞也。”初鞫是狱，镇中令甲士百人佩刀入署，元淳据案怒叱曰：“吾奉命治事，守备敢令甲士劫持，是藐国法也。”镇中气慑，疾挥去，卒定谳，论罪如律。崖人为语曰：“虽有余虎，不敌陶公一怒。”而总督卒因元淳倔强，坐不检验失实，会赦免。复欲于计典黜之，巡抚萧永藻初授事，曰：“吾初下车，便劾廉吏，何以率属？”为言于总督，乃已。

元淳自奉俭约，在官惟日供韭一束。喜接诸生，讲论至夜分不倦。屡乞病未果，竟以劳卒于官。昌化额田四百余顷，半沦于海，赋不及二千，浮粮居三之一，民重困。元淳为浮粮考，屡请于上官，乞豁除，无应者。乾隆三年，元淳子正靖官御史，疏以入告，竟获俞旨免焉。

选自《清史稿》卷四百七十六《陶元淳传》

【注释】

①浮额：于正额税粮之外多征部分，为征粮之附加税。

②供帐：僧尼呈报名册于官府，谓之“供帐”。这里指僧尼等人。

③黎：即黎族，我国宋代以来居住在海南的一个民族。

【译文】

陶元淳，字子师，江苏常熟人。康熙中期被举荐参加博学鸿词科考试，陶元淳由于身患疾病，未能与试。康熙二十七年（1688），陶元淳考取进士。在殿试时，陶元淳指出西北赋税轻而徭役重，东南则徭役平均而赋税重的情况，因此，朝廷应减少各种附加税，免除无用的费用。阅卷大臣认为他言论愚直，列为二甲。康熙三十三年（1694），陶元淳被授予广东昌化知县。他恪守自己的诺言，一到任，先明定各种赋税和徭役的标准，一律交纳稻米充当赋税和徭役；又裁撤各种苛捐杂税，带领百姓全力耕种田地，以农为本。昌化县隶属于琼州府，与黎族人民相邻。前任知县在本县黎汉交界处设立“土舍”关卡，限制黎族人的出入，官吏得以借“土舍”为奸。陶元淳到任后，立即撤去了这些关卡。他又统一度量衡，制定各种法规，便利了黎族人民的生活。以前，昌化县城不足一百户，此时，人口渐多。陶元淳时常深入民间，询问百姓疾苦，如同对待自己的家人一样，使他们备感温暖。

琼州与祖国大陆仅一浅浅海峡相隔。这里的将领多骄横不法，崖州更为严重。陶元淳曾经署理过崖州事务。在此期间，崖州守备黄镇中非法杀人，又贪得无厌，向黎族人民敲诈勒索。游击余虎也纵容下属作恶，肆虐地方。陶元淳访查得知了余虎的罪状，将其列成六款上诉。余虎知道后，便用钱贿赂陶元淳，遭到拒绝，怀恨在心，于是就制造流言蜚语上告两广总督石琳。石琳命令琼州总兵会审陶元淳，陶元淳在申诉中说：“私人揭发不应交会审讯，守备大臣不应侵犯地方官的职守，否则必然压制执法的正气，让勇于办事之心灰心丧气。我应当放弃官职以保全政体，而决不能匍匐在武臣脚下，令州县蒙羞。”最初审理此官司时，守备黄镇中带领一百余名佩刀士兵闯入崖州署衙，元淳拍案而起，怒喝道：“我奉命审理此案，守备大人竟敢令甲士劫持，这是藐视国法。”黄镇中被陶元淳的气势震慑住，急忙令士兵撤走。陶元淳最终将黄镇中、余虎按法律治罪。崖州百姓称赞道：“崖州虽有余虎，但不敌过陶公一怒。”总督石琳最终因为元淳性情倔强，就以不认真查考，审理不合实情为由将其治罪，恰好赶上大赦而被免罪。总督又想在对官员进行三年政绩考核时趁机罢免他，而巡抚萧永藻刚到任，说：“我刚上任，便弹劾正直的官吏，将来靠谁率领管理下属呢?”替元淳在总督面前说话，总督方才罢休。

陶元淳俭朴节约，做官时每日仅吃一束韭菜。他喜与读书人为友，常常讲经论道至深夜也乐此不疲。他多次因生病而请求告老还乡，都没有得到允许，最终因劳累过度死于官任上。昌化县规定的田地有四百多顷，但一半沦陷于海中。赋税不到二千，而超额的田赋多达三分之一，百姓为沉重的赋税所困。因此，陶元淳多次请求免除超额的田赋，但无人理会。乾隆三年（1738），陶元淳的儿子陶正靖在朝中做御史，上疏禀明此事，终于免除了这里的田赋。

【评述】

陶元淳的可贵之处颇多，但最令人印象深刻的是他“自奉俭约，在官惟日供韭一束”的美德。对于政治人物来说，个人私德从来不是小事，有时在关键时影响一个人抉择、前途、命运的，往往就是一些平时看起来不起眼的诸如节俭、谦虚之类的私德。

节俭是中华民族的传统美德，古代清官廉吏甚至社会中的正人君子，无不以节俭自居，将节俭视为个人品德修养的重要内容。如司马光以为：“德者皆由俭来也。夫俭则寡欲，君子寡欲则不役于物，可以直道而行，小人寡欲则能谨身节用，远罪丰家。故曰：‘俭，德之共也。’侈则多欲，君子多欲则贪慕富贵，枉道速祸，小人多欲则多求妄用，败家丧身，是以居官必贿，居乡必盗，故曰：‘侈，恶之大也。’”德皆由俭来，多么精辟！

节俭不仅是君子品行的重要内容，而且还是古人治国的重要理念。在中国封建社会，但凡政治清明时期，无不是社会崇尚俭约，摒弃奢侈之时，诚如李商隐《咏史》诗中所言：“历览前贤国与家，成由勤俭败由奢。”

对于从政者来说，节俭是美德，奢侈为恶行，因为节俭总与谨慎联系在一起，奢侈则与骄纵紧密相连。所以普通人节俭勤劳，自然能守业兴家；为官者节俭，则能谨慎自持。

（郝英明注译 张杰评述）

陈 瑸

【原文】

陈瑸，字眉川，广东海康人。康熙三十三年进士，授福建古田知县。古田多山，丁田淆错，赋役轻重不均，民逋逃迁徙，黠者去为盗。瑸请平赋役，民以苏息。调台湾，台湾初隶版图，民骁悍不驯。瑸兴学广教，在县五年，民知礼让。四十二年，行取，授刑部主事，历郎中，出为四川提学道佥事。清介公慎，杜绝苞苴。上以四川官吏加派厉民，诏戒饬，特称瑸廉。未几，用福建巡抚张伯行荐，调台湾厦门道。新学宫建朱子祠于学右，以正学厉俗，镇以廉静，番、民帖然。在官应得公使钱，悉屏不取。

五十三年，超擢偏沅巡抚。莅任，劾湘潭知县王爰溱纵役累民，长沙知府薛琳声徇庇不纠劾，降黜有差。寻条奏禁加耗，除酷刑，粜积谷，置社仓，崇节俭，禁馈送，先起运，兴书院，饬武备，停开采，凡十事。诏嘉勉，谕以躬行实践，勿鹜虚名。旋入觐，奏言："官吏妄取一钱，即与百千万金无异。人所以贪取，皆为用不足。臣初任知县，即不至穷苦，不取一钱，亦自足用。”比退，上目之曰：“此苦行老僧也！”

寻调抚福建，上谕廷臣曰：“朕见瑸，察其举止言论，实为清官。瑸生长海滨，非世家大族，无门生故旧，而天下皆称其清。非有实行，岂能如此？国家得此等人，实为祥瑞。宜加优异，以厉清操。”陛辞，上问：“福建有加耗否？”瑸奏：“台湾三县无之。”上曰：“火耗尽禁，州县无以办公，恐别生弊端。”又曰：“清官诚善，惟以清而不刻为尚。”瑸为治，举大纲，不尚烦苛。修建考亭书院[①]及建阳、尤溪朱子祠，疏请御书榜额，并允之。复疏言：“防海贼与山贼异，山贼啸聚有所，而海贼则出没靡常。台湾、金、厦防海贼，又与沿海边境不同，沿海边境患在突犯内境，而台、厦患在剽掠海中。欲防台、厦海贼，当令提标及台、澎水师定期会哨，以交旗为验。商船出海，令台、厦两汛拨哨船护送。又令商船连环具结，遇贼首尾相救，不救以通同行劫论罪。”下部议，以为繁琐，上韪其言，命九卿再议，允行。

是年冬，兼摄闽浙总督。奉命巡海，自赍行粮，屏绝供亿。捐谷应交巡抚公费，奏请充饷。上曰：“督抚有以公费请充饷者，朕皆未之允。盖恐准令充饷，即同正项钱粮，不肖者又于此外婪取，重为民累。”令瑸遇本省需款拨用。瑸又请以司库余平赏赉兵役，命遵前旨。广东雷州东洋塘堤岸，海潮冲激，侵损民田，瑸奏请修筑，即移所贮公项及俸钱助工费。堤岸自是永固，乡人蒙其利。五十七年，以病乞休，诏慰留之。未几，卒于官。遗疏以所贮公项余银一万三千有奇充西师之费。命以一万佐饷，余给其子为葬具。寻谕大学士曰："陈瑸居官甚优，操守极清，朕所罕见，恐古人中亦不多得也。"追授礼部尚书，荫一子入监读书，谥清端。

瑸服御俭素，自奉惟草具粗粝。居止皆于厅事，昧爽治事，夜分始休。在福建置学田，增书院学舍，聘主讲，人文日盛。雍正中，入祀贤良祠。乾隆初，赐其孙子良举人；子恭员外郎，官至知府。

选自《清史稿》卷二百七十七《陈瑸传》

【注释】

①考亭书院：位于福建建阳市考亭村，为南宋理学家朱熹晚年居住的讲学之地。宝庆元年（1226）建阳令刘克庄建祠纪念，淳祐四年（1244）诏为书院，御书"考亭书院"匾额。

【译文】

陈瑸，字眉川，广东海康人。康熙三十三年（1694）进士，授官福建古田知县。古田县是多山之地，人口难稽，田地错乱，赋税和徭役不均，百姓不堪重负。于是，有的逃出家乡，有的迁徙他乡，一些胆大者就做贼盗。陈瑸奏请上司，把赋税徭役平均分配。徭役赋税重新分配后，人们的经济状况慢慢好转起来。后来，陈瑸调到台湾任官。此时，清廷刚刚收复台湾。这里的民众骁勇彪悍，不好管理。为此，陈瑸广办学校，按时课士，广行教化。他在台湾做知县有五年时间，人民开始守礼谦让。康熙四十二年（1703），朝廷进行考核，授予陈瑸刑部主事一官，后来又任兵部郎中，调出京城为四川提学道佥事。陈瑸清正耿直，勤谨为公，一尘不染。康熙帝因为四川官吏加派苛捐杂税，祸害百姓，便下诏垂训整顿，其中特别表扬了陈瑸奉公廉洁。没多久，由福建巡抚张伯行推荐，陈瑸调任台湾厦门道。于是，陈瑸在新建的学宫右边建立朱熹祠，以整顿学风，端正民风，使官员廉洁守法，民众安分守己。就这样，台湾人民安居乐业了。对于公使钱，陈瑸一概不取。

康熙五十三年（1714），陈瑸被越级升为偏沅巡抚。一上任，他就弹劾湘潭知县王爰溱放纵衙役剥削百姓，而长沙知府薛琳声给予包庇。结果，王爰溱被罢官，薛琳声降秩三级。不久，陈瑸上奏，逐条陈述治理湖南的十件大事：禁加耗以苏民困，禁酷刑以重民命，粜积谷以济民食，置社仓以从民便，崇节俭以惜民财，禁馈送以肃官箴，先起运以清钱粮，隆书院以兴文教，饬武备以实营伍，停开采以防民患等。康熙皇帝下诏嘉奖勉励，告知他要具体落实，不要追求虚名。不久，陈瑸入京觐见皇上，上奏说："即使官吏只拿一文钱的混财，这和拿百千万两银子没有什么差别。人之所以贪污受贿，就是因为觉得钱不够。但我刚做知县时，就没有穷苦之感。我不多拿一分钱，也足够用了。"他退下时，康熙帝目送他，感叹道："这个苦行老僧！"

不久，陈瑸调任福建巡抚。皇上对朝廷的大臣说："我接见陈瑸，观察他的言行举止，实实在在是一个清官。陈瑸生长于大海之滨，家庭非世家大族，也无门生故旧，但天下都交口称赞其清廉。如果他没有如此操守，又怎能有口皆碑？国家有这样的人才，实是我大清之福气。因此，应该对他特加优待，以奖励清廉，垂范世人。”陈瑸面见康熙帝，告辞时，皇帝问："福建加收耗羡吗？”陈瑸回奏：“台湾三县没有。”康熙帝说："火耗都禁止了，州县无钱办公，恐怕会带来其他麻烦。清官虽然好，但当以清廉而不刻薄为佳。”陈瑸的治理方略，重在把握大局，而不繁琐苛刻。他修建了考亭书院，又在建阳县、尤溪县修建朱子祠，并上疏奏请康熙帝御题牌匾，皇帝都答应了。陈瑸又上书说：“防海盗与山匪不一样。山匪聚集有地，而海盗出没无常。在台湾、金门、厦门防范海贼，又与沿海边境防海贼不一样。沿海边境的海盗有时突然进犯内地，而台湾、厦门的海盗在海中攻掠抢劫。因此，为防备台湾、厦门的海盗，应该命令提标营以及台湾、澎湖的水师定期会合，以交换旗帜为验证。如果商船出海，命令台湾、厦门两汛调动哨船护航。还要使商船连环签订保证书，遇见海盗，都要互相救助，如果不救，就以勾结海盗行劫罪论处。”下兵部商议，认为方法繁琐，不予准行。而康熙帝赞同他的办法，又令九卿商议，允许施行。

这年冬天，陈瑸兼任闽浙总督。他奉命巡视海上，自己携带粮食，不要沿途接待。捐税中应交巡抚提取的公费，陈瑸奏请充作军饷。康熙帝答复说：“以前，有总督巡抚奏请公费充当军饷，我都没有答应过。因为担心一旦准以充当军饷，就变成同正项钱粮一样，贪婪者又从这些以外捞取好处，再加重人民负担。”于是，康熙帝命令陈瑸在本省需要用钱时，适时拨用。陈瑸又请以司库所余粮食赏给兵役，命遵前旨。广东雷州东洋塘的堤岸不固，由于受到海潮冲击，侵损农田。陈瑸奏请加固此堤。皇帝批准后，陈瑸就用巡抚公费及自己的薪俸来加固此堤。自此以后，东洋塘堤岸牢不可摧，人民大受其利。康熙五十七年(1718)，陈瑸以病乞休，康熙帝慰留他，未允。不久，陈瑸死于任上。陈瑸在遗疏中，将其所存公项余银一万三千多两充西征的军费。康熙帝命以其中一万两作军饷，其余三千多两给陈瑸的儿子为父办葬礼。不久，康熙帝晓谕大学士说：“陈瑸是一个十分优秀的官员，操守也很难得。我很少见到这种官员，恐怕亘古以来也不多见！”乃追授他为礼部尚书，荫庇他的一个儿子入国子监读书，予谥“清端”。

陈瑸的衣饰车马都极其朴素，他吃的是粗茶淡饭，他的办公厅又兼卧室。每天，天一亮就开始办公，直到深夜才得以休息，长年累月都如此。为了提高福建的教育水平，陈瑸又给学宫添置学田，增加书院学舍，聘请名师为主讲等，使福建文化事业蓬勃发展。到雍正年间，陈瑸入贤良祠受祭祀。乾隆初年，又赐陈瑸之孙陈子良为举人、陈子恭为员外郎，陈子恭后来官至知府。

（申妙注译）

刘棨

【原文】

刘棨，字弢子，山东诸城人。康熙二十四年进士。三十四年，授湖南长沙知县，以廉明称。时讹言裁兵，抚标①千人环辕门大噪，棨为开陈大义，预给三月饷，示无裁意，众乃定。总督吴琠以循良荐之。三十七年，擢陕西宁羌知州。关中大饥，汉南尤甚。州无宿储，介万山中，艰于挽运。棨请贷邻邑仓粟，约民能负一斗至者予三升，不十日挽三千石。大吏下其法赈他邑，咸称便。又奉檄赈洋县，移粟沿汉而下。棨先遍历审勘，克期给发，数日而毕。谓洋令曰："此粟贷之官，倘民不能偿，吾两人当代任。"比秋大熟，洋县民相勉还粟，不烦催督。

始宁羌地苦凋瘵，棨为均田额，完逋赋，补栈道，修旅舍。安辑招徕，期年而庐舍萃集。山多槲叶，民未知蚕，遣人旋乡里，赍蚕种，募善蚕者教之，人习其利，名所织曰"刘公绸"。士苦无书，为召贾列肆，分购经籍，建义塾，亲为讲解。

四十一年，擢甘肃宁夏中路同知，未赴，母忧去。以代民完赋，负累不能行，嘱弟代售遗产，不足，弟并以己产易金偿负。民闻之，争输金为助，却不受。服阕，补长沙府同知。入觐，奉温旨，试文艺于乾清门，即日擢山西平阳知府。裁汰陋例，蠲除烦苛，讼牍皆立剖决之。四十八年，九卿应诏举廉能吏，以知府被举者，惟棨与陈鹏年二人。

四十九年，擢直隶天津道副使，迎驾淀津，诏许从官恭瞻亲洒宸翰。棨因奏兄果昔官河间知县，奉“清廉爱民”之褒，乞赐御书“清爱堂”额，上允之。历江西按察使、四川布政使。五十五年，上询九卿，本朝清介大臣数人，求可与伦比者。九卿举四人，棨与焉。驾幸汤泉，又以棨治状语诸从臣，会廷推巡抚，共荐棨，上嘉纳之。以四川用兵，未轻调。五十七年，卒于官。

兄果，官山西太原府推官，有声。改河间知县，康熙八年，驾幸河间，问民疾苦，父老陈果治状，召见褒之。卒，祀名宦。棨子统勋、孙墉[②]、曾孙镮之[③]，并为时名臣，自有传。

选自《清史稿》卷四百七十六《刘棨传》

【注释】

①抚标：清代由巡抚统辖的绿营兵称抚标。

②墉：即刘墉（1719—1804），字崇如，号石庵，山东诸城人。官至吏部尚书兼体仁阁大学士。也是清代著名书法家。

③镮之：即刘镮之（1775—1821），刘统勋之孙，刘墉之侄。乾隆后期进士，历官户部尚书兼顺天府尹、吏部尚书，加太子少保衔。

【译文】

刘棨，字弢子，山东诸城人，康熙二十四年（1685）进士。康熙三十四年（1695），刘棨被授予湖南长沙知县。在这里，他以廉洁明敏著称。当时流传着裁军的谣言，有千名巡抚下辖的兵丁聚集在军营大门，准备闹事。刘棨为之宣明大义，讲明事理，答应预付给兵丁三个月的军饷，以示并无裁兵之意。于是，这件事才平息下来。湖广总督吴琠以循吏向朝廷推荐他。康熙三十七年（1698），刘棨擢升为陕西省宁羌州知州。这一年，关中发生大饥荒，汉南更为严重。而宁羌缺乏储备的粮食，并且又处在崇山峻岭之中，粮食运输十分困难。于是，刘棨向相邻的州县借粮。为解决运输困难，刘棨设计一方案，即每运进一斗粮来宁羌者，就送给他三升米。这样，人们踊跃参加运粮，不到十日，输送到宁羌的仓米就达三千石。由于这一方法奏效，上司也采取这一方法赈济其他的州县，十分方便。刘棨又奉命赈济洋县，他借汉水顺流而下运输粮米。刘棨先对全县灾情进行调查，然后约定时间统一发放，仅用几天时间就把赈济粮食发到了受灾百姓的手中。刘棨对洋县县令说："这些赈济粮是我们官府借给的，如果百姓不能偿还，就由我们两个人还。”这年秋天，庄稼大丰收，洋县的百姓纷纷主动偿还政府所借的粮米，根本不用官府催促。

最初，宁羌州的土地贫瘠，生产凋敝。刘棨到任后，平均分配田赋，又自己代交了人们拖欠的赋税，还修补栈道，修葺旅馆，招抚并安顿好来到这里的百姓。一年后，宁羌人烟富庶。本来，宁羌盛产槲叶，而槲叶可以养蚕，但这里的人民不知道蚕为何物。于是，刘棨派人在乡间分发蚕种，并派人回诸城老家，请来会养蚕的人来传授养蚕技术。宁羌人民从养蚕中大获其利。为感谢刘棨，他们把蚕丝织的绸子叫做“刘公绸”。这里的士子们苦于没有书读。为此，刘棨为他们召来书商开书店，为这些读书人买书提供方便。刘棨又修建义塾，并亲自授课。

康熙四十一年（1702），刘棨被升为甘肃宁夏中路同知，还未赴任，他母亲去世了。由于刘棨代百姓交纳拖欠的赋税，负债累累无法返乡。刘棨嘱咐他的弟弟代他卖掉母亲留下的遗产，仍然不足。于是，他的弟弟变卖了自己的家产为他还债。老百姓听说了这件事情后，争先恐后地送钱送粮来帮助他，刘棨谢而不受。服丧期满，刘棨补授长沙府同知。刘棨进京觐见皇帝，奉旨在乾清门策试文艺，当天他就被提升为山西平阳知府。刘棨到任后，裁汰陋习，免除苛捐杂税，诉讼案件无不当即判决。康熙四十八年（1709），朝廷九卿应皇帝之令，荐举既廉洁又有能力的官员，以知府被举荐的仅有刘棨和陈鹏年二人。

康熙四十九年（1710），刘棨升任直隶天津道副使，在淀津恭迎圣驾，康熙帝下诏允许随从官员观赏自己泼墨挥毫。刘棨趁机奏称自己的哥哥刘果昔日在河间任知县时，受到皇帝“清廉爱民”的褒奖，他祈求康熙帝赐予“清爱堂”的匾额，康熙皇帝欣然应允。后来，刘棨历任江西按察使、四川布政使。康熙五十五年（1716），皇帝询问九卿：本朝有几位清廉大臣，谁可与比。九卿推举了四个人，其中就有刘棨。康熙帝驾幸汤泉，向随从的大臣讲述刘棨为官造福百姓的事情。此时正赶上朝廷推荐巡抚，大臣们一致推荐刘棨。康熙帝很高兴并采纳了。可由于四川正在打仗，不能轻易调动。五十七年（1718），刘棨卒于任上。

刘棨的兄长刘果，任山西太原府推官，有很好的声名。后来，刘果改任河间知县。康熙八年（1669），康熙帝驾临河间县，向百姓询问疾苦，河间百姓向康熙帝禀告了刘果造福地方的事情。康熙皇帝召见了刘果，并褒奖了他。刘果卒，入祀名宦祠。刘棨的儿子刘统勋、孙子刘墉、曾孙刘镮之，都是当时名臣，各自有传。

【评述】

刘棨是清朝康熙年间著名的清官，其子刘统勋、孙刘墉（人称“刘罗锅”）、曾孙刘镮之，皆为一代名臣。刘棨入选清代《循吏列传》，所谓循吏的功绩，最基本的应该有三项：（1）改善百姓生活，（2）教育，（3）理讼。这三项在刘棨身上都得到体现。刘棨任宁州知府，劝课农桑，可谓重农富民；教化士子，可谓重视教育；任山西平阳知府，裁汰陋习，免除苛捐杂税，裁决诉讼案件，可谓理讼。除这几点之外，刘棨还勤政爱民，自奉廉洁，加之子孝孙贤，一门忠谨。无论从哪方面看，刘棨都可谓封建官吏的楷模。

刘棨最为人称道的，是他对老百姓的诚信。刘棨赈灾时做出承诺，如果一个人能背送一斗赈米到宁羌，那么事后就送给他三升米。同时，他也认识到赈济粮是官府贷借的，倘若百姓不能偿还，为官者自应代百姓偿还。这种对待老百姓诚信、坦荡的气魄，令人敬仰。

（郝英明注译　张杰评述）

施世纶

【原文】

施世纶，字文贤，汉军镶黄旗人，琅[1]仲子。康熙二十四年，以荫生授江南泰州知州。世纶廉惠勤民，州大治。二十七年，淮安被水，上遣使督堤工，从者数十辈，驿骚扰民，世纶白其不法者治之。湖北兵变，官兵赴援出州境，世纶具刍粮，而使吏人执梃列而待，兵有扰民，立捕治，兵皆敛手去。二十八年，以承修京口沙船迟误，部议降调。总督傅腊塔疏陈世纶清廉公直，上允留任。擢扬州知府。扬州民好游荡，世纶力禁之，俗为变。三十年八月，海潮骤涨，泰州范公堤圮，世纶请捐修。三十二年，移江宁知府。三十五年，琅卒，总督范成勋疏以世纶舆情爱戴，请在任守制；御史胡德迈疏论，世纶乃得去官，复居母丧。岁余，授苏州知府，仍请终制，辞不赴。三十八年，既终制，授江南淮徐道。

四十年，湖南按察使员缺，九卿举世纶，大学士伊桑阿入奏，圣祖谕曰："朕深知世纶廉，但遇事偏执，民与诸生讼，彼必袒民；诸生与缙绅讼，彼必袒诸生。处事惟求得中，岂偏执？如世纶者，委以钱谷之事，则相宜耳。”是岁授湖南布政使。湖南田赋丁银有徭费，漕米有京费。世纶至，尽革徭费，减京费四之一，民立石颂之。四十三年，移安徽布政使。

四十四年，迁太仆寺卿[②]。四十五年，坐湖南任内失察营兵掠当铺，罢职。三月，授顺天府府尹，疏请禁司坊擅理词讼、奸徒包揽捐纳、牙行[③]霸占货物、流娼歌舞饮宴，饬部议，定为令。四十八年，授左副都御史，兼管府尹事。四十九年，迁户部侍郎，督理钱法。寻调总督仓场。五十四年，授云南巡抚，未行，调漕运总督。世纶察运漕积弊，革羡金，劾贪弁，除蠹役，以严明为治。岁督漕船，应限全完，无稍愆误。

……六十一年四月，以病乞休，温旨慰留，令其子廷祥驰驿省视。五月，卒。遗疏请随父琅葬福建，上允之，诏奖其清慎勤劳，予祭葬。

世纶当官聪强果决，摧抑豪猾，禁戢胥吏。所至有惠政，民号曰“青天”。在江宁以忧归，民乞留者逾万。既不得请，人出一钱建两亭府署前，号一文亭。官府尹，步军统领托合齐方贵幸，出必拥驺从。世纶与相值，拱立道旁俟。托合齐下舆惊问，世纶抗声曰：“国制，诸王始具驺从。吾以为诸王至，拱立以俟，不意为汝也！”将疏劾，托合齐谢之乃已。赈陕西，陕西积储多虚耗，将疏劾。鄂海以廷祥知会宁，语微及之，世纶曰：“吾自入官，身且不顾，何有于子？”卒疏言之。鄂海坐罢去。

选自《清史稿》卷二百七十七《施世纶传》

【注释】

①施琅（1621—1696）：字尊侯，号琢公。清福建晋江人，初为明末郑芝龙部将。顺治三年（1646），施琅从郑芝龙降清。康熙元年（1662），任水师提督。康熙二十二年（1683），率水师攻台湾，郑氏政权乞降，遂定台湾。以军功封靖海侯。

②太仆寺卿：太仆寺，掌管皇帝车马和厩牧事务的官署，其长官为太仆寺卿。

③牙行：旧时协助买卖双方成交、从中获得佣金的商号或商行。

【译文】

施世纶，字文贤，汉军镶黄旗人，是施琅的次子。康熙二十四年（1685），施世纶以荫生的身份授江南泰州知州。施世纶廉洁勤政而关心百姓疾苦，他把泰州治理得井井有条。康熙二十七年（1688），淮安发生水灾，康熙帝派遣官员来泰州督修河堤工程，随行几十个人员骚扰村庄百姓，施世纶将其严惩。当时湖北发生夏逢龙兵变，救援平乱的官兵路过泰州，沿途骚扰抢掠百姓。他将粮草供应准备充足，放在路旁，而命令手下每人手握一根大棒列队站在路边，他也亲自到场，士兵中有犯禁扰民的，立即逮捕法办。康熙二十八年（1689），因为负责修理京口沙船延迟误事，吏部将其降职调任。两江总督傅腊塔上书说施世纶清廉正直，康熙帝同意将他留任，后升为扬州知府。扬州百姓喜欢四处游荡，不务正业，这既扰乱了社会秩序，又有碍于发展农工生产，施世纶严治这种风气。经过四年的努力，风俗为之一变。康熙三十年（1691）八月，海潮骤然上涨，泰州范公堤垮掉，施世纶请旨募捐维修。康熙三十二年（1693），施世纶调江宁任知府。康熙三十五年（1696），施琅去世，两江总督范成勋上书说，施世纶深受百姓爱戴，请让他留在任上为父服丧。而御史胡德迈上书，则表示应该让施世纶去守父丧，施世纶乃去官守制，又遇母丧。一年多以后，朝廷授予苏州知府的官职，但他仍请求守制到期满，未曾赴任。直到康熙三十八年（1699），施世纶守制期满，他才接受江南淮徐道道员之职。

康熙四十年（1701），湖南按察使一职缺员，朝廷九卿共同推举施世纶出任，文华殿大学士伊桑阿上奏保举他。对此，康熙帝回复说："我很了解施世纶，他为官清廉。但他做事不免偏执，如果百姓与读书人打官司，他一定袒护百姓；而读书人与士绅打官司，他一定袒护读书人。处理事情唯一的标准是适宜，怎能偏执呢？像施世纶这样的人，让他去管钱粮，是挺合适的。"这一年，施世纶湖出任湖南布政使，主管湖南财政钱粮。当时湖南的田赋、人头税中还要外加徭役费，运往京师的漕米要加收运京费，百姓苦不堪言。他到任后，将徭役费全部革除，又减去四分之一的运京费。湖南百姓万民欢腾，为他刻碑立传，四处传颂。康熙四十三年（1704），施世纶移任安徽布政使。

康熙四十四年（1705），施世纶升迁为太仆寺卿。康熙四十五年（1706），因施世纶担任湖南布政使时，对营兵抢掠当铺一事有失察之责，被罢官。这年三月，施世纶被授官顺天府府尹之职，他上书指出，顺天府之五城司坊官多擅理词讼，收受贿赂；奸徒包揽捐纳，从中谋利；牙行霸占货物，操纵物价；贵族官宦子弟吃喝嫖赌，无所不为。这些人多有政治背景，炙手可热。世纶敢于顶住压力，上疏奏请严禁，其意见皆为康熙帝采纳而付诸实施。康熙四十八年（1709），施世纶被授予左副都御史，兼管顺天府尹事。康熙四十九年（1710），施世纶升户部侍郎，监管铸钱事宜。随后，施世纶调任仓场总督。康熙五十四年（1715），施世纶授云南巡抚，还没去赴任，又调任漕运总督。为保证漕粮在运输过程中不被挪用、盗窃，并及时送抵指定地点，施世纶往往亲自押船督运。他觉察出漕运长久以来的弊端，便革除羡金，惩办贪官污吏，决不手软，因而漕运大治。他能根据河道的曲直和水流的缓急，准确地估算出漕船到达目的地的时间。故他为漕运总督七年，运送粮食皆能按时到达，从未延误。

……康熙六十一年（1722）四月，施世纶以生病为由请求退休，皇上下旨，亲切慰问挽留，并令他的儿子施廷祥快马加鞭去探望。五月，施世纶去世。在的遗折中，他恳请随伴父亲施琅葬于福建。康熙帝答应了，并下诏奖誉他为人清廉、办事慎重勤劳，予以祭葬。

施世纶当官，聪明而坚毅，果断而坚决，摧毁压制豪强狡诈之人，清除和打击不良胥吏，所至皆有惠政，在民众中极富威望，百姓称之为“青天”。他任江宁知府时，要辞职回家为父守制尽孝。百姓闻知，乞请施世纶不要辞职，希望他在任为父亲守制。参加乞请的人多至万人以上。百姓见无法挽留，便人出一钱在府署前建起了两座亭子，俗称“一文亭”。施世纶任顺天府尹时，步军统领托合齐正得到皇帝宠信，他出门时，随从如众星捧月。有一次，施世纶在路上遇见他，就拱手站立在道路旁边。托合齐下马车惊奇讯问，施世纶大声回答：“按国家的规定，各王爷才能带有骑兵为随从。我以为哪个王爷到了，才拱手立一旁，没想到是你！”施士纶准备上疏弹劾，托合齐慌忙向他道歉，这才罢休。还有一次，施世纶奉命去陕西协助陕甘总督鄂海督办军饷。正逢陕西大旱，饥荒严重，而此时当地粮食储备空虚，他便上疏弹劾鄂海。鄂海知道后，借故拿施世纶在会宁当知府的儿子施廷祥相要挟。施世纶坦言：“我自当官后，连自己的生命都不顾，对于挟儿吓父的举动我还怕什么?”他坚持上疏，终使鄂海罢官。

【评述】

施世纶是清代著名的清官。他勤于民事，清正廉洁，不畏权贵，在民间素有“施青天”之誉。民间有一部流传很广的侠义公案小说《施公案》，就是以他为原型。

施世纶少时便致力于儒学，以古名臣自励，不随波逐流。入仕后，他更是倾力经邦济世。无论是听讼断案，还是筹集钱粮，治理漕运，都政绩卓然。施世纶处处为民着想，“民与诸生讼，彼必袒民；诸生与缙绅讼，彼必袒诸生”的断案风格，虽被康熙帝称为“偏执”，但仔细考虑，却蕴含着在封建时代诉讼规则不健全、科学技术不发达的条件下维护弱者利益的基本原则，深刻体现出施世纶为民做主的可贵精神。总之，施世纶品质高尚，堪称有清一代官吏中的佼佼者。

从施世纶身上，可以看出，为官者最重要的三项素质：第一是清廉，第二是才干，第三是爱民，三者兼具，才可以说是一名优秀的官员。因为，清官廉吏，自己不贪不占固然好，但如果清廉而无能，却于事无补；有才而不廉，虽能在某些时候发挥作用，但终会因贪欲纵火而自焚；清廉与才干兼具，却无爱民之心，一心只谋划自己的前途，则会终究因不近人情，难以获得百姓的衷心爱戴。

（申妙注译　张杰评述）

余甸

【原文】

余甸，字田生，福建福清人。康熙四十五年进士，居乡励名节，巡抚张伯行重之，延主鳌峰书院[①]。授四川江津知县，民投牒者，片言立决遣，讼为之简。日与诸生诵说文艺，疏解性理[②]。所征赋即储库，不入私室。时青海用兵，巡抚年羹尧督饷，多额外急征，檄再三至，甸不应。乃使仆持檄告谕，自朝至晡，甸不出，使者哗。甸坐堂皇，命反接，将杖之，丞簿[③]力为请，久之乃释其缚。越日，使者索檄，甸曰："汝还报，我闭门待劾，檄已达京师矣。"羹尧亦置之。行取吏部主事，时尚书张鹏翮、侍郎汤右曾皆以干济名，甸遇当争辩者，侃侃无所挠。主选三年，权要富人请托，多格不行。将告归，条文书已驳议未奏者十余事，曰："此皆作奸巧法易为所蒙，必上闻，吾乃去。"父忧免丧，犹庐墓。

以河道总督陈鹏年[④]疏荐，擢山东兖宁道。厘工剔弊，一祛积习，甚得伊秉绶心。鹏年卒，齐苏勒为河督，以工事劾甸，行河至济宁，伊秉绶群聚乞还甸。齐苏勒疏陈，召入见。雍正二年四月，授山东按察使。携二仆，买驴之官，务崇礼教，轻刑罚，政化大行。十一月，召诣京师。三年，擢顺天府丞。

甸历官尽革陋规，为按察使，愍囚不能自衣食，取盐商岁馈三之一以资给之。兼完图圄，修学宫、书院，委有司出入注籍。既去官，上命内阁学士缪沅清察山东盐政诸弊，举是劾甸，夺官，归。甸用唐人诗语为人书楹帖，其人有怨家，讦于有司，以为怨望。有司以甸所书也，并下甸于狱。事白，遽卒。

选自《清史稿》卷三百《余甸传》

【注释】

①鳌峰书院：福建省最大的书院。康熙四十六年（1707），福建巡抚张伯行创建于九仙山麓鳌峰坊。雍正十一年（1733）诏为省城书院，乾隆三年（1738），赐“澜清学海”匾。

②性理：人性与天理。指宋儒性理之学。

③丞簿：郡丞、主簿等杂佐官员。

④陈鹏年（1663—1723）：湖南湘潭人，字北溟，一字沧洲。康熙进士。康熙四十三年（1704）任江宁知府，为官清廉，有政声。为总督噶礼所陷罢官，得康熙保全。康熙六十年（1721）署理河道总督，雍正时实授，卒于任所。

【译文】

余甸，字田生，福建省福清县人，康熙四十五年（1706）进士。余甸在家乡时，就砥砺自己的节操，重视自己的名节，福建巡抚张伯行非常器重他，聘请他主持鳌峰书院。后来，余甸授官四川江津知县。他到任后，百姓有官司，他三言两语就予判定，因此，积压的案件大大减少。余甸每天都要与读书人谈经说艺，阐释性理之学。他所征收的赋税，立刻存入官库，不落私人的腰包。

那时，青海正在打仗，四川巡抚年羹尧负责军饷筹集，经常额外加急征粮。年羹尧的征粮通知一次次送到这里，可余甸就是不予理会。于是，年羹尧派遣使者来告知。但余甸一天都不露面，使者开始喧哗不满。之后，余甸正襟危坐在公堂上，命令衙役反绑使者，准备痛打一顿。县丞、主簿等极力为使者求情，才将使者押候处理。第二天，使者索要文书，余甸说："你回去汇报年大人吧，我关门在家等待年大人的弹劾。你的印文已经送去京城了。"此时年羹尧也未予深究。

后来经考核，余甸被选取为吏部主事。其时，吏部尚书张鹏翮、吏部侍郎汤右曾均以干练闻名，可余甸在遇到需商榷的地方，便对二位长官当仁不让。余甸主管吏部选官三年，不少达官贵人请他通融办事，他都坚持原则。将要辞职回乡时，余甸逐一列了十多条被他驳回而未上奏皇帝的事，他说："这些都是不法分子作奸犯科之法，人们容易被蒙骗，我一定要让皇上知道才离去。"他的父亲离世，守孝期满，丧服已除后，他仍然住在坟墓旁。

基于余甸的优秀表现，河道总督陈鹏年上书推荐他，他便升为山东兖宁道。他到任后，认真清理工程，去其弊端，将多年的陋习清除。他的这些做法，深得官员和百姓的拥护。陈鹏年死后，齐勒苏为河道总督，他想以工事弹劾余甸。齐勒苏巡行至济宁时，这里的人们聚拢来，要他还余甸清白。齐勒苏上疏皇帝，召余甸入见。雍正二年（1724）四月，余甸被授予山东按察使。他只带着两个仆人，买了一头驴子去上任。做按察使后，他崇尚礼制与教化，慎用刑罚，政治和教化大行。这年十一月，雍正帝将余甸诏回京城。雍正三年（1725），余甸升为顺天府丞。

余甸每次做官，都革除各种不合理的规章。他在任山东按察使时，同情囚犯缺衣少食，便拿出盐商每年捐送银子的三分之一来资助这些囚犯。他又修固监狱，修理学堂、书院，并委托官员把银两收支都记载在账本上。等到余甸离开按察使任上后，雍正帝派内阁学士缪沅清清查山东盐政的各种弊端，缪沅清因为这件事情弹劾余甸。余甸被夺去官职，于是归乡。回乡后，余甸用唐人诗句为别人写对联，正好这个人有怨家，怨家就借机向官府告发，说这个人谤讪朝廷。官府认为对联为余甸所写，他也难逃罪责，所以把余甸也打入牢狱。余甸就此蒙冤含屈，待事情真相大白，他很快就去世了。

【评述】

千百年来，能蔽屣尊荣者，寥若晨星，“天下熙熙，皆为利来；天下攘攘，皆为利往”。而余甸身上最为可贵的就是他不畏权贵、坚持原则的精神。通常，在官场中的人，无不渴慕贵人的赏识，借以平步青云。而余甸在权贵面前淡然处之，实在不易。他作为一个小小知县，面对当时权势熏天的年羹尧大将军，毫不动摇地维护百姓的利益。他进入吏部以后，又能抵制住种种请托。凡此行为，不能不令人肃然起敬。

不畏权贵，是做官、做人的一种崇高境界。它需要一份面对荣华的淡定与从容，面对威权的警醒与平视。因为权贵的出现，权力的附加，总伴随着令人炫目的光环，而能在这种光环前面，不为所动，在权贵与尊严、权贵与做人做事原则之间，又义无反顾地选择后者，需要另一种境界。

不畏权贵，是一种做官、做人的别样风景。李白有诗云："安能摧眉折腰事权贵，使我不得开心颜?"然而，现实中，跪伏于权贵面前，以自己的人格尊严换取瞬间繁华的人，比比皆是。不畏权贵，需要对自己人格如白玉般的珍惜。

（申妙注译　张杰评述）

蓝鼎元

【原文】

蓝鼎元，字玉霖，福建漳浦[①]人。少孤[②]力学，通达治体，尝泛海考求闽、浙形势。巡抚张伯行器之，曰："蓝生经世之良材，吾道之羽翼也。"

康熙六十年，台湾朱一贵倡乱，鼎元从兄南澳镇总兵廷珍率师进讨，多出赞画，七日台湾平。复从廷珍招降人，殄遗孽，抚流民，绥番社，岁余始返。著论言治台之策，大意谓："土地有日辟、无日蹙，经营疆理，则为户口贡赋之区；废置空虚，则为盗贼倡乱之所。山高地肥，最利垦辟。利之所在，人所必趋。不归之民，则归之番与贼。即使内乱不生，寇自外来，将有日本、荷兰之患，不可不早为措置。"时议者谓台湾镇当移澎湖，鼎元力言不可，大吏采其说，见诸施行。鼎元复为台湾道条十九事，曰"信赏罚、惩讼师、除草窃、治客民、禁恶俗、儆吏胥、革规例、崇节俭、正婚嫁、兴学校、修武备、严守御、教树畜、宽租赋、行垦田、复官庄、恤澎民、抚土番、招生番。”后之治台者，多以为法。

雍正元年，以选拔入京师，分修《一统志》。六年，大学士朱轼荐之，引见，奏陈时务六事，世宗善之。寻授广东普宁知县，在官有惠政，听断如神。集邑士秀异者讲明正学，风俗一变。调权潮阳县事，岁荐饥，多逋赋，减耗粮③，除苛累，民争趋纳。妖女林妙贵惑众，寘之法。籍其居，建棉阳书院。以忤监司罢职，总督鄂弥达疏白其诬，征诣阙④。逾年，命署广州知府，抵官一月，卒。

鼎元尤善治盗及讼师，多置耳目，刻捕不稍贷，而断狱多所平反，论者以为严而不残。志在经世，而不竞其用。著《鹿洲集》、《东征集》、《平台纪略》、《棉阳学准》、《鹿洲公案》传于世。

选自《清史稿》卷四百七十七《蓝鼎元传》

【注释】

①漳浦：今福建漳浦县。

②孤：幼年死去父亲。

③耗粮：上缴国库的粮食由于运输中有消耗，故在上缴时地方官府要额外征收消耗的部分，这一部分称作耗粮。

④诣阙：古代罪犯或其家属，复审后不服，直接上诉皇帝的非常诉讼程序。

【译文】

蓝鼎元，字玉霖，福建漳浦人。他年幼时父亲去世，一心向学，通晓治国安邦的根本，曾经乘船在海中考察福建、浙江的地形。巡抚张伯行十分器重他，说："蓝鼎元是个经学治世的人才，是我这一学派的左膀右臂啊。"

康熙六十年（1721），台湾朱一贵叛乱，蓝鼎元随从其兄南澳镇总兵廷珍率军进台讨伐，参赞策划，仅七天就平定了这次叛乱。又随同廷珍招纳归降的人，消灭遗留的叛贼，招抚流离失所的百姓，安抚岛内的少数民族，一年之后才返回家乡。他著书立说，提出治理台湾的策略，大意是："土地通过开垦日益增多，而不会日益减少，若经营治理，将来人口繁盛、为国家上缴赋税的地方；若放弃不理使之荒废，就会成为盗贼横行的地方。台湾山高土地肥沃，最利于开垦。肥沃的土地能产出很好的效益，必将吸引百姓前来归附。不归附的民人，就会归附外国人或者盗贼。即使台湾没有内乱，然而来自日本、荷兰的海外国家也会成为祸患，不可不未雨绸缪，及早谋划。"当时有的人建议把台湾府治移到澎湖，蓝鼎元力争不可这样，最后官府采纳了他的意见并予实施。蓝鼎元又为台湾的建设提出了十九条建议，包括："赏罚分明，司法公正，铲除盗贼，安抚流民，禁止恶俗，警诫官吏，革除陋规，崇尚节俭，规范婚嫁，兴办学校，整顿军队，严密防守，发展副业，减免赋税，开垦土地，恢复官田，体恤彭民，安抚土著居民，招抚未开化的民族。"后来的台湾统治者，多把这十九条建议作为治理台湾的依据。

雍正元年（1723），蓝鼎元被选拔到京师参加编修《大清一统志》。雍正六年（1728），由于大学士朱轼的推荐，蓝鼎元得到雍正帝的接见，他向雍正帝奏陈有关时务的六件事情，受到了雍正帝的肯定。不久，蓝鼎元被授予广东普宁县知县，做官时他实行德政，断案如神。他召集县内优秀的士子讲习阐发正统学术，使当地的风俗得到了改善。后代理潮阳知县，该县一年内频频发生饥荒，拖欠了很多的赋税。他到任后减少耗粮，蠲免累民的苛捐杂税，这样百姓都争先交纳拖欠的赋税。有一个叫林妙贵的妖女蛊惑人心，蓝鼎元将其按律治罪。蓝鼎元在他房屋的基础上，建立了棉阳书院。后来蓝鼎元由于忤逆了主管监察的上司而被罢职，总督鄂弥达向雍正皇帝上疏为他辩白。一年后，雍正皇帝令他署理广州知府。他刚到任一个月就病逝了。

蓝鼎元尤其善于捕捉盗贼和断案，他广布耳目，捕捉盗贼从来不懈怠，而又常常能为冤案平反昭雪。当时的人评价他严厉而不凶残。他的志向在于经世致用，但最终也未能如愿。他的著作《鹿洲集》、《东征集》、《平台纪略》、《棉阳学准》、《鹿洲公案》流传于世。

【评述】

蓝鼎元是清代康雍之际的名吏。其最大的政绩一是治理经营台湾，其提出“治台十九事”的治台策略，对后世产生重大影响，并多被沿用，蓝鼎元也因此被称为“筹台之宗匠”；其二是“在官有惠政，听断如神”，当世即被誉为“包孝肃复生”，后世小说家更美其名曰“中国的福尔摩斯”，民间至今仍流传许多蓝鼎元断案的精彩故事。此外，就个人修行而言，蓝鼎元辛勤从政，为官清廉，自谓“黎明视事，漏下二鼓而后退食”，“莅官以来，未曾制一衣一丝自奉，妻妾竹钗布裙，未曾以一分金银为簪”。可见，蓝鼎元当为清代干吏、廉吏之典型，其政绩、学识、人品均足以为后世景仰。

（郝英明注译　张杰评述）

路振扬

【原文】

路振扬，陕西长安人。初入伍，拔补把总。累迁汉中副将。康熙五十一年，擢四川松潘[①]总兵。五十六年，策妄阿喇布坦[②]侵西藏，命四川提督康泰率兵往青海御之。至黄胜关[③]柏木桥，兵哗溃，振扬往镇抚。事定，以振扬署提督。疏言："松潘迤南杂谷土司种繁俗悍，土司良尔吉子班第尔吉，臣密令防隘，颇称勤顺，请袭职，并予赏赉。又加渴瓦寺安抚土司桑郎温恺募众运粮，漳腊营[④]辖旗命上下包坐司土兵习战斗、谙边情，臣令备兵候调，咸知踊跃，亦请予赏赉。"皆如所请。雍正元年，调重庆总兵。

四年，迁陕西固原提督。疏言："国家设禄以养廉，立法以惩贪。例定以财行赇，及说事过钱人，审实计赃同科。罪未发而自首者免罪，犹征正赃。窃思官吏营私，彼此容隐，不易败露，或有告发，犹必互相掩饰。臣请开自首之路，凡上司保题属吏，并大计[⑤]军政卓异，荐举人员，以财行贿，彼此皆应治罪。如受者自首，免追赃及应得之罪。如与者自首，则照原赃倍追给主，亦免应得之罪。或说事过钱人自首，免罪给赏。如是，庶彼此皆存顾虑，未事则畏惧不敢为，既事则争首惟恐后。是或除贪之一法。”奏入，上嘉之，曰：“向闻振扬操守廉洁，今览此奏，非一尘不染者不敢言也。”下部议行，并命优叙。

六年，上念振扬老，召诣京师，授兵部尚书。振扬以病固辞，上疑其恋外任、怀怨望，命停俸，旋改銮仪使。八年，署直隶古北口提督。九年，上以古北口、宣化、大同沿边要地当增兵，独石口西至杀虎口当增兵，并修边墙。敕御史舒喜、天津总兵补熙会振扬详勘。振扬等奏请改设副将以下官，增兵千四百有奇，于各镇营抽拨，边墙倾圮，用木栅鹿角堵塞。从之。乾隆元年，回銮仪使任。旋卒，赐祭葬。

选自《清史稿》卷二百九十九《路振扬传》

【注释】

①松潘：古名松州，四川历史上有名的边陲重镇，被称作“川西门户”，古为用兵之地。

②策妄阿喇布坦（1665—1727）：清代准噶尔部首领，曾积极配合清政府同噶尔丹分裂势力进行斗争。后又派兵侵袭西藏，企图与清朝政府分庭抗礼。

③黄胜关：地名，即今四川省松潘县黄胜关。

④漳腊营：漳腊（在今四川松潘县北）之北有隘口通甘青，明嘉靖二十年，巡抚王珩展建漳腊城堡。清改为漳腊营。

⑤大计：明清时考核外官的制度。每三年一次，由州、县上至府、道司，层层考察属员，再汇总由督抚最后考核，然后送交吏部。

【译文】

路振扬，陕西长安人。他刚从戎，便被选拔为把总。几番升迁，路振扬为汉中副将。康熙五十一年（1712），路振扬升迁四川松藩总兵。康熙五十六年（1717），准噶尔部首领策妄阿喇布坦派兵侵略西藏，康熙帝命令四川提督康泰率军前往青海抵御。至黄胜关柏木桥时，军队哗变，路振扬急忙赶来，平息了兵变。该事件平息以后，陆振扬升四川提督。他上书说："松潘、迤南杂谷土司，人口众多，人们彪悍。我秘密令人观察土司良尔吉的儿子班第尔吉，都称赞他勤谨恭顺，请批准他世袭父职，并与赏赐。另外，加渴瓦寺安抚土司桑郎温恺召集民众运输粮草；掌管漳腊营的官员要上下包坐司的土兵实战练习、熟悉边地情况，臣也令他们随时作好等候调遣的准备，他们都积极响应，也请一并赏赐。"康熙帝都一一给赏。雍正元年（1723），路振扬调重庆总兵。

雍正四年（1726），路振扬升迁陕西固原提督。他上书说："国家发放俸禄以奉养廉洁，制定法律来惩罚贪污。《大清律例》规定：行贿者、因说情捞好处者，一旦查明，都与受贿者同罪。罪行未被揭发而自首的人予以免罪，但要没收赃款。臣以为，官吏营私，互相包庇，不易败露。即使偶尔被人告发，还是官官相护。因此，臣请求皇上广开自首之路。凡是上司推荐的下属官吏，以及大计考核为卓异的军政人员，如果被推荐选拔的人员行贿，行贿受贿双方都予治罪。如果受贿的人自首，免于追赃和处罚。如果行贿的人自首，则照原来赃款加倍追回给行贿者，也免惩罚。介绍贿赂者自首，不但免罪，还给赏钱。如果这样，行贿受贿之人彼此都会顾忌：未行贿受贿者因畏惧而不敢如此，已行贿受贿者则争先恐后来自首。这，或许是摈除贪污的一个办法。”奏折递入，雍正帝赞叹道：“朕素来听说路振扬操守廉洁。今天这个奏折，非一尘不染的人不敢如此！”该奏折交礼部商议执行，并给路振扬从优论功，晋升官职。

雍正六年（1728），皇帝挂记路振扬已年老，召他回到京城，授予他兵部尚书。但路振扬以有病而坚决辞谢了，雍正帝以为他贪恋外任而心怀不满，下令停他的薪俸。不久，雍正帝任命路振扬为銮仪使。雍正八年（1730），路振扬又署理直隶古北口提督。雍正九年（1731），皇帝认为古北口、宣化、大同沿边要地应该增加兵力，独石口西至杀虎口也应该增加兵力，并修筑边地城墙。于是，雍正帝下令御史舒喜、天津总兵补熙会同振扬详细勘测地形。路振扬等上奏请求改设副将以下武官，增兵一千四百多人，这些军队由各镇营中精选出来。边地倾颓倒塌态的，用木栅鹿角堵顶住。雍正帝听从了这些建议。乾隆元年（1736），路振扬又任銮仪使。不久，路振扬去世，雍正帝赐予他祭葬费用。

【评述】

路振扬以治理边疆之功出任朝廷重职，提出独特的反贪见解：允许官员自首。不论是受贿者、行贿者还是介绍贿赂者，只要积极自首，都可以免罪，而且，行贿者和介绍贿赂者还可得到奖励。路振扬打击贿赂的核心思路是：给腐败者真诚悔罪的机会，使其真心向善，同时，打破受贿者、行贿者及介绍贿赂者攻守同盟。应当说，在贿赂犯罪中，因行贿受贿多极为隐秘（在很多情况下，确实是“天知、地知、你知、我知”），要取证，有时也成为一个难题。路振扬别出心裁的建议，确有釜底抽薪之效。

（申妙注译　张杰评述）

谢济世

【原文】

谢济世，字石霖，广西全州人。康熙四十七年，举乡试第一。五十一年，成进士，改庶吉士，授检讨。雍正四年，考选浙江道御史。未浃旬[①]，疏劾河南巡抚田文镜营私负国，贪虐不法，列举十罪。上方倚文镜，意不怿，命还济世奏，济世坚持不可。上谕曰："文镜秉公持正，实心治事，为督抚中所罕见者，贪赃坏法，朕保其必无，而济世于督抚中独劾文镜，朕不知其何心？朕训诫科道至再至三，诫以科道无私，方能弹劾人之有私者。若自恃为言官，听人指使，颠倒是非，扰乱国政，为国法所不容。朕岂不知诛戮谏官史书所戒？然诛戮谏官之过小，酿成人心世道之害大。礼义不愆，何恤于人言，朕岂恤此区区小节哉?"夺济世官，下大学士、九卿、科道会鞫，济世辨甚力。刑部尚书励杜讷问："指使何人?"对曰："孔、孟。"问："何故?"曰："读孔、孟书，当忠谏。见奸弗击，非忠也!"谳上，以济世所言风闻无据，显系听人指使，要结朋党，拟斩。

文镜劾属吏黄振国、邵言纶、汪諴等，李绂讼言其枉，并谓河南诸吏张球最劣，文镜纵弗纠。入封，具为上言之。上先入文镜言，不直绂。而济世罪状文镜又及枉振国、言纶、諴庇球诸事，上召大学士、九卿、科道等入见，举前事，谓："济世言与绂奏一一吻合，今诘济世劾文镜诸事，济世皆茫无凭据，俯首无词，是其受人指使，情弊显见。"命夺济世官，往阿尔泰军前效力赎罪。济世至军，大将军平郡王福彭[2]颇敬礼之，济世讲学著书不稍辍。七年，振武将军顺承郡王锡保以济世撰《古本大学注》毁谤程、朱，疏劾，请治罪。上摘"见贤而不能举"两节注，有"拒谏饰非，拂人之性"语，责济世怨望谤讪，下九卿、翰詹、科道议罪。有陆生柟者，自举人选授江南吴县知县，引见，上有所诘问，不能对，改授工部主事。复引见，上见其傲慢，以其广西人，疑与济世为党，命夺官发军前，令与济世同效力。生柟撰《通鉴论》十七篇，锡保以为非议时政，别疏论劾。上并下九卿、翰詹、科道议罪，寻议济世诋讪怨望，怙恶不悛，生柟愤懑猖狂，悖逆恣肆，皆于军前正法。上密谕锡保诛生柟，缚济世使视，生柟既就刑，宣旨释之。

济世在戍九年，高宗即位，诏开言路，为建勋将军钦拜[3]草奏，请责成科道严不言之罚，恕妄言之罪，上嘉纳焉。旋召济世还京师，复补江南道御史。济世以所撰

《大学注》、《中庸疏》进上，略言：“《大学注》中，九卿、科道所议讽刺三语，臣已改删，惟分章释义，遵古本不遵程、朱，习举业者有成规，讲道学者无厉禁。千虑一得，乞舍其瑕而取其瑜。”得旨严饬，还其书。乾隆二年，济世疏曰：“臣今所言者有二，一曰去邪勿疑，一曰出令勿贰。有罪而复用，如程元章、哈元生者，舆论犹有怨词，至于隆升，国人皆曰不可。犹未罢斥。不惟不罢斥隆升而已，如王士俊以加赋为垦荒，肆毒中州，又请为田文镜立贤良祠。皇上既深恶之，乃调回而仍用，逮勘而复赦，乃者清问及之，议者谓将用为藩臬[④]。藩臬总一省刑名钱谷，岂辜恩负罪之督抚所能胜乎？《易》言涣汗[⑤]，《礼》称伦綍[⑥]，信而已矣。今则元年谕旨，二年即废格或改易矣。特谕停止在任守制，近日督抚又渐次请行。天下之大，何患无才？《记》曰‘金革无辟[⑦]’，又曰‘君子不夺人之亲’，安用此食禄忘亲者为哉？……世间君子少、小人多，已败露者不行放流，未败露者益无忌惮。若发号施令，小人得以摇夺，君子无所适从，国事未有不隳者也。”

三年，疏言：“母蒋年七十一，行动艰难，耳目昏愦。臣欲归养，则贫不能供甘旨。欲迎养，则老不能任舟车。欲归省，则往返动经半年。在家不过数月，乍逢又别，既别难逢，慈母之涕泪转添，游子之方寸终乱。臣才不称道府，例又从无自请迁转。乞敕部以州县降授湖南、广东，量予近地，臣得母子聚首，无任哀垦。”上特授济世湖南粮储道。

八年，济世闻衡阳知县李澎征赋纵丁役索浮费，易服伪为乡民纳赋者以往，察得实，善化知县樊德贻与同弊，济世详劾。巡抚许容庇德贻等，以济世荡检逾闲列状入告。上命解任，交总督孙嘉淦会鞫，济世捕衡阳丁役下长沙知府张琳，谳得征收浮费有据。容令岳常澧道仓德代济世，布政使张璨附容指，贻书仓德，令更易长沙府详牒。仓德初官给事中，尝劾济世奏事失仪，至是不直璨所为，发其书上嘉淦及漕运总督顾琮，嘉淦庇容，寝其事。谕仓德委曲善处，琮咨都察院奏闻。御史胡定纠容挟私诬劾，采湖南民谣，斥容与璨等朋谋倾济世。上命侍郎阿里衮如湖南会嘉淦按治，而仓德以嘉淦寝其事，复揭都察院奏闻。上责嘉淦草率扶同，召还京师，解容、璨任，夺琳、德贻、澎官。阿里衮寻奏济世被诬劾，请复官。容、璨及按察使王玠皆坐夺官，上命并罢嘉淦，而奖仓德及定，调济世驿盐道。

蒋溥代为巡抚，嗛济世密进所著书，斥为离经畔道，上曰：“朕不以语言文字罪人。”置不问。未几，复言其老病，乃命休致。归家居十二年，卒，年六十有八。

选自《清史稿》卷二百九十三《谢济世传》

【注释】

①浃旬：一旬，十天。

②福彭：努尔哈赤的八世孙，代善长子岳托之后，岳托因战功始封克勤郡王，后世改称平郡王（乾隆中叶又恢复原名克勤郡王），是清代世袭罔替的八家“铁帽子王”之一。

③钦拜（？—1747）：瓜尔佳氏，满洲镶红旗人。累迁正黄旗蒙古副都统。

④藩臬：藩司和臬司。明清两代的布政使和按察使的并称。

⑤涣汗：谓帝王号令如人之汗，一出不复收。

⑥伦綍：语出《礼记·缁衣》：“王言如丝，其出如纶；王言如纶，其出如綍。”纶，音伦。綍，音忽。后称皇帝的诏令为“纶綍”。

⑦金革无辟：语出《礼记·曾子问》，指人在遭受父母之丧，卒哭之后，国家有战事，君使则行，没有敢推辞的。

【译文】

谢济世，字石霖，广西全州人。康熙四十七年（1708），参加乡试，考得第一名。康熙五十一年（1712），成为进士，改为庶吉士，授予检讨之职。雍正四年（1726），考取了浙江道御史。没过十日，上疏弹劾河南巡抚田文镜营私，贪婪暴虐，有不法行为，并列举了他的十大罪状。皇上当时正倚重田文镜，见到奏章不很高兴，下令归还谢济世的上奏，谢济世坚持认为这样不可以。皇上诏谕说：“田文镜秉持公正，真心实意办事，在督抚中很少能见到这样的人，我保证他一定没有贪污赃款，违法乱纪，然而谢济世在各位督抚中单独参劾田文镜，我不知道他有什么居心？我不止一次地教训告诫各位科道，只有你们正直无私，才能参劾那些有私心的人。如果自以为是言官，听从别人的指使，颠倒是非，扰乱国政，这是国家法律所不能允许的。我难道不知道诛杀谏官是历来的史书所反对的吗？然而诛杀谏官的过错是小，如果不杀，他们酿成人心世道的危害是大事。礼义上没有过错，何必害怕人说，我怎么会顾虑这样的小细节呢？”夺去了谢济世的官职，让大学士、九卿、科道一起审问他，谢济世争辩很是激烈。刑部尚书励杜讷问道：“什么人指使你的？”谢济世对道：“孔子、孟子。”问道：“什么缘故？”说：“读孔孟的书，应该忠谏。看到奸人不抨击他，不是忠。”于是审判定罪，以谢济世所说没有根据，显然是受人指使，邀结朋党为由，拟定斩首。

田文镜参劾属下的官员黄振国、邵言纶、汪諴等人，李绂争辩说他是在冤枉这些人，并说河南官吏张球最为恶劣，而田文镜却纵容他，不加以纠察。他们都被召入宫廷向皇上汇报。皇上先听田文镜的，不理会李绂。而谢济世参劾田文镜冤枉黄振国、邵言纶、汪諴等人并包庇张球等罪状，皇上召集大学士、九卿、科道等官员，举出前面这件事，说：“谢济世的话与李绂的奏报全都吻合，现在诘问谢济世参劾田文镜的各件事，谢济世都茫然无凭，低头无语，那么他受人指使的内情显而易见。”下令罢免了谢济世的官职，发配到阿尔泰的军队效力赎罪。谢济世到了军队，大将军平郡王福彭对他特别敬重，以礼相待，谢济世讲学著书，一点也没有减少。雍正七年（1729），振武将军顺承郡王锡保以谢济世撰写的《古文大学注》毁谤程朱理学，上疏参劾他，请求给谢济世定罪。皇上摘录了“见贤而不能举”两节的注解，其中有“拒谏饰非，拂人之性”的话，责备谢济世是故意诽谤，命令九卿、翰林和詹士、科道等官员定罪。有个叫陆生柟的人，从一个举人选授了江南吴县的知县，被皇上召见，皇上问了他一些问题，对答不上来，将他改授工部主事。再次觐见皇上，皇上看到他非常傲慢，再加他是广西人，怀疑是谢济世的党羽，下令罢免他的官职，发配到军队，与谢济世一同服役效力。陆生柟撰写了《通鉴论》十七篇，锡保认为这是非议时政，再次上疏参劾。皇上命令九卿、翰林和詹士、科道一同议定他们的罪行，不久就判定谢济世诽谤怨望，不肯悔改，陆生柟愤懑猖狂，悖逆恣肆，将他们一同在军前正法。皇上秘密诏谕锡保，诛杀陆生柟，将谢济世捆绑，让他亲眼观看，将陆生柟行刑之后，再宣布圣旨释放谢济世。

谢济世从军九年，清高宗继位，下诏广开言路，谢济世为建勋将军钦拜草拟奏章，请求责成科道严治不言之罪，宽恕妄言的罪责，皇上夸奖并接纳了此建议。很快便诏谢济世回京师，又补任他为江南道御史。谢济世以所撰写的《大学注》、《中庸疏》呈给皇上，说：“《大学注》中，九卿、科道等所说的讽刺诽谤的三句话，臣已修改删除了，只是分章节解释古义，遵守古本而不是遵守程、朱，努力学习以考取功名的人有一定的规矩，而讲道学的人则没有严格的框架。愚者千虑必有一得，请求皇上取其精华，去其瑕疵。”皇上下旨严厉申饬他，归还了他的书。乾隆二年（1737），谢济世上疏说：“我今天想说两点，一是去除邪恶，不要有疑虑，二是皇上的命令不要前后不一。有罪过而再次起用的官员，像程元章、哈元生等人，舆论还能宽恕他们，至于隆升这样的人，国人都说不可重用，却始终没有罢斥，不但隆升这样的人不罢斥，像王士俊这样以增加赋税为由开垦荒地，肆意毒害中州，还请求为田文镜树立贤良祠的人，皇上既然对他非常憎恶，却又将他调回来继续任用，逮捕审问了却再次赦免，有人议论说将任用他为藩臬之职。藩臬掌管一个省的刑罚、钱物、粮食，难道有负皇恩的罪臣督抚能够胜任吗？《周易》称‘涣汗’，《礼记》称‘伦綍’，都是讲皇帝要有信誉。现在您第一年下旨，第二年就作废或者改变了。您曾特别诏谕停止在任守制的制度，今日督抚又接连请行。天下那么大，何必担心没有人才呢？《礼记》说‘金革无辟’，又说‘君子不夺人之亲’，怎么能任用这些拿着俸禄却忘记亲人的人呢？……世上君子很少、小人很多，恶行已经败露的不加以惩罚，没有败露的就更加肆无忌惮。如若发号施令，小人可以嚣张横行，君子却无所适从，国家没有不毁灭的。”

乾隆三年（1738），上疏说：“母亲现在已经七十一了，行动艰难，耳目混乱，头脑不清。臣想要回家养亲，却苦于贫穷不能供养。想要接过来养着，而老母亲又经受不住车船的劳苦，想要回家省亲，往返就需要半年的时间。在家里不过数月的时间，刚一重逢又要分离了，分别又难以再次相逢，母亲涕泪交织，游子心神大乱。臣的才能称不上道府之职，按旧例又从来没有自己请求迁转别地的。请求皇上敕令以州县级官职，降我到湖南、广东等地任职，臣得以母子团聚，我请求皇上答应。”皇上于是特敕谢济世为湖南粮储道……

乾隆八年（1743），谢济世听说衡阳知县李澎在征收赋税的时候纵容兵丁索取浮费，于是他换了服装假扮成乡民去交纳赋税，经过考察确是实情，善化知县樊德贻与李同样舞弊，谢济世也弹劾了他。巡抚许容包庇樊德贻等，以谢济世荡检逾闲作为罪状上告皇上。皇上罢免了谢济世的官职，交由总督孙嘉淦审问，谢济世逮捕了湖南差役交给长沙知府张琳，经过审问得知李澎索取浮费的事确有证据。许容命令岳常澧道仓德代替谢济世。布政使张璨也跟从许容指证谢济世，他给仓德去信，命令更改长沙府的审讯记录。仓德在任给事中时，曾经参劾谢济世上奏不合时宜，到这个时候，他看不惯张璨的所为，写信上奏给孙嘉淦及漕运总督顾琮，孙嘉淦包庇许容，隐瞒了这件事，还下令让仓德想办法恰当处理这件事。顾琮向都察院奏报了情况。都察院御史胡定纠察许容挟私舞弊，诬陷好人，用湖南的民谣，斥责许容和张璨是互相勾结陷害谢济世。皇上命令侍郎阿里衮到湖南会同孙嘉淦处理此事，而仓德因为孙嘉淦隐瞒此事，再次向都察院上报。皇上斥责孙嘉淦草率行事，召回京师，罢免了许容、张璨、张琳、樊德贻、李澎等人的官职。阿里衮借机上奏谢济世是被诬陷的，请求恢复他的官职。许容、张璨以及按察使王玠等人都因此事被罢官。皇上还命令罢免了孙嘉淦的官职而奖赏了仓德及胡定，调任谢济世为盐道官。

蒋溥代做巡抚，怀恨谢济世，秘密向皇上献上谢济世著的书，斥责它离经叛道，皇上说："我不会因为语言文字来给人定罪。"把这事搁置起来不予过问。不久，蒋溥又说谢济世年老多病，于是皇上命令济世休官回家。回到家居住了十二年，去世，享年六十八岁。

【评述】

谢济世是清朝雍正、乾隆年间有名的戆直忠耿、不畏权势的御史，又是“文字狱”的受害者。他为人刚正不阿，疾恶如仇，为民请命，不畏权贵。一生四次被诬陷，三次坐牢，两次丢官，一次陪斩，一生充满传奇色彩。

雍正皇帝即位后雷厉风行推行新政，这对于修正康熙末年的许多政治积弊、稳固清王朝的统治具有十分重要的意义，总体上应该给予肯定。但新政在实施中难免产生一些失误和偏差，出现“新政残民”的现象。在这种情形下，谢济世刚当上御史，就敢于弹劾雍正皇帝眼中的红人、各地督抚中推行新政最力的田文镜，这需要巨大的勇气。按理说，指出官员的问题乃至新政的弊端，只要给予重视，及时调整，处置得当，从整体和长远来看，对于官员自身乃至新政的更好实施其实是有裨益的，但在雍正皇帝看来，谢济世居然成了新政的绊脚石和“别有用心”的角色。请看他对谢济世的处理：一开始是退回奏章，不予理睬；在对方坚持意见的时候，又武断地担保田文镜无辜，进而指出谢济世是别有用心“扰乱国政”，并恐吓不惜承担诛戮谏官的历史骂名，在他看来，任由谏官“自由发言”和坚持意见，就会危害世道人心，扰乱国政——这其实已经严重违背了言官制度的设计初衷和基本原则了。接下来，是严厉的罢官、审问、贬谪，更有甚者，还通过让谢济世亲眼看到陆生柟被斩，试图恐吓谢济世，使他“老实”起来，以这种血腥的阴谋手段去打压一位正直的言官，雍正帝的做法是很极端的。

无论是面对雍正皇帝的严厉打压还是乾隆皇帝的雍容大度，谢济世始终保持了一个直臣的风骨，尽到了一名言官的责任，这是极其可贵和可敬的。中国古代就有“和而不同”的思想，臣子通过对统治者提出不同意见，匡正决策的失误，只有这样才是真正“和”的君臣关系，才有利于政治的清明和政权的稳固，而对上司只懂得阿谀奉承、唯命是从，这其实只是“同”而不是“和”，是十分有害的。“同”与“和”的区分，最早由春秋时期齐国的名臣晏婴提出，稍后的孔子则进一步明确提出了“君子和而不同，小人同而不和”的著名论断。应该说，言官制度的设置，对于弥补传统集权专制的弊端，发挥了十分重要的历史作用，而这种直言极谏的文化传统，也成为我国古代政治文化遗产中极其珍贵的内容。在提倡民主、依法治国的当今时代，继承和发扬这种言官制度和言官文化的优良传统，依然具有深远的意义。

（赵锋注译　柴春元评述）

刘统勋

【原文】

刘统勋，字延清，山东诸城人。父棨，官四川布政使。统勋，雍正二年进士，选庶吉士，授编修。先后直南书房、上书房，四迁至詹事。乾隆元年，擢内阁学士。命从大学士嵇曾筠[①]赴浙江学习海塘工程。二年，授刑部侍郎，留浙江。三年，还朝。四年，母忧归。六年，授刑部侍郎。服阕，诣京师。

擢左都御史。疏言："大学士张廷玉历事三朝，遭逢极盛，然晚节当慎，责备恒多。窃闻舆论，动云'张、姚二姓占半部缙绅'，张氏登仕版者，有张廷璐[②]等十九人，姚氏与张氏世婚，仕宦者姚孔鋠等十人。二姓本桐城巨族，其得官或自科目荐举，或起袭荫议叙，日增月益。今未能遽议裁汰，惟稍抑其迁除之路，使之戒满引嫌，即所以保全而造就之也。请自今三年内，非特旨擢用，概停升转。"又言："尚书公讷亲年未强仕，综理吏、户两部。典宿卫，赞中枢，兼以出纳王言，时蒙召对。

属官奔走恐后，同僚亦争避其锋。部中议覆事件，或展转驳诘，或过目不留，出一言而势在必行，定一稿而限逾积日，殆非怀谦集益之道。请加训示，俾知省改。其所司事，或量行裁减，免旷废之虞。”两疏入，上谕曰：“朕思张廷玉、讷亲若果擅作威福，刘统勋必不敢为此奏。今既有此奏，则二臣并无声势能箝制僚寀可知，此国家之祥也。大臣任大责重，原不能免人指摘。闻过则喜，古人所尚。若有几微芥蒂于胸臆间，则非大臣之度矣。大学士张廷玉亲族甚众，因而登仕籍者亦多。今一经察议，人知谨饬，转于廷玉有益。讷亲为尚书，固不当模棱推诿，但治事或有未协，朕时加教诲，诫令毋自满足。今见此奏，益当自勉。至职掌太多，如有可灭，候朕裁定。”寻命以统勋疏宣示廷臣。

命勘海塘。十一年，署漕运总督。还京。十三年，命同大学士高斌[③]按山东赈务，并勘河道。时运河盛涨，统勋请浚聊城引河，分运河水注海。德州哨马营、东平戴村二坝，皆改令低，沂州江枫口二坝，俟秋后培高，俾水有所泄。迁工部尚书，兼翰林院掌院学士，改刑部尚书。十七年，命军机处行走。十八年，以江南邵伯湖减水二闸及高邮车逻坝决，命偕署尚书策楞往按。合疏言河员亏帑误工，诏夺河督高斌、协办河务巡抚张师载职，穷治侵帑诸吏。九月，铜山小店汛河决，统勋疏论同知李焞、守备张宾呈报稽误。上以焞、宾平日侵帑，闻且穷治，自知罪重，河涨任其冲决，立命诛之，并綮斌、师载令视行刑。统勋驻铜山督塞河，十二月，工成。统勋偕策楞疏陈稽察工料诸事，诏如所议行。大学士陈世倌疏言黄河入海，套柜增多，致壅塞，命统勋往勘。统勋疏言："海口旧在云梯关，今海退河淤，增长百余里，柜套均在七曲港上，河流无所阻遏。"上又命清察江南河工未结诸案，统勋疏言未结款一百一十一万有奇，请定限核报。又以河道总督顾琮请于祥符、荥泽诸县建坝，并浚引河，命统勋往勘。统勋议择地培堤坝，引河上无来源，中经沙地，易淤垫，当罢，上从之。

十九年，加太子太傅。五月，命协办陕甘总督，赐孔雀翎。时方用兵准噶尔，统勋请自神木至巴里坤设站一百二十五，并裁度易马、运粮诸事，命如所议速行。二十年，廷议驻兵巴里坤、哈密，命察勘。统勋至巴里坤，阿睦尔撒纳叛，攻伊犁，伊犁将军班第死事，未得报。定西将军永常自木垒引师退，统勋疏请还守哈密。上责其附和永常，置班第于不问，命并永常夺职，逮治。其子墉亦夺职，与在京诸子皆下刑部狱，籍其家。旋上怒解，谕："统勋所司者粮饷马驼，军行进止，将军责也。设令模棱之人缄默不言，转可不至获罪。是其言虽谬，心尚可原。永常尚不知死绥，何怪于统勋？统勋在汉大臣中尚奋往任事，从宽免罪，发往军营交班第等令治军需赎罪。"释其诸子。

二十一年六月，授刑部尚书。寻命勘铜山县孙家集漫工，解总河富勒赫任，即命统勋暂摄。是冬，工竟。二十二年，命赴徐州督修近城石坝，加太子太保。二十三年，调吏部尚书。二十四年，命协办大学士。二十六年，拜东阁大学士，兼管礼部、兵部。八月，偕协办大学士兆惠查勘河南杨桥漫工。十二月，工竟。二十七年，上南巡，复命偕兆惠勘高、宝河湖入江路，疏请开引河，择地筑闸坝。上谕谓："所议甚合朕意。"又以直隶景州被水，命勘德州运河，疏请移吏董理四女寺、哨马营两引河，毋使淤閼。二十八年，充上书房总师傅，兼管刑部，教习庶吉士。三十三年，命往江南酌定清口疏浚事宜。三十四年，复勘疏运河。

三十八年十一月，卒。是日夜漏尽，入朝，至东华门外，舆微侧，启帷则已瞑。上闻，遣尚书福隆安赍药驰视，已无及。赠太傅，祀贤良祠，谥文正。上临其丧，见其俭素，为之恸。回跸至乾清门，流涕谓诸臣曰："朕失一股肱！"既而曰："如统勋乃不愧真宰相。"

统勋岁出按事，如广东按粮驿道明福违禁折收，如云南按总督恒文、巡抚郭一裕假上贡抑属吏贱值市金，如山西按布政使蒋洲抑属吏补亏帑，如陕西按西安将军都赉侵饷，如归化城按将军保德等侵帑，如苏州按布政使苏崇阿误论书吏侵帑，如江西按巡抚阿思哈[4]受贿，皆论如律。其视杨桥漫工也，河吏以刍茭不给为辞，月余事未集。统勋微行，见大小车载刍茭凡数百辆，皆弛装困卧。有泣者，问之，则主者索贿未遂，置而不收也。即令缚主者至，数其罪，将斩之。巡抚以下为固请，乃杖而荷校以徇，薪刍一夕收立尽。逾月工遂竟。方金川用兵，统勋屡议撤兵，及木果木军覆，上方驻热河，统勋留京治事，天暑甚，以兼上书房总师傅，检视诸皇子日课。廷寄急召，比入对，上曰："昨军报至，木果木军覆，温福死绥。朕烦懑无计，用兵乎，抑撤兵乎？"统勋对曰："日前兵可撤，今则断不可撤。"复问谁可任者，统勋顿首曰："臣料阿桂必能了此事。"上曰："朕正欲专任阿桂，特召卿决之。卿意与合，事必济矣。"即日令还京师。户部疏论诸行省州县仓库多空缺，上欲尽罢州县吏不职者，而以笔帖式等官代之。召统勋谕意，且曰："朕思之三日矣，汝意云何？"统勋默不言。上诘责，统勋徐曰："圣聪思至三日，臣昏耄，诚不敢遽对，容退而熟审之。"翌日入对，顿首言曰："州县治百姓者也，当使身为百姓者为之。"语未竟，上曰："然"。事遂寝。上为《怀旧诗》，列五阁臣中，称其"神敏刚劲，终身不失其正"云。子二：墉、堪。

选自《清史稿》卷三百二《刘统勋传》

【注释】

①嵇曾筠（1670－1740）：字松友，号礼斋，江苏无锡人。康熙四十五年（1706）进士，官至文华殿大学士、吏部尚书。

②张廷璐：字宝臣，号药斋，安徽桐城人。康熙戊戌（1718）科会试榜眼，授编修，官至礼部侍郎。有《咏花轩诗集》。

③高斌（？—1755）：高佳氏，字右文，满洲镶黄旗人，乾隆帝慧贤妃父。雍正元年（1723），授内务府主事。再迁郎中，出为苏州织造。卒谥“文定”。

④阿思哈（？—1766）：萨克达氏，满洲正黄旗人。自官学生考授内阁中书，乾隆四十一年（1776），迁吏部尚书，旋授漕运总督。卒谥“庄恪”。

【译文】

刘统勋，字延清，山东诸城人。父亲刘棨，官至四川布政使。刘统勋考中雍正二年（1724）进士，被选为庶吉士，授予编修的官职。先后在南书房、上书房做事，四次升迁后担任詹事。乾隆元年（1736），被提拔为内阁学士，跟随大学士嵇曾筠到浙江学习海塘工程。乾隆二年（1737），授予刑部侍郎的职务，留任浙江。乾隆三年（1738），回到北京。乾隆四年（1739），母亲去世返回原籍。乾隆六年（1741），又授予刑部侍郎的职务。服丧期满，返回京城。

刘统勋被升为左都御史。他上疏说：“大学士张廷玉担任三朝大臣，待遇很丰厚，但是应当注重个人的晚节，现在对他的责备很多。我听社会上议论，动不动就说‘张姓和姚姓的人占据了一半的《缙绅录》’。张氏家族中入仕做官的，有张廷璐等十九人，姚氏和张氏世代通婚，姚氏家族中有姚孔鋹等十个人担任了官职。这两姓的家族，本来就是桐城的巨族，他们担任官职，有的来自于科目荐举，有的来自于世袭荫护，势力日益增加。现在没有马上讨论裁减他们的势力，只是稍微抑制他们的升迁，让他们戒除骄躁，避开嫌疑，这就是为了保全并造就他们。请朝廷在三年之内，除非特意下旨任用，停止他们一切的升迁调动。”刘统勋又说：“尚书讷亲年未四十，管理吏部、户部两部。又主管宿卫，辅佐中央，出传帝旨，不时接受皇上的诏问。他的下属官员争先恐后为之效劳，他的同僚则避其锋芒。部内商讨回复事情，有的来回辩驳，有的只是看一眼就抛开了，但讷亲说的话，一定要得到执行，做一个决议要拖拉数日。这些做法非虚怀若谷、集思广益之道。请对他进行训示，让他自省悔改。讷亲所掌管的职权，需要适当裁减，避免造成荒废。”对刘统勋两次上疏，皇上下诏说：“我想，张廷玉、讷亲如果真的敢擅自作威作福，刘统勋也不敢上奏。现在有了这二奏，说明张、讷二人的势力还没有发展到能控制其他人言论的地步，这真是国家之福啊。大臣的权位高责任重，本来就不免被人指责。有了过错被指出而高兴，为古人所崇尚。如果有一点小事就放在心上，这不是大臣应有的胸怀。大学士张廷玉的亲戚很多，因而做官的人也很多。现在被检察议论了，知道应该小心谨慎。对于张廷玉来说，反倒是件好事。讷亲担任尚书，做事论断本来就不应当模棱两可或推脱，但是做事情有时候是没有得到协助，我要经常教诲他，告诫他不要骄傲自满。现在看到这奏折，他应当加倍自勉。至于他掌管的事情太多，如果有应当裁减的，等着我裁定。”不久就下令把刘统勋的上疏给朝廷大臣看。

皇上命令刘统勋勘察海塘。乾隆十一年（1746），刘统勋担任漕运总督，后返回京城。乾隆十三年（1748），皇上命令他同大学士高斌到山东巡察赈务，同时勘察河道。当时运河涨大水，刘统勋上奏请求疏通聊城河道，把河水分流出去引入海中。德州哨马营、东平戴村两个堤坝，都下令改低，沂州江枫口两个堤坝，等到秋后筑高，以便让水能排泄。刘统勋升为工部尚书，兼任翰林院掌院学士，后又改任刑部尚书。乾隆十七年（1752），奉命任军机处行走。乾隆十八年（1753），因为江南邵伯湖减水两闸以及高邮车逻堤决口，刘统勋奉命与代理尚书策楞一起前往督察。两人一起上疏弹劾负责河道的官员贪污钱财以致误工，皇上下诏免去了江南河道总督高斌、协办河务巡抚张师载的职务，下大力气惩处贪污财物的诸多官吏。九月，铜山小店汛河决堤，刘统勋上疏禀告同知李焞、守备张宾向上呈报有误。皇上对于李焞、张宾平日贪污一事，有所耳闻，将要严惩他们。李、张二人知道自己罪孽深重，所以河水上涨了也任由泛滥，乾隆皇帝于是立即下令诛杀李、张二人，并且绑着高斌以及张师载到刑场，让他们看着行刑。刘统勋驻扎在铜山监督河工，十二月，工程完成。刘统勋与策楞上疏陈述督察河工用料费用等事情，皇帝表示同意。大学士陈世倌上疏说黄河入海，套柜增多，导致堵塞，命令刘统勋前往勘察。刘统勋上疏说：“黄河入海口以前在云梯关，入海口积下了大量的淤泥，长度增加了百余里，柜套都在七曲港上，河流没有任何堵塞。”皇上又命令清查江南河工没有完结的诸多案子，刘统勋上疏说未结款项多达一百一十一万，请求定限核报。又因为河道总督顾琮请求在祥符、荥泽等县建立河坝，疏通引河，皇上命令刘统勋前去勘察。刘统勋建议如果选地培土修建堤坝，引河没有水源，中间流经沙地，容易淤塞，不该在此地修河堤。皇上采纳了他的建议。

乾隆十九年（1754），授予他太子太傅的官职。五月，命令他协办陕甘总督，赐予他孔雀翎。当时正对准噶尔用兵，刘统勋请求从神木到巴里坤设立一百二十五个驿站，判断确定易马、运粮等事。皇上下令按他所说的迅速执行。乾隆二十年（1755），朝廷决定在巴里坤、哈密驻兵，命令刘统勋前去勘察。刘统勋到了巴里坤，阿睦尔撒纳叛变，攻打伊犁，伊犁将军班第战死，没有人将情况告知。定西将军永常从木垒带兵退去，刘统勋上疏请求返回守卫哈密。皇上责备他附和永常，置班第于不顾，下令和永常一起被革职，逮捕审问。其子刘墉也被夺去职务，刘统勋父子一同关押在刑部监狱，家产被抄。不久，皇上的怒气消了，下诏："刘统勋所管理的粮食军饷马匹，军队的前进后退，是将军的职责。假设一个模棱两可的人沉默不语，那么或许不会因为进言而招致惩罚，所以刘统勋所说的话虽然荒谬，但他不畏担责，犯颜直谏的态度可以理解。永常尚不知军队败退治罪的事，为何要怪罪于刘统勋？刘统勋在汉族大臣中还是勤奋任职做事的，从宽发落，发往军营交给班第等人，让刘统勋管理军备物资来赎罪。"把他的儿子也释放了。

乾隆二十一年（1756）六月，皇帝授予刘统勋刑部尚书的职务。命令他勘察铜山县孙家集漫工，解除了河道总督富勒赫的职务，立即命令刘统勋暂时管理河务。这年冬天，工程完成了。乾隆二十二年（1757），乾隆命令刘统勋前往徐州督察近城石坝的修筑，加官太子太保。乾隆二十三年（1758），调任他为吏部尚书。乾隆二十四年（1759），晋升为协办大学士。乾隆二十六年（1761），刘统勋被授予东阁大学士的职务，兼管礼部、兵部。八月，他与协办大学士兆惠勘察河南杨桥漫工之事。十二月，工程完成。乾隆二十七年（1762），皇上南巡，又命令刘统勋和兆惠一起勘察高、宝河湖入江路线，他们二人上疏请引导河流，选择地方构筑闸坝。皇上说："你们所说的很合我的意。"后来直隶景州遭水灾，皇上命令刘统勋勘察德州运河。他上疏请求调员董理四女寺、哨马营两条引河，不要让它们再淤积。乾隆二十八年（1763），刘统勋担任上书房总师傅，兼管刑部，教习庶吉士。乾隆三十三年（1768），皇上命令他前往江南酌定清口疏通等事。乾隆三十四年（1769），他再次奉命去勘察疏通运河。

乾隆三十八年（1773）十一月，刘统勋去世。当日天刚亮之时，刘统勋上朝，到了东华门外，车微微倾斜，拉开轿帷，他已经闭上了眼睛。皇上听说后，派尚书福隆安带药快马送去，但已经来不及了。朝廷赠与他太傅的称号，祭祀于贤良祠，谥号文正。皇上亲自参加他的葬礼，看见他家的俭苦朴素，为之悲恸。回到乾清门，乾隆流着眼泪对大臣们说："我失去了一名股肱之臣！"然后又说："像刘统勋这样的人不愧是真正的宰相。"

刘统勋每年都要出去查处案件，例如到广东查处粮驿道明福违禁亏损收入案，到云南查处总督恒文、巡抚郭一裕借上贡的名义，指示下属官员以很低的价格买进金子一案，查处山西布政使蒋洲指示下属官员填补亏空公款的案件，查处陕西西安将军都赉侵吞军饷案；到归化查处将军保德等侵吞公款案，到苏州查处布政使苏崇阿误指书吏侵吞公款案，到江西查处巡抚阿思哈受贿案，等等。他在处理这些案件时都执法如山。他视察杨桥漫工，负责河工的官吏以牛马饲料没有供给为借口，数月没有完工。刘统勋微服私访，看见大小上百辆车载着饲料，都解开口袋堆在那里。他看到有一个正在哭泣的人，便前去询问，其人说主事的人索要贿赂，他没给，所以官府不收这些饲料，只好堆放在这里。刘统勋立即命令绑着主事的人来，历数他的罪状，要将他斩首。巡抚以下的官员苦苦求情，于是杖责后带上枷锁示众，这样牛马饲料一天就全部收完了。没过一个月工程就完工。朝廷当时正在对金川用兵，刘统勋多次要求撤兵。后来，木果木军队覆灭，皇上当时在热河，刘统勋留守在京城办事，正值酷暑，因他兼任上书房总师傅，要检查监督诸位皇子的功课。朝廷着急召他去热河。等到他进宫，皇上问他："昨天军报来，说木果木的军队覆灭，温福效死疆场。我感到很愤懑，到底用兵还是撤兵？"刘统勋回答说："以前可以撤兵，现在则不能撤兵。"皇上问谁能继任统帅之职，刘统勋跪地磕头说："我想阿桂一定能完成这事。"皇上说："我正准备任用阿桂，特意召唤你来帮忙决断。你的意见正符合我的心意，这件事一定会成功。"当天命令刘统勋回京。户部上疏各省州县仓库空虚，皇上想罢免州县中不称职的官吏，而用笔帖式等官员取代他们。皇上召见刘统勋，询问他的意见，并且说："我已经考虑这个问题三天了，你的意见是什么？"刘统勋沉默没有回答。皇上责问他，刘统勋慢慢回答说："皇上这样英明，都考虑了三天，臣年老糊涂，实在不敢马上答复，请让我回去深思熟虑一下。"第二天刘统勋上朝，磕头行礼后说："州县官是治理百姓的官员，应当让百姓出身的人来担任。"话音刚落，皇上说："好。"事情于是得到了解决。刘统勋死后，乾隆皇帝写了怀旧诗，将刘统勋列入五阁臣中，称他“神敏刚劲，终身没有失去他的正气”。刘统勋有两个儿子：刘墉、刘堪。

【评述】

刘统勋是清代乾隆年间的重臣，他一生为官，堪称清正廉洁，秉公无私，在贪渎好货、渔色无厌的官场之中可谓清风独标。他为官数十年，做的几乎都是京官，多次主持会试及顺天乡试，门下宾友从无一人夤缘得利，经他之手所取之士，不少已位列朝班，却多不识面，这在鄂尔泰、张廷玉各擢私人、党同伐异的情势下，尤称难能，可谓是清正廉洁之杰出代表。他在为官期间敢于规正亲贵大臣。一般的廉正官吏，多以能体恤下情，参劾同僚为能事。而刘统勋则不然，他能对得势大臣进行一定的规劝。就如他能对权重一时的张廷玉家族和尚书讷亲进行规劝，虽然这其中包含着相当多政治斗争的成分，他的奏折无疑在一定程度上遏制了两个家族势力的进一步扩张，在乾隆猜忌他们的势力影响朝政，以致对他们家族进行毁灭性打击之前挽救了他们。

难能可贵的是，他敢于得罪同僚大臣，敢于同贪污现象作斗争。官场中人多有裙带关系，他们之间往往形成某种利益同盟，就是所谓官官相护。因此，查办案件的大臣或持敷衍了事，或持大事化小，小事化了的态度。而刘统勋却能在查办案件中把按察使、布政使、巡抚，甚至是总督一级官员的违法乱纪行为如实汇报，使他们得到应有的惩罚。并且，他还能在监办河工时体察小民的困苦，将克扣勒索乡民的官员进行了惩处，震慑了地方官吏。

清朝的官俸极其微薄，其实，京官的收入大部分靠的是在地方任职的同乡们逢年过节“孝敬”的礼金或实物。刘统勋当了几十年京官，久居相位，为乾隆所倚任，希图攀缘骥附之人真不知凡几。对那些怀慝小人，他毫不姑息，两袖清风，一芥不取，清贫之状可想而知，以致他去世之后乾隆亲临赐奠，门闾湫隘，不得不却舆盖然后入；回至宫内，感其俭素，“流涕谓诸臣曰：‘朕失一股肱！’既而曰：‘如统勋乃不愧真宰相。’”刘统勋身居高官，仍能过着简朴生活，拒绝官员和亲友馈送，而且他还能对送礼的亲友进行规劝，力图使他们能走上正确的人生道路。这确是清廉官吏具有较高觉悟意识的行为。这样的说法，或许有点现代人的说教成分，但那确是他与众不同的地方。

（李娟注译　连振斌评述）

牛运震

【原文】

牛运震，字阶平，山东滋阳[①]人。雍正十一年进士。乾隆元年，召试博学鸿词，不遇。寻授甘肃秦安知县，开九渠，溉田万亩。县北玉钟峡山崩塞河，水溢为灾。运震率丁夫开浚，凡四日夜，水退。缘山步行，以钱米给灾户。县聚曰西固，去治二百余里，输粮苦运艰，多积逋。运震许以银代纳，民便之。先是巡检某诬马得才兄弟五人为盗，前令弗察，得才自刎死。其兄马都上控，令又诱而毙之狱。其三人者将解府，运震鞫得其情，昭雪之。又清水县某令冤武生杜其陶父子谋杀罪，上官檄运震覆治，验死者得自刎状，以移尸罪其陶而释其子。他讼狱多所平反。

官秦安八年，惠农通商。暇则行视郊野，铸农具，教民耕耨[②]。称贷贩褐户，不求其息。设陇川书院，日与诸生讲习，民始向学。兼摄徽县，又摄两当县，舍于三县之中，曰大门镇，以听讼。徽县多虎，募壮士杀虎二十六，道始通。调平番[3]，值县境五道岘告馑，捐粟二百石以赈，民感之。人输一钱，制衣铭德，运震受衣返币。固原兵变四掠，督抚皆至凉州，檄召运震问方略。运震请勿以兵往，但屯城外为声援，令城内捋出乱者。游击某执三百余人，众汹惧，运震请释无辜，入城慰喻。斩三人，监候四人，余予杖徒有差，反侧[4]遂安。有忌者摭前受万民衣事，劾免官。贫不能归，留主皋兰书院，教学得士心。及归，有走千里送至灞桥者。

运震居官，不假手幕下，事辄自治。所至严行保甲，斗争讼狱日即于少。遇人干讼，必严惩。治盗尤严，曰："边鄙风俗疵悍，不如此，则法不立；令不行，民不可得而治。且与其轻刑十人，不如重处一人而九人畏，是惩一而恕九也。"罢官归后，闭门治经，搜考金石，所著经义、史论、文集及金石图，皆行于世。尝主晋阳、河东两书院，所造多名隽士，世称"空山先生"。

选自《清史稿》卷四百七十七《牛运震传》

【注释】

①滋阳：今兖州县，在山东省中南部。

②耕耨（nòu）：耨，锄草。耕耨，泛指耕种。

③平番：今永登县，在甘肃省中部偏北。

④反侧：不安分顺服，指反叛。

【译文】

牛运震，字阶平，山东滋阳人。雍正十一年（1733）中进士。乾隆元年（1736），他参加了博学鸿词科的考试，没有考中。不久被授予甘肃秦安知县，他到任后开凿了九道水渠，灌溉良田万亩。该县北面的玉钟峡山体崩裂造成河水堵塞形成堰塞湖，湖水溢出成灾。牛运震率领壮丁开凿疏导，不分昼夜地奋战了四天，才使洪水退去。他沿着山路徒步前行，发放钱米赈济受灾的民户。离县城约二百里的地方有一个叫西固的村落，交通不便，百姓向外输送税粮十分艰难，以致拖欠了很多的税粮。牛运震允许该地百姓用银子代替粮食充当上缴的赋税，方便了当地百姓。在牛运震到任之前，有一名巡检官诬蔑马得才兄弟五人是盗贼，前任县令不认真调查，致使马得才自刎而死。马得才的哥哥马都向上级官府控诉，前任县令又通过诱骗的手段使马都死于牢狱中。另外三人将要被解送到府衙。牛运震到任后，审察这个案子，为他们兄弟五人平反昭雪。又有清水县某县令冤枉武生杜其陶父子犯有谋杀罪，上级官员发文令牛运震重审。牛运震查验死者，发现死者是自刎而死。牛运震判处杜其陶犯有移尸罪，释放了杜其陶的儿子。他为很多冤假错案平反。

牛运震在秦安做了八年官，农业和商业都得到了快速的发展。他利用空暇时间到城外郊区巡视，铸造农具，教导百姓从事农业生产。他把商人小贩称为褐户，不抑制他们的发展。牛运震还设立陇川书院，每日同生员探讨研习经书，人们开始重视读书（学习气氛愈加浓厚）。他兼管徽县，又管两当县，在三县的交界处建造房屋，命名为大门镇，用来审理诉讼。徽县多老虎，他招募年轻力壮的勇士扑杀了二十六只老虎，才使得道路得以通畅。后调任到平番，正赶上该县境内五道岘发生饥荒，牛运震捐赠二百石的粟米用于赈济灾民，灾民们被他的做法所感动。于是，每人拿出一钱，并为他缝制衣服，借此来铭记他的恩德。牛运震收下了衣服，将钱返了回去。固原发生兵变，叛乱的兵丁四处掠夺，总督和巡抚都赶到凉州发文请来牛运震询问平乱的策略。牛运震请求不要派兵前往城内，只需将军队驻扎在城外作为声援，令城内捋列出叛乱的人。有一个游击捕获了三百多名叛乱的兵丁，这令其余众多的叛乱者感到了恐惧。牛运震请求将无辜的人释放，亲自进城内招抚告谕。有三人被斩，四人处以监候斩，其余人依据罪行的轻重分别处以不等的杖刑和徒刑，于是叛乱被平定。有嫉妒牛运震的小人揭发他接受万民衣的事情，他被弹劾并免除了官职。（但是，实际上）牛运震非常清廉，以致贫困的连回乡的路费都没有，无法返回故土。他只好留下来主持皋兰书院，又深得士人之心。到了牛运震归乡那天，有人走出千里之远送他到灞桥。

牛运震做官，每件事都亲自处理，从不委托给手下的人。所到之处，他都严格地执行保甲制度，打架斗殴的案件日益减少。如果有人干涉审案，一定将其严惩。他治理偷盗案件尤为严厉，他说："边远的地方风俗彪悍，如果不这样做，那么法律就不能生效；政令不能被执行，百姓不能过上太平的日子。并且与其轻罚十个人，不如重罚一个人而令其余九个人畏惧，这是惩罚一个宽恕九个啊。"牛运震罢官回家后，一心钻研经学，搜集并研究铜器石刻。他所著的经义、史论、文集及金石图都流传于世。牛运震曾主持过晋阳、河东两书院，造就了许多才俊名士，被世人称为"空山先生"。

【评述】

牛运震为县令期间，有几个鲜明的特点，如注重农耕，关注民生；重视教育，崇尚教化；事必躬亲，执法严明；临危不惧，胆识过人等，留下了许多感人的故事。

牛运震任职地距京师万里之遥，偏僻荒芜，气候恶劣，民风彪悍，却能尽忠职守，为民谋利，做出不凡贡献；真有所谓“居江湖之远，则忧其君”的职业道德典范。封建社会官吏的道德观念，就是上对皇上尽忠，下为百姓谋利，这正是典型的“舍生以求节、忘死以取义”之仁人志士的伦理观念。

徇私情，枉裁判，是削弱法律权威、影响制度执行力的重要因素之一。深谙此道的牛运震可以说是身体力行，他对刑事案件的治理、对他人插手、干涉办案的惩罚非常严厉。他曾语重心长地讲：“边远的地方风俗彪悍，如果不这样做，那么法律就不能生效；政令不能被执行，百姓不能过上太平的日子。并且与其轻罚十个人，不如重罚一个人而令其余九个人畏惧，这是惩罚一个宽恕九个啊。”

牛运震开渠、凿湖、赠粮、赈灾，猎杀老虎、支持商户，深得百姓赞赏。他设书院、研经书，又得士人之心。他事必躬亲，平反冤假错案，捍卫了法律的尊严。他只身入城，招抚叛兵，显示了他的胆略。这是他的工作作风，也是他个人人格魅力的体现。

（郝英明注译　李焱评述）

庄存与

【原文】

存与，字方耕，江南武进人。乾隆十年一甲二名进士，授编修。四迁内阁学士。二十一年，督直隶学政。按试满洲、蒙古童生，严，不得传递，群哄。御史汤世昌[①]论劾，命夺存与官。上恶满洲、蒙古童生纵恣，亲复试，搜得怀挟文字。临鞫，童生海成最狡黠，言："何不杀之？"上怒，立命诛之。哄堂附和者三人，发拉林[②]种地；四十人令在旗披甲；不得更赴试。并以存与督试严密，仍命留任。擢礼部侍郎。遭父丧。服除，补内阁学士，仍授原官，直上书房。遭母丧。服除，补原官。五十一年，以衰老休致。五十三年，卒。

存与廉鲠。典浙江试，巡抚馈金不受，遗以二品冠，受之。及途，从者以告曰："冠顶真珊瑚，直千金！"存与使千余里返之。为讲官，上御文华殿，进讲礼毕，存与奏："讲章有舛误，臣意不谓尔。"奉书进，复讲，尽其旨，上为留听之。

选自《清史稿》卷三百五《庄存与传》

【注释】

①汤世昌：浙江仁和人。字其五，号对松。乾隆十六年（1751）进士，官工科给事中。封事数十上，有“汤多谏”之号。

②拉林：清初建，即今黑龙江省五常市西北拉林镇。雍正三年（1725）设协领镇守，乾隆九年（1744）改设副都统于此。

【译文】

庄存与，字方耕，江苏武进人。乾隆十年（1745）考中一甲进士第二名，被授予编修的官职。他四次升迁为内阁学士。乾隆二十一年（1756），庄存与任直隶学政，负责满洲、蒙古的童生考试，由于他监督十分严格，严禁考场传递纸条，导致童生合众喧闹。御史汤世昌弹劾庄存与，罢免了庄存与的官职。皇上厌恶满洲、蒙古童生的放纵不法，亲自复试，搜出夹带的文字纸条。将要审讯的时候，一名叫海成的童生十分狡猾，说：“你们觉得我们有罪，为什么不杀我们呢?”皇上十分愤怒，立即下令处决他。在堂上附和起哄的三人，发配到拉林种地；其他闹事的四十人发配为八旗兵，永远不能参加科举考试。因为庄存与监督考试十分严厉缜密，仍然留任原职，不久升为礼部侍郎。后来庄存与父亲去世，为父守丧后，又补内阁学士，仍然授予原来的官职，到上书房任事。后来他母亲去世，庄存与为母亲守丧后，又补为原来的官职。乾隆五十一年（1786），庄存与因为年老告休。乾隆五十三年（1788），去世。

庄存与为人耿直廉洁。在浙江主持考试的时候，巡抚送他金银他不肯收，而收下了送给他的二品官员戴的帽子。走到回途的时候，随从告诉他："帽子上的珊瑚是真的珊瑚，价值千金！"庄存与于是派使者走了千里的路将帽子返还回去。庄存与担任侍讲官，在文华殿上为皇帝讲解完，向君王行礼完毕后，上奏说："讲章中有错误，我的意思不是这样的。"他捧着书进去，又开始重讲，把自己的意思讲解得十分透彻，皇上留下来听他讲解。

（李娟注译）

曹锡宝

【原文】

曹锡宝，字鸿书，一字剑亭，江南上海人。乾隆初，以举人考授内阁中书，充军机处章京。资深当擢侍读，锡宝辞。大学士傅恒[①]知其欲以甲科[②]进，乃不为请迁。二十二年，成进士，改庶吉士。以母忧归，病疡，数年乃愈。三十一年，散馆[③]，改刑部主事。再迁郎中。授山东粮道。卫千总宁廷言子惠以索逋杀千总张继渠，锡宝下部议。上巡山东，召见，命来京以部属用。以大学士阿桂奏，令入四库全书馆自效。书成，以国子监司业升用。

居三年，上以锡宝补司业无期，特授陕西道监察御史。时协办大学士和珅执政，其奴刘全恃势营私，衣服、马车、居室皆逾制。锡宝将论劾，侍郎南汇吴省钦[④]与锡宝同乡里，闻其事，和珅方从上热河行，驰以告和珅，令全毁其室，衣服、车马有逾制，皆匿无迹。锡宝疏至，上诘和珅。和珅言平时戒约严，或扈从日久渐生事，乞严察重惩。乃命留京办事王大臣召锡宝问状，又令步军统领遣官从锡宝至全家察视，无迹，锡宝自承冒昧。上召锡宝诣行在面诘，锡宝奏全倚势营私，未有实迹，第为和珅“杜渐防微”，乃有此奏。复谕军机大臣、大学士梁国治⑤等复询锡宝，又承“杜渐防微”语失当，请治罪。下部议，当左迁。上手诏略言：“平时用人行政，不肯存逆诈亿不信之见。若委用臣工不能推诚布公，而猜疑防范，据一时无根之谈，遽入人以罪，使天下重足而立、侧目而视，断无此政体。锡宝未察虚实，以书生拘迂之见，托为正言陈奏。姑宽其罚，改革职留任。”五十七年，卒。

仁宗亲政，诛和珅，并籍全家，乃追思锡宝直言，谕曰：“故御史曹锡宝，尝劾和珅奴刘全倚势营私，家赀丰厚。彼时和珅声势薰灼，举朝无一人敢于纠劾，而锡宝独能抗辞执奏，不愧诤臣。今和珅治罪后，并籍全家，赀产至二十余万。是锡宝所劾不虚，宜加优奖，以旌直言。锡宝赠副都御史，其子江视赠官予荫。”锡宝，一士⑥从子，再世居台省，敢言名。家有瓮，焚谏草，江尝乞诸能文者为诗歌，传一时云。

选自《清史稿》卷三百二十二《曹锡宝传》

【注释】

①傅恒（？—1770）：字春和，满洲镶黄旗人，富察氏，乾隆帝孝贤皇后之弟。乾隆时历任侍卫、总管内务府大臣、户部尚书等职，授军机大臣加太子太保、保和殿大学士。在军机处二十余年，为乾隆皇帝所倚重。

②甲科：汉时课士有甲、乙、丙三科。唐明经有甲、乙、丙、丁四科，进士有甲、乙二科。明、清通称进士为甲科，举人为乙科。

③散馆：清制，翰林院庶吉士经一定年限举行甄别考试之称。进士经殿试后，除一甲三名授修撰、编修外，其余一部分选为庶吉士，由特派的翰林官教习，三年后经考试优等，原二甲进士授编修，原三甲进士授检讨；次者改任各部主事或知县。因翰林官相当于唐、宋的馆职，庶吉士学习之地称庶常馆，故学习期满称散馆，留充编修、检讨者称留馆。

④吴省钦（1729—1803）：字冲之，号白华，江苏南汇人。乾隆二十八年（1763）进士，由编修累迁左都御史。和珅秉政，吴省钦同弟弟吴省兰攀附和珅，其品德不足称。与纪昀为同僚。

⑤梁国治（1723—1786）：字阶平，号瑶峰，上虞中塘梁巷（又说为浙江会稽，今绍兴）人。天资聪颖，博通经史，工制艺。乾隆十三年（1748）中状元，先授编修，官至东阁大学士兼户部尚书。

⑥一士：指曹一士（？—1736），字谔廷。雍正七年（1729）进士，改庶吉士，散馆授编修。雍正十三年（1735），考选云南道监察御史。

【译文】

曹锡宝，字鸿书，又字剑亭，江南松江府人。乾隆初年，以举人身份考取功名，授内阁中书，担任军机处章京。等到资历渐深，应提拔为侍读，但被推辞了。大学士傅恒知道曹锡宝想通过考取进士来晋升，也就不再为其请求升迁了。乾隆二十二年（1757），考中进士，改任庶吉士。因为母亲去世，回乡守丧，得了溃疡，数年之后才痊愈。乾隆三十一年（1766），在庶常馆学习期满，改任刑部主事。后迁升为郎中，授山东督粮道之职。千总宁廷言的儿子宁惠因催债逋杀了千总张继渠，曹锡宝把他交给刑部定罪。皇帝到山东巡视，召见曹锡宝，让他到京城任用。因为大学士阿桂的举荐，皇帝命他入四库全书馆效力。《四库全书》编成后，朝廷任以国子监司业。

三年后，皇帝因为曹锡宝补任国子监司业遥遥无期，特授予他陕西道监察御史之职。当时协办大学士和珅掌握大权，家奴刘全也仗着和珅的权势谋取私利，他所用的衣服、车马、居室都超出了规格。于是曹锡宝打算弹劾刘全，侍郎吴省钦与曹锡宝同乡，听说了这件事，而此时和珅正随从皇帝在热河，于是吴省钦以快马把此事告知和珅，和珅命令刘全拆掉超出规格的房屋，衣服和车马只要是超出规格的，也都隐藏起来。曹锡宝的奏折到达皇帝那里，皇帝责问和珅。和珅回奏说自己平时对属下的警戒约束是很严格的，但或许是因为自己长期随从护驾在外，以致家奴无人管束，渐生是非，请求严格查办加重惩处。皇帝就下令留在京城处理事务的亲王大臣召见曹锡宝询问事件的情况，又令步军统领派人随从曹锡宝到刘全家察看，但没有发现证据。曹锡宝承认自己轻率鲁莽。皇帝命令曹锡宝前来当面责问，曹锡宝上奏说刘全依仗权势谋求私利，但是没有实际的证据，自己只是为了帮助和珅“防微杜渐”，才有这次上奏。皇帝又让军机大臣、大学士梁国治等人再次审问，曹锡宝又承认“防微杜渐”的话不恰当，请求给自己治罪。交给相关部门议罪，应当降官。皇帝亲手写了诏书，大意是：“（朕）平时任用人才，处理政事，从来没有事先猜测别人心存欺诈或怀疑别人不诚信的想法。如果委任的臣工不能开诚布公，而互相猜疑防范，根据一时没有根据的议论，仓促地给他人加上罪名，这会使得全天下的人重叠着脚站立，斜着眼睛看人，世上是绝对没有这样为政的。曹锡宝没有查明实际情况，仅把自己一个读书人的狭隘迂拙的看法，当成正直的言论陈述上奏。现姑且宽恕他的罪行，改为革职留任。”乾隆五十七年（1792），曹锡宝去世。

嘉庆皇帝亲政后，诛杀和珅，并抄没了刘全的家产，回想起曹锡宝的直言进谏，下诏说：“前御史曹锡宝，曾经弹劾和珅的家奴刘全依仗权势谋求私利，以致家资丰厚。那时和珅声势熏天，整个朝廷没有一人敢检举弹劾他，而唯独曹锡宝能够以严词上奏君主，不愧为一名诤臣。如今和珅被治罪后，一并抄没了刘全的家产，发现他的财产达到二十多万。这样看来曹锡宝所弹劾的并无虚假，应当加以优待嘉奖，以表彰他敢于直言的品格。追授曹锡宝为副都御史，他的儿子曹江予以荫赐。”曹锡宝，是曹一士的侄子，两代位居台省大员，以敢于直言进谏而闻名。他家里有个瓮，是用来焚烧谏书草稿的，曹江曾经请擅长写文章的人将这件事写成诗歌，传诵一时。

【评述】

如果在乾隆朝官员内选一位勇敢、正直的人，应该有很多候选者，如果选一位勇敢、正直、将国家利益置于个人之上者，御史曹锡宝应列其中。曹锡宝参劾和珅，是他作为言官的惊人之举，也为他招来了无尽的祸患。在乾隆朝，不要说想参倒和珅，仅是弹劾和珅，也是有些人不敢想的。但是曹锡宝想了，而且真正的做了。

今人无从知道曹锡宝是怀着怎样的心情写出弹劾奏章的，当他流露出这个意思的时候，好友纪晓岚劝他不要做这种以卵击石的事，但也不便明言，送了首宋人《咏蟹》诗，用螃蟹横行终被蒸的比喻来暗示。与纪晓岚小心谨慎、明哲保身相比，曹锡宝则勇敢、坦率得多。经过细致的侦查，他决定以和珅的家奴刘全为突破口。不料吴省钦火速报与和珅，导致弹劾失败，曹锡宝旋以“妄言”被革职。

也许，这注定了是一场失败的弹劾。前有和珅受恩正隆，后有吴省钦无耻出卖，即使是正义，在遇到这样的宠臣，这样的卖友求荣，这样的君权专制，也只能是飞蛾扑火了。一如曹锡宝自己诗中所写：“出险复入险，顷刻倏万状。”

更为可悲的是，事发之后，没有一个人为曹锡宝辩言。乾隆帝曾经批评曹锡宝的弹劾是“书生拘迂之见”。今天看来，曹不但没有迂腐之气，比这些畏畏缩缩的同僚，反有许多没有的英勇、刚猛之气。

但是同情代替不了严酷的世情，言官与皇帝比起来，总是弱势的一方。中国人习惯审时度势，明哲保身，但从不缺乏置个人安危于不顾的人，他们总在不同的角度诠释着民族精神，感动世人。

（赵锋注译　张伟丽评述）

杨宗仁

【原文】

杨宗仁，字天爵，汉军正白旗人。监生。康熙三十五年，授湖广慈利[①]知县。苗酋虐，其众走县境，苗酋求之，不与。上官檄与之，宗仁持不可，乃止。调蓝山。八排苗为乱，巡抚赵申乔遣兵讨之，将不恤兵，兵将为变，宗仁单骑抚定之。举卓异，四迁甘肃西宁道。五十三年，授浙江按察使，丁父忧归。五十七年，起广西按察使，署巡抚。旋擢广东巡抚。圣祖以各直省钱粮多亏空，谕督抚清理。宗仁疏言："广东亏空现正严饬追完。至防杜将来，惟有督抚、司道、府厅交相砥砺，勿藉事勒索。州县正杂钱粮，当责知府不时察核，毋许亏缺。倘敢徇纵，本官治罪，上司从重议处，庶上下皆知儆惕。地方有不得已事，当以督抚等所得公项抵补。不敷，则济以公捐，必不使课帑虚悬。"下部议，如所请。

六十一年，世宗即位，授湖广总督。雍正元年，丁母忧，命在任守制。宗仁疏停本身封荫，为父母求谕祭，许之，仍给封荫。寻赐孔雀翎。疏言：“湖广旧习，文武大吏收受所属规礼，致州县横征私派，将弁虚兵冒饷，兵民挟比逞私，不敢过问。臣今概行禁革，庶骄兵玩吏锢习潜消。各官贪得盐规，盐价增长，民间嗟怨，总督盐规渐次加至四万。臣亦行禁革，令商平价以惠穷民。”上深嘉之。又疏言：“官有俸，役有工，朝制也。湖广州县以上，俸工报捐已十余年，官役枵腹[2]，安能禁其不扰民？请自雍正元年起，俸工如额编支。从前有公事，令州县分捐，实皆转派于民。令州县于加一耗羡内，节省二分，交藩库充用，此外丝毫不得派捐。”上谕曰：“所言皆是。勉之！”寻荐广东南海知县宋玮擢湖南宝庆知府，广州左卫守备范宗尧改湖北汉阳知县，上允之，命后勿踵行。

宗仁病作，请以子榆林道文乾自侍，上加文乾按察使衔，驰驿速往，并遣御医诊视。宗仁力疾视事，饬诸州县编保甲，立社仓，罢荆州关私设口岸百五十处。三年，加太子少傅。寻卒，赠少保，予拜他喇布勒哈番[3]世职，赐祭葬，谥清端。

宗仁砥节矢公[4]，始终一节，上为制像赞，谓“廉洁如冰，耿介如石”。尝言：“士当审其所当为，严其所不可为。”其驭属吏宽平忠厚，务安上全下，使各称其职而止。

选自《清史稿》卷二百九十二《杨宗仁传》

【注释】

①湖广慈利：今湖南省慈利县。

②枵（xiāo）腹：空腹，即饥饿。

③拜他喇布勒哈番：满语，即骑都尉。

④砥节矢公：砥砺气节，正直为公。

【译文】

杨宗仁，字天爵，汉军正白旗人，国子监生员。康熙三十五年（1696），杨宗仁被授予湖广慈利知县。附近苗族头领对其治下的苗民极其残暴，这些苗民不堪忍受，便逃到慈利避难。这个首领大怒，要杨宗仁把这些人抓回去交给他严惩，但杨宗仁没有这么做。为此，上司也令杨宗仁照办，但杨宗仁也拒绝，因为他深知，一旦将这些人交给这个头领，他们的结果会如何。此事在杨宗仁的抵制下，不了了之。后来，杨宗仁调任蓝山知县，正赶上八排苗叛乱，偏沅巡抚赵申乔派兵来镇压，但该军将领虐待士卒，士卒准备发动兵变。在此危急时刻，杨宗仁单枪匹马去平息了这场即将爆发的兵变。后来，杨宗仁在朝廷考核中，被考为政绩突出，才能优异，升甘肃西宁道道台。康熙五十三年（1714），杨宗仁被授予浙江按察使一职。后因父亲去世回乡守制。康熙五十七年（1718），杨宗仁被重新任命为广西按察使，代理广西巡抚。很快，杨宗仁又升为广东巡抚。康熙帝因各省钱粮多有亏空，下令总督、巡抚们清查。为此，杨宗仁上书，指出："广东亏空正在严加追缴。为防止这种情况再出现，只有令督抚、司道、府厅各级官员两袖清风，而不寻机勒索百姓。知府要不时检查各州县的正税和杂税，不要使出现亏空。如知府徇私纵容，不但知府本人要治罪，而且其上司督抚也要从重处罚。惟其如此，方可令大小官员时时警惕。地方上的必须开支费用，应该从总督巡抚等人所得到的公用费中支取。如果不够，再以公共助捐款来填补。总之，不能让国库亏空。"该疏交户部审议，户部同意了杨宗仁的建议。

康熙六十一年（1722），雍正皇帝继位，授予杨宗仁湖广总督一职。雍正元年（1723），杨宗仁母亲去世，皇帝命令他在官给母亲守制。杨宗仁上书，请求停止本人的官爵，以求雍正帝下诏祭祀父母。雍正帝满足了他的请求，也保留了他的官爵。不久，雍正帝又赐予杨宗仁孔雀翎。其时，杨宗仁又上奏说："湖广省旧时做法，文武大官（如总督、学政等）都收取下属'规礼（旧时官吏、差役凭借便利，巧立名目索取的陋规）'银两，州县官员把这一负担大肆向百姓加派分担；而在军中，将卒也虚报兵员，冒领粮饷。对这一官府和军队吞噬国家钱财之事，谁也不敢过问。现在，我在本省将这些严重违纪一概革除，并斩草除根。此外，各级官员贪受盐规（盐商按成例会给地方政府的津贴），如总督这一收入已增加到四万两，从而导致盐价增长，民怨沸腾。我也废除总督的这一特权，令商人平价出售，以惠万民。"雍正帝很欣赏杨宗仁此举。另外，杨宗仁又上奏说："当官有俸禄，吏役有工钱。湖广省州县以上地方官，将俸禄、工钱都捐出来的做法已有10来年了，使他们饿肚子，这怎么能够禁止他们不去剥削百姓呢？臣恳请建议：自雍正元年起，薪水和工钱都如实发给。以前的公事花费，表面上是州县分担，实际上都转嫁到老百姓身上去了。臣已下令州县在加收的一成火耗的同时，将其中二分交给省布政使司库。除此之外，不能加派或收捐分毫。”雍正帝览奏后，叹赏道：“爱卿所言极是。好好努力！”不久，杨宗仁又推荐广东南海知县宋玮为湖南宝庆府知府、广州左卫守备范宗尧为湖北汉阳知县，雍正帝均予同意，但要他以后再不要这样做了。

杨宗仁病情严重，他请求在做榆林道道员的儿子杨文乾来身边服侍。为此，雍正帝给杨文乾加授按察使的头衔，让他急速飞驰前去侍候病父，并忙派遣御医前往诊断。之后，杨宗仁扶病办公，整顿各州县的保甲等基层组织，又建立社仓，裁撤湖北荆州海关私设口岸五十处。雍正三年（1725），杨宗仁加封太子少傅。不久，杨宗仁去世，赠少保，并赐给“拜他喇布勒哈番”世袭的爵位和祭葬。谥“清端”。

杨宗仁一生砥砺名节，一心为公。为此，雍正帝特命人给杨宗仁绘了一幅像，称赞他“像冰一样廉洁，像石头一样耿直”。杨宗仁自己曾经说过：“官员应该清楚自己所应该做的事，坚决不做自己不应做的事。”他为人忠厚，宽待下属，务使上级官员和下级官员都予兼顾，从而使官员们都能恪尽职守。

【评述】

杨宗仁的可贵之处在于，在治理钱粮亏空时，不片面强调道德说教，而是切切实实建立起监督、检查和核实等制度。他在担任湖广总督时，治理贪贿，又切切实实考虑官员不能按时领取薪俸的情况，从而人性化地设计反腐制度。

杨宗仁的做法对我国当前腐败问题的治理具有一定的启发性。

（申妙注译　张杰评述）

汪辉祖

【原文】

汪辉祖，字龙庄，浙江萧山人。少孤，继母王、生母徐教之成立。习法家言，佐州县幕，持正不阿，为时所称。乾隆二十一年成进士，授湖南宁远知县。县杂瑶俗，积逋而多讼，前令被讦去，黠桀[①]益肆挟持；又流丐多强横。辉祖下车，即捕其尤，驱余党出境。民纳赋不及期，手书谕之曰："官民一体，听讼责在官，完赋责在民。官不勤职，咎有难辞；民不奉公，法所不恕。今约每旬以七日听讼，二日较赋，一日手办详稿。较赋之日亦兼听讼。若民皆遵期完课，则少费较赋之精力，即多听讼之功夫。"民感其诚，不逾月而赋额足。

治事廉平，尤善色听，援据比附，律穷者，通以经术，证以古事。据《汉书·赵广汉传》钩距法，断县民匡学义狱；据《唐书·刘蕡传》断李、萧两氏争先陇狱；判决皆曲当，而心每歆然。遇匪人当予杖，辄呼之前曰："律不可逭，然若父母肤体，奈何行不肖亏辱之？"再三语。罪人泣，亦泣。或对簿者，反代请得免，卒改行为善良。每决狱，纵民观听。又延绅耆问民疾苦、四乡广狭肥瘠、人情良莠，皆籍记之。

宁远例食淮盐，直数倍于粤盐，民食粤私，大吏遣营弁[2]侦捕，辉祖白上官，以盐愈禁则值愈增，私不可纵，而食淡可虞，请改淮引为粤引。未及报，辉祖即张示："盐不及十斤者听。"侦弁谓其纵私，辉祖揭辨，总督毕沅嘉之，立弛零盐禁，时伟其议。两署道州，又兼署新田县，皆有惠政。以足疾请告，时大吏已疏调辉祖善化，又檄讯邻邑狱，因足疾久不赴，疑其规避，夺职。归里，闭户读书，不问外事。值绍兴西江塘圮，巡抚吉庆强辉祖任其事，帑节工坚，时称之。举孝廉方正，固辞免。

辉祖少尚气节，及为令，持论挺特不屈，而从善如转圜。所著《学治臆说》、《佐治药言》，皆阅历有得之言，为言治者所宗。初通籍在京师待铨，主同郡茹敦和，论治最契。同时朱休度并以慈惠称。

选自《清史稿》卷四百七十七《汪辉祖传》

【注释】

①黠桀：桀，优秀，杰出，高出。这里指当地有势力的人。

②营弁（biàn）：弁，古代用皮革做的一种帽子。营弁，指

官兵。

【译文】

汪辉祖，字龙庄，浙江萧山人。他从小失去父亲，在继母王氏、生母徐氏的教导下长大成人。他学习法家的理论，做州县官的幕僚，主持正义，不偏袒迎合，被当时的人们所称赞。乾隆二十一年（1756），他中进士，被授予湖南宁远知县。该县掺杂瑶族的风俗，拖欠赋税并且多诉讼，前任县令被攻击诬陷而离职，地方有势力的豪强更加肆无忌惮要挟县令，此外流动的丐民也多强暴粗横。汪辉祖到任后，立即将为首的刁民逮捕，将其余党驱除出境。针对百姓不按期交纳赋税的情况，他亲自书写告谕，说："官民本为一体，审理案件的职责在官员，交纳赋税的责任则在老百姓。当官的若不勤于职守，难辞其咎；百姓若不交纳赋税，则国法不容。今日约定每旬七天用于审理案件，两天用于交纳赋税，一天用于处理公文，交纳赋税的那两天也审理案件。如果百姓都能遵守期限按时交纳赋税，那么在督促交纳赋税方面就少费些精力，可以腾出更多的精力用于断案。"百姓被他的真诚所感动，没超过一个月，百姓就将应交纳的赋税交足了。

汪辉祖为官廉洁平和，尤其善于利用表情征象和援引参照相似案件断案。如果某一案件找不到法律依据，他就利用儒家经学的思想，依照古代的案例做出裁决。他依据《汉书·赵广汉传》中的钩距法，审理了县民匡学义的案子；依据《唐书·刘蕡传》，审理了李、萧二氏争夺祖产的案子；这些案件的裁决都很恰当，但每次想到无法可依心里都高兴不起来。遇到行为不当的人应当处以杖刑，他总是把这样的人叫到面前，说："法律不能逃避，但是你的身体是你的父母给的，为何如此不成器，使你的身体受到侮辱呢?”再三教导。罪犯痛哭流泪，他也哭了。有的原告深受感动，反而请求饶恕罪犯，罪犯最后也痛改前非好好做人。每次审理案件，他都允许民众旁听。他又邀请乡绅询问百姓疾苦，以及乡域的大小、土田的肥瘠、人情的好坏，把这些都记录下来。

宁远县历来吃淮盐，淮盐的价钱比粤盐贵好几倍，百姓都买粤商走私的盐，督抚派兵丁侦查捕捉，辉祖向上级官员汇报，认为越是禁盐，盐的价钱涨的就会越快，走私不能放纵，但百姓没有盐吃也是值得忧虑的。他请求引进粤盐代替淮盐。还没等上报，辉祖即张贴告示：“购买粤盐不及十斤的听从其便。”侦查的官兵说他放纵走私粤盐，辉祖为自己辩护，总督毕沅嘉奖了辉祖，立即取消了对买卖少量粤盐的禁令，当时的人都称赞这项决议。辉祖两次署理道州知府，又兼署新田县令，都有惠民的政绩。因患足疾，请求致仕，当时督抚已经向皇帝上疏请将辉祖调任善化县，又要辉祖审理邻县的案件，辉祖因足疾迟迟没有前往。督抚怀疑他故意逃避，夺了他的官职。辉祖回到家里，闭门不出一心读书，不问外面的事情。正赶上绍兴西江塘坍塌，巡抚吉庆强令辉祖出来主持修建河塘工程。辉祖主持修建的河塘既节约工费又坚固，当时的人都称赞他。辉祖被推举为孝廉方正，他坚决推辞。

汪辉祖少年时崇尚气节，做了县令，坚持正论不屈服，同时又能从善如流。他的著作《学治臆说》、《佐治药言》，都是根据自己从政的人生经历得出的吏治经验，为从政者所尊崇。最初做官时在京城等待铨选，与同乡茹敦和论述治国安邦之道最为相投。同时又与朱休度一同因仁爱被世人称赞。

【评述】

汪辉祖，字龙庄，浙江萧山人。乾隆二十一年（1756）中进士，被授予湖南宁远知县。曾两次署理道州事务，兼理新田县。后因足疾，请求辞职，未被批准。调动职务没有到任，被上司免职。回家则闭门做学问，作《学治臆说》、《佐治药言》，谈从政的经验，深得时人好评，可称得上是一名“德能一体，与时偕行”的学者型官员。

汪辉祖少年时就崇尚气节，做了县令，坚持正论不屈服，同时又能从善如流，为政很有自己的特点：

一、申明道理，合理征税，改革陋习，为民谋利。对待赋税征缴，他书写告示，讲清道理；并公布自己的办公时间顺序；百姓为之感动，赋税如期交足。宁远县百姓食用淮盐，价格高于粤盐。他一面请示引粤代淮，一面立即下令改革，允许百姓购买少量粤盐。体恤民众之心，可贵可叹。

二、不畏豪强，整肃法纪；革新判例，教化罪犯。初到宁远，即整肃风纪。逮捕不法豪强，驱除流氓无赖；处罚罪犯，先讲道理，情真理切，不仅感化被告，也感动原告。善于应用儒家经学思想，来裁决于法无据的案例，起到极好的效果。这里，一名对强权刚强不阿、对百姓亲和儒雅、饱诵经纶而且方法灵活，令人可亲可敬的官员形象跃然纸上，在繁星众多的历史官员的史册上显得格外清新个性，令人耳目一新。

三、主动辞职，淡泊名利；著书立说，警示后人。因病辞职未就，却以误会而被免职。他淡然处之，闭门问学。举孝廉方正，坚辞而免。在那样的社会里，不为自己辩解，不追求名利，实在少见。由此，可见其高风亮节、治国安邦之志向，清正廉明、立说后世之情怀，不由我们今日也为之折服。

（郝英明注译　李焱评述）

钱　沣

【原文】

钱沣，字东注，云南昆明人。乾隆三十六年进士，改庶吉士，散馆授检讨。四十六年，考选江南道监察御史。甘肃冒赈折捐事发，主其事者为甘肃布政使王亶望，时已迁浙江巡抚，坐诛，总督勒尔谨及诸府县吏死者数十人，事具《亶望传》。陕西巡抚毕沅尝两署陕甘总督，独置不问。沣疏言："冒赈折捐，固由亶望骩法，但亶望为布政使时，沅两署总督，近在同城，岂无闻见？使沅早发其奸，则播恶不至如此之甚。即陷于刑辟者，亦不至如此之多。臣不敢谓其利令智昏，甘受所饵，惟是瞻徇回护，不肯举发，甚非大臣居心之道。请比捏结各员治罪。"上为诘责沅，降秩视三品，事具《沅传》。

四十七年，沣疏劾山东巡抚国泰、布政使于易简吏治废弛，贪婪无厌，各州县库皆亏阙，上命大学士和珅、左都御史刘墉率沣往按。和珅庇国泰，怵沣，沣不为挠。至山东，发历城县库验帑银。故事，帑银以五十两为一银，市银则否。国泰闻使者将至，假市银补库。沣按问得其状，召商还所假。库为之空。复按章丘、东平、益都三州县库，皆亏阙如沣言。国泰、易简罪至死，和珅不能护也。上旌沣直言，擢通政司参议。四十八年，迁太常寺少卿。再迁通政司副使。出督湖南学政，沣持正，得士为盛。五十一年，任满，命留任。湖北荆州水坏城郭，孝感土豪杀饥民。上责沣在邻省何不以闻，下部议。诸生或匿丧赴试，又有上违禁书籍者。沣按治未竟，闻亲丧去官，以事属巡抚浦霖。霖遂并劾沣，坐夺职。上命左授六部主事。

五十八年，沣服除，诣京师，授户部主事。引见，即擢员外郎。复除湖广道监察御史。时和珅愈专政，大学士阿桂、王杰，尚书董诰、福长安与同为军机大臣，不相能，入直恒异处。沣疏言："我朝设立军机处，大臣与其职者，皆萃止其中。庸以集思广益，仰赞高深。地一则势无所分，居同则情可共见。即各司咨事画稿，亦有定所。近日惟阿桂每日入止军机处。和珅或止内右门内直庐，或止隆宗门外近造办处直庐，王杰、董诰则止于南书房，福长安则止于造办处。每日召对，联行而入，退即各还所处。虽亦有时暂至军机处，而事过辄起。各司咨事画稿，趋步多歧。皇上乾行之健，离照之明，大小臣工戴德怀刑，浃于肌髓，决不至因此遂启朋党角立之渐。然世宗宪皇帝以来，及皇上御极之久，军机大臣萃止无涣，未尝纤芥有他。由前律后，不应听其轻更。内右门内切近禁寝，向因有养心殿带领引见事，须先一两刻预备。恩加大臣，不令与各官露立，是以设庐许得暂止。不应于未辨色之前，一大臣入止，而随从军机司员亦更入更出。为日既久，不能不与内监相狎。万一有无知如高云者，虽立正刑辟，而所维已多，杜渐宜早。至南书房备几暇雇问，俟军机事毕，入直未迟。若隆宗门外直庐及造办处，则各色应差皆得觇听于外，大臣于中治事，亦属过亵。请敕诸大臣仍照旧规同止军机处，庶匪懈之忱，各申五夜。协恭之雅，共励一堂。其圆明园治事，和珅、福长安止于如意门外南顺墙东向直庐，王杰、董诰止于南书房直庐，并请敕更正。”上为申诫诸大臣，并命沣稽察军机处。

和珅素恶沣，至是尤深嗛之。上夙许其持正，度未可遽倾，凡遇劳苦事多委之。沣贫，衣裘薄，宵兴晡散，遂得疾。六十年，卒。或谓沣将劾和珅，和珅实鸩之。

《清史稿》卷三百二十二《钱沣传》

【译文】

钱沣，字东注，云南昆明人。乾隆三十六年（1771）进士，改授庶吉士，学习期满后授检讨之职。乾隆四十六年（1781），钱沣考选了江南道监察御史之职。不久，甘肃省冒名赈灾捐款案发，主犯是甘肃布政使王亶望，王亶望当时已经任浙江省的巡抚，受此案株连，总督勒尔谨以及诸多府县的官吏数十人被处死，这件事的详细经过记录在《王亶望传》里面。陕西巡抚毕沅曾经两次署理陕甘总督，却惟独没有被审问。钱沣上疏说："冒名赈灾捐款之事，虽然由于王亶望犯法，但王亶望在担任布政使时，毕沅是陕甘总督，与王亶望在同一个地方，难道没有听说吗？如果毕沅早点发现，就不会恶化到这种程度，不会有这么多人被处死了。臣不敢说他是利令智昏，甘心受贿，但他视而不见，徇私袒护，不肯检举，确实有违一名大臣的职责。请比照处罚各位官员的标准来对他治罪。"皇帝因此诘责毕沅，将他的俸禄降为三品，这件事详细记录在《毕沅传》里。

乾隆四十七年（1782），钱沣上疏参劾山东巡抚国泰、布政使于易简二人政务废弛，贪婪无厌，导致各州县的库存都亏空缺漏。皇帝派大学士和珅、左都御史刘墉与钱沣一起前往调查。和珅有意包庇国泰，威胁利诱钱沣，但钱沣不被阻挠。他到了山东，调查历城县的库银。按照惯例，库银是以五十两当做一银，而市银则不是这样的。国泰听说使臣快到了，便用市银来补充库银。钱沣调查后得知真相，召集商号收回市银，库银立刻变空。随后又调查章丘、东平、益都三个州县的库存，都像钱沣汇报的一样亏空。这样，国泰、于易简二人判处死刑，和珅也不能庇护了。皇帝奖励钱沣，擢升为通政司参议。乾隆四十八年（1783），钱沣出任太常寺少卿，后又任通政司副使。在出任督查湖南的学官时，钱沣坚持公正，得到了大量的人才。乾隆五十一年（1786），钱沣任期已满，但皇帝命令他继续留任。当时，湖北荆州发大水，城墙受损，孝感的土豪残杀难民。皇帝责怪钱沣身处邻接的省，而不上报这件事，下部议调查他。又有秀才隐匿丧事去往赶考的，还有上交违禁书籍的。钱沣调查这些事还没有结果，父母去世了，钱沣辞官，将这些事情交给巡抚浦霖来做。浦霖于是弹劾钱沣。皇帝命令将钱沣降为六部主事。

乾隆五十八年（1793），钱沣服丧期满，到京师，被授予户部主事。后经人举荐，擢升为员外郎。又担任湖广道监察御史。当时和珅更加专政，大学士阿桂、王杰，尚书董诰、福长安与和珅同为军机大臣，却不能相容，总是在不同的地方办公。钱沣上疏说："国家设立军机处，是要担任要职的大臣们都聚集在一起，集思广益，为皇上出谋划策。大家在同一个地方办公，则不会有不同的势力范围，彼此的情况也都有目共睹，即使是各自出谋划策，也有一个统一的讨论决定的地点。近日来只有阿桂一人到军机处办公，和珅有时在内右门内办公，有时在隆宗门外的造办处办公。王杰、董诰则在南书房办公，福长安在造办处办公。每天皇帝召见的时候，大家一同觐见，但退朝后便各自回到自己的办公处。即使有时也会暂时集中到军机处办公，但也是各论各事。各有各的想法，意见大多分歧不统一。虽然皇上您能够明察秋毫，乾坤独断，大小官员也都是感激皇恩，畏惧刑法，绝不会因为在不同的地方办公就树立自己的党羽。然而从雍正皇帝以来，到皇上您在位理政期间，军机大臣们都能齐心协力，尽职尽责，没有任何纤小的嫌隙。那么鉴于以前的事例，不能听从他们轻易更改。内右门内距离寝宫禁地很近，以前因为在养心殿有专人引领，（大臣在面见皇上之前）需要先在养心殿等候一两刻钟。（皇上您）虽然对大臣们施恩有加，但您的寝宫禁地不能太过暴露，因此应该设立一个（大臣们）暂时休息的地方。不应该在未加辨别之前，一个大臣前来办公，而他随从的军机官员们也随便进进出出。时间长了，难免不与内监相互勾结。万一有像高云一样无知的人，即使将他绳之以法，而恶果已经造成，所以应该尽早防微杜渐。在南书房准备几间空闲的顾问处，等军机处的事情结束后，再进来也不迟。如果在隆宗门外及造办处设办公处，那么什么样的人都可以在外面窥视，而大臣们在里面办公，也是很不庄重。请您下旨命令诸位大臣仍然按照旧例在军机处办公，一来可以防范不法的事情发生，二来各位大臣可以体面文雅地聚于一堂，协力议事。（类似的）还有在圆明园，和珅、福长安在如意门外的南顺墙东办公，王杰、董诰在南书房办公，请求您一并加以更正。”皇上（觉得钱沣说的很对）以此训诫诸位大臣，并命令钱沣负责稽查军机处。

和珅素来讨厌钱沣，这件事后更加憎恨他了。因为皇帝多次赞许钱沣秉公持正，（和珅）考虑现在不可以立即加害他，于是只要有劳苦的差事就交与他来做。钱沣家里贫寒，穿的衣服很薄，每天很晚才休息，不能按时吃饭，因此染上了疾病，于乾隆六十年（1792）去世。有人说钱沣本来要参劾和珅，和珅便派人用毒酒毒死了他。

（赵锋译文）

岳　起

【原文】

岳起，鄂济氏，满洲镶白旗人。乾隆三十六年举人，议叙[1]，授笔帖式。累擢户部员外郎、翰林院侍讲学士、詹事府少詹事。五十六年，迁奉天府尹。前官贪黩，岳起至，屋宇器用遍洗涤之，曰："勿染其污迹也！"与将军忤。逾年，擢内阁学士，寻出为江西布政使。殚心民事，值水灾，行勘圩堤，落水致疾。诏嘉其勤，许解任养疴。

嘉庆四年，特起授山东布政使。未几，擢江苏巡抚。清介自矢，童仆仅数人，出屏驺从，禁游船声伎，无事不许宴宾演剧。吴下奢俗为之一变。疏陈漕弊，略曰："京漕积习相因，惟弊是营。米数之盈绌，米色之纯杂，竟置不问。旗丁领运，无处不以米为挟制，即无处不以贿为通融。推原其故，沿途之抑勒，由旗丁之有帮费；旗丁之索帮费，由州县之浮收。除弊当绝其源，严禁浮收，实绝弊源之首。请下有漕各省，列款指明，严行禁革，俾旗丁及漕运仓场，无从更生观望冀幸之心。”诏嘉其实心除弊。常州知府胡观澜结交盐政征瑞长随高柏林，派捐修葺江阴广福寺。岳起疏言观澜、柏林虽罢逐，尚不足服众心，请将钱二万余串责二人分偿，以修苏州官塘桥路。丹徒知县黎诞登讽士绅胪其政绩保留，实不职，劾罢之。

五年，署两江总督。劾南河工员庄刚、刘普等侵渔舞弊，莫沄于任所设店肆运货至工居奇网利，并治如律。扬州关溢额税银不入私，尽以报解；核减两藩司耗羡闲款，实存银数报部，并下部议行。六年，疏请浚筑毛城铺以下河道堤岸，上游永城洪河、下游萧、砀境内河堰，并借帑举工，分五年计亩征还。允之。

八年，入觐，以疾留京，署礼部侍郎。会孝淑皇后奉移山陵，坐会疏措语不经，革职留任。寻命解署职，遂卒。帝深惜之，赠太子少保，赐恤如例。

无子，诏问其家产，仅屋四间、田七十六亩。故事，旗员殁，无嗣者产入官。以岳起家清贫，留赡其妻；妻殁，官为管业，以为祭扫修坟之资。异数也。妻亦严正，岳起为巡抚时，一日亲往籍毕沅家。暮归，饮酒微醺。妻正色曰：“毕公耽于酒色，不保其家，君方畏戒之不暇，乃复效彼耶？”岳起谢之。及至京，居无邸舍，病殁于僧寺，妻纺绩以终。吴民尤思其德，呼曰“岳青天”，演为歌谣，谓可继汤斌云。

选自《清史稿》卷三百五十九《岳起传》

【注释】

①议叙：清制，吏部考核官吏后，对成绩优良者加级或记录，以示奖励。

【译文】

岳起，姓鄂济氏，满洲镶白旗人。乾隆三十六年（1771）考中举人，经吏部考核后任笔帖式。后连续提升为户部员外郎、翰林院侍讲学士、詹事府少詹事。乾隆五十六年（1791），升奉天府尹。前任府尹贪得无厌，岳起到任后，将房屋、器物全部加以清洗，说："不要被那些脏东西污染！"因此与奉天将军不睦。过了一年，岳起被提为内阁学士，不久又被派任江西布政使。岳起尽心于民事，甫到任，正遇上水灾，他出行察勘圩堤，落入水中而致病。皇帝下诏嘉奖他的勤政行为，允许卸任养病。

嘉庆四年（1799），岳起被起用为山东布政使。不久，提升为江苏巡抚。岳起廉洁正直，所用童仆仅几人，外出时不要前后侍从的骑卒。他禁止歌姬舞女游船卖唱，禁止无事宴请宾客、演剧，江苏奢侈的风俗为之一变。他上疏陈述漕运的弊端，大略是说："京城漕运积习相沿，有些人专门营私舞弊。至于米数的盈亏，米色的纯杂，竟然置之不问。漕运的兵丁运粮，沿途各处皆以漕米勒索他们，于是兵丁们不得不用贿赂来通融。追究沿途刁难的原因，在于漕运的兵丁有帮费；而漕运兵丁能够索取帮费，在于州县有超过额定的征收。革除弊端应当断绝它的根源，因此严禁多征，这就是断绝弊端根源的途径。请皇上命令有漕运任务的各省，列出条款逐项指明以往的弊端，严行禁革，使漕运的兵丁没办法再有侥幸的心理。”皇帝下诏嘉奖他真心革除积弊。常州知府胡观澜勾结盐政征瑞的仆役高柏林，向百姓派捐修建江阴的广福寺。岳起上疏说，胡观澜、高柏林虽然被罢官驱逐，还不足以服民心，请求将派征的二万余串钱责成二人分摊赔偿，用来修苏州官塘路、桥。丹徒知县黎诞登暗示当地士绅列其政绩上报，请求其留任，而此人实际并不称职，因此，岳起弹劾罢免了他。

嘉庆五年（1800），岳起代理两江总督。南河衙门属员庄刚、刘普等人侵吞公款，营私舞弊，岳起将二人弹劾；莫沄在任职之地开设店铺，将货物运到工地进行买卖，从中获利，岳起将其按律治罪。对扬州关超出定额的税银，岳起并不纳入私囊，而是全部上报送京；又核减两省布政司耗羡中的空余款额，将实际存留的银数上报户部；这两项内容均下到户部讨论后准予实行。嘉庆六年（1801），上疏申请疏通毛城铺以下黄河河道，修筑沿岸堤岸以及上游永城洪河，下游萧县、砀山境内的拦河堰，并借公款动工，分五年摊入地亩征收偿还。皇上批准了这一意见。

嘉庆八年（1803），岳起赴京觐见皇上，后因病滞留京城，暂代礼部侍郎。当时奉旨将去世的孝淑皇后移葬山陵，岳起因奏折内容措辞不妥而被革职留任。不久，岳起被免去礼部侍郎一职，随即去世。皇上对岳起的死深感惋惜，赠太子少保衔，按先例给予赏赐和抚恤。

岳起没有儿子。皇帝询问他的家产，仅有房屋四间，田七十六亩。按照以往惯例，八旗人员去世后没有继承人的，其财产归公。皇上因岳起家境清贫，便将这点财产留下赡养他的妻子。他的妻子死了，便作为官府代管产业，用来作为祭扫、修整坟墓的费用。这是特殊的待遇。岳起的妻子也很严肃正直。岳起出任巡抚时，有一天亲自到罪臣毕沅家抄没财产，晚上回家时稍微有些醉意，岳起的妻子正颜厉色地对他说："毕沅因沉湎酒色，没能保住家产，并因荒淫而导致被抄家，对此你警惕还来不及，难道还要仿效他么？"岳起向他认了错。岳起到京城后，没有官邸居住，病死于寺庙之中，他的妻子终生以纺织为生。江苏百姓特别思念岳起的德操，称他为"岳青天"，后来编唱歌谣来赞颂他，说他可以称得上是与汤斌一样的清官。

【评述】

岳起，一生勤勉、清廉、刚正、贫困，尤其是反腐治贪工作成就显著，被老百姓称为"岳青天"，并编唱歌谣来赞颂他。皇帝对岳起的死深感惋惜，赠太子少保衔，按原职给予赏赐和抚恤。岳起的身上集中体现了古代清官诸多的优秀品质，给后人尤其是为官者留下了一笔宝贵的可借鉴的精神财富。

被百姓传颂的清官，往往一方面体恤民情，一方面清正廉明。而能够保持清正廉明，不仅仅是廉洁自律就行了，往往还要和不正之风做各种交锋。岳起最突出、鲜明的特点就是其惩治腐败的决心很坚定，而其反腐败手段之凌厉，治贪贿效果之显著，确实不同凡响。

此外，在对岳起的记载中，还有很有特色的一笔，即贤内助功不可没。岳起之所以因廉正名载史册，其夫人之贤，不可不记。一次，岳起到贪官毕沅家查抄赃物，回家后略有醉意。其妻子见此，正言厉色地说：“毕公耽于酒色，不保其家，君方畏戒之不暇，乃复效彼耶?”夫人德行正派，家庭成员之间相互影响，潜移默化，也是官员能保持清正廉明的重要因素之一。

（李伟注译　李焱评述）

王 杰

【原文】

王杰，字伟人，陕西韩城人。以拔贡考铨蓝田教谕，未任，遭父丧，贫甚，为书记以养母。历佐两江总督尹继善、江苏巡抚陈宏谋幕，皆重之。初从武功孙景烈游，讲濂、洛、关、闽之学；及见宏谋，学益进，自谓生平行己居官得力于此。

乾隆二十六年，成进士，殿试进呈卷列第三。高宗熟视字体如素识，以昔为尹继善缮疏，曾邀宸赏，询知人品，即拔置第一。及引见，风度凝然，上益喜。又以陕人入本朝百余年无大魁者，时值西陲戡定，魁选适得西人，御制诗以纪其事。寻直南书房，屡司文柄。五迁至内阁学士。三十九年，授刑部侍郎，调吏部，擢左都御史。四十八年，丁母忧，即家擢兵部尚书。车驾南巡，杰赴行在谢，上曰：“汝来甚好。君臣久别，应知朕念汝。然汝儒者，不欲夺汝情，归终制可也。”服阕，还朝。五十一年，命为军机大臣、上书房总师傅。次年，拜东阁大学士，管理礼部。台湾、廓尔喀先后平，两次图形紫光阁，加太子太保。

杰在枢廷十余年，事有可否，未尝不委曲陈奏。和珅势方赫，事多擅决，同列隐忍不言，杰遇有不可，辄力争。上知之深，和珅虽厌之而不能去。杰每议政毕，默然独坐。一日，和珅执其手戏曰："何柔荑乃尔！"杰正色曰："王杰手虽好，但不能要钱耳！"和珅赧然。嘉庆元年，以足疾乞免军机、书房及管理部事，允之。有大事，上必咨询，杰亦不时入告。

时教匪方炽，杰疏言："贼匪剿灭稽迟，由被贼灾民穷无倚赖，地方官不能劳来安辑，以致胁从日众，兵力日单而贼焰日炽。此时当安良民以解从贼之心，抚官兵以励行间之气。三年之内，川、楚、秦、豫四省杀伤不下数百万，其幸存而不从贼者，亦皆锋镝之余，男不暇耕，女不暇织。若再计亩征输，甚至分外加派，胥吏因缘勒索，艰苦情形无由上达圣主之前。祈将被贼地方钱粮蠲免，不令官吏舞弊重征，有来归者概勿穷治，贼势或可渐孤矣。至于用兵三载未即成功，实由将帅有所依恃，怠玩因循，非尽士卒之不用命也。乞颁发谕旨，曲加怜恤，有骄惰不驯者，令经略概行撤回，或就近更调召募，申明纪律，鼓行励戎，庶几人有挟纩之欢，众有成城之志。"又言："教匪之蔓延，其弊有二：一由统领之有名无实。勒保虽为统领，而统兵大员名位相等，人人得专折奏事，于是贼至则畏避不前，贼去则捏称得胜。即如前岁贼窜兴安，领兵大员有‘匪已渡江五日，地方官并不禀报’之奏，此其畏避情形显而易见。又如去岁贼扰西安城南，杀伤数万，官兵既不近贼，抚臣一无设施；探知贼去已远，然后虚张声势，名为追贼，实未见贼。近闻张汉潮蔓延商、洛，高均德屯据洋县，往来冲突，如入无人之境。秦省如此，川省可知。实由统领不专、赏罚不明之所致也。一由领兵大员专恃乡勇。乡勇阵亡，无庸报部，人数可以虚捏；藉乡勇为前阵，既可免官兵之伤亡，又可为异日之开销，此所以耗国帑而无可稽核也。臣以为军务紧要，莫急于去乡勇之名而为召募之实，盖有五利：一，民穷无依，多半从贼，苟延性命，募而为兵，即有口粮，多一为兵之人，即少一从贼之人；一，隔省征调，旷日持久，就近召募，则旬日可得；一，征兵远来，筋力已疲，召募之人，不须跋涉；一，隔省之兵，水土不习，路径不谙，就近之人，则不虑此；一，乡勇势不能敌，则逃散无从惩治，召募之兵退避，则有军法。具此五利，何不增募，一鼓而歼贼？如谓兵多费多，独不思一万兵食十月之粮，与十万兵食一月之粮，其费相等而功可早奏也。”疏入，并被采用。

二年，复召直军机，随扈热河。未几，因腿疾，诏毋庸入直，先行回京。三年秋，川匪王三槐就擒，封赏枢臣，诏：“杰现虽未直军机，军兴曾有赞画功，并予优叙。”

洎仁宗亲政，杰为首辅，遇事持大体，竭诚进谏，上优礼之。五年，以衰病乞休，温诏慰留，许扶杖入朝。七年，固请致仕，晋太子太傅，在籍食俸。八年春，濒行上疏，略谓：“备省亏空之弊，起于乾隆四十年以后，州县营求馈送，以国帑为夤缘，上司受其挟制，弥补无期。至嘉庆四年以后，大吏知尚廉节，州县仍形拮据，由于苦乐不均，贤否不分，宜求整饬之法。又，旧制，驿丞专司驿站，无可诛求。自裁归州县，滥支苛派，官民俱病。宜先清驿站，以杜亏空。今当军务告竣，朝廷勤求治理，无大于此二者。请睿裁独断，以挽积重之势。”所言切中时弊，上嘉纳之。陛辞日，赐高宗御用玉鸠杖、御制诗二章，以宠其行，有云：“直道一身立廊庙，清风两袖返韩城。”时论谓足尽其生平。既归，岁时颁赏不绝，每有陈奏，上辄亲批答，语如家人。

九年，杰与妻程并年八十，命巡抚方维甸赍御制诗、额、珍物，于生日就赐其家。杰诣阙谢，明年正月，卒于京邸。上悼惜，赐金治丧，赠太子太师，祀贤良祠，谥文端。

杰体不逾中人，和蔼近情，而持守刚正，历事两朝，以忠直结主知。当致仕未行，会有陈德于禁城惊犯乘舆，急趋朝请对曰：“德庖厨贱役，安敢妄蓄逆谋？此必有元奸大憝主使行明张差之事，当除肘腋之患。”至十八年林清逆党之变，上思其言，特赐祭焉。

选自《清史稿》卷三百四十《王杰传》

【译文】

王杰，字伟人，陕西韩城人。他曾考取陕西蓝田县的教谕，但还没有去担任这一职，他的父亲就去世了。父亲去世后，家里更加贫困，他靠做文字工作来养活母亲。王杰先后担任了两江总督尹继善、江苏巡抚陈宏谋的幕僚，均受器重。起初，他跟从武功孙景烈学习，研习濂、洛、关、闽各派学说；等到见了陈宏谋，他的学问日益增进，他自己也说生平为人做官都得益于此。

乾隆二十六年（1761），王杰考中进士，殿试进呈试卷时，排名第三。高宗翻阅检查觉得字体好像平时见过，原来以前王杰曾为尹继善写过奏折，曾经受到皇上的赞赏。皇上询问他的人品，就把他升为第一名。等到王杰被引见入宫，果然风度翩翩，皇上更加高兴。又因为本朝百年中陕西没有出过状元，当时正值西部边疆需要有人去平定，状元正好从西部地区选拔出，皇上写了诗记下这件事。不久到南书房上班，多次负责科举考试。他升了五次官，担任内阁学士。乾隆三十九年（1774），被授予刑部侍郎，调任吏部，升为左都御史。乾隆四十八年（1783），他母亲去世服丧在家时就被升为兵部尚书。皇上南巡，王杰前来拜谢，皇上说：“你来很好。我们君臣分开很久了，你应该知道我很想念你。但是你信奉儒家之道，我不想强迫你丧服未满就出来做官，你还是回乡为母亲守完孝吧。”三年丧期服满，王杰还朝。乾隆五十一年（1786），皇上任命他为军机大臣、上书房总师傅。第二年（1787），拜东阁大学士，管理礼部。先后参与平定台湾、廓尔喀，两次在紫光阁被画像褒奖，后加太子太保衔。

王杰在朝廷中枢机构为官十余年，遇上需要裁断的事情，没有一件不详细陈奏的。和珅势力显赫时，很多事情擅做主张，同朝官员隐忍不说，而王杰遇上有不对的事情，总是据理力争。皇上对他很了解，和珅虽然痛恨他，却不能除掉他。王杰每次上完朝，总是一个人沉默地坐着。有一天，和珅摸他的手取笑他说："你的手长得真好啊！"王杰正色回答到："王杰的手虽好，但是没有要过钱！"和珅听了，羞愧脸红。嘉庆元年（1796），王杰因为脚病请求免去军机大臣、上书房总师傅及管理部事等职务，皇上批准了他的请求。但遇上大事情，皇上必然咨询他，王杰也经常入朝禀告。

当时白莲教势焰正盛，王杰上疏说："剿灭白莲教的进展很慢，因为白莲教所到之地的灾民穷苦没有依赖，地方官没有安顿他们，以至于胁从的人天天增多，官军兵力日减而乱贼的气焰日益嚣张。这个时候应当安顿良民以化解他们跟从乱贼的心，安抚官兵以激励他们的士气。三年之内，川、楚、秦、豫四省因战乱而伤亡的人不下数百万，而幸存下来没有跟从乱贼的，也都是刀箭之下的残余，男子没有时间耕种，女子没有时间纺织。如果再按照田亩征税，甚至额外增加摊派，胥吏跟着逼迫勒索，百姓艰难困苦的情况，皇上都不知道。请求将战乱灾祸地方的赋税免去，不要让官吏舞弊重复征收，来归顺的人不要严加追究，乱贼的势力也许就逐渐减弱了。至于用兵三年还没有成功，实在是因为将帅有恃无恐，懈怠轻率，不完全是由于士兵没有拼命。请求颁发谕旨，好好体恤征战的将士，对于桀骜不驯的人，下令把主管将领一律撤回，也可以就近更换调整重新招募，申明纪律，鼓励军队，这样士兵们受到了慰问关照，大家都会众志成城。”他又上疏说：“白莲教之所以蔓延，朝廷的弊端有两个：一是派出剿匪的首领有名无实。勒保虽然为统领，但是多名统兵大员的名位与他相当，人人都能够专折向上奏事，导致了政出多门。于是乱贼来的时候，都畏缩不前，乱贼离去的时候则捏造说取得了胜利。就像前几年乱贼到兴安，领兵大员上奏说：‘乱贼已经渡江五天，地方官并没有禀报。’畏惧躲避的样子显而易见。又如去年乱贼扰乱西安城南，杀伤数万人，官兵没有靠近乱贼，抚臣没有做任何事情；探知乱贼已经离开很远了，然后才虚张声势地追贼，实际上连贼都没有见到。最近听说张汉潮势力蔓延到商洛地区，高均德屯据洋县，来往冲杀，就像进入无人之境。陕西都是这样，四川省就更可以知道了。这一切均由统领不一、赏罚不明所致。一是由于统兵将领依靠乡勇。因为乡勇阵亡，不用上报，人数也可以虚构捏造；用乡勇担任前阵，既可以避免官兵的伤亡，又可以省下费用作为他日的开销，导致了朝廷耗费国库而无处核查。我认为军务中紧要的事情，莫过于赶快除去乡勇的虚名而实实在在地把他们招募入兵，这样做共有五个好处：其一，百姓穷苦无依，多半跟从盗贼，苟延残喘，招募为士兵，就有了口粮，多了一个当兵的人，就少了一个当贼的人；其二，从别的省份调兵，时间很长，就近招募士兵，则马上就可以招到人；其三，从遥远的地方征兵，路程遥远，筋疲力尽，而就近招募人，没有必要长途跋涉地去找；其四，从别的省份来的士兵，水土不服，不熟悉当地交通，而就近的人，则没有这种担心；其五，乡勇不能战胜敌人，失败逃散了没法惩罚，招募的士兵逃跑躲避，则有兵法。有这五个好处，为什么不多招募士兵，一鼓作气歼灭乱贼呢？如果说士兵多，相应的军费也多，为什么不考虑到一万名士兵吃掉十个月的粮食和十万兵吃掉一个月的粮食，两者的费用相等，但是十万士兵参战则很快就能得到胜利。”王杰的意见被采用了。

嘉庆二年（1797），又召王杰入值军机，跟随皇帝到热河。没过多久，由于腿有病，皇上下诏让他不用值班，可以先回京城。嘉庆三年（1798）秋，四川教匪王三槐被捉拿，因此赏封枢臣，下诏说：“王杰现在虽然没有入值军机，但他曾有出谋划策的功劳，一并给与奖励。”

等到嘉庆帝亲政，王杰担任首席军机大臣，处理事情持大体，竭力诚恳进谏，皇上礼待他。嘉庆五年（1800），王杰因为年老体衰请求退休，皇上下诏安慰挽留他，特许他拄着拐杖入朝。嘉庆七年（1802），王杰坚持请求退休，皇上晋升他为太子太傅，在原籍享受食俸。嘉庆八年（1803）春，王杰临走时上疏说：“各省亏空的弊端，开始于乾隆四十年（1775）以后，州县官员谋求馈赠送礼，以国家的财物作为向上攀附的资本，上级官员受到挟制，亏空的弥补因而遥遥无期。到嘉庆四年（1799）以后，大官知道崇尚廉洁，州县级的官员仍然十分窘迫，由于苦乐不平均，贤良与奸佞不分，吾皇应该尽快找到整饬的方法。另外，按旧有的制度，驿丞专门管理驿站，对驿丞没有其他的过份需求，但自裁归州县自己管理，便胡乱支出摊派，官员与百姓都受其害。所以，应当首先清理驿站，以杜绝亏空的状态。现在战争结束了，朝廷努力治理国家，目前没有比这两件事情更大的了。请皇上做出英明果断的决定，挽回积重的形势。”王杰所说的话切中时弊，皇上嘉奖他，并采纳了他的话。王杰辞别皇上返乡的时候，皇上赐给他一把高宗御用过的手杖和两首御制诗，以表尊敬和器重。诗中有“直道一身立廊庙，清风两袖返韩城”之句，当时的人认为这诗高度概括了他的一生。王杰回去以后，朝廷每年颁发奖励他的东西不断，而王杰的奏章，皇上总是亲自批复，话语口气如同对家人一样。

嘉庆九年（1804），王杰和他的妻子程氏都年满八十，皇上下令巡抚方维甸带着皇帝专制的贺诗、题匾和珍宝，在他生日那天登门赏赐于他，王杰赴京答谢。第二年正月，王杰在京城官邸去世，皇上哀悼他的逝去，赏赐金银料理他的丧事，赐予他太子太师之衔，祭祀于贤良祠，谥号文端。

王杰身高不超过一般人，为人和蔼可亲，而操守刚正，侍奉两代君王，都是凭借忠诚、正直获得君主的信任。当他退休还没返乡的时候，正好陈德在紫禁城惊动了皇帝御驾，王杰急忙上朝谒见皇上说：“陈德只是个地位低微的厨子，哪里敢随便蓄意谋反？这背后一定有大奸大恶之徒指使他，性质如同前明张差梃击皇太子一案，应该马上清除身边的隐患。”到了嘉庆十八年（1813），林清逆党谋反，嘉庆皇帝想到王杰的话，特地对他进行了祭奠。

【评述】

王杰身处乾嘉之世，能够为官清正，确为清代不可多得之士。众所周知，清乾嘉时期正是清代吏治不断滑坡、官场腐败之风日渐盛行的一个时代。最具代表性的贪官污吏，当然非和珅莫属。当时权倾一时的和珅，满朝文武阿谀奉承他，争相巴结他。

在此邪风影响之下，清代吏治逐渐败坏，官员间馈赠礼物，夤缘结纳之风气甚嚣尘上。为了满足上级官吏的贪欲，下级官吏不仅将国家财政作为馈送资金的来源，而且加大了从广大百姓的身上搜刮民脂民膏的力度。不堪胥吏欺压鱼肉的民众，奋起反抗，白莲教起义就是发生在这一时期。

处此风气之中，王杰不仅敢于同权贵诸如和珅等做斗争，而且积极地寻找解决吏治败坏之方，力图挽救不断滑坡的吏治。针对白莲教起义，王杰虽然没能超脱出阶级立场，看到严重的土地兼并是造成这一起义的根本原因，但他认识到造成起义的重要原因是百姓不堪于胥吏苛索，以致官逼民反。为了使贫穷而无所倚赖的百姓不趋向于起义，他提议蠲缓起义地区的捐赋，优待“归顺”的起义群众。同时他还从改变清军将领“怠玩因循”的局面和防止贫苦百姓参与起义的角度，向清廷提议，编乡勇为正式军队。他的建议为清廷所采纳。不久，白莲教起义就被清政府所镇压，可见，王杰的建议发挥了重大作用。当然，这仅是他对清代百姓起义所提出的针对性建言。面对日渐腐败的官场风气，为了改变当时州县官吏夤缘于权贵之门的局面，他向清廷建言，要整顿官场，辨别官吏的贤否、苦乐情形，找出适当的方法。同时，为了遏制州县官吏滥支苛派，他主张对当时最具代表性的驿站系统进行清理整顿。这些措施，虽然不能从根本上抑制清代吏治的滑坡，但确也能在一定程度上抑制官吏的腐败，保持社会的稳定。

更为难能可贵的是，王杰在如此的官场风气中，能做到言行合一，廉洁自律。即便是当时，清代官场中被视为很普通平常的人际交往——门生向师长贺寿赠礼等行为，他都能以有违平时所教为由加以拒绝。王杰在朝身担要职十余年，仍能保持清廉之态，获得乾隆、嘉庆两帝的好评。“直道一身立廊庙，清风两袖返韩城”，王杰不负斯言也。

（李娟译文　连振斌评述）

伊秉绶

【原文】

伊秉绶，字墨卿，福建宁化[①]人。乾隆五十四年进士，授刑部主事，迁员外郎。嘉庆三年，出为广东惠州知府，问民疾苦，裁汰陋规，行法不避豪右，故练刑名，大吏屡以重狱委之，多所矜恤。陆丰巨猾肆劫勒赎，秉绶设方略，缚其渠七人戮之。六年，归善陈亚本将为乱，提督孙全谋不发兵，秉绶乃遣役七十余人夜捣其巢，擒亚本，余党窜入羊矢坑。未几，博罗陈烂屐起事，请兵，提督复沮之。秉绶争曰："发兵愈迟，民之伤残愈甚。"提督不得已，予三百人。秉绶复曰："侦虚实，则三四人足矣。如用兵，以寡敌众，徒偾事耳。"提督不听，令游击郑文照率三百人往，孑身跳归，乱遂成。秉绶适以他事罣议去官，士民龠留军营。时提督既拥兵不前，其标兵卓亚五、朱得贵均通贼纵掠，为伪渠帅。秉绶愤懑，请兵益力，逢总督吉庆之怒，复以失察教匪论戍。会新总督倭什布至惠州，伊秉绶数千人诉秉绶冤，上闻，特免其罪，捐复原官，发南河，授扬州知府。

时秉绶方奉檄勘高邮、宝应水灾，刺[②]一小舟，栖户枉渚，必亲阅手记。及莅任，劬躬率属，赈贷之事，锱铢必核，吏无所容其奸。倡富商巨室捐设粥厂，费以万计。诛北湖剧盗铁库子辈，杖诡道诳愚之聂道和，它奸猾扰民者，悉严治之。民虽饥困，安堵无惶惑。历署河库道、盐运使，胥称职。寻以父忧去，家居八年，嘉庆二十年，入都，道经扬州，卒。

秉绶承其父朝栋学，以宋儒为宗。在惠州，建丰湖书院，以《小学》、《近思录》[③]课诸生；在扬州，宏奖文学。殁后士民怀思不衰，以之配食宋欧阳修、苏轼及清王士祯，称四贤祠。

选自《清史稿》卷四百七十八《伊秉绶传》

【注释】

①福建宁化：今福建省三明市西部。

②刺：撑。多用于“刺船”，即撑船。

③《近思录》：南宋朱熹、吕祖谦合撰，书名取“切问而近思”之意。

【译文】

伊秉绶，字墨卿，福建宁化人。乾隆五十四年（1789）中进士，被授刑部主事，升迁为员外郎。嘉庆三年（1798），出任广东惠州知府。他到任后，询问百姓疾苦，废除陋规，公正执法，不畏惧当地有权势的大户，能熟练审理刑事案件，封疆大吏多次把重大的案件委托给他审理，多能体恤怜悯。陆丰县有一伙凶暴狡猾的恶霸，他们抢劫勒索无恶不作，伊秉绶设下计策，逮捕了为首的七个头目，并把他们处以死刑。嘉庆六年（1801），归善县有个叫陈亚本的人将要作乱，提督孙全谋不发兵镇压。于是，伊秉绶派遣七十名衙役半夜捣毁了陈亚本的巢穴，擒住陈亚本，其余的同党逃窜到羊矢坑。没过多久，博罗县的陈烂屐造反，伊秉绶请兵支援，提督再次阻挠了他。伊秉绶与提督理论，说："发兵越迟，百姓受到的伤害就越大。"提督不得已，给了他三百名士兵。伊秉绶又说："如果是侦探叛匪的虚实，那么三四个人就足够了。如果拨发数量不多的兵丁去平叛，以寡敌众，那么仅仅是徒劳啊。"提督不听，令游击郑文照率领三百人前往镇压，结果全军覆没，只有游击一人逃了回来，于是叛乱最终酿成。伊秉绶正赶上由于其他的事情被罢官，士人和平民百姓把他留在军营。此时提督拥兵不前，他手下标营的士兵卓亚五、朱得贵与叛贼串通任意掠夺，成了叛贼的头目。伊秉绶更加愤慨，更加力请增兵镇压，恰逢总督吉庆因叛乱一事怒气正盛，伊秉绶以失察教匪的罪名判处戍边。正赶上新任总督倭什布到惠州，数千名士子百姓替伊秉绶向倭什布喊冤。嘉庆皇帝知道了这件事，特旨免去了伊秉绶的罪名，官复原职，发往南河效力，授予他扬州知府。

那时伊秉绶刚刚捧到檄文令他勘察高邮、宝应一带的水灾。他撑着小船，居住在农家，每到一处都要亲自查阅做好记录。等他到扬州上任后，不辞劳苦以身作则督率属员，有关赈济借贷的事情，即使是很小的数量也要亲自核实，不给奸诈的胥吏任何可乘之机。他倡导富商及大户人家捐钱设立粥厂，富户捐出的费用达到数万。他诛杀了北湖地区的大盗铁库子等人，对狂妄愚昧的假道学聂道和处以杖刑，其他那些奸诈狡猾骚扰百姓的人都受到了严厉的惩治。百姓虽然生活饥贫困苦，但都平平安安并不感到惶恐。伊秉绶还做过署理河库道道员、盐运使，都是称职的好官。不久，因父亲去世辞官丁忧，在家居住了八年。嘉庆二十年（1815）进京，路经扬州时去世了。

伊秉绶继承了他的父亲朝栋的学问，尊奉宋代的儒学。他在惠州建立了丰湖书院，为生员讲授《小学》、《近思录》。在扬州做官时，他大力褒奖经学致用者。他去世后，士子、百姓们时时不能忘怀，把他与宋代的欧阳修、苏轼和清代的王士祯放在一起祭祀，称四贤祠。

【评述】

伊秉绶担任广东惠州知府、江苏扬州知府，都非常关心百姓疾苦，颇有政声。他还做过署理河库道道员、盐运使，都是称职的好官。一名相当于今天市长的官员，并非官员序列中位高权重者，但能名列正史《清史稿》之《循吏列传》，可见伊秉绶在从政方面有自己独到的地方。作为地方父母官，他的突出政绩主要有两方面：惩处恶霸匪盗，维护地方稳定；心系百姓安危，关心百姓疾苦。

“雁过留声，人过留名”。为官一任，造福一方，百姓就会记住你。在惠州，伊秉绶被误判戍边，数千名士子、百姓为他喊冤；其殁后，伊秉绶怀思不衰，把他与欧阳修、苏轼和王士祯一起祭祀，名列“四贤祠”。一名官员能享受这样的美誉，一生一世也就够了！

（郝英明注译　王治国评述）

李赓芸

【原文】

李赓芸，字郦斋，江苏嘉定人。少受学于同县钱大昕[①]，通六书[②]、《苍》[③]、《雅》[④]、《三礼》[⑤]。乾隆五十五年进士，授浙江孝丰知县。调德清，再调平湖。下车谒陆陇其祠，以陇其曾宰嘉定，而己以嘉定人宰平湖，奉陇其为法，尽心抚字，训士除奸，邑中称神明。嘉庆三年，九卿中有密荐之者，诏询巡抚阮元，元奏："赓芸守洁才优，久协舆论，为浙中第一良吏。"引见，以同知升用。五年，金华、处州两郡水灾，金华苦无钱，处州苦无米。赓芸奉檄，于恩赈外领银二万，便宜为之。以银之半易钱，运金华加赈，人百钱而钱价平。又以银之半运米至处州，减价粜，辘轳转运，而米亦贱。升处州府同知，调嘉兴海防同知，署台州府。寻擢嘉兴知府，正己率属，无敢以苞苴进者。治漕，持官、民、军三者之平，上官每用其言。十年，水灾，减粜有实惠，赈民以粥，全活者众。以继母忧去官。

服阕，补福建汀州，调漳州。俗悍，多械斗，号难治。赓芸召乡约、里正问之曰：“何不告官而私斗为？”皆曰：“告官，或一二年狱不竟，竟亦是非不可知，先为身累。”赓芸曰：“今吾在，狱至立剖。有不当，更言之，无所徇护。为我告乡民，后更有斗者，必擒其渠，焚其居，毋恃贿脱。”众皆唯唯退。已而有斗者，赓芸立调兵捕治，悉如所言，民大惧。赓芸日坐堂皇，重门洞开，愬者直入，命役与俱。召所当治者，限时日。不至，则杖役。至则立平之释去。即案前书狱词，无一钱费。民皆欢呼曰：“李公活我！”漳属九龙岭多盗，下所属严捕，擒其魁十数，商旅坦行。故事，获盗当甄叙，悉以归属吏。寻擢汀漳龙道。二十年，擢福建按察使，署布政使，逾年实授。

赓芸守漳州时，龙溪县有械斗，令懦不治。署和平令朱履中内狡而外朴，赓芸误信之，请以移龙溪。久之，事不办，始稔其诈。洎署布政使，改履中教职。履中亏盐课，恐获罪。具揭于总督汪志伊、巡抚王绍兰，谓亏帑由道府婪索。督抚密以闻，解赓芸职质讯。赓芸之去漳，监造战船工未竣，留仆督率之，仆假履中洋银三百元，诡以垫用告。赓芸如数给之，仆匿不以偿。福州知府涂以辀鞫之，阿总督意，增其数为一千六百，逼令自承，辞色俱厉，赓芸终不肯诬服。虑为狱吏所辱，遂自经。

事闻，命侍郎熙昌、副都御史王引之往按其狱，得白。上以赓芸操守清廉，众所共知。其死由汪志伊固执苛求，而成于涂以辀勒供凌逼，褫志伊职，永不叙用。以辀、履中俱谴戍黑龙江，绍兰亦以附和革职。

赓芸家不名一钱，殁无以殓。盐法道孙尔准与之善，为经纪其丧。初，志伊亦重赓芸，曾荐举之。及擢布政，乘新舆上谒，志伊讽以戒奢，赓芸曰："不肖为大员，不欲效布被脱粟之欺罔。"志伊素矫廉，衔其语。又以遇事抗执，嫌益深。及狱起，履中忽自承妄讦，诿原揭为其仆窃印，志伊怒，必穷诘之。论者谓漳厂修船，例由龙溪县垫款，藩司发款，至道乃偿之，非赃私也。赓芸狷急，负清名，虑涉嫌不承，而志伊峻待绅士，不理于众。与赓芸善者，或以飞语中之。

方治狱使者至闽，伊秉绶上书为赓芸讼冤，感泣祭奠，踵接于门，为建遗爱祠。熙昌等据情奏请赐额表扬，仁宗以"大员缘事逮问，当静俟国法，若此心皦然，横遭冤枉，亦应据实控告，朝廷必为昭雪；乃效匹夫沟渎之谅，殊为褊急，不应特予旌扬。伊秉绶追思惠政，捐赀立祠，斯则斯民直道之公，听之"。

选自《清史稿》卷四百七十八《李赓芸传》

【注释】

①钱大昕（1728—1804）：清代史学家、考据学家。字晓

征，一字辛楣，号竹汀居士，晚称潜研老人，江苏嘉定（今属上海市）人。

②六书：中国古代造字、用字和分析汉字形体结构的方法，即象形、指事、会意、形声、转注、假借。

③《苍》：指《苍颉篇》，秦李斯著。“苍颉”亦作“仓颉”，据传仓颉发明了汉字。

④《雅》：指《尔雅》，中国古代最早解释词义的专著，由汉代学者缀辑而成。

⑤《三礼》：中国古代专门记述典章制度和礼仪制度的三部儒家经典，即《周礼》、《仪礼》和《礼记》。

【译文】

李赓芸，字鄦斋，江苏嘉定人。他少年时师从名儒钱大昕，精通六书、《苍》、《尔雅》、《三礼》。乾隆五十五年（1790）中进士，被授予浙江孝丰知县，调任德清县，又调平湖县。他一到任就拜谒陆陇其祠，因为陆陇其曾经在嘉定做县令，而他自己又是到平湖做县令的嘉定人。他效法清官陆陇其，尽心抚育百姓，训导士子，铲除奸邪，县里的百姓都称赞他神明。嘉庆三年（1798），九卿中有人秘密向皇帝推荐他。嘉庆皇帝下诏向巡抚阮元询问他为官如何。阮元回奏：“赓芸操守廉洁才能出众，一直受到舆论的称颂，是浙中地区第一良吏。”他得到了嘉庆皇帝的接见，升任同知。嘉庆五年（1800），金华、处州两郡遭受水灾，金华苦于没有钱，处州苦于没有粮米。李赓芸奉檄文，在恩赈之外又领白银二万两，根据两地实际情况灵活地进行赈济。他把一半的白银置换成铜钱，运往金华用于额外赈济，当地每人分到一百铜钱，使得钱价得到了平抑。他又把另一半白银换成了粮米运往处州，减价卖出，用辘轳运输，米价降低。后升任处州府同知，又调嘉兴海防同知，署理台州府。不久擢升嘉兴知府，他严格要求自己，为属下做出表率，没有人敢向他行贿。他治理漕运，在官、军、民三者之间保持平等，上级官吏每每采用他的建议。嘉庆十年（1805），嘉兴遭受水灾，他减少出卖的粮食，用粥赈济灾民，使很多人得以存活下来。由于他的继母去世，离官回家丁忧。

服丧期满，李赓芸补授福建汀州知府，调任漳州知府。漳州风俗彪悍，经常发生械斗，号称是难于治理的地方。他到任后，召集乡约、里正，问他们："有事为什么不报告官府而私下里打斗呢?"乡约、里正都说："报告官府，有的官司一二年都不能结案，即使结案了也是难辨对错，先把自己拖累了。"李赓芸说："如今有我在，案件一到就立即判决。有处理不当的案件，重新判决，不庇护任何人。你们替我转告乡里百姓，以后要是再有打斗的人，我一定擒拿首犯，并焚毁他的房屋，不要寄希望于行贿就能够逃脱。"众人都答应着离开了。之后仍有械斗的人，李赓芸立即调兵捉拿惩治，一切都像他所说的那样，百姓开始惧怕。李赓芸白天坐在公堂上，官衙的大门敞开，告状诉苦的人可直接进入，命衙役与告状的人一同前往，传唤应当受到惩治的人在规定的时间内到衙门。如果不到，就杖罚衙役。如果按时到了，就立即裁决然后释放，到案前书写狱词，不用花一文钱。百姓都欢呼道："是李公救活了我们啊!"漳州管辖的九龙岭有很多山贼，他命属员严加捉拿，擒获十多名山贼首领，从此，来往的商人旅客可以放心地行走了。按照旧例，对捕获盗贼的官吏应论功叙用，他把功劳都给了属下官吏。不久李赓芸擢升汀漳龙道员。嘉庆二十年（1815），擢升福建按察使，署理布政使，一年后实授。

李赓芸在漳州做官时，龙溪县经常发生械斗，县令懦弱不能惩治。署理和平县县令朱履中内心狡诈外表朴实，李赓芸误信了他，请求把他调任到龙溪县。过了很长时间，朱履中也没有认真履行职责，李赓芸这才了解到他的狡诈之处。李赓芸升至布政使后，改履中为教职。履中亏空盐税，害怕获罪，向总督汪志伊、巡抚王绍兰诬陷赓芸，说国库亏空是由于道员、知府贪婪索要导致的。督抚将此事密报朝廷，解除了李赓芸布政使一职并加以质问审讯。李赓芸离开漳州时，监造战船的工程还没有竣工，他把仆人留下监督工程。这个仆人向履中借了三百元洋银，欺骗李赓芸说是用于垫付工程费。李赓芸把钱如数给了这个仆人，仆人把钱藏匿起来并没有偿还工费。福州知府涂以辀审讯赓芸时，迎合总督的意思，把银元的数量增至一千六百元，并辞色俱厉地逼迫李赓芸承认。李赓芸终不肯向诬陷屈服，怕受到监狱里的小吏侮辱，于是上吊自杀了。

嘉庆皇帝知道了这件事，命侍郎熙昌、副都御史王引之前往调查此案，整个案件终于水落石出。嘉庆皇帝认为李赓芸操守清廉，众所共知，他的死起因是由于总督汪志伊固执苛求，最终因知府涂以辀勒供凌逼造成冤案。汪志伊被革职，永不叙用。以辀、履中一起被发往黑龙江戍边，巡抚绍兰也因附和总督被革职。

李赓芸家里没有一分钱，死后无钱入殓。盐法道孙尔准与他是朋友，为他料理丧事。最初，汪志伊也十分器重赓芸，曾向朝廷荐举他。等李赓芸擢升布政使后，乘坐新轿子前去拜访汪志伊，汪志伊告诫他戒除奢侈行为，李赓芸说："我身为大员，不想效仿那种用简朴的吃穿住行欺骗世人而实际却十分奢侈的虚伪行为。"汪志伊一向假装清廉，对李赓芸的话怀恨在心。又因他遇到事情时常常违逆汪志伊的意志，所以汪志伊对李赓芸更加厌恶。冤案刚刚兴起时，朱履中忽然承认是自己诬陷李赓芸，推托说是状告李赓芸的仆人盗窃官印。汪志伊大怒，一定要将此事严查到底。按说，漳州修建战船，照惯例是由龙溪县垫付工程款，布政使司拨发钱款给汀漳龙道，用于偿还垫款，不是贪赃。李赓芸性情急躁，身负清廉的声名，怕被人猜忌断了自己的名声。而汪志伊对待官绅士子很苛刻，不理会众人的意愿，加之李赓芸的好友中也有人用流言飞语中伤他，这些因素造成了李赓芸的上吊自杀。

审理此案的钦差一到福建，就有士子和百姓上书为李赓芸喊冤，哭着前来祭奠的人络绎不绝，请求为李赓芸建造遗爱祠。熙昌等依据民意奏请嘉庆皇帝赐匾额对李赓芸加以表扬，嘉庆皇帝认为"大员因事被捕审问，应当静静地等待国法的处置，若果然内心坦荡，出乎意料地遭到冤枉，也应该据实控告，朝廷一定为他昭雪冤屈。李赓芸竟效仿匹夫投身沟渠的做法来证明自己的清白，实在是气量狭小，不应特别给予表彰颂扬。士子百姓追念他的恩惠德政，捐钱为他建祠，这是老百姓弘扬正道，听从其便。"

（郝英明注译）

刘　衡

【原文】

刘衡，字廉舫，江西南丰人。嘉庆五年副榜贡生，充官学教习。十八年，以知县发广东。奉檄巡河，日夜坐卧舟中，与兵役同劳苦，俾不得通盗，河盗敛戢。署四会县，地瘠盗炽。衡团练壮丁，连村自保。诇捕会匪，焚其籍，以安反侧。祗治渠魁，众乃定。调署博罗，城中故设征粮店数家，乡又设十站，民以为累，衡至即除之。俗多自戕，里豪蠹役杂持之，害滋甚。衡释诬滥，严惩主使，锢习一清。补新兴[①]，父忧去。服阕，道光三年，授四川垫江，俗轻生亦如博罗，衡先事劝谕，民化之。获啯匪初犯者，曰："饥寒迫尔。"给赀[②]使自谋生，再犯不宥，匪辄感泣改行。

调署梁山，处万山中，去水道远，岁苦旱。衡相地修塘堰，以时蓄泄，为永久之计。捐田建屋，养孤贫，岁得谷数百石，上官下其法通省仿行。寻调巴县，为重庆府附郭，号难治。白役七千余人，倚食衙前。衡至，役皆无所得食，散为民，存百余人，备使令而已。岁歉，衡谓济荒之法，聚不如散，命各归各保，以便赈恤，是年虽饥不害。

衡尝谓律意忠厚，本之为治，求达爱民之心。然爱民必先去其病民者，故恒寓宽于严。官民之阻隔，皆缘丁胥表里为奸。所至设长几于堂左右，分六曹为六槅。吏呈案，则各就左几槅度之，击磬以闻。衡自取，立与核办，置之右几。吏以次承领，壅蔽悉除。有诉讼，坐堂皇受牍，亲书牒令原告交里正，转摄所讼之人，到即讯结。非重狱，不遣隶勾摄；即遣，必注隶之姓名齿貌于签。又令互相保结，设连坐法，蠹役无所施技。性素严，临讼辄霁颜，俾得通其情，抶不过十，惟于豪猾则痛惩不稍贷。尝访延士绅，周知地方利害，次第举革。待丞、尉、营弁必和衷，时赒其乏，缓急可相倚。城乡立义学，公余亲课之。为治大要，以恤贫保富、正人心、端士习为主。总督戴三锡巡川东，其旁邑民诉冤者皆乞付刘青天决之，语上闻。

七年，擢绵州直隶州知州，宣宗召对，嘉其公勤。八年，擢保宁知府，九年，调成都。每语人曰："牧令[③]亲民，随事可尽吾心。太守渐远民，安静率属而已，不如州县之得一意民事也。"然所在属吏化之，无厉民者。后擢河南开归陈许道[④]，未几，病。巡抚为陈情及治蜀状，请优待之，以风有位。特诏给假调理。久之，病不愈，遂乞归。数年始卒。博罗、垫江、梁山、巴县皆请祀名宦祠。

选自《清史稿》卷四百七十八《刘衡传》

【注释】

①新兴：地名。即今广东新兴县。

②赀：即罚款，为官员惩罚方式之一。

③牧令：原指州牧和县令。清用为对知州、知县的习称。

④河南开归陈许道：掌察河南省开、归、陈、许、郑诸府州官吏善恶政治得失的道员。

【译文】

刘衡字廉舫，江西南丰人。嘉庆五年（1800）副榜贡生，充任官学的教习。嘉庆十八年（1813），以知县的身份被发往广东任用。奉上级命令巡视河曲，刘衡日夜坐卧在舟中，与士兵劳役们一同辛劳受苦，使他们不能够与盗匪相串通，于是河盗们的嚣张气焰收敛很多。署理广东四会县令，那里土地贫瘠盗匪横行。刘衡把当地的壮丁聚集起来兴办团练，连村以自保。同时积极侦查缉拿盗匪，销毁他们赖以存在的基础，从而使那些蠢蠢欲动的人不敢有作乱之心。对于盗匪的头目则采取怀柔的办法，于是盗匪被肃清，社会也安定下来。后来刘衡调到博罗县任长官，以前城中设有许多征粮店，乡里又设有十站，当地的百姓都为此背上沉重的负担。刘衡到任之后立即就取消了这种不合理的做法。另外，当地的习俗好自杀，再加上乡里豪强蠹役们轮番地迫害百姓，（自杀的风气）更是愈演愈烈。刘衡到任之后，将那些受到诬陷而入狱的人全部释放，严惩主使的人，（这样做以后）使得当地人好自杀的社会痼疾得到了肃清。后来刘衡补广东新兴县知县，其父亲不幸离世，他回家服丧守孝。守孝期满后，道光三年（1823），刘衡调任四川垫江，当地习俗也像广东博罗县一样好轻生，刘衡先采取劝导教育的办法帮助当地民众改变陋习，当地百姓也因此受到感化。（有时）抓到了初犯的盗匪，因迫于饥寒才当上盗匪，刘衡就让他们缴纳一些罚款，然后去自谋生路，但如果再次犯乱则不再宽宥。匪盗们因此感激涕零，另谋他路。

后来刘衡调任四川梁山，梁山县地处在万山之中，离河道非常远，每年都苦于干旱。刘衡依据地势修筑塘堰，按照季节变换及时蓄水泄洪，作为应付干旱的永久之计。另外刘衡还利用田地来建屋，收养孤贫之人。（由于方法得当）年终收获粮食数百石。上级官员认为刘衡的做法好，于是发文宣传，让全省其他县仿效此法。后来，刘衡调任巴县，巴县是重庆府的属县，出了名的难治理。有白役七千多人，都靠着衙门吃饭。刘衡到任后，不再分配给白役钱粮，把他们解散，只留下百余人，以备正常的公务之需。有一年粮食歉收，刘衡认为救济灾荒的办法，聚不如散，命令灾民们各自回到自己所属的区域，以便赈恤，因此当年虽然闹饥荒但没有出现祸患。

刘衡经常解释说法律以忠厚为本，为了表达爱民之心，因而要推行法治。但是爱民必须先把那些祸害百姓的人清除掉，因此执法时要经常寓宽于严。官民之间之所以会有阻隔，都是由于丁胥们表里为奸，从中做梗。刘衡在公堂左右摆上长几，分六曹为六槅。胥吏呈送案件，就敲击左边架子上的钟磬以示有案子要报。刘衡听到之后便自行来取，并立即核办，办完之后就放到右边的长几上。胥吏依次承领，（这样做以后）壅蔽全都得以清除。当有诉讼时，刘衡亲自坐在公堂接受诉状，亲自写讼牒并让原告交到里正手中。原告一到，就迅速审讯结案。如果不是重大的刑狱，一般不派遣衙役传拿犯人；即使派遣，必定要将衙役的姓名、年龄和相貌在令符上注明。又命令衙役互相担保写下文书，还设连坐法，衙役们想敲诈也无计可施。刘衡性格一向严肃，但到办案时则面色平和，心情舒畅。如果能够知道案件的原委和个中隐情，对于嫌犯的鞭打不会超过十下，只是对于豪强和奸猾之徒则严惩不贷。刘衡也曾延访士绅，详细地了解地方上的疾苦和困难，并依次将弊病革除。其对待丞、尉等属僚一定是和颜悦色，常常在他们困难的时候予以周济，因此遇到急事，总能得到他们的相助。他还在城乡设立了义学，并在公事之余亲自授课。他治理地方的大体原则是以体恤贫穷之人，保护富人，端正人心、纠正士习为主。四川总督戴三锡巡视川东，临近城邑有百姓出来诉冤，都请求把案子移交刘青天断决。这事被传到皇帝的耳朵里。

道光七年（1827），刘衡被提升为绵州直隶州知州，道光帝亲自召见了他，奖励他的公正勤谨。道光八年（1828），擢升为保宁知府。道光九年，调任成都。他经常对人说："地方官员与百姓比较亲近，什么事都可以在心中有个大概。到省里来当官就离百姓比较远了，只有安安静静地率领部下做事而已，还不如在州县当官能够全心全意为老百姓办事。"由于他的教化，在他手下办事的官员，没有一个有害民的举动。后来又升任河南开归陈许道，可是没过多久就病了。巡抚上书陈述刘衡的情况以及他治蜀的功绩，请求给予优待，为其他官员树立榜样。道光帝下诏特许刘衡休假调理身体。可是过了很长时间病情都没有好转，刘衡于是请求归老。过了几年之后逝世。他逝世之后博罗、垫江、梁山、巴县等县都请求将其列入名宦祠进行祭祀。

【评述】

在中华五千年文明史中，官宦胥吏不计其数，清官能吏成千上万，但能被百姓称为"青天"者，历朝历代都屈指可数。如宋代有"包青天"——包拯，明代有"海青天"——海瑞，而在清代，则有"刘青天"——刘衡。

通读《刘衡传》，不难发现，刘衡配得上"青天"的美誉。常言道，"金杯银杯，不如老百姓的口碑；金奖银奖，不如老百姓的夸奖"。刘衡去世后，他曾任职的博罗、垫江、梁山、巴县等县都请求将其列入名宦祠进行祭祀，这无不表明人们对"刘青天"的思念和崇敬之情。

以现代的眼光看，刘衡在为官从政方面至少有三点值得后人学习：

——在社会治安方面，打击盗匪"宽严相济"，发动民众综合治理。

——在社会管理方面，"亲民爱民"，以德化之。

——在官吏管理方面，裁撤冗员，对下属加强监督、恩威并施。

（谢建东注译　王治国评述）

戴敦元

【原文】

戴敦元，字金溪，浙江开化人。幼有异禀，过外家，一月尽读其室中书。十岁举神童，学政彭元瑞试以文，如老宿；面问经义，答如流。叹曰：“子异日必为国器！”年十五，举乡试。乾隆五十五年，成进士，选庶吉士，散馆，改礼部主事，铨授刑部主事，典山西乡试。累迁郎中。嘉庆二十四年，出为广东高廉道①。道光元年，擢江西按察使。

敦元初外任，以情形非素习，苏州多粤商，过访风土利弊，久之始去，尽得要领。至江西，无幕客，延属吏谙刑名者以助，数月清积牍四千余事。二年，迁山西布政使，单车之任，舆夫馆人莫知为达官。藩署有陋规曰厘头银，上下取给，敦元革之，曰：“官有养廉，仆御官所豢，何赢余之有？”调湖南，护理巡抚。三年，召授刑部侍郎，自此历十年，未迁他部，专治刑狱，剖析律意，于条例有罅漏，及因时制宜者，数奏请更定。每日部事毕，归坐一室，谢绝宾客。十二年，擢刑部尚书，典会试。十四年，卒，优诏赐恤，称其清介自持，克尽职守，赠太子太保，谥简恪。

敦元博闻强识，目近视，观书与面相磨，过辄不忘。每至一官，积牍览一过，他日吏偶误，辄摘正之，无敢欺者。奏对有所咨询，援引律例，诵故牍一字无舛误，宣宗②深重之。至老，或问僻事；指某书某卷，百不一爽。尝曰："书籍浩如烟海，人生岂能尽阅？天下惟此义理，古今人所谈，往往雷同。当世以为独得者，大抵昔人唾余。"罕自为文，仅传诗数卷。喜天文、律算，讨论有年，亦未自立一说。卒之日，笥无余衣，囷无余粟，庀其赀不及百金，廉洁盖性成云。

选自《清史稿》卷三百七十四《戴敦元传》

【注释】

①高廉道：高廉，地名，在广东省。道，官名，兵备道略称。清制于各省重要地方设整饬兵备的道员，置于各省重要地区。

②宣宗：道光帝爱新觉罗·旻宁（1821－1850年在位）。

【译文】

戴敦元，字金溪，浙江开化人。幼年时即有非凡的天资，去外祖父家，一个月的时间就读完了其家中藏书。十岁时被举为神童，学政彭元瑞考试其文才，敦元所做的文章如同出自老作家一般；又策问经义，也对答如流。学政慨叹说："你日后必将成为国家栋梁之才！"敦元十五岁时参加省里乡试中举。乾隆五十五年（1790）高中进士，选授为庶吉士，散馆改任礼部主事，后迁刑部主事，主持山西乡试。累次升迁至郎中。嘉庆二十四年（1819）出任广东高廉兵备道。道光元年（1821），擢升为江西按察使。

敦元刚到外地赴任，对当地情况不了解。苏州地区多粤商，为了尽快熟悉周围环境，他就到粤商那里访求民风利弊，过了很长时间才离开，做到了如指掌。到江西任官，没有幕僚，敦元就延请熟悉刑名的属吏来帮助自己，几个月就清理了累积的公文达四千余件。道光二年（1822），迁升山西布政使，单车到任，轿夫及馆中接待的人都不知道他是达官贵人。布政使司当时有一项陋规，收受非法收入，起名字为"鳌头银"，上下级官吏一起把它私分。戴敦元到任后，把"鳌头银"革除了，说道："官员有养廉银，而下属的仆役杂从都靠着官员来养活，哪有多少赢余？"不久，戴敦元调任湖南，代理巡抚。道光三年（1823），朝廷授予他刑部侍郎的官职。自此后十年，没有迁转他官，专门负责刑狱之事。戴敦元深入剖析律例，凡是条文有漏洞以及应当因时制宜的，就奏报上司请求加以更定。每天公事完毕，回来独处一室，谢绝宾客，不相交往。道光十二年（1832），擢升刑部尚书，主持礼部会试。道光十四年（1834）去世，皇帝亲下诏书，褒美嘉奖，加以抚恤，称他清正耿直，恪尽职守，追赠太子太保，谥号简恪。

敦元博闻强识，眼睛近视，看书时脸都要贴上去，过目则不忘。每到一地任官，敦元浏览一遍积存的公文，他日属吏如果有误，就能立刻指出更正，没有人敢欺骗他。奏问时，皇帝征求意见，戴敦元援引律例及旧时公文，没有一字舛误，道光帝非常器重他。到老年，有人请教偏僻掌故，戴敦元指出在某书某卷，毫厘不差。他曾经说："书籍浩如烟海，汗牛充栋，人一辈子哪能读得完？天下只有义理，一以贯之，古今人所谈，往往雷同。当世人以为是自己的创见，其实大多拾古人牙慧。"戴敦元极少创作，仅仅传下几卷诗。戴敦元喜好天文、律算，常年探讨议论，但也没有自立一说。去世的时候，柜子里没有余衣，仓库里没有余粮，清算其所有的财产也不足百金。清正廉洁已经成为他的本性了。

【评述】

戴敦元，清朝中叶江南名士，读书过目不忘，一生博学多才，官至刑部尚书。作为中国传统的"学而优则仕"的典型代表，戴敦元身上体现出了古代清官的多种优秀品质。

戴敦元懂得调查研究、钻研业务的重要性。京官外任，他做的第一件事就是先了解当地的风土人情，力争做到对症下药，为尽快开展工作打下坚实的基础。处理公务，他先浏览积存的公文，做到心中有数，从而不会受到属下的蒙蔽。

戴敦元大兴兴利除弊、改革创新之风。"鳌头银"是当时布政使司的一项陋规，戴敦元出任山西布政使后，认识到它对政风的危害，坚决将其革除，净化了官场风气。担任刑部侍郎，他深入研究律例，发现条文有漏洞或者需要制定新条令的，及时报请上司修改完善。

戴敦元最突出的优点是清正廉洁、一尘不染。出任山西布政使，他“单车之任”，连轿夫及馆中接待的人员都不知道他是达官贵人。在任刑部侍郎时，每天办完公事，回家独处一室，谢绝宾客，不相交往，不给行贿者任何机会。他死时，“笥无余衣，囷无余粟，庀其赀不及百金”，其清廉的高尚品格让人肃然起敬。

“清介自持，克尽职守”，这是戴敦元去世后道光皇帝对他的评价。从这样的褒美嘉奖中，当今的领导干部不难悟出我们为官之道当是什么。

（曹毛响注译　王治国评述）

王 鼎

【原文】

王鼎，字定九，陕西蒲城人。少贫，力学，尚气节。赴礼部试至京，大学士王杰与同族，欲致之，不就。杰曰："观子品概，他日名位必继吾后。"嘉庆元年，成进士，选庶吉士。丁母忧，服除，授编修。两以大考升擢，累迁内阁学士。十九年，授工部侍郎。仁宗谕曰："朕向不知汝，亦无人保荐。因阅大考考差文字，知汝学问。屡次召见奏对，知汝品行。汝是朕特达之知。"调吏部，兼署户部、刑部。二十三年，兼管顺天府尹事，复谕曰："朕初意授汝督抚，今管顺天府尹，犹外任也。且留汝在京，以备差往各省查办事件。"自是数奉使出按事鞫狱。二十四年，调刑部，又调户部。

道光二年，河南仪工奏销不实，解巡抚姚祖同任，命鼎偕侍郎玉麟往按，暂署巡抚。疏陈："仪工用款至办奏销，与部例成规不符。乃以历办物料、土方价值，合之豫省成规，互相增减，于秸料、引河等款增销一百三十万，夫工、麻斤各款减销一百三十万，虽有通融，银数仍归实用。惟八子钱[①]一款，以银易钱，多于旧价，每两提八十文充入经费，而于各员应缴之银，一并扣算，实违定制。”疏入，命核实报销，而薄谴祖同。是年，擢左都御史，父忧归。五年，服阕，以一品衔署户部侍郎，授军机大臣。

浙江德清徐倪氏因奸谋毙徐蔡氏狱三年不决，按察使王维询因自尽，巡抚程含章与按察使祁埙鞫之，甫得情而犯妇在监自缢。宣宗特命鼎典乡试，就治其狱，廉得徐故富家，以狱破其产，官吏多受赇，勾结朦庇，致狱情诪幻。悉发其覆，置之法，浙人称颂焉。六年，授户部尚书。八年，回疆平，以赞画功，加太子太保，绘像紫光阁。

芦盐积疲，商累日重，命鼎偕侍郎敬征察办。议以：“盐务首重年清年款，先将节年带征厘剔，现年正款不难按数清完。道光二年以前未完银九百余万为旧欠，三年以后未完银为新欠，缓旧征新。请以堰工加价二文，半解部充公，半抵完商欠。新欠抵完，续抵旧欠。芦商生息帑本内，直隶水利、赵北口两项非经费岁需，请停利三年。限满加一倍利，本息同征。旧有拔缴水利帑本一百十七万两，请停征三年。自道光十一年起，岁征十万两，五万完旧本，五万完新本，以恤商力。近年商力疲乏，不能预买生盐，存坨新盐多卤耗。请每包加盐十三斤，俾资贴补，从此款目既清，庶经久可行。”又请免缴嘉庆十七年加价交官半文未完银一百八十四万余两。疏入，并允行。十年，芦商呈请调剂，复命鼎及侍郎宝兴往按。鼎以前次清查，传集各商详询定议，皆称可免亏累积压，虽因银价渐昂，尚不致遽形亏折，遂议驳。时淮盐尤敝，两江总督陶澍疏陈积弊情形，命鼎偕宝兴会同筹议。中外论盐事者，多主就场征税。疏言：“详核淮纲全局，若改课归场灶，尚多室碍。惟有就旧章大加厘剔，使射利者无可借端，欠课者无可藉口，似较有往辙可循。拟定章程十五条，曰：裁浮费，减窝价，删繁文，慎出纳，裁商总，核滞销，缓积欠，恤灶丁，给船价，究淹销，疏运道，添岸店，散轮规，饬纪纲，收灶盐。”又请裁撤两淮盐政，改归总督办理，以一事权。并诏允行。陶澍得锐意兴革，淮纲自此渐振，鼎之力也。十一年，署直隶总督。十二年，管理刑部事务。十五年，协办大学士，仍管刑部，直上书房。十八年，拜东阁大学士。二十年。加太子太保。

二十一年夏，河决祥符，命偕侍郎慧成往治之，寻署河督。议者以水势方涨，不宜遽塞，请迁省城以避其冲，鼎持不可，疏言：“河灌归德、陈州及安徽亳、颍，合淮东注洪泽湖，湖底日受淤。万一宣泄不及，高堰危，淮、扬成巨浸，民其鱼矣！无论舍旧址、筑新堤数千里，工费不赀，且自古无任黄水横流之理。请饬户部速具帑，期以冬春之交集事。不效，愿执其咎。”具陈民情安土重迁、省垣可守状。初至汴城，四面皆水，旦夕且圮，躬率吏卒巡护，获无恙。洎工兴，亲驻工次，倦则寝肩舆中。次年二月，工竣，用帑六百万有奇。前此马营工用一千二百余万，仪封工用四百七十五万，原议以仪工为率。及蒇事，加增百余万，然事艰于前，微鼎用节工速，不能如是。叙功，晋太子太师。积劳成疾，命缓程回京。

自禁烟事起，英吉利兵犯沿海，鼎力主战。至和议将成，林则徐以罪谴，鼎愤甚，还朝争之力，宣宗慰劳之，命休沐养疴。越数日，自草遗疏，劾大学士穆彰阿②误国，闭户自缢，冀以尸谏。军机章京陈孚恩，穆彰阿党也。灭其疏，别具以闻。上疑其卒暴，命取原稿不得，于是优诏悯惜，赠太保，谥文恪，祀贤良祠。后陕西巡抚请祀乡贤，特诏允之。

鼎清操绝俗，生平不受请托，亦不请托于人。卒之日，家无余赀。子沆，道光二十年进士，翰林院编修。

选自《清史稿》卷三百六十三《王鼎传》

【注释】

①八子钱：是指姚祖同的部下以用不敷出为名，制订了加钱的办法，即百姓交的银两，每一两银子加扣八十文。

②穆彰阿（1782—1856）：字子朴，号鹤舫，郭佳氏，满洲

镶蓝旗人。出身于满族官僚家庭，前后担任军机大臣凡二十余年。穆彰阿长期当国，专擅大权。对上奉承迎合，固宠权位；对下结党营私，排斥异己。

【译文】

王鼎，字定九，陕西蒲城县人。少时家贫，努力学习，崇尚气节。到礼部考试来到京师，大学士王杰与他是同族，王杰想要他来，他不来。王杰说："观察你的品性和气度，将来你的名声地位一定能够继我之后。"嘉庆元年（1796），他中了进士，被选为庶吉士。后母亲去世，回家守制，到期后被授为编修。两次以大考而升迁，经数次升迁为内阁学士。嘉庆十九年（1814），被授予工部侍郎之职。嘉庆皇帝上谕说："我一向不知道你，也没人保荐你。（后来）审阅大考的考试文章，知道了你的学问。几次召见对话，了解了你的品行。你是朕的特殊知遇。"于是王鼎被调到吏部，兼署户部、刑部。嘉庆二十三年（1818），他兼管顺天府尹，皇帝又下诏说："我最初想授给你督抚之职，现在管顺天府尹之事，还是外任。暂且留你在京师，将来也许要被派往其他各省查办事件。"自从那时起，他数次奉旨出使审理案件。嘉庆二十四年（1819），被调到刑部，后又被调到户部。

道光二年（1822），河南仪封水利工程奏报销经费不实，巡抚姚祖同被解职，皇帝命令王鼎协同侍郎玉麟前往审察，并暂时署理巡抚。他上疏陈述说："仪封水利工程用款到奏报工部，与各部条例成规不符合。于是就把办物料和土方的价值，折合成河南本省的价值，互相增减，秸料、引河等款增销了一百三十万两，人工、麻斤各款减销一百三十万两，虽然有通融之处，但银子的确用到了实处，只有八子钱一款，是把银子换成了钱，从而使价值多于原价，从每两中提取八十文充入经费，并从各官员应上缴的银子中扣算，确实是违反规章。”上奏后，皇帝命令核实后再报销，并轻罚了姚祖同。当年，王鼎升迁为左都御史，他又因父亲去世而因家守制。道光五年（1825），守制还未到期，就被授予一品官员的级别，成为户部侍郎，并被授军机大臣之职。

浙江德清徐倪氏因奸私谋杀徐蔡氏的案子三年没有判决，按察使王维询因此自尽。巡抚程含章与按察使祁埙审理此案件，刚刚知道一点案件实情，犯妇就在监狱中自杀了。道光帝特地命令王鼎到浙江主持乡试，顺便处理这件积案。王鼎得知徐某以前家庭很富裕，但是因为打官司导致家道败落，官吏们大多收受贿赂，勾结蒙蔽真相，才导致狱情这样扑朔迷离。王鼎于是将这些人绳之以法，浙江百姓大为称颂。道光六年（1826），王鼎被授予户部尚书。道光八年（1828），新疆被平定，因为出谋划策立功，加授太子太保，绘像于紫光阁。

长芦盐务积疲，商人欠税越来越多，皇帝命令王鼎协同侍郎敬征进行察办。他上疏说：“盐务首要的是一年清一年的税款，先将往年的带征厘剔掉，现年的正款就不难按数清完。道光二年（1822）以前未完的银两有九百余万为旧欠，道光三年（1823）以后未清完的银为新欠，缓旧征新。并请求堰工加价二文，一半解部充公，一半抵完商欠。新欠抵完，续抵旧欠。芦商生息的钱财收到内府，直隶水利、赵北口两项经费并非年年需要，请求停止征利三年。限制最多加一倍利息，本息一起征收。之前有拨缴水利经费本金为一百十七万两，请求停征三年。自道光十一年（1831）起，每年征收十万两，五万完成旧本，五万完成新本，以抚恤商力。近年商业发展疲乏，不能预买生盐，储存成堆的新盐又会生很多盐卤，从而产生损耗。请求将每包加盐十三斤，以资贴补，从此款目都还清了，而且经久可行。”又请免缴嘉庆十七年（1812）加价交官半文而未交完的银子一百八十四万余两。上疏得到皇帝允行。道光十年（1830），芦商申请调整，皇帝又命令王鼎及侍郎宝兴前往察办。王鼎以上次清查的结果，召集各商人详细询问他们的建议，都说可以免除亏欠以往的积压，虽因银价逐渐昂贵，还不至于慌忙地免除，于是驳回他们的申请。当时淮盐情况尤其不好，两江总督陶澍上疏陈述了积弊的情形，皇帝命令王鼎协同宝兴共同筹划商议。中外论及盐务的人，多主张就场征税。王鼎上疏说：“详细考核了淮纲全局，若要改为按场灶征税，阻碍太多。只有对旧的章程大加修改，使获利的人没有借口，欠税的人也没有借口，且有以往的事例可循。拟定章程十五条，分别是：裁减多余的开支，降低发出价，删除繁冗条文，出纳谨慎，裁减总商家，核算滞销数量，缓收累年的欠款，体恤人丁，被给船费，究查水浸盐销售，疏通运道，增添沿岸店铺，放宽轮船规章，整饬纲纪，没收灶盐。”又请求裁撤两淮盐政，改归总督办理，以统一事权。得到皇帝允许。陶澍得以锐意兴革，淮纲从此逐渐复兴，这都是王鼎的功劳。道光十一年（1831），他成为直隶总督。道光十二年（1832），管理刑部事务。道光十五年（1835），被任命为协办大学士，并管理刑部，直上书房。道光十八年（1838），成为东阁大学士。道光二十年（1840），加授太子太保。

道光二十一年（1841）夏，黄河在祥符决口，皇帝命令王鼎协同侍郎慧成前往治理，随后署理河道总督之职。有人建议因水势正在上涨，不宜急于堵塞，请求将省城迁走以避免被冲。王鼎认为不可，上疏说：“黄河灌归德、陈州及安徽亳、颍等府，与淮河汇合东注洪泽湖，湖底日渐淤塞。万一宣泄不及，高堰出现危险，淮、扬成了大海，百姓就成了鱼虾！无论舍弃旧址，还是筑新堤数千里，工程经费都很巨大，而且自古以来就没有任黄河横流的道理。请求户部迅速拨款，在冬春之交办成此事。如果没成效，我甘愿受罚。”具体陈述了百姓安土重迁、省城可守的情况。王鼎刚来汴城的时候，四面都是水，旦夕间就可能毁灭。他亲自率官吏兵卒巡护，才使全城无恙。筑堤开始，他亲自驻守工事，累了就枕着肩在车中睡。第二年二月，工程竣工，用了六百多万银两。此前马营工程用了一千二百余万两，仪封工用了四百七十五万两，本来商议以仪工为标准。等到事情办理完成，加增了百余万两，然而这项工程比前者艰难，如果不是王鼎节减且工程迅速，不可能达到这样的效果。因功加为太子太师。因积劳成疾，皇帝命令返程回京。

自禁烟事起，英国兵犯沿海，王鼎强烈主张与之作战。到和议将要完成的时候，林则徐获罪被流放，王鼎非常气愤，回到朝廷争论，道光帝慰劳了他，命令他回家养老。过了数日，他亲自写了遗疏，参劾大学士穆彰阿误国，并关门自尽，以尸进谏。军机章京陈孚恩，是穆彰阿的同党。隐瞒了王鼎的上疏，（对王鼎的死因）另加了别的说法。皇帝对他突然死亡感到怀疑，下令找到他的原来的包袱行李（希望能获得线索），但是没有找到，于是（只好）下诏表示忧虑哀伤，并追封王鼎为太保，谥号为文恪，祀于贤良祠。后陕西巡抚请求让王鼎入乡里的贤人祠，皇帝特诏允许了。

王鼎有高尚的节操，超出世俗，生平不受别人请托，也不请托别人。去世之时，家无余财。他的儿子王沆，道光二十年（1840）中进士，授官为翰林院编修。

【评述】

位于陕西蒲城县内达仁巷54号的王鼎纪念馆正门有一副对联："血浓于水，道光愦庸失王土，丧主权，青史悲鸣文死谏；叶系于根，共和鼎盛雪国耻，园缺镜，香港回归告忠魂。"显示了王鼎不平凡的一生。

少年家贫的王鼎，心存大志，好学不倦。嘉庆元年（1796）高中进士之后，便开始了他长达四十年的宦海生涯，历任翰林院庶吉士，编修，侍讲学士，侍读学士，礼、户、吏、工、刑等部侍郎，户部尚书等职，直至官居宰辅之位。因其为官干练清廉，颇受皇帝赏识。如其处理浙江德清积案一事，便充分体现了一位传统官员所应具有的品质与能力。徐倪氏因奸私谋杀入狱，但案子微有进展，当事人便自尽于狱中，案情可谓是扑朔迷离。其实很多时候，是错综复杂的表现迷惑了我们，"剪不断，理还乱"的烦恼是因为"利益"在干扰。王鼎为官清廉正直，不接受别人的请托，所以能站在客观、公允的立场上审理刑狱，自然也就能使真相大白于天下，使不法官员受到律法的制裁。

另外，王鼎之所以知名，为后人敬仰，还在于其力主"禁烟"，力主与英国侵略者对抗。为了实现自己的政治主张，王鼎怀抱着满腔的爱国热忱，以死进谏道光帝。其遗书疾呼"条约不可轻许，恶例不可轻开，穆不可任，林不可弃"。条约指丧权辱国的《南京条约》，穆指穆彰阿，林指林则徐，穆彰阿为了向英国妥协，曾不惜将所有罪责推向在虎门销烟的林则徐。只可惜其遗书，在当时为穆彰阿等篡改。王鼎死谏没能阻止条约的签订，也没能达到保住林则徐的目的。但其不畏权贵、刚直不阿的浩然正气，永远值得我们缅怀，其爱国的热忱和事迹永远值得我们追念。

（张敏注译　谢建东评述）

李文耕

【原文】

李文耕，字心田，云南昆阳[①]人。家贫，事亲孝，服膺宋儒之学。嘉庆七年进士，以知县发山东，假归养母。母丧，服阕，补邹平。到官四阅月，不得行其志，引疾去。以官累，不得归。十九年，教匪起，寿张令以文耕娴武事，招助城守，训练、防御皆有法，贼不敢窥境。大吏闻其干略，起复补原官。

在邹平五年，治尚教化。民妇陈诉其子忤逆，文耕引咎自责，其子叩头流血，母感动请释，卒改行。听讼无株累，久之，讼者日稀。善捕盗，养捕役，使足自赡，无豢贼，数亲巡，穷诘窝顿。尝曰："治盗必真心卫民，身虽不能及者，精神及之，声名及之。"终任，盗风屏息。课诸生，亲为指授，勉以为己之学[②]，民呼李教官，又呼为李青天。调冠县，迁胶州，浚云、墨二河。道光二年，擢济宁直隶州[③]，未之任。巡抚琦善[④]特荐之，宣宗夙知其名，即擢泰安知府。

调沂州，立属吏程课[5]，谓："官不勤则事废，民受其害。教化本于身，能对百姓，然后可以教百姓。"属吏皆化之。沂郡产槲树，劝民兴蚕，建义仓备荒，捕盗如为令时。寻擢兖沂曹道。司河事，修防必躬亲。属厅请浚淤沙，需银五万，往视之，曰："无庸！春涨，即刷去矣。"果如其言。

五年，迁浙江盐运使，未几，调山东。时鹾业疲累，充商者多无藉游民。文耕知其弊，请分别征缓，以纾商力。责富商领运，不得因引滞贱价私卖，课渐裕。七年，擢湖北按察使，复调山东。严治胥役，诈赃犯辄置重典。断狱宽平，责属吏清滞狱，数月，积牍一空。谓："山东民气粗而性直，易犯法，亦易为善，故教化不可不先。"

居三岁，调贵州。州县瘠苦，希更调，不事事。适权布政使，请以殿最[6]为调剂，俾久任专责成。凿桐梓[7]葫芦口，以息水患。黔产紬，无绵布，设局教之纺织。贫民艰生计，重利而薄伦常，撰文劝导，曰《家喻户晓篇》。十三年，休致归。

文耕平生以崇正学、挽浇风为己任，在山东久，民感之尤深，殁祀名宦。

选自《清史稿》卷四百七十八《李文耕传》

【注释】

①昆阳：今云南晋宁县治昆阳镇。

②为己之学：孔子提倡的一种以“有得于己”为目的的治学方式。

③直隶州：明、清地方行政区划之一，这种州直属于布政使，与府平行，有属县，其规制如府。

④琦善（1790—1854）：清满洲正黄旗人，官至文渊阁大学士。1840年鸦片战争爆发，向道光帝诬陷林则徐，力主求和。在鸦片战争中，琦善被革职充军。咸丰二年（1852），任钦差大臣组建江北大营围攻太平军。

⑤程课：程，法度，法规；课，按照一定的标准试验，考核。

⑥殿最：古代考核军功或政绩时，以上等为最，下等为殿。

⑦桐梓：地名，在贵州省北部、赤水河支流桐梓河上游，邻接四川省。

【译文】

李文耕，字心田，云南昆阳人。他家境贫寒，孝顺父母，衷心信服宋代理学。嘉庆七年（1802）中进士，被派遣到山东做知县，告假回家赡养母亲。母亲去世，服丧期满，补授邹平知县。他到任后做了四个月的官，发现无法实现自己远大的志向，便称病辞官了。由于官府不放，不能返回家乡。嘉庆十九年（1814），天理教起义，因李文耕熟习战事，寿张县令请他协助防守城池。李文耕训兵有方，防御得法，逆贼不敢来犯。封疆大吏听说了他的才干，重新起用了他，并官复原职。

在邹平做官的五年里，李文耕崇尚用教导化育的方式治理地方。有一个陈姓的民妇状告她的儿子不孝顺，李文耕认为这是由于自己没有教化好百姓，才有这种事情发生，他把过错归在自己的身上，并谴责自己。民妇的儿子向母亲磕头至流血认罪，民妇被李文耕和儿子的做法深深感动，她请求释放自己的儿子，她的儿子也弃恶从善。他审理案件从不株连无辜，时间一长，告状的人越来越少。他善于捉拿盗贼、雇养衙役，使他们能够自给自足。不放任盗贼，多次亲自巡捕，捣毁盗贼的窝巢。他曾经说过："治理盗贼的目的必须是真心地为了保护百姓，即使自己不能亲自去捉拿盗贼，但要有为民除害的精神和声名。"到他离任时，屏除了盗贼盛行的风气。他亲自为生员讲课传授知识，勉励他们把有得于己作为学习的目的。百姓称他为李教官，又称他为李青天。他调任冠县知县，升为胶州知州，疏通了云河和墨河。道光二年（1822），擢升为济宁直隶州知州，没有去上任。巡抚琦善特意向道光皇帝推荐他，道光皇帝平素里早就知道了他的声名，他立刻就被擢升为泰安知州。

李文耕调任沂州，为属员制订学习的内容和进程。他说："如果官员不勤政，政务就会荒废，百姓就深受其害。自己先要修身，能够对得起百姓，然后才可以教化百姓。"属员都被文耕感化了。沂州盛产槲树，他劝导百姓养蚕。他建立义仓储备粮食以备灾荒，捕捉盗贼与他做邹平县令时一样严厉。不久，他被擢升为兖沂曹道员，负责河工事务。修筑防堤时，他都要亲自督工。属员请求疏浚淤沙，需要五万两银子，他亲自前往勘察，说："不用疏浚！春季涨潮时，潮水就会将淤沙冲刷掉。"结果果然像他所说的那样。

道光五年（1825），李文耕升为浙江盐运使，不久调任到山东。那时盐业发展很慢，充当盐商的多是些没有籍贯的流民。李文耕了解到其中的弊端，请求区别急征与缓征赋税，以促进盐业的发展。他责令富商带头运盐，不得因盐引滞销就私自低价卖盐。这样一来，征收的盐税逐渐地增多。道光七年（1827），升任湖北按察使，又调回山东。他对官吏衙役都严加约束，如果他们敲诈犯人就用严厉的刑罚惩处。他审理案件宽厚平和，责令属员完结积压的案件，几个月后，积压的案件都得到了处理。他说："山东民风粗鲁耿直，容易犯法，也容易做善事，因此应扬长避短，对百姓教化为先。"

李文耕在山东做了三年的官，后调任贵州。贵州省的州县土地贫瘠，百姓生活困苦，他希望自己能被调离，所以在任无所作为。正赶上让他署理布政使，他请求按照政绩考核的优劣进行调剂，让他能够长期担任一个职务，可以安心地集中精力，将事务处理妥当。他开凿了桐梓的葫芦口，消除了水患。贵州产丝织品，没有棉布，他设立部门教百姓纺织。贫民生活艰难，看重利益不重视伦常，他撰文劝导，把文章命名为《家喻户晓篇》。道光十三年（1833），致仕回家。

李文耕一生崇尚正统学说，把挽救不淳朴的民风作为己任。他长期在山东做官，山东百姓对他的感激之情尤为深厚。他死后，山东百姓将他奉入名宦祠加以祭祀。

【评述】

从传记看，李文耕是个非常有个性的官员。他任山东邹平知县才四个月，觉得无法实现自己远大的志向，便称病辞官。后升任济宁直隶州知州，却不去上任。调任贵州，那里州县土地贫瘠，百姓生活困苦，他希望调离。至于他因何具体原因要辞官、不赴任或想调离，正史中没有讲，我们也不便妄加揣测。尽管有这些“美中不足”，但从其一生的从政经历看，尤其是在山东任职的所作所为看，李文耕仍是一位有才干、有能力、有良好政绩的官员。不然，在他活着时，百姓不会称他为“李青天”；在他去世后，百姓也不会将他奉入名宦祠中祭祀了。

不仅李文耕治理社会的方式值得后人学习，他从政的原则和管理属下官吏的方法也给后人留下了一笔宝贵的财富。为官从政，他强调勤政亲为，“官不勤则事废，民受其害。教化本于身，能对百姓，然后可以教百姓”。对属下官吏，他采用了四种管理方法：一是以身作则，进行教化，使他们不想贪赃枉法、祸害百姓；二是给衙役不错的薪饷，使他们能够自给自足，不必去受贿而放任盗贼；三是为属员制定法规及考核标准，使他们不能胡作非为；四是对官吏衙役严加约束，使他们不敢以身试法。将李文耕的这种理念运用到今天的党员干部管理和反腐倡廉工作中，就是要使党员干部廉洁自律不腐败，“讲党性，重品行，作表率”，同时建立健全使人不想贪（教育）、不必贪（经济保障）、不能贪（制度约束）和不敢贪（监督惩治）的制度机制。

（郝英明注译　王治国评述）

陈　鸿

【原文】

陈鸿，字午桥，浙江钱塘人。嘉庆十四年进士，选庶吉士，授编修。迁御史，刚直有声。典试山西还，力陈驿站烦扰，请申定例，肃邮政。二十五年，疏陈浙江水利，略曰："杭城地当省会，用上下两塘之水，溉仁和、钱塘、海宁之田数万余顷。源出西湖，近废不治。水淤葑积，塘河津耗，夏旱少雨，上塘枯涸，灾害尤剧。海宁长安镇号产米之乡，许村黄湾场为产盐之地，杭、嘉、湖、宁、绍诸郡赖是挽运。拟请仿江苏浚吴淞例，归民间按亩出赀，并饬疆臣躬履属境，凡堤塘牐坝，悉复旧制，俾农田旱潦有备。"又请："北省多辟水田，兼收秔稻之利，庶使畿辅为沃野，无凶年。"皆被采纳。道光初年，疏陈浙鹾不纲，请裁盐政，归巡抚兼理，令整顿缉私，严禁掣规重斤科派供应诸弊，如议行。纠劾工部弊窦最多，不避权贵。迁给事中。

二年，奉命稽察银库，其妻固贤明，曰："今而后可送妾辈归矣！”惊问之，曰：“银库美差也，苟为所染，昵君者麕至。祸且不测，妾不忍见君菜市也。”鸿指天自誓，禁绝赂遗。中庭已列花数盆，急挥去，堕地盆碎，中有藏镪，益耸惧。遂奏库衡年久铁陷，请敕工部选精铁易之。送库日，责成管库大臣率科道库员较验，然后启用。禁挪压倘银、空白出纳及劈鞘①诸弊。库吏百计餂之，不动。复请户部逐月移送收银总簿，别立放银簿，钤用印信，以资考核。先是，御史赵佩湘②驭吏严，其死也，论者疑其中毒。鸿莅库，勺水不敢饮。出督云南学政，奏革陋规，严束书吏，弊风顿革。迁通政司参议③，卒于官。

选自《清史稿》卷三百七十七《陈鸿传》

【注释】

①劈鞘：清税收的碎银放于木鞘中，送达银库清点时由专人劈开。

②赵佩湘：字芸浦，丹徒人。乾隆癸丑进士，官给事中。

③通政司参议：官名。正五品。明代始设“通政使司”，简称“通政司”，其长官为“通政使”。清代沿置，掌内外章奏和臣民密封申诉之件。

【译文】

陈鸿，字午桥，浙江钱塘人。嘉庆十四年（1809）中进士，入选翰林院庶吉士，而后被授予编修一职，后又升迁至御史，其为人刚直，有口皆碑。主考山西乡试回来，向朝廷陈述驿站管理的繁琐混乱，要求定制规矩，通达邮政。嘉庆二十五年（1820），上奏浙江水利一事，他的奏疏简要概括为：“杭州城是省会，使用上下两塘的水，灌溉仁和、钱塘、海宁这一带的田地数万余顷。水源出自西湖，近期两塘废弃不加治理。水中水草淤积，塘河的水流消耗减少，夏季天旱少雨，上塘干枯，灾害严重。浙江海宁长安镇号称是产米之乡，许村黄湾场是盛产盐的地方，杭州、嘉兴、湖州、宁波、绍兴各郡都依靠水路运输。请仿效江苏疏浚吴淞的做法，让民间按亩出资，并请督抚亲自在辖境内指挥。凡是堤坝河塘，都恢复从前的制度，使农田旱涝保收。”又请奏：“北方省份多多开辟水田，种植粳稻，但愿使直隶一带也成为沃野良田，无灾年。”他的建议全被采纳了。道光初年，又上书陈述浙江盐政混乱的问题，请求裁撤盐政，由地方长官巡抚兼理，又请求下令整顿缉私，严格禁止掣规、重斤摊派、供应方面的诸种弊端，朝廷采纳了陈鸿的建议。在整顿清理过程中，陈鸿不惧怕权贵，检举工部问题最多。升迁给事中。

道光二年（1822），陈鸿奉命稽察银库，他的妻子本是贤明之人，对他讲：“从今以后你就送我回老家去吧！”陈鸿不解地问她为什么。她的回答是：“管理银库可是美差啊，如果你和这事沾边儿，你的亲朋好友们就都要成群地来到你身边。不定会出什么事儿呢，我可不忍心看见你被送到法场去斩首。”陈鸿指天发誓，一定要禁绝贿赂的风气。庭院中正好摆着好几盆花，陈鸿猛一挥手，碰到了花盆，花盆落地被摔得粉碎，这时，发现里面藏有成串的钱，越发感到恐惧。他直接向上禀报，说明银库多年使用的铁锁已经坏损，请求朝廷命工部用精良铁锁取代旧锁。当新锁送达银库时，他要管库大臣率领其下属科道库员们检验后，再启用。严禁挪用饷银、严禁无记录出纳银两、严防劈开木鞘清点碎银时的银两流失。库吏想方设法揩油，也没办法。陈鸿又请户部每月送交收银总账，另立放银簿，并盖印，以此作为业绩考核。先前，御史赵佩湘管理库吏严格，他死后，有人怀疑他是中毒而亡。陈鸿到银库检视时，连水都不敢喝，以防不测。后来他出任云南学政，提出改变陋习，严格管理文书官，从而一扫邪风弊端。陈鸿升至通政司参议，管理内外奏章和申诉文书，在此官位上去世。

【评述】

读罢《陈鸿传》，深感陈鸿之不易，同时也不禁慨叹为廉吏之艰。首先，作为一名廉吏要留心民政，体察民情，如此，才能发现害民扰民之弊端。而且还要怀有以天下为己任之心，不仅仅局限于自身所在之职、所处之地，凡所经历、目睹，均要以民为本，为民请命。如陈鸿虽责在“典试山西”，但仍关注了路途所经驿站的病民之处，并奏请整肃。其次，廉吏还要懂得经世之学、处世之道，从而为解决弊政提出可行的方法和有益的建议。如陈鸿对浙江水利和北方农业状况的了解与分析，以及应对策略。死读书、书呆子，或纸上谈兵、不涉世事，以及不知变通者均难以成为一名能够长久地为民做主的廉吏。第三，廉吏还要勇于任事，“不避权贵”，不畏既得利益者的打击和报复。古往今来，行廉反贪往往会招致一些人的不满，而勇气则是廉吏披荆斩棘的必备武器。第四，廉吏要约束好自己亲近之人，防止被逐渐拉拢、腐蚀。廉吏亲近之人，如妻子、儿女、父母、朋友等，常常是其软肋，易扯其后腿或是受到别有用心者的设计和控制。第五，廉吏要随时保持警惕之心，以免在不知情的情况下被拉下水而百口莫辨。一盆花、一条烟、一顿饭等等，均有可能成为致祸之源。第六，廉吏还要忍受生活中的诸多不便，以保持名节、保护生命。如陈鸿为防不测，"莅库，勺水不敢饮"。"能吏寻常见，公廉第一难"，然而难与易是否就是选择的标准呢？也许这些留给我们更多的是思考。

（赵红注译　张毅评述）

林则徐

【原文】

林则徐，字少穆，福建侯官人。少警敏，有异才。年二十，举乡试。巡抚张师诚辟佐幕。嘉庆十六年进士，选庶吉士，授编修。历典江西、云南乡试，分校会试。迁御史，疏论福建闽安副将张宝以海盗投诚，宜示裁抑，以防骄蹇，被嘉纳。未几，出为杭嘉湖道，修海塘，兴水利。道光元年，闻父病，引疾归。二年，起授淮海道，未之任，署浙江盐运使。迁江苏按察使，治狱严明。四年，大水，署布政使，治赈。寻丁母忧，命赴南河修高家堰堤工，事竣回籍。六年，命署两淮盐政，以未终制辞，服阕，补陕西按察使。迁江宁布政使，父忧归。十年，补湖北布政使，调河南，又调江宁。十一年，擢河东河道总督。疏陈秸料为河工第一弊薮，亲赴各厅察验；又言碎石实足为埽[①]工之辅，应随宜施用。十二年，调江苏巡抚。吴中洊饥，奏免逋赋，筹抚恤。前在藩司任，议定赈务章程，行之有效，至是仍其法，宿弊一清。赈竣，乃筹积谷备荒。清厘交代，尽结京控诸狱。考核属吏，疏言："察吏莫先于自察，必将各属大小政务，逐一求尽于心，然后能以验群吏之尽心与否。如大吏之心先未贯彻，何从察其情伪？臣惟持此不敢不尽之心，事事与僚属求实际。"诏嘉之，勉以力行。

先是，总督陶澍奏浚三江，则徐方为臬司，综理其事，旋以忧去。至是黄浦、吴淞工已竣，则徐力任未竟者，刘河工最要，拨帑十六万五千有奇，白茆次要，官绅集捐十一万两，同时开浚，以工代赈。两河旧皆通海，易淤，且凿河工巨，改为清水长河，与黄埔、吴淞交汇通流。各于近海修闸建坝，潮汐泥沙不能壅入，内河涨，则由坝泄出归海。复就原河逢湾取直，节省工费三万余两，用浚附近刘河之七浦河，及附近白茆之徐六泾、东西护塘诸河。又浚丹徒、丹阳运河，宝带桥泖淀诸工，以次兴举，为吴中数十年之利。两署两江总督。

十七年，擢湖广总督。荆、襄岁罹水灾，大修堤工，其患遂弭。整顿盐课，以减价敌私无成效，专严缉私之禁，销数大增。湖南镇筸兵悍，数肇衅，巡阅抚驭，密荐总兵杨芳，擢为提督，移驻辰州，慎固苗疆屯防。

十八年，鸿胪寺卿黄爵滋[②]请禁鸦片烟，下中外大臣议。则徐请用重典，言："此祸不除，十年之后，不惟无可筹之饷，且无可用之兵。"宣宗深韪之，命入觐，召对十九次。授钦差大臣，赴广东查办，十九年春，至。总督邓廷桢已严申禁令，捕拏烟犯，洋商查顿先避回国。则徐知水师提督关天培[3]忠勇可用，令整兵严备。檄谕英国领事义律[4]查缴烟土，驱逐趸船，呈出烟土二万余箱，亲莅虎门验收，焚于海滨，四十余日始尽。请定洋商夹带鸦片罪名，依化外有犯之例，人即正法，货物入官，责具甘结。他国皆听命，独义律支吾未从。于是阅视沿海炮台，以虎门为第一门户，横档山、武山为第二门户，大小虎山为第三门户。海道至横档分为二支，右多暗沙，左经武山前，水深，洋船由之出入。关天培创议于此设木排铁练二重，又增筑虎门之河角炮台，英国商船后至者不敢入。义律请令赴澳门载货，冀囤烟私贩，严斥拒之，潜泊尖沙嘴外洋。

会有英人殴毙华民，抗不交犯，遂断其食物，撤买办、工人以困之。七月，义律藉索食为名，以货船载兵犯九龙山炮台，参将赖恩爵击走之。疏闻，帝喜悦，报曰："既有此举，不可再示柔弱。不患卿等孟浪，但戒卿等畏葸。"御史步际桐言出结徒虚文，则徐以彼国重然诺，不肯出结，愈不能不向索取，持之益坚。寻义律浼澳门洋酋转圜，愿令载烟之船回国，货船听官查验。九月，商船已具结进口，义律遣兵船阻之，开炮来攻，关天培率游击麦廷章奋击败之。十月，又犯虎门官涌，官军分五路进攻，六战皆捷。诏停止贸易，宣示罪状，饬福建、浙江、江苏严防海口。先已授则徐两江总督，至是调补两广。府尹曾望颜请罢各国通商，禁渔船出洋。则徐疏言："自断英国贸易，他国喜，此盈彼绌，正可以夷制夷。如概与之绝，转恐联为一气。粤民以海为生，概禁出洋，其势不可终日。"时英船寄碇外洋，以利诱奸民接济销烟。

二十年春，令关天培密装炮械，雇渔船蛋户出洋设伏，候夜顺风纵火，焚毁附夷匪船，接济始断。五月，再焚夷船于磨刀洋。谍知新来敌船扬帆北向，疏请沿海各省戒严。又言夷情诡谲，若径赴天津求通贸易，请优示怀柔，依嘉庆年间成例，将递词人由内地送粤。

六月，英船至厦门，为闽浙总督邓廷桢所拒。其犯浙者陷定海，掠宁波。则徐上疏自请治罪，密陈兵事不可中止，略曰："英夷所憾在粤而滋扰于浙，虽变动出于意外，其穷蹙实在意中。惟其虚骄性成，愈穷蹙时，愈欲显其桀骜，试其恫喝，甚且别生秘计，冀售其奸；一切不得行，仍必帖耳俯伏。第恐议者以为内地船炮非外夷之敌，与其旷日持久，不如设法羁縻。抑知夷情无厌，得步进步，威不能克，患无已时。他国纷纷效尤，不可不虑。"因请戴罪赴浙，随营自效。七月，义律至天津，投书总督琦善，言广东烧烟之衅，起自则徐及邓廷桢二人，索价不与，又遭诟逐，故越境呈诉。琦善据以上闻，上意始动。

时英船在粤窥伺，复连败之莲花峰下及龙穴洲。捷书未上，九月，诏曰：“鸦片流毒内地，特遣林则徐会同邓廷桢查办，原期肃清内地，断绝来源，随地随时，妥为办理。乃自查办以来，内而奸民犯法不能净尽，外而兴贩来源并未断绝，沿海各省纷纷征调，糜饷劳师，皆林则徐等办理不善之所致。”下则徐等严议，饬即来京，以琦善代之。寻议革职，命仍回广东备查问差委。琦善至，义律要求赔偿烟价，厦门、福州开埠通商。上怒，复命备战。二十一年春，予则徐四品卿衔，赴浙江镇海协防。时琦善虽以擅与香港逮治，和战仍无定局。五月，诏斥则徐在粤不能德威并用，褫卿衔，遣戍伊犁。会河决开封，中途奉命襄办塞决。二十二年，工竣，仍赴戍，而浙江、江南师屡败。是年秋，和议遂成。

二十四年，新疆兴治屯田，将军布彦泰请以则徐综其事。周历南八城，浚水源，辟沟渠，垦田三万七千余顷，请给回民耕种，改屯兵为操防，如议行。二十五年，召还，以四五品京堂候补。寻署陕甘总督。二十六年，授陕西巡抚，留甘肃，偕布彦泰治叛番，擒其酋。

二十七年，授云贵总督。云南汉、回互斗焚杀，历十数年。会保山回民控于京，汉民夺犯，毁官署，拆澜沧江桥以拒，镇道不能制。则徐主止分良莠，不分汉、回。二十八年，亲督师往剿，途中闻弥渡客回滋乱，移兵破其巢，歼匪数百。保山民闻风股栗，缚犯迎师，诛其首要，散其胁从，召汉、回父老谕以恩信。遂搜捕永昌、顺宁、云州、姚州历年戕官诸重犯，威德震洽，边境乃安。加太子太保，赐花翎。二十九年，腾越边外野夷滋扰，遣兵平之。以病乞归。逾年，文宗嗣位，叠诏宣召，未至，以广西逆首洪秀全稔乱，授钦差大臣，督师进剿，并署广西巡抚。行次潮州，病卒。则徐威惠久著南服，贼闻其出，皆震悚，中道遽殁，天下惜之。遗疏上，优诏赐恤，赠太子太傅，谥文忠。云南、江苏并祀名宦，陕西请建专祠。

则徐才识过人，而待下虚衷，人乐为用，所莅治绩皆卓越。道光之季，东南困于漕运，宣宗密询利弊，疏陈补救本原诸策，上《畿辅水利议》，文宗欲命筹办而未果。海疆事起，时以英吉利最强为忧，则徐独曰："为中国患者，其俄罗斯乎！"后其言果验。

论曰：林则徐才略冠时，禁烟一役，承宣宗严切之旨，操之过急；及敌氛蹈瑕他犯，遂遭谗屏斥。论者谓粤事始终倚之，加之操纵，溃裂当不致此。则徐濒谪，疏陈："自道光元年以来，粤关征银三千余万两，收其利必防其害。使以关税十分之一制炮造船，制夷已可裕如。"诚为谠论。惟当时内治废弛，外情隔膜，言和言战，皆昧机宜，其祸岂能幸免哉！

选自《清史稿》卷三百六十九《林则徐传》

【注释】

①埽（sào）：治水工程用以护岸和堵决口的器材。一般用秸秆、芦苇捆绑而成。

②黄爵滋（1793—1853）：字德成，号树斋，江西宜黄人。道光三年（1823）进士，官至刑部侍郎。他提倡经世之学，主张刷新吏治，扫除贪污，整顿军务，巩固边防，是当时改革派中一个有影响的人物。

③关天培（1781—1841）：字仲因，号滋圃，江苏淮安府山阳县人。历任把总、千总、副将等职。任广东水师提督后，加强广东海防，支持林则徐禁烟。道光二十一年（1841），英军对虎门发动总攻，关天培亲临炮台指挥，壮烈牺牲。

④义律（1801—1875，Charles Elliot）：鸦片战争时英国侵略军代表。英国贵族。道光十四年（1834），随英国驻华商务监督律劳卑来中国。林则徐在广州查禁鸦片，他多方阻挠破坏，并怂恿英国对华动武。鸦片战争后，提出《穿鼻草约》，同时派兵强占香港。

【译文】

林则徐，字少穆，福建侯官人。年少即机警聪敏，才华过人。二十岁时，参加乡试中举人。巡抚张师诚将其纳入府中充幕僚。嘉庆十六年（1811）中进士，选为庶吉士，授予翰林院编修。数次主持江西、云南的乡试，任会试读卷官，迁御史后，上疏谈到福建闽安副将张宝因海盗已投降，故对张宝之职应予裁撤以防止其骄横，受到嘉庆皇帝的嘉许。不久，出任杭嘉湖道，修筑挡潮堤坝，兴修水利。道光元年（1821），林则徐得知父亲生病，请假回乡。第二年（1822），被授予淮海道道员，未上任，即被任命代理浙江盐运使，后又升为江苏按察使，治狱严明。道光四年（1824），江苏遭遇水灾，林则徐被署以布政使，办理赈灾。不久母亲去世，朝廷命林则徐前往南河修筑高家堰堤坝，竣工后回乡。道光六年（1826），朝廷命其代理两淮盐政，林则徐以守丧未满辞谢，三年孝满后，补陕西按察使。后又迁江宁布政使，又因父亲去世回乡。道光十年（1830），补湖北布政使，先后又调任河南、江宁。道光十一年（1831），擢升为河东河道总督。上疏陈述使用秸料是治河工程的一大弊端，并亲自到各厅考察；又说碎石是工程中非常重要的辅助材料，应该随时在合适的地方使用。道光十二年（1832），调任江苏巡抚。当时江苏境内再次遭遇饥荒，林则徐奏请免除当地拖欠的赋税，又筹集资金，以抚恤百姓。之前，任江苏布政使的时候，林则徐曾制定行之有效的赈务章程，现在仍用其法，积弊一清。赈务结束后，林则徐就筹集粮谷备荒。同时整理遗留旧案，了结京控等案件。关于考核属吏，林则徐上疏道："要考察属吏，应先考察自己，一定要将各属的大小政务，逐一了然于胸，然后才能考验属下对自己是否尽心。如果自己都不尽心，又怎么去考察属吏尽心与否？我一直持此信念，不敢有丝毫怠慢，事事与下属探求实际情况。"朝廷下诏嘉奖，鼓励他身体力行。

先前，两江总督陶澍奏请疏浚三江水利。当时林则徐为江苏按察使，全权负责这项工作。很快，林则徐因丁忧离去。林则徐离开时，黄浦江、吴淞江的疏浚工程已竣工。那未完工程，以刘河最为重要。为了刘河工程，清政府拨款 16500 余两银子作经费。其次，是白茆河工程。为此，官员士绅集资11万两白银，那些未捐钱者，可以做工来抵钱。这样，两条河同时开工疏浚。从前，这两条河直通大海，容易堵塞，况且疏通困难，后改为清水长河，与黄浦江、淞江相交通流。又各在近海地的地方修建堤坝闸门，以挡住涨潮退潮时的泥沙。如果内河涨水，堤坝则泄水入海。又把原湾拉直，这样节省了工费3万余两银子。又用剩余的这3万两银子来疏浚附近刘河的支流七浦河、白茆河支流徐六泾、东西护塘等。还疏通流经丹徒、丹阳的运河，宝带桥泖淀诸工程。这些工程相继完工，使吴中受益数十年。林则徐两次任两江总督。

道光十七年（1837），林则徐为湖广总督。当时，湖北荆州、襄樊一带发生水灾。林则徐在这里大修堤坝，水患得到控制。他又整顿盐政，以降价来与私盐竞争，没收到成效。于是，他严厉打击食盐走私，政府盐的销量大增。湖南镇筸兵凶悍，几次肇事，林则徐亲自去处理，又秘密推荐总兵杨芳升为提督，调往辰州，加强对西南地区的军事防御。

道光十八年（1838），鸿胪寺卿黄爵滋奏请查禁鸦片，此奏交与各大臣商议。林则徐请求严厉查禁，认为："此祸不除，十年之后，朝廷不仅没有饷银可筹，而且也不会有可用之兵。"道光皇帝深表赞同，命其入朝面圣，单独召见林则徐达十九次。后林则徐被授以钦差大臣，赴广东查禁鸦片，第二年（1839）春天到达广东。当时两广总督邓廷桢早已严申禁令，缉捕烟贩，洋商查顿闻讯逃回英国。林则徐得知水师提督关天培是忠勇之将，命令其整顿军备，严阵以待。同时致书英国领事义律，命其查缴烟土，驱逐私运鸦片的轮船。林则徐缴获烟土两万余箱，他亲自到虎门验收，并将全部鸦片焚烧销毁，大火燃烧了四十多天。林则徐奏请制定洋商携带鸦片，依照外敌入侵之成例，将人正法，货物也没收入官，并责令写保证书。其他国家均听命，只有义律坚决不从。林则徐于是检阅沿海炮台，以虎门为第一门户，横档山、武山为第二门户，大、小虎山为第三门户。从海道至横档山分为两支，右边多为暗沙，左边要经过武山，而且水很深，外国船只即在此出入。关天培建议在这里设木排、铁链两重障碍，又在虎门增筑河角炮台，后来的英国商船就不敢由此出入了。义律请求前往澳门载货，希望囤积烟土私自贩售，遭到林则徐的严厉拒绝，义律于是暗暗停泊在尖沙嘴外洋。

那里有英国人打死了中国人，但英国拒不交出凶手。于是，林则徐下令中断英国人的食品供应，并把为英国人工作的买办和工人撤出来，以围困英国人。这年七月，义律以要食品为借口，用货船装载英国士兵侵犯九龙山炮台，中国参将赖恩爵率军将其赶走。这一消息报告到道光帝那里，道光帝大喜，他说："有了这样的壮勇之举，不要再向英国示弱。朕不怕你们英勇，只怕你们畏敌。"御史步际桐建议，即使让英国人写下保证书也没用，林则徐则以为英国人讲信用，他们越不肯写保证书，越是要他们写，态度非常明朗坚决。不久，义律清澳门洋人头子来调解，愿意让载有鸦片的英国船只回国，其他货船则听任中国海关检查。但在九月英国商船在写好保证书后，义律却派遣兵船开炮来阻挡它们。关天培率领游击麦廷章奋起抵抗，打败了英军。十月，英军进犯虎门官涌。清军分五路出击，六战六捷。道光帝下诏停止中英贸易，揭露英国的罪恶，并命令加强福建、浙江和江苏海防，严防敌人。林则徐先为两江总督，而现在调为两广总督。府尹曾望颜请求停止各国贸易，禁止中国渔船出海。林则徐上疏说："自停止与英国贸易以来，别的国家欢喜，英国受到影响，这正可以以洋人来制约洋人。如果全部停止与外国贸易，则恐怕它们沆瀣一气。广东人民以海产为生，如果全部禁止他们出洋打鱼，他们也不得安宁。"当时，英国鸦片船停在外洋，利诱奸诈之徒来给他们销售鸦片。

道光二十年（1840）春，林则徐命令关天培严密整装大炮军械，并雇用渔船出海设伏，等到夜间顺风时放火，焚毁依附英国的匪船，盗匪对英国的接济就此中断。五月，再次于磨刀洋焚毁英国船只。又有牒报告知新来的敌船正扬帆北向，林则徐于是疏请沿海各省戒严。又言敌人情势变化莫测，可直接去天津开通贸易，显示朝廷的怀柔之举，依照嘉庆年间的先例，将递词人由内地送往广东。

六月，英国船只到达厦门，被闽浙总督邓廷桢所拒。于是他们先犯浙江，陷定海，继而攻掠宁波。鉴于此，林则徐上疏自请治罪，暗中陈述战事不可中途停止，大致说："英国人在广东吃了亏，现在却滋扰浙江，虽然这种变动出于意外，但其穷蹙，其实是在意料之中的。只因为他们虚骄成性，越是穷蹙时，就越想显示他们桀骜不驯的一面，企图以此威胁我们，甚至另外想出什么诡计，来显示他们的奸诈。当一切办法都不奏效时，他们仍然得服服贴贴。只是恐怕有人会认为内地船炮不是英国的对手，与其旷日持久地打消耗战，倒不如设法对其实行羁縻政策。要知道英国人不会轻易满足，喜欢得寸进尺，如果我们不能威慑住他们，必后患无穷，其他国家也会纷纷效仿，我们不能不担忧啊。”于是请求戴罪前往浙江，随军效力。七月，义律到达天津，致书直隶总督琦善，说广东虎门销烟之事皆因林则徐、邓廷桢二人所起，索要赔偿他们不给，又遭到诬陷和驱逐，所以现在才不远万里致书总督大人。琦善将此上报朝廷，道光皇帝开始动摇。

当时，英国兵船在广东刺探情况，清军在莲花峰下和龙穴洲打败了英军。捷报还未传到道光帝那里，九月，皇帝下诏说：“鸦片毒害中国人民，朕特派遣林则徐会同邓廷桢查办。原希望他们因时因地制宜，肃清内地，断绝其来源。但自查办以来，内地则不法之徒不能消灭干净，外面则鸦片仍源源不断运来。沿海各省纷纷为之费钱劳军。这一切，都是林则徐办事不力所致。”下令林则徐回京，接受严惩，并以琦善代替他。不久，林则徐被革职，仍回广东查办鸦片。琦善到达广州，义律要中国赔偿鸦片的损失，并在厦门、福州两地开设口岸通商。道光帝大怒，又命令清军备战。道光二十一年（1841）春天，林则徐四被授予品卿衔，去浙江镇海协助海防。当时，琦善虽以擅自将香港给英国罪被逮逋，但是和是战仍不知道。五月，道光帝下令，因林则徐在广东不能威德并用，削夺了他的四品卿衔，并发配伊犁。刚好碰上黄河在开封决口，林则徐奉命在此协助堵塞决口。道光二十二年（1842），决口修好，林则徐仍赴伊犁。而此时，浙江、江南的清军屡战屡败。这年秋天，清政府与英国谈和。

道光二十四年（1844），新疆兴起驻军屯田。将军布彦泰请以林则徐负责屯田之事。林则徐在南面八城疏浚水源，开辟沟渠，开垦良田三万七千余顷，请将这些田地给回民耕种，改屯兵为操防。道光帝同意。道光二十五年（1845），皇帝令林则徐回京，候补四五品京堂。不久，林则徐被授予陕甘总督一职。道光二十六年（1846），林则徐授陕西巡抚，但仍留在甘肃，与布彦泰一起镇压少数民族叛乱，并擒获叛乱头子。

道光二十七年（1847），林则徐被授以云贵总督之职。当时云南汉、回民相互械斗焚杀，历十余年。恰逢保山回民来京师，控告汉民抢夺、侵犯回民，毁坏官署，并拆毁澜沧江桥以抵御，当地官府无可奈何。林则徐主张只分良莠，不分汉人、回人。第二年，林则徐亲自督师前往云南剿匪，途中闻知弥渡客民、回民滋事作乱，于是率兵攻破匪巢，歼匪徒数百人。保山百姓听说后非常害怕，于是绑缚了犯人前去迎接军队，林则徐诛杀了作乱的首要分子，解散了胁从的人，并召集汉、回父老乡亲，抚恤受害良民，告诉他们朝廷给予他们的恩泽与信任。于是搜捕永昌、顺宁、云州、姚州的历年戕官等重犯，威德震四方，边境得以安宁。朝廷加其太子太保衔，赏赐花翎。二十九年（1849），腾越遭到外族滋扰，林则徐遣兵将其平定。因病请求归养。过了一年，咸丰皇帝继位，多次下诏要起用他，林则徐始终未到。后因广西洪秀全发动起义，林则徐被授以钦差大臣，督师进剿，并署广西巡抚。行至潮州病死。林则徐为两广总督时，恩威并用，深受人民爱戴。外国侵略者一听到他的名字，都害怕，可惜他中途亡故，天下人民为之痛惜。他的遗疏送达道光皇帝后，皇帝下令抚恤他家，并赠太子太保衔，谥“文忠”。云南、江苏人民将他作名臣来祭祀，在陕西则专门为他修建了纪念祠堂。

林则徐才华横溢，虚以待人，大家愿意为他效力。他为官之处，皆政绩卓著。道光帝后期，我国东南为漕运所困，道光帝向林则徐秘密问计，林则徐为补救漕运本原，上了《畿辅水利议》的奏文，献上各条建议。咸丰帝想要他筹办漕运，还没付诸实施，林则徐便去逝了。鸦片战争爆发后，当时英国势力最为强大，最值得担心，但林则徐则说："中国最大的祸害，应该是俄罗斯！"后来，果然应验了林则徐的话。

评论说：林则徐的才华、谋略为一时之冠，他肩负道光帝严厉禁烟圣旨，但操之过急，遂被撤职。但人们普遍以为，在鸦片战争期间，如果有林则徐在两广，就不会如此兵败如山倒。他在被贬之前，曾上疏道光帝："自道光元年（1820）以来，广东海关征收税银三千余万两。得其利必思其害。如果用这些关税的十分之一来制造大炮和战舰，那么，对付外国侵略就绰绰有余了。"可谓真知灼见。只是当时国家政治腐败，又不了解外国情况，对待外国的侵略是讲和是宣战，都没抓住时机，他被贬也是情理之中了。

【评述】

林则徐，清朝后期杰出的政治家、思想家，是中华民族抵御外辱过程中伟大的民族英雄，其主要功绩是虎门销烟。他因主张严禁鸦片、抵抗外敌侵略、坚持维护中国主权和民族利益深受全中国人民的景仰。

林则徐一生担任过很多官职，而且每到一地都颇有政声。其中最著名的就是他以钦差大臣身份，赴广东查禁鸦片。在赴任前，他就直陈鸦片的危害："此祸不除，十年之后，不惟无可筹之饷，且无可用之兵。"林则徐到任后，一举缴获烟土两万余箱，他亲自到虎门验收，并将全部鸦片销毁。虎门销烟，大长了中国人的志气。同时，他对英国等西方列强侵略中国的野心有充分的认识：“英夷所憾在粤而滋扰于浙，虽变动出于意外，其穷蹙实在意中。惟其虚骄性成，愈穷蹙时，愈欲显其桀骜，试其恫喝，甚且别生秘计，冀售其奸；一切不得行，仍必帖耳俯伏。第恐议者以为内地船炮非外夷之敌，与其旷日持久，不如设法羁縻。抑知夷情无厌，得步进步，威不能克，患无已时。他国纷纷效尤，不可不虑。”如果当时清政府的统治者，能够采纳他的意见，也许近代中国的百年屈辱史将会改写。可惜，历史是活生生的现实，不是假设。

林则徐是一位忧国忧民的爱国者，这不仅表现在他坚决禁烟和抵御外敌入侵上，他的很多诗中也有反映。如他遭投降派诬陷，被道光皇帝革职发往伊犁效力赎罪，而他与妻子在古城西安告别时，满腔愤怒写下了“苟利国家生死以，岂因祸福避趋之”的千古名句。这句诗激励后来无数的仁人志士，为了捍卫国家主权，维护人民利益，为了真理，甘于抛头颅洒热血。人生在世，不能失志，不能无节。

在清正廉洁方面，林则徐也是后人的楷模。“正人先正己”、“身教重于言教”，在他身上得到了充分体现。他做过御史、按察使，时时严格要求自己，事事以身作则，处处为人表率。考核属吏，他曾上疏说：“察吏莫先于自察，必将各属大小政务，逐一求尽于心，然后能以验群吏之尽心与否。如大吏之心先未贯彻，何从察其情伪？臣惟持此不敢不尽之心，事事与僚属求实际。”林则徐胸怀宽广、无私无欲。在查禁鸦片时期，他曾在府衙写了一副对联——“海纳百川有容乃大，壁立千仞无欲则刚”。上联谆谆告诫自己，要广泛听取各种不同意见；下联砥砺自己，当官必须坚决杜绝私欲。林则徐的这种精神和胸怀，为后人之龟鉴。

（密素敏注译　王治国评述）

龚自珍

【原文】

龚巩祚，原名自珍，字璱人，仁和[①]人。父丽正，进士，官苏松兵备道，为段玉裁婿，能传其学。巩祚十二岁，玉裁授以《说文》部目。巩祚才气横越，其举动不依恒格，时近俶[②]诡，而说经必原本字训，由始教也。初由举人援例为中书。道光时成进士，归本班。洊[③]擢宗人府主事，改礼部。谒告归，遂不出。官中书时，上书总裁论西北塞外部落源流、山川形势，订《一统志》之疏漏，凡五千言。后复上书论礼部四司[④]政体宜沿革者，亦三千言。其文字骜桀，出入诸子百家，自成学派。所至必惊众，名声藉藉，顾仕宦不达。年五十，卒于丹阳书院。著有《尚书序大义》、《大誓答问》、《尚书马氏家法》、《左氏春秋服杜补义》、《左氏决疣》、《春秋决事比》、《定庵诗文集》。

选自《清史稿》卷四百八十六《龚巩祚传》

【注释】

①仁和：即浙江仁和（今杭州）。

②俶（chù）：开始。

③洊（jiàn）：再。

④礼部四司：中国古代官署。管理全国学校事务及科举考试及藩属和外国之往来事。礼部下设四司，即仪制清吏司、祠祭清吏司、主客清吏司、精膳清吏司。

【译文】

龚巩祚，原名自珍，字璱人，仁和人。父亲龚丽正是进士，官至苏松兵备道，是段玉裁的女婿，且继承了段玉裁的学说。龚自珍十二岁的时候，段玉裁送给他《说文解字》等书目。龚自珍才华横溢，言行举止从不循规蹈矩。当时社会各界开始出现变化，但龚自珍著书立说必以传统经典为原本，并由此开始教育别人。最初以举人身份被授予中书，道光年间成为进士，归本班。后又被擢为宗人府主事，改隶礼部。但龚自珍告假归乡，于是没有出任此职。做官中书时，曾向道光皇帝上疏论及西北塞外的部落源流、山川形势，修订《一统志》的疏漏之处，共五千言。后又上疏讨论礼部四司这种体制应该有所变革，也有三千多字。其文字桀骜不驯，贯通诸子百家，自成一体。每到一处必定一鸣惊人，声名显著，只是仕途上没有多大成就。五十岁时，在丹阳书院去世。其著作有《尚书序大义》、《大誓答问》、《尚书马氏家法》、《左氏春秋服杜补义》、《左氏决疣》、《春秋决事比》、《定庵诗文集》。

【评述】

龚自珍是晚清极具影响的思想家。他着眼于现实政治、社会形势，发抒感慨，纵横议论，其对清政府“九州生气恃风雷，万马齐喑究可哀。我劝天公重抖擞，不拘一格降人才”的劝谏，至今仍振聋发聩。

龚自珍强烈主张改革官僚弊政。他揭露官场的腐败，将当时的高官分为两类，即“政要之官”和“清闲之官”。前者昏昏庸庸，尸位素餐，谄媚求宠，后者以诗酒自逸，苟且偷生。他批评新官忙碌、旧官清闲的不平现象，“新官忙碌石呆子，旧官快活石狮子”。又针对在制定国家大政方针时，批评新官“资格未至，哓哓然以自丧其官为”，旧官“忘其积累之苦，而哓哓然以自负其岁月为”，惧怕对时事发表见解而丢官的做法，从而使得封建官场“尽奄然而无生气”的现象。

龚自珍在青年时就已深刻认识到封建国家的严重危机，“秋气不惊堂内燕，夕阳还恋路旁鸦”。梁启超说：“举国方沉酣太平，而彼（指龚自珍、魏源）辈若不胜其忧危，恒相与指天画地，规天下大计。”龚自珍对时代的危机，不止敏锐地感觉它，而且也积极建议挽救它，并寄以热情的希望。对嘉、道年间社会危机日益深重，他“从君烧尽虫鱼学，甘做东京卖饼家”，弃绝考据训诂之学，一意讲求经世之务。他的思想为后来康有为等人倡公羊之学以变法图强开了先声。

龚自珍一生追求“更法”，渴望看到国富民强的那一天。至死其愿未得实现，但他的思想对中国人的创新精神起到了有益而深远的影响。

（密素敏译文　吴孟栓评述）

魏 源

【原文】

魏源，字默深，邵阳人。道光二年，举顺天乡试。宣宗阅其试卷，挥翰褒赏，名藉甚。会试落第，房考[①]刘逢禄赋《两生行》惜之。两生者，谓源及龚巩祚。两人皆负才自喜，名亦相埒。源入赀为中书，至二十四年成进士。以知州发江苏，权兴化。二十八年，大水，河帅将启闸。源力争不能得，则亲击鼓制府[②]，总督陆建瀛[③]驰勘得免，伊秉绶德之。补高邮，坐迟误驿递免。副都御史袁甲三奏复其官。咸丰六年，卒。

源兀傲有大略，熟于朝章国故。论古今成败利病，学术流别，驰骋往复，四座皆屈。尝谓河宜改复北行故道，至咸丰五年，铜瓦厢[④]决口，河果北流。又作《筹鹾[⑤]篇》上总督陶澍，谓："自古有缉场私[⑥]之法，无缉邻私[⑦]之法。邻私惟有减价敌之而已。非裁费曷以轻本减价？非变法曷以裁费？"顾承平久，挠之者众。迨汉口火灾后，陆建瀛始力主行之。

源以我朝幅员广，武功实迈前古，因借观史馆官书，参以士大夫私著，排比经纬，成《圣武记》四十余万言。晚遭夷变，谓筹夷事必知夷情，复据史志及林则徐所译西夷《四州志》等，成《海国图志》一百卷。他所著有《书古微》、《诗古微》、《元史新编》、《古微堂诗文集》。

选自《清史稿》卷四百八十六《魏源传》

【注释】

①房考：明清时，乡、会试时分房阅卷的考官。

②制府：宋代的安抚使、制置使，明清两代的总督，均尊称为“制府”。

③陆建瀛：字立夫。湖北沔阳人，道光进士。历任云南、江苏巡抚，后为两江总督。咸丰二年（1852），率军至九江堵截太平军南下，战败逃回南京，被革职，后为太平军攻克南京时所杀。

④铜瓦厢：名铜牙城。在今河南兰考县西北二十四里东坝头乡西。

⑤鹾（cuó）：盐，咸味。

⑥场私：旧时指从盐场走私。

⑦邻私：清代盐法规定，盐场产盐，应向指定的省、县运销，如把相邻地区盐场的盐运入，即为私盐，称为“邻私”。

【译文】

魏源，字默深，湖南省邵阳人。道光二年（1822），考中顺天乡试。道光皇帝审阅他的试卷，挥笔褒奖，他因此而名气大盛。会试没有取中，会试阅卷官刘逢禄写了一首诗《两生行》，表示惋惜。两生，指的是魏源和龚自珍。两个人都因有才华而骄傲，名气也不相上下。魏源捐资做了一个内阁中书，道光二十四年（1844）中了进士。以知州的官位分配到江苏，管理兴化县。道光二十八年（1848），兴化有大水，河道总督将要开启河道闸门。魏源努力争取没有得到同意，就亲自击鼓总督衙门，总督陆建瀛急速前来查看后得以避免开闸，官员和百姓都非常感谢他。补授高邮知州，因为延迟耽误了驿站传递被治罪免除官职。副都御史袁甲三奏请恢复他的官职。咸丰六年（1856），魏源去世。

魏源孤傲而有雄才大略，对于朝廷的典章制度都非常熟悉。他谈论古今的成、败、优、劣，对各种学术流派都十分熟悉，让旁边的人都非常佩服。他曾经说过黄河河道应当改回原来北向的旧水道，在咸丰五年（1855），河南铜瓦厢决口，河水真的改道北流。又作《筹鹾篇》给总督陶澍，说："自古以来就有缉查从盐场走私的办法，没有缉查从邻近地区走私盐的办法，对于邻近地区之间的走私只有减价这个办法可以应对。除了裁减费用，还有什么办法来减轻成本降低价格？为此，除了变法还有什么能够减裁费用呢？"但是社会安定平稳太久，有相关利益的阻扰的人比较多。直到汉口火灾后，陆建瀛才开始全力实行。

魏源以为国土幅员广阔，军事方面取得的成就超过以前历朝历代，就以史馆官书，参考一些私人著作，写成《圣武记》四十多万字。晚年遇上列强入侵，他以为抗御外国侵略必须首先了解外国的具体情况，再一次根据历史上的记载和林则徐所翻译的西方《四州志》等，写成《海国图志》一百卷。其他著作有《书古微》、《诗古微》、《元史新编》、《古微堂诗文集》。

【评述】

魏源怀才不遇，历经坎坷，但他的精神和主张却值得后人继承和发扬光大。

其一，忧患意识。“位卑未敢忘忧国”，中国有良知、品行高洁的知识分子，尤其是担任一官半职的文人墨客，往往都是忧国忧民的。唐朝大诗人杜甫，留下千古绝唱“安得广厦千万间，大庇天下寒士俱欢颜”；宋代名臣范仲淹，“先天下之忧而忧，后天下之乐而乐”，激励了一代又一代文人志士；清朝思想家魏源，更是发扬了林则徐的思想而提出“师夷长技以制夷”，他著百卷《海国图志》，就是“为以夷攻夷而作，为以夷款夷而作，为师夷长技以制夷而作”。所谓“师夷”主要是指学习西方资本主义各国在军事技术上的一套长处。魏源说：“夷之长技三：一战舰，二火器，三养兵练兵之法。”他不仅主张从西洋购买船炮，而且更强调引进西方的先进工业技术，由自己制造船炮。所谓“制夷”，是指抵抗侵略、克敌制胜。

其二，改革精神。变法图强，是魏源思想的精髓。而他提出的一些观点，事实证明都是正确的。他曾提出黄河应当改回原来北向的旧水道，后来铜瓦厢决口后黄河水真的改道北流；他提出自古没有缉查从邻近地区走私盐的做法，对于邻近地区之间走私盐的行为只有减价这个办法可以应对。为了降低价格，就要裁减费用。而减裁费用，只能通过变法。他的主张，当时没有人听，到了后来汉口发生火灾，才有人开始全力主张实行。魏源的这些变法革新思想，基于他对人民群众生活的关心，来源于他的调查研究。

（申妙注译　王治国评述）

阎敬铭

【原文】

阎敬铭，字丹初，陕西朝邑人。道光二十五年进士，选庶吉士，散馆改户部主事。咸丰九年，湖北巡抚胡林翼奏调赴鄂，总司粮台营务。累迁郎中，擢四品京堂[①]。林翼请病，复疏荐敬铭才，授湖北按察使。同治元年，严树森[②]继为巡抚，亦推敬铭湖北贤能第一，署布政使。以丁本生父忧归，命治丧毕赴军，未行，诏署山东盐运使，擢署巡抚，疏乞终制，不许。时山东教匪入新泰，捻、幅[③]各匪犯邹、曲阜，降众窜阳谷、聊城。敬铭既受任，檄总兵保德等进剿，而自督军规淄川，克之。已革参将宋景诗[④]引降众屯东昌，复叛，饬按察使丁宝桢[⑤]讨之。景诗窜莘，敬铭檄军防运河，令之曰："使一匪潜渡者，杀无赦！"而自移军博平。已而保德、宝桢连败贼唐邑马桥，克王家海，别军克甘官屯，贼遁开州。事平，再请终制，仍不许。三年，服除，实授。奏言抽调绿营兵练骑队，朝旨允行，令即遣散募勇。敬铭言："东省变故频仍，乱甫定，降众未必革心。绿营废弛已久，骤裁勇易启戎心。臣不敢为节啬帑项浮词遗后患。”又言：“兵之能强，端恃将领。将领之材，亦资汲引。如胡林翼、曾国藩、左宗棠倡率乡里，楚将之名遂著。前者僧格林沁[⑥]奏称不宜专用南勇，启轻视朝廷之渐。老成谋国，瞻言百里。自古名将，北人为多。臣北人也，耻不知兵。以在军久，见诸军之成败利钝，必求其所以然之故。深知不求将而言兵，有兵与无兵等。今北方虽所在募勇，皆乌合耳。为将者贪婪欺饰，不知尊君亲上为何事，使握兵符，民变兵哗，后患滋大。故欲强兵必先储将。北人之智勇兼备者，推多隆阿。请饬多隆阿[⑦]募北方将士，教之战阵，择其忠勇者，补授提、镇、参、游，俾绿营均成劲旅，何必更募勇丁?”时捻患炽，台臣议行团练。敬铭言：“敛乡里之财以为饷，集耕种之民以为兵，于事有害无益，不如力行坚壁清野之法。”事遂寝。

四年，僧格林沁战殁曹州，贼势张，益趋张秋南，将犯省城。敬铭督师东昌，还军御之，增设炮划防河，贼折而东。移军兖州，贼窜丰、沛。乃檄总兵杨飞熊间道趋滕，防贼还窜。贼果入湖滨，以飞熊扼运河，不得逞，窜徐州。明年，贼入巨野，游击王心安失利。敬铭方卧疾，强起视师东平。兖沂曹济道文彬督团勇击贼，贼引去。敬铭赴济宁，会曾国藩商定分扼黄、运之议。贼复大股趋巨野、金乡，分扰运西。遣知府王成谦等要击，而自督军巡河，露宿四昼夜，贼连败，始西遁。有张积中者，结寨肥城黄崖，集众自保，以不受抚，夷之。六年，移疾归，居久之，以工部侍郎召，不起。

光绪三年，山西大饥，奉命察视赈务。奏劾侵帑知州段鼎耀，置之法。请裁减山、陕诸省差徭，并追弹尚书恩承[8]、童华前奉使四川过境扰累状，均下吏议。八年，起户部尚书，甫视事，以广东布政使姚觐元、荆宜施道董俊汉贿结前任司员骫法，咸劾罢之。兼署兵部。疏陈兴办新疆屯田。明年，充军机大臣、总理衙门行走，晋协办大学士。十一年，授东阁大学士，仍管户部，赐黄马褂。自陈衰老，辞军机大臣。时上意将修圆明园，而敬铭论治以节用为本，会廷议钱法，失太后旨，因革职留任。十三年，复职，遂乞休，章四上，乃得请。十八年，卒，赠太子少保，谥文介。

敬铭质朴，以洁廉自矫厉，虽贵，望之若老儒。善理财，在鄂治军需，足食足兵，佐平大难。及长户部，精校财赋，立科条，令出期必行。初直枢廷，太后颇信仗之，终以戆直早退云。

选自《清史稿》卷四百三十八《阎敬铭传》

【注释】

①四品京堂：清代对都察院、通政使司、国子监等堂官概称

京堂。清中叶后，“四品京堂”是虚衔官名。

②严树森（1814—1874）：字谓春，四川新繁人。咸丰九年（1859）授湖北按察使，迁布政使。同治四年（1865）授广西按察使，同治五年（1866）迁贵州布政使，次年被革职。光绪元年（1875）出任广西巡抚，不久病死。

③幅：即幅军，太平天国运动时期，山东南部的一次农民起义，从咸丰三年（1853）公开武装起义至同治二年（1863）最后失败，在兰、郯、费、峄四县山区，坚持武装斗争十几年。

④宋景诗（1842—?）：今山东冠县人。参加白莲教起义，以黑旗为标志，号称“黑旗军”。1861年投降清军任参将等职，1863年脱离清军再度起义。

⑤丁保桢（1820—1886）：字稚璜，贵州平远（今织金）人。曾任山东按察使、山东巡抚、四川总督等。创办山东机器制造局、四川机器局。为官清廉刚直。

⑥僧格林沁（1811—1865）：博尔济吉特氏，蒙古族，科尔沁左翼后旗人。曾任御前大臣，在第二次鸦片战争中，英勇抗击英军，后镇压太平军有功，加封博多勒葛台亲王。后被捻军擒杀。

⑦多隆阿（1817—1864）：字礼堂，呼尔拉特氏，满族正白旗，清朝将领。参加镇压太平军、捻军、陕西回民起义。骁勇善战，指挥战役上百，胜多败少。

⑧恩承（1820—1892）：字露圃，满洲镶黄旗人，叶赫那拉氏，历任总管内务府大臣、正蓝旗汉军都统，迁礼部尚书、体仁阁大学士。光绪十五年（1889）转东阁大学士。卒谥“文恪”。

【译文】

阎敬铭，字丹初，陕西朝邑人。道光二十五年（1845）中进士，入选翰林院庶吉士，通过散馆考试，任户部主事。咸丰九年（1859），湖北巡抚胡林翼奏请调阎敬铭赴湖北，总管军队的粮饷军需。此后阎敬铭一步步升迁到郎中，提升为四品京堂。胡林翼身体欠佳告病，上书举荐阎敬铭有才能，授予他湖北按察使的官职。同治元年（1862），严树森接任巡抚，也举荐阎敬铭为湖北第一贤才，授予其布政使一职，主理财政。后来，阎敬铭因父亲去世，按礼制回家乡守丧，受命丧事办完赴军中，尚未出发，朝廷任命他为山东盐运使，升任山东巡抚。但阎敬铭上疏朝廷，说自己应在家服丧不应领职，未得到准许。当时山东一带的农民起义军已经流入新泰（今山东泰安），捻军、幅军也已打到邹县、曲阜，已投降的起义军流窜到阳谷、聊城。阎敬铭受命消灭起义军，总兵保德等带兵镇压，阎敬铭亲自领军攻打淄川，起义军被打败。那时，已革职的参将宋景诗带领已降起义军屯驻东昌（今山东聊城），再次叛乱。按察使丁宝桢讨伐宋景诗。宋景诗的军队窜到莘县，阎敬铭下令以运河作为军事防卫，命令："不能让一个匪徒偷渡过运河，否则格杀勿论！"而他亲自率军到博平。这时，总兵保德和丁宝桢的军队已经在唐邑马桥连连打败起义军，攻克了王家海，另一支官军也攻克了甘官屯，起义军逃跑到开州。起义被平息了，阎敬明又向朝廷请辞，仍未被准许。

同治三年（1864），阎敬明的服丧期结束了，他才名副其实地上任。他上奏请求抽调绿营兵训练骑兵队伍，朝廷下旨同意，命令立刻遣散招募的乡勇。阎敬铭说："山东省变乱仍频频发生，暴乱刚刚平定，投降的那些人未必心里驯服。绿营兵已经废弛很久了，突然裁撤容易引起他们叛乱。我不敢说节省军费开支这类虚饰无根，以遗留后患。”又说：“军队之所以强盛，凭借的是将领。将领之所以成为将领，也依靠其影响力。比如胡林翼、曾国藩、左宗棠在湖南一呼百应，楚将之名因而著称。以前僧格林沁上奏称不宜只是用南方的兵勇，启朝廷会越来越被轻视之始。他波澜老成，高瞻远瞩。自古以来的名将，北方人居多。我是北方人，惭愧我不懂军事。因为在军队久了，看到各军的成败优劣，必须会分析其原因，深深知道不求将而谈军事，使有兵与无兵一个样。目前北方正在招募兵勇，那不过是乌合之众。当指挥官的贪婪、欺诈、虚伪，不知道尊君亲上是怎么回事，让他们掌握兵权，只会有老百姓闹事、军队哗变的后果，后患甚大。所以要强兵必先重用将帅。北方人中智勇兼备的人，应该是多隆阿了。请命令多隆阿招募的北方将士，训练他们作战布阵，选择其中的忠义勇敢的人，授予提标、镇标、参将、游击等军官，使绿营成为劲旅，何必再招募兵勇呢？”当时捻军正盛，朝廷的大臣们商议办团练。阎敬铭说：“搜敛地方的财富作为军饷，集合种地的农民作为士兵，于事有害无益，不如坚决执行坚壁清野的办法。”举办团练的事就被搁置下来了。

同治四年（1865），僧格林沁死在曹州，捻军势力扩张，逐渐到了张秋的南面，将要侵入到省城了。阎敬铭督率军队在东昌作战，回师抵御，增设了大炮，设置了河防，捻军转向东面而去。阎敬铭挥师兖州，捻军窜到丰、沛一带。于是命令总兵杨飞熊抄近路向滕县进发，以防捻军回师。捻军果然进入湖滨地区，因杨飞熊控制了运河，不能得逞，就跑到了徐州。第二年，捻军到了巨野，游击王心安失利。阎敬铭因病卧床，他坚持爬起来去视察东平的军队。兖沂曹济道文彬乡勇英勇打击捻军，捻军退去。阎敬铭去济宁，与曾国藩商定分头控制黄河、运河的事。捻军又大股进犯巨野、金乡，分扰大运河以西。阎敬铭于是派遣知府王成谦等人中途拦截，亲自督军巡河，风餐露宿四昼夜，捻军连连败退，向西逃跑。有个叫张积中的人，在山东肥城黄崖山，集结众人武装自保，因不接受招抚，被灭掉了。同治六年（1867），阎敬明因病请辞回乡。住了一段时间，朝廷任命他为工部侍郎，他没有赴任。

光绪三年（1877），山西大灾饥荒，阎敬铭奉命去山西视察赈灾。上奏弹劾侵吞国库财物的知州段鼎耀，并将其依法惩治。请求裁减山西、陕西各省摊派的徭役，并检举礼部尚书恩承、都察院左都御史童华，追究先前他们奉命出使四川时，所到之处，便索取财物和吃喝的积案，均送吏部审理。光绪八年（1882），阎敬铭升任户部尚书，开始巡视各地，因广东布政使姚觐元、荆宜施道董俊汉贿赂、勾结前任司员贪赃枉法，一并将他们弹劾罢官。阎敬铭同时也在兵部兼职。他上奏陈述应在新疆兴办屯田。次年，他担任军机大臣、总理衙门行走，晋升协办大学士。光绪十一年（1885），他被授予东阁大学士，仍然主管户部，皇帝赐予他象征荣耀的黄马褂。阎敬铭以年老体衰为由，请求辞去军机大臣一职。当时，慈禧太后打算修圆明园，而敬铭认为治国应以节用为本，当时聚朝廷正在讨论钱法，没有按照慈禧太后的旨意行事。于是，敬铭被革职留任。光绪十三年（1887），阎敬铭恢复官职。不久，他四次上书请求辞官，才得以批准。光绪十八年（1892），阎敬铭去世，朝廷赠他太子少保头衔以示褒奖，谥号文介。

阎敬铭为人质朴，作风廉洁，克制自我，虽在高位，但看上去像个温和的读书人。他善于管理财政，在湖北办理军需时，使军队不缺粮食不缺兵器，辅佐朝廷平定了大乱。由他掌管户部时，精准核对朝廷的财力和赋税，制订严格的规则条例，发出条令，必求执行。他初任军机大臣，慈禧太后就很信任和依靠他。最后，也因为他的戆直性格，便早早退出官场。

【评述】

阎敬铭为官，最大的特点就是勤俭，《清史稿》评价阎敬铭为“质朴，以洁廉自矫厉”，“善理财”。世人则多俗称其为“理财专家”、“救时宰相”。然而，纵观其传，似乎以军功描述为多，能体现上述评价之事例仅寥寥数笔，如“湖北巡抚胡林翼奏调赴鄂，总司粮台营务”；“奏劾侵帑知州段鼎耀，置之法”；“以广东布政使姚觐元、荆宜施道董俊汉贿结前任司员骩法，咸劾罢之”；“上意将修圆明园，而敬铭论治以节用为本，会廷议钱法”等。

在崇尚奢华、贿赂横行、吏治腐败的大环境下，阎敬铭的朴质、节俭无疑显得与时、与世格格不入。如其曾请某学政吃饭，由于饭菜粗陋，学政迟迟不动筷，在他的劝请下才勉强吃了点，学政回去后对人说：这哪里是请客，简直是“祭鬼”！又如阎敬铭喜欢穿着练麻衣，见到身着华服的下属便“盛气叱之”，下属官吏为博其欢心，皆效仿他着练麻衣，但他调离后，又纷纷改穿华服，等等。这些貌似可笑的例子透着一丝丝悲凉。

如据《近代名人小传》载，其任户部尚书后，黜贪举廉，严格约束胥吏，使他们不能上下其手，从中作梗。又如《南亭笔记》记其裁革直庐点心钱，并带头在退朝后吃自带的油麻花、僵烧饼。阎敬铭为人质朴，厉行节俭，不爱华服，不喜美味珍馐，他认为“必廉乃能勤，必俭乃能廉”，并以此识人、取人。

（赵红注译　张毅评述）

方大湜

【原文】

方大湜，字菊人，湖南巴陵人。咸丰五年，以诸生从巡抚胡林翼军中，荐保知县，授广济县。清保甲，治团练，盗贼屏息。筑盘塘石堤，下游数县皆免水患。十年，土匪何致祥等谋结皖贼，袭攻官军，大湜偕员外郎阎敬铭驰往擒之。十一年，皖贼窜湖北，黄州、德安诸属县先后陷，广济亦被扰。大湜被吏议，革职留任。调署襄阳，飞蝗遍野，大湜蹑屩持竿，躬率农民扑捕，三日而尽。浚城南襄水故道，渠成，涸复田数万亩。同治初，巡抚严树森疏陈大湜政绩优异，复原职。

八年，擢宜昌知府。九年，大水，难民避高阜，绝食两日。大湜捐赀煮粥糜，又为饽饦[①]数万赈之。谕米商招民负米，日致数十石，计口散给，灾户无失所。摄荆宜施道。十年，调武昌。樊口有港蜿蜒九十余里，外通江，内则重湖环列，周五百里。江水盛涨，由港倒灌，近湖居者苦之。佥请筑坝樊口，以御江水。大湜谓闭樊口则湖水无所泄，环湖数县受其害，上下江堤亦危，力持不可。光绪五年，再署荆宜施道，寻擢安襄郧荆道，历直隶按察使、山西布政使。八年，开缺，另候简用，遂乞病。为言者所劾，镌级归。

大湜生平政绩，多在为守令时。所至兴学校，课蚕桑，事必亲理，胥吏无所容奸，民亲而信之。时周历民间，一吏一担夫自随，即田陇间判讼。守武昌时，勘堤过属县，暮宿民家，已去而县官犹不知。严义利之辨，尝曰："以利诱者，初皆在可取不可取之间。偶一为之，自谓无损，久则顾忌渐忘。自爱者当视为鸩毒，饥渴至死，不可入口。"又曰："居官廉，如妇人贞节，不过妇道一端。若恃贞节，而不孝、不敬、不勤、不慎，岂得谓贤乎?"公暇辄读书，所著《平平言》及蚕桑、捕蝗、修堤、区田诸书，皆自道所得。归田后，谓所亲曰："官至两司②，不如守令之与民亲，措置自如也。"遂不出，卒于家。

选自《清史稿》卷四百七十九《方大湜传》

【注释】

①馎饦（bó tuō）：汤饼的别名，古代一种水煮的面食。

②两司：明清两代对承宣布政使司和提刑按察使司的合称，方大湜曾任此一职。

【译文】

方大湜，字菊人，湖南岳阳人。咸丰五年（1855），他和其他生员一起在巡抚胡林翼军中效力，被推荐出任广济知县。方大湜到任后，对当地的保甲制度进行整顿，又办理团练，盗贼也因此得到平息。方大湜还修筑了盘塘石堤，使下游几个县都因此免于水患。咸丰十年（1860），土匪何致祥等图谋勾结安徽的盗贼，袭攻官府的军队，方大湜和员外郎阎敬铭一起飞速前往，将这伙盗贼擒拿归案。咸丰十一年（1861），安徽太平天国军队流窜湖北，黄州、德安等属县先后陷落，广济县也被侵扰。方大湜被有关官吏弹劾，革职留任。后来其调署襄阳知府，在这里，正好碰上蝗灾，到处是飞蝗。方大湜穿着草鞋拿着竹竿，亲自率领农民扑捕蝗虫，三日就把蝗虫消灭了。他还疏浚城南襄水故道，疏通之后，原先数万亩干涸的田地得到了灌溉。同治初年（1862），巡抚严树森上疏陈述方大湜的政绩优异，使他官复原职。

同治八年（1869），方大湜被升为宜昌知府。同治九年（1870），宜昌发大水，难民们都逃到高处，两日没有粮食吃。方大湜捐出粮食煮稀粥给灾民吃，又制作馎饦数万赈济灾民。方大湜命令米商招募百姓挑粮食，每天能达数十石，按照人口散给灾民，使受灾的百姓没有流离失所。后来方大湜任荆宜施道道员。同治十年（1871），被调任武昌知府。樊口有港口蜿蜒九十多里，外与长江水连通，里面则是很多湖泊环列，方圆五百里。江水大涨时，从港口倒灌，近湖的居民都苦不堪言。众人都请方大湜在樊口筑坝，以阻止江水倒灌。大湜认为，如果把樊口堵死，湖水就没有排泄的地方了，环湖的很多县都将受害，上下江堤也会十分危险。因此，他坚决不同意众人的意见。光绪五年（1879），方大湜再署荆宜施道，不久就被擢升为安襄郧荆道道员。后来，历任直隶按察使、山西布政使。光绪八年（1882），被开缺，另候简用，方大湜于是告病回乡。后来，他被言官弹劾，遂降级返归乡里。

方大湜生平的政绩，多在当郡守及县令时。所到之处，他兴办学校，劝课农桑，对于大小事情他都一定要亲自过问，胥吏们没办法作奸犯科。由于方大湜的亲和力，百姓都很信任他，愿亲近他。当时方大湜到民间勘察，只有一属吏一挑夫跟随，在田垄间就近行审案子。其为武昌太守时，因勘察堤坝而经过他所管的县，天黑后他借宿民家，等到他离开之后当地的县官还不知道他来过。方大湜谨守义利之辨，他曾经说："在利益的诱惑面前，起初都是在想拿又不敢拿的矛盾之中。偶一为之，自己觉得没什么大妨碍，久而久之则顾忌渐忘。自爱的人应当视这种行为像毒药一样，即使饥渴难耐以致有生命危险，也不能将毒药喝下。"他又说："为官清廉，就像妇女的贞节一样，不过，贞节只是妇道一个方面。如果只有贞节，而不孝、不敬、不勤、不慎，难道也能叫贤惠吗?"方大湜闲暇时就读书，他所著《平平言》以及有关蚕桑、捕蝗、修堤、区田等书，都是自己实践所获得的真知灼见。其归田后，对他的亲戚说："我曾官至布政使和提刑按察使，但不如州县官员，能与老百姓亲近，处理事情来也十分得心应手。"方大湜于是没有再出来任官，最后终老乡里。

【评述】

方大湜（1821—1887），今湖南省岳阳县新开镇人。兵部右侍郎朱智秘奏时，说他“秉性耿直，操守坚定，勤求民隐，视国事如家事，才堪大用”。方大湜晚年归里后，两江总督左宗棠曾奏请予以起用，他婉言拒绝。方大湜安居故里，潜心读书写作，其二庸堂馆藏书10多万册，著有《方氏世德录》、《辨惑录》、《团防章程》、《修防刍言》、《捕蝗纪要》、《桑蚕提要》、《平平言》等，其中《平平言》尤为后人重视。

方大湜有三种品质值得今人借鉴：

一是勤政为民，克己奉公，为官有“热心肠”。他为官一任，造福一方：治水患，除盗贼，赈灾民，劝农桑；他亲历亲为，亲自带领农民扑捕蝗虫；他凡事明察秋毫，胥吏们无法作奸犯科；他作风务实，微服私访，在离开之后，当地县令还不知道他已来过；他不搞铺张排场，只带一吏一担夫相随，在田间地头就能判案解决纠纷。他在《平平言》卷一《热肠》一文中写道：“富贵利达，眼不可热。民生休戚，肠不可不热。”在他看来，当官需要热心肠，否则，“地方官视民事全无关切之处，虽有良法美意，多不能行，勉强行之，亦见其害不见其利益”。要执好政、用好权，就要“增进对群众的感情”，了解群众的需求，有一副排忧解难、为民谋利的“热心肠”。

二是清廉为官，深得民心。在《平平言》中，他又写道：“晋司马炎居官三字诀，曰清，曰慎，曰勤。真西山先生云，士大夫万分廉洁，止是小善，一点贪污，便为大恶。三字之中，自以清为第一要义。官如不清，虽有他美，不得谓之好官。然廉而不慎，则动静云为，必多疏略；廉而不勤，则政事纷繁，必多废弛，仍不得谓之好官。”他认为，只有对百姓心存敬畏，居官者才“不敢肆于民上，为所欲为”，也才能真正达到“民之所好，好之；民之所恶，恶之”的境地。他还指出：“官不可好名。实者，名之形；名者，实之影。一味好名，则纯盗虚声，毫无实际，必至名裂而后已。”他“严义利之辨”，对受贿（以利诱者）之初心理的分析，对大肆受贿的提醒，对“自爱的人应该视受贿如毒药，即使饥渴至死也不可入口”的警告，在今天都值得当官者深思严守。他明确要求“勿受绅士礼物”，并指出：“绅士送礼必不可受。今日致送礼物，和颜接受，明日关说讼事，峻词拒绝，抚躬自问，实属不近人情。若因其曾送礼物而遂允其关说，官之声名自此狼藉矣！”不仅严格自律，还对“身边人”严格要求，慎用长随。他还列举了门丁的十条罪状，反对使用门丁，因为任用门丁不利于官民之间、官与书差之间气脉相通。

三是为政的大局观念、长远眼光。他调任武昌时，力排众议，坚决不同意在樊口筑坝。理由是，如果把樊口堵死，湖水就没有排泄的地方，环湖很多县都将受害，上下江堤也会十分危险。不能仅仅为了近湖居民的“小利益”而牺牲其他很多县的“大利益”。现在有的干部忽视大局观念、长远利益，只求在自己任内、在自己治理范围内（一县、一市、一部门等）尽快出政绩，从而得到提拔。我们讲科学发展，就是要求领导干部树立正确的政绩观，必须有大局观念、长远眼光。

（谢建东注译　王彦钊评述）

王仁堪

【原文】

王仁堪，字可庄，福建闽县人，尚书庆云[①]之孙。光绪三年一甲一名进士，授修撰。督山西学政，历典贵州、江南、广东乡试，入直上书房。时俄罗斯索伊犁，使臣崇厚擅定条约，仁堪与修撰曹鸿勋等合疏劾之。太和门灾，复与鸿勋应诏陈言，极论时政。其请罢颐和园工程，谓："工费指明不动正款，夫出之筦库[②]，何非小民膏血？计臣可执未动正款之说以告朝廷，朝廷何能执未动正款之说以谢天下？"言尤切直。

十七年，出为江苏镇江知府。甫下车，丹阳教案起，由于教堂发见孩尸。仁堪亲验孩尸七十余具，陈于总督刘坤一曰："名为天主教堂，不应有死孩骨。即兼育婴局，不应无活婴儿。传教约本无准外国人育婴之条，教士于约外兼办育婴，不遵奏行章程，使地方官得司稽察，祸由自召。请曲贷愚民之罪，以安众心；别给抚恤之费，以赡彼族。"坤一迂之，卒定犯罪军流有差。时外使屡责保护教堂，仁堪请奏定专律，谓：“条约无若何惩办明文，每出一事，任意要挟。宜明定焚毁教堂，作何赔偿；杀伤教士，作何论抵；以及口角斗殴等事，有定律可遵。人心既平，讹言自息。”英人梅生为匪首李鸿购军火，事觉，领事坐梅生罪仅监禁，仁堪上书总理各国事务衙门论之。又洋人忻爱珩遍谒守令，募捐义学，无游历护照。仁堪请关道送领事查办，复议无照私入内地，应按中国律法科罪。虽皆未果行，时论韪之。

郡地多冈垅，旱易成灾，仁堪以设渠塘为急务，不欲扰民，捐廉为倡。驰书乞诸亲旧，商富感而输助，得钱三万缗，开塘二千三百有奇，沟渠闸坝以百计。

十八年秋，丹阳大祲，恩赈之外，劝绅商捐赀，全活甚众。又假官钱于民，使勿卖牛，名曰牛赈。浚太平港、沙腰河、练湖、越渎、萧河、香草、简渎之属，凡二十余所，支沟别渠二百三十有奇。又凿塘四千六百，以蓄高原之水。皆以工代赈，东西百余里间，水利毕举。次年春，赈毕，余四万金，生息备积谷。牛赈余钱，仿社仓法创社钱，按区分储，为修沟洫、广义塾之用。郡西乡僻陋不知学，立榛思文社以教之。出私钱于府治前建南濡学舍。在任两年，于教养诸端，尽力为之。

调苏州，已积劳致疾，日坐谳局清积案，风采动一时。甫三阅月，猝病卒，时论惜之。镇江伊秉绶列政绩，吁请大吏上闻，谓其“视民事如家事，一以扶植善类、培养元气为任，卓然有古循吏风”。诏允宣付史馆立传，以表循良。自光绪初定制，官吏殁后三十年，始得请祀名宦。于是疆臣率徇众意，辄请宣付立传表章，旷典日致猥滥，仁堪为不愧云。

选自《清史稿》卷四百七十九《王仁堪传》

【注释】

①庆云：即王庆云（1798—1862），字雁汀，福建闽县人。道光进士，历官户部侍郎、左都御史、两广总督、工部尚书等，卒谥“文勤”。

②筦（guǎn）库：仓库。

【译文】

王仁堪，字可庄，福建福州人，工部尚书王庆云的孙子。光绪三年（1877）状元，授翰林院修撰。他为山西学政，曾经主持贵州、江南、广东的乡试，曾在上书房值班。当时俄罗斯侵占伊犁，使臣崇厚擅自与俄国订立条约，王仁堪与修撰曹鸿勋等联合上疏弹劾崇厚。太和门遇灾，他再次与曹鸿勋应诏陈述自己的看法，评论时政。他请求停止颐和园工程，说：“工费指明了不动正款，但工程款项出自国库，难道不是民脂民膏？就算我可以用未动正款来报告朝廷，朝廷又怎能以未动正款之说以告天下呢？”言词非常恳切直白。

光绪十七年（1891），王仁堪出任江苏镇江知府。他刚刚到任，丹阳就发生了一起教案。案件起于当地百姓在教堂发现有婴儿的尸体。王仁堪亲自到现场勘验，发现七十多具幼儿死尸。他把案情呈报总督刘坤一说："此地是天主教堂，不应该有幼儿尸骸；即使兼办育婴堂，也不应没有活的婴儿。传教的条约中本来就没有准许外国人育婴的条款，教士于条约之外兼办育婴堂，不遵他们所奏行的章程，应该派地方官员认真稽察，祸端是他们自己找的。请宽恕那些无知百姓们的罪行，以安定民心；另外给外国人发放抚恤经费，以表示对外国人的优抚。"刘坤一没有听取该意见，最终判定围攻教堂的百姓充军、流放等不同的刑罚。当时外国使臣多次责令清政府保护教堂，王仁堪为此奏请朝廷制定专门法律，说："条约中如果没有惩办的明文规定，每每出事，洋人就任意要挟。应该明定：焚毁教堂，怎样赔偿；杀伤教士，怎样判处；以及发生口角斗殴等事，有固定的法律可循。如果这样，人们就心服口服，谣言自然就不会产生。"英国人梅生为土匪头子李鸿购买军火，事情被发觉，领事对梅生仅判处监禁，王仁堪上书总理各国事务衙门，要求严惩。另外洋人忻爱珩到处向地方官宣扬，募集资金建义学，但该人没有护照。王仁堪请海关道将该案送领事查办，又说外国人无护照私入中国内地，应按中国律法论罪。虽都没有得到执行，但当时的舆论认为这是对的。

镇江多山冈高垅，遇到干旱时节容易发生灾荒，王仁堪加紧造渠修塘，但不想骚扰百姓出钱，于是倡导大家捐献俸银。他写信向自己的亲友故旧要钱，商富们知道后都十分感动，纷纷捐助，募集资金三万贯，修塘二千三百余口，沟渠闸坝数以百计。

光绪十八年（1892）秋，丹阳遭遇大水灾，在赈济之外，王仁堪劝绅商捐财物，被救活的百姓很多。另外，他还把官府的钱借给百姓，使他们不至于卖牛，这叫做牛赈。他疏浚了太平港、沙腰河、练湖、越渎、萧河、香草、简渎等，共二十多处，支沟别渠二百三十多条。又凿塘四千六百口，用来储蓄高原之水，而这些花费都是以工代赈。从东到西相距百余里，各处都兴修水利。次年（1893）春天，赈济完毕，还剩四万金，王仁堪使用它的利息来买储备粮食。牛赈剩下的钱，他又仿照社仓的办法创设社钱，把社钱按区域分别储存，作为修建沟洫、增广义塾的经费。镇江西边乡下偏僻的地方百姓浅陋不知学习，王仁堪设立榛思文社来教化他们，并出自己的钱在府治前建南灊学舍。其在任两年，在教化培养人们等很多方面，都尽心尽力的去办理。

王仁堪调任苏州知府时，已积劳成疾，但还每日坐在审判庭审理积压的案件，他的风度让当时人为之感动。但才过三个月，他就忽然病逝了，人们非常痛惜。镇江士绅百姓罗列他的政绩，都请求上级官吏报告皇帝，说他“视民事如家事，一直以扶植善类、培养人的精神为己任，卓然有古代循吏的风范”。皇上下诏命令史馆为王仁堪立传，以表彰优秀的官吏。自光绪初年，有制度规定，官吏死后三十年才能请求在名宦祠中祭祀。这个时候大臣们都谋求众意以得到皇上下旨让史馆立传表彰，稀世的盛典就这样日益泛滥，只有王仁堪是当之无愧的。

【评述】

王仁堪（1849—1893），清光绪三年（1877）状元，晚清有名的才子、书法家。著有《王苏州遗书》。其书法师承欧阳询、褚遂良，严谨纯熟，用笔肥润，清俊秀雅，所书《千字文》小楷，被刻成碑板在坊间广为发行，供读书人习字之用。因其寿命较短，仅有少数作品流传至今，故知名度不高，但史籍仍赞他“名重一时”。

封建时代的状元，不少是平庸之辈。但王仁堪确是品学俱优，名副其实。他曾出任贵州、江南、广东乡试副考官，其慧眼识人，门下出过徐世昌（民国大总统）、梁启超这样的人物。他做京官时直言敢谏，出任地方官后，也能为百姓做好事，所以他的品德、政声、诗文、书法都为人推崇。

鸦片战争后，民族危机日益加深，社会矛盾激化，一批官僚文人，为维护封建统治，经常上书评议时政，呼吁整顿纲纪，反对列强侵略，当时被称为“清流派”（以敢于批评时政得失、标榜廉洁清高而得名）。其主要成员有张之洞、陈宝琛、张佩纶、文廷式等，王仁堪也是其中一员。王仁堪是个有抱负有勇气的人，屡屡大胆上疏议论时政，如请停修圆明园、弹劾崇厚等权臣。这最终导致他在京失宠，被外派做地方官。

王仁堪殁后，灵柩运返福州，葬于北门外马鞍山。在他任过知府的镇江府，人们专门在金山冷泉之畔建祠纪念这位好官，春秋致祭。如今，这里已被列为当地文物保护单位，而且成为旅游瞻仰名胜区。王仁堪在福州孝义巷的故居，后改建为王氏家祠。阳寿虽短，贤名长存。老百姓忘不了这位刚正廉洁、一心为民的好官。

（谢建东注译　王彦钊评述）

陶　模

【原文】

陶模，字方之，浙江秀水人。同治七年进士，改庶吉士。散馆，授甘肃文县知县，调皋兰。左宗棠为总督，方征回，又创建贡院，兵工诸役并作，模躬自料量，民不知扰。迁秦州直隶州。岁旱，流徙饥民数十万麕集，出积俸，并割公使银四万余金设粥厂，不足，贷金益之。修养济院，增义田，恤嫠妇。州南藉水啮城堙，模为筑堤沼三百五十丈，植芙蕖杨柳，蓄鳞介，取其利，以时缮完。署甘州府知府，罢属县供亿。宗棠奏模治行第一，调补迪化州。编修廖寿丰[①]荐模器识宏远，堪备阃寄。时回久乱，民户寥落，模和辑汉、回，耕者复聚。时议定赋则，模谓经画穷塞，当通《周官》一易再易之义，令民以二亩当一亩，征其六缓其四。宗棠采其议，边民始有久居志。历署兰州府、兰州道、按察使，调直隶按察使、陕西布政使，护巡抚。

光绪十七年，授甘肃新疆巡抚。当葱岭西，有地曰帕米尔，乾隆间为我军锋所及，高宗尝勒铭焉。葱岭东南有小部落曰坎巨提，岁纳贡于我。模未至新疆，俄侵帕米尔，谋通印度，英攻破坎巨提。中外方议战，模谓："将士能戡土匪，未能御强敌。军资百物，运自内地，数月乃达。俄、英铁轨，瞬息可至。新疆与俄相接几五千里，增兵十倍未足固。当民穷财匮之时，不可轻言战。惟当购机炮，扩电线，饬边将严为备。羁坎巨提故酋无令北走，而抚其流民，与驻俄、英使臣合争。"议未定，俄曰防英，英曰防俄，莫可究诘。明年，二国兵益进，将吏咸愤激请战，终不许。于是奏请废黜坎巨提故酋。会英人亦立其弟买卖提艾孜木，令镇抚部民，岁纳贡如故事，坎巨提事乃定。

而俄兵在帕米尔，意叵测。模以边防无效，自请罢斥，不允。廷议将以帕米尔为三国瓯脱，英垂诺，俄犹不可，陈兵相持。模取德意志兵法练边军，选幼童百余，课以测算诸法，将徐推之各军。见将佐必以惜劳苦、宝枪弹为戒。初，俄人借巴尔鲁克山以处所属哈萨克，期十年。山饶水泉林木，当塔城西北，广袤数百里。至是期满，无还意。模争之，逾年乃如约。俄商及附英诸部至新疆皆不税。模曰："是独苦吾民！"为奏请普免焉。

缠回文字语言不相通，汉民愚之，贷金辄取重息，至卖鬻妻子以偿。模为之规定章条，令读书习汉语，于是回族欣欣向化矣。罗布淖尔，古蒲昌海也，荒沙无垠，亘新疆中部。模议辟径路，自新疆之南，青海、西藏之北，噶斯、乌兰达布逊、阿耨达、托古兹尼蟒依诸大雪山之阴，迂回出入，分道测绘，得金铁煤诸矿数十百计，欲开采利民，以绌于赀，工不克举。乃于罗布淖尔北四百余里筑蒲昌城，南百四十里设屯防局，回民徙居成村落。其后设置营县，实自模开之。

二十年，日本略朝鲜，朝议决战，师屡败。甘肃提督董福祥先以祝嘏在京，募兵备战。河湟回族闻乱思蠢动。二十一年春，撒拉河州、西宁、大通诸回先后反。西宁回酋刘四伏尤悍，模遣将援巴燕戎格，与总督杨昌濬合疏请命福祥帅师西援。夏，平番回亦变，河西诸府东不能通省会，则西乞援新疆。模奏陈回乱日亟，部遣诸将罗平安戍哈密，牛允诚守安西、玉门，赵有正屯肃州，而于哈密置东防营务处，以道员潘效苏护诸将。诸乱回遣其徒出关煽新疆回部。九月，绥来回发难，以有备，旋定。迪化回应之，模诇知莠民与牙役密相结，捕斩六人而乱弭。十月，回逼甘州，上罢昌浚，以模署陕甘总督，命入关剿抚。时福祥将甘军渡洮，魏光焘将湘军临湟水。模策东路兵大集，回且西窜，乃遣兵分驻天山北迪化、镇西为中权，而缮完防御天山以南诸要隘。后路既设备，乃将马步八营驰入关，道经沙漠至吐鲁番城，回王玛木特来会，勖以大义。至哈密，校阅各军，令缠回与焉。模以有正兵寡，戒毋轻出。有正喜功，出攻察汉俄博、永安二城皆下。二十二年元夕，薄北大通营，败归。模遣凉州戍军赴援。二月，入关，群回敛聚山南，模至兰州视事，令效苏督诸将略北大通营，破所领十大庄堡，戮其酋，歼数千人，诸回气夺。会光焘亦定西宁，诸回自水峡口西窜青海。模令效苏等出塞，陈兵玉门诸山径，毋纵贼出平地。青海蒙古积弱，久怵回悍，告急。朝议令光焘、福祥二军追逐。模以师行绝域，粮刍车驮，重为民累，内地空虚，为祸滋大，奏寝其议。新疆将吏虑回更西窜，亦告急。朝议令提督邓增出青海，张俊防北路。模策贼非至玉门、敦煌掠食，不能遽犯新疆，复请罢移军议，而令增屯肃州为声援。光焘将湘军还陕西，以与福祥不相能也。贼自青海犯玉门，允诚等击卻之。模令玉门军赴安西。五月，贼大至，刘四伏夺路求食，诸将力战，金兰益匹马陷阵，大败贼於牛桥，降斩各数千人，饥冻死碛中者过半。四伏以千数骑遁，中道伏发，就擒。於是徙降回塔里木河滨，计口授田。关内外悉平，论功，实授总督。

方日事之初起也，和战议不决。模言："国强弱视人才，人才不足，和战皆不足恃，即战胜亦无益。"因言："天下事当变通者非一，如减中额，停捐例，汰冗员，令京官升迁不出本部，司员分类治事，删弃旧案，破除旗兵积习，禁士大夫食鸦片，分设算学、艺学科目，废武科，变操法，择勋旧子弟游学各国，培植工艺。尤愿皇上鉴天灾之屡警，念民困之莫苏，懔内政之宜修，知外患之难弭，毋始勤终怠，毋狃目前而忘远虑。”时中外诸臣条奏，多言变法祛积习。模言：“推行宜渐，根本宜急。聚阘茸嗜利之辈以期富强，止于旧法外增一法，不得谓之变法；于积习外增一习，不得谓之祛积习。欲求富强，当先崇节俭，广教化，恤农商。”其旨意大率类此。模督陕甘数年，锐欲开矿制械，兴学广教，皆以用不足，不能尽举，累疏乞罢。

二十六年，述职入觐，道疾，留陕西。俄调补两广总督。两宫西幸，迎谒蒲州，再乞休，不允，乃力疾上官。二十七年，疏请裁减宦官，略言：“宦官干政，史不绝书，我朝家法严明，从未有内监预闻政事。然除弊如除莠，留其芽蘖，终恐发生，宜大加裁汰。内廷差使悉可改用士人，定宫府一体之制，永不再选内监，非唯一时盛事，实亦千古美谈。”别疏言：“变通政治，宜务本原。本原在朝廷，必朝廷实能爱国爱民，乃能以爱国爱民责百官；必朝廷先无自私自利，乃能以不自私不自利望天下。转移之道，一曰除壅蔽，一曰去畛域，一曰务远大。朝廷当以身作则，克己胜私，否则虽日言变通，无由获变通之效。”

粤故多盗，模定清乡章程，信赏必罚。凡练军分屯，许所在州县节制。一岁中捕斩名盗千余人，钦、廉、肇、罗诸属盗薮，皆次第削平。模谓民贫思乱，非杀可止，令府县设劝工厂，囚不至死者令入厂教养。广东名饶富，然取诸民者已重于他行省，岁不足五百余万，则取之赌规，仍不足，则贷之外人。模睹民力已屈，追呼不得宽，欲有所兴革，皆坐中沮。迭疏请疾，甫受代，九月，卒于广州，赠太子少保，谥勤肃。

模自为诸生，食贫力学，与平湖优贡生顾广誉②、震泽诸生陈寿熊③、吴江举人沈曰富④以道义相勖。既通籍，大学士阎敬铭、总督杨昌浚皆尝论荐，不以告模，模亦不谢也。俭约自将，不立崖岸，恂恂卑下，将吏争为用，而无敢以私干者。卒后，兰州、迪化皆允建专祠。

选自《清史稿》卷四百四十七《陶模传》

【注释】

①廖寿丰（1836—1901）：清江苏嘉定（今上海嘉定）人，字谷似。同治进士，曾任国史馆编修、贵州按察使、浙江巡抚等职。

②顾广誉（1800—1867）：字维康，浙江平湖人，咸丰时举孝廉方正。清代著名学者，有《悔过斋文稿》等。

③陈寿熊（1812—1860）：字子松，江苏吴江人，著名经学家，有《读易汉学私记》、《周易集义》等著作。

④沈曰富（1808—1858）：江苏吴江人，字沃之，著名学者，有《受恒受渐斋诗文集》等著作。

【译文】

陶模，字方之，浙江秀水人。同治七年（1868）中进士，改任庶吉士。散馆后，陶模被授予甘肃文县知县一职，后又调任皋兰知县。当时左宗棠为陕甘总督，正在征讨陕甘回民起义，又创建贡院，军事和其他工程大兴，陶模都亲自安排、处理，使百姓没有受到多少烦扰。陶模迁任至秦州直隶州长官。有一年遇到大旱，数十万迁徙的饥民聚集起来，陶模拿出自己积累的俸禄，并截下公使银四万余两开设粥厂，还不够，又借贷银两作为补充。陶模兴修养济院，增加义田，抚恤寡妇。秦州州治之南积水侵蚀了城堙，陶模修筑堤坝和池塘三百五十丈，种植荷花、杨树、柳树，蓄养水中的鱼蚌等，并按时修补。他后署理甘州府知府，免除了下属诸县所需供给的钱财。左宗棠奏称陶模治行第一，调迪化州知州。编修廖寿丰举荐陶模以气量大、见识宽广，能够任以重要的军职。当时回民叛乱已久，民户稀少，陶模使汉族、回族人民和睦团结，耕田的人又聚集起来。当时商议确定赋税的标准，陶模说经营筹划有穷屈不通的，应该会通《周礼》一变再变的义理，让百姓以二亩算一亩，征收六成，暂时缓收余下的四成税。左宗棠采纳了他的意见，边地的居民才有了长久定居的想法。后来陶模历任兰州知府、兰州道员、甘肃按察使等职，后调任直隶按察使、陕西布政使，护理陕西巡抚等职。

光绪十七年（1891），陶模被授予甘肃新疆巡抚之职。当时在葱岭以西有个地方叫帕米尔，乾隆间大军曾经到过这里，高宗曾在这里立碑勒铭。葱岭东南有个小部落叫坎巨提，每年都向清朝进贡。陶模未到新疆的时候，俄罗斯入侵帕米尔，打算打通到印度的道路，而英军则攻破了坎巨提。朝廷内外都在商议作战的事情，陶模说：“将士能打败土匪，未必能战胜外部的强敌。军用物资上百种，都要从内地运来，几个月才能到达。而俄、英有铁轨，瞬息就可到达。新疆与俄国相接壤的边境线有五千里，就算增兵十倍也未必能稳固此地。在民众穷困、物资匮乏的时候，不可轻言战事。只应该购买机枪大炮，扩大电线铺设的领域，教导边将严阵以待，做好战备工作。约束坎巨提过去的酋长别让他向北逃跑。安抚当地的流民。与驻俄、驻英的使臣一起抗争。”还没商议好，俄国说防备英国，英国说防备俄国，无法探究其实。第二年，两国兵士继续进犯。朝廷将吏群情激奋请求作战，最终没有得到允许。于是陶模奏请废除坎巨提过去的酋长。正好英国人也立了他弟弟买卖提艾孜木，让他统领、安抚他的部民，每年按旧例纳贡，坎巨提的形势这才安定下来。

而俄国军队在帕米尔居心叵测。陶模以边防无效为由自请免职，没有得到允许。朝廷商议将帕米尔地区作为三国边界的缓冲地带，英国人答应了，俄国人还不同意，陈兵相持。陶模用德意志的兵法训练边防军，选取幼童一百多人，教他们测算等方法，准备慢慢在全军推广。他见到属下将佐就一定嘱咐他们刻苦练兵，爱惜弹药。最初，俄国人借了巴尔鲁克山所属的哈萨克，约期为十年。此地山泉、林木富饶，在塔城西北，土地广袤达数百里。到这时约期满了，俄国人却没有想还的意思。陶模与之争执。过了半年才如约还了。俄国商人及归附英国人的各部落到新疆都不纳税。陶模说：“这样唯独苦了我们的百姓！”于是奏请普遍免税了。

回人与汉人文字语言不相通，汉民欺骗回民，贷款时经常收取较高的利息，导致回民卖妻子儿女来偿还债务。陶模为他们规定章法条例，令他们读书、学习汉语，于是回民高兴的顺服了。罗布泊，是古蒲昌海，荒无人烟没有边际，横亘新疆中部。陶模建议开辟道路，从新疆南部，青海、西藏北部，噶斯、乌兰达布逊、阿耨达、托古兹尼蟒依诸大雪山之北，迂回出入，分路测量绘图，发现数十百处金铁煤等矿藏，想开采矿藏为百姓谋利，由于缺乏资本，最终未能开采。于是在罗布泊以北四百多里的地方修筑蒲昌城，以南一百四十里的地方设立屯防局，回民迁居形成村落。以后又设置营县，实际上是陶模开创的。

光绪二十年（1894），日本侵略朝鲜。朝议参战，清军屡遭失败。甘肃提督董福祥先以祝寿为名进京，募兵备战。甘肃、青海回族人民闻此，蠢蠢欲动。二十一年（1895）春天，撒拉河州、西宁、大通等回部先后反叛。西宁回族酋长刘四伏尤其凶悍，陶模派将领支援巴燕戎格，与总督杨昌濬联合上疏请求命令福祥率领军队向西援助。夏天，平番回部也叛变了。河西各府不能向东与省会联系，于是向西祈求支援新疆。陶模上奏陈说回部动乱日益紧急。朝廷派遣罗平安戍哈密，牛允诚守安西、玉门，赵有正屯肃州，而于哈密置东防营务处，以道员潘效苏护卫诸将。叛乱的回部派他们的人出关煽动新疆的回部。九月，绥来回部发动叛乱。因为有所准备，很快被平定了。迪化回部响应他们，陶模知道乱民与牙役互相勾结，就逮捕并斩杀了六人，于是这次动乱平息了。十月，回民部队逼近张掖，皇上罢免昌浚，让陶模代理陕甘总督，命他入关剿抚。当时福祥率领甘军渡过洮水，魏光焘将湘军到达湟水，陶模指挥东路兵集合。回族向西逃窜，于是陶模派兵分驻天山北迪化、镇西为中枢，修缮防御天山以南的各个重要关口。后路准备好以后，陶模派步兵骑兵八支飞速入关，途经沙漠至吐鲁番城，回王玛木特来会见，陶模以大义勉励他。到哈密后，陶模检阅各军，命令缠回也参与。陶模认为有正兵少，告诫他不要轻易出兵。有正好大喜功，带兵出征，察汉俄博、永安二城都被攻下。光绪二十二年（1896）元月，逼近北大通营，结果大败而归。陶模派遣凉州戍军前去支援。二月，入关，众回部聚集在山南。陶模到兰州视察，命令效苏等各位将领靠近北大通营，攻破回部占领的十大庄堡，杀了他们的领袖，还杀了几千人。各回部的气焰被打压下去。当时光焘也平定了西宁，各回部从水峡口向西逃窜到青海。陶模命令效苏等出塞，陈兵玉门各个山路上，不要放贼人出平原。青海蒙古长久弱小，一直害怕回部强悍，至此告急。朝廷商议让光焘、福祥二军追逐回部。陶模以大军在绝域作战，粮草车载马驮，是百姓的巨大负担，内地空虚，可能造成大祸为由，上奏阻止了这个提议。新疆将吏担心回部向西逃窜，也告急。朝议命令提督邓增出兵青海，张俊防守北路。陶模预计贼人不到玉门、敦煌掠食，就不能骤然进犯新疆，又请求停止调兵的计划，而下令增加肃州的屯兵作为声援。光焘率湘军回到陕西，因为他与福祥处得不好。贼人从青海进犯玉门，允诚等击退了他们。陶模命令玉门军赶赴安西。五月，贼人大量到来，刘四伏夺路求食。诸将奋力作战，金兰益单枪匹马冲入敌阵，在牛桥大败贼人，降斩各几千人，饥寒交迫死在沙漠中的过半。刘四伏带着一千多骑兵逃跑了，半路遇到埋伏，束手就擒。于是把投降的回部迁徙到塔里木河滨，按人口分给田地。等到关内外叛乱都被平定，论功行赏，陶模被实授陕甘总督之职。

当日本挑起事端的时候，关于议和还是开战的争论不断。陶模说：“国家的强弱要看人才，人才不足，是和是战皆不能有所凭借，即使战胜亦没有用。”于是说：“天下的事应当变通的非一，如削减各级科举考试所取中的名额，停止纳员捐官的规则，裁汰冗员，使京官升迁不出本部，各司长官各司其职，删除、摈弃旧例，破除八旗兵将的积习，严禁士大夫吸食鸦片，分设算学、艺学科目，废除武科考试，变更士兵操练之法，选择有功勋的旧臣的子弟去各国学习工艺等技术。尤其盼望皇上以多次天灾的警示为借鉴，念及人民的困顿尚未复苏，心忧内政，明白外患消弭的困难，不要开始勤勉后来懈怠，不要拘泥于目前而忘记长远的忧虑。”当时内外大臣的上奏，多言及变法、去除积习。陶模说：“推行变法要渐进，但根本要素则要急速。聚集卑下、贪利之人而期望富强，最终是在旧法之外增加一法，不能称之为变法；在积习之外增加一积习，不能称之为祛积习。要想求得富强，应当先推崇节俭，广布教化，体恤农商。”其意思大概是这样。陶模任陕甘总督多年，锐意进取，想要开采矿产、制造枪械，兴办教育、推广教化，都因为经费不足，不能完全实现，多次上书朝廷请求免职。

光绪二十六年（1900），陶模前往觐见皇上，路上得病，留在陕西。不久调补两广总督。两宫西逃，陶模前往蒲州迎接，再次请求去职。慈禧不同意，他才抱病上任。光绪二十七年（1901），陶模上疏请求裁减宦官，大意是这样的：“宦官干政，在历史上的记载从未断绝。我朝法律严明，从未有过内监干预政事的事。然而革除弊病就像除去杂草。留着草芽，恐怕最终还是会滋生，应该大力裁撤淘汰。内廷差使都可改用士人，制定宫府一体的制度，永远不再选内监。这不但是一时的盛事，实在也是千古美谈。”陶模另上疏道：“变革政治，最重要的是本原。本原在朝廷，必须使朝廷真正爱国爱民，才能以爱国爱民要求百官；必须使朝廷无自私自利，才能以不自私不自利期望天下之人。改变的方法，一是要祛除阻隔和遮盖，二是要消除界限和隔阂，三是高瞻远瞩。朝廷要以身作则，克己胜私，否则尽管天天说要变通，但却得不到变通的功效。”

广东以前多盗贼，陶模确定清乡章程，赏罚分明。凡是分屯练兵，允许所在州县指挥。一年中捕获斩杀有名的盗贼一千多人，钦州、廉州、肇庆、罗州等盗贼聚集的地方，都先后平定。陶模说人民如果贫困则想着叛乱，不是靠杀戮就可以制止的，他命令府县开设劝工厂，让被囚禁的罪不至死的人入厂接受教养。广东号称富饶，然而从百姓身上的索取已高于其他省，一年不足五百余万，则从赌规中索取，仍然不足，则向外国人借贷。陶模眼看着民力已竭，大声疾呼而百姓却得不到宽缓，想要有所变革，都遭到破坏。他多次以病为由上疏请辞，刚刚为新官代替，九月，病死于广州，赠太子少保，谥号“勤肃”。

陶模自从成为生员，生活贫苦致力于学业，与平湖优贡生顾广誉、震泽诸生陈寿熊、吴江举人沈曰富以道义相互勉励。等到他做官了，大学士阎敬铭、总督杨昌浚都曾经举荐他，都没有告诉陶模，陶模也不酬谢他们。他以勤俭节约要求自己，不高高在上，对部下态度谦卑，将吏争相为其所用，但没有敢为自己谋私利的。陶模死后，兰州、迪化都允许建立专祠。

【评述】

从知县至总督，三十余年为官，陶模算是仕途坦荡，无惊无险。但这些都是靠他兢兢业业而来。

陶模的一生平平稳稳，安于自己的本职工作：筑城设营县，不扰民；饥荒时期开粥厂，修养济院；稳定时教化民众。《史记》有《循吏列传》，专门记述那些重农宣教、清正廉洁、所居民富、所去见思的州县级地方官，这些官员千百年来为人传颂，陶模无疑也算是其中一个。这些官员不是挥斥方遒的大人物，可能在那些渴望封侯拜相的士人们心中，还显得有些平凡。因为他们没有运筹帷幄之中，决胜千里之外的能力，也没有手握大权，一人之下万人之上的地位，他们只是安于一隅的一方父母官，他们所管理的也只是一方百姓的民生经济，而不会跺跺脚国家就风云变色。但仅是“父母”二字便意味着责任重大，一方百姓仰仗着他们才能衣食无忧、安居乐业。只为这沉重的二字，他们便会勤勤恳恳地修桥筑坝，安抚教化。

但陶模又有些不同，饥荒之时设粥厂，官方银钱不足，他自己会贷金补上。在他心中，对待百姓没有公私之分，他是“父母”更甚过“官员”；回汉文字不通，一些汉人趁机欺骗回人，他会站出来替回人做主，教他们识汉字，大概他不太懂夷夏之别，可他更清楚的是“率土之滨莫非王臣”。就这样，陶模不仅仅只是一方官员、封疆大吏了，在百姓心中，那就是他们的“父母”，是能使他们安居乐业的人。地方官都喜欢称自己是父母官，似乎这样才能显示出自己的重要性，但有几人能做到陶模这种地步？又有几人能真正懂得“父母”二字的分量？

所以，陶模去世后，他所治理过的兰州、迪化都允建专祠，这是当地百姓对一代循吏的最高敬意。

（陈鹏注译　曾晓娟评述）

张之洞

【原文】

张之洞，字香涛，直隶南皮人。少有大略，务博览为词章，记诵绝人。年十六，举乡试第一。同治二年，成进士，廷对策不循常式，用一甲三名授编修。六年，充浙江乡试副考官，旋督湖北学政。十二年，典试四川，就授学政。所取士多俊才，游其门者，皆私自喜得为学涂径。光绪初，擢司业[①]，再迁洗马。之洞以文儒致清要，遇事敢为大言。俄人议归伊犁，与使俄大臣崇厚[②]订《新约》十八条。之洞论奏其失，请斩崇厚，毁俄约。疏上，乃褫崇厚职治罪，以侍郎曾纪泽为使俄大臣，议改约。六年，授侍讲，再迁庶子。复论纪泽定约执成见，但论界务，不争商务，并附陈设防、练兵之策。疏凡七八上。往者词臣率雍容养望，自之洞喜言事，同时宝廷、陈宝琛、张佩纶辈崛起，纠弹时政，号为清流[③]。七年，由侍讲学士擢阁学。俄授山西巡抚。当大祲后，首劾布政使葆亨、冀宁道王定安等黩货，举廉明吏五人，条上治晋要务，未及行，移督两广。

八年，法越事起，建议当速遣师赴援，示以战意，乃可居间调解。因荐唐炯、徐延旭、张曜材任将帅。十年春，入觐。四月，两广总督张树声解任专治军，遂以之洞代。当是时，云贵总督岑毓英、广西巡抚潘鼎新皆出督师，尚书彭玉麟治兵广东。越将刘永福者，故中国人，素骁勇，与法抗。法攻越未能下，复分兵攻台湾，其后遂据基隆。朝议和战，久不决，之洞至，言战事气自倍，以玉麟夙著威望，虚己听从之。奏请主事唐景崧募健卒出关，与永福相犄角。朝旨因就加永福提督、景崧五品卿衔，炯、延旭亦皆已至巡抚，当前敌，被劾得罪去，并坐举者。之洞独以筹饷械劳，免议。广西军既败于越，朝旨免鼎新，以提督苏元春统其军，而之洞复奏遣提督冯子材、总兵王孝祺等，皆宿将，于是滇、越两军合扼镇南关，殊死战，遂克谅山。会法提督孤拔攻闽、浙，炮毁其坐船，孤拔殪，而我军不知，法愿停战，廷议许焉。授李鸿章全权大臣，定约，以北圻为界。叙克谅山功，赏花翎。

之洞耻言和，则阴自图强，设广东水陆师学堂，创枪炮厂，开矿务局。疏请大治水师，岁提专款购兵舰。复立广雅书院。武备文事并举。十二年，兼署巡抚。于两粤边防控制之宜，辄多更置。著《沿海险要图说》上之。在粤六年，调补两湖。

会海军衙门奏请修京通铁路，台谏争陈铁路之害，请停办。翁同龢等请试修边地，便用兵；徐会沣请改修德州济宁路，利漕运。之洞议曰：“修路之利，以通土货、厚民生为最大，征兵、转饷次之。今宜自京外卢沟桥起，经河南以达湖北汉口镇。此干路枢纽，中国大利所萃也。河北路成，则三晋之辙接于井陉，关、陇之骖交于洛口；自河以南，则东引淮、吴，南通湘、蜀，万里声息，刻期可通。其便利有数端：内处腹地，无虑引敌，利一；原野广漠，坟庐易避，利二；厂盛站多，役夫贾客可舍旧图新，利三；以一路控八九省之衢，人货辐辏，足裕饷源，利四；近畿有事，淮、楚精兵崇朝可集，利五；太原旺煤铁，运行便则开采必多，利六；海上用兵，漕运无梗，利七。有此七利，分段分年成之。北路责之直隶总督，南路责之湖广总督，副以河南巡抚。”得旨报可，遂有移楚之命。大冶产铁，江西萍乡产煤，之洞乃奏开炼铁厂汉阳大别山下，资路用，兼设枪炮钢药专厂。又以荆襄宜桑棉麻枲而饶皮革，设织布、纺纱、缫丝、制麻革诸局，佐之以堤工，通之以币政。由是湖北财赋称饶，土木工作亦日兴矣。

二十一年，中东事棘，代刘坤一督两江，至则巡阅江防，购新出后膛炮，改筑西式炮台，设专将专兵领之。募德人教练，名曰“江南自强军”。采东西规制，广立武备、农工商、铁路、方言、军医诸学堂。寻还任湖北。

时国威新挫，朝士日议变法，废时文，改试策论。之洞言：“废时文，非废《五经》《四书》也，故文体必正，命题之意必严。否则国家重教之旨不显，必致不读经文，背道忘本，非细故也。今宜首场试史论及本朝政法，二场试时务，三场以经义终焉。各随场去留而层递取之，庶少流弊。”又言：“武科宜罢骑射、刀石，专试火器。欲挽重文轻武之习，必使兵皆识字，励行伍以科举。”二十四年，政变作，之洞先著《劝学篇》以见意，得免议。

二十六年，京师拳乱，时坤一督两江，鸿章督两广，袁世凯抚山东，要请之洞，同与外国领事定保护东南之约。及联军内犯，两宫西幸，而东南幸无事。明年，和议成，两宫回銮。论功，加太子少保。以兵事粗定，乃与坤一合上变法三疏④。其论中国积弱不振之故，宜变通者十二事，宜采西法者十一事。于是停捐纳，去书吏，考差役，恤刑狱，筹八旗生计，裁屯卫，汰绿营，定矿律、商律、路律、交涉律，行银圆，取印花税，扩邮政。其尤要者，则设学堂，停科举，奖游学。皆次第行焉。

二十八年，充督办商务大臣，再署两江总督。有道员私献商人金二十万为寿，请开矿海州，立劾罢之。考盐法利弊，设兵轮缉私，岁有赢课。明年，入觐，充经济特科阅卷大臣，厘定大学堂章程，毕，仍命还任。陛辞奏对，请化除满、汉畛域，以彰圣德，遏乱萌，上为动容。旋裁巡抚，以之洞兼之。三十二年，晋协办大学士。未几，内召，擢体仁阁大学士，授军机大臣，兼管学部。三十四年，督办粤汉铁路。

德宗暨慈禧皇太后相继崩，醇亲王载沣⑤监国摄政。之洞以顾命重臣晋太子太保。逾年，亲贵浸用事，通私谒。议立海军，之洞言海军费绌可缓立，争之不得。移疾，遂卒，年七十三，朝野震悼。赠太保，谥文襄。

选自《清史稿》卷四百三十七《张之洞传》

【注释】

①司业：国子监的副长官，协助国子监祭酒主管监务。

②崇厚（1826—1893）：姓完颜，字地山，内务府镶黄旗人，道光举人。官至三口通商大臣、奉天将军。后因擅自签订丧失中国领土主权的《里瓦几亚条约》而入狱。曾开办近代军事工业天津机械制造局。

③清流：指晚清时，一些有名望而批评不良社会风气的官员群体。1870—1875 年称前清流，主张用传统的治国理念振兴图强。之后，清流派与帝党、后党交叉，称后清流，但倾向帝党，戊戌变法后消失。

④变法三疏：即两江总督刘坤一、湖广总督张之洞于 1901 年应慈禧改革上谕所上的《江楚会奏变法三折》，是清末新政的重要文献。

⑤载沣（1883—1951）：即爱新觉罗·载沣，世袭醇亲王。光绪帝胞弟，宣统帝父。

【译文】

张之洞，字香涛，直隶南皮人。年少时即有雄才大略，致力于博览词章，记诵能力惊人。十六岁时，考取乡试第一名。同治二年（1863）中进士，殿试时回答问题不循常规，以一甲第三名被授予翰林院编修。同治六年（1867），任浙江乡试副考官，很快又任湖北学政。同治十二年（1873），在四川主持乡试，又被授予四川学政一职。张之洞所选拔的都是非常优秀的人才，他的生徒私下里都庆幸自己找到了治学的门路。光绪初年，被擢升为国子监司业，又迁洗马一职。张之洞以一介儒生官居要职，遇事敢于发表意见。俄国人商议归还伊犁时，与使俄大臣崇厚签订《新约》十八条。张之洞上奏指其失误，请求将崇厚处斩，撕毁与俄订的《新约》。奏折上达后，朝廷将崇厚革职问罪，并派侍郎曾纪泽为使俄大臣，讨论改约一事。光绪六年（1880），张之洞被授予侍讲，又迁庶子。他七八次上书，谈到曾纪泽订约时固执已见，只涉及中俄边界问题，而不涉及贸易往来，同时张之洞提出巩固边防、加强练兵之策。以往的儒臣尽享朝廷优厚待遇而不参与政事，张之洞一向喜欢议论政事，同时宝廷、陈宝琛、张佩纶等人也相继崛起，他们纠劾时政，因此，被称为清流。光绪七年（1881），张之洞由翰林院试讲学士升为内阁学士。不久又被授予山西巡抚。当山西遭灾后，张之洞首先弹劾布政使葆亨、冀宁道王定安等贪赃财物，又举荐廉明官吏五人，条分缕析地陈述治理山西的各种举措，还未来得及实行，他便调任两广总督。

同治八年（1869），法国侵犯越南，张之洞建议赶快派清军援助越南，表明清政府对法战争的坚决态度，这才可从中调解。

于是，张之洞推荐唐炯、徐延旭、张曜材为统帅。同治十年（1871）春，张之洞入朝觐见皇帝。四月，两广总督张树声卸总督任专力负责军事，张之洞代为两广总督。当时，云贵总督岑毓英、广西巡抚潘鼎新皆出带兵作战，尚书彭玉麟在广东带兵。将军刘永福，广西人，素来骁勇善战，与法军对抗。法军进攻越未能攻下，又分兵进攻台湾，后来，法军攻占基隆。清廷商议对法国是和是战，久久没有定下来。张之洞回到朝廷，说战争使人民勇气倍增，而湘军老将彭玉麟德高望重，自己愿听从他的调度。张之洞上奏请求由主事唐景崧招募士卒率军出关，与刘永福军相犄角。这样，朝廷顺便升刘永福为提督、赐唐景崧五品卿衔。当时，唐炯、徐延旭等已官至巡抚，他们在前线指挥清军作战，因调度无能，被弹劾得罪而撤职，推荐他们的人也一并治罪。而张之洞以筹粮饷军械劳苦，免予定罪。广西清军败于法军，朝廷也撤了潘鼎新的职务，以提督苏元春代之。张之洞又上奏，请起用老将提督冯子材、总兵王孝祺等。于是，云南清军和越南军队共同扼守镇南关，拼死作战，攻克了谅山。其时，法军提督孤拔进攻福建和浙江，被清军用大炮击沉他乘坐的战舰，孤拔被打死，而清军不知这一情况，法国想停战，清政府同意了。于是，清政府授李鸿章为全权大臣，与法国制订和约，以越南北圻为界。清政府追论攻克谅山之功，张之洞被赏花翎。

张之洞以与侵略者谈和为耻。他暗地里奋发图强，创设广东水陆师学堂，开设枪炮厂，开矿务局。他上疏请求大兴水军，每年用专款来购买军舰。他又立广雅书院，使武备、文事并驾齐驱。同治十二年（1873），张之洞兼署巡抚。在两广边防事务上，多所更换。他著《沿海险要图说》一书，上呈皇帝。张之洞在两广六年，调补湖广总督。

此时，刚巧碰上海军衙门奏请修筑京通铁路，而御史历陈修筑铁路之害，坚决要求不要修铁路。翁同龢等则请在边疆修筑铁路试点，以便用兵；徐会沣则奏请改修德州济宁路，以利于漕运。对于修筑铁路，张之洞自有他的看法，他建议说："修铁路所带来的，应以运输土特产、有利于人民生活为最大目标，用来运兵和粮饷倒在其次。现在，我国应在北京外从卢沟桥起，经河南以至湖北汉口镇修筑铁路。这既是主干铁路，又是交通枢纽，是我国极大利益之所在。河北铁路修成，则山西的道路可连接井陉，关中和甘肃之道也可达于洛口；自黄河以南，则东达淮河地区、江浙地区，南通湖南、四川，万里信息，顷刻可达。我以为，修筑铁路有几大好处：一、铁路内处我国腹地，不用担心引入敌人；二、铁路修在原野大漠上，容易避开坟墓民房；三、工厂林立，驿站良多，役夫商人可舍旧图新；四、以一条铁路控制八九省的交通，人员货物辐辏于此，军饷不用再担忧；五、北京近畿有事，江南淮楚精兵一天就可到达；六、太原盛产煤铁，铁路运输方便则可多开采；七、海上有战事，铁路不影响漕运。这七大好处，可分段分年完成并获得。北段路可责成直隶总督，南段路可责成湖广总督，河南巡抚可从中相助。"圣旨同意了他的主张。于是，张之洞被任命为湖广总督。因湖北大冶盛产铁，江西萍乡盛产煤，张之洞便奏请在汉阳大别山下开炼铁厂，以资修路之用，兼设枪炮弹药厂。张之洞又以湖北荆州襄阳适宜种植桑树、棉花、麻，又富产皮革，因此在这里设织布厂、纺纱厂、缫丝厂和制麻革厂。为安全起见，又在这里修筑防洪工程，流通货币。由是湖北财富丰饶，各种建设也蒸蒸日上。

光绪二十一年（1895），甲午中日战争正紧，张之洞取代刘坤一任两江总督，一上任就巡阅两江防务，购买新发明的后膛炮，改筑西式炮台，并派专门将士负责。又雇用德国教练进行训练，取名“江南自强军”。兼采中西规章制度，广泛设立武备学堂、农工商学堂、铁路学堂、方言馆、军医学堂等。不久再次回湖北任职。当时甲午战败，清政府国威受挫，朝中大臣建议变法，要废除八股文，改为策论。张之洞说：“废除八股文，并不是要废除《四书》、《五经》，所以文体必须要正，命题必须严格。否则国家重视文教的主旨不能显现，必定会导致社会不读经典，背离祖宗传统，此非小事。当今应该首场考史论以及本朝政治法律，第二场考时务策，最后一场考经义。根据每场的成绩从上而下择优录取，这样会减少科举考试的弊端。”又说：“武科举应当废除骑射、刀石等冷兵器的考试，专考火器。要想挽回重文轻武的习俗，必须让士兵读书识字，用科举考试鼓励青年入伍。”光绪二十四年（1898），戊戌政变爆发，张之洞因先前著有《劝学篇》表明己见而没有被牵连进去。

光绪二十六年（1900），义和团运动波及北京，当时两江总督刘坤一、两广总督李鸿章、山东巡抚袁世凯邀请张之洞，共同与外国领事定下保护东南的条约。等到八国联军入侵北京时，慈禧、光绪两宫西逃，而东南受条约保护而相安无事。第二年，签订丧权辱国的《辛丑条约》，两宫回宫。论功行赏，加张之洞太子少保衔。鉴于战事刚刚结束，张之洞与刘坤一合上《江楚会奏变法三折》。分析了中国积弱不振的原因，认为应当在十二件事上进行变通，在十一个方面要学习西方。朝廷于是停止捐纳，裁撤书吏，考察差役，放宽刑狱，解决八旗生计问题，裁减驻屯士兵以及绿营数量，制定开矿、通商、交通、外交等有关法律，发行银圆，收取印花税，扩充邮政。其中最重要的就是设立学堂，停止科举，奖励求学。这些措施依次实行了。

光绪二十八年（1902），张之洞充任商务大臣，再次被署以两江总督。有个道员私自将某商人二十万两银子作为寿礼送给张之洞，请求其在海州开矿。张之洞立刻弹劾，将该道员罢免。张之洞同时又考察盐法利弊，派兵船缉私，使年终时盐利有盈余。第二年，张之洞入朝面圣，充任经济特科阅卷大臣，并制定京师大学堂章程，事情完成后，仍命其回任两江总督。在与光绪皇帝讨论政事时，请消除满、汉之分，以彰显皇帝圣德，遏止动乱的发生，皇帝深为感动。不久裁撤巡抚，让张之洞兼任。光绪三十二年（1906），张之洞晋升为协办大学士。过了不久，光绪皇帝召见张之洞，擢其为体仁阁大学士，授予军机大臣，同时掌管学部。光绪三十四年（1908），负责粤汉铁路的修建。

光绪皇帝和慈禧太后相继驾崩后，由醇亲王载沣监国摄政。张之洞以顾命大臣晋升为太子太保。这一年过后，皇室亲贵渐渐掌握大权，相互串通谋私。朝廷商议设立海军，张之洞进言，以为海军费用可以缓期设立，未被采纳。后因患有疾病，张之洞不久就去世了，时年七十三。朝廷赠太保衔，谥号“文襄”。

【评述】

张之洞是一个很有抱负、个性鲜明又饱受争议的历史人物。最初，他作为清流派代表人物以敢谏闻名，号称“牛角”，战斗力非常生猛。后来，他成为洋务派的领军人物，政绩卓著。就是作息，张之洞也与常人不同，每天下午二时睡觉，晚上十时起床办公。张之洞一生的经历与中国近代史相始终。一方面，作为朝廷重臣，他的思想具有浓厚的封建意识，他极力维护腐朽清王朝的统治。在这一点上，他不可能超越当时的历史时代。另一方面，在动荡衰落的清朝末世，他以自己深厚的传统文化底蕴，廉洁奉公的为官理念，敢作敢为的开创精神，在政治、军事、工业、农业、交通、文化、教育、外交等领域取得了有目共睹的成绩，为推动中国历史发展作出了突出的贡献。

张之洞一生主要做了三件事：一是开办实业，二是办新式教育，三是编练新军。可以说，张之洞是中国历史上较早将西方文明与东方文明的精华兼收并蓄，将移植文化与本土文化有机结合，将工业文明引进农业文明之中，谋求国家振兴的政治家。1898 年，他发表了著名的《劝学篇》，提出“中学为体，西学为用”的观点，开启了一条新学旧学两不废的循序渐进之路。张之洞认为，有了中学的根基以及随之形成的识趣，对西学的吸收就会发挥积极的作用。

（密素敏注译　王彦钊评述）

陈 豪

【原文】

陈豪，字蓝洲，浙江仁和人。同治九年优贡[①]，以知县发湖北，光绪三年，署房县。勤于听讼，每履乡，恒提榼张幕，憩息荒祠，与隶卒同甘苦。会匪柯三江谋乱，立擒置之法。置匦县门，谕胁从自首，杖而释之。征米斗斛必平，不留难，不挑剔，民大悦，刁绅感而戢讼。禁种莺粟，募崇阳人教之植茶，咸赖其利。历署应城、蕲水。

授汉川，频年襄河溢，修筑香花垸、彭公垸、天兴垸诸堤，疏浚茶壶沟、县河口，以工代赈。新沟者，毗汉阳，冬涸舟涩。江口奸民辄恃众索诈，捕治，谕禁之。因病乞休沐[②]，将去任，有淹讼久未决，虑贻后累，舁胡床[③]至厅事判定，两造[④]感泣听命。值年饥，发赈，大吏知豪得民心，强起，力疾往，民夹道欢呼。赈未半，复以疾去。

寻署随州，素多盗，豪如治房县时，置匦令自首。选贤绅，行保甲，盗风顿戢。俗多自戕图诈，豪遇讼，实究虚坐，不稍徇，浇风革焉。立辅文社，选才隽者亲教之，多所成就。治随二年，濒行，闻代者好杀，竭数昼夜之力，凡狱情可原者，悉与判决免死。后因养母，乞免，归。浙中大吏辄咨要政，多所匡益。家居十余年，卒。豪在随州，重修季梁祠。及卒，随人思其德，于西偏为建遗爱祠祀之。

选自《清史稿》卷四百七十九《陈豪传》

【注释】

①优贡：清代国子监贡生名目之一。每三年各直省学政会同巡抚考选府、州、县学廪生、增生中之优者，送国子监学习，称为“优贡”。这种人称“优贡生”，简称“优贡”。

②休沐：古代官员的例行假日，意谓此假日是为官员休息沐浴而设。

③胡床：又称“交床”、“绳床”、“交椅”，一种可以折叠的轻便坐具。

④两造：诉讼双方，即原告和被告。

【译文】

陈豪，字蓝洲，浙江仁和人。同治九年（1870）的优贡生，以知县的身份发往湖北任用。光绪三年（1877），陈豪署理湖北省房县知县。陈豪在任期间勤于判案，每次到乡里，都提一壶酒张幕设案，在荒祠休息，和隶卒们同甘苦。后来正好遇到匪徒柯三江谋乱，陈豪立马擒住该匪徒并依法处置。陈豪还在县衙门口放置一个小匣子，告诉那些从犯来自首，对他们进行杖责之后就释放。陈豪在用斗斛等量器征收粮食的时候一定是平斗斛，从不刁难百姓，也不挑剔，百姓们都为此非常地高兴，那些刁横的乡绅也因此受到感化不再好诉讼。陈豪还禁种鸦片，招募崇阳人教他们种植茶树，百姓都因此受到颇多实惠。陈豪还历任湖北应城、蕲水的长官。

后来陈豪调任湖北汉川知县。襄河频繁泛滥，于是陈豪修筑了香花垸、彭公垸、天兴垸诸堤坝，又疏浚茶壶沟、悬河口，以工代赈。新沟和汉阳毗邻，每到冬天，河道干涸以致舟船不能通过。江口的一些奸宄之徒常常聚众进行敲诈勒索，陈豪逮捕了这些人，同时禁止今后再发生此类事件。后来陈豪因病乞求休假，而在他将要离任的时候，想起有一起积压的案子还没有得到判决，考虑到把该案件留置的诸多不宜，陈豪坐在交椅上让人将自己抬到大厅扶病办案，案子了结之后，诉讼双方都非常地感动，服从判决。正遇到饥荒之年，需要前往赈济，上级官吏知道陈豪非常得民心，坚决要求陈豪前去赈济，陈豪迅速前往灾区，得到灾区民众的夹道欢迎。可是赈灾完成不到一半，陈豪因病又离开了。

后来陈豪署理湖北随州知县，当地盗贼横行，陈豪像治理房县时一样，在县衙门口放置一个小匣子令盗贼们自首。另外，陈豪还选拔贤德乡绅，推行保甲制度，盗风顿时得到抑制。当地人好用自残来骗钱。陈豪遇到这样的诉讼，常常是对于实际所犯的罪行进行严厉的追究，但在处罚方面则从轻处理，不久之后，当地浇薄风俗得到革除。陈豪又设立辅文社，选拔才俊入读，并亲自教授课程，取得了很大的成就。陈豪治理随州两年，到要离任的前夕，听说接替自己的下一任长官好杀人，于是连续几天几夜不休息把未办完的案件办完，凡是可以原谅的，都判决免死。后来陈豪因为要赡养母亲，乞请朝廷免去自己的职务，以回归乡里。陈豪回乡之后，在浙江任职的高官常常来向他咨询政事，陈豪给的建议确实对他们很有益处。陈豪家居住十多年后辞世。陈豪在随州时，重修了季梁祠。等到他辞世之后，随州的人民思念他的功德，就在季梁祠西偏房为他建遗爱祠进行祭祀。

【评述】

据历史记载，陈豪勤于听讼，到乡里巡视时随时张幕设案，就地断案解决民间纠纷。他的这种做法有点类似后来的“马锡武审判方式”。马锡武（1898－1962），新中国成立后曾任最高人民法院副院长。在抗日战争时期，他在司法工作中贯彻群众路线，经常巡视各地，深入调查，亲自办案，其依靠群众、实事求是、就地解决、不拘形式的审判风格，当时被称为“马锡武审判方式”。

陈豪为官、办案中的一些做法对今天仍有借鉴意义。比如，他身体力行推行“仁政”，刁横的乡绅也受到感化而不再好诉讼；实行“宽严相济”的办案方针，对为首的匪徒依律快办严惩，对主动自首的则从轻发落，杖责后释放；在县衙门口放置小匣子让盗贼自首，敦促犯罪嫌疑人投案自首争取从宽处理；严究罪责却从轻处罚，尤其慎用、少用死刑——离任随州前夕，听说接替自己的下一任长官好杀人，于是他连续几天几夜不休息把未办的案件办完，凡是狱情可以原谅的，都免死。这些司法原则与做法和我们今天的司法原则、法治精神亦有相通之处。

此外，陈豪身上还透露出“民本”、“爱民”的思想。他平易近人，没有官架子，能在荒祠憩息，和隶卒们同甘苦；征收粮食一定是平斗斛，从不刁难百姓；兴水利，劝农耕，禁罂粟，为官一任造福一方，百姓颇得实惠。这样的好官，难怪在他辞世后，百姓会思念其功德，建遗爱祠进行祭祀。

（谢建东注译　王彦钊评述）

和　珅

【原文】

和珅，字致斋，钮祜禄氏，满洲正红旗人。少贫无藉，为文生员。乾隆三十四年，承袭三等轻车都尉。寻授三等侍卫，挑补黏杆处。四十年，直乾清门，擢御前侍卫，兼副都统。次年，遂授户部侍郎，命为军机大臣，兼内务府大臣，骎骎向用。又兼步军统领，充崇文门税务监督，总理行营事务。四十五年，命偕侍郎喀凝阿往云南按总督李侍尧贪私事。侍尧号才臣，帝所倚任。和珅至，鞫其仆，得侍尧婪索状，论重辟，奏云南吏治废弛，府州县多亏帑，亟宜清厘。上欲用和珅为总督，嫌于事出所按劾，乃以福康安代之。命回京，未至，擢户部尚书、议政大臣。及复命，面陈云南盐务、钱法、边事，多称上意，并允行。授御前大臣兼都统。赐婚其子丰绅殷德为和孝公主额驸，待年行婚礼。又授领侍卫内大臣，充四库全书馆正总裁，兼理藩院尚书事，宠任冠朝列矣。

四十六年，甘肃撒拉尔番回苏四十三等叛，逼兰州，额驸拉旺多尔济、领侍卫内大臣海兰察、护军额森特等率兵讨之。命和珅为钦差大臣，偕大学士阿桂往督师。阿桂有疾，促和珅兼程先进。至则海兰察等已击贼胜之，即督诸将分四路进兵，海兰察逼贼山梁，歼其伏。贼掘沟坎深数丈，并断小道，不能度。总兵图钦保阵亡。后数日，阿桂至，和珅委过诸将不听调遣。阿桂曰："是宜诛！"明日，同部署战事，阿桂所指挥，辄应如响。乃曰："诸将殊不见其慢，当谁诛？"和珅恚甚。上微察之，诏斥和珅匿图钦保死事不上闻，赴师迟延，而劾海兰察、额森特先战颠倒是非；又谓自阿桂至军，措置始有条理，一人足办贼，和珅在军事不归一，海兰察等久随阿桂，易节制，命和珅速回京。和珅用是衔阿桂，终身与之龃龉。寻兼署兵部尚书，管理户部三库。

四十七年，御史钱沣劾山东巡抚国泰、布政使于易简贪纵营私，命和珅偕都御史刘墉按鞫，沣从往。和珅阴袒国泰，既至，盘库，令抽视银数十封无缺，即起还行馆。沣请封库，明日尽发视库银，得借市银充抵状，国泰等罪皆鞫实。会加恩中外大臣，加太子太保，充经筵讲官。四十八年，赐双眼花翎，充国史馆正总裁、文渊阁提举阁事、清字经馆总裁。甘肃石峰堡回匪平，以承旨论功，再予轻车都尉世职，并前职授一等男爵。调吏部尚书、协办大学士，管理户部如故。

五十一年，御史曹锡宝劾和珅家奴刘全奢僭，造屋逾制，帝察其欲劾和珅，不敢明言，故以家人为由。命王大臣会同都察院传问锡宝，使直陈和珅私弊，卒不能指实。和珅亦预使刘全毁屋更造，察勘不得直，锡宝因获谴。逾月，授和珅文华殿大学士。诏以其管崇文门监督已阅八年，大学士不宜兼榷务，且锡宝劾其家人，未必不因此，遂罢其监督。部员湛露擢广信知府，上见其年幼，不胜方面，斥和珅滥保。又两广总督富勒浑纵容家人婪索，和珅请调回富勒浑，不兴大狱。京师米贵，和珅请禁囤积，逾五十石者交厂减粜，商民以为不便。廷臣迁就原议，上并切责之。五十三年，以台湾逆匪林爽文平，晋封三等忠襄伯，赐紫缰。五十五年，赐黄带、四开禊袍。上八旬万寿，命和珅偕尚书金简专司庆典事。内阁学士尹壮图疏论各省库藏空虚，上为动色，和珅请即命壮图往勘各省库，以侍郎庆成监之。庆成每至一省辄掣肘，待挪移既足，然后启榷，迄无亏绌，壮图以妄言坐黜。

五十六年，刻《石经》于辟雍[①]，命为正总裁。时总裁八人，尚书彭元瑞独任校勘，敕编《石经考文提要》，事竣，元瑞被优赉。和珅嫉之，毁元瑞所编不善，且言非天子不考文。上曰："书为御定，何得目为私书耶?"和珅乃使人撰《考文提要举正》以攻之，冒为己作进上，訾《提要》不便士子，请销毁，上不许。馆臣疏请颁行，为和珅所阻，中止，复私使人磨碑字，凡从古者尽改之。

五十七年，廓尔喀平，予议叙，兼翰林院掌院学士。六十年，充殿试读卷官，教习庶吉士。时朝审停勾[②]，情重者请旨裁定。和珅管理藩院，于蒙古重狱置未奏，镌级留任。又廷试武举发策，上命检《实录》。故事，《实录》不载武试策问，和珅率对不以实，诏斥护过饰非，革职留任。先是，京察[③]屡邀议叙，是年特停罢之。嘉庆二年，调管刑部。寻以军需报销，仍兼管户部。三年，教匪王三槐就擒，以襄赞功晋公爵。

和珅柄政久，善伺高宗意，因以弄窃作威福，不附己者，伺隙激上怒陷之；纳贿者则为周旋，或故缓其事，以俟上怒之霁。大僚恃为奥援，剥削其下以供所欲。盐政、河工素利薮，以征求无厌日益敝。川、楚匪乱，因激变而起，将帅多倚和珅，糜饷奢侈，久无功。阿桂以勋臣为首辅，素不相能，被其梗轧。入直治事，不与同止直庐。阿桂卒，益无顾忌，于军机寄谕独署己衔。同列嵇璜年老，以谗数被斥责。王杰持正，恒与忤，亦不能制。朱珪旧为仁宗傅，在两广总督任，高宗欲召为大学士，和珅忌其进用，密取仁宗贺诗白高宗，指为市恩。高宗大怒，赖董诰谏免；寻以他事降珪安徽巡抚，屏不得内召。言官惟钱沣劾其党国泰得直，后论和珅与阿桂入直不同止直庐，奉命监察，以劳瘁死。曹锡宝、尹壮图皆获谴，无敢昌言其罪者。高宗虽遇事裁抑，和珅巧弥缝，不悛益恣。仁宗自在潜邸④，知其奸，及即位，以高宗春秋高，不欲遽发，仍优容之。

四年正月，高宗崩，给事中王念孙首劾其不法状，仁宗即以宣遗诏日传旨逮治，命王大臣会鞫，俱得实。诏宣布和珅罪状，略曰："朕于乾隆六十年九月初三日，蒙皇考册封皇太子，尚未宣布，和珅于初二日在朕前先递如意，以拥戴自居，大罪一。骑马直进圆明园左门，过正大光明殿，至寿山口，大罪二。乘椅桥入大内，肩舆直入神武门，大罪三。取出宫女子为次妻，大罪四。于各路军报任意压搁，有心欺蔽，大罪五。皇考圣躬不豫，和珅毫无忧戚，谈笑如常，大罪六。皇考力疾批答章奏，字迹间有未真，和珅辄谓不如撕去另拟，大罪七。兼管户部报销，竟将户部事务一人把持，变更成例，不许部臣参议，大罪八。上年奎舒奏循化、贵德二厅贼番肆劫青海，和珅驳回原折，隐匿不办，大罪九。皇考升遐后，朕谕蒙古王公未出痘者不必来京，和珅擅令已、未出痘者俱不必来，大罪十。大学士苏凌阿重听衰迈，因与其弟和琳姻亲，隐匿不奏；侍郎吴省兰、李潢，太仆寺卿李光云在其家教读，保列卿阶，兼任学政，大罪十一。军机处记名人员任意撤去，大罪十二。所抄家产，楠木房屋僭侈逾制，仿照宁寿宫制度，园寓点缀与圆明园蓬岛、瑶台无异，大罪十三。蓟州坟茔设享殿，置隧道，居民称和陵，大罪十四。所藏珍珠手串二百余，多于大内数倍，大珠大于御用冠顶，大罪十五。宝石顶非所应用，乃有数十，整块大宝石不计其数，胜于大内，大罪十六。藏银衣服数逾千万，大罪十七。夹墙藏金二万六千余两，私库藏金六千余两，地窖埋银三百余万两，大罪十八。通州、蓟州当铺、钱店赀本十余万，与民争利，大罪十九。家奴刘全家产至二十余万，并有大珍珠手串，大罪二十。”内外诸臣疏言和珅罪当以大逆论，上犹以和珅尝任首辅，不忍令肆市，赐自尽。

诸劾和珅者比于操、莽。直隶布政使吴熊光旧直军机，上因其入觐，问曰：“人言和珅有异志，有诸?”熊光曰：“凡怀不轨者，必收人心。和珅则满、汉几无归附者，即使中怀不轨，谁肯从之?”上曰：“然则治之得无太急?”熊光曰：“不速治其罪，无识之徒观望夤缘，别滋事端。发之速，是义之尽；收之速，是仁之至。”上既诛和珅，宣谕廷臣：“凡为和珅荐举及奔走其门者，悉不深究，勉其悛改，咸与自新。”有言和珅家产尚有隐匿者，亦斥不问。和珅在位时，令奏事者具副本送军机处；呈进方物，必先关白，擅自准驳，遇不全纳者悉入私家。步军统领巡捕营在和珅私宅供役者千余人，又令各部以年老平庸之员保送御史。至是，悉革其弊。吏、户两部成例为和珅所变更者，诸臣奏请次第修正。初，乾隆中命和珅改入正黄旗，及得罪，仍隶正红旗。

子丰绅殷德，尚固伦和孝公主，累擢都统兼护军统领、内务府大臣。和珅伏法，廷臣议夺爵职。诏以公主故，留袭伯爵。寻以籍没家产，正珠朝珠非臣下所应有，鞫家人，言和珅时于灯下悬挂，临镜自语。仁宗怒，褫丰绅殷德伯爵，仍袭旧职三等轻车都尉。嘉庆七年，川、楚、陕教匪平，推恩给民公品级，授散秩大臣。未几，公主府长史奎福讦丰绅殷德演习武艺，谋为不轨，欲害公主。廷臣会鞫，得诬告状。诏以丰绅殷德与公主素和睦，所作《青蝇赋》，忧谗畏讥，无怨望违悖；惟坐国服内侍妾生女罪，褫公衔，罢职在家圈禁。十一年，授头等侍卫，擢副都统，赐伯爵衔。十五年，病，乞解任，赐公爵衔。寻卒。无子，以和琳子丰绅伊绵袭轻车都尉。

和珅伏法后越十五年，国史馆以列传上。仁宗以事迹疏略，高宗数加谴责，阙而未载，无以信今传后，褫编修席煜职，特诏申戒焉。

弟和琳，自笔帖式累迁湖广道御史。劾湖北按察使李天培私交粮艘带运木植，鞫得两广总督福康安寄书索购状，帝嘉和琳伉直，下部议叙，由是遂见擢用。自吏部给事中超擢内阁学士，兼礼部侍郎衔。寻授兵部侍郎、正蓝旗汉军副都统。廓尔喀扰后藏，将军福康安往剿，帝命和琳督办前藏以东台站乌拉等事。寻命与鄂辉更番照料粮饷，擢工部尚书。疏陈贼酋拉特纳巴都尔悔罪状，诏令福康安受降，偕和琳妥筹善后。未几，授镶白旗汉军都统。命偕孙士毅、惠龄核办察木多以西销算事，仍理藏务。乾隆五十八年，予云骑尉世职。五十九年，授四川总督。六十年，贵州苗石柳邓叛，扰正大、嗅脑、松桃，湖南苗吴半生、石三保应之，围永绥，帝命云贵总督福康安往剿。和琳时方入京，至印州，松桃匪已阑入秀山境。和琳闻警驰往，督参将张志林、都司马瑜击走之；后复败贼晏农，进攻炮木山黄陂，通道松桃：赏双眼花翎。时福康安已解正大、嗅脑、松桃围，攻石柳邓于大塘汛，和琳率兵会之，遂命参赞军事；克虾蟇硐、乌龙岩，降七十余寨，封一等宣勇伯。复攻下岩碧山，赏上服貂褂。又以降吴半生功，赏黄带。龙角硐、鸭保、天星诸寨大捷，加太子太保，赏玄狐端罩。嘉庆元年，克结石冈、廖家冲、连峰坳诸隘，赏用紫缰。福康安卒，命和琳督办军务。时石三保已就获，石柳邓尚据平陇。夺尖云山炮台，复乾州，赏三眼花翎。八月，进围平陇，卒于军。晋赠一等公，谥忠壮，赐祭葬，命配飨太庙，祀昭忠、贤良等祠，准其家建专祠。四年，和珅诛，廷臣论和琳藉势邀功，上亦追咎其会剿苗匪，牵掣福康安，师无功，命撤出太庙，毁专祠，夺其子丰绅伊绵公爵，改袭三等轻车都尉。

选自《清史稿》卷三百一十九《和珅传》

【注释】

①辟雍：亦作“辟廱”。本为西周天子所设大学。东汉以后，历代皆有辟雍，除北宋末年为太学之预备学校外，均为行乡饮、大射或祭祀之礼的地方。

②朝审停勾：朝审，明清两代由朝廷派员复审死刑案件的一种制度。勾，勾决，每年的秋审斩犯，均需要请皇帝勾决。

③京察：明清定期考核京官的制度。明代每六年举行一次。清代吏部设考功清吏司，改为三年考核一次，在京的称“京察”，在外地的称“大计”。

④潜邸：指皇帝即位前的住所，借指太子尚未即位。

【译文】

和珅，字致斋，钮祜禄氏，满洲正红旗人。和珅年少时，家里贫穷没有依靠，他是一名秀才。乾隆三十四年（1769），和珅承袭三等轻车都尉。不久，授予三等侍卫，在黏杆处供职。乾隆四十年（1775），他值守乾清门，被提拔为御前侍卫，兼副都统。第二年，和珅授户部侍郎，乾隆帝任命他为军机大臣，兼内务府大臣。和珅飞黄腾达。他又兼任步军统领，担任崇文门税务监督，总管经济事务。乾隆四十五年（1780），乾隆命令和珅偕同侍郎喀凝阿前往云南查办云贵总督李侍尧贪污之事。李侍尧被称为有才之臣，为乾隆所倚重。和珅到后，审问他的仆人，得到李侍尧贪婪索求的罪状，判他极刑。和珅上奏称，云南吏治废弛，府州县的府库大多亏空，急需清理。乾隆想让和珅来担任云贵总督，但碍于此事是和珅所调查弹劾的，于是用福康安来代替他。乾隆帝命令和珅回京。尚未到京，就升为户部尚书、议政大臣。面见皇帝时，和珅陈述云南盐务、钱法、边防等情况，大多符合皇帝的心意，并准允施行。又授予和珅御前大臣兼都统职务，并把和孝公主赐婚给他的儿子丰绅殷德，等待来年举行婚礼。又授予和珅领侍卫内大臣，任四库全书馆正总裁，兼理藩院尚书。皇帝对和珅的宠爱和信赖为朝廷其他要员所望尘莫及。

乾隆四十六年（1781），甘肃撒拉尔回民苏四十三等叛乱，战事逼近兰州，额驸拉旺多尔济、领侍卫内大臣海兰察、护军额森特等人率军讨伐。乾隆帝命令和珅为钦差大臣，偕同武英殿大学士阿桂前往镇压。阿桂有小病，要和珅日夜兼程先去。和珅赶到时，海兰察他们已经平定了起义，和珅统率诸将分兵四路进军，海兰察把贼寇逼到山梁，歼灭了伏兵。贼寇挖了几丈深的沟壑，并阻断小路，大军不能过去。总兵图钦保阵亡。之后几天，阿桂到了，和珅指责众将领不听调遣。阿桂说："这样的话，该杀！"第二天，二人一起部署战事。阿桂指挥的事，将领们马上很响亮地领命了。阿桂说："丝毫没见到众将领怠慢之处，应该杀谁呢？"和珅十分生气。皇帝暗中查明此情，下诏斥责和珅隐匿图钦保战死之事不上奏，奔赴军中行动迟缓，弹劾海兰察、额森特先前作战颠倒是非；又认为阿桂到军中后，各项措施才开始有条理，一个人就足够办理平叛贼寇事，和珅在军中，诸事不能统一指挥，海兰察等人久随阿桂，容易节制。因此，命令和珅迅速回京。和珅因此记恨阿桂，一生都和他合不来。不久，和珅兼职代理兵部尚书，管理户部三库。

乾隆四十七年（1782），御史钱沣弹劾山东巡抚国泰、布政使于易简贪污放纵，谋取私利。乾隆帝命令和珅偕同都御使刘墉审问，钱沣随同前往。和珅暗中袒护国泰，刚到时，盘查储库，命令抽查几十封银锭没有缺损，就起身回行馆了。钱沣请求封库，第二天查看全部库银，查得借市银来充数的情况，国泰等人的罪都审问清楚了。恰逢朝廷加恩中外大臣，和珅加太子太保，充经筵讲官。乾隆四十八年（1783），赏赐和珅双眼花翎，充国史馆正总裁、文渊阁提举阁事、清字经馆总裁。甘肃石峰堡回民平定之后，因为接受皇上圣旨办事而论功，和珅再被授予轻车都尉世职，并前职授予一等男爵。调任礼部尚书、协办大学士，仍然像以前一样管理户部。

乾隆五十一年（1786），御史曹锡宝弹劾和珅的家奴刘全奢侈逾礼，盖房子逾越法度。乾隆帝发现曹锡宝想弹劾和珅，但是不敢明说，所以拿家奴为突破口。乾隆帝命令王公大臣会同督察院一起传问曹锡宝，让他直陈和珅营私舞弊之事，最终不能核实。和珅也提前让刘全把越制的房屋推倒重建，实地调查后与曹所说不符，曹因此被贬谪。过了一个月，授予和珅文华殿大学士。诏命认为和珅管理崇文门监督已经八年，大学士不适宜兼管榷务，并且曹锡宝弹劾其家人，未必不是因为这个，于是罢免他的监督一职。部员湛露擢升为广信知府，皇帝见他年幼，不能胜任一方，斥责和珅滥举。又两广总督富勒浑纵容家人贪婪索取，和珅请求调回富勒浑，没有大兴牢狱。京师米价昂贵，和珅请求禁止囤积，超过五十石的人要交厂来减价出售，商人都认为不好。大臣们迁就原来的讨论结果，皇上一并严厉责备他们。乾隆五十三年（1788），因为平定台湾林爽文起义，晋封和珅为三等忠襄伯，赐紫缰。乾隆五十五年（1790），赐黄带、四开禊袍。皇上八十岁大寿，命令和珅偕同尚书金简专门负责庆典事宜。内阁学士尹壮图上疏论及各省库藏空虚，皇上为之动色，和珅请求立即命令尹壮图前往各省勘察库藏，让侍郎庆成监督。庆成每到一省就牵制尹壮图，等库藏挪移好了之后，再查验，结果没有亏空，尹壮图以信口胡说而被废黜。

乾隆五十六年（1791），在辟雍刻《石经》，和珅为正总裁。当时总裁共有八人，尚书彭元瑞单独校勘，奉敕编纂《石经考文提要》。事成之后，给予了彭元瑞优厚的赏赐。和珅嫉妒他，诋毁彭元瑞编得不好，并且说不是天子不能考订文字。皇上说："书是朕定的，怎么能说是私人之作呢？"和珅于是让人写了《考文提要举正》一书来攻击彭元瑞，冒充自己的成果来献给皇上，毁谤《提要》不便于士子们学习，请求销毁它，皇上不同意。馆臣上疏请求将《提要》颁布天下，被和珅阻拦，中途停止了，又私自让人磨去碑上文字，凡是依从古代的全都改了。

乾隆五十七年（1792），平定廓尔喀，给予和珅议叙奖励，兼任翰林院掌院学士。乾隆六十年（1795），充任殿试读卷官，教习庶吉士。当时朝审刚好是停勾之年，案情重大的，请求皇上裁定。和珅管理藩院，对于蒙古的重大案件置之不奏，乾隆将其降级留任。廷试武举发出策问，皇上命令和珅检查《实录》情况。按旧例，《实录》不载武试策问的情况，于是和珅不按照实际情况回答，皇上下诏斥责他护过饰非，又革职留任。之前，官员考核的时候多次要求议叙，这年特意没有举行考核。嘉庆二年（1797），调职管理刑部。不久，因为军需报销，仍然兼管户部。嘉庆三年（1798），白莲教头目王三槐被抓，因有协助之功而晋升公爵。

和珅把持朝政久了之后，特别善于伺察乾隆皇帝的心意，因此假借圣意作威作福。对于不依附自己的人，和珅抓小辫子激怒乾隆帝来陷害他；贿赂自己的人则为他巧为开脱，或者故意暂缓上告皇帝，等到皇帝气消之后再说。大官们都把他视为有力靠山，剥削下属来满足他的贪欲。管理盐政、河工的部门向来财利甚多，但因为和珅索求无度而日益凋敝。四川、湖北的白莲教起义，因为矛盾激化而起。然而去镇压的将帅们大多都是依仗和珅爬上来的，贪污军饷穷奢极侈久无战功。阿桂因其功劳而担任首辅，一直跟和珅合不来，也被和珅排挤。入朝办理朝事，和珅也不跟阿桂同进直庐。阿桂死后，和珅更是无所顾忌了，在军机处所传递的皇帝的谕旨他都只签自己的官衔。嵇璜年老，因为和珅向皇上进谗言诬陷他而多次被斥责。王杰廉洁持正，一直跟和珅对着干，也拿和珅没什么办法。朱珪曾经是嘉庆帝的老师，他在任两广总督的时候，乾隆帝本想召他为大学士，和珅害怕他晋升，便偷偷地把嘉庆给朱珪的贺诗告诉了乾隆，说朱珪讨好嘉庆帝，别有用心。乾隆帝知道后大怒，幸好有董诰谏言才免除了朱珪的罪。不久，和珅就找了点其他的事，降朱珪为安徽巡抚，并永远不得调往京城。

言官里面只有钱沣弹劾国泰而得到好处，后来因为评论和珅跟阿桂“入直不同止直庐”的事，奉命作监察，活活给累死了。曹锡宝、尹壮图也都被降职，从此以后就没有敢问和珅罪责的人了。乾隆虽然也遇事制裁、惩戒和珅，但因为和珅善于补漏钻空，不但不悔改，反而变本加厉，更为放纵了。嘉庆帝自从当太子的时候就知道和珅的奸邪，等到即位，也因为乾隆帝年事已高，不想突然把他抓起来，仍然优待他。

嘉庆四年（1799）正月，乾隆帝驾崩，给事中王念孙第一个弹劾和珅犯法之事。嘉庆帝马上在宣读遗诏当天，就传旨逮捕和珅，命令王公大臣会同审问，都得到了真相。下诏宣布和珅罪状，大致如下："朕在乾隆六十年（1795）九月初三日，蒙先皇册封为皇太子，尚未宣布，和珅在初二那天在朕面前就递送如意，以拥戴新君自居，这是第一大罪；和珅骑马直接进入圆明园左门，经过正大光明殿，直到万寿山口，第二大罪；乘坐椅轿进入皇宫，坐轿子直接进入神武门，第三大罪；娶出宫的女子做妾，第四大罪；对于各路军的军情报告任意截留耽搁，欺瞒遮蔽，第五大罪；先皇身体欠安，和珅丝毫没有忧伤，谈笑如常，第六大罪；先皇支撑病体批答奏章，字迹有少数不太清楚，和珅就说不如撕了重写，第七大罪；兼管户部报销的时候，竟然将户部事务自己一人把持，变更以前的规定，不许部内大臣参议，第八大罪；去年奎舒上奏循化、贵德两厅贼番掠劫青海，和珅驳回原来的折子，隐匿此事，不予办理，第九大罪；先皇驾崩后，朕谕告蒙古王公没有出痘的人不要来京城，和珅擅自命令已经出过和没出过痘的人都不许来，第十大罪；大学士苏凌阿耳聋体衰，因为他与和珅的弟弟和琳是亲家，所以隐瞒不报，侍郎吴省兰、李潢，太仆寺卿李光云在他家教书，被和珅保举为卿，兼任学政，第十一大罪；对军机处记名人员，和珅任意撤去，第十二大罪；所查抄的家产，楠木房屋僭越规定，甚为奢侈，仿照宁寿宫的样子，园中的亭台楼阁和圆明园蓬岛、瑶台没有差别，第十三大罪；他在蓟州的坟茔设立祭殿，修建隧道，当地百姓称之为"和陵"，第十四大罪；所藏的珍珠手串有二百多串，比皇宫还多数倍，大珠子比皇帝冠顶用的珠子还大，第十五大罪；宝石顶不是他用的，竟然也有数十枚，整块的大宝石不计其数，比皇宫更多更好，第十六大罪；藏银衣服多达千万，第十七大罪；夹墙中藏黄金二万六千余两，私库中藏黄金六千余两，地窖中埋藏银子三百余万两，第十八大罪；通州、蓟州的当铺和钱庄资本有十几万两，和老百姓争利，第十九大罪；家奴刘全家产达到二十余万两，并且有大珍珠手串，第二十大罪。”内外诸位大臣上疏，说和珅之罪当以大逆罪来论处。嘉庆皇帝仍因为和珅曾为重臣，不忍心让他弃尸街头，赐他自尽。

那些弹劾和珅的人把他比作曹操、王莽。直隶布政使吴熊光曾经在军机处当值，嘉庆帝在他觐见的时候，问他：“有人说和珅有二心，有这回事么?”吴熊光说：“凡是心怀不轨的人，一定会收买人心。满族、汉族官员几乎没有依附和珅的。即使他心怀不轨，又有谁愿意跟随他呢?”嘉庆帝说：“既然这样，那么治他的罪，是不是太着急?”吴熊光说：“不马上治他的罪，那些没有见识的人会观望巴结，另生事端。迅速抓捕他，迅速结束，已是仁至义尽了。”嘉庆帝在杀了和珅之后，谕告朝廷大臣们说：“凡是由和珅举荐以及奔走和珅之门的人，都不再深究，勉励他自己悔改，大家一起改过自新。”有人说和珅的家产尚有隐藏的，也斥责他而不再过问。和珅在位的时候，让奏事的人备一副本送往军机处；呈进地方物产，一定先通知他，和珅擅自批准或驳斥，遇到不被皇上全部收下的就都藏入自己家。步军统领巡捕营在和珅私宅供职的有一千多人，又命令各部将年老平庸的官员保送为御史。到这个时候，都革除了和珅留下的弊病。吏部、户部两部的旧例被和珅所变更的，各位大臣上奏请求次第修改。一开始，乾隆中期命令和珅改入正黄旗，等到获罪的时候，仍然隶属正红旗。

和珅的儿子丰绅殷德，娶了乾隆帝的女儿固伦和孝公主。丰绅殷德多次升官后，做都统兼护军统领、内务府大臣。和珅被赐死后，朝廷大臣建议削夺丰绅殷德的爵位和官职。嘉庆帝下诏，因为固伦和孝公主的缘故，仍让丰绅殷德留袭伯爵。不久，因没收和珅家产时，发现和珅有正珠朝珠，正珠朝珠非臣下所能有。审问和珅家人，家人承认和珅生前曾不时在灯下悬挂这正珠朝珠，并对镜自言自语。嘉庆帝大怒，便削夺了丰绅殷德的伯爵，仅袭三等轻车都尉。嘉庆七年（1802），四川、湖北、陕西白莲教起义被平定。皇帝推恩给民公品级，授丰绅殷德散秩大臣之职。没过多久，固伦和孝公主府长史奎福告发丰绅殷德演习武艺，试图谋为不轨，想害公主。朝廷大臣会审，结果是诬告。嘉庆帝下诏，因丰绅殷德素与公主琴瑟和鸣，他所作《青蝇赋》，忧谗畏讥，没有怀恨在心的反叛话；可在国丧时期，他的小侍妾生女儿，被开罪，削夺公衔，罢职圈禁在家。嘉庆十一年（1806），授丰绅殷德头等侍卫，升副都统，赐予伯爵衔。嘉庆十五年（1810），丰绅殷德生病，请求卸任，皇帝赐他公爵衔。不久，他死了。因为无子，就以和琳的儿子丰绅伊绵袭轻车都尉。

和珅伏法后过了十五年，国史馆把他的列传呈给皇帝看。嘉庆帝认为此传事迹粗疏简略，乾隆帝曾对和珅多次予以批评，但这些事迹都缺失没有记载，无法把当时的史实记录下来并流传给后人，所以革除了编修席煜的职务，并特意下诏予以申饬告诫。

和珅之弟和琳，自笔帖式累迁湖广道御史。他弹劾湖北按察使李天培私交粮船带运木材。经审讯，得知两广总督福康安写信索购之事，皇帝称赞和琳刚直，下部议叙，由是被起用。和琳自吏部给事中越级提拔为内阁学士，兼礼部侍郎。不久，又授兵部侍郎、正蓝旗汉军副都统。廓尔喀侵略西藏，将军福康安前往征讨，皇帝命和琳督办前藏以东台站乌拉等事。不久，又命和琳与鄂辉轮流管理粮饷，升为工部尚书。和琳上疏，陈述贼首拉特纳巴都尔悔罪之事，皇帝令福康安前往接受投降，与和琳一起妥善处理善后事宜。很快，和琳被授镶白旗汉军都统。皇帝命和琳偕同孙士毅、惠龄核办察木多以西结算事，仍管理西藏事务。乾隆五十八年（1793），授予和琳云骑尉一职，世代承袭。乾隆五十九年（1794），授予和琳四川总督。六十年（1695），贵州苗民石柳邓反叛，搔扰正大、嗅脑、松桃等地，湖南苗民吴半生、石三保响应，包围永绥，皇帝命云贵总督福康安前往剿灭。其时，和琳刚入京，至印州，松桃匪贼已阑入秀山境内。和琳惊闻这一消息，飞马前往，指挥参将张志林、都司马瑜赶走匪贼；然后，又在晏农打败匪贼，进攻炮木山黄陂，通道松桃：皇帝赏他双眼花翎。这时，福康安已解除正大、嗅脑、松桃之围，在大塘汛进攻石柳邓，和琳率兵与之会合，皇帝遂命令他赞襄军事；攻克虾蟇硐、乌龙岩，迫降七十余寨，和琳封一等宣勇伯。又攻下岩碧山，皇帝赏和琳上服貂褂。又以迫降吴半生之功，皇帝赏他黄带。龙角硐、鸭保、天星诸寨大捷，皇帝加他太子太保衔，赏玄狐端罩。嘉庆元年（1796），和琳攻克结石冈、廖家冲、连峰坳诸险隘，皇帝赏他用紫缰。福康安卒后，命和琳负责军务。其时，石三保已被俘，石柳邓仍占据平陇。和琳率军夺回尖云山炮台，收复乾州，皇帝赏他三眼花翎。八月，和琳进围平陇，卒于军。皇帝晋赠他一等公，谥忠壮，赐祭葬，命配飨太庙，祀昭忠、贤良等祠，准其家建专祠。嘉庆四年（1799），和珅被杀，朝廷大臣论和琳借势邀功，皇帝亦追论他合剿苗民叛贼时，牵制福康安，使福康安无功，命令将他撤出太庙，毁坏其专祠，夺其子丰绅伊绵的公爵，改袭三等轻车都尉。

【评述】

2001 年，美国《华尔街日报》做了一个“千年来世上最富之人”的调查，和珅入选前五十名之列。和珅作为清代第一大贪官，其位之高、权之炙、贪之巨，在中国古代社会可谓首屈一指。民间至今尚流传着“和珅跌倒，嘉庆吃饱”的俗话。

作为中国历史上的“贪污之王”，和珅贪赃枉法程度之重，即使是明朝宦官刘瑾也难以企及。和珅之所以胆敢如此气焰熏天，与乾隆的宠信有着直接的关系。史载和珅熟读《四书》、《五经》，精通满、汉、蒙、藏等四种语言。起初为官之时，精明能干而作风清廉，经过李侍尧案等一系列事件，取得了乾隆的宠信；乾隆更将自己最疼爱的十公主嫁给了和珅的长子丰绅殷德，使和珅摇身一变为皇帝的儿女亲家。有了乾隆皇帝这个坚强的大后盾，和珅的钱财欲望迅速膨胀。他利用职务之便拉帮结派、卖官鬻爵、欺上瞒下、聚敛钱财，运用不正当的暴力手段打击政敌，拉拢了一大批地方势力。史料显示，和珅开设了大当铺七十五间，设大小银号三百多间，同时经营如开矿、药材、瓷器等暴利行业。

以皇太子永琰和大臣刘墉为代表的力量曾向和珅多次发难，但和珅每次都化险为夷。章学诚曾说：“自乾隆四十五年以后，迄于嘉庆三年而往，和珅用事凡三十年，上下相蒙，惟事婪脏渎货，始如蚕食，渐至鲸吞。”

乾隆皇帝作为古代有为君主，不可能不对和珅的所作所为有所察觉，但是乾隆显然明白和珅敛财只是单纯的金钱欲望，并未形成与皇权相抗衡的力量；相反，和珅自知罪孽深重，只能以对乾隆的绝对忠心来换取生命的安全。皇帝和臣子之间达到了微妙的平衡，各取所需，互利双赢。

乾隆去世第二天，和珅即被抄家。查抄出来的金银珠宝，超过了清政府十五年财政收入的总和。乾隆去世十五天之后，嘉庆以一条白绫赐和珅自尽，中国历史上的巨贪结束了一生。

晋朝的殷仲堪就任荆州刺史以后，遇上水灾，庄稼歉收，民不聊生。殷仲堪吃饭时没有荤菜，饭粒掉在桌子或坐席上，马上捡起来吃掉。他常常告诫子孙说："不要因为我是一州之长，就认为我会抛弃以往节俭朴素的习惯。贫穷是读书人的常态，怎能做了官就丢掉做人的根本呢？你们要记住我的话啊！"居高位而不易其本，正是位高权重者应该时刻提醒自己的话。和珅之流一旦权力在握，不能为国分忧、为百姓谋福祉，最终势必会遭到历史的唾弃。

（肖刚注译、评述）

国 泰

【原文】

国泰，富察氏，满洲镶白旗人，四川总督文绶[①]子也。国泰初授刑部主事，再迁郎中。外擢山东按察使，迁布政使。乾隆三十八年，文绶官陕甘总督，奉命按前四川总督阿尔泰纵子明德布婪索属吏，徇不以实陈，戍伊犁。国泰具疏谢，请从父戍所赎父罪。上谕曰："汝无罪，何必惶惧?"四十二年，迁巡抚。

国泰纨绔子，早贵，遇属吏不以礼，小不当意，即呵斥。布政使于易简事之谄，至长跪白事。易简，江苏金坛人，大学士敏中弟也。大学士阿桂等以国泰乖张，请改京朝官。四十六年，上为召易简诣京城问状，易简为国泰力辨。上降旨戒国泰驭属吏当宽严得中，令警惕改悔。会文绶复官四川总督，以啯匪为乱，再戍伊犁，国泰未具疏谢。居月余，疏谢赐鹿肉，上诘责。国泰请纳养廉为父赎，并乞治罪，上宽之。

四十七年，御史钱沣劾国泰及易简贪纵营私，征赂诸州县，诸州县仓库皆亏缺。上命尚书和珅、左都御史刘墉按治，并令沣与俱。和珅故袒国泰；墉持正，以国泰虐其乡，右沣。验历城库银银色不一，得借市充库状。语互详《沣传》。国泰具服婪索诸属吏，数辄至千万。易简谄国泰，上诘不敢以实对。狱定，皆论斩，上命改监候，逮系刑部狱。巡抚明兴疏言通察诸州县仓库，亏二百万有奇，皆国泰、易简在官时事。上命即狱中诘国泰等，国泰等言因王伦乱[2]，诸州县以公使钱佐军兴，乃亏及仓库。上以"王伦乱起灭不过一月，即谓军兴事急，何多至二百万？即有之，当具疏以实闻。国泰、易简罔上行私，视诸属吏亏帑恝置不问，罪与王亶望等均"。命即狱中赐自裁。

选自《清史稿》卷三百三十九《国泰传》

【注释】

①文绶（？—1784）：富察氏，满洲镶白旗人，乾隆年间官至四川总督。文绶于四川任职期间，坐事夺职，后复为四川总督，又因啯噜之乱，再度夺职。

②王伦乱：即王伦起义。王伦，山东寿张（今阳谷东南）人，利用清水教（白莲教分支）于乾隆三十九年在寿张组织了农民起义，后被镇压，王伦自焚。

【译文】

国泰，富察氏，满洲镶白旗人，是四川总督文绶的儿子。国泰开始任刑部主事，后升任郎中。他外调为山东按察使，又转任布政使。乾隆三十八年（1773），文绶任陕甘总督，奉命调查前四川总督阿尔泰的侄子明德布贪婪，向部属索要财物一案，但文绶没有据实禀报，结果被充军伊犁。国泰向乾隆帝请罪，请替父亲远赴伊犁。乾隆帝说："你没有犯罪，有什么可害怕的?"乾隆四十二年（1777），国泰升任山东巡抚。

国泰本是纨绔子弟，自小尊贵。属下有点不合他的意，就破口大骂。山东布政使于易简为讨他欢心，甚至长跪向国泰汇报事情。于易简是江苏金坛人，文华殿大学士敏中的弟弟。武英殿大学士阿桂等人认为国泰性情怪异，请求皇帝将国泰调往京城。乾隆四十六年（1781），乾隆帝把于易简召到京城来，询问国泰的情况。于易简极力为国泰开脱，乾隆帝降旨告诫国泰，对下属应该宽严适中，令他改正。

恰逢文绶重新担任四川总督，因为镇压啯噜不力，再次远戍伊犁。这一次，国泰没有上书请求替父之罪。过了一个月，国泰上疏谢皇帝赐鹿肉。皇帝诘问他为何不上疏救自己的父亲。国泰请求将养廉银捐出来赎父亲，并乞求治自己的罪。乾隆帝又宽恕了他。

乾隆四十七年（1782），御史钱沣弹劾国泰和于易简贪得无厌，强行从各州县收取贿赂，因而各州县仓库都亏空。乾隆帝命尚书和珅、左都御史刘墉前往查办，钱沣也前往。和珅袒护国泰；刘墉则公正无私，因为国泰在山东作威作福，所以帮助钱沣。刘墉查验济南府库银，发现银色不一样，原来是临时借来的银子充当库银。详见《清史稿·钱沣传》。经审讯，国泰对贪婪索取属下钱财一事供认不讳，其数目动辄成千上万。于易简谄媚于国泰，皇上询问时未据实禀报。结果都判处死，皇上改为斩监候，关在刑部大牢中。山东巡抚明兴上疏称，通查各州县的仓库，亏空二百多万两银子，都是国泰、于易简在任时亏空的。乾隆帝命令在狱中审问国泰等人，国泰等谎说是因为王伦作乱，各州县用公使钱做军饷，所以仓库亏空。乾隆帝认为“王伦起义从开始到平定不过一个月。就算是因为军情紧急，怎么能花掉二百万两呢？即便确有其事，国泰也应该据实上奏。可见国泰、于易简犯了欺君之罪，他们坐视属下官员亏空库银而不问，其罪与王亶望等相同”。乾隆帝命令国泰在监狱中自杀。

【评述】

知廉耻是中华传统美德之一，而国泰与于易简，前者纨绔骄奢，勒索属员，后者懦弱无能，阿附上司，一个不知廉，一个不知耻，是当今思想道德建设的反面教材。九卿上奏请乾隆将两人“即行正法”，可谓深得人心。但乾隆不知何故，认为国泰所得赃私“尚与枉法鬻爵者有间”，从而改为斩监候。应该说，这样的做法在一定程度上损害了惩治的力度。但很快又查出山东各属亏空竟达二百万两之多，乾隆在“实堪骇异”的情况下不得不令国泰自尽。依照乾隆的逻辑，二百万两实在太多，不诛国泰不足以正人心，然而清律规定：侵盗仓库钱粮数在一千两以上者斩监候，而国泰贪索银达八万多两，即行正法也不为过，为什么要等到查出二百万两才赐死呢？这说明乾隆在惩贪过程中还是有所疑虑，对“系满洲世仆”的国泰要顾虑到他的家族势力和影响，这反映出在实际的反贪工作中阻力有多么强大。

不过，国泰案的最大看点不在其受惩，而在于揭发他犯罪事实过程中的正邪斗争。被乾隆派去查办国泰案的几名官员中，和珅有意庇护，处处拖延时间，并派心腹事先通风报信。而钱沣早已料及，中途拦截，并搜出国泰的私信，得到了他侵亏库银的确证。抵达济南后，和珅仅草草抽查，就认为库银并无亏缺。而钱沣却不为所动，继续盘查，发现市银成色轻重不一，有挪借痕迹，使案情有了重大突破。如何让国泰的阴谋破产呢？在刘墉的支持下，钱沣贴出告示，让借银商人速来领取，否则借银将充公。商人们闻知都急忙赶来领回银子，库储为之一空，国泰挪移库银的真相顿时大白于天下。人们对钱沣不畏权贵、智勇双全的行为肃然起敬。同时，从双方的对决中，我们也能体会到贪官集团的凶猛奸诈，他们之所以肆无忌惮，还因为有像和珅这样的“保护伞”。所以，在打击贪污腐败的过程中，尤其要重创给予贪官们庇护的背后力量。

在此案背后还有一个小故事。据说当初弹劾国泰前，钱沣曾向好友邵南江借钱，国泰亏空案结案后，人们才明白，他已经做好了远戍边疆的准备。尽管知道弹劾权臣可能会被降职贬谪，钱沣还是一往无前地揭发贪墨，这需要多么大的勇气啊？钱沣的胆识和智慧直到今天还会对人们起到很大的激励作用。

（朱志美注译　张袁月评述）

王亶望

【原文】

王亶望，山西临汾人，江苏巡抚师子。自举人捐纳知县，发甘肃，知山丹、皋兰诸县。选授云南武定知府，引见，命仍往甘肃待缺，除宁夏知府。累迁浙江布政使，暂署巡抚。乾隆三十八年，上幸天津，亶望贡方物，范金为如意，饰以珠，上拒弗纳。

三十九年，移甘肃布政使。甘肃旧例，令民输豆麦，予国子监生，得应试入官，谓之“监粮”，上令罢之。既，复令肃州、安西收捐如旧例。亶望至，申总督勒尔谨①，以内地仓储未实为辞，为疏请诸州县皆得收捐；既，又请于勒尔谨，令民改输银。岁虚报旱灾，妄言以粟治赈，而私其银，自总督以下皆有分，亶望多取焉。议初行，方半载，亶望疏报收捐一万九千名，得豆麦八十二万。上谓：“甘肃民贫地瘠，安得有二万人捐监？又安得有如许余粮？今半年已得八十二万，年复一年，经久陈红②，又将安用？即云每岁借给民间，何如留于闾阁[3]，听其自为流转？”因发“四不可解”诘勒尔谨，勒尔谨饰辞具复。上谕曰：“尔等既身任其事，勉力妥为之可也。”

四十二年，擢浙江巡抚。四十五年，上南巡，亶望治供张甚侈。上谓：“省方问俗，非为游观计。今乃添建屋宇，点缀灯彩，华缛繁费，朕实所不取。”戒毋更如是。亶望旋居母丧，疏请治丧百日后，留塘工自效，上许之。浙江巡抚李质颖入觐，奏陈海塘事，因及亶望意见不相合，遂言亶望不遣妻孥还里行丧。上降旨责其忘亲越礼，夺官，仍留塘工自效。

四十六年，命大学士阿桂如浙江勘工。阿桂疏发杭嘉湖道王燧贪纵、故嘉兴知府陈虞盛浮冒状，上谕曰：“朕上年南巡，入浙江境，即见其侈靡，诘亶望，言虞盛所为。今燧等借大差为名，贪纵浮冒，必亶望为之庇护。”命逮燧严鞫。会河州回苏四十三为乱，勒尔谨师屡败，亦被逮。大学士阿桂出视师，未即至，命尚书和珅先焉，和珅疏言入境即遇雨，阿桂报师行亦屡言雨。上因疑甘肃频岁报旱不实，谕阿桂及总督李侍尧令具实以闻。阿桂、侍尧疏发亶望等令监粮改输银及虚销赈粟自私诸状，上怒甚，遣侍郎杨魁如浙江会巡抚陈辉祖召亶望严鞫，籍其家，得金银逾百万。上幸热河，逮亶望、勒尔谨及甘肃布政使王廷赞赴行在，令诸大臣会鞫。亶望具服发议监粮改输银，令兰州知府蒋全迪示意诸州县伪报旱灾，迫所辖道府具结申转；在官尚奢侈，皋兰知县程栋为支应，诸州县馈赂率以千万计。狱定，上命斩亶望，赐勒尔谨自裁，廷赞论绞，并命即兰州斩全迪；遂令阿桂按治诸州县，冒赈至二万以上皆死，于是坐斩者栋等二十二人，余谴黜有差。上谓：“此二十二人之死，皆亶望导之使陷于法，与亶望杀之何异?”令夺亶望子裘等官，发伊犁，幼子逮下刑部狱，年至十二，即次第遣发，逃者斩。陕甘总督李侍尧续发得赃诸吏，又诛闵鹓元等十一人，罪董熙等六人。

五十九年，上将归政，国史馆进《师传》。上览其治绩，乃赦亶望子还，幼者罢勿遣，谓“勿令师绝嗣也”。

选自《清史稿》卷三百三十九《王亶望传》

【注释】

①勒尔谨（？—1781）：清满洲镶白旗人，宜特墨氏。乾隆初，从翻译进士授刑部主事，历任直隶天津道、陕甘总督。

②陈红：指陈年的谷类。

③闾阎：泛指平民老百姓。

【译文】

王亶望，山西临汾人，是江苏巡抚王师的儿子。他由举人用钱获得知县职务，被派往甘肃，历任山丹、皋兰两县之知县。吏部选他为云南武定知府，他见皇上，皇上命他仍然到甘肃等待补缺，后来授为宁夏知府。王亶望后来连续升迁，官至浙江布政使，又代理浙江巡抚。乾隆三十八年（1773），皇帝巡幸到天津，王亶望献上天津的土特产，并且将金子铸成的如意装饰上珠宝献给乾隆帝，皇帝以为太奢侈，没有接受。

乾隆三十九年（1774），王亶望调任甘肃布政使。按甘肃旧例，百姓缴纳一定的粮食，就给予国子监生员的资格，而且可以去应试做官，这被称为“监粮”。乾隆帝下令取消这一做法。不久，乾隆帝又让肃州、安西恢复收取捐款。王亶望到任后，向陕甘总督勒尔谨请示，以内地仓库储备不充足为借口，上疏请求让每个州县都可以收取捐粮。不久，王亶望又向勒尔谨请求，要老百姓改交纳粮食为捐送银两。就这样，王亶望他们每年虚报旱灾，用粮食来“赈灾”，私贪全部“赈灾”银两，从总督以下每人都有份，其中王亶望拿得最多。这个办法刚实行了半年，王亶望上疏报称已收取捐送共一万九千人，得豆麦八十二万石。乾隆帝说：“甘肃土地贫瘠人民穷苦，哪儿来两万人捐监？又哪里来这么多余粮？现在半年就收得八十二万石，年复一年，时间久了，谷物积压腐坏变质，又怎么能食用？就算是每年都借给老百姓，又哪里比得上把这些粮食留在民间，让他们自己支配？”因此，乾隆帝以“四不可解”的疑问来责问勒尔谨，勒尔谨一一以虚浮之辞回复。皇帝谕告说：“你们身为朝廷命官，好好干事就行了。”

乾隆四十二年（1777），王亶望升为浙江巡抚。乾隆四十五年（1780），皇上南巡，王亶望迎驾时极为奢侈。皇上说：“我是来巡视地方，了解风俗的，不是来游览的。你今日却增建行宫，张灯结彩，如此铺张浪费，我无法接受。”命令他今后不许再这样。不久，王亶望母亲去世，他上疏请求治丧百日后，留在海塘工程效力。皇上应允。浙江巡抚李质颖入京朝见乾隆，上奏折陈述海塘之事，因他与王亶望意见不一致，便说到王亶望不让妻儿、子女还乡行丧。皇上责备王亶望忘记孝道，违背礼仪，夺去官职，仍留在海塘工程效力。

乾隆四十六年（1781），皇上命大学士阿桂赴浙江查勘海塘工程，阿桂上疏揭发杭嘉湖道王燧贪婪无度、原嘉兴知府陈虞盛虚报经费的情况。皇上批示："朕去年南巡，进入浙江时，便看到那里的奢侈浪费情况。朕责问王亶望，他说是嘉兴知府陈虞盛所为。今王燧等借大工程为名，贪婪虚报，一定是王亶望在暗中庇护。"乾隆帝命令逮捕王燧，严加审问。正逢甘肃河州回民苏四十三起义，勒尔谨率军镇压，屡次战败，也被逮捕。大学士阿桂出京指挥战斗，没能立即赶到，让尚书和珅先行前往。和珅上疏说进入甘肃境内就遇到下雨，阿桂奏报部队行军，也多次遇雨。精明的乾隆帝怀疑甘肃经常上报的干旱是否属实，便命令阿桂及陕甘总督李侍尧禀报。经认真调查后，阿桂、李侍尧上疏揭发王亶望等将监粮改为捐送银两，虚报赈灾粮食而私吞等情况。乾隆帝勃然大怒，立即命工部侍郎杨魁赴浙江会同浙江巡抚陈辉祖提讯王亶望，并抄没他的家产，搜得金银超过一百万两。乾隆帝巡幸热河，王亶望、勒尔谨以及甘肃布政使王廷赞被押解至此，会同诸位大臣一起审问。在审讯中，王亶望全部供认了他把监粮改为纳银命兰州知府蒋全迪要各州县谎报旱灾，迫使所辖道府狼狈为奸。此外，王亶望在做甘肃布政使时，穷奢极侈，皋兰知县程栋专门为他服务，各州县或馈赠、或贿赂都以千万两银子计算，铁案如山。乾隆帝命令处斩王亶望，赐勒尔谨自尽，王廷赞处以绞刑，兰州知府蒋全迪就地处斩。乾隆帝随即令阿桂查处各州县官，凡冒领救灾款二万两以上者全处死，于是被斩者有程栋等二十二人，其他涉案人员均有不同处罚。乾隆帝说："这二十二人的死，都是由王亶望诱使他们触犯法律的，这与王亶望杀死他们有什么不同?"因此，乾隆帝命令夺取王亶望儿子王裘等官职，并发配伊犁，年幼的儿子关押在刑部监狱，满十二岁的，依次发配伊犁，敢逃跑者斩。陕甘总督李侍尧后又查到各种行贿官吏，又杀掉闵鹓元等十一人，处罚董熙等六人。

乾隆五十九年（1794），乾隆帝即将退位，国史馆进呈《王师传》。乾隆看到王师的政绩时，便赦免王亶望的儿子还乡，年幼的儿子也免去充军，说"不要让王师断子绝孙呀!"

【评述】

王亶望是一个懂得如何博取皇帝欢心的能手，每逢进贡主子，他的贡品都价值连城，也曾因此而受到乾隆的申斥。据史料记载，臣子进贡时，例以"如意"居首，取"吉祥如意"之意。当时一柄稍好的玉如意需白银四千两，而王亶望还会在如意上另嵌无数贵重的珍珠，华丽非常。王亶望身为甘肃布政使，在西北贫瘠之地，薪俸有限。西北，百姓贫苦，但他不思为百姓谋福，却终日想着如何中饱私囊，欺上瞒下，捐监冒赈，一日查出，身首异处，累及家人。

王亶望一案，尽管乾隆一宽再宽，从封疆大吏到州县小官，被判处死刑的仍高达一百多人，其中五十六名被砍了脑袋。这一轰动朝野的甘肃全省官员谎报灾赈、贪污捐监粮的大案，是清代立朝之后闻所未闻的，难怪乾隆皇帝一再慨叹道："从来未有之奇贪异事！”

据史料记载，王亶望贪案败露后，御史郑微上奏说他：“巧滋诈伪，曲遂侵渔，物物指为贡函，时时饱其私囊，求索无厌，贿赂公行。”长久以来，乾隆年间贪官之众与惩罚之严，一直都是人们议论的焦点。如果透视王亶望一案，可以看出当时官员贪污并非仅仅是个人行为；缘何屡禁不止、越禁越贪，也是我们后人需要思考的问题。从“人性独贪”到“不得不贪”，利益集团的形成不仅纠结着金钱的关系，还牵扯到了权力的分配和寻租，居于其中而能独善其身者可谓少之又少。从这一意义上看，乾隆朝屡禁不止的贪污大案，似乎可以促使我们思考一些超出案件本身的东西。

（肖刚注译、评述）

图书在版编目（CIP）数据

中国廉政史鉴. 历史人物卷 / 李洪峰主编. —北京:
文化艺术出版社, 2012.8
ISBN 978-7-5039-4771-1

Ⅰ. ①中… Ⅱ. ①李… Ⅲ. ①廉政建设—历史—中国
②历史人物—列传—中国—古代 Ⅳ. ①D691.49②K820.2

中国版本图书馆CIP数据核字（2012）第173936号

中国廉政史鉴（历史人物卷）

主　　编　李洪峰
责任编辑　许海燕　初小荣　陈　卓　李　燕
　　　　　于春媚　南江涛　耿素丽
装帧设计　王子原　刘玲子
出版发行　文化艺术出版社　国家图书馆出版社
地　　址　北京市东城区东四八条52号　100700
网　　址　www.whyscbs.com
电子邮箱　whysbooks@263.net
电　　话　（010）64813345　64813346（总编室）
　　　　　（010）64813384　64813385（发行部）
经　　销　新华书店
印　　刷　国英印务有限公司
版　　次　2012年8月第1版
　　　　　2012年8月第1次印刷
开　　本　787 × 1092毫米　1/16
印　　张　353
字　　数　4000千字
书　　号　ISBN 978-7-5039-4771-1
定　　价　2880.00元（共三卷十六册）
